SYNOPSIS QUATTUOR EVANGELIORUM

SYNOPSIS
QUATTUOR EVANGELIORUM

Locis parallelis evangeliorum apocryphorum
et patrum adhibitis edidit
Kurt Aland

Editio duodecima

ad textum editionum [26]Nestle-Aland
et [3]Greek New Testament aptata

Deutsche Bibelgesellschaft Stuttgart

Illustrissimae St. Andreae apud Scotos universitati
summo honore Doctoris Divinitatis A. D. MCMLVII accepto
gratissimo animo dedicatum

1.–3. Auflage 1963–1966
4. revidierte Auflage 1967
5.–8. Auflage 1968–1973
9. erneut revidierte Auflage 1976
10.–11. Auflage 1978–1980
12. durchgesehene Auflage 1982

ISBN 3 438 05130 3
Griechische Synopse

Gesamtherstellung 1977 Biblia-Druck Stuttgart

Printed in Germany

VORWORT ZUR ZWÖLFTEN AUFLAGE

1967 ist in der vierten Auflage der kritische Apparat dieser Ausgabe revidiert worden, 1976 erfolgte in der neunten Auflage die Anpassung des Textes an den der 26. Auflage des Novum Testamentum graece von Nestle-Aland und der Third Edition des Greek New Testament unter gleichzeitiger nochmaliger Überprüfung des kritischen Apparats. Für diese zwölfte Auflage stand der 4. Druck der 26. Auflage des Nestle-Aland von 1981 zur Verfügung, der mancherlei Verbesserungen gegenüber den ersten drei Drucken bietet. Von daher legte sich eine nochmalige Kontrolle des Textteils nahe, damit die Identität der Texte bis hin in die Interpunktion sichergestellt sei.

Nach längeren Überlegungen schien es zweckmäßig, den kritischen Apparat in seiner bisherigen Anlage zu erhalten und nicht den von Nestle-Aland zu übernehmen, wie es in der in Vorbereitung befindlichen 6. Ausgabe der Synopsis of the Four Gospels geschieht. Diese griechisch-englische Ausgabe stellt eine vereinfachte Ausgabe dar (Fortfall der Texte aus den Apokryphen, der Beigaben aus den Kirchenvätern, aber auch der Zugaben zu den Nebenparallelen usw.), hier ist diese Lösung nicht nur angemessen sondern auch hilfreich. Die »große Ausgabe« sollte jedoch ihren selbständigen Apparat behalten, der den im Nestle-Aland[26] ergänzen kann, und zwar nicht nur wegen seines größeren Umfangs, sondern auch wegen seines abweichenden Aufbaus. Dabei soll das Sigel ℌ ebenso wie im Nestle-Aland[26] durch Angabe der Handschriften wie das Sigel 𝔎 durch 𝔐 ersetzt und außerdem die Lesarten einer Reihe von seit 1967 als wichtig erkannter Handschriften neu verzeichnet werden.

Den 28. März 1982 — Kurt Aland

AUS DEM VORWORT ZUR ERSTEN AUFLAGE

Im Sommer 1952 übertrug die Württembergische Bibelanstalt nach dem Scheitern mehrerer anderer Versuche dem Unterzeichneten die Verwirklichung ihres seit 1929 bestehenden Planes einer griechischen Synopse, welche dem akademischen Unterricht wie der wissenschaftlichen Arbeit auf vollständige und zweckmäßige Weise das Material in die Hand gibt, welches zur Auslegung der Evangelien erforderlich ist.

Wenn jetzt nach vieljähriger angestrengter Arbeit die Synopsis quattuor evangeliorum abgeschlossen ist, so kann der Bearbeiter nur hoffen, daß dieses Ziel tatsächlich erreicht ist. Dankbar sind Schmiedels Vorarbeiten benutzt worden, tatsächlich aber handelt es sich um ein völlig neues Werk, das sich von der »Evangeliensymphonie« Schmiedels grundlegend unterscheidet ebenso wie in mancher Hinsicht von anderen Synopsen. Die augenfälligste Differenz stellt die Einbeziehung des Johannes-Evangeliums in vollem Umfang dar, das in anderen Synopsen nur ausschnittweise oder gar nur in der Form von Hinweisen auftritt. Trotzdem kann die Synopse unabhängig von allen Quellentheorien benutzt werden, denn jedes der vier Evangelien ist in seinem Zusammenhang abgedruckt. Andererseits sind zu jedem Abschnitt der Synopse alle in Betracht kommenden Abschnitte der anderen Evangelien im vollen Wortlaut wiedergegeben, der Benutzer hat also jedesmal das gesamte Material, wie ich hoffe übersichtlich, vor Augen. Das lästige Umblättern und Nachschlagen an anderen Stellen der Synopse entfällt ebenso wie die Notwendigkeit der gleichzeitigen Benutzung eines Neuen Testamentes. Denn auch die sonst in Betracht kommenden neutestamentlichen Texte sind jedem Abschnitt beigedruckt genauso wie die wichtigsten Parallelen aus den neutestamentlichen Apokryphen und den Kirchenvätern. Allein durch die Fülle des dargebotenen Materials scheint so ein Fortschritt über den bisherigen Stand hinaus erreicht, die angestrebte genaue Parallelisierung der Texte wird die Einsicht in die Zusammenhänge zwischen ihnen leichter machen, als das bisher oft der Fall war. Bei der Auslegung der ersten drei Evangelien oder eines von ihnen kann jetzt das Johannes-Evangelium ebenso leicht herangezogen werden wie sämtliches synoptisches Parallelmaterial, der Abdruck der Apokryphen gestattet eine wesentliche Ausdehnung der Untersuchung. Und umgekehrt ist jetzt eine Betrachtung des Johannes-Evangeliums unter voller Berücksichtigung der synoptischen Tradition möglich, was für die Auslegung des 4. Evangeliums neue Möglichkeiten eröffnet.

Die Anlage der Synopse im einzelnen ergibt sich bei der praktischen Benutzung ohne weiteres. Deshalb nur einige Notizen dazu: Die mehrsprachigen Überschriften dienen der Erleichterung der Benutzung im außerdeutschen Sprachgebiet, die lateinischen und

englischen Texte stellen dabei nicht einfach eine Übersetzung aus dem Deutschen dar, sondern geben die Überschrift für den betr. Abschnitt (allerdings unter möglichster Angleichung) so, wie sie im lateinischen bzw. englischen Sprachgebiet in Gebrauch ist. Die Stellenangaben für die Haupttexte (die, aneinander angeschlossen, den zusammenhängenden Text der Evangelien ergeben) sind jeweils halbfett gedruckt. Verweise am Anfang und Ende dieser Abschnitte (sofern sie nicht unmittelbar aufeinander folgen) stellen den Zusammenhang zwischen ihnen deutlich heraus. Neben diesen Haupttexten stehen Haupt- und Nebenparallelen. Die Hauptparallelen sind in der Normaltype gegeben und an der Stellenangabe erkenntlich, die nicht halbfett gesetzt ist, die Nebenparallelen geben sich sogleich durch die kleinere Satztype zu erkennen. Zu beiden ist jeweils durch Zusatz von Nummer und Seite darauf hingewiesen, wo sie als Haupttext zu finden sind. Bei jedem Abschnitt steht der textkritische Apparat nicht nur zum Haupttext, sondern auch zu den Hauptparallelen, weil eine Untersuchung der Zusammenhänge oft der Heranziehung der textkritischen Varianten bedarf. Der Sachapparat zu jedem Abschnitt gibt Verweisungen innerhalb der Texte, welche der Verdeutlichung dienen, ebenso wie sonstige Parallelstellen aus Altem und Neuem Testament, d. h. einen kurzgefaßten Kommentar, welcher den Benutzer auf weiteres Material hinweist und z. B. bei akademischen Vorlesungen Dozenten und Studenten wahrscheinlich manche Mühe des Diktierens bzw. Nachschreibens ersparen wird.

Es versteht sich, daß mit dem Text des Novum Testamentum graece Nestles auch dessen textkritische Zeichen übernommen worden sind. Die Rücksprache mit mehreren Fachkollegen bestätigte die Überzeugung des Bearbeiters, daß durch sie nicht nur eine erhebliche Verkürzung des für den textkritischen Apparat benötigten Raumes, sondern auch eine wesentliche Vereinfachung und größere Präzision bei seiner Benutzung erreicht wird. Denn bei Verwendung dieser Zeichen wird bereits bei der Lektüre des Textes sichtbar, ob im Apparat Varianten zu erwarten sind und welchen Charakter diese haben (Zufügung, Weglassung, Umstellung usw.). Daß bei den »großen« Handschriften bzw. den alten Übersetzungen nicht jede Abweichung vom Text im Apparat angegeben ist, versteht sich, andererseits ist angestrebt worden, bei ihnen jede Lesart von Bedeutung aufzunehmen. Für die altlateinische Übersetzung konnte dabei die Itala-Ausgabe Jülichers zugrunde gelegt werden, die Altsyrer und die Peschitta sowie die sahidische und bohairische Übersetzung wurden nach den geläufigen Druckausgaben von Prof. Dr. Dr. Alexander Böhlig neu verglichen. Da das vom »Nestle« bisher verfolgte Prinzip der mechanischen Konstituierung des Textes nach den Ausgaben von Tischendorf, Westcott-Hort und Weiß im Grundsatz aufgegeben ist, konnte auf die Verzeichnung der Lesarten dieser Ausgaben (einschließlich der von Sodens) verzichtet werden. Nur da ist sie beibehalten worden, wo diesen Lesarten der Charakter einer Konjektur zukam (hier werden ja auch sonst moderne Kommentatoren notiert), bei Interpunktionsvarianten usw. Dafür sind, sofern der Entscheidung dieser Editionen wesentliche Bedeutung zukam, gelegentlich auch die Ausgaben von Merk, Vogels und Bover herangezogen worden. Das Verzeichnis der Handschriften S. XIV–XXIX sowie das der Sigla und Abkürzungen S. XXX–XXXII und in der Beilage zur Synopse gibt nähere Auskunft über die Einzelheiten.

Der Unterzeichnete hätte sich einer so großen Aufgabe wie der Bearbeitung dieser Synopse (mit allem, was an Vorarbeiten dazugehört) nicht unterziehen dürfen, hätte er sich nicht der Hilfe und der Unterstützung einer großen Zahl von Mitarbeitern sicher gewußt, wie sie ihm früher schon gegeben war und wie sie ihm seit einigen Jahren in verstärktem Maße im Institut für neutestamentliche Textforschung/Münster gegeben ist. Die Bearbeitung einer Synopse oder gar des ganzen Neuen Testamentes ist nicht möglich ohne die Kollation zahlreicher griechischer Handschriften, die sorgfältige Heranziehung der Übersetzungen (bzw. ihrer Handschriften), die Exzerpierung mindestens der Schriften der griechischen Kirchenväter, um nur einiges zu nennen – und ein einzelner ist heutzutage dieser Arbeitslast nicht mehr gewachsen. Übernimmt er eine solche Aufgabe trotzdem, liegt die Gefahr nahe, daß er entweder aus zweiter Hand bzw. zu sehr auswählend, d. h. verkürzend arbeitet, oder daß er in stärkerem Maße als zulässig der Gefahr des Irrtums unterliegt. Moderne Beispiele dafür gibt es genug. Nicht alle können genannt werden, welche helfend an der Fertigstellung dieser Synopse mitgewirkt haben, aus ihrer großen Zahl sei stellvertretend K. Junack genannt, der seit den Anfängen an der Arbeit teilgenommen hat. Herzlichen Dank ist der Unterzeichnete weiterhin insbesondere Prof. D. Dr. Erwin Nestle schuldig, der nicht nur die Korrekturen dieser Synopse mitgelesen, sondern ihren Werdegang auch ständig mit Ratschlägen unterstützt hat. Prof. Dr. Bruce M. Metzger, Princeton/USA, hat die englischen Überschriften der einzelnen Abschnitte formuliert, P. Dr. Bonifatius Fischer, OSB, Erzabtei Beuron, die lateinischen. Beide zeichnen auch für die nachstehende englische bzw. lateinische Fassung dieses Vorworts verantwortlich, der Bearbeiter ist ihnen dafür wie für mannigfache Hinweise und eine jahrelange Arbeitsgemeinschaft herzlich dankbar. Prof. Dr. B. M. Metzger hat außerdem für die Appendix I die englische Übersetzung des Thomasevangeliums beigesteuert, Prof. D. E. Haenchen, Münster, die Übertragung ins Deutsche und Prof. Dr. G. Garitte, Louvain, die ins Lateinische. Diese Dreisprachigkeit entspricht der Gesamtanlage der Synopse, die Übersetzungen sind unabhängig voneinander und gehen jedesmal auf den koptischen Text zurück. Alle Benutzer der Synopse werden den Genannten für diese wertvolle Beisteuer zur Synopse besonderen Dank zollen.

Nicht zuletzt sei den Setzern der Privileg. Württ. Bibelanstalt gedankt, welche durch die erfolgreiche Bewältigung der überaus großen technischen Schwierigkeiten, die der Neusatz eines solchen Werkes bietet, zu dem Gelingen des Unternehmens beigetragen haben, sowie der Leitung der Anstalt, durch deren Initiative und Opferbereitschaft es überhaupt erst möglich wurde. Mannigfache Schwierigkeiten haben sehr zum Leidwesen des Unterzeichneten die Fertigstellung des Werkes verzögert. Diese Verzögerungen haben aber auch ihr Gutes gehabt: es war so möglich, nicht nur das Thomasevangelium in die Synopse einzuarbeiten und den

Text der Oxyrhynchos-Logoi danach umzustellen, sondern es konnten die Bodmer-Papyri in vollem Umfang in den textkritischen Apparat eingearbeitet werden. Auch nach mehr als zehnjähriger Arbeit bliebe an der Synopse sicher noch manches zu tun, ich hoffe jedoch, daß der Benutzer auch dem bisherigen Müheaufwand seine Anerkennung nicht versagen wird.

Den 28. März 1963 — Kurt Aland

DUODECIMAE EDITIONIS PRAEFATIO

Synopseos apparatum criticum iam retractatum, cum anno 1967 quartam editionem publici iuris feci, anno 1976 denuo examinatum praebui in editione nona, cuius textus ad illum invenitur accomodatus, quem exhibent editio vicesima sexta Novi Testamenti a Nestle-Aland curata et editio tertia illius, quod dicitur Greek New Testament. Nunc hanc duodecimam editionem emisi, cui multum profuerat, quod quarta iam impressio editionis vicesimae sextae Novi Testamenti (Nestle-Aland[26], 1981) in manibus erat. Cum haec impressio vario modo tribus prioribus praestaret, textum quoque synopseos iterum percensere consentaneum erat, ne quis dubitare posset, quin unus idemque textus, vel interpunctionum respectu, in utroque libro legeretur.

Ita factum est, ut ii labores, qui ad textum optime redigendum pertinerent, ad finem pervenerint; sed aliter res se habet in apparatu critico, quem funditus renovare paramus. Nam semel iterumque cogitantibus videbatur nobis apparatus critici dispositionem qualis erat retinere non recepto eo, quem Nestle-Aland praebent; hunc potius ad futuras editiones adhibere constituimus illius operis, quod dicitur Synopsis of the Four Gospels. Sed »editionem maiorem« sui iuris apparatum servare oportebat cum ambitu maiore et compositione differenti, ut ille suppleri posset, quem Nestle-Aland[26] ferunt. Simul et pro 𝔍-siglo codicum enumeratio, sicut in Nestle-Aland[26], et pro 𝔎-siglo 𝔐-siglum ponetur, nec non et lectiones variae ex aliquot codicibus, qui inde ab anno 1967 magni momenti esse cognoscebantur, recipientur.

a.d.V.Kal.Apr. anni 1982. — Kurt Aland

EX PRAEFATIONE PRIMAE EDITIONIS

Societas Biblica Stuttgartiensis aestate anni MCMLII mihi mandavit, ut consilio editionis anno MCMXXIX a Societate capto, deinde fatorum vices passo synopsin Graecam componerem, qua viris doctis et doctoribus ad usum scholarum et studiorum omnia quam facillime parata essent, quaecumque ad interpretationem Evangeliorum necessaria sunt.

Id me hac Synopsi quattuor Evangeliorum assecutum esse sperare liceat, postquam complures annos laborans sudavi. Iis quae Schmiedel paraverat grato quidem animo me id opus in lucem edere profiteor, quod non solum illius Symphoniae Evangeliorum dissimillimum est, sed etiam ab alia quacumque synopsi non nihil differt, maxime quod Evangelium secundum Iohannem in hanc integrum receptum est, cum in ceteris non nisi excerpatur vel etiam notis tantum indicetur. Ita fit, ut Synopsis haec nulli doctrinae de Evangeliorum fontibus excogitatae subiecta sit, cum et singula Evangelia suo ordine servato legantur et unicuique pericopae loci ceterorum Evangeliorum, qui comparandi sunt, ad verbum exscripti addantur. Hoc modo necessaria omnia semper perspicue, ut puto, lecturis ante oculos sunt neque opus est folia versare aliosque libri locos non sine molestia inspicere vel textu exemplari Novi Testamenti uti. Neque enim desunt ceteri loci Novi Testamenti, qui comparari possunt alicui pericopae, neque loci insignes apocryphorum librorum vel SS. Patrum, quin textui subdantur impressi. Vel hac rerum copia mihi aliquid profecisse videor et accuratissima cui studui textuum iuxtapositione relationes ipsorum facilius quam antea perspici poterunt. Qui priora Evangelia tria vel unum ex ipsis interpretatur, ei dehinc ut loci paralleli synopticorum universi, ita Evangelium secundum Iohannem praesto aderit, maiorque etiam campus studiis patet, cum apocrypha quoque in promptu sint. Eadem ratione, qui Evangelium secundum Iohannem explanat, comparare poterit, quaecumque synoptici tradiderunt, id quod interpretantibus novas vias aperiet.

De singulis, quibus haec synopsis disposita est, facile usu cognosces. Pauca sunt quae annotem: Tituli Latini et Anglici lectori linguae Germanicae minus perito utiles erunt; non ex verbo Germanicos titulos reddunt, sed usui linguae Latinae vel Anglicae accommodantur. Crassiores numeri capitulorum versuumque necnon nomina evangelistarum praefiguntur principalibus, qui inter se coniuncti textum integrum Evangeliorum praebent; quorum series, nisi cohaeret sibique conectitur, in initio et fine pericopes notis perspicue demonstratur. Iuxta textus principales textus paralleli ponuntur et maiores litteris solitis expressi ne numeris quidem crassioribus et minores litteris minutioribus exscripti; utriusque generis textus paralleli ubi munere textus principalis fungantur, ex addito numero pericopes et paginae facile cognosces. Apparatus criticus non solum principali textui, sed etiam textibus parallelis

uniuscuiusque pericopes subditur, utpote necessarius diligenter inquirenti. In apparatu altero perspicuitatis causa ad alios versus eiusdem pericopes aliosque locos Novi et Veteris Testamenti remittitur, ita ut brevis commentarius praebeatur, qui lecturis utilia plura subministrans in schola sive docenti sive discentibus operam vel dictandi vel scribendi superfluam faciat.

Non dubitabam, quin cum textu signa quoque critica editionis Novi Testamenti a Nestle paratae in hanc synopsim assumerem, cum non solum mihimet ipsi sed etiam compluribus collegis inquisitione facta persuasum esset hac ratione criticum apparatum haud parum restringi atque pressum et faciliorem perspicuumque reddi. Quis enim textum legat, quin iis signis ductus statim videat, an et quales sint lectiones variae, utrum addatur aliquid an omittatur an verba transponantur etc.? Insignium codicum vel versionum veterum non omnes singulasque lectiones afferri, quibus a textu discrepant, manifestum est; annitebar tamen, ne ullam omitterem graviorem, usus Veteris Latinae versionis editione Juelicheriana, Syriacarum autem cum Veterum tum Vulgatae (Syriace Peshitta) necnon Sahidicae et Bohairicae versionum nova ex editis collatione a professore Dr. Dr. Alexandro Boehlig facta. Quoniam deserere decretum est illum canonem Nestleo sacrum constituendi secundum editiones Tischendorfianam Westcott-Hortianam Weissianam textum ipsum, nec illae nec Sodeniana nominantur, nisi lectionem coniciunt, cum et aliorum interpretum coniecturae annotentur, vel aliter interpungunt etc. At interdum editiones a Merk, Vogels, Bover paratas adhibui, ubicumque iudicium earum gravius videbatur. Videsis singula in elencho codicum manuscriptorum (p. XIV–XXIX) atque siglorum et abbreviationum (p. XXX–XXXII), qui etiam in folio separato habetur.

Grave officium parandae huius synopsis atque edendae non suscepissem, nisi persuasum mihi fuisset a multis me strenue adiutum iri, qui per annos praeteritos mihi assistebant, nunc et magis a pluribus in instituto illo, quod explorandi textus Novi Testamenti causa Monasterii conditum est. Manifestum est synopsim vel omne Novum Testamentum emitti non debere, nisi collatis plurimis manuscriptis Graecis, versionibus earumque codicibus diligenter exploratis, libris Graecorum certe Patrum excerptis, ut reliqua taceam: quis tantum onus talemque laborem hodie solus suscipere vel exsequi posset, si periculum evadere velit, ne totus ex aliis pendeat vel iusto plus reiciat et negligat vel magis erroribus obnoxius sit, quam par et aequum? Etiam nostris temporibus vestigia terrent. Non omnes, qui in perpoliendo hoc opere me adiuvabant, hic nominari possunt; quorum magno ex numero unus laudetur K. Junack, ab initiis operis et laborum socius. Maximas gratias debeo professoribus DDr. Erwino Nestle et D. G. Delling, qui non solum schedas mecum corrigebant, sed etiam consiliis me iuvare non destiterunt. Et tituli pericoparum et haec praefatio a professore Dr. Bruce M. Metzger (Princeton/USA) Anglice scripta sunt, Latine a RP. Dr. Bonifatio Fischer O.S.B., monacho Archiabbatiae Beuronensis; quorum utrique ex animo gratiam habeo, quod multos per annos consilio et opere mihi aderant. Idem Dr. B. M. Metzger Anglicam, D. E. Haenchen professor Monasteriensis Germanicam, Dr. G. Garitte professor Lovaniensis Latinam versionem evangelii, quod Thomae nomen prae se fert, suppeditaverunt, unusquisque ipso textu coptico utens. Id ab indole totius operis non abhorret omnibusque legentibus gratissimum erit.

Gratia denique haud mediocris debetur Societati Biblicae Stuttgartiensi et typothetis, qui omnes et maximas difficultates talis operis optime superaverunt, et directoribus, qui invitando suadendo largiendo vere huius synopsis auctores exstiterunt. Variis impedimentis editionem esse tardatam atque detentam valde quidem doleo; id autem in bonum versum esse non negaverim, quandoquidem sic non solum evangelium Thomae synopsi intexere seriemque logiorum Oxyrhynchicorum ex eo reordinare, sed etiam papyris Bodmerianis universis ad apparatum criticum uti potui. Synopsim hanc, cui perficiendo plus decem annis operam dedi, etsi certe non omnibus numeris absoluta est, tamen non improbandam esse spero lectoris iudicio.

Die XXVIII mensis Martii A. D. MCMLXIII — Kurt Aland

PREFACE TO THE TWELFTH EDITION

In the 4th edition of 1967 the critical apparatus of this edition was revised, and in the 9th edition of 1976 the text was brought into conformity with the 26th edition of Nestle-Aland's *Novum Testamentum graece* and with the 3rd edition of the United Bible Societies' *Greek New Testament*, and the critical apparatus was once more reviewed. For this 12th edition the 26th edition of Nestle-Aland was available in its 4th corrected printing (1981), with many improvements over the first three printings. The text has therefore been reviewed once more to ensure accuracy of the text, even to its punctuation.

After much consideration it has seemed more appropriate to retain the critical apparatus of the earlier editions rather than to adopt that of the Nestle-Aland 26th edition as we shall do in the 6th edition of the *Synopsis of the Four Gospels* now in preparation. The Greek-English edition is a simplified edition with adaptations designed not only for expediency but also to promote more efficiant use (omitting texts from the Apocrypha, supplementary texts from the Church Fathers, and also secondary New Testament parallels, etc.). The »large edition«, however, will retain its independent apparatus, which can be a useful supplement to the apparatus of

Nestle-Aland not only because of its greater comprehensiveness but by its structural differences as well, further modified only by replacing the siglum ℌ by sigla for individual manuscripts as in Nestle-Aland[26], the siglum ℜ by 𝔐, and by adding the readings of a group of manuscripts whose importance has been recognized since 1967.

March 28, 1982 KURT ALAND

FROM THE PREFACE TO THE FIRST EDITION

In the summer of 1952 the Württembergische Bibelanstalt after having made different other attempts since 1929 delegated to the undersigned the task of producing a Greek synopsis which would supply material in a complete and convenient format for the exegesis of the Gospels, suitable for use in academic instruction and scientific research.

After spending several years of painstaking labor to complete this Synopsis Quattuor Evangeliorum, the compiler can only hope that the original aim has been attained. The previous work by Schmiedel was utilized gratefully, but in reality this Synopsis has become a totally new work which differs from Schmiedel's »Symphony of the Gospels« as much as it differs in many respects also from other synopses. The most obvious difference involves the utilization of the entire Gospel according to John, which in other synopses is represented only in a piecemeal fashion or even sometimes only in the form of cross references. The Synopsis can be used, however, apart from all theories of source criticism, for the text of each of the four Gospels has been reproduced in its continuity. On the other hand, for every section of the Synopsis all the relevant passages of the other Gospels are given again in full, and in this way the user has each time the entire material placed before his eyes in what I hope is a perspicuous form. Tiresome leafing about and referring to other passages in the Synopsis is eliminated, as is the need for simultaneous consultation of a New Testament, for relevant passages from all parts of the New Testament are printed along with each section, as are also the most important parallels from the New Testament Apocrypha and the Church Fathers. Through the abundance of the material presented (to mention only this feature) it appears that an advance has been made, for the exact parallelization of the texts which has been attempted will make it easier than has often been the case heretofore to discern the connections between them. In the exegesis of the first three Gospels (or of any one of them) the Gospel according to John can now be just as easily consulted as all Synoptic parallels, and the printing of material from the Apocrypha permits a considerable extension of investigation. On the other hand, by making it practicable to consider the Fourth Gospel in full comparison with the Synoptic tradition, new possibilities are opened for the exegesis of the Gospel of John.

The plan of the Synopsis in detail can be seen directly from using it, and therefore only a few observations need to be made here. The headings in several languages will facilitate the use of the Synopsis beyond the area where German is understood. The Latin and English texts do not represent simply a wooden translation from the German, but provide headings for the respective sections in accord with usage current among those who use Latin und English (at the same time account is taken of the advantages of assimilation whenever possible). The chapter and verse references for the leading texts (which, in their succession, form the consecutive text of the Gospels) are printed in medium bold-face type. References at the beginning and at the end of these sections, so far as they are not given in their original order, indicate clearly the connection between them. In addition to these leading texts there will be found primary and secondary parallels. The primary parallels are printed in normal type and can be recognized by the fact that their chapter and verse references are not printed in medium bold-face type; the secondary parallels are immediately recognizable by being in smaller print. In each case both kinds of parallels are supplied with references by number and page to the place where they are printed as leading texts. A critical apparatus is provided not only for each principal passage but for the principal parallels also, for an investigation of mutual relationships requires the consultation of textual variants. The subject apparatus for each section supplies references within the text as well as parallels from the Old and New Testament which will serve to illustrate the text. In other words, here is a concise commentary which will direct the user to further material, and thus in academic instruction teacher and student alike will no doubt be spared much trouble both in dictating and in writing down information.

It is understandable that along with the text of Nestle's Novum Testamentum Graece its text-critical sigla are also taken over. Consultation with many professors of New Testament has confirmed the conviction of the compiler that by using these sigla one attains not only a considerable compression of valuable space for the textual apparatus but also a substantial simplification and a greater precision. By the presence of these sigla it will be apparent in reading the text whether one should consult the apparatus for variant readings, and, if so, of what character they are (additions, omissions, alterations, and so forth). It is understandable that not every variation from the text found in the chief manuscripts or early versions has been recorded in the apparatus; at the same time an effort was made to include every significant reading.

Jülicher's edition of the Itala is the basis of quotations of the Old Latin version. The Old Syriac and the Peshitta as well as the Sahidic and Bohairic versions in the current editions were newly collated by Prof. Dr. Alexander Böhlig. Since the policy which

Nestle followed in mechanically constituting the text from the editions of Tischendorf, Westcott-Hort, and Weiss has now been abandoned in principle, the recording of the readings of these editions, along with readings from von Soden's edition, can be discontinued. They are cited only in cases where the reading is of a conjectural nature (in which case various modern commentators are also cited), or involves a difference of punctuation or the like. For such details the editions of Merk, Vogels, and Bover have also occasionally been taken into account, so far as the judgment of these editors may prove to be of real importance. The list of manuscripts (pp. XIV–XXIX), as well as the list of sigla and abbreviations (pp. XXX–XXXII) in the introduction to the Synopsis, supplies further information as to details.

The undersigned would not have dared to undertake so great a task as the preparation of this Synopsis (with all that is involved in the way of preliminary studies) had he not been assured of the help and support over the years of a great number of assistants, made available in still greater number during the past few years by the Institute for New Testament Text-Research at Münster. The preparation of a Synopsis, or indeed of an edition of the whole New Testament, is not possible without the collation of numerous Greek manuscripts, the careful examination of the early versions (involving also their manuscripts), the excerpting of the writings of at least the Greek Church Fathers – to mention only a few tasks – and a single individual is not sufficient nowadays for the burden of this toil. If, however, one should undertake such a task, the danger lies near at hand either that he should do his work at second-hand, and thus too selectively and summarily, or that he should succumb to the danger of error to a greater extent than is allowable. For this there are modern examples enough. One cannot mention all who have contributed their aid in the preparation of this Synopsis; as a representative among many, one must mention K. Junack, who has participated in the work since the beginning. Especial thanks from the undersigned are due to Prof. Dr. Erwin Nestle and Prof. Dr. G. Delling, who not only shared in the reading of the proofs of this Synopsis, but whose valuable counsel constantly aided in its evolution. Prof. Dr. Bruce M. Metzger of Princeton, N. J. (U.S.A.), has formulated the phrasing of the English headings of the several sections; and Father Dr. Bonifatius Fischer, O.S.B., of the Monastery of Beuron, the Latin headings. Both likewise are responsible for the accompanying English and Latin forms of this Preface. The compiler is sincerely grateful to them not only for this help but also for various suggestions made during the years of partnership in this work. Prof. Dr. B. M. Metzger has also contributed the English translation of the Gospel of Thomas, printed in the Appendix I; Prof. Dr. E. Haenchen, of Münster, prepared the German translation; and Prof. Dr. G. Garitte, of Louvain, the Latin translation. This threefold rendering corresponds to the overall plan of the Synopsis; the translations, it should be added, are independent of one another, and each goes back to the Coptic text. All users of the Synopsis will be indebted to the aforementioned scholars for this worthwhile supplement to the volume.

Not least, the compositors of the Württembergische Bibelanstalt must be thanked, who, through the solving of exceedingly great technical difficulties involved in setting the type for a work of this sort, have contributed to the success of the undertaking, an undertaking made possible only by the initiative and sacrifice of the authorities of the Bibelanstalt. A variety of difficulties have unfortunately hindered the completion of this volume. These delays have had, nevertheless, their compensations: it became possible, not only to incorporate the Gospel of Thomas in the Synopsis and to transpose accordingly the text of the Oxyrhynchos Logia, but also to include in the text-critical apparatus the complete evidence of the Bodmer Papyri. Even after more than ten years' work, much still remains to be done; yet I hope that the user will not fail to recognize the amount of labor already expended on the volume.

March 28, 1963 KURT ALAND

Codices Sigla Abbreviationes

I. CODICES

CODICES GRAECI

Papyri

Gregory	saec.	bibliotheca	cont.
𝔓1	III	Philadelphia, University of Pennsylvania, Univ. Mus. E 2746	Mt 1,1-9.12.14-20
𝔓2	VI	Firenze, Museo archeologico, Inv. 7134	Jo 12,12-15
𝔓3	VI.VII	Wien, Nationalbibliothek, Pap. G. 2323	Lc 7,36-45; 10,38-42
𝔓4	III	Paris, Bibliothèque Nationale, Suppl. gr. 1120	Lc 1,58-59.62-2,1.6-7; 3,8-4,2.29-32.34-35; 5,3-8.30-6,16
𝔓5	III	London, British Museum, Pap. 782 et Pap. 2484	Jo 1,23-31.33-40; 16,14-30; 20,11-17.19-20.22-25
𝔓6	IV	Strasbourg, Bibliothèque Nationale et Universitaire, Pap. copt. 379 et 381sq. et 384	Jo 10,1-2.4-7.9-10; 11,1-8.45-52
𝔓7	?	*olim:* Kiev, Biblioteka Akademij Nauk U.R.S.R., Petrov 553	Lc 4,1-2
𝔓19	IV.V	Oxford, Bodleian Library, Gr. bibl. d. 6 (P)	Mt 10,32-11,5
𝔓21	IV.V	Allentown/Pa., Muhlenberg College, Theol. Pap. 3	Mt 12,24-26.32-33
𝔓22	III	Glasgow, University Library, MS 2-X.1	Jo 15,25-16,2.21-32
𝔓25	IV.V	Berlin, Staatl. Museen, Papyrussammlg. P 16 388	Mt 18,32-34; 19,1-3.5-7.9-10
𝔓28	III	Berkeley/Calif., Pacific School of Religion, Palest. Inst., Pap. 2	Jo 6,8-12.17-22
𝔓35	IV?	Firenze, Biblioteca Laurenziana, PSI 1	Mt 25,12-15.20-23
𝔓36	VI	Firenze, Biblioteca Laurenziana, PSI 3	Jo 3,14-18.31-32.34-35
𝔓37	III.IV	Ann Arbor, University of Michigan, Inv. 1570	Mt 26,19-52
𝔓39	III	Rochester/N.Y., Ambrose Swabey Library, Colgate Rochester Divinity School 8864	Jo 8,14-22
𝔓42	VII.VIII	Wien, Österr. Nationalbibliothek, Pap. K. 8706	Lc 1,54-55; 2,29-32
𝔓44	VI.VII	New York/N.Y., Metropolitan Museum of Art, Inv. 14-1-527	Mt 17,1-3.6-7; 18,15-17.19; 25,8-10; Jo 9,3-4; 10,8-14; 12,16-18

Gregory	saec.	bibliotheca	cont.
$\mathfrak{P}^{45}$	III	Dublin, A. Chester Beatty; Wien, Österr. Nationalbibliothek, Pap. G. 31974	Mt 20,24-32; 21,13-19; 25,41-26,10.19-33 (Dublin); 25,41-26,39 (Wien); Mc 4,36-40; 5,15-26.38-6,3.16-25.36-50; 7,3-15.25-8,1.10-26.34-9,9.18-31; 11,27-12,1.5-8.13-19.24-28; Lc 6,31-41.45-7,7; 9,26-41.45-10,1.6-22.26-11,1.6-25.28-46.50-12,12.18-37.42-13,1.6-24.29-14,10.17-33; Jo 10,7-25.30-11,10.18-36.42-57 (praeterea testis ad Act 15,20) (Dublin)
$\mathfrak{P}^{46}$	III	Dublin, A. Chester Beatty	p (cit. ad 1 Cor 15,3-8)
$\mathfrak{P}^{52}$	II	Manchester, John Rylands Library, Gr. P. 457	Jo 18,31-33.37-38
$\mathfrak{P}^{53}$	III	Ann Arbor, University of Michigan, Inv. 6652	Mt 26,29-40
$\mathfrak{P}^{55}$	VI.VII	Wien, Österr. Nationalbibliothek, Pap. G. 26214	Jo 1,31-33.35-38
$\mathfrak{P}^{59}$	VII	New York / N.Y., Pierpont Morgan Libr.; P. Colt 3	Jo 1,26.28.48.51; 2,15-16; 11,40-52; 12,25.29.31.35; 17,24-26; 18,1-2.16-17.22; 21,7.12-13.15.17-20.23
$\mathfrak{P}^{60}$	VII	New York / N.Y., Pierpont Morgan Libr.; P. Colt 4	Jo 16,29-30.32-17,6.8-9.11-15.18-25; 18,1-2.4-5.7-16.18-20.23-29.31-37.39-40; 19,2-3.5-8.10-18.20.23-26
$\mathfrak{P}^{62}$	IV	Oslo, Universitetsbiblioteket, P. Oslo. Inv. 1661	Mt 11,25-30
$\mathfrak{P}^{63}$	V.VI	Berlin, Staatl. Museen, Papyrussammlung, P. 11914	Jo 3,14-18; 4,9-10
$\mathfrak{P}^{64}$	II.III	Oxford, Magdalen College, Gr. 18; Barcelona, Fundación S. Lucas Evangelista, P. Barc. 1 (= $\mathfrak{P}^{67}$)	Mt 3,9.15; 5,20-22.25-28 (= $\mathfrak{P}^{67}$); 26,7-8.10.14-15.22-23.31-33 (= $\mathfrak{P}^{64}$)
$\mathfrak{P}^{66}$	II.III	Cologny / Genf, Bibliotheca Bodmeriana, P. Bodm. II; Dublin, A. Chester Beatty	Jo 1,1-6,11.35-14,26.29-30; 15,2-26; 16,2-4.6-7; 16,10-20,23 (fragm. versuum 19,25-28.31-32 in Dublin); 20,25-21,9
$\mathfrak{P}^{67}$		*vide* $\mathfrak{P}^{64}$	
$\mathfrak{P}^{69}$	III	Oxford, Ashmolean Museum, P. Oxy. 2383	Lc 22,41.45-48.58-61
$\mathfrak{P}^{70}$	III	Oxford, Ashmolean Museum, P. Oxy. 2384	Mt 2,13-16.22-3,1; 11,26-27; 12,4-5; 24,3-6.12-15
$\mathfrak{P}^{71}$	IV	Oxford, Ashmolean Museum, P. Oxy. 2385	Mt 19,10-11.17-18
$\mathfrak{P}^{75}$	II.III	Cologny / Genf, Bibliotheca Bodmeriana, P. Bodm. XIV. XV	Lc 3,18-22.33-4,2.34-5,10.37-6,4.10-7,32.35-39.41-43.46-9,2.4-17,15.19-18,18; 22,4-Jo 11,45.48-57; 12,3-13,1.8-9; 14,8-30; 15,7-8
$\mathfrak{P}^{76}$	VI	Wien, Österr. Nationalbibliothek, Pap. G. 36102	Jo 4,9.12
$\mathfrak{P}^{77}$	II	Oxford, Ashmolean Museum, P. Oxy. 2683	Mt 23,30-39
$\mathfrak{P}^{80}$	III	Barcelona, Fundación San Lucas Evang., P. Barc. 83	Jo 3,34
$\mathfrak{P}^{82}$	IV.V	Strasbourg, Bibliothèque Nationale et Universitaire, P. Gr. 2677	Lc 7,32-34.37-38
$\mathfrak{P}^{83}$	VI	Louvain, Bibliothèque de l'Université, PAM 16.29	Mt 20,23-25.30-31; 23,39-24,1.6
$\mathfrak{P}^{84}$	VI	Louvain, Bibliothèque de l'Université, PAM 4.11.26.27	Mc 2,4-5.8-9; 6,30-31.33-34.36-37.39-41; Jo 5,5; 17,3.7-8
$\mathfrak{P}^{86}$	IV	Köln, Institut für Altertumskunde, P. Colon. 5516	Mt 5,13-16.22-25
$\mathfrak{P}^{88}$	IV	Milano, Università Cattolica, Inv. 69.24	Mc 2,1-26

Codices Unciales

Gregory	Soden	saec.	bibliotheca	cont.
א **01**	δ 2	IV	London, British Museum, Add. 43 725 (Sinaiticus)	e (praeterea testis ad Act 15, 20. 28; 1 Cor 15, 3-8)
A **02**	δ 4	V	London, British Museum, Royal Ms. I. D. VIII (Alexandrinus)	e (praeterea testis ad Act 15, 20-28; 1 Cor 15, 3-8; vac. Mt 1, 1-25, 6; Jo 6, 50-8, 52)
B **03**	δ 1	IV	Roma, Biblioteca Vaticana, Gr. 1209 (Vaticanus)	e (praeterea testis ad Act 15 20; 21, 25; 1 Cor 15, 3-8)
C **04**	δ 3	V	Paris, Bibliothèque Nationale, Gr. 9 (Ephraemi rescriptus)	Mt 1, 2-5, 15; 7, 5-17, 26; 18, 28-22, 20; 23, 17-24, 10. 45-25, 30; 26, 22-27, 11. 47-28, 14; Mc 1, 17-6, 31; 8, 5-12, 29; 13, 19-fin.; Lc 1, 2-2, 5. 42-3, 21; 4, 25-6, 4. 37-7, 16; 8, 28-12, 3; 19, 42-20, 27; 21, 21-22, 19; 23, 25-24, 7. 46-fin.; Jo 1, 3-40; 3, 33-5, 16; 6, 38-7, 3; 8, 34-9, 11; 11, 8-46; 13, 7-14, 7; 16, 21-18, 36; 20, 26-fin. (praeterea testis ad Act 15, 20. 28; 21, 25)
D **05**	δ 5	V	Cambridge, University Library, Nn. II. 41 (Cantabrigiensis)	e (praeterea testis ad Act 15, 20. 28; 21, 25; vac. Mt 1, 1-20; 3, 7-16; 6, 20-9, 2; 27, 2-12; Mc 16, 15-fin.; Jo 1, 16-3, 26; 18, 14-20, 13)
D **06**	α 1026	VI	Paris, Bibliothèque Nationale, Gr. 107, 107 AB (Claramontanus)	p (cit. ad 1 Cor 15, 3-8)
E **07**	ε 55	VIII	Basel, Universitätsbibliothek, A. N. III 12	e (vac. Lc 3, 4-15; 12, 58-13, 12; 15, 8-20; 24, 47-fin.)
E **08**	α 1001	VI	Oxford, Bodleian Library, Laud. 35 (Laudianus)	a (cit. ad Act 15, 20. 28)
F **09**	ε 86	IX	Utrecht, Bibliotheek der Rijksuniversiteit, Ms. 1 (Boreelianus)	e (vac. Mt 1, 1-8, 34; 9, 11-12. 13-14. 15-16. 17-18; 10, 28. 30-32. 33-35. 37-39; 12, 1-44; 13, 55-14, 9; 15, 20-31; 20, 18-21, 5; Mc 1, 43-2, 8. 23-3, 5; 11, 6-25; 14, 54-15, 15. 39-16, 20; Lc 1, 9-41; 2, 13-3, 2. 21-4, 8; 5, 12-30; 6, 1-7, 8. 26-37; 8, 6-15. 32-51; 9, 6-26. 27-29. 30-32. 34-44. 54-10, 13. 14-34; 11, 23-12, 6. 19-20. 22-23. 24-26. 27-13, 14. 24-14, 18. 28-15, 4. 6-9. 11-12. 14-16, 3; 17, 14-18, 14. 28-41; 19, 37-20, 12. 21-21, 27; 22, 43-23, 11. 36-51. 53-54. 56-24, 1. 4-5. 19-44; Jo 1, 1-3. 5-7. 8-10. 12-13; 3, 3-14; 4, 24-38; 5, 18-38; 6, 39-63; 7, 21-22. 24-25. 28-8, 10; 10, 32-11, 3. 40-12, 3. 14-25; 13, 34-fin.)
F **010**	α 1029	IX	Cambridge, Trinity College, B. XVII. 1 (Augiensis)	p (cit. ad 1 Cor 15, 3-8)
G **011**	ε 87	IX	London, British Museum, Harley 5684 (Seidelianus I); Cambridge, Trinity College, B. XVII. 20	e (Mt 5, 29-31. 39-43: Cambridge) (vac. Mt 1, 1-5, 29. 31-39. 43-6, 6; 7, 25-8, 9. 23-9, 2; 28, 18-Mc 1, 13; 14, 19-25; Lc 1, 1-13; 5, 4-7, 3; 8, 46-9, 5; 12, 27-41; 24, 41-fin.; Jo 18, 5-19; 19, 4-27)
G **012**	α 1028	IX	Dresden, Sächsische Landesbibliothek, A. 145 b (Boernerianus)	p (cit. ad 1 Cor 15, 3-8)
H **013**	ε 88	IX	Hamburg, Staats- und Universitätsbibliothek, Cod. 91 in scrin. (Seidelianus II); Cambridge, Trinity College, B. XVII. 20, 21	e (Lc 1, 3-6. 13-15: Cambridge) (vac. Mt 1, 1-15, 30; 25, 33-26, 3; Mc 1, 7. 32-2, 4; 15, 44-16, 14; Lc 1, 1-3. 6-13; 5, 18-32; 6, 8-22; 10, 2-19; Jo 1, 10-13; 9, 30-10, 25; 18, 2-18; 20, 12-25)
I **016**	α 1041	V	Washington, Smithsonian Institution, Freer Gallery of Art, 06. 275	p (cit. ad 1 Cor 11, 23-26)
K **017**	ε 71	IX	Paris, Bibliothèque Nationale, Gr. 63 (Cyprius)	e
L **019**	ε 56	VIII	Paris, Bibliothèque Nationale, Gr. 62	e (vac. Mt 4, 22-5, 14; 28, 17-fin.; Mc 10, 16-30; 15, 2-20; Jo 21, 15-fin.)
M **021**	ε 72	IX	Paris, Bibliothèque Nationale, Gr. 48	e
N **022**	ε 19	VI	Leningrad, Gos. Publičnaja Biblioteka, Gr. 537; Patmos, Joannu 67; Roma, Biblioteca Vaticana, Gr. 2305; London, British Museum, Cotton. Tit. C. XV; Wien, Österr. Nationalbibliothek, Theol. Gr. 31; Athen, Vizantinon Musion, frg. 21; Lerma / Alessandria, A. Spinola; New York / N. Y., Pierpont Morgan Library, 874; Thessaloniki, Archeologikon Musion	Mt 1, 24-2, 7. 20-3, 4; 6, 24-7, 15; 8, 1-24. 31-10, 28; 11, 4-12, 40; 13, 4-33. 41-14, 6 (Leningr.); 14, 22-31 (Athen); 14, 31-15, 14. 31-38 (Leningr.); 15, 38-16, 7 (New York); 18, 5-25 (Leningr.); 19, 6-13; 20, 6-22 (Rom); 20, 22-29 (Leningr.); 20, 29-21, 19 (Rom); 26, 57-65; 27, 26-34 (London); Mc 5, 20-6, 53 (Leningr.); 6, 53-7, 4. 20-8, 32; 9, 1-10, 43; 11, 7-12, 19; 14, 25-15, 23 (Patmos); 15, 33-42; Lc 2, 23-4, 3. 19-26. 36-42; 5, 12-33; 9, 7-21. 28-35. 58-10, 4. 12-35; 11, 14-23; 12, 12-21. 29-18, 32; 19, 17-20, 30; 21, 22-22, 49. 57-23, 41 (Leningr.); 24, 13-21. 39-49 (Wien); Jo 1, 21-39; 2, 6-3, 14 (Leningr.); 3, 14-21 (Lerma); 3, 22-30; 4, 5-5, 2. 10-19. 26-6, 31 (Leningr.); 6, 31-39 (Thessaloniki); 6, 39-49. 57-9, 33 (Leningr.); 14, 2-10; 15, 15-22 (London); 16, 15-20, 23. 25-27. 30-21, 20 (Leningr.)

Gregory	Soden	saec.	bibliotheca	cont.
O **023**	ε 21	VI	Paris, Bibliothèque Nationale, Suppl. gr. 1286; *olim* Mariupol, Gymnasium	Mt 7,7-22; 11,5-12; 13,7-47.54-14,4.13-20; 15,11-16,18; 17,2-24; 18,4-30 (18,9-16: Mariupol); 19,3-10.17-25; 20,9-21,5.12-22,7.15-24.32-23,35; 24,3-12
P **024**	ε 33	VI	Wolfenbüttel, Herzog-August-Bibliothek, Weißenburg 64	Mt 1,11-21; 3,13-4,19; 10,7-19.42-11,11; 13,40-50; 14,15-15,3.29-39; Mc 1,2-11; 3,5-17; 14,13-24.48-61; 15,12-37; Lc 1,1-13; 2,9-20; 6,21-42; 7,32-8,2.31-50; 9,26-36; 10,36-11,4; 12,34-45; 14,14-25; 15,13-16,22; 18,13-39; 20,21-21,3; 22,3-16; 23,20-33.45-24,1.14-37; Jo 1,29-41; 2,13-25; 21,1-11
P **025**	α 3	IX	Leningrad, Gos. Publičnaja Biblioteka, Gr. 225 (Porfirianus)	a p r (cit. ad 1 Cor 15,3-8)
Q **026**	ε 21	V	Wolfenbüttel, Herzog-August-Bibliothek, Weißenburg 64	Lc 4,34-5,4; 6,10-26; 12,6-43; 15,14-31; 17,34-18,15.34-19,11.47-20,17.34-21,8; 22,27-46; 23,30-49; Jo 12,3-20; 14,3-22
R **027**	ε 22	VI	London, British Museum, Add. 17211	Lc 1,1-13.69-2,4.16-27; 4,38-5,5.25-6,8.18-40.49-7,22.44.46-47.50-8,3.5-15.25-9,1.12-43; 10,3-16; 11,4-27; 12,4-15.40-52; 13,26-14,1.12-15,1.13-16,16; 17,21-18,10.22-20,20.33-47; 21,12-22,6.8-15.42-56.71-23,11.38-51
S **028**	ε 1027	X (949)	Roma, Biblioteca Vaticana, Gr. 354	e
T **029**	ε 5	V	Roma, Biblioteca Vaticana, Borg. copt. 109 (Cass. 18,65); ibidem, copt. T 109 (Cass. 7,2); New York, Pierpont Morgan Library, M 664 A (4); Paris, Bibliothèque Nationale, Copt. 129⁹, fol. 49. 65, *et* 129¹⁰, fol. 209 (= **0113**); ibidem, Copt. 129⁹, fol. 76 (= **0125**); ibidem, Copt. 129⁷, fol. 35, *et* 129⁸, fol. 121.122.140.157 (= **0139**)	Lc 6,18-26; 18,2-9 (**0139**); 18,10-16.32-41 (New York); 18,42-19,8; 21,33-38 (**0139**); 21,36; 22,1-3 (**0113**); 22,20-23,20 (Rom); 24,25-27.29-31 (**0139**); Jo 1,24-32; 3,10-17 (**0113**); 4,52-5,7 (**0125**); 6,28-67; 7,6-8,31 (Rom)
U **030**	ε 90	IX	Venezia, Biblioteca Marciana, 1397 (I. 8)	e
V **031**	ε 75	IX	Moskva, Gos. Istoričeskij Muzej, S. 399, VI. 9	e (vac. Mt 5,44-6,12; 9,18-10,1; 22,44-23,35; Jo 21,10-fin. - Jo 6,31-33.40-42.51-53.70-7,2.10-13.21-24.39-21,10 m. s.)
W **032**	ε 014	V	Washington, Smithsonian Institution, Freer Gallery of Art, 06. 274	e (vac. Mc 15,13-38; Jo 14,26-16,7)
X **033**	A³	X	München, Universitätsbibliothek, fol. 30	e (vac. Mt 1,1-6,5.7-10.12-34; 9,20-34; 11,25-12,8; 17,1-13; 18,25-19,21; 21,14-27; 22,23-23,27; 24,3-22.36-51; 25,31-26,68; 27,12-fin.; Mc 1,1-6,46; 14,61-64; 15,1-4.43-16,8; Lc 1,37-2,18; 4,1-20; 10,38-42; 19,1-20,46; Jo 2,23-3,8; Jo 4,6-5,42 m. s.)
Y **034**	ε 073	IX	Cambridge, University Library, Add. 6594	e (vac. Mt 1,1-9,11; 10,35-11,4; Lc 1,26-36; 15,25-16,5; 23,22-34; Jo 20,27-21,17)
Z **035**	ε 26	VI	Dublin, Trinity College, K. 3. 4	Mt 1,17-2,6.13-20; 4,4-13; 5,45-6,15; 7,16-8,6; 10,40-11,18; 12,43-13,11.57-14,19; 15,13-23; 17,9-17.26-18,6; 19,4-12.21-28; 20,7-21,8.23-30.37-45; 22,16-25.37-23,3.13-23; 24,15-25; 25,1-11; 26,21-29.62-71
Γ **036**	ε 70	X	Oxford, Bodleian Library, Auct. T. infr. 2. 2.; Leningrad, Gos. Publičnaja Biblioteka, Gr. 33	e (Mt 1,1-5,31; 9,6-12,28; 14,15-20,25; 23,13-28,20; Jo 1,1-6,13; 8,3-15,24; 19,6-21,25: Leningrad) (vac. Mt 5,31-6,16.30-7,26; 8,27-9,6; 21,19-22,25; Mc 3,34-6,21)
Δ **037**	ε 76	IX	St. Gallen, Stiftsbibliothek, 48	e (vac. Jo 19,17-35)
Θ **038**	ε 050	IX	Tbilisi, Institut Rukopisej im. K. Kekelidze, Gr. 28	e (vac. Mt 1,1-9.21-4,4.17-5,4)
Λ **039**	ε 77	IX	Oxford, Bodleian Library, Auct. T. infr. 1. 1	Lc Jo
Ξ **040**	A¹	VI	London, British and Foreign Bible Society, 24	Lc 1,1-9.19-23.27-28.30-32.36-66.77-2,19.21-22.33-39; 3,5-8.11-20; 4,1-2.6-20.32-43; 5,17-36; 6,21-7,6.11-37.39-47; 8,4-21.25-35.43-50; 9,1-28.32-33.35.41-10,18.21-40; 11,1-4.24-33
Π **041**	ε 73	IX	Leningrad, Gos. Publičnaja Biblioteka, Gr. 34	e (vac. Mt 3,12-4,17; 19,12-20,2; Mc 16,18-fin; Lc 1,76-2,18; Jo 6,15-35; 8,6-39; 9,21-10,3)
Σ **042**	ε 18	VI	Rossano, Curia arcivescovile	Mt Mc (vac. Mc 16,14-fin.)

Gregory	Soden	saec.	bibliotheca	cont.
Φ **043**	ε 17	VI	Tirana, Staatsarchiv, Nr. 1, *olim* Berat Metropolitan Bibliothek, 1	Mt Mc (vac. Mt 1,1-6,3; 7,26-8,7; 18,24-19,3; 23,4-13; Mc 14,62-fin.)
Ψ **044**	δ 6	VIII. IX	Athos, Lavra, B′52	e (vac. Mt 1,1-Mc 9,5) *et* a p (cit. ad 1 Cor 15,3-8)
Ω **045**	ε 61	IX	Athos, Dionysiu, 55 (Lambros 3544)	e (vac. Lc 1,15-28)
047	ε 95	VIII	Princeton / N. J., University Library, Med. and Ren. Mss., Garrett 1	e (vac. Mt 2,6-3,11; 28,10-fin; Mc 5,41-6,18; 8,35-9,19; Lc 17,7-9. 20-23; Jo 12,17-42; 14,8-31; 18,34-fin)
050	$C^{\iota 1}$	IX	Athen, Ethniki Vivliothiki, 1371; Athos, Dionysiu, 2; Moskva, Gos. Istoričeskij Muzej, S. 119, VI. 29; Oxford, Christ Church College, Wake 2	Jo 1,1.3-4 (Moskau); 2,17-3,8 (Athos); 3,12-13. 20-22 (Athen); 4,7-14 (Oxford); 20,10-13. 15-17 (Moskau)
053	A^4	IX	München, Bayerische Staatsbibliothek, Gr. 208, fol. 235-248	Lc 1,1-55. 57-2,40 (txt et comm. ad Jo nunc 2768)
054	ε 59	VIII	Roma, Biblioteca Vaticana, Barb. Gr. 521	Jo 16,3-19,41
058	ε 010	IV	Wien, Österr. Nationalbibliothek, Pap. G. 39782	Mt 18,18-19. 22-23. 25-26. 28-29
059	ε 09	IV. V	Wien, Österr. Nationalbibliothek, Pap. G. 36112 (= **0215**); Pap. G. 39779 (= **059**)	Mc 15,20-21. 26-27 (**0215**); 15,29-38 (**059**)
060	ε 13	VI	Berlin, Staatl. Museen, Papyrussammlung, P. 5877	Jo 14,14-17. 19-21. 23-24. 26-28
063	ε 64 ε 1058 (ε 69)	IX	Athos, Vatopediu, 1219; Moskva, Gos. Istoričeskij Muzej, S. 39, VI. 137; ibidem, S. 350, VI. 181; Paris, Bibliothèque Nationale, Suppl. gr. 1155, II (= **0117**)	Lc 16,19-17,29 (Mosk., S. 39); 17,29-18,14 (Athos); 18,36-19,44 (Mosk., S. 39); 20,19-23. 36-43 (**0117**); 20,43-21,20 (Athos); 22,6-30. 53-23,7 (Mosk., S. 350); 23,7-30 (Athos); 23,31-54 (**0117**); 23,54-24,20. 41-Jo 3,34; 4,45-6,29 (Athos)
064	ε 10	VI	Kiev, Biblioteka Akademij Nauk, Petrov 17; Leningrad, Gos. Publičnaja Biblioteka, Gr. 276 (= **090**); Sinai (Harris n. 10) (= **074**)	Mt 25,15-26,3. 17-39 (**074**); 26,59-70 (**090**); 27,7-30 (**064**); 27,44-56 (**090**); 28,11-20; Mc 1,11-22 (**074**); 1,34-2,12 (**090**); 2,21-3,3. 27-4,4; 5,9-20 (**074**)
065	ε 1	VI	Leningrad, Gos. Publičnaja Biblioteka, Gr. 6, I	Jo 11,50-12,9; 15,12-16,2; 19,11-24
067	ε 2	VI	Leningrad, Gos. Publičnaja Biblioteka, Gr. 6, III	Mt 14,13-16. 19-23; 24,37-25,1. 32-45; 26,31-45; Mc 9,14-22; 14,58-70
068	ε 3	V	London, British Museum, Add. 17136	Jo 13,16-17. 19-20. 23-24. 26-27; 16,7-9. 12-13. 15-16. 18-19
069	ε 12	V	Chicago, University Library, Oriental Inst., 2057	Mc 10,50-51; 11,11-12
070	ε 6 (ε 017)	VI	London, British Museum, Add. 34274 (= **0110**); ibidem, Or 3579 B (= **0202**); Oxford, Clarendon Press, b. 2 (= **070**); Paris, Bibliothèque Nationale, Copt. 129^7, fol. 14. 72; 129^8, fol. 89. 90. 139. 147-154; 129^9, fol. 87; 129^{10}, fol. 119-124. 156. 164 (= **0124**); Wien, Österr. Nationalbibliothek, Pap. K. 15 (= **0180**); Pap. K. 2699 (= **0178**); Pap. K. 2700 (= **0179**); Pap. K. 9007 (= **0190**); Pap. K. 9031 (= **0191**)	Lc 3,19-30 (**0124**); 8,13-19. 56-9,9 (**0202**); 10,21-30 (**0124**); 10,30-39 (**0190**); 11,24-42 (**0124**); 12,5-14 (**0191**); 12,15-13,32 (**070**); 16,4-12 (**0178**); 21,30-22,2 (**0179**); 22,54-65; 23,4-24,26; Jo 5,22-31 (**0124**); 7,3-12 (**0180**); 8,13-21 (**0110**); 8,33-42 (**070**); 8,42-9,39; 11,50-56; 12,46-13,4 (**0124**)
071	ε 015	V. VI	Cambridge / Mass., Harvard University, Semit. Mus., 3735	Mt 1,21-24. 25-2,2
072	ε 011	V. VI	*olim:* Damaskus, Kubbet el Chazne	Mc 2,23-3,5
073	ε 7	VI	Leningrad, Gos. Publičnaja Biblioteka, Gr. 277 (= **084**); Sinai (Harris n. 7) (= **073**)	Mt 14,19-27 (**084**); 14,28-31 (**073**); 14,31-35; 15,2-8 (**084**)

Gregory	Soden	saec.	bibliotheca	cont.
074	ε 8		*vide* **064**	
078	ε 15	VI	Leningrad, Gos. Publičnaja Biblioteka, Gr. 13, I	Mt 17,22-18,3.11-19; 19,5-14; Lc 18,14-25; Jo 4,52-5,8; 20,17-26
079	ε 16	VI	Leningrad, Gos. Publičnaja Biblioteka, Gr. 13, II	Lc 7,39-49; 24,10-19
080	ε 20	VI	Alexandria, Vivliothiki tu Patriarchiu, 496; Leningrad, Gos. Publičnaja Biblioteka, Gr. 275	Mc 9,14-18.20-22; 10,23-24.29? (Alexandria et Leningrad)
083	ε 31	VI.VII	Leningrad, Gos. Publičnaja Biblioteka, Gr. 10; ibidem, Obščestvo ljubitelej drevnej pismennosti, 8⁰ 149 (= **0235**); Sinai (Harris n. 12) (= **0112**)	Mc 13,12-14.16-19.21-24.26-28 (**0235**); 14,29-45; 15,27-16,10 (**0112**); Jo 1,25-28.30-41; 2,9-4,14.34-49 (**083**)
084	ε 24		*vide* **073**	
085	ε 23	VI	Leningrad, Gos. Publičnaja Biblioteka, Gr. 714	Mt 20,3-32; 22,3-16
086	ε 35	VI	London, British Museum, Or. 5707; Cairo, Museum of Antiquities, Copt. 9239	Jo 1,23-26; 3,5-4,18.23-35.45-49
087	ε 27	VI	Leningrad, Gos. Publičnaja Biblioteka, Gr. 12; Gr. 278; Sinai, 218 inter fol. 176-177; Sinai (Harris n. 11) (= **092b**)	Mt 1,23-25; 2,1-2 (Sinai); 19,3-8; 21,19-24 (Leningrad); Mc 12,32-37 (**092b**); Jo 18,29-35 (Leningrad)
089	ε 28	VI	Leningrad, Gos. Publičnaja Biblioteka, Gr. 280 (= **089**); Sinai, (Harris n. 11) (= **092a**)	Mt 26,2-4 (**089**); 26,4-7 (**092a**); 26,7-9 (**089**); 26,10-12 (**092a**)
090	ε 29		*vide* **064**	
091	ε 30	VI	Leningrad, Gos. Publičnaja Biblioteka, Gr. 279	Jo 6,13-14.22-24
092a	ε 32		*vide* **089**	
092b	ε 032		*vide* **087**	
094	ε 016	VI	Athen, Ethniki Vivliothiki, Gr. 2106	Mt 24,9-21
099	ε 47	VII	Paris, Bibliothèque Nationale, Copt. 129⁸, fol. 162	Mc 16,6-18
0100	ε 070	VII	Paris, Bibliothèque Nationale, Copt. 129¹⁰, fol. 196	Jo 20,26-27.30-31
0101	ε 48	VIII	Wien, Österr. Nationalbibliothek, Pap. G. 39780	Jo 1,29-32
0102	ε 42	VII	Athos, Vatopediu, 1219, fol. 58.62.65 (= **0102**); Athos, Protatu, 56, fol. 1-4. 222-225 (= **0138**); Paris, Bibliothèque Nationale, Suppl. Gr. 1155, I, fol. 1.2 (= **0102**)	Mt 21,24-24,15 (**0138**); Lc 3,23-4,2 (Athos); 4,3-8.10-16.18-19.21-29 (Paris); 4,30-43; 21,4-18 (Athos)
0103	ε 43	VII	Paris, Bibliothèque Nationale, Suppl. Gr. 726, fol. 6.7	Mc 13,34-14,5.7-17.21-25
0104	ε 44	VII	Paris, Bibliothèque Nationale, Suppl. Gr. 726, fol. 1-5. 8-10	Mt 23,7-22; Mc 1,27-41; 13,12-14,3
0105	ε 45	X	Wien, Österr. Nationalbibliothek, Suppl. Gr. 121	Jo 6,71-7,46
0106	ε 40	VII	Birmingham, Selly Oak College, Mingana chr. arab. 93; Leipzig, Universitätsbibliothek, Cod. Gr. 7; Leningrad, Gos. Publičnaja Biblioteka, Gr. 16; Sinai (Harris n. 8) (= **0119**)	Mt 12,17-19.23-25 (Leningrad); 13,32.36 (Birmingham); 13,37-46 (**0119**); 13,46-55 (Leipzig); 13,55-14,8 (**0119**); 14,8-29 (Leipzig); 14,29-15,3 (**0119**); 15,4-14 (Leipzig); 15,15-26 (**0119**)
0107	ε 41	VII	Leningrad, Gos. Publičnaja Biblioteka, Gr. 11	Mt 22,16-23,14; Mc 4,24-35; 5,14-23
0108	ε 60	VII	Leningrad, Gos. Publičnaja Biblioteka, Gr. 22	Lc 11,37-45

Gregory	Soden	saec.	bibliotheca	cont.
0109	ε 52	VII	Berlin, Staatl. Museen, Papyrussammlung, P. 5010	Jo 16,30-17,9; 18,31-40
0110	ε 017		*vide* **070**	
0112	ε 46		*vide* **083**	
0113	ε 50		*vide* T **029**	
0114	ε 53	VIII	Paris, Bibliothèque Nationale, Copt. 129[10], fol. 198	Jo 20,4-6.8-10
0115	ε 57	IX.X	Paris, Bibliothèque Nationale, Gr. 314, fol. 179.180	Lc 9,35-47; 10,12-22
0116	ε 58	VIII	Napoli, Biblioteca Nazionale, II. C. 15	Mt 19,14-28; 20,23-21,2; 26,52-27,1; Mc 13,21-14,67; Lc 3,1-4,20
0117	ε 69		*vide* **063**	
0118	ε 62	VIII	Sinai (Harris n. 6)	Mt 11,27-28
0119	ε 63		*vide* **0106**	
0124	ε 78		*vide* **070**	
0125	ε 99		*vide* T **029**	
0126	ε 36	VIII	*olim:* Damaskus, Kubbet el Chazne	Mc 5,34-6,2
0127	ε 54	VIII	Paris, Bibliothèque Nationale, Copt. 129[10], fol. 207	Jo 2,2-11
0128	ε 071	IX	Paris, Bibliothèque Nationale, Copt. 129[10], fol. 208	Mt 25,32-37.40-42.44-45
0130	ε 80	IX	St. Gallen, Stiftsbibliothek, 18, fol. 143-146; 45, fol. 1.2; Zürich, Zentralbibliothek, C. 57, fol. 5.74.93.135	Mc 1,31-2,8 (Zürich); 2,8-16; Lc 1,20-31.64-79 (St. Gallen); 2,24-48 (Zürich)
0131	ε 81	IX	Cambridge, Trinity College, B. VIII. 5	Mc 7,3.6-8.30-8,16; 9,2.7-9
0132	ε 82	IX	Oxford, Christ Church College, Wake 37, fol. 237	Mc 5,16-40
0133	ε 83	IX	London, British Museum, Add. 31919	Mt 1,1-14; 5,3-19; 23,9-25,30.43-26,26.50-27,16; Mc 1,1-43; 2,21-5,1.29-6,22; 10,51-11,13
0134	ε 84	VIII	Oxford, Bodleian Library, Seld. sup. 2, fol. 177.178	Mc 3,15-32; 5,16-31
0135	ε 85	IX	Milano, Biblioteca Ambrosiana, Q. 6 sup., fol. 15.18.31.34.47.50.62.65	Mt 25,35-26,2; 27,3-17; Mc 1,12-24; 2,26-3,10; Lc 1,24-37.68-2,4; 4,28-41; 6,22-35; 8,22-30; 9,42-53; 17,2-14; 18,7-9.13-19; 22,11-25.52-66; 23,35-49; 24,32-46
0136	ε 91	IX	Leningrad, Gos. Publičnaja Biblioteka, Gr. 281; Sinai (Harris n. 9) (= **0137**)	Mt 13,46-52 (**0137**); 14,6-13; 25,9-16.41-26,1 (**0136**)
0137	ε 97		*vide* **0136**	
0138	ε 075		*vide* **0102**	
0139	ε 1002		*vide* T **029**	
0141	C[ι13]	X	Paris, Bibliothèque Nationale, Gr. 209	Jo (vac. 10,19; 14,14; 16,15)
0143	ε 08	VI	Oxford, Bodleian Library, Gr. bibl. e. 5 (P)	Mc 8,17-18.27-28
0145	ε 013	VII	*olim:* Damaskus, Kubbet el Chazne	Jo 6,26-31
0146	ε 37	VIII	*olim:* Damaskus, Kubbet el Chazne	Mc 10,37-45
0147	ε 38	VI	*olim:* Damaskus, Kubbet el Chazne	Lc 6,23-35
0148	ε 51	VIII	Wien, Österr. Nationalbibliothek, Suppl. Gr. 106	Mt 28,5-19

Gregory	Soden	saec.	bibliotheca	cont.
0155	ε 1055	IX	*olim:* Damaskus, Kubbet el Chazne	Lc 3,1-2.5.7-11; 6,24-31
0160	ε 018	IV.V	Berlin, Staatl. Museen, Papyrussammlung, P. 9961	Mt 26,25-26.34-36
0161	ε 019	VIII	Athen, Ethniki Vivliothiki, 139, fol. 245.246	Mt 22,7-46
0162	ε 023	III.IV	New York, Metropolitan Museum of Art, 09-182-43	Jo 2,11-22
0164	ε 022	VI.VII	Berlin, Staatl. Museen, Papyrussammlung, P. 9108	Mt 13,20-21
0167	-	VII	Athos, Lavra Δ' 61; Louvain, Bibliothèque de l'Université, Sect. des mss., frg. Omont no. 8	Mc 4,24-29.37-41; 6,9-11.13-14.37-39.41.45
0170	ε 026	V.VI	Princeton / N.J., Theol. Seminary, Pap. 11	Mt 6,5-6.8-10.13-15.17
0171	ε 07	IV	Firenze, Biblioteca Laurenziana, PSI 2.124; Berlin, Staatl. Museen, Papyrussammlung, P. 11863	Mt 10,17-23.25-32 (Berlin); Lc 22,44-56.61-64 (Firenze)
0177	-	X	Wien, Österr. Nationalbibliothek, Pap. K. 2698	Lc 1,73-2,7
0178	-		*vide* **070**	
0179	-		*vide* **070**	
0180	-		*vide* **070**	
0181	-	IV.V	Wien, Österr. Nationalbibliothek, Pap. G. 39778	Lc 9,59-10,14
0182	-	V	Wien, Österr. Nationalbibliothek, Pap. G. 39781	Lc 19,18-20.22-24
0184	-	VI	Wien, Österr. Nationalbibliothek, Pap. K. 8662	Mc 15,36-37.40-41
0187	ε 024	VI	Heidelberg, Universitätsbibliothek, Pap. 1354	Mc 6,30-41
0188	-	IV	Berlin, Staatl. Museen, Papyrussammlung, P. 13416	Mc 11,11-17
0190	-		*vide* **070**	
0191	-		*vide* **070**	
0193	-	VII	Paris, Bibliothèque Nationale, Copt. 132, fol. 92	Jo 3,23-26
0196	-	IX	Damaskus, Musée Nationale	Mt 5,1-11; Lc 24,26-33
0197	-	IX	Beuron / Hohenz., Erzabtei	Mt 20,22-23.25-27; 22,30-32.34-37
0200	-	VII	London, British Museum, Pap. 2077 C	Mt 11,20-21
0202	-		*vide* **070**	
0204	-	VII	London, British Museum, Or. 4923 (2)	Mt 24,39-42.44-48
0210	-	VII	Berlin, Staatl. Museen, Papyrussammlung, P. 3607; P. 3623	Jo 5,44; 6,1-2.41-42
0211	-	VII	Tbilisi, Institut Rukopisej im. K. Kekelidze, Gr. 27	e (vac. Jo 21,17-fin)
0212	-	III	New Haven / Conn., Yale University, P. Dura 10	Diatessaron secundum Mt 27,56; Mc 15,40; Lc 23,49b.54; Mt 27,57; Mc 15,42; Mt 27,57; Lc 23,50-51; Mt 27,57; Lc 23,50; Jo 19,38; Mt 27,57; Lc 23,51b.51a
0213	-	V.VI	Wien, Österr. Nationalbibliothek, Pap. G. 1384	Mc 3,2-3.5
0214	-	IV.V	Wien, Österr. Nationalbibliothek, Pap. G. 29300	Mc 8,33-37
0215	-		*vide* **059**	

Gregory	Soden	saec.	bibliotheca	cont.
0216	-	V	Wien, Österr. Nationalbibliothek, Pap. G. 3081	Jo 8, 51-53; 9, 5-8
0217	-	V	Wien, Österr. Nationalbibliothek, Pap. G. 39212	Jo 11, 57-12, 7
0218	-	V	Wien, Österr. Nationalbibliothek, Pap. G. 19892 B	Jo 12, 2-6. 9-11. 14-16
0231	-	IV	Oxford, Bodleian Library, P. Ant. 11	Mt 26, 75-27, 1. 3-4
0234	ε 49	VIII	*olim:* Damaskus, Kubbet el Chazne	Mt 28, 11-15; Jo 1, 4-8. 20-24
0235	-		*vide* **083**	
0237	[ε 014]	VI	Wien, Österr. Nationalbibliothek, Pap. K. 8023 bis	Mt 15, 12-15. 17-19
0238	-	VIII	Wien, Österr. Nationalbibliothek, Pap. K. 8668	Jo 7, 10-12
0239	-	VII	London, British Museum, Or. 4717 (16)	Lc 2, 27-30. 34
0242	-	IV	Kairo, Museum of Antiquities, no. 71942	Mt 8, 25-9, 2; 13, 32-38. 40-46
0250	-	VIII	Cambridge, Westminster College, Codex Climaci rescriptus	e passim
0253	-	VI	*olim:* Damaskus, Kubbet el Chazne	Lc 10, 19-22
0255	-	IX	*olim:* Damaskus, Kubbet el Chazne	Mt 26, 2-9; 27, 9-16
0256	-	VIII	Wien, Österr. Nationalbibliothek, Pap. G. 26084	Jo 6, 32-33. 35-37
0260	-	VI	Berlin, Staatl. Museen, Papyrussammlung, P. 5542	Jo 1, 30-32
0263	-	VI	Berlin, Staatl. Museen, Papyrussammlung, P. 14045	Mc 5, 26-27. 31
0264	-	V	Berlin, Staatl. Museen, Papyrussammlung, P. 14049	Jo 8, 19-20. 23-24
0265	-	VI	Berlin, Staatl. Museen, Papyrussammlung, P. 16994	Lc 7, 20-21. 34-35
0266	-	VI	Berlin, Staatl. Museen, Papyrussammlung, P. 17034	Lc 20, 19-25. 30-39
0267	-	V	Barcelona, Fundación San Lucas Evangelista, P. Barc. 16	Lc 8, 25-27
0268	-	VII	Berlin, Staatl. Museen, Papyrussammlung, P. 6790	Jo 1, 30-33
0269	[ε 83]	IX	London, British Museum, Add. 31919, fol 23	Mc 6, 14-20
0271		IX	London, British Museum, Add. 31919, fol. 22	Mt 12, 27-39
0272		IX	London, British Museum, Add. 31919, fol. 21. 98. 101	Lc 16, 21-17, 3. 19-37; 19, 15-31
0273		IX	London, British Museum, Add. 31919, fol. 29. 99. 100	Jo 2, 17-3, 5; 4, 23-37; 5, 35-6, 2
0274		V	inventus: Qasr Ibrim (Nubiae), hodie (?)	Mc 6, 56-7, 4. 6-9. 13-17. 19-23. 28-29. 34-35; 8, 3-4. 8-11; 9, 20-22. 26-41; 9, 43-10, 1. 17-22

Codices Minusculi

Gregory	Soden	saec.	bibliotheca	cont.
1	δ 254	XII	Basel, Universitätsbibliothek, A. N. IV 2	e
2	ε 1214	XII	Basel, Universitätsbibliothek, A. N. IV. 1	e

Gregory	Soden	saec.	bibliotheca	cont.
4	ε 371	XIII	Paris, Bibliothèque Nationale, Gr. 84	e (vac. Mt 2,9-20; Mc 15,42-16,14; Jo 1,1-13. 49-3,11)
7	ε 287	XII	Paris, Bibliothèque Nationale, Gr. 71	e
9	ε 279	XII (1167)	Paris, Bibliothèque Nationale, Gr. 83	e
13	ε 368	XIII	Paris, Bibliothèque Nationale, Gr. 50	e (vac. Mt 1,1-2,20; 26,33-52; 27,26-28,9; Mc 1,20-45; Jo 16,19-17,11; 21,2-fin.)
17	ε 525	XV	Paris, Bibliothèque Nationale, Gr. 55	e
20	A138	XI	Paris, Bibliothèque Nationale, Gr. 188	e
21	ε 286	XII	Paris, Bibliothèque Nationale, Gr. 68	e (vac. Mc 13,28-14,33; Lc 1,10-58; 21,26-22,50)
22	ε 288	XII	Paris, Bibliothèque Nationale, Gr. 72	e (vac. Mt 1,1-2,2; 4,19-5,25; Jo 14,22-16,27)
25	A139	XI	Paris, Bibliothèque Nationale, Gr. 191	e (vac. Mt 1,1-4,25; 23,1-25,42; 26,43-55; 28,10 - Mc 7,35; Lc 8,31-41; 9,43-53; 10,39-11,4; Jo 13,25-fin.)
28	ε 168	XI	Paris, Bibliothèque Nationale, Gr. 379	e (vac. Mt 7,17-9,22; 14,33-16,10; 26,70-27,48; Lc 20,19-22,46; Jo 12,34-13,1; 15,24-16,12; 18,16-28; 19,11-fin. - Jo 19,11-20,20; 21,5-18 m. s.)
29	ε 1022	X	Paris, Bibliothèque Nationale, Gr. 89	e
33	δ 48	IX	Paris, Bibliothèque Nationale, Gr. 14	e (vac. Mc 9,31-11,11; 13,11-14,60; Lc 21,38-23,26)
38	δ 355	XIII	Paris, Bibliothèque Nationale, Coisl. Gr. 200	e (vac. Mt 14,15-15,30; 20,14-21,37; Mc 12,3-13,4)
47	ε 515	XV	Oxford, Bodleian Library, Auct. D. 5. 2	e
56	ε 517	XV	Oxford, Lincoln College, Gr. 18	e
57	δ 255	XII	Oxford, Magdalen College, Gr. 9	e (vac. Mc 1,1-11)
59	ε 272	XIII	Cambridge, Gonville and Caius College, 403	e
61	δ 603	XVI	Dublin, Trinity College, A. 4. 21	e
63	A118	X	Dublin, Trinity College, A. 1. 8	e (vac. Jo 21,25)
64	ε 1287	XII	Isle of Bute, Duke of Bute, Ms. 82 G. 18/19	e
69	δ 505	XV	Leicester, Town Museum, Cod. 6. D. 32/1	e (vac. Mt 1,1-18,15)
71	ε 253	XII	London, Lambeth Palace, 528	e
72	ε 110	XI	London, British Museum, Harley 5647	e
83	ε 1218	XI	München, Bayerische Staatsbibliothek, Gr. 518	e
108	A144	XI	Napoli, Biblioteca Nazionale, Cod. Vien. 3	e
115	ε 1096	X	London, British Museum, Harley 5559	e (vac. Mt 1,1-8,9; Mc 5,23-36; Lc 1,78-2,9; 6,4-15; Jo 10,3-16; 11,2-fin.)
118	ε 346	XIII	Oxford, Bodleian Library, Auct. D. infr. 2. 17	e
122	δ 258	XII	Leiden, Bibliotheek der Rijksuniversiteit, B. P. Gr. 74 A	e
124	ε 1211	XI	Wien, Österr. Nationalbibliothek, Theol. Gr. 188	e (vac. Lc 23,31-24,28)
126	ε 185	XII	Wolfenbüttel, Herzog-August-Bibliothek, 16. 6. Aug. 4⁰	e
131	δ 467	XIV	Roma, Biblioteca Vaticana, Gr. 360	e

Gregory	Soden	saec.	bibliotheca	cont.
138	A201	XII	Roma, Biblioteca Vaticana, Gr. 757	e
157	ε 207	XII	Roma, Biblioteca Vaticana, Urbin. Gr. 2	e
161	ε 1005	X	Roma, Biblioteca Vaticana, Barb. Gr. 352	e (vac. Mt 12,4-18,23; Jo 16,4-21,25)
162	ε 214	XII (1153)	Roma, Biblioteca Vaticana, Barb. Gr. 449	e
185	ε 410	XIV	Firenze, Biblioteca Laurenziana, VI 16	e
209	δ 457	XIV	Venezia, Biblioteca Marciana, 394 (F. a. 10)	e
213	ε 129	XI	Venezia, Biblioteca Marciana, 409 (F. a. 542)	e
225	ε 1210	XII (1192)	Napoli, Biblioteca Nazionale, Cod Vien. 9	e
229	ε 1206	XII (1140)	El Escorial, Biblioteca del Escorial, X. IV. 21	e (vac. Mc 16,16-20; Jo 1,1-11)
235	ε 456	XIII (1278)	Kopenhagen, Kongelige Bibliotek, GkS. 1323. 4°	e
237	A13	X	Moskva, Gos. Istoričeskij Muzej, S. 41, VI. 85	e
238	A145	XI	Moskva, Gos. Istoričeskij Muzej, S. 47, VI. 91; *olim:* Dresden, Sächsische Landesbibliothek, A. 100	e
241	δ 507	XI	*olim:* Dresden, Sächsische Landesbibliothek, A 172	e
243	Θε304	XIV	Moskva, Gos. Istoričeskij Muzej, S. 388, VI. 92	Mt Lc
245	ε 1226	XII (1199)	Moskva, Gos. Istoričeskij Muzej, S. 278, VI. 16	e
251	ε 192	XII	Moskva, Gos. Publičnaja Biblioteka im. Lenina, Gr. 9	e
253	A123	XI	*olim:* Moskva, Erzbisch. Nikephoros	e
258	ε 388	XIII	Dresden, Sächsische Landesbibliothek, A 123	e
262	ε 1020	X	Paris, Bibliothèque Nationale, Gr. 53	e
264	ε 284	XII	Paris, Bibliothèque Nationale, Gr. 65	e (vac. Mt 1,1-7,14; 14,31-15,24. 37-16,24; 17,8-18,7; Lc 18,17-30; Jo 5,23-36; 6,69-7,12; 21,23-fin.)
267	ε 1289	XII	Paris, Bibliothèque Nationale, Gr. 69	e (vac. Mt 1,1-8; Mc 1,1-7; Lc 1,1-8; 24,50-Jo 1,2)
272	ε 1182	XI	London, British Museum, Add. 15581	e
273	ε 370	XIII	Paris, Bibliothèque Nationale, Gr. 79	e
274	ε 1024	X	Paris, Bibliothèque Nationale, Suppl. Gr. 79	e (vac. Mc 1,1-16; 6,21-54; Jo 1,1-20; 3,18-4,1; 7,23-42; 9 10-27; 18,12-29)
291	ε 377	XIII	Paris, Bibliothèque Nationale, Gr. 113	e (vac. Mt 7,6-25)
299	A21	X	Paris, Bibliothèque Nationale, Gr. 177	e
304	Cμ23 A215	XII	Paris, Bibliothèque Nationale, Gr. 194	Mt Mc
322	α 550	XV	London, British Museum, Harley 5620	a p (cit. ad Act 15,20)
346	ε 226	XII	Milano, Biblioteca Ambrosiana, S. 23 sup.	e (vac. Jo 3,26-7,52)

Gregory	Soden	saec.	bibliotheca	cont.
348	ε 121	XI (1022)	Milano, Biblioteca Ambrosiana, B. 56 sup.	e
372	ε 600	XVI	Roma, Biblioteca Vaticana, Gr. 1161	e (vac. Jo 3, 1-fin.)
397	Cι10	X. XI	Roma, Biblioteca Vallicelliana, E. 40	Jo
399	ε 94	IX. X	Leningrad, Gos. Publičnaja Biblioteka, Gr. 220	e
409	ε 424	XIV	Venezia, Biblioteca Marciana, 947 (I, 15)	e
435	ε 1031	X	Leiden, Bibliotheek der Rijksuniversiteit, Gronov. 137	e (vac. Mt 1, 20-2, 13; 22, 4-19)
471	ε 254	XII	London, Lambeth Palace, 1176	e
472	ε 1386	XIII	London, Lambeth Palace, 1177	e (vac. Mt 4, 1-7, 6; 20, 21-21, 12; Lc 4, 29-5, 1. 17-33; 16, 24-17, 13; 20, 19-41; Jo 6, 51-8, 2; 12, 20-40; 14, 27-15, 13; 17, 6-18, 2; 18, 37-19, 14)
473	ε 1390	XIII	London, Lambeth Palace, 1178	e (vac. Mt 1, 1-8)
474	ε 137	XI	London, Lambeth Palace, 1179	e (vac. Mt 1, 1-13, 53; 16, 28-17, 18; 24, 39-25, 9; 26, 71-27, 14; Mc 8, 32-9, 9; Jo 11, 8-30; 13, 8-fin.)
476	ε 1126	XI	London, British Museum, Arundel 524	e (vac. Jo 11, 18-41)
481	ε 1017	X	London, British Museum, Burney 19	e
482	ε 329	XIII (1285)	London, British Museum, Burney 20	e
485	ε 247	XII	London, British Museum, Burney 23	e (vac. Lc 5, 22-9, 32; 11, 31-13, 25; 17, 25-18, 3; Jo 8, 14-fin.)
487	ε 1184	?	*olim:* London, Lambeth Palace, Todd. C. 4	e
495	ε 243	XII	London, British Museum, Add. 16183	e
517	ε 167	XI. XII	Oxford, Christ Church College, Wake 34	e
543	ε 257	XII	Ann Arbor, University of Michigan, Ms. 15	e (vac. Mt 12, 11-13, 10; Mc 8, 4-28; Lc 15, 20-16, 9; Jo 2, 22-4, 6; 4, 52-5, 43; 11, 21-47)
544	ε 337	XIII	Ann Arbor, University of Michigan, Ms. 25	e
565	ε 93	IX	Leningrad, Gos. Publičnaja Biblioteka, Gr. 53	e (vac. Jo 11, 26-48; 13, 2-23)
566	ε 77	IX	Leningrad, Gos. Publičnaja Biblioteka, Gr. 54; Gr. 282	Mt Mc
579	ε 376	XIII	Paris, Bibliothèque Nationale, Gr. 97	e (vac. Mc 3, 28-4, 8; Jo 20, 15-fin.)
597	ε 340	XIII	Venezia, Biblioteca Marciana, 1277 (I. 59)	e
614	α 364	XIII	Milano, Biblioteca Ambrosiana, E. 97 sup.	a p (cit. ad Act 15, 28; 21, 25)
659	ε 1216	XII	*olim:* Berlin, Staatsbibliothek, Gr. Qu. 55	e
660	ε 178	XI. XII	Berlin, Staatsbibliothek, Stiftung Preuß. Kulturbesitz, Gr. Qu. 66	e
661	ε 179	XI	*olim:* Berlin, Staatsbibliothek, Gr. Qu. 67	e
700	ε 133	XI	London, British Museum, Egerton 2610	e

Gregory	Soden	saec.	bibliotheca	cont.
713	ε 351	XII	Birmingham, Selly Oak College, Cod. Peckover Gr. 7	e (vac. Jo 10,27-11,14; 11,29-42)
788	ε 1033	XI	Athen, Ethniki Vivliothiki, 74	e (vac. Jo 21,20-fin.)
828	ε 219	XII	Grottaferrata, Biblioteca della Badia, A′ α′ 5	e
850	K[120]	XII	Roma, Biblioteca Vaticana, Barb. Gr. 504	Jo 1,1-10,17
892	ε 1016	X	London, British Museum, Add. 33277	e (Jo 10,6-12,18; 14,23-fin. m. s.)
899	ε 175	XI	Uppsala, Universitetsbiblioteket, Gr. 4	e (vac. Jo 16,5-17,8)
945	δ 362	XI	Athos, Dionysiu, 124 (37)	e
954	ε 1454	XV	Athos, Dionysiu, 347 (312)	e (vac. Mt 27,12-27)
983	ε 3017	XII	Athos, Esphigmenu, 29	e (vac. Jo 11,34-19,9)
990	ε 1260	XI	Athos, Iviron, 383 (5)	e (vac. Mt 26,42-47)
998	ε 1385	XII	Athos, Iviron, 654 (30)	e (vac. Mt 16,27-21,10; 27,3-Mc 1,34; Lc 23,3-Jo 7,14)
1010	ε 1266	XII	Athos, Iviron, 738 (66)	e (Lc 8,4-44; Jo 12,25-13,22 m. s.)
1012	ε 1132	XI	Athos, Iviron, 1063 (68)	e (vac. Lc 6,9-23)
1038	ε 1493	XIV	Athos, Karakallu, 37 (49)	e
1047	ε 1354	XII	Athos, Kutlumusiu, 68	e
1071	ε 1279	XII	Athos, Lavra, A′ 104	e
1082	ε 3015	XIV	Athos, Xiropotamu, 105 (2667)	e
1093	ε 1443	XIV (1302)	Athos, Panteleimonos, 28	e
1170	ε 541	XI	Patmos, Joannu, 92	e (vac. Mt 4,1-17; 5,7-22; 26,61-27,3; Mc 16,15-fin.; Lc 2,24-42; 5,4-17; 21,13-30; Jo 6,70-7,17)
1187	ε 1083	XI	Sinai, 150	e
1194	ε 1094	XI	Sinai, 157	e
1216	ε 1043	XI	Sinai, 179	e
1229	ε 1317	XIII	Sinai, 192	e (vac. Mt 1,1-11)
1241	δ 371	XII	Sinai, 260	e (vac. Mt 8,14-13,3)
1279	ε 1178	XI	London, British Museum, Add. 34107	e (vac. Lc 7,1-19; 9,13-31)
1293	ε 190	XI	Paris, Bibliothèque Nationale, Suppl. Gr. 1225	e (vac. Mt 1,1-5,6; Mc 2,21-3,5; Lc 7,17-32; Jo 18,5-fin.)
1295	ε 96	IX	Paris, Bibliothèque Nationale, Suppl. Gr. 1257	e (vac. Mt 1,1-13,57; Mc 9,38-10,9; Jo 20,22-fin.)
1342	ε 1311	XIII. XIV	Jerusalem, Saba, 411	e (vac. Mt 1,11-4,25)
1346	ε 1089	X. XI	Jerusalem, Saba, 606; Leningrad, Gos. Publičnaja Biblioteka, Gr. 284	e (Jo 3,1-4,15: Leningr.)
1355	ε 1246	XII	Jerusalem, Stavru, 104	e
1365	ε 381	XII	Jerusalem, Photiu, 28	e (vac. Jo 20,30-fin.)

Gregory	Soden	saec.	bibliotheca	cont.
1396	ε 1416	XIV	Athos, Pantokratoros, 51	e
1424	δ 30	IX. X	Maywood, Theological Seminary, Gruber Ms. 152	e (vac. Mt 1,23-2,16)
1547	ε 4024	XIV (1339)	Athos, Vatopediu, 901	e
1555	ε 1341	XIII	Athos, Vatopediu, 918	e
1573	δ 398	XII. XIII	Athos, Vatopediu, 939	e
1574	ε 551	XIV	Athos, Vatopediu, 940	e (vac. Mc 4,19-8,15)
1579	ε 1349	XI	Athos, Vatopediu, 946	e (vac. Jo 20,6-19)
1582	ε 183	X (949)	Athos, Vatopediu, 949	e (vac. Mt 22,30-23,3)
1604	ε 1353	XIII	Athos, Vatopediu, 976	e
1689	ε 1054	XII (1200)	*olim:* Serres, Prodromos, γ′ 10	e
1739	α 78	X	Athos, Lavra, B′ 64	a p (cit. ad Act 15,20)
2145	ε 1222	XII (1145)	Leningrad, Gos. Publičnaja Biblioteka, Gr. 222	e (vac. Mt 1,1-9,28)
2324	-	X	New York, General Theological Seminary, Hoffmann Ms.	e (vac. Mt 2,22-3,9)
2386	-	XII	New York, Pierpont Morgan Library, 748; Princeton, University, Art Museum, Inv. 32-14	e
2768	[A[4]]	X (978)	München, Bayerische Staatsbibliothek, Gr. 208, fol. 107-234	Jo [olim cit. sub no. 053]

Lectionaria

Gregory	saec.	bibliotheca	cont.
ℓ 47	X	Moskva, Gos. Istoričeskij Muzej, S. 42, VI. 11	evl
ℓ 118	XIV	Firenze, Biblioteca Laurenziana, Medic. Palat. 243	evl
ℓ 181	X (980)	London, British Museum, Add. 39602	evl
ℓ 182	X	London, British Museum, Add. 39583	evl-frg., cont.: Mc 11,22-26; Mt 7,7-8 (9. Dec.); Lc 11,1-4 (12. Dec.); Mc 9,40-41 (20. Dec.); Mt 1,1-22 (κυρ. πρὸ τῆς $\overline{Χυ}$ γενν.)
ℓ 183	X	London, British Museum, Arundel 547	evl
ℓ 185	XI	Cambridge, Christ's College, DD. I. 6.	evl

𝔥 = Hesychii quae dicitur recensio Aegyptiaca continens

a) codices plerosque in papyro scriptos

b) codd ℵ B C

c) nonnullas lectiones et codicum A L P Q R T Ψ et 33. 579. 892. 1241 aliorumque.

N. B.: In apparatu critico 𝔥 imprimis significat codd ℵ B C (cf. *b*); ceteri codices (cf. *a* et *c*) separatim afferuntur aut cum illis concordantes aut lectionem contrariam praebentes.

𝔎 = Koine, recensio Antiochiae vel Constantinopoli orta, continens et codd E F G H S V Y Ω et plerosque minusculis litteris scriptos, qui illum textum praebere solent. Quibusdam collationibus peractis etiam adnumerandi sunt codices hi:
135. 144. 151. 246. 249. 261. 269. 272. 275. 278. 329. 364. 399. 411. 505. 528. 530. 532. 533. 574. 575. 672. 707. 708. 721. 746. 748. 750. 754. 756. 896. 901. 927. 928. 937. 938. 942. 943. 944. 945. 951. 959. 962. 991. 998. 999. 1023. 1030. 1073. 1074. 1076. 1077. 1078. 1080. 1110. 1121. 1185. 1189. 1190. 1191. 1193. 1196. 1198. 1199. 1201. 1203. 1205. 1206. 1207. 1208. 1209. 1211. 1212. 1214. 1218. 1221. 1222. 1224. 1225. 1227. 1229. 1232. 1234. 1235. 1236. 1238. 1240. 1247. 1248. 1251. 1300. 1301. 1312. 1315. 1316. 1318. 1320. 1323. 1324. 1328. 1330. 1331. 1334. 1339. 1340. 1341. 1343. 1345. 1347. 1350. 1351. 1352. 1358. 1364. 1392. 1404. 1438. 1444. 1445. 1448. 1449. 1452. 1470. 1476. 1483. 1492. 1503. 1505. 1514. 1520. 1539. 1540. 1543. 1548. 1554. 1556. 1557. 1564. 1570. 1572. 1583. 1594. 1597. 1604. 1607. 1628. 1637. 1642. 1645. 1693. 1800. 1826. 2135. 2139. 2140. 2142. 2147. 2175. 2176. 2177. 2178. 2181. 2182. 2266. 2281. 2355. 2356. 2373. 2381. 2494. 2496. 2497. 2499. 2502. 2503 etc.

CODICES LATINI

	Fischer	saec.	bibliotheca	cont.
a	3	IV	Vercelli, Biblioteca Capitolare, s. n.	e (vac. Mt 25,2-12; Mc 1,22-34; 15,15-16,20; Lc 11,12-26; 12,37-59)
a2	16	V	Chur, Rhätisches Museum	Lc 11,11-29; 13,16-34
aur	15	VII	Stockholm, Kungl. Biblioteket, A 135	e (vac. Lc 21,8-30)
b	4	V	Verona, Biblioteca Capitolare, VI (6)	e (vac. Mt 1,1-11; 15,12-22; 23,18-27; Mc 13,11-16. 27-14,24. 56-16,20; Lc 19,26-21,29; Jo 7,44-8,12)
β	26	VII	St. Paul in Kärnten, Stiftsbibliothek, 25. 3. 19 (XXV a. 1) Vorsatzblätter	Lc 1,64-2,51
c	6	XII. XIII	Paris, Bibliothèque Nationale, Lat. 254 (Colbertinus 4051)	e
d	5	V	Cambridge, University Library, Nn. II. 41	e (vac. Mt 1,1-11; 2,20-3,7; 6,8-8,27; 26,65-27,2; Mc 16,6-20; Jo 1,1-3,16; 18,2-20,1)
e	2	V	Trento, Museo Nazionale (Castel del Buonconsiglio), s. n. (Palat. 1185)	e (vac. Mt 1,1-12,49; 24,50-28,2; Mc 1,1-20; 4,8-19; 6,10-12,37. 40-13,2. 3-24. 27-33. 36-16,20; Lc 8,30-48; 11,4-24; Jo 18,12-25)
f	10	VI	Brescia, Biblioteca civica Queriniana, s. n.	e (vac. Mt 8,16-26; Mc 12,5-13,32; 14,53-62. 70-16,20)
ff1	9	VIII	Leningrad, Gos. Publičnaja Biblioteka, O. v. I, 3 (Corb. 21)	Mt
ff2	8	V	Paris, Bibliothèque Nationale, Lat. 17225 (Corb. 195)	e (vac. Mt 1,1-11,16; Lc 9,48-10,20; 11,45-12,6; Jo 17,16-18,9; 20,23-21,8)
g1	7	VIII	Paris, Bibliothèque Nationale, Lat. 11553 (Sangerm. 15)	e
g2	29	X	Paris, Bibliothèque Nationale, Lat. 13169	e
gat	30	VIII	Paris, Bibliothèque Nationale, Suppl. Lat. 1587	e
gig	51	XIII	Stockholm, Kungl. Biblioteket, Gigas libr.	e a p r (cit. ad Act 15,20. 28; 21,25)
h	12	IV. V	Roma, Biblioteca Vaticana, Lat. 7223 fol. 1-66	Mt 3,15-14,33; 18,12-28,20
h	55	V	Paris, Bibliothèque Nationale, Lat. 6400 G	a r (cit. ad Act 15,28)

	Fischer	saec.	bibliotheca	cont.
i	17	V	Napoli, Biblioteca Nazionale, Lat. 3 (Vind. 1235)	Mc 2,17-3,29; 4,4-10,1. 33-14,36; 15,33-40; Lc 10,6-14,22.29-16,4. 11-23,10
j	22	VI	Sarezzano / Alessandria, chiesa	frgg e Jo 1,8-4,29; 5,3-20.29-7,45; 8,6-11,1.12-34; 18,36-19,17.31-20,14
k	1	IV.V	Torino, Biblioteca Nazionale, G. VII. 15	Mt 1,1-3,10; 4,1-14,17; 15,20-36; Mc 8,8-16,20
l	11	VIII	Berlin, Staatsbibliothek, Stiftung Preußischer Kulturbesitz, Depot Breslau 5 (Rehdigeranus 169)	e (vac. Mt 1,1-2,15; Lc 11,28-37; Jo 1,1-16; 6,32-61; 11,56-12,10; 13,34-14,22; 15,3-15; 16,13-21,25)
λ	-	VIII.IX	San Francisco, Bernhard M. Rosenthal	Lc 16,27-17,8.11-16.18-26
m	-	-	Pseudo-Augustini Liber de divinis scripturis vel Speculum, ed. F. Weihrich, CSEL 12	e
μ	-	V	München, Bayerische Staatsbibliothek, nach einer vorläufigen Transkription von B. Bischoff	Mt 9,17.30-37; 10,1-5.7-10
n	16	V	St. Gallen, Stiftsbibliothek, 1394 II p. 50-89; 172 p. 256; Vadiana 70	Mt 17,1-5.14-18,20; 19,20-21,3; 26,56-60.69-74; 27,62-28,3.8-20; Mc 7,13-31; 8,32-9,10; 13,2-20; 15,22-16,13; Jo 19,13-17.24-42
o	16	VII	St. Gallen, Stiftsbibliothek, 1394 III p. 91-92	Mc 16,14-20
p	20	VIII	St. Gallen, Stiftsbibliothek, 1395 VII p. 430-433	Jo 11,14-44
p	54	XIII	Paris, Bibliothèque Nationale, Lat. 321	e a p r (cit. ad Act 15,28)
π	18	VII	Stuttgart, Landesbibliothek, H. B. VII 29; H. B. XIV 15; H. B. VI 114; Darmstadt, Landesbibliothek, 895; Donaueschingen, Fürstenbergische Hofbibliothek, Cod. 192; Cod. 193	Mt 13,6-15. 31-38; Lc 14,8-13; Jo 3,34-36; 6,39-41; 7,24-38; 9,22-32; 11,19-21.26-27.38-48; 20,25-30
q	13	VI.VII	München, Bayerische Staatsbibliothek, Clm 6224 (Frising. 24)	e (vac. Mt 3,15-4,23; 5,25-6,4. 28-7,8; 23,13-28; Mc 1,7-21; 15,5-36; Lc 23,23-35; 24,11-39; Jo 10,11-12,38; 21,9-17. 18-20)
r^1	14	VII	Dublin, Trinity College, A. 4. 15 (Usserianus 1)	e (vac. Mt 1,1-15,16.31-16,13; 21,4-21; 28,16-20; Mc 14,58-15,8.32-16,20; Jo 1,1-15)
r^2	28	VIII.IX	Dublin, Trinity College, A. 4. 6 (Usserianus 2)	e (vac. Mt 1,1-18; 2,7-4,24; 5,29-13,7; 14,1-13; 18,31-19,26; 26,18-45; 27,58-28,20; Mc 3,23-4,19; 5,31-6,13; 15,17-41; Lc 1,1-13; 2,15-3,8; 6,39-7,11; 11,54-12 45; 14,18-15,25; 16,15-17,7; 19,10-38; 22,35-59; 23,14-Jo 5,12; 6,25-8,7; 10,3-21,25)
ρ	24	VII.VIII	Milano, Biblioteca Ambrosiana, M. 12 sup.	Jo 13,3-17
s	21	VI.VII	Milano, Biblioteca Ambrosiana, O. 210 sup. fol. 1-8	Lc 17,3-29; 18,39-19,47; 20,46-21,22
t	19	V.VI	Bern, Universitätsbibliothek, cod. 611 fol. 143 und 144	Mc 1,2-23; 2,22-27; 3,11-18
v	25	VII	Wien, Nationalbibliothek, Lat. 502 Vorsatzblatt	Jo 19,27-20,11
Fi^{33}	33	V	Paris, Bibliothèque Nationale, Lat. 10 439	e
vg^{bamb}	-	IX	Bamberg, Staatliche Bibliothek, A. I. 5	e a p (cit. ad Act 15,28)
vg^{fuld}	-	VI (546)	Fulda, Landesbibliothek, Cod. Bonif. 1	Diatessaron
$vg^{harl\ 1023}$	-	XIII	London, British Museum, Harley 1023	e
vg^{mm}	-	XI	London, British Museum, Egerton 609	e (vac. Mc 6,56-fin.; Lc 1,1-11,

(De versionibus vide II. Signa et Sigla, p. XXX)

II. SIGNA ET SIGLA

SIGNA TEXTUI INSERTA

(ad apparatum criticum ducentia)

⸀ pro sequenti verbo } in apparatu alia praebentur
⸂ ⸃ pro verbis ita inclusis

⸆ hic aliquid inseritur

⸀ ⸀1 ⸀2 ⸀3; ⸂ ⸃ ⸂1 ⸃ ⸂2 ⸃ ⸂3 ⸃; ⸆ ⸆1 ⸆2 ⸆3 ponuntur, si quodque signum iterum vel tertium etc. in eodem versu occurrit

° verbum sequens } omittuntur
⸋ ⸌ verba ita inclusa

⸉ ⸊ ordo verborum ita inclusorum invertitur; ubi non per se elucet, ordo in apparatu numeris significatur

⸄ verbum sequens alio loco ponitur vel omittitur

: aliter interpungitur

°1 °2; ⸋1 ⸌ ⸋2 ⸌; ⸉1 ⸊ ⸉2 ⸊; :1 :2 ponuntur, si quodque signum iterum vel tertium in eodem versu occurrit

[ ] ita includuntur verba vel partes verborum, quae non certe traduntur

⟦ ⟧ ita includuntur sententiae, quas additiones posteriores esse arbitramur; quae tamen et ob vetustatem et ob gravitatem retinentur

SIGLA IN APPARATU OCCURRENTIA

Sigla codicum et versionum

𝔓 = Papyrus
ℓ (ante numerum) = lectionarium
𝔋 = recensio Aegyptiaca, quae dicitur Hesychii, cuius exempla in p. XXVII enumerantur
𝔎 = recensio Antiochiae vel Constantinopoli orta, cuius exempla in p. XXVIII enumerantur
λ = familia codd. min. 1 118 131 209 etc. a K. Lake descripta
ϕ = familia codd. min. 13 69 124 346 etc. a Ferrar aliisque descripta
aeg = versiones Aegyptiacae, i. e. sa bo
aeth = versio Aethiopica
arm = versio Armenica
bo = versio Bohairica
georg = versio Georgica
got = versio Gotica
it = (Italae) omnes vel plerique codd versionis veteris Latinae; codd singuli in p. XXVIII–XXIX enumerati sunt
lat = vulgata et pars veteris Latinae versionis
latt = vulgata et tota vetus Latina
sa = versio Sahidica
sy = versiones Syriacae
sy^c = codex Curetonianus } versiones Syriacae veteres
sy^s = codex Sinaiticus
sy^h = versio Harclensis
sy^hmg = versionis Harclensis lectio marginalis
sy^p = versio Peschitto dicta
sy^pal = versio Syriaco-Palaestinensis
sy^ph = versio Philoxeniana (sed sy^p.h = versio Peschitto et Harclensis)
vg = vulgata Hieronymi
vg^codd = vulgata in antiquis codicibus exstans
vg^cl = vulgata Clementina, 1592
vg^s = vulgata Sixtina, 1590
vg^st = vulgata, ed. R. Weber, Stuttgart 1969
vg^ww = vulgata, ed. Wordsworth-White, 1889–1898

Signa editionum Novi Testamenti

B = J. M. Bover
M = A. Merk
S = Herm. v. Soden
T = C. Tischendorf
V = H. J. Vogels
W = B. Weiß
H = B. F. Westcott – F. J. A. Hort
h = lectio marginalis apud H
† = Nestle, ed. 25

Signa praeterea occurrentia

* = prima manus codd
1.2.3 vel a.b = correctores codd
— = omittit
+ = addit
¦ = distinguit varias lectiones ad eundem locum pertinentes
; = distinguit codd a patribus
| = distinguit varias lectiones in eodem versu
[ ] = uncis angulatis includuntur coniecturae et ad verba et ad accentus tantum vel divisiones vocum pertinentes; litterae in mss non legendae sed concludendae
( ) = ita includuntur testes a ceteris non nisi minoribus rebus discrepantes
… = significantur vocabula, quae sive cum lectione ante citata sive cum textu congruunt

III. ABBREVIATIONES

LIBRI VETERIS ET NOVI TESTAMENTI

Gn = Genesis
Ex = Exodus
Lv = Leviticus
Nu = Numeri
Dt = Deuteronomium
Jos = Josue
Jdc = Judices
Rth = Ruth
1.2 Sm = 1.2 Samuelis (LXX: Reg I.II)
1.2 Rg = 1.2 Regum (LXX: Reg III.IV)
1.2 Chr = 1.2 Paralipomenon (Chronik)
1 Esr = LXX: Esdrae I
Esr = Esdras } (LXX: Esdrae II)
Neh = Nehemias } (LXX: Esdrae II)
Esth = Esther
Job
Ps = Psalmi
Prv = Proverbia
Eccl = Ecclesiastes
Ct = Canticum canticorum
Is = Isaias
Jr = Jeremias
Thr = Threni (Lamentationes)
Ez = Ezechiel
Dn = Daniel
Hos = Osee (Hosea)
Joel
Am = Amos
Ob = Abdias (Obadja)
Jon = Jonas
Mch = Michaeas
Nah = Nahum
Hab = Habacuc
Zph = Sophonias (Zephanja)
Hgg = Aggaeus (Haggai)
Zch = Zacharias
Ml = Malachias
Jdth = Judith
Sap = Sapientia Salomonis
Tob = Tobit
Sir = Siracides (Ecclesiasticus)
Bar = Baruch
1-4 Mcc = 1-4 Machabaeorum
Sus = Susanna
Ps Sal = Psalmi Salomonis (LXX)
Mt = Matthaeus
Mc = Marcus
Lc = Lucas
Jo = Johannes
Act = Acta apostolorum
Rm = ad Romanos
1.2 Cor = 1.2 ad Corinthios
Gal = ad Galatas
Eph = ad Ephesios
Ph = ad Philippenses
Kol = ad Colossenses
1.2 Th = 1.2 ad Thessalonicenses
1.2 Tm = 1.2 ad Timotheum
Tt = ad Titum
Phm = ad Philemonem
Heb = ad Hebraeos
Jc = Jacobi
1.2 Pt = 1.2 Petri
1-3 Jo = 1-3 Johannis
Jd = Judae
Apc = Apocalypsis Johannis

PATRES

Ad = Adamantius, saec III.IV
Africanus = Julius Africanus, saec III
Al = Alexander Alexandrinus, saec IV
Amb = Ambrosius, saec IV
Ambst = Ambrosiaster, saec IV
Apollin = Apollinaris, saec IV
Ass Mosis = Assumptio Mosis
Ath = Athanasius, saec IV
Aug = Augustinus, saec IV.V
Bars = Barsalibi, A.D. 1171
Bas = Basilius magnus, saec IV
Chr = Johannes Chrysostomus, saec IV.V
Cl = Clemens Alexandrinus, saec II.III
Cl^{hom} = Homiliae Pseudoclementinae, saec II?
Cyp = Cyprianus, saec III
Cyr = Cyrillus Alexandrinus, saec V
Cyr^{Jer} = Cyrillus Hierosolymitanus, saec IV
Dial(ogus) Timothei et Aquilae, saec V
Did = Didache, saec II
Dionys = Dionysius Alexandrinus, saec III
Doroth = Dorotheus, saec VI
Ephr = Ephraemus Syrus, saec IV
Epiph = Epiphanius, saec IV
Eus = Eusebius, saec IV
Euthal = Euthalius, saec V
Fulg = Fulgentius, saec VI

Gel = Gelasius Cycicenus, saec V
Greg^{naz} = Gregorius Nazianzenus, saec IV
Greg^{nyss} = Gregorius Nyssenus, saec IV
Heg = Hegemonius, saec IV
Hier = Hieronymus, saec IV.V
Hil = Hilarius, saec IV
Hipp = Hippolytus, saec III
Ir = Irenaeus, saec II
Ir^{arm}; Ir^{lat} = versiones Irenaei
Ju = Justinus martyr, saec II
Lcf = Lucifer Calaritanus, saec IV
Mcion = Marcion, saec II
Meth = Methodius, saec III.IV
Nic = Niceta, saec IV.V
Non = Nonnus, saec IV.V
Or = Origenes, saec III
Or^{lat} = versio Origenis
Phil = Philostorgius, saec V
Porph = Porphyrius, saec III
Prisc = Priscillianus, saec IV
Tat = Tatianus, saec II
Tert = Tertullianus, saec II.III
Theod = Theodorus Mopsvestiensis, saec IV.V

ABBREVIATIONES ALIAE

a. = ante
acc. = accentus vel spiritus
add. = addit; addunt
al = alii
a p (r) = Acta apostolorum et epistulae catholicae et Paulinae (et revelatio sive apocalypsis)
app = apparatus
append. = appendix
c. = cum
CC = Corpus christianorum, series Latina, Turnholti
cet = ceteri
cf = confer
cj = conjecit
cod; codd = codex; codices
comm = commentatores
cont. = continet
corr = correctores
CSEL = Corpus scriptorum ecclesiasticorum Latinorum, Vindobonae
del. = delevit
dist. = distinguit; distinguunt
e = quattuor evangelia
ead. = eadem
eti. = etiam
evl = evangeliarium
ex lat? = ex versione Latina?
fol; foll = folium; folia
frg; frgg = fragmentum; fragmenta
GCS = Die griechischen christlichen Schriftsteller der ersten Jahrhunderte, Berlin
hapaxl. = hapaxlegomenon
i. e. = id est
it. = item
Kl T = Kleine Texte für Vorlesungen und Übungen, begr. von H. Lietzmann, hrsg. von Kurt Aland
κτλ = καὶ τὰ λοιπά, i. e. et cetera
LXX = Septuaginta, versio Graeca Veteris Testamenti
Mas. = textus Masoreticus
mg = lectio marginalis
m. s. = manu secunda
mut. c. = mutare cum
nr. = numerus
NT = Novum Testamentum
obel. = obelus
occ = occidentales
om. = omittit; omittunt
p. (in textu) = pagina
p. (in app. crit.) = post
p) (ante varias lectiones) = lectiones e locis parallelis invasae
par = loci paralleli
patr = patres
pc = pauci
PG = Migne, Patrologiae cursus completus, series Graeca
PL = Migne, Patrologiae cursus completus, series Latina
pl = plerique
pm = permulti
pon. = ponit
pt = partim
rell = reliqui
saec. = saeculum
SC = Sources chrétiennes, Paris
sc. = scilicet
sol = solus
sq; sqq = sequens; sequentes
suppl = supplementum
Thd = versio Graeca Veteris Testamenti sec. Theodotionem
TU = Texte und Untersuchungen zur Geschichte der altchristlichen Literatur, Berlin
txt = textus
un = unice
v. = vide
vac. = vacat
varr = lectiones variae
verss = versiones antiquae aliae
vid = videtur (incerta lectio)
vl = vel
vs; vss = versus
VT = Vetus Testamentum
ZNW = Zeitschrift für die neutestamentliche Wissenschaft und die Kunde der älteren Kirche

Synopsis Quattuor Evangeliorum

I. EINGANG

PRAEFATIO PREFACE

1. Einleitung

Prologus Prologue

Matth. 1,1

ΚΑΤΑ ΜΑΘΘΑΙΟΝ

1 Βίβλος γενέσεως Ἰησοῦ Χριστοῦ υἱοῦ Δαυὶδ υἱοῦ Ἀβραάμ.

(nr. 6 1,2-17 p. 7)

Mark. 1,1

ΚΑΤΑ ΜΑΡΚΟΝ

1 Ἀρχὴ τοῦ εὐαγγελίου Ἰησοῦ Χριστοῦ ⸂[υἱοῦ θεοῦ]⸃:.

(nr. 13 1,2-6 p. 20)

Luk. 1,1-4

ΚΑΤΑ ΛΟΥΚΑΝ

1 Ἐπειδήπερ πολλοὶ ἐπεχείρησαν ἀνατάξασθαι διήγησιν περὶ τῶν πεπληροφορημένων °ἐν ἡμῖν πραγμάτων, 2 ⸀καθὼς παρέδοσαν ἡμῖν οἱ ἀπ' ἀρχῆς αὐτόπται καὶ ὑπηρέται γενόμενοι τοῦ λόγου, 3 ἔδοξε κἀμοὶ ⸆ παρηκολουθηκότι ἄνωθεν πᾶσιν ἀκριβῶς καθεξῆς σοι γράψαι, κράτιστε Θεόφιλε, 4 ἵνα ἐπιγνῷς περὶ ⸀ὧν κατηχήθης λόγων τὴν ἀσφάλειαν.

Joh. 1,1-18

ΚΑΤΑ ΙΩΑΝΝΗΝ

1 Ἐν ἀρχῇ ἦν ὁ λόγος, καὶ ὁ λόγος ἦν πρὸς τὸν θεόν, καὶ θεὸς ἦν ὁ λόγος. 2 οὗτος ἦν ἐν ἀρχῇ πρὸς τὸν θεόν. 3 πάντα δι' αὐτοῦ ἐγένετο, καὶ χωρὶς αὐτοῦ ἐγένετο ⸂οὐδὲ ἕν⸃:. ὃ γέγονεν:1 4 ἐν αὐτῷ ζωὴ ⸀ἦν, καὶ ἡ ζωὴ ἦν τὸ φῶς ⸋τῶν ἀνθρώπων⸌:. 5 καὶ τὸ φῶς ἐν τῇ σκοτίᾳ φαίνει, καὶ ἡ σκοτία αὐτὸ οὐ κατέλαβεν. 6 Ἐγένετο ἄνθρωπος:, ἀπεσταλμένος παρὰ ⸀θεοῦ, ⸆ ὄνομα αὐτῷ Ἰωάννης· 7 οὗτος ἦλθεν εἰς μαρτυρίαν ἵνα μαρτυρήσῃ περὶ τοῦ φωτός, ἵνα πάντες πιστεύσωσιν δι' αὐτοῦ. 8 οὐκ ἦν ἐκεῖνος τὸ φῶς, ἀλλ' ἵνα μαρτυρήσῃ περὶ τοῦ φωτός. 9 ⸆Ἦν τὸ φῶς τὸ ἀληθινόν:, ὃ φωτίζει

Mark.: 1 ⸂υι. του θ. ℜ A λ φ *pm* (lat) sy^p sa bo ¦ † — ℵ* Θ *pc*; Ir^pt Or ¦ *txt* B ℵ^corr D W *pc* (lat) | :, *et vs* 3 :. (Ir) Or (Epiph); [T]

Luk.: *Inscr.* κατα Λ. B ℵ ¦ ευαγγελιον κατα Λ. A D W *pm* it || 1 °W || 2 ⸀καθα D || 3 ⸆(Act 15,28) et spiritui sancto b q got || 4 ⸀των D*

Joh.: 3 ⸂ουδεν 𝔓^66 ℵ* D 1 *pc* lat; Hipp Or^pt Epiph^pt | : — . *et* :1 . ℵ^c E H K X Γ *pm* sy^p.h bo; Al Chr ¦ *txt* 𝔓^75c C D L W Θ **050*** *al* lat sy^c sa; Ir Cl Hipp Or Eus Epiph Tert || 4 ⸀εστιν ℵ D it sy^c; Cl^pt ¦ — W | ⸋ B* | [:, W ¦ . T] || 6 [: —, H] | ⸀κυριου D* | ⸆ην ℵ* D* W (⸉ lat); Ir^lat || 9 : *et* : —, Cl Non; [H]

---

1 (Mc) Μᾶρκος cf Act 12,12.25; 13,5.13; 15,37.39; Kol 4,10; Phm 24; 2 Tm 4,11; 1 Pt 5,13 || *1 (Lc)* Λουκᾶς cf Kol 4,14; Phm 24; 2 Tm 4,11 || *2 (Mt)* cf Gn 2,4 (LXX); 5,1 (LXX); 10,1; 11,10.27 etc || *2 sqq (Jo) cf 32 sq* || *2 (Jo)* ἐν ἀρχῇ cf Gn 1,1-3; 1 Jo 1,1; 2,13 sq; Prv 8,22 sq; Sir 24,9; Kol 1,15.18; Apc 3,14 | λόγος cf 1 Jo 1,1; Apc 19,13; Ign ad Rm 2,1; 8,2; ad Eph 3,2; 17,2; ad Magn 8,2; Ps 33,6; 106,20; 147,4; Is 55,11; 40,8; Ps 33,4 || *2/3 (Mc)* Ἰησοῦς Χριστός hapaxl. Mc || *3 (Mt)* cf Mc 10,48; 11,10; 12,35 etc || *3 (Jo)* πρὸς τὸν θεόν cf 1 Jo 1,2; Mt 13,56; Mc 6,3; 9,19; 1 Th 3,4 etc | cf Prv 8,27.30; Sir 1,1; Sap 9,4 || *4/5 (Jo)* Prv 8,22 sqq || *5-7 (Jo)* cf Prv 8,30; Sap 7,12; 9,1; Ps 33,6; 1 Cor 8,6; Heb 1,2; Kol 1,16 sq; Apc 3,14 || *8 (Jo)* cf Ps 36,10; Jo 5,26; 1 Jo 1,2 | cf Jo 3,19; 8,12 || *9-11 (Jo)* cf Jo 3,19; 12,35; Is 9,1; Rm 9,30; 1 Cor 9,24; Ph 3,12; 1 Th 5,4 || *10 (Lc)* cf Act 23,26; 24,3; 26,25; *cf 30 sq* || *11 (Jo)* cf Mc 1,4; Lc 1,5 || *12 (Jo)* cf Ex 3,10-15; Is 6,8; Jr 14,14; 23,21 etc || *13 cf 25-29;* cf Jo 1,19-27.29-34; 3,26-36; 5,33-36; 10,41 || *14 sqq cf nr 13, p 20* || *19* ἀληθινός cf Heb 8,2; 9,24; Jo 17,3; 1 Jo 2,8; 5,20; 1 Th 1,9; Is 65,16 etc || *19 sq* cf Jo 3,19; 12,46; 6,14; 9,39; 11,27; 16,28 etc

Matth.	Mark.	Luk.	[Joh. 1,1-18]
			πάντα ἄνθρωπον⁝, ἐρχόμενον εἰς τὸν κόσμον. 10 ἐν τῷ κόσμῳ ἦν, καὶ ὁ κόσμος δι' αὐτοῦ ἐγένετο, καὶ ὁ κόσμος αὐτὸν οὐκ ἔγνω. 11 ⁝ εἰς τὰ ἴδια ἦλθεν, καὶ οἱ ἴδιοι αὐτὸν οὐ παρέλαβον. 12 ὅσοι ⁰δὲ ἔλαβον αὐτόν, ἔδωκεν αὐτοῖς ἐξουσίαν τέκνα θεοῦ γενέσθαι, τοῖς πιστεύουσιν εἰς τὸ ὄνομα αὐτοῦ, 13 ⸉οἳ οὐκ⸊ ἐξ αἱμάτων οὐδὲ ἐκ θελήματος σαρκὸς ⸋οὐδὲ ἐκ θελήματος ἀνδρὸς⸌ ⸀ἀλλ' ἐκ θεοῦ ⸀ἐγεννήθησαν.
			14 Καὶ ⸋ὁ λόγος⸌ σὰρξ ἐγένετο καὶ ἐσκήνωσεν ἐν ἡμῖν, καὶ ἐθεασάμεθα τὴν δόξαν αὐτοῦ⁝, δόξαν ὡς μονογενοῦς παρὰ πατρός, ⸀πλήρης χάριτος καὶ ἀληθείας. 15 ⁝Ἰωάννης μαρτυρεῖ περὶ αὐτοῦ καὶ κέκραγεν λέγων· ⸉οὗτος ἦν ὃν εἶπον·⸊ ὁ ὀπίσω μου ἐρχόμενος⸆ ἔμπροσθέν μου γέγονεν, ὅτι πρῶτός μου ἦν⁝¹. 16 ⸀ὅτι ἐκ τοῦ πληρώματος αὐτοῦ ἡμεῖς πάντες⸆ ἐλάβομεν καὶ χάριν ἀντὶ χάριτος· 17 ὅτι ὁ νόμος διὰ Μωϋσέως ἐδόθη, ἡ ⸀χάρις καὶ ⁰ἡ ἀλήθεια διὰ Ἰησοῦ Χριστοῦ ἐγένετο. 18 Θεὸν οὐδεὶς ἑώρακεν πώποτε· ⸉μονογενὴς θεὸς⸊ ὁ ὢν εἰς τὸν κόλπον τοῦ πατρὸς ἐκεῖνος ἐξηγήσατο⸆.
			(nr. 13 1,19-23 p. 20)

Acta 1,1–2: 1 Τὸν μὲν πρῶτον λόγον ἐποιησάμην περὶ πάντων, ὦ Θεόφιλε, ὧν ἤρξατο ὁ Ἰησοῦς ποιεῖν τε καὶ διδάσκειν, 2 ἄχρι ἧς ἡμέρας ἐντειλάμενος τοῖς ἀποστόλοις διὰ πνεύματος ἁγίου οὓς ἐξελέξατο ἀνελήμφθη.

Justinus Mart., Apol. II, 6, 3: Ὁ δὲ υἱὸς ἐκείνου, ὁ μόνος λεγόμενος κυρίως υἱός, ὁ λόγος πρὸ τῶν ποιημάτων καὶ συνὼν καὶ γεννώμενος, ὅτε τὴν ἀρχὴν δι' αὐτοῦ πάντα ἔκτισε καὶ ἐκόσμησε, Χριστὸς μὲν κατὰ τὸ κεχρῖσθαι καὶ κοσμῆσαι τὰ πάντα δι' αὐτοῦ τὸν θεὸν λέγεται ...

---

9 ⁝ *v. p. 1* ‖ 11 [⁝ *dist.* H] ‖ 12 ⁰ D e; Epiph ‖ 13 ⸉ ουκ *et* ⸀ -ηθησαν D* a ¦ qui (— Tert) non ... natus est b; Ir^lat (Tert) Ambr ¦ *txt* 𝔓⁶⁶ *rell* (εγενη- 𝔓⁷⁵ B* A Δ *al*); Cl Or | ⸋ B* | ⸀ αλλα 𝔓⁶⁶ W ‖ 14 ⸋ sa^pt | [⁝ —, T] | ⸀ πληρη D ‖ 15 [⁝ (*et* ⁝¹ ·) H] | ⸉ ουτ. ην ο ειπων B* ℵ² C*; Or ¦ ουτ. ην ℵ*; Eus | ⸆ ος ℵ* W c; Eus ‖ 16 ⸀ και 𝔎 A W Θ 063 λ φ *pl* lat sy^c.p bo^pt; Chr Theod ¦ *txt* 𝔓⁶⁶.⁷⁵ B ℵ C D it sa bo^pt; Or Cyr | ⸆ ζωην W ‖ 17 ⸀ χ. δε 𝔓⁶⁶ (∫ W) it | ⁰ 𝔓⁶⁶ ‖ 18 ⸉ ο μ. υιος 𝔎 A (W) Γ Δ Θ 063 λ φ *pl* latt sy^c; Ir Al Eus Athan ¦ ο μ. θ. 𝔓⁷⁵ ℵ² 33 *al*; Cl ¦ [μον. θεου Burney *cj*] ¦ *txt* 𝔓⁶⁶ B ℵ* C* L sy^p; Ir Or | ⸆ ημιν W c sy^c

---

20 κόσμος cf 6,14; 13,1; 17,5; 1,29; 3,17; 7,4; 12,19; 14,19; 17,6.18 | 4,42; 6,33.51; 12,47; 3,16 | 1Jo 2,16; 4,4.5; Jo 8,12; 12,31; 14,30; 16,11; 1Jo 5,19; Jo 16,20; 7,7; 15,18sq; 17,14 ‖ 21 τὰ ἴδια cf 16,32; 19,27; Act 21,6; Esth 5,10; 6,12; 3Mcc 6,27.37; 7,8; 1Esr 6,31; Jo 8,44; 15,19 ‖ 22 cf Gl 3,26; Eph 1,5; Jo 20,31; Sap 7,27; Act 4,12; 1Jo 5,13 ‖ 23 cf Apc 17,16; 19,18.21; Jc 5,3; Gn 40,19; Job 19,22 ‖ 24 cf Sir 24,8; Sap 9,15; 2Cor 5,1.4; 2Pt 1,13sq | cf Jo 1,32.38; 4,35; 6,5; 11,45 | δόξα cf Nu 14,22; Ez 39,21; Ps 24, 7-10; 57,6.12; 102,16sq; 108,6; cf Ex 24,16sq; 33,18sq.22; Lv 9,6.23sq; Dt 5,24sq; Ex 16,10; 40,34sq; Is 60,1; Ez 10,4etc; cf Sir 42,16; Bar 4,24; 5,9; cf Sir 45,3; 2Mcc 2,8 et Henoch; cf Lc 9,32; 21,27; 2Cor 3,18; 4,6 | (Ἰησοῦς) μονογενής Jo sol.: *24.28*; 3,16.18; 1Jo 4,9; cf Jdc 11,34; Tob 3,15; 8,17; Lc 7,12; 8,42; 9,38; Heb 11,17 ‖ *25-29 cf 14* ‖ 25 κράζειν cf Jo 7,28.37; 12,44; Rm 9,27 ‖ 26 cf 1Rg 3,12; 16,25.30.33; 2Rg 18,5; Eccl 1,16; 2,7.9; cf Gn 48,20 (Bauer⁵ 510) ‖ 27 cf Kol 1,19; 2,9 | cf Jo 7,19sqq; 6,32; Rm 6,14; 10,4 ‖ 28 cf Jo 5,37; 6,46; 1Jo 4,12.20; Ex 19,21; 33,20.23; Dt 4,12; Sir 43,31 | *cf 24* ‖ 29 cf Lc 16,22sq; Nu 11,12; Dt 13,7; 28,54.56; 2Sm 12,3; 1Rg 17,19 etc ‖ *30sq cf 8sqq (Lc)* ‖ *32sq cf 2sqq (Jo)*

II. VORGESCHICHTE

EXORDIUM · INTRODUCTION

2. Ankündigung der Geburt Johannes des Täufers

Annuntiatio nativitatis Ioannis — **The Promise of the Birth of John the Baptist**

Matth.	Mark.	Luk. 1, 5-25	Joh.

[5] Ἐγένετο ἐν ταῖς ἡμέραις Ἡρῴδου ⸆ βασιλέως τῆς Ἰουδαίας ἱερεύς τις ὀνόματι Ζαχαρίας ἐξ ἐφημερίας Ἀβιά, καὶ ⸆ γυνὴ αὐτῷ ἐκ τῶν θυγατέρων Ἀαρὼν καὶ °τὸ ὄνομα αὐτῆς Ἐλισάβετ. [6] ἦσαν δὲ δίκαιοι ἀμφότεροι ⸀ἐναντίον τοῦ θεοῦ, πορευόμενοι ἐν πάσαις ταῖς ἐντολαῖς καὶ ⸀δικαιώμασιν τοῦ κυρίου ἄμεμπτοι. [7] καὶ οὐκ ἦν αὐτοῖς τέκνον, καθότι ἦν °ἡ Ἐλισάβετ στεῖρα, καὶ ἀμφότεροι προβεβηκότες ἐν ταῖς ἡμέραις αὐτῶν ἦσαν. [8] Ἐγένετο δὲ ἐν τῷ ἱερατεύειν αὐτὸν ἐν τῇ τάξει τῆς ἐφημερίας αὐτοῦ ἔναντι τοῦ θεοῦ ⁏, [9] κατὰ τὸ ἔθος τῆς ἱερατείας ἔλαχε τοῦ θυμιᾶσαι εἰσελθὼν εἰς τὸν ναὸν ⸋τοῦ ⸀κυρίου⸌, [10] καὶ πᾶν τὸ πλῆθος ἦν τοῦ λαοῦ προσευχόμενον ἔξω τῇ ὥρᾳ τοῦ θυμιάματος. [11] ὤφθη δὲ αὐτῷ ἄγγελος κυρίου ἑστὼς ἐκ δεξιῶν τοῦ θυσιαστηρίου τοῦ θυμιάματος. [12] καὶ ἐταράχθη Ζαχαρίας ἰδὼν ⸆ καὶ φόβος ἐπέπεσεν ἐπ' αὐτόν. [13] ⸂εἶπεν δὲ⸃ πρὸς αὐτὸν ὁ ἄγγελος ⸆· μὴ φοβοῦ, Ζαχαρία, ⸀διότι εἰσηκούσθη ἡ δέησίς σου, καὶ ἡ γυνή σου Ἐλισάβετ γεννήσει υἱόν °σοι καὶ καλέσεις τὸ ὄνομα αὐτοῦ Ἰωάννην. [14] καὶ ἔσται χαρά σοι καὶ ἀγαλλίασις καὶ πολλοὶ ἐπὶ τῇ ⸀γενέσει αὐτοῦ χαρήσονται. [15] ἔσται γὰρ μέγας ἐνώπιον ⸂[τοῦ] κυρίου⸃, καὶ οἶνον καὶ σίκερα οὐ μὴ πίῃ, καὶ πνεύματος ἁγίου πλησθήσεται ἔτι ⸄ἐκ κοιλίας⸅ μητρὸς αὐτοῦ, [16] καὶ πολλοὺς τῶν υἱῶν Ἰσραὴλ ἐπιστρέψει ἐπὶ κύριον τὸν θεὸν αὐτῶν. [17] καὶ αὐτὸς ⸀προελεύσεται ἐνώπιον αὐτοῦ ἐν πνεύματι καὶ δυνάμει Ἠλίου ⸆, ἐπιστρέψαι καρδίας πατέρων ἐπὶ τέκνα καὶ ἀπειθεῖς ἐν φρονήσει δικαίων, ἑτοιμάσαι ⸇ κυρίῳ λαὸν κατεσκευασμένον. [18] καὶ εἶπεν Ζαχαρίας πρὸς τὸν ἄγγελον· κατὰ τί γνώσομαι τοῦτο; ἐγὼ γάρ εἰμι πρεσβύτης καὶ ἡ γυνή μου προβεβηκυῖα ἐν ταῖς ἡμέραις αὐτῆς. [19] καὶ ἀποκριθεὶς ὁ ἄγγελος εἶπεν αὐτῷ· ἐγώ εἰμι Γαβριὴλ ὁ ⸀παρεστηκὼς ἐνώπιον τοῦ θεοῦ καὶ ἀπεστάλην λαλῆσαι πρὸς σὲ καὶ εὐαγγελίσασθαί σοι ταῦτα· [20] καὶ ἰδοὺ ἔσῃ σιωπῶν καὶ μὴ δυνάμενος λαλῆσαι ἄχρι ἧς ἡμέρας γένηται ταῦτα, ἀνθ' ὧν οὐκ ἐπίστευσας τοῖς λόγοις μου, οἵτινες ⸀πληρωθήσονται εἰς τὸν καιρὸν αὐτῶν. [21] Καὶ ἦν ὁ λαὸς ⸀προσδοκῶν τὸν Ζαχαρίαν καὶ ἐθαύμαζον ἐν τῷ χρονίζειν ⸂ἐν τῷ ναῷ αὐτόν⸃. [22] ἐξελθὼν δὲ οὐκ ἐδύνατο λαλῆσαι αὐτοῖς, καὶ ἐπέγνωσαν ὅτι ὀπτασίαν ἑώρακεν ἐν τῷ ναῷ· καὶ αὐτὸς ἦν διανεύων αὐτοῖς καὶ ⸀διέμενεν κωφός. [23] καὶ ἐγένετο ὡς ἐπλήσθησαν αἱ ἡμέραι τῆς λειτουργίας αὐτοῦ, ἀπῆλθεν εἰς τὸν οἶκον αὐτοῦ. [24] ⸂Μετὰ δὲ⸃ ταύτας τὰς ἡμέρας συνέλαβεν Ἐλισάβετ ἡ γυνὴ αὐτοῦ καὶ περιέκρυβεν ἑαυτὴν μῆνας πέντε λέγουσα [25] ὅτι οὕτως μοι πεποίηκεν ⸆ κύριος ἐν ἡμέραις αἷς ἐπεῖδεν ἀφελεῖν ⸇ ὄνειδός μου ἐν ἀνθρώποις.

---

5 ⸆του C𝔎ADΘ **053** λ ϕ *pl* | ⸇ἡ 𝔎AΘϕ *pl* | °A || **6** ⸀ενωπιον 𝔎ADWΘ **053** λ ϕ *pl* | ⸀δικαιοσυνη sy^s.p || **7** °BWϕ *al* || **8** [⁏—, H] || **9** ⸋sy^s | ⸀θεου C*D *pc* || **12** ⸆τον αγγελον sy^s || **13** ⸂και ειπεν D it (*v.* 34. 38) | ⸆κυριου Θ *pc* c ff² l | ⸀ιδου sy^s | °D *pc* || **14** ⸀γεννησει G **053** λ ϕ 33 *pm* ¦ *txt* 𝔋ADWΘ *al* || **15** ⸂† 2 𝔋Aλ *al* ¦ του θεου ΘΨϕ *al* ¦ *txt* B𝔎DW **053** *al* | ⸄εν -ια W it sy^s.p || **17** ⸀προσελ- B*C *al* | ⸆του προφητου sy^p | ⸇τω AK *al* || **19** ⸀παρεστως D || **20** ⸀πλησθησ- DWΨ*; Or || **21** ⸀προσδεχομενος D | ⸂4 1-3 ℵC𝔎ADΘ **0130** λ ϕ *pl* ¦ 4 700 *pc* ¦ *txt* BW565 *pc* || **22** ⸀διεμεινεν D *al* || **24** ⸂και μετα D || **25** ⸆ο B𝔎AΘ **053.0130.0135** λ ϕ *pl* ¦ *txt* ℵCDW *pc* | ⸇το C𝔎AΘ **0130.0135** ϕ *pm*

---

1 ἐγένετο κτλ cf Mt 2,1 | ἐξ ἐφημερίας Ἀ. 1Chr 24,10; Neh 12,4.17; Ex 6,23 || *2/3* δίκαιοι κτλ cf Gn 7,1; 17,1; 26,5; Nu 36,13; Dt 4,40; 1Rg 8,61; Ps 119,1; Ez 20,13; Mt 1,19; Lc 2,25; 23,50; Mc 6,20; Act 10,22; Ph 3,6 || *4* cf *15 sq*; Lc 2,36; 1,36; Gn 18,11; 24,1; Jos 13,1; 23,1; 1Rg 1,1 || *6* cf Ex 30,7sq; Dn 9,21 || *7* cf Jdc 6,12 etc; Lc 1,28; 2,9; Act 10,3 || *8* cf Ex 15,16; Jdth 15,1sq; Jdc 13,6; 6,22; Dn 8,17; 10,11; Is 6,5 etc; Lc 1,65; 2,9; 7,16; Act 2,43; 5,5.11; 19,17; Apc 11,11 || *8/9* Lc 1,30; 2,10; Mt 1,20; 28,10; Act 27,24; Apc 1,17; cf Jdc 6,23; Dn 10,12.19 || *9* cf Dn 10,12 (Gn 17,19; 26,24; Is 41,10.14); Act 10,31 || *10* cf Lc 1,60 || *11* cf Lc 1,32 | Nu 6,3 (Jdc 13,4sq; 1Sm 1,11); cf Eph 5,18; Lc 7,28.33 || *12* Lc 1,41.67; Act 2,4 etc | cf Jdc 13,5.7; 16,17; Is 49,1; Jr 1,5; Sir 49,7 || *13* cf Lc 1,76; Mt 11,10; Mc 1,2; Lc 7,27 || *13/14* cf Ml 3,1.22sqq; Sir 48,10; Is 40,1sqq; Mt 11,14; 17,11sq; Mc 9,12sq; Jo 1,21.25 || *14/15* cf Lc 1,76; Mt 11,10 par || *15* cf Gn 15,8; Jdc 6,36sqq; 1Sm 10,2 || *15/16* cf Gn 17,17; 18,11sq; Rm 4,19sqq; cf *4* || *17* cf Lc 1,26 | cf Dn 8,16; 9,21 || *18* cf Is 7,12; Act 13,11 || *22* cf Lc 1,39 || *24* cf Gn 21,6; 30,23; 1Sm 1,11

3. Ankündigung der Geburt Jesu

Annuntiatio nativitatis Christi | **The Annunciation**

Matth.	Mark.	**Luk. 1, 26-38**	Joh.
		[26]Ἐν δὲ τῷ μηνὶ τῷ ἕκτῳ ἀπεστάλη ὁ ἄγγελος Γαβριὴλ ἀπὸ τοῦ θεοῦ εἰς πόλιν τῆς ⸀Γαλιλαίας ⸋ᾗ ὄνομα Ναζαρὲθ⸌ [27]πρὸς παρθένον ⸀ἐμνηστευμένην ἀνδρὶ ᾧ ὄνομα Ἰωσὴφ ἐξ οἴκου ⸆ Δαυὶδ καὶ τὸ ὄνομα τῆς παρθένου Μαριάμ. [28]καὶ εἰσελθὼν πρὸς αὐτὴν⸆⸀εἶπεν· χαῖρε, κεχαριτωμένη, ὁ κύριος μετὰ σοῦ⸆. [29]ἡ δὲ⸆ ἐπὶ τῷ λόγῳ διεταράχθη καὶ διελογίζετο⸆ποταπὸς εἴη ὁ ἀσπασμὸς οὗτος. [30]καὶ εἶπεν ὁ ἄγγελος αὐτῇ· μὴ φοβοῦ, Μαριάμ, εὗρες γὰρ χάριν παρὰ τῷ θεῷ. [31]καὶ ἰδοὺ συλλήμψῃ ἐν γαστρὶ καὶ τέξῃ υἱὸν καὶ καλέσεις τὸ ὄνομα αὐτοῦ Ἰησοῦν. [32]οὗτος ἔσται μέγας καὶ υἱὸς ὑψίστου κληθήσεται καὶ δώσει αὐτῷ κύριος ὁ θεὸς τὸν θρόνον Δαυὶδ τοῦ πατρὸς αὐτοῦ, [33]καὶ βασιλεύσει ἐπὶ τὸν οἶκον Ἰακὼβ εἰς τοὺς αἰῶνας καὶ τῆς βασιλείας αὐτοῦ οὐκ ἔσται τέλος. [34]⸂εἶπεν δὲ⸃ Μαριὰμ πρὸς τὸν ἄγγελον· πῶς ἔσται τοῦτο, ἐπεὶ ἄνδρα οὐ ⸀γινώσκω; [35]καὶ ἀποκριθεὶς ὁ ἄγγελος εἶπεν αὐτῇ· πνεῦμα ἅγιον ἐπελεύσεται ἐπὶ σὲ καὶ δύναμις ὑψίστου ἐπισκιάσει σοι· διὸ καὶ τὸ γεννώμενον⸆ἅγιον κληθήσεται⸁ υἱὸς θεοῦ. [36]καὶ ἰδοὺ Ἐλισάβετ ἡ ⸀συγγενίς σου καὶ αὐτὴ ⸀συνείληφεν υἱὸν ἐν γήρει αὐτῆς καὶ οὗτος μὴν ἕκτος ἐστὶν αὐτῇ τῇ καλουμένῃ στείρᾳ· [37]ὅτι οὐκ ἀδυνατήσει παρὰ ⸂τοῦ θεοῦ⸃ πᾶν ῥῆμα. [38]⸂εἶπεν δὲ⸃ Μαριάμ· ἰδοὺ ἡ δούλη κυρίου· γένοιτό μοι κατὰ τὸ ῥῆμά σου. καὶ ⸀ἀπῆλθεν ἀπ᾽ αὐτῆς ὁ ἄγγελος.	

Protev. Jacobi 11, 1–3 (sec. Pap. Bodmer V et ed. de Strycker): [1]Καὶ ἔλαβεν τὴν κάλπιν καὶ ἐξῆλθεν γεμίσαι ὕδωρ. Καὶ ἰδοὺ [αὐτῇ] φωνὴ λέγουσα ⟨αὐτῇ⟩· Χαῖρε, κεχαριτω⟨μένη· ὁ Κύριος μετὰ σοῦ· εὐλογη⟩μένη σὺ ἐν γυναιξίν. Καὶ περιέβλεπεν τὰ δεξιὰ καὶ τὰ ἀριστερὰ Μαρία πόθεν αὕτη εἴη ἡ φωνή. Καὶ ἔντρομος γενομένη εἰσήει εἰς τὸν οἶκον αὐτῆς καὶ ἀναπαύσασα τὴν κάλπιν ἔλαβεν τὴν πορφύραν καὶ ἐκάθισεν ἐπὶ τοῦ θρόνου καὶ ἧλκεν τὴν πορφύραν. [2]Καὶ ἰδοὺ ἔστη ἄγγελος ἐνώπιον ⟨αὐτῆς⟩ λέγων· Μὴ φοβοῦ, Μαρία· εὗρες γὰρ χάριν ἐνώπιον τοῦ πάντων Δεσπότου. Συλλήμψῃ ἐκ Λόγου αὐτοῦ. Ἡ δὲ ἀκούσασα Μαρία διεκρίθη ἐν ἑαυτῇ λέγουσα· Ἐγὼ συλλήμψομαι ἀπὸ Κυρίου Θεοῦ ζῶντος ὡς πᾶσα γυνὴ γεννᾷ; [3]Καὶ ἰδοὺ ἄγγελος ἔστη [αὐτῇ] λέγων αὐτῇ· Οὐχ οὕτως, Μαρία. Δύναμις γὰρ Θεοῦ ἐπισκιάσει σοι· διὸ καὶ τὸ γεννώμενον ἅγιον κληθήσεται υἱὸς Ὑψίστου. Καὶ καλέσεις τὸ ὄνομα αὐτοῦ Ἰησοῦν· αὐτὸς γὰρ σώσει ⟨τὸν⟩ λαὸν αὐτοῦ ἐκ τῶν ἁμαρτιῶν αὐτῶν. Καὶ εἶπε Μαρία· Ἰδοὺ ἡ δούλη Κυρίου κατενώπιον αὐτοῦ. Γένοιτό μοι κατὰ τὸ ῥῆμά σου.

Pap. Cair. 10735 (Evang. apocr.?) (sec. Deissmann): . . .]. ἑρμηνευέτω σοι. ὁ [δὲ ἀρχιστρατηγός] φησι τῇ παρθένῳ· ἰδοὺ [Ἐλισάβετ ἡ συγ]γενής σου καὶ αὐτὴ συν[είληφε καὶ ἕκτο]ς ἐστὶ μὴν αὐτῇ τῇ κα[λουμένῃ στείρᾳ. ἐν] τῷ ἕκτῳ, ὅ ἐστιν [θώθ, μηνὶ ἡ μήτηρ ἄρα Ἰω]άννην συνέλαβε. [ἔδει δὲ προκηρύσ]σειν τὸν ἀρχιστρα[τηγὸν Ἰωάννην τὸ]ν οἰκέτην προβαδί[ζοντα τῆς τοῦ κυρίου αὐτοῦ] παρουσίας [. . .]τα . . .

Justinus Mart., Dial. 100, 5: Πίστιν δὲ καὶ χαρὰν λαβοῦσα Μαρία ἡ παρθένος, εὐαγγελιζομένου αὐτῇ Γαβριὴλ ἀγγέλου ὅτι πνεῦμα κυρίου ἐπ᾽ αὐτὴν ἐπελεύσεται καὶ δύναμις ὑψίστου ἐπισκιάσει αὐτήν, διὸ καὶ τὸ γεννώμενον ἐξ αὐτῆς ἅγιόν ἐστιν υἱὸς θεοῦ, ἀπεκρίνατο· »Γένοιτό μοι κατὰ τὸ ῥῆμά σου.«

–, Apol. I, 33, 5: Καὶ ὁ ἀποσταλεὶς δὲ πρὸς αὐτὴν τὴν παρθένον κατ᾽ ἐκεῖνο τοῦ καιροῦ ἄγγελος θεοῦ εὐηγγελίσατο αὐτὴν εἰπών· »Ἰδοὺ συλλήψῃ ἐν γαστρὶ ἐκ πνεύματος ἁγίου καὶ τέξῃ υἱόν, καὶ υἱὸς ὑψίστου κληθήσεται, καὶ καλέσεις τὸ ὄνομα αὐτοῦ Ἰησοῦν, αὐτὸς γὰρ σώσει τὸν λαὸν αὐτοῦ ἀπὸ τῶν ἁμαρτιῶν αὐτῶν«, ὡς οἱ ἀπομνημονεύσαντες πάντα τὰ περὶ τοῦ σωτῆρος ἡμῶν Ἰησοῦ Χριστοῦ ἐδίδαξαν, οἷς ἐπιστεύσαμεν . . .

---

26 ⸀Ιουδαιας ℵ* | ⸋D || 27 ⸀μεμν- CΚΘ **053.0130** λφ *pl* ¦ μεμνησμενην D ¦ *txt* B*ℵ*AW*pc* | ⸆(2,4) και πατριας ℵC*al*; Eus || 28 ⸆ο αγγελος ℵA²Δ69 *al* it sy^p^ bo^pt^ (⸉CΚD*al* lat) ¦ *txt* BWΘ*al* | ⸀ευηγγελισατο αυτην και ειπ. 1241 *pc* it | ⸆ (1,42) ευλογημενη συ εν γυναιξιν CΚADΘ **053.0135** φ *pm* latt sy^p^ || 29 ⸆ιδουσα CΚAΘ **053.0130** φ *pm* lat (+ eum b f ff² l, angelum e) sy^p^ bo^pt^ ¦ ακουσασα 1194 vg^cl^ | ⸆ εν εαυτη D*pc* bo^pt^ ¦ εν ε. λεγουσα Ψ 33 *al* || 34 ⸂και ειπεν D a (*v.* 13. 38) | ⸀μετεχω 579 || 35 ⸆εκ σου C*Θ*al* it sy^p^; Ir^lat^ Ad (Epiph) | [⁝, H] || 36 ⸀-νης C*ΚΘ **0135** λ *pm* | ⸀-φυια CΚADΘ **053.0135** λφ *pl* ¦ *txt* BℵW565 *pc* || 37 ⸂τω θεω CΚAΘ **053.0135** λφ *pl* ¦ *txt* Bℵ*(⸉D)W*pc* || 38 ⸂και ειπεν D a (*v.* 13. 34) | ⸀απεστη D ¦ discessit lat

---

[1]cf Lc 1,19 || [2]cf Lc 2,4 sq; 3,23; Mt 1,16.18.20 || [3]cf Jdc 5,24; 6,12; Rth 2,4; *cf 15* || [4]*cf 15 sq* || [5]cf Lc 1,13; 2,10; Mt 1,20; 28,10; Act 27,24; Gn 6,8; Jdc 6,23; Dn 10,12.19 | *cf 10 sq. 17;* Mt 1,18.23 || [5/6]cf Is 7,14; Gn 16,11; Jdc 13,3.5; *cf 19 sq. 28 sqq* || [6]cf Lc 1,15; Mt 1,21.23 (Is 7,14) | cf Lc 2,14; 1,76; 6,35; 8,28; Mc 5,7; *cf 19* || [7/8]cf Is 9,6; 2 Sm 7,12-16; Mch 4,7; Dn 7,14; Heb 7,24 || [8]cf Mt 1,25 || [9 sq]*cf 19. 25 sq* | cf Ex 40,35; Mc 9,7 et par *(= nr 161)* || [10]cf Is 4,3; Ex 13,12; Lv 21,13 sq; Jo 10,36 || [10 sq]*cf 5.22 sqq* || [11 sq]cf Gn 18,14; Mt 19,26 et par *(= nr 255)* || [12]cf 1 Sm 25,41; 2 Rg 4,16; *cf 20 sq* | *cf 26 sq* | cf Jdc 6,21; Lc 2,15; Act 10,7; 12,10 || [15]*cf 3* || [15 sq]*cf 4* || [17]*cf 5* || [19]*cf 9 sq* || [19]*cf 6. 9;* Mt 1,21 || [19 sq]*cf 5/6* || [20 sq]*cf 12* || [22 sqq]*cf 10 sq* || [25 sq]*cf 9 sq* || [26 sq]*cf 12* || [28 sqq]*cf 5/6;* Mt 1,21

4. Maria bei Elisabeth

Visitatio Mariae | **Mary's Visit to Elizabeth**

Matth.	Mark.	**Luk. 1,39-56**	Joh.

39 ⸂Ἀναστᾶσα δὲ⸃ Μαριὰμ ἐν ταῖς ἡμέραις ταύταις ⸀ἐπορεύθη εἰς τὴν ὀρεινὴν μετὰ σπουδῆς εἰς πόλιν Ἰούδα,
40 καὶ εἰσῆλθεν εἰς τὸν οἶκον Ζαχαρίου καὶ ἠσπάσατο τὴν Ἐλισάβετ. 41 καὶ ἐγένετο ὡς ἤκουσεν ⸉τὸν ἀσπα-
σμὸν τῆς Μαρίας ἡ Ἐλισάβετ⸊, ἐσκίρτησεν ⸆τὸ βρέφος ἐν τῇ κοιλίᾳ αὐτῆς, καὶ ἐπλήσθη πνεύματος ἁγίου ἡ
Ἐλισάβετ, 42 καὶ ⸂ἀνεφώνησεν κραυγῇ⸃ μεγάλῃ καὶ εἶπεν⸆· εὐλογημένη σὺ ἐν γυναιξὶν καὶ εὐλογημένος ὁ
καρπὸς τῆς κοιλίας σου. 43 καὶ πόθεν μοι τοῦτο ἵνα ἔλθῃ ἡ μήτηρ τοῦ κυρίου μου πρὸς ⸀ἐμέ; 44 ἰδοὺ γὰρ ὡς
ἐγένετο ἡ φωνὴ τοῦ ἀσπασμοῦ σου εἰς τὰ ὦτά μου, ἐσκίρτησεν ἐν ἀγαλλιάσει τὸ βρέφος ἐν τῇ κοιλίᾳ μου.
45 καὶ μακαρία ἡ πιστεύσασα ὅτι ἔσται τελείωσις τοῖς λελαλημένοις αὐτῇ παρὰ κυρίου.
46 Καὶ εἶπεν ⸀Μαριάμ·
Μεγαλύνει ἡ ψυχή μου τὸν κύριον,
47 καὶ ἠγαλλίασεν τὸ πνεῦμά μου ⸀ἐπὶ τῷ θεῷ τῷ σωτῆρί μου,
48 ὅτι ἐπέβλεψεν⸆ ἐπὶ τὴν ταπείνωσιν τῆς δούλης αὐτοῦ.
ἰδοὺ γὰρ ἀπὸ τοῦ νῦν μακαριοῦσίν με πᾶσαι αἱ γενεαί,
49 ὅτι ἐποίησέν μοι ⸀μεγάλα ὁ δυνατός⁚.
καὶ ἅγιον τὸ ⸁ὄνομα αὐτοῦ,
50 καὶ τὸ ἔλεος αὐτοῦ ⸂εἰς γενεὰς καὶ γενεὰς⸃
τοῖς φοβουμένοις αὐτόν.
51 Ἐποίησεν κράτος ἐν βραχίονι αὐτοῦ,
διεσκόρπισεν ὑπερηφάνους διανοίᾳ καρδίας αὐτῶν·
52 καθεῖλεν δυνάστας ἀπὸ θρόνων καὶ ὕψωσεν ταπεινούς,
53 πεινῶντας ἐνέπλησεν ἀγαθῶν καὶ πλουτοῦντας ἐξαπέστειλεν κενούς.
54 ἀντελάβετο Ἰσραὴλ παιδὸς αὐτοῦ,
μνησθῆναι ἐλέους,
55 καθὼς ἐλάλησεν πρὸς τοὺς πατέρας ἡμῶν,
τῷ Ἀβραὰμ καὶ τῷ σπέρματι αὐτοῦ ⸂εἰς τὸν αἰῶνα⸃.
56 Ἔμεινεν δὲ Μαριὰμ σὺν αὐτῇ ⸀ὡς μῆνας τρεῖς, καὶ ὑπέστρεψεν εἰς τὸν οἶκον αὐτῆς.

Protev. Jacobi 12,1–3 (sec. Pap. Bodmer V et ed. de Strycker): [1] Καὶ ἐποίησεν τὴν πορφύραν καὶ τὸ κόκκινον, καὶ ἀνήνεγκεν τῷ ἱερεῖ. Καὶ λαβὼν ὁ ἱερεὺς εὐλόγησεν αὐτὴν καὶ εἶπεν· Μαρία, ἐμεγάλυνεν [σε] Κύριος ὁ Θεὸς τὸ ὄνομά σου, καὶ ἔσῃ εὐλογημένη ἐν πάσαις ταῖς γενεαῖς τῆς γῆς. [2] Χαρὰν

---

39 ⸂και α. A K *al* | ⸀επορευετο ℵ || **41** ⸉ 5 6 *1-4* C² 𝔎 A W **053** *pm* | ⸆(44) εν αγαλλιασει ℵ* *pc* sy sa^{pt} bo^{pt}; (Hipp) Or || **42** ⸂ανεφ. φωνη 𝔎 A D λ *pm* lat ¦ ανεβοησεν φ. ℵ C Θ **053** φ *al* ¦ *txt* B W *pc*; Or | ⸆Μαριαμ sy$^{s.p}$ || **43** ⸀με *rell* ¦ *txt* B ℵ* Θ || **46** ⸀Elisabet a b l*; Ir^{pt}, *codd apud* Or, Nic ¦ [– comm] || **47** ⸀εν D lat; Ir^{lat} || **48** ⸆κυριος D || **49** ⸀μεγαλεια *rell* ¦ *txt* B ℵ* D* L W lat sy$^{s.p}$; Or | [⁚, H] | ⸁ελεος ℵ* || **50** ⸂εις γ. γενεων 𝔎 A (D) Θ **053** *al* a b c ¦ εις γενεαν και γενεαν ℵ λ φ *pm* it; Cyr ¦ απο γενεας εις γενεαν 565 *pc* sa ¦ *txt* B C* W *pc* vg sy$^{s.p}$ bo || **55** ⸂εως αιωνος C λ φ *pm* || **56** ⸀ωσει C 𝔎 A Θ *pm* ¦ – D 69 it

---

1 cf Act 8,27; Gn 22,3 | 2 Sm 2,1 || *2* *cf 27* | *cf 28* || *3* Μαρία cf Lc 2,19, cet. loc. Μαριάμ | *cf 6*; Gn 25,22 | cf Lc 1,15.67 || *4* cf Dt 28,3 sq; Jdc 5,24; Jdth 13,18; Lc 11,27; *cf 27.29* || *5* cf Act 2,30; Ps 132,11 | cf 2 Sm 24,21; Ps 110,1; Sir 51,10; *cf 29* || *6* *cf 3.29 sq* || *7* *cf 12* | cf Act 27,25; Heb 11,11 || *9-24* cf 1 Sm 2,1-10 || *9* cf Lc 1,58; Act 5,13; 10,46; 19,17; *cf 27* || *10* cf Hab 3,18 (Is 61,10); Ps 35,9; 24,5; 25,5; Sir 51,1; Ps Sal 3,6; 17,3; 1 Tm 1,1; 2,3; 4,10; Tt 1,3; 2,10; 3,4 || *11* cf 1 Sm 1,11 (Ps 113,5 sq); Ps 31,8; Gn 29,32 | cf 1 Sm 9,16; 2 Sm 16,12; 2 Rg 14,26; Ps 9,14; 25,18; *cf 19* | cf Lc 1,38 || *12* cf Lc 5,10; Act 18,6 | *cf 7.31*; Lc 11,27 | cf Gn 30,13 || *13* cf Act 2,11; Dt 10,21; Ps 71,19; 126,2 sq | ὁ δυνατός cf Ps 45,4.6; 120,4; Zph 3,17 etc || *14* cf Ps 111,9 || *15/16* cf Ps 103,13.17; 89,2; Lc 1,58.72.78 || *17/18* cf Ps 89,11 (2 Sm 22,28); Ps 118,15; 18,28; Jr 32,17 (39,17 LXX) || *19* cf Ez 21,31 (Ps 147,6; Job 12,19; 5,11; 1 Sm 2,7); Sir 10,14; *cf 11*; cf Jc 4,6; 1 Pt 5,5 (Prv 3,34) || *20* cf Ps 107,9 (Ps 34,11; 1 Sm 2,5); Gn 31,42; Job 22,9 || *21/22* cf Is 41,8 sq; Ps 98,3 || *23/24* cf Mch 7,20; 2 Sm 22,51 (Gn 17,7; 18,18; 22,17) || *25* *cf 31* || *27* *cf 4.9*; cf Gn 12,2.3 || *27* cf Lc 1,36; *cf 2*

<δὲ> λαβοῦσα Μαρία ἀπῄει πρὸς τὴν συγγενίδα αὐτῆς Ἐλισάβεδ καὶ ἔκρουσεν πρὸς τὴν θύραν. Καὶ ἀκούσασα ἡ Ἐλισάβεδ ἔρριψεν τὸ κόκκινον καὶ ἔδραμεν πρὸς τὴν θύραν καὶ ἤνοιξεν αὐτῇ καὶ εὐλόγησεν αὐτὴν καὶ εἶπεν· Πόθεν μοι <τοῦτο> ἵνα ἡ μήτηρ τοῦ Κυρίου <μου> ἔλθῃ πρὸς ἐμέ; Ἰδοὺ γὰρ τὸ ἐν ἐμοὶ ἐσκίρτησεν καὶ εὐλόγησέν σε. Ἡ δὲ Μαρία ἐπελάθετο τῶν μυστηρίων ὧν ἐλάλησεν Γαβριὴλ ὁ ἄγγελος. Καὶ ⸀ἠ⸁τένισεν εἰς τὸν οὐρανὸν καὶ εἶπεν· Τίς εἰμι ἐγὼ ὅτι ἰδοὺ πᾶσαι αἱ γυναῖκες τῆς γῆς μακαριοῦσίν με; [3] Καὶ ἐποίησεν τρεῖς μῆνας πρὸς τὴν Ἐλισάβεδ.

[28] cf 2/3 || [29] cf 4/5 || [29sq] cf 6 || [30] cf Lc 1,31sq; || [31] cf 12 | cf 25

5. Geburt Johannes des Täufers

Nativitas Ioannis **The Birth of John the Baptist**

Matth.	Mark.	**Luk. 1, 57-80**	Joh.

[57] Τῇ δὲ Ἐλισάβετ ἐπλήσθη ὁ χρόνος τοῦ τεκεῖν αὐτὴν καὶ ἐγέννησεν υἱόν. [58] καὶ ἤκουσαν οἱ περίοικοι καὶ οἱ συγγενεῖς αὐτῆς ὅτι ἐμεγάλυνεν κύριος τὸ ἔλεος αὐτοῦ μετ᾽ αὐτῆς καὶ συνέχαιρον αὐτῇ. [59] Καὶ ἐγένετο ἐν τῇ ἡμέρᾳ τῇ ὀγδόῃ ἦλθον περιτεμεῖν τὸ παιδίον καὶ ἐκάλουν αὐτὸ ἐπὶ τῷ ὀνόματι τοῦ πατρὸς αὐτοῦ Ζαχαρίαν. [60] καὶ ἀποκριθεῖσα ἡ μήτηρ αὐτοῦ εἶπεν· οὐχί, ἀλλὰ κληθήσεται⸆ Ἰωάννης. [61] καὶ εἶπαν πρὸς αὐτὴν ὅτι οὐδείς ἐστιν ἐκ τῆς συγγενείας σου ὃς καλεῖται ⸂τῷ ὀνόματι τούτῳ⸃. [62] ἐνένευον δὲ τῷ πατρὶ αὐτοῦ τὸ τί ἂν θέλοι καλεῖσθαι αὐτό. [63] καὶ αἰτήσας πινακίδιον ἔγραψεν °λέγων· Ἰωάννης ἐστὶν ⸆ ὄνομα αὐτοῦ. ⸂καὶ ἐθαύμασαν πάντες. [64] ἀνεῴχθη δὲ τὸ στόμα αὐτοῦ παραχρῆμα καὶ ἡ γλῶσσα⸃ αὐτοῦ⸆, καὶ ἐλάλει εὐλογῶν τὸν θεόν. [65] ⸂Καὶ ἐγένετο⸃ ἐπὶ πάντας φόβος⸆ τοὺς περιοικοῦντας αὐτούς, καὶ ἐν °ὅλῃ τῇ ὀρεινῇ τῆς Ἰουδαίας διελαλεῖτο °¹πάντα τὰ ῥήματα ταῦτα, [66] καὶ ἔθεντο πάντες οἱ ἀκούσαντες ἐν τῇ καρδίᾳ αὐτῶν λέγοντες· τί ἄρα τὸ παιδίον τοῦτο ἔσται; καὶ °γὰρ χεὶρ κυρίου °¹ἦν μετ᾽ αὐτοῦ.

[67] Καὶ Ζαχαρίας ὁ πατὴρ αὐτοῦ ἐπλήσθη πνεύματος ἁγίου καὶ ⸂ἐπροφήτευσεν λέγων⸃·

[68] Εὐλογητὸς °κύριος ὁ θεὸς τοῦ Ἰσραήλ,
ὅτι ἐπεσκέψατο καὶ ἐποίησεν λύτρωσιν τῷ λαῷ αὐτοῦ,
[69] καὶ ἤγειρεν κέρας σωτηρίας ἡμῖν
ἐν⸆ οἴκῳ Δαυὶδ ⸇ παιδὸς αὐτοῦ,
[70] καθὼς ἐλάλησεν διὰ στόματος ⸉τῶν ἁγίων⸆ ἀπ᾽ αἰῶνος προφητῶν αὐτοῦ⸊,
[71] σωτηρίαν ἐξ ἐχθρῶν ἡμῶν καὶ ἐκ χειρὸς πάντων τῶν μισούντων ἡμᾶς,
[72] ποιῆσαι ἔλεος μετὰ τῶν πατέρων ἡμῶν
καὶ μνησθῆναι διαθήκης ἁγίας αὐτοῦ,
[73] ὅρκον ὃν ὤμοσεν πρὸς Ἀβραὰμ τὸν πατέρα ἡμῶν,
τοῦ δοῦναι ἡμῖν [74] ἀφόβως ἐκ χειρὸς⸆ ἐχθρῶν⸇ ῥυσθέντας

60 ⸆το ονομα αυτου C* D bo^pt || **61** ⸀το ονομα τουτο D || **63** °D 4. 273 e sy^s bo^pt | ⸆το ℵ C 𝔎 A D W Θ **053** λ ϕ *pl* ¦ *txt* 𝔓⁴ B* L 565 *pc* || **63.64** ⸂και παραχρ. ελυθη η γλ. αυτου και εθαυμ. παντες· ανεωχθη δε το στ. D it ¦ (Mc 7,35) και ... παρ. και ελυθη ο δεσμος της γλωσσης λ ¦ και παρ. ελ. ο δεσμ. της γλ. και ηυλογει τον θ. και παντες εθαυμασαν sy^s ¦ *txt* 𝔋 𝔎 A W Θ ϕ *pl* vg sy^p sa bo || **64** ⸆διηρθρωθη 251 || **65** ⸂εγενετο δε ℵ* A K *al* | ⸆τους ακουοντας ταυτα και Θ | °bo; Or | °¹ℵ* L *pc* bo^pt || **66** °C² 𝔎 A Θ **053.0130** λ ϕ *pl* sy^p | °¹D it sy^s || **67** ⸂ειπεν D || **68** °𝔓⁴ W it sy^s sa; Cypr || **69** ⸆τω 𝔎 A Θ **053.0135** *pm* | ⸇του C 𝔎 A Θ **053.0130.0135** λ ϕ *pl* || **70** ⸉ *2 5 6 1 3 4* D it sy^s.p; Ir^lat ¦ *1-4 6 5* ℵ W | ⸆των C 𝔎 A Θ *pl* || **74** ⸆των C 𝔎 A Θ **053.0135.0177** *pm* | ⸇ημων C 𝔎 A D Θ **053.0135.0177** *pm* lat

[1] cf Lc 2,6sq; Gn 25,24 || [2] cf 1Sm 12,24; Gn 19,19; Ps 126,2sq | cf Lc 1,14; 15,6.9; Gn 21,6 || [3] cf Lc 2,21; Lv 12,3; Gn 17,10.12; 21,3sq; Ph 3,5 || [5] ἐνένευον hapaxl. NT || [6] ἔγραψεν λέγων cf 2Rg 10,6 || [7] cf Dn 10,16 || [8] cf Lc 1,12.29; 7,16; Act 2,43; 5,5; 19,17 | διελαλεῖτο hic et 6,11 sol. || [9] cf Gn 24,66; Lc 2,19.51; Act 5,32 | 1Sm 21,13; cf Lc 9,44; 21,14 || [10] cf 1Chr 4,10; Act 11,21; χεὶρ κυρίου Lc sol. || [11] Lc 1,41 || [12] cf Ps 41,14; 72,18; 89,53; 106,48 || [13] cf 29; Lc 7,16; 19,44; Act 15,14 | cf Ps 111,9; Lc 24,21; Rth 1,6; Sir 46,14.17 || [14/15] cf Ps 18,3 (2Sm 22,3); 132,17 (1Sm 2,10); Ez 29,21; Ps 89,25; Sir 51,12 (hebr.) || [15] cf Lc 1,54; Act 4,25 || [16] cf 2Rg 17,23; Act 1,16; 3,18.21; 4,25 | ἀπ᾽ αἰῶνος Lc sol., hic et Act 3,21; 15,18 | cf Act 3,21; Rm 1,2 || [17] cf Ps 106,10; 18,18 (2Sm 22,18) || [18] cf Mch 7,20; Lc 1,54sq; Act 3,25 || [19] cf Ps 105,8; 106,45; Lv 26,42; Ex 2,24; Gn 17,7 || [20/21] cf Jr 11,5; Mch 4,10; 7,20; Gn 22,16sq; 26,3; Ps 105,9sqq

Matth.	Mark.	[Luk. 1, 57-80]	Joh.

[Luk. 1, 57-80]

λατρεύειν αὐτῷ [75]ἐν ὁσιότητι καὶ δικαιοσύνῃ
ἐνώπιον αὐτοῦ ⸂πάσαις ταῖς ἡμέραις⸃⸆ἡμῶν.
[76]Καὶ σὺ °δέ, παιδίον, προφήτης ὑψίστου κληθήσῃ·
προπορεύσῃ γὰρ ⸀ἐνώπιον κυρίου ἑτοιμάσαι ὁδοὺς αὐτοῦ,
[77]τοῦ δοῦναι γνῶσιν σωτηρίας τῷ λαῷ αὐτοῦ
ἐν ἀφέσει ἁμαρτιῶν ⸀αὐτῶν,
[78]διὰ σπλάγχνα ἐλέους θεοῦ ἡμῶν,
ἐν οἷς ⸀ἐπισκέψεται ἡμᾶς ἀνατολὴ ἐξ ὕψους,
[79]ἐπιφᾶναι ⸆τοῖς ἐν σκότει καὶ σκιᾷ θανάτου καθημένοις,
τοῦ κατευθῦναι τοὺς πόδας ἡμῶν εἰς ὁδὸν εἰρήνης.
[80]Τὸ δὲ παιδίον ηὔξανεν καὶ ἐκραταιοῦτο πνεύματι, καὶ ἦν ἐν ταῖς ἐρήμοις ἕως ἡμέρας ἀναδείξεως αὐτοῦ
πρὸς τὸν Ἰσραήλ.

(nr. 7 2,1-7 p. 10)

1. Clem. ad Cor. 48,4: Πολλῶν οὖν πυλῶν ἀνεῳγυιῶν ἡ ἐν δικαιοσύνῃ αὕτη ἐστὶν ἡ ἐν Χριστῷ, ἐν ᾗ μακάριοι πάντες οἱ εἰσελθόντες καὶ κατευθύνοντες τὴν πορείαν αὐτῶν »ἐν ὁσιότητι καὶ δικαιοσύνῃ«, ἀταράχως πάντα ἐπιτελοῦντες.

75 ⸂-σας τας -ρας ℌ 𝔎 A D Θ 053. 0130. 0135. 0177 λ φ *pl* a ¦ *txt* $\mathfrak{P}^{4}$ B W 565 *pc* | ⸆της ζωης 𝔎 Θ 053 λ φ *pm* ‖ 76 °C 𝔎 A Θ 053. 0130. 0135 *pm* lat | ⸀προ προσωπου C 𝔎 A D Θ 053. 0130. 0135 λ φ *pl* latt sy[s.p] ¦ *txt* $\mathfrak{P}^{4}$ B ℵ W 0177 sa bo; Or ‖ 77 ⸀ημων C A Θ *pm* ¦ αυτου W 0177. 565 ¦ — 122 *al* ‖ 78 ⸀επεσκεψατο ℵ[corr] C 𝔎 A D 053. 0130. 0135 λ φ *pl* latt; Cyr ¦ *txt* $\mathfrak{P}^{4}$ B ℵ* W Θ 0177 *pc* sy[s.p] sa bo ‖ 79 ⸆φως D (r[1])

[22]cf Eph 4,24; *cf 35* ‖ [24]cf Lc 1,32; 20,6; Mt 14,5 (21,26); Mc 11,32 ‖ [25]cf Lc 1,17; 7,26 sq; Mt 11,10; Mc 1,2 sq; Jo 1,23; 3,28 | cf Ml 3,1; Is 40,3; 1 Rg 18,46 ‖ [27]cf Lc 3,3; 24,47; Mt 26,28; Mc 1,4; Act 2,38; 5,31; 10,43; 13,38; 26,18; Kol 1,14; Eph 1,7 ‖ [29]*cf 13* | cf Jr 23,5 (LXX); Zch 3,8; 6,12; Is 60,1 sq; Ml 4,2 (= 3,20); Nu 24,17 ‖ [30]cf Is 9,1; 42,7; Ps 107,10; Mt 4,16 ‖ [31]cf Is 59,8; Rm 3,17; Act 16,17; 1 Th 3,11 ‖ [32]cf Jdc 13,24 sq; 1 Sm 2,26; Gn 21,8.20; Lc 2,40.52 ‖ [35]*cf 22*

6. Stammbaum Jesu

Genealogia Jesu *(cf. nr. 19)* **The Genealogy of Jesus**

Matth. 1, 2-17	Mark.	Luk. 3, 23-38 *(nr. 19, p. 28)*	Joh.
		⸂[23]Καὶ αὐτὸς ἦν Ἰησοῦς ⸂⸀ἀρχόμενος ὡσεὶ ἐτῶν τριάκοντα⸃, ὢν ⸉υἱός, ὡς ἐνομίζετο⸊, Ἰωσὴφ ⸆	
(nr. 1 1,1 p. 1)		*[ord. invers.]*	
[2]Ἀβραὰμ ἐγέννησεν τὸν Ἰσαάκ,		[[34]Ἀβραάμ] ⸋τοῦ Ἠλὶ	
Ἰσαὰκ δὲ ἐγέννησεν τὸν Ἰακώβ,		[Ἰσαάκ] [24]⸋1τοῦ Μαθθὰτ	
Ἰακὼβ δὲ ἐγέννησεν τὸν Ἰούδαν καὶ τοὺς ἀδελφοὺς αὐτοῦ,		[Ἰακώβ] τοῦ Λευὶ⸌1	
		τοῦ Μελχὶ	

Luk.: 23-31 ⸂ην δε Ιησους ως ετων λ' αρχομενος ως ενομιζετο ειναι υιος Ιωσηφ του Ιακωβ τ. Μαθθαν τ. Ελεαζαρ τ. Ελιουδ τ. Ιαχιν τ. Σαδωκ τ. Αζωρ τ. Ελιακιμ τ. Αβιουδ τ. Ζοροβαβελ τ. Σαλαθιηλ τ. Ιεχονιου τ. Ιωακιμ τ. Ελιακιμ τ. Ιωσια τ. Αμως τ. Μανασση τ. Εζεκια τ. Αχας τ. Ιωαθαν τ. Οζια τ. Αμασιου τ. Ιωας τ. Οχοζιου τ. Ιωραμ τ. Ιωσαφαδ τ. Ασαφ τ. Αβιουδ τ. Ροβοαμ τ. Σολομων τ. Δαυιδ D ‖ 23 ⸂ωσει ετ. τριακ. αρχ. ειναι Θ | ⸀αρχ- 700 bo[pt]; Ju Cl (Ir) ¦ — 1555 e f sy[s.p] sa | ⸉2 3 1 𝔎 A Θ φ *pm* lat | ⸆του Ιακωβ Θ *pc* ‖ 23-38 ⸋W ‖ 24 ⸋1 Ir[lat] Africanus *apud* Eus

[1]cf Act 1,1 ‖ [2]cf Lc 4,22; Mt 13,55 et par *(= nr 139)*; Jo 1,45; 6,42 ‖ *3-17(Mt) cf 43-57 (Lc) ord. invers.* ‖ [3(Mt)]cf Gn 21,3.12; 1 Chr 1,34 ‖ [4(Mt)]cf Gn 25,26; 1 Chr 1,34 ‖ *5-17(Mt) cf 83-90* ‖ [5(Mt)]cf Gn 29,35; 29,31-30,24; 49,10; Heb 7,14

[Matth. 1,2-17]	Mark.	[Luk. 3,23-38]		Joh.
3 Ἰούδας δὲ ἐγέννησεν τὸν Φάρες καὶ τὸν ⸀Ζάρα ἐκ τῆς		[33 Ἰούδα]	τοῦ Ἰανναὶ	
Θαμάρ,			τοῦ Ἰωσὴφ	
Φάρες δὲ ἐγέννησεν τὸν Ἑσρώμ,		[Φάρες]	25 τοῦ Ματταθίου	
Ἑσρὼμ δὲ ἐγέννησεν τὸν Ἀράμ,		[Ἑσρώμ, Ἀρνί]	τοῦ Ἀμὼς	
4 Ἀρὰμ δὲ ἐγέννησεν τὸν Ἀμιναδάβ,		[Ἀδμίν]	τοῦ Ναοὺμ	
Ἀμιναδὰβ δὲ ἐγέννησεν τὸν Ναασσών,		[Ἀμιναδάβ]	τοῦ Ἑσλὶ	
Ναασσὼν δὲ ἐγέννησεν τὸν Σαλμών,		[32 Ναασσών]	τοῦ Ναγγαὶ	
5 Σαλμὼν δὲ ἐγέννησεν τὸν ⸀Βόες ἐκ τῆς Ῥαχάβ,		[Σαλά]	26 τοῦ Μάαθ	
⸀Βόες δὲ ἐγέννησεν τὸν Ἰωβὴδ ἐκ τῆς Ῥούθ,		[Βόος]	τοῦ Ματταθίου	
Ἰωβὴδ δὲ ἐγέννησεν τὸν Ἰεσσαί,		[Ἰωβήδ]	τοῦ Σεμεῒν	
6 Ἰεσσαὶ δὲ ἐγέννησεν τὸν Δαυὶδ τὸν βασιλέα.		[Ἰεσσαί]	τοῦ Ἰωσὴχ	
Δαυὶδ δὲ ἐγέννησεν τὸν Σολομῶνα ἐκ τῆς τοῦ Οὐρίου,		[31 Δαυίδ]	τοῦ Ἰωδὰ	
7 Σολομὼν δὲ ἐγέννησεν τὸν Ῥοβοάμ,		[Ναθάμ]	27 τοῦ Ἰωανὰν	
Ῥοβοὰμ δὲ ἐγέννησεν τὸν ⸀Ἀβιά,		[Ματταθά]	τοῦ Ῥησὰ	
⸀Ἀβιὰ δὲ ἐγέννησεν τὸν ⸁Ἀσάφ,		[Μεννά]	τοῦ Ζοροβαβὲλ	
8 ⸁Ἀσὰφ δὲ ἐγέννησεν τὸν ⸀Ἰωσαφάτ,		[Μελεά]	τοῦ Σαλαθιὴλ	
⸀Ἰωσαφὰτ δὲ ἐγέννησεν τὸν Ἰωράμ,		[30 Ἐλιακίμ]	τοῦ Νηρὶ	
Ἰωρὰμ δὲ ἐγέννησεν ⸆ τὸν Ὀζίαν,		[Ἰωνάμ]	28 τοῦ Μελχὶ	
9 Ὀζίας δὲ ἐγέννησεν τὸν ⸀Ἰωαθάμ,		[Ἰωσήφ]	τοῦ Ἀδδὶ	
⸀Ἰωαθὰμ δὲ ἐγέννησεν τὸν ⸁Ἀχάζ,		[Ἰούδα]	τοῦ Κωσὰμ	
⸁Ἀχὰζ δὲ ἐγέννησεν τὸν Ἑζεκίαν,		[Συμεών]	τοῦ ⸀Ἐλμαδὰμ	
10 Ἑζεκίας δὲ ἐγέννησεν τὸν ⸀Μανασσῆ,		[29 Λευί]	τοῦ Ἢρ	
⸀Μανασσῆς δὲ ἐγέννησεν τὸν ⸀¹Ἀμώς,		[Μαθθάτ]	29 τοῦ Ἰησοῦ	
⸀¹Ἀμὼς δὲ ἐγέννησεν τὸν Ἰωσίαν,		[Ἰωρίμ]	τοῦ Ἐλιέζερ	
11 Ἰωσίας δὲ ἐγέννησεν ⸆ τὸν Ἰεχονίαν καὶ τοὺς ἀδελφοὺς		[Ἐλιέζερ, Ἰησοῦ]	τοῦ Ἰωρὶμ	
αὐτοῦ ἐπὶ τῆς μετοικεσίας Βαβυλῶνος.		[28 Ἤρ, Ἐλμαδάμ]	τοῦ Μαθθὰτ	
12 Μετὰ δὲ τὴν μετοικεσίαν Βαβυλῶνος Ἰεχονίας ἐγέννη-		[Κωσάμ, Ἀδδί]	τοῦ Λευὶ	
σεν τὸν Σαλαθιήλ,		[Μελχί, 27 Νηρί]	30 τοῦ Συμεὼν	
Σαλαθιὴλ δὲ ἐγέννησεν τὸν Ζοροβαβέλ,		[Σαλαθιήλ]	τοῦ Ἰούδα	
13 Ζοροβαβὲλ δὲ ἐγέννησεν τὸν Ἀβιούδ,		[Ζοροβαβέλ]	τοῦ Ἰωσὴφ	
Ἀβιοὺδ δὲ ἐγέννησεν τὸν Ἐλιακίμ,		[Ῥησά, Ἰωανάν]	τοῦ Ἰωνὰμ	
Ἐλιακὶμ δὲ ἐγέννησεν τὸν Ἀζώρ,		[26 Ἰωδά, Ἰωσήχ]	τοῦ Ἐλιακὶμ	
14 Ἀζὼρ δὲ ἐγέννησεν τὸν Σαδώκ,		[Σεμεῒν, Ματταθίου]	31 τοῦ Μελεὰ	
Σαδὼκ δὲ ἐγέννησεν τὸν ⸀Ἀχίμ,		[Μάαθ, 25 Ναγγαί]	⸋¹τοῦ Μεννὰ⸌	
⸀Ἀχὶμ δὲ ἐγέννησεν τὸν Ἐλιούδ,		[Ἑσλί, Ναούμ]	τοῦ Ματταθὰ	
15 Ἐλιοὺδ δὲ ἐγέννησεν τὸν Ἐλεάζαρ,		[Ἀμώς, Ματταθίου]	τοῦ ⸀Ναθὰμ	

Matth.: 3 ⸀Ζαρε 𝔓¹ B ‖ 5 ⸀*bis* Βοοζ 𝔎 W *pl*; Epiph ¦ *txt* 𝔓¹ B א k ‖ 7 ⸀*bis* Αβιουδ 1689 *pc* it (D *in* Lc 3,23-31) ‖ 7.8 ⸁*bis (rectius)* Ασα 𝔎 W *al* lat sy; Epiph ¦ *txt* 𝔓¹ᵛⁱᵈ ℌ (Dˡᵘᶜ) *pc* it ‖ 8 ⸀*bis* -φαδ Dˡᵘᶜ | ⸆ τον Οχοζιαν, Οχοζιας δε εγεννησεν τον Ιωας, Ιωας δε εγεννησεν τον Αμασιαν, Αμασιας δε εγεννησεν syᶜ (Dˡᵘᶜ) ‖ 9 ⸀*bis* -θαν Dˡᵘᶜ | ⸁*bis* Αχας (א) C Dˡᵘᶜ it ‖ 10 ⸀-σσην N Δ *al* lat | ⸀-σση B אᶜᵒʳʳ | ⸀¹*bis (rectius)* Αμων 𝔎 W *al* lat sy ‖ 11 ⸆ τον Ιωακιμ, Ιωακιμ δε εγεννησεν M Θ λ 33 *pm*; Irˡᵃᵗ ¦ *ord. invers.* του Ιεχονιου του Ιωακιμ του Ελιακιμ του Ιωσια Dˡᵘᶜ ‖ 14 ⸀*bis* Αχιν (W) λ sy ¦ Ιαχιν Dˡᵘᶜ

Luk.: 23-31 ⸀ *et* 23-38 ⸋ *v. p. 7* ‖ 28 ⸀-μωδαμ 𝔎 A (Θ λ φ) *pl* aur f q ‖ 31 ⸋¹ A *pc* | ⸀*(potius)* -θαν 𝔎 A Θ λ φ *pl* lat ¦ *txt* B א* c e ff² r¹

7/8 (Mt) cf Gn 38,29sq ‖ *9-17 (Mt)* cf *91-98* ‖ *18-35 (Mt)* cf *99-108* ‖ *18 (Mt)* cf 2 Sm 12,24 ‖ *21-42 (Lc)* cf *99-108* ‖ *21/22 (Lc)* cf 35 *(Mt)*; Esr 3,2 ‖ *31 (Mt)* cf 2 Rg 23sq; 1 Esr 1,32 ‖ *35 (Mt)* cf *21/22 (Lc)*; Esr 3,2 ‖ *42 (Lc)* cf 2 Sm 5,14 etc

[Matth. 1,2-17]	Mark.	[Luk. 3,23-38]	Joh.	
Ἐλεάζαρ δὲ ἐγέννησεν τὸν Ματθάν,		[[24]Ἰωσήφ, Ἰανναί, Μελχί, Λευί] τοῦ Δαυὶδ⸣		
Ματθὰν δὲ ἐγέννησεν τὸν Ἰακώβ,		[Μαθθάτ, [23]Ἠλί] [32]τοῦ Ἰεσσαὶ		
[16]Ἰακὼβ δὲ ἐγέννησεν τὸν Ἰωσὴφ ⸀τὸν ἄνδρα Μαρίας, ἐξ		[Ἰωσήφ] τοῦ ⸀Ἰωβὴδ		45
ἧς ἐγεννήθη °Ἰησοῦς ὁ λεγόμενος χριστός⸣.		[Ἰησοῦς] τοῦ ⸀Βόος		
		τοῦ ⸀¹Σαλὰ		
		τοῦ Ναασσὼν		48
		[33]⸀τοῦ Ἀμιναδὰβ		
		τοῦ Ἀδμὶν		
		τοῦ Ἀρνὶ⸣		51
		τοῦ ⸀Ἑσρὼμ		
		⸋¹τοῦ Φάρες⸌		
		τοῦ Ἰούδα		54
		[34]τοῦ Ἰακὼβ		
		τοῦ Ἰσαὰκ		
		τοῦ Ἀβραὰμ		57
		τοῦ Θάρα		
		τοῦ Ναχὼρ		
		[35]τοῦ ⸀Σεροὺχ		60
		τοῦ Ῥαγαὺ		
		τοῦ ⸀Φάλεκ		
		τοῦ Ἔβερ		63
		τοῦ Σαλὰ		
		[36]⸀τοῦ Καϊνὰμ⸣		
		τοῦ Ἀρφαξὰδ		66
		τοῦ Σὴμ		
		τοῦ Νῶε		
		τοῦ Λάμεχ		69
		[37]τοῦ Μαθουσαλὰ		
		τοῦ Ἑνὼχ		
		τοῦ ⸀Ἰάρετ		72
		τοῦ ⸀Μαλελεὴλ		
		τοῦ ⸀¹Καϊνὰμ		
		[38]τοῦ Ἐνὼς		75
		τοῦ Σὴθ		

Matth.: 16 ⸀τον μνηστευσαμενον Μαριαμ, εξ ης εγεννηθη ο χρ. ο υιος του θεου Dial Timoth et Aquilae[3] ¦ ᾧ μνηστευθεισα παρθενος (— π. q) Μ. εγεννησεν Ιησουν τον λ-νον χριστον Θ φ a g[1] (b c d k q) arm ¦ *eadem, sed* ετεκεν Χρ. Ι. d ¦ *eadem, sed* Μ. εξ ης εγεννηθη *etc. ut txt* Dial[2] ¦ ᾧ μνηστευθεισα ην παρθ. Μ. ἣ εγεννησεν Ι. Χρ. sy[c] ¦ Ιωσηφ δε, ᾧ μν-θεισα ην Μ. π., εγεννησεν Ι. τον λ-νον χρ. sy[s]; (Bars) ¦ *txt* + και Ιωσηφ εγενν. Ι. τ. λ. χρ. Dial[1] ¦ *txt* 𝔓[1] ℌ ℜ W *pl* sy[p] sa bo; Tert | °λ

Luk.: 23–31 ⸀ *et* 23–38 ⸋ *v. p. 7* || 32 ⸀Ιωβηλ B ℵ* sy[s] ¦ Ωβηδ ℜ Θ *pm* lat ¦ Ωβηλ D* ¦ *txt* A L M 33 *al* | ⸀Βοοζ ℜ Θ *pl* lat | ⸀¹Σαλμων ℜ A D Θ **0102** (λ φ) *pl* latt sy[p] bo[pt] ¦ *txt* B ℵ* sy[s] sa bo[pt] || 33 ⸀τ. Αδμ. τ. Αρνι B ¦ τ. Αμιν. τ. Αραμ A D E G *al* lat ¦ τ. Αμιν. τ. Αραμ τ. Ιωραμ ℜ b (e) ¦ τ. Αμιν. τ. Αραμ τ. Αδμι τ. Αρνι Θ ¦ τ. Αμιναδαμ τ. Αραμ τ. Ιωραμ M *al* ¦ τ. Αδαμ τ. Αδμιν τ. Αρνι ℵ* ¦ *txt* L *al* | ⸀-ρων B d ff[2] | ⸋¹A || 35 ⸀-ουκ D aur (b) l | ⸀*(potius)* -εγ ℜ A **0102** *al* a || 36 ⸀*(potius)* τ. Κ-αν ℜ A (Θ) **0102** φ *pl* lat ¦ — 𝔓[75vid] D || 37 ⸀*(potius)* -εδ ℜ D λ φ *pm* | ⸀Μελ- ℵ* A *al* | ⸀¹*(potius)* -αν B ℜ A D λ φ *pl* ¦ *txt* 𝔓[75vid] ℵ Θ

[43-57 (Lc)] cf *83-90*; 1 Chr 1,34; *3-17 (Mt) ord. invers.* || [43-53 (Lc)] cf *91-98* || [46 (Mt)] cf Mt 27,17.22 || [54] cf Gn 29,35 || [55] cf Gn 25,26; 1 Chr 1,34 || [56] cf Gn 21,3.12 || [55-67] cf Gn 11,10-26; 1 Chr 1,17-27 || [67-77] cf Gn 5,1-32; 4,25 sq; 1 Chr 1,1-4

[Matth. 1,2-17]

17 Πᾶσαι οὖν αἱ γενεαὶ ἀπὸ Ἀβραὰμ ἕως Δαυὶδ γενεαὶ δεκατέσσαρες, καὶ ἀπὸ Δαυὶδ ἕως τῆς μετοικεσίας Βαβυλῶνος γενεαὶ δεκατέσσαρες, καὶ ἀπὸ τῆς μετοικεσίας Βαβυλῶνος ἕως τοῦ Χριστοῦ γενεαὶ δεκατέσσαρες.

Mark.

[Luk. 3,23-38]

τοῦ Ἀδὰμ
τοῦ θεοῦ.⸌

Joh.

1. Chron. 2,1–15: 1 Ταῦτα τὰ ὀνόματα τῶν υἱῶν Ισραηλ· Ρουβην, Συμεων, Λευι, Ιουδα, Ισσαχαρ, Ζαβουλων, 2 Δαν, Ιωσηφ, Βενιαμιν, Νεφθαλι, Γαδ, Ασηρ. 3 Υἱοὶ Ιουδα· Ηρ, Αυναν, Σηλων, τρεῖς· ἐγεννήθησαν αὐτῷ ἐκ τῆς θυγατρὸς Σαυας τῆς Χαναανίτιδος. καὶ ἦν Ηρ ὁ πρωτότοκος Ιουδα πονηρὸς ἐναντίον κυρίου, καὶ ἀπέκτεινεν αὐτόν. 4 καὶ Θαμαρ ἡ νύμφη αὐτοῦ ἔτεκεν αὐτῷ τὸν Φαρες καὶ τὸν Ζαρα. πάντες υἱοὶ Ιουδα πέντε. 5 υἱοὶ Φαρες· Αρσων καὶ Ιεμουηλ. 6 καὶ υἱοὶ Ζαρα· Ζαμβρι καὶ Αιθαν καὶ Αιμαν καὶ Χαλχαλ καὶ Δαρα, πάντες πέντε. 7 καὶ υἱοὶ Χαρμι· Αχαρ ὁ ἐμποδοστάτης Ισραηλ, ὃς ἠθέτησεν εἰς τὸ ἀνάθεμα. 8 καὶ υἱοὶ Αιθαν· Αζαρια. – 9 καὶ υἱοὶ Εσερων, οἳ ἐτέχθησαν αὐτῷ· ὁ Ιραμεηλ καὶ ὁ Ραμ καὶ ὁ Χαλεβ καὶ Αραμ. 10 καὶ Αραμ ἐγέννησεν τὸν Αμιναδαβ, καὶ Αμιναδαβ ἐγέννησεν τὸν Ναασσων ἄρχοντα τοῦ οἴκου Ιουδα, 11 καὶ Ναασσων ἐγέννησεν τὸν Σαλμων, καὶ Σαλμων ἐγέννησεν τὸν Βοος, 12 καὶ Βοος ἐγέννησεν τὸν Ωβηδ, καὶ Ωβηδ ἐγέννησεν τὸν Ιεσσαι, 13 καὶ Ιεσσαι ἐγέννησεν τὸν πρωτότοκον αὐτοῦ Ελιαβ· Αμιναδαβ ὁ δεύτερος, Σαμαα ὁ τρίτος, 14 Ναθαναηλ ὁ τέταρτος, Ραδδαι ὁ πέμπτος, 15 Ασομ ὁ ἕκτος, Δαυιδ ὁ ἕβδομος.

Ruth 4,12–22: 12 Καὶ γένοιτο ὁ οἶκός σου ὡς ὁ οἶκος Φαρες, ὃν ἔτεκεν Θαμαρ τῷ Ιουδα, ἐκ τοῦ σπέρματος, οὗ δώσει κύριός σοι ἐκ τῆς παιδίσκης ταύτης. 13 καὶ ἔλαβεν Βοος τὴν Ρουθ, καὶ ἐγενήθη αὐτῷ εἰς γυναῖκα, καὶ εἰσῆλθεν πρὸς αὐτήν, καὶ ἔδωκεν αὐτῇ κύριος κύησιν, καὶ ἔτεκεν υἱόν. 14 καὶ εἶπαν αἱ γυναῖκες πρὸς Νωεμιν Εὐλογητὸς κύριος, ὃς οὐ κατέλυσέ σοι σήμερον τὸν ἀγχιστέα, καὶ καλέσαι τὸ ὄνομά σου ἐν Ισραηλ, 15 καὶ ἔσται σοι εἰς ἐπιστρέφοντα ψυχὴν καὶ τοῦ διαθρέψαι τὴν πολιάν σου, ὅτι ἡ νύμφη σου ἡ ἀγαπήσασά σε ἔτεκεν αὐτόν, ἥ ἐστιν ἀγαθή σοι ὑπὲρ ἑπτὰ υἱούς. 16 καὶ ἔλαβεν Νωεμιν τὸ παιδίον καὶ ἔθηκεν εἰς τὸν κόλπον αὐτῆς καὶ ἐγενήθη αὐτῷ εἰς τιθηνόν. 17 καὶ ἐκάλεσαν αὐτοῦ αἱ γείτονες ὄνομα λέγουσαι Ἐτέχθη υἱὸς τῇ Νωεμιν· καὶ ἐκάλεσαν τὸ ὄνομα αὐτοῦ Ωβηδ· οὗτος πατὴρ Ιεσσαι πατρὸς Δαυιδ. 18 Καὶ αὗται αἱ γενέσεις Φαρες· Φαρες ἐγέννησεν τὸν Εσρων, 19 Εσρων δὲ ἐγέννησεν τὸν Αρραν, καὶ Αρραν ἐγέννησεν τὸν Αμιναδαβ, 20 καὶ Αμιναδαβ ἐγέννησεν τὸν Ναασσων, καὶ Ναασσων ἐγέννησεν τὸν Σαλμαν, 21 καὶ Σαλμαν ἐγέννησεν τὸν Βοος, καὶ Βοος ἐγέννησεν τὸν Ωβηδ, 22 καὶ Ωβηδ ἐγέννησεν τὸν Ιεσσαι, καὶ Ιεσσαι ἐγέννησεν τὸν Δαυιδ.

1. Chron. 3,5–24: 5 Καὶ οὗτοι ἐτέχθησαν αὐτῷ (*sc.* Δαυιδ) ἐν Ιερουσαλημ· Σαμαα, Σωβαβ, Ναθαν καὶ Σαλωμων, τέσσαρες τῇ Βηρσαβεε θυγατρὶ Αμιηλ, 6 καὶ Ιβααρ καὶ Ελισαμα καὶ Ελιφαλετ 7 καὶ Ναγε καὶ Ναφαγ καὶ Ιανουε 8 καὶ Ελισαμα καὶ Ελιαδα καὶ Ελιφαλετ, ἐννέα. 9 πάντες υἱοὶ Δαυιδ πλὴν τῶν υἱῶν τῶν παλλακῶν, καὶ Θημαρ ἀδελφὴ αὐτῶν. 10 Υἱοὶ Σαλωμων· Ροβοαμ, Αβια υἱὸς αὐτοῦ, Ασα υἱὸς αὐτοῦ, Ιωσαφατ υἱὸς αὐτοῦ, 11 Ιωραμ υἱὸς αὐτοῦ, Οχοζια υἱὸς αὐτοῦ, Ιωας υἱὸς αὐτοῦ, 12 Αμασιας υἱὸς αὐτοῦ, Αζαρια υἱὸς αὐτοῦ, Ιωαθαν υἱὸς αὐτοῦ, 13 Αχαζ υἱὸς αὐτοῦ, Εζεκιας υἱὸς αὐτοῦ, Μανασσης υἱὸς αὐτοῦ, 14 Αμων υἱὸς αὐτοῦ, Ιωσια υἱὸς αὐτοῦ. 15 καὶ υἱοὶ Ιωσια· πρωτότοκος Ιωαναν, ὁ δεύτερος Ιωακιμ, ὁ τρίτος Σεδεκια, ὁ τέταρτος Σαλουμ. 16 καὶ υἱοὶ Ιωακιμ· Ιεχονιας υἱὸς αὐτοῦ, Σεδεκιας υἱὸς αὐτοῦ. 17 καὶ υἱοὶ Ιεχονια-ασιρ· Σαλαθιηλ υἱὸς αὐτοῦ, 18 Μελχιραμ καὶ Φαδαιας καὶ Σανεσαρ καὶ Ιεκεμια καὶ Ωσαμω καὶ Δενεθι. 19 καὶ υἱοὶ Σαλαθιηλ· Ζοροβαβελ καὶ Σεμεϊ. καὶ υἱοὶ Ζοροβαβελ· Μοσολλαμος καὶ Ανανια, καὶ Σαλωμιθ ἀδελφὴ αὐτῶν, 20 καὶ Ασουβε καὶ Οολ καὶ Βαραχια καὶ Ασαδια καὶ Ασοβαεσδ, πέντε. 21 καὶ υἱοὶ Ανανια· Φαλλετια, καὶ Ισαια υἱὸς αὐτοῦ, Ραφαια υἱὸς αὐτοῦ, Ορνα υἱὸς αὐτοῦ, Αβδια υἱὸς αὐτοῦ, Σεχενια υἱὸς αὐτοῦ. 22 καὶ υἱὸς Σεχενια· Σαμαια. καὶ υἱοὶ Σαμαια· Χαττους καὶ Ιωηλ καὶ Μαρι καὶ Νωαδια καὶ Σαφαθ, ἕξ. 23 καὶ υἱοὶ Νωαδια· Ελιθεναν καὶ Εζεκια καὶ Εζρικαμ, τρεῖς. 24 καὶ υἱοὶ Ελιθεναν· Οδουια καὶ Ελιασιβ καὶ Φαλαια καὶ Ακουν καὶ Ιωαναν καὶ Δαλαια καὶ Ανανι, ἑπτά.

Luk.: 23–38 ⸋ *v. p. 7*

77/78 cf Rm 5,14; 1Cor 15,22.45-49; Act 17,26.31 || *83 sqq* cf *5-17 (Mt). 43-55 (Lc)* || *91 sqq* cf *9-17 (Mt). 43-53 (Lc)* || *99 sqq* cf *18-35 (Mt). 21-42 (Lc)*

7. Geburt Jesu

Christi nativitas **The Birth of Jesus**

Matth. 1,18-25

18 Τοῦ δὲ ⸂Ἰησοῦ Χριστοῦ⸃ ἡ ⸀γένεσις οὕτως ἦν. μνηστευθείσης τῆς μητρὸς αὐτοῦ Μαρίας τῷ Ἰωσήφ, πρὶν ἢ συνελθεῖν αὐτοὺς εὑρέθη ἐν γαστρὶ ἔχουσα ἐκ πνεύματος

Mark.

Luk. 2,1-7

(nr. 5 1,57-80 p. 6)

1 Ἐγένετο δὲ ἐν ταῖς ἡμέραις ἐκείναις ἐξῆλθεν δόγμα παρὰ Καίσαρος Αὐγούστου ἀπογράφεσθαι πᾶσαν τὴν οἰκουμένην. 2 ⸀αὕτη ἀπογραφὴ ⸉πρώτη ἐγένετο⸊ ἡγεμονεύοντος

Joh.

Matth.: 18 ⸂ Χρ. 71 latt sy^s.c; Ir ¦ Ιησ. W *pc* ¦ Χρ. Ιησ. B | ⸀γεννησις 𝔎 ϕ 33 *al*; Ir Or Epiph ¦ *txt* 𝔓1 ℌ W Θ λ *al*

Luk.: 2 ⸀αυτη η C 𝔎 A W *pl* ¦ [αὐτὴ comm] | ⸉ ℵ* (D)

1-21 (Mt) cf Jdc 13,1 sqq; 1Sm 1,1 sqq || *1 (Mt)* cf Gn 31,13; Rth 2,11; Lc 1,14; cf *9 (Lc)* || *1 (Lc)* cf Act 17,7 || *1 sq (Lc)* cf *53 sq* || *2 (Lc)* cf Act 5,37 || *3 (Mt)* cf *9 (Mt). 14 (Mt). 24*

[Matth. 1,18-25]

ἁγίου. 19 Ἰωσὴφ δὲ ⸂ὁ ἀνὴρ αὐτῆς, δίκαιος⸃ ὢν καὶ μὴ θέλων αὐτὴν ⸀δειγματίσαι, ἐβουλήθη λάθρᾳ ἀπολῦσαι αὐτήν. 20 ταῦτα δὲ αὐτοῦ ἐνθυμηθέντος ἰδοὺ ἄγγελος κυρίου ⸂κατ᾽ ὄναρ ἐφάνη αὐτῷ λέγων· Ἰωσὴφ⸃ υἱὸς Δαυίδ, μὴ φοβηθῇς παραλαβεῖν ⸀Μαρίαν τὴν γυναῖκά σου· τὸ γὰρ ἐν αὐτῇ γεννηθὲν ἐκ πνεύματός ἐστιν ἁγίου. 21 τέξεται δὲ ⸆ υἱόν, καὶ ⸀καλέσεις τὸ ὄνομα αὐτοῦ Ἰησοῦν· αὐτὸς γὰρ σώσει τὸν ⸁λαὸν αὐτοῦ ἀπὸ τῶν ἁμαρτιῶν αὐτῶν. 22 τοῦτο δὲ °ὅλον γέγονεν ἵνα πληρωθῇ τὸ ῥηθὲν ὑπὸ κυρίου διὰ ⸆ τοῦ προφήτου λέγοντος·

23 ἰδοὺ ἡ παρθένος ἐν γαστρὶ ⸀ἕξει καὶ τέξεται υἱόν,
καὶ ⸁καλέσουσιν τὸ ὄνομα αὐτοῦ Ἐμμανουήλ,
ὅ ἐστιν μεθερμηνευόμενον μεθ᾽ ἡμῶν ὁ θεός. 24 ⸀ἐγερθεὶς δὲ °ὁ Ἰωσὴφ ἀπὸ τοῦ ὕπνου ἐποίησεν ὡς προσέταξεν αὐτῷ ὁ ἄγγελος κυρίου καὶ παρέλαβεν τὴν γυναῖκα αὐτοῦ, 25 καὶ ⸋οὐκ ἐγίνωσκεν αὐτὴν ἕως °οὗ⸌ ἔτεκεν ⸀υἱόν⸆· καὶ ἐκάλεσεν τὸ ὄνομα αὐτοῦ Ἰησοῦν.

Mark.

[Luk. 2,1-7]

τῆς Συρίας ⸀Κυρηνίου. 3 καὶ ἐπορεύοντο πάντες ἀπογράφεσθαι, ἕκαστος εἰς τὴν ⸀ἑαυτοῦ ⸁πόλιν. 4 Ἀνέβη δὲ καὶ Ἰωσὴφ ἀπὸ τῆς Γαλιλαίας ἐκ πόλεως Ναζαρὲθ εἰς ⸂τὴν Ἰουδαίαν⸃ εἰς πόλιν Δαυὶδ ἥτις καλεῖται Βηθλέεμ, ⸉διὰ τὸ εἶναι ⸀αὐτὸν ἐξ οἴκου καὶ πατριᾶς Δαυίδ, 5 ἀπογράψασθαι σὺν Μαριὰμ τῇ ⸂ἐμνηστευμένῃ αὐτῷ⸃, οὔσῃ ἐγκύῳ⸊. 6 ⸂Ἐγένετο δὲ ἐν τῷ εἶναι αὐτοὺς ἐκεῖ ἐπλήσθησαν⸃ αἱ ἡμέραι τοῦ τεκεῖν αὐτήν, 7 καὶ ἔτεκεν τὸν υἱὸν αὐτῆς ⸋τὸν πρωτότοκον⸌, καὶ ἐσπαργάνωσεν αὐτὸν καὶ ἀνέκλινεν αὐτὸν ⸂ἐν φάτνῃ⸃, διότι οὐκ ἦν αὐτοῖς τόπος ⸋¹ἐν τῷ καταλύματι⸌.

Joh.

Protev. Jacobi 12,3 – 20,4 (sec. Pap. Bodmer V et ed. de Strycker): **12** 3 Καὶ ἡμέρᾳ ἀφ᾽ ἡμέρας ἡ γαστὴρ αὐτῆς ὠγκοῦτο. ⟨Καὶ⟩ φοβηθεῖσα ἡ Μαρία ἦλθεν ἐν τῷ οἴκῳ αὐτῆς καὶ ἔκρυβεν αὐτὴν ἀπὸ τῶν υἱῶν Ἰσραήλ. Ἦν δὲ ἐτῶν ιϛ´, ὅτε ταῦτα τὰ μυστήρια ἐγέ[ι]νετο αὐτῇ. **13** 1 Καὶ ἐγένετο ⟨αὐτῇ⟩ ϛ´ μήν, καὶ ἰδοὺ ἦλθεν Ἰωσὴφ ἀπὸ τῶν οἰκοδομῶν αὐτοῦ καὶ εἰσῆλθεν ἐν τῷ οἴκῳ καὶ εὗρεν αὐτὴν ὠγκωμένην. Καὶ ἔτυψεν τὸ πρόσωπον αὐτοῦ καὶ ἔρριψεν αὐτὸν χαμαὶ ἐπὶ τὸν σάκκον καὶ ἔκλαυσεν πικρῶς λέγων· Ποίῳ προσώπῳ ⟨ἀ⟩τενίσω πρὸς Κύριον τὸν Θεόν; Τί ἄρα εὔξωμαι περὶ αὐτῆς; Ὅτι παρθένον παρέλαβον ἐκ ναοῦ Κυρίου τοῦ Θεοῦ καὶ οὐκ ἐφύλαξα αὐτήν. Τίς ὁ θηρεύσας με; Τίς τὸ πονηρὸν τοῦτο ἐποίησεν ἐν τῷ οἴκῳ μου; ⟨Τίς ᾐχμαλώτευσε τὴν παρθένον ἀπ᾽ ἐμοῦ⟩ καὶ ἐμίανεν αὐτήν; Μήτι ἐν ἐμοὶ ἀνεκεφαλαιώθη ⟨ἡ⟩ ἱστορία ⟨τοῦ Ἀδάμ⟩; Ὥσπερ γὰρ Ἀδὰμ ἦν ἐν τῇ ὥρᾳ τῆς δοξολογίας αὐτοῦ καὶ ἦλθεν ὁ ὄφις καὶ εὗρεν τὴν Εὔαν μόνην καὶ ἐξηπάτησεν αὐτὴν καὶ ἐμίανεν αὐτήν, οὕτως κἀμοὶ συνέβη. 2 Καὶ [καὶ] ἀνέστη Ἰωσὴφ ἀπὸ τοῦ σάκκου καὶ ἐκάλεσεν αὐτὴν καὶ εἶπεν αὐτῇ· Μεμελημένη Θεῷ, τί τοῦτο ἐποίησας; Ἐπελάθου Κυρίου τοῦ Θεοῦ σου; Τί ἐταπείνωσας τὴν ψυχήν σου, ἡ ἀνατραφεῖσα εἰς τὰ ἅγια τῶν ἁγίων καὶ τροφὴν λαμβάνουσα ἐκ χειρὸς ἀγγέλου; 3 Ἡ δὲ ἔκλαυσεν πικρῶς λέγουσα καθότι Καθαρά εἰμι ἐγὼ καὶ ἄνδρα οὐ γινώσκω. Καὶ εἶπεν αὐτῇ Ἰωσήφ· Πόθεν οὖν τοῦτό ἐστιν ἐν τῇ γαστρί σου; Ἡ δὲ εἶπεν· Ζῇ Κύριος ὁ Θεός μου καθότι οὐ γινώσκω πόθεν ἐστὶν ἐν ἐμοί. **14** 1 Καὶ ἐφοβήθη ὁ Ἰωσὴφ σφόδρα καὶ ἠρέμησεν ἐξ αὐτῆς, διαλογιζόμενος αὐτὴν τί ποιήσει. Καὶ εἶπεν Ἰωσήφ· Ἐὰν αὐτῆς κρύψω τὸ ἁμάρτημα, εὑρεθήσομαι μαχόμενος τῷ νόμῳ Κυρίου· καὶ ἐὰν αὐτὴν φανερώσω τοῖς υἱοῖς Ἰσραήλ, φοβοῦμαι μήπως ἀγγελικόν ⟨ἐστιν τὸ⟩ ἐν ἑαυτῇ, καὶ εὑρεθήσομαι παραδιδοὺς ἀθῷον αἷμα εἰς κρίσμα[τος] θανάτου. Τί οὖν αὐτὴ⟨ν⟩ ποιήσω; Λάθρα αὐτὴν ἀπολύσω ἀπ᾽ ἐμοῦ. Καὶ κατέ⌈λαβ⌉εν αὐτὸν νύξ. 2 Καὶ ἰδοὺ ἄγγελος Κυρίου φαίνεται αὐ- [αὐ]τῷ κατ᾽ ὄνειρον λέγων· Μὴ φοβηθῇς τὴν παῖδα ταύτην· τὸ γὰρ ἐν ἑαυτῇ ὂν ἐκ Πνεύματός ἐστιν ἁγίου. Τέξεται δέ σοι υἱὸν καὶ καλέσεις τὸ ὄνομα ⌈ἑ⌉αυτοῦ Ἰησοῦν· αὐτὸς γὰρ σώσει τὸν λαὸν αὐτοῦ ἐκ τῶν ἁμαρτημάτων αὐτῶν. Καὶ ἀνέστη Ἰωσὴφ ἀπὸ τοῦ ὕπνου καὶ ἐδόξασεν

Matth.: 19 ⸂δικ. ανηρ it sy^c | ⸀παραδειγμ- ℵ* C ℜ W Θ ϕ *pl* ¦ *txt* ℌ λ *pc* || 20 ⸂εφ. κ. ον. τω Ι. λεγων Θ (*pc*) | ⸀-ιὰμ ℵ C ℜ D W Θ *pl* ¦ *txt* 𝔓1 B *pc* || 21 ⸆σοι sy^s.c | ⸀-σει L* g1; Ambr ¦ -σουσι 1241 (sy^c?) | ⸁κοσμον sy^c || 22 ° sy^s.c | ⸆Ησαιου ℵ1 D *pc* it sy^s.c sa^pt || 23 ⸀(Is 7,14 B) λημψεται Eus Epiph | ⸁(Is 7,14 B) -σεις D *pc*; Or Eus ¦ (Is 7,14 ℵ) -σει d* ff2 || 24 ⸀διεγ- ℜ D W *pl* ¦ *txt* B ℵ C* 071 *pc* | ° ℵ *pm* ¦ *txt* B C ℜ D W *al* || 25 ⸋ k sy^s | ° B* ¦ *txt rell* | ⸀αυτω υι. sy^s ¦ τον υι. sy^c bo ¦ (Lc 2,7) τον υι. αυτης (— αυτ. D2 L d q) τον πρωτοτοκον C ℜ D W *pl* vg sy^p; Epiph ¦ *txt* ℌ 071^vid λ ϕ *pc* it | ⸆αυτης sa

Luk.: 2 ⸀*(potius)* -ρινιου ϕ *al* ¦ -ρεινου B* (W 0177) || 3 ⸀εαυτων ℵ* ¦ ιδιαν C ℜ A Θ λ ϕ *pm* ¦ *txt* B ℵ^corr D W *pc* latt sy^p sa bo | ⸁πατριδα D *pc* ¦ χωραν C* (sy^s) || 4 ⸂γην Ιουδα D it | ⸀αυτους 348.1216 e ¦ αμφοτερους sy^s || 4.5 ⸉ *10-17 1-9* D sy^s || 5 ⸂γυναικι αυτου it sy^s ¦ μεμν. αυτω γυναικι ℜ (εμν- A) Θ ϕ *pl* lat ¦ *txt* B* ℵ* C* (μεμν- ℵ^corr C2) D* W (λ) sy^p sa bo; (μεμν- Eus) || 6 ⸂ως δε παρεγινοντο ετελεσθησαν D || 7 ⸋ W | ⸂εν τω σπηλαιω φατνη Or (Epiph) | ⸋1 sy^s

---

5 *(Mt)* cf Dt 22,23 sq; *cf 34* || 6/7 *(Mt)* cf Mt 2,13; *cf 34-35* || 7 *(Lc)* cf Mt 2,1; Jo 7,41 sq || 9 *(Mt)* *cf 3 (Mt). 35* || 9 *(Lc)* *cf 1 (Mt)*; Lc 1,27 || 10 *(Mt)* cf Lc 1,31; 2,21; Gn 17,19; *cf 36. 91 sqq* || 10/11 *(Lc)* cf Lc 1,57 || 11 *(Mt)* cf Sir 46,1; Ps 130,8; Lc 1,68 sqq; Jo 1,29; Act 4,12; Tt 2,14; 1 Jo 3,5; Ps Sal 17,22.24.45 || 11 *(Lc)* *cf 20* || 12/13 *(Mt)* cf Mt 26,56 || 13 *(Lc)* cf Ps 78,70 sq; Is 1,3; Hab 3,17; Lc 22,11; σπήλαιον ... καὶ ἡ ἐν τῷ σπηλαίῳ φάτνη Orig c. Cels. 1,51; cf Just Dial. 78,4; *cf 60* || 14/16 Is 7,14; *cf 3 (Mt)* || 17 Is 8,8.10; cf Rm 8,31 || 17 sq *cf 36* || 20 cf Gn 4,1 etc; *cf 11 (Lc)* || 23 cf Lc 1,24 || 24 *cf 3 (Mt)* || 28 cf Gn 3,1 || 30 sq cf Lc 1,34 || 34 *cf 5 (Mt)* || 34-35 *cf 6 sqq* || 35 *cf 9 (Mt)* || 36 *cf 10 (Mt)* | *cf 17 sq*

τὸν Θεὸν τοῦ Ἰσραὴλ τὸν δόντα αὐτῷ τὴν χάριν αὐτοῦ. Καὶ ἐφύλασσε τὴν παῖδα. 15 [1] Ἦλθεν δὲ Ἄννας ὁ γραμματεὺς πρὸς αὐτὸν καὶ εἶπεν αὐτῷ· Ἰωσήφ, διὰ τί οὐκ ἐφάνης τῇ συνόδῳ ἡμῶν; Καὶ εἶπεν αὐτῷ· Ὅτι ἔκαμον ἐκ τῆς ὁδοῦ καὶ ἀνεπαυσάμην τὴν μίαν ἡμέραν. Καὶ ἐστράφη Ἄννας καὶ εἶδεν τὴν Μαρίαν ὠγκωμένην. [2] Καὶ ἀπῄει δρομαῖος πρὸς τὸν ἱερέαν καὶ εἶπεν αὐτῷ· Ἰδοὺ Ἰωσήφ, ᾧ σὺ μαρτυρεῖς, ἠνόμησεν σφόδρα. Καὶ εἶπεν ὁ ἀρχιερεύς· Τί τοῦτο; Καὶ εἶπεν· Τὴν παρθένον, ἣν Ἰωσὴφ παρέλαβεν ἐκ ναοῦ Κυρίου, ἐμίανεν αὐτὴν καὶ ἔκλεψεν τοὺς γάμους αὐτῆς καὶ οὐκ ἐφανέρωσεν τοῖς υἱοῖς Ἰσραήλ. Καὶ εἶπεν αὐτῷ ὁ ἀρχιερεύς· Ἰωσὴφ [Ἰωσὴφ] ταῦτα ἐποίησεν; Καὶ εἶπεν αὐτῷ· Ἀπόστειλον ὑπηρέτας καὶ εὑρήσεις τὴν παρθένον ὠγκωμένην. Καὶ ἀπῆλθον οἱ ὑπηρέται καὶ εὗρον αὐτὴν καθὼς εἶπεν καὶ ἀπήγαγον αὐτὴν εἰς τὸ ἱερόν, καὶ ἔστη εἰς τὸ κριτήριον. [3] Καὶ εἶπεν αὐτῇ ὁ ἀρχιερεύς· Μαρία, τί τοῦτο ἐποίησας; Τί ἐταπείνωσας τὴν ψυχήν σου; Ἐπελάθου Κυρίου τοῦ Θεοῦ σου, ἡ ἀνατραφεῖσα εἰς τὰ ἅγια τῶν ἁγίων καὶ λαβοῦσα τροφὴν ἐκ χειρὸς ἀγγέλων; Σὺ ἡ ἀκούσασα τῶν ὕμνων αὐτῶν καὶ χορεύσασα ἐνώπιον αὐτῶν, τί τοῦτο ἐποίησας; Ἡ δὲ ἔκλαυσε πικρῶς λέγουσα· Ζῇ Κύριος ὁ Θεὸς καθότι καθαρά εἰμι ἐνώπιον αὐτοῦ καὶ ἄνδρα οὐ γινώσκω. [4] Καὶ εἶπεν ὁ ἀρχιερεύς· Ἰωσήφ, [ὅ]τί τοῦτο ⸢ἐποίησας⸣; Εἶπεν δὲ Ἰωσήφ· Ζῇ Κύριος ⟨ὁ Θεός μου καὶ ζῇ⟩ ὁ Χριστὸς αὐτοῦ ⟨καὶ ὁ τῆς ἀληθείας αὐτοῦ μάρτυς⟩ καθότι καθαρός εἰμι ἐγὼ ἐξ αὐτῆς. Καὶ εἶπεν ὁ ἀρχιερεύς· Μὴ ψευδομαρτύρει, ⟨ἀλλὰ⟩ λέγε τὰ ἀληθῆ. Ἔκλεψας τοὺς γάμους σου καὶ οὐκ ἐφανέρωσας τοῖς υἱοῖς Ἰσραήλ, καὶ οὐκ ἔκλινας τὴν κεφαλήν σου ὑπὸ τὴν κραταιὰν χεῖραν ὅπως εὐλογηθῇ τὸ σπέρμα σου. 16 [1] Καὶ Ἰωσὴφ ἐσίγησεν. Καὶ εἶπεν ὁ ἀρχιερεύς· Ἀπόδος τὴν παρθένον ἣν παρέλαβες ἐκ ναοῦ Κυρίου. Καὶ περιδάκρυτος γενάμενος ὁ Ἰωσὴφ ... Καὶ εἶπεν ὁ ἀρχιερεύς· Ποτίσω ὑμᾶς τὸ ὕδωρ τῆς ἐλέγξεως Κυρίου, καὶ φανερώσει τὸ ἁμάρτημα ὑμῶν ἐν ὀφθαλμοῖς ὑμῶν. [2] Καὶ λαβὼν ὁ ἀρχιερεὺς ἐπότισεν τὸν Ἰωσὴφ καὶ ἔπεμψεν αὐτὸν εἰς τὴν ἔρημον, καὶ ἦλθεν ὁλόκληρος. Καὶ ἐπότισεν καὶ τὴν παῖδα καὶ ἔπεμψεν αὐτὴν εἰς τὴν ἐρημίαν, καὶ κατέβη ὁλόκληρος. Καὶ ἐθαύμασεν πᾶς ὁ λαὸς ὅτι οὐκ ἐφάν⸢η ἡ⸣ ἁμαρτία[ν] αὐτῶν. [3] Καὶ εἶπεν ὁ ἀρχιερεύς· Εἰ Κύριος ὁ Θεὸς οὐκ ἐφανέρωσεν τὸ ἁμάρτημα ὑμῶν, οὐδὲ ἐγὼ κρίνω ὑμᾶς. Καὶ ἀπέλυσεν αὐτούς. Καὶ παρέλαβεν Ἰωσὴφ τὴν Μαριάμμην καὶ ἀπῄει ἐν τῷ οἴκῳ αὐτοῦ χαίρων καὶ δοξάζων τὸν Θεὸν Ἰσραήλ. 17 [1] Κέλευσις δὲ ἐγένετο ἀπὸ [τουν] Ἀόστου τοῦ βασιλέως ἀπογράψασθαι ὅσοι εἰσὶν ἐν Βηθλεὲμ τῆς Ἰουδαίας. Καὶ εἶπεν Ἰωσήφ· Ἐγὼ ἀπογράψομαι τοὺς υἱούς μου. Ταύτην δὲ τὴν παῖδα τί ποιήσω; Πῶς αὐτὴν ἀπογράψομαι; Γυναῖκα ἐμήν; Ἐπαισχύνομαι. Ἀλλὰ θυγατέρα; Οἴδαν οἱ υἱοὶ Ἰσραὴλ ὅτι οὐκ ἔστιν θυγάτηρ μου. Αὕτη ἡ ἡμέρα Κυρίου ποιήσει ὡς βούλεται. [2] Καὶ ἔστρωσεν τὸν ὄνον καὶ ἐκάθισεν αὐτὴν καὶ ἧλκεν ὁ υἱὸς αὐτοῦ καὶ ἠκολούθει Σαμουήλ. Καὶ [ην]ἤγγισαν ἐπὶ μίλιον τρίτον, καὶ ἐστράφη Ἰωσὴφ καὶ εἶδεν αὐτὴν στυγνὴν καὶ ἔλεγεν· Ἴσως τὸ ἐν αὐτῇ χειμάζει αὐτήν. Καὶ πάλιν ἐστράφη Ἰωσὴφ καὶ εἶδεν αὐτὴν γελοῦσαν καὶ εἶπεν ⟨αὐτῇ⟩· Μαριάμμη, τί ἐστίν σοι τοῦτο, ὅτι τὸ πρόσωπόν σου βλέπω ποτὲ μὲν γελοῦντα ποτὲ δὲ στυγνάζον; Καὶ εἶπεν αὐτῷ· Ἰωσήφ, ὅτι δύο λαοὺς βλέπω ἐν τοῖς ὀφθαλμοῖς μου, ἕνα κλαίοντα καὶ κοπτόμενον καὶ ἕνα χαίροντα καὶ ἀγαλλιῶντα. [3] Καὶ ἦλθωσιν ἀνὰ μέσον τῆς ὁδοῦ, καὶ εἶπεν αὐτῷ Μαριάμμη· Ἰωσήφ, κατάγαγέ με ἀπὸ τοῦ ὄνου, ὅτι ⟨τ⟩ὸ ἐν ἐμοὶ ἐπείγει με προελθεῖν. Καὶ κατήγαγεν αὐτὴν ἐκεῖ καὶ εἶπεν αὐτῇ· Ποῦ σε ἀπάξω καὶ σκεπάσω σου τὴν ἀσχημοσύνην, ὅτι ὁ τόπος ἔρημός ἐστιν; 18 [1] Καὶ εὗρεν ἐκεῖ σπήλαιον καὶ εἰσήγαγεν αὐτὴν καὶ παρέστησεν αὐτῇ[ν] τοὺς υἱοὺς αὐτοῦ καὶ ἐξῆλθεν ζητῆσαι μαῖαν Ἑβραίαν ἐν χώρᾳ Βηθλεέμ. || *cont. PBodm V:* Καὶ εὑρὼν ἤνεγκεν ἀπὸ ὀρεινῆς καταβαίνουσαν. Καὶ εἶπεν Ἰωσὴφ τῇ μαίᾳ ὅτι Μαρία ἐστὶν ἡ μεμνηστευμένη μοι, ἀλλὰ σύλλημμα ἔχει ἐκ Πνεύματος ἁγίου, ἀνατραφεῖσα ἐν ναῷ Κυρίου. ⟦*Textus cet. testium:* [2] Ἐγὼ δὲ Ἰωσὴφ περιεπάτουν καὶ οὐ περιεπάτουν. Καὶ ἀνέβλεψα εἰς τὸν πόλον τοῦ οὐρανοῦ καὶ εἶδον αὐτὸν ἑστῶτα, καὶ εἰς τὸν ἀέρα καὶ εἶδον αὐτὸν ἔκθαμβον καὶ τὰ πετεινὰ τοῦ οὐρανοῦ ἠρεμοῦντα. Καὶ ἐπέβλεψα ἐπὶ τὴν γῆν καὶ εἶδον σκάφην κειμένην καὶ ἐργάτας ἀνακειμένους, καὶ ἦσαν αἱ χεῖρες αὐτῶν ἐν τῇ σκάφῃ. Καὶ οἱ μασώμενοι οὐκ ἐμασῶντο καὶ οἱ αἴροντες οὐκ ἀνέφερον καὶ οἱ προσφέροντες τῷ στόματι αὐτῶν οὐ προσέφερον, ἀλλὰ πάντων ἦν τὰ πρόσωπα ἄνω βλέποντα. [3] Καὶ εἶδον ἐλαυνόμενα πρόβατα, καὶ τὰ πρόβατα ἑστήκει· καὶ ἐπῆρεν ὁ ποιμὴν τὴν χεῖρα αὐτοῦ τοῦ πατάξαι αὐτά, καὶ ἡ χεὶρ αὐτοῦ ἔστη ἄνω. Καὶ ἐπέβλεψα ἐπὶ τὸν χείμαρρον τοῦ ποταμοῦ καὶ εἶδον ἐρίφους καὶ τὰ στόματα αὐτῶν ἐπικείμενα τῷ ὕδατι καὶ μὴ πίνοντα. Καὶ πάντα θήξει ὑπὸ τοῦ δρόμου αὐτῶν ἀπηλαύνετο. 19 [1] Καὶ εἶδον γυναῖκα καταβαίνουσαν ἀπὸ τῆς ὀρεινῆς, καὶ εἶπέν μοι· Ἄνθρωπε, ποῦ πορεύῃ; Καὶ εἶπον· Μαῖαν ζητῶ Ἑβραίαν. Καὶ ἀποκριθεῖσα εἶπέν μοι· Ἐξ Ἰσραὴλ εἶ; Καὶ εἶπον αὐτῇ· Ναί. Ἡ δὲ εἶπεν· Καὶ τίς ἐστιν ἡ γεννῶσα ἐν τῷ σπηλαίῳ; Καὶ εἶπον ἐγώ· Ἡ μεμνηστευμένη μοι. Καὶ εἶπέ μοι· Οὐκ ἔστι σου γυνή; Καὶ εἶπον αὐτῇ· Μαρία ἐστίν, ἡ ἀνατραφεῖσα ἐν [τῷ] ναῷ Κυρίου. Καὶ ἐκληρωσάμην αὐτὴν γυναῖκα, καὶ οὐκ ἔστιν μου γυνή, ἀλλὰ σύλλημμα ἔχει ἐκ Πνεύματος ἁγίου. Καὶ εἶπεν ἡ μαῖα· Τοῦτο ἀληθές; Καὶ εἶπεν αὐτῇ Ἰωσήφ· Δεῦρο καὶ ἴδε.⟧ Καὶ ἀπῄει μετ' αὐτοῦ, [2] καὶ ἔστησαν ἐν τῷ τόπῳ τοῦ σπηλαίου. Καὶ ⟨ἦν⟩ νεφέλη σκοτεινὴ ἐπισκιάζουσα τὸ σπήλαιον. Καὶ εἶπεν ἡ μαῖα· Ἐμεγαλύνθη ἡ ψυχή μου σήμερον, ὅτι εἶδον οἱ ὀφθαλμοί μου παράδοξα σήμερον, ὅτι σωτηρία τῷ Ἰσραὴλ γεγένηται. Καὶ παραχρῆμα ἡ νεφέλη ὑπεστέλλετο τοῦ σπηλαίου, καὶ ἐφάνη φῶς μέγα ἐν τῷ σπηλαίῳ ὥστε τοὺς ὀφθαλμοὺς μὴ φέρειν. Καὶ πρὸς ὀλίγον τὸ φῶς ἐκεῖνο ὑπεστέλλετο, ἕως ἐφάνη βρέφος· καὶ ἦλθεν καὶ ἔλαβε μασθὸν ἐκ τῆς μητρὸς αὐτοῦ Μαρίας. Καὶ ἀνεβόησεν ἡ μαῖα ⟨καὶ εἶπεν⟩· Ὡς μεγάλη ⟨μοι⟩ ἡ σήμερον ἡμέρα, ὅτι εἶδον τὸ καινὸν θέαμα τοῦτο. [3] Καὶ ἐξῆλθεν ἐκ τοῦ σπηλαίου ἡ μαῖα, καὶ ἀπήντησεν αὐτῇ Σαλώμη, καὶ εἶπεν αὐτῇ· Σαλώμη Σαλώμη, καινόν σοι θέαμα ἔχω ἐξηγήσασθαι· παρθένος ἐγέννησεν, ἃ οὐ χωρεῖ ἡ φύσις αὐτῆς. Καὶ εἶπεν Σαλώμη· Ζῇ Κύριος ὁ Θεός μου· ἐὰν μὴ βάλω τὸν δάκτυλόν μου ⟨καὶ⟩ ἐραυνήσω τὴν φύσιν αὐτῆς, οὐ μὴ πιστεύσω ⟨ὅτι⟩ ἡ παρθένος ἐγέννησεν. || *cont. PBodm V:* Καὶ εἰσῆλθεν καὶ ἐσχημάτισεν αὐτήν, καὶ ἠραύνησε ἡ Σαλώμη τὴν φύσιν αὐτῆς. Καὶ ἀνηλ⟨ά⟩λαξεν Σαλώμη ὅτι ἐξεπείρασεν Θεὸν ζῶντα· Καὶ ἰδοὺ ἡ χείρ μου πυρὶ ἀποπίπτει ἀπ' ἐμοῦ. Καὶ προσηύξατο πρὸς Κύριον, καὶ ἰάθη ἡ μαῖα ἐν τῇ ὥρᾳ ἐκείνῃ. Καὶ ἰδοὺ ἄγγελος Κυρίου ἔστη πρὸς Σαλώμην λέγων· Εἰσηκούσθη ἡ δέησίς σου ἐνώπιον Κυρίου τοῦ Θεοῦ. Προσελθοῦσα ἅψαι τοῦ παιδίου καὶ αὐτὸς ἔσται σοι ἡ σωτηρία. Καὶ ἐποίησεν οὕτω καὶ ἰάθη Σαλώμη καθὼς προσεκύνησεν, καὶ ἐξῆλθεν ἐκ τοῦ σπηλαίου. Ἰδοὺ ἄγγελος Κυρίου ἐν φωνῇ λέγων· ⟦*Textus cet. testium:* 20 [1] Καὶ εἰσῆλθεν ἡ μαῖα καὶ εἶπεν· Μαρία, σχημάτισον σεαυτήν· οὐ γὰρ μικρὸς ἀγὼν πρόκειται περὶ σοῦ. Καὶ ἡ Μαρία ἀκούσασα ταῦτα ἐσχημάτισεν αὐτήν. Καὶ ἔβαλε Σαλώμη τὸν δάκτυλον αὐτῆς εἰς τὴν φύσιν αὐτῆς. Καὶ ἀνηλάλαξεν Σαλώμη καὶ εἶπεν· Οὐαὶ τῇ ἀνομίᾳ μου καὶ τῇ ἀπιστίᾳ μου, ὅτι ἐξεπείρασα Θεὸν ζῶντα. Καὶ ἰδοὺ ἡ χείρ μου πυρὶ ἀποπίπτει ἀπ' ἐμοῦ. [2] Καὶ ἔκλινεν τὰ γόνατα πρὸς τὸν Δεσπότην Σαλώμη λέγουσα· Ὁ Θεὸς τῶν πατέρων μου, μνήσθητί μου ὅτι σπέρμα εἰμὶ Ἀβραὰμ καὶ Ἰσαὰκ καὶ Ἰακώβ. Μὴ παραδειγματίσῃς με τοῖς υἱοῖς Ἰσραήλ, ἀλλὰ ἀπόδος με τοῖς πένησιν. Σὺ γὰρ οἶδας, Δέσποτα, ὅτι ἐπὶ τῷ σῷ ὀνόματι τὰς θεραπείας ἐπετέλουν καὶ τὸν μισθόν μου παρὰ σοῦ ἐλάμβανον. [3] Καὶ ἰδοὺ ἄγγελος Κυρίου ἔστη λέγων πρὸς αὐτήν· Σαλώμη Σαλώμη, ἐπήκουσεν ὁ πάντων Δεσπότης τῆς δεήσεώς σου. Προσένεγκε τὴν χεῖρά σου τῷ παιδίῳ καὶ βάσταξον αὐτό, καὶ ἔσται σοι σωτηρία καὶ χαρά. [4] Λαβοῦσα δὲ χαρὰν προσῆλθε Σαλώμη τῷ παιδίῳ καὶ ἐβάσταξεν αὐτὸ λέγουσα· Προσκυνήσω αὐτῷ, ὅτι οὗτος ἐγεννήθη βασιλεὺς τῷ Ἰσραήλ. Καὶ παραχρῆμα ἰάθη Σαλώμη καὶ ἐξῆλθεν ἐκ τοῦ σπηλαίου δεδικαιωμένη. Καὶ ἰδοὺ φωνὴ λέγουσα·⟧ Σαλώμη Σαλώμη, ⟨μὴ⟩ ἀναγγείλῃς ὅσα εἶδες παράδοξα ἕως ἔρθῃ ὁ παῖς εἰς Ἱεροσάλημα.

Justinus Mart., Apol. I, 33, 5: Καὶ ὁ ἀποσταλεὶς δὲ πρὸς αὐτὴν τὴν παρθένον κατ' ἐκεῖνο τοῦ καιροῦ ἄγγελος θεοῦ εὐηγγελίσατο αὐτὴν εἰπών· »Ἰδοὺ συλλήψῃ ἐν γαστρὶ ἐκ πνεύματος ἁγίου καὶ τέξῃ υἱόν, καὶ υἱὸς ὑψίστου κληθήσεται, καὶ καλέσεις τὸ ὄνομα αὐτοῦ Ἰησοῦν, αὐτὸς γὰρ σώσει τὸν λαὸν αὐτοῦ ἀπὸ τῶν ἁμαρτιῶν αὐτῶν«, ὡς οἱ ἀπομνημονεύσαντες πάντα τὰ περὶ τοῦ σωτῆρος ἡμῶν Ἰησοῦ χριστοῦ ἐδίδαξαν, οἷς ἐπιστεύσαμεν . . .

53sq cf 1sq (Lc) || *60 cf ad 13 (Lc)* || 72 cf Mt 17,5 | cf Lc 1,46 || 73 cf Lc 2,30 || 89 cf Lc 18,14 || 91sqq cf Lc 1,31sq; *cf 10 (Mt)*

8. Anbetung des Kindes

Natus adoratur | **The Adoration of the Infant Jesus**

Matth. 2,1-12

1 Τοῦ δὲ Ἰησοῦ γεννηθέντος ἐν Βηθλέεμ ⸂τῆς Ἰουδαίας⸃ ἐν ἡμέραις Ἡρῴδου τοῦ βασιλέως, ἰδοὺ μάγοι ἀπὸ ἀνατολῶν παρεγένοντο εἰς Ἱεροσόλυμα 2 λέγοντες· ποῦ ἐστιν ὁ τεχθεὶς βασιλεὺς τῶν Ἰουδαίων; εἴδομεν γὰρ αὐτοῦ τὸν ἀστέρα ⸂ἐν τῇ ἀνατολῇ⸃ καὶ ἤλθομεν προσκυνῆσαι αὐτῷ. 3 ἀκούσας δὲ ὁ βασιλεὺς Ἡρῴδης ἐταράχθη καὶ °πᾶσα Ἱεροσόλυμα μετ᾽ αὐτοῦ, 4 καὶ συναγαγὼν πάντας τοὺς ἀρχιερεῖς καὶ γραμματεῖς τοῦ λαοῦ ἐπυνθάνετο ⸋παρ᾽ αὐτῶν⸌· ποῦ ὁ χριστὸς γεννᾶται⁚1. 5 οἱ δὲ εἶπαν αὐτῷ· ἐν Βηθλέεμ τῆς Ἰουδαίας· οὕτως γὰρ γέγραπται διὰ τοῦ προφήτου·

6 καὶ σὺ ⁚Βηθλέεμ⁚1 ⸂, γῆ Ἰούδα⸃,
⸀οὐδαμῶς ἐλαχίστη εἶ ἐν τοῖς
ἡγεμόσιν Ἰούδα·
ἐκ σοῦ γὰρ ⸆ἐξελεύσεται ἡγούμενος,
ὅστις ποιμανεῖ τὸν λαόν μου
τὸν Ἰσραήλ.

7 Τότε Ἡρῴδης λάθρα καλέσας τοὺς μάγους ἠκρίβωσεν παρ᾽ αὐτῶν τὸν χρόνον τοῦ φαινομένου ἀστέρος, 8 καὶ πέμψας αὐτοὺς εἰς Βηθλέεμ εἶπεν· πορευθέντες

Mark.

Luk. 2,8-20

8 ⸂Καὶ ποιμένες⸃ ἦσαν ἐν τῇ χώρᾳ ⸂τῇ αὐτῇ⸃ ἀγραυλοῦντες καὶ φυλάσσοντες φυλακὰς τῆς νυκτὸς ἐπὶ τὴν ποίμνην αὐτῶν. 9 καὶ ἄγγελος κυρίου ἐπέστη αὐτοῖς καὶ δόξα ⸀κυρίου ⸂περιέλαμψεν αὐτούς⸃, καὶ ἐφοβήθησαν ⸂φόβον μέγαν⸃. 10 καὶ εἶπεν αὐτοῖς ὁ ἄγγελος· μὴ φοβεῖσθε, ἰδοὺ γὰρ εὐαγγελίζομαι ὑμῖν χαρὰν μεγάλην ἥτις ἔσται ⸆ παντὶ τῷ λαῷ, 11 ὅτι ἐτέχθη ὑμῖν σήμερον σωτὴρ ὅς ἐστιν ⸂χριστὸς κύριος⸃ ἐν πόλει Δαυίδ. 12 καὶ τοῦτο ὑμῖν °τὸ σημεῖον, εὑρήσετε βρέφος ἐσπαργανωμένον ⸋καὶ κείμενον⸌ ἐν φάτνῃ. 13 καὶ ἐξαίφνης ἐγένετο σὺν τῷ ἀγγέλῳ πλῆθος στρατιᾶς ⸀οὐρανίου αἰνούντων τὸν θεὸν καὶ λεγόντων·

14 δόξα ἐν ὑψίστοις θεῷ καὶ ἐπὶ γῆς
εἰρήνη ⸀ἐν ἀνθρώποις ⸁εὐδοκίας.

15 Καὶ ἐγένετο ὡς ἀπῆλθον ἀπ᾽ αὐτῶν εἰς τὸν οὐρανὸν οἱ ἄγγελοι, ⸆ οἱ ποιμένες ⸀ἐλάλουν πρὸς ἀλλήλους⸆· διέλθωμεν δὴ ἕως Βηθλέεμ καὶ ἴδωμεν τὸ ῥῆμα τοῦτο τὸ γεγονὸς ὃ ὁ κύριος ἐγνώρισεν ἡμῖν. 16 καὶ ἦλθαν σπεύσαντες καὶ ἀνεῦραν τήν τε Μαριὰμ καὶ τὸν Ἰωσὴφ καὶ τὸ βρέφος κείμενον ἐν τῇ φάτνῃ· 17 ⸋ἰδόντες δὲ⸌ ⸀ἐγνώρισαν περὶ τοῦ ῥήματος τοῦ λαληθέν-

Joh. 7,41-42

(nr. 241, p. 324)

41 ⸆Ἄλλοι ἔλεγον· οὗτός ἐστιν ὁ χριστός, οἱ δὲ ἔλεγον· μὴ γὰρ ἐκ τῆς Γαλιλαίας ὁ χριστὸς ἔρχεται; 42 οὐχ ἡ γραφὴ εἶπεν ὅτι ἐκ τοῦ σπέρματος Δαυὶδ καὶ ἀπὸ Βηθλέεμ τῆς κώμης ὅπου ἦν Δαυὶδ ἔρχεται ὁ χριστός;

Matth.: 1 ⸂ Ιουδα aur ff^{1} || 2 ⸂απο ανατολων sy^{s} ¦ εν ταις α-λαις sa || 3 °D || 4 ⸋D *pc* | [⁚· *et* ⁚1; comm] || 6 [⁚, *et* ⁚1 —, H] | ⸂της Ιουδαιας D it sy$^{s.c}$ ¦ [γης Ιουδα Drusius *cj*] | ⸀μη D ff^{1} ¦ non it (sy); Tert | ⸆(LXX) μοι C K *al*

Luk.: 8 ⸂ποιμ.δε D it | ⸂ταυτη D*(it) || 9 ⸀θεου ℵ^{3} Ξ *pc* aur c e vg; Eus ¦ — D *pc* it | ⸂επελ.αυτοις ℵ* | ⸂(Mt 17,6) σφοδρα B ¦ φ.μ.σφοδρα W bo^{pt} || 10 ⸆και D || 11 ⸂*2 1* W sy$^{s.p}$ ¦ χρ. κυριου β r^{1} sy^{pal}; [J.Weiss *cj*] || 12 °† B *pc* ¦ *txt* 𝔖 𝔎 A D W Θ 053 *pl* bo | ⸋ℵ* D *pc* || 13 ⸀-νου B* D* || 14 ⸀και sy$^{s.p}$ bo (+ εν) ¦ — it vg^{cl}; Ir^{lat} | ⸁-ια 𝔎 Θ 053 λ φ *pl* sy$^{s.p}$ bo; Or^{pt} Eus Epiph Cyr ¦ *txt* B* ℵ* A D W *pc* latt sa got; Or^{pt} Ir^{lat} patr occ || 15 ⸆και οι ανθρωποι 𝔎 A D 053 φ *pm* (c) q ¦ *txt* B ℵ W Θ *al* lat sy$^{s.p}$ sa bo; Eus | ⸀ειπον 𝔎 A D Θ 053 λ φ *pl* ¦ *txt* B ℵ W 565 lat | ⸆λεγοντες ℵ sy^{p} sa^{pt} bo^{pt} || 17 ⸋sy^{s} | ⸀διεγν- 𝔎 A Θ 053 φ *pm*

1sqq cf *41 sqq* || *1-3(Mt)* cf Lc 2,1-7 || *1/2(Mt)* cf *13 (Mt). 16 (Mt)*; Jdc 19,1sq; 17,7; 1Sm 17,12; Heb 7,14; Apc 5,5 || *3(Mt)* cf Act 8,9; 13,6.8; Is 2,6; Ps 72,10; Is 60,6 || *4-9(Mt)* cf *49-51. 52. 55 sq. 62. 67 sq. 69 sq* || *4(Lc)* cf Lc 24,4sq; Act 1,10; 12,7; 27,23 || *5(Mt)* cf Gn 49,10 || *5(Lc)* cf Act 26,13 || *6(Mt)* cf Nu 24,17; 2Pt 1,19; Apc 22,16 || *6(Lc)* cf Jon 1,10 || *7(Mt)* cf *28 (Mt). 34*; Mt 28,9.17; Mc 5,6; Jo 9,38 || *7(Lc)* cf Lc 1,13; Mt 28,5 etc || *8(Lc)* cf *32 (Mt)* || *9(Mt)* cf Mt 21,10 || *10(Lc)* (Ἰησοῦς) σωτήρ cf Act 5,31; 13,23; Jo 4,42; 1Jo 4,14; Eph 5,23; Ph 3,20; 2Tm 1,10; Tt 1,4; 2,13; 3,6; 2Pt 1,1.11; 2,20; 3,2.18 | Thr 4,20; PsSal 17,32 (Mch 5,1; Is 1,3) || *11(Lc)* cf 1Sm 10,1 (LXX); Is 38,7 || *12-14(Mt)* cf *54* || *12/13(Lc)* Lc 2,7; cf *24/25* || *13-22(Mt)* cf *70 sq* || *13(Mt)* cf *1/2 (Mt). 40. 50. 54* || *14(Lc)* Dn 7,10; Act 26,19; 7,42; 1Rg 22,19; Ps 103,20 || *16-22(Mt)* Mch 5,1; 2Sm 5,2 (Mch 5,3) || *16(Mt)* cf *1/2 (Mt)* || *16(Lc)* cf Lc 19,38; Mt 21,9; Job 16,19 || *17(Lc)* Eph 6,15; 2,17; Act 10,36; Mt 28,18; Rm 10,12; Is 52,7; 57,19; Nah 2,1 | cf PsSal 3,4; 16,12; 8,33; Rm 10,1; Ph 1,15; 2,13 || *24/25(Mt)* cf Mt 2,16 || *24/25(Lc)* cf *12/13 (Lc)* || *26-31(Mt)* cf *57 sq*

[Matth. 2,1-12]

ἐξετάσατε ἀκριβῶς περὶ τοῦ παιδίου· ἐπὰν δὲ εὕρητε, ἀπαγγείλατέ μοι, ὅπως κἀγὼ ἐλθὼν προσκυνήσω αὐτῷ. 9 οἱ δὲ ἀκούσαντες τοῦ βασιλέως ἐπορεύθησαν, καὶ ἰδοὺ ὁ ἀστήρ, ὃν εἶδον ἐν τῇ ἀνατολῇ, προῆγεν αὐτούς, ἕως ἐλθὼν ἐστάθη °ἐπάνω ⸂οὗ ἦν τὸ παιδίον⸃. 10 ἰδόντες δὲ τὸν ἀστέρα ἐχάρησαν χαρὰν μεγάλην σφόδρα. 11 καὶ ἐλθόντες εἰς τὴν οἰκίαν εἶδον ⸂τὸ παιδίον⸃ μετὰ Μαρίας τῆς μητρὸς αὐτοῦ, καὶ πεσόντες προσεκύνησαν αὐτῷ καὶ ἀνοίξαντες ⸄τοὺς θησαυροὺς⸅ αὐτῶν προσήνεγκαν αὐτῷ δῶρα, χρυσὸν καὶ λίβανον καὶ σμύρναν. 12 καὶ χρηματισθέντες ⸂κατ᾽ ὄναρ⸃ μὴ ἀνακάμψαι πρὸς Ἡρῴδην, δι᾽ ἄλλης ὁδοῦ ἀνεχώρησαν εἰς τὴν χώραν αὐτῶν.

(nr. 10 2, 13-21 p. 16)

Mark.

[Luk. 2,8-20]

τος αὐτοῖς περὶ τοῦ παιδίου °τούτου. 18 καὶ πάντες οἱ ἀκούσαντες ἐθαύμασαν περὶ τῶν λαληθέντων ὑπὸ τῶν ποιμένων πρὸς αὐτούς· 19 ἡ δὲ ⸀Μαριὰμ πάντα συνετήρει τὰ ῥήματα °ταῦτα συμβάλλουσα ἐν τῇ καρδίᾳ αὐτῆς. 20 καὶ ὑπέστρεψαν οἱ ποιμένες δοξάζοντες καὶ αἰνοῦντες τὸν θεὸν ἐπὶ πᾶσιν οἷς ἤκουσαν καὶ εἶδον καθὼς ἐλαλήθη πρὸς αὐτούς.

Joh.

Evang. sec. Hebraeos (Hieronymus, Comm. in Matth. 2, 5): In Bethlehem Iudeae ...] Librariorum error est; putamus enim ab euangelista primum editum sicut in ipso Hebraico *(= Ev. sec. Hebr. vel Mich. 5,1?)* legimus: »Iudae«, non Iudeae.

– (Sedulius Scottus, Comm. in Matthaeum, sec. Bischoff): Ita nanque refert evangelium, quod secundum Ebreos praetitulatur: »Intuitus Ioseph oculis vidit turbam viatorum comitantium venientium ad speluncam et dixit: Surgam et procedam foras inobviam eis. Cum autem processisset, dixit ad Simonem Ioseph: Sic mihi videntur isti, qui veniunt, augures esse. Ecce enim omni momento respiciunt in caelum et inter se disputant. Sed et peregrini videntur esse, quoniam et habitus eorum differt ab habitu nostro. Nam vestis eorum amplissima est, et color fuscus est eorum densius, et pilea habent in capitibus suis et molles mihi videntur vestes eorum et in pedibus eorum sunt saraballae. Et ecce steterunt et intendunt in me, et ecce iterum coeperunt huc venientes ambulare.« Quibus verbis liquide ostenditur non tres tantum viros, set turbam viatorum venisse ad Dominum, quamvis iuxta quosdam eiusdem turbae praecipui magistri certis nominibus Melchus, Caspar, Phadizarda nuncupentur.

Protev. Jacobi 21,1–4 (sec. Pap. Bodmer V et ed. de Strycker): 1 Καὶ ἰδοὺ Ἰωσὴφ ἡτοιμάσθη τοῦ ἐξελθεῖν ἐν τῇ Ἰουδαίᾳ, καὶ θόρυβος ἐγένετο μέγας ἐν Βηθλὲμ τῆς Ἰουδαίας. Ἦλθωσαν γὰρ μάγοι λέγοντες· Ποῦ ἐστιν ὁ βασιλεὺς τῶν Ἰουδαίων; Εἴδομεν γὰρ τὸν ἀστέρα αὐτοῦ ἐν τῇ ἀνατολῇ καὶ ἤλθαμεν προσκυνῆσαι αὐτῷ. 2 Καὶ ἀκούσας ὁ Ἡρῴδης ἐταράχθη καὶ ἔπεμψεν ὑπηρέτας || *cont. PBodm V:* καὶ μετεπέμψατο αὐτοὺς καὶ διεσάφησαν αὐτῷ περὶ τοῦ ἀστέρος. Καὶ ἰδοὺ εἶδον ἀστέρας ἐν τῇ ἀνατολῇ καὶ προῆγαν αὐτοὺς ἕως εἰσῆλθαν ἐν τῷ σπηλαίῳ καὶ ἔστη ἐπὶ τὴν κεφαλὴν τοῦ παιδίου. [[*Textus cet. testium:* ... πρὸς τοὺς μάγους· καὶ μετεπέμψατο καὶ τοὺς ἀρχιερεῖς καὶ ἀνέκρινεν αὐτοὺς ἐν τῷ πραιτωρίῳ λέγων αὐτοῖς· Πῶς γέγραπται περὶ τοῦ Χριστοῦ; Ποῦ γεννᾶται; Λέγουσιν αὐτῷ· Ἐν Βηθλεὲμ τῆς Ἰουδαίας· οὕτως γὰρ γέγραπται. Καὶ ἀπέλυσεν αὐτούς. Καὶ ἀνέκρινεν τοὺς μάγους λέγων αὐτοῖς· Τί εἴδετε σημεῖον ἐπὶ τὸν γεννηθέντα βασιλέα; Καὶ εἶπον οἱ μάγοι· Εἴδομεν ἀστέρα παμμεγέθη λάμψαντα ἐν τοῖς ἄστροις τούτοις καὶ ἀμβλύναντα αὐτούς, ὥστε τοὺς ἀστέρας μὴ φαίνεσθαι. Καὶ οὕτως ἔγνωμεν ὅτι βασιλεὺς ἐγεννήθη τῷ Ἰσραήλ, καὶ ἤλθομεν προσκυνῆσαι αὐτῷ. Καὶ εἶπεν αὐτοῖς Ἡρῴδης· Ὑπάγετε καὶ ζητήσατε, καὶ ἐὰν εὕρητε ἀπαγγείλατέ μοι, ὅπως κἀγὼ ἐλθὼν προσκυνήσω αὐτῷ. 3 Καὶ ἐξῆλθον οἱ μάγοι. Καὶ ἰδοὺ ὃν εἶδον ἀστέρα ἐν τῇ ἀνατολῇ προῆγεν αὐτοὺς ἕως εἰσῆλθαν ἐν τῷ σπηλαίῳ, καὶ ἔστη ἐπὶ τὴν κεφαλὴν τοῦ παιδίου.]] Καὶ ἰδόντες ⟨αὐτὸν⟩ οἱ μάγοι ἑστῶτα μετὰ τῆς μητρὸς αὐτοῦ Μαρίας, ἐξέβαλον ἀπὸ τῆς πήρας αὐτῶν δῶρα χρυσὸν καὶ λίβανον καὶ σμύρναν. 4 Καὶ χρηματισθέντες ὑπὸ τοῦ ἀγγέλου ⟨μὴ εἰσελθεῖν εἰς τὴν Ἰουδαίαν⟩, διὰ ἄλλης ὁδοῦ ἀνεχώρησαν εἰς τὴν χώραν ⟨αὐτῶν⟩.

Ignatius ad Eph. 19: 1 Καὶ ἔλαθεν τὸν ἄρχοντα τοῦ αἰῶνος τούτου ἡ παρθενία Μαρίας καὶ ὁ τοκετὸς αὐτῆς, ὁμοίως καὶ ὁ θάνατος τοῦ κυρίου· τρία μυστήρια κραυγῆς, ἅτινα ἐν ἡσυχίᾳ θεοῦ ἐπράχθη. 2 πῶς οὖν ἐφανερώθη τοῖς αἰῶσιν; ἀστὴρ ἐν οὐρανῷ ἔλαμψεν ὑπὲρ πάντας τοὺς ἀστέρας, καὶ τὸ φῶς αὐτοῦ ἀνεκλάλητον ἦν καὶ ξενισμὸν παρεῖχεν ἡ καινότης αὐτοῦ, τὰ δὲ λοιπὰ πάντα ἄστρα ἅμα ἡλίῳ καὶ σηλήνῃ χορὸς ἐγένετο τῷ ἀστέρι, αὐτὸς δὲ ἦν ὑπερβάλλων τὸ φῶς αὐτοῦ ὑπὲρ πάντα· ταραχή τε ἦν, πόθεν ἡ καινότης ἡ ἀνόμοιος αὐτοῖς. 3 ὅθεν ἐλύετο πᾶσα μαγεία καὶ πᾶς δεσμὸς ἠφανίζετο κακίας· ἄγνοια καθῃρεῖτο, παλαιὰ βασιλεία διεφθείρετο θεοῦ ἀνθρωπίνως φανερουμένου εἰς καινότητα ἀϊδίου ζωῆς· ἀρχὴν δὲ ἐλάμβανεν τὸ παρὰ θεῷ ἀπηρτισμένον. ἔνθεν τὰ πάντα συνεκινεῖτο διὰ τὸ μελετᾶσθαι θανάτου κατάλυσιν.

Matth.: 9 ° sy^s; Or^pt | ⸂ του παιδιου D it || **11** ⸂ τον παιδα D | ⸄ τας πηρας Epiph || **12** ⸂ κατ αποκαλυψιν sy^s.c

Luk.: 17 ° D Θ *al* it sy^s.p sa bo || **19** ⸀ † -ρια ℵ* D Θ *pc* ¦ *txt* B Ξ A W **053** λ φ *pm* | ° B *pc*

---

28 (Mt) cf 7 (Mt) || *29 sq (Lc)* cf Lc 2,51; Gn 37,11; Dn 7,28 || *31 sq (Lc)* cf Lc 5,25 sq et par *(= nr 43)* | cf Lc 17,15 || *32 (Mt) cf 8 (Lc)* || *32-38 cf 58 sqq. 71 sqq* || *34 cf 7 (Mt)* || *35 sq* cf Gn 43,11; 1Sm 10,27; 1Rg 10,2; Ps 72,10 | cf Dt 28,12; 1Mcc 3,28; Mt 12,35; 13,52; Lc 6,45 || *36* cf Is 60,6; Ps 72,10.11.15; 45,9; Ct 3,6; Sir 24,15; Mc 14,3 et par *(= nr 306)*; 15,23; Jo 19,39; *cf 59* || *36 sq* cf Mt 1,20; 2,13.19.22; Lc 2,26; Act 10,22; Heb 8,5 || *37 sq cf 59 sq* || *38* cf 1Rg 13,9 sq || *40 cf 13 (Mt)* || *41 sqq cf 1 sqq* || *49-51 cf 4-9 (Mt)* || *50 cf 13 (Mt)* || *52 cf 4-9 (Mt)* || *54 cf 12-14 (Mt)* || *55 sq cf 4-9 (Mt)* || *57 sq cf 26-31 (Mt)* || *58 sqq cf 32-38* || *59 cf 36* || *59 sq cf 37 sq* || *62 cf 4-9 (Mt)* || *65* cf Rm 6,4

Justinus Mart., Dial.: 77 [4] Ἅμα γὰρ τῷ γεννηθῆναι αὐτὸν μάγοι ἀπὸ Ἀρραβίας παραγενόμενοι προσεκύνησαν αὐτῷ, πρότερον ἐλθόντες πρὸς Ἡρῴδην τὸν ἐν τῇ γῇ ὑμῶν τότε βασιλεύοντα. ... 78 [1] Καὶ γὰρ οὗτος ὁ βασιλεὺς Ἡρῴδης, μαθὼν παρὰ τῶν πρεσβυτέρων τοῦ λαοῦ ὑμῶν, τότε ἐλθόντων πρὸς αὐτὸν τῶν ἀπὸ Ἀρραβίας μάγων, καὶ εἰπόντων ἐξ ἀστέρος τοῦ ἐν τῷ οὐρανῷ φανέντος ἐγνωκέναι ὅτι »βασιλεὺς γεγένηται ἐν τῇ χώρᾳ ὑμῶν, καὶ ἤλθομεν προσκυνῆσαι αὐτόν«, καὶ ἐν Βηθλεὲμ τῶν πρεσβυτέρων εἰπόντων, ὅτι γέγραπται ἐν τῷ προφήτῃ οὕτως· »Καὶ σὺ Βηθλεέμ, γῆ Ἰούδα, οὐδαμῶς ἐλαχίστη εἶ ἐν τοῖς ἡγεμόσιν Ἰούδα· ἐκ σοῦ γὰρ ἐξελεύσεται ἡγούμενος, ὅστις ποιμανεῖ τὸν λαόν μου.« [2] τῶν ἀπὸ Ἀρραβίας οὖν μάγων ἐλθόντων εἰς Βηθλεὲμ καὶ προσκυνησάντων τὸ παιδίον καὶ προσενεγκάντων αὐτῷ δῶρα, χρυσὸν καὶ λίβανον καὶ σμύρναν, ἔπειτα κατὰ ἀποκάλυψιν μετὰ τὸ προσκυνῆσαι τὸν παῖδα ἐν Βηθλεέμ, ἐκελεύσθησαν μὴ ἐπανελθεῖν πρὸς τὸν Ἡρῴδην.

67sq cf 4-9(Mt) || *69sq cf 4-9(Mt)* || *70sq cf 13-22(Mt)* || *71sqq cf 32-38*

9. Beschneidung und Darstellung im Tempel. Simeon und Hanna

Circumcisio et praesentatio — **The Circumcision and Presentation in the Temple**

Matth.	Mark.	Luk. 2, 21-38	Joh.

21 Καὶ ὅτε ⸀ἐπλήσθησαν ἡμέραι ὀκτὼ τοῦ περιτεμεῖν ⸀αὐτὸν ⸂καὶ ἐκλήθη⸃ τὸ ὄνομα αὐτοῦ Ἰησοῦς, τὸ κληθὲν ὑπὸ τοῦ ἀγγέλου πρὸ τοῦ συλλημφθῆναι αὐτὸν ἐν τῇ κοιλίᾳ.

22 Καὶ ὅτε ⸀ἐπλήσθησαν αἱ ἡμέραι °τοῦ καθαρισμοῦ ⸀αὐτῶν κατὰ τὸν νόμον Μωϋσέως, ἀνήγαγον αὐτὸν εἰς Ἱεροσόλυμα παραστῆσαι τῷ κυρίῳ, 23 καθὼς γέγραπται ἐν νόμῳ κυρίου ὅτι π ᾶ ν ἄ ρ σ ε ν δ ι α ν ο ῖ γ ο ν μ ή τ ρ α ν ἅ γ ι ο ν τ ῷ κ υ ρ ί ῳ κ λ η θ ή σ ε τ α ι, 24 καὶ τοῦ δοῦναι θυσίαν κατὰ τὸ εἰρημένον ἐν τῷ νόμῳ κυρίου, ζ ε ῦ γ ο ς τ ρ υ γ ό ν ω ν ἢ δ ύ ο ν ο σ σ ο ὺ ς π ε ρ ι σ τ ε ρ ῶ ν. 25 Καὶ °ἰδοὺ ἄνθρωπος ἦν ἐν Ἰερουσαλὴμ ᾧ ὄνομα⸆ Συμεὼν καὶ ὁ ἄνθρωπος οὗτος δίκαιος καὶ ⸀εὐλαβὴς προσδεχόμενος παράκλησιν τοῦ Ἰσραήλ, καὶ πνεῦμα ἦν ἅγιον ἐπ᾽ αὐτόν· 26 ⸂καὶ ἦν αὐτῷ κεχρηματισμένον⸃ ὑπὸ τοῦ πνεύματος τοῦ ἁγίου μὴ ἰδεῖν θάνατον ⸄πρὶν [ἢ] ἂν⸅ ἴδῃ τὸν χριστὸν κυρίου. 27 καὶ ἦλθεν ἐν τῷ πνεύματι εἰς τὸ ἱερόν· καὶ ἐν τῷ εἰσαγαγεῖν ⸋τοὺς γονεῖς⸌ τὸ παιδίον Ἰησοῦν τοῦ ποιῆσαι αὐτοὺς κατὰ τὸ ⸀εἰθισμένον τοῦ νόμου περὶ αὐτοῦ 28 καὶ αὐτὸς⸆ ἐδέξατο αὐτὸ εἰς τὰς ἀγκάλας⸆ καὶ εὐλόγησεν τὸν θεὸν καὶ εἶπεν·

29 νῦν ἀπολύεις τὸν δοῦλόν σου, δέσποτα,
κατὰ τὸ ῥῆμά σου ἐν εἰρήνῃ·
30 ὅτι εἶδον οἱ ὀφθαλμοί μου τὸ σωτήριόν σου,
31 ὃ ἡτοίμασας κατὰ πρόσωπον πάντων τῶν λαῶν,
32 φῶς εἰς ἀποκάλυψιν °ἐθνῶν
καὶ δόξαν λαοῦ σου Ἰσραήλ.

33 καὶ ἦν ⸂ὁ πατὴρ αὐτοῦ⸃ καὶ ἡ μήτηρ⸆ θαυμάζοντες ἐπὶ τοῖς λαλουμένοις περὶ αὐτοῦ. 34 καὶ εὐλόγησεν αὐτοὺς Συμεὼν καὶ εἶπεν πρὸς Μαριὰμ τὴν μητέρα αὐτοῦ· ἰδοὺ οὗτος κεῖται εἰς πτῶσιν καὶ ἀνάστασιν πολλῶν ἐν τῷ Ἰσραὴλ καὶ εἰς σημεῖον ἀντιλεγόμενον – 35 καὶ σοῦ °[δὲ] αὐτῆς τὴν ψυχὴν διελεύσεται ῥομφαία – ὅπως

21 ⸀συνετελεσθ- D *pc* lat ¦ επληρωθησαν Θ 33 *pc* | ⸀το παιδιον D 053 ϕ 33 *pm* β e r[1] (vg) sy[s.p] | ⸂εκλ. Θ *pc* ¦ ωνομασθη D || 22 ⸀επληρωθησαν ℵ[corr] Θ *pc* | °B* | ⸀αυτου D *pc* (lat sy[s], *an* = αυτης?) sa[pt] ¦ — 435 *pc* bo[pt]; Ir[lat] || 25 °D N sy[s.p] | ⸆αυτου ℵ* | ⸀ευσεβης ℵ* K Π *al* || 26 ⸂κεχρ-νος δε ην D it | ⸄πρ. αν B Θ *pc* ¦ πρ. η ℜ A D *pm* ¦ εως αν ℵ* e sy[s.p] ¦ πρ. W *al* ¦ *txt* ℵ[corr] L 33 *pc* || 27 ⸋245 (cf Lc 2,33.41.43.48) | ⸀εθος D lat || 28 ⸆δε ℵ* | ⸆αυτου ℜ A D Θ 0130.0239 λ ϕ *pm* lat sa bo[pt]; Ir[lat] || 32 °D || 33 ⸂Ιωσηφ ℜ (A) Θ 053 ϕ *pm* it sy[p] bo[pt] ¦ *txt* ℌ D W *al* vg; Or | ⸆αυτου ℵ* ℜ A Θ 053 ϕ *pm* it sa bo[pt] ¦ *txt* B D W *al* vg; Or || 35 °B W *pc* lat; Epiph

[1] ἐπλήσθησαν: Lc et Act 22×, libr. rel NT 2× | cf Lc 1,59; Gn 17,12; Lv 12,3; Ph 3,5 | cf Mt 1,25 || [1/2] cf Lc 1,31; Mt 1,21 || [3] cf Lv 12,6; 12,3 sq | *cf 10* || [4] cf Rm 6,19; 12,1; Nu 18,15; 1Sm 1,24 || [4/5] Ex 13,2.12.15; cf Ex 13,13; Nu 18,15 || [6] Lv 5,11; 12,8; Nu 6,10 || [7] cf Act 2,5; 8,2; 22,12; Mch 7,2 | cf Gn 49,18; Ps 119,166; Jr 17,6; Is 40,1; 49,13; *cf 25*; Lc 23,51; Mc 15,43 || [8] cf Mt 2,12.22; Act 10,22; *cf 26/27* | cf Ps 89,49; 16,10; Lc 9,27; Mt 16,28; Mc 9,1 (= *nr 160*); Jo 8,51; Heb 11,5 || [9/10] γονεῖς *cf 18*; Lc 2,41.43 || [10] *cf 3* || [12/13] Gn 15,15; 46,30; Tob 11,9 || [12] cf Gn 15,2; Nu 20,29; Tob 3,6; Act 4,24; Apc 6,10; 2Pt 2,1 etc || [14] cf Is 40,5; Job 19,27; 42,5; Lc 3,6; Act 28,28 || [15] cf Is 52,10 || [16/17] cf Is 49,6; 46,13; 42,6 sq; 25,7; PsSal 17,34; Act 13,47; 26,23 || [18] *cf ad 9/10* || [19] cf Ph 1,16; 1Th 3,3 | cf Is 8,14 sq; 28,16; Lc 20,17 sq; Rm 9,33; 1Pt 2,6.8 || [20] Jos 4,6; Is 11,12; Lc 11,30

Matth.	Mark.	[Luk. 2,21-38]	Joh.
		ἂν ἀποκαλυφθῶσιν °ἐκ πολλῶν καρδιῶν διαλογισμοί⸆. 36 Καὶ °ἦν ⸀Ἄννα προφῆτις, θυγάτηρ Φανουήλ, ἐκ φυλῆς Ἀσήρ· αὕτη προβεβηκυῖα ἐν ἡμέραις πολλαῖς, ζήσασα μετὰ ἀνδρὸς ⸀ἔτη ἑπτὰ ἀπὸ τῆς παρθενίας αὐτῆς 37 καὶ ⸀αὐτὴ χήρα °ἕως ἐτῶν ⸀ὀγδοήκοντα τεσσάρων, ἣ οὐκ ἀφίστατο τοῦ ⸀¹ἱεροῦ νηστείαις καὶ δεήσεσιν λατρεύουσα νύκτα καὶ ἡμέραν. 38 καὶ αὐτῇ τῇ ὥρᾳ ἐπιστᾶσα ἀνθωμολογεῖτο τῷ ⸀θεῷ καὶ ἐλάλει περὶ αὐτοῦ πᾶσιν τοῖς προσδεχομένοις λύτρωσιν ⸀Ἰερουσαλήμ. (nr. 11 2,39-40 p. 17)	

Protev. Jacobi 24,4 (sec. Pap. Bodmer V et ed. de Strycker): Μετὰ δὲ τὰς τρεῖς ἡμέρας ἐβουλεύσαντο οἱ ἱερεῖς τίνα ἀναστήσουσιν εἰς τὸν τόπον τοῦ Ζαχαρίου. Καὶ ἀνέβη ὁ κλῆρος ἐπὶ Συμεών· οὗτος γὰρ ἦν ὁ χρηματισθεὶς ὑπὸ τοῦ ἁγίου Πνεύματος μὴ ἰδεῖν θάνατον ἕως ἂν τὸν Χριστὸν ἐν σαρκὶ ἴδῃ.

---

35 °D pc it | ⸆πονηροι א* || 36 °D b | ⸀ημερας sy^s; Ephr || 37 ⸀(αὕτη G lat) | °D it sy^s | ⸀εβδομηκοντα א* | ⸀¹ναου D pc || 38 ⸀κυριω 𝔎 A Θ 053.0130 λ φ pm sy^{s.p} sa bo^{pt} | ⸀εν I. 𝔎 A D Θ 053.0130 φ pm ¦ Ισραηλ 348 a r¹ vg^{cl} ¦ *txt* B א W 565* *al* lat sy^{s.p} sa bo; Ir^{lat}

---

22 cf Lc 1,7.18 || 23 cf 1Tm 5,5; Jdth 8,4sqq; 16,22sqq || 23/24 cf Lc 24,53; Act 26,7; Ps 61,5; 1Tm 5,5; Jdth 8,6 || 25 *cf ad 7*; Is 52,9 || 26/27 *cf 8/9*

10. Flucht nach Ägypten und Rückkehr

Fuga in Aegyptum et reditus **The Flight into Egypt and Return**

Matth. 2,13-21	Mark.	Luk.	Joh.
(nr. 8 2,1-12 p. 13) 13 Ἀναχωρησάντων δὲ αὐτῶν⸆ ἰδοὺ ἄγγελος κυρίου ⸂φαίνεται κατ' ὄναρ⸃ τῷ Ἰωσὴφ λέγων· ἐγερθεὶς παράλαβε ⸂τὸ παιδίον⸃ καὶ τὴν μητέρα αὐτοῦ καὶ φεῦγε εἰς Αἴγυπτον καὶ ἴσθι ἐκεῖ ἕως ἂν εἴπω σοι· μέλλει γὰρ Ἡρῴδης ζητεῖν ⸂τὸ παιδίον⸃ τοῦ ἀπολέσαι ⸀αὐτό. 14 ⸀ὁ δὲ ἐγερθεὶς παρέλαβεν ⸂τὸ παιδίον⸃ καὶ τὴν μητέρα αὐτοῦ νυκτὸς καὶ ἀνεχώρησεν εἰς Αἴγυπτον, 15 καὶ ἦν ἐκεῖ ἕως τῆς τελευτῆς Ἡρῴδου· ἵνα πληρωθῇ τὸ ῥηθὲν ὑπὸ κυρίου διὰ⸆ τοῦ προφήτου λέγοντος· ἐξ Αἰγύπτου ἐκάλεσα τὸν υἱόν μου. 16 Τότε Ἡρῴδης ἰδὼν ὅτι ἐνεπαίχθη ὑπὸ τῶν μάγων ἐθυμώθη λίαν, καὶ ἀποστείλας ἀνεῖλεν πάντας τοὺς παῖδας τοὺς ἐν Βηθλέεμ καὶ ἐν πᾶσι τοῖς ὁρίοις αὐτῆς ἀπὸ ⸂διετοῦς καὶ κατωτέρω⸃, κατὰ τὸν χρόνον ὃν ἠκρίβωσεν παρὰ τῶν μάγων. 17 τότε ἐπληρώθη τὸ ῥηθὲν⸆ διὰ Ἰερεμίου τοῦ προφήτου °λέγοντος· 18 φωνὴ ἐν Ῥαμὰ ἠκούσθη, ⸋⸆κλαυθμὸς καὶ ὀδυρμὸς πολύς⸌· Ῥαχὴλ κλαίουσα τὰ τέκνα αὐτῆς, καὶ οὐκ ἤθελεν παρακληθῆναι, ὅτι οὐκ εἰσίν. 19 Τελευτήσαντος δὲ τοῦ Ἡρῴδου ἰδοὺ ἄγγελος κυρίου ⸀φαίνεται κατ' ὄναρ τῷ Ἰωσὴφ ἐν Αἰγύπτῳ 20 λέγων· ἐγερθεὶς παράλαβε ⸂τὸ παιδίον⸃ καὶ τὴν μητέρα αὐτοῦ καὶ πορεύου εἰς γῆν Ἰσραήλ· τεθνήκασιν γὰρ οἱ ζητοῦντες τὴν ψυχὴν τοῦ παιδίου. 21 ὁ δὲ ἐγερθεὶς παρέλαβεν ⸂τὸ παιδίον⸃ καὶ τὴν μητέρα αὐτοῦ καὶ ⸀εἰσῆλθεν εἰς γῆν Ἰσραήλ.			

Protev. Jacobi 22,1–24,3 (sec. Pap. Bodmer V et ed. de Strycker): 22 ¹ Τότε Ἡρώδης ἰδὼν ὅτι ἐνεπαίχθη ὑπὸ τῶν μάγων ὀργισθεὶς ἔπεμψεν αὐτοῦ τοὺς φονευτὰς λέγων αὐτοῖς ἀνελεῖν πάντα τὰ βρέφη ἀπὸ διετίας καὶ κάτω. ² Καὶ ἀκούσασα ἡ Μαρία ὅτι τὰ βρέφη ἀναιρεῖται, φοβηθεῖσα ἔλαβεν τὸν παῖδα καὶ ἐσπαργάνωσεν αὐτὸν καὶ ἔβαλεν ἐν πάθνῃ βοῶν. ³ Ἡ δὲ Ἐλισάβεδ ἀκούσασα ὅτι Ἰωάνης ζητεῖται, λαβομένη αὐτὸν ἀνέβη ἐν τῇ ὀρεινῇ· καὶ περιεβλέπετο

---

13 ⸆(2,12) εις την χωραν αυτων B | ⸂(1,20) κατ οναρ εφανη B (⸉ lat) sa | ⸂*bis* τον παιδα D | ⸀αυτον D || 14 ⸀Ιωσηφ sy | ⸂τον παιδα D || 15 ⸆του στοματος Ησαιου sy^s || 16 ⸂διετιας και κατω D* latt || 17 ⸆υπο κυριου D pc | °sy^{s.c} || 18 ⸋bo^{pt} | ⸆(Jr 38,15 LXX) θρηνος και C 𝔎 D W φ pl sy^{s.c}; Or || 19 ⸀εφανη latt sa || 20 ⸂τον παιδα D || 21 ⸂τον παιδα D | ⸀ηλθεν 𝔎 D W pm ¦ επαν- Eus

---

1 cf Mt 1,20; 2,22 | cf Gn 19,15; *cf 13/14; 43sqq* || 2 cf Jr 26,21-23 (33,21-23 LXX); Apc 12,4-6.14 || 3 *cf 15*; Ex 2,15; 1Rg 11,40 | cf Mt 1,24 || 5 Hos 11,1 (Nu 23,22; 24,8); *cf 39.41* || 6sq *cf 17* || 9-12 Jr 31,15 (38,15 LXX); cf Gn 35,19 (1Sm 10,2) || 13/14 *cf 1-3* || 14/15 cf Ex 4,19; 1Rg 19,10 || 15 *cf 3* || 17 *cf 6sq* || 18/19 cf Lc 2,7

ποῦ αὐτὸν ἀποκρύψῃ, καὶ οὐκ ἔνι τόπος ἀπόκρυφος. Τότε στενάξασα Ἐλισάβεδ λέγει· Ὄρος Θεοῦ, δέξαι με μητέρα μετὰ τέκνου. Οὐ γὰρ ἐδύνατο ἡ Ἐλισάβ εδ ἀναβῆ- [ἀναβη]ναι διὰ τὴν δειλίαν. Καὶ παραχρῆμα ἐδιχάσθη τὸ ὄρος καὶ ἐδέξατο αὐτήν. Καὶ ἦν τὸ ὄρος ἐκεῖνο διαφαῖνον αὐτῇ φῶς· ἄγγελος γὰρ Κυρίου ἦν μετ᾽ αὐτῶν [ὁ] διαφυλάσσων αὐτούς. 23 [1] Ὁ δὲ Ἡρώδης ἐζήτει τὸν Ἰωάννην, καὶ ἀπέστειλεν ὑπηρέτας ἐν τῷ θυσιαστηρίῳ πρὸς Ζαχαρίαν λέγων αὐτῷ· Ποῦ ἀπέκρυψας τὸν υἱόν σου; Ὁ δὲ ἀπεκρίνατο λέγων αὐτοῖς· Ἐγὼ λειτουργὸς ὑπάρχω Θεοῦ καὶ προσεδρεύω τῷ ναῷ αὐτοῦ. Τί γινώσκω ποῦ ἐστιν ὁ υἱός μου; [2] Καὶ ἀπήλθωσαν οἱ ὑπηρέται αὐτοῦ καὶ ἀ⌜ν⌝ήγγειλαν αὐτῷ πάντα ταῦτα. Καὶ ὀργισθ⌜εὶς⌝ ὁ Ἡρώδης εἶπεν [ταῦτα]· Ὁ υἱὸς αὐτοῦ μέλλει βασιλεύειν τοῦ Ἰσραήλ; Καὶ ἔπεμψεν πάλιν τοὺς ὑπηρέτας λέγων αὐτῷ· Εἰπόν μοι τὰ ἀληθῆ· ποῦ ἐστιν ὁ υἱός σου; Οἶδας ὅτι τὸ αἷμά σου ὑπὸ τὴν χεῖράν μού ἐστιν; Καὶ ἀπήλθοσαν οἱ ὑπηρέται καὶ ἀνήγγειλαν αὐτῷ ταῦτα. [3] Καὶ ἀποκριθεὶς εἶπεν· Μάρτυς εἰμὶ τοῦ Θεοῦ. Ἔχε μου τὸ αἷμα. Τὸ δὲ πνεῦμά μου ὁ Δεσπότης [μου] δέξεται, ὅτι ἀθῷον αἷμα ἐκχύνεις εἰς τὰ πρόθυρα τοῦ ναοῦ Κυρίου. Καὶ περὶ τὸ διάφαυμα ἐφονεύθη Ζαχχαρίας, καὶ οὐκ ᾔδεισαν οἱ υἱοὶ Ἰσραὴλ πῶς ἐφονεύθη. 24 [1] Ἀλλὰ τὴν ὥραν τοῦ ἀσπασμοῦ ἀπήλθασιν οἱ ἱερεῖς, καὶ οὐκ ἠπήντησεν αὐτοῖς κατὰ τὸ ἔθος [τ]ῇ εὐλογίᾳ τοῦ Ζαχαρίου. Καὶ ἔστησαν οἱ ἱερεῖς προσδοκῶντες τὸν Ζαχαρίαν τοῦ ἀσπάσασθαι αὐτὸν ἐν εὐχῇ καὶ δοξάσαι τὸν ⟨Ὕ⟩ψιστον Θεόν. [2] Χρονίσαντος δὲ αὐτοῦ ἐφοβήθησαν πάντες. Τολμήσας δέ τις ἐξ αὐτῶν εἰσῆλθεν εἰς τὸ ἁγίασμα καὶ εἶδεν παρὰ τὸ θυσιαστήριον Κυρίου αἷμα πεπηγὸς καὶ φωνὴν λέγουσαν· Ζαχχαρίας ἐφόνευται, καὶ οὐκ ἐξαλειφθήσεται τὸ αἷμα αὐτοῦ ἕως ἔλθῃ ⟨ὁ⟩ ἔκδικος. Καὶ ἀκούσας τῶν λόγων τούτων ἐφοβήθη καὶ ἐξῆλθεν καὶ ἀνήγγειλεν τοῖς ἱερεῦσιν ἃ εἶδεν καὶ ἤκουσ⌜ε⌝ν. [3] ⟨Καὶ τολμήσαντες εἰσῆλθαν⟩ καὶ εἶδαν τὸ γεγονός. ⟨Καὶ⟩ τὰ παθνώματα τοῦ ναοῦ ὠλόλυξαν, καὶ αὐτοὶ περιεσχίσαντο ἐπάνωθεν ἕως κάτω. Καὶ τὸ πτῶ- [πτω]μα αὐτοῦ οὐχ εὕρωσαν, ἀλλ᾽ εὗρον τὸ ⌜αἷ⌝μα αὐτοῦ λίθον γεγενημένον. Καὶ φοβηθέντες ἐξῆλθαν καὶ [καὶ] ἀ⌜ν⌝ήγγειλαν ὅτι Ζαχαρίας πεφόνευται. Καὶ ἤ⟨κου⟩σαν πᾶσαι αἱ φυλαὶ τοῦ λαοῦ καὶ ἐπένθησαν αὐτὸν καὶ ἐκόψαν⟨το⟩ [αὐτὸν] τρεῖς ἡμέρας καὶ τρεῖς νύκτας.

Evang. sec. Hebraeos (Hieronymus, de viris inl. 3): Porro ipsum Hebraicum *(sc. Matth.)* habetur usque hodie in Caesariensi bibliotheca, quam Pamphilus martyr studiosissime confecit. Mihi quoque a Nazaraeis qui in Beroea, urbe Syriae, hoc volumine utuntur, describendi facultas fuit. In quo animadvertendum quod ubicumque evangelista, sive ex persona sua sive ex Domini Salvatoris veteris scripturae testimoniis abutitur, non sequatur Septuaginta translatorum auctoritatem, sed Hebraicam. E quibus illa duo sunt: »Ex Aegypto vocavi Filium meum«, et, »Quoniam Nazaraeus vocabitur«.

Cod. N.T. 1424 (ad Mt 2,21): Τὸ »ἵνα πληρωθῇ τὸ ῥηθὲν ὑπὸ κυρίου διὰ τοῦ προφήτου λέγοντος· ἐξ Αἰγύπτου ἐκάλεσα τὸν υἱόν μου« ἔν τισιν ἀντιγράφοις ἐνταῦθα κεῖται.

Pap. Cair. 10735 r. (Evang. apocr.?) (sec. Deissmann): Ἄγγελος κυρίου ἐλάλησεν· Ἰω[σήφ, ἐγερθεὶς] παράλαβε Μαρίαν τὴν γ[υναῖκά σου καὶ] φεῦγε εἰς Αἴγυπτον και[. . .] [• • • • •] • α • • • • • • [• •] • • [. . .] τ • ιβιο [• • •] • ρ • • [. . .] πᾶν δῶρον καὶ ἐὰν[. . .] φίλους αὐτοῦ καθ[. . .] βασιλέως λ[. . .] ειο • • υ[. . .

27 cf Mt 23,35 || 39 *cf* 5 || 40 cf Mt 2,23 || 41 *cf* 5 || 43sq *cf* 1sq

11. Kindheit Jesu in Nazareth

Puer Jesus in Nazareth

The Childhood of Jesus at Nazareth

Matth. 2,22-23

22 Ἀκούσας δὲ ὅτι Ἀρχέλαος βασιλεύει τῆς Ἰουδαίας ἀντὶ ⸉τοῦ πατρὸς αὐτοῦ Ἡρῴδου⸊ ἐφοβήθη ἐκεῖ ἀπελθεῖν· χρηματισθεὶς δὲ κατ᾽ ὄναρ ἀνεχώρησεν εἰς τὰ μέρη τῆς Γαλιλαίας, 23 καὶ ἐλθὼν κατῴκησεν εἰς πόλιν λεγομένην Ναζαρέτ· ὅπως πληρωθῇ τὸ ῥηθὲν διὰ τῶν προφητῶν ὅτι Ναζωραῖος κληθήσεται.

(nr. 13 3,1-6 p. 20)

Mark.

Luk. 2,39-40

(nr. 9 2,21-38 p. 15)

39 Καὶ ὡς ἐτέλεσαν ⸀πάντα °τὰ κατὰ τὸν νόμον °¹κυρίου, ⸁ἐπέστρεψαν εἰς τὴν Γαλιλαίαν εἰς ⸆ πόλιν ἑαυτῶν Ναζαρέθ⸆. 40 Τὸ δὲ παιδίον ηὔξανεν καὶ ἐκραταιοῦτο ⸆ πληρούμενον ⸀σοφίᾳ, καὶ χάρις θεοῦ ἦν ⸂ἐπ᾽ αὐτό⸃.

Joh.

Evang. sec. Hebraeos (Hieronymus, de viris inl. 3): Porro ipsum Hebraicum *(sc. Matth.)* habetur usque hodie in Caesariensi bibliotheca, quam Pamphilus martyr studiosissime confecit. Mihi quoque a Nazaraeis qui in Beroea, urbe Syriae, hoc volumine utuntur, describendi facultas fuit. In quo animadvertendum quod ubicumque evangelista, sive ex persona sua sive ex Domini Salvatoris veteris scripturae testimoniis abutitur, non sequatur Septuaginta translatorum auctoritatem, sed Hebraicam. E quibus illa duo sunt: »Ex Aegypto vocavi Filium meum«, et, »Quoniam Nazaraeus vocabitur«.

Matth.: 22 ⸉*4 1-3* 𝔎 D **0250** *pl* latt; Eus ¦ *txt* B ℵ C* W

Luk.: 39 ⸀ἅπ- 𝔎 A D Θ **0130** *pm* | ° ℵ D Θ **0130** *al* | °¹ λ 700 sy^{s} | ⸁ υπεστρ- *rell* ¦ *txt* B(ℵ*) W Ξ **0130**.579.1241 | ⸆ την 𝔎 A Θ **0130** *pl* ¦ *txt* B ℵ* D* W *pc* | ⸆ *p)* καθως ερρεθη δια του προφητου οτι Ναζωραιος κληθησεται D a || 40 ⸆ πνευματι 𝔎 A Θ λ φ *pl* aur f q sy^{p} bo^{pt} ¦ *txt* B ℵ D W *pc* lat sy^{s} sa bo^{pt} | ⸀-ας ℵ* 𝔎 A D Θ λ φ *pl* ¦ *txt* B W *pc* | ⸂επ (εν D) αυτω (D) Θ 69 *pm*

1/2 *(Mt)* cf Jos. Bell. II,6,2 (88.89 Niese) || 2 *(Lc)* cf Lc 2,21-24 || 3 *(Mt)* cf Mt 1,20; 2,13.19 || 4 *(Lc)* cf Lc 1,26; 2,3sq; Jo 1,45sq || 5/6 *(Lc)* cf Lc 1,80; 2,51 || 6 *(Mt)* cf Lv 21,12; Jdc 13,5; Is 11,1; 53,2; 4,2; Jr 23,5; 33,15; Zch 3,8; 6,12; *cf 11* || 10 cf Mt 2,15 || 11 *cf* 6 *(Mt)*

12. Der zwölfjährige Jesus im Tempel

Puer Jesus in Templo | **The Boy Jesus in the Temple**

Matth.	Mark.	Luk. 2, 41-52	Joh.

Luk. 2, 41-52

41 Καὶ ἐπορεύοντο ⸂οἱ γονεῖς αὐτοῦ⸃ κατ' ἔτος εἰς Ἰερουσαλὴμ τῇ ἑορτῇ τοῦ πάσχα. 42 Καὶ ὅτε ἐγένετο ⸀ἐτῶν δώδεκα, ⸂ἀναβαινόντων αὐτῶν⸃ ⸆ κατὰ τὸ ἔθος τῆς ἑορτῆς ⸆ 43 καὶ τελειωσάντων τὰς ἡμέρας⸆, ἐν τῷ ὑποστρέφειν αὐτοὺς ⸀ὑπέμεινεν ⸉Ἰησοῦς ὁ παῖς⸊ ἐν Ἰερουσαλήμ, καὶ οὐκ ⸂ἔγνωσαν οἱ γονεῖς⸃ αὐτοῦ. 44 νομίσαντες δὲ αὐτὸν εἶναι ἐν τῇ συνοδίᾳ ἦλθον ἡμέρας ὁδὸν καὶ ἀνεζήτουν αὐτὸν ἐν τοῖς συγγενεῦσιν καὶ τοῖς γνωστοῖς, 45 καὶ μὴ εὑρόντες ⸆ ὑπέστρεψαν εἰς Ἰερουσαλὴμ ⸀ἀναζητοῦντες αὐτόν. 46 καὶ ἐγένετο μετὰ ἡμέρας τρεῖς εὗρον αὐτὸν ἐν τῷ ἱερῷ καθεζόμενον ἐν μέσῳ τῶν διδασκάλων °καὶ ἀκούοντα αὐτῶν καὶ ἐπερωτῶντα αὐτούς· 47 ἐξίσταντο δὲ πάντες ⸋οἱ ἀκούοντες αὐτοῦ⸌ ἐπὶ τῇ συνέσει καὶ ταῖς ἀποκρίσεσιν αὐτοῦ. 48 καὶ ἰδόντες αὐτὸν ἐξεπλάγησαν, καὶ εἶπεν πρὸς αὐτὸν ἡ μήτηρ αὐτοῦ· τέκνον, τί ἐποίησας ἡμῖν οὕτως; ⸂ἰδοὺ ὁ πατήρ σου κἀγὼ⸃ ὀδυνώμενοι ⸆ ⸀ἐζητοῦμέν σε. 49 καὶ εἶπεν πρὸς αὐτούς· τί ὅτι ⸀ἐζητεῖτέ με; οὐκ ⸁ᾔδειτε ὅτι ἐν τοῖς τοῦ πατρός μου δεῖ εἶναί με; 50 καὶ αὐτοὶ οὐ συνῆκαν τὸ ῥῆμα ὃ ἐλάλησεν αὐτοῖς. 51 καὶ κατέβη ⸂μετ' αὐτῶν καὶ ἦλθεν⸃ εἰς Ναζαρὲθ καὶ ἦν ὑποτασσόμενος αὐτοῖς. καὶ ἡ μήτηρ αὐτοῦ διετήρει πάντα τὰ ῥήματα ⸆ ἐν τῇ καρδίᾳ αὐτῆς. 52 Καὶ Ἰησοῦς προέκοπτεν ⸂[ἐν τῇ]⸃ ⸉σοφίᾳ καὶ ἡλικίᾳ⸊ καὶ χάριτι ⸄παρὰ θεῷ⸅ καὶ ἀνθρώποις.

Evang. Thomae gr. 19: 1 Ὄντος δὲ αὐτοῦ δώδεκα ἔτους ἐπορεύοντο οἱ γονεῖς αὐτοῦ κατὰ τὸ ἔθος εἰς Ἰερουσαλὴμ εἰς τὴν ἑορτὴν τοῦ πάσχα μετὰ τῆς συνοδίας αὐτῶν, καὶ μετὰ τὸ πάσχα ὑπέστρεφον εἰς τὸν οἶκον αὐτῶν. καὶ ἐν τῷ ὑποστρέφειν αὐτοὺς ἀνῆλθε τὸ παιδίον Ἰησοῦς εἰς Ἱεροσόλυμα· οἱ δὲ γονεῖς αὐτοῦ ἐνόμισαν αὐτὸν ἐν τῇ συνοδίᾳ εἶναι. 2 Ὁδευσάντων δὲ ὁδὸν ἡμέρας μιᾶς, ἐζήτουν αὐτὸν ἐν τοῖς συγγενέσιν αὐτῶν, καὶ μὴ εὑρόντες αὐτὸν ἐλυπήθησαν, καὶ ὑπέστρεψαν πάλιν εἰς τὴν πόλιν ζητοῦντες αὐτόν. καὶ μετὰ τρίτην ἡμέραν εὗρον αὐτὸν ἐν τῷ ἱερῷ καθεζόμενον ἐν μέσῳ τῶν διδασκάλων καὶ ἀκούοντα καὶ ἐρωτῶντα αὐτούς. προσεῖχον δὲ πάντες καὶ ἐθαύμαζον, πῶς παιδίον ὑπάρχων ἀποστομίζει τοὺς πρεσβυτέρους καὶ διδασκάλους τοῦ λαοῦ, ἐπιλύων τὰ κεφάλαια τοῦ νόμου καὶ τὰς παραβολὰς τῶν προφητῶν. 3 Προσελθοῦσα δὲ ἡ μήτηρ αὐτοῦ Μαρία εἶπεν αὐτῷ· ἱνατί τοῦτο ἐποίησας ἡμῖν, τέκνον; ἰδοὺ ὀδυνώμενοι ἐζητοῦμέν σε. καὶ εἶπεν αὐτοῖς ὁ Ἰησοῦς· τί με ζητεῖτε; οὐκ οἴδατε ὅτι ἐν τοῖς τοῦ πατρός μου δεῖ εἶναί με; 4 Οἱ δὲ γραμματεῖς καὶ Φαρισαῖοι εἶπον· σὺ εἶ μήτηρ τοῦ παιδίου τούτου; ἡ δὲ εἶπεν· ἐγώ εἰμι. καὶ εἶπον αὐτῇ· μακαρία σὺ εἶ ἐν γυναιξίν, ὅτι ηὐλόγησεν ὁ θεὸς τὸν καρπὸν τῆς κοιλίας σου· τοιαύτην γὰρ δόξαν καὶ τοιαύτην ἀρετὴν καὶ σοφίαν οὔτε ἴδομεν οὔτε ἠκούσαμέν ποτε. 5 Ἀναστὰς δὲ Ἰησοῦς ἠκολούθησεν τῇ μητρὶ αὐτοῦ, καὶ ἦν ὑποτασσόμενος τοῖς γονεῦσιν αὐτοῦ. ἡ δὲ μήτηρ αὐτοῦ διετήρει πάντα τὰ γενόμενα. ὁ δὲ Ἰησοῦς προέκοπτε σοφίᾳ καὶ ἡλικίᾳ καὶ χάριτι· αὐτῷ ἡ δόξα εἰς τοὺς αἰῶνας τῶν αἰώνων, ἀμήν.

Evang. infantiae arabicum: 50 Et cum factus esset annorum duodecim, duxerunt eum Hierosolymam ad festum. Finito autem festo ipsi quidem reverterunt, sed dominus Iesus remansit in templo inter doctores et seniores et eruditos ex filiis Israelis, quos de scientiis varia interrogabat, et vicissim eis respondebat. Dixit enim illis: Messias cuius est filius? Responderunt illi: Filius Davidis. Quare ergo, inquit, in spiritu vocat illum dominum suum, cum dicit: Dixit dominus domino meo: Sede ad dextram meam, ut hostes tuos vestigiis pedum tuorum subiiciam? Rursus dixit ei princeps doctorum: Legistine libros? Et libros, inquit dominus Iesus, et ea quae in libris continentur; et explicavit libros et legem et praecepta et statuta et mysteria quae in libris prophetarum continentur, res quas nullius creaturae intellectus assequitur. Dixit ergo doctor ille: Ego hactenus talem scientiam nec consecutus sum nec audivi: quis tandem, putas, puer iste erit? 51 Cumque adesset ibidem philosophus, astronomiae peritus, rogassetque dominum Iesum num astronomiae studuisset, respondit ei do-

---

41 ⸂ο τε Ιωσηφ και η Μαριαμ 1012 a b l r¹ (J. et Maria mater eius c ff²) || 42 ⸀αυτω ετη D *pc* | ⸂και αν. αυτ. ℵ* ¦ ανεβησαν οι γονεις αυτου εχοντες αυτον D e (c r¹) | ⸆ εις Ιεροσολυμα C ℜ A Θ **0130** λ ϕ *pl* lat | ⸆ των αζυμων D a c e || 43 ⸆ της εορτης sy^s | ⸀απεμ- D 33 *al* | ⸉ *2 3 1* D *pc* lat | ⸂εγνω Ιωσηφ και η μητηρ C ℜ A ϕ *al* it sy^p bo^pt || 45 ⸆ αυτον ℜ A Θ **0130** *pm* | ⸀ζητ- ℵ* ℜ A **0130** *pm* || 46 ° D *pc* latt || 47 ⸋ B W || 48 ⸂ιδ. ημεις sy^c ¦ — a b ff² l ¦ ιδου εγω και ο π. σ. sa; Or Epiph | ⸆ και λυπουμενοι D it (sy^c) | ⸀† ζητουμεν B ℵ* 69 ¦ *txt* C ℜ A D W Θ λ *pl* || 49 ⸀ζητ- ℵ* W *pc* sy^c sa bo | ⸁οιδατε D W *pc* it sy^c.p sa; Ir (Epiph) || 51 ⸂ *1 2* D *pc* sa bo ¦ — C* | ⸆ ταυτα C ℜ A Θ ϕ *pl* lat sy^c sa bo (+ συμβαλλουσα ℵ^corr *pc*) ¦ *txt* B ℵ* (⸉ D) W *pc* || 52 ⸂τη B W *pc* ¦ — C ℜ A D Θ λ ϕ *pl* ¦ *txt* ℵ *pc*; Or^pt | ⸉ *3 2 1* D λ it; Or^pt Greg^nyss Epiph | ⸄θεου ℵ*

1-3 cf *13 sq. 24 sq* || *1* cf Lc 2,27 | cf Ex 23,14-17; Dt 16,16; 1Sm 1,7.21; 2,19 || *2* cf Ex 12,15-18 || *4-10* cf *15-19. 40-43* || *7* cf Ps 119,99 sq; Mt 12,23; Mc 2,12; Lc 5,26; Mc 5,42; Lc 8,56; Mc 6,51; 16,8; Lc 24,22; Act 2,7.12; 8,13; 9,21; 10,45; 12,16; Jo 7,15 || *8* cf Lc 4,32; 9,43; Mc 1,22; 6,2; 7,37; 10,26; 11,18; Mt 7,28; 13,54; 19,25; 22,33; Act 13,12 || *9/10* cf Ps 26,8; 27,4; Jo 2,16; Gn 41,51 || *10-12* cf *21 sqq. 44 sqq* || *11* cf Lc 2,19; 1,66 || *12* cf Prv 3,1-4; 1Sm 2,21.26; 3,1; Lc 1,80; 2,40; Rm 14,18 || *13 sq* cf *1-3* || *15-19* cf *4-10* || *20 sq* cf Lc 1,42; 11,27 || *21 sqq* cf *10-12* || *24 sq* cf *1-3* || *26 sqq* cf Mt 22,41-44 et par *(= nr 283)*

minus Iesus exposuitque numerum sphaerarum et corporum caelestium, eorumque naturas et operationes, oppositionem, aspectum triquetrum, quadratum et sextilem, cursum directum eorundem et retrogradationem, scripula scripulorumque sexagesimas, aliaque quae ratio non assequitur. **52** Aderat quoque inter illos philosophos tractandarum rerum naturalium peritissimus: qui cum rogasset dominum Iesum an medicinae studuisset, respondens ille exposuit ei physica et metaphysica, hyperphysica et hypophysica, virtutes quoque corporis et humores eorundemque effectus; numerum item membrorum et ossium, venarum, arteriarum et nervorum; item effectum caloris et siccitatis, frigoris et humiditatis, quaeque ex hisce orirentur; quaenam esset operatio animae in corpus eiusque sensus et virtutes; quaenam esset operatio facultatis loquendi, irascendi, appetendi; denique coniunctionem et disiunctionem, aliaque quae nullius creaturae intellectus assequitur. Tunc surrexit philosophus ille et dominum Iesum adoravit, et, O domine, inquit, ab hoc tempore ero discipulus tuus et servus. **53** Dum haec et alia inter sese loquebantur, adfuit domina hera Maria, postquam ipsum quaerens triduum cum Iosepho circumivit. Videns ergo eum inter doctores sedentem perque vices ipsos rogantem et respondentem, dixit illi: Mi fili, quare ita fecisti nobis? ecce ego et pater tuus te magno cum labore quaerimus. At ille, Quare, inquit, me quaeritis? nonne scitis decere me ut in domo patris mei verser? Sed ipsi non intellexerunt verba quae eis dixerat. Tunc doctores illi rogarunt Mariam, hiccine ipsius esset filius, et annuente ipsa, O te felicem, dixerunt, Maria, quae hunc talem peperisti. Reversus autem cum eis Nazareth in omnibus rebus morem eis gerebat. Et mater eius conservabat omnia verba ista in corde suo. Dominus vero Iesus proficiebat statura et sapientia et gratia apud deum et homines.

40-43 *cf 4-10* || 44sqq *cf 10-12*

III. VORBEREITUNG

PRAEPARATIO — PREPARATION

13. Auftreten Johannes des Täufers

Ioannes Baptista praecursor Domini — John the Baptist

Matth. 3,1-6 11,10; 4,17	Mark. 1,2-6 1,14-15	Luk. 3,1-6 7,27	Joh. 1,19-23
11,10 *(nr. 107, p. 151)* 10 Οὗτός ἐστιν περὶ οὗ γέγραπται·	*(nr. 1 1,1 p. 1)* □ 2 ⸀Καθὼς γέγραπται ἐν ⸂τῷ Ἠσαΐᾳ τῷ προφήτῃ⸃·	7,27 *(nr. 107, p. 151)* 27 Οὗτός ἐστιν περὶ οὗ γέγραπται·	cf. v. 23b
ἰδοὺ ἐγὼ ἀποστέλλω τὸν ἄγγελόν μου πρὸ προσώπου σου,	ἰδοὺ ⸆ ἀποστέλλω τὸν ἄγγελόν μου πρὸ προσώπου σου,	ἰδοὺ ἀποστέλλω τὸν ἄγγελόν μου πρὸ προσώπου σου,	
ὃς κατασκευάσει τὴν ὁδόν σου ἔμπροσθέν σου.	ὃς κατασκευάσει τὴν ὁδόν σου⸆·	ὃς κατασκευάσει τὴν ὁδόν σου ἔμπροσθέν σου.	
	3 φωνὴ βοῶντος ἐν τῇ ἐρήμῳ·		
cf. v. 3	ἑτοιμάσατε τὴν ὁδὸν κυρίου,	cf. v. 4	
	εὐθείας ποιεῖτε τὰς τρίβους ⸀αὐτοῦ⁚,⸆⸌		
(nr. 11 2,22-23 p. 17) 1 Ἐν °δὲ ταῖς ἡμέραις ἐκείναις		1 ⸂Ἐν ἔτει δὲ πεντεκαιδεκάτῳ τῆς ἡγεμονίας Τιβερίου Καίσαρος, ⸀ἡγεμονεύοντος Ποντίου Πιλάτου τῆς Ἰουδαίας,⸃ καὶ τετρααρχοῦντος τῆς Γαλιλαίας Ἡρῴδου, Φιλίππου δὲ τοῦ ἀδελφοῦ αὐτοῦ τετρααρχοῦντος τῆς Ἰτουραίας καὶ Τραχωνίτιδος χώρας, καὶ Λυσανίου τῆς Ἀβιληνῆς τετρααρχοῦντος, 2 ἐπὶ ἀρχιερέως Ἅννα	*(nr. 1 1,1-18 p. 1)* 19 Καὶ αὕτη ἐστὶν ἡ μαρτυρία τοῦ Ἰωάννου, ὅτε ἀπέστειλαν □[πρὸς αὐτὸν]⸌ οἱ Ἰουδαῖοι ἐξ Ἱεροσολύμων ἱερεῖς καὶ Λευίτας ἵνα ἐρωτήσωσιν αὐτόν· σὺ τίς εἶ; 20 καὶ

Matth.: 1 °D E K L *pm* sy$^{s.c}$ bo^{pt} ¦ *txt* ℌ W λ φ *al* lat sy^{p} sa bo^{pt}

Mark.: 2.3 [□ Lachmann *cj*] ‖ 2 ⸀ως ℜ A D W 118.131 *pm*; Or Epiph | ⸂2-4 D Θ *al*; Ir ¦ τοις προφηταις ℜ A W *pm* ¦ *txt* ℌ *pc* | ⸆εγω ℵ ℜ A W *pl* vg^{cl} ¦ *txt* B D Θ *pc* it vg^{codd}; Ir | ⸆εμπροσθεν σου ℜ A *pm* f ff^{2} l vg sa bo^{pt} ‖ 3 ⸀(Is 40,3) του θεου ημων (υμ- D *ex err?*) D it; (Ir^{lat}) | ⁚*vs* 1, *et hic*. (Ir) Or (Epiph); [T] | ⸆*add* Is 40,4-8 (*cf* Lc 3,5sq) W (c)

Luk.: 1 ⸂εν τω ιε' ετει Τιβεριου Καισαρος επι των χρονων Πιλατου Mcion | ⸀επιτροπευ- D latt; Eus^{pt}

Joh.: 19 □ 𝔓$^{66.75}$ ℵ ℜ W 063 λ *al* ¦ *txt* ℌ A *al* a aur b c (⸉ Θ φ *al* lat)

3-7 Ml 3,1; Ex 23,20; cf Lc 1,17.76.79 ‖ 8-13 Is 40,3; cf Lc 1,17.76.79 ‖ 14sqq cf 73 sqq ‖ 19sqq (Jo) cf Jo 1,24sq (= *nr* 16) ‖ 21 (Jo) οἱ Ἰουδαῖοι cf Jo 5,15-18; 7,13; 9,22; 18,12 etc ‖ 23 (Jo) cf Jo 8,25; 21,12

[Matth. 3,1-6]

παραγίνεται Ἰωάννης ὁ βαπτιστὴς κηρύσσων ἐν τῇ ἐρήμῳ τῆς Ἰουδαίας

2 °[καὶ] λέγων· μετανοεῖτε· ἤγγικεν γὰρ ἡ βασιλεία τῶν οὐρανῶν. 3 οὗτος γάρ ἐστιν ὁ ῥηθεὶς διὰ Ἠσαΐου τοῦ προφήτου λέγοντος·

φωνὴ βοῶντος ἐν τῇ ἐρήμῳ·
ἑτοιμάσατε τὴν ὁδὸν ⸀κυρίου,
⸋εὐθείας ποιεῖτε τὰς τρίβους ⸀αὐτοῦ.⸌

4 αὐτὸς δὲ ὁ Ἰωάννης εἶχεν τὸ ἔνδυμα αὐτοῦ ἀπὸ τριχῶν καμήλου καὶ ζώνην δερματίνην περὶ τὴν ὀσφὺν αὐτοῦ, ἡ δὲ τροφὴ ἦν

[Mark. 1,2-6]

4 ⸀ἐγένετο Ἰωάννης ⸂[ὁ] βαπτίζων ἐν τῇ ἐρήμῳ

καὶ⸃ κηρύσσων βάπτισμα μετανοίας εἰς ἄφεσιν ἁμαρτιῶν.

cf. v. 2

cf. v. 3

cf. v. 1

cf. v. 6

[Luk. 3,1-6]

καὶ ⸀Καϊάφα, ἐγένετο ῥῆμα θεοῦ ἐπὶ Ἰωάννην τὸν Ζαχαρίου υἱὸν ἐν τῇ ἐρήμῳ. 3 καὶ ἦλθεν εἰς πᾶσαν °[τὴν] περίχωρον τοῦ Ἰορδάνου κηρύσσων βάπτισμα μετανοίας εἰς ἄφεσιν ἁμαρτιῶν,

4 ὡς γέγραπται ἐν ⸀βίβλῳ λόγων Ἠσαΐου τοῦ προφήτου⸆·

φωνὴ βοῶντος ἐν τῇ ἐρήμῳ·
ἑτοιμάσατε τὴν ὁδὸν ⸆ κυρίου,
εὐθείας ποιεῖτε τὰς τρίβους ⸀αὐτοῦ·
5 πᾶσα φάραγξ πληρωθήσεται
καὶ πᾶν ὄρος καὶ βουνὸς ταπεινωθήσεται,
καὶ ἔσται τὰ σκολιὰ εἰς ⸀εὐθείαν
καὶ αἱ τραχεῖαι εἰς ὁδοὺς λείας·
6 ⸆καὶ ὄψεται πᾶσα σὰρξ ⸂τὸ σωτήριον τοῦ θεοῦ⸃.

[Joh. 1,19-23]

ὡμολόγησεν καὶ οὐκ ἠρνήσατο, ⸂καὶ ὡμολόγησεν⸃ ὅτι ἐγὼ οὐκ εἰμὶ ὁ χριστός. 21 καὶ ἠρώτησαν αὐτόν⸆· ⸂τί οὖν; ⸋σὺ Ἠλίας εἶ;⸃ °καὶ λέγει· οὐκ εἰμί.⸌ ⸆ὁ προφήτης εἶ σύ; καὶ ἀπεκρίθη· οὔ. 22 εἶπαν οὖν αὐτῷ·⸀τίς εἶ; ⸆ἵνα ἀπόκρισιν δῶμεν τοῖς πέμψασιν ἡμᾶς· τί λέγεις περὶ σεαυτοῦ; 23 ἔφη· ἐγὼ

φωνὴ βοῶντος ἐν τῇ ἐρήμῳ·
εὐθύνατε τὴν ὁδὸν κυρίου,⸆

καθὼς εἶπεν Ἠσαΐας ὁ προφήτης.

(nr. 16 1,24-28 p. 24)

Matth.: 2 °† B ℵ *pc* q ¦ *txt* C ℜ D W *pm* lat ‖ 3 ⸀κυριω sy^s.c | ⸋ k sy^s | ⸀(Is 40,3) του θεου ημων b sy^c; Ir

Mark.: 4 ⸀και εγ. ℵ* W ¦ εγ. δε sy^pal sa^pt bo | ⸂† ο β. εν τ. ερ. B *pc* ¦ β. εν τ. ερ. και ℜ A W λ φ *pl* ¦ εν τ. ερ. β. και D Θ *pc* lat sy^p ¦ *txt* ℌ bo^pt

Luk.: 2 ⸀Καϊφα C D it vg^cl ‖ 3 °B A W *al*; Or^pt ‖ 4 ⸀βιβλιω B ¦ προφητεια sy^s.c | ⸆λεγοντος C ℜ A Θ *pm* f q r^1 sy^p bo^pt | ⸆του A *pc* | ⸀υμων D ¦ τω θεω ημων r^1 sy ‖ 5 ⸀† -ειας B D *pc* (lat); Or ¦ *txt* ℌ ℜ A W Θ λ φ *pl* ‖ 6 ⸆και αποκαλυφθησεται η δοξα του κυριου sy^s.c sa | ⸂τον σωτηρα του θεου bo ¦ οτι ελαλησεν το στομα του κυριου sy^c ¦ το σ. κυριου D

Joh.: 20 ⸂ωμολ. W ¦ — ℵ sy^c sa ‖ 21 ⸆παλιν ℵ W it sy^p | ⸂† *1 2 4 5 3* ℜ A Θ **063.0234** λ φ *pl* ¦ *1-3 5 4* W ¦ *4 5 3* b r^1 sa bo ¦ *3 2 1 4 5* B ¦ *1 2 4 5* ℵ L a ¦ *txt* (τις 𝔓^66) 𝔓^75 C* 33 ff^2 l (e); Or | ⸋ sy^c | ° ℵ a b r^1 | ⸆ τι ουν W ‖ 22 ⸀συ τις 𝔓^66c.75 E* 157 | ⸆ειπε ημιν sy^c ‖ 23 ⸆ *p)* ευθειας ποιειτε τας τριβους αυτου W

24(Lc) cf Jr 1,1 ‖ 24sqq(Mt-Lc) cf Jo 1,6 ‖ 25 βαπτιστής / βαπτίζων cf Mc 6,14 app. 24 app. 25; 8,28; Mt 14,2 ‖ 25sq(Jo) cf Jo 3,28; Act 13,25; *cf 83* ‖ 26sq(Lc) cf Jo 1,28; *cf 55 sqq* ‖ 26(Lc) cf Lc 1,80 ‖ 27(Jo) cf Ml 3,22 sq; Sir 48,10; Mc 6,15; 8,28; 9,11 sqq; Mt 17,11 sqq; 11,14 ‖ 28sq(Mt-Lc) cf Act 13,24; 19,4; *cf 69 sqq. 81* ‖ 28/29(Jo) cf Dt 18,15; Jo 6,14; 7,40 ‖ 29(Mt) cf Mt 10,7 ‖ 31(Mt-Lc) cf Mt 4,14; 8,17; 12,17; 13,14; 15,7; Mc 7,6; Lc 4,17; Jo 12,38.39.41; Act 28,25 sq; Rm 10,16; *cf 48* ‖ 32(Jo) cf Jo 8,13 ‖ 32sq *cf 83* ‖ 33-37 Is 40,3; cf Lc 1,17.76.79 ‖ 38-47(Lc) Is 40,4.5 ‖ 46sq cf Ps 50,23; 98,3; Lc 2,30; Act 28,28 ‖ 48 *cf 31 (Mt-Lc)* ‖ 50sqq cf 2 Rg 1,8; Zch 13,4; Mt 11,7 sqq; Lc 7,24 sqq; Mt 11,18; Lc 7,33; *cf 78 sqq. 81 sq* ‖ 53sq cf Lv 11,21 sq; Dt 32,13; Jdc 14,8 sq

[Matth. 3,1-6]

αὐτοῦ ἀκρίδες καὶ μέλι ἄγριον. [5] τότε ἐξεπορεύετο πρὸς αὐτὸν Ἱεροσόλυμα καὶ πᾶσα ἡ Ἰουδαία καὶ πᾶσα ἡ περίχωρος τοῦ Ἰορδάνου, [6] καὶ ἐβαπτίζοντο ἐν τῷ Ἰορδάνῃ °ποταμῷ ὑπ' αὐτοῦ ἐξομολογούμενοι τὰς ἁμαρτίας αὐτῶν.

cf. v. 4

4,17 *(nr. 32, p. 46)*

[17] Ἀπὸ τότε ἤρξατο ὁ Ἰησοῦς κηρύσσειν

καὶ λέγειν· μετανοεῖτε· ἤγγικεν γὰρ ἡ βασιλεία τῶν οὐρανῶν.

[Mark. 1,2-6]

[5] καὶ ἐξεπορεύετο πρὸς αὐτὸν πᾶσα ἡ Ἰουδαία χώρα καὶ οἱ Ἱεροσολυμῖται ⸂πάντες, καὶ ἐβαπτίζοντο⸃ ὑπ' αὐτοῦ ἐν τῷ Ἰορδάνῃ °ποταμῷ ἐξομολογούμενοι τὰς ἁμαρτίας αὐτῶν. [6] ⸂καὶ ἦν ὁ Ἰωάννης⸃ ἐνδεδυμένος ⸀τρίχας καμήλου ⸋καὶ ζώνην δερματίνην περὶ τὴν ὀσφὺν αὐτοῦ⸌ καὶ ἐσθίων ἀκρίδας καὶ μέλι ἄγριον.

(nr. 16 1,7-8 p. 24)

1,14-15 *(nr. 30.32, p. 44.46)*

[14] Μετὰ δὲ τὸ παραδοθῆναι τὸν Ἰωάννην ἦλθεν ὁ Ἰησοῦς εἰς τὴν Γαλιλαίαν κηρύσσων τὸ εὐαγγέλιον τοῦ θεοῦ [15] καὶ λέγων ὅτι πεπλήρωται ὁ καιρὸς καὶ ἤγγικεν ἡ βασιλεία τοῦ θεοῦ· μετανοεῖτε καὶ πιστεύετε ἐν τῷ εὐαγγελίῳ.

Luk.

Joh.

Evang. Ebion. (Epiphanius, Panarion haer. 30,13,6; 30,14,3; 30,13,4-5): Ἡ δὲ ἀρχὴ τοῦ παρ' αὐτοῖς εὐαγγελίου ἔχει ὅτι »ἐγένετο ἐν ταῖς ἡμέραις Ἡρῴδου βασιλέως τῆς Ἰουδαίας ⟨ἐπὶ ἀρχιερέως Καϊάφα⟩, ἦλθεν ⟨τις⟩ Ἰωάννης ⟨ὀνόματι⟩ βαπτίζων βάπτισμα μετανοίας ἐν τῷ Ἰορδάνῃ ποταμῷ, ὃς ἐλέγετο εἶναι ἐκ γένους Ἀαρὼν τοῦ ἱερέως, παῖς Ζαχαρίου καὶ Ἐλισάβετ, καὶ ἐξήρχοντο πρὸς αὐτὸν πάντες«.
Παρακόψαντες γὰρ τὰς παρὰ τῷ Ματθαίῳ γενεαλογίας ἄρχονται τὴν ἀρχὴν ποιεῖσθαι ὡς προείπομεν, λέγοντες ὅτι »ἐγένετο«, φησίν, »ἐν ταῖς ἡμέραις Ἡρῴδου βασιλέως τῆς Ἰουδαίας ἐπὶ ἀρχιερέως Καϊάφα, ἦλθέν τις Ἰωάννης ὀνόματι βαπτίζων βάπτισμα μετανοίας ἐν τῷ Ἰορδάνῃ ποταμῷ« καὶ τὰ ἑξῆς.
Καὶ »ἐγένετο Ἰωάννης βαπτίζων, καὶ ἐξῆλθον πρὸς αὐτὸν Φαρισαῖοι καὶ ἐβαπτίσθησαν καὶ πᾶσα Ἱεροσόλυμα. καὶ εἶχεν ὁ Ἰωάννης ἔνδυμα ἀπὸ τριχῶν καμήλου καὶ ζώνην δερματίνην περὶ τὴν ὀσφὺν αὐτοῦ. καὶ τὸ βρῶμα αὐτοῦ«, φησί, »μέλι ἄγριον, οὗ ἡ γεῦσις ἡ τοῦ μάννα, ὡς ἐγκρὶς ἐν ἐλαίῳ«· ἵνα δῆθεν μεταστρέψουσι τὸν τῆς ἀληθείας λόγον εἰς ψεῦδος καὶ ἀντὶ ἀκρίδων ποιήσωσιν ἐγκρίδα ἐν μέλιτι.

Justinus Mart., Dial. 88,7: Ἰωάννου γὰρ καθεζομένου ἐπὶ τοῦ Ἰορδάνου καὶ κηρύσσοντος βάπτισμα μετανοίας, καὶ ζώνην δερματίνην καὶ ἔνδυμα ἀπὸ τριχῶν καμήλου μόνον φοροῦντος καὶ μηδὲν ἐσθίοντος πλὴν ἀκρίδας καὶ μέλι ἄγριον, οἱ ἄνθρωποι ὑπελάμβανον αὐτὸν εἶναι τὸν Χριστόν· πρὸς οὓς καὶ αὐτὸς ἐβόα· »Οὐκ εἰμὶ ὁ Χριστός, ἀλλὰ φωνὴ βοῶντος·« ἥξει γὰρ ὁ »ἰσχυρότερός μου, οὗ οὐκ εἰμὶ ἱκανὸς τὰ ὑποδήματα βαστάσαι«.

Matth.: 6 °ℜ D *al* lat

Mark.: 5 ⸂*2 3 1* ℜ A W *pm* sa^{pt} ¦ *2 1 3* φ ¦ *2 3* Θ *pc* aur f sa^{pt} ¦ *1 3* ℵ* *pc* a ¦ *txt* ℌ D *pc* | ° D W Θ *pc* it sy^{p} || 6 ⸂ην δε ο Ι. ℜ(A D W) Θ *pm* sy^{p} sa^{pt} bo^{pt} ¦ και ο Ι. bo^{pt} ¦ και Ι. δε bo^{pt} | ⸀δερριν D a | ⸋ D it

---

55sqq (Mt) cf *26sq (Lc)* || *56 (Mc)* cf Mc 3,7 || *57sq (Mt)* cf Gn 13,10sq; 19,17; 2 Chr 4,17; 1 Rg 7,46 (33 LXX) || *58* cf Is 21,4 LXX; 2 Rg 5,14; Jdth 12,7; Sir 34,25 LXX; Mc 7,4; Act 22,16 || *60* cf Jc 5,16; Act 19,18 || *61sqq cf ad 50sqq* || *69sqq cf 28sq* || *73sqq cf 14sqq* || *78sqq cf 50sqq* || *81sqq cf 28.50sqq* || *83* cf *25sq (Jo). 32sq;* Jo 1,27 par *(= nr 16)*

14. Bußpredigt Johannes des Täufers

Ioannes paenitentiam praedicat — **John's Preaching of Repentance**

Matth. 3,7-10	Mark.	Luk. 3,7-9	Joh.
7 Ἰδὼν δὲ πολλοὺς τῶν⸆ Φαρισαίων καὶ Σαδδουκαίων ἐρχομένους ἐπὶ τὸ βάπτισμα °αὐτοῦ εἶπεν αὐτοῖς· γεννήματα ἐχιδνῶν, τίς ὑπέδειξεν ὑμῖν φυγεῖν ἀπὸ τῆς μελλούσης ὀργῆς; 8 ποιήσατε οὖν καρπὸν ἄξιον τῆς μετανοίας 9 καὶ μὴ ⸀δόξητε λέγειν⸁ ⸋ἐν ἑαυτοῖς⸌· πατέρα ἔχομεν τὸν Ἀβραάμ. λέγω γὰρ ὑμῖν ὅτι δύναται ὁ θεὸς ἐκ τῶν λίθων τούτων ἐγεῖραι τέκνα τῷ Ἀβραάμ. 10 ἤδη δὲ ἡ ἀξίνη πρὸς τὴν ῥίζαν τῶν δένδρων κεῖται· πᾶν οὖν δένδρον μὴ ποιοῦν καρπὸν °καλὸν ἐκκόπτεται καὶ εἰς πῦρ βάλλεται. *(nr. 16 3,11-12 p. 24)*		7 Ἔλεγεν οὖν τοῖς ἐκπορευομένοις ὄχλοις ⸀βαπτισθῆναι ὑπ' αὐτοῦ⸁· γεννήματα ἐχιδνῶν, τίς ὑπέδειξεν ὑμῖν φυγεῖν ἀπὸ τῆς μελλούσης ὀργῆς; 8 ποιήσατε οὖν ⸀καρποὺς ἀξίους⸁ τῆς μετανοίας καὶ μὴ ἄρξησθε λέγειν ἐν ἑαυτοῖς· ⸆πατέρα ἔχομεν τὸν Ἀβραάμ. λέγω γὰρ ὑμῖν ὅτι δύναται ὁ θεὸς ἐκ τῶν λίθων τούτων ἐγεῖραι τέκνα τῷ Ἀβραάμ. 9 ἤδη δὲ °καὶ ἡ ἀξίνη πρὸς τὴν ῥίζαν τῶν δένδρων κεῖται· πᾶν οὖν δένδρον μὴ ποιοῦν ⸀καρπὸν °¹καλὸν⸁ ἐκκόπτεται καὶ εἰς πῦρ βάλλεται.	

Matth. 23,33 *(nr. 284, p. 389)*: Ὄφεις, γεννήματα ἐχιδνῶν, πῶς φύγητε ἀπὸ τῆς κρίσεως τῆς γεέννης;

Matth. 7,19 *(nr. 73, p. 96)*: Πᾶν δένδρον μὴ ποιοῦν καρπὸν καλὸν ἐκκόπτεται καὶ εἰς πῦρ βάλλεται.

Ignatius ad Eph. 11,1: Ἔσχατοι καιροί· λοιπὸν αἰσχυνθῶμεν, φοβηθῶμεν τὴν μακροθυμίαν τοῦ θεοῦ, ἵνα μὴ ἡμῖν εἰς κρίμα γένηται. ἢ γὰρ »τὴν μέλλουσαν ὀργὴν« φοβηθῶμεν, ἢ τὴν ἐνεστῶσαν χάριν ἀγαπήσωμεν, ἓν τῶν δύο· μόνον ἐν Χριστῷ Ἰησοῦ εὑρεθῆναι εἰς τὸ ἀληθινὸν ζῆν.

Herm. Pastor, Sim. IV, 4: Τὰ δὲ ἔθνη καὶ οἱ ἁμαρτωλοί, ἃ εἶδες τὰ δένδρα τὰ ξηρά, τοιοῦτοι εὑρεθήσονται ξηροὶ καὶ ἄκαρποι ἐν ἐκείνῳ τῷ αἰῶνι καὶ ὡς ξηρὰ ξύλα κατακαυθήσονται καὶ φανεροὶ ἔσονται, ὅτι ἡ πρᾶξις αὐτῶν πονηρὰ ἐγένετο ἐν τῇ ζωῇ αὐτῶν. οἱ μὲν γὰρ ἁμαρτωλοὶ καήσονται ὅτι ἥμαρτον καὶ οὐ μετενόησαν· τὰ δὲ ἔθνη καήσονται ὅτι οὐκ ἔγνωσαν τὸν κτίσαντα αὐτούς.

Matth.: 7 ⸆τελωνων και sy^c | °† Bℵ*; Or ¦ *txt* CℜDW*pl* latt || 9 ⸀λεγετε sy^s.c; Cyr | ⸋ b c g^1 sy^s; Or || **10** °sy^s; Ir

Luk.: 7 ⸀β. ενωπιον αυτ. D it ¦ βαπτ. sy^s.p ¦ — sy^c || 8 ⸀*2 1* B ¦ *p)* καρπον αξιον DW*pc* e r^1 | ⸆οτι Θ 33 *pc*; Or || 9 °D lat | ⸀-πους καλους D | °¹ a aur ff^2 vg^codd; Ir Or

---

^2sq cf Mt 12,34; *cf 10* || ^3sq *cf 12sq* | cf 1Mcc 1,64; Sap 5,20; Rm 1,18; 2,5; 1Th 1,10; Eph 5,6; Kol 3,6 || ^4 cf Act 26,20; *cf 8sq* || ^5 cf Rm 2,17-29; 4,12; Jo 8,33.37.39 || ^8sq *cf 4. 11. 14sqq*; Lc 13,6-9; Jo 15,6; Tt 3,14 || ^10 *cf 2sq* || ^11 *cf 8sq* || ^12sq *cf 3sq* || ^14sqq *cf 8sq*

15. Standespredigt Johannes des Täufers

Ioannes interrogantibus respondet — **John Replies to Questioners**

Matth.	Mark.	Luk. 3,10-14	Joh.
		10 Καὶ ἐπηρώτων αὐτὸν οἱ ὄχλοι °λέγοντες· τί °¹οὖν ποιήσωμεν⸆; 11 ἀποκριθεὶς δὲ ⸀ἔλεγεν αὐτοῖς· ὁ ἔχων δύο χιτῶνας μεταδότω τῷ μὴ ἔχοντι, καὶ ὁ ἔχων βρώματα ὁμοίως ποιείτω. 12 ἦλθον δὲ καὶ τελῶναι⸆ βαπτισθῆναι⸆ καὶ εἶπαν πρὸς αὐτόν· °διδάσκαλε, τί ποιήσωμεν⸆¹; 13 ὁ δὲ εἶπεν ⸀πρὸς αὐτούς⸁· μηδὲν πλέον παρὰ τὸ διατεταγμένον ὑμῖν πράσσετε. 14 ἐπηρώτων δὲ αὐτὸν καὶ στρατευόμενοι λέγοντες· τί ποιήσωμεν ⸀καὶ ἡμεῖς⸁; καὶ εἶπεν ⸀αὐτοῖς· μηδένα διασείσητε ⸀μηδὲ συκοφαντήσητε καὶ ἀρκεῖσθε τοῖς ὀψωνίοις ὑμῶν.	

---

10 °sy^s.c | °¹D it | ⸆(Act 16,30) ινα σωθωμεν D sy^c sa ¦ ινα ζωμεν b q || **11** ⸀ειπεν W ¦ λεγει ℜADΘ*pm* || **12** ⸆ομοιως D a | ⸆ υπ αυτου CKΠ*al* sa bo^pt | °sy^s.c | ⸆¹ινα σωθωμεν D || **13** ⸀αυτοις D it || **14** ⸀ινα σωθωμεν D | ⸀προς αυτους ℵℜAWφ*pm* | ⸀, μηδενα ℵ*H*pc* sy

---

^1 τί ποιήσωμεν *cf 3.4*; Act 2,37; 16,30; 22,10; Mc 10,17; Lc 10,25; 18,18; Mt 19,16; Jo 6,28 || ^2 cf Lc 7,29 || ^4 cf 1Cor 9,7 || ^5 cf Lc 19,8

16. Ankündigung des Messias durch Johannes

Ioannes Christum evangelizat — John's Messianic Preaching

Matth. 3,11-12

(nr. 14 3,7-10 p. 23)

11 Ἐγὼ μὲν ⸆ὑμᾶς βαπτίζω ἐν ὕδατι εἰς μετάνοιαν,
ὁ δὲ □ὀπίσω μου⸌ ἐρχόμενος ἰσχυρότερός μού ἐστιν, οὗ οὐκ εἰμὶ ἱκανὸς τὰ ὑποδήματα βαστάσαι·
αὐτὸς ὑμᾶς βαπτίσει ἐν πνεύματι ἁγίῳ καὶ πυρί· 12 οὗ τὸ πτύον ἐν τῇ χειρὶ αὐτοῦ καὶ διακαθαριεῖ τὴν ἅλωνα αὐτοῦ καὶ συνάξει τὸν σῖτον ⸂αὐτοῦ εἰς τὴν ἀποθήκην⸃, τὸ δὲ ἄχυρον κατακαύσει πυρὶ ἀσβέστῳ.

(nr. 18 3,13-17 p. 26)

Mark. 1,7-8

(nr. 13 1,2-6 p. 20)

7 Καὶ ⸂ἐκήρυσσεν λέγων⸃·
cf. v. 8
ἔρχεται ὁ ἰσχυρότερός μου ὀπίσω °μου, οὗ οὐκ εἰμὶ ἱκανὸς °¹κύψας λῦσαι τὸν ἱμάντα τῶν ὑποδημάτων αὐτοῦ. 8 ἐγὼ ⸀ἐβάπτισα ὑμᾶς ⸆ὕδατι, αὐτὸς δὲ βαπτίσει °ὑμᾶς °¹ἐν πνεύματι ἁγίῳ ⸇.

(nr. 18 1,9-11 p. 26)

Luk. 3,15-18

15 Προσδοκῶντος δὲ τοῦ λαοῦ καὶ διαλογιζομένων πάντων ἐν ταῖς καρδίαις αὐτῶν □περὶ τοῦ Ἰωάννου⸌, μήποτε αὐτὸς εἴη ὁ χριστός, 16 ⸂ἀπεκρίνατο λέγων πᾶσιν ὁ Ἰωάννης⸃· ἐγὼ μὲν ὕδατι βαπτίζω ὑμᾶς ⸆·
⸂ἔρχεται δὲ ὁ ἰσχυρότερός μου⸃, οὗ οὐκ εἰμὶ ἱκανὸς λῦσαι τὸν ἱμάντα τῶν ὑποδημάτων αὐτοῦ·
αὐτὸς ὑμᾶς βαπτίσει ἐν πνεύματι °ἁγίῳ καὶ πυρί· 17 οὗ τὸ πτύον ἐν τῇ χειρὶ αὐτοῦ ⸀διακαθᾶραι τὴν ἅλωνα αὐτοῦ καὶ ⸁συναγαγεῖν τὸν ⸆σῖτον εἰς τὴν ἀποθήκην °αὐτοῦ, τὸ δὲ ἄχυρον κατακαύσει πυρὶ ἀσβέστῳ. 18 Πολλὰ μὲν οὖν καὶ ἕτερα ⸀παρακαλῶν εὐηγγελίζετο τὸν λαόν.

Joh. 1,24-28

(nr. 13 1,19-23 p. 20)

24 □Καὶ ⸆ἀπεσταλμένοι ἦσαν ἐκ τῶν Φαρισαίων.⸌ 25 □καὶ ἠρώτησαν αὐτὸν⸌ καὶ εἶπαν αὐτῷ· τί οὖν βαπτίζεις εἰ σὺ οὐκ εἶ ὁ χριστὸς οὐδὲ Ἠλίας οὐδὲ °ὁ προφήτης; 26 ἀπεκρίθη αὐτοῖς ὁ Ἰωάννης λέγων· ἐγὼ βαπτίζω ἐν ὕδατι· μέσος ⸆ ὑμῶν ⸀ἕστηκεν ὃν ὑμεῖς οὐκ οἴδατε, 27 ⸀ὁ ὀπίσω μου ἐρχόμενος⸆, οὗ οὐκ εἰμὶ °[ἐγὼ] ⸀ἄξιος ἵνα λύσω ⸉αὐτοῦ τὸν ἱμάντα τοῦ ὑποδήματος⸊ ⸇.

28 Ταῦτα ⸉ἐν ⸀Βηθανίᾳ ἐγένετο⸊ πέραν τοῦ Ἰορδάνου⸆, ὅπου ἦν °ὁ Ἰωάννης βαπτίζων⸇.

(nr. 18 1,29-34 p. 26)

Acta 13,24–25: 24 Προκηρύξαντος Ἰωάννου πρὸ προσώπου τῆς εἰσόδου αὐτοῦ βάπτισμα μετανοίας παντὶ τῷ λαῷ Ἰσραήλ. 25 ὡς δὲ ἐπλήρου Ἰωάννης τὸν δρόμον, ἔλεγεν· τί ἐμὲ ὑπονοεῖτε εἶναι, οὐκ εἰμὶ ἐγώ· ἀλλ᾽ ἰδοὺ ἔρχεται μετ᾽ ἐμὲ οὗ οὐκ εἰμὶ ἄξιος τὸ ὑπόδημα τῶν ποδῶν λῦσαι.

2. Clem. ad Cor. 17,7: Οἱ δὲ δίκαιοι εὐπραγήσαντες καὶ ὑπομείναντες τὰς βασάνους καὶ μισήσαντες τὰς ἡδυπαθείας τῆς ψυχῆς, ὅταν θεάσωνται τοὺς

Matth.: 11 ⸆γαρ ℵ | □a d (D *vac*) || 12 ⸂*1-4 1* B W *pc* ¦ *2-4 1* L *al* b ff^{1} g^{1} ¦ *txt* ℵ C 𝔎 *al* lat

Mark.: 7 ⸂και ελεγεν αυτοις D (a r^{1}) | °B *pc*; Or ¦ *txt* 𝔋 𝔎 A (D) W Θ *pm* sa bo | °¹ D Θ *pc* it || 8 ⸀βαπτιζω D it sa | ⸆εν 𝔎 A D W *pm* it; Hipp | °ℵ* | °¹† B *pc* ¦ *txt* ℵ 𝔎 A D W Θ **0133** *pl* it; Hipp | ⸇*p)* και πυρι P *pc* sa^{pt}; Hipp

Luk.: 15 □ 131 sy^{c} || 16 ⸂*1 3 2 4 5* ℵ^{corr} L ¦ απ. ο Ι. απασιν λεγ. C 𝔎 A (Θ) *pm* ¦ επιγνους τα διανοηματα αυτων ειπεν D ¦ *txt* 𝔓^{4vid} B ℵ* W *pc* | ⸆*p)* εις μετανοιαν C D *pc* it | ⸂*p)* ο δε ερχομενος ισχ. μου εστιν D l | ° 63.64; Cl Tert || 17 ⸀*p)* και διακαθαριει *et* ⸁συναξει C 𝔎 A (⸉D) W Θ λ ϕ *pl* lat bo^{pt} ¦ *txt* B ℵ* sa bo^{pt}; (Cl) | ⸆μεν D G Θ *al* | °D *pc* e bo^{pt} || 18 ⸀παραινων D

Joh.: 24 □*vs* [P. Schmiedel *cj*] ¦ *4-6* — sy^{c} | ⸆οι 𝔎 A W Θ λ ϕ *pl* it sy^{p} bo^{pt} || 25 □ℵ a e | °Δ *pc* || 26 ⸆δε C^{2} 𝔎 A W Θ λ ϕ *pm* latt ¦ *txt* 𝔓$^{59.66.75}$ B ℵ C* L **083** *pc* | ⸀† στηκει B L **083** λ *pc* ¦ ειστηκει 𝔓^{75} *pc* ¦ εστηκει ℵ *pc* ¦ *txt* 𝔓^{66} C 𝔎 A W Θ **063.0113** ϕ *pm* c vg; Or^{pt} || 27 ⸀αυτος εστιν ο 𝔎 A **063** ϕ *pm* lat ¦ — B ℵ* *pc*; Or | ⸆(1,30) ος εμπροσθεν μου γεγονεν 𝔎 A (Θ) ϕ *pm* sy^{p} bo^{pt} | °𝔓$^{5vid.66*.75}$ ℵ C *al*; Or^{pt} ¦ *txt* 𝔓^{66c} B W **063.083.0113** ϕ *al* (⸉𝔎 A Θ λ *al* lat) | ⸀*p)* ικανος 𝔓$^{66.75}$ 472 | ⸉*2-5 1* 𝔓^{66} | ⸇*p)* εκεινος υμας βαπτισει εν πνευματι αγιω και πυρι E F G N *pc* || 28 ⸉ 𝔓^{66} ℵ it | ⸀Βηθαβαρα Π Ψ **0113**. 33 *al* sy$^{s.c}$ sa; Or Eus Epiph ¦ -αραβα ℵ^{2} sy^{hmg} | ⸆ποταμου ℵ sy^{c} | °𝔎 A Θ **0113** λ ϕ *pl*; Eus | ⸇(10,40) το πρωτον C

1-5 (Jo) cf Jo 1,19-21 (= *nr 13*); Mt 16,14; 21,25 || *2 (Jo)* cf Jo 4,1; 7,32.45.47 sq; 8,13; 9,13.15 sq; 11,46 sq.57; 12,42 || *4 (Jo)* cf *5 (Lc)* || *5 (Lc)* cf *4 (Jo)* || *6 sqq* cf *23 sq. 31 sqq* || *7* cf Jo 1,33; Act 1,5; 11,16; 19,2 sqq || *8 (Jo)* cf Prv 8,2; Lc 17,21 || *9 sqq* cf *23 sq. 36* || *9* cf Mt 11,3; Lc 7,19; Mt 21,9 par (= *nr 269*); 23,39 etc || *12 sqq* cf *31 sqq* || *14* cf Act 1,5; 11,16 || *17 sq* cf Mt 13,30 || *18 sqq* cf *26*; cf Is 66,24; Mc 9,43 sq.46.48 || *20 sq (Jo)* cf Jo 10,40; 11,1 || *22* cf Mt 3,6.13 || *23 sq* cf *6 sqq. 9 sqq*

ἀστοχήσαντας καὶ ἀρνησαμένους διὰ τῶν λόγων ἢ διὰ τῶν ἔργων τὸν Ἰησοῦν, ὅπως κολάζονται δειναῖς βασάνοις πυρὶ ἀσβέστῳ, ἔσονται δόξαν διδόντες τῷ θεῷ αὐτῶν λέγοντες, ὅτι ἔσται ἐλπὶς τῷ δεδουλευκότι θεῷ ἐξ ὅλης καρδίας.

Justinus Mart., Dial. 49,3: Καὶ ὁ ἡμέτερος οὖν κύριος ... τοῦτο αὐτὸ ἐν τοῖς διδάγμασιν αὐτοῦ παρέδωκε γενησόμενον, εἰπὼν καὶ Ἠλίαν ἐλεύσεσθαι· καὶ ἡμεῖς τοῦτο ἐπιστάμεθα γενησόμενον, ὅταν μέλλῃ ἐν δόξῃ ἐξ οὐρανῶν παραγίνεσθαι ὁ ἡμέτερος κύριος Ἰησοῦς Χριστός, οὗ καὶ τῆς πρώτης φανερώσεως κῆρυξ προῆλθε τὸ ἐν Ἠλίᾳ γενόμενον πνεῦμα τοῦ θεοῦ, ἐν Ἰωάννῃ, τῷ γενομένῳ ἐν τῷ γένει ὑμῶν προφήτῃ, μεθ' ὃν οὐδεὶς ἕτερος λοιπὸς παρ' ὑμῖν ἐφάνη προφήτης· ὅστις ἐπὶ τὸν Ἰορδάνην ποταμὸν καθεζόμενος ἐβόα· »Ἐγὼ μὲν ὑμᾶς βαπτίζω ἐν ὕδατι εἰς μετάνοιαν· ἥξει δὲ ὁ ἰσχυρότερός μου, οὗ οὐκ εἰμὶ ἱκανὸς τὰ ὑποδήματα βαστάσαι· αὐτὸς ὑμᾶς βαπτίσει ἐν πνεύματι ἁγίῳ καὶ πυρί. οὗ τὸ πτύον αὐτοῦ ἐν τῇ χειρὶ αὐτοῦ, καὶ διακαθαριεῖ τὴν ἅλωνα αὐτοῦ καὶ τὸν σῖτον συνάξει εἰς τὴν ἀποθήκην, τὸ δὲ ἄχυρον κατακαύσει πυρὶ ἀσβέστῳ.«

–, Dial. 88,7: Ἰωάννου γὰρ καθεζομένου ἐπὶ τοῦ Ἰορδάνου καὶ κηρύσσοντος βάπτισμα μετανοίας, καὶ ζώνην δερματίνην καὶ ἔνδυμα ἀπὸ τριχῶν καμήλου μόνον φοροῦντος καὶ μηδὲν ἐσθίοντος πλὴν ἀκρίδας καὶ μέλι ἄγριον, οἱ ἄνθρωποι ὑπελάμβανον αὐτὸν εἶναι τὸν Χριστόν· πρὸς οὓς καὶ αὐτὸς ἐβόα· »Οὐκ εἰμὶ ὁ Χριστός, ἀλλὰ φωνὴ βοῶντος«· ἥξει γὰρ ὁ »ἰσχυρότερός μου, οὗ οὐκ εἰμὶ ἱκανὸς τὰ ὑποδήματα βαστάσαι«.

---

26 *cf 18sqq* || 31sqq *cf 6sqq. 12sqq* || 34sqq cf Mt 3,4; Jo 1,20.23 par *(= nr 13)* || 36 *cf 9sqq*

17. Gefangennahme des Johannes

Ioannes in carcerem mittitur *(cf. nr. 144)* **The Imprisonment of John**

Matth. 14,3-4 *(nr. 144, p. 203)*	Mark. 6,17-18 *(nr. 144, p. 203)*	**Luk. 3,19-20**	Joh.
3 Ὁ γὰρ Ἡρῴδης ᵀ κρατήσας τὸν Ἰωάννην ἔδησεν °[αὐτὸν] καὶ ἐν ᵀ φυλακῇ ἀπέθετο διὰ Ἡρῳδιάδα τὴν γυναῖκα °¹Φιλίππου τοῦ ἀδελφοῦ αὐτοῦ·	17 Αὐτὸς ⸀γὰρ ὁ Ἡρῴδης ἀποστείλας ἐκράτησεν τὸν Ἰωάννην καὶ ἔδησεν αὐτὸν ⸂ἐν φυλακῇ⸃ διὰ Ἡρῳδιάδα τὴν ⸉γυναῖκα Φιλίππου τοῦ ἀδελφοῦ αὐτοῦ⸊, ὅτι αὐτὴν ἐγάμησεν·	19 Ὁ δὲ Ἡρῴδης ὁ τετραάρχης, cf. v. 20b ἐλεγχόμενος ὑπ' αὐτοῦ περὶ Ἡρῳδιάδος τῆς γυναικὸς ᵀ τοῦ ἀδελφοῦ αὐτοῦ καὶ περὶ ⸂πάντων ὧν ἐποίησεν πονηρῶν⸃ ὁ Ἡρῴδης, 20 προσέθηκεν καὶ τοῦτο ἐπὶ πᾶσιν °[καὶ] ⸀κατέκλεισεν τὸν Ἰωάννην ἐν ᵀ φυλακῇ.	
cf. v. 3	cf. v. 17	cf. v. 19	
4 ἔλεγεν γὰρ °ὁ Ἰωάννης °¹αὐτῷ· οὐκ ἔξεστίν σοι ἔχειν αὐτήν.	18 ἔλεγεν γὰρ ὁ Ἰωάννης τῷ Ἡρῴδῃ °ὅτι οὐκ ἔξεστίν σοι ἔχειν τὴν γυναῖκα τοῦ ἀδελφοῦ σου.		

Justinus Mart., Dial. 49,4–5: 4 Καὶ τοῦτον αὐτὸν τὸν προφήτην συνεκεκλείκει ὁ βασιλεὺς ὑμῶν Ἡρῴδης εἰς φυλακήν, καὶ γενεσίων ἡμέρας τελουμένης, ὀρχουμένης τῆς ἐξαδέλφης αὐτοῦ τοῦ Ἡρῴδου εὐαρέστως αὐτῷ, εἶπεν αὐτῇ αἰτήσασθαι ὃ ἐὰν βούληται. καὶ ἡ μήτηρ τῆς παιδὸς ὑπέβαλεν αὐτῇ αἰτήσασθαι τὴν κεφαλὴν Ἰωάννου τοῦ ἐν τῇ φυλακῇ· καὶ αἰτησάσης ἔπεμψε καὶ ἐπὶ πίνακι ἐνεχθῆναι τὴν κεφαλὴν Ἰωάννου ἐκέλευσε. 5 διὸ καὶ ὁ ἡμέτερος Χριστὸς εἰρήκει ἐπὶ γῆς τότε τοῖς λέγουσι πρὸ τοῦ Χριστοῦ Ἠλίαν δεῖν ἐλθεῖν· »Ἠλίας μὲν ἐλεύσεται καὶ ἀποκαταστήσει πάντα· λέγω δὲ ὑμῖν ὅτι Ἠλίας ἤδη ἦλθε, καὶ οὐκ ἐπέγνωσαν αὐτόν, ἀλλ' ἐποίησαν αὐτῷ ὅσα ἠθέλησαν.« καὶ γέγραπται ὅτι »Τότε συνῆκαν οἱ μαθηταὶ ὅτι περὶ Ἰωάννου τοῦ βαπτιστοῦ εἶπεν αὐτοῖς.«

Matth.: 3 ᵀτοτε B Θ ϕ *al* | °† B ℵ* *pc* ¦ *txt* C ℜ D W Θ 0119 *pl* lat | ᵀτη (ℵ³) B² (D) Θ *al* | °¹ *p)* D lat || 4 °ℵ* D *pc* | °¹ ℵ* *pc*

Mark.: 17 ⸀δε A | ⸂εν τη φ. W λ *pc*; Or ¦ και εβαλεν εις φυλακην D Θ ϕ *al* it | ⸉..] αυτου γυν[.. 𝔓45 || 18 °D *pc* lat

Luk.: 19 ᵀ*p)* Φιλιππου C A K W 33.565 *al* sy^p sa^pt bo | ⸂π. των πον. ων επ. ℵ* W *pc* lat || 20 °† B ℵ* D *pc* b ¦ *txt* 𝔓75vid C ℜ A W Θ λ ϕ *pl* lat | ⸀ενεκλ- D latt | ᵀτη C ℜ A W Θ ϕ 118.131.209 *al*

1-4 *cf* Mt 4,12; 11,2; 14,3sq; Mc 6,17sq; *cf 7sq. 11sqq* || 7sq *cf ad 1-4* || 9sq cf Lv 18,16; 20,21 || 11sqq *cf 1-4* || 14sqq cf Mt 17,11-13; Mc 9,12sq *(= nr 162)*; *cf ad* Jo 1,21

18. Die Taufe Jesu

Baptismus Jesu

The Baptism of Jesus

Matth. 3,13-17

17,5

(nr. 16 3,11-12 p. 24)

13 Τότε παραγίνεται ὁ Ἰησοῦς ἀπὸ τῆς Γαλιλαίας ἐπὶ τὸν Ἰορδάνην πρὸς τὸν Ἰωάννην τοῦ βαπτισθῆναι ὑπ᾽ αὐτοῦ. 14 ὁ δὲ °Ἰωάννης διεκώλυεν αὐτὸν λέγων· ἐγὼ χρείαν ἔχω ὑπὸ σοῦ βαπτισθῆναι, καὶ σὺ ἔρχῃ πρός με; 15 ἀποκριθεὶς δὲ ὁ Ἰησοῦς εἶπεν ⸂πρὸς αὐτόν⸃· ἄφες ἄρτι, οὕτως γὰρ πρέπον ἐστὶν ἡμῖν πληρῶσαι πᾶσαν δικαιοσύνην. τότε ἀφίησιν αὐτόν⸆. 16 ⸂βαπτισθεὶς δὲ ὁ Ἰησοῦς⸃ ⸄εὐθὺς ἀνέβη⸅ ἀπὸ τοῦ ὕδατος· καὶ ἰδοὺ ἠνεῴχθησαν °[αὐτῷ] οἱ οὐρανοί, καὶ εἶδεν ⸂[τὸ] πνεῦμα [τοῦ]⸃ θεοῦ ⸂¹καταβαῖνον ὡσεὶ⸃ περιστερὰν °¹[καὶ] ἐρχόμενον ἐπ᾽ αὐτόν· 17 καὶ ἰδοὺ φωνὴ ἐκ ⸂τῶν οὐρανῶν⸃ λέγουσα⸆·

Mark. 1,9-11

9,7

(nr. 16 1,7-8 p. 24)

9 ⸂Καὶ ἐγένετο⸃ ἐν ἐκείναις ταῖς ἡμέραις ἦλθεν Ἰησοῦς ἀπὸ Ναζαρὲτ τῆς Γαλιλαίας καὶ ἐβαπτίσθη εἰς τὸν Ἰορδάνην ὑπὸ Ἰωάννου. 10 καὶ εὐθὺς ἀναβαίνων ⸀ἐκ τοῦ ὕδατος εἶδεν ⸁σχιζομένους τοὺς οὐρανοὺς καὶ τὸ πνεῦμα ⸂ὡς περιστερὰν καταβαῖνον⸃ ⸀¹εἰς αὐτόν· 11 καὶ φωνὴ °ἐγένετο ἐκ τῶν οὐρανῶν⸆·

Luk. 3,21-22

9,35

21 Ἐγένετο δὲ ἐν τῷ βαπτισθῆναι ⸀ἅπαντα τὸν λαὸν καὶ Ἰησοῦ βαπτισθέντος καὶ προσευχομένου ἀνεῳχθῆναι τὸν οὐρανὸν 22 καὶ καταβῆναι °τὸ πνεῦμα τὸ ἅγιον σωματικῷ εἴδει ὡς περιστερὰν ⸀ἐπ᾽ αὐτόν, καὶ φωνὴν ἐξ οὐρανοῦ γενέσθαι⸆·

Joh. 1,29-34

12,28-30

(nr. 16 1,24-28 p. 24)

29 Τῇ ἐπαύριον βλέπει⸆ τὸν Ἰησοῦν ἐρχόμενον ⸋πρὸς αὐτὸν⸌ καὶ λέγει· ἴδε ὁ ἀμνὸς τοῦ θεοῦ ὁ αἴρων τὴν ἁμαρτίαν τοῦ κόσμου. 30 οὗτός ἐστιν ⸀ὑπὲρ οὗ ἐγὼ εἶπον· ὀπίσω μου ἔρχεται ἀνὴρ ὃς ἔμπροσθέν μου γέγονεν, ὅτι πρῶτός μου ἦν. 31 κἀγὼ οὐκ ᾔδειν αὐτόν, ἀλλ᾽ ἵνα φανερωθῇ τῷ Ἰσραὴλ διὰ τοῦτο ἦλθον ἐγὼ ἐν⸆ ὕδατι βαπτίζων. 32 Καὶ ἐμαρτύρησεν Ἰωάννης λέγων ὅτι τεθέαμαι τὸ πνεῦμα ⸂καταβαῖνον ὡς περιστερὰν⸃ ἐξ οὐρανοῦ καὶ ἔμεινεν ἐπ᾽ αὐτόν. 33 κἀγὼ οὐκ ᾔδειν αὐτόν, ἀλλ᾽ ὁ πέμψας με βαπτίζειν ἐν⸆ ὕδατι ἐκεῖνός μοι εἶπεν· ἐφ᾽ ὃν ἂν ἴδῃς τὸ πνεῦμα καταβαῖνον καὶ μένον ἐπ᾽ αὐτόν, ⸀οὗτός ἐστιν ὁ βαπτίζων ἐν πνεύματι ἁγίῳ⸆. 34 κἀγὼ

Matth.: 14 °† Bא* sa; Eus ¦ *txt* Cℜ W λ ϕ *pl* || 15 ⸂† αυτω B ϕ latt ¦ *txt* 𝔓67 א C ℜ W *pl* | ⸆βαπτισθηναι sy^s.c ¦ et cum baptizaretur, lumen ingens circumfulsit de aqua, ita ut timerent omnes qui advenerant a (g1) || 16 ⸂και β. ο Ι. ℜ W *pm* it ¦ και εβαπτισθη ο Ι. βαπτισθεις sy^c ¦ βαπτισθεις sy^s | ⸄C ℜ *pm* d h ¦ *txt* B א W *al* lat | °† B א* sy^s.c sa ¦ *txt* C ℜ W *pl* latt sy^p bo; Hipp | ⸂2 B א ¦ *txt* C ℜ W λ ϕ *pl* | ⸂¹καταβαινοντα εκ του ουρανου ως D it | °¹† B א* lat ¦ *txt* א^corr C ℜ D W *pl* f l vg^cl sy || 17 ⸂του ου-ου W | ⸆προς αυτον D it sy^s.c

Mark.: 9 ⸂εγ. B ¦ και Θ ¦ — a r1 ¦ εγ. δε W aur ff2 sa bo^pt || 10 ⸀απο ℜ A *pm* | ⸁*p)* ηνοιγμενους D latt georg | ⸂*p)* ως π. καταβ. και μενον א *pc* lat; Or ¦ καταβ. απο του ουρανου ωσει π. και μενον W | ⸀¹*p)* επ א ℜ A W Θ λ *pl*; Or ¦ *txt* B D ϕ || 11 °א* D Θ *pc* ¦ *txt* B ℜ A W λ ϕ *pm* vg sy^p sa bo | ⸆ηκουσθη Θ 565 *pc*

Luk.: 21 ⸀παντα א W *pc* || 22 ° 𝔓75vid | ⸀εις D (*ex lat?*) | ⸆λεγουσαν ℜ A Θ λ ϕ *pm*

Joh.: 29 ⸆ο Ιωαννης E F *al* lat | ⸋W || 30 ⸀περι א^corr C3 ℜ A L Γ Δ Θ 063.0101 λ ϕ *pl* latt; Epiph^pt (Cyr) ¦ *txt* 𝔓5.66.75 B א* C* || 31 ⸆τω ℜ A 063.0101^vid ϕ *pm* || 32 ⸂*2 3 1* א sy^s.c ¦ κατ. ωσει π. 𝔓66 ℜ 063.0101 λ ϕ 579 *pm* ¦ *2 3* Cyr || 33 ⸆τω 𝔓66 א λ *pc* | ⸀αυτος A | ⸆(Mt 3,11) και πυρι C* sa

---

1sqq cf *52sqq* || *3sq (Jo)* cf Jo 1,35sq; 1Jo 3,5; Is 53,4.7.11sq; Jr 11,19; Ex 12,5; 1Sm 15,25; 25,28; 1Pt 1,19; 2,24; Act 8,32; 1Cor 5,7; Heb 11,28; Apc 5,6.9.12; Mt 8,17 | αἴρειν cf Jo 2,16; 11,39; 10,18; 11,48; 15,2; 19,31; Mt 9,6; 11,29; 16,24; Jo 5,8.10.12 etc || *5sqq (Mt)* cf *39sq. 43sqq* || *6 (Jo)* cf Jo 1,15.27 par *(= nr 1.16)* || *8sqq (Jo)* cf Jo 1,26 par *(= nr 16)*; PsSal 1,7; *cf 18 (Jo)* || *10sq (Mt)* cf *51*; cf Mt 5,17 || *11-26* cf *35-39* || *14-26* cf *57sqq* || *14 (Mt-Lc)* cf Ez 1,1; Act 10,11; 7,56; Jo 1,51; Apc 19,11 || *15sqq* cf *20sqq (Jo). 46sqq* || *17 (Jo)* cf Is 11,2; 1Pt 4,14 || *18 (Jo)* cf *8sqq (Jo)* || *19sqq (Mt-Lc)* cf *27-31. 60sq* || *20 (Mt-Lc)* cf Dt 4,12 || *20sqq (Jo)* cf *15sqq*

[Matth. 3,13-17]

⸂οὗτός ἐστιν⸃ ὁ υἱός μου·
ὁ ἀγαπητός:¹, ἐν ᾧ εὐδόκησα.

(nr. 20 4,1-11 p. 32)

17,5 (nr. 161, p. 236)
[5] Ἔτι αὐτοῦ λαλοῦντος ἰδοὺ νεφέλη φωτεινὴ ἐπεσκίασεν αὐτούς, καὶ ἰδοὺ φωνὴ ἐκ τῆς νεφέλης λέγουσα· οὗτός ἐστιν ὁ υἱός μου ὁ ἀγαπητός, ἐν ᾧ εὐδόκησα· ἀκούετε αὐτοῦ.

[Mark. 1,9-11]

σὺ εἶ ὁ υἱός μου
ὁ ἀγαπητός, ἐν ⸀σοὶ εὐδόκησα.

(nr. 20 1,12-13 p. 32)

9,7 (nr. 161, p. 236)
[7] Καὶ ἐγένετο νεφέλη ἐπισκιάζουσα αὐτοῖς, καὶ ἐγένετο φωνὴ ἐκ τῆς νεφέλης· οὗτός ἐστιν ὁ υἱός μου ὁ ἀγαπητός, ἀκούετε αὐτοῦ.

[Luk. 3,21-22]

⸂σὺ εἶ ὁ υἱός μου
ὁ ἀγαπητός, ἐν σοὶ εὐδόκησα⸃.

9,35 (nr. 161, p. 236)
[35] Καὶ φωνὴ ἐγένετο ἐκ τῆς νεφέλης λέγουσα· οὗτός ἐστιν ὁ υἱός μου ὁ ἐκλελεγμένος, αὐτοῦ ἀκούετε.

[Joh. 1,29-34]

ἑώρακα καὶ μεμαρτύρηκα ὅτι
οὗτός ἐστιν ⸂ὁ υἱὸς⸃ τοῦ θεοῦ.

(nr. 21 1,35-51 p. 35)

12,28-30 (nr. 302, p. 419)
[28] Πάτερ, δόξασόν σου τὸ ὄνομα. ἦλθεν οὖν φωνὴ ἐκ τοῦ οὐρανοῦ· καὶ ἐδόξασα καὶ πάλιν δοξάσω. [29] ὁ οὖν ὄχλος ὁ ἑστὼς καὶ ἀκούσας ἔλεγεν βροντὴν γεγονέναι, ἄλλοι ἔλεγον· ἄγγελος αὐτῷ λελάληκεν. [30] ἀπεκρίθη Ἰησοῦς καὶ εἶπεν· οὐ δι' ἐμὲ ἡ φωνὴ αὕτη γέγονεν ἀλλὰ δι' ὑμᾶς.

Evang. Ebion. (Epiphanius, Panarion haer. 30,13,7-8): Καὶ μετὰ τὸ εἰπεῖν πολλὰ ἐπιφέρει ὅτι »τοῦ λαοῦ βαπτισθέντος ἦλθεν καὶ Ἰησοῦς καὶ ἐβαπτίσθη ὑπὸ τοῦ Ἰωάννου. καὶ ὡς ἀνῆλθεν ἀπὸ τοῦ ὕδατος, ἠνοίγησαν οἱ οὐρανοὶ καὶ εἶδεν τὸ πνεῦμα τὸ ἅγιον ἐν εἴδει περιστερᾶς κατελθούσης καὶ εἰσελθούσης εἰς αὐτόν. καὶ φωνὴ ἐκ τοῦ οὐρανοῦ λέγουσα· σύ μου εἶ ὁ υἱὸς ὁ ἀγαπητός, ἐν σοὶ ηὐδόκησα, καὶ πάλιν· ἐγὼ σήμερον γεγέννηκά σε. καὶ εὐθὺς περιέλαμψε τὸν τόπον φῶς μέγα. ὃν ἰδών«, φησίν, »ὁ Ἰωάννης λέγει αὐτῷ· σὺ τίς εἶ, κύριε; καὶ πάλιν φωνὴ ἐξ οὐρανοῦ πρὸς αὐτόν· οὗτός ἐστιν ὁ υἱός μου ὁ ἀγαπητός, ἐφ' ὃν ηὐδόκησα. καὶ τότε«, φησίν, »ὁ Ἰωάννης προσπεσὼν αὐτῷ ἔλεγεν· δέομαί σου, κύριε, σύ με βάπτισον. ὁ δὲ ἐκώλυσεν αὐτὸν λέγων· ἄφες, ὅτι οὕτως ἐστὶ πρέπον πληρωθῆναι πάντα.«

Evang. sec. Hebraeos (Hieronymus, Contra Pelag. III, 2): In Evangelio iuxta Hebraeos, quod Chaldaico quidem Syroque sermone, sed Hebraicis literis scriptum est, quo utuntur usque hodie Nazareni, secundum Apostolos, sive ut plerique autumant, iuxta Matthaeum, quod et in Caesariensi habetur bibliotheca, narrat historia: »Ecce mater Domini et fratres eius dicebant ei: Ioannes baptista baptizat in remissionem peccatorum: eamus et baptizemur ab eo. Dixit autem eis: Quid peccavi, ut vadam et baptizer ab eo? Nisi forte hoc ipsum quod dixi, ignorantia est.«

–, (Hieronymus, Comm. in Is. 11,2): Sed iuxta evangelium quod Hebraeo sermone conscriptum legunt Nazaraei: »Descendet super eum omnis fons Spiritus sancti«. Dominus autem spiritus est, et ubi spiritus Domini, ibi libertas. ... Porro in evangelio, cuius supra fecimus mentionem, haec scripta repperimus: »Factum est autem cum ascendisset Dominus de aqua, descendit fons omnis Spiritus sancti, et requievit super eum, et dixit illi: Fili mi, in omnibus prophetis exspectabam te, ut venires, et requiescerem in te. Tu es enim requies mea, tu es filius meus primogenitus, qui regnas in sempiternum.«

Ignatius ad Smyrn. 1,1: ... βεβαπτισμένον ὑπὸ Ἰωάννου, ἵνα »πληρωθῇ πᾶσα δικαιοσύνη ὑπ' αὐτοῦ«.

Justinus Mart., Dial. 88, 3.8: [3] Καὶ τότε ἐλθόντος τοῦ Ἰησοῦ ἐπὶ τὸν Ἰορδάνην ποταμόν, ἔνθα ὁ Ἰωάννης ἐβάπτιζε, κατελθόντος τοῦ Ἰησοῦ ἐπὶ τὸ ὕδωρ καὶ πῦρ ἀνήφθη ἐν τῷ Ἰορδάνῃ, καὶ ἀναδύντος αὐτοῦ ἀπὸ τοῦ ὕδατος ὡς περιστερὰν τὸ ἅγιον πνεῦμα ἐπιπτῆναι ἐπ' αὐτὸν ἔγραψαν οἱ ἀπόστολοι αὐτοῦ τούτου τοῦ Χριστοῦ ἡμῶν.
[8] Καὶ ἐλθόντος τοῦ Ἰησοῦ ἐπὶ τὸν Ἰορδάνην, καὶ νομιζομένου Ἰωσὴφ τοῦ τέκτονος υἱοῦ ὑπάρχειν, καὶ ἀειδοῦς, ὡς αἱ γραφαὶ ἐκήρυσσον, φαινομένου, καὶ τέκτονος νομιζομένου, ταῦτα γὰρ τὰ τεκτονικὰ ἔργα εἰργάζετο, ἐν ἀνθρώποις ὤν, ἄροτρα καὶ ζυγά, διὰ τούτων καὶ τὰ τῆς δικαιοσύνης σύμβολα διδάσκων καὶ ἐνεργῆ βίον, τὸ πνεῦμα οὖν τὸ ἅγιον καὶ διὰ τοὺς ἀνθρώπους, ὡς προέφην, ἐν εἴδει περιστερᾶς ἐπέπτη αὐτῷ, καὶ φωνὴ ἐκ τῶν οὐρανῶν ἅμα ἐληλύθει, ἥτις καὶ διὰ Δαυεὶδ λεγομένη, ὡς ἀπὸ προσώπου αὐτοῦ λέγοντος ὅπερ αὐτῷ ἀπὸ τοῦ πατρὸς ἔμελλε λέγεσθαι· »Υἱός μου εἶ σύ, ἐγὼ σήμερον γεγέννηκά σε.« τότε γένεσιν αὐτοῦ λέγων γίνεσθαι τοῖς ἀνθρώποις, ἐξ ὅτου ἡ γνῶσις αὐτοῦ ἔμελλε γίνεσθαι· »υἱός μου εἶ σύ· ἐγὼ σήμερον γεγέννηκά σε«.

–, **Dial. 103, 6:** Καὶ γὰρ οὗτος ὁ διάβολος ἅμα τῷ ἀναβῆναι αὐτὸν ἀπὸ τοῦ ποταμοῦ τοῦ Ἰορδάνου, τῆς φωνῆς αὐτῷ λεχθείσης· »Υἱός μου εἶ σύ, ἐγὼ σήμερον γεγέννηκά σε«· ἐν τοῖς ἀπομνημονεύμασι τῶν ἀποστόλων γέγραπται προσελθὼν αὐτῷ καὶ πειράζων μέχρι τοῦ εἰπεῖν αὐτῷ· »Προσκύνησόν μοι«· καὶ ἀποκρίνασθαι αὐτῷ τὸν Χριστόν· »Ὕπαγε ὀπίσω μου, σατανᾶ· κύριον τὸν θεόν σου προσκυνήσεις καὶ αὐτῷ μόνῳ λατρεύσεις.«

Matth.: 17 ⸂ *p)* συ ει D a sy$^{s.c}$; Ir | [·, *et* ·¹ —, h]

Mark.: 11 ⸀ *p)* ω ℜ A W *pm* aur b (d)

Luk.: 22 ⸂ (Ps 2,7) υιος μου ει συ, εγω σημερον γεγεννηκα σε D it; Ju (Cl) Or Meth Hil Aug ¦ *txt* $\mathfrak{P}^{4}$ B ℵ ℜ A W Θ λ φ vg sa bo^{pt} (ἐν ᾧ sy$^{s.p}$ bo^{pt})

Joh.: 34 ⸂ ο εκλεκτος $\mathfrak{P}^{5vid}$ ℵ* *pc* (b) e ff^{2} sy$^{s.c}$ ¦ ο εκλεκτος υιος sa ¦ electus filius a

---

25sq cf Is 42,1; 44,2; Ps 2,7; Gn 22,2; Jr 31,20 (38,20 LXX); cf Mt 12,18 || *27-31* cf *19sqq (Mt-Lc)* || *35-39* cf *11-26* || *39sq* cf *5sqq (Mt)* || *43sqq* cf *5sqq (Mt)* || *46sqq* cf *15sqq* || *51* cf *10sq (Mt)* || *52sqq* cf *1sqq* || *57sqq* cf *14-26* || *60sq* cf *19sqq (Mt-Lc)* || *61sq* cf *nr 20*

19. Stammbaum Jesu

Genealogia Jesu *(cf. nr. 6)* **The Genealogy of Jesus**

Matth. 1,1-17 *(nr. 1.6, p. 1.7)*	Mark.	Luk. 3,23-38	Joh.
1 Βίβλος γενέσεως Ἰησοῦ Χριστοῦ υἱοῦ Δαυὶδ υἱοῦ	*[ord. invers.]*	⸀23 Καὶ αὐτὸς ἦν Ἰησοῦς ⸁⸀ἀρχόμενος ὡσεὶ ἐτῶν	
Ἀβραάμ.	[16 Ἰωσήφ]	τριάκοντα⸌, ὢν ⸂υἱός, ὡς ἐνομίζετο⸃, Ἰωσὴφ ⊤	
2 Ἀβραὰμ ἐγέννησεν τὸν Ἰσαάκ,	[Ἰακώβ]	□τοῦ Ἠλὶ	
Ἰσαὰκ δὲ ἐγέννησεν τὸν Ἰακώβ,	[15 Ματθάν]	24 □1τοῦ Μαθθὰτ	
Ἰακὼβ δὲ ἐγέννησεν τὸν Ἰούδαν καὶ τοὺς ἀδελφοὺς	[Ἐλεάζαρ]	τοῦ Λευὶ⸌1	
αὐτοῦ,	[Ἐλιούδ]	τοῦ Μελχὶ	
3 Ἰούδας δὲ ἐγέννησεν τὸν Φάρες καὶ τὸν ⸀Ζάρα ἐκ	[14 Ἀχίμ]	τοῦ Ἰανναὶ	
τῆς Θαμάρ,	[Σαδώκ]	τοῦ Ἰωσὴφ	
Φάρες δὲ ἐγέννησεν τὸν Ἑσρώμ,	[Ἀζώρ]	25 τοῦ Ματταθίου	
Ἑσρὼμ δὲ ἐγέννησεν τὸν Ἀράμ,	[13 Ἐλιακίμ]	τοῦ Ἀμὼς	
4 Ἀρὰμ δὲ ἐγέννησεν τὸν Ἀμιναδάβ,	[Ἀβιούδ]	τοῦ Ναοὺμ	
Ἀμιναδὰβ δὲ ἐγέννησεν τὸν Ναασσών,		τοῦ Ἑσλὶ	
Ναασσὼν δὲ ἐγέννησεν τὸν Σαλμών,		τοῦ Ναγγαὶ	
5 Σαλμὼν δὲ ἐγέννησεν τὸν ⸀Βόες ἐκ τῆς Ῥαχάβ,		26 τοῦ Μάαθ	
⸀Βόες δὲ ἐγέννησεν τὸν Ἰωβὴδ ἐκ τῆς Ῥούθ,		τοῦ Ματταθίου	
Ἰωβὴδ δὲ ἐγέννησεν τὸν Ἰεσσαί,		τοῦ Σεμεῒν	
6 Ἰεσσαὶ δὲ ἐγέννησεν τὸν Δαυὶδ τὸν βασιλέα.		τοῦ Ἰωσὴχ	
Δαυὶδ δὲ ἐγέννησεν τὸν Σολομῶνα ἐκ τῆς τοῦ Οὐρίου,		τοῦ Ἰωδὰ	
7 Σολομὼν δὲ ἐγέννησεν τὸν Ῥοβοάμ,		27 τοῦ Ἰωανὰν	
Ῥοβοὰμ δὲ ἐγέννησεν τὸν ⸀Ἀβιά,		τοῦ Ῥησὰ	
⸀Ἀβιὰ δὲ ἐγέννησεν τὸν ⸁Ἀσάφ,	[Ζοροβαβέλ]	τοῦ Ζοροβαβὲλ	
8 ⸁Ἀσὰφ δὲ ἐγέννησεν τὸν ⸀Ἰωσαφάτ,	[12 Σαλαθιήλ]	τοῦ Σαλαθιὴλ	
⸀Ἰωσαφὰτ δὲ ἐγέννησεν τὸν Ἰωράμ,	[Ἰεχονίας]	τοῦ Νηρὶ	
Ἰωρὰμ δὲ ἐγέννησεν ⊤τὸν Ὀζίαν,		28 τοῦ Μελχὶ	
9 Ὀζίας δὲ ἐγέννησεν τὸν ⸀Ἰωαθάμ,		τοῦ Ἀδδὶ	
⸀Ἰωαθὰμ δὲ ἐγέννησεν τὸν ⸁Ἀχάζ,		τοῦ Κωσὰμ	
⸁Ἀχὰζ δὲ ἐγέννησεν τὸν Ἑζεκίαν,		τοῦ ⸀Ἐλμαδὰμ	
10 Ἑζεκίας δὲ ἐγέννησεν τὸν ⸀Μανασσῆ,		τοῦ Ἢρ	

Matth.: 3 ⸀Ζαρε 𝔓1 B ‖ 5 ⸀*bis* Βοοζ ℜ W *pl*; Epiph ¦ *txt* 𝔓1 B ℵ k ‖ 7 ⸀*bis* Αβιουδ 1689 *pc* it (D in Lc 3,23-31) ‖ 7.8 ⸁*bis (rectius)* Ασα ℜ W *al* lat sy; Epiph ¦ *txt* 𝔓1vid ℌ (Dluc) *pc* it ‖ 8 ⸀*bis* -φαδ Dluc | ⊤τον Οχοζιαν, Οχοζιας δε εγεννησεν τον Ιωας, Ιωας δε εγεννησεν τον Αμασιαν, Αμασιας δε εγεννησεν syc (Dluc) ‖ 9 ⸀*bis* -θαν Dluc | ⸁*bis* Αχας (ℵ) C Dluc it ‖ 10 ⸀-σσην N Δ *al* lat

Luk.: 23-31 ⸀ην δε Ιησους ως ετων λ' αρχομενος ως ενομιζετο ειναι υιος Ιωσηφ του Ιακωβ τ. Μαθθαν τ. Ελεαζαρ τ. Ελιουδ τ. Ιαχιν τ. Σαδωκ τ. Αζωρ τ. Ελιακιμ τ. Αβιουδ τ. Ζοροβαβελ τ. Σαλαθιηλ τ. Ιεχονιου τ. Ιωακιμ τ. Ελιακιμ τ. Ιωσια τ. Αμως τ. Μανασση τ. Εζεκια τ. Αχας τ. Ιωαθαν τ. Οζια τ. Αμασιου τ. Ιωας τ. Οχοζιου τ. Ιωραμ τ. Ιωσαφαδ τ. Ασαφ τ. Αβιουδ τ. Ροβοαμ τ. Σολομων τ. Δαυιδ D ‖ 23 ⸁ωσει ετ. τριακοντα αρχ. ειναι Θ | ⸀ερχ- 700 bopt; Ju Cl (Ir) ¦ — 1555 e f sys.p sa | ⸂*2 3 1* ℜ A Θ φ *pm* lat | ⊤του Ιακωβ Θ *pc* ‖ 23-38 □W ‖ 24 □1 Irlat Africanus *apud* Eus ‖ 28 ⸀-μωδαμ ℜ A (Θ λ φ) *pl* aur f q

1(Mt) cf Gn 2,4; 5,1*(127)*; 10,1; 11,10*(113)*.27 etc ‖ 1(Lc) cf Act 1,1; *84sq* ‖ 2(Lc) cf Lc 4,22; Mt 13,55 et par *(= nr 139)*; Jo 1,45; 6,42 ‖ 3-17(Mt) cf *43-57 (Lc) ord. invers.* ‖ 3(Mt) cf Gn 21,3.12; *93* ‖ 4(Mt) cf Gn 25,26; *93sq* ‖ 5-17(Mt) cf *95-102* ‖ 5(Mt) cf Gn 29,35; 29,31-30,24; 49,10; Heb 7,14 ‖ 7/8(Mt) cf Gn 38,29sq ‖ 9-17(Mt) cf *110-112* ‖ 18-35(Mt) cf *103-109* ‖ 18(Mt) cf 2Sm 12,24 ‖ 21-42(Lc) cf *103-109* ‖ 21/22(Lc) cf *35 (Mt)*; Esr 3,2

[Matth. 1,1-17]		Mark.	**[Luk. 3,23-38]**	Joh.
⸀Μανασσῆς δὲ ἐγέννησεν τὸν ⸁Ἀμώς,	*[ord. invers.]*		29 τοῦ Ἰησοῦ	
⸁Ἀμὼς δὲ ἐγέννησεν τὸν Ἰωσίαν,	[11 Ἰωσίας]		τοῦ Ἐλιέζερ	
11 Ἰωσίας δὲ ἐγέννησεν ⸆ τὸν Ἰεχονίαν καὶ τοὺς ἀδελφοὺς	[10 Ἀμώς]		τοῦ Ἰωρὶμ	
αὐτοῦ ἐπὶ τῆς μετοικεσίας Βαβυλῶνος.	[Μανασσῆς]		τοῦ Μαθθὰτ	
12 Μετὰ δὲ τὴν μετοικεσίαν Βαβυλῶνος Ἰεχονίας ἐγέν-	[Ἑζεκίας]		τοῦ Λευὶ	
νησεν τὸν Σαλαθιήλ,	[9 Ἀχάζ]		30 τοῦ Συμεὼν	
Σαλαθιὴλ δὲ ἐγέννησεν τὸν Ζοροβαβέλ,	[Ἰωαθάμ]		τοῦ Ἰούδα	
13 Ζοροβαβὲλ δὲ ἐγέννησεν τὸν Ἀβιούδ,	[Ὀζίας]		τοῦ Ἰωσὴφ	
Ἀβιοὺδ δὲ ἐγέννησεν τὸν Ἐλιακίμ,	[8 Ἰωράμ]		τοῦ Ἰωνὰμ	
Ἐλιακὶμ δὲ ἐγέννησεν τὸν Ἀζώρ,	[Ἰωσαφάτ]		τοῦ Ἐλιακὶμ	
14 Ἀζὼρ δὲ ἐγέννησεν τὸν Σαδώκ,	[Ἀσάφ]		31 τοῦ Μελεὰ	
Σαδὼκ δὲ ἐγέννησεν τὸν ⸀Ἀχίμ,	[7 Ἀβιά]		⸋¹τοῦ Μεννὰ⸌	
⸀Ἀχὶμ δὲ ἐγέννησεν τὸν Ἐλιούδ,	[Ῥοβοάμ]		τοῦ Ματταθὰ	
15 Ἐλιοὺδ δὲ ἐγέννησεν τὸν Ἐλεάζαρ,	[Σολομών]		τοῦ ⸀Ναθὰμ	
Ἐλεάζαρ δὲ ἐγέννησεν τὸν Ματθάν,	[6 Δαυίδ]		τοῦ Δαυὶδ⸃	
Ματθὰν δὲ ἐγέννησεν τὸν Ἰακώβ,	[Ἰεσσαί]		32 τοῦ Ἰεσσαὶ	
16 Ἰακὼβ δὲ ἐγέννησεν τὸν Ἰωσὴφ ⸂τὸν ἄνδρα Μαρίας,	[5 Ἰωβήδ]		τοῦ ⸀Ἰωβὴδ	
ἐξ ἧς ἐγεννήθη °Ἰησοῦς ὁ λεγόμενος χριστός⸃.	[Βόες]		τοῦ ⸀Βόος	
	[Σαλμών]		τοῦ ⸀¹Σαλὰ	
	[4 Ναασσών]		τοῦ Ναασσὼν	
	[Ἀμιναδάβ]		33 ⸂τοῦ Ἀμιναδὰβ	
	[Ἀράμ]		τοῦ Ἀδμὶν	
			τοῦ Ἀρνὶ⸃	
	[3 Ἑσρώμ]		τοῦ ⸀Ἑσρὼμ	
	[Φάρες]		⸋¹τοῦ Φάρες⸌	
	[Ἰούδας]		τοῦ Ἰούδα	
	[2 Ἰακώβ]		34 τοῦ Ἰακὼβ	
	[Ἰσαάκ]		τοῦ Ἰσαὰκ	
	[Ἀβραάμ]		τοῦ Ἀβραὰμ	
			τοῦ Θάρα	
			τοῦ Ναχὼρ	

Matth.: **10** ⸀-σση Bℵ^{corr} | ⸁*bis (rectius)* Αμων 𝔎W*al* lat sy || **11** ⸆τον Ιωακιμ, Ιωακιμ δε εγεννησεν ΜΘλ 33 *pm*; Ir^{lat} ¦ *ord. invers.* του Ιεχονιου του Ιωακιμ του Ελιακιμ του Ιωσια D^{luc} || **14** ⸀*bis* Αχιν (W) λ sy ¦ Ιαχιν D^{luc} || **16** ⸂τον μνηστευσαμενον Μαριαμ, εξ ης εγεννηθη ο χρ. ο υιος του θεου Dial Timoth et Aquilae^{3} ¦ ᾧ μνηστευθεισα παρθενος (— π. q) Μ. εγεννησεν Ιησουν τον λ-νον χριστον Θ ϕ a g^{1} (b c d k q) arm ¦ *eadem, sed* ετεκεν Χρ. Ι. d ¦ *eadem, sed* Μ. εξ ης εγεννηθη *etc ut txt* Dial^{2} ¦ ᾧ μνηστευθεισα ην παρθ. Μ. ἣ εγεννησεν Ι. Χρ. sy^{c} ¦ Ιωσηφ δε, ᾧ μν-θεισα ην Μ. π., εγεννησεν Ι. τον λ-νον χρ. sy^{s}; (Bars) ¦ *txt* + και Ιωσηφ εγενν. Ι. τ. λ. χρ. Dial^{1} ¦ *txt* 𝔓^{1}ℌ𝔎W*pl* sy^{p} sa bo; Tert | °λ

Luk.: **23–31** ⸂ *et* **23–38** ⸋ *v. p. 28* || **31** ⸋¹A *pc* | ⸀*(potius)* -θαν 𝔎AΘλϕ*pl* lat ¦ *txt* Bℵ* c e ff^{2} r^{1} || **32** ⸀Ιωβηλ Bℵ* sy^{s} ¦ Ωβηδ 𝔎Θ*pm* lat ¦ Ωβηλ D* ¦ *txt* ALM 33 *al* | ⸀Βοοζ 𝔎Θ*pl* lat | ⸀¹Σαλμων 𝔎ADΘ **0102** (λϕ) *pl* latt sy^{p} bo^{pt} ¦ *txt* Bℵ* sy^{s} sa bo^{pt} || **33** ⸂τ. Αδμ. τ. Αρνι B ¦ τ. Αμιν. τ. Αραμ ADEG*al* lat ¦ τ. Αμιν. τ. Αραμ τ. Ιωραμ 𝔎 b (e) ¦ τ. Αμιν. τ. Αραμ τ. Αδμι τ. Αρνι Θ ¦ τ. Αμιναδαμ τ. Αραμ τ. Ιωραμ M*al* ¦ τ. Αδαμ τ. Αδμιν τ. Αρνι ℵ* ¦ *txt* L*al* | ⸀-ρων B d ff^{2} | ⸋¹A

31 (Mt) cf 2 Rg 23 sq; 1 Esr 1,32 || *35 (Mt)* cf *21/22 (Lc)*; Esr 3,2 || *42 (Lc)* cf 2 Sm 5,14 etc || *43-57 (Lc)* cf *95-102; 93; 3-17 (Mt) ord. invers.* || *43-53 (Lc)* cf *110-112* || *46 (Mt)* cf Mt 27,17.22 || *54* cf Gn 29,35 || *55* cf Gn 25,26 || *56* cf Gn 21,3.12 || *57* cf *93* || *57-67* cf *113-126; 89 sq*

[Matth. 1,1-17]	Mark.	**[Luk. 3,23-38]**	Joh.
		35 τοῦ ⸀Σεροὺχ	
		τοῦ Ῥαγαὺ	
		τοῦ ⸀Φάλεκ	
		τοῦ Ἔβερ	
		τοῦ Σαλὰ	
		36 ⸂τοῦ Καϊνὰμ⸃	
		τοῦ Ἀρφαξὰδ	
		τοῦ Σὴμ	
		τοῦ Νῶε	
		τοῦ Λάμεχ	
		37 τοῦ Μαθουσαλὰ	
		τοῦ Ἑνὼχ	
		τοῦ ⸀Ἰάρετ	
		τοῦ ⸀Μαλελεὴλ	
		τοῦ ⸀¹Καϊνὰμ	
		38 τοῦ Ἐνὼς	
		τοῦ Σὴθ	
		τοῦ Ἀδὰμ	
		τοῦ θεοῦ⸃.	
17 Πᾶσαι οὖν αἱ γενεαὶ ἀπὸ Ἀβραὰμ ἕως Δαυὶδ γενεαὶ δεκατέσσαρες, καὶ ἀπὸ Δαυὶδ ἕως τῆς μετοικεσίας Βαβυλῶνος γενεαὶ δεκατέσσαρες, καὶ ἀπὸ τῆς μετοικεσίας Βαβυλῶνος ἕως τοῦ Χριστοῦ γενεαὶ δεκατέσσαρες.			

Evang. Ebion. (Epiphanius, Panarion haer. 30,13,2): Ἐν τῷ γοῦν παρ' αὐτοῖς εὐαγγελίῳ κατὰ Ματθαῖον ὀνομαζομένῳ, οὐχ ὅλῳ δὲ πληρεστάτῳ, ἀλλὰ νενοθευμένῳ καὶ ἠκρωτηριασμένῳ (Ἑβραϊκὸν δὲ τοῦτο καλοῦσι) ἐμφέρεται ὅτι »ἐγένετό τις ἀνὴρ ὀνόματι Ἰησοῦς, καὶ αὐτὸς ὡς ἐτῶν τριάκοντα ὃς ἐξελέξατο ἡμᾶς«.

1. Chron. 1,1-34: 1 Αδαμ, Σηθ, Ενως, 2 Καιναν, Μαλελεηλ, Ιαρεδ, 3 Ενωχ, Μαθουσαλα, Λαμεχ, 4 Νωε. υἱοὶ Νωε· Σημ, Χαμ, Ιαφεθ. 5 Υἱοὶ Ιαφεθ· Γαμερ, Μαγωγ, Μαδαι, Ιωυαν, Ελισα, Θοβελ, Μοσοχ καὶ Θιρας. 6 καὶ υἱοὶ Γαμερ· Ασχαναζ καὶ Ριφαθ καὶ Θοργαμα. 7 καὶ υἱοὶ Ιωυαν· Ελισα καὶ Θαρσις, Κίτιοι καὶ Ῥόδιοι. 8 Καὶ υἱοὶ Χαμ· Χους καὶ Μεστραιμ, Φουδ καὶ Χανααν. 9 καὶ υἱοὶ Χους· Σαβα καὶ Ευιλατ καὶ Σαβαθα καὶ Ρεγμα καὶ Σεβεκαθα. καὶ υἱοὶ Ρεγμα· Σαβα καὶ Ουδαδαν. 10 καὶ Χους ἐγέννησεν τὸν Νεβρωδ· οὗτος ἤρξατο τοῦ εἶναι γίγας κυνηγὸς ἐπὶ τῆς γῆς. 17 Υἱοὶ Σημ· Αιλαμ καὶ Ασσουρ καὶ Αρφαξαδ, 24 Σαλα, 25 Εβερ, Φαλεκ, Ραγαυ, 26 Σερουχ, Ναχωρ, Θαρα, 27 Αβρααμ. 28 Υἱοὶ δὲ Αβρααμ· Ισαακ καὶ Ισμαηλ. 29 αὗται δὲ αἱ γενέσεις πρωτοτόκου Ισμαηλ· Ναβαιωθ καὶ Κηδαρ, Ναβδεηλ, Μαβσαν, 30 Μασμα, Ιδουμα, Μασση, Χοδδαδ, Θαιμαν, 31 Ιεττουρ, Ναφες καὶ Κεδμα. οὗτοί εἰσιν υἱοὶ Ισμαηλ. – 32 καὶ υἱοὶ Χεττουρας παλλακῆς Αβρααμ· καὶ ἔτεκεν αὐτῷ τὸν Ζεμβραν, Ιεξαν, Μαδαν, Μαδιαμ, Σοβακ, Σωε. καὶ υἱοὶ Ιεξαν· Σαβα καὶ Δαιδαν. 33 καὶ υἱοὶ Μαδιαμ· Γαιφα καὶ Οφερ καὶ Ενωχ καὶ Αβιδα καὶ Ελδαα. πάντες οὗτοι υἱοὶ Χεττουρας. 34 Καὶ ἐγέννησεν Αβρααμ τὸν Ισαακ. καὶ υἱοὶ Ισαακ· Ησαυ καὶ Ιακωβ.

1. Chron. 2,1-15: 1 Ταῦτα τὰ ὀνόματα τῶν υἱῶν Ισραηλ· Ρουβην, Συμεων, Λευι, Ιουδα, Ισσαχαρ, Ζαβουλων, 2 Δαν, Ιωσηφ, Βενιαμιν, Νεφθαλι, Γαδ, Ασηρ. 3 Υἱοὶ Ιουδα· Ηρ, Αυναν, Σηλων, τρεῖς· ἐγεννήθησαν αὐτῷ ἐκ τῆς θυγατρὸς Σαυας τῆς Χαναανίτιδος. καὶ ἦν Ηρ ὁ πρωτότοκος Ιουδα πονηρὸς ἐναντίον κυρίου, καὶ ἀπέκτεινεν αὐτόν. 4 καὶ Θαμαρ ἡ νύμφη αὐτοῦ ἔτεκεν αὐτῷ τὸν Φαρες καὶ τὸν Ζαρα. πάντες υἱοὶ Ιουδα πέντε. 5 υἱοὶ Φαρες· Αρσων καὶ Ιεμουηλ. 6 καὶ υἱοὶ Ζαρα· Ζαμβρι καὶ Αιθαν καὶ Αιμαν καὶ Χαλχαλ καὶ Δαρα, πάντες πέντε. 7 καὶ υἱοὶ Χαρμι· Αχαρ ὁ ἐμποδοστάτης Ισραηλ, ὃς ἠθέτησεν εἰς τὸ ἀνάθεμα. 8 καὶ υἱοὶ Αιθαν· Αζαρια. – 9 καὶ υἱοὶ Εσερων, οἳ ἐτέχθησαν αὐτῷ· ὁ Ιραμεηλ καὶ ὁ Ραμ καὶ ὁ Χαλεβ καὶ Αραμ. 10 καὶ Αραμ ἐγέννησεν τὸν Αμιναδαβ, καὶ Αμιναδαβ ἐγέννησεν τὸν Ναασσων ἄρχοντα τοῦ οἴκου Ιουδα, 11 καὶ Ναασσων ἐγέννησεν τὸν Σαλμων, καὶ Σαλμων ἐγέννησεν τὸν

Luk.: 23-38 ⸋ *v. p. 28* || 35 ⸀-ουκ D aur (b) l | ⸀*(potius)* -εγ 𝔎 A **0102** *al* a || 36 ⸂ *(potius)* τ. Κ-αν 𝔎 A (Θ) **0102** ϕ *pl* lat ¦ – 𝔓75vid D || 37 ⸀*(potius)* -εδ 𝔎 D λ ϕ *pm* | ⸀Μελ- ℵ* A *al* | ⸀¹*(potius)* -αν B 𝔎 A D λ ϕ *pl* ¦ *txt* 𝔓75vid ℵ Θ

67-77 *cf 127-148;* Gn 4,25 sq; *86* || 77/78 *cf* Rm 5,14; 1 Cor 15,22.45-49; Act 17,26.31 || 79 *cf 95 sqq. 110 sqq* || 84 sq *cf 1 (Lc)* || 86 *cf 67-77* || 89 sq *cf 57-67* || 93 sq *cf 3 (Mt). 4 (Mt). 55. 57* || 95 sqq *cf 5-17 (Mt). 43-55 (Lc). 79*

Βοος, 12 καὶ Βοος ἐγέννησεν τὸν Ωβηδ, καὶ Ωβηδ ἐγέννησεν τὸν Ιεσσαι, 13 καὶ Ιεσσαι ἐγέννησεν τὸν πρωτότοκον αὐτοῦ Ελιαβ· Αμιναδαβ ὁ δεύτερος, Σαμαα ὁ τρίτος, 14 Ναθαναηλ ὁ τέταρτος, Ραδδαι ὁ πέμπτος, 15 Ασομ ὁ ἕκτος, Δαυιδ ὁ ἕβδομος.

1. Chron. 3, 5–19: 5 Καὶ οὗτοι ἐτέχθησαν αὐτῷ (*sc.* Δαυιδ) ἐν Ιερουσαλημ· Σαμαα, Σωβαβ, Ναθαν καὶ Σαλωμων, τέσσαρες τῇ Βηρσαβεε θυγατρὶ Αμιηλ, 6 καὶ Ιβααρ καὶ Ελισαμα καὶ Ελιφαλετ 7 καὶ Ναγε καὶ Ναφαγ καὶ Ιανουε 8 καὶ Ελισαμα καὶ Ελιαδα καὶ Ελιφαλετ, ἐννέα. 9 πάντες υἱοὶ Δαυιδ πλὴν τῶν υἱῶν τῶν παλλακῶν, καὶ Θημαρ ἀδελφὴ αὐτῶν. 10 Υἱοὶ Σαλωμων· Ροβοαμ, Αβια υἱὸς αὐτοῦ, Ασα υἱὸς αὐτοῦ, Ιωσαφατ υἱὸς αὐτοῦ, 11 Ιωραμ υἱὸς αὐτοῦ, Οχοζια υἱὸς αὐτοῦ, Ιωας υἱὸς αὐτοῦ, 12 Αμασιας υἱὸς αὐτοῦ, Αζαρια υἱὸς αὐτοῦ, Ιωαθαν υἱὸς αὐτοῦ, 13 Αχαζ υἱὸς αὐτοῦ, Εζεκιας υἱὸς αὐτοῦ, Μανασσης υἱὸς αὐτοῦ, 14 Αμων υἱὸς αὐτοῦ, Ιωσια υἱὸς αὐτοῦ. 15 καὶ υἱοὶ Ιωσια· πρωτότοκος Ιωαναν, ὁ δεύτερος Ιωακιμ, ὁ τρίτος Σεδεκια, ὁ τέταρτος Σαλουμ. 16 καὶ υἱοὶ Ιωακιμ· Ιεχονιας υἱὸς αὐτοῦ, Σεδεκιας υἱὸς αὐτοῦ. 17 καὶ υἱοὶ Ιεχονια-ασιρ· Σαλαθιηλ υἱὸς αὐτοῦ, 18 Μελχιραμ καὶ Φαδαιας καὶ Σανεσαρ καὶ Ιεκεμια καὶ Ωσαμω καὶ Δενεθι. 19 καὶ υἱοὶ Σαλαθιηλ· Ζοροβαβελ καὶ Σεμεϊ. καὶ υἱοὶ Ζοροβαβελ· Μοσολλαμος καὶ Ανανια, καὶ Σαλωμιθ ἀδελφὴ αὐτῶν.

Ruth 4, 18–22: 18 Καὶ αὗται αἱ γενέσεις Φαρες· Φαρες ἐγέννησεν τὸν Εσρων, 19 Εσρων δὲ ἐγέννησεν τὸν Αρραν, καὶ Αρραν ἐγέννησεν τὸν Αμιναδαβ, 20 καὶ Αμιναδαβ ἐγέννησεν τὸν Ναασσων, καὶ Ναασσων ἐγέννησεν τὸν Σαλμαν, 21 καὶ Σαλμαν ἐγέννησεν τὸν Βοος, καὶ Βοος ἐγέννησεν τὸν Ωβηδ, 22 καὶ Ωβηδ ἐγέννησεν τὸν Ιεσσαι, καὶ Ιεσσαι ἐγέννησεν τὸν Δαυιδ.

Gen. 11, 10–26: 10 Καὶ αὗται αἱ γενέσεις Σημ· Σημ υἱὸς ἑκατὸν ἐτῶν, ὅτε ἐγέννησεν τὸν Αρφαξαδ, δευτέρου ἔτους μετὰ τὸν κατακλυσμόν. 11 καὶ ἔζησεν Σημ μετὰ τὸ γεννῆσαι αὐτὸν τὸν Αρφαξαδ πεντακόσια ἔτη καὶ ἐγέννησεν υἱοὺς καὶ θυγατέρας καὶ ἀπέθανεν. 12 Καὶ ἔζησεν Αρφαξαδ ἑκατὸν τριάκοντα πέντε ἔτη καὶ ἐγέννησεν τὸν Καιναν. 13 καὶ ἔζησεν Αρφαξαδ μετὰ τὸ γεννῆσαι αὐτὸν τὸν Καιναν ἔτη τετρακόσια τριάκοντα καὶ ἐγέννησεν υἱοὺς καὶ θυγατέρας καὶ ἀπέθανεν. Καὶ ἔζησεν Καιναν ἑκατὸν τριάκοντα ἔτη καὶ ἐγέννησεν τὸν Σαλα. καὶ ἔζησεν Καιναν μετὰ τὸ γεννῆσαι αὐτὸν τὸν Σαλα ἔτη τριακόσια τριάκοντα καὶ ἐγέννησεν υἱοὺς καὶ θυγατέρας καὶ ἀπέθανεν. 14 Καὶ ἔζησεν Σαλα ἑκατὸν τριάκοντα ἔτη καὶ ἐγέννησεν τὸν Εβερ. 15 καὶ ἔζησεν Σαλα μετὰ τὸ γεννῆσαι αὐτὸν τὸν Εβερ τριακόσια τριάκοντα ἔτη καὶ ἐγέννησεν υἱοὺς καὶ θυγατέρας καὶ ἀπέθανεν. 16 Καὶ ἔζησεν Εβερ ἑκατὸν τριάκοντα τέσσαρα ἔτη καὶ ἐγέννησεν τὸν Φαλεκ. 17 καὶ ἔζησεν Εβερ μετὰ τὸ γεννῆσαι αὐτὸν τὸν Φαλεκ ἔτη τριακόσια ἑβδομήκοντα καὶ ἐγέννησεν υἱοὺς καὶ θυγατέρας καὶ ἀπέθανεν. 18 Καὶ ἔζησεν Φαλεκ ἑκατὸν τριάκοντα ἔτη καὶ ἐγέννησεν τὸν Ραγαυ. 19 καὶ ἔζησεν Φαλεκ μετὰ τὸ γεννῆσαι αὐτὸν τὸν Ραγαυ διακόσια ἐννέα ἔτη καὶ ἐγέννησεν υἱοὺς καὶ θυγατέρας καὶ ἀπέθανεν. 20 Καὶ ἔζησεν Ραγαυ ἑκατὸν τριάκοντα δύο ἔτη καὶ ἐγέννησεν τὸν Σερουχ. 21 καὶ ἔζησεν Ραγαυ μετὰ τὸ γεννῆσαι αὐτὸν τὸν Σερουχ διακόσια ἑπτὰ ἔτη καὶ ἐγέννησεν υἱοὺς καὶ θυγατέρας καὶ ἀπέθανεν. 22 Καὶ ἔζησεν Σερουχ ἑκατὸν τριάκοντα ἔτη καὶ ἐγέννησεν τὸν Ναχωρ. 23 καὶ ἔζησεν Σερουχ μετὰ τὸ γεννῆσαι αὐτὸν τὸν Ναχωρ ἔτη διακόσια καὶ ἐγέννησεν υἱοὺς καὶ θυγατέρας καὶ ἀπέθανεν. 24 Καὶ ἔζησεν Ναχωρ ἔτη ἑβδομήκοντα ἐννέα καὶ ἐγέννησεν τὸν Θαρα. 25 καὶ ἔζησεν Ναχωρ μετὰ τὸ γεννῆσαι αὐτὸν τὸν Θαρα ἔτη ἑκατὸν εἴκοσι ἐννέα καὶ ἐγέννησεν υἱοὺς καὶ θυγατέρας καὶ ἀπέθανεν. 26 Καὶ ἔζησεν Θαρα ἑβδομήκοντα ἔτη καὶ ἐγέννησεν τὸν Αβραμ καὶ τὸν Ναχωρ καὶ τὸν Αρραν.

Gen. 5, 1–32: 1 Αὕτη ἡ βίβλος γενέσεως ἀνθρώπων· ᾗ ἡμέρᾳ ἐποίησεν ὁ θεὸς τὸν Αδαμ, κατ᾽ εἰκόνα θεοῦ ἐποίησεν αὐτόν· 2 ἄρσεν καὶ θῆλυ ἐποίησεν αὐτοὺς καὶ εὐλόγησεν αὐτούς. καὶ ἐπωνόμασεν τὸ ὄνομα αὐτῶν Αδαμ, ᾗ ἡμέρᾳ ἐποίησεν αὐτούς. 3 ἔζησεν δὲ Αδαμ διακόσια καὶ τριάκοντα ἔτη καὶ ἐγέννησεν κατὰ τὴν ἰδέαν αὐτοῦ καὶ κατὰ τὴν εἰκόνα αὐτοῦ καὶ ἐπωνόμασεν τὸ ὄνομα αὐτοῦ Σηθ. 4 ἐγένοντο δὲ αἱ ἡμέραι Αδαμ μετὰ τὸ γεννῆσαι αὐτὸν τὸν Σηθ ἑπτακόσια ἔτη, καὶ ἐγέννησεν υἱοὺς καὶ θυγατέρας. 5 καὶ ἐγένοντο πᾶσαι αἱ ἡμέραι Αδαμ, ἃς ἔζησεν, ἐννακόσια καὶ τριάκοντα ἔτη, καὶ ἀπέθανεν. 6 Ἔζησεν δὲ Σηθ διακόσια καὶ πέντε ἔτη καὶ ἐγέννησεν τὸν Ενως. 7 καὶ ἔζησεν Σηθ μετὰ τὸ γεννῆσαι αὐτὸν τὸν Ενως ἑπτακόσια καὶ ἑπτὰ ἔτη καὶ ἐγέννησεν υἱοὺς καὶ θυγατέρας. 8 καὶ ἐγένοντο πᾶσαι αἱ ἡμέραι Σηθ ἐννακόσια καὶ δώδεκα ἔτη, καὶ ἀπέθανεν. 9 Καὶ ἔζησεν Ενως ἑκατὸν ἐνενήκοντα ἔτη καὶ ἐγέννησεν τὸν Καιναν. 10 καὶ ἔζησεν Ενως μετὰ τὸ γεννῆσαι αὐτὸν τὸν Καιναν ἑπτακόσια καὶ δέκα πέντε ἔτη καὶ ἐγέννησεν υἱοὺς καὶ θυγατέρας. 11 καὶ ἐγένοντο πᾶσαι αἱ ἡμέραι Ενως ἐννακόσια καὶ πέντε ἔτη, καὶ ἀπέθανεν. 12 Καὶ ἔζησεν Καιναν ἑκατὸν ἑβδομήκοντα ἔτη καὶ ἐγέννησεν τὸν Μαλελεηλ. 13 καὶ ἔζησεν Καιναν μετὰ τὸ γεννῆσαι αὐτὸν τὸν Μαλελεηλ ἑπτακόσια καὶ τεσσαράκοντα ἔτη καὶ ἐγέννησεν υἱοὺς καὶ θυγατέρας. 14 καὶ ἐγένοντο πᾶσαι αἱ ἡμέραι Καιναν ἐννακόσια καὶ δέκα ἔτη, καὶ ἀπέθανεν. 15 Καὶ ἔζησεν Μαλελεηλ ἑκατὸν καὶ ἑξήκοντα πέντε ἔτη καὶ ἐγέννησεν τὸν Ιαρεδ. 16 καὶ ἔζησεν Μαλελεηλ μετὰ τὸ γεννῆσαι αὐτὸν τὸν Ιαρεδ ἑπτακόσια καὶ τριάκοντα ἔτη καὶ ἐγέννησεν υἱοὺς καὶ θυγατέρας. 17 καὶ ἐγένοντο πᾶσαι αἱ ἡμέραι Μαλελεηλ ὀκτακόσια καὶ ἐνενήκοντα πέντε ἔτη, καὶ ἀπέθανεν. 18 Καὶ ἔζησεν Ιαρεδ ἑκατὸν καὶ ἑξήκοντα δύο ἔτη καὶ ἐγέννησεν τὸν Ενωχ. 19 καὶ ἔζησεν Ιαρεδ μετὰ τὸ γεννῆσαι αὐτὸν τὸν Ενωχ ὀκτακόσια ἔτη καὶ ἐγέννησεν υἱοὺς καὶ θυγατέρας. 20 καὶ ἐγένοντο πᾶσαι αἱ ἡμέραι Ιαρεδ ἐννακόσια καὶ ἑξήκοντα δύο ἔτη, καὶ ἀπέθανεν. 21 Καὶ ἔζησεν Ενωχ ἑκατὸν καὶ ἑξήκοντα πέντε ἔτη καὶ ἐγέννησεν τὸν Μαθουσαλα. 22 εὐηρέστησεν δὲ Ενωχ τῷ θεῷ μετὰ τὸ γεννῆσαι αὐτὸν τὸν Μαθουσαλα διακόσια ἔτη καὶ ἐγέννησεν υἱοὺς καὶ θυγατέρας. 23 καὶ ἐγένοντο πᾶσαι αἱ ἡμέραι Ενωχ τριακόσια ἑξήκοντα πέντε ἔτη. 24 καὶ εὐηρέστησεν Ενωχ τῷ θεῷ καὶ οὐχ ηὑρίσκετο, ὅτι μετέθηκεν αὐτὸν ὁ θεός. 25 Καὶ ἔζησεν Μαθουσαλα ἑκατὸν καὶ ἑξήκοντα ἑπτὰ ἔτη καὶ ἐγέννησεν τὸν Λαμεχ. 26 καὶ ἔζησεν Μαθουσαλα μετὰ τὸ γεννῆσαι αὐτὸν τὸν Λαμεχ ὀκτακόσια δύο ἔτη καὶ ἐγέννησεν υἱοὺς καὶ θυγατέρας. 27 καὶ ἐγένοντο πᾶσαι αἱ ἡμέραι Μαθουσαλα, ἃς ἔζησεν, ἐννακόσια καὶ ἑξήκοντα ἐννέα ἔτη, καὶ ἀπέθανεν. 28 Καὶ ἔζησεν Λαμεχ ἑκατὸν ὀγδοήκοντα ὀκτὼ ἔτη καὶ ἐγέννησεν υἱόν 29 καὶ ἐπωνόμασεν τὸ ὄνομα αὐτοῦ Νωε λέγων Οὗτος διαναπαύσει ἡμᾶς ἀπὸ τῶν ἔργων ἡμῶν καὶ ἀπὸ τῶν λυπῶν τῶν χειρῶν ἡμῶν καὶ ἀπὸ τῆς γῆς, ἧς κατηράσατο κύριος ὁ θεός. 30 καὶ ἔζησεν Λαμεχ μετὰ τὸ γεννῆσαι αὐτὸν τὸν Νωε πεντακόσια καὶ ἑξήκοντα πέντε ἔτη καὶ ἐγέννησεν υἱοὺς καὶ θυγατέρας. 31 καὶ ἐγένοντο πᾶσαι αἱ ἡμέραι Λαμεχ ἑπτακόσια καὶ πεντήκοντα τρία ἔτη, καὶ ἀπέθανεν. 32 Καὶ ἦν Νωε ἐτῶν πεντακοσίων καὶ ἐγέννησεν Νωε τρεῖς υἱούς, τὸν Σημ, τὸν Χαμ, τὸν Ιαφεθ.

103sqq cf 18-35 (Mt). 21-42 Lc) || *110sqq cf 9-17 (Mt). 43-53 (Lc). 79* || *113sqq cf 1 (Mt). 57-67* || *127sqq cf 1 (Mt). 67-77*

20. Die Versuchung

Tentatio **The Temptation**

Matth. 4,1-11

(nr. 18 3,13-17 p. 26)

1 Τότε °ὁ Ἰησοῦς ἀνήχθη ⸂εἰς τὴν ἔρημον ὑπὸ τοῦ πνεύματος πειρασθῆναι ὑπὸ τοῦ διαβόλου⸃. 2 καὶ νηστεύσας ἡμέρας τεσσεράκοντα ⸂καὶ νύκτας τεσσεράκοντα⸃, ὕστερον ἐπείνασεν. 3 καὶ προσελθὼν ⸂ὁ πειράζων εἶπεν αὐτῷ⸃· εἰ υἱὸς εἶ τοῦ θεοῦ, εἰπὲ ἵνα οἱ λίθοι οὗτοι ἄρτοι γένωνται. 4 ὁ δὲ ἀποκριθεὶς εἶπεν· γέγραπται· οὐκ ἐπ᾽ ἄρτῳ μόνῳ ζήσεται ὁ ἄνθρωπος, ⸋ἀλλ᾽ ⸀ἐπὶ παντὶ ῥήματι ⸋¹ἐκπορευομένῳ διὰ στόματος⸌¹ θεοῦ⸌. 5 Τότε παραλαμβάνει αὐτὸν ὁ διάβολος εἰς τὴν ἁγίαν πόλιν καὶ ⸀ἔστησεν αὐτὸν ἐπὶ τὸ πτερύγιον τοῦ ἱεροῦ 6 καὶ ⸀λέγει αὐτῷ· εἰ υἱὸς εἶ τοῦ θεοῦ, βάλε σεαυτὸν ⸆ κάτω· γέγραπται γὰρ ὅτι τοῖς ἀγγέλοις αὐτοῦ ἐντελεῖται περὶ σοῦ ⸆ καὶ ἐπὶ χειρῶν ἀροῦσίν σε, μήποτε προσκόψῃς πρὸς λίθον τὸν πόδα σου. 7 ἔφη αὐτῷ ὁ Ἰησοῦς· πάλιν γέγραπται· ⸂οὐκ ἐκπειράσεις⸃ κύριον τὸν θεόν σου. 8 Πάλιν

Mark. 1,12-13

(nr. 18 1,9-11 p. 26)

12 Καὶ εὐθὺς τὸ πνεῦμα⸆ αὐτὸν ἐκβάλλει εἰς τὴν ἔρημον. 13 καὶ ἦν ⸂ἐν τῇ ἐρήμῳ⸃ τεσσεράκοντα ἡμέρας⸆ πειραζόμενος ὑπὸ τοῦ ⸀σατανᾶ, καὶ ἦν μετὰ τῶν θηρίων,

Luk. 4,1-13

1 Ἰησοῦς δὲ πλήρης πνεύματος °ἁγίου ὑπέστρεψεν ἀπὸ τοῦ Ἰορδάνου καὶ ἤγετο ἐν τῷ πνεύματι ⸂ἐν τῇ ἐρήμῳ⸃ 2 ἡμέρας τεσσεράκοντα πειραζόμενος ὑπὸ τοῦ ⸀διαβόλου. Καὶ οὐκ ἔφαγεν οὐδὲν ⸆ ἐν ταῖς ἡμέραις ἐκείναις καὶ συντελεσθεισῶν αὐτῶν ἐπείνασεν. 3 εἶπεν δὲ αὐτῷ ὁ διάβολος· εἰ υἱὸς εἶ τοῦ θεοῦ, εἰπὲ ⸂τῷ λίθῳ τούτῳ ἵνα γένηται ἄρτος⸃. 4 καὶ ἀπεκρίθη πρὸς αὐτὸν ὁ Ἰησοῦς· γέγραπται ὅτι οὐκ ἐπ᾽ ἄρτῳ μόνῳ ζήσεται ὁ ἄνθρωπος ⸆.

4, 9-12 (lin. 42-53)

9 Ἤγαγεν δὲ αὐτὸν εἰς Ἰερουσαλὴμ καὶ ἔστησεν ἐπὶ τὸ πτερύγιον τοῦ ἱεροῦ καὶ εἶπεν αὐτῷ· εἰ υἱὸς εἶ τοῦ θεοῦ, βάλε σεαυτὸν ἐντεῦθεν κάτω· 10 γέγραπται γὰρ ὅτι τοῖς ἀγγέλοις αὐτοῦ ἐντελεῖται περὶ σοῦ τοῦ διαφυλάξαι σε 11 καὶ ὅτι ἐπὶ χειρῶν ἀροῦσίν σε, μήποτε προσκόψῃς πρὸς λίθον τὸν πόδα σου. 12 καὶ ἀποκριθεὶς εἶπεν αὐτῷ ὁ Ἰησοῦς ὅτι εἴρηται· οὐκ ἐκπειράσεις κύριον τὸν θεόν σου. 5 ⸉Καὶ

Joh.

1,51

Matth.: 1 °B pc | ⸂4-6 1-3 7-10 ℵ K pc sy bo ¦ 1-3 7 4-6 713 ¦ txt B C 𝔎 D W pm || 2 ⸂† 1 3 2 ℵ D pc ¦ p) — λ pc sy^{c}; Ir ¦ txt B C 𝔎 W pl || 3 ⸂4 1-3 C 𝔎 pm f (k) ¦ 4 1-4 (D it) sy$^{s.c}$ sa || 4 ⸋p) k; Ir | ⸀εν C D al | ⸋¹ D a b g¹; Cl || 5 ⸀ιστησιν 𝔎 W Θ pl || 6 ⸀p) ειπεν ℵ^{corr} W pc it | ⸆p) εντευθεν C* Θ sy^{s} bo; Eus | ⸆p) (Ps 90,11 LXX) του διαφυλαξαι σε sy^{s} sa^{pt} || 7 ⸂ου πειρ- D

Mark.: 12 ⸆το αγιον D || 13 ⸂εκει K λ al sy^{s} ¦ εκει εν τ. ερ. 𝔎 W sy^{p} al | ⸆p) και τεσσερακοντα νυκτας L (⸉ν. τ. M ϕ) 33 lat; Eus | ⸀p) διαβολου Θ pc

Luk.: 1 °A th | ⸂p) εις την ερημον 𝔎 A Θ 0102 λ ϕ pl lat; Eus Heg || 2 ⸀p) σατανα D 243 e sy^{s} | ⸆ουδε επιεν ϕ al || 3 ⸂p) ινα οι λιθοι ουτοι αρτοι γενωνται D r¹ ¦ ινα ο λιθος ουτος αρτος γενηται sa^{pt} || 4 ⸆p) αλλ επι (εν D 0102) παντι ρηματι θεου 𝔎 A D Θ 0102 λ ϕ pl latt sy^{p} bo^{pt} || 5-12 ⸉p) vss 9-12. 5-8 it; Amb

---

2sq cf Act 8,39; 2 Rg 2,16; 1 Rg 19,4; 18,12; Ez 8,3; 37,1; 40,2; Apc 17,3; cf 60-70 || 5sq (Mt) cf 7 (Lc); Ex 34,28; Dt 9,9; 1 Rg 19,8; Jon 3,5.7; Esth 4,16 || 5 cf Nu 14,33; 32,13 etc; Act 7,30.36.42; Heb 3,10.17 || 7 (Mc) cf Is 13,21; 2 Mcc 5,27; Job 5,22 sq; Is 11,6 sqq; Ez 34,25; Ps 22,13 sqq; 91,13 || 7 (Lc) cf ad 5 sq (Mt) || 9 (Mt) cf 1 Th 3,5 || 10 cf ad Mt 3,17 par (= nr 18); 19 sq || 12 sqq Dt 8,3 b (Sap 16,26); Jo 4,34; cf 73 || 17 cf 71; cf Mt 27,53; Is 48,2; 52,1; Ez 8,3; Apc 11,2; 21,2.10; 22,19 || 19 cf 10 || 21 sqq Ps 91,11 sq || 27 sq Dt 6,16

[Matth. 4,1-11]

παραλαμβάνει αὐτὸν ὁ διάβολος εἰς ὄρος ὑψηλὸν λίαν καὶ δείκνυσιν αὐτῷ πάσας τὰς βασιλείας τοῦ κόσμου καὶ τὴν δόξαν αὐτῶν 9 καὶ ⸀εἶπεν αὐτῷ· ταῦτά σοι πάντα δώσω, ἐὰν πεσὼν προσκυνήσῃς μοι. 10 τότε λέγει αὐτῷ ὁ Ἰησοῦς· ὕπαγε⸆, σατανᾶ· γέγραπται γάρ· κύριον τὸν θεόν σου προσκυνήσεις καὶ αὐτῷ μόνῳ λατρεύσεις.

4, 5-7 *(lin. 16-28)*

5 Τότε παραλαμβάνει αὐτὸν ὁ διάβολος εἰς τὴν ἁγίαν πόλιν καὶ ἔστησεν αὐτὸν ἐπὶ τὸ πτερύγιον τοῦ ἱεροῦ 6 καὶ λέγει αὐτῷ· εἰ υἱὸς εἶ τοῦ θεοῦ, βάλε σεαυτὸν κάτω· γέγραπται γὰρ ὅτι τοῖς ἀγγέλοις αὐτοῦ ἐντελεῖται περὶ σοῦ καὶ ἐπὶ χειρῶν ἀροῦσίν σε, μήποτε προσκόψῃς πρὸς λίθον τὸν πόδα σου. 7 ἔφη αὐτῷ ὁ Ἰησοῦς· πάλιν γέγραπται· οὐκ ἐκπειράσεις κύριον τὸν θεόν σου.

11 Τότε ἀφίησιν αὐτὸν ὁ διάβολος ⸆, καὶ ἰδοὺ ἄγγελοι προσῆλθον καὶ διηκόνουν αὐτῷ.

(nr. 30 4,12 p. 44)

[Mark. 1,12-13]

καὶ ⸰οἱ ἄγγελοι διηκόνουν αὐτῷ.

(nr. 30 1,14a p. 44)

[Luk. 4,1-13]

ἀναγαγὼν αὐτὸν ⸆ ⸆ ἔδειξεν αὐτῷ πάσας τὰς βασιλείας ⸂τῆς οἰκουμένης⸃ ἐν στιγμῇ χρόνου 6 καὶ εἶπεν ⸀αὐτῷ ὁ διάβολος· σοὶ δώσω τὴν ἐξουσίαν ταύτην ⸀ἅπασαν καὶ τὴν δόξαν αὐτῶν, ὅτι ἐμοὶ παραδέδοται καὶ ᾧ ἐὰν θέλω δίδωμι αὐτήν· 7 σὺ οὖν ἐὰν προσκυνήσῃς ἐνώπιον ἐμοῦ, ἔσται σοῦ πᾶσα. 8 καὶ ἀποκριθεὶς ⸂ὁ Ἰησοῦς εἶπεν αὐτῷ⸃· ⸆ γέγραπται· ⸉κύριον τὸν θεόν σου προσκυνήσεις⸊ καὶ αὐτῷ μόνῳ λατρεύσεις.

9 ⸂Ἤγαγεν δὲ⸃ αὐτὸν εἰς Ἰερουσαλὴμ καὶ ἔστησεν ⸆ ἐπὶ τὸ πτερύγιον τοῦ ἱεροῦ καὶ εἶπεν ⸰αὐτῷ· εἰ υἱὸς εἶ τοῦ θεοῦ, βάλε σεαυτὸν ἐντεῦθεν κάτω· 10 γέγραπται γὰρ ὅτι τοῖς ἀγγέλοις αὐτοῦ ἐντελεῖται περὶ σοῦ τοῦ διαφυλάξαι σε 11 καὶ ὅτι ἐπὶ χειρῶν ἀροῦσίν σε, μήποτε προσκόψῃς πρὸς λίθον τὸν πόδα σου. 12 καὶ ἀποκριθεὶς εἶπεν αὐτῷ ὁ Ἰησοῦς ⸂ὅτι εἴρηται⸃· οὐκ ἐκπειράσεις κύριον τὸν θεόν σου.⸊

13 Καὶ συντελέσας πάντα πειρασμὸν ὁ διάβολος ἀπέστη ἀπ᾽ αὐτοῦ ἄχρι ⸀καιροῦ.

(nr. 30 4,14a p. 44)

Joh.

1,51 *(nr. 21, p. 35)*

51 Καὶ λέγει αὐτῷ· ἀμὴν ἀμὴν λέγω ὑμῖν, ὄψεσθε τὸν οὐρανὸν ἀνεῳγότα καὶ τοὺς ἀγγέλους τοῦ θεοῦ ἀναβαίνοντας καὶ καταβαίνοντας ἐπὶ τὸν υἱὸν τοῦ ἀνθρώπου.

Matth.: 9 ⸀λεγει ℜ W Θ *pl* || **10** ⸆(16,23 par) οπισω μου ℜ D *al* it sy^c sa bo^pt; Ju ¦ οπ. σου sy^s ¦ *txt* ℌ W λ φ *pm* vg sy^p bo^pt || **11** ⸆*p)* αχρι καιρου sy^{s.c}

Mark.: 13 ⸰A 33 *al*

Luk.: **5–12** ⸉*p) vss* 9-12.5-8 it; Amb || **5** ⸆*p)* ο διαβολος ℜ A Θ φ *pl* lat bo^pt ¦ σατανα sy^{s.p} | ⸆*p)* εις ορος υψηλον ℵ^corr ℜ A (W) Θ **0102** λ *al* lat sy^p sa^pt bo^pt ¦ *p)* εις ο. υ. λιαν D φ *al* l ¦ *txt* ℌ *pc* | ⸂*p)* του κοσμου D *pc* f ¦ της γης W || **6** ⸀προς αυτον D *pc* it | ⸀πασαν ℵ (⸉W) || **8** ⸂*4 3 1 2* ℜ (A) Θ **0102** *al* ¦ *4 1-3* D *pc* ¦ *4 3 2* B ¦ *txt* ℌ W λ *al* lat | ⸆*p)* υπαγε οπισω μου σατανα ℜ A Θ **0102** φ *pm* it bo^pt | ⸉† *5 1-4* ℜ A Θ *al* a r^1 ¦ *txt* ℌ D W λ φ *pm* lat || **9** ⸂και ηγαγεν ℜ A D Θ λ φ *pm* it | ⸆*p)* αυτον ℜ A D W Θ λ φ *pm* lat | ⸰L e || **12** ⸂*p)* γεγραπται D W it ¦ ειρηται ℵ^corr vg || **13** ⸀χρονου D

^29sqq cf Ez 40,2; Dt 3,27; 34,1; Apc 21,10 || ^33sqq *cf 76-82* || ^39sqq Dt 6,13; 32,43 LXX; 5,9; *cf 77.80sq.81sq* || ^46sqq Ps 91,11 sq || ^52sq Dt 6,16 || ^56sq cf Ps 91,11sq; 1Rg 19,5sqq; Dt 8,2sq; Ps 78,25; Lc 22,43 | διακονεῖν cf Mc 1,31; 15,41; Lc 10,40

Evang. sec. Hebraeos (Origenes, Comm. in Joh. II,12,87): Ἐὰν δὲ προσιῆταί τις τὸ καθ' Ἑβραίους εὐαγγέλιον, ἔνθα αὐτὸς ὁ σωτήρ φησιν· »Ἄρτι ἔλαβέ με ἡ μήτηρ μου, τὸ ἅγιον πνεῦμα, ἐν μιᾷ τῶν τριχῶν μου καὶ ἀπήνεγκέ με εἰς τὸ ὄρος τὸ μέγα Θαβώρ«, ἐπαπορήσει πῶς μήτηρ Χριστοῦ τὸ διὰ τοῦ λόγου γεγενημένον πνεῦμα ἅγιον εἶναι δύναται.

–, (Origenes, Hom. in Ierem. XV, 4): Εἰ δέ τις παραδέχεται τὸ »ἄρτι ἔλαβέ με ἡ μήτηρ μου τὸ ἅγιον πνεῦμα, καὶ ἀνήνεγκέ με εἰς τὸ ὄρος τὸ μέγα τὸ Θαβὼρ« καὶ τὰ ἑξῆς, δύναται αὐτοῦ ἰδεῖν τὴν μητέρα.

–, (Hieronymus, Comm. in Mich. 7,7): Sed qui legerit Canticum ... credideritque evangelio, quod secundum Hebraeos editum nuper transtulimus, in quo ex persona Salvatoris dicitur: »Modo tulit me mater mea, sanctus Spiritus in uno capillorum meorum«.

–, (Hieronymus, Comm. in Is. 40,9 sqq.): Sed et in evangelio quod iuxta Hebraeos scriptum Nazaraei lectitant, Dominus loquitur: »Modo me tulit mater mea, Spiritus sanctus.«

–, (Hieronymus, Comm. in Ez. 16,13): In evangelio quoque Hebraeorum quod lectitant Nazaraei, Salvator inducitur loquens: »Modo me arripuit mater mea, Spiritus sanctus.«

Cod. N.T. 566 (ad Mt 4,5): Τὸ Ἰουδαϊκὸν οὐκ ἔχει· »εἰς τὴν ἁγίαν πόλιν«, ἀλλ' »ἐν Ἱερουσαλήμ«.

Herm. Pastor, Sim. IX, 11, 8: Εἶτα παρῆν ὁ ποιμήν, καὶ λέγει ταῖς παρθένοις· Μή τινα αὐτῷ ὕβριν πεποιήκατε; Ἐρώτα, φασίν, αὐτόν. Λέγω αὐτῷ· Κύριε, εὐφράνθην μετ' αὐτῶν μείνας. Τί, φησίν, ἐδείπνησας; Ἐδείπνησα, φημί, κύριε, ῥήματα κυρίου ὅλην τὴν νύκτα. Καλῶς, φησίν, ἔλαβόν σε; Ναί, φημί, κύριε.

Justinus Mart., Dial. 103, 6: Καὶ γὰρ οὗτος ὁ διάβολος ἅμα τῷ ἀναβῆναι αὐτὸν ἀπὸ τοῦ ποταμοῦ τοῦ Ἰορδάνου, τῆς φωνῆς αὐτῷ λεχθείσης· »Υἱός μου εἶ σύ, ἐγὼ σήμερον γεγέννηκά σε«· ἐν τοῖς ἀπομνημονεύμασι τῶν ἀποστόλων γέγραπται προσελθὼν αὐτῷ καὶ πειράζων μέχρι τοῦ εἰπεῖν αὐτῷ· »Προσκύνησόν μοι«· καὶ ἀποκρίνασθαι αὐτῷ τὸν Χριστόν· »Ὕπαγε ὀπίσω μου, σατανᾶ· κύριον τὸν θεόν σου προσκυνήσεις καὶ αὐτῷ μόνῳ λατρεύσεις«. – **Dial. 125, 4**: Ὅτε γὰρ ἄνθρωπος γέγονεν, ὡς προεῖπον, προσῆλθεν αὐτῷ ὁ διάβολος, τουτ' ἔστιν ἡ δύναμις ἐκείνη ἡ καὶ ὄφις κεκλημένη καὶ σατανᾶς, πειράζων αὐτὸν καὶ ἀγωνιζόμενος καταβαλεῖν διὰ τοῦ ἀξιοῦν προσκυνῆσαι αὐτόν. ὁ δὲ αὐτὸν κατέλυσε καὶ κατέβαλεν, ἐλέγξας ὅτι πονηρός ἐστι, παρὰ τὴν γραφὴν ἀξιῶν προσκυνεῖσθαι ὡς θεός, ἀποστάτης τῆς τοῦ θεοῦ γνώμης γεγενημένος. ἀποκρίνεται γὰρ αὐτῷ· »Γέγραπται· Κύριον τὸν θεόν σου προσκυνήσεις καὶ αὐτῷ μόνῳ λατρεύσεις«· καὶ ἡττημένος καὶ ἐληλεγμένος ἀπένευσε τότε ὁ διάβολος. – **Apol. I, 16, 6**: Μεγίστη ἐντολή ἐστι· »Κύριον τὸν θεόν σου προσκυνήσεις καὶ αὐτῷ μόνῳ λατρεύσεις ἐξ ὅλης τῆς καρδίας σου καὶ ἐξ ὅλης τῆς ἰσχύος σου, κύριον τὸν θεὸν τὸν ποιήσαντά σε«.

60-70 cf 2 sq || *71 cf 17* || *73 cf 12 sqq* || *75 sq* cf Mt 3,17 par *= nr 18)* || *76-82 cf 33 sqq* || *77 cf 39 sqq* || *80 sq cf 39 sqq* || *81 sq cf 39 sqq;* Mc 12,30 par *(= nr 282)*

IV. ERSTE WIRKSAMKEIT JESU (nach Johannes)

INITIUM MINISTERII PUBLICI (secundum Ioannem) **THE BEGINNING OF JESUS' PUBLIC MINISTRY (According to John)**

21. Berufung der ersten Jünger

Primi discipuli **The Call of the First Disciples**

Matth. 4,18-22; 16,17-18

4,18-22 *(nr. 34, p. 51)*

18 Περιπατῶν δὲ παρὰ τὴν θάλασσαν τῆς Γαλιλαίας εἶδεν δύο ἀδελφούς,

Mark. 1,16-20; 3,16

1,16-20 *(nr. 34, p. 51)*

16 Καὶ παράγων παρὰ τὴν θάλασσαν τῆς Γαλιλαίας εἶδεν

Luk. 5,1-11; 6,14a

5,1-11 *(nr. 41, p. 57)*

1 Ἐγένετο δὲ ἐν τῷ τὸν ὄχλον ἐπικεῖσθαι αὐτῷ καὶ ἀκούειν τὸν λόγον τοῦ θεοῦ καὶ αὐτὸς ἦν ἑστὼς παρὰ τὴν λίμνην Γεννησαρὲτ 2 καὶ εἶδεν δύο πλοῖα ἑστῶτα παρὰ τὴν λίμνην· οἱ δὲ ἁλιεῖς ἀπ' αὐτῶν ἀποβάντες ἔπλυνον τὰ δίκτυα. 3 ἐμβὰς δὲ εἰς ἓν τῶν πλοίων, ὃ ἦν Σίμωνος, ἠρώτησεν αὐτὸν ἀπὸ τῆς γῆς ἐπαναγαγεῖν ὀλίγον· καθίσας δὲ ἐκ τοῦ πλοίου ἐδίδασκεν τοὺς ὄχλους. 4 Ὡς δὲ ἐπαύσατο λαλῶν, εἶπεν πρὸς τὸν Σίμωνα· ἐπανάγαγε εἰς τὸ βάθος καὶ χαλάσατε τὰ δίκτυα ὑμῶν εἰς ἄγραν. 5 καὶ ἀποκριθεὶς Σίμων εἶπεν· ἐπιστάτα, δι' ὅλης νυκτὸς κοπιάσαντες οὐδὲν ἐλάβομεν· ἐπὶ δὲ τῷ ῥήματί σου χαλάσω τὰ δίκτυα. 6 καὶ τοῦτο ποιήσαντες συνέκλεισαν πλῆθος ἰχθύων πολύ, διερρήσσετο δὲ τὰ δίκτυα αὐτῶν. 7 καὶ κατένευσαν τοῖς μετόχοις ἐν τῷ ἑτέρῳ πλοίῳ τοῦ ἐλθόντας συλλαβέσθαι αὐτοῖς· καὶ ἦλθον καὶ ἔπλησαν ἀμφότερα τὰ πλοῖα ὥστε βυθίζεσθαι αὐτά. 8 ἰδὼν δὲ Σίμων Πέτρος προσέπεσεν τοῖς γόνασιν Ἰησοῦ λέγων· ἔξελθε ἀπ' ἐμοῦ, ὅτι ἀνὴρ ἁμαρτωλός εἰμι, κύριε. 9 θάμβος γὰρ περιέσχεν αὐτὸν καὶ πάντας τοὺς σὺν

Joh. 1,35-51

(nr. 18 1,29-34 p. 26)

35 Τῇ ἐπαύριον °πάλιν εἱστήκει °¹ὁ Ἰωάννης καὶ ἐκ τῶν μαθητῶν αὐτοῦ δύο 36 καὶ ἐμβλέψας τῷ Ἰησοῦ περιπατοῦντι λέγει· ἴδε ⸆ ὁ ἀμνὸς τοῦ θεοῦ ⸆. 37 °καὶ ἤκουσαν ⸉οἱ δύο μαθηταὶ ⸀αὐτοῦ⸊ °¹λαλοῦντος καὶ ἠκολούθησαν τῷ Ἰησοῦ. 38 στραφεὶς °δὲ ὁ Ἰησοῦς καὶ θεασάμενος αὐτοὺς ἀκολουθοῦντας ⸆λέγει αὐτοῖς· ⸀τί ζητεῖτε; οἱ δὲ εἶπαν αὐτῷ· ῥαββί⸋, ὃ ⸂λέγεται μεθερμηνευόμενον⸃ διδάσκαλε⸌, ποῦ μένεις; 39 λέγει αὐτοῖς· ἔρχεσθε καὶ ⸀ὄψεσθε. ἦλθαν οὖν καὶ εἶδαν ποῦ μένει καὶ παρ' αὐτῷ ἔμειναν τὴν ἡμέραν ἐκείνην· ὥρα ἦν ὡς ⸀δεκάτη. 40 ⸋Ἦν Ἀνδρέας ὁ ἀδελφὸς Σίμωνος ⸀Πέτρου εἷς ἐκ τῶν °δύο

Joh.: **35** °𝔓5vid.75 ⸀pc b e r¹ | °¹ 𝔓75 B *pc* || **36** ⸆ ο Χριστος G 124 *pc* sy^c sa; Epiph | ⸆ (1,29) ο αιρων την αμαρτιαν του κοσμου 𝔓66* C* (W) *pc* a aur ff² || **37** ° ℵ* *pc* | ⸉ *1 2 4 3* 𝔓66.75 C* W **083**. 33 *al* ¦ *41-3* 𝔎 A Θ λ φ *pm* aur c f l vg ¦ *1 3 4* sy^s.c ¦ *txt* 𝔓55vid B ℵ *pc* b | ⸀ Ιωαννου sy^s.c | °¹ sy^c || **38** ° ℵ* E F *al* | ⸆ αυτω 𝔓66 C*vid 1241 lat | ⸀ (18,4) τινα Θ *pc* (e) | ⸋ sy | ⸂ λεγ. ερμην- 𝔓5vid ℵ* 𝔎 Θ *pm* ¦ ερμηνευεται λ it ¦ *txt* 𝔓66.75 𝔋 A W **063** *al* (a aur f ff² l) || **39** ⸀ ιδετε ℵ 𝔎 A Θ **063** φ *pm*; Or^pt | ⸀ εκτη A || **40-42** ⸋ Alogi *apud* Epiph || **40** ⸀ Κηφα sy^c ¦ — sy^s.p | ° sy

---

^11 cf Jo 1,29 || ^12sq *cf 29 sq;* Mc 2,18 sqq; Mt 9,14 sqq; Lc 5,33 sqq; Act 18,25; 19,1 sqq || ^15 cf Jo 1,29 par *(= nr 18); 75 sq* || ^21sq cf *70;* Jo 3,2; 4,31; 6,25; 9,2; 11,8; 20,16 || ^29sq cf *12 sq*

[Matth. 4,18-22]

Σίμωνα τὸν λεγόμενον Πέτρον καὶ Ἀνδρέαν τὸν ἀδελφὸν αὐτοῦ, βάλλοντας ἀμφίβληστρον εἰς τὴν θάλασσαν· ἦσαν γὰρ ἁλιεῖς. 19 καὶ λέγει αὐτοῖς· δεῦτε ὀπίσω μου, καὶ ποιήσω ὑμᾶς ἁλιεῖς ἀνθρώπων. 20 οἱ δὲ εὐθέως ἀφέντες τὰ δίκτυα ἠκολούθησαν αὐτῷ. 21 καὶ προβὰς ἐκεῖθεν εἶδεν ἄλλους δύο ἀδελφούς, Ἰάκωβον τὸν τοῦ Ζεβεδαίου καὶ Ἰωάννην τὸν ἀδελφὸν αὐτοῦ, ἐν τῷ πλοίῳ μετὰ Ζεβεδαίου τοῦ πατρὸς αὐτῶν καταρτίζοντας τὰ δίκτυα αὐτῶν, καὶ ἐκάλεσεν αὐτούς. 22 οἱ δὲ εὐθέως ἀφέντες τὸ πλοῖον καὶ τὸν πατέρα αὐτῶν ἠκολούθησαν αὐτῷ.

16,17-18 *(nr. 158, p. 229)*

17 Ἀποκριθεὶς δὲ ὁ Ἰησοῦς εἶπεν αὐτῷ· μακάριος εἶ, Σίμων Βαριωνᾶ, ὅτι σὰρξ καὶ αἷμα οὐκ ἀπεκάλυψέν σοι ἀλλ᾽ ὁ πατήρ μου ὁ ἐν τοῖς οὐρανοῖς. 18 κἀγὼ δέ σοι λέγω ὅτι σὺ εἶ Πέτρος, καὶ ἐπὶ ταύτῃ τῇ πέτρᾳ οἰκοδομήσω μου τὴν ἐκκλησίαν καὶ πύλαι ᾅδου οὐ κατισχύσουσιν αὐτῆς.

[Mark. 1,16-20]

Σίμωνα καὶ Ἀνδρέαν τὸν ἀδελφὸν Σίμωνος ἀμφιβάλλοντας ἐν τῇ θαλάσσῃ· ἦσαν γὰρ ἁλιεῖς. 17 καὶ εἶπεν αὐτοῖς ὁ Ἰησοῦς· δεῦτε ὀπίσω μου, καὶ ποιήσω ὑμᾶς γενέσθαι ἁλιεῖς ἀνθρώπων. 18 καὶ εὐθὺς ἀφέντες τὰ δίκτυα ἠκολούθησαν αὐτῷ. 19 καὶ προβὰς ὀλίγον εἶδεν Ἰάκωβον τὸν τοῦ Ζεβεδαίου καὶ Ἰωάννην τὸν ἀδελφὸν αὐτοῦ καὶ αὐτοὺς ἐν τῷ πλοίῳ καταρτίζοντας τὰ δίκτυα, 20 καὶ εὐθὺς ἐκάλεσεν αὐτούς. καὶ ἀφέντες τὸν πατέρα αὐτῶν Ζεβεδαῖον ἐν τῷ πλοίῳ μετὰ τῶν μισθωτῶν ἀπῆλθον ὀπίσω αὐτοῦ.

3,16 *(nr. 49, p. 70)*

16 [Καὶ ἐποίησεν τοὺς δώδεκα,] καὶ ἐπέθηκεν ὄνομα τῷ Σίμωνι Πέτρον.

[Luk. 5,1-11]

αὐτῷ ἐπὶ τῇ ἄγρᾳ τῶν ἰχθύων ὧν συνέλαβον, 10 ὁμοίως δὲ καὶ Ἰάκωβον καὶ Ἰωάννην υἱοὺς Ζεβεδαίου, οἳ ἦσαν κοινωνοὶ τῷ Σίμωνι. καὶ εἶπεν πρὸς τὸν Σίμωνα ὁ Ἰησοῦς· μὴ φοβοῦ· ἀπὸ τοῦ νῦν ἀνθρώπους ἔσῃ ζωγρῶν.

cf. v. 10

11 καὶ καταγαγόντες τὰ πλοῖα ἐπὶ τὴν γῆν ἀφέντες πάντα ἠκολούθησαν αὐτῷ.

6,14a *(nr. 49, p. 70)*

... 14 Σίμωνα ὃν καὶ ὠνόμασεν Πέτρον.

[Joh. 1,35-51]

⸂τῶν ἀκουσάντων παρὰ Ἰωάννου καὶ ἀκολουθησάντων αὐτῷ⸃· 41 εὑρίσκει οὗτος ⸀πρῶτον τὸν ἀδελφὸν τὸν ἴδιον Σίμωνα καὶ λέγει αὐτῷ· εὑρήκαμεν τὸν Μεσσίαν□, ὅ ἐστιν μεθερμηνευόμενον χριστός⸌. 42 ⸆ἤγαγεν αὐτὸν πρὸς τὸν Ἰησοῦν.

ἐμβλέψας⸆ αὐτῷ ὁ Ἰησοῦς εἶπεν· σὺ εἶ Σίμων ὁ υἱὸς ⸀Ἰωάννου⸇, σὺ κληθήσῃ Κηφᾶς□, ὃ ἑρμηνεύεται⸆¹ Πέτρος⸌.

43 Τῇ ἐπαύριον ἠθέλησεν ἐξελθεῖν εἰς τὴν Γαλιλαίαν⸇ καὶ εὑρίσκει Φίλιππον⸇¹. καὶ λέγει αὐτῷ ὁ Ἰησοῦς· ἀκολούθει μοι. 44 ἦν δὲ ὁ Φίλιππος ἀπὸ Βηθσαϊδά, ἐκ τῆς πόλεως Ἀνδρέου καὶ Πέτρου. 45 εὑρίσκει Φίλιππος τὸν Ναθαναὴλ καὶ λέγει αὐτῷ· ὃν ἔγραψεν Μωϋσῆς ⸂ἐν τῷ νόμῳ καὶ οἱ προφῆται⸃ εὑρήκαμεν, Ἰη-

---

Joh.: **40–42** □ *v. ad vs* 40 *init.* || **40** ⸂ μαθητων του Ιωαν. sy$^{s.c}$ || **41** ⸀-τος ℵ* ℜ W *al* ¦ mane (= πρωι) b e r^{1} ¦ *txt* 𝔓$^{66.75}$ ℌ A Θ **083** λ ϕ *pm* lat | □ sy || **42** ⸆ και ℜ A W **063** ϕ *pm* lat ¦ ουτος 𝔓^{66c} G λ *pc* | ⸆ δε 𝔓^{75} S X Δ Θ **063** ϕ *al* | ⸀ Ιωνα ℜ A **063** λ ϕ *pl* c (q) sy$^{s.p}$ bo^{pt}; Epiph ¦ Ιωαννα Θ ¦ *txt* 𝔓$^{66.75}$ ℌ W lat | [⸇; Ewald] | □ sy^{p} | ⸆¹ ελληνιστι sy^{s} || **43** [⸇. *et* ⸇¹ —. H] || **45** ⸂ *4-6* sy^{s} ¦ εν τω ν. κ. εν τοις προφηταις sy^{p} bo

---

34sq Μεσσιας hic et Jo 4,25 sol.; cf 1Sm 2,10; Ps 2,2; Is 45,1 || 48sq *cf* 69 || 52 cf 1Cor 1,12; 3,22; 9,5; 15,5; Gl 1,18; 2,9.11.14 || 59 cf Mt 8,22; 9,9; 16,24; Mc 2,14; 8,34; Lc 5,27; 9,23.59 || 63 cf Nu 1,8; Esr 10,22; 1Chr 2,14; 15,24 || 64 cf Dt 18,15.18; Lc 24,27 || 65 cf Is 7,14; 53,2; Jr 23,5; Ez 34,23

Matth. | Mark. | Luk.

[Joh. 1,35-51]

σοῦν ᵀ υἱὸν τοῦ Ἰωσὴφ τὸν ἀπὸ Ναζαρέτ. [46]°καὶ εἶπεν αὐτῷ Ναθαναήλ· ἐκ Ναζαρὲτ δύναταί τι ἀγαθὸν εἶναι; λέγει αὐτῷ °¹[ὁ] Φίλιππος· ἔρχου καὶ ἴδε. [47]εἶδεν °ὁ Ἰησοῦς τὸν Ναθαναὴλ ἐρχόμενον πρὸς αὐτὸν καὶ λέγει περὶ αὐτοῦ· ἴδε ἀληθῶς Ἰσραηλίτης ἐν ᾧ δόλος οὐκ ἔστιν. [48]λέγει αὐτῷ Ναθαναήλ· πόθεν με γινώσκεις; ἀπεκρίθη Ἰησοῦς καὶ εἶπεν αὐτῷ· πρὸ τοῦ σε Φίλιππον φωνῆσαι ὄντα ὑπὸ τὴν συκῆν εἶδόν σε. [49]ἀπεκρίθη ⸀αὐτῷ Ναθαναήλ⸀· ῥαββί, σὺ εἶ ᵀὁ υἱὸς τοῦ θεοῦ⁚, σὺ ⸉βασιλεὺς εἶ⸊ τοῦ Ἰσραήλ⁚¹. [50]ἀπεκρίθη Ἰησοῦς καὶ εἶπεν αὐτῷ· ὅτι εἶπόν σοι °ὅτι εἶδόν σε ⸀ὑποκάτω τῆς συκῆς⸀, πιστεύεις; ⸀μείζω τούτων ὄψῃ. [51]καὶ λέγει αὐτῷ· ἀμὴν ἀμὴν λέγω ὑμῖν, ᵀ ὄψεσθε τὸν οὐρανὸν ἀνεῳγότα καὶ τοὺς ἀγγέλους τοῦ θεοῦ ἀναβαίνοντας καὶ καταβαίνοντας ἐπὶ τὸν υἱὸν τοῦ ἀνθρώπου.

Pap. Berol. 11710 (sec. Lietzmann): Ὡμολ]όγησεν (?) καὶ εἶπε· ῥαμβιοὺ (= ῥαββί) κύριε, σὺ εἶ ὁ υἱὸς τοῦ θεοῦ. ⟨ἀπεκρίθη αὐτῷ⟩ ὁ ῥαμβὶς καὶ εἶπε· Ναθαναήλ, [ἀ]πορεύου ἐν τῷ ἡλίῳ. ἀπεκρίθη αὐτῷ Ναθαναὴλ καὶ εἶπεν· ῥαμβιοὺ κύριε, σὺ εἶ ὁ ἀμνὸς τοῦ θεοῦ ὁ αἴρων τὰς ἁμ⟨α⟩ρ⟨τί⟩α⟨ς⟩ τοῦ κόσμου. ἀπεκρίθη αὐτῷ ὁ ῥαμβὶς καὶ εἶπεν ...

45 ᵀτον ℜ A W Θ λ ϕ *pl* ¦ *txt* 𝔓66.75 B ℵ *pc*; Epiph || **46** ° ℵ *pc* a b e sy^s.p sa | °¹ 𝔓66* ℵ ℜ A W Θ **063** λ ϕ *pl* ¦ *txt* 𝔓66c.75vid B *pc* || **47** °† B H *pc* ¦ *txt* 𝔓66.75 ℵ ℜ A W Θ λ ϕ *pl*; (Epiph) || **49** ⸀N. και λεγει αυτω ℜ A Θ λ ϕ *pm* ¦ N. και ειπεν ℵ; Epiph | ᵀ(Mt 14,33) αληθως 𝔓66* 1241 | [⁚; *et* ⁚¹; comm] | ⸉ει ο βασ. 𝔓66 ℵ ℜ Θ **063** ϕ *pl* ¦ *txt* 𝔓75 B A L W 1 *pc* || **50** ° ℜ Θ λ *pl* it ¦ *txt* 𝔓66.75 B ℵ A G W *pc* a b r¹ | ⸀υπο την συκην 𝔓66 | ⸀μειζονα 𝔓66 ℵ *pc* ¦ μειζων 𝔓75 M X Δ **063** *al* || **51** ᵀ(Mt 26,64) απ αρτι ℜ A Θ λ ϕ *pl* e q r¹ sy^p ¦ *txt* 𝔓66.75 ℌ W *pc* lat

[66]cf Jo 6,42; 7,27 sq | cf Jo 7,41.52 || [67]cf Jo 11,34 sq; 2 Rg 6,13; 7,14; 10,16; Ps 46,9; 66,5; Mc 6,38 || [67sqq] *cf 74 sqq* || [68]cf Rth 3,12; Zph 3,13; Ps 32,2; 73,1; Gn 25,27; 32,29; Rm 9,4; 11,1; 2 Cor 11,22 || [69]cf 1 Rg 5,5; Mch 4,4; Zch 3,10 | Jo 4,50. 52; 11,4.11-14; 2,4.19 sqq; 3,14; 6,64.70; 13,1.38; 18,4; 19,28; 13,36; 17,12; 21,18 sq; 2,25; *cf 48 sq* || [70]*cf ad 21 sq* | cf Jo 1,34 par *(= nr 18)* | Zph 3,15 LXX || [71] cf Jo 20,29; 14,12; 5,20 || [72]cf Nu 5,22; 1 Esr 9,47; Neh 8,6; Ps 41,14; 72,19 || [72sq] Gn 28,12; cf Mt 4,11; Mc 1,13 || [73]cf Jo 3,13 sq; 5,27; 6,27.53.62; 8,28; 9,35; 12,23.34; 13,31; cf 1 Cor 15,45-49 || [74sqq] *cf 15.67 sqq*

22. Hochzeit zu Kana

Nuptiae in Cana factae

The Marriage at Cana

Matth. | Mark. | Luk.

Joh. 2,1-11

[1]Καὶ τῇ ⸀ἡμέρᾳ τῇ τρίτῃ⸀ γάμος ἐγένετο ἐν ᵀΚανὰ τῆς Γαλιλαίας, καὶ ἦν ἡ μήτηρ τοῦ Ἰησοῦ ἐκεῖ· [2]ἐκλήθη δὲ °καὶ ὁ Ἰησοῦς καὶ οἱ μαθηταὶ αὐτοῦ εἰς τὸν γάμον. [3]καὶ ⸀ὑστερήσαντος οἴνου⸀ λέγει ἡ μήτηρ τοῦ Ἰησοῦ πρὸς αὐτόν· ⸉οἶνον οὐκ ἔχουσιν⸊. [4]°[καὶ] λέγει αὐτῇ ὁ Ἰησοῦς· τί ἐμοὶ καὶ σοί⁚, γύναι⁚¹; οὔπω ἥκει ἡ ὥρα μου⁚². [5]λέγει ἡ μήτηρ αὐτοῦ τοῖς διακόνοις· ὅ τι ⸀ἂν λέγῃ ὑμῖν ποιήσατε. [6]ἦσαν δὲ ἐκεῖ λίθιναι ὑδρίαι ἓξ κατὰ τὸν καθαρισμὸν τῶν Ἰουδαίων °κείμεναι, χωροῦσαι ἀνὰ μετρητὰς δύο ἢ τρεῖς. [7]ᵀλέγει αὐτοῖς ὁ Ἰησοῦς· γεμίσατε τὰς ὑδρίας ὕδατος. καὶ ἐγέμισαν αὐτὰς ἕως ἄνω. [8]καὶ λέγει αὐτοῖς· ἀντλήσατε νῦν καὶ φέρετε τῷ ἀρχιτρικλίνῳ· ⸀οἱ δὲ⸀ ἤνεγκαν. [9]ὡς δὲ ἐγεύσατο ὁ ἀρχιτρίκλινος τὸ ὕδωρ οἶνον γεγενημένον καὶ οὐκ ᾔδει πόθεν ἐστίν, οἱ δὲ διάκονοι ᾔδεισαν οἱ ἠντληκότες τὸ ὕδωρ, φωνεῖ τὸν νυμφίον ὁ ἀρχιτρίκλινος [10]καὶ λέγει αὐτῷ· πᾶς ἄνθρωπος ⸂πρῶτον τὸν καλὸν οἶνον⸃ τίθησιν καὶ ὅταν μεθυσθῶσιν ᵀ τὸν ἐλάσσω· σὺ τετήρηκας τὸν καλὸν οἶνον ἕως ἄρτι. [11]Ταύτην ⸀ἐποίησεν ἀρχὴν⸀ τῶν σημείων ὁ Ἰησοῦς ἐν Κανὰ τῆς Γαλιλαίας καὶ ἐφανέρωσεν τὴν δόξαν αὐτοῦ, καὶ ἐπίστευσαν εἰς αὐτὸν οἱ μαθηταὶ αὐτοῦ.

1 ⸀τρ. ημ. B Θ ϕ *pc* b e q r¹; Epiph | ᵀτη 𝔓75 || **2** ° 𝔓66* 579 *pc* || **3** ⸀οινον ουκ ειχον οτι συνετελεσθη ο οινος του γαμου· ειτα ℵ* it sy^hmg | ⸉οινος ουκ εστιν ℵ* || **4** ° 𝔓75 ℵ* ℜ **063** λ *pm* a (j) sy^p sa ¦ *txt* 𝔓66 ℌ A G W Θ **0127** ϕ *al* it | [⁚; *et* ⁚¹, comm] | [⁚²; comm] || **5** ⸀εαν 𝔓66.75 W λ 565 *pc* || **6** ° ℵ* 13 *pc* a e ¦ *txt* 𝔓66.75 ℌ W (⸂*p.* εξ ℜ A Θ λ *pm*, ⸂*a.* εξ 69 *pc* it) || **7** ᵀκαι ℵ W *pc* || **8** ⸀και ℜ A Θ ϕ *pm* it || **10** ⸂*2-4 1* 𝔓75 892 | ᵀτοτε ℵ^corr ℜ A Θ λ ϕ *pl* it || **11** ⸀πρωτην (⸂*p.* Γαλ. ℵ*) α. επ. 𝔓66* ¦ α. επ. 1241 ¦ επ. την αρχην ℵ ℜ W ϕ *pm* ¦ *txt* 𝔓66c.75 ℌ A Θ **083**.1 *al*

[1]cf Jo 4,46; 21,2 || [3]τί ἐμοὶ καὶ σοί 1 Rg 17,18; Jdc 11,12; 2 Chr 35,21; 1 Esr 1,24; 2 Sm 16,10; 19,23; 2 Rg 3,13; Mc 1,24; 5,7; Mt 8,29; Lc 4,34; 8,28 | γύναι cf Jo 19,26; 20,13.15 | Jo 7,30; 8,20; 12,23.27; 13,1; 17,1; 7,6.8 || [4]cf Gn 41,55 || [5]cf Mc 7,3 sq | μετρητής hapaxl. NT || [10]σημεῖα cf Jo 2,18.23; 3,2; 4,54; 6,2.14.26.30; 7,31; 9,16; 10,41; 11,47; 12,18.37; 20,30; Ex 4,8 sq. 17; Is 7,11.14; Lc 23,8; Act 2,22

23. Aufenthalt in Kapernaum

In Capharnaum manet | **The Sojourn at Capernaum**

Matth.	Mark.	Luk.	Joh. 2,12
			¹²Μετὰ τοῦτο κατέβη εἰς Καφαρναοὺμ αὐτὸς ⸆καὶ ἡ μήτηρ αὐτοῦ καὶ οἱ ἀδελφοὶ °[αὐτοῦ] ⸋καὶ οἱ μαθηταὶ αὐτοῦ⸌ καὶ °¹ἐκεῖ ⸀ἔμειναν οὐ πολλὰς ἡμέρας.

Matth. 4,13 *(nr. 32, p. 46)*: Καὶ καταλιπὼν τὴν Ναζαρὰ ἐλθὼν κατῴκησεν εἰς Καφαρναοὺμ τὴν παραθαλασσίαν ἐν ὁρίοις Ζαβουλὼν καὶ Νεφθαλίμ.

12 ⸆και οι μαθηται αυτου W | ° † 𝔓66*.75 B 0162 *pc* a c e ¦ *txt* 𝔓66c ℵ 𝔎 A W Θ λ ϕ *pl* it syp sa bo; Orpt Epiph | ⸋ ℵ W *pc* it | °¹ W *pc* | ⸀-νεν 𝔓66c A F G λ 565.1241 *al* b sapt bo; Orpt

¹cf Jo 3,22; 5,1; 6,1 etc | *cf 3* || *³cf 1*

24. Erste Reise nach Jerusalem

Primum iter in Jerusalem | **The First Journey to Jerusalem**

Matth.	Mark.	Luk.	Joh. 2,13
			¹³⸂Καὶ ἐγγὺς⸃ ἦν τὸ πάσχα τῶν Ἰουδαίων, καὶ ἀνέβη ⸄εἰς Ἱεροσόλυμα ὁ Ἰησοῦς⸅.

13 ⸂εγγυς δε ℵ ¦ και εγ. δε 𝔓66* | ⸄ *3 4 1 2* 𝔓66.75 (A) G L 1241 *al* b r1 ¦ *1 2* ϕ *pc*

¹cf Jo 2,23; 6,4; 11,55; 12,1

25. Tempelreinigung

(cf. nr. 273. 276)

Purgatio templi | **The Cleansing of the Temple**

Matth. 21,12-13 21,23-27; 26,60b-61	Mark. 11,15-17 11,27-33; 14,57-58	Luk. 19,45-46 20,1-8	Joh. 2,14-22
21,12-13 *(nr. 271, p. 370)* ¹²Καὶ εἰσῆλθεν ⸆Ἰησοῦς εἰς τὸ ἱερὸν ⸆ καὶ ἐξέβαλεν πάντας τοὺς πωλοῦντας καὶ ἀγοράζοντας ἐν τῷ ἱερῷ, καὶ τὰς τραπέζας τῶν κολλυβιστῶν κατέστρεψεν καὶ τὰς καθέδρας τῶν πωλούντων τὰς περιστεράς,	11,15-17 *(nr. 273, p. 372)* ¹⁵Καὶ ⸀ἔρχονται εἰς Ἱεροσόλυμα. Καὶ εἰσελθὼν ⸆ εἰς τὸ ἱερὸν⸃ ἤρξατο ἐκβάλλειν ⸆ τοὺς πωλοῦντας ⸋καὶ τοὺς ἀγοράζοντας⸌ ἐν ⸄τῷ ἱερῷ⸅, καὶ τὰς τραπέζας τῶν κολλυβιστῶν ⸆¹ καὶ τὰς καθέδρας τῶν πωλούντων τὰς περιστερὰς ⸀κατέστρεψεν, ¹⁶καὶ οὐκ	19,45-46 *(nr. 273, p. 372)* ⁴⁵Καὶ εἰσελθὼν εἰς τὸ ἱερὸν ἤρξατο ἐκβάλλειν τοὺς πωλοῦντας ⸆	¹⁴Καὶ εὗρεν ἐν τῷ ἱερῷ τοὺς πωλοῦντας βόας καὶ πρόβατα καὶ περιστερὰς καὶ τοὺς ⸀κερματιστὰς καθημένους, ¹⁵καὶ ποιήσας ⸆ φραγέλλιον ἐκ σχοινίων πάντας ἐξέβαλεν ἐκ τοῦ ἱεροῦ

Matth.: 12 ⸆ο 𝔎 D Θ λ ϕ *pm* | ⸆του θεου C 𝔎 D W λ ϕ *pm* lat syc.p ¦ *txt* 𝔋 Θ a b sa bo

Mark.: 15 ⸀εισελθων εις Ιερ. και οτε ην εν τω ιερω D | ⸆*p)* ο Ιησους 𝔎 A *pm* f q | ⸆και A ¦ εκειθεν D b | ⸋ W | ⸄αυτω A | ⸆¹(Jo 2,15) εξεχεεν W Θ *pc* | ⸀ανεστρ- 0188; (Or) ¦ — D k sys

Luk.: 45 ⸆*p)* εν αυτω και αγοραζοντας (C) 𝔎 A W Θ (ϕ) *pl* ¦ εν α. κ. αγ. και τας τραπεζας των κολλυβιστων εξεχεεν και τας καθεδρας των πωλουντων τας περιστερας D *pc* it

Joh.: 14 ⸀κολλυβιστας W (latt) || 15 ⸆ως 𝔓66.75 L W 0162 λ 33.565 *al* lat syhmg

2sqq cf Ml 3,1; Zch 14,21; Hos 9,15 || *³ = 8 (Jo)* || *7sq (Mt/Mc) = 12sq (Jo);* cf Lv 12,8; 14,22; 15,14.29 || *8 (Jo) = 3;* cf Jo 6,37; 9,34; 12,31

[Matth. 21,12-13]

13 καὶ λέγει αὐτοῖς· γέγραπται· ὁ οἶκός μου οἶκος προσευχῆς κληθήσεται, ὑμεῖς δὲ αὐτὸν ⸀ποιεῖτε σπήλαιον λῃστῶν.

21,23-27 *(nr. 276, p. 375)*

23 Καὶ ἐλθόντος αὐτοῦ εἰς τὸ ἱερὸν προσῆλθον αὐτῷ διδάσκοντι οἱ ἀρχιερεῖς καὶ οἱ πρεσβύτεροι τοῦ λαοῦ λέγοντες· ἐν ποίᾳ ἐξουσίᾳ ταῦτα ποιεῖς; καὶ τίς σοι ἔδωκεν τὴν ἐξουσίαν ταύτην; 24 ἀποκριθεὶς δὲ ὁ Ἰησοῦς εἶπεν αὐτοῖς· ἐρωτήσω ὑμᾶς κἀγὼ λόγον ἕνα, ὃν ἐὰν εἴπητέ μοι κἀγὼ ὑμῖν ἐρῶ ἐν ποίᾳ ἐξουσίᾳ ταῦτα ποιῶ· 25 τὸ βάπτισμα τὸ Ἰωάννου πόθεν ἦν; ἐξ οὐρανοῦ ἢ ἐξ ἀνθρώπων; οἱ δὲ διελογίζοντο ἐν ἑαυτοῖς λέγοντες· ἐὰν εἴπωμεν· ἐξ οὐρανοῦ, ἐρεῖ ἡμῖν· διὰ τί οὖν οὐκ ἐπιστεύσατε αὐτῷ; 26 ἐὰν δὲ εἴπωμεν· ἐξ ἀνθρώπων, φοβούμεθα τὸν ὄχλον, πάντες γὰρ ὡς προφήτην ἔχουσιν τὸν Ἰωάννην.

[Mark. 11,15-17]

ἤφιεν ⸂ἵνα τις διενέγκῃ⸃ σκεῦος διὰ τοῦ ἱεροῦ. 17 καὶ ἐδίδασκεν καὶ ἔλεγεν °αὐτοῖς· °¹οὐ γέγραπται °²ὅτι ὁ οἶκός μου οἶκος προσευχῆς κληθήσεται πᾶσιν τοῖς ἔθνεσιν; ὑμεῖς δὲ ⸀πεποιήκατε αὐτὸν σπήλαιον λῃστῶν.

11,27-33 *(nr. 276, p. 375)*

27 Καὶ ἔρχονται πάλιν εἰς Ἱεροσόλυμα. καὶ ἐν τῷ ἱερῷ περιπατοῦντος αὐτοῦ ἔρχονται πρὸς αὐτὸν οἱ ἀρχιερεῖς καὶ οἱ γραμματεῖς καὶ οἱ πρεσβύτεροι 28 καὶ ἔλεγον αὐτῷ· ἐν ποίᾳ ἐξουσίᾳ ταῦτα ποιεῖς; ἢ τίς σοι ἔδωκεν τὴν ἐξουσίαν ταύτην ἵνα ταῦτα ποιῇς; 29 ὁ δὲ Ἰησοῦς εἶπεν αὐτοῖς· ἐπερωτήσω ὑμᾶς ἕνα λόγον, καὶ ἀποκρίθητέ μοι καὶ ἐρῶ ὑμῖν ἐν ποίᾳ ἐξουσίᾳ ταῦτα ποιῶ· 30 τὸ βάπτισμα τὸ Ἰωάννου ἐξ οὐρανοῦ ἦν ἢ ἐξ ἀνθρώπων; ἀποκρίθητέ μοι. 31 καὶ διελογίζοντο πρὸς ἑαυτοὺς λέγοντες· ἐὰν εἴπωμεν· ἐξ οὐρανοῦ, ἐρεῖ· διὰ τί [οὖν] οὐκ ἐπιστεύσατε αὐτῷ; 32 ἀλλὰ εἴπωμεν· ἐξ ἀνθρώπων; – ἐφοβοῦντο τὸν ὄχλον· ἅπαντες γὰρ εἶχον τὸν Ἰωάννην ὄντως ὅτι προφήτης ἦν.

[Luk. 19,45-46]

46 λέγων αὐτοῖς· γέγραπται· ⸂καὶ ἔσται⸃ ὁ οἶκός μου οἶκος προσευχῆς⸆, ὑμεῖς δὲ αὐτὸν ἐποιήσατε σπήλαιον λῃστῶν.

20,1-8 *(nr. 276, p. 375)*

1 Καὶ ἐγένετο ἐν μιᾷ τῶν ἡμερῶν διδάσκοντος αὐτοῦ τὸν λαὸν ἐν τῷ ἱερῷ καὶ εὐαγγελιζομένου ἐπέστησαν οἱ ἀρχιερεῖς καὶ οἱ γραμματεῖς σὺν τοῖς πρεσβυτέροις 2 καὶ εἶπαν λέγοντες πρὸς αὐτόν· εἰπὸν ἡμῖν ἐν ποίᾳ ἐξουσίᾳ ταῦτα ποιεῖς, ἢ τίς ἐστιν ὁ δούς σοι τὴν ἐξουσίαν ταύτην; 3 ἀποκριθεὶς δὲ εἶπεν πρὸς αὐτούς· ἐρωτήσω ὑμᾶς κἀγὼ λόγον, καὶ εἴπατέ μοι· 4 τὸ βάπτισμα Ἰωάννου ἐξ οὐρανοῦ ἦν ἢ ἐξ ἀνθρώπων; 5 οἱ δὲ συνελογίσαντο πρὸς ἑαυτοὺς λέγοντες ὅτι ἐὰν εἴπωμεν· ἐξ οὐρανοῦ, ἐρεῖ· διὰ τί οὐκ ἐπιστεύσατε αὐτῷ; 6 ἐὰν δὲ εἴπωμεν· ἐξ ἀνθρώπων, ὁ λαὸς ἅπας καταλιθάσει ἡμᾶς, πεπεισμένος γάρ ἐστιν Ἰωάννην προφήτην εἶναι.

[Joh. 2,14-22]

τά τε πρόβατα καὶ τοὺς βόας, καὶ τῶν κολλυβιστῶν ἐξέχεεν ⸂τὸ κέρμα⸃ καὶ τὰς τραπέζας ⸀ἀνέτρεψεν, 16 καὶ τοῖς τὰς περιστερὰς πωλοῦσιν εἶπεν· ἄρατε ταῦτα ἐντεῦθεν, ⸆ μὴ ποιεῖτε τὸν οἶκον τοῦ πατρός μου οἶκον ἐμπορίου. 17 ἐμνήσθησαν⸆ οἱ μαθηταὶ αὐτοῦ ὅτι ⸉γεγραμμένον ἐστίν⸊· ⸇ ὁ ζῆλος τοῦ οἴκου σου ⸀καταφάγεταί με.

18 Ἀπεκρίθησαν οὖν οἱ Ἰουδαῖοι καὶ εἶπαν αὐτῷ· τί σημεῖον δεικνύεις °ἡμῖν ὅτι ταῦτα ποιεῖς; 19 ἀπεκρίθη Ἰησοῦς καὶ εἶπεν αὐτοῖς· λύσατε τὸν ναὸν τοῦτον καὶ °ἐν τρισὶν ἡμέραις ἐγερῶ αὐτόν. 20 εἶπαν οὖν ⸆ οἱ Ἰουδαῖοι· τεσσεράκοντα καὶ ἓξ ἔτεσιν οἰκοδομήθη ὁ ναὸς οὗτος, καὶ σὺ °ἐν τρισὶν ἡμέραις ἐγερεῖς αὐτόν; 21 ⸀ἐκεῖνος δὲ ἔλεγεν περὶ τοῦ ναοῦ τοῦ σώματος αὐτοῦ. 22 ὅτε οὖν ⸀ἠγέρθη ἐκ νεκρῶν, ἐμνήσθησαν οἱ μαθηταὶ αὐτοῦ ὅτι τοῦτο ἔλεγεν, καὶ ἐπίστευσαν τῇ γραφῇ καὶ τῷ λόγῳ ⸁ὃν εἶπεν ὁ Ἰησοῦς.

Matth.: 13 ⸀*p)* εποιησατε C 𝔎 D W φ *pl* latt; Ir^lat

Mark.: 16 ⸂διενεγκειν τινα **0188** c || 17 °B *pc* | °¹ D Θ **0188** λ *al* it | °² C D Ψ *pm* it | ⸀*p)* εποιησατε ℌ 𝔎 D W φ *al* (⸉ A Θ λ *pm*) ¦ *txt* B L Ψ *pc*

Luk.: 46 ⸂*p)* οτι A C D W *pm* lat ¦ – 𝔎 *al* | ⸆εστιν C 𝔎 A D W Θ *pm* lat

Joh.: 15 ⸂† τα -ματα 𝔓66c.75 B L W X **083.0162** *pc* ¦ *txt* 𝔓66* ℵ 𝔎 A Θ (λ) φ *pl* it | ⸀ανεστρ- 𝔓75 𝔎 A λ *pm*; Or ¦ *p)* κατεστρ- 𝔓59 ℵ φ *pc* ¦ *txt* 𝔓66 B W Θ **0162** *al* || 16 ⸆και 𝔓66 A W Θ λ φ 33.1241 *al* || 17 ⸆δε 𝔎 A Θ **050** λ φ *pm* b r¹ | ⸉B | ⸇οτι 𝔓66.75 W **050** *pc* | ⸀κατεφαγε φ *al*; Epiph || 18 °𝔓75 L || 19 °B || 20 ⸆αυτω Θ 33 *al* sy | °ℵ lat || 21 ⸀αυτος W || 22 ⸀ηνεστη W ¦ ανεστη Chr | ⸁ω 𝔎 A W Θ λ φ *pl*

12sqq (Mt-Lc) Is 56,7; Jr 7,11; Zch 14,21; Is 60,7 || *12sq (Jo)* cf *7sq (Mt/Mc)* || *15 (Jo)* cf Lc 2,49 || *18sqq* Ps 69,10; cf Jo 15,25; 19,28; Rm 15,3; Act 1,20 etc || *26sq* cf Mt 16,1; Mc 8,11; Lc 11,16; Jo 6,30 || *28-31* cf *48sqq*; Mt 27,40 || *31-35* cf Jo 3,3sqq; 4,7sqq; 6,7.32sqq; 11,12.24; 14,7sqq. 22sqq; 16,17sq || *36* cf 1Cor 3,16sq; 6,19; 2Cor 5,1; 6,16; Kol 2,9 || *38sqq* cf Jo 12,16

[Matth. 21,23-27]	[Mark. 11,27-33]	[Luk. 20,1-8]	Joh.
27 καὶ ἀποκριθέντες τῷ Ἰησοῦ εἶπαν· οὐκ οἴδαμεν. ἔφη αὐτοῖς καὶ αὐτός· οὐδὲ ἐγὼ λέγω ὑμῖν ἐν ποίᾳ ἐξουσίᾳ ταῦτα ποιῶ.	33 καὶ ἀποκριθέντες τῷ Ἰησοῦ λέγουσιν· οὐκ οἴδαμεν. καὶ ὁ Ἰησοῦς λέγει αὐτοῖς· οὐδὲ ἐγὼ λέγω ὑμῖν ἐν ποίᾳ ἐξουσίᾳ ταῦτα ποιῶ.	7 καὶ ἀπεκρίθησαν μὴ εἰδέναι πόθεν. 8 καὶ ὁ Ἰησοῦς εἶπεν αὐτοῖς· οὐδὲ ἐγὼ λέγω ὑμῖν ἐν ποίᾳ ἐξουσίᾳ ταῦτα ποιῶ.	
26,60b-61 (nr. 332, p. 461) 60 ...Ὕστερον δὲ προσελθόντες δύο 61 εἶπαν· οὗτος ἔφη· δύναμαι καταλῦσαι τὸν ναὸν τοῦ θεοῦ καὶ διὰ τριῶν ἡμερῶν οἰκοδομῆσαι.	*14,57-58 (nr. 332, p. 461)* 57 Καί τινες ἀναστάντες ἐψευδομαρτύρουν κατ' αὐτοῦ λέγοντες 58 ὅτι ἡμεῖς ἠκούσαμεν αὐτοῦ λέγοντος ὅτι ἐγὼ καταλύσω τὸν ναὸν τοῦτον τὸν χειροποίητον καὶ διὰ τριῶν ἡμερῶν ἄλλον ἀχειροποίητον οἰκοδομήσω.		

48sqq cf 28-31

26. Wirksamkeit in Jerusalem

Ministerium in Jerusalem — **Jesus' Ministry in Jerusalem**

Matth.	Mark.	Luk.	Joh. 2,23-25
			23 Ὡς δὲ ἦν ἐν τοῖς Ἱεροσολύμοις ἐν τῷ πάσχα °ἐν τῇ ἑορτῇ, πολλοὶ ἐπίστευσαν εἰς τὸ ὄνομα αὐτοῦ θεωροῦντες αὐτοῦ τὰ σημεῖα ἃ ἐποίει· 24 αὐτὸς δὲ ⸆ Ἰησοῦς οὐκ ἐπίστευεν ⸀αὐτὸν αὐτοῖς ⸋διὰ τὸ αὐτὸν γινώσκειν πάντας⸌ 25 καὶ °ὅτι οὐ χρείαν εἶχεν ἵνα τις μαρτυρήσῃ περὶ τοῦ ἀνθρώπου· αὐτὸς γὰρ ἐγίνωσκεν τί ἦν ἐν τῷ ἀνθρώπῳ.

23 ° B ‖ **24** ⸆ο ℵ 𝔎 A W Θ **0273** λ φ *pl* ¦ *txt* 𝔓66.75 B L **050** *pc* | ⸀εαυ- 𝔓66 ℵcorr 𝔎 A W Θ **050.083.0273** λ φ *pm*; Orpt ¦ — 𝔓75 579 *pc* ¦ *txt* B ℵ* 700 *al* | ⸋ sys ‖ **25** ° A **083** *pc* sy

1 cf Jo 5,1; 10,22; 11,18; 2 Mcc 11,8; 12,9 | cf Jo 2,13; 4,45 | cf Jo 7,31; 8,30; 10,42; 11,45; 12,11.42 ‖ 2 cf Jo 2,11 | cf Jo 6,15; 1,42.47 sq; 16,30; 21,17; Mt 9,4; 12,25; Lc 6,8; 9,47 ‖ 3 cf 1 Sm 16,7; 1 Rg 8,39; Jr 17,9 sq; Ps 33,15; 94,11; 139,1 sqq; 1 Chr 28,9; Sir 42,18 sqq

27. Gespräch mit Nikodemus

Colloquium cum Nicodemo — **The Discourse with Nicodemus**

Matth.	Mark.	Luk.	Joh. 3,1-21
22,16 18,3	12,13-14 10,15	20,20-21 18,17	1 Ἦν °δὲ ἄνθρωπος ἐκ τῶν Φαρισαίων, Νικόδημος ὄνομα αὐτῷ, ἄρχων τῶν Ἰουδαίων· 2 οὗτος ἦλθεν πρὸς αὐτὸν νυκτὸς καὶ εἶπεν αὐτῷ· ῥαββί, οἴδαμεν ὅτι ἀπὸ θεοῦ ἐλήλυθας διδάσκαλος· οὐδεὶς γὰρ δύναται ταῦτα τὰ σημεῖα ποιεῖν ⸋ἃ σὺ ποιεῖς⸌, ἐὰν μὴ ᾖ ὁ θεὸς μετ' αὐτοῦ. 3 ἀπεκρίθη ⸆ Ἰησοῦς καὶ εἶπεν αὐτῷ· ἀμὴν ἀμὴν λέγω σοι, ἐὰν μή τις γεννηθῇ ἄνωθεν, οὐ δύναται ἰδεῖν τὴν βασιλείαν τοῦ θεοῦ. 4 λέγει πρὸς αὐτὸν °[ὁ] Νικόδημος· πῶς δύναται ⸉ἄνθρωπος γεννηθῆναι⸊ ⸆γέρων ὤν; μὴ δύναται εἰς τὴν κοιλίαν τῆς μητρὸς αὐτοῦ δεύτερον εἰσελθεῖν καὶ γεννηθῆναι; 5 ἀπεκρίθη ⸆ Ἰησοῦς⸆· ἀμὴν °ἀμὴν λέγω σοι, ἐὰν μή τις ⸀γεννηθῇ ἐξ ⸋ὕδατος καὶ⸌

1 ° Θ ‖ **2** ⸋ λ 28. 565 l sys ‖ **3** ⸆ο ℵ A H Θ **063** *pm* ‖ **4** ° 𝔓66.75 B E* W Θ **050** *al* ¦ *txt* ℵ A 𝔎 **063** λ φ *pm* | ⸉ 𝔓66 245 *pc* | ⸆ανωθεν H 28 (⸉aur e f) sa bo ‖ **5** ⸆ο B **050** φ *al* | ⸆και ειπεν αυτω (ℵcorr L) M *al* gat (f j) syp (sapt) bopt (— αυτω sapt bopt) | ° A Θ *pc* | ⸀αναγ-lat; Ju Orlat Phil Clhom ¦ γεννηθητε Epiph | ⸋ vgharl1023; (Ju) Orpt; [comm *cj*]

1-3 cf *24 sqq. 38 sqq* ‖ 1 cf Jo 7,50; 19,39 | ἄρχων cf Jo 7,26.48; 12,42; Lc 23,13.35; 24,20; Act 3,17 etc ‖ 3 cf Jo 5,36; 9,16.33; 10,25.38; 14,11 ‖ 3sq cf Mc 10,15; Lc 18,17; *cf 34 sqq* ‖ 4 cf *8 sq*; Jo 1,13; 1 Jo 2,29; 3,9; 4,7; 5,18; *cf 6 sq. 45 sqq. 53 sq* ‖ 6sq cf *4. 45 sqq. 53 sq*; cf Ez 36,25 sqq; 1 Cor 6,11; 12,13; 2 Cor 1,22; Act 2,38; 8,16 sq; 19,5 sq; Heb 6,4; Tt 3,5

Matth.	Mark.	Luk.	[Joh. 3,1-21]

πνεύματος, οὐ δύναται ⸀εἰσελθεῖν εἰς⸃ τὴν βασιλείαν ⸂τοῦ θεοῦ⸃. [6]τὸ γεγεννημένον ἐκ τῆς σαρκὸς σάρξ
ἐστιν⊤, καὶ τὸ γεγεννημένον ἐκ τοῦ πνεύματος πνεῦμά ἐστιν⊤. [7]μὴ θαυμάσῃς ὅτι εἶπόν σοι· δεῖ ὑμᾶς γεννη-
θῆναι ἄνωθεν. [8]τὸ πνεῦμα ὅπου θέλει πνεῖ καὶ τὴν φωνὴν αὐτοῦ ἀκούεις, ἀλλ᾽ οὐκ οἶδας πόθεν ἔρχεται
⸀καὶ ποῦ ὑπάγει· οὕτως ἐστὶν πᾶς ὁ γεγεννημένος ἐκ⊤τοῦ πνεύματος. [9]ἀπεκρίθη Νικόδημος καὶ εἶπεν αὐτῷ·
πῶς δύναται ταῦτα γενέσθαι; [10]ἀπεκρίθη Ἰησοῦς καὶ εἶπεν αὐτῷ· σὺ εἶ ὁ διδάσκαλος τοῦ Ἰσραὴλ καὶ ταῦτα
οὐ γινώσκεις; [11]ἀμὴν ἀμὴν λέγω σοι ὅτι ὃ οἴδαμεν λαλοῦμεν καὶ ὃ ἑωράκαμεν μαρτυροῦμεν, καὶ τὴν μαρτυ-
ρίαν ἡμῶν οὐ λαμβάνετε. [12]εἰ τὰ ἐπίγεια εἶπον ὑμῖν καὶ οὐ πιστεύετε, πῶς ἐὰν εἴπω ὑμῖν τὰ ἐπουράνια
πιστεύσετε; [13]καὶ οὐδεὶς ἀναβέβηκεν εἰς τὸν οὐρανὸν εἰ μὴ ὁ ἐκ τοῦ οὐρανοῦ καταβάς, ὁ υἱὸς τοῦ ἀνθρώ-
που⊤. [14]Καὶ καθὼς Μωϋσῆς ὕψωσεν τὸν ὄφιν ἐν τῇ ἐρήμῳ, οὕτως ὑψωθῆναι δεῖ τὸν υἱὸν τοῦ ἀνθρώπου,
[15]ἵνα πᾶς ὁ πιστεύων ⸀ἐν αὐτῷ⸃⊤ἔχῃ ζωὴν αἰώνιον. [16]οὕτως γὰρ ἠγάπησεν ὁ θεὸς τὸν κόσμον, ὥστε τὸν
υἱὸν⊤τὸν μονογενῆ ἔδωκεν, ἵνα πᾶς ὁ πιστεύων εἰς αὐτὸν μὴ ἀπόληται ἀλλ᾽ ἔχῃ ζωὴν αἰώνιον. [17]οὐ γὰρ
ἀπέστειλεν ὁ θεὸς τὸν υἱὸν⊤εἰς τὸν κόσμον ἵνα κρίνῃ τὸν κόσμον, ἀλλ᾽ ἵνα σωθῇ ὁ κόσμος δι᾽ αὐτοῦ. [18]ὁ
πιστεύων εἰς αὐτὸν οὐ κρίνεται· ὁ °δὲ μὴ πιστεύων ἤδη κέκριται, ὅτι μὴ πεπίστευκεν εἰς τὸ ὄνομα ⸀τοῦ μονο-
γενοῦς υἱοῦ τοῦ θεοῦ⸃. [19]αὕτη δέ ἐστιν ἡ κρίσις ὅτι °τὸ φῶς ἐλήλυθεν εἰς τὸν κόσμον καὶ ἠγάπησαν ⸉οἱ ἄν-
θρωποι μᾶλλον⸊ τὸ σκότος ἢ τὸ φῶς· ἦν γὰρ ⸉[1]αὐτῶν πονηρὰ⸊ τὰ ἔργα. [20]πᾶς γὰρ ὁ φαῦλα πράσσων μισεῖ
τὸ φῶς καὶ οὐκ ἔρχεται πρὸς τὸ φῶς, ἵνα μὴ ἐλεγχθῇ τὰ ἔργα αὐτοῦ⊤· [21]ὁ δὲ ποιῶν τὴν ἀλήθειαν ἔρχεται
πρὸς τὸ φῶς, ἵνα φανερωθῇ αὐτοῦ τὰ ἔργα ὅτι ἐν θεῷ ⸀ἐστιν εἰργασμένα.

Matth.	Mark.	Luk.
22,16 *(nr. 280, p. 381)*	12,13-14 *(nr. 280, p. 381)*	20,20-21 *(nr. 280 p. 381)*
[16]Καὶ ἀποστέλλουσιν αὐτῷ τοὺς μαθητὰς αὐτῶν μετὰ τῶν Ἡρῳδιανῶν	[13]Καὶ ἀποστέλλουσιν πρὸς αὐτόν τινας τῶν Φαρισαίων καὶ τῶν Ἡρῳδιανῶν ἵνα αὐτὸν ἀγρεύσωσιν λόγῳ.	[20]Καὶ παρατηρήσαντες ἀπέστειλαν ἐγκαθέτους ὑποκρινομένους ἑαυτοὺς δικαίους εἶναι, ἵνα ἐπιλάβωνται αὐτοῦ λόγου, ὥστε παραδοῦναι αὐτὸν τῇ ἀρχῇ καὶ τῇ ἐξουσίᾳ τοῦ ἡγεμόνος.
λέγοντες· διδάσκαλε, οἴδαμεν ὅτι ἀληθὴς εἶ καὶ τὴν ὁδὸν τοῦ θεοῦ ἐν ἀληθείᾳ διδάσκεις καὶ οὐ μέλει σοι περὶ οὐδενός. οὐ γὰρ βλέπεις εἰς πρόσωπον ἀνθρώπων.	[14]καὶ ἐλθόντες λέγουσιν αὐτῷ· διδάσκαλε, οἴδαμεν ὅτι ἀληθὴς εἶ καὶ οὐ μέλει σοι περὶ οὐδενός· οὐ γὰρ βλέπεις εἰς πρόσωπον ἀνθρώπων, ἀλλ᾽ ἐπ᾽ ἀληθείας τὴν ὁδὸν τοῦ θεοῦ διδάσκεις.	[21]καὶ ἐπηρώτησαν αὐτὸν λέγοντες· διδάσκαλε, οἴδαμεν ὅτι ὀρθῶς λέγεις καὶ διδάσκεις καὶ οὐ λαμβάνεις πρόσωπον, ἀλλ᾽ ἐπ᾽ ἀληθείας τὴν ὁδὸν τοῦ θεοῦ διδάσκεις.

5 ⸀(3,3) ιδειν ℵ* M *pc* aur | ⸂ των ουρανων ℵ* *pc* e m; Ju Hipp Or^lat || **6** ⊤οτι εκ της σαρκος εγεννηθη 161* it sy^c | ⊤οτι εκ του πνευματος εστιν 161* ¦ quia (quoniam e r^1) Deus spiritus (+ vivus sy^s) est et ex Deo natus est (— et ... est aur e ff^2 r^1 sy^s) a aur e ff^2 j r^1 sy^s.c || **8** ⸀η A Ψ *pc* it | ⊤(3,5) του υδατος και ℵ it sy^s.c || **13** ⊤(cf 1,18?) ο ων (ος ην sy^c) εν τω ουρανω 𝔎 A Θ **050.063** λ ϕ *pl* latt sy^c.p bo; Epiph^pt ¦ ο ων εκ του -νου **0141** *pc* sy^s ¦ *txt* 𝔓^66.75 𝔊 W **083.086.0113** *pc* || **15** ⸀επ αυτω 𝔓^66 L ¦ επ αυτον A ¦ εις αυτον 𝔓^63 ℵ 𝔎 Θ **063.086** λ ϕ *pm* it ¦ *txt* 𝔓^75 B W **083.0113** *al* aur c l vg | ⊤(3,16) μη αποληται αλλ 𝔓^63 𝔎 A Θ **063** ϕ *pm* lat sy^s.p bo^pt || **16** ⊤αυτου 𝔓^63 *rell*; Cyr ¦ *txt* 𝔓^66.75 B ℵ* W || **17** ⊤αυτου 𝔎 A (Θ) **063.086** ϕ *pm* latt || **18** °† B ℵ W *pc* ff^2 l ¦ *txt* 𝔓^36.63.66.75 𝔎 A L Θ **063.086** λ ϕ *pm* lat; Eus | ⸀του εκλεκτου υιου sy^s || **19** °𝔓^66* 472 | ⸉ *3 1 2* 𝔓^66 λ 565 *pc* | ⸉[1] 𝔎 *al* b l || **20** ⊤οτι πονηρα εστιν 𝔓^66 L Θ ϕ 33 *al* r^1 sa bo || **21** ⸀εισιν W

^7sq^ cf Jo 1,13; Gn 5,3; Ps 51,7; Sir 40,11; 1Cor 15,50; Gal 6,8 || ^8sq^ *cf ad 4* || ^9sq^ πνεῦμα cf Gn 8,1; 1Rg 18,45; 19,11; Job 1,19; 30,15; Ps 48,8; 104,4; Sap 13,2 | cf Eccl 11,5sq; Sir 16,21; *37. 43sq* || ^10^ cf Jo 14,17 || ^12sq^ cf Jo 3,32; 8,45; Lc 22,67 || ^13^ cf Jo 3,31; Sap 9,16; 1Cor 15,40; Ph 2,10; Jc 3,15 || ^14^ cf Dt 30,12; Prv 30,4; Bar 3,29; Sap 18,16; 4Esr 4,8; Jo 6,62; Eph 4,9sq; Rm 10,6 || ^15^ Nu 21,8sq | ὑψοῦσθαι cf Jo 8,28; 12,32.34; Mt 11,23; 23,12; Lc 10,15 etc; Act 2,33; 5,31 (Ps 89,20; Is 52,13) | Jo 12,32sq; 8,28 || ^16sq^ cf 2Cor 5,21; Gal 3,13; Rm 5,8; 8,32; 1Jo 4,9; *18sq* || ^18sq^ cf Jo 8,15; 12,47 | Jo 5,25; 8,16; Lc 19,10; Mc 16,16; *16sq* || ^19^ cf Jo 5,24 || ^20^ cf Jo 5,28sq; 12,48 || ^20sq^ cf Job 24,13-17; Jo 1,5.9-11; 7,7; Kol 1,21 || ^22^ cf Eph 5,11.13 | Jo 8,9app.46; 16,8 | Tob 4,6; Gn 47,29; Jos 2,14; Is 26,10; Neh 9,33; 1Jo 1,6 || ^23^ cf Jo 6,28; 9,4; Mc 14,6; Mt 26,10; 1Cor 16,10; Nu 8,11; Sir 51,30 || ^24sqq^ *cf 1-3*

Matth.	Mark.	Luk.	Joh.
18,3 *(nr. 166, p. 245)* 3 Καὶ εἶπεν· ἀμὴν λέγω ὑμῖν, ἐὰν μὴ στραφῆτε καὶ γένησθε ὡς τὰ παιδία, οὐ μὴ εἰσέλθητε εἰς τὴν βασιλείαν τῶν οὐρανῶν.	10,15 *(nr. 253, p. 337)* 15 Ἀμὴν λέγω ὑμῖν, ὃς ἂν μὴ δέξηται τὴν βασιλείαν τοῦ θεοῦ ὡς παιδίον, οὐ μὴ εἰσέλθῃ εἰς αὐτήν.	18,17 *(nr. 253, p. 337)* 17 Ἀμὴν λέγω ὑμῖν, ὃς ἂν μὴ δέξηται τὴν βασιλείαν τοῦ θεοῦ ὡς παιδίον, οὐ μὴ εἰσέλθῃ εἰς αὐτήν.	

Evang. Naassen. (Hippolytus, Refut. omn. haer. V, 8, 14): Τοῦτ᾽ ἔστι, φησί, τὸ εἰρημένον· »φωνὴν μὲν αὐτοῦ ἠκούσαμεν, εἶδος δὲ αὐτοῦ οὐχ ἑωράκαμεν«.

Pap. Egerton 2 (Fragm. 2 r.): [11 Παραγε]νόμενοι πρὸς αὐτὸν ἐξ[ετασ]τικῶς ἐπείραζον αὐτὸν λ[έγοντες·] διδάσκαλε Ἰη(σοῦ) οἴδαμεν ὅτι [ἀπὸ θ(εο)ῦ] ἐλήλυθας ἃ γὰρ ποιεῖς μα[ρτυρεῖ] ὑπὲρ το[ὺ]ς προφ(ήτ)ας πάντας [12 εἰπὲ οὖν] ἡμεῖν· ἐξὸν τοῖς βα(σι)λεῦσ[ιν ἀποδοῦ]ναι τὰ ἀν[ή]κοντα τῇ ἀρχῇ ἀπ[οδῶμεν αὐ]τοῖς ἢ μ[ή] 13 ὁ δὲ Ἰη(σοῦς) εἰδὼς [τὴν δι]άνοιαν [αὐτ]ῶν ἐμβρειμ[ησάμενος] εἶπεν α[ὐτοῖς]· τί με καλεῖτ[ε τῷ στό]ματι ὑμ[ῶν δι]δάσκαλον μ[ὴ ἀκού]οντες ὃ [λ]έγω· 14 καλῶς Ἡ[σ(αΐ)ας περὶ ὑ]μῶν ἐπ[ρο]φ(ήτευ)σεν εἰπών· ὁ [λαὸς οὗ]τος τοῖς [χείλ]εσιν αὐτ[ῶν τιμῶσίν] με ἡ [δὲ καρδί]α αὐτῶ[ν πόρρω ἀπέ]χει ἀπ᾽ ἐ[μοῦ μ]άτη[ν με σέβονται] ἐντάλ[ματα . . .

Ignatius ad Phil. 7,1: Εἰ γὰρ καὶ κατὰ σάρκα μέ τινες ἠθέλησαν πλανῆσαι, ἀλλὰ τὸ πνεῦμα οὐ πλανᾶται ἀπὸ θεοῦ ὄν. »οἶδεν γάρ, πόθεν ἔρχεται, καὶ ποῦ ὑπάγει«, καὶ τὰ κρυπτὰ ἐλέγχει.

Herm. Pastor, Sim. IX, 12, 3–4. 5: 3 Ὅτι, φησίν, ἐπ᾽ ἐσχάτων τῶν ἡμερῶν τῆς συντελείας φανερὸς ἐγένετο, διὰ τοῦτο καινὴ ἐγένετο ἡ πύλη, ἵνα οἱ μέλλοντες σώζεσθαι δι᾽ αὐτῆς »εἰς τὴν βασιλείαν εἰσέλθωσι τοῦ θεοῦ«. 4 εἶδες, φησίν, τοὺς λίθους τοὺς διὰ τῆς πύλης εἰσεληλυθότας εἰς τὴν οἰκοδομὴν τοῦ πύργου ⟨βεβλημένους,⟩ τοὺς δὲ μὴ εἰσεληλυθότας, πάλιν ἀποβεβλημένους εἰς τὸν ἴδιον τόπον; Εἶδον, φημί, κύριε. Οὕτω, φησίν, »εἰς τὴν βασιλείαν τοῦ θεοῦ« οὐδεὶς »εἰσελεύσεται«, εἰ μὴ λάβοι τὸ ὄνομα τοῦ υἱοῦ αὐτοῦ. 5... Πῶς γάρ, φημί, κύριε, δύναται γενέσθαι ἄλλως; Εἰ οὖν εἰς τὴν πόλιν οὐ δύνῃ εἰσελθεῖν εἰ μὴ διὰ τῆς πύλης ἧς ἔχει, οὕτω, φησί, καὶ »εἰς τὴν βασιλείαν τοῦ θεοῦ« ἄλλως »εἰσελθεῖν οὐ δύναται ἄνθρωπος« εἰ μὴ διὰ τοῦ ὀνόματος τοῦ υἱοῦ αὐτοῦ τοῦ ἠγαπημένου ὑπ᾽ αὐτοῦ. – **Sim. IX, 14, 1:** Τί οὖν, φημί, κύριε, ἐὰν οὗτοι οἱ ἄνθρωποι, τοιοῦτοι ὄντες, μετανοήσωσι καὶ ἀποβάλωσι τὰς ἐπιθυμίας τῶν γυναικῶν τούτων, καὶ ἐπανακάμψωσιν ἐπὶ τὰς παρθένους καὶ ἐν τῇ δυνάμει αὐτῶν καὶ ἐν τοῖς ἔργοις αὐτῶν πορευθῶσιν, οὐκ »εἰσελεύσονται εἰς τὸν οἶκον τοῦ θεοῦ«; *cf. Sim. IX, 15, 2; 16, 2-4.*

Justinus Mart., Apol. I, 61, 4–5: 4 Καὶ γὰρ ὁ Χριστὸς εἶπεν· »Ἂν μὴ ἀναγεννηθῆτε, οὐ μὴ εἰσέλθητε εἰς τὴν βασιλείαν τῶν οὐρανῶν«. 5 Ὅτι δὲ καὶ ἀδύνατον εἰς τὰς μήτρας τῶν τεκουσῶν τοὺς ἅπαξ γεννομένους ἐμβῆναι, φανερὸν πᾶσίν ἐστιν.

34sqq cf 3 sq || *37* cf 9 sq || *38sqq* cf 1-3 || *41sq* Is 29,13; cf Mt 15,8; Mc 7,6 || *43sq* cf 9 sq || *45sqq* cf 4.6 sq || *53sq* cf 4.6 sq

28. Reise nach Judäa

Ministerium in Iudaea **Jesus' Ministry in Judea**

Matth.	Mark.	Luk.	Joh. 3,22
			22 Μετὰ ταῦτα ἦλθεν °ὁ Ἰησοῦς ⸂καὶ οἱ μαθηταὶ αὐτοῦ εἰς τὴν Ἰουδαίαν °¹γῆν⸃ καὶ ἐκεῖ διέτριβεν μετ᾽ αὐτῶν καὶ ἐβάπτιζεν.

22 °A pc | ⸂5-8 1-4 ℵ | °¹sy^{s}

---

1 cf Jo 2,23 || 2 cf Jo 4,2

29. Zeugnis Johannes des Täufers

Testimonium Ioannis Baptistae **John's Testimony to Christ**

Matth. 9,15	Mark. 2,19-20	Luk. 5,34-35	Joh. 3,23-36
			23 Ἦν δὲ καὶ °ὁ Ἰωάννης βαπτίζων ἐν Αἰνὼν ἐγγὺς τοῦ Σαλείμ, ὅτι ὕδατα πολλὰ ἦν ἐκεῖ, καὶ παρεγίνοντο ⊤ καὶ ἐβαπτίζοντο· 24 οὔπω γὰρ ἦν βεβλημένος εἰς °τὴν φυλακὴν °¹ὁ Ἰωάννης. 25 Ἐγένετο ⸀οὖν ζήτησις ἐκ τῶν μαθητῶν Ἰωάννου μετὰ ⸁Ἰουδαίου περὶ καθαρισμοῦ. 26 καὶ ἦλθον πρὸς τὸν Ἰωάννην καὶ εἶπαν αὐτῷ· ῥαββί, ὃς

23 °† 𝔓^{75} ℵ 𝔎 A L **063** λ ϕ *pm* ¦ *txt* 𝔓^{66} B W Θ *pc* | ⊤ προς αυτον Θ e || **24** °E* Θ λ *al*; Or Eus | °¹ † B ℵ* *pc* ¦ *txt* 𝔓$^{66.75}$ 𝔎 A W Θ **063. 086. 0193** λ ϕ *pl* || **25** ⸀δε ℵ* b sy sa^{pt} bo^{pt} ¦ δε ουν bo^{pt} | ⸁-αιων 𝔓^{66} ℵ* G Θ λ ϕ *al* latt sy^{c} sa^{pt} bo; Or ¦ [Ιησου Bentley *cj* ¦ του Ιησου Baldensperger *cj* ¦ των Ιησου O. Holtzmann *cj*]

---

2 cf Mc 1,14; Mt 4,12; 14,3 et par *(= nr 144)* || 3 cf Mc 7,1 sqq; Mt 15,1 sqq; 23,25 sqq; Lc 11,37 sqq | cf Lc 7,18

Matth.	Mark.	Luk.	[Joh. 3,23-36]
			ἦν μετὰ σοῦ πέραν τοῦ Ἰορδάνου, ᾧ σὺ μεμαρτύρηκας, ἴδε οὗτος βαπτίζει ⸆ καὶ πάντες ἔρχονται πρὸς αὐτόν. 27 ἀπεκρίθη Ἰωάννης καὶ εἶπεν· οὐ δύναται ἄνθρωπος λαμβάνειν ⸆ ⸂οὐδὲ ἓν⸃ ἐὰν μὴ ᾖ δεδομένον αὐτῷ ⸆ ἐκ τοῦ οὐρανοῦ. 28 αὐτοὶ ὑμεῖς °μοι μαρτυρεῖτε ὅτι εἶπον ⸆ °¹[ὅτι] οὐκ εἰμὶ °²ἐγὼ ὁ χριστός, ἀλλ᾽ ὅτι ἀπεσταλμένος εἰμὶ ἔμπροσθεν ἐκείνου. 29 ὁ ἔχων τὴν νύμφην νυμφίος ἐστίν· ὁ δὲ φίλος τοῦ νυμφίου ὁ ἑστηκὼς καὶ ἀκούων αὐτοῦ χαρᾷ χαίρει διὰ τὴν φωνὴν τοῦ νυμφίου. αὕτη οὖν ἡ χαρὰ ἡ ἐμὴ πεπλήρωται. 30 ἐκεῖνον δεῖ αὐξάνειν, ἐμὲ δὲ ἐλαττοῦσθαι. 31 Ὁ ἄνωθεν ἐρχόμενος ἐπάνω πάντων ἐστίν· ὁ ὢν ἐκ τῆς γῆς ἐκ τῆς γῆς ἐστιν καὶ ἐκ τῆς γῆς λαλεῖ. ὁ ἐκ τοῦ οὐρανοῦ ἐρχόμενος □[ἐπάνω πάντων ἐστίν]⸌· 32 ⸆ ὃ ἑώρακεν καὶ ἤκουσεν °τοῦτο μαρτυρεῖ, καὶ τὴν μαρτυρίαν αὐτοῦ οὐδεὶς λαμβάνει. 33 ὁ λαβὼν αὐτοῦ τὴν μαρτυρίαν ⸆ ἐσφράγισεν ὅτι ὁ θεὸς ἀληθής ἐστιν. 34 ὃν γὰρ ἀπέστειλεν ὁ θεὸς τὰ ῥήματα τοῦ θεοῦ λαλεῖ, οὐ γὰρ ἐκ μέτρου δίδωσιν ⸆ □τὸ πνεῦμα⸌. 35 ὁ πατὴρ ἀγαπᾷ τὸν υἱὸν καὶ πάντα δέδωκεν ἐν τῇ χειρὶ αὐτοῦ. 36 ὁ πιστεύων εἰς τὸν υἱὸν ἔχει ζωὴν αἰώνιον· ὁ °δὲ ἀπειθῶν τῷ υἱῷ οὐκ ὄψεται ζωήν, ἀλλ᾽ ἡ ὀργὴ τοῦ θεοῦ ⸀μένει ἐπ᾽ αὐτόν. ⸆

9,15 (nr. 94, p. 128)	*2,19-20 (nr. 45, p. 64)*	*5,34-35 (nr. 45, p. 64)*
15 Καὶ εἶπεν αὐτοῖς ὁ Ἰησοῦς· μὴ δύνανται οἱ υἱοὶ τοῦ νυμφῶνος πενθεῖν ἐφ᾽ ὅσον μετ᾽ αὐτῶν ἐστιν ὁ νυμφίος;	19 Καὶ εἶπεν αὐτοῖς ὁ Ἰησοῦς· μὴ δύνανται οἱ υἱοὶ τοῦ νυμφῶνος ἐν ᾧ ὁ νυμφίος μετ᾽ αὐτῶν ἐστιν νηστεύειν; ὅσον χρόνον ἔχουσιν τὸν νυμφίον μετ᾽ αὐτῶν οὐ δύνανται νηστεύειν.	34 Ὁ δὲ Ἰησοῦς εἶπεν πρὸς αὐτούς· μὴ δύνασθε τοὺς υἱοὺς τοῦ νυμφῶνος ἐν ᾧ ὁ νυμφίος μετ᾽ αὐτῶν ἐστιν ποιῆσαι νηστεῦσαι;
ἐλεύσονται δὲ ἡμέραι ὅταν ἀπαρθῇ ἀπ᾽ αὐτῶν ὁ νυμφίος, καὶ τότε νηστεύσουσιν.	20 ἐλεύσονται δὲ ἡμέραι ὅταν ἀπαρθῇ ἀπ᾽ αὐτῶν ὁ νυμφίος, καὶ τότε νηστεύσουσιν ἐν ἐκείνῃ τῇ ἡμέρᾳ.	35 ἐλεύσονται δὲ ἡμέραι, καὶ ὅταν ἀπαρθῇ ἀπ᾽ αὐτῶν ὁ νυμφίος, τότε νηστεύσουσιν ἐν ἐκείναις ταῖς ἡμέραις.

26 ⸆ και πολλους ποιει μαθητας sa ‖ **27** ⸆ αφ εαυτου L Θ φ 33 *al* c (e) sa bo sy^p; Or^pt ∣ ⸂ † ουδεν ℵ ℜ A W Θ **063.083.086** λ φ *pl* ¦ *txt* $\mathfrak{P}^{66.75}$ B 472 ∣ ⸆ ανωθεν φ(^f Θ) b (*om.* ε. τ. ουρ.) ‖ **28** ° $\mathfrak{P}^{75}$ ℵ ℜ 28.1424 *al* aur ∣ ⸆ εγω B ∣ °¹ † B ℵ ℜ A D W Θ **063.086** λ φ *pl* ¦ *txt* $\mathfrak{P}^{66.75}$ 700 *pc* ∣ °² D W a aur ff² l sy^c; Cyp Non ‖ **31** □ $\mathfrak{P}^{75}$ ℵ* D λ *pc* it sy^c sa; Hipp Eus ‖ **32** ⸆ και ℜ A Θ **063** φ *pm* lat ∣ ° ℵ D λ *al* it; Hipp ‖ **33** ⸆ ουτος $\mathfrak{P}^{66c}$ ‖ **34** ⸆ ο θεος $\mathfrak{P}^{80vid}$ C² ℜ A D Θ **086** φ *pm* lat sy^p sa bo ¦ ο πατηρ τω υιω αυτου sy^c ¦ ο θεος πατηρ τω υιω αυτου sy^s ∣ □ B* sy^s ‖ **36** ° ℵ* a e ff² l ∣ ⸀ (μενεῖ M *al* b e g² Fi³³ sa bo; Ir^lat) ∣ ⸆ και μετα ταυτα παρεδοθη ο Ιωαννης 2145 e sy^hmg

⁴cf Jo 1,26-34 ‖ ⁵sq cf Jo 6,65; 19,11 ∣ cf Jo 1,12; 6,7; 14,17; Mt 7,8; 10,8 ∣ cf Mc 11,30 et par *(= nr 276)* ∣ cf PsSal 5,3sq ‖ ⁶cf Jo 1,20.27.30 ‖ *⁷⁻⁹cf 15sqq* ‖ ⁷cf Mt 25,1-12; Apc 21,2.9; 22,17; 2Cor 11,2 ∣ cf 1Mcc 9,39 ‖ ⁸cf Jr 7,34; 16,9; 25,10; Is 62,5; 66,10; 1Th 3,9 ∣ cf Jo 15,11; 16,24; 17,13; 1Jo 1,4; 2Jo 12 ‖ ⁸sq cf 2Sm 3,1 ‖ ⁹sq cf Jo 3,6.13; 8,23 ∣ cf Rm 9,5; Act 10,36 ∣ cf 1Cor 15,47; 1Jo 4,5sq ‖ ¹⁰cf Jo 3,11 ‖ ¹¹cf Jo 1,11sq; Is 57,1 ∣ cf Jr 32,10; Esth 8,8.10; 4Mcc 7,15; Jo 6,27; Rm 4,11; 1Cor 9,2; 2Tm 2,19; 2Cor 1,22; Rm 15,28 ‖ ¹²cf Jo 8,26; Mc 12,14; Mt 22,16; Rm 3,4; 2Cor 6,8; 1Jo 5,10 ∣ cf Jo 14,28; 5,19sqq; 6,37sqq.44sqq; 7,17.28etc ∣ cf Ez 4,11.16; Jdth 7,21 ‖ ¹³sq cf Mt 11,25-27 et par *(= nr 109.181)* ∣ cf Jo 5,20; 10,17; Mc 1,11; 9,7; 12,6; Jo 15,9; 16,27 ∣ cf Jo 13,3; 17,2.22sqq; Mt 28,18 ∣ cf Jo 3,15; 5,24; 1Jo 5,12 ‖ ¹⁴cf Rm 2.8; 11,30sq; 15,31 ∣ cf Jo 3,18; 9,41 ‖ *¹⁵sqq cf 7-9*

V. WIRKSAMKEIT IN GALILÄA

MINISTERIUM IN GALILAEA — JESUS' MINISTRY IN GALILEE

30. Reise nach Galiläa

Iter in Galilaeam — The Journey into Galilee

Matth. 4,12	Mark. 1,14a	Luk. 4,14a	Joh. 4,1-3
			1 ⸋Ὡς οὖν ἔγνω ὁ ⸀Ἰησοῦς ὅτι ἤκουσαν οἱ Φαρισαῖοι ὅτι °Ἰησοῦς πλείονας μαθητὰς ποιεῖ καὶ βαπτίζει °¹ἢ Ἰωάννης⸌ 2 – καίτοιγε Ἰησοῦς αὐτὸς οὐκ ἐβάπτιζεν ἀλλ' οἱ μαθηταὶ αὐτοῦ – 3 ἀφῆκεν τὴν Ἰουδαίαν ⸆ καὶ ἀπῆλθεν °πάλιν εἰς τὴν Γαλιλαίαν.
(nr. 20 4,1-11 p. 32)	*(nr. 20 1,12-13 p. 32)*	*(nr. 20 4,1-13 p. 32)*	
12 Ἀκούσας δὲ ⸆ὅτι Ἰωάννης παρεδόθη ἀνεχώρησεν εἰς τὴν Γαλιλαίαν.	14 ⸂Μετὰ δὲ⸃ τὸ παραδοθῆναι τὸν Ἰωάννην ἦλθεν °ὁ Ἰησοῦς εἰς τὴν Γαλιλαίαν.	14 Καὶ ὑπέστρεψεν ὁ Ἰησοῦς ἐν τῇ δυνάμει τοῦ πνεύματος εἰς τὴν Γαλιλαίαν.	
(nr. 32 4,13-17 p. 46)	*(nr. 32 1,14b-15 p. 46)*	*(nr. 32 4,14b-15 p. 46)*	

Matth.: 12 ⸆ο Ιησους C𝔎WΘλφ *pm* it; Epiph

Mark.: 14 ⸂† και μετα B D it sy^s bo^pt ¦ *txt* ℵ𝔎AWΘ **074. 0133. 0135** λφ *pl* lat sy^p sa bo^pt; Or Eus | °𝔎AWΘ **074. 0133. 0135** *pm*; Eus

Joh.: 1 [⸋ comm] | ⸀† κυριος 𝔓66.75 BC𝔎AW **083** φ *pm* f q sy^s ¦ *txt* ℵDΘ **086** λ *al* lat sy^c.p bo^pt | °Λ 262 *pc* sy | °¹B*AGW 262 *al* || 3 ⸆γην DΘλφ *pm* it | °B*𝔎A *al* q

3sq cf Jo 3,22.26 || *4sq* cf 1Cor 1,17 || *7 (Mt/Mc)* cf Mt 14,3 par *(= nr 144)* || *9* cf Act 10,37 sq

31. Gespräch mit der Samariterin, Wirksamkeit in Samarien

Mulier Samaritana — The Discourse with the Woman of Samaria

Matth. 9,37-38	Mark.	Luk. 10,2	Joh. 4,4-42
			4 Ἔδει δὲ αὐτὸν διέρχεσθαι διὰ τῆς Σαμαρείας. 5 ⸋ἔρχεται οὖν εἰς πόλιν τῆς Σαμαρείας⸌ λεγομένην ⸀Συχὰρ πλησίον τοῦ χωρίου ⸁ὃ ἔδωκεν Ἰακὼβ °[τῷ] Ἰωσὴφ τῷ υἱῷ αὐτοῦ· 6 ἦν δὲ ἐκεῖ πηγὴ τοῦ Ἰακώβ. ὁ οὖν Ἰησοῦς κεκοπιακὼς ἐκ τῆς ὁδοιπορίας ἐκαθέζετο °οὕτως ἐπὶ τῇ πηγῇ· ὥρα ⸆ἦν ὡς ἕκτη. 7 ⸆ἔρχεται ⸆¹γυνὴ ἐκ τῆς Σαμαρείας ἀντλῆσαι ὕδωρ. λέγει αὐτῇ ὁ Ἰησοῦς· δός μοι πεῖν· 8 οἱ γὰρ μαθηταὶ αὐτοῦ ἀπεληλύθεισαν εἰς τὴν πόλιν ἵνα τροφὰς ἀγοράσωσιν. 9 λέγει °οὖν αὐτῷ ἡ γυνὴ ἡ Σαμαρῖτις· ⸉πῶς σὺ Ἰουδαῖος ὢν⸊ παρ' ἐμοῦ πεῖν αἰτεῖς ⸂γυναικὸς Σαμαρίτιδος οὔσης⸃; ⸋οὐ γὰρ συγχρῶνται Ἰουδαῖοι Σαμαρίταις.⸌ 10 ἀπεκρίθη Ἰησοῦς καὶ

5 ⸋(𝔓75*)ℵ* | ⸀Σιχ- 69 g² vg ¦ Συχεμ sy^s.c | ⸁ου 𝔓66 C*DWΘ **086** λ *pm* | °C𝔎ADWΘ **086** λφ *pl* ¦ *txt* 𝔓66.75 Bℵ || 6 °λ 565 *pc* it sy; Cyr | ⸆δε W b || 7 ⸆και W it | ⸆¹τις ℵ *pc* || 9 °ℵ* 565 *al* j sy sa^pt bo | ⸉*2-4 1* D it sy^s.c sa | ⸂*3 1 2* 𝔎ΔΘλφ *pm* ¦ *1 3 2* 𝔓75 *pc* ¦ *1 2* D ¦ – sy^s | ⸋ℵ* D a b e j ¦ *txt* 𝔓63.66.75.76 *rell*

1 cf Ios Ant XX,6,1 (§ 118 Niese) | Lc 17,11 | Σύχαρ = Συχέμ (sec Hier)? cf Gn 48,22; Jos 24.32 || *2* cf Gn 33,19; 48,22; Jos 24,32; Act 7,16 || *3* cf Ex 2,15 || *5sq* cf Sir 50,25 sq; Lc 9,52 sq

Matth.	Mark.	Luk.	**[Joh. 4,4-42]**

εἶπεν αὐτῇ· εἰ ᾔδεις τὴν δωρεὰν τοῦ θεοῦ καὶ τίς ἐστιν ὁ λέγων σοι· δός μοι πεῖν, σὺ ἂν ᾔτησας αὐτὸν καὶ ἔδωκεν ἄν σοι ὕδωρ ζῶν. 11 λέγει αὐτῷ ⸋[ἡ γυνή]⸌· °κύριε, ⸀οὔτε ἄντλημα ἔχεις καὶ τὸ φρέαρ ἐστὶν βαθύ· πόθεν °¹οὖν ⸁ἔχεις τὸ ὕδωρ τὸ ζῶν; 12 μὴ σὺ μείζων εἶ τοῦ πατρὸς ἡμῶν Ἰακώβ, ὃς ⸀ἔδωκεν ἡμῖν τὸ φρέαρ ⸆ καὶ αὐτὸς ἐξ αὐτοῦ ἔπιεν καὶ οἱ υἱοὶ αὐτοῦ καὶ τὰ θρέμματα αὐτοῦ; 13 ἀπεκρίθη Ἰησοῦς καὶ εἶπεν αὐτῇ· πᾶς ὁ πίνων ἐκ τοῦ ὕδατος τούτου διψήσει πάλιν· 14 ⸂ὃς δ' ἂν πίῃ⸃ ἐκ τοῦ ὕδατος οὗ ἐγὼ δώσω αὐτῷ, ⸋οὐ μὴ ⸀διψήσει εἰς τὸν αἰῶνα, ἀλλὰ τὸ ὕδωρ ὃ ⸆ δώσω αὐτῷ⸌ γενήσεται ⸉ἐν αὐτῷ πηγὴ⸊ ὕδατος °ἁλλομένου εἰς ζωὴν αἰώνιον. 15 λέγει πρὸς αὐτὸν ἡ γυνή· κύριε, δός μοι ⸆ τοῦτο τὸ ὕδωρ, ἵνα μὴ διψῶ μηδὲ ⸀διέρχωμαι ⸁ἐνθάδε ἀντλεῖν. 16 λέγει αὐτῇ ⸆· ὕπαγε φώνησον ⸉τὸν ἄνδρα σου⸊ καὶ ἐλθὲ ἐνθάδε. 17 ⸋ἀπεκρίθη ἡ γυνὴ καὶ⸌ εἶπεν °αὐτῷ· ⸉οὐκ ἔχω ἄνδρα⸊. λέγει αὐτῇ °¹ὁ Ἰησοῦς· καλῶς εἶπας ὅτι ἄνδρα οὐκ ⸀ἔχω· 18 πέντε γὰρ ἄνδρας ἔσχες καὶ νῦν ὃν ἔχεις οὐκ ἔστιν σου ἀνήρ· τοῦτο ⸀ἀληθὲς εἴρηκας. 19 λέγει αὐτῷ ἡ γυνή· °κύριε, θεωρῶ ὅτι προφήτης εἶ °¹σύ. 20 οἱ πατέρες ἡμῶν ἐν τῷ ὄρει τούτῳ προσεκύνησαν· καὶ ὑμεῖς λέγετε ὅτι ἐν Ἱεροσολύμοις ἐστὶν ⸋ὁ τόπος⸌ ὅπου προσκυνεῖν δεῖ. 21 λέγει αὐτῇ ὁ Ἰησοῦς· ⸀πίστευέ μοι, γύναι, ὅτι ἔρχεται ὥρα ὅτε οὔτε ἐν τῷ ὄρει τούτῳ οὔτε ἐν Ἱεροσολύμοις προσκυνήσετε τῷ πατρί. 22 ὑμεῖς προσκυνεῖτε ὃ οὐκ οἴδατε· ἡμεῖς προσκυνοῦμεν ὃ οἴδαμεν, ὅτι ἡ σωτηρία ἐκ τῶν Ἰουδαίων ἐστίν. 23 ἀλλὰ ἔρχεται ὥρα καὶ νῦν ἐστιν, ὅτε οἱ ἀληθινοὶ προσκυνηταὶ προσκυνήσουσιν τῷ πατρὶ ἐν πνεύματι καὶ ἀληθείᾳ· ⸋καὶ γὰρ ὁ πατὴρ τοιούτους ζητεῖ τοὺς προσκυνοῦντας αὐτόν⸌⸆. 24 πνεῦμα ὁ θεός, καὶ τοὺς προσκυνοῦντας °αὐτὸν ἐν πνεύματι ⸂καὶ ἀληθείᾳ⸃ ⸉δεῖ προσκυνεῖν⸊. 25 λέγει αὐτῷ ἡ γυνή· ⸀οἶδα ὅτι ⸁Μεσσίας ἔρχεται ὁ λεγόμενος χριστός· ὅταν ἔλθῃ ἐκεῖνος, ἀναγγελεῖ ἡμῖν ⸀¹ἅπαντα. 26 λέγει αὐτῇ °ὁ Ἰησοῦς· ἐγώ εἰμι, ὁ λαλῶν σοι. 27 Καὶ ἐπὶ τούτῳ ἦλθαν οἱ μαθηταὶ αὐτοῦ καὶ ἐθαύμαζον ὅτι μετὰ γυναικὸς ⸀ἐλάλει· οὐδεὶς μέντοι εἶπεν ⸆· τί ζητεῖς⁚ ἢ τί λαλεῖς μετ' αὐτῆς; 28 ἀφῆκεν οὖν τὴν ὑδρίαν αὐτῆς ἡ γυνὴ καὶ ἀπῆλθεν ⸆ εἰς τὴν πόλιν καὶ λέγει τοῖς ἀνθρώποις· 29 δεῦτε ἴδετε ἄνθρωπον ὃς εἶπέν °μοι πάντα ⸀ὅσα ἐποίησα, μήτι οὗτός ἐστιν ὁ χριστός; 30 ἐξῆλθον ⸆ ἐκ τῆς πόλεως καὶ ἤρχοντο πρὸς αὐτόν. 31 ⸀Ἐν τῷ μεταξὺ ἠρώτων αὐτὸν οἱ μαθηταὶ ⸆λέγοντες· ῥαββί, φάγε. 32 ὁ δὲ εἶπεν αὐτοῖς· ἐγὼ βρῶσιν ἔχω φαγεῖν ἣν ὑμεῖς οὐκ οἴδατε. 33 ⸀ἔλεγον οὖν ⸂οἱ μαθηταὶ πρὸς ἀλλήλους⸃· μή τις ἤνεγκεν αὐτῷ φαγεῖν; 34 λέγει αὐτοῖς ὁ Ἰησοῦς· ἐμὸν βρῶμά ἐστιν ἵνα ⸀ποιήσω τὸ θέλημα τοῦ πέμψαντός με⁚ καὶ τελειώσω αὐτοῦ τὸ ἔργον. 35 οὐχ ὑμεῖς ⸆λέγετε ὅτι °ἔτι ⸀τετράμηνός ἐστιν καὶ ὁ θερισμὸς ἔρχεται; ⸋ἰδοὺ λέγω ὑμῖν,⸌ ἐπάρατε τοὺς ὀφθαλμοὺς ὑμῶν καὶ θεάσασθε τὰς χώρας ὅτι λευκαί εἰσιν πρὸς θερισμόν⁚. ἤδη⁚¹ ⸆· 36 ὁ θερίζων μισθὸν λαμ-

11 ⸋ † 𝔓75 B sy^s ¦ εκεινη ℵ* ¦ *txt* 𝔓66 *rell* | ° sy^s | ⸀ουδε D sy^s.c bo^pt | °¹ ℵ D (W) *pc* it sy | ⸁ εστιν W || **12** ⸀δεδ- 𝔓66.75 C 69 *pc* | ⸆το ζων W || **14** ⸂ο δε πινων ℵ* D | ⸋ C* *pc* | ⸀-ση 𝔓66 Ꞩ W **086** ϕ *pm* | ⸆εγω ℵ D W **083** *al* lat | ⸉ 𝔓66 | ° sy^c bo^pt || **15** ⸆(4,7) πειν sy^s | ⸀-χομαι 𝔓75 B ¦ ερχωμαι C A D W λ *pm*; Cyr ¦ ερχομαι ℵ² E F Θ **086** ϕ *pm* latt ¦ *txt* 𝔓66 ℵ* | ⸁ ωδε ℵ* || **16** ⸆ο (— ℵ* Θ λ ϕ) Ιησους ℵ C² Ꞩ A D W Θ **086** λ ϕ *pl* it sy sa^pt bo ¦ *txt* 𝔓66.75 B C* *pc* | ⸉ *3 1 2* B **086**. 69 *pc*; Or^pt Cyr || **17** ⸋ sy | ° † ℵ Ꞩ A D W Θ λ ϕ *pm* lat ¦ *txt* 𝔓66 (𝔓75) B C **086** *al* it sy bo^pt | ⸉ *3 1 2* ℵ C* D *pc* r¹ | °¹ W Θ | ⸀εχεις ℵ D it || **18** ⸀-θως ℵ* *pc* || **19** ° ℵ* 245 | °¹ D it || **20** ⸋ ℵ 348 || **21** ⸀-ευσον Ꞩ A Θ *al* || **23** ⸋ λ *pc* sa^pt | ⸆εν πνευματι W *pc* a b r¹ || **24** ° † ℵ* D* ¦ *txt* 𝔓66.75 Ꞩ Ꞩ A W Θ **086** λ ϕ *pl* lat sy^c.p sa bo; Or Eus Cyr | ⸂αληθειας ℵ* | ⸉ ℵ* D a j r¹ || **25** ⸀οιδαμεν 𝔓66c ℵ^corr G L ϕ 33 *al* f sy^hmg sa bo; Or^pt Cyr | ⸁ Μεσιας Ꞩ 33 *al*; Cyr^pt | ⸀¹παντα Ꞩ A D Θ **086** ϕ *pl*; Or^pt Cyr ¦ *txt* 𝔓66.75 B ℵ C* W λ *pc* || **26** ° A || **27** ⸀λαλει W Θ | ⸆αυτω ℵ D *pc* it | [⁚; ἤ Tί H] || **28** ⸆τρεχουσα Θ || **29** ° W ff² | ⸀ † ἅ B ℵ C *pc* a e q ¦ *txt* 𝔓66.75 Ꞩ A D W Θ **086** λ ϕ *pl* || **30** ⸆ουν 𝔓66 ℵ **086**. **0273** λ ϕ *pm* || **31** ⸀εν δε 𝔓75 Ꞩ A Θ **086** λ ϕ *pm* ¦ και εν W *pc* | ⸆αυτου W Θ 33 *al* || **33** ⸀λεγουσιν ℵ* | ⸂εν εαυτοις οι μ. D || **34** ⸀ † ποιω ℵ Ꞩ A ϕ *al* ¦ *txt* 𝔓66.75 Ꞩ D W Θ **083**. 1 *pm*; Cl^pt Or Cyr^pt | [⁚, comm] || **35** ⸆μοι Θ | ° 𝔓75 D L **0273** ϕ *pm* l sy^c; Or^pt Cyr | ⸀-νον H W *pc* | ⸋ λ 565 *pc* sa^pt; Or | ⁚—. *et* ⁚¹. 𝔓75 Ꞩ λ ϕ *al* it^pt sy^p sa bo^pt; Or Cyr ¦ *txt* C* D *al* it^pt sy^s.c bo^pt | ⸆και Ꞩ A Θ λ ϕ *pm*

7 cf 46 || *7sq* cf Jo 7,37sq; Sir 15,3; Bar 3,12; Gn 26,19; Lv 14,5; Jr 2,13; Zch 14,8; *cf 44* || *7sqq cf 47* || *8* cf Jo 2,20; 3,4; ἄντλημα hapaxl NT | cf Gn 21,19; 26,19 || *9* cf Jo 8,53 || *10* θρέμματα hapaxl NT || *11sq* cf Is 58,11; 49,10; Ez 47,1sqq; Jo 7,37sqq | εἰς τὸν αἰῶνα duodecies in Jo (Jo 9,32 ἐκ τοῦ αἰῶνος) | cf Apc 7,17; 21,6; 22,1.17 || *13* cf Jo 6,34 || *15* cf Tob 3,8 || *16* cf Jo 1,48sq; 9,17 || *17* cf Dt 11,29; 27,12; 12,4sqq; Ex 3,12; Ps 122 || *18sq* cf Act 6,14; 1Rg 8,27; Is 66,1.18-23; Ml 1,11 || *19* cf Act 17,23 || *20* cf Is 2,3; Jr 3,17; Rm 1,16; 2,10; 3,1sq; 9,4sq; 11,18 | cf Jo 5,25 || *20sq* cf Is 1,11-20; 29,13; Joel 2,13; Am 5,21-26; Mch 6,6-8; Ps 40,7; 50,7sqq; 51,19 || *22* cf Rm 12,1; Act 7,48; 17,24sq || *23* cf Jo 1,41 || *24* cf Jo 9,37 || *27 cf 36* || *30* cf Ps 63,6; Dt 8,3; Prv 9,5sq; Mt 4,4 | cf Jo 17,4; 5,36 || *31sq cf 41sqq* || *32* cf Jo 4,51; 7,14; 15,3 | cf Prv 11,21

Matth.	Mark.	Luk.	[Joh. 4,4-42]

βάνει καὶ συνάγει καρπὸν εἰς ζωὴν αἰώνιον, ἵνα ⸆ ὁ σπείρων ὁμοῦ χαίρῃ καὶ °ὁ θερίζων. 37 ⸋ἐν γὰρ τούτῳ ὁ
λόγος ἐστὶν ⸆ ἀληθινὸς ὅτι ἄλλος ἐστὶν ὁ σπείρων καὶ ἄλλος ὁ θερίζων.⸌ 38 ἐγὼ ⸀ἀπέστειλα ὑμᾶς θερίζειν °ὃ
οὐχ ὑμεῖς κεκοπιάκατε· ἄλλοι κεκοπιάκασιν καὶ ὑμεῖς εἰς τὸν κόπον αὐτῶν εἰσεληλύθατε. 39 Ἐκ δὲ τῆς
πόλεως ἐκείνης πολλοὶ ἐπίστευσαν ⸋εἰς αὐτὸν⸌ τῶν Σαμαριτῶν διὰ τὸν λόγον τῆς γυναικὸς μαρτυρούσης
ὅτι εἶπέν μοι πάντα ⸀ἃ ἐποίησα. 40 ὡς οὖν ἦλθον πρὸς αὐτὸν οἱ Σαμαρῖται, ἠρώτων αὐτὸν μεῖναι ⸂παρ᾽ αὐτοῖς⸃·
καὶ ἔμεινεν ⸀ἐκεῖ δύο ἡμέρας. 41 καὶ πολλῷ πλείους ἐπίστευσαν διὰ τὸν λόγον αὐτοῦ, 42 τῇ ⸀τε γυναικὶ ἔλεγον
°ὅτι οὐκέτι διὰ τὴν ⸂σὴν λαλιὰν⸃ πιστεύομεν, ⸀αὐτοὶ γὰρ ἀκηκόαμεν ⸆ καὶ οἴδαμεν ὅτι οὗτός ἐστιν °¹ἀληθῶς
ὁ σωτὴρ τοῦ κόσμου ⸆.

9,37-38 (nr. 98, p. 137)

37 Τότε λέγει τοῖς μαθηταῖς αὐτοῦ· ὁ μὲν θερισμὸς πολύς, οἱ δὲ ἐργάται ὀλίγοι· 38 δεήθητε οὖν τοῦ κυρίου τοῦ θερισμοῦ ὅπως ἐκβάλῃ ἐργάτας εἰς τὸν θερισμὸν αὐτοῦ.

10,2 (nr. 177, p. 257)

2 Ἔλεγεν δὲ πρὸς αὐτούς· ὁ μὲν θερισμὸς πολύς, οἱ δὲ ἐργάται ὀλίγοι· δεήθητε οὖν τοῦ κυρίου τοῦ θερισμοῦ ὅπως ἐργάτας ἐκβάλῃ εἰς τὸν θερισμὸν αὐτοῦ.

Ignatius ad Rom. 7,2: Ὁ ἐμὸς ἔρως ἐσταύρωται, καὶ οὐκ ἔστιν ἐν ἐμοὶ πῦρ φιλόϋλον· »ὕδωρ δὲ ζῶν« καὶ λαλοῦν ἐν ἐμοί, ἔσωθέν μοι λέγον· Δεῦρο πρὸς τὸν πατέρα.

Ignatius ad Smyrn. 7,1: Οἱ οὖν ἀντιλέγοντες »τῇ δωρεᾷ τοῦ θεοῦ« συζητοῦντες ἀποθνήσκουσιν. συνέφερεν δὲ αὐτοῖς ἀγαπᾶν, ἵνα καὶ ἀναστῶσιν.

Evang. Thomae copt.: *cf. Append. I, 13*

36 ⸆και ℵ𝔎ΑDΘ ϕ *pm* it; Ir | °𝔓66Θ || 37 ⸋*vs* 𝔓75 | ⸆ο 𝔓66ℵ𝔎ΑDΘ ϕ *pm* || 38 ⸀-σταλκα ℵD | °D*LWe; Ir || 39 ⸋ℵ* 482 a e; Orpt | ⸀οσα 𝔓66𝔎ADWΘ λ ϕ *pl* ¦ *txt* 𝔓75 ℌ *pc* || 40 ⸂προς αυτους C | ⸀παρ αυτοις ℵ *pc* || 42 ⸀δε 𝔓66 D E *pc* it | °B W *pc* b f r1; Ir Or | ⸂λαλιαν σου 𝔓75 B; Or ¦ σην μαρτυριαν ℵ* D b l r1 | ⸀αυτου D a | ⸆παρ αυτου ℵ λ ϕ 565 *al* | °1W Π *pc* ff2 r1; Orpt | ⸆ ο χριστος 𝔎 A D Θ λ ϕ *pl* e f q

33 Lv 25,3 | Is 9,2; Ps 126,5sq; Hos 10,12 || 34 cf Mch 6,15; Job 31,8; Hgg 1,6; Dt 20,6; 28,30; 1Cor 3,6 || 34sq cf Jos 24,13 || 36 *cf 27* || 37 cf Lc 9,52sq || 40 cf 1Jo 4,14; 1Tm 4,10; 2,3sq etc || 41sqq *cf 31sq* || 44 *cf 7sq* || 46 *cf 7* || 47 *cf 7sqq*

32. Wirksamkeit in Galiläa

Ministerium in Galilaea **Ministry in Galilee**

Matth. 4,13-17 13,57b; 3,1-2	Mark. 1,14b-15 6,4; 1,21; 1,4	Luk. 4,14b-15 4,24; 4,31; 3,2b-3	Joh. 4,43-46a 2,12
13,57b (nr. 139, p. 193) 57b Ὁ δὲ Ἰησοῦς εἶπεν αὐτοῖς· οὐκ ἔστιν προφήτης ἄτιμος εἰ μὴ ἐν τῇ πατρίδι καὶ ἐν τῇ οἰκίᾳ αὐτοῦ.	*6,4 (nr. 139, p. 193)* 4 Καὶ ἔλεγεν αὐτοῖς ὁ Ἰησοῦς ὅτι οὐκ ἔστιν προφήτης ἄτιμος εἰ μὴ ἐν τῇ πατρίδι αὐτοῦ καὶ ἐν τοῖς συγγενεῦσιν αὐτοῦ καὶ ἐν τῇ οἰκίᾳ αὐτοῦ.	*4,24 (nr. 33, p. 48)* 24 Εἶπεν δέ· ἀμὴν λέγω ὑμῖν ὅτι οὐδεὶς προφήτης δεκτός ἐστιν ἐν τῇ πατρίδι αὐτοῦ.	43 Μετὰ δὲ τὰς δύο ἡμέρας ἐξῆλθεν ἐκεῖθεν ⸆ εἰς τὴν Γαλιλαίαν· 44 αὐτὸς γὰρ Ἰησοῦς ἐμαρτύρησεν ὅτι προφήτης ἐν τῇ ἰδίᾳ πατρίδι τιμὴν οὐκ ἔχει.

Joh.: 43 ⸆και απηλθεν 𝔎ΑΘ λ 33 *pm* aur vg ¦ κ. ηλθεν L *pc* g2 gat syp

1sq cf Jo 4,3sq.40 || 3sqq cf Jo 7,3.41.52; 1,46; 18,5.7; 19,19; *cf 47*

[Matth. 4,13-17]

(nr. 30 4,12 p. 44)

13 Καὶ καταλιπὼν τὴν ⸀Ναζαρὰ ἐλθὼν κατῴκησεν εἰς ⸁Καφαρναοὺμ τὴν παραθαλασσίαν ἐν °ὁρίοις Ζαβουλὼν καὶ Νεφθαλίμ· 14 ἵνα πληρωθῇ τὸ ῥηθὲν διὰ Ἠσαΐου τοῦ προφήτου °λέγοντος·

15 γῆ Ζαβουλὼν καὶ γῆ Νεφθαλίμ,
ὁδὸν θαλάσσης⁚, πέραν τοῦ Ἰορδάνου⸆, Γαλιλαία τῶν ἐθνῶν,
16 ὁ λαὸς ὁ καθήμενος ἐν ⸀σκότει φῶς εἶδεν °μέγα,
⸂καὶ τοῖς καθημένοις⸃ ἐν ⸄χώρᾳ καὶ⸅ σκιᾷ θανάτου φῶς ⸆ ἀνέτειλεν αὐτοῖς.

17 Ἀπὸ τότε ἤρξατο ὁ Ἰησοῦς κηρύσσειν
καὶ λέγειν·
°μετανοεῖτε· ἤγγικεν °γὰρ ἡ βασιλεία τῶν οὐρανῶν.

(nr. 34 4,18-22 p. 51)

[Mark. 1,14b-15]

1,21 (nr. 35, p. 53)

21 Καὶ εἰσπορεύονται εἰς Καφαρναούμ·
καὶ εὐθὺς τοῖς σάββασιν εἰσελθὼν εἰς τὴν συναγωγὴν ἐδίδασκεν.

(nr. 30 1,14a p. 44)

14b κηρύσσων τὸ εὐαγγέλιον ⸆ τοῦ θεοῦ 15 ⸂καὶ λέγων⸃ ὅτι ⸄πεπλήρωται ὁ καιρὸς⸅ καὶ ἤγγικεν ἡ βασιλεία ⸂¹τοῦ θεοῦ⸃¹· μετανοεῖτε καὶ πιστεύετε ἐν τῷ εὐαγγελίῳ⸆.

(nr. 34 1,16-20 p. 51)

[Luk. 4,14b-15]

(nr. 30 4,14a p. 44)

14 ... καὶ φήμη ἐξῆλθεν καθ' ὅλης τῆς ⸀περιχώρου περὶ αὐτοῦ.

4,31 (nr. 35, p. 53)

31 Καὶ κατῆλθεν εἰς Καφαρναοὺμ πόλιν τῆς Γαλιλαίας.
καὶ ἦν διδάσκων αὐτοὺς ἐν τοῖς σάββασιν.

15 καὶ °αὐτὸς ἐδίδασκεν ἐν ταῖς συναγωγαῖς °¹αὐτῶν δοξαζόμενος ὑπὸ πάντων.

[Joh. 4,43-46a]

45 ⸀ὅτε οὖν ἦλθεν εἰς τὴν Γαλιλαίαν, ⸁ἐδέξαντο °αὐτὸν οἱ Γαλιλαῖοι πάντα ἑωρακότες ⸀¹ὅσα ἐποίησεν ἐν Ἱεροσολύμοις ἐν τῇ ἑορτῇ, καὶ αὐτοὶ γὰρ ⸀²ἦλθον εἰς τὴν ἑορτήν.

2,12 (nr. 23, p. 38)

12 Μετὰ τοῦτο κατέβη εἰς Καφαρναοὺμ αὐτὸς καὶ ἡ μήτηρ αὐτοῦ καὶ οἱ ἀδελφοὶ [αὐτοῦ] καὶ οἱ μαθηταὶ αὐτοῦ καὶ ἐκεῖ ἔμειναν οὐ πολλὰς ἡμέρας.

46 Ἦλθεν οὖν πάλιν ⸆ ⸂εἰς τὴν⸃ Κανὰ τῆς Γαλιλαίας, ὅπου ἐποίησεν τὸ ὕδωρ οἶνον.

(nr. 85 4,46b-54 p. 113)

Matth.: 13 ⸀-ρετ L *pm*; Epiph ¦ -ρεθ ℵ*(C) D W Θ φ 1 *pm* lat sa bo; Or^{pt} Eus ¦ *txt* ℵ^{corr} B* *pc* k; Or^{pt} | ⸁-περναουμ C 𝔎 (W Θ) λ φ *pm* | °sy^{s} ‖ 14 °lat ‖ 15 [⁚ –, W] | ⸆ποταμου sy$^{s.c}$ ‖ 16 ⸀† σκοτια ℵ^{corr} B D (+ τη W); Or^{pt} ¦ *txt* 𝔍 𝔎 Θ *pl*; Hipp Or^{pt} Eus | °sy^{s} | ⸂οι -νοι D 700 it | ⸄λυπη και sy^{s}? ¦ – sy^{c} | ⸆μεγα sy^{c} ‖ 17 ° *et* ° k sy$^{s.c}$; Ju Cl Or^{pt} Eus

Mark.: 14 ⸆της βασιλειας 𝔎 A D W **074.0133.0135** *pm* lat sy^{p} ‖ 15 ⸂λεγων A D F G **074** *pm* it ¦ – ℵ* c sy^{s} sa; Or ¦ *txt* B K W Θ λ φ *al* aur l vg sy^{p} bo^{pt} | ⸄-ωνται οι καιροι D it | ⸂¹*p)* των ουρανων W | ⸆αυτου sy^{c}

Luk.: 14 ⸀χωρας ℵ lat ‖ 15 °A e | °¹D a b l sa^{pt}

Joh.: 45 ⸀ως ℵ* D | ⸁εξεδ- D lat | °W | ⸀¹α ℵ* 𝔎 D *al* latt | ⸀²εληλυθεισαν ℵ lat ‖ 46 ⸆ο Ιησους 𝔎 A Θ **063** λ φ *pm* f q | ⸂εν B *pc*

[9sqq (Lc)] cf Mt 9,26; 4,24; 9,31; 14,1; Mc 1,28.45; Lc 4,37; 7,17; 5,15 ‖ [10sq (Jo)] cf Jo 2,23 ‖ [16] cf Mt 9,1; 11,23 ‖ [21sqq] Is 8,23-9,1; 58,10 ‖ [24sq] cf 1 Mcc 5,15 ‖ [26sqq] cf Lc 1,78sq ‖ [31sq (Lc)] *cf nr 40* ‖ [33sq (Mc)] cf Gl 4,4 ‖ [34sqq] *cf 43 sq. 46*; cf Mt 10,7; Lc 10,9.11 ‖ [38sq] cf Jo 2,1sqq *(= nr 22)*

Matth.	Mark.	Luk.	Joh.
3,1-2 *(nr. 13, p. 20)* 1 Ἐν δὲ ταῖς ἡμέραις ἐκείναις παραγίνεται Ἰωάννης ὁ βαπτιστὴς κηρύσσων ἐν τῇ ἐρήμῳ τῆς Ἰουδαίας 2 [καὶ] λέγων· μετανοεῖτε· ἤγγικεν γὰρ ἡ βασιλεία τῶν οὐρανῶν.	1,4 *(nr. 13, p. 20)* 4 Ἐγένετο Ἰωάννης [ὁ] βαπτίζων ἐν τῇ ἐρήμῳ καὶ κηρύσσων βάπτισμα μετανοίας εἰς ἄφεσιν ἁμαρτιῶν.	3,2b-3 *(nr. 13, p. 20)* 2... ἐγένετο ῥῆμα θεοῦ ἐπὶ Ἰωάννην τὸν Ζαχαρίου υἱὸν ἐν τῇ ἐρήμῳ. 3 καὶ ἦλθεν εἰς πᾶσαν [τὴν] περίχωρον τοῦ Ἰορδάνου κηρύσσων βάπτισμα μετανοίας εἰς ἄφεσιν ἁμαρτιῶν.	

Justinus Mart., Dial. 51,2: Καὶ εὐηγγελίζετο, καὶ αὐτὸς λέγων ὅτι ἐγγύς ἐστιν ἡ βασιλεία τῶν οὐρανῶν.
Evang. Thomae copt.: *cf. Append. I, 31*

43sq cf *34sqq* || *46* cf *34sqq* || *47* cf *3sqq*

33. Predigt in Nazareth

In Nazareth praedicat *(cf. nr. 139)* **Jesus' Preaching at Nazareth**

Matth. 13,53-58 *(nr. 139, p. 193)*	Mark. 6,1-6a *(nr. 139, p. 193)*	**Luk. 4,16-30**	Joh. 7,15; 6,42; 4,44; 10,39
53 Καὶ ἐγένετο ὅτε ἐτέλεσεν ὁ Ἰησοῦς τὰς παραβολὰς ταύτας, μετῆρεν ἐκεῖθεν. 54 καὶ ἐλθὼν εἰς τὴν πατρίδα αὐτοῦ ἐδίδασκεν αὐτοὺς ἐν ⸂τῇ συναγωγῇ⸃ αὐτῶν,	1 Καὶ ἐξῆλθεν ⸋ἐκεῖθεν καὶ ⸀ἔρχεται⸌ εἰς τὴν πατρίδα αὐτοῦ, καὶ ἀκολουθοῦσιν αὐτῷ οἱ μαθηταὶ αὐτοῦ. 2 καὶ ⸂γενομένου σαββάτου⸃ ἤρξατο διδάσκειν ἐν τῇ συναγωγῇ,	16 ⸂Καὶ ἦλθεν εἰς ⸆Ναζαρά, οὗ ἦν ⸀τεθραμμένος⸃, ⸋καὶ εἰσῆλθεν⸌ κατὰ τὸ εἰωθὸς °αὐτῷ ἐν τῇ ἡμέρᾳ τῶν σαββάτων εἰς τὴν συναγωγὴν ⸉καὶ ἀνέστη ἀναγνῶναι. 17 καὶ ἐπεδόθη αὐτῷ ⸂βιβλίον τοῦ προφήτου Ἠσαΐου⸃⸊ καὶ ⸀ἀναπτύξας τὸ βιβλίον εὗρεν °τὸν τόπον οὗ ἦν γεγραμμένον· 18 πνεῦμα κυρίου ἐπ' ⸀ἐμὲ οὗ εἵνεκεν ἔχρισέν ⸀με⁚ εὐαγγελίσασθαι πτωχοῖς⁚¹, ἀπέσταλκέν ⸀με, ⸆ κηρύξαι αἰχμαλώτοις ἄφεσιν καὶ τυφλοῖς ἀνάβλεψιν, ἀποστεῖλαι ⸀τεθραυσμένους ἐν ἀφέσει,	

Matth.: 54 ⸂ (4,23?) ταις -αις it sa bo

Mark.: 1 ⸋ W | ⸀ηλθεν ℜ A *pl*; Or ¦ απηλθεν D lat || 2 ⸂ *p)* ημερα σαββατων D it

Luk.: 16 ⸂ Ελθων δε εις N-εδ οπου ην D | ⸆ την ℜ A **0102** φ *pm* | ⸀ανατεθρ- ℌ W Θ **0102** *al*; Eus Cyr ¦ *txt* B ℜ A *pm* | ⸋ *et* ° D; (Mcion) || **16.17** ⸉ *4-10 1-3* Θ *pc* || **17** ⸂ ο προφητης Ησαιας D | ⸀† ανοιξας B A L W *pc* ¦ *txt* ℵ ℜ (D*) Θ λ φ *pl* latt | ° ℵ W 33 *pc* ¦ *txt* B ℜ A D Θ λ φ *pl* || **18** ⸀ *ter* (επι) σε sy^s | [⁚, *et* ⁚¹ —, comm] | ⸆ (Is 61,1) ιασασθαι τους συντετριμμενους την καρδιαν ℜ A Θ **0102** λ *pm* f (vg) sy^p bo^pt; Ir (Hipp) | ⸀ τεθραυματισμ- D*

1sqq cf Mt 19,1; 11,1; (7,28; 26,1) || *4(Lc)* cf Act 7,20sq; 22,3; Lc 2,51 || *5(Lc)* cf Act 17,2 || *6(Lc)* cf Act 13,14; 16,13 || *8sqq* cf Act 13,15.27 || *10sq* cf Apc 5,2 || *13sqq* Is 61,1sq; cf *87sqq* || *20sq* cf Is 58,6

[Matth. 13,53-58]	[Mark. 6,1-6a]	**[Luk. 4,16-30]**	Joh.
		19 κηρύξαι ἐνιαυτὸν κυρίου δεκτόν. 20 καὶ πτύξας τὸ βιβλίον ᵀἀποδοὺς τῷ ὑπηρέτῃ ἐκάθισεν· καὶ πάντων ⸉οἱ ὀφθαλμοὶ □ἐν τῇ συναγωγῇ⸌⸊ ἦσαν ἀτενίζοντες αὐτῷ. 21 ἤρξα- το δὲ λέγειν πρὸς αὐτοὺς °ὅτι σήμερον πεπλήρωται ἡ γραφὴ °¹αὕτη ἐν τοῖς ὠσὶν ὑμῶν. 22 Καὶ	
ὥστε ἐκπλήσσεσθαι αὐτοὺς καὶ λέγειν·	καὶ ᵀπολλοὶ ἀκούοντες ἐξεπλήσσοντο ᵀ λέγοντες·	πάντες ἐμαρτύρουν αὐτῷ καὶ ἐθαύμαζον ἐπὶ τοῖς λόγοις τῆς χάριτος τοῖς ἐκπορευομένοις ἐκ τοῦ στόματος αὐτοῦ καὶ ἔλεγον·	7,15 *(nr. 240, p. 322)* 15 Ἐθαύμαζον οὖν οἱ Ἰουδαῖοι λέγον- τες· πῶς οὗτος γράμματα οἶδεν μὴ μεμαθηκώς;
πόθεν τούτῳ ᵀ ἡ σοφία αὕτη καὶ αἱ δυνάμεις;	πόθεν τούτῳ ταῦταᵀ¹, καὶ τίς ἡ σοφία ἡ δοθεῖσα ⸀τούτῳ⁏, ⸂καὶ αἱ δυνάμεις τοιαῦται διὰ τῶν χει- ρῶν αὐτοῦ γινόμεναι⸃⁏¹;		
55 οὐχ οὗτός ἐστιν ὁ ⸂τοῦ τέκτονος⸃ υἱός; ⸀οὐχ ἡ μήτηρ αὐτοῦ λέγε- ται Μαριὰμ καὶ οἱ ἀδελφοὶ αὐτοῦ □Ἰάκωβος καὶ ⸁Ἰωσὴφ καὶ Σίμων καὶ Ἰούδας; 56 καὶ αἱ ἀδελφαὶ αὐ- τοῦ οὐχὶ πᾶσαι⸌ πρὸς ἡμᾶς εἰσιν; πόθεν οὖν τούτῳ ταῦτα πάντα; 57 καὶ ἐσκανδαλίζοντο ⸀ἐν αὐτῷ.	3 οὐχ οὗτός ἐστιν ὁ ⸂τέκτων, ὁ υἱὸς⸃ °τῆς Μαρίας °¹καὶ ᵀ ἀδελφὸς Ἰακώβου ⸂καὶ Ἰωσῆτος⸃ καὶ Ἰού- δα καὶ Σίμωνος; καὶ οὐκ εἰσὶν αἱ ἀδελφαὶ αὐτοῦ ὧδε πρὸς ἡμᾶς; καὶ ἐσκανδαλίζοντο ἐν αὐτῷ.	οὐχὶ υἱός ἐστιν Ἰωσὴφ οὗτος;	6,42 *(nr. 149, p. 213)* 42 Καὶ ἔλεγον· οὐχ οὗτός ἐστιν Ἰησοῦς ὁ υἱὸς Ἰωσήφ, οὗ ἡμεῖς οἴδαμεν τὸν πατέρα καὶ τὴν μητέρα; πῶς νῦν λέγει ὅτι ἐκ τοῦ οὐρανοῦ καταβέβηκα;
		23 καὶ εἶπεν πρὸς αὐτούς· πάντως ἐρεῖτέ μοι τὴν παραβολὴν ταύ- την· ἰατρέ, θεράπευσον σεαυτόν· ὅσα ⸀ἠκούσαμεν γενόμενα ⸂εἰς τὴν⸃ Καφαρναοὺμ ᵀ ποίησον καὶ	
ὁ δὲ °Ἰησοῦς εἶπεν αὐτοῖς· οὐκ ἔστιν	4 ⸂καὶ ἔλεγεν αὐτοῖς⸃ ὁ Ἰησοῦς ὅτι οὐκ ἔστιν	ὧδε ἐν τῇ πατρίδι σου. 24 εἶπεν δέ· ἀμὴν ᵀ λέγω °ὑμῖν ὅτι οὐδεὶς	4,44 *(nr. 32, p. 46)* 44 Αὐτὸς γὰρ Ἰησοῦς ἐμαρτύρησεν

Matth.: 54 ᵀπασα D*al* sy^s ¦ *p)* ταυτα και τις W ‖ 55 ⸂τ. Ιωσηφ sy^s ¦ τ. Ι. τ. τεκτ. it sy^c | ⸀ουχι ℜ D *pm* | ⸁*p)* Ιωσης K L W ϕ *al* k sy^p sa bo ¦ Ιωαννης ℵ*^vid D *al* ¦ *txt* ℌ Θ λ *pc* lat sy^s.c; Or^pt ‖ 55.56 □Or^pt ‖ 57 ⸀επ W *pc* | °ℵ

Mark.: 2 ᵀ† οι B ϕ *pc* ¦ *txt* ℵ C ℜ A D W Θ **0126.0133** λ *pl* | ᵀ(1,22) επι τη διδαχη αυτου 𝔓^45vid D Θ *al* lat | ᵀ¹(Mt 13,56) παντα ℵ C *pc* | ⸀αυτω ℜ A D W Θ **0133** λ ϕ *pl* | ⸂και δυν… γινονται C² ℜ A W **0133** λ *pm* ¦ ινα και δυν… γινωνται (C*) D (Θ ϕ) *al* it (— και sy^p sa^pt) | [⁏; *et* ⁏¹. W] ‖ 3 ⸂*p)* του τεκτονος ο υι. 𝔓^45vid 13 *pc* ¦ τ. τεκ. υι. 565. 579 ¦ τ. τεκ. υι. και 69. 700 *al* it arm; Or | °ℜ A D **0133** λ *pm* | °¹ℜ A W *pm* | ᵀο ℵ D L ϕ *pc* | ⸂*p)* κ. Ιωσηφ ℵ lat ¦ κ. Ιωση C ℜ A W **0133** λ *pm* sa; Epiph^pt ¦ — c ff² i ¦ *txt* ℌ D Θ ϕ *al* sy^p bo ‖ 4 ⸂ελεγεν δε αυτ. ℜ A *pm* ¦ ελ. δε W *pc*

Luk.: 20 ᵀκαι W *pc* | ⸉*3-5 1 2* ℜ(A) D Θ λ ϕ *pm* lat | □348 sy^s ‖ 21 °D W *pc* | °¹ϕ *pc* ‖ 23 ⸀-σατε sy^s | ⸂εν τη ℜ Θ λ *al* ¦ εν A **0102** *al* ¦ εις D L *pc* | ᵀερειτε μοι sy^s ‖ 24 ᵀαμην D *pc* ff² r¹ | °Θ

22sq cf Lv 25,10? ‖ 27 cf Act 6,15; 10,4; 3,4 ‖ 32 cf Mc 1,22; 7,37; 10,26; 11,18; Mt 7,28; 19,25; 22,33 ‖ 32sq cf Act 14,3; 20,24.32; Ps 45,3; Kol 4,6 ‖ 37 *cf 72;* cf Mc 9,39; Act 19,11; 2 Cor 12,12 ‖ 38sqq *cf 90 sqq* ‖ 39 cf 1 Sm 13,19 ‖ 39sq cf Lc 3,23 ‖ 41sqq cf Mc 3,21.31 par *(= nr 121)*; Jo 7,5; Act 1,14; 1 Cor 9,5 ‖ 42 cf Gl 1,19; 2,9.12; Act 12,17; 15,13; 21,18; 1 Cor 15,7 ‖ 43sq cf Epiph Panar 78,9,6: Σαλώμην καὶ Μαρίαν ‖ 49 cf Mt 27,42; Sir 18,20; Mt 9,12 ‖ 49sqq *cf 87* ‖ 51 cf Lc 10,15; 4,31.40; 7,1 ‖ 52sqq *cf 85 sq*

[Matth. 13,53-58]	[Mark. 6,1-6a]	**[Luk. 4,16-30]**	[Joh. 4,44]
προφήτης ἄτιμος εἰ μὴ ἐν τῇ ⸀πατρίδι καὶ ἐν τῇ οἰκίᾳ αὐτοῦ.	προφήτης ἄτιμος εἰ μὴ ἐν τῇ ⸂πατρίδι αὐτοῦ⸃ ⸄καὶ ἐν τοῖς συγγενεῦσιν αὐτοῦ⸅ καὶ ἐν τῇ οἰκίᾳ αὐτοῦ.	προφήτης δεκτός ἐστιν ἐν τῇ πατρίδι ⸀αὐτοῦ.	ὅτι προφήτης ἐν τῇ ἰδίᾳ πατρίδι τιμὴν οὐκ ἔχει.
		[25] ἐπ' ἀληθείας δὲ λέγω ὑμῖν, ⸆ πολλαὶ χῆραι ἦσαν ἐν ταῖς ἡμέραις Ἠλίου ἐν τῷ Ἰσραήλ, ὅτε ἐκλείσθη ὁ οὐρανὸς °ἐπὶ ἔτη τρία καὶ μῆνας ἕξ, ὡς ἐγένετο λιμὸς ⸀μέγας ἐπὶ πᾶσαν τὴν γῆν, [26] καὶ πρὸς οὐδεμίαν αὐτῶν ἐπέμφθη Ἠλίας εἰ μὴ εἰς Σάρεπτα τῆς ⸀Σιδωνίας πρὸς γυναῖκα ⸁χήραν. [27] καὶ πολλοὶ λεπροὶ ἦσαν ἐν τῷ Ἰσραὴλ ἐπὶ Ἐλισαίου τοῦ προφήτου, καὶ οὐδεὶς αὐτῶν ἐκαθαρίσθη εἰ μὴ Ναιμὰν ὁ Σύρος.	
[58] καὶ οὐκ ἐποίησεν ἐκεῖ δυνάμεις πολλὰς διὰ ⸂τὴν ἀπιστίαν⸃ αὐτῶν.	[5] καὶ οὐκ ἐδύνατο ⸀ἐκεῖ ποιῆσαι οὐδεμίαν δύναμιν, εἰ μὴ ὀλίγοις ἀρρώστοις ἐπιθεὶς τὰς χεῖρας ἐθεράπευσεν. [6] καὶ ⸀ἐθαύμαζεν διὰ τὴν ἀπιστίαν αὐτῶν.		
		[28] καὶ ἐπλήσθησαν πάντες θυμοῦ ἐν τῇ συναγωγῇ ἀκούοντες ταῦτα [29] καὶ °ἀναστάντες ἐξέβαλον °¹αὐτὸν ἔξω τῆς πόλεως καὶ ἤγαγον αὐτὸν ἕως ὀφρύος τοῦ ὄρους ἐφ' οὗ ἡ πόλις ᾠκοδόμητο αὐτῶν ⸀ὥστε ⸁κατακρημνίσαι αὐτόν· [30] αὐτὸς δὲ διελθὼν διὰ μέσου αὐτῶν ἐπορεύετο.	10,39 *(nr. 257, p. 344)* [39] Ἐζήτουν [οὖν] αὐτὸν πάλιν πιάσαι, καὶ ἐξῆλθεν ἐκ τῆς χειρὸς αὐτῶν.
		(nr. 35 4,31-32 p. 53)	

Pap. Oxyrhynch. 1, nr. 6: Λέγει Ἰ(ησοῦ)ς οὐκ ἔστιν δεκτὸς προφήτης ἐν τῇ π(ατ)ρίδι αὐτ[ο]ῦ οὐδὲ ἰατρὸς ποιεῖ θεραπείας εἰς τοὺς γεινώσκοντας αὐτόν. (*cf.* Evang. Thomae copt. *Append. I, 31*)

Barn. ep. 14,9: Καὶ πάλιν ὁ προφήτης λέγει· »Πνεῦμα κυρίου ἐπ' ἐμέ, οὗ εἵνεκεν ἔχρισέν με εὐαγγελίσασθαι ταπεινοῖς χάριν, ἀπέσταλκέν με ἰάσασθαι

Matth.: 57 ⸀(Jo 4,44) ιδια π. ℵ φ *pc*; Or ¦ *p)* π. αυτου ℜ W **0119** *pl* lat ¦ ιδ. π. αυτ. C ¦ *txt* B D Θ *pc* a k ‖ 58 ⸂τας απιστιας D 892 k

Mark.: 4 ⸂π. εαυ- ℵ* *pc* ¦ π. τη εαυ- Θ *pc* ¦ ιδιᾳ π. αὐτ. ℵ^corr A *pc* sa | ⸄κ. εν τη συγγενεια K* bo ¦ κ. εν τοις συγγενεσιν ℜ A D* W (-γενευσ- Θ) *pm* ¦ — ℵ* ‖ 5 ⸀ουκετι W ‖ 6 ⸀† -ασεν B ℵ *pc* ¦ *txt* C ℜ A D W Θ **0133** λ φ *pl*

Luk.: 24 ⸀εαυ- ℵ D W *pc* sa bo^pt ‖ 25 ⸆οτι ℌ W Θ λ φ *pm* ¦ *txt* B ℜ A D **0102** *al* lat | °B D *pc* lat | ⸀-αλη W *pc* ‖ 26 ⸀Σιδωνος ℜ 33 *pm* | ⸁[Συραν Wellhausen *cj aramaice* = Aramaja; χηρα = armela, cf Mc 7,26] ‖ 29 °sy^s | °¹ℵ* | ⸀εις το C ℜ A *pm* | ⸁κρη- K M ¦ κρεμασαι sy^s

---

59sqq cf 1 Rg 17,1; 18,1; Jc 5,17 sq (cf Dn 7,25; Apc 12,14 etc) ‖ 64sqq cf 1 Rg 17,9 ‖ 67sqq cf 2 Rg 5,14; 7,3 ‖ 72 cf 37 ‖ 74sq cf Mt 8,10 ‖ 78sq cf Act 7,58; 14,19 ‖ 83sq cf Jo 8,59 ‖ 85sq cf 52sqq ‖ 87sqq cf 13sqq

τοὺς συντετριμμένους τὴν καρδίαν, κηρύξαι αἰχμαλώτοις ἄφεσιν καὶ τυφλοῖς ἀνάβλεψιν, καλέσαι ἐνιαυτὸν κυρίου δεκτὸν καὶ ἡμέραν ἀνταποδόσεως, παρακαλέσαι πάντας τοὺς πενθοῦντας«.

Justinus Mart., Dial. 88,8: Καὶ ἐλθόντος τοῦ Ἰησοῦ ἐπὶ τὸν Ἰορδάνην, καὶ νομιζομένου Ἰωσὴφ τοῦ τέκτονος υἱοῦ ὑπάρχειν, καὶ ἀειδοῦς, ὡς αἱ γραφαὶ ἐκήρυσσον, φαινομένου, καὶ τέκτονος νομιζομένου, ταῦτα γὰρ τὰ τεκτονικὰ ἔργα εἰργάζετο, ἐν ἀνθρώποις ὤν, ἄροτρα καὶ ζυγά, διὰ τούτων καὶ τὰ τῆς δικαιοσύνης σύμβολα διδάσκων καὶ ἐνεργῆ βίον, τὸ πνεῦμα οὖν τὸ ἅγιον καὶ διὰ τοὺς ἀνθρώπους, ὡς προέφην, ἐν εἴδει περιστερᾶς ἐπέπτη αὐτῷ, καὶ φωνὴ ἐκ τῶν οὐρανῶν ἅμα ἐληλύθει, ἥτις καὶ διὰ Δαυεὶδ λεγομένη, ὡς ἀπὸ προσώπου αὐτοῦ λέγοντος ὅπερ αὐτῷ ἀπὸ τοῦ πατρὸς ἔμελλε λέγεσθαι· »Υἱός μου εἶ σύ, ἐγὼ σήμερον γεγέννηκά σε«· τότε γένεσιν αὐτοῦ λέγων γίνεσθαι τοῖς ἀνθρώποις, ἐξ ὅτου ἡ γνῶσις αὐτοῦ ἔμελλε γίνεσθαι· »υἱός μου εἶ σύ· ἐγὼ σήμερον γεγέννηκά σε«.

90sqq cf 38sqq || *93sqq* cf Ps 2,7

34. Berufung der ersten Jünger

Vocatio discipulorum *(cf. nr. 41)* **The Call of the Disciples**

Matth. 4,18-22

(nr. 32 4,13-17 p. 46)

[18]⸀Περιπατῶν δὲ παρὰ τὴν θάλασσαν τῆς Γαλιλαίας εἶδεν δύο

Mark. 1,16-20

(nr. 32 1,14b-15 p. 46)

[16]⸂Καὶ παράγων⸃ παρὰ τὴν θάλασσαν τῆς Γαλιλαίας εἶδεν

Luk. 5,1-11

(nr. 41, p. 57)

[1]Ἐγένετο δὲ ἐν τῷ τὸν ὄχλον ἐπικεῖσθαι αὐτῷ καὶ ἀκούειν τὸν λόγον τοῦ θεοῦ καὶ αὐτὸς ἦν ἑστὼς παρὰ τὴν λίμνην Γεννησαρὲτ [2]καὶ εἶδεν δύο πλοῖα ἑστῶτα παρὰ τὴν λίμνην· οἱ δὲ ἁλιεῖς ἀπ' αὐτῶν ἀποβάντες ἔπλυνον τὰ δίκτυα. [3]ἐμβὰς δὲ εἰς ἓν τῶν πλοίων, ὃ ἦν Σίμωνος, ἠρώτησεν αὐτὸν ἀπὸ τῆς γῆς ἐπαναγαγεῖν ὀλίγον· καθίσας δὲ ἐκ τοῦ πλοίου ἐδίδασκεν τοὺς ὄχλους. [4]ὡς δὲ ἐπαύσατο λαλῶν, εἶπεν πρὸς τὸν Σίμωνα· ἐπανάγαγε εἰς τὸ βάθος καὶ χαλάσατε τὰ δίκτυα ὑμῶν εἰς ἄγραν. [5]καὶ ἀποκριθεὶς Σίμων εἶπεν· ἐπιστάτα, δι' ὅλης νυκτὸς κοπιάσαντες οὐδὲν ἐλάβομεν· ἐπὶ δὲ τῷ ῥήματί σου χαλάσω τὰ δίκτυα. [6]καὶ τοῦτο ποιήσαντες συνέκλεισαν πλῆθος ἰχθύων πολύ, διερρήσσετο δὲ τὰ δίκτυα αὐτῶν. [7]καὶ κατένευσαν τοῖς μετόχοις ἐν τῷ ἑτέρῳ πλοίῳ τοῦ ἐλθόντας συλλαβέσθαι αὐτοῖς· καὶ ἦλθον καὶ ἔπλησαν ἀμφότερα τὰ πλοῖα ὥστε βυθίζεσθαι αὐτά. [8]ἰδὼν δὲ Σίμων Πέτρος προσέπεσεν τοῖς γόνασιν Ἰησοῦ λέγων· ἔξελθε ἀπ' ἐμοῦ, ὅτι ἀνὴρ ἁμαρ-

Joh. 1,35-51

(nr. 21, p. 35)

[35]Τῇ ἐπαύριον πάλιν εἱστήκει ὁ Ἰωάννης καὶ ἐκ τῶν μαθητῶν αὐτοῦ δύο [36]καὶ ἐμβλέψας τῷ Ἰησοῦ περιπατοῦντι λέγει· ἴδε ὁ ἀμνὸς τοῦ θεοῦ. [37]καὶ ἤκουσαν οἱ δύο μαθηταὶ αὐτοῦ λαλοῦντος καὶ ἠκολούθησαν τῷ Ἰησοῦ. [38]στραφεὶς δὲ ὁ Ἰησοῦς καὶ θεασάμενος αὐτοὺς ἀκολουθοῦντας λέγει αὐτοῖς· τί ζητεῖτε; οἱ δὲ εἶπαν αὐτῷ· ῥαββί, ὃ λέγεται μεθερμηνευόμενον διδάσκαλε, ποῦ μένεις; [39]λέγει αὐτοῖς· ἔρχεσθε καὶ ὄψεσθε. ἦλθαν οὖν καὶ εἶδαν ποῦ μένει καὶ παρ' αὐτῷ ἔμειναν τὴν ἡμέραν ἐκείνην· ὥρα ἦν ὡς δεκάτη. [40]⸆Ἦν Ἀνδρέας ὁ ἀδελφὸς Σίμωνος Πέτρου εἷς ἐκ τῶν δύο

Matth.: 18 ⸀*p)* παραγων D it sy^s; Eus

Mark.: 16 ⸂*p)* περιπατων δε ℜ A W Θ 074.0135 λ *pm* ¦ και περιπ. sy^s.p ¦ παραγων δε 565 *pc* sa^pt ¦ *txt* B ℵ D φ *al* lat sa^pt bo

4 cf 1Mcc 11,67 || *27sqq* cf *60sqq*

[Matth. 4,18-22]

ἀδελφούς, Σίμωνα ⸋τὸν λεγόμενον Πέτρον⸌ καὶ Ἀνδρέαν τὸν ἀδελφὸν αὐτοῦ, βάλλοντας ἀμφίβληστρον εἰς τὴν θάλασσαν· ἦσαν γὰρ ἁλιεῖς. 19 καὶ λέγει αὐτοῖς· δεῦτε ὀπίσω μου, καὶ ποιήσω ὑμᾶς ⸆ ἁλιεῖς ἀνθρώπων. 20 οἱ δὲ εὐθέως ἀφέντες τὰ δίκτυα ⸆ἠκολούθησαν αὐτῷ. 21 ⸋καὶ προβὰς ἐκεῖθεν εἶδεν ἄλλους δύο ἀδελφούς, Ἰάκωβον τὸν τοῦ Ζεβεδαίου καὶ Ἰωάννην τὸν ἀδελφὸν αὐτοῦ, ἐν τῷ πλοίῳ μετὰ Ζεβεδαίου τοῦ πατρὸς αὐτῶν καταρτίζοντας τὰ δίκτυα αὐτῶν, καὶ ἐκάλεσεν αὐτούς. 22 οἱ δὲ °εὐθέως ἀφέντες ⸂τὸ πλοῖον καὶ τὸν πατέρα αὐτῶν⸃ ἠκολούθησαν αὐτῷ.⸌

(nr. 40 4,23 p. 56)

[Mark. 1,16-20]

Σίμωνα καὶ Ἀνδρέαν τὸν ἀδελφὸν ⸀Σίμωνος ⸁ἀμφιβάλλοντας ἐν τῇ θαλάσσῃ· ἦσαν γὰρ ἁλιεῖς. 17 καὶ εἶπεν αὐτοῖς °ὁ Ἰησοῦς· δεῦτε ὀπίσω μου, καὶ ποιήσω ὑμᾶς γενέσθαι ἁλιεῖς ἀνθρώπων. 18 καὶ ⸀εὐθὺς ἀφέντες ⸂τὰ δίκτυα⸃ ⸁ἠκολούθησαν αὐτῷ. 19 καὶ προβὰς ⸀ὀλίγον εἶδεν Ἰάκωβον τὸν τοῦ Ζεβεδαίου καὶ Ἰωάννην τὸν ἀδελφὸν αὐτοῦ καὶ αὐτοὺς ἐν τῷ πλοίῳ καταρτίζοντας τὰ δίκτυα⸆, 20 καὶ ⸀εὐθὺς ἐκάλεσεν αὐτούς. καὶ ⸆ἀφέντες ⸇ τὸν πατέρα αὐτῶν Ζεβεδαῖον ἐν τῷ πλοίῳ μετὰ τῶν ⸁μισθωτῶν ⸂ἀπῆλθον ὀπίσω αὐτοῦ⸃.

[Luk. 5,1-11]

τωλός εἰμι, κύριε. 9 θάμβος γὰρ περιέσχεν αὐτὸν καὶ πάντας τοὺς σὺν αὐτῷ ἐπὶ τῇ ἄγρᾳ τῶν ἰχθύων ὧν συνέλαβον, 10 ὁμοίως δὲ καὶ Ἰάκωβον καὶ Ἰωάννην υἱοὺς Ζεβεδαίου, οἳ ἦσαν κοινωνοὶ τῷ Σίμωνι. καὶ εἶπεν πρὸς τὸν Σίμωνα ὁ Ἰησοῦς· μὴ φοβοῦ· ἀπὸ τοῦ νῦν ἀνθρώπους ἔσῃ ζωγρῶν.

cf. v. 10

11 καὶ καταγαγόντες τὰ πλοῖα ἐπὶ τὴν γῆν ἀφέντες πάντα ἠκολούθησαν αὐτῷ.

[Joh. 1,35-51]

τῶν ἀκουσάντων παρὰ Ἰωάννου καὶ ἀκολουθησάντων αὐτῷ· 41 εὑρίσκει οὗτος πρῶτον τὸν ἀδελφὸν τὸν ἴδιον Σίμωνα καὶ λέγει αὐτῷ· εὑρήκαμεν τὸν Μεσσίαν, ὅ ἐστιν μεθερμηνευόμενον χριστός. 42 ἤγαγεν αὐτὸν πρὸς τὸν Ἰησοῦν. ἐμβλέψας αὐτῷ ὁ Ἰησοῦς εἶπεν· σὺ εἶ Σίμων ὁ υἱὸς Ἰωάννου, σὺ κληθήσῃ Κηφᾶς, ὃ ἑρμηνεύεται Πέτρος. 43 Τῇ ἐπαύριον ἠθέλησεν ἐξελθεῖν εἰς τὴν Γαλιλαίαν καὶ εὑρίσκει Φίλιππον. καὶ λέγει αὐτῷ ὁ Ἰησοῦς· ἀκολούθει μοι. 44 ἦν δὲ ὁ Φίλιππος ἀπὸ Βηθσαϊδά, ἐκ τῆς πόλεως Ἀνδρέου καὶ Πέτρου. 45 εὑρίσκει Φίλιππος τὸν Ναθαναὴλ καὶ λέγει αὐτῷ· ὃν ἔγραψεν Μωϋσῆς ἐν τῷ νόμῳ καὶ οἱ προφῆται εὑρήκαμεν, Ἰησοῦν υἱὸν τοῦ Ἰωσὴφ τὸν ἀπὸ Ναζαρέτ. 46 καὶ εἶπεν αὐτῷ Ναθαναήλ· ἐκ Ναζαρὲτ δύναταί τι ἀγαθὸν εἶναι; λέγει αὐτῷ [ὁ] Φίλιππος· ἔρχου καὶ ἴδε. 47 εἶδεν ὁ Ἰησοῦς τὸν Ναθαναὴλ ἐρχόμενον πρὸς αὐτὸν καὶ λέγει περὶ αὐτοῦ· ἴδε ἀληθῶς Ἰσραηλίτης ἐν ᾧ δόλος οὐκ ἔστιν. 48 λέγει αὐτῷ Ναθαναήλ· πόθεν με γινώσκεις; ἀπεκρίθη Ἰησοῦς καὶ εἶπεν αὐτῷ· πρὸ τοῦ σε Φίλιππον φωνῆσαι ὄντα ὑπὸ τὴν συκῆν εἶδόν σε. 49 ἀπεκρίθη αὐτῷ Ναθαναήλ· ῥαββί, σὺ εἶ ὁ υἱὸς τοῦ θεοῦ, σὺ βασιλεὺς εἶ τοῦ Ἰσραήλ. 50 ἀπεκρίθη Ἰησοῦς καὶ εἶπεν αὐτῷ· ὅτι εἶπόν σοι ὅτι εἶδόν σε ὑποκάτω τῆς συκῆς, πιστεύεις; μείζω τούτων ὄψῃ. 51 καὶ λέγει αὐτῷ· ἀμὴν ἀμὴν λέγω ὑμῖν, ὄψεσθε τὸν οὐρανὸν ἀνεῳγότα καὶ τοὺς ἀγγέλους τοῦ θεοῦ ἀναβαίνοντας καὶ καταβαίνοντας ἐπὶ τὸν υἱὸν τοῦ ἀνθρώπου.

Evang. Ebion. (Epiphanius, Panarion haer. 30,13,2-3): »Καὶ ἐλθὼν εἰς Καφαρναοὺμ εἰσῆλθεν εἰς τὴν οἰκίαν Σίμωνος τοῦ ἐπικληθέντος Πέτρου καὶ ἀνοίξας τὸ στόμα αὐτοῦ εἶπεν· παρερχόμενος παρὰ τὴν λίμνην Τιβεριάδος ἐξελεξάμην Ἰωάννην καὶ Ἰάκωβον, υἱοὺς Ζεβεδαίου, καὶ Σίμωνα καὶ Ἀνδρέαν καὶ Θαδδαῖον καὶ Σίμωνα τὸν ζηλωτὴν καὶ Ἰούδαν τὸν Ἰσκαριώτην, καὶ σὲ τὸν Ματθαῖον καθεζόμενον ἐπὶ τοῦ τελωνίου ἐκάλεσα καὶ ἠκολούθησάς μοι. ὑμᾶς οὖν βούλομαι εἶναι δεκαδύο ἀποστόλους εἰς μαρτύριον τοῦ Ἰσραήλ.«

Matth.: 18 ⸋ sy^s || 19 ⸆ *p)* γενεσθαι ℵ^corr D 33 *pc* it || 20 ⸆ αυτων K W 565 *al* it || 21.22 ⸋ *vss* W *pc* || 22 ° 544 *pc* a b e g^1 h | ⸂ τα δικτυα και τ. πατ. αυτ. (lat) sa ¦ τα δικτυα αυτων sy^c ¦ *p)* τον πατ. αυτων εν τω πλοιω sy^s

Mark.: 16 ⸀ *p)* αυτου D W *pc* lat sy^s.p bo^pt | ⸁ α. τα δικτυα D (Θ) φ lat sy^s.p ¦ *p)* βαλλοντας αμφιβληστρον E^2 M Γ *pm* ¦ αμφιβλ. βαλλ. (λ) 700 *pc* ¦ αμφιβαλλ. αμφιβλ. 𝔎 A W *pm* || 17 ° W || 18 ⸀ ευθεως B C 𝔎 A D W 074.0133.0135 λ φ *pl* ¦ *txt* ℵ L Θ *pc* | ⸂ τα δ. αυτων 𝔎 A 074.0133.0135 *al* f l ¦ (10,28) παντα D it | ⸁ -θουν B || 19 ⸀ *p)* εκειθεν ℵ* ¦ εκειθεν ολ. C 𝔎 A 074.0133.0135 φ *pl* lat ¦ *txt* B D W Θ λ *pc* it | ⸆ *p)* αυτων C^corr *al* || 20 ⸀ ευθεως C 𝔎 A D 074.0133.0135 *pm* ¦ — W Θ *al* | ⸆ *p)* ευθεως W Θ *al* | ⸇ τα δικτυα και Θ | ⸁ μισθιων 1.209 | ⸂ *p)* ηκολουθησαν αυτω D *pc* latt

---

28 *sqq* cf Mt 16,17 sq; Jo 21,15 sqq; *cf 35 sqq (Jo)* || 33 cf 2 Rg 6,19 || 34 *sq* cf Jr 16,16; Ez 47,10; Prv 6,2; Mt 13,47 || 35 *sq cf 44 sq*; cf Mt 19,27; 1 Rg 19,19 sqq || 35 *sqq (Jo) cf 28 sqq* || 38 *sqq* cf Mt 20,20-28; Mc 10,35-45 *(= nr 263)* || 44 *sq cf 35 sq* || 60 *sqq cf 27 sqq*

35. Lehrvortrag in der Synagoge zu Kapernaum

In synagoga Capharnaum docet | **Teaching in the Synagogue at Capernaum**

Matth. 4,13; 7,28-29	**Mark. 1,21-22**	**Luk. 4,31-32**	Joh. 2,12; 7,46
4,13 (nr. 32, p. 46) 13 Καὶ καταλιπὼν τὴν Ναζαρὰ ἐλθὼν κατῴκησεν εἰς Καφαρναοὺμ τὴν παραθαλασσίαν ἐν ὁρίοις Ζαβουλὼν καὶ Νεφθαλίμ.	21 Καὶ ⸋εἰσπορεύονται εἰς ⸀Καφαρναούμ· καὶ ⸀εὐθὺς⸌ τοῖς σάββασιν ⸂εἰσελθὼν εἰς τὴν συναγωγὴν ἐδίδασκεν⸆⸃.	*(nr. 33 4,16-30 p. 48)* 31 Καὶ κατῆλθεν εἰς ⸀Καφαρναοὺμ πόλιν τῆς Γαλιλαίας⸆. καὶ ἦν διδάσκων αὐτοὺς ἐν τοῖς σάββασιν·	*2,12 (nr. 23, p. 38)* 12 Μετὰ τοῦτο κατέβη εἰς Καφαρναοὺμ αὐτὸς καὶ ἡ μήτηρ αὐτοῦ καὶ οἱ ἀδελφοὶ [αὐτοῦ] καὶ οἱ μαθηταὶ αὐτοῦ καὶ ἐκεῖ ἔμειναν οὐ πολλὰς ἡμέρας.
7,28-29 (nr. 76, p. 100) 28 Καὶ ἐγένετο ὅτε ἐτέλεσεν ὁ Ἰησοῦς τοὺς λόγους τούτους, ἐξεπλήσσοντο οἱ ὄχλοι ἐπὶ τῇ διδαχῇ αὐτοῦ· 29 ἦν γὰρ διδάσκων αὐτοὺς ὡς ἐξουσίαν ἔχων καὶ οὐχ ὡς οἱ γραμματεῖς αὐτῶν.	22 καὶ ἐξεπλήσσοντο ἐπὶ τῇ διδαχῇ αὐτοῦ· ἦν γὰρ διδάσκων αὐτοὺς ὡς ἐξουσίαν ἔχων °καὶ οὐχ ὡς οἱ γραμματεῖς ⸆.	32 καὶ ἐξεπλήσσοντο ⸆ ἐπὶ τῇ διδαχῇ αὐτοῦ, ὅτι ἐν ἐξουσίᾳ ἦν ὁ λόγος αὐτοῦ.	*7,46 (nr. 241, p. 324)* 46 Ἀπεκρίθησαν οἱ ὑπηρέται· οὐδέποτε ἐλάλησεν οὕτως ἄνθρωπος.

Mark.: 21 ⸋ sy^{s} | ⸀Καπερν- C𝔎A 074.0135 λ *al* | ⸀ευθεως BC𝔎AWΘϕ *pl*; Or^{pt} ¦ *txt* ℵLλ *al* | ⸂ *5 2-4* ℌϕ 565 *pc* ¦ *2-5* (Δ) sy^{s} ¦ *txt* B𝔎ADWΘ 074.0135 λ *pl* | ⸆αυτους DΘ *pc* lat || 22 °D*Θ it | ⸆αυτων C *al* sy$^{s.p}$

Luk.: 31 ⸀Καπερν- C𝔎AΘ 0102 λϕ *pm* | ⸆ *p)* την παραθαλασσιον εν οριοις Ζαβουλων και Νεφθαλιμ D || 32 ⸆παντες 1093 r^{1} sa

2 cf Mt 8,5; 17,24; Mc 2,1; 9,33; Lc 7,1; Jo 6,17.24.59 || *7sq* cf Mc 1,27; 6,2; 7,37; 10,26; 11,18; Lc 9,43; Mt 13,54; 19,25; 22,33

36. Heilung des Besessenen in der Synagoge

Daemoniacus in synagoga | **The Healing of the Demoniac in the Synagogue**

Matth.	**Mark. 1,23-28**	**Luk. 4,33-37**	Joh.
	23 Καὶ °εὐθὺς ἦν ἐν τῇ συναγωγῇ °¹αὐτῶν ἄνθρωπος ἐν πνεύματι ἀκαθάρτῳ καὶ ἀνέκραξεν 24 λέγων· ⸆ τί ἡμῖν καὶ σοί, Ἰησοῦ Ναζαρηνέ; ἦλθες ἀπολέσαι ἡμᾶς⁚; ⸀οἶδά σε τίς εἶ, ὁ ἅγιος τοῦ θεοῦ. 25 καὶ ἐπετίμησεν αὐτῷ ⸋ὁ Ἰησοῦς⸌ ⸀λέγων· φιμώ-	33 Καὶ ἐν τῇ συναγωγῇ ἦν ἄνθρωπος ἔχων πνεῦμα ⸂δαιμονίου ἀκαθάρτου⸃ καὶ ἀνέκραξεν φωνῇ μεγάλῃ⸆· 34 °ἔα, τί ἡμῖν καὶ σοί, Ἰησοῦ °¹Ναζαρηνέ; ἦλθες ⸂ἀπολέσαι ἡμᾶς⸃; ⸀οἶδά σε τίς εἶ, ὁ ἅγιος τοῦ θεοῦ. 35 καὶ ἐπετίμησεν αὐτῷ ὁ Ἰησοῦς λέγων· φιμώ-	

Mark.: 23 ° *p)* C𝔎ADWΘ 0135 ϕ *pm* latt sy$^{s.p}$ | °¹ *p)* D *pc* it || 24 ⸆ *p)* ἔα ℵ^{corr}C𝔎A 0135 λϕ *pl*; Or Cyr | [⁚ TW] | ⸀οιδαμεν ℵ *pc* bo; Heg Tert Or Eus || 25 ⸋ DW b | ⸀και ειπεν W e ¦ — ℵ* ¦ *txt rell*

Luk.: 33 ⸂-νιον -ρτον D *pc* | ⸆λεγων C𝔎ADΘ 0102 λϕ *pm* latt || 34 ° *p)* D 33 *pc* it sy^{s} sa bo; Mcion | °¹ Mcion | ⸂ημ. ωδε απολ. D | ⸀οιδαμεν Ψ *pc*; Ir Heg

1sq cf Lv 1,2; Mc 3,1; 4,26; 5,2; 7,11; 8,36sq; 11,2; 12,1; 13,34; 14,13 etc | Mc 3,30; 6,7; 7,25; 9,17; Zch 13,2 || *2* cf *6sq (Mc)*; cf Mc 3,11; 5,5.7; 9,26; Mt 8,29; Lc 4,41; 8,28 || *3* cf Jdc 11,12; 2Sm 16,10; 19,23; 1Rg 17,18; 2Rg 3,13; 9,18sq; 2Chr 35,21; Mc 5,7; Mt 8,29; 27,19; Mc 5,7; Lc 8,28; Jo 2,4 || *4* cf Jdc 13,7; 16,17; Ps 106,16; Jo 6,69; 1Jo 2,20; 3,8; Apc 3,7 || *5sq* cf Mc 1,34; 3,12; 9,25; Mt 12,16; 17,18; Lc 4,41; 9,42

Matth.	[Mark. 1,23-28]	[Luk. 4,33-37]	Joh.
	ϑητι καὶ ἔξελϑε ⸀ἐξ αὐτοῦ⸌. [26]⸀καὶ σπαράξαν αὐτὸν ⸋τὸ πνεῦμα⸌ τὸ ἀκάϑαρτον καὶ ⸀φωνῆσαν φωνῇ μεγάλῃ ἐξῆλϑεν ⸁ἐξ αὐτοῦ.⸌ [27]καὶ ⸀ἐϑαμβήϑησαν ἅπαντες ⸀ὥστε συζητεῖν ⸂πρὸς ἑαυτοὺς⸃ λέγοντας· ⸀[1]τί ἐστιν τοῦτο; διδαχὴ καινὴ⁝ κατ᾽ ἐξουσίαν[1]⸌⁝[1]· καὶ⸌ τοῖς πνεύμασι τοῖς ἀκαϑάρτοις ἐπιτάσσει, καὶ ὑπακούουσιν αὐτῷ. [28]καὶ ἐξῆλϑεν ἡ ἀκοὴ αὐτοῦ °εὐϑὺς °[1]πανταχοῦ εἰς ὅλην τὴν περίχωρον ⸀τῆς Γαλιλαίας⸌.	ϑητι καὶ ἔξελϑε ⸀ἀπ᾽ αὐτοῦ. καὶ ῥῖψαν αὐτὸν τὸ δαιμόνιον εἰς τὸ μέσον ⸆ ἐξῆλϑεν ⸁ἀπ᾽ αὐτοῦ ⸋μηδὲν βλάψαν αὐτόν⸌. [36]καὶ ἐγένετο ϑάμβος ⸆ ἐπὶ πάντας καὶ συνελάλουν πρὸς ἀλλήλους λέγοντες· τίς ὁ λόγος οὗτος ὅτι ἐν ἐξουσίᾳ καὶ δυνάμει ἐπιτάσσει τοῖς ἀκαϑάρτοις πνεύμασιν ⸆ καὶ ἐξέρχονται; [37]καὶ ⸀ἐξεπορεύετο ἦχος⸌ περὶ αὐτοῦ εἰς πάντα τόπον τῆς περιχώρου.	

Mark.: 25 ⸀απο του ανϑρωπου, το πνευμα το ακαϑαρτον Θ *pc* (lat) ¦ εκ του ανϑρ. πν. ακ. D W ‖ 26 ⸀και εξηλϑεν το πν. σπαραξαν αυτον και ανεκραγεν φ. μ. και απηλϑεν απ αυτου (D) W (ff²) | ⸋ B | ⸀κραξαν C Ꞩ A Θ λ φ *pm* | ⸁απ C Θ *al* ‖ 27 ⸀-βησαν D ¦ εϑαυμαζον W it ¦ εϑαυμασϑησαν 579 | ⸀και συνεζητουν προς εαυτους λεγοντες τις η διδ. η καινη αυτη η εξουσιαστικη αυτου και οτι W | ⸂ † αυτους B ℵ ¦ *txt* C Ꞩ A D (W) Θ λ φ *pm* lat (αυτ- L *al*) | ⸀[1]τι ε. τ.; τις η καινη αυτη διδ. οτι κατ ε. (⸉ C Ꞩ *pm*) A ¦ τις η διδαχη εκεινη η καινη αυτη η εξουσια οτι D it | [⁝ *et* ⁝[1] — · H] ‖ 28 ° ℵ* W Θ λ *al* it sy[s] bo[pt] | °[1] ℵ* Ꞩ A D Θ **0104**[vid] λ *al* lat | ⸀της ιουδαιας ℵ* ¦ του Ιορδανου 28

Luk.: 35 ⸀*p)* εξ 𝔓[75] C Ꞩ A *pm* | ⸆ανακραυγασαν τε D | ⸁εξ 𝔓[75] M Γ *pc* | ⸋ W ‖ 36 ⸆μεγας D b r[1] sy[p] bo[pt] | ⸆ *p)* και υπακουουσιν αυτω ℵ[a] ‖ 37 ⸀*p)* εξηλϑεν η ακοη D a

[6sq (Mc)] Mc 9,26; Lc 9,39; *cf 2* ‖ [8sq] cf Mc 4,41 et par *(= nr 136)* ‖ [12] cf Lc 21,25; Act 2,2; Heb 12,19

37. Heilung der Schwiegermutter des Petrus

Socrus Petri *(cf. nr. 87)* **The Healing of Peter's Mother-in-law**

Matth. 8,14-15 *(nr. 87, p. 117)*	Mark. 1,29-31	Luk. 4,38-39	Joh.
[14]Καὶ ἐλϑὼν ὁ Ἰησοῦς εἰς τὴν οἰκίαν ⸀Πέτρου εἶδεν τὴν πενϑερὰν αὐτοῦ βεβλημένην καὶ πυρέσσουσαν· [15]καὶ ἥψατο τῆς χειρὸς αὐτῆς, καὶ ἀφῆκεν αὐτὴν ὁ πυρετός, καὶ ἠγέρϑη καὶ διηκόνει ⸀αὐτῷ.	[29]Καὶ ⸀εὐϑὺς ἐκ τῆς συναγωγῆς ⸀ἐξελϑόντες ἦλϑον⸌ εἰς τὴν οἰκίαν Σίμωνος καὶ Ἀνδρέου μετὰ Ἰακώβου καὶ Ἰωάννου. [30]⸉ἡ δὲ πενϑερὰ Σίμωνος κατέκειτο⸊ πυρέσσουσα, καὶ ⸀εὐϑὺς λέγουσιν αὐτῷ ⸋περὶ αὐτῆς⸌. [31]καὶ προσελϑὼν ⸀ἤγειρεν αὐτὴν κρατήσας τῆς χειρός⸆⸌· καὶ ἀφῆκεν αὐτὴν ὁ πυρετός⸆, ⸆[1] καὶ διηκόνει ⸀αὐτοῖς.	[38]Ἀναστὰς δὲ ⸀ἀπὸ τῆς συναγωγῆς ⸆εἰσῆλϑεν εἰς τὴν οἰκίαν ⸆ Σίμωνος⸆[1]. ⸆[2]πενϑερὰ δὲ τοῦ Σίμωνος ἦν ⸁συνεχομένη πυρετῷ μεγάλῳ καὶ ἠρώτησαν αὐτὸν περὶ αὐτῆς. [39]καὶ ⸋ἐπιστὰς ἐπάνω αὐτῆς⸌ ἐπετίμησεν τῷ πυρετῷ καὶ ἀφῆκεν αὐτήν⸆· ⸆ παραχρῆμα ⸀δὲ ἀναστᾶσα διηκόνει⸌ ⸀αὐτοῖς.	

Matth.: 14 ⸀Σιμωνος Κηφα sy[s.c] ‖ 15 ⸀*p)* αυτοις ℵ[corr] L λ φ *pm* lat sy[s.c] bo

Mark.: 29 ⸀ευϑεως C Ꞩ A Θ **0133** *pm* ¦ — D W it sy[s.p] | ⸀-ϑων ηλϑεν B (⸉ W Θ, D it) λ φ *al* (sy[s?]) bo[pt] ¦ *txt* ℵ C Ꞩ A **0133** *al* vg sy[p] bo[pt] ‖ 30 ⸉ *5 2 1 3 4* D W lat | ⸀ευϑεως C Ꞩ A **0104.0133** λ *pm* ¦ — W it sy[s.p] | ⸋ Θ ‖ 31 ⸀εκτεινας την χειρα κρατ. ηγ. αυτ. D it ¦ εκτ.τ. χ. και επιλαβομενος ηγ. αυτ. W ¦ — της χ. sy[s] | ⸆αυτης C Ꞩ A Θ **0104.0133** λ φ *pm* lat | ⸆ευϑεως Ꞩ A **0104.0130.0133** φ *pm* (b q) sy[s.p] (⸉ D *pc* lat) ¦ *txt* B ℵ C W Θ λ *al* bo | ⸆[1] *p)* και ηγερϑη 1082 *pc* sy[s] sa bo[pt] | ⸀*p)* αυτω W 579

Luk.: 38 ⸀εκ Ꞩ A Θ **0102.0135** *pm* | ⸆ο Ιησους A 565 *al* | ⸆του ℵ | ⸆[1] *p)* και Ανδρεου D it ¦ Πετρου bo[pt] | ⸆[2]η W *al* (η δε π. C *pc*) | ⸁κατεχ- D ‖ 39 ⸋ sy[s] | ⸆ *p)* ο πυρετος ℵ *pc* e | ⸆και (— δε) C L *pc* lat | ⸀ωστε αναστασαν αυτην διακονειν D | ⸀*p)* αυτω N *pc* e

[3] cf Mt 4,18 sqq. 21 sq par *(= nr 34)* ‖ [4] cf 1 Cor 9,5 ‖ [7] cf Mc 5,41 par *(= nr 138)*; 9,27; Act 3,7 ‖ [7sq] cf Jo 4,52; Act 28,8 ‖ [8 (Lc)] cf Lc 5,25; 8,44.47 etc ‖ [9] cf Mc 15,41; Mt 27,55; Lc 8,3 etc

38. Heilungen am Abend

Sanationes sub vesperum *(cf. nr. 88)* **The Sick Healed at Evening**

Matth. 8,16-17
4,24; 12,15b-17

8,16-17 *(nr. 88, p. 117)*

16 Ὀψίας δὲ γενομένης προσήνεγκαν αὐτῷ δαιμονιζομένους πολλούς· καὶ ἐξέβαλεν ⸂τὰ πνεύματα⸃ ⸆ λόγῳ καὶ πάντας τοὺς κακῶς ἔχοντας ἐθεράπευσεν, 17 ὅπως πληρωθῇ τὸ ῥηθὲν διὰ Ἠσαΐου τοῦ προφήτου λέγοντος⸆· **αὐτὸς τὰς ἀσθενείας ἡμῶν ἔλαβεν καὶ τὰς νόσους ἐβάστασεν.**

4,24 *(nr. 50, p. 73)*

24 Καὶ ἀπῆλθεν ἡ ἀκοὴ αὐτοῦ εἰς ὅλην τὴν Συρίαν· καὶ προσήνεγκαν αὐτῷ πάντας τοὺς κακῶς ἔχοντας ποικίλαις νόσοις καὶ βασάνοις συνεχομένους [καὶ] δαιμονιζομένους καὶ σεληνιαζομένους καὶ παραλυτικούς, καὶ ἐθεράπευσεν αὐτούς.

12,15b-17 *(nr. 113, p. 159)*

15 ... Καὶ ἠκολούθησαν αὐτῷ [ὄχλοι] πολλοί, καὶ ἐθεράπευσεν αὐτοὺς πάντας 16 καὶ ἐπετίμησεν αὐτοῖς ἵνα μὴ φανερὸν αὐτὸν ποιήσωσιν, 17 ἵνα πληρωθῇ τὸ ῥηθὲν διὰ Ἠσαΐου τοῦ προφήτου λέγοντος· ...

Mark. 1,32-34
3,10-12

32 Ὀψίας δὲ γενομένης, ὅτε ⸀ἔδυ ὁ ἥλιος, ἔφερον πρὸς αὐτὸν πάντας τοὺς κακῶς ἔχοντας⸆ ⸋καὶ τοὺς δαιμονιζομένους⸌· 33 καὶ ⸂ἦν ὅλη ἡ πόλις ἐπισυνηγμένη πρὸς τὴν θύραν⸃⸆. 34 καὶ ἐθεράπευσεν ⸀πολλοὺς ⸋κακῶς ἔχοντας ποικίλαις νόσοις⸌ καὶ ⸂δαιμόνια πολλὰ ἐξέβαλεν⸃ ⸆ καὶ οὐκ ἤφιεν ⸉λαλεῖν τὰ δαιμόνια⸊, ὅτι ᾔδεισαν αὐτόν⸆.

3,10-12 *(nr. 48, p. 68)*

10 Πολλοὺς γὰρ ἐθεράπευσεν, ὥστε ἐπιπίπτειν αὐτῷ ἵνα αὐτοῦ ἅψωνται ὅσοι εἶχον μάστιγας. 11 καὶ τὰ πνεύματα τὰ ἀκάθαρτα, ὅταν αὐτὸν ἐθεώρουν, προσέπιπτον αὐτῷ καὶ ἔκραζον λέγοντες ὅτι σὺ εἶ ὁ υἱὸς τοῦ θεοῦ. 12 καὶ πολλὰ ἐπετίμα αὐτοῖς ἵνα μὴ αὐτὸν φανερὸν ποιήσωσιν.

Luk. 4,40-41

40 ⸀Δύνοντος δὲ τοῦ ἡλίου ⸁ἅπαντες ὅσοι εἶχον ἀσθενοῦντας νόσοις ⸀1ποικίλαις⸆ ἤγαγον αὐτοὺς πρὸς αὐτόν· ὁ δὲ ἑνὶ ἑκάστῳ ⸀2αὐτῶν τὰς χεῖρας ἐπιτιθεὶς ⸀3ἐθεράπευεν αὐτούς⸆. 41 ⸀ἐξήρχετο δὲ καὶ δαιμόνια ⸰ἀπὸ πολλῶν ⸁κρ[αυγ]άζοντα καὶ λέγοντα ὅτι σὺ εἶ ⸆ ὁ υἱὸς τοῦ θεοῦ. καὶ ἐπιτιμῶν οὐκ εἴα αὐτὰ λαλεῖν, ὅτι ᾔδεισαν τὸν χριστὸν αὐτὸν εἶναι.

Joh.

Matth.: 16 ⸂αυτα k $sy^{s.c}$ | ⸆τα ακαθαρτα sa^{pt} || 17 ⸆οτι W it

Mark.: 32 ⸀† εδυσεν B D 28 *pc* ¦ *txt* ℌ 𝔎 A W Θ 0133 λ φ *pl* | ⸆*p)* νοσοις ποικιλαις D (*pc*) it (χαλεπαις sy^s) | ⸋ W sy^s (*usque ad* νοσοις *vs* 34 ℵ*) || 33 ⸂η π. ολ. συνηγμενη ην πρ. τας θυρας W (*pc*) | ⸆αυτου D it || 34 ⸀αυτους D | ⸋ D sy^s | ⸂τους δαιμονια εχοντας εξεβ. αυτα D ff^2 | ⸆απ αυτων D W ff^2 | ⸉τ. δ. λ. B ¦ αυτα λ. D Θ it | ⸆*p)* χριστον (τον χ. $ℵ^{corr}$ φ *al*; ⸉χ. αυτον C *pc*) ειναι B $ℵ^{corr}$ C W Θ λ φ *pm* l (vg^{codd} bo) ¦ και εθεραπευσεν πολλους κακως εχοντας ποικιλαις νοσοις και δαιμονια πολλα εξεβαλεν D ¦ *txt* ℵ* 𝔎 A 090. 0104. 0133 *al*

Luk.: 40 ⸀δυναντος U *al* ¦ δυσαντος D | ⸁παντες ℌ 𝔎 A D W 0102. 0135 φ *pm* ¦ *txt* B C Θ λ *al* | ⸀1χαλεπαις sy^s | ⸆και A | ⸀2αυτω (*?*) C ¦ — D lat | ⸀3*p)* -ευσεν ℌ 𝔎 A Θ λ φ *pl* ¦ *txt* B D W *pc*; Or | ⸆παντας sy^s bo^{pt} || 41 ⸀-χοντο ℵ C Θ λ *al*; Or | ⸰ℵ W *al* | ⸁κραζοντα B ℵ(*) C K Θ *pm* ¦ *txt* A D E W φ *pm* | ⸆ο Χριστος 𝔎 A Θ 0102 λ φ *pm*

[1] cf Mc 4,35; 6,47; 14,17; 15,42 et par *(= nr 136. 147. 308. 350)* || [1sqq] *cf 16sqq* || [4sq] cf Mc 1,45; 2,2.4.13; 3,9.20; 4,1; 5,21.24; 6,31.34.55; 8,1 et par || [6] *cf 21sq* || [8sqq] cf ad Lc 4,33 par *(= nr 36)* || [9(Lc)] *cf 24sq* || [10sq] *cf 25sq* || [13sqq] Is 53,4.11 || [16sqq] *cf 1sqq* || [21sq] *cf 6* || [24sq] *cf 9(Lc)* || [25sq] *cf 10sq*

39. Jesus verläßt Kapernaum

Jesus Capharnaum relinquit **Jesus Departs from Capernaum**

Matth.	Mark. 1,35-38 1,45 b	Luk. 4,42-43 5,16	Joh.
	35 Καὶ °πρωῒ ἔννυχα °λίαν °¹ἀναστὰς ⸂ἐξῆλθεν καὶ ἀπῆλθεν⸃ εἰς ἔρημον τόπον κἀκεῖ προσηύχετο. 36 καὶ ⸀κατεδίωξεν αὐτὸν ⸆ Σίμων καὶ οἱ μετ᾽ αὐτοῦ, 37 ⸂καὶ ⸀εὗρον αὐτὸν °καὶ λέγουσιν αὐτῷ ὅτι ⸁πάντες ζητοῦσίν σε.⸃ 38 καὶ λέγει αὐτοῖς· ἄγωμεν °ἀλλαχοῦ εἰς τὰς ⸂ἐχομένας κωμοπόλεις⸃, ⸄ἵνα καὶ ἐκεῖ κηρύξω⸅· εἰς τοῦτο γὰρ ⸆ ⸀ἐξῆλθον.	42 Γενομένης δὲ ἡμέρας ἐξελθὼν ἐπορεύθη εἰς ἔρημον °τόπον· καὶ οἱ ὄχλοι ἐπεζήτουν αὐτὸν καὶ ἦλθον ἕως αὐτοῦ καὶ ⸀κατεῖχον αὐτὸν τοῦ μὴ πορεύεσθαι ἀπ᾽ αὐτῶν. 43 ὁ δὲ εἶπεν πρὸς αὐτοὺς ὅτι καὶ ταῖς ἑτέραις πόλεσιν εὐαγγελίσασθαί ⸉με δεῖ⸊ ⸂τὴν βασιλείαν⸃ τοῦ θεοῦ, ⸋ὅτι ⸀ἐπὶ τοῦτο ⸁ἀπεστάλην⸌.	
	1,45 b *(nr. 42, p. 59)* 45 ... ἀλλ᾽ ἔξω ἐπ᾽ ἐρήμοις τόποις ἦν· καὶ ἤρχοντο πρὸς αὐτὸν πάντοθεν.	5,16 *(nr. 42, p. 59)* 16 Αὐτὸς δὲ ἦν ὑποχωρῶν ἐν ταῖς ἐρήμοις καὶ προσευχόμενος.	

Mark.: 35 ° *et* ° W | °¹ D a c^{1} sy^{s} | ⸂απηλθεν W it ¦ εξηλθεν B 28 *pc* || 36 ⸀-ξαν C 𝔎 A D W **090.0104** λ φ *pm* it sy$^{s.p}$ ¦ *txt* B ℵ Θ *al* vg bo | ⸆ο C 𝔎 A **090.0104.0130.0133** *pm* ¦ ο τε (D) Θ λ φ *al* || 37 ⸂λεγοντες αυτω· ζητ. σε π. W | ⸀-ροντες *et* ° C 𝔎 A Θ **090.0104.0130.0133** λ φ *pm* ¦ οτε ευρον *et* ° D lat ¦ *txt* B ℵ L *pc* e | ⸁πολλοι sy^{s} || 38 ° C^{3} 𝔎 A D W Θ **090.0104.0130** λ φ *pl* latt sy$^{s.p}$ ¦ *txt* ℌ *pc* | ⸂εγγυς κωμας και εις τας πολεις D latt sy$^{s.p}$ sa^{pt} | ⸄κηρυσσειν W | ⸆και C | ⸀εληλυθα W **090** φ *al* ¦ εξεληλυθα 𝔎 A D **0104.0130** λ *pm*

Luk.: 42 ° ℵ* | ⸀επειχον D || 43 ⸉ B (D) W *pc*; Mcion | ⸂το ευαγγελιον ℵ* | ⸋ sy^{s} | ⸀*p)* εις C 𝔎 A (ε. τ. γαρ D) Θ λ *pm* | ⸁-αλμαι 𝔎 A Θ *al*

^{1sq} *cf 7 sq;* cf Mc 6,46; 14,32 par *(= nr 350);* Lc 3,21; 5,16; 6,12; Mt 14,13; Jo 11,54 || ^{2sq} cf Lc 8,40; Jo 6,24 || $^{5(Mc)}$ κωμόπολις hapaxl NT || ^{5sq} cf Lc 8,1; Jo 8,42 || ^{7sq} *cf 1 sq*

40. Reisetätigkeit (in Galiläa)

Per Galilaeam praedicat **First Preaching Tour in Galilee**

Matth. 4,23 9,35	Mark. 1,39 6,6 b	Luk. 4,44 8,1	Joh.
(nr. 34 4,18-22 p. 51) 23 Καὶ περιῆγεν ⸆ ⸂ἐν ὅλῃ τῇ Γαλιλαίᾳ⸃ διδάσκων ἐν ταῖς συναγωγαῖς αὐτῶν καὶ κηρύσσων τὸ εὐαγγέλιον τῆς βασιλείας καὶ θεραπεύων πᾶσαν νόσον καὶ πᾶσαν μαλακίαν ἐν τῷ λαῷ. *(nr. 50 4,24-5,2 p. 73)*	39 Καὶ ⸀ἦλθεν κηρύσσων ⸂εἰς τὰς συναγωγὰς⸃ αὐτῶν εἰς ὅλην τὴν Γαλιλαίαν ⸋καὶ τὰ δαιμόνια ἐκβάλλων⸌. *(nr. 42 1,40-45 p. 59)*	44 Καὶ ἦν κηρύσσων ⸂εἰς τὰς συναγωγὰς⸃ ⸄τῆς Ἰουδαίας⸅.	
9,35 *(nr. 98, p. 137)* 35 Καὶ περιῆγεν ὁ Ἰησοῦς τὰς πόλεις πάσας καὶ τὰς κώμας διδάσκων ἐν ταῖς συναγωγαῖς αὐτῶν καὶ κηρύσσων τὸ εὐαγγέλιον τῆς βασιλείας καὶ θεραπεύων πᾶσαν νόσον καὶ πᾶσαν μαλακίαν.	6,6 b *(nr. 142 p. 200)* 6 ... Καὶ περιῆγεν τὰς κώμας κύκλῳ διδάσκων.	8,1 *(nr. 115, p. 164)* 1 Καὶ ἐγένετο ἐν τῷ καθεξῆς καὶ αὐτὸς διώδευεν κατὰ πόλιν καὶ κώμην κηρύσσων καὶ εὐαγγελιζόμενος τὴν βασιλείαν τοῦ θεοῦ καὶ οἱ δώδεκα σὺν αὐτῷ.	

Matth.: 23 ⸆ο Ιησους ℌ D *pm* (⸉ C^{corr} 𝔎 W *al*) sy$^{s.p}$ bo; Eus ¦ *txt* B *pc* k sy^{c} sa | ⸂ολην την -αιαν ℵ^{corr} 𝔎 D W λ φ *pl* lat; Eus ¦ *txt* B (ℵ*) C

Mark.: 39 ⸀ην C 𝔎 A D W **090.0104.0133** λ φ *pl* latt sy$^{s.p}$ ¦ *txt* ℌ Θ sa bo^{pt} | ⸂*p)* εν ταις -αις 𝔎 **0133** *al* ¦ *txt* ℌ A D W Θ **090.0104** λ φ *pm* | ⸋ W

Luk.: 44 ⸂*p)* εν ταις -αις C 𝔎 A Θ λ *pm* ¦ *txt* 𝔓^{75} B ℵ D W φ *al* | ⸄*p)* τ. Γαλιλαιας 𝔎 A D Θ φ *pm* latt sy^{p} bo^{pt} ¦ των Ιουδαιων W ¦ *txt* ℌ λ sy^{s} sa bo^{pt}

$^{1-5}$ *cf 6-10* || ^{1sq} cf Lc 4,15; 13,22; Mt 11,1 || ^{4sq} cf Dt 7,15; Mt 9,35; 10,1 || $^{6-10}$ *cf 1-5*

41. Der Fischzug des Petrus

Petri piscatio (*cf. nr. 34*) **The Miraculous Draught of Fish**

Matth. 13,1-3; 4,18-22

13,1-3 (*nr. 122, p. 174*)

1 Ἐν τῇ ἡμέρᾳ ἐκείνῃ ἐξελθὼν ὁ Ἰησοῦς τῆς οἰκίας ἐκάθητο παρὰ τὴν θάλασσαν· 2 καὶ συνήχθησαν πρὸς αὐτὸν ὄχλοι πολλοί, ὥστε αὐτὸν εἰς πλοῖον ἐμβάντα καθῆσθαι, καὶ πᾶς ὁ ὄχλος ἐπὶ τὸν αἰγιαλὸν εἱστήκει. 3 καὶ ἐλάλησεν αὐτοῖς πολλὰ ἐν παραβολαῖς λέγων· ...

Mark. 4,1-2; 1,16-20

4,1-2 (*nr. 122, p. 174*)

1 Καὶ πάλιν ἤρξατο διδάσκειν παρὰ τὴν θάλασσαν· καὶ συνάγεται πρὸς αὐτὸν ὄχλος πλεῖστος, ὥστε αὐτὸν εἰς πλοῖον ἐμβάντα καθῆσθαι ἐν τῇ θαλάσσῃ, καὶ πᾶς ὁ ὄχλος πρὸς τὴν θάλασσαν ἐπὶ τῆς γῆς ἦσαν. 2 καὶ ἐδίδασκεν αὐτοὺς ἐν παραβολαῖς πολλὰ καὶ ἔλεγεν αὐτοῖς ἐν τῇ διδαχῇ αὐτοῦ· ...

Luk. 5,1-11

1 ⸂Ἐγένετο δὲ⸃ ἐν τῷ ⸉τὸν ὄχλον ἐπικεῖσθαι αὐτῷ⸊ ⸀καὶ ἀκούειν τὸν λόγον τοῦ θεοῦ ⸂1καὶ αὐτὸς ἦν ἑστὼς⸃ παρὰ τὴν λίμνην Γεννησαρὲτ 2 καὶ εἶδεν ⸂δύο πλοῖα⸃ ἑστῶτα παρὰ τὴν λίμνην· οἱ δὲ ἁλιεῖς ○ἀπ᾽ αὐτῶν ἀποβάντες ⸀ἔπλυνον τὰ δίκτυα. 3 ἐμβὰς δὲ εἰς ἓν τῶν πλοίων, ὃ ἦν ⸆ Σίμωνος, ἠρώτησεν αὐτὸν ἀπὸ τῆς γῆς ἐπαναγαγεῖν ⸀ὀλίγον· ⸂καθίσας δὲ ἐκ τοῦ πλοίου ἐδίδασκεν⸃ τοὺς ὄχλους.

4 ⸀Ὡς δὲ ἐπαύσατο λαλῶν, εἶπεν πρὸς τὸν Σίμωνα· ἐπανάγαγε εἰς τὸ βάθος καὶ χαλάσατε τὰ δίκτυα ὑμῶν εἰς ἄγραν. 5 καὶ ἀποκριθεὶς ⸆ Σίμων εἶπεν⸆· ⸀ἐπιστάτα, δι᾽ ὅλης ⸆1 νυκτὸς κοπιάσαντες οὐδὲν ἐλάβομεν· ἐπὶ δὲ τῷ ⸆2 ῥήματί σου ⸂χαλάσω ⸂τὰ δίκτυα⸃. 6 καὶ τοῦτο ποιήσαντες⸃ συνέκλεισαν πλῆθος ἰχθύων πολύ, ⸂διερρήσσετο δὲ τὰ δίκτυα αὐτῶν⸃. 7 καὶ κατένευσαν τοῖς μετόχοις ⸆ ἐν τῷ ἑτέρῳ πλοίῳ τοῦ ἐλθόντας ⸀συλλαβέσθαι αὐτοῖς· καὶ ἦλθον καὶ ἔπλησαν ⸀ἀμφότερα τὰ πλοῖα ὥστε ⸆ βυ-

Joh. 21,1-11

(*nr. 360, p. 506*)

1 Μετὰ ταῦτα ἐφανέρωσεν ἑαυτὸν πάλιν ὁ Ἰησοῦς τοῖς μαθηταῖς ἐπὶ τῆς θαλάσσης τῆς Τιβεριάδος· ἐφανέρωσεν δὲ οὕτως. 2 ἦσαν ὁμοῦ Σίμων Πέτρος καὶ Θωμᾶς ὁ λεγόμενος Δίδυμος καὶ Ναθαναὴλ ὁ ἀπὸ Κανὰ τῆς Γαλιλαίας καὶ οἱ τοῦ Ζεβεδαίου καὶ ἄλλοι ἐκ τῶν μαθητῶν αὐτοῦ δύο. 3 λέγει αὐτοῖς Σίμων Πέτρος· ὑπάγω ἁλιεύειν. λέγουσιν αὐτῷ· ἐρχόμεθα καὶ ἡμεῖς σὺν σοί. ἐξῆλθον καὶ ἐνέβησαν εἰς τὸ πλοῖον, καὶ ἐν ἐκείνῃ τῇ νυκτὶ ἐπίασαν οὐδέν. 4 πρωΐας δὲ ἤδη γενομένης ἔστη Ἰησοῦς εἰς τὸν αἰγιαλόν, οὐ μέντοι ᾔδεισαν οἱ μαθηταὶ ὅτι Ἰησοῦς ἐστιν. 5 λέγει οὖν αὐτοῖς [ὁ] Ἰησοῦς· παιδία, μή τι προσφάγιον ἔχετε; ἀπεκρίθησαν αὐτῷ· οὔ. 6 ὁ δὲ εἶπεν αὐτοῖς· βάλετε εἰς τὰ δεξιὰ μέρη τοῦ πλοίου τὸ δίκτυον, καὶ εὑρήσετε. ἔβαλον οὖν, καὶ οὐκέτι αὐτὸ ἑλκύσαι ἴσχυον ἀπὸ τοῦ πλήθους τῶν ἰχθύων. 7 λέγει οὖν ὁ μαθητὴς ἐκεῖνος ὃν ἠγάπα ὁ Ἰησοῦς τῷ Πέτρῳ· ὁ κύριός ἐστιν. Σίμων οὖν Πέτρος ἀκούσας ὅτι ὁ κύριός ἐστιν τὸν ἐπενδύτην διεζώσατο, ἦν γὰρ γυμνός, καὶ ἔβαλεν ἑαυτὸν εἰς τὴν θάλασσαν. 8 οἱ δὲ ἄλλοι μαθηταὶ τῷ πλοιαρίῳ ἦλθον, οὐ γὰρ ἦσαν μακρὰν ἀπὸ τῆς γῆς ἀλλὰ ὡς ἀπὸ πηχῶν διακοσίων, σύροντες τὸ δίκτυον τῶν ἰχθύων. 9 ὡς οὖν ἀπέβησαν εἰς τὴν γῆν

---

1 ⸂ και εγ. 𝔓75 | ⸉ συναχθηναι τον οχλον ℵ* | ⸀ του C𝔎DΘϕ *pm* (lat) | ⸂1 εστωτος αυτου D || 2 ⸂ † δ. πλοιαρια AC* *al* f ¦ πλοιαρια δυο 4 a ¦ πλοια ℵ* ¦ πλοια δυο BW *pc* ¦ *txt* 𝔓75 ℵcorr 𝔎DΘλϕ *pm* lat | ○ ℵ* | ⸀ απεπλυναν (-νον *pc*) 𝔎AΘλϕ *pl* ¦ επλυναν ℵC* *pc* ¦ *txt* BDW || 3 ⸆ του C𝔎AΘλϕ *pl* ¦ *txt* 𝔓75 BℵDW *pc* | ⸀ οσον οσον D | ⸂ κ. δε εν τω πλ-ω εδιδ. ℵ(D) e sa bopt ¦ και κ. εδιδ. εκ του π-ου 𝔓4 vid C𝔎A(W)Θ(λϕ) *pl* ¦ *txt* 𝔓75 B || 4 ⸀ οτε D lat || 5 ⸆ ο C𝔎A(D)WΘλϕ *pl* ¦ *txt* 𝔓75 B(ℵ) *pc* | ⸆ αυτω C𝔎ADWΘλϕ *pl* lat ¦ *txt* 𝔓75 Bℵ *pc* e | ⸀ διδασκαλε D a | ⸆1 της C𝔎DΘϕ *pl* ¦ *txt* 𝔓75 BℵAW *pc* | ⸆2 σω (— σου) W | ⸂ το -υον C𝔎A *pl* || 5.6 ⸂ ου μη παρακουσομαι· και ευθυς χαλασαντες τα δικτυα D* (e) ¦ χαλασομεν τα δ. και χαλασαντες τ. δ. sys || 6 ⸂ διερρηγνυτο (διερρητο C) δε το δ-υον α. (C)𝔎A (Θλ τα δικτυα) ϕ *pl* ¦ ωστε τα δ-υα ρησσεσθαι D (+ αυτων e f r1) || 7 ⸆ τοις C𝔎AΘλϕ *pl* lat | ⸀ βοηθειν D lat | ⸀ -ροι ℵ* 33.69 *pc* | ⸆ παρα τι D it syS.p ¦ ηδη C*

1sqq cf *38 sqq (Mt/Mc)* | Lc 23,23; Act 27,20 || 21sq cf Lc 8,24.45; 9,33.49; 17,13 || 26sq cf Nu 11,22

Matth.

4,18-22 *(nr. 34, p. 51)*

18 ⸀Περιπατῶν δὲ παρὰ τὴν θάλασσαν τῆς Γαλιλαίας εἶδεν δύο ἀδελφούς, Σίμωνα ⸋τὸν λεγόμενον⸌ Πέτρον καὶ Ἀνδρέαν τὸν ἀδελφὸν αὐτοῦ, βάλλοντας ἀμφίβληστρον εἰς τὴν θάλασσαν· ἦσαν γὰρ ἁλιεῖς. 19 καὶ λέγει αὐτοῖς· δεῦτε ὀπίσω μου, καὶ ποιήσω ὑμᾶς ⸆ ἁλιεῖς ἀνθρώπων. 20 οἱ δὲ εὐθέως ἀφέντες τὰ δίκτυα ⸆ ἠκολούθησαν αὐτῷ. 21 ⸋καὶ προβὰς ἐκεῖθεν εἶδεν ἄλλους δύο ἀδελφούς, Ἰάκωβον τὸν τοῦ Ζεβεδαίου καὶ Ἰωάννην τὸν ἀδελφὸν αὐτοῦ, ἐν τῷ πλοίῳ μετὰ Ζεβεδαίου τοῦ πατρὸς αὐτῶν καταρτίζοντας τὰ δίκτυα αὐτῶν, καὶ ἐκάλεσεν αὐτούς. 22 οἱ δὲ °εὐθέως ἀφέντες ⸂τὸ πλοῖον καὶ τὸν πατέρα αὐτῶν⸃ ἠκολούθησαν αὐτῷ.⸌

Mark.

1,16-20 *(nr. 34, p. 51)*

16 ⸂Καὶ παράγων⸃ παρὰ τὴν θάλασσαν τῆς Γαλιλαίας εἶδεν Σίμωνα καὶ Ἀνδρέαν τὸν ἀδελφὸν ⸀Σίμωνος ⸁ἀμφιβάλλοντας ἐν τῇ θαλάσσῃ· ἦσαν γὰρ ἁλιεῖς. 17 καὶ εἶπεν αὐτοῖς °ὁ Ἰησοῦς· δεῦτε ὀπίσω μου, καὶ ποιήσω ὑμᾶς γενέσθαι ἁλιεῖς ἀνθρώπων. 18 καὶ ⸀εὐθὺς ἀφέντες ⸂τὰ δίκτυα⸃ ⸁ἠκολούθησαν αὐτῷ. 19 καὶ προβὰς ⸀ὀλίγον εἶδεν Ἰάκωβον τὸν τοῦ Ζεβεδαίου καὶ Ἰωάννην τὸν ἀδελφὸν αὐτοῦ καὶ αὐτοὺς ἐν τῷ πλοίῳ καταρτίζοντας τὰ δίκτυα ⸆, 20 καὶ ⸀εὐθὺς ἐκάλεσεν αὐτούς. καὶ ⸆ ἀφέντες ⸇ τὸν πατέρα αὐτῶν Ζεβεδαῖον ἐν τῷ πλοίῳ μετὰ τῶν ⸁μισθωτῶν ⸂ἀπῆλθον ὀπίσω αὐτοῦ⸃.

[Luk. 5,1-11]

θίζεσθαι °αὐτά. 8 ⸂ἰδὼν δὲ Σίμων Πέτρος⸃ προσέπεσεν τοῖς ⸀γόνασιν ⸆ Ἰησοῦ λέγων· ⸇ ἔξελθε ἀπ’ ἐμοῦ, ὅτι ἀνὴρ ἁμαρτωλός εἰμι, °κύριε. 9 θάμβος γὰρ περιέσχεν ⸀αὐτὸν ⸋καὶ πάντας τοὺς σὺν αὐτῷ⸌ ἐπὶ τῇ ἄγρᾳ τῶν ἰχθύων ⸁ὧν συνέλαβον, 10 ⸂ὁμοίως δὲ καὶ Ἰάκωβον καὶ Ἰωάννην υἱοὺς Ζεβεδαίου, οἳ ἦσαν κοινωνοὶ τῷ Σίμωνι. καὶ εἶπεν πρὸς τὸν Σίμωνα °ὁ Ἰησοῦς· μὴ φοβοῦ· ἀπὸ τοῦ νῦν ⸆ ἀνθρώπους ἔσῃ ζωγρῶν ⸇.

cf. v. 10

11 καὶ καταγαγόντες τὰ πλοῖα ἐπὶ τὴν γῆν ⸆ ἀφέντες ⸀πάντα⸃ ἠκολούθησαν αὐτῷ.

[Joh. 21,1-11]

βλέπουσιν ἀνθρακιὰν κειμένην καὶ ὀψάριον ἐπικείμενον καὶ ἄρτον. 10 λέγει αὐτοῖς ὁ Ἰησοῦς· ἐνέγκατε ἀπὸ τῶν ὀψαρίων ὧν ἐπιάσατε νῦν. 11 ἀνέβη οὖν Σίμων Πέτρος καὶ εἵλκυσεν τὸ δίκτυον εἰς τὴν γῆν μεστὸν ἰχθύων μεγάλων ἑκατὸν πεντήκοντα τριῶν· καὶ τοσούτων ὄντων οὐκ ἐσχίσθη τὸ δίκτυον.

Evang. Ebion. (Epiphanius, Panarion haer. 30,13,2-3): »Καὶ ἐλθὼν εἰς Καφαρναοὺμ εἰσῆλθεν εἰς τὴν οἰκίαν Σίμωνος τοῦ ἐπικληθέντος Πέτρου καὶ ἀνοίξας τὸ στόμα αὐτοῦ εἶπεν· παρερχόμενος παρὰ τὴν λίμνην Τιβεριάδος ἐξελεξάμην Ἰωάννην καὶ Ἰάκωβον, υἱοὺς Ζεβεδαίου, καὶ Σίμωνα καὶ Ἀνδρέαν καὶ Θαδδαῖον καὶ Σίμωνα τὸν ζηλωτὴν καὶ Ἰούδαν τὸν Ἰσκαριώτην, καὶ σὲ τὸν Ματθαῖον καθεζόμενον ἐπὶ τοῦ τελωνίου ἐκάλεσα καὶ ἠκολούθησάς μοι. ὑμᾶς οὖν βούλομαι εἶναι δεκαδύο ἀποστόλους εἰς μαρτύριον τοῦ Ἰσραήλ.«

Matth.: **18** ⸀*p)* παραγων D it sy^s; Eus | ⸋ sy^s || **19** ⸆*p)* γενεσθαι ℵ^corr D 33*pc* it || **20** ⸆αυτων K W 565*al* it || **21.22** ⸋ W*pc* || **22** °544*pc* a b e g^1 h | ⸂τα δικτυα και τ. πατ. αυτ. (lat) sa ¦ τα δικτυα αυτων sy^c ¦ *p)* τον πατ. αυτων εν τω πλοιω sy^s

Mark.: **16** ⸂*p)* περιπατων δε ℜ A W Θ 074.0135 λ*pm* ¦ και περιπ. sy^s.p ¦ παραγων δε 565 *pc* sa^pt ¦ *txt* B ℵ D φ *al* lat sa^pt bo | ⸀αυτου D W *pc* lat sy^s.p bo^pt | ⸁α. τα δικτυα D(Θ) φ lat sy^s.p ¦ *p)* βαλλοντας αμφιβληστρον E^2 M Γ *pm* ¦ αμφιβλη. βαλλ. (λ) 700 *pc* ¦ αμφιβαλλ. αμφιβλη. ℜ A W *pm* || **17** °W || **18** ⸀ευθεως B C ℜ A D W 074.0135 λ φ *pl* ¦ *txt* ℵ L Θ *pc* | ⸂τα δ. αυτων ℜ A 074.0133.0135 *al* f l ¦ παντα D it | ⸁-θουν B || **19** ⸀εκειθεν ℵ* ¦ εκειθεν ολ. C ℜ A 074.0133.0135 φ *pl* lat ¦ *txt* B D W Θ λ *pc* it | ⸆*p)* αυτων C^2 *al* || **20** ⸀ευθεως C ℜ A D 074.0133. 0135 *pm* ¦ — W Θ *al* | ⸆ευθεως W Θ *al* | ⸇ τα δικτυα και Θ | ⸁μισθιων 1.209 | ⸂ηκολουθησαν αυτω D *pc* latt

Luk.: **7** °D lat || **8** ⸂ιδ. δε ο Σιμ. W φ it sy^s ¦ ο δε Σιμ. D | ⸀ποσιν (D) λ 579 c (e) | ⸆του C A Θ λ φ *pm* | ⸇παρακαλω D it sy^p | °ℵ* lat || **9** ⸀αυτους ℵ* | ⸋D | ⸁† ῇ ℵ C ℜ A W λ φ *pl* sa ¦ ἣν Θ ¦ *txt* 𝔓^75 B D *pc* bo || **10.11** ⸂*p)* ησαν δε κοινωνοι αυτου Ιακωβος και Ιωαννης υιοι Ζεβεδαιου· ο δε ειπεν αυτοις· δευτε και μη γινεσθε αλιεις ιχθυων, ποιησω γαρ υμας αλιεις ανθρωπων· οι δε ακουσαντες παντα κατελειψαν επι της γης και D(e) || **10** °B L | ⸆γαρ Mcion | ⸇εις ζωην sy^s.p || **11** ⸆και W | ⸀απ- C ℜ A W Θ φ 1*pm*

35sq cf Mt 8,8; Lc 7,6; Act 10,26; 1Rg 17,18; Jdc 6,22; 13,22; Job 42,5sq; Is 6,5 || *38sqq (Mt/Mc)* cf *1sqq. 58sqq* || *44sq* cf Jr 16,16; Ez 47,10; Prv 6,2; Mt 13,47sqq || *58sqq* cf *38sqq*

42. Heilung des Aussätzigen

Sanatio leprosi *(cf. nr. 84)* **The Cleansing of the Leper**

Matth. 8,1-4
(nr. 84, p. 112)

1 ⸂Καταβάντος δὲ αὐτοῦ⸃ ἀπὸ τοῦ ὄρους
ἠκολούθησαν αὐτῷ ὄχλοι πολλοί. 2 καὶ
ἰδοὺ λεπρὸς ⸀προσελθὼν
προσεκύνει αὐτῷ
λέγων· κύριε, ἐὰν θέλῃς δύνασαί
με καθαρίσαι. 3 καὶ
ἐκτείνας τὴν χεῖρα ⸆ ἥψατο αὐτοῦ
⸆ λέγων· θέλω, καθαρίσθητι· καὶ
εὐθέως ἐκαθαρίσθη αὐτοῦ ἡ λέπρα.

4 καὶ ⸀λέγει αὐτῷ ὁ Ἰησοῦς·
ὅρα μηδενὶ ⸆ εἴπῃς, ἀλλὰ ὕπ-
αγε σεαυτὸν δεῖξον τῷ ἱερεῖ καὶ
⸁προσένεγκον
τὸ δῶρον ὃ προσέταξεν Μωϋσῆς, εἰς μαρ-
τύριον αὐτοῖς.

Mark. 1,40-45
1,35

(nr. 40 1,39 p. 56)

40 Καὶ ἔρχεται πρὸς αὐτὸν λεπρὸς
παρακαλῶν αὐτὸν ⸂[καὶ γονυπετῶν]⸃
°καὶ λέγων °¹αὐτῷ ⸀ὅτι ἐὰν θέλῃς δύνασαί
με καθαρίσαι. 41 ⸀καὶ ⸁σπλαγχνισθεὶς
ἐκτείνας τὴν χεῖρα ⸂αὐτοῦ ἥψατο⸃
καὶ λέγει °αὐτῷ· θέλω, καθαρίσθητι· 42 καὶ
⸆ ⸀εὐθὺς ⸋ἀπῆλθεν ἀπ' αὐτοῦ ἡ λέπρα,
καὶ⸌ ἐκαθαρίσθη. 43 καὶ ἐμβριμησάμενος
αὐτῷ ⸀εὐθὺς ἐξέβαλεν αὐτὸν 44 καὶ λέγει
αὐτῷ· ὅρα μηδενὶ °μηδὲν εἴπῃς, ἀλλὰ ὕπ-
αγε σεαυτὸν δεῖξον τῷ ἱερεῖ καὶ
προσένεγκε περὶ τοῦ καθαρισμοῦ σου
⸀ἃ προσέταξεν Μωϋσῆς, εἰς μαρ-
τύριον αὐτοῖς. 45 ὁ δὲ ἐξελθὼν ἤρξατο κη-
ρύσσειν °πολλὰ καὶ διαφημίζειν τὸν λόγον,
ὥστε μηκέτι °¹αὐτὸν δύνασθαι ⸉φανερῶς
εἰς πόλιν εἰσελθεῖν⸊,
ἀλλ' ἔξω ⸀ἐπ' ἐρήμοις τόποις °²ἦν·
καὶ ἤρχοντο πρὸς αὐτὸν πάντοθεν.

1,35 *(nr. 39, p. 56)*

35 Καὶ πρωῒ ἔννυχα λίαν ἀναστὰς ἐξῆλθεν καὶ

Luk. 5,12-16
4,42

12 Καὶ ἐγένετο
ἐν τῷ εἶναι αὐτὸν ἐν μιᾷ τῶν πόλεων καὶ
ἰδοὺ ἀνὴρ ⸂πλήρης λέπρας⸃· ⸄ἰδὼν δὲ⸅ τὸν
Ἰησοῦν, ⸀πεσὼν ἐπὶ πρόσωπον ⸋ἐδεήθη
αὐτοῦ⸌ λέγων· κύριε, ἐὰν θέλῃς δύνασαί
με καθαρίσαι. 13 καὶ
ἐκτείνας τὴν χεῖρα ἥψατο αὐτοῦ
⸀λέγων· θέλω, καθαρίσθητι· καὶ
εὐθέως ⸂ἡ λέπρα ἀπῆλθεν ἀπ' αὐτοῦ⸃.

14 καὶ °αὐτὸς παρήγγειλεν
αὐτῷ ⸆ μηδενὶ εἰπεῖν, ⸂ἀλλὰ ἀπελ-
θὼν⸃ ⸋δεῖξον σεαυτὸν ⸄τῷ ἱερεῖ⸅ καὶ⸌
προσένεγκε ⸆ περὶ τοῦ καθαρισμοῦ σου
καθὼς προσέταξεν Μωϋσῆς, ⸂¹εἰς μαρ-
τύριον αὐτοῖς⸃. ⸆¹ 15 δι-
ήρχετο δὲ μᾶλλον ὁ λόγος °περὶ αὐτοῦ,
καὶ συνήρχοντο ὄχλοι °¹πολλοὶ ἀκούειν
καὶ θεραπεύεσθαι ⸆ ἀπὸ τῶν ἀσθενειῶν
αὐτῶν· 16 αὐτὸς δὲ ἦν ὑποχωρῶν ἐν ταῖς
ἐρήμοις καὶ προσευχόμενος.
cf. v. 15

4,42 *(nr. 39, p. 56)*

42 Γενομένης δὲ ἡμέρας ἐξελθὼν

Joh.

Matth.: 1 ⸂-ντι δε αυτω ℵ*𝔎 *al* k || 2 ⸀ελθων C𝔎 *pm* || 3 ⸆*p)* αυτου ℵ*·c 124 | ⸆ο Ιησους C²𝔎WΘ *pm* || 4 ⸀ειπεν ℵ* | ⸆*p)* μηδεν Γ *pc* | ⸁-γκε ℵ𝔎WΘ *pm*; (Eus)

Mark.: 40 ⸂*p)* — BDW **0104** *al* it sa[pt] ¦ κ. γ. αυτον C𝔎A **090.0130.0133** φ *al* ¦ *txt* ℵΘλ *al* lat | ° † Bℵ* latt ¦ *txt* ℵ[corr] C𝔎ADWΘ **090.0104.0130.0133** λφ *pl* | °¹ DW *al* it sa bo[pt] | ⸀*p)* κυριε CWΘ *pc* it ¦ κ. οτι B ¦ οτι κ. sa bo[pt] ¦ — D lat ¦ *txt* ℵ𝔎A **090.0104.0130.0133** λφ *pm* || 41 ⸀ο δε Ιησους C𝔎AWΘ **090.0104.0130.0133** λφ *pl* lat sy[s.p] bo[pt] | ⸁οργισθεις D a ff² r¹ | ⸂*p) 2 1* C𝔎AWΘ **090.0133** λφ *pl* ¦ *1 2 1* D *pc* lat | °ℵWλ *pc* c ff² sy[p] sa bo[pt] || 42 ⸆ειποντος αυτου C𝔎AΘ **090.0130.0133** λ *pm* lat | ⸀ευθεως C𝔎ADW **090.0130.0133** λφ *pm* | ⸋ sy[s] || 43 ⸀ευθεως C𝔎AΘ *pm* || 44 °*p)* ℵADW **0130** φ *al* latt | ⸀καθως C* ¦ ο WΘ || 45 ° DW latt | °¹ DW | ⸉ *2 3 1 4* ℌ *al* ¦ *1 4 2 3* D ¦ *txt* B 𝔎AWΘ **090.0130** λφ *pm* | ⸀εν C𝔎ADΘ **090** λφ *pm* latt | °² B (b e)

Luk.: 12 ⸂*p)* λεπρος D; Mcion | ⸄και ιδων C𝔎ADWΘλφ *pl* lat | ⸀*p)* επεσεν *et* ⸋ D e || 13 ⸀ειπων 𝔎Aλ *pm* | ⸂*p)* εκαθαρισθη D e || 14 °W | ⸆λεγων bo | ⸂απελθε δε και D a ¦ αλλ -θε Mcion | ⸋ ℵ* | ⸄τοις -ρευσιν sy[s.p]; (Cl) | ⸆*p)* το δωρον X b c; Mcion Tert (Epiph) | ⸂¹εις μ. επ αυτους Ψ ¦ εις μ. υμιν l ¦ ινα εις μ. ην (*i. e.* ᾖ) υμιν τουτο D it; (Mcion) | ⸆¹*p)* ο δε εξελθων ηρξατο κηρυσσειν και διαφημιζειν τον λογον ωστε μηκετι δυνασθαι αυτον φανερως εις πολιν εισελθειν, αλλα εξω ην εν ερημοις τοποις και συνηρχοντο προς αυτον και ηλθεν παλιν εις Καφαρναουμ D || 15 °ℵ* | °¹ sa | ⸆απ αυτου A ¦ υπ αυτου C²𝔎Θ *pm*

1sqq cf *27sqq* || *2(Lc)* cf Lc 4,43sq || *3-13* cf *30sqq* || *3sqq* cf Mt 10,8; 11,5 par *(= nr 106)*; 26,6 par *(= nr 306)* || *5* cf Mt 7,21; 8,6.8; Mc 7,28 etc || *7* cf Mt 26,51; 2Rg 5,11 | cf Mc 8,22; 10,13 et par; Mc 1,31; 5,41; Lc 14,4 et par; Mc 5,23; 6,5; 7,32; 8,23.25; 10,16 et par; Mc 3,10; 5,28; 6,56 et par; Mc 16,18; Act 9,17; 28,8 | Mc 7,33; 8,23; 6,13 et par; Jc 5,14 || *10sq* cf Mt 9,30; Mc 14,5; Jo 11,33.38 || *12* cf Mc 5,43 par *(= nr 138)*; 1,34; 3,12; 7,36; 8,30(26); 9,9; Lc 8,56; Mt 9,30 || *13* Lv 13,49 (14,2-32) || *14sqq* cf Lv 13 et 14 || *17* cf Mc 5,20; 7,36; Mt 9,31; Lc 4,14.37 || *20sq* cf *23sqq*; cf Mc 1,35 || *23sqq* cf *20sq*

Matth.	[Mark. 1,35]	[Luk. 4,42]	Joh.
	ἀπῆλθεν εἰς ἔρημον τόπον κἀκεῖ προσηύχετο.	ἐπορεύθη εἰς ἔρημον τόπον· καὶ οἱ ὄχλοι ἐπεζήτουν αὐτὸν καὶ ἦλθον ἕως αὐτοῦ καὶ κατεῖχον αὐτὸν τοῦ μὴ πορεύεσθαι ἀπ' αὐτῶν.	

Luk. 17,11–14: 11 Καὶ ἐγένετο ἐν τῷ πορεύεσθαι εἰς Ἰερουσαλὴμ καὶ αὐτὸς διήρχετο διὰ μέσον Σαμαρείας καὶ Γαλιλαίας. 12 καὶ εἰσερχομένου αὐτοῦ εἴς τινα κώμην ἀπήντησαν [αὐτῷ] δέκα λεπροὶ ἄνδρες, οἳ ἔστησαν πόρρωθεν 13 καὶ αὐτοὶ ἦραν φωνὴν λέγοντες· Ἰησοῦ ἐπιστάτα, ἐλέησον ἡμᾶς. 14 καὶ ἰδὼν εἶπεν αὐτοῖς· πορευθέντες ἐπιδείξατε ἑαυτοὺς τοῖς ἱερεῦσιν. καὶ ἐγένετο ἐν τῷ ὑπάγειν αὐτοὺς ἐκαθαρίσθησαν.

Pap. Egerton 2 (Fragm. 1 r.): 8 Καὶ [ἰ]δοὺ λεπρὸς προσελθ[ὼν αὐτῷ] λέγει· διδάσκαλε Ἰη(σοῦ) λε[προῖς συν]οδεύων καὶ συνεσθίω[ν αὐτοῖς] ἐν τῷ πανδοχείῳ ἐλ[έπρησα] καὶ αὐτὸς ἐγώ· ἐὰν [ο]ὖν [σὺ θέλῃς] καθαρίζομαι· 9 ὁ δὴ κ(ύριο)ς [ἔφη αὐτῷ] θέλ[ω] καθαρίσθητι· [καὶ εὐθέως ἀ]πέστη ἀπ' αὐτοῦ ἡ λέπ[ρα· 10 ὁ δὲ κ(ύριο)ς εἶπεν αὐτῷ·] πορε[υθεὶς ἐπίδειξον σεαυτὸ]ν τοῖ[ς ἱερεῦσι ...

27sqq cf 1sqq || *30sqq cf 3-13*

43. Heilung des Gelähmten

(cf. nr. 92)

Sanatio paralytici — The Healing of the Paralytic

Matth. 9,1-8 (nr. 92, p. 124)	Mark. 2,1-12	Luk. 5,17-26	Joh. 5,1-7. 8-9a
1 Καὶ ἐμβὰς ⸆εἰς ⸆πλοῖον ⸆1 διεπέρασεν καὶ ἦλθεν εἰς τὴν ἰδίαν πόλιν.	1 Καὶ ⸂εἰσελθὼν πάλιν εἰς Καφαρναοὺμ δι' ἡμερῶν⸃ ἠκούσθη ὅτι ⸉ἐν οἴκῳ⸊ ἐστίν. 2 καὶ ⸆ συνήχθησαν πολλοὶ ὥστε μηκέτι χωρεῖν ⸋μηδὲ τὰ πρὸς τὴν θύραν⸌, καὶ ἐλάλει ⸀αὐτοῖς τὸν λόγον.	17 Καὶ ἐγένετο ἐν μιᾷ τῶν ἡμερῶν ⸂καὶ αὐτὸς ἦν διδάσκων, καὶ ἦσαν καθήμενοι ⸆Φαρισαῖοι καὶ ⸆νομοδιδάσκαλοι °οἳ ἦσαν ἐληλυθότες⸃ ἐκ πάσης⸆ ⸉⸀κώμης τῆς Γαλιλαίας καὶ Ἰουδαίας καὶ Ἰερουσαλήμ⸊· ⸀1καὶ δύναμις κυρίου ἦν εἰς τὸ ἰᾶσθαι ⸁αὐτόν.	
2 Καὶ ἰδοὺ προσέφερον αὐτῷ παραλυτικὸν ἐπὶ κλίνης βεβλημένον.	3 καὶ ⸂ἔρχονται φέροντες πρὸς αὐτὸν παραλυτικὸν αἰρόμενον ὑπὸ τεσσάρων⸃.	18 καὶ ἰδοὺ ἄνδρες φέροντες ⸂ἐπὶ κλίνης ἄνθρωπον⸃ ὃς ἦν παραλελυμένος καὶ ἐζήτουν αὐτὸν εἰσενεγκεῖν καὶ θεῖναι °[αὐτὸν] ἐνώπιον αὐτοῦ.	
	4 καὶ μὴ δυνάμενοι ⸀προσενέγκαι °αὐτῷ ⸂διὰ τὸν ὄχλον⸃ ἀπεστέγασαν τὴν στέγην ὅπου ἦν⸆, καὶ °1ἐξορύξαντες χαλῶσι τὸν ⸁κράβαττον ⸀1ὅπου ὁ	19 καὶ μὴ εὑρόντες ποίας εἰσενέγκωσιν αὐτὸν διὰ τὸν ὄχλον, ⸂ἀναβάντες ἐπὶ τὸ δῶμα ⸋διὰ τῶν κεράμων⸌ καθῆκαν αὐτὸν σὺν τῷ κλινιδίῳ⸃ εἰς τὸ	

Matth.: 1 ⸆ο Ιησους C³Θ *al* | ⸆το CℜW*al* | ⸆1ο Ιησους C**al*

Mark.: 1 ⸂παλιν ερχεται εις Κ. και W ¦ εισηλθεν παλ. (*ˢal* lat) εις Καπερν- δι ημ. και CℜA(D) **090** λφ*pm* (lat) | ⸉εις οικον CℜA **090.0130** λφ*pl* || 2 ⸆ευθεως CℜAD **090.0130** λφ*pl* it | ⸋W | ⸀προς αυτους DW it || 3 ⸂ιδου ανδρες ερχονται προς αυτον βασταζοντες εν κραβαττω παραλυτικον W || 4 ⸀-εγγισαι 𝔓84vid CℜAD **090** λφ*pl* it sy^p ¦ -ελθειν W ¦ *txt* ℌΘ vg sa bo | °D *pc* it | ⸂απο του οχλου DW | ⸆ο Ιησους DΘ*al* it | °1 DW it sy^p bo^pt | ⸁*hic et vss 9.11.12* κραβακτον ℵ | ⸀1 εφ ω 𝔓84vid CℜA **090** λ*pm* ¦ εφ ου Θ φ 33.565*al* ¦ εις ον W

Luk.: 17 ⸂αυτου διδασκοντος συνελθειν τους Φαρ-ους κ. νομοδ-ους· ησαν δε συνεληλ- D c (e) ¦ Ιησου διδασκοντος και ησαν καθ. κτλ. sy^s.p | ⸆*bis* οι B(Θ) | °ℵ* | ⸆της B | ⸉*1 2 5-7 1012* ¦ *1-3 6 7* H ¦ *1-5* D ¦ *2-7* 1241 bo ¦ [*2 5-7* Spitta *cj*] | ⸀χωρας W | ⸀1του D | ⸁αυτους CℜADΘλφ*pl* latt sy^p bo ¦ παντας K ¦ *txt* BℵW *pc* sy^s sa || 18 ⸂*p)* ανδρ. επι κλ. βεβλημενον ℵ | °ℵCℜADWλφ*pl* latt ¦ *txt* BΘ*pc* sa bo || 19 ⸂*p)* ανεβησαν επι το δ. και αποστεγασαντες τους κεραμους οπου ην καθηκαν τον κραβατον συν τω παραλυτικω D | ⸋sy^s.p

2sq (Mt) = Capernaum, cf Mt 4,13 || *4sqq (Lc)* cf *24sqq* || *5* νομοδιδάσκαλος hic et Act 5,34; 1Tm 1,7 || *5sq (Mc)* cf Mc 2,15; 3,20; 6,31; Lc 19,3 | cf Mc 1,33; 11,4 || *6 (Lc)* cf Lc 4,14; 6,19 et par || *11sq* cf Mt 8,5sq; 4,24 | cf *18sq*; cf Mc 6,55; 7,30; Jo 5,8sqq; Act 5,15; 9,33 || *18sq* cf *11sq*

[Matth. 9,1-8]

καὶ ἰδὼν ὁ Ἰησοῦς τὴν πίστιν
αὐτῶν εἶπεν τῷ παραλυτικῷ·
θάρσει, τέκνον, ⸀ἀφίενταί ⸂σου
αἱ ἁμαρτίαι⸃. 3 καὶ ἰδού τινες
τῶν γραμματέων
εἶπαν ἐν ἑαυτοῖς·
οὗτος βλασφημεῖ.
4 καὶ ⸀ἰδὼν ὁ Ἰησοῦς
τὰς ἐνθυμήσεις αὐτῶν
εἶπεν⸆·
ἱνατί⸆ ἐνθυμεῖσθε πονηρὰ ἐν ταῖς
καρδίαις ὑμῶν; 5 τί γάρ ἐστιν εὐ-
κοπώτερον, εἰπεῖν·
⸀ἀφίενταί σου αἱ ἁμαρτίαι,
ἢ εἰπεῖν· ἔγειρε
°καὶ περιπάτει;
6 ἵνα δὲ εἰδῆτε ὅτι ἐξουσίαν ἔχει
ὁ υἱὸς τοῦ ἀνθρώπου ⸉ἐπὶ τῆς γῆς
ἀφιέναι⸊ ἁμαρτίας — τότε λέγει
τῷ παραλυτικῷ·
⸀ἐγερθεὶς ἆρόν σου τὴν κλίνην
καὶ ⸀ὕπαγε εἰς τὸν οἶκόν σου.
7 καὶ ἐγερθεὶς

[Mark. 2,1-12]

παραλυτικὸς κατέκειτο.
5 καὶ ἰδὼν ὁ Ἰησοῦς τὴν πίστιν
αὐτῶν λέγει τῷ παραλυτικῷ·
⸆ τέκνον⸆, ⸀ἀφίενταί ⸀σου
αἱ ἁμαρτίαι ⸆1. 6 ἦσαν δέ τινες
τῶν γραμματέων ἐκεῖ καθήμενοι
καὶ διαλογιζόμενοι ἐν ταῖς καρ-
δίαις αὐτῶν ⸆ · 7 ⸀τί
οὗτος οὕτως λαλεῖ⁝⸀; βλασφημεῖ·
τίς δύναται ἀφιέναι ἁμαρτίας εἰ
μὴ °εἷς ὁ θεός; 8 καὶ ⸀εὐθὺς
⸉ἐπιγνοὺς ὁ Ἰησοῦς⸊ τῷ πνεύματι
°αὐτοῦ ὅτι °1οὕτως⸆ διαλογίζον-
ται ἐν ἑαυτοῖς ⸀λέγει °2αὐτοῖς·
τί °3ταῦτα διαλογίζεσθε ἐν ταῖς
καρδίαις ὑμῶν; 9 τί⸆ ἐστιν εὐκο-
πώτερον, εἰπεῖν ⸂τῷ παραλυτικῷ⸃·
⸀ἀφίενταί σου αἱ ἁμαρτίαι,
ἢ εἰπεῖν· ⸀ἔγειρε ⸋°καὶ ἆρον τὸν
κράβαττόν σου⸌ καὶ ⸀1περιπάτει⸆;
10 ἵνα δὲ εἰδῆτε ὅτι ἐξουσίαν ἔχει
ὁ υἱὸς τοῦ ἀνθρώπου ⸂ἀφιέναι
ἁμαρτίας ἐπὶ τῆς γῆς⸃ — λέγει
τῷ παραλυτικῷ· 11 ⸂σοὶ λέγω,
ἔγειρε⸃ ⸆ ἆρον τὸν κράβαττόν
σου καὶ ὕπαγε εἰς τὸν οἶκόν σου.
12 ⸂καὶ ἠγέρθη

[Luk. 5,17-26]

μέσον ἔμπροσθεν ⸂τοῦ Ἰησοῦ⸃.
20 καὶ ἰδὼν ⸆ τὴν πίστιν
αὐτῶν εἶπεν ⸆ ·
ἄνθρωπε, ἀφέωνταί ⸂σοι
αἱ ἁμαρτίαι σου⸃.
21 καὶ ἤρξαντο
διαλογίζεσθαι οἱ γραμματεῖς καὶ
οἱ Φαρισαῖοι⸆ λέγοντες· ⸂τίς ἐστιν
οὗτος ὃς⸃ λαλεῖ βλασφημίας;
τίς δύναται ⸂ἁμαρτίας ἀφεῖναι⸃ εἰ
μὴ μόνος ὁ θεός;
22 ἐπιγνοὺς δὲ ὁ Ἰησοῦς
τοὺς διαλογισμοὺς αὐτῶν
°ἀποκριθεὶς εἶπεν πρὸς αὐτούς·
τί διαλογίζεσθε ἐν ταῖς
καρδίαις ὑμῶν⸆; 23 τί ἐστιν εὐ-
κοπώτερον, εἰπεῖν·
ἀφέωνταί ⸂σοι αἱ ἁμαρτίαι σου⸃,
ἢ εἰπεῖν· ἔγειρε
καὶ περιπάτει;
24 ἵνα δὲ εἰδῆτε ὅτι ⸉ὁ υἱὸς τοῦ ἀν-
θρώπου ἐξουσίαν ἔχει⸊ ἐπὶ τῆς γῆς
ἀφιέναι ἁμαρτίας — ⸀εἶπεν
τῷ ⸀παραλελυμένῳ· σοὶ λέγω,
ἔγειρε καὶ ⸀1ἄρας ⸂τὸ κλινίδιόν⸃
σου⸆ πορεύου εἰς τὸν οἶκόν σου.
25 καὶ παραχρῆμα ἀναστὰς ἐν-

Joh.

5,1-7. 8-9a *(nr. 140.141, p. 196.197)*
1 Μετὰ ταῦτα
ἦν ἑορτὴ τῶν Ἰουδαίων καὶ ἀνέβη
Ἰησοῦς εἰς Ἱεροσόλυμα. 2 Ἔστιν δὲ ἐν
τοῖς Ἱεροσολύμοις ἐπὶ τῇ προβατικῇ
κολυμβήθρα ἡ ἐπιλεγομένη Ἑβρα-
ϊστὶ Βηθζαθὰ πέντε στοὰς ἔχουσα.
3 ἐν ταύταις κατέκειτο πλῆθος τῶν
ἀσθενούντων, τυφλῶν, χωλῶν, ξηρῶν.
5 ἦν δέ τις ἄνθρωπος ἐκεῖ τριάκοντα
[καὶ] ὀκτὼ ἔτη ἔχων ἐν τῇ ἀσθενείᾳ
αὐτοῦ· 6 τοῦτον ἰδὼν ὁ Ἰησοῦς κατα-
κείμενον καὶ γνοὺς ὅτι πολὺν ἤδη
χρόνον ἔχει, λέγει αὐτῷ· θέλεις ὑγιὴς
γενέσθαι; 7 ἀπεκρίθη αὐτῷ ὁ ἀσθενῶν·
κύριε, ἄνθρωπον οὐκ ἔχω ἵνα ὅταν
ταραχθῇ τὸ ὕδωρ βάλῃ με εἰς τὴν
κολυμβήθραν· ἐν ᾧ δὲ ἔρχομαι ἐγώ,
ἄλλος πρὸ ἐμοῦ καταβαίνει. 8 λέγει
αὐτῷ ὁ Ἰησοῦς·
ἔγειρε ⸆ ἆρον τὸν κράβαττόν
σου καὶ περιπάτει⸆.
9 ⸂καὶ εὐθέως⸃ ἐγένετο ὑγιὴς ὁ ἄν-

Matth.: 2 ⸀αφεωνται C𝔎WΘ *pl* it; Cl Cyr ¦ *txt* Bא(D) lat; Ir | ⸂σοι αι αμ. σου 𝔎Θ *pm* latt; (Cyr) || 4 ⸀† ειδως B(Θ) λ *pm* syp sa ¦ *txt* אC𝔎DWφ *al* latt bo | ⸆αυτοις DΘ *pc* c h sys.p sa bopt | ⸆υμεις 𝔎WΘ *pl* || 5 ⸀αφεωνται C𝔎WΘ *pl* it; Cl ¦ *txt* B(א* D) lat | ° א* || 6 ⸉ *4 1-3* W | ⸀† *p)* εγειρε B(+ και D it) vg sys.p sa bo ¦ *txt* אC𝔎WΘλφ *pl* q; Cyr | ⸀*p)* πορευου א*

Mark.: 5 ⸆*p)* θαρσει C | ⸆μου א* syp sa bo | ⸀αφεωνται אC𝔎ADW(Θ) **090** λφ *pl*; Cl? ¦ *txt* B *pc* lat | ⸀*p)* σοι *et* ⸆1 σου 𝔎A *pm* || 6 ⸆*p)* λεγοντες DW it || 7 ⸀οτι BΘ | [⁝ W (= BΘ)] | ⸀*p)* βλασφημιας C𝔎AWΘλφ *pm* | ° D || 8 ⸀ευθεως C𝔎A **090.0130** λφ *pm* ¦ — DW it | ⸉א *pc* | ° DW *pc* it | °1 BWΘ it | ⸆ουτοι 𝔓84vid C𝔎A **090** φ *al* | ⸀ειπεν C𝔎ADΘ **090.0130** λφ *pm* it | °2 BΘ *pc* | °3 *p)* WΘ *pc* || 9 ⸆*p)* γαρ W | ⸂τω παραλυτω D ¦ *p)* — W *pc* | ⸀αφεωνται C𝔎A(⸉D)WΘ **090.0130** λφ *pl*; Cl? ¦ *txt* Bא *pc* lat | ⸀-ρου BΘ *pc* ¦ αναστας Eus | ⸋ W | ° CD 33 *al* f l q; Eus | ⸀1 (*vs* 11) υπαγε 𝔓88 אD **0130** *pc* ¦ *txt* BC𝔎AWΘλφ *pl* vg | ⸆(*vs* 11) εις τον οικον σου D 33 it || 10 ⸂ *3-5 1 2* 𝔓88 ℌD **090.0130** *pm* lat syp sa bo ¦ *1 3-5 2* 𝔎Aφ *al* ¦ *1 2* W b q ¦ *txt* BΘ *pc* || 11 ⸂ *3 1 2* א ¦ *p) 3* W | ⸆και 𝔎AW *pm* || 12 ⸂ο δε εγερθεις και αρας αυτου W ¦ και ευθεως ηγερθη και αρας D

Luk.: 19 ⸂παντων B || 20 ⸆*p)* ο Ιησους C(D ff2) φ r1 | ⸆*p)* τω παραλυτικω C (*sed* λεγει D) f sys.p bo; Cyr ¦ αυτω 𝔎AWφ *pm* ¦ homini it | ⸂(*cf vs* 23) σου αι αμαρτιαι אDW lat || 21 ⸆*p)* εν ταις καρδιαις αυτων D it | ⸂*p)* τι ουτος D | ⸂αφειναι αμ. אC𝔎AW(⸉Θλ) φ *pm*; Cyr || 22 ° CD it | ⸆*p)* πονηρα D(⸉it) || 23 ⸂(*cf vs* 20) σου αι αμαρτιαι א(C)DW (*sed* αφιενται Θ) lat || 24 ⸉*p) 5 6 1-4* אC𝔎AD(Θ)λφ *pm* it | ⸀λεγει D *pc* | ⸀*p)* -λυτικω ℌDWΘφ *al* latt ¦ *txt* B𝔎Aλ *pm* | ⸀1 *p)* αρον אD *al* latt; Mcion | ⸂*p)* τον κραβατον D *pc* c r1; Mcion | ⸆και אD *al* latt

Joh.: 8 ⸆και AD it | ⸆υπαγε εις τον οικον σου 33 *pc* syc || 9 ⸂και DW aur l ¦ — א*

---

20 cf Mc 4,40; 5,34; 10,52; 11,22 et par || 22 cf Lc 7,48 || *24sq* cf *4sqq (Lc)* || 27 cf Mt 26,65; Jo 10,33; Lc 7,49; Act 7,57sq; 1Rg 21,13 || *28sq* cf Ex 34,6sq; Is 43,25; 44,22; 55,7; Ps 103,3; 130,4 || *30sq* cf Mt 12,25; 16,8; 22,18; Lc 6,8; 9,47; 11,17; Jo 2,24sq; 6,61; Mc 12,15 || 39 cf Jo 17,2 || *45-47 (Mt/Lc)* cf 1Sm 10,26; 23,18; 2Sm 12,15; 17,23 || *45sqq* cf Act 3,7sq

[Matth. 9,1-8]	**[Mark. 2,1-12]**	**[Luk. 5,17-26]**	[Joh. 5,1-7. 8-9a]
	καὶ °εὐθὺς ἄρας⸃ τὸν κράβαττον⸆	ὤπιον αὐτῶν, ἄρας ⸂ἐφ' ὃ κατ-	θρωπος ⸋⸀καὶ ἦρεν τὸν κράβαττον
ἀπῆλθεν εἰς τὸν οἶκον	ἐξῆλθεν ⸀ἔμπροσθεν πάντων,	έκειτο⸃, ἀπῆλθεν εἰς τὸν οἶκον	αὐτοῦ⸌ καὶ ⸀περιεπάτει.
αὐτοῦ. 8 ἰδόντες δὲ	ὥστε	αὐτοῦ δοξάζων τὸν θεόν. 26 ⸋καὶ	
οἱ ὄχλοι ⸀ἐφοβήθησαν καὶ	⸂ἐξίστασθαι πάντας⸃ καὶ	ἔκστασις ἔλαβεν ἅπαντας καὶ	
ἐδόξασαν τὸν θεὸν τὸν δόντα ἐξ-	δοξάζειν τὸν θεὸν	ἐδόξαζον τὸν θεὸν⸌ καὶ ἐπλή-	
ουσίαν τοιαύτην τοῖς ἀνθρώποις.	⸀λέγοντας ὅτι	σθησαν ⸀φόβου λέγοντες °ὅτι	
	οὕτως οὐδέποτε ⸀¹εἴδομεν.	εἴδομεν παράδοξα σήμερον.	

Matth.: 8 ⸀εθαυμασαν C ℜ Θ *al*

Mark.: 12 °Θ | ⸆αυτου Θ 33 *al* c ff2 | ⸀εναντιον C ℜ A D λ ϕ *pm* ¦ ενωπιον Θ 090.33 *pc* ¦ *txt* ℌ *pc* | ⸂θαυμαζειν αυτους W | ⸀και λεγειν D ¦ — B W b | ⸀¹(Mt 9,33) εφανη εν τω Ισραηλ ℵ* ¦ ειδον W

Luk.: 25 ⸂την κλινην D (e) sy^{p} sa || 26 ⸋D W Ψ ϕ *al* e | ⸀θαμβου D* | °D

Joh.: 9 ⸋sy^{c} | ⸀*p)* και ηγερθη και ℵ a b e sy$^{s.p}$ ¦ και εγερθεις D λ ϕ ff2 | ⸀περιπατει A L 63

50 cf Lc 7,16; 13,13; 17,15; 18,43; 23,47; Mt 15,31 || 51 *sq* cf Mt 9,33 | παράδοξον hapaxl NT

44. Berufung des Levi, Zöllnermahl

Vocatio Levi publicani *(cf. nr. 93)* **The Call of Levi (Matthew)**

Matth. 9,9-13 13,1-2a; 12,7	**Mark. 2,13-17** 4,1a	**Luk. 5,27-32** 15,1-2; 19,1-10	Joh.
	13 Καὶ ἐξῆλθεν °πάλιν ⸀παρὰ τὴν θάλασ-	27 ⸂Καὶ μετὰ ταῦτα ἐξῆλθεν	
9, 9-13 *(nr. 93, p. 126)*	σαν· καὶ πᾶς °ὁ ὄχλος ἤρχετο πρὸς αὐτόν,		
9 ⸆Καὶ παράγων	καὶ ἐδίδασκεν αὐτούς. 14 Καὶ παράγων		
⸂ὁ Ἰησοῦς ἐκεῖθεν⸃ εἶδεν ἄνθρωπον	εἶδεν ⸀Λευὶν τὸν τοῦ Ἁλφαίου	καὶ ⸀ἐθεάσατο τελώνην ὀνόματι Λευὶν⸆⸃	
καθήμενον ἐπὶ τὸ τελώνιον, Μαθθαῖον ⸀λε-	καθήμενον ἐπὶ τὸ τελώνιον,	καθήμενον ἐπὶ τὸ τελώνιον,	
γόμενον, καὶ λέγει αὐτῷ· ἀκολούθει μοι.	καὶ λέγει αὐτῷ· ἀκολούθει μοι.	καὶ ⸀εἶπεν αὐτῷ· ἀκολούθει μοι.	
καὶ ἀναστὰς ⸀ἠκολού-	καὶ ἀναστὰς ἠκολού-	28 καὶ καταλιπὼν ⸀πάντα ἀναστὰς ⸀ἠκολού-	
θησεν αὐτῷ. 10 ⸂Καὶ ἐγένετο αὐτοῦ ἀνα-	θησεν αὐτῷ. 15 Καὶ ⸂γίνεται κατακεῖσθαι	θει αὐτῷ. 29 Καὶ ἐποίησεν δοχὴν μεγάλην	
κειμένου⸃ ἐν τῇ οἰκίᾳ, °καὶ ἰδοὺ	αὐτὸν⸃ ἐν τῇ οἰκίᾳ °αὐτοῦ, °¹καὶ	⸀Λευὶς ⸂αὐτῷ ἐν τῇ οἰκίᾳ⸃ αὐτοῦ, καὶ ἦν	
πολλοὶ τελῶναι καὶ ἁμαρτωλοὶ °¹ἐλθόντες	πολλοὶ τελῶναι καὶ ἁμαρτωλοὶ ⸆	ὄχλος πολὺς τελωνῶν ⸂καὶ ἄλλων⸃	
⸀συνανέκειντο τῷ Ἰησοῦ καὶ τοῖς μαθηταῖς	συνανέκειντο τῷ Ἰησοῦ καὶ τοῖς μαθηταῖς	⸂¹οἳ ἦσαν μετ' ⸀αὐτῶν κατακείμενοι⸃.	

Matth.: 9 ⸆(*cf* 11,1) και μετεβη εκειθεν sy^{s} | ⸂*3 1 2* D Θ 565 *al* lat ¦ *1 2* ℵ* sy^{s} bo^{pt}; Chr | ⸀καλουμενον W ¦ ονοματι S lat sy$^{s.p}$; Eus | ⸀-θει ℵ D *pc* || 10 ⸂και ανακειμενων ℵ* sy^{p} | °ℵ D *pc* lat | °¹ℵ* sa; Eus | ⸀συνεκ- D*

Mark.: 13 °*bis* D | ⸀εις ℵ* || 14 ⸀(3,18) Ιακωβον D Θ ϕ *pc* it; Tat ¦ *txt* 𝔓88 ℌ ℜ A W λ *pl* vg sy^{p} sa bo || 15 ⸂εγενετο εν τω κ. αυτ. C ℜ A λ *pm* vg sy^{p} sa bo ¦ εγενετο (— Θ) κατακειμενων αυτων D Θ it ¦ γιν. ανακ. αυτων W ¦ *txt* B ℵ (εγενετο ϕ) | °W | °¹D W Θ λ *pc* lat | ⸆*p)* ελθοντες C* A

Luk.: 27 ⸂*p)* και ελθων παλιν παρα την θαλασσαν τον επακολουθουντα αυτω οχλον εδιδασκεν και παραγων ειδεν Λευι τον του Αλφαιου D | ⸀*p)* ειδεν A *pc* | ⸆καλουμενον C*; Or | ⸀*p)* λεγει ℵ D ϕ *pc* || 28 ⸀(ἁ?)παντας ℵ* C* ¦ απαντα ℜ A Θ *pm* ¦ *txt* B D W *al* | ⸀*p)* -θησεν ℵ C ℜ A Θ λ *pl* ¦ *txt* B D W *pc* || 29 ⸀Λευι D lat | ⸂εν τω οικω ℵ (*pc*) | ⸂και αμαρτωλων W *al* ¦ — ℵ* q | ⸂¹ανακειμενων D e | ⸀αυτου B* λ *pc*

1-23 cf *31 sqq* || *1-3* cf *24 sqq*; cf Mc 10,1; Lc 5,1-3 || *1* πάλιν (Mc 1,16? 1,35?) cf Mc 2,1; 3,20 etc || *4/5* cf Mt 10,3; Mc 3,18; Lc 6,15; Act 1,13 || *4(Lc)* cf 1 Esr 9,14; Heb 7,9 || *6* cf Mt 8,22; Mc 10,21 et par; Jo 1,43 || *7* cf Mt 19,27 par (= *nr 255)* || *8(Mc)* cf *11 (Lc)*; cf Mc 6,26; 14,3.18; 1 Cor 8,10; Jdth 13,15 || *8(Lc)* cf Lc 14,13; Gn 21,8 etc || *10* cf Mt 5,46; Lc 6,32; Mt 11,19; Lc 7,29 || *11(Lc)* cf *8 (Mc)*

[Matth. 9,9-13]

αὐτοῦ.
11 καὶ ἰδόντες οἱ Φαρισαῖοι
ἔλεγον τοῖς μαθηταῖς
αὐτοῦ· διὰ τί μετὰ τῶν τελωνῶν καὶ ἁμαρ-
τωλῶν ⸀ἐσθίει ⸋ὁ διδάσκαλος ὑμῶν⸌;
12 ὁ δὲ ⸆ ἀκούσας εἶπεν ⸇·
οὐ χρείαν ἔχουσιν οἱ ἰσχύοντες ⸀ἰατροῦ
ἀλλ' οἱ κακῶς ἔχοντες. 13 πορευθέντες δὲ
μάθετε τί ἐστιν· ἔλεος θέλω καὶ οὐ
θυσίαν· οὐ γὰρ ἦλθον καλέσαι δικαίους
ἀλλὰ ἁμαρτωλούς ⸆.

13,1-2a *(nr. 122, p. 174)*
1 Ἐν τῇ ἡμέρᾳ ἐκείνῃ ἐξελθὼν ὁ Ἰησοῦς τῆς οἰκίας ἐκάθητο παρὰ τὴν θάλασσαν· 2 καὶ συνήχθησαν πρὸς αὐτὸν ὄχλοι πολλοί.

12,7 *(nr. 111, p. 155)*
7 Εἰ δὲ ἐγνώκειτε τί ἐστιν· ἔλεος θέλω καὶ οὐ θυσίαν, οὐκ ἂν κατεδικάσατε τοὺς ἀναιτίους.

[Mark. 2,13-17]

αὐτοῦ· ἦσαν γὰρ πολλοὶ ⸋ ⸀καὶ ἠκολούθουν
⸂αὐτῷ⸋1. 16 καὶ οἱ γραμματεῖς τῶν Φαρισαί-
ων⸃ ⸋ἰδόντες ⸂ὅτι ἐσθίει⸃ μετὰ τῶν ⸄ἁμαρ-
τωλῶν καὶ τελωνῶν⸅⸌ ἔλεγον τοῖς μαθηταῖς
αὐτοῦ· ⸀ὅτι μετὰ τῶν τελωνῶν καὶ ⸆ἁμαρ-
τωλῶν ⸀ἐσθίει ⸇ ⸋; 17 καὶ
ἀκούσας ὁ Ἰησοῦς λέγει °αὐτοῖς °1[ὅτι]
οὐ χρείαν ἔχουσιν οἱ ἰσχύοντες ἰατροῦ
ἀλλ' οἱ κακῶς ἔχοντες·
⸀οὐκ ⸁ἦλθον καλέσαι δικαίους
ἀλλὰ ἁμαρτωλούς ⸆.

4,1a *(nr. 122, p. 174)*
1 Καὶ πάλιν ἤρξατο διδάσκειν παρὰ τὴν θάλασσαν· καὶ συνάγεται πρὸς αὐτὸν ὄχλος πλεῖστος.

[Luk. 5,27-32]

30 καὶ ἐγόγγυζον οἱ ⸂Φαρισαῖοι
καὶ οἱ γραμματεῖς αὐτῶν⸃
πρὸς τοὺς μαθητὰς αὐτοῦ λέγον-
τες· διὰ τί μετὰ τῶν τελωνῶν ⸋καὶ ἁμαρ-
τωλῶν⸌ ἐσθίετε καὶ πίνετε; 31 καὶ
ἀποκριθεὶς ⸂ὁ Ἰησοῦς⸃ εἶπεν πρὸς αὐτούς·
οὐ χρείαν ἔχουσιν οἱ ὑγιαίνοντες ἰατροῦ
ἀλλὰ οἱ κακῶς ἔχοντες·
32 οὐκ ⸀ἐλήλυθα καλέσαι δικαίους
ἀλλὰ ⸁ἁμαρτωλοὺς εἰς μετάνοιαν.

15,1-2 *(nr. 219 p. 304)*
1 Ἦσαν δὲ αὐτῷ ἐγγίζοντες πάντες οἱ τελῶναι καὶ οἱ ἁμαρτωλοὶ ἀκούειν αὐτοῦ. 2 καὶ διεγόγγυζον οἵ τε Φαρισαῖοι καὶ οἱ γραμματεῖς λέγοντες ὅτι οὗτος ἁμαρτωλοὺς προσδέχεται καὶ συνεσθίει αὐτοῖς.

19,1-10 *(nr. 265, p. 356)*
1 Καὶ εἰσελθὼν διήρχετο τὴν Ἰεριχώ. 2 Καὶ ἰδοὺ ἀνὴρ ὀνόματι καλούμενος Ζακχαῖος, καὶ αὐτὸς ἦν ἀρχιτελώνης καὶ αὐτὸς
πλούσιος· 3 καὶ ἐζήτει ἰδεῖν τὸν Ἰησοῦν τίς ἐστιν καὶ οὐκ ἠδύνατο ἀπὸ τοῦ ὄχλου, ὅτι τῇ ἡλικίᾳ μικρὸς ἦν. 4 καὶ προ-
δραμὼν εἰς τὸ ἔμπροσθεν ἀνέβη ἐπὶ συκομορέαν ἵνα ἴδῃ αὐτὸν ὅτι ἐκείνης ἤμελλεν διέρχεσθαι. 5 καὶ ὡς ἦλθεν ἐπὶ τὸν
τόπον, ἀναβλέψας ὁ Ἰησοῦς εἶπεν πρὸς αὐτόν· Ζακχαῖε, σπεύσας κατάβηθι, σήμερον γὰρ ἐν τῷ οἴκῳ σου δεῖ με μεῖναι. 6 καὶ
σπεύσας κατέβη καὶ ὑπεδέξατο αὐτὸν χαίρων. 7 καὶ ἰδόντες πάντες διεγόγγυζον λέγοντες ὅτι παρὰ ἁμαρτωλῷ ἀνδρὶ εἰσῆλθεν
καταλῦσαι. 8 σταθεὶς δὲ Ζακχαῖος εἶπεν πρὸς τὸν κύριον· ἰδοὺ τὰ ἡμίσιά μου τῶν ὑπαρχόντων, κύριε, τοῖς πτωχοῖς δίδωμι,
καὶ εἴ τινός τι ἐσυκοφάντησα ἀποδίδωμι τετραπλοῦν. 9 εἶπεν δὲ πρὸς αὐτὸν ὁ Ἰησοῦς ὅτι σήμερον σωτηρία τῷ οἴκῳ τούτῳ
ἐγένετο, καθότι καὶ αὐτὸς υἱὸς Ἀβραάμ ἐστιν· 10 ἦλθεν γὰρ ὁ υἱὸς τοῦ ἀνθρώπου ζητῆσαι καὶ σῶσαι τὸ ἀπολωλός.

Joh.

Pap. Oxyrhynch. 1224 (fol. 2 v., col. 2): Οἱ δὲ γραμματεῖς κ[αὶ Φαρισαῖ]οι καὶ ἱερεῖς θεασάμ[ενοι αὐ]τὸν ἠγανάκτουν [ὅτι σὺν ἁμαρ]τωλοῖς ἀνὰ μέ[σον κεῖται. ὁ] δὲ Ἰη(σοῦς) ἀκούσας [εἶπεν Οὐ χρείαν ἔχ]ουσιν οἱ ὑ[γιαίνοντες ἰατροῦ] ...

Matth.: 11 ⸀ε. και πινει M 565 *al*; Cyr ¦ *p)* εσθιετε κ. πινετε sy^s ¦ sedes k | ⸋*p)* a k sy^s || 12 ⸆Ιησους C𝔎WΘ *pl* | ⸇αυτοις 𝔎WΘ *pm* ¦ *txt* 𝔋D lat | ⸀ιατρων ℵ ff¹ || 13 ⸆*p)* εις μετανοιαν C𝔎Θϕ *al* c g¹ sy^s sa bo^pt; Eus Cyr ¦ *txt* BℵDWλ *al* lat sy^p bo^pt

Mark.: 15 ⸀οι Θ it ¦ οι και D lat || 15.16 ⸂αυτω και γρ. τ. Φ-ων και 𝔋 bo^pt (οι γρ. και οι Φ-οι bo^pt) ¦ αυτω. και οι γρ. και οι Φ-οι C𝔎A (D)Θλϕ *pl* sy^p sa^pt ¦ *txt* BW *pc* sa^pt | [⁝. *et* ⁝¹ —] || 16 ⸋W e | ⸂οτι ησθιεν 𝔓⁸⁸ℵD(Θ) *pc* aur c l vg ¦ αυτον εσθιοντα C𝔎Αλϕ *pm* a f q ¦ *txt* B *pc* b d r¹ (⸄ ff²) | ⸄ℵC𝔎Αλϕ *pl* ¦ *txt* B(DΘ) *pc* lat | ⸀τι οτι 𝔎Αλϕ *pl* ¦ *p)* δια τι ℵDW latt sa bo^pt ¦ τι Θ sy^p ¦ *txt* BC^vid *pc* bo^pt | ⸆των B (*sed* τ. αμ. και τ. τελ. D) | ⸀ε. και πινει C𝔎Αλϕ *pl* c f l q vg sy^p sa bo ¦ εσθιετε Θ ¦ *p)* εσθιετε κ. πινετε 565 *pc* ¦ *txt* BℵDW it | ⸇*p)* ο διδασκαλος υμων ℵ (*sed pon. a.* εσθ. C) Lϕ *al* f vg sa bo | [⁝ W] || 17 °𝔓⁸⁸DWλ it | °¹𝔋𝔎ADWλϕ *pl* latt ¦ *txt* 𝔓⁸⁸BΘ *pc* | ⸀*p)* ου γαρ C *pc* lat | ⸁*p)* εληλυθα W | ⸆*p)* εις μετανοιαν C𝔎ϕ *al* a c r¹ (vg) sa^pt bo^pt

Luk.: 30 ⸂*4 5 2 3 1* 𝔎ΑΘϕ *al* ¦ *1-4* ℵD *al* it sa^pt bo^pt | ⸋C*D || 31 ⸂Ιησ. 𝔓⁴ B ¦ —W || 32 ⸀*p)* ηλθον D *pc* | ⸁ασεβεις ℵ*

13sqq cf 25 sqq (Lc). 39 sq; cf Mt 11,19; Lc 7,34 || *19* cf Lc 4,23 || *21sq* Hos 6,6 (1Sm 15,22; Prv 15,8; 16,7 LXX; Ps 40,7; 51,19); cf 29 sq; cf Heb 10,5.8; 13,16 || *22sq* cf 41. 42 sq. 44 sq. 46 sq; cf 1Tm 1,15; Lc 15,7 || *24sqq* cf 1-3 || *25sqq (Lc)* cf 13 sqq. 39 sq || *29sq (Mt)* cf 21 sq || *31sqq* cf 1-23 || *39sq* cf 13 sqq. 25 sqq (Lc)

2. Clem. ad Cor. 2,4: Καὶ ἑτέρα δὲ γραφὴ λέγει, ὅτι »οὐκ ἦλθον καλέσαι δικαίους, ἀλλὰ ἁμαρτωλούς«.

Didache 4,10: Οὐκ ἐπιτάξεις δούλῳ σου ἢ παιδίσκῃ, τοῖς ἐπὶ τὸν αὐτὸν θεὸν ἐλπίζουσιν, ἐν πικρίᾳ σου, μήποτε οὐ μὴ φοβηθήσονται τὸν ἐπ' ἀμφοτέροις θεόν· οὐ γὰρ ἔρχεται κατὰ πρόσωπον καλέσαι, ἀλλ' ἐφ' οὓς τὸ πνεῦμα ἡτοίμασεν.

Barn. ep. 5,9: Ὅτε δὲ τοὺς ἰδίους ἀποστολους τοὺς μέλλοντας κηρύσσειν τὸ εὐαγγέλιον αὐτοῦ ἐξελέξατο, ὄντας ὑπὲρ πᾶσαν ἁμαρτίαν ἀνομωτέρους, ἵνα δείξῃ, ὅτι »οὐκ ἦλθεν καλέσαι δικαίους, ἀλλὰ ἁμαρτωλούς«, τότε ἐφανέρωσεν ἑαυτὸν εἶναι υἱὸν θεοῦ.

Justinus Mart., Apol. I, 15, 8: Εἶπε δὲ οὕτως· »Οὐκ ἦλθον καλέσαι δικαίους, ἀλλὰ ἁμαρτωλοὺς εἰς μετάνοιαν«. Θέλει γὰρ ὁ πατὴρ ὁ οὐράνιος τὴν μετάνοιαν τοῦ ἁμαρτωλοῦ ἢ τὴν κόλασιν αὐτοῦ.

41 cf 22 sq || 42 sq cf 22 sq || 44 sq cf 22 sq || 46 sq cf 22 sq

45. Die Fastenfrage, Gleichnisantworten

Quaestio ieiunii *(cf. nr. 94)* **The Question about Fasting**

Matth. 9,14-17 (*nr. 94, p. 128*)	**Mark. 2,18-22**	**Luk. 5,33-39**	Joh. 3,29-30 (*nr. 29, p. 42*)
	[18]Καὶ ἦσαν οἱ μαθηταὶ Ἰωάννου		
	καὶ οἱ ⸀Φαρισαῖοι νηστεύοντες.		
[14]Τότε προσέρχονται αὐτῷ οἱ	καὶ ἔρχονται		
μαθηταὶ Ἰωάννου λέγοντες·	καὶ λέγουσιν αὐτῷ·	[33]Οἱ δὲ εἶπαν πρὸς αὐτόν·	
διὰ τί ἡμεῖς καὶ	διὰ τί οἱ μαθηταὶ Ἰωάννου ⸂καὶ	⸆ οἱ μαθηταὶ Ἰωάννου ⸂	
οἱ Φαρισαῖοι νη-	οἱ μαθηταὶ τῶν Φαρισαίων⸃ νη-	νη-	
στεύομεν [⸀πολλά,]	στεύουσιν,	στεύουσιν πυκνὰ καὶ δεήσεις ποι-	
		οῦνται °ὁμοίως καὶ οἱ τῶν Φαρι-	
οἱ δὲ μαθηταί σου οὐ νη-	οἱ δὲ ⸂σοὶ μαθηταὶ⸃ οὐ νη-	σαίων⸃, οἱ δὲ ⸂σοὶ ἐσθίουσιν	
στεύουσιν; [15]καὶ εἶπεν αὐτοῖς	στεύουσιν; [19]καὶ εἶπεν αὐτοῖς	καὶ πίνουσιν⸃. [34]ὁ δὲ °Ἰησοῦς εἶ-	
ὁ Ἰησοῦς· μὴ δύνανται	⸋ὁ Ἰησοῦς⸌· μὴ δύνανται	πεν πρὸς αὐτούς· μὴ ⸂δύνασθε	[29]Ὁ ἔχων τὴν νύμφην νυμφίος ἐστίν·
οἱ υἱοὶ τοῦ ⸀νυμφῶνος ⸁πενθεῖν	οἱ υἱοὶ τοῦ ⸀νυμφῶνος	τοὺς υἱοὺς⸃ τοῦ νυμφῶνος	ὁ δὲ φίλος τοῦ νυμφίου ὁ ἑστηκὼς
ἐφ' ὅσον μετ' αὐτῶν ἐστιν ὁ νυμ-	ἐν ᾧ ὁ νυμφίος μετ' αὐτῶν ἐστιν	⸂ἐν ᾧ ὁ νυμφίος μετ' αὐτῶν ἐστιν⸃	καὶ ἀκούων αὐτοῦ χαρᾷ χαίρει διὰ
φίος;	νηστεύειν; ⸋1ὅσον χρόνον ἔχου-	⸂1ποιῆσαι νηστεῦσαι⸃;	τὴν φωνὴν τοῦ νυμφίου. αὕτη οὖν
	σιν τὸν νυμφίον μετ' αὐτῶν οὐ δύ-		ἡ χαρὰ ἡ ἐμὴ πεπλήρωται. [30]ἐκεῖνον
ἐλεύσονται	νανται νηστεύειν.⸌ [20]ἐλεύσονται	[35]ἐλεύσονται	δεῖ αὐξάνειν, ἐμὲ δὲ ἐλαττοῦσθαι.
δὲ ἡμέραι ὅταν ἀπαρθῇ ἀπ'	δὲ ἡμέραι ὅταν ⸀ἀπαρθῇ ἀπ'	δὲ ἡμέραι, °καὶ ὅταν ἀπαρθῇ ἀπ'	
αὐτῶν ὁ νυμφίος, καὶ τότε νηστεύ-	αὐτῶν ὁ νυμφίος, καὶ τότε νηστεύ-	αὐτῶν ὁ νυμφίος, τότε νηστεύ-	
σουσιν ⸆ .	σουσιν ἐν ⸂ἐκείνῃ τῇ ἡμέρᾳ⸃.	σουσιν ἐν ἐκείναις ταῖς ἡμέραις.	
		[36]Ἔλεγεν δὲ ⸂καὶ παραβολὴν	

Matth.: 14 ⸀*p)* πυκνα ℵ^{1} lat sy^{s} ¦ †– Bℵ* *pc* sa^{pt} ¦ *txt* ℵ^{2} C 𝔎 D W Θ λ φ *pl* k sy^{p} sa^{pt} bo || 15 ⸀-φιου D latt bo | ⸁*p)* νηστευειν D W *pc* it | ⸆*p)* εν εκειναις ταις ημεραις D it

Mark.: 18 ⸀των Φαρισαιων 𝔎 λ *pm* a l bo^{pt} ¦ μαθηται των Φ-ων W | ⸂*1 2 4 5* C^{2} 𝔎 D *pl* lat bo^{pt} ¦ *1 4 5* W *pc* ¦ κ. οι Φ-οι Θ *pc* a ff^{2} ¦ – A 544 | ⸂*p)* σοι B *pc* bo^{pt} ¦ μαθ. σου ℵ Θ *pc* || 19 ⸋ D W *pc* it | ⸀-φιου sa^{pt} bo | ⸋1*p)* D W λ 33 *al* it (sy^{p}) || 20 ⸀αρθη C φ *pc* | ⸂*p)* -ναις ταις -ραις 𝔎 *al* it (vg) sa bo

Luk.: 33 ⸆*p)* δια τι ℵ*$^{et 2}$ C 𝔎 A D Θ λ φ *pl* latt sy^{p} bo^{pt} ¦ *txt* 𝔓^{4} ℌ 157 sa bo^{pt} | ⸂*1-5* 108 *pc* ¦ *p)* και οι μαθηται των Φαρισαιων νηστ. πυκ. κ. δεησ. ποι. D | ° it | ⸂μαθηται σου ουδεν τουτων ποιουσιν D e || 34 ° 𝔎 A Θ *al* | ⸂*p)* δυνανται οι υιοι ℵ* D it; Mcion | ⸂εφ οσον εχουσιν τον νυμφιον μεθ εαυτων D e | ⸂1π. νηστευειν C 𝔎 A W Θ λ φ *pm* ¦ νηστευειν ℵ* D it; Mcion ¦ *txt* B *al* || 35 ° C L *al* ¦ *p)* και *pon. ante* τοτε ℵ Θ λ φ *al* it || 36 ⸂προς αυτους παραβ. ℵ* *pc*

1 sq cf Mt 11,18 sq = Lc 7,33 || *1 sqq* cf *35* || *3 sq* cf Lc 11,1; 7,18; Mt 11,2 sq || *6 sq* cf Lc 18,11 sq || *12* cf 2 Sm 12,5; 1 Mcc 4,2; Mc 3,17; Mt 8,12; Lc 20,36 | cf Mt 25,1-13; Apc 19,7; Hos 2,21 || *17 sq* cf Mt 26,11; Mc 14,7; Lc 17,22; Is 53,8 || *18 sq* cf Jo 16,20

[Matth. 9,14-17]

[16]οὐδεὶς δὲ ἐπιβάλλει ἐπί-
βλημα ῥάκους ἀγνάφου
ἐπὶ ἱματίῳ παλαιῷ·
αἴρει γὰρ τὸ πλήρωμα °αὐτοῦ ἀπὸ τοῦ
ἱματίου καὶ χεῖρον σχίσμα γίνεται.
[17]οὐδὲ βάλλουσιν οἶνον νέον εἰς
ἀσκοὺς παλαιούς· εἰ δὲ μή °γε, ⸀ῥήγνυνται
οἱ ἀσκοὶ καὶ ὁ οἶνος
ἐκχεῖται καὶ οἱ ἀσκοὶ ἀπόλλυνται⸃·
⸂ἀλλὰ βάλλουσιν οἶνον νέον εἰς ἀσκοὺς
καινούς⸃, καὶ ἀμφότεροι ⸀συντηροῦνται.

[Mark. 2,18-22]

[21]⸀Οὐδεὶς ἐπί-
βλημα ῥάκους ἀγνάφου ⸄ἐπι-
ράπτει ἐπὶ ⸂ἱμάτιον παλαιόν⸃· εἰ δὲ μή,
αἴρει °τὸ πλήρωμα ⸂ἀπ᾽ αὐτοῦ⸃ τὸ καινὸν
⸆τοῦ παλαιοῦ καὶ χεῖρον σχίσμα γίνεται.
[22]καὶ οὐδεὶς βάλλει οἶνον νέον εἰς
ἀσκοὺς παλαιούς⸆· εἰ δὲ μή, ⸂ῥήξει ὁ
οἶνος ⸇ τοὺς ἀσκοὺς⸃ καὶ ὁ οἶνος
⸂ἀπόλλυται καὶ οἱ ἀσκοί⸃·
⸋ἀλλὰ οἶνον νέον εἰς ἀσκοὺς καινούς⸆¹⸌.

[Luk. 5,33-39]

πρὸς αὐτοὺς⸃ ὅτι οὐδεὶς ἐπί-
βλημα °ἀπὸ ἱματίου καινοῦ °σχίσας ἐπι-
βάλλει ἐπὶ ἱμάτιον παλαιόν· εἰ δὲ μή γε,
°¹καὶ τὸ καινὸν σχίσει καὶ τῷ παλαιῷ οὐ
συμφωνήσει ⸂τὸ ἐπίβλημα τὸ ἀπὸ τοῦ και-
νοῦ⸃. [37]καὶ οὐδεὶς ⸀βάλλει οἶνον νέον εἰς
ἀσκοὺς παλαιούς· εἰ δὲ μή γε, ῥήξει ὁ
οἶνος ⸋ὁ νέος⸌ τοὺς ἀσκοὺς ⸆ καὶ αὐτὸς
ἐκχυθήσεται ⸋¹καὶ οἱ ἀσκοὶ ἀπολοῦνται⸌·
[38]ἀλλὰ οἶνον νέον εἰς ἀσκοὺς ⸀καινοὺς
⸄βλητέον⸆.
[39]⸋°[καὶ] οὐδεὶς πιὼν παλαιὸν ⸆θέλει νέον·
λέγει γάρ· ὁ παλαιὸς ⸀χρηστός ἐστιν.⸌

Joh.

Evang. Thomae copt.: *cf. Append. I, 47*

Evang. Thomae copt.: *cf. Append. I, 104*

Matth.: 16 °א* ‖ 17 °B | ⸀*p)* ρησσει ο οινος ο νεος τους ασκους και ο οιν. απολλυται και οι ασκοι D(k) ¦ ρ. ο οινος τους ασκους κ. ο οιν. εκχ. κτλ. sy^s | ⸂*p)* αλλ οινον νεον εις ασκ. καιν. βλητεον א | ⸀τηρ- D* it

Mark.: 21 ⸀ουδ. δε D*al* it ¦ και ουδ. 𝔎*al* | ⸄επισυρρ- D(W) | ⸂-ιω -ω 𝔎AΘ*pm* | °א | ⸂αυτ. C𝔎Θ 0133 *pm* ¦ — Dφ*al* lat bo (⸉απ αυτ. *a.* το πλ. AW 33*al*) | ⸆απο DΘφ*al* lat ‖ 22 ⸆αλλ εις καινους W | ⸂διαρησσονται οι ασκοι W a | ⸇*p)* ο νεος C²𝔎Aλ*pm* | ⸂*p)* εκχειται (— D it) και οι ασκοι απολουνται אC𝔎A(DWΘ it) 0133 λφ*pl* sy^s (⸉sy^p) sa ¦ *txt* 𝔓⁸⁸ B*pc* | ⸋ D it bo^pt | ⸆¹ βαλλουσιν W e sy^s.p sa bo^pt ¦ *p)* βλητεον 𝔓⁸⁸ א^corr C𝔎AΘ 0133 λφ*pl* lat ¦ *txt* Bא*

Luk.: 36 °*bis* C𝔎A*pm* | °¹א**pc* | ⸂*3-6 2* D ¦ *3-6* 𝔎A*pm* ‖ 37 ⸀επιβ- C | ⸋*p)* א | ⸆τους παλαιους D bo^pt | ⸋¹ Mcion^vid ‖ 38 ⸀νεους 1424 Mcion | ⸄*p)* βαλλουσιν א*D it; Mcion^vid ¦ βαλληται W | ⸆*p)* και αμφοτεροι συντηρουνται (τηρ- D) C𝔎ADΘφ*pl* lat sy^p bo^pt ‖ 39 ⸋*vs p)* D it; Mcion Ir Eus | °𝔓⁴ Bא^corr *pc* ¦ *txt* א*C𝔎AWΘ*pl* | ⸆ευθεως 𝔎AΘφ*pl* lat | ⸀χρηστοτερος C𝔎AΘλφ*pl* lat ¦ *txt* 𝔓^4.75vid BאW*pc*

^21sqq^ cf Job 13,28; Dt 22,11; cf 34 ‖ ^26sqq^ cf Job 32,19 ‖ ^32sq^ cf Jo 2,10 ‖ ^34^ cf 21sqq ‖ ^35^ cf 1sqq

46. Das Ährenraufen am Sabbat

Spicae sabbato vulsae

(cf. nr. 111)

Plucking Grain on the Sabbath

Matth. 12,1-8
9,13
12,1-8 *(nr. 111, p. 155)*

[1]Ἐν ἐκείνῳ τῷ καιρῷ ἐπορεύθη ὁ Ἰησοῦς
⸆τοῖς σάββασιν διὰ τῶν σπορίμων·
οἱ δὲ μαθηταὶ αὐτοῦ ἐπείνασαν καὶ
ἤρξαντο τίλλειν ⸇ στάχυας ⸆¹ καὶ ἐσθίειν.

Mark. 2,23-28

[23]Καὶ ἐγένετο ⸆ αὐτὸν ἐν τοῖς σάββασιν
⸀παραπορεύεσθαι διὰ τῶν σπορίμων,
καὶ οἱ μαθηταὶ °αὐτοῦ ἤρξαντο
⸂ὁδὸν ποιεῖν τίλλοντες⸃ τοὺς στάχυας.

Luk. 6,1-5

[1]Ἐγένετο δὲ ⸂ἐν σαββάτῳ⸃
⸀διαπορεύεσθαι αὐτὸν διὰ ⸆ σπορίμων,
⸂καὶ ἔτιλλον οἱ μαθηταὶ αὐτοῦ ⸉καὶ ἤσθιον
τοὺς στάχυας⸃ ⸊ ψώχοντες ταῖς χερσίν⸇.

Joh.

Matth.: 1 ⸆*p)* εν W | ⸇*p)* τους (D)W*al* | ⸆¹ και ταις χερσιν αυτων ψωχειν c sy^c

Mark.: 23 ⸆παλιν D (⸉φ) lat | ⸀*p)* διαπορ- BCD c e ff² r¹ ¦ πορ- W*al* | °D | ⸂οδοποιειν τιλλ. B*al* ¦ τιλλειν DW it

Luk.: 1 ⸂εν σ. δευτεροπρωτω (-ερω πρωτω φ) C𝔎ADΘφ*pm* lat; Epiph ¦ sabbato mane e ¦ *txt* 𝔓^4.75vid 𝔇Wλ*al* it sy^p sa bo | ⸀πορ- C**al* | ⸆των C𝔎Dφ*pm* | ⸂*p)* οι δε μ. α. ηρξαντο τιλλειν τ. σταχ. D b ¦ επεινασαν οι μαθηται ετιλλον τους σταχυας Mcion | ⸉ *3 4 1 2* 𝔎A(D)WΘλφ*pl* lat (*4 1 2* א) ¦ *txt* 𝔓^4.75vid BC**pc* | ⸇αυτων C**al*

^4^ cf Dt 23,26

[Matth. 12,1-8]

2 οἱ δὲ Φαρισαῖοι ἰδόντες ⸆ εἶπαν αὐτῷ·
⸀ἰδοὺ οἱ μαθηταί σου ποιοῦσιν ὃ οὐκ ἔξ-
εστιν ποιεῖν ⸋ἐν σαββάτῳ⸌.
3 ὁ δὲ ⸆ εἶπεν αὐτοῖς· οὐκ
ἀνέγνωτε τί ἐποίησεν Δαυὶδ ὅτε
ἐπείνασεν καὶ οἱ
μετ᾽ αὐτοῦ 4 πῶς εἰσῆλθεν εἰς τὸν
οἶκον τοῦ θεοῦ
καὶ τοὺς ἄρτους τῆς ⸀προθέσεως
⸁ἔφαγον,
⸀1ὃ οὐκ ἐξὸν ἦν αὐτῷ φαγεῖν οὐδὲ τοῖς
μετ᾽ αὐτοῦ, εἰ μὴ τοῖς ἱερεῦσιν μόνοις;
5 ἢ οὐκ ἀνέγνωτε ἐν τῷ νόμῳ ὅτι ⸆ τοῖς σάβ-
βασιν οἱ ἱερεῖς ἐν τῷ ἱερῷ τὸ σάββατον
βεβηλοῦσιν καὶ ἀναίτιοί εἰσιν; 6 λέγω ⸀δὲ
ὑμῖν ὅτι τοῦ ἱεροῦ ⸁μεῖζόν ἐστιν ὧδε. 7 εἰ
δὲ ἐγνώκειτε τί ἐστιν· ἔλεος θέλω καὶ
οὐ θυσίαν, οὐκ ἂν κατεδικάσατε τοὺς
ἀναιτίους.
8 κύριος γάρ ἐστιν τοῦ σαββάτου
ὁ υἱὸς τοῦ ἀνθρώπου.

9,13 (nr. 93, p. 126)

13 Πορευθέντες δὲ μάθετε τί ἐστιν· ἔλεος
θέλω καὶ οὐ θυσίαν· οὐ γὰρ ἦλθον καλέσαι
δικαίους ἀλλὰ ἁμαρτωλούς.

[Mark. 2,23-28]

24 καὶ οἱ Φαρισαῖοι ἔλεγον °αὐτῷ·
ἴδε τί ποιοῦσιν ⸆ τοῖς σάββασιν ὃ οὐκ ἔξ-
εστιν⸆;
25 καὶ ⸆ ⸀λέγει αὐτοῖς· ⸁οὐδέ-
ποτε ἀνέγνωτε τί ἐποίησεν Δαυὶδ ὅτε
⸋χρείαν ἔσχεν καὶ⸌ ἐπείνασεν αὐτὸς καὶ οἱ
μετ᾽ αὐτοῦ, 26 °πῶς ⸀εἰσῆλθεν εἰς τὸν
οἶκον °1τοῦ θεοῦ ⸋ἐπὶ Ἀβιαθὰρ ⸆ ἀρχιε-
ρέως⸌ °2καὶ τοὺς ἄρτους τῆς ⸁προθέσεως
⸄ἔφαγεν,
⸂οὓς οὐκ ἔξεστιν φαγεῖν
εἰ μὴ ⸉τοὺς ἱερεῖς⸊,
καὶ ἔδωκεν °3καὶ τοῖς ⸀σὺν αὐτῷ οὖσιν⸅⸃:;
27 ⸂καὶ ἔλεγεν αὐτοῖς⸃· ⸋τὸ σάβ-
βατον διὰ τὸν ἄνθρωπον ⸀ἐγένετο ⸋1°καὶ
οὐχ ὁ ἄνθρωπος διὰ τὸ σάββατον⸌1·
28 ὥστε⸌ κύριός ἐστιν ὁ υἱὸς τοῦ ἀνθρώπου
καὶ τοῦ σαββάτου.

[Luk. 6,1-5]

2 τινὲς δὲ τῶν Φαρισαίων ⸀εἶπαν·
⸂τί ποιεῖτε ὃ οὐκ ἔξ-
εστιν ⸆ τοῖς σάββασιν⸃; 3 καὶ ἀποκριθεὶς
⸄πρὸς αὐτοὺς εἶπεν ⸂ὁ Ἰησοῦς⸃⸅· ⸀οὐδὲ
τοῦτο ἀνέγνωτε ⸁ὃ ἐποίησεν Δαυὶδ ⸀1ὅτε
ἐπείνασεν αὐτὸς καὶ οἱ
μετ᾽ αὐτοῦ °[ὄντες], 4 ⸀[ὡς] ⸁εἰσῆλθεν εἰς τὸν
οἶκον τοῦ θεοῦ
καὶ τοὺς ἄρτους τῆς ⸀1προθέσεως ⸀2λα-
βὼν ἔφαγεν καὶ ἔδωκεν ⸆ τοῖς μετ᾽ αὐτοῦ,
⸂οὓς οὐκ ἔξεστιν⸃ φαγεῖν
εἰ μὴ ⸀μόνους τοὺς ἱερεῖς⸁;
⸄ 5 ⸆ καὶ ἔλεγεν αὐτοῖς·
⸆ κύριός ἐστιν ⸂τοῦ σαββάτου
ὁ υἱὸς τοῦ ἀνθρώπου⸃.

Joh.

Matth.: 2 ⸆αυτους C D Θ *pc* it sy | ⸀τι sy^{s.c} *et* ⸋ ff^{1} k sy^{s.c} || 3 ⸆Ιησους Θ *pc* || 4 ⸀προσθ- D | ⸁εφαγεν 𝔓70 *rell* ¦ *txt* B ℵ 481 | ⸀1 *p)* οὓς ℵ C K Θ *pl* sa ¦ *txt* B D W φ it || 5 ⸆εν C D W *pc* || 6 ⸀γαρ D ff^{1} k | ⸁-ζων C L N *pm* lat

Mark.: 24 °D it | ⸆*p)* οι μαθηται σου D Θ λ φ *al* lat | ⸆*p)* ποιειν *pc* sa^{pt} bo ¦ αυτοις D it || 25 ⸆αυτος K A **074** λ *al* | ⸀ελεγεν B K A **074.0133** λ *pm* ¦ αποκριθεις ειπεν D Θ a | ⸁*p)* ουδε τουτο W it | ⸋*p)* sa || 26 °B D r^{1} t | ⸀-θων W | °1 C* | ⸋*p)* D W it sy^{s} | ⸆του C A Θ **074** λ φ *al* | °2 *et* ⸄ εφαγεν *p.* αρχιε. W | ⸁προσθ- D | ⸂*9-15 1-8* W (D Θ *pc*) it | ⸉*p)* τοις ιερευσιν C K A D W Θ **074.0133.0135** λ φ *pm* lat | °3 D it | ⸀μετ αυτ. ουσ. D ¦ μετ αυτ. W Θ | [:. W] || 27.28 ⸂λ. δε υμιν οτι W ¦ λεγω δε υμιν *et* ⸋ D it || 27 ⸀εκτισθη W λ *pc* sy^{s.p} | ⸋1 W sy^{s} | °K A *pm* b f q

Luk.: 2 ⸀ειπον αυτοις K A Θ φ *pm* ¦ *p)* ελεγον αυτω D | ⸂*p)* ιδε, τι ποιουσιν οι μαθ. σου τοις σαββ. ο ουκ εξ. D | ⸆*p)* ποιειν ℵ W λ *al* bo^{pt} ¦ ποι. εν C K A Θ φ *pm* ¦ *txt* 𝔓4.75vid B (D) *pc* it || 3 ⸄ *4 5 1-3* H W Θ (A D λ φ *pm*) lat ¦ *txt* (𝔓4) 𝔓75 (B) C* K *al* | ⸂ο Χριστος Mcion ¦ Ιησους 𝔓4 B ¦ — a b e l | ⸀*p)* ουδεποτε D (L) | ⸁τι Mcion Epiph | ⸀1 † οποτε K A Θ *al* ¦ *txt* 𝔓4 H D W λ *pm* | °*p)* 𝔓4 H D W Θ λ *pm* ¦ *txt* C K A *al* || 4 ⸀πως ℵ^{corr} Θ λ φ *al* ¦ — 𝔓4 B D ¦ *txt* ℵ* C K A W *pm* | ⸁-θων D | ⸀1 προσθ- D | ⸀2 ελαβεν και K A *al*; Mcion ¦ *p)* — ℵ D W λ φ *pm*; Ir ¦ *txt* H Θ *pc* | ⸆*p)* και ℵ K A D Θ φ *pm* ¦ και ειργασατο βρωσιν Mcion^{vid} ¦ *txt* B W *al* lat | ⸂οις ουκ εξον ην D *pc* (it) | ⸀μονοις τοις ιερευσιν D *pc* (it) || 5 ⸄ *vs 5 post 10* D; Mcion | ⸆Τη αυτη ημερα θεασαμενος τινα εργαζομενον τω σαββατω ειπεν αυτω· ανθρωπε, ει μεν οιδας τι ποιεις, μακαριος ει· ει δε μη οιδας, επικαταρατος και παραβατης ει του νομου. D | ⸆οτι ℵ^{corr} K A (D) Θ φ *pm* latt | ⸂*p)* ο υι. τ. α. και τ. σαββ. K A (D) Θ λ φ *pl* lat (⸄sa); Epiph ¦ *txt* B ℵ W *pc*

6sq cf Dt 5,12 sqq; 23,26; Ex 20,8 sqq || 8sqq cf 1Sm 21,1 sqq || 8sq cf Mc 12,10.26; Mt 19,4; 21,16 || 12 cf 1Sm 22,20; 2Sm 8,17 || 13sqq cf Ex 25,30; Lv 24,5sqq; 2Mcc 10,3 || 18sq cf Lv 24,8sq; Nu 28,9sq; Mt 12,11; Jo 7,22sq || 21 cf Mt 12,41sq; Lc 11,31sq || 22sq cf Hos 6,6 (1Sm 15,22; Prv 15,8; 16,7 LXX; Ps 40,7; 51,19); Heb 10,5.8; 13,16; cf 29sqq || 24sqq cf Dt 5,14sq || 27sq cf Gn 2,2sq || 29sqq cf 22sq

47. Heilung der verdorrten Hand am Sabbat

Manus arida

(cf. nr. 112)

The Man with the Withered Hand

Matth. 12,9-14
(nr. 112, p. 157)

9 Καὶ μεταβὰς ἐκεῖθεν ⸆ ἦλθεν εἰς τὴν συναγωγὴν αὐτῶν· 10 καὶ ἰδοὺ ἄνθρωπος ⸆ χεῖρα ⸆¹ ἔχων ξηράν. καὶ ἐπηρώτησαν αὐτὸν λέγοντες· εἰ ἔξεστιν ⸋τοῖς σάββασιν ⸀θεραπεῦσαι⸌; ἵνα κατηγορήσωσιν αὐτοῦ.

11 ὁ δὲ εἶπεν αὐτοῖς· τίς ⸀ἔσται ἐξ ὑμῶν ἄνθρωπος ὃς ⸀ἕξει πρόβατον ἕν καὶ °ἐὰν ἐμπέσῃ °τοῦτο τοῖς σάββασιν εἰς βόθυνον, οὐχὶ ⸂κρατήσει αὐτὸ καὶ ἐγερεῖ⸃; 12 πόσῳ οὖν ⸆ διαφέρει ἄνθρωπος προβάτου. ὥστε ἔξεστιν τοῖς σάββασιν καλῶς ποιεῖν.

13 τότε λέγει τῷ ἀνθρώπῳ· ἔκτεινόν σου τὴν χεῖρα. καὶ ἐξέτεινεν καὶ ἀπεκατεστάθη °ὑγιὴς ⸋ὡς ἡ ἄλλη⸌. 14 ⸂ἐξ-

Mark. 3,1-6

1 Καὶ ⸀εἰσῆλθεν πάλιν⸃ εἰς °τὴν συναγωγήν. ⸀καὶ ἦν ἐκεῖ ἄνθρωπος ⸀ἐξηραμμένην ἔχων⸃ τὴν χεῖρα. 2 καὶ ⸀παρετήρουν αὐτὸν εἰ ⸆ τοῖς σάββασιν ⸀θεραπεύσει °αὐτόν, ἵνα κατηγορήσωσιν αὐτοῦ. 3 καὶ λέγει τῷ ἀνθρώπῳ τῷ ⸉τὴν ⸀ξηρὰν χεῖρα ἔχοντι⸊· ἔγειρε ⸆ ⸂εἰς τὸ μέσον⸃.

4 καὶ λέγει αὐτοῖς· ἔξεστιν ⸆ τοῖς σάββασιν ⸂ἀγαθὸν ποιῆσαι⸃ ἢ κακοποιῆσαι, ψυχὴν σῶσαι ἢ ⸀ἀποκτεῖναι; οἱ δὲ ἐσιώπων. 5 καὶ περιβλεψάμενος αὐτοὺς μετ' ὀργῆς, °συλλυπούμενος ἐπὶ τῇ ⸀πωρώσει τῆς καρδίας αὐτῶν λέγει τῷ ἀνθρώπῳ· ἔκτεινον τὴν χεῖρα ⸆ . καὶ ἐξέτεινεν καὶ ἀπεκατεστάθη ⸋ἡ χεὶρ αὐτοῦ⸌⸆¹. 6 καὶ ἐξ-

Luk. 6,6-11
13,10-16; 14,1-6

6 ⸂Ἐγένετο δὲ ⸆ ἐν ἑτέρῳ σαββάτῳ εἰσελθεῖν αὐτὸν εἰς τὴν συναγωγὴν καὶ διδάσκειν. καὶ ἦν ἄνθρωπος ἐκεῖ καὶ ἡ χεὶρ αὐτοῦ ἡ δεξιὰ ἦν ξηρά.⸃ 7 παρετηροῦντο °δὲ °¹αὐτὸν οἱ γραμματεῖς καὶ οἱ Φαρισαῖοι εἰ ἐν τῷ σαββάτῳ ⸀θεραπεύει, ἵνα εὕρωσιν ⸀κατηγορεῖν ⸆ αὐτοῦ. 8 αὐτὸς δὲ ⸂ᾔδει τοὺς διαλογισμοὺς αὐτῶν, εἶπεν δὲ⸃ τῷ ⸀ἀνδρὶ τῷ ⸆ ξηρὰν ἔχοντι τὴν χεῖρα· ἔγειρε καὶ στῆθι ⸂εἰς τὸ μέσον⸃⸆¹· καὶ ἀναστὰς ⸀ἔστη.

cf. 13,15; 14,5

9 εἶπεν ⸀δὲ °ὁ Ἰησοῦς πρὸς αὐτούς· ⸀ἐπερωτῶ ὑμᾶς ⸀¹εἰ ἔξεστιν τῷ σαββάτῳ ἀγαθοποιῆσαι ἢ κακοποιῆσαι, ψυχὴν σῶσαι ἢ ⸀²ἀπολέσαι⁚; ⸆ 10 καὶ περιβλεψάμενος ⸂πάντας αὐτοὺς⸃ ⸆ ⸂εἶπεν αὐτῷ⸃· ἔκτεινον τὴν χεῖρά σου. ⸂¹ὁ δὲ⸃ ⸀ἐποίησεν καὶ ἀπεκατεστάθη ἡ χεὶρ αὐτοῦ ⸆.

Joh.

Matth.: 9 ⸆ ο Ιησους C *pc* ‖ 10 ⸆ ην την 𝔎 *pl* ¦ ην εκει την D Θ *al* it | ⸆¹ *p)* δεξιαν sy^s.c | ⸋ sy^s | ⸀ -ευειν B C 𝔎 Θ *pl* ¦ *txt* ℵ D W *pc* ‖ 11 ⸀ εστιν D Θ 33 *al* f k q ¦ — C* *al* it | ⸀ εχει D *pc* | ° *bis* D (it) | ⸂ κρατησας εγερει αυτο ℵ ¦ κρατει αυτ. κ. εγειρει D ‖ 12 ⸆ μαλλον Θ φ 33 *pc* sy ‖ 13 ° it sy | ⸋ ℵ ‖ 14 ⸂ *3 2 4 1* Θ φ *al* ¦ *3 2 4 et* εξ. *pon. p.* αυτου 𝔎 *pm* ¦ *3 2 4* W Δ *pc* ¦ και εξ. οι Φ. D *pc* it

Mark.: 1 ⸀ -θοντος αυτου W | ° † B ℵ ¦ *txt rell* | ⸀ ερχεται ανθρ. προς αυτον εχ. ξηραν W | ⸀ *p)* ξηραν D (W) ‖ 2 ⸀ *p)* -ντο C* A D W Θ 074 λ *al* | ⸆ εν ℵ C D Θ *al* | ⸀ -ευει ℵ W 072 *pc* | ° *p)* D W latt ‖ 3 ⸉ † *1 3 4 2* B *pc* ¦ *2 4 1 3* 𝔎 A 0133.0135.0213 λ φ *pl* ¦ *4 1 3 2* D W lat *et* ⸀ εξηραμμενην 𝔎 A D 0133.0135.0213 λ φ *pm* ¦ *txt* ℵ C Θ *pc* | ⸆ *p)* και στηθι D c e (f) sa | ⸂ εκ του μ-ου W ¦ εν μ-ω D aur c l ‖ 4 ⸆ εν A D Θ φ *al* | ⸂ αγαθοποι- B C 𝔎 A Θ 0133.0135 λ φ *pl* ¦ τι αγαθον ποι- D b e ¦ *txt* ℵ W | ⸀ *p)* απολεσαι W Θ λ *al* ‖ 5 ° W b c d | ⸀ πηρωσει 17.20 ¦ νεκρωσει D (it) sy^s | ⸆ *p)* σου ℵ C A D W Θ λ φ *pm* latt sy^s.p sa bo ¦ *txt* B E U 0133.0135 *al* | ⸋ 544 sy^s | ⸆¹ *p)* υγιης ως η αλλη C³ 𝔎 0133.0135 λ φ *pm* (— υγιης sy^s)

Luk.: 6 ⸂ *p)* και εισελθοντος αυτου παλιν εις την συναγωγην σαββατω, εν η ην ανθρ. ξηραν εχων την χειρα D | ⸆ και 𝔎 A Θ *al* ‖ 7 ° D | °¹ 𝔎 A Θ λ *pm* lat | ⸀ *p)* -ευσει B 𝔎 Θ *pm* bo | ⸀ -ριαν ℵ^corr 𝔎 A W λ *pm* r¹; Cyr ¦ -ρησαι D q vg ¦ *txt* 𝔓⁴ B ℵ* Θ φ *al* | ⸆ κατ ℵ^corr K L W *pm*; Cyr ‖ 8 ⸂ γινωσκων τ. δ. α. λεγει D | ⸀ *p)* ανθρωπω 𝔎 A W Θ φ *al* | ⸆ την ℵ A | ⸂ εν τω μεσω D it | ⸆¹ της συναγωγης sy^p | ⸀ εσταθη D ‖ 9 ⸀ ουν 𝔎 A Θ λ *pm* | ° B | ⸀ επερωτησω 𝔎 A D Θ (λ) φ *pm* it sa bo^pt; Cyr | ⸀¹ τί 𝔎 A Θ λ φ *pl* sy^p | ⸀² *p)* αποκτειναι 𝔎 A Θ *al* e | [⁚. T] | ⸆ *p)* οι δε εσιωπων D *al* bo^pt ‖ 10 ⸂ *2 1* D it ¦ *1* W | ⸆ εν οργη D Θ λ *pm* it ¦ *p)* μετ οργης φ | ⸂ ε. τω ανθρωπω ℵ W λ φ *al* lat ¦ *p)* λεγει τ. α. D | ⸂¹ και D W *pc* latt | ⸀ *p)* εξετεινεν ℵ D W λ φ *pm* latt sy^p sa bo | ⸆ *p)* ως και (— A Θ *al* it) η αλλη A D Θ λ *al* (it) *et hic add. vs* 5 D; Mcion ¦ υγιης ως η αλλη 𝔎 φ *pm* ¦ υγιης W

---

^1-27 cf *28 sqq. 36 sqq. 41*; cf 1 Rg 13,4-6 ‖ ^2 (Mc) πάλιν = Mc 1,21? 2,23? ‖ ^4 (Lc) cf Lc 22,50; Mt 5,29 sq par (= *nr 56*) ‖ ^4 sq (Mc/Lc) cf Lc 14,1; 20,20 ‖ ^5 sq cf *31.38* ‖ ^6 sq cf Ex 31,14 sqq ‖ ^6 sq (Lc) cf Lc 5,19 ‖ ^7 sq cf Lc 5,22; 9,47; 11,17; Mt 9,4; 12,25; 22,18; Jo 2,24 sq ‖ ^15 sq cf Mt 6,26; 10,31 ‖ ^17 sq cf Jc 4,17 ‖ ^18 sq cf Gn 12,5; Act 2,41.43 | Mc 5,23.28.34; 6,56; 10,52 et par ‖ ^20 cf Mc 3,34; 5,32; 10,23 | Jo 11,33; Ps 69,25 ‖ ^21 cf Mc 6,52; 8,17; Jo 12,40; Rm 11,25; 2 Cor 3,14; Eph 4,18

[Matth. 12,9-14]

ελθόντες δὲ οἱ Φαρισαῖοι⸌ συμβούλιον ἔλαβον κατ' αὐτοῦ ὅπως αὐτὸν ἀπολέσωσιν.

[Mark. 3,1-6]

ελθόντες οἱ Φαρισαῖοι ⸀εὐθὺς μετὰ τῶν Ἡρῳδιανῶν συμβούλιον ⸁ἐδίδουν κατ' αὐτοῦ ὅπως αὐτὸν ἀπολέσωσιν.

[Luk. 6,6-11]

11 αὐτοὶ δὲ ἐπλήσθησαν ἀνοίας καὶ ⸀διελάλουν πρὸς ἀλλήλους⸆ τί ἂν ποιήσαιεν τῷ Ἰησοῦ⸌.

(nr. 49 6,12-16 p. 70)

13,10-16 (nr. 208, p. 293)

10 Ἦν δὲ διδάσκων ἐν μιᾷ τῶν συναγωγῶν ἐν τοῖς σάββασιν. 11 καὶ ἰδοὺ γυνὴ πνεῦμα ἔχουσα ἀσθενείας ἔτη δεκαοκτὼ καὶ ἦν συγκύπτουσα καὶ μὴ δυναμένη ἀνακύψαι εἰς τὸ παντελές. 12 ἰδὼν δὲ αὐτὴν ὁ Ἰησοῦς προσεφώνησεν καὶ εἶπεν αὐτῇ· γύναι, ἀπολέλυσαι τῆς ἀσθενείας σου, 13 καὶ ἐπέθηκεν αὐτῇ τὰς χεῖρας· καὶ παραχρῆμα ἀνωρθώθη καὶ ἐδόξαζεν τὸν θεόν. 14 ἀποκριθεὶς δὲ ὁ ἀρχισυνάγωγος, ἀγανακτῶν ὅτι τῷ σαββάτῳ ἐθεράπευσεν ὁ Ἰησοῦς, ἔλεγεν τῷ ὄχλῳ ὅτι ἓξ ἡμέραι εἰσὶν ἐν αἷς δεῖ ἐργάζεσθαι· ἐν αὐταῖς οὖν ἐρχόμενοι θεραπεύεσθε καὶ μὴ τῇ ἡμέρᾳ τοῦ σαββάτου. 15 ἀπεκρίθη δὲ αὐτῷ ὁ κύριος καὶ εἶπεν· ὑποκριταί, ἕκαστος ὑμῶν τῷ σαββάτῳ οὐ λύει τὸν βοῦν αὐτοῦ ἢ τὸν ὄνον ἀπὸ τῆς φάτνης καὶ ἀπαγαγὼν ποτίζει; 16 ταύτην δὲ θυγατέρα Ἀβραὰμ οὖσαν, ἣν ἔδησεν ὁ σατανᾶς ἰδοὺ δέκα καὶ ὀκτὼ ἔτη, οὐκ ἔδει λυθῆναι ἀπὸ τοῦ δεσμοῦ τούτου τῇ ἡμέρᾳ τοῦ σαββάτου;

14,1-6 (nr. 214 p. 298)

1 Καὶ ἐγένετο ἐν τῷ ἐλθεῖν αὐτὸν εἰς οἶκόν τινος τῶν ἀρχόντων [τῶν] Φαρισαίων σαββάτῳ φαγεῖν ἄρτον καὶ αὐτοὶ ἦσαν παρατηρούμενοι αὐτόν. 2 Καὶ ἰδοὺ ἄνθρωπός τις ἦν ὑδρωπικὸς ἔμπροσθεν αὐτοῦ. 3 καὶ ἀποκριθεὶς ὁ Ἰησοῦς εἶπεν πρὸς τοὺς νομικοὺς καὶ Φαρισαίους λέγων· ἔξεστιν τῷ σαββάτῳ θεραπεῦσαι ἢ οὔ; 4 οἱ δὲ ἡσύχασαν. καὶ ἐπιλαβόμενος ἰάσατο αὐτὸν καὶ ἀπέλυσεν. 5 καὶ πρὸς αὐτοὺς εἶπεν· τίνος ὑμῶν υἱὸς ἢ βοῦς εἰς φρέαρ πεσεῖται, καὶ οὐκ εὐθέως ἀνασπάσει αὐτὸν ἐν ἡμέρᾳ τοῦ σαββάτου; 6 καὶ οὐκ ἴσχυσαν ἀνταποκριθῆναι πρὸς ταῦτα.

Joh.

Evang. sec. Hebraeos (Hieronymus, Comm. in Matth. 12,13): *cf. nr. 112*

Mark.: 6 ⸀ευθεως 𝔎 A (⸉Θ) *pm* ¦ — D W *pc* | ⸁εποιησαν ℵ C Θ *pc* ¦ εποιουν 𝔎 A 0133.0135 λ *al* ¦ εποιουντο W ¦ ποιουντες D a ¦ *txt* B φ *al*

Luk.: 11 ⸀*p)* διελογιζοντο πρ. α. πως απολεσωσιν αυτον D | ⸆λεγοντες A *pc* ¦ το Θ

25sq (Mc) cf Mc 12,13; 8,15; Mt 22,16 || 26sq cf Mc 12,13; 15,1; Mt 22,15; 27,1.7; 28,12; Jo 5,16sqq || 28sqq cf 1-27 || 31 cf 5sq || 36sqq cf 1-27 || 38 cf 5sq || 41 cf 1-27

48. Heilungen am See

Sanationes ad mare *(cf. nr. 113)* **Jesus Heals Multitudes by the Sea**

Matth. 4,24-25; 12,15-16.17-21
14,35-36; 9,20-21

4,24-25 (nr. 50, p. 73)

24 ⸋Καὶ ⸀ἀπῆλθεν ἡ ἀκοὴ αὐτοῦ εἰς ⸁ὅλην τὴν ⸀¹Συρίαν·⸌ καὶ προσήνεγκαν αὐτῷ ⸀²πάντας τοὺς κακῶς ἔχοντας ποικίλαις νόσοις καὶ βασάνοις συνεχομένους °[καὶ] ⸋¹δαιμονιζομένους καὶ σεληνιαζομένους καὶ παραλυτικούς⸌, ⸀καὶ ἐθεράπευσεν αὐ-

Mark. 3,7-12
6,54-56; 5,27-28; 1,34

7 Καὶ ὁ Ἰησοῦς μετὰ τῶν μαθητῶν αὐτοῦ ἀνεχώρησεν ⸀πρὸς τὴν θάλασσαν,

Luk. 6,17-19
4,41; 8,44

6,17-19 (nr. 77, p. 101)

17 Καὶ καταβὰς μετ' αὐτῶν ἔστη ἐπὶ τόπου πεδινοῦ, καὶ ὄχλος °πολὺς

Joh.

Matth.: 24 ⸋sy^s | ⸀εξηλθ- ℵ C λ *al* | ⸁πασαν ℵ *pc* | ⸀¹συνοριαν Γ | ⸀²πολλους sy^s | ° † B C* *pc* ¦ *txt* ℵ 𝔎 D W *pm* latt | ⸋¹sy^s | ⸀κ. παντας εθερ. D it sy^{s.c} ¦ — k

Mark.: 7 ⸀εις D *al*

Luk.: 17 ° 𝔎 A D Θ φ *pm* latt sy^s bo

1-19 cf 42sqq || 2sq cf 45sq || 5-25 (Mc) cf Mc 1,27sq. 33sq; 4,1; 5,27.31 || 5 (Mt) cf Mt 8,28 etc; 17,15 || 6 (Mt) cf Mt 8,6; 9,2.6

[Matth. 4,24-25]

τούς⸃. [25]καὶ ἠκολούθησαν αὐτῷ ὄχλοι
πολλοὶ ἀπὸ τῆς Γαλιλαίας
καὶ Δεκαπόλεως καὶ
Ἱεροσολύμων καὶ Ἰουδαίας
καὶ πέραν τοῦ Ἰορδάνου.

12,15-16.17-21 *(nr. 113, p. 159)*

[15]Ὁ δὲ Ἰησοῦς γνοὺς ἀνεχώρησεν ἐκεῖ-
θεν. καὶ ἠκολούθησαν αὐτῷ °[ὄχλοι] πολ-
λοί, καὶ ἐθεράπευσεν αὐτοὺς ⸀πάντας

[16]καὶ ἐπ-
ετίμησεν⸃ αὐτοῖς ἵνα μὴ φανερὸν αὐτὸν
ποιήσωσιν, [17]ἵνα πληρωθῇ τὸ ῥηθὲν
διὰ Ἠσαΐου τοῦ προφήτου λέγοντος·
[18]ἰδοὺ ὁ παῖς μου ὃν ᾑρέτισα,
ὁ ἀγαπητός μου εἰς ὃν εὐδόκησεν
ἡ ψυχή μου·
θήσω τὸ πνεῦμά μου ἐπ' αὐτόν,
καὶ κρίσιν τοῖς ἔθνεσιν ἀπαγγε-
λεῖ.
[19]οὐκ ἐρίσει οὐδὲ κραυγάσει,
οὐδὲ ἀκούσει τις ἐν ταῖς πλα-
τείαις τὴν φωνὴν αὐτοῦ.
[20]κάλαμον συντετριμμένον οὐ κατ-
εάξει

[Mark. 3,7-12]

καὶ ⸀πολὺ
πλῆθος⸃ ἀπὸ τῆς Γαλιλαίας ⸁⸂⸀[ἠκολού-
θησεν]⸆, καὶ ἀπὸ τῆς Ἰουδαίας⸃ [8]καὶ ἀπὸ
Ἱεροσολύμων □καὶ⸆ ἀπὸ τῆς Ἰδουμαίας⸌
καὶ ⸇ πέραν τοῦ Ἰορδάνου καὶ ⸆[1] περὶ
Τύρον καὶ Σιδῶνα □[1]πλῆθος πολὺ⸌⸃
⸀ἀκούοντες ὅσα ⸁ἐποίει ἦλθον πρὸς αὐ-
τόν. [9]καὶ εἶπεν τοῖς μαθηταῖς
αὐτοῦ ἵνα ⸀πλοιάριον προσκαρτερῇ αὐτῷ
διὰ τὸν ὄχλον ἵνα μὴ θλίβωσιν αὐτόν⸆·
[10]πολλοὺς γὰρ ἐθεράπευσεν, ὥστε ἐπι-
πίπτειν αὐτῷ ἵνα αὐτοῦ ἅψωνται ⸆ ὅσοι
εἶχον ⸀μάστιγας.

[11]καὶ °τὰ πνεύματα °τὰ
ἀκάθαρτα, □ὅταν αὐτὸν ἐθεώρουν,⸌ προσ-
έπιπτον αὐτῷ καὶ ἔκραζον ⸀λέγοντες °[1]ὅτι
σὺ εἶ⸆ ὁ υἱὸς τοῦ θεοῦ. [12]καὶ °πολλὰ ἐπ-
ετίμα αὐτοῖς ἵνα μὴ αὐτὸν φανερὸν
⸀ποιήσωσιν⸆.

[Luk. 6,17-19]

μαθητῶν αὐτοῦ, καὶ πλῆθος πολὺ □τοῦ
λαοῦ⸌
ἀπὸ °πάσης τῆς Ἰουδαίας καὶ
⸀Ἰερουσαλὴμ
⸆καὶ τῆς παραλίου⸋
⸇ Τύρου καὶ Σιδῶνος, [18]οἳ ἦλθον⸃
ἀκοῦσαι αὐτοῦ καὶ ἰαθῆναι ἀπὸ ⸆ τῶν
νόσων αὐτῶν·

καὶ οἱ ἐνοχλούμενοι ἀπὸ πνευμάτων
ἀκαθάρτων ἐθεραπεύοντο⸇, [19]καὶ πᾶς ὁ
ὄχλος⸀ἐζήτουν ἅπτεσθαι⸃αὐτοῦ, ὅτι δύνα-
μις παρ' αὐτοῦ ἐξήρχετο καὶ ἰᾶτο πάντας.

4,41 *(nr. 38, p. 55)*

[41]Ἐξήρχετο δὲ καὶ δαιμόνια ἀπὸ πολλῶν
κρ[αυγ]άζοντα καὶ λέγοντα ὅτι
σὺ εἶ ὁ υἱὸς τοῦ θεοῦ. καὶ ἐπι-
τιμῶν οὐκ εἴα αὐτὰ λαλεῖν, ὅτι ᾔδεισαν τὸν
χριστὸν αὐτὸν εἶναι.

Joh.

Matth. 12: 15 °† B ℵ lat ¦ *txt* C ℜ D W Θ *pl* it; Or Eus || **15.16** ⸀. π. δε ους εθεραπευσεν επεπληξεν D (1 *pc* it) (+ αυτοις και επετιμησεν W)

Mark.: 7 ⸀πολυς οχλος D lat (sy^s) | ⸂ *2-5 1* ℵ C *pc* (*2 4 5* D) *et* ⸀-σαν ℵ C ℜ *al* | ⸆αυτω ℜ A λ *pm* sa || **7.8** ⸁ και της Ιουδ. και απο Ιεροσ. και περαν του Ιορδ. και περι Τυρον και Σιδ. ηκολουθουν αυτω W || **8** □ *p)* ℵ* Θ λ *pc* c sy^s | ⸆πολυ πληθος sa | ⸇οι D | ⸆[1] οι ℜ A D Θ **0135** λ φ *pl* | □[1] W a b c sa | ⸀-σαντες C ℜ A D Θ **0133.0135** *pm* | ⸁ † ποιει B L 892 ¦ *txt* ℌ ℜ A D W Θ **0133.0135** λ φ *pl* || **9** ⸀-ρια B | ⸆πολλοι D it || **10** ⸆και A *pc* | ⸀ασθενειας Θ || **11** ° *bis* D Θ φ *pc* | □sy^s | ⸀ † -ντα B C ℜ A Θ λ φ *pm* ¦ *txt* ℵ D W *pc* | °[1] D W lat | ⸆ο Χριστος C *al* || **12** °W it | ⸀ποιωσιν D L W φ *al* | ⸆ *p)* οτι ηδεισαν τον Χριστον αυτον ειναι C *pc*

Luk.: 17 □ℵ* λ l | °sa | ⸆και (+ της W) Περαιας ℵ* W ¦ et trans fretum it | [⸋, comm] | ⸇και lat sy^s sa^pt bo^pt || **17.18** ⸀αλλων πολεων εληλυθοτων D (c e) || **18** ⸆πασων sy^s | ⸇απαντες 69 l || **19** ⸀εζητει απτεσθαι ℜ A Θ λ φ *pm* ¦ εζητει αψασθαι D lat ¦ *txt* 𝔓[75] B ℵ L T W *pc*

[7sq] cf Mc 5,24; Mt 8,1; 19,2; *cf 16 sq (Mt)* || [9(Mt)] cf Mc 5,20; 7,31; *cf 11* || [9(Mc/Lc)] cf Mc 1,5; Lc 5,17 || [11] *cf ad 9 (Mt)* || [12] cf Mc 7,24.31; Mt 15,21 || [15sqq] *cf 52 sqq* || [15(Mc)] cf Mc 4,1 par *(= nr 122)*; Jo 6,22 || [16sq(Mt)] *cf 7 sq* || [17sq] cf Mc 1,34; Mt 8,16; 15,30; 19,2; *cf 21 sqq (Lc)* || [18] cf Mc 6,55 sq; Mt 14,35 sq || [19(Mc)] cf Mc 5,29.34; Lc 7,21 || [20sqq] cf ad Lc 4,33 sqq *(= nr 36)*; *cf 58 sqq* || [21sqq(Lc)] *cf 17 sq* || [23sqq] cf Mc 1,43 sq; 5,43; 7,36; 8,26; Mt 8,4; 9,30; Lc 5,14; 8,56 || [27sqq] Is 42,1-4

[Matth. 12,17-21]	Mark.	Luk	Joh.
καὶ λίνον τυφόμενον οὐ σβέσει, ἕως ἂν ἐκβάλῃ εἰς νῖκος τὴν κρίσιν. [21] καὶ τῷ ὀνόματι αὐτοῦ ἔθνη ἐλπιοῦσιν.			
14,35-36 (nr. 148, p. 211) [35] Καὶ ἐπιγνόντες αὐτὸν οἱ ἄνδρες τοῦ τόπου ἐκείνου ἀπέστειλαν εἰς ὅλην τὴν περίχωρον ἐκείνην καὶ προσήνεγκαν αὐτῷ πάντας τοὺς κακῶς ἔχοντας [36] καὶ παρεκάλουν αὐτὸν ἵνα μόνον ἅψωνται τοῦ κρασπέδου τοῦ ἱματίου αὐτοῦ· καὶ ὅσοι ἥψαντο διεσώθησαν.	*6,54-56 (nr. 148, p. 211)* [54] Καὶ ἐξελθόντων αὐτῶν ἐκ τοῦ πλοίου εὐθὺς ἐπιγνόντες αὐτὸν [55] περιέδραμον ὅλην τὴν χώραν ἐκείνην καὶ ἤρξαντο ἐπὶ τοῖς κραβάττοις τοὺς κακῶς ἔχοντας περιφέρειν ὅπου ἤκουον ὅτι ἐστίν. [56] καὶ ὅπου ἂν εἰσεπορεύετο εἰς κώμας ἢ εἰς πόλεις ἢ εἰς ἀγρούς, ἐν ταῖς ἀγοραῖς ἐτίθεσαν τοὺς ἀσθενοῦντας καὶ παρεκάλουν αὐτὸν ἵνα κἂν τοῦ κρασπέδου τοῦ ἱματίου αὐτοῦ ἅψωνται· καὶ ὅσοι ἂν ἥψαντο αὐτοῦ ἐσῴζοντο.		
9,20-21 (nr. 95, p. 129) [20] Καὶ ἰδοὺ γυνὴ αἱμορροοῦσα δώδεκα ἔτη προσελθοῦσα ὄπισθεν ἥψατο τοῦ κρασπέδου τοῦ ἱματίου αὐτοῦ· [21] ἔλεγεν γὰρ ἐν ἑαυτῇ· ἐὰν μόνον ἅψωμαι τοῦ ἱματίου αὐτοῦ σωθήσομαι.	*5,27-28 (nr. 138, p. 190)* [27] ἀκούσασα περὶ τοῦ Ἰησοῦ, ἐλθοῦσα ἐν τῷ ὄχλῳ ὄπισθεν ἥψατο τοῦ ἱματίου αὐτοῦ· [28] ἔλεγεν γὰρ ὅτι ἐὰν ἅψωμαι κἂν τῶν ἱματίων αὐτοῦ σωθήσομαι.	*8,44 (nr. 138, p. 190)* [44] προσελθοῦσα ὄπισθεν ἥψατο τοῦ κρασπέδου τοῦ ἱματίου αὐτοῦ καὶ παραχρῆμα ἔστη ἡ ῥύσις τοῦ αἵματος αὐτῆς.	
	1,34 (nr. 38, p. 55) [34] Καὶ ἐθεράπευσεν πολλοὺς κακῶς ἔχοντας ποικίλαις νόσοις καὶ δαιμόνια πολλὰ ἐξέβαλεν καὶ οὐκ ἤφιεν λαλεῖν τὰ δαιμόνια, ὅτι ᾔδεισαν αὐτόν.		

42sqq cf 1-19 ‖ *45sq cf 2sq* ‖ *52sqq cf 15sqq* ‖ *58sqq cf 20sqq*

49. Auswahl der Zwölf

Electio apostolorum *(cf. nr. 99)* **The Choosing of the Twelve**

Matth. 10,1-4 5,1; 16,17-18	**Mark. 3,13-19** 6,6b-7	**Luk. 6,12-16** 9,1-2	Joh. 1,42
5,1 (nr. 50, p. 73) [1] Ἰδὼν δὲ τοὺς ὄχλους ἀνέβη εἰς τὸ	[13] Καὶ ⸀ἀναβαίνει εἰς τὸ	*(nr. 47 6,6-11 p. 67)* [12] Ἐγένετο δὲ ἐν ταῖς ἡμέραις ⸀ταύταις ἐξελθεῖν αὐτὸν εἰς τὸ	

Mark.: 13 ⸀αναβας W lat

Luk.: 12 ⸀εκειναις D latt

2sq cf Mt 14,23; 15,29; 17,1 par

[Matth. 5,1]	**[Mark. 3,13-19]**	**[Luk. 6,12-16]**	Joh.
ὄρος, καὶ καθίσαντος αὐτοῦ προσῆλθαν αὐτῷ οἱ μαθηταὶ αὐτοῦ.	ὄρος	ὄρος ⸆προσεύξασθαι, καὶ ἦν διανυκτερεύων ⸀ἐν τῇ προσευχῇ ⸂τοῦ θεοῦ⸃.	
10,1-4 *(nr. 99, p. 138)*			
[1] Καὶ προσκαλεσάμενος	⸂καὶ προσκαλεῖται⸃ οὓς ἤθελεν αὐτός, ⸀καὶ ἀπῆλθον πρὸς αὐτόν. [14] καὶ ἐποίησεν δώδεκα ⸆ ⸂[οὓς καὶ ἀποστόλους ὠνόμασεν] ἵνα ὦσιν μετ' αὐτοῦ⸃ καὶ °ἵνα ἀποστέλλῃ αὐτοὺς κηρύσσειν [15] ⸂καὶ ἔχειν⸃ ἐξουσίαν ⸆ ἐκβάλλειν τὰ δαιμόνια· [16] ⸂[καὶ ἐποίησεν τοὺς δώδεκα,]⸃	[13] καὶ ὅτε ἐγένετο ἡμέρα, ⸀προσεφώνησεν τοὺς μαθητὰς αὐτοῦ, καὶ ἐκλεξάμενος ἀπ' αὐτῶν δώδεκα, οὓς καὶ ἀποστόλους ⸀ὠνόμασεν· cf. 9,1-2	
τοὺς δώδεκα μαθητὰς αὐτοῦ ἔδωκεν αὐτοῖς ἐξουσίαν ⸆ πνευμάτων ἀκαθάρτων ὥστε ἐκβάλλειν αὐτὰ καὶ θεραπεύειν πᾶσαν νόσον καὶ πᾶσαν μαλακίαν ⸆'. [2] Τῶν °δὲ δώδεκα ⸀ἀποστόλων τὰ ὀνόματά ἐστιν ταῦτα·			1,42 *(nr. 21, p. 36)* [42] Ἤγαγεν αὐτὸν πρὸς τὸν Ἰησοῦν. ἐμβλέψας αὐτῷ ὁ Ἰησοῦς εἶπεν· σὺ εἶ Σίμων ὁ υἱὸς Ἰωάννου, σὺ κληθήσῃ Κηφᾶς, ὃ ἑρμηνεύεται Πέτρος.
πρῶτος Σίμων ὁ λεγόμενος Πέτρος	⁚καὶ ἐπέθηκεν ⸀ὄνομα °τῷ Σίμωνι⁚1 Πέτρον,	[14] ⸂Σίμωνα ὃν καὶ ὠνόμασεν Πέτρον⸃,	
καὶ Ἀνδρέας ὁ ἀδελφὸς αὐτοῦ,		καὶ Ἀνδρέαν τὸν ἀδελφὸν αὐτοῦ,	Acta 1,13b [13] ... ὅ τε Πέτρος
°1 καὶ Ἰάκωβος ὁ τοῦ Ζεβεδαίου καὶ Ἰωάννης ὁ ἀδελφὸς αὐτοῦ,	[17] ⸂καὶ Ἰάκωβον τὸν τοῦ Ζεβεδαίου καὶ Ἰωάννην τὸν ἀδελφὸν ⸂τοῦ Ἰακώβου⸃ ⁚καὶ ἐπέθηκεν αὐτοῖς ⸀ὄνομα[τα]⸃ ⸀Βοανηργές, ⸋ὅ ἐστιν υἱοὶ βροντῆς⸌⁚1.	°καὶ Ἰάκωβον καὶ Ἰωάννην ⸆	καὶ ⸉Ἰωάννης καὶ Ἰάκωβος⸊
	[18] ⸂καὶ Ἀνδρέαν		καὶ Ἀνδρέας,
[3] Φίλιππος καὶ Βαρθολομαῖος, Θωμᾶς	καὶ Φίλιππον καὶ Βαρθολομαῖον καὶ Μαθθαῖον ⸆	°καὶ Φίλιππον ⸋καὶ Βαρθολομαῖον⸌ [15] °καὶ Μαθθαῖον	Φίλιππος καὶ Θωμᾶς, Βαρθολομαῖος

Matth.: 1 ⸆κατα L *al*; Cyr | ⸆'(4,23) εν τω λαω L *pc* b g¹ || 2 °D*Θ *pc* | ⸀μαθητων sy^s | °1 ℵ*^vid CℜDWΘ *pl* lat ¦ *txt* Bℵ^corr *pc* d

Mark.: 13 ⸂προσεκαλεσατο W | ⸀οι δε ℵC || 14 ⸆μαθητας W | ⸂ † *5-8* C²ℜAD 0133 λ *pl* lat sy^s.p ¦ *5-8 1-4* W (*pc*) ¦ *txt* Bℵ(C*)Θϕ *pc* sa bo sy^hmg | °B || 15 ⸂το ευαγγελιον και εδωκεν αυτοις DW lat | ⸆*p)* θεραπευειν τας (— Θ) νοσους και C²ℜADWΘ 0133 λϕ *pl* lat (τους νοσουντας sy^s.p) || 16 ⸂πρωτον Σιμωνα ϕ sa ¦ και περιαγοντας κηρυσσειν το ευαγγελιον W ¦ — C²ℜADΘ 0133.0134 λ *pl* latt sy bo ¦ *txt* ℌ 565 *pc* | [⁚ (*et* ⁚1) H] | ⸀ονοματα Θ 33 *pc* | °DW || 17 ⸂κοινως δε αυτους εκαλεσεν W (b c e q) | ⸂αυτου Θ *al* sy^s ¦ Ιακ. C | [⁚ (*et* ⁚1) H] | ⸀ † ονομα BD *pc* ¦ *txt* ℵCℜAΘ 0133.0134 λϕ *pl* lat sa bo^pt | ⸀Βανηρεγες 565. (700) ¦ Βοανανηργε W ¦ [Benereem Hier *cj*] | ⸋sy^s || 18.19 ⸂ησαν δε ουτοι Σιμων και Ανδρεας Ιακωβος κ. Ιωαννης Φ-ος *etc* W (b c e) || 18 ⸆*p)* τον τελωνην Θϕ *pc*

Luk.: 12 ⸆και D | ⸀επι ℵ* | ⸂τ. πατρος Mcion ¦ — D || 13 ⸀εφων- Dλ; Eus | ⸀εκαλεσεν D *pc* || 14 ⸂*p)* πρωτον Σ. ον κ. Π. επων- D | ° *bis* ℜAΘλ *al* | ⸆*p)* τον αδελφον αυτου, ους επωνομασεν Βοανηργες ο εστιν υιοι βροντης D ¦ τους υιους του Ζεβεδαιου sy^s | ⸋ℵ* || 15 °ℜAΘλ *al*

Acta: 13 ⸉ℜE *pm*

3 cf Lc 3,21; 9,18 etc; Act 13,2 sq || 7 *sqq cf 38 sqq. 51 sqq* || 9 cf 1 Rg 4,7; Nu 13,2-16; Mt 19,28; Lc 22,30; Jo 6,70 etc; Gl 2,8 sq; Apc 21,14; *cf 14* || 9 (Lc) cf Act 1,2 || 10 sqq cf Mt 10,5.16; Lc 10,1.3 | cf Mt 4,23; 9,35; 17,19 sq; Lc 10,17; Act 19,15 || 14 *cf 9* || 16-26 cf Mc 1,16 sqq. 29; 13,3; 5,37; 9,2; 14,33 et par || 16 *sq cf 44 sqq* || 17 (Jo) Κηφᾶς Gl 1,18; 2,9.11.14; 1 Cor 1,12; 3,22; 9,5; 15,5 || 18 sq cf Jo 1,40.44; 6,8; 12,22; *cf 26* || 24 cf Mc 9,38; Lc 9,54 || 26 *cf 18 sq* || 27 cf Jo 1,43 sqq; 6,5.7; 12,21 sq; 14,8 sq; Act 8,5.13.26-40; 21,8 || 29 (Mc/Lc) = *30 (Mt)*; cf Mc 2,14? Mt 9,9?

[Matth. 10,1-4]

καὶ Μαθθαῖος ὁ τελώνης,
Ἰάκωβος ὁ τοῦ Ἁλφαίου
καὶ ⸀Θαδδαῖος,
4 Σίμων ὁ ⸀Καναναῖος⸆
καὶ Ἰούδας °ὁ ⸁Ἰσκαριώτης ὁ
καὶ παραδοὺς αὐτόν.

16,17-18 *(nr. 158, p. 229)*

17 Ἀποκριθεὶς δὲ ὁ Ἰησοῦς εἶπεν αὐτῷ· μακάριος εἶ, Σίμων Βαριωνᾶ, ὅτι σὰρξ καὶ αἷμα οὐκ ἀπεκάλυψέν σοι ἀλλ᾽ ὁ πατήρ μου ὁ ἐν τοῖς οὐρανοῖς. 18 κἀγὼ δέ σοι λέγω ὅτι σὺ εἶ Πέτρος, καὶ ἐπὶ ταύτῃ τῇ πέτρᾳ οἰκοδομήσω μου τὴν ἐκκλησίαν καὶ πύλαι ᾅδου οὐ κατισχύσουσιν αὐτῆς.

[Mark. 3,13-19]

καὶ Θωμᾶν
καὶ Ἰάκωβον τὸν τοῦ Ἁλφαίου
⸂καὶ Θαδδαῖον⸃
καὶ Σίμωνα τὸν ⸀Καναναῖον
19 καὶ Ἰούδαν⸃ ⸀Ἰσκαριώθ, ⸂ὃς
καὶ παρέδωκεν⸃ αὐτόν.

(nr. 116 3,20-21 p. 165)

6,6b-7 *(nr. 142, p. 200)*

6 ... Καὶ περιῆγεν τὰς κώμας κύκλῳ διδάσκων. 7 Καὶ προσκαλεῖται τοὺς δώδεκα καὶ ἤρξατο αὐτοὺς ἀποστέλλειν δύο δύο καὶ ἐδίδου αὐτοῖς ἐξουσίαν τῶν πνευμάτων τῶν ἀκαθάρτων.

[Luk. 6,12-16]

καὶ Θωμᾶν ⸆
°καὶ Ἰάκωβον⸆ Ἁλφαίου
καὶ Σίμωνα τὸν καλούμενον
ζηλωτὴν
16 °καὶ Ἰούδαν Ἰακώβου
καὶ Ἰούδαν ⸀Ἰσκαριώθ, ὃς
⸆ἐγένετο προδότης.

(nr. 77 6,17-20a p. 101)

9,1-2 *(nr. 142, p. 200)*

1 Συγκαλεσάμενος δὲ τοὺς δώδεκα ἔδωκεν αὐτοῖς δύναμιν καὶ ἐξουσίαν ἐπὶ πάντα τὰ δαιμόνια καὶ νόσους θεραπεύειν 2 καὶ ἀπέστειλεν αὐτοὺς κηρύσσειν τὴν βασιλείαν τοῦ θεοῦ καὶ ἰᾶσθαι [τοὺς ἀσθενεῖς].

[Acta 1,13]

καὶ Μαθθαῖος,
Ἰάκωβος Ἁλφαίου
καὶ Σίμων ὁ
ζηλωτὴς
καὶ Ἰούδας Ἰακώβου.

Joh.

Evang. Ebion. (Epiphanius, Panarion haer. 30,13,2-3): »Καὶ ἐλθὼν εἰς Καφαρναοὺμ εἰσῆλθεν εἰς τὴν οἰκίαν Σίμωνος τοῦ ἐπικληθέντος Πέτρου καὶ ἀνοίξας τὸ στόμα αὐτοῦ εἶπεν· παρερχόμενος παρὰ τὴν λίμνην Τιβεριάδος ἐξελεξάμην Ἰωάννην καὶ Ἰάκωβον, υἱοὺς Ζεβεδαίου, καὶ Σίμωνα καὶ Ἀνδρέαν καὶ Θαδδαῖον καὶ Σίμωνα τὸν ζηλωτὴν καὶ Ἰούδαν τὸν Ἰσκαριώτην, καὶ σὲ τὸν Ματθαῖον καθεζόμενον ἐπὶ τοῦ τελωνίου ἐκάλεσα καὶ ἠκολούθησάς μοι. ὑμᾶς οὖν βούλομαι εἶναι δεκαδύο ἀποστόλους εἰς μαρτύριον τοῦ Ἰσραήλ.«

Matth.: 3 ⸀Λεββαιος D k μ; Or^lat ¦ Λεββ. ο επικληθεις Θαδδ. (C*) C² 𝔎 W Θ λ *pl* f sy^p ¦ Θ. ο επικλ. Λ. φ ¦ Judas Zelotes it ¦ — sy^s ¦ *txt* 𝔋 lat sa bo || 4 ⸀-νιτης ℵ 𝔎 W Θ *al* | ⸆*p)* και Ιουδας ο του Ιακωβου sy^s | ° C 𝔎 W *al*; Or | ⸁-ιωθ C ¦ Σκαριωτης D vg (it) ¦ Σιμωνος Ισκαριωτου Or

Mark.: 18.19 ⸂ *v. p. 71* || 18 ⸂ κ. Λεββαιον D it ¦ Θαδδ. Θ ¦ — W | ⸀Κανανιτην 𝔎 A Θ 0134 λ φ *pl* || 19 ⸀-ιωτην 𝔎 A 0134 λ φ *pl* vg ¦ Σκαριωθ D it vg^codd | ⸂ *p)* ο και παραδους W

Luk.: 15 ⸆(Jo 11,16) τον επικαλουμενον Διδυμον D | ° B 𝔎 A W Θ λ *pm* lat ¦ *txt* 𝔓⁴ 𝔋 D* φ *al* | ⸆ τον του 𝔎 A D Θ *al* || 16 ° 𝔎 A Θ λ *al* | ⸀-ιωτην ℵ^corr 𝔎 A W Θ *pl* vg; Mcion Epiph ¦ Σκαριωθ D it vg^codd ¦ *txt* 𝔓^75vid B ℵ* L *pc* | ⸆και 𝔎 A D Θ λ φ *al*

---

30 (Mc/Lc) = 29 (Mt); cf Jo 11,16; 14,5; 20,24 sqq; 21,2 || *31* cf Mc 15,40? 16,1? par || *32 (Lc) = 34 (Mt/Mc)* || *34 (Mt/Mc) = 32 (Lc)* || *34 (Lc)* cf Jo 14,22 || *35 sq* cf Mt 26,14.25.47; 27,3; Mc 14,10.43; Lc 22,3.47.48; Jo 6,71; 12,4; 13,2.26.29; 14,22; 18,2 sq.5; Act 1,16.25 || *38 sqq cf 7 saq* || *44 sqq cf 16 sq* || *51 sqq cf 7 sqq*

VI. DIE BERGPREDIGT (nach Matthäus)

SERMO IN MONTE (secundum Matthaeum) THE SERMON ON THE MOUNT (According to Matthew)

50. Einleitung

Occasio sermonis — *(cf. nr. 77)* — Occasion of the Sermon

Matth. 4,24-5,2
8,16-17; 14,35-36

(nr. 40 4,23 p. 56)

24 ⸋Καὶ ⸀ἀπῆλθεν ἡ ἀκοὴ αὐτοῦ εἰς ⸁ὅλην τὴν ⸀¹Συρίαν·⸌ καὶ προσήνεγκαν αὐτῷ ⸀²πάντας τοὺς κακῶς ἔχοντας ποικίλαις νόσοις καὶ βασάνοις συνεχομένους °[καὶ] ⸋¹δαιμονιζομένους καὶ σεληνιαζομένους καὶ παραλυτικούς⸌, ⸂καὶ ἐθεράπευσεν αὐτούς⸃. 25 καὶ ἠκολούθησαν αὐτῷ ὄχλοι πολλοὶ ἀπὸ τῆς Γαλιλαίας καὶ Δεκαπόλεως καὶ Ἱεροσολύμων καὶ Ἰουδαίας καὶ πέραν τοῦ Ἰορδάνου.

Mark. 3,7-13a
1,32-34; 6,54-56

3,7-13a *(nr. 48. 49, p. 68. 70)*

7 Καὶ ὁ Ἰησοῦς μετὰ τῶν μαθητῶν αὐτοῦ ἀνεχώρησεν ⸀πρὸς τὴν θάλασσαν, καὶ ⸂πολὺ πλῆθος⸃ ἀπὸ τῆς Γαλιλαίας ⸄⸂⸀[ἠκολούθησεν]⸆, καὶ ἀπὸ τῆς Ἰουδαίας⸅ 8 καὶ ἀπὸ Ἱεροσολύμων ⸋καὶ⸆ ἀπὸ τῆς Ἰδουμαίας⸌ καὶ ⸉ πέραν τοῦ Ἰορδάνου καὶ ⸆¹ περὶ Τύρον καὶ Σιδῶνα ⸋¹πλῆθος πολὺ⸌⸃ ⸀ἀκούοντες ὅσα ⸁ἐποίει ἦλθον πρὸς αὐτόν. 9 καὶ εἶπεν τοῖς μαθηταῖς αὐτοῦ ἵνα ⸀πλοιάριον προσκαρτερῇ αὐτῷ διὰ τὸν ὄχλον ἵνα μὴ θλίβωσιν αὐτόν⸆· 10 πολλοὺς γὰρ ἐθεράπευσεν, ὥστε ἐπιπίπτειν αὐτῷ ἵνα αὐτοῦ ἅψωνται ⸆ ὅσοι εἶχον ⸀μάστιγας. 11 καὶ °τὰ πνεύματα °τὰ

Luk. 6,17-20a
4,40-41; 6,12

6,17-20a *(nr. 77, p. 101)*

17 καὶ καταβὰς μετ᾽ αὐτῶν ἔστη ἐπὶ τόπου πεδινοῦ, καὶ ὄχλος °πολὺς μαθητῶν αὐτοῦ, καὶ πλῆθος πολὺ ⸋τοῦ λαοῦ⸌ ἀπὸ °¹πάσης τῆς Ἰουδαίας καὶ ⸂Ἰερουσαλὴμ ⸆καὶ τῆς παραλίου· ⸉Τύρου καὶ Σιδῶνος, 18 οἳ ἦλθον⸃ ἀκοῦσαι αὐτοῦ καὶ ἰαθῆναι ἀπὸ ⸆ τῶν νόσων αὐτῶν· καὶ οἱ ἐνοχλούμενοι ἀπὸ πνευμάτων ἀκαθάρτων ἐθεραπεύοντο⸉, 19 καὶ πᾶς ὁ ὄχλος⸂ἐζήτουν ἅπτεσθαι⸃αὐτοῦ, ὅτι δύναμις παρ᾽ αὐτοῦ ἐξήρχετο καὶ ἰᾶτο πάντας.

Joh.

Matth.: 24 ⸋ sy^s | ⸀εξηλθ- ℵCλ *al* | ⸁πασαν ℵ *pc* | ⸀¹ συνοριαν Γ | ⸀² πολλους sy^s | ° † BC* *pc* ¦ *txt* ℵ𝔎DW *pm* latt | ⸋¹ sy^s | ⸂κ. παντας εθερ. D it sy^s.c ¦ — k

Mark.: 7 ⸀εις D *al* | ⸂πολυς οχλος D lat (sy^s) | ⸄ *2-5 1* ℵC(*2 4 5* D) *pc et* ⸀-σαν ℵC𝔎 *al* | ⸆αυτω 𝔎Aλ *pm* sa || 7.8 ⸂και της Ιουδ. και απο Ιεροσ. και περαν του Ιορδ. και περι Τυρον και Σιδ. ηκολουθουν αυτω W || 8 ⸋ *p)* ℵ*Θλ *pc* c sy^s | ⸆πολυ πληθος sa | ⸉οι D | ⸆¹οι 𝔎A DΘ0135λϕ *pl* | ⸋¹ W a b c sa | ⸀-σαντες C𝔎ADΘ **0133.0135** *pm* | ⸁ † ποιει B L 892 ¦ *txt* ℌ𝔎ADWΘ **0133.0135** λϕ *pl* || 9 ⸀-ρια B | ⸆πολλοι D it || 10 ⸆και A *pc* | ⸀ασθενειας Θ || 11 ° *bis* DΘϕ *pc*

Luk.: 17 °𝔎ADΘϕ *pm* latt sy^s bo | ⸋ ℵ*λ l | °¹ sa | ⸆και (+της W) Περαιας ℵ* W ¦ et trans fretum it | [·, comm] | ⸉και lat sy^s sa^pt bo^pt || 17.18 ⸂αλλων πολεων εληλυθοτων D (c e) || 18 ⸆πασων sy^s | ⸉απαντες 69 l || 19 ⸂εζητει απτεσθαι 𝔎AΘλϕ *pm* ¦ εζητει αψασθαι D lat ¦ *txt* 𝔓75 Bℵ LTW *pc*

1sqq cf *30sqq. 42sqq* || *5sq (Mt)* cf Mt 8,28; 17,15; 8,6; 9,2 etc || *5sq (Lc)* cf *26* || *6* cf *34sq* || *9 (Mt)* cf Mc 5,20; 7,31 || *10* Ἱεροσόλυμα: Mc, Mt (exc. 23,37), Jo; Ἰερουσαλήμ: Paulus (exc. Gl 1,17sq; 2,1), Heb, Apc; Lc Ἱεροσ./Ἰερουσ. || *15sq* cf Mc 4,1 et par *(= nr 122)*; Jo 6,22 || *18sqq* cf *49sqq* || *20 (Mc)* cf Mc 5,29. 34; Lc 7,21

[Matth. 4,24-5,2]	[Mark. 3,7-13a]	[Luk. 6,17-20a]	Joh.
5 1 Ἰδὼν δὲ τοὺς ὄχλους ἀνέβη εἰς τὸ ὄρος, καὶ καθίσαντος αὐτοῦ προσῆλθαν °αὐτῷ οἱ μαθηταὶ αὐτοῦ· 2 ⸂καὶ ἀνοίξας τὸ στόμα αὐτοῦ ἐδίδασκεν αὐτοὺς λέγων⸃·	ἀκάθαρτα, □ὅταν αὐτὸν ἐθεώρουν,\ προσέπιπτον αὐτῷ καὶ ἔκραζον ⸀λέγοντες °ὅτι σὺ εἶ⸆ ὁ υἱὸς τοῦ θεοῦ. 12 καὶ °πολλὰ ἐπετίμα αὐτοῖς ἵνα μὴ αὐτὸν φανερὸν ⸀ποιήσωσιν⸆. 13 Καὶ ⸀ἀναβαίνει εἰς τὸ ὄρος ...	20 Καὶ °αὐτὸς ἐπάρας τοὺς ὀφθαλμοὺς αὐτοῦ εἰς τοὺς μαθητὰς °¹αὐτοῦ ἔλεγεν·	
8,16-17 *(nr. 88, p. 117)* 16 Ὀψίας δὲ γενομένης προσήνεγκαν αὐτῷ δαιμονιζομένους πολλούς· καὶ ἐξέβαλεν τὰ πνεύματα λόγῳ καὶ πάντας τοὺς κακῶς ἔχοντας ἐθεράπευσεν, 17 ὅπως πληρωθῇ τὸ ῥηθὲν διὰ Ἠσαΐου τοῦ προφήτου λέγοντος· αὐτὸς τὰς ἀσθενείας ἡμῶν ἔλαβεν καὶ τὰς νόσους ἐβάστασεν.	1,32-34 *(nr. 38, p. 55)* 32 Ὀψίας δὲ γενομένης, ὅτε ἔδυ ὁ ἥλιος, ἔφερον πρὸς αὐτὸν πάντας τοὺς κακῶς ἔχοντας καὶ τοὺς δαιμονιζομένους· 33 καὶ ἦν ὅλη ἡ πόλις ἐπισυνηγμένη πρὸς τὴν θύραν. 34 καὶ ἐθεράπευσεν πολλοὺς κακῶς ἔχοντας ποικίλαις νόσοις καὶ δαιμόνια πολλὰ ἐξέβαλεν καὶ οὐκ ἤφιεν λαλεῖν τὰ δαιμόνια, ὅτι ᾔδεισαν αὐτόν.	4,40-41 *(nr. 38, p. 55)* 40 Δύνοντος δὲ τοῦ ἡλίου ἅπαντες ὅσοι εἶχον ἀσθενοῦντας νόσοις ποικίλαις ἤγαγον αὐτοὺς πρὸς αὐτόν· ὁ δὲ ἑνὶ ἑκάστῳ αὐτῶν τὰς χεῖρας ἐπιτιθεὶς ἐθεράπευεν αὐτούς. 41 ἐξήρχετο δὲ καὶ δαιμόνια ἀπὸ πολλῶν κρ[αυγ]άζοντα καὶ λέγοντα ὅτι σὺ εἶ ὁ υἱὸς τοῦ θεοῦ. καὶ ἐπιτιμῶν οὐκ εἴα αὐτὰ λαλεῖν, ὅτι ᾔδεισαν τὸν χριστὸν αὐτὸν εἶναι.	
14,35-36 *(nr. 148, p. 211)* 35 Καὶ ἐπιγνόντες αὐτὸν οἱ ἄνδρες τοῦ τόπου ἐκείνου ἀπέστειλαν εἰς ὅλην τὴν περίχωρον ἐκείνην καὶ προσήνεγκαν αὐτῷ πάντας τοὺς κακῶς ἔχοντας 36 καὶ παρεκάλουν αὐτὸν ἵνα μόνον ἅψωνται τοῦ κρασπέδου τοῦ ἱματίου αὐτοῦ· καὶ ὅσοι ἥψαντο διεσώθησαν.	6,54-56 *(nr. 148, p. 211)* 54 Καὶ ἐξελθόντων αὐτῶν ἐκ τοῦ πλοίου εὐθὺς ἐπιγνόντες αὐτὸν 55 περιέδραμον ὅλην τὴν χώραν ἐκείνην καὶ ἤρξαντο ἐπὶ τοῖς κραβάττοις τοὺς κακῶς ἔχοντας περιφέρειν ὅπου ἤκουον ὅτι ἐστίν. 56 καὶ ὅπου ἂν εἰσεπορεύετο εἰς κώμας ἢ εἰς πόλεις ἢ εἰς ἀγρούς, ἐν ταῖς ἀγοραῖς ἐτίθεσαν τοὺς ἀσθενοῦντας καὶ παρεκάλουν αὐτὸν ἵνα κἂν τοῦ κρασπέδου τοῦ ἱματίου αὐτοῦ ἅψωνται· καὶ ὅσοι ἂν ἥψαντο αὐτοῦ ἐσῴζοντο.		
		6,12 *(nr. 49, p. 70)* 12 Ἐγένετο δὲ ἐν ταῖς ἡμέραις ταύταις ἐξελθεῖν αὐτὸν εἰς τὸ ὄρος προσεύξασθαι, καὶ ἦν διανυκτερεύων ἐν τῇ προσευχῇ τοῦ θεοῦ.	

Matth.: 1 °B *pc* ‖ 2 ⸂και ηρξατο λεγειν αυτοις sy^s

Mark.: 11 □sy^s \| ⸀† -ντα B C 𝔎 A Θ λ φ *pm* ¦ *txt* ℵ D W *pc* \| °D W lat \| ⸆ο Χριστος C *al* ‖ 12 °W it \| ⸀ποιωσιν D L W φ *al* \| ⸆*p)* οτι ηδεισαν τον Χριστον αυτον ειναι C *pc* ‖ 13 ⸀αναβας W lat

Luk.: 20 °D e \| °¹ D *pc* ff²

22sqq cf *39sqq* ‖ *26* cf Mt 15,29; 24,3; cf *5sq(Lc)*. *52sqq* ‖ *27sq* cf Mt 10,1 \| Act 8,35; 10,34; Dn 10,16; Job 3,1 etc ‖ *28(Lc)* cf Jo 6,5; 11,41; 17,1 ‖ *30sqq* cf *1sqq* ‖ *34sq* cf *6* ‖ *39sqq* cf *22sqq* ‖ *42sqq* cf *1sqq* ‖ *49sqq* cf *18sqq* ‖ *52sqq* cf *26*

51. Die Seligpreisungen

Beatitudines *(cf. nr. 78)* The Beatitudes

Matth. 5,3-12	Mark.	Luk. 6,20b-23 *(nr. 78, p. 102)* 6,24-26 *(nr. 79, p. 104)*	Joh.
³Μακάριοι οἱ πτωχοὶ τῷ πνεύματι, ὅτι αὐτῶν ἐστιν ἡ βασιλεία τῶν οὐρανῶν.		²⁰ᵇΜακάριοι⁚ οἱ πτωχοί⸆, ὅτι ⸀ὑμετέρα ἐστὶν ἡ βασιλεία τοῦ θεοῦ.	
⁴⸉μακάριοι οἱ πενθοῦντες⸆, ὅτι αὐτοὶ παρακληθήσονται.		[²⁴Πλὴν οὐαὶ ὑμῖν τοῖς πλουσίοις, ὅτι ἀπέχετε τὴν παράκλησιν ὑμῶν.]	
⁵μακάριοι οἱ πραεῖς, ὅτι αὐτοὶ κληρονομήσουσιν τὴν γῆν.⸊			
⁶⸋μακάριοι οἱ πεινῶντες καὶ διψῶντες τὴν δικαιοσύνην, ὅτι αὐτοὶ χορτασθήσονται.⸌		²¹μακάριοι⁚ οἱ πεινῶντες °νῦν, ὅτι ⸀χορτασθήσεσθε.	
		[²⁵οὐαὶ ὑμῖν, οἱ ἐμπεπλησμένοι νῦν, ὅτι πεινάσετε.]	
		⸋μακάριοι⁚ οἱ κλαίοντες °νῦν, ὅτι ⸀γελάσετε⸌.	
⁷μακάριοι οἱ ἐλεήμονες, ὅτι αὐτοὶ ἐλεηθήσονται.		[²⁵ᵇοὐαί, οἱ γελῶντες νῦν, ὅτι πενθήσετε καὶ κλαύσετε.]	
⁸μακάριοι οἱ καθαροὶ τῇ καρδίᾳ, ὅτι αὐτοὶ τὸν θεὸν ὄψονται.			
⁹μακάριοι οἱ εἰρηνοποιοί, ὅτι °αὐτοὶ υἱοὶ θεοῦ κληθήσονται.			
¹⁰μακάριοι οἱ δεδιωγμένοι ἕνεκεν⸆δικαιοσύνης, ὅτι αὐτῶν ⸀ἐστιν ἡ βασιλεία τῶν οὐρανῶν.			
¹¹μακάριοί ἐστε ὅταν⸆⸉ὀνειδίσωσιν ὑμᾶς καὶ ⸀διώξωσιν⸊ καὶ εἴπωσιν⸉¹°πᾶν πονηρὸν⸆ καθ᾽ ὑμῶν⸊¹ °¹[ψευδόμενοι] ἕνεκεν ⸀ἐμοῦ.		²²μακάριοί ⸀ἐστε ὅταν μισήσωσιν ὑμᾶς⸆ οἱ ἄνθρωποι ⸋καὶ °ὅταν ἀφορίσωσιν °¹ὑμᾶς⸌ καὶ ⸉ὀνειδίσωσιν καὶ ἐκβάλωσιν⸊ τὸ ὄνομα ὑμῶν ὡς πονηρὸν ἕνεκα τοῦ υἱοῦ τοῦ ἀνθρώπου·	

Matth.: 4.5 ⸉vs 5.4 D 33 *pc* lat sy^c bo^pt; Cl ¦ *txt* ℵBCℜWΘλϕ *pl* b f q sy^s.p sa bo^pt || 4 ⸆υυν ℵ^corr *pc* aur sa^pt bo || 6 [⸋*vs* Wellhausen *cj*] || 9 °ℵCDϕ *pc* it sy^p ¦ *txt* BℜWΘλ *pl* f k vg sy^s.c sa bo; Cl || 10 ⸆της C | ⸀εσται D || 11 ⸆οι ανθρωποι 0133 sy^s.c | ⸉4231 D sy^c bo | ⸀-ξουσιν ℵ(D)WΘ *pc* | ⸉¹3412 D h k sy | °sy^s | ⸆ρημα CℜWΘ 0133.0196 λϕ *pl* sy^p sa^pt; Or Greg^nyss ¦ *txt* Bℵ(D) lat sy^s.c sa^pt bo; Tert | °¹D it sy^s; Tert | ⸀(*vs* 10) δικαιοσυνης D it ¦ (Lc 21,12) του ονοματος μου sy^s.c

Luk.: 20 [⁚, W] | ⸆*p)* τω πνευματι ℵ²Θλϕ *al* it bo^pt | ⸀*p)* αυτων W ff² sy^s; Mcion || 21 [⁚*bis*, W] | °*bis* Mcion Or Eus | ⸀*p)* -σονται ℵ*.² 69 it sy^s sa^pt; Mcion | ⸋D | ⸀-σουσιν W e sy^s sa^pt; Mcion Or Eus^pt || 22 ⸀εσεσθε Θ lat; Mcion | ⸆παντες sa | ⸋Mcion | °W | °¹𝔓^75vid D | ⸉321 D it

---

^1sq^ *cf 41* || ^1^cf Is 61,1; 57,15; Ps 33,19 LXX; Sir 25,9-12; 1Cor 1,27sq; Jc 2,5 | πτωχοί: Mt 11,5 = Lc 7,22 *(nr 106)*; Mt 19,21 = Mc 10,21 = Lc 18,22 *(nr 254)*; Mt 26,11 = Mc 14,7 *(nr 306)*; Mc 12,43 = Lc 21,3 *(nr 286)*; Mt 26,9 = Mc 14,5 *(nr 306)*; Lc 4,18; 14,13.21; 16,20.22; 19,8; Jo 12,5sq; 13,29 | μακάριος ... cf Mt 13,16; Lc 10,23; Mt 16,17; Lc 1,45; Mt 24,46; Lc 12,43; Lc 14,14sq; Mt 11,6 = Lc 7,23 *(nr 106)*; Lc 11,28; Jo 20,29; 13,17; Lc 11,27; 23,29; *cf 30.31* | *cf 39* || ^2^cf Ps 9,13; 35,10; Is 49,13; Mt 19,14 = Mc 10,14 = Lc 18,16 *(nr 253)* | βασιλεία τῶν οὐρανῶν = Mt (exc 6,33app; 12,28; 19,24; 21,31.43); βασιλεία τοῦ θεοῦ = Mc, Lc, Paulus; β. τῶν οὐρανῶν = β. τοῦ θεοῦ? cf Mt 4,17 = Mc 1,15 *(nr 32)*; Mt 10,7 = Lc 9,2 *(nr 99)*; Mt 11,11 = Lc 7,28 *(nr 107)*; Mt 13,11 = Mc 4,11 = Lc 8,10 *(nr 122)*; Mt 19,14 = Mc 10,14 = Lc 18,16 *(nr 253)* etc || ^3sq^cf Is 61,2sq; Ps 126,5sq; Apc 7,16sq; Lc 16,25; 2,25; *cf 11sq* || ^5sq^cf Ps 37,11; Mt 11,29; *cf 33.40* || ^6^cf Rm 4,13; Gn 15,7; Dt 4,38; 49,10; *cf 34* || ^7^cf Ps 107,5sqq; Am 8,11; Sir 24,28sq (21sq), Is 55,1 etc; Jr 31,25 (LXX 38,25); Bar 2,18 || ^7sq^ *cf 42* || ^8^cf Prv 21,20 || ^11sq^ *cf 3sq* || ^13sq^cf Jc 2,13; Mt 18,33; Prv 14,21; 17,5c LXX; *cf 36sq.38sq* || ^15^cf Ps 24,4; 51,12; 73,1; Eph 6,5; Kol 3,22 || ^16^cf 1Jo 3,2sq; Apc 22,4 || ^17^cf Heb 12,14; Jc 3,18; Ps 34,15; Prv 10,10 LXX; Mt 5,23sq; Mc 9,50 || ^18^cf Dt 14,1; Hos 2,1; Ps Sal 17,30; Mt 5,19.45; Mc 11,17; Lc 20,36 || ^19sq^cf Jc 1,2; 1Pt 3,14; *cf 30.31.39; cf 42* || ^21sqq^cf Mt 10,22; Is 51,7; Jo 16,2; Act 5,41; Jc 2,7; 1Pt 4,14; *cf 30.31*

[Matth. 5,3-12]	Mark.	[Luk. 6,20b-23]	Joh.
[12] χαίρετε καὶ ἀγαλλιᾶσθε⸆, ὅτι ὁ μισθὸς ὑμῶν πολὺς ἐν ⸂τοῖς οὐρανοῖς⸃· οὕτως γὰρ ἐδίωξαν τοὺς προφήτας ⸋τοὺς πρὸ ὑμῶν⸌ ⸆.		[23] ⸋χάρητε ἐν ἐκείνῃ τῇ ⸀ἡμέρᾳ καὶ σκιρτήσατε, ⸂ἰδοὺ γὰρ⸃ ὁ μισθὸς ὑμῶν πολὺς ἐν ⸄τῷ οὐρανῷ⸅·⸌ κατὰ ⸂¹τὰ αὐτὰ⸃ °γὰρ ἐποίουν τοῖς προφήταις οἱ πατέρες αὐτῶν. [[26] οὐαὶ ὅταν ὑμᾶς καλῶς εἴπωσιν πάντες οἱ ἄνθρωποι· κατὰ τὰ αὐτὰ γὰρ ἐποίουν τοῖς ψευδοπροφήταις οἱ πατέρες αὐτῶν.]	

1. Petr. 3,14: Ἀλλ' εἰ καὶ πάσχοιτε διὰ δικαιοσύνην, μακάριοι. τὸν δὲ φόβον αὐτῶν μὴ φοβηθῆτε μηδὲ ταραχθῆτε.

1. Petr. 4,14: Εἰ ὀνειδίζεσθε ἐν ὀνόματι Χριστοῦ, μακάριοι, ὅτι τὸ τῆς δόξης καὶ τὸ τοῦ θεοῦ πνεῦμα ἐφ' ὑμᾶς ἀναπαύεται.

Barn. ep. 19,4: Οὐ πορνεύσεις, οὐ μοιχεύσεις, οὐ παιδοφθορήσεις. οὐ μή σου ὁ λόγος τοῦ θεοῦ ἐξέλθῃ ἐν ἀκαθαρσίᾳ τινῶν. οὐ λήμψῃ πρόσωπον ἐλέγξαι τινὰ ἐπὶ παραπτώματι. ἔσῃ πραΰς, ἔσῃ ἡσύχιος, ἔσῃ τρέμων τοὺς λόγους, οὓς ἤκουσας. οὐ μνησικακήσεις τῷ ἀδελφῷ σου.

Clemens Alex. (Protrepticus X,94,4): Ὅθεν ἡ γραφὴ εἰκότως εὐαγγελίζεται τοῖς πεπιστευκόσιν· »οἱ δὲ ἅγιοι κυρίου κληρονομήσουσι τὴν δόξαν τοῦ θεοῦ καὶ τὴν δύναμιν αὐτοῦ«.

1. Clem. ad Cor. 13,2: Οὕτως γὰρ εἶπεν· »Ἐλεᾶτε, ἵνα ἐλεηθῆτε· ἀφίετε, ἵνα ἀφεθῇ ὑμῖν· ὡς ποιεῖτε, οὕτω ποιηθήσεται ὑμῖν· ὡς δίδοτε, οὕτως δοθήσεται ὑμῖν· ὡς κρίνετε, οὕτως κριθήσεσθε· ὡς χρηστεύεσθε, οὕτως χρηστευθήσεται ὑμῖν· ᾧ μέτρῳ μετρεῖτε, ἐν αὐτῷ μετρηθήσεται ὑμῖν«.

Polycarpus ad Phil. 2,3: Μνημονεύοντες δὲ ὧν εἶπεν ὁ κύριος διδάσκων· »Μὴ κρίνετε, ἵνα μὴ κριθῆτε· ἀφίετε, καὶ ἀφεθήσεται ὑμῖν· ἐλεᾶτε, ἵνα ἐλεηθῆτε· ᾧ μέτρῳ μετρεῖτε, ἀντιμετρηθήσεται ὑμῖν«· καὶ »ὅτι μακάριοι οἱ πτωχοὶ καὶ οἱ διωκόμενοι ἕνεκεν δικαιοσύνης, ὅτι αὐτῶν ἐστιν ἡ βασιλεία τοῦ θεοῦ«.

Didache 3,7: Ἴσθι δὲ πραΰς, ἐπεὶ »οἱ πραεῖς κληρονομήσουσι τὴν γῆν«.

Evang. Thomae copt.: *cf. Append. I, 54*

Evang. Thomae copt.: *cf. Append. I, 68/69*

Matth.: 12 ⸆*p)* εν εκεινη τη ημερα sy^s.c | ⸂τω -νω D *pc* it | ⸋sy^s | ⸆υπαρχοντας D (*ex lat?*) ¦ *p)* οι πατερες υμων b c (k) sy^c (— υμων sy^s)

Luk.: 23 ⸋Mcion | ⸀ωρα 579 a sy^s | ⸂*p)* οτι D | ⸄*p)* τοις -οις B e f | ⸂¹ταυτα ℵ𝔎AΘ 0135 λφ *pl* lat; Mcion ¦ *txt* 𝔓75 BDQWΞ 0147 *pc* | °Mcion

---

24sq cf Rm 5,3; Jc 1,2; 1Pt 1,6; 4,13; Apc 22,12 || *25sq* cf Gn 15,1; Heb 11,33sqq | Mt 23,30; Act 7,52; Jc 5,10sq || *30* cf *1.19sq. 21sqq* || *31* cf *1.19sq. 21sqq* || *33* cf *5* || *34* cf *6* || *36sq* cf *13sq* || *38sq* cf *1sq. 13sq. 19sq* || *40* cf *5sq* || *41* cf *1sq* || *42* cf *7sq. 19sq*

52. Gleichnis vom Salz

Sal terrae — *(cf. nr. 218)* — The Salt of the Earth

Matth. 5,13	Mark. 9,49-50 *(nr. 168, p. 249)*	Luk 14,34-35 *(nr. 218, p. 304)*	Joh.
[13] Ὑμεῖς ⸀ἐστε τὸ ⸀ἅλας τῆς γῆς· ἐὰν δὲ τὸ ⸀¹ἅλας μωρανθῇ, ἐν τίνι ἁλισθήσεται; εἰς οὐδὲν ἰσχύει °ἔτι εἰ μὴ ⸂βληθὲν ἔξω⸃ καταπατεῖσθαι ὑπὸ τῶν ἀνθρώπων.	[49] ⸂Πᾶς γὰρ πυρὶ ἁλισθήσεται.⸃ [50] καλὸν τὸ ⸀ἅλας· ἐὰν δὲ τὸ ⸀ἅλας ⸂ἄναλον γένηται⸃, ἐν τίνι αὐτὸ ⸀¹ἀρτύσετε; ⸄ἔχετε ἐν ἑαυτοῖς⸅ ἅλα καὶ εἰρηνεύετε ἐν ἀλλήλοις.	[34] Καλὸν °οὖν τὸ ⸀ἅλας· ἐὰν δὲ °¹καὶ τὸ ⸀ἅλας ⸀μωρανθῇ, ἐν τίνι ⸀¹ἀρτυθήσεται; [35] οὔτε εἰς ⸆ γῆν οὔτε εἰς κοπρίαν εὔθετόν ἐστιν, ἔξω βάλλουσιν αὐτό. ὁ ἔχων ὦτα ἀκούειν ἀκουέτω.	

Matth.: 13 [⸀ἔστε comm] | ⸀αλα ℵ*D*W | ⸀¹αλα B²ℵW; Or | °DW it | ⸂-θηναι εξω και 𝔎DWΘ *pm*

Mark.: 49 ⸂(Lv 2,13) πασα γαρ θυσια αλι αλισθησεται D *pc* it ¦ πας γ. (+ εν C) π. αλ. (αναλωθ. Θ) και πασα θυσια αλι (— αλι Ψ 579 *pc* vg^codd) αλισθ. (αναλωθ. Ψ) C𝔎AΘΨ *pm* lat sy^p bo^pt ¦ *txt* ℌ(W) 0274 λφ *pc al* (k) sy^s sa bo^pt || 50 ⸀αλα LW *pc* | ⸀αλα ℵ*LW *pc* | ⸂*p)* μωρανθη W 579 ¦ αν. γενησεται D lat | ⸀¹αρτυσεται CADΘ *pc* ¦ αρτυσηται W *pc* ¦ αρτυθησεται λ *pc* | ⸄υμεις ουν εν εαυτ. εχ. Wφ *pc*

Luk.: 34 °𝔎ADWλ *pm* lat | ⸀*bis* αλα ℵ*DW (*sol.* αλα² 𝔓75) | °¹𝔎AWλφ *pm* | ⸀μαρ- 56 *pc* | ⸀¹*p)* αλισθησεται sa bo || 35 ⸆την 𝔓75 D 69

1sqq cf Lv 2,13; 1Cor 3,13; Kol 4,6 || *7* cf Heb 12,14; Ps 34,15; Mt 5,9; Rm 12,18; 14,19; 1Th 5,13; 2Cor 13,11 || *7(Lc)* cf Mt 11,15; 13,9.43 par; 25,29 app; Mc 7,16 app; Lc 12,21 app; 21,4 app; Apc 2,7 etc; cf Evang. Thomae copt., *Append. I, 8, 21, 24, 63, 65, 96*

53. Gleichnis vom Licht

Lux mundi (*cf. nr. 125*) **The Light of the World**

Matth. 5,14-16

14 Ὑμεῖς ⸀ἐστε τὸ φῶς ⸂τοῦ κόσμου⸃. οὐ δύναται πόλις κρυβῆναι ἐπάνω ὄρους κειμένη· 15 οὐδὲ καίουσιν λύχνον καὶ τιθέασιν αὐτὸν ὑπὸ τὸν μόδιον
ἀλλʼ ἐπὶ τὴν λυχνίαν,
καὶ λάμπει πᾶσιν τοῖς ἐν τῇ οἰκίᾳ. 16 οὕτως λαμψάτω τὸ φῶς ὑμῶν ἔμπροσθεν τῶν ἀνθρώπων, ὅπως ἴδωσιν ὑμῶν τὰ καλὰ °ἔργα καὶ δοξάσωσιν τὸν πατέρα ὑμῶν τὸν ἐν τοῖς οὐρανοῖς.

Mark. 4,21
(*nr. 125, p. 179*)

21 Καὶ ⸂ἔλεγεν αὐτοῖς· ⸆ μήτι ⸀ἔρχεται ὁ λύχνος⸃ °ἵνα ὑπὸ τὸν μόδιον ⸀τεθῇ ἢ ὑπὸ τὴν κλίνην⸇;
⸀[1]οὐχ ἵνα ⸀[2]ἐπὶ τὴν λυχνίαν ⸀[3]τεθῇ;

Luk. 8,16 / 11,33

8,16 (*nr. 125, p. 179*)

16 Οὐδεὶς °δὲ λύχνον ἅψας καλύπτει αὐτὸν σκεύει ἢ ὑποκάτω ⸆ κλίνης τίθησιν, ἀλλʼ ἐπὶ ⸀λυχνίας ⸀τίθησιν, ⸋ἵνα οἱ εἰσπορευόμενοι βλέπωσιν τὸ φῶς⸌.

11,33 (*nr. 192, p. 275*)

33 Οὐδεὶς λύχνον ἅψας εἰς κρύπτην τίθησιν [οὐδὲ ὑπὸ τὸν μόδιον] ἀλλʼ ἐπὶ τὴν λυχνίαν, ἵνα οἱ εἰσπορευόμενοι τὸ φῶς βλέπωσιν.

Joh. 8,12
(*nr. 243, p. 326*)

12 Πάλιν οὖν αὐτοῖς ἐλάλησεν ὁ Ἰησοῦς λέγων· ἐγώ εἰμι τὸ φῶς τοῦ κόσμου· ὁ ἀκολουθῶν ἐμοὶ οὐ μὴ περιπατήσῃ ἐν τῇ σκοτίᾳ, ἀλλʼ ἕξει τὸ φῶς τῆς ζωῆς.

Justinus Mart., Apol. I, 16, 1–2: 1 Περὶ δὲ τοῦ ἀνεξικάκους εἶναι καὶ ὑπηρετικοὺς πᾶσι καὶ ἀοργήτους ἃ ἔφη ταῦτά ἐστι· »Τῷ τύπτοντί σου τὴν σιαγόνα πάρεχε καὶ τὴν ἄλλην, καὶ τὸν αἴροντά σου τὸν χιτῶνα ἢ τὸ ἱμάτιον μὴ κωλύσῃς. 2 Ὃς δʼ ἂν ὀργισθῇ, ἔνοχός ἐστιν εἰς τὸ πῦρ. Παντὶ δὲ ἀγγαρεύοντί σε μίλιον ἀκολούθησον δύο. Λαμψάτω δὲ ὑμῶν τὰ καλὰ ἔργα ἔμπροσθεν τῶν ἀνθρώπων, ἵνα βλέποντες θαυμάζωσι τὸν πατέρα ὑμῶν τὸν ἐν τοῖς οὐρανοῖς«.

Pap. Oxyrhynch. 1 nr. 7: Λέγει Ἰ(ησοῦ)ς· πόλις οἰκοδομημένη ἐπʼ ἄκρον [ὄ]ρους ὑψηλοῦς καὶ ἐστηριγμένη οὔτε πε[σ]εῖν δύναται οὐδὲ κρυ[β]ῆναι. (*cf.* Evang. Thomae copt., *Append. I, 32)*

Evang. Thomae copt.: *cf. Append. I, 33*

Matth.: **14** [⸀ἔστε comm] | ⸂huius mundi a aur b (c g[1]) h q || **16** °B*

Mark.: **21** ⸂λεγει αυτοις· μητι ο λ. καιεται W | ⸆† οτι B L 892 aeg ¦ ιδετε ϕ 28 ¦ *txt* ℵ C Ꝁ A D W Θ *pl* | ⸀απτεται D it ¦ καιεται (W ϕ) sa bo[pt] | ° *et* ⸀τεθηναι ℵ* | [⁏, H] | ⸀[1] *p)* αλλ W ¦ και ουχ D it | ⸀[2] υπο B* ℵ *al* | ⸀[3] επιτ- Ꝁ A *al*

Luk.: **16** °Θ *al* | ⸆της D | ⸀*p)* την λ-ιαν ℵ D *al* ¦ λ-ιαν Θ *pc*; Cyr | ⸀επιτιθ- Ꝁ A W *pm* | ⸋ 𝔓[75] B

---

[1] cf Is 42,6; 49,6; 60,1.3; Rm 2,19; Ph 2,15; Eph 5,8sq; Jo 12,35sq; cf 8sq || [2sq] cf 22sq || [3sqq] cf 14sqq. 24 || [6sqq] cf 20sq || [8sqq] cf ad 1 || [10sqq] cf 1Pt 2,12 || [11sq] cf Ps 22,23sq; 86,9; Sap 18,13 || [14] cf 3sqq || [18sq] Lc 6,29; Mt 5,22.41 || [20sq] cf 6sqq || [22] cf 2sq || [24] cf 3sqq

54. Vom Gesetz und den Propheten

(cf. nr. 226)

Legis adimpletio — **On the Law and the Prophets**

Matth. 5,17-20
24,35

17 Μὴ νομίσητε ὅτι ἦλθον καταλῦσαι τὸν νόμον ἢ τοὺς προφήτας· οὐκ ἦλθον καταλῦσαι ἀλλὰ πληρῶσαι. 18 ἀμὴν γὰρ λέγω ὑμῖν· ἕως ἂν παρέλθῃ ὁ οὐρανὸς καὶ ἡ γῆ, ἰῶτα ἓν ἢ μία κεραία οὐ μὴ παρέλθῃ ἀπὸ τοῦ νόμου⸆, ἕως °ἂν ⸉πάντα γένηται⸊⸆. 19 ὃς °ἐὰν οὖν λύσῃ μίαν τῶν ἐντολῶν τούτων °¹τῶν ἐλαχίστων καὶ διδάξῃ °²οὕτως τοὺς ἀνθρώπους, ἐλάχιστος κληθήσεται ἐν τῇ βασιλείᾳ τῶν οὐρανῶν· ⸋ὃς δ᾽ ἂν ποιήσῃ καὶ διδάξῃ⸆, οὗτος μέγας κληθήσεται ἐν τῇ βασιλείᾳ τῶν οὐρανῶν.⸌ 20 ⸋Λέγω γὰρ ὑμῖν ὅτι ἐὰν μὴ ⸀περισσεύσῃ ὑμῶν ἡ δικαιοσύνη πλεῖον τῶν γραμματέων καὶ Φαρισαίων, οὐ μὴ εἰσέλθητε εἰς τὴν βασιλείαν τῶν οὐρανῶν.⸌

24,35 *(nr. 293, p. 405)*

35 Ὁ οὐρανὸς καὶ ἡ γῆ παρελεύσεται, οἱ δὲ λόγοι μου οὐ μὴ παρέλθωσιν.

Mark. 13,31

13,31 *(nr. 293, p. 405)*

31 Ὁ οὐρανὸς καὶ ἡ γῆ παρελεύσονται, οἱ δὲ λόγοι μου οὐ μὴ παρελεύσονται.

Luk. 16,16-17
21,33

16,16-17 *(nr. 226, p. 309)*

16 Ὁ νόμος καὶ οἱ προφῆται ⸀μέχρι Ἰωάννου⸆· ⸂ἀπὸ τότε⸃ ἡ βασιλεία τοῦ θεοῦ εὐαγγελίζεται ⸋καὶ πᾶς εἰς αὐτὴν βιάζεται⸌⸆. 17 εὐκοπώτερον δέ ἐστιν τὸν οὐρανὸν καὶ τὴν γῆν παρελθεῖν ἢ ⸂τοῦ νόμου⸃ ⸉μίαν κεραίαν⸊ πεσεῖν.

21,33 *(nr. 293, p. 405)*

33 Ὁ οὐρανὸς καὶ ἡ γῆ παρελεύσονται, οἱ δὲ λόγοι μου οὐ μὴ παρελεύσονται.

Joh.

Evang. Ebion. (Epiphanius, Panarion haer. 30,16,5): »Ἦλθον καταλῦσαι τὰς θυσίας, καὶ ἐὰν μὴ παύσησθε τοῦ θύειν, οὐ παύσεται ἀφ᾽ ὑμῶν ἡ ὀργή«.

Evang. sec. Aegyptios (Clemens Alex., Strom. III, 9, 63): »Ἦλθον καταλῦσαι τὰ ἔργα τῆς θηλείας«. *(cf. nr. 253)*

Pap. Oxyrhynch. 1 nr. 2: Λέγει Ἰ(ησοῦ)ς· ἐὰν μὴ νηστεύσηται τὸν κόσμον οὐ μὴ εὕρηται τὴν βασιλείαν τοῦ θ(εο)ῦ· καὶ ἐὰν μὴ σαββατίσητε τὸ σάββατον οὐκ ὄψεσθε τὸν π(ατέ)ρα. *(cf.* Evang. Thomae copt., *Append. I, 27)*

Evang. Thomae copt.: *cf. Append. I, 11*

Herm. Pastor, Sim. IX, 12, 3: Ὅτι, φησίν, ἐπ᾽ ἐσχάτων τῶν ἡμερῶν τῆς συντελείας φανερὸς ἐγένετο, διὰ τοῦτο καινὴ ἐγένετο ἡ πύλη, ἵνα οἱ μέλλοντες σώζεσθαι δι᾽ αὐτῆς »εἰς τὴν βασιλείαν εἰσέλθωσι τοῦ θεοῦ«. (Sim. IX, 12, 4-5 *vide ad nr. 255)*

Justinus Mart., Dial. 105, 6: ... ταῦτα εἰρηκέναι ἐν τοῖς ἀπομνημονεύμασι γέγραπται· »Ἐὰν μὴ περισσεύσῃ ὑμῶν ἡ δικαιοσύνη πλεῖον τῶν γραμματέων καὶ Φαρισαίων, οὐ μὴ εἰσέλθητε εἰς τὴν βασιλείαν τῶν οὐρανῶν«.

Matth.: 18 ⸆και των προφητων Θ φ *al*; Ir^lat | °B* *pc* | ⸉ D | ⸆(24,35) caelum et terra transibunt, verba autem mea non praeteribunt c || 19 °D* | °¹D* | °²D | ⸋ℵ* D W | ⸆ουτως sy^s || 20 ⸋*vs* D | ⸀-σει L Θ *pc* ¦ πλεοναση Cl

Luk.: 16 ⸀εως 𝔎 A D W Θ *al*; Mcion Hipp Epiph ¦ *txt* 𝔓^75 B ℵ L R X (λ) φ *pc* | ⸆προεφητευσαν Θ *pc* ¦ επροφ. D | ⸂εξ (αφ) ου Mcion | ⸋ℵ* G *pc* | ⸆εισελθειν sy^p ¦ (Mt 11,12) και βιασται αρπαζουσιν αυτην ℵ^corr || 17 ⸂των λογων μου Mcion ¦ [του νομ. μου Lipsius *cj*] | ⸉ B

1 (Mt) cf Mt 10,34 || *1 sq (Mt)* cf Mt 7,12; 22,40 par; Lc 16,29.31; Rm 3,31; 8,4; 10,4; *cf 20.21* || *1 sq (Lc)* cf Act 10,37 || *3 (Lc)* cf Mt 11,12 sq || *4* cf Mt 24,34 = Mc 13,30 = Lc 21,32 *(nr 293)* | cf Bar 4,1; Tob 1,6; 4 Esr 9,37; Apc Bar 77,15; Job 14,12; Is 51,6; *cf 18 sq. 24* || *8 sq* cf Jc 2,10; Gl 3,10 || *12 sq* cf Mt 11,11; Lc 7,28; Mt 18,1; Mc 9,34; Mt 18,4; Lc 9,48; Mt 20,26; Mc 10,43 || *14 sqq cf 27 sq* || *16 sq* cf Mt 18,3; Jo 3,5; *cf 22.26* || *18 sq cf 4 sq* || *20 cf 1 sq (Mt)* || *21 cf 1 sq (Mt)* || *22 cf 16 sq* || *24 cf 4* || *26 cf 16 sq* || *27 sq cf 14 sqq*

55. Vom neuen Gesetz: Töten und Zürnen

Non occides

On Murder and Wrath

Matth. 5,21-26

21 Ἠκούσατε ὅτι ⸀ἐρρέθη τοῖς ἀρχαίοις· οὐ φονεύσεις· ὃς δ᾽ ἂν φονεύσῃ, ἔνοχος ἔσται τῇ κρίσει. 22 ἐγὼ δὲ λέγω ὑμῖν ὅτι πᾶς ὁ ὀργιζόμενος τῷ ἀδελφῷ αὐτοῦ ⸆ ἔνοχος ἔσται τῇ κρίσει· ὃς δ᾽ ἂν εἴπῃ τῷ ἀδελφῷ αὐτοῦ· ⸀ῥακά, ἔνοχος ἔσται τῷ συνεδρίῳ· ὃς δ᾽ ἂν εἴπῃ· ⸆ μωρέ, ἔνοχος ἔσται εἰς τὴν γέενναν τοῦ πυρός. 23 ἐὰν οὖν προσφέρῃς τὸ δῶρόν σου ἐπὶ τὸ θυσιαστήριον ⸀κἀκεῖ μνησθῇς ὅτι ὁ ἀδελφός σου ἔχει τι κατὰ σοῦ, 24 ἄφες ἐκεῖ τὸ δῶρόν σου ἔμπροσθεν τοῦ θυσιαστηρίου καὶ ὕπαγε πρῶτον⁚ ⸀διαλλάγηθι τῷ ἀδελφῷ σου, καὶ τότε ἐλθὼν πρόσφερε τὸ δῶρόν σου. 25 ἴσθι εὐνοῶν τῷ ἀντιδίκῳ σου ταχύ, ἕως ὅτου εἶ ⸉μετ᾽ αὐτοῦ ἐν τῇ ὁδῷ⸊, μήποτέ σε παραδῷ ὁ ἀντίδικος τῷ κριτῇ ⸋καὶ ὁ κριτὴς ⸆ τῷ ὑπηρέτῃ⸌ καὶ εἰς φυλακὴν ⸀βληθήσῃ· 26 ἀμὴν λέγω σοι, οὐ μὴ ἐξέλθῃς ἐκεῖθεν, ἕως ⸀ἂν ἀποδῷς τὸν ἔσχατον κοδράντην.

Mark. 11,25

(nr. 275 p. 374)

25 Καὶ ὅταν στήκετε προσευχόμενοι, ἀφίετε εἴ τι ἔχετε κατά τινος, ἵνα καὶ ὁ πατὴρ ὑμῶν ὁ ἐν τοῖς οὐρανοῖς ἀφῇ ὑμῖν τὰ παραπτώματα ὑμῶν.

Luk. 12,57-59

(nr. 206, p. 292)

57 Τί δὲ καὶ ἀφ᾽ ἑαυτῶν οὐ κρίνετε τὸ δίκαιον; 58 ὡς γὰρ ὑπάγεις μετὰ τοῦ ἀντιδίκου σου ⸋ἐπ᾽ ἄρχοντα⸌, ἐν τῇ ὁδῷ δὸς ἐργασίαν ἀπηλλάχθαι °ἀπ᾽ αὐτοῦ, μήποτε ⸀κατασύρῃ σε πρὸς τὸν κριτήν, καὶ ὁ κριτής σε ⸁παραδώσει τῷ πράκτορι, καὶ ὁ πράκτωρ σε ⸀¹βαλεῖ εἰς ⸆ φυλακήν. 59 λέγω σοι, οὐ μὴ ἐξέλθῃς ἐκεῖθεν, ἕως ⸆ ⸂καὶ τὸ ἔσχατον λεπτὸν ἀποδῷς⸃.

Joh.

Evang. sec. Hebraeos (Hieronymus, Comm. in Ez. 18,7): Et in evangelio quod iuxta Hebraeos Nazaraei legere consueverunt, inter maxima ponitur crimina, qui fratris sui spiritum contristaverit. - (Comm. in Eph. 5,4): Ut in Hebraico quoque Evangelio legimus, Dominum ad discipulos loquentem: »Et nunquam«, inquit, »laeti sitis, nisi cum fratrem vestrum videritis in caritate.«

Cod. N. T. 1424 (ad Mt 5,22): Τὸ »εἰκῆ« ἔν τισιν ἀντιγράφοις οὐ κεῖται οὐδὲ ἐν τῷ Ἰουδαϊκῷ.

Ignatius ad Trall. 8,2: Μηδεὶς ὑμῶν κατὰ τοῦ πλησίον ἐχέτω. μὴ ἀφορμὰς δίδοτε τοῖς ἔθνεσιν, ἵνα μὴ δι᾽ ὀλίγους ἄφρονας τὸ ἐν θεῷ πλῆθος βλασφημῆται. Οὐαὶ γάρ, δι᾽ οὗ ἐπὶ ματαιότητι τὸ ὄνομά μου ἐπί τινων βλασφημεῖται.

Didache 2,1–5; 14,2; 15,3: 2 ¹Δευτέρα δὲ ἐντολὴ τῆς διδαχῆς· ²»οὐ φονεύσεις, οὐ μοιχεύσεις«, οὐ παιδοφθορήσεις, οὐ πορνεύσεις, οὐ κλέψεις, οὐ μαγεύσεις, οὐ φαρμακεύσεις, οὐ φονεύσεις τέκνον ἐν φθορᾷ οὐδὲ γεννηθὲν ἀποκτενεῖς. ³οὐκ ἐπιθυμήσεις τὰ τοῦ πλησίον, οὐκ ἐπιορκήσεις, οὐ ψευδομαρτυρήσεις, οὐ κακολογήσεις, οὐ μνησικακήσεις. ⁴οὐκ ἔσῃ διγνώμων οὐδὲ δίγλωσσος· παγὶς γὰρ θανάτου ἡ διγλωσσία. ⁵οὐκ ἔσται ὁ λόγος σου ψευδής, οὐ κενός, ἀλλὰ μεμεστωμένος πράξει. 14 ²Πᾶς δὲ ἔχων τὴν ἀμφιβολίαν μετὰ τοῦ ἑταίρου αὐτοῦ μὴ συνελθέτω ὑμῖν, ἕως οὗ διαλλαγῶσιν, ἵνα μὴ κοινωθῇ ἡ θυσία ὑμῶν. 15 ³Ἐλέγχετε δὲ ἀλλήλους μὴ ἐν ὀργῇ, ἀλλ᾽ ἐν εἰρήνῃ ὡς ἔχετε ἐν τῷ εὐαγγελίῳ· καὶ παντὶ ἀστοχοῦντι κατὰ τοῦ ἑτέρου μηδεὶς λαλείτω μηδὲ παρ᾽ ὑμῶν ἀκουέτω, ἕως οὗ μετανοήσῃ.

Matth.: 21 ⸀ερρηθη B D K Γ Θ *al* || 22 ⸆ εικη 𝔎 D W Θ λ φ *pl* it sy sa bo; Ir Or^pt Cyr ¦ *txt* 𝔓67vid B ℵ* *pc* vg; Ju Or^pt | ⸀ραχα ℵ* D W lat | ⸆ τω αδελφω αυτου L Θ λ φ *pc* sy^s.c bo || 23 ⸀και εκει 𝔎 D Θ *pm* || 24 [⁚, W] | ⸀καταλλ- D || 25 ⸉ *3-5 1 2* 𝔎 Θ *al* | ⸋ sy^s | ⸆ *p)* σε παραδῷ 𝔎 W Θ *pm* (D it) | ⸀-θησει D Θ *al* || 26 ⸀οὗ W *al*

Luk.: 58 ⸋ sa | ° B *pc*; Cl Or | ⸀κατακρινη D it sy^s.c | ⸁-δω 𝔎 W λ *pm* ¦ *txt, sed* ⸉ π. σε 𝔓45 D *pc* | ⸀¹βαλη 𝔎 A W Θ *al* ¦ *txt, sed* ⸉ βαλει σε D *pc* | ⸆ την 𝔓45 157 *pc* || 59 ⸆ του (!) A ¦ οὗ 𝔎 D W φ *al* ¦ *p)* αν (— και) Θ 070 ¦ *txt* 𝔓75 B ℵ L 1 *pc* | ⸂ *p)* αποδοις τον εσχ. κοδραντην D it sy; Mcion

---

1sqq Ex 20,13 (Ex 21,12; Lv 24,17; Nu 35,16sqq; Dt 5,18); *cf 37sq* || *2sq* cf Mc 3,29; Mt 26,66 etc; *cf 29sq* || *3sqq cf 44sq; cf et ad 8sqq* || *4sqq* cf Eph 4,26; Jo 1,19sq; 4,2; 1Jo 3,15; *cf 33sq* || *5sqq* cf Dt 17,8sqq; Dn 7,10; Mt 10,17; Mc 13,9; *cf 26* || *8sqq cf 24sq. 27sq. 32sq. 35sqq. 44; cf et 3sqq* | cf Hos 6,6; Mt 9,13; 12,7; Sir 31,21; 32,1sqq; *cf 25* || *14(Lc)* cf Act 4,19 || *15sqq cf 41sq* || *21sq* cf Mt 18,30 || *24sq cf 8sqq* || *26 cf 5* || *27sq cf 8sqq* || *29sq cf 2sq* || *32sq cf 8sqq* || *33sq cf 4sqq*

Barn. ep. 19, 4–6: 4 Οὐ πορνεύσεις, οὐ μοιχεύσεις, οὐ παιδοφθορήσεις. οὐ μή σου ὁ λόγος τοῦ θεοῦ ἐξέλθῃ ἐν ἀκαθαρσίᾳ τινῶν. οὐ λήμψῃ πρόσωπον ἐλέγξαι τινὰ ἐπὶ παραπτώματι. ἔσῃ πραΰς, ἔσῃ ἡσύχιος, ἔσῃ τρέμων τοὺς λόγους, οὓς ἤκουσας. οὐ μνησικακήσεις τῷ ἀδελφῷ σου. 5 οὐ μὴ διψυχήσῃς, πότερον ἔσται ἢ οὔ. οὐ μὴ λάβῃς ἐπὶ ματαίῳ τὸ ὄνομα κυρίου. ἀγαπήσεις τὸν πλησίον σου ὑπὲρ τὴν ψυχήν σου. οὐ φονεύσεις τέκνον ἐν φθορᾷ, οὐδὲ πάλιν γεννηθὲν ἀποκτενεῖς. οὐ μὴ ἄρῃς τὴν χεῖρά σου ἀπὸ τοῦ υἱοῦ σου ἢ ἀπὸ τῆς θυγατρός σου, ἀλλὰ ἀπὸ νεότητος διδάξεις φόβον θεοῦ. 6 οὐ μὴ γένῃ ἐπιθυμῶν τὰ τοῦ πλησίον σου, οὐ μὴ γένῃ πλεονέκτης. οὐδὲ κολληθήσῃ ἐκ ψυχῆς σου μετὰ ὑψηλῶν, ἀλλὰ μετὰ ταπεινῶν καὶ δικαίων ἀναστραφήσῃ. τὰ συμβαίνοντά σοι ἐνεργήματα ὡς ἀγαθὰ προσδέξῃ, εἰδώς, ὅτι ἄνευ θεοῦ οὐδὲν γίνεται.

Herm. Pastor, Sim. IX, 28, 7: Ταῦτα ὑμῖν λέγω τοῖς διστάζουσι περὶ ἀρνήσεως ἢ ὁμολογήσεως· ὁμολογεῖτε ὅτι κύριον ἔχετε, μήποτε ἀρνούμενοι [πα]ραδοθ[ήσησθε] εἰς δεσμωτήριον.

Justinus Mart., Apol. I, 16, 1–2: 1 Περὶ δὲ τοῦ ἀνεξικάκους εἶναι καὶ ὑπηρετικοὺς πᾶσι καὶ ἀοργήτους ἃ ἔφη ταῦτά ἐστι· »Τῷ τύπτοντί σου τὴν σιαγόνα πάρεχε καὶ τὴν ἄλλην, καὶ τὸν αἴροντά σου τὸν χιτῶνα ἢ τὸ ἱμάτιον μὴ κωλύσῃς. 2 Ὃς δ᾽ ἂν ὀργισθῇ, ἔνοχός ἐστιν εἰς τὸ πῦρ. Παντὶ δὲ ἀγγαρεύοντί σε μίλιον ἀκολούθησον δύο. Λαμψάτω δὲ ὑμῶν τὰ καλὰ ἔργα ἔμπροσθεν τῶν ἀνθρώπων, ἵνα βλέποντες θαυμάζωσι τὸν πατέρα ὑμῶν τὸν ἐν τοῖς οὐρανοῖς«.

35sqq cf 8sqq || *37sq cf 1sqq* || *41sq cf 15sqq* || *44 cf 3sqq. 8sqq*

56. Von Ehebruch und Ehescheidung

Non moechaberis | On Adultery and Divorce

Matth. 5, 27-32
18, 8-9; 19, 7.9

27 Ἠκούσατε ὅτι ἐρρέθη⸆· οὐ μοιχεύσεις. 28 ἐγὼ δὲ
λέγω ὑμῖν ὅτι πᾶς ὁ βλέπων γυναῖκα πρὸς τὸ ἐπιθυμῆσαι
⸀αὐτὴν ἤδη ἐμοίχευσεν αὐτὴν ἐν τῇ καρδίᾳ ⸀αὐτοῦ. 29 εἰ δὲ ὁ
ὀφθαλμός ⸉σου ὁ δεξιὸς⸊ σκανδαλίζει σε, ἔξελε αὐτὸν καὶ
βάλε ἀπὸ σοῦ· συμφέρει γάρ σοι ἵνα ἀπόληται ἓν τῶν
μελῶν σου καὶ μὴ ὅλον τὸ σῶμά σου ⸀βληθῇ εἰς γέενναν.
30 ⸋καὶ εἰ ⸂ἡ δεξιά σου χεὶρ⸃ σκανδαλίζει σε, ⸀ἔκκοψον αὐτὴν
καὶ βάλε ἀπὸ σοῦ· συμφέρει γάρ σοι ἵνα ἀπόληται ἓν τῶν
μελῶν σου ⸄καὶ μὴ⸅ ὅλον τὸ σῶμά σου ⸀¹εἰς γέενναν ἀπέλθῃ.⸌

18, 8-9 *(nr. 168, p. 249)*

8 Εἰ δὲ ἡ χείρ σου ἢ ὁ πούς σου σκανδαλίζει σε, ἔκκοψον αὐτὸν καὶ βάλε ἀπὸ σοῦ· καλόν σοί ἐστιν εἰσελθεῖν εἰς τὴν ζωὴν κυλλὸν ἢ χωλὸν ἢ δύο χεῖρας ἢ δύο πόδας ἔχοντα βληθῆναι εἰς τὸ πῦρ τὸ αἰώνιον. 9 καὶ εἰ ὁ ὀφθαλμός σου σκανδαλίζει σε, ἔξελε αὐτὸν καὶ βάλε ἀπὸ σοῦ· καλόν σοί ἐστιν

Mark. 9, 43-48
10, 3-4. 11-12

cf. v. 47. 48

9, 43-48 *(nr. 168, p. 249)*

43 Καὶ ἐὰν ⸀σκανδαλίζῃ σε ἡ χείρ σου, ἀπόκοψον αὐτήν
⸆ · καλόν ⸂ἐστίν σε⸃ κυλλὸν εἰσελθεῖν εἰς τὴν
ζωὴν ἢ ⸰τὰς δύο χεῖρας ἔχοντα ⸀ἀπελθεῖν ⸂εἰς τὴν γέενναν,
εἰς τὸ πῦρ τὸ ἄσβεστον⸃ ⸆ [44].
45 καὶ ἐὰν ὁ πούς σου ⸀σκανδαλίζῃ σε, ⸀ἀπόκοψον αὐτόν
⸆ · καλόν ⸆ ἐστίν σε ⸉εἰσελθεῖν εἰς τὴν ζωὴν ⸆¹
χωλὸν ἢ τοὺς δύο πόδας ἔχοντα ⸀¹βληθῆναι εἰς
τὴν γέενναν ⸆² ⸆³ [46]. 47 καὶ ⸀ἐὰν ὁ ὀφθαλμός σου σκανδαλίζῃ σε, ⸋ἔκβαλε αὐτόν⸌· καλόν ⸀σέ ἐστιν

Luk. 16, 18

Joh.

Matth.: 27 ⸆(5, 21.33) τοις αρχαιοις L Θ *f*13 *pm* lat sy^c; Ir Or^pt Eus Cyr || 28 ⸀αυτης ℵ^corr M *al* ¦ — 𝔓67 ℵ*; Cl Tert Cyr ¦ *txt* 𝔊 𝔎 D W Θ *pm* | ⸀εαυτου B || 29 ⸉ *2 3 1* D | ⸀απελθη D it || 30 ⸋*vs* D *pc* sy^s bo^pt | ⸂η χ. σ. η δεξ. (Θ) *f*13 | ⸀κοψον W | ⸄ἤ ℵ* | ⸀¹βληθη εις γεεν. 𝔎 W Θ *pm*

Mark.: 43 ⸀† -ιση B ℵ W *pc* ¦ *txt* C 𝔎 A D (Θ) λ *f*13 *pl* | ⸆*p)* και βαλε αυτην απο σου bo^pt | ⸂σοι εστιν 𝔎 A W λ *pm* (⸉ D lat) | ⸰ D *pc* | ⸀*p)* βληθηναι D *al* it ¦ εισελθειν ℵ* | ⸂*1-3* ℵ^corr L 0274. 544 *pc* sy^p ¦ *4-8* W λ *f*13 28 sy^s ¦ *1-3* οπου εστιν *5-8* D it | ⸆[44] (Is 66, 24) οπου ο σκωληξ αυτων ου τελευτα και το πυρ ου σβεννυται. 𝔎 A D Θ *f*13 *pl* lat sy^p; Ir^lat ¦ *txt* 𝔊 W 0274 λ 28. 565 *pc* sy^s sa bo || 45 ⸀-ζει ℵ Θ *pc* | ⸀κοψον W | ⸆*p)* και βαλε αυτον απο σου sy^s bo | ⸆γαρ A *al* ¦ σοι (*et* — σε) D W *al* lat | ⸉*p.* ζωην ℵ *al* | ⸆¹αιωνιον D lat | ⸀¹απελθειν W ¦ βληθ. *p.* γεενναν ℵ | ⸆²εις το πυρ το ασβεστον 𝔎 A D Θ *f*13 *pl* it | ⸆³[46] *ut* 44 || 47 ⸀ει W (*sed* ⸉*p.* σου D) | ⸋ sa | ⸀σοι C 𝔎 A D λ *pm* latt ¦ — W *pc*

---

1 Ex 20, 14; Dt 5, 17; *cf 41* || *2sq* cf Ex 20, 17; Dt 5, 21; Job 31, 1; Sir 9, 5.8; *cf 43sq* || *3sqq* cf Kol 3, 5; *cf 14sqq. 44sq* || *7sq* cf Dt 25, 11sq || *10* cf Mt 3, 12; Lc 3, 17; Is 66, 24 || *14sqq cf 3sqq. 44sq*

[Matth. 5,27-32]

μονόφθαλμον εἰς τὴν ζωὴν εἰσελθεῖν
ἢ δύο ὀφθαλμοὺς ἔχοντα
βληθῆναι εἰς τὴν γέενναν τοῦ πυρός.

31 Ἐρ-
ρέθη °δέ· ὃς ἂν ἀπολύσῃ τὴν γυναῖκα
αὐτοῦ, δότω αὐτῇ ἀποστάσιον. 32 ἐγὼ
δὲ λέγω ὑμῖν °ὅτι ⸂πᾶς ὁ ἀπολύων⸃ τὴν
γυναῖκα αὐτοῦ παρεκτὸς λόγου πορνείας
ποιεῖ αὐτὴν ⸀μοιχευθῆναι, ⸄καὶ ὃς ⸀ἐὰν
ἀπολελυμένην γαμήσῃ, μοιχᾶται.⸅

19,7.9 *(nr. 252, p. 334)*

7 Λέγουσιν αὐτῷ· τί οὖν Μωϋσῆς ἐνετείλατο
δοῦναι βιβλίον ἀποστασίου καὶ ἀπολῦ-
σαι [αὐτήν];
9 Λέγω δὲ ὑμῖν ὅτι ὃς ἂν ἀπολύσῃ τὴν γυναῖ-
κα αὐτοῦ μὴ ἐπὶ πορνείᾳ καὶ γαμήσῃ ἄλλην
μοιχᾶται.

[Mark. 9,43-48]

μονόφθαλμον °εἰσελθεῖν εἰς τὴν βασιλεί-
αν τοῦ θεοῦ ἢ δύο ὀφθαλμοὺς ἔχοντα
⸀βληθῆναι εἰς °1τὴν γέενναν⊤, 48 ὅπου
ὁ σκώληξ αὐτῶν οὐ τελευτᾷ καὶ
τὸ πῦρ οὐ σβέννυται.

10,3-4.11-12 *(nr. 252, p. 334)*

3 Ὁ δὲ ἀποκριθεὶς εἶπεν αὐτοῖς· τί ὑμῖν ἐνετεί-
λατο Μωϋσῆς; 4 οἱ δὲ εἶπαν· ἐπέτρεψεν Μωϋ-
σῆς βιβλίον ἀποστασίου γράψαι καὶ ἀπο-
λῦσαι.
11 Καὶ λέγει αὐτοῖς· ὃς ἂν ἀπολύσῃ τὴν γυναῖ-
κα αὐτοῦ καὶ γαμήσῃ ἄλλην
μοιχᾶται ἐπ' αὐτήν· 12 καὶ ἐὰν αὐτὴ ἀπολύσασα
τὸν ἄνδρα αὐτῆς γαμήσῃ ἄλλον μοιχᾶται.

[Luk. 16,18]

16,18 *(nr. 227, p. 309)*

18 Πᾶς ὁ ἀπολύων τὴν
γυναῖκα αὐτοῦ καὶ γαμῶν ἑτέραν
μοιχεύει, καὶ⊤ °ὁ ἀπο-
λελυμένην ⸋ἀπὸ ἀνδρὸς⸌ γαμῶν μοιχεύει.

Joh.

1. Cor. 7,10–16: 10 Τοῖς δὲ γεγαμηκόσιν παραγγέλλω, οὐκ ἐγὼ ἀλλὰ ὁ κύριος, γυναῖκα ἀπὸ ἀνδρὸς μὴ χωρισθῆναι, 11 – ἐὰν δὲ καὶ χωρισθῇ, μενέτω ἄγαμος ἢ τῷ ἀνδρὶ καταλλαγήτω, – καὶ ἄνδρα γυναῖκα μὴ ἀφιέναι. 12 Τοῖς δὲ λοιποῖς λέγω ἐγὼ οὐχ ὁ κύριος· εἴ τις ἀδελφὸς γυναῖκα ἔχει ἄπιστον καὶ αὕτη συνευδοκεῖ οἰκεῖν μετ' αὐτοῦ, μὴ ἀφιέτω αὐτήν· 13 καὶ γυνὴ εἴ τις ἔχει ἄνδρα ἄπιστον καὶ οὗτος συνευδοκεῖ οἰκεῖν μετ' αὐτῆς, μὴ ἀφιέτω τὸν ἄνδρα. 14 ἡγίασται γὰρ ὁ ἀνὴρ ὁ ἄπιστος ἐν τῇ γυναικὶ καὶ ἡγίασται ἡ γυνὴ ἡ ἄπιστος ἐν τῷ ἀδελφῷ· ἐπεὶ ἄρα τὰ τέκνα ὑμῶν ἀκάθαρτά ἐστιν, νῦν δὲ ἅγιά ἐστιν. 15 εἰ δὲ ὁ ἄπιστος χωρίζεται, χωριζέσθω· οὐ δεδούλωται ὁ ἀδελφὸς ἢ ἡ ἀδελφὴ ἐν τοῖς τοιούτοις· ἐν δὲ εἰρήνῃ κέκληκεν ὑμᾶς ὁ θεός. 16 τί γὰρ οἶδας, γύναι, εἰ τὸν ἄνδρα σώσεις; ἢ τί οἶδας, ἄνερ, εἰ τὴν γυναῖκα σώσεις;

Barn. ep. 19,4: Οὐ πορνεύσεις, οὐ μοιχεύσεις, οὐ παιδοφθορήσεις. οὐ μή σου ὁ λόγος τοῦ θεοῦ ἐξέλθῃ ἐν ἀκαθαρσίᾳ τινῶν. οὐ λήμψῃ πρόσωπον ἐλέγξαι τινὰ ἐπὶ παραπτώματι. ἔσῃ πραΰς, ἔσῃ ἡσύχιος, ἔσῃ τρέμων τοὺς λόγους, οὓς ἤκουσας. οὐ μνησικακήσεις τῷ ἀδελφῷ σου.

Justinus Mart., Apol. I, 15, 1–4: 1 Περὶ μὲν οὖν σωφροσύνης τοσοῦτον εἶπεν· »Ὃς ἂν ἐμβλέψῃ γυναικὶ πρὸς τὸ ἐπιθυμῆσαι αὐτῆς ἤδη ἐμοίχευσε τῇ καρδίᾳ παρὰ τῷ θεῷ«. 2 Καί· »Εἰ ὁ ὀφθαλμός σου ὁ δεξιὸς σκανδαλίζει σε, ἔκκοψον αὐτόν· συμφέρει γάρ σοι μονόφθαλμον εἰσελθεῖν εἰς τὴν βασιλείαν τῶν οὐρανῶν, ἢ μετὰ τῶν δύο πεμφθῆναι εἰς τὸ αἰώνιον πῦρ«. 3 Καί· »Ὃς γαμεῖ ἀπολελυμένην ἀφ' ἑτέρου ἀνδρὸς μοιχᾶται«. 4 Καί· »Εἰσί τινες οἵτινες εὐνουχίσθησαν ὑπὸ τῶν ἀνθρώπων, εἰσὶ δὲ οἳ ἐγεννήθησαν εὐνοῦχοι, εἰσὶ δὲ οἳ εὐνούχισαν ἑαυτοὺς διὰ τὴν βασιλείαν τῶν οὐρανῶν· πλὴν οὐ πάντες τοῦτο χωροῦσιν«.

Herm. Past., Mand. IV, 1, 6: Τί οὖν, φημί, κύριε, ποιήσῃ ὁ ἀνήρ, ἐὰν ἐπιμείνῃ τῷ πάθει τούτῳ ἡ γυνή; Ἀπολυσάτω, φησίν, αὐτήν, καὶ ὁ ἀνὴρ ἐφ' ἑαυτῷ μενέτω· ἐὰν δὲ ἀπολύσας τὴν γυναῖκα ἑτέραν γαμήσῃ, καὶ αὐτὸς μοιχᾶται.

Matth.: 31 °ℵ*565 *al* || 32 °D it | ⸂*p)* ος αν απολυση ℜ D *al* it sy^s.c sa^pt bo | ⸀-χασθαι L ℜ *al* | ⸄κ. ο απολ. γαμησας μ. B *pc* ¦ — D 64 a b k | ⸀αν ℵ* Θ φ *al*

Mark.: 47 °ℵ* | ⸀απελθειν D λ *al* c i (k) sy^s ¦ — W | °1 B Ψ *pc* | ⊤του πυρος C ℜ A Θ φ *pm* lat sy^p bo^pt

Luk.: 18 ⊤πας ℵ ℜ A W Θ λ *pm* sy^p ¦ *txt* 𝔓75 B D L 69 *al* latt | °𝔓75 1241 | ⸋D 28 sy^s.p bo^pt

---

19sq Is 66,24; *cf* Sir 7,17; Jdth 16,17 || *21sq cf* Dt 24,1; *cf 27sq* || *23sqq cf 31sqq. 35sqq. 48sq* || *25sq cf 33sq. 45* || *27sqq cf 21sq* || *31sqq cf 23sqq* || *33sq cf 25sq* || *35sqq cf 23sqq* || *41 cf 1* || *43sq cf 2sq* || *44sq cf 3sqq. 14sqq* || *45 cf 25sq* || *45sqq* Mt 19,12 || *48sq cf 23sqq*

57. Vom Schwören

Non periurabis — **On Oaths**

Matth. 5,33-37 (23,16-22)	Mark.	Luk.	Joh.
33 °Πάλιν ἠκούσατε ὅτι ἐρρέθη ⸋τοῖς ἀρχαίοις⸌· οὐκ ἐπιορκήσεις, ἀποδώσεις °¹δὲ τῷ κυρίῳ τοὺς ὅρκους σου. 34 ἐγὼ δὲ λέγω ὑμῖν μὴ ὀμόσαι ὅλως· μήτε ἐν τῷ οὐρανῷ, ὅτι θρόνος ἐστὶν τοῦ θεοῦ, 35 μήτε ἐν τῇ γῇ, ὅτι ὑποπόδιόν ἐστιν τῶν ποδῶν αὐτοῦ, μήτε εἰς Ἱεροσόλυμα, ὅτι πόλις ἐστὶν τοῦ μεγάλου βασιλέως, 36 μήτε ἐν τῇ κεφαλῇ σου ὀμόσῃς, ὅτι οὐ δύνασαι ⸂μίαν τρίχα λευκὴν ποιῆσαι ἢ μέλαιναν⸃. 37 ⸀ἔστω δὲ ὁ λόγος ὑμῶν ⸂ναὶ ναί,⸃ οὒ οὔ· τὸ δὲ περισσὸν τούτων ἐκ τοῦ πονηροῦ ἐστιν. 23,16-22 (*nr. 284, p. 389*) 16 Οὐαὶ ὑμῖν, ὁδηγοὶ τυφλοὶ οἱ λέγοντες· ὃς ἂν ὀμόσῃ ἐν τῷ ναῷ, οὐδέν ἐστιν· ὃς δ᾽ ἂν ὀμόσῃ ἐν τῷ χρυσῷ τοῦ ναοῦ, ὀφείλει. 17 μωροὶ καὶ τυφλοί, τίς γὰρ μείζων ἐστίν, ὁ χρυσὸς ἢ ὁ ναὸς ὁ ἁγιάσας τὸν χρυσόν; 18 καί· ὃς ἂν ὀμόσῃ ἐν τῷ θυσιαστηρίῳ, οὐδέν ἐστιν· ὃς δ᾽ ἂν ὀμόσῃ ἐν τῷ δώρῳ τῷ ἐπάνω αὐτοῦ, ὀφείλει. 19 τυφλοί, τί γὰρ μεῖζον, τὸ δῶρον ἢ τὸ θυσιαστήριον τὸ ἁγιάζον τὸ δῶρον; 20 ὁ οὖν ὀμόσας ἐν τῷ θυσιαστηρίῳ ὀμνύει ἐν αὐτῷ καὶ ἐν πᾶσι τοῖς ἐπάνω αὐτοῦ· 21 καὶ ὁ ὀμόσας ἐν τῷ ναῷ ὀμνύει ἐν αὐτῷ καὶ ἐν τῷ κατοικοῦντι αὐτόν, 22 καὶ ὁ ὀμόσας ἐν τῷ οὐρανῷ ὀμνύει ἐν τῷ θρόνῳ τοῦ θεοῦ καὶ ἐν τῷ καθημένῳ ἐπάνω αὐτοῦ.			

Jac. 5,12: Πρὸ πάντων δέ, ἀδελφοί μου, μὴ ὀμνύετε μήτε τὸν οὐρανὸν μήτε τὴν γῆν μήτε ἄλλον τινὰ ὅρκον· ἤτω δὲ ὑμῶν τὸ ναὶ ναὶ καὶ τὸ οὒ οὔ, ἵνα μὴ ὑπὸ κρίσιν πέσητε.

Justinus Mart., Apol. I, 16, 5: Περὶ δὲ τοῦ μὴ ὀμνύναι ὅλως, τἀληθῆ δὲ λέγειν ἀεί, οὕτως παρεκελεύσατο· »Μὴ ὀμόσητε ὅλως· ἔστω δὲ ὑμῶν τὸ ναὶ ναί, καὶ τὸ οὒ οὔ· τὸ δὲ περισσὸν τούτων ἐκ τοῦ πονηροῦ«.

---

33 °sy^s; Ir | ⸋k sy^s; Ir | °¹W || 36 ⸂*1-3 5 6 4* 𝔎 *pm* ¦ ποιειν τρ. μιαν λ. η μελ. D* || 37 ⸀εσται B *pc*; Eus | ⸂ν. ν. και L b g¹ h ¦ το ν. ν. και το Θ; Ju Ir^arm Cl Cl^hom Cyr

---

1-5 cf 6-11 || *1sq* cf Ex 20,7; Lv 19,12; Nu 30,3; Dt 23,22; Ps 50,14 || *2sq cf 12sq. 14sq* || *2* cf Is 66,1; Ps 11,4; Act 7,49 || *2sq* cf Ps 48,3 | cf Ps 99,5; Thr 2,1 || *4sq* cf 2 Cor 1,17; *cf 12sq. 14sq* || *6-11 cf 1-5* || *12sq cf 2sq. 5* || *14sq cf 2sq. 5*

58. Vom Wiedervergelten

Lex talionis — **On Retaliation**

Matth. 5,38-42	Mark.	Luk. 6,29-30 (*nr. 80, p. 104*)	Joh.
38 Ἠκούσατε ὅτι ἐρρέθη· ὀφθαλμὸν ἀντὶ ὀφθαλμοῦ °καὶ ὀδόντα ἀντὶ ὀδόντος. 39 ἐγὼ δὲ λέγω ὑμῖν μὴ ἀντιστῆναι τῷ πονηρῷ· ἀλλ᾽ ὅστις σε ⸀ῥαπίζει ⸁εἰς τὴν °δεξιὰν σιαγόνα °¹[σου], στρέψον αὐτῷ καὶ τὴν ἄλλην· 40 καὶ ⸂τῷ θέλοντί⸃ σοι κριθῆναι καὶ τὸν χιτῶνά σου λαβεῖν, ἄφες ⸀αὐτῷ καὶ τὸ ἱμάτιον⸆· 41 καὶ ὅστις σε ⸀ἀγγαρεύσει μίλιον ἕν, ὕπαγε μετ᾽ αὐτοῦ ⸆δύο. 42 τῷ αἰτοῦντί σε ⸀δός, καὶ ⸂τὸν θέλοντα ἀπὸ σοῦ δανίσασθαι⸃ μὴ ἀποστραφῇς.		29 ⸂Τῷ τύπτοντί σε ⸀ἐπὶ⸃ τὴν ⸆ σιαγόνα ⸁πάρεχε ⸆ καὶ τὴν ἄλλην, ⸄καὶ ἀπὸ τοῦ αἴροντός σου τὸ ἱμάτιον καὶ τὸν χιτῶνα ⸆¹ μὴ κωλύσῃς⸅. 30 παντὶ ⸆ αἰτοῦντί σε δίδου, καὶ ἀπὸ τοῦ αἴροντος τὰ σὰ μὴ ἀπαίτει.	

Matth.: 38 °D *pc* it || 39 ⸀-σει 𝔎 D Θ *pl*; Eus | ⸁*p)* επι ℵ^corr 𝔎 D Θ *pm* | °*p)* D k sy^s.c | °¹ℵ W 33 *pm* a f h; Or Ad Epiph ¦ *txt* B D (⸉ a. σιαγ. 𝔎 Θ *al*) || 40 ⸂ο -ων D | ⸀τουτω ℵ* *pc* | ⸆σου ℵ 33 *al* || 41 ⸀εαν -ση ℵ 33 *pc* | ⸆ετι αλλα D lat sy^s.c; Ir ¦ *txt* B ℵ 𝔎 W Θ λ φ *pm* sy^p sa bo || 42 ⸀διδου 𝔎 Θ *pm* | ⸂τω θελοντι δαν. D (*ex lat?*)

Luk.: 29 ⸂εαν τις σε ραπιση εις Mcion | ⸀*p)* εις ℵ* D W Θ *pc*; Cl Or ¦ *txt* 𝔓^75 B 𝔎 A **0135.0155** λ φ *pl* | ⸆*p)* δεξιαν ℵ* E *al* bo^pt | ⸁παραθες Mcion | ⸆*p)* αυτω D φ *al* it; Mcion | ⸄και εαν τις σου αρη τον χιτωνα, προσθες αυτω και το ιματιον Mcion | ⸆¹σου A *pc* || 30 ⸆τω L R λ *al*; Cl ¦ δε τω 𝔎 A D Θ **0135** φ *pm* lat ¦ *txt* 𝔓^75vid B ℵ W 700 *pc*

1sq Ex 21,24sq; Lv 24,20; Dt 19,21 || *3sqq* cf Rm 12,19.21; 1 Pt 3,9; Is 50,6; Thr 3,30; Prv 20,22; 24,29; *cf 11sqq. 14. 21sq* || *4sqq cf 15sq* || *5(Mt)* cf 1 Cor 6,1; Rm 3,4 || *6sq cf 15. 22sq* || *7sq* cf Ex 22,25; Lv 25,37; Dt 15,7; 23,20; *cf 9sq. 15sq. 17. 24*

Acta 20,35: Πάντα ὑπέδειξα ὑμῖν ὅτι οὕτως κοπιῶντας δεῖ ἀντιλαμβάνεσθαι τῶν ἀσθενούντων, μνημονεύειν τε τῶν λόγων τοῦ κυρίου Ἰησοῦ ὅτι αὐτὸς εἶπεν· μακάριόν ἐστιν μᾶλλον διδόναι ἢ λαμβάνειν.

1. Clem. ad Cor. 2,1: Πάντες τε ἐταπεινοφρονεῖτε μηδὲν ἀλαζονευόμενοι, ὑποτασσόμενοι μᾶλλον ἢ ὑποτάσσοντες, ἥδιον διδόντες ἢ λαμβάνοντες. τοῖς ἐφοδίοις τοῦ Χριστοῦ ἀρκούμενοι καὶ προσέχοντες, τοὺς λόγους αὐτοῦ ἐπιμελῶς ἐνεστερνισμένοι ἦτε τοῖς σπλάγχνοις, καὶ τὰ παθήματα αὐτοῦ ἦν πρὸ ὀφθαλμῶν ὑμῶν.

Didache 1,4–5: 4 »Ἀπέχου τῶν σαρκικῶν [καὶ σωματικῶν] ἐπιθυμιῶν.« ἐάν τίς σοι δῷ ῥάπισμα »εἰς τὴν δεξιὰν σιαγόνα, στρέψον αὐτῷ καὶ τὴν ἄλλην«, καὶ »ἔσῃ τέλειος«· ἐὰν »ἀγγαρεύσῃ σέ τις μίλιον ἕν, ὕπαγε μετ᾽ αὐτοῦ δύο«· ἐὰν ἄρῃ τις »τὸ ἱμάτιόν σου, δὸς αὐτῷ καὶ τὸν χιτῶνα«· ἐὰν λάβῃ τις ἀπὸ σοῦ »τὸ σόν, μὴ ἀπαίτει«· οὐδὲ γὰρ δύνασαι. 5 »παντὶ τῷ αἰτοῦντί σε δίδου καὶ μὴ ἀπαίτει·« πᾶσι γὰρ θέλει δίδοσθαι ὁ πατὴρ ἐκ τῶν ἰδίων χαρισμάτων.

Justinus Mart., Apol. I, 15,10–12: 10 ... ταῦτα ἔφη· »Παντὶ τῷ αἰτοῦντι δίδοτε καὶ τὸν βουλόμενον δανείσασθαι μὴ ἀποστραφῆτε. Εἰ γὰρ δανείζετε παρ᾽ ὧν ἐλπίζετε λαβεῖν, τί καινὸν ποιεῖτε; τοῦτο καὶ οἱ τελῶναι ποιοῦσιν. 11 Ὑμεῖς δὲ μὴ θησαυρίζητε ἑαυτοῖς ἐπὶ τῆς γῆς, ὅπου σὴς καὶ βρῶσις ἀφανίζει καὶ λῃσταὶ διορύσσουσι· θησαυρίζετε δὲ ἑαυτοῖς ἐν τοῖς οὐρανοῖς, ὅπου οὔτε σὴς οὔτε βρῶσις ἀφανίζει. 12 Τί γὰρ ὠφελεῖται ἄνθρωπος, ἂν τὸν κόσμον ὅλον κερδήσῃ, τὴν δὲ ψυχὴν αὐτοῦ ἀπολέσῃ; ἢ τί δώσει αὐτῆς ἀντάλλαγμα; θησαυρίζετε οὖν ἐν τοῖς οὐρανοῖς, ὅπου οὔτε σὴς οὔτε βρῶσις ἀφανίζει«.

–, Apol. I, 16,1–2: 1 Περὶ δὲ τοῦ ἀνεξικάκους εἶναι καὶ ὑπηρετικοὺς πᾶσι καὶ ἀοργήτους ἃ ἔφη ταῦτά ἐστι· »Τῷ τύπτοντί σου τὴν σιαγόνα πάρεχε καὶ τὴν ἄλλην, καὶ τὸν αἴροντά σου τὸν χιτῶνα ἢ τὸ ἱμάτιον μὴ κωλύσῃς. 2 Ὃς δ᾽ ἂν ὀργισθῇ, ἔνοχός ἐστιν εἰς τὸ πῦρ. Παντὶ δὲ ἀγγαρεύοντί σε μίλιον ἀκολούθησον δύο. Λαμψάτω δὲ ὑμῶν τὰ καλὰ ἔργα ἔμπροσθεν τῶν ἀνθρώπων, ἵνα βλέποντες θαυμάζωσι τὸν πατέρα ὑμῶν τὸν ἐν τοῖς οὐρανοῖς«.

Evang. Thomae copt.: *cf. Append. I, 95*

9sq cf 7sq || *11sqq cf 3sqq* || 14 1 Pt 2,11 | *cf 3sq* || 15sq Mt 5,48 | *cf 4sqq. 6sq. 7sq* || *17 cf 7sq* || 17sqq Lc 6,34; Mt 6,19sq; 16,26 || *21sq cf 3sqq* || *22sq cf 6sq* || 23 Mt 5,16 || *24 cf 7sq*

59. Von der Feindesliebe

Dilectio inimicorum

On Love of One's Enemies

Matth. 5, 43-48

43 Ἠκούσατε ὅτι ἐρρέθη· ἀγαπήσεις τὸν πλησίον σου καὶ μισήσεις τὸν ἐχθρόν σου. 44 ἐγὼ δὲ λέγω ὑμῖν· ἀγαπᾶτε τοὺς ἐχθροὺς ὑμῶν ⸆ °καὶ προσεύχεσθε ὑπὲρ °¹τῶν ⸆¹ διωκόντων ὑμᾶς, 45 ὅπως ⸆ γένησθε υἱοὶ τοῦ πατρὸς ὑμῶν τοῦ ἐν ⸆ οὐρανοῖς, ⸀ὅτι τὸν ἥλιον αὐτοῦ ἀνατέλλει ἐπὶ ⸉πονηροὺς καὶ ἀγαθοὺς⸊ καὶ βρέχει ἐπὶ δικαίους καὶ ἀδίκους. 46 ἐὰν γὰρ ἀγαπήσητε τοὺς ἀγαπῶντας ὑμᾶς, τίνα μισθὸν ἔχετε; °οὐχὶ καὶ οἱ τελῶναι ⸂τὸ αὐτὸ⸃ ποιοῦσιν; 47 ⸋καὶ ἐὰν ἀσπάσησθε τοὺς ⸀ἀδελφοὺς ὑμῶν μόνον, τί περισσὸν ποιεῖτε; οὐχὶ καὶ οἱ ⸁ἐθνικοὶ ⸂τὸ αὐτὸ⸃ ποιοῦσιν;⸌

Mark.

Luk. 6,27-28. 32-36
(nr. 80, p. 104)

27 Ἀλλὰ ὑμῖν λέγω τοῖς ἀκούουσιν⸆· ἀγαπᾶτε τοὺς ἐχθροὺς ὑμῶν, ⸂⸆¹καλῶς ποιεῖτε τοῖς μισοῦσιν ὑμᾶς, 28 εὐλογεῖτε τοὺς καταρωμένους ὑμᾶς,⸃ ⸆προσεύχεσθε ⸀περὶ τῶν ἐπηρεαζόντων ὑμᾶς.

cf. v. 35

32 Καὶ εἰ ἀγαπᾶτε τοὺς ἀγαπῶντας ὑμᾶς, ποία ὑμῖν χάρις ἐστίν; ⸋καὶ γὰρ οἱ ἁμαρτωλοὶ ⸆ τοὺς ἀγαπῶντας αὐτοὺς ἀγαπῶσιν.⸌ 33 καὶ °[γὰρ] ἐὰν ἀγαθοποιῆτε τοὺς ἀγαθοποιοῦντας ὑμᾶς, ποία ὑμῖν χάρις ἐστίν; καὶ ⸆ οἱ ἁμαρτωλοὶ ⸂τὸ αὐτὸ⸃ ποιοῦσιν. 34 καὶ ἐὰν δανίσητε

Joh.

Matth.: 44 ⸆ *p)* ευλογειτε τους καταρωμενους υμας (υμιν D* *pc*) καλως ποιειτε τοις μισουσιν (τους -ουντας *al*) υμας ℜ D W Θ ϕ *pl* sy^p; Eus ¦ ευλ. τ. κατ. υμας bo^pt ¦ καλως ποιειτε τ. μισ. υμας lat ¦ *txt* B ℵ λ k sy^s.c sa bo^pt; Or | ° W | °¹ W | ⸆¹ *p)* επηρεαζοντων υμας (— D it) και ℜ D W Θ ϕ *pl* sy^p (lat; Cl) ¦ *txt* B ℵ λ k sy^s.c sa bo || 45 ⸆ αν Θ *pc* | ⸆ τοις Θ *pm*; Cl | ⸀ οστις 1573 *pc* sy; Eus ¦ ος lat; Ju Ir Cl^hom Hipp | ⸉ lat sy sa; Or || 46 ° ℵ* sy^s.c bo | ⸂ ουτως D 33 *pc* h k sy^s.c bo || 47 ⸋ *vs* k sy^s | ⸀ φιλους ℜ W Θ *pl* | ⸁ (*vs* 46) τελωναι ℜ W Θ *al* sy^p | ⸂ ουτως ℜ Θ *al* h sy^c (*sed* — ουχι bo)

Luk.: 27 ⸆ μου W | ⸆¹ και W || 27.28 ⸂ και ευλογειτε τους μισουντας και Mcion || 28 ⸆ και W *pc*; Cl | ⸀ υπερ ℜ A D Θ **0135** λ ϕ *pl* latt; Cl Or ¦ *txt* 𝔓75 B ℵ L W Ξ *pc* || 32 ⸋ sy^s | ⸆ τουτο ποιουσιν D || 33 ° *rell* ¦ *txt* 𝔓75 B ℵ* | ⸆ γαρ ℜ A D Θ **0135** λ ϕ *pl* lat ¦ *txt* 𝔓75vid B ℵ W *pc* r1 | ⸂ τουτο D lat

1sq Lv 19,18; cf Mt 19,19; 22,39 et par *(nr 282)*; Lv 19,34; Ex 23,4sq; Prv 25,21sq; Ex 34,12; Dt 7,2; 23,7 (6); 2 Sm 19,7; Prv 26,24 sq; Rm 13,9; Gl 5,14; Jc 2,8 || *2sqq cf 15sqq* || *3* cf Rm 12,14. 20; 1 Cor 4,12; 1 Pt 2,23 || *4sq* cf 1 Pt 3,16; *cf 25. 35sq. 37sq. 44sq. 51* || *5sq cf 17sq* || *6sqq cf 17sqq. 23sq. 49sq. 52sq* || *7* cf Mt 22,10 || *8sqq* cf 1 Tm 5,8; 1 Pt 2,19sq; Lc 14,12sqq; *cf 30sq. 32sqq 38. 43sq* || *12sqq* cf Lv 25,35sq; *cf 45sq. 54* || *12 (Mt)* cf Mt 6,7; 18,17; 3 Jo 7

[Matth. 5,43-48]	Mark.	[Luk. 6, 32-36]	Joh.
cf. v. 45 48 ἔσεσθε οὖν ὑμεῖς τέλειοι ⸀ὡς ὁ πατὴρ ὑμῶν ὁ ⸁οὐράνιος τέλειός ἐστιν.		παρ’ ὧν ἐλπίζετε ⸀λαβεῖν, ποία ⸂ὑμῖν χάρις °[ἐστίν]; καὶ ⸆ ἁμαρτωλοὶ ἁμαρτωλοῖς δανίζουσιν ἵνα ⸁ἀπολάβωσιν ⸋τὰ ⸀¹ἴσα⸌. 35 πλὴν ἀγαπᾶτε τοὺς ἐχθροὺς ὑμῶν καὶ ἀγαθοποιεῖτε ⸆ καὶ δανίζετε ⸀μηδὲν ἀπελπίζοντες· καὶ ἔσται ὁ μισθὸς ὑμῶν πολύς ⸇, καὶ ἔσεσθε υἱοὶ ⸁ὑψίστου, ὅτι ⸂αὐτὸς χρηστός⸃ ἐστιν ἐπὶ τοὺς ἀχαρίστους καὶ πονηρούς. 36 Γίνεσθε ⸆ οἰκτίρμονες καθὼς °[καὶ] ὁ πατὴρ ὑμῶν ⸇ οἰκτίρμων ἐστίν.	

Evang. Naassen. (Hippolytus, Ref. omn. haer. V, 7, 25-26): Λέγουσιν οὖν περὶ τῆς τοῦ σπέρματος οὐσίας, ἥτις ἐστὶ πάντων τῶν γινομένων αἰτία, ὅτι τούτων ἔστιν οὐδέν, γεννᾷ δὲ καὶ ποιεῖ πάντα τὰ γινόμενα, λέγοντες οὕτως· »γίνομαι ὃ θέλω καὶ εἰμὶ ὃ εἰμί«. διὰ τοῦτό φησι ἀκίνητον εἶναι τὸ πάντα κινοῦν· μένει γὰρ ὅ ἐστι ποιοῦν τὰ πάντα καὶ οὐδὲν τῶν γινομένων γίνεται. τοῦτον εἶναί φησιν ἀγαθὸν μόνον, καὶ περὶ τούτου λελέχθαι τὸ ὑπὸ τοῦ σωτῆρος λεγόμενον· »τί με λέγεις ἀγαθόν; εἷς ἐστιν ἀγαθός, ὁ πατήρ μου ὁ ἐν τοῖς οὐρανοῖς, ὃς ἀνατέλλει τὸν ἥλιον αὐτοῦ ἐπὶ δικαίους καὶ ἀδίκους καὶ βρέχει ἐπὶ ὁσίους καὶ ἁμαρτωλούς«.

Pap. Oxyrhynch. 1224 (fol. 2 r., col. 1): κ]αὶ π[ρ]οσεύχεσθε ὑπὲρ [τῶν ἐχθ]ρῶν ὑμῶν.

Pap. Oxyrhynch. 654, nr. 2 (sec. Fitzmyer): Λέγει Ἰ[η(σοῦ)ς· ἐὰν] οἱ ἕλκοντες ἡμᾶς [εἴπωσιν ὑμῖν· ἰδοὺ] ἡ βασιλεία ἐν οὐρα[νῷ, ὑμᾶς φθήσεται] τὰ πετεινὰ τοῦ οὐρ[ανοῦ· ἐὰν δ’ εἴπωσιν ὅ]τι ὑπὸ τὴν γῆν ἐστ[ιν, εἰσελεύσονται] οἱ ἰχθύες τῆς θαλά[σσης φθάσαν]τες ὑμᾶς καὶ ἡ βασ[ιλεία τοῦ θεοῦ] ἐντὸς ὑμῶν [ἐ]στι [κἀκτός. ὃς ἂν ἑαυτὸν] γνῷ, ταύτην εὑρή[σει καὶ ὅτε ὑμεῖς] ἑαυτοὺς γνώσεσθαι, [εἰδήσετε ὅτι υἱοί] ἐστε ὑμεῖς τοῦ πατρὸς τοῦ ζ[ῶντος· εἰ δὲ μὴ] γνώσ⟨εσ⟩θε ἑαυτούς, ἐν [τῇ πτωχείᾳ ἐστὲ] καὶ ὑμεῖς ἐστε ἡ πτω[χεία.] *(cf. Evang. Thomae copt. Append. I, 3)*

Ignatius ad Polyc. 2,1: Καλοὺς μαθητὰς ἐὰν φιλῇς, χάρις σοι οὐκ ἔστιν· μᾶλλον τοὺς λοιμοτέρους ἐν πραότητι ὑπότασσε. οὐ πᾶν τραῦμα τῇ αὐτῇ ἐμπλάστρῳ θεραπεύεται. τοὺς παροξυσμοὺς ἐμβροχαῖς παῦε.

2. Clem. ad Cor. 13,4: Ὅταν γὰρ ἀκούσωσιν παρ’ ἡμῶν, ὅτι λέγει ὁ θεός· »Οὐ χάρις ὑμῖν, εἰ ἀγαπᾶτε τοὺς ἀγαπῶντας ὑμᾶς, ἀλλὰ χάρις ὑμῖν, εἰ ἀγαπᾶτε τοὺς ἐχθροὺς καὶ τοὺς μισοῦντας ὑμᾶς«· ταῦτα ὅταν ἀκούσωσι, θαυμάζουσι τὴν ὑπερβολὴν τῆς ἀγαθότητος· ὅταν δὲ ἴδωσιν, ὅτι οὐ μόνον τοὺς μισοῦντας οὐκ ἀγαπῶμεν, ἀλλ’ ὅτι οὐδὲ τοὺς ἀγαπῶντας, καταγελῶσιν ἡμῶν, καὶ βλασφημεῖται τὸ ὄνομα.

Polycarpus ad Phil. 12,3: Pro omnibus sanctis orate. Orate etiam pro regibus et potestatibus et principibus atque »pro persequentibus et odientibus vos« et pro inimicis crucis, »ut fructus vester manifestus sit in omnibus«, ut sitis in illo perfecti.

Didache 1,3–5: 3 Τούτων δὲ τῶν λόγων ἡ διδαχή ἐστιν αὕτη· »εὐλογεῖτε τοὺς καταρωμένους ὑμῖν καὶ προσεύχεσθε ὑπὲρ τῶν ἐχθρῶν ὑμῶν«, νηστεύετε δὲ »ὑπὲρ τῶν διωκόντων ὑμᾶς· ποία γὰρ χάρις, ἐὰν ἀγαπᾶτε τοὺς ἀγαπῶντας ὑμᾶς; οὐχὶ καὶ τὰ ἔθνη τοῦτο ποιοῦσιν;« ὑμεῖς δὲ »φιλεῖτε τοὺς μισοῦντας ὑμᾶς«, καὶ οὐχ ἕξετε ἐχθρόν. 4 »ἀπέχου τῶν σαρκικῶν [καὶ σωματικῶν] ἐπιθυμιῶν«. ἐάν τίς σοι δῷ ῥάπισμα »εἰς τὴν δεξιὰν σιαγόνα, στρέψον αὐτῷ καὶ τὴν ἄλλην«, καὶ »ἔσῃ τέλειος«· ἐὰν »ἀγγαρεύσῃ σέ τις μίλιον ἕν, ὕπαγε μετ’ αὐτοῦ δύο«· ἐὰν ἄρῃ τις »τὸ ἱμάτιόν σου, δὸς αὐτῷ καὶ τὸν χιτῶνα«· ἐὰν λάβῃ τις ἀπὸ σοῦ »τὸ σόν, μὴ ἀπαίτει«· οὐδὲ γὰρ δύνασαι. 5 »παντὶ τῷ αἰτοῦντί σε δίδου καὶ μὴ ἀπαίτει«· πᾶσι γὰρ θέλει δίδοσθαι ὁ πατὴρ ἐκ τῶν ἰδίων χαρισμάτων.

Justinus Mart., Apol. I, 15, 9–13: Περὶ δὲ τοῦ στέργειν ἅπαντας ταῦτα ἐδίδαξεν· »Εἰ ἀγαπᾶτε τοὺς ἀγαπῶντας ὑμᾶς, τί καινὸν ποιεῖτε; καὶ γὰρ οἱ πόρνοι τοῦτο ποιοῦσιν. Ἐγὼ δὲ ὑμῖν λέγω· Εὔχεσθε ὑπὲρ τῶν ἐχθρῶν ὑμῶν καὶ ἀγαπᾶτε τοὺς μισοῦντας ὑμᾶς καὶ εὐλογεῖτε τοὺς καταρωμένους ὑμῖν καὶ εὔχεσθε ὑπὲρ τῶν ἐπηρεαζόντων ὑμᾶς«. 10 ... ταῦτα ἔφη· »Παντὶ τῷ αἰτοῦντι δίδοτε καὶ τὸν βουλόμενον δανείσασθαι μὴ ἀποστραφῆτε. Εἰ γὰρ δανείζετε παρ’ ὧν ἐλπίζετε λαβεῖν, τί καινὸν ποιεῖτε; τοῦτο καὶ οἱ τελῶναι ποιοῦσιν. 11 Ὑμεῖς δὲ μὴ θησαυρίζητε ἑαυτοῖς ἐπὶ τῆς γῆς, ὅπου σὴς καὶ βρῶσις ἀφανίζει καὶ λησταὶ διορύσσουσι· θησαυρίζετε δὲ ἑαυτοῖς ἐν τοῖς οὐρανοῖς, ὅπου οὔτε σὴς οὔτε βρῶσις ἀφανίζει. 12 Τί γὰρ ὠφελεῖται ἄνθρωπος, ἂν τὸν κόσμον ὅλον κερδήσῃ, τὴν δὲ ψυχὴν αὐτοῦ ἀπολέσῃ; ἢ τί δώσει αὐτῆς ἀντάλλαγμα; θησαυρίζετε οὖν ἐν τοῖς οὐρανοῖς, ὅπου οὔτε σὴς οὔτε βρῶσις

Matth.: 48 ⸀ωσπερ ℜ D W Θ *pm* | ⸁εν τοις ουρανοις (D*) Θ *pm*

Luk.: 34 ⸀απολ- ℜ A D Θ 0135.0147 λ φ *pl* | ⸂*p.* εστιν W lat ¦ *p.* χαρις D | ° 𝔓$^{45.75}$ B 700 e | ⸆γαρ ℜ A D Θ 0135 λ φ *pm* lat | ⸁-λαμβανωσιν W | ⸋ D it sy^{s} | ⸀¹διπλα sa || 35 ⸆αυτοις sy$^{s.p}$ bo | ⸀μηδενα ℵ W *pc* sy$^{s.p}$ ¦ *txt* B ℜ A D Θ λ φ *pl* lat sa bo | ⸇εν ουρανω a l ¦ εν τοις ουρανοις ℵ^{corr} A *pc* aur c r^{1} sy^{s} | ⸁θεου Mcion | ⸂ 𝔓^{45vid} || 36 ⸆*p)* ουν ℜ A Θ φ *pm* | °† B ℵ W λ *pc* c d ¦ *txt* ℜ A D Θ φ *pm* lat; Cyr | ⸇*p)* ο ουρανιος ℵ^{corr} φ *pc*; Cyr ¦ εν τοις ουρανοις bo^{pt}; Or (Cl^{hom})

---

15 sqq cf 2 sqq || *16 sq* cf Lc 20, 36; Mt 5, 9 || *17 sqq cf* 5 sq. 6 sqq. 49 sq || *17* ὕψιστος Lc 1, 32. 35. 76; Act 7, 48 || *18 sq (Mt)* cf Dt 18, 13; Lv 19, 2; Gn 6, 9; Job 1, 1; Sir 44, 17; Sap 9, 6; Mt 19, 21; Jc 1, 4; 1 Pt 1, 16; 1 Cor 14, 20; Kol 4, 12 etc; *cf 28 sq. 40* || *18 sq (Lc) cf 51 sq* || *19 (Lc)* cf Lc 12, 30. 32; 11, 2. 13; Jc 5, 11 || *23 sq cf 6 sqq* || *25 cf 4 sq* || *26 sq* cf Mc 13, 21 sqq par || *27 sq* cf Lc 17, 21 || *28 sq cf 18 sq (Mt)* || *30 sq cf 8 sqq* || *32 sqq cf 8 sq* || *35 sq cf 4 sq* || *37 sq cf 4 sq* || *38 cf 8 sqq* || *39 sqq* 1 Pt 2, 11 | Mt 5, 39. 41. 40. 42 || *40 cf 18 sq (Mt)* || *43 sq cf 8 sqq* || *44 sq cf 4 sq* || *45 sq* Mt 5, 42; Lc 6, 30; *cf 12 sqq*

ἀφανίζει«. [13]Καί· »Γίνεσθε δὲ χρηστοὶ καὶ οἰκτίρμονες, ὡς καὶ ὁ πατὴρ ὑμῶν χρηστός ἐστι καὶ οἰκτίρμων, καὶ τὸν ἥλιον αὐτοῦ ἀνατέλλει ἐπὶ ἁμαρτωλοὺς καὶ δικαίους καὶ πονηρούς«.

–, Dial. 96, 3: Οὗτος (Christus) γὰρ ἐδίδαξεν ἡμᾶς καὶ ὑπὲρ τῶν ἐχθρῶν εὔχεσθαι, εἰπών· »Γίνεσθε χρηστοὶ καὶ οἰκτίρμονες, ὡς καὶ ὁ πατὴρ ὑμῶν ὁ οὐράνιος«. καὶ γὰρ τὸν παντοκράτορα θεὸν χρηστὸν καὶ οἰκτίρμονα ὁρῶμεν, »τὸν ἥλιον αὐτοῦ ἀνατέλλοντα ἐπὶ ἀχαρίστους καὶ δικαίους, καὶ βρέχοντα ἐπὶ ὁσίους καὶ πονηρούς«, οὓς πάντας ὅτι καὶ κρίνειν μέλλει ἐδίδαξεν.

Evang. Thomae copt.: *cf. Append. I, 95*

49sq cf 6sqq. 17sqq || *51 cf 4sq* || *51sq cf 18sq (Lc)* || *52sq cf 6sqq* || *54 cf 12sqq*

60. Vom Almosengeben

De eleemosyna — On Almsgiving

Matth. 6,1-4	Mark.	Luk.	Joh.
[1]Προσέχετε °[δὲ] τὴν ⸀δικαιοσύνην ὑμῶν μὴ ποιεῖν ἔμπροσθεν τῶν ἀνθρώπων πρὸς τὸ θεαθῆναι αὐτοῖς· εἰ δὲ μή γε, μισθὸν οὐκ ἔχετε παρὰ τῷ πατρὶ ὑμῶν τῷ ἐν °1τοῖς οὐρανοῖς. [2]ὅταν οὖν ποιῇς ἐλεημοσύνην, μὴ σαλπίσῃς ἔμπροσθέν σου, ὥσπερ οἱ ὑποκριταὶ ποιοῦσιν ἐν ταῖς συναγωγαῖς καὶ ἐν ταῖς ῥύμαις, ὅπως δοξασθῶσιν ὑπὸ τῶν ἀνθρώπων· ἀμὴν ⸆λέγω ὑμῖν, ἀπέχουσιν τὸν μισθὸν αὐτῶν. [3]σοῦ δὲ ποιοῦντος ἐλεημοσύνην μὴ γνώτω ἡ ἀριστερά σου τί ποιεῖ ἡ δεξιά σου, [4]ὅπως ⸉ᾖ σου ἡ ἐλεημοσύνη⸊ ἐν τῷ κρυπτῷ· καὶ ὁ πατήρ σου ὁ βλέπων ἐν τῷ κρυπτῷ ⸆ ἀποδώσει σοι⸆.			

Pap. Oxyrhynch. 654, nr. 5 (sec. Fitzmyer): [Ἐξ]ετάζουσιν αὐτὸν ο[ἱ μαθηταὶ αὐτοῦ καὶ λέ]γουσιν· πῶς νηστεύ[σομεν, καὶ πῶς προσευξό]μεθα καὶ πῶς [ἐλεημοσύνην ποιήσομεν, κ]αὶ τί παρατηρήσ[ομεν ὅταν δειπνῶμε]ν; λέγει Ἰη(σοῦ)ς· [μὴ ψεύδεσθε καὶ ὅ τι μισ]εῖται μὴ ποιεῖτ[ε· πάντα γὰρ ἔσται πλήρ]ης ἀληθείας ἀν[τὶ τοῦ οὐρανοῦ· οὐδὲν γάρ ἐστι]ν ἀ[π]οκεκρ[υμμένον ὃ οὐ φανερὸν ἔσται· μα]κάρι[ός] ἐστιν [ὁ ταῦτα μὴ ποιῶν. πάντα γὰρ ἐν φανερ]ῷ ἔστ[αι παρὰ τῷ πατρὶ ὃς ἐν τῷ οὐρανῷ ἐστ]ιν. *(cf. Evang. Thomae copt. Append. I, 6)*

Evang. Thomae copt.: *cf. Append. I, 62*

Justinus Mart., Apol. I, 15, 14–17: [14]»Μὴ μεριμνᾶτε δὲ τί φάγητε ἢ τί ἐνδύσησθε. Οὐχ ὑμεῖς τῶν πετεινῶν καὶ τῶν θηρίων διαφέρετε; καὶ ὁ θεὸς τρέφει αὐτά. [15]Μὴ οὖν μεριμνήσητε τί φάγητε ἢ τί ἐνδύσησθε· οἶδε γὰρ ὁ πατὴρ ὑμῶν ὁ οὐράνιος ὅτι τούτων χρείαν ἔχετε. [16]Ζητεῖτε δὲ τὴν βασιλείαν τῶν οὐρανῶν, καὶ ταῦτα πάντα προστεθήσεται ὑμῖν. Ὅπου γὰρ ὁ θησαυρός ἐστιν, ἐκεῖ καὶ ὁ νοῦς τοῦ ἀνθρώπου«. [17]Καί· »Μὴ ποιῆτε ταῦτα πρὸς τὸ θεαθῆναι ὑπὸ τῶν ἀνθρώπων· εἰ δὲ μή γε, μισθὸν οὐκ ἔχετε παρὰ τοῦ πατρὸς ὑμῶν τοῦ ἐν τοῖς οὐρανοῖς«.

---

1 ° B 𝔎 D W **0250** ϕ *al* lat sy^s.c bo^pt ¦ *txt* ℵ Θ λ *al* sy^p bo^pt | ⸀ελεημοσυνην 𝔎 W Θ ϕ *al* f k ¦ δοσιν ℵ^1 (sy^c) bo^pt ¦ *txt* B ℵ^*.2 D **0250** *pc* lat sy^s.p bo^pt | °1 ℵ* D **0250** *al* || **2** ⸆αμην ℵ* || **4** ⸉ *3 2 4 1* ℵ* *pc* ¦ *3 4 2 1* D lat | ⸆αυτος 𝔎 D W *al* h q | ⸆εν τω φανερω 𝔎 W Θ **0250** ϕ *al* it sy^s.p ¦ *txt* B ℵ D λ *al* vg sy^c sa bo

---

1 cf Mt 23,5; Sir 34,11; Mt 5,20 || *1sq* cf *14sq* || *2sq* cf *7sqq. 11* || *3* cf Mt 6,5.16; 15,7; 22,18; 23,13 sqq. 23.25.27.29 || *5* cf Prv 21,14; Sir 3,31(34); Mt 6,6.18 || *7sqq* cf *2sq*; *cf et nr 61.63* || *11* cf *2sq* || *12sqq* Mt 6,25sq. 32; Lc 12,22sqq. 34 || *14sq* cf *1sq*

61. Vom Beten

De oratione — On Prayer

Matth. 6,5-6	Mark.	Luk.	Joh.
[5]⸋Καὶ ὅταν ⸂προσεύχησθε, οὐκ ἔσεσθε⸃ ⸀ὡς οἱ ὑποκριταί, ὅτι φιλοῦσιν⸆ ἐν ταῖς συναγωγαῖς καὶ ἐν ταῖς γωνίαις τῶν πλατειῶν °ἑστῶτες ⸀προσεύχεσθαι, ὅπως⸆ φανῶσιν τοῖς ἀνθρώποις· °1ἀμὴν λέγω ὑμῖν, ⸆1 ἀπέχουσιν τὸν μισθὸν αὐτῶν.⸌ [6]σὺ δὲ ὅταν προσεύχῃ, εἴσελθε εἰς τὸ ταμεῖόν σου καὶ κλείσας τὴν θύραν σου πρόσευξαι τῷ πατρί σου °τῷ ἐν τῷ κρυπτῷ· καὶ ὁ πατήρ σου ὁ βλέπων ἐν τῷ κρυπτῷ ἀποδώσει σοι⸆.			

Pap. Oxyrhynch. 654, nr. 5: *cf. nr. 60 et* **Evang. Thomae copt.** *Append. I, 6*

Didache 8, 2: *cf. nr. 62*

---

5 ⸋ *vs* sy^s | ⸂-χη, ουκ εση (ℵ*) 𝔎 D W Θ *pm* k q sy^c.p | ⸀ωσπερ 𝔎 Θ *pl* | ⸆στηναι D it sy^c.p sa bo | ° K sy^c.p sa bo | ⸀και προσευχομενοι D *pc* h | ⸆αν 𝔎 W Θ *al* | °1 sy^c | ⸆1 οτι 𝔎 W Θ *al* f || **6** ° D *al* latt sy^s.c bo^pt | ⸆εν τω φανερω 𝔎 W Θ ϕ *pm* it sy^p ¦ *txt* B ℵ D λ *al* vg sy^s.c sa bo

---

1sqq cf 5.6 || *1sq* cf Mt 23,6sq et par *(nr 284)*; Lc 11,43 || *3sq* cf Is 26,20 LXX; 2 Rg 4,33 || *5* cf *1sqq* || *6* cf *1sqq*

62. Das Vaterunser

Oratio dominica (cf. nr. 185) The Lord's Prayer

Matth. 6,7-15
6,31-32; 18,35

7 Προσευχόμενοι δὲ μὴ βατταλογήσητε
ὥσπερ οἱ ⸀ἐθνικοί, δοκοῦσιν γὰρ ὅτι ἐν
τῇ πολυλογίᾳ αὐτῶν εἰσακουσθήσονται.
8 μὴ οὖν ὁμοιωθῆτε αὐτοῖς· οἶδεν γὰρ
⸆ ὁ πατὴρ ὑμῶν ὧν χρείαν ἔχετε πρὸ τοῦ
ὑμᾶς ⸂αἰτῆσαι αὐτόν⸃.

9 οὕτως οὖν προσεύχε-
σθε ὑμεῖς·
Πάτερ ἡμῶν °ὁ ἐν ⸂τοῖς οὐρανοῖς⸃·
ἁγιασθήτω τὸ ὄνομά σου·
10 ἐλθέτω ἡ βασιλεία σου·
γενηθήτω τὸ θέλημά σου,
°ὡς ἐν οὐρανῷ καὶ ἐπὶ ⸆ γῆς·
11 τὸν ἄρτον ἡμῶν τὸν ἐπιούσιον δὸς
ἡμῖν σήμερον·
12 καὶ ἄφες ἡμῖν ⸂τὰ ὀφειλήματα⸃ ἡμῶν,
ὡς καὶ ἡμεῖς ⸀ἀφήκαμεν τοῖς ὀφειλέ-
ταις ἡμῶν·

Mark. 11,25.[26]

Luk. 11,1-4
12,29-30

11,1-4 (nr. 185, p. 267)

1 Καὶ ἐγένετο ἐν τῷ εἶναι αὐτὸν ἐν τόπῳ
τινὶ προσευχόμενον, ⸆ὡς ἐπαύσατο⸇, εἶπέν
τις τῶν μαθητῶν αὐτοῦ πρὸς αὐτόν· κύ-
ριε, δίδαξον ἡμᾶς προσεύχεσθαι, καθὼς
⸋καὶ Ἰωάννης⸌ ἐδίδαξεν τοὺς μαθητὰς αὐ-
τοῦ. 2 εἶπεν δὲ αὐτοῖς· ὅταν ⸀προσεύχη-
σθε ⸆ λέγετε·
Πάτερ ⸇,
ἁγιασθήτω °τὸ ὄνομά σου·
⸂ἐλθέτω ἡ βασιλεία σου⸃
⸆¹ ·
3 τὸν ἄρτον ⸀ἡμῶν τὸν ἐπιούσιον ⸁δίδου
ἡμῖν ⸂τὸ καθ' ἡμέραν⸃·
4 καὶ ἄφες ἡμῖν ⸂τὰς ἁμαρτίας ἡμῶν⸃,
⸄καὶ γὰρ αὐτοὶ⸅ ⸀ἀφίομεν ⸂¹παντὶ ὀφεί-
λοντι ἡμῖν⸃¹·

Joh.

Matth.: 7 ⸀υποκριται B sy^{c} ‖ 8 ⸆ † ο θεος B א^{1} sa ¦ *txt* א* ℜ D W Θ **0170**^{vid} *pl* latt bo | ⸂ανοιξαι το στομα D h ‖ 9 ° א* | ⸂τω ουρανω Did ‖ 10 ° D* a b c k; Cl Tert Cyp | ⸆της ℜ D Θ *pm* ‖ 12 ⸂την οφειλην Did ¦ τα παραπτωματα Or | ⸀αφιομεν D W Θ *pc* ¦ -ιεμεν א^{corr} ℜ φ *pm* lat; Did Cl ¦ *txt* B א* λ *al* sy^{p}

Luk.: 1 ⸆και D *pc* it | ⸇προσευχομενος μετα μικρον (?) sy^{c} (— μ. μ. sy^{s}) | ⸋ א* ‖ 2 ⸀-ευχεσθε C A W Θ φ *pc* | ⸆(Mt 6,7) μη βαττολογειτε ως οι λοιποι· δοκουσιν γαρ τινες οτι εν τη πολυλογια αυτων εισακουσθησονται· αλλα προσευχομενοι D | ⸇ *p)* ημων ο εν τοις ουρανοις C ℜ A D W Θ φ *pm* it sy$^{c.p}$ sa bo ¦ *txt* 𝔓^{75} B א *al* aur vg sy^{s}; Mcion Or | ° D *pc* | ⸂εφ ημας ελθετω σου η β. D ¦ ελθετω το πνευμα σου το αγιον εφ ημας και καθαρισατω ημας (162).700; (Greg^{nyss}; Mcion *haec vl similia pro* αγ. το ον. σου) | ⸆¹ *p)* γενηθητω το θελημα σου ως εν ουρανω (+ ουτω א*) και επι (+ της א^{corr} ℜ *al*) γης (+ και ρυσαι ημας απο του πονηρου א^{corr}) א C ℜ A D W Θ φ *pm* it vg^{s} sy^{p} bo^{pt} ¦ γεν. τ. θελ. σου sa bo^{pt} ¦ *txt* 𝔓^{75} B 1 *al* vg^{cl} sy$^{s.c}$; Mcion Or ‖ 3 ⸀(Jo 6,33?) σου Mcion ¦ — 4 sy | ⸁ *p)* δος א D *pc* | ⸂ *p)* σημερον D *pc* it ‖ 4 ⸂ *p)* τα οφειληματα ημ. D b c ff^{2} | ⸄ως και αυτοι א* ¦ *p)* ως και ημεις D it (— ως sy$^{s.c}$) ¦ *txt* 𝔓^{75} B C ℜ A W Θ Ξ λ φ *pl* a aur i q vg sy^{p} sa bo | ⸀αφιεμεν א* ℜ Θ Ξ *al* ¦ αφηκαμεν sy^{p} | ⸂¹ *p)* τοις οφειλεταις ημων D it

---

[1sqq] cf Sir 7,14(15); Is 1,15; Eccl 5,1; *cf 51* ‖ [2] cf Mt 5,47 ‖ [4sqq] cf Is 65,24; Mt 7,11; *cf 34 sqq* ‖ [14-25] *cf 51-54* ‖ [14] cf Dt 32,6; Jr 31,20 (38,20 LXX); Ml 1,6; 2,10; Ps 89,27; Sir 23,1; Sap 2,16; Is 64,7; 63,16 etc; 1 Pt 1,17 ‖ [15] cf Ez 36,23; Is 29,23; Jo 17,6 ‖ [17] cf Mt 26,42 par *(nr 330)*; Ps 103,20 sq; *cf 50* ‖ [19sq] cf Prv 30,8; Jo 6,32; *cf 41 sq* ‖ [20(Lc)] cf Lc 19,47; Act 17,11 ‖ [21sqq] cf Mt 18,21-35 *(nr 172.173)*; Sir 28,2; *cf 26 sqq*

[Matth. 6,7-15]

13 καὶ μὴ εἰσενέγκῃς ἡμᾶς εἰς πειρασμόν,
ἀλλὰ ῥῦσαι ἡμᾶς ἀπὸ τοῦ πονηροῦ.⸆
14 Ἐὰν °γὰρ ἀφῆτε τοῖς ἀνθρώποις τὰ
παραπτώματα °¹αὐτῶν, ἀφήσει καὶ ὑμῖν
ὁ πατὴρ ὑμῶν ⸂ὁ οὐράνιος⸃·
15 ἐὰν δὲ μὴ
ἀφῆτε τοῖς ἀνθρώποις⸆, οὐδὲ ὁ πατὴρ
⸀ὑμῶν ἀφήσει ⸇ τὰ
παραπτώματα ὑμῶν.

6,31-32 *(nr. 67, p. 90)*

31 Μὴ οὖν μεριμνήσητε λέγοντες· τί φάγωμεν;
ἤ· τί πίωμεν; ἤ· τί περιβαλώμεθα; 32 πάντα
γὰρ ταῦτα τὰ ἔθνη ἐπιζητοῦσιν·
οἶδεν γὰρ ὁ πατὴρ ὑμῶν ὁ οὐράνιος ὅτι χρῄ-
ζετε τούτων ἁπάντων.

18,35 *(nr. 173, p. 254)*

35 Οὕτως καὶ ὁ πατήρ μου ὁ οὐράνιος ποιήσει
ὑμῖν, ἐὰν μὴ ἀφῆτε ἕκαστος τῷ ἀδελφῷ αὐτοῦ
ἀπὸ τῶν καρδιῶν ὑμῶν.

Mark.

11,25. [26] *(nr. 275, p. 374)*

25 Καὶ ὅταν ⸀στήκετε προσευχόμενοι, ἀφ-
ίετε εἴ τι ἔχετε κατά τινος, ἵνα καὶ ὁ πατὴρ
ὑμῶν ὁ⸆ ἐν τοῖς οὐρανοῖς ⸀ἀφῇ °ὑμῖν τὰ
παραπτώματα °¹ὑμῶν. ⸇ ⟦26 εἰ δὲ ὑμεῖς οὐκ
ἀφίετε, οὐδὲ ὁ πατὴρ
ὑμῶν ὁ ἐν °τοῖς οὐρανοῖς ἀφήσει ⸆ τὰ
παραπτώματα ὑμῶν.⟧

[Luk. 11,1-4]

καὶ μὴ ⸂εἰσενέγκῃς ἡμᾶς⸃ εἰς πειρασμόν
⸆.

12,29-30 *(nr. 201, p. 285)*

29 Καὶ ὑμεῖς μὴ ζητεῖτε τί φάγητε
καὶ τί πίητε καὶ μὴ μετεωρίζεσθε· 30 ταῦτα
γὰρ πάντα τὰ ἔθνη τοῦ κόσμου ἐπιζητοῦσιν,
ὑμῶν δὲ ὁ πατὴρ οἶδεν ὅτι χρῄ-
ζετε τούτων.

Joh.

Evang. sec. Hebraeos (Hieronymus, Comm. in Matth. 6,11): In evangelio quod appellatur secundum Hebraeos pro supersubstantiali pane maar repperi, quod dicitur crastinum, ut sit sensus: »Panem nostrum crastinum, id est futurum, da nobis hodie«.

Cod. N.T. 1424 (ad Mt 6,13): Τὸ »ὅτι σοῦ ἐστιν ἡ βασιλεία« ἕως τοῦ »ἀμήν« ἔν τισιν ἀντιγράφοις οὐ κεῖται.

1. Clem. ad Cor. 13,2: Οὕτως γὰρ εἶπεν· »Ἐλεᾶτε ἵνα ἐλεηθῆτε· ἀφίετε, ἵνα ἀφεθῇ ὑμῖν· ὡς ποιεῖτε, οὕτω ποιηθήσεται ὑμῖν· ὡς δίδοτε, οὕτως δοθήσεται ὑμῖν· ὡς κρίνετε, οὕτως κριθήσεσθε· ὡς χρηστεύεσθε, οὕτως χρηστευθήσεται ὑμῖν· ᾧ μέτρῳ μετρεῖτε, ἐν αὐτῷ μετρηθήσεται ὑμῖν«.

Polycarpus ad Phil. 6,2; 7,2: 6 2 Εἰ οὖν δεόμεθα τοῦ κυρίου, ἵνα ἡμῖν ἀφῇ, ὀφείλομεν καὶ ἡμεῖς ἀφιέναι· ἀπέναντι γὰρ τῶν τοῦ κυρίου καὶ θεοῦ ἐσμεν ὀφθαλμῶν, καὶ πάντας δεῖ παραστῆναι τῷ βήματι τοῦ Χριστοῦ καὶ ἕκαστον ὑπὲρ αὐτοῦ λόγον δοῦναι. 7 2 Διὸ ἀπολιπόντες τὴν ματαιότητα τῶν πολλῶν καὶ τὰς ψευδοδιδασκαλίας ἐπὶ τὸν ἐξ ἀρχῆς ἡμῖν παραδοθέντα λόγον ἐπιστρέψωμεν, νήφοντες πρὸς τὰς εὐχὰς καὶ προσκαρτεροῦντες νηστείαις, δεήσεσιν αἰτούμενοι τὸν παντεπόπτην θεὸν »μὴ εἰσενεγκεῖν ἡμᾶς εἰς πειρασμόν«, καθὼς εἶπεν ὁ κύριος· »Τὸ μὲν πνεῦμα πρόθυμον, ἡ δὲ σὰρξ ἀσθενής«.

Mart. Polycarpi 7,1: Κἀκεῖθεν δὲ ἠδύνατο εἰς ἕτερον χωρίον ἀπελθεῖν, ἀλλ' οὐκ ἐβουλήθη εἰπών· »Τὸ θέλημα τοῦ θεοῦ γενέσθω«.

Didache 8,2-3; 10,5: 8 2 Μηδὲ »προσεύχεσθε ὡς οἱ ὑποκριταί«, ἀλλ' ὡς ἐκέλευσεν ὁ κύριος ἐν τῷ εὐαγγελίῳ αὐτοῦ, »οὕτω προσεύχεσθε· Πάτερ ἡμῶν ὁ ἐν τῷ οὐρανῷ, ἁγιασθήτω τὸ ὄνομά σου, ἐλθέτω ἡ βασιλεία σου, γενηθήτω τὸ θέλημά σου ὡς ἐν οὐρανῷ καὶ ἐπὶ γῆς· τὸν ἄρτον ἡμῶν τὸν ἐπιούσιον δὸς ἡμῖν σήμερον, καὶ ἄφες ἡμῖν τὴν ὀφειλὴν ἡμῶν, ὡς καὶ ἡμεῖς ἀφίεμεν τοῖς ὀφειλέταις ἡμῶν, καὶ μὴ εἰσενέγκῃς ἡμᾶς εἰς πειρασμόν, ἀλλὰ ῥῦσαι ἡμᾶς ἀπὸ τοῦ πονηροῦ« ὅτι σοῦ ἐστιν ἡ δύναμις καὶ ἡ δόξα εἰς τοὺς αἰῶνας. 3 τρὶς τῆς ἡμέρας οὕτω προσεύχεσθε. 10 5 Μνήσθητι, κύριε, τῆς ἐκκλησίας σου τοῦ ῥύσασθαι αὐτὴν ἀπὸ παντὸς πονηροῦ καὶ τελειῶσαι αὐτὴν ἐν τῇ ἀγάπῃ σου, »καὶ σύναξον αὐτὴν ἀπὸ τῶν τεσσάρων ἀνέμων«, τὴν ἁγιασθεῖσαν, εἰς τὴν σὴν βασιλείαν, ἣν ἡτοίμασας αὐτῇ· ὅτι σοῦ ἐστιν ἡ δύναμις καὶ ἡ δόξα εἰς τοὺς αἰῶνας.

Matth.: 13 ⸆αμην 17 vg$^{s.cl}$ ¦ (1Chr 29, 11-13) οτι σου εστιν η βασιλεια (+ σου q) και (— η β. κ. k sa; Did) η δυναμις και (— η δ. κ. sy^{c}) η δοξα (— κ. η δ. k bo^{pt}) εις τους αιωνας (+ των αιωνων k). αμην (— αμ. g^{1} k sy^{p}; Did) 𝔎 W Θ φ *al* f g^{1} k q sy$^{c.p}$ sa bo^{pt}; (Did) ¦ *txt* 𝔋 D 0170 *al* it vg^{codd}; Tert Or Cyp ‖ 14 °D* L *pc* | °¹D | ⸂εν τοις ουρανοις Θ it ¦ *txt* + τα παραπτωματα υμων L *pc* vg bo ‖ 15 ⸆τα παραπτωματα αυτων B 𝔎 W Θ φ *pm* f q (—αυτων b) sy^{c} sa bo^{pt} ¦ *txt* ℵ D λ *al* lat sy^{p} bo^{pt}; Aug | ⸀υμιν ℵ* | ⸇υμιν D *al* lat

Mark.: 25 ⸀-κητε B 𝔎 W *al*; Or ¦ στητε ℵ ¦ *txt* C A D Θ λ φ *pm* | ⸆ων D (lat) | ⸀-ησει D Θ *al* | °Θ *pc* a ff^{2} i k | °¹D | ⸇ *vs* [26] *add* C 𝔎 A D Θ λ φ *al* lat sy^{p} bo^{pt}, *sed* °C D λ *pc et* ⸆υμιν D φ *al* lat sy^{p} bo^{pt} ¦ *txt* B ℵ W *al*

Luk.: 4 ⸂αφες ημ. εισενεχθηναι (*vl* απεν- *vl* κατεν-) Mcion | ⸆*p)* αλλα ρυσαι ημας απο του πονηρου ℵ^{1} C 𝔎 A D W Θ φ *pm* it sy$^{c.p}$ bo^{pt} ¦ *txt* 𝔓^{75} B ℵ*$^{.2}$ 1 *al* vg sy^{s} sa bo^{pt}; Mcion Or

24sq cf Mc 14,38 par *(nr 330)*; Ps 17,30 LXX; Sap 16,8; 1Cor 10,13; Jo 17,11.15; 2Th 3,3; 2Tm 4,18; *cf 49* ‖ 25 cf app. crit; *cf 43. 54 sq;* 2Tm 4,18; Apc 4,11; 12,10 ‖ 26sqq cf Sir 28,2; Mt 18,21sqq; 5,25; Kol 3,13; *cf 21 sqq. 44. 46* ‖ 29sqq *cf 38 sqq* ‖ 34sqq *cf 4 sqq* ‖ 38sqq *cf 29 sqq* ‖ 41sq *cf 19 sq* ‖ 43 cf app. crit. ad 25 ‖ 44 *cf 26 sqq* ‖ 46 *cf 26 sqq* ‖ 49 *cf 24* ‖ 50 *cf 17* ‖ 51 *cf 1 sqq* ‖ 51-54 *cf 14-25* ‖ 54sq *cf 25*

63. Vom Fasten

De ieiunio — On Fasting

Matth. 6,16-18	Mark.	Luk.	Joh.
[16]⸆Ὅταν δὲ νηστεύητε, μὴ γίνεσθε ⸀ὡς °οἱ ὑποκριταὶ σκυθρωποί, ἀφανίζουσιν γὰρ ⸂τὰ πρόσωπα⸃ ⸀αὐτῶν ὅπως φανῶσιν τοῖς ἀνθρώποις νηστεύοντες· ἀμὴν ⸆ λέγω ὑμῖν, ⸆[1] ἀπέχουσιν τὸν μισθὸν αὐτῶν. [17]σὺ δὲ νηστεύων ἄλειψαί σου τὴν κεφαλὴν καὶ τὸ πρόσωπόν σου νίψαι, [18]⸀ὅπως μὴ φανῇς ⸉τοῖς ἀνθρώποις νηστεύων⸊ ἀλλὰ τῷ πατρί σου °τῷ ἐν ⸂τῷ κρυφαίῳ⸃· καὶ ὁ πατήρ °[1]σου ὁ βλέπων ἐν τῷ ⸀κρυφαίῳ ἀποδώσει σοι⸆.			

Pap. Oxyrhynch. 1, nr. 2: Λέγει Ἰ(ησοῦ)ς· ἐὰν μὴ νηστεύσηται τὸν κόσμον, οὐ μὴ εὕρηται τὴν βασιλείαν τοῦ θ(εο)ῦ, καὶ ἐὰν μὴ σαββατίσητε τὸ σάββατον οὐκ ὄψεσθε τὸν π(ατέ)ρα. *(cf.* Evang. Thomae copt. *Append. I, 27)*

Pap. Oxyrhynch. 654, nr. 5: *cf. nr.* 60 *et* **Evang. Thomae copt.** *Append. I, 6*

Didache 8,1: »Αἱ δὲ νηστεῖαι« ὑμῶν μὴ ἔστωσαν μετὰ »τῶν ὑποκριτῶν«. νηστεύουσι γὰρ δευτέρᾳ σαββάτων καὶ πέμπτῃ· ὑμεῖς δὲ νηστεύσατε τετράδα καὶ παρασκευήν.

---

16 ⸆και ℵ* | ⸀ωσπερ ℜ W Θ *pl* | °ℵ* | ⸂το -ον ℵ* g[1]* k | ⸀εαυτ- B *pc* | ⸆γαρ ℵ* | ⸆[1]οτι ℜ W Θ *al* lat sy[c.p] sa bo || **18** ⸀ινα D | ⸉3 1 2 B (k) | [°Wellhausen *cj, cf.* 6,6] | ⸂κρυφια D* (τω -αιω D[corr]) ¦ *hic et* ⸀κρυπτω ℜ W Θ 0250 φ *pl* | °[1]ℵ* *pc* | ⸆εν τω φανερω E Δ *al* it

---

νηστεύειν, νηστεία: Lc 18,12; Mt 9,14a; Mc 2,18a; Lc 5,33a; Mt 11,18; Lc 7,33 | Mt 4,2; 9,15a; Mc 2,20; [Mt 17,21]; Mc 9,29; Lc 2,37; Act 13,2sq; 14,23; 2Cor 6,5; 11,27 | Mc 2,19; Mt 9,15b; 11,19; Lc 7,34; Mt 9,14b; Mc 2,18b; Lc 5,33b || [1sq] cf Is 58,5-9; cf 5sq. 7 || [1] cf Gn 40,7; Sir 25,23; Dn 1,10; Lc 24,17 | Jr 14,4; 2Sm 15,30; 19,4; *cf 8sq* || [3] cf 2Sm 14,2; 12,20; Eccl 9,8; Mc 14,3; Test XII patr Jos 3,3f. || [5sq] *cf 1sq* || [7] *cf 1sq* || [8sq] *cf 1*

64. Vom Schätzesammeln

(cf. nr. 202)

De thesaurizando — On Treasures

Matth. 6,19-21 (19,21)	Mark. 10,21	Luk. 12,33-34 (16,9; 18,22)	Joh.
		12,33-34 *(nr. 202, p. 287)*	
[19]Μὴ θησαυρίζετε ὑμῖν θησαυροὺς ἐπὶ τῆς γῆς, ὅπου σὴς καὶ βρῶσις ⸀ἀφανίζει καὶ ὅπου κλέπται διορύσσουσιν καὶ κλέπτουσιν·		(cf. v. 33)	
[20]θησαυρίζετε δὲ ὑμῖν θησαυροὺς ἐν οὐρανῷ, ὅπου οὔτε σὴς οὔτε βρῶσις ἀφανίζει καὶ ὅπου κλέπται οὐ διορύσσουσιν ⸋⸀οὐδὲ κλέπτουσιν⸌·		[33]Πωλήσατε τὰ ὑπάρχοντα ὑμῶν καὶ δότε ἐλεημοσύνην· ποιήσατε ἑαυτοῖς βαλλάντια μὴ παλαιούμενα, ⸆ θησαυρὸν ἀνέκλειπτον ἐν τοῖς οὐρανοῖς, ὅπου κλέπτης οὐκ ἐγγίζει οὐδὲ σὴς ⸀διαφθείρει·	
[21]ὅπου γάρ ἐστιν ὁ θησαυρός ⸀σου, ἐκεῖ ἔσται °καὶ ἡ καρδία ⸀σου.		[34]ὅπου γάρ ἐστιν ὁ θησαυρὸς ὑμῶν, ἐκεῖ καὶ ἡ καρδία ὑμῶν ⸉ἔσται.	

Matth.: **19** ⸀-ζουσιν D* f g[1] k || **20** ⸋W k | ⸀και ℵ λ *pc* a b g[1] h q || **21** ⸀*p) bis* υμων ℜ W Θ *pl* sy[c.p] bo[pt] | °B

Luk.: **33** ⸆και sa bo[pt] | ⸀-φθερει D || **34** ⸉*p) p.* εκει D

[1sqq] cf Lc 12,16-21; *cf 21sq* || [2] cf Is 51,8; Jc 5,2 | Ml 3,11 LXX; Jc 5,3; Sir 29,10 || [3] cf Ez 12,5; Job 24,16 || [4sqq] cf Mt 10,9; Lc 10,4; 11,41; Mt 5,12; Sir 29,11 (14); Tob 4,9; Ps Sal 9,5; Hen 38,2; 1Tm 6,19; *cf 12sqq. 15sqq. 21sq. 23sq. 28* || [10sq] *cf 26*

Matth.	Mark.	Luk.	Joh.
		16,9 (nr. 222, p. 307) 9 Καὶ ἐγὼ ὑμῖν λέγω, ἑαυτοῖς ποιήσατε φίλους ἐκ τοῦ μαμωνᾶ τῆς ἀδικίας, ἵνα ὅταν ἐκλίπῃ δέξωνται ὑμᾶς εἰς τὰς αἰωνίους σκηνάς.	
19, 21 (nr. 254, p. 338) 21 Ἔφη αὐτῷ ὁ Ἰησοῦς· εἰ θέλεις τέλειος εἶναι, ὕπαγε πώλησόν σου τὰ ὑπάρχοντα καὶ δὸς [τοῖς] πτωχοῖς, καὶ ἕξεις θησαυρὸν ἐν οὐρανοῖς, καὶ δεῦρο ἀκολούθει μοι.	*10, 21 (nr. 254, p. 338)* 21 Ὁ δὲ Ἰησοῦς ἐμβλέψας αὐτῷ ἠγάπησεν αὐτὸν καὶ εἶπεν αὐτῷ· ἕν σε ὑστερεῖ· ὕπαγε, ὅσα ἔχεις πώλησον καὶ δὸς [τοῖς] πτωχοῖς, καὶ ἕξεις θησαυρὸν ἐν οὐρανῷ, καὶ δεῦρο ἀκολούθει μοι.	*18, 22 (nr. 254, p. 338)* 22 Ἀκούσας δὲ ὁ Ἰησοῦς εἶπεν αὐτῷ· ἔτι ἕν σοι λείπει· πάντα ὅσα ἔχεις πώλησον καὶ διάδος πτωχοῖς, καὶ ἕξεις θησαυρὸν ἐν [τοῖς] οὐρανοῖς, καὶ δεῦρο ἀκολούθει μοι.	

Justinus Mart., Apol. I, 15,10–12. 14–17: 10 ... ταῦτα ἔφη· »Παντὶ τῷ αἰτοῦντι δίδοτε καὶ τὸν βουλόμενον δανείσασθαι μὴ ἀποστραφῆτε. Εἰ γὰρ δανείζετε παρ' ὧν ἐλπίζετε λαβεῖν, τί καινὸν ποιεῖτε; τοῦτο καὶ οἱ τελῶναι ποιοῦσιν. 11 Ὑμεῖς δὲ μὴ θησαυρίζητε ἑαυτοῖς ἐπὶ τῆς γῆς, ὅπου σὴς καὶ βρῶσις ἀφανίζει καὶ λησταὶ διορύσσουσι· θησαυρίζετε δὲ ἑαυτοῖς ἐν τοῖς οὐρανοῖς, ὅπου οὔτε σὴς οὔτε βρῶσις ἀφανίζει. 12 Τί γὰρ ὠφελεῖται ἄνθρωπος, ἂν τὸν κόσμον ὅλον κερδήσῃ, τὴν δὲ ψυχὴν αὐτοῦ ἀπολέσῃ; ἢ τί δώσει αὐτῆς ἀντάλλαγμα; θησαυρίζετε οὖν ἐν τοῖς οὐρανοῖς, ὅπου οὔτε σὴς οὔτε βρῶσις ἀφανίζει«. 14 »Μὴ μεριμνᾶτε δὲ τί φάγητε ἢ τί ἐνδύσησθε. Οὐχ ὑμεῖς τῶν πετεινῶν καὶ τῶν θηρίων διαφέρετε; καὶ ὁ θεὸς τρέφει αὐτά. 15 Μὴ οὖν μεριμνήσητε τί φάγητε ἢ τί ἐνδύσησθε· οἶδε γὰρ ὁ πατὴρ ὑμῶν ὁ οὐράνιος ὅτι τούτων χρείαν ἔχετε. 16 Ζητεῖτε δὲ τὴν βασιλείαν τῶν οὐρανῶν, καὶ ταῦτα πάντα προστεθήσεται ὑμῖν. Ὅπου γὰρ ὁ θησαυρός ἐστιν, ἐκεῖ καὶ ὁ νοῦς τοῦ ἀνθρώπου.« 17 Καί· »Μὴ ποιῆτε ταῦτα πρὸς τὸ θεαθῆναι ὑπὸ τῶν ἀνθρώπων· εἰ δὲ μή γε, μισθὸν οὐκ ἔχετε παρὰ τοῦ πατρὸς ὑμῶν τοῦ ἐν τοῖς οὐρανοῖς.«

Evang. Thomae copt.: *cf. Append. I, 76*

12sqq cf 4sqq || *15sqq cf 4sqq* || *20sq* cf Mt 5, 42; Lc 6, 30sqq || *21sq cf 1sqq. 4sqq* || *22sq* Mt 16, 26 || *23sq cf 4sqq* || *24sqq* cf Mt 6, 25sq. 30sqq || *26 cf 10sq* || *26sq* cf Mt 6,1 || *28 cf 4sqq*

65. Vom Auge als dem Licht des Leibes

Oculus simplex *(cf. nr. 193)* **The Sound Eye**

Matth. 6, 22-23	Mark.	Luk. 11, 34-36 *(nr. 193, p. 275)*	Joh.
22 Ὁ λύχνος τοῦ σώματός ἐστιν ὁ ὀφθαλμός⸆. ἐὰν °οὖν ⸉ᾖ ὁ ὀφθαλμός σου ἁπλοῦς, ὅλον τὸ σῶμά σου φωτεινὸν ἔσται· 23 ἐὰν δὲ ὁ ὀφθαλμός σου πονηρὸς⸉ᾖ, ὅλον τὸ σῶμά σου σκοτεινὸν ἔσται. εἰ οὖν τὸ φῶς τὸ ἐν σοὶ ⸉σκότος ἐστίν⸊, τὸ σκότος πόσον.		34 Ὁ λύχνος τοῦ σώματός⸆ ἐστιν ὁ ὀφθαλμός °σου. ὅταν⸆ ὁ ὀφθαλμός σου ἁπλοῦς ᾖ, °1καὶ ⸀ὅλον τὸ σῶμά σου φωτεινόν ⸀ἐστιν· ἐπὰν δὲ ⸆1 πονηρὸς ᾖ, καὶ ⸆2 τὸ σῶμά σου σκοτεινόν⸆3. 35 ⸂σκόπει οὖν μὴ τὸ φῶς τὸ ἐν σοὶ σκότος ἐστίν. 36 εἰ οὖν τὸ σῶμά σου ὅλον φωτεινόν, μὴ ἔχον ⸀μέρος τι⸃ σκοτεινόν, ἔσται φωτεινὸν ὅλον ὡς ὅταν ὁ λύχνος ⸆ τῇ ἀστραπῇ φωτίζῃ σε.⸃	

Evang. Thomae copt.: *cf. Append. I, 24*

Matth.: 22 ⸆*p)* σου B it | °א *pc* lat syᶜ bo^pt | ⸉*p)* *p.* απλους ℜ Θ λ φ *pm* it || 23 ⸉ *p.* δε א* W *pc* | ⸉ W

Luk.: 34 ⸆σου D Θ lat bo^pt | °*p)* א^corr ℜ Θ φ *al* sy^s.c sa bo^pt | ⸆*p)* ουν C ℜ A Θ *pm* ¦ η D lat (— η *p.* απλ.) | °1*p)* C D *al* lat | ⸀παν 𝔓45 D | ⸀*p)* εσται 𝔓45 L λ *al* | ⸆1 *p)* ο οφθαλμος σου sy^s.c sa bo^pt | ⸆2 *p)* ολον א1 λ *pc* sa bo | ⸆3 *p)* εσται 𝔓45 Θ φ *al* lat ¦ εστιν D 070 *pc* e || **35.36** ⸂*p)* ει ουν το φως το εν σοι σκοτος, το σκοτος ποσον D it (*eadem, sed p.* 35, *pro* 36, *habet* syᶜ; *p.* 35 *habet* 1241) || **36** ⸀τι μερος א ℜ *al* ¦ μερος C Θ *pc* ¦ μελος τι 𝔓45 ¦ *txt* 𝔓75 B A W λ φ 33 *pm* | ⸆εν B

1sqq cf Eph 1,18; *cf 8* || *2* cf Prv 22,9; Jc 1,5 || *3* cf Mt 20,15; Mc 7,22; Jo 11,10; Dt 15,9; 28,54sqq; Prv 23,6; 28,22; Sir 14,10; Tob 4,7 || *7* cf Mt 28.3 || *8 cf 1sqq*

66. Vom Dienst zweier Herren

Duobus dominis servire (cf. nr. 224) On Serving Two Masters

Matth. 6,24	Mark.	Luk. 16,13 (nr. 224, p. 308)	Joh.
24 Οὐδεὶς ⸆ δύναται δυσὶ κυρίοις δουλεύειν· ἢ γὰρ τὸν ἕνα μισήσει καὶ τὸν ἕτερον ἀγαπήσει, ἢ ἑνὸς ἀνθέξεται καὶ τοῦ ἑτέρου καταφρονήσει. οὐ δύνασθε θεῷ δουλεύειν καὶ μαμωνᾷ.		13 Οὐδεὶς οἰκέτης δύναται δυσὶ κυρίοις δουλεύειν· ἢ γὰρ τὸν ἕνα μισήσει καὶ τὸν ἕτερον ἀγαπήσει, ἢ ἑνὸς ⸀ἀνθέξεται καὶ τοῦ ἑτέρου καταφρονήσει. οὐ δύνασθε θεῷ δουλεύειν καὶ μαμωνᾷ.	

2. Clem. ad Cor. 6,1: Λέγει δὲ ὁ κύριος· »Οὐδεὶς οἰκέτης δύναται δυσὶ κυρίοις δουλεύειν«. ἐὰν ἡμεῖς θέλωμεν καὶ θεῷ δουλεύειν καὶ μαμωνᾷ, ἀσύμφορον ἡμῖν ἐστιν.

Evang. Thomae copt.: cf. Append. I, 47

Matth.: 24 ⸆p) οικετης L pc

Luk.: 13 ⸀ανεξεται sys sa

1sqq cf Lc 16,9.11; Jc 4,4 sq; cf 7 || 1 cf 5 || 5 cf 1 || 7 cf 1 sqq

67. Vom Sorgen

Ne solliciti sitis (cf. nr. 201) On Anxiety

Matth. 6,25-34 (10,29-31; 6,7-8)	Mark.	Luk. 12,22-32 (12,6-7) — 12,22-32 (nr. 201, p. 285)	Joh.
25 Διὰ τοῦτο λέγω ὑμῖν· μὴ μεριμνᾶτε τῇ ψυχῇ ὑμῶν τί φάγητε ⸂[ἢ τί πίητε]⸃, μηδὲ τῷ σώματι °ὑμῶν τί ἐνδύσησθε. οὐχὶ ἡ ψυχὴ πλεῖ- όν ἐστιν τῆς τροφῆς καὶ τὸ σῶμα τοῦ ἐνδύματος; 26 ἐμ- βλέψατε εἰς τὰ πετεινὰ τοῦ οὐρανοῦ ὅτι οὐ σπείρουσιν οὐδὲ θερίζουσιν οὐδὲ συνάγουσιν εἰς ⸆ ἀποθήκας, καὶ ὁ πατὴρ ὑμῶν ὁ οὐράνιος τρέφει αὐτά· οὐχ ὑμεῖς μᾶλλον διαφέρετε αὐτῶν; 27 τίς δὲ ἐξ ὑμῶν °μεριμνῶν δύνα- ται προσθεῖναι ἐπὶ τὴν ἡλικίαν αὐτοῦ πῆχυν ἕνα; 28 καὶ περὶ ἐνδύματος τί μεριμνᾶτε; καταμάθετε τὰ κρίνα τοῦ ἀγροῦ πῶς ⸂αὐξάνουσιν· οὐ ⸀κο- πιῶσιν οὐδὲ νήθουσιν⸃· 29 λέγω δὲ ὑμῖν ὅτι ⸀οὐδὲ Σολομὼν		22 Εἶπεν δὲ πρὸς τοὺς μαθητὰς °[αὐτοῦ]· διὰ τοῦτο ⸉λέγω ὑμῖν⸊· μὴ μεριμνᾶτε τῇ ψυχῇ ⸆ τί φάγητε, μηδὲ τῷ σώματι ⸆ τί ἐνδύσησθε. 23 ἡ °γὰρ ψυχὴ πλεῖ- όν ἐστιν τῆς τροφῆς καὶ τὸ σῶμα τοῦ ἐνδύματος. 24 κατα- νοήσατε ⸂τοὺς κόρακας⸃ ὅτι ⸀οὐ σπείρουσιν ⸀οὐδὲ θερίζουσιν, οἷς οὐκ ἔστιν ταμεῖον οὐδὲ ἀποθήκη, καὶ ὁ θεὸς τρέφει ⸀αὐτούς· πόσῳ μᾶλλον ὑμεῖς διαφέρετε τῶν πετεινῶν. 25 τίς δὲ ἐξ ὑμῶν °μεριμνῶν δύνα- ται ⸉ἐπὶ τὴν ἡλικίαν αὐτοῦ προσθεῖναι⸊ πῆχυν⸆; 26 ⸂εἰ οὖν ⸀οὐδὲ ἐλάχιστον ⸆ δύνασθε, τί περὶ τῶν λοιπῶν⸃ μεριμνᾶτε; 27 κατανοήσατε τὰ κρίνα πῶς ⸂αὐξάνει· οὐ κο- πιᾷ οὐδὲ νήθει⸃· λέγω δὲ ὑμῖν, ⸆ οὐδὲ Σολομὼν	

Matth.: 25 ⸂και τι π. 𝔎 Θ al syp ¦ — ℵ λ al lat syc sapt; Cl (— μηδε + και Cyr) ¦ txt B W al sapt bo | °ℵ* b k || 26 ⸆τας ℵcorr pc || 27 °1293 it syc || 28 ⸂ου ξενουσιν (= ξαιν-) ουδε νηθ. ουδε κοπ. ℵ*vid [cf. ZNW 1938, 212] ¦ αυξανει ... κοπια ... νηθει 𝔎 W pm | ⸀κοπιουσιν B 33 || 29 ⸀ουτε Θ

Luk.: 22 °𝔓45vid.75 B 1241 c e ¦ txt rell | ⸉ 𝔎 A Θ 070 λ pm a b c e | ⸆p) υμων 𝔓45 𝔎 ϕ pm a e; Cl | ⸆ † υμων B 070 ϕ al a sa bo ¦ txt 𝔓45.75 ℵ 𝔎 A D W Θ 1 pm lat || 23 °𝔓45 𝔎 A al lat || 24 ⸂p) τα πετεινα του ουρανου D e (f) l r1 ¦ τ. π. τ. ουρ. και τ. κορ. 𝔓45 | ⸀bis † ουτε ℵ D al ¦ txt 𝔓45.75 B 𝔎 A W Θ λ ϕ pm; Cl | ⸀αυτα 𝔓45 D ϕ f (l) r1 || 25 °D pc | ⸉ 5 1-4 𝔓45 rell ¦ txt 𝔓75 B 579 | ⸆p) ενα ℵcorr 𝔎 A W Θ 070 λ ϕ pl ¦ txt 𝔓45.75 B ℵ* D ff2 i l || 26 ⸂και περι των λοιπ. τί D it | ⸀ουτε 𝔎 A W ϕ pm | ⸆τι ℵ* || 27 ⸂ † ουτε νηθει ουτε υφαινει D (⸉a) it sys.c; (⸉ Mcion) Cl ¦ txt 𝔓45.75 B ℵ 𝔎 A W Θ 070 λ ϕ lat syp sa bo | ⸆p) οτι ℌ A D λ ϕ pm it; Cl ¦ txt 𝔓45.75 B 𝔎 W Θ 070 al a vg

2sqq cf 16 sqq. 32 sqq. 42 sqq || 2sq cf Jo 12,25; Ph 4,6 sq; 1 Pt 5,7; 1 Tm 6,6.8; Heb 13,5 sq; || 4sqq cf 24 sqq || 5 cf Job 38,41; Ps 147,9; Job 12,7; Mc 4,32; Mt 8,20; Lc 9,58 || 6 cf Mt 3,12 etc || 7 cf Ps 104,13 sqq; 147,9; Ps Sal 5,10 sq || 7sq cf Mt 12,12a; cf 24 sqq || 8sq cf 34 || 11 cf Ps 103,15 || 12sq cf 1 Rg 10,14 sqq; 2 Chr 9,13 sqq; Ct 3,11; 1 Rg 3,13

[Matth. 6,25-34]

ἐν πάσῃ τῇ δόξῃ αὐτοῦ περιεβάλετο ὡς ἓν τούτων. 30 εἰ δὲ τὸν χόρτον τοῦ ἀγροῦ σήμερον ⸆ ὄντα καὶ αὔριον εἰς κλίβανον βαλλόμενον ὁ θεὸς οὕτως ἀμφιέννυσιν, οὐ πολλῷ μᾶλλον ὑμᾶς, ὀλιγόπιστοι; 31 μὴ οὖν μεριμνήσητε λέγοντες· τί φάγωμεν; ἤ· τί πίωμεν; ἤ· τί περιβαλώμεθα; 32 ⸉πάντα γὰρ ταῦτα⸊ τὰ ἔθνη ⸆ ⸀ἐπιζητοῦσιν· οἶδεν γὰρ ⸆ ὁ πατὴρ ὑμῶν □ὁ οὐράνιος⸌ ὅτι χρῄζετε τούτων ἁπάντων. 33 ζητεῖτε δὲ πρῶτον τὴν ⸉βασιλείαν ⸂[τοῦ θεοῦ]⸃ καὶ τὴν δικαιοσύνην⸊ αὐτοῦ, καὶ ταῦτα πάντα προστεθήσεται ὑμῖν. 34 μὴ οὖν μεριμνήσητε εἰς τὴν αὔριον, ἡ γὰρ αὔριον μεριμνήσει ⸀ἑαυτῆς· ἀρκετὸν τῇ ἡμέρᾳ ἡ κακία αὐτῆς.

10,29-31 (nr. 101, p. 145)

29 Οὐχὶ δύο στρουθία ἀσσαρίου πωλεῖται; καὶ ἓν ἐξ αὐτῶν οὐ πεσεῖται ἐπὶ τὴν γῆν ἄνευ τοῦ πατρὸς ὑμῶν. 30 ὑμῶν δὲ καὶ αἱ τρίχες τῆς κεφαλῆς πᾶσαι ἠριθμημέναι εἰσίν. 31 μὴ οὖν φοβεῖσθε· πολλῶν στρουθίων διαφέρετε ὑμεῖς.

6,7-8 (nr. 62, p. 86)

7 Προσευχόμενοι δὲ μὴ βατταλογήσητε ὥσπερ οἱ ἐθνικοί, δοκοῦσιν γὰρ ὅτι ἐν τῇ πολυλογίᾳ αὐτῶν εἰσακουσθήσονται. 8 μὴ οὖν ὁμοιωθῆτε αὐτοῖς· οἶδεν γὰρ ὁ πατὴρ ὑμῶν ὧν χρείαν ἔχετε πρὸ τοῦ ὑμᾶς αἰτῆσαι αὐτόν.

Mark.

[Luk. 12,22-32]

ἐν °πάσῃ τῇ δόξῃ αὐτοῦ περιεβάλετο ὡς ἓν τούτων. 28 □εἰ δὲ ⸉ἐν ἀγρῷ τὸν χόρτον ὄντα σήμερον⸊ καὶ αὔριον εἰς κλίβανον βαλλόμενον ὁ θεὸς οὕτως ⸀ἀμφιέζει, πόσῳ μᾶλλον ὑμᾶς,⸌ ὀλιγόπιστοι. 29 καὶ ὑμεῖς μὴ ζητεῖτε τί φάγητε ⸀καὶ τί πίητε ⸆ ⸂καὶ μὴ μετεωρίζεσθε⸃· 30 ταῦτα γὰρ °πάντα τὰ ἔθνη ⸂τοῦ κόσμου⸃ ⸀ἐπιζητοῦσιν, ὑμῶν δὲ ὁ πατὴρ οἶδεν ὅτι χρῄζετε τούτων⸆. 31 πλὴν ζητεῖτε τὴν βασιλείαν ⸀αὐτοῦ, καὶ °ταῦτα ⸆ προστεθήσεται ὑμῖν. 32 Μὴ φοβοῦ, τὸ μικρὸν ποίμνιον, ὅτι ⸆ εὐδόκησεν ὁ πατὴρ ὑμῶν δοῦναι ὑμῖν τὴν βασιλείαν.

12,6-7 (nr. 196, p. 281)

6 Οὐχὶ πέντε στρουθία πωλοῦνται ἀσσαρίων δύο; καὶ ἓν ἐξ αὐτῶν οὐκ ἔστιν ἐπιλελησμένον ἐνώπιον τοῦ θεοῦ. 7 ἀλλὰ καὶ αἱ τρίχες τῆς κεφαλῆς ὑμῶν πᾶσαι ἠρίθμηνται. μὴ φοβεῖσθε· πολλῶν στρουθίων διαφέρετε.

Joh.

Pap. Oxyrhynch. 655 (I a.b; sec. Fitzmyer): [Λέγει Ἰ(ησοῦ)ς· μὴ μεριμνᾶτε ἀ]πὸ πρωὶ ἕ[ως ὀψὲ μήτ]ε ἀφ' ἑσπ[έρας ἕως π]ρωὶ μήτε [τῇ τροφῇ ὑ]μῶν τί φά[γητε μήτε] τῇ στ[ολῇ ὑμῶν] τί ἐνδύ[ση]σθε. [πολ]λῷ κρεί[σσον]ές ἐ[στε] τῶν [κρί]νων ἅτι[να α]ὐξάνει οὐδὲ ν[ήθ]ει μ[ηδ]ὲν ἔχοντ[α ἔ]νδ[υ]μα. τί ἐν[δεῖτε] καὶ ὑμεῖς; τίς ἂν προσθ⟨εί⟩η ἐπὶ τὴν εἱλικίαν ὑμῶν; αὐτὸ[ς δ]ώσει ὑμεῖν τὸ ἔνδυμα ὑμῶν. λέγουσιν αὐτῷ οἱ μαθηταὶ αὐτοῦ· πότε ἡμεῖν ἐμφανὴς ἔσει καὶ πότε σε ὀψόμεθα; λέγει· ὅταν ἐκδύσησθε καὶ μὴ αἰσχύνθητε [καὶ λάβητε τοὺς χιτῶνας ὑμῶν καὶ θῆτε αὐτοὺς ὑπὸ τοὺς πόδας ὑμῶν ὡς τὰ παιδία καὶ πατήσητε αὐτούς, τότε γενήσεσθε υἱοὶ τοῦ ζῶντος καὶ οὐ μὴ φοβηθήσεσθε.] *(cf. Evang. Thomae copt. Append. I, 36-37)*

Pap. Oxyrhynch. 1, nr. 2: *cf. nr. 63 et* **Evang. Thomae copt.** *Append. I, 27*

Justinus Mart., Apol. I, 15,10-12. 14-17: 10 . . . ταῦτα ἔφη· »Παντὶ τῷ αἰτοῦντι δίδοτε καὶ τὸν βουλόμενον δανείσασθαι μὴ ἀποστραφῆτε. Εἰ γὰρ δανείζετε παρ' ὧν ἐλπίζετε λαβεῖν, τί καινὸν ποιεῖτε; τοῦτο καὶ οἱ τελῶναι ποιοῦσιν. 11 Ὑμεῖς δὲ μὴ θησαυρίζητε ἑαυτοῖς ἐπὶ τῆς γῆς, ὅπου σὴς καὶ βρῶσις ἀφανίζει καὶ λησταὶ διορύσσουσι· θησαυρίζετε δὲ ἑαυτοῖς ἐν τοῖς οὐρανοῖς, ὅπου οὔτε σὴς οὔτε βρῶσις ἀφανίζει. 12 Τί γὰρ ὠφελεῖται ἄνθρωπος, ἂν τὸν κόσμον ὅλον κερδήσῃ, τὴν δὲ ψυχὴν αὐτοῦ ἀπολέσῃ; ἢ τί δώσει αὐτῆς ἀντάλλαγμα; θησαυρίζετε οὖν ἐν τοῖς οὐρανοῖς, ὅπου οὔτε σὴς οὔτε βρῶσις ἀφανίζει«. 14 »Μὴ μεριμνᾶτε δὲ τί φάγητε ἢ τί ἐνδύσησθε. Οὐχ ὑμεῖς τῶν πετεινῶν καὶ τῶν θηρίων διαφέρετε; καὶ ὁ θεὸς τρέφει αὐτά. 15 Μὴ οὖν μεριμνήσητε, τί φάγητε ἢ τί ἐνδύσησθε· οἶδε γὰρ ὁ πατὴρ ὑμῶν ὁ οὐράνιος ὅτι τούτων χρείαν ἔχετε. 16 Ζητεῖτε δὲ τὴν βασιλείαν τῶν οὐρανῶν, καὶ ταῦτα πάντα προστεθήσεται ὑμῖν. Ὅπου γὰρ ὁ θησαυρός ἐστιν, ἐκεῖ καὶ ὁ νοῦς τοῦ ἀνθρώπου«. 17 Καί· »Μὴ ποιῆτε ταῦτα πρὸς τὸ θεαθῆναι ὑπὸ τῶν ἀνθρώπων· εἰ δὲ μή γε, μισθὸν οὐκ ἔχετε παρὰ τοῦ πατρὸς ὑμῶν τοῦ ἐν τοῖς οὐρανοῖς«.

Clemens Alex. (Strom. I, 24,158,2): »Αἰτεῖσθε γάρ«, φησί, »τὰ μεγάλα, καὶ τὰ μικρὰ ὑμῖν προστεθήσεται«.

Origenes (de oratione 14,1; 2,2): »Αἰτεῖτε τὰ μεγάλα, καὶ τὰ μικρὰ ὑμῖν προστεθήσεται· καὶ αἰτεῖτε τὰ ἐπουράνια, καὶ τὰ ἐπίγεια ὑμῖν προστεθήσεται«.

Matth.: **30** ⸆εν αγρω W ‖ **32** ⸉ *3 2 1* ℵ Θ φ *al* | ⸆της γης (?) sy^c | ⸀-τει ℜ W *pm* | ⸆ ο θεος ℵ* | □ℵ bo; Cl ‖ **33** ⸉ *6 4 5 1* B | ⸂των ουρανων Cl ¦ †— (B) ℵ (k) l sa bo; Tert Eus ¦ *txt* ℜ W Θ λ φ *pl* lat sy^c.p; Cyr ‖ **34** ⸀τα ε- E K *pm* ¦ το ε- Θ ¦ εαυτῇ 485 ¦ αυτης B* *pc* ¦ *txt* ℵ W *al*

Luk.: **27** °𝔓45 ‖ **28** □Mcion | ⸉ *1 2 6 3-5* 𝔓45 ¦ *3 4 6 1 2 5* ℜ A W Θ φ *pm* | ⸀αμφιεννυσιν ℵ ℜ A W Θ λ φ *pl*; Cl (?) ¦ *txt* 𝔓45.75 (B) D L **070** *pc* ‖ **29** ⸀η 𝔓75 ℜ A D W Θ λ φ *pm* | ⸆(*vs 22*) μηδε τω σωματι ℵ* | ⸂*p)* και τι περιβαλησθε sy^s ¦ και τι περιβ. και μη μετ. sy^c ‖ **30** °Mcion | ⸂της γης sy^c ¦ — W* | ⸀-ζητει 𝔓45 ℜ A Θ λ *pm* | ⸆*p)* απαντων Θ *al* ‖ **31** ⸀του θεου 𝔓45 ℜ A W Θ **070** λ φ *pl* lat sy; Mcion Cl ¦ — 𝔓75 892 | °W | ⸆*p)* παντα ℵ^corr ℜ A D Θ **070** λ φ *al* lat sy^p sa^pt bo; Mcion (?) ¦ *txt* 𝔓45.75 ℌ E W *pm* ‖ **32** ⸆εν αυτω D (e)

---

16 cf Mt 8,26; 14,31; 16,8; 17,20 ‖ *16 sqq cf 2 sqq. 32 sqq. 42 sqq* ‖ *18 sq cf 30 sq* ‖ *20 sq* cf Lc 10,42; Rm 14,17; *cf 37. 43 sq. 46. 47* ‖ 21 cf 1Rg 3,13 sq; Ps 37,4.25; Sap 7,11 ‖ 22 cf Ex 16,19 ‖ *24 sqq cf 4 sqq. 7 sq* ‖ *30 sq cf 18 sq* ‖ *32 sqq cf 2 sqq. 16 sqq* ‖ *34 cf 8 sq* ‖ *37 cf 20 sq* ‖ *38 sq* cf Mt 5,42; Lc 6,30 sqq ‖ *39 sqq* Mt 6,19 sqq; 16,26 ‖ *42 sqq cf 2 sqq. 16 sqq* ‖ *43 sq cf 20 sq* ‖ *44 sq* cf Mt 6,1 ‖ *46 cf 20 sq* ‖ *47 cf 20 sq*

68. Vom Richten

(cf. nr. 81)

Nolite iudicare — **On Judging**

Matth. 7,1-5
13,12

1 Μὴ κρίνετε, ἵνα μὴ κριθῆτε· 2 ἐν ᾧ γὰρ κρίματι κρίνετε κριθήσεσθε,

καὶ ἐν ᾧ μέτρῳ μετρεῖτε ⸀μετρηθήσεται ὑμῖν.

13,12 *(nr. 123, p. 175)*

12 Ὅστις γὰρ ἔχει, δοθήσεται αὐτῷ καὶ περισσευθήσεται· ὅστις δὲ οὐκ ἔχει, καὶ ὃ ἔχει ἀρθήσεται ἀπ᾽ αὐτοῦ.

3 τί δὲ βλέπεις τὸ κάρφος τὸ ἐν τῷ ὀφθαλμῷ τοῦ ἀδελφοῦ σου, τὴν

Mark. 4,24-25
(nr. 125, p. 179)

24 Καὶ ἔλεγεν αὐτοῖς· βλέπετε τί ἀκούετε. ἐν ᾧ μέτρῳ μετρεῖτε μετρηθήσεται ὑμῖν ⸋καὶ προστεθήσεται ὑμῖν⸆⸌.

25 ⸀ὃς γὰρ ⸀ἔχει, δοθήσεται αὐτῷ· καὶ ὃς οὐκ ἔχει, καὶ ὃ ἔχει ἀρθήσεται ἀπ᾽ αὐτοῦ.

Luk. 6,37-42
8,18b

6,37-42 *(nr. 81, p. 107)*

37 °Καὶ μὴ κρίνετε, ⸂καὶ οὐ⸃ μὴ κριθῆτε·

°¹καὶ μὴ ⸀καταδικάζετε, ⸂καὶ οὐ⸃ μὴ ⸀καταδικασθῆτε. ἀπολύετε, καὶ ἀπολυθήσεσθε· 38 δίδοτε, καὶ δοθήσεται ὑμῖν· μέτρον καλὸν ⸂πεπιεσμένον⸆σεσαλευμένον⸃ ⸆ ὑπερεκχυννόμενον δώσουσιν εἰς τὸν κόλπον ὑμῶν·

⸂ᾧ γὰρ μέτρῳ⸃ μετρεῖτε ⸀ἀντιμετρηθήσεται ὑμῖν.

8,18b *(nr. 125, p. 179)*

18 ... ὃς ἂν γὰρ ἔχῃ, δοθήσεται αὐτῷ· καὶ ὃς ἂν μὴ ἔχῃ, καὶ ὃ δοκεῖ ἔχειν ἀρθήσεται ἀπ᾽ αὐτοῦ.

39 ⸀Εἶπεν δὲ °καὶ παραβολὴν αὐτοῖς· ⸀μήτι δύναται τυφλὸς τυφλὸν ⸀¹ὁδηγεῖν; ⸀²οὐχὶ ἀμφότεροι εἰς βόθυνον ⸀³ἐμπεσοῦνται; 40 οὐκ ἔστιν μαθητὴς ὑπὲρ ⸂τὸν διδάσκαλον⸃⸆· κατηρτισμένος δὲ ⸂πᾶς ἔσται⸃ ὡς ὁ διδάσκαλος αὐτοῦ. 41 Τί °δὲ βλέπεις τὸ κάρφος °¹τὸ ἐν τῷ ὀφθαλμῷ τοῦ ἀδελφοῦ σου, τὴν

Joh. [7,53-8,11]
(nr. 242, p. 325)

⟦53 Καὶ ἐπορεύθησαν ἕκαστος εἰς τὸν οἶκον αὐτοῦ, 8 1 Ἰησοῦς δὲ ἐπορεύθη εἰς τὸ ὄρος τῶν ἐλαιῶν. 2 Ὄρθρου δὲ πάλιν παρεγένετο εἰς τὸ ἱερὸν καὶ πᾶς ὁ λαὸς ἤρχετο πρὸς αὐτόν, καὶ καθίσας ἐδίδασκεν αὐτούς. 3 Ἄγουσιν δὲ οἱ γραμματεῖς καὶ οἱ Φαρισαῖοι γυναῖκα ἐπὶ μοιχείᾳ κατειλημμένην καὶ στήσαντες αὐτὴν ἐν μέσῳ 4 λέγουσιν αὐτῷ· διδάσκαλε, αὕτη ἡ γυνὴ κατείληπται ἐπ᾽ αὐτοφώρῳ μοιχευομένη· 5 ἐν δὲ τῷ νόμῳ ἡμῖν Μωϋσῆς ἐνετείλατο τὰς τοιαύτας λιθάζειν. σὺ οὖν τί λέγεις; 6 τοῦτο δὲ ἔλεγον πειράζοντες αὐτόν, ἵνα ἔχωσιν κατηγορεῖν αὐτοῦ. ὁ δὲ Ἰησοῦς κάτω κύψας τῷ δακτύλῳ κατέγραφεν εἰς τὴν γῆν. 7 ὡς δὲ ἐπέμενον ἐρωτῶντες αὐτόν, ἀνέκυψεν καὶ εἶπεν αὐτοῖς· ὁ ἀναμάρτητος ὑμῶν πρῶτος ἐπ᾽ αὐτὴν βαλέτω λίθον. 8 καὶ πάλιν κατακύψας ἔγραφεν εἰς τὴν γῆν. 9 οἱ δὲ ἀκούσαντες ἐξήρχοντο εἷς καθ᾽ εἷς ἀρξάμενοι ἀπὸ τῶν πρεσβυτέρων καὶ κατελείφθη μόνος καὶ ἡ γυνὴ ἐν μέσῳ οὖσα. 10 ἀνακύψας δὲ ὁ Ἰησοῦς εἶπεν αὐτῇ· γύναι, ποῦ εἰσιν; οὐδείς σε κατέκρινεν; 11 ἡ δὲ εἶπεν· οὐδείς, κύριε. εἶπεν δὲ ὁ Ἰησοῦς· οὐδὲ ἐγώ

Matth.: 2 ⸀p) αντι- Θ φ *al* it

Mark.: 24 ⸋p) D W *pc* b e l | ⸆τοις ακουουσιν ℜ A Θ 0107. 0133 λ φ *pm* q sy^p sa bo^pt ¦ credentibus f ¦ *txt* ℌ *pc* || 25 ⸀οστις Θ | ⸀αν εχη ℜ A Θ φ *al*

Luk.: 37 ° D λ *al* latt; Mcion | ⸂p) ινα A D W Ψ *al* it sy^s sa bo^pt; Mcion | °¹ C ℜ A D Θ λ *pm* latt; Mcion | ⸀δικαζετε 𝔓75 B 579 | ⸂ινα D W* it sy^s sa; Mcion | ⸀-σθησεσθε 𝔓45vid ¦ δικασθητε 𝔓75vid B || 38 ⸂2 1 D W λ 157; Or ¦ 1 Ξ sy^p; Mcion ¦ 2 c e r^1 ¦ — sy^s | ⸆και C ℜ A Θ *pm*; Mcion Cl | ⸆και C ℜ A Θ *pm* | ⸂τω αυτω μ. ω 𝔓45 Θ *pc* it; Mcion ¦ τ. γαρ α. μ. ω C ℜ A *pl* | ⸀p) μετρ- B* *pc* b e q || 39 ⸀ελεγεν D | ° 𝔓45 ℜ A λ *pm* | ⸀μη W *al* | ⸀¹οδαγειν D | ⸀²ουκ ℵ | ⸀³πεσ- ℵ C ℜ A *pm* || 40 ⸂του -ου Mcion | ⸆αυτου C ℜ A *pm* | ⸂εστω ℵ *pc* ¦ π. εστω Θ; Or || 41 ° 𝔓75 1424 *pc* | °¹ D W

1sqq cf 38sqq. 48sq. 50. 52 || *2sqq* cf Rm 14,4; 1Cor 4,4; 5,12; Jc 4,11; 5,9; *cf 20sq(Jo)* || *5sq* cf Mt 6,14; Mc 11,25; Is 58,6 || *6sqq cf 48sq* || *9* cf Joel 2,24 || *10* cf Is 65,7; Ps 79,12 || *11sqq cf 49. 50* || *16sqq* cf Mt 25,29; Lc 19,26; Prv 1,5; 9,9; Dn 2,21; *cf 47* || *20sq(Jo) cf 2sqq* || *21sqq cf 46* || *22* cf Mt 15,14; 23,16. 24; Jo 9,40; Rm 2,19 || *24sq* cf Mt 10,24sq; Jo 13,16; 15,20 || *27sqq cf 38sqq. 43sqq*

[Matth. 7,1-5]	Mark.	[Luk. 6,37-42]	[Joh. [7,53-8,11]]
δὲ ἐν τῷ σῷ ὀφθαλμῷ ⸉δοκὸν οὐ κατανοεῖς; 4 ἢ πῶς ⸀ἐρεῖς τῷ ἀδελφῷ σου· ⸆ ἄφες ἐκβάλω τὸ κάρφος ⸁ἐκ τοῦ ὀφθαλμοῦ σου, καὶ ἰδοὺ ἡ δοκὸς ἐν τῷ ὀφθαλμῷ σοῦ⁏; 5 ὑποκριτά, ἔκβαλε πρῶτον ⸉ἐκ τοῦ ὀφθαλμοῦ σοῦ τὴν δοκόν⸊, καὶ τότε διαβλέψεις ἐκβαλεῖν τὸ κάρφος ἐκ τοῦ ὀφθαλμοῦ τοῦ ἀδελφοῦ σου.		δὲ δοκὸν τὴν ἐν τῷ ⸀ἰδίῳ ὀφθαλμῷ οὐ κατανοεῖς; 42 ⸆πῶς δύνασαι λέγειν τῷ ἀδελφῷ σου· °ἀδελφέ, ἄφες ἐκβάλω τὸ κάρφος ⸂τὸ ἐν τῷ ὀφθαλμῷ⸃ σου, ⸄αὐτὸς τὴν ἐν τῷ ὀφθαλμῷ σου δοκὸν οὐ βλέπων⸅; ὑποκριτά, ἔκβαλε πρῶτον °¹τὴν δοκὸν ἐκ τοῦ ὀφθαλμοῦ σου, καὶ τότε διαβλέψεις τὸ κάρφος ⸂τὸ ἐν τῷ ὀφθαλμῷ⸃ τοῦ ἀδελφοῦ σου ⸉ἐκβαλεῖν.	σε κατακρίνω· πορεύου, [καὶ] ἀπὸ τοῦ νῦν μηκέτι ἁμάρτανε.]]

Röm. 2,1–3: Διὸ ἀναπολόγητος εἶ, ὦ ἄνθρωπε πᾶς ὁ κρίνων· ἐν ᾧ γὰρ κρίνεις τὸν ἕτερον, σεαυτὸν κατακρίνεις, τὰ γὰρ αὐτὰ πράσσεις ὁ κρίνων. 2 οἴδαμεν δὲ ὅτι τὸ κρίμα τοῦ θεοῦ ἐστιν κατὰ ἀλήθειαν ἐπὶ τοὺς τὰ τοιαῦτα πράσσοντας. 3 λογίζῃ δὲ τοῦτο, ὦ ἄνθρωπε ὁ κρίνων τοὺς τὰ τοιαῦτα πράσσοντας καὶ ποιῶν αὐτά, ὅτι σὺ ἐκφεύξῃ τὸ κρίμα τοῦ θεοῦ;

Cod. N. T. 1424 (ad Matth. 7,5): Τὸ Ἰουδαϊκὸν ἐνταῦθα οὕτως ἔχει· »ἐὰν ἦτε ἐν τῷ κόλπῳ μου καὶ τὸ θέλημα τοῦ πατρός μου τοῦ ἐν οὐρανοῖς μὴ ποιῆτε, ἐκ τοῦ κόλπου μου ἀπορρίψω ὑμᾶς«.

Pap. Oxyrhynch. 1, nr. 1 (sec. Fitzmyer): [Λέγει Ἰ(ησοῦ)ς· βλέπεις τὸ κάρφος τὸ ἐν τῷ ὀφθαλμῷ τοῦ ἀδελφοῦ σου, τὴν δὲ δοκὸν τὴν ἐν τῷ ἰδίῳ ὀφθαλμῷ οὐ κατανοεῖς· ὑποκριτά, ἔκβαλε τὴν δοκὸν ἐκ τοῦ ὀφθαλμοῦ σου] καὶ τότε διαβλέψεις ἐκβαλεῖν τὸ κάρφος τὸ ἐν τῷ ὀφθαλμῷ τοῦ ἀδελφοῦ σου. *(cf.* Evang. Thomae copt. *Append. I, 26)*

Evang. Thomae copt.: *cf. Append. I, 34*

Evang. Thomae copt.: *cf. Append. I, 41*

1. Clem. ad Cor. 13,2: Οὕτως γὰρ εἶπεν· »Ἐλεᾶτε, ἵνα ἐλεηθῆτε· ἀφίετε, ἵνα ἀφεθῇ ὑμῖν· ὡς ποιεῖτε, οὕτω ποιηθήσεται ὑμῖν· ὡς δίδοτε, οὕτως δοθήσεται ὑμῖν· ὡς κρίνετε, οὕτως κριθήσεσθε· ὡς χρηστεύεσθε, οὕτως χρηστευθήσεται ὑμῖν· ᾧ μέτρῳ μετρεῖτε, ἐν αὐτῷ μετρηθήσεται ὑμῖν«.

Polycarpus ad Phil. 2,3: Μνημονεύοντες δὲ ὧν εἶπεν ὁ κύριος διδάσκων· »Μὴ κρίνετε, ἵνα μὴ κριθῆτε· ἀφίετε, καὶ ἀφεθήσεται ὑμῖν· ἐλεᾶτε, ἵνα ἐλεηθῆτε· ᾧ μέτρῳ μετρεῖτε, ἀντιμετρηθήσεται ὑμῖν«· καὶ ὅτι »μακάριοι οἱ πτωχοὶ καὶ οἱ διωκόμενοι ἕνεκεν δικαιοσύνης, ὅτι αὐτῶν ἐστιν ἡ βασιλεία τοῦ θεοῦ«.

Justinus Mart., Dial. 47,5: Διὸ καὶ ὁ ἡμέτερος κύριος Ἰησοῦς Χριστὸς εἶπεν· »Ἐν οἷς ἂν ὑμᾶς καταλάβω, ἐν τούτοις καὶ κρινῶ«.

Matth.: 3 ⸉*p)* δοκον + την *p.* δε ℵ* *pc* (lat) ‖ 4 ⸀λεγεις ℵ* Θ lat ¦ ⸆*p)* αδελφε ℵ ¦ ⸁απο Ꝁ W Θ *al* ¦ [⁏. T] ‖ 5 ⸉*p)* 5 6 1-4 *rell* ¦ *txt* B ℵ C

Luk.: 41 ⸀*p)* σω D ϕ ‖ 42 ⸆*p)* η C Ꝁ A D W Θ λ ϕ *pl* it (και vg) sy^p sa^pt bo^pt ¦ *txt* B (+ δε ℵ) *pc* e ff² ¦ °*p)* D *pc* it ¦ ⸂ *bis* εκ του οφθαλμου D lat ¦ ⸄*p)* και ιδου η δοκος εν τω σω οφθ. υποκειται D it (⸉ sy^s.p) ¦ °¹C ¦ ⸉*p.* διαβλεψεις ℵ C Ꝁ A D Θ *pm* lat ¦ *p.* καρφος L 1 *pc* ¦ *txt* 𝔓⁷⁵ B W ϕ *pc*

---

34 sqq cf Sir 18,19 sqq ‖ post 37 *cf 41 sq* ‖ 38 sqq *cf 1 sqq. 27 sqq* ‖ 41 sq *add. post 37* ‖ 43 sqq *cf 27 sqq* ‖ 46 *cf 21 sqq* ‖ 47 *cf 16 sqq* ‖ 48 sq *cf 1 sqq. 6 sqq* ‖ 49 *cf 11 sqq* ‖ 50 *cf 1 sqq* ‖ 51 *cf 11 sqq* ¦ cf Mt 5,10 ‖ 52 *cf 1 sqq*

69. Von Entweihung des Heiligen

Margaritae ante porcos — **On Profaning the Holy**

Matth. 7,6	Mark.	Luk.	Joh.
6 Μὴ δῶτε τὸ ἅγιον τοῖς κυσὶν μηδὲ βάλητε τοὺς μαργαρίτας ὑμῶν ἔμπροσθεν τῶν χοίρων, μήποτε ⸀καταπατήσουσιν αὐτοὺς ἐν τοῖς ποσὶν αὐτῶν καὶ στραφέντες ῥήξωσιν ὑμᾶς.			

Evang. sec. Basilidem (Epiphanius, Panarion haer. 24,5,2): Ἀλλά φησιν ὁ ἀγύρτης· »ἡμεῖς, φησίν, ἐσμὲν οἱ ἄνθρωποι, οἱ δὲ ἄλλοι πάντες ὗες καὶ κύνες. καὶ διὰ τοῦτο εἶπεν· μὴ βάλητε τοὺς μαργαρίτας ἔμπροσθεν τῶν χοίρων, μηδὲ δῶτε τὸ ἅγιον τοῖς κυσίν«.

Didache 9,5: Μηδεὶς δὲ φαγέτω μηδὲ πιέτω ἀπὸ τῆς εὐχαριστίας ὑμῶν, ἀλλ᾽ οἱ βαπτισθέντες εἰς ὄνομα κυρίου· καὶ γὰρ περὶ τούτου εἴρηκεν ὁ κύριος· »Μὴ δῶτε τὸ ἅγιον τοῖς κυσί«.

Evang. Thomae copt.: *cf. Append. I, 93*

---

6 ⸀-σωσιν ℵ Ꝁ *pm*; (Cl) ¦ *txt* B C W Θ *al*

---

1 sq cf Mt 15,26; 10,11-14; 2 Pt 2,22; Heb 10,29; Ex 29,33; Lv 2,3; 22,10-16; Nu 18,8 sqq; Prv 9,7; *cf 3 sq. 6. 7* ‖ 3 sq *cf 1 sq* ‖ 6 *cf 1 sq* ‖ 7 *cf 1 sq*

70. Von der Erhörung des Gebets

Petitio efficax — (cf. nr. 187) — God's Answering of Prayer

Matth. 7,7-11

7 Αἰτεῖτε καὶ δοθήσεται ὑμῖν, ζητεῖτε καὶ εὑρήσετε, κρούετε καὶ ἀνοιγήσεται ὑμῖν· 8 πᾶς γὰρ ὁ αἰτῶν λαμβάνει καὶ ὁ ζητῶν εὑρίσκει καὶ τῷ κρούοντι ⸀ἀνοιγήσεται. 9 ἢ τίς °ἐστιν ἐξ ὑμῶν ἄνθρωπος, ὃν ⸀αἰτήσει ὁ υἱὸς αὐτοῦ ἄρτον, μὴ λίθον ἐπιδώσει αὐτῷ; 10 ⸂ἢ καὶ ἰχθὺν αἰτήσει⸃, μὴ ὄφιν ἐπιδώσει αὐτῷ;

11 εἰ οὖν ὑμεῖς πονηροὶ ὄντες οἴδατε ⸂δόματα ἀγαθὰ⸃ διδόναι τοῖς τέκνοις ὑμῶν, πόσῳ μᾶλλον ὁ πατὴρ ὑμῶν ὁ ἐν τοῖς οὐρανοῖς δώσει ἀγαθὰ τοῖς αἰτοῦσιν αὐτόν⁚.

Mark.

Luk. 11,9-13
(nr. 187, p. 269)

9 ⁚Κἀγὼ ὑμῖν λέγω, αἰτεῖτε καὶ δοθήσεται ὑμῖν, ⸋ζητεῖτε καὶ εὑρήσετε,⸌ κρούετε καὶ ⸀ἀνοιγήσεται ὑμῖν· 10 πᾶς γὰρ ὁ αἰτῶν λαμβάνει καὶ ὁ ζητῶν εὑρίσκει καὶ τῷ κρούοντι ⸀ἀνοιγ[ήσ]εται. 11 ⁚⸀τίνα ⸀δὲ ἐξ ὑμῶν ⸂τὸν πατέρα αἰτήσει ὁ υἱὸς⸃ ⸆ ⸀ἰχθύν, ⸀¹καὶ ἀντὶ ἰχθύος ὄφιν ⸄αὐτῷ ἐπιδώσει⸅; 12 ἢ καὶ ⸆ αἰτήσει ⸀ᾠόν, ⸆ ἐπιδώσει αὐτῷ σκορπίον⸃; 13 εἰ οὖν ὑμεῖς πονηροὶ ⸀ὑπάρχοντες οἴδατε δόματα ἀγαθὰ διδόναι τοῖς τέκνοις °ὑμῶν, πόσῳ μᾶλλον ὁ πατὴρ ⸆ °¹ὁ ⸂ἐξ οὐρανοῦ⸃ δώσει ⸀πνεῦμα ἅγιον⸃ τοῖς αἰτοῦσιν αὐτόν.

Joh. 16,24; 14,13-14; 15,7

16,24 (nr. 327, p. 452)

24 Ἕως ἄρτι οὐκ ᾐτήσατε οὐδὲν ἐν τῷ ὀνόματί μου· αἰτεῖτε καὶ λήμψεσθε, ἵνα ἡ χαρὰ ὑμῶν ᾖ πεπληρωμένη.

14,13-14 (nr. 317, p. 444)

13 Καὶ ὅ τι ἂν αἰτήσητε ἐν τῷ ὀνόματί μου, τοῦτο ποιήσω, ἵνα δοξασθῇ ὁ πατὴρ ἐν τῷ υἱῷ. 14 ἐάν τι αἰτήσητέ με ἐν τῷ ὀνόματί μου, ἐγὼ ποιήσω.

15,7 (nr. 320, p. 447)

7 Ἐὰν μείνητε ἐν ἐμοὶ καὶ τὰ ῥήματά μου ἐν ὑμῖν μείνῃ, ὃ ἐὰν θέλητε αἰτήσασθε, καὶ γενήσεται ὑμῖν.

Evang. sec. Hebraeos (Clemens Alex., Strom. II,9,45,5): Ἧι κἂν τῷ καθ' Ἑβραίους εὐαγγελίῳ »ὁ θαυμάσας βασιλεύσει« γέγραπται, »καὶ ὁ βασιλεύσας ἀναπαήσεται«. – (Strom. V,14,96,3): Ἴσον γὰρ τούτοις ἐκεῖνα δύναται· »οὐ παύσεται ὁ ζητῶν, ἕως ἂν εὕρῃ· εὑρὼν δὲ θαμβηθήσεται, θαμβηθεὶς δὲ βασιλεύσει, βασιλεύσας δὲ ἐπαναπαήσεται«.

Pap. Oxyrhynch. 654, nr. 1 (sec. Fitzmyer): [Λέγει Ἰη(σοῦ)ς·] μὴ παυσάσθω ὁ ζη[τῶν τοῦ ζητεῖν ἕως ἂν] εὕρῃ, καὶ ὅταν εὕρῃ, [θαμβηθήσεται καὶ θαμ]βηθεὶς βασιλεύσῃ κα[ὶ βασιλεύσας ἀναπα]ήσεται. *(cf.* Evang. Thomae copt. *Append. I, 2)*

Evang. Thomae copt.: *cf. Append. I, 92.94*

Herm. Pastor, Mand. IX, 4: Σὺ οὖν καθάρισόν σου τὴν καρδίαν ἀπὸ πάντων τῶν ματαιωμάτων τοῦ αἰῶνος τούτου καὶ τῶν προειρημένων σοι ῥημάτων, καὶ αἰτοῦ παρὰ τοῦ κυρίου, καὶ ἀπολήψῃ πάντα, καὶ ἀπὸ πάντων τῶν αἰτημάτων σου ἀνυστέρητος ἔσῃ, ἐὰν ἀδιστάκτως αἰτήσῃ παρὰ τοῦ κυρίου.

–, Sim. VI, 3, 6 b: Τὰ δὲ λοιπὰ δουλεύσουσι τῷ κυρίῳ ἐν καθαρᾷ καρδίᾳ αὐτῶν καὶ εὐοδοῦνται ἐν πάσῃ πράξει αὐτῶν, λαμβάνοντες πάντα παρὰ τοῦ κυρίου ὅσα αἰτοῦνται· καὶ τότε δοξάζουσι τὸν κύριον, ὅτι ἐμοὶ παρεδόθησαν, καὶ οὐκέτι οὐδὲν πάσχουσι τῶν πονηρῶν.

Matth.: 8 ⸀-γεται B ¦ ανοιχθησεται Θ || 9 °B* 565 *al* it | ⸀εαν αιτηση 𝔎 W *pl* lat ¦ *txt* B ℵ* Θ *pc* b || 10 ⸂και εαν ι. αιτηση 𝔎 (-σει W) Θ *al* lat || 11 ⸂*2 1* λ it vgcl; Cl ¦ *2* L vgcodd | [⁚; comm]

Luk.: 9.11 [⁚καγω *et* ⁚Τινα comm] || 9 ⸋ syc | ⸀ανοιχθη- D E W *pm* || 10 ⸀-γεται 𝔓75 B D ¦ -χθησεται A E W *pm* ¦ *txt* 𝔓45vid ℵ C Θ λ ϕ *pm* || 11 ⁚*vide 9* | ⸀τις ℵ D *al* | ⸀γαρ 𝔓45; Epiph | ⸂*3 1 2 4 5* B (*— 1* 𝔓75) ¦ *1 2 4 5 3* D W *al* ¦ *1-3* ℵ *al* vg ¦ *3-5* (sys.c) ¦ *2 3 5* 𝔓45 1 *pc* ¦ *txt* C 𝔎 A R Θ ϕ *al* | ⸆*p)* αρτον, μη λιθον επιδωσει αυτω η και (— και ℌ) ℌ 𝔎 A D R W Θ λ ϕ *pm* lat syc.p bo ¦ *txt* 𝔓45.75 B *al* it sys sa | ⸀¹ † μη ℵ (C) 𝔎 A D W Θ *pl* ¦ μη και Γ *pc* ¦ *txt* 𝔓45.75 B; (Mcion?) | ⸄ 𝔓45 ℵ (C) 𝔎 A R W Θ λ ϕ *pl* || 11.12 ⸀εαν α-σει ωον μη επιδ. α. σκ. ἢ και ιχθ. μη α. ιχθ. οφ. επιδ. α. C || 12 ⸆εαν 𝔓45 𝔎 *al* ¦ αν A W Θ *al* | ⸀αρτον 𝔓45 | ⸆μη *rell* ¦ *txt* 𝔓45.75 B L 892 sa || 13 ⸀*p)* οντες ℵ D *pm*; Mcion | °C | ⸆*p)* υμων 𝔓45 C *al* lat | °¹ 𝔓75 ℵ L 33. 700 *al* | ⸂ουρανιος 𝔓45 579 l ¦ — i | ⸀αγαθον δομα D it ¦ δοματα αγαθα Θ ¦ *p)* αγαθα sys arm ¦ πν. αγαθον 𝔓45 L *pc* aur vg ¦ spiritum bonum datum vgmm ¦ *txt* 𝔓75 ℌ 𝔎 A R W λ ϕ *pm* syc.p sa bo

---

2sqq cf Mt 18,19; Mc 11,24; Mt 21,22; Jo 11,22; 15,16; 16,23.26; 1Jo 3,22; 5,14sqq; Jc 1,5sq; Prv 8,17; *cf 6sqq (Jo). 12sqq (Jo). 16sqq. 19sq. 21. 22sq. 24sq* || *6sqq (Jo)* *cf 2sqq* || *12* cf Jc 1,17 || *12sqq (Jo)* *cf 2sqq* || *16sqq* *cf 2sqq* || *19sq* *cf 2sqq* || *21* *cf 2sqq* || *22sq* *cf 2sqq* || *24sq* *cf 2sqq*

71. Die goldene Regel

Regula aurea — The Golden Rule

Matth. 7,12
22, 35-40

12 Πάντα °οὖν ὅσα ἐὰν θέλητε ἵνα ποιῶσιν ὑμῖν οἱ ἄνθρω-
ποι, οὕτως καὶ ὑμεῖς ποιεῖτε αὐτοῖς· οὗτος γάρ ἐστιν ὁ
νόμος καὶ οἱ προφῆται.

22, 35-40 *(nr. 282, p. 385)*

35 Καὶ ἐπηρώτησεν εἷς ἐξ αὐτῶν [νομικὸς] πειράζων αὐτόν· 36 διδά-
σκαλε, ποία ἐντολὴ μεγάλη ἐν τῷ νόμῳ; 37 ὁ δὲ ἔφη αὐτῷ· ἀγα-
πήσεις κύριον τὸν θεόν σου ἐν ὅλῃ τῇ καρδίᾳ σου καὶ ἐν ὅλῃ τῇ
ψυχῇ σου καὶ ἐν ὅλῃ τῇ διανοίᾳ σου· 38 αὕτη ἐστὶν ἡ μεγάλη καὶ
πρώτη ἐντολή. 39 δευτέρα δὲ ὁμοία αὐτῇ· ἀγαπήσεις τὸν πλησίον σου
ὡς σεαυτόν. 40 ἐν ταύταις ταῖς δυσὶν ἐντολαῖς ὅλος ὁ νόμος κρέ-
μαται καὶ οἱ προφῆται.

Mark.

Luk. 6,31
(nr. 80, p. 104)

31 ⸂Καὶ καθὼς θέλετε ἵνα ποιῶσιν ⸀ὑμῖν οἱ ἄνθρω-
ποι, ⸆ ποιεῖτε αὐτοῖς °ὁμοίως.⸃

Joh.

Acta 15,19–20: 19 Διὸ ἐγὼ κρίνω μὴ παρενοχλεῖν τοῖς ἀπὸ τῶν ἐθνῶν ἐπιστρέφουσιν ἐπὶ τὸν θεόν, 20 ἀλλὰ ἐπιστεῖλαι αὐτοῖς τοῦ ἀπέχεσθαι ⸆ τῶν ἀλισγημάτων τῶν εἰδώλων ⸋καὶ τῆς πορνείας⸌ ⸋¹καὶ °τοῦ πνικτοῦ⸌ καὶ τοῦ αἵματος ⸇.

Acta 15,28–29: 28 Ἔδοξεν γὰρ τῷ πνεύματι τῷ ἁγίῳ καὶ ἡμῖν μηδὲν πλέον ἐπιτίθεσθαι ὑμῖν βάρος πλὴν τούτων τῶν ⸀ἐπάναγκες, 29 ἀπέχεσθαι εἰδωλοθύτων καὶ αἵματος ⸂καὶ πνικτῶν⸃ ⸋καὶ πορνείας⸌⸆.

Acta 21,25: 25 Περὶ δὲ τῶν πεπιστευκότων ἐθνῶν ⸀ἡμεῖς ⸁ἐπεστείλαμεν ⸀¹κρίναντες ⸆ φυλάσσεσθαι αὐτοὺς τό τε εἰδωλόθυτον καὶ αἷμα ⸋καὶ πνικτὸν⸌ καὶ πορνείαν.

1. Clem. ad Cor. 13,2: Οὕτως γὰρ εἶπεν· »Ἐλεᾶτε, ἵνα ἐλεηθῆτε· ἀφίετε, ἵνα ἀφεθῇ ὑμῖν· ὡς ποιεῖτε, οὕτω ποιηθήσεται ὑμῖν· ὡς δίδοτε, οὕτως δοθήσεται ὑμῖν· ὡς κρίνετε, οὕτως κριθήσεσθε· ὡς χρηστεύεσθε, οὕτως χρηστευθήσεται ὑμῖν· ᾧ μέτρῳ μετρεῖτε, ἐν αὐτῷ μετρηθήσεται ὑμῖν«.

Didache 1,2: Ἡ μὲν οὖν ὁδὸς τῆς ζωῆς ἐστιν αὕτη· »πρῶτον ἀγαπήσεις τὸν θεὸν τὸν ποιήσαντά σε, δεύτερον τὸν πλησίον σου ὡς σεαυτόν· πάντα δὲ ὅσα ἐὰν θελήσῃς« μὴ γίνεσθαί σοι, καὶ σὺ ἄλλῳ μὴ ποίει.

Pap. Oxyrhynch. 654, nr. 5: *cf. nr. 60 et* **Evang. Thomae copt.** *Append. I, 6*

Matth.: 12 ° ℵ* L 544 *pc* sy^p bo^pt

Luk.: 31 ⸂και καθως υμιν γινεσθαι θελετε παρα των ανθρωπων, ουτω και υμεις ποιειτε αυτοις Mcion | ⸀υμας A *pc* | ⸆και υμεις ℌ 𝔎 A D Θ 0135 λ φ *pl* sy^p sa ¦ καλα r¹ sy^s ¦ *txt* 𝔓^75vid B 700 it; Ir Cl | ° D e sa; Ir Cl

Acta: 15,20 ⸆απο A C 𝔎 E *pl* ¦ *txt* 𝔓^45 B ℵ D *pc* | ⸋ 𝔓^45 aeth^pt; (Or) | ⸋¹ D gig; Ir Ephr | ° † B A *pc* ¦ *txt* 𝔓^45 ℵ C 𝔎 E *pl* | ⸇ και οσα αν μη θελωσιν (οσα μη θελουσιν D) αυτοις (εαυ- D) γινεσθαι ετεροις μη ποιειν (-ειτε D) D 322.1739 *pc* sa; Ir

15,28 ⸀επ αναγκαις ℵ A C *pc* || 29 ⸂και πνικτου 𝔎 E *pm* gig vg^cl.codd ¦ — D; Ir Tert Cyp Ambst Hier | ⸋ vg^bamb*; Or^pt | ⸆και οσα μη θελετε εαυτοις γινεσθαι, ετερω (ετεροις *al*) μη ποιειτε (ποιειν D *al*) D 614 *al* h p sy^h sa; Ir

21,25 ⸀ουδεν εχουσι λεγειν προς σε· ημεις γαρ D gig sa | ⸁απεστειλαμεν B C D 614 *pc* | ⸀¹κρινοντες D* | ⸆μηδεν τοιουτον (-το C *al*) τηρειν αυτους ει μη (C) 𝔎 D *pm* | ⸋ D gig

---

1sq cf 16. 18sq. 20 et app. crit. *ad 15;* cf Rm 13,8-10 || *2sq* cf Mt 5,17; 11,13; Gl 5,14; Tob 4,15; Sir 31,15; *cf 9sq* || *9sq cf 2sq* || *15* app. crit.: *cf 1sq* || *16 cf 1sq* || *17* cf Mt 7,1 sq. 7 || *18 sq cf 1sq* || *20 cf 1sq*

72. Von den zwei Wegen

Via spatiosa — The Two Ways

Matth. 7, 13-14

13 Εἰσέλθατε διὰ τῆς στε-
νῆς πύλης· ⸀ὅτι πλατεῖα ⸋ἡ πύλη⸌ καὶ εὐρύχωρος ἡ ὁδὸς
ἡ ἀπάγουσα εἰς τὴν ἀπώλειαν καὶ πολλοί °εἰσιν οἱ ⸁εἰσ-
ερχόμενοι δι᾽ αὐτῆς· 14 ⸀τί ⸆ στενὴ ⸋ἡ πύλη⸌ καὶ τεθλιμ-
μένη ἡ ὁδὸς ἡ ἀπάγουσα εἰς τὴν ζωὴν καὶ ὀλίγοι εἰσὶν οἱ
εὑρίσκοντες αὐτήν.

Mark.

Luk. 13, 23-24
(nr. 211, p. 295)

23 ⸂Εἶπεν δέ τις αὐτῷ⸃· κύριε, εἰ ὀλίγοι οἱ σῳζόμενοι; ὁ δὲ
⸄εἶπεν πρὸς αὐτούς⸅· 24 ἀγωνίζεσθε εἰσελθεῖν διὰ τῆς στε-
νῆς ⸀θύρας,
ὅτι πολλοί⸋, λέγω ὑμῖν,⸌ ζητήσουσιν εἰσ-
ελθεῖν
καὶ οὐκ ἰσχύσουσιν⁚.

Joh.

Didache 1,1: Ὁδοὶ δύο εἰσί, μία τῆς ζωῆς καὶ μία τοῦ θανάτου, διαφορὰ δὲ πολλὴ μεταξὺ τῶν δύο ὁδῶν.

Matth.: 13 ⸀και τί 118* ¦ τί it | ⸋ ℵ* it; Cl Or ¦ *txt* ℌℜWΘλϕ*pl* lat sy$^{c.p}$ sa bo | ° ℵ* | ⸁πορευομενοι ℵ^{corr} *pc* || 14 ⸀† οτι B*ℵ* *al* sa bo ¦ και 209 ¦ *txt* CℜWΘϕ*pm* latt sy$^{c.p}$ | ⸆δε B sa^{pt} | ⸋544 *pc* a h k m; Cl

Luk.: 23 ⸂ηλθεν τις και ηρωτησεν αυτον και ειπεν (?) sy$^{s.c}$ | ⸄ε. προς αυτον sy$^{s.c}$ ¦ αποκριθεις ειπ. D || 24 ⸀*p)* πυλης ℜAWϕ*pm* ¦ *txt* (εισελθ. *p.* θυρας 𝔓^{45}) 𝔓^{75} BℵDΘ 1 *al* | ⸋W | [⁚, H]

---

[1] cf Mt 22,14; 9,37; Lc 10,2 || [2sqq] cf Mc 10,25 par *(nr 255)*; Jo 10,1-10; Dt 30,19; Jr 21,8; Ps 1,6; Prv 14,12; Sir 21,10; 4 Esr 7, 6 sqq; 8,3; *cf 8* || [5sq] cf Mt 18,8 sq par *(nr 168)*; Mc 10,25 par; Act 14,22 || [8] *cf 2 sqq*

73. An ihren Früchten sollt ihr sie erkennen

(cf. nr. 82)

Ex fructibus cognoscetis eos — »By their Fruits ...«

Matth. 7, 15-20
12, 33-35; 3, 10

7, 15-20

15 Προσέχετε ⸆ ἀπὸ τῶν ψευδοπροφητῶν, οἵτινες ἔρχονται
πρὸς ὑμᾶς ἐν ⸀ἐνδύμασι προβάτων, ἔσωθεν δέ εἰσιν λύκοι
ἅρπαγες.
16 ἀπὸ τῶν καρπῶν αὐτῶν ἐπιγνώσεσθε
αὐτούς. μήτι συλλέγουσιν ἀπὸ ἀκανθῶν ⸀σταφυλὰς ἢ ἀπὸ
τριβόλων σῦκα; 17 °οὕτως πᾶν δένδρον °¹ἀγαθὸν
καρποὺς ⸉καλοὺς ποιεῖ⸊, τὸ δὲ σαπρὸν δένδρον καρποὺς
πονηροὺς ποιεῖ.

Mark.

Luk. 6, 43-45
3, 9

6, 43-45 *(nr. 82, p. 108)*

43 Οὐ γάρ ἐστιν δένδρον καλὸν ποιοῦν ⸂καρπὸν
⸀σαπρόν⸃, οὐδὲ °πάλιν δένδρον σαπρὸν ποιοῦν ⸄καρπὸν κα-
λόν⸅. 44 ἕκαστον °γὰρ δένδρον ἐκ τοῦ ἰδίου καρποῦ γινώ-
σκεται· οὐ °¹γὰρ ἐξ ἀκανθῶν ⸀συλλέγουσιν σῦκα οὐδὲ ἐκ
⸁βάτου σταφυλὴν τρυγῶσιν.

Joh.

Matth.: 15 ⸆δε CℜWΘ*al* ¦ *txt* Bℵ 0250 *pm* lat sy$^{c.p}$ | [⸀δερμασιν Blass *cj*] || 16 ⸀-ην CℜWΘ*pm* || 17 °sy^{c} | °¹W* | ⸉B

Luk.: 43 ⸂-πους σαπρους D latt | ⸀κακον W | °CℜADΘ*pl* ¦ *txt* 𝔓^{75} BℵLWΞϕ 1 *pc* | ⸄-πους καλους D it (vg) || 44 °D 700 *al* it sy^{s} | °¹ it sy^{s} | ⸀εκλεγονται D e | ⸁βλαστου ℵ*

[1sqq] *cf 30 sq. 32 sq. 36 sqq. 40. 42 sqq* || [1] ψευδοπροφῆται: Mt 24,4 sq. 11. 24; Mc 13,22; Lc 6,26; Act 13,6; 2 Pt 2,1; 1 Jo 4,1; Apc 16,13; 19,20; 20,10 || [2] cf Gn 49,27; Ps 78,52; 80,2; 100,3; Zph 3,3; Ez 22,27; Hab 1,8; Mt 10,16; Jo 10,12; Act 20,29; Rm 16,17; 2 Tm 3,5 || [3sqq (Lc)] *cf 7 sqq* || [5sqq] *cf 18 sq. 34 sqq. 40 sq. 45* || [5] cf Sir 27,6 (7) || [6sq] Gn 3,18; Nu 13,23 etc; Is 5,2.4; Job 31,40; Jc 3,12; Gl 5,19-23 || [7sqq] *cf 3 sqq (Lc)*

[Matth. 7,15-20]

[18]οὐ δύναται δένδρον ἀγαθὸν καρποὺς πονηροὺς ⸀ποιεῖν οὐδὲ δένδρον σαπρὸν καρποὺς καλοὺς ⸁ποιεῖν. [19]πᾶν δένδρον μὴ ποιοῦν καρπὸν καλὸν ἐκκόπτεται καὶ εἰς πῦρ βάλλεται. [20]ἄρα γε ⸀ἀπὸ τῶν καρπῶν αὐτῶν ἐπιγνώσεσθε αὐτούς.

Matth. 12,33-35 (nr. 118, p. 168)

[33]Ἢ ποιήσατε τὸ δένδρον καλὸν καὶ ⸂τὸν καρπὸν αὐτοῦ καλόν, ἢ ποιήσατε τὸ δένδρον σαπρὸν καὶ τὸν καρπὸν αὐτοῦ σαπρόν⸃· ἐκ γὰρ τοῦ καρποῦ τὸ δένδρον γινώσκεται.

[34]⸀γεννήματα ἐχιδνῶν, πῶς δύνασθε ἀγαθὰ λαλεῖν πονηροὶ ὄντες; ἐκ γὰρ τοῦ περισσεύματος τῆς καρδίας τὸ στόμα λαλεῖ⸆. [35]°ὁ ἀγαθὸς ἄνθρωπος ἐκ τοῦ ἀγαθοῦ θησαυροῦ ⸆ ἐκβάλλει ⸇ ἀγαθά, καὶ ὁ πονηρὸς ἄνθρωπος ἐκ τοῦ πονηροῦ θησαυροῦ ⸆ ἐκβάλλει ⸆[1] πονηρά.

3,10 (nr. 14, p. 23)

[10]Ἤδη δὲ ἡ ἀξίνη πρὸς τὴν ῥίζαν τῶν δένδρων κεῖται· πᾶν οὖν δένδρον μὴ ποιοῦν καρπὸν καλὸν ἐκκόπτεται καὶ εἰς πῦρ βάλλεται.

Mark.

[Luk. 6,43-45]

[45]ὁ ἀγαθὸς ἄνθρωπος ἐκ τοῦ ἀγαθοῦ θησαυροῦ τῆς καρδίας ⸆προφέρει °τὸ ἀγαθόν, καὶ ὁ πονηρὸς ⸇ ἐκ τοῦ πονηροῦ ⸆[1] προφέρει °[1]τὸ πονηρόν· ἐκ γὰρ ⸆[2] περισσεύματος ⸆[3] καρδίας ⸉λαλεῖ τὸ στόμα °[2]αὐτοῦ.

3,9 (nr. 14, p. 23)

[9]Ἤδη δὲ καὶ ἡ ἀξίνη πρὸς τὴν ῥίζαν τῶν δένδρων κεῖται· πᾶν οὖν δένδρον μὴ ποιοῦν καρπὸν καλὸν ἐκκόπτεται καὶ εἰς πῦρ βάλλεται.

Joh.

Ignatius ad Phil. 2,1-2: [1]Τέκνα οὖν φωτὸς ἀληθείας, φεύγετε τὸν μερισμὸν καὶ τὰς κακοδιδασκαλίας· ὅπου δὲ ὁ ποιμήν ἐστιν, ἐκεῖ ὡς πρόβατα ἀκολουθεῖτε. [2]πολλοὶ γὰρ λύκοι ἀξιόπιστοι ἡδονῇ κακῇ αἰχμαλωτίζουσιν τοὺς θεοδρόμους· ἀλλ' ἐν τῇ ἑνότητι ὑμῶν οὐχ ἕξουσιν τόπον.

Didache 16,3: Ἐν γὰρ ταῖς ἐσχάταις ἡμέραις πληθυνθήσονται οἱ ψευδοπροφῆται καὶ οἱ φθορεῖς, καὶ στραφήσονται τὰ πρόβατα εἰς λύκους, καὶ ἡ ἀγάπη στραφήσεται εἰς μῖσος.

Herm. Pastor, Sim. IV,4: Τὰ δὲ ἔθνη καὶ οἱ ἁμαρτωλοί, ἃ εἶδες τὰ δένδρα τὰ ξηρά, τοιοῦτοι εὑρεθήσονται ξηροὶ καὶ ἄκαρποι ἐν ἐκείνῳ τῷ αἰῶνι καὶ ὡς ξηρὰ ξύλα κατακαυθήσονται καὶ φανεροὶ ἔσονται, ὅτι ἡ πρᾶξις αὐτῶν πονηρὰ ἐγένετο ἐν τῇ ζωῇ αὐτῶν. οἱ μὲν γὰρ ἁμαρτωλοὶ καήσονται ὅτι ἥμαρτον καὶ οὐ μετενόησαν· τὰ δὲ ἔθνη καήσονται ὅτι οὐκ ἔγνωσαν τὸν κτίσαντα αὐτούς.

–, Mand. VI, 2,4: Ὅρα νῦν καὶ τοῦ ἀγγέλου τῆς πονηρίας τὰ ἔργα. πρῶτον πάντων ὀξύχολός ἐστι, καὶ πικρὸς καὶ ἄφρων, καὶ τὰ ἔργα αὐτοῦ πονηρά, καταστρέφοντα τοὺς δούλους τοῦ θεοῦ· ὅταν οὖν οὗτος ἐπὶ τὴν καρδίαν σου ἀναβῇ, γνῶθι αὐτὸν ἀπὸ τῶν ἔργων αὐτοῦ.

Justinus Mart., Apol. I, 16,12-13: [12]»Τότε κλαυθμὸς ἔσται καὶ βρυγμὸς τῶν ὀδόντων, ὅταν οἱ μὲν δίκαιοι λάμψωσιν ὡς ὁ ἥλιος, οἱ δὲ ἄδικοι πέμψωνται εἰς τὸ αἰώνιον πῦρ. [13]Πολλοὶ γὰρ ἥξουσιν ἐπὶ τῷ ὀνόματί μου, ἔξωθεν μὲν ἐνδεδυμένοι δέρματα προβάτων, ἔσωθεν δὲ ὄντες λύκοι ἅρπαγες· ἐκ τῶν ἔργων αὐτῶν ἐπιγνώσεσθε αὐτούς. Πᾶν δὲ δένδρον, μὴ ποιοῦν καρπὸν καλόν, ἐκκόπτεται καὶ εἰς πῦρ βάλλεται«.

Matth. 7: 18 ⸀† ενεγκειν B; Tert Or ¦ *txt* ℵCℜWΘ **0250** *pl* latt; Cyr (Heg) | ⸁† ενεγκειν ℵ*; Tert Or[pt] ¦ *txt* BCℜWΘ*pl* lat; Or[pt] Cyr (Heg) || **20** ⸀εκ C lat

Matth. 12: 33 [⸂ο καρπος α. καλος ... ο καρπος α. σαπρος Wellhausen *ex Aramaeo vertendum fuisse cj*] || 34 ⸀γεννημα ℵ* | ⸆αγαθα D* || 35 °D* | ⸆*p) bis* της καρδιας αυτου 33*al* sy[s.c] | ⸇τα ℌλ*pm*; Or ¦ *txt* BℜDWΘ*al* | ⸆[1]τα LU 28. 33*al*

Luk.: 45 ⸆αυτου CℜA(⸉D)WΘλϕ*pl* latt sy[s.p] sa bo ¦ *txt* 𝔓[75]Bℵ; Cl | °DW | ⸇*p)* ανθρωπος ℵ[corr]CℜAWΘϕ*pl* | ⸆[1]*p)* θησαυρου sa bo[pt] ¦ θ. της καρδιας αυτου CℜAΘ*pm* sy[s.p] bo[pt] | °[1]W | ⸆[2]του CΘλϕ*al* | ⸆[3]της CℜΘλϕ*pm* | ⸉*p.* αυτου ℵC lat | °[2]C*al* aur r[1] vg sy[s.p]

[10sqq] cf Jo 15,5; 1Jo 3,9 || [12sqq] cf Jo 15,6.8.16; Lc 13,6-9; Tt 3,14; Mt 13,40; *cf 27sqq* || [18sq] *cf 5sq. 40sq* || [20sqq] *cf 36sqq* || [20] cf Mt 3,7; 23,33 || [22sqq] *cf 45* || [27sqq] *cf 12sqq* || [30sq] *cf 1sqq* || [32sq] *cf 1sqq* || [34sqq] *cf 5sqq* || [36sqq] *cf 1sqq. 20sqq* || [40] *cf 1sqq* || [40sq] *cf 5sqq. 18sq. 42sqq*

–, **Dial. 35,3:** Εἶπε γάρ· »Πολλοὶ ἐλεύσονται ἐπὶ τῷ ὀνόματί μου, ἔξωθεν ἐνδεδυμένοι δέρματα προβάτων, ἔσωθεν δέ εἰσι λύκοι ἅρπαγες«. καί· »Ἔσονται σχίσματα καὶ αἱρέσεις«. καί· »Προσέχετε ἀπὸ τῶν ψευδοπροφητῶν, οἵτινες ἐλεύσονται πρὸς ὑμᾶς, ἔξωθεν ἐνδεδυμένοι δέρματα προβάτων, ἔσωθεν δέ εἰσι λύκοι ἅρπαγες.« καί· »Ἀναστήσονται πολλοὶ ψευδόχριστοι καὶ ψευδοαπόστολοι, καὶ πολλοὺς τῶν πιστῶν πλανήσουσιν«.

Evang. Thomae copt.: *cf. Append. I, 45*

42sqq cf 1 sqq. 40 sq || *45 cf 5 sqq. 22 sqq*

74. Vom Herr-Herr-Sagen

Qui dicunt: Domine, Domine

»Saying Lord, Lord«

Matth. 7,21-23

25,10-12; 25,41

[21]Οὐ πᾶς ὁ λέγων μοι· κύριε κύριε, εἰσελεύσεται εἰς τὴν βασιλείαν τῶν οὐρανῶν, ἀλλ᾽ ὁ ποιῶν τὸ θέλημα τοῦ πατρός μου τοῦ ἐν °τοῖς οὐρανοῖς ⊤.

[22]πολλοὶ ἐροῦσίν μοι ἐν ἐκείνῃ τῇ ἡμέρᾳ· κύριε κύριε, ⊤ οὐ τῷ σῷ ὀνόματι ἐπροφητεύσαμεν, καὶ τῷ σῷ ὀνόματι δαιμόνια ⊤ ἐξεβάλομεν, καὶ τῷ σῷ ὀνόματι δυνάμεις πολλὰς ἐποιήσαμεν;

[23]καὶ τότε ὁμολογήσω αὐτοῖς⁚ ὅτι οὐδέποτε ἔγνων ὑμᾶς⁚[1]· ⸀ἀποχωρεῖτε ἀπ᾽ ἐμοῦ ⊤ οἱ ἐργαζόμενοι τὴν ἀνομίαν.

25,10-12 *(nr. 298, p. 412)*

[10]Ἀπερχομένων δὲ αὐτῶν ἀγοράσαι ἦλθεν ὁ νυμφίος, καὶ αἱ ἕτοιμοι εἰσῆλθον μετ᾽ αὐτοῦ εἰς τοὺς γάμους καὶ ἐκλείσθη ἡ θύρα. [11]ὕστερον δὲ ἔρχονται καὶ αἱ λοιπαὶ παρθένοι λέγουσαι· κύριε κύριε, ἄνοιξον ἡμῖν. [12]ὁ δὲ ἀποκριθεὶς εἶπεν· ἀμὴν λέγω ὑμῖν, οὐκ οἶδα ὑμᾶς.

25,41 *(nr. 300, p. 416)*

[41]Τότε ἐρεῖ καὶ τοῖς ἐξ εὐωνύμων· πορεύεσθε ἀπ᾽ ἐμοῦ [οἱ] κατηραμένοι εἰς τὸ πῦρ τὸ αἰώνιον τὸ ἡτοιμασμένον τῷ διαβόλῳ καὶ τοῖς ἀγγέλοις αὐτοῦ.

Mark.

Luk. 6,46; 13,25-27

6,46 *(nr. 83, p. 110)*

[46]⸂Τί δέ με καλεῖτε⸃· κύριε κύριε, καὶ οὐ ποιεῖτε ⸀ἃ λέγω;

13,25-27 *(nr. 211, p. 295)*

[25]Ἀφ᾽ οὗ ἂν ⸂ἐγερθῇ ὁ οἰκοδεσπότης⸃ καὶ ἀποκλείσῃ τὴν θύραν καὶ ἄρξησθε ⸋ἔξω ἑστάναι καὶ⸌ κρούειν ⸋[1]τὴν θύραν⸌[1] λέγοντες· κύριε ⊤, ἄνοιξον ἡμῖν, καὶ ἀποκριθεὶς ἐρεῖ ὑμῖν· οὐκ οἶδα °ὑμᾶς πόθεν ἐστέ⁚. [26]τότε ⸀ἄρξεσθε λέγειν· ⊤ ἐφάγομεν ἐνώπιόν σου καὶ ἐπίομεν καὶ ἐν ταῖς πλατείαις ἡμῶν ⸀ἐδίδαξας· [27]καὶ ἐρεῖ ⸂λέγων ὑμῖν·⸃ ⸀οὐκ οἶδα °[ὑμᾶς] πόθεν ἐστέ⸃· ἀπόστητε ἀπ᾽ ἐμοῦ πάντες ἐργάται ⸀ἀδικίας.

Joh.

Matth.: **21** °𝔎 W *al* | ⊤αυτος εισελευσεται εις την βασιλειαν των ουρανων (C²) W Θ (33 *pc*) lat sy^c; Cyp || **22** ⊤(Lc 13,26) ου τω ονοματι σου εφαγομεν και (+ τω ονοματι σου Or) επιομεν sy^c; Ju Or | ⊤πολλα א* || **23** [⁚ *et* ⁚¹, W] | ⸀ανα- Θ *pc*; Ad | ⊤*p)* παντες L U Θ *al*

Luk. 6: **46** ⸂*1 3 4* 543 *pc* sy^p; Ir ¦ *1-3* λεγετε D *pc*; Cl | ⸀ο 𝔓⁷⁵ B e

Luk. 13: **25** ⸂ο οικ. εισελθη D (⸉ϕ lat) | ⸋א* | ⸋¹ D *pc* it | ⊤*p)* κυριε 𝔎 A D W Θ **070** λ ϕ *pl* it sy^c.p bo^pt ¦ *txt* 𝔓⁷⁵ B א *pc* lat sy^s sa bo^pt | °Mcion | [⁚, W] || **26** ⸀αρξησθε א A D W Θ **070** ϕ *pm* ¦ *txt* 𝔓⁷⁵ B 𝔎 λ *al* | ⊤κυριε D | ⸀επορευθης sy^c || **27** ⸂· λεγω υ., 𝔓⁷⁵* 𝔎 A D W Θ **070** λ ϕ *pl* ¦ υμιν· αμην λεγω υ. sy^s.c ¦ υμ. א lat sy^p sa bo^pt ¦ — bo^pt ¦ *txt* 𝔓⁷⁵ᶜ B *pc* | ⸀ουδεποτε ειδον υμας D e | °† 𝔓⁷⁵ B R **070** *al* it ¦ *txt* א 𝔎 A (D) W Θ λ ϕ *pm* lat sy sa bo; Or | ⸀της α. 𝔎 A W Θ **070** λ ϕ *pm* ¦ ανομιας D; Mcion

1sqq cf Ml 1,6; Mt 12,50; Mc 3,35; Mt 21,29.31; Lc 12,47; Jo 4,34; 7,17; 9,31; 1 Jo 2,17; 3,7; Jc 1,22.25; 2,14; *cf 20 sq. 25 sqq* || *2sq cf 21 sq* || *4sqq (Lc) cf 12 sqq* || *5sqq (Mt) cf 12 sqq. 23 sq. 26 sq. 28 sq* || *5sq (Mt)* cf Is 2,11.17; Zch 14,6 || *6sqq (Mt)* cf Jr 14,14; 27,15 (34,15 LXX); Mc 8,38; Lc 10,20; 1 Cor 13,1 sq; *cf 8 sqq (Lc)* || *8sqq (Lc) cf 6 sqq (Mt)* || *9sqq* cf 2 Tm 2,19; *cf 17 sqq* || *10sq* Ps 6,9; cf Mt 13,41 sq; *cf 21 sq. 27. 29* || *12sqq cf 4 sqq (Lc). 5 sqq (Mt)* || *17sqq cf 9 sqq*

2. Clem. ad Cor. 4,1–2.5: [1]Μὴ μόνον οὖν αὐτὸν καλῶμεν κύριον· οὐ γὰρ τοῦτο σώσει ἡμᾶς. [2]λέγει γάρ· »Οὐ πᾶς ὁ λέγων μοι· Κύριε κύριε, σωθήσεται, ἀλλ' ὁ ποιῶν τὴν δικαιοσύνην«. [5]διὰ τοῦτο, ταῦτα ὑμῶν πρασσόντων, εἶπεν ὁ κύριος· »Ἐὰν ἦτε μετ' ἐμοῦ συνηγμένοι ἐν τῷ κόλπῳ μου καὶ μὴ ποιῆτε τὰς ἐντολάς μου, ἀποβαλῶ ὑμᾶς καὶ ἐρῶ ὑμῖν· Ὑπάγετε ἀπ' ἐμοῦ, οὐκ οἶδα ὑμᾶς, πόθεν ἐστέ, ἐργάται ἀνομίας«.

Herm. Pastor, Sim. IX,12,3: Ὅτι, φησίν, ἐπ' ἐσχάτων τῶν ἡμερῶν τῆς συντελείας φανερὸς ἐγένετο, διὰ τοῦτο καινὴ ἐγένετο ἡ πύλη, ἵνα οἱ μέλλοντες σώζεσθαι δι' αὐτῆς »εἰς τὴν βασιλείαν εἰσέλθωσι τοῦ θεοῦ«.

Justinus Mart., Apol. I,16,9–11: [9]Εἶπε γὰρ οὕτως· »Οὐχὶ πᾶς ὁ λέγων μοι Κύριε κύριε εἰσελεύσεται εἰς τὴν βασιλείαν τῶν οὐρανῶν, ἀλλ' ὁ ποιῶν τὸ θέλημα τοῦ πατρός μου τοῦ ἐν τοῖς οὐρανοῖς. [10]Ὃς γὰρ ἀκούει μου καὶ ποιεῖ ἃ λέγω, ἀκούει τοῦ ἀποστείλαντός με. [11]Πολλοὶ δὲ ἐροῦσί μοι· Κύριε κύριε, οὐ τῷ σῷ ὀνόματι ἐφάγομεν καὶ ἐπίομεν καὶ δυνάμεις ἐποιήσαμεν; καὶ τότε ἐρῶ αὐτοῖς· Ἀποχωρεῖτε ἀπ' ἐμοῦ, ἐργάται τῆς ἀνομίας«.

–, Dial. 76,5: »Πολλοὶ ἐροῦσί μοι τῇ ἡμέρᾳ ἐκείνῃ· Κύριε, κύριε, οὐ τῷ σῷ ὀνόματι ἐφάγομεν καὶ ἐπίομεν καὶ προεφητεύσαμεν καὶ δαιμόνια ἐξεβάλομεν; καὶ ἐρῶ αὐτοῖς· Ἀναχωρεῖτε ἀπ' ἐμοῦ«.

20sq cf 1sqq || 21sq cf 2sq. 10sq || 23sq cf 5sqq(Mt) || 25sqq cf 1sqq || 26sq cf 5sqq(Mt) || 27 cf 10sq || 28sq cf 5sqq(Mt). 10sq

75. Vom Haus auf dem Felsen

Sapiens super petram aedificat *(cf. nr. 83)* **The House Built upon the Rock**

Matth. 7,24-27	Mark.	Luk. 6,47-49 (nr. 83, p. 110)	Joh.
24 Πᾶς οὖν ὅστις ἀκούει μου τοὺς λόγους		47 Πᾶς ὁ ἐρχόμενος πρός με καὶ ἀκούων μου ⸂τῶν λόγων⸃	
°τούτους καὶ ποιεῖ αὐτούς,		καὶ ποιῶν αὐτούς, ὑποδείξω ὑμῖν τίνι ἐστὶν ὅμοιος·	
⸀ὁμοιωθήσεται ἀνδρὶ φρονίμῳ, ὅστις ᾠκοδόμησεν αὐτοῦ		48 ⸋ὅμοιός ἐστιν⸌ ἀνθρώπῳ οἰκοδομοῦντι	
τὴν οἰκίαν ἐπὶ		οἰκίαν ὃς ἔσκαψεν καὶ ἐβάθυνεν καὶ ἔθηκεν θεμέλιον ἐπὶ	
τὴν πέτραν· 25 καὶ κατέβη ἡ βροχὴ καὶ ἦλθον οἱ ποταμοὶ		τὴν πέτραν· πλημμύρης δὲ γενομένης	
καὶ ἔπνευσαν οἱ ἄνεμοι καὶ ⸀προσέπεσαν τῇ οἰκίᾳ ἐκείνῃ,		προσέρηξεν ὁ ποταμὸς τῇ οἰκίᾳ ἐκείνῃ,	
καὶ οὐκ ἔπεσεν, τεθεμελίωτο γὰρ ἐπὶ τὴν		καὶ οὐκ ἴσχυσεν σαλεῦσαι αὐτὴν ⸂διὰ τὸ καλῶς οἰκοδομῆ-	
πέτραν. 26 καὶ πᾶς ⸂ὁ ἀκούων⸃ μου τοὺς λόγους τούτους		σθαι αὐτήν⸃. 49 ὁ δὲ ἀκούσας	
καὶ μὴ ⸀ποιῶν αὐτοὺς ὁμοιωθήσεται ἀνδρὶ μωρῷ, ὅστις		καὶ μὴ ποιήσας ὅμοιός ἐστιν ἀνθρώπῳ	
ᾠκοδόμησεν ⸉αὐτοῦ τὴν οἰκίαν ἐπὶ τὴν ἄμμον· 27 καὶ κατ-		⸀οἰκοδομήσαντι⸆ οἰκίαν ἐπὶ τὴν γῆν χωρὶς θεμελίου,	
έβη ἡ βροχὴ καὶ ἦλθον οἱ ποταμοὶ καὶ ⸋ἔπνευσαν οἱ ἄνε-		⸁ᾗ ⸀1προσέρηξεν⸇ ὁ ποταμός,	
μοι καὶ⸌ ⸀προσέκοψαν τῇ οἰκίᾳ ἐκείνῃ, καὶ ἔπεσεν		καὶ ⸀2εὐθὺς ⸀3συνέπεσεν	
καὶ ἦν ἡ πτῶσις αὐτῆς μεγάλη⸆.		καὶ ἐγένετο τὸ ῥῆγμα τῆς οἰκίας ἐκείνης μέγα.	

Ignatius ad Polyc. 1,1: Ἀποδεχόμενός σου τὴν ἐν θεῷ γνώμην, ἡδρασμένην ὡς ἐπὶ πέτραν ἀκίνητον, ὑπερδοξάζω, καταξιωθεὶς τοῦ προσώπου σου τοῦ ἀμώμου, οὗ ὀναίμην ἐν θεῷ.

Pap. Oxyrhynch. 1, nr. 7: *cf. ad nr. 53 et* **Evang. Thomae copt.** *Append. I, 32*

Matth.: 24 ° B* *pc* a g1 k | ⸀ομοιωσω αυτον C𝔎W *al* syc || 25 ⸀προσεκρουσαν W ¦ *p)* προσερρηξαν Θ ¦ [-παισαν Lachmann *cj*] || 26 ⸂οστις ακουει *et* ⸀ποιει Θ *pc* | ⸉ *p.* οικιαν C𝔎 *pm* || 27 ⸋ ℵ* | ⸀*p)* προσερρηξαν CΘλ *al* ¦ προσεκρουσαν φ *pc* | ⸆σφοδρα Θ 33 *al*

Luk.: 47 ⸂τους -ους CΨ *a* || 48 ⸋ sys | ⸂*p)* τεθεμελιωτο γαρ επι την πετραν C𝔎ΑDΘλφ *pl* lat syp ¦ — 𝔓45vid 700* sys ¦ *txt* 𝔓75vid ℌW sa bo || 49 ⸀-μουντι CWφ *al* | ⸆την 𝔓75 UΘ 118.209 *pc* | ⸁και W ¦ — D it | ⸀1συνερ- D | ⸇αυτη W | ⸀2ευθεως 𝔎ΑWΘλφ *pm* ¦ *p)* — D a c | ⸀3επεσεν C𝔎ΑW *al*

1sqq cf Ez 13,10-15; *cf 16* || 1sq(Mt) cf Mt 7,21; Lc 8,21; Rm 2,13; Jc 1,25 || 1sq(Lc) cf Lc 12,5; Act 20,35 || 4sq *cf 14sq* || 5sqq cf Ps 32,6; Job 1,19; Is 28,16; Sir 22,16 || 8sq cf Jc 1,22 || 11sqq cf Sap 4,4; Is 28,17; Sir 22,21(18) || 14sq *cf 4sq* || 16 *cf 1sqq*

76. Abschluß

Effectus sermonis — **The Effect of the Sermon**

Matth. 7,28-29	Mark. 1,21-22 (nr. 35, p. 53)	Luk. 7,1; 4,32	Joh. 7,46 (nr. 241, p. 324)
28 Καὶ ἐγένετο ὅτε ⸀ἐτέλεσεν ὁ Ἰησοῦς τοὺς λόγους τούτους,	21 Καὶ ▫εἰσπορεύονται εἰς ⸀Καφαρναούμ· καὶ ⸂εὐθὺς⸃ τοῖς σάββασιν ⸂εἰσελθὼν εἰς τὴν συναγωγὴν ἐδίδασκεν⸆⸃.	7,1 (nr. 85, p. 113) 1 Ἐπειδὴ ἐπλήρωσεν πάντα τὰ ῥήματα αὐτοῦ εἰς τὰς ἀκοὰς τοῦ λαοῦ, εἰσῆλθεν εἰς Καφαρναούμ.	
ἐξεπλήσσοντο ⸉⸂οἱ ὄχλοι⸃ ἐπὶ τῇ διδαχῇ αὐτοῦ⸊· 29 ἦν γὰρ διδάσκων αὐτοὺς ὡς ἐξουσίαν ἔχων καὶ οὐχ ὡς οἱ γραμματεῖς °αὐτῶν⸆.	22 καὶ ἐξεπλήσσοντο ἐπὶ τῇ διδαχῇ αὐτοῦ· ἦν γὰρ διδάσκων αὐτοὺς ὡς ἐξουσίαν ἔχων °καὶ οὐχ ὡς οἱ γραμματεῖς⸆.	4,32 (nr. 35, p. 53) 32 Καὶ ἐξεπλήσσοντο ἐπὶ τῇ διδαχῇ αὐτοῦ, ὅτι ἐν ἐξουσίᾳ ἦν ὁ λόγος αὐτοῦ.	46 Ἀπεκρίθησαν οἱ ὑπηρέται· οὐδέποτε ἐλάλησεν οὕτως ἄνθρωπος.
(nr. 84 8,1-4 p. 112)			

Matth.: 28 ⸀συνετ- ℜΘ *pm* | ⸉ *3-6 1 2* ℵ* | ⸂παντες 998; Eus ¦ π. οι ο. ΔΘλ; Or ‖ 29 ° C* ℜ *al* | ⸆ και οι Φαρισαιοι C* W 33 *pc* lat sy^c.p

Mark.: 21 ▫ sy^s | ⸀Καπερν- C ℜ A 074.0135 λ *al* | ⸂ευθεως B C ℜ A W Θ φ *pl*; Or^pt ¦ *txt* ℵ L λ *al* | ⸂ *5 2-4* 𝔖 φ 565 *pc* ¦ *2-5* (Δ) sy^s ¦ *txt* B ℜ A D W Θ 074.0135 λ *pl* | ⸆ αυτους D Θ *pc* lat ‖ 22 ° D* Θ it | ⸆ *p)* αυτων C *al* sy^s.p

---

1sq (Mt) cf Mt 11,1; 13,53; 19,1; 26,1 ‖ *5sq* cf Mc 6,2; 7,37; 10,26; 11,18; Mt 13,54; 22,33; 19,25; Lc 9,43; Act 13,12 ‖ *7sq* cf Mc 1,27

VII. DIE FELDREDE (nach Lukas)

SERMO DOMINI (secundum Lucam) THE SERMON ON THE PLAIN (According to Luke)

77. Einleitung

Occasio sermonis — *(cf. nr. 50)* — Occasion of the Sermon

Matth. 4,24-5,2
14,36

4,24 - 5,2 *(nr. 50, p. 73)*

24 ⸋Καὶ ⸀ἀπῆλθεν ἡ ἀκοὴ αὐτοῦ εἰς ⸀ὅλην
τὴν ⸀1Συρίαν·⸌ καὶ προσήνεγκαν αὐτῷ
⸀2πάντας τοὺς κακῶς ἔχοντας ποικίλαις
νόσοις καὶ βασάνοις συνεχομένους °[καὶ]
⸋1δαιμονιζομένους καὶ σεληνιαζομένους
καὶ παραλυτικούς⸌, ⸂καὶ ἐθεράπευσεν αὐ-
τούς⸃. 25 καὶ ἠκολούθησαν αὐτῷ ὄχλοι
πολλοὶ ἀπὸ τῆς Γαλιλαίας
καὶ Δεκαπόλεως καὶ
Ἱεροσολύμων καὶ Ἰουδαίας
καὶ πέραν τοῦ Ἰορδάνου.

Mark. 3,7-13a
6,56

3,7-13a *(nr. 48.49, p. 68.70)*

7 Καὶ ὁ Ἰησοῦς μετὰ τῶν μαθητῶν
αὐτοῦ ἀνεχώρησεν ⸀πρὸς τὴν θάλασσαν,
καὶ ⸂πολὺ
πλῆθος⸃ ἀπὸ τῆς Γαλιλαίας ⸄⸉⸀[ἠκολού-
θησεν]⸆, καὶ ἀπὸ τῆς Ἰουδαίας⸊⸅ 8 καὶ ἀπὸ
Ἱεροσολύμων ⸋καὶ ⸆ἀπὸ τῆς Ἰδουμαίας⸌
καὶ ⸇ πέραν τοῦ Ἰορδάνου καὶ ⸆1 περὶ
Τύρον καὶ Σιδῶνα ⸋1πλῆθος πολὺ⸌⸌
⸀ἀκούοντες ὅσα ⸀ἐποίει ἦλθον πρὸς αὐ-
τόν. 9 καὶ εἶπεν τοῖς μαθηταῖς
αὐτοῦ ἵνα ⸀πλοιάριον προσκαρτερῇ αὐτῷ
διὰ τὸν ὄχλον ἵνα μὴ θλίβωσιν αὐτόν⸆·
10 πολλοὺς γὰρ ἐθεράπευσεν, ὥστε ἐπι-
πίπτειν αὐτῷ ἵνα αὐτοῦ ἅψωνται ⸆ ὅσοι
εἶχον ⸀μάστιγας. 11 καὶ °τὰ πνεύματα °τὰ

Luk. 6,17-20a

(nr. 49 6,12-16 p. 70)

17 Καὶ καταβὰς μετ᾽ αὐτῶν ἔστη
ἐπὶ τόπου πεδινοῦ, καὶ ὄχλος °πολὺς
μαθητῶν αὐτοῦ, καὶ πλῆθος πολὺ ⸋τοῦ
λαοῦ⸌
ἀπὸ °1πάσης τῆς Ἰουδαίας καὶ
⸂Ἰερουσαλὴμ
⸆ καὶ τῆς παραλίου⸇
⸇Τύρου καὶ Σιδῶνος, 18 οἳ ἦλθον⸃
ἀκοῦσαι αὐτοῦ καὶ ἰαθῆναι ἀπὸ ⸆ τῶν
νόσων αὐτῶν·
καὶ οἱ ἐνοχλούμενοι ἀπὸ πνευμάτων ἀ-
καθάρτων ἐθεραπεύοντο⸇, 19 καὶ πᾶς ὁ
ὄχλος ⸂ἐζήτουν ἅπτεσθαι⸃ αὐτοῦ, ὅτι δύνα-
μις παρ᾽ αὐτοῦ ἐξήρχετο καὶ ἰᾶτο πάντας.

Joh.

Matth.: 24 ⸋ sy^s | ⸀εξηλθ- ℵCλ *al* | ⸀πασαν ℵ *pc* | ⸀1συνοριαν Γ | ⸀2πολλους sy^s | ° † BC* *pc* ¦ *txt* ℵ𝔎DW *pm* latt | ⸋1 sy^s | ⸂κ. παντας εθερ. D it sy^s.c ¦ — k

Mark.: 7 ⸀εις D *al* | ⸂πολυς οχλος D lat (sy^s) | ⸉ *2-5 1* ℵC(2 4 5 D) *pc et* ⸀-σαν ℵC𝔎 *al* | ⸆αυτω 𝔎Aλ *pm* sa || 7.8 ⸄και της Ιουδ. και απο Ιεροσ. και περαν του Ιορδ. και περι Τυρον και Σιδ. ηκολουθουν αυτω W || 8 ⸋ *p)* ℵ*Θλ *pc* c sy^s | ⸆πολυ πληθος sa | ⸇οι D | ⸆1οι 𝔎ADΘ 0135 λφ *pl* | ⸋1 W a b c sa | ⸀-σαντες C𝔎ADΘ 0133.0135 *pm* | ⸀ † ποιει BL 892 ¦ *txt* ℌ𝔎ADWΘ 0133.0135 λφ *pl* || 9 ⸀-ρια B | ⸆πολλοι D it || 10 ⸆και A *pc* | ⸀ασθενειας Θ || 11 ° *bis* DΘφ *pc*

Luk.: 17 ° 𝔎ADΘφ *pm* latt sy^s bo | ⸋ ℵ*λ l | °1 sa | ⸆και (+ της W) Περαιας ℵ*W ¦ et trans fretum it | [⁝, comm] | ⸇και lat sy^s sa^pt bo^pt || 17.18 ⸂αλλων πολεων εληλυθοτων D (c e) || 18 ⸆πασων sy^s | ⸇απαντες 69 l || 19 ⸂εζητει απτεσθαι 𝔎AΘλφ *pm* ¦ εζη-τει αψασθαι D lat ¦ *txt* 𝔓75 Bℵ LTW *pc*

1sqq cf ad 12sqq || *5sq (Mt)* cf Mt 8,28; 17,15; 8,6; 9,2 etc || *5sq (Lc)* cf *26* || *6 (Mt)* cf *18* || *9 (Mt)* cf Mc 5,20; 7,31 || *10* Ἱεροσόλυμα: Mc, Mt (exc. 23,37), Jo; Ἰερουσαλήμ: Paulus (exc. Gl 1,17sq; 2,1), Heb, Apc; Lc Ἱεροσ./Ἰερουσ. || *12sqq* cf Mt 8,16; Mc 1,32sqq; Lc 4,40; cf *1sqq* || *15sq* cf Mc 4,1 par *(nr 122)*; Jo 6,22 || *18* cf *6 (Mt)* || *18sqq* cf *30sqq* || *20 (Mc)* cf Mc 5,29.34; Lc 7,21

[Matth. 4,24 - 5,2]	[Mark. 3,7-13a]	**[Luk. 6,17-20a]**	Joh.
	ἀκάθαρτα, ⸋ὅταν αὐτὸν ἐθεώρουν,⸌ προσέπιπτον αὐτῷ καὶ ἔκραζον ⸀λέγοντες °ὅτι σὺ εἶ ⸆ ὁ υἱὸς τοῦ θεοῦ. [12] καὶ °πολλὰ ἐπετίμα αὐτοῖς ἵνα μὴ αὐτὸν φανερὸν ⸀ποιήσωσιν⸆.		
5 [1] Ἰδὼν δὲ τοὺς ὄχλους ἀνέβη εἰς τὸ ὄρος, καὶ καθίσαντος αὐτοῦ προσῆλθαν °αὐτῷ οἱ μαθηταὶ αὐτοῦ· [2] ⸂καὶ ἀνοίξας τὸ στόμα αὐτοῦ ἐδίδασκεν αὐτοὺς λέγων⸃·	[13] Καὶ ⸀ἀναβαίνει εἰς τὸ ὄρος ...	[20] Καὶ °αὐτὸς ἐπάρας τοὺς ὀφθαλμοὺς αὐτοῦ εἰς τοὺς μαθητὰς °[1]αὐτοῦ ἔλεγεν·	
14,36 (nr. 148, p. 211) [36] Καὶ παρεκάλουν αὐτὸν ἵνα μόνον ἅψωνται τοῦ κρασπέδου τοῦ ἱματίου αὐτοῦ· καὶ ὅσοι ἥψαντο διεσώθησαν.	*6,56 (nr. 148, p. 211)* [56] Καὶ ὅπου ἂν εἰσεπορεύετο εἰς κώμας ἢ εἰς πόλεις ἢ εἰς ἀγρούς, ἐν ταῖς ἀγοραῖς ἐτίθεσαν τοὺς ἀσθενοῦντας καὶ παρεκάλουν αὐτὸν ἵνα κἂν τοῦ κρασπέδου τοῦ ἱματίου αὐτοῦ ἅψωνται· καὶ ὅσοι ἂν ἥψαντο αὐτοῦ ἐσῴζοντο.		

Matth.: 1 °B *pc* ‖ 2 ⸂και ηρξατο λεγειν αυτοις sy[s]

Mark.: 11 ⸋sy[s] ¦ ⸀† -ντα BCℜAΘλφ *pm* ¦ *txt* ℵDW *pc* ¦ °DW lat ¦ ⸆(cf. Mt 16,16) ο Χριστος C *al* ‖ 12 °W it ¦ ⸀ποιωσιν DLWφ *al* ¦ ⸆(Lc 4,41) οτι ηδεισαν τον Χριστον αυτον ειναι C *pc* ‖ 13 ⸀αναβας W lat

Luk.: 20 °D e ¦ °[1] D *pc* ff[2]

22sqq cf Mc 1,34; Lc 4,41 ‖ *26* cf Lc 6,12; Mt 15,29; 24,3; cf *5 sq (Lc)* ‖ *27sq* cf Mt 10,1 ¦ Act 8,35; 10,34; Dn 10,16; Job 3,1 etc ‖ *28 (Lc)* cf Mc 6,41 par; 7,34 par; Jo 6,5; 11,41; 17,1 ‖ *30sqq* cf *18sqq*

78. Die Seligpreisungen

Beatitudines *(cf. nr. 51)* **The Beatitudes**

Matth. 5,3-12 *(nr. 51, p. 75)*	Mark.	**Luk. 6,20b-23** *6,24-26 (nr. 79, p. 104)*	Joh.
[3] Μακάριοι οἱ πτωχοὶ τῷ πνεύματι, ὅτι αὐτῶν ἐστιν ἡ βασιλεία τῶν οὐρανῶν. [4] ⸉μακάριοι οἱ πενθοῦντες⸆, ὅτι αὐτοὶ παρακληθήσονται.		[20b] Μακάριοι⁚ οἱ πτωχοί⸆, ὅτι ⸀ὑμετέρα ἐστὶν ἡ βασιλεία τοῦ θεοῦ. [[24] Πλὴν οὐαὶ ὑμῖν τοῖς πλουσίοις, ὅτι ἀπέχετε τὴν παράκλησιν ὑμῶν.]	

Matth.: 4.5 ⸉*vs* 5.4 D 33 *pc* lat sy[c] bo[pt]; Cl ¦ *txt* BℵCℜWΘλφ *pl* b f q sy[s.p] sa bo[pt] ‖ 4 ⸆(Lc 6,21) νυν ℵ[corr] *pc* aur sa[pt] bo

Luk.: 20 [⁚, W] ¦ ⸆*p)* τω πνευματι ℵ[2]Θλφ *al* it bo[pt] ¦ ⸀*p)* αυτων W ff[2] sy[s]; Mcion

1sq cf *33* ‖ *1* cf Is 61,1; 57,15; Ps 33,19 LXX; Sir 25,9-12; 1Cor 1,27sq; Jc 2,5 ¦ πτωχοί: Mt 11,5 = Lc 7,22 *(nr 106)*; Mt 19,21 = Mc 10,21 = Lc 18,22 *(nr 254)*; Mt 26,11 = Mc 14,7 *(nr 306)*; Mc 12,43 = Lc 21,3 *(nr 286)*; Mt 26,9 = Mc 14,5 *(nr 306)*; Lc 4,18; 14,13.21; 16,20.22; 19,8; Jo 12,5sq; 13,29 ¦ μακάριος ... cf Mt 13,16; Lc 10,23; Mt 16,17; Lc 1,45; Mt 24,46; Lc 12,37sq.43; Lc 14,14sq; Mt 11,6 = Lc 7,23 *(nr 106)*; Lc 11,28; Jo 20,29; 13,17; Lc 11,27; 23,29; 1Pt 3,14; *cf 31sq* ‖ *2* cf Ps 9,13.19; 35,10; Is 49,13; Mt 19,14 = Mc 10,14 = Lc 18,16 *(nr 253)* ¦ βασιλεία τῶν οὐρανῶν: Mt (exc 6,33 app; 12,28; 19,24; 21,31.43); βασιλεία τοῦ θεοῦ: Mc, Lc, Paulus; β. τῶν οὐρανῶν = β. τοῦ θεοῦ? cf Mt 4,17 = Mc 1,15 *(nr 32)*; Mt 10,7 = Lc 9,2 *(nr 99)*; Mt 11,11 = Lc 7,28 *(nr 107)*; Mt 13,11 = Mc 4,11 = Lc 8,10 *(nr 123)*; Mt 19,14 = Mc 10,14 = Lc 18,16 *(nr 253)* etc ‖ *3sq* cf Is 61,2sq; Ps 126,5sq; Apc 7,16; Lc 16,25; 2,25; cf *11sq*

[Matth. 5, 3-12]	Mark.	**[Luk. 6, 20b-23]**	Joh.
[5]μακάριοι οἱ πραεῖς, ὅτι αὐτοὶ κληρονομήσουσιν τὴν γῆν.⸃			
[6]□μακάριοι οἱ πεινῶντες καὶ διψῶντες τὴν δικαιοσύνην, ὅτι αὐτοὶ χορτασθήσονται.\		[21]μακάριοι⁚ οἱ πεινῶντες °νῦν, ὅτι ⸀χορτασθήσεσθε. [[25]οὐαὶ ὑμῖν, οἱ ἐμπεπλησμένοι νῦν, ὅτι πεινάσετε.] □μακάριοι⁚ οἱ κλαίοντες °νῦν, ὅτι ⸀γελάσετε.\ [[25b]οὐαί, οἱ γελῶντες νῦν, ὅτι πενθήσετε καὶ κλαύσετε]	
[7]μακάριοι οἱ ἐλεήμονες, ὅτι αὐτοὶ ἐλεηθήσονται. [8]μακάριοι οἱ καθαροὶ τῇ καρδίᾳ, ὅτι αὐτοὶ τὸν θεὸν ὄψονται. [9]μακάριοι οἱ εἰρηνοποιοί, ὅτι °αὐτοὶ υἱοὶ θεοῦ κληθήσονται. [10]μακάριοι οἱ δεδιωγμένοι ἕνεκεν ⸆ δικαιοσύνης, ὅτι αὐτῶν ⸀ἐστιν ἡ βασιλεία τῶν οὐρανῶν.			
[11]μακάριοί ἐστε ὅταν ⸆ ⸉ὀνειδίσωσιν ὑμᾶς καὶ ⸀διώξωσιν⸊ καὶ εἴπωσιν ⸉[1]°πᾶν πονηρὸν ⸆ καθ' ὑμῶν⸊ °[1][ψευδόμενοι] ἕνεκεν ⸀ἐμοῦ.		[22]μακάριοί ⸀ἐστε ὅταν μισήσωσιν ὑμᾶς ⸆ οἱ ἄνθρωποι □καὶ °ὅταν ἀφορίσωσιν °[1]ὑμᾶς\ καὶ ⸉ὀνειδίσωσιν καὶ ἐκβάλωσιν⸊ τὸ ὄνομα ὑμῶν ὡς πονηρὸν ἕνεκα τοῦ υἱοῦ τοῦ ἀνθρώπου·	
[12]χαίρετε καὶ ἀγαλλιᾶσθε ⸆, ὅτι ὁ μισθὸς ὑμῶν πολὺς ἐν ⸂τοῖς οὐρανοῖς⸃· οὕτως γὰρ ἐδίωξαν τοὺς προφήτας □τοὺς πρὸ ὑμῶν\ ⸆.		[23]□χάρητε ἐν ἐκείνῃ τῇ ⸀ἡμέρᾳ καὶ σκιρτήσατε, ⸂ἰδοὺ γὰρ⸃ ὁ μισθὸς ὑμῶν πολὺς ἐν ⸂τῷ οὐρανῷ⸃·\ κατὰ ⸂[1]τὰ αὐτὰ⸃ °γὰρ ἐποίουν τοῖς προφήταις οἱ πατέρες αὐτῶν. [[26]οὐαὶ ὅταν ὑμᾶς καλῶς εἴπωσιν πάντες οἱ ἄνθρωποι· κατὰ τὰ αὐτὰ γὰρ ἐποίουν τοῖς ψευδοπροφήταις οἱ πατέρες αὐτῶν.]	

1. Petr. 4, 14: Εἰ ὀνειδίζεσθε ἐν ὀνόματι Χριστοῦ, μακάριοι, ὅτι τὸ τῆς δόξης καὶ τὸ τοῦ θεοῦ πνεῦμα ἐφ' ὑμᾶς ἀναπαύεται.

Polycarpus ad Phil. 2, 3: Μνημονεύοντες δὲ ὧν εἶπεν ὁ κύριος διδάσκων· »Μὴ κρίνετε, ἵνα μὴ κριθῆτε· ἀφίετε, καὶ ἀφεθήσεται ὑμῖν· ἐλεᾶτε, ἵνα ἐλεηθῆτε· ᾧ μέτρῳ μετρεῖτε, ἀντιμετρηθήσεται ὑμῖν« καὶ ὅτι »μακάριοι οἱ πτωχοὶ καὶ οἱ διωκόμενοι ἕνεκεν δικαιοσύνης, ὅτι αὐτῶν ἐστιν ἡ βασιλεία τοῦ θεοῦ«.

Evang. Thomae copt.: *cf. Append. I, 54*

Evang. Thomae copt: *cf. Append. I, 68. 69*

Matth.: 6 [□*vs* Wellhausen *cj*] || 9 °ℵ C D ϕ *pc* it sy^p ¦ *txt* B 𝔎 W Θ λ *pl* f k vg sy^s.c sa bo; Cl || 10 ⸆της C | ⸀εσται D || 11 ⸆οι ανθρωποι 0133 sy^s.c | ⸉*4 2 3 1* D sy^c bo | ⸀-ξουσιν ℵ (D) W Θ *pc* | ⸉[1]*3 4 1 2* D h k sy | °sy^s | ⸆ρημα C 𝔎 W Θ 0133. 0196 λ ϕ *pl* sy^p sa^pt; Or Greg^nyss ¦ *txt* B ℵ (D) lat sy^s.c sa^pt bo; Tert | °[1]D it sy^s; Tert | ⸀(*vs* 10) δικαιοσυνης D it ¦ (Lc 21, 12) του ονοματος μου sy^s.c || 12 ⸆*p)* εν εκεινη τη ημερα sy^s.c | ⸂τω -νω D *pc* it | □sy^s | ⸆υπαρχοντας D (*ex lat?*) ¦ *p)* οι πατερες υμων b c (k) sy^c (— υμων sy^s)

Luk.: 21 [⁚*bis*, W] | °*bis* Mcion Or Eus | ⸀*p)* -σονται ℵ*.2 69 it sy^s sa^pt; Mcion | □D | ⸀-σουσιν W e sy^s sa^pt; Mcion Or Eus^pt || 22 ⸀εσεσθε Θ lat; Mcion | ⸆παντες sa | □Mcion | °W | °[1]𝔓^75vid D | ⸉*3 2 1* D it || 23 □Mcion | ⸀ωρα 579 a sy^s | ⸂*p)* οτι D | ⸂τοις -οις B e f | ⸂[1]ταυτα ℵ 𝔎 A Θ 0135 λ ϕ *pl* lat; Mcion ¦ *txt* 𝔓^75 B D Q W Ξ 0147 *pc* | °Mcion

---

[5sq] cf Ps 37, 11; Mt 11, 29 || [6] cf Rm 4, 13; Gn 15, 7; Dt 4, 38 || [7sq] *cf 34* || [7] cf Ps 107, 9; Am 8, 11; Sir 24, 28 sq (21 sq); Is 55, 1; Jr 31, 25 (38, 25 LXX); Bar 2, 18 || [8] cf Prv 21, 20 || [11sq] *cf 3 sq* || [13sq] cf Jc 2, 13; Mt 18, 33; *cf 31 sq* || [15] cf Ps 24, 4; 51, 12; 73, 1; Eph 6, 5; Kol 3, 22 || [16] cf 1 Jo 3, 2 sq; Apc 22, 4 || [17] cf Heb 12, 14; Jc 3, 18; Ps 34, 15; Mt 5, 23 sq; Mc 9, 50 || [18] cf Dt 14, 1; Hos 2, 1; Ps Sal 17, 27; Mt 5, 19. 45; Mc 11, 17; Lc 20, 36 || [19sqq] *cf 34* || [19sq] cf Jc 1, 2; 1 Pt 3, 14; *cf 30. 32* || [21sqq] cf Mt 10, 22; Is 51, 7; Jo 16, 2; Act 5, 41; Jc 2, 7; 1 Pt 3, 14; *cf 30* || [24sq] cf Rm 5, 3; Jc 1, 2; 1 Pt 1, 6; 4, 13; Apc 22, 12 || [25sq] cf Gn 15, 1; Heb 11, 33 sqq; Mt 23, 30; Jc 5, 10 sq || [30] *cf 19 sq. 21 sqq* || [31sq] *cf 13 sq* | *cf 1 sq. 19 sq* || [33] *cf 1 sq* || [34] *cf 7 sq. 19 sqq*

79. Die Weherufe

Quattuor Vae **The Woes**

Matth.	Mark.	**Luk. 6,24-26**	Joh.

6,20b-23 *(nr. 78, p. 102)*

[24]°Πλὴν οὐαὶ °¹ὑμῖν τοῖς πλουσίοις, ὅτι ἀπέχετε τὴν παράκλησιν ὑμῶν.

[[20b]Μακάριοι οἱ πτωχοί, ὅτι ὑμετέρα ἐστὶν ἡ βασιλεία τοῦ θεοῦ.]

[25]οὐαὶ ὑμῖν, οἱ ἐμπεπλησμένοι °νῦν, ὅτι πεινάσετε.

[[21a]Μακάριοι οἱ πεινῶντες νῦν, ὅτι χορτασθήσεσθε.]

⸀οὐαί⸆, οἱ γελῶντες νῦν, ὅτι ⸂πενθήσετε καὶ κλαύσετε⸃.

[[21b]μακάριοι οἱ κλαίοντες νῦν, ὅτι γελάσετε.]

[26]οὐαὶ ⸆ ὅταν ⸉ὑμᾶς καλῶς εἴπωσιν⸊ ⸉πάντες °οἱ ἄνθρωποι· κατὰ ⸂τὰ αὐτὰ⸃ °¹γὰρ ἐποίουν ⸇ τοῖς ψευδο-
προφήταις ⸋οἱ πατέρες αὐτῶν⸌.

[[22]Μακάριοί ἐστε ὅταν μισήσωσιν ὑμᾶς οἱ ἄνθρωποι καὶ ὅταν ἀφορίσωσιν ὑμᾶς καὶ ὀνειδίσωσιν καὶ ἐκβάλωσιν τὸ ὄνομα ὑμῶν ὡς πονηρὸν ἕνεκα τοῦ υἱοῦ τοῦ ἀνθρώπου· [23]χάρητε ἐν ἐκείνῃ τῇ ἡμέρᾳ καὶ σκιρτήσατε, ἰδοὺ γὰρ ὁ μισθὸς ὑμῶν πολὺς ἐν τῷ οὐρανῷ· κατὰ τὰ αὐτὰ γὰρ ἐποίουν τοῖς προφήταις οἱ πατέρες αὐτῶν.]

---

24 ° Mcion Ir | °¹ Mcion || **25** °ℵ A D **0135** *al* lat; Mcion Ir[lat] | ⸀et Ir[lat] | ⸆υμιν 𝔓75 ℵ A D **0135** *al* lat | ⸂plorabitis Ir[lat] || **26** ⸆υμιν D W* *al* b r[1] | ⸉ † *213* ℵ(D) W Θ **0135** λ *pm* ¦ *231* 𝔊 A *al* lat ¦ *txt* 𝔓75 B e q; Mcion | ⸉ *p.* ανθρ. ℵ ¦ — ℵ D *al* sy[s.p]; Mcion | ° W | ⸂ταυτα ℵ* ℵ A Θ **0135** λ φ *pl*; Mcion | °¹ D lat; Mcion | ⸇ και Mcion Ir | ⸋ 𝔓75vid B 700* sy[s] sa

---

[1]Οὐαὶ ὑμῖν (σοι) cf Mt 11,21 = Lc 10,13; Mt 23,13 = Lc 11,52; Mt 23,[14] sqq; Mt 23,23 = Lc 11,42; Mt 23,25 = Lc 11,39 sqq; Mt 23,29 = Lc 11,47; Lc 11,43.46; Mt 23,27; Mt 18,7 = Lc 17,1; Mt 26,24 = Mc 14,21 = Lc 22,22 *(nr 310)*; Mt 24,19 = Mc 13,17 = Lc 21,23 *(nr 290)* | cf Mt 6,2.5.16 | cf Jc 5,1; Lc 12,33 sq; 16,25 || [3]cf Is 5,22; 65,13 sq || [5]cf Is 65,13 sq; Jc 4,9 || [7sq]cf Mch 2,11; Jc 4,4

80. Liebet eure Feinde

Dilectio inimicorum **On Love of One's Enemies**

Matth. 5,38-48	Mark.	**Luk. 6,27-36**	Joh.
7,12		14,12-14	

Matth.

5,38-48 *(nr. 58.59, p. 82.83)*

cf. v. 43 sq

[38]Ἠκούσατε ὅτι ἐρρέθη· ὀφθαλμὸν ἀντὶ
ὀφθαλμοῦ °καὶ ὀδόντα ἀντὶ ὀδόντος. [39]ἐγὼ δὲ λέ-
γω ὑμῖν μὴ ἀντιστῆναι τῷ πονηρῷ· ἀλλ' ὅστις σε ⸀ῥαπίζει
⸀εἰς τὴν °δεξιὰν σιαγόνα °¹[σου], στρέψον αὐτῷ καὶ τὴν
ἄλλην· [40]καὶ ⸂τῷ θέλοντί⸃ σοι κριθῆναι καὶ τὸν χιτῶνά σου
λαβεῖν, ἄφες ⸀αὐτῷ καὶ τὸ ἱμάτιον⸆· [41]καὶ ὅστις σε ⸀ἀγγα-

Luk.

[27]Ἀλλὰ ὑμῖν λέγω τοῖς ἀκούουσιν⸆· ἀγαπᾶτε τοὺς ἐχθροὺς
ὑμῶν, ⸂⸇καλῶς ποιεῖτε τοῖς μισοῦσιν ὑμᾶς, [28]εὐλογεῖτε τοὺς
καταρωμένους ὑμᾶς,⸃ ⸆προσεύχεσθε ⸀περὶ τῶν ἐπηρεαζόν-
των ὑμᾶς.

[29]⸂τῷ τύπτοντί σε
⸀ἐπὶ⸃ τὴν ⸆ σιαγόνα ⸁πάρεχε ⸇ καὶ τὴν
ἄλλην, ⸂καὶ ἀπὸ τοῦ αἴροντός σου τὸ ἱμάτιον
καὶ τὸν χιτῶνα ⸆¹μὴ κωλύσῃς⸃.

Matth.: 38 °D *pc* it || 39 ⸀-σει ℵ D Θ *pl*; Eus | ⸀*p)* επι ℵ[corr] ℵ D Θ *pm* | °*p)* D k sy[s.c] | °¹ ℵ W 33 *pm* a f h; Or Ad Epiph ¦ *txt* B D (⸉*a.* σιαγ. ℵ Θ *al*) || **40** ⸂ο -ων D | ⸀τουτω ℵ* *pc* | ⸆σου ℵ 33 *al* || **41** ⸀εαν -ση ℵ 33 *pc*

Luk.: 27 ⸆μου W | ⸇ και W || **27.28** ⸂και ευλογειτε τους μισουντας και Mcion || **28** ⸆και W *pc*; Cl | ⸀υπερ ℵ A D Θ **0135** λ φ *pl* latt; Cl Or ¦ *txt* 𝔓75 B ℵ L W Ξ *pc* || **29** ⸂εαν τις σε ραπιση εις Mcion | ⸀*p)* εις ℵ* D W Θ *pc*; Cl Or ¦ *txt* 𝔓75 B ℵ A **0135.0155** λ φ *pl* | ⸆*p)* δεξιαν ℵ* E *al* bo[pt] | ⸁παραθες Mcion | ⸇*p)* αυτω D φ *al* it; Mcion | ⸂και εαν τις σου αρη τον χιτωνα, προσθες αυτω και το ιματιον Mcion | ⸆¹σου A *pc*

[1sqq]Rm 12,14.20; 1Cor 4,12; 1Pt 2,23; 3,16; cf 27 sqq || [3sq]cf 17 sq. 42. 54 sq. 57 sq. 71 || [4sq]Ex 21,24 sq; Lv 24,20; Dt 19,21 || [6sqq]cf Rm 12,19.21; 1Pt 3,9; Is 50,6; Thr 3,30; Prv 20,22; 24,29; cf 44 sqq. 59 sqq. 74 sqq || [8(Mt)]cf 1Cor 6,1; Rm 3,4

[Matth. 5,38-48] | Mark. | **[Luk. 6,27-36]** | Joh.

Matth.:

ῥεύσει μίλιον ἕν, ὕπαγε μετ' αὐτοῦ ⸆ δύο. 42 τῷ αἰτοῦντί σε ⸀δός, καὶ ⸂τὸν θέλοντα ἀπὸ σοῦ δανίσασθαι⸃ μὴ ἀποστραφῇς.

7,12 *(nr. 71, p. 95)*
12 Πάντα οὖν ὅσα ἐὰν θέλητε ἵνα ποιῶσιν ὑμῖν οἱ ἄνθρωποι, οὕτως καὶ ὑμεῖς ποιεῖτε αὐτοῖς· οὗτος γάρ ἐστιν ὁ νόμος καὶ οἱ προφῆται.

43 Ἠκούσατε ὅτι ἐρρέθη· ἀγαπήσεις τὸν πλησίον σου καὶ μισήσεις τὸν ἐχθρόν σου. 44 ἐγὼ δὲ λέγω ὑμῖν· ἀγαπᾶτε τοὺς ἐχθροὺς ὑμῶν ⸆ °καὶ προσεύχεσθε ὑπὲρ °¹τῶν ⸆ διωκόντων ὑμᾶς, 45 ὅπως ⸆ γένησθε υἱοὶ τοῦ πατρὸς ὑμῶν τοῦ ἐν ⸆ οὐρανοῖς, ⸀ὅτι τὸν ἥλιον αὐτοῦ ἀνατέλλει ἐπὶ ⸄πονηροὺς καὶ ἀγαθοὺς⸅ καὶ βρέχει ἐπὶ δικαίους καὶ ἀδίκους. 46 ἐὰν γὰρ ἀγαπήσητε τοὺς ἀγαπῶντας ὑμᾶς, τίνα μισθὸν ἔχετε; °οὐχὶ καὶ οἱ τελῶναι ⸂τὸ αὐτὸ⸃ ποιοῦσιν; 47 ⸋καὶ ἐὰν ἀσπάσησθε τοὺς ⸀ἀδελφοὺς ὑμῶν μόνον, τί περισσὸν ποιεῖτε; οὐχὶ καὶ οἱ ⸀ἐθνικοὶ ⸂τὸ αὐτὸ⸃ ποιοῦσιν;⸌

cf. v. 44

cf. v. 45

48 ἔσεσθε οὖν ὑμεῖς τέλειοι ⸀ὡς ὁ πατὴρ ὑμῶν ὁ ⸀οὐράνιος τέλειός ἐστιν.

Luk.:

30 παντὶ ⸆ αἰτοῦντί σε δίδου, καὶ ἀπὸ τοῦ αἴροντος τὰ σὰ μὴ ἀπαίτει.

31 ⸂Καὶ καθὼς θέλετε ἵνα ποιῶσιν ⸀ὑμῖν οἱ ἄνθρωποι ⸆ ποιεῖτε αὐτοῖς °ὁμοίως⸃.

cf. v. 27. 35

32 καὶ εἰ ἀγαπᾶτε τοὺς ἀγαπῶντας ὑμᾶς, ποία ὑμῖν χάρις ἐστίν; ⸋καὶ γὰρ οἱ ἁμαρτωλοὶ ⸆ τοὺς ἀγαπῶντας αὐτοὺς ἀγαπῶσιν.⸌ 33 καὶ °[γὰρ] ἐὰν ἀγαθοποιῆτε τοὺς ἀγαθοποιοῦντας ὑμᾶς, ποία ὑμῖν χάρις ἐστίν; καὶ ⸆ οἱ ἁμαρτωλοὶ ⸂τὸ αὐτὸ⸃ ποιοῦσιν. 34 καὶ ἐὰν δανίσητε παρ' ὧν ἐλπίζετε ⸀λαβεῖν, ποία ⸄ὑμῖν χάρις °[ἐστίν]; καὶ ⸆ ἁμαρτωλοὶ ἁμαρτωλοῖς δανίζουσιν ἵνα ⸀ἀπολάβωσιν ⸋τὰ ⸀¹ἴσα⸌. 35 πλὴν ἀγαπᾶτε τοὺς ἐχθροὺς ὑμῶν καὶ ἀγαθοποιεῖτε ⸆ καὶ δανίζετε ⸀μηδὲν ἀπελπίζοντες· καὶ ἔσται ὁ μισθὸς ὑμῶν πολύς⸆, καὶ ἔσεσθε υἱοὶ ⸀ὑψίστου, ὅτι ⸄αὐτὸς χρηστός⸅ ἐστιν ἐπὶ τοὺς ἀχαρίστους καὶ πονηρούς. 36 Γίνεσθε ⸆ οἰκτίρμονες καθὼς °[καὶ] ὁ πατὴρ ὑμῶν ⸆ οἰκτίρμων ἐστίν.

Matth.: 41 ⸆ετι αλλα D lat sy$^{s.c}$; Ir ¦ *txt* B א ℜ W Θ λ φ *pm* sy^{p} sa bo ‖ 42 ⸀διδου ℜ Θ *pm* | ⸂τω θελοντι δαν. D *(ex lat?)* ‖ 44 ⸆*p)* ευλογειτε τους καταρωμενους υμας (υμιν D* *pc*), καλως ποιειτε τοις μισουσιν (τους -ουντας *al*) υμας ℜ D W Θ φ *pl* sy^{p}; Eus ¦ ευλ. τ. κατ. υμας bo^{pt} ¦ καλως ποιειτε τ. μισ. υμας lat ¦ *txt* B א λ k sy$^{s.c}$ sa bo^{pt}; Or | °W | °¹W | ⸆*p)* επηρεαζοντων υμας (— D it) και ℜ (D) W Θ φ *pl* sy^{p} (lat; Cl) ¦ *txt* B א λ k sy$^{s.c}$ sa bo ‖ 45 ⸆αν Θ *pc* | ⸆τοις Θ *pm*; Cl | ⸀οστις 1573 *pc* sy; Eus ¦ ος lat; Ju Ir Cl^{hom} Hipp | ⸄lat sy sa; Or ‖ 46 °א* sy$^{s.c}$ bo | ⸂ουτως D 33 *pc* h k sy$^{s.c}$ bo ‖ 47 ⸋*vs* k sy^{s} | ⸀φιλους ℜ W Θ *pl* | ⸀(*vs* 46) τελωναι ℜ W Θ *al* sy^{p} | ⸂ουτως ℜ Θ *al* h sy^{c} (*sed* — ουχι bo) ‖ 48 ⸀ωσπερ ℜ D W Θ *pm* | ⸀εν τοις ουρανοις (D*) Θ *pm*

Luk.: 30 ⸆τω L R λ *al*; Cl ¦ δε τω ℜ A D Θ **0135** φ *pm* lat$_{t}$ ¦ *txt* 𝔓^{75vid} B א W 700 *pc* ‖ 31 ⸂και καθως υμιν γινεσθαι θελετε παρα των ανθρωπων, ουτω και υμεις ποιειτε αυτοις Mcion | ⸀υμας A *pc* | ⸆και υμεις ℌ ℜ A D Θ **0135** λ φ *pl* sy^{p} sa ¦ καλα r^{1} sy^{s} ¦ *txt* 𝔓^{75vid} B 700 it; Ir Cl | °D e sa; Ir Cl ‖ 32 ⸋sy^{s} | ⸆τουτο ποιουσιν D ‖ 33 °*rell* ¦ *txt* 𝔓^{75} B א* | ⸆γαρ ℜ A D Θ **0135** λ φ *pl* lat ¦ *txt* 𝔓^{75vid} B א W *pc* r^{1} | ⸂τουτο D lat ‖ 34 ⸀απολ- ℜ A D Θ **0135.0147** λ φ *pl* | ⸄*p.* εστιν W lat ¦ *p.* χαρις D | °𝔓$^{45.75}$ B 700 e | ⸆γαρ ℜ A D Θ **0135** λ φ *pm* lat | ⸀-λαμβανωσιν W | ⸋D it sy^{s} | ⸀¹διπλα sa ‖ 35 ⸆αυτοις sy$^{s.p}$ bo | ⸀μηδενα א W *pc* sy$^{s.p}$ ¦ *txt* B ℜ A D Θ λ φ *pl* lat sa bo | ⸆εν ουρανω a l ¦ εν τοις ουρανοις א^{corr} A *pc* aur c r^{1} sy^{s} | ⸀θεου Mcion | ⸄𝔓^{45vid} ‖ 36 ⸆*p)* ουν ℜ A Θ φ *pm* | °† B א W λ *pc* c d ¦ *txt* ℜ A D Θ φ *pm* lat; Cyr | ⸆*p)* ο ουρανιος א^{corr} φ *pc*; Cyr ¦ εν τοις ουρανοις bo^{pt}; Or (Cl^{hom})

10sqq cf 43 ‖ *10sq* cf Ex 22,25; Lv 25,37; Dt 15,7; 23,20; *cf 40sq. 47sq* ‖ *13sq* cf Rm 13,8-10; *cf 56sq; cf et app. crit. ad* Act 15,20.29 *(nr 71)* ‖ *15sqq* Lv 19,18; cf Mt 19,19; 22,39 par *(nr 282)*; Lv 19,34; Ex 23,4sq; Prv 25,21sq; Ex 34,12; Dt 7,2; 23,7(6); 2Sm 19,7; Prv 26,24sq; Rm 13,9; Gl 5,14; Jc 2,8; *cf 27sqq. 56sq* ‖ *17sq* cf *3sq. 42. 54sq. 57sq. 64sq. 71* ‖ *19sq cf 72sq* ‖ *21sqq* cf 1Tm 5,8; 1Pt 2,19sq; Lc 14,12sqq; *cf 49sq. 58sq; 63sqq* ‖ *23sqq cf 33sqq* ‖ *24sq (Mt)* cf Mt 6,7; 18,17; 3Jo 7 ‖ *25sqq* cf Lv 25,35sq; *cf 43* ‖ *27sqq cf 1sqq. 15sqq* ‖ *29sq* cf Lc 20,36; Mt 5,9 ‖ *30* ὕψιστος: Lc 1,32.35.76; Act 7,48 ‖ *31sq (Mt)* cf Dt 18,13; Lv 19,2; Gn 6,9; Job 1,1; Sir 44,17; Sap 9,6; Mt 19,21; Jc 1,4; 1Pt 1,16; 1Cor 14,20; Kol 4,12 etc; *cf 60sq* ‖ *31sq (Lc)* cf Lc 12,30.32; 11,2.13; Jc 5,11; *cf 69sq. 71sq*

Matth.	Mark.	Luk.	Joh.
		14,12-14 *(nr. 215, p. 300)* [12] Ἔλεγεν δὲ καὶ τῷ κεκληκότι αὐτόν· ὅταν ποιῇς ἄριστον ἢ δεῖπνον, μὴ φώνει τοὺς φίλους σου μηδὲ τοὺς ἀδελφούς σου μηδὲ τοὺς συγγενεῖς σου μηδὲ γείτονας πλουσίους, μήποτε καὶ αὐτοὶ ἀντικαλέσωσίν σε καὶ γένηται ἀνταπόδομά σοι. [13] ἀλλ᾽ ὅταν δοχὴν ποιῇς, κάλει πτωχούς, ἀναπείρους, χωλούς, τυφλούς· [14] καὶ μακάριος ἔσῃ, ὅτι οὐκ ἔχουσιν ἀνταποδοῦναί σοι, ἀνταποδοθήσεται γάρ σοι ἐν τῇ ἀναστάσει τῶν δικαίων.	

Acta 20,35: Πάντα ὑπέδειξα ὑμῖν ὅτι οὕτως κοπιῶντας δεῖ ἀντιλαμβάνεσθαι τῶν ἀσθενούντων, μνημονεύειν τε τῶν λόγων τοῦ κυρίου Ἰησοῦ ὅτι αὐτὸς εἶπεν· μακάριόν ἐστιν μᾶλλον διδόναι ἢ λαμβάνειν.

Pap. Oxyrhynch. 1224 (fol. 2 r., col. 1): κ]αὶ π[ρ]οσεύχεσθε ὑπὲρ [τῶν ἐχθ]ρῶν ὑμῶν.

Evang. Thomae copt: *cf. Append. I, 95*

1. Clem. ad Cor. 2,1: Πάντες τε ἐταπεινοφρονεῖτε μηδὲν ἀλαζονευόμενοι, ὑποτασσόμενοι μᾶλλον ἢ ὑποτάσσοντες, ἥδιον διδόντες ἢ λαμβάνοντες. τοῖς ἐφοδίοις τοῦ Χριστοῦ ἀρκούμενοι καὶ προσέχοντες, τοὺς λόγους αὐτοῦ ἐπιμελῶς ἐνεστερνισμένοι ἦτε τοῖς σπλάγχνοις, καὶ τὰ παθήματα αὐτοῦ ἦν πρὸ ὀφθαλμῶν ὑμῶν.

– 13,2: Οὕτως γὰρ εἶπεν· »Ἐλεᾶτε, ἵνα ἐλεηθῆτε· ἀφίετε, ἵνα ἀφεθῇ ὑμῖν· ὡς ποιεῖτε, οὕτω ποιηθήσεται ὑμῖν· ὡς δίδοτε, οὕτως δοθήσεται ὑμῖν· ὡς κρίνετε, οὕτως κριθήσεσθε· ὡς χρηστεύεσθε, οὕτως χρηστευθήσεται ὑμῖν· ᾧ μέτρῳ μετρεῖτε, ἐν αὐτῷ μετρηθήσεται ὑμῖν«.

2. Clem. ad Cor. 13,4: Ὅταν γὰρ ἀκούσωσιν παρ᾽ ἡμῶν, ὅτι λέγει ὁ θεός· »Οὐ χάρις ὑμῖν, εἰ ἀγαπᾶτε τοὺς ἀγαπῶντας ὑμᾶς, ἀλλὰ χάρις ὑμῖν, εἰ ἀγαπᾶτε τοὺς ἐχθροὺς καὶ τοὺς μισοῦντας ὑμᾶς«· ταῦτα ὅταν ἀκούσωσι, θαυμάζουσι τὴν ὑπερβολὴν τῆς ἀγαθότητος· ὅταν δὲ ἴδωσιν, ὅτι οὐ μόνον τοὺς μισοῦντας οὐκ ἀγαπῶμεν, ἀλλ᾽ ὅτι οὐδὲ τοὺς ἀγαπῶντας, καταγελῶσιν ἡμῶν, καὶ βλασφημεῖται τὸ ὄνομα.

Ignatius ad Polyc. 2,1: Καλοὺς μαθητὰς ἐὰν φιλῇς, χάρις σοι οὐκ ἔστιν· μᾶλλον τοὺς λοιμοτέρους ἐν πραότητι ὑπότασσε. οὐ πᾶν τραῦμα τῇ αὐτῇ ἐμπλάστρῳ θεραπεύεται. τοὺς παροξυσμοὺς ἐμβροχαῖς παῦε.

Polycarpus ad Phil. 12,3: Pro omnibus sanctis orate. Orate etiam pro regibus et potestatibus et principibus atque »pro persequentibus et odientibus vos« et pro inimicis crucis, »ut fructus vester manifestus sit in omnibus«, ut sitis in illo perfecti.

Didache 1,2–5: [2] Ἡ μὲν οὖν ὁδὸς τῆς ζωῆς ἐστιν αὕτη· »πρῶτον ἀγαπήσεις τὸν θεὸν τὸν ποιήσαντά σε· δεύτερον τὸν πλησίον σου ὡς σεαυτόν· πάντα δὲ ὅσα ἐὰν θελήσῃς« μὴ γίνεσθαί σοι, καὶ σὺ ἄλλῳ μὴ ποίει. [3] Τούτων δὲ τῶν λόγων ἡ διδαχή ἐστιν αὕτη· »εὐλογεῖτε τοὺς καταρωμένους ὑμῖν καὶ προσεύχεσθε ὑπὲρ τῶν ἐχθρῶν ὑμῶν,« νηστεύετε δὲ »ὑπὲρ τῶν διωκόντων ὑμᾶς· ποία γὰρ χάρις, ἐὰν ἀγαπᾶτε τοὺς ἀγαπῶντας ὑμᾶς; οὐχὶ καὶ τὰ ἔθνη τοῦτο ποιοῦσιν;« ὑμεῖς δὲ »φιλεῖτε τοὺς μισοῦντας ὑμᾶς«, καὶ οὐχ ἕξετε ἐχθρόν. [4] »ἀπέχου τῶν σαρκικῶν [καὶ σωματικῶν] ἐπιθυμιῶν«. ἐάν τίς σοι δῷ ῥάπισμα »εἰς τὴν δεξιὰν σιαγόνα, στρέψον αὐτῷ καὶ τὴν ἄλλην«, καὶ »ἔσῃ τέλειος«· ἐὰν »ἀγγαρεύσῃ σέ τις μίλιον ἕν, ὕπαγε μετ᾽ αὐτοῦ δύο«· ἐὰν ἄρῃ τις »τὸ ἱμάτιόν σου, δὸς αὐτῷ καὶ τὸν χιτῶνα«· ἐὰν λάβῃ τις ἀπὸ σοῦ »τὸ σόν, μὴ ἀπαίτει«· οὐδὲ γὰρ δύνασαι. [5] »παντὶ τῷ αἰτοῦντί σε δίδου καὶ μὴ ἀπαίτει«· πᾶσι γὰρ θέλει δίδοσθαι ὁ πατὴρ ἐκ τῶν ἰδίων χαρισμάτων.

Justinus Mart., Apol. I,15,9–13: Περὶ δὲ τοῦ στέργειν ἅπαντας ταῦτα ἐδίδαξεν· »Εἰ ἀγαπᾶτε τοὺς ἀγαπῶντας ὑμᾶς, τί καινὸν ποιεῖτε; καὶ γὰρ οἱ πόρνοι τοῦτο ποιοῦσιν. Ἐγὼ δὲ ὑμῖν λέγω· Εὔχεσθε ὑπὲρ τῶν ἐχθρῶν ὑμῶν καὶ ἀγαπᾶτε τοὺς μισοῦντας ὑμᾶς καὶ εὐλογεῖτε τοὺς καταρωμένους ὑμῖν καὶ εὔχεσθε ὑπὲρ τῶν ἐπηρεαζόντων ὑμᾶς«. [10] ... ταῦτα ἔφη· »Παντὶ τῷ αἰτοῦντι δίδοτε καὶ τὸν βουλόμενον δανείσασθαι μὴ ἀποστραφῆτε. Εἰ γὰρ δανείζετε παρ᾽ ὧν ἐλπίζετε λαβεῖν, τί καινὸν ποιεῖτε; τοῦτο καὶ οἱ τελῶναι ποιοῦσιν. [11] Ὑμεῖς δὲ μὴ θησαυρίζητε ἑαυτοῖς ἐπὶ τῆς γῆς, ὅπου σὴς καὶ βρῶσις ἀφανίζει καὶ λῃσταὶ διορύσσουσι· θησαυρίζετε δὲ ἑαυτοῖς ἐν τοῖς οὐρανοῖς, ὅπου οὔτε σὴς οὔτε βρῶσις ἀφανίζει. [12] Τί γὰρ ὠφελεῖται ἄνθρωπος, ἂν τὸν κόσμον ὅλον κερδήσῃ, τὴν δὲ ψυχὴν αὐτοῦ ἀπολέσῃ; ἢ τί δώσει αὐτῆς ἀντάλλαγμα; θησαυρίζετε οὖν ἐν τοῖς οὐρανοῖς, ὅπου οὔτε σὴς οὔτε βρῶσις ἀφανίζει«. [13] Καί· »Γίνεσθε δὲ χρηστοὶ καὶ οἰκτίρμονες, ὡς καὶ ὁ πατὴρ ὑμῶν χρηστός ἐστι καὶ οἰκτίρμων, καὶ τὸν ἥλιον αὐτοῦ ἀνατέλλει ἐπὶ ἁμαρτωλοὺς καὶ δικαίους καὶ πονηρούς«.

–, Dial. 96,3: Οὗτος (Christus) γὰρ ἐδίδαξεν ἡμᾶς καὶ ὑπὲρ τῶν ἐχθρῶν εὔχεσθαι, εἰπών· »Γίνεσθε χρηστοὶ καὶ οἰκτίρμονες, ὡς καὶ ὁ πατὴρ ὑμῶν ὁ οὐράνιος«. καὶ γὰρ τὸν παντοκράτορα θεὸν χρηστὸν καὶ οἰκτίρμονα ὁρῶμεν, »τὸν ἥλιον αὐτοῦ ἀνατέλλοντα ἐπὶ ἀχαρίστους καὶ δικαίους, καὶ βρέχοντα ἐπὶ ὁσίους καὶ πονηρούς«, οὓς πάντας ὅτι καὶ κρίνειν μέλλει ἐδίδαξε.

–, Apol. I,16,1–2: [1] Περὶ δὲ τοῦ ἀνεξικάκους εἶναι καὶ ὑπηρετικοὺς πᾶσι καὶ ἀοργήτους ἃ ἔφη ταῦτά ἐστι· »Τῷ τύπτοντί σου τὴν σιαγόνα πάρεχε καὶ τὴν ἄλλην, καὶ τὸν αἴροντά σου τὸν χιτῶνα ἢ τὸ ἱμάτιον μὴ κωλύσῃς. [2] Ὃς δ᾽ ἂν ὀργισθῇ, ἔνοχός ἐστιν εἰς τὸ πῦρ. Παντὶ δὲ ἀγγαρεύοντί σε μίλιον ἀκολούθησον δύο. Λαμψάτω δὲ ὑμῶν τὰ καλὰ ἔργα ἔμπροσθεν τῶν ἀνθρώπων, ἵνα βλέποντες θαυμάζωσι τὸν πατέρα ὑμῶν τὸν ἐν τοῖς οὐρανοῖς«.

33sqq cf 23sqq ‖ 40sq cf 10sq ‖ 42 cf 3sq. 17sq. 54sq. 57sq. 71 ‖ 43 cf 10sqq. 25sqq ‖ 44sqq cf 6sqq ‖ 47sq cf 10sqq ‖ 49sq cf 21sqq ‖ 54sq cf 3sq. 17sq. 42. 57sq. 71 ‖ 56sq cf 13sq. 15sqq ‖ 57sq cf 3sq. 17sq. 42. 54sq. 71 ‖ 58sq cf 21sqq ‖ 59sqq cf 6sqq. 31sq (Mt). 74sqq ‖ 63sqq cf 21sqq ‖ 64sq cf 17sq ‖ 66sqq Lc 6,34; Mt 6,19sq; 16,26 ‖ 69sq cf 19sq. 31sq (Lc) ‖ 71 cf 3sq. 17sq. 42. 54sq. 57sq ‖ 71sq cf 31sq (Lc) ‖ 72sq cf 19sq ‖ 74sqq cf 6sqq. 59sqq

81. Richtet nicht

Nolite iudicare *(cf. nr. 68)* **On Judging**

Matth. 7,1-5
12,36-37; 15,14; 10,24-25

7,1-5 *(nr. 68, p. 92)*

1 Μὴ κρίνετε, ἵνα μὴ κριθῆτε· 2 ἐν ᾧ γὰρ κρίματι κρίνετε κριθήσεσθε,

12,36-37 *(nr. 118, p. 168)*

36 Λέγω δὲ ὑμῖν ὅτι πᾶν ῥῆμα ἀργὸν ὃ λαλήσουσιν οἱ ἄνθρωποι ἀποδώσουσιν περὶ αὐτοῦ λόγον ἐν ἡμέρᾳ κρίσεως· 37 ἐκ γὰρ τῶν λόγων σου δικαιωθήσῃ, καὶ ἐκ τῶν λόγων σου καταδικασθήσῃ.

καὶ ἐν ᾧ μέτρῳ μετρεῖτε ⸀μετρηθήσεται ὑμῖν.

15,14 *(nr. 150, p. 215)*

14 ... τυφλοί εἰσιν ὁδηγοὶ [τυφλῶν]· τυφλὸς δὲ τυφλὸν ἐὰν ὁδηγῇ, ἀμφότεροι εἰς βόθυνον πεσοῦνται.

10,24-25 *(nr. 100, p. 142)*

24 Οὐκ ἔστιν μαθητὴς ὑπὲρ τὸν διδάσκαλον οὐδὲ δοῦλος ὑπὲρ τὸν κύριον αὐτοῦ. 25 ἀρκετὸν τῷ μαθητῇ ἵνα γένηται ὡς ὁ διδάσκαλος αὐτοῦ καὶ ὁ δοῦλος ὡς ὁ κύριος αὐτοῦ.

Mark. 4,24-25
(nr. 125, p. 179)

24 Καὶ ἔλεγεν αὐτοῖς· βλέπετε τί ἀκούετε. ἐν ᾧ μέτρῳ μετρεῖτε μετρηθήσεται ὑμῖν ⸋καὶ προστεθήσεται ὑμῖν⸆⸌. 25 ⸀ὃς γὰρ ⸁ἔχει, δοθήσεται αὐτῷ· καὶ ὃς οὐκ ἔχει, καὶ ὃ ἔχει ἀρθήσεται ἀπ᾽ αὐτοῦ.

Luk. 6,37-42

37 °Καὶ μὴ κρίνετε, ⸂καὶ οὐ⸃ μὴ κριθῆτε·

°¹καὶ μὴ ⸀καταδικάζετε, ⸀καὶ οὐ⸃ μὴ ⸁καταδικασθῆτε. ἀπολύετε, καὶ ἀπολυθήσεσθε· 38 δίδοτε, καὶ δοθήσεται ὑμῖν· μέτρον καλὸν ⸂πεπιεσμένον⸆σεσαλευμένον⸃ ⸆ ὑπερεκχυννόμενον δώσουσιν εἰς τὸν κόλπον ὑμῶν·

⸂ᾧ γὰρ μέτρῳ⸃ μετρεῖτε ⸀ἀντιμετρηθήσεται ὑμῖν.

39 ⸀Εἶπεν δὲ °καὶ παραβολὴν αὐτοῖς· ⸁μήτι δύναται τυφλὸς τυφλὸν ⸀¹ὁδηγεῖν; ⸀²οὐχὶ ἀμφότεροι εἰς βόθυνον ⸀³ἐμπεσοῦνται;

40 οὐκ ἔστιν μαθητὴς ὑπὲρ ⸂τὸν διδάσκαλον⸃⸆· κατηρτισμένος δὲ ⸂πᾶς ἔσται⸃ ὡς ὁ διδάσκαλος αὐτοῦ.

Joh. 13,16; 15,20a

13,16 *(nr. 309, p. 431)*

16 Ἀμὴν ἀμὴν λέγω ὑμῖν, οὐκ ἔστιν δοῦλος μείζων τοῦ κυρίου αὐτοῦ οὐδὲ ἀπόστολος μείζων τοῦ πέμψαντος αὐτόν.

15,20b *(nr. 322, p. 449)*

20 ... οὐκ ἔστιν δοῦλος μείζων τοῦ κυρίου αὐτοῦ.

Matth.: 2 ⸀*p)* αντιμ- Θ φ *al* it

Mark.: 24 ⸋*p)* D W *pc* b e l | ⸆τοις ακουουσιν 𝔎 A Θ 0107. 0133 λ φ *pm* q sy^{p} sa bo^{pt} ¦ credentibus f ¦ *txt* 𝔋 *pc* || 25 ⸀οστις Θ | ⸁αν εχη 𝔎 A Θ φ *al*

Luk.: 37 °D λ *al* latt; Mcion | ⸂*p)* ινα A D W Ψ *al* it sy^{s} sa bo^{pt}; Mcion | °¹C 𝔎 A D Θ λ *pm* latt; Mcion | ⸀δικαζετε 𝔓^{75} B 579 | ⸂ινα D W* it sy^{s} sa; Mcion | ⸁-σθησεσθε 𝔓^{45vid} ¦ δικασθητε 𝔓^{75vid} B || 38 ⸂*2 1* D W λ 157; Or ¦ *1* Ξ sy^{p}; Mcion ¦ *2* c e r^{1} ¦ — sy^{s} | ⸆και C 𝔎 A Θ *pm*; Mcion Cl | ⸆και C 𝔎 A Θ *pm* | ⸂τω αυτω μ. ω 𝔓^{45} Θ *pc* it; Mcion ¦ τ. γαρ α. μ. ω C 𝔎 A *pl* | ⸀*p)* μετρ- B* *pc* b e q || 39 ⸀ελεγεν D | °𝔓^{45} 𝔎 A λ *pm* | ⸁μη W *al* | ⸀¹οδαγειν D | ⸀²ουκ ℵ | ⸀³πεσ- ℵ C 𝔎 A *pm* || 40 ⸂του -ου Mcion | ⸆αυτου C 𝔎 A *pm* | ⸂εστω ℵ *pc* ¦ π. εστω Θ; Or

---

1sqq cf *44sqq. 52sq. 54sq* || *2sqq* cf Rm 14,4; 1Cor 4,4; 5,12; Jc 4,11; 5,9 || *5sqq* cf Mt 6,14; Mc 11,25; Is 58,6; *cf 52sq. 54sq* || *10* cf Joel 2,24 || *11* cf Is 65,7; Ps 79,12 || *12sqq* *cf 53. 55* || *15sqq* cf Mt 13,12; 25,29; Lc 8,18b; 19,26; Prv 1,5; 9,9; Dn 2,21; *cf 51* || *18sqq* *cf 50* || *19* cf Mt 23,16.24; Jo 9,40; Rm 2,19 || *23sqq* *cf 28sq* || *28sq* *cf 23sq*

[Matth. 7,1-5]	Mark.	**[Luk. 6,37-42]**	Joh.
3 τί δὲ βλέπεις τὸ κάρφος τὸ ἐν τῷ ὀφθαλμῷ τοῦ ἀδελφοῦ σου, τὴν δὲ ⸂ἐν τῷ σῷ ὀφθαλμῷ δοκὸν⸃ οὐ κατανοεῖς; 4 ἢ πῶς ⸀ἐρεῖς τῷ ἀδελφῷ σου· ⸆ ἄφες ἐκβάλω τὸ κάρφος ⸀ἐκ τοῦ ὀφθαλμοῦ σου, καὶ ἰδοὺ ἡ δοκὸς ἐν τῷ ὀφθαλμῷ σοῦ⁚; 5 ὑποκριτά, ἔκβαλε πρῶτον ⸉ἐκ τοῦ ὀφθαλμοῦ σοῦ τὴν δοκόν⸊, καὶ τότε διαβλέψεις ἐκβαλεῖν τὸ κάρφος ἐκ τοῦ ὀφθαλμοῦ τοῦ ἀδελφοῦ σου.		41 Τί °δὲ βλέπεις τὸ κάρφος °¹τὸ ἐν τῷ ὀφθαλμῷ τοῦ ἀδελφοῦ σου, τὴν δὲ δοκὸν τὴν ἐν τῷ ⸀ἰδίῳ ὀφθαλμῷ οὐ κατανοεῖς; 42 ⸆ πῶς δύνασαι λέγειν τῷ ἀδελφῷ σου· °ἀδελφέ, ἄφες ἐκβάλω τὸ κάρφος ⸂τὸ ἐν τῷ ὀφθαλμῷ⸃ σου, ⸄αὐτὸς τὴν ἐν τῷ ὀφθαλμῷ σου δοκὸν οὐ βλέπων⸅; ὑποκριτά, ἔκβαλε πρῶτον °¹τὴν δοκὸν ἐκ τοῦ ὀφθαλμοῦ σου, καὶ τότε διαβλέψεις τὸ κάρφος ⸂τὸ ἐν τῷ ὀφθαλμῷ⸃ τοῦ ἀδελφοῦ σου ⸉ἐκβαλεῖν.	

Röm. 2,1–3: 1 Διὸ ἀναπολόγητος εἶ, ὦ ἄνθρωπε πᾶς ὁ κρίνων· ἐν ᾧ γὰρ κρίνεις τὸν ἕτερον, σεαυτὸν κατακρίνεις, τὰ γὰρ αὐτὰ πράσσεις ὁ κρίνων. 2 οἴδαμεν δὲ ὅτι τὸ κρίμα τοῦ θεοῦ ἐστιν κατὰ ἀλήθειαν ἐπὶ τοὺς τὰ τοιαῦτα πράσσοντας. 3 λογίζῃ δὲ τοῦτο, ὦ ἄνθρωπε ὁ κρίνων τοὺς τὰ τοιαῦτα πράσσοντας καὶ ποιῶν αὐτά, ὅτι σὺ ἐκφεύξῃ τὸ κρίμα τοῦ θεοῦ;

Pap. Oxyrhynch. 1, nr. 1 (sec. Fitzmyer): [Λέγει Ἰ(ησοῦ)ς· βλέπεις τὸ κάρφος τὸ ἐν τῷ ὀφθαλμῷ τοῦ ἀδελφοῦ σου, τὴν δὲ δοκὸν τὴν ἐν τῷ ἰδίῳ ὀφθαλμῷ οὐ κατανοεῖς· ὑποκριτά, ἔκβαλε τὴν δοκὸν ἐκ τοῦ ὀφθαλμοῦ σου] καὶ τότε διαβλέψεις ἐκβαλεῖν τὸ κάρφος τὸ ἐν τῷ ὀφθαλμῷ τοῦ ἀδελφοῦ σου. *(cf.* Evang. Thomae copt. *Append. I, 26)*

Evang. Thomae copt.: *cf. Append. I, 34*

Evang. Thomae copt.: *cf. Append. I, 41*

1. Clem. ad Cor. 13, 2: Οὕτως γὰρ εἶπεν· »Ἐλεᾶτε, ἵνα ἐλεηθῆτε· ἀφίετε, ἵνα ἀφεθῇ ὑμῖν· ὡς ποιεῖτε, οὕτω ποιηθήσεται ὑμῖν· ὡς δίδοτε, οὕτως δοθήσεται ὑμῖν· ὡς κρίνετε, οὕτως κριθήσεσθε· ὡς χρηστεύεσθε, οὕτως χρηστευθήσεται ὑμῖν· ᾧ μέτρῳ μετρεῖτε, ἐν αὐτῷ μετρηθήσεται ὑμῖν«.

Polycarpus ad Phil. 2, 3: Μνημονεύοντες δὲ ὧν εἶπεν ὁ κύριος διδάσκων· »Μὴ κρίνετε, ἵνα μὴ κριθῆτε· ἀφίετε, καὶ ἀφεθήσεται ὑμῖν· ἐλεᾶτε, ἵνα ἐλεηθῆτε· ᾧ μέτρῳ μετρεῖτε, ἀντιμετρηθήσεται ὑμῖν« καὶ ὅτι »μακάριοι οἱ πτωχοὶ καὶ οἱ διωκόμενοι ἕνεκεν δικαιοσύνης, ὅτι αὐτῶν ἐστιν ἡ βασιλεία τοῦ θεοῦ«.

Matth.: 3 ⸂ *p)* δοκ. την ε. τ. σ. οφθ. ℵ* *pc* (lat) ‖ 4 ⸀λεγεις ℵ*Θ lat | ⸆ *p)* αδελφε ℵ | ⸀απο ℜWΘ *al* | [⁚. T] ‖ 5 ⸉ *p)* 5 6 1-4 *rell* ¦ *txt* BℵC

Luk.: 41 ° 𝔓75 1424 *pc* | °¹ DW | ⸀ *p)* σω Dϕ ‖ 42 ⸆ *p)* η CℜADWΘλϕ *pl* it (και vg) sy^p sa^pt bo^pt ¦ *txt* B (+ δε ℵ) *pc* e ff² | ° *p)* D *pc* it | ⸂ *p) bis* εκ του οφθαλμου D lat | ⸄ *p)* και ιδου η δοκος εν τω σω οφθ. υποκειται D it (⸉ sy^s.p) | °¹ C | ⸉ *p.* διαβλεψεις ℵCℜADΘ *pm* lat ¦ *p.* καρφος L 1 *pc* ¦ *txt* 𝔓75 BWϕ *pc*

---

30 sqq cf 44 sqq. 47 sqq ‖ *38 sqq* cf Sir 18,19 sqq ‖ *44 sqq cf 1 sqq. 30 sqq* ‖ *47 sqq cf 30 sqq* ‖ *50 cf 18 sqq* ‖ *51 cf 15 sqq* ‖ *52 sq cf 1 sqq. 5 sqq. 12 sqq* ‖ *54 sq c 1 sqq. 5 sqq. 12 sqq*

82. An ihren Früchten sollt ihr sie erkennen

Ex fructibus cognoscetis *(cf. nr. 73)* **»By their Fruits ...«**

Matth. 7,15-20; 12,33-35	Mark.	**Luk. 6,43-45**	Joh.
		43 Οὐ γάρ ἐστιν δένδρον καλὸν ποιοῦν ⸂καρπὸν ⸀σαπρόν⸃, οὐδὲ °πάλιν δένδρον σαπρὸν ποιοῦν ⸄καρπὸν καλόν⸅.	

Luk.: 43 ⸂-πους σαπρους D latt | ⸀κακον W | °CℜADΘ *pl* ¦ *txt* 𝔓75 BℵLWΞϕ 1 *pc* | ⸄-πους καλους D it (vg)

1 sq cf 7 sqq

Matth.	Mark.	**[Luk. 6, 43-45]**	Joh.
7, 15-20 *(nr. 73, p. 96)* 15 Προσέχετε ⸆ ἀπὸ τῶν ψευδοπροφητῶν, οἵτινες ἔρχονται πρὸς ὑμᾶς ἐν ⸀ἐνδύμασι προβάτων, ἔσωθεν δέ εἰσιν λύκοι ἅρπαγες. 16 ἀπὸ τῶν καρπῶν αὐτῶν ἐπιγνώσεσθε αὐτούς. μήτι συλλέγουσιν ἀπὸ ἀκανθῶν ⸀σταφυλὰς ἢ ἀπὸ τριβόλων σῦκα; 17 °οὕτως πᾶν δένδρον °¹ἀγαθὸν καρποὺς ⸉καλοὺς ποιεῖ⸊, τὸ δὲ σαπρὸν δένδρον καρποὺς πονηροὺς ποιεῖ. 18 οὐ δύναται δένδρον ἀγαθὸν καρποὺς πονηροὺς ⸀ποιεῖν οὐδὲ δένδρον σαπρὸν καρποὺς καλοὺς ⸁ποιεῖν. 19 πᾶν δένδρον μὴ ποιοῦν καρπὸν καλὸν ἐκκόπτεται καὶ εἰς πῦρ βάλλεται. 20 ἄρα γε ⸀ἀπὸ τῶν καρπῶν αὐτῶν ἐπιγνώσεσθε αὐτούς.		44 ἕκαστον °γὰρ δένδρον ἐκ τοῦ ἰδίου καρποῦ γινώσκεται· οὐ °¹γὰρ ἐξ ἀκανθῶν ⸀συλλέγουσιν σῦκα οὐδὲ ἐκ ⸁βάτου σταφυλὴν τρυγῶσιν. cf. v. 43	
12, 33-35 *(nr. 118, p. 168)* 33 Ἢ ποιήσατε τὸ δένδρον καλὸν καὶ ⸂τὸν καρπὸν αὐτοῦ καλόν, ἢ ποιήσατε τὸ δένδρον σαπρὸν καὶ τὸν καρπὸν αὐτοῦ σαπρόν⸃· ἐκ γὰρ τοῦ καρποῦ τὸ δένδρον γινώσκεται. 34 ⸀γεννήματα ἐχιδνῶν, πῶς δύνασθε ἀγαθὰ λαλεῖν πονηροὶ ὄντες; ἐκ γὰρ τοῦ περισσεύματος τῆς καρδίας τὸ στόμα λαλεῖ⸆. 35 °ὁ ἀγαθὸς ἄνθρωπος ἐκ τοῦ ἀγαθοῦ θησαυροῦ ⸆ ἐκβάλλει ⸇ ἀγαθά, καὶ ὁ πονηρὸς ἄνθρωπος ἐκ τοῦ πονηροῦ θησαυροῦ ⸆ ἐκβάλλει ⸆¹ πονηρά.		45 ὁ ἀγαθὸς ἄνθρωπος ἐκ τοῦ ἀγαθοῦ θησαυροῦ τῆς καρδίας ⸆ προφέρει °τὸ ἀγαθόν, καὶ ὁ πονηρὸς ⸇ ἐκ τοῦ πονηροῦ ⸆¹ προφέρει °¹τὸ πονηρόν· ἐκ γὰρ ⸆² περισσεύματος ⸆³ καρδίας ⸉λαλεῖ τὸ στόμα °²αὐτοῦ.	

Ignatius ad Eph. 14, 2: »Φανερὸν τὸ δένδρον ἀπὸ τοῦ καρποῦ αὐτοῦ«· οὕτως οἱ ἐπαγγελόμενοι Χριστοῦ εἶναι, δι' ὧν πράσσουσιν ὀφθήσονται.

Herm. Pastor, Mand. VI, 2, 4: Ὅρα νῦν καὶ τοῦ ἀγγέλου τῆς πονηρίας τὰ ἔργα. πρῶτον πάντων ὀξύχολός ἐστι, καὶ πικρὸς καὶ ἄφρων, καὶ τὰ ἔργα αὐτοῦ πονηρά, καταστρέφοντα τοὺς δούλους τοῦ θεοῦ· ὅταν οὖν οὗτος ἐπὶ τὴν καρδίαν σου ἀναβῇ, γνῶθι αὐτὸν ἀπὸ τῶν ἔργων αὐτοῦ.

Evang. Thomae copt.: *cf. Append. I, 45*

Matth. 7: 15 ⸆δε C𝔎WΘ*al* ¦ *txt* Bℵ**0250** *pm* lat sy^c.p | [⸀δερμασιν Blass *cj*] ‖ 16 ⸀-ην C𝔎WΘ*pm* ‖ 17 ° sy^c | °¹ W* | ⸉ B ‖ 18 ⸀† ενεγκειν B; Or Tert ¦ *txt* ℵC𝔎WΘ**0250** *pl* latt; Cyr (Heg) | ⸁† ενεγκειν ℵ*; Or^pt Tert ¦ *txt* BC𝔎WΘ*pl* lat; Or^pt Cyr (Heg) ‖ **20** ⸀εκ C lat

Matth. 12: 33 [⸂ο καρπος α. καλος ... ο καρπος α. σαπρος Wellhausen *ex Aramaeo vertendum fuisse cj*] ‖ 34 ⸀γεννημα ℵ* | ⸆αγαθα D* ‖ 35 °D* | ⸆*p) bis* της καρδιας αυτου 33*al* sy^s.c | ⸇τα ℌλ*pm*; Or ¦ *txt* B𝔎DWΘ*al* | ⸆¹τα LU 28.33*al*

Luk.: 44 °D 700*al* it sy^s | °¹ it sy^s | ⸀εκλεγονται D e | ⸁βλαστου ℵ* ‖ 45 ⸆αυτου C𝔎A(⸉D)WΘλφ*pl* latt sy^s.p sa bo ¦ *txt* 𝔓75 Bℵ; Cl | °DW | ⸇*p)* ανθρωπος ℵ^corr C𝔎AWΘφ*pl* | ⸆¹*p)* θησαυρου sa bo^pt ¦ θ. της καρδιας αυτου C𝔎AΘ*pm* sy^s.p bo^pt | °¹W | ⸆²του CΘλφ*al* | ⸆³της C𝔎Θλφ*pm* | ⸉*p.* αυτου ℵC lat | °²C*al* aur r¹ vg sy^s.p

---

³ψευδοπροφῆται: Mt 24, 4sq. 11. 24; Mc 13, 22; Lc 6, 26; Act 13, 6; 2 Pt 2, 1; 1Jo 4, 1; Apc 16, 13; 19, 20; 20, 10 ‖ ⁴cf Gn 49, 27; Ps 78, 52; 80, 2; 100, 3; Zph 3, 3; Ez 22, 27; Hab 1, 8; Mt 10, 16; Jo 10, 12; Act 20, 29; Rm 16, 17; 2Tm 3, 5 ‖ ⁵cf Sir 27, 6 (7); *cf 12sq. 16. 24* ‖ *6sq* cf Gn 3, 18; Nu 13, 23 etc; Is 5, 2. 4; Job 31, 40; Jc 3, 12; Gl 5, 19-23; *cf 27* ‖ *7sqq cf 1sq* ‖ *9sqq cf 14sqq* ‖ *9sq* cf Jo 15, 5; 1Jo 3, 9 ‖ *10sqq* cf Jo 15, 6. 8. 16; Mt 3, 10; Lc 13, 6-9; Tt 3, 14; Mt 13, 40 ‖ *12sq cf 5. 16. 24* ‖ *14sqq cf 9sqq* ‖ *16cf 5. 12sq. 24* ‖ *17*cf Mt 3, 7; 23, 33 ‖ *19sqq cf 25sq. 27* ‖ *24cf 5. 12sq. 16* ‖ *25sq cf 19sqq* ‖ *27cf 6sq. 19sqq*

83. Vom Haus auf dem Felsen

Domus super petram fundata *(cf. nr. 75)* **The House Built upon the Rock**

Matth. 7,21-27
12,50

7,21-27 *(nr. 74. 75, p. 98. 99)*

[21]Οὐ πᾶς ὁ λέγων μοι· κύριε κύριε, εἰσελεύσεται εἰς τὴν
βασιλείαν τῶν οὐρανῶν, ἀλλ' ὁ ποιῶν τὸ θέλημα τοῦ πα-
τρός μου τοῦ ἐν °τοῖς οὐρανοῖς⸆. [22]πολλοὶ ἐροῦσίν μοι ἐν
ἐκείνῃ τῇ ἡμέρᾳ· κύριε κύριε, ⸆ οὐ τῷ σῷ ὀνόματι ἐπρο-
φητεύσαμεν, καὶ τῷ σῷ ὀνόματι δαιμόνια ⸆ ἐξεβάλομεν,
καὶ τῷ σῷ ὀνόματι δυνάμεις πολλὰς ἐποιήσαμεν; [23]καὶ τότε
ὁμολογήσω αὐτοῖς: ὅτι οὐδέποτε ἔγνων ὑμᾶς:[1]· ⸀ἀπο-
χωρεῖτε ἀπ' ἐμοῦ⸆ οἱ ἐργαζόμενοι τὴν ἀνομίαν.
[24]Πᾶς οὖν ὅστις ἀκούει μου τοὺς λόγους
°τούτους καὶ ποιεῖ αὐτούς,
⸀ὁμοιωθήσεται ἀνδρὶ φρονίμῳ, ὅστις ᾠκοδόμησεν αὐτοῦ
τὴν οἰκίαν ἐπὶ
τὴν πέτραν· [25]καὶ κατέβη ἡ βροχὴ καὶ ἦλθον οἱ ποταμοὶ
καὶ ἔπνευσαν οἱ ἄνεμοι καὶ ⸀προσέπεσαν τῇ οἰκίᾳ ἐκείνῃ,
καὶ οὐκ ἔπεσεν, τεθεμελίωτο γὰρ ἐπὶ τὴν
πέτραν. [26]καὶ πᾶς ⸂ὁ ἀκούων⸃ μου τοὺς λόγους τούτους
καὶ μὴ ⸀ποιῶν αὐτοὺς ὁμοιωθήσεται ἀνδρὶ μωρῷ, ὅστις
ᾠκοδόμησεν ⸉αὐτοῦ τὴν οἰκίαν ἐπὶ τὴν ἄμμον· [27]καὶ κατ-
έβη ἡ βροχὴ καὶ ἦλθον οἱ ποταμοὶ καὶ □ἔπνευσαν οἱ ἄνε-
μοι καὶ⸌ ⸀προσέκοψαν τῇ οἰκίᾳ ἐκείνῃ, καὶ ἔπεσεν
καὶ ἦν ἡ πτῶσις αὐτῆς μεγάλη⸆.

12,50 *(nr. 121, p. 172)*

[50]Ὅστις γὰρ ἂν ποιήσῃ τὸ θέλημα τοῦ πατρός μου τοῦ ἐν
οὐρανοῖς αὐτός μου ἀδελφὸς καὶ ἀδελφὴ καὶ μήτηρ ἐστίν.

Mark.
3,35

3,35 *(nr. 121, p. 172)*

[35]Ὃς [γὰρ] ἂν ποιήσῃ τὸ θέλημα τοῦ θεοῦ,
οὗτος ἀδελφός μου καὶ ἀδελφὴ καὶ μήτηρ ἐστίν.

Luk. 6,46-49

[46]⸂Τί δέ με καλεῖτε⸃· κύριε κύριε,
καὶ οὐ ποιεῖτε ⸀ἃ λέγω;
[47]Πᾶς ὁ ἐρχόμενος πρός με καὶ ἀκούων μου ⸂τῶν λόγων⸃
καὶ ποιῶν αὐτούς, ὑποδείξω ὑμῖν τίνι ἐστὶν ὅμοιος·
[48]□ὅμοιός ἐστιν⸌ ἀνθρώπῳ οἰκοδομοῦντι
οἰκίαν ὃς ἔσκαψεν καὶ ἐβάθυνεν καὶ ἔθηκεν θεμέλιον ἐπὶ
τὴν πέτραν· πλημμύρης δὲ γενομένης
προσέρηξεν ὁ ποταμὸς τῇ οἰκίᾳ ἐκείνῃ,
καὶ οὐκ ἴσχυσεν σαλεῦσαι αὐτὴν ⸂διὰ τὸ καλῶς οἰκοδομῆ-
σθαι αὐτήν⸃. [49]ὁ δὲ ἀκούσας
καὶ μὴ ποιήσας ὅμοιός ἐστιν ἀνθρώπῳ
⸀οἰκοδομήσαντι⸆ οἰκίαν ἐπὶ τὴν γῆν χωρὶς θεμελίου,
⸀ᾗ ⸀[1]προσέρηξεν⸆ ὁ ποταμός,
καὶ ⸀[2]εὐθὺς ⸀[3]συνέπεσεν
καὶ ἐγένετο τὸ ῥῆγμα τῆς οἰκίας ἐκείνης μέγα.

(nr. 85 7,1-10 p. 113)

Joh.

Matth.: 21 °ℜW*al* | ⸆αυτος εισελευσεται εις την βασιλειαν των ουρανων (C[2]) WΘ (33 *pc*) lat sy[c]; Cyp || 22 ⸆(Lc 13,26) ου τω ονοματι σου εφαγομεν και (+ τω ονοματι σου Or) επιομεν sy[c]; Ju Or | ⸆ πολλα ℵ* || 23 [:· *et* :[1], W] | ⸀αναχ- Θ *pc*; Ad | ⸆*p)* παντες LUΘ*al* || 24 °B* *pc* a g[1] k | ⸀ομοιωσω αυτον CℜW*al* sy[c] || 25 ⸀προσεκρουσαν W ¦ *p)* προσερρηξαν Θ ¦ [-παισαν Lachmann *cj*] || 26 ⸂οστις ακουει *et* ⸀ποιει Θ *pc* | ⸉ *p.* οικιαν Cℜ*pm* || 27 □ℵ* | ⸀*p)* προσερρηξαν CΘλ*al* ¦ προσεκρουσαν ϕ*pc* | ⸆σφοδρα Θ 33 *al*

Luk.: 46 ⸂*1 3 4* 543 *pc* sy[p]; Ir ¦ *1-3* λεγετε D *pc*; Cl | ⸀ο 𝔓[75] B e || 47 ⸂τους -ους CΨ*al* || 48 □sy[s] | ⸂*p)* τεθεμελιωτο γαρ επι την πετραν CℜADΘλϕ*pl* lat sy[p] ¦ — 𝔓[45vid] 700* sy[s] ¦ *txt* 𝔓[75vid] ℌW sa bo || 49 ⸀-μουντι CWϕ*al* | ⸆την 𝔓[75] UΘ 118. 209 *pc* | ⸀και W ¦ — D it | ⸀[1]συνερ- D | ⸆αυτη W | ⸀[2]ευθεως ℜAWΘλϕ*pm* ¦ *p)* — D a c | ⸀[3]επεσεν CℜAW*al*

[1sqq] cf Ml 1,6; Mt 21,29.31; Lc 12,47; Jo 4,34; 7,17; 9,31; 1Jo 2,17; 3,7; Jc 1,22.25; 2,14; cf *22 sq; 24 sqq, 31 sqq* || [4]cf Is 2,11.17; Zch 14,6 || [4sq] cf Jr 14,14; 27,15 (34,15 LXX); Mc 8,38; Lc 10,20; 1Cor 13,1sq || [7sq] Ps 6,9; cf Lc 13,27; 2Tm 2,19; Mt 25,41 || [9sqq] cf Ez 13,10-15 || [9sq (Mt)] cf Lc 8,21; Rm 2,13; Jc 1,25 || [9sq Lc)] cf Lc 12,5; Act 20,35 || [12sqq] cf *29 sq* || [13sqq] cf Ps 32,6; Job 1,19; Is 28,16; Sir 22,19(16) || [16sq] cf Jc 1,22 || [19sqq] cf Sap 4,4; Is 28,17; Sir 22,21(18) || [22sq] cf *1 sqq*

Pap. Egerton 2 (Fragm. 2 r.): [11 Παραγε]νόμενοι πρὸς αὐτὸν ἐξ[ετασ]τικῶς ἐπείραζον αὐτὸν λ[έγοντες] διδάσκαλε Ἰη(σοῦ) οἴδαμεν ὅτι [ἀπὸ θ(εο)ῦ] ἐλήλυθας ἃ γὰρ ποιεῖς μα[ρτυρεῖ] ὑπὲρ το[ὺ]ς προφ(ήτ)ας πάντας [12 εἰπὲ οὖν] ἡμεῖν· ἐξὸν τοῖς βα(σι)λεῦσ[ιν ἀποδοῦ]ναι τὰ ἀν[ή]κοντα τῇ ἀρχῇ ἀπ[οδῶμεν αὐ]τοῖς ἢ μ[ή] 13 ὁ δὲ Ἰη(σοῦς) εἰδὼς [τὴν δι]άνοιαν [αὐτ]ῶν ἐμβρειμ[ησάμενος] εἶπεν α[ὐτοῖς]· τί με καλεῖτ[ε τῷ στό]ματι ὑμ[ῶν δι]δάσκαλον· μ[ὴ ἀκού]οντες ὃ [λ]έγω· 14 καλῶς Ἡ[σ(αΐ)]ας περὶ ὑ]μῶν ἐπ[ρο]φ(ήτευ)σεν εἰπών· ὁ [λαὸς οὗ]τος τοῖς [χείλ]εσιν αὐτ[ῶν τιμῶσίν] με ἡ [δὲ καρδί]α αὐτῶ[ν πόρρω ἀπέ]χει ἀπ' ἐ[μοῦ μ]άτη[ν με σέβονται] ἐντάλ[ματα ...

Ignatius ad Polyc. 1,1: Ἀποδεχόμενός σου τὴν ἐν θεῷ γνώμην, ἡδρασμένην ὡς ἐπὶ πέτραν ἀκίνητον, ὑπερδοξάζω, καταξιωθεὶς τοῦ προσώπου σου τοῦ ἀμώμου, οὗ ὀναίμην ἐν θεῷ.

2. Clem. ad Cor. 4,1–2.5: 1 Μὴ μόνον οὖν αὐτὸν καλῶμεν κύριον· οὐ γὰρ τοῦτο σώσει ἡμᾶς. 2 λέγει γάρ· »Οὐ πᾶς ὁ λέγων μοι· Κύριε κύριε, σωθήσεται, ἀλλ' ὁ ποιῶν τὴν δικαιοσύνην«. 5 διὰ τοῦτο, ταῦτα ὑμῶν πρασσόντων, εἶπεν ὁ κύριος· »Ἐὰν ἦτε μετ' ἐμοῦ συνηγμένοι ἐν τῷ κόλπῳ μου καὶ μὴ ποιῆτε τὰς ἐντολάς μου, ἀποβαλῶ ὑμᾶς καὶ ἐρῶ ὑμῖν· Ὑπάγετε ἀπ' ἐμοῦ, οὐκ οἶδα ὑμᾶς, πόθεν ἐστέ, ἐργάται ἀνομίας«.

24sqq cf 1sqq || *29sq c 2 qq* || *31sqq cf 1sqq*

VIII. WEITERE WIRKSAMKEIT IN GALILÄA

MINISTERIUM IN GALILAEA CONTINUATUR — JESUS' MINISTRY IN GALILEE CONTINUED

84. Heilung des Aussätzigen

Leprosus — *(cf. nr. 42)* — Cleansing of the Leper

Matth. 8,1-4

(nr. 76 7,28-29 p. 100)

1 ⸂Καταβάντος δὲ αὐτοῦ⸃ ἀπὸ τοῦ ὄρους
ἠκολούθησαν αὐτῷ ὄχλοι πολλοί. 2 καὶ
ἰδοὺ λεπρὸς ⸀προσελθὼν
προσεκύνει αὐτῷ
λέγων· κύριε, ἐὰν θέλῃς δύνασαί
με καθαρίσαι. 3 καὶ
ἐκτείνας τὴν χεῖρα ⸆ ἥψατο αὐτοῦ
⸇ λέγων· θέλω, καθαρίσθητι· καὶ
εὐθέως ἐκαθαρίσθη αὐτοῦ ἡ λέπρα.

4 καὶ ⸀λέγει αὐτῷ ὁ Ἰησοῦς·
ὅρα μηδενὶ ⸆ εἴπῃς, ἀλλὰ ὕπ-
αγε σεαυτὸν δεῖξον τῷ ἱερεῖ καὶ
⸁προσένεγκον
τὸ δῶρον ὃ προσέταξεν Μωϋσῆς, εἰς μαρ-
τύριον αὐτοῖς.

Mark. 1,40-45

1,35

1,40-45 *(nr. 42, p. 59)*

40 Καὶ ἔρχεται πρὸς αὐτὸν λεπρὸς
παρακαλῶν αὐτὸν ⸂[καὶ γονυπετῶν]⸃ °καὶ
λέγων °¹αὐτῷ ⸀ὅτι ἐὰν θέλῃς δύνασαί
με καθαρίσαι. 41 ⸀καὶ ⸁σπλαγχνισθεὶς
ἐκτείνας τὴν χεῖρα ⸂αὐτοῦ ἥψατο⸃
καὶ λέγει °αὐτῷ· θέλω, καθαρίσθητι· 42 καὶ
⸆ ⸀εὐθὺς ⸋ἀπῆλθεν ἀπ' αὐτοῦ ἡ λέπρα,
καὶ⸌ ἐκαθαρίσθη. 43 καὶ ἐμβριμησάμενος
αὐτῷ ⸀εὐθὺς ἐξέβαλεν αὐτὸν 44 καὶ λέγει
αὐτῷ· ὅρα μηδενὶ °μηδὲν εἴπῃς, ἀλλὰ ὕπ-
αγε σεαυτὸν δεῖξον τῷ ἱερεῖ καὶ
προσένεγκε περὶ τοῦ καθαρισμοῦ σου
⸀ἃ προσέταξεν Μωϋσῆς, εἰς μαρ-
τύριον αὐτοῖς. 45 ὁ δὲ ἐξελθὼν ἤρξατο κη-
ρύσσειν °πολλὰ καὶ διαφημίζειν τὸν λόγον,

Luk. 5,12-16

4,42

5,12-16 *(nr. 42, p. 59)*

12 Καὶ ἐγένετο
ἐν τῷ εἶναι αὐτὸν ἐν μιᾷ τῶν πόλεων καὶ
ἰδοὺ ἀνὴρ ⸂πλήρης λέπρας⸃· ⸄ἰδὼν δὲ⸅ τὸν
Ἰησοῦν, ⸀πεσὼν ἐπὶ πρόσωπον ⸋ἐδεήθη
αὐτοῦ⸌ λέγων· κύριε, ἐὰν θέλῃς δύνασαί
με καθαρίσαι. 13 καὶ
ἐκτείνας τὴν χεῖρα ἥψατο αὐτοῦ
⸀λέγων· θέλω, καθαρίσθητι· καὶ
εὐθέως ⸂ἡ λέπρα ἀπῆλθεν ἀπ' αὐτοῦ⸃.

14 καὶ °αὐτὸς παρήγγειλεν
αὐτῷ ⸆ μηδενὶ εἰπεῖν, ⸂ἀλλὰ ἀπελ-
θὼν⸃ ⸋δεῖξον σεαυτὸν ⸄τῷ ἱερεῖ⸅ καὶ⸌
προσένεγκε ⸇ περὶ τοῦ καθαρισμοῦ σου
καθὼς προσέταξεν Μωϋσῆς, ⸂¹εἰς μαρ-
τύριον αὐτοῖς⸃. ⸆¹ 15 δι-
ήρχετο δὲ μᾶλλον ὁ λόγος °περὶ αὐτοῦ,

Joh.

Matth.: 1 ⸂-ντι δε αυτω ℵ* ℜ *al* k ‖ 2 ⸀ελθων C ℜ *pm* ‖ 3 ⸆*p)* αυτου ℵ*.c 124 | ⸇ο Ιησους C² ℜ W Θ *pm* ‖ 4 ⸀ειπεν ℵ* | ⸆*p)* μηδεν Γ *pc* | ⸁-γκε ℵ ℜ W Θ *pm*; (Eus)

Mark.: 40 ⸂*p)* — B D W **0104** *al* it sa^pt ¦ κ. γ. αυτον C ℜ A **090.0130.0133** ϕ *al* ¦ *txt* ℵ Θ λ *al* lat | °† B ℵ* latt ¦ *txt* ℵ^corr C ℜ A D W Θ **090.0104.0130.0133** λ ϕ *pl* | °¹ D W *al* it sa bo^pt | ⸀*p)* κυριε C W Θ *pc* it ¦ κ. οτι B ¦ οτι κ. sa bo^pt ¦ — D lat ¦ *txt* ℵ ℜ A **090.0104.0130.0133** λ ϕ *pm* ‖ 41 ⸀ο δε Ιησους C ℜ A W Θ **090.0104.0130.0133** λ ϕ *pl* lat sy^s.p bo^pt | ⸁οργισθεις D a ff² r¹ | ⸂*p) 21* C ℜ A W Θ **090.0133** λ ϕ *pl* ¦ *121* D *pc* lat | ° ℵ W λ *pc* c ff² sy^p sa bo^pt ‖ 42 ⸆ειποντος αυτου C ℜ A Θ **090.0130.0133** λ *pm* lat | ⸀ευθεως C ℜ A D W **090.0130.0133** λ ϕ *pm* | ⸋ sy^s ‖ 43 ⸀ευθεως C ℜ A Θ *pm* ‖ 44 °*p)* ℵ A D W **0130** ϕ *al* latt | ⸀καθως C* ¦ ο W Θ ‖ 45 °D W latt

Luk.: 12 ⸂*p)* λεπρος D; Mcion | ⸄και ιδων C ℜ A D W Θ λ ϕ *pl* lat | ⸀*p)* επεσεν *et* ⸋ D e ‖ 13 ⸀ειπων ℜ A λ *pm* | ⸂*p)* εκαθαρισθη D e ‖ 14 ° W | ⸆λεγων bo | ⸂απελθε δε και D a ¦ αλλ -θε Mcion | ⸋ ℵ* | ⸄τοις -ρευσιν sy^s.p; (Cl) | ⸇*p)* το δωρον X b c; Mcion (Epiph) Tert | ⸂¹εις μ. επ αυτους Ψ ¦ εις μ. υμιν l ¦ ινα εις μ. ην (*i. e.* ᾖ) υμιν τουτο D it; (Mcion) | ⸆¹*p)* ο δε εξελθων ηρξατο κηρυσσειν και διαφημιζειν τον λογον ωστε μηκετι δυνασθαι αυτον φανερως εις πολιν εισελθειν, αλλα εξω ην εν ερημοις τοποις και συνηρχοντο προς αυτον και ηλθεν παλιν εις Καφαρναουμ D ‖ 15 ° ℵ*

1sqq cf *27 sqq* ‖ *2 (Lc)* cf Lc 4,43 sq ‖ *3-15* cf *30 sqq* ‖ *3sqq* cf Lc 17,12 sqq; Mt 10,8; 11,5 par *(= nr 106)*; 26,6 par *(= nr 306)* ‖ *5* cf Mt 7,21; 8,6.8; Mc 7,28; 10,51 etc ‖ *7* cf Mt 26,51; 2 Rg 5,11 | cf Mc 8,22; 10,13 et par; Mc 1,31; 5,41; Lc 14,4 et par; Mc 5,23; 6,5; 7,32; 8,23.25; 10,16 et par; Mc 3,10; 5,28; 6,56 et par; Mc 16,18; Act 9,17; 28,8 | Mc 7,33; 8,23; 6,13 et par; Jc 5,14 ‖ *10sq* cf Mt 9,30; Mc 14,5; Jo 11,33.38 ‖ *12* cf Mc 5,43 par *(= nr 138)*; 1,34; 3,12; 7,36; 8,30(26); 9,9; Lc 8,56; Mt 9,30 ‖ *13* Lv 13,49 (14,2-32); cf Lc 17,14 ‖ *14sqq* cf Lv 13 et 14 ‖ *17* cf Mc 5,20; 7,36; Mt 9,31; Lc 4,14.37

Matth.	[Mark. 1,40-45]	[Luk. 5,12-16]	Joh.
	ὥστε μηκέτι °αὐτὸν δύνασθαι ⸉φανερῶς εἰς πόλιν εἰσελθεῖν⸊, ἀλλ' ἔξω ⸀ἐπ' ἐρήμοις τόποις °¹ἦν· καὶ ἤρχοντο πρὸς αὐτὸν πάντοθεν.	καὶ συνήρχοντο ὄχλοι °πολλοὶ ἀκούειν καὶ θεραπεύεσθαι ⊤ἀπὸ τῶν ἀσθενειῶν αὐτῶν· [16]αὐτὸς δὲ ἦν ὑποχωρῶν ἐν ταῖς ἐρήμοις καὶ προσευχόμενος. cf. v. 15	
	1,35 *(nr. 39, p. 56)* [35]Καὶ πρωῒ ἔννυχα λίαν ἀναστὰς ἐξῆλθεν καὶ ἀπῆλθεν εἰς ἔρημον τόπον κἀκεῖ προσηύχετο.	4,42 *(nr. 39, p. 56)* [42]Γενομένης δὲ ἡμέρας ἐξελθὼν ἐπορεύθη εἰς ἔρημον τόπον· καὶ οἱ ὄχλοι ἐπεζήτουν αὐτὸν καὶ ἦλθον ἕως αὐτοῦ καὶ κατεῖχον αὐτὸν τοῦ μὴ πορεύεσθαι ἀπ' αὐτῶν.	

Luk. 17,11-14: [11]Καὶ ἐγένετο ἐν τῷ πορεύεσθαι εἰς Ἰερουσαλὴμ καὶ αὐτὸς διήρχετο διὰ μέσον Σαμαρείας καὶ Γαλιλαίας. [12]Καὶ εἰσερχομένου αὐτοῦ εἴς τινα κώμην ἀπήντησαν [αὐτῷ] δέκα λεπροὶ ἄνδρες, οἳ ἔστησαν πόρρωθεν [13]καὶ αὐτοὶ ἦραν φωνὴν λέγοντες· Ἰησοῦ ἐπιστάτα, ἐλέησον ἡμᾶς. [14]καὶ ἰδὼν εἶπεν αὐτοῖς· πορευθέντες ἐπιδείξατε ἑαυτοὺς τοῖς ἱερεῦσιν. καὶ ἐγένετο ἐν τῷ ὑπάγειν αὐτοὺς ἐκαθαρίσθησαν.

Pap. Egerton 2 (Fragm. 1 r.): [8]Καὶ [ἰ]δοὺ λεπρὸς προσελθ[ὼν αὐτῷ] λέγει· διδάσκαλε Ἰη(σοῦ) λε[προῖς συν]οδεύων καὶ συνεσθίω[ν αὐτοῖς] ἐν τῷ πανδοχείῳ ἐλ[έπρησα] καὶ αὐτὸς ἐγώ· ἐὰν [ο]ὖν [σὺ θέλῃς] καθαρίζομαι· [9]ὁ δὴ κ(ύριο)ς [ἔφη αὐτῷ] θέλ[ω] καθαρίσθητι· [καὶ εὐθέως ἀ]πέστη ἀπ' αὐτοῦ ἡ λέπ[ρα· [10]ὁ δὲ κ(ύριο)ς εἶπεν αὐτῷ·] πορε[υθεὶς ἐπίδειξον σεαυτὸ]ν τοῖ[ς ἱερεῦσι ...

Mark.: 45 °DW | ⸉*2314* ℌ*al* ¦ *1423* D ¦ *txt* BℜAWΘ **090.0130** λφ*pm* | ⸀εν CℜADΘ **090** λφ*pm* latt | °¹ B (b e)

Luk.: 15 ° sa | ⊤απ αυτου A ¦ υπ αυτου C²ℜΘ*pm*

20sq cf 23sqq; cf Mc 1,35 ‖ *23sqq cf 20sq* ‖ *27sqq cf 1sqq* ‖ *30sqq cf 3-15*

85. Der Hauptmann von Kapernaum

Servus centurionis | **The Centurion of Capernaum**

Matth. 8,5-13	Mark. 2,1; 7,30	Luk. 7,1-10 13,28-29	Joh. 4,46b-54
		(nr. 83 6,46-49 p. 110) [1]⸂⸀Ἐπειδὴ ἐπλήρωσεν °πάντα τὰ ῥήματα αὐτοῦ εἰς τὰς ἀκοὰς τοῦ λαοῦ, εἰσῆλθεν⸃ εἰς Καφαρναούμ.	
[5]⸂Εἰσελθόντος δὲ αὐτοῦ εἰς Καφαρναοὺμ⸃ προσῆλθεν αὐτῷ ⸀ἑκατόνταρχος παρακαλῶν αὐτὸν [6]καὶ λέγων· °κύριε, ὁ παῖς μου βέβληται ἐν τῇ οἰκίᾳ παραλυτικός, δεινῶς βασανιζόμενος.	2,1 *(nr. 43, p. 60)* [1]Καὶ εἰσελθὼν πάλιν εἰς Καφαρναοὺμ δι' ἡμερῶν ἠκούσθη ὅτι ἐν οἴκῳ ἐστίν.	[2]Ἑκατοντάρχου δέ τινος ⸀δοῦλος ⸋κακῶς ἔχων⸌ ἤμελλεν τελευτᾶν,	*(nr. 32 4,43-46a p. 46)* [46b]⸂Καὶ ἦν⸃ τις ⸀βασιλικὸς οὗ ὁ υἱὸς ἠσθένει ἐν Καφαρναούμ.

Matth.: 5 ⸂μετα δε ταυτα k (sy^s) ¦ μ. δε τ. εισελθ. αυτ. εις Κ. it (sy^c) ¦ εισελθοντι δε αυτω ε. Κ. ℜWΘ*pm* | ⸀χιλιαρχης sy^s.hmg; Cl^hom Eus^pt ¦ εκατονταρχης ℵ*W*pc* ‖ 6 ° ℵ* k sy^s.c; Or Hil

Luk.: 1 ⸂και εγενετο οτε ετελεσεν ταυτα τα ρηματα λαλων ηλθεν D (it) | ⸀επει δε ℵℜRλφ*pm* bo ¦ οτε δε Θ*pc* ¦ *txt* BC*AW*al* sa | ° ℵ**pc* e ‖ 2 ⸀*p)* παις D^corr ¦ τις D* | ⸋ ℵ* e

Joh.: 46 ⸂Ην δε ℵD **083** *al* it | ⸀-ισκος D a bo^pt

1sq cf Mt 7,28; 11,1; 13,53; 19,1; 26,1 ‖ *6*παῖς cf Mt 2,16; 17,18; 21,15; Lc 2,43; 8,54 etc; *cf 29* | υἱός *cf 58 (Jo). 70* ‖ *7(Mt)* cf Mt 8,14; 9,2 ‖ *7sq* cf Mc 2,3 par; Mt 4,24 etc ‖ *8(Lc) cf 14 (Jo)*

[Matth. 8,5-13]

7 °καὶ λέγει αὐτῷ⸆· ⸆ἐγὼ ἐλθὼν
θεραπεύσω αὐτόν⁝.
8 ⸂καὶ ἀποκριθεὶς⸃ ὁ ⸀ἑκατόνταρ-
χος ⸀ἔφη· κύριε,
οὐκ εἰμὶ ἱκανὸς ἵνα ⸉μου
ὑπὸ τὴν στέγην εἰσέλθῃς,
ἀλλὰ μόνον εἰπὲ λόγῳ,
καὶ ἰαθήσεται ⸂ὁ παῖς μου⸃. 9 καὶ
γὰρ ἐγὼ ἄνθρωπός εἰμι ⸂ὑπὸ ἐξ-
ουσίαν⸃⸆⁝, ἔχων ὑπ᾽ ἐμ-
αυτὸν στρατιώτας, καὶ λέγω τού-
τῳ· πορεύθητι, καὶ πορεύεται,
καὶ ἄλλῳ· ἔρχου, καὶ ἔρχεται,
καὶ τῷ δούλῳ μου· ποίησον τοῦ-
το, καὶ ποιεῖ. 10 ἀκούσας δὲ
ὁ Ἰησοῦς ἐθαύμασεν καὶ
εἶπεν τοῖς ἀκολουθοῦσιν⸆·

Mark.

[Luk. 7,1-10]

ὃς ἦν αὐτῷ ⸀ἔντιμος. 3 ἀκούσας
δὲ περὶ τοῦ Ἰησοῦ ἀπέστειλεν
⸋πρὸς αὐτὸν⸌ πρεσβυτέρους τῶν
Ἰουδαίων ἐρωτῶν αὐτὸν ὅπως⸆
ἐλθὼν διασώσῃ τὸν ⸀δοῦλον αὐ-
τοῦ. 4 οἱ δὲ παραγενόμενοι ⸂πρὸς
τὸν Ἰησοῦν⸃ ⸀παρεκάλουν αὐτὸν
σπουδαίως λέγοντες ⸆ ὅτι ἄξιός
ἐστιν ᾧ παρέξῃ τοῦτο· 5 ἀγαπᾷ
γὰρ τὸ ἔθνος ἡμῶν καὶ τὴν συν-
αγωγὴν αὐτὸς ⸀ᾠκοδόμησεν ἡμῖν.
6 ⸂ὁ δὲ Ἰησοῦς ἐπορεύετο σὺν αὐ-
τοῖς⸃. ἤδη δὲ αὐτοῦ οὐ μακρὰν
ἀπέχοντος °ἀπὸ τῆς οἰκίας ἔ-
πεμψεν⸆ φίλους ὁ ⸀ἑκατοντάρχης
⸂λέγων αὐτῷ⸃· κύριε, μὴ σκύλλου,
οὐ γὰρ ⸉ἱκανός εἰμι⸊ ἵνα ⸉1ὑπὸ
τὴν στέγην μου⸊ εἰσέλθῃς· 7 ⸋διὸ
οὐδὲ ἐμαυτὸν ἠξίωσα πρὸς σὲ
ἐλθεῖν·⸌ ἀλλὰ ⸆ εἰπὲ λόγῳ,
καὶ ⸀ἰαθήτω ὁ παῖς μου. 8 καὶ
γὰρ ἐγὼ ἄνθρωπός εἰμι ὑπὸ ἐξ-
ουσίαν τασσόμενος ἔχων ὑπ᾽ ἐμ-
αυτὸν στρατιώτας, καὶ λέγω τού-
τῳ· ⸀πορεύθητι, καὶ πορεύεται,
καὶ ἄλλῳ· ἔρχου, καὶ ἔρχεται,
καὶ τῷ δούλῳ μου· ποίησον τοῦ-
το, καὶ ποιεῖ. 9 ἀκούσας δὲ ⸉ταῦτα
ὁ Ἰησοῦς⸊ ἐθαύμασεν αὐτὸν καὶ
στραφεὶς τῷ ⸂ἀκολουθοῦντι αὐ-

[Joh. 4,46b-54]

47 °οὗτος ἀκούσας
ὅτι Ἰησοῦς ἥκει ⸂ἐκ τῆς Ἰουδαίας
εἰς τὴν Γαλιλαίαν⸃ ⸀ἀπῆλθεν
⸂πρὸς αὐτὸν⸃ καὶ ἠρώτα ⸆ ἵνα
καταβῇ καὶ ἰάσηται αὐτοῦ τὸν
υἱόν, ἤμελλεν γὰρ ἀποθνῄσκειν.
48 εἶπεν οὖν ὁ Ἰησοῦς πρὸς αὐ-
τόν· ἐὰν μὴ σημεῖα καὶ τέρατα
ἴδητε, οὐ μὴ πιστεύσητε⁝.
49 λέγει πρὸς αὐτὸν
ὁ ⸀βασιλικός· κύριε, κατάβηθι
πρὶν ἀποθανεῖν ⸂τὸ παιδίον⸃ °μου.

Matth.: 7 °† B 700 lat sy sa ¦ *txt* ℌℜWΘ **0250** λ φ *pl* vgcl bo; Cyr | ⸆ο Ιησους CℜWΘ **0250** λ φ *pl* lat syc.p sa bopt ¦ *txt* B ℵ *pc* | ⸆ ακολουθει μοι ℵ* | [⁝(15,24); Th. Zahn] || 8 ⸂† α. δε B ℵ* *pc* ¦ *txt* CℜWΘλφ*pl*; Cyr | ⸀χιλιαρχης sys; Clhom Euspt ¦ εκατονταρχης ℵ* | ⸀ειπεν ℵ*C 33 | ⸉*p.* στεγην Θ | ⸂puer a b ¦ — λ k sa bopt; Or || 9 ⸂εξ. εχων sys ¦ και εχω εξ. syc | ⸆*p)* τασσομενος B ℵ *pc* lat | [⁝—, comm] || 10 ⸆αυτω C *al* lat

Luk.: 2 ⸀τιμιος D || 3 ⸋D φ 700 it bopt arm | ⸆αυτος ℵ | ⸀παιδα ℓ 47 || 4 ⸂προς αυτον 700 ¦ — D it | ⸀ηρωτων ℵ D φ 700 *al* | ⸆αυτω C* A *al* f vg || 5 ⸀εποιησεν W || 6 ⸂επορ. δε μετ αυτων ο Ι. D it sys | °ℵ D λ φ | ⸆προς (επ A) αυτον ℵcorr CℜADΘλφ*pl* lat sys.p ¦ π. αυτους W ¦ *txt* 𝔓75 B ℵ* *pc* | ⸀εκατονταρχος 𝔓45 ℵ C ℜ A (⸉ DΘλφ) *pl* | ⸂*2 1* 𝔓75 ¦ *1* ℵ* Θ *pc* lat sapt bopt | ⸉CℜADΘλφ*pl* it | ⸉1 *p) 4 1-3* ℌDWλ*pm* ¦ *txt* 𝔓75 BℜAΘ*al* || 7 ⸋*p)* D *pc* it sys | ⸆*p)* μονον Cφ*pc* l r1 | ⸀*p)* -ησεται ℵCℜADWΘλφ*pl* ¦ *txt* 𝔓75vid B *pc* || 8 ⸀πορευου D *pc* || 9 ⸉C | ⸂ακολουθουντι D *al* ¦ — W bopt

Joh.: 47 °ℵ* syc | ⸂εκ τ. Γ. εις τ. Ι. syc | ⸀ηλθεν ℵ*Cλφ 565 *pc* it | ⸂ουν πρ. αυτ. ℵ* ¦ — 𝔓75 | ⸆αυτον ℜAΘ **063** λ *al* lat || 48 [⁝;H] || 49 ⸀-ισκος D ℓ 182 bopt | ⸂τον παιδα ℵ it ¦ τον υιον Aφ lat | °D λ *pc* it

---

14 (Jo) cf *8 (Lc)* || *17 sqq* cf Act 10,2 || *20 sq (Lc)* cf Act 10,20.23 || *21 (Jo)* σημεῖα καὶ τέρατα cf Mc 13,22 = Mt 24,24; Jo 4,48; Ex 7,3; Dt 4,34; 6,22; 7,19; 13,3; 34,11; Is 8,18; 20,3; Jr 32,20 (LXX 39,20); Sap 8,8; 10,16; Act 2,19.22.43; 4,30; 5,12; 6,8; 7,36; 14,3; 15,12; Rm 15,19; 2 Cor 12,12; 2 Th 2,9; Heb 2,4 || *21 sq (Jo)* cf Jo 6,30 sqq; Mt 12,39; 16,4 = Mc 8,12 || *24 sq (Lc)* cf Lc 8,49; Mc 5,35 || *25 sq* cf Lc 5,8 || *29* cf 6

[Matth. 8,5-13]

ἀμὴν λέγω ὑμῖν,
⸀παρ᾽ οὐδενὶ τοσαύτην πίστιν ἐν
τῷ Ἰσραὴλ⸁ εὗρον.

cf. v. 12

11 λέγω δὲ ὑμῖν ὅτι
πολλοὶ ἀπὸ ἀνατολῶν καὶ δυσμῶν
ἥξουσιν καὶ ἀνακλιθήσονται ⸀μετὰ Ἀβραὰμ καὶ Ἰσαὰκ καὶ Ἰακὼβ
ἐν τῇ βασιλείᾳ τῶν οὐρανῶν, 12 οἱ
δὲ υἱοὶ τῆς βασιλείας ⸀ἐκβληθήσονται εἰς τὸ σκότος τὸ ἐξώτερον· ἐκεῖ ἔσται ὁ κλαυθμὸς καὶ
ὁ βρυγμὸς τῶν ὀδόντων. 13 καὶ
εἶπεν ὁ Ἰησοῦς τῷ ⸀ἑκατοντάρχῃ· ὕπαγε, ⸆ ὡς
ἐπίστευσας γενηθήτω σοι.

καὶ ἰάθη ὁ παῖς °[αὐτοῦ] ⸀ἐν τῇ ⸀ὥρᾳ ἐκείνῃ⸁. ⸆

(nr. 87 8,14-15 p. 117)

Mark.

7,30 (nr. 151, p. 220)

30 Καὶ ἀπελθοῦσα εἰς τὸν
οἶκον °αὐτῆς
εὗρεν ⸀τὸ παιδίον
βεβλημένον⸁ ἐπὶ τὴν κλίνην καὶ
τὸ δαιμόνιον ἐξεληλυθός.

[Luk. 7,1-10]

τῷ⸁ ὄχλῳ εἶπεν· ⸆ λέγω ὑμῖν,
⸀οὐδὲ ἐν τῷ Ἰσραὴλ τοσαύτην
πίστιν εὗρον⸁.

13,28-29 (nr. 211, p. 295)

28 Ἐκεῖ ἔσται ὁ κλαυθμὸς καὶ ὁ
βρυγμὸς τῶν ὀδόντων, ὅταν ⸀ὄψησθε Ἀβραὰμ καὶ Ἰσαὰκ καὶ
Ἰακὼβ καὶ πάντας τοὺς προφήτας ἐν τῇ βασιλείᾳ ⸀τοῦ θεοῦ⸁, ⸋ὑμᾶς δὲ ⸀ἐκβαλλομένους ἔξω.⸌ 29 καὶ
ἥξουσιν ἀπὸ ἀνατολῶν καὶ δυσμῶν ⸀καὶ ἀπὸ⸁ βορρᾶ καὶ νότου
καὶ ἀνακλιθήσονται
ἐν τῇ βασιλείᾳ τοῦ θεοῦ.

cf. 13, 28

7,10

10 Καὶ ὑποστρέψαντες εἰς τὸν
οἶκον οἱ πεμφθέντες⸆
εὗρον τὸν ⸆ δοῦλον
ὑγιαίνοντα.

[Joh. 4,46b-54]

50 λέγει αὐτῷ ὁ Ἰησοῦς·
πορεύου, ὁ υἱός σου ζῇ. ⸆ἐπίστευσεν ὁ ἄνθρωπος τῷ λόγῳ ⸂⸀ὃν εἶπεν °αὐτῷ ὁ Ἰησοῦς⸃ ⸋καὶ ἐπορεύετο⸌. 51 ἤδη δὲ αὐτοῦ καταβαίνοντος οἱ δοῦλοι °αὐτοῦ ὑπήντησαν
αὐτῷ ⸆ °¹λέγοντες ὅτι ὁ ⸀παῖς ⸀αὐτοῦ ζῇ. 52 ἐπύθετο οὖν τὴν ὥραν
⸀παρ᾽ αὐτῶν⸁ ἐν ᾗ κομψότερον ἔσχεν· ⸀εἶπαν οὖν⸁ αὐτῷ ὅτι ἐχθὲς

Matth.: 10 ⸀p) ουδε εν τω Ι. τοσ. πιστ. ℵCℜΘ 0250 φ pl (lat sy[s.p]) ¦ txt BW (— ε. τ. Ι. λ) pc (it sy[c]) ‖ 11 ⸀(Lc 16,23) εν τοις κολποις του Cl[hom] Or[pt] Eus Epiph ‖ 12 ⸀εξελευσονται ℵ* 0250 k sy; Or Eus ¦ ibunt it; Ir[lat] ¦ txt BCℜWΘ λ φ pl vg sa bo ‖ 13 ⸀χιλιαρχη sy[s]; Cl[hom] Eus[pt] ¦ εκατονταρχω ℵ[corr] 0250 λ pm | ⸆και CℜΘ λ pm; Or Cyr | °† Bℵ 0250 λ pc lat ¦ txt CℜWΘ φ pm | ⸀απο της ωρας εκεινης CΘ 0250 al it sa[pt] bo[pt] | ⸀ημερα W pc | ⸆p) και υποστρεψας ο εκατονταρχος εις τον οικον αυτου εν αυτη τη ωρα ευρεν τον παιδα υγιαινοντα ℵ* C Θ (0250) λ pm

Mark.: 30 °𝔓[45] D W λ pc it | ⸀την θυγατερα (+ αυτης Θ it) -νην DΘλφ it (⸉𝔓[45] ℜ A W pm)

Luk. 7: 9 ⸆p) αμην DΘΨφ pc lat | ⸀ουδεποτε τοσ. π. ευρ. εν τ. Ι. D (Θ al it; Mcion) ‖ 10 ⸆δουλοι D | ⸆ασθενουντα CℜA (D, sed — δουλον) Θφ pm

Luk. 13: 28 ⸀οψεσθε B* Dφ al; Epiph ¦ ιδητε ℵΘ; Mcion ¦ txt 𝔓[75] ℜ A R W 070 λ pm | ⸀αυτου A | ⸋69 pc sy[s] | ⸀κρατουμενους Mcion ‖ 29 ⸀1 ℵℜADWΘ λ pm lat ¦ 2 𝔓[75] 070 ¦ txt Bφ al it

Joh.: 50 ⸆και CℜA λφ pm it | ⸀του Ιησου ℵ* sy[c] sa bo[pt] | ⸀ω 𝔓[66] ℜ D W λφ pl ¦ txt 𝔓[75] ℌ A Θ pc | °𝔓[75] K pc | ⸋e sy[c] ‖ 51 °† ℵDΨ λ pc lat ¦ txt 𝔓[66.75] BCℜA (W) Θφ pl q | ⸆και ηγγειλαν ℵ (+ αυτω D) lat sy[c.p] sa ¦ κ. απηγγ- 𝔓[66] CℜAWΘ 063 φ al ¦ κ. ανηγγ- λ 33 al ¦ txt 𝔓[75] ℌ pc | °¹ ℵ D b r[1] | ⸀υιος 𝔓[66c] D 33 pm latt sy[c.p] sa bo | ⸀σου 𝔓[66c] ℜ D Θ 063 λ (φ) pl it sy[c.p] sa bo ‖ 52 ⸀εκεινην 𝔓[75] B | ⸀και ειπον ℵℜAD Θ 063 φ pm lat ¦ ειπον 𝔓[66]* 0125. 2145

42sq cf 55sq ‖ 47sqq cf 76sqq ‖ 48sq cf Ps 107,3; Is 59,19; Ml 1,11; Is 49,12; Jr 3,18 ‖ 53 cf Mt 13,38 ‖ 55sq cf 42sq; cf Mt 13, 42.50; 22,13; 24,51; 25,30; Hos 9,17 ‖ 58sq (Jo) cf 1Rg 17,23; 2Rg 8,8 | cf 6 ‖ 63sq (Mt) cf Mt 9,22; 15,28; 17,18

Matth.	Mark.	Luk.	[Joh. 4,46b-54]
			ὥραν ⸀ἑβδόμην ἀφῆκεν αὐτὸν ὁ πυρετός. 53 ἔγνω οὖν ὁ πατὴρ ⸆ὅτι °[ἐν] ἐκείνῃ τῇ ὥρᾳ ἐν ᾗ εἶπεν αὐτῷ ⸋ὁ Ἰησοῦς⸌· ⸆ὁ υἱός σου ζῇ, καὶ ἐπίστευσεν αὐτὸς καὶ ἡ οἰκία αὐτοῦ ὅλη. 54 Τοῦτο °[δὲ] πάλιν ⸉δεύτερον σημεῖον ἐποίησεν⸊ ὁ Ἰησοῦς ἐλθὼν ἐκ τῆς Ἰουδαίας εἰς τὴν Γαλιλαίαν. (nr. 140 5,1 p. 196)

Justinus Mart., Dial. 76, 4–5: »Ἥξουσιν ἀπὸ ἀνατολῶν καὶ δυσμῶν, καὶ ἀνακλιθήσονται μετὰ Ἀβραὰμ καὶ Ἰσαὰκ καὶ Ἰακὼβ ἐν τῇ βασιλείᾳ τῶν οὐρανῶν· οἱ δὲ υἱοὶ τῆς βασιλείας ἐκβληθήσονται εἰς τὸ σκότος τὸ ἐξώτερον«. 5 ... καὶ ἐν ἄλλοις λόγοις, οἷς καταδικάζειν τοὺς ἀναξίους μὴ σώζεσθαι μέλλει, ἔφη ἐρεῖν· »Ὑπάγετε εἰς τὸ σκότος τὸ ἐξώτερον, ὃ ἡτοίμασεν ὁ πατὴρ τῷ σατανᾷ καὶ τοῖς ἀγγέλοις αὐτοῦ«.

Joh.: 52 ⸀tertia c ¦ nona syc || 53 ⸆αυτου 𝔓66 C 0125 ϕ 1241 *pc* e f | °† 𝔓75 B ℵ* C 0125 *al* lat ¦ *txt* 𝔓66 ℵcorr 𝔎 A D W Θ 063.078 *pm* f | ⸋ℵ* | ⸆οτι 𝔎 D W Θ 078 ϕ *al* it || 54 °ℵ 𝔎 A D Θ 063 λ *pm* latt ¦ *txt* 𝔓66.75 B C* G W ϕ *al* | ⸉*1 3 2* ℵ W ¦ *3 1 2* 𝔓75

67sq cf Mt 8,15 = Mc 1,31 = Lc 4,39 *(nr 37.87)* || 70 cf 6 || 70sqq cf Act 16,15.31sq || 72sq Jo 2,11; 21,16; Mt 26,42; Act 10,15 || 76sqq cf 47sqq || 78 cf Mt 25,41

86. Der Jüngling von Nain

Filius viduae Naim **The Widow's Son at Nain**

Matth.	Mark.	Luk. 7,11-17	Joh.
		11 Καὶ ⸂ἐγένετο ἐν⸃ ⸀τῷ °ἑξῆς ⸀ἐπορεύθη εἰς πόλιν °1καλουμένην ⸀1Ναΐν καὶ συνεπορεύοντο αὐτῷ οἱ μαθηταὶ αὐτοῦ ⸆ καὶ ὄχλος πολύς. 12 ⸂ὡς δὲ⸃ ἤγγισεν τῇ πύλῃ τῆς πόλεως, ⸋καὶ ἰδοὺ⸌ ἐξεκομίζετο °τεθνηκὼς ⸉μονογενὴς υἱὸς⸊ τῇ μητρὶ αὐτοῦ ⸂καὶ αὐτὴ ἦν χήρα,⸃ καὶ ⸂1ὄχλος τῆς πόλεως ἱκανὸς ἦν σὺν αὐτῇ⸃. 13 ⸂καὶ ἰδὼν αὐτὴν⸃ ὁ ⸀κύριος ἐσπλαγχνίσθη ⸂ἐπ' αὐτῇ⸃ καὶ εἶπεν αὐτῇ· μὴ κλαῖε. 14 καὶ προσελθὼν ἥψατο τῆς σοροῦ, οἱ δὲ βαστάζοντες ἔστησαν, καὶ εἶπεν· νεανίσκε ⸆, σοὶ λέγω, ἐγέρθητι. 15 καὶ ⸀ἀνεκάθισεν ὁ νεκρὸς καὶ ἤρξατο λαλεῖν, καὶ ἔδωκεν αὐτὸν τῇ μητρὶ αὐτοῦ. 16 ἔλαβεν δὲ φόβος ⸀πάντας καὶ ἐδόξαζον τὸν θεὸν λέγοντες ὅτι προφήτης μέγας ⸀ἠγέρθη ἐν ἡμῖν καὶ ὅτι ἐπεσκέψατο ὁ ⸀1θεὸς τὸν λαὸν αὐτοῦ ⸆. 17 καὶ ἐξῆλθεν ⸂ὁ λόγος οὗτος⸃ ἐν ὅλῃ τῇ Ἰουδαίᾳ ⸋περὶ αὐτοῦ⸌ καὶ ⸆ πάσῃ τῇ περιχώρῳ. (nr. 106 7, 18-23 p. 150)	

11 ⸂*1* W ¦ – D e sys | ⸀τη ℵ* C D W *pm* syp bo ¦ *txt* 𝔓75 B 𝔎 A Θ ϕ *al* lat sys sa | °λ (*sic*) | ⸀επορευετο C 𝔎 A D L Θ λ *pl* ¦ *txt* 𝔓75 B ℵ W ϕ *pc* | °1ℵ* | ⸀1Ναιμ λ lat ¦ Capharnaum e l | ⸆ικανοι C 𝔎 A Θ λ ϕ *pm* ¦ πολλοι b c q || 12 ⸂εγενετο δε ως D it | ⸋D | °A *pc* c | ⸉C 𝔎 A D Θ λ ϕ *pl* ¦ *txt* 𝔓75 B ℵ L W Ξ *pc* | ⸂χηρα ουση D | ⸂1πολυς οχ. τ. π. συνεληλυθει αυτη D (e) || 13 ⸂ιδων δε D (e) | ⸀Ιησους D W λ *al* f sys.p bo | ⸂επ αυτην ℵ R ϕ *pm* ¦ – Θ *pc* ff2 l ¦ *txt* 𝔓75 B C 𝔎 A D W λ *al* || 14 ⸆νεανισκε D a ff2 || 15 ⸀εκαθ- B *pc* || 16 ⸀απ- ℌ A W Θ *al* ¦ *txt* 𝔓75 B 𝔎 D ϕ *pm* | ⸀εξηγερθη D ¦ εγηγερται 𝔎 W Θ ϕ *pl* ¦ προηλθεν Mcion ¦ *txt* 𝔓75 B ℵ C A λ *al* | ⸀1κυριος λ aur c l | ⸆εις αγαθον ϕ *al* it || 17 ⸂*3 1 2* D lat ¦ τουτο sys | ⸋ℵ* 1574 ff2 l | ⸆εν 𝔎 A D ϕ *pm* it

---

1sqq cf 1 Rg 17,17-24; 2 Rg 4,18-37; Mt 9,18-26 = Mc 5,21-43 = Lc 8,40-56 *(nr 95.138)*; Jo 11,1-45; Act 9,36-42; 20,7-12 || 1 ἑξῆς Lc sol. || 2sq cf Lc 8,42; 9,38; Jdc 11,34; Am 8,10; Zch 12,10 || 4 κύριος: cf Lc 7,19.31 app; 10,1.39.41; 11,39; 12,42; 13,15; 17,5sq; 18,6; 19,8; 22,31 app.61; 24,3 (Mt 21,3 = Mc 11,3 = Lc 19,31.34 *(nr 269)*; Mt 28,6 app; Mc 16,19) | cf Lc 10,33 | cf Lc 8,52; 23,28; Apc 5,5 | cf Gn 50,26 || 5 cf Mc 5,41 par *(nr 138)*; Act 9,40 | ἀνεκάθισεν hic et Act 9,40 || 5sq 1 Rg 17,23 (2 Rg 4,36sq) || 6 cf Lc 1,65; 5,26; 8,37; Mc 4,41 | cf Lc 2,20; 5,25sq; 13.13; 17,15; 18,43; 23,47 || 6sq cf Lc 24,19; Mc 6,15; 8,28; Mt 16,14; 21,11.46 || 7 cf Lc 1,68.78; Act 15,14

87. Heilung der Schwiegermutter des Petrus

Socrus Petri *(cf. nr. 37)* **The Healing of Peter's Mother-in-law**

Matth. 8,14-15	Mark. 1,29-31 *(nr. 37, p. 54)*	Luk. 4,38-39 *(nr. 37, p. 54)*	Joh.
(nr. 85 8,5-13 p. 113)			
14 Καὶ	29 Καὶ ⸀εὐθὺς ἐκ τῆς συναγωγῆς ⸂ἐξελθόν-	38 Ἀναστὰς δὲ ⸀ἀπὸ τῆς συναγωγῆς	
ἐλθὼν ὁ Ἰησοῦς εἰς τὴν οἰκίαν ⸀Πέτρου	τες ἦλθον⸃ εἰς τὴν οἰκίαν Σίμωνος	⸆εἰσῆλθεν εἰς τὴν οἰκίαν⸆ Σίμωνος⸆1.	
εἶδεν	καὶ Ἀνδρέου μετὰ Ἰακώβου καὶ Ἰωάννου.		
τὴν πενθερὰν αὐτοῦ βεβλημένην	30 ⸉ἡ δὲ πενθερὰ Σίμωνος κατέκειτο⸊	⸆2πενθερὰ δὲ τοῦ Σίμωνος ἦν ⸀συνεχομέ-	
καὶ πυρέσσουσαν·	πυρέσσουσα, καὶ ⸀εὐθὺς λέγουσιν αὐτῷ	νη πυρετῷ μεγάλῳ καὶ ἠρώτησαν αὐτὸν	
	⸋περὶ αὐτῆς⸌. 31 καὶ προσελθὼν ⸂ἤγειρεν	περὶ αὐτῆς. 39 καὶ ⸋ἐπιστὰς ἐπάνω αὐτῆς⸌	
15 καὶ ἥψατο τῆς χειρὸς αὐτῆς, καὶ ἀφῆκεν	αὐτὴν κρατήσας τῆς χειρός⸆⸃· καὶ ἀφῆκεν	ἐπετίμησεν τῷ πυρετῷ καὶ ἀφῆκεν	
αὐτὴν ὁ πυρετός, καὶ ἠγέρθη	αὐτὴν ὁ πυρετός⸆, ⸆1	αὐτήν⸆. ⸆ παραχρῆμα ⸂δὲ ἀναστᾶσα	
καὶ διηκόνει ⸀αὐτῷ.	καὶ διηκόνει ⸀αὐτοῖς.	διηκόνει⸃ ⸀αὐτοῖς.	

Evang. Ebion.: *cf. nr. 34.*

Matth.: 14 ⸀Σιμωνος Κηφα sy$^{s.c}$ ‖ 15 ⸀*p)* αυτοις ℵ^{corr} L λ φ *pm* lat sy$^{s.c}$ bo

Mark.: 29 ⸀ευθεως C 𝔎 A Θ 0133 *pm* ¦ — D W it sy$^{s.p}$ | ⸂-θων ηλθεν B (⸉ W Θ, D it) λ φ *al* (sy^{s}*!*) bo^{pt} ¦ *txt* ℵ C 𝔎 A 0133 *al* vg sy^{p} bo^{pt} ‖ 30 ⸉ *5 2 1 3 4* D W lat | ⸀ευθεως C 𝔎 A 0104.0133 λ *pm* ¦ — W it sy$^{s.p}$ | ⸋Θ ‖ 31 ⸂εκτεινας την χειρα κρατ. ηγ. αυτ. D it ¦ εκτ. τ. χ. και επιλαβομενος ηγ. αυτ. W ¦ — της χ. sy^{s} | ⸆αυτης C 𝔎 A Θ 0104.0133 λ φ *pm* lat | ⸆ευθεως 𝔎 A 0104.0130.0133 φ *pm* (b q) sy$^{s.p}$(⸉ D *pc* lat) ¦ *txt* B ℵ C W Θ λ *al* bo | ⸆1*p)* και ηγερθη 1082 *pc* sy^{s} sa bo^{pt} | ⸀*p)* αυτω W 579

Luk.: 38 ⸀εκ 𝔎 A Θ 0102.0135 *pm* | ⸆ο Ιησους A 565 *al* | ⸆του ℵ | ⸆1*p)* και Ανδρεου D it ¦ Πετρου bo^{pt} | ⸆2η W *al* (η δε π. C *pc*) | ⸀κατεχ- D ‖ 39 ⸋sy^{s} | ⸆*p)* ο πυρετος ℵ *pc* e | ⸆και (— δε) C L *pc* lat | ⸂ωστε αναστασαν αυτην διακονειν D | ⸀*p)* αυτω N *pc* e

[2]*cf 10* ‖ [3]cf Mt 4,18 sqq. 21 sq par *(= nr 34)* ‖ [4]cf 1 Cor 9,5 ‖ [7]cf Mc 5,41 par *(= nr 138)*; 9,27; Act 3,7 ‖ [7sq]cf Jo 4,52; Act 28,8 ‖ [8(Lc)]cf Lc 5,25; 8,44.47 etc ‖ [9]cf Mc 15,41; Mt 27,55; Lc 8,3 etc ‖ [10]*cf 2*

88. Heilungen am Abend

Sanationes sub vesperum *(cf. nr. 38)* **The Sick Healed at Evening**

Matth. 8,16-17 4,24; 12,15b-16	Mark. 1,32-34 3,10-12	Luk. 4,40-41 *(nr. 38 p. 55)*	Joh.
	1, 32-34 *(nr. 38, p. 55)*		
16 Ὀψίας δὲ γενομένης	32 Ὀψίας δὲ γενομένης, ὅτε ⸀ἔδυ ὁ	40 ⸀Δύνοντος δὲ τοῦ	
προσήνεγκαν αὐτῷ	ἥλιος, ἔφερον πρὸς αὐτὸν πάντας τοὺς	ἡλίου ⸀ἅπαντες ὅσοι εἶχον ἀσθενοῦντας	
δαιμονιζομένους πολλούς·	κακῶς ἔχοντας⸆ ⸋καὶ τοὺς δαιμονιζομέ-	νόσοις ⸀1ποικίλαις ⸆ἤγαγον αὐτοὺς πρὸς	
	νους⸌·	αὐτόν·	

Mark.: 32 ⸀† εδυσεν B D 28 *pc* ¦ *txt* ℌ 𝔎 A W Θ 0133 λ φ *pl* | ⸆*p)* νοσοις ποικιλαις D it (χαλεπαις sy^{s}) | ⸋W sy^{s} *(usque ad* νοσοις *vs 34* ℵ*)*

Luk.: 40 ⸀δυναντος U *al* ¦ δυσαντος D | ⸀παντες ℌ 𝔎 A D W 0102.0135 φ *pm* ¦ *txt* B C Θ λ *al* | ⸀1χαλεπαις sy^{s} | ⸆και A

[1]cf Mc 4,35; 6,47; 14,17; 15,42 et par *(nr 147. 308. 350)* ‖ [1sq]*cf 17 sqq*

[Matth. 8,16-17]	[Mark. 1,32-34]	[Luk. 4,40-41]	Joh.
καὶ ἐξέβαλεν ⸂τὰ πνεύματα⸃ ⸆ λόγῳ καὶ πάντας τοὺς κακῶς ἔχοντας ἐθεράπευσεν, 17 ὅπως πληρωθῇ τὸ ῥηθὲν διὰ Ἠσαΐου τοῦ προφήτου λέγοντος⸆· αὐτὸς τὰς ἀσθενείας ἡμῶν ἔλαβεν καὶ τὰς νόσους ἐβάστασεν.	33 καὶ ⸂ἦν ὅλη ἡ πόλις ἐπισυνηγμένη πρὸς τὴν θύραν⸃⸆. 34 καὶ ἐθεράπευσεν ⸀πολλοὺς ⸋κακῶς ἔχοντας ποικίλαις νόσοις⸌ καὶ ⸂δαιμόνια πολλὰ ἐξέβαλεν⸃⸆ καὶ οὐκ ἤφιεν ⸂λαλεῖν τὰ δαιμόνια⸃, ὅτι ᾔδεισαν αὐτόν⸆.	ὁ δὲ ἑνὶ ἑκάστῳ ⸀αὐτῶν τὰς χεῖρας ἐπιτιθεὶς ⸁ἐθεράπευεν αὐτούς⸆. 41 ⸀ἐξήρχετο δὲ καὶ δαιμόνια °ἀπὸ πολλῶν ⸁κρ[αυγ]άζοντα καὶ λέγοντα ὅτι σὺ εἶ ⸆ὁ υἱὸς τοῦ θεοῦ. καὶ ἐπιτιμῶν οὐκ εἴα αὐτὰ λαλεῖν, ὅτι ᾔδεισαν τὸν χριστὸν αὐτὸν εἶναι.	
4,24 *(nr. 50, p. 73)* 24 Καὶ ἀπῆλθεν ἡ ἀκοὴ αὐτοῦ εἰς ὅλην τὴν Συρίαν· καὶ προσήνεγκαν αὐτῷ πάντας τοὺς κακῶς ἔχοντας ποικίλαις νόσοις καὶ βασάνοις συνεχομένους [καὶ] δαιμονιζομένους καὶ σεληνιαζομένους καὶ παραλυτικούς, καὶ ἐθεράπευσεν αὐτούς.			
12,15b-16 *(nr. 113, p. 159)* 15 ... Καὶ ἠκολούθησαν αὐτῷ [ὄχλοι] πολλοί, καὶ ἐθεράπευσεν αὐτοὺς πάντας 16 καὶ ἐπετίμησεν αὐτοῖς ἵνα μὴ φανερὸν αὐτὸν ποιήσωσιν.	3,10-12 *(nr. 48, p. 68)* 10 Πολλοὺς γὰρ ἐθεράπευσεν, ὥστε ἐπιπίπτειν αὐτῷ ἵνα αὐτοῦ ἅψωνται ὅσοι εἶχον μάστιγας. 11 καὶ τὰ πνεύματα τὰ ἀκάθαρτα, ὅταν αὐτὸν ἐθεώρουν, προσέπιπτον αὐτῷ καὶ ἔκραζον λέγοντες ὅτι σὺ εἶ ὁ υἱὸς τοῦ θεοῦ. 12 καὶ πολλὰ ἐπετίμα αὐτοῖς ἵνα μὴ αὐτὸν φανερὸν ποιήσωσιν.		

Ignatius ad Polyc. 1,3: Τοῖς κατ᾽ ἄνδρα κατὰ ὁμοήθειαν θεοῦ λάλει· πάντων »τὰς νόσους βάσταζε« ὡς τέλειος ἀθλητής. ὅπου πλείων κόπος, πολὺ κέρδος.

Matth.: 16 ⸂αυτα k sy$^{s.c}$ \| ⸆τα ακαθαρτα sa^{pt} ‖ 17 ⸆οτι W it

Mark.: 33 ⸂η. π. ολ. συνηγμενη ην πρ. τας θυρας W *(pc)* \| ⸆αυτου D it ‖ 34 ⸀αυτους D \| ⸋D sy^{s} \| ⸂τους δαιμονια εχοντας εξεβ. αυτα D ff^{2} \| ⸆απ αυτων D W ff^{2} \| ⸂τ. δ. λ. Β ¦ αυτα λ. D Θ it \| ⸆*p)* χριστον (τον χ. ℵ^{corr} φ *al*; ⸉χ. αυτον C *pc*) ειναι B ℵ^{corr} C W Θ λ *pm* l (vg^{codd} bo) ¦ και εθεραπευσεν πολλους κακως εχοντας ποικιλαις νοσοις και δαιμονια πολλα εξεβαλεν D ¦ *txt* ℵ* ℜ A **090.0104.0133** *al*

Luk.: 40 ⸀αυτω (?) C ¦ — D lat \| ⸁*p)* -ευσεν ℌ ℜ A Θ λ φ *pl* ¦ *txt* B D W *pc*; Or \| ⸆παντας sy^{s} bo^{pt} ‖ 41 ⸀-χοντο ℵ C Θ λ *al*; Or \| °ℵ W *al* \| ⸁κραζοντα B ℵ(*) C K Θ *pm* ¦ *txt* A D E W φ *pm* \| ⸆ο Χριστος ℜ A Θ **0102** λ φ *pm*

5sq cf Mc 1,45; 2, 2.4.13; 3,9.20; 4,1; 5,21.24; 6,31.34.55; 8,1 et par ‖ 7 cf 10(Mt). 22sq ‖ 9sqq cf ad Lc 4,33 par *(nr 36)* ‖ 10sqq (Mc/Lc) cf 25sqq ‖ 10(Mt) cf 7. 22sq ‖ 14sqq Is 53,4.11; cf 29 ‖ 17sqq cf 1sqq ‖ 22sq cf 7.10(Mt) ‖ 25sqq cf 10 sqq (Mc/Lc) ‖ 29 cf 14sqq

89. Von der Nachfolge Jesu

(cf. nr. 176)

Vulpes foveas habent — **On Following Jesus**

Matth. 8,18-22

18 Ἰδὼν δὲ ὁ Ἰησοῦς ⸀ὄχλον περὶ ⸀αὐτὸν ἐκέλευσεν ⸆ ἀπελθεῖν εἰς τὸ πέραν. 19 καὶ προσελθὼν εἷς γραμματεὺς εἶπεν αὐτῷ· διδάσκαλε, ἀκολουθήσω σοι ὅπου ἐὰν ἀπέρχῃ. 20 καὶ λέγει αὐτῷ ὁ Ἰησοῦς· αἱ ἀλώπεκες φωλεοὺς ἔχουσιν καὶ τὰ πετεινὰ τοῦ οὐρανοῦ κατασκηνώσεις, ὁ δὲ υἱὸς τοῦ ἀνθρώπου οὐκ ἔχει ποῦ τὴν κεφαλὴν κλίνῃ.

21 ἕτερος δὲ τῶν μαθητῶν °[αὐτοῦ] εἶπεν αὐτῷ· κύριε, ἐπίτρεψόν μοι πρῶτον ἀπελθεῖν καὶ θάψαι τὸν πατέρα μου⸆. 22 ὁ δὲ °Ἰησοῦς λέγει αὐτῷ· ⸂ἀκολούθει μοι καὶ ἄφες τοὺς νεκροὺς θάψαι τοὺς ἑαυτῶν νεκρούς⸃.

Mark. 4,35

(nr. 136, p. 186)

35 Καὶ λέγει αὐτοῖς ἐν ἐκείνῃ τῇ ἡμέρᾳ ὀψίας γενομένης· διέλθωμεν εἰς τὸ πέραν.

Luk. 9,57-62

(nr. 176, p. 256)

57 ⸂Καὶ πορευομένων⸃ αὐτῶν ἐν τῇ ὁδῷ εἶπέν τις πρὸς αὐτόν· ἀκολουθήσω σοι ὅπου ἐὰν ⸀ἀπέρχῃ⸆. 58 καὶ εἶπεν αὐτῷ °ὁ Ἰησοῦς· αἱ ἀλώπεκες φωλεοὺς ἔχουσιν καὶ τὰ πετεινὰ τοῦ οὐρανοῦ κατασκηνώσεις, ὁ δὲ υἱὸς τοῦ ἀνθρώπου οὐκ ἔχει ποῦ τὴν κεφαλὴν κλίνῃ. 59 Εἶπεν δὲ πρὸς ἕτερον· ἀκολούθει μοι.

ὁ δὲ εἶπεν· °[κύριε,] ἐπίτρεψόν μοι ⸂ἀπελθόντι πρῶτον⸃ θάψαι τὸν πατέρα μου. 60 εἶπεν δὲ αὐτῷ· ⸀ἄφες τοὺς νεκροὺς θάψαι τοὺς ἑαυτῶν νεκρούς, σὺ δὲ ⸀ἀπελθὼν διάγγελλε τὴν βασιλείαν τοῦ θεοῦ. 61 Εἶπεν δὲ καὶ ἕτερος· ἀκολουθήσω σοι, κύριε· πρῶτον δὲ ἐπίτρεψόν μοι ἀποτάξασθαι τοῖς εἰς τὸν οἶκόν μου. 62 ⸂εἶπεν δὲ [πρὸς αὐτὸν] ὁ Ἰησοῦς⸃· οὐδεὶς ⸄ἐπιβαλὼν τὴν χεῖρα ⸆ ἐπ' ἄροτρον καὶ βλέπων εἰς τὰ ὀπίσω⸅ εὔθετός ἐστιν ⸂¹τῇ βασιλείᾳ⸃ τοῦ θεοῦ.

Joh.

1. Reg. 19,19-21: 19 Καὶ ἀπῆλθεν ἐκεῖθεν καὶ εὑρίσκει τὸν Ελισαιε υἱὸν Σαφατ, καὶ αὐτὸς ἠροτρία ἐν βουσίν – δώδεκα ζεύγη βοῶν ἐνώπιον αὐτοῦ, καὶ αὐτὸς ἐν τοῖς δώδεκα –, καὶ ἐπῆλθεν ἐπ' αὐτὸν καὶ ἐπέρριψε τὴν μηλωτὴν αὐτοῦ ἐπ' αὐτόν. 20 καὶ κατέλιπεν Ελισαιε τὰς βόας καὶ κατέδραμεν ὀπίσω Ηλιου καὶ εἶπεν· καταφιλήσω τὸν πατέρα μου καὶ ἀκολουθήσω ὀπίσω σου· καὶ εἶπεν Ηλιου· ἀνάστρεφε, ὅτι πεποίηκά σοι. 21 καὶ ἀνέστρεψεν ἐξόπισθεν αὐτοῦ καὶ ἔλαβεν τὰ ζεύγη τῶν βοῶν καὶ ἔθυσεν καὶ ἥψησεν αὐτὰ ἐν τοῖς σκεύεσι τῶν βοῶν καὶ ἔδωκεν τῷ λαῷ, καὶ ἔφαγον· καὶ ἀνέστη καὶ ἐπορεύθη ὀπίσω Ηλιου καὶ ἐλειτούργει αὐτῷ.

Evang. Thomae copt.: *cf. Append. I, 86*

Matth.: **18** ⸀πολυν ο. 544 *al* sa^pt ¦ ο. π. W c g¹ ¦ οχλους ℵ* *pc* bo ¦ πολλους οχλους ℵ^corr C𝔎Θ *pm* lat (sy?) ¦ *txt* B | ⸀εαυ- 22 | ⸆τους μαθητας αυτου it sy^c || **21** °† Bℵ *pc* it sa ¦ *txt* C𝔎WΘ **0250** λϕ *pl* lat sy bo | ⸆και ελευσομαι sy^s.c || **22** °ℵ *pc* b c q (k sy^s) | ⸂*4-10*· συ δε ακ. μοι sy^s.c; Cl

Luk.: **57** ⸂π. δε sa ¦ εγενετο δε π. 𝔎AWλ *pm* lat ¦ και εγενετο π. Dϕ it ¦ *txt* 𝔓^45.75 ℌΘ *al* sy bo | ⸀υπαγης 𝔓^45 ¦ -γεις D 157 | ⸆κυριε C𝔎AWΘϕ *pm* f q (⸉b) sy^p bo^pt || **58** °B || **59** °† B*D *pc* sy^s; Or ¦ *txt* 𝔓^45.75 ℌ𝔎AWΘ λϕ *pl* latt sy^c.p sa bo | ⸂† *2 1* Bℵ *pm* ¦ *1* W ¦ *2* 1241 sa ¦ απελθειν π. A(⸉λϕ) *al* lat ¦ π. -θοντα D(⸉Θ) ¦ *txt* 𝔓^45.75 C𝔎 **0181** *al* || **60** ⸀αφετε Ir^pt | ⸀πορευθεις D c; Epiph || **62** ⸂*1 2 5 6 3 4* C𝔎AWΘϕ *pm* ¦ *1 2 5 6* 𝔓^45.75 B **0181** *pc* ¦ ο δε I. ειπ. αυτω D e ¦ *txt* ℵLλ *al* lat | ⸄εις τα οπ. βλ. κ. επιβαλλων τ. χ. αυτου επ αρ. 𝔓^45vid D it; Cl | ⸆αυτου 𝔓^45 ℌ𝔎AW(DΘ) *pl* ¦ *txt* 𝔓^75 B *pc* | ⸂¹εν τ. β. 𝔓^75 ℵ^corr 579 *pc*; Epiph ¦ εις την β-αν C𝔎ADWΘϕ *pl* ¦ *txt* ℌλ *pc*

---

^1sq cf Lc 8,22 || ^5sqq *cf 29* || ^8 cf Ps 84,4; υἱὸς τοῦ ἀνθρώπου: Mt 9,6; 10,23; 11,19; 12,8.32.40; 13,37.41; 16,13.27sq; 17,9.12.22; [18,11]; 19,28; 20,18.28; 24,27.30(*bis*).37.39.44; 25,13app.31; 26,2.24(*bis*).45.64; Mc 2,10.28; 8,31.38; 9,9.12.31; 10,33.45; 13,26; 14,21(*bis*).41.62; Lc 5,24; 6,5.22; 7,34; 9,22.26.44.56app; 11,30; 12,8.10.40; 17,22.24.26.30; 18,8.31; 19,10; 21,27.36; 22,22.48.69; 24,7; Jo 1,51; 3,13sq; 5,27; 6,27.53.62; 8,28; 9,35; 12,23.34(*bis*); 13,31; Act 7,56; Apc 1,13; 14,14 || ^11sq cf Tob 4,3sq; *cf 18sq. 25sq* || ^14(Mt) cf Mt 9,9 = Mc 2,14 = Lc 5,27; Jo 1,43; 12,26; 21,19.22 (Mt 4,19 = Mc 1,17; Mt 4,21 = Mc 1,20; Mt 16,24 = Mc 8,34 = Lc 9,23); *cf 17 (Lc)* || ^14sq cf Lv 21,11; Nu 6,6sq; Mt 10,37; Lc 14,26 || ^17(Lc) *cf 14 (Mt)* || ^18sq *cf 11sq. 25sq* || ^20sqq cf Lc 14,33; 17,31sq; Ph 3,13; Gn 19,17.26 || ^25sq *cf 11sq. 18sq* || ^29 *cf 5sqq*

90. Stillung des Sturmes

Tempestas sedata

(cf. nr. 136)

Stilling the Storm

Matth. 8,23-27

8,18

8,18 *(nr. 89, p. 119)*

18 Ἰδὼν δὲ ὁ Ἰησοῦς ὄχλον περὶ αὐτὸν ἐκέλευσεν ἀπελθεῖν εἰς τὸ πέραν.

23 Καὶ ἐμβάντι αὐτῷ εἰς °τὸ πλοῖον ἠκολούθησαν αὐτῷ οἱ μαθηταὶ αὐτοῦ.

24 καὶ ἰδοὺ σεισμὸς μέγας ἐγένετο ἐν τῇ θαλάσσῃ, ὥστε τὸ πλοῖον καλύπτεσθαι ὑπὸ τῶν κυμάτων⸆, αὐτὸς δὲ ἐκάθευδεν. 25 καὶ προσελθόντες ⸆ἤγειραν αὐτὸν λέγοντες· κύριε, σῶσον⸆, ἀπολλύμεθα. 26 καὶ λέγει αὐτοῖς· τί⁝ δειλοί ἐστε, ὀλιγόπιστοι; τότε ἐγερθεὶς ἐπετίμησεν ⸀τοῖς ἀνέμοις⸀ καὶ τῇ θαλάσσῃ, καὶ ἐγένετο γαλήνη μεγάλη.

cf. v. 26a

27 οἱ δὲ ἄνθρωποι ἐθαύμασαν λέγοντες· ποταπός ἐστιν οὗτος ⸆ ὅτι °καὶ οἱ ἄνεμοι καὶ ἡ θάλασσα αὐτῷ ὑπακούουσιν;

Mark. 4,35-41

(nr. 136, p. 186)

35 Καὶ λέγει αὐτοῖς ἐν ἐκείνῃ τῇ ἡμέρᾳ ὀψίας γενομένης· διέλθωμεν εἰς τὸ πέραν. 36 καὶ ⸂ἀφέντες τὸν ὄχλον⸃ παραλαμβάνουσιν αὐτὸν ὡς ἦν ἐν τῷ πλοίῳ, καὶ ⸄ἄλλα πλοῖα ἦν μετ᾽ αὐτοῦ⸅.

cf. v. 35

37 καὶ γίνεται λαῖλαψ ⸂μεγάλη ἀνέμου⸃ καὶ τὰ κύματα ἐπέβαλλεν εἰς τὸ πλοῖον⸄, ὥστε ἤδη γεμίζεσθαι τὸ πλοῖον⸅. 38 καὶ ⸉αὐτὸς ἦν⸊ ἐν τῇ πρύμνῃ ἐπὶ ⸂τὸ προσκεφάλαιον⸃ καθεύδων. καὶ ⸀ἐγείρουσιν αὐτὸν καὶ λέγουσιν °αὐτῷ· διδάσκαλε, οὐ μέλει σοι ὅτι ἀπολλύμεθα;

cf. v. 40

39 καὶ ⸀διεγερθεὶς ἐπετίμησεν τῷ ἀνέμῳ καὶ ⸂εἶπεν τῇ θαλάσσῃ⸃· σιώπα, πεφίμωσο. καὶ ἐκόπασεν ὁ ἄνεμος καὶ ἐγένετο γαλήνη °μεγάλη. 40 καὶ εἶπεν αὐτοῖς· τί ⸂δειλοί ἐστε⸃; ⸀οὔπω ἔχετε πίστιν; 41 καὶ ἐφοβήθησαν φόβον μέγαν καὶ ἔλεγον πρὸς ἀλλήλους· τίς ἄρα οὗτός ἐστιν ὅτι καὶ ⸂ὁ ἄνεμος καὶ ἡ θάλασσα⸃ ⸄ὑπακούει αὐτῷ⸅;

Luk. 8,22-25

(nr. 136, p. 186)

cf. v. 22b

22 Ἐγένετο δὲ ἐν μιᾷ τῶν ἡμερῶν ⸂καὶ αὐτὸς⸃ ⸀ἐνέβη εἰς ⸆ πλοῖον καὶ οἱ μαθηταὶ αὐτοῦ καὶ εἶπεν πρὸς αὐτούς· διέλθωμεν εἰς τὸ πέραν τῆς λίμνης, ⸋καὶ ἀνήχθησαν.⸌ 23 πλεόντων δὲ αὐτῶν ἀφύπνωσεν. καὶ κατέβη λαῖλαψ ⸉ἀνέμου ⸆ εἰς τὴν λίμνην⸊ καὶ συνεπληροῦντο καὶ ἐκινδύνευον.

24 προσελθόντες δὲ διήγειραν αὐτὸν λέγοντες· ⸂ἐπιστάτα ἐπιστάτα⸃, ἀπολλύμεθα.

cf. v. 25a

ὁ δὲ ⸀διεγερθεὶς ἐπετίμησεν τῷ ἀνέμῳ καὶ τῷ κλύδωνι ⸋τοῦ ὕδατος⸌· καὶ ⸀ἐπαύσαντο καὶ ἐγένετο γαλήνη ⸆ . 25 εἶπεν δὲ αὐτοῖς· ποῦ ⸆ ἡ πίστις ὑμῶν; ⸂φοβηθέντες δὲ⸃ ἐθαύμασαν λέγοντες ⸋πρὸς ἀλλήλους⸌· τίς ἄρα οὗτός ἐστιν ὅτι καὶ τοῖς ἀνέμοις ἐπιτάσσει καὶ τῷ ὕδατι, ⸋1καὶ ὑπακούουσιν αὐτῷ⸌;

Joh.

Matth.: 23 °*p)* ℌ *al* ¦ *txt* ℵ* ℜ W Θ *pm* || 24 ⸆(Mt 14,24 par) ην γαρ ο ανεμος εναντιος αυτοις 108 *pc* || 25 ⸆οι μαθηται ℜ ϕ *al* ¦ οι μ. αυτου C* W Θ λ *pm* b g[1] (q) sy ¦ *txt* B ℵ *pc* lat | ⸆ημας ℜ W Θ **0242**[vid]. 33 *pl* latt sy[s.p] sa bo || 26 [⁝; comm] | ⸂τω ανεμω ℵ* λ ϕ lat || 27 ⸆ο ανθρωπος W *pc* | °C it

Mark.: 36 ⸂αφιουσιν τ. ο. και 𝔓[45vid] D W Θ ϕ it | ⸄α. π-α ησαν μ. α. ℵ *pc* ¦ α. δε π-α ην μ. α. C[2] A ϕ *pc* ¦ α. δε π-αρια ην μ. α. ℜ **0133** *al* ¦ α. δε π-α πολλα ησαν μ. α. D (— δε ff[2]) ¦ αμα πολλοι ησαν μ. α. W e ¦ multae simul naves erant cum illo i q r[1] (⸉b) ¦ τα α. τα οντα μ. α. π-α (⸉Θ 565) λ *pc* ¦ *txt* B C* *pc* || 37 ⸂*2 1* ℜ A *pm* ¦ ανεμου μεγαλου C (⸉W e) | ⸄ωστε αυτο ηδη γεμιζεσθαι (βυθιζεσθαι λ sa) ℜ A W Θ λ ϕ *pm* sy[p] ¦ — ℵ* e || 38 ⸉ℜ A D W Θ λ ϕ *pm* lat | ⸂π-λαιου D W Θ *al* | ⸀διεγ- C[2] ℜ A λ (D W Θ ϕ) *pl* | °*p)* W *pc* || 39 ⸀εγ- D W ϕ *al* | ⸂τ. θ. και ειπεν D W λ *al* it | °W e || 40 ⸂† δ. ε. ουτως C ℜ A W *al* sy[p] ¦ ουτως δ. ε. 𝔓[45] λ ϕ ¦ *txt* ℌ D Θ *pc* latt sa bo | ⸀† πως ουκ C ℜ A *al* sy[p] ¦ — W e q ¦ *txt* ℌ D Θ λ ϕ *al* lat sa bo || 41 ⸂η θ. και οι ανεμοι D W Θ (ℵ[2] λ) *pc* it | ⸄*2 1* ℵ* C λ ϕ *al* ¦ υπακουουσιν D ¦ υ-ουσιν α. ℜ A W Θ **0133** *pm* ¦ *txt* B ℵ[2] L *pc*

Luk.: 22 ⸂*1* 𝔓[75] ¦ Ιησους sy[c.p] ¦ — ℵ* D e | ⸀αναβηναι αυτον D ¦ ανεβη 𝔓[75] L Θ ϕ 118. 209 *al* ¦ ανεβη και εκαθισεν sy | ⸆το W ϕ *pc* | ⸋sy || 23 ⸉*2-41* 𝔓[75] B 579 | ⸆πολλη D || 24 ⸂κυριε κυριε D (sy[c]) ¦ επιστατα ℵ[corr] W *al* lat | ⸀εγ- ℜ A D W **0135** λ *pm* | ⸋D | ⸀επαυσατο ℵ ℜ W Θ λ *al* | ⸆*p)* μεγαλη Θ λ *al* aur b f* sa[pt] bo[pt] || 25 ⸆εστιν ℜ D **0135** ϕ *al* latt | ⸂οι δε φοβηθεντες ℵ *al* | ⸋ℵ | ⸋1 𝔓[75] B 700 aeth

---

1sqq cf Jon 1,4-16; Ps 107,23-32 || *2* cf Mt 14,22; 16,5; Mc 5,21; 6,45; 8,13; Jo 6,1.17.22.25 || *3(Lc)* cf Lc 5,17; 20,1 || *8sq* cf Mt 14,24; Mc 6,48; Jo 6,18 || *11sqq* cf Ps 4,9 || *14* ἐπιστάτης Lc sol.: 5,5; 8,45; 9,33.49; 17,13 || *16* cf Jo 14,27; 2Tm 1,7; Apc 21,8; cf *20(Mc)* | cf Mt 6,30; 14,31; 16,8; 17,20; Lc 12,28 || *17sqq* cf Ps 65,8; 89,10; 107,23-32; Mt 14,32; Mc 6,51 || *20(Mc)* cf ad *16* || *23sqq* cf Mc 1,27; Lc 4,36

91. Heilung der Besessenen von Gadara

(cf. nr. 137)

Daemoniaci Geraseni — **The Gadarene Demoniacs**

Matth. 8,28-34	Mark. 5,1-20 (nr. 137, p. 187)	Luk. 8,26-39 (nr. 137, p. 187)	Joh.
28 Καὶ ⸀ἐλθόντος αὐτοῦ⸃ ⸋εἰς τὸ πέραν⸌	1 Καὶ ⸀ἦλθον εἰς τὸ πέραν τῆς θαλάσσης	26 ⸀Καὶ κατέπλευσαν⸃	
εἰς τὴν χώραν τῶν ⸀Γαδαρηνῶν	εἰς τὴν χώραν τῶν ⸁Γερασηνῶν.	εἰς τὴν χώραν τῶν ⸀Γερασηνῶν, ἥτις	
		ἐστιν ἀντιπέρα τῆς Γαλιλαίας.	
	2 καὶ ⸀ἐξελθόντος αὐτοῦ⸃ ἐκ τοῦ πλοίου	27 ⸀ἐξελθόντι δὲ αὐτῷ⸃ ἐπὶ τὴν γῆν	
ὑπήντησαν αὐτῷ	⸀εὐθὺς ⸁ὑπήντησεν αὐτῷ ⸂ἐκ τῶν μνημείων	ὑπήντησεν ⸆	
δύο δαιμονιζόμενοι ἐκ τῶν μνημείων ἐξ-	ἄνθρωπος⸃ ἐν πνεύματι ἀκαθάρτῳ,	⸂ἀνήρ τις⸃ ἐκ τῆς πόλεως ⸀ἔχων ⸁δαιμό-	
ερχόμενοι,		νια⸆ ⸀1καὶ χρόνῳ ἱκανῷ⸃ ⸀2οὐκ ἐνεδύσατο	
	3 ὃς ⸉τὴν κατοίκησιν εἶχεν⸊ ἐν τοῖς	ἱμάτιον⸃ καὶ ἐν οἰκίᾳ οὐκ ἔμενεν ἀλλ' ἐν τοῖς	
	μνήμασιν, καὶ οὐδὲ ⸀ἁλύσει οὐκέτι οὐδεὶς	μνήμασιν.	
χαλεποὶ λίαν,	ἐδύνατο αὐτὸν δῆσαι 4 ⸀διὰ τὸ αὐτὸν πολ-		
	λάκις πέδαις καὶ ἁλύσεσιν δεδέσθαι καὶ		
	διεσπάσθαι ὑπ' αὐτοῦ τὰς ἁλύσεις καὶ τὰς		
ὥστε μὴ ἰσχύειν τινὰ	πέδας συντετρῖφθαι⸃, ⸂καὶ οὐδεὶς ἴσχυεν	cf. v. 29b	
παρελθεῖν διὰ τῆς ὁδοῦ ἐκείνης.	αὐτὸν ⸀δαμάσαι· 5 καὶ διὰ παντὸς νυκτὸς		
	καὶ ἡμέρας⸃ ἐν τοῖς μνήμασιν καὶ ἐν τοῖς		
	ὄρεσιν ἦν κράζων καὶ κατακόπτων ἑαυτὸν		
29 καὶ ἰδοὺ	λίθοις. 6 ⸀καὶ ἰδὼν⸃ τὸν Ἰησοῦν ⸰ἀπὸ μακρό-	28 ἰδὼν δὲ τὸν Ἰησοῦν ⸆	
	θεν ⸀ἔδραμεν καὶ προσεκύνησεν ⸁αὐτῷ	⸀ἀνακράξας ⸋προσέπεσεν αὐτῷ	

Matth.: **28** ⸀ελθοντων αυτων ℵ* ¦ ελθοντι αυτω 𝔎 W *pm* | ⸋565 *pc* sys | ⸀*p)* Γερασηνων latt syhmg sa ¦ Γεργεσηνων ℵ2 𝔎 W λ ϕ *al* bo ¦ Γαζαρηνων ℵ* ¦ *txt* B C Θ *pm* sys.p

Mark.: 1 ⸀ηλθεν ℵcorr C Θ ϕ *al* sys.p bopt; Epiph | ⸁Γεργεσηνων ℵ2 L Θ λ 33 *al* sys bo ¦ *p)* Γαδαρηνων C 𝔎 A ϕ *pm* syp ¦ Γεργυστηνων W ¦ *txt* B ℵ* D latt sa || **2** ⸀-ων αυτων D W e ff2 (c) ¦ -θοντι αυτω 𝔎 A *pm* | ⸀-εως 𝔎 A D Θ λ ϕ *pl* ¦ — B W it sys.p ¦ *txt* ℌ sa bo | ⸁απηντησεν 𝔎 A W *al* | ⸂*41-3* D W Θ *pc* it ¦ *4* 1355.2324 sys || **3** ⸉*312* D W 565.700 a b c e | ⸀αλυσεσιν ℵ C2 𝔎 A D λ ϕ *pm* lat || **4** ⸀οτι πολλακις αυτον δεδεμενον πεδαις και αλυσεσιν εν αις εδησαν διεσπακεναι και τας πεδας συντετριφεναι D ¦ δια το πολλακις αυτον δεδεσθαι και πεδαις και αλυσεσι, διεσπακεναι δε τας αλυσεις και τας πεδας συντετριφεναι W (lat) syp sa ¦ δια το αυτον πολλας πεδας και αλυσεις αις εδησαν αυτον διεσπακεναι και συντετριφεναι λ ¦ οτι πολλακις τας πεδας και τας αλυσεις διεσπαραξεν και εξηλθεν sys | ⸀δησαι A ¦ — ℵ* || **4.5** ⸂και μηδενα (μηδ. δε W) αυτον ισχυειν (⸉W e) δαμασαι (ετι δ. W e). νυκτος δε και ημερας (+ δια παντος W) D W e || **6** ⸀ιδων δε 𝔎 A D W *pm* lat | ⸰A W *al* | ⸀προσεδραμεν W it | ⸁† αυτον B A C L *pc* ¦ *txt* ℵ 𝔎 D W Θ λ ϕ *pm*

Luk.: **26** ⸀κατεπλευσαν δε D *pc* lat ¦ και κατεπλευσεν W Θ *al* sa bopt | ⸀Γεργεσηνων ℵ Θ λ *al* bo; Epiph ¦ *p)* Γαδαρηνων 𝔎 A W 0135 ϕ *pm* sy ¦ *txt* 𝔓75 B D 0267 latt sa || **27** ⸀και εξηλθον (*et* γην + και) D ¦ εξελθοντων αυτων bopt | ⸆*p)* αυτω 𝔎 A D Θ 0135 ϕ *pm* lat | ⸂τις αν. B ¦ ανηρ D a | ⸀ος ειχεν ℵ2 𝔎 A D L W Θ 0135 λ ϕ 33 *pl* ¦ *txt* 𝔓75 B ℵ* *pc* | ⸁δαιμονιον 472 it sy | ⸆(*cf.* Mc 5,5) και ην κραζων αει μετα κραυγης και κατακοπτων εαυτον λιθοις syc | ⸀1 εκ χρονων ικανων και ℵ2 𝔎 A W Θ 0135 ϕ *pl* sy ¦ απο χρονων ικ. ος D ¦ *txt* 𝔓75 ℌ 1 *pc* | ⸀2 ιμ. ουκ ενεδιδυσκετο ℵ2 𝔎 A D W Θ 0135 ϕ *pl* ¦ *txt* 𝔓75 ℌ 1 *pc* || **28** ⸆και 𝔎 A Θ λ *pm* (⸉lat) | ⸀ανεκραξεν D c e r1 | ⸋D

14sqq cf Is 65,4

[Matth. 8,28-34]

ἔκραξαν λέγοντες· τί ἡμῖν καὶ σοί, ⸆ υἱὲ τοῦ θεοῦ; ἦλθες ὧδε πρὸ καιροῦ ⸀βασανίσαι ἡμᾶς;

30 ἦν δὲ ⸆μακρὰν ἀπ᾽ αὐτῶν ἀγέλη χοίρων °πολλῶν ⸀βοσκομένη. 31 οἱ δὲ δαίμονες παρεκάλουν αὐτὸν λέγοντες· εἰ ἐκβάλλεις ἡμᾶς, ⸂ἀπόστειλον ἡμᾶς⸃ εἰς τὴν ἀγέλην τῶν χοίρων. 32 καὶ εἶπεν αὐτοῖς⸆· ὑπάγετε. οἱ δὲ ἐξελθόντες ἀπῆλθον εἰς ⸂τοὺς χοίρους⸃· καὶ ἰδοὺ ὥρμησεν πᾶσα ἡ ἀγέλη ⸆1 κατὰ τοῦ κρημνοῦ εἰς τὴν

[Mark. 5,1-20]

7 καὶ κράξας φωνῇ μεγάλῃ λέγει· τί ἐμοὶ καὶ σοί, Ἰησοῦ υἱὲ τοῦ θεοῦ τοῦ ὑψίστου; ὁρκίζω σε τὸν θεόν, μή με βασανίσῃς. 8 ⸂ἔλεγεν γὰρ⸃ αὐτῷ⸆· ἔξελθε τὸ πνεῦμα τὸ ἀκάθαρτον ἐκ τοῦ ἀνθρώπου.

cf. v. 4.5

9 καὶ ἐπηρώτα αὐτόν· τί ⸂ὄνομά σοι⸃; καὶ ⸄λέγει αὐτῷ⸅· ⸀λεγιὼν ὄνομά μοι⸆, ὅτι πολλοί ἐσμεν. 10 καὶ ⸀παρεκάλει αὐτὸν πολλὰ ἵνα μὴ ⸁αὐτὰ ἀποστείλῃ ἔξω τῆς χώρας. 11 ἦν δὲ ἐκεῖ πρὸς τῷ ὄρει ἀγέλη χοίρων μεγάλη βοσκομένη· 12 καὶ παρεκάλεσαν αὐτὸν⸆ ⸀λέγοντες· πέμψον ἡμᾶς εἰς τοὺς χοίρους, ἵνα εἰς αὐτοὺς εἰσέλθωμεν. 13 καὶ ⸂ἐπέτρεψεν αὐτοῖς⸃. καὶ ἐξελθόντα τὰ πνεύματα τὰ ἀκάθαρτα εἰσῆλθον εἰς τοὺς χοίρους, καὶ ὥρμησεν ἡ ἀγέλη κατὰ τοῦ κρημνοῦ εἰς τὴν

[Luk. 8,26-39]

καὶ⸌ φωνῇ μεγάλῃ εἶπεν⸆· τί ἐμοὶ καὶ σοί, °Ἰησοῦ υἱὲ ⸋τοῦ θεοῦ⸌ τοῦ ὑψίστου; δέομαί σου, μή με βασανίσῃς.

29 ⸀παρήγγειλεν γὰρ τῷ ⸁πνεύματι τῷ ἀκαθάρτῳ ⸀1ἐξελθεῖν ἀπὸ τοῦ ἀνθρώπου. πολλοῖς γὰρ χρόνοις συνηρπάκει αὐτὸν καὶ ⸀2ἐδεσμεύετο ἁλύσεσιν καὶ πέδαις φυλασσόμενος °καὶ διαρρήσσων τὰ δεσμὰ ἠλαύνετο ⸀3ὑπὸ τοῦ ⸀4δαιμονίου εἰς ⸂τὰς ἐρήμους⸃.

30 ἐπηρώτησεν δὲ αὐτὸν ⸋ὁ Ἰησοῦς⸌⸆· τί σοι ⸉ὄνομά ἐστιν⸊; ὁ δὲ εἶπεν· ⸂⸀λεγιών, ὅτι εἰσῆλθεν δαιμόνια πολλὰ εἰς αὐτόν⸃.

31 ⸂καὶ ⸀παρεκάλουν αὐτὸν⸃ ἵνα μὴ ἐπιτάξῃ αὐτοῖς εἰς τὴν ἄβυσσον ἀπελθεῖν⸆.

32 ἦν δὲ °ἐκεῖ ἀγέλη χοίρων °1ἱκανῶν ⸀βοσκομένη ἐν τῷ ὄρει⸆· καὶ ⸁παρεκάλεσαν αὐτὸν ⸆ ἵνα ⸂ἐπιτρέψῃ αὐτοῖς εἰς ⸀1ἐκείνους εἰσελθεῖν⸃· καὶ ἐπέτρεψεν αὐτοῖς.

33 ἐξελθόντα δὲ τὰ δαιμόνια ἀπὸ τοῦ ἀνθρώπου ⸀εἰσῆλθον εἰς τοὺς χοίρους, καὶ ὥρμησεν ἡ ἀγέλη ⸆ κατὰ τοῦ κρημνοῦ εἰς τὴν

Joh.

Matth.: 29 ⸆p) Ιησου ℜ W Θ 0242vid φ al it; Euspt Epiph | ⸀(Lc 4,34) απολεσαι ℵ*(W) || 30 ⸆οὐ lat; [Beza cj] | °Θ pc | ⸀βοσκομενων W pc it || 31 ⸂p) επιτρεψον ημιν απελθειν C ℜ W φ al f h q syp || 32 ⸆ο Ιησους C it | ⸂την αγελην των χοιρων ℜ L W Θ al f h | ⸆1 των χοιρων ℜ L al bo

Mark.: 8 ⸂και ελεγεν ℵ | ⸆ο Ιησους D ff2 q r1 || 9 ⸂2 1 ℜ al ¦ σοι ονομα εστιν D latt | ⸄απεκριθη D pc it | ⸀λεγεων rell ¦ txt B* ℵ* C D L Δ 579 verss | ⸆εστιν B (⸉D) pc lat || 10 ⸀παρεκαλουν A Θ λ al | ⸁αυτους ℜ D φ (⸉A 074 λ) pm lat sa ¦ αυτον ℵ (⸉W) al syp bo ¦ txt B C (⸉Θ) || 12 ⸆(+ παντες ℜ A al) οι δαιμονες M(ℜ A) pm lat ¦ (+ παντα Θ pc) τα δ-νια D(Θ pc) it et ⸀ειποντα D Θ || 13 ⸂επ. αυτ. ευθεως ο Ιησους ℜ A 074 φ pm vg ¦ επεμψεν αυτους Θ ¦ ευθεως κυριος Ιησους επεμψεν αυτους εις τους χοιρους D pc it ¦ txt ℌ W λ al it sys.p sa bo

Luk.: 28 ⸆αυτω W | ° 𝔓75 D R 579 al bopt | ⸋ D λ 892 al || 29 ⸀† -γγελλεν ℌ A E G K W pm ¦ p) ελεγεν D e ¦ txt 𝔓75 B ℜ Θ φ al | ⸁δαιμονιω D e | ⸀1 · εξελθε D e | ⸀2 εδεσμειτο C ℜ A D W Θ λ φ pl ¦ txt 𝔓75vid ℌ pc | °ℵ* | ⸀3 † απο B Ξ ¦ txt 𝔓75 rell | ⸀4 δαιμονος ℜ A W Θ λ φ pl a | ⸂την ερημον D it || 30 ⸋ ℵ* | ⸆λεγων C ℜ A D W Θ φ pl lat sys.c bopt; Mcion ¦ txt 𝔓75 B ℵ λ pc it | ⸉(C) ℜ A W Θ φ pm | ⸂p) λ. ονομα μοι· πολλα γαρ ησαν δαιμ. D c (b f ff2 l) | ⸀λεγεων 𝔓75 rell ¦ txt B* ℵ* D* L Ψ 579 verss || 31 ⸂παρεκαλουν δε D ¦ — W | ⸀-λει ℜ A Θ al bopt; Epiph | ⸆και μη εκβαλη αυτα syc || 32 °W | °1 D c r1 bopt | ⸀-νων C ℜ A W λ al ¦ txt 𝔓75 B ℵ D Θ pm | ⸆τουτω W | ⸁παρεκαλουν ℵ* ℜ A D W Θ φ pm | ⸆p) λεγοντες Θ | ⸂εις τους χοιρους εισελθωσιν D c | ⸀1 τους χοιρους sys ¦ εκεινην την αγελην των χοιρων syc || 33 ⸀ωρμησαν D | ⸆των χοιρων 69 pc c q sapt bo

---

19sq cf 1Rg 17,18; 2Rg 3,13; 9,18sq; Jdc 11,12; 2Sm 16,10; 19,23; 2Chr 35,21; Mc 1,24; Lc 4,34 (Mt 27,19; Jo 2,4) || 20sq cf Mc 3,11; Lc 4,41; Act 16,17sq; 19,15; (Jc 2,19) || 30sq cf Mc 16,9; Mt 12,45 = Lc 11,26; 8,2 || 33(Lc) cf Rm 10,7; Apc 9,1sq. 11 etc

[Matth. 8,28-34]

θάλασσαν καὶ ἀπέθανον ἐν τοῖς ὕδασιν. 33 οἱ δὲ βόσκοντες ἔφυγον, καὶ ἀπελθόντες εἰς τὴν πόλιν ἀπήγγειλαν πάντα ⸆ καὶ τὰ τῶν δαιμονιζομένων. 34 καὶ ἰδοὺ πᾶσα ἡ πόλις ἐξῆλθεν εἰς ⸀ὑπάντησιν ⸁τῷ Ἰησοῦ καὶ ἰδόντες αὐτὸν παρεκάλεσαν ⸀1ὅπως μεταβῇ ἀπὸ ⸋τῶν ὁρίων⸌ αὐτῶν.

[Mark. 5,1-20]

θάλασσαν,⸆ ὡς δισχίλιοι, καὶ ἐπνίγοντο ἐν τῇ θαλάσσῃ. 14 Καὶ οἱ βόσκοντες αὐτοὺς ἔφυγον καὶ ⸀ἀπήγγειλαν εἰς τὴν πόλιν καὶ εἰς τοὺς ἀγρούς· καὶ ἦλθον ἰδεῖν τί ἐστιν τὸ γεγονὸς 15 καὶ ἔρχονται πρὸς τὸν Ἰησοῦν καὶ θεωροῦσιν τὸν δαιμονιζόμενον καθήμενον ἱματισμένον καὶ σωφρονοῦντα, τὸν ἐσχηκότα τὸν λεγιῶνα, καὶ ἐφοβήθησαν. 16 καὶ διηγήσαντο αὐτοῖς οἱ ἰδόντες πῶς ⸂ἐγένετο τῷ δαιμονιζομένῳ⸃ καὶ περὶ τῶν χοίρων. 17 καὶ ⸂ἤρξαντο παρακαλεῖν⸃ αὐτὸν ⸀ἀπελθεῖν ἀπὸ τῶν ὁρίων αὐτῶν. 18 καὶ ἐμβαίνοντος αὐτοῦ εἰς τὸ πλοῖον ⸀παρεκάλει αὐτὸν ὁ δαιμονισθεὶς ἵνα μετ᾽ αὐτοῦ ᾖ. 19 ⸀καὶ οὐκ ἀφῆκεν αὐτόν, ἀλλὰ λέγει αὐτῷ· ὕπαγε εἰς τὸν οἶκόν σου πρὸς τοὺς σοὺς καὶ ⸁ἀπάγγειλον αὐτοῖς ὅσα ὁ ⸀1κύριός σοι πεποίηκεν καὶ ἠλέησέν σε. 20 καὶ ἀπῆλθεν καὶ ἤρξατο κηρύσσειν ἐν τῇ Δεκαπόλει ὅσα ἐποίησεν αὐτῷ ὁ Ἰησοῦς, καὶ πάντες ἐθαύμαζον.

[Luk. 8,26-39]

⸀λίμνην καὶ ἀπεπνίγη. 34 Ἰδόντες δὲ οἱ βόσκοντες τὸ γεγονὸς ἔφυγον καὶ ἀπήγγειλαν εἰς τὴν πόλιν καὶ εἰς τοὺς ἀγρούς. 35 ⸂ἐξῆλθον δὲ ἰδεῖν τὸ γεγονὸς καὶ ἦλθον πρὸς τὸν Ἰησοῦν καὶ εὗρον καθήμενον τὸν ἄνθρωπον ἀφ᾽ οὗ τὰ δαιμόνια ⸀ἐξῆλθεν ἱματισμένον καὶ σωφρονοῦντα⸃ παρὰ τοὺς πόδας °τοῦ Ἰησοῦ, καὶ ἐφοβήθησαν. 36 ⸂ἀπήγγειλαν δὲ⸃ αὐτοῖς⸆ ⸋οἱ ἰδόντες⸌ πῶς ἐσώθη ⸄ὁ δαιμονισθείς⸅. 37 ⸂καὶ ⸀ἠρώτησεν αὐτὸν ἅπαν τὸ πλῆθος ⸋τῆς περιχώρου⸌⸃ τῶν ⸁Γερασηνῶν ἀπελθεῖν ἀπ᾽ αὐτῶν, ὅτι φόβῳ μεγάλῳ συνείχοντο· αὐτὸς δὲ ἐμβὰς ⸄εἰς πλοῖον⸅ ⸀1ὑπέστρεψεν⸆. 38 ⸋ἐδεῖτο δὲ αὐτοῦ ὁ ἀνὴρ ἀφ᾽ οὗ ἐξεληλύθει τὰ δαιμόνια εἶναι σὺν αὐτῷ·⸌ ⸀ἀπέλυσεν δὲ αὐτὸν ⸆ λέγων· 39 ⸀ὑπόστρεφε εἰς τὸν οἶκόν σου ⸆ καὶ διηγοῦ ὅσα σοι ⸂ἐποίησεν ὁ θεός⸃. καὶ ἀπῆλθεν καθ᾽ ὅλην τὴν πόλιν κηρύσσων ὅσα ἐποίησεν αὐτῷ ὁ ⸁Ἰησοῦς.

Joh.

Matth.: 33 ⸆α εποιησεν sy^{s} ¦ α εγενετο sy^{p} || 34 ⸀συναντ- C𝔎W **0242**^{vid} *pl* ¦ *txt* BℵΘ*pc* | ⸁του ℵC*pc* | ⸀1ινα BW | ⸋ sy^{s}

Mark.: 13 ⸆ ησαν δε C^{2}𝔎AΘ **074** λϕ*pm* || 14 ⸀ανηγγ- 𝔎Wϕ*al*; Epiph || 16 ⸂*p)* εσωθη ο δαιμονισθεις λ || 17 ⸂παρεκαλουν DΘ*pc* | ⸀ινα απελθη D lat || 18 ⸀ηρξατο παρακαλειν D lat || 19 ⸀ο δε Ιησους 𝔎DΘ **0132.0134** *al* it | ⸁ διαγγ- 𝔓^{45}DWλϕ*al* ¦ αναγγ- 𝔎A **0132.0134** *pm* | ⸀1 *p)* θεος D 1241

Luk.: 33 ⸀*p)* θαλασσαν ℵ 28*al* sy$^{s.c}$ || 35 ⸂παραγενομενων δε εκ της πολεως και θεωρησαντων καθημενον τον δαιμονιζομενον σωφρ. και ιματισμενον καθημενον (*et* — και^{4}) D | ⸀εξεληλυθει C𝔎AWΘλϕ*pl* ¦ *txt* 𝔓^{75}Bℵ**pc* | °𝔓^{75}B || 36 ⸂και απ. C ¦ απ. γαρ D c ¦ απ. δε λεγοντες ℵ | ⸆και 𝔎AWλ*pm* r^{1} vg | ⸋ 579*pc* sy^{s} | ⸄ο λεγιων d (D^{corr}) ¦ a legione lat ¦ — c ¦ ο ανηρ sy$^{s.c}$ || 37 ⸂ηρωτησαν δε τον Ιησουν παντες και η χωρα D | ⸀-σαν 𝔎(D)W*al* ¦ παρεκαλεσαν Θ | ⸋579*pc* sy | ⸁Γεργεση- ℵ*$^{.3}$Θλ*al* bo ¦ Γαδαρη- ℵ^{2}𝔎AW*pm* sy ¦ *txt* 𝔓^{75}BC*D latt sa | ⸄*p)* εις το πλ. 𝔎AWϕ*pm* ¦ — D l | ⸀1επεστρεψαν (!) ℵ* ¦ συνεστρ. ℵ^{corr} ¦ [υπεστρεφεν P. Schmiedel *cj*] | ⸆απ αυτων sy || 38 ⸋W | ⸀εδιδασκεν W | ⸆ο Ιησους C𝔎AWΘϕ*pm* lat || 39 ⸀πορευου D | ⸆*p)* προς τους σους 579 (a) (και π. τ. σ. sy^{c}) | ⸂επ. ο Ιησους 213 ¦ επ. ο κυριος sy^{c} ¦ επ. ο θ. και ηλεησεν σε λ ¦ *p)* ο κυριος πεποιηκεν κ. ηλ. σε C* | ⸁θεος λ 579*pc* bo^{pt}

---

46 (Mc/Lc) ἀγρός cf Mc 6,36.56; 16,12 etc || *47 (Mt)* cf Mt 25,1; Jo 12,13 || *53 sqq* cf Lc 5,8; 4,42; Mc 1,37 sq || *59* cf Mc 3,14 || *60 sq* cf Mt 9,6 sq = Mc 2,11 = Lc 5,24 sq; Mc 8,26 || *62 sq* cf Mt 8,4; 9,30; 12,16; Mc 1,34.43 sq; 3,12; 5,43; 7,36; 8,26.30; 9,9; Lc 5,14; 8,56; 9,21 || *64 (Mc)* cf Mc 7,31; Mt 4,25

92. Heilung des Gelähmten

Sanatio paralytici (cf. nr. 43) The Healing of the Paralytic

Matth. 9,1-8

1 Καὶ ἐμβὰς ⸆ εἰς ⸆ πλοῖον ⸆1 διεπέρασεν καὶ ἦλθεν εἰς τὴν ἰδίαν πόλιν.

2 Καὶ ἰδοὺ προσέφερον αὐτῷ παραλυτικὸν ἐπὶ κλίνης βεβλημένον.

καὶ ἰδὼν ὁ Ἰησοῦς τὴν πίστιν αὐτῶν εἶπεν τῷ παραλυτικῷ· θάρσει, τέκνον, ⸀ἀφίενταί ⸂σου αἱ ἁμαρτίαι⸃. 3 καὶ ἰδού τινες τῶν γραμματέων εἶπαν ἐν ἑαυτοῖς·

Mark. 2,1-12
(nr. 43, p. 60)

1 Καὶ ⸂εἰσελθὼν πάλιν εἰς Καφαρναοὺμ δι' ἡμερῶν⸃ ἠκούσθη ὅτι ⸄ἐν οἴκῳ⸅ ἐστίν. 2 καὶ ⸆ συνήχθησαν πολλοὶ ὥστε μηκέτι χωρεῖν ⸋μηδὲ τὰ πρὸς τὴν θύραν⸌, καὶ ἐλάλει ⸀αὐτοῖς τὸν λόγον.

3 καὶ ⸂ἔρχονται φέροντες πρὸς αὐτὸν παραλυτικὸν αἰρόμενον ὑπὸ τεσσάρων⸃.

4 καὶ μὴ δυνάμενοι ⸀προσενέγκαι °αὐτῷ ⸂διὰ τὸν ὄχλον⸃ ἀπεστέγασαν τὴν στέγην ὅπου ἦν⸆, καὶ °1ἐξορύξαντες χαλῶσι τὸν ⸀κράβαττον ⸀1ὅπου ὁ παραλυτικὸς κατέκειτο.

5 καὶ ἰδὼν ὁ Ἰησοῦς τὴν πίστιν αὐτῶν λέγει τῷ παραλυτικῷ· ⸆ τέκνον⸆, ⸀ἀφίενταί ⸀σου αἱ ἁμαρτίαι ⸆1. 6 ἦσαν δέ τινες τῶν γραμματέων ἐκεῖ καθήμενοι καὶ διαλογιζόμενοι ἐν ταῖς καρ-

Luk. 5,17-26
(nr. 43, p. 60)

17 Καὶ ἐγένετο ἐν μιᾷ τῶν ἡμερῶν ⸂καὶ αὐτὸς ἦν διδάσκων, καὶ ἦσαν καθήμενοι ⸆Φαρισαῖοι καὶ ⸆νομοδιδάσκαλοι °οἳ ἦσαν ἐληλυθότες⸃ ἐκ πάσης⸆ ⸄⸀κώμης τῆς Γαλιλαίας καὶ Ἰουδαίας καὶ Ἰερουσαλήμ⸅· ⸂1καὶ δύναμις κυρίου ἦν εἰς τὸ⸃ ἰᾶσθαι ⸀αὐτόν. 18 καὶ ἰδοὺ ἄνδρες φέροντες ⸂ἐπὶ κλίνης ἄνθρωπον⸃ ὃς ἦν παραλελυμένος καὶ ἐζήτουν αὐτὸν εἰσενεγκεῖν καὶ θεῖναι °[αὐτὸν] ἐνώπιον αὐτοῦ. 19 καὶ μὴ εὑρόντες ποίας εἰσενέγκωσιν αὐτὸν διὰ τὸν ὄχλον, ⸂ἀναβάντες ἐπὶ τὸ δῶμα ⸋διὰ τῶν κεράμων⸌ καθῆκαν αὐτὸν σὺν τῷ κλινιδίῳ⸃ εἰς τὸ μέσον ἔμπροσθεν ⸄τοῦ Ἰησοῦ⸅.

20 καὶ ἰδὼν ⸆ τὴν πίστιν αὐτῶν εἶπεν⸆· ἄνθρωπε, ἀφέωνταί ⸂σοι αἱ ἁμαρτίαι σου⸃.

21 καὶ ἤρξαντο διαλογίζεσθαι οἱ γραμματεῖς καὶ

Joh. 5,1-7. 8-9a
(nr. 140. 141, p. 196. 197)

1 Μετὰ ταῦτα ἦν ἑορτὴ τῶν Ἰουδαίων καὶ ἀνέβη

Matth.: 1 ⸆ο Ιησους C³Θ *al* | ⸆το C𝔎W *al* | ⸆1 ο Ιησους C* *al* || 2 ⸀αφεωνται C𝔎WΘ *pl* it; Cl Cyr ¦ *txt* Bℵ(D) lat; Ir | ⸂σοι αι αμ. σου 𝔎Θ *pm* latt; (Cyr)

Mark.: 1 ⸂παλιν ερχεται εις Κ. και W ¦ εισηλθεν παλ. (⸉ *al* lat) εις Καπερν- δι ημ. και C𝔎A(D) **090** λφ *pm* (lat) | ⸄εις οικον C𝔎A **090.0130** λφ *pl* || 2 ⸆ευθεως C𝔎AD **090.0130** λφ *pl* it | ⸋W | ⸀προς αυτους DW it || 3 ⸂ιδου ανδρες ερχονται προς αυτον βασταζοντες εν κραβαττω παραλυτικον W || 4 ⸀-εγγισαι 𝔓84vid C𝔎AD **090** λφ *pl* it sy^p ¦ -ελθειν W ¦ *txt* ℌΘ vg sa bo | °D *pc* it | ⸂απο του οχλου DW | ⸆ο Ιησους DΘ *al* it | °1 DW it sy^p bo^pt | ⸀*hic et vs* 9.11.12 κραβακτον ℵ | ⸀1 ἐφ ᾧ 𝔓84vid C𝔎A **090** λ *pm* ¦ εφ ου Θ φ 33.565 *al* ¦ εις ον W || 5 ⸆ *p)* θαρσει C | ⸆μου ℵ* sy^p sa bo | ⸀αφεωνται ℵC𝔎ADW(Θ) **090** λφ *pl*; Cl? ¦ *txt* B *pc* lat | ⸀ *p)* σοι *et* ⸆1 σου 𝔎A *pm*

Luk.: 17 ⸂αυτου διδασκοντος συνελθειν τους Φαρ-ους κ. νομοδ-ους· ησαν δε συνεληλ- D c (e) ¦ Ιησου διδασκοντος και ησαν καθ. κτλ. sy^s.p | ⸆ *bis* οι B(Θ) | °ℵ* | ⸆της B | ⸄ *1 2 5-7* 1012 ¦ *1-3 6 7* H ¦ *1-5* D ¦ *2-7* 1241 bo ¦ [*2 5-7* Spitta *cj*] | ⸀χωρας W | ⸂1 του D | ⸀αυτους C𝔎ADΘλφ *pl* latt sy^p bo ¦ παντας K ¦ *txt* BℵW *pc* sy^s sa || 18 ⸂ *p)* ανθρ. επι κλ. βεβλημενον ℵ | °ℵC𝔎ADWλφ *pl* latt ¦ *txt* BΘ *pc* sa bo || 19 ⸂ *p)* ανεβησαν επι το δ. και αποστεγασαντες τους κεραμους οπου ην καθηκαν τον κραβατον συν τω παραλυτικω D | ⸋sy^s.p | ⸄παντων B || 20 ⸆ *p)* ο Ιησους C(D ff²) φ r¹ | ⸆ *p)* τω παραλυτικω C(*sed* λεγει D) f sy^s.p bo; Cyr ¦ αυτω 𝔎AWφ *pm* ¦ homini it | ⸂(*cf vs* 23) σου αι αμαρτιαι ℵDW lat

---

2 sq (Mt) = Capernaum, cf Mt 4,13 || *4 sqq (Lc)* cf *24 sqq* || *5* νομοδιδάσκαλος hic et Act 5,34; 1Tm 1,7 || *5 sq (Mc)* cf Mc 2,15; 3,20; 6,31; Lc 19,3 | cf Mc 1,33; 11,4 || *6 (Lc)* cf Lc 4,14; 6,19 et par || *11 sq* cf Mt 8,5 sq; 4,24 | *cf 18*; Mc 6,55; 7,30; Jo 5,8 sqq; Act 5,15; 9,33 || *18* cf *11 sq* || *20* cf Mc 4,40; 5,34; 10,52; 11,22 et par || *22* cf Lc 7,48 || *24 sqq* cf *4 sqq (Lc)*

[Matth. 9,1-8]

οὗτος βλασφημεῖ.
4 καὶ ⸀ἰδὼν ὁ Ἰησοῦς τὰς ἐνθυμήσεις αὐτῶν εἶπεν⸆· ἱνατί⸆ ἐνθυμεῖσθε πονηρὰ ἐν ταῖς καρδίαις ὑμῶν; 5 τί γάρ ἐστιν εὐκοπώτερον, εἰπεῖν· ⸀ἀφίενταί σου αἱ ἁμαρτίαι, ἢ εἰπεῖν· ἔγειρε °καὶ περιπάτει; 6 ἵνα δὲ εἰδῆτε ὅτι ἐξουσίαν ἔχει ὁ υἱὸς τοῦ ἀνθρώπου ⸉ἐπὶ τῆς γῆς ἀφιέναι⸊ ἁμαρτίας — τότε λέγει τῷ παραλυτικῷ· ⸀ἐγερθεὶς ἆρόν σου τὴν κλίνην καὶ ⸀ὕπαγε εἰς τὸν οἶκόν σου. 7 καὶ ἐγερθεὶς ἀπῆλθεν εἰς τὸν οἶκον αὐτοῦ. 8 ἰδόντες δὲ οἱ ὄχλοι ⸀ἐφοβήθησαν καὶ ἐδόξασαν τὸν θεὸν τὸν δόντα ἐξουσίαν τοιαύτην τοῖς ἀνθρώποις.

[Mark. 2,1-12]

δίαις αὐτῶν ⸆ · 7 ⸀τί οὗτος οὕτως λαλεῖ⁚⸀; βλασφημεῖ· τίς δύναται ἀφιέναι ἁμαρτίας εἰ μὴ °εἷς ὁ θεός; 8 καὶ ⸀εὐθὺς ⸉ἐπιγνοὺς ὁ Ἰησοῦς⸊ τῷ πνεύματι °αὐτοῦ ὅτι °1οὕτως⸆ διαλογίζονται ἐν ἑαυτοῖς ⸀λέγει °2αὐτοῖς· τί °3ταῦτα διαλογίζεσθε ἐν ταῖς καρδίαις ὑμῶν; 9 τί⸆ ἐστιν εὐκοπώτερον, εἰπεῖν ⸂τῷ παραλυτικῷ⸃· ⸀ἀφίενταί σου αἱ ἁμαρτίαι, ἢ εἰπεῖν· ⸀ἔγειρε □°καὶ ἆρον τὸν κράβαττόν σου⸌ καὶ ⸀1περιπάτει⸆; 10 ἵνα δὲ εἰδῆτε ὅτι ἐξουσίαν ἔχει ὁ υἱὸς τοῦ ἀνθρώπου ⸂ἀφιέναι ἁμαρτίας ἐπὶ τῆς γῆς⸃ — λέγει τῷ παραλυτικῷ· 11 ⸂σοὶ λέγω, ἔγειρε⸃ ⸆ ἆρον τὸν κράβαττόν σου καὶ ὕπαγε εἰς τὸν οἶκόν σου. 12 ⸂καὶ ἠγέρθη καὶ °εὐθὺς ἄρας⸃ τὸν κράβαττον ⸆ ἐξῆλθεν ⸀ἔμπροσθεν πάντων, ὥστε ⸂ἐξίστασθαι πάντας⸃ καὶ δοξάζειν τὸν θεὸν ⸀λέγοντας ὅτι οὕτως οὐδέποτε ⸀1εἴδομεν.

[Luk. 5,17-26]

οἱ Φαρισαῖοι⸆ λέγοντες· ⸂τίς ἐστιν οὗτος ὃς⸃ λαλεῖ βλασφημίας; τίς δύναται ⸂ἁμαρτίας ἀφεῖναι⸃ εἰ μὴ μόνος ὁ θεός; 22 ἐπιγνοὺς δὲ ὁ Ἰησοῦς τοὺς διαλογισμοὺς αὐτῶν °ἀποκριθεὶς εἶπεν πρὸς αὐτούς· τί διαλογίζεσθε ἐν ταῖς καρδίαις ὑμῶν⸆; 23 τί ἐστιν εὐκοπώτερον, εἰπεῖν· ἀφέωνταί ⸂σοι αἱ ἁμαρτίαι σου⸃, ἢ εἰπεῖν· ἔγειρε καὶ περιπάτει; 24 ἵνα δὲ εἰδῆτε ὅτι ⸉ὁ υἱὸς τοῦ ἀνθρώπου ἐξουσίαν ἔχει⸊ ἐπὶ τῆς γῆς ἀφιέναι ἁμαρτίας — ⸀εἶπεν τῷ ⸀παραλελυμένῳ· σοὶ λέγω, ἔγειρε καὶ ⸀1ἄρας ⸂τὸ κλινίδιόν⸃ σου⸆ πορεύου εἰς τὸν οἶκόν σου. 25 καὶ παραχρῆμα ἀναστὰς ἐνώπιον αὐτῶν, ἄρας ⸂ἐφ᾽ ὃ κατέκειτο⸃, ἀπῆλθεν εἰς τὸν οἶκον αὐτοῦ δοξάζων τὸν θεόν. 26 □καὶ ἔκστασις ἔλαβεν ἅπαντας καὶ ἐδόξαζον τὸν θεὸν⸌ καὶ ἐπλήσθησαν ⸀φόβου λέγοντες °ὅτι εἴδομεν παράδοξα σήμερον.

[Joh. 5,1-7. 8-9a]

Ἰησοῦς εἰς Ἱεροσόλυμα. 2 Ἔστιν δὲ ἐν τοῖς Ἱεροσολύμοις ἐπὶ τῇ προβατικῇ κολυμβήθρα ἡ ἐπιλεγομένη Ἑβραϊστὶ Βηθζαθὰ πέντε στοὰς ἔχουσα. 3 ἐν ταύταις κατέκειτο πλῆθος τῶν ἀσθενούντων, τυφλῶν, χωλῶν, ξηρῶν. 5 ἦν δέ τις ἄνθρωπος ἐκεῖ τριάκοντα [καὶ] ὀκτὼ ἔτη ἔχων ἐν τῇ ἀσθενείᾳ αὐτοῦ· 6 τοῦτον ἰδὼν ὁ Ἰησοῦς κατακείμενον καὶ γνοὺς ὅτι πολὺν ἤδη χρόνον ἔχει, λέγει αὐτῷ· θέλεις ὑγιὴς γενέσθαι; 7 ἀπεκρίθη αὐτῷ ὁ ἀσθενῶν· κύριε, ἄνθρωπον οὐκ ἔχω ἵνα ὅταν ταραχθῇ τὸ ὕδωρ βάλῃ με εἰς τὴν κολυμβήθραν· ἐν ᾧ δὲ ἔρχομαι ἐγώ, ἄλλος πρὸ ἐμοῦ καταβαίνει. 8 λέγει αὐτῷ ὁ Ἰησοῦς· ἔγειρε ἆρον τὸν κράβαττόν σου καὶ περιπάτει. 9 ⸂καὶ εὐθέως⸃ ἐγένετο ὑγιὴς ὁ ἄνθρωπος □⸀καὶ ἦρεν τὸν κράβαττον αὐτοῦ⸌ καὶ ⸀περιεπάτει.

Matth.: 4 ⸀† ειδως B(Θ) λ *pm* syp sa ¦ *txt* ℵCℜDWφ *al* latt bo | ⸆αυτοις DΘ *pc* c h sys.p sa bopt | ⸆υμεις ℜWΘ *pl* || 5 ⸀αφεωνται Cℜ WΘ *pl* it; Cl ¦ *txt* B(ℵ*D) lat | °ℵ* || 6 ⸉ *4 1-3* W | ⸀† *p)* εγειρε B (+ και D it) vg sys.p sa bo ¦ *txt* ℵCℜWΘλφ *pl* q; Cyr | ⸀ *p)* πορευου ℵ* || 8 ⸀εθαυμασαν CℜΘ *al*

Mark.: 6 ⸆ *p)* λεγοντες DW it || 7 ⸀οτι BΘ | [⁚ W (= BΘ)] | ⸀ *p)* βλασφημιας CℜAWΘλφ *pm* | °D || 8 ⸀ευθεως CℜA **090.0130** λφ *pm* ¦ — DW it | ⸉ ℵ *pc* | °DW *pc* it | °1 BWΘ it | ⸆αυτοι 𝔓84vid CℜA **090** φ *al* | ⸀ειπεν CℜADΘ **090.0130** λφ *pm* it | °2 BΘ *pc* | °3 WΘ *pc* || 9 ⸆ *p)* γαρ W | ⸂ τω παραλυτω D ¦ *p)* — W *pc* | ⸀αφεωνται CℜA(⸉D)WΘ **090.0130** λφ *pl*; Cl? ¦ *txt* Bℵ *pc* lat | ⸀-ρου BΘ *pc* ¦ αναστας Eus | □W | °CD 33 *al* f l q; Eus | ⸀1(*vs* 11) υπαγε ℵD **0130** *pc* ¦ *txt* BCℜAWΘλφ *pl* vg | ⸆(*vs* 11) εις τον οικον σου D 33 it || 10 ⸂ *3-5 1 2* ℌD **090.0130** *pm* lat syp sa bo ¦ *1 3-5 2* ℜAφ *al* ¦ *1 2* W b q ¦ *txt* BΘ *pc* || 11 ⸂ *3 1 2* ℵ ¦ *p) 3* W | ⸆και ℜAW *pm* || 12 ⸂ο δε εγερθεις και αρας αυτου W ¦ και ευθεως ηγερθη και αρας D | °Θ | ⸆αυτου Θ 33 *al* c ff2 | ⸀εναντιον CℜADλφ *pm* ¦ ενωπιον Θ **090.33** *pc* ¦ *txt* ℌ *pc* | ⸂ θαυμαζειν αυτους W | ⸀και λεγειν D ¦ — BW b | ⸀1(Mt 9,33) εφανη εν τω Ισραηλ ℵ* ¦ ειδον W

Luk.: 21 ⸆ *p)* εν ταις καρδιαις αυτων D it | ⸂ *p)* τι ουτος D | ⸂ αφιεναι αμ. ℵCℜAW(⸉Θλ)φ *pm*; Cyr || 22 °CD it | ⸆ *p)* πονηρα D(⸉ it) || 23 ⸂(*cf vs* 20) σου αι αμαρτιαι ℵ(C)DW (*sed* αφιενται Θ) lat || 24 ⸉ *p) 5 6 1-4* ℵCℜAD(Θ)λφ *pm* it | ⸀λεγει D *pc* | ⸀ *p)* -λυτικω ℌDW Θφ *al* latt ¦ *txt* BℜAλ *pm* | ⸀1 *p)* αρον ℵD *al* latt; Mcion | ⸂ *p)* τον κραβατον D *pc* c r1; Mcion | ⸆και ℵD *al* latt || 25 ⸂την κλινην D (e) syp sa || 26 □DWΨφ *al* e | ⸀θαμβου D* | °D

Joh.: 9 ⸂και DW aur l ¦ — ℵ* | □syc | ⸀ *p)* και ηγερθη και ℵ a b e sys.p ¦ και εγερθεις Dλφ ff2 | ⸀περιπατει AL 63

---

27 cf Mt 26,65; Jo 10,33; Lc 7,49; Act 7,57sq; 1Rg 20,13 || 28sq cf Ex 34,6sq; Is 43,25; 44,22; 55,7; Ps 103,3; 130,4 || 30sq cf Mt 12,25; 16,8; 22,18; Lc 6,8; 9,47; 11,17; Jo 2,24sq; 6,61; Mc 12,15 || 39 cf Jo 17,2 || 45-47 (Mt/Lc) cf 1Sm 10,26; 23,18; 2Sm 12,15; 17,23 || 45sqq cf Act 3,7sq || 50 cf Lc 7,16; 13,13; 17,15; 18,43; 23,47; Mt 15,31 || 51sq cf Mt 9,33 | παράδοξον hapaxl NT

93. Berufung des Levi, Zöllnermahl

Matthaeus publicanus vocatur

(cf. nr. 44)

The Call of Levi (Matthew)

Matth. 9,9-13
13,1-2a; 12,7

9 ⸆Καὶ παράγων ⸂ὁ Ἰησοῦς ἐκεῖθεν⸃ εἶδεν ἄνθρωπον καθήμενον ἐπὶ τὸ τελώνιον, Μαθθαῖον ⸀λεγόμενον, καὶ λέγει αὐτῷ· ἀκολούθει μοι. καὶ ἀναστὰς ⸁ἠκολούθησεν αὐτῷ. 10 ⸂Καὶ ἐγένετο αὐτοῦ ἀνακειμένου⸃ ἐν τῇ οἰκίᾳ, °καὶ ἰδοὺ πολλοὶ τελῶναι καὶ ἁμαρτωλοὶ °¹ἐλθόντες ⸀συνανέκειντο τῷ Ἰησοῦ καὶ τοῖς μαθηταῖς αὐτοῦ. 11 καὶ ἰδόντες οἱ Φαρισαῖοι ἔλεγον τοῖς μαθηταῖς αὐτοῦ· διὰ τί μετὰ τῶν τελωνῶν καὶ ἁμαρτωλῶν ⸀ἐσθίει ⸋ὁ διδάσκαλος ὑμῶν⸌; 12 ὁ δὲ ⸆ ἀκούσας εἶπεν ⸆¹· οὐ χρείαν ἔχουσιν οἱ ἰσχύοντες ⸀ἰατροῦ ἀλλ᾽ οἱ κακῶς ἔχοντες. 13 πορευθέντες δὲ

Mark. 2,13-17
4,1a

2,13-17 *(nr. 44, p. 62)*

13 Καὶ ἐξῆλθεν °πάλιν ⸀παρὰ τὴν θάλασσαν· καὶ πᾶς °ὁ ὄχλος ἤρχετο πρὸς αὐτόν, καὶ ἐδίδασκεν αὐτούς. 14 Καὶ παράγων εἶδεν ⸀Λευὶν τὸν τοῦ Ἁλφαίου καθήμενον ἐπὶ τὸ τελώνιον, καὶ λέγει αὐτῷ· ἀκολούθει μοι. καὶ ἀναστὰς ἠκολούθησεν αὐτῷ. 15 Καὶ ⸂γίνεται κατακεῖσθαι αὐτὸν⸃ ἐν τῇ οἰκίᾳ °αὐτοῦ, °¹καὶ πολλοὶ τελῶναι καὶ ἁμαρτωλοὶ ⸆ συνανέκειντο τῷ Ἰησοῦ καὶ τοῖς μαθηταῖς αὐτοῦ· ἦσαν γὰρ πολλοί⁚ ⸀καὶ ἠκολούθουν ⸂αὐτῷ⁚¹. 16 καὶ οἱ γραμματεῖς τῶν Φαρισαίων⸃ ⸋ἰδόντες ⸄ὅτι ἐσθίει⸅ μετὰ τῶν ⸉ἁμαρτωλῶν καὶ τελωνῶν⸊⸌ ἔλεγον τοῖς μαθηταῖς αὐτοῦ· ⸀ὅτι μετὰ τῶν τελωνῶν καὶ ⸆ ἁμαρτωλῶν ⸁ἐσθίει⸆¹⁚; 17 καὶ ἀκούσας ὁ Ἰησοῦς λέγει °αὐτοῖς °¹[ὅτι] οὐ χρείαν ἔχουσιν οἱ ἰσχύοντες ἰατροῦ ἀλλ᾽ οἱ κακῶς ἔχοντες·

Luk. 5,27-32
15,1-2; 19,1-10

5,27-32 *(nr. 44, p. 62)*

27 ⸂Καὶ μετὰ ταῦτα ἐξῆλθεν καὶ ⸀ἐθεάσατο τελώνην ὀνόματι Λευὶν⸆⸃ καθήμενον ἐπὶ τὸ τελώνιον, καὶ ⸁εἶπεν αὐτῷ· ἀκολούθει μοι. 28 καὶ καταλιπὼν ⸀πάντα ἀναστὰς ⸁ἠκολούθει αὐτῷ. 29 Καὶ ἐποίησεν δοχὴν μεγάλην ⸀Λευὶς ⸂αὐτῷ ἐν τῇ οἰκίᾳ⸃ αὐτοῦ, καὶ ἦν ὄχλος πολὺς τελωνῶν ⸄καὶ ἄλλων⸅ ⸂¹οἳ ἦσαν μετ᾽ ⸁αὐτῶν κατακείμενοι⸃. 30 καὶ ἐγόγγυζον οἱ ⸂Φαρισαῖοι καὶ οἱ γραμματεῖς αὐτῶν⸃ πρὸς τοὺς μαθητὰς αὐτοῦ λέγοντες· διὰ τί μετὰ τῶν τελωνῶν ⸋καὶ ἁμαρτωλῶν⸌ ἐσθίετε καὶ πίνετε; 31 καὶ ἀποκριθεὶς ⸂ὁ Ἰησοῦς⸃ εἶπεν πρὸς αὐτούς· οὐ χρείαν ἔχουσιν οἱ ὑγιαίνοντες ἰατροῦ ἀλλὰ οἱ κακῶς ἔχοντες·

Joh.

Matth.: 9 ⸆(cf 11,1) και μετεβη εκειθεν sy^s | ⸂*3 1 2* DΘ 565*al* lat ¦ *1 2* ℵ* sy^s bo^pt; Chr | ⸀καλουμενον W ¦ ονοματι S lat sy^s.p; Eus | ⸁-θει ℵ D*pc* || 10 ⸂και ανακειμενων ℵ* sy^p | °ℵ D*pc* lat | °¹ℵ* sa; Eus | ⸀συνεκ- D* || 11 ⸀ε. και πινει M 565*al*; Cyr ¦ *p)* εσθιετε κ. πινετε sy^s ¦ sedes k | ⸋*p)* a k sy^s || 12 ⸆Ιησους CℜWΘ*pl* | ⸆¹αυτοις ℜWΘ*pm* ¦ *txt* ℌD lat | ⸀ιατρων ℵ ff¹

Mark.: 13 °*bis* D | ⸀εις ℵ* || 14 ⸀(3,18) Ιακωβον DΘφ*pc* it; Tat ¦ *txt* ℌℜAWλ*pl* vg sy^p sa bo || 15 ⸂εγενετο εν τω κ. αυτ. CℜAλ*pm* vg sy^p sa bo ¦ εγ.(— Θ) κατακειμενων αυτων DΘ it ¦ γιν. ανακ. αυτων W ¦ *txt* Bℵ(εγενετο φ) | °W | °¹DWΘλ*pc* lat | ⸆*p)* ελθοντες C*A | ⸀οι Θ it ¦ οι και D lat || 15.16 ⸂αυτω και γρ. τ. Φ-ων και ℌ bo^pt (οι γρ. και οι Φ-οι bo^pt) ¦ αυτω. και οι γρ. και οι Φ-οι CℜADΘλφ*pl* sy^p sa^pt ¦ *txt* BW*pc* sa^pt | [⁚. *et* ⁚¹ —] || 16 ⸋W e | ⸄οτι ησθιεν ℵD(Θ)*pc* aur c l vg ¦ αυτον εσθιοντα CℜAλφ*pm* a f q ¦ *txt* B*pc* b d r¹ (⸉ff²) | ⸉ℵCℜAλφ*pl* ¦ *txt* B(DΘ)*pc* lat | ⸀τι οτι ℜAλφ*pl* ¦ *p)* δια τι ℵDW latt sa bo^pt ¦ τι Θ sy^p ¦ *txt* BC^vid *pc* bo^pt | ⸆των B (*sed* τ. αμ. και τ. τελ. D) | ⸁ε. και πινει CℜAλφ*pl* c f l q vg sy^p sa bo ¦ εσθιετε Θ ¦ *p)* εσθιετε κ. πινετε 565*pc* ¦ *txt* BℵDW it | ⸆¹*p)* ο διδασκαλος υμων ℵ(*sed pon. a.* εσθ. C) Lφ*al* f vg sa bo | [⁚ W] || 17 °DWλ it | °¹ℌℜADWλφ*pl* latt ¦ *txt* BΘ*pc*

Luk.: 27 ⸂*p)* και ελθων παλιν παρα την θαλασσαν τον επακολουθουντα αυτω οχλον εδιδασκεν και παραγων ειδεν Λευι τον του Αλφαιου D | ⸀*p)* ειδεν A*pc* | ⸆καλουμενον C*; Or | ⸁*p)* λεγει ℵDφ*pc* || 28 ⸀(ἅ?)παντας ℵ*C* ¦ απαντα ℜAΘ*pm* ¦ *txt* BDW*al* | ⸁*p)* -θησεν ℵCℜAΘλ*pl* ¦ *txt* BDW*pc* || 29 ⸀Λευι D lat | ⸂εν τω οικω ℵ(*pc*) | ⸄και αμαρτωλων W*al* ¦ — ℵ* q | ⸂¹ανακειμενων D e | ⸁αυτου B*λ*pc* || 30 ⸂*4 5 2 3 1* ℜAΘφ*al* ¦ *1-4* ℵD*al* it sa bo^pt | ⸋C*D || 31 ⸂Ιησ. 𝔓⁴B ¦ — W

1-23 cf *31 sqq* || *1-3* cf *24 sqq*; cf Mc 10,1; Lc 5,1-3 || *1* πάλιν cf Mc 2,1; 3,20 etc (Mc 1,16? 1,35?) || *4/5* cf Mt 10,3; Mc 3,18; Lc 6,15; Act 1,13 || *4(Lc)* cf 1Esr 9,14; Heb 7,9 || *6* cf Mt 8,22; Mc 10,21 et par; Jo 1,43 || *7* cf Mt 19,27 par *(= nr 255)* || *8(Mc)* cf *11(Lc)*; cf Mc 6,26; 14,3.18; 1Cor 8,10; Jdth 13,15 || *8(Lc)* cf Lc 14,13; Gn 21,8 etc || *10* cf Mt 5,46; 11,19; Lc 6,32; 7,29 || *11(Lc)* cf *8(Mc)* || *13sqq* cf *25 sqq (Lc)*; cf Mt 11,19; Lc 7,34 || *19* cf Lc 4,23

[Matth. 9,9-13]

μάθετε τί ἐστιν· ἔλεος θέλω καὶ οὐ θυσίαν· οὐ γὰρ ἦλθον καλέσαι δικαίους ἀλλὰ ἁμαρτωλούς ⸆ .

13,1-2a (nr. 122, p. 174)

1 Ἐν τῇ ἡμέρᾳ ἐκείνῃ ἐξελθὼν ὁ Ἰησοῦς τῆς οἰκίας ἐκάθητο παρὰ τὴν θάλασσαν· 2 καὶ συνήχθησαν πρὸς αὐτὸν ὄχλοι πολλοί.

12,7 (nr. 111, p. 155)

7 Εἰ δὲ ἐγνώκειτε τί ἐστιν· ἔλεος θέλω καὶ οὐ θυσίαν, οὐκ ἂν κατεδικάσατε τοὺς ἀναιτίους.

[Mark. 2,13-17]

⸀οὐκ ⸁ἦλθον καλέσαι δικαίους ἀλλὰ ἁμαρτωλούς ⸆ .

4,1a (nr. 122, p. 174)

1 Καὶ πάλιν ἤρξατο διδάσκειν παρὰ τὴν θάλασσαν· καὶ συνάγεται πρὸς αὐτὸν ὄχλος πλεῖστος.

[Luk. 5,27-32]

32 οὐκ ⸀ἐλήλυθα καλέσαι δικαίους ἀλλὰ ⸁ἁμαρτωλοὺς εἰς μετάνοιαν.

15,1-2 (nr. 219, p. 304)

1 ⸆Ἦσαν δὲ αὐτῷ ἐγγίζοντες πάντες οἱ τελῶναι καὶ οἱ ἁμαρτωλοὶ ἀκούειν αὐτοῦ. 2 καὶ διεγόγγυζον οἵ τε Φαρισαῖοι καὶ οἱ γραμματεῖς λέγοντες ὅτι οὗτος ἁμαρτωλοὺς προσδέχεται καὶ συνεσθίει αὐτοῖς.

19,1-10 (nr. 265, p. 356)

1 Καὶ εἰσελθὼν διήρχετο τὴν Ἰεριχώ. 2 Καὶ ἰδοὺ
ἀνὴρ ὀνόματι καλούμενος Ζακχαῖος, καὶ αὐτὸς
ἦν ἀρχιτελώνης καὶ αὐτὸς πλούσιος· 3 καὶ
ἐζήτει ἰδεῖν τὸν Ἰησοῦν τίς ἐστιν καὶ οὐκ
ἠδύνατο ἀπὸ τοῦ ὄχλου, ὅτι τῇ ἡλικίᾳ μικρὸς
ἦν. 4 καὶ προδραμὼν εἰς τὸ ἔμπροσθεν ἀνέβη
ἐπὶ συκομορέαν ἵνα ἴδῃ αὐτὸν ὅτι ἐκείνης
ἤμελλεν διέρχεσθαι. 5 καὶ ὡς ἦλθεν ἐπὶ τὸν
τόπον, ἀναβλέψας ὁ Ἰησοῦς εἶπεν πρὸς αὐτόν·
Ζακχαῖε, σπεύσας κατάβηθι, σήμερον γὰρ ἐν
τῷ οἴκῳ σου δεῖ με μεῖναι. 6 καὶ σπεύσας κατ-
έβη καὶ ὑπεδέξατο αὐτὸν χαίρων. 7 καὶ ἰδόντες
πάντες διεγόγγυζον λέγοντες ὅτι παρὰ ἁμαρ-
τωλῷ ἀνδρὶ εἰσῆλθεν καταλῦσαι. 8 σταθεὶς δὲ
Ζακχαῖος εἶπεν πρὸς τὸν κύριον· ἰδοὺ τὰ ἡμίσιά
μου τῶν ὑπαρχόντων, κύριε, τοῖς πτωχοῖς δί-
δωμι, καὶ εἴ τινός τι ἐσυκοφάντησα ἀποδίδωμι
τετραπλοῦν. 9 εἶπεν δὲ πρὸς αὐτὸν ὁ Ἰησοῦς
ὅτι σήμερον σωτηρία τῷ οἴκῳ τούτῳ ἐγένετο,
καθότι καὶ αὐτὸς υἱὸς Ἀβραάμ ἐστιν· 10 ἦλθεν
γὰρ ὁ υἱὸς τοῦ ἀνθρώπου ζητῆσαι καὶ σῶσαι
τὸ ἀπολωλός.

Joh.

Evang. Ebion. (Epiphanius, Panarion haer. 30,16,4-5): Οὐ φάσκουσι δὲ ἐκ θεοῦ πατρὸς αὐτὸν γεγεννῆσθαι, ἀλλὰ κεκτίσθαι ὡς ἕνα τῶν ἀρχαγγέλων [καὶ ἔτι περισσοτέρως], αὐτὸν δὲ κυριεύειν καὶ ἀγγέλων καὶ πάντων ⟨τῶν⟩ ὑπὸ τοῦ παντοκράτορος πεποιημένων, καὶ ἐλθόντα καὶ ὑφηγησάμενον, ὡς τὸ παρ' αὐτοῖς εὐαγγέλιον καλούμενον περιέχει, ὅτι »ἦλθον καταλῦσαι τὰς θυσίας, καὶ ἐὰν μὴ παύσησθε τοῦ θύειν, οὐ παύσεται ἀφ' ὑμῶν ἡ ὀργή«.

2. Clem. ad Cor. 2,4: Καὶ ἑτέρα δὲ γραφὴ λέγει, ὅτι »οὐκ ἦλθον καλέσαι δικαίους, ἀλλὰ ἁμαρτωλούς«.

Didache 4,10: Οὐκ ἐπιτάξεις δούλῳ σου ἢ παιδίσκῃ, τοῖς ἐπὶ τὸν αὐτὸν θεὸν ἐλπίζουσιν, ἐν πικρίᾳ σου, μήποτε οὐ μὴ φοβηθήσονται τὸν ἐπ' ἀμφοτέροις θεόν· οὐ γὰρ ἔρχεται κατὰ πρόσωπον καλέσαι, ἀλλ' ἐφ' οὓς τὸ πνεῦμα ἡτοίμασεν.

Barn. ep. 5,9: Ὅτε δὲ τοὺς ἰδίους ἀποστόλους τοὺς μέλλοντας κηρύσσειν τὸ εὐαγγέλιον αὐτοῦ ἐξελέξατο, ὄντας ὑπὲρ πᾶσαν ἁμαρτίαν ἀνομωτέρους, ἵνα δείξῃ, ὅτι »οὐκ ἦλθεν καλέσαι δικαίους, ἀλλὰ ἁμαρτωλούς«, τότε ἐφανέρωσεν ἑαυτὸν εἶναι υἱὸν θεοῦ.

Justinus Mart., Apol. I,15,8: Εἶπε δὲ οὕτως· »Οὐκ ἦλθον καλέσαι δικαίους, ἀλλὰ ἁμαρτωλοὺς εἰς μετάνοιαν«. Θέλει γὰρ ὁ πατὴρ ὁ οὐράνιος τὴν μετάνοιαν τοῦ ἁμαρτωλοῦ ἢ τὴν κόλασιν αὐτοῦ.

Matth.: 13 ⸆*p)* εις μετανοιαν C𝔎Θϕ*al* c g¹ sy^s sa bo^pt; Eus Cyr ¦ *txt* Bℵ DWλ*al* lat sy^p bo^pt

Mark.: 17 ⸀*p)* ου γαρ C*pc* lat | ⸁*p)* εληλυθα W | ⸆*p)* εις μετανοιαν C𝔎ϕ*al* a c r¹ (vg) sa^pt bo^pt

Luk.: 32 ⸀*p)* ηλθον D*pc* | ⸁ασεβεις ℵ*

21sq Hos 6,6 (1Sm 15,22; Prv 15,8; 16,7 LXX; Ps 40,7; 51,19); cf *29sq (Mt). 54sq*; cf Heb 10,5.8; 13,16 || *22sq* cf 56. 57sq. 59sq. 61sq; cf 1Tm 1,15; Lc 15,7 || *24sqq* cf 1-3 || *25sqq (Lc)* cf 13sqq || *29sq (Mt)* cf 21sq || *31sqq* cf 1-23 || *54sq* cf 21sq || *56* cf 22sq || *57sq* c 22sq || *59sq* cf 22sq || *61sq* cf 22sq

94. Die Fastenfrage, Gleichnisantworten

Quaestio ieiunii (cf. nr. 45) The Question about Fasting

Matth. 9,14-17	Mark. 2,18-22 (nr. 45, p. 64)	Luk. 5,33-39 (nr. 45, p. 64)	Joh. 3,29-30 (nr. 29, p. 42)
	[18]Καὶ ἦσαν οἱ μαθηταὶ Ἰωάννου καὶ οἱ ⸀Φαρισαῖοι νηστεύοντες.		
[14]Τότε προσέρχονται αὐτῷ οἱ μαθηταὶ Ἰωάννου λέγοντες·	καὶ ἔρχονται καὶ λέγουσιν αὐτῷ·	[33]Οἱ δὲ εἶπαν πρὸς αὐτόν· ⸆ οἱ μαθηταὶ Ἰωάννου ⸂	
διὰ τί ἡμεῖς καὶ οἱ Φαρισαῖοι νηστεύομεν ⸀[πολλά],	διὰ τί οἱ μαθηταὶ Ἰωάννου ⸂καὶ οἱ μαθηταὶ τῶν Φαρισαίων⸃ νηστεύουσιν,	νηστεύουσιν πυκνὰ καὶ δεήσεις ποιοῦνται °ὁμοίως καὶ οἱ τῶν Φαρισαίων⸃,	
οἱ δὲ μαθηταί σου οὐ νηστεύουσιν;	οἱ δὲ ⸂σοὶ μαθηταὶ⸃ οὐ νηστεύουσιν;	οἱ δὲ ⸂σοὶ ἐσθίουσιν καὶ πίνουσιν⸃.	
[15]καὶ εἶπεν αὐτοῖς ὁ Ἰησοῦς· μὴ δύνανται οἱ υἱοὶ τοῦ ⸀νυμφῶνος ⸁πενθεῖν ἐφ' ὅσον μετ' αὐτῶν ἐστιν ὁ νυμφίος;	[19]καὶ εἶπεν αὐτοῖς ⸋ὁ Ἰησοῦς⸌· μὴ δύνανται οἱ υἱοὶ τοῦ ⸀νυμφῶνος ἐν ᾧ ὁ νυμφίος μετ' αὐτῶν ἐστιν νηστεύειν; ⸋1ὅσον χρόνον ἔχουσιν τὸν νυμφίον μετ' αὐτῶν οὐ δύνανται νηστεύειν.⸌	[34]ὁ δὲ °Ἰησοῦς εἶπεν πρὸς αὐτούς· μὴ ⸂δύνασθε τοὺς υἱοὺς⸃ τοῦ νυμφῶνος ⸉ἐν ᾧ ὁ νυμφίος μετ' αὐτῶν ἐστιν⸊ ⸂1ποιῆσαι νηστεῦσαι⸃;	[29]Ὁ ἔχων τὴν νύμφην νυμφίος ἐστίν· ὁ δὲ φίλος τοῦ νυμφίου ὁ ἑστηκὼς καὶ ἀκούων αὐτοῦ χαρᾷ χαίρει διὰ τὴν φωνὴν τοῦ νυμφίου. αὕτη οὖν ἡ χαρὰ ἡ ἐμὴ πεπλήρωται. [30]ἐκεῖνον δεῖ αὐξάνειν, ἐμὲ δὲ ἐλαττοῦσθαι.
ἐλεύσονται δὲ ἡμέραι ὅταν ἀπαρθῇ ἀπ' αὐτῶν ὁ νυμφίος, καὶ τότε νηστεύσουσιν ⸆.	[20]ἐλεύσονται δὲ ἡμέραι ὅταν ⸀ἀπαρθῇ ἀπ' αὐτῶν ὁ νυμφίος, καὶ τότε νηστεύσουσιν ἐν ⸂ἐκείνῃ τῇ ἡμέρᾳ⸃.	[35]ἐλεύσονται δὲ ἡμέραι, °καὶ ὅταν ἀπαρθῇ ἀπ' αὐτῶν ὁ νυμφίος, τότε νηστεύσουσιν ἐν ἐκείναις ταῖς ἡμέραις.	
		[36]Ἔλεγεν δὲ ⸂καὶ παραβολὴν πρὸς αὐτοὺς⸃ ὅτι	
[16]οὐδεὶς δὲ ἐπιβάλλει ἐπίβλημα ῥάκους ἀγνάφου ἐπὶ ἱματίῳ παλαιῷ· αἴρει γὰρ τὸ πλήρωμα °αὐτοῦ ἀπὸ τοῦ ἱματίου καὶ χεῖρον σχίσμα γίνεται.	[21]⸀Οὐδεὶς ἐπίβλημα ῥάκους ἀγνάφου ⸁ἐπιράπτει ἐπὶ ⸂ἱμάτιον παλαιόν⸃· εἰ δὲ μή, αἴρει °τὸ πλήρωμα ⸉ἀπ' αὐτοῦ⸊ τὸ καινὸν ⸆τοῦ παλαιοῦ καὶ χεῖρον σχίσμα γίνεται.	οὐδεὶς ἐπίβλημα °ἀπὸ ἱματίου καινοῦ °σχίσας ἐπιβάλλει ἐπὶ ἱμάτιον παλαιόν· εἰ δὲ μή γε, °1καὶ τὸ καινὸν σχίσει καὶ τῷ παλαιῷ οὐ συμφωνήσει ⸉τὸ ἐπίβλημα τὸ ἀπὸ τοῦ	

Matth.: 14 ⸀p) πυκνα ℵ[1] lat sy[s] ¦ †— Bℵ*pc sa[pt] ¦ txt ℵ[2]CℜDWΘλφpl k sy[p] sa[pt] bo || 15 ⸀-φιου D latt bo | ⸁p) νηστευειν DWpc it | ⸆p) εν εκειναις ταις ημεραις D it || 16 °ℵ*

Mark.: 18 ⸀των Φαρισαιων ℜλpm a l bo[pt] ¦ μαθηται των Φ-ων W | ⸂1245 C[2]ℜDpl lat bo[pt] ¦ 145 Wpc ¦ κ. οι Φ-οι Θpc a ff[2] ¦ — A 544 | ⸂p) σοι Bpc bo[pt] ¦ μαθ. σου ℵΘpc || 19 ⸋DWpc it | ⸀-φιου sa[pt] bo | ⸋1p) DWλ 33 al it (sy[p]) || 20 ⸀αρθη Cφpc | ⸂p) -ναις ταις -ραις ℜal it (vg) sa bo || 21 ⸀ουδ. δε Dal it ¦ και ουδ. ℜal | ⸁επισυρρ- D(W) | ⸂-ιω -ω ℜAΘpm | °ℵ | ⸉αυτ. CℜΘ 0133 pm ¦ — D φal lat bo ¦ (⸉απ αυτ. a. το πλ. AW 33 al) | ⸆απο DΘφal lat

Luk.: 33 ⸆p) δια τι ℵ*.[2]CℜADΘλφpl latt sy[p] bo[pt] ¦ txt 𝔓[4]ℌ 157.565 sa bo[pt] | ⸂1-5 108pc ¦ p) και οι μαθηται των Φαρισαιων νηστ. πυκ. κ. δεησ. ποι. D | ° it | ⸂μαθηται σου ουδεν τουτων ποιουσιν D e || 34 °ℜAΘal | ⸂p) δυνανται οι υιοι ℵ*D it; Mcion | ⸉εφ οσον εχουσιν τον νυμφιον μεθ εαυτων D e | ⸂1π. νηστευειν CℜAWΘλφpm ¦ νηστευειν ℵ*D it; Mcion ¦ txt Bal || 35 °CLal ¦ p) και pon. ante τοτε ℵΘλφal it || 36 ⸂προς αυτους παραβ. ℵ*pc | ° bis CℜApm | °1ℵ*pc | ⸉3-6 2 D ¦ 3-6 ℜApm

1sqq cf 38 || 1sq cf Mt 11,18 sq = Lc 7,33 || 3sq cf Lc 11,1; 7,18; Mt 11,2sq || 6sq cf Lc 18,11sq || 12 cf 2Sm 12,5; 1Mcc 4,2; Mc 3,17; Mt 8,12; Lc 20,36 | cf Mt 25,1-13; Apc 19,7; Hos 2,21 || 17sq cf Mt 26,11; Mc 14,7; Lc 17,22; Is 53,8 || 18sq cf Jo 16,20 || 21sqq cf Job 13,28; Dt 22,11; cf 37

[Matth. 9,14-17]	[Mark. 2,18-22]	[Luk. 5,33-39]	Joh.
17 οὐδὲ βάλλουσιν οἶνον νέον εἰς ἀσκοὺς παλαιούς· εἰ δὲ μή °γε, ⸂ῥήγνυνται οἱ ἀσκοὶ καὶ ὁ οἶνος ἐκχεῖται καὶ οἱ ἀσκοὶ ἀπόλλυνται⸃· ⸄ἀλλὰ βάλλουσιν οἶνον νέον εἰς ἀσκοὺς καινούς⸅, καὶ ἀμφότεροι ⸀συντηροῦνται.	22 καὶ οὐδεὶς βάλλει οἶνον νέον εἰς ἀσκοὺς παλαιούς⊤· εἰ δὲ μή, ⸂ῥήξει ὁ οἶνος ⊤ τοὺς ἀσκοὺς⸃ καὶ ὁ οἶνος ⸄ἀπόλλυται καὶ οἱ ἀσκοί⸅· □ἀλλὰ οἶνον νέον εἰς ἀσκοὺς καινούς⊤1.⸋	καινοῦ⸃. 37 καὶ οὐδεὶς ⸀βάλλει οἶνον νέον εἰς ἀσκοὺς παλαιούς· εἰ δὲ μή γε, ῥήξει ὁ οἶνος □ὁ νέος⸋ τοὺς ἀσκοὺς⊤ καὶ αὐτὸς ἐκχυθή- σεται □1καὶ οἱ ἀσκοὶ ἀπολοῦνται⸋· 38 ἀλλὰ οἶνον νέον εἰς ἀσκοὺς ⸀καινοὺς ⸀βλητέον⊤. 39 □°[καὶ] οὐδεὶς πιὼν παλαιὸν⊤ θέλει νέον· λέγει γάρ· ὁ παλαιὸς ⸀χρηστός ἐστιν.⸋	

Evang. Thomae copt.: *cf. Append. I, 47*

Evang. Thomae copt.: *cf. Append. I, 104*

Matth.: 17 ° B | ⸂ *p)* ρησσει ο οινος ο νεος τους ασκους και ο οιν. απολλυται και οι ασκοι D(k) ¦ ρ. ο οινος τους ασκους κ. ο οιν. εκχ. κτλ. sy^{s} | ⸄ *p)* αλλ οινον νεον εις ασκ. καιν. βλητεον ℵ | ⸀τηρ- D* it

Mark.: 22 ⊤αλλ εις καινους W | ⸂ διαρησσονται οι ασκοι W a | ⊤ *p)* ο νεος C^{2}ℜ A λ *om* | ⸄ *p)* εκχειται (— D it) και οι ασκοι απολουνται ℵ C ℜ A (D W Θ it) **0133** λ φ *pl* sy^{s} (⸉ sy^{p}) sa ¦ *txt* B *pc* | □ D it bo^{pt} | ⊤1 βαλλουσιν W e sy$^{s.p}$ sa bo^{pt} ¦ *p)* βλητεον ℵ^{corr} C ℜ A Θ **0133** λ φ *pl* lat ¦ *txt* B ℵ*

Luk.: 37 ⸀επιβ- C | □ *p)* ℵ | ⊤τους παλαιους D bo^{pt} | □1 Mcion^{vid} ‖ 38 ⸀νεους 1424; Mcion | ⸀ *p)* βαλλουσιν ℵ* D it; Mcion^{vid} ¦ βαλληται W | ⊤ *p)* και αμφοτεροι συντηρουνται (τηρ- D) C ℜ A D Θ φ *pl* lat sy^{p} bo^{pt} ‖ 39 □ *vs p)* D it; Mcion Ir Eus | ° 𝔓^{4} B ℵ^{corr} *pc* ¦ *txt* ℵ* C ℜ A W Θ *pl* | ⊤ευθεως ℜ A Θ φ *pl* lat | ⸀χρηστοτερος C ℜ A Θ λ φ *pl* lat ¦ *txt* 𝔓$^{4.75 vid}$ B ℵ W *pc*

---

^{27sqq} cf Job 32,19 ‖ ^{33sqq} cf Jo 2,10 ‖ ^{37} *cf 21 sqq* ‖ ^{38} *cf 1sqq*

95. Jairi Töchterlein und Heilung der Blutflüssigen

Haemorrhoissa et filia Iairi *(cf. nr. 138)* **Jairus' Daughter and the Woman with a Hemorrhage**

Matth. 9,18-26 14,36; 9,29-30	Mark. 5,21-43 6,56b; 3,10; 10,52	Luk. 8,40-56 6,19; 18,42; 7,50; 17,19	Joh.
   18 Ταῦτα αὐτοῦ λαλοῦν- τος °αὐτοῖς, ἰδοὺ ἄρχων ⸂εἷς ἐλθὼν⸃	5,21-43 *(nr. 138, p. 190)* 21 Καὶ διαπεράσαντος τοῦ Ἰησοῦ □[ἐν τῷ πλοίῳ]⸋ ⸂πάλιν εἰς τὸ πέραν⸃ συνήχθη ὄχλος πολὺς ⸀ἐπ' αὐτόν, □1καὶ ἦν⸋ παρὰ τὴν θάλασσαν. 22 Καὶ ⊤ ἔρχεται ⸀εἷς τῶν ἀρχισυναγώγων, ⸂ὀνόματι Ἰάϊρος⸃,	8,40-56 *(nr. 138, p. 190)* 40 ⸂Ἐν δὲ⸃ τῷ ⸀ὑποστρέφειν τὸν Ἰησοῦν ἀπεδέξατο αὐτὸν ὁ ὄχλος· ἦσαν γὰρ πάντες προσ- δοκῶντες ⸀αὐτόν. 41 καὶ ⸂ἰδοὺ ἦλθεν⸃ ἀνὴρ ᾧ ὄνομα Ἰάϊρος καὶ ⸀οὗτος ἄρχων τῆς	

Matth.: 18 ° λ *pc* sa bo | ⸂ † εἷς προσελθ. B ℵ^{1} lat sy^{p} ¦ τις πρ. L φ *al* g^{1} (h k) ¦ προσελθ. ℵ* 69 *pc* ¦ εἰσελθ. λ *al* ¦ *txt* ℜ *al* (C D W Θ *sine acc.*) f sy^{s}

Mark.: 21 □ 𝔓^{45} D Θ λ *pc* it sy^{s} ¦ *txt* (B) ℵ C ℜ A (⸉ W) **0132.0134** φ *pm* vg | ⸂ *1* 𝔓^{45} ¦ *2-4 1* ℵ* D *pc* it sy^{p} ¦ *2-4* Θ sy^{s} sa ¦ *txt* B C ℜ A W λ φ *pl* vg bo | ⸀προς D Θ *al* | □1 D it sy^{s} ‖ 22 ⊤ιδου 𝔓^{45} C ℜ A W **0107.0134** *pm* c f | ⸀τις D W *pc* lat | ⸂ *p)* ω ονομα I. W Θ 565 *pc* ¦ — D it

Luk.: 40 ⸂ εγενετο δε εν ℵ* C ℜ A D W Θ φ *pl* latt ¦ *txt* 𝔓^{75} B λ *pc* | ⸀υποστρεψαι C ℜ A D W Θ λ φ *pl* ¦ *txt* 𝔓^{75} B ℵ *pc* | ⸀τον θεον ℵ* ‖ 41 ⸂ ελθων D c ¦ — sy^{p} | ⸀αυτος ℵ C ℜ A W Θ *pm* ¦ *txt* 𝔓^{75} B D λ φ *al* it

---

^{1sqq} cf 1 Rg 17,17-24; 2 Rg 4,8.17-37; Lc 7,11-17 *(nr 86)*; Jo 11,1-44 *(nr 259)*; Act 9,36-42; Act 20,7-12 ‖ ^{1sq} cf Lc 8,37 ‖ $^{3sq (Lc)}$ cf Lc 4,42; Mc 1,37 ‖ ^{5} cf Jdc 10,3; Esth 2,5

[Matth. 9,18-26]

προσεκύνει αὐτῷ
λέγων °ὅτι
ἡ θυγάτηρ μου
ἄρτι ἐτελεύτησεν· ἀλλὰ °¹ἐλθὼν
ἐπίθες τὴν χεῖρά σου ⸋ἐπ᾽ αὐτήν⸌,
καὶ ζήσεται. [19]καὶ ἐγερθεὶς ὁ ⸀Ἰησοῦς
⸁ἠκολούθησεν αὐτῷ καὶ οἱ μαθηταὶ αὐτοῦ.
[20]Καὶ ἰδοὺ γυνὴ αἱμορροοῦσα
δώδεκα ἔτη ⸆
προσελθοῦσα ὄπισθεν ἥψατο τοῦ
κρασπέδου τοῦ ἱματίου αὐτοῦ· [21]ἔλεγεν
γὰρ ἐν ἑαυτῇ· ἐὰν ⸂μόνον ἅψωμαι⸃ ⸆ τοῦ
ἱματίου αὐτοῦ, σωθήσομαι.

[Mark. 5,21-43]

καὶ ⸂ἰδὼν αὐτὸν πίπτει⸃ πρὸς
τοὺς πόδας αὐτοῦ [23]⸂καὶ ⸀παρακαλεῖ αὐ-
τὸν πολλὰ λέγων ὅτι⸃
τὸ θυγάτριόν μου
ἐσχάτως ἔχει, ⸉ἵνα ἐλθὼν
ἐπιθῇς τὰς χεῖρας αὐτῇ⸊ ⸀ἵνα ⸋σωθῇ
καὶ⸌ ⸀¹ζήσῃ. [24]καὶ ἀπῆλθεν μετ᾽ αὐτοῦ. καὶ
ἠκολούθει αὐτῷ ὄχλος πολὺς καὶ συνέ-
θλιβον αὐτόν. [25]Καὶ γυνὴ ⸆οὖσα ἐν ῥύσει
αἵματος δώδεκα ἔτη [26]⸀καὶ πολλὰ παθοῦ-
σα ὑπὸ πολλῶν ἰατρῶν καὶ δαπανήσασα
τὰ ⸂παρ᾽ αὐτῆς⸃ πάντα καὶ μηδὲν ὠφελη-
θεῖσα ἀλλὰ μᾶλλον ⸀εἰς τὸ χεῖρον ἐλθοῦ-
σα, [27]ἀκούσασα ⸆ περὶ τοῦ Ἰησοῦ,
ἐλθοῦσα ⸋ἐν τῷ ὄχλῳ⸌ ὄπισθεν ⸆ ἥψατο
⸆¹ ⸋¹τοῦ ἱματίου⸌ αὐτοῦ· [28]ἔλεγεν
γὰρ ⸆ ὅτι ἐὰν ἅψωμαι κἂν τῶν
ἱματίων αὐτοῦ σωθήσομαι. [29]καὶ ⸀εὐθὺς
ἐξηράνθη ἡ πηγὴ τοῦ αἵματος αὐτῆς καὶ
ἔγνω τῷ σώματι ὅτι ἴαται ἀπὸ τῆς μάστι-
γος. [30]καὶ ⸀εὐθὺς ⸂ὁ Ἰησοῦς ἐπιγνοὺς⸃ ἐν
ἑαυτῷ τὴν ἐξ αὐτοῦ δύναμιν ἐξελθοῦσαν
ἐπιστραφεὶς ἐν τῷ ὄχλῳ ἔλεγεν· τίς ⸉μου
ἥψατο τῶν ἱματίων; [31]καὶ

[Luk. 8,40-56]

συναγωγῆς ⸋ὑπῆρχεν, καὶ⸌ πεσὼν παρὰ
τοὺς πόδας °[τοῦ] Ἰησοῦ παρεκάλει αὐτὸν
εἰσελθεῖν εἰς τὸν οἶκον αὐτοῦ, [42]⸀ὅτι
θυγάτηρ μονογενὴς °ἦν αὐτῷ °¹ὡς ἐτῶν
δώδεκα καὶ αὐτὴ ἀπέθνῃσκεν.
⸂Ἐν δὲ τῷ ὑπάγειν⸃ ⸀αὐτὸν
οἱ ὄχλοι ⸀¹συνέ-
πνιγον αὐτόν. [43]Καὶ γυνὴ οὖσα ἐν ῥύσει
αἵματος ἀπὸ ἐτῶν δώδεκα, ⸂ἥτις
⸋[ἰατροῖς προσαναλώσασα
ὅλον τὸν βίον]⸌ οὐκ ἴσχυσεν ⸀ἀπ᾽ οὐδενὸς
θεραπευθῆναι⸃, ⸆
[44]προσελθοῦσα °ὄπισθεν ἥψατο ⸋τοῦ
κρασπέδου⸌ τοῦ ἱματίου αὐτοῦ
καὶ παραχρῆμα
ἔστη ἡ ῥύσις τοῦ αἵματος αὐτῆς.

cf. v. 46

[45]⸂καὶ ⸆εἶπεν ὁ Ἰησοῦς⸃· τίς ⸉ὁ
ἁψάμενός μου⸊; ἀρνουμένων δὲ πάντων

Joh.

Matth.: 18 °א D λ φ *pm* | °¹ sy^s | ⸋ sy^s || 19 ⸀κυριος sy^s | ⸁† -θει א C D *pc* lat ¦ *txt* B ℜ W Θ λ φ *pl* f k || 20 ⸆(Jo 5,5) εχουσα εν τη ασθενεια L || 21 ⸂*2 1* D lat ¦ *2* א* a h | ⸆του κρασπεδου φ *pc* sa

Mark.: 22 ⸂και προσεπεσεν D (e) || 23 ⸂παρακαλων αυτον και λεγων D it | ⸀παρεκ- B ℜ W Θ **0107.0134** λ *pm* | ⸉. . . αυτω τας χειρας 𝔓[45vid] A *al* ¦ . . . αυτη τ. χ. ℜ *pm* ¦ . . . χειρα αυτη φ *pc* sa bo ¦ ελθε αψαι αυτης εκ των χειρων σου D it ¦ veni, impone manum super eam vg sy^{s.p} ¦ *txt* ℌ W Θ λ | ⸀οπως ℜ A Θ **0107.0134** λ *pm* | ⸋ sy^s sa | ⸀¹ζησεται ℜ A W **0107.0134** λ *pm* || 25 ⸆τις ℜ D Θ λ *pl* a f || 26 ⸀η D it | ⸂εαυτης D W Θ λ *al* ¦ παρ εαυτ- א C *al* ¦ *txt* B ℜ A **0132.0134** *al* | ⸀επι D Θ 565 *pc* || 27 ⸆† τα B א* C*vid ¦ *txt* ℜ A D W Θ *pl* sy^p sa bo | ⸋ λ *pc* (*pon. p.* αυτου D it) | ⸆και D lat | ⸆¹ *p)* του κρασπεδου λ *al* | ⸋¹ W || 28 ⸆ *p)* εν εαυτη Θ λ *pm* it ¦ εν τη καρδια αυτης sa^pt || 29 ⸀ευθεως ℜ A D W **0134** λ *pm* || 30 ⸀ευθεως ℜ A D W **0134** λ *pm* | ⸂επιγν. και ο Ι. D (a) | ⸉ *p.* ιματιων D (vestimenta mea lat)

Luk.: 41 ⸋ D *pc* (c) sy^p | °† 𝔓[75vid] B א* *pc* ¦ *txt* C ℜ A D W Θ λ φ *pl* || 42 ⸀ην γαρ D | ° א* D | °¹ D 579 | ⸂και εγενετο εν τω πορευεσθαι C* D *pc* lat | ⸀τον Ιησουν συν αυτω sy^p | ⸀¹ *p)* συνεθλιβον C Θ *al* || 43 ⸂ην ουδε εις ισχυεν θεραπευσαι D | ⸋† 𝔓[75] B (D) sy^s sa ¦ *txt* ℌ ℜ A W Θ λ φ *pl* lat sy^{c.p} bo | ⸀υπ א C ℜ W Θ λ *pl* ¦ *txt* 𝔓[75] B A R *pc* | ⸆ *p)* και διελογιζετο εν εαυτη λεγουσα· εαν απελθουσα αψωμαι καν των ιματιων του Ιησου σωθησομαι sy^c || 44 ° D Ψ | ⸋ *p)* D it; Mcion || 45 ⸂ *p)* ο δε Ιησ. γνους την εξελθουσαν εξ αυτου δυναμιν επηρωτα D a | ⸆ *p)* επιστραφεις sy^c | ⸉μου ηψατο D it; Mcion Epiph

---

9(Mc) cf Mc 7,25 || *9(Lc)* cf Lc 7,12; 9,38 par || *11* cf Mc 6,5; 7,32; 8,23.25; 16,18; Lc 4,40; 13,13 || *14sq* cf Lv 15,19. 32sq; *cf 90sq. 92sqq* || *20sqq* cf Mc 8,22; (Act 5,15; 19,11sq); *cf 76sqq. 79sq* || *21* cf Nu 15,38; Dt 22,12; Zch 8,23

[Matth. 9,18-26]

22 ὁ δὲ °Ἰησοῦς ⸀στραφεὶς καὶ ἰδὼν αὐτὴν εἶπεν· θάρσει, ⸁θύγατερ· ἡ πίστις σου σέσωκέν σε. καὶ ἐσώθη ἡ γυνὴ ἀπὸ τῆς ὥρας ἐκείνης.

[Mark. 5,21-43]

ἔλεγον αὐτῷ οἱ μαθηταὶ αὐτοῦ· βλέπεις τὸν ὄχλον συνθλίβοντά σε, καὶ λέγεις· τίς μου ἥψατο; 32 καὶ περιεβλέπετο ⸂ἰδεῖν τὴν τοῦτο ποιήσασαν⸃. cf. v. 30 33 ἡ δὲ γυνὴ φοβηθεῖσα καὶ τρέμουσα⸆, ⸀εἰδυῖα ὃ γέγονεν⸆ αὐτῇ, ἦλθεν καὶ ⸂προσέπεσεν αὐτῷ⸃ καὶ εἶπεν αὐτῷ⸆¹ πᾶσαν τὴν ⸁ἀλήθειαν. 34 ὁ δὲ⸆ εἶπεν αὐτῇ· ⸀θυγάτηρ, ἡ πίστις σου σέσωκέν σε· ὕπαγε εἰς εἰρήνην καὶ ἴσθι ὑγιὴς ἀπὸ τῆς μάστιγός σου. 35 Ἔτι αὐτοῦ λαλοῦντος ἔρχονται ἀπὸ τοῦ ἀρχισυναγώγου λέγοντες⸆ ὅτι ἡ θυγάτηρ σου ἀπέθανεν· τί ἔτι σκύλλεις τὸν διδάσκαλον; 36 ὁ δὲ Ἰησοῦς⸆ ⸀παρακούσας ⸂τὸν λόγον λαλούμενον⸃ λέγει τῷ ἀρχισυναγώγῳ· μὴ φοβοῦ, μόνον πίστευε.

37 καὶ οὐκ ἀφῆκεν ⸂οὐδένα μετ᾽ αὐτοῦ συνακολουθῆσαι⸃ εἰ μὴ ⸀τὸν Πέτρον καὶ Ἰάκωβον καὶ Ἰωάννην τὸν ἀδελφὸν Ἰακώβου.

[Luk. 8,40-56]

εἶπεν ὁ Πέτρος⸆· ⸀ἐπιστάτα, οἱ ὄχλοι συνέχουσίν σε καὶ ἀποθλίβουσιν⸆. 46 ⸂ὁ δὲ Ἰησοῦς εἶπεν⸃· ἥψατό μού τις, ἐγὼ γὰρ ἔγνων δύναμιν ⸀ἐξεληλυθυῖαν ἀπ᾽ ἐμοῦ. 47 □ἰδοῦσα δὲ ἡ γυνὴ ὅτι οὐκ ἔλαθεν ⸀τρέμουσα ἦλθενˋ καὶ προσπεσοῦσα αὐτῷ □¹δι᾽ ἣν αἰτίαν ἥψατο αὐτοῦˋ ⸁ἀπήγγειλεν ἐνώπιον παντὸς τοῦ λαοῦ καὶ ὡς ἰάθη παραχρῆμα⸆. 48 ὁ δὲ⸆ εἶπεν °αὐτῇ· ⸆ ⸀θυγάτηρ, ἡ πίστις σου σέσωκέν σε· πορεύου εἰς εἰρήνην.

49 Ἔτι αὐτοῦ λαλοῦντος ⸂ἔρχεταί τις ⸀παρὰ τοῦ ἀρχισυναγώγου λέγων⸃⸆ ὅτι τέθνηκεν ἡ θυγάτηρ σου· ⸁μηκέτι σκύλλε ⸄τὸν διδάσκαλον⸅. 50 ὁ δὲ Ἰησοῦς ἀκούσας⸆ ⸀ἀπεκρίθη ⸁αὐτῷ· μὴ φοβοῦ, μόνον ⸀¹πίστευσον, καὶ σωθήσεται. 51 ἐλθὼν δὲ εἰς τὴν οἰκίαν οὐκ ἀφῆκεν εἰσελθεῖν ⸀τινα □σὺν αὐτῷˋ εἰ μὴ Πέτρον καὶ ⸂Ἰωάννην καὶ Ἰάκωβον⸃ καὶ τὸν πατέρα ⸄τῆς παιδὸς⸅ καὶ τὴν μητέρα.

Joh.

Matth.: 22 °א* D it sy^s | ⸀επιστραφεις C𝔎WΘλ *pm* ¦ εστη στραφεις D | ⸁-ατηρ DLWΘ *pc*; Or

Mark.: 32 ⸂ιδειν (— W) τ. τ. πεποιηκυιαν WΘ 1 *pc* ¦ — c e || 33 ⸆διο πεποιηκει λαθρα D(Θ) *al* it | ⸀και ειδ. א* it | ⸆επ 𝔎AWΘ 0132.0133 λ *pl* | ⸂προσεκυνησεν αυτον C a | ⸆¹ εμπροσθεν παντων Wφ | ⸁αιτιαν 1.28 *pc* ¦ αιτ. αυτης W 69 *pc* sa || 34 ⸆Ιησους CDΘλφ *al* it | ⸀-τερ א𝔎AΘ *pl* ¦ *txt* BDW || 35 ⸆αυτω D *pc* it || 36 ⸆ευθεως C𝔎A 0132.0133 φ *pm* | ⸀*p)* ακουσας א^corr C𝔎ADΘ 0126.0132.0133 λ *pl* lat | ⸂τουτον τον λογον D it ¦ τ. λ. τον λαλ. B || 37 ⸂ουδ. αυτω συνακ. 𝔎(A)Θ *pm* ¦ αυτω ουδ. παρακ. W (λ) ¦ ουδε ενα παρακ. αυτω D | ⸀μονον W ¦ — 𝔎ADΘλ *pl*

Luk.: 45 ⸆και οι συν αυτω ℌ (μετ αυτου 𝔎) ADWΘ λφ *pm* latt sy^p bo ¦ *txt* 𝔓75 B 700* *al* sy^s.c sa | ⸀διδασκαλε 157 | ⸆*p)* και λεγεις· τις ο αψαμενος μου C𝔎A (μου ηψατο D *al ex latt?*) WΘφ *pm* latt sy bo^pt || 46 ⸂απεκριθη ο Ιησους και ειπεν αυτω sy^s ¦ ο δε ειπεν D a r¹ sy^p | ⸀εξελθουσαν C𝔎ADWΘλφ *pl* ¦ *txt* 𝔓75 BאL *pc* || 47 □א* | ⸀εντρομος ουσα D ¦ *p)* φοβηθεισα και τρεμουσα sy^c | □¹ א | ⸁διηγγειλεν א | ⸆εμπροσθεν παντων ωμολογησεν sy^c || 48 ⸆Ιησους C *al* | °א sa^pt | ⸆*p)* θαρσει C𝔎AWΘφ *pm* sy^p | ⸀-τερ ℌ𝔎ADλφ *pl* ¦ *txt* BWΘ *pc* || 49 ⸂*p)* ερχονται απο τ. α. λεγοντες D c sy^s.c | ⸀απο ADW*Θλ *al* | ⸆αυτω C𝔎ADWΘφ *pm* lat ¦ *txt* 𝔓75vid Bאλ 700 *al* | ⸁μη C𝔎AWΘλφ *pl* sy sa bo ¦ *txt* 𝔓75 BאD | ⸄αυτον λ lat || 50 ⸆*p)* τον λογον D latt (sy^c) | ⸀ειπεν א* *pc* | ⸁αυτ. λεγων C𝔎ADWΘφ *pm* ¦ τω πατρι της παιδος 1229 lat sy^p | ⸀¹ *p)* -ευε *rell* ¦ *txt* BLΞ 579 || 51 ⸀ουδενα (⸉א) 𝔎AWΘλ *pm* | □𝔎AWλ *pm* sy^s.c | ⸂*p)* Ιακ. κ. Ιω. ℌA 700 *al* vg sy sa^pt bo ¦ Ιακ. Valentiani *apud* Ir ¦ Ιω. 1038 ¦ *txt* 𝔓75 BC𝔎DWΘλφ *pm* it vg^codd | ⸄*p)* του κορασιου D

---

34 sq (Lc) cf 80 sq || *40 sqq cf 82 sqq. 86 sq. 88 sq. 100 sq* || *42 (Mc/Lc)* cf Jdc 18,6; 1Sm 1,17; 2 Sm 15,9; 1Rg 22,17; Lc 7,50; Act 16,36; Jc 2,16 || *43 (Mt)* cf Mt 8,13; 15,28; 17,18 || *46* cf Lc 7,6 || *51 sqq* cf Mt 17,1 = Mc 9,2 = Lc 9,28 *(nr 161)*; Mt 26,37 = Mc 14,33 *(nr 330)*; Mc 13,3 || *53 sq (Lc) cf 63 sq (Mc)*

[Matth. 9,18-26]	[Mark. 5,21-43]	[Luk. 8,40-56]	Joh.
23 Καὶ ἐλθὼν ὁ Ἰησοῦς	38 καὶ ⸀ἔρχονται		
εἰς τὴν οἰκίαν τοῦ ἄρχοντος καὶ	εἰς τὸν οἶκον τοῦ ἀρχισυναγώγου, καὶ		
ἰδὼν τοὺς αὐλητὰς καὶ ⸂τὸν ὄχλον θορυ-	θεωρεῖ θόρυβον ⸂καὶ κλαίοντας καὶ ἀλα-	52 ἔκλαιον δὲ πάντες καὶ ἐκόπτοντο	
βούμενον⸃ 24 ⸀ἔλεγεν·	λάζοντας⸃ ⸁πολλά, 39 καὶ εἰσελθὼν λέγει	αὐτήν. ὁ δὲ εἶπεν·	
ἀναχωρεῖτε, οὐ γὰρ	°αὐτοῖς· τί θορυβεῖσθε καὶ ⸆ κλαίετε; τὸ	μὴ κλαίετε,	
ἀπέθανεν τὸ κοράσιον ἀλλὰ καθεύδει.	παιδίον οὐκ ἀπέθανεν ἀλλὰ καθεύδει.	⸂οὐ γὰρ⸃ ἀπέθανεν ⸆ ἀλλὰ καθεύδει.	
καὶ κατεγέλων αὐτοῦ⸆.	40 ⸀καὶ κατεγέλων αὐτοῦ ⸆ .	53 καὶ κατεγέλων αὐτοῦ εἰδότες ὅτι ἀπ-	
25 ὅτε δὲ ἐξεβλήθη ὁ ὄχλος	⸁αὐτὸς δὲ ἐκβαλὼν ⸀1πάντας παρα-	έθανεν. 54 αὐτὸς δὲ ⸆	
	λαμβάνει τὸν πατέρα τοῦ παιδίου καὶ τὴν		
εἰσελθὼν	μητέρα καὶ τοὺς ⸂μετ᾽ αὐτοῦ⸃ καὶ εἰσπορεύ-	cf. v. 51	
ἐκράτησεν	εται ὅπου ἦν τὸ παιδίον⸆. 41 καὶ κρατήσας	κρατήσας	
τῆς χειρὸς αὐτῆς,	τῆς χειρὸς τοῦ παιδίου λέγει αὐτῇ· ⸂τα-	τῆς χειρὸς αὐτῆς ἐφώνησεν λέγων·	
	λιθα κουμ⸃, ὅ ἐστιν μεθερμηνευόμενον·		
	τὸ κοράσιον, σοὶ λέγω, ἔγειρε.	ἡ παῖς, ⸀ἔγειρε. 55 καὶ ⸀ἐπ-	
καὶ	42 καὶ ⸀εὐθὺς ⸁ἀν-	έστρεψεν τὸ πνεῦμα αὐτῆς ⸋καὶ ἀνέστη	
ἠγέρθη τὸ κοράσιον.	έστη τὸ κοράσιον καὶ περιεπάτει· ἦν γὰρ	παραχρῆμα⸌ καὶ ⸁διέταξεν ⸉αὐτῇ δοθῆ-	
	⸆ἐτῶν δώδεκα. καὶ ἐξέστησαν ⸀1[εὐθὺς]	ναι⸊ φαγεῖν. 56 ⸂καὶ ἐξέστησαν οἱ γονεῖς	
	ἐκστάσει μεγάλῃ. 43 καὶ διεστείλατο αὐτοῖς	αὐτῆς· ὁ δὲ παρήγγειλεν⸃ αὐτοῖς	
	°πολλὰ ἵνα μηδεὶς γνοῖ τοῦτο, καὶ εἶπεν	μηδενὶ εἰπεῖν τὸ γεγονός.	
26 καὶ ἐξῆλθεν	⸀δοθῆναι αὐτῇ φαγεῖν.	cf. v. 55b	
ἡ φήμη ⸀αὕτη εἰς ὅλην τὴν γῆν ἐκείνην.			
14,36 (nr. 148, p. 211)	*6,56b (nr. 148, p. 211)*		
36 Καὶ παρεκάλουν αὐτὸν ἵνα μόνον ἅψωνται	56 ... καὶ παρεκάλουν αὐτὸν ἵνα κἂν τοῦ κρα-		
τοῦ κρασπέδου τοῦ ἱματίου αὐτοῦ· καὶ ὅσοι	σπέδου τοῦ ἱματίου αὐτοῦ ἅψωνται· καὶ ὅσοι ἂν		
ἥψαντο διεσώθησαν.	ἥψαντο αὐτοῦ ἐσῴζοντο.		
	3,10 (nr. 48, p. 68)	*6,19 (nr. 77, p. 101)*	
	10 Πολλοὺς γὰρ ἐθεράπευσεν, ὥστε ἐπιπίπτειν	19 Καὶ πᾶς ὁ ὄχλος	
	αὐτῷ ἵνα αὐτοῦ ἅψωνται ὅσοι εἶχον μάστιγας.	ἐζήτουν ἅπτεσθαι αὐτοῦ, ὅτι δύναμις παρ᾽αὐ-	
		τοῦ ἐξήρχετο καὶ ἰᾶτο πάντας.	

Matth.: 23 ⸂τους -ους -ους k sy$^{s.p}$ bo ‖ 24 ⸀λεγει αυτοις C𝔎WΘ *pm* f g^{1} | ⸆*p)* ειδοτες οτι απεθανεν א* sa^{pt} ‖ 26 ⸀αυτης אCΘλ *al* bo ¦ αυτου D *pc* sa ¦ *txt* B𝔎W *pm*

Mark.: 38 ⸀ερχεται 𝔎WΘφ *pm* it | ⸂κλαιοντων και αλαλαζοντων D *pc* a | ⸁-λας B* ¦ -λους Θ ¦ — b ‖ 39 °it | ⸆τι DΘ it ‖ 40 ⸀οι δε D it | ⸆*p)* ειδοτες οτι απεθανεν Wφ sa | ⸁ο 𝔎AW(+ Ιησους λ)φ *pl* | ⸀1τους οχλους εξω D it | ⸂εαυτου W ¦ μετ αυτου οντας D | ⸆ανακειμενον C𝔎A *pm* ¦ κατακ- WΘλ *al* ¦ *txt* ℌD ‖ 41 ⸂τ. κουμι 𝔎AΘ **0126.0133** φ *pm* vg ¦ ραββι θαβιτα κουμι D ¦ [θαβ. *corruptum ex* ραβιθα, *i. e.* puella, Wellhausen *cj*] ¦ ταβιθα W ¦ tabea acultha cumhi e ¦ *txt* BאCλ *pc* sa bo ‖ 42 ⸀ευθεως C𝔎ADWλ *pm* | ⸁*p)* ηγερθη Θ | ⸆ωσει אCΘ *al* sa ¦ ως λ 33.565 *pc* | ⸀1παντες D it ¦ — 𝔓^{45}𝔎AWΘλ *pl* lat ¦ *txt* BאC *pc* ‖ 43 °D 1424 it | ⸀δουναι D

Luk.: 52 ⸂† ουκ 𝔎A *al*; Or ¦ *txt* ℌDWΘλ *pm* it; Epiph | ⸆*p)* το κορασιον Θλ *al* aur c r^{1} sy^{c} ‖ 54 ⸆*p)* εκβαλων παντας εξω (— C*) και (— Θ) C𝔎AWΘφ *pm* f q sy^{p} sa bo ¦ *txt* 𝔓^{75}BאDLλ *pc* lat | ⸀-ρου 𝔎AW *al* ‖ 55 ⸀υπεστρεψεν D | ⸋א* | ⸁επεταξεν D *pc* | ⸉DRWλ *al* a ‖ 56 ⸂οι δε γονεις αυτης θεωρουντες εξεστησαν· παρηγγειλεν δε D

59 *(Mc/Lc)* cf Lc 7,13; 23,28; Apc 5,5 ‖ 60 cf Jo 11,11 sq ‖ 62 cf Act 9,40 ‖ 63 sq *(Mc)* cf *53 sq (Lc)* ‖ 65 sq cf Mt 8,15; Mc 1,31; 9,27; Act 3,7 ‖ 66 sq cf Mc 3,17; 7,11.34; 14,36; (Act 9,40) ‖ 68 cf Lc 7,14 ‖ 68 sq *(Lc)* cf 1 Rg 17,22; 2 Rg 4,34 sq ‖ 70 sq *(Lc)* cf *73 sq (Mc)*; Lc 24,41 (?) ‖ 72 sq cf Mt 8,4; 9,30; 12,16; Mc 1,34.43 sq; 3,12; 7,36; 8,26.30; 9,9; Lc 5,14; 9,21 ‖ 76 sqq *cf 20 sqq* ‖ 79 sq *cf 20 sqq* ‖ 80 sq *cf 34 sq (Lc)*

Matth.	Mark.	Luk.	Joh.
9,29-30 (nr. 96, p. 133) 29 Τότε ἥψατο τῶν ὀφθαλμῶν αὐτῶν λέγων· κατὰ τὴν πίστιν ὑμῶν γενηθήτω ὑμῖν. 30 καὶ ἠνεῴχθησαν αὐτῶν οἱ ὀφθαλμοί. καὶ ἐνεβριμήθη αὐτοῖς ὁ Ἰησοῦς λέγων· ὁρᾶτε μηδεὶς γινωσκέτω.	*10,52 (nr. 264, p. 354)* 52 Καὶ ὁ Ἰησοῦς εἶπεν αὐτῷ· ὕπαγε, ἡ πίστις σου σέσωκέν σε. καὶ εὐθὺς ἀνέβλεψεν καὶ ἠκολούθει αὐτῷ ἐν τῇ ὁδῷ.	*18,42 (nr. 264, p. 354)* 42 Καὶ ὁ Ἰησοῦς εἶπεν αὐτῷ· ἀνάβλεψον· ἡ πίστις σου σέσωκέν σε. *7,50 (nr. 114, p. 160)* 50 Εἶπεν δὲ πρὸς τὴν γυναῖκα· ἡ πίστις σου σέσωκέν σε· πορεύου εἰς εἰρήνην. *17,19 (nr. 233, p. 314)* 19 Καὶ εἶπεν αὐτῷ· ἀναστὰς πορεύου· ἡ πίστις σου σέσωκέν σε.	

Acta Pilati 7: Καὶ γυνή τις, ὄνομα Βερνίκη, ἀπὸ μακρόθεν κράζουσα εἶπεν· αἱμορροοῦσα ἤμην, καὶ ἡψάμην τοῦ κρασπέδου τοῦ ἱματίου αὐτοῦ, καὶ ἐστάθη μου ἡ ῥύσις τοῦ αἵματος ἡ δι' ἐτῶν δώδεκα. λέγουσιν οἱ Ἰουδαῖοι· νόμον ἔχομεν γυναῖκα εἰς μαρτυρίαν μὴ ὑπάγειν.

Eusebius, Hist. eccl. VII, 18, 1–3: 1 Ἀλλ' ἐπειδὴ τῆσδε τῆς πόλεως εἰς μνήμην ἐλήλυθα, οὐκ ἄξιον ἡγοῦμαι παρελθεῖν διήγησιν καὶ τοῖς μεθ' ἡμᾶς μνημονεύεσθαι ἀξίαν. τὴν γὰρ αἱμορροοῦσαν, ἣν ἐκ τῶν ἱερῶν εὐαγγελίων πρὸς τοῦ σωτῆρος ἡμῶν τοῦ πάθους ἀπαλλαγὴν εὕρασθαι μεμαθήκαμεν, ἐνθένδε ἔλεγον ὁρμᾶσθαι τόν τε οἶκον αὐτῆς ἐπὶ τῆς πόλεως δείκνυσθαι καὶ τῆς ὑπὸ τοῦ σωτῆρος εἰς αὐτὴν εὐεργεσίας θαυμαστὰ τρόπαια παραμένειν. 2 ἑστάναι γὰρ ἐφ' ὑψηλοῦ λίθου πρὸς μὲν ταῖς πύλαις τοῦ αὐτῆς οἴκου γυναικὸς ἐκτύπωμα χάλκεον, ἐπὶ γόνυ κεκλιμένον καὶ τεταμέναις ἐπὶ τὸ πρόσθεν ταῖς χερσὶν ἱκετευούσῃ ἐοικός, τούτου δὲ ἄντικρυς ἄλλο τῆς αὐτῆς ὕλης, ἀνδρὸς ὄρθιον σχῆμα, διπλοΐδα κοσμίως περιβεβλημένον καὶ τὴν χεῖρα τῇ γυναικὶ προτεῖνον, οὗ παρὰ τοῖς ποσὶν ἐπὶ τῆς στήλης αὐτῆς ξένον τι βοτάνης εἶδος φύειν, ὃ μέχρι τοῦ κρασπέδου τῆς τοῦ χαλκοῦ διπλοΐδος ἀνιόν, ἀλεξιφάρμακόν τι παντοίων νοσημάτων τυγχάνειν. 3 τοῦτον τὸν ἀνδριάντα εἰκόνα τοῦ Ἰησοῦ φέρειν ἔλεγον, ἔμενεν δὲ καὶ εἰς ἡμᾶς, ὡς καὶ ὄψει παραλαβεῖν ἐπιδημήσαντας αὐτοὺς τῇ πόλει.

Herm. Pastor, Vis. III, 8, 3: Ἄκουε νῦν τὰς ἐνεργείας αὐτῶν. ἡ μὲν πρώτη αὐτῶν, ἡ κρατοῦσα τὰς χεῖρας, Πίστις καλεῖται· διὰ ταύτης σῴζονται οἱ ἐκλεκτοὶ τοῦ θεοῦ.

---

82 sqq cf 40 sqq ‖ *86 sq cf 40 sqq* ‖ *88 sq cf 40 sqq* ‖ *90 sq cf 14 sq* ‖ *92 sqq cf 14 sq* ‖ *100 sq cf 40 sqq*

96. Heilung zweier Blinder

Duo caeci *(cf. nr. 264)* **Two Blind Men**

Matth. 9,27-31 (9,22)	Matth. 20,29-34 *(nr. 264, p. 354)*	Mark. 10,46-52 (5,34)	Luk. 18,35-43 (8,48; 7,50; 17,19)	Joh.
			18,35-43 (nr. 264, p. 354) 35 Ἐγένετο δὲ ἐν τῷ ἐγγίζειν αὐτὸν εἰς Ἰεριχὼ	
27 Καὶ παράγοντι ἐκεῖθεν τῷ Ἰησοῦ ἠκολούθησαν °[αὐτῷ]	29 Καὶ ⸂ἐκπορευομένων αὐτῶν⸃ ἀπὸ Ἰεριχὼ ⸀ἠκολούθησεν αὐτῷ ὄχλος πολύς⸃.	*10,46-52 (nr. 264, p. 354)* 46 ⸋Καὶ ἔρχονται εἰς Ἰεριχώ.⸌ Καὶ ἐκπορευομένου αὐτοῦ ⸂ἀπὸ Ἰεριχὼ καὶ⸃ τῶν μαθητῶν αὐτοῦ καὶ ὄχλου ἱκανοῦ ⸀ὁ		

Matth. 9: 27 ° † B D k ¦ *txt* ℌ𝔎 W Θ **0250** *pl*

Matth. 20: 29 ⸂ -μενου αυτου Δ 33 *al* (e) f sy^p sa^pt bo^pt | ⸀ -σαν α. (— 𝔓45) -λοι -λλοι 𝔓45 D *al* it

Mark.: 46 ⸋ B* | ⸂ εκειθεν μετα D(Θ) it; (Or) | ⸀ *vid. p. 134*

---

1 sqq cf Mt 12,22 sq; *cf* 52 sqq. 56 sqq

[Matth.] [9,27-31]	[Matth.] [20,29-34]	[Mark. 10,46-52]	[Luk. 18,35-43]	Joh.
	30 καὶ ἰδοὺ	υἱὸς Τιμαίου⸣ ⸀Βαρτιμαῖος,		
δύο τυφλοὶ	δύο τυφλοὶ καθήμενοι	⊤τυφλὸς ⸂¹προσαίτης, ἐκάθητο	τυφλός τις ἐκάθητο παρὰ τὴν	
	παρὰ τὴν ὁδὸν ⸀ἀκούσαντες	παρὰ τὴν ὁδόν⸃. 47 καὶ ἀκούσας	ὁδὸν ⸀ἐπαιτῶν. 36 ἀκούσας δὲ	
			ὄχλου ⸀διαπορευομένου ἐπυν-	
			θάνετο τί ⊤ εἴη τοῦτο. 37 ⸂ἀπήγ-	
	ὅτι Ἰησοῦς	ὅτι Ἰησοῦς ⸉ὁ	γειλαν δὲ⸃ αὐτῷ ὅτι Ἰησοῦς ὁ	
⸀κρά-	παράγει,	⸀Ναζαρηνός ἐστιν⸊ ἤρξατο	⸀Ναζωραῖος παρέρχεται. 38 καὶ	
ζοντες καὶ λέγοντες· ἐλέησον	ἔκραξαν λέγοντες· ⸂ἐλέησον	κράζειν καὶ λέγειν·	ἐβόησεν λέγων·	
ἡμᾶς, ⸁υἱὸς Δαυίδ.	ἡμᾶς, [κύριε,]⸃ ⸁υἱὸς Δαυίδ.	⸁υἱὲ Δαυὶδ Ἰησοῦ, ἐλέησόν με.	Ἰησοῦ υἱὲ Δαυίδ, ἐλέησόν με.	
	31 ὁ δὲ ὄχλος ἐπετίμησεν αὐ-	48 ⸋καὶ ἐπετίμων αὐτῷ πολλοὶ	39 καὶ οἱ προάγοντες ἐπετίμων	
	τοῖς ἵνα σιωπήσωσιν· οἱ δὲ ⸀μεῖ-	ἵνα σιωπήσῃ· ὁ δὲ	αὐτῷ ἵνα ⸀σιγήσῃ, αὐτὸς δὲ	
	ζον ⸁ἔκραξαν λέγοντες· ⸂ἐλέη-	πολλῷ μᾶλλον ἔκραζεν· ⸀υἱὲ	°πολλῷ μᾶλλον ἔκραζεν· ⸁υἱὲ	
	σον ἡμᾶς, κύριε,⸃ ⸀¹υἱὸς Δαυίδ.	Δαυίδ, ἐλέησόν με.⸌	Δαυίδ, ἐλέησόν με.	
28 ⸂ἐλθόντι δὲ⸃ εἰς τὴν οἰκίαν	32 καὶ στὰς °ὁ Ἰησοῦς	49 καὶ στὰς ὁ Ἰησοῦς εἶπεν⸂·	40 σταθεὶς δὲ °ὁ Ἰησοῦς ἐκέ-	
	ἐφώνησεν αὐτοὺς	φωνήσατε αὐτόν⸃. ⸀καὶ φωνοῦ-	λευσεν αὐτὸν ἀχθῆναι ⸋πρὸς	
		σιν τὸν τυφλὸν λέγοντες αὐ-	αὐτόν⸌.	
		τῷ·⸣ ⸀θάρσει, ⸁ἔγειρε, φωνεῖ σε.		
		50 ὁ δὲ ⸀ἀποβαλὼν τὸ ἱμάτιον		
προσῆλθον αὐτῷ οἱ ⊤ τυφλοί,		αὐτοῦ ⸀ἀναπηδήσας ἦλθεν	ἐγγίσαντος δὲ αὐτοῦ	
		πρὸς ⸂τὸν Ἰησοῦν⸃. 51 καὶ °ἀπο-		
καὶ λέγει αὐτοῖς ὁ Ἰησοῦς·	καὶ εἶπεν·	κριθεὶς ⸂αὐτῷ ὁ Ἰησοῦς εἶπεν⸃·	ἐπηρώτησεν αὐτόν ⊤·	
πιστεύετε ὅτι ⸂δύναμαι τοῦτο⸃	τί θέλετε ⊤ ποιήσω ὑμῖν;	τί ⸉σοι θέλεις ποιήσω;	41 τί σοι θέλεις ποιήσω;	
ποιῆσαι; λέγουσιν αὐτῷ·	33 λέγουσιν αὐτῷ·	ὁ δὲ τυφλὸς εἶπεν αὐτῷ·	ὁ δὲ εἶπεν·	
ναί κύριε ⊤.	κύριε, ἵνα ἀνοιγῶσιν ⸉οἱ ὀφθαλ-	⸀ραββουνί, ἵνα ἀναβλέψω.	κύριε, ἵνα ⸀ἀναβλέψω.	
	μοὶ ἡμῶν⸊. ⊤ 34 σπλαγχνισθεὶς			

Matth. 9: 27 ⸀κραυγαζοντες ℵ | ⸁υιε ℌDΘ 0250 *pm; Or* ¦ *txt* BGW*pm* ‖ 28 ⸂και ερχεται D it ¦ εισελθοντι δε αυτω ℵ* | ⊤δυο ℵ*D *pc* it | ⸂*2 1* B l q ¦ δυν. υμιν τ. ℵ*(⸉lat) | ⊤πιστευομεν sy^{s}

Matth. 20: 30 ⸀ηκουσαν (+και *p.* παραγει) D lat | ⸂† *3 1 2* BLZ 085 *pc* vg sa^{pt} bo ¦ *p) 1 2* ℵDΘφ *al* it sy^{c} ¦ *txt* 𝔓^{45vid}CℜWλ*pm* f q sy^{p} sa^{pt} | ⸁*p)* υιε 𝔓^{45}ℌD 085 λ*pm* lat sy$^{c.p}$ sa^{pt} bo^{pt} ¦ Ιησου υιε ℵΘ*al* c h n sa^{pt} bo^{pt} ¦ *txt* BℜWφ*al* ‖ 31 ⸀πολλω μαλλον ℵ | ⸁εκραζον CℜWλ*pm* ¦ εκραυγαζον Θφ ¦ εκραυγασαν 𝔓^{45} ¦ *txt* BℵDLZ 085 | ⸂† *3 1 2* BℵDZΘ 085 φ*pc* lat ¦ *txt* CℜWλ*pm* f ff^{2} q | ⸀¹*p)* υιε ℌD 085 *pm* latt ¦ *txt* BℜWZΘλφ *al* ‖ 32 °B | ⊤ινα ℵ^{corr}*al* lat ‖ 33 ⸉*3 1 2* CℜWΘλφ*pm* | ⊤(Mt 9,28) Quibus dixit Jesus: Creditis posse me hoc facere? qui responderunt ei: Ita, Domine c ¦ et videamus te sy^{c}

Mark.: 46 ⸂Τιμαιος sy$^{s.p}$ ¦ [— Beza *cj*] | ⸀Βαριτιμιας D b ff^{2} q r^{1} ¦ — W | ⊤ο CℜΑΘλφ*pm* | ⸂¹*p)* εκαθητο π. τ. οδ. επαιτων DΘ 565 lat ¦ *id., sed* προσαιτων C^{2}ℜΑW*pl* ‖ 47 ⸉*3 1 2* B *pc* | ⸀*p)* Ναζωραιος ℵCℜΑφ*pm* it | ⸁*p)* υιος Dφ*al; Or*^{pt} ¦ ο υ. ℜΑWλ*al* ‖ 48 ⸋*vs* W*pc* | ⸀*p)* υιος D*al; Or*^{pt} ¦ ο υ. λ ¦ Ιησου υιε φ ‖ 49 ⸂αυτ. φωνηθηναι ℜΑDWΘ(⸉λφ)*pm* lat | ⸀οι δε λεγουσιν τω τυφλω D 565 it | ⸀θαρσων Wλφ | ⸁εγειρου λφ ¦ — k ‖ 50 ⸀επιβ- 565 lat | ⸀αναστας CℜΑW 069 λφ*pm* | ⸂αυτον DΘ 565 lat ‖ 51 °aur c sy^{p} | ⸂λεγει αυτω ο Ιησους ℜΑW(— ο Ιησ. Θ) λ*pm* | ⸉*p.* ποιησω ℜΑDW 069 λφ*pm* it | ⸀κυριε ραββι D it ¦ ραββι 1241 k q sy^{p} bo^{pt} ¦ *p)* κυριε 409

Luk.: 35 ⸀*p)* προσαιτων ℜΑQRWΘλφ*pl* ‖ 36 ⸀παραπορ- D lat | ⊤αν DLΘλφ 33*pm* ¦ *txt* BℵℜΑTW 063 *al* ‖ 37 ⸂οι δε απ. ℵ* | ⸀*p)* Ναζαρηνος Dλ*pc* a aur (e i l) vg ‖ 39 ⸀*p)* σιωπηση ℵℜΑΘ 063 λφ*pm* | °D c sy$^{s.c}$ sa | ⸁υιος D ¦ Ιησου υιε ℵ^{2} 063 λφ*pc* ‖ 40 °BDT | ⸋Dλ it sy$^{s.c}$ | ⊤λεγων ℜΑWΘ 063 λ*pl* ‖ 41 ⸀ανοιχθωσιν μου οι οφθαλμοι και αναβλεψω σε sy^{c}

6 (Mc) cf Mc 3,17; 7,11.34; 14,36 ‖ 13sq cf Mt 12,23; 15,22; 21,9.15; Mc 11,10; 12,35; Lc 20,41 ‖ 15sq cf Mt 19,13 = Mc 10,13 = Lc 18,15 *(nr 253)* ‖ 23 cf 2Rg 7,15 ‖ 29 (Mc) cf Jo 20,16

[Matth.] [9,27-31]	[Matth.] [20,29-34]	[Mark. 10,46-52]	[Luk. 18,35-43]	Joh.
29 τότε ἥψατο τῶν ⸀ὀφθαλμῶν αὐτῶν ⸁λέγων· κατὰ τὴν πίστιν ὑμῶν γενηθήτω ὑμῖν.	δὲ ὁ Ἰησοῦς ἥψατο ⸂τῶν ὀμμάτων αὐτῶν⸃,	52 ⸂καὶ ὁ⸃ Ἰησοῦς εἶπεν αὐτῷ· ⸀ὕπαγε, ἡ πίστις σου σέσωκέν σε.	42 καὶ ὁ Ἰησοῦς εἶπεν αὐτῷ· ἀνάβλεψον· ἡ πίστις σου σέσωκέν σε.	
30 καὶ ⸆ ἠνεῴχθησαν αὐτῶν οἱ ὀφθαλμοί.	καὶ εὐθέως ἀνέβλεψαν ⸆	καὶ ⸁εὐθὺς ἀνέβλεψεν	43 καὶ παραχρῆμα ἀνέβλεψεν	
καὶ ⸀ἐνεβριμήθη αὐτοῖς ὁ Ἰησοῦς λέγων· ὁρᾶτε μηδεὶς γινωσκέτω. 31 οἱ δὲ ἐξελθόντες διεφήμισαν αὐτὸν ἐν °ὅλῃ τῇ γῇ ἐκείνῃ.			cf. v. 43b	
	καὶ ἠκολούθησαν αὐτῷ.	καὶ ἠκολούθει ⸀1αὐτῷ ἐν τῇ ὁδῷ.	καὶ ⸀ἠκολούθει αὐτῷ δοξάζων τὸν θεόν. καὶ πᾶς ὁ ⸁λαὸς °ἰδὼν ἔδωκεν ⸀1αἶνον τῷ θεῷ.	
9,22 (nr. 95, p. 129) 22 Ὁ δὲ Ἰησοῦς στραφεὶς καὶ ἰδὼν αὐτὴν εἶπεν· θάρσει, θύγατερ· ἡ πίστις σου σέσωκέν σε. καὶ ἐσώθη ἡ γυνὴ ἀπὸ τῆς ὥρας ἐκείνης.		*5,34 (nr. 138, p. 190)* 34 Ὁ δὲ εἶπεν αὐτῇ· θυγάτηρ, ἡ πίστις σου σέσωκέν σε· ὕπαγε εἰς εἰρήνην καὶ ἴσθι ὑγιὴς ἀπὸ τῆς μάστιγός σου.	*8,48 (nr. 138, p. 190)* 48 Ὁ δὲ εἶπεν αὐτῇ· θυγάτηρ, ἡ πίστις σου σέσωκέν σε· πορεύου εἰς εἰρήνην. *7,50 (nr. 114, p. 160)* 50 Εἶπεν δὲ πρὸς τὴν γυναῖκα· ἡ πίστις σου σέσωκέν σε· πορεύου εἰς εἰρήνην. *17,19 (nr. 233, p. 314)* 19 Καὶ εἶπεν αὐτῷ· ἀναστὰς πορεύου· ἡ πίστις σου σέσωκέν σε.	

Mark. 8,22–26 *(cf. nr. 156, p. 228)*: 22 Καὶ ἔρχονται εἰς Βηθσαϊδάν. Καὶ φέρουσιν αὐτῷ τυφλὸν καὶ παρακαλοῦσιν αὐτὸν ἵνα αὐτοῦ ἅψηται. 23 καὶ ἐπιλαβόμενος τῆς χειρὸς τοῦ τυφλοῦ ἐξήνεγκεν αὐτὸν ἔξω τῆς κώμης καὶ πτύσας εἰς τὰ ὄμματα αὐτοῦ, ἐπιθεὶς τὰς χεῖρας αὐτῷ ἐπηρώτα αὐτόν· εἴ τι βλέπεις; 24 καὶ ἀναβλέψας ἔλεγεν· βλέπω τοὺς ἀνθρώπους ὅτι ὡς δένδρα ὁρῶ περιπατοῦντας. 25 εἶτα πάλιν ἐπέθηκεν τὰς χεῖρας ἐπὶ τοὺς ὀφθαλμοὺς αὐτοῦ, καὶ διέβλεψεν καὶ ἀπεκατέστη καὶ ἐνέβλεπεν τηλαυγῶς ἅπαντα. 26 καὶ ἀπέστειλεν αὐτὸν εἰς οἶκον αὐτοῦ λέγων· μηδὲ εἰς τὴν κώμην εἰσέλθῃς.

Joh. 9,1–7 *(cf. nr. 248, p. 330)*: 1 Καὶ παράγων εἶδεν ἄνθρωπον τυφλὸν ἐκ γενετῆς. 2 καὶ ἠρώτησαν αὐτὸν οἱ μαθηταὶ αὐτοῦ λέγοντες· ῥαββί, τίς ἥμαρτεν, οὗτος ἢ οἱ γονεῖς αὐτοῦ, ἵνα τυφλὸς γεννηθῇ; 3 ἀπεκρίθη Ἰησοῦς· οὔτε οὗτος ἥμαρτεν οὔτε οἱ γονεῖς αὐτοῦ, ἀλλ' ἵνα φανερωθῇ τὰ ἔργα τοῦ θεοῦ ἐν αὐτῷ. 4 ἡμᾶς δεῖ ἐργάζεσθαι τὰ ἔργα τοῦ πέμψαντός με ἕως ἡμέρα ἐστίν· ἔρχεται νὺξ ὅτε οὐδεὶς δύναται ἐργάζεσθαι. 5 ὅταν ἐν τῷ κόσμῳ ὦ, φῶς εἰμι τοῦ κόσμου. 6 ταῦτα εἰπὼν ἔπτυσεν χαμαὶ καὶ ἐποίησεν πηλὸν ἐκ τοῦ πτύσματος καὶ ἐπέχρισεν αὐτοῦ τὸν πηλὸν ἐπὶ τοὺς ὀφθαλμοὺς 7 καὶ εἶπεν αὐτῷ· ὕπαγε νίψαι εἰς τὴν κολυμβήθραν τοῦ Σιλωάμ (ὃ ἑρμηνεύεται ἀπεσταλμένος). ἀπῆλθεν οὖν καὶ ἐνίψατο καὶ ἦλθεν βλέπων.

Herm. Pastor, Vis. III, 8, 3: Ἄκουε νῦν τὰς ἐνεργείας αὐτῶν. ἡ μὲν πρώτη αὐτῶν, ἡ κρατοῦσα τὰς χεῖρας, Πίστις καλεῖται· διὰ ταύτης σώζονται οἱ ἐκλεκτοὶ τοῦ θεοῦ.

Matth. 9: **29** ⸀ομματων DΘ | ⸁και ειπεν Dλ || **30** ⸆*p)* παραχρημα Φ *pc* a g1 h sys.p | ⸀-μησατο ℜ D W Θ **0250** ϕ *pl* || **31** ° ℵ* sys

Matth. 20: **34** ⸂ *3 1 2* B ¦ *1 2* Θ ¦ *p)* τ. οφθαλμων αυτων ℵcorr C ℜ W *pl* ¦ τ. οφθ. αυτου ℵ* ¦ *txt* D L Z λ ϕ *pc* | ⸆ αυτων οι οφθαλμοι C ℜ W *al* q syp sapt

Mark.: **52** ⸂ο δε ℵ* C ℜ A D W Θ **0133** λ ϕ *pm* | ⸀*p)* αναβλεψον 61 *pc* syp | ⸁ευθεως C ℜ A D W Θ λ *pm* | ⸀1τω Ιησου ℜ Θ 118 *pm*

Luk.: **43** ⸀ηκολουθησεν W* *pc* | ⸁οχλος Q ϕ *al* | ° Π **047** *pc* | ⸀1δοξαν D

32sqq cf *43sqq. 47sqq. 50sq. 61sq*; cf Act 14,9 || *33sq (Mt)* cf Mt 8,13; 15,28 || *35sqq* cf Mt 8,4; 12,16; Mc 1,34.43sq; 3,12; 5,43; 7,36; 8,26.30; 9,9; Lc 5,14; 8,56; 9,21 | cf Mt 26,8; Mc 1,43; 14,5; Jo 11,33.38 || *40sqq* cf Lc 5,25sq; 7,16; 9,43; 13,13; 17,15; 23,47; 19,37 || *43sqq* cf *32sqq* || *47sqq* cf *32sqq* || *50sq* cf *32sqq* || *52sqq* cf *1sqq* || *56sqq* cf *1sqq* || *61sq* cf *32sqq*

97. Heilung eines stummen Besessenen

Daemoniacus mutus — **The Dumb Demoniac**

Matth. 9,32-34	Matth. 12,22-24 (nr. 117, p. 165)	Mark. 3,22 (nr. 117, p. 165)	Luk. 11,14-15 (nr. 188, p. 270)	Joh. 7,20; 10,20; 8,48; 8,52
32 ⸂Αὐτῶν δὲ ἐξερχομένων⸃ ἰδοὺ προσήνεγκαν αὐτῷ °ἄνθρωπον κωφὸν δαιμονιζόμενον. 33 καὶ ἐκβληθέντος τοῦ δαιμονίου ἐλάλησεν ὁ κωφός. καὶ ἐθαύμασαν οἱ ὄχλοι λέγοντες· οὐδέποτε ⸉ἐφάνη οὕτως⸊ ἐν τῷ Ἰσραήλ.	22 Τότε ⸂προσηνέχθη αὐτῷ δαιμονιζόμενος τυφλὸς καὶ κωφός⸃, καὶ ἐθεράπευσεν ⸀αὐτόν, ὥστε ⸄τὸν κωφὸν⸅ ⸆λαλεῖν καὶ βλέπειν. 23 καὶ ἐξίσταντο πάντες οἱ ὄχλοι καὶ ἔλεγον· μήτι οὗτός ἐστιν ὁ υἱὸς Δαυίδ;		14 ⸂Καὶ ἦν ἐκβάλλων δαιμόνιον ⸋[καὶ αὐτὸ ἦν]⸌ ⸀κωφόν· ἐγένετο δὲ τοῦ δαιμονίου ⸀ἐξελθόντος ἐλάλησεν ὁ κωφὸς καὶ ἐθαύμασαν ⸆ οἱ ὄχλοι⸃.	7,20 (nr. 240, p. 322) 20 Ἀπεκρίθη ὁ ὄχλος· δαιμόνιον ἔχεις· τίς σε ζητεῖ ἀποκτεῖναι; 10,20 (nr. 250, p. 333) 20 Ἔλεγον δὲ πολλοὶ ἐξ αὐτῶν· δαιμόνιον ἔχει καὶ μαίνεται· τί αὐτοῦ ἀκούετε;
34 ⸋οἱ δὲ Φαρισαῖοι ἔλεγον· ἐν τῷ ἄρχοντι τῶν δαιμονίων ἐκβάλλει τὰ δαιμόνια.⸌	24 οἱ δὲ Φαρισαῖοι ἀκούσαντες εἶπον· οὗτος οὐκ ἐκβάλλει τὰ δαιμόνια εἰ μὴ ἐν τῷ ⸀Βεελζεβοὺλ ἄρχοντι τῶν δαιμονίων.	22 Καὶ οἱ γραμματεῖς οἱ ἀπὸ Ἱεροσολύμων καταβάντες ἔλεγον ὅτι ⸀Βεελζεβοὺλ ἔχει ⸂καὶ ὅτι ἐν τῷ ἄρχοντι τῶν δαιμονίων⸃ ἐκβάλλει τὰ δαιμόνια.	15 τινὲς δὲ ἐξ αὐτῶν εἶπον· ἐν ⸀Βεελζεβοὺλ τῷ ἄρχοντι τῶν δαιμονίων ἐκβάλλει τὰ δαιμόνια.⸆	8,48 (nr. 247, p. 328) 48 Ἀπεκρίθησαν οἱ Ἰουδαῖοι καὶ εἶπαν αὐτῷ· οὐ καλῶς λέγομεν ἡμεῖς ὅτι Σαμαρίτης εἶ σὺ καὶ δαιμόνιον ἔχεις; 8,52 (nr. 247, p. 328) 52 Εἶπον [οὖν] αὐτῷ οἱ Ἰουδαῖοι· νῦν ἐγνώκαμεν ὅτι δαιμόνιον ἔχεις. Ἀβραὰμ ἀπέθανεν καὶ οἱ προφῆται, καὶ σὺ λέγεις· ἐάν τις τὸν λόγον μου τηρήσῃ, οὐ μὴ γεύσηται θανάτου εἰς τὸν αἰῶνα.

Matth. 9: 32 ⸂του δε Ιησου (— Ιησ. + εκειθεν bo) εξερχομενου sy^p bo \| °† B ℵ *pc* sy^s.p sa bo ¦ *txt* C ℜ D W Θ λ *pl* latt ‖ 33 ⸉ D *pc* it ‖ 34 ⸋*vs* D a k sy^s; Hil

Matth. 12: 22 ⸂προσηνεγκαν α. δαιμ-ον τυφλον και κωφον B *pc* sy; (Or) \| ⸀αυτους ℵ* \| ⸄κω. και τυφλον L W Θ ϕ *al* sy^p ¦ τ. τυφ. κ. κω. C ℜ *pm* ¦ — lat ¦ *txt* B ℵ D *pc* sy^c sa bo \| ⸆και ℵ^corr C ℜ *pm* ‖ 24 ⸀† Βεεζ- B ℵ ¦ [— P. Schmiedel *cj*] ¦ Beelzebub c (ff¹) vg sy ¦ *txt* 𝔓²¹ C ℜ D W Θ *pl* (it); Or

Mark.: 22 ⸀† Βεεζ- B ¦ Beelzebub lat sy^s.p ¦ *txt* ℵ C ℜ A D W Θ **0133.0134** λ ϕ *pl* \| ⸂τον αρχοντα τ. δ. και δι αυτου W it

Luk.: 14 ⸂*p*) ταυτα δε ειποντος αυτου προσφερεται αυτω δαιμονιζομενος κωφος και εκβαλοντος αυτου παντες εθαυμαζον D (c f) \| ⸋𝔓^45.75 ℌ λ *al* (sy^p) sa bo ¦ *txt* C ℜ A W Θ ϕ *pm* latt \| ⸀εκ του κωφου sy^s.c \| ⸀εκβληθεντος C A ϕ *al* lat \| ⸆*p*) παντες Θ it ‖ 15 ⸀† Βεεζ- B ℵ ¦ Beelzebub aur c vg sy ¦ *txt* 𝔓^45.75 C ℜ A D W Θ λ ϕ *pl* sa bo \| ⸆(Mc 3,23) ο δε αποκριθεις ειπεν· πως δυναται σατανας σαταναν εκβαλλειν (-βαλειν D) A D *pm* ¦ *txt* 𝔓^45.75 ℌ ℜ W Θ λ ϕ *al* lat sy sa bo

---

2-23 (Jo) cf 10-16 (Mt-Lc) ‖ 3sqq κωφός: cf Mt 11,5 = Lc 7,22; Mt 15,30sq; Mc 7,32.37; 9,25 ‖ 6sqq cf Mt 11,4sqq; 15,31; Mc 2,12; 7,37; Lc 7,22sq; Jo 7,31 ‖ 8sq (Mt) cf Mt 9,27; 15,22; 20,29sqq par (= nr 264) ‖ 10sqq cf Mt 12,24sqq par (= nr 117); Lc 11,17sqq; cf 2-23 (Jo) ‖ 10sq (Mc) cf Mt 15,1; Mc 7,1; Jo 1,19 ‖ 13sqq cf Mt 10,25; 11,18; Lc 7,33 ‖ 14 cf Mc 3,30; Mt 10,25; 2 Rg 1,2.6 (Symm)

98. Die Ernte ist groß

Messis multa | **The Harvest is Great**

Matth. 9,35-38
4,23; 14,14

35 Καὶ περιῆγεν ὁ Ἰησοῦς τὰς πόλεις πάσας καὶ τὰς κώμας διδάσκων ἐν ταῖς συναγωγαῖς αὐτῶν καὶ κηρύσσων τὸ εὐαγγέλιον τῆς βασιλείας καὶ θεραπεύων πᾶσαν νόσον καὶ πᾶσαν μαλακίαν⸆. 36 Ἰδὼν δὲ τοὺς ὄχλους ⸆ ἐσπλαγχνίσθη περὶ αὐτῶν, ὅτι ἦσαν ⸀ἐσκυλμένοι καὶ ἐρριμμένοι ὡσεὶ πρόβατα μὴ ἔχοντα ποιμένα.
37 τότε λέγει τοῖς μαθηταῖς αὐτοῦ· ὁ μὲν θερισμὸς πολύς, οἱ δὲ ἐργάται ὀλίγοι· 38 δεήθητε οὖν τοῦ κυρίου τοῦ θερισμοῦ ὅπως ἐκβάλῃ ἐργάτας εἰς τὸν θερισμὸν αὐτοῦ.

4,23 *(nr. 40, p. 56)*

23 Καὶ περιῆγεν ἐν ὅλῃ τῇ Γαλιλαίᾳ διδάσκων ἐν ταῖς συναγωγαῖς αὐτῶν καὶ κηρύσσων τὸ εὐαγγέλιον τῆς βασιλείας καὶ θεραπεύων πᾶσαν νόσον καὶ πᾶσαν μαλακίαν ἐν τῷ λαῷ.

14,14 *(nr. 146, p. 205)*

14 Καὶ ἐξελθὼν εἶδεν πολὺν ὄχλον καὶ ἐσπλαγχνίσθη ἐπ' αὐτοῖς καὶ ἐθεράπευσεν τοὺς ἀρρώστους αὐτῶν.

Mark. 6,6b; 6,34

6,6b *(nr. 142, p. 200)*

6b Καὶ περιῆγεν⸆ τὰς ⸂κώμας κύκλῳ⸃ διδάσκων.

6,34 *(nr. 146, p. 205)*

34 Καὶ ἐξελθὼν ⸉εἶδεν πολὺν ὄχλον⸊ καὶ ἐσπλαγχνίσθη ἐπ' ⸀αὐτούς, ὅτι ἦσαν ⸋ὡς πρόβατα⸌ μὴ ἔχοντα ποιμένα, καὶ ἤρξατο διδάσκειν αὐτοὺς °πολλά.

Luk. 8,1; 10,2

8,1 *(nr. 115, p. 164)*

1 Καὶ ἐγένετο ἐν τῷ καθεξῆς καὶ αὐτὸς ⸀διώδευεν κατὰ πόλιν καὶ κώμην κηρύσσων καὶ εὐαγγελιζόμενος τὴν βασιλείαν τοῦ θεοῦ καὶ οἱ δώδεκα σὺν αὐτῷ.

10,2 *(nr. 177, p. 257)*

2 Ἔλεγεν δὲ πρὸς αὐτούς· ὁ μὲν θερισμὸς πολύς, οἱ δὲ ἐργάται ὀλίγοι· δεήθητε °οὖν τοῦ κυρίου τοῦ θερισμοῦ ὅπως ⸂ἐργάτας ἐκβάλῃ⸃ εἰς τὸν θερισμὸν αὐτοῦ.

Joh. 4,35

4,35 *(nr. 31, p. 44)*

35 Οὐχ ὑμεῖς λέγετε ὅτι ἔτι τετράμηνός ἐστιν καὶ ὁ θερισμὸς ἔρχεται; ἰδοὺ λέγω ὑμῖν, ἐπάρατε τοὺς ὀφθαλμοὺς ὑμῶν καὶ θεάσασθε τὰς χώρας ὅτι λευκαί εἰσιν πρὸς θερισμόν.

Evang. Thomae copt.: *cf. Append. I, 73*

Matth.: 35 ⸆εν τω λαω 𝔎Θ *al*; Cyr ¦ εν τ. λ. και πολλοι (— π. ℵ*) ηκολουθησαν αυτω ℵ* L ϕ *al* ¦ *txt* ℌ D W λ *al* lat sy^c.p sa bo ‖ 36 ⸆ο Ιησους C ϕ *al* (⸉ g¹) | ⸀εκλελυμενοι L *al*

Mark.: 6 ⸆ο Ιησους ℵ ϕ *pc* f ff² ¦ τας πολεις και Φ | ⸉ L W ϕ ‖ 34 ⸉ο Ιησους *1-3* 𝔓^84vid A N U 892 *al* ¦ *1 3 2* ℵ Θ Σ (579) *pc* ¦ *1-3* ο Ιησ. D *al* lat ¦ *1* ο Ιησ. *2 3* 𝔎 *al* | ⸀αυτοις 𝔓^84vid 𝔎 A L W Γ Δ Θ λ ϕ 565.700 *pl* | ⸋ℵ* | ° Θ sy^s

Luk. 8: 1 ⸀διωδευσεν ℵ *pc*

Luk. 10: 2 ° D e sy^s | ⸉ *p) rell* ¦ *txt* 𝔓^75 B D **0181**.700 e

---

1sqq cf Mc 1,39; Lc 4,15.44; *cf 19sqq* | cf Lc 4,43; 9,6 ‖ *1* cf Lc 7,11 ‖ *6sqq* cf Mt 10,1; *cf 19sqq* ‖ *8sq* cf Mt 15,32; Mc 8,2; 9,22; Mt 20,34; Mc 1,41; Lc 7,13; *cf 24sqq* ‖ *10* cf Mc 5,35; Lc 7,6; 8,49 ‖ *11sq* Nu 27,17; Ez 34,5; 1Rg 22,17; cf Jdth 11,13(19); Is 53,6; Jr 50,6 (LXX 27,6); Zch 13,7; Mt 10,6; 15,24; 18,12; 26,31; Mc 14,27; 1Pt 2,25; Heb 13,20 ‖ *13sqq cf 27* ‖ *15* cf Mt 20,1; Lc 13,27; 2 Cor 11,13; Ph 3,2; 2Tm 2,15; Jc 5,4; (Act 19,25) ‖ *19sqq cf 1sqq. 6sqq* ‖ *24sqq cf 8sq* ‖ *27 cf 13sqq*

99. Die Aussendung der Jünger

Missio discipulorum *(cf. nr. 49. 142)* **Commissioning the Twelve**

Matth. 10,1-16
16,17-18; 15,24; 11,24

1 Καὶ προσκαλεσάμενος τοὺς δώδεκα μαθητὰς αὐτοῦ ἔδωκεν αὐτοῖς ἐξουσίαν ⊤ πνευμάτων ἀκαθάρτων ὥστε ἐκβάλλειν αὐτὰ καὶ θεραπεύειν πᾶσαν νόσον καὶ πᾶσαν μαλακίαν ⊤̇.

2 Τῶν °δὲ δώδεκα ⸀ἀποστόλων τὰ ὀνόματά ἐστιν ταῦτα·

Mark. 6,7; 3,13-19; 6,8-11

6,7 *(nr. 142, p. 200)*

7 Καὶ ⸂προσκαλεῖται τοὺς δώδεκα καὶ ἤρξατο αὐτοὺς ἀποστέλλειν δύο⸃ δύο ⸄καὶ ἐδίδου⸅ αὐτοῖς ἐξουσίαν τῶν πνευμάτων τῶν ἀκαθάρτων⊤.

3,13-19 *(nr. 49, p. 70)*

13 Καὶ ⸀ἀναβαίνει εἰς τὸ ὄρος ⸂καὶ προσκαλεῖται⸃ οὓς ἤθελεν αὐτός, ⸁καὶ ἀπῆλθον πρὸς αὐτόν. 14 Καὶ ἐποίησεν δώδεκα ⊤ ⸂[οὓς καὶ ἀποστόλους ὠνόμασεν] ἵνα ὦσιν μετ᾽ αὐτοῦ⸃ καὶ °ἵνα ἀποστέλλῃ αὐτοὺς κηρύσσειν 15 ⸂καὶ ἔχειν⸃ ἐξουσίαν⊤ἐκβάλλειν τὰ δαιμόνια· 16 ⸂[καὶ ἐποίησεν τοὺς δώδεκα,]⸃

Luk. 9,1; 6,12-16; 9,2-5; 10,3
10,12

9,1 *(nr. 142, p. 200)*

1 Συγκαλεσάμενος δὲ τοὺς δώδεκα ⊤ ἔδωκεν ⸉αὐτοῖς δύναμιν⸊ καὶ ἐξουσίαν ἐπὶ πάντα τὰ δαιμόνια καὶ νόσους θεραπεύειν.

6,12-16 *(nr. 49, p. 70)*

12 Ἐγένετο δὲ ἐν ταῖς ἡμέραις ⸀ταύταις ἐξελθεῖν αὐτὸν εἰς τὸ ὄρος⊤προσεύξασθαι, καὶ ἦν διανυκτερεύων ⸁ἐν τῇ προσευχῇ ⸂τοῦ θεοῦ⸃. 13 καὶ ὅτε ἐγένετο ἡμέρα, ⸀προσεφώνησεν τοὺς μαθητὰς αὐτοῦ, καὶ ἐκλεξάμενος ἀπ᾽ αὐτῶν δώδεκα, οὓς καὶ ἀποστόλους ⸁ὠνόμασεν·

Joh. 1,42

1,42 *(nr. 21 p. 35)*

42 Ἤγαγεν αὐτὸν πρὸς τὸν Ἰησοῦν. ἐμβλέψας αὐτῷ ὁ Ἰησοῦς εἶπεν· σὺ

Matth.: 1 ⊤κατα L*al*; Cyr | ⊤̇(4,23) εν τω λαω L*pc* b g1 || 2 °D*Θ*pc* | ⸀μαθητων sys

Mark. 6: 7 ⸂*p)* -λεσαμενος τ. ιβ′ μαθητας απεστειλεν αυτους ανα D (565*al* it) | ⸄κ. εδωκεν W ┊ δους D 565 aur c e ff2 | ⊤*p)* ωστε εκβαλλειν syp

Mark. 3: 13 ⸀αναβας W lat | ⸂προσεκαλεσατο W | ⸁οι δε ℵC || 14 ⊤μαθητας W | ⸂† *5-8* C2𝔎AD**0133**λ*pl* lat sys.p ┊ *5-8 1-4* W (*pc*) ┊ *txt* Bℵ(C*)Θϕ*pc* sa bo syhmg | °B || 15 ⸂το ευαγγελιον και εδωκεν αυτοις DW lat | ⊤*p)* θεραπευειν τας (— Θ) νοσους και C2𝔎A DWΘ**0133**λϕ*pl* lat (τους νοσουντας sys.p) || 16 ⸂πρωτον Σιμωνα ϕ sa ┊ και περιαγοντας κηρυσσειν το ευαγγελιον W ┊ — C2𝔎ADΘ**0133**. **0134**λ*pl* latt sy bo ┊ *txt* 𝔋 565*pc*

Luk. 9: 1 ⊤αποστολους 𝔋Θ**070**ϕ*al* lat bo ┊ *p)* μαθητας αυτου C3U*al* it ┊ *txt* 𝔓75B𝔎ADWλ*al* sy sa; Mcion | ⸉B 579

Luk. 6: 12 ⸀εκειναις D latt | ⊤και D | ⸁επι ℵ* | ⸂τ. πατρος Mcion ┊ — D || 13 ⸀εφων- Dλ; Eus | ⸁εκαλεσεν D*pc*

1sqq cf *15sqq (Mc)* || *4sq (Lc)* cf Lc 4,36 || *6sqq* cf Mt 4,23; 9,35; *cf 20sq* || *10* cf Mt 14,23; 15,29; 17,1 et par || *10sq* cf Lc 3,21; 9,18; Act 13,2sq || *15sqq (Mc)* cf *1sqq* || *16* cf 1Rg 4,7; Nu 13,2-16; Mt 19,28; Lc 22,30; Jo 6,70; Gl 2,8sq; Apc 21,14; *cf 21* || *16 (Lc)* cf Act 1,2; *cf 21* || *18sq* cf Lc 10,1; *cf 44sqq. 74sqq* || *20sq* cf Mt 4,23; 9,35; 17,19sq; Lc 10,17; Act 19,15; *cf 6sqq* || *21sqq* cf *117sqq* || *21* cf *ad 16*

[Matth. 10,1-16]	[Mark. 3,13-19]	[Luk. 6,12-16]	[Joh. 1,42]
πρῶτος Σίμων ὁ λεγόμενος Πέτρος	⁚καὶ ἐπέθηκεν ⸀ὄνομα °τῷ Σίμωνι⁚¹ Πέτρον,	¹⁴⸂Σίμωνα ὃν καὶ ὠνόμασεν Πέτρον⸃,	εἶ Σίμων ὁ υἱὸς Ἰωάννου, σὺ κληθήσῃ Κηφᾶς, ὃ ἑρμηνεύεται Πέτρος.
καὶ Ἀνδρέας ὁ ἀδελφὸς αὐτοῦ,	[ου	καὶ Ἀνδρέαν τὸν ἀδελφὸν αὐτοῦ,	Acta 1,13b ¹³… ὅ τε Πέτρος
°καὶ Ἰάκωβος ὁ τοῦ Ζεβεδαίου	¹⁷⸂καὶ Ἰάκωβον τὸν τοῦ Ζεβεδαί-	°καὶ Ἰάκωβον	καὶ ⸉Ἰωάννης
καὶ Ἰωάννης ὁ ἀδελφὸς αὐτοῦ,	καὶ Ἰωάννην τὸν ἀδελφὸν ⸀τοῦ Ἰακώβου⸃ ⁚καὶ ἐπέθηκεν αὐτοῖς ⸀ὀνόμα[τα]⸃ ⸀Βοανηργές, □ὅ ἐστιν υἱοὶ βροντῆς⸌⁚¹·	καὶ Ἰωάννην⸆	καὶ Ἰάκωβος⸊
	¹⁸⸂καὶ Ἀνδρέαν		καὶ Ἀνδρέας,
³ Φίλιππος	καὶ Φίλιππον	°καὶ Φίλιππον	Φίλιππος
καὶ Βαρθολομαῖος,	καὶ Βαρθολομαῖον	□καὶ Βαρθολομαῖον⸌	καὶ Θωμᾶς,
Θωμᾶς	καὶ Μαθθαῖον ⸆	¹⁵°καὶ Μαθθαῖον	Βαρθολομαῖος
καὶ Μαθθαῖος ὁ τελώνης,	καὶ Θωμᾶν	καὶ Θωμᾶν⸆	καὶ Μαθθαῖος,
Ἰάκωβος ὁ τοῦ Ἁλφαίου	καὶ Ἰάκωβον τὸν τοῦ Ἁλφαίου	°¹καὶ Ἰάκωβον⸆¹ Ἁλφαίου	Ἰάκωβος Ἁλφαίου
καὶ ⸀Θαδδαῖος,	⸀καὶ Θαδδαῖον⸃	καὶ Σίμωνα τὸν καλούμενον ζηλωτὴν	καὶ Σίμων ὁ ζηλωτὴς
⁴ Σίμων ὁ ⸀Καναναῖος ⸆	καὶ Σίμωνα τὸν ⸀Καναναῖον	¹⁶°καὶ Ἰούδαν Ἰακώβου	καὶ Ἰούδας Ἰακώβου.
καὶ Ἰούδας °ὁ ⸀Ἰσκαριώτης ὁ καὶ παραδοὺς αὐτόν.	¹⁹καὶ Ἰούδαν⸃ ⸀Ἰσκαριώθ, ⸀ὃς καὶ παρέδωκεν⸃ αὐτόν.	καὶ Ἰούδαν ⸀Ἰσκαριώθ, ὃς ⸆ἐγένετο προδότης.	

⁵Τούτους τοὺς δώδεκα ἀπέστειλεν ὁ Ἰησοῦς παραγγείλας αὐτοῖς ⸀λέγων· εἰς ὁδὸν ἐθνῶν μὴ ἀπέλθητε καὶ εἰς πόλιν Σαμαριτῶν μὴ εἰσέλθητε· ⁶⸀πορεύεσθε δὲ μᾶλλον πρὸς τὰ πρόβατα τὰ ἀπολωλότα

Matth.: 2 °ℵ*vid C 𝔎 D W Θ *pl* lat ¦ *txt* B ℵcorr *pc* d ‖ 3 ⸀Λεββαιος D k μ; Orlat ¦ Λεββ. ο επικληθεις Θαδδ. (C*) C² 𝔎 W Θ λ *pl* f syp ¦ Θ. ο επικλ. Λ. ϕ ¦ Judas Zelotes it ¦ — sys ¦ *txt* ℌ lat sa bo ‖ 4 ⸀-νιτης ℵ 𝔎 W Θ *al* | ⸆*p)* και Ιουδας ο του Ιακωβου sys | ° C 𝔎 W *al*; Or | ⸀-ιωθ C ¦ Σκαριωτης D vg (it) ¦ Σιμωνος Ισκαριωτου Or ‖ 5 ⸀και λ. D lat ¦ — ℵ* ‖ 6 ⸀υπαγετε D

Mark.: 16 [⁚(*et* ⁚¹) H] | ⸀ονοματα Θ 33 *pc* | ° D W ‖ 17 ⸂κοινως δε αυτους εκαλεσεν W (b c e q) | ⸀αυτου Θ *al* sys ¦ Ιακ. C | [⁚(*et* ⁚¹) H] | ⸀† ονομα B D *pc* ¦ *txt* ℵ C 𝔎 A Θ 0133.0134 λ ϕ *pl* lat sa bopt | ⸀Βανηρεγες 565 (700) ¦ Βοανανηργε W ¦ [Benereem Hier *cj*] | □ sys ‖ 18.19 ⸂ησαν δε ουτοι Σιμων και Ανδρεας Ιακωβος κ. Ιωαννης Φ-ος *etc* W (b c e) ‖ 18 ⸆*p)* τον τελωνην Θ ϕ *pc* | ⸀κ. Λεββαιον D it ¦ Θαδδ. Θ ¦ — W | ⸀Κανανιτην 𝔎 A Θ 0134 λ ϕ *pl* ‖ 19 ⸀-ιωτην 𝔎 A 0134 λ ϕ *pl* vg ¦ Σκαριωθ D it vgcodd | ⸀*p)* ο και παραδους W

Luk.: 14 ⸂*p)* πρωτον Σ. ον κ. Π. επων- D | °*bis* 𝔎 A Θ λ *al* | ⸆*p)* τον αδελφον αυτου, ους επωνομασεν Βοανηργες ο εστιν υιοι βροντης D ¦ τους υιους του Ζεβεδαιου sys | □ ℵ* ‖ 15 ° 𝔎 A Θ λ *al* | ⸆(Jo 11,16) τον επικαλουμενον Διδυμον D | °¹ B 𝔎 A W Θ λ *pm* lat ¦ *txt* 𝔓⁴ ℌ D* ϕ *al* | ⸆¹ τον του 𝔎 A D Θ *al* ‖ 16 ° 𝔎 A Θ λ *al* | ⸀-ιωτην ℵcorr 𝔎 A W Θ *pl* vg; Mcion Epiph ¦ Σκαριωθ D it vgcodd ¦ *txt* 𝔓75vid B ℵ* L *pc* | ⸆και 𝔎 A D Θ λ ϕ *al*

Acta: 13 ⸉ 𝔎 E *pm*

23-33 cf Mc 1,16sqq; 13,3; 5,37; 9,2; 14,33 et par ‖ 23sq cf 78sqq ‖ 24(Jo) Κηφᾶς: Gl 1,18; 2,9.11.14; 1Cor 1,12; 3,22; 15,5; cf 95 ‖ 25sq cf Jo 1,40.44; 6,8; 12,22; cf 33 ‖ 31 cf Mc 9,38; Lc 9,54 ‖ 33 cf 25sq ‖ 34 cf Jo 1,43sqq; 6,5.7; 12,21; 14,8sq; Act 8,5.13.26-40; 21,8 ‖ 36(Mt) = 37(Mc/Lc) cf Jo 11,16; 14,5; 20,24sqq; 21,2 ‖ 37(Mt) = 36(Mc/Lc) cf Mc 2,14? Mt 9,9? ‖ 38 cf Mc 15,40? 16,1? et par ‖ 41(Mt/Mc) = 39sq(Lc) ‖ 41(Lc) cf Jo 14,22 ‖ 42sq cf Mt 26,14.25.47; 27,3; Mc 14,10.43; Lc 6,16; 22,3.47.48; Jo 6,71; 12,4; 13,2.26.29; 14,22; 18,2sq.5; Act 1,16.25 ‖ 44sqq cf 17sq.86sqq ‖ 46sq cf 2Rg 17,24; Sir 50,27sq (25sq); Jo 4,9; Lc 9,52 ‖ 48sq cf Mt 9,36; 1Rg 22,17; Jr 50,6 (LXX 27,6); cf 82sq

[Matth. 10,1-16]

οἴκου Ἰσραήλ. [7]πορευόμενοι δὲ κηρύσσετε λέγοντες ⸀ὅτι ἤγγικεν⸆ ἡ βασιλεία τῶν οὐρανῶν. [8]ἀσθενοῦντας θεραπεύετε, ⸂νεκροὺς ἐγείρετε, λεπροὺς καθαρίζετε, δαιμόνια ἐκβάλλετε⸃· δωρεὰν ἐλάβετε, δωρεὰν δότε. [9]Μὴ κτήσησθε χρυσὸν μηδὲ ἄργυρον μηδὲ χαλκὸν εἰς τὰς ζώνας ὑμῶν, [10]μὴ πήραν εἰς ὁδὸν μηδὲ δύο χιτῶνας μηδὲ ὑποδήματα μηδὲ ⸀ῥάβδον· ἄξιος γὰρ ὁ ἐργάτης ⸂τῆς τροφῆς⸃ αὐτοῦ. [11]⸂εἰς ἣν δ' ἂν πόλιν ⸋ἢ κώμην⸌ εἰσέλθητε⸃, ἐξετάσατε τίς ἐν αὐτῇ ἄξιός ἐστιν· κἀκεῖ μείνατε ἕως ἂν ἐξέλθητε. [12]εἰσερχόμενοι δὲ εἰς τὴν οἰκίαν ἀσπάσασθε αὐτήν⸆· [13]καὶ ἐὰν μὲν ᾖ ἡ οἰκία ἀξία, ἐλθάτω ἡ εἰρήνη ὑμῶν ἐπ' αὐτήν, ⸂ἐὰν δὲ μὴ ᾖ ἀξία⸃, ἡ εἰρήνη ὑμῶν ⸀πρὸς ὑμᾶς ἐπιστραφήτω. [14]καὶ ὃς ἂν μὴ δέξηται ὑμᾶς μηδὲ ἀκούσῃ τοὺς λόγους ὑμῶν, ἐξερχόμενοι ἔξω ⸋τῆς οἰκίας ἢ⸌ τῆς πόλεως⸆ ἐκείνης ἐκτινάξατε τὸν κονιορτὸν ⸆ τῶν ποδῶν ὑμῶν. [15]ἀμὴν λέγω ὑμῖν, ἀνεκτότερον ἔσται γῇ Σοδόμων καὶ ⸀Γομόρρων ἐν ἡμέρᾳ κρίσεως ἢ τῇ πόλει ἐκείνῃ. [16]Ἰδοὺ ἐγὼ ἀποστέλλω ὑμᾶς ὡς πρόβατα ⸂ἐν μέσῳ⸃ λύκων· γίνεσθε οὖν φρόνιμοι ὡς ⸄οἱ ὄφεις⸅ καὶ ⸀ἀκέραιοι ὡς αἱ περιστεραί.

Mark.

6,8-11 (nr. 142, p. 200)

[8]καὶ παρήγγειλεν αὐτοῖς ἵνα μηδὲν ⸀αἴρωσιν εἰς ὁδὸν εἰ μὴ ῥάβδον μόνον, ⸉μὴ ἄρτον, μὴ πήραν,⸊ μὴ εἰς τὴν ζώνην χαλκόν, [9]⸀ἀλλὰ ὑποδεδεμένους σανδάλια, καὶ μὴ ⸁ἐνδύσησθε δύο χιτῶνας. [10]καὶ ἔλεγεν αὐτοῖς· ὅπου ἐὰν εἰσέλθητε εἰς οἰκίαν, ἐκεῖ μένετε ἕως ἂν ἐξέλθητε ἐκεῖθεν. [11]καὶ ⸂ὃς ἂν τόπος μὴ δέξηται⸃ ὑμᾶς μηδὲ ἀκούσωσιν ὑμῶν, ἐκπορευόμενοι ἐκεῖθεν ἐκτινάξατε τὸν χοῦν ⸋τὸν ὑποκάτω⸌ τῶν ποδῶν ὑμῶν εἰς μαρτύριον ⸀αὐτοῖς. ⸆

Luk.

9,2-5 (nr. 142, p. 200)

[2]Καὶ ἀπέστειλεν αὐτοὺς κηρύσσειν τὴν βασιλείαν τοῦ θεοῦ καὶ ἰᾶσθαι ⸂[τοὺς ἀσθενεῖς]⸃, [3]καὶ εἶπεν πρὸς αὐτούς· μηδὲν αἴρετε εἰς τὴν ὁδόν, μήτε ῥάβδον μήτε πήραν μήτε ἄρτον μήτε ἀργύριον μήτε °[ἀνὰ] δύο χιτῶνας ἔχειν.

cf. 10,7

[4]καὶ εἰς ἣν ἂν οἰκίαν εἰσέλθητε, ἐκεῖ μένετε καὶ ἐκεῖθεν ἐξέρχεσθε.

cf. 10,6

[5]καὶ ὅσοι ἂν μὴ δέχωνται ὑμᾶς, ἐξερχόμενοι ἀπὸ τῆς πόλεως ἐκείνης ⸆ τὸν κονιορτὸν ἀπὸ τῶν ποδῶν ὑμῶν ἀποτινάσσετε εἰς μαρτύριον ἐπ' αὐτούς.

10,3 (nr. 177, p. 257)

[3]Ὑπάγετε· ἰδοὺ ⸆ ἀποστέλλω ὑμᾶς ὡς ⸀ἄρνας ⸂ἐν μέσῳ⸃ λύκων.

Joh.

Matth.: 7 ⸀μετανοειτε οτι 251 sa ¦ — B | ⸆(Lc 10,9) εφ υμας N *pc* || 8 ⸂*3-6 1 2* P W Δ *pc* ¦ *3 4 1 2 5 6* 348 *pc* ¦ *3-6* 𝔎 Θ *al* sy^p sa; Eus || 10 ⸀-δους C 𝔎 W *al* | ⸂(Lc 10,7) του μισθου K 565. 892 *al* it; Heg || 11 ⸂η πολις εις ην αν εισελθ. εις αυτην D | ⸋ λ it || 12 ⸆λεγοντες· ειρηνη τω οικω τουτω ℵ* D W Θ λ *pm* lat ¦ *txt* B 𝔎 φ *al* || 13 ⸂ει δε μη γε D | ⸀εφ B ℵ W *pc* || 14 ⸋*p)* D arm | ⸆η κωμης ℵ φ *pc* sa bo | ⸆εκ 𝔋 *al* lat ¦ *txt* B 𝔎 D W Θ *pm* || 15 ⸀-ρας D Θ λ *pm* it ¦ γη Γ-ας C *pc* ¦ γη Γ-ων ℵ *pc* || 16 ⸂εις μεσον B | ⸄ο οφις ℵ*; Epiph | ⸀απλουστατοι D (*ex lat?*)

Mark.: 8 ⸀αρωσιν 𝔋 W Θ φ *al* ¦ *txt* B 𝔎 A D **0133** λ *pm* | ⸉*3 4 1 2* 𝔎 A (*bis* μητε D) W **0133** λ φ *pm* latt sy^s.p sa || 9 ⸀μητε Θ (565) | ⸁-σασθαι B² (-σασθε B* 33 *pc* sa) *al* || 11 ⸂*p) 1 2 4 5* λ *pc* sy^s.p ¦ *p)* οσοι αν μη δεξωνται 𝔎 (εαν A) D (Θ) *pm* latt | ⸋*p)* D 33 *pc* lat sy^s | ⸀αυτων W | ⸆*p)* αμην λεγω υμιν· ανεκτοτερον εσται Σοδομοις η Γομορροις εν ημερα κρισεως η τη πολει εκεινη 𝔎 A **0133** λ φ *pm* a f q sy^p bo^pt

Luk. 9: 2 ⸂τ. α-νουντας C 𝔎 W Θ φ *pm* sy^p ¦ † – B sy^s.c; Mcion ¦ *txt* 𝔋 A D **070** λ *al* lat sa bo || 3 °B ℵ C* F **070** *pc* lat ¦ *txt* 𝔎 A D W Θ λ φ *pl* || 5 ⸆και 𝔎 A φ *pm* lat

Luk. 10: 3 ⸆εγω C 𝔎 D L W Γ Δ Θ λ φ *pl* lat ¦ *txt* 𝔓^75 B ℵ A **0181** *pc* | ⸀προβατα A *al* | ⸂μεσον D

49sq cf Mt 3,2; 4,17; Is 55,1 || 51sqq cf Mc 16,17sq; Act 3,6; 5,16; 8,7; 9,34.40; 14,9 sq; 28,8sq; Jc 5,16; cf *123* || 53sq cf 2 Rg 5,16; Act 20,33; 2 Cor 11,7 || 55 cf Gn 32,10; Ex 12,11 || 57 σανδάλια hic et Act 12,8 || 58 cf Lc 3,11 || 59sq cf Ex 12,11; Nu 18,31; 2 Th 3,9; cf *95sqq. 102. 103. 104sq. 106sqq. 109sqq. 112sqq* || 67sqq cf Act 13,51; 18,6 || 71 cf Mc 1,44; 13,9; Lc 5,14; 21,13 || 72sq cf Gn 19,24; Ez 16,48sqq; Lc 17,29; Rm 9,29; 2 Pt 2,6; Jd 7; cf *84sq* || 74sqq cf *18sq* || 75sq cf Mt 7,15; Jo 10,12; Act 20,29; cf *115sq. 121* || 76sq cf Sir 13,21; Gn 3,1; cf *122. 124sqq* || 76 cf *114*

Matth.	Mark.	Luk.	Joh.
16,17-18 *(nr. 158, p. 229)* [17] Ἀποκριθεὶς δὲ ὁ Ἰησοῦς εἶπεν αὐτῷ· μακάριος εἶ, Σίμων Βαριωνᾶ, ὅτι σὰρξ καὶ αἷμα οὐκ ἀπεκάλυψέν σοι ἀλλ' ὁ πατήρ μου ὁ ἐν τοῖς οὐρανοῖς. [18] κἀγὼ δέ σοι λέγω ὅτι σὺ εἶ Πέτρος, καὶ ἐπὶ ταύτῃ τῇ πέτρᾳ οἰκοδομήσω μου τὴν ἐκκλησίαν καὶ πύλαι ᾅδου οὐ κατισχύσουσιν αὐτῆς.			
15,24 *(nr. 151, p. 220)* [24] Ὁ δὲ ἀποκριθεὶς εἶπεν· οὐκ ἀπεστάλην εἰ μὴ εἰς τὰ πρόβατα τὰ ἀπολωλότα οἴκου Ἰσραήλ.			
11,24 *(nr. 108, p. 153)* [24] Πλὴν λέγω ὑμῖν ὅτι γῇ Σοδόμων ἀνεκτότερον ἔσται ἐν ἡμέρᾳ κρίσεως ἢ σοί.		10,12 *(nr. 177, p. 257)* [12] Λέγω ὑμῖν ὅτι Σοδόμοις ἐν τῇ ἡμέρᾳ ἐκείνῃ ἀνεκτότερον ἔσται ἢ τῇ πόλει ἐκείνῃ.	

Luk. 10,1-12: [1] Μετὰ δὲ ταῦτα ἀνέδειξεν ὁ κύριος ἑτέρους ἑβδομήκοντα [δύο] καὶ ἀπέστειλεν αὐτοὺς ἀνὰ δύο [δύο] πρὸ προσώπου αὐτοῦ εἰς πᾶσαν πόλιν καὶ τόπον οὗ ἤμελλεν αὐτὸς ἔρχεσθαι. [2] ἔλεγεν δὲ πρὸς αὐτούς· ὁ μὲν θερισμὸς πολύς, οἱ δὲ ἐργάται ὀλίγοι· δεήθητε οὖν τοῦ κυρίου τοῦ θερισμοῦ ὅπως ἐργάτας ἐκβάλῃ εἰς τὸν θερισμὸν αὐτοῦ. [3] ὑπάγετε· ἰδοὺ ἀποστέλλω ὑμᾶς ὡς ἄρνας ἐν μέσῳ λύκων. [4] μὴ βαστάζετε βαλλάντιον, μὴ πήραν, μὴ ὑποδήματα, καὶ μηδένα κατὰ τὴν ὁδὸν ἀσπάσησθε. [5] εἰς ἣν δ' ἂν εἰσέλθητε οἰκίαν, πρῶτον λέγετε· εἰρήνη τῷ οἴκῳ τούτῳ. [6] καὶ ἐὰν ἐκεῖ ᾖ υἱὸς εἰρήνης, ἐπαναπαήσεται ἐπ' αὐτὸν ἡ εἰρήνη ὑμῶν· εἰ δὲ μή γε, ἐφ' ὑμᾶς ἀνακάμψει. [7] ἐν αὐτῇ δὲ τῇ οἰκίᾳ μένετε ἐσθίοντες καὶ πίνοντες τὰ παρ' αὐτῶν· ἄξιος γὰρ ὁ ἐργάτης τοῦ μισθοῦ αὐτοῦ. μὴ μεταβαίνετε ἐξ οἰκίας εἰς οἰκίαν. [8] καὶ εἰς ἣν ἂν πόλιν εἰσέρχησθε καὶ δέχωνται ὑμᾶς, ἐσθίετε τὰ παρατιθέμενα ὑμῖν [9] καὶ θεραπεύετε τοὺς ἐν αὐτῇ ἀσθενεῖς καὶ λέγετε αὐτοῖς· ἤγγικεν ἐφ' ὑμᾶς ἡ βασιλεία τοῦ θεοῦ. [10] εἰς ἣν δ' ἂν πόλιν εἰσέλθητε καὶ μὴ δέχωνται ὑμᾶς, ἐξελθόντες εἰς τὰς πλατείας αὐτῆς εἴπατε· [11] καὶ τὸν κονιορτὸν τὸν κολληθέντα ἡμῖν ἐκ τῆς πόλεως ὑμῶν εἰς τοὺς πόδας ἀπομασσόμεθα ὑμῖν· πλὴν τοῦτο γινώσκετε ὅτι ἤγγικεν ἡ βασιλεία τοῦ θεοῦ. [12] λέγω ὑμῖν ὅτι Σοδόμοις ἐν τῇ ἡμέρᾳ ἐκείνῃ ἀνεκτότερον ἔσται ἢ τῇ πόλει ἐκείνῃ.

1. Kor. 9,5-14: [5] Μὴ οὐκ ἔχομεν ἐξουσίαν ἀδελφὴν γυναῖκα περιάγειν ὡς καὶ οἱ λοιποὶ ἀπόστολοι καὶ οἱ ἀδελφοὶ τοῦ κυρίου καὶ Κηφᾶς; [6] ἢ μόνος ἐγὼ καὶ Βαρναβᾶς οὐκ ἔχομεν ἐξουσίαν μὴ ἐργάζεσθαι; [7] Τίς στρατεύεται ἰδίοις ὀψωνίοις ποτέ; τίς φυτεύει ἀμπελῶνα καὶ τὸν καρπὸν αὐτοῦ οὐκ ἐσθίει; ἢ τίς ποιμαίνει ποίμνην καὶ ἐκ τοῦ γάλακτος τῆς ποίμνης οὐκ ἐσθίει; [8] μὴ κατὰ ἄνθρωπον ταῦτα λαλῶ ἢ καὶ ὁ νόμος ταῦτα οὐ λέγει; [9] ἐν γὰρ τῷ Μωϋσέως νόμῳ γέγραπται· οὐ κημώσεις βοῦν ἀλοῶντα. μὴ τῶν βοῶν μέλει τῷ θεῷ; [10] ἢ δι' ἡμᾶς πάντως λέγει; δι' ἡμᾶς γὰρ ἐγράφη ὅτι ὀφείλει ἐπ' ἐλπίδι ὁ ἀροτριῶν ἀροτριᾶν καὶ ὁ ἀλοῶν ἐπ' ἐλπίδι τοῦ μετέχειν. [11] εἰ ἡμεῖς ὑμῖν τὰ πνευματικὰ ἐσπείραμεν, μέγα εἰ ἡμεῖς ὑμῶν τὰ σαρκικὰ θερίσομεν; [12] Εἰ ἄλλοι τῆς ὑμῶν ἐξουσίας μετέχουσιν, οὐ μᾶλλον ἡμεῖς; ἀλλ' οὐκ ἐχρησάμεθα τῇ ἐξουσίᾳ ταύτῃ, ἀλλὰ πάντα στέγομεν, ἵνα μή τινα ἐγκοπὴν δῶμεν τῷ εὐαγγελίῳ τοῦ Χριστοῦ. [13] Οὐκ οἴδατε ὅτι οἱ τὰ ἱερὰ ἐργαζόμενοι [τὰ] ἐκ τοῦ ἱεροῦ ἐσθίουσιν, οἱ τῷ θυσιαστηρίῳ παρεδρεύοντες τῷ θυσιαστηρίῳ συμμερίζονται; [14] οὕτως καὶ ὁ κύριος διέταξεν τοῖς τὸ εὐαγγέλιον καταγγέλλουσιν ἐκ τοῦ εὐαγγελίου ζῆν.

1. Tim. 5,18: Λέγει γὰρ ἡ γραφή· βοῦν ἀλοῶντα οὐ φιμώσεις, καί· ἄξιος ὁ ἐργάτης τοῦ μισθοῦ αὐτοῦ.

Jak. 5,4: Ἰδοὺ ὁ μισθὸς τῶν ἐργατῶν τῶν ἀμησάντων τὰς χώρας ὑμῶν ὁ ἀπεστερημένος ἀφ' ὑμῶν κράζει, καὶ αἱ βοαὶ τῶν θερισάντων εἰς τὰ ὦτα κυρίου σαβαὼθ εἰσεληλύθασιν.

Didache 11,3-6: [3] Περὶ δὲ τῶν ἀποστόλων καὶ προφητῶν, κατὰ τὸ δόγμα τοῦ εὐαγγελίου οὕτω ποιήσατε. [4] πᾶς δὲ ἀπόστολος ἐρχόμενος πρὸς ὑμᾶς δεχθήτω ὡς κύριος· [5] οὐ μενεῖ δὲ ⟨εἰ μὴ⟩ ἡμέραν μίαν· ἐὰν δὲ ᾖ χρεία, καὶ τὴν ἄλλην· τρεῖς δὲ ἐὰν μείνῃ, ψευδοπροφήτης ἐστίν. [6] ἐξερχόμενος δὲ ὁ ἀπόστολος μηδὲν λαμβανέτω εἰ μὴ ἄρτον, ἕως οὗ αὐλισθῇ· ἐὰν δὲ ἀργύριον αἰτῇ, ψευδοπροφήτης ἐστί.
– 11,11-12: [11] Πᾶς δὲ προφήτης δεδοκιμασμένος, ἀληθινός, ποιῶν εἰς μυστήριον κοσμικὸν ἐκκλησίας, μὴ διδάσκων δὲ ποιεῖν, ὅσα αὐτὸς ποιεῖ, οὐ κριθήσεται ἐφ' ὑμῶν· μετὰ θεοῦ γὰρ ἔχει τὴν κρίσιν· ὡσαύτως γὰρ ἐποίησαν καὶ οἱ ἀρχαῖοι προφῆται. [12] ὃς δ' ἂν εἴπῃ ἐν πνεύματι· δός μοι ἀργύρια ἢ ἕτερά τινα, οὐκ ἀκούσεσθε αὐτοῦ· ἐὰν δὲ περὶ ἄλλων ὑστερούντων εἴπῃ δοῦναι, μηδεὶς αὐτὸν κρινέτω.
– 13,1-2: [1] Πᾶς δὲ προφήτης ἀληθινός, θέλων καθῆσθαι πρὸς ὑμᾶς, »ἄξιός ἐστι τῆς τροφῆς αὐτοῦ«. [2] ὡσαύτως διδάσκαλος ἀληθινός ἐστιν ἄξιος καὶ αὐτὸς ὥσπερ »ὁ ἐργάτης τῆς τροφῆς αὐτοῦ«.

Cod. N.T. 1424 (ad Mt 10,16): Τὸ Ἰουδαϊκόν· »ὑπὲρ ὄφεις«.

Evang. sec. Aegyptios? (Ps. Titus, de dispositione sanctimonii ed. de Bruyne Z. 492 f.): ipso exortante domino: Audite me, inquid, quos elegi agnos et nolite timere lupos.

Evang. Ebion. (Epiphanius, Panarion haer. 30,13,2-3): »Καὶ ἐλθὼν εἰς Καφαρναοὺμ εἰσῆλθεν εἰς τὴν οἰκίαν Σίμωνος τοῦ ἐπικληθέντος Πέτρου καὶ ἀνοίξας τὸ στόμα αὐτοῦ εἶπεν· παρερχόμενος παρὰ τὴν λίμνην Τιβεριάδος ἐξελεξάμην Ἰωάννην καὶ Ἰάκωβον, υἱοὺς Ζεβεδαίου, καὶ Σίμωνα καὶ Ἀνδρέαν καὶ Θαδδαῖον καὶ Σίμωνα τὸν ζηλωτὴν καὶ Ἰούδαν τὸν Ἰσκαριώτην, καὶ σὲ τὸν Ματθαῖον καθεζόμενον ἐπὶ τοῦ τελωνίου ἐκάλεσα καὶ ἠκολούθησάς μοι. ὑμᾶς οὖν βούλομαι εἶναι δεκαδύο ἀποστόλους εἰς μαρτύριον τοῦ Ἰσραήλ«.

2. Clem. ad Cor. 5,2: Λέγει γὰρ ὁ κύριος· Ἔσεσθε ὡς ἀρνία ἐν μέσῳ λύκων.

Ignatius ad Polyc. 2,2: »Φρόνιμος γίνου ὡς ὄφις ἐν ἅπασιν, καὶ ἀκέραιος εἰς ἀεὶ ὡς ἡ περιστερά«.

Evang. Thomae copt.: *cf. Append. I, 14*

Pap. Oxyrhynch. 655 (II b; sec. Fitzmyer): [Λέγει Ἰ(ησοῦ)ς· οἱ Φαρισαῖοι καὶ οἱ γραμματεῖς ἀπ]έλ[αβον τὰς κλεῖδας] τῆς [γνώσεως καὶ ἀπέ]κρυψ[αν αὐτὰς οὔτε] εἰσῆλ[θον καὶ τοῖς] εἰσερ[χομένοις οὐκ] ἀν[εῖσαν· ὑμεῖς] δὲ γεί[νεσθε φρόνι]μοι ὡ[ς οἱ ὄφεις καὶ ἀ]κέραι[οι ὡς αἱ περιστε]ρα[ί.] *(cf. Evang. Thomae copt. Append. I, 39)*

78sqq cf 23sq || *82sq cf 48sq* || *84sq cf 72sq* || *86sqq cf 44sqq* || *95sqq cf 59sq* || *95 cf 24 (Jo)* || *102 cf 59sq* || *103 cf 59sq* || *104sq cf 59sq* || *106sqq cf 59sq* || *109sqq cf 59sq* || *112sq cf 59sq* || *114 cf 76* || *115sq cf 75sq* || *117sqq cf 21sqq* || *121 cf 75sq* || *122 cf 76sq* || *123 cf 51sqq* || *124sqq cf 76sq*

100. Der Zukunftsweg der Jünger

Persecutiones futurae

(cf. nr. 289)

The Fate of the Disciples

Matth. 10,17-25
24,9-14

10,17-25

[17]Προσέχετε °δὲ ἀπὸ τῶν ἀνθρώπων· παραδώσουσιν γὰρ °[1]ὑμᾶς εἰς συνέδρια καὶ ⸂ἐν ταῖς συναγωγαῖς⸃ °[2]αὐτῶν μαστιγώσουσιν ὑμᾶς· [18]καὶ ἐπὶ ⸂ἡγεμόνας δὲ καὶ βασιλεῖς ἀχθήσεσθε⸃ ἕνεκεν ⸀ἐμοῦ εἰς μαρτύριον αὐτοῖς καὶ τοῖς ἔθνεσιν. [19]ὅταν δὲ ⸀παραδῶσιν ὑμᾶς,

μὴ μεριμνήσητε ⸋πῶς ἢ⸌ τί λαλήσητε·

⸋[1]δοθήσεται γὰρ ὑμῖν ἐν ἐκείνῃ τῇ ὥρᾳ τί λαλήσητε·⸌ [20]οὐ γὰρ ὑμεῖς ἐστε οἱ λαλοῦντες ἀλλὰ τὸ πνεῦμα τοῦ πατρὸς °ὑμῶν τὸ λαλοῦν ἐν ὑμῖν. [21]Παραδώσει δὲ ἀδελφὸς ἀδελφὸν εἰς θάνατον καὶ πατὴρ ⸀τέκνον, καὶ ⸁ἐπαναστήσονται τέκνα ἐπὶ γονεῖς καὶ θανατώσουσιν αὐτούς. [22]καὶ ἔσεσθε μισούμενοι ὑπὸ πάντων διὰ τὸ ὄνομά μου· ὁ δὲ ὑπομείνας εἰς τέλος °οὗτος σωθήσεται. [23]Ὅταν δὲ διώκωσιν ὑμᾶς ἐν τῇ πόλει ταύτῃ, φεύγετε εἰς τὴν ⸀ἑτέραν⸆· ἀμὴν γὰρ λέγω ὑμῖν, ⸆ οὐ

Mark. 13,9-13

cf. 13,9

cf. 13,11

cf. 13,12

Luk. 12,11-12; 6,40; 21,12-19

cf. 21,12a

cf. 21,12b

12,11-12 *(nr. 198, p. 284)*

[11]Ὅταν δὲ ⸀εἰσφέρωσιν ὑμᾶς ⸁ἐπὶ τὰς συναγωγὰς °καὶ τὰς ἀρχὰς καὶ τὰς ἐξουσίας, μὴ ⸀[1]μεριμνήσητε ⸂πῶς ἢ τί⸃ ἀπολογήσησθε ἢ τί εἴπητε· [12]τὸ γὰρ ἅγιον πνεῦμα διδάξει ὑμᾶς ἐν αὐτῇ τῇ ὥρᾳ ἃ δεῖ εἰπεῖν.

cf. v. 12

Joh. 13,16
16,2b; 14,26; 15,20

16,2b *(nr. 324, p. 450)*

[2]...Ἀλλ' ἔρχεται ὥρα ἵνα πᾶς ὁ ἀποκτείνας ὑμᾶς δόξῃ λατρείαν προσφέρειν τῷ θεῷ.

14,26 *(nr. 318, p. 445)*

[26]Ὁ δὲ παράκλητος, τὸ πνεῦμα τὸ ἅγιον, ὃ πέμψει ὁ πατὴρ ἐν τῷ ὀνόματί μου, ἐκεῖνος ὑμᾶς διδάξει πάντα καὶ ὑπομνήσει ὑμᾶς πάντα ἃ εἶπον ὑμῖν [ἐγώ].

Matth.: 17 °D *pc* it sy[s] sa[pt]; Or | °[1] C* | ⸂εις τας συν-ας D **0171** ¦ — a | °[2] W a aur || **18** ⸂(Mc 13,9) ηγεμονων σταθησεσθε D (**0171** it sy[s.p]; Ir Or[pt]) | ⸀του ονοματος μου g[1] sy[s] || **19** ⸀παραδωσουσιν D W *al* lat ¦ παραδιδωσιν C 𝔎 Θ ϕ *al* | ⸋ **0171** a b ff[1] k sy[s]; Epiph | ⸋[1] D L g[1] k; Epiph || **20** °D* || **21** ⸀τεκνα W | ⸁-σεται B *pc* || **22** °W || **23** ⸀αλλην C 𝔎 D Θ **0171**[vid] *pm* lat; Cl | ⸆καν (εαν δε **0171**[vid] D it) εν τη αλλη (εκ ταυτης Θ λ ϕ) διωκωσιν υμας, φευγετε εις την αλλην (ετεραν Θ) D L Θ **0171**[vid] λ ϕ *al* it sy[s]; Or | ⸆οτι C

Luk.: 11 ⸀προσφερωσιν 𝔎 A W Θ ϕ *pm* ¦ φερωσιν D; Cl Or ¦ *txt* 𝔓[45vid.75] B ℵ L X **0191**. 1. 33 *al* | ⸁εις ℵ D λ ϕ *al*; Cl | °r[1] sy | ⸀[1]-μνατε 𝔎 A W *pm* ¦ (Mc 13,11) προμεριμνατε D; Cl ¦ *txt* 𝔓[75] ℌ Θ **0191** λ ϕ *al* | ⸂πως D it sy[c.p] sa[pt]; Cl Or ¦ τι r[1] sy[s]

[2sqq] cf Act 5,40; 6,12; 22,19; 24,10; 25,6.23; 27,24; 2Cor 11,24; Jo 16,1; *cf 44sqq* || [5sqq] cf Ps 119,46; Dt 31,26 || [7sq] cf *49sqq. 77sqq* || [8sqq (Lc)] *cf 52sqq (Lc)* || [11] cf Rm 2,15; 2Cor 12,19 || [12sqq] cf 1Cor 2,13? || [17sqq] cf Mt 10,35; Lc 12,53; *cf 59sqq. 66sq.* || [19sq] cf Mch 7,6; Is 19,2; 4Esr 6,24; *cf 62sq* || [21sqq] *cf 86sqq* || [23sq] cf Heb 10,36.39; Apc 13,10; Dn 12,12; 2Chr 15,7; 4Esr 6,18sqq; *cf 76sq. 82. 84sq* | cf Mc 8,35; 10,26; 4Esr 6,25 || [25sqq] *cf 83*

[Matth. 10,17-25]

μὴ τελέσητε τὰς πόλεις °τοῦ Ἰσραὴλ ἕως ⸀ἂν ἔλθῃ ὁ υἱὸς τοῦ ἀνθρώπου. [24]Οὐκ ἔστιν μαθητὴς ὑπὲρ τὸν διδάσκαλον οὐδὲ δοῦλος ὑπὲρ τὸν κύριον αὐτοῦ. [25]ἀρκετὸν τῷ μαθητῇ ἵνα γένηται ὡς ὁ διδάσκαλος αὐτοῦ καὶ ὁ δοῦλος ὡς ὁ κύριος αὐτοῦ. εἰ ⸂τὸν οἰκοδεσπότην⸃ ⸀Βεελζεβοὺλ ⸁ἐπεκάλεσαν, πόσῳ μᾶλλον ⸂τοὺς οἰκιακοὺς⸃ αὐτοῦ.

24,9-14 (nr. 289, p. 398)

[9]Τότε παραδώσουσιν ὑμᾶς εἰς θλῖψιν cf. 10,17

cf. 10,18

cf. 10,19

Mark.

13,9-13 (nr. 289 p. 398)

[9]⸀Βλέπετε δὲ ὑμεῖς °ἑαυτούς· παραδώσουσιν ⸆ ὑμᾶς⸃ εἰς συνέδρια καὶ εἰς συναγωγὰς⁝ δαρήσεσθε καὶ ἐπὶ ἡγεμόνων καὶ βασιλέων σταθήσεσθε ἕνεκεν ἐμοῦ εἰς μαρτύριον αὐτοῖς. [10]καὶ εἰς πάντα τὰ ἔθνη πρῶτον ⸆ δεῖ κηρυχθῆναι τὸ εὐαγγέλιον ⸆. [11]⸂καὶ ὅταν⸃ ἄγωσιν ὑμᾶς παραδιδόντες, μὴ ⸀προμεριμνᾶτε τί λαλήσητε⸆, ἀλλʼ ὃ ἐὰν δοθῇ ὑμῖν ἐν ἐκείνῃ τῇ ὥρᾳ τοῦτο λαλεῖτε·

Luk.

6,40 (nr. 81, p. 107)

[40]Οὐκ ἔστιν μαθητὴς ὑπὲρ ⸂τὸν διδάσκαλον⸃⸆· κατηρτισμένος δὲ ⸂πᾶς ἔσται⸃ ὡς ὁ διδάσκαλος αὐτοῦ.

21,12-19 (nr. 289, p. 398)

[12]Πρὸ δὲ τούτων πάντων ἐπιβαλοῦσιν ⸂ἐφʼ ὑμᾶς⸃ τὰς χεῖρας αὐτῶν καὶ διώξουσιν, παραδιδόντες εἰς °τὰς συναγωγὰς καὶ φυλακάς, ⸀ἀπαγομένους ἐπὶ βασιλεῖς καὶ ἡγεμόνας ἕνεκεν τοῦ ὀνόματός μου· [13]ἀποβήσεται ⸆ ὑμῖν εἰς μαρτύριον.

[14]θέτε °οὖν ⸂ἐν ταῖς καρδίαις⸃ ὑμῶν μὴ ⸀προμελετᾶν ἀπολογηθῆναι· [15]ἐγὼ γὰρ δώσω ὑμῖν στόμα καὶ σοφίαν ᾗ οὐ δυνήσονται ⸂ἀντιστῆναι ἢ ἀντειπεῖν⸃ ⸀ἅπαντες οἱ ἀντικείμενοι ὑμῖν.

Joh.

13,16 (nr. 309, p. 431)

[16]Ἀμὴν ἀμὴν λέγω ὑμῖν, οὐκ ἔστιν δοῦλος ⸋μείζων τοῦ κυρίου αὐτοῦ οὐδὲ ἀπόστολος⸌ °μείζων τοῦ πέμψαντος αὐτόν.

15,20 (nr. 322, p. 449)

[20]Μνημονεύετε τοῦ λόγου οὗ ἐγὼ εἶπον ὑμῖν· οὐκ ἔστιν δοῦλος μείζων τοῦ κυρίου αὐτοῦ. εἰ ἐμὲ ἐδίωξαν, καὶ ὑμᾶς διώξουσιν· εἰ τὸν λόγον μου ἐτήρησαν, καὶ τὸν ὑμέτερον τηρήσουσιν.

Matth.: 23 °B D ¦ *txt rell* | ⸀ου ℵ³ *pc* ¦ † – B ℵ* ¦ *txt* C 𝔎 D W Θ *pl* || 25 ⸂τω -οτη *et* ⸂τοις -ακοις B* | ⸀† Βεεζ- B ℵ ¦ Beelzebub c vg sy^s.p ¦ *txt* C 𝔎 (D) W Θ λ φ *pl* it | ⸁καλουσιν D ¦ επεκαλεσαντο ℵ* *pc* ¦ εκαλεσαν Θ 0171 λ *al*

Mark.: 9 ⸀ειτα υμ. αυτους παραδ. D (Θ) *pc* it sy^s ¦ και δωσουσιν υμας W | °ℵ* | ⸆γαρ ℵ 𝔎 A φ *pm* lat ¦ *txt* B *pc* | [⁝, comm] || 10 ⸆λαον ℵ* | ⸆εν πασι τοις εθνεσιν D ff² || 11 ⸂οταν δε 𝔎 A W Θ λ φ *pm* ff² q | ⸀*p)* προμελετατε Ψ ¦ -ριμνησητε μηδε προμελ- Θ *pc* ¦ προμεριμνατε μηδε προμελετατε Or | ⸆μηδε μελετατε 𝔎 A φ *pm* sy^p

Luk. 6: 40 ⸂του -ου Mcion | ⸆αυτου C 𝔎 A *pm* | ⸂εστω ℵ *pc* ¦ π. εστω Θ; Or

Luk. 21: 12 ⸂επ αυτους ℵ* | °𝔎 A W Θ 063.0102 λ φ *pl* ¦ *txt* B ℵ D *pc* | ⸀αγομενους 𝔎 A W 063.0102 φ *pl* || 13 ⸆δε 𝔎 A W Θ 063.0102 λ φ *pl* lat ¦ *txt* B ℵ* D *pc* || 14 °ℵ* | ⸂εις τας καρδιας 𝔎 W Θ 063.0102 φ *pm* | ⸀-τωντες D || 15 ⸂*3 2 1* A K R *al* ¦ *3* ουδε *1* 𝔎 W Θ 063.0102 λ *pl* ¦ *1* D it sy^c.p; Cyp ¦ *3* d ¦ *txt* 𝔋 φ 157 *pc* e f (vg: et) sa (ουδε bo); Or | ⸀παντες ℵ 𝔎 A D W Θ 063.0102 λ φ *pl* ¦ – it ¦ *txt* B *pc*

Joh.: 16 ⸋Θ | °𝔓^66*

30sqq cf *36sqq (Jo)* || *36sqq* cf Mt 9,34; 12,24.27; Mc 3,30; 1Rg 1,2.6 (Symm) || *36sqq (Jo)* cf *30sqq* || *42sqq* cf Act 4,3; 5,18 || *44sqq* cf *ad 2sqq* || *48sq* cf Job 13,16; Ph 1,19 || *49* cf Mc 1,44; 6,11; Lc 5,14 || *49sqq* cf *7sq. 77sqq*; cf Rm 11,25; Mt 28,19; Mc 16,15; Lc 24,47 || *52sqq (Lc)* cf *8sqq (Lc)* || *52 (Lc)* cf Lc 1,66; 9,44; 21,14 || *53sqq* cf Ex 4,11sqq; Act 4,8; 6,10; 7,55 etc || *53 (Mc)* προμεριμνᾶν hapaxl NT || *54sq (Mc)* cf Act 6,10 || *54sq (Lc)* cf Ex 4,11sqq.16

[Matth. 24,9-14]	[Mark. 13,9-13]	[Luk. 21,12-19]	Joh.
cf. 10,20	οὐ γάρ ἐστε ὑμεῖς οἱ λαλοῦντες ἀλλὰ τὸ πνεῦμα τὸ ἅγιον.		
cf. 10,21	12 ⸂καὶ παραδώσει⸃ ἀδελφὸς ἀδελφὸν εἰς θάνατον καὶ πατὴρ τέκνον, καὶ ⸀ἐπαναστήσονται τέκνα ἐπὶ γονεῖς καὶ θανατώσουσιν αὐτούς·	16 παραδοθήσεσθε δὲ καὶ ὑπὸ γονέων ⸋καὶ ἀδελφῶν⸌ καὶ συγγενῶν καὶ φίλων,	
καὶ ἀποκτενοῦσιν ὑμᾶς, καὶ ἔσεσθε μισούμενοι ὑπὸ ⸂πάντων τῶν ἐθνῶν⸃ διὰ τὸ ὄνομά μου.	13 καὶ ἔσεσθε μισούμενοι ὑπὸ πάντων διὰ τὸ ὄνομά μου.	καὶ θανατώσουσιν ἐξ ὑμῶν, 17 καὶ ἔσεσθε μισούμενοι ὑπὸ πάντων διὰ τὸ ὄνομά μου.	
10 καὶ τότε σκανδαλισθήσονται πολλοὶ καὶ ἀλλήλους παραδώσουσιν ⸆ ⸋καὶ μισήσουσιν ἀλλήλους⸌· 11 καὶ πολλοὶ ψευδοπροφῆται ἐγερθήσονται καὶ πλανήσουσιν πολλούς· 12 καὶ διὰ τὸ ⸀πληθυνθῆναι τὴν ἀνομίαν ψυγήσεται ἡ ἀγάπη τῶν πολλῶν.		18 ⸋καὶ θρὶξ ἐκ τῆς κεφαλῆς ὑμῶν οὐ μὴ ἀπόληται.⸌	
13 ὁ δὲ ὑπομείνας εἰς τέλος °οὗτος σωθήσεται. 14 καὶ κηρυχθήσεται τοῦτο τὸ εὐαγγέλιον ⸋τῆς βασιλείας⸌ ⸂ἐν ὅλῃ τῇ οἰκουμένῃ⸃ εἰς μαρτύριον πᾶσιν τοῖς ἔθνεσιν, καὶ τότε ἥξει τὸ τέλος.	ὁ δὲ ὑπομείνας εἰς τέλος °οὗτος σωθήσεται.	19 ἐν τῇ ὑπομονῇ ὑμῶν ⸀κτήσασθε ⸂τὰς ψυχὰς ὑμῶν⸃.	

2. Tim. 2,12: Εἰ ὑπομένομεν, καὶ συμβασιλεύσομεν· εἰ ἀρνησόμεθα, κἀκεῖνος ἀρνήσεται ἡμᾶς.

Mart. Polycarpi 4: ... Διὰ τοῦτο οὖν, ἀδελφοί, οὐκ ἐπαινοῦμεν τοὺς προσιόντας ἑαυτοῖς, ἐπειδὴ οὐχ οὕτως διδάσκει τὸ εὐαγγέλιον.

Didache 16,5: Τότε ἥξει ἡ κτίσις τῶν ἀνθρώπων εἰς τὴν πύρωσιν τῆς δοκιμασίας, »καὶ σκανδαλισθήσονται πολλοὶ« καὶ ἀπολοῦνται· »οἱ δὲ ὑπομείναντες« ἐν τῇ πίστει αὐτῶν »σωθήσονται« ὑπ᾽ αὐτοῦ τοῦ καταθέματος.

Justinus Mart., Dial. 82,1-2: 1 ... Ὅνπερ δὲ τρόπον καὶ ψευδοπροφῆται ἐπὶ τῶν παρ᾽ ὑμῖν γενομένων ἁγίων προφητῶν ἦσαν, καὶ παρ᾽ ἡμῖν νῦν πολλοί εἰσι καὶ ψευδοδιδάσκαλοι, οὓς φυλάσσεσθαι προεῖπεν ἡμῖν ὁ ἡμέτερος κύριος, ὡς ἐν μηδενὶ ὑστερεῖσθαι ἡμᾶς, ἐπισταμένους ὅτι προγνώστης ἦν τῶν μετὰ τὴν ἀνάστασιν αὐτοῦ τὴν ἀπὸ τῶν νεκρῶν καὶ ἄνοδον τὴν εἰς οὐρανὸν μελλόντων γίνεσθαι ἡμῖν. 2 εἶπε γὰρ ὅτι φονεύεσθαι καὶ μισεῖσθαι διὰ τὸ ὄνομα αὐτοῦ μέλλομεν, καὶ ὅτι ψευδοπροφῆται καὶ ψευδόχριστοι πολλοὶ ἐπὶ τῷ ὀνόματι αὐτοῦ παρελεύσονται καὶ πολλοὺς πλανήσουσιν· ὅπερ καὶ ἔστι.

Matth.: 9 ⸂*1 3* D**al* ¦ *2 3* ℵ* ¦ *1* Cλ*al* sy^{s} ¦ *txt* B𝔎WΘ **094.0133.0138** ϕ*al* lat sy^{p} sa bo || **10** ⸆ εις θλιψιν ℵ ¦ εις θανατον Φ*pc* | ⸋ℵ || 12 ⸀πληθυναι D || 13 °W || 14 ⸋1424 g^{1} l r^{1}; Or Eus | ⸂εις ολην την οικ-νην ℵ e ¦ ολη τη οικ-νη λ

Mark.: 12 ⸂παραδωσει δε 𝔎AWΘλϕ*pl* lat | ⸀επαναστησεται B k ¦ αναστησονται W*pc* || 13 °W

Luk.: 16 ⸋ G 157*pc* a i || 18 ⸋ *vs p)* sy^{c}; Mcion || 19 ⸀† -σεσθε BAΘϕ*al* lat sy sa bo ¦ σωσετε Mcion ¦ *txt* ℌ𝔎DW**063** λ*pm* | ⸂εαυτους Mcion

---

59sqq cf ad 17sqq || *62sq cf ad 19sq* || *66sq* cf Dn 11,41; *cf 17sqq* || *69sqq* cf Mt 24,24; 1Jo 4,1; Dt 13,2-4; Apc 13,13sq || *72sqq* cf 2Th 2,10; 2Tm 3,1sqq || *74sq* cf 1Sm 14,45; 2Sm 14,11; 1Rg 1,52; Mt 10,30; Lc 12,7; Act 27,34 || *76sq cf 23sq.82. 84sq* || *77sqq cf 7sq.49sqq* || *82 cf 23sqq.76sq.84sq* || *83 cf 25sqq* || *84sq cf 23sa.76sq.82* || *86sqq cf 21sqq*

Qui me confitetur

101. Mahnung zu furchtlosem Bekennen

(cf. nr. 196)

Exhortation to Fearless Confession

Matth. 10, 26-33
6, 26

26 Μὴ οὖν φοβηθῆτε αὐτούς· οὐδὲν γάρ
ἐστιν κεκαλυμμένον ὃ οὐκ ἀποκα-
λυφθήσεται ⸀καὶ κρυπτὸν ὃ οὐ γνωσθήσε-
ται. 27 ὃ λέγω ὑμῖν ἐν τῇ σκοτίᾳ
εἴπατε ἐν τῷ φωτί, καὶ ὃ εἰς τὸ οὖς
ἀκούετε ⸀κηρύξατε
ἐπὶ τῶν δωμάτων⸆.
28 καὶ μὴ ⸀φοβεῖσθε ἀπὸ τῶν ἀπο-
κτεννόντων τὸ σῶμα, τὴν δὲ ψυχὴν
μὴ δυναμένων ⸀ἀποκτεῖναι·
⸀¹φοβεῖσθε δὲ μᾶλλον τὸν δυνάμενον καὶ
ψυχὴν καὶ σῶμα ἀπολέσαι ⸂ἐν γεέννῃ⸃.
29 οὐχὶ
δύο στρουθία ἀσσαρίου πωλεῖται;
καὶ ἓν ἐξ αὐτῶν οὐ πεσεῖται ⸂ἐπὶ τὴν γῆν⸃
ἄνευ ⸆τοῦ πατρὸς ὑμῶν⸆. 30 ὑμῶν δὲ καὶ αἱ
τρίχες τῆς κεφαλῆς πᾶσαι ἠριθμημέναι εἰ-
σίν. 31 μὴ οὖν ⸀φοβεῖσθε⸆· ⸀πολλῶν στρου-
θίων διαφέρετε ὑμεῖς. 32 Πᾶς
οὖν ὅστις ὁμολογήσει ἐν ἐμοὶ ἔμπροσθεν
τῶν ἀνθρώπων,
ὁμολογήσω κἀγὼ ἐν αὐτῷ ἔμπροσθεν
τοῦ πατρός μου τοῦ ἐν °[τοῖς] οὐρανοῖς·

Mark. 4,22; 8,38

Luk. 12, 2-9
8,17; 12,23-24; 21,18; 9,26

12, 2-9 *(nr. 196, p. 281)*

2 Οὐδὲν ⸀δὲ
⸂⸀συγκεκαλυμμένον ἐστὶν⸃ ὃ ⸂οὐκ ἀποκα-
λυφθήσεται⸃ ⸋καὶ κρυπτὸν ὃ οὐ γνωσθήσε-
ται⸌. 3 ἀνθ' ὧν ὅσα ἐν τῇ σκοτίᾳ εἴπατε ἐν
τῷ φωτὶ ἀκουσθήσεται, καὶ ὃ πρὸς τὸ οὖς
ἐλαλήσατε ἐν τοῖς ταμείοις κηρυχθήσε-
ται ἐπὶ τῶν δωμάτων. 4 Λέγω δὲ ὑμῖν τοῖς
φίλοις μου, μὴ ⸀φοβηθῆτε ἀπὸ τῶν ἀπο-
κτεινόντων τὸ σῶμα ⸂καὶ μετὰ ταῦτα
μὴ ἐχόντων ⸂περισσότερόν τι⸃ ποιῆσαι⸃.
5 ὑποδείξω °δὲ ὑμῖν τίνα φοβηθῆτε· °¹φο-
βήθητε τὸν μετὰ τὸ ἀποκτεῖναι ⸂ἔχοντα
ἐξουσίαν⸃ ⸀ἐμβαλεῖν εἰς τὴν γέενναν. ναὶ
λέγω ὑμῖν, τοῦτον ⸀φοβήθητε. 6 οὐχὶ πέν-
τε στρουθία ⸀πωλοῦνται ⸂ἀσσαρίων δύο⸃;
καὶ ἓν ἐξ αὐτῶν οὐκ ἔστιν ἐπιλελησμένον
ἐνώπιον τοῦ θεοῦ. 7 ἀλλὰ καὶ αἱ τρίχες
τῆς κεφαλῆς ὑμῶν πᾶσαι ⸀ἠρίθμηνται.
μὴ ⸆ φοβεῖσθε· ⸀πολλῶν στρου-
θίων διαφέρετε⸆. 8 Λέγω °δὲ ὑμῖν, ⸆πᾶς
ὃς ἂν ⸀ὁμολογήσῃ ἐν ἐμοὶ ἔμπροσθεν
τῶν ἀνθρώπων, καὶ ὁ υἱὸς τοῦ ἀνθρώπου
ὁμολογήσει ⸂ἐν αὐτῷ⸃ ἔμπροσθεν
⸋τῶν ἀγγέλων⸌ τοῦ θεοῦ·

Joh.

Matth.: 26 ⸀neque g¹ vg ¦ nec k ¦ — a ‖ 27 ⸀κηρυσσετε(-αι) DΘ; Or | ⸆υμων λ ‖ 28 ⸀*p)* φοβηθῆτε BDWΘλ*pm* | ⸀σφαξαι D* | ⸀¹φοβήθητε ℜDΘλφ*pm* | ⸂εις γεενναν D lat; Eus ‖ 29 ⸂εις παγιδα Or (*cf.* Am 3,5) | ⸆της βουλης it bo^pt | ⸆του εν τοις ουρανοις 892*pc* sa ‖ 31 ⸀φοβήθητε CℜΘφ*pm* | ⸆αυτους Wφ*pc* | ⸀πολλω 83 it ‖ 32 °𝔓^19vid ℵℜDWΘ*pm* ¦ *txt* BC*al*

Luk.: 2 ⸀*p)* γαρ D a sy^s.c ¦ — ℵφ*pc* bo | ⸂C*pc* | ⸀*p)* κεκ- 𝔓⁴⁵ℵC* | ⸂ου φανερωθησεται D | ⸋𝔓⁴⁵ ‖ 4 ⸀πτοηθ- 𝔓⁴⁵ | ⸂*p)* την δε ψυχην μη δυναμενων αποκτειναι 157 ¦ *it.* + μηδε εχοντων περισσον τι π. D | ⸂L(Θ)φ*al* ‖ 5 °ℵ*pc* | °¹ℵ D 69.157 sy^p | ⸂𝔓⁴⁵ℜ*pm* | ⸀βαλειν 𝔓⁴⁵(⸂D)W; Mcion Cl | ⸀φοβηθηναι 𝔓⁴⁵ ‖ 6 ⸀πωλειται 𝔓⁴⁵ℜADW**0191**λφ*pm*; Or | ⸂*21* W ¦ ασσαριου sy^c ‖ 7 ⸀-μηνεναι 𝔓⁴⁵; Cl ¦ -μηνεναι εισιν DΘ*al* | ⸆ουν ℵℜADWΘλφ*pm*; Or ¦ *txt* 𝔓^45.75 BLR**0191***pc* it | ⸀πολλω 241 *pc* a (+ π. sy^c) | ⸆*p)* υμεις DΘφ*al* a e ‖ 8 °𝔓⁴⁵*pc* it | ⸆οτι ℵD | ⸀-σει B*AD*al*; Mcion ¦ *txt* 𝔓^45.75 ℵℜWΘλφ*pl*; Cl | ⸂αυτον 𝔓⁴⁵ (φ) *pc* | ⸋ℵ*; Mcion

---

1sqq cf Jo 18,20; Rm 2,16; 1Cor 4,5; *cf 29sqq. 51sq* ‖ *5sqq* cf 2Rg 6,12; *cf 45sq* ‖ *8sqq* cf *54sq. 60sq* ‖ *8(Mt)* cf Is 8,12; Ez 3,9; 4Mcc 13,14; 1Pt 3,14; Apc 2,10 ‖ *8(Lc)* cf Jo 15,15; Ex 33,11 ‖ *11* cf Lc 6,47; Act 9,16; 20,35 ‖ *12sq* cf Dt 32,39; 1Rg 2,6; Sap 16,13; Heb 10,31; Jc 4,12; *cf 57sq* ‖ *13* cf Mt 5,29sq; 18,9 par *(= nr 168)* ‖ *16sq* cf Am 3,5 ‖ *17sq* cf 1Sm 14,45; 2Sm 14,11; 1Rg 1,52; *cf 38.47* ‖ *19sq* cf Mt 12,12; *cf 32sqq* ‖ *20sqq* cf Gn 12,3; 1Sm 2,30; 1Jo 4,2sq.15; *cf 49sq. 56*

[Matth. 10,26-33]	Mark.	[Luk. 12,2-9]	Joh.
33 ⸀ὅστις δ' ἄν⸋ ἀρνήσηταί με ἔμπροσθεν τῶν ἀνθρώπων, ἀρνήσομαι ⸉κἀγὼ αὐτὸν⸊ ἔμπροσθεν τοῦ πατρός μου τοῦ ἐν °[τοῖς] οὐρανοῖς ⸆.		9 ⸋ὁ δὲ ἀρνησάμενός με ⸀ἐνώπιον τῶν ἀνθρώπων ἀπαρνηθήσεται ἐνώπιον ⸋¹τῶν ἀγγέλων⸌¹ τοῦ θεοῦ.⸌	
	4,22 *(nr. 125, p. 179)* 22 Οὐ γάρ ἐστιν κρυπτὸν ἐὰν μὴ ἵνα φανερωθῇ, οὐδὲ ἐγένετο ἀπόκρυφον ἀλλ' ἵνα ἔλθῃ εἰς φανερόν.	8,17 *(nr. 125, p. 179)* 17 Οὐ γάρ ἐστιν κρυπτὸν ὃ οὐ φανερὸν γενήσεται οὐδὲ ἀπόκρυφον ὃ οὐ μὴ γνωσθῇ καὶ εἰς φανερὸν ἔλθῃ.	
6,26 *(nr. 67, p. 90)* 26 Ἐμβλέψατε εἰς τὰ πετεινὰ τοῦ οὐρανοῦ ὅτι οὐ σπείρουσιν οὐδὲ θερίζουσιν οὐδὲ συνάγουσιν εἰς ἀποθήκας, καὶ ὁ πατὴρ ὑμῶν ὁ οὐράνιος τρέφει αὐτά· οὐχ ὑμεῖς μᾶλλον διαφέρετε αὐτῶν;		12,23-24 *(nr. 201, p. 285)* 23 Ἡ γὰρ ψυχὴ πλεῖόν ἐστιν τῆς τροφῆς καὶ τὸ σῶμα τοῦ ἐνδύματος. 24 κατανοήσατε τοὺς κόρακας ὅτι οὐ σπείρουσιν οὐδὲ θερίζουσιν, οἷς οὐκ ἔστιν ταμεῖον οὐδὲ ἀποθήκη, καὶ ὁ θεὸς τρέφει αὐτούς· πόσῳ μᾶλλον ὑμεῖς διαφέρετε τῶν πετεινῶν.	
		21,18 *(nr. 289, p. 398)* 18 Καὶ θρὶξ ἐκ τῆς κεφαλῆς ὑμῶν οὐ μὴ ἀπόληται.	
	8,38 *(nr. 160, p. 234)* 38 Ὃς γὰρ ἐὰν ἐπαισχυνθῇ με καὶ τοὺς ἐμοὺς λόγους ἐν τῇ γενεᾷ ταύτῃ τῇ μοιχαλίδι καὶ ἁμαρτωλῷ, καὶ ὁ υἱὸς τοῦ ἀνθρώπου ἐπαισχυνθήσεται αὐτόν, ὅταν ἔλθῃ ἐν τῇ δόξῃ τοῦ πατρὸς αὐτοῦ μετὰ τῶν ἀγγέλων τῶν ἁγίων.	9,26 *(nr. 160, p. 234)* 26 Ὃς γὰρ ἂν ἐπαισχυνθῇ με καὶ τοὺς ἐμοὺς λόγους, τοῦτον ὁ υἱὸς τοῦ ἀνθρώπου ἐπαισχυνθήσεται, ὅταν ἔλθῃ ἐν τῇ δόξῃ αὐτοῦ καὶ τοῦ πατρὸς καὶ τῶν ἁγίων ἀγγέλων.	

Pap. Oxyrhynch. 1,8 (sec. Fitzmyer): Λέγει Ἰ(ησοῦ)ς· ⟨ὃ⟩ ἀκούεις [ε]ἰς τὸ ἓν ὠτίον σου, το[ῦτο κήρυξον ἐπὶ τῶν δωμάτων.] *(cf. Evang. Thomae copt. Append. I, 33)*

Acta 27,34: Διὸ παρακαλῶ ὑμᾶς μεταλαβεῖν τροφῆς· τοῦτο γὰρ πρὸς τῆς ὑμετέρας σωτηρίας ὑπάρχει, οὐδενὸς γὰρ ὑμῶν θρὶξ ἀπὸ τῆς κεφαλῆς ἀπολεῖται.

2. Tim. 2,12: Εἰ ὑπομένομεν, καὶ συμβασιλεύσομεν· εἰ ἀρνησόμεθα, κἀκεῖνος ἀρνήσεται ἡμᾶς.

Apoc. 3,5: Ὁ νικῶν οὕτως περιβαλεῖται ἐν ἱματίοις λευκοῖς καὶ οὐ μὴ ἐξαλείψω τὸ ὄνομα αὐτοῦ ἐκ τῆς βίβλου τῆς ζωῆς καὶ ὁμολογήσω τὸ ὄνομα αὐτοῦ ἐνώπιον τοῦ πατρός μου καὶ ἐνώπιον τῶν ἀγγέλων αὐτοῦ.

Pap. Oxyrhynch. 654 nr. 4 (sec. Fitzmyer): Λέγει Ἰη(σοῦ)ς· γ[νῶθι τὸ ὂν ἔμπροσ]θεν τῆς ὄψεως σοῦ, καὶ [τὸ κεκαλυμμένον] ἀπό σου ἀποκαλυφ⟨θ⟩ήσετ[αί σοι· οὐ γάρ ἐσ]τιν κρυπτὸν ὃ οὐ φανε[ρὸν γενήσεται] καὶ θεθαμμένον ὃ ο[ὐκ ἐγερθήσεται.] *(cf. Evang. Thomae copt. Append. I, 5)*

2. Clem. ad Cor. 5,2-4: ²Λέγει γὰρ ὁ κύριος· »Ἔσεσθε ὡς ἀρνία ἐν μέσῳ λύκων«. ³ἀποκριθεὶς δὲ ὁ Πέτρος αὐτῷ λέγει· »Ἐὰν οὖν διασπαράξωσιν οἱ λύκοι τὰ ἀρνία;« ⁴εἶπεν ὁ Ἰησοῦς τῷ Πέτρῳ· »Μὴ φοβείσθωσαν τὰ ἀρνία τοὺς λύκους μετὰ τὸ ἀποθανεῖν αὐτά· καὶ ὑμεῖς μὴ φοβεῖσθε τοὺς ἀποκτέννοντας ὑμᾶς καὶ μηδὲν ὑμῖν δυναμένους ποιεῖν, ἀλλὰ φοβεῖσθε τὸν μετὰ τὸ ἀποθανεῖν ὑμᾶς ἔχοντα ἐξουσίαν ψυχῆς καὶ σώματος τοῦ βαλεῖν εἰς γέενναν πυρός«.

2. Clem. ad Cor. 3,2: Λέγει δὲ καὶ αὐτός· »Τὸν ὁμολογήσαντά με ἐνώπιον τῶν ἀνθρώπων, ὁμολογήσω αὐτὸν ἐνώπιον τοῦ πατρός μου«.

Herm. Pastor, Mand. XII, 6,3: Ἀκούσατε οὖν μου καὶ φοβήθητε τὸν πάντα δυνάμενον, σῶσαι καὶ ἀπολέσαι, καὶ τηρεῖτε τὰς ἐντολὰς ταύτας, καὶ ζήσεσθε τῷ θεῷ.

Justinus Mart., Apol. I, 19,6-7: ⁶... καὶ τὸν ἡμέτερον διδάσκαλον Ἰησοῦν Χριστὸν ἔγνωμεν εἰπόντα· »Τὰ ἀδύνατα παρὰ ἀνθρώποις δυνατὰ παρὰ θεῷ«. ⁷Καί· »Μὴ φοβεῖσθε τοὺς ἀναιροῦντας ὑμᾶς καὶ μετὰ ταῦτα μὴ δυναμένους τι ποιῆσαι«, εἶπε, »φοβήθητε δὲ τὸν μετὰ τὸ ἀποθανεῖν δυνάμενον καὶ ψυχὴν καὶ σῶμα εἰς γέενναν ἐμβαλεῖν«.

Matth.: 33 ⸀ο. δε B pc ¦ και ο. W | ⸉C 𝔎 al; Or | °𝔓19 ℌ 𝔎 D W Θ λ pm ¦ *txt* B al | ⸆(cf. Apc 3,5) και των αγγελων αυτου syc
Luk.: 9 ⸋*vs* 𝔓45 245 e sys bopt | ⸀εμπροσθεν A(*bis* D) Θ 0191 *al* | ⸋¹ Mcion

25sqq cf 1Jo 2,23; cf 39sqq. 48 ‖ 29sqq cf 1sqq ‖ 32sqq cf 19sq ‖ 38cf 17sq ‖ 39sqq cf 25sqq ‖ 45cf 5sqq ‖ 47cf 17sq ‖ 48cf 25sqq ‖ 49sqq cf 20sqq ‖ 51sqq cf 1sqq ‖ 53cf Lc 10,3 ‖ 54sq cf 8sqq ‖ 56cf 20sqq ‖ 57sq cf 12sq ‖ 59cf Lc 18,27 ‖ 60sq cf 8sqq

102. Von der Sendung Jesu

Non veni pacem mittere — *(cf. nr. 204)* — **Divisions within Households**

Matth. 10, 34-36	Mark.	Luk. 12, 51-53 (*nr. 204, p. 290*)	Joh.
34 ⸂Μὴ νομίσητε ὅτι⸃ ἦλθον βαλεῖν εἰρήνην ἐπὶ τὴν γῆν· οὐκ ἦλθον βαλεῖν εἰρήνην ἀλλὰ ⸀μάχαιραν. 35 ἦλθον γὰρ διχάσαι ⸀ἄνθρωπον κατὰ τοῦ πατρὸς αὐτοῦ καὶ θυγατέρα κατὰ τῆς μητρὸς αὐτῆς καὶ νύμφην κατὰ τῆς πενθερᾶς αὐτῆς, 36 καὶ ἐχθροὶ τοῦ ἀνθρώπου οἱ οἰκιακοὶ αὐτοῦ.		51 Δοκεῖτε ὅτι εἰρήνην παρεγενόμην ⸀δοῦναι ⸂ἐν τῇ γῇ⸃; οὐχί, λέγω ὑμῖν, ⸄ἀλλ' ἢ⸅ διαμερισμόν. 52 ἔσονται γὰρ ἀπὸ τοῦ νῦν πέντε ἐν ἑνὶ οἴκῳ ⸉διαμεμερισμένοι, τρεῖς⸊ ἐπὶ δυσὶν καὶ δύο ἐπὶ τρισίν, 53 ° διαμερισθήσονται ⸉πατὴρ ἐπὶ υἱῷ καὶ υἱὸς ἐπὶ πατρί⸊, μήτηρ ἐπὶ ⸂τὴν θυγα- τέρα⸃ καὶ θυγάτηρ ἐπὶ ⸄τὴν μητέρα⸅, πενθερὰ ἐπὶ τὴν νύμφην °¹αὐτῆς καὶ νύμφη ἐπὶ τὴν πενθεράνᵀ.	

Mart. Polycarpi 6, 2: Ἦν γὰρ ἀδύνατον λαθεῖν αὐτόν, ἐπεὶ καὶ οἱ προδιδόντες αὐτὸν οἰκεῖοι ὑπῆρχον.

Justinus Mart., Dial. 35, 3: ... καί· »Ἔσονται σχίσματα καὶ αἱρέσεις.« καί· »Προσέχετε ἀπὸ τῶν ψευδοπροφητῶν, οἵτινες ἐλεύσονται πρὸς ὑμᾶς, ἔξωθεν ἐνδεδυμένοι δέρματα προβάτων, ἔσωθεν δέ εἰσι λύκοι ἅρπαγες.« καί· »Ἀναστήσονται πολλοὶ ψευδόχριστοι καὶ ψευδοαπόστολοι, καὶ πολλοὺς τῶν πιστῶν πλανήσουσιν.«

Evang. Thomae copt.: *cf. Append. I, 16*

Matth.: 34 ⸂ουκ sy^c | ⸀διαμερισμον των διανοιων και μαχαιραν sy^c || 35 ⸀*p?)* υιον D it sy^s.c

Luk.: 51 ⸀ποιησαι D e sy^c ¦ *p)* βαλειν 1093.1424 it sy^s.p sa^pt bo; Mcion | ⸂επι της γης 𝔓45 *pc* ¦ — e | ⸄αλλα 𝔓45 D Θ *pc* lat || 52 ⸉𝔓45 D sy^s.c; Eus || 53 °sy^s | ⸉*5-7 4 1-3* 𝔓45 157 | ⸂† θ-τερα ℌ D W *al* ¦ θ-τρι ℜ A φ *al*; Mcion ¦ *txt* 𝔓45.75 L Θ **070** λ *pc*; Eus Cyr | ⸄μητ. ℵ **070** ¦ μητρι ℜ A φ *pm*; Mcion ¦ *txt* 𝔓45.75 ℌ D Θ λ *al* | °¹ 𝔓75* ℵ* *pc* l; Mcion Eus | ᵀαυτης ℵ^corr ℜ A W Θ **070** λ φ *pm* lat

---

1sqq cf 13 || *1sq* cf Mt 5,17; Jo 14,27; 16,33 || *2(Lc)* cf Mch 7,12 || *3sqq cf 9.10* || *5sqq* Mch 7,6; cf Mc 13,12 par *(= nr 289)* || *7* cf Gn 11,31 Rth 1,6 || *9 cf 3 sqq* || *10 cf 3 sqq*; cf Mt 7,15 || *11sq* Mt 24,11 || *13 cf 1 sqq*

103. Voraussetzungen der Nachfolge

Conditiones sequendi Jesum — *(cf. nr. 217)* — **Conditions of Discipleship**

Matth. 10, 37-39 (19, 29; 16, 24-25)	Mark. 10, 29-30; 8, 34-35	Luk. 14, 25-27; 17, 33 (18, 29-30; 9, 23-24)	Joh. 12, 25
37 Ὁ φιλῶν πατέρα ἢ μητέρα ὑπὲρ ἐμὲ οὐκ ἔστιν μου ἄξιος, □καὶ ὁ φιλῶν υἱὸν ἢ θυγατέρα ὑπὲρ ἐμὲ		14, 25-27 (*nr. 217, p. 303*) 25 Συνεπορεύοντο δὲ αὐτῷ ὄχλοι °πολλοί, καὶ στραφεὶς εἶπεν ⸂πρὸς αὐτούς⸃· 26 εἴ τις ἔρχεται πρός με καὶ οὐ μισεῖ τὸν πατέρα ⸀ἑαυτοῦ καὶ τὴν μητέρα καὶ τὴν γυναῖκα καὶ τὰ τέκνα καὶ τοὺς ἀδελφοὺς καὶ τὰς ἀδελφὰς ἔτι ⸀τε καὶ τὴν	

Matth.: 37 □B* D *al*

Luk.: 25 ° D Θ it sy^c | ⸂αυτοις D || 26 ⸀† αυτ- 𝔓45 ℵ ℜ A D W Θ λ φ *pm* ¦ — 579 e; Cl Or ¦ *txt* 𝔓75 B L R Ψ *pc* | ⸀δε 𝔓45 ℵ ℜ A D W Θ λ φ *pl* vg sa bo; Cl ¦ — 𝔓75 a e r¹ ¦ *txt* B L R Δ *pc* it

---

2sq cf Mt 16,23; Lc 7,9; 9,55; 10,23; 22,61; 23,27sq; Jo 1,38 || *4sqq* cf Dt 33,9sq; 1Cor 7,29; *cf 18 sqq. 41*

[Matth. 10,37-39]	Mark.	[Luk. 14,25-27]	[Joh. 12,25]
οὐκ ἔστιν μου ἄξιος·⸌ 38καὶ ὃς οὐ λαμβάνει τὸν σταυρὸν αὐτοῦ καὶ ἀκολουθεῖ ὀπίσω μου, οὐκ ἔστιν μου ⸀ἄξιος.		⸂ψυχὴν ἑαυτοῦ⸃, οὐ δύναται εἶναί μου μαθητής. 27□⸆ὅστις οὐ βαστάζει τὸν σταυρὸν ⸀ἑαυτοῦ καὶ ἔρχεται ὀπίσω μου, οὐ δύναται εἶναί μου μαθητής.⸌	
39□ὁ εὑρὼν τὴν ψυχὴν αὐτοῦ ἀπολέσει αὐτήν, καὶ⸌ ὁ ἀπολέσας τὴν ψυχὴν αὐτοῦ ἕνεκεν ἐμοῦ εὑρήσει αὐτήν.		17,33 *(nr. 235, p. 316)* 33Ὃς ⸂ἐὰν ζητήσῃ τὴν ψυχὴν αὐτοῦ περιποιήσασθαι⸃ ἀπολέσει αὐτήν, ⸄ὃς δ'⸅ ἂν ⸀ἀπολέσῃ ζῳογονήσει αὐτήν.	12,25 *(nr. 302, p. 419)* 25Ὁ φιλῶν τὴν ψυχὴν αὐτοῦ ⸀ἀπολλύει αὐτήν, καὶ ὁ μισῶν τὴν ψυχὴν αὐτοῦ ἐν τῷ κόσμῳ τούτῳ ⸂εἰς ζωὴν αἰώνιον φυλάξει αὐτήν⸃.
19,29 *(nr. 255, p. 341)* 29Καὶ πᾶς ὅστις ἀφῆκεν οἰκίας ἢ ἀδελφοὺς ἢ ἀδελφὰς ἢ πατέρα ἢ μητέρα ἢ τέκνα ἢ ἀγροὺς ἕνεκεν τοῦ ὀνόματός μου, ἑκατονταπλασίονα λήμψεται καὶ ζωὴν αἰώνιον κληρονομήσει.	10,29-30 *(nr. 255, p. 341)* 29Ἔφη ὁ Ἰησοῦς· ἀμὴν λέγω ὑμῖν, οὐδείς ἐστιν ὃς ἀφῆκεν οἰκίαν ἢ ἀδελφοὺς ἢ ἀδελφὰς ἢ μητέρα ἢ πατέρα ἢ τέκνα ἢ ἀγροὺς ἕνεκεν ἐμοῦ καὶ ἕνεκεν τοῦ εὐαγγελίου, 30ἐὰν μὴ λάβῃ ἑκατονταπλασίονα νῦν ἐν τῷ καιρῷ τούτῳ οἰκίας καὶ ἀδελφοὺς καὶ ἀδελφὰς καὶ μητέρας καὶ τέκνα καὶ ἀγροὺς μετὰ διωγμῶν, καὶ ἐν τῷ αἰῶνι τῷ ἐρχομένῳ ζωὴν αἰώνιον.	18,29-30 *(nr. 255, p. 341)* 29Ὁ δὲ εἶπεν αὐτοῖς· ἀμὴν λέγω ὑμῖν ὅτι οὐδείς ἐστιν ὃς ἀφῆκεν οἰκίαν ἢ γυναῖκα ἢ ἀδελφοὺς ἢ γονεῖς ἢ τέκνα ἕνεκεν τῆς βασιλείας τοῦ θεοῦ, 30ὃς οὐχὶ μὴ [ἀπο]λάβῃ πολλαπλασίονα ἐν τῷ καιρῷ τούτῳ καὶ ἐν τῷ αἰῶνι τῷ ἐρχομένῳ ζωὴν αἰώνιον.	
16,24-25 *(nr. 160, p. 234)* 24Τότε ὁ Ἰησοῦς εἶπεν τοῖς μαθηταῖς αὐτοῦ· εἴ τις θέλει ὀπίσω μου ἐλθεῖν, ἀπαρνησάσθω ἑαυτὸν καὶ ἀράτω τὸν σταυρὸν αὐτοῦ καὶ ἀκολουθείτω μοι. 25ὃς γὰρ ἐὰν θέλῃ τὴν ψυχὴν αὐτοῦ σῶσαι ἀπολέσει αὐτήν· ὃς δ' ἂν ἀπολέσῃ τὴν ψυχὴν αὐτοῦ ἕνεκεν ἐμοῦ εὑρήσει αὐτήν.	8,34-35 *(nr. 160, p. 234)* 34Καὶ προσκαλεσάμενος τὸν ὄχλον σὺν τοῖς μαθηταῖς αὐτοῦ εἶπεν αὐτοῖς· εἴ τις θέλει ὀπίσω μου ἀκολουθεῖν, ἀπαρνησάσθω ἑαυτὸν καὶ ἀράτω τὸν σταυρὸν αὐτοῦ καὶ ἀκολουθείτω μοι. 35ὃς γὰρ ἐὰν θέλῃ τὴν ψυχὴν αὐτοῦ σῶσαι ἀπολέσει αὐτήν· ὃς δ' ἂν ἀπολέσει τὴν ψυχὴν αὐτοῦ ἕνεκεν ἐμοῦ καὶ τοῦ εὐαγγελίου σώσει αὐτήν.	9,23-24 *(nr. 160, p. 234)* 23Ἔλεγεν δὲ πρὸς πάντας· εἴ τις θέλει ὀπίσω μου ἔρχεσθαι, ἀρνησάσθω ἑαυτὸν καὶ ἀράτω τὸν σταυρὸν αὐτοῦ καθ' ἡμέραν καὶ ἀκολουθείτω μοι. 24ὃς γὰρ ἂν θέλῃ τὴν ψυχὴν αὐτοῦ σῶσαι ἀπολέσει αὐτήν· ὃς δ' ἂν ἀπολέσῃ τὴν ψυχὴν αὐτοῦ ἕνεκεν ἐμοῦ οὗτος σώσει αὐτήν.	

Herm. Pastor, Sim. IX, 26, 3: Οἱ δὲ ἐψωριακότες, οὗτοι οἱ ἀρνησάμενοί εἰσι καὶ μὴ ἐπιστρέψαντες ἐπὶ τὸν κύριον ἑαυτῶν, ἀλλὰ χερσωθέντες καὶ γενόμενοι ἐρημώδεις, μὴ κολλώμενοι τοῖς δούλοις τοῦ θεοῦ, ἀλλὰ μονάζοντες »ἀπολλύουσι τὰς ἑαυτῶν ψυχάς«.
Evang. Thomae copt.: *cf. Append. I, 55. 101*

Matth.: 38 ⸀αδελφος Cl ¦ *p)* μαθητης c k; Cyp || 39 □ ℵ*

Luk. 14: 26 ⸂𝔓45 ℜ A D W Θ λ φ *pl* ¦ *txt* 𝔓75 B ℵ *pc* || 27 □*vs* 69. 544 *al* sy^{s} bo^{pt} | ⸆και ℵ^{corr} ℜ A (D) W Θ λ φ *pm* | ⸀αυτου 𝔓45.75 ℵ ℜ D Θ λ φ *pm*

Luk. 17: 33 ⸂(Lc 9, 24) εαν ζ. τ. ψ. α. σωσαι ℵ ℜ A W Θ **063** λ φ *pl* lat ¦ αν θελησῃ ζωογονησαι τ. ψ. α. D ¦ *txt* 𝔓75 B *pc* it | ⸄† και ος ℜ A (D Θ) W **063** λ *pm* ¦ *txt* 𝔓75 ℌ 69 *al* | ⸀† -σει ℵ A R **063** *al* ¦ *txt* ℌ ℜ D W Θ λ φ *pm*

Joh.: 25 ⸀απολεσει ℜ A D Θ λ φ *pl* lat ¦ *txt* 𝔓66.75 B ℵ W *pc* ff^{2} | ⸂*4 5 1-3* W

9sqq *cf* Ps 22,17; Gl 6,14; 1Pt 2,21; *cf 29sqq* || 10(Lc) *cf* Jo 19,17 || 13sqq *cf 34sqq. 39sq* || 17ζῳογονεῖν: *hic et* Act 7,19; 1Tm 6,13 || 18sqq *cf 4sqq. 41* || 29sqq *cf 9sqq* || 34sqq *cf 13sqq* || 39sq *cf 13sqq* || 41 *cf 4sqq. 18sqq*

104. Verheißung der Nachfolge

Merces discipulos recipientium | **Rewards of Discipleship**

Matth. 10,40-42
18,5

[40]Ὁ δεχόμενος ὑμᾶς ἐμὲ δέχεται, ⸂καὶ ὁ⸃ ἐμὲ δεχόμενος δέχεται τὸν ἀποστείλαντά με. [41]ὁ δεχόμενος προφήτην εἰς ὄνομα προφήτου μισθὸν προφήτου λήμψεται, καὶ ὁ δεχόμενος δίκαιον εἰς ὄνομα δικαίου μισθὸν δικαίου λήμψεται. [42]καὶ ὃς ἂν ποτίσῃ ἕνα τῶν ⸀μικρῶν τούτων ποτήριον ⸁ψυχροῦ °μόνον εἰς ὄνομα μαθητοῦ, ἀμὴν λέγω ὑμῖν, οὐ μὴ ⸂ἀπολέσῃ τὸν μισθὸν⸃ αὐτοῦ.

18,5 (nr. 166, p. 245)
[5]Καὶ ὃς ἐὰν δέξηται ἓν παιδίον τοιοῦτο ἐπὶ τῷ ὀνόματί μου, ἐμὲ δέχεται.

Mark. 9,41
9,37

9,41 (nr. 167, p. 248)
[41]Ὃς γὰρ ἂν ποτίσῃ ὑμᾶς ποτήριον ὕδατος ἐν ⸀ὀνόματι ⸋ὅτι ⸁Χριστοῦ ἐστε,⸌ ἀμὴν λέγω ὑμῖν °ὅτι οὐ μὴ ἀπολέσῃ τὸν μισθὸν αὐτοῦ.

9,37 (nr. 166, p. 245)
[37]Ὃς ἂν ἓν τῶν τοιούτων παιδίων δέξηται ἐπὶ τῷ ὀνόματί μου, ἐμὲ δέχεται· καὶ ὃς ἂν ἐμὲ δέχηται, οὐκ ἐμὲ δέχεται ἀλλὰ τὸν ἀποστείλαντά με.

Luk. 10,16
9,48a

10,16 (nr. 179, p. 260)
[16]Ὁ ἀκούων ὑμῶν ἐμοῦ ἀκούει, καὶ ὁ ⸉ἀθετῶν ὑμᾶς⸊ ἐμὲ ἀθετεῖ⸆· ὁ δὲ ⸂ἐμὲ ἀθετῶν ἀθετεῖ τὸν ἀποστείλαντά με⸃.

9,48a (nr. 166, p. 245)
[48]Καὶ εἶπεν αὐτοῖς· ὃς ἐὰν δέξηται τοῦτο τὸ παιδίον ἐπὶ τῷ ὀνόματί μου, ἐμὲ δέχεται· καὶ ὃς ἂν ἐμὲ δέξηται, δέχεται τὸν ἀποστείλαντά με.

Joh. 13,20
12,44-45; 5,23

13,20 (nr. 309, p. 431)
[20]Ἀμὴν ἀμὴν λέγω ὑμῖν, ὁ λαμβάνων ⸀ἄν τινα πέμψω ἐμὲ λαμβάνει, ὁ δὲ ἐμὲ λαμβάνων λαμβάνει⸆ τὸν ⸁πέμψαντά με.

12,44-45 (nr. 304, p. 423)
[44]Ἰησοῦς δὲ ἔκραξεν καὶ εἶπεν· ὁ πιστεύων εἰς ἐμὲ οὐ πιστεύει εἰς ἐμὲ ἀλλὰ εἰς τὸν πέμψαντά με, [45]καὶ ὁ θεωρῶν ἐμὲ θεωρεῖ τὸν πέμψαντά με.

5,23 (nr. 141, p. 197)
...[23]ἵνα πάντες τιμῶσι τὸν υἱὸν καθὼς τιμῶσι τὸν πατέρα. ὁ μὴ τιμῶν τὸν υἱὸν οὐ τιμᾷ τὸν πατέρα τὸν πέμψαντα αὐτόν.

Ignatius ad Eph. 6,1: ... Πάντα γάρ, ὃν πέμπει ὁ οἰκοδεσπότης εἰς ἰδίαν οἰκονομίαν, οὕτως δεῖ ἡμᾶς αὐτὸν δέχεσθαι, ὡς αὐτὸν τὸν πέμψαντα.

Didache 11,4: Πᾶς δὲ ἀπόστολος ἐρχόμενος πρὸς ὑμᾶς δεχθήτω ὡς κύριος.

Justinus Mart., Apol. I,16,9-10: [9]Εἶπε γὰρ οὕτως· »Οὐχὶ πᾶς ὁ λέγων μοι Κύριε κύριε εἰσελεύσεται εἰς τὴν βασιλείαν τῶν οὐρανῶν, ἀλλ' ὁ ποιῶν τὸ θέλημα τοῦ πατρός μου τοῦ ἐν τοῖς οὐρανοῖς. [10]Ὃς γὰρ ἀκούει μου καὶ ποιεῖ ἃ λέγω ἀκούει τοῦ ἀποστείλαντός με.«

–, Apol. I,63,5: ... ὁ κύριος ἡμῶν εἶπεν· »Ὁ ἐμοῦ ἀκούων ἀκούει τοῦ ἀποστείλαντός με.«

Matth.: **40** ⸂ο δε ℵ* ‖ **42** ⸀ελαχιστων D (⸉157) latt | ⸁-ροῦν M 33 *pc* ¦ υδατος -ρου D lat sy^s sa bo; (⸉Cl) Or | °D E* *pc* sy^s.c | ⸂αποληται ο μισθος D it sy^s.c bo

Mark.: **41** ⸀ον. μου ℵ* C³ 𝔎 W *al* latt ¦ τω ο. μ. D Θ φ *al* ¦ *txt* B ℵ^corr A C* 1 *al* | [⸋ P. Schmiedel *cj*] | ⸁Χριστος W ¦ εμον ℵ* | °𝔎 A N Γ Π Φ λ φ *pm* lat

Luk.: **16** ⸉𝔓45 lat | ⸆και τον αποστειλαντα με a b e (r¹) | ⸂εμου ακουων ακουει του -λαντος με D it; Ju ¦ *txt* + και ο εμου etc. (*ut* D) Θ φ sy^s.c ¦ *txt* 𝔓45.75 𝔇 𝔎 A W (0115) λ *pm* vg sy^p sa bo

Joh.: **20** ⸀εαν 𝔓66c 𝔎 D Γ Δ Θ λ φ *pm* | ⸆και 𝔓66* | ⸁*p)* αποστειλαντα X 1.118.892 *pc*

[2sqq] cf 2Cor 2,10; Gl 4,14; 3Jo 8; *cf 7sqq (Jo). 17sqq. 22.23.25.26* ‖ [4sqq] cf Mt 23,29; Gn 30,30; 1Rg 17,9-24; 18,4; 2Rg 4,8-37 ‖ [7sqq (Jo)] *cf 2sqq* ‖ [9sqq] cf Is 58,7sq; Mt 25,35-40; Jc 1,27; 2,15sq ‖ [10 (Mt)] ψυχρός: hic et Apc 3,15sq ‖ [11 (Mc)] Rm 8,9; 1Cor 1,12; 3,23; 2Cor 10,7 etc ‖ [13sqq] cf Jo 12,48; 15,23; 1Th 4,8; 1Jo 2,23 ‖ [17sqq] *cf 2sqq* ‖ [22] *cf 2sqq* ‖ [23] *cf 2sqq* ‖ [24sq] cf Mt 7,21 ‖ [25] *cf 2sqq* ‖ [26] *cf 2sqq*

105. Fortsetzung der Wanderung

Iter persequitur — **Continuation of Journey**

Matth. 11,1	Mark.	Luk.	Joh.
1 Καὶ ἐγένετο ὅτε ἐτέλεσεν ὁ Ἰησοῦς ⸆ διατάσσων τοῖς δώδεκα μαθηταῖς αὐτοῦ, μετέβη ἐκεῖθεν τοῦ διδάσκειν καὶ κηρύσσειν ἐν ταῖς πόλεσιν αὐτῶν.			

Matth.: 1 ⸆ τους λογους τουτους b ff[1c] (+ παντας aur)

[1] cf Mt 9,37-10,42 | cf Mt 7,28; 13,53; 19,1; 26,1

106. Anfrage des Täufers und Antwort Jesu

Legatio Baptistae — **John the Baptist's Question and Jesus' Answer**

Matth. 11,2-6

2 Ὁ δὲ Ἰωάννης ἀκούσας ἐν τῷ δεσμωτηρίῳ τὰ ἔργα τοῦ ⸀Χριστοῦ πέμψας ⸀διὰ τῶν μαθητῶν αὐτοῦ 3 εἶπεν αὐτῷ· σὺ εἶ ὁ ἐρχόμενος ἢ ἕτερον προσδοκῶμεν; 4 καὶ ἀποκριθεὶς ὁ Ἰησοῦς εἶπεν αὐτοῖς· πορευθέντες ἀπαγγείλατε Ἰωάννῃ ἃ ἀκούετε καὶ βλέπετε· 5 τυφλοὶ ἀναβλέπουσιν ⸂καὶ χωλοὶ περιπατοῦσιν⸃, λεπροὶ καθαρίζονται καὶ κωφοὶ ἀκούουσιν, ⸉καὶ νεκροὶ ἐγείρονται καὶ πτωχοὶ εὐαγγελίζονται⸊· 6 καὶ μακάριός ἐστιν ὃς ἐὰν μὴ σκανδαλισθῇ ἐν ἐμοί.

Mark.

Luk. 7,18-23

(nr. 86 7,11-17 p. 116)

18 ⸂Καὶ ἀπήγγειλαν Ἰωάννῃ οἱ μαθηταὶ αὐτοῦ περὶ πάντων τούτων.⸃ καὶ προσκαλεσάμενος δύο τινὰς τῶν μαθητῶν αὐτοῦ ⸋ὁ Ἰωάννης⸌ 19 ⸂ἔπεμψεν πρὸς τὸν ⸀κύριον λέγων⸃· σὺ εἶ ὁ ἐρχόμενος ἢ ⸀ἄλλον προσδοκῶμεν; 20 παραγενόμενοι δὲ πρὸς αὐτὸν ⸉οἱ ἄνδρες εἶπαν· Ἰωάννης ὁ βαπτιστὴς ⸀ἀπέστειλεν ἡμᾶς ⸋πρὸς σὲ⸌ λέγων· σὺ εἶ ὁ ἐρχόμενος ἢ ⸀ἄλλον προσδοκῶμεν; 21 ἐν ⸀ἐκείνῃ τῇ ὥρᾳ ⸀ἐθεράπευσεν πολλοὺς ἀπὸ νόσων καὶ μαστίγων καὶ πνευμάτων ⸀¹πονηρῶν καὶ ⸂τυφλοῖς πολλοῖς ἐχαρίσατο⸃ βλέπειν. 22 καὶ ἀποκριθεὶς εἶπεν αὐτοῖς· πορευθέντες ⸂ἀπαγγείλατε Ἰωάννῃ ἃ εἴδετε καὶ ἠκούσατε⸃· ⸆ τυφλοὶ ἀναβλέπουσιν, ⸆ χωλοὶ περιπατοῦσιν, λεπροὶ καθαρίζονται °καὶ κωφοὶ ἀκούουσιν, ⸉νεκροὶ ἐγείρονται, πτωχοὶ εὐαγγελίζονται⸊· 23 καὶ μακάριός ἐστιν ὃς ἐὰν μὴ σκανδαλισθῇ ἐν ἐμοί.

Joh.

Justinus Mart., Dial. 12,2: »Πτωχοὶ εὐαγγελίζονται, τυφλοὶ βλέπουσι καὶ οὐ συνίετε.«

Matth.: 2 ⸀Ιησου D *al* sy[c] ¦ κυριου ημων sy[s] | ⸀*p)* δυο ℜ λ φ *pl* lat bo; Or ¦ *txt* ℌ D W Θ *pc* q (it sy[s.c]) sy[p] sa || 5 ⸂*2 3* Z[vid] 28 *pc* lat; Or Cyr ¦ – D *pc*; Cl | ⸉*4-6 1-3* Θ φ sy[c] ¦ *1-3* k sy[s] ¦ ανιστανται νεκροι Cl

Luk.: 18 ⸂εν οις και μεχρι Ιωαννου του βαπτιστου ος D(e) | ⸋ D(e) bo[pt] || 19 ⸂λεγει· πορευθεντες ειπατε αυτω D(e) | ⸀Ιησουν ℵ ℜ A W Θ λ *pm* it sy[s.p] bo[pt] ¦ *txt* B φ *al* a ff[2] vg sa bo[pt] | ⸀*p)* ετερον ℌ W *al* ¦ *txt* ℜ A D Θ λ φ *pm* || 20 ⸉οι αν. *a.* προς D *pc* a r[1] ¦ – ℵ* sy[s.p] | ⸀-εσταλκεν ℜ A D λ φ *pm* | ⸋ K 28 a | ⸀ετερον ℌ D W λ *al*; Cyr ¦ *txt* 𝔓[75] B ℜ A Θ φ *pm* || 21 ⸀αυτη δε ℜ A D Θ 0265 *pm* lat | ⸀-ευεν D it | ⸀¹ακαθαρτων ℵ* aur b l | ⸂τυφλους εποιει D (c) e || 22 ⸂ειπατε Ιωαννη α ειδον υμων οι οφθαλμοι και α ηκουσαν υμων τα ωτα D (e) | ⸆οτι ℜ A D *al* lat ¦ *txt p)* 𝔓[75] ℌ W Θ φ *pm* | ⸆*p)* και 𝔓[75]* W Θ Ψ 69 *al* | ° ℜ A Θ λ *pm* lat | ⸉*3 4 1 2* 700 sy[s] ¦ *3 4* X 1547

[1(Mt)] cf Mt 4,12; 14,3 par *(= nr 144)*; Mc 1,14; Lc 3,19 sq || [1(Lc)] cf Jo 3,26 || [2(Lc)] cf Lc 10,1; 19,29; Mt 18,16; Jo 8,17 || [4] cf Mt 3,11 par *(= nr 16)*; Act 13,24 sq; 19,4 | ἐρχόμενος cf Ps 118,26; Hab 2,3; Ml 3,1; Dn 7,13; Mt 21,9 par *(= nr 269)*; 23,39; Lc 13,35; Jo 1,15; 3,31; 6,14; 11,27; Heb 10,37; Apc 1,4; *cf 6 sq* || [6sq] *cf 4* || [7sqq] *cf ad* Mc 3,10 sq || [11sqq] Is 29,18 sq; 35,5 sq; 42,18; 26,19; cf Is 61,1; Jub 23,26 sqq; Hen 25,5 sqq; 4 Esr 8,52 sqq; Apc Bar 73,2 sqq; Mt 15,31; *cf 16* | cf Mt 8,1-9,34 et par || [14sq] cf Mt 13,57; 26,31 par *(= nr 315)*; Jo 6,61 || [16] *cf 11 sqq*

107. Jesu Zeugnis über den Täufer

Jesu de Baptista testimonium

Jesus' Witness concerning John

Matth. 11,7-19

21,31 b-32; 17,12

7 ⸂Τούτων δὲ πορευομένων⸃
ἤρξατο ὁ Ἰησοῦς λέγειν τοῖς ὄχλοις
περὶ Ἰωάννου· τί ἐξήλθατε εἰς τὴν ἔρη-
μον⁚ θεάσασθαι⁚¹; κάλαμον ὑπὸ ἀνέμου
σαλευόμενον; 8 ἀλλὰ τί ἐξήλθατε ⸉ἰδεῖν;
ἄνθρωπον⸊ ἐν μαλακοῖς ⸆ ἠμφιε-
σμένον; ἰδοὺ οἱ τὰ μαλακὰ φοροῦντες
ἐν τοῖς οἴκοις τῶν ⸀βασιλέων °εἰ-
σίν. 9 ἀλλὰ τί ἐξήλθατε ⸉ἰδεῖν; προφήτην⸊;
ναὶ λέγω ὑμῖν, καὶ περισσότερον προφή-
του. 10 οὗτός ⸆ ἐστιν περὶ οὗ γέγραπται·
ἰδοὺ ἐγὼ ἀποστέλλω τὸν ἄγγελόν
μου πρὸ προσώπου σου,
ὃς κατασκευάσει τὴν ὁδόν σου
ἔμπροσθέν σου.
11 ἀμὴν λέγω ὑμῖν· οὐκ ἐγήγερται ἐν γεν-
νητοῖς γυναικῶν μείζων Ἰωάννου τοῦ βα-
πτιστοῦ· ὁ δὲ μικρότερος ἐν τῇ βασιλείᾳ
τῶν οὐρανῶν μείζων αὐτοῦ ἐστιν.
12 ἀπὸ °δὲ τῶν
ἡμερῶν Ἰωάννου τοῦ βαπτιστοῦ ἕως ἄρτι ἡ βασιλεία
τῶν οὐρανῶν βιάζεται καὶ ⸆ βιασταὶ ἁρπάζουσιν αὐτήν.
13 πάντες γὰρ οἱ προφῆται ⸋καὶ ὁ νόμος⸌ ἕως Ἰωάννου ἐ-
προφήτευσαν· 14 καὶ εἰ θέλετε δέξασθαι, αὐτός ἐστιν Ἠλίας
ὁ μέλλων ἔρχεσθαι. 15 ὁ ἔχων ὦτα ⸆ ἀκουέτω.

Mark. 1,2; 9,13

1,2 (nr. 13, p. 20)

2 Καθὼς γέγραπται ἐν τῷ Ἠσαΐᾳ τῷ προφήτῃ·
ἰδοὺ ἀποστέλλω τὸν ἄγγελόν
μου πρὸ προσώπου σου,
ὃς κατασκευάσει τὴν ὁδόν σου·

Luk. 7,24-35

16,16

24 Ἀπελθόντων δὲ τῶν ἀγγέλων Ἰωάννου
ἤρξατο λέγειν ⸂πρὸς τοὺς ὄχλους⸃
περὶ Ἰωάννου· τί ⸀ἐξήλθατε ⸋εἰς τὴν ἔρη-
μον⸌ θεάσασθαι; κάλαμον ὑπὸ ἀνέμου
σαλευόμενον; 25 ἀλλὰ τί ⸀ἐξήλθατε ἰδεῖν;
ἄνθρωπον ἐν μαλακοῖς ἱματίοις ἠμφιε-
σμένον; ἰδοὺ οἱ ἐν ἱματισμῷ ἐνδόξῳ καὶ
τρυφῇ ⸀ὑπάρχοντες ἐν τοῖς βασιλείοις εἰ-
σίν. 26 ἀλλὰ τί ⸀ἐξήλθατε ἰδεῖν; προφήτην;
ναὶ ⸋λέγω ὑμῖν⸌, καὶ περισσότερον προφή-
του⸆. 27 οὗτός ⸆ ἐστιν περὶ οὗ γέγραπται·
ἰδοὺ ⸆ ἀποστέλλω τὸν ἄγγελόν
μου πρὸ προσώπου σου,
ὃς κατασκευάσει τὴν ὁδόν σου
⸋ἔμπροσθέν σου⸌.
28 ⸀λέγω ὑμῖν, ⸂μείζων ἐν γεννητοῖς
γυναικῶν ⸆ Ἰωάννου ⸆ οὐδείς ἐστιν⸃·
⸄ὁ δὲ μικρότερος⸅ ἐν τῇ βασιλείᾳ
τοῦ θεοῦ μείζων αὐτοῦ ἐστιν.

16,16 (nr. 226, p. 309)

16 ⸀Ὁ νόμος καὶ οἱ προφῆται ⸀μέχρι Ἰωάννου⸆· ⸂ἀπὸ τότε⸃
ἡ βασιλεία
τοῦ θεοῦ εὐαγγελίζεται ⸋καὶ πᾶς εἰς αὐτὴν βιάζεται⸌⸆.

cf. 16,16a

Joh.

Matth.: 7 ⸂μετα ταυτα sy^s | [⁚; et ⁚¹—; comm] || 8 ⸉; ανθρ. ιδειν ℵ* | ⸆ p) ιματιοις CℜWΘλφ pl it sy sa bo ¦ txt BℵD vg | ⸀βασιλειων ℜ al | °† Bℵ* ¦ txt ℵ^corr CℜDWΘ pl || 9 ⸉†; πρ. ιδ.; B^corr ℵ* WZ pc ¦ txt B*^vid ℵ^corr CℜDΘ pl (latt) sy sa bo; Or^pt Cyr || 10 ⸆γαρ CℜWΘ pl lat sy^p sa bo^pt ¦ txt BℵD pc b g¹ sy^s.c || 12 °D* a sy^s (γαρ sa^pt) bo^pt; Ambst | ⸆οι D || 13 ⸋ sy^s bo^pt || 15 ⸆ακουειν ℵCℜWΘλφ pl lat sy^c.p sa bo; Cl ¦ txt BD pc k sy^s

Luk. 7: 24.25 ⸀bis εξεληλυθατε ℜΘ al || 24 ⸂πρ. του οχλου 𝔓⁷⁵ ¦ τοις οχλοις ℵ*ℜ(⸉D) pm | ⸋ sy^s || 25 ⸀διαγοντες D al; Cl || 26 ⸀εξεληλυθατε ℜAWΘ pm | ⸋Mcion | ⸆(vs 28) οτι ουδεις μειζων εν γενν. γυν. προφητης Ιωαννου του βαπτιστου D (vid. vs 28 ⸂) (a) || 27 ⸆γαρ ΘΨλφ pm | ⸆ p) εγω ℜAΘφ pl | ⸋D pc it; (Mcion?) || 28 ⸀p) αμην λ. ℵ al ¦ λ. δε DWφ it ¦ λ. γαρ ℜAΘλ al lat ¦ txt 𝔓^75vid B al sy | ⸂μειζων παντων των γεννητων γυν. προφητης Ιω-ς εστιν Mcion ¦ — D (vide 26) | ⸆προφητης ℜAΘφ al lat sy^s.p; Cl | ⸆του βαπτιστου ℜAΘφ al sy^p sa^pt bo^pt | ⸄οτι ο μ. αυτου D

Luk. 16: 16 ⸀εως ℜADWΘ al; Mcion Hipp Epiph ¦ txt 𝔓⁷⁵ BℵLRX(λ)φ pc | ⸆προεφητευσαν Θ pc ¦ επροφ. D | ⸂εξ (αφ) ου Mcion | ⸋ℵ* G pc | ⸆εισελθειν sy^p ¦ p) και βιασται αρπαζουσιν αυτην ℵ^corr

3sqq cf 60 || 3sq cf Mt 3,1.5 par (= nr 13) || 4sq cf 1 Rg 14,15; Is 42,3 || 6sq cf Mt 3,4 par (= nr 13) || 9 cf Mt 21,26 par (= nr 276); Lc 1,76; Jo 1,25; Mt 13,17 || 10sq cf 18sq || 12sqq Ex 23,20; Ml 3,1; cf Jo 3,28 || 16sqq cf 61 || 16sq cf Job 11,12; 14,1 sq; 15,14; 25,4; Gl 4,4 || 18sq cf Mt 18,1 par (= nr 166); cf 10sq || 20 cf 57sq || 21sqq cf 58sq || 22 cf 53 || 23sq cf 1 Pt 1,10 || 24sq cf Dt 18,15; Ml 3,23(4,5); Sir 48,10sq; Mt 17,10 sqq par (= nr 162); Lc 1,17; Jo 1,21; cf 48sqq || 25 cf Ez 3,27; Mt 13,9 par (= nr 122); 13,43; 25,29 app; Mc 4,23; 7,16 app; Lc 12,21 app; 13,9 app; 14,35; 21,4 app; Apc 2,7.11.17 etc; cf etiam Evang. Thomae copt. Append. I, 8.21.24.63.65.96

[Matth. 11,7-19]

21,31 b-32 (nr. 277, p. 376)

[31]... λέγει αὐτοῖς ὁ Ἰησοῦς· ἀμὴν λέγω ὑμῖν ὅτι οἱ τελῶναι καὶ αἱ πόρναι προάγουσιν ὑμᾶς εἰς τὴν βασιλείαν τοῦ θεοῦ. [32]ἦλθεν γὰρ Ἰωάννης πρὸς ὑμᾶς ἐν ὁδῷ δικαιοσύνης, καὶ οὐκ ἐπιστεύσατε αὐτῷ, οἱ δὲ τελῶναι καὶ αἱ πόρναι ἐπίστευσαν αὐτῷ· ὑμεῖς δὲ ἰδόντες οὐδὲ μετεμελήθητε ὕστερον τοῦ πιστεῦσαι αὐτῷ.

[16]Τίνι δὲ ὁμοιώσω τὴν γενεὰν ταύτην; ὁμοία ἐστὶν παιδίοις καθημένοις ἐν ταῖς ἀγοραῖς ἃ προσφωνοῦντα τοῖς ⸀ἑτέροις ⸆ [17]λέγουσιν·

ηὐλήσαμεν ὑμῖν καὶ οὐκ ὠρχήσασθε,
ἐθρηνήσαμεν ⸆ καὶ οὐκ ἐκόψασθε.

[18]ἦλθεν γὰρ ⸆Ἰωάννης μήτε ἐσθίων μήτε πίνων, καὶ λέγουσιν· δαιμόνιον ἔχει. [19]ἦλθεν ὁ υἱὸς τοῦ ἀνθρώπου ἐσθίων καὶ πίνων, καὶ λέγουσιν· ἰδοὺ ἄνθρωπος φάγος καὶ οἰνοπότης, τελωνῶν φίλος καὶ ἁμαρτωλῶν. καὶ ἐδικαιώθη ἡ σοφία ἀπὸ ⸆ τῶν ⸀ἔργων αὐτῆς.

17,12 (nr. 162, p. 239)

[12]Λέγω δὲ ὑμῖν ὅτι Ἠλίας ἤδη ἦλθεν, καὶ οὐκ ἐπέγνωσαν αὐτόν, ἀλλὰ ἐποίησαν ἐν αὐτῷ ὅσα ἠθέλησαν· οὕτως καὶ ὁ υἱὸς τοῦ ἀνθρώπου μέλλει πάσχειν ὑπ' αὐτῶν.

[Mark. 9,13]

9,13 (nr. 162, p. 239)

[13]Ἀλλὰ λέγω ὑμῖν ὅτι καὶ Ἠλίας ἐλήλυθεν, καὶ ἐποίησαν αὐτῷ ὅσα ἤθελον, καθὼς γέγραπται ἐπ' αὐτόν.

[Luk. 7,24-35]

[29]⁚Καὶ πᾶς ὁ λαὸς ἀκούσας καὶ οἱ τελῶναι ἐδικαίωσαν τὸν θεὸν βαπτισθέντες τὸ βάπτισμα Ἰωάννου· [30]οἱ δὲ Φαρισαῖοι καὶ οἱ νομικοὶ τὴν βουλὴν τοῦ θεοῦ ἠθέτησαν ⸋εἰς ἑαυτοὺς⸌ μὴ βαπτισθέντες ὑπ' αὐτοῦ⸆⁚1.

[31]⸆Τίνι ⸀οὖν ὁμοιώσω τοὺς ἀνθρώπους τῆς γενεᾶς ταύτης καὶ τίνι εἰσὶν ὅμοιοι; [32]ὅμοιοί εἰσιν παιδίοις τοῖς ἐν ἀγορᾷ καθημένοις καὶ προσφωνοῦσιν ἀλλήλοις ⸂ἃ λέγει⸃·

ηὐλήσαμεν ὑμῖν καὶ οὐκ ὠρχήσασθε,
ἐθρηνήσαμεν ⸆ καὶ οὐκ ἐκλαύσατε.

[33]ἐλήλυθεν γὰρ Ἰωάννης ὁ βαπτιστὴς ⸀μὴ ⸂ἐσθίων ἄρτον ⸁μήτε πίνων οἶνον⸃, καὶ λέγετε· δαιμόνιον ἔχει. [34]ἐλήλυθεν ὁ υἱὸς τοῦ ἀνθρώπου ἐσθίων καὶ πίνων, καὶ λέγετε· ἰδοὺ ἄνθρωπος φάγος καὶ οἰνοπότης, φίλος τελωνῶν καὶ ἁμαρτωλῶν. [35]καὶ ἐδικαιώθη ἡ σοφία ἀπὸ ⸂πάντων τῶν τέκνων αὐτῆς⸃.

(nr. 114 7,36-50 p. 160)

Joh.

Cod. N.T. 1424 (ad Matth. 11,12): Τὸ Ἰουδαϊκὸν »διαρπάζεται« ἔχει.

Ignatius ad Trall. 9,1: Κωφώθητε οὖν, ὅταν ὑμῖν χωρὶς Ἰησοῦ Χριστοῦ λαλῇ τις, τοῦ ἐκ γένους Δαυίδ, τοῦ ἐκ Μαρίας, ὃς ἀληθῶς ἐγεννήθη, ἔφαγέν τε καὶ ἔπιεν, ἀληθῶς ἐδιώχθη ἐπὶ Ποντίου Πιλάτου, ἀληθῶς ἐσταυρώθη καὶ ἀπέθανεν, βλεπόντων τῶν ἐπουρανίων καὶ ἐπιγείων καὶ ὑποχθονίων.

Matth.: 16 ⸀εταιροις G*pm* lat sy sa; Hipp Or ¦ *txt* ℌ𝔎DWΘλϕ*al* bo | ⸆αυτων C𝔎WΘϕ*pl* sy sa || 17 ⸆υμιν C𝔎WΘ*pm* it || 18 ⸆προς υμας Θϕ*pc* || 19 ⸆*p)* παντων ϕ k | ⸀*p)* τεκνων C𝔎DΘλϕ*pl* latt sy$^{s.c}$ sa^{pt} ¦ *txt* B*ℵW*pc* sy^{p} sa^{pt} bo

Luk.: 29.30 [⁚ – *et* ⁚1. – H] || 30 ⸋ℵD*pc* sa | ⸆το βαπτισμα Ιωαννου W || 31 ⸆ειπε δε ο κυριος (M^{mg}) *pc* vg^{cl} | ⸀δε ℵ ¦ – F*pc* || 32 ⸂και λεγουσιν 𝔎AΘ*pm* aur f vg sy^{p} sa bo ¦ λεγοντες DLϕ it ¦ -ντα ℵ^{corr}W*pc* ¦ – sy^{s} ¦ *txt* Bℵ*λ*pc* | ⸆υμιν 𝔎Aλ*pm* || 33 ⸀μητε 𝔎ADΘλϕ*pl* ¦ *txt* BℵW*pc* | ⸂*2 1 3 5 4* 𝔎AΘ*pm* ¦ *p) 1 3 4* D*al* it sy$^{s.c}$; Or ¦ *txt* 𝔓^{82vid}BℵW*pc* aur f vg | ⸁μηδε ℵW*pc* || 35 ⸂*2-4 1* 𝔎A0265^{vid} *al* ¦ *p) 2-4* DΘΨλ*al* sy^{c}; Ir Or Epiph ¦ παν. (– ℵ^{corr}) τ. εργων αυτ. ℵ ¦ *txt* BWϕ*pc*

26sq cf Ps Sal 8,7; 4 Esr 10,16; Lc 3,12 || 28sqq cf Mt 21,25 par *(= nr 276)*; Act 13,46; Rm 10,3 || 35 cf Mt 18,2sq par *(= nr 166)*; 19,14 par *(= nr 253)* || 38sq cf Prv 29,9; Eccl 3,4 || 40sq cf Mt 3,4 par *(= nr 13)* || 42sq cf Mc 2,18 par *(= nr 45)*; Dt 21,20; *cf 54sq* || 44sq cf Prv 23,20 || 45 cf Mt 9,11; Mc 2,15 par *(= nr 44)*; Lc 15,2; 19,7 || 46sq cf Prv 8,32; Sir 4,11; 1Cor 1,24sqq || *48sqq cf 24sq* || *53cf 22* || *54sq cf 42 sq*

Justinus Mart., Dial. 51,3: Εἰρήκει δὲ περὶ τοῦ μηκέτι γενήσεσθαι ἐν τῷ γένει ὑμῶν προφήτην καὶ περὶ τοῦ ἐπιγνῶναι ὅτι ἡ πάλαι κηρυσσομένη ὑπὸ τοῦ θεοῦ καινὴ διαθήκη διαταχθήσεσθαι ἤδη τότε παρῆν, τουτ᾽ ἔστιν αὐτὸς ὢν ὁ Χριστός, οὕτως· »Ὁ νόμος καὶ οἱ προφῆται μέχρι Ἰωάννου τοῦ βαπτιστοῦ·« »ἐξ ὅτου ἡ βασιλεία τῶν οὐρανῶν βιάζεται, καὶ βιασταὶ ἁρπάζουσιν αὐτήν. καὶ εἰ θέλετε δέξασθαι, αὐτός ἐστιν Ἠλίας ὁ μέλλων ἔρχεσθαι. ὁ ἔχων ὦτα ἀκούειν ἀκουέτω.«

Evang. Thomae copt.: *cf. Append. I, 78*

Evang. Thomae copt.: *cf. Append. I, 46*

57sq cf 20 || *58sq cf 21sqq* || *60 cf 3sqq* || *61 cf 16sqq*

108. Weherufe über die Städte Galiläas

Vae civitatibus Galilaeae (*cf. nr. 178*) **Woes Pronounced on Galilean Cities**

Matth. 11,20-24

10,15

20 Τότε ἤρξατο ⸆ ὀνειδίζειν τὰς πόλεις ἐν αἷς ἐγένοντο αἱ πλεῖσται δυνάμεις αὐτοῦ, ὅτι οὐ μετενόησαν·

cf. v. 24

21 οὐαί σοι, Χοραζίν⸀, οὐαί σοι,⸌ Βηθσαϊδά· ὅτι εἰ ἐν Τύρῳ καὶ Σιδῶνι ἐγένοντο αἱ δυνάμεις αἱ γενόμεναι ἐν ὑμῖν, πάλαι ἂν ἐν σάκκῳ καὶ σποδῷ ⸆ μετενόησαν. 22 πλὴν λέγω ὑμῖν, Τύρῳ καὶ Σιδῶνι ἀνεκτότερον ἔσται ἐν ἡμέρᾳ κρίσεως ἢ ὑμῖν. 23 καὶ σύ, Καφαρναούμ, ⸀μὴ ἕως οὐρανοῦ ὑψωθήσῃ;⸌ ἕως ᾅδου ⸀καταβήσῃ· ὅτι εἰ ἐν Σοδόμοις ἐγενήθησαν αἱ δυνάμεις αἱ γενόμεναι ἐν σοί, ἔμεινεν ἂν μέχρι τῆς σήμερον. 24 πλὴν λέγω °ὑμῖν °¹ὅτι ⸉γῇ Σοδόμων ἀνεκτότερον ἔσται⸊ ἐν ἡμέρᾳ κρίσεως ἢ ⸀σοί.

10,15 (*nr. 99, p. 138*)

15 Ἀμὴν λέγω ὑμῖν, ἀνεκτότερον ἔσται γῇ Σοδόμων καὶ Γομόρρων ἐν ἡμέρᾳ κρίσεως ἢ τῇ πόλει ἐκείνῃ.

Mark.

Luk. 10,12-15

(*nr. 177. 178, p. 257. 260*)

12 Λέγω ⸆ ὑμῖν ὅτι Σοδόμοις ἐν τῇ ⸀ἡμέρᾳ ἐκείνῃ⸌ ἀνεκτότερον ἔσται ἢ τῇ πόλει ἐκείνῃ. 13 Οὐαί σοι, Χοραζίν⸀, οὐαί σοι,⸌ Βηθσαϊδά· ὅτι °εἰ ἐν Τύρῳ καὶ Σιδῶνι ⸀ἐγενήθησαν αἱ δυνάμεις αἱ γενόμεναι ἐν ὑμῖν, πάλαι ἂν ἐν σάκκῳ καὶ σποδῷ °¹καθήμενοι μετενόησαν. 14 πλὴν Τύρῳ καὶ Σιδῶνι ἀνεκτότερον ἔσται ⸀ἐν τῇ κρίσει⸌ ἢ ὑμῖν. 15 καὶ σύ, Καφαρναούμ, ⸀μὴ ἕως οὐρανοῦ ὑψωθήσῃ;⸌ ⸆ ἕως °τοῦ ᾅδου ⸀καταβήσῃ.

cf. v. 12

Joh.

Evang. sec. Hebraeos (Historiaca investigatio evang. sec. Lucam, f. 56r): »Bezaida,« in qua sanavit paraliticum cata Johannem. In his civitatibus multae virtutes facte sunt, quae evangelium secundum Hebreos quinquaginta ter *(!)* virtutes in his factas enumerat.

Matth.: **20** ⸆ο Ιησους C W Θ φ *al* g¹ h || **21** ⸀και D it | ⸆*p)* καθημενοι ℵ C (*al*) || **23** ⸀ἢ ε. (+ του φ *al*) ου. ὑψώθης, E G φ *al* f q sy^s.p ¦ ἡ ε. (+ του *al*) ου. ὑψωθεῖσα K M *al* h ¦ *txt* ℌ D W Θ λ *al* lat sy^c sa bo (του ουρ. C λ) | ⸀καταβιβασθηση ℵ C ℜ Θ λ φ *pl* sy^p bo ¦ *txt* B D W *pc* lat sy^s.c sa; Ir || **24** °k sy^s.c sa^pt | °¹ℵ *pc* | ⸉ *3 4 1 2* ℵ *pc* k | ⸀υμιν D *pc* it; Ir

Luk.: **12** ⸆δε ℵ D Θ *pm* | ⸀βασιλεια του θεου D a b e || **13** ⸀και D it | °𝔓⁴⁵ W | ⸀εγενοντο C ℜ A W **0115** λ *pm* | °¹*p)* e q r¹ sy || **14** ⸀*p)* εν ημερα κρισεως φ *pc* c f r¹ sy^c sa^pt ¦ εν ταυτη τη ημερα sy^s ¦ — 𝔓⁴⁵ D *pc* e l ¦ *txt* 𝔓⁷⁵ ℌ ℜ A W Θ **0115** λ *pm* lat sy^p sa^pt bo || **15** ⸀ἢ ε. ου. ὑψώθης, B³ ¦ ἡ ε. του (— C) ου. ὑψωθεῖσα C ℜ A W Θ **0115** λ φ *pl* lat ¦ *txt* 𝔓^45.75 ℌ D *pc* it (sy^s.c) | ⸆και 𝔓⁴⁵ 1574 | °𝔓⁴⁵ ℵ C ℜ A D W Θ λ φ *pl* ¦ *txt* 𝔓⁷⁵ B **0115** *pc* | ⸀-βιβασθηση 𝔓⁴⁵ *rell* ¦ *txt* 𝔓⁷⁵ B D 579 sy^s.c aeth arm

---

1sq cf Jo 11,47; 12,37 || *4* Χοραζίν: hic sol | Βηθσαϊδά: Mc 6,45; 8,22; Lc 9,10; Jo 1,44; 12,21; *cf 16sq* || *5* Τύρος καὶ Σιδών: Mt 15,21 par *(= nr 151)*; Mc 3,8; 7,31; Lc 6,17; Is 23,1-18; Ez 26-28 || *6* cf Is 58,5; Dn 9,3; Jon 3,5sq; Esth 4,3; 1Mcc 3,47; Apc 11,3 || *8sqq* cf Prv 6,34; Rm 2,12 || *8* cf Mt 4,13; 8,5 par *(= nr 85)*; 9,1; Mc 2,1 par *(= nr 43)* etc || *9* cf Is 14,13.15; Ez 26,20 || *10* cf Gn 19,24sqq; Is 1,9; Mc 6,11 app; Lc 17,29; Rm 9,29; 2Pt 2,6; Jd 7; Apc 11,8; *cf 14sq* || *14sq cf 10* || *16sq cf 4*

109. Lobpreis des Vaters

Patri confitetur | **Jesus' Thanksgiving to the Father**

Matth. 11,25-27

25 Ἐν ἐκείνῳ τῷ καιρῷ ἀποκριθεὶς ὁ Ἰησοῦς εἶπεν· ἐξομολογοῦμαί σοι, πάτερ, κύριε τοῦ οὐρανοῦ καὶ τῆς γῆς, ὅτι ἔκρυψας ταῦτα ἀπὸ σοφῶν ⸂καὶ συνετῶν⸃ καὶ ἀπεκάλυψας αὐτὰ νηπίοις· 26 ⸀ναὶ ὁ πατήρ, ὅτι οὕτως εὐδοκία ἐγένετο ἔμπροσθέν σου⸃. 27 Πάντα μοι παρεδόθη ὑπὸ τοῦ πατρός °μου, καὶ οὐδεὶς ⸀ἐπιγινώσκει ⸂τὸν υἱὸν εἰ μὴ ὁ πατήρ, οὐδὲ τὸν πατέρα ⸋τις ⸁ἐπιγινώσκει⸌ εἰ μὴ ὁ υἱὸς⸃ καὶ ᾧ ἐὰν βούληται ὁ υἱὸς ἀποκαλύψαι.

Mark.

Luk. 10,21-22
(nr. 181, p. 262)

21 Ἐν αὐτῇ τῇ ὥρᾳ ἠγαλλιάσατο °[ἐν] τῷ πνεύματι ⸋τῷ ἁγίῳ⸌ ⸆ καὶ εἶπεν· ἐξομολογοῦμαί σοι, °¹πάτερ, κύριε τοῦ οὐρανοῦ ⸋¹καὶ τῆς γῆς⸌, ὅτι ἀπέκρυψας ταῦτα ἀπὸ σοφῶν καὶ συνετῶν καὶ ἀπεκάλυψας αὐτὰ νηπίοις· ναὶ ὁ πατήρ, ὅτι οὕτως ⸉εὐδοκία ἐγένετο⸊ ἔμπροσθέν σου. 22 ⸆πάντα μοι παρεδόθη ⸀ὑπὸ τοῦ πατρός °μου, καὶ οὐδεὶς ⸁γινώσκει τίς ⸋ἐστιν ὁ ⸂υἱὸς εἰ μὴ ὁ πατήρ, καὶ τίς⸌ ἐστιν ὁ πατὴρ εἰ μὴ ὁ υἱὸς⸃ καὶ ᾧ ἐὰν ⸄βούληται ὁ υἱὸς ἀποκαλύψαι⸅.

Joh. 3,35; 17,2; 13,3; 7,29; 10,14-15; 17,25

3,35 *(nr. 29, p. 42)*

35 Ὁ πατὴρ ἀγαπᾷ τὸν υἱὸν καὶ πάντα δέδωκεν ἐν τῇ χειρὶ αὐτοῦ.

17,2 *(nr. 329, p. 453)*

...2 καθὼς ἔδωκας αὐτῷ ἐξουσίαν πάσης σαρκός, ἵνα πᾶν ὃ δέδωκας αὐτῷ δώσῃ αὐτοῖς ζωὴν αἰώνιον.

13,3 *(nr. 309, p. 431)*

...3 εἰδὼς ὅτι πάντα ἔδωκεν αὐτῷ ὁ πατὴρ εἰς τὰς χεῖρας καὶ ὅτι ἀπὸ θεοῦ ἐξῆλθεν καὶ πρὸς τὸν θεὸν ὑπάγει.

7,29 *(nr. 240, p. 322)*

29 Ἐγὼ οἶδα αὐτόν, ὅτι παρ' αὐτοῦ εἰμι κἀκεῖνός με ἀπέστειλεν.

10,14-15 *(nr. 249, p. 332)*

14 Ἐγώ εἰμι ὁ ποιμὴν ὁ καλὸς καὶ γινώσκω τὰ ἐμὰ καὶ γινώσκουσί με τὰ ἐμά, 15 καθὼς γινώσκει με ὁ πατὴρ κἀγὼ γινώσκω τὸν πατέρα, καὶ τὴν ψυχήν μου τίθημι ὑπὲρ τῶν προβάτων.

17,25 *(nr. 329, p. 453)*

25 Πάτερ δίκαιε, καὶ ὁ κόσμος σε οὐκ ἔγνω, ἐγὼ δέ σε ἔγνων, καὶ οὗτοι ἔγνωσαν ὅτι σύ με ἀπέστειλας.

Cod. N.T. 1424 (ad Matth. 11,25): Τὸ Ἰουδαϊκόν· »εὐχαριστῶ σοι«.

Justinus Mart., Dial. 100,1: Καὶ ἐν τῷ εὐαγγελίῳ δὲ γέγραπται εἰπών· »Πάντα μοι παραδέδοται ὑπὸ τοῦ πατρός, καὶ οὐδεὶς γινώσκει τὸν πατέρα εἰ μὴ ὁ υἱός, οὐδὲ τὸν υἱὸν εἰ μὴ ὁ πατὴρ καὶ οἷς ἂν ὁ υἱὸς ἀποκαλύψῃ.« *(cf. Apol. I, 63,11.)*

Pap. Oxyrhynch. 654, nr. 3 (sec. Fitzmyer): [Λέγει Ἰη(σοῦ)ς·] οὐκ ἀποκνήσει ἄνθ[ρωπος πλήρης ἡμε]ρῶν ἐπερωτῆσε πα[ιδίον ἑπτὰ ἡμε]ρῶν περὶ τοῦ τόπου τῆ[ς ζωῆς καὶ ζήσει· εἴ]σετε ὅτι πολλοὶ ἔσονται π[ρῶτοι ἔσχατοι καὶ] οἱ ἔσχατοι πρῶτοι καὶ [ζωὴν αἰώνιον ἔξου]σιν. *(cf. Evang. Thomae copt. Append. I, 4)*

Matth.: 25 ⸂κ. δυνατων 1 ¦ — sy^s.c || 26 ⸀ουά, ο π., οτι εμπρ. σ. ευδ. μοι εγεν. Ir || 27 °ℵ* *pc*; Ju | ⸀εγνω Ju^pt Ir^pt Cl^pt Or | ⸂τ. π. ει μη ο υι. ουδε τ. υι. ει μη ο πατηρ Ju (N X; Ir Eus Ephr) | ⸋1279 sy^c | ⸁εγνω (Mcion?) Ju^pt

Luk.: 21 °† 𝔓75 B C 𝔎 A W Θ λ φ pm ¦ *txt* 𝔓45 ℵ D Ξ **0115** *al* it; Cl | ⸋𝔓45vid 𝔎 A W **0115.0253** φ *pm* f q bo^pt; Cl Cyr | ⸆ο Ιησους C 𝔎 A W **0115.0253** λ φ *al* (⸉Θ *al* it) sy^p bo^pt | °¹Mcion *apud* Epiph | ⸋¹𝔓45; Mcion | ⸉ℵ 𝔎 A D W Θ **0115.0253** φ *pl* ¦ *txt* 𝔓45vid.75 B C* L Ξ **0124.1** *pc* it || 22 ⸆(*vs* 23) και στραφεις προς τους μαθητας ειπεν· C* 𝔎 A W Θ **0253**vid *al* it sy^p bo^pt ¦ *txt* 𝔓45.75 B ℵ D **0124** λ φ *al* lat sy^s.c sa bo^pt | ⸀απο D **0124** | °D a c l vg sy^s; Mcion Ju Ir | ⸁εγνω (Mcion?) Ju^pt | ⸋1216.1579 a | ⸂πατηρ .. υιος .. υιος .. πατηρ U b; (JuIr Mcion?) | ⸄ο υιος αποκαλυψη Mcion Ju

---

1-12 (Jo) cf *7 sq* || *2 sq* cf Sir 51,1; Tob 8,7; *cf 22* || *3 sq* cf Is 42,5; Act 17,24 || *4 sq* cf Is 29,14; Lc 9,45; 18,34; 19,42; 1 Cor 1,19. 26 sqq; 2,6 sq || *5 sq* cf Ps 8,3; Sir 3,19 sqq; Mt 5,3; 21,16; 1 Cor 1,21; *cf 25 sq* || *6 sq* εὐδοκία: hic et Lc 2,14; Rm 10,1; Eph 1,5.9; Ph 1,15; 2,13; 2 Th 1,11 || *7 sqq cf 23 sq* || *7 sq* cf Dn 7,14; Mt 28,18; Mc 2,10 par *(= nr 43)*; 1 Cor 15,27; Eph 1,20 sqq; Apc 12,10; *cf 1-12 (Jo)* || *8 sqq cf 15 sqq (Jo)* || *10 (Lc) cf 13 sq (Jo). 19 sqq (Jo)* || *13 sq (Jo) cf 10 (Lc)* ¦ *15 sqq (Jo) cf 8 sqq* || *19 sqq (Jo) cf 10 (Lc)* || *22 cf 2 sq* || *23 sq cf 7 sq* || *25 sq cf 5 sq*

110. Ruf an die Mühseligen und Beladenen

Venite ad me omnes **»Come unto Me ...«**

Matth. 11,28-30	Mark.	Luk.	Joh.
28 Δεῦτε ⸋πρός με⸌ πάντες οἱ κοπιῶντες καὶ πεφορτισμένοι⸆, κἀγὼ ἀναπαύσω ὑμᾶς. 29 ἄρατε τὸν ζυγόν μου			
ἐφ᾽ ὑμᾶς καὶ μάθετε ⸋ἀπ᾽ ἐμοῦ⸌, ὅτι πραΰς εἰμι καὶ ταπεινὸς τῇ καρδίᾳ, καὶ εὑρήσετε ἀνάπαυσιν ταῖς			
ψυχαῖς ὑμῶν· 30 ὁ γὰρ ζυγός μου χρηστὸς καὶ τὸ φορτίον μου ἐλαφρόν ἐστιν.			

Evang. sec. Hebraeos (Clemens Alex., Strom. II, 9, 45, 5): Ἧι κἂν τῷ καθ᾽ Ἑβραίους εὐαγγελίῳ »ὁ θαυμάσας βασιλεύσει« γέγραπται »καὶ ὁ βασιλεύσας ἀναπαήσεται«. (Strom. V, 14, 96, 3): Ἴσον γὰρ τούτοις (Plato) ἐκεῖνα δύναται· »οὐ παύσεται ὁ ζητῶν, ἕως ἂν εὕρῃ· εὑρὼν δὲ θαμβηθήσεται, θαμβηθεὶς δὲ βασιλεύσει, βασιλεύσας δὲ ἐπαναπαήσεται.«

2. Clem. ad Cor. 6, 7: Ποιοῦντες γὰρ τὸ θέλημα τοῦ Χριστοῦ εὑρήσομεν ἀνάπαυσιν· εἰ δὲ μήγε, οὐδὲν ἡμᾶς ῥύσεται ἐκ τῆς αἰωνίου κολάσεως, ἐὰν παρακούσωμεν τῶν ἐντολῶν αὐτοῦ.

Evang. Thomae copt.: *cf. Append. I, 90*

---

28 ⸋118. 209 ff^{2}; Or^{pt} Epiph^{pt} | ⸆εστε D (*ex latt?*) | 29 ⸋ℵ*

---

^{1}cf Ex 33,14; Jr 31,25 (LXX 38,25); Sir 24,25 (19); 40,1; 51,23sq; Mt 23,4; Lc 11,46; Act 15,10 || ^{1sq}cf 1Rg 12,4; Ps 2,3; Jr 5,5; Sir 51,26; Ps Sal 7,9; 2Cor 6,14; Gl 5,1 || ^{2}cf Kol 1,7 | cf Nu 12,3; Mt 5,5; 21,5; 2Cor 10,1; Jc 3,13 || ^{2sq}Jr 6,16; cf Is 28,12; Sir 6,28; 51,27; Apc 14,13; *cf 4sqq. 7sq. 9* || ^{3}cf Sir 24,20; Act 15,10; 1Jo 5,3 || ^{4sqq}*cf 2sq. 7sq. 9* || ^{7sq}*cf 2sq. 4sqq. 9* || ^{9}*cf 2sq. 4sqq. 7sq*

111. Das Ährenraufen am Sabbat

Spicae sabbato vulsae *(cf. nr. 46)* **Plucking Grain on the Sabbath**

Matth. 12,1-8 9,13	Mark. 2,23-28 *(nr. 46, p. 65)*	Luk. 6,1-5 *(nr. 46, p. 65)*	Joh.
1 Ἐν ἐκείνῳ τῷ καιρῷ ἐπορεύθη ὁ Ἰησοῦς⸆	23 Καὶ ἐγένετο⸆ αὐτὸν ἐν τοῖς σάββασιν	1 Ἐγένετο δὲ ⸀ἐν σαββάτῳ⸁	
τοῖς σάββασιν διὰ τῶν σπορίμων·	⸀παραπορεύεσθαι διὰ τῶν σπορίμων,	⸀διαπορεύεσθαι αὐτὸν διὰ⸆ σπορίμων, ⸂καὶ	
οἱ δὲ μαθηταὶ αὐτοῦ ἐπείνασαν καὶ	καὶ οἱ μαθηταὶ °αὐτοῦ ἤρξαντο	ἔτιλλον οἱ μαθηταὶ αὐτοῦ ⸉καὶ ἤσθιον	
ἤρξαντο τίλλειν⸆ στάχυας⸆¹ καὶ ἐσθίειν.	⸂ὁδὸν ποιεῖν τίλλοντες⸃ τοὺς στάχυας.	τοὺς στάχυας⸊⸃ ψώχοντες ταῖς χερσίν⸆.	
2 οἱ δὲ Φαρισαῖοι ἰδόντες⸆ εἶπαν αὐτῷ·	24 καὶ οἱ Φαρισαῖοι ἔλεγον °αὐτῷ·	2 τινὲς δὲ τῶν Φαρισαίων ⸀εἶπαν ·	
⸀ἰδοὺ οἱ μαθηταί σου ποιοῦσιν ὃ οὐκ ἔξ-	ἴδε τί ποιοῦσιν⸆ τοῖς σάββασιν ὃ οὐκ ἔξ-	⸂τί ποιεῖτε ὃ οὐκ ἔξ-	
εστιν ποιεῖν ⸋ἐν σαββάτῳ⸌.	εστιν⸆;	εστιν ⸆ τοῖς σάββασιν⸃; 3 καὶ ἀποκριθεὶς	

Matth.: 1 ⸆*p)* εν W | ⸆*p)* τους (D) W*al* | ⸆¹και ταις χερσιν αυτων ψωχειν c sy^{c} || 2 ⸆αυτους C D Θ *pc* it sy | ⸀τι sy$^{s.c}$ *et* ⸋ff^{1} k sy$^{s.c}$

Mark.: 23 ⸆παλιν D (⸉φ) lat | ⸀*p)* διαπορ- B C D c e ff^{2} r^{1} ¦ πορ- W | °D | ⸂οδοποιειν τιλλ. B *al* ¦ τιλλειν D W it || 24 °D it | ⸆*p)* οι μαθηται σου D Θ λ φ *al* lat | ⸆*p)* ποιειν *pc* sa^{pt} bo ¦ αυτοις D it

Luk.: 1 ⸀εν σ. δευτεροπρωτω (-ερω πρωτω φ) C Ꞩ A D Θ φ *pm* lat; Epiph ¦ sabbato mane e ¦ *txt* 𝔓$^{4.75vid}$ ℌ W λ *al* it sy^{p} sa bo | ⸀πορ- C* *al* | ⸆των C Ꞩ D φ *pm* | ⸂*p)* οι δε μ. α. ηρξαντο τιλλειν D b ¦ επεινασαν οι μαθηται ετιλλον τους σταχυας Mcion | ⸉ *3 4 1 2* Ꞩ A (D) W Θ λ φ *pl* lat (*4 1 2* ℵ) ¦ *txt* 𝔓$^{4.75vid}$ B C* *pc* | ⸆αυτων C* *al* || 2 ⸀ειπον αυτοις Ꞩ A Θ φ *pm* ¦ *p)* ελεγον αυτω D | ⸂*p)* ιδε, τι ποιουσιν οι μαθ. σου τοις σαββ. ο ουκ εξ. D | ⸆*p)* ποιειν ℵ W λ *al* bo^{pt} ¦ ποι. εν C Ꞩ A Θ φ *pm* ¦ *txt* 𝔓$^{4.75vid}$ B (D) *pc* it

---

^{4}cf Dt 23,25 || ^{6sq}cf Dt 5,12sqq; 23,26; Ex 20,9sqq

[Matth. 12,1-8]

3 ὁ δὲ ⸆εἶπεν αὐτοῖς· οὐκ ἀνέγνωτε τί ἐποίησεν Δαυὶδ ὅτε ἐπείνασεν καὶ οἱ μετ' αὐτοῦ, 4 πῶς εἰσῆλθεν εἰς τὸν οἶκον τοῦ θεοῦ καὶ τοὺς ἄρτους τῆς ⸀προθέσεως ⸁ἔφαγον, ⸀1ὃ οὐκ ἐξὸν ἦν αὐτῷ φαγεῖν οὐδὲ τοῖς μετ' αὐτοῦ εἰ μὴ τοῖς ἱερεῦσιν μόνοις;

5 ἢ οὐκ ἀνέγνωτε ἐν τῷ νόμῳ ὅτι ⸆τοῖς σάββασιν οἱ ἱερεῖς ἐν τῷ ἱερῷ τὸ σάββατον βεβηλοῦσιν καὶ ἀναίτιοί εἰσιν; 6 λέγω ⸀δὲ ὑμῖν ὅτι τοῦ ἱεροῦ ⸁μεῖζόν ἐστιν ὧδε. 7 εἰ δὲ ἐγνώκειτε τί ἐστιν· ἔλεος θέλω καὶ οὐ θυσίαν, οὐκ ἂν κατεδικάσατε τοὺς ἀναιτίους.

8 κύριος γάρ ἐστιν τοῦ σαββάτου ὁ υἱὸς τοῦ ἀνθρώπου.

9,13 (nr. 93, p. 126)

13 Πορευθέντες δὲ μάθετε τί ἐστιν· ἔλεος θέλω καὶ οὐ θυσίαν· οὐ γὰρ ἦλθον καλέσαι δικαίους ἀλλὰ ἁμαρτωλούς.

[Mark. 2,23-28]

25 καὶ ⸆⸀λέγει αὐτοῖς· ⸁οὐδέποτε ἀνέγνωτε τί ἐποίησεν Δαυὶδ ὅτε ⸋χρείαν ἔσχεν καὶ⸌ ἐπείνασεν αὐτὸς καὶ οἱ μετ' αὐτοῦ, 26 °πῶς ⸀εἰσῆλθεν εἰς τὸν οἶκον °1τοῦ θεοῦ ⸋ἐπὶ Ἀβιαθὰρ ⸆ἀρχιερέως⸌ °2καὶ τοὺς ἄρτους τῆς ⸁προθέσεως ⸉ἔφαγεν, ⸂οὓς οὐκ ἔξεστιν φαγεῖν εἰ μὴ ⸂τοὺς ἱερεῖς⸃, καὶ ἔδωκεν °3καὶ τοῖς ⸄σὺν αὐτῷ οὖσιν⸊⸅:;

27 ⸂καὶ ἔλεγεν αὐτοῖς⸃· ⸋τὸ σάββατον διὰ τὸν ἄνθρωπον ⸀ἐγένετο ⸋1°καὶ οὐχ ὁ ἄνθρωπος διὰ τὸ σάββατον⸌1. 28 ὥστε⸌ κύριός ἐστιν ὁ υἱὸς τοῦ ἀνθρώπου καὶ τοῦ σαββάτου.

[Luk. 6,1-5]

⸉πρὸς αὐτοὺς εἶπεν ⸂ὁ Ἰησοῦς⸃⸊· ⸀οὐδὲ τοῦτο ἀνέγνωτε ⸁ὃ ἐποίησεν Δαυὶδ ⸀1ὅτε ἐπείνασεν αὐτὸς καὶ οἱ μετ' αὐτοῦ °[ὄντες], 4 ⸀[ὡς] ⸁εἰσῆλθεν εἰς τὸν οἶκον τοῦ θεοῦ καὶ τοὺς ἄρτους τῆς ⸀1προθέσεως ⸀2λαβὼν ἔφαγεν καὶ ἔδωκεν ⸆τοῖς μετ' αὐτοῦ, ⸂οὓς οὐκ ἔξεστιν⸃ φαγεῖν εἰ μὴ ⸄μόνους τοὺς ἱερεῖς⸅;

⸉5 ⸆καὶ ἔλεγεν αὐτοῖς·

⸆ κύριός ἐστιν ⸂τοῦ σαββάτου ὁ υἱὸς τοῦ ἀνθρώπου⸃.

Joh.

Evang. Ebion. (Epiphanius, Panarion haer. 30,16,4-5): 4 Οὐ φάσκουσι δὲ ἐκ θεοῦ πατρὸς αὐτὸν γεγεννῆσθαι, ἀλλὰ κεκτίσθαι ὡς ἕνα τῶν ἀρχαγγέλων [καὶ ἔτι περισσοτέρως], αὐτὸν δὲ κυριεύειν καὶ ἀγγέλων καὶ πάντων ⟨τῶν⟩ ὑπὸ τοῦ παντοκράτορος πεποιημένων, καὶ ἐλθόντα καὶ ὑφηγησάμενον, 5 ὡς τὸ παρ' αὐτοῖς εὐαγγέλιον καλούμενον περιέχει, ὅτι »ἦλθον καταλῦσαι τὰς θυσίας, καὶ ἐὰν μὴ παύσησθε τοῦ θύειν, οὐ παύσεται ἀφ' ὑμῶν ἡ ὀργή«.

Matth.: 3 ⸆Ιησους Θ *pc* ‖ 4 ⸀προσθ- D | ⸁εφαγεν 𝔓70 *rell* ¦ *txt* B ℵ 481 | ⸀1 *p)* οὓς ℵ C 𝔎 Θ *pl* sa ¦ *txt* B D W φ it ‖ 5 ⸆εν C D W *pc* ‖ 6 ⸀γαρ D ff1 k | ⸁-ζων C L N *pm* lat

Mark.: 25 ⸆αυτος 𝔎 A 074 λ *al* | ⸀ελεγεν B 𝔎 A 074.0133 λ *pm* ¦ αποκριθεις ειπεν D Θ a | ⸁ *p)* ουδε τουτο W it | ⸋ *p)* sa ‖ 26 ° B D r1 t | ⸀-θων W | °1 C* | ⸋ *p)* D W it sys | ⸆του C A Θ 074 λ φ *al* | °2 *et* ⸉ εφαγεν *p.* αρχιε. W | ⸁προσθ- D | ⸂ *9-15 1-8* W (D Θ *pc*) it | ⸂ *p)* τοις ιερευσιν C 𝔎 A D W Θ 074.0133.0135 λ φ *pm* lat | °3 D it | ⸄ μετ αυτου ουσιν D ¦ μετ αυτ. W Θ it | [:. W] ‖ 27. 28 ⸂λ. δε υμιν οτι W ¦ λεγω δε υμιν *et* ⸋ D it ‖ 27 ⸀εκτισθη W λ *pc* sys.p | ⸋1 W sys | ° 𝔎 A *pm* b f q

Luk.: 3 ⸉ *4 5 1-3* ℌ W Θ (A D λ φ *pm*) lat ¦ *txt* (𝔓4) 𝔓75 (B) C* 𝔎 *al* | ⸂ο Χριστος Mcion ¦ Ιησους 𝔓4 B ¦ — a b e l | ⸀ *p)* ουδεποτε D (L) | ⸁τι Mcion Epiph | ⸀1 † οποτε 𝔎 A Θ *al* ¦ *txt* 𝔓4 ℌ D W λ *pm* | ° *p)* 𝔓4 ℌ D W Θ λ *pm* ¦ *txt* C 𝔎 A *al* ‖ 4 ⸀πως ℵcorr Θ λ φ *al* ¦ — 𝔓4 B D ¦ *txt* ℵ* C 𝔎 A W *pm* | ⸁-θων D | ⸀1προσθ- D | ⸀2ελαβεν και 𝔎 A *al*; Mcion ¦ *p)* — ℵ D W λ φ *pm*; Ir ¦ *txt* ℌ Θ *pc* | ⸆ *p)* και ℵ 𝔎 A D Θ φ *pm* ¦ και ειργασατο βρωσιν Mcionvid ¦ *txt* B W *al* lat | ⸂οις ουκ εξον ην D *pc* (it) | ⸄ μονοις τοις ιερευσιν D *pc* (it) ‖ 5 ⸉ *vs 5 post 10* D; Mcion | ⸆Τη αυτη ημερα θεασαμενος τινα εργαζομενον τω σαββατω ειπεν αυτω· ανθρωπε, ει μεν οιδας τι ποιεις, μακαριος ει· ει δε μη οιδας, επικαταρατος και παραβατης ει του νομου. D | ⸆ οτι ℵcorr 𝔎 A (D) Θ φ *pm* latt | ⸂ *p)* ο υι. τ. α. και τ. σαββ. 𝔎 A (D) Θ λ φ *pl* lat (⸉ sa) Epiph ¦ *txt* B ℵ W *pc*

8sqq cf 1Sm 21,1sqq ‖ 8sq cf Mc 12,10.26; Mt 19,4; 21,16 ‖ 12 cf 1Sm 22,20; 2Sm 8,17 ‖ 13sqq cf Ex 25,30; Lv 24,5sqq; 2 Mcc 10,3 ‖ 18sq cf Lv 24,8sq; Nu 28,9sq; Mt 12,11; Jo 7,22sq ‖ 21 cf Mt 12,41sq; Lc 11,30sqq ‖ 22sq cf Hos 6,6 (1Sm 15,22; Prv 15,8; 16,7; Ps 40,7; 51,19); Heb 10,5.8; 13,16; *cf 29sqq.34* ‖ 24sqq cf Dt 5,14sq ‖ 27sq cf Gn 2,2sq ‖ 29sqq *cf 22sq* ‖ 34 *cf 22sq*

112. Heilung der verdorrten Hand am Sabbat

Manus arida | (cf. nr. 47) | Healing the Withered Hand

Matth. 12,9-14

9 Καὶ μεταβὰς ἐκεῖθεν ⸆ ἦλθεν εἰς τὴν συναγωγὴν αὐτῶν. 10 καὶ ἰδοὺ ἄνθρωπος ⸆ χεῖρα ⸆ ἔχων ξηράν. καὶ ἐπηρώτησαν αὐτὸν λέγοντες· εἰ ἔξεστιν ⸋τοῖς σάββασιν ⸀θεραπεῦσαι⸌; ἵνα κατηγορήσωσιν αὐτοῦ.

11 ὁ δὲ εἶπεν αὐτοῖς· τίς ⸀ἔσται ἐξ ὑμῶν ἄνθρωπος ὃς ⸁ἕξει πρόβατον ἓν καὶ °ἐὰν ἐμπέσῃ °τοῦτο τοῖς σάββασιν εἰς βόθυνον, οὐχὶ ⸂κρατήσει αὐτὸ καὶ ἐγερεῖ⸃; 12 πόσῳ οὖν ⸆ διαφέρει ἄνθρωπος προβάτου. ὥστε ἔξεστιν τοῖς σάββασιν καλῶς ποιεῖν.

Mark. 3,1-6
(nr. 47, p. 67)

1 Καὶ ⸂εἰσῆλθεν πάλιν⸃ εἰς °τὴν συναγωγήν. ⸁καὶ ἦν ἐκεῖ ἄνθρωπος ⸂ἐξηραμμένην ἔχων⸃ τὴν χεῖρα. 2 καὶ ⸀παρετήρουν αὐτὸν εἰ ⸆ τοῖς σάββασιν ⸁θεραπεύσει °αὐτόν, ἵνα κατηγορήσωσιν αὐτοῦ. 3 καὶ λέγει τῷ ἀνθρώπῳ τῷ ⸉τὴν ⸀ξηρὰν χεῖρα ἔχοντι⸊· ἔγειρε ⸆ ⸂εἰς τὸ μέσον⸃.

4 καὶ λέγει αὐτοῖς· ἔξεστιν ⸆ τοῖς σάββασιν ⸂ἀγαθὸν ποιῆσαι⸃ ἢ κακοποιῆσαι, ψυχὴν σῶσαι ἢ ⸀ἀποκτεῖναι; οἱ δὲ ἐσιώπων. 5 καὶ περιβλεψάμενος αὐτοὺς μετ᾽ ὀργῆς, °συλλυπούμενος ἐπὶ τῇ ⸀πωρώσει τῆς καρ-

Luk. 6,6-11
14,1-6; 13,10-16

6,6-11 (nr. 47, p. 67)

6 ⸂Ἐγένετο δὲ ⸆ ἐν ἑτέρῳ σαββάτῳ εἰσελθεῖν αὐτὸν εἰς τὴν συναγωγὴν καὶ διδάσκειν. καὶ ἦν ἄνθρωπος ἐκεῖ καὶ ἡ χεὶρ αὐτοῦ ἡ δεξιὰ ἦν ξηρά.⸃ 7 παρετηροῦντο °δὲ °1αὐτὸν οἱ γραμματεῖς καὶ οἱ Φαρισαῖοι εἰ ἐν τῷ σαββάτῳ ⸀θεραπεύει, ἵνα εὕρωσιν ⸁κατηγορεῖν ⸆ αὐτοῦ. 8 αὐτὸς δὲ ⸂ᾔδει τοὺς διαλογισμοὺς αὐτῶν, εἶπεν δὲ⸃ τῷ ⸀ἀνδρὶ τῷ ⸆ ξηρὰν ἔχοντι τὴν χεῖρα· ἔγειρε καὶ στῆθι ⸂εἰς τὸ μέσον⸃⸆· καὶ ἀναστὰς ⸁ἔστη.

cf. 14,5; 13,15

9 εἶπεν ⸀δὲ °ὁ Ἰησοῦς πρὸς αὐτούς· ⸁ἐπερωτῶ ὑμᾶς ⸀1εἰ ἔξεστιν τῷ σαββάτῳ ἀγαθοποιῆσαι ἢ κακοποιῆσαι, ψυχὴν σῶσαι ἢ ⸀2ἀπολέσαι⁝; ⸆ 10 καὶ περιβλεψάμενος ⸂πάντας αὐτοὺς⸃ ⸆

Joh.

Matth.: 9 ⸆ο Ιησους C *pc* ‖ 10 ⸆ην την 𝔎 *pl* ¦ ην εκει την D Θ *al* it | ⸆δεξιαν sy^{s.c} | ⸋ sy^s | ⸀-ευειν B C 𝔎 Θ *pl* ¦ *txt* ℵ D W *pc* ‖ 11 ⸀εστιν D Θ 33 *al* f k q ¦ — C* *al* it | ⸁εχει D *pc* | °*bis* D (it) | ⸂κρατησας εγερει αυτο ℵ ¦ κρατει αυτ. κ. εγειρει D ‖ 12 ⸆μαλλον Θ φ 33 *pc* sy

Mark.: 1 ⸂-θοντος αυτου W | °† B ℵ ¦ *txt rell* | ⸁ερχεται ανθρ. προς αυτον εχ. ξηραν W | ⸂*p)* ξηραν D (W) ‖ 2 ⸀*p)* -ντο C* A D W Θ 074 λ *al* | ⸆εν ℵ C D Θ *al* | ⸁-ευει ℵ W 072 *pc* | ° D W latt ‖ 3 ⸉ † *1 3 4 2* B *pc* ¦ *2 4 1 3* 𝔎 A 0133.0135.0215 λ φ *pl* ¦ *4 1 3 2* D W lat *et* ⸀εξηραμμενην 𝔎 A D 0133.0135.0215 λ φ *pm* ¦ *txt* ℵ C Θ *pc* | ⸆*p)* και στηθι D c e (f) sa | ⸂εκ του μ-ου W ¦ εν μ-ω D aur c l ‖ 4 ⸆εν A D Θ φ *al* | ⸂αγαθοποι- B C 𝔎 A Θ 0133.0135 λ φ *pl* ¦ τι αγαθον ποι- D b e ¦ *txt* ℵ W | ⸀*p)* απολεσαι W Θ λ *al* ‖ 5 °W b c d | ⸀πηρωσει 17. 20 ¦ νεκρωσει D (it) sy^s

Luk.: 6 ⸂*p)* και εισελθοντος αυτου παλιν εις την συναγωγην σαββατω, εν η ην ανθρ. ξηραν εχων την χειρα D | ⸆και 𝔎 A Θ *al* ‖ 7 °D | °1 𝔎 A Θ λ *pm* lat | ⸀*p)* -ευσει B 𝔎 Θ *pm* bo | ⸁-ριαν ℵ^{corr} 𝔎 A W λ *pm* r^1; Cyr ¦ -ρησαι D q vg ¦ *txt* 𝔓^4 B ℵ* Θ φ *al* | ⸆κατ ℵ^{corr} K L W *pm*; Cyr ‖ 8 ⸂γινωσκων τ. δ. α. λεγει D | ⸀*p)* ανθρωπω 𝔎 A W Θ φ *al* | ⸆την ℵ A | ⸂εν τω μεσω D it | ⸆της συναγωγης sy^p | ⸁εσταθη D ‖ 9 ⸀ουν 𝔎 A Θ λ *pm* | °B | ⸁επερωτησω 𝔎 A D Θ (λ) φ *pm* it sa bo^{pt}; Cyr | ⸀1 τί 𝔎 A Θ λ φ *pl* sy^p | ⸀2 *p)* αποκτειναι 𝔎 A Θ *al* e | [⁝. T] | ⸆*p)* οι δε εσιωπων D *al* bo^{pt} ‖ 10 ⸂*2 1* D it ¦ *1* W | ⸆εν οργη D Θ λ *pm* it ¦ *p)* μετ οργης φ

1-27 cf *28 sqq. 37 sqq. 53 sq*; 1 Rg 13,4-6 ‖ *2 (Mc)* πάλιν = Mc 1,21? 2,23? ‖ *4 (Lc)* cf Lc 22,50; Mt 5,29 sq par (= *nr 56*) ‖ *4 sq (Mc/Lc)* cf Lc 14,1; 20,20 ‖ *5 sq* cf *32.43* ‖ *6 sq* cf Ex 31,14 ‖ *6 sq (Lc)* cf Lc 5,19 ‖ *7 sq* cf Lc 9,47; 5,22; 11,17; Mt 9,4; 12,25; 22,18; Jo 2,24 sq ‖ *15 sq* cf Mt 6,26; 10,31 ‖ *17 sq* cf Jc 4,17 ‖ *18 sq* cf Gn 12,5; Act 2,41.43 | Mc 5,23.28.34; 6,56; 10,52 et par ‖ *20* cf Mc 3,34; 5,32; 10,23 | Jo 11,33; Ps 69,25 ‖ *21* cf Mc 6,52; 8,17; Jo 12,40; Rm 11,25; 2 Cor 3,14; Eph 4,18

[Matth. 12,9-14]

13 τότε λέγει τῷ ἀνθρώπῳ· ἔκτεινόν σου τὴν χεῖρα. καὶ ἐξέτεινεν καὶ ἀπεκατεστάθη °ὑγιὴς ⸋ὡς ἡ ἄλλη⸌. 14 ⸂ἐξελθόντες δὲ οἱ Φαρισαῖοι⸃ συμβούλιον ἔλαβον κατ' αὐτοῦ ὅπως αὐτὸν ἀπολέσωσιν.

[Mark. 3,1-6]

δίας αὐτῶν λέγει τῷ ἀνθρώπῳ· ἔκτεινον τὴν χεῖρα ⸆ . καὶ ἐξέτεινεν καὶ ἀπεκατεστάθη ⸋ἡ χεὶρ αὐτοῦ⸌⸆. 6 καὶ ἐξελθόντες οἱ Φαρισαῖοι ⸀εὐθὺς μετὰ τῶν Ἡρῳδιανῶν συμβούλιον ⸀ἐδίδουν κατ' αὐτοῦ ὅπως αὐτὸν ἀπολέσωσιν.

[Luk. 6,6-11]

⸂εἶπεν αὐτῷ⸃· ἔκτεινον τὴν χεῖρά σου. ⸂ὁ δὲ⸃ ⸀ἐποίησεν καὶ ἀπεκατεστάθη ἡ χεὶρ αὐτοῦ⸆.
11 αὐτοὶ δὲ ἐπλήσθησαν ἀνοίας καὶ ⸂διελάλουν πρὸς ἀλλήλους⸆ τί ἂν ποιήσαιεν τῷ Ἰησοῦ⸃.

Joh.

14,1-6 *(nr. 214, p. 298)*

1 Καὶ ἐγένετο ἐν τῷ ἐλθεῖν αὐτὸν εἰς οἶκόν τινος τῶν ἀρχόντων [τῶν] Φαρισαίων σαββάτῳ φαγεῖν ἄρτον καὶ αὐτοὶ ἦσαν παρατηρούμενοι αὐτόν. 2 καὶ ἰδοὺ ἄνθρωπός τις ἦν ὑδρωπικὸς ἔμπροσθεν αὐτοῦ. 3 καὶ ἀποκριθεὶς ὁ Ἰησοῦς εἶπεν πρὸς τοὺς νομικοὺς καὶ Φαρισαίους λέγων· ἔξεστιν τῷ σαββάτῳ θεραπεῦσαι ἢ οὔ; 4 οἱ δὲ ἡσύχασαν. καὶ ἐπιλαβόμενος ἰάσατο αὐτὸν καὶ ἀπέλυσεν. 5 καὶ πρὸς αὐτοὺς εἶπεν· τίνος ὑμῶν υἱὸς ἢ βοῦς εἰς φρέαρ πεσεῖται, καὶ οὐκ εὐθέως ἀνασπάσει αὐτὸν ἐν ἡμέρᾳ τοῦ σαββάτου; 6 καὶ οὐκ ἴσχυσαν ἀνταποκριθῆναι πρὸς ταῦτα.

13,10-16 *(nr. 208, p. 293)*

10 Ἦν δὲ διδάσκων ἐν μιᾷ τῶν συναγωγῶν ἐν τοῖς σάββασιν. 11 καὶ ἰδοὺ γυνὴ πνεῦμα ἔχουσα ἀσθενείας ἔτη δεκαοκτὼ καὶ ἦν συγκύπτουσα καὶ μὴ δυναμένη ἀνακύψαι εἰς τὸ παντελές. 12 ἰδὼν δὲ αὐτὴν ὁ Ἰησοῦς προσεφώνησεν καὶ εἶπεν αὐτῇ· γύναι, ἀπολέλυσαι τῆς ἀσθενείας σου, 13 καὶ ἐπέθηκεν αὐτῇ τὰς χεῖρας· καὶ παραχρῆμα ἀνωρθώθη καὶ ἐδόξαζεν τὸν θεόν. 14 ἀποκριθεὶς δὲ ὁ ἀρχισυνάγωγος, ἀγανακτῶν ὅτι τῷ σαββάτῳ ἐθεράπευσεν ὁ Ἰησοῦς, ἔλεγεν τῷ ὄχλῳ ὅτι ἓξ ἡμέραι εἰσὶν ἐν αἷς δεῖ ἐργάζεσθαι· ἐν αὐταῖς οὖν ἐρχόμενοι θεραπεύεσθε καὶ μὴ τῇ ἡμέρᾳ τοῦ σαββάτου. 15 ἀπεκρίθη δὲ αὐτῷ ὁ κύριος καὶ εἶπεν· ὑποκριταί, ἕκαστος ὑμῶν τῷ σαββάτῳ οὐ λύει τὸν βοῦν αὐτοῦ ἢ τὸν ὄνον ἀπὸ τῆς φάτνης καὶ ἀπαγαγὼν ποτίζει; 16 ταύτην δὲ θυγατέρα Ἀβραὰμ οὖσαν, ἣν ἔδησεν ὁ σατανᾶς ἰδοὺ δέκα καὶ ὀκτὼ ἔτη, οὐκ ἔδει λυθῆναι ἀπὸ τοῦ δεσμοῦ τούτου τῇ ἡμέρᾳ τοῦ σαββάτου;

Evang. sec. Hebraeos (Hieronymus, Comm. in Matth. 12,13): In evangelio quo utuntur Nazareni et Hebionitae quod nuper in graecum de hebraeo sermone transtulimus et quod vocatur a plerisque Mathaei authenticum, homo iste qui aridam habet manum caementarius scribitur, istiusmodi vocibus auxilium precans: »Caementarius eram manibus victum quaeritans, precor te Iesu ut mihi restituas sanitatem ne turpiter mendicem cibos.«

Matth.: 13 ° it sy | ⸋ ℵ || 14 ⸂ *3 2 4 1* Θ φ *al* ¦ *3 2 4 et* εξ. *pon. p.* αυτου 𝔎 *pm* ¦ *3 2 4* W Δ *pc* ¦ και εξ. οι Φ. D *pc* it

Mark.: 5 ⸆ *p)* σου ℵ C A D W Θ λ φ *pm* latt sy^s.p sa bo ¦ *txt* B E U **0133**. **0135** *al* | ⸋ 544 sy^s | ⸆ *p)* υγιης ως η αλλη C³ 𝔎 **0133**. **0135** λ φ *pm* (— υγιης sy^s) || 6 ⸀ ευθεως 𝔎 A (^s Θ) *pm* ¦ — D W *pc* | ⸀ εποιησαν ℵ C Θ *pc* ¦ εποιουν 𝔎 A **0133**. **0135** λ *al* ¦ εποιουντο W ¦ ποιουντες D a ¦ *txt* B φ *al*

Luk.: 10 ⸂ ε. τω ανθρωπω ℵ W λ φ *al* lat ¦ *p)* λεγει τ. α. D | ⸂ και D W *pc* latt | ⸀ *p)* εξετεινεν ℵ D W λ φ *pm* latt sy^p sa bo | ⸆ *p)* ως και (— A Θ *al* it) η αλλη A D Θ λ *al* (it) *et hic add. vs* 5 D; Mcion ¦ υγιης ως η αλλη 𝔎 φ *pm* ¦ υγιης W || 11 ⸂ *p)* διελογιζοντο πρ. α. πως απολεσωσιν αυτον D | ⸆ λεγοντες A *pc* ¦ το Θ

25 sq (Mc) cf Mc 12,13; 8,15; Mt 22,16 || 26 sq cf Mc 12,13; 15,1; Mt 22,15; 27,1.7; 28,12; Jo 5,16 sqq || 28 sqq *cf 1-27* || 32 *cf 5 sq* || 37 sqq *cf 1-27* || 43 *cf 5 sq* || 53 sq *cf 1-27*

113. Heilungen am See

Sanationes *(cf. nr. 48)* **Jesus Heals Multitudes by the Sea**

Matth. 12,15-21
8,16-17

15 Ὁ δὲ Ἰησοῦς
γνοὺς ἀνεχώρησεν ἐκεῖθεν.
καὶ
ἠκολούθησαν αὐτῷ °[ὄχλοι] πολλοί,
καὶ
ἐθεράπευσεν αὐτοὺς ⸂πάντας
16 καὶ ἐπετίμησεν⸃ αὐτοῖς ἵνα μὴ
φανερὸν αὐτὸν ποιήσωσιν, 17 ⸀ἵνα πληρω-
θῇ τὸ ῥηθὲν διὰ Ἠσαΐου τοῦ προφήτου
λέγοντος·
18 ἰδοὺ ὁ παῖς μου ᵀὃν ᾑρέτισα,
ὁ ἀγαπητός μου ⸂εἰς ὃν⸃ εὐδόκησεν ἡ ψυχή μου·
θήσω τὸ πνεῦμά μου ἐπ᾽ αὐτόν,
καὶ κρίσιν τοῖς ἔθνεσιν ἀπαγγελεῖ.

Mark. 3,7-12
1,34

3,7-12 *(nr. 48, p. 68)*

7 Καὶ ὁ Ἰησοῦς μετὰ τῶν μαθητῶν
αὐτοῦ ἀνεχώρησεν ⸀πρὸς τὴν θάλασσαν,
καὶ ⸂πολὺ πλῆθος⸃ ἀπὸ τῆς Γαλιλαίας
⸄⸉⸀[ἠκολούθησεν]ᵀ, καὶ ἀπὸ τῆς Ἰουδαίας⸊
8 καὶ ἀπὸ Ἱεροσολύμων □καὶ ᵀἀπὸ τῆς Ἰ-
δουμαίας⸌ καὶ ᵀπέραν τοῦ Ἰορδάνου καὶ ᵀ¹
περὶ Τύρον καὶ Σιδῶνα □¹πλῆθος πολύ⸌⸅
⸀ἀκούοντες ὅσα ⸁ἐποίει ἦλθον πρὸς αὐτόν.
9 καὶ εἶπεν τοῖς μαθηταῖς αὐτοῦ ἵνα ⸀πλοι-
άριον προσκαρτερῇ αὐτῷ διὰ τὸν ὄχλον
ἵνα μὴ θλίβωσιν αὐτόνᵀ· 10 πολλοὺς γὰρ
ἐθεράπευσεν, ὥστε ἐπιπίπτειν αὐτῷ ἵνα
αὐτοῦ ἅψωνται ᵀ ὅσοι εἶχον ⸀μάστιγας.
11 καὶ °τὰ πνεύματα °τὰ ἀκάθαρτα, □ὅταν
αὐτὸν ἐθεώρουν,⸌ προσέπιπτον αὐτῷ καὶ
ἔκραζον ⸀λέγοντες °¹ὅτι σὺ εἶ ᵀ ὁ υἱὸς τοῦ
θεοῦ. 12 καὶ °πολλὰ ἐπετίμα αὐτοῖς ἵνα μὴ
αὐτὸν φανερὸν ⸀ποιήσωσινᵀ.

Luk. 6,17-19
4,41

6,17-19 *(nr. 77, p. 101)*

17 καὶ καταβὰς μετ᾽ αὐτῶν ἔστη ἐπὶ τόπου
πεδινοῦ, καὶ ὄχλος °πολὺς μαθητῶν αὐτοῦ,
καὶ πλῆθος πολὺ □τοῦ λαοῦ⸌
ἀπὸ °¹πάσης τῆς Ἰουδαίας
καὶ ⸂Ἰερουσαλὴμ
ᵀ καὶ τῆς παρα-
λίου⁚ ᵀΤύρου καὶ Σιδῶνος, 18 οἳ ἦλθον⸃
ἀκοῦσαι αὐτοῦ καὶ ἰαθῆναι ἀπὸ ᵀ τῶν νό-
σων αὐτῶν·
καὶ οἱ ἐν-
οχλούμενοι ἀπὸ πνευμάτων ἀκαθάρτων
ἐθεραπεύοντοᵀ, 19 καὶ πᾶς ὁ ὄχλος ⸂ἐζή-
τουν ἅπτεσθαι⸃ αὐτοῦ, ὅτι δύναμις παρ᾽
αὐτοῦ ἐξήρχετο καὶ ἰᾶτο πάντας.

Joh.

Matth.: 15 °† Bℵ lat ¦ *txt* CℜDWΘ*pl* it; Or Eus || 15.16 ⸂. π. δε ους εθεραπευσεν επεπληξεν D(1 *pc* it) (+ αυτοις και επετιμησεν W) || 17 ⸀οπως ℜWΘ*pm* || 18 ᵀεἰς D | ⸂ † *2* Bℵ**pc* ¦ εν ω D*al*; Ir^lat ¦ *txt* ℵ^corr C^vid ℜWΘ 0106 *pm*

Mark.: 7 ⸀εις D*al* | ⸂πολυς οχλος D lat (sy^s) | ⸉ *2-5 1* ℵC*pc* (*2 5 4* D) *et* ⸀-σαν ℵCℜ*al* | ᵀαυτω ℜAλ*pm* sa || 7.8 ⸄ και της Ιουδ. και απο Ιεροσ. και περαν του Ιορδ. και περι Τυρον και Σιδ. ηκολουθουν αυτω W || 8 □*p)* ℵ*Θλ*pc* c sy^s | ᵀπολυ πληθος sa | ᵀοι D | ᵀ¹οι ℜADΘ 0135 λϕ*pl* | □¹ W a b c sa | ⸀-σαντες CℜADΘ 0133.0135 *pm* | ⸁ † ποιει B L 892 ¦ *txt* ℌℜADWΘ 0133.0135 λϕ*pl* || 9 ⸀-ρια B | ᵀπολλοι D it || 10 ᵀκαι A*pc* | ⸀ασθενειας Θ || 11 °*bis* DΘϕ*pc* | □sy^s | ⸀ † -ντα BCℜAΘλϕ*pm* ¦ *txt* ℵDW*pc* | °¹DW lat | ᵀο Χριστος C*al* || 12 °W it | ⸀ποιωσιν DLWϕ*al* | ᵀ*p)* οτι ηδεισαν τον Χριστον αυτον ειναι C*pc*

Luk.: 17 °ℜADΘϕ*pm* latt sy^s bo | □ℵ*λ l | °¹sa | ᵀκαι (+ της W) Περαιας ℵ*W ¦ et trans fretum it | [⁚, comm] | ᵀκαι lat sy^s sa^pt bo^pt || 17.18 ⸂αλλων πολεων εληλυθοτων D (c e) || 18 ᵀπασων sy^s | ᵀαπαντες 69 l || 19 ⸂εζητει απτεσθαι ℜAΘλϕ*pm* ¦ εζητει αψασθαι D lat ¦ *txt* 𝔓75 BℵLTW*pc*

1-17 cf Mt 4,24sq; Mc 1,27sq; 4,1; 5,27.31; *cf 31sqq* || *3sq* cf Mc 5,24; Mt 8,1; 19,2 || *4sqq* cf Mc 1,5; Lc 5,17 || *7* cf Mc 7,24; Mt 15,21 par *(= nr 151)* || *9sqq (Mc)* cf Mc 4,1 par *(= nr 122)*; Jo 6,22 || *11sq* cf Mt 15,30; 19,2; *cf 31sqq* || *12sq (Mc/Lc)* cf Mc 6,55sq; Mt 14,35sq || *14sqq* cf Mt 9,30; 17,18; Mc 1,43; 5,43; 7,36; 8,30; 9,25; Lc 4,34sq; 9,42; *cf 32sqq (Mc/Lc)* || *18sqq cf 34sqq* || *21-30* Is 42,1-4; cf Is 41,9 etc || *21* cf Hgg 2,23; Mt 3,17; Mc 1,11; Act 3,13.26; 4,27.30 | αἱρετίζειν: 1 Chr 28,6; Ml 3,17; hapaxl NT || *23* cf Lc 4,18 (Is 61,1)

[Matth. 12,15-21]

[19] οὐκ ἐρίσει οὐδὲ κραυγάσει,
οὐδὲ ἀκούσει τις ⸀ἐν ταῖς πλατείαις⸀ τὴν φωνὴν αὐτοῦ.
[20] ⸋κάλαμον συντετριμμένον⸌ οὐ κατεάξει
καὶ λίνον τυφόμενον ⸀οὐ σβέσει,
ἕως ἂν ἐκβάλῃ εἰς νῖκος τὴν κρίσιν.
[21] καὶ ⸆ τῷ ὀνόματι αὐτοῦ ἔθνη ἐλπιοῦσιν.

(nr. 117 12,22-30 p. 165)

Mark. | Luk. | Joh.

Matth. 8,16-17 *(nr. 88, p. 117)*

[16] Ὀψίας δὲ γενομένης προσήνεγκαν αὐτῷ δαιμονιζομένους πολλούς· καὶ ἐξέβαλεν τὰ πνεύματα λόγῳ καὶ πάντας τοὺς κακῶς ἔχοντας ἐθεράπευσεν, [17] ὅπως πληρωθῇ τὸ ῥηθὲν διὰ Ἠσαΐου τοῦ προφήτου λέγοντος· αὐτὸς τὰς ἀσθενείας ἡμῶν ἔλαβεν καὶ τὰς νόσους ἐβάστασεν.

Mark. 1,34 *(nr. 38, p. 55)*

[34] Καὶ ἐθεράπευσεν πολλοὺς κακῶς ἔχοντας ποικίλαις νόσοις καὶ δαιμόνια πολλὰ ἐξέβαλεν καὶ οὐκ ἤφιεν λαλεῖν τὰ δαιμόνια, ὅτι ᾔδεισαν αὐτόν.

Luk. 4,41 *(nr. 38, p. 55)*

[41] Ἐξήρχετο δὲ καὶ δαιμόνια ἀπὸ πολλῶν κρ[αυγ]άζοντα καὶ λέγοντα ὅτι σὺ εἶ ὁ υἱὸς τοῦ θεοῦ. καὶ ἐπιτιμῶν οὐκ εἴα αὐτὰ λαλεῖν, ὅτι ᾔδεισαν τὸν χριστὸν αὐτὸν εἶναι.

Matth.: 19 ⸀εν πλ. 700 ¦ — sy^s || 20 ⸋D* | ⸀ου μη D* || 21 ⸆επι W *pc* ¦ εν D *(ex?)* latt; Eus

---

[29] cf Hab 1,4; 1 Cor 15,54 sq. 57 || [30] cf Act 4,12 || *[31 sqq] cf 1-16. 11 sq* || *[32 sqq (Mc/Lc)] cf 14 sqq* || *[34 sqq] cf 18 sqq*

114. Jesus und die Sünderin

Mulier peccatrix *(cf. nr. 267. 306)* **The Woman with the Ointment**

Matth. 26,6-13 9,22; 9,29-30	Mark. 14,3-9 5,34; 10,52	**Luk. 7,36-50** 8,48; 18,42; 17,19	Joh. 12,1-8 *(nr. 267, p. 361)*
26,6-13 *(nr. 306, p. 426)* [6] Τοῦ δὲ Ἰησοῦ γενομένου ἐν Βηθανίᾳ ἐν οἰκίᾳ Σίμωνος τοῦ λεπροῦ,	14,3-9 *(nr. 306, p. 426)* [3] Καὶ ὄντος αὐτοῦ ἐν Βηθανίᾳ ἐν ⸰τῇ οἰκίᾳ Σίμωνος τοῦ λεπροῦ,	*(nr. 107 7,24-35 p. 151)* [36] Ἠρώτα δέ τις αὐτὸν τῶν Φαρισαίων ἵνα φάγῃ μετ᾽ αὐτοῦ, καὶ εἰσελθὼν εἰς ⸀τὸν οἶκον⸀ τοῦ Φαρισαίου	[1] Ὁ οὖν Ἰησοῦς πρὸ ἓξ ἡμερῶν τοῦ πάσχα ἦλθεν εἰς Βηθανίαν, ὅπου ἦν Λάζαρος ⸆, ὃν ἤγειρεν ἐκ νεκρῶν ⸀Ἰησοῦς. [2] ἐποίησαν οὖν αὐτῷ δεῖπνον ἐκεῖ, καὶ ⸰ἡ Μάρθα διηκόνει, ὁ δὲ

Mark.: 3 ⸰א* Θ *al*

Luk.: 36 ⸀την οικιαν 𝔎 A Θ *pm*

Joh.: 1 ⸆ο τεθνηκως 𝔓^66 𝔎 A D Θ **065.0217**^vid.**0250** λ *pl* lat sy^s bo ¦ *txt* 𝔋 W *pc* it | ⸀ο I. א^corr A D G L W **065.0250** ϕ *al* ¦ — 𝔎 Θ *pm* ¦ *txt* 𝔓^66 B(⸉א*) *pc* || 2 ⸰𝔓^66 (D Θ)

[1 sqq] cf Lc 11,37; 14,1 || *[3 (Mt/Mc)] cf 33* || *[3 sq (Jo)]* cf Jo 11,1-44 || *[4 (Mt/Mc)]* cf Mc 1,40 par *(= nr 42)*; Lc 17,12 || [6] cf Lc 10,38 sqq

[Matth. 26, 6-13]	[Mark. 14, 3-9]	**[Luk. 7, 36-50]**	[Joh. 12, 1-8]
	κατα-	⸀κατ-	Λάζαρος εἷς ἦν °ἐκ τῶν ἀνακει-
7 προσῆλθεν αὐτῷ γυνὴ	κειμένου αὐτοῦ ⸂ἦλθεν γυνὴ⸃	εκλίθη. 37 καὶ ἰδοὺ γυνὴ	μένων σὺν αὐτῷ. 3 Ἡ οὖν ⸀Μαριὰμ
		⸂ἥτις ἦν⸃ ἐν τῇ πόλει ἁμαρτωλός,	
		καὶ ἐπιγνοῦσα ὅτι κατάκειται ἐν	
ἔχουσα	ἔχουσα	τῇ οἰκίᾳ τοῦ Φαρισαίου, κομίσασα	λαβοῦσα
ἀλάβαστρον μύρου ⸀βαρυτίμου	ἀλάβαστρον μύρου ⸋νάρδου πι-	ἀλάβαστρον μύρου 38 καὶ στᾶσα	λίτραν μύρου °νάρδου πιστικῆς
	στικῆς ⸀πολυτελοῦς⸌, ⸁συντρί-	ὀπίσω παρὰ τοὺς πόδας ⸀αὐτοῦ	πολυτίμου
καὶ κατέχεεν	ψασα ⸀1 τὴν ἀλάβαστρον κατέχεεν	κλαίουσα τοῖς δάκρυσιν ⸂ἤρξα-	ἤλειψεν
ἐπὶ τῆς κεφαλῆς αὐτοῦ ἀνακει-	⸄αὐτοῦ τῆς κεφαλῆς⸅.	το βρέχειν⸃ τοὺς πόδας αὐτοῦ	τοὺς πόδας °1 τοῦ Ἰησοῦ
μένου.		καὶ ταῖς θριξὶν τῆς κεφαλῆς	καὶ ἐξέμαξεν ταῖς θριξὶν αὐτῆς
		αὐτῆς ⸁ἐξέμασσεν καὶ κατεφίλει	
		τοὺς πόδας αὐτοῦ	⸋τοὺς πόδας αὐτοῦ⸌· ἡ δὲ οἰκία ⸀ἐ-
		καὶ ἤλειφεν τῷ μύρῳ.	πληρώθη ἐκ τῆς ὀσμῆς τοῦ μύρου.
8 ἰδόντες δὲ οἱ μαθηταὶ ⸆	4 ⸂ἦσαν δέ τινες	39 ἰδὼν δὲ ὁ Φαρισαῖος ⸂ὁ	4 λέγει ⸀δὲ ⸂Ἰούδας ὁ Ἰσκαριώ-
ἠγανάκτησαν	ἀγανακτοῦντες πρὸς ἑαυτούς⸃·	καλέσας αὐτὸν⸃ εἶπεν ἐν ἑαυτῷ	της εἷς [ἐκ] τῶν μαθητῶν αὐτοῦ⸃,
λέγοντες·		°λέγων·	⸄ὁ μέλλων αὐτὸν παραδιδόναι⸅·
εἰς τί ἡ ἀπώλεια αὕτη;	εἰς τί ἡ ἀπώλεια αὕτη ⸋τοῦ μύ-	οὗτος εἰ ἦν ⸆ προφήτης, ἐγί-	
9 ἐδύνατο γὰρ	ρου⸌ γέγονεν; 5 ἠδύνατο °γὰρ	νωσκεν ἂν τίς καὶ ποταπὴ ἡ γυνὴ	5 διὰ τί
τοῦτο ⸆ πραθῆναι	τοῦτο τὸ μύρον πραθῆναι °1 ἐπ-	⸄ἥτις ἅπτεται⸅ αὐτοῦ, ὅτι ἁμαρτω-	τοῦτο τὸ μύρον οὐκ ἐπράθη
πολλοῦ καὶ	άνω ⸉δηναρίων τριακοσίων⸊ καὶ	λός ἐστιν.	⸀τριακοσίων δηναρίων καὶ
δοθῆναι ⸆ πτωχοῖς.	δοθῆναι τοῖς πτωχοῖς· καὶ ἐνε-		ἐδόθη πτωχοῖς; 6 εἶπεν δὲ
	βριμῶντο αὐτῇ.		τοῦτο οὐχ ὅτι περὶ τῶν πτωχῶν
			ἔμελεν αὐτῷ, ἀλλ᾽ ὅτι κλέπτης ἦν
			καὶ τὸ γλωσσόκομον ἔχων τὰ
		40 καὶ	βαλλόμενα ἐβάσταζεν.
		ἀποκριθεὶς ὁ Ἰησοῦς εἶπεν πρὸς	
		αὐτόν· Σίμων, ἔχω σοί τι εἰπεῖν.	
		ὁ δέ· διδάσκαλε, εἰπέ, φησίν.	

Matth.: 7 ⸀p) πολυτι- ℌ A D Θ *al* ¦ *txt* B ℜ W 089.0133.0255 λ φ *pm* ‖ 8 ⸆αυτου ℜ A W 0133.0255 λ *pm* ¦ *txt* 𝔓45 vid.64 vid ℌ D Θ φ *al* lat ‖ 9 ⸆p) το μυρον ℜ *pm* | ⸆p) τοις A D E W *pm* ¦ *txt* ℌ Θ 089.0133.0255 λ φ *al*

Mark.: 3 ⸂γυνη προσηλθεν W | ⸋ D | ⸀p) -τιμου A G W Θ λ φ *al* | ⸁και συντρ. C ℜ A W λ φ *pl* ¦ και θραυσασα D Θ 565 | ⸀1 τον ℵ* A D *pm* ¦ το G W Θ λ φ *al* ¦ *txt* ℌ | ⸄α. κατα τ. κ. ℜ A Θ φ *pm* ¦ επι της κεφ. αυτου D lat ‖ 4 ⸂οι δε μαθηται αυτου διεπονουντο και ελεγον D Θ *pc* a ff2 i r1 ¦ *txt* B ℵ C* *pc* ¦ *txt* + και λεγοντες C2 ℜ A (⸉λ) vg sys sa bo (+ των μαθητων *p.* τινες W φ syp) | ⸋ W λ *pc* a l sys ‖ 5 °D aur k | °1 954 *pc* c k sys | ⸉ B ℜ A 0103 λ φ *pl* lat

Luk.: 36 ⸀ανεκλιθη ℜ A W Θ φ *pm* ¦ κατεκειτο ℵ* ‖ 37 ⸂τις ην φ 700 *pc* sy ¦ — D ‖ 38 ⸀του Ιησου A Θ *al* | ⸂εβρεξε D it sys.c; Mcion | ⸁-μαξεν 𝔓3 ℌ A D W *al* ¦ *txt* B ℵcorr ℜ Θ λ φ *pm* ‖ 39 ⸂παρ ω κατεκειτο D e | °D W *pc* r1 | ⸆ † ο B* Ξ 482* ¦ *txt* ℵ ℜ A D W Θ λ φ *pm* | ⸄η απτομενη D; Or

Joh.: 2 °ℜ A D W Θ 065.0250 λ φ *pl* ‖ 3 ⸀-ια 𝔓66 ℌ ℜ A D W Θ 065.0218vid.0250 φ *pl* ¦ *txt* B λ 565 *pc* | °𝔓66* D it | °1 B | ⸋ λ 565 *pc* sys bo | ⸀επληρωθη B ‖ 4 ⸀ουν ℜ A D Θ 065 λ φ *pl* lat ¦ — L 33 *pc* ¦ *txt* 𝔓66 B ℵ W *pc* | ⸂εις εκ τ. μ. α. Ιουδ. (+ Σιμων F G U *al* b c r1 bopt; -ωνος ℜ A Θ φ *al* f ff2) ο (— ℜ D Θ *pm*) Ισκαρ. (απο Καρυωτου D) ℜ A D Θ λ φ *pl* latt bo ¦ † *ut txt, sed om.* εκ 𝔓66.75 ℌ W *pc* sys.p ¦ *txt* ℵ *pc* | ⸄ος ημελλεν παραδουναι αυτ. D (it) ‖ 5 ⸀διακ- φ 579 *pc*

8-18 *(Jo)* cf Jo 11,2 ‖ 12 *(Mc/Jo)* νάρδος: cf Ct 1,12; 4,13 sq; NT hic sol ‖ 14 sqq *(Mt/Mc)* cf Ps 23,5; cf 91 sq ‖ 22 *(Jo)* cf Jo 6,64.71; 13,11 ‖ 23 *(Lc)* cf Mt 16,14 par *(= nr 158)*; 21,11.46; Mc 6,15; Lc 7,16; 24,19; Jo 4,19 ‖ 28 *(Mc)* ἐμβριμᾶσθαι: hic et Mt 9,30; Mc 1,43; Jo 11,33.38 ‖ 30 γλωσσόκομον: hic et Jo 13,29; cf 2 Chr 24,8 sqq ‖ 33 *cf 3 (Mt/Mc)*

[Matth. 26,6-13]	[Mark. 14,3-9]	**[Luk. 7,36-50]**	[Joh. 12,1-8]
		41 δύο χρεοφειλέται ἦσαν δανειστῇ τινι· ὁ εἷς ὤφειλεν δηνάρια πεντακόσια, ὁ δὲ ἕτερος ⸆πεντήκοντα. 42 μὴ ἐχόντων ⸆ αὐτῶν ἀποδοῦναι ἀμφοτέροις ἐχαρίσατο. τίς οὖν αὐτῶν ⸆πλεῖον ἀγαπήσει αὐτόν; 43 °ἀποκριθεὶς ⸆⸀Σίμων εἶπεν· ὑπολαμβάνω ὅτι ᾧ τὸ πλεῖον ἐχαρίσατο. ὁ δὲ εἶπεν αὐτῷ· ὀρθῶς ἔκρινας. 44 καὶ στραφεὶς πρὸς τὴν γυναῖκα ⸂τῷ Σίμωνι ἔφη⸃· βλέπεις ταύτην τὴν γυναῖκα;	
10 γνοὺς δὲ ὁ Ἰησοῦς εἶπεν αὐτοῖς· τί κόπους παρέχετε τῇ γυναικί; ἔργον γὰρ καλὸν ἠργάσατο εἰς ἐμέ· 11 πάντοτε γὰρ τοὺς πτωχοὺς ἔχετε μεθ᾽ ἑαυτῶν, ἐμὲ δὲ οὐ πάντοτε ἔχετε·	6 ὁ δὲ Ἰησοῦς εἶπεν ⸆· ἄφετε αὐτήν· τί αὐτῇ ⸀κόπους παρέχετε; καλὸν ⸆ ἔργον ἠργάσατο ἐν ἐμοί. 7 πάντοτε γὰρ τοὺς πτωχοὺς ἔχετε μεθ᾽ ⸀ἑαυτῶν καὶ ὅταν θέλητε δύνασθε ⸀αὐτοῖς ⸆ εὖ ποιῆσαι, ἐμὲ δὲ οὐ πάντοτε ἔχετε. 8 ὃ ἔσχεν ⸆ἐποίησεν·		7 εἶπεν οὖν ὁ Ἰησοῦς· ἄφες αὐτήν, °ἵνα εἰς τὴν ἡμέραν τοῦ ἐνταφιασμοῦ μου ⸀τηρήσῃ αὐτό· 8 ⸋τοὺς πτωχοὺς °γὰρ πάντοτε ἔχετε ⸋1μεθ᾽ ἑαυτῶν, ἐμὲ δὲ οὐ πάντοτε ἔχετε.⸌
		εἰσῆλθόν σου εἰς ⸂τὴν οἰκίαν⸃, ⸆ ὕδωρ ⸂1μοι ἐπὶ πόδας⸃ οὐκ ἔδωκας· αὕτη δὲ τοῖς δάκρυσιν ἔβρεξέν μου τοὺς πόδας καὶ ταῖς θριξὶν αὐτῆς ἐξέμαξεν. 45 φίλημά μοι ⸆οὐκ ἔδωκας· αὕτη δὲ ἀφ᾽ ἧς ⸀εἰσῆλθον οὐ ⸀διέλιπεν καταφιλοῦσά μου τοὺς πόδας. 46 ἐλαίῳ ⸂τὴν κεφαλήν⸃ μου οὐκ ἤλειψας· αὕτη δὲ μύρῳ ἤλειψεν	
12 βαλοῦσα γὰρ αὕτη τὸ μύρον τοῦτο ἐπὶ τοῦ σώματός μου πρὸς τὸ ἐνταφιάσαι με ἐποίησεν.	προέλαβεν μυρίσαι ⸉τὸ σῶμά μου⸊ εἰς τὸν ἐνταφιασμόν.	⸂τοὺς πόδας μου⸃.	cf. v. 7

Mark.: 6 ⸆αυτοις DWΘ it sy[s] ǀ ⸀κοπον W k ǀ ⸆γαρ ℵWϕ *pc* ǁ 7 ⸀υμων DW lat ǀ ⸀αυτους ℜAΘ *pm* ¦ — ℵ* *pc* ǀ ⸆παντοτε Bℵ[2] *pc* ǁ 8 ⸆αυτη CℜAD *pm* lat ǀ ⸉ *3 1 2* CℜAW0103λϕ *pm*

Luk.: 41 ⸆δηναρια D 69 a c r[1] ǁ 42 ⸆δε 𝔓[3]ℵℜAWΘλϕ *pl* ¦ *txt* BD *pc* lat ǀ ⸆ειπε ℜ(A)Θ 079 ϕ 33 *pm* ǁ 43 °W 079 λ 700 sy[s.c] ǀ ⸆δε 𝔓[3]ℵℜA(W)Θ(079λ)ϕ *pl* ¦ *txt* BD *pc* lat ǀ ⸀ο Σ. ℜAD(W)Θ(079λ)ϕ *pm* ǁ 44 ⸂ειπεν τ. Σ. D latt ǀ ⸂τον οικον W ǀ ⸆και D e ǀ ⸂1μου επι τους π. 𝔓[3vid]ℵ(⸉ℜAλϕ *pm*) ¦ μοι επι τους π. X 33 *pc* ¦ υπο ποδας (!) μοι W ¦ *txt* B(⸉D) *pc* ǁ 45 ⸆(1 Pt 5,14) αγαπης Λϕ 346 *pc* ǀ ⸀-θεν L*ϕ *al* lat sa[pt] bo[pt] ǀ ⸀† -λειπεν ℌAEW 079 ϕ *pm* ¦ *txt* BDΘλ *pm* ǁ 46 ⸂τους ποδας a e ff[2] l ǀ ⸂ *3 1 2* ℵλϕ *al* ¦ — DW 079 it ¦ *txt* BAEΘ *pm*

Joh.: 7 ° *et* ⸀τετηρηκεν ℜA 065 λϕ *pm* f ¦ [⸀(Mt 26,12) ποιηση P. Schmiedel *cj*] ǁ 8 ⸋*vs* D sy[s] ǀ °LΘ ǀ ⸋1 𝔓[75]Λ*

35sqq cf Mt 18,23sqq; 25,14sqq; Lc 16,1sqq; 19,12sqq ǁ 44 cf Lc 10,28; 20,21 ǁ 46sq (Mt/Mc) cf Lc 11,7; 18,5; Gl 6,17 ǁ 49 cf Dt 15,11 ǁ 52 cf Mc 2,19sq par *(= nr 45)* ǁ 54sq cf Gn 18,4; 1Sm 25,41; Jo 13,5sqq; 1Tm 5,10 ǁ 57sq cf 2 Sm 15,5 etc; Mt 26,48 par *(= nr 331)*; Act 20,37; 1Cor 16,20; 2Cor 13,12; 1Th 5,26; 1Pt 5,14 ǁ 64 cf Mc 16,1 par *(= nr 352)*

[Matth. 26,6-13]	[Mark. 14,3-9]	**[Luk. 7,36-50]**	Joh.
13 ἀμὴν λέγω ὑμῖν, ὅπου ἐὰν κηρυχθῇ τὸ εὐαγγέλιον τοῦτο ἐν ὅλῳ τῷ κόσμῳ, λαληθήσεται καὶ ὃ ἐποίησεν αὕτη εἰς μνημόσυνον αὐτῆς.	9 ἀμὴν °δὲ λέγω ὑμῖν, ⸆ὅπου ἐὰν κηρυχθῇ τὸ εὐαγγέλιον ⸇ εἰς ὅλον τὸν κόσμον, καὶ ὃ ἐποίησεν αὕτη λαληθήσεται εἰς μνημόσυνον αὐτῆς.	47 οὗ χάριν ⸆⸀λέγω σοι, ἀφέωνται ⸂⸉αἱ ἁμαρτίαι αὐτῆς⸊ αἱ πολλαί⸃, □ὅτι ἠγάπησεν πολύ· ᾧ δὲ ὀλίγον ἀφίεται, ⸇ ὀλίγον ἀγαπᾷ.⸌ 48 εἶπεν δὲ αὐτῇ· ἀφέωνταί σου αἱ ἁμαρτίαι. 49 καὶ ἤρξαντο οἱ συνανακείμενοι λέγειν ⸂ἐν ἑαυτοῖς⸃· τίς ⸉οὗτός ἐστιν⸊ ὃς καὶ ἁμαρτίας ἀφίησιν; 50 εἶπεν δὲ πρὸς τὴν γυναῖκα· ⸆ ἡ πίστις σου σέσωκέν σε· πορεύου ⸂εἰς εἰρήνην⸃.	
9,22 (nr. 95, p. 129) 22 Ὁ δὲ Ἰησοῦς στραφεὶς καὶ ἰδὼν αὐτὴν εἶπεν· θάρσει, θύγατερ· ἡ πίστις σου σέσωκέν σε. καὶ ἐσώθη ἡ γυνὴ ἀπὸ τῆς ὥρας ἐκείνης.	*5,34 (nr. 138, p. 190)* 34 Ὁ δὲ εἶπεν αὐτῇ· θυγάτηρ, ἡ πίστις σου σέσωκέν σε· ὕπαγε εἰς εἰρήνην καὶ ἴσθι ὑγιὴς ἀπὸ τῆς μάστιγός σου.	*8,48 (nr. 138, p. 190)* 48 Ὁ δὲ εἶπεν αὐτῇ· θυγάτηρ, ἡ πίστις σου σέσωκέν σε· πορεύου εἰς εἰρήνην.	
9,29-30 (nr. 96, p. 133) 29 Τότε ἥψατο τῶν ὀφθαλμῶν αὐτῶν λέγων· κατὰ τὴν πίστιν ὑμῶν γενηθήτω ὑμῖν. 30 καὶ ἠνεῴχθησαν αὐτῶν οἱ ὀφθαλμοί. καὶ ἐνεβριμήθη αὐτοῖς ὁ Ἰησοῦς λέγων· ὁρᾶτε μηδεὶς γινωσκέτω.	*10,52 (nr. 264, p. 354)* 52 Καὶ ὁ Ἰησοῦς εἶπεν αὐτῷ· ὕπαγε, ἡ πίστις σου σέσωκέν σε. καὶ εὐθὺς ἀνέβλεψεν καὶ ἠκολούθει αὐτῷ ἐν τῇ ὁδῷ.	*18,42 (nr. 264, p. 354)* 42 Καὶ ὁ Ἰησοῦς εἶπεν αὐτῷ· ἀνάβλεψον· ἡ πίστις σου σέσωκέν σε. *17,19 (nr. 233, p. 314)* 19 Καὶ εἶπεν αὐτῷ· ἀναστὰς πορεύου· ἡ πίστις σου σέσωκέν σε.	

Ignatius ad Eph. 17,1: Διὰ τοῦτο μύρον ἔλαβεν ἐπὶ τῆς κεφαλῆς αὐτοῦ ὁ κύριος, ἵνα πνέῃ τῇ ἐκκλησίᾳ ἀφθαρσίαν. μὴ ἀλείφεσθε δυσωδίαν τῆς διδασκαλίας τοῦ ἄρχοντος τοῦ αἰῶνος τούτου, μὴ αἰχμαλωτίσῃ ὑμᾶς ἐκ τοῦ προκειμένου ζῆν.

Mark.: 9 °C A W Θ λ φ *pm* lat | ⸆οτι W *al* it | ⸇*p)* τουτο C ℜ A Θ **0103** λ *pm* sy^p sa bo ¦ *txt* B ℵ D W φ *al* it (sy^s)

Luk.: 47 ⸆δε D | ⸀ειπον ℵ* | ⸂αυτη πολλα D ff² l | ⸉ *3 1 2* ℵ A W 69 *al* ¦ *txt* 𝔓^75vid B ℜ Θ **079** λ *pm* | □D(e) | ⸇και B || 49 ⸂προς εαυτους W | ⸉ D λ φ *al* lat || 50 ⸆γυναι D | ⸂εν -νη D lat

---

66 sq (Mt/Mc) cf Mt 28,19; Mc 13,10; 16,15 || *68 sq (Mt/Mc)* cf Hen 103,4 || *69 sq* cf Mt 9,2; Mc 2,5; Lc 5,20 || *72* cf Lc 5,21; Jo 5,12; Mc 2,6 sq || *74 sqq* cf *78 sqq. 83 sq. 90* || *75 sq* cf 1Sm 1,17 || *78 sqq* cf *74 sqq* || *83 sq* cf *74 sqq* || *90* cf *74 sqq* || *91 sq* cf *14 sqq (Mt/Mc)*

115. Frauen im Gefolge Jesu

Mulieres Jesum sequentes | **The Ministering Women**

Matth. 9,35; 27,55-56; 4,23	Mark. 6,6b; [16,9]; 15,40-41; 1,39	**Luk. 8,1-3** 23,49; 4,44	Joh.
9,35 *(nr. 98, p. 137)* 35 Καὶ περιῆγεν ὁ Ἰησοῦς τὰς πόλεις πάσας καὶ τὰς κώμας διδάσκων ἐν ταῖς συναγωγαῖς αὐτῶν καὶ κηρύσσων τὸ εὐαγγέλιον τῆς βασιλείας καὶ θεραπεύων πᾶσαν νόσον καὶ πᾶσαν μαλακίαν.	6,6b *(nr. 142, p. 200)* 6 ... Καὶ περιῆγεν τὰς κώμας κύκλῳ διδάσκων. [16,9] *(nr. 363, p. 508)* ⟦9 Ἀναστὰς δὲ πρωῒ πρώτῃ σαββάτου ἐφάνη πρῶτον Μαρίᾳ τῇ Μαγδαληνῇ, παρ᾽ ἧς ἐκβεβλήκει ἑπτὰ δαιμόνια.⟧	1 Καὶ ἐγένετο ἐν τῷ καθεξῆς καὶ αὐτὸς διώδευεν κατὰ πόλιν καὶ κώμην κηρύσσων καὶ εὐαγγελιζόμενος τὴν βασιλείαν τοῦ θεοῦ καὶ οἱ δώδεκα σὺν αὐτῷ, 2 καὶ γυναῖκές τινες αἳ ἦσαν τεθεραπευμέναι ἀπὸ πνευμάτων ⸀πονηρῶν καὶ ἀσθενειῶν, Μαρία ἡ καλουμένη Μαγδαληνή, ἀφ᾽ ἧς δαιμόνια ἑπτὰ ἐξεληλύθει, 3 καὶ Ἰωάννα γυνὴ Χουζᾶ ἐπιτρόπου Ἡρῴδου καὶ Σουσάννα καὶ ἕτεραι πολλαί, αἵτινες ⸆ διηκόνουν ⸀αὐτοῖς ἐκ τῶν ὑπαρχόντων ⸁αὐταῖς. *(nr. 122 8,4-8 p. 174)*	
27,55-56 *(nr. 348, p. 490)* 55 Ἦσαν δὲ ἐκεῖ γυναῖκες πολλαὶ ἀπὸ μακρόθεν θεωροῦσαι, αἵτινες ἠκολούθησαν τῷ Ἰησοῦ ἀπὸ τῆς Γαλιλαίας διακονοῦσαι αὐτῷ· 56 ἐν αἷς ἦν Μαρία ἡ Μαγδαληνὴ καὶ Μαρία ἡ τοῦ Ἰακώβου καὶ Ἰωσὴφ μήτηρ καὶ ἡ μήτηρ τῶν υἱῶν Ζεβεδαίου. cf. v. 55	15,40-41 *(nr. 348, p. 490)* 40 Ἦσαν δὲ καὶ γυναῖκες ἀπὸ μακρόθεν θεωροῦσαι, cf. v. 41 ἐν αἷς καὶ Μαρία ἡ Μαγδαληνὴ καὶ Μαρία ἡ Ἰακώβου τοῦ μικροῦ καὶ Ἰωσῆτος μήτηρ καὶ Σαλώμη, 41 αἳ ὅτε ἦν ἐν τῇ Γαλιλαίᾳ ἠκολούθουν αὐτῷ καὶ διηκόνουν αὐτῷ, καὶ ἄλλαι πολλαὶ αἱ συναναβᾶσαι αὐτῷ εἰς Ἱεροσόλυμα.	23,49 *(nr. 348, p. 490)* 49 Εἱστήκεισαν δὲ πάντες οἱ γνωστοὶ αὐτῷ ἀπὸ μακρόθεν καὶ γυναῖκες αἱ συνακολουθοῦσαι αὐτῷ ἀπὸ τῆς Γαλιλαίας ὁρῶσαι ταῦτα. cf. v. 49	
4,23 *(nr. 40, p. 56)* 23 Καὶ περιῆγεν ἐν ὅλῃ τῇ Γαλιλαίᾳ διδάσκων ἐν ταῖς συναγωγαῖς αὐτῶν καὶ κηρύσσων τὸ εὐαγγέλιον τῆς βασιλείας καὶ θεραπεύων πᾶσαν νόσον καὶ πᾶσαν μαλακίαν ἐν τῷ λαῷ.	1,39 *(nr. 40, p. 56)* 39 Καὶ ἦλθεν κηρύσσων εἰς τὰς συναγωγὰς αὐτῶν εἰς ὅλην τὴν Γαλιλαίαν καὶ τὰ δαιμόνια ἐκβάλλων.	4,44 *(nr. 40, p. 56)* 44 Καὶ ἦν κηρύσσων εἰς τὰς συναγωγὰς τῆς Ἰουδαίας.	

Luk.: 2 ⸀ακαθαρτων ℵΘ it ¦ ακ. πον. 131 ‖ 3 ⸆και D *pc* it; Mcion | ⸀αυτω ℌ A λ 565 *pm* a aur b l q vg^cl sa bo; Mcion ¦ *txt* B ℜ D W Θ φ *al* lat sy | ⸁αυτων ℵ* D *pc*

---

1 sqq cf *24 sqq* ‖ 2 διοδεύειν: hic et Act 17,1 ‖ *4 sq* cf Mc 1,39; Lc 4,43 ‖ *6 sqq* cf Mt 28,1 par *(= nr 352)*; Lc 10,38 sqq; 23,27; 24,10; Act 1,14; *cf 14 sqq* ‖ *8* cf Mt 27,61 par *(= nr 350)*; 28,1 par *(= nr 352)*, Jo 19,25; *cf 17 sq* ‖ *9* cf Mt 12,45; Lc 11,26; 8,30 ‖ *10* Ἰωάννα = Lc 24,10? | cf Act 13,1 ‖ *11* Σουσάννα: hic sol ‖ *11 sqq cf 14 sqq* ‖ *14 sqq cf 6 sqq. 11 sqq* ‖ *17 sq cf 8* ‖ *24 sqq cf 1 sqq*

116. Jesus und seine Angehörigen

Incredulitas suorum — *(cf. nr. 121. 135)* — **Jesus is Thought to be Beside Himself**

Matth.	Mark. 3, 20-21	Luk.	Joh.
	(nr. 49 3, 13-19 p. 70)		
	20 Καὶ ἔρχεται εἰς οἶκον· καὶ συνέρχεται πάλιν °[ὁ] ὄχλος⸆, ὥστε μὴ δύνασθαι αὐτοὺς ⸀μηδὲ ⸁ἄρτον φαγεῖν.		
	21 καὶ ⸂ἀκούσαντες οἱ παρ᾽ αὐτοῦ⸃ ἐξῆλθον κρατῆσαι αὐτόν· ἔλεγον γὰρ ὅτι ⸀ἐξέστη.		

20 °ℵ*CℜWΘ***0133.0134**λϕ*pm* ¦ *txt* BADΘ^corr *al* | ⸆πολυς λ*pc* | ⸀μητε ℵCℜDΘ**0134**λ*al* | ⸁αρτους D || **21** ⸂ακ. (οτε ηκουσαν D it) περι αυτου οι γραμματεις και οι λοιποι DW it | ⸀εξεσται Θϕ 565*pc* ¦ εξεσται αυτους D it ¦ εξηρτηνται αυτου W

[1] cf Mc 2, 2.15; 6, 31; Lc 19, 3 | cf Ex 2, 20 etc; Mc 7, 5; Jo 6, 23.31.51 || [2] cf Ps 69, 9; Mt 13, 57 par *(= nr 139)*; Jo 4, 44; 7, 5; Mt 12, 46 par *(= nr 121)*; Lc 8, 19 | cf Sus 33; 1 Mcc 9, 44 | Sap 5, 4; Zch 13, 3; Jo 7, 20; 8, 48.52; 10, 20; Mt 11, 18 par *(= nr 107)*; 2 Cor 5, 13

117. Im Bunde mit dem Teufel?

In quo eiiciat daemonia — *(cf. nr. 188)* — **On Collusion with Satan**

Matth. 12, 22-30	Matth. 9, 32-34 *(nr. 97, p. 136)*	Mark. 3, 22-27 9, 40	Luk. 11, 14-15. 17-23 9, 50 b	Joh. 7, 20; 10, 20; 8, 48; 8, 52
(nr. 113 12, 15-21 p. 159)	32 ⸂Αὐτῶν δὲ ἐξερχομένων⸃		11, 14 sqq. *(nr. 188, p. 270)*	
22 Τότε ⸂προσηνέχθη αὐτῷ	ἰδοὺ προσήνεγκαν αὐτῷ		14 ⸂Καὶ ἦν ἐκβάλλων	
δαιμονιζόμενος τυφλὸς καὶ	°ἄνθρωπον		δαιμόνιον □[καὶ αὐτὸ ἦν]⸌	
κωφός⸃,	κωφὸν δαιμονιζόμενον.		⸀κωφόν·	
καὶ ἐθεράπευσεν	33 καὶ ἐκβληθέντος τοῦ		ἐγένετο δὲ τοῦ δαιμονίου	
⸀αὐτόν, ὥστε ⸉τὸν κωφὸν⸊	δαιμονίου ἐλάλησεν ὁ		⸁ἐξελθόντος ἐλάλησεν ὁ	
⸆λαλεῖν καὶ βλέπειν. 23 καὶ	κωφός. καὶ		κωφὸς καὶ	
ἐξίσταντο πάντες οἱ ὄχλοι	ἐθαύμασαν οἱ ὄχλοι		ἐθαύμασαν ⸆ οἱ ὄχλοι⸃.	
καὶ ἔλεγον· μήτι οὗτός ἐ-	λέγοντες· οὐδέποτε ⸉ἐφά-			
στιν ὁ υἱὸς Δαυίδ;	νη οὕτως⸊ ἐν τῷ Ἰσραήλ.			

Matth. 12: 22 ⸂προσηνεγκαν α. δαιμ-ον τυφλον και κωφον B*pc* sy; (Or) | ⸀αυτους ℵ* | ⸉τ. κω. και τυφλον LWΘϕ*al* sy^p ¦ τ. τυφ. κ. κω. C ℜ*pm* ¦ — lat ¦ *txt* BℵD*pc* sy^c | ⸆και ℵ^corr Cℜ*pm*

Matth. 9: 32 ⸂του δε Ιησου (— Ιησ. + εκειθεν bo) εξερχομενου sy^p bo | °† Bℵ*pc* sy^s.p sa bo ¦ *txt* CℜDWΘλ*pl* latt || 33 ⸉D *pc* it

Luk.: 14 ⸂*p)* ταυτα δε ειποντος αυτου προσφερεται αυτω δαιμονιζομενος κωφος και εκβαλοντος αυτου παντες εθαυμαζον D (c f) | □𝔓^45.75 ℌλ*al* (sy^p) sa bo ¦ *txt* CℜAWΘϕ*pm* latt | ⸀εκ του κωφου sy^s.c | ⸁εκβληθεντος CAϕ*al* lat | ⸆*p)* παντες Θ it

[4] cf Mt 11, 5; 15, 31; Lc 7, 22; Mc 7, 32.37; 9, 25 || [8] cf Mt 11, 4; 15, 31; Mc 2, 12; 7, 37; 11, 18; Jo 7, 31 || [9sq] cf Mt 9, 27; 15, 22; 20, 30 par *(= nr 264)*

[Matth.] [12,22-30]	[Matth.] [9,32-34]	[Mark. 3,22-27]	[Luk. 11,14-15. 17-23]	Joh.
24 οἱ δὲ Φαρισαῖοι ἀκούσαντες	34 □οἱ δὲ Φαρισαῖοι	22 Καὶ οἱ γραμματεῖς οἱ ἀπὸ Ἱεροσολύμων καταβάντες	15 τινὲς δὲ ἐξ αὐτῶν	
εἶπον· οὗτος οὐκ ἐκβάλλει τὰ δαιμόνια εἰ μὴ ἐν τῷ ⸀Βεελζεβοὺλ ἄρχοντι τῶν δαιμονίων.	ἔλεγον· ἐν τῷ ἄρχοντι τῶν δαιμονίων ἐκβάλλει τὰ δαιμόνια.⸌	ἔλεγον ὅτι ⸀Βεελζεβοὺλ ἔχει ⸂καὶ ὅτι ἐν τῷ ἄρχοντι τῶν δαιμονίων⸃ ἐκβάλλει τὰ δαιμόνια.	εἶπον· ἐν ⸀Βεελζεβοὺλ τῷ ἄρχοντι τῶν δαιμονίων ἐκβάλλει τὰ δαιμόνια·⸆...	7,20 (nr. 240, p. 322) 20 Ἀπεκρίθη ὁ ὄχλος· δαιμόνιον ἔχεις· τίς σε ζητεῖ ἀποκτεῖναι;
25 ⸀εἰδὼς δὲ ⸆τὰς ἐνθυμήσεις αὐτῶν εἶπεν αὐτοῖς·		23 καὶ προσκαλεσάμενος αὐτοὺς ἐν παραβολαῖς ⸂ἔλεγεν αὐτοῖς⸃· πῶς δύναται σατανᾶς σατανᾶν ἐκβάλλειν;	17 αὐτὸς δὲ ⸀εἰδὼς αὐτῶν τὰ διανοήματα εἶπεν αὐτοῖς·	10,20 (nr. 250, p. 333) 20 Ἔλεγον δὲ πολλοὶ ἐξ αὐτῶν· δαιμόνιον ἔχει καὶ μαίνεται. τί αὐτοῦ ἀκούετε;
πᾶσα βασιλεία μερισθεῖσα ⸂καθ᾽ ἑαυτῆς⸃ ἐρημοῦται		24 καὶ ἐὰν βασιλεία ἐφ᾽ ἑαυτὴν μερισθῇ, οὐ δύναται σταθῆναι ἡ βασιλεία ἐκείνη·	πᾶσα βασιλεία ⸉ἐφ᾽ ἑαυτὴν ⸀διαμερισθεῖσα⸊ ἐρημοῦται	8,48 (nr. 247, p. 328) 48 Ἀπεκρίθησαν οἱ Ἰουδαῖοι καὶ εἶπαν αὐτῷ· οὐ καλῶς λέγομεν ἡμεῖς ὅτι Σαμαρίτης εἶ σὺ καὶ δαιμόνιον ἔχεις;
καὶ πᾶσα πόλις ἢ οἰκία μερισθεῖσα ⸂καθ᾽ ἑαυτῆς⸃ οὐ ⸀σταθήσεται.		25 καὶ ἐὰν οἰκία ἐφ᾽ ἑαυτὴν μερισθῇ, οὐ ⸀δυνήσεται □ἡ οἰκία ἐκείνη⸌ ⸀σταθῆναι.	καὶ οἶκος ἐπὶ οἶκον πίπτει.	
26 καὶ εἰ ὁ σατανᾶς τὸν σατανᾶν ἐκβάλλει, ἐφ᾽ ἑαυτὸν ἐμερίσθη· πῶς οὖν σταθήσεται ἡ βασιλεία αὐτοῦ;		26 καὶ εἰ ὁ σατανᾶς ⸂ἀνέστη ἐφ᾽ ἑαυτὸν⸃ ⸂καὶ ἐμερίσθη⸃, οὐ δύναται ⸀στῆναι ἀλλὰ τέλος ἔχει.	18 εἰ δὲ καὶ ὁ σατανᾶς ἐφ᾽ ἑαυτὸν διεμερίσθη, ⸀πῶς σταθήσεται ἡ βασιλεία αὐτοῦ; ὅτι λέγετε ἐν ⸀Βεελζεβοὺλ ἐκβάλλειν με τὰ δαιμόνια.	8,52 (nr. 247 p. 328) 52 Εἶπον [οὖν] αὐτῷ οἱ Ἰουδαῖοι· νῦν ἐγνώκαμεν ὅτι δαιμόνιον ἔχεις. Ἀβραὰμ ἀπέθανεν καὶ οἱ προφῆται, καὶ σὺ λέγεις· ἐάν τις τὸν λόγον μου τηρήσῃ, οὐ μὴ γεύσηται θανάτου εἰς τὸν αἰῶνα.
27 καὶ εἰ ἐγὼ ἐν ⸀Βεελζεβοὺλ ἐκβάλλω τὰ δαιμόνια, οἱ υἱοὶ			19 εἰ δὲ ἐγὼ ἐν ⸀Βεελζεβοὺλ ἐκβάλλω □τὰ δαιμόνια⸌, οἱ υἱοὶ	

Matth. 12: 24 ⸀† Βεεζ- Bℵ ¦ [— P. Schmiedel *cj*] ¦ Beelzebub c (ff¹) vg sy ¦ *txt* 𝔓²¹ C Ｒ D W Θ *pl* (it); Or ‖ 25 ⸀ιδων 𝔓²¹ ℵ² D 33 *pc* ff¹ k sy^s.c^ bo | ⸆ο Ιησους C Ｒ W Θ 0106 λ *pl* lat | ⸂*p*) *bis* εφ εαυτην D | ⸀στησεται D φ ‖ 27 ⸀† Βεεζ- Bℵ ¦ Beelzebub c (ff¹) vg sy^c.p^ ¦ *txt* C Ｒ D W Θ *pl* (it); Or

Matth. 9: 34 □*vs* D a k sy^s^; Hil

Mark.: 22 ⸀† Βεεζ- B ¦ Beelzebub lat sy^s.p^ ¦ *txt* ℵ C Ｒ A D W Θ 0133. 0134 λ φ *pl* | ⸂τον αρχοντα τ. δ. και δι αυτου W it ‖ 23 ⸂ελ. ο κυριος Ιησους D *pc* (ff² i) ¦ ειπεν αυτοις ο Ιησους Θ *pc* ‖ 25 ⸀δυναται Ｒ A D W Θ 0134 λ φ *pl* | □W e | ⸀† στηναι B *al* ¦ εσταναι D ¦ *txt* ℵ C (⸉ Ｒ A 0134 λ φ) W Θ *pm* ‖ 26 ⸂*2 3* W ¦ *p*) σαταναν εκβαλλει D it | ⸂κ. μεμερισται, C² Ｒ A (D) Θ 0134 λ φ *pl* ¦ εμερισθη, W ¦ , εμερισθη, και ℵ* C*^vid^ vg ¦ *txt* B *pc* | ⸀σταθηναι Ｒ A 0134 λ φ *pl* ¦ *it.* + *p*) η βασιλεια αυτου D W *pc* it

Luk.: 15 ⸀† Βεεζ- Bℵ ¦ Beelzebub aur c vg sy ¦ *txt* 𝔓^45.75^ C Ｒ A D W Θ λ φ *pl* sa bo | ⸆*p*) ο δε αποκριθεις ειπεν· πως δυναται σατανας σαταναν εκβαλλειν (-βαλειν D) A D *pm* ¦ *txt* 𝔓^45.75^ Ｈ Ｒ W Θ λ φ *al* lat sy sa bo ‖ 17 ⸀ιδων 157 *pc* lat | ⸉*3 1 2* 𝔓⁴⁵ Ｈ A D *pc* ¦ *txt* 𝔓⁷⁵ B C Ｒ W Θ λ φ *pl* | ⸀*p*) μερ- 𝔓⁴⁵ C W Θ *pm* ‖ 18 ⸀οὐ D ‖ 18. 19 ⸀*bis* † Βεεζ- Bℵ ¦ Beelzebub aur c vg sy ¦ *txt* 𝔓^45.75^ C Ｒ A D W Θ λ φ *pl* (it) sa bo ‖ 19 □𝔓⁴⁵

11sq (Mc) cf Mt 15,1; Mc 7,1; Jo 1,19 ‖ *14-36 (Jo)* cf *15* ‖ *15* cf Mc 3,30; Mt 10,25; 2 Rg 1,2.6 (Symm); cf *14-36 (Jo)* ‖ *15sqq* cf Mt 10,25; 11,18; Lc 7,33 ‖ *18* cf Mt 9,4; Mc 2,8; Lc 6,8; 9,47 ‖ *22sqq* cf Mt 18,23sqq; 22,2sqq; Lc 14,31sqq; 19,12sqq ‖ *27sq* cf Mt 7,24sqq; Lc 6,47sqq ‖ *36sq* cf Mc 9,38 par (= *nr 167*); Act 19,13

[Matth.]	[Mark. 3,22-27]	[Luk. 11,14-15. 17-23]	Joh.
[12,22-30] ὑμῶν ἐν τίνι ἐκβάλλουσιν; διὰ τοῦτο ⸉αὐτοὶ κριταὶ ἔσονται ὑμῶν⸊. 28 εἰ δὲ ἐν πνεύματι θεοῦ ἐγὼ ἐκβάλλω τὰ δαιμόνια, ἄρα ἔφθασεν ἐφ᾽ ὑμᾶς ἡ βασιλεία τοῦ θεοῦ.		ὑμῶν ⸀ἐν τίνι ἐκβάλλουσιν; διὰ τοῦτο αὐτοὶ ⸉ὑμῶν κριταὶ ἔσονται⸊. 20 εἰ δὲ ἐν δακτύλῳ θεοῦ °[ἐγὼ] ἐκβάλλω τὰ δαιμόνια, ἄρα ἔφθασεν ἐφ᾽ ὑμᾶς ἡ βασιλεία τοῦ θεοῦ.	
29 ἢ πῶς δύναταί τις εἰσελθεῖν εἰς τὴν οἰκίαν τοῦ ἰσχυροῦ καὶ τὰ σκεύη αὐτοῦ ⸀ἁρπάσαι,	27 ⸂ἀλλ᾽ οὐ δύναται οὐδεὶς⸃ εἰς τὴν οἰκίαν τοῦ ἰσχυροῦ εἰσελθὼν τὰ σκεύη αὐτοῦ διαρπάσαι,	21 ὅταν °ὁ ἰσχυρὸς καθωπλισμένος φυλάσσῃ τὴν ⸂ἑαυτοῦ αὐλήν⸃, ἐν εἰρήνῃ ἐστὶν τὰ ὑπάρχοντα αὐτοῦ·	
ἐὰν μὴ πρῶτον δήσῃ τὸν ἰσχυρόν⁚;	ἐὰν μὴ πρῶτον τὸν ἰσχυρὸν δήσῃ,	22 ἐπὰν δὲ⸆ ἰσχυρότερος ⸀αὐτοῦ ἐπελθὼν νικήσῃ αὐτόν, τὴν πανοπλίαν αὐτοῦ αἴρει ἐφ᾽ ᾗ ἐπεποίθει καὶ	
καὶ τότε τὴν οἰκίαν αὐτοῦ ⸀διαρπάσει⁚1. 30 ὁ μὴ ὢν μετ᾽ ἐμοῦ κατ᾽ ἐμοῦ ἐστιν, καὶ ὁ μὴ συνάγων μετ᾽ ἐμοῦ σκορπίζει⸆.	καὶ τότε τὴν οἰκίαν αὐτοῦ διαρπάσει.	τα σκῦλα αὐτοῦ διαδίδωσιν. 23 Ὁ μὴ ὢν μετ᾽ ἐμοῦ κατ᾽ ἐμοῦ ἐστιν, καὶ ὁ μὴ συνάγων μετ᾽ ἐμοῦ σκορπίζει⸆.	
	9,40 (*nr. 167, p. 248*) 40 ὃς γὰρ οὐκ ἔστιν καθ᾽ ἡμῶν, ὑπὲρ ἡμῶν ἐστιν.	9,50b (*nr. 167, p. 248*) 50 ... μὴ κωλύετε· ὃς γὰρ οὐκ ἔστιν καθ᾽ ὑμῶν, ὑπὲρ ὑμῶν ἐστιν.	

Evang. Thomae copt.: *cf. Append. I, 21*

Evang. Thomae copt.: *cf. Append. I, 35*

Matth.: 27 ⸉ *1 4 3 2* C 𝔎 ϕ *pm* ¦ *1 2 4 3* Θ λ ¦ *2 3 1 4* W ¦ *txt* B ℵ D *pc* ‖ 29 ⸀*p)* διαρπασαι ℵ C² 𝔎 D Θ ϕ 118. 209 *pm* | [⁚, *et* ⁚1; T] | ⸀-σῃ ℵ D *al* ‖ 30 ⸆με ℵ *pc*

Mark.: 27 ⸂ *4 3* 𝔎 A D W *pm* lat sy^s.p

Luk.: 19 ⸀εκ (τινι *sic*) 𝔓⁷⁵ | ⸉ *2 3 1* ℵ it ¦ *3 1 2* 𝔓⁴⁵ 1194 ¦ *2 1 3* C 𝔎 A W Θ λ ϕ *al* ¦ *txt* 𝔓⁷⁵ B D *pc* ‖ 20 ° 𝔓⁴⁵ ℵ* 𝔎 A W Θ λ *pm* lat ¦ *txt* 𝔓⁷⁵ 𝔥 (⸉ D *pc* c) ϕ *al* ff² l q r¹ ‖ 21 ° ℵ* | ⸂αυλην αυτου 𝔓⁴⁵ D lat ‖ 22 ⸆ο C 𝔎 A W λ ϕ *pm* | ⸀αυτου εστιν ℵ* ¦ — 𝔓⁴⁵·⁷⁵ D ‖ 23 ⸆με ℵ Θ *pc* sy^s bo^pt

---

39 sqq cf Lc 17,20 sq; 19,11; 21,31; 1Jo 3,8 ‖ *40 (Lc)* cf Ex 8,15 (19); Dt 9,10 etc ‖ *43 sqq* cf Is 49,24; 53,12; Ps Sal 5,3; Kol 2,15; 1Jo 4,4; cf 63. 64 ‖ *56 sqq* cf 60 sqq; cf Jos 5,13 ‖ *60 sqq* cf 56 sqq ‖ *63* cf 43 sqq ‖ *64* cf 43 sqq

118. Die Sünde wider den Heiligen Geist

Peccatum in Spiritum Sanctum *(cf. nr. 197)* **The Sin against the Holy Spirit**

Matth. 12, 31-37 7, 16-20	**Mark. 3, 28-30**	Luk. 12, 10; 6, 43-45	Joh.
12, 31-37 31 Διὰ τοῦτο λέγω ὑμῖν, πᾶσα ἁμαρτία καὶ βλασφημία ἀφεθήσεται ⸆τοῖς ἀνθρώποις, ἡ δὲ τοῦ πνεύματος βλασφημία οὐκ ἀφεθήσεται⸆. 32 καὶ ὃς ἐὰν εἴπῃ λόγον κατὰ τοῦ υἱοῦ τοῦ ἀνθρώπου, ⸆ ἀφεθήσεται αὐτῷ· ὃς δ᾽ ἂν εἴπῃ κατὰ τοῦ πνεύματος τοῦ ἁγίου, ⸂οὐκ ἀφεθήσεται⸃ αὐτῷ οὔτε ἐν τούτῳ τῷ αἰῶνι οὔτε ἐν τῷ μέλλοντι.	28 Ἀμὴν λέγω ὑμῖν ὅτι πάντα ἀφεθήσεται τοῖς υἱοῖς τῶν ἀνθρώπων τὰ ἁμαρτήματα καὶ αἱ βλασφημίαι ⸀ὅσα ἐὰν βλασφημήσωσιν· 29 ⸂ὃς δ᾽ ἂν⸃ βλασφημήσῃ εἰς τὸ πνεῦμα τὸ ἅγιον, οὐκ ἔχει ἄφεσιν ⸋εἰς τὸν αἰῶνα⸌, ⸋¹ἀλλὰ ἔνοχός ⸀ἐστιν αἰωνίου ⸁ἁμαρτήματος.⸌ 30 ὅτι ἔλεγον· πνεῦμα ἀκάθαρτον ⸀ἔχει. (nr. 121 3, 31-35 p. 172)	12, 10 (nr. 197, p. 283) 10 Καὶ πᾶς ὃς ἐρεῖ λόγον εἰς τὸν υἱὸν τοῦ ἀνθρώπου, ἀφεθήσεται αὐτῷ· ⸂τῷ δὲ εἰς τὸ ἅγιον πνεῦμα ⸀βλασφημήσαντι οὐκ ἀφεθήσεται.⸃	
cf. v. 33b 33 Ἢ ποιήσατε τὸ δένδρον καλὸν καὶ ⸂τὸν καρπὸν αὐτοῦ καλόν, ἢ ποιήσατε τὸ δένδρον σαπρὸν καὶ τὸν καρπὸν αὐτοῦ σαπρόν⸃·	Matth. 7, 16-20 (nr. 73, p. 96) 16 Ἀπὸ τῶν καρπῶν αὐτῶν ἐπιγνώσεσθε αὐτούς. μήτι συλλέγουσιν ἀπὸ ἀκανθῶν ⸀σταφυλὰς ἢ ἀπὸ τριβόλων σῦκα; 17 °οὕτως πᾶν δένδρον °¹ἀγαθὸν καρποὺς ⸉καλοὺς ποιεῖ⸊, τὸ δὲ σαπρὸν δένδρον καρποὺς πονηροὺς ποιεῖ. 18 οὐ	cf. v. 44 6, 43-45 (nr. 82 p. 108) 43 Οὐ γάρ ἐστιν δένδρον καλὸν ποιοῦν ⸂καρπὸν ⸀σαπρόν⸃, οὐδὲ °πάλιν δένδρον σαπρὸν ποιοῦν ⸄καρπὸν καλόν⸅.	

Matth. 12: 31 ⸆υμιν B *pc* sa | ⸆ τοις ανθρωποις C ℜ D W Θ 0271 ϕ *pm* it ‖ 32 ⸆ουκ B* | ⸂ου μη αφεθη B ¦ ου μη αφεθησεται ℵ* ‖ 33 [⸂ο καρπος α. καλος … ο καρπος α. σαπρος Wellhausen *ex Aramaeo vertendum fuisse cj*]

Matth. 7: 16 ⸀-ην C ℜ W Θ *pm* ‖ 17 °sy^c | °¹W* | ⸉ B

Mark.: 28 ⸀οσας C ℜ A 0134 λ *pm* ‖ 29 ⸂ος αν δε τις D | ⸋ D W Θ λ *pc* it | ⸋¹ sa | ⸀εσται ℵ D *al* | ⸁-τιας C*^vid D W ϕ ¦ κρισεως C² ℜ A 074.0134 λ *pl* ¦ κολασεως 348 *pc* ¦ *txt* ℌ Θ *pc* ‖ 30 ⸀εχειν D ¦ ε-ν αυτον W it ¦ αυτον εχει C aeth

Luk. 12: 10 ⸂*p)* εις δε το πν. το αγ. ουκ αφεθ. αυτω ουτε εν τω αιωνι τουτω ουτε εν τω μελλοντι D (*pc* it) | ⸀βλασφημουντι ℵ

Luk. 6: 43 ⸂-πους σαπρους D latt | ⸀κακον W | °C ℜ A D Θ *pl* ¦ *txt* 𝔓75 B ℵ L W Ξ ϕ 1 *pc* | ⸄-πους καλους D it (vg)

1sqq cf 46 ‖ *1* cf Dt 27, 15 sqq; 1 Chr 16, 36; 1 Esr 9, 47; 1 Rg 1, 36; Jr 11, 5 ‖ *1sqq* cf Nu 15, 22 sqq; 1 Sm 2, 25; Heb 6, 4-6; 10, 29; 1 Jo 5, 16; *cf 44sq* ‖ *6sqq* cf Act 3, 17 sq; 13, 27 sq; 1 Tm 1, 13; *cf 41sq* ‖ *8sqq* cf 1 Sm 2, 25; *cf 44sq* ‖ *11sq* cf Ps Sal 2, 35; Hen 91, 9 ‖ *12sq* cf ad Mc 3, 11 (= *nr 48)* ‖ *14sqq cf 47* ‖ *14* cf Sir 27, 6 (7); Gl 5, 19-22; *cf 24sq. 43* ‖ *15sq* cf Gn 3, 8; Nu 13, 23; Job 31, 40; Is 5, 2.4; Jc 3, 12; *cf 25sqq* ‖ *17 (Mt)* *cf 20* ‖ *18* *cf 22sqq*

[Matth. 12,31-37]

ἐκ γὰρ τοῦ καρποῦ
τὸ δένδρον γινώσκεται.

cf. v. 35

34 ⸀γεννήματα ἐχι-
δνῶν, πῶς δύνασθε ἀγαθὰ λαλεῖν πονη-
ροὶ ὄντες; ἐκ γὰρ τοῦ περισσεύματος τῆς
καρδίας τὸ στόμα λαλεῖ⸆. 35 °ὁ ἀγαθὸς ἄν-
θρωπος ἐκ τοῦ ἀγαθοῦ θησαυροῦ⸆ ἐκβάλ-
λει⸆ ἀγαθά, καὶ ὁ πονηρὸς ἄνθρωπος ἐκ
τοῦ πονηροῦ θησαυροῦ⸆ ἐκβάλλει⸆¹ πονη-
ρά. 36 λέγω δὲ ὑμῖν ὅτι πᾶν ῥῆμα ἀργὸν
ὃ⸆ ⸀λαλήσουσιν οἱ ἄνθρωποι ἀποδώσου-
σιν περὶ αὐτοῦ λόγον ἐν ἡμέρᾳ κρίσεως·
37 ἐκ γὰρ τῶν λόγων σου δικαιωθήσῃ, καὶ
ἐκ τῶν λόγων σου ⸀καταδικασθήσῃ.

[Matth. 7,16-20]

δύναται δένδρον ἀγαθὸν καρποὺς πονη-
ροὺς ⸀ποιεῖν οὐδὲ δένδρον σαπρὸν καρ-
ποὺς καλοὺς ⸁ποιεῖν. 19 πᾶν δένδρον μὴ
ποιοῦν καρπὸν καλὸν ἐκκόπτεται καὶ εἰς
πῦρ βάλλεται. 20 ἄρα γε ⸀ἀπὸ τῶν καρπῶν
αὐτῶν ἐπιγνώσεσθε αὐτούς.

Mark.

[Luk. 6,43-45]

44 ἕκαστον °γὰρ δένδρον
ἐκ τοῦ ἰδίου καρποῦ γινώσκεται· οὐ °¹γὰρ
ἐξ ἀκανθῶν ⸀συλλέγουσιν σῦκα οὐδὲ ἐκ
⸁βάτου σταφυλὴν τρυγῶσιν. 45 ὁ ἀγαθὸς
ἄνθρωπος ἐκ τοῦ ἀγαθοῦ θησαυροῦ τῆς
καρδίας⸆ προφέρει °τὸ ἀγαθόν, καὶ ὁ πο-
νηρὸς⸆ ἐκ τοῦ πονηροῦ⸆¹ προφέρει °¹τὸ
πονηρόν· ἐκ γὰρ ⸆² περισσεύματος ⸆³ καρ-
δίας ⸉λαλεῖ τὸ στόμα °²αὐτοῦ.

cf. v. 45

Joh.

2. Clem. ad Cor. 13,2: Λέγει γὰρ ὁ κύριος· »Διὰ παντὸς τὸ ὄνομά μου βλασφημεῖται ἐν πᾶσιν τοῖς ἔθνεσιν«, καὶ πάλιν· »Οὐαὶ δι' ὃν βλασφημεῖται τὸ ὄνομά μου.« ἐν τίνι βλασφημεῖται; ἐν τῷ μὴ ποιεῖν ὑμᾶς ἃ βούλομαι.

Ignatius ad Eph. 14,2: »Φανερὸν τὸ δένδρον ἀπὸ τοῦ καρποῦ αὐτοῦ·« οὕτως οἱ ἐπαγγελλόμενοι Χριστοῦ εἶναι δι' ὧν πράσσουσιν ὀφθήσονται.

Didache 11,7: Καὶ πάντα προφήτην λαλοῦντα ἐν πνεύματι οὐ πειράσετε οὐδὲ διακρινεῖτε· »πᾶσα γὰρ ἁμαρτία ἀφεθήσεται«, αὕτη δὲ ἡ ἁμαρτία »οὐκ ἀφεθήσεται«.

Evang. Thomae copt.: *cf. Append. I, 44*

Evang. Thomae copt.: *cf. Append. I, 45*

Matth. 12: **34** ⸀γεννημα ℵ* | ⸆αγαθα D* || **35** °D* | ⸆*bis* της καρδιας αυτου 33 *al* sy^s.c | ⸆τα ℌ λ *pm*; Or ¦ *txt* B ℜ D W Θ *al* | ⸆¹τα L U 28. 33 *al* || **36** ⸆εαν C ℜ W Θ 0250 *pl* ¦ *txt* B ℵ D | ⸀-σωσιν ℜ W 0250 *pm* ¦ *txt* ℌ (D) Θ *al* || **37** ⸀κατακριθηση G 33. 565. 700 *al*

Matth. 7: **18** ⸀† ενεγκειν B; Tert Or ¦ *txt* ℵ C ℜ W Θ 0250 *pl* latt; Cyr (Heg) | ⸁† ενεγκειν ℵ*; Tert Or^pt ¦ *txt* B C ℜ W Θ *pl* lat; Or^pt Cyr (Heg) || **20** ⸀εκ C lat

Luk.: **44** °D 700 *al* it sy^s | °¹ it sy^s | ⸀εκλεγονται D e | ⸁βλαστου ℵ* || **45** ⸆αυτου C ℜ A (⸉D) W Θ λ φ *pl* latt sy^s.p sa bo ¦ *txt* 𝔓^75 B ℵ; Cl | °D W | ⸆ανθρωπος ℵ^corr C ℜ A W Θ φ *pl* | ⸆¹θησαυρου sa bo^pt ¦ θ. της καρδιας αυτου C ℜ A Θ *pm* sy^s.p bo^pt | °¹W | ⸆² *p)* του C Θ λ φ *al* | ⸆³ *p)* της C ℜ Θ λ φ *pm* | ⸉ *p.* αυτου ℵ C lat | °² C *al* aur r^1 vg sy^s.p

---

^20sqq *cf 47* || ^20 cf Hos 9,10; 1Jo 3,9; *cf 17 (Mt)* || ^22sqq cf Is 5,1-7; Jr 24,2-10; Hab 3,17; Mt 3,10 par *(= nr 14)*; Mt 21,19 par *(= nr 272)*; Lc 13,6-9; Jo 15,6.8.16; Jd 12; *cf 18* || ^24sq *cf 14.43* || ^25sqq *cf 15sq* || ^27sqq *cf 32sqq* || ^29sq cf Mt 3,7 par *(= nr 14)*; 23,33 || ^30sq cf Mt 15,11; 2Cor 6,11; Eph 4,29; Jc 3,5sqq || ^32sqq cf Mt 13,52; Tt 1,15; *cf 27sqq* || ^33sq cf Mt 9,38 || ^36sqq cf Ps 51,6; Prv 12,6; 18,21; Ml 3,13sqq; Mt 15,18; Lc 19,22; Eph 5,4; Kol 4,6; Jc 3,6; Jd 15 || ^37sq cf Lc 16,2; Act 19,40; Rm 14,12; Heb 13,17; 1Pt 4,5 || ^41sq *cf 6sqq* || ^43 *cf 14.24sq* || ^44sq *cf 1sq. 8sqq* || ^46 *cf 1sqq* || ^47 *cf 14sqq. 20sqq*

119. Das Zeichen des Jona

(cf. nr. 154. 191)

Signum Ionae **The Sign of Jonah**

Matth. 12,38-42	Matth. 16,1-2a.4 *(nr. 154, p. 225)*	Mark. 8,11-12 *(nr. 154, p. 225)*	Luk. 11,16.29-32	Joh. 6,30
38 Τότε ⸀ἀπεκρίθησαν °αὐτῷ τινες τῶν γραμματέων ⸋καὶ Φαρισαίων⸌ λέγοντες· διδάσκαλε, θέλομεν ἀπὸ σοῦ σημεῖον ἰδεῖν.	1 Καὶ προσελθόντες °οἱ Φαρισαῖοι καὶ Σαδδουκαῖοι πειράζοντες ⸀ἐπηρώτησαν αὐτὸν σημεῖον ἐκ τοῦ οὐρανοῦ ἐπιδεῖξαι αὐτοῖς.	11 Καὶ ἐξῆλθον οἱ Φαρισαῖοι καὶ ἤρξαντο συζητεῖν αὐτῷ, ⸋ζητοῦντες παρ' αὐτοῦ⸌ σημεῖον ⸆ ⸀ἀπὸ τοῦ οὐρανοῦ, πειράζοντες αὐτόν.	11,16 *(nr. 188, p. 270)* 16 Ἕτεροι δὲ πειράζοντες σημεῖον ἐξ οὐρανοῦ ἐζήτουν παρ' αὐτοῦ.	6,30 *(nr. 149, p. 213)* 30 Εἶπον οὖν αὐτῷ· τί οὖν ποιεῖς σὺ σημεῖον, ἵνα ἴδωμεν καὶ πιστεύσωμέν σοι; τί ἐργάζῃ;
39 ὁ δὲ ἀποκριθεὶς εἶπεν αὐτοῖς· γενεὰ πονηρὰ καὶ μοιχαλὶς σημεῖον ἐπιζητεῖ, καὶ σημεῖον οὐ δοθήσεται αὐτῇ εἰ μὴ τὸ σημεῖον Ἰωνᾶ τοῦ προφήτου. 40 ὥσπερ γὰρ ⸀ἦν Ἰωνᾶς ⸆ ἐν τῇ κοιλίᾳ τοῦ κήτους τρεῖς ἡμέρας καὶ τρεῖς νύκτας, οὕτως ἔσται ⸇ ὁ υἱὸς τοῦ ἀνθρώπου ἐν τῇ καρδίᾳ τῆς γῆς τρεῖς ἡμέ-	2 ὁ δὲ °ἀποκριθεὶς εἶπεν °¹αὐτοῖς· ⸋[...]⸌ 4 γενεὰ πονηρὰ ⸋καὶ μοιχαλὶς⸌ σημεῖον ⸀ἐπιζητεῖ, καὶ σημεῖον οὐ δοθήσεται αὐτῇ εἰ μὴ τὸ σημεῖον Ἰωνᾶ ⸆. καὶ καταλιπὼν αὐτοὺς ἀπῆλθεν.	12 καὶ ἀναστενάξας τῷ πνεύματι °αὐτοῦ λέγει· τί ἡ γενεὰ αὕτη ⸂ζητεῖ σημεῖον⸃; ἀμὴν ⸄λέγω ὑμῖν⸅, ⸀εἰ δοθήσεται τῇ γενεᾷ ταύτῃ σημεῖον.	11,29-32 *(nr. 191, p. 273)* 29 Τῶν δὲ ὄχλων ἐπαθροιζομένων ἤρξατο λέγειν· ἡ γενεὰ αὕτη °γενεὰ πονηρά ἐστιν· σημεῖον ⸀ζητεῖ, καὶ σημεῖον οὐ δοθήσεται αὐτῇ εἰ μὴ τὸ σημεῖον Ἰωνᾶ ⸆. 30 καθὼς °γὰρ ἐγένετο ⸆ Ἰωνᾶς ⸇ ⸉τοῖς Νινευίταις σημεῖον⸊, οὕτως ἔσται °¹καὶ ὁ υἱὸς τοῦ ἀνθρώπου τῇ γενεᾷ ταύτῃ ⸆¹.	

Matth. 12: 38 ⸀προσηλθον b sy^c | °𝔎W **0250** λ *pm* | ⸋B || **40** ⸀εγενετο Θ *pc* ¦ — D | ⸆ο προφητης 517 *pc* sy^s | ⸇και D W *al* it; Cyr

Matth. 16: 1 °λ 565; Or | ⸀-των ℵ*Θ *al* || 2 °sy^c | °¹D a c g¹ sy^s sa^pt || 2.3 ⸋B ℵ V X Y Γ 13 *al* sy^s.c sa bo^pt; Or ¦ *txt* C 𝔎 D W Θ λ *pm* latt || 4 ⸋*p)* D it | ⸀ζητει D Θ ¦ αιτει B* | ⸆*p)* του προφητου C 𝔎 W Θ λ ϕ *pl* it

Mark.: 11 ⸋𝔓45 Δ | ⸆*p)* ιδειν ℵ (⸉c) | ⸀εκ 𝔓45 W ϕ *pc* || 12 °D W λ *al* lat | ⸂σ. αιτει 𝔓45 ¦ *p)* σ. επιζητει 𝔎 A W **0131** ϕ *pm* it | ⸄λεγω B L ¦ — 𝔓45 W | ⸀ου W ϕ *pc*

Luk.: 29 °C 𝔎 W 1424 *al* | ⸀*p)* επιζητει C 𝔎 D W Θ **0124** λ ϕ *pm* | ⸆*p)* του προφητου C 𝔎 A W Θ **0124** λ ϕ *pl* it sy bo ¦ *txt* 𝔓45.75 B ℵ D L Ξ *pc* lat || 30 °ℵ *pc* | ⸆ † ο B *pc* ¦ *txt* 𝔓75 ℌ 𝔎 A D W Θ **0124** λ ϕ *pl* | ⸇ο προφητης bo^pt | ⸉ *3 1 2* 𝔓45vid 𝔎 A D W Θ **0124** λ ϕ *pl* lat ¦ *txt* 𝔓75 ℌ *pc* | °¹*p)* 𝔓45 ψ | ⸆¹*p)* και καθως Ιωνας εν τη κοιλια του κητους εγενετο τρεις ημερας και τρεις νυκτας, ουτως και ο υιος του ανθρωπου εν τη γη D (it) ¦ σημειον Θ

3 (Mt/Lc) cf 6 (Mc); cf Mt 19,3; 22,35; Mc 10,2; Jo 8,6 || 3sqq cf Evang. Thomae copt. *Append. I, 91* || 4sq cf Jo 2,18; 4,48; 20,29; 1Cor 1,22; Mt 27,42 par *(= nr 345)*; Lc 23,8; *cf 11.49sq* || 6 (Mc) cf *3 (Mt/Lc)* || 8sq (Mc) cf Mc 7,34; Rm 8,23.26; 2Cor 5,2.4 || 10sq (Mt) cf Mc 8,38; Mt 17,17; Lc 9,41; Act 2,40; Ph 2,15; *cf 49sq* || 11 *cf ad 4sq* || 15sqq Jon 2,1 || 19sq (Lc) cf Jon 4,5sqq? || 21sqq cf Eph 4,9; 1Pt 3,19; Mt 16,21 par *(= nr 159)*; 17,23 par *(= nr 164)*; 20,19 par *(= nr 262)*; Jo 2,19; *cf 46* || 21sq cf Dt 4,11 (Mas); Ez 27,4.25sqq; Jon 2,4; Ps 46,3; 4Esr 13,25.51

[Matth.]	Mark.	[Luk. 11,29-32]	Joh.
[12,38-42] ρας καὶ τρεῖς νύκτας. 41 ἄνδρες Νινευῖται ἀναστήσονται ἐν τῇ κρίσει μετὰ τῆς γενεᾶς ταύτης καὶ κατακρινοῦσιν αὐτήν, ὅτι μετενόησαν εἰς τὸ κήρυγμα Ἰωνᾶ, καὶ ἰδοὺ πλεῖον Ἰωνᾶ ὧδε.		cf. v. 32	
42 βασίλισσα νότου ἐγερθήσεται ἐν τῇ κρίσει μετὰ τῆς γενεᾶς ταύτης καὶ κατακρινεῖ αὐτήν, ὅτι ἦλθεν ἐκ τῶν περάτων τῆς γῆς ἀκοῦσαι τὴν σοφίαν Σολομῶνος, καὶ ἰδοὺ πλεῖον Σολομῶνος ὧδε.		31 βασίλισσα νότου ἐγερθήσεται ⸋ἐν τῇ κρίσει⸌ μετὰ τῶν ⸀ἀνδρῶν τῆς γενεᾶς ταύτης καὶ κατακρινεῖ αὐτούς, ὅτι ἦλθεν ἐκ τῶν περάτων τῆς γῆς ἀκοῦσαι τὴν σοφίαν Σολομῶνος, καὶ ἰδοὺ πλεῖον Σολομῶνος ὧδε.	
cf. v. 41		32 ⸋ἄνδρες Νινευῖται ἀναστήσονται ἐν τῇ κρίσει μετὰ τῆς γενεᾶς ταύτης καὶ κατακρινοῦσιν αὐτήν· ὅτι μετενόησαν εἰς τὸ κήρυγμα Ἰωνᾶ, καὶ ἰδοὺ πλεῖον Ἰωνᾶ ὧδε.⸌	

Cod. N.T. 899 (ad Matth. 12,40b): Τὸ Ἰουδαϊκὸν οὐκ ἔχει »τρεῖς [ἡμέρας καὶ τρεῖς νύκτας]«.

1. Clem. ad Cor. 7,7: Ἰωνᾶς Νινευΐταις καταστροφὴν ἐκήρυξεν· οἱ δὲ μετανοήσαντες ἐπὶ τοῖς ἁμαρτήμασιν αὐτῶν ἐξιλάσαντο τὸν θεὸν ἱκετεύσαντες καὶ ἔλαβον σωτηρίαν, καίπερ ἀλλότριοι τοῦ θεοῦ ὄντες.

Justinus Mart., Dial. 107,1: ... γέγραπται ἐν τοῖς ἀπομνημονεύμασιν ὅτι οἱ ἀπὸ τοῦ γένους ὑμῶν συζητοῦντες αὐτῷ ἔλεγον ὅτι »Δεῖξον ἡμῖν σημεῖον. καὶ ἀπεκρίνατο αὐτοῖς· Γενεὰ πονηρὰ καὶ μοιχαλὶς σημεῖον ἐπιζητεῖ, καὶ σημεῖον οὐ δοθήσεται αὐτοῖς εἰ μὴ τὸ σημεῖον Ἰωνᾶ.«

Luk.: 31 ⸋𝔓45 D | ⸀ανθρωπων ℵ* 157 || 32 ⸋*vs* D

23sqq cf Mt 10,15; 11,22; Lc 10,14; *cf 38sqq. 47sq* || 27sq cf Jon 3,5 || 29sq cf Mt 11,9; 12,6 || 34sqq cf 1Rg 10,1-13; 2Chr 9,1-12 || 38sqq *cf 23sqq* || 46 *cf 21sqq* || 47sq *cf 23sqq* || 49sq *cf 4sq. 10sqq(Mt)*

120. Vom Rückfall

Immundus spiritus revertitur

(cf. nr. 189)

The Return of the Evil Spirit

Matth. 12,43-45

[43] Ὅταν δὲ τὸ ἀκάθαρτον πνεῦμα ἐξέλθῃ ἀπὸ τοῦ ἀνθρώπου, διέρχεται δι' ἀνύδρων τόπων ζητοῦν ἀνάπαυσιν καὶ οὐχ εὑρίσκει. [44] τότε λέγει· εἰς τὸν οἶκόν μου ἐπιστρέψω ὅθεν ἐξῆλθον· καὶ ἐλθὸν εὑρίσκει ⸆ σχολάζοντα ⸆ σεσαρωμένον καὶ κεκοσμημένον. [45] τότε πορεύεται καὶ παραλαμβάνει μεθ' ἑαυτοῦ ἑπτὰ ἕτερα πνεύματα πονηρότερα ἑαυτοῦ καὶ εἰσελθόντα κατοικεῖ ἐκεῖ· καὶ γίνεται τὰ ἔσχατα ⸆ τοῦ ἀνθρώπου ἐκείνου χείρονα τῶν πρώτων. οὕτως ἔσται καὶ τῇ γενεᾷ ταύτῃ τῇ πονηρᾷ.

Mark.

Luk. 11,24-26

(nr. 189, p. 272)

[24] Ὅταν ⸆ τὸ ἀκάθαρτον πνεῦμα ἐξέλθῃ ἀπὸ τοῦ ἀνθρώπου, διέρχεται δι' ἀνύδρων τόπων ζητοῦν ἀνάπαυσιν καὶ μὴ εὑρίσκον· °[τότε] λέγει· ὑποστρέψω εἰς τὸν οἶκόν μου ὅθεν ἐξῆλθον· [25] καὶ ἐλθὸν εὑρίσκει ⸆ σεσαρωμένον καὶ κεκοσμημένον. [26] °τότε πορεύεται καὶ παραλαμβάνει ⸆ ἕτερα πνεύματα πονηρότερα ἑαυτοῦ ἑπτὰ καὶ εἰσελθόντα κατοικεῖ °¹ἐκεῖ· καὶ γίνεται τὰ ἔσχατα τοῦ ἀνθρώπου ἐκείνου χείρονα τῶν πρώτων.

Joh.

Herm. Pastor, Sim. IX,17,5: Μετὰ δὲ τὸ εἰσελθεῖν αὐτοὺς ἐπὶ τὸ αὐτὸ καὶ γενέσθαι ἓν σῶμα, τινὲς ἐξ αὐτῶν ἐμίαναν ἑαυτοὺς καὶ ἐξεβλήθησαν ἐκ τοῦ γένους τῶν δικαίων, καὶ πάλιν ἐγένοντο, οἷοι πρότεροι ἦσαν, μᾶλλον δὲ καὶ χείρονες.

Matth.: 44 ⸆τον οικον D ¦ eam c ff² h | ⸆ † και ℵC**al* it sy ¦ *txt* B𝔎DWΘ*pm* lat; Cyr || 45 ⸆αυτου D*

Luk.: 24 ⸆*p)* δε 𝔓45.75 DW*al* aur b (i l) | °† 𝔓45ℵ*C𝔎ADWλϕ*pm* lat ¦ *txt* 𝔓75 Bℵcorr Θ 0124 *al* b l sa bo || 25 ⸆*p)* σχολαζοντα BCλ ϕ 565 *al* f l r¹ bo ¦ *txt* 𝔓75ℵ*𝔎ADWΘ 0124 *pm* || 26 °D | ⸆*p)* μεθ εαυτου ℵcorr Cϕ*pc* l r¹ ¦ *p)* επτα ℵ* | °¹ C*D 33 it

---

[1] cf Mt 10,1; Mc 1,23; 3,11.30; 5,2.8.13; 6,7 etc; Lc 4,33; 6,18; 8,29; 9,42 || [2sq] cf Is 34,14; 43,19 || [3] cf Rm 8,9; 1Cor 3,16; 6,19; 2Cor 6,16; Eph 2,21sq || [4] σχολάζειν: hic et 1Cor 7,5 | σαροῦν: hic et Lc 15,8 || [6sq] cf Lc 8,2; Mc 5,9 par (= nr 137); 16,9 || [7sq] cf Mt 27,64; Jo 5,14; 2Pt 2,20; cf 10sq || [10sq] cf 7sq

121. Mutter und Brüder kommen zu Jesus

Mater et fratres Jesu

(cf. nr. 135)

Jesus' True Kindred

Matth. 12,46-50

7,21

[46] Ἔτι ⸆ αὐτοῦ λαλοῦντος τοῖς ὄχλοις ἰδοὺ ἡ μήτηρ καὶ

Mark. 3,31-35

3,20-21

3,20-21 (nr. 116, p. 165)

[20] Καὶ ἔρχεται εἰς οἶκον· καὶ συνέρχεται πάλιν [ὁ] ὄχλος, ὥστε μὴ δύνασθαι αὐτοὺς μηδὲ ἄρτον φαγεῖν. [21] καὶ ἀκούσαντες οἱ παρ' αὐτοῦ ἐξῆλθον κρατῆσαι αὐτόν· ἔλεγον γὰρ ὅτι ἐξέστη.

(nr. 118 3,28-30 p. 168)

[31] Καὶ ⸀ἔρχεται ⸂ἡ μήτηρ αὐτοῦ καὶ

Luk. 8,19-21

(nr. 135, p. 184)

[19] ⸀Παρεγένετο δὲ πρὸς αὐτὸν ἡ μήτηρ ⸆ καὶ

Joh. 15,14

Matth.: 46 ⸆δε C𝔎(D)WΘλϕ*pm* ¦ *txt* Bℵ*al*

Mark.: 31 ⸀† -χονται BC*pc* ¦ ερχονται ουν (—και) 𝔎A 074.0134 *pm* ¦ *txt* ℵDWΘλ*al* it | ⸂ *5641-3* 𝔎 074.0134 ϕ*al* ¦ *5-741-3* A*al* ¦ *3124-7* W

Luk.: 19 ⸀-νοντο ℵ𝔎AWΘλϕ*pl* latt ¦ *txt* 𝔓75 BD 0202 *pc* | ⸆*p)* αυτου ℵD*al* it

---

[1sqq] cf 7sqq || [7sqq] cf Ps 69,9; Lc 2,49; Mt 13,55sq par (= nr 139); Jo 6,42; 7,5; Act 1,14; cf 1sqq. 36

[Matth. 12,46-50]

οἱ ἀδελφοὶ αὐτοῦ εἱστήκεισαν ἔξω □ζητοῦντες αὐτῷ λαλῆσαι⸌.

47 □[εἶπεν δέ τις αὐτῷ· ἰδοὺ ἡ μήτηρ σου καὶ οἱ ἀδελφοί σου ἔξω ἑστήκασιν ζητοῦντές σοι λαλῆσαι.]⸌ 48 ὁ δὲ ἀποκριθεὶς εἶπεν □τῷ λέγοντι αὐτῷ⸌· τίς ἐστιν ἡ μήτηρ μου ⸀καὶ τίνες °εἰσὶν οἱ ἀδελφοί °¹μου; 49 καὶ ἐκτείνας τὴν χεῖρα °αὐτοῦ ἐπὶ τοὺς μαθητὰς αὐτοῦ εἶπεν· ἰδοὺ ἡ μήτηρ μου καὶ οἱ ἀδελφοί μου. 50 ὅστις γὰρ ⸂ἂν ποιήσῃ⸃ τὸ θέλημα τοῦ πατρός μου τοῦ ἐν οὐρανοῖς αὐτός μου ⸆ἀδελφὸς καὶ ἀδελφὴ καὶ μήτηρ ἐστίν.

7,21 *(nr. 74, p. 98)*

21 Οὐ πᾶς ὁ λέγων μοι· κύριε κύριε, εἰσελεύσεται εἰς τὴν βασιλείαν τῶν οὐρανῶν, ἀλλ᾽ ὁ ποιῶν τὸ θέλημα τοῦ πατρός μου τοῦ ἐν τοῖς οὐρανοῖς.

[Mark. 3,31-35]

οἱ ἀδελφοὶ αὐτοῦ⸃ καὶ ἔξω ⸀στήκοντες ἀπέστειλαν πρὸς αὐτὸν ⸁καλοῦντες αὐτόν. 32 καὶ ἐκάθητο περὶ αὐτὸν ὄχλος, καὶ λέγουσιν αὐτῷ· ἰδοὺ ἡ μήτηρ σου καὶ οἱ ἀδελφοί σου □[καὶ αἱ ἀδελφαί σου]⸌ ἔξω ⸀ζητοῦσίν σε. 33 ⸂καὶ ἀποκριθεὶς αὐτοῖς λέγει⸃· τίς ἐστιν ἡ μήτηρ μου ⸀καὶ οἱ ἀδελφοί °[μου]; 34 καὶ περιβλεψάμενος τοὺς περὶ αὐτὸν κύκλῳ καθημένους λέγει· ⸀ἴδε ἡ μήτηρ μου καὶ οἱ ἀδελφοί μου. 35 ὃς °[γὰρ] ἂν ποιήσῃ ⸂τὸ θέλημα⸃ τοῦ θεοῦ, οὗτος ἀδελφός μου καὶ ἀδελφὴ καὶ μήτηρ ἐστίν.

[Luk. 8,19-21]

οἱ ἀδελφοὶ αὐτοῦ ⸆ καὶ οὐκ ἠδύναντο συντυχεῖν αὐτῷ διὰ τὸν ὄχλον.

20 ⸂ἀπηγγέλη δὲ⸃ αὐτῷ· ⸆ ἡ μήτηρ °σου καὶ οἱ ἀδελφοί σου ἑστήκασιν ἔξω ⸄ἰδεῖν θέλοντές σε⸅. 21 ὁ δὲ ἀποκριθεὶς εἶπεν πρὸς αὐτούς· μήτηρ μου καὶ ἀδελφοί μου οὗτοί εἰσιν οἱ τὸν λόγον □τοῦ θεοῦ⸌ ἀκούοντες καὶ ποιοῦντες.

Joh.

15,14 *(nr. 321, p. 448)*

14 Ὑμεῖς ⸆ φίλοι μού ἐστε ἐὰν ποιῆτε ⸀ἃ ἐγὼ ἐντέλλομαι ὑμῖν.

Evang. Ebion. (Epiphanius, Panarion haer. 30,14,5): Πάλιν δὲ ἀρνοῦνται εἶναι αὐτὸν ἄνθρωπον, δῆθεν ἀπὸ τοῦ λόγου οὗ εἴρηκεν ὁ σωτὴρ ἐν τῷ ἀναγγελῆναι αὐτῷ ὅτι »ἰδοὺ ἡ μήτηρ σου καὶ οἱ ἀδελφοί σου ἔξω ἑστήκασιν«, ὅτι »τίς μού ἐστι μήτηρ καὶ ἀδελφοί; καὶ ἐκτείνας τὴν χεῖρα ἐπὶ τοὺς μαθητὰς ἔφη· οὗτοί εἰσιν οἱ ἀδελφοί μου καὶ ἡ μήτηρ καὶ ἀδελφαὶ οἱ ποιοῦντες τὰ θελήματα τοῦ πατρός μου.«

2. Clem. ad Cor. 9,11: Καὶ γὰρ εἶπεν ὁ κύριος· »Ἀδελφοί μου οὗτοί εἰσιν οἱ ποιοῦντες τὸ θέλημα τοῦ πατρός μου.«

Evang. Thomae copt.: *cf. Append. I, 99*

Matth.: 46 □א* ‖ 47 □*vs* Bא*\ *al* ff¹ k sy^s.c sa ¦ *txt* C𝔎DWΘλφ *pm* lat ‖ 48 □W | ⸀ἡ DWΘ it | °W *pc* | °¹B* ‖ 49 °א* D *al* lat; Epiph ¦ *txt* 𝔋𝔎WΘλφ *pm* ‖ 50 ⸀αν ποιη C *al* ¦ ποιει D *pc* | ⸆και Θφ *al* b e ff¹ h vg

Mark.: 31 ⸀σταντες א ¦ εστωτες 𝔎ADWΘ **074.0134** φ *pm* | ⸁φωνουντες 𝔎D **074.0134** *pm* ¦ ζητουντες A ¦ *txt* 𝔋WΘλφ *al* ‖ 32 □*p)* 𝔋 WΘ **074** λφ *pm* lat sy^s.p sa bo ¦ *txt* 𝔎AD *al* | ⸀στηκουσιν ζητουντες W it ‖ 33 ⸂και απεκριθη αυτοις λεγων 𝔎AD (— και Θ 565 *pc*) *pm* ¦ ος δε απεκριθη και ειπεν αυτοις W | ⸀ἤ 𝔎A(D) **074** *al* it | °† BD ¦ *txt* 𝔋𝔎AWΘ **074** λφ *pl* latt sy^s.p sa bo ‖ 34 ⸀ιδου ADλφ *pm* ‖ 35 °† B b e bo^pt ¦ *txt* 𝔋𝔎AD(W)Θ **074** λφ *pl* lat sy^s.p sa bo^pt | ⸂τα -ματα B

Luk.: 19 ⸆*p)* στηκοντες εξω sy^c ‖ 20 ⸂και απηγγελη 𝔎A(-λθη W)Θλφ *pm* lat | ⸆οτι 𝔋DΘλφ *pm* it ¦ *txt* 𝔓⁷⁵ B𝔎AWφ *al* | °𝔓⁷⁵ א | ⸄ *1 3 2* 𝔋𝔎AWΘλφ *pl* ¦ *p)* ζητουντες σε D *pc* ¦ *txt* 𝔓⁷⁵ BΞ ‖ 21 □א

Joh.: 14 ⸆γαρ א* D* 579 | ⸀† ο B 579 a e q ¦ οσα 𝔎AΓΔΘ **065.0250** *pm* ¦ *txt* 𝔓⁶⁶ אDLφ 1 *al* it

---

13sqq cf 33sq ‖ *15sq* cf Lc 9,9; 19,3; 23,8; Jo 12,21 ‖ *17sqq cf 33sq*; cf Dt 33,9; Jo 2,4 ‖ *19sq (Mc)* cf Mc 3,5; 10,23 ‖ *22* cf Ps 22,23; Mt 28,10; Jo 20,17; Rm 8,29 etc ‖ *22sqq* cf Mt 13,23 par *(= nr 124)*; 19,29 par *(= nr 255)*; Lc 11,28; Jo 8,31.51; 14,23; 15,14; Jc 1,22sqq; *cf 28sqq.35* ‖ *25 (Jo)* cf Lc 12,4 ‖ *28sqq cf 22sqq* ‖ *33sq cf 13sqq.17sqq* ‖ *35 cf 22sqq* ‖ *36 cf 7sqq*

122. Gleichnis vom viererlei Acker

Parabola seminantis

The Parable of the Sower

Matth. 13,1-9	Mark. 4,1-9 2,13	Luk. 8,4-8 5,1-3	Joh.
1 Ἐν ⸆ τῇ ἡμέρᾳ ἐκείνῃ ἐξελθὼν ὁ Ἰησοῦς ⸂τῆς οἰκίας⸃ ἐκάθητο παρὰ τὴν θάλασσαν· 2 καὶ συνήχθησαν πρὸς αὐτὸν ὄχλοι πολλοί,	1 Καὶ ⸉πάλιν ἤρξατο⸊ διδάσκειν ⸀παρὰ τὴν θάλασσαν· καὶ ⸀συνάγεται πρὸς αὐτὸν ⸀1ὄχλος ⸀2πλεῖστος,	(nr. 115 8,1-3 p. 164) 4 ⸀Συνιόντος δὲ ὄχλου πολλοῦ καὶ τῶν κατὰ πόλιν ⸀ἐπιπορευομένων πρὸς αὐτὸν	
ὥστε αὐτὸν εἰς ⸆ πλοῖον ἐμβάντα καθῆσθαι,	ὥστε αὐτὸν εἰς ⸆ πλοῖον ἐμβάντα καθῆσθαι ⸂ἐν τῇ θαλάσσῃ⸃,	5,1-3 (nr. 41, p. 57) 1 Ἐγένετο δὲ ἐν τῷ τὸν ὄχλον ἐπικεῖσθαι αὐτῷ καὶ ἀκούειν τὸν λόγον τοῦ θεοῦ καὶ αὐτὸς ἦν ἑστὼς παρὰ τὴν λίμνην Γεννησαρὲτ 2 καὶ εἶδεν δύο πλοῖα ἑστῶτα παρὰ τὴν λίμνην· οἱ δὲ ἁλιεῖς ἀπ᾽ αὐτῶν ἀποβάντες ἔπλυνον τὰ δίκτυα. 3 ἐμβὰς δὲ εἰς ἓν τῶν πλοίων ὃ ἦν Σίμωνος, ἠρώτησεν αὐτὸν ἀπὸ τῆς γῆς ἐπαναγαγεῖν ὀλίγον· καθίσας δὲ ἐκ τοῦ πλοίου	
καὶ πᾶς ὁ ὄχλος ἐπὶ τὸν αἰγιαλὸν εἱστήκει.	καὶ πᾶς ὁ ὄχλος ⸂πρὸς τὴν θάλασσαν⸃ ⸋ἐπὶ τῆς γῆς⸌ ⸀3ἦσαν.		
3 Καὶ ἐλάλησεν αὐτοῖς ⸂πολλὰ ἐν⸃ παραβολαῖς λέγων·	2 καὶ ἐδίδασκεν αὐτοὺς ἐν παραβολαῖς πολλὰ καὶ ἔλεγεν αὐτοῖς ἐν τῇ διδαχῇ αὐτοῦ· 3 Ἀκούετε.	ἐδίδασκεν τοὺς ὄχλους. εἶπεν ⸂διὰ παραβολῆς⸃·	
ἰδοὺ ἐξῆλθεν ὁ σπείρων τοῦ ⸀σπείρειν. 4 καὶ ἐν τῷ σπείρειν αὐτὸν ἃ μὲν ἔπεσεν παρὰ τὴν ὁδόν, καὶ ⸂ἐλθόντα τὰ πετεινὰ⸃ ⸆ κατέφαγεν αὐτά.	ἰδοὺ ἐξῆλθεν ὁ σπείρων ⸀σπεῖραι. 4 καὶ ⸰ἐγένετο ἐν τῷ σπείρειν ὃ μὲν ἔπεσεν παρὰ τὴν ὁδόν, καὶ ἦλθεν τὰ πετεινὰ ⸆ καὶ κατέφαγεν αὐτό.	5 ἐξῆλθεν ὁ σπείρων τοῦ σπεῖραι ⸋τὸν σπόρον αὐτοῦ⸌. καὶ ἐν τῷ σπείρειν αὐτὸν ⸀ὃ μὲν ἔπεσεν παρὰ τὴν ὁδὸν καὶ κατεπατήθη, καὶ τὰ πετεινὰ ⸋1τοῦ οὐρανοῦ⸌ κατέφαγεν ⸀αὐτό.	
5 ἄλλα δὲ ἔπεσεν ἐπὶ τὰ πετρώδη ὅπου οὐκ εἶχεν γῆν πολλήν, καὶ εὐθέως ἐξανέτειλεν διὰ τὸ μὴ ἔχειν βάθος ⸆ γῆς· 6 ἡλίου δὲ ἀνατείλαντος	5 καὶ ἄλλο ἔπεσεν ἐπὶ ⸂τὸ πετρῶδες⸃ ⸀ὅπου οὐκ εἶχεν γῆν πολλήν, καὶ εὐθὺς ⸀ἐξανέτειλεν διὰ τὸ μὴ ἔχειν βάθος ⸀1γῆς· 6 καὶ ὅτε ἀνέτειλεν ὁ ἥλιος	6 καὶ ⸀ἕτερον ⸀κατέπεσεν ἐπὶ ⸰τὴν πέτραν,	

Matth.: 1 ⸆δε C ℜ D W Θ *pm* it | ⸂εκ τ. οι. ℵ 33 *pc* lat ¦ απο τ. οι. C ℜ W φ *pm* ¦ — D it sy^s ¦ *txt* B Θ λ *al* || 2 ⸆το ℜ D *al* || 3 ⸂in verbo per sa | ⸀σπειραι ℵ (— του D) W Θ λ φ *pm* || 4 ⸂ηλθον τα π. και D 33 *al* ¦ *p)* ηλθεν τα π. κ. ℵ C ℜ W λ *al* ¦ *txt* B Θ φ *al* | ⸆*p)* του ουρανου Θ φ *pm* sy^c sa bo^pt; Or Eus || 5 ⸆της B

Mark.: 1 ⸉ D W *pc* it | ⸀προς D W | ⸀συνηχθη ℜ D W Θ 074.0133 *pm* lat ¦ *p)* συνηχθησαν A 565 *pc* ¦ συνερχεται λ | ⸀1ο λαος D | ⸀2*p)* πολυς ℜ A D Θ 074.0133 λ φ *pl* | ⸆το ℜ A D W 0133 φ *al* | ⸂παρα τον αιγιαλον W b e ¦ περαν της θαλασσης D ¦ ε. τ. θαλ. ε. τ. αιγιαλω bo | ⸂εν τω αιγιαλω W it ¦ περαν της θαλασσης D | ⸋ D W it sy^s sa | ⸀3ην ℜ A D W Θ 0133 λ φ *pm* lat || 3 ⸀*p)* του σπ. ℵ^corr C ℜ A Θ 0133 λ φ *pm* ¦ — D bo^pt || 4 ⸰ D W *pc* lat | ⸆*p)* του ουρανου D *al* it || 5 ⸂*p)* τα πετρωδη ℵ* D W Θ λ *al* lat | ⸀και οπου B ¦ και οτι D W it | ⸀εξεβλαστησεν λ φ *pc* | ⸀1της γ. B Θ ¦ την γην D

Luk.: 4 ⸀συνοντος ℵ* *al* ¦ συνελθοντος D φ | ⸀εισπορ- W | ⸂παραβολην τοιαυτην προς αυτους D it || 5 ⸋ c sy^s.c | ⸀α B W | ⸋1*p)* D W it sy sa^pt | ⸀αυτα 𝔓75 B *pc* || 6.7.8 ⸀*p)* αλλο D || 6 ⸀*p)* επεσεν ℵ ℜ A D W Θ λ φ *pl* ¦ *txt* 𝔓75 B L *pc* | ⸰ 𝔓75 B

1sqq cf *37sqq* || *2(Mt)* cf Mt 5,1; 15,29; 24,3 || *3* cf Mt 13,36; Mc 4,10 etc || *11sqq* cf Mc 3,9; Jo 6,22 || *15sqq* cf 1Rg 5,12; Prv 1,1; Sir 47,17; Eccl 12,9; Mt 13,34sqq par (= *nr 130*); Heb 9,9; 11,19 || *19-36* cf *42sqq. 46* || *19sqq* cf 4Esr 8,41; 9,31sqq; cf *40sq* || *24* πετρώδης: hic et Mt 13,20 = Mc 4,16 (*nr 124*) || *26sq* cf Jon 4,7.10; Jc 1,11; 1Pt 1,24sq; Jo 15,6

[Matth. 13,1-9]	[Mark. 4,1-9]	[Luk. 8,4-8]	Joh.
⸀ἐκαυματίσθη καὶ διὰ τὸ μὴ ἔχειν ⸀ῥίζαν ⸀1ἐξηράνθη. 7 ἄλλα δὲ ἔπεσεν ἐπὶ τὰς ἀκάνθας, καὶ ἀνέβησαν αἱ ἄκανθαι καὶ ⸀ἔπνιξαν αὐτά. 8 ἄλλα δὲ ἔπεσεν ἐπὶ τὴν γῆν τὴν καλὴν καὶ ⸀ἐδίδου καρπόν, ὃ μὲν ἑκατόν, ὃ δὲ ἑξήκοντα, ὃ δὲ τριάκοντα. 9 ὁ ἔχων ὦτα ⸆ ἀκουέτω.	⸀ἐκαυματίσθη καὶ διὰ τὸ μὴ ἔχειν ῥίζαν ⸀ἐξηράνθη. 7 καὶ ἄλλο ἔπεσεν εἰς τὰς ἀκάνθας, καὶ ἀνέβησαν αἱ ἄκανθαι καὶ συνέπνιξαν αὐτό, καὶ καρπὸν οὐκ ἔδωκεν. 8 καὶ ἄλλα ἔπεσεν εἰς τὴν γῆν τὴν καλὴν καὶ ἐδίδου καρπὸν ἀναβαίνοντα καὶ ⸀αὐξανόμενα □καὶ ἔφερεν⸌ ⸀ἓν τριάκοντα καὶ ⸀ἓν ἑξήκοντα καὶ ⸀ἓν ἑκατόν. 9 καὶ ἔλεγεν· ⸂ὃς ἔχει⸃ ὦτα ἀκούειν ἀκουέτω⸆. *2,13 (nr. 44, p. 62)* 13 Καὶ ἐξῆλθεν πάλιν παρὰ τὴν θάλασσαν· καὶ πᾶς ὁ ὄχλος ἤρχετο πρὸς αὐτόν, καὶ ἐδίδασκεν αὐτούς.	καὶ φυὲν ἐξηράνθη⸆ διὰ τὸ μὴ ἔχειν ἰκμάδα. 7 καὶ ⸀ἕτερον ἔπεσεν ἐν μέσῳ τῶν ἀκανθῶν, καὶ συμφυεῖσαι αἱ ἄκανθαι ⸀ἀπέπνιξαν ⸀1αὐτό. 8 καὶ ⸀ἕτερον ἔπεσεν ⸀εἰς τὴν γῆν τὴν ἀγαθὴν⸆ καὶ ⸀1φυὲν ἐποίησεν καρπὸν ἑκατονταπλασίονα. □ταῦτα λέγων⸆ ἐφώνει· ὁ ἔχων ὦτα ἀκούειν ἀκουέτω.⸌	

1. Clem. ad Cor. 24, 5: Ἐξῆλθεν ὁ σπείρων καὶ ἔβαλεν εἰς τὴν γῆν ἕκαστον τῶν σπερμάτων, ἅτινα πεσόντα εἰς τὴν γῆν ξηρὰ καὶ γυμνὰ διαλύεται· εἶτ' ἐκ τῆς διαλύσεως ἡ μεγαλειότης τῆς προνοίας τοῦ δεσπότου ἀνίστησιν αὐτά, καὶ ἐκ τοῦ ἑνὸς πλείονα αὔξει καὶ ἐκφέρει καρπόν.

Justinus Mart., Dial. 125, 1-2: 1 ... ὡς ὁ ἐμὸς κύριος εἶπεν· »Ἐξῆλθεν ὁ σπείρων τοῦ σπεῖραι τὸν σπόρον· καὶ ὃ μὲν ἔπεσεν εἰς τὴν ὁδόν, ὃ δὲ εἰς τὰς ἀκάνθας, ὃ δὲ ἐπὶ τὰ πετρώδη, ὃ δὲ ἐπὶ τὴν γῆν τὴν καλήν.« 2 ἐλπίδι οὖν τοῦ εἶναί που καλὴν γῆν λέγειν δεῖ· ἐπειδή γε ἐκεῖνος ὁ ἐμὸς κύριος, ὡς ἰσχυρὸς καὶ δυνατός, τὰ ἴδια παρὰ πάντων ἀπαιτήσει ἐλθών, καὶ τὸν οἰκονόμον τὸν ἑαυτοῦ οὐ καταδικάσει, εἰ γνωρίζοι αὐτόν, διὰ τὸ ἐπίστασθαι ὅτι δυνατός ἐστιν ὁ κύριος αὐτοῦ καὶ ἐλθὼν ἀπαιτήσει τὰ ἴδια, ἐπὶ πᾶσαν τράπεζαν διδόντα, ἀλλ' οὐ δι' αἰτίαν οἱανδηποτοῦν κατορύξαντα.

Evang. Thomae copt.: *cf. Append. I, 9*

Matth.: 6 ⸀-τωθη B² ¦ -τισθησαν D it | ⸀βαθος ριζης Θ ϕ *pc* | ⸀1εξηρανθησαν D it || 7 ⸀† απεπν- B C 𝔎 W λ *pm* ¦ *txt* ℵ D Θ ϕ *al* || 8 ⸀εδιδουν D lat ¦ φυεντα εδιδου sy^c || 9 ⸆*p)* ακουειν ℵ^corr C 𝔎 D W Θ λ ϕ *pl* lat sy^c.p sa bo; Eus ¦ *txt* ℌ it sy^s

Mark.: 6 ⸀-ισθησαν B D a e sa | ⸀-θησαν D e sa || 8 ⸀-ανομενον A D L W *al* lat bo^pt ¦ -ανοντα C 𝔎 Θ 0133 λ ϕ *pm* ¦ *txt* B ℵ sa | □ sy^p sa | ⸀*ter* † εἰς ... ἐν ... ἐν B(*) ¦ εἰς ... ἓν ... ἓν L ¦ *ter* εἰς ℵ C *al* ¦ *ter* ἐν 𝔎(A D Θ) 0133 λ *pm* ¦ *ter* το εν W ¦ *txt* ϕ lat sa bo || 9 ⸂*p)* ο εχων ℵ^corr C² 𝔎 A W Θ 0133 λ ϕ *pm* | ⸆και ο συνίων συνιετω D it sy^hmg

Luk.: 6 ⸆*p)* και ℵ* || 7.8 ⸀*p)* αλλο D || 7 ⸀επνιξαν ℵ* | ⸀1αυτα 𝔓75 579 || 8 ⸀επι D W *al* a c | ⸆*p)* και καλην D(ʃ Θ) *pc* it sy^p ¦ καρποφορουσαν sy^c | ⸀1εφυεν και ℵ* ¦ φυεν και D e f | □ Ω ϕ *al* | ⸆μεγαλη φωνη sy^s.c

---

27sq (Lc) cf Ps 1,3; Jr 17,8 || 28sqq cf Gn 3,18; Job 31,40; Is 32,13; Hos 10,8; Heb 6,8 || 29 (Lc) συμφύεσθαι: hapaxl NT || 31sq *cf 41* || 33sq cf Is 5,10 || 35sq cf Mt 11,15; 13,43; 25,29 app; Mc 4,23; 7,16 app; Lc 12,21 app; 13,9 app; 14,35; 21,4 app; Apc 2,7.11.17 etc et Evang. Thomae copt. *Append. I, 8. 21. 24. 63. 65. 96* || 37sqq *cf 1sqq* || 40sq *cf 19sqq. 31sq* || 42sqq *cf 19-36* || 46 *cf 19-36*

123. Warum redest du in Gleichnissen?

Quare in parabolis loquatur — **The Reason for Speaking in Parables**

Matth. 13,10-17 25,29	Mark. 4,10-12 4,25; 8,17b-18	Luk. 8,9-10 8,18b; 10,23-24; 19,26	Joh. 9,39b; 12,37-40
10 Καὶ προσελθόντες⸆ οἱ μαθηταὶ⸆ εἶπαν αὐτῷ·	4,10-11 10 Καὶ ὅτε ἐγένετο κατὰ μόνας, ἠρώτων αὐτὸν οἱ ⸂περὶ αὐτὸν σὺν	8,9-10a 9 Ἐπηρώτων δὲ αὐτὸν οἱ μαθηταὶ	

Matth.: 10 ⸆αυτω C q | ⸆αυτου C *pc* it

Mark.: 10 ⸂*p)* μαθηται αυτου D W Θ ϕ *pc* it sy^s; (Or)

[Matth. 13,10-17]

διὰ τί ἐν παραβολαῖς λαλεῖς αὐτοῖς; 11 ὁ δὲ ἀποκριθεὶς εἶπεν °αὐτοῖς· ὅτι ὑμῖν δέδοται γνῶναι ⸂τὰ μυστήρια⸃ τῆς βασιλείας τῶν οὐρανῶν, ἐκείνοις δὲ οὐ δέδοται⊤.

12 ὅστις γὰρ ἔχει, δοθήσεται αὐτῷ καὶ περισσευθήσεται· ὅστις δὲ οὐκ ἔχει, καὶ ὃ ἔχει ἀρθήσεται ἀπ' αὐτοῦ.

13 διὰ τοῦτο ἐν παραβολαῖς ⸂αὐτοῖς λαλῶ⸃, ⸂ὅτι βλέποντες
οὐ βλέπουσιν
καὶ ἀκούοντες οὐκ ἀκούουσιν
οὐδὲ συνίουσιν⸃,

14 καὶ ⸀ἀναπληροῦται αὐτοῖς ἡ προφητεία Ἠσαΐου⊤ ἡ λέγουσα·
⸆ἀκοῇ ἀκούσετε
καὶ οὐ μὴ συνῆτε,
καὶ βλέποντες βλέψετε
καὶ οὐ μὴ ἴδητε.
15 ἐπαχύνθη γὰρ ἡ καρδία τοῦ λαοῦ τούτου,
καὶ τοῖς ὠσὶν⊤ βαρέως ἤκουσαν
καὶ τοὺς ὀφθαλμοὺς αὐτῶν ἐκάμμυσαν,

[Mark. 4,10-12]

τοῖς δώδεκα⸃ ⸂τὰς παραβολάς⸃. 11 καὶ ἔλεγεν αὐτοῖς· ὑμῖν ⸂τὸ μυστήριον δέδοται⸃ τῆς βασιλείας τοῦ θεοῦ· °ἐκείνοις δὲ τοῖς ⸀ἔξω ἐν παραβολαῖς °¹τὰ πάντα ⸀γίνεται,

4,25 *(nr. 125, p. 179)*

25 ⸀Ὃς γὰρ ⸀ἔχει, δοθήσεται αὐτῷ· καὶ ὃς οὐκ ἔχει, καὶ ὃ ἔχει ἀρθήσεται ἀπ' αὐτοῦ.

4,12

12 ἵνα βλέποντες βλέπωσιν
καὶ μὴ ἴδωσιν,
καὶ ἀκούοντες ἀκούωσιν
καὶ μὴ συνιῶσιν,
μήποτε ἐπιστρέψωσιν
καὶ ἀφεθῇ αὐτοῖς.

8,17b-18 *(nr. 155, p. 226)*

17 ... πεπωρωμένην ἔχετε τὴν καρδίαν ὑμῶν;
18 ὀφθαλμοὺς ἔχοντες
οὐ βλέπετε
καὶ ὦτα ἔχοντες
οὐκ ἀκούετε;

[Luk. 8,9-10]

°αὐτοῦ ⊤ τίς αὕτη εἴη ἡ παραβολή. 10 ὁ δὲ εἶπεν· ὑμῖν δέδοται ⸉γνῶναι ⸂τὰ μυστήρια⸃ ⸋τῆς βασιλείας⸌ τοῦ θεοῦ, ⸂τοῖς δὲ λοιποῖς⸃ ἐν παραβολαῖς,

8,18b *(nr. 125, p. 179)*

Ὃς ἂν γὰρ ἔχῃ, δοθήσεται αὐτῷ⊤· καὶ ὃς ἂν μὴ ἔχῃ, καὶ ὃ δοκεῖ ἔχειν ἀρθήσεται ἀπ' αὐτοῦ.

8,10b

ἵνα βλέποντες
μὴ ⸀βλέπωσιν
καὶ ἀκούοντες ⊤
μὴ συνιῶσιν.

Joh.

9,39b *(nr. 248, p. 330)*

39 ... εἰς κρίμα ἐγὼ εἰς τὸν κόσμον τοῦτον ἦλθον,
ἵνα οἱ μὴ βλέποντες βλέπωσιν
καὶ οἱ βλέποντες τυφλοὶ γένωνται.

12,37-40 *(nr. 303, p. 422)*

37 Τοσαῦτα δὲ αὐτοῦ σημεῖα πεποιηκότος ἔμπροσθεν αὐτῶν οὐκ ἐπίστευον εἰς αὐτόν, 38 ἵνα ὁ λόγος Ἠσαΐου τοῦ προφήτου πληρωθῇ ὃν εἶπεν· κύριε, τίς ἐπίστευσεν τῇ ἀκοῇ ἡμῶν; καὶ ὁ βραχίων κυρίου τίνι ἀπεκαλύφθη; 39 διὰ τοῦτο οὐκ ἠδύναντο πιστεύειν, ὅτι πάλιν εἶπεν Ἠσαΐας·
40 τετύφλωκεν αὐτῶν τοὺς ὀφθαλμοὺς
καὶ ἐπώρωσεν αὐτῶν τὴν καρδίαν,

Matth.: 11 °† ℵCZ *pc* ff^{1}k ¦ *txt* BℜDWΘλφ *pm* lat sy sa | ⸂*p)* το μ-ιον it; Cl Ir^{lat} | ⊤γνωναι sy^{c} || 13 ⸂λαλει αυτοις D* | ⸂*p)* ινα βλ. μη βλεπωσιν κ. α. μη ακουσωσιν και μη συνωσιν D(Θ) 1 *al* it sy$^{s.c}$ sa; (Ir Eus Cyr^{Jer}) ¦ + μηποτε επιστρεψωσιν DΘ 1 *pc* it sy$^{s.c}$; (Eus) || 14 ⸀τοτε πληρ- λ ¦ τοτε πληρωθησεται επ D *pc* k; (Eus) | ⊤του προφητου sy$^{s.c}$ sa^{pt} | ⸆(Is 6,9) πορευθητι και ειπε τω λαω τουτω D it; Eus || 15 ⊤αυτων ℵC *pc* it

Mark.: 10 ⸂την -λην ℜA 0133 λ *pl* bo^{pt} ¦ την -λην εκεινην sy^{p} ¦ *p)* τις η -λη αυτη DWΘφ *pc* it; Or ¦ *txt* ℌ sy$^{s.c}$ sa bo^{pt} || 11 ⸂*p)* δεδοται γνωναι (– γν. C*^{vid} AW *pc*) το μυστ. C^{2}ℜADWΘ 0133 *pm* lat sy^{p} ¦ δ. γν. τα μ-ια λφ *al* ¦ *txt* Bℵ *pc* | °sy^{p} | ⸀εξωθεν B *pc* | °¹ℵDWΘ *al* | ⸀λεγεται DΘ *al* it sa || 25 ⸀οστις Θ | ⸀αν εχη ℜAΘ 0133 λ *al*

Luk.: 9 °W *pc* it | ⊤λεγοντες ℜAΘφ *pm* f l q || 10 ⸉*p.* θεου D ¦ – a | ⸂*p)* το -ιον latt | ⸋W 579 ff^{2}; Eus | ⸂εκεινοις δε τοις εξω sy$^{s.c}$ | ⸀ιδωσιν DW *pc* | ⊤*p)* ακουωσιν και ℵ*.^{2} ¦ -σωσιν και Θφ *pc* || 18b ⊤(Mc 4,24) και προστεθησεται αυτω sy^{c}

3sq (Mt) cf Mt 13,34 par *(= nr 130)* || *3sq (Lc)* cf Lc 8,11sq || *5sq* cf 1Cor 2,10 | μυστήριον: hapaxl Evv; cf Dn 2,25sqq.47; Sap 2,22 || *7(Mc)* cf 1Cor 5,12 sq; Kol 4,5; 1Th 4,12; 1Tm 3,7 || *7(Lc)* cf Act 5,13; 1Th 4,13; 5,6 || *9sqq* cf 4Esr 7,25; *cf 49sqq.55* || *15sqq cf ad 23sqq* || *23sqq* Is 6,9sq; cf Dt 29,3; Jr 5,21; Ez 12,2; Mt 11,4 par *(= nr 106)*; 11,25 par *(= nr 109)*; Lc 19,42; Jo 6,36.40; 8,43; 9,40; 15,24; Act 13,40sq (Hab 1,5); Act 28,26sq; 1Cor 14,21sq (Is 28,11); *cf 15sqq* || *24sqq (Jo)* Is 53,1

[Matth. 13,10-17]

μήποτε ἴδωσιν τοῖς ὀ-
φθαλμοῖς
καὶ τοῖς ὠσὶν ᵀ °ἀκούσω-
σιν
καὶ τῇ καρδίᾳ συνῶσιν
καὶ ἐπιστρέψωσιν
καὶ ⸀ἰάσομαι αὐτούς.

16 ὑμῶν δὲ μακάριοι οἱ ὀφθαλμοὶ ὅτι βλέπουσιν καὶ τὰ ὦτα °ὑμῶν ὅτι ἀκούουσιν. 17 ἀμὴν °γὰρ λέγω ὑμῖν ὅτι πολλοὶ προφῆται □καὶ δίκαιοι⸌ ἐπεθύμησαν ἰδεῖν ἃ βλέπετε καὶ οὐκ ⸀εἶδαν, καὶ ἀκοῦσαι ἃ ἀκούετε καὶ οὐκ ἤκουσαν.

25,29 (nr. 299, p. 413)

29 Τῷ γὰρ ἔχοντι παντὶ δοθήσεται καὶ περισσευθήσεται, τοῦ δὲ μὴ ἔχοντος καὶ ὃ ἔχει ἀρθήσεται ἀπ' αὐτοῦ.

Mark.

Luk.

10,23-24 (nr. 181, p. 262)

23 Καὶ στραφεὶς πρὸς τοὺς μαθητὰς □κατ' ἰδίαν⸌ εἶπενᵀ·
μακάριοι οἱ ὀφθαλμοὶ
οἱ βλέποντες ἃ βλέπετεᵀ.
24 λέγω γὰρ ὑμῖν ὅτι πολλοὶ προφῆται □καὶ βασιλεῖς⸌ ἠθέλησαν ἰδεῖν ἃ ὑμεῖς βλέπετε καὶ οὐκ εἶδαν, καὶ ἀκοῦσαιᵀ ἃ ἀκούετε καὶ οὐκ ἤκουσαν.

19,26 (nr. 266, p. 358)

26 Λέγω ὑμῖν ὅτι παντὶ τῷ ἔχοντι δοθήσεται, ἀπὸ δὲ τοῦ μὴ ἔχοντος καὶ ὃ ἔχει ἀρθήσεται.

[Joh. 12,37-40]

ἵνα μὴ ἴδωσιν τοῖς ὀ-
φθαλμοῖς

καὶ νοήσωσιν τῇ καρδίᾳ
καὶ στραφῶσιν,
καὶ ἰάσομαι αὐτούς.

Pap. Oxyrhynch. 655 (II a, sec. Fitzmyer): Λέ[γει Ἰ(ησοῦ)ς· π]ο[λλάκις ἐπεθυμήσα]τα[ι ἀκοῦσαι τοὺς λό]γ[ους οὓς ὑμῖν λέγω] κα[ὶ οὐκ ἔχετε τὸ]ν [ἐροῦντα ὑμῖν] κα[ὶ ἐλεύσονται] ἡμ[έραι ὅτε ζητή]σε[τέ με καὶ οὐχ εὑρήσετέ με.] *(cf. Evang. Thomae copt. Append. I, 38)*

Evang. Thomae copt.: *cf. Append. I, 41*

Matth.: 15 ᵀαυτων ℵ^{corr} *pc* | °C | ⸀-σωμαι Δ 1.565 *al* || 16 °B *pc* it ¦ *txt* ℌℜDWΘ *pl* || 17 °ℵ *al* it sa^{pt} bo^{pt} | □B*; Meth | ⸀ηδυνηθησαν ιδειν D

Luk.: 23 □D *pc* lat sy$^{s.c}$ | ᵀαυτοις Dλ e sy$^{s.c}$ sa bo^{pt} | ᵀ*p)* και ακουοντες α ακουετε D (c e f) || 24 □*p)* D it; Mcion | ᵀμου 𝔓^{75} B 0124

---

^{42sqq} cf Prv 20,12; Is 52,10; Ps Sal 17,44; 18,6; Mt 16,17; Lc 2,30; 1Jo 1,1sqq || ^{45sqq} cf Is 52,15; Jo 8,56; Heb 11,13; 1Pt 1,10 sqq; 1Jo 1,1sqq; *cf 53sq* || ^{49sqq} *cf 9sqq* || ^{53sq} *cf 45sqq* || ^{55} *cf 9sqq*

124. Deutung des Gleichnisses vom viererlei Acker

Parabola seminantis explicatur

Interpretation of the Parable of the Sower

Matth. 13,18-23

18 Ὑμεῖς οὖν ἀκούσατε τὴν παραβολὴν τοῦ ⸀σπείραντος.

Mark. 4,13-20

13 Καὶ λέγει αὐτοῖς· οὐκ οἴδατε τὴν παραβολὴν ταύτην, καὶ πῶς πάσας τὰς παραβολὰς γνώσεσθε; 14 ὁ σπείρων τὸν λόγον σπείρει. 15 οὗτοι δέ εἰσιν οἱ παρὰ τὴν ὁδόν⸆·

Luk. 8,11-15

11 Ἔστιν δὲ αὕτη ἡ παραβολή·
ὁ σπόρος ἐστὶν ὁ λόγος τοῦ θεοῦ.
12 οἱ δὲ παρὰ τὴν ὁδόν εἰσιν

Joh.

Matth.: 18 ⸀-ροντος CℜDΘλϕ *pm* ¦ *txt* Bℵ*W *al*

Mark.: 15 [⸆, comm]

---

^{1sq} cf Mt 13,3-9 par *(= nr 122)* || ^{3sq} cf 1Cor 9,11 etc

[Matth. 13,18-23]

19 Παντὸς ἀκούοντος τὸν λόγον τῆς βασιλείας καὶ μὴ συνιέντος ἔρχεται ὁ πονηρὸς καὶ ἁρπάζει ⸀τὸ ἐσπαρμένον⸌ ἐν τῇ καρδίᾳ αὐτοῦ, οὗτός ἐστιν ὁ παρὰ τὴν ὁδὸν σπαρείς.
20 ὁ δὲ ἐπὶ τὰ πετρώδη σπαρείς, οὗτός ἐστιν ὁ τὸν λόγον ⸆ ἀκούων καὶ °εὐθὺς μετὰ χαρᾶς λαμβάνων αὐτόν,
21 οὐκ ἔχει δὲ ῥίζαν ἐν ἑαυτῷ ἀλλὰ πρόσκαιρός ἐστιν, ⸀γενομένης δὲ⸌ θλίψεως ἢ διωγμοῦ διὰ τὸν λόγον εὐθὺς σκανδαλίζεται.
22 ὁ δὲ εἰς τὰς ἀκάνθας σπαρείς, οὗτός ἐστιν ὁ τὸν λόγον ⸆ ἀκούων, καὶ ἡ μέριμνα τοῦ αἰῶνος ⸆ καὶ ἡ ἀπάτη τοῦ πλούτου συμπνίγει ⸋τὸν λόγον⸌ καὶ ἄκαρπος γίνεται.
23 ὁ δὲ ἐπὶ τὴν καλὴν γῆν σπαρείς, οὗτός ἐστιν ὁ τὸν λόγον ⸆ ἀκούων καὶ συνιείς, ⸀ὃς δὴ⸌ καρποφορεῖ καὶ ποιεῖ ⸀ὃ μὲν ἑκατόν, ⸀ὃ δὲ ἑξήκοντα, ⸀ὃ δὲ τριάκοντα.

(nr. 127 13,24-30 p. 181)

[Mark. 4,13-20]

⸀ὅπου σπείρεται ὁ λόγος⸌ καὶ ὅταν ἀκούσωσιν, ⸀εὐθὺς ἔρχεται ὁ σατανᾶς καὶ ⸀αἴρει τὸν λόγον τὸν ἐσπαρμένον ⸀εἰς αὐτούς⸌.
16 καὶ οὗτοί ⸀εἰσιν οἱ ἐπὶ τὰ πετρώδη σπειρόμενοι, οἳ ὅταν ἀκούσωσιν τὸν λόγον ⸀εὐθὺς μετὰ χαρᾶς λαμβάνουσιν °αὐτόν,
17 καὶ οὐκ ἔχουσιν ῥίζαν ἐν ἑαυτοῖς ἀλλὰ πρόσκαιροί εἰσιν, εἶτα γενομένης θλίψεως⸋⸀ἢ διωγμοῦ διὰ τὸν λόγον⸌⸀εὐθὺς σκανδαλίζονται.
18 καὶ ⸀ἄλλοι εἰσὶν οἱ ⸀εἰς τὰς ἀκάνθας σπειρόμενοι⸋· οὗτοί εἰσιν⸌ οἱ τὸν λόγον ἀκούσαντες,
19 καὶ αἱ μέριμναι τοῦ ⸀αἰῶνος καὶ ⸀ἡ ἀπάτη⸌ τοῦ ⸀πλούτου ⸋καὶ αἱ περὶ τὰ λοιπὰ ἐπιθυμίαι⸌ εἰσπορευόμεναι συμπνίγουσιν τὸν λόγον καὶ ἄκαρπος γίνεται.
20 καὶ ⸀ἐκεῖνοί εἰσιν οἱ ἐπὶ τὴν γῆν τὴν καλὴν σπαρέντες, οἵτινες ἀκούουσιν τὸν λόγον καὶ παραδέχονται καὶ καρποφοροῦσιν ⸀ἓν τριάκοντα καὶ ⸀¹ἓν ἑξήκοντα καὶ ⸀¹ἓν ἑκατόν.

[Luk. 8,11-15]

οἱ ⸀ἀκούσαντες⸆, εἶτα⸌ ἔρχεται ὁ διάβολος καὶ αἴρει τὸν λόγον ἀπὸ τῆς καρδίας αὐτῶν, ἵνα μὴ πιστεύσαντες σωθῶσιν.
13 οἱ δὲ ἐπὶ ⸀τῆς πέτρας⸌ οἳ ὅταν ἀκούσωσιν μετὰ χαρᾶς δέχονται τὸν λόγον⸆, °καὶ ⸀οὗτοι ῥίζαν οὐκ ἔχουσιν, οἳ πρὸς καιρὸν πιστεύουσιν καὶ ἐν καιρῷ πειρασμοῦ ⸀ἀφίστανται.
14 τὸ δὲ εἰς τὰς ἀκάνθας πεσόν, οὗτοί εἰσιν οἱ ⸆ ἀκούσαντες⁚, καὶ ὑπὸ μεριμνῶν καὶ πλούτου καὶ ἡδονῶν τοῦ βίου °πορευόμενοι⁚¹ συμπνίγονται καὶ οὐ τελεσφοροῦσιν.
15 τὸ δὲ ἐν τῇ καλῇ γῇ, οὗτοί εἰσιν οἵτινες ἐν καρδίᾳ ⸋καλῇ καὶ⸌ ἀγαθῇ ἀκούσαντες τὸν λόγον ⸆ κατέχουσιν καὶ ⸀καρποφοροῦσιν ἐν ὑπομονῇ.

Joh.

Herm. Pastor, Vis. III, 7, 3: Τοὺς δὲ ἑτέρους τοὺς πίπτοντας ἐγγὺς τῶν ὑδάτων καὶ μὴ δυναμένους κυλισθῆναι εἰς τὸ ὕδωρ θέλεις γνῶναι τίνες εἰσίν; »οὗτοί εἰσιν οἱ τὸν λόγον ἀκούσαντες« καὶ θέλοντες βαπτισθῆναι εἰς τὸ ὄνομα τοῦ κυρίου· εἶτα ὅταν αὐτοῖς ἔλθῃ εἰς μνείαν ἡ ἁγνότης τῆς ἀληθείας, μετανοοῦσιν καὶ πορεύονται πάλιν ὀπίσω τῶν ἐπιθυμιῶν αὐτῶν τῶν πονηρῶν. - **Sim. IX, 20, 1:** Ἐκ δὲ τοῦ ὄρους τοῦ τρίτου τοῦ ἔχοντος ἀκάνθας καὶ τριβόλους οἱ πιστεύσαντες τοιοῦτοί εἰσιν· ἐξ αὐτῶν οἱ μὲν πλούσιοι, οἱ δὲ πραγματείαις πολλαῖς ἐμπεφυρμένοι. οἱ μὲν τρίβολοί εἰσιν οἱ πλούσιοι, αἱ δὲ ἄκανθαι οἱ ἐν ταῖς πραγματείαις ταῖς ποικίλαις ἐμπεφυρμένοι.

Matth.: 19 ⸀το σπειρομενον D W ¦ τον εσπαρμενον λογον sy^p || 20 ⸆μου W pc f q | °e sy^s bo || 21 ⸀p) ειτα γενομενης Θ pc || 22 ⸆μου W | ⸆τουτου C K W Θ pl; Or ¦ txt B ℵ* D it | ⸋ sy^{s.c} || 23 ⸆μου W pc q sy^p | ⸀τοτε D it sy^s | [⸀ter ὁ comm]

Mark.: 15 ⸀οις σπ. ο λ. D ff² sy^p ¦ qui neglegenter verbum suscipiunt it ¦ οι ακουσαντες τον λογον sy^s | ⸀ευθεως K A D Θ 0133 φ pm ¦ — λ pc | ⸀p) αρπαζει ℵ C ¦ αφαιρει D it | ⸀εν αυτοις H c ¦ εν ταις καρδιαις αυτων K D Θ 0133 pm it ¦ εις την καρδιαν αυτων sy^{s.p} ¦ απο της καρδιας αυτων A l ¦ txt B W φ al || 16 ⸀† εισιν ομοιως B K A 0133 pm ¦ ομ. εισ. H ¦ txt D W Θ λ φ pc it sy^{s.p} sa; Or | ⸀ευθεως K A W Θ 0133 λ pm ¦ — D 579 pc it sy^s bo^pt | °Θ λ φ pc; Or || 17 ⸋λ | ⸀και D W lat | ⸀ευθεως K A D φ pm ¦ και ευθυς W ff² ¦ — λ || 18 ⸀ουτοι C² K A pm f q ¦ οι δε (— και) W | ⸀επι H pc ¦ txt p) B K A D W Θ λ φ pl | ⸋C² K A pm f q || 19 ⸀βιου D W Θ al it | ⸀απαται D W pc it ¦ αι απ. Θ pc | ⸀κοσμου D Θ pc it | ⸋p) D W Θ λ pc it || 20 ⸀ουτοι K A D (ουτοι δε W ff² e) λ φ pl lat ¦ — Θ 565 pc | ⸀† ἐν K λ φ pm ¦ το εν W ¦ txt B² Θ pc lat sa bo (B* ℵ A C D sine acc.) | ⸀¹ bis † ἐν K λ φ pm ¦ — B ¦ το εν W ¦ txt Θ pc lat sa bo

Luk.: 12 ⸀ακολουθουντες ων D | ⸆τον λογον του θεου X b sy^c sa^pt ¦ p) τον λογον 124 pc c e r¹ sy^{s.p} bo^pt || 13 ⸀την -αν ℵ* D pc latt; Or | ⸆του θεου ℵ* | °ℵ* | ⸀αυτοι B* pc ¦ — D e | ⸀p) σκανδαλιζονται sy || 14 ⸆p) τον λογον Θ λ pc a c f r¹ sy^{c.p} sa bo^pt | [⁚—, et ⁚¹· W] | °sy^p || 15 ⸋D (it) | ⸆του θεου D sa^pt | ⸀τελεσφορ- L

5sqq cf 4 Esr 8,41 || 5sq (Mt) cf ad Mt 13,14 par (= nr 123) || 9 (Lc) cf Rm 1,16; 1 Cor 1,21 etc || 11sqq cf 30sqq || 11 πετρώδης: hic et Mt 13,5 = Mc 4,5 (= nr 122) || 13 (Lc) cf Act 8,14; 11,1; 17,11; 1 Th 1,6; 2,13; Jc 1,21 || 14sqq cf 1 Tm 4,1; 2 Tm 4,3 || 15 (Mt/Mc) πρόσκαιρος: hic et 2 Cor 4,18; Heb 11,25 || 16 (Mt) 1 Th 3,7; 2 Th 1,4 || 18sqq cf Mt 6,19-34; 19,23 par (= nr 255); Lc 12,22-33; Lc 14,18-20; 21,34; 1 Tm 6,9; Tt 3,14; 2 Pt 1,8; 2,13; cf 30sqq || 20 (Mt/Mc) cf 2 Th 2,10; Heb 3,13 || 21 (Lc) cf Tt 3,3; Jc 4,1.3; 2 Pt 2,13 || 27sqq (Lc) cf Lc 21,19; Rm 2,7; Heb 10,36; 12,1; Apc 3,10; 13,10; 14,12 || 30sqq cf 11sqq.18sqq

125. Wer Ohren hat zu hören, der höre

Qui habet aures audiendi, audiat **»He who has Ears to Hear, Let him Hear«**

Matth. 5,15; 10,26; 7,2; 13,12 25,29	**Mark. 4,21-25**	**Luk. 8,16-18** 11,33; 12,2; 6,38; 19,26	Joh.
5,15 *(nr. 53, p. 77)* 15 Οὐδὲ καίουσιν λύχνον καὶ τιθέασιν αὐτὸν ὑπὸ τὸν μόδιον ἀλλʼ ἐπὶ τὴν λυχνίαν, καὶ λάμπει πᾶσιν τοῖς ἐν τῇ οἰκίᾳ.	21 Καὶ ⸂ἔλεγεν αὐτοῖς· ⸆ μήτι ⸀ἔρχεται ὁ λύχνος⸃ °ἵνα ὑπὸ τὸν μόδιον ⸀τεθῇ ἢ ὑπὸ τὴν κλίνην⁝; ⸀¹οὐχ ἵνα ⸀²ἐπὶ τὴν λυχνίαν ⸀³τεθῇ;	16 Οὐδεὶς °δὲ λύχνον ἅψας καλύπτει αὐτὸν σκεύει ἢ ὑποκάτω ⸆ κλίνης τίθησιν, ἀλλʼ ἐπὶ ⸀λυχνίας ⸀τίθησιν, ⸋ἵνα οἱ εἰσπορευόμενοι βλέπωσιν τὸ φῶς.⸌	
10,26 *(nr. 101, p. 145)* 26 Μὴ οὖν φοβηθῆτε αὐτούς· οὐδὲν γάρ ἐστιν κεκαλυμμένον ὃ οὐκ ἀποκαλυφθήσεται ⸀καὶ κρυπτὸν ὃ οὐ γνωσθήσεται.	22 ⸀οὐ γάρ ἐστιν ⸆ κρυπτὸν ⸂ἐὰν μὴ ἵνα⸃ φανερωθῇ, οὐδὲ ἐγένετο ἀπόκρυφον ἀλλʼ ἵνα ἔλθῃ εἰς φανερόν. 23 εἴ τις ἔχει ὦτα ἀκούειν ἀκουέτω.	17 ⸀οὐ ⸂γάρ ἐστιν⸃ κρυπτὸν ὃ οὐ φανερὸν γενήσεται οὐδὲ ἀπόκρυφον ⸂ὃ οὐ μὴ⸃ ⸀γνωσθῇ καὶ εἰς φανερὸν ἔλθῃ.	
7,2 *(nr. 68, p. 92)* 2 Ἐν ᾧ γὰρ κρίματι κρίνετε κριθήσεσθε, καὶ ἐν ᾧ μέτρῳ μετρεῖτε ⸀μετρηθήσεται ὑμῖν.	24 Καὶ ἔλεγεν αὐτοῖς· βλέπετε τί ἀκούετε. ἐν ᾧ μέτρῳ μετρεῖτε μετρηθήσεται ὑμῖν ⸋καὶ προστεθήσεται ὑμῖν⸆⸌.	18 Βλέπετε °οὖν πῶς ἀκούετε·	
13,12 *(nr. 123, p. 176)* 12 Ὅστις γὰρ ἔχει, δοθήσεται αὐτῷ καὶ περισσευθήσεται· ὅστις δὲ οὐκ ἔχει, καὶ ὃ ἔχει ἀρθήσεται ἀπʼ αὐτοῦ.	25 ⸀ὃς γὰρ ⸀ἔχει, δοθήσεται αὐτῷ· καὶ ὃς οὐκ ἔχει, καὶ ὃ ἔχει ἀρθήσεται ἀπʼ αὐτοῦ.	ὃς ἂν γὰρ ἔχῃ, δοθήσεται αὐτῷ⸆· καὶ ὃς ἂν μὴ ἔχῃ, καὶ ὃ δοκεῖ ἔχειν ἀρθήσεται ἀπʼ αὐτοῦ. *(nr. 135 8,19-21 p. 184)*	
		11,33 *(nr. 192, p. 275)* 33 Οὐδεὶς λύχνον ἅψας εἰς κρύπτην τίθησιν [οὐδὲ ὑπὸ τὸν μόδιον] ἀλλʼ ἐπὶ τὴν λυχνίαν, ἵνα οἱ εἰσπορευόμενοι τὸ φῶς βλέπωσιν.	

Matth. 10: 26 ⸀neque g^1 (vg) ¦ nec k ¦ — a

Matth. 7: 2 ⸀αντιμετρηθησεται Θ ϕ *al* it

Mark.: 21 ⸂λεγει αυτοις· μητι ο λ. καιεται W | ⸆† οτι B L 892 aeg ¦ ιδετε ϕ 28 ¦ *txt* ℵ C 𝔎 A D W Θ *pl* | ⸀απτεται D it ¦ καιεται (W ϕ) sa bo^{pt} | ° *et* ⸀τεθηναι ℵ* | [⁝, H] | ⸀¹ *p)* αλλ W *pc* ¦ και ουχ D it | ⸀²υπο B*ℵ *al* | ⸀³επιτ- 𝔎 A *al* || 22 ⸀ουδεν W | ⸆† τι ℵ A C 0133 *pm* lat ¦ *txt* B D W Θ λ ϕ *pm* it | ⸂ει μη ινα Θ λ ϕ *pc* ¦ αλλ ινα D W it ¦ εαν μη C ¦ ο εαν μη 𝔎 A *al* ¦ *txt* B ℵ *pc* || 24 ⸋D W *pc* b e l | ⸆τοις ακουουσιν 𝔎 A Θ 0107. 0133 λ ϕ *pm* q sy^{p} sa bo^{pt} ¦ credentibus f ¦ *txt* ℌ *pc* || 25 ⸀οστις Θ | ⸀αν εχη 𝔎 A Θ (0133) λ *pm*

Luk.: 16 °Θ *al* | ⸆της D | ⸀ *p)* την λ-ιαν ℵ D *al* ¦ λ-ιαν Θ *pc*; Cyr | ⸀επιτιθ- 𝔎 A W *pm* | ⸋𝔓75 B || 17 ⸀ουδεν a c e r^1 | [⸂γὰρ ἔστιν H] | ⸂ *p)* αλλα ινα D ¦ ο ου 𝔎 A W λ ϕ *pm* | ⸀ *p)* γνωσθησεται 𝔎 A W λ ϕ *pm* || 18 °1229 it; Mcion | ⸆και προστεθησεται αυτω sy^{c}

2sqq cf Jo 5,35; 2 Pt 1,19; Apc 18,23; 21,23; 22,5; cf *18sqq. 33* || 7sqq cf *21sq. 30sqq;* cf Jo 18,20; Rm 2,16; 1Cor 4,5 || 10sq cf Mt 11,15; 13,9 par *(= nr 122)*; 13,43; 25,29 app; Mc 7,16 app; Lc 12,21 app; 13,9 app; 14,35; 21,4 app; Apc 2,7.11.17 etc et Evang. Thomae copt. *Append. I, 8. 21. 24. 63. 65. 96* || 12(Mc/Lc) cf Mc 4,3; 7,14 || 13sq cf *23sqq;* cf Rm 2,1sqq; 14,4; 1Cor 4,5; 5,12; Jc 4,11; 5,9; Jo 8,7 || 15sqq cf *27sqq. 34;* cf 4Esr 7,25 || 18sqq cf *2sqq*

Matth.	Mark.	Luk.	Joh.
		12,2 (nr. 196, p. 281) 2 Οὐδὲν δὲ συγκεκαλυμμένον ἐστὶν ὃ οὐκ ἀποκαλυφθήσεται καὶ κρυπτὸν ὃ οὐ γνωσθήσεται.	
		6,38 (nr. 81, p. 107) 38 Δίδοτε, καὶ δοθήσεται ὑμῖν· μέτρον καλὸν πεπιεσμένον σεσαλευμένον ὑπερεκχυννόμενον δώσουσιν εἰς τὸν κόλπον ὑμῶν· ᾧ γὰρ μέτρῳ μετρεῖτε ἀντιμετρηθήσεται ὑμῖν.	
25,29 (nr. 299, p. 413) 29 Τῷ γὰρ ἔχοντι παντὶ δοθήσεται καὶ περισσευθήσεται, τοῦ δὲ μὴ ἔχοντος καὶ ὃ ἔχει ἀρθήσεται ἀπ' αὐτοῦ.		*19,26 (nr. 266, p. 358)* 26 Λέγω ὑμῖν ὅτι παντὶ τῷ ἔχοντι δοθήσεται, ἀπὸ δὲ τοῦ μὴ ἔχοντος καὶ ὃ ἔχει ἀρθήσεται.	

Pap. Oxyrhynch. 654, nr. 4 (sec. Fitzmyer): Λέγει Ἰη(σοῦ)ς· γ[νῶθι τὸ ὂν ἔμπροσ]θεν τῆς ὄψεως σοῦ, καὶ [τὸ κεκαλυμμένον] ἀπό σου ἀποκαλυφ⟨θ⟩ήσετ[αί σοι· οὐ γάρ ἐσ]τιν κρυπτὸν ὃ οὐ φανε[ρὸν γενήσεται] καὶ θεθαμμένον ὃ ο[ὐκ ἐγερθήσεται.] *(cf. Evang. Thomae copt. Append. I, 5)*

Evang. Thomae copt.: *cf. Append. I, 33*

Evang. Thomae copt.: *cf. Append. I, 41*

21sq cf 7sqq || *23sqq cf 13sq* || *27sqq cf 15sqq* || *30sqq cf 7sqq* || *33 cf 2sqq* || *34 cf 15sqq*

126. Gleichnis von der selbstwachsenden Saat

Ultro semen fructificat — **The Parable of the Seed Growing Secretly**

Matth.	Mark. 4,26-29	Luk.	Joh.
	26 Καὶ ἔλεγεν· οὕτως ἐστὶν ἡ βασιλεία τοῦ θεοῦ ⸂ὡς ἄνθρωπος⸃ βάλῃ τὸν σπόρον ἐπὶ τῆς γῆς 27 καὶ καθεύδῃ καὶ ἐγείρηται νύκτα καὶ ἡμέραν, καὶ ὁ σπόρος ⸀βλαστᾷ καὶ ⸀μηκύνηται ὡς οὐκ οἶδεν °αὐτός. 28 ⸀αὐτομάτη ἡ γῆ καρποφορεῖ⁝, πρῶτον χόρτον ⸋⸀εἶτα στάχυν⸌ ⸀εἶτα ⸂πλήρη[ς] σῖτον⸃ ἐν τῷ στάχυϊ. 29 ὅταν δὲ ⸀παραδοῖ ὁ ⸀καρπός, ⸀¹εὐθὺς ἀποστέλλει τὸ δρέπανον, ὅτι παρέστηκεν ὁ θερισμός. *(nr. 128 4,30-32 p. 181)*		

1. Clem. ad Cor. 23, 4–5a: 4 ⸆Ὦ ἀνόητοι, συμβάλετε ἑαυτοὺς ξύλῳ· λάβετε ἄμπελον· πρῶτον μὲν φυλλοροεῖ, εἶτα βλαστὸς γίνεται, εἶτα φύλλον, εἶτα ἄνθος, καὶ μετὰ ταῦτα ὄμφαξ, εἶτα σταφυλὴ παρεστηκυῖα. ὁρᾶτε, ὅτι ἐν καιρῷ ὀλίγῳ εἰς πέπειρον καταντᾷ ὁ καρπὸς τοῦ ξύλου. 5 ἐπ' ἀληθείας ταχὺ καὶ ἐξαίφνης τελειωθήσεται τὸ βούλημα αὐτοῦ.

2. Clem. ad Cor. 11, 3: Ἀνόητοι, συμβάλετε ἑαυτοὺς ξύλῳ· λάβετε ἄμπελον· πρῶτον μὲν φυλλοροεῖ, εἶτα βλαστὸς γίνεται, μετὰ ταῦτα ὄμφαξ, εἶτα σταφυλὴ παρεστηκυῖα.

Evang. Thomae copt.: *cf. Append. I, 21*

26 ⸂ωσπερ ανθ. Θ φ 565 *pc* ¦ ως εαν ανθ. (C) 𝔎 A **0107.0133** *pm* lat; Gel ¦ ως ανθ. οταν W λ e ¦ *txt* ℌ D || **27** ⸀βλαστανη ℵ C^{2} 𝔎 A λ φ *al*; Gel | ⸀-νεται D W *al*; Gel | °Θ b || **28** ⸀αυτ. γαρ 𝔎 W Θ **0107.0133** λ φ *pm* ¦ οτι αυτ. D *pc* | [⁝—, W] | ⸋ℵ* | ⸀*bis* † ειτεν B*(ℵ* *pc*) ¦ *txt* B^{corr} (ℵ^{corr}) C 𝔎 A D W Θ **0107.0133** λ φ *pl* | ⸂† πλ. σιτος 1325 ¦ πλ. ο σ. D W ¦ -ρες σιτος B ¦ -ρες σιτον C* *pc* ¦ πληρη (+ τον Θ *pc*) σιτον ℵ 𝔎 A Θ λ φ *pl* sa bo^{pt} ¦ *txt* 28 || **29** ⸀παραδω ℵ^{corr} C 𝔎 A W **0133** λ φ *pl* | [⸀καιρος Blass *cj*] | ⸀¹ευθεως 𝔎 A D Θ **0107.0133** φ *pm* ¦ τοτε λ ¦ — W c e

1 cf Mt 13,3sqq par *(= nr 122)*; 13,24sqq *(= nr 127)* || *1sq cf* Ps 3,6; Mt 13,25; Jc 5,7 || *2* αὐτόματος: hic et Act 12,10 || *3 cf* Mt 24,32 par *(= nr 293)*; *cf 5sqq. 8sq* || *3sq cf 10* || *4 cf* Joel 4,13; Apc 14,15; Mt 9,37; 13,30; Lc 10,2; Jo 4,35 || *5sqq cf 3* || *8sq cf 3* || *10 cf 3sq*

127. Gleichnis vom Unkraut unter dem Weizen

Parabola zizaniorum *(cf. nr. 131)* The Parable of the Tares

Matth. 13,24-30 | Mark. | Luk. | Joh.

(nr. 124 13,18-23 p. 177)

24 Ἄλλην παραβολὴν παρέθηκεν αὐτοῖς λέγων· ὡμοιώθη ἡ βασιλεία τῶν οὐρανῶν ἀνθρώπῳ ⸀σπείραντι καλὸν
σπέρμα ἐν τῷ ⸂ἀγρῷ αὐτοῦ⸃. 25 ἐν δὲ τῷ καθεύδειν τοὺς ἀνθρώπους ἦλθεν αὐτοῦ ὁ ἐχθρὸς καὶ ⸀ἐπέσπειρεν
ζιζάνια ἀνὰ μέσον τοῦ σίτου καὶ ἀπῆλθεν. 26 ὅτε δὲ ἐβλάστησεν ὁ χόρτος καὶ καρπὸν ἐποίησεν, τότε ἐφάνη
°καὶ τὰ ζιζάνια. 27 προσελθόντες δὲ οἱ δοῦλοι τοῦ οἰκοδεσπότου ⸆ εἶπον αὐτῷ· κύριε, οὐχὶ καλὸν σπέρμα
ἔσπειρας ἐν τῷ σῷ ἀγρῷ; πόθεν οὖν ἔχει ⸆ ζιζάνια; 28 ὁ δὲ ἔφη αὐτοῖς· ἐχθρὸς ἄνθρωπος τοῦτο ἐποίησεν.
οἱ δὲ °δοῦλοι ⸂λέγουσιν αὐτῷ⸃· θέλεις οὖν ἀπελθόντες συλλέξωμεν αὐτά; 29 ὁ δέ ⸀φησιν· οὔ, μήποτε συλ-
λέγοντες τὰ ζιζάνια ἐκριζώσητε ἅμα αὐτοῖς τὸν σῖτον. 30 ἄφετε συναυξάνεσθαι ἀμφότερα ⸀ἕως τοῦ θερισμοῦ,
καὶ ἐν ⸆ καιρῷ τοῦ θερισμοῦ ἐρῶ τοῖς θερισταῖς· συλλέξατε πρῶτον τὰ ζιζάνια καὶ δήσατε αὐτὰ °εἰς δέσμας
πρὸς τὸ κατακαῦσαι αὐτά, τὸν δὲ σῖτον ⸀συναγάγετε εἰς τὴν ἀποθήκην μου.

Herm. Pastor. Sim. III, 2: Διατί, φημί, οὖν, κύριε, ὡσεὶ ξηρὰ καὶ ὅμοιά ἐστιν; Ὅτι, φησίν, οὔτε οἱ δίκαιοι φαίνονται οὔτε οἱ ἁμαρτωλοὶ ἐν τῷ αἰῶνι τούτῳ, ἀλλὰ ὅμοιοί εἰσιν· ὁ γὰρ αἰὼν οὗτος δικαίοις χειμών ἐστιν, καὶ οὐ φαίνονται μετὰ τῶν ἁμαρτωλῶν κατοικοῦντες.

Evang. Thomae copt.: *cf. Append. I, 57*

---

24 ⸀σπειροντι C𝔎DΘλ*pm* | ⸂ιδιω αγρω D ¦ α. εαυτου B || 25 ⸀επεσπαρκεν ℵ* ¦ εσπειρεν C𝔎W*pm* || 26 °DWΘφ*pc* it || 27 ⸆εκεινου D | ⸆τα ℵ*LΘφ*al* || 28 °B*pc* h sa bo; Eus | ⸂† *2 1* BC*pc* ¦ ειπον αυτω 𝔎WΘλφ*pm* it ¦ *txt* ℵ(D)*al* || 29 ⸀εφη 𝔎W*pm* ¦ ε. αυτοις Θ*pc* ¦ λεγει αυτ. (D)*pc* it || 30 ⸀αχρι ℵ*L; Or Chr ¦ μεχρι C𝔎WΘ*pl* ¦ *txt* BD*pc* | ⸆τω ℌE*pm* ¦ *txt* B𝔎DWΘλφ*al* | °D L 1. 33*al* it vg^codd^ (*etiam* — αυτα[1] D) | ⸀συναγετε B*al* ¦ συνλεγεται (*sic*) D

1-9 cf Mt 13,36-43 *(nr 131)*; *cf 12* || *1* cf Ex 19,7; 21,1; Dt 4,44 etc; Mt 13,31.33 || *1sq* cf Mt 13,3sqq par *(= nr 122)*; Mc 4,26sqq || *2* cf Mc 4,27 || *3* ζιζάνια: Mt cap 13 sol || *5* cf Esth 7,6; Lv 21,9; Jdc 6,8; Mt 13,45 app. 52; 18,23; 20,1 etc || *6sq* cf Mt 15,13; Jo 15,2; Act 5,38; Jd 12; *cf 10sq* || *8sq* cf Mc 4,29; Jo 4,35; Apc 14,15 || *9* cf Mt 6,30; Lc 12,18 | cf Mt 3,12 par *(= nr 16)*; 6,26; || *10sq cf 6sq* || *12 cf 1-9*

128. Gleichnis vom Senfkorn

Parabola grani sinapis *(cf. nr. 209)* The Parable of the Mustard Seed

Matth. 13,31-32	**Mark. 4,30-32**	Luk. 13,18-19 *(nr. 209, p. 294)*	Joh.
	(nr. 126 4,26-29 p. 180)		
31 Ἄλλην παραβολὴν ⸀παρέθηκεν αὐτοῖς	30 Καὶ ἔλεγεν·	18 Ἔλεγεν οὖν·	
λέγων· ὁμοία ἐστὶν ἡ βασιλεία τῶν οὐρα-	⸀πῶς ὁμοιώσωμεν τὴν βασιλείαν τοῦ θεοῦ	τίνι ὁμοία ἐστὶν ἡ βασιλεία τοῦ θεοῦ	
νῶν	ἢ ἐν ⸀τίνι ⸂αὐτὴν παραβολῇ θῶμεν⸃; 31 ὡς	καὶ τίνι ὁμοιώσω αὐτήν; 19 ὁμοία ἐστὶν	
κόκκῳ σινάπεως, ὃν λαβὼν ἄνθρωπος	κόκκῳ σινάπεως, ὃς ὅταν	κόκκῳ σινάπεως, ὃν λαβὼν ἄνθρωπος	
ἔσπειρεν ἐν τῷ ἀγρῷ αὐτοῦ· 32 ὃ μικρό-	σπαρῇ ἐπὶ ⸂τῆς γῆς⸃, μικρότερον ὂν	⸀ἔβαλεν εἰς κῆπον ⸀ἑαυτοῦ,	
τερον μέν ἐστιν πάντων τῶν σπερμάτων,	πάντων τῶν σπερμάτων τῶν ἐπὶ τῆς γῆς,		

Matth.: 31 ⸀ελαλησεν DL*Θφ*al* it sy^s.c^

Mark.: 30 ⸀τινι 𝔎ADΘ 0133 λ*pm* lat; Or | ⸀ποια C²𝔎ADΘ 0133 *pm* | ⸂παραβολη (ομοιωματι λ) παραβαλωμεν αυτην C² 𝔎(A)DΘ 0133 λ*pm* ¦ την παραβολην δωμεν W (e) || 31 ⸂την γην DLW*al* it

Luk.: 19 ⸀εσπειρεν Mcion | ⸀αυ- 𝔓⁴⁵ℵDΘ*al*

1(Mt) cf ad Mt 13,24 || *1sqq (Mc/Lc)* cf Is 40,18; Lc 7,31 || *2sqq cf 13* || *4* cf Mt 17,20; Lc 17,6 || *5(Lc)* κῆπος: hic et Jo 18,1.26; 19,41

[Matth. 13, 31-32]	[Mark. 4, 30-32]	[Luk. 13, 18-19]	Joh.
ὅταν δὲ αὐξηθῇ	32 καὶ ὅταν σπαρῇ, ἀναβαίνει καὶ γίνεται	καὶ ηὔξησεν	
μεῖζον τῶν λαχάνων ἐστὶν καὶ γίνεται	μεῖζον πάντων τῶν λαχάνων καὶ ποιεῖ	καὶ ἐγένετο	
δένδρον, ὥστε	κλάδους μεγάλους, ὥστε δύνασθαι ὑπὸ	εἰς δένδρον⸆, καὶ	
ἐλθεῖν τὰ πετεινὰ ⸋τοῦ	τὴν σκιὰν αὐτοῦ τὰ πετεινὰ τοῦ	τὰ πετεινὰ τοῦ	
οὐρανοῦ⸌ καὶ κατασκηνοῦν ἐν τοῖς	οὐρανοῦ κατασκηνοῦν.	οὐρανοῦ κατεσκήνωσεν ἐν τοῖς	
κλάδοις αὐτοῦ.	(nr. 130 4, 33-34 p. 182)	κλάδοις αὐτοῦ.	
Evang. Thomae copt.: *cf. Append. I, 20*			

Matth.: 32 ⸋sy^{s}

Luk.: 19 ⸆μεγα 𝔓^{45}𝔎AWΘλϕ*pl* lat sy^{p} ¦ *txt* 𝔓^{75}ℌD **070** *pc* it

10sqq Ps 104, 12; cf Dn 4, 9. 18; Ez 17, 23; 31, 6 ‖ *13 cf 2 sqq*

129. Gleichnis vom Sauerteig

Parabola fermenti *(cf. nr. 210)* **The Parable of the Leaven**

Matth. 13, 33	Mark.	Luk. 13, 20-21 (nr. 210, p. 295)	Joh.
33 Ἄλλην παραβολὴν ⸀ἐλάλησεν αὐτοῖς⸁· ὁμοία ἐστὶν ἡ		20 ⸀Καὶ πάλιν εἶπεν· τίνι ὁμοιώσω τὴν	
βασιλεία τῶν οὐρανῶν ζύμῃ, ἣν λαβοῦσα γυνὴ⸆		βασιλείαν τοῦ θεοῦ;⸁ 21 ὁμοία ἐστὶν ζύμῃ, ἣν λαβοῦσα γυνὴ	
ἐνέκρυψεν εἰς ἀλεύρου σάτα τρία ἕως οὗ ἐζυμώθη ὅλον.		⸀[ἐν]έκρυψεν εἰς ἀλεύρου σάτα τρία ἕως °οὗ ἐζυμώθη ⸀ὅλον.	
Evang. Thomae copt.: *cf. Append. I, 96*			

Matth.: 33 ⸀ελ. αυτ. λεγων ℵΘϕ*al* h q (l) ¦ (*vs* 31) παρεθηκεν αυτ. λεγ. C *pc* sa ¦ — D (k) sy$^{s.c}$ ¦ *txt* B𝔎W **0242**^{vid} λ *pm* lat sy^{p} bo | ⸆φρονιμος sy^{c}

Luk.: 20 ⸀(13, 18) η τινι ομοια εστιν η βασιλεια του θεου και τινι ομοιωσω αυτην D ‖ 21 ⸀† εκρ- BN *pm* ¦ *txt* 𝔓^{75}ℵ𝔎ADWΘ **070** ϕ *al* | °W | ⸀ολη W

1sqq cf 4 ‖ *1(Mt)* cf Mt 13, 24. 31 ‖ *2sq* cf Ex 12, 15. 19 sq; Mt 16, 6 par *(= nr 155)*. 11 sq; Lc 12, 1; 1 Cor 5, 6 sqq; Gl 5, 9 ‖ *3* cf Gn 18, 6 | σάτον: hic sol ‖ *4 cf 1 sqq*

130. Über die Gleichnisreden Jesu

Sine parabolis non loquebatur **Jesus' Use of Parables**

Matth. 13, 34-35	Mark. 4, 33-34 (nr. 128 4, 30-32 p. 181)	Luk.	Joh.
34 Ταῦτα πάντα ἐλάλησεν ὁ Ἰησοῦς ἐν παραβολαῖς τοῖς	33 Καὶ τοιαύταις ⸂παραβολαῖς πολλαῖς⸃ ἐλάλει °αὐτοῖς ⸀τὸν		
ὄχλοις καὶ χωρὶς παραβολῆς	λόγον καθὼς ἠδύναντο ἀκούειν⸃· 34 ⸂χωρὶς δὲ⸃ παραβολῆς		
⸀οὐδὲν ⸀ἐλάλει αὐτοῖς,	οὐκ ἐλάλει αὐτοῖς, κατ' ἰδίαν δὲ ⸂τοῖς ἰδίοις μαθηταῖς⸃ ἐπ-		
	έλυεν ⸀πάντα.		
35 ὅπως πληρωθῇ τὸ ῥηθὲν διὰ ⸆τοῦ προφήτου λέγοντος·	(nr. 136 4, 35-41 p. 186)		
ἀνοίξω ἐν παραβολαῖς τὸ στόμα μου,			
ἐρεύξομαι κεκρυμμένα ἀπὸ καταβολῆς °[κόσμου].			

Matth.: 34 ⸀*p)* ουκ ℵ^{corr}𝔎DΘλ*al*; Or | ⸀ελαλησεν ℵ* *pc* ‖ 35 ⸆Ησαιου ℵ*Θϕ *pc* ¦ Asaph *omn. vet. codd. apud* Hier ¦ *txt* BC𝔎DW **0242** *pm* lat sy sa bo | °† Bℵ^{corr} 1 *pc* e k (sy$^{s.c}$); Or ¦ *txt* ℵ*C𝔎DWΘϕ*pl* lat sy^{p} sa bo

Mark.: 33 ⸂*2 1* DΘ *pc* lat ¦ *p) 1* LWλϕ *pm* sy^{p} bo | °D ff^{2} i | ⸂καθως ηδ. ακ. b c ¦ — e ‖ 34 ⸂*p)* και χ. B *pc* sy^{p} sa bo | ⸂τ. μαθ. αυτου 𝔎ADWΘ **0133** λϕ *pm* lat | ⸀αυτας DW it

1sqq cf Mt 13, 10 sqq par *(= nr 123)* ‖ *2(Mc)* cf Jo 6, 60; 16, 12; 1 Cor 3, 1 ‖ *3sq* cf Mt 13, 18 sqq par *(= nr 124)*. 36 sqq; Lc 12, 41; 2 Pt 1, 20 ‖ *5* cf 2 Chr 29, 30 ‖ *6sq* Ps 78, 2; cf Mt 11, 25; Lc 10, 21; Rm 11, 33; 1 Cor 2, 7; Kol 1, 26 ‖ *7* cf Mt 25, 34; Lc 11, 50; Jo 17, 24 etc

131. Deutung des Gleichnisses vom Unkraut unter dem Weizen

Parabola zizaniorum explicatur *(cf. nr. 127)* **Interpretation of the Parable of the Tares**

Matth. 13, 36-43	Mark.	Luk.	Joh.
[36] Τότε ἀφεὶς τοὺς ὄχλους ⸀ἦλθεν εἰς τὴν οἰκίαν⸆. Καὶ προσῆλθον αὐτῷ οἱ μαθηταὶ αὐτοῦ λέγοντες· ⸁διασάφησον ἡμῖν τὴν παραβολὴν ⸆τῶν ζιζανίων ⸆[1] τοῦ ἀγροῦ. [37] ὁ δὲ ἀποκριθεὶς εἶπεν· ὁ σπείρων τὸ καλὸν σπέρμα ἐστὶν ⸂ὁ υἱὸς τοῦ ἀνθρώπου⸃, [38] ὁ δὲ ἀγρός ἐστιν ὁ κόσμος, τὸ δὲ καλὸν σπέρμα οὗτοί εἰσιν οἱ υἱοὶ τῆς βασιλείας· τὰ δὲ ζιζάνιά εἰσιν οἱ υἱοὶ τοῦ πονηροῦ, [39] ὁ δὲ ἐχθρὸς ὁ σπείρας αὐτά ⸉ἐστιν ὁ διάβολος, ⸋ὁ δὲ θερισμὸς συντέλεια αἰῶνός ἐστιν,⸌ οἱ δὲ θερισταὶ ἄγγελοί εἰσιν. [40] ὥσπερ οὖν συλλέγεται τὰ ζιζάνια καὶ πυρὶ ⸀[κατα]καίεται, οὕτως ἔσται ἐν τῇ συντελείᾳ τοῦ αἰῶνος· [41] ⸆ἀποστελεῖ ὁ υἱὸς τοῦ ἀνθρώπου τοὺς ἀγγέλους °αὐτοῦ, καὶ συλλέξουσιν ἐκ τῆς βασιλείας αὐτοῦ πάντα τὰ σκάνδαλα καὶ τοὺς ποιοῦντας τὴν ἀνομίαν [42] καὶ ⸀βαλοῦσιν αὐτοὺς εἰς τὴν κάμινον τοῦ πυρός· ἐκεῖ ἔσται ὁ κλαυθμὸς καὶ ὁ βρυγμὸς τῶν ὀδόντων. [43] τότε οἱ δίκαιοι ἐκλάμψουσιν ὡς ὁ ἥλιος ἐν τῇ βασιλείᾳ ⸂τοῦ πατρὸς αὐτῶν⸃. ὁ ἔχων ὦτα ⸆ ἀκουέτω.			

Justinus Mart., Apol. I, 16, 12–13: [12] »Τότε κλαυθμὸς ἔσται καὶ βρυγμὸς τῶν ὀδόντων, ὅταν οἱ μὲν δίκαιοι λάμψωσιν ὡς ὁ ἥλιος, οἱ δὲ ἄδικοι πέμψωνται εἰς τὸ αἰώνιον πῦρ. [13] Πολλοὶ γὰρ ἥξουσιν ἐπὶ τῷ ὀνόματί μου, ἔξωθεν μὲν ἐνδεδυμένοι δέρματα προβάτων, ἔσωθεν δὲ ὄντες λύκοι ἅρπαγες· ἐκ τῶν ἔργων αὐτῶν ἐπιγνώσεσθε αὐτούς.«

Herm. Pastor, Sim. V, 5, 2: Ὁ ἀγρὸς ὁ κόσμος οὗτός ἐστιν· ὁ δὲ κύριος τοῦ ἀγροῦ ὁ κτίσας τὰ πάντα καὶ ἀπαρτίσας αὐτὰ καὶ δυναμώσας.

---

36 ⸀εισηλθεν ℵ ¦ abiit a b h q | ⸆ο Ιησους C𝔎WΘϕ *pm* f h q ¦ αυτου λ *pc*; Or | ⸁φρασον C𝔎DW **0250** λϕ *pl* it; Or ¦ *txt* Bℵ*Θ **0242**vid *pc* lat sy | ⸆ tritici et lat | ⸆[1] και ff[1] h sy^p (⸉e) ‖ 37 ⸂ο υ. τ. θεου 28 ¦ ο θεος Epiph ‖ 39 ⸉p. εχθρος B | ⸋ ℵ* ‖ 40 ⸀καιεται C𝔎W Θ **0119.0250** ϕ *pm* ¦ *txt* Bℵ(D) λ *al* ‖ 41 ⸆και W | ° ℵ F ‖ 42 ⸀βαλλουσιν ℵ* D **0250** *pc* e ‖ 43 ⸂των ουρανων Θ *pc* | ⸆ακουειν ℵ^corr C𝔎DW **0119.0250** λϕ *pl* lat sy sa bo; Eus ¦ *txt* Bℵ*Θ **0242** *pc* a b e k vg^cl

---

[1] cf Mt 13,1 | διασαφεῖν: hic et Mt 18,31 ‖ [2] cf Mt 13,24-30 ‖ [2sq] cf 1Jo 3,9 ‖ [3] cf 1Cor 3,9; Mt 8,12; *cf 13* ‖ [4] cf Jo 8,41.44; Act 13,10; 1Jo 3,8.10; Jo 17,12 etc ‖ [4sq] cf Mt 13,49; 24,3; 28,20; Heb 9,26; Dn 12,13; Apc Bar syr 13,3; Test Lev 10; Hen 16,1; 4 Esr 7,113; Ass Mos 1,18; *cf 6* ‖ [5] cf Mt 3,10 par *(= nr 14)*; 7,19; Jo 15,6 ‖ [6] *cf 4sq* | cf Mt 16,27; 24,31 ‖ [7] cf Mt 16,28 | cf Sir 27,23; Zph 1,2sqq; Mt 7,23; 16,23; 25,31-46; 1Cor 6,9sq ‖ [7sq] Dn 3,6; cf 4 Esr 7,36; Mt 13,50 ‖ [8] cf Mt 8,12; 22,13; 24,51; 25,30; Lc 13,28; Ps 112,10 ‖ [8sq] cf Jdc 5,31; 2Sm 23,3sq; Dn 12,3; Sir 50,7; Hen 39,7; 104,2; Mt 17,2 par *(= nr 161)*; *cf 10sq* ‖ [9] cf Mt 11,15; 13,9 par *(= nr 122)*; 25,29 app; Mc 4,23; 7,16 app; Lc 12,21 app; 13,9 app; 14,35; 21,4 app; Apc 2,7.11.17 etc et Evang. Thomae copt. *Append. I, 8. 21. 24. 63. 65. 96* ‖ [10sq] *cf 8sq* ‖ [11sq] cf Mt 7,15sq ‖ [13] *cf 3*

132. Gleichnis vom Schatz im Acker und von der Perle

Thesaurus in agro et margarita **The Parables of the Hidden Treasure and of the Pearl**

Matth. 13, 44-46	Mark.	Luk.	Joh.
[44] ⸆ Ὁμοία ἐστὶν ἡ βασιλεία τῶν οὐρανῶν θησαυρῷ κεκρυμμένῳ ⸋ἐν °τῷ ἀγρῷ⸌, ὃν εὑρὼν ⸀ἄνθρωπος ἔκρυψεν, καὶ ἀπὸ τῆς χαρᾶς αὐτοῦ ὑπάγει καὶ πωλεῖ °[1] πάντα ὅσα ἔχει καὶ ἀγοράζει τὸν ἀγρὸν ἐκεῖνον. [45] Πάλιν ὁμοία ἐστὶν ἡ βασιλεία τῶν οὐρανῶν ° ἀνθρώπῳ ἐμπόρῳ ζητοῦντι καλοὺς μαργαρίτας· [46] ⸂εὑρὼν δὲ⸃ ° ἕνα πολύτιμον μαργαρίτην ἀπελθὼν ⸀πέπρακεν ⸂πάντα ὅσα⸃ εἶχεν καὶ ἠγόρασεν αὐτόν.			

Evang. Thomae copt.: *cf. Append. I, 109*

Evang. Thomae copt.: *cf. Append. I, 76*

---

44 ⸆ παλιν C𝔎WΘ **0119.0250** λϕ *pm* f h q | ⸋ ℵ* | ° D *al* | ⸀τις D ¦ τις ανθρ. 892 ¦ — e k | °[1] † B *pc*; Or^pt ¦ *txt* ℵD **0242** λ *al* (⸉C𝔎WΘϕ) lat; Or^pt ‖ 45 ° † Bℵ* *pc* ¦ *txt* C𝔎DWΘ **0119.0242.0250** λϕ *pl* lat sy sa bo; Or Cyr ‖ 46 ⸂ος ευρων C𝔎W **0119.0250** *pm*; Cyr | ° DΘ *pc* it sy^c sa bo | ⸀επωλησεν D | ⸂α D lat

---

[1sq] *cf 5* ‖ [1] cf Prv 2,4; Sir 20,30sq ‖ [2] cf Act 12,14 | cf Mt 19,21.29 par *(= nr 255)*; Lc 14,33; Ph 3,7; *cf 4* | cf Mt 13,47 ‖ [2sqq] *cf 6* ‖ [3] cf Prv 3,13sqq; 8,10sq | Mt 7,6 ‖ [4] *cf 2* ‖ [5] *cf 1sq* ‖ [6] *cf 2sqq*

133. Gleichnis vom Fischnetz

Sagena in mari

The Parable of the Net

Matth. 13,47-50	Mark.	Luk.	Joh.
47°Πάλιν ὁμοία ἐστὶν ἡ βασιλεία τῶν οὐρανῶν σαγήνῃ βληθείσῃ εἰς τὴν θάλασσαν καὶ ἐκ παντὸς γένους συναγαγούσῃ· 48⸂ἣν ὅτε⸃ ἐπληρώθη ⸀ἀναβιβάσαντες ἐπὶ τὸν αἰγιαλὸν ⸉καὶ καθίσαντες συνέλεξαν⸆ τὰ ⸀καλὰ εἰς ⸀¹ἄγγη, τὰ δὲ σαπρὰ ἔξω ἔβαλον. 49οὕτως ἔσται ἐν τῇ συντελείᾳ τοῦ ⸀αἰῶνος· ἐξελεύσονται οἱ ἄγγελοι καὶ ἀφοριοῦσιν τοὺς πονηροὺς ἐκ μέσου τῶν δικαίων 50καὶ ⸀βαλοῦσιν αὐτοὺς εἰς τὴν κάμινον τοῦ πυρός· ἐκεῖ ἔσται ὁ κλαυθμὸς καὶ ὁ βρυγμὸς τῶν ὀδόντων.			

Evang. Thomae copt.: *cf. Append. I, 8*

47 °sa ‖ 48 ⸂οτε δε DΘ*pc* it | ⸀ανεβιβασαν αυτην D it | ⸉*p.* αναβιβασ. Cλ*pc* lat; Cyr | ⸆και εβαλον sy^p | ⸀καλλιστα D 700 it sy^s.c | ⸀¹αγγεια ℜ(+ τα D) W 0137 *pm* ‖ 49 ⸀κοσμου D ‖ 50 ⸀βαλλουσιν ℵ* D* *pc*

1sqq cf 6 ‖ 1 cf Mt 13,45 ‖ *1sq* cf Mt 22,9sq; Lc 14,23; Jr 16,16; Ez 47,10; Hab 1,14-17; Mt 4,19 par *(= nr 34)*; Lc 5,10 ‖ 3 ἄγγος: hapaxl NT | cf Mt 3,10 par *(= nr 14)*; Lc 6,43 etc | Dn 12,13; Apc Bar syr 13,3; Test Lev 10; Hen 16,1; 4 Esr 7,113; Ass Mos 1,18; Mt 13,39.40; 24,3; 28,10; Heb 9,26 ‖ 4 cf Ps 1,5 ‖ 5 cf Mt 8,12; 13,42; 22,13; 24,51; 25,30; Lc 13,28; Ps 112,10 ‖ *6 cf 1sqq*

134. Abschluß: Gleichnis vom Hausvater

Homo paterfamilias

Treasures New and Old

Matth. 13,51-52	Mark.	Luk.	Joh.
51⸆Συνήκατε ταῦτα πάντα; λέγουσιν αὐτῷ· ναί⸆. 52ὁ δὲ ⸀εἶπεν αὐτοῖς· διὰ τοῦτο πᾶς γραμματεὺς μαθητευθεὶς τῇ βασιλείᾳ τῶν οὐρανῶν ὅμοιός ἐστιν ἀνθρώπῳ οἰκοδεσπότῃ, ὅστις ⸀ἐκβάλλει ἐκ τοῦ θησαυροῦ αὐτοῦ καινὰ καὶ παλαιά. *(nr. 139 13,53-58 p. 193)*			

51 ⸆λεγει αυτοις ο Ιησους CℜWΘ 0137 λφ *pm* (a) f h q sy^(c)p | ⸆κυριε CℜW 0137 *pm* sy^p sa bo^pt ¦ *txt* BℵDΘ *al* lat sy^s.c ‖ 52 ⸀λεγει D*al* lat | ⸀(Lc 6,45?) προφερει 1*pc* lat; Or

1 cf Jo 16,29sq ‖ *1sq* cf Mt 23,34 ‖ 2 cf Mt 12,35; 24,45sqq; Lc 12,42; 1Cor 4,2; 2Tm 2,15; 1Pt 4,10

135. Mutter und Brüder kommen zu Jesus

(cf. nr. 121)

Mater et fratres Jesu

Jesus' True Kindred

Matth. 12,46-50 (7,21)	Mark. 3,31-35 (3,20-21)	Luk. 8,19-21	Joh. 15,14
12,46-50 *(nr. 121, p. 172)* 46"Ετι ⸆ αὐτοῦ λαλοῦντος τοῖς ὄχλοις ἰδοὺ ἡ μήτηρ καὶ	3,31-35 *(nr. 121, p. 172)* 31Καὶ ⸀ἔρχεται ⸂ἡ μήτηρ αὐτοῦ καὶ	*(nr. 125 8,16-18 p. 179)* 19⸀Παρεγένετο δὲ πρὸς αὐτὸν ἡ μήτηρ ⸆ καὶ	

Matth.: 46 ⸆δε Cℜ(D)WΘλφ *pm* ¦ *txt* Bℵ *al*

Mark.: 31 ⸀† -χονται BC*pc* ¦ ερχονται ουν (– και) ℜA 074.0134 *pm* ¦ *txt* ℵDWΘλ *al* it | ⸂*5 6 4 1-3* ℜ 074.0134 φ *al* ¦ *5-7 4 1-3* A *al* ¦ *3 1 2 4-7* W

Luk.: 19 ⸀-νοντο ℵℜAWΘλφ *pl* latt ¦ *txt* 𝔓75 BD 0202 *pc* | ⸆*p)* αυτου ℵD *al* it

1sqq cf Ps 69,9; Lc 2,49; Jo 7,5; Mt 13,55sq par *(= nr 139)*; Jo 6,42; Act 1,14; *cf 26sqq. 35*

[Matth. 12, 46-50]

οἱ ἀδελφοὶ αὐτοῦ εἱστήκεισαν ἔξω ⸋ζητοῦντες αὐτῷ λαλῆσαι⸌.

47 ⸋[εἶπεν δέ τις αὐτῷ· ἰδοὺ ἡ μήτηρ σου καὶ οἱ ἀδελφοί σου ἔξω ἑστήκασιν ζητοῦντές σοι λαλῆσαι.]⸌ 48 ὁ δὲ ἀποκριθεὶς εἶπεν ⸋τῷ λέγοντι αὐτῷ⸌· τίς ἐστιν ἡ μήτηρ μου ⸀καὶ τίνες °εἰσὶν οἱ ἀδελφοί °¹μου; 49 καὶ ἐκτείνας τὴν χεῖρα °αὐτοῦ ἐπὶ τοὺς μαθητὰς αὐτοῦ εἶπεν· ἰδοὺ ἡ μήτηρ μου καὶ οἱ ἀδελφοί μου. 50 ὅστις γὰρ ⸂ἂν ποιήσῃ⸃ τὸ θέλημα τοῦ πατρός μου τοῦ ἐν οὐρανοῖς αὐτός μου ⸆ἀδελφὸς καὶ ἀδελφὴ καὶ μήτηρ ἐστίν.

7, 21 *(nr. 74, p. 98)*

21 Οὐ πᾶς ὁ λέγων μοι· κύριε κύριε, εἰσελεύσεται εἰς τὴν βασιλείαν τῶν οὐρανῶν, ἀλλ᾽ ὁ ποιῶν τὸ θέλημα τοῦ πατρός μου τοῦ ἐν τοῖς οὐρανοῖς.

[Mark. 3, 31-35]

οἱ ἀδελφοὶ αὐτοῦ⸃ καὶ ἔξω ⸀στήκοντες ἀπέστειλαν πρὸς αὐτὸν ⸀καλοῦντες αὐτόν. 32 καὶ ἐκάθητο περὶ αὐτὸν ὄχλος, καὶ λέγουσιν αὐτῷ· ἰδοὺ ἡ μήτηρ σου καὶ οἱ ἀδελφοί σου ⸋[καὶ αἱ ἀδελφαί σου]⸌ ἔξω ⸀ζητοῦσίν σε. 33 ⸂καὶ ἀποκριθεὶς αὐτοῖς λέγει⸃· τίς ἐστιν ἡ μήτηρ μου ⸀καὶ οἱ ἀδελφοί °[μου]; 34 καὶ περιβλεψάμενος τοὺς περὶ αὐτὸν κύκλῳ καθημένους λέγει· ⸀ἴδε ἡ μήτηρ μου καὶ οἱ ἀδελφοί μου. 35 ὃς °[γὰρ] ἂν ποιήσῃ ⸂τὸ θέλημα⸃ τοῦ θεοῦ, οὗτος ἀδελφός μου καὶ ἀδελφὴ καὶ μήτηρ ἐστίν.

3, 20-21 *(nr. 116, p. 165)*

20 Καὶ ἔρχεται εἰς οἶκον· καὶ συνέρχεται πάλιν [ὁ] ὄχλος, ὥστε μὴ δύνασθαι αὐτοὺς μηδὲ ἄρτον φαγεῖν. 21 καὶ ἀκούσαντες οἱ παρ᾽ αὐτοῦ ἐξῆλθον κρατῆσαι αὐτόν· ἔλεγον γὰρ ὅτι ἐξέστη.

[Luk. 8, 19-21]

οἱ ἀδελφοὶ αὐτοῦ ⸆ καὶ οὐκ ἠδύναντο συντυχεῖν αὐτῷ διὰ τὸν ὄχλον.

20 ⸂ἀπηγγέλη δὲ⸃ αὐτῷ· ⸆ ἡ μήτηρ °σου καὶ οἱ ἀδελφοί σου ἑστήκασιν ἔξω ⸉ἰδεῖν θέλοντές σε⸊. 21 ὁ δὲ ἀποκριθεὶς εἶπεν πρὸς αὐτούς· μήτηρ μου καὶ ἀδελφοί μου οὗτοί εἰσιν οἱ τὸν λόγον ⸋τοῦ θεοῦ⸌ ἀκούοντες καὶ ποιοῦντες.

Joh.

15, 14 *(nr. 321, p. 448)*

14 Ὑμεῖς ⸆ φίλοι μού ἐστε ἐὰν ποιῆτε ⸀ἃ ἐγὼ ἐντέλλομαι ὑμῖν.

Evang. Ebion. (Epiphanius, Panarion haer. 30, 14, 5): Πάλιν δὲ ἀρνοῦνται εἶναι αὐτὸν ἄνθρωπον, δῆθεν ἀπὸ τοῦ λόγου οὗ εἴρηκεν ὁ σωτὴρ ἐν τῷ ἀναγγελῆναι αὐτῷ ὅτι »ἰδοὺ ἡ μήτηρ σου καὶ οἱ ἀδελφοί σου ἔξω ἑστήκασιν«, ὅτι »τίς μού ἐστι μήτηρ καὶ ἀδελφοί; καὶ ἐκτείνας τὴν χεῖρα ἐπὶ τοὺς μαθητὰς ἔφη· οὗτοί εἰσιν οἱ ἀδελφοί μου καὶ ἡ μήτηρ καὶ ἀδελφαὶ οἱ ποιοῦντες τὰ θελήματα τοῦ πατρός μου.«

2. Clem. ad Cor. 9, 11: Καὶ γὰρ εἶπεν ὁ κύριος· »Ἀδελφοί μου οὗτοί εἰσιν οἱ ποιοῦντες τὸ θέλημα τοῦ πατρός μου.«

Evang. Thomae copt.: *cf. Append. I, 99*

Matth.: **46** ⸋ℵ* || **47** ⸋*vs* Bℵ**al* ff¹ k sy^s.c^ sa ¦ *txt* Cℜ D W Θ λ φ *pm* lat || **48** ⸋W | ⸀ἢ D W Θ it | °W *pc* | °¹ B* || **49** °ℵ* D *al* lat; Epiph ¦ *txt* ℌ ℜ W Θ λ φ *pm* || **50** ⸂αν ποιη C *al* ¦ ποιει D *pc* | ⸆και Θ φ *al* b e ff¹ h vg

Mark.: **31** ⸀σταντες ℵ ¦ εστωτες ℜ A D W Θ 074.0134 φ *pm* | ⸀φωνουντες ℜ D 074.0134 *pm* ¦ ζητουντες A ¦ *txt* ℌ W Θ λ φ *al* || **32** ⸋ *p)* ℌ W Θ 074 λ φ *pm* lat sy^s.p^ sa bo ¦ *txt* ℜ A D *al* | ⸀στηκουσιν ζητουντες W it || **33** ⸂και απεκριθη αυτοις λεγων ℜ A D (– και Θ 565 *pc*) *pm* ¦ ος δε απεκριθη και ειπεν αυτοις W | ⸀ἢ ℜ A (D) 074 *al* it | °† B D ¦ *txt* ℌ ℜ A W Θ 074 λ φ *pl* latt sy^s.p^ sa bo || **34** ⸀ιδου A D λ φ *pm* || **35** °† B b e bo^pt^ ¦ *txt* ℌ ℜ A D (W) Θ 074 λ φ *pl* lat sy^s.p^ sa bo^pt^ | ⸂τα -ματα B

Luk.: **19** ⸆ *p)* στηκοντες εξω sy^c^ || **20** ⸂και απηγγελη ℜ A (-λθη W) Θ λ φ *pm* lat | ⸆οτι ℌ D Θ λ *pm* it ¦ *txt* 𝔓⁷⁵ B ℜ A W φ *al* | °𝔓⁷⁵ ℵ | ⸉ *1 3 2* ℌ ℜ A W Θ λ φ *pl* ¦ *p)* ζητουντες σε D *pc* ¦ *txt* 𝔓⁷⁵ B Ξ || **21** ⸋ℵ

Joh.: **14** ⸆γαρ ℵ* D* 579 | ⸀† ο B 579 a e q ¦ οσα ℜ A Γ Δ Θ 065.0250 *pm* ¦ *txt* 𝔓⁶⁶ ℵ D L φ 1 *al* it

---

7sqq cf 32sq || *9sq* cf Lc 9, 9; 19, 3; 23, 8; Jo 12, 21 || *11sqq cf 32sq;* cf Dt 33, 9; Jo 2, 4 || *13sq (Mc)* cf Mc 3, 5; 10, 23 || *16* cf Ps 22, 23; Mt 28, 10; Jo 20, 17; Rm 8, 29 etc || *16sqq* cf Mt 13, 23 par *(= nr 124)*; 19, 29 par *(= nr 255)*; Lc 11, 28; Jo 8, 31.51; 14, 23; 15, 14; Jc 1, 22sqq; *cf 22sqq. 34* || *19 (Jo)* cf Lc 12, 4 || *22sqq cf 16sqq* || *26sqq cf 1sqq* || *32sq cf 7sqq. 11sqq* || *34 cf 16sqq* || *35 cf 1sqq*

136. Stillung des Sturmes

Tempestas sedata (cf. nr. 90) **Stilling the Storm**

Matth. 8,23-27 8,18	**Mark. 4,35-41**	**Luk. 8,22-25**	Joh.
8,18 (nr. 89, p. 119) 18 Ἰδὼν δὲ ὁ Ἰησοῦς ὄχλον περὶ αὐτὸν ἐκέλευσεν ἀπελθεῖν εἰς τὸ πέραν.	*(nr. 130 4,33-34 p. 182)* 35 Καὶ λέγει αὐτοῖς ἐν ἐκείνῃ τῇ ἡμέρᾳ ὀψίας γενομένης· διέλθωμεν εἰς τὸ πέραν.	cf. v. 22b	
8,23-27 (nr. 90, p. 120) 23 Καὶ ἐμβάντι αὐτῷ εἰς °τὸ πλοῖον ἠκολούθησαν αὐτῷ οἱ μαθηταὶ αὐτοῦ.	36 καὶ ⸂ἀφέντες τὸν ὄχλον⸃ παραλαμβάνουσιν αὐτὸν ὡς ἦν ἐν τῷ πλοίῳ, καὶ ⸄ἄλλα πλοῖα ἦν μετ᾽ αὐτοῦ⸅. cf. v. 35	22 Ἐγένετο δὲ ἐν μιᾷ τῶν ἡμερῶν ⸂καὶ αὐτὸς⸃ ⸀ἐνέβη εἰς ⸆πλοῖον καὶ οἱ μαθηταὶ αὐτοῦ καὶ εἶπεν πρὸς αὐτούς· διέλθωμεν εἰς τὸ πέραν τῆς λίμνης, ⸋καὶ ἀνήχθησαν.⸌ 23 πλεόντων δὲ αὐτῶν ἀφύπνωσεν.	
24 καὶ ἰδοὺ σεισμὸς μέγας ἐγένετο ἐν τῇ θαλάσσῃ, ὥστε τὸ πλοῖον καλύπτεσθαι ὑπὸ τῶν κυμάτων⸆, αὐτὸς δὲ ἐκάθευδεν.	37 καὶ γίνεται λαῖλαψ ⸂μεγάλη ἀνέμου⸃ καὶ τὰ κύματα ἐπέβαλλεν εἰς τὸ πλοῖον⸄, ὥστε ἤδη γεμίζεσθαι τὸ πλοῖον⸅. 38 καὶ ⸉αὐτὸς ἦν⸊ ἐν τῇ πρύμνῃ ἐπὶ ⸂τὸ προσκεφάλαιον⸃ καθεύδων.	καὶ κατέβη λαῖλαψ ⸉ἀνέμου ⸆ εἰς τὴν λίμνην⸊ καὶ συνεπληροῦντο καὶ ἐκινδύνευον.	
25 καὶ προσελθόντες ⸆ἤγειραν αὐτὸν λέγοντες· κύριε, σῶσον⸇, ἀπολλύμεθα.	καὶ ⸀ἐγείρουσιν αὐτὸν καὶ λέγουσιν °αὐτῷ· διδάσκαλε, οὐ μέλει σοι ὅτι ἀπολλύμεθα;	24 προσελθόντες δὲ διήγειραν αὐτὸν λέγοντες· ⸂ἐπιστάτα ἐπιστάτα⸃, ἀπολλύμεθα.	
26 καὶ λέγει αὐτοῖς· τί⸀ δειλοί ἐστε, ὀλιγόπιστοι; τότε ἐγερθεὶς ἐπετίμησεν ⸂τοῖς ἀνέμοις⸃ καὶ τῇ θαλάσσῃ, καὶ ἐγένετο γαλήνη μεγάλη.	39 καὶ ⸀διεγερθεὶς ἐπετίμησεν τῷ ἀνέμῳ καὶ ⸂εἶπεν τῇ θαλάσσῃ⸃· σιώπα, πεφίμωσο. καὶ ἐκόπασεν ὁ ἄνεμος, καὶ ἐγένετο γαλήνη °μεγάλη. 40 καὶ εἶπεν αὐτοῖς· τί ⸂δειλοί ἐστε⸃; ⸀οὔπω ἔχετε πίστιν;	ὁ δὲ ⸀διεγερθεὶς ἐπετίμησεν τῷ ἀνέμῳ καὶ τῷ κλύδωνι ⸋τοῦ ὕδατος⸌· καὶ ⸁ἐπαύσαντο καὶ ἐγένετο γαλήνη ⸆. 25 εἶπεν δὲ αὐτοῖς· ποῦ ⸆ ἡ πίστις ὑμῶν;	
27 οἱ δὲ ἄνθρωποι ἐθαύμασαν λέγοντες·	41 καὶ ἐφοβήθησαν φόβον μέγαν καὶ ἔλεγον	⸂φοβηθέντες δὲ⸃ ἐθαύμασαν λέγοντες	

Matth.: 23 ° *p)* ℌ *al* ¦ *txt* ℵ* ℜ W Θ *pm* ‖ 24 ⸆ (Mt 14,24 par) ην γαρ ο ανεμος εναντιος αυτοις 108 *pc* ‖ 25 ⸆ οι μαθηται ℜ ϕ *al* ¦ οι μ. αυτου C* W Θ λ *pm* b g[1] (q) sy ¦ *txt* B ℵ *pc* lat | ⸇ ημας ℜ W Θ 0242[vid]. 33 *pl* latt sy[s.p] sa bo ‖ 26 [·; comm] | ⸂ τω ανεμω ℵ* λ ϕ lat

Mark.: 36 ⸂ αφιουσιν τ. ο. και 𝔓[45 vid] D W Θ ϕ it | ⸄ α. π-α ησαν μ. α. ℵ *pc* ¦ α. δε π-α ην μ. α. C[2] A ϕ *pc* ¦ α. δε π-αρια ην μ. α. ℜ 0133 *al* ¦ α. δε π-α πολλα ησαν μ. α. D (— δε ff[2]) ¦ αμα πολλοι ησαν μ. α. W e ¦ multae simul naves erant cum illo i q r[1] (⸉ b) ¦ τα α. τα οντα μ. α. π-α (⸉ Θ 565) λ *pc* ¦ *txt* B C* *pc* ‖ 37 ⸂ *2 1* ℜ A *pm* ¦ ανεμου μεγαλου C (⸉ W e) | ⸄ ωστε αυτο ηδη γεμιζεσθαι (βυθιζεσθαι λ sa) ℜ A W Θ λ ϕ *pm* sy[p] ¦ — ℵ* e ‖ 38 ⸉ ℜ A D W Θ λ ϕ *pm* lat | ⸂ π-λαιου D W Θ *al* | ⸀ διεγ- C[2] ℜ A λ (D W Θ ϕ) *pl* | ° W *pc* ‖ 39 ⸀ εγ- D W ϕ *al* | ⸂ τ. ϑ. και ειπεν D W λ *al* it | ° W e ‖ 40 ⸂ † δ. ε. ουτως C ℜ A W *al* sy[p] ¦ ουτως δ. ε. 𝔓[45] λ ϕ ¦ *txt* ℌ D Θ *pc* latt sa bo | ⸀ † πως ουκ C ℜ A *al* sy[p] ¦ — W e q ¦ *txt* ℌ D Θ λ ϕ *al* lat sa bo

Luk.: 22 ⸂ *1* 𝔓[75] ¦ Ιησους sy[c.p] ¦ — ℵ* D e | ⸀ αναβηναι αυτον D ¦ ανεβη 𝔓[75] L Θ ϕ 118. 209 *al* ¦ ανεβη και εκαθισεν sy | ⸆ το W ϕ *pc* | ⸋ sy ‖ 23 ⸉ *2-4 1* 𝔓[75] B 579 | ⸆ πολλη D ‖ 24 ⸂ κυριε κυριε D (sy[c]) ¦ επιστατα ℵ[corr] W *al* lat | ⸀ εγ- ℜ A D W 0135 λ *pm* | ⸋ D | ⸁ επαυσατο ℵ ℜ W Θ λ *al* | ⸆ *p)* μεγαλη Θ λ *al* aur b f* sa[pt] bo[pt] ‖ 25 ⸆ εστιν ℜ D 0135 ϕ *al* latt | ⸂ οι δε φοβηθεντες ℵ *al*

1 sqq cf Jon 1.4-16; Ps 107,23-32 ‖ *2* cf Mt 14,22; 16,5; Mc 5,21; 6,45; 8,13; Jo 6,1.17.22.25 ‖ *3 (Lc)* cf Lc 5,17; 20,1 ‖ *8 sq* cf Mt 14,24; Mc 6,48; Jo 6.18 ‖ *11 sqq* cf Ps 4,9 ‖ *14* ἐπιστάτης Lc sol.: 5,5; 8,45; 9,33.49; 17,13 ‖ *16* cf Jo 14,27; 2 Tm 1,7; Apc 21,8; cf *20 (Mc)* | cf Mt 6,30; 14,31; 16,8; 17,20; Lc 12,28 ‖ *17 sqq* cf Ps 65,8; 89,10; 107,23-32; Mt 14,32; Mc 6,51 ‖ *20 (Mc)* cf ad 16

[Matth. 8,23-27]	[Mark. 4,35-41]	[Luk. 8,22-25]	Joh.
ποταπός ἐστιν οὗτος ⸆ ὅτι	πρὸς ἀλλήλους· τίς ἄρα οὗτός ἐστιν ὅτι	⸋πρὸς ἀλλήλους⸌· τίς ἄρα οὗτός ἐστιν ὅτι	
°καὶ οἱ ἄνεμοι καὶ ἡ θάλασσα	καὶ ⸂ὁ ἄνεμος καὶ ἡ θάλασσα⸃	καὶ τοῖς ἀνέμοις ἐπιτάσσει καὶ τῷ ὕδατι,	
αὐτῷ ὑπακούουσιν;	⸉ὑπακούει αὐτῷ⸊;	⸋¹καὶ ὑπακούουσιν αὐτῷ⸌;	

Matth.: 27 ⸆ο ανθρωπος W pc | °C it

Mark.: 41 ⸂η θ. και οι ανεμοι (ℵ²) D W Θ (λ) pc it | ⸉21 ℵ* C λ φ al ¦ υπακουουσιν D ¦ υ-ουσιν α. 𝔎 A W Θ 0133 pm ¦ txt B ℵ² L pc

Luk.: 25 ⸋ℵ | ⸋¹𝔓75 B 700 aeth

23sqq cf Mc 1,27; Lc 4,36

137. Heilung des Besessenen von Gerasa

Daemoniacus Gerasenus

(cf. nr. 91)

The Gerasene Demoniac

Matth. 8,28-34 (nr. 91, p. 121)	Mark. 5,1-20	Luk. 8,26-39	Joh.
28 Καὶ ⸂ἐλθόντος αὐτοῦ⸃ ⸋εἰς τὸ πέραν⸌	1 Καὶ ⸀ἦλθον εἰς τὸ πέραν τῆς θαλάσσης	26 ⸂Καὶ κατέπλευσαν⸃	
εἰς τὴν χώραν τῶν ⸀Γαδαρηνῶν	εἰς τὴν χώραν τῶν ⸀Γερασηνῶν.	εἰς τὴν χώραν τῶν ⸀Γερασηνῶν, ἥτις	
		ἐστὶν ἀντιπέρα τῆς Γαλιλαίας.	
	2 καὶ ⸂ἐξελθόντος αὐτοῦ⸃ ἐκ τοῦ πλοίου	27 ⸂ἐξελθόντι δὲ αὐτῷ⸃ ἐπὶ τὴν γῆν	
ὑπήντησαν αὐτῷ	⸀εὐθὺς ⸀ὑπήντησεν αὐτῷ ⸉ἐκ τῶν μνημείων	ὑπήντησεν ⸆	
δύο δαιμονιζόμενοι ἐκ τῶν μνημείων ἐξ-	ἄνθρωπος⸊ ἐν πνεύματι ἀκαθάρτῳ,	⸉ἀνήρ τις⸊ ἐκ τῆς πόλεως ⸀ἔχων ⸀δαιμό-	
ερχόμενοι,		νια ⸆ ⸂¹καὶ χρόνῳ ἱκανῷ⸃ ⸂²οὐκ ἐνεδύσατο	
	3 ὃς ʃτὴν κατοίκησιν εἶχεν⸊ ἐν τοῖς	ἱμάτιον⸃ καὶ ἐν οἰκίᾳ οὐκ ἔμενεν ἀλλ' ἐν τοῖς	
	μνήμασιν, καὶ οὐδὲ ⸀ἁλύσει οὐκέτι οὐδεὶς	μνήμασιν.	
χαλεποὶ λίαν,	ἐδύνατο αὐτὸν δῆσαι 4 ⸂διὰ τὸ αὐτὸν πολ-		
	λάκις πέδαις καὶ ἁλύσεσιν δεδέσθαι καὶ		
	διεσπάσθαι ὑπ' αὐτοῦ τὰς ἁλύσεις καὶ τὰς	cf. v. 29b	
ὥστε μὴ ἰσχύειν τινὰ	πέδας συντετρῖφθαι⸃, ⸉καὶ οὐδεὶς ἴσχυεν		
παρελθεῖν διὰ τῆς ὁδοῦ ἐκείνης.	αὐτὸν ⸀δαμάσαι· 5 καὶ διὰ παντὸς νυκτὸς		

Matth.: 28 ⸂ελθοντων αυτων ℵ* ¦ ελθοντι αυτω 𝔎 W pm | ⸋565 pc sy^s | ⸀p) Γερασηνων latt sy^hmg sa ¦ Γεργεσηνων ℵ² 𝔎 W λ φ al bo ¦ Γαζαρηνων ℵ* ¦ txt B C Θ pm sy^s.p

Mark.: 1 ⸀ηλθεν ℵ^corr C Θ φ al sy^s.p bo^pt; Epiph | ⸀Γεργεσηνων ℵ² L Θ λ 33 al sy^s bo ¦ p) Γαδαρηνων C 𝔎 A φ pm sy^p ¦ Γεργυστηνων W ¦ txt B ℵ* D latt sa || 2 ⸂-ων αυτων D W (c) e ff² ¦ -θοντι αυτω 𝔎 A pm | ⸀-εως 𝔎 A D Θ λ φ pl ¦ — B W it sy^s.p ¦ txt ℌ sa bo | ⸀απηντησεν 𝔎 A W al | ⸉41-3 D W Θ pc it ¦ 4 1355. 2324 sy^s || 3 ʃ312 D W 565. 700 a b c e | ⸀αλυσεσιν ℵ C² 𝔎 A D λ φ pm lat || 4 ⸂οτι πολλακις αυτον δεδεμενον πεδαις και αλυσεσιν εν αις εδησαν διεσπακεναι και τας πεδας συντετριφεναι D ¦ δια το πολλακις αυτον δεδεσθαι και πεδαις και αλυσεσι, διεσπακεναι δε τας αλυσεις και τας πεδας συντετριφεναι W (lat) sy^p sa ¦ δια το αυτον πολλας πεδας και αλυσεις αις εδησαν αυτον διεσπακεναι και συντετριφεναι λ ¦ οτι πολλακις τας πεδας και τας αλυσεις διεσπαραξεν και εξηλθεν sy^s | ⸀δησαι A ¦ — ℵ* || 4.5 ⸉και μηδενα (μηδ. δε W) αυτον ισχυειν (ʃ W e) δαμασαι (ετι δ. W e). νυκτος δε και ημερας (+ δια παντος W) D W e

Luk.: 26 ⸂κατεπλευσαν δε D pc lat ¦ και κατεπλευσεν W Θ al sa bo^pt | ⸀⸀Γεργεσηνων ℵ Θ λ al bo; Epiph ¦ p) Γαδαρηνων 𝔎 A W 0135 φ pm sy ¦ txt 𝔓75 B D 0267 latt sa || 27 ⸂και εξηλθον D (γην + και) ¦ εξελθοντων αυτων bo^pt | ⸆p) αυτω 𝔎 A D Θ 0135 φ pm lat | ⸉τις αν. B ¦ ανηρ D a | ⸀ος ειχεν ℵ² 𝔎 A D L W Θ 0135 λ φ 33 pl ¦ txt 𝔓75 B ℵ* pc | ⸀δαιμονιον 472 it sy | ⸆(cf Mc 5,5) και ην κραζων αει μετα κραυγης και κατακοπτων εαυτον λιθοις sy^c | ⸂¹εκ χρονων ικανων και ℵ² 𝔎 A W Θ 0135 φ pl sy ¦ απο χρονων ικ. ος D ¦ txt 𝔓75 ℌ 1 pc | ⸂²ιμ. ουκ ενεδιδυσκετο ℵ² 𝔎 A D W Θ 0135 φ pl ¦ txt 𝔓75 ℌ 1 pc

4sqq cf Is 65,4

[Matth. 8,28-34]

29 καὶ ἰδοὺ
ἔκραξαν λέγοντες· τί ἡμῖν
καὶ σοί, ⸆ υἱὲ τοῦ θεοῦ;
ἦλθες ὧδε πρὸ καιροῦ ⸀βασανίσαι ἡμᾶς;
30 ἦν δὲ
⸆μακρὰν ἀπ' αὐτῶν ἀγέλη χοίρων °πολλῶν
⸀βοσκομένη. 31 οἱ δὲ δαίμονες παρεκάλουν
αὐτὸν λέγοντες· εἰ ἐκβάλλεις ἡμᾶς, ⸂ἀπό-
στειλον ἡμᾶς⸃ εἰς τὴν ἀγέλην τῶν χοίρων.
32 καὶ εἶπεν αὐτοῖς⸆· ὑπάγετε. οἱ δὲ ἐξελ-
θόντες ἀπῆλθον
εἰς ⸂τοὺς χοίρους⸃· καὶ ἰδοὺ ὥρμησεν πᾶ-
σα ἡ ἀγέλη ⸆ κατὰ τοῦ κρημνοῦ εἰς τὴν

[Mark. 5,1-20]

καὶ ἡμέρας⸃ ἐν τοῖς μνήμασιν καὶ ἐν τοῖς
ὄρεσιν ἦν κράζων καὶ κατακόπτων ἑαυτὸν
λίθοις. 6 ⸂καὶ ἰδὼν⸃ τὸν Ἰησοῦν °ἀπὸ μακρό-
θεν ⸀ἔδραμεν καὶ προσεκύνησεν ⸁αὐτῷ
7 καὶ κράξας φωνῇ μεγάλῃ λέγει· τί ἐμοὶ
καὶ σοί, Ἰησοῦ υἱὲ τοῦ θεοῦ τοῦ ὑ-
ψίστου; ὁρκίζω σε τὸν θεόν, μή με βασα-
νίσῃς. 8 ⸂ἔλεγεν γὰρ⸃ αὐτῷ⸆·
ἔξελθε τὸ πνεῦμα τὸ ἀκάθαρτον
ἐκ τοῦ ἀνθρώπου.

cf. v. 4. 5

9 καὶ ἐπηρώτα
αὐτόν· τί ⸂ὄνομά σοι⸃;
καὶ ⸀λέγει αὐτῷ⸃· ⸀λεγιὼν ὄνομά μοι⸆, ὅτι
πολλοί ἐσμεν. 10 καὶ
⸀παρεκάλει αὐτὸν πολλὰ ἵνα μὴ ⸁αὐτὰ
ἀποστείλῃ ἔξω τῆς χώρας. 11 ἦν δὲ
ἐκεῖ πρὸς τῷ ὄρει ἀγέλη χοίρων μεγάλη
βοσκομένη· 12 καὶ παρεκάλεσαν
αὐτὸν⸆ ⸀λέγοντες· πέμψον ἡμᾶς εἰς τοὺς
χοίρους, ἵνα εἰς αὐτοὺς εἰσέλθωμεν.
13 καὶ ⸂ἐπέτρεψεν αὐτοῖς⸃. καὶ ἐξελθόντα
τὰ πνεύματα τὰ ἀκάθαρτα εἰσῆλθον
εἰς τοὺς χοίρους, καὶ ὥρμησεν
ἡ ἀγέλη κατὰ τοῦ κρημνοῦ εἰς τὴν

[Luk. 8,26-39]

28 ἰδὼν δὲ τὸν Ἰησοῦν⸆
⸀ἀνακράξας ⸋προσέπεσεν αὐτῷ
καὶ⸌ φωνῇ μεγάλῃ εἶπεν⸆· τί ἐμοὶ
καὶ σοί, °Ἰησοῦ υἱὲ ⸋[1]τοῦ θεοῦ⸌ τοῦ ὑ-
ψίστου; δέομαί σου, μή με βασανίσῃς.
29 ⸀παρήγγειλεν γὰρ τῷ ⸁πνεύματι
τῷ ἀκαθάρτῳ ⸀[1]ἐξελθεῖν
ἀπὸ τοῦ ἀνθρώπου. πολλοῖς γὰρ χρόνοις
συνηρπάκει αὐτὸν καὶ ⸀[2]ἐδεσμεύετο ἁλύ-
σεσιν καὶ πέδαις φυλασσόμενος °καὶ διαρ-
ρήσσων τὰ δεσμὰ ἠλαύνετο ⸀[3]ὑπὸ τοῦ
⸀[4]δαιμονίου εἰς ⸂τὰς ἐρήμους⸃. 30 ἐπηρώτη-
σεν δὲ αὐτὸν ⸋ὁ Ἰησοῦς⸌⸆· τί σοι ⸉ὄνομά
ἐστιν⸊; ὁ δὲ εἶπεν· ⸂⸀λεγιών, ὅτι
εἰσῆλθεν δαιμόνια πολλὰ εἰς αὐτόν⸃. 31 ⸂καὶ
⸀παρεκάλουν αὐτὸν⸃ ἵνα μὴ ἐπιτάξῃ
αὐτοῖς εἰς τὴν ἄβυσσον ἀπελθεῖν⸆. 32 ἦν δὲ
°ἐκεῖ ἀγέλη χοίρων °[1]ἱκανῶν
⸀βοσκομένη ἐν τῷ ὄρει⸆· καὶ ⸁παρεκάλεσαν
αὐτὸν ⸆ ἵνα ⸂ἐπιτρέψῃ αὐτοῖς
εἰς ⸀[1]ἐκείνους εἰσελθεῖν⸃·
καὶ ἐπέτρεψεν αὐτοῖς. 33 ἐξελθόντα δὲ
τὰ δαιμόνια ἀπὸ τοῦ ἀνθρώπου ⸀εἰσῆλθον
εἰς τοὺς χοίρους, καὶ ὥρμησεν
ἡ ἀγέλη ⸆ κατὰ τοῦ κρημνοῦ εἰς τὴν

Joh.

Matth.: 29 ⸆*p)* Ιησου 𝔎 W Θ 0242[vid] ϕ *al* it; Eus[pt] Epiph | ⸀(Lc 4,34) απολεσαι א*(W) || 30 ⸆οὐ lat; [Beza *cj*] | °Θ *pc* | ⸀βοσκομενων W *pc* it || 31 ⸂*p)* επιτρεψον ημιν απελθειν C 𝔎 W ϕ *al* f h q sy[p] || 32 ⸆ο Ιησους C it | ⸂την αγελην των χοιρων 𝔎 L W Θ *al* f h | ⸆των χοιρων 𝔎 L *al* bo

Mark.: 6 ⸂ιδων δε 𝔎 A D W *pm* lat | °A W *al* | ⸀προσεδραμεν W it | ⸁† αυτον B A C L *pc* ¦ *txt* א 𝔎 D W Θ λ ϕ *pm* || 8 ⸂και ελεγεν א | ⸆ο Ιησους D ff[2] q r[1] || 9 ⸂*2 1* 𝔎 *al* ¦ σοι ονομα εστιν D latt | ⸀απεκριθη D *pc* it | ⸀λεγεων *rell* ¦ *txt* B* א* C D L Δ 579 verss | ⸆εστιν B(⸉D) *pc* lat || 10 ⸀παρεκαλουν A Θ λ *al* | ⸁αυτους 𝔎 D ϕ(⸉A 074 λ) *pm* lat sa ¦ αυτον א(⸉W) *al* sy[p] bo ¦ *txt* B C (⸉Θ) || 12 ⸆(+ παντες 𝔎 A *al*) οι δαιμονες M(𝔎 A) *pm* lat ¦ (+ παντα Θ *pc*) τα δ-νια D (Θ *pc*) it *et* ⸀ειποντα D Θ || 13 ⸂επ. αυτ. ευθεως ο Ιησους 𝔎 A 074 ϕ *pm* vg ¦ επεμψεν αυτους Θ ¦ ευθεως κυριος Ιησους επεμψεν αυτους εις τους χοιρους D *pc* it ¦ *txt* ℌ W λ *al* it sy[s.p] sa bo

Luk.: 28 ⸆και 𝔎 A Θ λ *pm* (⸉lat) | ⸀ανεκραξεν D c e r[1] | ⸋D | ⸆αυτω W | °𝔓75 D R 579 *al* bo[pt] | ⸋1 D λ 892 *al* || 29 ⸀† -γγελλεν ℌ A E G K W *pm* ¦ *p)* ελεγεν D e ¦ *txt* 𝔓75 B 𝔎 Θ ϕ *al* | ⸁δαιμονιω D e | ⸀1 · εξελθε D e | ⸀2 εδεσμειτο C 𝔎 A D W Θ λ ϕ *pl* ¦ *txt* 𝔓75vid ℌ *pc* | °א* | ⸀3 † απο B Ξ ¦ *txt* 𝔓75 *rell* | ⸀4 δαιμονος 𝔎 A W Θ λ ϕ *pl* a | ⸂την ερημον D it || 30 ⸋א* | ⸆λεγων C 𝔎 A D W Θ ϕ *pl* lat sy[s.c] bo[pt]; Mcion ¦ *txt* 𝔓75 B א λ *pc* it | ⸉(C) 𝔎 A W Θ ϕ *pm* | ⸂*p)* λ. ονομα μοι· πολλα γαρ ησαν δαιμ. D c (b f ff[2] l) | ⸀λεγεων 𝔓75 *rell* ¦ *txt* B* א* D* L Ψ 579 verss || 31 ⸂παρεκαλουν δε D ¦ — W | ⸀-λει 𝔎 A Θ *al* bo[pt]; Epiph | ⸆και μη εκβαλη αυτα sy[c] || 32 °W | °1 D c r[1] bo[pt] | ⸀-ενων C 𝔎 A W λ *al* ¦ *txt* 𝔓75 B א D Θ *pm* | ⸆τουτω W | ⸁παρεκαλουν א* 𝔎 A D W Θ ϕ *pm* | ⸆*p)* λεγοντες Θ | ⸂εις τους χοιρους εισελθωσιν D c | ⸀1 τους χοιρους sy[s] ¦ εκεινην την αγελην των χοιρων sy[c] || 33 ⸀ωρμησαν D | ⸆των χοιρων 69 *pc* c q sa[pt] bo

---

19 sq cf 1 Rg 17,18; 2 Rg 3,13; 9,18 sq; Jdc 11,12; 2 Sm 16,10; 19,23; 2 Chr 35,21; Mc 1,24; Lc 4,34 (Mt 27,19; Jo 2,4) || *20 sq* cf Mc 3,11; Lc 4,41; Act 16,17 sq; 19,15; (Jc 2,19) || *30 sq* cf Mc 16,9; Mt 12,45 = Lc 11,26; 8,2 || *33(Lc)* cf Rm 10,7; Apc 9,1 sq. 11 etc; 20,3

[Matth. 8, 28-34]

θάλασσαν καὶ ἀπέθανον ἐν
τοῖς ὕδασιν. 33 οἱ δὲ βόσκοντες
ἔφυγον, καὶ ἀπελθόντες εἰς
τὴν πόλιν ἀπήγγειλαν πάντα ⸆καὶ τὰ τῶν
δαιμονιζομένων. 34 καὶ ἰδοὺ πᾶσα ἡ πόλις
ἐξῆλθεν εἰς ⸀ὑπάντησιν ⸁τῷ Ἰησοῦ
καὶ ἰδόντες
αὐτὸν παρεκάλεσαν
⸀1ὅπως μεταβῇ
ἀπὸ ⸋τῶν ὁρίων⸌ αὐτῶν.

[Mark. 5, 1-20]

θάλασσαν, ⸆ὡς δισχίλιοι, καὶ ἐπνίγοντο ἐν
τῇ θαλάσσῃ. 14 Καὶ οἱ βόσκοντες αὐτοὺς
ἔφυγον καὶ
⸀ἀπήγγειλαν εἰς τὴν πόλιν καὶ εἰς τοὺς
ἀγρούς· καὶ ἦλθον ἰδεῖν τί ἐστιν τὸ γε-
γονὸς 15 καὶ ἔρχονται πρὸς τὸν Ἰησοῦν
καὶ θεωροῦσιν τὸν δαιμονιζόμενον καθ-
ήμενον ἱματισμένον καὶ
σωφρονοῦντα, τὸν ἐσχηκότα τὸν λεγιῶνα,
καὶ ἐφοβήθησαν. 16 καὶ διηγήσαντο
αὐτοῖς οἱ ἰδόντες πῶς ⸂ἐγένετο τῷ δαι-
μονιζομένῳ⸃ καὶ περὶ τῶν χοίρων. 17 καὶ
⸂ἤρξαντο παρακαλεῖν⸃ αὐτὸν
⸀ἀπελθεῖν
ἀπὸ τῶν ὁρίων αὐτῶν.
18 καὶ ἐμβαίνοντος αὐτοῦ εἰς τὸ πλοῖον
⸀παρεκάλει αὐτὸν ὁ δαιμονισθεὶς
ἵνα μετ᾽ αὐτοῦ ᾖ. 19 ⸀καὶ
οὐκ ἀφῆκεν αὐτόν, ἀλλὰ λέγει αὐτῷ· ὕπ-
αγε εἰς τὸν οἶκόν σου πρὸς τοὺς σοὺς
καὶ ⸁ἀπάγγειλον αὐτοῖς ὅσα ὁ ⸀1κύριός
σοι πεποίηκεν καὶ ἠλέησέν σε. 20 καὶ ἀπ-
ῆλθεν καὶ ἤρξατο κηρύσσειν ἐν τῇ Δεκα-
πόλει ὅσα ἐποίησεν αὐτῷ ὁ Ἰησοῦς, καὶ
πάντες ἐθαύμαζον.

[Luk. 8, 26-39]

⸀λίμνην καὶ ἀπεπνίγη.
34 Ἰδόντες δὲ οἱ βόσκοντες
τὸ γεγονὸς ἔφυγον καὶ
ἀπήγγειλαν εἰς τὴν πόλιν καὶ εἰς τοὺς
ἀγρούς. 35 ⸂ἐξῆλθον δὲ ἰδεῖν τὸ γεγονὸς
καὶ ἦλθον πρὸς τὸν Ἰησοῦν
καὶ εὗρον καθήμενον τὸν ἄνθρωπον ἀφ᾽
οὗ τὰ δαιμόνια ⸀ἐξῆλθεν ἱματισμένον καὶ
σωφρονοῦντα⸃ παρὰ τοὺς πόδας °τοῦ
Ἰησοῦ, καὶ ἐφοβήθησαν. 36 ⸂ἀπήγγειλαν
δὲ⸃ αὐτοῖς ⸆ ⸋οἱ ἰδόντες⸌ πῶς ἐσώθη ⸂ὁ δαι-
μονισθείς⸃.
37 ⸂καὶ
⸀ἠρώτησεν αὐτὸν ἅπαν τὸ πλῆθος ⸋τῆς
περιχώρου⸌⸃ τῶν ⸁Γερασηνῶν ἀπελθεῖν
ἀπ᾽ αὐτῶν, ὅτι φόβῳ μεγάλῳ συνείχοντο·
αὐτὸς δὲ ἐμβὰς ⸂εἰς πλοῖον⸃ ⸀1ὑπέστρεψεν⸆.
38 ⸋ἐδεῖτο δὲ αὐτοῦ ὁ ἀνὴρ ἀφ᾽ οὗ ἐξελη-
λύθει τὰ δαιμόνια εἶναι σὺν αὐτῷ·⸌ ⸀ἀπ-
έλυσεν δὲ αὐτὸν ⸆λέγων· 39 ⸀ὑπό-
στρεφε εἰς τὸν οἶκόν σου ⸆
καὶ διηγοῦ ὅσα σοι ⸂ἐποίησεν ὁ θεός⸃.
καὶ
ἀπῆλθεν καθ᾽ ὅλην τὴν πόλιν κηρύσσων
ὅσα ἐποίησεν αὐτῷ ὁ ⸁Ἰησοῦς.

Joh.

Matth.: 33 ⸆ἃ εποιησεν sy^{s} ¦ ἃ εγενετο sy^{p} || 34 ⸀συναντ- CℜW 0242^{vid} *pl* ¦ *txt* BℵΘ *pc* | ⸁του ℵC *pc* | ⸀1ινα BW | ⸋sy^{s}

Mark.: 13 ⸆ησαν δε C^{2}ℜAΘ 074 λφ *pm* || 14 ⸀ανηγγ- ℜWφ *al*; Epiph || 16 ⸂*p)* εσωθη ο δαιμονισθεις λ || 17 ⸂παρεκαλουν DΘ *pc* | ⸀ινα απελθη D lat || 18 ⸀ηρξατο παρακαλειν D lat || 19 ⸀ο δε Ιησους ℜDΘ 0132.0134 *al* it | ⸁διαγγ- 𝔓^{45}DWλφ *al* ¦ αναγγ- ℜA 0132.0134 *pm* | ⸀1*p)* θεος D 1241

Luk.: 33 ⸀*p)* θαλασσαν ℵ 28 *al* sy$^{s.c}$ || 35 ⸂παραγενομενων δε εκ της πολεως και θεωρησαντων καθημενον τον δαιμονιζομενον σωφρ. και ιματισμενον καθημενον (*et* — και^{4}) D | ⸀εξεληλυθει CℜAWΘλφ *pl* ¦ *txt* 𝔓^{75}Bℵ* *pc* | °𝔓^{75}B || 36 ⸂και απ. C ¦ απ. γαρ D *c* ¦ απ. δε λεγοντες ℵ | ⸆και ℜAWλ *pm* r^{1} vg | ⸋579 *pc* sy^{s} | ⸂ο λεγιων d(D^{corr}) ¦ a legione lat ¦ — c ¦ ο ανηρ sy$^{s.c}$ || 37 ⸂ηρωτησαν δε τον Ιησουν παντες και η χωρα D | ⸀-σαν ℜ(D)W *al* ¦ παρεκαλεσαν Θ | ⸋579 *pc* sy | ⸁Γεργεση- ℵ*$^{.3}$Θλ *al* bo ¦ Γαδαρη- ℵ^{2}ℜAW *pm* sy ¦ *txt* 𝔓^{75}BC*D latt sa | ⸂*p)* εις το πλ. ℜAWφ *pm* ¦ — D l | ⸀1επεστρεψαν (!) ℵ* ¦ συνεστρ. ℵ^{corr} ¦ [υπεστρεφεν P. Schmiedel *cj*] | ⸆απ αυτων sy || 38 ⸋W | ⸀εδιδασκεν W | ⸆ο Ιησους CℜAWΘφ *pm* lat || 39 ⸀πορευου D | ⸆*p)* προς τους σους 579 (a) (και π. τ. σ. sy^{c}) | ⸂επ. ο Ιησους 213 ¦ επ. ο κυριος sy^{c} ¦ επ. ο θ. και ηλεησεν σε λ ¦ *p)* ο κυριος πεποιηκεν κ. ηλ. σε C* | ⸁θεος λ 579 *pc* bo^{pt}

---

46 (Mc/Lc) ἀγρός cf Mc 6,36.56; 16,12 etc || 47 (Mt) cf Mt 25,1; Jo 12,13 || 53sqq cf Lc 5,8; 4,42; Mc 1,37sq || 59 cf Mc 3,14 || 60sq cf Mt 9,6sq = Mc 2,11 = Lc 5,24sq; Mc 8,26 || 62sq cf Mt 8,4; 9,30; 12,16; Mc 1,34.43sq; 3,12; 5,43; 7,36; 8,26.30; 9,9; Lc 5,14; 8,56; 9,21 || 64 (Mc) cf Mc 7,31; Mt 4,25

138. Jairi Töchterlein und Heilung der Blutflüssigen

Haemorrhoissa et filia Iairi *(cf. nr. 95)* **Jairus' Daughter and the Woman with a Hemorrhage**

Matth. 9,18-26
14,36; 9,29-30

9,18-26 *(nr. 95, p. 129)*

18 Ταῦτα αὐτοῦ λαλοῦν-
τος °αὐτοῖς, ἰδοὺ ἄρχων ⸂εἷς ἐλθὼν⸃
προσεκύνει αὐτῷ
λέγων °¹ὅτι
ἡ θυγάτηρ μου
ἄρτι ἐτελεύτησεν· ἀλλὰ °²ἐλθὼν
ἐπίθες τὴν χεῖρά σου ⸋ἐπ' αὐτήν⸌,
καὶ ζήσεται. 19 καὶ ἐγερθεὶς ὁ ⸀Ἰησοῦς
⸁ἠκολούθησεν αὐτῷ καὶ οἱ μαθηταὶ αὐτοῦ.
20 Καὶ ἰδοὺ γυνὴ αἱμορροοῦσα
δώδεκα ἔτη ⸆
προσελθοῦσα ὄπισθεν ἥψατο τοῦ
κρασπέδου τοῦ ἱματίου αὐτοῦ· 21 ἔλεγεν

Mark. 5,21-43
6,56b; 3,10; 10,52

21 Καὶ διαπεράσαντος τοῦ Ἰησοῦ ⸋[ἐν τῷ
πλοίῳ]⸌ ⸂πάλιν εἰς τὸ πέραν⸃ συνήχθη
ὄχλος πολὺς ⸀ἐπ' αὐτόν, ⸋¹καὶ ἦν⸌ παρὰ
τὴν θάλασσαν. 22 Καὶ ⸆ἔρχεται ⸀εἷς τῶν
ἀρχισυναγώγων, ⸂ὀνόματι Ἰάϊρος⸃,
καὶ ⸄ἰδὼν αὐτὸν πίπτει⸅ πρὸς
τοὺς πόδας αὐτοῦ 23 ⸂καὶ ⸀παρακαλεῖ αὐ-
τὸν πολλὰ λέγων ὅτι⸃
τὸ θυγάτριόν μου
ἐσχάτως ἔχει, ⸄ἵνα ἐλθὼν
ἐπιθῇς τὰς χεῖρας αὐτῇ⸅ ⸁ἵνα ⸋σωθῇ
καὶ⸌ ⸀¹ζήσῃ. 24 καὶ ἀπῆλθεν μετ' αὐτοῦ. καὶ
ἠκολούθει αὐτῷ ὄχλος πολὺς καὶ συνέ-
θλιβον αὐτόν. 25 Καὶ γυνὴ ⸆οὖσα ἐν ῥύσει
αἵματος δώδεκα ἔτη 26 ⸀καὶ πολλὰ παθοῦ-
σα ὑπὸ πολλῶν ἰατρῶν καὶ δαπανήσασα
τὰ ⸂παρ' αὐτῆς⸃ πάντα καὶ μηδὲν ὠφελη-
θεῖσα ἀλλὰ μᾶλλον ⸁εἰς τὸ χεῖρον ἐλθοῦ-
σα, 27 ἀκούσασα ⸆ περὶ τοῦ Ἰησοῦ,
ἐλθοῦσα ⸋ἐν τῷ ὄχλῳ⸌ ὄπισθεν ⸆ ἥψατο ⸆¹
⸋¹τοῦ ἱματίου⸌ αὐτοῦ· 28 ἔλεγεν

Luk. 8,40-56
6,19; 18,42; 7,50; 17,19

40 ⸂Ἐν δὲ⸃ τῷ ⸀ὑποστρέφειν τὸν Ἰησοῦν
ἀπεδέξατο
αὐτὸν ὁ ὄχλος· ἦσαν γὰρ πάντες προσ-
δοκῶντες ⸁αὐτόν. 41 καὶ ⸂ἰδοὺ ἦλθεν⸃ ἀνὴρ
ᾧ ὄνομα Ἰάϊρος καὶ ⸀οὗτος ἄρχων τῆς
συναγωγῆς ⸋ὑπῆρχεν, καὶ⸌ πεσὼν παρὰ
τοὺς πόδας °[τοῦ] Ἰησοῦ παρεκάλει αὐ-
τὸν εἰσελθεῖν εἰς τὸν οἶκον αὐτοῦ, 42 ⸀ὅτι
θυγάτηρ μονογενὴς °ἦν αὐτῷ °¹ὡς ἐτῶν
δώδεκα καὶ αὐτὴ ἀπέθνῃσκεν.
⸂Ἐν δὲ τῷ ὑπάγειν⸃ ⸀¹αὐτὸν
οἱ ὄχλοι ⸀²συνέ-
πνιγον αὐτόν. 43 Καὶ γυνὴ οὖσα ἐν ῥύσει
αἵματος ἀπὸ ἐτῶν δώδεκα, ⸂ἥτις
⸋[ἰατροῖς προσαναλώσασα
ὅλον τὸν βίον]⸌ οὐκ ἴσχυσεν ⸀ἀπ' οὐδενὸς
θεραπευθῆναι⸃,⸆
44 προσελθοῦσα °ὄπισθεν ἥψατο ⸋τοῦ
κρασπέδου⸌ τοῦ ἱματίου αὐτοῦ

Joh.

Matth.: 18 °λ *pc* sa bo | ⸂† εἷς προσελθ. B ℵ¹ lat sy^p ¦ τις πρ. L ϕ *al* g¹ (h k) ¦ προσελθ. ℵ* 69 *pc* ¦ εισελθ. λ *al* ¦ *txt* ℜ *al* (C D W Θ *sine acc.*) f sy^s | °¹ ℵ D λ ϕ *pm* | °² sy^s | ⸋ sy^s ‖ 19 ⸀κυριος sy^s | ⸁† -θει ℵ C D *pc lat* ¦ *txt* B ℜ W Θ λ ϕ *pl* f k ‖ 20 ⸆(Jo 5,5) εχουσα εν τη ασθενεια L

Mark.: 21 ⸋ 𝔓⁴⁵ D Θ λ *pc* it sy^s ¦ *txt* (B) ℵ C ℜ A (^s W) **0132.0134** ϕ *pm* vg | ⸂*1* 𝔓⁴⁵ ¦ *2-4 1* ℵ* D *pc* it sy^p ¦ *2-4* Θ sy^s sa ¦ *txt* B C ℜ A W λ ϕ *pl* vg bo | ⸀προς D Θ *al* | ⸋¹ D it sy^s ‖ 22 ⸆ιδου 𝔓⁴⁵ C ℜ A W **0107.0134** *pm* c f | ⸀τις D W *pc* lat | ⸂*p)* ω ονομα I. W Θ 565 *pc* ¦ — D it | ⸄και προσεπεσεν D (e) ‖ 23 ⸂παρακαλων αυτον και λεγων D it | ⸀παρεκ- B ℜ W Θ **0107.0134** λ *pm* | ⸄... αυτω τας χειρας 𝔓⁴⁵ vid A *al* ¦ ... αυτη τ. χ. ℜ *pm* ¦ ... χειρα αυτη ϕ *pc* sa bo ¦ ελθε αψαι αυτης εκ των χειρων σου D it ¦ veni, impone manum super eam vg sy^{s.p} ¦ *txt* ℌ W Θ λ | ⸁οπως ℜ A Θ **0107.0134** λ *pm* | ⸋ sy^s sa | ⸀¹ζησεται ℜ A W **0107.0134** λ *pm* ‖ 25 ⸆τις ℜ D Θ λ *pl* a f ‖ 26 ⸀η D it | ⸂εαυτης D W Θ λ *al* ¦ παρ εαυτ- ℵ C *al* ¦ *txt* B ℜ A **0132.0134** *al* | ⸁επι D Θ 565 *pc* ‖ 27 ⸆† τα B ℵ* C* vid ¦ *txt* ℜ A D W Θ *pl* sy^p sa bo | ⸋ λ *pc* (*pon. p.* αυτου D it) | ⸆και D lat | ⸆¹ *p)* του κρασπεδου λ *al* | ⸋¹ W

Luk.: 40 ⸂εγενετο δε εν ℵ* C ℜ A D W Θ ϕ *pl* latt ¦ *txt* 𝔓⁷⁵ B λ *pc* | ⸀υποστρεψαι C ℜ A D W Θ λ ϕ *pl* ¦ *txt* 𝔓⁷⁵ B ℵ *pc* | ⸁τον θεον ℵ* ‖ 41 ⸂ελθων D c ¦ — sy^p | ⸀αυτος ℵ C ℜ A W Θ *pm* ¦ *txt* 𝔓⁷⁵ B D λ ϕ *al* it | ⸋ D *pc* (c) sy^p | °† 𝔓⁷⁵ vid B ℵ* *pc* ¦ *txt* C ℜ A D W Θ λ ϕ *pl* ‖ 42 ⸀ην γαρ D | ° ℵ* D | °¹ D 579 | ⸂και εγενετο εν τω πορευεσθαι C* D *pc* lat | ⸀¹ τον Ιησουν συν αυτω sy^p | ⸀² *p)* συνεθλιβον C Θ *al* ‖ 43 ⸂ην ουδε εις ισχυεν θεραπευσαι D | ⸋† 𝔓⁷⁵ B (D) sy^s sa ¦ *txt* ℌ ℜ A W Θ λ ϕ *pl* lat sy^{c.p} bo | ⸀υπ ℵ C ℜ W Θ λ *pl* ¦ *txt* 𝔓⁷⁵ B A R *pc* | ⸆ *p)* και διελογιζετο εν εαυτη λεγουσα· εαν απελθουσα αψωμαι καν των ιματιων του Ιησου σωθησομαι sy^c ‖ 44 ° D Ψ | ⸋ *p)* D it; Mcion

---

1sqq cf 1 Rg 17,17-24; 2 Rg 4,8.17-37; Lc 7,11-17 *(nr. 86)*; Jo 11,1-44 *(nr. 259)*; Act 9,36-42; Act 20,8-12 ‖ *1sq* cf Lc 8,37 ‖ *3sq (Lc)* cf Lc 4,42; Mc 1,37 ‖ *5* cf Jdc 10,3; Esth 2,5 ‖ *9 (Mc)* cf Mc 7,25 ‖ *9 (Lc)* cf Lc 7,12; 9,38 par ‖ *11* cf Mc 6,5; 7,32; 8,23.25; 16,18; Lc 4,40; 13,13 ‖ *14sq* cf Lv 15,19.33; *cf 89sq. 91sqq* ‖ *20sqq* cf Mc 8,22; (Act 5,15; 19,11sq); *cf 75sqq. 78sq* ‖ *21* cf Nu 15,38; Dt 22,12; Zch 8,23

[Matth. 9,18-26]

γὰρ ἐν ἑαυτῇ· ἐὰν ⸂μόνον ἅψωμαι⸃ ⸆τοῦ ἱματίου αὐτοῦ σωθήσομαι.

22 ὁ δὲ °Ἰησοῦς ⸀στραφεὶς καὶ ἰδὼν αὐτὴν εἶπεν· θάρσει, ⸁θύγατερ· ἡ πίστις σου σέσωκέν σε. καὶ ἐσώθη ἡ γυνὴ ἀπὸ τῆς ὥρας ἐκείνης.

[Mark. 5,21-43]

γὰρ ⸆ ὅτι ἐὰν ἅψωμαι κἂν τῶν ἱματίων αὐτοῦ σωθήσομαι. 29 καὶ ⸀εὐθὺς ἐξηράνθη ἡ πηγὴ τοῦ αἵματος αὐτῆς καὶ ἔγνω τῷ σώματι ὅτι ἴαται ἀπὸ τῆς μάστιγος. 30 καὶ ⸀εὐθὺς ⸂ὁ Ἰησοῦς ἐπιγνοὺς⸃ ἐν ἑαυτῷ τὴν ἐξ αὐτοῦ δύναμιν ἐξελθοῦσαν ἐπιστραφεὶς ἐν τῷ ὄχλῳ ἔλεγεν· τίς ⸉μου ἥψατο τῶν ἱματίων; 31 καὶ ἔλεγον αὐτῷ οἱ μαθηταὶ αὐτοῦ· βλέπεις τὸν ὄχλον συνθλίβοντά σε καὶ λέγεις· τίς μου ἥψατο; 32 καὶ περιεβλέπετο ⸂ἰδεῖν τὴν τοῦτο ποιήσασαν⸃. cf. v. 30 33 ἡ δὲ γυνὴ φοβηθεῖσα καὶ τρέμουσα⸆, ⸀εἰδυῖα ὃ γέγονεν ⸆αὐτῇ, ἦλθεν καὶ ⸂προσέπεσεν αὐτῷ⸃ καὶ εἶπεν αὐτῷ ⸆¹ πᾶσαν τὴν ⸁ἀλήθειαν.

34 ὁ δὲ ⸆ εἶπεν αὐτῇ· ⸀θυγάτηρ, ἡ πίστις σου σέσωκέν σε· ὕπαγε εἰς εἰρήνην καὶ ἴσθι ὑγιὴς ἀπὸ τῆς μάστιγός σου. 35 Ἔτι αὐτοῦ λαλοῦντος ἔρχονται ἀπὸ τοῦ ἀρχισυναγώγου λέγοντες ⸆ ὅτι ἡ θυγάτηρ σου ἀπέθανεν· τί ἔτι σκύλλεις τὸν διδάσκαλον; 36 ὁ δὲ Ἰησοῦς ⸆ ⸀παρακούσας ⸂τὸν λόγον λαλούμενον⸃ λέγει

[Luk. 8,40-56]

καὶ παραχρῆμα ἔστη ἡ ῥύσις τοῦ αἵματος αὐτῆς.

cf. v. 46

45 ⸂καὶ ⸆ εἶπεν ὁ Ἰησοῦς⸃· τίς ⸀ὁ ἁψάμενός μου⸃; ἀρνουμένων δὲ πάντων εἶπεν ὁ Πέτρος⸆· ⸀ἐπιστάτα, οἱ ὄχλοι συνέχουσίν σε καὶ ἀποθλίβουσιν⸆¹. 46 ⸂ὁ δὲ Ἰησοῦς εἶπεν⸃· ἥψατό μού τις, ἐγὼ γὰρ ἔγνων δύναμιν ⸀ἐξεληλυθυῖαν ἀπ᾽ ἐμοῦ. 47 ⸋ἰδοῦσα δὲ ἡ γυνὴ ὅτι οὐκ ἔλαθεν, ⸀τρέμουσα ἦλθεν⸌ καὶ προσπεσοῦσα αὐτῷ ⸋¹δι᾽ ἣν αἰτίαν ἥψατο αὐτοῦ⸌ ⸀ἀπήγγειλεν ἐνώπιον παντὸς τοῦ λαοῦ καὶ ὡς ἰάθη παραχρῆμα⸆. 48 ὁ δὲ ⸆ εἶπεν °αὐτῇ· ⸆ ⸀θυγάτηρ, ἡ πίστις σου σέσωκέν σε· πορεύου εἰς εἰρήνην.

49 Ἔτι αὐτοῦ λαλοῦντος ⸂ἔρχεταί τις ⸀παρὰ τοῦ ἀρχισυναγώγου λέγων⸃ ⸆ ὅτι τέθνηκεν ἡ θυγάτηρ σου· ⸀μηκέτι σκύλλε ⸂τὸν διδάσκαλον⸃. 50 ὁ δὲ Ἰησοῦς ἀκούσας ⸆ ⸀ἀπεκρίθη

Joh.

Matth.: 21 ⸂ *2 1* D lat ¦ *2* ℵ* a h | ⸆του κρασπεδου φ *pc* sa || 22 ° ℵ* D it sy^s | ⸀επιστραφεις C Ꝁ W Θ λ *pm* ¦ εστη στραφεις D | ⸁-ατηρ D L W Θ *pc*; Or

Mark.: 28 ⸆*p)* εν εαυτη Θ λ *pm* it ¦ εν τη καρδια αυτης sa^pt || 29 ⸀ευθεως Ꝁ A D W 0134 λ *pm* || 30 ⸀ευθεως Ꝁ A D W 0134 λ *pm* | ⸂επιγν. και ο Ι. D (a) | ⸉*p.* ιματιων D (vestimenta mea lat) || 32 ⸂ιδειν (— W) τ. τ. πεποιηκυιαν W Θ 1 *pc* ¦ — c e || 33 ⸆διο πεποιηκει λαθρα D (Θ) *al* it | ⸀και ειδ. ℵ* it | ⸆επ Ꝁ A W Θ 0132.0133 λ *pl* | ⸂προσεκυνησεν αυτον C a | ⸆¹εμπροσθεν παντων W φ | ⸁αιτιαν 1.28 *pc* ¦ αιτ. αυτης W 69 *pc* sa || 34 ⸆Ιησους C D Θ λ φ *al* it | ⸀-τερ ℵ Ꝁ A Θ *pl* ¦ *txt* B D W || 35 ⸆αυτω D *pc* it || 36 ⸆ευθεως C Ꝁ A 0132.0133 φ *pm* | ⸀*p)* ακουσας ℵ^corr C Ꝁ A D Θ 0126.0132.0133 λ *pl* lat | ⸂τουτον τον λογον D it ¦ τ. λ. τον λαλ. B

Luk.: 45 ⸂*p)* ο δε Ιησ. γνους την εξελθουσαν εξ αυτου δυναμιν επηρωτα D a | ⸆*p)* επιστραφεις sy^c | ⸀μου ηψατο D it; Mcion Epiph | ⸆και οι συν αυτω ℌ (μετ αυτου Ꝁ) A D W Θ λ φ *pm* latt sy^p bo ¦ *txt* 𝔓^75 B 700* *al* sy^s.c sa | ⸀διδασκαλε 157 | ⸆¹*p)* και λεγεις τις ο αψαμενος μου C Ꝁ A (μου ηψατο D *al ex latt?*) W Θ φ *pm* latt sy bo^pt || 46 ⸂απεκριθη ο Ιησους και ειπεν αυτω sy^s ¦ ο δε ειπεν D a r^1 sy^p | ⸀εξελθουσαν C Ꝁ A D W Θ λ φ *pl* ¦ *txt* 𝔓^75 B ℵ L *pc* || 47 ⸋ ℵ* | ⸀εντρομος ουσα D ¦ *p)* φοβηθεισα και τρεμουσα sy^c | ⸋¹ א | ⸀διηγγειλεν ℵ | ⸆εμπροσθεν παντων ωμολογησεν sy^c || 48 ⸆Ιησους C *al* | ° ℵ sa^pt | ⸆*p)* θαρσει C Ꝁ A W Θ φ *pm* sy^p | ⸀-τερ ℌ ℵ Ꝁ A D λ φ *pl* ¦ *txt* B W Θ *pc* || 49 ⸂*p)* ερχονται απο τ. α. λεγοντες D c sy^s.c | ⸀απο A D W* Θ λ *al* | ⸆αυτω C Ꝁ A D W Θ φ *pm* lat ¦ *txt* 𝔓^75vid B ℵ λ 700 *al* | ⸀μη C Ꝁ A W Θ λ φ *pl* sy sa bo ¦ *txt* 𝔓^75 B ℵ D | ⸂αυτον λ lat || 50 ⸆*p)* τον λογον D latt (sy^c) | ⸀ειπεν ℵ* *pc*

---

^34sq (Lc)^ cf 79 sq || ^40sqq^ cf 81 sqq. 85 sq. 87 sq. 99 sq || ^42 (Mc/Lc)^ cf Jdc 18,6; 1 Sm 1,17; 2 Sm 15,9; 1 Rg 22,17; Lc 7,50; Act 16,36; Jc 2,16 || ^43 (Mt)^ cf Mt 8,13; 15,28; 17,18 || ^46^ cf Lc 7,6

[Matth. 9,18-26]

[23] Καὶ ἐλθὼν ὁ Ἰησοῦς εἰς τὴν οἰκίαν τοῦ ἄρχοντος καὶ ἰδὼν τοὺς αὐλητὰς καὶ ⸂τὸν ὄχλον θορυβούμενον⸃ [24] ⸀ἔλεγεν· ἀναχωρεῖτε, οὐ γὰρ ἀπέθανεν τὸ κοράσιον ἀλλὰ καθεύδει. καὶ κατεγέλων αὐτοῦ ⸆ . [25] ὅτε δὲ ἐξεβλήθη ὁ ὄχλος εἰσελθὼν ἐκράτησεν τῆς χειρὸς αὐτῆς, καὶ ἠγέρθη τὸ κοράσιον. [26] καὶ ἐξῆλθεν ἡ φήμη ⸀αὕτη εἰς ὅλην τὴν γῆν ἐκείνην.

[Mark. 5,21-43]

τῷ ἀρχισυναγώγῳ· μὴ φοβοῦ, μόνον πίστευε. [37] καὶ οὐκ ἀφῆκεν ⸂οὐδένα μετ᾽ αὐτοῦ συνακολουθῆσαι⸃ εἰ μὴ ⸀τὸν Πέτρον καὶ Ἰάκωβον καὶ Ἰωάννην τὸν ἀδελφὸν Ἰακώβου. [38] καὶ ⸀ἔρχονται εἰς τὸν οἶκον τοῦ ἀρχισυναγώγου, καὶ θεωρεῖ θόρυβον ⸂καὶ κλαίοντας καὶ ἀλαλάζοντας⸃ ⸀πολλά, [39] καὶ εἰσελθὼν λέγει °αὐτοῖς· τί θορυβεῖσθε καὶ ⸆κλαίετε; τὸ παιδίον οὐκ ἀπέθανεν ἀλλὰ καθεύδει. [40] ⸀καὶ κατεγέλων αὐτοῦ ⸆ . ⸀αὐτὸς δὲ ἐκβαλὼν ⸀¹πάντας παραλαμβάνει τὸν πατέρα τοῦ παιδίου καὶ τὴν μητέρα καὶ τοὺς ⸂μετ᾽ αὐτοῦ⸃ καὶ εἰσπορεύεται ὅπου ἦν τό παιδίον⸆. [41] καὶ κρατήσας τῆς χειρὸς τοῦ παιδίου λέγει αὐτῇ· ⸂ταλιθα κουμ⸃, ὅ ἐστιν μεθερμηνευόμενον· τὸ κοράσιον, σοὶ λέγω, ἔγειρε. [42] καὶ ⸀εὐθὺς ⸀ἀνέστη τὸ κοράσιον καὶ περιεπάτει· ἦν γὰρ ⸆ἐτῶν δώδεκα. καὶ ἐξέστησαν ⸀¹[εὐθὺς] ἐκστάσει μεγάλῃ. [43] καὶ διεστείλατο αὐτοῖς °πολλὰ ἵνα μηδεὶς γνοῖ τοῦτο, καὶ εἶπεν ⸀δοθῆναι αὐτῇ φαγεῖν.

[Luk. 8,40-56]

⸀αὐτῷ· μὴ φοβοῦ, μόνον ⸀πίστευσον, καὶ σωθήσεται. [51] ἐλθὼν δὲ εἰς τὴν οἰκίαν οὐκ ἀφῆκεν εἰσελθεῖν ⸀τινα ⸋σὺν αὐτῷ⸌ εἰ μὴ Πέτρον καὶ ⸂Ἰωάννην καὶ Ἰάκωβον⸃ καὶ τὸν πατέρα ⸄τῆς παιδὸς⸅ καὶ τὴν μητέρα. [52] ἔκλαιον δὲ πάντες καὶ ἐκόπτοντο αὐτήν. ὁ δὲ εἶπεν· μὴ κλαίετε, ⸂οὐ γὰρ⸃ ἀπέθανεν ἀλλὰ ⸆ καθεύδει. [53] καὶ κατεγέλων αὐτοῦ εἰδότες ὅτι ἀπέθανεν. [54] αὐτὸς δὲ ⸆ κρατήσας τῆς χειρὸς αὐτῆς ἐφώνησεν λέγων· ἡ παῖς, ⸀ἔγειρε. [55] καὶ ⸀ἐπέστρεψεν τὸ πνεῦμα αὐτῆς ⸋καὶ ἀνέστη παραχρῆμα⸌ καὶ ⸀διέταξεν ⸉αὐτῇ δοθῆναι⸊ φαγεῖν. [56] ⸂καὶ ἐξέστησαν οἱ γονεῖς αὐτῆς· ὁ δὲ παρήγγειλεν⸃ αὐτοῖς μηδενὶ εἰπεῖν τὸ γεγονός.

(nr. 142 9,1-6 p. 200)

Joh.

Matth.: 23 ⸂τους -ους -ους k sy^s.p bo || 24 ⸀λεγει αυτοις C𝔎WΘ*pm* f g¹ | ⸆*p)* ειδοτες οτι απεθανεν ℵ* sa^pt || 26 ⸀αυτης ℵCΘ λ*al* bo ¦ αυτου D*pc* sa ¦ *txt* B𝔎W*pm*

Mark.: 37 ⸂ουδ. αυτω συνακ. 𝔎(A)Θ*pm* ¦ αυτω ουδ. παρακ. W(λ) ¦ ουδε ενα παρακ. αυτω D | ⸀μονον W ¦ — 𝔎ADΘλ*pl* || 38 ⸀ερχεται 𝔎WΘϕ*pm* it | ⸂κλαιοντων και αλαλαζοντων D*pc* a | ⸀-λας B* ¦ -λους Θ ¦ — b || 39 ° it | ⸆τι DΘ it || 40 ⸀οι δε D it | ⸆*p)* ειδοτες οτι απεθανεν Wϕ sa | ⸀ο 𝔎AW (+ Ιησους λ) ϕ*pl* | ⸀¹τους οχλους εξω D it | ⸂εαυτου W ¦ μετ αυτου οντας D | ⸆ανακειμενον C𝔎A*pm* ¦ κατακ- WΘλ*al* ¦ *txt* ℌD || 41 ⸂τ. κουμι 𝔎AΘ 0126.0133 ϕ*pm* vg ¦ ραββι θαβιτα κουμι D ¦ [θαβ. *corruptum ex* ραβιθα, *i. e.* puella, Wellhausen *cj*] ¦ ταβιθα W ¦ tabea acultha cumhi e ¦ *txt* BℵCλ*pc* sa bo || 42 ⸀ευθεως C𝔎ADWλ*pm* | ⸀*p)* ηγερθη Θ | ⸆ωσει ℵCΘ *al* sa ¦ ως λ 33.565*pc* | ⸀¹παντες D it ¦ — 𝔓⁴⁵𝔎AWΘλ*pl* lat ¦ *txt* BℵC*pc* || 43 ° D 1424 it | ⸀δουναι D

Luk.: 50 ⸀αυτ. λεγων C𝔎ADWΘϕ*pm* ¦ τω πατρι της παιδος 1229 lat sy^p | ⸀*p)* -ευε *rell* ¦ *txt* BLΞ 579 || 51 ⸀ουδενα (⸉ℵ)𝔎AWΘλ*pm* | ⸋ 𝔎AWλ*pm* sy^s.c | ⸂*p)* Ιακ. κ. Ιω. ℌA 700*al* vg sy sa^pt bo ¦ Ιακ. Valentiani *apud* Ir ¦ Ιω. 1038 ¦ *txt* 𝔓⁷⁵BC𝔎DWΘλϕ*pm* it vg^codd | ⸄*p)* του κορασιου D || 52 ⸂ † ουκ 𝔎A*al*; Or ¦ *txt* ℌDWΘλϕ*pm* it; Epiph | ⸆*p)* το κορασιον Θλ*al* aur c r¹ sy^c || 54 ⸆*p)* εκβαλων παντας εξω (— C*) και (— Θ) C𝔎AWΘϕ*pm* f q sy^p sa bo ¦ *txt* 𝔓⁷⁵BℵDLλ*pc* lat | ⸀-ρου 𝔎AW*al* || 55 ⸀υπεστρεψεν D | ⸋ ℵ* | ⸀επεταξεν D*pc* | ⸉ DRWλ*al* a || 56 ⸂οι δε γονεις αυτης θεωρουντες εξεστησαν· παρηγγειλεν δε D

[51sqq] cf Mt 17,1 = Mc 9,2 = Lc 9,28 *(nr. 161)*; Mt 26,37 = Mc 14,33 *(nr. 330)*; Mc 13,3 || [53sq (Lc)] *cf 62 (Mc)* || [58] cf Lc 7,13; 23,28; Apc 5,5 || [59] cf Jo 11,11 sq || [61] cf Act 9,40 || [62 (Mc)] *cf 53 sq (Lc)* || [64sq] cf Mt 8,15; Mc 1,31; 9,27; Act 3,7 || [65sq] cf Mc 3,17; 7,34; 14,36; (Act 9,40) || [67] cf Lc 7,14 || [67sq (Lc)] cf 1Rg 17,22; 2Rg 4,34 || [69sq (Lc)] *cf 72 sq (Mc)*; Lc 24,41(?) || [71sq] cf Mt 8,4; 9,30; 12,16; Mc 1,34.43sq; 3,12; 7,36; 8,26.30; 9,9; Lc 5,14; 9,21 || [72sq (Mc)] *cf 69 sq (Lc)*

Matth.	Mark.	Luk.	Joh.
14,36 *(nr. 148, p. 211)* 36 Καὶ παρεκάλουν αὐτὸν ἵνα μόνον ἅψωνται τοῦ κρασπέδου τοῦ ἱματίου αὐτοῦ· καὶ ὅσοι ἥψαντο διεσώθησαν.	6,56b *(nr. 148, p. 211)* 56 ... καὶ παρεκάλουν αὐτὸν ἵνα κἂν τοῦ κρασπέδου τοῦ ἱματίου αὐτοῦ ἅψωνται · καὶ ὅσοι ἂν ἥψαντο αὐτοῦ ἐσῴζοντο.		
	3,10 *(nr. 48, p. 68)* 10 Πολλοὺς γὰρ ἐθεράπευσεν, ὥστε ἐπιπίπτειν αὐτῷ ἵνα αὐτοῦ ἅψωνται ὅσοι εἶχον μάστιγας.	6,19 *(nr. 77, p. 101)* 19 Καὶ πᾶς ὁ ὄχλος ἐζήτουν ἅπτεσθαι αὐτοῦ, ὅτι δύναμις παρ' αὐτοῦ ἐξήρχετο καὶ ἰᾶτο πάντας.	
9,29-30 *(nr. 96, p. 133)* 29 Τότε ἥψατο τῶν ὀφθαλμῶν αὐτῶν λέγων· κατὰ τὴν πίστιν ὑμῶν γενηθήτω ὑμῖν. 30 καὶ ἠνεῴχθησαν αὐτῶν οἱ ὀφθαλμοί. καὶ ἐνεβριμήθη αὐτοῖς ὁ Ἰησοῦς λέγων· ὁρᾶτε μηδεὶς γινωσκέτω.	10,52 *(nr. 264, p. 354)* 52 Καὶ ὁ Ἰησοῦς εἶπεν αὐτῷ· ὕπαγε, ἡ πίστις σου σέσωκέν σε. καὶ εὐθὺς ἀνέβλεψεν καὶ ἠκολούθει αὐτῷ ἐν τῇ ὁδῷ.	18,42 *(nr. 264, p. 354)* 42 Καὶ ὁ Ἰησοῦς εἶπεν αὐτῷ· ἀνάβλεψον· ἡ πίστις σου σέσωκέν σε.	
		7,50 *(nr. 114, p. 160)* 50 Εἶπεν δὲ πρὸς τὴν γυναῖκα· ἡ πίστις σου σέσωκέν σε· πορεύου εἰς εἰρήνην.	
		17,19 *(nr. 233, p. 314)* 19 Καὶ εἶπεν αὐτῷ· ἀναστὰς πορεύου· ἡ πίστις σου σέσωκέν σε.	

Acta Pilati 7: Καὶ γυνή τις, ὄνομα Βερνίκη, ἀπὸ μακρόθεν κράζουσα εἶπεν· αἱμορροοῦσα ἤμην, καὶ ἡψάμην τοῦ κρασπέδου τοῦ ἱματίου αὐτοῦ, καὶ ἐστάθη μου ἡ ῥύσις τοῦ αἵματος ἡ δι' ἐτῶν δώδεκα. λέγουσιν οἱ Ἰουδαῖοι· νόμον ἔχομεν γυναῖκα εἰς μαρτυρίαν μὴ ὑπάγειν.

Eusebius, Hist. eccl. VII, 18, 1-3: 1 Ἀλλ' ἐπειδὴ τῆσδε τῆς πόλεως εἰς μνήμην ἐλήλυθα, οὐκ ἄξιον ἡγοῦμαι παρελθεῖν διήγησιν καὶ τοῖς μεθ' ἡμᾶς μνημονεύεσθαι ἀξίαν. τὴν γὰρ αἱμορροοῦσαν, ἣν ἐκ τῶν ἱερῶν εὐαγγελίων πρὸς τοῦ σωτῆρος ἡμῶν τοῦ πάθους ἀπαλλαγὴν εὕρασθαι μεμαθήκαμεν, ἐνθένδε ἔλεγον ὁρμᾶσθαι τόν τε οἶκον αὐτῆς ἐπὶ τῆς πόλεως δείκνυσθαι καὶ τῆς ὑπὸ τοῦ σωτῆρος εἰς αὐτὴν εὐεργεσίας θαυμαστὰ τρόπαια παραμένειν. 2 ἑστάναι γὰρ ἐφ' ὑψηλοῦ λίθου πρὸς μὲν ταῖς πύλαις τοῦ αὐτῆς οἴκου γυναικὸς ἐκτύπωμα χάλκεον, ἐπὶ γόνυ κεκλιμένον καὶ τεταμέναις ἐπὶ τὸ πρόσθεν ταῖς χερσὶν ἱκετευούσῃ ἐοικός, τούτου δὲ ἄντικρυς ἄλλο τῆς αὐτῆς ὕλης, ἀνδρὸς ὄρθιον σχῆμα, διπλοΐδα κοσμίως περιβεβλημένον καὶ τὴν χεῖρα τῇ γυναικὶ προτεῖνον, οὗ παρὰ τοῖς ποσὶν ἐπὶ τῆς στήλης αὐτῆς ξένον τι βοτάνης εἶδος φύειν, ὃ μέχρι τοῦ κρασπέδου τῆς τοῦ χαλκοῦ διπλοΐδος ἀνιόν, ἀλεξιφάρμακόν τι παντοίων νοσημάτων τυγχάνειν. 3 τοῦτον τὸν ἀνδριάντα εἰκόνα τοῦ Ἰησοῦ φέρειν ἔλεγον, ἔμενεν δὲ καὶ εἰς ἡμᾶς, ὡς καὶ ὄψει παραλαβεῖν ἐπιδημήσαντας αὐτοὺς τῇ πόλει.

Herm. Pastor, Vis. III, 8, 3: Ἄκουε νῦν τὰς ἐνεργείας αὐτῶν. ἡ μὲν πρώτη αὐτῶν, ἡ κρατοῦσα τὰς χεῖρας, Πίστις καλεῖται· διὰ ταύτης σώζονται οἱ ἐκλεκτοὶ τοῦ θεοῦ.

75sqq cf 20sqq ‖ *78sq cf 20sqq* ‖ *79sq cf 34sq (Lc)* ‖ *81sqq cf 40sqq* ‖ *85sq cf 40sqq* ‖ *87sq cf 40sqq* ‖ *89sq cf 14sqq* ‖ *91sqq cf 14sqq* ‖ *99sq cf 40sqq*

139. Predigt in Nazareth

(cf. nr. 33)

Propheta in patria

Jesus is Rejected at Nazareth

Matth. 13,53-58	**Mark. 6,1-6a**	Luk. 4,16-30	Joh. 7,15; 6,42; 4,44; 10,39
(nr. 134 13,51-52 p. 184) 53 Καὶ ἐγένετο ὅτε ἐτέλεσεν ὁ Ἰησοῦς τὰς παραβολὰς ταύτας, μετῆρεν ἐκεῖθεν. 54 καὶ ἐλθὼν εἰς τὴν πατρίδα αὐτοῦ	1 Καὶ ἐξῆλθεν ⸋ἐκεῖθεν καὶ ⸀ἔρχεται⸌ εἰς τὴν πατρίδα αὐτοῦ, καὶ ἀκολου-	*(nr. 33, p. 48)* 16 ⸀Καὶ ἦλθεν εἰς ⸆Ναζαρά, οὗ ἦν ⸀τεθραμμένος⸌,	

Mark.: 1 ⸋ W ∣ ⸀ηλθεν ℜ A *pl*; Or ¦ απηλθεν D lat

Luk.: 16 ⸀ Ελθων δε εις Ν-εδ οπου ην D ∣ ⸆την ℜ A **0102** φ *pm* ∣ ⸀ανατεθρ- ℌ W Θ **0102** *al*; Eus Cyr ¦ *txt* B ℜ A *pm*

1sqq cf Mt 19,1; 11,1; (7,28; 26,1) ‖ *4(Lc)* cf Act 7,20sq; 22,3; Lc 2,51

[Matth. 13,53-58]

ἐδίδασκεν αὐτοὺς ἐν ⸂τῇ συναγωγῇ⸃ αὐτῶν,

ὥστε ἐκπλήσσεσθαι αὐτοὺς

καὶ λέγειν·

πόθεν τούτῳ ⸆ἡ σοφία αὕτη καὶ αἱ δυνάμεις;

[55] οὐχ

[Mark. 6,1-6a]

θοῦσιν αὐτῷ οἱ μαθηταὶ αὐτοῦ. [2] καὶ ⸂γενομένου σαββάτου⸃ ἤρξατο διδάσκειν ἐν τῇ συναγωγῇ,

καὶ ⸆ πολλοὶ ἀκούοντες ἐξεπλήσσοντο ⸆ λέγοντες·

πόθεν τούτῳ ταῦτα ⸆¹, καὶ τίς ἡ σοφία ἡ δοθεῖσα ⸀τούτῳ⁝, ⸂καὶ αἱ δυνάμεις τοιαῦται διὰ τῶν χειρῶν αὐτοῦ γινόμεναι⸃ ⁝¹; [3] οὐχ

[Luk. 4,16-30]

⸋καὶ εἰσῆλθεν⸌ κατὰ τὸ εἰωθὸς ⸰αὐτῷ ἐν τῇ ἡμέρᾳ τῶν σαββάτων εἰς τὴν συναγωγὴν ⸉καὶ ἀνέστη ἀναγνῶναι. [17] καὶ ἐπεδόθη αὐτῷ ⸂βιβλίον τοῦ προφήτου Ἠσαΐου⸃⸊ καὶ ⸀ἀναπτύξας τὸ βιβλίον εὗρεν ⸰τὸν τόπον οὗ ἦν γεγραμμένον·

[18] πνεῦμα κυρίου ἐπ' ⸀ἐμὲ
οὗ εἵνεκεν ἔχρισέν ⸀με⁝
εὐαγγελίσασθαι πτωχοῖς⁝¹,
ἀπέσταλκέν ⸀με⸆,
κηρύξαι αἰχμαλώτοις ἄφεσιν καὶ τυφλοῖς ἀνάβλεψιν,
ἀποστεῖλαι ⸀τεθραυσμένους ἐν ἀφέσει,
[19] κηρύξαι ἐνιαυτὸν κυρίου δεκτόν.

[20] καὶ πτύξας τὸ βιβλίον ⸆ἀποδοὺς τῷ ὑπηρέτῃ ἐκάθισεν· καὶ πάντων ⸉οἱ ὀφθαλμοὶ ⸋ἐν τῇ συναγωγῇ⸌⸊ ἦσαν ἀτενίζοντες αὐτῷ. [21] ἤρξατο δὲ λέγειν πρὸς αὐτοὺς ⸰ὅτι σήμερον πεπλήρωται ἡ γραφὴ ⸰¹αὕτη ἐν τοῖς ὠσὶν ὑμῶν. [22] Καὶ πάντες ἐμαρτύρουν αὐτῷ καὶ ἐθαύμαζον ἐπὶ τοῖς λόγοις τῆς χάριτος τοῖς ἐκπορευομένοις ἐκ τοῦ στόματος αὐτοῦ καὶ ἔλεγον·

οὐχὶ

Joh.

7,15 (nr. 240, p. 322)

[15] Ἐθαύμαζον οὖν οἱ Ἰουδαῖοι λέγοντες· πῶς οὗτος γράμματα οἶδεν μὴ μεμαθηκώς;

6,42 (nr. 149, p. 213)

[42] Καὶ ἔλεγον· οὐχ

Matth.: 54 ⸂ *(4,23?)* ταις -αις it sa bo | ⸆πασα D*al* sy^{s} ¦ *p)* ταυτα και τις W

Mark.: 2 ⸂ *p)* ημερα σαββατων D it | ⸆ † οι Bϕ*pc* ¦ *txt* ℵ C 𝔎 A D W Θ **0126.0133** λ *pl* | ⸆ (1,22) επι τη διδαχη αυτου 𝔓^{45vid} D Θ *al* lat | ⸆¹ (Mt 13,56) παντα ℵ C *pc* | ⸀αυτω 𝔎 A D W Θ **0133** λϕ *pl* | ⸂ και δυν. ... γινονται C^{2} 𝔎 A W **0133** λ *pm* ¦ ινα και δυν. ... γινωνται (C*) D (Θϕ) *al* it (— και sy^{p} sa^{pt}) | [⁝; *et* ⁝¹. W]

Luk.: 16 ⸋ *et* ⸰ D; (Mcion) || **16.17** ⸉ *4-10 1-3* Θ *pc* || 17 ⸂ ο προφητης Ησαιας D | ⸀ † ανοιξας B A L W *pc* ¦ *txt* ℵ 𝔎 (D*) Θ λϕ *pl* latt | ⸰ ℵ W 33 *pc* ¦ *txt* B 𝔎 A D Θ λϕ *pl* || 18 ⸀ *ter* (επι) σε sy^{s} | [⁝, *et* ⁝¹—, comm] | ⸆ (Is 61,1) ιασασθαι τους συντετριμμενους την καρδιαν 𝔎 A Θ **0102** λ *pm* f (vg) sy^{p} bo^{pt}; Ir (Hipp) | ⸀ τεθραυματισμ- D* || **20** ⸆ και W *pc* | ⸉ *3-5 1 2* 𝔎 (A) D Θ λϕ *pm* lat | ⸋ 348 sy^{s} || **21** ⸰ D W *pc* | ⸰¹ ϕ *pc*

---

5 (Lc) cf Act 17,2 || *6 (Lc)* cf Act 13,14; 16,13 || *8 sqq* cf Act 13,15.27 || *10 sq* cf Apc 5,2 || *13 sqq* Is 61,1 sq || *20 sq* cf Is 58,6 || *22 sq* cf Lv 25,10? || *27* cf Act 6,15; 10,4; 3,4 || *32* cf Mc 1,22; 7,37; 10,26; 11,18; Mt 7,28; 19,25; 22,33 || *32 sq* cf Act 14,3; 20,24.32; Ps 45,3; Kol 4,6 || *37* cf 58; cf Mc 9,39; Act 19,11; 2 Cor 12,12 || *38 sqq* cf 88 sqq

[Matth. 13,53-58]

οὗτός ἐστιν ὁ ⸂τοῦ τέκτονος⸃ υἱός; ⸀οὐχ ἡ μήτηρ αὐτοῦ λέγεται Μαριὰμ καὶ οἱ ἀδελφοὶ αὐτοῦ ⸋Ἰάκωβος καὶ ⸁Ἰωσὴφ καὶ Σίμων καὶ Ἰούδας; 56 καὶ αἱ ἀδελφαὶ αὐτοῦ οὐχὶ πᾶσαι⸌ πρὸς ἡμᾶς εἰσιν; πόθεν οὖν τούτῳ ταῦτα πάντα; 57 καὶ ἐσκανδαλίζοντο ⸀ἐν αὐτῷ.

ὁ δὲ °Ἰησοῦς εἶπεν αὐτοῖς· οὐκ ἔστιν προφήτης ἄτιμος εἰ μὴ ἐν τῇ ⸁πατρίδι καὶ ἐν τῇ οἰκίᾳ αὐτοῦ. 58 καὶ οὐκ ἐποίησεν ἐκεῖ δυνάμεις πολλὰς διὰ ⸂τὴν ἀπιστίαν⸃ αὐτῶν.

(nr. 143 14,1-2 p. 202)

[Mark. 6,1-6a]

οὗτός ἐστιν ὁ ⸂τέκτων, ὁ υἱὸς⸃ °τῆς Μαρίας °¹καὶ ⸆ἀδελφὸς Ἰακώβου ⸂καὶ Ἰωσῆτος⸃ καὶ Ἰούδα καὶ Σίμωνος; καὶ οὐκ εἰσὶν αἱ ἀδελφαὶ αὐτοῦ ὧδε πρὸς ἡμᾶς; καὶ ἐσκανδαλίζοντο ἐν αὐτῷ.

4 ⸂καὶ ἔλεγεν αὐτοῖς⸃ ὁ Ἰησοῦς ὅτι οὐκ ἔστιν προφήτης ἄτιμος εἰ μὴ ἐν τῇ ⸂πατρίδι αὐτοῦ⸃ ⸂¹καὶ ἐν τοῖς συγγενεῦσιν αὐτοῦ⸃ καὶ ἐν τῇ οἰκίᾳ αὐτοῦ. 5 καὶ οὐκ ἐδύνατο ⸀ἐκεῖ ποιῆσαι οὐδεμίαν δύναμιν, εἰ μὴ ὀλίγοις ἀρρώστοις ἐπιθεὶς τὰς χεῖρας ἐθεράπευσεν. 6 καὶ ⸀ἐθαύμαζεν διὰ τὴν ἀπιστίαν αὐτῶν.

(nr. 142 6,6b-13 p. 200)

[Luk. 4,16-30]

υἱός ἐστιν Ἰωσὴφ οὗτος;

23 καὶ εἶπεν πρὸς αὐτούς· πάντως ἐρεῖτέ μοι τὴν παραβολὴν ταύτην· ἰατρέ, θεράπευσον σεαυτόν· ὅσα ⸀ἠκούσαμεν γενόμενα ⸂εἰς τὴν⸃ Καφαρναοὺμ ⸆ ποίησον καὶ ὧδε ἐν τῇ πατρίδι σου. 24 εἶπεν δέ· ἀμὴν ⸆ λέγω °ὑμῖν ὅτι οὐδεὶς προφήτης δεκτός ἐστιν ἐν τῇ πατρίδι ⸀αὐτοῦ.

25 ἐπ᾽ ἀληθείας δὲ λέγω ὑμῖν, ⸆ πολλαὶ χῆραι ἦσαν ἐν ταῖς ἡμέραις Ἠλίου ἐν τῷ Ἰσραήλ, ὅτε ἐκλείσθη ὁ οὐρανὸς °ἐπὶ ἔτη τρία καὶ μῆνας ἕξ, ὡς ἐγένετο λιμὸς ⸀μέγας ἐπὶ πᾶσαν τὴν γῆν, 26 καὶ πρὸς οὐδεμίαν αὐτῶν ἐπέμφθη Ἠλίας εἰ μὴ εἰς Σάρεπτα τῆς

[Joh. 6,42]

οὗτός ἐστιν Ἰησοῦς ὁ υἱὸς Ἰωσήφ, οὗ ἡμεῖς οἴδαμεν τὸν πατέρα καὶ τὴν μητέρα; πῶς νῦν λέγει ὅτι ἐκ τοῦ οὐρανοῦ καταβέβηκα;

4,44 *(nr. 32, p. 46)*

44 Αὐτὸς γὰρ Ἰησοῦς ἐμαρτύρησεν ὅτι προφήτης ἐν τῇ ἰδίᾳ πατρίδι τιμὴν οὐκ ἔχει.

Matth.: 55 ⸂τ. Ιωσηφ sy^s ¦ τ. Ι. τ. τεκτ. it sy^c | ⸀ουχι ℜ D *pm* | ⸁ *p)* Ιωσης K L W φ *al* k sy^p sa bo ¦ Ιωαννης ℵ*^vid D *al* ¦ *txt* ℌ Θ λ *pc* lat sy^{s.c}; Or^pt || 55.56 ⸋Or^pt || 57 ⸀επ W *pc* | °ℵ | ⸁(Jo 4,44) ιδια π. ℵ φ *pc*; Or ¦ *p)* π. αυτου ℜ W 0119 *pl* lat ¦ ιδ. π. αυτ. C ¦ *txt* B D Θ *pc* a k || 58 ⸂τας απιστιας D 892 k

Mark.: 3 ⸂*p)* του τεκτονος ο υι. 𝔓^45vid 13 *pc* ¦ τ. τεκ. υι. 565. 579 ¦ τ. τεκ. υι. και 69. 700 *al* it arm; Or | °ℜ A D 0133 λ *pm* | °¹ℜ A W *pm* | ⸆ο ℵ D L φ *pc* | ⸂*p)* κ. Ιωσηφ ℵ lat ¦ κ. Ιωση C ℜ A W 0133 λ *pm* sa; Epiph^pt ¦ — c ff² i ¦ *txt* ℌ D Θ φ *al* sy^p bo || 4 ⸂ελεγεν δε αυτ. ℜ A *pm* ¦ ελ. δε W *pc* | ⸂π. εαυ- ℵ* *pc* ¦ π. τη εαυ- Θ *pc* ¦ ιδιᾳ π. αὐτ. ℵ^corr A *pc* sa | ⸂¹κ. εν τη συγγενεια K* bo ¦ κ. εν τοις συγγενεσιν ℜ A D* W (-γενευσ- Θ) *pm* ¦ — ℵ* || 5 ⸀ουκετι W || 6 ⸀† -ασεν B ℵ *pc* ¦ *txt* C ℜ A D W Θ 0133 λ φ *pl*

Luk.: 23 ⸀-σατε sy^s | ⸂εν τη ℜ Θ λ *al* ¦ εν A 0102 *al* ¦ εις D L *pc* | ⸆ερειτε μοι sy^s || 24 ⸆αμην D *pc* ff² r¹ | °Θ | ⸀εαυ- ℵ D W *pc* sa bo^pt || 25 ⸆οτι ℌ W Θ λ φ *pm* ¦ *txt* B ℜ A D 0102 *al* lat | °B D *pc* lat | ⸀-αλη W *pc*

---

39 cf 1 Sm 13,19 || 39sq cf Lc 3,23 || 41sqq cf Mc 3,21.31 par *(= nr. 121)*; Jo 7,5; Act 1,14; 1 Cor 9,5; *cf 86sq* || 42 cf Gl 1,19; 2,9.12; Act 12,17; 15,13; 21,18; 1 Cor 15,7 || 43sq cf Epiph, Panar 78,9,6: Σαλώμην καὶ Μαρίαν || 49 cf Mt 27,42; Sir 18,20; Mt 9,12 || 51 cf Lc 10,15; 4,31.40; 7,1 || 52sqq *cf 84sq* || 58 *cf 37* || 60sq cf Mt 8,10 || 63sq cf 1 Rg 17,1; 18,1; Jc 5,17sq (cf Dn 7,25; Apc 12,14 etc) || 68sqq cf 1 Rg 17,9

Matth.	Mark.	[Luk. 4,16-30]	Joh.
		⸀Σιδωνίας πρὸς γυναῖκα ⸁χήραν. 27 καὶ πολλοὶ λεπροὶ ἦσαν ἐν τῷ Ἰσραὴλ ἐπὶ Ἐλισαίου τοῦ προφήτου, καὶ οὐδεὶς αὐτῶν ἐκαθαρίσθη εἰ μὴ Ναιμὰν ὁ Σύρος. 28 καὶ ἐπλήσθησαν πάντες θυμοῦ ἐν τῇ συναγωγῇ ἀκούοντες ταῦτα 29 καὶ °ἀναστάντες ἐξέβαλον °¹αὐτὸν ἔξω τῆς πόλεως καὶ ἤγαγον αὐτὸν ἕως ὀφρύος τοῦ ὄρους ἐφ' οὗ ἡ πόλις ᾠκοδόμητο αὐτῶν ⸀ὥστε ⸁κατακρημνίσαι αὐτόν· 30 αὐτὸς δὲ διελθὼν διὰ μέσου αὐτῶν ἐπορεύετο.	*10,39 (nr. 257, p. 344)* 39 Ἐζήτουν [οὖν] αὐτὸν πάλιν πιάσαι, καὶ ἐξῆλθεν ἐκ τῆς χειρὸς αὐτῶν.

Pap. Oxyrhynch. 1, nr. 6: Λέγει Ἰ(ησοῦ)ς οὐκ ἔστιν δεκτὸς προφήτης ἐν τῇ π(ατ)ρίδι αὐτ[ο]ῦ οὐδὲ ἰατρὸς ποιεῖ θεραπείας εἰς τοὺς γεινώσκοντας αὐτόν. *(cf.* Evang. Thomae copt. *Append. I, 31)*

Evang. sec. Petrum (Origenes, Comm. in Matth. X, 17): Τοὺς δὲ ἀδελφοὺς Ἰησοῦ φασί τινες εἶναι, ἐκ παραδόσεως ὁρμώμενοι τοῦ ἐπιγεγραμμένου κατὰ Πέτρον εὐαγγελίου ἢ τῆς βίβλου Ἰακώβου, υἱοὺς Ἰωσὴφ ἐκ προτέρας γυναικὸς συνῳκηκυίας αὐτῷ πρὸ τῆς Μαρίας.

Justinus Mart., Dial. 88,8: Καὶ ἐλθόντος τοῦ Ἰησοῦ ἐπὶ τὸν Ἰορδάνην καὶ νομιζομένου Ἰωσὴφ τοῦ τέκτονος υἱοῦ ὑπάρχειν, καὶ ἀειδοῦς, ὡς αἱ γραφαὶ ἐκήρυσσον, φαινομένου, καὶ τέκτονος νομιζομένου, ταῦτα γὰρ τὰ τεκτονικὰ ἔργα εἰργάζετο, ἐν ἀνθρώποις ὤν, ἄροτρα καὶ ζυγά, διὰ τούτων καὶ τὰ τῆς δικαιοσύνης σύμβολα διδάσκων καὶ ἐνεργῆ βίον, τὸ πνεῦμα οὖν τὸ ἅγιον καὶ διὰ τοὺς ἀνθρώπους, ὡς προέφην, ἐν εἴδει περιστερᾶς ἐπέπτη αὐτῷ, καὶ φωνὴ ἐκ τῶν οὐρανῶν ἅμα ἐληλύθει, ἥτις καὶ διὰ Δαυεὶδ λεγομένη, ὡς ἀπὸ προσώπου αὐτοῦ λέγοντος ὅπερ αὐτῷ ἀπὸ τοῦ πατρὸς ἔμελλε λέγεσθαι· »Υἱός μου εἶ σύ, ἐγὼ σήμερον γεγέννηκά σε·« τότε γένεσιν αὐτοῦ λέγων γίνεσθαι τοῖς ἀνθρώποις, ἐξ ὅτου ἡ γνῶσις αὐτοῦ ἔμελλε γίνεσθαι· »υἱός μου εἶ σύ· ἐγὼ σήμερον γεγέννηκά σε.«

Luk.: **26** ⸀Σιδωνος 𝔎 33 *pm* | ⸁[Συραν Wellhausen *cj aramaice* = Aramaja; χηρα = armela, cf Mc 7,26] || **29** °sy^s | °¹א* | ⸀εις το C𝔎A *pm* | ⸁κρη- KM ¦ κρεμασαι sy^s

---

71sqq cf 2 Rg 5,1.14; 7,3 || *77sq* cf Act 7,58; 14,19 || *82sq* cf Jo 8,59 || *84sq cf 52sqq* || *86sq cf 41sqq* || *88sqq cf 38sqq* || *91sqq* cf Ps 2,7

140. Zweite Reise Jesu (nach Jerusalem)

Secundum iter (in Jerusalem) **Second Journey (to Jerusalem)**

Matth.	Mark.	Luk.	Joh. 5,1
			(nr. 85 4,46b-54 p. 113) 1 Μετὰ ταῦτα ἦν ⸆ ἑορτὴ τῶν ⸀Ἰουδαίων ⸆ καὶ ἀνέβη ⸆¹ Ἰησοῦς εἰς Ἱεροσόλυμα.

---

1 ⸆η אC𝔎λ *pm* ¦ *txt* 𝔓^66.75 B A D G W Θ **0125** φ *al* | ⸀αζυμων Λ | ⸆η σκηνοπηγια 131 | ⸆¹ο אC𝔎WΘ **0125** λφ *pm* ¦ *txt* 𝔓^66.75 B A D L **078** *al*

---

¹ cf Jo 4,46-54; 2,12; 3,22; 6,1; 7,1 etc | cf Jo 2,13; 7,14; (12,1.12 sqq)

141. Heilung am Teiche Bethesda

Languidus ad piscinam Bethsaida

The Healing at the Pool

Matth. 9,1-8	Mark. 2,1-12	Luk. 5,17-26	Joh. 5,2-47

2 Ἔστιν δὲ ἐν τοῖς Ἱεροσολύμοις ⸂ἐπὶ τῇ προβατικῇ κολυμβήθρα⸃ ⸂ἡ ἐπιλεγομένη⸃ Ἑβραϊστὶ ⸀Βηθζαθὰ πέντε στοὰς ἔχουσα. 3 ἐν ταύταις ⸆κατέκειτο πλῆθος ⸆τῶν ἀσθενούντων, τυφλῶν, χωλῶν, ξηρῶν⸆1. ⸆2 [4] 5 ἦν δέ °τις ⸂ἄνθρωπος ἐκεῖ⸃ ⸂τριάκοντα [καὶ] ὀκτὼ ἔτη⸃ ἔχων ἐν τῇ ἀσθενείᾳ °1αὐτοῦ· 6 τοῦτον ἰδὼν ὁ Ἰησοῦς ⸀κατακείμενον καὶ γνοὺς ὅτι πολὺν ⸂ἤδη χρόνον ἔχει⸃, λέγει αὐτῷ· θέλεις ὑγιὴς γενέσθαι; 7 ⸀ἀπεκρίθη αὐτῷ ὁ ἀσθενῶν· ⸆κύριε, ἄνθρωπον⸆ οὐκ ἔχω ἵνα ὅταν ταραχθῇ τὸ ὕδωρ ⸀βάλῃ με εἰς τὴν κολυμβήθραν· ἐν ⸀1ᾧ δὲ ἔρχομαι ἐγώ, ἄλλος ⸀2πρὸ ἐμοῦ καταβαίνει⸆1. 8 λέγει αὐτῷ ὁ Ἰησοῦς· ἔγειρε⸆ ἆρον τὸν κράβαττόν σου καὶ περιπάτει⸆. 9 ⸂καὶ εὐθέως⸃ ἐγένετο ὑγιὴς ὁ ἄνθρωπος ⸋⸀καὶ ἦρεν τὸν κράβαττον αὐτοῦ⸌ καὶ ⸀περιεπάτει. Ἦν δὲ σάββατον ⸋1ἐν ἐκείνῃ τῇ ἡμέρᾳ⸌. 10 ἔλεγον οὖν οἱ Ἰουδαῖοι τῷ τεθεραπευμένῳ· σάββατόν ἐστιν, καὶ οὐκ ἔξεστίν σοι ἆραι τὸν κράβαττόν °σου. 11 ⸂ὁ δὲ⸃ ⸀ἀπεκρίθη αὐτοῖς· ὁ ποιήσας με ὑγιῆ ἐκεῖνός μοι εἶπεν· ⸂ἆρον τὸν⸃ κράβαττόν ⸂1σου καὶ περιπάτει⸃. 12 ⸋ἠρώτησαν⸆ αὐτόν· τίς ἐστιν ὁ ἄνθρωπος ὁ εἰπών σοι· ⸂ἆρον⸆ καὶ περιπάτει⸃;⸌ 13 ὁ °δὲ ⸀ἰαθεὶς οὐκ ᾔδει τίς ⸀ἐστιν, ὁ γὰρ Ἰησοῦς ⸀1ἐξένευσεν ὄχλου ὄντος ἐν τῷ ⸀2τόπῳ. 14 μετὰ ταῦτα εὑρίσκει ⸀αὐτὸν °ὁ Ἰησοῦς ἐν τῷ ἱερῷ καὶ ⸀εἶπεν αὐτῷ· ἴδε ὑγιὴς γέγονας, μηκέτι ἁμάρτανε, ἵνα μὴ χεῖρόν ⸉σοί τι⸊ γένηται. 15 ⸀ἀπῆλθεν ὁ ἄνθρωπος καὶ ⸀ἀνήγγειλεν τοῖς Ἰουδαίοις⸆ ὅτι Ἰησοῦς ἐστιν ὁ ποιήσας ⸀1αὐτὸν ὑγιῆ. 16 καὶ διὰ τοῦτο ἐδίωκον ⸉οἱ Ἰουδαῖοι τὸν Ἰησοῦν⸊⸆, ὅτι ταῦτα ⸀ἐποίει ἐν σαββάτῳ. 17 Ὁ δὲ °[Ἰησοῦς] ⸀ἀπεκρίνατο αὐτοῖς· ὁ πατήρ μου ἕως ἄρτι ἐργάζεται κἀγὼ ἐργάζομαι· 18 διὰ τοῦτο °οὖν °1μᾶλλον ⸉ἐζήτουν αὐτὸν οἱ Ἰουδαῖοι ἀποκτεῖναι⸊, ὅτι οὐ μόνον ἔλυεν τὸ σάββατον, ἀλλὰ καὶ πατέρα ἴδιον ἔλεγεν τὸν θεὸν ἴσον ἑαυτὸν ποιῶν τῷ θεῷ. 19 ⸂⸀Ἀπεκρίνατο οὖν ⸋ὁ Ἰησοῦς⸌ καὶ ⸀ἔλεγεν αὐτοῖς⸃· ἀμὴν °ἀμὴν λέγω ὑμῖν, οὐ δύναται ὁ υἱὸς⸆ ποιεῖν⸆ ἀφ᾽ ἑαυτοῦ ⸀1οὐδὲν ⸀2ἐὰν μή τι

---

2 ⸂κολυμβηθρα l sy^c.p; Ir^lat ¦ πρ-κῃ κ-θρα ℵ* pc lat ¦ εν τη πρ-κῃ κ-θρα ℵ^corr A D G L Θ ¦ *txt* 𝔓66.75 B C 𝔎 W **063.078.0125** λ φ *pm*; [... κ-θρα W] | ⸂η λεγ- D λ 33 *al* ¦ τη επιλ-η W ¦ το λεγομενον ℵ* | ⸀Βηθεσδα C 𝔎 A Θ **078** λ φ *pm* f q sy^c.p ¦ (1,44) Βηθσαϊδα 𝔓75 B W **0125** *pc* aur c vg sa bo; Tert ¦ Βηδσαιδαν 𝔓66* (^c -δα) ¦ Βελζεθα D (a) r^1 ¦ *txt* ℵ (L) 33 e l; (Cyr) || **3** ⸆ουν D | ⸆πολυ 𝔎 A Γ Δ Θ λ φ *pm* lat | ⸆1 (, παραλυτικων D a b j l r^1), εκδεχομενων την του υδατος κινησιν 𝔎 A^corr D W Θ **063.078** λ φ *pl* lat sy^p bo; Chr ¦ *txt* 𝔓66.75 ℌ A* **0125** q sy^c sa | ⸆2 [4] αγγελος δε (γαρ 𝔎 A Θ Ψ λ φ *pl*) Κυριου (— Θ Ψ λ *al* sy^p bo^pt) κατα καιρον (— κ. κ. a b ff^2) κατεβαινεν (ελουετο A Ψ *pc*) εν τη κολυμβηθρα και εταρασσετο (-σσε 𝔎 A Θ Ψ λ φ *al*) το υδωρ· ο ουν πρωτος εμβας μετα την ταραχην του υδατος (— μ. τ. τ. τ. υ. a b ff^2) υγιης εγινετο οιωδηποτουν (ωδηποτε 𝔎 Θ Ψ λ φ *pl*; οιωδ- L) κατειχετο νοσηματι. 𝔎 A L Θ Ψ **063.078** λ φ *pl* it vg^cl sy^p bo; Tert ¦ *txt* 𝔓66.75 ℌ D W **0125** *pc* f l q vg^codd sy^c sa || **5** °D *pc* it | ⸂*2 1* 𝔓66 F Ψ 1241 *pc* a b ff^2 q ¦ *1* ℵ | ⸂*1 3 4* (𝔓75c) B Θ *pm* ¦ ετη λη' 𝔓66* ¦ λη' 𝔓75* ¦ *txt* ℵ A C D W **078.0125** λ φ *pm* | °1 𝔎 A Γ Δ φ *pm* b f q || **6** ⸀ανα- ℵ* | ⸂*1 3 2* 𝔓66c ¦ *2 1 3* 𝔓75 λ 565 *pc* ¦ *3 2* 𝔓66* ¦ *2 3* ℵ 2768 *pc* || **7** ⸀λεγει A^corr D sy^s.c | ⸆ναι C^2 Θ 33 *al* sy^p | ⸆δε C^2 Θ 33 *al* | ⸀εμβ- C^3 *pc* | ⸀1οσω W | ⸀2προς B* L | ⸆1και λαμβανει την ιασιν 64 ¦ εγω δε ασθενων πορευομαι 69 || **8** ⸆και A D it | ⸆υπαγε εις τον οικον σου 33 *pc* sy^c || **9** ⸂και D W aur l ¦ — ℵ* | ⸋sy^c | ⸀και ηγερθη και ℵ a b e sy^s.p ¦ και εγερθεις D λ φ ff^2 | ⸀περιπατει A L 63 | ⸋1 D e || **10** °† B 𝔎 A λ *pm* e ¦ *txt* 𝔓66.75 ℵ C* D L N W Θ φ 579 *al* lat || **11** ⸂† ος δε 𝔓75 B A ¦ — 𝔎 D λ *al* lat ¦ *txt* 𝔓66 ℌ G W Θ φ *pm* | ⸀-κρινατο ℵ* W | ⸂αραι τον ℵ* ¦ αραν τον 𝔓66* | ⸂1και περιπατειν ℵ* || **12** ⸋*vs* A* W Γ Λ* **063** *pc* b sy^s | ⸆ουν 𝔓75 C 𝔎 A Θ λ φ *pl* lat ¦ *txt* 𝔓66 B ℵ D *pc* it | ⸂αραι και περιπατειν ℵ* | ⸆τον κραββατον σου C^3 𝔎 A D (Θ) λ φ *pl* lat sy^c.p bo || **13** °D* | ⸀ασθενων D l | ⸀ην D | ⸀1ενευσεν ℵ* D* | ⸀2μεσω ℵ* || **14** ⸀τον τεθεραπευμενον (*sed pon. p.* Ιησους) ℵ* sy^c | °B | ⸀λεγει ℵ *pc* | ⸉ ℵ D W Θ λ φ *pm* it || **15** ⸀απ. ουν ℵ^corr D Θ *al* ¦ απ. δε W ¦ και απ. A *pc* | ⸀† ειπεν ℵ C *al* ¦ απηγγ- D φ 33 *al* lat ¦ *txt* 𝔓66.75 B 𝔎 A W Θ **063** λ *al* | ⸆και ειπεν αυτοις W | ⸀1με D λ *pc* it sy^c sa || **16** ⸉ 𝔎 A Θ λ *pm* a e q | ⸆και εζητουν αυτον αποκτειναι 𝔎 A Θ *pm* e f q r^1 | ⸀-ησεν 𝔓75 579 || **17** °† 𝔓75 B ℵ W *pc* ¦ *txt* 𝔓66 𝔎 A D Θ **063** λ φ *pl* lat | ⸀απεκριθη D W || **18** ° ℵ D *pc* it | °1 U f sy^s.c; Cyr | ⸉ *3 4 1 2 5* 𝔓66 D; Tert Hil ¦ *1 2 5 3 4* W l || **19** ⸂ελεγεν ουν αυτοις ο Ιησους ℵ* | ⸀απεκριθη D W 33 *pc* | ⸋ 𝔓75 B *pc* | ⸀ειπεν 𝔎 A D W Γ Δ Θ **063** φ *pl* | ° ℵ* 1241 | ⸆του ανθρωπου D φ | ⸆τι D | ⸀1ουδε ἓν 𝔓66 λ 565 *pc* ¦ — D | ⸀2† αν B ℵ ¦ *txt* 𝔓66.75 𝔎 A D W Θ **063** λ φ *pl*

1-22 cf *47-83* || *1* cf Neh 3,1.32; 12,39 || *3* cf Mc 9,21; Lc 8,29; 13,16 || *3sq* cf Jo 1,48 sqq; 2,24 sq; 4,17 sqq; 6,64; 11,11 sqq || *5* βάλλειν cf Jo 20,25.27; 10,4; Mc 7,33 etc || *6* cf *72 sq* || *6-9* κράβατον cf *72-79*; cf Mc 6,55; Act 5,15; 9,33 || *7sqq* cf Jo 9,14 || *8sq* cf Jr 17,21; Mc 2,23-28 et par (= *nr. 46.111*) || *11* cf Mc 9,25 | ἐκνεύειν hapaxl. NT; cf 2 Rg 2,24; 23,16; 3 Mcc 3,22 || *12* cf *73 sqq*; cf Jo 8,11; Lc 13,1 sqq; Jo 9,1 sqq; Mt 12,45 par || *13sq* cf *18*; cf Jo 7,1.19.25.30; 10,33.36; 19,7; Mt 12,14 par || *13* διὰ τοῦτο ... ὅτι cf *15*; cf Jo 6,65; 8,47; 10,17; 12,18 etc || *14* ἀπεκρίνατο hic et *16*, ἀπεκρίθη Jo 1,21.26.49.50 etc || *14sq* ἕως ἄρτι cf Mt 11,12; Jo 2,10; 16,24; 1 Jo 2,9; 1 Cor 4,13; 8,7; 15,6 || *15* cf *ad 13* || *16* cf Sap 2,16; Jo 10,30.33 | cf *ad 14* || *17* cf Jo 7,17 sq.28; 8,28.42; 11,51; 14,10; 15,4 sq; 16,13; 18,34; 2 Cor 3,5 | cf Jo 8,28; 10,37; cf *29.91 sq*

Matth.	Mark.	Luk.	[Joh. 5,2-47]

18 βλέπῃ τὸν πατέρα ποιοῦντα· ἃ γὰρ ⸀ἂν ἐκεῖνος ποιῇ, ταῦτα καὶ ὁ υἱὸς ⸉ὁμοίως ποιεῖ⸊. [20] ὁ γὰρ πατὴρ ⸀φιλεῖ
τὸν υἱὸν καὶ πάντα δείκνυσιν αὐτῷ ἃ αὐτὸς ποιεῖ, καὶ μείζονα τούτων δείξει αὐτῷ ⸉ἔργα, ἵνα ὑμεῖς ⸁θαυμάζητε.⸆
[21] ⸀ὥσπερ γὰρ ⸉ὁ πατὴρ ἐγείρει τοὺς νεκροὺς⸊ καὶ ζῳοποιεῖ, οὕτως καὶ ὁ υἱὸς ⸂οὓς θέλει⸃ ζῳοποιεῖ. [22] οὐδὲ γὰρ
21 ὁ πατὴρ κρίνει οὐδένα, ἀλλὰ τὴν κρίσιν πᾶσαν δέδωκεν τῷ υἱῷ, [23] ἵνα πάντες τιμῶσι τὸν υἱὸν καθὼς τιμῶσι
τὸν πατέρα. ὁ μὴ τιμῶν τὸν υἱὸν οὐ τιμᾷ τὸν πατέρα τὸν πέμψαντα αὐτόν. [24] Ἀμὴν ἀμὴν λέγω ὑμῖν °ὅτι ὁ
τὸν λόγον μου ἀκούων καὶ πιστεύων τῷ πέμψαντί με ἔχει ζωὴν αἰώνιον καὶ εἰς κρίσιν οὐκ ἔρχεται, ἀλλὰ
24 μεταβέβηκεν ἐκ τοῦ θανάτου εἰς °¹τὴν ζωήν. [25] ἀμὴν ἀμὴν λέγω ὑμῖν ὅτι ἔρχεται ὥρα ⸋καὶ νῦν ἐστιν⸌ ὅτε οἱ
νεκροὶ ⸀ἀκούσουσιν τῆς φωνῆς τοῦ υἱοῦ τοῦ ⸁θεοῦ καὶ °οἱ ἀκούσαντες ζήσουσιν. [26] ⸀ὥσπερ γὰρ ὁ πατὴρ ⸆ἔχει
ζωὴν ἐν ἑαυτῷ, οὕτως ⸉καὶ τῷ υἱῷ ἔδωκεν⸊ ζωὴν ἔχειν ἐν ἑαυτῷ⁝. [27] καὶ ⸉ἐξουσίαν ἔδωκεν αὐτῷ ⸆κρίσιν⸊ ποιεῖν,
27 ὅτι υἱὸς °ἀνθρώπου ἐστίν. [28] μὴ θαυμάζετε τοῦτο, ὅτι ⸋ἔρχεται ὥρα ἐν ᾗ⸌ πάντες οἱ ἐν τοῖς μνημείοις ⸀ἀκού-
σουσιν τῆς φωνῆς ⸁αὐτοῦ [29] καὶ ⸀ἐκπορεύσονται οἱ τὰ ἀγαθὰ ποιήσαντες εἰς ἀνάστασιν ζωῆς, ⸂οἱ δὲ⸃ °τὰ φαῦλα
⸁πράξαντες εἰς ἀνάστασιν κρίσεως. [30] Οὐ δύναμαι ἐγὼ ⸉ποιεῖν ἀπ' ἐμαυτοῦ ⸀οὐδέν· καθὼς ἀκούω κρίνω, °καὶ
30 ἡ κρίσις ἡ ἐμὴ δικαία ἐστίν, ὅτι οὐ ζητῶ τὸ θέλημα τὸ ἐμὸν ἀλλὰ τὸ θέλημα τοῦ πέμψαντός με⸆. [31] Ἐὰν ἐγὼ
μαρτυρῶ περὶ ἐμαυτοῦ, ἡ μαρτυρία μου οὐκ ἔστιν ἀληθής· [32] ἄλλος ἐστὶν ὁ μαρτυρῶν περὶ ἐμοῦ, καὶ ⸀οἶδα
ὅτι ἀληθής ἐστιν ἡ μαρτυρία ⸆ἣν μαρτυρεῖ περὶ ἐμοῦ. [33] ὑμεῖς ἀπεστάλκατε πρὸς Ἰωάννην, καὶ μεμαρτύρηκεν
33 τῇ ἀληθείᾳ· [34] ἐγὼ δὲ οὐ παρὰ ⸀ἀνθρώπου ⸉τὴν μαρτυρίαν λαμβάνω⸊, ἀλλὰ ταῦτα λέγω ἵνα ὑμεῖς σωθῆτε.
[35] ἐκεῖνος ἦν ὁ λύχνος ὁ καιόμενος καὶ φαίνων, ὑμεῖς °δὲ ἠθελήσατε ⸉ἀγαλλιαθῆναι πρὸς ὥραν °¹ἐν τῷ φωτὶ
αὐτοῦ. [36] Ἐγὼ δὲ ἔχω °τὴν μαρτυρίαν ⸀μείζω τοῦ Ἰωάννου· τὰ γὰρ ἔργα ἃ ⸁δέδωκέν μοι ὁ πατὴρ ἵνα τελειώσω
36 αὐτά, ⸀¹αὐτὰ τὰ ἔργα ἃ ⸆ποιῶ, μαρτυρεῖ περὶ ἐμοῦ ὅτι ὁ πατήρ με ⸀²ἀπέσταλκεν. [37] καὶ ὁ πέμψας με πατὴρ
⸀ἐκεῖνος ⸁μεμαρτύρηκεν περὶ ἐμοῦ. οὔτε φωνὴν αὐτοῦ ⸉πώποτε ἀκηκόατε⸊ οὔτε εἶδος αὐτοῦ ἑωράκατε, [38] καὶ
τὸν λόγον αὐτοῦ οὐκ ἔχετε ⸉ἐν ὑμῖν μένοντα⸊, ὅτι ὃν ⸀ἀπέστειλεν ἐκεῖνος, τούτῳ ὑμεῖς οὐ πιστεύετε. [39] ⸀ἐραυνᾶτε

---

19 ⸀εαν 𝔓66 1071 | ⸉ ℵ D it || **20** ⸀αγαπα D | ⸉ *p.* τουτων ℵ Θ | ⸁-ζετε ℵ L *pc* ¦ -σητε 𝔓75 | ⸆ μη θαυμασητε εφ οις υμιν ειπον sy^c || **21** ⸀ως ℵ | ⸉ *4 5 3 1 2* W | ⸂ τους πιστευοντας εις αυτον sy^s.c || **24** ° D | °¹ D* || **25** ⸋ ℵ* a b; Tert | ⸀-σωσι 𝔓66 𝔊 W **0124.0141**.1.33.69.565 *al* ¦ -σονται 𝔎 A D Θ **063** *pm* ¦ *txt* 𝔓75 B *pc* | ⸁ανθρωπου K S 28 *al* | ° 𝔓66 ℵ* (— οι ακουσαντες sy^c) || **26** ⸀ως ℵ* D W | ⸆(6,57) ο ζων D | ⸉ *4 1-3* 𝔎 A D Θ φ *pm* ¦ *txt* 𝔓66.75 B ℵ^corr L (W) *al* | [⁝, W] || **27** ⸉ *4 2 3 1* ℵ* | ⸆και 𝔎 D Γ Δ Θ **063** λ φ *pl* aur f (g²) q vg | [° Wendt cj] || **28** ⸋ sy^c | ⸀-σωσι 𝔓66 𝔊 N W 33 *al*; Cyr^pt ¦ -σονται 𝔎 A D (Θ) λ φ *pm*; Cyr^pt Greg^nyss ¦ *txt* 𝔓75 B **0124** | ⸁(*vs* 25) του θεου sy^c ¦ του υιου του θεου aur; Or ¦ του υιου του ανθρωπου Ir || **29** ⸀εξελευσ- D W *pc* e; Ir Cyr Greg^nyss pt | ⸂ † οι 𝔓66c B a e ff² ¦ και οι 𝔓66* W ¦ *txt* 𝔓75 𝔊 𝔎 A D Θ **063.0124** λ φ *pl* lat | ° D | ⸁πρασσοντες D ¦ — q || **30** ⸉ *a.* εγω ℵ 33 ¦ *p.* εμαυτου D *pc* lat | ⸀ουδε ἓν 𝔓66 G *pc* | ° ℵ* | ⸆πατρος 𝔎 Θ φ *al* it; Eus^pt Cyr || **32** ⸀οιδατε ℵ* D a aur e q sy^c | ⸆μου D* e ¦ αυτου D^corr Θ *pc* b || **34** ⸀-πων D *pc* bo ¦ (*vs* 33) Ιωαννου 485 | ⸉ 𝔓75 || **35** ° ℵ* | ⸉ *p.* ωραν W a ff²; Cyr | °¹ Θ || **36** ° ℵ | ⸀μειζων 𝔓66 B A E G N W Λ **063** φ 1241 *al* ¦ *txt* ℵ 𝔎 Θ λ *pm* (μειζονα D 1293) | ⸁εδωκεν 𝔎 A D Δ Θ *al* | ⸀¹ταυτα 𝔓66* ¦ — G 33 *pc*; Cyr | ⸆εγω 𝔎 Γ Δ Θ φ *pm* c e f q vg; Cyr | ⸀²απεστειλεν D 28.131 *pc*; Cyr || **37** ⸀αυτος 𝔓66 𝔎 A Θ **063** λ φ *pl* lat; Eus ¦ εκ. αυτος D ¦ *txt* 𝔓75 B ℵ L W 213 *pc* | ⸁μαρτυρει D it sy^c.p bo^pt; (Epiph) | ⸉ 𝔎 Γ Δ Θ **0273** λ *al*; Cyr || **38** ⸉ *3 1 2* 𝔎 A D Γ Δ Θ **063** *pl* a e q ¦ *1 2* bo | ⸀απεσταλκεν D Θ *pc* || **39** ⸀ † ερευν- 𝔎 A D W Θ **063** *pl* ¦ *txt* 𝔓66 B* ℵ *pc*

---

18 cf ad 13 sq | ὁμοίως cf Jo 6,11; 21,13 || *18 sq* cf Jo 3,35; 16,27 || *20* cf 1Sm 2,6; Sap 16,13; 2Rg 5,7; Dt 32,39; Hos 6,2 | cf Jo 6,50.58; 8,51 sq; 10,28; 11,25 sq; Sap 3,4; 4,1; 5,15; 8,13.17; 15,3; 4Mcc 9,8; 13,16 sq; 15,2 sq; 17,18; *cf 94 sq* || *21* cf Mt 7,22 sq; 16,27; 24,37 sqq; 25,31 sqq; Act 10,42; 17,31; 1Cor 1,8; 5,5; 2Cor 5,10; 2Tim 4,1; Jc 5,7 sqq; 1Pt 4,5; Apc 19,11 sqq | cf Jo 3,17; 8,15; 12,47 || *21 sq* cf Jo 12,44 sq; 13,20; Mt 10,40 sq; Mc 9,37; Lc 9,48 || *22* cf Jo 15,23; 1Jo 2,23; Mt 10,40 etc || *23 sq* cf Jo 3,16; 6,40.47; 8,51; 11,25 sq || *24* cf Jo 13,1; 1Jo 3,14 | cf Jo 4,23 || *26* cf Jd 15 || *27 sqq* cf Jo 6,39.44.54; 11,24; 12,48; Is 26,19; Dn 12,2; 2Mcc 7,9.14.23 etc; Mc 12,18 sqq par; Act 4,2; 23,6; 24,15; 26,8; 1Cor 15,12 sqq; 1Th 4,13 sqq; 2Tm 2,12; Heb 6,2; 11,19.35; Apc 20,4.5.12.13; *cf 85* || *28 sq* cf PsSal 3,12; 14,2 sqq; 1Cor 15,22; Lc 14,14; Mt 11,22 sq; 12,41 sq; 25,46; Act 24,15; Apc 20,5.12.13; *cf 96 sq* || *29 cf ad 17.91 sq* || *29 sq* cf Jo 6,38; 7,16 sq; 8,28.38; 10,18; 12,49; Nu 16,28 || *31* cf Jo 8,13 || *31 sq* cf Jo 8,18; 1Jo 5,9; Jo 1,7.19 sqq || *33* cf Jo 11,15.42; 12,30 || *34* cf Jo 1,8 | πρὸς ὥραν cf 2Cor 7,8; Gal 2,5; Phm 15 || *34 sq cf nr 53, p. 77* || *35 sq* cf Jo 1,33 sq; 3,2; 9,16.33; 10,25.38; 14,11 | cf Jo 4,34; 17,4; Neh 6,3.16; Heb 7,19; Act 20,24 || *36 sq* cf Jo 10,25.32.38; 14,11 sq; 15,24; Mt 9,2 sqq par *(= 53-83)*; 11,2 sqq. 20 sqq; 12,28 || *37* cf Jo 1,18; 3,13; 6,46; *cf 84* || *38 sq cf 87 sq* | cf Jr 8,8 sq; Rm 2,17 sqq | cf 2Tm 3,15 sqq

Matth.	Mark.	Luk.	[Joh. 5,2-47]
			τὰς γραφάς, ⸀ὅτι ὑμεῖς δοκεῖτε ἐν αὐταῖς ζωὴν αἰώνιον ⸉ἔχειν· καὶ ⸀ἐκεῖναί εἰσιν αἱ μαρτυροῦσαι περὶ ἐμοῦ⸊·
			40 καὶ οὐ θέλετε ἐλθεῖν πρός με ἵνα ζωὴν⸆ ἔχητε. 41 Δόξαν παρὰ ⸀ἀνθρώπων οὐ λαμβάνω, 42 ἀλλὰ ἔγνωκα ὑμᾶς
			ὅτι ⸉τὴν ἀγάπην τοῦ θεοῦ οὐκ ἔχετε⸊ ἐν ἑαυτοῖς. 43 ἐγὼ⸆ ἐλήλυθα ἐν τῷ ὀνόματι τοῦ πατρός μου, καὶ οὐ
			λαμβάνετέ με· ἐὰν ἄλλος ἔλθῃ ἐν τῷ ὀνόματι τῷ ἰδίῳ, ἐκεῖνον λήμψεσθε. 44 πῶς δύνασθε ὑμεῖς ⸀πιστεῦσαι
			δόξαν παρὰ ἀλλήλων λαμβάνοντες, καὶ τὴν δόξαν τὴν παρὰ τοῦ μόνου °θεοῦ οὐ ⸁ζητεῖτε; 45 Μὴ δοκεῖτε ὅτι
			ἐγὼ ⸀κατηγορήσω ⸁ὑμῶν πρὸς τὸν πατέρα⸆· ἔστιν ὁ κατηγορῶν ὑμῶν⸆ Μωϋσῆς, εἰς ὃν ὑμεῖς ἠλπίκατε. 46 εἰ
			γὰρ ἐπιστεύετε Μωϋσεῖ, ἐπιστεύετε ἂν ἐμοί· περὶ ⸉γὰρ ἐμοῦ⸊ ἐκεῖνος ⸀ἔγραψεν. 47 εἰ δὲ τοῖς ἐκείνου γράμμασιν
			οὐ πιστεύετε, πῶς τοῖς ἐμοῖς ῥήμασιν ⸀πιστεύσετε;
			(nr. 146 6,1-15 p. 205)

Matth. 9,1-8 *(nr. 92, p. 124)*	Mark. 2,1-12 *(nr. 43, p. 60)*	Luk. 5,17-26 *(nr. 43, p. 60)*	Joh.
1 Καὶ ἐμβὰς εἰς πλοῖον διεπέρασεν καὶ ἦλθεν	1 Καὶ εἰσελθὼν	17 Καὶ ἐγένετο	
εἰς τὴν ἰδίαν πόλιν.	πάλιν εἰς Καφαρναοὺμ δι᾽ ἡμερῶν ἠκούσθη	ἐν μιᾷ τῶν ἡμερῶν	
	ὅτι ἐν οἴκῳ ἐστίν. 2 καὶ συνήχθησαν	καὶ αὐτὸς ἦν διδάσκων, καὶ ἦσαν καθήμενοι	
	πολλοὶ ὥστε μηκέτι χωρεῖν μηδὲ τὰ πρὸς τὴν	Φαρισαῖοι καὶ νομοδιδάσκαλοι οἳ ἦσαν ἐληλυ-	
	θύραν, καὶ ἐλάλει αὐτοῖς τὸν λόγον.	θότες ἐκ πάσης κώμης τῆς Γαλιλαίας καὶ	
		Ἰουδαίας καὶ Ἰερουσαλήμ· καὶ δύναμις κυρίου	
2 Καὶ ἰδοὺ	3 καὶ ἔρχονται	ἦν εἰς τὸ ἰᾶσθαι αὐτόν. 18 καὶ ἰδοὺ ἄνδρες	
προσέφερον αὐτῷ παραλυτικὸν ἐπὶ κλίνης βε-	φέροντες πρὸς αὐτὸν παραλυτικὸν αἰρόμενον	φέροντες ἐπὶ κλίνης ἄνθρωπον ὃς ἦν παρα-	
βλημένον.	ὑπὸ τεσσάρων.	λελυμένος καὶ ἐζήτουν αὐτὸν εἰσενεγκεῖν καὶ	
	4 καὶ μὴ δυνάμενοι	θεῖναι [αὐτὸν] ἐνώπιον αὐτοῦ. 19 καὶ μὴ εὑρόντες	
	προσενέγκαι αὐτῷ διὰ τὸν ὄχλον ἀπ-	ποίας εἰσενέγκωσιν αὐτὸν διὰ τὸν ὄχλον, ἀνα-	
	εστέγασαν τὴν στέγην ὅπου ἦν, καὶ ἐξορύξαν-	βάντες ἐπὶ τὸ δῶμα διὰ τῶν κεράμων	
	τες χαλῶσι τὸν κράβαττον ὅπου ὁ παραλυτικὸς	καθῆκαν αὐτὸν σὺν τῷ κλινιδίῳ εἰς τὸ μέσον	
καὶ ἰδὼν ὁ Ἰησοῦς	κατέκειτο. 5 καὶ ἰδὼν ὁ Ἰησοῦς	ἔμπροσθεν τοῦ Ἰησοῦ. 20 καὶ ἰδὼν	
τὴν πίστιν αὐτῶν εἶπεν τῷ παραλυτικῷ· θάρ-	τὴν πίστιν αὐτῶν λέγει τῷ παραλυτικῷ·	τὴν πίστιν αὐτῶν εἶπεν·	
σει, τέκνον, ἀφίενταί σου αἱ ἁμαρτίαι .	τέκνον, ἀφίενταί σου αἱ ἁμαρτίαι .	ἄνθρωπε, ἀφέωνταί σοι αἱ ἁμαρτίαι σου.	
3 καὶ ἰδού τινες τῶν γραμματέων	6 ἦσαν δέ τινες τῶν γραμματέων ἐκεῖ καθήμε-	21 καὶ ἤρξαντο	
εἶπαν ἐν ἑαυτοῖς ·	νοι καὶ διαλογιζόμενοι ἐν ταῖς καρδίαις αὐτῶν·	διαλογίζεσθαι οἱ γραμματεῖς καὶ οἱ Φαρισαῖοι	
οὗτος βλασφημεῖ.	7 τί οὗτος οὕτως λαλεῖ; βλασφημεῖ·	λέγοντες· τίς ἐστιν οὗτος ὃς λαλεῖ βλασφη-	
	τίς δύναται ἀφιέναι ἁμαρτίας εἰ μὴ εἷς	μίας; τίς δύναται ἁμαρτίας ἀφεῖναι εἰ μὴ μόνος	
4 καὶ ἰδὼν ὁ Ἰησοῦς	ὁ θεός; 8 καὶ εὐθὺς ἐπιγνοὺς ὁ Ἰησοῦς τῷ	ὁ θεός; 22 ἐπιγνοὺς δὲ ὁ Ἰησοῦς	
τὰς ἐνθυμήσεις αὐτῶν	πνεύματι αὐτοῦ ὅτι οὕτως διαλογίζονται ἐν	τοὺς διαλογισμοὺς αὐτῶν	
εἶπεν· ἱνατί ἐνθυμεῖσθε	ἑαυτοῖς λέγει αὐτοῖς· τί ταῦτα δια-	ἀποκριθεὶς εἶπεν πρὸς αὐτούς· τί δια-	
πονηρὰ ἐν ταῖς καρδίαις ὑμῶν; 5 τί γάρ ἐστιν	λογίζεσθε ἐν ταῖς καρδίαις ὑμῶν; 9 τί ἐστιν	λογίζεσθε ἐν ταῖς καρδίαις ὑμῶν; 23 τί ἐστιν	
εὐκοπώτερον, εἰπεῖν· ἀφίενταί	εὐκοπώτερον, εἰπεῖν τῷ παραλυτικῷ· ἀφίενταί	εὐκοπώτερον, εἰπεῖν· ἀφέωνταί	
σου αἱ ἁμαρτίαι, ἢ εἰπεῖν· ἔγειρε	σου αἱ ἁμαρτίαι, ἢ εἰπεῖν· ἔγειρε καὶ ἆρον	σοι αἱ ἁμαρτίαι σου, ἢ εἰπεῖν· ἔγειρε	
καὶ περιπάτει; 6 ἵνα δὲ	τὸν κράβαττόν σου καὶ περιπάτει; 10 ἵνα δὲ	καὶ περιπάτει; 24 ἵνα δὲ	
εἰδῆτε ὅτι ἐξουσίαν ἔχει ὁ υἱὸς τοῦ ἀνθρώπου	εἰδῆτε ὅτι ἐξουσίαν ἔχει ὁ υἱὸς τοῦ ἀνθρώπου	εἰδῆτε ὅτι ὁ υἱὸς τοῦ ἀνθρώπου ἐξουσίαν ἔχει	

39 ⸀εν αις υ. δ. ζ. εχ.· εκ. ... εμου P Egert 2 *(v. l. 87 sqq)* ¦ *eadem add. p.* εμου *(txt)* a b (ff²) sy^c arm | ⸉*p.* δοκειτε D | ⸀αυται W; Or^pt Cyr^pt || 40 ⸆αιωνιον D Θ 69 *pc* e (g²) || 41 ⸀ανθρωπου A K Π *pc* || 42 ⸉5 6 1-4 (ℵ*) D b e q; Cyr || 43 ⸆δε 𝔓66* (e q) || 44 ⸀πιστευειν A L λ *al*; Cyr Greg^nyss | ° 𝔓66.75 B W a b sy^c sa bo^pt; Or^pt Cyr^pt | ⸁ζητουντες ℵ* *al* || 45 *totus vs p. vs 39, sed* ⸀ηλθον κ-ησαι *et* ⸆μου P Egert 2 *(v. l. 88 sq)* | ⸁υμας D* ¦ υμιν 𝔓75* L 063.1241 *pc* | ⸆προς τον πατερα B || 46 ⸉D *al* | ⸀γεγραφεν ℵ* || 47 ⸀-ευσητε D G W Θ λ φ *pm* ¦ -ευετε 𝔓66.75* B *pc* f ff² l ¦ *txt* 𝔓75c ℌ 𝔎 A *al* lat; Ir

40 cf Jo 7,17; Mt 23,37 par | *cf 43*; cf Jo 7,18; 8,50; 1Th 2,6 || *41sq* cf Jo 1,11; 7,18; 8,50; *cf 98* || *42* cf Mc 13,6.21 sq; Mt 24,5.23 sq; Lc 21,8 || *43 cf 40*; cf Mt 23,5 sqq par; Jo 12,39 sq.43 | cf 2 Rg 19,15.19; Ps 86,10; Is 37,20 || *43sq cf 88 sq* || *44* cf Jo 1,45; 7,19; Lc 24,44; Act 3,22 sq; 7,37; Dt 31,26; 2 Cor 3,13 sqq || *45* cf Dt 18,15; Lc 24,44 || *45sq* cf Lc 16,31 || *47-83 cf 1-22* | *53-83 cf 36 sq* || *72sq cf 6* || *72-79 cf 6-9* || *73sqq cf 12*

[Matth. 9, 1-8]	[Mark. 2, 1-12]	[Luk. 5, 17-26]	Joh.
ἐπὶ τῆς γῆς ἀφιέναι ἁμαρτίας — τότε λέγει τῷ παραλυτικῷ· ἐγερθεὶς ἆρόν σου τὴν κλίνην καὶ ὕπαγε εἰς τὸν οἶκόν σου. [7] καὶ ἐγερθεὶς ἀπῆλθεν εἰς τὸν οἶκον αὐτοῦ. [8] ἰδόντες δὲ οἱ ὄχλοι ἐφοβήθησαν καὶ ἐδόξασαν τὸν θεὸν τὸν δόντα ἐξουσίαν τοιαύτην τοῖς ἀνθρώποις.	ἀφιέναι ἁμαρτίας ἐπὶ τῆς γῆς — λέγει τῷ παραλυτικῷ· [11] σοὶ λέγω, ἔγειρε ἆρον τὸν κράβαττόν σου καὶ ὕπαγε εἰς τὸν οἶκόν σου. [12] καὶ ἠγέρθη καὶ εὐθὺς ἄρας τὸν κράβαττον ἐξῆλθεν ἔμπροσθεν πάντων, ὥστε ἐξίστασθαι πάντας καὶ δοξάζειν τὸν θεὸν λέγοντας ὅτι οὕτως οὐδέποτε εἴδομεν.	ἐπὶ τῆς γῆς ἀφιέναι ἁμαρτίας — εἶπεν τῷ παραλελυμένῳ· σοὶ λέγω, ἔγειρε καὶ ἄρας τὸ κλινίδιόν σου πορεύου εἰς τὸν οἶκόν σου. [25] καὶ παραχρῆμα ἀναστὰς ἐνώπιον αὐτῶν, ἄρας ἐφ᾽ ὃ κατέκειτο, ἀπῆλθεν εἰς τὸν οἶκον αὐτοῦ δοξάζων τὸν θεόν. [26] καὶ ἔκστασις ἔλαβεν ἅπαντας καὶ ἐδόξαζον τὸν θεὸν καὶ ἐπλήσθησαν φόβου λέγοντες ὅτι εἴδομεν παράδοξα σήμερον.	

Evang. Naassen. (Hippolytus, Refut. omn. haer. V, 8, 14): Τοῦτ᾽ ἔστι, φησί, τὸ εἰρημένον· »φωνὴν μὲν αὐτοῦ ἠκούσαμεν, εἶδος δὲ αὐτοῦ οὐχ ἑωράκαμεν«.

–, (Hippolytus, Refut. omn. haer. V, 8, 23): Καὶ πάλιν, φησίν, »ἐξαλοῦνται ἐκ τῶν μνημείων οἱ νεκροί«.

Pap. Egerton 2 (Fragm. 1 v.): . . .]ι . [1? ὁ δὲ Ἰ(ησοῦς) εἶπεν] τοῖς νομικο[ῖς· κολάζετε πά]ντα τὸν παραπράσσ[οντα καὶ ἄνο]μον καὶ μὴ ἐμέ· ε[ἰ γ]ὰρ . . [. . . ?νο]μοποιεῖ, πῶς ποιε[ῖ·] [2] πρὸς [δὲ τοὺς] ἄ[ρ]χοντας τοῦ λαοῦ [στ]ρα[φεὶς εἶ]πεν τὸν λόγον τοῦτο[ν·] ἐραυ[νᾶτε τ]ὰς γραφάς· ἐν αἷς ὑμεῖς δο[κεῖτε] ζωὴν ἔχειν· ἐκεῖναί εἰ[σ]ιν [αἱ μαρτ]υροῦσαι περὶ ἐμοῦ· [3] μὴ δ[οκεῖτε ὅ]τι ἐγὼ ἦλθον κατηγο[ρ]ῆσαι [ὑμῶν] πρὸς τὸν π(ατέ)ρα μου· ἔστιν [ὁ κατη]γορῶν ὑμῶν Μω(ϋσῆς) εἰς ὃν [ὑμεῖς] ἠλπίκατε· [4] α[ὐ]τῶν δὲ λε[γόντω]ν ε[ὖ] οἴδαμεν ὅτι Μω(ϋσεῖ) ἐλά[λησεν] ὁ θ(εό)ς[·] σὲ δὲ οὐκ οἴδαμεν [πόθεν εἶ]· ἀποκριθεὶς ὁ Ἰη(σοῦς) εἶ[πεν αὐτο]ῖς· νῦν κατηγορεῖται [ὑμῶν ἡ ἀ]πιστεί[α . . . ? ἀ]λλο . . .

Ignatius ad Magn. 7, 1: Ὥσπερ οὖν ὁ κύριος ἄνευ τοῦ πατρὸς οὐδὲν ἐποίησεν, ἡνωμένος ὤν, οὔτε δι᾽ ἑαυτοῦ οὔτε διὰ τῶν ἀποστόλων· οὕτως μηδὲ ὑμεῖς ἄνευ τοῦ ἐπισκόπου καὶ τῶν πρεσβυτέρων μηδὲν πράσσετε.

Polycarpus ad Phil. 5, 2: Μὴ διάβολοι, μὴ δίλογοι, ἀφιλάργυροι, ἐγκρατεῖς περὶ πάντα, εὔσπλαγχνοι, ἐπιμελεῖς, πορευόμενοι κατὰ τὴν ἀλήθειαν τοῦ κυρίου, ὃς ἐγένετο διάκονος πάντων· ᾧ ἐὰν εὐαρεστήσωμεν ἐν τῷ νῦν αἰῶνι, ἀποληψόμεθα καὶ τὸν μέλλοντα, καθὼς ὑπέσχετο ἡμῖν ἐγεῖραι ἡμᾶς ἐκ νεκρῶν, καὶ ὅτι ἐὰν πολιτευσώμεθα ἀξίως αὐτοῦ, καὶ συμβασιλεύσομεν αὐτῷ, εἴγε πιστεύομεν.

Mart. Polycarpi 14, 2: Εὐλογῶ σε, ὅτι ἠξίωσάς με τῆς ἡμέρας καὶ ὥρας ταύτης, τοῦ λαβεῖν μέρος ἐν ἀριθμῷ τῶν μαρτύρων ἐν τῷ ποτηρίῳ τοῦ Χριστοῦ σου εἰς ἀνάστασιν ζωῆς αἰωνίου ψυχῆς τε καὶ σώματος ἐν ἀφθαρσίᾳ πνεύματος ἁγίου.

Didache 12, 1: Πᾶς δὲ »ὁ ἐρχόμενος ἐν ὀνόματι κυρίου« δεχθήτω· ἔπειτα δὲ δοκιμάσαντες αὐτὸν γνώσεσθε, σύνεσιν γὰρ ἕξετε δεξιὰν καὶ ἀριστεράν.

---

84 cf 37 || *85 cf 27 sqq* || *87 sq cf 38 sq* || *88 sq cf 43 sq* || *89 sq* cf Jo 9, 29 || *91 sq cf 17. 29* || *94 sq cf 20* || *96 sq cf 28 sq* || *98 cf 41 sq*

142. Die Aussendung der Jünger

Missio apostolorum *(cf. nr. 99)* **Commissioning the Twelve**

Matth. 9, 35; 10, 1. 7-11. 14	**Mark. 6, 6b-13** 3, 13-15	**Luk. 9, 1-6**	Joh.
9, 35 *(nr. 98, p. 137)*	*(nr. 139 6, 1-6a p. 193)*		
[35] Καὶ περιῆγεν ὁ Ἰησοῦς τὰς πόλεις πάσας καὶ τὰς κώμας διδάσκων ἐν ταῖς συναγωγαῖς αὐτῶν καὶ κηρύσσων τὸ εὐαγγέλιον τῆς βασιλείας καὶ θεραπεύων πᾶσαν νόσον καὶ πᾶσαν μαλακίαν⊤.	[6b] Καὶ περιῆγεν⊤ τὰς ⸉κώμας κύκλῳ⸊ διδάσκων.		

Matth.: 35 ⊤εν τω λαω 𝔎 Θ *al*; Cyr ¦ εν τ. λ. και πολλοι (— π. ℵ*) ηκολουθησαν αυτω ℵ* L φ *al* ¦ *txt* ℌ D W λ *al* lat sy^c.p sa bo

Mark.: 6b ⊤ο Ιησους ℵ φ *pc* f ff² ¦ *p)* τας πολεις και Φ | ⸉ L W φ

---

1 sqq cf Mt 4, 23; Mc 1, 39; Lc 8, 1; *cf 31 sqq* || *4 sq cf 10 sq*

Matth.

10, 1. 7-11. 14 *(nr. 99, p. 138)*

1 Καὶ προσκαλεσάμενος τοὺς δώδεκα μαθητὰς αὐτοῦ
ἔδωκεν αὐτοῖς ἐξουσίαν ⸆πνευμάτων ἀκαθάρτων ὥστε ἐκβάλλειν αὐτὰ καὶ θεραπεύειν πᾶσαν νόσον καὶ πᾶσαν μαλακίαν⸆.
7 Πορευόμενοι δὲ κηρύσσετε λέγοντες ⸀ὅτι ἤγγικεν⸆ ἡ βασιλεία τῶν οὐρανῶν. 8 ἀσθενοῦντας θεραπεύετε, ⸂νεκροὺς ἐγείρετε, λεπροὺς καθαρίζετε, δαιμόνια ἐκβάλλετε⸃· δωρεὰν ἐλάβετε, δωρεὰν δότε.
9 Μὴ κτήσησθε χρυσὸν μηδὲ ἄργυρον μηδὲ χαλκὸν εἰς τὰς ζώνας ὑμῶν,
10 μὴ πήραν εἰς ὁδὸν μηδὲ δύο χιτῶνας μηδὲ ὑποδήματα μηδὲ ⸀ῥάβδον· ἄξιος γὰρ ὁ ἐργάτης ⸂τῆς τροφῆς⸃ αὐτοῦ.
11 ⸂εἰς ἣν δ᾽ ἂν πόλιν ⸋ἢ κώμην⸌ εἰσέλθητε⸃, ἐξετάσατε τίς ἐν αὐτῇ ἄξιός ἐστιν· κἀκεῖ μείνατε ἕως ἂν ἐξέλθητε.
14 Καὶ ὃς ἂν μὴ δέξηται ὑμᾶς μηδὲ ἀκούσῃ τοὺς λόγους ὑμῶν, ἐξερχόμενοι ἔξω ⸋τῆς οἰκίας ἢ⸌ τῆς πόλεως⸆ ἐκείνης ἐκτινάξατε τὸν κονιορτὸν ⸆τῶν ποδῶν ὑμῶν.

cf. v. 7

[Mark. 6, 6b-13]

7 Καὶ ⸂προσκαλεῖται τοὺς δώδεκα καὶ ἤρξατο αὐτοὺς ἀποστέλλειν δύο⸃ δύο ⸄καὶ ἐδίδου⸅ αὐτοῖς ἐξουσίαν τῶν πνευμάτων τῶν ἀκαθάρτων⸆,

cf. v. 12 sq

8 καὶ παρήγγειλεν αὐτοῖς ἵνα μηδὲν ⸀αἴρωσιν εἰς ὁδὸν εἰ μὴ ῥάβδον μόνον, ⸉μὴ ἄρτον, μὴ πήραν⸊, μὴ εἰς τὴν ζώνην χαλκόν,
9 ⸀ἀλλὰ ὑποδεδεμένους σανδάλια, καὶ μὴ ⸀ἐνδύσησθε δύο χιτῶνας.
10 καὶ ἔλεγεν αὐτοῖς· ὅπου ἐὰν εἰσέλθητε εἰς οἰκίαν, ἐκεῖ μένετε ἕως ἂν ἐξέλθητε ἐκεῖθεν.
11 καὶ ⸂ὃς ἂν τόπος μὴ δέξηται⸃ ὑμᾶς μηδὲ ἀκούσωσιν ὑμῶν, ἐκπορευόμενοι ἐκεῖθεν ἐκτινάξατε τὸν χοῦν ⸋τὸν ὑποκάτω⸌ τῶν ποδῶν ὑμῶν εἰς μαρτύριον ⸀αὐτοῖς. ⸆
12 Καὶ ἐξελθόντες ⸀ἐκήρυξαν ἵνα ⸀μετανοῶσιν,
13 καὶ δαιμόνια πολλὰ ἐξέβαλλον, ⸂καὶ ἤλειφον⸃ ἐλαίῳ πολλοὺς ἀρρώστους °καὶ ⸀ἐθεράπευον⸆.

[Luk. 9, 1-6]

(nr. 138 8, 40-56 p. 190)

1 Συγκαλεσάμενος δὲ τοὺς δώδεκα ⸆
ἔδωκεν ⸉αὐτοῖς δύναμιν⸊ καὶ ἐξουσίαν ἐπὶ πάντα τὰ δαιμόνια καὶ νόσους θεραπεύειν
2 καὶ ἀπέστειλεν αὐτοὺς κηρύσσειν τὴν βασιλείαν τοῦ θεοῦ καὶ ἰᾶσθαι ⸋[τοὺς ἀσθενεῖς]⸌,
3 καὶ εἶπεν πρὸς αὐτούς· μηδὲν αἴρετε εἰς τὴν ὁδόν, μήτε ῥάβδον μήτε πήραν μήτε ἄρτον μήτε ἀργύριον μήτε °[ἀνὰ] δύο χιτῶνας ἔχειν.
4 καὶ εἰς ἣν ἂν οἰκίαν εἰσέλθητε, ἐκεῖ μένετε καὶ ἐκεῖθεν ἐξέρχεσθε.
5 καὶ ὅσοι ἂν μὴ δέχωνται ὑμᾶς, ἐξερχόμενοι ἀπὸ τῆς πόλεως ἐκείνης ⸆ τὸν κονιορτὸν ἀπὸ τῶν ποδῶν ὑμῶν ἀποτινάσσετε εἰς μαρτύριον ἐπ᾽ αὐτούς.
6 ἐξερχόμενοι δὲ ⸆ ⸂διήρχοντο κατὰ τὰς κώμας⸃ εὐαγγελιζόμενοι καὶ θεραπεύοντες πανταχοῦ.

Joh.

Matth.: **1** ⸆κατα L*al*; Cyr | ⸆ (4,23) εν τω λαω L*pc* b g[1] || **7** ⸀μετανοειτε οτι 251 sa ¦ — B | ⸆(Lc 10,9) εφ υμας N*pc* || **8** ⸂*3-6 1 2* PWΔ*pc* ¦ *3 4 1 2 5 6* 348*pc* ¦ *3-6* 𝔎Θ*al* sy[p] sa; Eus || **10** ⸀-δους C𝔎W*al* | ⸂(Lc 10,7) του μισθου K 565. 892*al* it; Heg || **11** ⸂η πολις εις ην αν εισελθ. εις αυτην D | ⸋ λ it || **14** ⸋*p)* D arm | ⸆η κωμης ℵϕ*pc* sa bo | ⸆εκ ℌ*al* lat ¦ *txt* B𝔎DWΘ*pm*

Mark.: **7** ⸂*p)* -λεσαμενος τ. ιβ′ μαθητας απεστειλεν αυτους ανα D (565*al* it) | ⸄κ. εδωκεν W ¦ δους D 565 aur c e ff[2] | ⸆*p)* ωστε εκβαλλειν sy[p] || **8** ⸀αρωσιν ℌWΘϕ*al* ¦ *txt* B𝔎AD**0133**λ*pm* | ⸉*3 4 1 2* 𝔎A(*bis* μητε D)W**0133**λϕ*pm* latt sy[s.p] sa || **9** ⸀μητε Θ (565) | ⸀-σασθαι B[2] (-σασθε B* 33*pc* sa)*al* || **11** ⸂*p) 1 2 4 5* λ*pc* sy[s.p] ¦ *p)* οσοι αν μη δεξωνται 𝔎(εαν A)D(Θ)*pm* latt | ⸋*p)* D 33*pc* lat sy[s] | ⸀αυτων W | ⸆(Mt 10,15) αμην λεγω υμιν· ανεκτοτερον εσται Σοδομοις η Γομορροις εν ημερα κρισεως η τη πολει εκεινη 𝔎A **0133** λϕ*pm* a f q sy[p] bo[pt] || **12** ⸀-υσσον 𝔎AWΘ**0133**λϕ*pl* lat sy[s] | ⸀-νοησωσιν ℌ𝔎A**0133**λϕ*pl* ¦ *txt* BDLWΘ*pc* || **13** ⸂αλειψαντες D it | °D it | ⸀-οντο HN*pc* f vg | ⸆αυτους WΘϕ*al*

Luk.: **1** ⸆αποστολους ℌΘ**070**ϕ*al* lat bo ¦ *p)* μαθητας αυτου C[3]U*al* it ¦ *txt* 𝔓75B𝔎ADWλ*al* sy; Mcion | ⸉B 579 || **2** ⸋† B sy[s.c]; Mcion ¦ τ. α-νουντας C𝔎WΘϕ*pm* sy[p] ¦ *txt* ℌAD**070**λ*al* lat sa bo || **3** °BℵC*F**070***pc* lat ¦ *txt* 𝔎ADWΘλϕ*pl* || **5** ⸆και 𝔎Aϕ*pm* lat || **6** ⸆οι αποστολοι sy | ⸂διηρχ. κ. πολεις και κ. sy sa[pt]; Mcion ¦ κατα πολεις και ηρχοντο D

---

6 sqq cf *35 sq. 37 sqq*; cf *nr 177, p. 257* || *8 (Lc)* cf Lc 4, 36 || *10 sq* cf Mt 4,23; cf *4 sq* || *12 sq* cf Mt 3,2 par; Mt 4,17 par || *17 sqq* cf Lc 22,35; Nu 18,31; 2 Rg 4,29; cf *39 sq* || *18 sq* cf Gn 32,11; Ex 12,11 || *20* σανδάλια hic et Act 12,8 || *21* cf Lc 3,11 || *26 sqq* cf Act 13,51; 18,6; cf *43 sqq* || *30* cf Mc 1,44; 13,9; Lc 5,14; 21,13 || *31 sqq* cf *1 sqq* || *33* cf Is 1,6; Lc 10,34; Jc 5 14; Mc 16,18

Matth.	Mark.	Luk.	Joh.
	3, 13-15 *(nr. 49, p. 70)* 13 Καὶ ἀναβαίνει εἰς τὸ ὄρος καὶ προσκαλεῖται οὓς ἤθελεν αὐτός, καὶ ἀπῆλθον πρὸς αὐτόν. 14 καὶ ἐποίησεν δώδεκα [οὓς καὶ ἀποστόλους ὠνόμασεν] ἵνα ὦσιν μετ' αὐτοῦ καὶ ἵνα ἀποστέλλῃ αὐτοὺς κηρύσσειν 15 καὶ ἔχειν ἐξουσίαν ἐκβάλλειν τὰ δαιμόνια·		

Luk. 10, 1–12: 1 Μετὰ δὲ ταῦτα ἀνέδειξεν ὁ κύριος ἑτέρους ἑβδομήκοντα [δύο] καὶ ἀπέστειλεν αὐτοὺς ἀνὰ δύο [δύο] πρὸ προσώπου αὐτοῦ εἰς πᾶσαν πόλιν καὶ τόπον οὗ ἤμελλεν αὐτὸς ἔρχεσθαι. 2 ἔλεγεν δὲ πρὸς αὐτούς· ὁ μὲν θερισμὸς πολύς, οἱ δὲ ἐργάται ὀλίγοι· δεήθητε οὖν τοῦ κυρίου τοῦ θερισμοῦ ὅπως ἐργάτας ἐκβάλῃ εἰς τὸν θερισμὸν αὐτοῦ. 3 ὑπάγετε· ἰδοὺ ἀποστέλλω ὑμᾶς ὡς ἄρνας ἐν μέσῳ λύκων. 4 μὴ βαστάζετε βαλλάντιον, μὴ πήραν, μὴ ὑποδήματα, καὶ μηδένα κατὰ τὴν ὁδὸν ἀσπάσησθε. 5 εἰς ἣν δ' ἂν εἰσέλθητε οἰκίαν, πρῶτον λέγετε· εἰρήνη τῷ οἴκῳ τούτῳ. 6 καὶ ἐὰν ἐκεῖ ᾖ υἱὸς εἰρήνης, ἐπαναπαήσεται ἐπ' αὐτὸν ἡ εἰρήνη ὑμῶν· εἰ δὲ μή γε, ἐφ' ὑμᾶς ἀνακάμψει. 7 ἐν αὐτῇ δὲ τῇ οἰκίᾳ μένετε ἐσθίοντες καὶ πίνοντες τὰ παρ' αὐτῶν· ἄξιος γὰρ ὁ ἐργάτης τοῦ μισθοῦ αὐτοῦ. μὴ μεταβαίνετε ἐξ οἰκίας εἰς οἰκίαν. 8 καὶ εἰς ἣν ἂν πόλιν εἰσέρχησθε καὶ δέχωνται ὑμᾶς, ἐσθίετε τὰ παρατιθέμενα ὑμῖν 9 καὶ θεραπεύετε τοὺς ἐν αὐτῇ ἀσθενεῖς καὶ λέγετε αὐτοῖς· ἤγγικεν ἐφ' ὑμᾶς ἡ βασιλεία τοῦ θεοῦ. 10 εἰς ἣν δ' ἂν πόλιν εἰσέλθητε καὶ μὴ δέχωνται ὑμᾶς, ἐξελθόντες εἰς τὰς πλατείας αὐτῆς εἴπατε· 11 καὶ τὸν κονιορτὸν τὸν κολληθέντα ἡμῖν ἐκ τῆς πόλεως ὑμῶν εἰς τοὺς πόδας ἀπομασσόμεθα ὑμῖν· πλὴν τοῦτο γινώσκετε ὅτι ἤγγικεν ἡ βασιλεία τοῦ θεοῦ. 12 λέγω ὑμῖν ὅτι Σοδόμοις ἐν τῇ ἡμέρᾳ ἐκείνῃ ἀνεκτότερον ἔσται ἢ τῇ πόλει ἐκείνῃ.

35 sq cf *6 sqq* ‖ *37 sqq* cf *6 sqq* ‖ *39 sq* cf *17 sqq* ‖ *43 sqq* cf *26 sqq*

143. Jesus im Urteil des Herodes und des Volkes

Opinio Herodis et fama Jesu — **Opinions Regarding Jesus**

Matth. 14, 1-2	Mark. 6, 14-16	Luk. 9, 7-9	Joh.
16, 13b-14	8, 27b-28	9, 18b-19	
(nr. 139 13, 53-58 p. 193) 1 ⸂Ἐν ἐκείνῳ⸆ τῷ καιρῷ ἤκουσεν⸃ Ἡρῴδης⸃ ὁ τετραάρχης τὴν ἀκοὴν Ἰησοῦ, 2 καὶ εἶπεν τοῖς παισὶν αὐτοῦ· ⸆ οὗτός ἐστιν Ἰωάννης ὁ βαπτιστής⸇· ⸀αὐτὸς ἠγέρθη ἀπὸ τῶν νεκρῶν καὶ διὰ τοῦτο αἱ δυνάμεις ἐνεργοῦσιν ἐν αὐτῷ.	14 Καὶ ἤκουσεν ὁ βασιλεὺς Ἡρῴδης, φανερὸν γὰρ ἐγένετο τὸ ὄνομα αὐτοῦ, καὶ ⸀ἔλεγον ὅτι Ἰωάννης ὁ ⸁βαπτίζων ⸀¹ἐγήγερται ἐκ νεκρῶν καὶ διὰ τοῦτο ⸂ἐνεργοῦσιν αἱ δυνάμεις⸃ ⸄ἐν αὐτῷ⸅. 15 ἄλλοι δὲ ἔλεγον ὅτι Ἠλίας ἐστίν· ἄλλοι δὲ °ἔλεγον ὅτι ⸄προφήτης ὡς⸅ εἷς τῶν προφητῶν. 16 ἀκούσας δὲ °ὁ Ἡρῴδης ⸀ἔλεγεν⸆· ὃν ἐγὼ ἀπεκεφάλισα Ἰωάννην, οὗτος ⸇ ἠγέρθη⸆¹ ⁝.	7 ⸀⸄Ἤκουσεν δὲ Ἡρῴδης ὁ τετραάρχης τὰ γινόμενα ⸆ ⸄πάντα καὶ διηπόρει⸅ διὰ τὸ λέγεσθαι ὑπό τινων ὅτι Ἰωάννης ⸁ἠγέρθη ἐκ νεκρῶν⸅, 8 ὑπό τινων δὲ ⸆ ὅτι Ἠλίας ἐφάνη, ἄλλων δὲ ὅτι προφήτης ⸀τις τῶν ἀρχαίων ἀνέστη. 9 ⸄εἶπεν δὲ⸅ ⸆ Ἡρῴδης⸇· Ἰωάννην ἐγὼ ἀπεκεφάλισα· τίς δέ ἐστιν °οὗτος περὶ οὗ ⸆¹ ἀκούω ⸀τοιαῦτα; καὶ ἐζήτει ⸂ἰδεῖν αὐτόν⸃. *(nr. 145 9, 10a p. 205)*	

Matth.: 1 ⸂ *5 6 1-4* ℵ* \| ⸆δε D sy bo^pt ‖ 2 ⸆μητι DΦ b f h \| ⸇ον εγω απεκεφαλισα D *pc* it; Or^pt \| ⸀ουτος C(λ) *pc* ¦ — sy^s.c

Mark.: 14 ⸀-γεν ℌ𝔎AΘΠλφ *pl* lat sy^s.p sa bo ¦ *txt* B(D)W *pc* it \| ⸁ *p)* βαπτιστης DWΘΩφ 28.700 *al* latt \| ⸀¹ *p)* ηγερθη C𝔎Θ(⸂W 0133 λ φ) *pm* ¦ ανεστη A *pc* \| ⸂ *2 3 1* ΔΘΦ *al* \| ⸄αυτου W* *pc* ‖ 15 °ℵΘ λ 28.700 *al* it sy^p sa \| ⸄π. εστιν ως 𝔎ANφ *al* lat sy^s.p sa bo ¦ — D it ‖ 16 °CDUV *pm* \| ⸀ειπεν 𝔎ADW 0133 λφ *pl* \| ⸆οτι 𝔓⁴⁵C𝔎AW 0133 φ *pm* \| ⸇εστιν· αυτος C𝔎A(Θ) *pm* ¦ εκ νεκρων DΘφ *pc* lat \| ⸆¹ εκ νεκρων 𝔎ΑΠΦλ *pm* ¦ απο των ν. CNΣ *al* \| [⁝; comm]

Luk.: 7 ⸀ακουσας *et* ⸄ηπορειτο D \| ⸆υπ αυτου C³𝔎AWΔΘΠλ *pm* sy^p \| ⸁εγηγερται εκ ν. 𝔎AWΓΔΘ *pm* ¦ εκ ν. ανεστη D c e ¦ *txt* 𝔓⁷⁵ℌ λφ *pc* ‖ 8 ⸆λεγοντων W \| ⸀εις 𝔎AWΓΘ *pm* ¦ — D *pc* a e ‖ 9 ⸄και ειπεν 𝔎AWΔΘ *pm* sy \| ⸆ † ο BLΞΨλφ 700 *al* ¦ *txt* 𝔓⁷⁵ᵛⁱᵈℵC𝔎A DWΔΘ *pm* \| ⸇οτι CD *pc* \| °𝔓⁷⁵ \| ⸆¹εγω C²𝔎A^corr WΔΘλφ *pm* ¦ εγω ταυτα D ¦ *txt* 𝔓⁷⁵ℌA* 565 *pc* e f l \| ⸀ταυτα LΞΨ *pc* sy sa (⸂D) \| ⸂D it

1 sqq cf *13 sqq* ‖ *5 sq* cf Jo 10,41 ‖ *7* cf Ml 3,23; Sir 48,10 sq; Mc 9,11 sqq; Mt 17,10 sqq; Jo 1,21 ‖ *8 sq* cf Mt 21,11.46; Lc 7,16.39; 24,19; Jo 4,19; 6,14; 7,40; 9,17; cf *16 sq*

Matth.	Mark.	Luk.	Joh.
16, 13b-14 *(nr. 158, p. 229)* 13 ... ἠρώτα τοὺς μαθητὰς αὐτοῦ λέγων· τίνα λέγουσιν οἱ ἄνθρωποι εἶναι τὸν υἱὸν τοῦ ἀνθρώπου; 14 οἱ δὲ εἶπαν· οἱ μὲν Ἰωάννην τὸν βαπτιστήν, ἄλλοι δὲ Ἠλίαν, ἕτεροι δὲ Ἰερεμίαν ἢ ἕνα τῶν προφητῶν.	8, 27b-28 *(nr. 158, p. 229)* 27 ... ἐπηρώτα τοὺς μαθητὰς αὐτοῦ λέγων αὐτοῖς· τίνα με λέγουσιν οἱ ἄνθρωποι εἶναι; 28 οἱ δὲ εἶπαν αὐτῷ λέγοντες [ὅτι] Ἰωάννην τὸν βαπτιστήν, καὶ ἄλλοι Ἠλίαν, ἄλλοι δὲ ὅτι εἷς τῶν προφητῶν.	9, 18b-19 *(nr. 158, p. 229)* 18 ... ἐπηρώτησεν αὐτοὺς λέγων· τίνα με λέγουσιν οἱ ὄχλοι εἶναι; 19 οἱ δὲ ἀποκριθέντες εἶπαν· Ἰωάννην τὸν βαπτιστήν, ἄλλοι δὲ Ἠλίαν, ἄλλοι δὲ ὅτι προφήτης τις τῶν ἀρχαίων ἀνέστη.	

13sqq cf 1 sqq ‖ *16sq cf 8 sq*

144. Der Tod Johannes des Täufers

(cf. nr. 17)

Mors Baptistae — **The Death of John the Baptist**

Matth. 14, 3-12	**Mark. 6, 17-29**	Luk. 3, 19-20 *(nr. 17, p. 25)*	Joh.
3 Ὁ γὰρ Ἡρῴδης ⸆ κρατήσας τὸν Ἰωάννην ἔδησεν °[αὐτὸν] καὶ ἐν ⸆ φυλακῇ ἀπέθετο διὰ Ἡρῳδιάδα τὴν γυναῖκα °¹Φιλίππου τοῦ ἀδελφοῦ αὐτοῦ·	17 Αὐτὸς ⸀γὰρ ὁ Ἡρῴδης ἀποστείλας ἐκράτησεν τὸν Ἰωάννην καὶ ἔδησεν αὐτὸν ⸂ἐν φυλακῇ⸃ διὰ Ἡρῳδιάδα τὴν ⸀γυναῖκα Φιλίππου τοῦ ἀδελφοῦ αὐτοῦ⸃, ὅτι αὐτὴν ἐγάμησεν·	19 Ὁ δὲ Ἡρῴδης ὁ τετραάρχης, cf. v. 20 b ἐλεγχόμενος ὑπ᾽ αὐτοῦ περὶ Ἡρῳδιάδος τῆς γυναικὸς ⸆ τοῦ ἀδελφοῦ αὐτοῦ καὶ περὶ ⸂πάντων ὧν ἐποίησεν πονηρῶν⸃ ὁ Ἡρῴδης, 20 προσέθηκεν καὶ τοῦτο ἐπὶ πᾶσιν °[καὶ] ⸀κατέκλεισεν τὸν Ἰωάννην ἐν ⸆φυλακῇ.	
cf. v. 3	cf. v. 17	cf. v. 19	
4 ἔλεγεν γὰρ °ὁ Ἰωάννης °¹αὐτῷ· οὐκ ἔξεστίν σοι ἔχειν αὐτήν.	18 ἔλεγεν γὰρ ὁ Ἰωάννης τῷ Ἡρῴδῃ °ὅτι οὐκ ἔξεστίν σοι ἔχειν τὴν γυναῖκα τοῦ ἀδελφοῦ σου.		
5 καὶ θέλων αὐτὸν ἀποκτεῖναι ἐφοβήθη τὸν ὄχλον, ὅτι ὡς προφήτην αὐτὸν εἶχον.	19 ἡ δὲ Ἡρῳδιὰς ἐνεῖχεν αὐτῷ καὶ ⸀ἤθελεν ⸂αὐτὸν ἀποκτεῖναι⸃, καὶ οὐκ ⸀ἠδύνατο· 20 ὁ γὰρ Ἡρῴδης ἐφοβεῖτο τὸν Ἰωάννην, εἰδὼς αὐτὸν ἄνδρα δίκαιον ⸋καὶ ἅγιον⸌⸆, °καὶ συνετήρει αὐτόν, καὶ ἀκούσας αὐτοῦ πολλὰ ⸀ἠπόρει, καὶ ἡδέως αὐτοῦ ἤκουεν.		
6 ⸂Γενεσίοις δὲ γενομένοις⸃ τοῦ Ἡρῴδου	21 ⸂Καὶ γενομένης⸃ ἡμέρας εὐκαίρου °ὅτε Ἡρῴδης ⸆ τοῖς ⸀γενεσίοις αὐτοῦ δεῖπνον ⸀ἐποίησεν τοῖς μεγιστᾶσιν °¹αὐτοῦ καὶ τοῖς χιλιάρχοις καὶ τοῖς πρώτοις τῆς Γαλιλαίας, 22 καὶ εἰσελθούσης τῆς		

Matth.: 3 ⸆ τοτε B Θ φ *al* \| ° † B ℵ* *pc* ¦ *txt* C 𝔎 D W Θ 0119 *pl* lat \| ⸆ τη (ℵ³) B² (D) Θ *al* \| °¹ *p)* D lat ‖ 4 ° ℵ* D *pc* \| °¹ ℵ* *pc* ‖ 6 ⸂ γ. δε αγομενοις λ *al* ¦ -ιων δε γ-νων C K N Θ *al* (αγομενων 𝔎 W Δ 0119. 0136 *pm*) ¦ γενεσιοις δε latt ¦ *txt* ℌ D *pc*

Mark.: 17 ⸀ δε A \| ⸂ εν τη φ. W λ *pc*; Or ¦ και εβαλεν εις φυλακην D Θ φ *al* it \| ⸀ ..] αυτου γυν[.. 𝔓45 ‖ 18 ° D *pc* lat ‖ 19 ⸀ εζητει C* it \| ⸂ αυτ. απολεσαι C* ¦ αποκτ. αυτ. D U 565. 700 lat sy$^{s.p}$ \| ⸀ εδυνατο A Δ Θ Ω *al* ‖ 20 ⸋ λ *pc* \| ⸆ ειναι D (c i) \| ° B \| ⸀ εποιει C 𝔎 A D N Π Σ Φ λ φ *pl* lat sy$^{s.p}$ ¦ — Δ ¦ *txt* B ℵ L (W) Θ sa bo ‖ 21 ⸂ γεν. δε D Θ 700 it \| ° D lat \| ⸆ εν 𝔓45 \| ⸀ γενεθλιοις D \| ⸀ εποιει 𝔎 A N Γ λ *pm* \| °¹ D 1. 565 *pc* lat

Luk.: 19 ⸆ *p)* Φιλιππου C A K W 33. 565 *al* sy^{p} sa^{pt} bo \| ⸂ π. των πον. ων επ. ℵ* W *pc* lat ‖ 20 ° † B ℵ* D *pc* b ¦ *txt* 𝔓75vid C 𝔎 A W Θ λ φ *pl* lat \| ⸀ ενεκλ- D latt \| ⸆ τη C 𝔎 A W Θ φ 118. 131. 209 *al*

1sqq cf Mt 4,12; *cf 48; nr. 17, p. 25* ‖ *3sqq* cf Dt 25,5; Lv 18,16; 20,21sq ‖ *13sq* cf Mt 21,26; Mc 11,32; Lc 20,6 ‖ *15sq* cf Mc 12,37 ‖ *16sqq* cf Esth 1,2sqq; Gn 40,20 ‖ *17sqq cf 48sqq* ‖ *18sqq* cf Apc 6,15; 18,23

[Matth. 14, 3-12]

ὠρχήσατο ἡ θυγάτηρ ⸂τῆς Ἡρῳδιάδος⸃ ἐν τῷ μέσῳ καὶ ἤρεσεν τῷ Ἡρῴδῃ,

7 ὅθεν μεθ᾽ ὅρκου ὡμολόγησεν αὐτῇ δοῦναι ὃ ⸀ἐὰν αἰτήσηται.

8 ἡ δὲ προβιβασθεῖσα ὑπὸ τῆς μητρὸς αὐτῆς⸆·

δός μοι, °φησίν, ὧδε ⸋ἐπὶ πίνακι⸌ τὴν κεφαλὴν Ἰωάννου τοῦ βαπτιστοῦ. 9 καὶ ⸂λυπηθεὶς ὁ βασιλεὺς διὰ⸃ τοὺς ὅρκους καὶ ⸆τοὺς συνανακειμένους ἐκέλευσεν δοθῆναι⸆¹,

10 καὶ πέμψας

ἀπεκεφάλισεν °[τὸν] Ἰωάννην ἐν τῇ φυλακῇ. 11 καὶ ἠνέχθη ἡ κεφαλὴ αὐτοῦ ⸀ἐπὶ πίνακι καὶ ἐδόθη τῷ κορασίῳ, καὶ ἤνεγκεν τῇ μητρὶ αὐτῆς. 12 καὶ προσελθόντες οἱ μαθηταὶ αὐτοῦ ἦραν τὸ ⸀πτῶμα ⸆ καὶ ἔθαψαν ⸁αὐτὸ[ν] καὶ ἐλθόντες ἀπήγγειλαν τῷ Ἰησοῦ.

(nr. 146 14, 13-21 p. 205)

[Mark. 6, 17-29]

θυγατρὸς ⸀αὐτοῦ Ἡρῳδιάδος καὶ ὀρχησαμένης ⸁ἤρεσεν τῷ Ἡρῴδῃ καὶ τοῖς συνανακειμένοις. ⸂εἶπεν ὁ βασιλεὺς⸃ τῷ κορασίῳ· ⸀¹αἴτησόν με ὃ ⸄ἐὰν θέλῃς⸅, καὶ δώσω σοι· 23 ⸋καὶ ὤμοσεν ⸂αὐτῇ [πολλὰ]⸃ ⸄ὅ τι⸅ ἐάν °με αἰτήσῃς δώσω σοι⸌ ⸂¹ἕως ἡμίσους⸃ τῆς βασιλείας μου⸆. 24 ⸀καὶ ἐξελθοῦσα εἶπεν τῇ μητρὶ αὐτῆς· τί αἰτήσωμαι; ἡ δὲ εἶπεν· ⸆τὴν κεφαλὴν Ἰωάννου τοῦ ⸁βαπτίζοντος. 25 καὶ εἰσελθοῦσα ⸋εὐθὺς μετὰ σπουδῆς⸌ πρὸς τὸν βασιλέα ⸂ᾐτήσατο λέγουσα⸃ ⸄· θέλω ἵνα ἐξαυτῆς δῷς⸅ μοι ἐπὶ πίνακι ⸆ τὴν κεφαλὴν Ἰωάννου τοῦ ⸀βαπτιστοῦ. 26 °καὶ περίλυπος γενόμενος ὁ βασιλεὺς⸆ διὰ τοὺς ὅρκους καὶ ⸆¹ τοὺς ⸀ἀνακειμένους οὐκ ἠθέλησεν ⸉ἀθετῆσαι αὐτήν⸊. 27 ⸀καὶ εὐθὺς ἀποστείλας ⸋ὁ βασιλεὺς⸌ σπεκουλάτορα ἐπέταξεν ⸁ἐνέγκαι τὴν κεφαλὴν αὐτοῦ⸆. ⸀¹καὶ ἀπελθὼν ἀπεκεφάλισεν αὐτὸν ἐν τῇ φυλακῇ 28 καὶ ἤνεγκεν τὴν κεφαλὴν °αὐτοῦ ἐπὶ πίνακι καὶ ἔδωκεν °¹αὐτὴν τῷ κορασίῳ, καὶ τὸ κοράσιον ⸀ἔδωκεν °²αὐτὴν τῇ μητρὶ αὐτῆς. 29 ⸂καὶ ἀκούσαντες⸃ οἱ μαθηταὶ αὐτοῦ ἦλθον ⸄καὶ ἦραν⸅ τὸ πτῶμα αὐτοῦ καὶ ἔθηκαν ⸀αὐτὸ ἐν μνημείῳ.

Luk.

Joh.

Justinus Mart., Dial. 49, 4-5: 4 Καὶ τοῦτον αὐτὸν τὸν προφήτην συνεκεκλείκει ὁ βασιλεὺς ὑμῶν Ἡρώδης εἰς φυλακήν, καὶ γενεσίων ἡμέρας τελουμένης, ὀρχουμένης τῆς ἐξαδέλφης αὐτοῦ τοῦ Ἡρώδου εὐαρέστως αὐτῷ, εἶπεν αὐτῇ αἰτήσασθαι ὃ ἐὰν βούληται. καὶ ἡ μήτηρ τῆς παιδὸς ὑπέβαλεν αὐτῇ αἰτήσασθαι τὴν κεφαλὴν Ἰωάννου τοῦ ἐν τῇ φυλακῇ· καὶ αἰτησάσης ἔπεμψε καὶ ἐπὶ πίνακι ἐνεχθῆναι τὴν κεφαλὴν Ἰωάννου ἐκέλευσε. 5 διὸ καὶ ὁ ἡμέτερος Χριστὸς εἰρήκει ἐπὶ γῆς τότε τοῖς λέγουσι πρὸ τοῦ Χριστοῦ Ἠλίαν δεῖν ἐλθεῖν· »Ἠλίας μὲν ἐλεύσεται καὶ ἀποκαταστήσει πάντα· λέγω δὲ ὑμῖν ὅτι Ἠλίας ἤδη ἦλθε, καὶ οὐκ ἐπέγνωσαν αὐτόν, ἀλλ᾽ ἐποίησαν αὐτῷ ὅσα ἠθέλησαν«. καὶ γέγραπται ὅτι »Τότε συνῆκαν οἱ μαθηταὶ ὅτι περὶ Ἰωάννου τοῦ βαπτιστοῦ εἶπεν αὐτοῖς«.

Matth.: 6 ⸂Ηρωδιαδος W Θ *pc* ¦ αυτου Ηρωδιας D || 7 ⸀αν B D Θ φ *pc* || 8 ⸆ειπεν D W it | ° D it | ⸋ D || 9 ⸂ελυπηθη ο β.· δια δε ℵ C ℜ W (Z) Δ Φ **0106. 0136** *pm* lat ¦ *txt* B D Θ *al* | ⸆δια D it | ⸆¹αυτη Θ φ 1 *al* sy sa || 10 °† B ℵ* Z λ ¦ *txt* ℵ^corr C ℜ D W Θ **0136** *pl* || 11 ⸀επι τω D ¦ εν τω Θ 1. (33). 700. 892 *pc* || 12 ⸀σωμα ℜ W Δ **0106. 0136.** 118. 209. 565 *pm* lat sa | ⸆αυτου ℵ* D L 565 *al* it sy sa; Cyr | ⸁αυτο C ℜ D W Θ **0136** *pl* ¦ *txt* B ℵ* **0106**

Mark.: 22 ⸀† αυτης της C ℜ A N Γ Θ Σ Φ φ *pm* ¦ αυτης W ¦ της λ ¦ *txt* ℌ D | ⸁και αρεσασης 𝔓45 C² ℜ A D W Θ λ φ *pm* | ⸂† ο δε βασ. ειπ. B ℵ (⸉A) C* *pc* ¦ ειπ. ο βασ. (— 𝔓45*) Ηρωδης 𝔓45 ¦ *txt* C³ ℜ D W Θ λ φ *pm* it | ⸀¹αιτησαι ℵ W Θ 565 | ⸄θελεις D λ *pc* || 23 ⸋W Γ λ *pc* r¹ sy^s | ⸂† *1* B ℵ C ℜ A φ *pm* lat ¦ *2* 28 *pc* ¦ — L *pc* ¦ *txt* 𝔓45 D Θ *pc* it | ⸄† οτι (*vl* ο τι) ὅ ℵ C ℜ A Θ φ *pm* ¦ ει τι D ¦ *txt* 𝔓45 B *pc* | °† 𝔓45vid ℵ H L φ *al* lat sy^p ¦ *txt* B D Θ *al* (⸉ ℜ A *al*) it sa | ⸂¹και το ημισυ D ¦ καν τ. -συ 565 it | ⸆και ωμοσεν αυτη λ *pc* r¹ sy^s || 24 ⸀η δε C ℜ A D W λ φ *pm* | ⸆αιτησαι 𝔓45vid W | ⸁-στου C ℜ A D W λ φ *pl* latt ¦ *txt* B ℵ L Δ Θ 565 || 25 ⸋ D (*al*) it (— μ. σ. sy^s) | ⸂ειπεν D Θ λ *pc* it sy^s.p | ⸄*p)* · δος D *pc* ff² ¦ εξ.· δος Θ it | ⸆*p)* ὧδε D (⸉q) | ⸀βαπτιζοντος L 700. 892 || 26 ° D | ⸆ως ηκουσεν D it | ⸆¹δια D lat | ⸀*p)* συνανακ- ℵ C² ℜ A D Θ λ φ *pl* ¦ *txt* B W *pc* | ⸉ ℜ A D W λ φ *pm* lat || 27 ⸀αλλα D 565. 700 lat | ⸋ D W λ 565. 700 latt | ⸁ενεχθηναι ℜ A D L W Γ Θ λ φ *pl* latt | ⸆επι πινακι C W Δ lat bo | ⸀¹ο δε ℜ A D Θ φ 565. 700 *pm* it || 28 ° D a | °¹ L W Δ λ *pc* sy^p | ⸀ηνεγκεν C 33 sy^s | °² D 33 *pc* lat sy^p || 29 ⸂ακ. δε D (⸉ 565. 700) | ⸄κηδευσαι W 28 | ⸀*p)* αυτον ℵ W *pc*

26sq cf Esth 5, 3; 7, 2; 1 Rg 13, 8 || 39sq cf Mt 17, 12 || 44sqq cf Act 8, 2 || *48 cf 1 sqq* || *48sqq cf 17 sqq* || 51sqq cf Mt 17, 10-13 par *(= nr 162)*

145. Rückkehr der Jünger

Apostolorum reversio — **The Return of the Apostles**

Matth. 14, 12b-13
(nr. 144. 146; p. 203. 205)

12 ... καὶ ἐλθόντες ἀπήγγειλαν τῷ Ἰησοῦ.
13 Ἀκούσας δὲ ὁ Ἰησοῦς ἀνεχώρησεν ἐκεῖθεν ἐν πλοίῳ εἰς ἔρημον τόπον κατ' ἰδίαν.

Mark. 6, 30-31

30 Καὶ συνάγονται οἱ ἀπόστολοι πρὸς τὸν Ἰησοῦν καὶ ἀπήγγειλαν αὐτῷ πάντα ⸆ὅσα ἐποίησαν καὶ °ὅσα ἐδίδαξαν. 31 καὶ ⸀λέγει αὐτοῖς⸆· δεῦτε ⸂ὑμεῖς αὐτοὶ κατ' ἰδίαν⸃ εἰς ἔρημον τόπον καὶ ⸁ἀναπαύσασθε ⸀¹ὀλίγον. ἦσαν γὰρ οἱ ἐρχόμενοι καὶ °οἱ ὑπάγοντες πολλοί, καὶ οὐδὲ φαγεῖν ⸀²εὐκαίρουν.

Luk. 9, 10a
10, 17

(nr. 143 9, 7-9 p. 202)

10a Καὶ ὑποστρέψαντες οἱ ἀπόστολοι διηγήσαντο αὐτῷ ⸀ὅσα ἐποίησαν⸆.

10, 17 *(nr. 180, p. 261)*

17 Ὑπέστρεψαν δὲ οἱ ἑβδομήκοντα [δύο] μετὰ χαρᾶς λέγοντες· κύριε, καὶ τὰ δαιμόνια ὑποτάσσεται ἡμῖν ἐν τῷ ὀνόματί σου.

Joh.

Mark.: 30 ⸆και ℜ A W Γ Π φ 118. 700 *pm* | °א* C* W λ *pc* lat || 31 ⸀ειπεν 𝔓^84vid ℜ A D W λ φ *pl* it | ⸆ο Ιησους D Θ Φ φ 700 lat | ⸂*1 3 4* W Θ λ 565. 700 *pc* ¦ *2 1 3 4* Σ *pc* ¦ υπαγωμεν D it (sy^s.p) | ⸁αναπαυεσθε 𝔓^84vid א ℜ D L W Γ Θ λ 565. 700 *pm* | ⸀¹λοιπον W | ° C* W *pc* | ⸀²ηυκ- C W λ 33 *pm* ¦ ευκαιρως ειχον D lat

Luk.: 10 ⸀α א ¦ παντα οσα Θ 659. 1071 *pc* | ⸆*p)* και οσα εδιδαξαν A

1sqq cf 9sqq || *1* ἀπόστολοι hapaxl. in Mc et Mt 10, 2 || *6sqq* cf Mc 2, 2. 15; 3, 20 || *7sq* cf Mc 6, 32 sqq par *(= nr 146)*; 8, 1 sqq par *(= nr 153)* || *9sqq cf 1sqq*

146. Speisung der Fünftausend

(cf. nr. 153)

Quinque milia saturantur — **Five Thousand are Fed**

Matth. 14, 13-21
9, 36; 15, 32-39; 16, 5-12

(nr. 144 14, 3-12 p. 203)

13 ⸂Ἀκούσας δὲ⸃ ὁ Ἰησοῦς ἀνεχώρησεν ἐκεῖθεν ⸋ἐν πλοίῳ⸌ εἰς ἔρημον τόπον κατ' ἰδίαν· καὶ ἀκούσαντες οἱ ὄχλοι ἠκολούθησαν αὐτῷ ⸀πεζῇ ἀπὸ τῶν πόλεων.

Mark. 6, 32-44
8, 1-10; 8, 14-21

32 Καὶ ⸂ἀπῆλθον ἐν τῷ πλοίῳ εἰς ἔρημον τόπον⸃ κατ' ἰδίαν. 33 καὶ εἶδον ⸂αὐτοὺς ὑπάγοντας⸃ καὶ ⸀ἐπέγνωσαν⸆ πολλοὶ καὶ πεζῇ ἀπὸ πασῶν τῶν πόλεων

Luk. 9, 10b-17

10b Καὶ παραλαβὼν αὐτοὺς ὑπεχώρησεν κατ' ἰδίαν εἰς ⸂πόλιν καλουμένην ⸀Βηθσαϊδά⸃.
11 οἱ δὲ ὄχλοι γνόντες ἠκολούθησαν αὐτῷ·

Joh. 6, 1-15

(nr. 141 5, 2-47 p. 197)

1 Μετὰ ταῦτα ἀπῆλθεν ὁ Ἰησοῦς πέραν τῆς θαλάσσης ⸋τῆς Γαλιλαίας⸌ ⸆τῆς Τιβεριάδος. 2 ⸂ἠκολούθει δὲ⸃ αὐτῷ ὄχλος πολύς, ὅτι ⸀ἐθεώρουν τὰ σημεῖα ἃ ἐποίει

Matth.: 13 ⸂και ακ. C ℜ W Δ 0106. 0136 *pm* | ⸋ Γ *pc* sy^s.c | ⸀πεζοι א L Z *al*

Mark.: 32 ⸂*1* (-θεν *al*) *5-7 3 4* ℜ A W (λ) φ 565. 700 *pm* ¦ αναβαντες εις το πλοιον *1 5-7* D lat sa ¦ *txt* ℌ (— τω א *pc*) Θ 0187 *al* || 33 ⸂αυτον υπ-οντες οι οχλοι W (φ *pc*) sa ¦ αυτον υπαγοντα Θ 108. 700 | ⸀εγν- B* D λ | ⸆αυτους א A N Δ 33 *al* f q ¦ αυτον ℜ φ *al* ¦ *txt* B D W Θ λ 700 *al* lat

Luk.: 10 ⸂κωμην λεγομενην Β. D ¦ *p)* τοπον ερημον א*.2 *al* sy^c (+ Β. sy^p) bo^pt ¦ κωμην καλ. Β. εις τοπ. ερ. Θ ¦ τοπ. ερ. πολεως καλουμενης Β. C ℜ (A) W *pm* ¦ *ead., sed* — ερ. λ 700 (sy^s) ¦ *txt* 𝔓^75 B א^1 L Ξ 33 *pc* | ⸀-δαν ℜ A L W Γ Δ Θ *al*

Joh.: 1 ⸋ (G) N 0210 *pc* | ⸆εις τα μερη D Θ *pc* b e r^1 ¦ και V *pc* f || 2 ⸂και ηκ. ℜ A Γ Δ Θ 063 *pm* f q vg | ⸀† εωρων 𝔓^66* א ℜ 063. 0273 λ *pm* ¦ θεωρουντες (— οτι) W; (Epiph) ¦ *txt* 𝔓^66c (𝔓^75) ℌ A D L N Ψ (Θ φ) 053 *al*

1-69 cf *79-96. 102 sqq* || *3(Lc)* cf Lc 10, 13; Mt 11, 21 || *6sqq* cf Mc 6, 54 sq || *6sq (Jo)* cf *19 sq*

[Matth. 14,13-21]

14 Καὶ °ἐξελθὼν⸆ εἶδεν ⸉πολὺν ὄχλον⸊ καὶ ἐσπλαγχνίσθη ⸂ἐπ' αὐτοῖς⸃ καὶ ἐθεράπευσεν τοὺς ⸀ἀρρώστους αὐτῶν. 15 Ὀψίας δὲ γενομένης προσῆλθον αὐτῷ οἱ μαθηταὶ ⸆ λέγοντες· ἔρημός ἐστιν ὁ τόπος καὶ ἡ ὥρα ⸉ἤδη παρῆλθεν⸊· ἀπόλυσον ⸆ τοὺς ὄχλους, ἵνα ἀπελθόντες εἰς τὰς ⸆¹ ⸀κώμας ἀγοράσωσιν ἑαυτοῖς βρώματα. 16 ὁ δὲ °[Ἰησοῦς] εἶπεν αὐτοῖς· οὐ χρείαν ἔχουσιν ἀπελθεῖν, δότε ⸉αὐτοῖς ὑμεῖς φαγεῖν.

[Mark. 6,32-44]

συνέδραμον °ἐκεῖ καὶ ⸂προῆλθον αὐτούς⸃. 34 Καὶ ἐξελθὼν ⸂εἶδεν πολὺν ὄχλον⸃ καὶ ἐσπλαγχνίσθη ἐπ' ⸀αὐτούς, ὅτι ἦσαν ⸋ὡς πρόβατα⸌ μὴ ἔχοντα ποιμένα, καὶ ἤρξατο διδάσκειν αὐτοὺς °πολλά. 35 ⸂Καὶ ἤδη⸃ ὥρας πολλῆς ⸀γενομένης προσελθόντες ⸉αὐτῷ οἱ μαθηταὶ °αὐτοῦ ⸁ἔλεγον ὅτι ἔρημός ἐστιν ὁ τόπος καὶ ⸄ἤδη ὥρα πολλή⸅· 36 ἀπόλυσον ⸆ ⸀αὐτούς, ἵνα ἀπελθόντες εἰς ⸂τοὺς κύκλῳ ἀγροὺς καὶ κώμας⸃ ἀγοράσωσιν ⸄ἑαυτοῖς τί φάγωσιν⸅. 37 ὁ δὲ ἀποκριθεὶς εἶπεν °αὐτοῖς⸆· δότε αὐτοῖς ὑμεῖς φαγεῖν. καὶ λέγουσιν αὐτῷ· ἀπελ-

[Luk. 9,10b-17]

καὶ ⸀ἀποδεξάμενος αὐτοὺς ⸁ἐλάλει αὐτοῖς περὶ τῆς βασιλείας τοῦ θεοῦ, καὶ τοὺς χρείαν ἔχοντας θεραπείας ⸆ ⸀¹ἰᾶτο. 12 Ἡ δὲ ἡμέρα ἤρξατο κλίνειν· προσελθόντες δὲ οἱ δώδεκα εἶπαν αὐτῷ· ἀπόλυσον ⸂τὸν ὄχλον⸃, ἵνα ⸀πορευθέντες εἰς τὰς κύκλῳ κώμας καὶ ⸆ ἀγροὺς καταλύσωσιν ⸋καὶ εὕρωσιν ἐπισιτισμόν⸌, ὅτι ὧδε ἐν ἐρήμῳ τόπῳ ἐσμέν. 13 εἶπεν δὲ ⸂πρὸς αὐτούς⸃· δότε αὐτοῖς ⸉ὑμεῖς φαγεῖν⸊.

[Joh. 6,1-15]

⸀ἐπὶ τῶν ἀσθενούντων. 3 ⸀ἀνῆλθεν ⸁δὲ εἰς τὸ ὄρος ⸆ Ἰησοῦς καὶ ⸂ἐκεῖ ἐκάθητο⸃ μετὰ τῶν μαθητῶν αὐτοῦ. 4 ⸋⸉ἦν δὲ ἐγγὺς⸊ ⸋¹τὸ πάσχα⸌, ἡ ἑορτὴ τῶν Ἰουδαίων.⸌ 5 Ἐπάρας οὖν τοὺς ὀφθαλμοὺς ὁ Ἰησοῦς καὶ θεασάμενος ὅτι ⸉πολὺς ὄχλος⸊ ἔρχεται πρὸς αὐτὸν ⸆λέγει πρὸς ⸆Φίλιππον· πόθεν ⸀ἀγοράσωμεν ἄρτους ἵνα ⸉¹φάγωσιν οὗτοι⸊; 6 τοῦτο δὲ ἔλεγεν πειράζων αὐτόν· αὐτὸς γὰρ ᾔδει τί ⸀ἔμελλεν ποιεῖν. 7 ⸀ἀπεκρίθη ⸁αὐτῷ °[ὁ] Φίλιππος·

Matth.: 14 ° sy$^{s.c}$ | ⸆ ο Ιησους C𝔎(L)WΔ **067** *pm* | ⸉ DΣ 33. 700 *pc* | ⸂ επ αυτους Φ 33 *pc* ¦ περι αυτων D | ⸀ αρρωστουντας D || 15 ⸆ *p)* αυτου C𝔎DWΘ λ φ *pl*; Or^{pt} | ⸉ ℵZ 1 *pc*; Or | ⸆ † ουν ℵCZ λ *pc* ¦ *txt* B𝔎DWΘ **067. 0106** *pl* latt; Or^{pt} | ⸆¹ *p)* κυκλω C*Θ 33. 700 *pc* sa^{pt} | ⸀ χωρας ℵ*Δ sa^{pt} || 16 ° ℵ*D *pc* e k sy sa^{pt} bo ¦ *txt* BC𝔎WΘ **067. 0106** *pl* lat | ⸉ *p.* φαγειν D

Mark.: 33 ° sy$^{s.p}$ sa bo | ⸂ συνηλθον αυτου D (28) *pc* b ¦ ηλθον αυτου (λ) 565 ff^{2} i r^{1} ¦ προηλθ. αυτον εκει sy^{p} ¦ προηλθον αυτους και συνηλθον προς αυτον 𝔓^{84vid} 𝔎(A) *pm* ¦ προσηλθ. α. L *pc* ¦ προσ. αυτοις Θ ¦ — (*et* και) W sy^{s} ¦ *txt* ℌ *al* lat || 34 ⸂ ο Ιησους *1-3* 𝔓^{84vid} A N U 892 *al* ¦ *1 3 2* ℵΘΣ(579) *pc* ¦ *1-3* ο Ιησους D *al* lat ¦ *1* ο Ιησ. *2 3* 𝔎 *al* | ⸀ αυτοις 𝔓^{84vid} 𝔎 A L W Γ Δ Θ λ φ *pm* | ⸋ ℵ* | ° Θ sy^{s} || 35 ⸂ ηδη δε DΘ 565. 700 a | ⸀ γιν- ℵ D latt | ⸉ *p.* μαθ. A ¦ *p.* ελεγον D 565. 700 *al* it ¦ — ℵ*Θ *al* | ° A W λ *al* | ⸁ λεγουσιν 𝔎 A D W λ φ 565. 700 *pl* | ⸄ *1 2* παρηλθεν W lat ¦ η *2 1 3* λ 569 *pc* it || 36 ⸆ ουν Θ 565 a | ⸀ *p)* τους οχλους Θ | ⸂ *1-3* Δ ¦ τας *2 5* sy^{s} ¦ τας *2 5 4 3* λ ¦ *1* εγγιστα *3 4* εις τας *5* ινα D (lat) | ⸄ *p) 1* βρωματα *2 3* ℵΘ ¦ *1* αρτους *2* γαρ *3* ουκ εχουσιν 𝔓^{84vid} 𝔎 A N Γ (λ) φ 33 *al* sy^{p} || 37 ° A L λ *pc* | ⸆ ο Ιησους (και *loco* ο δε) D it

Luk.: 11 ⸀ δεξαμενος C𝔎A(W)Δ *pm* | ⸁ ελαλησεν ℵ | ⸆ αυτου παντας D | ⸀¹ ιασατο C L Ξ φ 33 *al* || 12 ⸂ *p)* τους -λους 𝔓^{75} ℵ^{corr} 28 *pc* bo | ⸀ *p)* απελθοντες 𝔎WΔΘ λ *pm* lat | ⸆ τους C𝔎ADWΘ *pm* | ⸋ D || 13 ⸂ πρ. αυτ. ο Ιησους C it sy$^{c.p}$ ¦ αυτοις ℵLΞ *pc* | ⸉ B ¦ *txt* ℌ𝔎ADWΘλφ *pl* it

Joh.: 2 ⸀ περι ℵ || 3 ⸀ απηλθεν (και απ. ℵ*) D *pc* a aur ff^{2} l | ⸁ ουν D W λ 13. 69 *pc* lat; Epiph | ⸆ ο 𝔎AΘ λ φ *pl* ¦ *txt* 𝔓^{66} Bℵ*DW | ⸂ *2 1* U λ *pc* ¦ εκαθεζετο ℵ* *pc* ¦ εκει εκαθεζετο 𝔓^{66} ℵ^{corr} (⸉D) φ; Epiph || 4 ⸋ *vs* 472 (850) | ⸉ *3 2 1* D | ⸋¹ Or (?); [H (susp. read.) *cj propter patres non paucos de pascha silentes*] || 5 ⸉ 𝔓^{66*} ℵDΘ lat | ⸆ και D | ⸆ τον 𝔎AΓΘ 063 λ φ *pl* | ⸀ *p)* -σωσιν 𝔓^{75vid} | ⸉¹ ℵG a || 6 ⸀ ημελλεν 𝔓^{66} 𝔎DΘ λ *pm* || 7 ⸀ αποκρινεται ℵ*D *pc* | ⸁ ουν ℵ* ¦ ουν αυτω 𝔓^{66} ¦ — e | ° 𝔓^{75} B𝔎ADΘλφ *pm* ¦ *txt* 𝔓^{66} ℵ L W *al*

7sqq cf Mt 5,1; 15,29; *cf 76sqq* || *10sq* cf Jo 2,13; 11,55 || *12sqq* cf Ex 16,4; 1Rg 17,8-16; 2Rg 4,42-44 || *15sqq* Nu 27,17; cf Ez 34,5; 1Rg 22,17; *cf 73sqq(Mt)* || *19sq* cf *6sq(Jo)* || *26(Jo)* cf Jo 1,43sqq; 12,21sq; *cf 32(Jo)* || *27sq* cf *32sqq(Mc)* || *32sqq(Mc)* cf Jo 4,8; *cf 27sq* || *32(Jo)* cf ad 26(Jo)

[Matth. 14,13-21]

17 οἱ δὲ λέγουσιν αὐτῷ·

οὐκ ἔχομεν ὧδε εἰ μὴ πέντε ⸉ἄρτους καὶ δύο ἰχθύας.

cf. v. 21

18 ὁ δὲ εἶπεν· φέρετέ μοι ⸂ὧδε αὐτούς⸃. 19 καὶ ⸀κελεύσας ⸂τοὺς ὄχλους⸃ ἀνακλιθῆναι ἐπὶ ⸂τοῦ χόρτου⸃,

⸀λαβὼν τοὺς πέντε ἄρτους καὶ τοὺς δύο ἰχθύας, ἀναβλέψας εἰς τὸν οὐρανὸν εὐλόγησεν καὶ κλάσας ἔδωκεν τοῖς μαθηταῖς ⸆ τοὺς ἄρτους, οἱ δὲ μαθηταὶ τοῖς ὄχλοις.

[Mark. 6,32-44]

θόντες ⸀ἀγοράσωμεν δηναρίων διακοσίων ἄρτους⁚ καὶ ⸀δώσομεν αὐτοῖς φαγεῖν⸆ :1; 38 ⸂ὁ δὲ λέγει αὐτοῖς⸃· πόσους ⸉ἄρτους ἔχετε⸊; ὑπάγετε ⸆ἴδετε. καὶ °γνόντες λέγουσιν⸆·

πέντε⸆1, καὶ δύο ἰχθύας.

cf. v. 44

39 καὶ ἐπέταξεν ⸀αὐτοῖς ⸀ἀνακλῖναι °πάντας ⸂συμπόσια συμπόσια⸃ ἐπὶ τῷ χλωρῷ χόρτῳ. 40 καὶ ἀνέπεσαν πρασιαὶ °πρασιαὶ ⸋⸀κατὰ ἑκατὸν καὶ ⸀κατὰ πεντήκοντα⸌. 41 καὶ λαβὼν τοὺς °πέντε ἄρτους καὶ τοὺς °δύο ἰχθύας ἀναβλέψας εἰς τὸν οὐρανὸν ⸀εὐλόγησεν καὶ κατέκλασεν τοὺς ⸆ἄρτους καὶ ἐδίδου τοῖς μαθηταῖς °1[αὐτοῦ] ἵνα ⸀παρατιθῶσιν ⸀1αὐτοῖς, καὶ τοὺς δύο ἰχθύας ἐμέρισεν πᾶσιν.

[Luk. 9,10b-17]

οἱ δὲ εἶπαν·

οὐκ εἰσὶν ἡμῖν ⸂πλεῖον ἢ⸃ ⸂ἄρτοι πέντε⸃ καὶ ⸉ἰχθύες δύο⸊, εἰ μήτι ⸉1πορευθέντες ἡμεῖς⸊ ⸀ἀγοράσωμεν εἰς πάντα τὸν λαὸν τοῦτον βρώματα⁚. 14 ἦσαν ⸀γὰρ ⸂ὡσεὶ ἄνδρες⸃ πεντακισχίλιοι. εἶπεν δὲ πρὸς τοὺς μαθητὰς αὐτοῦ·

κατακλίνατε αὐτοὺς κλισίας °[ὡσεὶ] ἀνὰ ⸆πεντήκοντα. 15 καὶ ἐποίησαν οὕτως ⸋καὶ ⸀κατέκλιναν ⸀ἅπαντας⸌.

16 λαβὼν δὲ τοὺς πέντε ἄρτους καὶ τοὺς δύο ἰχθύας ἀναβλέψας εἰς τὸν οὐρανὸν ⸆εὐλόγησεν ⸀αὐτοὺς ⸋καὶ κατέκλασεν⸌ καὶ ἐδίδου τοῖς μαθηταῖς ⸀παραθεῖναι ⸂τῷ ὄχλῳ⸃.

[Joh. 6,1-15]

διακοσίων δηναρίων ἄρτοι οὐκ ἀρκοῦσιν °αὐτοῖς ἵνα ἕκαστος ⸆ βραχύ °1[τι] λάβῃ.

8 λέγει αὐτῷ εἷς ἐκ τῶν μαθητῶν αὐτοῦ,⸆ Ἀνδρέας ὁ ἀδελφὸς Σίμωνος Πέτρου· 9 ἔστιν παιδάριον⸆ ὧδε ὃς ἔχει πέντε ἄρτους κριθίνους καὶ δύο ὀψάρια· ἀλλὰ ⸉ταῦτα °τί ἐστιν εἰς τοσούτους;

cf. v. 10

10 εἶπεν ⸆ ὁ Ἰησοῦς·

ποιήσατε τοὺς ἀνθρώπους ἀναπεσεῖν. ἦν δὲ χόρτος πολὺς ἐν τῷ τόπῳ. ἀνέπεσαν οὖν °οἱ ἄνδρες τὸν ἀριθμὸν ⸀ὡς ⸀πεντακισχίλιοι. 11 ⸂ἔλαβεν οὖν⸃ τοὺς ἄρτους ὁ Ἰησοῦς

καὶ ⸀εὐχαριστήσας

διέδωκεν⸃

⸆

τοῖς ἀνακειμένοις ὁμοίως καὶ ἐκ τῶν ὀψαρίων ὅσον ἤθελον.

Matth.: 17 ⸉p. ωδε ℵ* || 18 ⸂2 1 C ℜ L W Δ 0106 *pl* ¦ 2 D Θ 1.700 *pc* it sy^s.c ¦ *txt* ℵ B Z 33 || 19 ⸀εκελευσεν ℵ Z *pc* | ⸂τον -λον D 892 lat | ⸂τους χορτους ℜ 0106 *al* ¦ τον -τον D *pc* | ⸀και λαβ. ℵ C* W 067 *al* ¦ ελαβεν D | ⸆αυτου Θ 047 φ 892 it sy sa^pt

Mark.: 37 ⸀-σομεν L* λ *al* | [⁚; *et* :1. W] | ⸀-σωμεν ℵ D N φ 892 *al* ¦ δωμεν ℜ W Γ Θ λ 579.700 *pm* ¦ *txt* 𝔓45 B A L Δ *pc* latt | ⸆*p)* ινα εκαστος αυτων βραχυ τι λαβη W (φ) sa || 38 ⸂και λ. αυτ. ο Ιησους D it | ⸉B L Δ Θ 0187^vid *pc* ¦ *txt* 𝔓45 ℵ ℜ A D N W λ φ *pl* latt | ⸆και ℜ A N Δ Θ Σ Φ φ 565.579.700.892 *pm* lat | ° sy^s | ⸆αυτω A D N Θ 565.579.700 *al* it sy^s.p sa^pt | ⸆1 αρτους D 565.579 it sy^s.p bo || 39 ⸀ο Ιησους D | ⸀† ανακλιθηναι B* ℵ Θ 0187 λ φ *al* ¦ *txt* B² ℜ A D W *pm* | ° 𝔓45vid 700 bo^pt | ⸂συμπ. L W Θ *al* ¦ κατα την συμποσιαν D (*ex lat?*) ¦ — a sy^s || 40 ° ℵ L Δ | ⸋ 𝔓45 | ⸀(*bis*) ανα 𝔓84 *rell*; Or ¦ *txt* (*bis*) B ℵ D || 41 ° (*bis*) 𝔓45 | ⸀ηυλ- 𝔓45 L W Δ 0167 *pc* | ⸆πεντε D W it | °1 † B ℵ L *pc* d ¦ *txt* 𝔓45 ℜ A D W Θ λ φ *pl* lat sy^s.p | ⸀παραθωσιν 𝔓45 ℵ^corr ℜ A D N Θ λ φ *pl* | ⸀1 κατεναντι αυτων D (*ex latt?*)

Luk.: 13 ⸂ἢ 579 ¦ πλ. ει μη N 4 *pc* ¦ πλειονες ℵ* | ⸂π. αρτων W ¦ (Mc 8,5 par) επτα αρτοι C ¦ *p)* π. α-οι *rell* ¦ *txt* B ℵ* 115.579 | ⸉D L R Ξ Ψ *al* lat | ⸉1 D 157 *pc* lat | ⸀-σομεν 1 *al* | [⁚; comm] || 14 ⸀δε ℵ* L *pc* a aur e vg bo^pt | ⸂ανδρ. ως D (ωσει λ) a e f ¦ ανδρες q sy^s.c bo | ° ℜ A W Θ λ φ *pl* lat ¦ *txt* B ℵ C D Ξ *pc* e | ⸆*p)* εκατον και ανα Θ || 15 ⸋ D | ⸀ανεκλ- C ℜ A W Δ Θ *pm* | ⸀παντας ℵ L 33.700 *al* ¦ αυτους λ || 16 ⸆προσηυξατο και D | ⸀επ α. D it sy^(s)c; Mcion ¦ *p)* — ℵ *pc* sy^p | ⸋ D q | ⸀-τιθεναι ℜ A D W φ *pm* | ⸂τοις -λοις D lat

Joh.: 7 ° ℵ ff² | ⸆αυτων ℜ D Γ Δ λ φ *al* | °1 𝔓75 B D 063 it ¦ *txt* 𝔓66 ℵ ℜ A W Θ *pl* lat || 8 ⸆ονοματι sy^s.c || 9 ⸆ἓν ℜ A Γ Δ Θ 063 *al* lat | ⸉*p.* εστιν 𝔓66* 473 e | ° D* || 10 ⸆δε ℜ A W Θ 063 λ φ *pm* b q ¦ ουν 𝔓66 D G 0141.33.1241 *pc* lat ¦ *txt* 𝔓75 B ℵ L *pc* a | ° 𝔓66* D L N W λ 33. 565.579.1241 *al* | ⸀ωσει 𝔓28vid.66 ℜ A Γ Δ Θ 063 λ φ *pm* | ⸀τρισχιλιοι ℵ* || 11 ⸂ελ. δε ℵ* ℜ Γ Δ *pm* b r¹ ¦ και λαβων G Θ λ φ 565 | ⸀ευχαριστησεν και εδωκεν ℵ D (𝔓28.66 Γ *al*) it | ⸆*p)* τοις μαθηταις, οι δε μαθηται ℜ D Θ φ *pm* b e j

---

38 sq (Jo) cf Jo 1,40.44; 12,22 || 41 sq cf Jo 21,9.13 || 41 (Jo) cf 2 Rg 4,42 sq || 48 sq (Mc) cf Mc 6,7; Mt 13,30 app; 2 Rg 3,16; 17,29 || 54 cf Mc 7,34; Jo 11,41; 17,1 || 55 sqq cf Mt 26,26 sqq; Mc 14,22 sqq; Lc 22,19; 1 Cor 11,24; Lc 24,30; Act 27,35

[Matth. 14,13-21]

20 καὶ ἔφαγον πάντες καὶ ἐχορτάσθησαν,

καὶ ἦραν τὸ περισσεῦον τῶν κλασμάτων δώδεκα κοφίνους πλήρεις.

21 οἱ δὲ ἐσθίοντες ἦσαν ἄνδρες ⸀ὡσεὶ πεντακισχίλιοι χωρὶς ⸉γυναικῶν καὶ παιδίων⸊.

9,36 (nr. 98, p. 137)

36 Ἰδὼν δὲ τοὺς ὄχλους ἐσπλαγχνίσθη περὶ αὐτῶν, ὅτι ἦσαν ἐσκυλμένοι καὶ ἐρριμμένοι ὡσεὶ πρόβατα μὴ ἔχοντα ποιμένα.

[Mark. 6,32-44]

42 καὶ ἔφαγον ⸉πάντες καὶ ἐχορτάσθησαν,

43 καὶ ἦραν ⸀κλάσματα δώδεκα κοφίνων πληρώματα καὶ ἀπὸ τῶν⸆ ἰχθύων.

44 καὶ ἦσαν οἱ φαγόντες ⸋[τοὺς ἄρτους]⸌ ⸆πεντακισχίλιοι ἄνδρες.

[Luk. 9,10b-17]

17 καὶ ἔφαγον καὶ ἐχορτάσθησαν πάντες,

καὶ ἤρθη τὸ ⸀περισσεῦσαν ⸁αὐτοῖς κλασμάτων⁚ κόφινοι ⸀¹δώδεκα.

(nr. 158 9,18-21 p. 229)

cf. v. 14

[Joh. 6,1-15]

12 ὡς δὲ ἐνεπλήσθησαν, λέγει τοῖς μαθηταῖς αὐτοῦ· συναγάγετε τὰ περισσεύσαντα κλάσματα, ἵνα μή τι ἀπόληται.

13 συνήγαγον οὖν ⸆ καὶ ἐγέμισαν δώδεκα κοφίνους κλασμάτων ἐκ τῶν πέντε ἄρτων τῶν κριθίνων ἃ ⸀ἐπερίσσευσαν τοῖς βεβρωκόσιν. cf. v. 10

14 Οἱ οὖν ἄνθρωποι ἰδόντες ⸂ὃ ἐποίησεν σημεῖον⸃ ⸆ ἔλεγον °ὅτι οὗτός ἐστιν °¹ἀληθῶς ὁ προφήτης ὁ ⸉ἐρχόμενος εἰς τὸν κόσμον⸊.

15 Ἰησοῦς οὖν γνοὺς ὅτι μέλλουσιν ἔρχεσθαι καὶ ἁρπάζειν αὐτὸν ⸂ἵνα ποιήσωσιν⸃ βασιλέα, ⸀ἀνεχώρησεν πάλιν εἰς τὸ ὄρος αὐτὸς μόνος ⸆.

Matth. 15,32-39 (nr. 153, p. 222)

32 Ὁ δὲ Ἰησοῦς προσκαλεσάμενος τοὺς μαθητὰς αὐτοῦ εἶπεν· σπλαγχνίζομαι ἐπὶ τὸν ὄχλον, ὅτι ἤδη ἡμέραι τρεῖς προσμένουσίν μοι καὶ οὐκ ἔχουσιν τί φάγωσιν· καὶ ἀπολῦσαι αὐτοὺς νήστεις οὐ θέλω, μήποτε ἐκλυθῶσιν ἐν τῇ ὁδῷ.

33 καὶ λέγουσιν αὐτῷ οἱ μαθηταί· πόθεν ἡμῖν ἐν ἐρημίᾳ ἄρτοι τοσοῦτοι ὥστε χορτάσαι ὄχλον τοσοῦτον;

34 καὶ λέγει αὐτοῖς ὁ Ἰησοῦς· πόσους ἄρτους ἔχετε; οἱ δὲ εἶπαν· ἑπτὰ καὶ ὀλίγα ἰχθύδια.

35 καὶ παραγγείλας τῷ ὄχλῳ ἀναπεσεῖν ἐπὶ τὴν γῆν

36 ἔλαβεν τοὺς ἑπτὰ ἄρτους καὶ τοὺς ἰχθύας καὶ εὐχαριστήσας ἔκλασεν καὶ ἐδίδου τοῖς μαθηταῖς, οἱ δὲ μαθηταὶ τοῖς ὄχλοις.

37 καὶ ἔφαγον πάντες καὶ ἐχορτάσθησαν. καὶ τὸ περισσεῦον τῶν κλασμάτων ἦραν

Mark. 8,1-10 (nr. 153, p. 222)

1 Ἐν ἐκείναις ταῖς ἡμέραις πάλιν πολλοῦ ὄχλου ὄντος καὶ μὴ ἐχόντων τί φάγωσιν, προσκαλεσάμενος τοὺς μαθητὰς λέγει αὐτοῖς·

2 σπλαγχνίζομαι ἐπὶ τὸν ὄχλον, ὅτι ἤδη ἡμέραι τρεῖς προσμένουσίν μοι καὶ οὐκ ἔχουσιν τί φάγωσιν·

3 καὶ ἐὰν ἀπολύσω αὐτοὺς νήστεις εἰς οἶκον αὐτῶν, ἐκλυθήσονται ἐν τῇ ὁδῷ· καί τινες αὐτῶν ἀπὸ μακρόθεν ἥκασιν.

4 καὶ ἀπεκρίθησαν αὐτῷ οἱ μαθηταὶ αὐτοῦ ὅτι πόθεν τούτους δυνήσεταί τις ὧδε χορτάσαι ἄρτων ἐπ᾽ ἐρημίας;

5 καὶ ἠρώτα αὐτούς· πόσους ἔχετε ἄρτους; οἱ δὲ εἶπαν· ἑπτά.

6 καὶ παραγγέλλει τῷ ὄχλῳ ἀναπεσεῖν ἐπὶ τῆς γῆς· καὶ λαβὼν τοὺς ἑπτὰ ἄρτους εὐχαριστήσας ἔκλασεν καὶ ἐδίδου τοῖς μαθηταῖς αὐτοῦ ἵνα παρατιθῶσιν, καὶ παρέθηκαν τῷ ὄχλῳ.

7 καὶ εἶχον ἰχθύδια ὀλίγα· καὶ εὐλογήσας αὐτὰ εἶπεν καὶ ταῦτα παρατιθέναι.

8 καὶ ἔφαγον καὶ ἐχορτάσθησαν, καὶ ἦραν περισσεύματα κλασμάτων

Luk.

Joh.

Matth.: 21 ⸀ως D Δ Θ 067. 1. 33 *pc* ¦ — W 0106 it | ⸉ *3 2 1* D (Θ 1) it sy^s sa bo

Mark.: 42 ⸉ *p.* εχορτ. λ *pc* ¦ — 33 || 43 ⸀ *p)* -ατων ℵ 𝔎 A D W Θ *pm* ¦ *txt* 𝔓45 B *pc* | ⸆ δυο ℵ φ (sy^s) || 44 ⸋ *p)* 𝔓45 ℵ D W Θ λ 565. 700 *al* lat sy^s sa ¦ *txt* B 𝔎 A *pm* f | ⸆ ως ℵ Θ 565. 700 ¦ ωσει λ *al*

Luk.: 17 ⸀-σσευμα D W φ *pc* | ⸁ αυτων των W ¦ των ℵ D e | [⁚, W] | ⸀¹ δεκαδυο D

Joh.: 13 ⸆ τα περισσευματα (e) sy^{s.c} bo | ⸀-σεν ℌ 𝔎 A (Θ) λ φ *pl* ¦ *txt* 𝔓75 B D W 091 *pc* || 14 ⸂ α επ. σημεια 𝔓75 B 091 *pc* a | ⸆ ο Ιησους 𝔎 A L Γ Δ Θ 063 λ φ *pl* f q vg^{s.cl} ¦ *txt* 𝔓75 B ℵ D W 091 *pc* it | ° ℵ W *pc* a b q r^1 | °¹ D 579 *pc* | ⸉ *2-4 1* ℵ D Θ *pc* it || 15 ⸂ και αναδεικνυναι ℵ* (q) ¦ *1 2* αυτον 𝔎 D Γ Δ Θ 063 φ *pm* lat ¦ *txt* 𝔓75 B ℵ^2 A L W λ *al* | ⸀ φευγει ℵ* lat sy^c | ⸆ (Mc 6,46) κακει προσηυχετο D

---

64 sq cf 2 Rg 4,43 sq || 72 sq cf Jo 1,21; 7,40; Dt 18,15 etc || 73 sqq (Mt) cf 15 sqq || 74 sq (Jo) cf Jo 2,25 || 76 sqq cf ad 7 sq || 79-96 cf 1-69. 102 sqq

[Matth. 15, 32-39]

ἑπτὰ σπυρίδας πλήρεις. [38] οἱ δὲ ἐσθίοντες ἦσαν τετρακισχίλιοι ἄν-
δρες χωρὶς γυναικῶν καὶ παιδίων. [39] Καὶ ἀπολύσας τοὺς ὄχλους
ἐνέβη εἰς τὸ πλοῖον καὶ
ἦλθεν εἰς τὰ ὅρια Μαγαδάν.

[Mark. 8, 1-10]

ἑπτὰ σπυρίδας. [9] ἦσαν δὲ ὡς τετρακισχίλιοι.
καὶ ἀπέλυσεν αὐτούς.
[10] Καὶ εὐθὺς ἐμβὰς εἰς τὸ πλοῖον μετὰ τῶν μαθητῶν αὐτοῦ
ἦλθεν εἰς τὰ μέρη Δαλμανουθά.

Luk. | Joh.

16, 5-12 *(nr. 155, p. 226)*

[5] Καὶ ἐλθόντες οἱ μαθηταὶ εἰς τὸ πέραν ἐπελάθοντο ἄρτους λαβεῖν.
[6] ὁ δὲ
Ἰησοῦς εἶπεν αὐτοῖς· ὁρᾶτε καὶ προσέχετε ἀπὸ τῆς ζύμης τῶν
Φαρισαίων καὶ Σαδδουκαίων. [7] οἱ δὲ διελογίζοντο ἐν ἑαυτοῖς
λέγοντες ὅτι ἄρτους οὐκ ἐλάβομεν. [8] γνοὺς δὲ ὁ Ἰησοῦς εἶπεν·
τί διαλογίζεσθε ἐν ἑαυτοῖς, ὀλιγόπιστοι, ὅτι ἄρτους οὐκ ἔχετε;
[9] οὔπω νοεῖτε,
οὐδὲ μνημονεύετε τοὺς πέντε ἄρτους
τῶν πεντακισχιλίων καὶ πόσους κοφίνους
ἐλάβετε; [10] οὐδὲ τοὺς ἑπτὰ ἄρτους
τῶν τετρακισχιλίων καὶ πόσας σπυρίδας
ἐλάβετε; [11] πῶς οὐ νοεῖ-
τε ὅτι οὐ περὶ ἄρτων εἶπον ὑμῖν; προσέχετε δὲ ἀπὸ τῆς ζύμης τῶν
Φαρισαίων καὶ Σαδδουκαίων. [12] τότε συνῆκαν ὅτι οὐκ εἶπεν προσ-
έχειν ἀπὸ τῆς ζύμης τῶν ἄρτων ἀλλὰ ἀπὸ τῆς διδαχῆς τῶν Φα-
ρισαίων καὶ Σαδδουκαίων.

8, 14-21 *(nr. 155, p. 226)*

[14] Καὶ ἐπελάθοντο λαβεῖν ἄρτους
καὶ εἰ μὴ ἕνα ἄρτον οὐκ εἶχον μεθ' ἑαυτῶν ἐν τῷ πλοίῳ. [15] καὶ
διεστέλλετο αὐτοῖς λέγων· ὁρᾶτε, βλέπετε ἀπὸ τῆς ζύμης τῶν
Φαρισαίων καὶ τῆς ζύμης Ἡρῴδου. [16] καὶ διελογίζοντο πρὸς ἀλ-
λήλους ὅτι ἄρτους οὐκ ἔχουσιν. [17] καὶ γνοὺς λέγει αὐτοῖς·
τί διαλογίζεσθε ὅτι ἄρτους οὐκ ἔχετε;
οὔπω νοεῖτε οὐδὲ συνίετε; πεπωρωμένην ἔχετε τὴν καρδίαν
ὑμῶν; [18] ὀφθαλμοὺς ἔχοντες οὐ βλέπετε καὶ ὦτα ἔχοντες
οὐκ ἀκούετε; καὶ οὐ μνημονεύετε, [19] ὅτε τοὺς πέντε ἄρτους
ἔκλασα εἰς τοὺς πεντακισχιλίους, πόσους κοφίνους κλασμάτων
πλήρεις ἤρατε; λέγουσιν αὐτῷ· δώδεκα. [20] ὅτε τοὺς ἑπτὰ
εἰς τοὺς τετρακισχιλίους, πόσων σπυρίδων πληρώματα κλασμάτων
ἤρατε; καὶ λέγουσιν [αὐτῷ]· ἑπτά. [21] καὶ ἔλεγεν αὐτοῖς· οὔπω συνίε-
τε;

102 sqq cf 1-69. 79-96

147. Jesus wandelt auf dem See

Super mare ambulat **The Walking on the Water**

Matth. 14, 22-33

[22] Καὶ
°εὐθέως ἠνάγκασεν⸆ τοὺς μαθητὰς ⸇
ἐμβῆναι εἰς °¹τὸ πλοῖον καὶ προάγειν °²αὐ-
τὸν εἰς τὸ πέραν, ἕως οὗ
ἀπολύσῃ τοὺς ὄχλους. [23] καὶ ⸋ἀπο-
λύσας τοὺς ὄχλους⸌ ἀνέβη εἰς τὸ ὄρος

Mark. 6, 45-52

[45] Καὶ
⸀εὐθὺς⸆ ἠνάγκασεν τοὺς μαθητὰς αὐτοῦ
ἐμβῆναι εἰς °τὸ πλοῖον καὶ προάγειν ⸇
⸋εἰς τὸ πέραν⸌ ⸁πρὸς Βηθσαϊδάν, ἕως
αὐτὸς ⸀¹ἀπολύει τὸν ὄχλον. [46] καὶ ἀπο-
ταξάμενος αὐτοῖς ἀπῆλθεν εἰς τὸ ὄρος

Luk.

Joh. 6, 16-21

[16] ⸂Ὡς δὲ ὀψία ἐγένετο κατέβησαν ⸋οἱ
μαθηταὶ αὐτοῦ⸌ ἐπὶ τὴν θάλασσαν [17] καὶ
⸀ἐμβάντες εἰς ⸆ πλοῖον ⸁ἤρχοντο
⸇πέραν τῆς θαλάσσης εἰς Καφαρναούμ.

Matth.: 22 ° ℵ* C* ff¹ sy^s.c sa^pt ¦ *txt* B ℜ D W Θ **067. 0106** λ φ *pl* lat sy^p sa^pt bo | ⸆ ο Ιησους C³ ℜ L X Γ Θ^corr φ 565. 1241 *pm* it | ⸇ αυτου B E F Θ Π φ *al* it ¦ *txt* ℌ D G W Φ **067. 0106** λ 700 *al* | °¹ B Σ λ 33. 565. 700 *pc*; Eus | °² D it || 23 ⸋ ℵ*

Mark.: 45 ⸀ευθεως ℜ A D N Φ **0167** λ φ *pm*; Or | ⸆ εξεγερθεις D it | ° ℵ Θ 1. 33. 565 *pc* | ⸇ *p)* αυτον D N Θ Φ λ φ 565. 700 *pc* lat sy^s.p sa bo; Or | ⸋ 𝔓^45vid W λ q sy^s | ⸁ εις Θ λ *pc* | ⸀¹ -σῃ 𝔓^45 ℜ A W 33 *pm* ¦ -σει K Γ φ 700 *al* ¦ απελυσεν Θ 565 ¦ *txt* B ℵ D L Δ 1 *al*

Joh.: 16 ⸋ W || 17 ⸀ανα- A K *pc* | ⸆ *p)* το ℜ A D W Θ **063** λ φ *pm* ¦ *txt* 𝔓^75 B ℵ L Δ *al* | ⸁ ερχονται ℵ | ⸇ *p)* εις το D 13. 69 *pc*

1 sqq cf Mt 15, 39; Mc 8, 10 || *4 (Mt)* cf Mt 26, 36 || *4 (Mc)* cf Mc 8, 22; Jo 1, 44; 12, 21 || *5 sq* cf Mc 6, 32 par || *6 sq* cf Lc 6, 12; 9, 18

[Matth. 14, 22-33]

κατ᾽ ἰδίαν προσεύξασθαι. ὀψίας δὲ γενομένης μόνος ἦν ἐκεῖ. 24 τὸ δὲ πλοῖον °ἤδη ⸂σταδίους πολλοὺς ἀπὸ τῆς γῆς ἀπεῖχεν⸃ βασανιζόμενον ὑπὸ τῶν κυμάτων, ἦν γὰρ ἐναντίος ὁ ἄνεμος⸆. 25 ⸂τετάρτῃ δὲ φυλακῇ⸃ τῆς νυκτὸς ⸀ἦλθεν πρὸς αὐτοὺς ⸆ ⸉περιπατῶν ἐπὶ ⸄τὴν θάλασσαν⸅⸊.

26 ⸂οἱ δὲ μαθηταὶ ἰδόντες αὐτὸν⸃ ἐπὶ ⸄τῆς θαλάσσης⸅ ⸉περιπατοῦντα ἐταράχθησαν λέγοντες ὅτι φάντασμά ἐστιν, καὶ ἀπὸ τοῦ φόβου ἔκραξαν.

27 ⸀εὐθὺς δὲ ἐλάλησεν ⸂[ὁ Ἰησοῦς] αὐτοῖς⸃ λέγων· θαρσεῖτε, ἐγώ εἰμι· μὴ φοβεῖσθε. 28 ἀποκριθεὶς δὲ ⸉αὐτῷ ὁ Πέτρος εἶπεν⸊· ⸉κύριε, εἰ σὺ εἶ, κέλευσόν ⸀με ⸉1ἐλθεῖν πρός σε⸊ ἐπὶ τὰ ὕδατα. 29 ὁ δὲ εἶπεν· ἐλθέ. καὶ καταβὰς ἀπὸ τοῦ πλοίου °[ὁ] Πέτρος περιεπάτησεν ἐπὶ τὰ ὕδατα ⸂καὶ ἦλθεν⸃ πρὸς τὸν Ἰησοῦν. 30 βλέπων δὲ τὸν ἄνεμον ⸀[ἰσχυρὸν] ἐφοβήθη, καὶ ἀρξάμενος καταποντίζεσθαι ἔκραξεν λέγων· κύριε, σῶσόν με. 31 ⸀εὐθέως δὲ °ὁ Ἰησοῦς ἐκτείνας τὴν χεῖρα ἐπελάβετο αὐτοῦ καὶ λέγει αὐτῷ· ὀλιγόπιστε, εἰς τί ἐδίστασας; 32 καὶ ⸂ἀναβάντων αὐτῶν⸃ εἰς τὸ πλοῖον ἐκό-

[Mark. 6, 45-52]

προσεύξασθαι. 47 καὶ ὀψίας γενομένης ἦν ⸆ τὸ πλοῖον ἐν ⸂μέσῳ τῆς θαλάσσης⸃, καὶ αὐτὸς μόνος ἐπὶ τῆς γῆς. 48 καὶ ⸀ἰδὼν αὐτοὺς βασανιζομένους ⸂ἐν τῷ ἐλαύνειν⸃, ἦν γὰρ ⸄ὁ ἄνεμος ἐναντίος αὐτοῖς⸅, περὶ τετάρτην φυλακὴν ⸋τῆς νυκτὸς⸌ ἔρχεται ⸆ ⸋1πρὸς αὐτοὺς⸌ περιπατῶν ἐπὶ τῆς θαλάσσης καὶ ἤθελεν παρελθεῖν αὐτούς. 49 οἱ δὲ ἰδόντες αὐτὸν ⸉ἐπὶ τῆς θαλάσσης περιπατοῦντα⸊ ⸂ἔδοξαν ὅτι φάντασμά ἐστιν⸃, καὶ ἀνέκραξαν· 50 πάντες ⸋γὰρ αὐτὸν εἶδον⸌ καὶ ἐταράχθησαν. ⸂ὁ δὲ εὐθὺς⸃ ἐλάλησεν μετ᾽ αὐτῶν, καὶ λέγει αὐτοῖς· θαρσεῖτε, ⸉ἐγώ εἰμι· μὴ φοβεῖσθε⸊.

51 καὶ ἀνέβη πρὸς αὐτοὺς εἰς τὸ πλοῖον καὶ ἐκό-

Luk.

[Joh. 6, 16-21]

⸂καὶ σκοτία ἤδη ἐγεγόνει⸃ καὶ ⸀οὔπω ⸄ἐληλύθει πρὸς αὐτοὺς ὁ Ἰησοῦς⸅,

18 ἥ τε θάλασσα ἀνέμου μεγάλου πνέοντος διεγείρετο.

19 ἐληλακότες οὖν ὡς ⸀σταδίους εἴκοσι πέντε ἢ τριάκοντα θεωροῦσιν °τὸν Ἰησοῦν περιπατοῦντα ἐπὶ ⸂τῆς θαλάσσης⸃ καὶ ἐγγὺς τοῦ πλοίου γινόμενον, καὶ ἐφοβήθησαν.

20 ⸂ὁ δὲ⸃ λέγει αὐτοῖς· ἐγώ εἰμι· ⸋μὴ φοβεῖσθε.⸌

21 ἤθελον οὖν λαβεῖν αὐτὸν εἰς τὸ πλοῖον,

Matth.: 24 °D *pc* lat sy^c.p sa bo | ⸂*p)* μεσον της θαλασσης ην ℵ C 𝔎 (D) W **084. 0106** *pm* lat ¦ *txt* B (Θ) φ *pc* sy^c.p sa (bo) | ⸆*p)* αυτοις Θ Φ (it) || 25 ⸂-της δε -κης D | ⸀απηλθεν C* 𝔎 D W **0106** *al* | ⸆ο Ιησους C³ 𝔎 L Θ Π Φ φ 565. 700 *pm* it sy bo^pt | ⸉*a.* προς D | ⸄της -ης C 𝔎 D X Π *pm*; Eus || 26 ⸂ιδ. δε α. ℵ* Θ 700 *pc* it sy^s sa bo^pt; Eus^pt ¦ και ιδ. α. οι μ. C 𝔎 L W X Δ **0106** *pm* sy^c.p; Eus^pt ¦ *txt* B ℵ^corr D φ *pc* | ⸄την -αν 𝔎 L W Δ Φ **0106**. 565 *pm* | ⸉*p.* αυτον Θ **084** φ 700 *pc*; Eus^pt || 27 ⸀ευθεως C 𝔎 L W Δ λ 565 *pl*; Eus | ⸂*3 1 2* C 𝔎 W Δ Θ **0106** *pl* ¦ *3* ℵ* D **084** *pc* ff¹ sy^c sa bo; Eus ¦ *txt* B ℵ^corr *pc* || 28 ⸉*2-4 1* B *al* sy^s.p | ⸉*a.* κελευσον ℵ 892 ¦ — sy^s | ⸀μοι C Δ ¦ — sy^s | ⸉1*2 3 1* 𝔎 L X Γ Π 1. 565. 700 *pm* || 29 ° † B ℵ D ¦ *txt* C 𝔎 L W Θ λ φ *pl* | ⸂ελθειν ℵ^corr 𝔎 D W Θ *pm* sy^p bo ¦ ut veniret latt ¦ ελθειν· ηλθεν ουν ℵ* ¦ *txt* B C* 700 *al* sy^s.c sa || 30 ⸀ † — B* ℵ 073. 33 sa bo ¦ ισχυρον σφοδρα ελθειν W ¦ *txt* C 𝔎 D Θ λ φ *pl* lat sy || 31 ⸀ευθυς ℵ Θ 700 | ° D || 32 ⸂εμβ- αυτων C 𝔎 L N (W) Γ Δ Π Φ **0119** λ *pl* ¦ αναβαντος αυτου sy^c bo

Mark.: 47 ⸆παλαι 𝔓⁴⁵ D λ *al* it | ⸂μεση τη θαλασση D 565 lat || 48 ⸀ειδεν 𝔓⁴⁵ 𝔎 (A φ) λ *pm* | ⸂και ελαυνοντας D (⸉Θ 565 it) | ⸄*3 1 2 4* ℵ A *al* ¦ *3 1 2* λ ¦ *1-3* (565) *pc* ¦ *1-4* + σφοδρα (W Θ) φ (565) *al* ¦ *1-4* + και 𝔎 (A) D N (W Θ) (λ φ) 579 lat | ⸋ 𝔓^45vid | ⸆ο Ιησους D it sy^p | ⸋1 D W Θ 565 it || 49 ⸉ 𝔎 A D W λ φ *pm* latt | ⸂εδ. φ. ειναι 𝔎 A D Θ φ 565. 700 *pl* latt ¦ φ. εδ. ειναι W λ *pc* || 50 ⸋ D Θ 565. 700 *pc* it | ⸂και ευθεως 𝔎 A N W Φ λ φ *pl* lat sy^s.p ¦ ευθυς δε Θ (565) ¦ και D *pc* ¦ *txt* B ℵ L Δ *pc* sa bo | ⸉*3 4 1 2* W

Joh.: 17 ⸂κατελαβεν δε αυτους η σκοτια ℵ D | ⸀ουκ 𝔓^28vid 𝔎 A Θ λ *pm* aur c ff² vg sa ¦ *txt* 𝔓⁷⁵ (* ηδη ουπω) B ℵ D L W **063**. 33. 69 *al* it bo | ⸄*2 3 1 4 5* 𝔓²⁸ B Ψ *pc* ¦ *2 3* εγεγονει *4 5* 𝔓⁷⁵ ¦ *1 5 2 3* ℵ (*1 4 5 2 3* D *pc* a) ¦ *txt* 𝔎 A W Θ **063** λ φ *pl* lat || 19 ⸀σταδια ℵ D *pc* latt | ° 𝔓²⁸ | ⸂την -αν 𝔓⁷⁵ || 20 ⸂και ℵ | ⸋ sy^c

---

^10sqq cf Mt 8,24; Mc 4,37; Lc 8,23 || ^12sq cf Mc 13,35; Lc 12,38 || ^14 cf Ps 77,20; Is 43,16; Job 9,8; *cf 16* || ^16 *cf ad 14* || ^16(Jo) cf Jo 21,1? || ^17 cf Job 20,8; Sap 17,14; Lc 24,37; Job 4,15; Sap 17,4; Act 12,15 || ^21 cf Lc 24,39 || ^32 cf Mt 6,30; 8,26 par; 16,8; 17,20; Lc 12,28 || ^33sq cf Mc 4,39 par

[Matth. 14, 22-33]

πασεν ὁ ἄνεμος. 33 οἱ δὲ ἐν τῷ πλοίῳ⸆
προσεκύνησαν αὐτῷ λέγοντες· ἀληθῶς
⸂θεοῦ υἱὸς εἶ⸃.

[Mark. 6, 45-52]

πασεν ὁ ἄνεμος, καὶ ⸂λίαν [ἐκ περισσοῦ]
ἐν ἑαυτοῖς⸃ ἐξίσταντο⸆·
52 οὐ γὰρ συνῆκαν ἐπὶ τοῖς
ἄρτοις, ⸂ἀλλ’ ἦν αὐτῶν ἡ καρδία⸃ πεπωρω-
μένη.

Luk.

[Joh. 6, 16-21]

καὶ εὐθέως ⸉ἐγένετο τὸ πλοῖον⸊ ἐπὶ
⸂τῆς γῆς⸃ εἰς ἣν ⸀ὑπῆγον.

Matth.: 33 ⸆ελθοντες C* 𝔎 D L W Δ Π Φ 33. 565 *pm* it ¦ προσελθ. Θ ϕ *al* ¦ οντες 28. 118. 209 | ⸂ *2 1 3* συ D (lat)

Mark.: 51 ⸂ *2-5* (D) W *al* b ¦ *1 4 5* 𝔋 sy^{p} sa bo (*4 5* sy^{s}) ¦ περιεσωσεν αυτους και Θ ¦ *it.* + *txt* Φ ¦ *txt* 𝔎 *pm* | ⸆και εθαυμαζον 𝔎 A D W Θ ϕ *pm* it || 52 ⸂ *2* γαρ *4 5 3* D Φ λ 565 *al* lat ¦ *2* γαρ *3-5* 𝔎 A N W ϕ *al* ¦ *1 2 4 5 3* L Δ *al* ¦ *txt* B ℵ Θ *pc*

Joh.: 21 ⸉ *2 3 1* ℵ 𝔎 Γ Δ Θ **063** *pm* (εγενηθη D) | ⸂την γην ℵ* **063** ϕ *al* | ⸀υπηντησεν ℵ*

35 *sq* cf Mt 16,16; 27,54 || 36 *sq* cf *nr. 146, p. 205* || 37 *sq* cf Mc 8,17

148. Krankenheilungen am Westufer

Sanationes in terra Genesar

Healings at Gennesaret

Matth. 14, 34-36
4, 24-25; 8, 16-17; 9, 20-21

34 Καὶ διαπεράσαντες ἦλθον ⸂ἐπὶ
τὴν γῆν εἰς⸃ ⸀Γεννησαρέτ.
35 καὶ
ἐπι-
γνόντες αὐτὸν οἱ ἄνδρες ⸂τοῦ τό-
που ἐκείνου⸃ ἀπέστειλαν εἰς ὅλην
τὴν περίχωρον ἐκείνην καὶ προσ-
ήνεγκαν αὐτῷ πάντας τοὺς κα-
κῶς ἔχοντας

Mark. 6, 53-56
3, 7-12; 1, 32-34; 5, 27-29a

53 Καὶ διαπεράσαντες ⸂ἐπὶ τὴν γῆν
ἦλθον εἰς⸃ ⸀Γεννησαρὲτ ⸋καὶ προσ-
ωρμίσθησαν⸌. 54 καὶ ἐξελθόντων
°αὐτῶν ἐκ τοῦ πλοίου εὐθὺς ⸀ἐπι-
γνόντες αὐτὸν ⸆
55 ⸀περιέδραμον ⸆ ὅλην
τὴν χώραν ἐκείνην °καὶ ἤρξαντο
ἐπὶ °¹τοῖς κραβάττοις ⸇ τοὺς κα-
κῶς ἔχοντας ⸂περιφέρειν ὅπου
ἤκουον ὅτι ⸆¹ ἐστίν⸃. 56 καὶ ὅπου
ἂν ⸀εἰσεπορεύετο εἰς κώμας ἢ °εἰς
πόλεις ἢ °εἰς ἀγρούς, ⸆ ἐν ταῖς

Luk. 6, 17-19; 4, 40-41; 8, 44

Joh. 6, 22-25

22 Τῇ ἐπαύριον ὁ ὄχλος ὁ ⸀ἑστη-
κὼς πέραν τῆς θαλάσσης ⸁εἶδον
ὅτι πλοιάριον ἄλλο οὐκ ἦν ἐκεῖ
εἰ μὴ ἓν ⸆ καὶ ὅτι οὐ ⸂συνεισῆλθεν
τοῖς μαθηταῖς αὐτοῦ⸃ ὁ Ἰησοῦς
εἰς τὸ ⸀¹πλοῖον ἀλλὰ ⸀²μόνοι
οἱ μαθηταὶ αὐτοῦ ⸀³ἀπῆλθον·
23 ⸂ἄλλα ἦλθεν πλοι[άρι]α⸃ ἐκ Τι-
βεριάδος ⸄ἐγγὺς τοῦ τόπου⸅
ὅπου ⸆ ἔφαγον °τὸν ἄρτον
⸋εὐχαριστήσαντος τοῦ κυρίου⸌.
24 ⸂ὅτε οὖν εἶδεν ὁ ὄχλος ὅτι

Matth.: 34 ⸂ *1-3* C N ϕ *al* ¦ εις την γην 𝔎 λ 565. 700 *pm* lat; Or | ⸀Γεννησαρ D* 700 lat sy || 35 ⸂ *3 1 2* Θ ϕ 700 *pc* ¦ *1 2* ℵ **084**

Mark.: 53 ⸂ *4 1-3* 𝔎 A D N λ ϕ *pm* ¦ *1-3 5* Δ ¦ *p) 4 1-3 5* W Θ 565. 700 *al* ¦ *4 5* bo^{pt} | ⸀Γεννησαρ D it sy | ⸋ D W Θ 565. 700 *al* it sy || 54 ° B* | ⸀επεγνωσαν D 565. 700 latt | ⸆ *p)* οι ανδρες του τοπου W Θ Φ ϕ 565 *pc* ¦ *id.* + εκεινου A G Δ λ 33 *al* c || 55 ⸀περιδραμοντες (+ δε D) *et* ° 𝔎 A D N λ 565. 700 *pm* latt | ⸆εις W ϕ | °¹ D W Θ λ ϕ 565 *pc* | ⸇φερειν παντας D (*pc*) it | ⸂φερειν *2-5* Θ λ *pc* ¦ *1* sy^{s} ¦ · περιεφερον γαρ αυτους οπου αν ηκουσαν τον Ιησουν ειναι D it | ⸆¹ εκει 𝔎 A N (⸉ W *pc*) Φ ϕ *pm* || 56 ⸀-οντο A L W *pc* | ° *bis* 𝔎 A N W Θ λ ϕ 565. 700 *pm* | ⸆ ἢ ℵ

Joh.: 22 ⸀εστως ℵ *pc* | ⸁ιδων 𝔎 λ ϕ *pm* ¦ ειδεν 𝔓^{28} ℵ D lat sy^{s} ¦ *txt* 𝔓^{75} B A L W Θ *al* | ⸆εκεινο εις ο ενεβησαν οι μαθηται του Ιησου ℵ* (𝔎 Θ) D ϕ *al* a e sy$^{c.p}$ sa | ⸂συνεληλυθει αυτοις ℵ* | ⸀¹πλοιαριον 𝔎 Γ Δ Θ *pm* | ⸀²μονον D a q | ⸀³εισ- Θ *pc* ¦ — ℵ* 56. 58 *pc* || 23 ⸂ ἄ. ηλθον πλοιαρια (L) λ *al* ¦ ἄ. δε ηλθεν -ρια 𝔎 A Θ ϕ *al* ¦ αλλα ηλθεν πλοια 𝔓^{75} B (αλλα δε .. W) *al* ¦ αλλων πλοιαριων ελθοντων D b j r^{1} (sy^{c}) ¦ επελθοντων ουν των πλοιων ℵ it (vg) | ⸄εγγυς ουσης ℵ* ¦ — W | ⸆και ℵ* | ° ℵ | ⸋ D **091**. 69 *pc* a e sy$^{s.c}$ || 24 ⸂ και ιδοντες οτι ουκ ην εκει ο Ι. ℵ* sy^{c}

4 *sqq* cf *20 sqq. 44 sqq* || 6 *sqq (Mc)* cf Mc 6, 33 || 9 *sqq (Jo)* cf *nr. 146, p. 205*

[Matth. 14, 34-36]

36 καὶ παρεκάλουν °αὐτὸν ἵνα⸆ μόνον ἅψωνται τοῦ κρασπέδου τοῦ ἱματίου αὐτοῦ· καὶ ὅσοι ⸆¹ ἥψαντο ⸀διεσώθησαν.

(nr. 150 15, 1-20 p. 215)

4, 24-25 (nr. 50, p. 73)

24 Καὶ ἀπῆλθεν ἡ ἀκοὴ αὐτοῦ εἰς ὅλην τὴν Συρίαν· καὶ προσήνεγκαν αὐτῷ πάντας τοὺς κακῶς ἔχοντας ποικίλαις νόσοις καὶ βασάνοις συνεχομένους [καὶ] δαιμονιζομένους καὶ σεληνιαζομένους καὶ παραλυτικούς, καὶ ἐθεράπευσεν αὐτούς. 25 καὶ ἠκολούθησαν αὐτῷ ὄχλοι πολλοὶ ἀπὸ τῆς Γαλιλαίας καὶ Δεκαπόλεως καὶ Ἱεροσολύμων καὶ Ἰουδαίας καὶ πέραν τοῦ Ἰορδάνου.

cf. v. 24

8, 16-17 (nr. 88, p. 117)

16 Ὀψίας δὲ γενομένης προσήνεγκαν αὐτῷ δαιμονιζομένους πολλούς· καὶ ἐξέβαλεν τὰ πνεύματα λόγῳ καὶ πάντας τοὺς κακῶς ἔχοντας ἐθεράπευσεν, 17 ὅπως πληρωθῇ τὸ ῥηθὲν διὰ Ἠσαΐου τοῦ προφήτου λέγοντος· αὐτὸς τὰς ἀσθενείας ἡμῶν ἔλαβεν καὶ τὰς νόσους ἐβάστασεν.

[Mark. 6, 53-56]

⸀ἀγοραῖς ⸁ἐτίθεσαν τοὺς ἀσθενοῦντας καὶ παρεκάλουν αὐτὸν ἵνα κἂν τοῦ κρασπέδου τοῦ ἱματίου αὐτοῦ ἅψωνται· καὶ ὅσοι °ἂν ἥψαντο ⸀¹αὐτοῦ ἐσῴζοντο.

(nr. 150 7, 1-23 p. 215)

cf. v. 10-11

3, 7-12 (nr. 48, p. 68)

7 Καὶ ὁ Ἰησοῦς μετὰ τῶν μαθητῶν αὐτοῦ ἀνεχώρησεν πρὸς τὴν θάλασσαν, καὶ πολὺ πλῆθος ἀπὸ τῆς Γαλιλαίας [ἠκολούθησεν], καὶ ἀπὸ τῆς Ἰουδαίας 8 καὶ ἀπὸ Ἱεροσολύμων καὶ ἀπὸ τῆς Ἰδουμαίας καὶ πέραν τοῦ Ἰορδάνου καὶ περὶ Τύρον καὶ Σιδῶνα πλῆθος πολὺ ἀκούοντες ὅσα ἐποίει ἦλθον πρὸς αὐτόν. 9 καὶ εἶπεν τοῖς μαθηταῖς αὐτοῦ ἵνα πλοιάριον προσκαρτερῇ αὐτῷ διὰ τὸν ὄχλον ἵνα μὴ θλίβωσιν αὐτόν· 10 πολλοὺς γὰρ ἐθεράπευσεν, ὥστε ἐπιπίπτειν αὐτῷ ἵνα αὐτοῦ ἅψωνται ὅσοι εἶχον μάστιγας. 11 καὶ τὰ πνεύματα τὰ ἀκάθαρτα, ὅταν αὐτὸν ἐθεώρουν, προσέπιπτον αὐτῷ καὶ ἔκραζον λέγοντες ὅτι σὺ εἶ ὁ υἱὸς τοῦ θεοῦ. 12 καὶ πολλὰ ἐπετίμα αὐτοῖς ἵνα μὴ αὐτὸν φανερὸν ποιήσωσιν.

1, 32-34 (nr. 38, p. 55)

32 Ὀψίας δὲ γενομένης, ὅτε ἔδυ ὁ ἥλιος, ἔφερον πρὸς αὐτὸν πάντας τοὺς κακῶς ἔχοντας καὶ τοὺς δαιμονιζομένους· 33 καὶ ἦν ὅλη ἡ πόλις ἐπισυνηγμένη πρὸς τὴν θύραν. 34 καὶ ἐθεράπευσεν πολλοὺς κακῶς ἔχοντας ποικίλαις νόσοις

Luk.

cf. v. 18-19

6, 17-19 (nr. 77 p. 101)

17 καὶ καταβὰς μετ᾽ αὐτῶν ἔστη ἐπὶ τόπου πεδινοῦ, καὶ ὄχλος πολὺς μαθητῶν αὐτοῦ, καὶ πλῆθος πολὺ τοῦ λαοῦ ἀπὸ πάσης τῆς Ἰουδαίας καὶ Ἰερουσαλὴμ καὶ τῆς παραλίου Τύρου καὶ Σιδῶνος, 18 οἳ ἦλθον ἀκοῦσαι αὐτοῦ καὶ ἰαθῆναι ἀπὸ τῶν νόσων αὐτῶν· καὶ οἱ ἐνοχλούμενοι ἀπὸ πνευμάτων ἀκαθάρτων ἐθεραπεύοντο, 19 καὶ πᾶς ὁ ὄχλος ἐζήτουν ἅπτεσθαι αὐτοῦ, ὅτι δύναμις παρ᾽ αὐτοῦ ἐξήρχετο καὶ ἰᾶτο πάντας.

4, 40-41 (nr. 38, p. 55)

40 Δύνοντος δὲ τοῦ ἡλίου ἅπαντες ὅσοι εἶχον ἀσθενοῦντας νόσοις ποικίλαις ἤγαγον αὐτοὺς πρὸς αὐτόν· ὁ δὲ ἑνὶ ἑκάστῳ αὐτῶν τὰς χεῖρας ἐπιτιθεὶς ἐθεράπευεν αὐτούς.

[Joh. 6, 22-25]

Ἰησοῦς οὐκ ἔστιν ἐκεῖ⸃ οὐδὲ οἱ μαθηταὶ °αὐτοῦ, ⸂ἐνέβησαν αὐτοὶ εἰς τὰ⸃ ⸀πλοιάρια καὶ ἦλθον εἰς Καφαρναοὺμ ζητοῦντες τὸν Ἰησοῦν. 25 καὶ⸆ εὑρόντες αὐτὸν πέραν τῆς θαλάσσης εἶπον αὐτῷ· ῥαββί, πότε ὧδε ⸀γέγονας;

Matth.: 36 ° B* *pc* q; Or | ⸆καν Θ Φ ϕ 1. 33. 543 *al*; Or | ⸆¹αν C 33 *pc* | ⸀εσωθησαν ℵ *pc*

Mark.: 56 ⸀πλατειαις D *pc* latt | ⸁-θουν ℜ A D N W Θ λ ϕ *pl* | ° ℵ D Δ λ 579 *pc* | ⸀¹αυτον D ¦ — Δ *pc* it

Joh.: 24 ° ℵ* | ⸂ανεβ. εις το ℵ* *pc* lat ¦ ανεβ. α. εις τα 𝔓75 (λ 33) *pc* ¦ ελαβον εαυτοις D (ϕ) b ff² l r¹ | ⸀πλοια ℜ A Γ Δ Θ 063 λ *pm* ¦ πλοιον ℵ* || 25 ⸆μη B* | ⸀εληλυθας D lat ¦ ηλθες ℵ

13sqq cf Mc 8, 22; Act 5, 15; 19, 11 sq; Nu 15, 38 sq; cf 36 sqq; 58 sqq || *18sq* γίνεσθαι cf Jo 6, 19. 21; Lc 22, 40; 24, 22; Act 15, 25; 20, 16; 21, 17. 35; 25, 15 || *20sqq* cf 4 sqq || *21sqq* cf 32 sqq || *32sqq* cf 21 sqq || *36sqq* cf 13 sqq || *44sqq* cf 4 sqq

Matth.	[Mark. 1, 32-34]	[Luk. 4, 40-41]	Joh.
	καὶ δαιμόνια πολλὰ ἐξέβαλεν καὶ οὐκ ἤφιεν λαλεῖν τὰ δαιμόνια, ὅτι ᾔδεισαν αὐτόν.	41 ἐξήρχετο δὲ καὶ δαιμόνια ἀπὸ πολλῶν κρ[αυγ]άζοντα καὶ λέγοντα ὅτι σὺ εἶ ὁ υἱὸς τοῦ θεοῦ. καὶ ἐπιτιμῶν οὐκ εἴα αὐτὰ λαλεῖν, ὅτι ᾔδεισαν τὸν χριστὸν αὐτὸν εἶναι.	
9, 20-21 (nr. 95, p. 129) 20 Καὶ ἰδοὺ γυνὴ αἱμορροοῦσα δώδεκα ἔτη προσελθοῦσα ὄπισθεν ἥψατο τοῦ κρασπέδου τοῦ ἱματίου αὐτοῦ· 21 ἔλεγεν γὰρ ἐν ἑαυτῇ· ἐὰν μόνον ἅψωμαι τοῦ ἱματίου αὐτοῦ σωθήσομαι.	*5, 27-29a (nr. 138, p. 190)* ...27 ἀκούσασα περὶ τοῦ Ἰησοῦ, ἐλθοῦσα ἐν τῷ ὄχλῳ ὄπισθεν ἥψατο τοῦ ἱματίου αὐτοῦ· 28 ἔλεγεν γὰρ ὅτι ἐὰν ἅψωμαι κἂν τῶν ἱματίων αὐτοῦ σωθήσομαι. 29 καὶ εὐθὺς ἐξηράνθη ἡ πηγὴ τοῦ αἵματος αὐτῆς.	*8, 44 (nr. 138, p. 190)* ...44 προσελθοῦσα ὄπισθεν ἥψατο τοῦ κρασπέδου τοῦ ἱματίου αὐτοῦ καὶ παραχρῆμα ἔστη ἡ ῥύσις τοῦ αἵματος αὐτῆς.	

58sqq cf 13 sqq

149. Ich bin das Brot des Lebens

Panis vitae **The Bread of Life**

Matth.	Mark.	Luk.	Joh. 6, 26-59
13, 54b-57a 26, 26-28	6, 2b-3 14, 22-24	4, 22 22, 19-20	

26 Ἀπεκρίθη αὐτοῖς °ὁ Ἰησοῦς καὶ εἶπεν· ἀμὴν ἀμὴν λέγω ὑμῖν, ⸋ζητεῖτέ με⸌ οὐχ ὅτι εἴδετε σημεῖα⸆, ἀλλ᾽ ὅτι
ἐφάγετε ἐκ τῶν ἄρτων καὶ ἐχορτάσθητε. 27 ἐργάζεσθε ⸂μὴ τὴν βρῶσιν τὴν ἀπολλυμένην⸃ ἀλλὰ ⸋τὴν βρῶσιν⸌
τὴν μένουσαν εἰς ζωὴν αἰώνιον, ἣν ὁ υἱὸς τοῦ ἀνθρώπου ⸄ὑμῖν δώσει⸅· τοῦτον γὰρ ὁ πατὴρ °ἐσφράγισεν
ὁ θεός. 28 εἶπον °οὖν ⸂πρὸς αὐτόν⸃⸆· τί ⸄ποιῶμεν ἵνα ἐργαζώμεθα⸅ τὰ ἔργα τοῦ θεοῦ; 29 ἀπεκρίθη °[ὁ] Ἰησοῦς καὶ
εἶπεν αὐτοῖς· τοῦτό ἐστιν τὸ ἔργον τοῦ θεοῦ, ἵνα ⸀πιστεύητε εἰς ὃν ἀπέστειλεν ἐκεῖνος. 30 Εἶπον οὖν αὐτῷ·
τί °οὖν ⸂ποιεῖς σὺ σημεῖον⸃, ἵνα ἴδωμεν καὶ πιστεύσωμέν σοι; ⸋τί ἐργάζῃ;⸌ 31 οἱ πατέρες ἡμῶν ⸉τὸ μάννα ἔφαγον⸊
ἐν τῇ ἐρήμῳ, καθώς ἐστιν γεγραμμένον· °ἄρτον ἐκ τοῦ οὐρανοῦ ⸀ἔδωκεν αὐτοῖς φαγεῖν. 32 εἶπεν
οὖν αὐτοῖς ὁ Ἰησοῦς· ἀμὴν ἀμὴν λέγω ὑμῖν, οὐ Μωϋσῆς ⸀δέδωκεν ὑμῖν τὸν ἄρτον ἐκ τοῦ οὐρανοῦ, ἀλλ᾽ ὁ
πατήρ μου δίδωσιν ὑμῖν τὸν ἄρτον ἐκ τοῦ οὐρανοῦ τὸν ἀληθινόν· 33 ὁ γὰρ ἄρτος ⸆τοῦ θεοῦ ἐστιν ὁ κατα-
βαίνων ἐκ τοῦ οὐρανοῦ καὶ ζωὴν διδοὺς τῷ κόσμῳ. 34 εἶπον οὖν πρὸς αὐτόν· ⸉κύριε, πάντοτε⸊ δὸς ἡμῖν τὸν
ἄρτον τοῦτον. 35 εἶπεν⸆ αὐτοῖς ὁ Ἰησοῦς· ἐγώ εἰμι ὁ ἄρτος τῆς ζωῆς· ὁ ἐρχόμενος πρὸς ⸀ἐμὲ οὐ μὴ πεινάσῃ⸆,
καὶ ὁ πιστεύων εἰς ἐμὲ οὐ μὴ ⸁διψήσει πώποτε. 36 Ἀλλ᾽ εἶπον ὑμῖν ὅτι καὶ ἑωράκατέ °[με] καὶ οὐ πιστεύετε⸆.
37 πᾶν ὃ δίδωσίν μοι ὁ πατὴρ πρὸς ἐμὲ ἥξει, καὶ τὸν ἐρχόμενον πρός ⸀ἐμὲ οὐ μὴ ἐκβάλω °ἔξω, 38 ὅτι ⸂κατα-
βέβηκα ⸀ἀπὸ τοῦ οὐρανοῦ οὐχ⸃ ἵνα ⸁ποιῶ τὸ θέλημα τὸ ἐμὸν ἀλλὰ τὸ θέλημα τοῦ πέμψαντός με⸆. 39 ⸋τοῦτο

26 °א 251.258 *pc* | ⸋א* | ⸆(4,48) και τερατα D a b f r¹ || **27** ⸂*3145* א* ¦ *1453* Cl | ⸋א 28 *al* lat; Cl | ⸄διδωσιν υμιν א D (ϕ *al*) e ff² j | °א* || **28** °A | ⸂αυτω W | ⸆οι Ιουδαιοι e; Non | ⸄εργασωμεθα ινα ποιησωμεν D || **29** °† 𝔓⁷⁵ א 𝔎 W **063** *al* ¦ *txt* 𝔋 A D T Θ λ ϕ *pm*; Or | ⸀-σητε 𝔎 D W Γ Δ **0145** ϕ *pm* || **30** °א L 33 *al* | ⸂*132* א ¦ *13* W *al* ¦ *213* D *pc* lat | ⸋sy^s || **31** ⸉*312* L V Θ 33.69 *al*; Cyr | °א* | ⸀δεδωκεν א W Θ 69.124 || **32** ⸀εδωκεν B D W *al*; Cl || **33** ⸆ο א D Θ || **34** ⸉א || **35** ⸆ουν א D Θ ϕ *pm* q ¦ δε 𝔎 A λ *al* aur c vg ¦ *txt* 𝔓⁷⁵ B L T W *pc* it sy sa bo | ⸀με *rell* ¦ *txt* 𝔓⁷⁵ B א T | ⸆πωποτε D; Cyr | ⸁-ση 𝔎 *al*; Or || **36** °א A *pc* a b q sy^{s.c} ¦ *txt* 𝔓^{66.75vid} 𝔋 𝔎 D W Θ **0256** λ ϕ *pl* lat sy^p sa bo | ⸆μοι A W *pc* || **37** ⸀† με B 𝔎 A D L W Ψ λ ϕ *pm* ¦ *txt* 𝔓^{66.75} א T Θ *al* | °א* D a b e sy^{s.c}; Or || **38** ⸂ου κατ. εκ τ. ουρ. א* a b e; Non | ⸀εκ א 𝔎 D λ *pm* | ⸁ποιησω א D L* W *pc*; Eus | ⸆πατρος D *al* it sy^{s.c} || **39** ⸋א* C *al* sa^{pt} bo^{pt}

¹cf Jo 2,11 || ^{1sq} *cf 12* || ^{2sq} cf Jo 4,32; 7,37 sqq || ³cf Jo 4,14 || ⁴cf Jo 3,21; Apc 2,26 || ⁵cf 1 Jo 3,23 || ^{5sq} cf Evang. Thomae copt. *Append. I, 91* || ⁶cf Mt 12,38; 16,1; Mc 8,11; Lc 11,16; Jo 2,18 || ^{6sq} cf Ex 16,4 sqq; Dt 8,3; Ps 105,40; Sap 16,20; *cf 25* || ⁷Ps 78,24; Ex 16,4 || ^{9sq} *cf 24 sqq. 26 sqq. 63. 64 sq* || ^{10sq} cf Jo 4,15; Mt 6,11; Lc 11,3 || ¹¹cf Jo 4,13 sq; 7,37 sqq; *cf 24* || ¹²cf Jo 15,24; *cf 1 sq* || ¹³cf Jo 6,65; 17,6-8; *cf 20 sq* || ¹⁴cf Jo 4,34; 5,30; Heb 10,9 sq

Matth.	Mark.	Luk.	[Joh. 6, 26-59]

δέ ἐστιν τὸ θέλημα τοῦ πέμψαντός με⸌⸆, ἵνα πᾶν ὃ δέδωκέν μοι μὴ ἀπολέσω ⸀ἐξ αὐτοῦ⸁, ἀλλὰ ἀναστήσω ⸀αὐτὸ °[ἐν] τῇ ἐσχάτῃ ἡμέρᾳ. 40⸋τοῦτο °γάρ ἐστιν τὸ θέλημα⸌ τοῦ ⸀πατρός μου⸁, ἵνα πᾶς ὁ θεωρῶν τὸν υἱὸν καὶ πιστεύων εἰς αὐτὸν ἔχῃ ζωὴν αἰώνιον, καὶ ἀναστήσω αὐτὸν °¹ἐγὼ °²[ἐν] τῇ ἐσχάτῃ ἡμέρᾳ. 41 Ἐγόγγυζον ⸀οὖν οἱ Ἰουδαῖοι περὶ αὐτοῦ ὅτι εἶπεν· ἐγώ εἰμι ὁ ἄρτος ὁ καταβὰς ἐκ τοῦ οὐρανοῦ, 42 καὶ ἔλεγον· ⸀οὐχ οὗτός ἐστιν Ἰησοῦς ὁ υἱὸς Ἰωσήφ, οὗ ἡμεῖς οἴδαμεν⸆ τὸν πατέρα ⸋καὶ τὴν μητέρα⸌; πῶς ⸀νῦν ⸀¹λέγει ⸀⸀²ὅτι ἐκ τοῦ οὐρανοῦ καταβέβηκα⸁; 43 °ἀπεκρίθη⸆ Ἰησοῦς ⸂καὶ εἶπεν αὐτοῖς⸃· μὴ γογγύζετε μετ' ἀλλήλων. 44 Οὐδεὶς δύναται ἐλθεῖν πρός ⸀με ἐὰν μὴ ⸋ὁ πατὴρ⸌ ⸆ὁ πέμψας με ἑλκύσῃ αὐτόν⸆, κἀγὼ ἀναστήσω αὐτὸν °ἐν τῇ ἐσχάτῃ ἡμέρᾳ. 45 ἔστιν γεγραμμένον ἐν τοῖς προφήταις· καὶ ἔσονται πάντες διδακτοὶ θεοῦ· πᾶς⸆ ὁ ⸀ἀκούσας παρὰ τοῦ πατρὸς καὶ μαθὼν ⸆ ἔρχεται πρὸς ⸀ἐμέ. 46 οὐχ ὅτι τὸν πατέρα ⸂ἑώρακέν τις⸃ εἰ μὴ ὁ ὢν παρὰ °τοῦ ⸀θεοῦ, οὗτος ἑώρακεν τὸν ⸀πατέρα. 47 ἀμὴν ἀμὴν λέγω ὑμῖν,⸆ ὁ πιστεύων ⸆ ἔχει ζωὴν αἰώνιον. 48 Ἐγώ εἰμι ὁ ἄρτος τῆς ζωῆς⸆. 49 οἱ πατέρες ὑμῶν ἔφαγον ⸂ἐν τῇ ἐρήμῳ τὸ μάννα⸃ καὶ ἀπέθανον· 50 οὗτός ἐστιν ὁ ἄρτος ὁ ἐκ τοῦ οὐρανοῦ καταβαίνων, ἵνα τις ἐξ αὐτοῦ φάγῃ καὶ μὴ ⸀ἀποθάνῃ. 51 ἐγώ εἰμι ὁ ἄρτος ὁ ζῶν ὁ ἐκ τοῦ οὐρανοῦ καταβάς· ἐάν ⸆ τις φάγῃ ἐκ ⸀τούτου τοῦ ἄρτου⸁ ⸀ζήσει εἰς τὸν αἰῶνα⁚, καὶ ὁ ἄρτος °δὲ ὃν ἐγὼ δώσω ⸂ἡ σάρξ μού ἐστιν ⸆ ὑπὲρ τῆς τοῦ κόσμου ζωῆς⸃. 52 Ἐμάχοντο οὖν ⸂πρὸς ἀλλήλους οἱ Ἰουδαῖοι⸃ λέγοντες· πῶς ⸆ δύναται ⸂¹οὗτος ἡμῖν δοῦναι τὴν σάρκα⸃ °[αὐτοῦ] φαγεῖν; 53 εἶπεν οὖν αὐτοῖς °ὁ Ἰησοῦς· ἀμὴν °¹ἀμὴν λέγω ὑμῖν, ἐὰν μὴ ⸀φάγητε τὴν σάρκα τοῦ υἱοῦ τοῦ ἀνθρώπου καὶ ⸂πίητε αὐτοῦ τὸ αἷμα⸃, οὐκ ἔχετε ⸀ζωὴν ἐν ἑαυτοῖς⸁. 54 ὁ τρώγων ⸀μου τὴν σάρκα καὶ πίνων ⸀μου τὸ αἷμα ἔχει ζωὴν αἰώνιον, κἀγὼ ἀναστήσω αὐτὸν ⸆ τῇ ἐσχάτῃ ἡμέρᾳ. 55 ἡ γὰρ σάρξ μου ⸀ἀληθής ἐστιν βρῶσις, ⸋καὶ τὸ αἷμά μου ⸀ἀληθής ἐστιν ⸀πόσις.⸌ 56 ὁ τρώγων μου τὴν σάρκα καὶ πίνων μου τὸ αἷμα ἐν ἐμοὶ μένει κἀγὼ ἐν αὐτῷ⸆. 57 καθὼς ⸀ἀπέστειλέν με ὁ ζῶν πατὴρ κἀγὼ ζῶ διὰ τὸν πατέρα, καὶ ὁ ⸀τρώγων με κἀκεῖνος ⸀¹ζήσει δι' ἐμέ. 58 οὗτός ἐστιν ὁ ἄρτος ὁ ⸀ἐξ οὐρανοῦ ⸀καταβάς, οὐ καθὼς ⸂ἔφαγον οἱ πατέρες⸃⸆ καὶ ἀπέθανον· ὁ τρώγων ⸂τοῦτον τὸν ἄρτον ⸀¹ζήσει εἰς τὸν αἰῶνα. 59 Ταῦτα εἶπεν ἐν⸆ συναγωγῇ διδάσκων ἐν Καφαρναούμ⸆.

(nr. 157 6, 60-66 p. 229)

39 ⸆πατρος 𝔎Θφ *al* | ⸀μηδεν D ¦ μηδ. εξ αυτ. a ff² sy^s sa^pt bo | ⸀αυτον 𝔎W *al* it | ° 𝔓66.75 B C 𝔎 T W Θ λ *al*; Cyr ¦ *txt* ℵ A D φ *pm* || 40 ⸋𝔓66* | ° 𝔓75 T *pc* | ⸀πεμψαντος με 𝔎 A φ *pm* | °¹ 𝔓66 A D λ *pc* aur b; Cl | °² 𝔓75 B C 𝔎 T W Θ λ *al* ¦ *txt* 𝔓66 ℵ A D φ *pm*; Cl || 41 ⸀δε D sy sa || 42 ⸀ουχι 𝔓75 B T ¦ οτι 𝔓66*vid | ⸆και ℵ* | ⸋ℵ* W b sy^s.c | ⸀ουν 𝔓66 ℵ 𝔎 A D λ φ *pm* lat ¦ *txt* 𝔓75 B C W T Θ *pc* | ⸀¹λ. ουτος 𝔎 A φ *pm* sy^p ¦ ουτος λ. ℵ N 579 *pc* ¦ *txt* 𝔓66.75 B C D L T W Θ λ *al* sy^s.c sa bo | ⸀εαυτον απο τ. ουρ. καταβεβηκεναι D (sy^s) | ⸀²εγω ℵ Θ || 43 ° sy^s.c | ⸆ουν ℵ *pc* ¦ ο 𝔓66 C φ *pc* ¦ ουν ο 𝔎 A D W Θ 1 *al* ¦ *txt* 𝔓75 B L T *al* sa bo | ⸂ *3 1 2* ℵ || 44 ⸀εμε B Θ *al* | ⸋A | ⸆μου 𝔓66 G *pc* | ⸆προς με W | ° 𝔓75 ℵ Δ Θ *pc* || 45 ⸆ουν 𝔎 A Γ Δ Θ λ *pm* sy^c.p | ⸀ακουων 𝔎 D Γ Δ *pm* a b e q | ⸆την αληθειαν A | ⸀με 𝔓66 C 𝔎 A D W λ φ *pl*; Or^pt ¦ *txt* 𝔓75 B ℵ T Θ *pc*; Or^pt || 46 ⸂𝔎 A Γ Δ λ φ *pm* | ° B | ⸀πατρος ℵ | ⸀θεον ℵ* D it ¦ θ. πατ. sy^s || 47 ⸆οτι ℵ Θ | ⸆εις εμε 𝔎 A D λ φ *pl* latt sy^p sa bo; Or Cyr ¦ Deo sy^s.c ¦ *txt* 𝔓66.75 ℌ W Θ *pc* || 48 ⸆ο εκ του ουρανου καταβας sy^c || 49 ⸂ *4 5 1-3* 𝔓66 ℵ 𝔎 A λ φ *pl*; Cyr ¦ *txt* B C D T W Θ (047) *pc* it || 50 ⸀-θνησκη B || 51 ⸆ουν D | ⸀ *2 3 1* D ¦ του εμου αρ. ℵ a e r¹ sy^s | ⸀ζησεται 𝔓66 B C 𝔎 T λ φ *pm*; Or^pt | [⁚. Και comm] | ° ℵ*.c D W Γ *pc*; Cl | ⸂ *5-9 1-4* ℵ m; Tert | ⸆ην εγω δωσω 𝔎 Θ λ φ *pl* f q sy^p bo; Or^pt Cyr^pt || 52 ⸂ 𝔓75 C D Θ λ φ *al* | ⸆ουν ℵ | ⸂¹ *2 1 3-5* ℵ C λ 565; Or Cyr ¦ *1 3 2 4 5* 𝔓66 c(* - 2) U 69. 579 *pc* ¦ *1 2 4 5 3* D Θ *al* ff² (a aur e vg^s.cl) ¦ *txt* 𝔓75 B 𝔎 L T W *pm* b f r¹ | ° † 𝔓75vid ℵ C 𝔎 D W Θ λ φ *pm* ff² ¦ *txt* 𝔓66 B T *pc* lat sy sa bo; Cyr^pt || 53 ° 𝔓66 B | °¹ C Δ *pc* | ⸀λαβητε D a | ⸂ *3 4 2 1* 𝔓66 D a ¦ *1 3 4 2* ℵ **0250** | ⸀εν εαυ. την ζωην D ¦ ζωην αιωνιον εν εαυ. ℵ 157 bo^pt || 54 ⸀*bis* αυτου D e | ⸆εν C K M T **0250** φ *pm*; Or Eus Cyr || 55 ⸀*bis* αληθως 𝔓66* (ℵ*) 𝔎 (D) Θ **0250** (φ) *al* lat sy; Or^pt Greg^nyss ¦ *txt* 𝔓66c.75 ℌ W λ 565 *pm* sa bo; Cl | ⸋D | ⸀ποτον ℵ* || 56 ⸆(cf 10,38; 6,53) καθως εν εμοι ο πατηρ καγω εν τω πατρι. αμην αμην λεγω υμιν, εαν μη λαβητε το σωμα του υιου του ανθρωπου ως τον αρτον της ζωης, ουκ εχετε ζωην εν αυτω. D (a ff²) || 57 ⸀απεσταλκεν 𝔓66 D φ 579 *pc* | ⸀λαμβανων D | ⸀¹ζησεται 𝔓66 𝔎 W **0250** λ *pm* ¦ ζη D C*vid || 58 ⸀εκ του 𝔓66 ℵ 𝔎 D W Θ **0250** λ φ *pl*; Or Eus ¦ *txt* 𝔓75 B C T 1241 *pc* | ⸀καταβαινων 𝔓66* ℵ* | ⸂ *2 3 1* ℵ | ⸆υμων D sy^s.c sa bo^pt ¦ υμων το μαννα 𝔎 Θ **0250** λ φ *pl* latt sy^p bo^pt | ⸂*p.* αρτον W *pc*; Or^pt | ⸀¹ζησεται 𝔓66 𝔎 D **0250** φ *pm*; Or^pt ¦ ζηση W || 59 ⸆τη D *pc* | ⸆σαββατω D a ff² r¹; Aug

15 cf Jo 10,28 sq; 17,12 || 16 sq cf Jo 3,15 sq; 5,24; 8,51; 11,25 sq; *cf 24* || 17 cf Jo 11,24; *cf 21. 31* | cf Jo 6,61 || 18 sqq cf Mc 6,3; Mt 13,55; Lc 4,22; *cf 37 sqq* || 20 sq *cf 13* || 21 cf Jr 31,3 (LXX 38,3); Ct 1,4; 4 Mcc 14,13; 15,11; *cf 17 31* || 21 sq cf Act 7,42; 13,40; Rm 9,25 | Is 54,13; Jr 31,33 sq (LXX 38,33 sq); cf Jr 24,7; Joel 2,27; Hab 2,14; 1 Jo 2,20. 27; 1 Th 4,9 || 23 οὐχ ὅτι cf Jo 7,22; 2 Cor 1,24; 3,5; 2 Th 3,9 | cf Jo 1,18; 5,37; 1 Jo 4,12 || 24 sqq *cf 9 sq. 63. 64 sq* || 24 *cf ad 11, ad 16 sq, ad 30* || 25 cf Nu 14,23; Dt cf; 1,35; 1 Cor 10,3. 5 *6 sq. 35* || 26 sqq *cf 9 sq. 24 sqq. 49 sqq* || 28 sq cf Jo 6,60 || 29 sqq *cf 59 sqq* || 30 cf Jo 5,26 | τρώγειν hic et *32. 34. 35*; Jo 13,18; Mt 24,38; *cf 24* || 31 *cf 17. 21* || 32 *cf ad 30* || 32 sq cf Jo 15,4-7; 17,23; 1 Jo 3,6. 24 || 33 sq cf Jo 5,26 || 34 *cf ad 30* || 35 *cf ad 30* | *cf ad 25*

Matth.	Mark.	Luk.	Joh.
13, 54b-57a *(nr. 139, p. 193)*	6, 2b-3 *(nr. 139, p. 193)*	4, 22 *(nr. 33, p. 48)*	
[54]... ὥστε ἐκπλήσσεσθαι αὐτοὺς καὶ λέγειν· πόθεν τούτῳ ἡ σοφία αὕτη καὶ αἱ δυνάμεις; [55]οὐχ οὗτός ἐστιν ὁ τοῦ τέκτονος υἱός; οὐχ ἡ μήτηρ αὐτοῦ λέγεται Μαριὰμ καὶ οἱ ἀδελφοὶ αὐτοῦ Ἰάκωβος καὶ Ἰωσὴφ καὶ Σίμων καὶ Ἰούδας; [56]καὶ αἱ ἀδελφαὶ αὐτοῦ οὐχὶ πᾶσαι πρὸς ἡμᾶς εἰσιν; πόθεν οὖν τούτῳ ταῦτα πάντα; [57]καὶ ἐσκανδαλίζοντο ἐν αὐτῷ.	[2]... καὶ πολλοὶ ἀκούοντες ἐξεπλήσσοντο λέγοντες· πόθεν τούτῳ ταῦτα, καὶ τίς ἡ σοφία ἡ δοθεῖσα τούτῳ, καὶ αἱ δυνάμεις τοιαῦται διὰ τῶν χειρῶν αὐτοῦ γινόμεναι; [3]οὐχ οὗτός ἐστιν ὁ τέκτων, ὁ υἱὸς τῆς Μαρίας καὶ ἀδελφὸς Ἰακώβου καὶ Ἰωσῆτος καὶ Ἰούδα καὶ Σίμωνος; καὶ οὐκ εἰσὶν αἱ ἀδελφαὶ αὐτοῦ ὧδε πρὸς ἡμᾶς; καὶ ἐσκανδαλίζοντο ἐν αὐτῷ.	[22]Καὶ πάντες ἐμαρτύρουν αὐτῷ καὶ ἐθαύμαζον ἐπὶ τοῖς λόγοις τῆς χάριτος τοῖς ἐκπορευομένοις ἐκ τοῦ στόματος αὐτοῦ καὶ ἔλεγον· οὐχὶ υἱός ἐστιν Ἰωσὴφ οὗτος;	
26, 26-28 *(nr. 311, p. 436)*	14, 22-24 *(nr. 311, p. 436)*	22, 19-20 *(nr. 311, p. 436)*	
[26]Ἐσθιόντων δὲ αὐτῶν λαβὼν ὁ Ἰησοῦς ἄρτον καὶ εὐλογήσας ἔκλασεν καὶ δοὺς τοῖς μαθηταῖς εἶπεν· λάβετε φάγετε, τοῦτό ἐστιν τὸ σῶμά μου. [27]καὶ λαβὼν ποτήριον καὶ εὐχαριστήσας ἔδωκεν αὐτοῖς λέγων· πίετε ἐξ αὐτοῦ πάντες, [28]τοῦτο γάρ ἐστιν τὸ αἷμά μου τῆς διαθήκης τὸ περὶ πολλῶν ἐκχυννόμενον εἰς ἄφεσιν ἁμαρτιῶν.	[22]Καὶ ἐσθιόντων αὐτῶν λαβὼν ἄρτον εὐλογήσας ἔκλασεν καὶ ἔδωκεν αὐτοῖς καὶ εἶπεν· λάβετε, τοῦτό ἐστιν τὸ σῶμά μου. [23]καὶ λαβὼν ποτήριον εὐχαριστήσας ἔδωκεν αὐτοῖς, καὶ ἔπιον ἐξ αὐτοῦ πάντες. [24]καὶ εἶπεν αὐτοῖς· τοῦτό ἐστιν τὸ αἷμά μου τῆς διαθήκης τὸ ἐκχυννόμενον ὑπὲρ πολλῶν.	[19]Καὶ λαβὼν ἄρτον εὐχαριστήσας ἔκλασεν καὶ ἔδωκεν αὐτοῖς λέγων· τοῦτό ἐστιν τὸ σῶμά μου τὸ ὑπὲρ ὑμῶν διδόμενον· τοῦτο ποιεῖτε εἰς τὴν ἐμὴν ἀνάμνησιν. [20]καὶ τὸ ποτήριον ὡσαύτως μετὰ τὸ δειπνῆσαι, λέγων· τοῦτο τὸ ποτήριον ἡ καινὴ διαθήκη ἐν τῷ αἵματί μου τὸ ὑπὲρ ὑμῶν ἐκχυννόμενον.	

Evang. Naassen. (Hippolytus, Refut. omn. haer. V, 8, 11-12): [11]Τοῦτο, φησίν, ἐστὶ τὸ εἰρημένον ὑπὸ τοῦ σωτῆρος· »ἐὰν μὴ πίνητέ μου τὸ αἷμα καὶ φάγητέ μου τὴν σάρκα, οὐ μὴ εἰσέλθητε εἰς τὴν βασιλείαν τῶν οὐρανῶν· ἀλλὰ κἂν πίητε«, φησί, »τὸ ποτήριον ὃ ἐγὼ πίνω, ὅπου ἐγὼ ὑπάγω, ἐκεῖ ὑμεῖς εἰσελθεῖν οὐ δύνασθε«. [12]ᾔδει γάρ, φησίν, ἐξ ὁποίας φύσεως ἕκαστος τῶν μαθητῶν αὐτοῦ ἐστι καὶ ὅτι ἕκαστον αὐτῶν εἰς τὴν ἰδίαν φύσιν ἐλθεῖν ἀνάγκη. ἀπὸ γὰρ τῶν δώδεκα, φησί, φυλῶν μαθητὰς ἐξελέξατο δώδεκα καὶ δι' αὐτῶν ἐλάλησε πάσῃ φυλῇ.

Ignatius ad Eph. 5, 2: Μηδεὶς πλανάσθω· ἐὰν μή τις ᾖ ἐντὸς τοῦ θυσιαστηρίου, ὑστερεῖται τοῦ ἄρτου τοῦ θεοῦ.

Ignatius ad Rom. 7, 3: Οὐχ ἥδομαι τροφῇ φθορᾶς οὐδὲ ἡδοναῖς τοῦ βίου τούτου. ἄρτον θεοῦ θέλω, ὅ ἐστιν σὰρξ Ἰησοῦ Χριστοῦ, τοῦ »ἐκ σπέρματος Δαυίδ«, καὶ πόμα θέλω τὸ αἷμα αὐτοῦ, ὅ ἐστιν ἀγάπη ἄφθαρτος.

37 sqq cf 18 sqq ‖ *49 sqq cf 26 sqq* ‖ *59 sqq 29 sqq* ‖ *63 cf 9 sq. 24 sqq* ‖ *64 sq cf 9 sq. 24 sqq*

150. Rein und unrein

Manibus non lotis manducare

Defilement - Traditional and Real

Matth. 15, 1-20 23, 16; 23, 24	Mark. 7, 1-23	Luk. 11, 37-41; 6, 39	Joh.
(nr. 148 14, 34-36 p. 211)	*(nr. 148 6, 53-56 p. 211)*	11, 37-41 *(nr. 194, p. 276)*	
[1]Τότε προσέρχονται ⸀τῷ Ἰησοῦ⸁ ⸆ἀπὸ Ἱεροσολύμων ⸉Φαρισαῖοι καὶ γραμματεῖς⸊	[1]Καὶ συνάγονται πρὸς αὐτὸν °οἱ Φαρισαῖοι καί τινες τῶν γραμματέων ἐλθόντες ἀπὸ Ἱεροσολύμων⸋. [2]καὶ ἰδόντες τινὰς	[37]⸀⸂Ἐν δὲ τῷ λαλῆσαι ⸆ἐρωτᾷ αὐτὸν Φαρισαῖος⸆ ὅπως ἀριστήσῃ παρ' αὐτῷ⸃· εἰσελθὼν δὲ ἀνέπεσεν. [38]ὁ δὲ Φαρισαῖος ⸀ἰδὼν	

Matth.: 1 ⸀προς αυτον D lat ¦ αυτω 1 *al*; (Or) | ⸆ *p)* οι C𝔎W *pm* ¦ *txt* B𝔑DΘ *al* | ⸉ *3 2 1* C𝔎LW *pm* lat sy^s.c ¦ *txt* B𝔑DΘ ϕ *al*

Mark.: 1 ° λ 565.700 *pc* | [⸋—. *et* 2⸋. H]

Luk. 11: 37 ⸀ εδεηθη δε αυτου τις Φαρισαιος ινα αρ. μετ αυτου D (it sy^s.c) | ⸆αυτον A *al* ¦ αυτον ταυτα Θ λ *al* | ⸆ τις C𝔎A(⸉D)ΔΘ *pm* ¦ *txt* 𝔓45.75 B𝔑L 0124.1.13 *al* ‖ 38 ⸀ ηρξατο διακρινομενος εν εαυτω λεγειν D *pc* lat (sy^c; Mcion)

1 sqq cf 109 sqq ‖ *1 sq (Lc) cf Lc 7, 36; 14, 1* ‖ *2 sq cf Mc 3, 22*

[Matth. 15,1-20]

λέγοντες·

2 διὰ τί οἱ μαθηταί σου παραβαίνουσιν τὴν παράδοσιν τῶν πρεσβυτέρων; οὐ γὰρ νίπτονται τὰς χεῖρας °[αὐτῶν] ὅταν ἄρτον ⸀ἐσθίωσιν. 3 ὁ δὲ ἀποκριθεὶς εἶπεν °αὐτοῖς· διὰ τί °¹καὶ ὑμεῖς παραβαίνετε τὴν ἐντολὴν τοῦ θεοῦ διὰ τὴν παράδοσιν ὑμῶν;

4 ὁ γὰρ θεὸς ⸀εἶπεν· τίμα τὸν πατέρα ⸆ καὶ τὴν μητέρα ⸇, καί· ὁ κακολογῶν πατέρα ἢ μητέρα θανάτῳ τελευτάτω. 5 ὑμεῖς δὲ λέγετε· ὃς ἂν εἴπῃ τῷ πατρὶ ἢ τῇ μητρί· δῶρον ὃ ἐὰν ἐξ ἐμοῦ ὠφεληθῇς ⸆, 6 ⸆ οὐ μὴ τιμήσει τὸν πατέρα αὐτοῦ ⸇· καὶ ἠκυρώσατε ⸂τὸν λόγον⸃ τοῦ θεοῦ

[Mark. 7,1-23]

τῶν μαθητῶν αὐτοῦ °ὅτι κοιναῖς χερσίν, τοῦτ' ἔστιν ἀνίπτοις, ⸀ἐσθίουσιν °¹τοὺς ἄρτους ⸆· 3 – οἱ γὰρ Φαρισαῖοι καὶ πάντες οἱ Ἰουδαῖοι ἐὰν μὴ ⸀πυγμῇ νίψωνται τὰς χεῖρας οὐκ ἐσθίουσιν, κρατοῦντες τὴν παράδοσιν τῶν πρεσβυτέρων, 4 καὶ ἀπ' ἀγορᾶς ⸆ ἐὰν μὴ ⸀βαπτίσωνται οὐκ ἐσθίουσιν, καὶ ἄλλα πολλά ἐστιν ἃ παρέλαβον ⸁κρατεῖν, βαπτισμοὺς ποτηρίων καὶ ξεστῶν καὶ χαλκίων ⸋[καὶ κλινῶν]⸌ – 5 ⸀καὶ ἐπερωτῶσιν αὐτὸν οἱ Φαρισαῖοι καὶ οἱ γραμματεῖς ⸆· διὰ τί ⸉οὐ περιπατοῦσιν οἱ μαθηταί σου⸊ κατὰ τὴν παράδοσιν τῶν πρεσβυτέρων, ἀλλὰ ⸂κοιναῖς χερσὶν⸃ ἐσθίουσιν τὸν ἄρτον; 6 Ὁ δὲ ⸆ εἶπεν αὐτοῖς·

8 ἀφέντες τὴν ἐντολὴν τοῦ θεοῦ κρατεῖτε τὴν παράδοσιν τῶν ἀνθρώπων.

9 καὶ ἔλεγεν αὐτοῖς· καλῶς ἀθετεῖτε τὴν ἐντολὴν τοῦ θεοῦ, ἵνα τὴν παράδοσιν ὑμῶν στήσητε.

10 Μωϋσῆς γὰρ εἶπεν· τίμα τὸν πατέρα σου καὶ τὴν μητέρα σου, καί· ὁ κακολογῶν πατέρα ἢ μητέρα θανάτῳ τελευτάτω. 11 ὑμεῖς δὲ λέγετε· ἐὰν εἴπῃ ἄνθρωπος τῷ πατρὶ ἢ τῇ μητρί· κορβᾶν, ὅ ἐστιν δῶρον, ὃ ἐὰν ἐξ ἐμοῦ ὠφεληθῇς, 12 οὐκέτι ἀφίετε αὐτὸν οὐδὲν ποιῆσαι τῷ πατρὶ ἢ τῇ μητρί, 13 ἀκυροῦντες τὸν λόγον τοῦ θεοῦ

[Luk. 11,37-41]

ἐθαύμασεν⸃

⸀ὅτι οὐ πρῶτον ⸁ἐβαπτίσθη πρὸ τοῦ ἀρίστου. 39 εἶπεν δὲ ὁ ⸀κύριος πρὸς αὐτόν· νῦν ὑμεῖς οἱ Φαρισαῖοι ⸆ τὸ ἔξωθεν τοῦ ποτηρίου καὶ τοῦ πίνακος καθαρίζετε, τὸ δὲ ἔσωθεν ⸀ὑμῶν γέμει ἁρπαγῆς καὶ πονηρίας. 40 ἄφρονες, οὐχ ὁ ποιήσας τὸ ⸉ἔξωθεν καὶ τὸ ἔσωθεν⸊ ἐποίησεν; 41 πλὴν τὰ ἐνόντα δότε ἐλεημοσύνην, καὶ ἰδοὺ ⸀πάντα καθαρὰ ὑμῖν ⸁ἐστίν.

Joh.

Matth.: 2 °† B א 084 λ *pc* f g¹ ¦ *txt* C Ꞩ D W Θ φ 565 *pm* lat sy sa bo | ⸀εσθιουσιν W || 3 ° D e q | °¹ א* *pc*; Ir || 4 ⸀ενετειλατο λεγων א* C Ꞩ L W 0106 *pm* ¦ *txt* B א^corr D Θ 700 *al* lat sy sa bo; Ir | ⸆σου C² K M U W Y Θ φ 565 *al* it sy sa bo; Cyr Epiph | ⸇σου N W *pc* it sy sa bo; Cyr Epiph || 5 ⸆ουδεν εστιν א* || 6 ⸆και Ꞩ L W Δ 0106 φ *al* lat sy^s.p | ⸇† ἢ την μητερα αυτου C Ꞩ W Θ (084). 0116 λ (φ) *al* lat ¦ *txt* B א D *pc* a e sy^c sa; Or | ⸂τον νομον א* C 084 φ *pc*; Epiph ¦ *p)* την εντολην Ꞩ L W Δ 0106 λ 565 *pm* lat; Or Cyr ¦ *txt p)* B א^corr D Θ 700 *pc* it sy sa bo; Ir

Mark.: 2 ° Ꞩ A D N W Θ λ φ 565. 700 *pm* | ⸀-θιοντας Ꞩ A D N W Θ λ φ 565. 700 *pm* | °¹ Ꞩ A Π φ λ *al* | ⸆κατεγνωσαν D ¦ εμεμψαντο Ꞩ W Θ λ φ 579 *pm* lat | ¦ *vide p. 215* || 3 ⸀πυκνα א W vg sy^p bo ¦ — Δ sy^s sa || 4 ⸆οταν ελθωσιν D (δε οτ. ελθ. W) *pc* it | ⸀† ραντισ- B א *pc* ¦ *txt* Ꞩ A D W Θ λ φ *pl* latt; Or | ⸁αυτοις τηρειν D lat sy^s.p | ⸋† 𝔓⁴⁵vid B א *pc* bo ¦ *txt* Ꞩ A D W Θ λ φ *pl* latt sy^p sa || 5 ⸀επειτα Ꞩ A W φ *pl* | ⸆λεγοντες D W Δ Θ φ 565. 700 *pc* it sy^s sa^pt | ⸉ *3-5 1 2* 𝔓⁴⁵ Ꞩ A D W Θ λ φ 565. 700 *pm* | ⸂κ. ταις χ. D W 565 ¦ ανιπτοις χ. א^corr Ꞩ A L Δ 892 *pm* it ¦ κ. χ. και ανιπτ[.. 𝔓⁴⁵ (φ) || 6 ⸆αποκριθεις 𝔓⁴⁵ Ꞩ A D W Θ λ φ 565. 700 *pl* lat

Luk.: 38 ⸀δια τι D lat sy^s.c; Mcion | ⸁-ισατο 𝔓⁴⁵ 700 || 39 ⸀Ιησους U *pc* sy^s.p | ⸆υποκριται D b | ⸀υμιν 𝔓⁷⁵ || 40 ⸉ 𝔓⁴⁵ C D Γ *al* a c e || 41 ⸀απαντα 𝔓⁷⁵ L X Ψ φ 33 *pc* | ⸁εσται 𝔓⁴⁵ (⸉D) X Γ λ φ *pc* a

---

16 cf Kol 2,8 || *19 sqq* cf Mt 23,25 || *19 sqq (Lc)* cf Evang. Thomae copt. *Append. I, 89* || *24 sq* cf Lc 12,33 || *26 sq* Ex 20,12; Dt 5,16 || *27 sq* Ex 21,17; Lv 20,9 || *29 sqq* cf Prv 28,24; 1Tm 5,8 || *30 sq* cf *103*

[Matth. 15,1-20]

διὰ τὴν παράδοσιν ὑμῶν.

7 ὑποκριταί, καλῶς ⸀ἐπροφήτευσεν περὶ ὑμῶν Ἠσαΐας λέγων·

8 ⸂ὁ λαὸς οὗτος⸃ τοῖς χείλεσίν
με τιμᾷ,
ἡ δὲ καρδία αὐτῶν πόρρω ⸀ἀπέχει ἀπ' ἐμοῦ·
9 μάτην δὲ σέβονταί με
διδάσκοντες διδασκαλίας ἐντάλματα ἀνθρώπων.

3b διὰ τί καὶ ὑμεῖς παραβαίνετε τὴν ἐντολὴν τοῦ θεοῦ διὰ τὴν παράδοσιν ὑμῶν;

4 ὁ γὰρ θεὸς εἶπεν· τίμα τὸν πατέρα καὶ τὴν μητέρα, καί· ὁ κακολογῶν πατέρα ἢ μητέρα θανάτῳ τελευτάτω. 5 ὑμεῖς δὲ λέγετε· ὃς ἂν εἴπῃ τῷ πατρὶ ἢ τῇ μητρί· δῶρον ὃ ἐὰν ἐξ ἐμοῦ ὠφεληθῇς, 6 οὐ μὴ τιμήσει τὸν πατέρα αὐτοῦ· καὶ ἠκυρώσατε τὸν λόγον τοῦ θεοῦ διὰ τὴν παράδοσιν ὑμῶν.

10 Καὶ προσκαλεσάμενος τὸν ὄχλον εἶπεν αὐτοῖς· ἀκούετε καὶ συνίετε· 11 οὐ-

[Mark. 7,1-23]

τῇ παραδόσει ὑμῶν ᾗ παρεδώκατε· καὶ παρόμοια τοιαῦτα πολλὰ ποιεῖτε.

6b ⸆ καλῶς ἐπροφήτευσεν ⸉Ἠσαΐας περὶ ὑμῶν⸊ τῶν ὑποκριτῶν, ὡς γέγραπται °[ὅτι]

⸉1 οὗτος ὁ λαὸς⸊ τοῖς χείλεσίν
με ⸀τιμᾷ,
ἡ δὲ καρδία αὐτῶν πόρρω ⸀ἀπέχει ἀπ' ἐμοῦ·
7 μάτην δὲ σέβονταί με
διδάσκοντες διδασκαλίας ⸆ ἐντάλματα ἀνθρώπων.

8 ⸋ἀφέντες ⸆ τὴν ἐντολὴν τοῦ θεοῦ κρατεῖτε τὴν ⸀παράδοσιν τῶν ἀνθρώπων ⸆.⸌ 9 καὶ ἔλεγεν αὐτοῖς· καλῶς ἀθετεῖτε τὴν ἐντολὴν τοῦ θεοῦ, ἵνα τὴν παράδοσιν ὑμῶν ⸀στήσητε. 10 Μωϋσῆς γὰρ εἶπεν· τίμα τὸν πατέρα σου καὶ τὴν μητέρα °σου, καί· ὁ ⸀κακολογῶν πατέρα ἢ μητέρα θανάτῳ τελευτάτω. 11 ὑμεῖς δὲ λέγετε· ἐὰν εἴπῃ ἄνθρωπος τῷ πατρὶ ⸆ ἢ τῇ μητρί ⸆· κορβᾶν, ὅ ἐστιν δῶρον, ὃ ἐὰν ἐξ ἐμοῦ ὠφεληθῇς, 12 ⸆ ⸂οὐκέτι ἀφίετε⸃ αὐτὸν οὐδὲν ποιῆσαι τῷ πατρὶ ⸆ ἢ τῇ μητρί ⸆, 13 ἀκυροῦντες τὸν λόγον τοῦ θεοῦ τῇ παραδόσει ὑμῶν ⸆ ⸋ᾗ παρεδώκατε⸌· ⸋1 καὶ παρόμοια ⸂τοιαῦτα πολλὰ⸃ ποιεῖτε.⸌ 14 Καὶ προσκαλεσάμενος ⸀πάλιν τὸν ὄχλον ⸁ἔλεγεν αὐτοῖς· ⸂ἀκούσατέ μου πάντες καὶ σύνετε⸃. 15 οὐδέν ἐστιν ἔξωθεν τοῦ ἀνθρώ-

Luk.

Joh.

Matth.: 7 ⸀προεφητευσεν Bcorr 𝔎 W X Y Γ Φ 0106 *pl* || 8 ⸂(Js 29,13) εγγιζει μοι ο λαος ουτος τω στοματι αυτων και C 𝔎 N W Γ Π Φ 0106 (λ) *pm* | ⸀εστιν D lat; Clpt

Mark.: 6 ⸆οτι 𝔓45 𝔎 A D W λ φ 565.700.892 *pm* | ⸉ 𝔓45 A 892 *pc* | ° 𝔎 A D W Θ λ φ *pl* ¦ *txt* B ℵ L 0274.892 | ⸉1 *p)* *2 3 1* B D *pc* lat | ⸀αγαπα D W a b c; Cl Tert | ⸀αφεστηκεν D ¦ απεστη Δ ¦ απεστιν L Θ 565.892 lat || 7 ⸆και 𝔓45 it || 8 ⸋ *vs* sys | ⸆γαρ 𝔎 A λ φ *pm* | ⸀εντολην 𝔓45 | ⸆(*vs* 4) βαπτισμους ξεστων και ποτηριων και αλλα παρομοια τοιαυτα πολλα ποιειτε 𝔎 A *pm* vg (⸉ D Θ φ *pc* it) || 9 ⸀† τηρησητε (B) ℵ 𝔎 A φ *pm* lat co ¦ *txt* D W Θ 565 *pc* it sys.p || 10 ° D Θ *pc* | ⸀αθετων W || 11 ⸆αυτου D *pc* it | ⸆αυτου Y Θ 700 *al* || 12 ⸆και 𝔓45 𝔎 A W 579 *pm* | ⸂ουκ εναφιετε D | ⸆ *bis* αυτου 𝔎 A λ 33.565.579 *pm* sys.p sa bo || 13 ⸆τη μωρα D it syhmg | ⸋ sys | ⸋1 W | ⸂ *2 1* ℵ λ φ 579.700 *al* ¦ *2* Δ *pc* || 14 ⸀παντα 𝔎 A W Θ λ φ 33.700 *pm* sys.p sapt ¦ — 565.579 sapt bopt | ⸁λεγει B ¦ ειπεν Θ 565.700 | ⸂ακουετε μ. π. κ. συνιετε 𝔎 A W λ φ *pl* ¦ ακουετε και συνιετε ℵ(Δ)

39sqq Is 29,13 (LXX); cf Ps 78,36sq; *cf 107sq. 124. 125* || 51sqq Ex 20,12; Dt 5,16 || 53sq Ex 21,17; Lv 20,9 || 56sq cf Mt 27,6; *cf 103* || 64sqq cf Nu 32,24; 30,3; *cf 121. 130sqq* | cf Act 10,14sqq; 11,8sqq; Rm 14,14; 1Cor 10,25sqq; 1Tm 4,4; Tt 1,15; *cf 80sqq*

[Matth. 15,1-20]

⸆τὸ ⸀εἰσερχόμενον εἰς τὸ στόμα⸇ ⸁κοινοῖ
τὸν ἄνθρωπον, ἀλλὰ τὸ ἐκπορευόμενον
ἐκ τοῦ στόματος ⸀1τοῦτο ⸁κοινοῖ
τὸν ἄνθρωπον. 12 Τότε προσελθόντες
οἱ μαθηταὶ⸆
⸀λέγουσιν αὐτῷ· οἶδας ὅτι οἱ Φαρισαῖοι
ἀκούσαντες τὸν λόγον ἐσκανδαλίσθησαν;
13 ὁ δὲ ἀποκριθεὶς εἶπεν· πᾶσα φυτεία ἣν
οὐκ ἐφύτευσεν ὁ πατήρ μου ὁ οὐράνιος
ἐκριζωθήσεται. 14 ἄφετε ⸀αὐτούς· ⸂τυφλοί
εἰσιν ὁδηγοί⸃ °[τυφλῶν]· τυφλὸς δὲ τυ-
φλὸν ⸉ἐὰν ὁδηγῇ,⸊ ἀμφότεροι ⸁εἰς βόθυνον
πεσοῦνται⸊. 15 Ἀποκριθεὶς δὲ ⸂ὁ Πέτρος
εἶπεν αὐτῷ⸃· φράσον ἡμῖν τὴν παραβο-
λὴν °[ταύτην]. 16 ὁ δὲ ⸆ εἶπεν· ἀκμὴν καὶ ὑ-
μεῖς ἀσύνετοί ἐστε; 17 ⸀οὐ νοεῖτε ὅτι πᾶν τὸ
⸁εἰσπορευόμενον εἰς τὸ στόμα
εἰς τὴν κοιλίαν χωρεῖ καὶ εἰς ⸆ ἀφεδρῶ-
να ἐκβάλλεται;
18 τὰ δὲ ἐκπο-
ρευόμενα ἐκ τοῦ στόματος ἐκ τῆς καρδίας
⸀ἐξέρχεται, κἀκεῖνα ⸁κοινοῖ τὸν ἄνθρωπον.
19 ἐκ γὰρ τῆς καρδίας
ἐξέρχονται διαλογισμοὶ πονηροί,
⸂φόνοι, μοιχεῖαι, πορνεῖαι⸃, κλοπαί,
ψευδομαρτυρίαι,
βλασφημίαι.

[Mark. 7,1-23]

που εἰσπορευόμενον εἰς αὐτὸν ⸉ὃ δύναται
κοινῶσαι αὐτόν⸊, ἀλλὰ ⸉τὰ ἐκ τοῦ ἀνθρώ-
που ἐκπορευόμενά⸊⸆ ⸋ἐστιν τὰ κοινοῦντα
τὸν ἄνθρωπον⸌. ⸇[16] 17 Καὶ ὅτε εἰσῆλθεν
εἰς ⸆ οἶκον ἀπὸ τοῦ ὄχλου, ἐπηρώτων αὐ-
τὸν οἱ μαθηταὶ αὐτοῦ
⸉τὴν παραβο-
λήν⸊. 18 καὶ λέγει αὐτοῖς· οὕτως καὶ ὑμεῖς
ἀσύνετοί ἐστε; ⸀οὐ νοεῖτε ὅτι πᾶν τὸ ἔξω-
θεν εἰσπορευόμενον ⸉εἰς τὸν ἄνθρωπον
οὐ δύναται αὐτὸν κοινῶσαι⸊ 19 ⸉ὅτι οὐκ
εἰσπορεύεται⸊ ⸂αὐτοῦ εἰς τὴν καρδίαν ἀλλ'
εἰς τὴν κοιλίαν, καὶ εἰς τὸν ⸀ἀφεδρῶ-
να ⸁ἐκπορεύεται⸃, ⸀1καθαρίζων πάντα τὰ
βρώματα⸃1; 20 ⸋ἔλεγεν δὲ⸌ ὅτι τὸ ἐκ τοῦ
ἀνθρώπου ἐκπορευόμενον,
ἐκεῖνο κοινοῖ τὸν ἄνθρωπον.
21 ἔσωθεν γὰρ ἐκ τῆς καρδίας ⸋τῶν ἀνθρώ-
πων⸌ οἱ διαλογισμοὶ °οἱ κακοὶ ἐκπορεύον-
ται, ⸉πορνεῖαι, κλοπαί, φόνοι, 22 μοιχεῖαι,
πλεονεξίαι, πονηρίαι, δόλος⸊, ἀσέλγεια,
ὀφθαλμὸς πονηρός, ⸉βλασφημία, ὑπερ-

Luk.

6,39 *(nr. 81, p. 107)*
39 ⸀Εἶπεν δὲ °καὶ παραβολὴν αὐτοῖς·
⸁μήτι δύναται τυφλὸς τυφλὸν
⸀1ὁδηγεῖν; ⸀2οὐχὶ ἀμφότεροι εἰς βόθυνον
⸀3ἐμπεσοῦνται;

Joh.

Matth.: 11 ⸆παν D | ⸀ερχομενον B | ⸇του ανθρωπου sa bo ¦ τουτο ℵ* | ⸁ *bis* κοινωνει D, *it. vs* 18.20 | ⸀1 εκεινο D *pc* sy^c.p || 12 ⸆αυτου C𝔎W λ *pl* | ⸀ειπον (-παν ℵ) C𝔎W 565 *pl* || 14 ⸀τους τυφλους D | ⸂*3 2 1* ℵ*C𝔎W *pm* sy^s; Epiph | ° Bℵ*D *pc* sy^c sa bo ¦ *txt* ℵ²C𝔎WΘ 0106 λφ *pm* lat | ⸉οδηγων σφαλησεται και Θ φ | ⸉*1 2* εμπεσ- FWΦ 565 *al* ¦ πεσ- εις τον βοθυν. (L)Θ (0237) φ *pc* ¦ εμπεσ- εις βοθρον D 1(700) *pc*; Cl Or || 15 ⸂*1 2 4 3* B ¦ *41-3* Θ | °† Bℵ 700 *al* sa bo ¦ *txt* C𝔎DWΘ *pm* latt sy || 16 ⸆Ιησους C𝔎WΘλφ *pl* || 17 ⸀ουπω ℵC𝔎W λ φ *pm* bo^pt ¦ *txt* BDΘ 33 *al* lat | ⸁εισερχομ- BΘ *pc*; Or^pt | ⸆τον ℵΓ *pc* || 18 ⸀-χονται FMW^corr Θ *al* | ⸁ *vide vs* 11 || 19 ⸂*3 2 1* L *pc* q

Mark.: 15 ⸉*1 2 4 3* 𝔎ADW λ φ *pl* latt ¦ το κοινουν αυτον B | ⸉τα εκπ. απ αυτου 𝔎A λ φ *pm* | ⸆εκεινα 𝔎ADW λ φ *pm* latt | ⸋bo | ⸇(16) ει τις εχει ωτα ακουειν ακουετω 𝔎ADWΘλφ *pl* latt sy^s.p sa^pt bo^pt ¦ *txt* BℵLΔ* 0274 *pc* || 17 ⸆τον ℵ(D) *al* | ⸉περι της παραβολης 𝔎 AWΘλφ 565.700 *pm* || 18 ⸀ουπω ℵLΔλ 700.892 *al* f | ⸉ου κοινοι τον ανθρωπον ℵ || 19 ⸉ου γαρ εισερχεται D it | ⸂p. καρδιαν D *pc* latt | ⸀οχετον D | ⸁*p)* εκβαλλεται ℵ *al* sy^s.p ¦ εξερχεται D ¦ χωρει W | [⸃; — *et* ⸃1. H] | ⸀1 καθαριζει D ¦ και -ζει ℓ 185 i r ¦ -ζεται 1047 (+ και sy^s) || 20 ⸋ sy^s.p (αλλα sy^s) || 21 ⸋ λ | ° D*W || 21.22 ⸉πορνεια κλεμματα μοιχειαι φονος πλεονεξια δολος πονηρια D || 22 ⸉ -ιαι -ιαι DΘ 565 *pc* b (c)

Luk. 6: 39 ⸀ελεγεν D λ | ° 𝔓⁴⁵ 𝔎A *pm* | ⸁μη W *al* | ⸀1 οδαγειν D | ⸀2 ουκ ℵ | ⸀3 πεσ- ℵC𝔎A *pm* ¦ — 𝔓^75vid

68 sqq cf Mc 4,10.34 et par || *72 sqq* cf PsSal 14,3 sq; *cf 123. 126 sq. 128 sq* || *74 sqq* cf Jo 9,40 sq; Rm 2,19; *cf 98 sqq; 101 sq* || *75 sqq cf 122* || *80 sqq cf ad 64 sqq* || *86 sqq* cf Mt 12,35; Lc 6,45 || *89 sqq* cf Rm 1,28 sqq; 1Cor 5,10; 6,9 sq; 2Cor 12,20; Gl 5,19 sqq; Eph 5,3 sqq; Kol 3,5 sqq; 1Tm 1,9 sq; 6,4 sq; 2Tm 3,2 sqq; Tt 3,3; 1Pt 4,3; Apc 9,21; 21,8; 22,15; 4Mcc 1,26; 2,15; *cf 132 sqq* || *93* cf Mt 6,23; 20,15; Dt 15,9

[Matth. 15, 1-20]	[Mark. 7, 1-23]	Luk.	Joh.
20 ταῦτά ⸀ἐστιν τὰ ⸁κοινοῦντα τὸν ἄνθρωπον, τὸ δὲ ἀνίπτοις χερσὶν ⸀1φαγεῖν οὐ ⸀2κοινοῖ τὸν ἄνθρωπον.	ηφανία⸃, ἀφροσύνη· 23 ⸂πάντα ταῦτα⸃ ⸄τὰ πονηρὰ⸅ ἔσωθεν ἐκπορεύεται ⸀καὶ κοινοῖ τὸν ἄνθρωπον.		
23, 16 *(nr. 284, p. 389)* 16 Οὐαὶ ὑμῖν, ὁδηγοὶ τυφλοὶ οἱ λέγοντες· ὃς ἂν ὀμόσῃ ἐν τῷ ναῷ, οὐδέν ἐστιν· ὃς δ' ἂν ὀμόσῃ ἐν τῷ χρυσῷ τοῦ ναοῦ, ὀφείλει.			
23, 24 *(nr. 284, p. 389)* 24 Ὁδηγοὶ τυφλοί, οἱ διϋλίζοντες τὸν κώνωπα, τὴν δὲ κάμηλον καταπίνοντες.			

Cod. N.T. 1424 (ad Matth. 15, 5): Τὸ Ἰουδαϊκόν· »κορβᾶν ὃ ὑμεῖς ὠφεληθήσεσθε ἐξ ὑμῶν«.

Pap. Egerton 2 (Fragm. 2 r.): 11 [παραγε]νόμενοι πρὸς αὐτὸν ἐξ[ετασ]τικῶς ἐπείραζον αὐτὸν λ[έγοντες] διδάσκαλε Ἰη(σοῦ) οἴδαμεν ὅτι [ἀπὸ θ(εο)ῦ] ἐλήλυθας ἃ γὰρ ποιεῖς μα[ρτυρεῖ] ὑπὲρ το[ὺ]ς προφ(ήτ)ας πάντας [12 εἰπὲ οὖν] ἡμεῖν· ἐξὸν τοῖς βα(σι)λεῦσ[ιν ἀποδοῦ]ναι τὰ ἀν[ή]κοντα τῇ ἀρχῇ ἀπ[οδῶμεν αὐ]τοῖς ἢ μ[ή] 13 ὁ δὲ Ἰη(σοῦς) εἰδὼς [τὴν δι]άνοιαν [αὐτ]ῶν ἐμβρειμ[ησάμενος] εἶπεν α[ὐτοῖς]· τί με καλεῖτ[ε τῷ στό]ματι ὑμ[ῶν δι]δάσκαλον· μ[ὴ ἀκού]οντες ὃ [λ]έγω· 14 καλῶς Ἠ[σ(αΐ)]ας περὶ ὑ]μῶν ἐπ[ρο]φ(ήτευ)σεν εἰπών· ὁ [λαὸς οὗ]τος τοῖς [χείλ]εσιν αὐτ[ῶν τιμῶσίν] με ἡ [δὲ καρδί]α αὐτῶ[ν πόρρω ἀπέ]χει ἀπ' ἐ[μοῦ μ]άτη[ν με σέβονται] ἐντάλ[ματα ...

Pap. Oxyrhynch. 840 (sec. Swete): ... πρότερον προαδικῆσαι πάντα σοφίζεται. ἀλλὰ προσέχετε μή πως καὶ ὑμεῖς τὰ ὅμοια αὐτοῖς πάθητε· οὐ γὰρ ἐν τοῖς ζῴοις μόνοις ἀπολαμβάνουσιν οἱ κακοῦργοι τῶν ἀνθρώπων ἀλλὰ [κ]αὶ κόλασιν ὑπομένουσιν καὶ πολ[λ]ὴν βάσανον. Καὶ παραλαβὼν αὐτοὺς εἰσήγαγεν εἰς αὐτὸ τὸ ἁγνευτήριον καὶ περιεπάτει ἐν τῷ ἱερῷ. καὶ προσε[λ]θὼν Φαρισαῖός τις ἀρχιερεὺς Λευ[εις] τὸ ὄνομα συνέτυχεν αὐτοῖς καὶ ε[ἶπεν] τῷ σωτῆρι· Τίς ἐπέτρεψέν σοι πατ[εῖν] τοῦτο τὸ ἁγνευτήριον καὶ ἰδεῖν [ταῦ]τα τὰ ἅγια σκεύη μήτε λουσα[μ]έν[ῳ] μ[ή]τε μὴν τῶν μαθητῶν σου τοὺς π[όδας βα]πτισθέντων; ἀλλὰ μεμολυ[μμένος] ἐπάτησας τοῦτο τὸ ἱερόν, τ[όπον ὄν]τα καθαρόν, ὃν οὐδεὶς ἄ[λλος εἰ μὴ] λουσάμενος καὶ ἀλλά[ξας τὰ ἐνδύ]ματα πατεῖ, οὐδὲ ὁ[ρᾶν τολμᾷ ταῦτα] τὰ ἅγια σκεύη. καὶ σ[ταθεὶς εὐθὺς ὁ σωτὴρ] σ[ὺν τ]οῖς μαθηταῖ[ς αὐτοῦ ἀπεκρίθη·] Σὺ οὖν ἐνταῦθα ὢν ἐν τῷ ἱερῷ καθαρεύεις; λέγει αὐτῷ ἐκεῖνος· Καθαρεύω· ἐλουσάμην γὰρ ἐν τῇ λίμνῃ τοῦ Δαυεὶδ καὶ δι' ἑτέρας κλίμακος κατελθὼν δι' ἑτέρας ἀ[ν]ῆλθον, καὶ λευκὰ ἐνδύματα ἐνεδυσάμην καὶ καθαρά, καὶ τότε ἦλθον καὶ προσέβλεψα τούτοις τοῖς ἁγίοις σκεύεσιν. ὁ σωτὴρ πρὸς αὐτὸν ἀπο[κρι]θεὶς εἶπεν· Οὐαὶ τυφλοὶ μὴ ὁρῶντ[ε]ς· σὺ ἐλούσω τούτοις τοῖς χεομένοις ὕ[δ]ασι(ν), ἐν οἷς κύνες καὶ χοῖροι βέβλην[ται] νυκτὸς καὶ ἡμέρας, καὶ νιψάμε[ν]ος τὸ ἐκτὸς δέρμα ἐσμήξω, ὅπερ [κα]ὶ αἱ πόρναι καὶ α[ἱ] αὐλητρίδες μυρί[ζ]ου[σαι κ]αὶ λούουσιν καὶ σμήχουσι [καὶ κ]αλλωπίζουσι πρὸς ἐπιθυμί[αν τ]ῶν ἀνθρώπων, ἔνδοθεν δὲ ἐκεῖ[ναι πεπλ]ήρω⟨ν⟩ται σκορπίων καὶ [πάσης ἀδι]κίας. ἐγὼ δὲ καὶ οἱ [μαθηταί μου,] οὓς λέγεις μὴ βεβα[μμένους, βεβά]μμεθα ἐν ὕδασι ζω[ῆς αἰωνίου τοῖς κα]τελθοῦσιν ἀπὸ [τοῦ θεοῦ ἐκ τοῦ οὐρανοῦ. ἀλ]λὰ οὐαὶ [τ]οῖς ...

Evang. Thomae copt.: *Append. I, 14*

Evang. Thomae copt.: *Append. I, 34*

Evang. Thomae copt.: *Append. I, 40*

1. Clem. ad Cor. 15, 2: Λέγει γάρ που· »Οὗτος ὁ λαὸς τοῖς χείλεσίν με τιμᾷ, ἡ δὲ καρδία αὐτῶν πόρρω ἄπεστιν ἀπ' ἐμοῦ«.

2. Clem. ad Cor. 3, 5: Λέγει δὲ καὶ ἐν τῷ Ἠσαΐᾳ· »Ὁ λαὸς οὗτος τοῖς χείλεσίν με τιμᾷ, ἡ δὲ καρδία αὐτῶν πόρρω ἄπεστιν ἀπ' ἐμοῦ«.

Ignatius ad Trall. 11, 1: Φεύγετε οὖν τὰς κακὰς παραφυάδας τὰς γεννώσας καρπὸν θανατηφόρον, οὗ ἐὰν γεύσηταί τις, παρ' αὐτὰ ἀποθνήσκει. οὗτοι γὰρ οὔκ εἰσιν φυτεία πατρός.

Ignatius ad Phil. 3, 1: Ἀπέχεσθε τῶν κακῶν βοτανῶν, ἅστινας οὐ γεωργεῖ Ἰησοῦς Χριστός, διὰ τὸ μὴ εἶναι αὐτοὺς φυτείαν πατρός· οὐχ ὅτι παρ' ὑμῖν μερισμὸν εὗρον, ἀλλ' ἀποδιϋλισμόν.

Didache 14, 2-3; 5, 1: 14 2 Πᾶς δὲ ἔχων τὴν ἀμφιβολίαν μετὰ τοῦ ἑταίρου αὐτοῦ μὴ συνελθέτω ὑμῖν, ἕως οὗ διαλλαγῶσιν, ἵνα μὴ κοινωθῇ ἡ θυσία ὑμῶν. 3 αὕτη γάρ ἐστιν ἡ ῥηθεῖσα ὑπὸ κυρίου· »Ἐν παντὶ τόπῳ καὶ χρόνῳ προσφέρειν μοι θυσίαν καθαράν· ὅτι βασιλεὺς μέγας εἰμί, λέγει κύριος, καὶ τὸ ὄνομά μου θαυμαστὸν ἐν τοῖς ἔθνεσι«. 5 1 Ἡ δὲ τοῦ θανάτου ὁδός ἐστιν αὕτη· πρῶτον πάντων πονηρά ἐστι καὶ κατάρας μεστή· »φόνοι, μοιχεῖαι, ἐπιθυμίαι, πορνεῖαι, κλοπαί«, εἰδωλολατρίαι, μαγεῖαι, φαρμακίαι, ἁρπαγαί, ψευδομαρτυρίαι, ὑποκρίσεις, διπλοκαρδία, δόλος, ὑπερηφανία, κακία, αὐθάδεια, πλεονεξία, αἰσχρολογία, ζηλοτυπία, θρασύτης, ὕψος, ἀλαζονεία, ⟨ἀφοβία⟩.

Matth.: 20 ⸀εισιν D | ⸁κοινωνουντα D* | ⸀1 εσθιειν 118. 209 *pc*; Cl hom Epiph | ⸀2 *vide vs* 11

Mark.: 23 ⸂ *1* W sy s ¦ *2* L 892 ¦ *21* K 33 *al* sy p sa bo | ⸄ *2* EΘ 579 *pc* ¦ — λ 565. 700 | ⸀κακεινα ℵ

---

98 sqq cf 74 sqq || *101 sq cf 74 sqq* || *103 cf 30 sq. 56 sq* || *104 sq* cf Mc 12, 14 par || *107 sq cf 39 sqq* || *109 sqq cf 1 sqq* || *121 cf 64 sqq* || *122 cf 75 sqq* || *123 cf 72 sqq* || *124 cf 39 sqq* || *125 cf 39 sqq* || *126 sq cf 72 sqq* || *128 sq cf 72 sqq* || *130 sqq cf 64 sqq* || *131 sq* Ml 1, 11. 14 || *132 sqq cf 89 sqq*

151. Die Syrophönizierin (Kanaanitin)

Syrophoenissa (Chananea)

The Syrophoenician (Canaanite) Woman

Matth. 15, 21-28

10, 6; 8, 13

21 Καὶ ἐξελθὼν ἐκεῖθεν ὁ Ἰησοῦς ἀνεχώρησεν εἰς τὰ μέρη Τύρου καὶ Σιδῶνος. 22 καὶ ἰδοὺ γυνὴ Χαναναία ἀπὸ τῶν ὁρίων ἐκείνων ἐξελθοῦσα ⸀ἔκραζεν ⸆λέγουσα· ἐλέησόν με, κύριε ⸀υἱὸς Δαυίδ· ἡ θυγάτηρ μου κακῶς δαιμονίζεται. 23 ὁ δὲ οὐκ ἀπεκρίθη αὐτῇ λόγον. καὶ προσελθόντες οἱ μαθηταὶ αὐτοῦ ⸀ἠρώτουν αὐτὸν λέγοντες· ἀπόλυσον αὐτήν, ὅτι κράζει ⸀ὄπισθεν ἡμῶν. 24 ὁ δὲ ἀποκριθεὶς εἶπεν· οὐκ ἀπεστάλην εἰ μὴ ⸀εἰς τὰ πρόβατα ⸆τὰ ἀπολωλότα οἴκου Ἰσραήλ. 25 ἡ δὲ ⸀ἐλθοῦσα ⸀προσεκύνει αὐτῷ λέγουσα· κύριε, ⸀1βοήθει μοι. 26 ὁ δὲ ἀποκριθεὶς εἶπεν· οὐκ ⸂ἔστιν καλὸν⸃ λαβεῖν τὸν ἄρτον τῶν τέκνων καὶ βαλεῖν τοῖς κυναρίοις. 27 ἡ δὲ εἶπεν· ναὶ κύριε, καὶ °γὰρ τὰ κυνάρια ⸀ἐσθίει ἀπὸ τῶν ⸀ψιχίων τῶν πιπτόντων ἀπὸ τῆς τραπέζης τῶν κυρίων αὐτῶν. 28 °τότε ⸂ἀποκριθεὶς ὁ Ἰησοῦς⸃ εἶπεν αὐτῇ·

Mark. 7, 24-30

24 ⸂Ἐκεῖθεν δὲ ἀναστὰς⸃ ἀπῆλθεν εἰς τὰ ⸀ὅρια Τύρου ⸆. Καὶ εἰσελθὼν εἰς ⸆οἰκίαν οὐδένα ⸀ἤθελεν γνῶναι, καὶ οὐκ ⸀1ἠδυνήθη λαθεῖν· 25 ⸂ἀλλ' εὐθὺς ἀκούσασα γυνὴ περὶ αὐτοῦ⸃, ἧς εἶχεν ⸂τὸ θυγάτριον αὐτῆς⸃ ⸂1πνεῦμα ἀκάθαρτον⸃, ⸀ἐλθοῦσα προσέπεσεν πρὸς τοὺς πόδας αὐτοῦ· 26 ἡ δὲ γυνὴ ἦν ⸀Ἑλληνίς, ⸀Συροφοινίκισσα τῷ γένει· καὶ ἠρώτα αὐτὸν ἵνα τὸ δαιμόνιον ἐκβάλῃ ⸀1ἐκ τῆς θυγατρὸς αὐτῆς. 27 ⸂καὶ ἔλεγεν⸃ αὐτῇ· ἄφες πρῶτον χορτασθῆναι τὰ τέκνα, οὐ γάρ ἐστιν καλὸν λαβεῖν τὸν ἄρτον τῶν τέκνων καὶ τοῖς κυναρίοις ⸉βαλεῖν. 28 ἡ δὲ ἀπεκρίθη ⸂καὶ λέγει αὐτῷ⸃· ⸀κύριε· καὶ ⸆τὰ κυνάρια ⸆ὑποκάτω τῆς τραπέζης ἐσθίουσιν ἀπὸ τῶν ⸀ψιχίων τῶν ⸀1παιδίων. 29 καὶ εἶπεν αὐτῇ·

Luk. 7, 10

Joh.

Matth.: 22 ⸀-ξεν ℵ* Z ϕ pc ¦ εκραυγαζεν M 299 ¦ -αυγασεν C 𝔎 W Γ Φ 33. 565 al ¦ txt B ℵcorr D Θ 1. 700 al | ⸆οπισω αυτου D ¦ αυτω 𝔎 L W Δ 0119 pm (lat) | ⸀υιε ℵ C 𝔎 λ ϕ pl ¦ txt B D W Θ 700 pc || 23 ⸀† ηρωτων 𝔎 L W Γ Δ Θ Π Φ pm latt ¦ ηρωτησαν 0119 pc sys.p sa bo ¦ txt B ℵ C D pc | ⸀εμπροσθεν W 245 || 24 ⸀προς Θ pc; Orpt Cyrpt | ⸆ταυτα D sys.c || 25 ⸀προσ- Δ 0119 sys.c sa ¦ απ- V Π Ω al ¦ εξ- 245 pc ¦ — bo | ⸀προσεκυνησεν ℵcorr C 𝔎 L W Δ Φ 0119. 565 pm lat bo ¦ txt B ℵ* D Θ λ ϕ 700 al it sa | ⸀1 βοηθησον Θ pc || 26 ⸂2 1 544 pc ¦ 1 1293 ¦ εξεστιν D it sys.c || 27 ° p) B e sys.p sa | ⸀-ιουσιν D | ⸀ψιχων D || 28 ° syc | ⸂1 D Γ pc sys.c sapt ¦ 2 3 syp

Mark.: 24 ⸂και εκ. αν. 𝔎 A N Θ λ ϕ 565. 700 pm ¦ και αν. εκ. D it ¦ κακειθεν δε αν. 33. 579 ¦ και αν. W sys | ⸀μεθορια 𝔎 A N pm | ⸆p) και Σιδωνος ℌ 𝔎 A N pm lat syp sa bo ¦ txt D L W Δ Θ 565 al it sys; Or | ⸆την D W Θ Φ 565 pc; Or | ⸀-λησεν ℵ Δ ϕ 565 pc; Or | ⸀1 † ηδυνασθη B ℵ pc ¦ txt 𝔎 A D L W Θ λ ϕ pl || 25 ⸂4 δε ευθεως ως 3 5 6 D lat ¦ 3 γαρ 4-6 𝔎 A N W Θ λ ϕ 565. 700 pm | ⸂θυγ. 𝔓45 28 ¦ το θ. ℵ D W Δ Θ λ ϕ 565. 700 al lat | ⸂1 εν πν-ατι -ρτω 𝔓45 W ϕ 28 | ⸀εισελθ- ℵ L al it || 26 ⸀(Lc 4, 26) χηρα sys | ⸀Συρα Φοινικ- B 𝔎 al bo ¦ Τυροφ- sys ¦ Φοινισσα D i ¦ Συραφοινισσα U W ¦ txt 𝔓45 ℌ A Θ λ pm | ⸀1 απο D ¦ — 𝔓45 L λ (ϕ) 565. 700 pc || 27 ⸂και λεγει D Θ 700 a ¦ ο δε Ιησους ειπεν 𝔎 A N W λ ϕ 565 pm | ⸉a. τοις 𝔎 A D L W Δ ϕ 565. 700 pm lat || 28 ⸂αυτω λεγουσα D W Θ 700 pc ¦ λεγουσα 𝔓45 vid λ ϕ al | ⸀† p) ναι, κ. B ℵ 𝔎 A λ pm ¦ κυριε, αλλα D ¦ txt 𝔓45 W Θ 565. 700 sys pc | ⸆p) γαρ 𝔎 A L N λ pm | ⸆τα 𝔓45 | ⸀ψιχων D W | ⸀1 παιδων D

1-31 cf 1 Rg 17, 8-24 || 2 cf Is 23, 4 sq; Ez 27, 8; Mc 3, 8; 7, 31; Lc 4, 26 || 6 sq cf Mt 9, 27; 17, 15; 20, 30. 31 par; Lc 17, 13 || 8 sq cf Mt 22, 46; 1 Rg 18, 21; 2 Rg 18, 36 || 11 cf Act 16, 17 || 12 sqq cf Mt 9, 36; 18, 12; Lc 15, 4; Jr 50, 6 (27, 6 LXX); Zch 12, 7; cf 32 sq || 16 cf Ps-Clem. hom II 19, 1; III 73, 2 || 19 sq cf Is 1, 2; Rm 9, 4 || 23 sq cf Lc 16, 21

[Matth. 15, 21-28]	[Mark. 7, 24-30]	Luk.	Joh.
°ὦ γύναι, μεγάλη σου ἡ πίστις· γενηθήτω σοι ὡς θέλεις. καὶ ἰάθη ἡ θυγάτηρ αὐτῆς ἀπὸ τῆς ὥρας ἐκείνης.	⸉διὰ τοῦτον τὸν λόγον ὕπαγε⸊, ἐξελήλυθεν ⸉1ἐκ τῆς θυγατρός σου τὸ δαιμόνιον⸊. 30 καὶ ἀπελθοῦσα εἰς τὸν οἶκον °αὐτῆς εὗρεν ⸂τὸ παιδίον βεβλημένον⸃ ἐπὶ τὴν κλίνην καὶ τὸ δαιμόνιον ἐξεληλυθός.		
10, 6 *(nr. 99, p. 138)* 6 Πορεύεσθε δὲ μᾶλλον πρὸς τὰ πρόβατα τὰ ἀπολωλότα οἴκου Ἰσραήλ. 8, 13 *(nr. 85, p. 113)* 13 Καὶ εἶπεν ὁ Ἰησοῦς τῷ ἑκατοντάρχῃ· ὕπαγε, ὡς ἐπίστευσας γενηθήτω σοι. καὶ ἰάθη ὁ παῖς [αὐτοῦ] ἐν τῇ ὥρᾳ ἐκείνῃ.		7, 10 *(nr. 85, p. 113)* 10 Καὶ ὑποστρέψαντες εἰς τὸν οἶκον οἱ πεμφθέντες εὗρον τὸν δοῦλον ὑγιαίνοντα.	

Matth.: 28 ° D

Mark.: 29 ⸉ *5 1-4* λ 565. 700 *pc* it ¦ *5 1 2 4* D | ⸉1 *5 6 1-4* 𝔓45vid ℜ A D N W ϕ 565. 700 *pm* ‖ 30 ° 𝔓45 D W λ *pc* it | ⸂ την θυγατερα (+ αυτης Θ it) -νην D Θ λ ϕ (⸉ 𝔓45 ℜ A W *pm*) it

27 sqq (Mt) cf Mt 8, 10; 9, 22. 29; 17, 19 sq; cf *34 sqq* ‖ *32 sq* cf *12 sqq* ‖ *34 sqq* cf *27 sqq (Mt)*

152. Heilung eines Taubstummen (vieler Kranker)

Ephphetha; multi aegroti

Jesus Heals a Deaf Mute and Many Others

Matth. 15, 29-31	Mark. 7, 31-37	Luk.	Joh.
29 Καὶ μεταβὰς ἐκεῖθεν ὁ Ἰησοῦς ἦλθεν παρὰ τὴν θάλασσαν τῆς Γαλιλαίας, καὶ ἀναβὰς εἰς τὸ ὄρος ἐκάθητο ἐκεῖ. 30 καὶ προσῆλθον αὐτῷ ὄχλοι πολλοὶ ἔχοντες μεθ᾽ ἑαυτῶν ⸂χωλούς, τυφλούς, κυλλούς, κωφούς⸃, ⸋καὶ ἑτέρους πολλοὺς⸌ καὶ ἔρριψαν αὐτοὺς ⸂παρὰ τοὺς⸃ πόδας ⸀αὐτοῦ, καὶ ἐθεράπευσεν αὐτούς⸆·	31 Καὶ πάλιν ἐξελθὼν ἐκ τῶν ὁρίων Τύρου ⸂ἦλθεν διὰ Σιδῶνος⸃ ⸀εἰς τὴν θάλασσαν τῆς Γαλιλαίας ἀνὰ μέσον τῶν ὁρίων ⸀Δεκαπόλεως. 32 Καὶ φέρουσιν αὐτῷ κωφὸν °καὶ μογιλάλον καὶ παρακαλοῦσιν αὐτὸν ἵνα ἐπιθῇ αὐτῷ ⸂τὴν χεῖρα.⸃ 33 καὶ ⸀ἀπολαβόμενος αὐτὸν ἀπὸ τοῦ ὄχλου κατ᾽ ἰδίαν ⸂ἔβαλεν τοὺς δακτύλους °αὐτοῦ εἰς τὰ ὦτα αὐτοῦ καὶ πτύσας ἥψατο τῆς γλώσσης αὐτοῦ⸃, 34 καὶ ἀναβλέψας εἰς τὸν οὐρανὸν ⸀ἐστέναξεν καὶ λέγει αὐτῷ· ⸀εφφαθα, ὅ ἐστιν διανοίχθητι. 35 καὶ °[εὐθέως] ⸀ἠνοίγησαν αὐτοῦ αἱ ἀκοαί, καὶ⸆		

Matth.: 30 ⸂ † *1 3 2 4* B ¦ *1 2 4 3* ℜ Γ Θ Φ *al* syc.p sa bo ¦ *1 4 2 3* C K Π 565 *al* ¦ *4 1-3* W ¦ *4 2 1 3* 1. 33. 1241 *al* ¦ *1-3* D *pc* ¦ *txt* ℵ *pc* it sys | ⸋ L Θ *pc* | ⸂ υπο τους D b sys ¦ προς τους 1424 ¦ — C* | ⸀ του Ιησου C ℜ W λ syp | ⸆ παντας D it sapt

Mark.: 31 ⸂ και Σ. η. 𝔓45 ℜ A N W 0131 λ ϕ *pl* q sys.p sapt | ⸀ προς ℜ A N *pm* lat | ⸀ της Δ-λεως D Θ 0131 ¦ εις την Δ-λιν W ‖ 32 ° 𝔓45 ℜ A L N λ ϕ *pl* sys.p sa bo | ⸂ τας -ας ℵ* N Δ 0131. 33. 579 *pc* ‖ 33 ⸀ προσλ- W ¦ επιλ- Γ 0131. 700 *al* ¦ λαβ- Δ *pc* | ⸂ επτυσεν εις τ. δ. αυτου και εβαλεν εις τα ωτα του κωφου και ηψατο της γλωσσης του μογιλαλου 0131 ¦ πτυσας εβαλεν (⸉ εβ. πτ. Θ) τ. δ. α. ... και ηψατο τ. γλ. α. D (Θ) it ¦ εβ. τ. δ. α. και πτυσας εις τα ω. α. ηψ. τ. γλ. α. (W) ϕ sys | ° ℵ *pc* ‖ 34 ⸀ ανεστ- D 0131 ϕ *pc* | ⸀ -εθα ℵ3 D (W) latt ‖ 35 ° † B ℵ D 0131*. 0274 *pc* it ¦ *txt* 𝔓45 ℜ A N W Θ λ ϕ 565. 700 *pl* lat sys.p sapt | ⸀ δι- W Θ 565. 700 ¦ διηνοιχθησαν 𝔓45 ℜ A N 0131 ϕ 579 *pm* | ⸆ † ευθυς ℵ (L) Δ *pc* ¦ *txt* B ℜ A D N W Θ *pl* verss

1-18 cf *19 sqq* ‖ *1 (Mc)* cf Is 23, 4 sq; Ez 27, 8; Mt 15, 21; Mc 7, 24; 3, 8; Lc 4, 26 ‖ *3 (Mt)* cf Mt 5, 1 ‖ *3 (Mc)* cf Mc 5, 20; Mt 4, 25 ‖ *4 sq (Mt)* cf Mt 19, 2; Mc 3, 10 ‖ *6 (Mc)* cf Mt 9, 18; 19, 13; Mc 5, 23; 6, 5; 8, 23. 25; 16, 18; Lc 4, 40; 13, 13; Act 6, 6 etc ‖ *7 sqq* cf Jo 9, 6; Mc 6, 13; cf *19 sq* ‖ *9 sq* cf Mc 6, 41; Jo 11, 41; 17, 1

[Matth. 15, 29-31]

[31] ὥστε ⸂τὸν ὄχλον⸃ ⸉θαυμάσαι
βλέποντας⸊ κωφοὺς ⸀λαλοῦντας, ⸄κυλλοὺς ὑγιεῖς⸅
καὶ χωλοὺς περιπατοῦντας καὶ ⸆τυφλοὺς βλέποντας· καὶ
⸁ἐδόξασαν τὸν θεὸν Ἰσραήλ.

[Mark. 7, 31-37]

ἐλύθη ὁ δεσμὸς τῆς γλώσσης αὐτοῦ καὶ ⸀ἐλάλει ὀρθῶς.
[36] καὶ διεστείλατο αὐτοῖς ἵνα μηδενὶ⸆⸀λέγωσιν· ⸂ὅσον δὲ αὐ-
τοῖς διεστέλλετο, °αὐτοὶ μᾶλλον περισσότερον⸃ ἐκήρυσσον.
[37] καὶ ⸀ὑπερπερισσῶς ἐξεπλήσσοντο λέγοντες· καλῶς πάν-
τα πεποίηκεν, ⸆ καὶ τοὺς κωφοὺς ⸁ποιεῖ ἀκούειν καὶ ⸂[τοὺς]
ἀλάλους⸃ λαλεῖν.

Luk. | **Joh.**

Mark. 8, 22-26: [22] Καὶ ἔρχονται εἰς Βηθσαϊδάν. Καὶ φέρουσιν αὐτῷ τυφλὸν καὶ παρακαλοῦσιν αὐτὸν ἵνα αὐτοῦ ἅψηται. [23] καὶ ἐπιλαβόμενος τῆς χειρὸς τοῦ τυφλοῦ ἐξήνεγκεν αὐτὸν ἔξω τῆς κώμης καὶ πτύσας εἰς τὰ ὄμματα αὐτοῦ, ἐπιθεὶς τὰς χεῖρας αὐτῷ ἐπηρώτα αὐτόν· εἴ τι βλέπεις; [24] καὶ ἀναβλέψας ἔλεγεν· βλέπω τοὺς ἀνθρώπους ὅτι ὡς δένδρα ὁρῶ περιπατοῦντας. [25] εἶτα πάλιν ἐπέθηκεν τὰς χεῖρας ἐπὶ τοὺς ὀφθαλμοὺς αὐτοῦ, καὶ διέβλεψεν καὶ ἀπεκατέστη καὶ ἐνέβλεπεν τηλαυγῶς ἅπαντα. [26] καὶ ἀπέστειλεν αὐτὸν εἰς οἶκον αὐτοῦ λέγων· μηδὲ εἰς τὴν κώμην εἰσέλθῃς.

Matth.: 31 ⸂τους οχλους B ℜ W 565 *al* lat sy bo^{pt} | ⸉ B 892 | ⸀ *p)* ακουοντας B Φ *al* e | ⸄και κ. υγ. D Θ φ *al* ¦ — ℵ 1. 700 *pc* lat sy$^{s.c}$ bo ¦ *txt* B C ℜ W Δ *pm* | ⸆τους D | ⸁-αζον ℵ λ *al*

Mark.: 35 ⸀ελαλησεν Θ sy$^{s.p}$ sa || 36 ⸆μηδεν D 565. 700 q | ⸀ειπωσιν ℜ A D N λ φ 700 *pl* | ⸂ *1-6* περισσοτερως ℵ 0131. 700 *pc* ¦ οι δε αυτοι μαλλον περισσοτερως D it | ° ℜ A W Θ λ φ 700 *pm* || 37 ⸀υπερεκπερ- D λ 700 *pc* ¦ — bo | ⸆ως B | ⸁πεποιηκεν W lat | ⸂ *2* B ℵ L *pc* ¦ — W sy^{s} ¦ *txt* ℜ A D N Θ 0131 λ φ 565. 579. 700 *pm*

---

[13] cf Mc 1, 34. 44 par; 3, 12; 5, 43 par; 8, 26. 30 par; 9, 9 par; Mt 9, 30; 12, 16 || [15] cf Mc 1, 22; 6, 2; 10, 26; 11, 18; Mt 7, 28; 13, 54; 19, 25; 22, 33; Lc 2, 48; 4, 32; 9, 43; Act 13, 12 || [15 sqq] cf Mt 11, 4 sq || [16 sq] cf Is 35, 5 sq || [18] cf Lc 2, 20; 5, 25 sq; Mt 9, 8; Mc 2, 12; Lc 7, 16; 13, 13; 17, 15; 18, 43; 23, 47; Act 11, 18 || [19 sqq] *(= nr 156, p. 228); cf 1 sqq* || [19 sq] *cf 7 sqq*

153. Speisung der Viertausend

Quattuor milia saturantur — *(cf. nr. 146)* — **Four Thousand are Fed**

Matth. 15, 32-39
14, 13-21; 16, 5-12

[32] Ὁ δὲ Ἰησοῦς προσκαλεσάμε-
νος τοὺς μαθητὰς °αὐτοῦ εἶπεν⸆· σπλαγχνίζομαι ἐπὶ τὸν
ὄχλον⸇, ὅτι °¹ἤδη ⸀ἡμέραι τρεῖς⸆¹ προσμένουσίν μοι καὶ οὐκ
ἔχουσιν τί ⸁φάγωσιν· καὶ ἀπολῦσαι αὐτοὺς νήστεις
οὐ θέλω, ⸋⸀¹μήποτε ἐκλυθῶσιν ἐν τῇ ὁδῷ.⸌
[33] καὶ λέγουσιν αὐτῷ οἱ μαθη-

Mark. 8, 1-10
6, 32-44; 8, 14-21

[1] Ἐν ἐκείναις⸆ ταῖς ἡμέραις ⸂πάλιν πολλοῦ⸃ ὄχλου ὄντος
καὶ μὴ ἐχόντων⸇ τί φάγωσιν, προσκαλεσάμε-
νος τοὺς μαθητὰς⸆¹ λέγει αὐτοῖς· [2] σπλαγχνίζομαι ἐπὶ ⸂τὸν
ὄχλον⸃, ὅτι ἤδη ⸄ἡμέραι τρεῖς⸅ ⸂¹προσμένουσίν μοι⸃ καὶ οὐκ
ἔχουσιν τί φάγωσιν· [3] καὶ ⸂ἐὰν ἀπολύσω αὐτοὺς νήστεις
εἰς οἶκον αὐτῶν, ἐκλυθήσονται⸃ ἐν τῇ ὁδῷ· ⸄καί τινες⸅ αὐτῶν
°ἀπὸ μακρόθεν ⸀ἥκασιν. [4] καὶ ἀπεκρίθησαν °αὐτῷ οἱ μαθη-

Luk. 9, 10b-17 | **Joh.** 6, 1-15

Matth.: 32 ° ℵ W Θ 700 | ⸆αυτοις ℵ^{corr} C K Π 565 *al* sy$^{c.p}$ sa bo | ⸇τουτον D *al* it | °¹ B *pc* l sa bo | ⸀-ρας ℵ Θ Ω φ *al*; Or | ⸆¹ εισιν και D | ⸁φαγειν W | ⸋ D* | ⸀¹ μη ℵ 1. 700 *pc* || 33 ⸆αυτου C ℜ D W Θ λ φ *pm* sy

Mark.: 1 ⸆δε D W Θ 28. 700 it | ⸂παμπολλου ℜ A *al* ¦ πολλου sy^{p} sa | ⸇αυτων D W Θ 565. 700 | ⸆¹ *p)* αυτου B ℜ A W Θ φ 565. 579. 700 *pm* sy$^{s.p}$ sa || 2 ⸂τω -ω W Θ 565 ¦ του -ου τουτου D it | ⸄-ρας τρ. Δ(λ) φ 565 *al* ¦ -ραις τρισιν B | ⸂¹ προσμεν. B ¦ εισιν απο ποτε ωδε εισιν D it || 3 ⸂ *p)* απολυσαι αυτ. ν. εις οικ. ου θελω μη εκλυθωσιν D(Θ 565. 700) *pc* it | ⸄οτι και τ. εξ D it ¦ τ. γαρ ℜ A N Θ 0131 φ 565. 700 | ° ℜ A N 0131. 700 *pm* | ⸀ † εισιν B L Δ 0274 *pc* ¦ *txt* ℵ A D W Θ λ 565. 700 (ℜ *al*) *pm* latt sy$^{s.p}$ sa || 4 ° ℵ

[1-21] *cf 22-88. 99 sq* || [3 sq] cf Mt 9, 36; 20, 34; Mc 1, 41; Lc 7, 13; 10, 33; *cf 33 sq (Mt/Mc)*

[Matth. 15, 32-39]

ταί⸆· πόθεν⸆ἡμῖν ἐν ⸀ἐρημίᾳ ἄρτοι τοσοῦτοι ὥστε χορ-
τάσαι ὄχλον τοσοῦτον; 34 καὶ λέγει αὐτοῖς ὁ Ἰησοῦς· πό-
σους ἄρτους ἔχετε; οἱ δὲ ⸀εἶπαν· ἑπτὰ καὶ ὀλίγα ἰχθύδια.
35 καὶ ⸀παραγγείλας ⸂τῷ ὄχλῳ⸃ ἀναπεσεῖν ἐπὶ τὴν γῆν
36 ⸀ἔλαβεν τοὺς ἑπτὰ ἄρτους καὶ τοὺς ἰχθύας °καὶ εὐχαρι-
στήσας ἔκλασεν καὶ ⸀ἐδίδου τοῖς μαθηταῖς⸆,
οἱ δὲ μαθηταὶ ⸂τοῖς ὄχλοις⸃.

37 καὶ ἔφαγον πάντες καὶ ἐχορτάσθησαν. καὶ ⸉τὸ περισσεῦον
τῶν κλασμάτων ἦραν⸊ ἑπτὰ σπυρίδας πλήρεις. 38 οἱ δὲ ἐσθί-
οντες ἦσαν⸆τετρακισχίλιοι ⸉ἄνδρες χωρὶς ⸉γυναικῶν καὶ
παιδίων⸊. 39 Καὶ ἀπολύσας τοὺς ὄχλους ⸀ἐνέβη
εἰς °τὸ πλοῖον καὶ ⸀ἦλθεν εἰς τὰ ὅρια
⸀¹Μαγαδάν.

[Mark. 8, 1-10]

ταὶ αὐτοῦ ⸆ °ὅτι πόθεν ⸂τούτους δυνήσεταί τις ὧδε⸃ χορ-
τάσαι ἄρτων ἐπ᾽ ἐρημίας; 5 ⸂καὶ ἠρώτα⸃ αὐτούς ⸆ · πό-
σους ⸉ἔχετε ἄρτους⸊; οἱ δὲ εἶπαν· ἑπτά.
6 καὶ ⸀παραγγέλλει τῷ ὄχλῳ ἀναπεσεῖν ἐπὶ τῆς γῆς· καὶ
λαβὼν τοὺς ἑπτὰ ἄρτους ⸆ εὐχαρι-
στήσας ἔκλασεν καὶ ἐδίδου ⸂τοῖς μαθηταῖς αὐτοῦ⸃ ἵνα ⸀παρα-
τιθῶσιν, καὶ παρέθηκαν τῷ ὄχλῳ. 7 καὶ εἶχον ἰχθύδια ὀλί-
γα· καὶ ⸂εὐλογήσας αὐτὰ⸃ ⸂εἶπεν καὶ ταῦτα παρατιθέναι⸃.
8 ⸂καὶ ἔφαγον⸃ καὶ ἐχορτάσθησαν, καὶ ἦραν ⸀περισσεύ-
ματα ⸀κλασμάτων ἑπτὰ σπυρίδας.
9 ἦσαν δὲ ⸆ °ὡς τετρακισχίλιοι.
καὶ ἀπέλυσεν αὐτούς. 10 Καὶ ⸂εὐθὺς ἐμβὰς⸃
εἰς °τὸ πλοῖον μετὰ τῶν μαθητῶν αὐτοῦ⸆ ἦλθεν εἰς ⸂τὰ μέρη
Δαλμανουθά⸃.

Luk.

Joh.

Matth. 14,13-21 *(nr. 146, p. 205)*

13 Ἀκούσας δὲ ὁ Ἰησοῦς ἀνεχώρη-
σεν ἐκεῖθεν ἐν πλοίῳ εἰς ἔρημον
τόπον κατ᾽ ἰδίαν·
καὶ ἀκούσαντες οἱ ὄχλοι
ἠκολούθησαν αὐτῷ πεζῇ ἀπὸ
τῶν πόλεων.

14 Καὶ ἐξελθὼν
εἶδεν πολὺν ὄχλον
καὶ ἐσπλαγ-
χνίσθη ἐπ᾽ αὐτοῖς

Mark. 6,32-44 *(nr. 146, p. 205)*

32 Καὶ ἀπῆλθον
ἐν τῷ πλοίῳ εἰς ἔρημον
τόπον κατ᾽ ἰδίαν. 33 καὶ εἶδον αὐτοὺς
ὑπάγοντας καὶ ἐπέγνωσαν πολλοὶ
καὶ πεζῇ ἀπὸ πασῶν
τῶν πόλεων συνέδραμον ἐκεῖ καὶ
προῆλθον αὐτούς.

34 Καὶ ἐξελθὼν
εἶδεν πολὺν ὄχλον
καὶ ἐσπλαγ-
χνίσθη ἐπ᾽ αὐτούς, ὅτι ἦσαν ὡς
πρόβατα μὴ ἔχοντα ποιμένα, καὶ
ἤρξατο διδάσκειν αὐτοὺς πολλά.

Luk. 9,10b-17 *(nr. 146, p. 205)*

10 ... Καὶ παραλαβὼν αὐτοὺς ὑπεχώρη-
σεν κατ᾽ ἰδίαν εἰς πόλιν
καλουμένην Βηθσαϊδά.
11 οἱ δὲ ὄχλοι γνόντες
ἠκολούθησαν αὐτῷ·

καὶ ἀπο-
δεξάμενος αὐτοὺς

ἐλάλει αὐτοῖς περὶ τῆς

Joh. 6,1-15 *(nr. 146, p. 205)*

1 Μετὰ ταῦτα ἀπῆλθεν
ὁ Ἰησοῦς πέραν τῆς θαλάσσης τῆς
Γαλιλαίας τῆς Τιβεριάδος.
2 ἠκολούθει δὲ αὐτῷ ὄχλος πολύς,
ὅτι ἐθεώρουν τὰ σημεῖα ἃ ἐποίει ἐπὶ
τῶν ἀσθενούντων. 3 ἀνῆλθεν δὲ εἰς τὸ
ὄρος Ἰησοῦς καὶ ἐκεῖ ἐκάθητο μετὰ
τῶν μαθητῶν αὐτοῦ. 4 ἦν δὲ ἐγγὺς
τὸ πάσχα, ἡ ἑορτὴ τῶν Ἰουδαίων.
5 Ἐπάρας οὖν τοὺς ὀφθαλμοὺς ὁ Ἰη-
σοῦς καὶ θεασάμενος ὅτι πολὺς ὄ-
χλος ἔρχεται πρὸς αὐτὸν

Matth.: 33 ⸆ουν DΘλ*pc* lat | ⸀ερημω τοπω C*pc* sy^c bo || 34 ⸀-πον *rell* ¦ -πον αυτω D*pc* sy^c.p ¦ *txt* ℵ 33 || 35. 36 ⸀εκελευσε *et* ⸀και λαβων CℜW*pm* || 35 ⸂τους οχλους C*al* ¦ τοις οχλοις ℜLNWΓ 565.700*pm* sy bo || 36 °ℜL**pm* | ⸀εδωκεν CℜWλ*pm* | ⸆αυτου Cℜ W*pm* lat sy sa | ⸂τω -λω CℜDWΔΘ*pm* (it) sa || 37 ⸉*5 1-4* ℵCℜWϕ*pm* || 38 ⸆*p)* ως ΒΘϕ33*al* ¦ ωσει ℵ*pc* | ⸉*p.* ησαν ℵ*pc* | ⸉ℵD(Θ)1*pc* lat sy^c sa bo || 39 ⸀ενβαινει D ¦ ανεβη CEKUVWϕ*pm* | °ϕ*al* | ⸀-θον C118.209 | ⸀¹Μαγδαλα ℜΘ*pm* (-λαν CW 33.565*al*) bo ¦ Μαγεδαν ℵ^corr lat; Eus ¦ *txt* Βℵ*D

Mark.: 4 ⸆και ειπαν ℵ ¦ λεγοντες W | °ℵℜADNWΘ**0131**λϕ33.565.700 latt sy^s.p | ⸂*4* τοσουτους *2 3* Θ(λ) ¦ *1-3* D*pc* it ¦ ωδε δυνασαι αυτους W (⸉sy^s georg) || 5 ⸂και επ- ℜADNΘ**0131**λϕ33.565.700*pm* ¦ ο δε ηρωτησεν W | ⸆λεγων Θ 565.700 | ⸉ℵDWΘ 565.579.700*al* latt || 6 ⸀παρηγγειλε CℜANW**0131**λϕ 579.700*pm* verss ¦ παραγγειλας Θ 565 | ⸆και CD 700.892*al* | ⸂*1 2* 579*pc* ¦ αυτοις W | ⸀παραθωσιν ℜ ADNWΘ**0131**λ 565.700*pm* || 7 ⸂ευχαριστησας Dq | ⸂παρεθηκεν ℵ* ¦ ειπεν παραθηναι WΘ **0131** λ 565*al* ¦ ειπ. και αυτους εκελευσεν παρατιθεναι D ¦ ειπ. παραθειναι (-τεθηναι A) και αυτα ℜA ϕ*pm* || 8 ⸂εφ. δε ℜAN **0131** ϕ*al* ¦ *p)* και εφ. παντες ℵ 579*pc* | ⸀τα π. ℵCΘ*pc* ¦ το π-μα D | ⸀των κλ. DΘ 565.700*pc* ¦ — WΔ || 9 ⸆οι φαγοντες CℜADNWΘ **0131** λϕ 565.700*pm* latt sy^s.p sa^pt bo^pt | °ℵ sa bo || 10 ⸂ευθ. εμβ. αυτος B ¦ εμβ. ευθ. Wλϕ*al* ¦ εμβ. ευθεως AKN **0131***al* ¦ ευθεως ανεβη Θ 565.700 it ¦ αυτος ανεβη D | °Wλϕ 33.579.700*pc* | ⸆και DWΘ 565.700 it | ⸂τα μ. Δ-ουνθα B ¦ τα ορη Δ-ουθα N ¦ το ορος Δαλμουναι W (*pc*) ¦ το ορος Μαγεδα 28 k (-δαν sy^s) ¦ τα μερη Μαγεδαν 𝔓^45vid it; Or? ¦ *p)* τα ορια Μαγεδα D^corr c ¦ τα ορια Μελεγαδα D*(*al*) ¦ τα μερη Μαγδαλα Θλϕ*al*

22-88 cf 1-21. 97 sq || *33 sq (Mt/Mc) cf 3 sq*

[Matth. 14,13-21]

καὶ ἐθεράπευσεν
τοὺς ἀρρώστους αὐτῶν.
15 Ὀψίας δὲ γενομένης προσῆλθον
αὐτῷ οἱ μαθηταὶ λέγοντες·
ἔρημός ἐστιν ὁ τόπος καὶ ἡ ὥρα ἤδη
παρῆλθεν· ἀπόλυσον τοὺς ὄχλους,
ἵνα ἀπελθόντες εἰς τὰς
κώμας
ἀγοράσωσιν ἑαυτοῖς βρώματα.
16 ὁ δὲ [Ἰησοῦς]
εἶπεν αὐτοῖς· οὐ χρείαν ἔχουσιν ἀπ-
ελθεῖν, δότε αὐτοῖς ὑμεῖς φαγεῖν.
17 οἱ δὲ λέγουσιν αὐτῷ·
οὐκ ἔχομεν ὧδε εἰ μὴ πέντε ἄρτους
καὶ δύο ἰχθύας.
cf. v. 21
18 ὁ δὲ εἶπεν· φέρετέ μοι ὧδε αὐτούς.
19 καὶ κελεύσας τοὺς ὄχλους ἀνακλι-
θῆναι ἐπὶ
τοῦ χόρτου,
λαβὼν τοὺς πέντε
ἄρτους καὶ τοὺς δύο ἰχθύας, ἀναβλέ-
ψας εἰς τὸν οὐρανὸν εὐλόγησεν
καὶ κλάσας
ἔδωκεν τοῖς μαθηταῖς τοὺς ἄρτους,
οἱ δὲ μαθηταὶ τοῖς ὄχλοις.
20 καὶ ἔφαγον πάντες καὶ ἐχορτάσθη-
σαν,
καὶ ἦραν
τὸ περισσεῦον τῶν κλασμάτων
δώδεκα κοφίνους πλήρεις.
21 οἱ δὲ ἐσθίοντες ἦσαν
ἄνδρες ὡσεὶ πεντακισχίλιοι
χωρὶς γυναικῶν καὶ παιδίων.

[Mark. 6,32-44]

35 Καὶ ἤδη ὥ-
ρας πολλῆς γενομένης προσελθόντες
αὐτῷ οἱ μαθηταὶ αὐτοῦ ἔλεγον ὅτι
ἔρημός ἐστιν ὁ τόπος καὶ ἤδη ὥρα
πολλή· 36 ἀπόλυσον αὐτούς,
ἵνα ἀπελθόντες εἰς τοὺς κύκλῳ
ἀγροὺς καὶ κώμας
ἀγοράσωσιν ἑαυτοῖς τί φάγωσιν.
37 ὁ δὲ ἀποκριθεὶς
εἶπεν αὐτοῖς·
δότε αὐτοῖς ὑμεῖς φαγεῖν.
καὶ λέγουσιν αὐτῷ· ἀπελθόντες ἀγο-
ράσωμεν δηναρίων διακοσίων ἄρτους
καὶ δώσομεν αὐτοῖς φαγεῖν; 38 ὁ δὲ
λέγει αὐτοῖς· πόσους ἄρτους ἔχετε;
ὑπάγετε ἴδετε. καὶ γνόντες λέγουσιν·
πέντε,
καὶ δύο ἰχθύας.
cf. v. 43
39 καὶ ἐπέταξεν αὐτοῖς ἀνακλῖ-
ναι πάντας συμπόσια συμπόσια ἐπὶ
τῷ χλωρῷ χόρτῳ. 40 καὶ ἀνέπεσαν
πρασιαὶ πρασιαὶ κατὰ ἑκατὸν καὶ κατὰ
πεντήκοντα. 41 καὶ λαβὼν τοὺς πέντε
ἄρτους καὶ τοὺς δύο ἰχθύας ἀναβλέ-
ψας εἰς τὸν οὐρανὸν εὐλόγησεν
καὶ κατέκλασεν τοὺς ἄρτους
καὶ ἐδίδου τοῖς μαθηταῖς [αὐτοῦ]
ἵνα παρατιθῶσιν αὐτοῖς,
καὶ τοὺς δύο ἰχθύας ἐμέρισεν πᾶσιν.
42 καὶ ἔφαγον πάντες καὶ ἐχορτάσθη-
σαν,
43 καὶ ἦραν
κλάσματα
δώδεκα κοφίνων πληρώματα καὶ ἀπὸ
τῶν ἰχθύων. 44 καὶ ἦσαν οἱ φαγόντες
[τοὺς ἄρτους] πεντακισχίλιοι ἄνδρες.

[Luk. 9,10b-17]

βασιλείας τοῦ θεοῦ, καὶ τοὺς χρείαν
ἔχοντας θεραπείας ἰᾶτο. 12 Ἡ δὲ
ἡμέρα ἤρξατο κλίνειν· προσελθόντες
δὲ οἱ δώδεκα εἶπαν αὐτῷ·
ἀπόλυσον τὸν ὄχλον,
ἵνα πορευθέντες εἰς τὰς κύκλῳ
κώμας καὶ ἀγροὺς καταλύσωσιν καὶ
εὕρωσιν ἐπισιτισμόν, ὅτι ὧδε ἐν ἐρή-
μῳ τόπῳ ἐσμέν.
13 εἶπεν δὲ πρὸς αὐτούς·
δότε αὐτοῖς ὑμεῖς φαγεῖν.
οἱ δὲ εἶπαν·
οὐκ εἰσὶν ἡμῖν πλεῖον ἢ ἄρτοι πέντε
καὶ ἰχθύες δύο, εἰ μήτι πορευ-
θέντες ἡμεῖς ἀγοράσωμεν εἰς πάντα
τὸν λαὸν τοῦτον βρώματα. 14 ἦσαν
γὰρ ὡσεὶ ἄνδρες πεντακισχίλιοι.
εἶπεν δὲ πρὸς τοὺς μαθητὰς αὐτοῦ·
κατακλίνατε
αὐτοὺς κλισίας [ὡσεὶ] ἀνὰ πεντήκον-
τα. 15 καὶ ἐποίησαν
οὕτως καὶ κατέκλιναν ἅπαντας.
16 λαβὼν δὲ τοὺς πέντε
ἄρτους καὶ τοὺς δύο ἰχθύας ἀναβλέ-
ψας εἰς τὸν οὐρανὸν εὐλόγησεν αὐ-
τοὺς καὶ κατέκλασεν
καὶ ἐδίδου τοῖς μαθηταῖς
παραθεῖναι τῷ ὄχλῳ.
17 καὶ ἔφαγον καὶ ἐχορτάσθησαν πάν-
τες,
καὶ ἤρθη
τὸ περισσεῦσαν αὐτοῖς κλασμάτων
κόφινοι δώδεκα.
cf. v. 14

[Joh. 6,1-15]

λέγει πρὸς Φίλιππον· πόθεν
ἀγοράσωμεν ἄρτους ἵνα φάγωσιν
οὗτοι; 6 τοῦτο δὲ ἔλεγεν πειράζων
αὐτόν· αὐτὸς γὰρ ᾔδει τί ἔμελλεν
ποιεῖν.
7 ἀπεκρίθη αὐτῷ [ὁ] Φίλιππος·
διακοσίων δηναρίων ἄρτοι
οὐκ ἀρκοῦσιν αὐτοῖς ἵνα ἕκαστος
βραχύ [τι] λάβῃ.
8 λέγει αὐτῷ
εἷς ἐκ τῶν μαθητῶν αὐτοῦ, Ἀνδρέας
ὁ ἀδελφὸς Σίμωνος Πέτρου· 9 ἔστιν
παιδάριον ὧδε ὃς ἔχει πέντε ἄρτους
κριθίνους καὶ δύο ὀψάρια· ἀλλὰ ταῦτα
τί ἐστιν εἰς τοσούτους;
10 εἶπεν ὁ Ἰησοῦς·
ποιήσατε τοὺς
ἀνθρώπους ἀναπεσεῖν. ἦν δὲ χόρ-
τος πολὺς ἐν τῷ τόπῳ. ἀνέπεσαν οὖν
οἱ ἄνδρες τὸν ἀριθμὸν ὡς πεντακισ-
χίλιοι. 11 ἔλαβεν οὖν τοὺς
ἄρτους ὁ Ἰησοῦς
καὶ εὐχαριστήσας
διέδωκεν
τοῖς ἀνακειμένοις ὁμοίως
καὶ ἐκ τῶν ὀψαρίων ὅσον ἤθελον.
12 ὡς δὲ ἐνεπλήσθησαν,
λέγει τοῖς μαθηταῖς αὐτοῦ· συν-
αγάγετε τὰ περισσεύσαντα κλάσμα-
τα, ἵνα μή τι ἀπόληται. 13 συνήγαγον
οὖν καὶ ἐγέμισαν δώδεκα κοφίνους
κλασμάτων ἐκ τῶν πέντε ἄρτων τῶν
κριθίνων ἃ ἐπερίσσευσαν τοῖς βεβρω-
κόσιν. cf. v. 10
14 Οἱ οὖν
ἄνθρωποι ἰδόντες ὃ ἐποίησεν σημεῖ-
ον ἔλεγον ὅτι οὗτός ἐστιν ἀληθῶς ὁ
προφήτης ὁ ἐρχόμενος εἰς τὸν κό-
σμον. 15 Ἰησοῦς οὖν γνοὺς ὅτι μέλ-
λουσιν ἔρχεσθαι καὶ ἁρπάζειν αὐτὸν
ἵνα ποιήσωσιν βασιλέα, ἀνεχώρησεν
πάλιν εἰς τὸ ὄρος αὐτὸς μόνος.

Matth.

16, 5-12 *(nr. 155, p. 226)*

[5] Καὶ ἐλθόντες οἱ μαθηταὶ εἰς τὸ πέραν ἐπελάθοντο ἄρτους λαβεῖν.
[6] ὁ δὲ Ἰησοῦς εἶπεν αὐτοῖς· ὁρᾶτε καὶ προσέχετε ἀπὸ τῆς ζύμης τῶν Φαρισαίων καὶ Σαδδουκαίων.
[7] οἱ δὲ διελογίζοντο ἐν ἑαυτοῖς λέγοντες ὅτι ἄρτους οὐκ ἐλάβομεν.
[8] γνοὺς δὲ ὁ Ἰησοῦς εἶπεν· τί διαλογίζεσθε ἐν ἑαυτοῖς, ὀλιγόπιστοι, ὅτι ἄρτους οὐκ ἔχετε;
[9] οὔπω νοεῖτε, οὐδὲ μνημονεύετε τοὺς πέντε ἄρτους τῶν πεντακισχιλίων καὶ πόσους κοφίνους ἐλάβετε;
[10] οὐδὲ τοὺς ἑπτὰ ἄρτους τῶν τετρακισχιλίων καὶ πόσας σπυρίδας ἐλάβετε;
[11] πῶς οὐ νοεῖτε ὅτι οὐ περὶ ἄρτων εἶπον ὑμῖν; προσέχετε δὲ ἀπὸ τῆς ζύμης τῶν Φαρισαίων καὶ Σαδδουκαίων.
[12] τότε συνῆκαν ὅτι οὐκ εἶπεν προσέχειν ἀπὸ τῆς ζύμης τῶν ἄρτων ἀλλὰ ἀπὸ τῆς διδαχῆς τῶν Φαρισαίων καὶ Σαδδουκαίων.

Mark.

8, 14-21 *(nr. 155, p. 226)*

[14] Καὶ ἐπελάθοντο λαβεῖν ἄρτους καὶ εἰ μὴ ἕνα ἄρτον οὐκ εἶχον μεθ' ἑαυτῶν ἐν τῷ πλοίῳ.
[15] καὶ διεστέλλετο αὐτοῖς λέγων· ὁρᾶτε, βλέπετε ἀπὸ τῆς ζύμης τῶν Φαρισαίων καὶ τῆς ζύμης Ἡρῴδου.
[16] καὶ διελογίζοντο πρὸς ἀλλήλους ὅτι ἄρτους οὐκ ἔχουσιν.
[17] καὶ γνοὺς λέγει αὐτοῖς· τί διαλογίζεσθε ὅτι ἄρτους οὐκ ἔχετε; οὔπω νοεῖτε οὐδὲ συνίετε; πεπωρωμένην ἔχετε τὴν καρδίαν ὑμῶν;
[18] ὀφθαλμοὺς ἔχοντες οὐ βλέπετε καὶ ὦτα ἔχοντες οὐκ ἀκούετε; καὶ οὐ μνημονεύετε,
[19] ὅτε τοὺς πέντε ἄρτους ἔκλασα εἰς τοὺς πεντακισχιλίους, πόσους κοφίνους κλασμάτων πλήρεις ἤρατε; λέγουσιν αὐτῷ· δώδεκα.
[20] ὅτε τοὺς ἑπτὰ εἰς τοὺς τετρακισχιλίους, πόσων σπυρίδων πληρώματα κλασμάτων ἤρατε; καὶ λέγουσιν [αὐτῷ]· ἑπτά.
[21] καὶ ἔλεγεν αὐτοῖς· οὔπω συνίετε;

Luk.

Joh.

[97sq] *cf 22-88* || [99sq] *cf 1-21*

154. Zeichenforderung

(cf. nr 119)

Signum de caelo

The Pharisees Seek a Sign

Matth. 16, 1-4

[1] Καὶ προσελθόντες °οἱ Φαρισαῖοι καὶ Σαδδουκαῖοι πειράζοντες ⸀ἐπηρώτησαν αὐτὸν σημεῖον ἐκ τοῦ οὐρανοῦ ἐπιδεῖξαι αὐτοῖς.

[2] ὁ δὲ °ἀποκριθεὶς εἶπεν °¹αὐτοῖς· □[ὀψίας γενομένης λέ-

Matth. 12, 38-39 *(nr. 119, p. 170)*

[38] Τότε ⸀ἀπεκρίθησαν °αὐτῷ τινες τῶν γραμματέων □καὶ Φαρισαίων⸌ λέγοντες· διδάσκαλε, θέλομεν ἀπὸ σοῦ σημεῖον ἰδεῖν.

[39] ὁ δὲ ἀποκριθεὶς εἶπεν αὐτοῖς·

Mark. 8, 11-13

[11] Καὶ ἐξῆλθον οἱ Φαρισαῖοι καὶ ἤρξαντο συζητεῖν αὐτῷ, □ζητοῦντες παρ' αὐτοῦ⸌ σημεῖον ⸆ ⸀ἀπὸ τοῦ οὐρανοῦ, πειράζοντες αὐτόν.

[12] καὶ ἀναστενάξας τῷ πνεύματι °αὐτοῦ λέγει·

Luk. 11, 16; 12, 54-56; 11, 29

11, 16 *(nr. 188, p. 270)*

[16] Ἕτεροι δὲ πειράζοντες σημεῖον ἐξ οὐρανοῦ ἐζήτουν παρ' αὐτοῦ.

12, 54-56 *(nr. 205, p. 291)*

[54] Ἔλεγεν δὲ καὶ τοῖς ὄχλοις· ὅταν ἴδητε °[τὴν] νε-

Joh. 6, 30 *(nr. 149, p. 213)*

[30] Εἶπον οὖν αὐτῷ· τί οὖν ποιεῖς σὺ σημεῖον, ἵνα ἴδωμεν καὶ πιστεύσωμέν σοι; τί ἐργάζῃ;

Matth. 16: 1 °λ 565; Or | ⸀-των ℵ*Θ *al* || 2 °sy^{c} | °¹D a c g^{1} sy^{s} sa^{pt} || 2.3 □BℵVXYΓ 13 *al* sy$^{s.c}$ sa bo^{pt}; Or ¦ *txt* CℜDWΘ λ *pm* latt

Matth. 12: 38 ⸀προσηλθον b sy^{c} | °ℜW **0250** λ *pm* | □B

Mark.: 11 □𝔓^{45}Δ | ⸆*p)* ιδειν ℵ (^{s}c) | ⸀*p)* εκ 𝔓^{45}Wφ *pc* || 12 °DWλ *al* lat

Luk. 12: 54 °† 𝔓^{75}BℵALNλφ *al* ¦ *txt* 𝔓^{45}ℜDWΘ **070** *pm*

---

[3] cf Mc 10,2 par; 12,15 par || [4sqq] *cf 33 sq* || [5] cf Jo 2,11.18; 3,2; 4,48; 6,2.14.26; 7,31; 9,16; 10,41; 11,47; 12,18.37; 20,30; Mt 24,24 sqq par; 26,48; Mc 16,17.20; Lc 21,25; 23,8; 1 Cor 1,22; Dt 13,2 sq || [10sqq] *cf 32 35*

[Matth.] [16,1-4]	[Matth.] [12,38-39]	[Mark. 8,11-13]	[Luk. 12, 54-56]	Joh.
γετε· εὐδία, πυρράζει γὰρ ὁ οὐρανός· [3] καὶ πρωΐ· σήμερον χειμών, πυρράζει γὰρ στυγνάζων ὁ ⸀οὐρανός.			φέλην ἀνατέλλουσαν ⸀ἐπὶ δυσμῶν, εὐθέως λέγετε °ὅτι ὄμβρος ἔρχεται, καὶ γίνεται οὕτως· [55] καὶ ὅταν νότον ⸀πνέοντα, λέγετε °ὅτι καύσων ⸀ἔσται, καὶ γίνεται.	
⸆ τὸ μὲν πρόσωπον τοῦ οὐρανοῦ γινώσκετε διακρίνειν, τὰ δὲ σημεῖα τῶν καιρῶν οὐ ⸀δύνασθε ⁝;]⸌			[56] ὑποκριταί, τὸ πρόσωπον ⸉τῆς γῆς καὶ τοῦ οὐρανοῦ⸊ οἴδατε δοκιμάζειν, ⸂τὸν καιρὸν δὲ⸃ τοῦτον °πῶς ⸄οὐκ οἴδατε δοκιμάζειν⸅;	
			11, 29 (nr. 191, p. 273) [29] Τῶν δὲ ὄχλων ἐπαθροιζομένων ἤρξατο λέγειν·	
[4] γενεὰ πονηρὰ ⸋καὶ μοιχαλὶς⸌ σημεῖον ⸀ἐπιζητεῖ, καὶ σημεῖον οὐ δοθήσεται αὐτῇ εἰ μὴ τὸ σημεῖον Ἰωνᾶ ⸆.	γενεὰ πονηρὰ καὶ μοιχαλὶς σημεῖον ἐπιζητεῖ, καὶ σημεῖον οὐ δοθήσεται αὐτῇ εἰ μὴ τὸ σημεῖον Ἰωνᾶ τοῦ προφήτου.	τί ἡ γενεὰ αὕτη ⸂ζητεῖ σημεῖον⸃; ἀμὴν ⸄λέγω ὑμῖν⸅, ⸀εἰ δοθήσεται τῇ γενεᾷ ταύτῃ σημεῖον.	ἡ γενεὰ αὕτη °γενεὰ πονηρά ἐστιν· σημεῖον ⸀ζητεῖ, καὶ σημεῖον οὐ δοθήσεται αὐτῇ εἰ μὴ τὸ σημεῖον Ἰωνᾶ ⸆.	
καὶ καταλιπὼν αὐτοὺς ἀπῆλθεν.		[13] καὶ ἀφεὶς αὐτοὺς ⸉πάλιν ἐμβὰς⸊ ⸆ ἀπῆλθεν εἰς τὸ πέραν.		

Cod. N.T. 1424 (ad Matth. 16,2 sq): Τὰ σεσημειομένα διὰ τοῦ ἀστερίσκου ἐν ἑτέροις οὐκ ἐμφέρεται οὔτε ἐν τῷ Ἰουδαϊκῷ.

Justinus Mart., Dial. 107,1: ... γέγραπται ἐν τοῖς ἀπομνημονεύμασιν ὅτι οἱ ἀπὸ τοῦ γένους ὑμῶν συζητοῦντες αὐτῷ ἔλεγον ὅτι »Δεῖξον ἡμῖν σημεῖον«. καὶ ἀπεκρίνατο αὐτοῖς· »Γενεὰ πονηρὰ καὶ μοιχαλὶς σημεῖον ἐπιζητεῖ, καὶ σημεῖον οὐ δοθήσεται αὐτοῖς εἰ μὴ τὸ σημεῖον Ἰωνᾶ«.

Evang. Thomae copt.: *cf. Append. I, 91*

Matth. 16: 3 ⸀αηρ D | ⸆*p)* υποκριται ℜ 565. 700 *al* it ¦ *txt* (+ και C) D L W Θ 1. 33. 892 *pm* | ⸀δυν. δοκιμαζειν G M 33 *al* ¦ δυν. δοκιμασαι W ¦ δυν. γνωναι 245. 1012 lat ¦ *p)* δοκιμαζετε L ¦ συνιετε S Ω 118. 209. 700 *al* ¦ *txt* C ℜ D Δ Θ Φ ϕ 1. 565 *pm* | [⁝. H] ‖ 4 ⸋*p)* D it | ⸀ζητει D Θ ¦ αιτει B* | ⸆*p)* του προφητου C ℜ W Θ λ ϕ *pl* it

Mark.: 12 ⸂σ. αιτει 𝔓45 ¦ *p)* σ. επιζητει ℜ A W 0131 ϕ *pm* it | ⸄λεγω B L ¦ — 𝔓45 W | ⸀οὐ W ϕ *pc* ‖ 13 ⸉ ℜ A N 0131 λ *pm* lat | ⸆εις το πλοιον 𝔓45 D W 0131 λ ϕ 700 *al* it sy^s.p sa bo^pt ¦ ε. πλ. ℜ A Θ 33. 565. 579 *al*

Luk. 12: 54 ⸀απο 𝔓45 ℜ A D W Δ Θ 070 λ ϕ *pl* ¦ *txt* 𝔓75 B ℵ L *pc* | ° ℜ D W 070 λ *pm* lat ‖ 55 ⸀πν. ιδητε 𝔓45 ¦ ιδ. πν. it | ° 𝔓45 ℵ* D *al* r1 | ⸀ερχεται 𝔓45 ℵ* W 157 *pc* l ‖ 56 ⸉ 𝔓45.75 ℵcorr D L *pm*; Mcion | ⸂ *1 3 2* ℌ ℜ A Θ 070 λ ϕ *pl* (lat); Mcion Gel ¦ πλην τον κ. 𝔓45 D 157 c e ¦ *txt* 𝔓75 B ff2 | ° D it sy^s.c; Mcion | ⸄ου δοκιμαζετε 𝔓45 ℜ A D W Γ λ ϕ *pl* lat ¦ *txt* 𝔓75 ℌ Θ *pc* (sy^s.c) sa bo; Mcion

Luk. 11: 29 ° C ℜ W 1424 *al* | ⸀επιζητει C ℜ D W Θ 0124 λ ϕ *pm* | ⸆*p)* του προφητου C ℜ A W Θ 0124 λ ϕ *pl* it sy^s.p bo ¦ *txt* 𝔓45.75 B ℵ D L Ξ *pc* lat

---

14 (Mt) cf Ez 27, 35 ‖ *24 sqq cf 33 sq* ‖ *24 sq* cf Dt 32, 5; Hos 2, 4 sqq; Ez 16, 32 sqq; Mt 12, 45; 17, 17; Mc 8, 38; 9, 19; Lc 9, 41; Act 2, 40; Ph 2, 15 ‖ *28* cf Jon 2, 1 sqq ‖ *32 cf 10 sqq et app. crit.* ‖ *33 sq cf 4 sqq. 24 sqq* ‖ *35 cf 10 sqq*

155. Hütet euch vor dem Sauerteig der Pharisäer

Fermentum Pharisaeorum *(cf. nr. 195)* **The Leaven of the Pharisees**

Matth. 16, 5-12	Mark. 8, 14-21	Luk. 12, 1 *(nr. 195, p. 280)*	Joh.
		[1] ⸂Ἐν οἷς ἐπισυναχθεισῶν τῶν μυριάδων τοῦ ⸀ὄχλου, ὥστε καταπατεῖν ἀλλήλους⸃,	
[5] Καὶ ἐλθόντες ⸂οἱ μαθηταὶ⸃ εἰς τὸ πέραν ἐπελάθοντο ⸉ἄρτους λαβεῖν⸊.	[14] Καὶ ἐπελάθοντο ⸆ λαβεῖν ἄρτους ⸂καὶ εἰ μὴ ἕνα ἄρτον οὐκ εἶχον⸃ μεθ' ἑαυτῶν ἐν τῷ πλοίῳ.		
[6] ὁ δὲ Ἰησοῦς εἶπεν °αὐτοῖς· ὁρᾶτε καὶ προσέχετε ἀπὸ τῆς ζύμης τῶν Φαρισαίων καὶ Σαδδουκαίων.	[15] καὶ διεστέλλετο αὐτοῖς λέγων· °ὁρᾶτε, ⸆ βλέπετε ἀπὸ τῆς ζύμης τῶν Φαρισαίων καὶ ⸆ τῆς ζύμης ⸀Ἡρῴδου.	ἤρξατο λέγειν πρὸς τοὺς μαθητὰς °αὐτοῦ °¹πρῶτον· προσέχετε °²ἑαυτοῖς ἀπὸ τῆς ζύμης, ⸉ἥτις ἐστὶν ὑπόκρισις, τῶν Φαρισαίων⸊.	
[7] ⸂οἱ δὲ⸃ διελογίζοντο ἐν ἑαυτοῖς λέγοντες ὅτι ἄρτους οὐκ ἐλάβομεν. [8] γνοὺς δὲ ὁ Ἰησοῦς εἶπεν⸆· τί διαλογίζεσθε ἐν ἑαυτοῖς, ὀλιγόπιστοι, ὅτι ἄρτους οὐκ ⸀ἔχετε; [9] οὔπω νοεῖτε,	[16] ⸀καὶ διελογίζοντο πρὸς ἀλλήλους ⸆ ὅτι ἄρτους οὐκ ⸀ἔχουσιν. [17] καὶ γνοὺς ⸆ λέγει αὐτοῖς· τί διαλογίζεσθε ⸆ ὅτι ἄρτους οὐκ ἔχετε; οὔπω νοεῖτε οὐδὲ ⸀συνίετε; ⸂πεπωρωμένην ἔχετε τὴν καρδίαν⸃ ὑμῶν; [18] ὀφθαλμοὺς ἔχοντες οὐ βλέπετε καὶ ὦτα ἔχοντες οὐκ ἀκούετε⸆; ⸂καὶ οὐ⸃ μνημονεύετε,		
⸂οὐδὲ μνημονεύετε⸃ τοὺς πέντε ἄρτους τῶν πεντακισχιλίων καὶ πόσους κοφίνους ἐλάβετε;	[19] ὅτε τοὺς πέντε ἄρτους ἔκλασα εἰς °τοὺς πεντακισχιλίους⸆, πόσους κοφίνους ⸂κλασμάτων πλήρεις ἤρατε⸃; λέγουσιν αὐτῷ· δώδεκα.		
[10] οὐδὲ τοὺς ἑπτὰ ἄρτους ⸂τῶν τετρακισχιλίων⸃ καὶ πόσας σπυρίδας ἐλάβετε; [11] °πῶς	[20] ὅτε ⸆ τοὺς ἑπτὰ ⸆ εἰς °τοὺς τετρακισχιλίους, πόσων σπυρίδων ⸂πληρώματα κλασμάτων⸃ ἤρατε; ⸂καὶ λέγουσιν⸃ °¹[αὐτῷ]· ἑπτά. [21] καὶ ⸀ἔλεγεν αὐτοῖς· ⸀οὔ-		

Matth.: 5 ⸂οι μ. αυτου 𝔎 W *pm* lat sy sa bo; (Or) ¦ — Δ 301 ¦ *txt* B ℵ C (⸉D) Θ ϕ 118. 209. (⸉700) *pc* e | ⸉ *p)* B K Π 892 *al* e ‖ 6 ° ℵ 892 *pc* ‖ 7 ⸂τοτε D it sy[s] ‖ 8 ⸆αυτοις C 𝔎 Γ *pm* sy[c.p] sa bo | ⸀ελαβετε C 𝔎 W λ *pm* f; Eus ¦ *txt p)* B ℵ D Θ ϕ 700. 1241 *pc* ‖ 9 ⸂ουτε μν. W ¦ ουδε μν. οτε D Δ ¦ ουδε συνιετε και μν. 544 ¦ — ℵ* X ‖ 10 ⸂τοις -οις D ‖ 11 ° Θ 1424 *pc*

Mark.: 14 ⸆*p)* οι μαθηται D Y *al* c r[1] ¦ οι μ. αυτου 𝔓[45] W ϕ *pm* sa | ⸂*2-5 7* D it ¦ ενα μονον α. εχοντες 𝔓[45vid] Θ λ 565. 700 (⸉W *pc*) ‖ 15 ° D Θ λ 565 *pc* it sy[s] | ⸆και 𝔓[45] C 0131 ϕ *pc* | ⸆απο W Δ λ ϕ *pc* lat | ⸀(Mc 3,6) των Ηρωδιανων 𝔓[45] W Θ λ ϕ 565 *pc* i k sa ‖ 16 ⸀οι δε 𝔓[45] W 565 | ⸆λεγοντες C 𝔎 A L N Δ Θ 0131 ϕ 579 *pm* lat sy[s.p] bo | ⸀εχομεν ℵ C 𝔎 A L Θ ϕ 33. 892 *pm* sy[p] ¦ *txt* 𝔓[45] B (D) W λ 565. 700 *pc* it ‖ 17 ⸆*p)* ο Ιησους ℵ* C 𝔎 A D W Θ λ ϕ 565. 579. 700 *pl* lat sy[s.p] sa[pt] | ⸆*p)* εν εαυτοις ολιγοπιστοι 𝔓[45] W ϕ *al* ¦ εν ταις καρδιαις υμων D *pc* it ¦ εν τ. κ. υμ. ολιγοπιστοι Θ 565. 700 *al* | ⸀συνειτε B* ¦ μνημονευετε Θ 565 ¦ συνιετε ετι 𝔎 A ϕ *pm* | ⸂πεπωρωμενη (πεπηρ- D*) εστιν η καρδια D (Θ) 0143[vid] *pc* (it) ‖ 18 ⸆(*vs* 17) ουπω νοειτε 𝔓[45] N Θ 0143[vid] 565 | [·, T] | ⸂ουδε 𝔓[45] D Θ 0143. 565 lat ‖ 19 ° 𝔓[45vid] Δ | ⸆ανθρωπους Δ it ¦ και ℌ D Θ 565 *al* aur f l ¦ *txt* 𝔓[45] B 𝔎 A W ϕ 700 *pm* | ⸂*1 3 2* D ¦ *2 1 3* 𝔓[45vid] 𝔎 A N W *al* ¦ *1 3* ϕ *pc* it ‖ 20 ⸆και ℵ Δ *pc* ¦ δε 𝔎 A D W Θ λ ϕ 700 *pl* it ¦ δε και C *pc* ¦ *txt* B *pc* | ⸆*p)* αρτους 𝔓[45vid] ℵ C W ϕ *al* | ° 𝔓[45vid] L Δ | ⸂*2 1* 𝔓[45vid] bo ¦ *1* W ¦ *2* sy[s] | ⸂οι δε ειπον 𝔓[45] 𝔎 A D N (W Θ) λ ϕ *pm* | °¹ † 𝔓[45] ℵ 𝔎 A D W Θ *pl* ¦ *txt* ℌ *pc* vg sy[s] sa bo ‖ 21 ⸀λεγει 𝔓[45] D W Θ 565. 700 *pm* it | ⸀πως ουπω A D W Θ (ϕ) 33 *al* lat sy[p] ¦ *p)* πως ου B 𝔎 *al* sa bo ¦ *txt* ℌ λ *al*

Luk.: 1 ⸂πολλων δε οχλων συμπεριεχοντων κυκλω ωστε αλληλους συμπνιγειν D (lat sy[s.c]) | ⸀λαου 𝔓[45] 579 | ° D a i l q; Mcion | °¹ aur b vg sy[s]; (Mcion?) | °² Θ 253 *pc*; Mcion Epiph | ⸉ *4 5 1-3* 𝔓[45] *rell* ¦ *txt* 𝔓[75] B L 1241 e sa

[1] cf Act 21,20 ‖ [7sqq] cf Mt 13,33; Lc 13,21; Gal 5,9; 1Cor 5,6; Lev 2,11; *cf 26 sq* ‖ [11] cf Jo 4,33 ‖ [11sq] cf Mc 2,8; Lc 5,22 ‖ [13 (Mt)] cf Mt 6,30; 8,26 par; 14,31; 17,20; Lc 12,28 ‖ [13sqq] cf Mt 13,13 sqq; Mc 4,11 sq; Lc 8,10; Jo 9,39; 12,37 sqq ‖ [14sq] cf Mc 6,52 ‖ [15sqq] cf Jr 5,21; Ez 12,2; Mt 13,13 sqq; Mc 4,11 sq ‖ [17sqq] cf Mt 14,17-21; Mc 6,41-44; Lc 9,14-17; Jo 6,10-13 *(= nr 146)* ‖ [21sqq] cf Mt 15,34-38; Mc 8,5-9 *(= nr 153)*

[Matth. 16, 5-12]	[Mark. 8, 14-21]	Luk.	Joh.
οὐ νοεῖτε ὅτι οὐ περὶ ⸀ἄρτων ⸂εἶπον ὑμῖν⸃ ⸀; προσέχετε δὲ⸃ ἀπὸ τῆς ζύμης τῶν ⸉Φαρισαίων καὶ Σαδδουκαίων⸊. [12] τότε συνῆκαν ὅτι οὐκ εἶπεν προσέχειν ἀπὸ τῆς ζύμης ⸂τῶν ἄρτων⸃ ἀλλὰ ἀπὸ τῆς ⸀διδαχῆς τῶν ⸉Φαρισαίων καὶ Σαδδουκαίων⸊. *(nr. 158 16, 13-20 p. 229)*	πω ⸀συνίετε;		

Matth.: 11 ⸀αρτου ℜ D W Δ *al* lat sa bo | ⸀ *21* C² 118. 209 ¦ *1* D it | ⸀προσεχειν ℜ D^corr W X *pm* ¦ προσεχειν· προσεχετε δε C² 33 *pc* q | ⸉ 047 *pc* ‖ 12 ⸂του αρτου C ℜ W X Δ ϕ 118. 209. 700 *pm* c f q sy^p bo^pt ¦ των Φαρισαιων και Σαδδουκαιων ℵ* (33) ff¹ sy^c ¦ — D Θ 565 *pc* it sy^s ¦ *txt* B ℵ^corr 1. 892. 1241 *al* lat sa bo^pt | ⸀διδασκαλιας ℵ* *pc* | ⸉ B

Mark.: ⸀ *p)* νοειτε B *pc*

26 sq cf ad 7 sqq ‖ 27 cf Mt 17,13; Mc 6,52

156. Heilung eines Blinden vor Bethsaida

Caecus paulatim sanatur — **A Blind Man is Healed at Bethsaida**

Matth.	Mark. 8, 22-26	Luk.	Joh.
	[22] Καὶ ⸀ἔρχονται εἰς ⸀Βηθσαϊδάν. Καὶ φέρουσιν αὐτῷ τυφλὸν καὶ παρακαλοῦσιν αὐτὸν ἵνα αὐτοῦ ἅψηται. [23] καὶ ἐπιλαβόμενος τῆς χειρὸς ⸂τοῦ τυφλοῦ⸃ ⸀ἐξήνεγκεν αὐτὸν ἔξω τῆς κώμης καὶ πτύσας εἰς τὰ ὄμματα αὐ- τοῦ, ⸆ἐπιθεὶς τὰς χεῖρας αὐτῷ ἐπηρώτα αὐτόν· εἴ τι ⸀βλέπεις⁚; [24] καὶ °ἀναβλέψας ⸀ἔλεγεν· βλέπω τοὺς ἀνθρώ- πους ⸂ὅτι ὡς δένδρα ὁρῶ περιπατοῦντας⸃. [25] εἶτα πάλιν ⸀ἐπέθηκεν τὰς χεῖρας ἐπὶ τοὺς ὀφθαλμοὺς αὐτοῦ, ⸂καὶ διέβλεψεν καὶ ἀπεκατέστη καὶ ἐνέβλεπεν⸃ ⸀τηλαυγῶς ⸀¹ἅπαντα. [26] καὶ ἀπέστειλεν αὐτὸν εἰς οἶκον αὐτοῦ ⸀λέγων· ⸂⸀μηδὲ εἰς τὴν κώμην εἰσέλθῃς⸃. *(nr. 158 8, 27-30 p. 229)*		

Joh. 9, 1-7: [1] Καὶ παράγων εἶδεν ἄνθρωπον τυφλὸν ἐκ γενετῆς. [2] καὶ ἠρώτησαν αὐτὸν οἱ μαθηταὶ αὐτοῦ λέγοντες· ῥαββί, τίς ἥμαρτεν, οὗτος ἢ οἱ γονεῖς αὐτοῦ, ἵνα τυφλὸς γεννηθῇ; [3] ἀπεκρίθη Ἰησοῦς· οὔτε οὗτος ἥμαρτεν οὔτε οἱ γονεῖς αὐτοῦ, ἀλλ' ἵνα φανερωθῇ τὰ ἔργα τοῦ θεοῦ ἐν αὐτῷ. [4] ἡμᾶς δεῖ ἐργάζεσθαι τὰ ἔργα τοῦ πέμψαντός με ἕως ἡμέρα ἐστίν· ἔρχεται νὺξ ὅτε οὐδεὶς δύναται ἐργάζεσθαι. [5] ὅταν ἐν τῷ κόσμῳ ὦ, φῶς εἰμι τοῦ κόσμου. [6] ταῦτα εἰπὼν ἔπτυσεν χαμαὶ καὶ ἐποίησεν πηλὸν ἐκ τοῦ πτύσματος καὶ ἐπέχρισεν αὐτοῦ τὸν πηλὸν ἐπὶ τοὺς ὀφθαλμοὺς [7] καὶ εἶπεν αὐτῷ· ὕπαγε νίψαι εἰς τὴν κολυμβήθραν τοῦ Σιλωάμ (ὃ ἑρμηνεύεται ἀπεσταλμένος). ἀπῆλθεν οὖν καὶ ἐνίψατο καὶ ἦλθεν βλέπων.

22 ⸀ερχεται ℵ* ℜ A N λ 565. 700 *pm* sy^s.p | ⸀Βηθανιαν D *pc* it ‖ 23 ⸂αυτου 𝔓⁴⁵ W Θ λ 565. 700 *pc* | ⸀εξηγαγεν ℜ A D N W λ ϕ 565. 700 *pl* lat | ⸆και 𝔓⁴⁵ W λ ϕ *pc* | ⸀βλεπει (*et* ⁚) ℵ ℜ A W λ ϕ *pl* latt ¦ *txt* B C D Θ 565 *pc* ‖ 24 °c sy^s | ⸀ειπεν 𝔓⁴⁵ ℵ* C Θ *pc* ¦ λεγει D N W ϕ 565 *pc* lat | ⸂ως δενδρα περιπ. C² D W Θ λ 565 *al* latt ‖ 25 ⸀εθηκεν B *pc* | ⸂και ηρξατο αναβλεψαι και αποκατεσταθη ωστε αναβλεψαι D lat ¦ και εποιησεν αυτον (— Θ) αναβλεψαι και απεκατεσταθη και ενεβλεψεν ℜ A Θ *pm* | ⸀δηλ- ℌ ¦ *txt* B ℵ^corr ℜ A D W Θ *pl* | ⸀¹απαντας ℜ A N 579 *pm* ¦ παντα D (⸉ W) 565 ‖ 26 ⸀και λεγει αυτω D sy^s | ⸂μηδενι ειπης εις την κωμην (c) k ¦ (Mc 2,11; 5,19) υπαγε εις τον οικον σου και μηδ. ειπ. εις τ. κ. D q ¦ υπ. εις τ. οικ. σ. και εαν εις την κωμην εισελθης μηδενι ειπης μηδε (— μηδε Θ) εν τη κωμη (Θ) ϕ ¦ *eadem, sed* — μηδε εν τ. κ. lat ¦ μηδε εις τ. κ. εισελθης μηδε ειπης τινι εν τη κωμη C ℜ A *pm* ¦ *txt* B (ℵ* W) λ *al* sy^s.p sa bo^pt | ⸀μη ℵ* W

1 sqq cf 7 sqq ‖ 1 cf Mc 3,10; 5,27 sq par; 6,56; Act 5,15; 19,11 sq ‖ 2 sq cf Mc 7,33; *cf 10* ‖ 3 cf Mc 6,5; 7,32; 16,18; Mt 9,18; 19,13; Lc 4,40; 13,13; Act 6,6 etc; *cf 4* ‖ 4 *cf ad 3* ‖ 6 cf Mc 1,34. 44 par; 3,12; 5,43 par; 7,36; 8,30 par; 9,9 par; Mt 9,30; 12,16 ‖ *7 sqq (= nr. 248, p. 330); cf 1 sqq* ‖ 10 *cf 2 sq*

IX. DER WEG ZUR PASSION

PASSIO IMMINET — THE WAY TO THE CROSS

157. Abfall vieler Jünger

Multi discipuli discedunt — **Many Disciples Take Offense at Jesus**

Matth.	Mark.	Luk.	Joh. 6, 60-66
			(nr. 149 6, 26-59 p. 213)
			60 Πολλοὶ οὖν ⸉ἀκούσαντες ἐκ τῶν μαθητῶν αὐτοῦ εἶπαν· σκληρός ἐστιν ⸉ὁ λόγος οὗτος⸊· τίς δύναται αὐτοῦ ἀκούειν; 61 ⸂⸀εἰδὼς δὲ ὁ Ἰησοῦς ἐν ἑαυτῷ ὅτι γογγύζουσιν περὶ τούτου οἱ μαθηταὶ αὐτοῦ εἶπεν⸃ αὐτοῖς⸆· τοῦτο ὑμᾶς σκανδαλίζει; 62 ἐὰν οὖν ⸀θεωρῆτε τὸν υἱὸν τοῦ ἀνθρώπου ⸉ἀναβαίνοντα ⸁ὅπου ἦν τὸ πρότερον; 63 °τὸ πνεῦμά ἐστιν τὸ ζῳοποιοῦν, ἡ σὰρξ οὐκ ὠφελεῖ οὐδέν· τὰ ῥήματα ἃ ἐγὼ ⸀λελάληκα ὑμῖν πνεῦμά ἐστιν καὶ ζωή °¹ἐστιν. 64 ἀλλ' ⸂εἰσὶν ἐξ ὑμῶν τινες⸃ οἳ οὐ ⸀πιστεύουσιν. ᾔδει γὰρ ⸁ἐξ ἀρχῆς ὁ ⸀¹Ἰησοῦς ⸋τίνες εἰσὶν οἱ °μὴ πιστεύοντες καὶ⸌ ⸄τίς ἐστιν ὁ παραδώσων αὐτόν⸅. 65 καὶ ἔλεγεν· διὰ τοῦτο εἴρηκα ὑμῖν °ὅτι οὐδεὶς δύ- ναται ἐλθεῖν πρός ⸀με ἐὰν μὴ ⸁ᾖ δεδομένον °¹αὐτῷ ἐκ τοῦ πατρός⸆. 66 Ἐκ τούτου ⸆πολλοὶ °[ἐκ] τῶν μαθητῶν °¹αὐτοῦ ἀπῆλθον εἰς τὰ ὀπίσω καὶ οὐκέτι μετ' αὐτοῦ περιεπάτουν.

60 ⸉p. αυτου D q ¦ — sy^s | ⸉312 𝔓75 ℜ Γ Δ Θ Λ φ *pm* || **61** ⸂εγνω ουν ... και ειπεν ℵ*(Θ) ¦ ως ουν εγνω ο Ι. οτι εν εαυτοις ... D | ⸀ιδων C bo^pt | ⸆Ιησους 𝔓66 || **62** ⸀-ρησητε 𝔓66 213 ¦ ιδητε W | ⸉p. θεωρητε ℵ | ⸁ου 𝔓66 D Θ || **63** °ℵ* | ⸀λαλω ℜ *al*; Greg^nyss | °¹ℵ || **64** ⸂1423 𝔓66 S T Ω **0250**. 28 *pc* aur f vg ¦ 2314 ℵ D *pc* a b e q r¹ | ⸀πιστευσουσιν 𝔓66* | ⸁απ 𝔓66 ℵ | ⸀¹σωτηρ ℵ | ⸋𝔓66* e sy^s.c | °ℵ G *pc* | ⸄τ. ε. ο π-διδους α. D *pc* ¦ τις ην ο μελλων αυτον παραδιδοναι 𝔓66 ℵ it || **65** °K W Π *pc* | ⸀εμε ℵ C | ⸁ην 𝔓66 | °¹ℵ* 73 | ⸆μου C³ ℜ Γ Δ **0250** λ φ *pm* lat || **66** ⸆ουν 𝔓66 ℵ D Θ φ it | °† ℵ C ℜ D W Θ **0250** λ *pm* ¦ *txt* 𝔓66 B G T λ 33. 565 *al* it | °¹ℵ 209

[2]cf Jo 2,25; 21,17 | cf Jo 6,41 || [2sq]cf Mt 11,6 || [3]cf Jo 3,13; 20,17; 7,33; 13,3; 16,5.7.28; Rm 10,6; Eph 4,9; Bar 3,29; Sap 18,15 sq; 4 Esr 4,8 || [3sq]cf 2 Mcc 14,46; 2 Cor 3,6; Gl 6,8; 1 Pt 3,18 || [4]cf Jo 5,24; 6,68; 15,3 || [5]cf Jo 6,36; 8,45; 10,26 | cf Jo 16,4; 15,27 || [5sq]cf Jo 6,70 sq; 13,11; 18,3 || [6sq]cf Jo 6,37.44 sq || [7]cf Jo 17,6 sqq || [8]cf Jo 18,6; 20,14

158. Das Petrusbekenntnis

Confessio Petri — **Peter's Confession**

Matth. 16, 13-20 14, 1-2; 10, 2a; 18, 18	Mark. 8, 27-30 6, 14-16; 3, 16	Luk. 9, 18-21 9, 7-9; 6, 13b-14a	Joh. 6, 67-71 6, 66; 20, 22-23; 1, 40-42
		(nr. 146 9, 10b-17 p. 205)	
(nr. 155 16, 5-12 p. 227)	*(nr. 156 8, 22-26 p. 228)*	18 Καὶ ἐγένετο ἐν τῷ εἶναι ⸀αὐ- τὸν °προσευχόμενον κατὰ μόνας	
13 ⸀Ἐλθὼν δὲ ὁ Ἰησοῦς εἰς τὰ μέρη Καισαρείας τῆς Φιλίππου	27 Καὶ ἐξῆλθεν ὁ Ἰησοῦς καὶ οἱ μαθηταὶ αὐτοῦ εἰς ⸂τὰς κώμας Καισαρείας⸃ τῆς Φιλίππου· καὶ	⸁συνῆσαν αὐτῷ οἱ μαθηταί,	

Matth.: 13 ⸀εξελθων H W *pc*

Mark.: 27 ⸂Καισαρειαν D it

Luk.: 18 ⸀αυτους D | °D a c e sy^c | ⸁συνηντησαν B* *pc* f

[2]cf Lc 6,12; Mt 14,23

[Matth. 16,13-20]

ἠρώτα τοὺς μαθητὰς αὐτοῦ λέγων· τίνα ⸆ ⸂λέγουσιν οἱ ἄνθρωποι εἶναι⸃ °τὸν υἱὸν τοῦ ἀνθρώπου; 14 οἱ δὲ εἶπαν· ⸋οἱ μὲν⸌ Ἰωάννην τὸν βαπτιστήν, ἄλλοι δὲ Ἠλίαν, ἕτεροι δὲ Ἰερεμίαν ἢ ἕνα τῶν προφητῶν.
15 λέγει αὐτοῖς⸆· ὑμεῖς δὲ τίνα με λέγετε εἶναι; 16 ἀποκριθεὶς δὲ Σίμων Πέτρος εἶπεν⸆· σὺ εἶ ὁ χριστὸς ὁ υἱὸς τοῦ θεοῦ ⸂τοῦ ζῶντος⸃. 17 ⸂ἀποκριθεὶς δὲ⸃ ὁ Ἰησοῦς εἶπεν αὐτῷ· μακάριος εἶ, Σίμων ⸀Βαριωνᾶ, ὅτι σὰρξ καὶ αἷμα οὐκ ἀπεκάλυψέν σοι ἀλλ᾽ ὁ πατήρ μου ὁ ἐν °τοῖς οὐρανοῖς. 18 κἀγὼ δέ σοι λέγω °ὅτι σὺ εἶ Πέτρος, καὶ ἐπὶ ⸂ταύτῃ τῇ πέτρᾳ⸃ οἰκοδομήσω ⸉μου τὴν ἐκκλησίαν

[Mark. 8,27-30]

ἐν τῇ ὁδῷ ⸉ἐπηρώτα τοὺς μαθητὰς °αὐτοῦ λέγων °¹αὐτοῖς· τίνα με λέγουσιν ⸉οἱ ἄνθρωποι εἶναι⸊; 28 οἱ δὲ ⸀εἶπαν ⸂αὐτῷ λέγοντες⸃ ⸄[ὅτι] Ἰωάννην τὸν ⸀¹βαπτιστήν, ⸄καὶ ἄλλοι⸃ Ἠλίαν, ἄλλοι δὲ ⸂¹ὅτι εἷς τῶν προφητῶν⸃. 29 ⸂καὶ αὐτὸς⸃ ⸄ἐπηρώτα αὐτούς⸃· ὑμεῖς δὲ τίνα με λέγετε εἶναι; ἀποκριθεὶς⸆ ὁ Πέτρος λέγει αὐτῷ· σὺ εἶ ὁ χριστός⸆.

[Luk. 9,18-21]

καὶ ἐπηρώτησεν αὐτοὺς ⸆ λέγων· τίνα με ⸂λέγουσιν οἱ ὄχλοι⸃ εἶναι; 19 οἱ δὲ ἀποκριθέντες εἶπαν· Ἰωάννην τὸν βαπτιστήν, ἄλλοι δὲ Ἠλίαν, ⸂ἄλλοι δὲ ὅτι προφήτης τις τῶν ἀρχαίων ἀνέστη⸃. 20 εἶπεν δὲ αὐτοῖς· ὑμεῖς δὲ τίνα με λέγετε εἶναι; Πέτρος δὲ ἀποκριθεὶς εἶπεν· τὸν χριστὸν ⸆ τοῦ θεοῦ.

[Joh. 6,67-71]

6,66.67-69

66 Ἐκ τούτου πολλοὶ [ἐκ] τῶν μαθητῶν αὐτοῦ ἀπῆλθον εἰς τὰ ὀπίσω καὶ οὐκέτι μετ᾽ αὐτοῦ περιεπάτουν.
67 εἶπεν ⸀οὖν ὁ Ἰησοῦς τοῖς δώδεκα⸆· μὴ καὶ ὑμεῖς θέλετε ὑπάγειν; 68 ⸂ἀπεκρίθη ⸆ αὐτῷ⸃ Σίμων Πέτρος· κύριε, πρὸς τίνα ἀπελευσόμεθα; ῥήματα ζωῆς αἰωνίου ἔχεις, 69 καὶ ἡμεῖς πεπιστεύκαμεν καὶ ἐγνώκαμεν ⸆ὅτι σὺ εἶ ⸂ὁ ἅγιος τοῦ θεοῦ⸃.

Matth.: 13 ⸆p) με ℜ D L Γ Δ Θ *pl* it sy (⸉C W); Irlat Or Ad Cyr Epiph ¦ *txt* B ℵ *pc* c vg | ⸂*1 4 2 3 1* ¦ *2-4 1* ℵ* ¦ *2 3 1 4* ℵcorr D (700) | ° D || 14 ⸋ D W lat || 15 ⸆ο Ιησους C 21.33.399.1279.1579 *pc* lat || 16 ⸆αυτω D (ff1) | ⸂του σωζοντος D* ¦ — l || 17 ⸂και αποκρ. C ℜ W 118.209.565.700 *pl* f ff1 q | ⸀βαρ Ιωνα ℜ Θ *al*; Eus Cyr Epiph | ° B || 18 ° Θ 1 ff2 g1; Eus | ⸂ταυτην την πετραν D; Eus | ⸉*p.* εκκλησιαν D latt

Mark.: 27 ⸉*p.* αυτου2 W 28 | ° A | °1 ℵcorr D L Δ *al* lat | ⸉*3 1 2* D lat || 28 ⸀απεκριθησαν ℜ A D N W Γ Θ Φ λ φ *pl* | ⸂λεγοντες W ¦ — ℜ A N Γ Φ λ *pl* syp | ⸄*p)* οι μεν C2 W Δ φ *pc* (sys sa) ¦ — ℵcorr ℜ A D L N Γ Θ Φ *pm* lat ¦ *txt* B ℵ* C* | ⸀1 βαπτιζοντα 28.565 | ⸄αλλοι δε D N W Θ φ *pc* it | ⸂1 ενα τ. πρ. C3 ℜ A N W Γ Δ Θ Π Φ 0143 λ φ *pl* ¦ ως ενα τ. πρ. D lat ¦ *txt* ℌ 565 || 29 ⸂αυτος δε D *pc* it sa ¦ — W Θ λ 28 sys.p | ⸄λεγει αυτοις C3 ℜ A N W Γ Θ Π Φ λ φ *pm* lat | ⸆δε ℵ C ℜ D W Γ λ φ *pm* it sa | ⸆*p)* ο υιος του θεου ℵ (+ του ζωντος W φ b syp sa) *al*

Luk.: 18 ⸆ο Ιησους ℵ *pc* | ⸂† *2 3 1* B ℵ* L R Ξ λ *pc* ¦ *p)* λεγ. οι ανθρωποι A *al* ¦ *txt* 𝔓75 ℵcorr C ℜ D W Θ φ *pm* || 19 ⸂*p)* η ενα των προφητων D e || 20 ⸆υιον D (*pc*) e r1

Joh.: 67 ⸀δε D b | ⸆μαθηταις U Θ 13.69 *pc* || 68 ⸂ειπεν δε αυτω D b | ⸆ουν ℜ 0250 *pm* aur l q vg || 69 ⸆σε D | ⸂ο χριστος Tert ¦ ο χρ. ο αγ. τ. ϑ. 𝔓66 bopt ¦ ο υιος τ. ϑ. b syc ¦ ο χρ. ο υι. τ. ϑ. Θ* λ 33 a e vg sys ¦ (1,49; *p*)) ο χρ. ο υι. τ. ϑ. του ζωντος ℜ N 0250 φ *pl* syp bopt ¦ *txt* 𝔓75 ℌ D W; Cyr

---

6sqq cf 76 || 10sqq cf 46sqq || 11 cf Mt 11,14; Mc 6,15; Mt 17,10 || 12 cf 4 Esr 2,18 || 12sq cf Mt 21,11.46; Lc 7,16.39; 24,19; Jo 1,25 || 14sq (Jo) cf Jo 20,24; cf 40.45 || 16sq cf Mc 10,28; 11,20sq || 18sq cf Act 5,20 || 19sq cf Jo 17,8; 1Jo 4,16 || 20sq cf Mt 14,33; Mt 9,27; 15,22; Jo 4,29; 7,26sqq.41; 9,22; cf 64sq || 21 (Jo) cf Mc 1,24; Lc 4,34; Jo 10,36; 17,17sqq; 1Jo 2,20; Apc 3,7 || 21sq cf Mt 26,63; Jo 6,57; Act 14,15; Rm 9,26 (Hos 2,1) || 24 cf 68sq.74 || 24sq cf Gl 1,16; Eph 6,12; cf 75 || 28 cf Mt 4,18; 10,2; Mc 3,16; Lc 6,14; Act 10,5; cf 68sq || 28sq cf 1Pt 2,4-8; Eph 2,20; 1Cor 3,11; Gl 2,9

[Matth. 16, 13-20]

καὶ πύλαι ᾅδου οὐ κατισχύσουσιν αὐτῆς. 19 ⸂δώσω σοι⸃ τὰς κλεῖδας τῆς βασιλείας τῶν οὐρανῶν, καὶ ⸄ὃ ἐὰν⸅ δήσῃς ἐπὶ τῆς γῆς ἔσται ⸀δεδεμένον ἐν τοῖς οὐρανοῖς, καὶ ⸄ὃ ἐὰν⸅ λύσῃς ἐπὶ τῆς γῆς ἔσται ⸀λελυμένον ἐν τοῖς οὐρανοῖς.

20 τότε ⸀διεστείλατο τοῖς μαθηταῖς ⸆ ἵνα μηδενὶ εἴπωσιν ὅτι ⸀αὐτός ἐστιν ⸆ ὁ χριστός.

[Mark. 8, 27-30]

30 καὶ ἐπετίμησεν αὐτοῖς ἵνα μηδενὶ λέγωσιν περὶ αὐτοῦ.

[Luk. 9, 18-21]

21 ὁ δὲ ἐπιτιμήσας αὐτοῖς παρήγγειλεν μηδενὶ λέγειν τοῦτο.

[Joh. 6, 67-71]

20, 22-23 (nr. 356, p. 502)

22 Καὶ τοῦτο εἰπὼν ἐνεφύσησεν καὶ λέγει αὐτοῖς· λάβετε πνεῦμα ἅγιον· 23 ἄν τινων ἀφῆτε τὰς ἁμαρτίας ἀφέωνται αὐτοῖς, ἄν τινων κρατῆτε κεκράτηνται.

6, 70-71

70 ἀπεκρίθη ⸂αὐτοῖς ὁ Ἰησοῦς⸃· ⸀οὐκ ἐγὼ ὑμᾶς τοὺς δώδεκα ἐξελεξάμην⸋; καὶ ἐξ ὑμῶν ⸉εἷς διάβολός ἐστιν⸋¹. 71 ἔλεγεν δὲ °τὸν Ἰούδαν Σίμωνος ⸀Ἰσκαριώτου· οὗτος γὰρ ⸀ἔμελλεν ⸉παραδιδόναι αὐτόν⸊, εἷς ⸆ ἐκ τῶν δώδεκα.

(nr. 238 7, 1-9 p. 321)

14, 1-2 (nr. 143, p. 202)

1 Ἐν ἐκείνῳ τῷ καιρῷ ἤκουσεν Ἡρῴδης ὁ τετραάρχης τὴν ἀκοὴν Ἰησοῦ, 2 καὶ εἶπεν τοῖς παισὶν αὐτοῦ· οὗτός ἐστιν Ἰωάννης ὁ βαπτιστής· αὐτὸς ἠγέρθη ἀπὸ τῶν νεκρῶν καὶ διὰ τοῦτο αἱ δυνάμεις ἐνεργοῦσιν ἐν αὐτῷ.

6, 14-16 (nr. 143, p. 202)

14 Καὶ ἤκουσεν ὁ βασιλεὺς Ἡρῴδης, φανερὸν γὰρ ἐγένετο τὸ ὄνομα αὐτοῦ, καὶ ἔλεγον ὅτι Ἰωάννης ὁ βαπτίζων ἐγήγερται ἐκ νεκρῶν καὶ διὰ τοῦτο ἐνεργοῦσιν αἱ δυνάμεις ἐν αὐτῷ. 15 ἄλλοι δὲ ἔλεγον ὅτι Ἠλίας ἐστίν· ἄλλοι δὲ ἔλεγον ὅτι προφήτης ὡς εἷς τῶν προφητῶν. 16 ἀκούσας δὲ ὁ Ἡρῴδης ἔλεγεν· ὃν ἐγὼ ἀπεκεφάλισα Ἰωάννην, οὗτος ἠγέρθη.

9, 7-9 (nr. 143, p. 202)

7 Ἤκουσεν δὲ Ἡρῴδης ὁ τετραάρχης τὰ γινόμενα πάντα καὶ διηπόρει διὰ τὸ λέγεσθαι ὑπό τινων ὅτι Ἰωάννης ἠγέρθη ἐκ νεκρῶν, 8 ὑπό τινων δὲ ὅτι Ἠλίας ἐφάνη, ἄλλων δὲ ὅτι προφήτης τις τῶν ἀρχαίων ἀνέστη. 9 εἶπεν δὲ Ἡρῴδης· Ἰωάννην ἐγὼ ἀπεκεφάλισα· τίς δέ ἐστιν οὗτος περὶ οὗ ἀκούω τοιαῦτα; καὶ ἐζήτει ἰδεῖν αὐτόν.

Matth.: **19** ⸂και δ. σ. B² C* ℜ *pm* (⸉L lat); Eus ¦ δ. δε σοι Θ *pc* ¦ σοι δ. D sy$^{c.p}$ ¦ *txt* B* ℵ C² W | ⸄ *bis* οσα αν … *et* ⸀δεδεμενα … *et* ⸀λελυμενα Θ(Φ) 1 it; Eus ‖ **20** ⸀ (†p) επετιμησεν B* D e sy^{c} ¦ *txt* ℵ C ℜ W Θ *pl* sy^{p} | ⸆αυτου ℜ W Θ λ φ *pm* latt | ⸀ουτος D Θ q ¦ — e | ⸆Ιησους ℵ^{corr} C ℜ W 118. 209 *al* lat (⸉p. Χριστος D c)

Joh.: **70** ⸂αυτοις ℜ *al* ¦ αυτ. Ιησ. 𝔓^{66} ¦ Ιησ. και ειπεν αυτοις ℵ *pc* ¦ ο Ιησ. λεγων D | ⸀ουχι ℵ; Epiph | [⸋, *et* ⸋¹; comm] | ⸉p. και ℵ^{corr} (— ℵ*) D ‖ **71** °ℵ* D λ *pc* | ⸀-την ℜ N λ *pm* ¦ απο Καρυωτου ℵ* Θ φ sy^{hmg} ¦ Σκαριωθ D it ¦ *txt* 𝔓$^{66.75}$ ℌ G W *al* | ⸀ημ- 𝔓^{66} D Γ Δ Ψ 047. 33. 579 *pm* it ¦ και εμελλον ℵ* (corr -λεν) | ⸉ 𝔓^{66} ℵ ℜ λ 33 *pm* | ⸆ων 𝔓^{66} ℵ C² ℜ W Θ **0101** λ φ *pl* ¦ *txt* 𝔓^{75} B C* D L *pc*

---

30 cf Job 38, 17; Is 38, 10; Sap 16, 13; Ps 9, 14; 107, 16; Jr 1, 19; 3 Mcc 5, 51 ‖ 31 sq cf Is 22, 22; Job 12, 14; Apc 3, 7 ‖ 33 sq cf 70 sqq ‖ 37 sq cf Mc 1, 34. 44; 3, 12; 5, 43; 7, 36; 8, 26. 30; 9, 9; Mt 8, 4; 9, 30; 12, 16; 17, 9 ‖ 40 cf Jo 13, 18; 15, 16. 19; | cf 14 sq (Jo) | cf Mt 10, 1-4; Mc 3, 13-19; Lc 6, 12-16 (= nr. 49. 99) ‖ 41 cf Jo 13, 2. 27; Lc 22, 3; Mc 8, 33; Mt 16, 23 ‖ 42 sqq cf Jo 6, 64; 2, 24 sq; Mt 26, 14; Mc 14, 10; Lc 22, 3; Jo 18, 3 ‖ 45 cf 14 sq (Jo) ‖ 46 sqq cf 10 sqq

Matth.	Mark.	Luk.	Joh.
			1, 40-42 *(nr. 21, p. 35)*
			40 Ἦν Ἀνδρέας ὁ ἀδελφὸς Σίμωνος Πέτρου εἷς ἐκ τῶν δύο τῶν ἀκουσάντων παρὰ Ἰωάννου καὶ ἀκολουθησάντων αὐτῷ· 41 εὑρίσκει οὗτος πρῶτον τὸν ἀδελφὸν τὸν ἴδιον Σίμωνα καὶ λέγει αὐτῷ· εὑρήκαμεν τὸν Μεσσίαν, ὅ ἐστιν μεθερμηνευόμενον χριστός.
10, 2 a *(nr. 99, p. 138)*	3, 16 *(nr. 49, p. 70)*	6, 13 b-14 a *(nr. 49, p. 70)*	
2 Τῶν δὲ δώδεκα ἀποστόλων τὰ ὀνόματά ἐστιν ταῦτα·	16 [καὶ ἐποίησεν τοὺς δώδεκα,] καὶ	13 ... οὓς καὶ ἀποστόλους ὠνόμασεν·	42 ἤγαγεν αὐτὸν πρὸς τὸν Ἰησοῦν. ἐμβλέψας αὐτῷ ὁ Ἰησοῦς εἶπεν· σὺ εἶ Σίμων ὁ υἱὸς Ἰωάννου, σὺ κληθήσῃ
πρῶτος Σίμων ὁ λεγόμενος Πέτρος ...	ἐπέθηκεν ὄνομα τῷ Σίμωνι Πέτρον.	14 Σίμωνα ὃν καὶ ὠνόμασεν Πέτρον, ...	Κηφᾶς, ὃ ἑρμηνεύεται Πέτρος.
18, 18 *(nr. 170, p. 252)*			
18 Ἀμὴν λέγω ὑμῖν· ὅσα ἐὰν δήσητε ἐπὶ τῆς γῆς ἔσται δεδεμένα ἐν οὐρανῷ, καὶ ὅσα ἐὰν λύσητε ἐπὶ τῆς γῆς ἔσται λελυμένα ἐν οὐρανῷ.			

Codd. N.T. 566.1424 (ad Matth. 16, 17 Βαριωνᾶ): τὸ Ἰουδαϊκόν· »υἱὲ Ἰωάννου«.

Ignatius ad Phil. 7, 2: Μάρτυς δέ μοι, ἐν ᾧ δέδεμαι, ὅτι ἀπὸ σαρκὸς ἀνθρωπίνης οὐκ ἔγνων. τὸ δὲ πνεῦμα ἐκήρυσσεν λέγον τάδε.

Evang. Thomae copt.: *cf. Append. I, 13*

64sq cf 20sq ‖ *68sq cf 24.28* ‖ *70sqq cf 33sqq* ‖ *74 cf 24* ‖ *75 cf 24sq* ‖ *76 cf 6sqq*

159. Erste Leidensankündigung

Prima passionis praedictio *(cf. nr. 164 et 262)* **Jesus Foretells His Passion**

Matth. 16, 21-23 17, 22-23; 20, 17-19	**Mark. 8, 31-33** 9, 30-32; 10, 32-34	**Luk. 9, 22** 17, 25; 24, 6b-7. 44-46; 9, 43b-45; 18, 31-34	Joh.
21 Ἀπὸ τότε ἤρξατο ⸂ὁ Ἰησοῦς⸃	31 Καὶ ⸆ ἤρξατο		
⸀δεικνύειν τοῖς μαθηταῖς αὐτοῦ ὅτι δεῖ	διδάσκειν αὐτοὺς ὅτι δεῖ	... 22 εἰπὼν ὅτι ⸉δεῖ	
αὐτὸν ⸄εἰς Ἱεροσόλυμα	τὸν υἱὸν τοῦ ἀνθρώπου	τὸν υἱὸν τοῦ ἀνθρώπου	
ἀπελθεῖν⸅ καὶ πολλὰ παθεῖν	πολλὰ παθεῖν καὶ ἀποδοκιμασθῆναι ⸀ὑπὸ	πολλὰ παθεῖν καὶ ἀποδοκιμασθῆναι	
⸁ἀπὸ τῶν ⸉πρεσβυτέρων καὶ ἀρχιερέων	τῶν πρεσβυτέρων καὶ ⸆ °τῶν ἀρχιερέων	⸀ἀπὸ τῶν πρεσβυτέρων καὶ ἀρχιερέων	
καὶ γραμματέων⸊ καὶ ἀποκτανθῆναι	καὶ °¹τῶν γραμματέων καὶ ἀποκτανθῆναι	καὶ γραμματέων καὶ ἀποκτανθῆναι	
καὶ ⸂¹τῇ τρίτῃ ἡμέρᾳ ἐγερθῆναι⸃.	καὶ ⸂μετὰ τρεῖς ἡμέρας⸃ ἀναστῆναι· 32 καὶ	καὶ ⸂τῇ τρίτῃ ἡμέρᾳ⸃ ⸁ἐγερθῆναι.	

Matth.: 21 ⸂ † Ιησους Χριστος B*ℵ* ¦ Ιησ. B² D ¦ — ℵ² 892; Ir^lat Or ¦ *txt* C𝔎WΘ λ φ *pl* | ⸀δεικνυναι B 892 | ⸄ *3 1 2* C𝔎W *pm* lat | ⸁υπο D | ⸉ *3-5 2 1* Θ *pc* | ⸂¹ *p)* μετα τρεις ημερας αναστηναι D(*al* it)

Mark.: 31 ⸆ *p)* απο τοτε W φ | ⸀απο 𝔎AW*ΓΔΘ *pm* | ⸆απο D *pc* lat | °AKLNΓΔ λ *al* | °¹AKNWΔΠΦ λ 33.579 *al* | ⸂ *p)* τη τριτη ημερα W λ φ 33.579 *pc* sy^s.p

Luk.: 22 ⸉ *p.* ανθρωπου ℵ* 1241 | ⸀υπο D λ | ⸂ *p)* μεθ ημερας τρεις D it; (Mcion) | ⸁ *p)* αναστηναι C𝔎AD λ *al*

1sqq cf 31sqq. 43sqq ‖ ³ cf Mc 2, 10.28; 8, 38; 9, 9.12; 10, 45; 13, 26; 14, 21.41.62 parr; Mt 8, 20 = Lc 9, 58; Mt 11, 19 = Lc 7, 34; Mt 12, 32 = Lc 12, 10; Mt 12, 40 = Lc 11, 30; Mt 24, 27 = Lc 17, 24; Mt 24, 37 = Lc 17, 26; Mt 24, 39 = Lc 17, 30; Mt 24, 44 = Lc 12, 40; Mt 10, 23; 13, 37.41; 25, 31; 26, 2; 16, 13.28; 18, 11 (app); 19, 28; Lc 17, 22; 18, 8; 19, 10; 21, 36; 22, 48; 6, 22; 9, 56 (app); 12, 8; Jo 1, 51; 3, 13.14; 5, 27; 6, 27.53.62; 8, 28; 9, 35; 12, 23.34; 13, 31; Act 7, 56; *cf 19.36.50* ‖ ⁴ cf Ps 118, 22; Mc 12, 10; Mt 21, 42 ‖ *4sqq* cf Mt 9, 15; Mc 2, 20; Mt 12, 40; 17, 12; Mc 9, 12; Mt 20, 22; Mc 10, 38; Mt 26, 2.24; Mc 14, 27sq; Lc 22, 22; Mt 26, 45.54; Lc 12, 50; 13, 32sq; 18, 32sq; 22, 15.37; 23, 11; 24, 26; Jo 3, 14; 11, 51; 12, 32sq; 16, 16sqq; *cf 16sq. 18sqq. 23sqq. 60sq* ‖ ⁵ cf Mc 11, 27; 14, 43.53; 15, 1; Mt 27, 41; Mc 11, 18; 14, 1; 15, 31; Mt 26, 57; Act 6, 12; Lc 20, 19 etc ‖ ⁷ cf Mt 27, 63; Lc 24, 7.46; Jo 2, 19.21; Act 10, 40; 1Cor 15, 4; Mt 12, 40; Hos 6, 2; 2Rg 20, 5.8; *cf 38sq. 56*

[Matth. 16, 21-23]	[Mark. 8, 31-33]	Luk.	Joh.
[22] καὶ προσ- λαβόμενος αὐτὸν ὁ Πέτρος ⸂ἤρξατο ἐπι- τιμᾶν αὐτῷ λέγων⸃· ἵλεώς σοι, κύριε· οὐ μὴ ἔσται ⸉σοι τοῦτο⸊. [23] ὁ δὲ ⸀στραφεὶς εἶπεν τῷ Πέτρῳ· ὕπαγε ὀπίσω ⸀μου, σα- τανᾶ· σκάνδαλον ⸂εἶ ἐμοῦ⸃, ὅτι οὐ φρονεῖς τὰ τοῦ θεοῦ ⸉ἀλλὰ τὰ τῶν ἀνθρώπων⸊.	παρρησίᾳ τὸν λόγον ⸀ἐλάλει. ⸂καὶ προσ- λαβόμενος ⸉ὁ Πέτρος αὐτὸν⸊ ἤρξατο ἐπι- τιμᾶν αὐτῷ⸃.⸆ [33] ὁ δὲ ⸆ ἐπιστραφεὶς καὶ ἰδὼν τοὺς μαθητὰς αὐτοῦ ἐπετίμησεν ⸆Πέτρῳ ⸂καὶ λέγει⸃· ὕπαγε ὀπίσω ⸀μου, σατανᾶ, ὅτι οὐ φρονεῖς τὰ τοῦ θεοῦ ἀλλὰ τὰ τῶν ἀνθρώπων.		
		17, 25 *(nr. 235, p. 316)* [25] Πρῶτον δὲ δεῖ αὐτὸν πολλὰ παθεῖν καὶ ἀπο- δοκιμασθῆναι ἀπὸ τῆς γενεᾶς ταύτης. 24, 6b-7 *(nr. 352, p. 495)* [6] ... Μνήσθητε ὡς ἐλάλησεν ὑμῖν ἔτι ὢν ἐν τῇ Γαλιλαίᾳ [7] λέγων τὸν υἱὸν τοῦ ἀνθρώπου ὅτι δεῖ παραδοθῆναι εἰς χεῖρας ἀνθρώπων ἁμαρτωλῶν καὶ σταυρωθῆναι καὶ τῇ τρίτῃ ἡμέρᾳ ἀναστῆναι. 24, 44-46 *(nr. 365, p. 510)* [44] Εἶπεν δὲ πρὸς αὐτούς· οὗτοι οἱ λόγοι μου οὓς ἐλάλησα πρὸς ὑμᾶς ἔτι ὢν σὺν ὑμῖν, ὅτι δεῖ πληρωθῆναι πάντα τὰ γεγραμμένα ἐν τῷ νόμῳ Μωϋσέως καὶ τοῖς προφήταις καὶ ψαλ- μοῖς περὶ ἐμοῦ. [45] τότε διήνοιξεν αὐτῶν τὸν νοῦν τοῦ συνιέναι τὰς γραφάς· [46] καὶ εἶπεν αὐτοῖς ὅτι οὕτως γέγραπται παθεῖν τὸν χρι- στὸν καὶ ἀναστῆναι ἐκ νεκρῶν τῇ τρίτῃ ἡμέρᾳ.	
17, 22-23 *(nr. 164, p. 243)* [22] Συστρεφομένων δὲ αὐτῶν ἐν τῇ Γαλιλαίᾳ εἶπεν αὐτοῖς ὁ Ἰησοῦς· μέλλει ὁ υἱὸς τοῦ ἀνθρώπου παραδίδοσθαι εἰς χεῖρας ἀνθρώπων, [23] καὶ ἀποκτενοῦσιν αὐ- τόν, καὶ τῇ τρίτῃ ἡμέρᾳ ἐγερ- θήσεται. καὶ ἐλυπήθησαν σφόδρα.	9, 30-32 *(nr. 164, p. 243)* [30] Κἀκεῖθεν ἐξελθόντες παρεπορεύοντο διὰ τῆς Γαλιλαίας, καὶ οὐκ ἤθελεν ἵνα τις γνοῖ· [31] ἐδίδασκεν γὰρ τοὺς μαθητὰς αὐτοῦ καὶ ἔλεγεν αὐτοῖς ὅτι ὁ υἱὸς τοῦ ἀνθρώπου παραδίδοται εἰς χεῖρας ἀνθρώπων, καὶ ἀποκτενοῦσιν αὐ- τόν, καὶ ἀποκτανθεὶς μετὰ τρεῖς ἡμέρας ἀνα- στήσεται. [32] οἱ δὲ ἠγνόουν τὸ ῥῆμα, καὶ ἐφοβοῦντο αὐτὸν ἐπερωτῆσαι.	9, 43b-45 *(nr. 164, p. 243)* [43] ... Πάντων δὲ θαυμαζόντων ἐπὶ πᾶσιν οἷς ἐ- ποίει εἶπεν πρὸς τοὺς μαθητὰς αὐτοῦ· [44] θέσθε ὑμεῖς εἰς τὰ ὦτα ὑμῶν τοὺς λόγους τούτους· ὁ γὰρ υἱὸς τοῦ ἀνθρώπου μέλλει παραδίδοσθαι εἰς χεῖρας ἀνθρώπων. [45] οἱ δὲ ἠγνόουν τὸ ῥῆμα τοῦτο καὶ ἦν παρακεκαλυμμένον ἀπ᾽ αὐτῶν ἵνα μὴ αἴσθωνται αὐτό, καὶ ἐφοβοῦντο ἐρωτῆσαι αὐτὸν περὶ τοῦ ῥήματος τούτου.	

Matth.: 22 ⸂ *1 3 2* και λεγειν D ¦ *1* αυτον *2 4* Θ ¦ λεγει αυτω επιτιμων B ¦ ⸉ *2 1* D *pc* ¦ *2* it sy^c^ ‖ 23 ⸀επιστραφεις D K L Θ Π φ 543. 565 *pc* | ⸀[σου Blass *cj*] | ⸂ει μου ℵ^corr^ C Θ ¦ μου ει ℜ W λ *pm*; Or Cyr ¦ ει εμοι D (*pc*) lat sy^c.p^ sa bo; Eus | ⸉αλλα του ανθρωπου D (ff^1^) q ¦ — e ff^2^ g^1^ r^1^

Mark.: 32 ⸀λαλησει sy^s^ ¦ λαλειν k | ⸂ο δε Σιμων Π. ως φεισομενος αυτου ειπεν α. sy^s^ | ⸉ *3 1 2* ℵ C ℜ A W Γ Δ Θ Π λ φ *pl* lat ¦ *1 2* D *pc* ¦ *txt* B L 892 a | ⸆*p)* ιλεως σοι, κυριε· ου μη εσται σοι τουτο a b n (sy^s^) ‖ 33 ⸆Ιησους A K Π *pc* f | ⸆τω C ℜ A W Θ 0214 λ φ *pl* | ⸂λεγων ℜ A D W Γ Θ Π λ φ *pl* lat | ⸀[σου Blass *cj*]

13 cf Ps 9, 4; Jo 6, 66; 18, 6; 20, 14 ‖ 13 sq cf 1 Rg 11, 14 ‖ 16 sq cf *4 sqq* ‖ 18 sqq cf *4 sqq* ‖ 19 cf *3* ‖ 23 sqq cf *4 sqq* ‖ 31 sqq cf *1 sqq* ‖ 36 cf *3* ‖ 38 sq cf *7*

Matth.

20, 17-19 *(nr. 262, p. 350)*

17 Καὶ ἀναβαίνων ὁ Ἰησοῦς εἰς Ἱεροσόλυμα παρέλαβεν τοὺς δώδεκα [μαθητὰς] κατ' ἰδίαν καὶ ἐν τῇ ὁδῷ εἶπεν αὐτοῖς· 18 ἰδοὺ ἀναβαίνομεν εἰς Ἱεροσόλυμα, καὶ ὁ υἱὸς τοῦ ἀνθρώπου παραδοθήσεται τοῖς ἀρχιερεῦσιν καὶ γραμματεῦσιν, καὶ κατακρινοῦσιν αὐτὸν θανάτῳ 19 καὶ παραδώσουσιν αὐτὸν τοῖς ἔθνεσιν εἰς τὸ ἐμπαῖξαι καὶ μαστιγῶσαι καὶ σταυρῶσαι, καὶ τῇ τρίτῃ ἡμέρᾳ ἐγερθήσεται.

Mark.

10, 32-34 *(nr. 262, p. 350)*

32 ⸀Ἦσαν δὲ ἐν τῇ ὁδῷ ἀναβαίνοντες εἰς Ἱεροσόλυμα, καὶ ἦν προάγων αὐτοὺς ὁ Ἰησοῦς, καὶ ἐθαμβοῦντο, οἱ δὲ ἀκολουθοῦντες ἐφοβοῦντο. καὶ παραλαβὼν πάλιν τοὺς δώδεκα ἤρξατο αὐτοῖς λέγειν τὰ μέλλοντα αὐτῷ συμβαίνειν 33 ὅτι ἰδοὺ ἀναβαίνομεν εἰς Ἱεροσόλυμα, καὶ ὁ υἱὸς τοῦ ἀνθρώπου παραδοθήσεται τοῖς ἀρχιερεῦσιν καὶ τοῖς γραμματεῦσιν, καὶ κατακρινοῦσιν αὐτὸν θανάτῳ καὶ παραδώσουσιν αὐτὸν τοῖς ἔθνεσιν 34 καὶ ἐμπαίξουσιν αὐτῷ καὶ ἐμπτύσουσιν αὐτῷ καὶ μαστιγώσουσιν αὐτὸν καὶ ἀποκτενοῦσιν, καὶ μετὰ τρεῖς ἡμέρας ἀναστήσεται.

Luk.

18, 31-34 *(nr. 262, p. 350)*

31 Παραλαβὼν δὲ τοὺς δώδεκα εἶπεν πρὸς αὐτούς· ἰδοὺ ἀναβαίνομεν εἰς Ἰερουσαλήμ, καὶ τελεσθήσεται πάντα τὰ γεγραμμένα διὰ τῶν προφητῶν τῷ υἱῷ τοῦ ἀνθρώπου· 32 παραδοθήσεται γὰρ τοῖς ἔθνεσιν καὶ ἐμπαιχθήσεται καὶ ὑβρισθήσεται καὶ ἐμπτυσθήσεται 33 καὶ μαστιγώσαντες ἀποκτενοῦσιν αὐτόν, καὶ τῇ ἡμέρᾳ τῇ τρίτῃ ἀναστήσεται. 34 καὶ αὐτοὶ οὐδὲν τούτων συνῆκαν καὶ ἦν τὸ ῥῆμα τοῦτο κεκρυμμένον ἀπ' αὐτῶν καὶ οὐκ ἐγίνωσκον τὰ λεγόμενα.

Joh.

Justinus Mart., Dial. 76,7: Ἐβόα γὰρ πρὸ τοῦ σταυρωθῆναι· »Δεῖ τὸν υἱὸν τοῦ ἀνθρώπου πολλὰ παθεῖν καὶ ἀποδοκιμασθῆναι ὑπὸ τῶν γραμματέων καὶ Φαρισαίων καὶ σταυρωθῆναι καὶ τῇ τρίτῃ ἡμέρᾳ ἀναστῆναι«.

---

43 sqq cf *1 sqq* || *50* cf *3* || *56* cf *7* || *60 sqq* cf *4 sqq*

160. Wenn mir einer nachfolgen will ...

Qui vult venire post me

»If Any Man Would Come after Me ...«

Matth. 16, 24-28
10, 38-39; 10, 33

24 Τότε ⸂ὁ Ἰησοῦς⸃ εἶπεν τοῖς μαθηταῖς αὐτοῦ· εἴ τις θέλει ὀπίσω μου ἐλθεῖν, ἀπαρνησάσθω ἑαυτὸν καὶ ⸀ἀράτω τὸν σταυρὸν αὐτοῦ °καὶ ἀκολουθείτω μοι. 25 ὃς γὰρ ἐὰν θέλῃ τὴν ψυχὴν αὐτοῦ σῶσαι ἀπολέσει αὐτήν· ὃς δ' ἂν ἀπολέσῃ τὴν ψυχὴν αὐτοῦ ἕνεκεν ἐμοῦ

Mark. 8, 34 - 9, 1

34 Καὶ προσκαλεσάμενος τὸν ὄχλον σὺν τοῖς μαθηταῖς αὐτοῦ εἶπεν °αὐτοῖς· ⸂εἴ τις⸃ θέλει ὀπίσω μου ⸀ἀκολουθεῖν, ⸀ἀπαρνησάσθω ἑαυτὸν καὶ ⸀¹ἀράτω τὸν σταυρὸν αὐτοῦ °¹καὶ ἀκολουθείτω μοι. 35 ὃς γὰρ ⸀ἐὰν θέλῃ τὴν ⸂ψυχὴν αὐτοῦ⸃ σῶσαι ἀπολέσει αὐτήν· ὃς δ' ἂν ⸀ἀπολέσει ⸂τὴν ψυχὴν αὐτοῦ⸃ ἕνεκεν □ἐμοῦ

Luk. 9, 23-27
14, 27; 17, 33; 12, 9

23 ⸀Ἔλεγεν δὲ πρὸς πάντας· εἴ τις θέλει ὀπίσω μου ⸀ἔρχεσθαι, ⸀ἀρνησάσθω ἑαυτὸν □καὶ ἀράτω τὸν σταυρὸν αὐτοῦ⸋ □¹καθ' ἡμέραν⸋ καὶ ἀκολουθείτω μοι. 24 ὃς γὰρ ἂν θέλῃ τὴν ψυχὴν °αὐτοῦ σῶσαι ἀπολέσει αὐτήν· ὃς δ' ἂν ἀπολέσῃ τὴν ψυχὴν αὐτοῦ ἕνεκεν ἐμοῦ

Joh. 12, 25
8, 51-52; 21, 20-23

12, 25 *(nr. 302, p. 419)*

25 Ὁ φιλῶν τὴν ψυχὴν αὐτοῦ ⸀ἀπολλύει αὐτήν, καὶ ὁ μισῶν τὴν ψυχὴν αὐτοῦ ἐν τῷ κόσμῳ

Matth.: 24 ⸂ 2 B* ¦ — 118.157.209.565 *pc* | ⸀αρας *et* ° Θ 1

Mark.: 34 °DWΔ it | ⸂οστις C²ℜAΓΠΦΘ *pm* sy^s.p sa bo | ⸀ † ελθειν BℵAC²ϕ *al* ¦ *txt* 𝔓⁴⁵ C*ℜDWΘ 0214 λ *pm* lat sa | ⸀*p)* αρνησασθω D | ⸀¹αρας *et* °¹ W b i || 35 ⸀αν ℜADLWΓ *pm*; Or | ⸂εαυτου ψ. B *pc*; Or^pt | ⸀-ση ℜALWΠΦ λ 33.69.124.892 *pm*; Or | ⸂αυτην DΓ *pc* ¦ την εαυτου ψυχην C³ℜWΘΠ ϕ 118.209 *al* ¦ — q (k); Or | □𝔓⁴⁵ D 28.700 it (sy^s); Or

Luk.: 23 ⸀ελθειν ℵ^corr C³ℜΓΔ *pm* | ⸀*p)* απαρν- 𝔓⁷⁵ B*CℜWλ *pl* | □ D a l | □¹ *p)* ℵ^corr CℜD *pm* it sy^s sa^pt ¦ *txt* 𝔓⁷⁵ Bℵ*ALWΞΠΦ 1 *al* aur f vg || 24 °W

Joh.: 25 ⸀*p)* απολεσει ℜADΘ λ ϕ *pl* lat sa bo ¦ *txt* 𝔓^66.75 BℵLW *pc* ff²

---

3 sqq cf 1 Pt 2, 21; cf *35 sqq. 45 sqq. 49. 61* || *7 sqq* cf Apc 12, 11; cf *39 sqq. 54 sqq*

[Matth. 16, 24-28]

⸀εὑρήσει αὐτήν. 26 τί γὰρ ⸀ὠφεληθήσεται ἄνθρωπος ⸁ἐὰν τὸν κόσμον °ὅλον κερδήσῃ τὴν δὲ ψυχὴν αὐτοῦ ζημιωθῇ; ἢ τί δώσει ἄνθρωπος ἀντάλλαγμα τῆς ψυχῆς αὐτοῦ;

27 μέλλει γὰρ ὁ υἱὸς τοῦ ἀνθρώπου ἔρχεσθαι ἐν τῇ δόξῃ τοῦ πατρὸς αὐτοῦ μετὰ τῶν ⸆ ἀγγέλων ⸀αὐτοῦ, καὶ τότε ἀποδώσει ἑκάστῳ κατὰ ⸂τὴν πρᾶξιν⸃ αὐτοῦ.

28 ἀμὴν λέγω ὑμῖν °ὅτι εἰσίν τινες ⸂τῶν ὧδε ἑστώτων⸃ οἵτινες οὐ μὴ γεύσωνται θανάτου ἕως ἂν ἴδωσιν τὸν υἱὸν τοῦ ἀνθρώπου ἐρχόμενον ἐν ⸄τῇ βασιλείᾳ αὐτοῦ⸅.

10, 38-39 *(nr. 103, p. 147)*

38 Καὶ ὃς οὐ λαμβάνει τὸν σταυρὸν αὐτοῦ καὶ ἀκολουθεῖ ὀπίσω μου, οὐκ ἔστιν μου ἄξιος.

[Mark. 8, 34 - 9, 1]

καὶ⸃ τοῦ εὐαγγελίου ⸆ σώσει αὐτήν. 36 τί γὰρ ⸀ὠφελεῖ ⸁ἄνθρωπον ⸂κερδῆσαι τὸν κόσμον ὅλον καὶ ζημιωθῆναι⸃ τὴν ψυχὴν αὐτοῦ; 37 ⸂τί γὰρ⸃ ⸀δοῖ ⸆ ἄνθρωπος ἀντάλλαγμα τῆς ψυχῆς αὐτοῦ; 38 ὃς ⸂γὰρ ἐὰν⸃ ⸄ἐπαισχυνθῇ με⸅ καὶ τοὺς ἐμοὺς °λόγους ἐν τῇ γενεᾷ ⸂¹ταύτῃ τῇ μοιχαλίδι⸃ καὶ ἁμαρτωλῷ, καὶ ὁ υἱὸς τοῦ ἀνθρώπου ἐπαισχυνθήσεται αὐτόν, ὅταν ἔλθῃ ἐν τῇ δόξῃ τοῦ πατρὸς αὐτοῦ ⸀μετὰ τῶν ἀγγέλων τῶν ἁγίων.

9 1 Καὶ ἔλεγεν αὐτοῖς· ἀμὴν λέγω ὑμῖν ὅτι εἰσίν τινες ⸉ὧδε τῶν ἑστηκότων⸊ ⸆ οἵτινες οὐ μὴ γεύσωνται θανάτου ἕως °ἂν ἴδωσιν τὴν βασιλείαν τοῦ θεοῦ ἐληλυθυῖαν ἐν δυνάμει.

[Luk. 9, 23-27]

οὗτος σώσει αὐτήν. 25 τί γὰρ ⸀ὠφελεῖται ⸁ἄνθρωπος ⸀¹κερδήσας τὸν κόσμον ὅλον ἑαυτὸν δὲ ⸀¹ἀπολέσας ἢ ⸀¹ζημιωθείς;

26 ὃς γὰρ ἂν ἐπαισχυνθῇ με καὶ τοὺς ἐμοὺς °λόγους, τοῦτον ὁ υἱὸς τοῦ ἀνθρώπου ἐπαισχυνθήσεται, ὅταν ἔλθῃ ἐν τῇ δόξῃ αὐτοῦ καὶ τοῦ πατρὸς ⸆ καὶ τῶν ἁγίων ἀγγέλων.

27 λέγω δὲ ὑμῖν ⸀ἀληθῶς, εἰσίν τινες ⸂τῶν αὐτοῦ ἑστηκότων⸃ ⸁οἳ οὐ μὴ γεύσωνται θανάτου ἕως ἂν ἴδωσιν ⸄τὴν βασιλείαν τοῦ θεοῦ⸅.

14, 27 *(nr. 217, p. 303)*

27 Ὅστις οὐ βαστάζει τὸν σταυρὸν ἑαυτοῦ καὶ ἔρχεται ὀπίσω μου, οὐ δύναται εἶναί μου μαθητής.

[Joh. 12, 25]

τούτῳ ⸉εἰς ζωὴν αἰώνιον φυλάξει αὐτήν⸊.

8, 51-52 *(nr. 247, p. 328)*

51 Ἀμὴν ἀμὴν λέγω ὑμῖν, ἐάν τις τὸν ἐμὸν λόγον τηρήσῃ, θάνατον οὐ μὴ θεωρήσῃ εἰς τὸν αἰῶνα. 52 εἶπον [οὖν] αὐτῷ οἱ Ἰουδαῖοι· νῦν ἐγνώκαμεν ὅτι δαιμόνιον ἔχεις. Ἀβραὰμ ἀπέθανεν καὶ οἱ προφῆται, καὶ σὺ λέγεις· ἐάν τις τὸν λόγον μου τηρήσῃ, οὐ μὴ γεύσηται θανάτου εἰς τὸν αἰῶνα.

21, 20-23 *(nr. 367, p. 511)*

20 Ἐπιστραφεὶς ὁ Πέτρος βλέπει τὸν μαθητὴν ὃν ἠγάπα ὁ Ἰησοῦς ἀκολουθοῦντα, ὃς καὶ ἀνέπεσεν ἐν τῷ δείπνῳ ἐπὶ τὸ στῆθος αὐτοῦ καὶ εἶπεν·

Matth.: 25 ⸀*p)* ουτος σωσει λ 33. 1365; (Ir) Or ‖ 26 ⸀*p)* -λειται C ℜ D W *al* lat; Cl ¦ *txt* ℌ Θ *al* | ⸁οταν ℵ^corr 157. 892; Cyr^pt | ° Θ 124 e (b c q r¹) ‖ 27 ⸆*p)* αγιων D* *pc* b sy^p | ⸀*p)* των αγιων C 1365 | ⸂τα εργα ℵ* F 1 *al* lat sy^c.p sa bo; Cl ‖ 28 ° C ℜ D W λ *pm* lat; Or | ⸂ωδε εστωτες ℜ W Γ Δ Φ *al* ¦ τ. ω. εστηκοτων K M Π Y 118. 565 *al*; Or^pt | ⸄δοξη Cl^pt ¦ τη δ. α. 1279 a; Cl^pt Epiph ¦ τη δ. του πατρος α. ℵ³ *pc* bo ¦ τ. β. α. και τ. δ. α. sy^c

Mark.: 35 ⸆ουτος C² ℜ Γ φ 22. 118 *al* ‖ 36 ⸀-λησει C ℜ A D Γ Δ Θ λ φ *pl* lat; Or | ⸁*p)* -πος ℵ* C³ L Γ Δ λ φ *pm* ¦ τον α-πον 𝔓^45vid C* A D W Θ Π Φ *al* | ⸂*p)* εαν κερδηση τ. κ. ο. κ. ζημιωθη 𝔓^45 C ℜ A D W Θ λ φ *pl* lat sy^s.p sa bo ‖ 37 ⸂*p)* η τι C ℜ A D² Γ Θ Π Φ λ φ 33 *pl* lat sy^p ¦ η τι γαρ D* | ⸀δω ℵ² L ¦ *p)* δωσει *rell* ¦ *txt* B ℵ* | ⸆ο B ‖ 38 ⸂γαρ αν K W Π Φ λ φ 33 *al*; Cyr ¦ δ αν D it ¦ γαρ A | ⸄επεσχυνθησεται εμε D | °(*p?*) W k* sa; Tert | ⸂¹*1 2 3* W a i k n; Or ¦ *1 2* πονηρα και *3* Θ | ⸀και 𝔓^45 W sy^s ‖ 9, 1 ⸉*2 1 3* (ℵ) C ℜ A D² W Θ *pl* ¦ *2 3 1* 𝔓^45 1 sy^p sa bo; Or ¦ *txt* B D* | ⸆μετ εμου D 565 it | ° 𝔓^45 F W *pc*

Luk.: 25 ⸀*p)* -λει ℵ C D *pc* | ⸁*p)* -πον *et* ⸀¹-ησαι *et* -εσαι *et* -θηναι D* a c ‖ 26 ° D a e l (sy^c); Or | ⸆αυτου D *pc* ‖ 27 ⸀*p)* αλ. οτι 𝔓^45 R Π 544 *al* ¦ οτι αλ. 𝔓^75vid D (*et* —, *ut* E G *al* lat) | ⸂*p)* των ωδε εστωτων C ℜ A D W Θ (λ φ) *pm* ¦ *txt* 𝔓^75 B ℵ L Ξ *pc* | ⸁*p)* οιτινες A K Ψ *pc* | ⸄*p)* τον υιον του ανθρωπου ερχομενον εν τη δοξη αυτου D; (Cl) Or

Joh.: 25 ⸉*4 5 1-3* W

12sqq cf Sir 10, 28 sq; Ph 3, 8; Jc 4, 13; *cf 52. 59 sq. 62* ‖ *16sq* cf Ps 49, 8 sq; Sir 26, 14 ‖ *18sqq* cf Jd 4; *cf 49* ‖ *18* cf Rm 1, 16 ‖ *19sq* cf Mt 12, 39. 45; 16, 4; 17, 17; Mc 9, 19; 13, 30; Lc 9, 41; Act 2, 40; Ph 2, 15; Hos 2, 4 sqq; Ez 16, 32 sqq; Is 1, 21; Jr 3, 3 ‖ *22sqq* cf Dn 7, 13; Hen 61, 10; Mc 13, 26 sq; Mt 24, 30 sq; 13, 41; 2 Th 1, 7 ‖ *24sqq* *cf 50 sq. 53 sq* ‖ *24sqq (Jo)* *cf 28 sqq* ‖ *25sq* Ps 62, 13; Prv 24, 12; cf Sir 35, 24 (32, 22); Jo 5, 29; Rm 2, 6; 2 Cor 11, 15; 1 Cor 3, 13; 2 Tm 4, 14; 1 Pt 1, 17; Apc 2, 23 ‖ *28sqq* cf Mt 10, 23; 24, 34; Mc 13, 30; Lc 21, 32; *cf 24 sqq (Jo). 34 sqq (Jo)* ‖ *28* cf Mt 26, 73; Jo 3, 29; Act 22, 25 ‖ *34sqq (Jo)* *cf 28 sqq* ‖ *35sqq* *cf 3 sqq*

[Matth. 10, 38-39]	Mark.	Luk.	[Joh. 21, 20-23]
		17, 33 *(nr. 235, p. 316)*	κύριε, τίς ἐστιν ὁ παραδιδούς σε;
[39] ὁ εὑρὼν τὴν ψυχὴν αὐτοῦ ἀπολέσει αὐτήν, καὶ ὁ ἀπολέσας τὴν ψυχὴν αὐτοῦ ἕνεκεν ἐμοῦ εὑρήσει αὐτήν.		[33] Ὃς ἐὰν ζητήσῃ τὴν ψυχὴν αὐτοῦ περιποιήσασθαι ἀπολέσει αὐτήν, ὃς δ' ἂν ἀπολέσῃ ζῳογονήσει αὐτήν.	[21] τοῦτον οὖν ἰδὼν ὁ Πέτρος λέγει τῷ Ἰησοῦ· κύριε, οὗτος δὲ τί; [22] λέγει αὐτῷ ὁ Ἰησοῦς· ἐὰν αὐτὸν θέλω μένειν ἕως ἔρχομαι, τί πρὸς σέ; σύ μοι ἀκολούθει. [23] ἐξῆλθεν οὖν οὗτος ὁ λόγος εἰς τοὺς ἀδελφοὺς ὅτι ὁ μαθητὴς ἐκεῖνος οὐκ ἀποθνήσκει· οὐκ εἶπεν δὲ αὐτῷ ὁ Ἰησοῦς ὅτι οὐκ ἀποθνήσκει ἀλλ'· ἐὰν αὐτὸν θέλω μένειν ἕως ἔρχομαι[, τί πρὸς σέ];
10, 33 *(nr. 101, p. 145)*		12, 9 *(nr. 196, p. 281)*	
[33] Ὅστις δ' ἂν ἀρνήσηταί με ἔμπροσθεν τῶν ἀνθρώπων, ἀρνήσομαι κἀγὼ αὐτὸν ἔμπροσθεν τοῦ πατρός μου τοῦ ἐν [τοῖς] οὐρανοῖς.		[9] Ὁ δὲ ἀρνησάμενός με ἐνώπιον τῶν ἀνθρώπων ἀπαρνηθήσεται ἐνώπιον τῶν ἀγγέλων τοῦ θεοῦ.	

2. Tim. 2, 12: Εἰ ὑπομένομεν, καὶ συμβασιλεύσομεν· εἰ ἀρνησόμεθα, κἀκεῖνος ἀρνήσεται ἡμᾶς.

2. Clem. ad Cor. 6, 2; 11, 6: 6 [2] »Τί γὰρ τὸ ὄφελος, ἐάν τις τὸν κόσμον ὅλον κερδήσῃ, τὴν δὲ ψυχὴν ζημιωθῇ;« 11 [6] Πιστὸς γάρ ἐστιν ὁ ἐπαγγειλάμενος τὰς ἀντιμισθίας ἀποδιδόναι ἑκάστῳ τῶν ἔργων αὐτοῦ.

Ignatius ad Rom. 6, 1: Οὐδέν με ὠφελήσει τὰ πέρατα τοῦ κόσμου οὐδὲ αἱ βασιλεῖαι τοῦ αἰῶνος τούτου.

Herm. Pastor. Sim. VI, 3, 6: Ὅταν οὖν μετανοήσωσι, τότε ἀναβαίνει ἐπὶ τὴν καρδίαν αὐτῶν τὰ ἔργα τὰ πονηρὰ ἃ ἔπραξαν, καὶ τότε δοξάζουσι τὸν θεόν, ὅτι δίκαιος κριτής ἐστι καὶ δικαίως ἔπαθεν πάντα »ἕκαστος κατὰ τὰς πράξεις αὐτοῦ«. **Sim. IX, 26, 3:** Οἱ δὲ ἐψωριακότες, οὗτοι οἱ ἀρνησάμενοί εἰσι καὶ μὴ ἐπιστρέψαντες ἐπὶ τὸν κύριον ἑαυτῶν, ἀλλὰ χερσωθέντες καὶ γενόμενοι ἐρημώδεις, μὴ κολλώμενοι τοῖς δούλοις τοῦ θεοῦ, ἀλλὰ μονάζοντες »ἀπολλύουσι τὰς ἑαυτῶν ψυχάς«.

Justinus Mart., Apol. I, 15, 10–12: [10] ... ταῦτα ἔφη· »Παντὶ τῷ αἰτοῦντι δίδοτε καὶ τὸν βουλόμενον δανείσασθαι μὴ ἀποστραφῆτε. Εἰ γὰρ δανείζετε παρ' ὧν ἐλπίζετε λαβεῖν, τί καινὸν ποιεῖτε; τοῦτο καὶ οἱ τελῶναι ποιοῦσιν. [11] Ὑμεῖς δὲ μὴ θησαυρίζητε ἑαυτοῖς ἐπὶ τῆς γῆς, ὅπου σὴς καὶ βρῶσις ἀφανίζει καὶ λῃσταὶ διορύσσουσι· θησαυρίζετε δὲ ἑαυτοῖς ἐν τοῖς οὐρανοῖς, ὅπου οὔτε σὴς οὔτε βρῶσις ἀφανίζει. [12] Τί γὰρ ὠφελεῖται ἄνθρωπος, ἂν τὸν κόσμον ὅλον κερδήσῃ, τὴν δὲ ψυχὴν αὐτοῦ ἀπολέσῃ; ἢ τί δώσει αὐτῆς ἀντάλλαγμα; θησαυρίζετε οὖν ἐν τοῖς οὐρανοῖς, ὅπου οὔτε σὴς οὔτε βρῶσις ἀφανίζει«.

Evang. Thomae copt.: *cf. Append. I, 55*

Evang. Thomae copt.: *cf. Append. I, 67*

39sqq cf 7sqq || *45sqq cf 3sqq. 49* || *49 cf 3sqq. 18sqq. 45sqq* || *50sq cf 24sqq* || *52 cf 12sqq* || *53sq cf 24sqq* || *54sqq cf 7sqq* || *59sq cf 12sqq* || *61 cf 3sqq* || *62 cf 12sqq*

161. Die Verklärung Jesu

Transfiguratio **The Transfiguration**

Matth. 17, 1-9 3, 17	Mark. 9, 2-10 1, 11	Luk. 9, 28-36 9, 37; 3, 22b	Joh. 12, 28-30
		[28] Ἐγένετο δὲ μετὰ τοὺς λόγους τούτους ὡσεὶ ἡμέραι ὀκτὼ °[καὶ]	
[1] Καὶ ᵀ μεθ' ἡμέρας ἓξ παραλαμβάνει ὁ Ἰησοῦς τὸν Πέτρον καὶ ᵀ' Ἰάκωβον καὶ Ἰωάννην τὸν ἀδελφὸν αὐτοῦ καὶ	[2] Καὶ μετὰ ἡμέρας ἓξ παραλαμβάνει ὁ Ἰησοῦς τὸν Πέτρον καὶ τὸν Ἰάκωβον καὶ °τὸν Ἰωάννην καὶ	παραλαβὼν Πέτρον καὶ ˢἸωάννην καὶ Ἰάκωβον ˢ	

Matth.: 1 ᵀεγενετο DΘΦ *pc* it | ᵀ' τον ℵDΘ *pc*

Mark.: 2 °† BℜAΘ 0131 *al* ¦ *txt* 𝔓45 ℌDW λ φ *pm*

Luk.: 28 °𝔓45vid.75vid Bℵ* H *pc* it sy^p sa bo ¦ *txt* CℜADWΘΞ λ φ *pm* lat | ˢ *p)* 𝔓45.75 C^corr DL 33 *al* r^1 vg^cl sy bo

---

2sqq cf Ex 24, 13sqq || *3sqq cf Mc 5, 37; Lc 8, 51; Mt 26, 37; Mc 13, 3; 14, 33*

[Matth. 17, 1-9]

⸀ἀναφέρει αὐτοὺς εἰς ὄρος ὑψη-
λὸν ⸂κατ' ἰδίαν⸃. [2] καὶ
⸀μετεμορφώθη ἔμπροσθεν αὐτῶν,
°καὶ ἔλαμψεν τὸ πρόσωπον αὐτοῦ
ὡς ὁ ἥλιος, τὰ δὲ ἱμάτια αὐτοῦ
ἐγένετο λευκὰ ὡς ⸂τὸ φῶς⸃.

[3] καὶ ἰδοὺ
⸀ὤφθη αὐτοῖς Μωϋσῆς καὶ Ἠλίας
⸉συλλαλοῦντες μετ' αὐτοῦ⸊.

[4] ἀποκριθεὶς δὲ ὁ Πέτρος
εἶπεν τῷ Ἰησοῦ· κύριε, κα-
λόν ἐστιν ἡμᾶς ὧδε εἶναι· ⸂εἰ θέ-
λεις,⸃ ⸀ποιήσω ὧδε ⸉τρεῖς σκηνάς⸊,
σοὶ μίαν καὶ Μωϋσεῖ μίαν καὶ
⸉1 Ἠλίᾳ μίαν⸊.

[5] ἔτι αὐτοῦ λαλοῦντος ἰδοὺ
νεφέλη ⸀φωτεινὴ ἐπεσκίασεν

[Mark. 9, 2-10]

⸀ἀναφέρει αὐτοὺς εἰς ὄρος ὑψη-
λὸν ⸆ κατ' ἰδίαν μόνους. καὶ ⸆
μετεμορφώθη ⸆1 ἔμπροσθεν αὐ-
τῶν,

[3] καὶ τὰ ἱμάτια αὐτοῦ
ἐγένετο στίλβοντα λευκὰ λίαν ⸆,
⸂οἷα γναφεὺς ἐπὶ τῆς γῆς οὐ δύ-
ναται οὕτως λευκᾶναι⸃. [4] καὶ ⸆
ὤφθη αὐτοῖς Ἠλίας σὺν Μωϋσεῖ
καὶ ⸂ἦσαν συλλαλοῦντες⸃ τῷ Ἰη-
σοῦ.

[5] καὶ ἀποκριθεὶς ὁ Πέτρος
⸀λέγει τῷ Ἰησοῦ· ῥαββί, κα-
λόν ἐστιν ἡμᾶς ὧδε εἶναι,
⸀καὶ ⸀1 ποιήσωμεν ⸆ τρεῖς σκηνάς,
σοὶ μίαν καὶ Μωϋσεῖ μίαν καὶ
Ἠλίᾳ μίαν. [6] οὐ γὰρ ᾔδει τί ⸀ἀπο-
κριθῇ, ⸂ἔκφοβοι γὰρ ἐγένοντο⸃.

[7] καὶ ἐγέ-
νετο νεφέλη ἐπισκιάζουσα

[Luk. 9, 28-36]

ἀνέβη εἰς τὸ ὄρος ⸀προσ-
εύξασθαι. [29] καὶ ⸉ἐγέ-
νετο ἐν τῷ ⸀προσεύχεσθαι αὐτὸν
⸂τὸ εἶδος⸃ τοῦ προσώπου αὐτοῦ
⸄ἕτερον καὶ⸅ ὁ ἱματισμὸς αὐτοῦ
⸆ λευκὸς ἐξαστράπτων.

[30] καὶ ἰδοὺ
ἄνδρες δύο ⸀συνελάλουν αὐτῷ,
⸂οἵτινες ἦσαν⸃ Μωϋσῆς καὶ Ἠλίας,
[31] οἳ ὀφθέντες ἐν ⸆ δόξῃ ⸀ἔλεγον
τὴν ἔξοδον αὐτοῦ, ἣν ἤμελλεν
πληροῦν ⸀ἐν Ἰερουσαλήμ. [32] ὁ δὲ
Πέτρος καὶ οἱ σὺν αὐτῷ ἦσαν
βεβαρημένοι ὕπνῳ· ⸂διαγρηγορή-
σαντες δὲ⸃ εἶδον τὴν δόξαν αὐτοῦ
καὶ τοὺς δύο ἄνδρας τοὺς συν-
εστῶτας αὐτῷ. [33] καὶ ἐγένετο ἐν
τῷ ⸀διαχωρίζεσθαι αὐτοὺς ἀπ' αὐ-
τοῦ εἶπεν °ὁ Πέτρος
⸂πρὸς τὸν Ἰησοῦν⸃· ⸀ἐπιστάτα, κα-
λόν ἐστιν ἡμᾶς ὧδε εἶναι,
⸄καὶ ποιήσωμεν⸅ σκηνὰς τρεῖς,
⸂1 μίαν σοὶ καὶ μίαν Μωϋσεῖ⸃ καὶ
μίαν Ἠλίᾳ, μὴ εἰδὼς ὃ λέγει.

[34] ταῦτα δὲ αὐτοῦ λέγοντος ἐγέ-
νετο νεφέλη καὶ ⸀ἐπεσκίαζεν

Joh.

Matth.: 1 ⸀αναγει D 1; Or | ⸂λιαν D; Eus || 2 ⸀μεταμορφωθεις ο Ιησους *et* ° D e (it) | ⸂(28,3) χιων D lat sy^c bo^pt; Cyr (Epiph) || 3 ⸀ωφθησαν C 𝔎 W Γ Δ Π Φ λ *pm* f ff^1 q sy^p sa bo | ⸉ C 𝔎 D Θ *pl* lat ¦ *txt* B ℵ W *pc* || 4 ⸂θελεις W Θ 1.33 ¦ — c | ⸀ποιησωμεν 𝔎 D W Θ (λ) φ *pm* it sy^c.p sa bo | ⸉ B e | ⸉1 B 𝔎 *al* || 5 ⸀φωτος φ 209 sy^c

Mark.: 2 ⸀αναγει D **0131**. 565 | ⸆ λιαν ℵ it | ⸆ *p)* εν τω προσευχεσθαι αυτους 𝔓^45 W φ (αυτον Θ *pc*; Or) *pc* | ⸆1 ο Ιησους 𝔓^45 W φ || 3 ⸆(Mt 28,3) ως χιων 𝔎 A D φ 22.33.118 *pl* lat sy^s.p bo^pt | ⸂ως ου δυναται τις λευκαναι επι τ. γης D b i sy^p ¦ — X a n sy^s || 4 ⸆ *p)* ιδου W φ 565.700 | ⸂συνελαλουν D Θ λ 565.700 ¦ ησαν λαλουντες ℵ *pc* it || 5 ⸀ *p)* ειπεν D Θ 565.700.892 *pc* it ¦ ειπεν *pon. a.* Πετρος (— ο) 𝔓^45 W ¦ ελεγεν λ φ | ⸀ *p)* θελεις D Θ φ 565 *pc* it ¦ και θελεις W | ⸀1 *p)* ποιησω D W it | ⸆ *p)* ωδε 𝔓^45 C W Θ 565 aur c ff^2 || 6 ⸀απεκριθη ℵ; Or^pt ¦ ελαλει Θ sy^s.p; Or^pt ¦ λαλει 𝔓^45 W sa ¦ λαλησει (C^3) 𝔎 A D *pm* | ⸂-ος γ. -ετο k (sy^s) ¦ ησαν γαρ εκφοβοι 𝔓^45vid 𝔎 A N W Γ Π Φ λ φ *pl* sy^p

Luk.: 28 ⸀προσευχεσθαι ℵ ¦ — L || 29 ⸉ *p.* αυτου^1 ℵ* 1241 | ⸀-ευξασθαι 𝔓^45.75vid ℵ* 1 | ⸂η ιδεα D; Or | ⸄ηλλοιωθη και D it sy^s.c ¦ ετ. και ηλλ. *et* ⸆ και εγενετο Θ; Or || 30 ⸀ *p)* συνλαλουντες 𝔓^45 sy^s.c | ⸂οι ησαν C* ¦ ην δε D a (lat) ¦ — sy^s.c || 31 ⸆ τη A W *pc* | ⸀και ελεγον C^3 *pc* lat ¦ ελ. δε C* D φ *pc* c e | ⸀εις 𝔓^45 D || 32 ⸂και διαγρ. λ lat sy || 33 ⸀διαχωρισθηναι D | ° 𝔎 A W Θ *al* | ⸂τω Ιησου D ¦ — a b ff^2 l | ⸀διδασκαλε 𝔓^45 X 157 | ⸄ *p)* θελεις ποιησω ωδε D* | ⸂1 *p)* *2 1 3 5 4* ℵ *pc* || 34 ⸀ *p)* -ασεν 𝔓^45 C 𝔎 A D W Θ λ φ *pl* ¦ *txt* 𝔓^75 B ℵ *pc*

[9sqq] cf Ex 34, 29.35; Dn 12, 3; Mt 28, 3; 13, 43; Apc 1, 16; 4 Esr 7, 97 || [12sq] cf Mc 16, 5 par; Act 1, 10; Hen 62, 15 sq || [13sqq] cf Dt 18, 15; Ml 4, 4 sq (3, 22 sq) || [20] cf Mt 26, 43; Mc 14, 40 || [25] cf Mc 10, 28 || [26] cf Mt 8, 2; 26, 49 = Mc 14, 45; Mt 20, 33 = Mc 10, 51; Mt 21, 20 = Mc 11, 21 | cf Lc 5, 5; 8, 24.45; 9, 33.49; 17, 13 || [33] cf Lc 9, 54; 2 Mcc 2, 8; Ex 40, 34 sqq

[Matth. 17, 1-9]

αὐτούς,
καὶ ἰδοὺ φωνὴ ἐκ τῆς
νεφέλης λέγουσα· οὗτός ἐστιν
ὁ υἱός μου ὁ ἀγαπητός, ἐν ᾧ
εὐδόκησα· ⸉ἀκούετε αὐτοῦ⸊.
6 ⸂καὶ ἀκούσαντες⸃ οἱ μαθηταὶ
ἔπεσαν ἐπὶ πρόσωπον αὐτῶν
καὶ ἐφοβήθησαν σφόδρα. 7 καὶ
⸀προσῆλθεν ὁ Ἰησοῦς ⸂καὶ ἁψάμενος αὐτῶν εἶπεν⸃· ⸄ἐγέρθητε καὶ⸅
μὴ φοβεῖσθε. 8 ἐπάραντες δὲ
τοὺς ὀφθαλμοὺς αὐτῶν ⸆
οὐδένα εἶδον εἰ μὴ ⸀αὐτὸν Ἰησοῦν μόνον.

9 ⸂Καὶ καταβαινόντων αὐτῶν⸃ ἐκ τοῦ ὄρους
ἐνετείλατο αὐτοῖς ⸄ὁ Ἰησοῦς⸅ λέγων· μηδενὶ εἴπητε τὸ ὅραμα
ἕως οὗ ὁ υἱὸς τοῦ ἀνθρώπου
ἐκ νεκρῶν ⸀ἐγερθῇ.

[Mark. 9, 2-10]

⸀αὐτοῖς,
καὶ ⸁ἐγένετο φωνὴ ἐκ τῆς
νεφέλης ⸆ · οὗτός ἐστιν
ὁ υἱός μου ὁ ἀγαπητός,
⸉ἀκούετε αὐτοῦ⸊.
8 καὶ ⸀ἐξάπινα
περιβλεψάμενοι οὐκέτι
οὐδένα εἶδον ⸂ἀλλὰ τὸν Ἰησοῦν μόνον μεθ᾽ ἑαυτῶν⸃.

9 ⸂Καὶ καταβαινόντων αὐτῶν⸃ ⸀ἐκ τοῦ ὄρους
διεστείλατο αὐτοῖς
ἵνα μηδενὶ ἃ εἶδον ⸁διηγήσωνται,
⸋εἰ μὴ⸌ ὅταν ὁ υἱὸς τοῦ ἀνθρώπου
ἐκ νεκρῶν ἀναστῇ. 10 ⸀καὶ τὸν λόγον ἐκράτησαν⁚ πρὸς ⸁ἑαυτοὺς
συζητοῦντες τί ἐστιν ⸂τὸ ἐκ νεκρῶν ἀναστῆναι⸃.

[Luk. 9, 28-36]

⸀αὐτούς· ἐφοβήθησαν δὲ ἐν τῷ
⸂εἰσελθεῖν αὐτοὺς⸃ εἰς τὴν νεφέλην.
35 καὶ φωνὴ ⸁ἐγένετο ἐκ τῆς
νεφέλης λέγουσα· οὗτός ἐστιν
ὁ υἱός μου ὁ ⸁ἐκλελεγμένος⸆,
⸉αὐτοῦ ἀκούετε⸊.
36 καὶ ἐν τῷ
γενέσθαι τὴν φωνὴν
εὑρέθη Ἰησοῦς μόνος. ⸂καὶ
αὐτοὶ⸃ ἐσίγησαν καὶ οὐδενὶ ἀπήγγειλαν ἐν ἐκείναις ταῖς ἡμέραις
°οὐδὲν ὧν ἑώρακαν.

(nr. 163 9, 37-43 a p. 240)

9, 37 (nr. 163, p. 240)
37 Ἐγένετο δὲ τῇ ἑξῆς ἡμέρᾳ κατελθόντων αὐτῶν ἀπὸ τοῦ ὄρους
συνήντησεν αὐτῷ ὄχλος πολύς.

Joh.

12, 28-30 (nr. 302, p. 419)
28 Πάτερ, δόξασόν σου τὸ ὄνομα. ἦλθεν οὖν φωνὴ ἐκ τοῦ οὐρανοῦ· καὶ
ἐδόξασα καὶ πάλιν δοξάσω. 29 ὁ οὖν
ὄχλος ὁ ἑστὼς καὶ ἀκούσας ἔλεγεν
βροντὴν γεγονέναι, ἄλλοι ἔλεγον·
ἄγγελος αὐτῷ λελάληκεν. 30 ἀπεκρίθη Ἰησοῦς καὶ εἶπεν· οὐ δι᾽ ἐμὲ ἡ φωνὴ αὕτη γέγονεν ἀλλὰ δι᾽ ὑμᾶς.

Matth.: 5 ⸉ C 𝔎 W Θ φ *pl* lat sy[c.p]; Cyr ¦ *txt* B ℵ D 1.33 sa bo ‖ 6 ⸂ ακ. δε D ‖ 7 ⸀προσελθων C 𝔎 W Θ λ *pl* | ⸂ ηψατο αυτων και ειπεν C 𝔎 W λ (φ) *pl* ¦ και ηψ. α. κ. ε. D lat sy[c.p] sa bo | ⸄ εγειρεσθε κ. D ¦ — sy[c] ‖ 8 ⸆ *p)* ουκετι C* Σ | ⸀ *p)* τον C 𝔎 (⸉ D) λ φ *pl* ¦ — W ¦ *txt* B* (⸉ ℵ) Θ *pc* ‖ 9 ⸂ και καταβαινοντες D | ⸄ ο υιος 1 ¦ — 118.209.245 | ⸀ *p)* αναστη *rell* ¦ *txt* B D 1604

Mark.: 7 ⸀αυτω 473 sy[s] ¦ αυτους 𝔓[45 vid] H* W φ *al* | ⸁ηλθεν 𝔎 A D N Γ Θ Π Φ (⸉ φ) 33 *pl* lat sy[s] sa ¦ — W λ *pc* k | ⸆ *p)* λεγουσα A D W Θ λ φ 33 *al* lat sy[p] | ⸉ 𝔎 A N Π Φ φ 22.118 *pm* it sy[s.p] ‖ 8 ⸀ευθεως D Θ **0131** *pc* | ⸂ † ει μη τον Ι. μ. μεθ εαυτ. (⸉ B) ℵ D N Ψ *pc* lat ¦ ει μη Ι. μον. **0131** *pc* a k l ¦ *txt* C 𝔎 A W Γ Δ Θ Π Φ λ φ *pm* ‖ 9 ⸂ καταβαιν. δε αυτων 𝔎 A W Θ Π Φ λ φ *pl* | ⸀απο ℌ 𝔎 A N W Γ Δ Θ Π Φ *pl* ¦ *txt* B D Ψ *pc* | ⸁εξηγησωνται (-ο- W) φ 28.700 | ⸋ ℵ* ‖ 10 ⸀οι δε W Θ φ *pc* ¦ — c i k | [⁚, W] | ⸁αλληλους Θ 565 | ⸂ οταν εκ νεκρων αναστη D W λ φ lat sy[s.p]

Luk.: 34 ⸀αυτον 1604 | ⸂ *2 1* C ¦ *1* 𝔓[75] ¦ εκεινους εισ. 𝔓[45] 𝔎 A D W Θ λ φ *pl* ‖ 35 ⸁ηλθεν D | ⸁ *p)* αγαπητος C 𝔎 A D W φ *pl* lat sy(c)p; Mcion Cl ¦ εκλεκτος Θ 1 *pc* ¦ *txt* 𝔓[45.75] ℌ *pc* a aur ff[2] l sy[s] | ⸆ *p)* εν ω ηυδοκησα C[3] D Ψ *al* | ⸉ D 579 c e sa bo ‖ 36 ⸂ αυτοι δε D e | ° 𝔓[45] D

[36sqq] cf Jo 1, 33 sq; Ex 24, 16; 40, 34 sq; cf *61 sqq. 66 sq* ‖ [38sqq] cf Gn 22, 2; Ps 2, 7; Is 42, 1; Dt 18, 15; Mt 16, 16; Mc 8, 29; Lc 9, 20; Jo 6, 69 ‖ [38] cf Hen 40, 5; Mt 12, 18; Lc 23, 35 ‖ [41] cf Lc 5, 12; 17, 16; Mt 26, 39; Mc 14, 35; Apc 1, 17; Dn 8, 17; 10, 9 sqq ‖ [45 (Mc)] ἐξάπινα hapaxl. NT; cf Mc 13, 36 ἐξαίφνης ‖ [46 (Mc)] cf Ex 2, 12 ‖ [54 sq] cf Mc 1, 34.44; 5, 43; 7, 36; 8, 26.30; Mt 8, 4; 9, 30; 12, 16; 16, 20; Lc 8, 56 ‖ [55 (Mt)] cf Act 7, 31; 9, 10.12; 10, 3.17.19 etc ‖ [58sqq] cf Mc 1, 27

Matth.	Mark.	Luk.	Joh.
3, 17 *(nr. 18, p. 26)*	1, 11 *(nr. 18, p. 26)*	3, 22 b *(nr. 18, p. 26)*	
17 Καὶ ἰδοὺ φωνὴ ἐκ τῶν οὐρανῶν λέγουσα· οὗτός ἐστιν ὁ υἱός μου ὁ ἀγαπητός, ἐν ᾧ εὐδόκησα.	11 Καὶ φωνὴ ἐγένετο ἐκ τῶν οὐρανῶν· σὺ εἶ ὁ υἱός μου ὁ ἀγαπητός, ἐν σοὶ εὐδόκησα.	22 ... καὶ φωνὴν ἐξ οὐρανοῦ γενέσθαι· σὺ εἶ ὁ υἱός μου ὁ ἀγαπητός, ἐν σοὶ εὐδόκησα.	

2. Petr. 1, 16–18: 16 Οὐ γὰρ σεσοφισμένοις μύθοις ἐξακολουθήσαντες ἐγνωρίσαμεν ὑμῖν τὴν τοῦ κυρίου ἡμῶν Ἰησοῦ Χριστοῦ δύναμιν καὶ παρουσίαν ἀλλ' ἐπόπται γενηθέντες τῆς ἐκείνου μεγαλειότητος. 17 λαβὼν γὰρ παρὰ θεοῦ πατρὸς τιμὴν καὶ δόξαν φωνῆς ἐνεχθείσης αὐτῷ τοιᾶσδε ὑπὸ τῆς μεγαλοπρεποῦς δόξης· ὁ υἱός μου ὁ ἀγαπητός μου οὗτός ἐστιν εἰς ὃν ἐγὼ εὐδόκησα, 18 καὶ ταύτην τὴν φωνὴν ἡμεῖς ἠκούσαμεν ἐξ οὐρανοῦ ἐνεχθεῖσαν σὺν αὐτῷ ὄντες ἐν τῷ ἁγίῳ ὄρει.

---

61 sqq cf *36 sqq* || *66 sq* cf *36 sqq*

162. Von der Wiederkunft des Elias

De Elia venturo

The Coming of Elijah

Matth. 17, 10-13 11, 14	**Mark. 9, 11-13**	Luk.	Joh.
10 Καὶ ἐπηρώτησαν αὐτὸν οἱ μαθηταὶ ⸆ λέγοντες· τί οὖν οἱ γραμματεῖς λέγουσιν ὅτι Ἠλίαν δεῖ ἐλθεῖν πρῶτον; 11 ὁ δὲ ⸆ ἀποκριθεὶς εἶπεν ⸆· Ἠλίας μὲν ἔρχεται ⸆1 ⸀καὶ ἀποκαταστήσει⸃ πάντα⁚· 12 λέγω δὲ ὑμῖν ὅτι Ἠλίας ἤδη ἦλθεν, καὶ οὐκ ἐπέγνωσαν αὐτὸν ἀλλὰ ἐποίησαν °ἐν αὐτῷ ὅσα ἠθέλησαν· ⸉οὕτως καὶ ὁ υἱὸς τοῦ ἀνθρώπου μέλλει πάσχειν ὑπ' αὐτῶν. 13 τότε συνῆκαν οἱ μαθηταὶ ὅτι περὶ Ἰωάννου τοῦ βαπτιστοῦ εἶπεν αὐτοῖς.⸊ 11, 14 *(nr. 107, p. 151)* 14 Καὶ εἰ θέλετε δέξασθαι, αὐτός ἐστιν Ἠλίας ὁ μέλλων ἔρχεσθαι.	11 Καὶ ⸀ἐπηρώτων αὐτὸν λέγοντες· ⸀ὅτι ⸂λέγουσιν οἱ γραμματεῖς⸃ °ὅτι Ἠλίαν δεῖ ἐλθεῖν πρῶτον⁚; 12 ὁ δὲ ⸀ἔφη αὐτοῖς· ⸆ Ἠλίας °μὲν ἐλθὼν ⸀πρῶτον ⸀1ἀποκαθιστάνει πάντα⁚· ⸂καὶ πῶς⸃ γέγραπται ἐπὶ τὸν υἱὸν τοῦ ἀνθρώπου⁚1 ἵνα πολλὰ πάθῃ καὶ ⸀2ἐξουδενηθῇ⁚2; 13 ἀλλὰ λέγω ὑμῖν ὅτι καὶ Ἠλίας ⸀ἐλήλυθεν, καὶ ἐποίησαν αὐτῷ ὅσα ⸀ἤθελον, καθὼς γέγραπται ἐπ' αὐτόν.		

Justinus Mart., Dial. 49, 3–5: 3 Καὶ ὁ ἡμέτερος οὖν κύριος ... τοῦτο αὐτὸ ἐν τοῖς διδάγμασιν αὐτοῦ παρέδωκε γενησόμενον, εἰπὼν καὶ Ἠλίαν ἐλεύσεσθαι· καὶ ἡμεῖς τοῦτο ἐπιστάμεθα γενησόμενον, ὅταν μέλλῃ ἐν δόξῃ ἐξ οὐρανῶν παραγίνεσθαι ὁ ἡμέτερος κύριος Ἰησοῦς Χριστός, οὗ καὶ τῆς πρώτης φανερώσεως κῆρυξ προῆλθε τὸ ἐν Ἠλίᾳ γενόμενον πνεῦμα τοῦ θεοῦ, ἐν Ἰωάννῃ, τῷ γενομένῳ ἐν τῷ γένει ὑμῶν προφήτῃ, μεθ' ὃν οὐδεὶς ἕτερος λοιπὸς παρ' ὑμῖν ἐφάνη προφήτης· ὅστις ἐπὶ τὸν Ἰορδάνην ποταμὸν καθεζόμενος ἐβόα· »Ἐγὼ μὲν ὑμᾶς βαπτίζω ἐν ὕδατι εἰς μετάνοιαν· ἥξει δὲ ὁ ἰσχυρότερός μου, οὗ οὐκ εἰμὶ ἱκανὸς τὰ ὑποδήματα βαστάσαι· αὐτὸς ὑμᾶς βαπτίσει ἐν πνεύματι ἁγίῳ καὶ πυρί. οὗ τὸ πτύον αὐτοῦ ἐν τῇ χειρὶ αὐτοῦ, καὶ διακαθαριεῖ τὴν ἅλωνα αὐτοῦ καὶ τὸν σῖτον συνάξει εἰς τὴν ἀποθήκην, τὸ δὲ ἄχυρον κατακαύσει πυρὶ ἀσβέστῳ«. 4 καὶ τοῦτον αὐτὸν τὸν προφήτην συνεκεκλείκει ὁ

Matth.: **10** ⸆αυτου BCℜDφ *pm* ¦ *txt* ℵLWZΘ1.33 *al* lat || **11** ⸆Ιησους CℜΓΔΘφ *pm* | ⸆αυτοις Cℜ(⸉1) *pm* lat ¦ α. οτι ℵ | ⸆1 *p)* πρωτον Cℜφ 118.209 *al* f q | ⸀αποκαταστησαι D it (sy^c.p^) | [⁚; S] || **12** °ℵDFUW 13.28.517.700 *al* || **12.13** ⸉τοτε . . . αυτοις. ουτως . . . αυτων D it

Mark.: **11** ⸀επηρωτησαν AWλφ 33 *pc* | ⸀*p)* τι ουν WΘ lat sy^s.p^ sa bo ¦ [ὅ τι H] | ⸂*2 3 1* DΘ ¦ *1* οι Φαρισαιοι και *2 3* ℵ *pc* lat | °Dλ *pc* it | [⁚. W] || **12** ⸀*p)* αποκριθεις ειπεν ℜADNWΘλφ *pl* ¦ *txt* BℵCLΔΨ 579 *pc* | ⸆ει D 565 | °DLWλ *al* lat sy^s.p^ | ⸀πρωτος ℵ^corr^ DNWΔΨ 579.892 *pc* | ⸀1αποκαταστησει CΘ 565.579 *pc* ¦ αποκαταστανει ℵ*D ¦ αποκαθιστα ℜNΓΠΦφ 892 *pl* | [⁚; comm] | ⸂καθως AKΔΠ *pc* | [⁚1; *et* ⁚2. T] | ⸀2εξουδενωθη (ℵ)CℜAΓΔ 13.33.124 *pl* || **13** ⸀*p)* ηδη ηλθεν C(W)λ *pc* | ⸀*p)* ηθελησαν C²ℜANWΓΔΘΦλφ *pl*

---

1 sqq cf *12 sqq* || *2 sqq* Ml 3,23 sq || *4* cf Act 1,6 || *5* cf Ps 22,7; Is 53,3 || *6* cf Lc 1,17.76; cf *11* || *7* cf 1 Rg 9,1; 10,13; 2 Mcc 7,16; cf *nr 144* || *7 sq* cf 1 Rg 19,2.10; Apc 11,6 sq || *8 sqq* cf *nr 159.164.262* || *11* cf *6* || *12 sqq* cf *1 sqq* || *15 sqq* Mt 3,11 sq

βασιλεὺς ὑμῶν Ἡρώδης εἰς φυλακήν, καὶ γενεσίων ἡμέρας τελουμένης, ὀρχουμένης τῆς ἐξαδέλφης αὐτοῦ τοῦ Ἡρώδου εὐαρέστως αὐτῷ, εἶπεν αὐτῇ αἰτήσασθαι ὃ ἐὰν βούληται. καὶ ἡ μήτηρ τῆς παιδὸς ὑπέβαλεν αὐτῇ αἰτήσασθαι τὴν κεφαλὴν Ἰωάννου τοῦ ἐν τῇ φυλακῇ· καὶ αἰτησάσης ἔπεμψε καὶ ἐπὶ πίνακι ἐνεχθῆναι τὴν κεφαλὴν Ἰωάννου ἐκέλευσε. 5 διὸ καὶ ὁ ἡμέτερος Χριστὸς εἰρήκει ἐπὶ γῆς τότε τοῖς λέγουσι πρὸ τοῦ Χριστοῦ Ἠλίαν δεῖν ἐλθεῖν· »Ἠλίας μὲν ἐλεύσεται καὶ ἀποκαταστήσει πάντα· λέγω δὲ ὑμῖν ὅτι Ἠλίας ἤδη ἦλθε, καὶ οὐκ ἐπέγνωσαν αὐτόν, ἀλλ᾽ ἐποίησαν αὐτῷ ὅσα ἠθέλησαν«. καὶ γέγραπται ὅτι »Τότε συνῆκαν οἱ μαθηταὶ ὅτι περὶ Ἰωάννου τοῦ βαπτιστοῦ εἶπεν αὐτοῖς«.

163. Heilung eines besessenen Knaben

Puer lunaticus

Jesus Heals a Boy Possessed by a Spirit

Matth. 17, 14-21 17, 9a; 21, 21	**Mark. 9, 14-29** 9, 9a; 11, 22-23	**Luk. 9, 37-43a** 17, 6	Joh. 14, 9
17, 9a (nr. 161, p. 236)	*9, 9a (nr. 161 p. 236)*	*(nr. 161 9, 28-36 p. 236)*	
9 Καὶ καταβαινόντων αὐτῶν ἐκ τοῦ ὄρους ἐνετείλατο αὐτοῖς ὁ Ἰησοῦς λέγων·...	9 Καὶ καταβαινόντων αὐτῶν ἐκ τοῦ ὄρους διεστείλατο αὐτοῖς ἵνα μηδενὶ ἃ εἶδον διηγήσωνται.	37 Ἐγένετο δὲ ⸂τῇ ἑξῆς ἡμέρᾳ⸃ ⸂κατελθόντων αὐτῶν⸃ ἀπὸ τοῦ ὄρους	
14 Καὶ ⸀ἐλθόντων πρὸς τὸν ὄχλον	14 Καὶ ⸀ἐλθόντες πρὸς τοὺς μαθητὰς ⸀εἶδον ὄχλον πολὺν περὶ αὐτοὺς καὶ ⸆ γραμματεῖς συζητοῦντας ⸂πρὸς αὐτούς⸃. 15 καὶ ⸀εὐθὺς πᾶς ὁ ὄχλος ⸀ἰδόντες αὐτὸν ⸀ἐξεθαμβήθησαν καὶ ⸀¹προστρέχοντες ἠσπάζοντο αὐτόν.	⸂¹συνήντησεν αὐτῷ ὄχλος πολύς⸃.	
προσῆλθεν αὐτῷ	16 καὶ ἐπηρώτησεν ⸀αὐτούς· τί συζητεῖτε ⸂πρὸς αὐτούς⸃; 17 καὶ ⸂ἀπεκρίθη αὐτῷ εἷς ἐκ τοῦ ὄχλου⸃·	38 καὶ ἰδοὺ	
ἄνθρωπος γονυπετῶν ⸀αὐτὸν 15 καὶ λέγων· °κύριε, ἐλέησόν μου τὸν υἱόν ⸆,	διδάσκαλε, ἤνεγκα τὸν υἱόν μου πρὸς σέ,	ἀνὴρ ἀπὸ τοῦ ὄχλου ⸀ἐβόησεν λέγων· διδάσκαλε, δέομαί σου ⸀ἐπιβλέψαι ἐπὶ τὸν υἱόν μου, ὅτι μονογενής ⸉μοί ἐστιν⸊,	
ὅτι σεληνιάζεται καὶ κακῶς ⸀πάσχει·	ἔχοντα πνεῦμα ἄλαλον· 18 καὶ ὅπου ἐὰν αὐτὸν καταλάβῃ ⸀ῥήσσει °αὐτόν, καὶ ἀφρίζει καὶ τρίζει τοὺς ὀδόντας ⸆ καὶ ξηραίνεται·	39 ⸂καὶ °ἰδοὺ πνεῦμα λαμβάνει αὐτὸν καὶ ἐξαίφνης κράζει ⸆ καὶ σπαράσσει αὐτὸν⸃ μετὰ ἀφροῦ καὶ ⸀μόγις ἀποχωρεῖ ἀπ᾽ αὐτοῦ ⸀συντρῖβον	

Matth.: 14 ⸀ελθ. αυτων C𝔎WΘ *pm* ¦ ελθων D lat ¦ *txt* Bℵ Z *pc* | ⸀εμπροσθεν αυτου D lat ¦ αυτω E*[vid] M*[vid] 118. 209 *al*; Or ¦ — e f ff[1] l r[1] sy[s.p] || 15 °ℵ Z bo[pt] | ⸆μου B* | ⸀† εχει BℵΘ *pc* ¦ *txt* C𝔎DW λ ϕ *pl* lat

Mark.: 14 ⸀ελθων *et* ⸀ειδεν C𝔎ADNΓΘ λ ϕ *pl* lat sy[s.p] bo | ⸆τους DΘ **067** ϕ *pc* | ⸀αυτοις 𝔎ADNΓΠΦ ϕ 33 *pm* || 15 ⸀ευθεως 𝔎ADNΓΠΦ 33.124.579 *pl* | ⸀ιδων *et* ⸀εξεθαμβηθη 𝔎ANΓΘ *pm* bo[pt] ¦ *txt* BℵC (εθαμβησαν D) LWΔΨ λ ϕ *al* it sy[s.p] | ⸀¹προσχαιροντες D it ¦ προτρεχοντες CA || 16 ⸀τους γραμματεις C𝔎ANΓΠΦ ϕ 33 *pm* sy[p] | ⸀προς εαυτους ℵ*AWΓ 33.579.892 *al* ¦ προς αλληλους Θ 472. 565 ¦ εν υμιν D lat || 17 ⸀ *1 3-6* και ειπεν αυτω Θ ¦ α-θεις (+ αυτω C *pc*; *it. sed* ⸉ *p.* ειπεν W λ *pc*) ε. ε. τ. οχλ. ειπεν C𝔎AWΓΠΦ λ *pm* aur f l vg || 18 ⸀ρασσει D 565 | °ℵDW *pc* k | ⸆αυτου C[3]𝔎ANΓΘΠΦ *al* b f sy[s.p] sa bo

Luk.: 37 ⸀της ημερας 𝔓[45] ¦ δια της ημ. D it sy[s.c] | ⸀-οντα αυτον D | ⸀¹συνελθειν α. οχλον πολυν D || 38 ⸀ανεβ- 𝔎AWΘ **0115** λ *pl* ¦ *txt* 𝔓[45.75] BℵCDL ϕ *pc* | ⸀-ψον ℵDEW **0115** λ *pm* lat ¦ *txt* 𝔓[45] ℌAΘ *pm*; [, επίβλ. T] | ⸉𝔎WΘ *pl* lat || 39 ⸀λαμβανει γαρ αυτον εξαιφνης πνευμα και ρησσει και σπαρασσει D (e) | °ℵ (D) sy | ⸆ *p)* και ρησσει (ℵD) Θ λ *pc* lat | ⸀† μολις BRWΘ *al* ¦ *txt* 𝔓[75] ℌ𝔎AD **0115** ϕ *pm* | ⸀και συντριβει D e

12 sq (Mt) cf Mc 1, 40; 10, 17; (Mt 27, 29) || *13 sq (Mt)* cf Lc 18, 38 || *14 sq (Lc)* cf Lc 7, 12; 8, 42; 1 Rg 17, 17 || *15 (Mt)* cf Mt 4, 24 || *15 (Mc)* cf Mc 7, 32 || *17 sq* cf Mc 1, 26; Sap 4, 19; 1 Rg 13, 4; cf *30 sqq. 48 sq*

[Matth. 17, 14-21]

πολλάκις γὰρ πίπτει εἰς τὸ πῦρ
καὶ ⸀πολλάκις εἰς τὸ ὕδωρ. 16 καὶ προσ-
ήνεγκα αὐτὸν τοῖς μαθηταῖς σου,
καὶ οὐκ ἠδυνήθησαν αὐτὸν θεραπεῦσαι.

17 ⸂ἀποκριθεὶς δὲ ὁ Ἰησοῦς⸃ εἶ-
πενᵀ· ὦ γενεὰ ⸀ἄπιστος καὶ δι-
εστραμμένη, ἕως πότε ⸄μεθ᾿ ὑ-
μῶν ἔσομαι⸅; ἕως πότε ἀνέξομαι
ὑμῶν; φέρετέ μοι αὐτὸν ὧδε.

cf. v. 15b

18 καὶ ἐπετίμησεν
αὐτῷ ὁ Ἰησοῦς

[Mark. 9, 14-29]

cf. v. 22

καὶ εἶπα
τοῖς μαθηταῖς σου ἵνα αὐτὸ ἐκβάλωσιν,
καὶ οὐκ ⸀ἴσχυσανᵀ.

19 ⸂ὁ δὲ⸃ ἀποκριθεὶς αὐτοῖςᵀλέγει·
ὦ γενεὰ ⸀ἄπιστος,
ἕως πότε πρὸς ὑ-
μᾶς ἔσομαι; ἕως πότε ἀνέξομαι
ὑμῶν; φέρετε αὐτὸν πρός με.
20 καὶ ἤνεγκαν αὐτὸν πρὸς
αὐτόν. καὶ ἰδὼν αὐτὸν ⸂τὸ πνεῦμα
εὐθὺς⸃ ⸀συνεσπάραξεν αὐτόν,
καὶ πεσὼν ἐπὶ τῆς γῆς ἐκυλίετο
ἀφρίζων. 21 καὶ ἐπηρώτησεν τὸν πατέρα
αὐτοῦ· πόσος χρόνος ἐστὶν ⸀ὡς τοῦτο
γέγονεν αὐτῷ; ὁ δὲ εἶπεν· ἐκ ⸁παιδιόθεν·
22 καὶ πολλάκις ⸂καὶ εἰς πῦρ αὐτὸν ἔβαλεν
καὶ εἰς ὕδατα ἵνα ἀπολέσῃ αὐτόν⸃· ἀλλ᾿
εἴ τι δύνῃ, βοήθησον ἡμῖν ᵀ σπλαγχνι-
σθεὶς ἐφ᾿ ἡμᾶς. 23 ὁ δὲ Ἰησοῦς εἶπεν
αὐτῷ· ⸂τὸ εἰ⸃ ⸀δύνῃᵀ⸋, πάντα δυνατὰ τῷ
πιστεύοντι. 24 ⸀εὐθὺς κράξας ⸂ὁ πατὴρ
τοῦ παιδίου ᵀ ἔλεγεν⸃· πιστεύω· βοήθει
μου τῇ ἀπιστίᾳ. 25 ⸂ἰδὼν δὲ ὁ Ἰησοῦς⸃
ὅτι ἐπισυντρέχει ᵀ ὄχλος, ἐπετίμησεν
τῷ πνεύματι ⸋τῷ ἀκαθάρτῳ⸌
λέγων αὐτῷ· τὸ ἄλαλον καὶ κωφὸν πνεῦμα,

[Luk. 9, 37-43a]

αὐτόν·
40 καὶ ἐδεήθην
τῶν μαθητῶν σου ἵνα ⸂ἐκβάλωσιν αὐτό⸃,
καὶ οὐκ ἠδυνήθησαν.

41 ἀποκριθεὶς δὲ ὁ Ἰησοῦς εἶ-
πεν· ὦ γενεὰ ⸂ἄπιστος καὶ δι-
εστραμμένη⸃, ἕως πότε ⸂ἔσομαι
πρὸς ὑμᾶς⸃ καὶ ἀνέξομαι
ὑμῶν; ⸀προσάγαγε ⸂¹ὧδε τὸν υἱόν
σου⸃. 42 ἔτι δὲ ⸀προσερχομένου αὐ-
τοῦ ἔρρηξεν αὐτὸν τὸ δαιμόνιον
καὶ ⸁συνεσπάραξεν·

ἐπετίμησεν δὲ
ὁ Ἰησοῦς ⸂τῷ πνεύματι τῷ ἀκαθάρτῳ⸃

Joh.

14, 9 *(nr. 317, p. 444)*

9 Λέγει αὐτῷ ὁ Ἰησοῦς·
τοσοῦτῳ χρόνῳ μεθ᾿ ὑμῶν
εἰμι καὶ οὐκ ἔγνωκάς με, Φίλιππε; ὁ
ἑωρακὼς ἐμὲ ἑώρακεν τὸν πατέρα·
πῶς σὺ λέγεις· δεῖξον ἡμῖν τὸν πα-
τέρα;

Matth.: 15 ⸀ενιοτε DΘ*pc* it; Or ‖ 17 ⸂τοτε απ. ο Ι. ℵ^corr Z bo ¦ απ. ο Ι. Ω lat sy sa ¦ ο δε απ. ℵ* ¦ *txt* BℜDWΘ*pl* | ᵀαυτοις ℵ e sy^c.p | ⸀πονηρα ZΦ | ⸄*312* ℜWΓΔ 118.209*pm* lat

Mark.: 18 ⸀*p)* ηδυνηθησαν W*pc* | ᵀεκβαλειν αυτο DWΘ (⸄565) *pc* a b (r¹) sa ‖ 19 ⸂και DWΘλφ*pc* | ᵀο Ιησους 𝔓⁴⁵WΘ(⸄φ*pc*) | ⸀απιστε DΘ*pc* ¦ *p)* α-τος και διεστραμμενη 𝔓⁴⁵(W)φ ‖ 20 ⸂*12* D it ¦ ευθεως τ. πν. 𝔓⁴⁵ℜANWΓΘΠΦ 067λφ*pm* | ⸀εσπαρ- 𝔓⁴⁵ℜAWΘ*pl* ¦ εταρ- D ‖ 21 ⸀εως 𝔓⁴⁵B ¦ εξ ου ℵ^corr C*LWΔΘ*al* sy^s.p sa bo ¦ *txt* ℵ*C³ℜAD*al* | ⸁παιδοθεν Wλ*pc* ¦ παιδος DΘ ‖ 22 ⸂αυτον εις πυρ και εις υδατα βαλλει ινα αυτον απολεση D it | ᵀκυριε DGΘ it (⸄sy^s.p) ‖ 23 ⸂τουτο ει W ¦ ει 𝔓⁴⁵DΘΠΦφ*al* lat sy^s.p ¦ το ει τι 495 ¦ quid est si quid potes si a ¦ [τι το ει Blass *cj*] | ⸀δυνασαι ℵ^corr CℜALΓΠΦΨφ 33*pl* | ᵀπιστευσαι (⸄C³)ℜADΓΘΠΦΨφ 33*pm* lat sy^p | [⸋; T] ‖ 24 ⸀και ℵ*C**pc* ¦ και ευθεως C³ℜADNW*pl* ¦ ευθυς δε Θ 28 sa | ⸂το πνευμα του παιδαριου ειπεν W | ᵀμετα δακρυων C³ℜA^corr DΘλφ*pl* lat sy^p ‖ 25 ⸂και οτε ειδεν Ιησους D lat | ᵀο ℵALWΔΠΦφ*al* ¦ *txt* BCℜDΘλ*pm* | ⸋𝔓⁴⁵Wλ sy^s

Luk.: 40 ⸂... εκβ.] αυτον 𝔓⁴⁵ ¦ απαλλαξωσιν αυτον D e ‖ 41 ⸂*321* sy^s.c ¦ *1* a e; Mcion Tert | ⸂*p)* μεθ υμων εσομαι ℵ | ⸀προσενεγκε D ¦ προσαγαγε μοι ℵ^corr LΞΨ 0115. 33*pc* sy^c | ⸂¹*2-41* CℜAWΘ 0115φ*pm* ¦ *2-4* D(r¹) ¦ *txt* 𝔓⁷⁵BℵLΞλ*al* lat sy^s.p ‖ 42 ⸀προσευχ- ℵ* | ⸁συνεταρ- D | ⸂τω ακαθαρτω πνευματι D e

---

20sqq cf 2Rg 4,31 ‖ 24sq cf Dt 32,5.20; 1Rg 18,21; Is 6,11; Nu 14,27; Is 65,2; Mt 12,39.45; 16,4; Mc 8,38; 13,30; Act 2,40; Ph 2,15 ‖ 25sq cf Jo 14,9 (Kol 3,13) ‖ 30sqq *cf 17sqq. 48sq* ‖ 34 cf Lc 8,29; 13,11.16; Jo 5,5sq; 9,1; Act 3,2; 14,8 ‖ 37sq cf Mt 9,27; 20,30sq; Mc 10,47sq Lc 18,39; Mt 15,22sq.25; 14,26; Mc 6,49; Mt 14,30; Lc 17,5; *cf 41sq* ‖ 39 cf Mc 2,5; 5,34sq; 6,5sq ‖ 39sq *cf 60sqq. 67sqq* ‖ 41sq *cf ad 37sq* ‖ 42sq cf Mc 7,33; 8,23; Jo 5,13 ‖ 43 ἐπισυντρέχειν hapaxl. NT ‖ 43sqq cf Mc 1,25sq; Lc 4,35; Act 16,18; Mc 5,8; Mt 12,43sqq; Lc 11,24sqq

[Matth. 17, 14-21]

καὶ ἐξῆλθεν ἀπ᾽ αὐτοῦ τὸ δαιμόνιον καὶ ἐθεραπεύθη ὁ παῖς ἀπὸ τῆς ὥρας ἐκείνης.

19 Τότε προσελθόντες οἱ μαθηταὶ τῷ Ἰησοῦ κατ᾽ ἰδίαν εἶπον· διὰ τί ἡμεῖς οὐκ ἠδυνήθημεν ἐκβαλεῖν αὐτό; 20 ὁ δὲ ⸆ ⸀λέγει αὐτοῖς· διὰ τὴν ⸀ὀλιγοπιστίαν ὑμῶν· ἀμὴν γὰρ λέγω ὑμῖν, ἐὰν ἔχητε πίστιν ὡς κόκκον σινάπεως, ἐρεῖτε τῷ ὄρει τούτῳ· ⸂μετάβα ἔνθεν⸃ ἐκεῖ, καὶ μεταβήσεται· καὶ οὐδὲν ἀδυνατήσει ὑμῖν. ⸆ [21]

21, 21 *(nr. 275, p. 374)*

21 Ἀποκριθεὶς δὲ ὁ Ἰησοῦς εἶπεν αὐτοῖς· ἀμὴν λέγω ὑμῖν, ἐὰν ἔχητε πίστιν καὶ μὴ διακριθῆτε, οὐ μόνον τὸ τῆς συκῆς ποιήσετε, ἀλλὰ κἂν τῷ ὄρει τούτῳ εἴπητε· ἄρθητι καὶ βλήθητι εἰς τὴν θάλασσαν, γενήσεται.

[Mark. 9, 14-29]

°ἐγὼ ἐπιτάσσω σοι, ἔξελθε ⸀ἐξ αὐτοῦ καὶ μηκέτι εἰσέλθῃς εἰς αὐτόν. 26 καὶ ⸀κράξας καὶ πολλὰ ⸀σπαράξας ⸆ ἐξῆλθεν⸆· καὶ ἐγένετο ὡσεὶ νεκρός, ὥστε °τοὺς πολλοὺς λέγειν ὅτι ἀπέθανεν. 27 ὁ δὲ Ἰησοῦς κρατήσας ⸂τῆς χειρὸς αὐτοῦ⸃ ἤγειρεν αὐτόν, □καὶ ἀνέστη⸌.

28 Καὶ ⸂εἰσελθόντος αὐτοῦ⸃ εἰς οἶκον ⸆ οἱ μαθηταὶ αὐτοῦ κατ᾽ ἰδίαν ⸆ ἐπηρώτων αὐτόν⸆· ⸀ὅτι ἡμεῖς οὐκ ἠδυνήθημεν ἐκβαλεῖν αὐτό⁚; 29 καὶ εἶπεν αὐτοῖς·

τοῦτο τὸ γένος ἐν οὐδενὶ δύναται ἐξελθεῖν εἰ μὴ ἐν προσευχῇ⸆.

11, 22-23 *(nr. 275, p. 374)*

22 Καὶ ἀποκριθεὶς ὁ Ἰησοῦς λέγει αὐτοῖς· ἔχετε πίστιν θεοῦ. 23 ἀμὴν λέγω ὑμῖν ὅτι ὃς ἂν εἴπῃ τῷ ὄρει τούτῳ· ἄρθητι καὶ βλήθητι εἰς τὴν θάλασσαν, καὶ μὴ διακριθῇ ἐν τῇ καρδίᾳ αὐτοῦ ἀλλὰ πιστεύῃ ὅτι ὃ λαλεῖ γίνεται, ἔσται αὐτῷ.

[Luk. 9, 37-43a]

καὶ ⸂ἰάσατο τὸν παῖδα⸃ καὶ ἀπέδωκεν ⸀αὐτὸν τῷ πατρὶ αὐτοῦ. 43 ⸉ἐξεπλήσσοντο δὲ πάντες⸊ ἐπὶ τῇ μεγαλειότητι τοῦ θεοῦ.

17, 6 *(nr. 231, p. 312)*

6 ⸂Εἶπεν δὲ ὁ κύριος⸃· εἰ ⸀ἔχετε πίστιν ὡς κόκκον σινάπεως, ἐλέγετε ἂν ⸆ τῇ συκαμίνῳ °[ταύτῃ]· □ἐκριζώθητι καὶ⸌ ⸂φυτεύθητι ἐν τῇ θαλάσσῃ⸃· καὶ ὑπήκουσεν ἂν ὑμῖν.

Joh.

Evang. Thomae copt.: *cf. Append. I, 48*

Matth.: 20 ⸆Ιησους C ℜ W λ *pl* (⸉ lat sy^p^) | ⸀ειπεν C ℜ W *pm* it | ⸀απιστιαν C ℜ D W *pm* latt sy^s.p^ | ⸂μεταβηθι ενθεν D; Or^pt^ ¦ μεταβηθι εντευθεν C ℜ W *pm* ¦ μεταβα εντευθεν Θ φ *pc* | ⸆ *p)* [21] τουτο δε το γενος ουκ εκπορευεται (εκβαλλεται ℵ^corr^) ει μη εν προσευχη και νηστεια. ℵ^corr^ C ℜ D W λ φ *pl* lat sy^p^ bo^pt^ ¦ *txt* B ℵ* Θ *pc* e ff^1^ sy^s.c^ sa bo^pt^

Mark.: 25 ° ℵ* | ⸀απ C* Δ Θ *pc* lat ‖ 26 ⸀κραξαν *et* ⸀σπαραξαν ℜ A N λ φ *pm* | ⸆αυτον ℵ* C³ ℜ A N Θ λ φ *pm* lat sy^s.p^ sa bo | ⸆απ αυτου D *pc* lat sy^s^ | ° C ℜ D W Θ λ φ *pl* ‖ 27 ⸂αυτον της χειρος (+ αυτου C) ℜ A N 33.124.579 *pm* ¦ *1 2* W | □ 𝔓^45vid^ W k l ‖ 28 ⸂εισελθοντι αυτω 𝔓^45^ ¦ εισελθοντα αυτον ℜ A Γ Π Φ 33.124.579 *pm* | ⸆προσηλθον αυτω *et* ⸆και 𝔓^45vid^ W Θ φ *pc* | ⸆λεγοντες 𝔓^45^ W Θ φ *pc* | ⸀ *p)* δια τι A D 33 *al* ¦ [ὅ τι H] | [⁚. W] ‖ 29 ⸆και νηστεια *rell* (⸉ sy^s.p^) ¦ *txt* B ℵ* **0274** k georg^pt^; Cl

Luk. 9: 42 ⸂αφηκεν αυτον D e | ⸀τον παιδα D ‖ 43 ⸉ *3 2 1* D c e

Luk. 17: 6 ⸂ο δε ειπεν αυτοις D | ⸀ειχετε D E G *al* lat | ⸆ *p)* τω ορει τουτω· μεταβα εντευθεν εκει, και μετεβαινεν· και D (sy^c^) | ° 𝔓^75^ ℵ D *pc* sy^c^ ¦ *txt* B ℜ A W Θ **063.0135** λ φ *pl* | □ D | ⸂μεταφ- εις την θ-αν D lat

---

48sq cf Mc 1, 26; cf 17sq. 30sqq ‖ 51sq cf Mc 5, 41; Mt 8, 15; 9, 25; Lc 8, 54; Act 3, 7; 9, 41; Mc 1, 31 ‖ 52sq (Lc) cf Lc 7, 15 ‖ 54sq cf Mc 1, 22; 6, 2; 7, 37; 10, 26; 11, 18; Mt 7, 28; 13, 54; 19, 25; 22, 33; Lc 2, 48; 4, 32; 9, 43; Act 13, 12; Lc 13, 17; 2 Pt 1, 16 ‖ 55sqq cf Mc 10, 10; 9, 33 ‖ 57sq cf Mt 10, 1 par; Lc 10, 17 ‖ 59 cf Mt 6, 30; 8, 26; 14, 31; 16, 8; Lc 12, 28 ‖ 60sqq cf 1 Cor 13, 2; cf 39sq. 67sqq. 74 ‖ 60sq cf Mc 4, 30-32 par (= *nr 128*) ‖ 63sq (Lc) cf Mc 11, 23 ‖ 67sqq cf 39sq. 60sqq ‖ 74 cf 60sqq

164. Zweite Leidensankündigung

Altera passionis praedictio

(cf. nr. 159 et 262)

Jesus Foretells His Passion Again

Matth. 17,22-23
16,21-23; 20,17-19

[22]⸀Συστρεφομένων δὲ αὐτῶν ἐν τῇ Γαλιλαίᾳ εἶπεν αὐτοῖς ὁ Ἰησοῦς· μέλλει ὁ υἱὸς τοῦ ἀνθρώπου παραδίδοσθαι εἰς χεῖρας ἀνθρώπων, [23] καὶ ⸀ἀποκτενοῦσιν αὐτόν, καὶ ⸂τῇ τρίτῃ ἡμέρᾳ⸃ ⸀ἐγερθήσεται. ⸋καὶ ἐλυπήθησαν σφόδρα.⸌

Mark. 9,30-32
8,31-33; 10,32-34

[30]⸀Κἀκεῖθεν ἐξελθόντες ⸀παρεπορεύοντο διὰ τῆς Γαλιλαίας, καὶ οὐκ ἤθελεν ἵνα τις γνοῖ· [31] ἐδίδασκεν γὰρ τοὺς μαθητὰς αὐτοῦ καὶ ἔλεγεν °αὐτοῖς ὅτι ὁ υἱὸς τοῦ ἀνθρώπου ⸀παραδίδοται εἰς χεῖρας ἀνθρώπων, καὶ ἀποκτενοῦσιν αὐτόν, καὶ °¹ἀποκτανθεὶς ⸂μετὰ τρεῖς ἡμέρας⸃ ⸀ἀναστήσεται. [32] οἱ δὲ ἠγνόουν τὸ ῥῆμα, καὶ ἐφοβοῦντο αὐτὸν ⸀ἐπερωτῆσαι.

(nr. 166 9,33-37 p. 245)

Luk. 9,43b-45
9,22; 18,31-34; 17,25; 24,6b-7.44-46

[43b]Πάντων δὲ θαυμαζόντων ἐπὶ πᾶσιν οἷς ⸀ἐποίει⸆ εἶπεν πρὸς τοὺς μαθητὰς αὐτοῦ· [44] θέσθε ὑμεῖς εἰς τὰ ὦτα ὑμῶν τοὺς λόγους τούτους· ὁ γὰρ υἱὸς τοῦ ἀνθρώπου μέλλει παραδίδοσθαι εἰς χεῖρας ἀνθρώπων. [45] οἱ δὲ ἠγνόουν τὸ ῥῆμα τοῦτο καὶ ἦν παρακεκαλυμμένον ἀπ᾽ αὐτῶν ἵνα μὴ αἴσθωνται αὐτό, καὶ ἐφοβοῦντο ⸀ἐρωτῆσαι αὐτὸν περὶ τοῦ ῥήματος τούτου.

(nr. 166 9,46-48 p. 245)

Joh. 7,1
(nr. 238, p. 321)

[1] Καὶ μετὰ ταῦτα περιεπάτει ὁ Ἰησοῦς ἐν τῇ Γαλιλαίᾳ· οὐ γὰρ ἤθελεν ἐν τῇ Ἰουδαίᾳ περιπατεῖν, ὅτι ἐζήτουν αὐτὸν οἱ Ἰουδαῖοι ἀποκτεῖναι.

16,21-23 (nr. 159, p. 232)

[21] Ἀπὸ τότε ἤρξατο ὁ Ἰησοῦς δεικνύειν τοῖς μαθηταῖς αὐτοῦ ὅτι δεῖ αὐτὸν εἰς Ἱεροσόλυμα ἀπελθεῖν καὶ πολλὰ παθεῖν ἀπὸ τῶν πρεσβυτέρων καὶ ἀρχιερέων καὶ γραμματέων καὶ ἀποκτανθῆναι καὶ τῇ τρίτῃ ἡμέρᾳ ἐγερθῆναι.

8,31-33 (nr. 159, p. 232)

[31] Καὶ ἤρξατο διδάσκειν αὐτοὺς ὅτι δεῖ τὸν υἱὸν τοῦ ἀνθρώπου πολλὰ παθεῖν καὶ ἀποδοκιμασθῆναι ὑπὸ τῶν πρεσβυτέρων καὶ τῶν ἀρχιερέων καὶ τῶν γραμματέων καὶ ἀποκτανθῆναι καὶ μετὰ τρεῖς ἡμέρας ἀναστῆναι·

9,22 (nr. 159, p. 232)

... [22] εἰπὼν ὅτι δεῖ τὸν υἱὸν τοῦ ἀνθρώπου πολλὰ παθεῖν καὶ ἀποδοκιμασθῆναι ἀπὸ τῶν πρεσβυτέρων καὶ ἀρχιερέων καὶ γραμματέων καὶ ἀποκτανθῆναι καὶ τῇ τρίτῃ ἡμέρᾳ ἐγερθῆναι.

Matth.: 22 ⸀αναστρ- C𝔎WΘ(ˢD) *pl* ¦ *txt* Bℵ *pc* ‖ 23 ⸀αποκτεινουσιν D | ⸂*p)* μετα τρεις ημερας D it sy^s bo | ⸀*p)* αναστησεται B **047** ϕ 118. 209 *al* | ⸋ K *pc*

Mark.: 30 ⸀και εκειθεν C𝔎ANWΘλϕ *pl* | ⸀εποр- B*D ‖ 31 ° B k | ⸀παραδοθησεται Θϕ *pc* lat sa bo | °¹ *p)* D it | ⸂*p)* τη τριτη ημερα C³𝔎ANWΘλϕ *pl* lat sy^{s.p} | ⸀εγειρεται W 28 ¦ *p)* εγερθησεται ϕ 1 *pc* ‖ 32 ⸀*p)* ερωτησαι W ϕ 1. 209 *pc*

Luk.: 43 ⸀εποιησεν 𝔎WΓΔΠ **0135** *pm* ¦ *txt* 𝔓⁷⁵ℌADΘ **0115** λϕ *al* lat | ⸆ο Ιησους C𝔎AWΓΔΘ **0115. 0135** ϕ *pm* f q r¹ sy^p ‖ 45 ⸀*p)* επερωτησαι CDKΠ *al*

---

1 sqq cf *20 sqq. 33 sqq* ‖ *2* cf Lc 17,11 ‖ *9* cf Mc 2,10.28; 8,38; 9,9.12; 10,45; 13,26; 14,21 *(bis)*. 41.62 parr; Mt 8,20 = Lc 9,58; Mt 11,19 = Lc 7,34; Mt 12,32 = Lc 12,10; Mt 12,40 = Lc 11,30; Mt 24,27 = Lc 17,24; Mt 24,37 = Lc 17,26; Mt 24,39 = Lc 17,30; Mt 24,44 = Lc 12,40; Mt 10,23; 13,37.41; 25,31; 26,2; 16,13.28; 18,11 (app); 19,28; Lc 17,22; 18,8; 19,10; 21,36; 22,48; 6,22; 9,56 (app); 12,8; Jo 1,51; 3,13.14; 5,27; 6,27.53.62; 8,28; 9,35; 12,23.34; 13,31; Act 7,56; *cf 21.40.53* ‖ *9 sqq* cf Mt 9,15; Mc 2,20; Mt 12,40; 17,12; Mc 9,12; Mt 20,22; Mc 10,38; Mt 26,2.24; Mc 14,27 sq; Lc 22,22; Mt 26,45.54; Lc 12,50; 13,32 sq; 22,15.37; 23,11; 24,26; Jo 3,14; 11,50 sq; 12,32 sq; 16,16 sqq; *cf 50 sq. 52 sqq. 57 sqq* ‖ *10* cf Mc 1,14; Rm 8,32; Mc 3,19; 14,42 ‖ *12 sq* cf Mt 27,63; Lc 24,7.46; Jo 2,19.21; Act 10,40; 1 Cor 15,4; Mt 12,40; Hos 6,2; 2 Rg 20,5.8; *cf 25.46* ‖ *14* cf Mc 8,32; 9,10 sq; Jo 16,6 ‖ *15 sq* cf Lc 18,34 ‖ *20 sqq* *cf 1 sqq* ‖ *21* *cf 9* ‖ *25* *cf 12 sq*

[Matth. 16, 21-23]

22 καὶ προσλαβόμενος αὐτὸν ὁ Πέτρος ἤρξατο ἐπιτιμᾶν αὐτῷ λέγων· ἵλεώς σοι, κύριε· οὐ μὴ ἔσται σοι τοῦτο. 23 ὁ δὲ στραφεὶς εἶπεν τῷ Πέτρῳ· ὕπαγε ὀπίσω μου, σατανᾶ· σκάνδαλον εἶ ἐμοῦ, ὅτι οὐ φρονεῖς τὰ τοῦ θεοῦ ἀλλὰ τὰ τῶν ἀνθρώπων.

20, 17-19 *(nr. 262, p. 350)*

17 Καὶ ἀναβαίνων ὁ Ἰησοῦς εἰς Ἱεροσόλυμα παρέλαβεν τοὺς δώδεκα [μαθητὰς] κατ' ἰδίαν καὶ ἐν τῇ ὁδῷ εἶπεν αὐτοῖς· 18 ἰδοὺ ἀναβαίνομεν εἰς Ἱεροσόλυμα, καὶ ὁ υἱὸς τοῦ ἀνθρώπου παραδοθήσεται τοῖς ἀρχιερεῦσιν καὶ γραμματεῦσιν, καὶ κατακρινοῦσιν αὐτὸν θανάτῳ 19 καὶ παραδώσουσιν αὐτὸν τοῖς ἔθνεσιν εἰς τὸ ἐμπαῖξαι καὶ μαστιγῶσαι καὶ σταυρῶσαι, καὶ τῇ τρίτῃ ἡμέρᾳ ἐγερθήσεται.

[Mark. 8, 31-33]

32 καὶ παρρησίᾳ τὸν λόγον ἐλάλει. καὶ προσλαβόμενος ὁ Πέτρος αὐτὸν ἤρξατο ἐπιτιμᾶν αὐτῷ. 33 ὁ δὲ ἐπιστραφεὶς καὶ ἰδὼν τοὺς μαθητὰς αὐτοῦ ἐπετίμησεν Πέτρῳ καὶ λέγει· ὕπαγε ὀπίσω μου, σατανᾶ, ὅτι οὐ φρονεῖς τὰ τοῦ θεοῦ ἀλλὰ τὰ τῶν ἀνθρώπων.

10, 32-34 *(nr. 262, p. 350)*

32 Ἦσαν δὲ ἐν τῇ ὁδῷ ἀναβαίνοντες εἰς Ἱεροσόλυμα, καὶ ἦν προάγων αὐτοὺς ὁ Ἰησοῦς, καὶ ἐθαμβοῦντο, οἱ δὲ ἀκολουθοῦντες ἐφοβοῦντο. καὶ παραλαβὼν πάλιν τοὺς δώδεκα ἤρξατο αὐτοῖς λέγειν τὰ μέλλοντα αὐτῷ συμβαίνειν 33 ὅτι ἰδοὺ ἀναβαίνομεν εἰς Ἱεροσόλυμα, καὶ ὁ υἱὸς τοῦ ἀνθρώπου παραδοθήσεται τοῖς ἀρχιερεῦσιν καὶ τοῖς γραμματεῦσιν, καὶ κατακρινοῦσιν αὐτὸν θανάτῳ καὶ παραδώσουσιν αὐτὸν τοῖς ἔθνεσιν 34 καὶ ἐμπαίξουσιν αὐτῷ καὶ ἐμπτύσουσιν αὐτῷ καὶ μαστιγώσουσιν αὐτὸν καὶ ἀποκτενοῦσιν, καὶ μετὰ τρεῖς ἡμέρας ἀναστήσεται.

Luk.

18, 31-34 *(nr. 262, p. 350)*

31 Παραλαβὼν δὲ τοὺς δώδεκα εἶπεν πρὸς αὐτούς· ἰδοὺ ἀναβαίνομεν εἰς Ἰερουσαλήμ, καὶ τελεσθήσεται πάντα τὰ γεγραμμένα διὰ τῶν προφητῶν τῷ υἱῷ τοῦ ἀνθρώπου· 32 παραδοθήσεται γὰρ τοῖς ἔθνεσιν καὶ ἐμπαιχθήσεται καὶ ὑβρισθήσεται καὶ ἐμπτυσθήσεται 33 καὶ μαστιγώσαντες ἀποκτενοῦσιν αὐτόν, καὶ τῇ ἡμέρᾳ τῇ τρίτῃ ἀναστήσεται. 34 καὶ αὐτοὶ οὐδὲν τούτων συνῆκαν καὶ ἦν τὸ ῥῆμα τοῦτο κεκρυμμένον ἀπ' αὐτῶν καὶ οὐκ ἐγίνωσκον τὰ λεγόμενα.

17, 25 *(nr. 235, p. 316)*

25 Πρῶτον δὲ δεῖ αὐτὸν πολλὰ παθεῖν καὶ ἀποδοκιμασθῆναι ἀπὸ τῆς γενεᾶς ταύτης.

24, 6b-7 *(nr. 352, p. 495)*

6 ... Μνήσθητε ὡς ἐλάλησεν ὑμῖν ἔτι ὢν ἐν τῇ Γαλιλαίᾳ 7 λέγων τὸν υἱὸν τοῦ ἀνθρώπου ὅτι δεῖ παραδοθῆναι εἰς χεῖρας ἀνθρώπων ἁμαρτωλῶν καὶ σταυρωθῆναι καὶ τῇ τρίτῃ ἡμέρᾳ ἀναστῆναι.

24, 44-46 *(nr. 365, p. 510)*

44 Εἶπεν δὲ πρὸς αὐτούς· οὗτοι οἱ λόγοι μου οὓς ἐλάλησα πρὸς ὑμᾶς ἔτι ὢν σὺν ὑμῖν, ὅτι δεῖ πληρωθῆναι πάντα τὰ γεγραμμένα ἐν τῷ νόμῳ Μωϋσέως καὶ τοῖς προφήταις καὶ ψαλμοῖς περὶ ἐμοῦ. 45 τότε διήνοιξεν αὐτῶν τὸν νοῦν τοῦ συνιέναι τὰς γραφάς· 46 καὶ εἶπεν αὐτοῖς ὅτι οὕτως γέγραπται παθεῖν τὸν χριστὸν καὶ ἀναστῆναι ἐκ νεκρῶν τῇ τρίτῃ ἡμέρᾳ.

Joh.

33sqq cf 1sqq || 40 cf 9 || 46 cf 12sq || 50sq cf 9sqq || 52sqq cf 9sqq || 53 cf 9 || 57sqq cf 9sqq

165. Die Tempelsteuer

Didrachma Templi

Payment of the Temple Tax

Matth. 17,24-27	Mark.	Luk.	Joh.
24 ⸂Ἐλθόντων δὲ⸃ αὐτῶν εἰς Καφαρναοὺμ προσῆλθον ⸉οἱ τὰ δίδραχμα λαμβάνοντες τῷ Πέτρῳ καὶ εἶπαν⸊· ὁ διδάσκαλος ὑμῶν οὐ τελεῖ ⸀[τὰ] δίδραχμα; 25 λέγει· ναί. καὶ ⸀ἐλθόντα εἰς τὴν οἰκίαν προέφθασεν αὐτὸν ὁ Ἰησοῦς λέγων· τί σοι δοκεῖ, Σίμων; οἱ βασιλεῖς τῆς γῆς ἀπὸ ⸀τίνων λαμβάνουσιν τέλη ἢ κῆνσον; ἀπὸ τῶν υἱῶν αὐτῶν ἢ ἀπὸ τῶν ἀλλοτρίων; 26 ⸆ ⸂εἰπόντος δέ⸃· ἀπὸ τῶν ἀλλοτρίων, ἔφη αὐτῷ ὁ Ἰησοῦς· ἄρα γε ἐλεύθεροί εἰσιν οἱ υἱοί.⸆ 27 ἵνα δὲ μὴ ⸀σκανδαλίσωμεν αὐτούς, πορευθεὶς εἰς θάλασσαν βάλε ἄγκιστρον καὶ τὸν ⸀ἀναβάντα πρῶτον ἰχθὺν ἆρον, καὶ ἀνοίξας τὸ στόμα αὐτοῦ εὑρήσεις ⸆ στατῆρα· ἐκεῖνον λαβὼν δὸς αὐτοῖς ἀντὶ ἐμοῦ καὶ σοῦ.			

24 ⸀και ελθοντων D lat sy | ⸉1-4 7 8 5 6 D ¦ 5 6 1-4 7 8 Φ a n | ⸀† — ℵ* D 1010 ¦ το W ¦ *txt* ℌ ℜ Θ λ *pl*; Or Cyr^{pt} || 25 ⸀εισελθ- ℵ* (D sy^{p}); Cyr ¦ οτε εισηλθεν ℜ (+ ο Ιησους W*) L Γ Δ Π Φ *al* lat sy^{s} ¦ ελθοντων Θ φ (+ αυτων 33) ¦ οτε ηλθον C sy^{c} sa^{pt} bo^{pt} *pc* ¦ *txt* B ℵ^{corr} 1.892 | ⸀τινος B *al*; Cyr^{pt} || 26 ⸆ο δε εφη· απο των αλλοτριων ℵ ¦ λεγει αυτω ο Πετρος· απο των αλλοτριων C L | ⸀λεγει αυτω ο Πετρος ℜ (— ο Π. D) W Γ Δ Π φ *pm* ¦ *txt* B ℵ (+ αυτου C) L Θ *pc* | ⸆εφη Σιμων· ναι. λεγει ο Ιησους· δος ουν και συ ως αλλοτριος αυτων. 713 (b ff^{1}); Ephr || 27 ⸀-ιζωμεν ℵ L Z; Cyr | ⸀αναβαινοντα E^{corr} F G S W Γ Δ *pm* | ⸆εκει D lat sy$^{s.c}$

[1] cf Ex 30,13 sq; 2 Chr 24,6 || [2] cf Mc 9,33; Mt 9,10.28 || [3] cf Mt 18,12; 21,28; 22,17.42; 26,66; Mc 14,64; Jo 11,56 || [5] cf Mt 3,15; Mt 8,4; Mc 1,44; Lc 5,14

166. Rangstreit der Jünger

Discipulorum ambitio

True Greatness

Matth. 18,1-5 20,26-27; 23,11-12; 10,40-42	**Mark. 9,33-37** 10,43-44; 10,15	**Luk. 9,46-48** 22,26; 18,14b; 14,11; 10,16; 18,17	Joh. 3,3.5; 13,20; 12,44-45; 13,4-5.12-17; 5,23
	(nr. 164 9,30-32 p. 243)		
	33 Καὶ ⸀ἦλθον εἰς Καφαρναούμ. Καὶ ἐν τῇ οἰκίᾳ γενόμενος ἐπη- ρώτα αὐτούς· τί ἐν τῇ ὁδῷ ⸀δι- ελογίζεσθε; 34 οἱ δὲ ἐσιώπων· πρὸς ἀλλήλους γὰρ ⸀διελέχθησαν ⸋ἐν τῇ ὁδῷ⸌ τίς ⸀μείζων.	*(nr. 164 9,43b-45 p. 243)* 46 Εἰσῆλθεν δὲ δια- λογισμὸς ἐν αὐτοῖς, °τὸ τίς ἂν εἴη μείζων αὐτῶν.	
1 Ἐν ἐκείνῃ ⸆ τῇ ⸀ὥρᾳ προσῆλθον οἱ μαθηταὶ τῷ Ἰησοῦ λέγοντες· τίς ἄρα μείζων ἐστὶν ἐν τῇ βασιλείᾳ τῶν οὐρανῶν;			

Matth.: 1 ⸆δε B *pc* e sa^{pt} bo | ⸀ημερα Θ 1.33 *al* it sy$^{s.c}$; Or

Mark.: 33 ⸀ηλθεν C ℜ A L N Θ *pm* f q sy^{s} bo | ⸀προς εαυτους διελογ. ℜ A N *pm* sy$^{s.p}$ sa ¦ διελεχθητε προς εαυτους W λ 28 ¦ διελογ. πρ. ε. Θ φ *pc* || 34 ⸀διηνεχθησαν Θ 1.565.700 | ⸋A D Δ *pc* it sy^{s} | ⸀μ. γενηται αυτων D ¦ αυτ. μ. γεν. Θ 565 ¦ μ. εστιν ℵ ¦ αυτων μ. ειη W φ (⸉lat)

Luk.: 46 °λ 28

[3sqq] cf Lc 22,24; cf 78 || [4 (Mc)] cf Mc 3,4; Lc 14,4; 20 26; Mt 22,12; Lc 9,36 || [6] cf Lc 22,24

[Matth. 18, 1-5]

2 καὶ προσκαλεσάμενος ⸆ παιδίον ⸇ ἔστησεν αὐτὸ ἐν μέσῳ αὐτῶν 3 καὶ εἶπεν· ἀμὴν λέγω ὑμῖν, ἐὰν μὴ στραφῆτε καὶ γένησθε ὡς τὰ παιδία, οὐ μὴ εἰσέλθητε εἰς τὴν βασιλείαν τῶν οὐρανῶν. 4 ὅστις ⸀οὖν ταπεινώσει ἑαυτὸν ὡς τὸ παιδίον τοῦτο, οὗτός ἐστιν ὁ μείζων ἐν τῇ βασιλείᾳ τῶν οὐρανῶν.

5 καὶ ὃς ἐὰν δέξηται ἓν παιδίον τοιοῦτο ἐπὶ τῷ ὀνόματί μου, ἐμὲ δέχεται.

(*nr. 168 18, 6-9 p. 249*)

20, 26-27 (*nr. 263, p. 352*)

26 Οὐχ οὕτως ἔσται ἐν ὑμῖν, ἀλλ' ὃς ἐὰν θέλῃ ἐν ὑμῖν μέγας γενέσθαι ἔσται ὑμῶν διάκονος, 27 καὶ ὃς ἂν θέλῃ ἐν ὑμῖν εἶναι πρῶτος ἔσται ὑμῶν δοῦλος.

[Mark. 9, 33-37]

35 ⸀καὶ καθίσας ἐφώνησεν τοὺς δώδεκα ⸋καὶ λέγει αὐτοῖς· εἴ τις θέλει πρῶτος εἶναι, ἔσται πάντων ⸋1ἔσχατος καὶ πάντων⸌1 διάκονος⸌.

36 καὶ λαβὼν παιδίον ἔστησεν ⸀αὐτὸ ἐν μέσῳ αὐτῶν καὶ ἐναγκαλισάμενος αὐτὸ εἶπεν αὐτοῖς·

37 ὃς ἂν ⸀ἓν τῶν ⸂τοιούτων παιδίων⸃ δέξηται ἐπὶ τῷ ὀνόματί μου, ἐμὲ δέχεται· καὶ ὃς ἂν ἐμὲ ⸀δέχηται, οὐκ ἐμὲ δέχεται ⸀1ἀλλὰ τὸν ἀποστείλαντά με.

10, 43-44 (*nr. 263, p. 352*)

43 Οὐχ οὕτως δέ ἐστιν ἐν ὑμῖν, ἀλλ' ὃς ἂν θέλῃ μέγας γενέσθαι ἐν ὑμῖν ἔσται ὑμῶν διάκονος, 44 καὶ ὃς ἂν θέλῃ ἐν ὑμῖν εἶναι πρῶτος ἔσται πάντων δοῦλος.

[Luk. 9, 46-48]

47 ὁ δὲ Ἰησοῦς ⸀εἰδὼς τὸν διαλογισμὸν τῆς καρδίας αὐτῶν, ἐπιλαβόμενος ⸀παιδίον ἔστησεν °αὐτὸ παρ' ⸀1ἑαυτῷ 48 καὶ εἶπεν °αὐτοῖς·

ὃς ἐὰν δέξηται ⸉τοῦτο τὸ παιδίον ἐπὶ τῷ ὀνόματί μου, ἐμὲ δέχεται· καὶ ⸋ὃς ἂν ἐμὲ δέξηται, δέχεται⸌ τὸν ἀποστείλαντά με· ὁ γὰρ μικρότερος ἐν πᾶσιν ὑμῖν °1ὑπάρχων οὗτός ⸀ἐστιν ⸆ μέγας.

22, 26 (*nr. 313, p. 440*)

26 Ὑμεῖς δὲ οὐχ οὕτως, ἀλλ' ὁ μείζων ἐν ὑμῖν γινέσθω ὡς ὁ νεώτερος καὶ ὁ ἡγούμενος ὡς ὁ διακονῶν.

Joh.

3, 3.5 (*nr. 27, p. 40*)

3 Ἀπεκρίθη Ἰησοῦς καὶ εἶπεν αὐτῷ· ἀμὴν ἀμὴν λέγω σοι, ἐὰν μή τις γεννηθῇ ἄνωθεν, οὐ δύναται ἰδεῖν τὴν βασιλείαν τοῦ θεοῦ. ...

5 ἀπεκρίθη Ἰησοῦς· ἀμὴν ἀμὴν λέγω σοι, ἐὰν μή τις γεννηθῇ ἐξ ὕδατος καὶ πνεύματος, οὐ δύναται εἰσελθεῖν εἰς τὴν βασιλείαν τοῦ θεοῦ.

13, 20 (*nr. 309, p. 431*)

20 Ἀμὴν ἀμὴν λέγω ὑμῖν, ὁ λαμβάνων ⸀ἄν τινα πέμψω ἐμὲ λαμβάνει, ⸂ὁ δὲ ἐμὲ λαμβάνων⸃ λαμβάνει ⸆ τὸν ⸀πέμψαντά με.

12, 44-45 (*nr. 304, p. 423*)

44 Ἰησοῦς δὲ ἔκραξεν καὶ εἶπεν· ὁ πιστεύων εἰς ἐμὲ οὐ πιστεύει εἰς ἐμὲ ἀλλὰ εἰς τὸν πέμψαντά με, 45 καὶ ὁ θεωρῶν ἐμὲ θεωρεῖ τὸν πέμψαντά με.

13, 4-5.12-17 (*nr. 309, p. 431*)

... 4 ἐγείρεται ἐκ τοῦ δείπνου καὶ τίθησιν τὰ ἱμάτια καὶ λαβὼν λέντιον

Matth.: 2 ⸆ο Ιησους ℜDWΓΔΘΠφ *pm* latt sy sa | ⸇ἐν D e sys.c || 4 ⸀γαρ W g1 sys.c ¦ — G 713

Mark.: 35 ⸀τοτε D it ¦ — W | ⸋D k | ⸋1λ || 36 ⸀αυτον DΔ ¦ — WΘλ*pc* || 37 ⸀εκ WΘφ it ¦ — DΓ*al* | ⸂παιδ. τουτων ℵC*pc* | ⸀δεξηται CℜADNWΘλφ*pl* lat | ⸀1μονον α. και Θ 13.69.565*pc*

Luk.: 47 ⸀ιδων CℜADWΓΔΘ 0115.0135 φ*pm* latt bo ¦ γνους λ ¦ *txt* Bℵ 700*al* sy sa | ⸀-διου ℵℜAWΘ 0115.0135 λφ*pm* ¦ *txt* 𝔓75 BCD *al* | °D it | ⸀1εαυτον D || 48 °𝔓45 D it sys.c | ⸉*p.* παιδιον 𝔓75vid Dλ*pc* lat | ⸋D | °1D | ⸀εσται ℜADWΓΔΘ 0135 φ*pm* e q syp ¦ *txt* 𝔓45vid.75 BℵCLΞλ*pc* lat | ⸆ο 𝔓45 1093

Joh.: 20 ⸀εαν 𝔓66c ℜDΓΔΘλφ*pm* | ⸂και ο λαμβανων εμε D*pc* e l | ⸀*p)* αποστειλαντα X 1.118.892*pc*

8sqq cf 34sqq. 38sqq (Jo). 41 sq. 47sqq. 69 sq. 71 sqq || *10sq* cf Mt 19, 30; Mc 10, 31; Mt 20, 16; Lc 13, 30 || *12sq* cf Mt 9, 4; 12, 25; Lc 6, 8 || *15sq (Mc)* cf Mc 10, 16 || *17sq* cf Mt 19, 14; Mc 10, 14; Lc 18, 16; *cf 66sqq. 69sq. 74sq. 75sqq* || *20sq cf 42sq. 47sqq* || *24sq cf 32sqq (Jo). 52sqq. 62sqq (Jo). 79* || *32sqq (Jo) cf 24sqq* || *34sqq cf 8sqq* || *38sqq (Jo) cf 8sqq*

Matth.

23, 11-12 *(nr. 284, p. 389)*

[11] Ὁ δὲ μείζων ὑμῶν ἔσται ὑμῶν διάκονος. [12] ὅστις δὲ ὑψώσει ἑαυτὸν ταπεινωθήσεται καὶ ὅστις ταπεινώσει ἑαυτὸν ὑψωθήσεται.

10, 40-42 *(nr. 104, p. 149)*

[40] Ὁ δεχόμενος ὑμᾶς ἐμὲ δέχεται, καὶ ὁ ἐμὲ δεχόμενος δέχεται τὸν ἀποστείλαντά με. [41] ὁ δεχόμενος προφήτην εἰς ὄνομα προφήτου μισθὸν προφήτου λήμψεται, καὶ ὁ δεχόμενος δίκαιον εἰς ὄνομα δικαίου μισθὸν δικαίου λήμψεται. [42] καὶ ὃς ἂν ποτίσῃ ἕνα τῶν μικρῶν τούτων ποτήριον ψυχροῦ μόνον εἰς ὄνομα μαθητοῦ, ἀμὴν λέγω ὑμῖν, οὐ μὴ ἀπολέσῃ τὸν μισθὸν αὐτοῦ.

Mark.

10, 15 *(nr. 253, p. 337)*

[15] Ἀμὴν λέγω ὑμῖν, ὃς ἂν μὴ δέξηται τὴν βασιλείαν τοῦ θεοῦ ὡς παιδίον, οὐ μὴ εἰσέλθῃ εἰς αὐτήν.

Luk.

18, 14 b *(nr. 237, p. 320)*

[14] ... ὅτι πᾶς ὁ ὑψῶν ἑαυτὸν ταπεινωθήσεται, ὁ δὲ ταπεινῶν ἑαυτὸν ὑψωθήσεται.

14, 11 *(nr. 215, p. 300)*

[11] Ὅτι πᾶς ὁ ὑψῶν ἑαυτὸν ταπεινωθήσεται, καὶ ὁ ταπεινῶν ἑαυτὸν ὑψωθήσεται.

10, 16 *(nr. 179, p. 260)*

[16] Ὁ ἀκούων ὑμῶν ἐμοῦ ἀκούει, καὶ ὁ ἀθετῶν ὑμᾶς ἐμὲ ἀθετεῖ· ὁ δὲ ἐμὲ ἀθετῶν ἀθετεῖ τὸν ἀποστείλαντά με.

18, 17 *(nr. 253, p. 337)*

[17] Ἀμὴν λέγω ὑμῖν, ὃς ἂν μὴ δέξηται τὴν βασιλείαν τοῦ θεοῦ ὡς παιδίον, οὐ μὴ εἰσέλθῃ εἰς αὐτήν.

[Joh. 13, 4-5. 12-17]

διέζωσεν ἑαυτόν· [5] εἶτα βάλλει ὕδωρ εἰς τὸν νιπτῆρα καὶ ἤρξατο νίπτειν τοὺς πόδας τῶν μαθητῶν καὶ ἐκμάσσειν τῷ λεντίῳ ᾧ ἦν διεζωσμένος. ... [12] Ὅτε οὖν ἔνιψεν τοὺς πόδας αὐτῶν [καὶ] ἔλαβεν τὰ ἱμάτια αὐτοῦ καὶ ἀνέπεσεν πάλιν, εἶπεν αὐτοῖς· γινώσκετε τί πεποίηκα ὑμῖν; [13] ὑμεῖς φωνεῖτέ με· ὁ διδάσκαλος, καί· ὁ κύριος, καὶ καλῶς λέγετε· εἰμὶ γάρ. [14] εἰ οὖν ἐγὼ ἔνιψα ὑμῶν τοὺς πόδας ὁ κύριος καὶ ὁ διδάσκαλος, καὶ ὑμεῖς ὀφείλετε ἀλλήλων νίπτειν τοὺς πόδας· [15] ὑπόδειγμα γὰρ ἔδωκα ὑμῖν ἵνα καθὼς ἐγὼ ἐποίησα ὑμῖν καὶ ὑμεῖς ποιῆτε. [16] ἀμὴν ἀμὴν λέγω ὑμῖν, οὐκ ἔστιν δοῦλος μείζων τοῦ κυρίου αὐτοῦ οὐδὲ ἀπόστολος μείζων τοῦ πέμψαντος αὐτόν. [17] εἰ ταῦτα οἴδατε, μακάριοί ἐστε ἐὰν ποιῆτε αὐτά.

5, 23 *(nr. 141, p. 197)*

[23] ἵνα πάντες τιμῶσι τὸν υἱὸν καθὼς τιμῶσι τὸν πατέρα. ὁ μὴ τιμῶν τὸν υἱὸν οὐ τιμᾷ τὸν πατέρα τὸν πέμψαντα αὐτόν.

Acta Philippi 140: (Γ) Ἐὰν μὴ ποιήσητε ὑμῶν τὰ κάτω εἰς τὰ ἄνω, καὶ τὰ ἀριστερὰ εἰς τὰ δεξιά, οὐ μὴ εἰσέλθητε εἰς τὴν βασιλείαν μου. *(cf.* Acta Petri 38; Acta Thomae 147; Evang. Thomae copt. *Append. I, 22)*

Polycarpus ad Phil. 5, 2: Μὴ διάβολοι, μὴ δίλογοι, ἀφιλάργυροι, ἐγκρατεῖς περὶ πάντα, εὔσπλαγχνοι, ἐπιμελεῖς, πορευόμενοι κατὰ τὴν ἀλήθειαν τοῦ κυρίου, ὃς ἐγένετο διάκονος πάντων· ᾧ ἐὰν εὐαρεστήσωμεν ἐν τῷ νῦν αἰῶνι, ἀποληψόμεθα καὶ τὸν μέλλοντα, καθὼς ὑπέσχετο ἡμῖν ἐγεῖραι ἡμᾶς ἐκ νεκρῶν, καὶ ὅτι ἐὰν πολιτευσώμεθα ἀξίως αὐτοῦ, καὶ συμβασιλεύσομεν αὐτῷ, εἴγε πιστεύομεν.

Herm. Pastor, Mand. II, 1: Λέγει μοι· Ἁπλότητα ἔχε καὶ ἄκακος γίνου καὶ ἔσῃ ὡς τὰ νήπια τὰ μὴ γινώσκοντα τὴν πονηρίαν τὴν ἀπολλύουσαν τὴν ζωὴν τῶν ἀνθρώπων. – **Sim. IX, 29, 3:** Ὅσοι οὖν διαμενεῖτε, φησί, καὶ ἔσεσθε ὡς τὰ βρέφη, κακίαν μὴ ἔχοντες, πάντων τῶν προειρημένων ἐνδοξότεροι ἔ[σε]σθε· πάντα γὰρ τὰ βρέφη ἔνδοξά ἐστι παρὰ τῷ θεῷ καὶ πρῶτα παρ' αὐτῷ. μακάριοι οὖν ὑμεῖς, ὅσοι ἂν ἄρητε ἀφ' ἑαυτῶν τὴν πονηρίαν, ἐνδύσησθε δὲ τὴν ἀκακίαν· πρῶτοι πάντων ζήσεσθε τῷ θεῷ.

Evang. Thomae copt.: *cf. Append. I, 12*

Evang. Thomae copt.: *cf. Append. I, 22*

---

41 sq cf 8 sqq || 42 sqq cf 20 sqq || 47 sqq cf 8 sqq. 20 sqq || 52 sqq cf 24 sqq || 62 sqq (Jo) cf 24 sqq || 66 sqq cf 17 sqq || 69 sq cf 8 sqq. 17 sqq || 71 sqq cf 8 sqq || 74 sq cf 17 sqq || 75 sqq cf 17 sqq || 78 cf 3 sqq || 79 cf 24 sqq

167. Mahnung zur Duldsamkeit

Monitio tolerantiae **The Strange Exorcist**

Matth. 10, 42; 12, 30

10, 42 *(nr. 104, p. 149)*

42 Καὶ ὃς ἂν ποτίσῃ ἕνα τῶν ⸀μικρῶν τούτων ποτήριον ⸀ψυχροῦ °μόνον εἰς ὄνομα μαθητοῦ, ἀμὴν λέγω ὑμῖν, οὐ μὴ ⸂ἀπολέσῃ τὸν μισθὸν⸃ αὐτοῦ.

12, 30 *(nr. 117, p. 165)*

30 Ὁ μὴ ὢν μετ' ἐμοῦ κατ' ἐμοῦ ἐστιν, καὶ ὁ μὴ συνάγων μετ' ἐμοῦ σκορπίζει.

Mark. 9, 38-41

38 ⸀Ἔφη αὐτῷ ὁ Ἰωάννης ⸆· °διδάσκαλε, εἴδομέν τινα ἐν τῷ ὀνόματί σου ἐκβάλλοντα δαιμόνια ⸆ ⸂καὶ ἐκωλύομεν αὐτόν, ὅτι οὐκ ἠκολούθει ἡμῖν⸃. 39 ὁ δὲ ⸀Ἰησοῦς εἶπεν· μὴ κωλύετε °αὐτόν. οὐδεὶς γάρ ἐστιν ὃς ποιήσει δύναμιν ⸀ἐπὶ τῷ ὀνόματί μου καὶ δυνήσεται ταχὺ κακολογῆσαί με· 40 ὃς γὰρ οὐκ ἔστιν καθ' ⸀ἡμῶν, ὑπὲρ ⸀ἡμῶν ἐστιν. 41 ⸀Ὃς γὰρ ἂν ποτίσῃ ὑμᾶς ποτήριον ὕδατος ἐν ⸀ὀνόματι ⸋ὅτι ⸀Χριστοῦ ἐστε⸌, ἀμὴν λέγω ὑμῖν °ὅτι οὐ μὴ ἀπολέσῃ τὸν μισθὸν αὐτοῦ.

Luk. 9, 49-50; 11, 23

49 Ἀποκριθεὶς δὲ ⸆ Ἰωάννης εἶπεν· ⸀ἐπιστάτα, εἴδομέν τινα ⸀ἐν τῷ ὀνόματί σου ἐκβάλλοντα δαιμόνια καὶ ⸀¹ἐκωλύομεν αὐτόν, ὅτι οὐκ ἀκολουθεῖ μεθ' ἡμῶν. 50 ⸂εἶπεν δὲ⸃ ⸄πρὸς αὐτὸν⸅ °ὁ Ἰησοῦς· μὴ κωλύετε⸆· ⸋ὃς γὰρ οὐκ ἔστιν καθ' ⸀ὑμῶν, ὑπὲρ ⸀ὑμῶν ἐστιν⸌.

(nr. 174 9, 51 p. 255)

11, 23 *(nr. 188, p. 270)*

23 Ὁ μὴ ὢν μετ' ἐμοῦ κατ' ἐμοῦ ἐστιν, καὶ ὁ μὴ συνάγων μετ' ἐμοῦ σκορπίζει.

Joh.

Num. 11, 24–30: 24 Καὶ ἐξῆλθεν Μωυσῆς καὶ ἐλάλησεν πρὸς τὸν λαὸν τὰ ῥήματα κυρίου καὶ συνήγαγεν ἑβδομήκοντα ἄνδρας ἀπὸ τῶν πρεσβυτέρων τοῦ λαοῦ καὶ ἔστησεν αὐτοὺς κύκλῳ τῆς σκηνῆς. 25 καὶ κατέβη κύριος ἐν νεφέλῃ καὶ ἐλάλησεν πρὸς αὐτόν· καὶ παρείλατο ἀπὸ τοῦ πνεύματος τοῦ ἐπ' αὐτῷ καὶ ἐπέθηκεν ἐπὶ τοὺς ἑβδομήκοντα ἄνδρας τοὺς πρεσβυτέρους· ὡς δὲ ἐπανεπαύσατο τὸ πνεῦμα ἐπ' αὐτούς, καὶ ἐπροφήτευσαν καὶ οὐκέτι προσέθεντο. 26 καὶ κατελείφθησαν δύο ἄνδρες ἐν τῇ παρεμβολῇ, ὄνομα τῷ ἑνὶ Ελδαδ καὶ ὄνομα τῷ δευτέρῳ Μωδαδ, καὶ ἐπανεπαύσατο ἐπ' αὐτοὺς τὸ πνεῦμα – καὶ οὗτοι ἦσαν τῶν καταγεγραμμένων καὶ οὐκ ἦλθον πρὸς τὴν σκηνήν – καὶ ἐπροφήτευσαν ἐν τῇ παρεμβολῇ. 27 καὶ προσδραμὼν ὁ νεανίσκος ἀπήγγειλεν Μωυσῇ καὶ εἶπεν λέγων Ελδαδ καὶ Μωδαδ προφητεύουσιν ἐν τῇ παρεμβολῇ. 28 καὶ ἀποκριθεὶς Ἰησοῦς ὁ τοῦ Ναυη ὁ παρεστηκὼς Μωυσῇ ὁ ἐκλεκτὸς εἶπεν Κύριε Μωυσῆ, κώλυσον αὐτούς. 29 καὶ εἶπεν αὐτῷ Μωυσῆς Μὴ ζηλοῖς σύ μοι; καὶ τίς δῴη πάντα τὸν λαὸν κυρίου προφήτας, ὅταν δῷ κύριος τὸ πνεῦμα αὐτοῦ ἐπ' αὐτούς; 30 καὶ ἀπῆλθεν Μωυσῆς εἰς τὴν παρεμβολήν, αὐτὸς καὶ οἱ πρεσβύτεροι Ισραηλ.

1. Cor. 12, 3: Διὸ γνωρίζω ὑμῖν ὅτι οὐδεὶς ἐν πνεύματι θεοῦ λαλῶν λέγει· Ἀνάθεμα Ἰησοῦς, καὶ οὐδεὶς δύναται εἰπεῖν· Κύριος Ἰησοῦς, εἰ μὴ ἐν πνεύματι ἁγίῳ.

Pap. Oxyrhynch. 1224 (fol. 2 r., col. 1): Ὁ γὰρ μὴ ὢν [κατὰ ὑμ]ῶν ὑπὲρ ὑμῶν ἐστιν. [ὁ σήμερον ὢ]ν μακρὰν αὔριον [ἐγγὺς ὑμῶν γ]ενήσεται ...

Matth.: 42 ⸀ελαχιστων D (⸉157) latt | ⸀-ροῦν M 33 *pc* ¦ υδατος -ρου D lat sy^s sa bo; (⸉Cl) Or | °D E* *pc* sy^s.c | ⸂αποληται ο μισθος D it sy^s.c bo

Mark.: 38 ⸀και αποκριθεις W φ ¦ αποκριθεις δε εφη C ¦ απεκριθη δε 𝔎 A (— δε D *pc*) Γ Π Φ λ *pl* it sy^s | ⸆λεγων 𝔎 A L N Γ Π Φ *pl* it sy^s ¦ και ειπεν D (— και W φ a) c ff² ¦ και λεγει λ b i r¹ | °λ | ⸆† ος ουκ ακολουθει ημιν 𝔎 A N (W) X λ φ *pm* lat ¦ ος ουκ ακ- μεθ ημων D a k ¦ *txt* ℌ Θ *pc* aur f sy^s.p sa bo | ⸂ *1-3* D λ ¦ *1* -σαμεν *3* W φ 565 *pc* lat ¦ *1* -σαμεν *3-5* ακ- *7* C 𝔎 A N X *pm* aur f (sa) bo ¦ *txt* B ℵ Δ Θ 0274 *pc* sy^s.p || 39 ⸀αποκριθεις D it ¦ — W λ φ sy^s | °D it | ⸀εν W Δ λ φ *pc* || 40 ⸀*bis p)* υμ- 𝔎 A D N Γ Π Φ *al* lat sy^p bo^pt || 41 ⸀ον. μου ℵ* C³ 𝔎 W *al* latt ¦ τω ον. μου D Θ φ *al* ¦ *txt* B ℵ^corr A C* 1 *al* | [⸋ P. Schmiedel *cj*] | ⸀Χριστος W ¦ εμον ℵ* | °𝔎 A N Γ Π Φ λ φ *pm* lat

Luk.: 49 ⸆† ο ℵ C² 𝔎 A Θ Ξ 0135 λ *pm* ¦ *txt* 𝔓^45.75 B C*^vid D W φ *al* | ⸀*p)* διδασκαλε 𝔓^45 C* Ξ 157 *pc* sa bo | ⸀επι C 𝔎 A D W Θ 0135 *pm* ¦ *txt* 𝔓^45.75 ℌ λ φ *al* | ⸀¹-υσαμεν C 𝔎 A D W Θ 0135 λ φ *pl* lat ¦ *txt* 𝔓^75 B ℵ L Ξ *pc* it || 50 ⸂και ειπεν 𝔎 A W Γ Δ Θ *pm* lat | ⸄προς αυτους 13 *pc* b c q sy^s.p ¦ — D e r¹ bo^pt | °† B ℵ* ¦ *txt* 𝔓^45.75 C 𝔎 A D W Θ 0135 λ φ *pl* | ⸆αυτον C D X *al* ¦ ου γαρ εστιν καθ υμων L Ξ Ψ 33 *al* ¦ *eadem* + ουδε υπερ υμων *et* ⸋ 𝔓^45 | ⸀*p)* ημ- *et* ημ- 𝔎 Γ (Θ) 0135 λ *al* ¦ υμ- *et* ημ- ℵ* A Δ (13) *al*

1-6 cf *17 sqq* || *1 sqq* cf Lc 9, 54 sq; Mc 3, 17 || *1 sq* cf Lc 5, 5; 8, 24. 45; 9, 33; 17, 13 || *2 sq* cf Act 19, 13; Jc 5, 14; Act 3, 6 sqq; 9, 34; 16, 18 || *6 sqq* cf *15 sq* || *6* cf 1Th 5, 19 || *9 sq* cf Ph 1, 18; cf *15 sq. 25. 26* || *10 sqq* cf Mt 25, 40 || *12 (Mc)* cf 1Cor 1, 12; 3, 23; 2Cor 10, 7; Rm 8, 9 || *13* cf Mt 5, 12; 6, 1 sq; 1Cor 3, 8 sqq etc || *15 sq* cf *6 sqq. 9 sq* || *17 sqq* cf *1-6* || *25* cf *9 sq* || *26* cf *9 sq*

168. Warnung vor Ärgernis

De scandalis — **Warnings Concerning Temptations**

Matth. 18, 6-9
5, 13; 5, 29-30

cf. v. 7

(nr. 166 18, 1-5 p. 245)

6 Ὃς δ' ἂν σκανδαλίσῃ ἕνα τῶν μικρῶν τούτων τῶν πιστευόντων εἰς ἐμέ, συμφέρει αὐτῷ ἵνα κρεμασθῇ μύλος ὀνικὸς ⸀περὶ τὸν τράχηλον αὐτοῦ καὶ καταποντισθῇ ἐν τῷ πελάγει τῆς θαλάσσης. 7 Οὐαὶ τῷ κόσμῳ ἀπὸ τῶν ⸆σκανδάλων· ἀνάγκη γὰρ ⸆ ἐλθεῖν τὰ σκάνδαλα, πλὴν οὐαὶ τῷ ἀνθρώπῳ ⸆¹ δι' οὗ ⸂τὸ σκάνδαλον⸃ ἔρχεται. 8 Εἰ δὲ ἡ χείρ σου ἢ ὁ πούς σου σκανδαλίζει σε, ⸀ἔκκοψον ⸀αὐτὸν καὶ βάλε ἀπὸ σοῦ· καλόν σοί ἐστιν εἰσελθεῖν εἰς τὴν ζωὴν ⸉κυλλὸν ἢ χωλὸν⸊ ἢ δύο ⸉¹χεῖρας ἢ δύο πόδας⸊ ἔχοντα βληθῆναι εἰς ⸂τὸ πῦρ τὸ αἰώνιον⸃.

9 ⸂καὶ εἰ⸃ ὁ ὀφθαλμός σου σκανδαλίζει σε, ἔξελε αὐτὸν καὶ βάλε

Mark. 9, 42-50

42 Καὶ ὃς ἂν σκανδαλίσῃ ἕνα τῶν μικρῶν ⸀τούτων τῶν ⸂πιστευόντων [εἰς ἐμέ]⸃, καλόν ἐστιν αὐτῷ μᾶλλον εἰ ⸀περίκειται ⸂μύλος ὀνικὸς⸃ ⸀¹περὶ τὸν τράχηλον αὐτοῦ καὶ ⸀²βέβληται εἰς τὴν θάλασσαν.

43 Καὶ ἐὰν ⸀σκανδαλίζῃ σε ἡ χείρ σου, ἀπόκοψον αὐτήν ⸆ · καλόν ⸂ἐστίν σε⸃ κυλλὸν εἰσελθεῖν εἰς τὴν ζωὴν ἢ °τὰς δύο χεῖρας ἔχοντα ⸀ἀπελθεῖν ⸂εἰς τὴν γέενναν, εἰς τὸ πῦρ τὸ ἄσβεστον⸃ ⸆[44]. 45 καὶ ἐὰν ὁ πούς σου ⸀σκανδαλίζῃ σε, ⸀ἀπόκοψον αὐτόν⸆· καλόν ⸆ἐστίν σε ⸉εἰσελθεῖν εἰς τὴν ζωὴν⸆¹ χωλὸν ἢ τοὺς δύο πόδας ἔχοντα ⸀¹βληθῆναι εἰς τὴν γέενναν⸆²⸆³[46]. 47 καὶ ⸀ἐὰν ὁ ὀφθαλμός σου σκανδαλίζῃ σε, ⸋ἔκβαλε αὐτόν⸌·

Luk. 17, 1-2; 14, 34-35

17, 1-2 (nr. 229, p. 311)

1 Εἶπεν δὲ πρὸς τοὺς μαθητὰς °αὐτοῦ· ἀνένδεκτόν ἐστιν τοῦ ⸉τὰ σκάνδαλα μὴ ἐλθεῖν⸊, ⸂πλὴν οὐαὶ⸃ δι' οὗ ἔρχεται· 2 ⸀λυσιτελεῖ αὐτῷ εἰ ⸂λίθος μυλικὸς⸃ ⸀περίκειται περὶ τὸν τράχηλον αὐτοῦ καὶ ⸀ἔρριπται εἰς τὴν θάλασσαν ἢ ἵνα σκανδαλίσῃ τῶν μικρῶν τούτων ⸉ἕνα.

cf. v. 1

Joh.

Matth.: 6 ⸀εις 𝔎 W Γ Δ Θ λ φ *al* sa bo ¦ επι D *al* ¦ *txt* ℌ *al* || 7 ⸆ερχομενων sy^s.c | ⸆εστιν ℵ 𝔎 D W Γ Δ φ *al* latt | ⸆¹εκεινω B 𝔎 (*p.* πλην W) Θ φ *pl* it sa; Cl Ad | ⸂τα σκανδαλα φ *al* sy^c.p ¦ — Θ sy^s || 8 ⸀(*vs* 9) εξελε ℵ* | ⸀αυτα 𝔎 W *al* | ⸉𝔎 D W Θ λ φ *pl* (e) q sa bo | ⸉¹*4 2 3 1* D it | ⸂την γεενναν του πυρος 1 *pc* ff¹ sy^c || 9 ⸂το αυτο ει και D

Mark.: 42 ⸀μου W ¦ — 𝔎 Γ Π Ψ 22 *al* | ⸂† *1* ℵ C* *pc* it ¦ πιστιν εχοντων D a ¦ *txt* B C² 𝔎 A N W Θ *pl* lat sy^s.p sa bo^pt | ⸀περιεκειτο D W lat | ⸂*p)* λιθος μυλικος 𝔎 A N Γ Π Φ *al* ¦ μυλον ονικον W ¦ μυλωνικος λιθος (Θ) φ | ⸀¹επι D *pc* | ⸀²εβληθη W Θ (⸉D) || 43 ⸀† -ιση B ℵ W *pc* ¦ *txt* C 𝔎 A D (Θ) λ φ *pl* | ⸆*p)* και βαλε αυτην απο σου bo^pt | ⸂*p)* σοι εστιν 𝔎 A W λ *pm* (⸉D lat) | °D | ⸀*p)* βληθηναι D *al* it ¦ εισελθειν ℵ* | ⸂*1-3* ℵ¹ L 0274. 544 *pc* sy^p ¦ *4-8* W λ 28 sy^s ¦ *1-3* οπου εστιν *5-8* D it | ⸆[44] (Is 66, 24) οπου ο σκωληξ αυτων ου τελευτα και το πυρ ου σβεννυται 𝔎 A D Θ φ *pl* lat sy^p; Ir^lat ¦ *txt* ℌ W 0274 λ 28.565 k sy^s sa bo || 45 ⸀-ζει ℵ Θ *pc* | ⸀κοψον W | ⸆(Mt 18, 8) και βαλε αυτον απο σου sy^s bo^pt | ⸆γαρ A *al* ¦ σοι (*et* — σε) D W *al* lat | ⸉*p.* ζωην ℵ *al* | ⸆¹αιωνιον D lat | ⸀¹απελθειν W λ *pc* ¦ βλ. *p.* γεενναν ℵ | ⸆²εις το πυρ το ασβεστον 𝔎 A D Θ φ *pl* it | ⸆³[46] *ut* 44 || 47 ⸀ει W (*sed* ⸉*p.* σου D) | ⸋sa

Luk.: 1 °𝔎 W Γ Δ Θ Π 063 λ *al* e λ sy^p | ⸉*3 4 1 2* 𝔎 A D W Θ 063 λ φ *pl* lat ¦ *txt* 𝔓75 B ℵ L *pc* e | ⸂† ουαι δε 𝔎 A (W) Θ 063 *pm* ¦ *txt* 𝔓75 ℌ D λ φ *pc* it sy^s sa bo || 2 ⸀*p)* συμφερει δε D c; (Mcion) | ⸂λιθ. ονικος W ¦ *p)* μυλος ονικος 𝔎 A Γ Δ Π 063 *al* sy^s.p bo^pt | ⸀περιεκειτο *et* ⸀εριπτ(ετ)ο D a e | ⸉*p.* σκανδαλιση ℵ^corr 𝔎 A D W Θ 063 λ φ *pl* latt ¦ *txt* B ℵ* L *pc*

1sqq cf Mt 26, 24; Mc 14, 21; Lc 22, 22; *cf 8 sqq. 60 sq* || *3sqq cf 43 sqq. 46 sq* || *4* cf Mt 18, 14; 25, 40. 45 || *6* cf Apc 18, 21 || *8sqq cf* ad *1 sqq* || *8 (Mt)* cf Mt 5, 14; 13, 38 || *9sqq cf 60 sq* || *11sqq* cf Rm 8, 13; Kol 3, 5; Rm 6, 19; *cf 38 sqq* || *13* cf Dt 25, 12; Jdc 1, 6 || *16* cf 4 Esr 2, 29; 7, 36; 2 Rg 23, 10; Jr 7, 31; 19, 5 sq; 32, 35 (LXX 39, 35); Is 66, 24; Hen 27, 2; Mt 10, 28 || *16 sq (Mt)* cf Mt 25, 41; 19, 16. 29; 25, 46 || *16 sq (Mc)* Is 66, 24; Mt 3, 12; Lc 3, 17; *cf 52* || *21 sqq* cf 1 Jo 2, 16; Mt 5, 28; *cf 35 sqq. 56 sq*

[Matth. 18, 6-9]

ἀπὸ σοῦ· καλόν σοί ἐστιν μονόφθαλμον
εἰς τὴν ζωὴν εἰσελθεῖν ἢ
δύο ὀφθαλμοὺς ἔχοντα βληθῆναι εἰς τὴν
γέενναν ⸋τοῦ πυρός⸌.

5, 13 *(nr. 52, p. 76)*

13 Ὑμεῖς ⸀ἐστε τὸ ⸀ἅλας τῆς γῆς·
ἐὰν δὲ τὸ ⸀1ἅλας μω-
ρανθῇ, ἐν τίνι ἁλισθήσεται;
εἰς οὐδὲν ἰσχύει °ἔτι εἰ μὴ ⸂βληθὲν ἔξω⸃
καταπατεῖσθαι ὑπὸ τῶν ἀνθρώπων.

5, 29-30 *(nr. 56, p. 80)*

29 Εἰ δὲ ὁ ὀφθαλμός σου ὁ δεξιὸς σκανδαλίζει
σε, ἔξελε αὐτὸν καὶ βάλε ἀπὸ σοῦ· συμφέρει
γάρ σοι ἵνα ἀπόληται ἓν τῶν μελῶν σου καὶ μὴ
ὅλον τὸ σῶμά σου βληθῇ εἰς γέενναν. 30 καὶ
εἰ ἡ δεξιά σου χεὶρ σκανδαλίζει σε, ἔκκοψον
αὐτὴν καὶ βάλε ἀπὸ σοῦ· συμφέρει γάρ σοι ἵνα
ἀπόληται ἓν τῶν μελῶν σου καὶ μὴ ὅλον τὸ
σῶμά σου εἰς γέενναν ἀπέλθῃ.

[Mark. 9, 42-50]

καλόν ⸀σέ ἐστιν μονόφθαλμον
°εἰσελθεῖν εἰς τὴν βασιλείαν τοῦ θεοῦ ἢ
δύο ὀφθαλμοὺς ἔχοντα ⸀βληθῆναι εἰς °1τὴν
γέενναν⸆, 48 ὅπου ὁ σκώληξ αὐτῶν οὐ
τελευτᾷ καὶ τὸ πῦρ οὐ σβέννυται.

49 ⸂Πᾶς γὰρ πυρὶ ἁλισθήσεται.⸃ 50 καλὸν
τὸ ⸀ἅλας· ἐὰν δὲ τὸ ⸀ἅλας ⸂ἄναλον
γένηται⸃, ἐν τίνι αὐτὸ ⸀1ἀρτύσετε;
⸀ἔχετε
ἐν ἑαυτοῖς⸃ ἅλα καὶ εἰρηνεύετε ἐν ἀλλήλοις.

(nr. 251 10, 1 p. 334)

Luk.

14, 34-35 *(nr. 218, p. 304)*

34 Καλὸν
°οὖν τὸ ⸀ἅλας· ἐὰν δὲ °1καὶ τὸ ⸀ἅλας ⸀μω-
ρανθῇ, ἐν τίνι ⸀1ἀρτυθήσεται; 35 οὔτε εἰς ⸆
γῆν οὔτε εἰς κοπρίαν εὔθετόν ἐστιν, ἔξω
βάλλουσιν αὐτό.
ὁ ἔχων ὦτα ἀκούειν ἀκουέτω.

Joh.

Evang. sec. Hebraeos (Hieronymus, Comm. in Ez. 18,7): Et in evangelio quod iuxta Hebraeos Nazaraei legere consueverunt, inter maxima ponitur crimina, qui fratris sui spiritum contristaverit. – (Comm. in Eph. 5,4): ... ut in Hebraico quoque Evangelio legimus, Dominum ad discipulos loquentem: »Et numquam«, inquit, »laeti sitis, nisi cum fratrem vestrum videritis in caritate«.

1. Clem. ad Cor. 46,8: Εἶπεν γάρ· »Οὐαὶ τῷ ἀνθρώπῳ ἐκείνῳ· καλὸν ἦν αὐτῷ, εἰ οὐκ ἐγεννήθη, ἢ ἕνα τῶν ἐκλεκτῶν μου σκανδαλίσαι· κρεῖττον ἦν αὐτῷ περιτεθῆναι μύλον καὶ καταποντισθῆναι εἰς τὴν θάλασσαν, ἢ ἕνα τῶν ἐκλεκτῶν μου διαστρέψαι«.

2. Clem. ad Cor. 17,7; 7,6: 17 7 Οἱ δὲ δίκαιοι εὐπραγήσαντες καὶ ὑπομείναντες τὰς βασάνους καὶ μισήσαντες τὰς ἡδυπαθείας τῆς ψυχῆς, ὅταν θεάσωνται τοὺς ἀστοχήσαντας καὶ ἀρνησαμένους διὰ τῶν λόγων ἢ διὰ τῶν ἔργων τὸν Ἰησοῦν, ὅπως κολάζονται δειναῖς βασάνοις πυρὶ ἀσβέστῳ, ἔσονται δόξαν διδόντες τῷ θεῷ αὐτῶν λέγοντες, ὅτι ἔσται ἐλπὶς τῷ δεδουλευκότι θεῷ ἐξ ὅλης καρδίας. 7 6 Τῶν γὰρ μὴ τηρησάντων, φησίν, τὴν σφραγῖδα »ὁ σκώληξ αὐτῶν οὐ τελευτήσει καὶ τὸ πῦρ αὐτῶν οὐ σβεσθήσεται«, καὶ ἔσονται εἰς ὅρασιν πάσῃ σαρκί.

Ignatius ad Eph. 16,2: Ὁ τοιοῦτος, ῥυπαρὸς γενόμενος, εἰς τὸ πῦρ τὸ ἄσβεστον χωρήσει, ὁμοίως καὶ ὁ ἀκούων αὐτοῦ.

Herm. Pastor, Sim. IX,12,3: Ὅτι, φησίν, ἐπ' ἐσχάτων τῶν ἡμερῶν τῆς συντελείας φανερὸς ἐγένετο, διὰ τοῦτο καινὴ ἐγένετο ἡ πύλη, ἵνα οἱ μέλλοντες σῴζεσθαι δι' αὐτῆς »εἰς τὴν βασιλείαν εἰσέλθωσι τοῦ θεοῦ«. *(cf. etiam ad nr. 255)*

Matth. 18: 9 ⸋*p)* D

Matth. 5: 13 [⸀ἔστε comm] | ⸀αλα ℵ*D*W | ⸀1αλα B^{2}ℵW; Or | °DW it | ⸂-θηναι εξω και ℜDWΘ*pm*

Mark.: 47 ⸀σοι CℜADλ*pm* latt ¦ — W*pc* | °ℵ* | ⸀απελθειν Dλ*al* c i (k) sy^{s} ¦ — W | °1 BΨ*pc* | ⸆του πυρος CℜAΘφ*pm* lat sy^{p} bo^{pt} || 49 ⸂(Lv 2,13) πασα γαρ θυσια αλι αλισθησεται D*pc* it ¦ πας γ. (+ εν C) π. αλ. (αναλωθ. Θ) και πασα θυσια αλι (— αλι Ψ 579*pc* vg^{codd}) αλισθ. (αναλωθ. Ψ) CℜAΘΨ*pm* lat sy^{p} bo^{pt} ¦ *txt* ℌ(W)λφ*al* (k) sy^{s} sa bo^{pt} || **50** ⸀αλα LW*pc* | ⸀αλα ℵ*LW*pc* | ⸂*p)* μωρανθη W 579 ¦ αν. γενησεται D lat | ⸀1αρτυσεται CADΘ*pc* ¦ αρτυσηται W*pc* ¦ αρτυθησεται λ*pc* | ⸂υμεις ουν εν εαυτ. εχ. Wφ*pc*

Luk.: 34 °*p)* ℜADWλ*pm* lat | ⸀*bis* αλα ℵ*DW (*sol.* αλα^{2} 𝔓^{75}) | °1 ℜAWλφ*pm* | ⸀μαρ- 56*pc* | ⸀1*p)* αλισθησεται sa bo || 35 ⸆την 𝔓^{75} D 69

---

23 *sqq cf 53 sq* || 26 *sq* Is 66,24; cf Sir 7,17; Jdth 16,18 || 25 *sqq cf 48 sqq. 52* || 28 cf 1Cor 3,13 || 33 cf 1Th 5,13 || 34 cf Mt 11,15; 13,9.43; 25,29 app; Mc 4,9.23; 7,16 app; Lc 8,8; 12,21 app; 13,9 app; 21,4 app; Apc 2,7.11.17.29; 3,6.13.22; 13,9; cf. Evang. Thomae copt. *Append.* I, 8, 21, 24, 63, 65, 96 || 35 *sqq cf 21 sqq* || 38 *sqq cf 11 sqq* || 43 *sqq cf 3 sqq* || 46 *sq cf 3 sqq* || 48 *sqq cf 25 sqq* || 52 cf 16 *sq* (Mc). 25 *sqq* || 53 *sq cf 23 sqq*

Justinus Mart., Apol. I, 15, 1–4: [1]Περὶ μὲν οὖν σωφροσύνης τοσοῦτον εἶπεν· »Ὃς ἂν ἐμβλέψῃ γυναικὶ πρὸς τὸ ἐπιθυμῆσαι αὐτῆς ἤδη ἐμοίχευσε τῇ καρδίᾳ παρὰ τῷ θεῷ«. [2]Καί· »Εἰ ὁ ὀφθαλμός σου ὁ δεξιὸς σκανδαλίζει σε, ἔκκοψον αὐτόν· συμφέρει γάρ σοι μονόφθαλμον εἰσελθεῖν εἰς τὴν βασιλείαν τῶν οὐρανῶν, ἢ μετὰ τῶν δύο πεμφθῆναι εἰς τὸ αἰώνιον πῦρ.« [3]Καί· »Ὃς γαμεῖ ἀπολελυμένην ἀφ' ἑτέρου ἀνδρὸς μοιχᾶται«. [4]Καί· »Εἰσί τινες οἵτινες εὐνουχίσθησαν ὑπὸ τῶν ἀνθρώπων, εἰσὶ δὲ οἳ ἐγεννήθησαν εὐνοῦχοι, εἰσὶ δὲ οἳ εὐνούχισαν ἑαυτοὺς διὰ τὴν βασιλείαν τῶν οὐρανῶν· πλὴν οὐ πάντες τοῦτο χωροῦσιν«.

Ps. Clem. hom. XII, 29, 1: Ὁ τῆς ἀληθείας προφήτης ἔφη· »Τὰ ἀγαθὰ ἐλθεῖν δεῖ, μακάριος δέ (φησίν) δι' οὗ ἔρχεται· ὁμοίως καὶ τὰ κακὰ ἀνάγκη ἐλθεῖν, οὐαὶ δὲ δι' οὗ ἔρχεται«.

55sq Mt 5, 28 || 56sq *cf 21 sqq* || 57 Mt 5, 32 || 57sqq Mt 19, 11 sq || 60sq *cf 1 sqq. 9 sqq*

169. Gleichnis vom verlorenen Schaf

Ovis perdita

The Parable of the Lost Sheep

Matth. 18, 10-14

[10]Ὁρᾶτε μὴ καταφρονήσητε ἑνὸς ⸉τῶν μικρῶν τούτων⸊ ⸆·
λέγω γὰρ ὑμῖν ὅτι οἱ ἄγγελοι αὐτῶν ⸂ἐν οὐρανοῖς⸃ διὰ
παντὸς βλέπουσι τὸ πρόσωπον τοῦ πατρός μου τοῦ ἐν
οὐρανοῖς. ⸆[11]
[12]Τί ⸆ ὑμῖν δοκεῖ; ἐὰν γένηταί τινι ἀνθρώπῳ
ἑκατὸν πρόβατα καὶ πλανηθῇ ἓν ἐξ αὐτῶν, οὐχὶ ⸀ἀφήσει
τὰ ἐνενήκοντα ἐννέα ⸆ ⸋ἐπὶ τὰ ὄρη⸌ °καὶ ⸀πορευθεὶς ⸀¹ζητεῖ
τὸ πλανώμενον; [13]καὶ ἐὰν γένηται ⸆ εὑρεῖν αὐτό,
ἀμὴν λέγω ὑμῖν ὅτι χαίρει
ἐπ' αὐτῷ μᾶλλον ἢ ἐπὶ τοῖς ἐνενήκοντα ἐννέα τοῖς μὴ πεπλανημένοις.
[14]οὕτως οὐκ ἔστιν θέλημα °ἔμπροσθεν τοῦ πατρὸς ⸀ὑμῶν
τοῦ ἐν οὐρανοῖς ἵνα ἀπόληται ⸀ἓν τῶν μικρῶν τούτων.

Mark.

Luk. 15, 3-7
19, 10

15, 3-7 *(nr. 219, p. 304)*

[3]Εἶπεν δὲ πρὸς αὐτοὺς τὴν παραβολὴν ταύτην °λέγων·
[4]τίς ἄνθρωπος ἐξ ὑμῶν ⸀ἔχων
ἑκατὸν πρόβατα καὶ ⸀ἀπολέσας ἐξ αὐτῶν ἓν ⸂οὐ καταλείπει⸃ τὰ ἐνενήκοντα ἐννέα ἐν τῇ ἐρήμῳ καὶ ⸂πορεύεται ἐπὶ
τὸ ἀπολωλὸς⸃ ἕως ⸆ εὕρῃ αὐτό; [5]καὶ εὑρὼν
ἐπιτίθησιν ἐπὶ τοὺς ὤμους ⸀αὐτοῦ χαίρων
[6]⸂καὶ ἐλθὼν⸃ εἰς τὸν οἶκον ⸀συγκαλεῖ τοὺς
φίλους καὶ τοὺς γείτονας λέγων αὐτοῖς· συγχάρητέ μοι,
ὅτι εὗρον τὸ πρόβατόν μου τὸ ἀπολωλός. [7]λέγω ⸆ ὑμῖν ὅτι
οὕτως χαρὰ
ἐν τῷ οὐρανῷ ⸉ἔσται ἐπὶ ἑνὶ ἁμαρτωλῷ μετανοοῦντι ἢ ἐπὶ
ἐνενήκοντα ἐννέα δικαίοις οἵτινες οὐ χρείαν ἔχουσιν μετανοίας.

19, 10 *(nr. 265, p. 356)*

[10]⸆Ἦλθεν γὰρ ὁ υἱὸς τοῦ ἀνθρώπου ζητῆσαι καὶ σῶσαι τὸ ἀπολωλός.

Joh.

2. Petr. 3, 9: Οὐ βραδύνει κύριος τῆς ἐπαγγελίας, ὥς τινες βραδύτητα ἡγοῦνται, ἀλλὰ μακροθυμεῖ εἰς ὑμᾶς, μὴ βουλόμενός τινας ἀπολέσθαι ἀλλὰ πάντας εἰς μετάνοιαν χωρῆσαι.

Evang. Thomae copt.: *cf. Append. I, 107*

Matth.: 10 ⸉*312* D L 399* lat | ⸆(18, 6) των πιστευοντων εις εμε D *pc* it vg^codd sy^c sa | ⸂εν τω ουρανω B (33) *pc* ¦ — N 1 *al* it sy^s sa^pt; Cl Or Cyr ¦ *txt* ℵ K D W Θ *pm* | ⸆(9, 13; Lc 19, 10) [11] ηλθεν γαρ ο υιος του ανθρωπου σωσαι το απολωλος. K D W *pm* lat sy^c.p bo^pt ¦ *txt* H Θ 1.13 *al* e ff^1 sy^s; Or || 12 ⸆δε D *pc* a n sy^c sa^pt bo^pt | ⸀αφεις *et* ° ℵ K W λ *pm* q ¦ *txt* B (D) Θ φ *al* lat | ⸆προβατα B Θ φ *pc* sa | ⸋ℵ* | ⸀πορευομενος D | ⸀¹ζητησει H Θ φ *pc* || 13 ⸆του Θ φ *pc* || 14 °ℵ *pc* sy^s.c bo | ⸀μου B Θ φ *pm* sy^s sa bo ¦ *txt* ℵ K (D) W λ *al* lat sy^c.p | ⸀εις K W Γ Δ Θ Π Φ λ φ *pm*; Or

Luk.: 3 °D Θ 13.28.69 *pc* b e sy || 4 ⸀ος εξει D (ex lat?) *et* ⸀απολεση B* D | ⸂ουκ αφιησι *et* ⸂απελθων το απ. ζητει D (lat sy sa bo^pt) | ⸆τοῦ ℵ A Δ λ φ *pm* || 5 ⸀εαυτου K A W *al* || 6 ⸂ελθων δε D | ⸀-ειται D λ φ *al* || 7 ⸆δε D | ⸉*p.* χαρα K A D W Θ λ φ *pl* lat ¦ *txt* 𝔓^75 B ℵ L *pc*

2 cf Ps 91, 11; Tob 5, 6.22; Act 12, 7.15; Apc 1, 20 sqq; Lc 16, 22 || 3sq cf 1 Rg 10, 8; 2 Rg 25, 19; Tob 12, 15; Lc 1, 19 || 4 *(Mt vs 11) cf 18 sq* || 4sqq cf Jo 10, 11 sqq *(= nr 249)* || 5sqq cf Ez 34, 12.16; Ps 119, 176; *cf 22* || 6 cf 1 Pt 2, 25 || 6sq cf 1 Sm 17, 28 || 9 *(Lc)* cf Is 40, 11; 49, 22 || 14sqq *cf 18 sq. 20 sq* || 18sq *cf 4 app. 14 sqq* || 20sq *cf 14 sqq* || 22 *cf 5 sqq*

170. Gemeindezucht

Correctio fraterna

(cf. nr. 230)

On Reproving One's Brother

Matth. 18, 15-18
16,19

[15]Ἐὰν δὲ ἁμαρτήσῃ ⸋[εἰς σὲ]⸌ ὁ ἀδελφός σου, ὕπαγε ⸆ ἔλεγξον αὐτὸν μεταξὺ σοῦ καὶ αὐτοῦ μόνου. ἐάν σου ἀκούσῃ, ἐκέρδησας τὸν ἀδελφόν σου· [16]ἐὰν δὲ μὴ ἀκούσῃ, παράλαβε ⸉μετὰ ⸀σοῦ ἔτι ἕνα ἢ δύο⸊, ἵνα ἐπὶ στόματος δύο ⸉μαρτύρων ἢ τριῶν σταθῇ πᾶν ῥῆμα· [17]ἐὰν δὲ παρακούσῃ αὐτῶν, εἰπὲ τῇ ἐκκλησίᾳ· ἐὰν δὲ ⸰καὶ τῆς ἐκκλησίας παρακούσῃ, ἔστω σοι ⸆ ὥσπερ ὁ ἐθνικὸς καὶ ⸆ ὁ τελώνης. [18]Ἀμὴν λέγω ὑμῖν· ὅσα ἐὰν δήσητε ἐπὶ τῆς γῆς ⸋ἔσται δεδεμένα ἐν ⸀οὐρανῷ, καὶ ὅσα ἐὰν λύσητε ἐπὶ τῆς γῆς⸌ ἔσται λελυμένα ἐν ⸀οὐρανῷ.

16,19 *(nr. 158, p. 229)*

[19]Δώσω σοι τὰς κλεῖδας τῆς βασιλείας τῶν οὐρανῶν, καὶ ὃ ἐὰν δήσῃς ἐπὶ τῆς γῆς ἔσται δεδεμένον ἐν τοῖς οὐρανοῖς, καὶ ὃ ἐὰν λύσῃς ἐπὶ τῆς γῆς ἔσται λελυμένον ἐν τοῖς οὐρανοῖς.

Mark.

Luk. 17, 3
(nr. 229. 230; p. 311. 312)

[3]Προσέχετε ἑαυτοῖς. ἐὰν ⸆ ἁμάρτῃ ⸆ ὁ ἀδελφός σου ἐπιτίμησον αὐτῷ, καὶ ἐὰν ⸆[1] μετανοήσῃ ἄφες αὐτῷ.

Joh. 20, 23
(nr. 356, p. 502)

[23]Ἄν ⸀τινων ἀφῆτε τὰς ἁμαρτίας ⸀ἀφέωνται αὐτοῖς, ἄν ⸀τινων ⸀[1]κρατῆτε κεκράτηνται.

Polycarpus ad Phil. 11,2: Si quis non se abstinuerit ab avaritia, ab idololatria coinquinabitur et tamquam inter gentes iudicabitur, qui ignorant iudicium domini.

Didache 15,3: Ἐλέγχετε δὲ ἀλλήλους μὴ ἐν ὀργῇ ἀλλ' ἐν εἰρήνῃ ὡς ἔχετε ἐν τῷ εὐαγγελίῳ· καὶ παντὶ ἀστοχοῦντι κατὰ τοῦ ἑτέρου μηδεὶς λαλείτω μηδὲ παρ' ὑμῶν ἀκουέτω, ἕως οὗ μετανοήσῃ.

Matth.: 15 ⸋ † B ℵ 1*pc*; Or ¦ *txt* ℜ D W Θ *pl* latt sy bo[pt] | ⸆και ℜ W λ *pm* lat || 16 ⸉ *3-6 1 2* 𝔓[44vid] B | ⸀σεαυτου ℌ Θ ϕ 1*pm* ¦ *txt* (B) ℜ D W *al* | ⸉*p.* τριων ℵ Θ *pc* it; Cyr ¦ *a.* δυο[2] L *pc* ¦ — D || 17 ⸰ it sy[s] bo | ⸆λοιπον 1 *pc* | ⸆ως D ff[1] sy || 18 ⸋ D* n | ⸀τοις ουρανοις ℵ L *al*; Theod ¦ τω ουρανω ℜ W Γ Δ 058 λ *pm* | ⸀τοις ουρανοις D L M *al* c f ¦ τω ουρ. ℜ W Γ Δ 058 λ *pm*

Luk.: 3 ⸆δε ℜ A W Γ Δ Π 063 λ ϕ *pm* | ⸆εις σε ℜ D Γ Δ Π 063. 0135 ϕ *pm* c e q | ⸆[1]μεν A Θ *pc* ¦ μη 1. 209

Joh.: 23 ⸀ *bis* τινος B a e f sy[s.p] | ⸀αφιονται B* (-ιεντ- B[2] ℜ W Θ 078 *pm*; Or) ¦ αφεθησεται ℵ* ¦ *txt* ℵ[corr] A D L 050 λ 13 *al* | ⸀[1]κρατησητε D lat

---

[1sqq] cf Gl 6,1; Tt 3,10; *cf 21 sq* || [2sq] cf Lv 19,17 || [6sqq] Dt 19,15; cf Dt 17,6; Jo 8,17; 1Tm 5,19; Heb 10,28; 6,18; Apc 11,3 || [8sqq] *cf 19 sq* || [8] cf Is 65,12; Esth 3,3.8; Tob 3,4; *cf 10* || [10] *cf ad 8* || [11sqq] *cf 15 sqq* || [15sqq] *cf 11 sqq* || [19sq] *cf 8 sqq* || [21sq] *cf 1 sqq*

171. Wo zwei oder drei versammelt sind ...

Ubi duo vel tres ...

»Where Two or Three are Gathered Together ...«

Matth. 18, 19-20	Mark.	Luk.	Joh.
19 Πάλιν⸀[ἀμὴν] λέγω ὑμῖν ὅτι ἐὰν δύο⸂⸀συμφωνήσωσιν ἐξ ὑμῶν⸃ ἐπὶ τῆς γῆς περὶ παντὸς πράγματος οὗ ἐὰν αἰτήσωνται, ⸉γενήσεται αὐτοῖς⸊ παρὰ τοῦ πατρός μου τοῦ ἐν οὐρανοῖς. 20 ⸂οὗ γάρ εἰσιν⸃ δύο ἢ τρεῖς συνηγμένοι εἰς τὸ ἐμὸν ὄνομα, ⸀ἐκεῖ εἰμι ἐν μέσῳ αὐτῶν.			

Pap. Oxyrhynch. 1, nr. 5 (sec. Fitzmyer): [Λέγ]ει [Ἰ(ησοῦ)ς· ὅ]που ἐὰν ὦσιν [γ' θε]ο[ί,] ε[ἰσὶ]ν θεοί· καὶ [ὅ]π[ου] ε[ἷς] ἐστιν μόνος [αὐ]τῷ, ἐγώ εἰμι μετ' αὐτ[οῦ]. ἔγει[ρ]ον τὸν λίθον κἀκεῖ εὑρήσεις με, σχίσον τὸ ξύλον, κἀγὼ ἐκεῖ εἰμι. *(cf.* Evang. Thomae copt. *Append. I, 30)*

Evang. Thomae copt.: *cf. Append. I, 48*

Ignatius ad Eph. 5, 2: Μηδεὶς πλανάσθω· ἐὰν μή τις ᾖ ἐντὸς τοῦ θυσιαστηρίου, ὑστερεῖται »τοῦ ἄρτου τοῦ θεοῦ«. εἰ γὰρ ἑνὸς καὶ δευτέρου προσευχὴ τοσαύτην ἰσχὺν ἔχει, πόσῳ μᾶλλον ἥ τε τοῦ ἐπισκόπου καὶ πάσης τῆς ἐκκλησίας;

Didache 15, 3: *cf. nr. 170*

Matth.: 19 ⸀δε N W Δ *al* q ¦ — ℌ D Γ 1 *al* lat sy^p bo^pt; Or ¦ *txt* B ℜ (Θ) 058 φ *pm* it sy^s.c sa bo^pt | ⸂ *2 3 1* Θ 058 φ *pc* lat ¦ *3 1* ℜ N W Γ Δ Π Φ 078 λ *al* q | ⸀-σουσιν ℵ D L N Δ 078 *al* | ⸉ ℵ ‖ 20 ⸂οπου γ. ε. ℵ^corr N Θ φ *pc*; Or Eus (Cyr) ¦ ουκ εισιν γαρ *et* ⸀παρ οις ουκ D g^1 sy^s; Cl

---

1 sqq cf 4 sq. 7 sq. 9 ‖ *1 sq* cf Mc 11, 24; Jo 16, 24 ‖ *2 sq* cf Mt 28, 20; Jo 14, 23; Ml 3, 16; 1 Cor 5, 4; *cf 6* ‖ *4 sq cf 1 sqq* ‖ *6 cf 2 sq* ‖ *7 sq cf 1 sqq* ‖ *9 cf 1 sqq*

172. Vom Vergeben

Septuagies septies dimittendum

On Reconciliation

Matth. 18, 21-22	Mark.	Luk. 17, 4 *(nr. 230, p. 312)*	Joh.
21 Τότε προσελθὼν °ὁ Πέτρος εἶπεν ⸉αὐτῷ· κύριε, ποσάκις ἁμαρτήσει ⸉εἰς ἐμὲ ὁ ἀδελφός μου⸊ καὶ ἀφήσω αὐτῷ; ἕως ἑπτάκις; 22 λέγει αὐτῷ ὁ Ἰησοῦς· οὐ λέγω σοι ἕως ἑπτάκις ἀλλὰ ἕως ἑβδομηκοντάκις ⸀ἑπτά.		4 Καὶ ἐὰν ἑπτάκις τῆς ἡμέρας ⸀ἁμαρτήσῃ εἰς σὲ καὶ ⸆ ἑπτάκις ⸆ ἐπιστρέψῃ ⸋πρὸς σὲ⸌ λέγων· ⸀μετανοῶ, ⸀¹ἀφήσεις αὐτῷ.	

Evang. sec. Hebraeos (Hieronymus, Contra Pelag. III, 2): Et in eodem volumine: »Si peccaverit«, inquit, »frater tuus in verbo, et satis tibi fecerit, septies in die suscipe eum«. Dixit illi Simon discipulus eius: »Septies in die?« Respondit Dominus, et dixit ei: »Etiam ego dico tibi, usque septuagies septies. Etenim in Prophetis quoque postquam uncti sunt Spiritu Sancto, inventus est sermo peccati«.

Codd. N. T. 566. 899 (ad Matth. 18, 22): Τὸ Ἰουδαϊκὸν ἑξῆς ἔχει μετὰ τὸ ἑβδομηκοντάκις ἑπτά· »καὶ γὰρ ἐν τοῖς προφήταις μετὰ τὸ χρισθῆναι αὐτοὺς ἐν πνεύματι ἁγίῳ εὑρίσκετο ἐν αὐτοῖς λόγος ἁμαρτίας«.

Matthiae traditiones (Clem. Alex., Strom. VII, 13, 82, 1): Λέγουσι δὲ ἐν ταῖς παραδόσεσι Ματθίαν τὸν ἀπόστολον παρ' ἕκαστα εἰρηκέναι ὅτι »ἐὰν ἐκλεκτοῦ γείτων ἁμαρτήσῃ, ἥμαρτεν ὁ ἐκλεκτός· εἰ γὰρ οὕτως ἑαυτὸν ἦγεν, ὡς ὁ λόγος ὑπαγορεύει, κατῃδέσθη ἂν αὐτοῦ τὸν βίον καὶ ὁ γείτων εἰς τὸ μὴ ἁμαρτεῖν«.

Didache 15, 3: *cf. nr. 170*

Matth.: 21 °D | ⸉ *p.* προσελθων ℵ^corr ℜ W Θ λ φ *pm* ¦ — ℵ* ¦ *txt* ℌ D *al* | ⸉ *3-5 1 2* B Θ φ *pc* ‖ 22 ⸀επτακις D*

Luk.: 4 ⸀αμαρτη ℵ ℜ 0135 λ *pm* | ⸆το D sy^s; Cl ¦ εαν A *pc* aur b | ⸆της ημερας ℜ A W Γ Δ Θ 063. 0135 λ φ *pl* aur e f vg sy^p sa bo^pt | ⸋ ℜ W Γ Θ 063. 0135 φ *pm* f i λ | ⸀μετανοησω D* | ⸀¹αφες D *pc* lat; Cl

---

1 sqq cf 5 sqq. 10 sqq. 13 ‖ *1* cf Mt 14, 28; 15, 15; 16, 16 ‖ *3* cf Gn 4, 15. 24; Lv 26, 21; Dn 9, 27; Prv 24, 16 ‖ *3 (Lc)* cf Ps 119, 164 ‖ *4 cf 8 sq* ‖ *5 sqq cf 1 sqq* ‖ *8 sq cf 4* ‖ *10 sqq cf 1 sqq* ‖ *13 cf 1 sqq*

173. Gleichnis vom Schalksknecht

Servus immisericors | **The Parable of the Unforgiving Servant**

Matth. 18, 23-35	Mark.	Luk.	Joh.
23 Διὰ τοῦτο ὡμοιώθη ἡ βασιλεία τῶν οὐρανῶν ἀνθρώπῳ βασιλεῖ, ὃς ἠθέλησεν συνᾶραι λόγον μετὰ τῶν δούλων αὐτοῦ. 24 ἀρξαμένου δὲ αὐτοῦ συναίρειν ⸀προσηνέχθη ⸉αὐτῷ εἷς⸊ ὀφειλέτης ⸁μυρίων ταλάντων. 25 μὴ ἔχοντος δὲ αὐτοῦ ἀποδοῦναι ἐκέλευσεν αὐτὸν ὁ κύριος ⸆ πραθῆναι καὶ τὴν γυναῖκα ⸇ καὶ τὰ ⸀τέκνα καὶ πάντα ὅσα ⸁ἔχει, καὶ ἀποδοθῆναι. 26 πεσὼν ⸀οὖν ὁ δοῦλος ⸆ προσεκύνει αὐτῷ λέγων· ⸇ μακροθύμησον ἐπ᾽ ἐμοί, καὶ πάντα ⸂ἀποδώσω σοι⸃. 27 σπλαγχνισθεὶς δὲ ⸂ὁ κύριος τοῦ δούλου ἐκείνου⸃ ἀπέλυσεν αὐτὸν καὶ ⸄τὸ δάνειον⸅ ἀφῆκεν αὐτῷ. 28 ἐξελθὼν δὲ ὁ δοῦλος °ἐκεῖνος εὗρεν ἕνα τῶν συνδούλων αὐτοῦ, ὃς ὤφειλεν αὐτῷ ἑκατὸν δηνάρια, καὶ κρατήσας αὐτὸν ἔπνιγεν λέγων· ἀπόδος ⸆ εἴ τι ὀφείλεις. 29 πεσὼν οὖν ὁ σύνδουλος αὐτοῦ ⸆ παρεκάλει αὐτὸν λέγων· μακροθύμησον ἐπ᾽ ἐμοί, ⸀καὶ ⸇ ἀποδώσω σοι. 30 ὁ δὲ οὐκ ⸀ἤθελεν ⸁ἀλλὰ ἀπελθὼν ἔβαλεν αὐτὸν εἰς ⸆ φυλακὴν ἕως ⸇ ἀποδῷ ⸆¹ τὸ ὀφειλόμενον. 31 ἰδόντες ⸀οὖν ⸉οἱ σύνδουλοι αὐτοῦ⸊ τὰ ⸁γενόμενα ἐλυπήθησαν σφόδρα ⸂καὶ ἐλθόντες⸃ διεσάφησαν τῷ κυρίῳ ⸀¹ἑαυτῶν πάντα τὰ γενόμενα. 32 τότε προσκαλεσάμενος αὐτὸν ὁ κύριος αὐτοῦ λέγει °αὐτῷ· ⸉δοῦλε πονηρέ⸊, πᾶσαν τὴν ὀφειλὴν ἐκείνην ἀφῆκά σοι, ἐπεὶ παρεκάλεσάς με· 33 οὐκ ἔδει ⸆ ⸋καὶ σὲ⸌ ἐλεῆσαι τὸν σύνδουλόν σου, ὡς κἀγὼ ⸂σὲ ἠλέησα⸃; 34 καὶ ὀργισθεὶς ὁ κύριος αὐτοῦ παρέδωκεν αὐτὸν τοῖς βασανισταῖς ἕως °οὗ ἀποδῷ °¹πᾶν τὸ ὀφειλόμενον ⸆. 35 οὕτως ⸆ καὶ ὁ πατήρ μου ὁ ⸀οὐράνιος ⸂ποιήσει ὑμῖν⸃, ἐὰν μὴ ἀφῆτε ἕκαστος τῷ ἀδελφῷ αὐτοῦ ἀπὸ τῶν καρδιῶν ὑμῶν ⸆. *(nr. 251 19, 1-2 p. 334)*			

Pap. Berol. 16388 ($\mathfrak{P}^{25}$ r. col. a. - *cf. nr. 251. 252* - Tatian, Diatessaron?): ... αὐτῷ· πονηραὶ δοῦλαι, πᾶσαν τὴν ὀφιλὴν ἐκείνην ἀφῆκά σοι, ἐπ⟨ε⟩ὶ παρεκάλεσάς με· οὐκ ἔδει οὖν ἐλεῆσαι τὸ(ν) σύνδουλόν σου ὡς κἀγὼ ἠλέησα [ὑμᾶς] καὶ ὀ[ργισ]θεὶς ...

Didache 15, 3: *cf. nr. 170*

---

24 ⸀† προσηχθη B D ¦ *txt* ℵ ℜ W Θ λ ϕ *pl* lat | ⸉† B ℵ* ¦ *txt* ℜ D W Θ λ ϕ *pl* lat sy^p sa bo | ⸁πολλων ℵ* sa bo; Or ¦ centum c || **25** ⸆αυτου ℜ W Θ ϕ *pl* it sy^p sa bo | ⸇αυτου ℜ D W ϕ *pl* lat sy sa bo | ⸀παιδια ℵ | ⸁ειχεν ℵ ℜ D W ϕ *pl* latt ¦ *txt* B Θ 1 *pc* || **26** ⸀δε D lat sa ¦ — sy^s ¦ και (*a. π.*) sy^c.p | ⸆εκεινος ℵ^corr D L Δ Θ 33 *al* lat sy bo | ⸇κυριε ℵ ℜ W *pl* sy^p sa bo ¦ *txt* B D Θ *pc* lat sy^s.c | ⸂*2 1* ℜ W Γ Δ λ *al* f q ¦ *1* D it sy^s ¦ (*om.* και ... σοι Θ) || **27** ⸂*1-4* B Θ 1 *pc* sa^pt ¦ ο κυριος αυτου sy^c ¦ — sy^s | ⸄πασαν την οφειλην 1 *pc* ff^1 sa bo; Or || **28** °B | ⸆μοι C ℜ Γ Δ *pm* e f sy || **29** ⸆εις τους ποδας αυτου ℜ W ϕ *pm* f q | ⸀καγω D | ⸇παντα ℵ^corr C^2 L W Γ Θ ϕ 1. 33 *pm* lat sa bo || **30** ⸀ηθελησεν D ϕ *pc* lat | ⸁και ℵ* | ⸆την L Θ *pc* | ⸇οὗ ℜ D W Θ *pl* | ⸆¹παν C 124 *al* g^1 sa^pt bo^pt || **31** ⸀δε ℵ^corr C ℜ W Θ *pl* lat sy sa bo | ⸉*3 1 2* B | ⸁γιν- D L *pc* | ⸂οι δε *2* ℵ ¦ *1* απελθοντες Θ ϕ 33. 565 *pc* | ⸀¹αυτων D L Θ λ ϕ *pc* || **32** °D Θ 047 *pc* | ⸉$\mathfrak{P}^{25}$ c || **33** ⸆ουν $\mathfrak{P}^{25}$ D Θ it | ⸋$\mathfrak{P}^{25}$ | ⸂*2* υμας $\mathfrak{P}^{25vid}$ || **34** °B; Or | °¹D *pc* sy^s | ⸆† αυτω ℵ* C ℜ L W λ *pm* ¦ *txt* B ℵ^2 D Θ ϕ *al* latt sy^s.c sa bo || **35** ⸆ουν Θ 1 *pc* | ⸀επουρ- C* ℜ W Γ Δ Θ ϕ 1 *pm* it | ⸂*2 1* Θ 892 (*pon. p.* και D 1 *pc* it) | ⸆(6, 14 sq) τα παραπτωματα αυτων C ℜ W ϕ 33. 118. 209 *pm* f h

---

1 sqq cf 17 || *1* cf Mt 25, 19 || *3 sq* cf 2 Rg 4, 1; Is 50, 1 || *4* cf Mt 2, 11; 4, 9; Lc 4, 7; Act 10, 25 || *5* cf Lc 7, 42 || *6 sqq* cf Sir 28, 2-4 || *9* cf Rm 13, 7; 1 Cor 7, 3 || *10* cf Mt 17, 23 || *11 sq cf 15 sq* || *12 sq* cf Mt 22, 7 || *13* cf Mt 5, 26; Lc 12, 59 || *13 sq* cf Mt 6, 14 sq; Mc 11, 25; Kol 3, 13 || *15 sq cf 11 sq* || *17 cf 1 sqq*

X. AUF DEM WEGE NACH JERUSALEM (nach Lukas)

ITER IN JERUSALEM (secundum Lucam) LAST JOURNEY TO JERUSALEM (According to Luke)

174. Aufbruch aus Galiläa

Iter ingreditur

(cf. nr. 251)

Decision to Go to Jerusalem

Matth. 19, 1-2 (nr. 251, p. 334)	Mark. 10, 1 (nr. 251, p. 334)	Luk. 9, 51 (nr. 167 9, 49-50 p. 248)	Joh.
[1] Καὶ ἐγένετο ὅτε ⸀ἐτέλεσεν ⸂ὁ Ἰησοῦς⸃ τοὺς λόγους τούτους, μετῆρεν ἀπὸ τῆς Γαλιλαίας καὶ ἦλθεν εἰς τὰ ὅρια τῆς Ἰουδαίας πέραν τοῦ Ἰορδάνου. [2] καὶ ἠκολούθησαν αὐτῷ ὄχλοι πολλοί, καὶ ἐθεράπευσεν αὐτοὺς °ἐκεῖ.	 [1] Καὶ ἐκεῖθεν ἀναστὰς ἔρχεται εἰς τὰ ὅρια τῆς Ἰουδαίας ⸂[καὶ] πέραν⸃ τοῦ Ἰορδάνου, καὶ ⸉συμπορεύονται πάλιν ὄχλοι⸊ πρὸς αὐτόν, καὶ ὡς εἰώθει πάλιν ἐδίδασκεν αὐτούς.	[51] Ἐγένετο δὲ ἐν τῷ ⸀συμπληροῦσθαι τὰς ἡμέρας τῆς ἀναλήμψεως °αὐτοῦ καὶ αὐτὸς τὸ πρόσωπον ⊤ἐστήρισεν τοῦ πορεύεσθαι εἰς Ἰερουσαλήμ.	

Matth.: 1 ⸀ελαλησεν D it bo^{pt} | ⸂pon. p. τουτους Θ a b ¦ — aur c || 2 °𝔓^{25} sy^{s}

Mark.: 1 ⸂p) περαν C^{2} D G W Δ Θ λ ϕ al latt ¦ δια του π. ℜ A N pm ¦ txt B ℵ C* L Ψ pc co | ⸉(3,20) συνερχεται παλιν ο οχλος D Θ (W ϕ pc) it

Luk.: 51 ⸀πληρουσθαι D | °ℵ* | ⊤αυτου ℵ C ℜ A D (W) Θ 0135 ϕ pl lat ¦ txt 𝔓$^{45.75}$ B pc

1 (Mt) cf Mt 7, 28; 11, 1; 13, 53; 26, 1 || 1 sq (Lc) cf Act 2, 1 || 3 (Mc) cf Mc 9, 33 || 3 sq (Lc) cf Lc 9, 53; 13, 22. 33; 17, 11; 18, 31. 35; 19, 1. 11. 28; Mt 20, 17; Mc 10, 32 || 5 sqq (Mt) cf Mt 15, 30 etc

175. Verweigerung der Aufnahme in einem Samariterdorf

A Samaritanis non recipitur

Jesus is Rejected by Samaritans

Matth.	Mark.	Luk. 9, 52-56	Joh.
		[52] Καὶ ἀπέστειλεν ⊤ ἀγγέλους πρὸ προσώπου αὐτοῦ. καὶ πορευθέντες εἰσῆλθον εἰς ⸀κώμην Σαμαριτῶν ⸁ὡς ἑτοιμάσαι αὐτῷ· [53] καὶ οὐκ ⸀ἐδέξαντο αὐτόν, ὅτι τὸ πρόσωπον αὐτοῦ ἦν ⸁πορευόμενον εἰς Ἰερουσαλήμ. [54] ἰδόντες δὲ οἱ μαθηταὶ ⊤ Ἰάκωβος καὶ Ἰωάννης εἶπαν· κύριε, θέλεις εἴπωμεν πῦρ καταβῆναι ⊤⸀ἀπὸ τοῦ οὐ- ρανοῦ καὶ ἀναλῶσαι αὐτούς ⊤1; [55] στραφεὶς δὲ ἐπετίμησεν αὐτοῖς ⊤. [56] ⊤ καὶ ἐπορεύθησαν εἰς ἑτέραν κώμην.	

52 ⊤τους W | ⸀πολιν ℵ* Ψ ϕ al lat | ⸁† ωστε ℵ^{2} C ℜ A D W Θ Ξ 0135 λ ϕ pm ¦ txt 𝔓$^{45.75}$ B ℵ* it || 53 ⸀εξεδεξαντο W | ⸁-μενου 𝔓^{45} lat; [Beza cj] || 54 ⊤αυτου C ℜ A D W Θ ϕ pl lat sy ¦ txt 𝔓$^{45.75}$ B ℵ λ pc | ⊤επ αυτους Θ it | ⸀εκ 𝔓^{45} C D Θ λ pc | ⊤1ως και Ηλιας εποιησεν C ℜ A D W Θ λ ϕ pm it sy^{p} bo^{pt}; Mcion ¦ txt 𝔓$^{45.75}$ ℌ al e vg sy$^{s.c}$ sa bo^{pt}; Hier || 55 ⊤και ειπεν· ουκ οιδατε οιου (ποιου D al) πνευματος εστε υμεις (— D Θ al) ℜ D Θ λ ϕ al lat sy$^{c.p}$ bo^{pt}; Mcion ¦ txt 𝔓$^{45.75}$ ℌ A E W al l sy^{s} sa bo^{pt}; Hier || 56 ⊤(19, 10; Jo 3, 17) ο γαρ (— γ. Θ al) υιος του ανθρωπου ουκ ηλθεν ψυχας ανθρωπων (— ανθρ. lat sy$^{c.p}$) απολεσαι αλλα σωσαι ℜ Θ λ ϕ al lat sy$^{c.p}$ bo^{pt}; Mcion txt ¦ 𝔓$^{45.75}$ ℌ A D E W al sy^{s} sa bo^{pt}; Hier

1 cf Mt 21, 1 sq; Mc 11, 1 sq; Lc 19, 29 sq; 7, 27; Mt 11, 10; Mc 1, 2; Ml 3, 1; Ex 23, 20 || 1 sq cf Mt 10, 5; Lc 10, 33; 17, 16; Jo 4, 4 sqq. 20; 8, 48; Act 1, 8; 8, 14. 25; Lc 10, 8. 10 | cf 2 Sm 17, 11 || 3 cf Mc 3, 17 par || 3 sq 2 Rg 1, 10. 12; cf Apc 11, 5 || 4 cf Lc 7, 9. 44 etc | cf Lc 9, 5; 10, 10-16; 2 Sm 16, 10

176. Von der Nachfolge Jesu

Sequar te | (cf. nr. 89) | On Following Jesus

Matth. 8,18-22
(nr. 89, p. 119)

[18] Ἰδὼν δὲ ὁ Ἰησοῦς ⸀ὄχλον περὶ ⸁αὐτὸν ἐκέλευσεν ⸆ ἀπελθεῖν εἰς τὸ πέραν. [19] καὶ προσελθὼν εἷς γραμματεὺς εἶπεν αὐτῷ· διδάσκαλε, ἀκολουθήσω σοι ὅπου ἐὰν ἀπέρχῃ. [20] καὶ λέγει αὐτῷ ὁ Ἰησοῦς· αἱ ἀλώπεκες φωλεοὺς ἔχουσιν καὶ τὰ πετεινὰ τοῦ οὐρανοῦ κατασκηνώσεις, ὁ δὲ υἱὸς τοῦ ἀνθρώπου οὐκ ἔχει ποῦ τὴν κεφαλὴν κλίνῃ.
[21] ἕτερος δὲ τῶν μαθητῶν °[αὐτοῦ] εἶπεν αὐτῷ· κύριε, ἐπίτρεψόν μοι πρῶτον ἀπελθεῖν καὶ θάψαι τὸν πατέρα μου⸆. [22] ὁ δὲ °Ἰησοῦς λέγει αὐτῷ· ⸂ἀκολούθει μοι καὶ ἄφες τοὺς νεκροὺς θάψαι τοὺς ἑαυτῶν νεκρούς⸃.

Mark.

Luk. 9,57-62

[57] ⸂Καὶ πορευομένων⸃ αὐτῶν ἐν τῇ ὁδῷ εἶπέν τις πρὸς αὐτόν· ἀκολουθήσω σοι ὅπου ἐὰν ⸀ἀπέρχῃ⸆. [58] καὶ εἶπεν αὐτῷ °ὁ Ἰησοῦς· αἱ ἀλώπεκες φωλεοὺς ἔχουσιν καὶ τὰ πετεινὰ τοῦ οὐρανοῦ κατασκηνώσεις, ὁ δὲ υἱὸς τοῦ ἀνθρώπου οὐκ ἔχει ποῦ τὴν κεφαλὴν κλίνῃ. [59] Εἶπεν δὲ πρὸς ἕτερον· ἀκολούθει μοι. ὁ δὲ εἶπεν· °[κύριε,] ἐπίτρεψόν μοι ⸂ἀπελθόντι πρῶτον⸃ θάψαι τὸν πατέρα μου.
[60] εἶπεν δὲ αὐτῷ· ⸀ἄφες τοὺς νεκροὺς θάψαι τοὺς ἑαυτῶν νεκρούς, σὺ δὲ ⸁ἀπελθὼν διάγγελλε τὴν βασιλείαν τοῦ θεοῦ. [61] Εἶπεν δὲ καὶ ἕτερος· ἀκολουθήσω σοι, κύριε· πρῶτον δὲ ἐπίτρεψόν μοι ἀποτάξασθαι τοῖς εἰς τὸν οἶκόν μου. [62] ⸂εἶπεν δὲ [πρὸς αὐτὸν] ὁ Ἰησοῦς⸃· οὐδεὶς ⸄ἐπιβαλὼν τὴν χεῖρα⸆ ἐπ' ἄροτρον καὶ βλέπων εἰς τὰ ὀπίσω⸅ εὔθετός ἐστιν ⸂¹τῇ βασιλείᾳ⸃ τοῦ θεοῦ.

Joh.

1. Reg. 19,19-21: [19] Καὶ ἀπῆλθεν ἐκεῖθεν καὶ εὑρίσκει τὸν Ελισαιε υἱὸν Σαφατ, καὶ αὐτὸς ἠροτρία ἐν βουσίν – δώδεκα ζεύγη βοῶν ἐνώπιον αὐτοῦ, καὶ αὐτὸς ἐν τοῖς δώδεκα –, καὶ ἐπῆλθεν ἐπ' αὐτὸν καὶ ἐπέρριψε τὴν μηλωτὴν αὐτοῦ ἐπ' αὐτόν. [20] καὶ κατέλιπεν Ελισαιε τὰς βόας καὶ κατέδραμεν ὀπίσω Ηλιου καὶ εἶπεν· καταφιλήσω τὸν πατέρα μου καὶ ἀκολουθήσω ὀπίσω σου· καὶ εἶπεν Ηλιου· ἀνάστρεφε, ὅτι πεποίηκά σοι. [21] καὶ ἀνέστρεψεν ἐξόπισθεν αὐτοῦ καὶ ἔλαβεν τὰ ζεύγη τῶν βοῶν καὶ ἔθυσεν καὶ ἥψησεν αὐτὰ ἐν τοῖς σκεύεσι τῶν βοῶν καὶ ἔδωκεν τῷ λαῷ, καὶ ἔφαγον· καὶ ἀνέστη καὶ ἐπορεύθη ὀπίσω Ηλιου καὶ ἐλειτούργει αὐτῷ.

Herm. Pastor, Sim. IX, 31, 2: Oportet autem circumcidi hoc saeculum ab illis et vanitates opum suarum, et tunc convenient in dei regnum. necesse est enim eos intrare in dei regnum; hoc enim genus innocuum benedixit dominus. ex hoc ergo genere non intercidet quisquam. etenim licet quis eorum temptatus a nequissimo diabolo aliquid deliquerit, cito recurret ad dominum suum.

Evang. Thomae copt.: *cf. Append. I, 86*

Matth.: **18** ⸀πολυν ο. 544 *al* sa^{pt} ¦ ο. π. W c g^{1} ¦ οχλους ℵ* *pc* bo ¦ πολλους οχλους ℵ^{corr} C 𝔎 Θ *pm* lat (sy?) ¦ *txt* B | ⸁εαυ- 22 | ⸆τους μαθητας αυτου it sy^{c} || **21** °† B ℵ *pc* it sa ¦ *txt* C 𝔎 W Θ **0250** λ φ *pl* lat sy bo | ⸆και ελευσομαι sy$^{s.c}$ || **22** °ℵ *pc* b c q (k sy^{s}) | ⸂ *4-10* · συ δε ακ. μοι sy$^{s.c}$; Cl

Luk.: **57** ⸂π. δε sa ¦ εγενετο δε π. 𝔎 A W λ *pm* lat ¦ και εγενετο π. D φ it ¦ *txt* 𝔓$^{45.75}$ ℌ Θ *al* sy bo | ⸀υπαγης 𝔓^{45} ¦ -γεις D 157 | ⸆κυριε C 𝔎 A W Θ φ *pm* f q (⸉b) sy^{p} bo^{pt} || **58** °B || **59** °† B* D *pc* sy^{s}; Or ¦ *txt* 𝔓$^{45.75}$ ℌ 𝔎 A W Θ λ φ *pl* latt sy$^{c.p}$ sa bo | ⸂† *2 1* B ℵ *pm* ¦ *1* W ¦ *2* 1241 sa ¦ απελθειν π. A (⸉λ φ) *al* lat ¦ π. -θοντα D (⸉Θ) ¦ *txt* 𝔓$^{45.75}$ C 𝔎 **0181** *al* || **60** ⸀αφετε Ir^{pt} | ⸁πορευθεις D c; Epiph || **62** ⸂ *1 2 5 6 3 4* C 𝔎 A W Θ φ *pm* ¦ *1 2 5 6* 𝔓$^{45.75}$ B **0181** *pc* ¦ ο δε Ι. ειπ. αυτω D e ¦ *txt* ℵ L λ *al* lat | ⸄εις τα οπ. βλ. κ. επιβαλλων τ. χ. αυτου επ αρ. 𝔓^{45vid} D it; Cl | ⸆αυτου 𝔓^{45} ℌ 𝔎 A W D Θ φ *pl* ¦ *txt* 𝔓^{75} B **0181** *pc* | ⸂¹εν τ. β. 𝔓^{75} ℵ^{corr} 579 *pc*; Epiph ¦ εις την β-αν C 𝔎 A D W Θ φ *pl* ¦ *txt* ℌ **0181** λ *pc*

1sq cf Lc 8,22 || *4sqq* cf 24 || *5sq* cf Ps 84,4; υἱὸς τοῦ ἀνθρώπου: Mt 9,6; 10,23; 11,19; 12,8.32.40; 13,37.41; 16,13.27sq; 17,9.12.22; [18,11]; 19,28; 20,18.28; 24,27.30(*bis*).37.39.44; 25,13app.31; 26,2.24(*bis*).45.64; Mc 2,10.28; 8,31.38; 9,9.12.31; 10,33.45; 13,26; 14,21(*bis*).41.62; Lc 5,24; 6,5; 6,22; 7,34; 9,22.26.44.56 app; 11,30; 12,8.10.40; 17,22.24.26.30; 18,8.31; 19,10; 21,27.36; 22,22.48.69; 24,7; Jo 1,51; 3,13sq; 5,27; 6,27.53.62; 8,28; 9,35; 12,23.34 (*bis*); 13,31; Act 7,56; Apc 1,13; 14,14 || *7sq* cf Tob 4,3sq; *cf 12sq.17sq* || *9(Mt)* cf Mt 9,9 = Mc 2,14 = Lc 5,27; Jo 1,43; 12,26; 21,19.22; (Mt 4,19 = Mc 1,17; Mt 4,21 = Mc 1,20; Mt 16,24 = Mc 8,34 = Lc 9,23); *cf 12* || *9sq* cf Lv 21,11; Nu 6,6sq; Mt 10,37; Lc 14,25sq || *12* cf *9(Mt)* || *12sq* cf *7sq.17sq* || *14sq* cf Lc 14,33; 17,31sq; Ph 3,13; Gn 19,17.26; *cf 21sqq* || *17sq* cf *7sq.12sq* || *21sqq* cf *14sq* || *24* cf *4sqq*

177. Aussendung der Siebzig

Septuaginta duo mittuntur

(cf. nr. 99 et 142)

Commissioning the Seventy

Matth. 9,37-38; 10,7-16

9,37-38 *(nr. 98, p. 137)*

[37]Τότε λέγει τοῖς μαθηταῖς αὐτοῦ· ὁ μὲν θερισμὸς πολύς, οἱ δὲ ἐργάται ὀλίγοι· [38]δεήθητε οὖν τοῦ κυρίου τοῦ θερισμοῦ ὅπως ἐκβάλῃ ἐργάτας εἰς τὸν θερισμὸν αὐτοῦ.

10,16.9-10a.11-13.10b.7-8.14-15 *(nr. 99, p. 138)*

[16]Ἰδοὺ ἐγὼ ἀποστέλλω ὑμᾶς ὡς πρόβατα ⸂ἐν μέσῳ⸃ λύκων· γίνεσθε οὖν φρόνιμοι ὡς ⸂οἱ ὄφεις⸃ καὶ ⸀ἀκέραιοι ὡς αἱ περιστεραί. [9]Μὴ κτήσησθε χρυσὸν μηδὲ ἄργυρον μηδὲ χαλκὸν εἰς τὰς ζώνας ὑμῶν, [10a]μὴ πήραν εἰς ὁδὸν μηδὲ δύο χιτῶνας μηδὲ ὑποδήματα μηδὲ ⸀ῥάβδον·

[11]⸂εἰς ἣν δ᾽ ἂν πόλιν ⸋ἢ κώμην⸌ εἰσέλθητε⸃, ἐξετάσατε τίς ἐν αὐτῇ ἄξιός ἐστιν· κἀκεῖ μείνατε ἕως ἂν

Mark. 6,6b-11

Luk. 10,1-12

9,1-5

[1]⸂Μετὰ δὲ ταῦτα ἀνέδειξεν ὁ κύριος⸃ ⸆ἑτέρους ἑβδομήκοντα °[δύο] καὶ ἀπέστειλεν °[1]αὐτοὺς ἀνὰ δύο °[2][δύο] πρὸ προσώπου αὐτοῦ ⸂εἰς πᾶσαν πόλιν καὶ τόπον⸃ οὗ ἤμελλεν αὐτὸς ⸀ἔρχεσθαι. [2]ἔλεγεν δὲ πρὸς αὐτούς· ὁ μὲν θερισμὸς πολύς, οἱ δὲ ἐργάται ὀλίγοι· δεήθητε °οὖν τοῦ κυρίου τοῦ θερισμοῦ ὅπως ⸉ἐργάτας ἐκβάλῃ⸊ εἰς τὸν θερισμὸν αὐτοῦ.

[3]ὑπάγετε· ἰδοὺ ⸆ ἀποστέλλω ὑμᾶς ὡς ⸀ἄρνας ⸂ἐν μέσῳ⸃ λύκων.

[4]μὴ βαστάζετε βαλλάντιον,

μὴ πήραν,

⸀μὴ ὑποδήματα, °καὶ μηδένα κατὰ τὴν ὁδὸν ἀσπάσησθε.

Joh. 4,35

(nr. 31, p. 44)

[35]Οὐχ ὑμεῖς λέγετε ὅτι ἔτι τετράμηνός ἐστιν καὶ ὁ θερισμὸς ἔρχεται; ἰδοὺ λέγω ὑμῖν, ἐπάρατε τοὺς ὀφθαλμοὺς ὑμῶν καὶ θεάσασθε τὰς χώρας ὅτι λευκαί εἰσιν πρὸς θερισμόν.

Matth. 10: 16 ⸂εις μεσον B | ⸂ο οφις ℵ*; Epiph | ⸀απλουστατοι D (*ex* lat?) || **10a** ⸀-δους C𝔎W*al* || **11** ⸂η πολις εις ην αν εισελθ. εις αυτην D | ⸋λ it

Luk.: 1 ⸂απεδειξεν δε D it; (Mcion) | ⸆και ℵC𝔎ADWΘλφ*pl* lat sy[c]; Mcion ¦ *txt* 𝔓[75] BΞ**0181** *pc* sy[s.p] | °ℌ𝔎AWΘλφ*pl* f q (r[1]?) sy[p] bo[pt]; Mcion? Ir Or Eus ¦ *txt* 𝔓[75] BD**0181** *pc* lat sy[s.c] sa bo[pt] | °[1]𝔓[75vid] B**0181** *pc* | °[2] † ℵC𝔎ADWΞ**0181**λ*pm* ¦ *txt* BΘφ*al*; Eus | ⸂εις παντα τοπον και πολιν D; Eus(pt) | ⸀εισερχεσθαι AΘλ*pc* || 2 °D e sy[s] | ⸉*p) rell* ¦ *txt* 𝔓[75] BD**0181**. 700 e || 3 ⸆*p)* εγω C𝔎DLWΓΔΘλφ*pl* lat ¦ *txt* 𝔓[75] BℵA**0181** *pc* | ⸀προβατα A*al* | ⸂μεσον D || 4 ⸀μηδε C𝔎AWΘ(φ)*pm*; Cl Epiph | °ℵ**pc*; Mcion

---

[1 sqq] cf Lc 6,13 || [1] ἀνέδειξεν hic et Act 1,24 || [2] cf Ex 24,1; Nu 11,16; Ex 15,27 || [6 sqq] *cf 98* || [12 sqq] cf PsSal 8,28; *cf 60 sqq* || [13 sq] cf Mt 7,15; Jo 10,12; Act 20,29; *cf 91 sq. 95* || [14 sqq] *cf 96* || [14] cf Sir 13,17 || [15 sq] cf Gn 3,1 || [17 sqq] cf Lc 22,35 || [22] cf 2Rg 4,29 || [18] cf Gn 32,11; Ex 12,11 || [20 sq] cf 2Rg 5,16

[Matth. 10,11-13. 10b. 7-8. 14-15]

ἐξέλθητε. 12 εἰσερχόμενοι δὲ εἰς
τὴν οἰκίαν ἀσπάσασθε αὐτήν
⸆.
13 καὶ ἐὰν μὲν ᾖ ἡ οἰκία ἀξία,
ἐλθάτω ἡ εἰρήνη ὑμῶν ἐπ' αὐτήν,
⸂ἐὰν δὲ μὴ ᾖ ἀξία⸃, ἡ εἰρήνη
ὑμῶν ⸀πρὸς ὑμᾶς ἐπιστραφήτω.

10b ἄξιος γὰρ ὁ ἐργάτης ⸂τῆς
τροφῆς⸃ αὐτοῦ.

cf. v. 8 7 Πορευ-
όμενοι δὲ κηρύσσετε λέγοντες
⸀ὅτι ἤγγικεν ⸆ ἡ βασι-
λεία τῶν οὐρανῶν. 8 ἀσθενοῦντας
θεραπεύετε, ⸂νεκροὺς ἐγείρετε,
λεπροὺς καθαρίζετε, δαιμόνια ἐκ-
βάλλετε⸃· δωρεὰν ἐλάβετε, δωρε-
ὰν δότε.
14 καὶ ὃς ἂν μὴ δέξηται ὑμᾶς μη-
δὲ ἀκούσῃ τοὺς λόγους ὑμῶν,
ἐξερχόμενοι ἔξω ⸋τῆς οἰκίας ἢ⸌
τῆς πόλεως ⸆ ἐκείνης ἐκτινάξατε
τὸν κονιορτὸν ⸆ τῶν ποδῶν ὑμῶν.

cf. v. 7
15 ἀμὴν λέγω ὑμῖν,
ἀνεκτότερον ἔσται γῇ Σοδόμων

Mark.

[Luk. 10,1-12]

5 εἰς ἣν δ' ἂν ⸂εἰσέλ-
θητε οἰκίαν, πρῶτον⸃ λέγετε· εἰ-
ρήνη τῷ οἴκῳ τούτῳ.
6 καὶ ἐὰν ⸂ἐκεῖ ᾖ⸃ υἱὸς εἰρήνης,
ἐπαναπαήσεται ἐπ' αὐτὸν ἡ εἰρή-
νη ὑμῶν· εἰ δὲ μή γε,
ἐφ' ὑμᾶς ⸀ἀνακάμψει.
7 ἐν αὐτῇ δὲ τῇ οἰκίᾳ μένετε ἐ-
σθίοντες ⸋καὶ πίνοντες⸌ τὰ παρ'
αὐτῶν· ἄξιος γὰρ ὁ ἐργάτης τοῦ
μισθοῦ αὐτοῦ ⸆. μὴ μεταβαίνετε
⸀ἐξ οἰκίας εἰς οἰκίαν. 8 καὶ εἰς ἣν ἂν
πόλιν εἰσέρχησθε καὶ δέχωνται
ὑμᾶς, ἐσθίετε τὰ παρατιθέμενα
ὑμῖν 9 καὶ θεραπεύετε τοὺς ἐν
αὐτῇ ⸀ἀσθενεῖς καὶ λέγετε °αὐ-
τοῖς· ἤγγικεν ⸋ἐφ' ὑμᾶς⸌ ἡ βασι-
λεία τοῦ θεοῦ.

cf. v. 9

10 εἰς ἣν δ' ἂν πόλιν ⸀εἰσέλθητε
καὶ μὴ ⸁δέχωνται ὑμᾶς,

ἐξελθόντες εἰς τὰς πλατείας αὐ-
τῆς εἴπατε· 11 καὶ τὸν κονιορτὸν
τὸν κολληθέντα ⸀ἡμῖν ἐκ τῆς πό-
λεως ὑμῶν ⸂εἰς τοὺς πόδας⸃ ἀπο-
μασσόμεθα ὑμῖν· πλὴν τοῦτο γι-
νώσκετε ⸆ ὅτι ἤγγικεν ⸆ ἡ βασιλεία
τοῦ θεοῦ. 12 λέγω ⸆ ὑμῖν ὅτι
Σοδόμοις ἐν τῇ ⸂ἡμέρᾳ ἐκείνῃ⸃

Joh.

Matth.: 12 ⸆p) λεγοντες· ειρηνη τω οικω τουτω ℵ*DWΘλ*pm* lat ¦ *txt* B𝔎φ*al* || 13 ⸂p) ει δε μη γε D | ⸀εφ BℵW*pc* || **10b** ⸂p) του μισθου K 565.892*al* it; Heg || 7 ⸀μετανοειτε οτι 251 sa ¦ — B | ⸆p) εφ υμας N*pc* || 8 ⸂*3-612* PWΔ*pc* ¦ *341256* 348*pc* ¦ *3-6* 𝔎 Θ*al* sy[p] sa; Eus || 14 ⸋ D arm | ⸆η κωμης ℵφ*pc* sa bo | ⸆εκ ℌ*al* lat ¦ *txt* B𝔎DWΘ*pm*

Luk.: 5 ⸂*213* Cλ*pc* ¦ *2* εισερχησθε *3* 𝔎AWΘ*pm* ¦ *132* D* a ¦ *12* D[corr] 579 r[1]; Mcion Or || 6 ⸂*21* ℌ𝔎ADWλφ*pl*; Or[pt] ¦ *2* Θ ¦ *txt* 𝔓[75]B*pc* lat | ⸀p) επιστρεψει η ειρηνη υμων D || 7 ⸋ W | ⸆εστιν C𝔎AWΘλφ*pl* ¦ *txt* 𝔓[75]ℌD*pc* | ⸀απο D || 9 ⸀ασθενουντας D | °1424 l sy[s.c] | ⸋p) Γ e; Mcion || 10 ⸀εισερχησθε 𝔎AWΘ 0181 *pm* | ⸁δεξωνται D || 11 ⸀υμιν ℵ*D[corr]Θ*al* ¦ — 131 sy[s.c] sa bo | ⸂εις τ. π. ημων CAKWΘλφ*pm* (⸉f) sy sa bo ¦ — 𝔎*al* vg ¦ *txt* 𝔓[45.75] BℵDR*pc* it | ⸆υμεις ℵ* | ⸆εφ υμας C𝔎AWΘφ*pl* ¦ *txt* 𝔓[45.75]ℌD 0181.1 *pc* || 12 ⸆δε ℵDΘ*pm* | ⸂βασιλεια του θεου D a b e

---

27sq (Lc) cf 1Sm 25,6; Jo 20,19 || 35sqq cf Ex 12,11; Nu 18,31; Ph 4,18; 2Th 3,9; *cf 80 sqq. 88. 89 sq. 93 sq* || 37sqq *cf 97* || 40sq (Lc) *cf 43 sqq* || 41sq cf Mt 3,2; 4,17; Is 55,1 || 43sqq cf Mc 16,17sq; Act 3,6; 5,16; 8,7; 9,34.40; 14,9sq; 28,8sq; Jc 5,16; *cf 40sq (Lc)* || 46sq cf 2Rg 5,16; Act 20,33; 2Cor 11,7 || 47sq (Lc) cf Lc 9,53 || 50sqq cf Act 13,51; 18,6 || 57sq cf Mt 11,24; Lc 10,14sq

[Matth. 10, 14-15]	Mark.	**[Luk. 10, 1-12]**	Joh.
καὶ ⸀Γομόρρων ἐν ἡμέρᾳ κρίσεως ἢ τῇ πόλει ἐκείνῃ.		**ἀνεκτότερον ἔσται ἢ τῇ πόλει ἐκείνῃ.**	
	6, 6b-11 *(nr. 142, p. 200)*	9, 1-5 *(nr. 142, p. 200)*	
	6 ... Καὶ περιῆγεν τὰς κώμας κύκλῳ διδάσκων. 7 Καὶ προσκαλεῖται τοὺς δώδεκα καὶ ἤρξατο αὐτοὺς ἀποστέλλειν δύο δύο καὶ ἐδίδου αὐτοῖς ἐξουσίαν τῶν πνευμάτων τῶν ἀκαθάρτων,	1 Συγκαλεσάμενος δὲ τοὺς δώδεκα ἔδωκεν αὐτοῖς δύναμιν καὶ ἐξουσίαν ἐπὶ πάντα τὰ δαιμόνια καὶ νόσους θεραπεύειν 2 καὶ ἀπέστειλεν αὐτοὺς κηρύσσειν τὴν βασιλείαν τοῦ θεοῦ καὶ ἰᾶσθαι [τοὺς ἀσθενεῖς],	
	8 καὶ παρήγγειλεν αὐτοῖς ἵνα μηδὲν αἴρωσιν εἰς ὁδὸν εἰ μὴ ῥάβδον μόνον, μὴ ἄρτον, μὴ πήραν, μὴ εἰς τὴν ζώνην χαλκόν, 9 ἀλλὰ ὑποδεδεμένους σανδάλια, καὶ μὴ ἐνδύσησθε δύο χιτῶνας.	3 καὶ εἶπεν πρὸς αὐτούς· μηδὲν αἴρετε εἰς τὴν ὁδόν, μήτε ῥάβδον μήτε πήραν μήτε ἄρτον μήτε ἀργύριον μήτε [ἀνὰ] δύο χιτῶνας ἔχειν.	
	10 καὶ ἔλεγεν αὐτοῖς· ὅπου ἐὰν εἰσέλθητε εἰς οἰκίαν, ἐκεῖ μένετε ἕως ἂν ἐξέλθητε ἐκεῖθεν.	4 καὶ εἰς ἣν ἂν οἰκίαν εἰσέλθητε, ἐκεῖ μένετε καὶ ἐκεῖθεν ἐξέρχεσθε.	
	11 καὶ ὃς ἂν τόπος μὴ δέξηται ὑμᾶς μηδὲ ἀκούσωσιν ὑμῶν, ἐκπορευόμενοι ἐκεῖθεν ἐκτινάξατε τὸν χοῦν τὸν ὑποκάτω τῶν ποδῶν ὑμῶν εἰς μαρτύριον αὐτοῖς.	5 καὶ ὅσοι ἂν μὴ δέχωνται ὑμᾶς, ἐξερχόμενοι ἀπὸ τῆς πόλεως ἐκείνης τὸν κονιορτὸν ἀπὸ τῶν ποδῶν ὑμῶν ἀποτινάσσετε εἰς μαρτύριον ἐπ᾽ αὐτούς.	

1. Cor. 9, 5-14: 5 Μὴ οὐκ ἔχομεν ἐξουσίαν ἀδελφὴν γυναῖκα περιάγειν ὡς καὶ οἱ λοιποὶ ἀπόστολοι καὶ οἱ ἀδελφοὶ τοῦ κυρίου καὶ Κηφᾶς; 6 ἢ μόνος ἐγὼ καὶ Βαρναβᾶς οὐκ ἔχομεν ἐξουσίαν μὴ ἐργάζεσθαι; 7 Τίς στρατεύεται ἰδίοις ὀψωνίοις ποτέ; τίς φυτεύει ἀμπελῶνα καὶ τὸν καρπὸν αὐτοῦ οὐκ ἐσθίει; ἢ τίς ποιμαίνει ποίμνην καὶ ἐκ τοῦ γάλακτος τῆς ποίμνης οὐκ ἐσθίει; 8 Μὴ κατὰ ἄνθρωπον ταῦτα λαλῶ ἢ καὶ ὁ νόμος ταῦτα οὐ λέγει; 9 ἐν γὰρ τῷ Μωϋσέως νόμῳ γέγραπται· οὐ κημώσεις βοῦν ἀλοῶντα. μὴ τῶν βοῶν μέλει τῷ θεῷ; 10 ἢ δι᾽ ἡμᾶς πάντως λέγει; δι᾽ ἡμᾶς γὰρ ἐγράφη ὅτι ὀφείλει ἐπ᾽ ἐλπίδι ὁ ἀροτριῶν ἀροτριᾶν καὶ ὁ ἀλοῶν ἐπ᾽ ἐλπίδι τοῦ μετέχειν. 11 εἰ ἡμεῖς ὑμῖν τὰ πνευματικὰ ἐσπείραμεν, μέγα εἰ ἡμεῖς ὑμῶν τὰ σαρκικὰ θερίσομεν; 12 Εἰ ἄλλοι τῆς ὑμῶν ἐξουσίας μετέχουσιν, οὐ μᾶλλον ἡμεῖς; ἀλλ᾽ οὐκ ἐχρησάμεθα τῇ ἐξουσίᾳ ταύτῃ, ἀλλὰ πάντα στέγομεν, ἵνα μή τινα ἐγκοπὴν δῶμεν τῷ εὐαγγελίῳ τοῦ Χριστοῦ. 13 Οὐκ οἴδατε ὅτι οἱ τὰ ἱερὰ ἐργαζόμενοι [τὰ] ἐκ τοῦ ἱεροῦ ἐσθίουσιν, οἱ τῷ θυσιαστηρίῳ παρεδρεύοντες τῷ θυσιαστηρίῳ συμμερίζονται; 14 οὕτως καὶ ὁ κύριος διέταξεν τοῖς τὸ εὐαγγέλιον καταγγέλλουσιν ἐκ τοῦ εὐαγγελίου ζῆν.

1. Tim. 5, 18: Λέγει γὰρ ἡ γραφή· βοῦν ἀλοῶντα οὐ φιμώσεις, καί· ἄξιος ὁ ἐργάτης τοῦ μισθοῦ αὐτοῦ.

Jac. 5, 4: Ἰδοὺ ὁ μισθὸς τῶν ἐργατῶν τῶν ἀμησάντων τὰς χώρας ὑμῶν ὁ ἀπεστερημένος ἀφ᾽ ὑμῶν κράζει, καὶ αἱ βοαὶ τῶν θερισάντων εἰς τὰ ὦτα κυρίου σαβαὼθ εἰσεληλύθασιν.

Evang. sec. Aegyptios? (Ps. Titus, De dispositione sanctimonii, ed. de Bruyne 492 sq): ... ipso exortante domino: Audite me, inquid, quos elegi agnos et nolite timere lupos.

Didache 13, 1-2: 1 Πᾶς δὲ προφήτης ἀληθινός, θέλων καθῆσθαι πρὸς ὑμᾶς, »ἄξιός ἐστι τῆς τροφῆς αὐτοῦ«. 2 ὡσαύτως διδάσκαλος ἀληθινός ἐστιν ἄξιος καὶ αὐτὸς ὥσπερ »ὁ ἐργάτης τῆς τροφῆς αὐτοῦ«.

2. Clem. ad Cor. 5, 2: Λέγει γὰρ ὁ κύριος· Ἔσεσθε »ὡς ἀρνία ἐν μέσῳ λύκων«.

Pap. Oxyrhynch. 655 (II b; *cf.* Evang. Thomae copt. *Append. I, 39*): *cf. nr. 99*

Evang. Thomae copt.: *cf. Append. I, 14*

Evang. Thomae copt.: *cf. Append. I, 73*

Matth.: 15 ⸀-ρας D Θ λ *pm* it ¦ γη ⸀-ας C *pc* ¦ γη ⸀-ων ℵ *pc*

60 sqq cf 12 sqq ‖ *80 sqq cf 35 sqq* ‖ *88 cf 35 sqq* ‖ *89 sq cf 35 sqq* ‖ *91 sq cf 13 sq* ‖ *93 sq cf 35 sqq* ‖ *95 cf 13 sq* ‖ *96 cf 14 sqq* ‖ *97 cf 37 sqq* ‖ *98 cf 6 sqq*

178. Weherufe über die Städte Galiläas

Vae civitatibus Galilaeae *(cf. nr. 108)* **Woes Pronounced on Galilaean Cities**

Matth. 11, 20-24
(nr. 108, p. 153)

[20] Τότε ἤρξατο ⸆ ὀνειδίζειν τὰς πόλεις ἐν αἷς ἐγένοντο αἱ
πλεῖσται δυνάμεις αὐτοῦ, ὅτι οὐ μετενόησαν· [21] οὐαί σοι,
Χοραζίν⸂, οὐαί σοι,⸃ Βηθσαϊδά· ὅτι εἰ ἐν Τύρῳ καὶ Σιδῶνι
ἐγένοντο αἱ δυνάμεις αἱ γενόμεναι ἐν ὑμῖν, πάλαι ἂν ἐν
σάκκῳ καὶ σποδῷ ⸆ μετενόησαν. [22] πλὴν λέγω ὑμῖν,
Τύρῳ καὶ Σιδῶνι ἀνεκτότερον ἔσται ἐν ἡμέρᾳ κρίσεως ἢ
ὑμῖν. [23] καὶ σύ, Καφαρναούμ, ⸂μὴ ἕως οὐρανοῦ ὑψω-
θήσῃ;⸃ ἕως ᾅδου ⸀καταβήσῃ· ὅτι εἰ ἐν Σοδόμοις
ἐγενήθησαν αἱ δυνάμεις αἱ γενόμεναι ἐν σοί, ἔμεινεν ἂν
μέχρι τῆς σήμερον. [24] πλὴν λέγω °ὑμῖν °¹ὅτι ⸉γῇ Σοδόμων
ἀνεκτότερον ἔσται⸊ ἐν ἡμέρᾳ κρίσεως ἢ ⸀σοί.

Mark.

Luk. 10, 13-15
10, 12

[13] Οὐαί σοι,
Χοραζίν⸂, οὐαί σοι,⸃ Βηθσαϊδά· ὅτι °εἰ ἐν Τύρῳ καὶ Σιδῶνι
⸀ἐγενήθησαν αἱ δυνάμεις αἱ γενόμεναι ἐν ὑμῖν, πάλαι ἂν ἐν
σάκκῳ καὶ σποδῷ °¹καθήμενοι μετενόησαν. [14] πλὴν
Τύρῳ καὶ Σιδῶνι ἀνεκτότερον ἔσται ⸂ἐν τῇ κρίσει⸃ ἢ
ὑμῖν. [15] καὶ σύ, Καφαρναούμ, ⸂μὴ ἕως οὐρανοῦ ὑψω-
θήσῃ;⸃ ⸆ ἕως °τοῦ ᾅδου ⸀καταβήσῃ.

10, 12 *(nr. 177, p. 257)* [12] Λέγω ὑμῖν ὅτι Σοδόμοις
ἐν τῇ ἡμέρᾳ ἐκείνῃ ἀνεκτότερον ἔσται ἢ τῇ πόλει ἐκείνῃ.

Joh.

Evang. sec. Hebraeos (Historiaca investigatio evang. sec. Lucam f 56r): »Bezaida«, in qua sanavit paraliticum cata Johannem. In his civitatibus multae virtutes facte sunt, quae evangelium secundum Hebreos quinquaginta ter (!) virtutes in his factas enumerat.

Matth.: **20** ⸆ο Ιησους C W Θ ϕ *al* g¹ h ‖ **21** ⸂και D it | ⸆*p)* καθημενοι ℵ C (*al*) ‖ **23** ⸂ἢ ε. (+ του ϕ *al*) ου. ὑψώθης, E G ϕ *al* f q sy^s.p ¦ ἡ ε. (+ του *al*) ου. ὑψωθεῖσα K M *al* h ¦ *txt* ℌ D W Θ λ *al* lat sy^c sa bo (του ουρ. C λ) | ⸀καταβιβασθηση ℵ C ℜ Θ λ ϕ *pl* sy^p bo ¦ *txt* B D W *pc* lat sy^s.c sa; Ir ‖ **24** ° k sy^s.c sa^pt | °¹ℵ *pc* | ⸉*3412* ℵ *pc* k | ⸀υμιν D *pc* it; Ir

Luk.: **13** ⸂και D it | °𝔓⁴⁵ W | ⸀εγενοντο C ℜ A W **0115** λ *pm* | °¹*p)* e q r¹ sy ‖ **14** ⸂*p)* εν ημερα κρισεως ϕ *pc* c f r¹ sy^c sa^pt ¦ εν ταυτη τη ημερα sy^s ¦ — 𝔓⁴⁵ D *pc* e l ¦ *txt* 𝔓⁷⁵ ℌ ℜ A W Θ **0115** λ *pm* lat sy^p sa^pt bo ‖ **15** ⸂ἢ ε. ου. ὑψώθης, B³ ¦ ἡ ε. του (— C) ου. ὑψωθεῖσα C ℜ A W Θ **0115** λ ϕ *pl* lat ¦ *txt* 𝔓^45.75 ℌ D *pc* it (sy^s.c) | ⸆και 𝔓⁴⁵ 1574 | °𝔓⁴⁵ ℵ C ℜ A D W Θ λ ϕ *pl* ¦ *txt* 𝔓⁷⁵ B **0115** *pc* | ⸀-βιβασθηση 𝔓⁴⁵ *rell* ¦ *txt* 𝔓⁷⁵ B D 579 sy^s.c aeth arm

³Χοραζίν: hic sol | Βηθσαϊδά: Mc 6, 45; 8, 22; Lc 9, 10; Jo 1, 44; 12, 21; *cf 12sq* | Τύρος καὶ Σιδών: Mt 15, 21 par; Mc 3, 8; 7, 31; Lc 6, 17; Is 23, 1-18; Ez 26-28 ‖ ⁴ˢᑫ cf Is 58, 5; Dn 9, 3; Jon 3, 5 sq; Esth 4, 3; 1 Mcc 3, 47; Apc 11, 3 ‖ ⁷cf Mt 4, 13; 8, 5 par; 9, 1; Mc 2, 1 par etc ‖ ⁷ˢᑫ cf Prv 6, 34; Rm 2, 16 | cf Is 14, 13. 15; Ez 26, 20 ‖ ⁸ˢᑫ cf Gn 19, 24 sqq; Is 1, 9; Mc 6, 11 app; Lc 17, 29; Rm 9, 29; 2 Pt 2, 6; Jd 7; Apc 11, 8 ‖ ¹⁰ˢᑫ cf Mt 10, 15 ‖ ¹²ˢᑫ *cf 3*

179. Wer euch hört, der hört mich

Qui vos audit, me audit *(cf. nr. 104)* **»He who hears you, hears me«**

Matth. 10, 40
18, 5

10, 40 *(nr. 104, p. 149)*
[40] Ὁ δεχόμενος ὑμᾶς ἐμὲ δέχεται,
⸂καὶ
ὁ⸃ ἐμὲ δεχόμενος δέχεται τὸν
ἀποστείλαντά με.

Mark. 9, 37

Luk. 10, 16
9, 48a

[16] Ὁ ἀκούων ὑμῶν ἐμοῦ ἀκούει,
καὶ ὁ ⸉ἀθετῶν ὑμᾶς⸊ ἐμὲ ἀθετεῖ⸆·
ὁ δὲ ⸂ἐμὲ ἀθετῶν ἀθετεῖ τὸν
ἀποστείλαντά με⸃.

Joh. 13, 20
12, 44-45; 5, 23

13, 20 *(nr. 309, p. 431)*
[20] Ἀμὴν ἀμὴν λέγω ὑμῖν, ὁ λαμβά-
νων ⸀ἄν τινα πέμψω ἐμὲ λαμβάνει,
ὁ δὲ ἐμὲ λαμβάνων λαμβάνει ⸆ τὸν
⸀πέμψαντά με.

Matth.: **40** ⸂ο δε ℵ*

Luk.: **16** ⸉𝔓⁴⁵ lat | ⸆και τον αποστειλαντα με a b e (r¹) | ⸂εμου ακουων ακουει του -λαντος με D it; Ju ¦ *txt* + και ο εμου *etc.* (*ut* D) Θ ϕ sy^s.c ¦ *txt* 𝔓^45.75 ℌ ℜ A W (**0115**) *pm* vg sy^p sa bo

Joh.: **20** ⸀εαν 𝔓^66c ℜ D Γ Δ Θ λ ϕ *pm* | ⸆και 𝔓^66* | ⸀αποστειλαντα X 1.118.892 *pc*

¹ˢᑫᑫ cf 2 Cor 2, 10; Gl 4, 14; 3 Jo 8; *cf 6 sqq. 10 sqq. 19 sq. 21* ‖ ⁴ˢᑫ *cf 17 sq*

Matth.	Mark.	Luk.	Joh.
			12, 44-45 *(nr. 304, p. 423)* 44 Ἰησοῦς δὲ ἔκραξεν καὶ εἶπεν· ὁ πιστεύων εἰς ἐμὲ οὐ πιστεύει εἰς ἐμὲ ἀλλὰ εἰς τὸν πέμψαντά με, 45 καὶ ὁ θεωρῶν ἐμὲ θεωρεῖ τὸν πέμψαντά με. 5, 23 *(nr. 141, p. 197)* ... 23 ἵνα πάντες τιμῶσι τὸν υἱὸν καθὼς τιμῶσι τὸν πατέρα. ὁ μὴ τιμῶν τὸν υἱὸν οὐ τιμᾷ τὸν πατέρα τὸν πέμψαντα αὐτόν.
18, 5 *(nr. 166, p. 245)* 5 Καὶ ὃς ἐὰν δέξηται ἓν παιδίον τοιοῦτο ἐπὶ τῷ ὀνόματί μου, ἐμὲ δέχεται.	9, 37 *(nr. 166, p. 245)* 37 Ὃς ἂν ἓν τῶν τοιούτων παιδίων δέξηται ἐπὶ τῷ ὀνόματί μου, ἐμὲ δέχεται· καὶ ὃς ἂν ἐμὲ δέχηται, οὐκ ἐμὲ δέχεται ἀλλὰ τὸν ἀποστείλαντά με.	9, 48 a *(nr. 166, p. 245)* 48 Καὶ εἶπεν αὐτοῖς· ὃς ἐὰν δέξηται τοῦτο τὸ παιδίον ἐπὶ τῷ ὀνόματί μου, ἐμὲ δέχεται· καὶ ὃς ἂν ἐμὲ δέξηται, δέχεται τὸν ἀποστείλαντά με.	

Justinus Mart., Apol. I, 16, 9–10: 9 Εἶπε γὰρ οὕτως· »Οὐχὶ πᾶς ὁ λέγων μοι Κύριε κύριε εἰσελεύσεται εἰς τὴν βασιλείαν τῶν οὐρανῶν, ἀλλ' ὁ ποιῶν τὸ θέλημα τοῦ πατρός μου τοῦ ἐν τοῖς οὐρανοῖς. 10 Ὃς γὰρ ἀκούει μου καὶ ποιεῖ ἃ λέγω ἀκούει τοῦ ἀποστείλαντός με«.

–, Apol. I, 63, 5: ... ὁ κύριος ἡμῶν εἶπεν· »Ὁ ἐμοῦ ἀκούων ἀκούει τοῦ ἀποστείλαντός με.«

6sqq cf 1sqq || *10sqq cf 1sqq* || *17sq cf 4sq* || *19sq cf 1sqq* || *21 cf 1sqq*

180. Rückkehr der Siebzig

Septuaginta duo revertuntur

The Return of the Seventy

Matth. 14, 12b-13	Mark. [16, 17-18]; 6, 30	**Luk. 10, 17-20** 9, 10a	Joh. 12, 31
	16, 17-18 *(nr. 363, p. 508)* ⟦17 Σημεῖα δὲ τοῖς πιστεύσασιν ταῦτα παρακολουθήσει· ἐν τῷ ὀνόματί μου δαιμόνια ἐκβαλοῦσιν, γλώσσαις λαλήσουσιν καιναῖς, 18 [καὶ ἐν ταῖς χερσὶν] ὄφεις ἀροῦσιν κἂν θανάσιμόν τι πίωσιν οὐ μὴ αὐτοὺς βλάψῃ, ἐπὶ ἀρρώστους χεῖρας ἐπιθήσουσιν καὶ καλῶς ἕξουσιν.⟧	**17 Ὑπέστρεψαν δὲ οἱ ἑβδομήκοντα °[δύο] μετὰ χαρᾶς λέγοντες· κύριε, καὶ τὰ δαιμόνια ὑποτάσσεται ἡμῖν ἐν τῷ ὀνόματί σου. 18 εἶπεν δὲ αὐτοῖς· ἐθεώρουν τὸν σατανᾶν ⸂ὡς ἀστραπὴν ἐκ τοῦ οὐρανοῦ πεσόντα⸃. 19 ἰδοὺ ⸀δέδωκα ὑμῖν τὴν ἐξουσίαν °τοῦ πατεῖν ἐπάνω ὄφεων καὶ σκορπίων, καὶ ἐπὶ πᾶσαν τὴν δύναμιν τοῦ ἐχθροῦ, καὶ οὐδὲν ὑμᾶς □οὐ μὴ⸌ ⸁ἀδικήσῃ. 20 πλὴν ἐν τούτῳ μὴ**	12, 31 *(nr. 302, p. 419)* 31 Νῦν κρίσις ἐστὶν τοῦ κόσμου τούτου, νῦν ὁ ἄρχων τοῦ κόσμου τούτου ἐκβληθήσεται ἔξω.

Luk.: 17 °𝔓45 ℌ ℜ A W Θ 0115 λ φ *pl* it sy$^{c.p}$ bo^{pt} ¦ *txt* 𝔓75 B D lat sy^{s} sa bo^{pt} || 18 ⸂*3-5 1 2 6* B; Or ¦ *1 2 6 3-5* 𝔓75 472 || 19 ⸀διδωμι 𝔓45 ℜ A D Θ φ 118.131 *pm* | °W λ; Or (Epiph Cyr) | □ℵ* D | ⸁ † -σει ℵ A D W Θ 1 *al* ¦ *txt* 𝔓45.75 B C ℜ 0115 φ *al*; Or^{pt}

1sqq cf 16sqq || *4 cf* Lc 9, 49; Act 19, 13 sq; Mt 17, 19 sqq par || *5sqq cf* Lc 17, 24; Mt 24, 27; Apc 12, 8 sq; Is 14, 12 || *7sqq cf 21sq* || *8sq cf* Ps 91, 13; Gn 3, 15; Dt 8, 15; Mc 16, 18; Act 28, 3 sqq

Matth.

14,12b-13 *(nr. 144. 146; p. 203. 205)*

[12]... καὶ ἐλθόντες
ἀπήγγειλαν τῷ Ἰησοῦ.
[13]Ἀκούσας δὲ ὁ Ἰησοῦς
ἀνεχώρησεν ἐκεῖθεν ἐν πλοίῳ εἰς ἔρημον τόπον κατ' ἰδίαν.

Mark.

6,30 *(nr. 145, p. 205)*

[30]Καὶ συνάγονται οἱ ἀπόστολοι πρὸς τὸν Ἰησοῦν καὶ ἀπήγγειλαν αὐτῷ πάντα ὅσα ἐποίησαν καὶ ὅσα ἐδίδαξαν.

[Luk. 10,17-20]

χαίρετε ὅτι τὰ ⸀πνεύματα ὑμῖν ὑποτάσσεται, χαίρετε δὲ ὅτι τὰ ὀνόματα ὑμῶν ⸁ἐγγέγραπται ἐν ⸂τοῖς οὐρανοῖς⸃.

9,10a *(nr. 145, p. 205)*

[10]Καὶ ὑποστρέψαντες οἱ ἀπόστολοι
διηγήσαντο αὐτῷ ὅσα ἐποίησαν.

Joh.

Justinus Mart., Dial. 76,6: Καὶ πάλιν ἐν ἑτέροις λόγοις ἔφη· »Δίδωμι ὑμῖν ἐξουσίαν καταπατεῖν ἐπάνω ὄφεων καὶ σκορπίων καὶ σκολοπενδρῶν καὶ ἐπάνω πάσης δυνάμεως τοῦ ἐχθροῦ«.

Luk.: **20** ⸀δαιμονια D λ *pc*; Cyr | ⸁εγραφη 𝔓[45vid] C 𝔎 A D W **0115.0253** ϕ 118.131 *pl*; Cyr ¦ γεγραπται Θ; Or | ⸂τω ουρανω D it; Cyr

---

[14sq] cf Ex 32,32sq; Is 4,3; Ps 69,29; Hen 104,1; Ph 4,3; Heb 12,23; Apc 3,5; 13,8; 17,8; 20,12.15; 21,27 || [16sqq] *cf 1sqq* || [21sq] *cf 7sqq*

181. Lobpreis des Vaters und Seligpreisung der Jünger

Patri confitetur, discipulos beatos dicit

Jesus' Thanksgiving to the Father, and the Blessedness of the Disciples

Matth. 11,25-27; 13,16-17

11,25-27 *(nr. 109, p. 154)*

[25]Ἐν ἐκείνῳ τῷ καιρῷ ἀποκριθεὶς ὁ Ἰησοῦς εἶπεν· ἐξομολογοῦμαί σοι, πάτερ, κύριε τοῦ οὐρανοῦ καὶ τῆς γῆς, ὅτι ἔκρυψας ταῦτα ἀπὸ σοφῶν ⸂καὶ συνετῶν⸃ καὶ ἀπεκάλυψας αὐτὰ νηπίοις· [26]⸂ναὶ ὁ πατήρ, ὅτι οὕτως εὐδοκία ἐγένετο ἔμπροσθέν σου⸃. [27]Πάντα μοι παρεδόθη ὑπὸ τοῦ πατρός °μου, καὶ οὐδεὶς ⸀ἐπιγινώσκει ⸂τὸν υἱὸν εἰ μὴ ὁ πατήρ, οὐδὲ τὸν πατέρα ⸋τις ⸁ἐπιγινώσκει⸌ εἰ μὴ ὁ υἱὸς⸃ καὶ ᾧ ἐὰν βούληται ὁ υἱὸς ἀποκαλύψαι.

Mark.

Luk. 10,21-24

[21]Ἐν αὐτῇ τῇ ὥρᾳ ἠγαλλιάσατο °[ἐν] τῷ πνεύματι ⸋τῷ ἁγίῳ⸌ ⊤ καὶ εἶπεν· ἐξομολογοῦμαί σοι, °[1]πάτερ, κύριε τοῦ οὐρανοῦ ⸋[1]καὶ τῆς γῆς⸌, ὅτι ἀπέκρυψας ταῦτα ἀπὸ σοφῶν καὶ συνετῶν καὶ ἀπεκάλυψας αὐτὰ νηπίοις· ναὶ ὁ πατήρ, ὅτι οὕτως ⸉εὐδοκία ἐγένετο⸊ ἔμπροσθέν σου. [22]⊤πάντα μοι παρεδόθη ⸀ὑπὸ τοῦ πατρός °μου, καὶ οὐδεὶς ⸁γινώσκει τίς ⸋ἐστιν ὁ ⸂υἱὸς εἰ μὴ ὁ πατήρ, καὶ τίς⸌ ἐστιν ὁ πατὴρ εἰ μὴ ὁ υἱὸς⸃ καὶ ᾧ ἐὰν ⸄βούληται ὁ υἱὸς ἀποκαλύψαι⸅.

Joh. 3,35; 17,2; 13,3; 7,29; 10,14-15; 17,25

3,35 *(nr. 29, p. 42)*

[35]Ὁ πατὴρ ἀγαπᾷ τὸν υἱὸν καὶ πάντα δέδωκεν ἐν τῇ χειρὶ αὐτοῦ.

17,2 *(nr. 329, p. 453)*

... [2]καθὼς ἔδωκας αὐτῷ ἐξουσίαν πάσης σαρκός, ἵνα πᾶν ὃ δέδωκας αὐτῷ δώσῃ αὐτοῖς ζωὴν αἰώνιον.

13,3 *(nr. 309, p. 431)*

... [3]εἰδὼς ὅτι πάντα ἔδωκεν αὐτῷ ὁ πατὴρ εἰς τὰς χεῖρας καὶ ὅτι ἀπὸ θεοῦ ἐξῆλθεν καὶ πρὸς τὸν θεὸν ὑπάγει.

Matth.: **25** ⸂κ. δυνατων 1 ¦ — sy[s.c] || **26** ⸂οὐά, ο π., οτι εμπρ. σ. ευδ. μοι εγεν. Ir || **27** ° ℵ* *pc*; Ju | ⸀εγνω Ju[pt] Ir[pt] Cl[pt] Or | ⸂τ. π. ει μη ο υι. ουδε τ. υι. ει μη ο πατηρ Ju (N X; Ir Eus Ephr) | ⸋ 1279 sy[c] | ⸁εγνω (Mcion?) Ju[pt]

Luk.: **21** ° † 𝔓[75] B C 𝔎 A W Θ λ ϕ *pm* ¦ *txt* 𝔓[45] ℵ D Ξ **0115** *al* it; Cl | ⸋ 𝔓[45vid] 𝔎 A W **0115.0253** ϕ *pm* f q bo[pt]; Cl Cyr | ⊤ο Ιησους C 𝔎 A W **0115.0253** λ ϕ *al* (⸉ Θ *al* it) sy[p] bo[pt] | °[1] Mcion *apud* Epiph | ⸋[1] 𝔓[45]; Mcion | ⸉ ℵ 𝔎 A D W Θ **0115.0253** ϕ *pl* ¦ *txt* 𝔓[45vid.75] B C* L Ξ **0124**.1 *pc* it || **22** ⊤(*vs* 23) και στραφεις προς τους μαθητας ειπεν· C* 𝔎 A W Θ **0253**[vid] *al* it sy[p] bo[pt] ¦ *txt* 𝔓[45.75] B ℵ D **0124** λ ϕ *al* lat sy[s.c] sa bo[pt] | ⸀απο D **0124** | ° D a c l vg sy[s]; Mcion Ju Ir | ⸁εγνω (Mcion?) Ju[pt] | ⸋ 1216.1579 a | ⸂πατηρ .. υιος .. υιος .. πατηρ U b; (Ju Ir Mcion?) | ⸄ο υιος αποκαλυψη Mcion Ju

---

[2sq] cf Sir 51,1; Tob 8,5 || [1-24 (Jo)] *cf 6-12* || [3sq] cf Is 42,5; Act 17,24 || [4sq] cf Is 29,14; Lc 9,45; 18,34; 19,42; 1Cor 1,19.26sqq; 2,6sq || [5sq] cf Ps 8,3; Sir 3,19sqq; Mt 5,3; 21,16; 1Cor 1,21; *cf 27sq* || [6-12] *cf 1-24 (Jo)* || [6sq] εὐδοκία hic et Lc 2,14; Rm 10,1; Eph 1,5.9; Ph 1,15; 2,13; 2Th 1,11 || [7sqq] *cf 25sq* || [7sq] cf Dn 7,14; Mt 28,18; Mc 2,10 par; 1Cor 15,27; Eph 1,20sqq; Apc 12,10

Matth.	Mark.	**[Luk. 10,21-24]**	Joh.
13,16-17 *(nr. 123, p. 175)* 16 Ὑμῶν δὲ μακάριοι οἱ ὀφθαλμοὶ ὅτι βλέπουσιν καὶ τὰ ὦτα °ὑμῶν ὅτι ἀκούουσιν. 17 ἀμὴν °γὰρ λέγω ὑμῖν ὅτι πολλοὶ προφῆται □καὶ δίκαιοι⸌ ἐπεθύμησαν ἰδεῖν ἃ βλέπετε καὶ οὐκ ⸀εἶδαν, καὶ ἀκοῦσαι ἃ ἀκούετε καὶ οὐκ ἤκουσαν.		23 Καὶ στραφεὶς πρὸς τοὺς μαθητὰς □κατ' ἰδίαν⸌ εἶπεν⸆· μακάριοι οἱ ὀφθαλμοὶ οἱ βλέποντες ἃ βλέπετε⸆. 24 λέγω γὰρ ὑμῖν ὅτι πολλοὶ προφῆται □καὶ βασιλεῖς⸌ ἠθέλησαν ἰδεῖν ἃ ὑμεῖς βλέπετε καὶ οὐκ εἶδαν, καὶ ἀκοῦσαι⸆ ἃ ἀκούετε καὶ οὐκ ἤκουσαν.	7,29 *(nr. 240, p. 322)* 29 Ἐγὼ οἶδα αὐτόν, ὅτι παρ' αὐτοῦ εἰμι κἀκεῖνός με ἀπέστειλεν. 10,14-15 *(nr. 249, p. 332)* 14 Ἐγώ εἰμι ὁ ποιμὴν ὁ καλὸς καὶ γινώσκω τὰ ἐμὰ καὶ γινώσκουσί με τὰ ἐμά, 15 καθὼς γινώσκει με ὁ πατὴρ κἀγὼ γινώσκω τὸν πατέρα, καὶ τὴν ψυχήν μου τίθημι ὑπὲρ τῶν προβάτων. 17,25 *(nr. 329, p. 453)* 25 Πάτερ δίκαιε, καὶ ὁ κόσμος σε οὐκ ἔγνω, ἐγὼ δέ σε ἔγνων, καὶ οὗτοι ἔγνωσαν ὅτι σύ με ἀπέστειλας.

Justinus Mart., Dial. 100,1: Καὶ ἐν τῷ εὐαγγελίῳ δὲ γέγραπται εἰπών· »Πάντα μοι παραδέδοται ὑπὸ τοῦ πατρός, καὶ οὐδεὶς γινώσκει τὸν πατέρα εἰ μὴ ὁ υἱός, οὐδὲ τὸν υἱὸν εἰ μὴ ὁ πατὴρ καὶ οἷς ἂν ὁ υἱὸς ἀποκαλύψῃ«. *cf. Apol. I, 63, 11.*

Pap. Oxyrhynch. 654, nr. 3 (sec. Fitzmyer): [Λέγει Ἰη(σοῦ)ς·] οὐκ ἀποκνήσει ἄνθ[ρωπος πλήρης ἡμε]ρῶν ἐπερωτῆσε πα[ιδίον ἑπτὰ ἡμε]ρῶν περὶ τοῦ τόπου τῆ[ς ζωῆς καὶ ζήσει· εἴ]σετε ὅτι πολλοὶ ἔσονται π[ρῶτοι ἔσχατοι καὶ] οἱ ἔσχατοι πρῶτοι καὶ [ζωὴν αἰώνιον ἕξου]σιν. *(cf.* Evang. Thomae copt. *Append. I, 4)*

Pap. Oxyrhynch. 655 (II a, sec. Fitzmyer): Λέ[γει Ἰ(ησοῦ)ς· π]ο[λλάκις ἐπεθυμήσα]τα[ι ἀκοῦσαι τοὺς λό]γ[ους οὓς ὑμῖν λέγω] κα[ὶ οὐκ ἔχετε τὸ]ν [ἐροῦντα ὑμῖν] κα[ὶ ἐλεύσονται] ἡμ[έραι ὅτε ζητή]σε[τέ με καὶ οὐχ εὑρήσετέ με.] *(cf.* Evang. Thomae copt. *Append. I, 38)*

Matth.: 16 °B *pc* it ¦ *txt* ℌℜ D W Θ *pl* ‖ 17 °ℵ *al* it sa^{pt} bo^{pt} | □B*; Meth | ⸀ηδυνηθησαν ιδειν D

Luk.: 23 □D *pc* lat sy$^{s.c}$ | ⸆αυτοις D λ e sy$^{s.c}$ sa bo^{pt} | ⸆*p)* και ακουοντες α ακουετε D (c e f) ‖ 24 □*p)* D it; Mcion | ⸆μου 𝔓75 B 0124

^{15sqq} cf Prv 20,12; Is 52,10; PsSal 17,44; 18,6; Mt 16,17; Lc 2,30; 1Jo 1,1sqq ‖ ^{17sqq} cf Is 52,15; Jo 8,56; Heb 11,13; 1Pt 1,10 sqq; 1Jo 1,1sqq; *cf 29sq* ‖ ^{25sq} *cf 7sqq* ‖ ^{27sq} *cf 5sq* ‖ ^{29sq} *cf 17sq*

182. Die Frage nach dem obersten Gebot

Mandatum dilectionis *(cf. nr. 282)* **The Lawyer's Question**

Matth. 22,34-40 19,16-19; 7,12	Mark. 12,28-34 10,17-19	**Luk. 10,25-28** 18,18-20; 6,31	Joh.
22,34-40 *(nr. 282, p. 385)* 34 Οἱ δὲ Φαρισαῖοι ἀκούσαντες ὅτι ἐφίμωσεν τοὺς Σαδδουκαίους συνήχθησαν ⸂ἐπὶ τὸ αὐτό⸃, 35 καὶ ἐπηρώτησεν εἷς ἐξ αὐτῶν °[νομικὸς]	12,28-34 *(nr. 282, p. 385)* 28 Καὶ προσελθὼν εἷς τῶν γραμματέων ⸀ἀκούσας αὐτῶν συζητούντων, ⸀ἰδὼν ὅτι καλῶς ἀπεκρίθη αὐ-	25 ⸂Καὶ ἰδοὺ νομικός τις ἀνέστη⸃	

Matth.: 34 ⸂επ αυτον D it sy$^{s.c}$ | [⁚. H] ‖ 35 ° λ e sy^{s} arm; Or^{lat}

Mark.: 28 ⸀ακουων W Θ *pc* | ⸀† ειδως B ℵ^{2} ℜ A *pm* ¦ *txt* ℵ* C (D) W Θ λ φ *al*

Luk.: 25 ⸂ανεστη δε τις νομικος D (c) e

^{1}cf Mt 22,22 ‖ ^{2sq}cf Ps 2,2; Act 4,27 ‖ ^{3sqq} *cf 36sqq* ‖ $^{5(Mc)}$ *cf 31sq*

[Matth. 22, 34-40]

πειράζων αὐτόν ⸆ · 36 διδάσκαλε, ποία ἐντολὴ ⸀μεγάλη ἐν τῷ νόμῳ; 37 ὁ δὲ ⸆ ⸀ἔφη αὐτῷ·

ἀγαπήσεις κύριον τὸν θεόν σου ἐν ὅλῃ °τῇ καρδίᾳ σου καὶ ἐν ὅλῃ °¹τῇ ψυχῇ σου καὶ ἐν ὅλῃ τῇ ⸁διανοίᾳ σου·
38 αὕτη ἐστὶν ⸂ἡ μεγάλη καὶ πρώτη⸃ ἐντολή.
39 δευτέρα °δὲ ⸂ὁμοία αὐτῇ⸃· ἀγαπήσεις τὸν πλησίον σου ὡς σεαυτόν. 40 ἐν ταύταις ταῖς δυσὶν ἐντολαῖς °ὅλος ὁ νόμος ⸂κρέμαται καὶ οἱ προφῆται⸃.

[Mark. 12, 28-34]

τοῖς ἐπηρώτησεν αὐτόν ⸆ · ποία ἐστὶν ἐντολὴ πρώτη °πάντων;
29 ⸂ἀπεκρίθη ὁ Ἰησοῦς⸃ ⸉ὅτι πρώτη ἐστίν⸊· ἄκουε, Ἰσραήλ, κύριος ὁ θεὸς ἡμῶν⁝ ⸀κύριος εἷς ἐστιν,

30 καὶ ἀγαπήσεις κύριον τὸν θεόν σου ἐξ ὅλης °τῆς καρδίας σου καὶ ἐξ ὅλης °¹τῆς ψυχῆς σου ⸋καὶ ἐξ ὅλης °²τῆς διανοίας σου⸌ καὶ ἐξ ὅλης τῆς ἰσχύος σου. ⸆
31 ⸂δευτέρα αὕτη⸃· ἀγαπήσεις τὸν πλησίον σου ὡς σεαυτόν. μείζων τούτων ἄλλη ἐντολὴ οὐκ ἔστιν.
32 ° καὶ εἶπεν αὐτῷ ὁ γραμματεύς· καλῶς, διδάσκαλε⁝, ἐπ᾽ ἀληθείας ⸄εἶπες ὅτι εἷς ἐστιν ⸆ καὶ οὐκ ἔστιν °¹ἄλλος πλὴν αὐτοῦ· 33 καὶ τὸ ἀγαπᾶν αὐτὸν ἐξ ὅλης °τῆς καρδίας ⸆ καὶ ἐξ ὅλης τῆς ⸀συνέσεως καὶ ἐξ ὅλης °¹τῆς ⸁ἰσχύος καὶ τὸ ἀγαπᾶν τὸν πλησίον ⸆ ὡς ⸀¹ἑαυτὸν ⸀²περισσότερόν ἐστιν πάντων τῶν ὁλοκαυτωμάτων καὶ ⸆¹ θυσιῶν. 34 καὶ ὁ

[Luk. 10, 25-28]

ἐκπειράζων αὐτὸν ⸆ λέγων· °διδάσκαλε, τί ποιήσας ⸆ ζωὴν °¹αἰώνιον κληρονομήσω; 26 ὁ δὲ εἶπεν πρὸς αὐτόν·

ἐν τῷ νόμῳ °τί γέγραπται; πῶς ἀναγινώσκεις; 27 ὁ δὲ ἀποκριθεὶς εἶπεν· ἀγαπήσεις κύριον τὸν θεόν °σου ⸂ἐξ ὅλης °¹[τῆς] καρδίας⸃ σου °²καὶ ⸉ἐν ὅλῃ τῇ ψυχῇ⸊ σου καὶ ⸉ἐν ὅλῃ τῇ ἰσχύϊ⸊ σου ⸋καὶ ⸉ἐν ὅλῃ τῇ διανοίᾳ⸊ σου⸌,

καὶ τὸν πλησίον σου ὡς σεαυτόν.

Joh.

Matth.: 35 ⸆και λεγων ℜ D W Θ **0138** *pl* it sy$^{s.c}$ sa || 36 ⸀*pon. p.* νομω D ¦ μειζων Θ || 37 ⸆Ιησους ℜ W Θ **0138. 0161. 0197** λ ϕ *pl* ¦ *pon. p.* αυτω *et* — ο δε D lat sy$^{s.c}$ bo^{pt} | ⸀ειπεν W Θ ϕ 700 | ° B ℵ* ℜ W Θ **0138. 0161** ϕ *al*; Cl ¦ *txt* ℵ^{2} D L λ *pm* | °¹ B ℜ W Θ **0138** *al* | ⸁ισχυι c sy$^{s.c}$; Cl Or^{pt} ¦ *p)* ισχυι σου και εν ολη τη δ. Θ ϕ *al* (e) sy^{p} || 38 ⸂*1 4 3* (+ η W) *2* W Δ Φ *pc* ¦ *4 3 2* ℜ Γ Π *al* d f q || 39 ° † B ℵ* *pc* ¦ *txt* ℜ D W Θ **0107. 0138** λ ϕ *pl* | ⸂*p)* ομ. αὕτη ℜ ϕ *pm* ¦ ομ. ταυτη D ¦ ομοιως B ¦ *txt* Θ λ 33 lat sy (*sed sine acc.* ℵ W Z) || **40** ° ℵ* sy sa bo^{pt} | ⸂*2-4* κρεμανται ℜ W Γ Δ Π Φ λ ϕ *pm*

Mark.: 28 ⸆*p)* λεγων· διδασκαλε D it | ° D W Θ λ ϕ it || 29 ⸂ο δε Ιησους απεκριθη αυτω C ℜ A Γ Π Φ 118. 124 *pl* aur l vg ¦ ο δε Ιησους (— W λ) ειπεν αυτω W Θ λ ϕ *pc* ¦ αποκριθεις δε ο Ιησ. ειπεν αυτω D *pc* it | ⸉ο. πρ. παντων εντολη A K Π Φ 33 *al* ¦ ο. πρ. παντων εντολη εστιν αυτη C ¦ ο. πρ. παντων των εντολων ℜ Γ ϕ 22. 118 *al* sy^{p} ¦ παντων πρ. D W Θ *pc* it sy^{s} | [⁝, H] | ⸀deus i l vg ¦ — F a b k sy^{s} || **30** ° B D* *pc* | °¹ *et* °² B | ⸋ D *pc* it | ⸆*p)* αὕτη πρωτη εντολη ℜ A D (W Θ) λ ϕ *pl* lat || **31** ⸂*p)* και δ. ομοια αυτ. ℜ A (W, Θ) λ ϕ *pm* lat ¦ δ. δε ομοια ταυτη D *al* ¦ δ. αυτη εστιν ℵ || **32** ° B | [⁝. comm] | ⸄*p.* καλως D it | ⸆ο θεος D (⸄W) Θ *pm* it sy^{s} sa bo; Eus | °¹ D *pc* a || **33** ° B *pc* | ⸆σου ℵ L *pc* | ⸀δυναμεως D Θ 565 it | °¹ ℵ* | ⸁ψυχης D *pc* ¦ ψυχης και εξ ολης της ισχ. ℜ A **092b** *pm* it | ⸆σου ℵ* W Δ *pc* | ⸀¹σεαυτον ℵ A D L W Γ *al* ff^{2} i k | ⸀²πλειον ℜ A D W Θ **092b** λ ϕ *pl* | ⸆¹των ℌ λ 565 *pm* ¦ *txt* B ℜ A D W Θ **092b** ϕ *al*

Luk.: 25 ⸆και C ℜ A D W Θ **0124** λ ϕ *pl* lat | ° D; (Mcion?) | ⸆ινα ℵ* 131 f | °¹ Mcion || **26** ° D* *pc* || **27** ° B* H | ⸂εν ολη τη καρδια D λ *pc* it | °¹ 𝔓^{75} B Ξ **0124** *pc* ¦ *txt* ℵ C ℜ A W Θ ϕ *pm* | °² 𝔓^{75} B | ⸉εξ ολης της -ης *et* ⸉… -υος *et* ⸉… -ας C ℜ A W Θ (λ) ϕ *pl* aur e f vg; (Mcion) ¦ *txt* 𝔓^{75} B ℵ (D) Ξ *pc* | ⸋ D *pc* it; Mcion Al

---

9-16 Dt 6, 4 sq; *cf* *25 sqq* || 12 sqq *cf* 55 sq. 57. 61 sq. 63 sq || 18 sq Lv 19, 18; cf Jc 2, 8; Jo 15, 12; *cf* *28 sq. 45 sq. 50 sqq.* 53. 54. 57. 59. 60. 63 sq. 65 || 20 sq (Mt) cf Gn 44, 30; Lc 19, 48; *cf* *47 sqq* || 21 sq cf Lc 20, 39 sq; Mc 12, 14; Mt 22, 16; Lc 20, 21 || 23 sq Dt 4, 35; cf Dt 6, 4 sq; Ex 8, 6; Is 45, 21 || 25 sqq *cf* *9-16* || 28 sq *cf* *18 sq. 65* || 29 sq 1 Sm 15, 22; cf Hos 6, 6; Is 1, 11; Prv 21, 3

Matth.	[Mark. 12, 28-34]	**[Luk. 10, 25-28]**	Joh.
	Ἰησοῦς ἰδὼν °[αὐτὸν] ὅτι νουνεχῶς ἀπεκρίθη εἶπεν αὐτῷ· ⸆ οὐ μακρὰν °¹εἶ ἀπὸ τῆς βασιλείας τοῦ θεοῦ. καὶ ⸂οὐδεὶς οὐκέτι ἐτόλμα αὐτὸν⸃ ἐπερωτῆσαι⁚.	[28] εἶπεν δὲ αὐτῷ· ὀρθῶς ἀπεκρίθης· τοῦτο ποίει καὶ ζήσῃ.	
19, 16-19 *(nr. 254 p. 338)* [16] Καὶ ἰδοὺ εἷς προσελθὼν αὐτῷ εἶπεν· διδάσκαλε, τί ἀγαθὸν ποιήσω ἵνα σχῶ ζωὴν αἰώνιον; [17] ὁ δὲ εἶπεν αὐτῷ· τί με ἐρωτᾷς περὶ τοῦ ἀγαθοῦ; εἷς ἐστιν ὁ ἀγαθός· εἰ δὲ θέλεις εἰς τὴν ζωὴν εἰσελθεῖν, τήρησον τὰς ἐντολάς. [18] λέγει αὐτῷ ποίας; ὁ δὲ Ἰησοῦς εἶπεν· τὸ οὐ φονεύσεις, οὐ μοιχεύσεις, οὐ κλέψεις, οὐ ψευδομαρτυρήσεις, [19] τίμα τὸν πατέρα καὶ τὴν μητέρα, καὶ ἀγαπήσεις τὸν πλησίον σου ὡς σεαυτόν.	10, 17-19 *(nr. 254, p. 338)* [17] Καὶ ἐκπορευομένου αὐτοῦ εἰς ὁδὸν προσδραμὼν εἷς καὶ γονυπετήσας αὐτὸν ἐπηρώτα αὐτόν· διδάσκαλε ἀγαθέ, τί ποιήσω ἵνα ζωὴν αἰώνιον κληρονομήσω; [18] ὁ δὲ Ἰησοῦς εἶπεν αὐτῷ· τί με λέγεις ἀγαθόν; οὐδεὶς ἀγαθὸς εἰ μὴ εἷς ὁ θεός. [19] τὰς ἐντολὰς οἶδας· μὴ φονεύσῃς, μὴ μοιχεύσῃς, μὴ κλέψῃς, μὴ ψευδομαρτυρήσῃς, μὴ ἀποστερήσῃς, τίμα τὸν πατέρα σου καὶ τὴν μητέρα.	18, 18-20 *(nr. 254, p. 338)* [18] Καὶ ἐπηρώτησέν τις αὐτὸν ἄρχων λέγων· διδάσκαλε ἀγαθέ, τί ποιήσας ζωὴν αἰώνιον κληρονομήσω; [19] εἶπεν δὲ αὐτῷ ὁ Ἰησοῦς· τί με λέγεις ἀγαθόν; οὐδεὶς ἀγαθὸς εἰ μὴ εἷς ὁ θεός. [20] τὰς ἐντολὰς οἶδας· μὴ μοιχεύσῃς, μὴ φονεύσῃς, μὴ κλέψῃς, μὴ ψευδομαρτυρήσῃς, τίμα τὸν πατέρα σου καὶ τὴν μητέρα.	
7, 12 *(nr. 71, p. 95)* [12] Πάντα οὖν ὅσα ἐὰν θέλητε ἵνα ποιῶσιν ὑμῖν οἱ ἄνθρωποι, οὕτως καὶ ὑμεῖς ποιεῖτε αὐτοῖς· οὗτος γάρ ἐστιν ὁ νόμος καὶ οἱ προφῆται.		6, 31 *(nr. 80, p. 104)* [31] Καὶ καθὼς θέλετε ἵνα ποιῶσιν ὑμῖν οἱ ἄνθρωποι, ποιεῖτε αὐτοῖς ὁμοίως.	

Rm. 13, 8–10: [8] Μηδενὶ μηδὲν ὀφείλετε εἰ μὴ τὸ ἀλλήλους ἀγαπᾶν· ὁ γὰρ ἀγαπῶν τὸν ἕτερον νόμον πεπλήρωκεν. [9] τὸ γὰρ οὐ μοιχεύσεις, οὐ φονεύσεις, οὐ κλέψεις, οὐκ ἐπιθυμήσεις, καὶ εἴ τις ἑτέρα ἐντολή, ἐν τῷ λόγῳ τούτῳ ἀνακεφαλαιοῦται [ἐν τῷ]· ἀγαπήσεις τὸν πλησίον σου ὡς σεαυτόν. [10] ἡ ἀγάπη τῷ πλησίον κακὸν οὐκ ἐργάζεται· πλήρωμα οὖν νόμου ἡ ἀγάπη.

Gal. 5, 14: Ὁ γὰρ πᾶς νόμος ἐν ἑνὶ λόγῳ πεπλήρωται, ἐν τῷ· ἀγαπήσεις τὸν πλησίον σου ὡς σεαυτόν.

Jac. 2, 8: Εἰ μέντοι νόμον τελεῖτε βασιλικὸν κατὰ τὴν γραφήν· ἀγαπήσεις τὸν πλησίον σου ὡς σεαυτόν, καλῶς ποιεῖτε.

2. Clem. ad Cor. 3, 4: Ἐν τίνι δὲ αὐτὸν ὁμολογοῦμεν; ἐν τῷ ποιεῖν ἃ λέγει καὶ μὴ παρακούειν αὐτοῦ τῶν ἐντολῶν, καὶ μὴ μόνον χείλεσιν αὐτὸν τιμᾶν, ἀλλὰ ἐξ ὅλης καρδίας καὶ ἐξ ὅλης τῆς διανοίας.

Didache 1, 2; 2, 7: 1 [2] Ἡ μὲν οὖν ὁδὸς τῆς ζωῆς ἐστιν αὕτη· »πρῶτον ἀγαπήσεις τὸν θεὸν τὸν ποιήσαντά σε, δεύτερον τὸν πλησίον σου ὡς σεαυτόν· πάντα δὲ ὅσα ἐὰν θελήσῃς« μὴ γίνεσθαί σοι, καὶ σὺ ἄλλῳ μὴ ποίει. 2 [7] Οὐ μισήσεις πάντα ἄνθρωπον, ἀλλὰ οὓς μὲν ἐλέγξεις, περὶ ὧν δὲ προσεύξῃ, οὓς δὲ ἀγαπήσεις ὑπὲρ τὴν ψυχήν σου.

Barn. ep. 19, 5: ... ἀγαπήσεις τὸν πλησίον σου ὑπὲρ τὴν ψυχήν σου. cf. 19, 2.

Justinus Mart., Apol. I, 16, 6: Μεγίστη ἐντολή ἐστι· »Κύριον τὸν θεόν σου προσκυνήσεις καὶ αὐτῷ μόνῳ λατρεύσεις ἐξ ὅλης τῆς καρδίας σου καὶ ἐξ ὅλης τῆς ἰσχύος σου, κύριον τὸν θεὸν τὸν ποιήσαντά σε«.

Mark.: 34 ° ℌ D W Θ λ *al* lat ¦ *txt* B ℜ A **092b** ϕ *pm* | ⸆ οτι W Θ 565 | °¹ ℵ* *pc* | ⸂ *1 3 2 4* ϕ a ¦ *1 3 4 2* W ff² ¦ *1 3 4* D Ψ *pc* | [⁚, *et ante* και ουδ. *dist.* W]

---

31 cf Lc 7, 43 ‖ 31 sq cf 5 (Mc) ‖ 33 sq cf Lc 20, 40; Mt 22, 46 ‖ 33 (Lc) cf Lv 18, 5 ‖ 36 sqq cf 3 sqq ‖ 45 sq cf 18 sq ‖ 47 sqq cf 20 sq (Mt) ‖ 50 sqq cf 18 sq ‖ 53 cf 18 sq ‖ 54 cf 18 sq ‖ 55 sq cf 12 sqq ‖ 57 cf 12 sqq. 18 sq ‖ 59 cf 18 sq ‖ 60 cf 18 sq ‖ 61 sqq cf 12 sqq

–, Dial. 93,2: Ὅθεν μοι δοκεῖ καλῶς εἰρῆσθαι ὑπὸ τοῦ ἡμετέρου κυρίου καὶ σωτῆρος Ἰησοῦ Χριστοῦ, ἐν δυσὶν ἐντολαῖς πᾶσαν δικαιοσύνην καὶ εὐσέβειαν πληροῦσθαι· εἰσὶ δὲ αὗται· »Ἀγαπήσεις κύριον τὸν θεόν σου ἐξ ὅλης τῆς καρδίας σου καὶ ἐξ ὅλης τῆς ἰσχύος σου, καὶ τὸν πλησίον σου ὡς σεαυτόν«.

Evang. Thomae copt.: *cf. Append. I, 25*

63sq 12 sqq. 18 sq || *65 cf 18 sq. 28 sq*

183. Gleichnis vom barmherzigen Samariter

Samaritanus misericors

The Parable of the Good Samaritan

Matth.	Mark.	**Luk. 10,29-37**	Joh.

29 Ὁ δὲ θέλων ⸀δικαιῶσαι ⸀ἑαυτὸν εἶπεν πρὸς τὸν Ἰησοῦν· καὶ τίς ἐστίν μου πλησίον; 30 Ὑπολαβὼν ⸆ ὁ Ἰησοῦς
εἶπεν⸆· ἄνθρωπός τις ⸀κατέβαινεν ἀπὸ Ἰερουσαλὴμ εἰς Ἰεριχὼ καὶ λῃσταῖς περιέπεσεν, οἳ καὶ ⸀ἐκδύσαντες
αὐτὸν καὶ πληγὰς ἐπιθέντες ἀπῆλθον ⸀1ἀφέντες ἡμιθανῆ⸆1. 31 ⸂κατὰ συγκυρίαν⸃ δὲ ἱερεύς τις ⸀κατέβαινεν °ἐν τῇ
ὁδῷ ἐκείνῃ καὶ ἰδὼν αὐτὸν ἀντιπαρῆλθεν· 32 ⸋ὁμοίως δὲ καὶ Λευίτης °[γενόμενος] κατὰ τὸν τόπον °1ἐλθὼν
καὶ ἰδὼν ⸆ ἀντιπαρῆλθεν.⸌ 33 Σαμαρίτης δέ τις ὁδεύων ἦλθεν κατ' αὐτὸν καὶ ἰδὼν ⸆ ἐσπλαγχνίσθη, 34 καὶ προσ-
ελθὼν κατέδησεν τὰ τραύματα αὐτοῦ ἐπιχέων ἔλαιον καὶ οἶνον, ⸂ἐπιβιβάσας δὲ⸃ αὐτὸν ἐπὶ τὸ ἴδιον κτῆνος
ἤγαγεν αὐτὸν εἰς πανδοχεῖον καὶ ἐπεμελήθη αὐτοῦ. 35 καὶ ἐπὶ τὴν αὔριον ⸆ ἐκβαλὼν ⸉ἔδωκεν δύο δηνάρια⸊
τῷ πανδοχεῖ καὶ εἶπεν⸆· ἐπιμελήθητι αὐτοῦ, καὶ ὅ τι ἂν προσδαπανήσῃς °ἐγὼ ἐν τῷ ἐπανέρχεσθαί με ἀπο-
δώσω σοι. 36 ⸂τίς ⸆ τούτων τῶν τριῶν πλησίον δοκεῖ σοι⸃ γεγονέναι τοῦ ἐμπεσόντος εἰς τοὺς λῃστάς; 37 ὁ δὲ
εἶπεν· ὁ ποιήσας τὸ ἔλεος μετ' αὐτοῦ. εἶπεν ⸀δὲ °αὐτῷ °1ὁ Ἰησοῦς· πορεύου καὶ σὺ ⸆ ποίει ὁμοίως.

2. Chron. 28,5–15: 5 Καὶ παρέδωκεν αὐτὸν (Αχαζ) κύριος ὁ θεὸς αὐτοῦ διὰ χειρὸς βασιλέως Συρίας, καὶ ἐπάταξεν ἐν αὐτῷ καὶ ᾐχμαλώτευσεν ἐξ αὐτῶν αἰχμαλωσίαν πολλὴν καὶ ἤγαγεν εἰς Δαμασκόν· καὶ γὰρ εἰς τὰς χεῖρας βασιλέως Ισραηλ παρέδωκεν αὐτόν, καὶ ἐπάταξεν ἐν αὐτῷ πληγὴν μεγάλην. 6 καὶ ἀπέκτεινεν Φακεε ὁ τοῦ Ρομελια βασιλεὺς Ισραηλ ἐν Ιουδα ἐν μιᾷ ἡμέρᾳ ἑκατὸν εἴκοσι χιλιάδας ἀνδρῶν δυνατῶν ἰσχύι ἐν τῷ αὐτοὺς καταλιπεῖν τὸν κύριον θεὸν τῶν πατέρων αὐτῶν. 7 καὶ ἀπέκτεινεν Εζεκρι ὁ δυνατὸς τοῦ Εφραιμ τὸν Μαασαιαν τὸν υἱὸν τοῦ βασιλέως καὶ τὸν Εσδρικαμ ἡγούμενον τοῦ οἴκου αὐτοῦ καὶ τὸν Ελκανα τὸν διάδοχον τοῦ βασιλέως. 8 καὶ ᾐχμαλώτισαν οἱ υἱοὶ Ισραηλ ἀπὸ τῶν ἀδελφῶν αὐτῶν τριακοσίας χιλιάδας, γυναῖκας, υἱοὺς καὶ θυγατέρας, καὶ σκῦλα πολλὰ ἐσκύλευσαν ἐξ αὐτῶν καὶ ἤνεγκαν τὰ σκῦλα εἰς Σαμάρειαν. – 9 καὶ ἐκεῖ ἦν ὁ προφήτης τοῦ κυρίου, Ωδηδ ὄνομα αὐτῷ, καὶ ἐξῆλθεν εἰς ἀπάντησιν τῆς δυνάμεως τῶν ἐρχομένων εἰς Σαμάρειαν καὶ εἶπεν αὐτοῖς Ἰδοὺ ὀργὴ κυρίου θεοῦ τῶν πατέρων ὑμῶν ἐπὶ τὸν Ιουδαν, καὶ παρέδωκεν αὐτοὺς εἰς τὰς χεῖρας ὑμῶν, καὶ ἀπεκτείνατε ἐν αὐτοῖς ἐν ὀργῇ· ἕως τῶν οὐρανῶν ἔφθακεν. 10 καὶ νῦν υἱοὺς Ιουδα καὶ Ιερουσαλημ ὑμεῖς λέγετε κατακτήσεσθαι εἰς δούλους καὶ δούλας· οὐκ ἰδού εἰμι μεθ' ὑμῶν μαρτυρῆσαι κυρίῳ θεῷ ὑμῶν; 11 καὶ νῦν ἀκούσατέ μου καὶ ἀποστρέψατε τὴν αἰχμαλωσίαν, ἣν ᾐχμαλωτεύσατε τῶν ἀδελφῶν ὑμῶν, ὅτι ὀργὴ θυμοῦ κυρίου ἐφ' ὑμῖν. 12 καὶ ἀνέστησαν ἄρχοντες ἀπὸ τῶν υἱῶν Εφραιμ, Ουδια ὁ τοῦ Ιωανου καὶ Βαραχιας ὁ τοῦ Μοσολαμωθ καὶ Εζεκιας ὁ τοῦ Σελλημ καὶ Αμασιας ὁ τοῦ Χοδλι, ἐπὶ τοὺς ἐρχομένους ἀπὸ τοῦ πολέμου 13 καὶ εἶπαν αὐτοῖς Οὐ μὴ εἰσαγάγητε τὴν αἰχμαλωσίαν ὧδε πρὸς ἡμᾶς, ὅτι εἰς τὸ ἁμαρτάνειν τῷ κυρίῳ ἐφ' ἡμᾶς ὑμεῖς λέγετε, προσθεῖναι ἐπὶ ταῖς ἁμαρτίαις ἡμῶν καὶ ἐπὶ τὴν ἄγνοιαν, ὅτι πολλὴ ἡ ἁμαρτία ἡμῶν καὶ ὀργὴ θυμοῦ κυρίου ἐπὶ τὸν Ισραηλ. 14 καὶ ἀφῆκαν οἱ πολεμισταὶ τὴν αἰχμαλωσίαν καὶ τὰ σκῦλα ἐναντίον τῶν ἀρχόντων καὶ πάσης τῆς ἐκκλησίας. 15 καὶ ἀνέστησαν ἄνδρες, οἳ ἐπεκλήθησαν ἐν ὀνόματι, καὶ ἀντελάβοντο τῆς αἰχμαλωσίας καὶ πάντας τοὺς γυμνοὺς περιέβαλον ἀπὸ τῶν σκύλων καὶ ἐνέδυσαν αὐτοὺς καὶ ὑπέδησαν αὐτοὺς καὶ ἔδωκαν φαγεῖν καὶ ἀλείψασθαι καὶ ἀντελάβοντο ἐν ὑποζυγίοις παντὸς ἀσθενοῦντος καὶ κατέστησαν αὐτοὺς εἰς Ιεριχω πόλιν φοινίκων πρὸς τοὺς ἀδελφοὺς αὐτῶν, καὶ ἐπέστρεψαν εἰς Σαμάρειαν.

---

29 ⸀δικαιουν 𝔐 A W Γ Δ Θ Π λ ϕ *pl* | ⸀αυ- ℵ* *pc* || **30** ⸆δε 𝔓45vid C2 𝔐 A D W Θ **0124** λ ϕ *pl* latt ¦ *txt* 𝔓75 B ℵ* C*vid | ⸆αυτω D Γ | ⸀καταβαινει C* | ⸀εξεδυσαν U λ *al* lat | ⸀1αφηκαν C* e | ⸆1τυγχανοντα C 𝔐 A W Γ Δ Π **0190** ϕ *pm* || **31** ⸂κατα τυχα D; (Cl) ¦ κατα συντυχιαν 𝔓75c ¦ — b c ff2 i l | ⸀καταβαινων D W | °B 1 *pc* || **32** ⸋*vs* ℵ* | °† 𝔓75 ℌ **0190** λ *pc* ¦ *txt* 𝔓45 C 𝔐 A D W Γ Δ Θ ϕ *pl et* °1 𝔓45 D *pc* lat | ⸆αυτον A D Γ Δ *al* lat || **33** ⸆αυτον C 𝔐 A D W Θ ϕ *pl* lat ¦ *txt* 𝔓45.75 ℌ λ *pc* || **34** ⸂και επιβιβασας D lat || **35** ⸆εξελθων (+ και C*) C 𝔐 A W Γ Δ Θ Π ϕ *pl* q | ⸉† *231* ℵ C 𝔐 W Θ Ξ **0190** λ *pm* ¦ *321* D c e ¦ *txt* 𝔓45.75 B | ⸆αυτω ℵ C 𝔐 A W Γ Δ Θ **0190** ϕ *pl* it ¦ *txt* 𝔓45.75 B D L Ξ λ *pc* | °ℵ λ *pc* ¦ *pon. p.* με D c e || **36** ⸂τινα ουν δοκεις πλησιον D (e) | ⸆ουν C 𝔐 A (— τουτων W) Γ Δ Θ Π ϕ *pl* c || **37** ⸀ουν 𝔐 A W Γ Θ Π *pm* q | °D W *pc* c | °1 B* | ⸆και 𝔓45

---

1 cf Lc 16,15; 18,14.21 | cf Ct 5,16; Ps 35,14 || *2sqq* cf *11 sqq* || *3* ἡμιθανής hapaxl NT | κατὰ συγκυρίαν hapaxl NT || *4sqq* ἀντιπαρέρχεσθαι hic un. || *5sq* cf Sir 27,21; Is 1,6 | cf Mc 6,13; Jc 5,14 | cf Act 23,24 || *7* cf Act 4,5 || *10* cf Lc 1,58.72 || *11sqq* cf *2 sqq*

184. Maria und Martha

Maria et Martha | **Mary and Martha**

Matth. | **Mark.**

Luk. 10,38-42

38 ⸂Ἐν δὲ⸃ τῷ πορεύεσθαι ⸂αὐτοὺς ⸆ αὐτὸς εἰσῆλθεν⸃ εἰς
κώμην τινά· γυνὴ δέ τις ὀνόματι Μάρθα ὑπεδέξατο
αὐτόν⸆. 39 καὶ ⸀τῇδε ἦν ἀδελφὴ καλουμένη ⸀Μαριάμ, °[ἣ]
καὶ ⸀1παρακαθεσθεῖσα ⸀2πρὸς τοὺς πόδας ⸂τοῦ κυρίου⸃
ἤκουεν τὸν λόγον αὐτοῦ. 40 ἡ δὲ Μάρθα περιεσπᾶτο περὶ
πολλὴν διακονίαν· ⸀ἐπιστᾶσα δὲ εἶπεν· κύριε, οὐ μέλει
σοι ὅτι ἡ ἀδελφή μου ⸉μόνην με ⸀κατέλιπεν⸊ διακονεῖν;
εἰπὲ οὖν αὐτῇ ἵνα μοι συναντιλάβηται. 41 ἀποκριθεὶς
δὲ εἶπεν αὐτῇ ὁ ⸀κύριος· Μάρθα Μάρθα, ⸂μεριμνᾷς καὶ
θορυβάζῃ περὶ πολλά, 42 ἑνὸς δέ ἐστιν χρεία⸃· ⸀Μαριὰμ
⸀γὰρ τὴν ἀγαθὴν μερίδα ἐξελέξατο ἥτις οὐκ ἀφαιρεθήσε-
ται ⸆ αὐτῆς.

Joh. 11,1; 12,1-3

11,1 *(nr. 259, p. 346)*

1 ⸆Ἦν δέ τις ἀσθενῶν, Λάζαρος ἀπὸ Βηθανίας, ἐκ τῆς κώμης Μα-
ρίας καὶ Μάρθας τῆς ἀδελφῆς αὐτῆς.

12,1-3 *(nr. 267, p. 361)*

1 Ὁ οὖν Ἰησοῦς πρὸ ἓξ ἡμερῶν τοῦ πάσχα ἦλθεν εἰς Βηθανίαν,
ὅπου ἦν Λάζαρος, ὃν ἤγειρεν ἐκ νεκρῶν Ἰησοῦς. 2 ἐποίησαν οὖν
αὐτῷ δεῖπνον ἐκεῖ, καὶ ἡ Μάρθα διηκόνει, ὁ δὲ Λάζαρος εἷς ἦν
ἐκ τῶν ἀνακειμένων σὺν αὐτῷ. 3 Ἡ οὖν Μαριὰμ λαβοῦσα λίτραν
μύρου νάρδου πιστικῆς πολυτίμου ἤλειψεν τοὺς πόδας τοῦ Ἰησοῦ
καὶ ἐξέμαξεν ταῖς θριξὶν αὐτῆς τοὺς πόδας αὐτοῦ· ἡ δὲ οἰκία
ἐπληρώθη ἐκ τῆς ὀσμῆς τοῦ μύρου.

Luk.: 38 ⸂εγενετο δε εν C𝔎ADWΘλφ *pl* latt ¦ *txt* 𝔓3vid.45.75 ℌ *pc* | ⸂αυτον εισελθειν D | ⸆και C𝔎AWΘλφ *pl* lat | ⸆ † εις την οικιαν 𝔓3ℵ* C*LΞ *pc* lat ¦ εις τον οικον αυτης 𝔎ADWΓΔΘλφ *pl* ¦ *txt* 𝔓45.75 B || 39 ⸀ταυτη W | ⸀-ρια 𝔓45 B*𝔎ADΘ *pl* latt | ° 𝔓45.75 B2 ℵ*LΞ *pc* ¦ *txt* B*ℵ1C𝔎ADWΘλφ *pm* | ⸀1 παρακαθισασα 𝔓45 𝔎DWΓΔΘΠλφ *pl* | ⸀2 παρα 𝔓45 𝔎ADWΓΔΘΠλφ *pl* | ⸂του Ιησου 𝔓45 Bcorr C2 𝔎AWΓΔΘΠλφ *pl* ¦ Ιησου 𝔓75 ¦ *txt* 𝔓3 B*ℵC*vid DLΞ *pc* || 40 ⸀επισταθεις D | ⸉ *321* D lat | ⸀ † -λειπεν B*C𝔎ΘΞ *pm* ¦ *txt* 𝔓45.75 B3ℵDλ 13 *al* || 41 ⸀Ιησους C𝔎AWΓΔΠλ(⸉DΘφ) *pl* it ¦ *txt* 𝔓3.75 B*ℵL *pc* (⸉𝔓45) || 41.42 ⸂— it sys ¦ θορυβαζη D ¦ † μ. κ. θ. π. π., ολιγων δε εστ. χρ. η ενος 𝔓3ℵL *pc* ¦ *it., sed* χρ. εστ. B ¦ *txt* 𝔓45.75 CWΘ *pc* syc.p ¦ *ut txt, sed* τυρβαζη *loco* θορυβ. 𝔎AΓΔΠφ *pm* ¦ *ut txt, sed* ολιγων *loco* ενος 38 *al* sypal || 42 ⸀-ρια ℌ𝔎ADWΘφ *pl*; Cl ¦ *txt* 𝔓3.75 B *pc* | ⸀δε C𝔎AWΘφ *pm* syc.p bopt; Cl ¦ — D lat sys ¦ *txt* 𝔓75 BℵL *al* | ⸆απ 𝔓3.45vid.75 ℵcorr C𝔎AWΓΔΘΠλφ *pl* lat

1sqq cf Jo 11,1sqq || *1* cf Lc 9,51.56sq; 10,1 || *3sqq* cf Jo 11,20; 1Cor 7,34sq || *11sq* cf Mt 6,33

185. Das Vaterunser

(cf. nr. 62)

Oratio dominica | **The Lord's Prayer**

Matth. 6,9-13
(nr. 62, p. 86)

9 Οὕτως οὖν προσεύχεσθε ὑμεῖς·
Πάτερ ἡμῶν °ὁ ἐν ⸂τοῖς οὐρανοῖς⸃·
ἁγιασθήτω τὸ ὄνομά σου·

Mark.

Luk. 11,1-4

1 Καὶ ἐγένετο ἐν τῷ εἶναι αὐτὸν ἐν τόπῳ τινὶ προσευχό-
μενον, ⸆ ὡς ἐπαύσατο ⸆, εἶπέν τις τῶν μαθητῶν αὐτοῦ πρὸς
αὐτόν· κύριε, δίδαξον ἡμᾶς προσεύχεσθαι, καθὼς ⸋καὶ Ἰω-
άννης⸌ ἐδίδαξεν τοὺς μαθητὰς αὐτοῦ. 2 εἶπεν δὲ αὐτοῖς·
ὅταν ⸀προσεύχησθε ⸆ λέγετε·
Πάτερ ⸆,
ἁγιασθήτω °τὸ ὄνομά σου·

Joh.

Matth.: 9 ° ℵ* | ⸂τω ουρανω Did

Luk.: 1 ⸆και D *pc* it | ⸆προσευχομενος μετα μικρον (*!*) syc (— μ. μ. sys) | ⸋ ℵ* || 2 ⸀-ευχεσθε CAWΘφ *pc* | ⸆(Mt 6,7) μη βαττολογειτε ως οι λοιποι· δοκουσιν γαρ τινες οτι εν τη πολυλογια αυτων εισακουσθησονται· αλλα προσευχομενοι D | ⸆ *p)* ημων ο εν τοις ουρανοις C𝔎ADWΘφ *pm* it syc.p sa bo ¦ *txt* 𝔓75 Bℵ *al* aur vg sys; Mcion Or | ° D *pc*

3sq cf Lc 5,33 || *6-16* cf *17sqq* || *6* cf Dt 32,6; Jr 31,20 (LXX 38,20); Ml 1,6; 2,10; Ps 89,27; Sir 23,1; Sap 2,16; Is 64,7; 63,16 etc; 1Pt 1,17 || *7* cf Ez 36,23; Is 29,23; Jo 17,6

[Matth. 6, 9-13]	Mark.	[Luk. 11, 1-4]	Joh.
[10] ἐλθέτω ἡ βασιλεία σου·		⸂ἐλθέτω ἡ βασιλεία σου⸃	
γενηθήτω τὸ θέλημά σου,		⸆ .	
°ὡς ἐν οὐρανῷ καὶ ἐπὶ ⸆ γῆς·			
[11] τὸν ἄρτον ἡμῶν τὸν ἐπιούσιον δὸς ἡμῖν σήμερον·		[3] τὸν ἄρτον ⸀ἡμῶν τὸν ἐπιούσιον ⸁δίδου ἡμῖν ⸂τὸ καθ᾽ ἡμέραν⸃·	
[12] καὶ ἄφες ἡμῖν ⸂τὰ ὀφειλήματα⸃ ἡμῶν,		[4] καὶ ἄφες ἡμῖν ⸂τὰς ἁμαρτίας ἡμῶν⸃,	
ὡς καὶ ἡμεῖς ⸀ἀφήκαμεν τοῖς ὀφειλέταις ἡμῶν·		⸀καὶ γὰρ αὐτοὶ⸃ ⸀ἀφίομεν ⸂[1]παντὶ ὀφείλοντι ἡμῖν[1]⸃·	
[13] καὶ μὴ εἰσενέγκῃς ἡμᾶς εἰς πειρασμόν,		καὶ μὴ ⸂[2]εἰσενέγκῃς ἡμᾶς[2]⸃ εἰς πειρασμόν	
ἀλλὰ ῥῦσαι ἡμᾶς ἀπὸ τοῦ πονηροῦ. ⸆		⸆ .	

Didache 8, 2–3: [2] μηδὲ »προσεύχεσθε ὡς οἱ ὑποκριταί«, ἀλλ᾽ ὡς ἐκέλευσεν ὁ κύριος ἐν τῷ εὐαγγελίῳ αὐτοῦ, »οὕτω προσεύχεσθε· Πάτερ ἡμῶν ὁ ἐν τῷ οὐρανῷ, ἁγιασθήτω τὸ ὄνομά σου, ἐλθέτω ἡ βασιλεία σου, γενηθήτω τὸ θέλημά σου ὡς ἐν οὐρανῷ καὶ ἐπὶ γῆς· τὸν ἄρτον ἡμῶν τὸν ἐπιούσιον δὸς ἡμῖν σήμερον, καὶ ἄφες ἡμῖν τὴν ὀφειλὴν ἡμῶν, ὡς καὶ ἡμεῖς ἀφίεμεν τοῖς ὀφειλέταις ἡμῶν, καὶ μὴ εἰσενέγκῃς ἡμᾶς εἰς πειρασμόν, ἀλλὰ ῥῦσαι ἡμᾶς ἀπὸ τοῦ πονηροῦ«· ὅτι σοῦ ἐστιν ἡ δύναμις καὶ ἡ δόξα εἰς τοὺς αἰῶνας. [3] τρὶς τῆς ἡμέρας οὕτω προσεύχεσθε.

Matth.: 10 ° D* a b c k; Cl Tert Cyp | ⸆ της ℜ D Θ *pm* ‖ 12 ⸂ την οφειλην Did ¦ τα παραπτωματα Or | ⸀ αφιομεν D W Θ *pc* ¦ -ιεμεν ℵ^{corr} ℜ ϕ *pm* lat; Did Cl ¦ *txt* B ℵ* λ *al* sy^{p} ‖ 13 ⸆ αμην 17 vg$^{s.cl}$ ¦ (1 Chr 29,11-13) οτι σου εστιν η βασιλεια (+ σου q) και (— η β. κ. k sa; Did) η δυναμις και (— η δ. κ. sy^{c}) η δοξα (— κ. η δ. k bo^{pt}) εις τους αιωνας (+ των αιωνων k). αμην (— αμ. g^{1} k sy^{p}; Did) ℜ W Θ ϕ *al* f g^{1} k q sy$^{c.p}$ sa bo^{pt}; (Did) ¦ *txt* ℌ D *al* it vg^{codd}; Tert Or Cyp

Luk.: 2 ⸂ εφ ημας ελθετω σου η β. D ¦ ελθετω το πνευμα σου το αγιον εφ ημας και καθαρισατω ημας (162). 700; (Greg^{nyss} Mcion *haec vl similia pro* αγ. το ον. σου) | ⸆ *p)* γενηθητω το θελημα σου ως εν ουρανω (+ ουτω ℵ*) και επι (+ της ℵ^{corr} ℜ *al*) γης (+ και ρυσαι ημας απο του πονηρου ℵ^{corr}) ℵ C ℜ A D W Θ ϕ *pm* it vg^{s} sy^{p} bo^{pt} ¦ γεν. τ. θελ. σου sa bo^{pt} ¦ *txt* 𝔓^{75} B 1 *al* vg^{cl} sy$^{s.c}$; Mcion Or ‖ 3 ⸀ (Jo 6,33?) σου Mcion ¦ — 4 sy | ⸁ *p)* δος ℵ D *pc* | ⸂ *p)* σημερον D *pc* it ‖ 4 ⸂ *p)* τα οφειληματα ημ. D b c ff^{2} | ⸀ ως και αυτοι ℵ* ¦ *p)* ως και ημεις D it (— ως sy$^{s.c}$) ¦ *txt* 𝔓^{75} B C ℜ A W Θ Ξ λ ϕ *pl* a aur i q vg sy^{p} sa bo | ⸀ αφιεμεν ℵ* ℜ Θ Ξ *al* ¦ αφηκαμεν sy^{p} | ⸂1 *p)* τοις οφειλεταις ημων D it | ⸂2 αφες ημ. εισενεχθηναι (*vl* απεν- *vl* κατεν-) Mcion | ⸆ *p)* αλλα ρυσαι ημας απο του πονηρου ℵ^{1} C ℜ A D W Θ ϕ *pm* it sy$^{c.p}$ bo^{pt} ¦ *txt* 𝔓^{75} B ℵ*$^{.2}$ 1 *al* vg sy^{s} sa bo^{pt}; Mcion Or

---

9 cf Mt 26, 42 par *(= nr 330)*; Ps 103, 20 sq ‖ 11 cf Prv 30, 8; Jo 6, 32 ‖ 11 sq (Lc) cf Lc 19, 47; Act 17, 11 ‖ 13 sq cf Mt 6, 14 sq; 18, 21-35 *(= nr 172.173)*; Sir 28, 2 ‖ 15 sq cf Mc 14, 38 par *(= nr 330)*; Ps 17, 30 LXX; Sap 16, 8; 1 Cor 10, 13; Jo 17, 11.15; 2 Th 3, 3; 2 Tm 4, 18 ‖ 16 app crit cf Apc 4, 11; 7, 12; 12, 10; *cf 19 sq* ‖ 17 sqq *cf 6-16* ‖ 19 sq *cf 16 app crit*

186. Gleichnis vom dringlichen Bitten

Amicus importunus — **The Importunate Friend at Midnight**

Matth.	Mark.	Luk. 11, 5-8	Joh.
		[5] Καὶ εἶπεν ⸋πρὸς αὐτούς⸌· τίς ἐξ ὑμῶν ἕξει φίλον καὶ πορεύσεται πρὸς αὐτὸν μεσονυκτίου καὶ ⸀εἴπῃ αὐτῷ· φίλε, χρῆσόν μοι τρεῖς ἄρτους, [6] ἐπειδὴ φίλος ⸂μου παρεγένετο ἐξ ὁδοῦ⸃ ⸋πρός με⸌ καὶ οὐκ ἔχω ὃ παραθήσω αὐτῷ· [7] ⸀κἀκεῖνος ἔσωθεν ἀποκριθεὶς ⸁εἴπῃ· μή μοι κόπους πάρεχε· ἤδη ⸆ ἡ θύρα κέκλεισται καὶ τὰ παιδία μου ⸉μετ᾽ ἐμοῦ εἰς τὴν κοίτην⸊ εἰσίν· ⸆ οὐ δύναμαι ἀναστὰς δοῦναί σοι. [8] ⸆ λέγω ὑμῖν, ⸋εἰ καὶ⸌ οὐ δώσει αὐτῷ ἀναστὰς διὰ τὸ εἶναι ⸂φίλον αὐτοῦ⸃, διά γε τὴν ἀναίδειαν αὐτοῦ ἐγερθεὶς δώσει αὐτῷ ὅσων χρῄζει.	

---

5 ⸋ D c; Mcion | ⸀ ερει A D W R ϕ *al* lat ‖ 6 ⸂ μοι παρεστιν απ αγρου D | ⸋ D i ‖ 7 ⸀ εκεινος δε D | ⸁ ερει D b i | ⸆ γαρ F Θ *pc* | ⸉ *3-5 1 2* ℵ it | ⸆ και ℵ ‖ 8 ⸆ et si ille perseveraverit pulsans (aur b c ff^{2} i l r^{1}) vg^{cl} | ⸋ D | ⸂ *2 1* ℜ Γ Δ Θ Π λ *pl* ¦ αυτου φιλος W *pc* ¦ αυτον φιλον A R *pc* ¦ αυτον φιλον αυτου D ¦ *txt* 𝔓$^{45vid.75}$ ℌ *pc*

---

1 cf Lc 12, 25; 14, 28; 15, 4; 17, 7 ‖ 3 cf Mt 26, 10; Mc 14, 6; Lc 18, 5 ‖ 3 sq cf Ct 5, 3 ‖ 5 cf Lc 18, 4 sq; Sir 40, 30

187. Von der Erhörung des Gebets

Petitio efficax

(cf. nr. 70)

Encouragement to Pray

Matth. 7, 7-11

(nr. 70, p. 94)

7 Αἰτεῖτε καὶ δοθήσεται
ὑμῖν, ζητεῖτε καὶ εὑρήσετε, κρούετε καὶ
ἀνοιγήσεται ὑμῖν· 8 πᾶς γὰρ ὁ αἰτῶν
λαμβάνει καὶ ὁ ζητῶν εὑρίσκει καὶ τῷ
κρούοντι ⸀ἀνοιγήσεται. 9 ἢ τίς °ἐστιν ἐξ ὑ-
μῶν ἄνθρωπος, ὃν ⸀αἰτήσει ὁ υἱὸς αὐτοῦ
ἄρτον, μὴ λίθον ἐπιδώσει αὐτῷ; 10 ⸂ἢ καὶ
ἰχθὺν αἰτήσει⸃, μὴ ὄφιν ἐπιδώσει αὐτῷ;

11 εἰ οὖν ὑμεῖς πονηροὶ ὄντες
οἴδατε ⸂δόματα ἀγαθὰ⸃ διδόναι τοῖς
τέκνοις ὑμῶν, πόσῳ μᾶλλον ὁ πατὴρ ὑ-
μῶν ὁ ἐν τοῖς οὐρανοῖς δώσει ἀγαθὰ
τοῖς αἰτοῦσιν αὐτόν⁚.

Mark.

Luk. 11, 9-13

9 ⁚Κἀγὼ ὑμῖν λέγω, αἰτεῖτε καὶ δοθήσεται
ὑμῖν, ⸋ζητεῖτε καὶ εὑρήσετε,⸌ κρούετε καὶ
⸀ἀνοιγήσεται ὑμῖν· 10 πᾶς γὰρ ὁ αἰτῶν
λαμβάνει καὶ ὁ ζητῶν εὑρίσκει καὶ τῷ
κρούοντι ⸀ἀνοιγ[ήσ]εται. 11 ⁚⸀τίνα ⸀δὲ ἐξ ὑ-
μῶν ⸂τὸν πατέρα αἰτήσει ὁ υἱὸς⸃ ⸆

⸂ἰχθύν, ⸀¹καὶ ἀντὶ ἰχθύος ὄφιν ⸉αὐτῷ ἐπιδώ-
σει⸊; 12 ἢ καὶ ⸆αἰτήσει ⸀ᾠόν, ⸆ ἐπιδώσει αὐτῷ
σκορπίον⸃; 13 εἰ οὖν ὑμεῖς πονηροὶ ⸀ὑπάρ-
χοντες οἴδατε δόματα ἀγαθὰ διδόναι τοῖς
τέκνοις °ὑμῶν, πόσῳ μᾶλλον ὁ πατὴρ ⸆
°¹[ὁ] ⸂ἐξ οὐρανοῦ⸃ δώσει ⸂πνεῦμα ἅγιον⸃
τοῖς αἰτοῦσιν αὐτόν.

Joh. 16, 24; 14, 13-14; 15, 7

16, 24 (nr. 327, p. 452)

24 Ἕως ἄρτι οὐκ ᾐτήσατε οὐδὲν ἐν τῷ ὀνόματί μου· αἰτεῖτε καὶ λήμψεσθε, ἵνα ἡ χαρὰ ὑμῶν ᾖ πεπληρωμένη.

14, 13-14 (nr. 317, p. 444)

13 Καὶ ὅ τι ἂν αἰτήσητε ἐν τῷ ὀνόματί μου τοῦτο ποιήσω, ἵνα δοξασθῇ ὁ πατὴρ ἐν τῷ υἱῷ. 14 ἐάν τι αἰτήσητέ με ἐν τῷ ὀνόματί μου ἐγὼ ποιήσω.

15, 7 (nr. 320, p. 447)

7 Ἐὰν μείνητε ἐν ἐμοὶ καὶ τὰ ῥήματά μου ἐν ὑμῖν μείνῃ, ὃ ἐὰν θέλητε αἰτήσασθε, καὶ γενήσεται ὑμῖν.

Evang. sec. Hebraeos (Clemens Alex., Strom. II, 9, 45, 5): Ἧι κἀν τῷ καθ' Ἑβραίους εὐαγγελίῳ »ὁ θαυμάσας βασιλεύσει« γέγραπται, »καὶ ὁ βασιλεύσας ἀναπαήσεται«. (Strom. V, 14, 96, 3): Ἴσον γὰρ τούτοις ἐκεῖνα δύναται· »οὐ παύσεται ὁ ζητῶν, ἕως ἂν εὕρῃ· εὑρὼν δὲ θαμβηθήσεται, θαμβηθεὶς δὲ βασιλεύσει, βασιλεύσας δὲ ἐπαναπαήσεται«.

Pap. Oxyrhynch. 654, nr. 1 (sec. Fitzmyer): [Λέγει Ἰη(σοῦ)ς·] μὴ παυσάσθω ὁ ζη[τῶν τοῦ ζητεῖν ἕως ἂν] εὕρῃ, καὶ ὅταν εὕρῃ, [θαμβηθήσεται καὶ θαμ]βηθεὶς βασιλεύσῃ κα[ὶ βασιλεύσας ἀναπα]ήσεται. *(cf. Evang. Thomae copt. Append. I, 2)*

Evang. Thomae copt.: *cf. Append. I, 92. 94*

Herm. Pastor, Mand. IX, 4: Σὺ οὖν καθάρισόν σου τὴν καρδίαν ἀπὸ πάντων τῶν ματαιωμάτων τοῦ αἰῶνος τούτου καὶ τῶν προειρημένων σοι ῥημάτων, καὶ αἰτοῦ παρὰ τοῦ κυρίου, καὶ ἀπολήψῃ πάντα, καὶ ἀπὸ πάντων τῶν αἰτημάτων σου ἀνυστέρητος ἔσῃ, ἐὰν ἀδιστάκτως αἰτήσῃ παρὰ τοῦ κυρίου.

Matth.: 8 ⸀-γεται B ¦ ανοιχθησεται Θ || 9 °B* 565 *al* it | ⸀εαν αιτηση ℜ W *pl* lat ¦ *txt* B ℵ* Θ *pc* b || 10 ⸂ και εαν ι. αιτηση ℜ (-σει W) Θ *al* lat || 11 ⸂ *21* λ it vg^cl; Cl ¦ *2* L vg^codd | [⁚; comm]

Luk.: 9.11 [⁚καγω *et* ⁚Τινα comm] || 9 ⸋sy^c | ⸀ανοιχθη- D E W *pm* || 10 ⸀-γεται 𝔓75 B D ¦ -χθησεται A E W *pm* ¦ *txt* 𝔓45vid ℵ C Θ λ φ *pm* || 11 ⁚*vide 9* | ⸀τις ℵ D *al* | ⸀γαρ 𝔓45; Epiph | ⸂ *31245* B (*—1* 𝔓75) ¦ *12453* D W *al* ¦ *1-3* ℵ *al* vg ¦ *3-5* (sy^s.c) ¦ *235* 𝔓45 1 *pc* ¦ *txt* C ℜ A R Θ φ *al* | ⸆*p)* αρτον, μη λιθον επιδωσει αυτω η και (— και ℌ) ℌ ℜ A D R W Θ λ φ *pm* lat sy^c.p bo ¦ *txt* 𝔓45.75 B *al* it sy^s sa | ⸀¹ † μη ℵ (C) ℜ A D W Θ *pl* ¦ μη και Γ *pc* ¦ *txt* 𝔓45.75 B; (Mcion?) | ⸉ 𝔓45 ℵ (C) ℜ A R W Θ λ φ *pl* || 11.12 ⸂ εαν αιτησει ωον μη επιδωσει αυτω σκορπιον ἢ και ιχθυν μη αντι ιχθυος οφιν επιδωσει αυτω C || 12 ⸆εαν 𝔓45 ℜ *al* ¦ αν A W Θ *al* | ⸀αρτον 𝔓45 | ⸆μη *rell* ¦ *txt* 𝔓45.75 B L 892 sa || 13 ⸀*p)* οντες ℵ D *pm*; Mcion | °C | ⸆*p)* υμων 𝔓45 ℭ *al* lat | °¹ 𝔓75 ℵ L 33. 700 *al* | ⸂ ουρανιος 𝔓45 579 l ¦ — i | ⸂ αγαθον δομα D it ¦ δοματα αγαθα Θ ¦ *p)* αγαθα sy^s arm ¦ πν. αγαθον 𝔓45 L *pc* aur vg ¦ spiritum bonum datum vg^mm ¦ *txt* 𝔓75 ℌ ℜ A R W λ φ *pm* sy^c.p sa bo

---

2sqq cf Mt 18, 19; Mc 11, 24; Mt 21, 22; Jo 11, 22; 15, 16; 16, 23. 26; 1 Jo 3, 22; 5, 14 sqq; Jc 1, 5 sq; Prv 8, 17; cf *6 sqq (Jo). 12 sqq (Jo). 16 sqq. 19 sq. 21. 22 sq* || *6 sqq (Jo)* cf *2 sqq* || *6* cf Lc 13, 25 || *12* cf Jc 1, 17 || *12 sqq (Jo)* cf *2 sqq* || *16 sqq* cf *2 sqq* || *19 sq* cf *2 sqq* || *21* cf *2 sqq* || *22 sq* cf *2 sqq*

188. Im Bunde mit dem Teufel?

In quo eiiciat daemonia — *(cf. nr. 117)* — The Beelzebub Controversy

Matth. 12, 22-30
9, 32-34; 16, 1; 12, 38

12, 22-30 *(nr. 117, p. 165)*

22 Τότε ⸂προσηνέχθη αὐτῷ δαιμονιζόμενος τυφλὸς καὶ κωφός⸃, καὶ ἐθεράπευσεν ⸀αὐτόν, ὥστε ⸉τὸν κωφὸν⸊ ⸆λαλεῖν καὶ βλέπειν. 23 καὶ ἐξίσταντο πάντες οἱ ὄχλοι καὶ ἔλεγον· μήτι οὗτός ἐστιν ὁ υἱὸς Δαυίδ; 24 οἱ δὲ Φαρισαῖοι ἀκούσαντες εἶπον· οὗτος οὐκ ἐκβάλλει τὰ δαιμόνια εἰ μὴ ἐν τῷ ⸀Βεελζεβοὺλ ἄρχοντι τῶν δαιμονίων.

25 ⸀εἰδὼς δὲ ⸆τὰς ἐνθυμήσεις αὐτῶν εἶπεν αὐτοῖς· πᾶσα βασιλεία μερισθεῖσα ⸂καθ᾽ ἑαυτῆς⸃ ἐρημοῦται καὶ πᾶσα πόλις ἢ οἰκία μερισθεῖσα ⸂καθ᾽ ἑαυτῆς⸃ οὐ ⸀σταθήσεται. 26 καὶ εἰ ὁ σατανᾶς

Mark. 3, 22-27
8, 11; 9, 40

3, 22-27 *(nr. 117, p. 165)*

22 Καὶ οἱ γραμματεῖς οἱ ἀπὸ Ἱεροσολύμων καταβάντες ἔλεγον ὅτι ⸀Βεελζεβοὺλ ἔχει ⸂καὶ ὅτι ἐν τῷ ἄρχοντι τῶν δαιμονίων⸃ ἐκβάλλει τὰ δαιμόνια.

23 καὶ προσκαλεσάμενος αὐτοὺς ἐν παραβολαῖς ⸂ἔλεγεν αὐτοῖς⸃· πῶς δύναται σατανᾶς σατανᾶν ἐκβάλλειν; 24 καὶ ἐὰν βασιλεία ἐφ᾽ ἑαυτὴν μερισθῇ, οὐ δύναται σταθῆναι ἡ βασιλεία ἐκείνη· 25 καὶ ἐὰν οἰκία ἐφ᾽ ἑαυτὴν μερισθῇ, οὐ ⸀δυνήσεται ⸋ἡ οἰκία ἐκείνη⸌ ⸁σταθῆναι. 26 καὶ εἰ ὁ σατα-

Luk. 11, 14-23
9, 50 b

14 ⸂Καὶ ἦν ἐκβάλλων δαιμόνιον ⸋[καὶ αὐτὸ ἦν]⸌ ⸀κωφόν· ἐγένετο δὲ τοῦ δαιμονίου ⸁ἐξελθόντος ἐλάλησεν ὁ κωφὸς καὶ ἐθαύμασαν ⸆ οἱ ὄχλοι⸃.

15 τινὲς δὲ ἐξ αὐτῶν εἶπον· ἐν ⸀Βεελζεβοὺλ τῷ ἄρχοντι τῶν δαιμονίων ἐκβάλλει τὰ δαιμόνια·⸆ 16 ἕτεροι δὲ πειράζοντες σημεῖον ἐξ οὐρανοῦ ἐζήτουν παρ᾽ αὐτοῦ. 17 αὐτὸς δὲ ⸀εἰδὼς αὐτῶν τὰ διανοήματα εἶπεν αὐτοῖς· πᾶσα βασιλεία ⸉ἐφ᾽ ἑαυτὴν ⸀διαμερισθεῖσα⸊ ἐρημοῦται καὶ οἶκος ἐπὶ οἶκον πίπτει.

18 εἰ δὲ καὶ ὁ σατανᾶς

Joh. 7, 20; 10, 20; 8, 48; 8, 52; 6, 30

7, 20 *(nr. 240, p. 322)*

20 Ἀπεκρίθη ὁ ὄχλος· δαιμόνιον ἔχεις· τίς σε ζητεῖ ἀποκτεῖναι;

10, 20 *(nr. 250, p. 333)*

20 Ἔλεγον δὲ πολλοὶ ἐξ αὐτῶν· δαιμόνιον ἔχει καὶ μαίνεται· τί αὐτοῦ ἀκούετε;

8, 48 *(nr. 247, p. 328)*

48 Ἀπεκρίθησαν οἱ Ἰουδαῖοι καὶ εἶπαν αὐτῷ· οὐ καλῶς λέγομεν ἡμεῖς ὅτι Σαμαρίτης εἶ σὺ καὶ δαιμόνιον ἔχεις;

Matth.: 22 ⸂προσηνεγκαν α. δαιμ-ον τυφλον και κωφον B *pc* sy; (Or) | ⸀αυτους ℵ* | ⸉τ. κω. και τυφλον L W Θ ϕ *al* sy^p ¦ τ. τ. κ. κ. C 𝔎 *pm* ¦ — lat ¦ *txt* B ℵ D *pc* sy^c | ⸆και ℵ^corr C 𝔎 *pm* || 24 ⸀† Βεεζ- B ℵ ¦ [— P. Schmiedel *cj*] ¦ Beelzebub c (ff^1) vg sy ¦ *txt* 𝔓^21 C 𝔎 D W Θ *pl* (it); Or || 25 ⸀ιδων 𝔓^21 ℵ^2 D 33 *pc* ff^1 k sy^s.c bo | ⸆ο Ιησους C 𝔎 W Θ 0106 λ *pl* lat | ⸂*p)* *bis* εφ εαυτην D | ⸀στησεται D ϕ

Mark.: 22 ⸀† Βεεζ- B ¦ Beelzebub lat sy^s.p ¦ *txt* ℵ C 𝔎 A D W Θ 0133. 0134 λ ϕ *pl* | ⸂τον αρχοντα τ. δ. και δι αυτου W it || 23 ⸂ελ. ο κυριος Ιησους D *pc* (ff^2 i) ¦ ειπεν αυτοις ο Ιησους Θ *pc* || 25 ⸀δυναται 𝔎 A D W Θ 0134 λ ϕ *pl* | ⸋ W e | ⸁† στηναι B *al* ¦ εσταναι D ¦ *txt* ℵ C (⸉ 𝔎 A 0134 λ ϕ) W Θ *pm*

Luk.: 14 ⸂*p)* ταυτα δε ειποντος αυτου προσφερεται αυτω δαιμονιζομενος κωφος και εκβαλοντος αυτου παντες εθαυμαζον D (c f) | ⸋ 𝔓^45.75 ℌ λ *al* sa bo ¦ *txt* C 𝔎 A W Θ ϕ *pm* latt | ⸀εκ του κωφου sy^s.c | ⸁εκβληθεντος C A ϕ *al* lat | ⸆*p)* παντες Θ it || 15 ⸀† Βεεζ- B ℵ ¦ Beelzebub aur c vg sy ¦ *txt* 𝔓^45.75 C 𝔎 A D W Θ λ ϕ *pl* sa bo | ⸆*p)* ο δε αποκριθεις ειπεν· πως δυναται σατανας σαταναν εκβαλλειν (-βαλειν D) A D *pm* ¦ *txt* 𝔓^45.75 ℌ 𝔎 W Θ λ ϕ *al* lat sy sa bo || 17 ⸀ιδων 157 *pc* lat | ⸉ *3 1 2* 𝔓^45 ℌ A D *pc* ¦ *txt* 𝔓^75 B C 𝔎 W Θ λ ϕ *pl* | ⸀*p)* μερ- 𝔓^45 C W Θ *pm*

1-11 cf 47-54 || *2* cf Mt 11, 5; 15, 31; Lc 7, 22; Mc 7, 32. 37; 9, 25 || *5sq* cf Mt 11, 4 sq; 15, 31; Mc 2, 12; 7, 37; 11, 18; Jo 7, 31 || *6sq* cf Mt 9, 27; 15, 22; 20, 29 sqq par *(= nr 264)* || *7sqq (Mc)* cf Mt 15, 1; Mc 7, 1; Jo 1, 19 || *9sqq* cf Mt 10, 25; 11, 18; Lc 7, 33; cf *10-29 (Jo)* || *10-29 (Jo)* *cf 9 sqq* || *10* cf Mc 3, 30; 2 Rg 1, 2. 6 (Symm) || *12sq* *cf 55 sqq. 59 sqq* || *14* cf Mt 9, 4; Mc 2, 8; Lc 6, 8; 9, 47 || *17sqq* cf Mt 18, 23 sqq; 22, 2 sqq; Lc 14, 31 sqq; 19, 12 sqq || *21* cf Mt 7, 24 sqq; Lc 6, 47 sqq

[Matth. 12, 22-30]

τὸν σατανᾶν ἐκβάλλει, ἐφ᾽ ἑαυ-
τὸν ἐμερίσθη· πῶς οὖν σταθή-
σεται ἡ βασιλεία αὐτοῦ;

[27] καὶ εἰ ἐγὼ ἐν ⸀Βεελ-
ζεβοὺλ ἐκβάλλω τὰ δαιμόνια, οἱ
υἱοὶ ὑμῶν ἐν τίνι ἐκβάλλουσιν;
διὰ τοῦτο ⸉αὐτοὶ κριταὶ ἔσονται
ὑμῶν⸊. [28] εἰ δὲ ἐν πνεύματι θεοῦ
ἐγὼ ἐκβάλλω τὰ δαιμόνια, ἄρα
ἔφθασεν ἐφ᾽ ὑμᾶς ἡ βασιλεία τοῦ
θεοῦ. [29] ἢ πῶς δύναταί τις εἰσ-
ελθεῖν εἰς τὴν οἰκίαν τοῦ ἰσχυροῦ
καὶ τὰ σκεύη αὐτοῦ ⸀ἁρπάσαι,

ἐὰν μὴ πρῶτον
δήσῃ τὸν ἰσχυρόν⁚;

καὶ τότε τὴν οἰκίαν αὐτοῦ
⸀διαρπάσει⁚¹. [30] ὁ μὴ ὢν μετ᾽ ἐμοῦ
κατ᾽ ἐμοῦ ἐστιν, καὶ ὁ μὴ συνά-
γων μετ᾽ ἐμοῦ σκορπίζει⸆.

9, 32-34 *(nr. 97, p. 136)*

[32] Αὐτῶν δὲ ἐξερχομένων ἰδοὺ προσ-
ήνεγκαν αὐτῷ ἄνθρωπον κωφὸν δαι-
μονιζόμενον. [33] καὶ ἐκβληθέντος τοῦ
δαιμονίου ἐλάλησεν ὁ κωφός. καὶ ἐ-
θαύμασαν οἱ ὄχλοι λέγοντες· οὐδέ-
ποτε ἐφάνη οὕτως ἐν τῷ Ἰσραήλ. [34] οἱ
δὲ Φαρισαῖοι ἔλεγον· ἐν τῷ ἄρχοντι
τῶν δαιμονίων ἐκβάλλει τὰ δαιμόνια.

[Mark. 3, 22-27]

νᾶς ⸂ἀνέστη ἐφ᾽ ἑαυτὸν⸃ ⸄καὶ
ἐμερίσθη⸅, οὐ δύναται ⸀στῆναι
ἀλλὰ τέλος ἔχει.

[27] °ἀλλ᾽ οὐ δύναται οὐδεὶς εἰς
τὴν οἰκίαν τοῦ ἰσχυροῦ εἰσελθὼν
τὰ σκεύη αὐτοῦ διαρπάσαι,

ἐὰν μὴ πρῶτον
τὸν ἰσχυρὸν δήσῃ,

καὶ τότε τὴν οἰκίαν αὐτοῦ
διαρπάσει.

[Luk. 11, 14-23]

ἐφ᾽ ἑαυ-
τὸν διεμερίσθη, ⸀πῶς σταθή-
σεται ἡ βασιλεία αὐτοῦ; ὅτι λέ-
γετε ἐν ⸀Βεελζεβοὺλ ἐκβάλλειν με
τὰ δαιμόνια. [19] εἰ δὲ ἐγὼ ἐν ⸀Βεελ-
ζεβοὺλ ἐκβάλλω □τὰ δαιμόνια⸋, οἱ
υἱοὶ ὑμῶν ⸀ἐν τίνι ἐκβάλλουσιν;
διὰ τοῦτο αὐτοὶ ⸉ὑμῶν κριταὶ ἔ-
σονται⸊. [20] εἰ δὲ ἐν δακτύλῳ θεοῦ
°[ἐγὼ] ἐκβάλλω τὰ δαιμόνια, ἄρα
ἔφθασεν ἐφ᾽ ὑμᾶς ἡ βασιλεία τοῦ
θεοῦ.

[21] ὅταν °ὁ ἰσχυρὸς καθωπλισμέ-
νος φυλάσσῃ τὴν ⸂ἑαυτοῦ αὐλήν⸃,
ἐν εἰρήνῃ ἐστὶν τὰ ὑπάρχοντα
αὐτοῦ· [22] ἐπὰν δὲ ⸆ ἰσχυρότερος
⸀αὐτοῦ ἐπελθὼν νικήσῃ αὐτόν,
τὴν πανοπλίαν αὐτοῦ αἴρει ἐφ᾽ ᾗ
ἐπεποίθει καὶ τὰ σκῦλα αὐτοῦ
διαδίδωσιν. [23] Ὁ μὴ ὢν μετ᾽ ἐμοῦ
κατ᾽ ἐμοῦ ἐστιν, καὶ ὁ μὴ συνά-
γων μετ᾽ ἐμοῦ σκορπίζει⸆.

Joh.

8, 52 *(nr. 247, p. 328)*

[52] Εἶπον [οὖν] αὐτῷ οἱ Ἰουδαῖοι· νῦν
ἐγνώκαμεν ὅτι δαιμόνιον ἔχεις. Ἀβρα-
ὰμ ἀπέθανεν καὶ οἱ προφῆται, καὶ σὺ
λέγεις· ἐάν τις τὸν λόγον μου τηρή-
σῃ, οὐ μὴ γεύσηται θανάτου εἰς τὸν
αἰῶνα.

Matth.: 27 ⸀† Βεεζ- Bℵ ¦ Beelzebub c (ff¹) vg sy$^{c.p}$ ¦ *txt* C𝔎DWΘ*pl* (it); Or | ⸉*1432* C𝔎ϕ*pm* ¦ *1243* Θλ ¦ *2314* W ¦ *txt* Bℵ D*pc* || 29 ⸀*p)* διαρπασαι ℵC²𝔎DΘϕ 118. 209 *pm* | [⁚, *et* ⁚¹; T] | ⸀-ση ℵD*al* || 30 ⸆με ℵ*pc*

Mark.: 26 ⸂*23* W ¦ σαταναν εκβαλλει D it | ⸄κ. μεμερισται, C²𝔎A(D)Θ**0134**λϕ*pl* ¦ εμερισθη, W ¦ , εμερισθη, και ℵ*C*^{*vid} vg ¦ *txt* B*pc* | ⸀σταθηναι 𝔎A**0134**λϕ*pl* ¦ *it.* + η βασιλεια αυτου DW*pc* it || 27 °𝔎ADW*pm* lat sy$^{s.p}$

Luk.: 18 ⸀οὐ D || 18. 19 ⸀*bis* † Βεεζ- Bℵ ¦ Beelzebub aur c vg sy ¦ *txt* 𝔓$^{45.75}$C𝔎ADWΘλϕ*pl* (it) sa bo || 19 □𝔓⁴⁵ | ⸀εκ (τινι *sic*) 𝔓⁷⁵ | ⸉*231* ℵ it ¦ *312* 𝔓⁴⁵ 1194 ¦ *213* C𝔎AWΘλϕ*al* ¦ *txt* 𝔓⁷⁵BD*pc* || 20 °𝔓⁴⁵ℵ*𝔎AWΘλ*pm* lat ¦ *txt* 𝔓⁷⁵ℌ(⸉D*pc* c)ϕ*al* ff² l q r¹ || 21 °ℵ* | ⸂αυλην αυτου 𝔓⁴⁵D lat || 22 ⸆ο C𝔎AWλϕ*pm* | ⸀αυτου εστιν ℵ* ¦ — 𝔓$^{45.75}$D || 23 ⸆με ℵΘ*pc* sy^{s} bo^{pt}

---

^{26sq} cf Mc 9, 38 par *(= nr 167)*; Act 19, 13 || ^{31sqq} cf Lc 17, 20sq; 19, 11; 21, 31; 1Jo 3, 8 || $^{31(Lc)}$ cf Ex 8, 15 (19); Dt 9, 10 etc || ^{34sqq} cf Is 49, 24; 53, 12; PsSal 5, 3; Kol 2, 15; 1Jo 4, 4; *cf 65.66* || ^{44sq} cf Jos 5, 13; *cf 63 sq* || $^{47-54}$ *cf 1-11*

Matth.	Mark.	Luk.	Joh.
16,1 *(nr. 154, p. 225)* 1 Καὶ προσελθόντες οἱ Φαρισαῖοι καὶ Σαδδουκαῖοι πειράζοντες ἐπηρώτησαν αὐτὸν σημεῖον ἐκ τοῦ οὐρανοῦ ἐπιδεῖξαι αὐτοῖς.	8,11 *(nr. 154, p. 225)* 11 Καὶ ἐξῆλθον οἱ Φαρισαῖοι καὶ ἤρξαντο συζητεῖν αὐτῷ, ζητοῦντες παρ' αὐτοῦ σημεῖον ἀπὸ τοῦ οὐρανοῦ, πειράζοντες αὐτόν.		6,30 *(nr. 149, p. 213)* 30 Εἶπον οὖν αὐτῷ· τί οὖν ποιεῖς σὺ σημεῖον, ἵνα ἴδωμεν καὶ πιστεύσωμέν σοι; τί ἐργάζῃ;
12,38 *(nr. 119, p. 170)* 38 Τότε ἀπεκρίθησαν αὐτῷ τινες τῶν γραμματέων καὶ Φαρισαίων λέγοντες· διδάσκαλε, θέλομεν ἀπὸ σοῦ σημεῖον ἰδεῖν.			
	9,40 *(nr. 167, p. 248)* 40 Ὃς γὰρ οὐκ ἔστιν καθ' ἡμῶν, ὑπὲρ ἡμῶν ἐστιν.	9,50 b *(nr. 167, p. 248)* 50 ... Μὴ κωλύετε· ὃς γὰρ οὐκ ἔστιν καθ' ὑμῶν, ὑπὲρ ὑμῶν ἐστιν.	

Evang. Thomae copt.: *cf. Append. I, 21*

Evang. Thomae copt.: *cf. Append. I, 35*

55sqq cf *12sq* ‖ *59sqq* cf *12sq* ‖ *63sq* cf *44sq* ‖ *65* cf *34sqq* ‖ *66* cf *34sqq*

189. Vom Rückfall

Immundus spiritus revertitur *(cf. nr. 120)* **The Return of the Evil Spirit**

Matth. 12, 43-45 *(nr. 120, p. 172)*	Mark.	Luk. 11, 24-26	Joh.
43 Ὅταν δὲ τὸ ἀκάθαρτον πνεῦμα ἐξέλθῃ ἀπὸ τοῦ ἀνθρώπου, διέρχεται δι' ἀνύδρων τόπων ζητοῦν ἀνάπαυσιν καὶ οὐχ εὑρίσκει. 44 τότε λέγει· εἰς τὸν οἶκόν μου ἐπιστρέψω ὅθεν ἐξῆλθον· καὶ ἐλθὸν εὑρίσκει ⸆ σχολάζοντα ⸆: σεσαρωμένον καὶ κεκοσμημένον. 45 τότε πορεύεται καὶ παραλαμβάνει μεθ' ἑαυτοῦ ἑπτὰ ἕτερα πνεύματα πονηρότερα ἑαυτοῦ καὶ εἰσελθόντα κατοικεῖ ἐκεῖ· καὶ γίνεται τὰ ἔσχατα ⸆ τοῦ ἀνθρώπου ἐκείνου χείρονα τῶν πρώτων. οὕτως ἔσται καὶ τῇ γενεᾷ ταύτῃ τῇ πονηρᾷ.		24 Ὅταν ⸆ τὸ ἀκάθαρτον πνεῦμα ἐξέλθῃ ἀπὸ τοῦ ἀνθρώπου, διέρχεται δι' ἀνύδρων τόπων ζητοῦν ἀνάπαυσιν καὶ μὴ εὑρίσκον· °[τότε] λέγει· ὑποστρέψω εἰς τὸν οἶκόν μου ὅθεν ἐξῆλθον· 25 καὶ ἐλθὸν εὑρίσκει ⸆ σεσαρωμένον καὶ κεκοσμημένον. 26 °τότε πορεύεται καὶ παραλαμβάνει ⸆ ἕτερα πνεύματα πονηρότερα ἑαυτοῦ ἑπτὰ καὶ εἰσελθόντα κατοικεῖ °¹ἐκεῖ· καὶ γίνεται τὰ ἔσχατα τοῦ ἀνθρώπου ἐκείνου χείρονα τῶν πρώτων.	

Herm. Pastor, Sim. IX, 17, 5: Μετὰ δὲ τὸ εἰσελθεῖν αὐτοὺς ἐπὶ τὸ αὐτὸ καὶ γενέσθαι ἓν σῶμα, τινὲς ἐξ αὐτῶν ἐμίαναν ἑαυτοὺς καὶ ἐξεβλήθησαν ἐκ τοῦ γένους τῶν δικαίων, καὶ πάλιν ἐγένοντο, οἷοι πρότεροι ἦσαν, μᾶλλον δὲ καὶ χείρονες.

Matth.: 44 ⸆τον οικον D ¦ eam c ff² h | ⸆: † και ℵC**al* it sy ¦ *txt* B𝔎DWΘ*pm* lat; Cyr ‖ 45 ⸆αυτου D*

Luk.: 24 ⸆*p)* δε 𝔓45.75 DW*al* aur b (i l) | °† 𝔓45 ℵ*C𝔎ADWλϕ*pm* lat ¦ *txt* 𝔓75 Bℵcorr Θ **0124** *al* b l sa bo ‖ 25 ⸆*p)* σχολαζοντα BC λϕ 565*al* f l r¹ bo ¦ *txt* 𝔓75 ℵ*𝔎ADWΘ **0124** *pm* ‖ 26 °D | ⸆*p)* μεθ εαυτου ℵcorr C ϕ*pc* l r¹ ¦ *p)* επτα ℵ* | °¹ C*D 33 it

---

1 cf Mt 10,1; Mc 1,23; 3,11.30; 5,2.8.13; 6,7 etc; Lc 4,33; 6,18; 8,29; 9,42 ‖ *2sq* cf Is 34,14; 43,19 ‖ *3* cf Rm 8,9; 1Cor 3,16; 6,19; 2Cor 6,16; Eph 2,21sq ‖ *4* σχολάζειν: hic et 1Cor 7,5 | σαροῦν: hic et Lc 15,8 ‖ *6sq* cf Lc 8,2; Mc 5,9 par *(=nr 137)*; 16,9 ‖ *7sq* cf Mt 27,64; Jo 5,14; 2Pt 2,20; cf *10sq* ‖ *10sq* cf *7sq*

190. Seligpreisung seiner Mutter

Beatus venter — **True Blessedness**

Matth.	Mark.	Luk. 11, 27-28	Joh.
		27 Ἐγένετο δὲ ἐν τῷ λέγειν αὐτὸν °ταῦτα ⸉ἐπάρασά τις φωνὴν γυνὴ⸊ ἐκ τοῦ ὄχλου εἶπεν αὐτῷ· μακαρία ἡ κοιλία ἡ βαστάσασά σε καὶ μαστοὶ οὓς ἐθήλασας. 28 ⸂αὐτὸς δὲ⸃ εἶπεν· ⸀μενοῦν μακάριοι οἱ ἀκούοντες τὸν λόγον τοῦ θεοῦ καὶ ⸀φυλάσσοντες⸆.	

Evang. Thomae copt.: *cf. Append. I, 79*

---

27 ° 𝔓75 | ⸉ *1 2 4 3* C𝔎AWΓΔΘ ϕ *pl* ¦ *4 2 1 3* D e (c) ¦ φωνην *pon. p.* οχλου 1 *al* (c) ¦ *txt* 𝔓75 B ℵ *pc* || 28 ⸂ και αυτος C ¦ ο δε D | ⸀ μενουνγε B^corr C𝔎DΓΘΠ 0124 λ ϕ *pm* | ⸀ ποιουντες 2145 q; Mcion | ⸆ αυτον 𝔎ΓΠ λ ϕ *pm* ¦ τον λογον του θεου ℵ*

---

1 sq cf Lc 1, 48; 1, 28. 42; *cf 4* || *2 sq* cf Lc 8, 21; Mt 12, 46-50 *(= nr 121)* || *4 cf 1 sq*

191. Das Zeichen des Jona

Signum Ionae — *(cf. nr. 119. 154)* — **The Sign of Jonah**

Matth. 12, 38-42; 16, 1-2a. 4

12, 38-42 *(nr. 119, p. 170)*

38 Τότε ⸀ἀπεκρίθησαν °αὐτῷ τινες τῶν γραμματέων ⸋καὶ Φαρισαίων⸌ λέγοντες· διδάσκαλε, θέλομεν ἀπὸ σοῦ σημεῖον ἰδεῖν.
39 ὁ δὲ ἀποκριθεὶς εἶπεν αὐτοῖς· γενεὰ πονηρὰ καὶ μοιχαλὶς σημεῖον ἐπιζητεῖ, καὶ σημεῖον οὐ δοθήσεται αὐτῇ εἰ μὴ τὸ σημεῖον Ἰωνᾶ τοῦ προφήτου. 40 ὥσπερ γὰρ ⸀ἦν Ἰωνᾶς⸆ ἐν τῇ κοιλίᾳ τοῦ κήτους τρεῖς ἡμέρας καὶ τρεῖς νύκτας,

Mark. 8, 11-12 *(nr. 154, p. 225)*

11 Καὶ ἐξῆλθον οἱ Φαρισαῖοι καὶ ἤρξαντο συζητεῖν αὐτῷ, ⸋ζητοῦντες παρ' αὐτοῦ⸌ σημεῖον⸆ ⸀ἀπὸ τοῦ οὐρανοῦ, πειράζοντες αὐτόν. 12 καὶ ἀναστενάξας τῷ πνεύματι °αὐτοῦ λέγει· τί ἡ γενεὰ αὕτη ⸂ζητεῖ σημεῖον⸃; ἀμὴν ⸉λέγω ὑμῖν⸊, ⸀εἰ δοθήσεται τῇ γενεᾷ ταύτῃ σημεῖον.

Luk. 11, 29-32

29 Τῶν δὲ ὄχλων ἐπαθροιζομένων ἤρξατο λέγειν· ἡ γενεὰ αὕτη °γενεὰ πονηρά ἐστιν· σημεῖον ⸀ζητεῖ, καὶ σημεῖον οὐ δοθήσεται αὐτῇ εἰ μὴ τὸ σημεῖον Ἰωνᾶ⸆.
30 καθὼς °γὰρ ἐγένετο⸆ Ἰωνᾶς ⸆ ⸉τοῖς Νινευίταις

Joh

Matth.: 38 ⸀ προσηλθον b sy^c | ° 𝔎W 0250 λ *pm* | ⸋ B || 40 ⸀ εγενετο Θ *pc* ¦ — D | ⸆ ο προφητης 517 *pc* sy^s

Mark.: 11 ⸋ 𝔓45 Δ | ⸆ *p)* ιδειν ℵ (⸉ c) | ⸀ εκ 𝔓45 W ϕ *pc* || 12 ° D W λ *al* lat | ⸂ σ. αιτει 𝔓45 ¦ *p)* σ. επιζητει 𝔎AW 0131 ϕ *pm* it | ⸉ λεγω B L ¦ — 𝔓45 W | ⸀ οὐ W ϕ *pc*

Luk.: 29 ° C𝔎W 1424 *al* | ⸀ *p)* επιζητει C𝔎DWΘ 0124 λ ϕ *pm* | ⸆ *p)* του προφητου C𝔎AWΘ 0124 λ ϕ *pl* it sy bo ¦ *txt* 𝔓45.75 B ℵ D L Ξ *pc* lat || 30 ° ℵ *pc* | ⸆ † ο B *pc* ¦ *txt* 𝔓75 ℌ 𝔎ADWΘ 0124 λ ϕ *pl* | ⸆ ο προφητης bo^pt | ⸉ *3 1 2* 𝔓45vid 𝔎ADWΘ 0124 λ ϕ *pl* lat ¦ *txt* 𝔓75 ℌ *pc*

---

1 sqq cf 28 sqq || *3 sq* cf Jo 2, 18; 4, 48; 20, 29; 1 Cor 1, 22; Mt 27, 42 par *(= nr 345)*; Lc 23, 8; *cf 6. 29 sq. 37* || *4 (Mc)* cf Mt 19, 3; 22, 35; Mc 10, 2; Jo 8, 6 || *4 sq (Mc)* cf Mc 7, 34; Rm 8, 23. 26; 2 Cor 5, 2. 4 || *5 sqq* cf Mc 8, 38; Mt 17, 17; Lc 9, 41; Act 2, 40; Ph 2, 15; *cf 31 sqq. 38* || *6 cf ad 3 sq* || *9 sqq* Jon 2, 1 || *11 sq (Lc)* cf Jon 4, 5 sqq?

[Matth. 12, 38-42]

οὕτως ἔσται ⸆ ὁ υἱὸς τοῦ ἀν-
θρώπου ἐν τῇ καρδίᾳ τῆς γῆς τρεῖς ἡμέ-
ρας καὶ τρεῖς νύκτας. [41] ἄνδρες Νινευῖται
ἀναστήσονται ἐν τῇ κρίσει μετὰ τῆς γε-
νεᾶς ταύτης καὶ κατακρινοῦσιν αὐτήν,
ὅτι μετενόησαν εἰς τὸ κήρυγμα Ἰωνᾶ, καὶ
ἰδοὺ πλεῖον Ἰωνᾶ ὧδε. [42] βασίλισσα νότου
ἐγερθήσεται ἐν τῇ κρίσει μετὰ
τῆς γενεᾶς ταύτης καὶ κατακρινεῖ
αὐτήν, ὅτι ἦλθεν ἐκ τῶν περάτων τῆς
γῆς ἀκοῦσαι τὴν σοφίαν Σολομῶνος, καὶ
ἰδοὺ πλεῖον Σολομῶνος ὧδε.

cf. v. 41

16, 1-2a. 4 *(nr. 154, p. 225)*

[1] Καὶ προσελθόντες οἱ Φαρισαῖοι καὶ Σαδδουκαῖοι πειράζοντες ἐπηρώτησαν αὐτὸν σημεῖον ἐκ τοῦ οὐρανοῦ ἐπιδεῖξαι αὐτοῖς. [2] ὁ δὲ ἀποκριθεὶς εἶπεν αὐτοῖς· [...] [4] γενεὰ πονηρὰ καὶ μοιχαλὶς σημεῖον ἐπιζητεῖ, καὶ σημεῖον οὐ δοθήσεται αὐτῇ εἰ μὴ τὸ σημεῖον Ἰωνᾶ. καὶ καταλιπὼν αὐτοὺς ἀπῆλθεν.

Mark.

[Luk. 11, 29-32]

σημεῖον⸃, οὕτως ἔσται °καὶ ὁ υἱὸς τοῦ ἀν-
θρώπου τῇ γενεᾷ ταύτῃ⸆.

cf. v. 32

[31] βασίλισσα νότου
ἐγερθήσεται □ἐν τῇ κρίσει⸌ μετὰ τῶν ⸀ἀν-
δρῶν τῆς γενεᾶς ταύτης καὶ κατακρινεῖ
αὐτούς, ὅτι ἦλθεν ἐκ τῶν περάτων τῆς
γῆς ἀκοῦσαι τὴν σοφίαν Σολομῶνος, καὶ
ἰδοὺ πλεῖον Σολομῶνος ὧδε. [32] □ἄνδρες
Νινευῖται ἀναστήσονται ἐν τῇ κρίσει με-
τὰ τῆς γενεᾶς ταύτης καὶ κατακρινοῦσιν
αὐτήν· ὅτι μετενόησαν εἰς τὸ κήρυγμα
Ἰωνᾶ, καὶ ἰδοὺ πλεῖον Ἰωνᾶ ὧδε.⸌

Joh.

1. Clem. ad Cor. 7, 7: Ἰωνᾶς Νινευΐταις καταστροφὴν ἐκήρυξεν· οἱ δὲ μετανοήσαντες ἐπὶ τοῖς ἁμαρτήμασιν αὐτῶν ἐξιλάσαντο τὸν θεὸν ἱκετεύσαντες καὶ ἔλαβον σωτηρίαν, καίπερ ἀλλότριοι τοῦ θεοῦ ὄντες.

Justinus Mart., Dial. 107, 1: Γέγραπται ἐν τοῖς ἀπομνημονεύμασιν ὅτι οἱ ἀπὸ τοῦ γένους ὑμῶν συζητοῦντες αὐτῷ ἔλεγον ὅτι »Δεῖξον ἡμῖν σημεῖον. καὶ ἀπεκρίνατο αὐτοῖς· Γενεὰ πονηρὰ καὶ μοιχαλὶς σημεῖον ἐπιζητεῖ, καὶ σημεῖον οὐ δοθήσεται αὐτοῖς εἰ μὴ τὸ σημεῖον Ἰωνᾶ«.

Matth.: **40** ⸆*p)* και D W *al* it; Cyr

Luk.: **30** °*p)* 𝔓45 Ψ | ⸆*p)* και καθως Ιωνας εν τη κοιλια του κητους εγενετο τρεις ημερας και τρεις νυκτας, ουτως και ο υιος του ανθρωπου εν τη γη D (it) ¦ σημειον Θ || **31** □𝔓45 D | ⸀ανθρωπων ℵ* 157 || **32** □*vs* D

12sqq cf Eph 4, 9; 1 Pt 3, 19; Mt 16, 21 par *(= nr 159)*; 17, 23 par *(= nr 164)*; 20, 19 par *(= nr 262)*; Jo 2, 19 || *13(Mt)* cf Dt 4, 11 (Mas); Ez 27, 4. 25 sqq; Jon 2, 4; Ps 46, 3; 4 Esr 13, 25. 51 || *14sqq cf 23 sqq* || *21sqq* cf 1 Rg 10, 1-13; 2 Chr 9, 1-12 || *23sqq* cf Mt 10, 15; 11, 22; Lc 10, 14; *cf 14 sqq. 35 sq* || *26sq* cf Jon 3, 5 || *27* cf Mt 11, 9; 12, 6 || *28sqq cf 1 sqq* || *29sq cf 3 sq. 37* || *31sqq cf 5 sqq. 38* || *35sq cf 23 sqq* || *37 cf 3 sq. 29 sq* || *38 cf 5 sqq. 31 sqq*

192. Gleichnis vom Licht

Parabola luminis (*cf. nr. 53*) **Concerning Light**

Matth. 5, 15 (*nr. 53, p. 77*)

15 Οὐδὲ καίουσιν λύχνον
καὶ τιθέασιν αὐτὸν ὑπὸ τὸν μόδιον
ἀλλ᾽ ἐπὶ
τὴν λυχνίαν, καὶ λάμπει πᾶσιν τοῖς ἐν
τῇ οἰκίᾳ.

Mark. 4, 21 (*nr. 125, p. 179*)

21 Καὶ
⸂ἔλεγεν αὐτοῖς· ⸆ μήτι ⸀ἔρχεται ὁ λύχνος⸃
° ἵνα ὑπὸ τὸν μόδιον
⸀τεθῇ ἢ ὑπὸ τὴν κλίνην⁝; ⸀¹οὐχ ἵνα ⸀²ἐπὶ
τὴν λυχνίαν ⸀³τεθῇ;

Luk. 11, 33 8, 16

33 Οὐδεὶς ⸆ λύχνον ἅψας εἰς
⸀κρύπτην τίθησιν ⸋[οὐδὲ ὑπὸ τὸν μόδιον]⸌
ἀλλ᾽ ἐπὶ
τὴν λυχνίαν, ἵνα οἱ εἰσπορευόμενοι τὸ
⸀φῶς ⸀¹βλέπωσιν.

8, 16 (*nr. 125, p. 179*)

16 Οὐδεὶς δὲ λύχνον ἅψας καλύπτει αὐτὸν σκεύει ἢ ὑποκάτω κλίνης τίθησιν, ἀλλ᾽ ἐπὶ λυχνίας τίθησιν, ἵνα οἱ εἰσπορευόμενοι βλέπωσιν τὸ φῶς.

Joh.

Evang. Thomae copt.: *cf. Append. I, 33*

Mark.: 21 ⸂λεγει αυτοις· μητι ο λ. καιεται W | ⸆ † οτι B L 892 aeg ¦ ιδετε φ 28 ¦ *txt* ℵ C ℜ A D W Θ *pl* | ⸀απτεται D it ¦ καιεται (W φ) sa bo^pt | ° *et* ⸀τεθηναι ℵ* | [⁝, H] | ⸀¹*p)* αλλ W ¦ και ουχ D it | ⸀²υπο B* ℵ *al* | ⸀³επι- ℜ A *al*

Luk.: 33 ⸆ δε ℜ A W Δ Θ 0124 λ φ *pm* b f ff² q | ⸀-πτὸν 𝔓45 1. 118. 209 *pc* | ⸋ 𝔓45.75 L Ξ 0124 λ 700* *al* sy^s sa ¦ *txt* B ℵ C ℜ A D W Θ φ *pm* latt | ⸀ † φεγγος 𝔓45 ℜ A W *pm* ¦ *txt* 𝔓75 ℌ D Θ 0124 (λ) φ *al* | ⸀¹-πουσιν ℵ 33 *pc*

1sqq cf 7 sqq. 10 ‖ *7sqq cf 1 sqq* ‖ *10 cf 1 sqq*

193. Vom Auge als dem Licht des Leibes

Oculus simplex (*cf. nr. 65*) **The Sound Eye**

Matth. 6, 22-23 (*nr. 65, p. 89*)

22 Ὁ λύχνος τοῦ σώματός ἐστιν ὁ ὀφθαλμός ⸆. ἐὰν °οὖν
⸉ᾖ ὁ ὀφθαλμός σου ἁπλοῦς, ὅλον τὸ σῶμά σου φω-
τεινὸν ἔσται· 23 ἐὰν δὲ ὁ ὀφθαλμός σου πονηρὸς ⸉ᾖ, ὅλον
τὸ σῶμά σου σκοτεινὸν ἔσται. εἰ οὖν τὸ φῶς τὸ ἐν
σοὶ ⸉σκότος ἐστίν⸊, τὸ σκότος πόσον.

Mark.

Luk. 11, 34-36

34 Ὁ λύχνος τοῦ σώματός ⸆ ἐστιν ὁ ὀφθαλμός °σου. ὅταν ⸆
ὁ ὀφθαλμός σου ἁπλοῦς ᾖ, °¹καὶ ⸀ὅλον τὸ σῶμά σου φω-
τεινόν ⸀ἐστιν· ἐπὰν δὲ ⸆¹ πονηρὸς ᾖ, καὶ ⸆²
τὸ σῶμά σου σκοτεινόν ⸆³. 35 ⸂σκόπει οὖν μὴ τὸ φῶς τὸ ἐν
σοὶ σκότος ἐστίν. 36 εἰ οὖν τὸ σῶμά σου
ὅλον φωτεινόν, μὴ ἔχον ⸂μέρος τι⸃ σκοτεινόν, ἔσται φω-
τεινὸν ὅλον ὡς ὅταν ὁ λύχνος ⸆ τῇ ἀστραπῇ φωτίζῃ σε.⸃

Joh.

Evang. Thomae copt.: *cf. Append. I, 24*

Matth.: 22 ⸆*p)* σου B it | °ℵ *pc* lat sy^c bo^pt | ⸉*p)* p. απλους ℜ Θ λ φ *pm* it ‖ 23 ⸉p. δε ℵ* W | ⸉W

Luk.: 34 ⸆σου D Θ lat bo^pt | °ℵ^corr ℜ Θ φ *al* sy^s.c sa bo^pt | ⸆*p)* ουν C ℜ A Θ *pm* ¦ η D lat (— η p. απλ.) | °¹C D lat | ⸀παν 𝔓45 D | ⸀*p)* εσται 𝔓45 L λ *al* | ⸆¹*p)* ο οφθαλμος σου sy^s.c sa bo^pt | ⸆²*p)* ολον ℵ¹ λ *pc* sa bo | ⸆³εσται 𝔓45 Θ φ *al* lat ¦ εστιν D 070 *pc* e ‖ 35. 36 ⸂*p)* ει ουν το φως το εν σοι σκοτος, το σκοτος ποσον D it (*eadem, sed p.* 35, *pro* 36, *habet* sy^c; *p.* 35 *habet* 1241) ‖ 36 ⸂τι μερος ℵ ℜ *al* ¦ μερος C Θ *pc* ¦ μελος τι 𝔓45 ¦ *txt* 𝔓75 B A W λ φ 33 *pm* | ⸆εν B

1sqq cf Eph 1,18; *cf 8* ‖ *2* cf Prv 22,9; Jc 1,5 ‖ *3* cf Mt 20,15; Mc 7,22; Jo 11,10; Dt 15,9; 28,54 sqq; Prv 23,6; 28,22; Sir 14,10; Tob 4,7 ‖ *7* cf Mt 28,3 ‖ *8 cf 1 sqq*

194. Rede gegen die Pharisäer und Schriftgelehrten

Vae pharisaeis et legisperitis *(cf. nr. 284)* **Discourses against the Pharisees and Lawyers**

Matth. 15, 1-9
23, 25-26. 23. 6-7. 27-28. 4. 29-32. 34-36. 13; 22, 15

15, 1-9 *(nr. 150, p. 215)*

1 Τότε προσέρχονται ⸀τῷ Ἰησοῦ⸁ ⸆ἀπὸ Ἱε-
ροσολύμων ⸉Φαρισαῖοι καὶ γραμματεῖς⸊
λέγοντες·
2 διὰ τί οἱ μαθηταί σου παρα-
βαίνουσιν τὴν παράδοσιν τῶν
πρεσβυτέρων; οὐ γὰρ νίπτονται τὰς χεῖρας
°[αὐτῶν] ὅταν ἄρτον ⸀ἐσθίωσιν. 3 ὁ δὲ ἀπο-
κριθεὶς εἶπεν °αὐτοῖς· διὰ τί °¹καὶ ὑμεῖς
παραβαίνετε τὴν ἐντολὴν τοῦ θεοῦ διὰ τὴν
παράδοσιν ὑμῶν; 4 ὁ γὰρ θεὸς ⸀εἶπεν· τίμα
τὸν πατέρα ⸆καὶ τὴν μητέρα ⸆¹, καί·
ὁ κακολογῶν πατέρα ἢ μητέρα θα-
νάτῳ τελευτάτω. 5 ὑμεῖς δὲ λέγετε·

Mark. 7, 1-9
12, 38b-39; 12, 13

7, 1-9 *(nr. 150, p. 215)*

1 Καὶ συνάγονται πρὸς αὐτὸν °οἱ Φαρι-
σαῖοι καί τινες τῶν γραμματέων ἐλθόντες
ἀπὸ Ἱεροσολύμων⁚. 2 καὶ ἰδόντες τινὰς
τῶν μαθητῶν αὐτοῦ °ὅτι κοιναῖς χερσίν,
τοῦτ᾽ ἔστιν ἀνίπτοις, ⸀ἐσθίουσιν °¹τοὺς
ἄρτους ⸆⁚ 3 – οἱ γὰρ Φαρισαῖοι καὶ πάντες
οἱ Ἰουδαῖοι ἐὰν μὴ ⸀πυγμῇ νίψωνται τὰς
χεῖρας οὐκ ἐσθίουσιν, κρατοῦντες τὴν
παράδοσιν τῶν πρεσβυτέρων, 4 καὶ ἀπ᾽
ἀγορᾶς ⸆ἐὰν μὴ ⸀βαπτίσωνται οὐκ ἐσθί-
ουσιν, καὶ ἄλλα πολλά ἐστιν ἃ παρέλα-
βον ⸀¹κρατεῖν, βαπτισμοὺς ποτηρίων καὶ
ξεστῶν καὶ χαλκίων ⸋[καὶ κλινῶν]⸌ – 5 ⸀καὶ
ἐπερωτῶσιν αὐτὸν οἱ Φαρισαῖοι καὶ οἱ
γραμματεῖς ⸆· διὰ τί ⸉οὐ περιπατοῦσιν οἱ
μαθηταί σου⸊ κατὰ τὴν παράδοσιν τῶν
πρεσβυτέρων, ἀλλὰ ⸂κοιναῖς χερσὶν⸃
ἐσθίουσιν τὸν ἄρτον; 6 Ὁ δὲ ⸆
εἶπεν αὐτοῖς·
cf. v. 8

Luk. 11, 37-54
20, 46; 20, 20

37 ⸂Ἐν δὲ τῷ λαλῆσαι ⸆ἐρωτᾷ αὐτὸν Φαρι-
σαῖος ⸆¹ὅπως ἀριστήσῃ παρ᾽ αὐτῷ⸃· εἰσελ-
θὼν δὲ ἀνέπεσεν. 38 ὁ δὲ Φαρισαῖος ⸂ἰδὼν
ἐθαύμασεν⸃
⸀ὅτι οὐ πρῶτον ⸀¹ἐβαπτίσθη
πρὸ τοῦ ἀρίστου. 39 εἶπεν δὲ ὁ ⸀κύριος
πρὸς αὐτόν·

Joh.
[8, 6]

Matth.: 1 ⸂προς αυτον D it ¦ αυτω 1 *al*; (Or) | ⸆*p)* οι C𝔎W *pm* ¦ *txt* Bℵ DΘ *al* | ⸉ *3 2 1* C𝔎WL *pm* lat sy$^{s.c}$ ¦ *txt* Bℵ DΘ ϕ *al* ‖ 2 °† Bℵ **084** λ *pc* f g^{1} ¦ *txt* C𝔎DWΘ ϕ 565 *pm* lat sy sa bo | ⸀εσθιουσιν W ‖ 3 °D e q | °¹ℵ* *pc*; Ir ‖ 4 ⸀ενετειλατο λεγων ℵ* C𝔎LW **0106** *pm* ¦ *txt* Bℵ^{corr} DΘ 700 *al* lat sy sa bo; Ir | ⸆σου C^{2}KMUWYΘ ϕ 565 *al* it sy sa bo; Cyr Epiph | ⸆¹σου NW *pc* it sy sa bo; Cyr Epiph

Mark.: 1 °λ 565. 700 *pc* | [⁚–. *et* 2 ⁚. H] ‖ 2 °𝔎ADNWΘ λ ϕ 565. 700 *pm* | ⸀-θιοντας 𝔎ADNWΘ λ ϕ 565. 700 *pm* | °¹𝔎AΠΦ λ *al* | ⸆κατεγνωσαν D ¦ εμεμψαντο 𝔎WΘ λ ϕ 579 *pm* lat ‖ 3 ⸀πυκνα ℵW vg sy^{p} bo ¦ — Δ sy^{s} sa ‖ 4 ⸆οταν ελθωσιν D (δε οτ. ελθ. W) *pc* it | ⸀† ραντισ- Bℵ *pc* ¦ *txt* 𝔎ADWΘ λ ϕ *pl* latt sy$^{s.p}$ bo; Or | ⸀¹αυτοις τηρειν D lat sy$^{s.p}$ | ⸋† 𝔓^{45vid} Bℵ *pc* bo ¦ *txt* 𝔎ADWΘ λ ϕ *pl* latt sy^{p} sa ‖ 5 ⸀επειτα 𝔎AW ϕ *pl* | ⸆λεγοντες DWΔΘ ϕ 565. 700 *pc* it sy^{s} sa^{pt} | ⸉ *3-5 1 2* 𝔓^{45} 𝔎ADWΘ λ ϕ 565. 700 *pm* | ⸂κ. ταις χ. DW 565 ¦ ανιπτοις χ. ℵ^{corr} 𝔎ALΔ 892 *pm* it ¦ κ. χ. και ανιπτ[.. 𝔓^{45} (ϕ) ‖ 6 ⸆αποκριθεις 𝔓^{45} 𝔎ADWΘ λ ϕ 565. 700 *pl* lat

Luk.: 37 ⸂εδεηθη δε αυτου τις Φαρισαιος ινα αρ. μετ αυτου D (it sy$^{s.c}$) | ⸆αυτον A *al* ¦ αυτον ταυτα Θ λ *al* | ⸆¹τις C𝔎A(⸉D)ΔΘ *pm* ¦ *txt* 𝔓$^{45.75}$ BℵLW **0124**. 1. 13 *al* ‖ 38 ⸂ηρξατο διακρινομενος εν εαυτω λεγειν D *pc* lat (sy^{c}; Mcion) | ⸀δια τι D lat sy$^{s.c}$; Mcion | ⸀¹-ισατο 𝔓^{45} 700 ‖ 39 ⸀Ιησους U *pc* sy$^{s.p}$ bo^{pt}

1 sqq cf *123 sqq* ‖ *1 sq (Lc)* cf Lc 7, 36; 14, 1 ‖ *7 sqq* cf *44 sqq* ‖ *16 sq* cf Kol 2, 8; cf *19 sqq. 39 sq* ‖ *19 sqq* cf *16 sq. 39 sq* ‖ *21 sqq* cf Mc 7, 10 sq; Mt 19, 19 par; Eph 6, 2; Mt 27, 9 ‖ *21 sq* Ex 20, 12; Dt 5, 16; cf Mt 10, 37; Lc 14, 26 ‖ *22 sqq* Lv 20, 9; cf Ex 21, 17

[Matth. 15, 1-9]

ὃς ἂν εἴπῃ τῷ πατρὶ ἢ τῇ μητρί· δῶρον ὃ ἐὰν ἐξ ἐμοῦ ὠφεληθῇς⸆, 6 ⸆οὐ μὴ τιμήσει τὸν πατέρα αὐτοῦ ⸆· καὶ ἠκυρώσατε ⸂τὸν λόγον⸃ τοῦ θεοῦ διὰ τὴν παράδοσιν ὑμῶν. 7 ὑποκριταί, καλῶς ⸀ἐπροφήτευσεν περὶ ὑμῶν Ἠσαΐας λέγων·

8 ⸂ὁ λαὸς οὗτος⸃ τοῖς χείλεσίν με τιμᾷ,
ἡ δὲ καρδία αὐτῶν πόρρω ⸀ἀπέχει ἀπ᾽ ἐμοῦ·
9 μάτην δὲ σέβονταί με
διδάσκοντες διδασκαλίας ἐντάλματα ἀνθρώπων.

cf. v. 3

cf. v. 6

[Mark. 7, 1-9]

cf. v. 9

⸆ καλῶς ἐπροφήτευσεν ⸉Ἠσαΐας περὶ ὑμῶν⸊ τῶν ὑποκριτῶν, ὡς γέγραπται °[ὅτι]
⸉1οὗτος ὁ λαὸς⸊ τοῖς χείλεσίν με ⸀τιμᾷ,
ἡ δὲ καρδία αὐτῶν πόρρω ⸀ἀπέχει ἀπ᾽ ἐμοῦ·
7 μάτην δὲ σέβονταί με
διδάσκοντες διδασκαλίας⸆ ἐντάλματα ἀνθρώπων.

8 ⸋ἀφέντες⸆ τὴν ἐντολὴν τοῦ θεοῦ κρατεῖτε τὴν ⸀παράδοσιν τῶν ἀνθρώπων⸆.⸌ 9 καὶ ἔλεγεν αὐτοῖς· καλῶς ἀθετεῖτε τὴν ἐντολὴν τοῦ θεοῦ, ἵνα τὴν παράδοσιν ὑμῶν ⸀στήσητε.

[Luk. 11, 37-54]

Joh.

23, 25-26 (nr. 284, p. 389)

25 Οὐαὶ ὑμῖν, γραμματεῖς καὶ Φαρισαῖοι ὑποκριταί, ὅτι καθαρίζετε τὸ ἔξωθεν τοῦ ποτηρίου καὶ τῆς παροψίδος, ἔσωθεν δὲ γέμουσιν ἐξ ἁρπαγῆς καὶ ἀκρασίας. 26 Φαρισαῖε τυφλέ, καθάρισον πρῶτον τὸ ἐντὸς τοῦ ποτηρίου, ἵνα γένηται καὶ τὸ ἐκτὸς αὐτοῦ καθαρόν.

23, 23 (nr. 284, p. 389)

23 Οὐαὶ ὑμῖν, γραμματεῖς καὶ Φαρισαῖοι ὑποκριταί, ὅτι ἀποδεκατοῦτε τὸ ἡδύοσμον καὶ τὸ ἄνηθον καὶ τὸ κύμινον καὶ ἀφήκατε τὰ βαρύτερα τοῦ νόμου, τὴν κρίσιν καὶ τὸ ἔλεος καὶ τὴν πίστιν· ταῦτα [δὲ] ἔδει ποιῆσαι κἀκεῖνα μὴ ἀφιέναι.

νῦν ὑμεῖς οἱ Φαρισαῖοι ⸆ τὸ ἔξωθεν τοῦ ποτηρίου καὶ τοῦ πίνακος καθαρίζετε, τὸ δὲ ἔσωθεν ⸀ὑμῶν γέμει ἁρπαγῆς καὶ πονηρίας. 40 ἄφρονες, οὐχ ὁ ποιήσας τὸ ⸉ἔξωθεν καὶ τὸ ἔσωθεν⸊ ἐποίησεν; 41 πλὴν τὰ ἐνόντα δότε ἐλεημοσύνην, καὶ ἰδοὺ ⸀πάντα καθαρὰ ὑμῖν ⸀ἐστιν.

42 ἀλλὰ οὐαὶ ὑμῖν τοῖς Φαρισαίοις, °ὅτι ἀποδεκατοῦτε τὸ ἡδύοσμον καὶ τὸ ⸀πήγανον καὶ πᾶν λάχανον καὶ παρέρχεσθε τὴν ⸀κρίσιν καὶ τὴν ἀγάπην ⸋τοῦ θεοῦ⸌· ⸂ταῦτα °1δὲ ἔδει ποιῆσαι κἀκεῖνα μὴ ⸀1παρεῖναι.⸃

Matth.: 5 ⸆ουδεν εστιν ℵ* || 6 ⸆και ℜ L W Δ **0106** ϕ *al* lat sys.p | ⸆· † ἢ την μητερα αυτου C ℜ W Θ (084). **0116** λ (ϕ) al lat ¦ *txt* B ℵ D *pc* a e syc sa; Or | ⸂τον νομον ℵ* C **084** ϕ *pc*; Epiph ¦ *p)* την εντολην ℜ L W Δ **0106** λ 565 *pm* lat; Or Cyr ¦ *txt* B ℵcorr D Θ 700 *pc* it sy sa bo; Ir || 7 ⸀προεφητευσεν Bcorr ℜ W X Y Γ Φ **0106** *pl* || 8 ⸂(Is 29,13) εγγιζει μοι ο λαος ουτος τω στοματι αυτων και C ℜ N W Γ Π Φ **0106** (λ) *pm* | ⸀εστιν D lat; Clpt

Mark.: 6 ⸆οτι 𝔓45 ℜ A D W λ ϕ 565.700.892 *pm* | ⸉ 𝔓45 A 892 *pc* | ° ℜ A D W Θ λ ϕ *pl* ¦ *txt* B ℵ L **0274**. 892 | ⸉1 *p) 231* B D *pc* lat | ⸀αγαπα D W a b c; Cl Tert | ⸀αφεστηκεν D ¦ απεστη Δ ¦ απεστιν L Θ 565.892 lat || 7 ⸆και 𝔓45 it || 8 ⸋ *vs* sys | ⸆γαρ ℜ A λ ϕ *pm* | ⸀εντολην 𝔓45 | ⸆·(*vs* 4) βαπτισμους ξεστων και ποτηριων και αλλα παρομοια τοιαυτα πολλα ποιειτε ℜ A *pm* vg (⸉ D Θ ϕ *pc* it) || 9 ⸀ † τηρησητε (B) ℵ ℜ A ϕ *pm* lat co ¦ *txt* D W Θ 565 *pc* it sys.p

Luk.: 39 ⸆*p)* υποκριται D b | ⸀υμιν 𝔓75 || 40 ⸉𝔓45 C D Γ *al* a c e || 41 ⸀απαντα 𝔓75 L X Ψ ϕ 33 *pc* | ⸀εσται 𝔓45 (⸉D) X Γ λ ϕ *pc* a || 42 ° 𝔓45 | ⸀*p)* ανηθον 𝔓45 157 e ¦ αν. και το π. ϕ | ⸀κλησιν Mcion | ⸋ B* | ⸂— D; Mcion (⸉ *p.* 41 b) | °1 ℵ* ℜ A W λ *al* a ff2 i l | ⸀1 αφειναι 𝔓45 ℵ* *pc* ¦ αφιεναι Bcorr C ℜ W Γ Δ Θ Π **0108** λ *pl* ¦ παραφιεναι A ¦ *txt* 𝔓75 B* ℵ3 L ϕ *pc*

---

25 sqq cf Prv 28, 24; 1Tm 5, 8 || 32 sqq Is 29, 13 (LXX); cf Ps 78, 36 sq || 37 sq cf Kol 2, 22 || 39 sq *cf 16 sq. 19 sqq* || 44 sqq *cf 7 sqq. 138* || 47 cf 2 Sm 19, 25 || 48 sq cf Mt 6, 20 sq; Lc 12, 33 || 50 sqq *cf 143 sq* || 52 sq cf Ps Sal 18, 3; Jo 5, 42

Matth.

23, 6-7 (nr. 284, p. 389)

6 Φιλοῦσιν δὲ τὴν πρωτοκλισίαν ἐν τοῖς δείπνοις καὶ τὰς πρωτοκαθεδρίας ἐν ταῖς συναγωγαῖς 7 καὶ τοὺς ἀσπασμοὺς ἐν ταῖς ἀγοραῖς καὶ καλεῖσθαι ὑπὸ τῶν ἀνθρώπων ῥαββί.

23, 27-28 (nr. 284, p. 389)

27 Οὐαὶ ὑμῖν, γραμματεῖς καὶ Φαρισαῖοι ὑποκριταί, ὅτι παρομοιάζετε τάφοις κεκονιαμένοις, οἵτινες ἔξωθεν μὲν φαίνονται ὡραῖοι, ἔσωθεν δὲ γέμουσιν ὀστέων νεκρῶν καὶ πάσης ἀκαθαρσίας. 28 οὕτως καὶ ὑμεῖς ἔξωθεν μὲν φαίνεσθε τοῖς ἀνθρώποις δίκαιοι, ἔσωθεν δέ ἐστε μεστοὶ ὑποκρίσεως καὶ ἀνομίας.

23, 4 (nr. 284, p. 389)

4 Δεσμεύουσιν δὲ φορτία βαρέα [καὶ δυσβάστακτα] καὶ ἐπιτιθέασιν ἐπὶ τοὺς ὤμους τῶν ἀνθρώπων, αὐτοὶ δὲ τῷ δακτύλῳ αὐτῶν οὐ θέλουσιν κινῆσαι αὐτά.

23, 29-32 (nr. 284, p. 389)

29 Οὐαὶ ὑμῖν, γραμματεῖς καὶ Φαρισαῖοι ὑποκριταί, ὅτι οἰκοδομεῖτε τοὺς τάφους τῶν προφητῶν καὶ κοσμεῖτε τὰ μνημεῖα τῶν δικαίων, 30 καὶ λέγετε· εἰ ἤμεθα ἐν ταῖς ἡμέραις τῶν πατέρων ἡμῶν, οὐκ ἂν ἤμεθα αὐτῶν κοινωνοὶ ἐν τῷ αἵματι τῶν προφητῶν. 31 ὥστε μαρτυρεῖτε ἑαυτοῖς ὅτι υἱοί ἐστε τῶν φονευσάντων τοὺς προφήτας. 32 καὶ ὑμεῖς πληρώσατε τὸ μέτρον τῶν πατέρων ὑμῶν.

23, 34-36 (nr. 284, p. 389)

34 Διὰ τοῦτο ἰδοὺ ἐγὼ ἀποστέλλω πρὸς ὑμᾶς προφήτας καὶ σοφοὺς καὶ γραμματεῖς· ἐξ αὐτῶν ἀποκτενεῖτε καὶ σταυρώσετε καὶ ἐξ αὐτῶν μαστιγώσετε ἐν ταῖς συναγωγαῖς ὑμῶν καὶ διώξετε ἀπὸ πόλεως εἰς πόλιν· 35 ὅπως ἔλθῃ ἐφ' ὑμᾶς πᾶν αἷμα δίκαιον ἐκχυννόμενον ἐπὶ τῆς γῆς ἀπὸ τοῦ αἵματος Ἅβελ τοῦ δικαίου ἕως τοῦ αἵματος Ζαχαρίου υἱοῦ Βαραχίου, ὃν ἐφονεύσατε μεταξὺ τοῦ ναοῦ καὶ τοῦ θυσιαστηρίου. 36 ἀμὴν λέγω ὑμῖν, ἥξει ταῦτα πάντα ἐπὶ τὴν γενεὰν ταύτην.

Mark.

[Luk. 11, 37-54]

43 οὐαὶ ὑμῖν ⸂τοῖς Φαρισαίοις⸃, ὅτι ἀγαπᾶτε τὴν πρωτοκαθεδρίαν ἐν ταῖς συναγωγαῖς καὶ τοὺς ἀσπασμοὺς ἐν ⸀ταῖς ἀγοραῖς⸃ ⸆.

44 Οὐαὶ ὑμῖν, ⸆ ὅτι ⸂ἐστὲ ὡς τὰ μνημεῖα τὰ⸃ ἄδηλα, καὶ οἱ ἄνθρωποι °[οἱ] περιπατοῦντες ἐπάνω οὐκ οἴδασιν.

45 Ἀποκριθεὶς δέ τις τῶν νομικῶν λέγει αὐτῷ· διδάσκαλε, ταῦτα λέγων καὶ ἡμᾶς ὑβρίζεις. 46 ὁ δὲ εἶπεν· καὶ ὑμῖν τοῖς νομικοῖς οὐαί, ὅτι φορτίζετε τοὺς ἀνθρώπους φορτία ⸆ δυσβάστακτα, καὶ αὐτοὶ ⸆ ⸂ἑνὶ τῶν δακτύλων⸃ ὑμῶν οὐ προσψαύετε ⸋τοῖς φορτίοις⸌.

47 Οὐαὶ ὑμῖν, ὅτι οἰκοδομεῖτε τὰ μνημεῖα τῶν προφητῶν, ⸂οἱ δὲ⸃ πατέρες ὑμῶν ἀπέκτειναν αὐτούς. 48 ἄρα ⸂μάρτυρές ἐστε⸃ ⸀καὶ συνευδοκεῖτε⸃ τοῖς ἔργοις τῶν πατέρων ὑμῶν, ὅτι αὐτοὶ μὲν ἀπέκτειναν αὐτούς, ὑμεῖς δὲ οἰκοδομεῖτε⸆.

49 διὰ τοῦτο ⸋καὶ ἡ σοφία τοῦ θεοῦ εἶπεν·⸌ ⸀ἀποστελῶ εἰς αὐτοὺς προφήτας καὶ ἀποστόλους, καὶ ἐξ αὐτῶν ⸀ἀποκτενοῦσιν καὶ ⸀1 διώξουσιν, 50 ἵνα ⸀ἐκζητηθῇ τὸ αἷμα πάντων τῶν προφητῶν τὸ ⸀ἐκκεχυμένον ἀπὸ καταβολῆς κόσμου ⸀1 ἀπὸ τῆς γενεᾶς ταύτης, 51 ἀπὸ ⸆ αἵματος Ἅβελ ⸆ ἕως ⸆1 αἵματος Ζαχαρίου ⸂τοῦ ἀπολομένου μεταξὺ τοῦ θυσιαστηρίου καὶ τοῦ οἴκου⸃· ναί⁝ λέγω ὑμῖν, ἐκζητηθήσεται ἀπὸ τῆς γενεᾶς ταύτης.

Joh.

Luk.: **43** ⸂, Φαρισαιοι ℵ D it; Cl | ⸀τη αγορα 𝔓45vid | ⸆ *p)* και πρωτοκλισιας εν τοις δειπνοις (C) D (φ) *pc* it || **44** ⸆ *p)* γραμματεις και Φαρισαιοι υποκριται 𝔎 A W Θ φ *pl* it (— υπ. D; Cyr) | ⸂ε. μνημεια D it sy[s.c] ¦ ως ε. μν. 𝔓45 ¦ ε. ως μν. τα W | ° 𝔓75 𝔎 A D W λ φ *pm* ¦ *txt* B ℵ C (⸉Θ) *pc* || **46** ⸆ *p)* βαρεα και C 131 *pc* | ⸆ υμεις 𝔓75 B *pc* | ⸂επι τ. δ. C λ ¦ ενι τω δακτυλω G M *pc* lat | ⸋ D b q || **47** ⸂και οι ℵ* C; Mcion Epiph || **48** ⸂μαρτυρειτε 𝔓75 C 𝔎 A D W Θ λ φ *pl* lat | ⸀μη συνευδοκειν D e; Mcion | ⸆ τους ταφους αυτων λ (⸉φ) lat ¦ αυτων τα μνημεια C 𝔎 A W Θ *pl* sy[p] bo[pt] ¦ *txt* 𝔓75 ℌ D it || **49** ⸋ *p)* D b; Lcf | ⸀ *p)* -ελλω D Θ *al* b q r[1] | ⸀-κτειν- ℵ* | ⸀1 εκδι- 𝔎 A D W φ *pm* || **50** ⸀εκδικηθη ℵ[corr] L Ψ *pc* | ⸀εκχυννομενον ℵ C A D W (-ν- 𝔓75 𝔎 Θ λ) *pl* ¦ *txt* 𝔓45 B *pc* | ⸀1 εως D it sy[s.c] || **51** ⸆ *p)* του 𝔎 A W Θ φ *pl* | ⸆ *p)* του δικαιου K M Π 131 *al* it bo[pt] | ⸆1 *p)* του C 𝔎 A W Θ φ *pl* | ⸂ *p)* υιου Βαραχιου ον εφονευσαν αναμεσον τ. θ. κ. τ. ναου D (*pc*) sy[c] bo[pt] | [⁝, H]

---

55 *sqq* cf Lc 14, 7; cf *95 sqq. 141 sq* || 68 *sqq* cf *120 sqq* || 69 cf Mt 10, 41; 13, 17 = Lc 10, 24 || 76 in libro quodam? cf *139* || 76 *sqq* cf *120 sqq. 140* || 80 *sq* cf Apc 18, 24 || 82 cf *104 sq* || 82 *sq* cf *106 sqq. 110. 111 sqq*

Matth.

23,13 *(nr. 284, p. 389)*

13 Οὐαὶ δὲ ὑμῖν, γραμματεῖς καὶ Φαρισαῖοι ὑποκριταί, ὅτι κλείετε τὴν βασιλείαν τῶν οὐρανῶν ἔμπροσθεν τῶν ἀνθρώπων· ὑμεῖς γὰρ οὐκ εἰσέρχεσθε οὐδὲ τοὺς εἰσερχομένους ἀφίετε εἰσελθεῖν.

22,15 *(nr. 280, p. 381)*

15 Τότε πορευθέντες οἱ Φαρισαῖοι συμβούλιον ἔλαβον ὅπως αὐτὸν παγιδεύσωσιν ἐν λόγῳ.

Mark.

12,38b-39 *(nr. 284, p. 389)*

38 ... Βλέπετε ἀπὸ τῶν γραμματέων τῶν θελόντων ἐν στολαῖς περιπατεῖν καὶ ἀσπασμοὺς ἐν ταῖς ἀγοραῖς 39 καὶ πρωτοκαθεδρίας ἐν ταῖς συναγωγαῖς καὶ πρωτοκλισίας ἐν τοῖς δείπνοις.

12,13 *(nr. 280, p. 381)*

13 Καὶ ἀποστέλλουσιν πρὸς αὐτόν τινας τῶν Φαρισαίων καὶ τῶν Ἡρῳδιανῶν ἵνα αὐτὸν ἀγρεύσωσιν λόγῳ.

[Luk. 11, 37-54]

52 Οὐαὶ ὑμῖν τοῖς νομικοῖς, ὅτι ⸀ἤρατε τὴν κλεῖδα τῆς γνώσεως· αὐτοὶ οὐκ εἰσήλθατε καὶ τοὺς εἰσερχομένους ἐκωλύσατε. 53 ⸂Κἀκεῖθεν ἐξελθόντος αὐτοῦ⸃ ⸀ἤρξαντο οἱ γραμματεῖς καὶ οἱ Φαρισαῖοι δεινῶς ἐνέχειν καὶ ⸀ἀποστοματίζειν αὐτὸν περὶ πλειόνων, 54 ἐνεδρεύοντες °αὐτὸν⸆ θηρεῦσαί τι ἐκ τοῦ στόματος αὐτοῦ⸃ ⸆.

20,46 *(nr. 284, p. 389)*

46 Προσέχετε ἀπὸ τῶν γραμματέων τῶν θελόντων περιπατεῖν ἐν στολαῖς καὶ φιλούντων ἀσπασμοὺς ἐν ταῖς ἀγοραῖς καὶ πρωτοκαθεδρίας ἐν ταῖς συναγωγαῖς καὶ πρωτοκλισίας ἐν τοῖς δείπνοις.

20,20 *(nr. 280, p. 381)*

20 Καὶ παρατηρήσαντες ἀπέστειλαν ἐγκαθέτους ὑποκρινομένους ἑαυτοὺς δικαίους εἶναι, ἵνα ἐπιλάβωνται αὐτοῦ λόγου, ὥστε παραδοῦναι αὐτὸν τῇ ἀρχῇ καὶ τῇ ἐξουσίᾳ τοῦ ἡγεμόνος.

Joh.

[8,6] *(nr. 242, p. 325)*

⟦ 6 Τοῦτο δὲ ἔλεγον πειράζοντες αὐτόν, ἵνα ἔχωσιν κατηγορεῖν αὐτοῦ. ὁ δὲ Ἰησοῦς κάτω κύψας τῷ δακτύλῳ κατέγραφεν εἰς τὴν γῆν.⟧

Gen. 4,8: Καὶ εἶπεν Καιν πρὸς Αβελ τὸν ἀδελφὸν αὐτοῦ Διέλθωμεν εἰς τὸ πεδίον. καὶ ἐγένετο ἐν τῷ εἶναι αὐτοὺς ἐν τῷ πεδίῳ καὶ ἀνέστη Καιν ἐπὶ Αβελ τὸν ἀδελφὸν αὐτοῦ καὶ ἀπέκτεινεν αὐτόν.

2. Chron. 24, 20-22: 20 Καὶ πνεῦμα θεοῦ ἐνέδυσεν τὸν Αζαριαν τὸν τοῦ Ιωδαε τὸν ἱερέα, καὶ ἀνέστη ἐπάνω τοῦ λαοῦ καὶ εἶπεν Τάδε λέγει κύριος Τί παραπορεύεσθε τὰς ἐντολὰς κυρίου; καὶ οὐκ εὐοδωθήσεσθε, ὅτι ἐγκατελίπετε τὸν κύριον, καὶ ἐγκαταλείψει ὑμᾶς. 21 καὶ ἐπέθεντο αὐτῷ καὶ ἐλιθοβόλησαν αὐτὸν δι' ἐντολῆς Ιωας τοῦ βασιλέως ἐν αὐλῇ οἴκου κυρίου. 22 καὶ οὐκ ἐμνήσθη Ιωας τοῦ ἐλέους, οὗ ἐποίησεν μετ' αὐτοῦ Ιωδαε ὁ πατὴρ αὐτοῦ, καὶ ἐθανάτωσεν τὸν υἱὸν αὐτοῦ. καὶ ὡς ἀπέθνῃσκεν, εἶπεν Ἴδοι κύριος καὶ κρινάτω.

Zach. 1,1: Ἐν τῷ ὀγδόῳ μηνὶ ἔτους δευτέρου ἐπὶ Δαρείου ἐγένετο λόγος κυρίου πρὸς Ζαχαριαν τὸν τοῦ Βαραχιου υἱὸν Αδδω τὸν προφήτην λέγων ...

Josephus, Bell. Jud. IV, 5, 4 (§ 334 ff. Niese): (334) Οἱ δὲ (sc. ζηλωταί) ἤδη διαμεμισηκότες τὸ φονεύειν ἀνέδην εἰρωνεύοντο δικαστήρια καὶ κρίσεις. (335) καὶ δή τινα τῶν ἐπιφανεστάτων ἀποκτείνειν προθέμενοι Ζαχαρίαν υἱὸν Βάρεις (Cod. al. Βαρεῖς, Βαρούχου vel Βαρισκαίου)· παρώξυνε δ' αὐτοὺς τὸ λίαν τἀνδρὸς μισοπόνηρον καὶ φιλελεύθερον, ἦν δὲ καὶ πλούσιος, ὥστε μὴ μόνον ἐλπίζειν τὴν ἁρπαγὴν τῆς οὐσίας, ἀλλὰ καὶ προσαποσκευάσεσθαι δυνατὸν ἄνθρωπον εἰς τὴν ἑαυτῶν κατάλυσιν· (336) συγκαλοῦσι μὲν ἐξ ἐπιτάγματος ἑβδομήκοντα τῶν ἐν τέλει δημοτῶν εἰς τὸ ἱερόν, περιθέντες δ' αὐτοῖς ὥσπερ ἐπὶ σκηνῆς σχῆμα δικαστῶν ἔρημον ἐξουσίας τοῦ Ζαχαρίου κατηγόρουν ... (341) φέρουσι δ' οἱ ἑβδομήκοντα τῷ κρινομένῳ τὰς ψήφους ἅπαντες καὶ σὺν αὐτῷ προείλοντο τεθνάναι μᾶλλον ἢ τῆς ἀναιρέσεως αὐτοῦ λαβεῖν τὴν ἐπιγραφήν. (342) ἤρθη δὲ βοὴ τῶν ζηλωτῶν πρὸς τὴν ἀπόλυσιν, καὶ πάντων μὲν ἦν ἀγανάκτησις ἐπὶ τοῖς δικασταῖς ὡς μὴ συνιεῖσι τὴν εἰρωνείαν τῆς δοθείσης αὐτοῖς ἐξουσίας, (343) δύο δὲ τῶν τολμηροτάτων προσπεσόντες ἐν μέσῳ τῷ ἱερῷ διαφθείρουσι τὸν Ζαχαρίαν καὶ πεσόντι ἐπιχλευάσαντες ἔφασαν »καὶ παρ' ἡμῶν τὴν ψῆφον ἔχεις καὶ βεβαιοτέραν ἀπόλυσιν« ῥίπτουσί τε αὐτὸν [εὐθέως] ἀπὸ τοῦ ἱεροῦ κατὰ τῆς ὑποκειμένης φάραγγος.

Luk.: 52 ⸀εκρυψατε D(Θ) 157 it sy^s.c || **53.54** ⸂λεγοντος δε αυτου ταυτα προς αυτους ℜ A W Θ λ φ *pl* latt sy ¦ *it., sed* — αυτου D *pc et* ⸀ενωπιον παντος του λαου ηρξαντο οι Φαρισαιοι και οι νομικοι δεινως εχειν και συμβαλλειν αυτω περι πλειονων (54) ζητουντες αφορμην τινα λαβειν αυτου ινα ευρωσιν κατηγορησαι αυτου D(Θ it sy^(s)c) || 53 ⸀-μιζειν L *al* || 54 °א Θ *pc* lat | ⸆ζητουντες C ℜ A W φ *pm* it | ⸆(Mt 12,10; Jo 8,6) ινα κατηγορησωσιν αυτου C ℜ A (D) W Θ λ φ *pl* lat sy^p ¦ *txt* 𝔓^45.75 B א L *pc*

---

85 sqq cf 135 sqq. 144 sq || *86 cf* Mt 16,19 || *91 sq cf 100 sqq* || *95 sqq cf 55 sq* || *100 sqq cf 91 sq* || *104 sq cf 82* || *106 sqq cf 82 sq* || *110 cf 82 sq* || *111 sqq cf 82 sq*

Acta 7, 51–53: [51]Σκληροτράχηλοι καὶ ἀπερίτμητοι καρδίαις καὶ τοῖς ὠσίν, ὑμεῖς ἀεὶ τῷ πνεύματι τῷ ἁγίῳ ἀντιπίπτετε ὡς οἱ πατέρες ὑμῶν καὶ ὑμεῖς. [52]τίνα τῶν προφητῶν οὐκ ἐδίωξαν οἱ πατέρες ὑμῶν; καὶ ἀπέκτειναν τοὺς προκαταγγείλαντας περὶ τῆς ἐλεύσεως τοῦ δικαίου, οὗ νῦν ὑμεῖς προδόται καὶ φονεῖς ἐγένεσθε, [53]οἵτινες ἐλάβετε τὸν νόμον εἰς διαταγὰς ἀγγέλων καὶ οὐκ ἐφυλάξατε.

Pap. Oxyrhynch. 840 (sec. Swete): ... πρότερον προαδικῆσαι πάντα σοφίζεται. ἀλλὰ προσέχετε μή πως καὶ ὑμεῖς τὰ ὅμοια αὐτοῖς πάθητε· οὐ γὰρ ἐν τοῖς ζῴοις μόνοις ἀπολαμβάνουσιν οἱ κακοῦργοι τῶν ἀνθρώπων ἀλλὰ [κ]αὶ κόλασιν ὑπομένουσιν καὶ πολ[λ]ὴν βάσανον. Καὶ παραλαβὼν αὐτοὺς εἰσήγαγεν εἰς αὐτὸ τὸ ἁγνευτήριον καὶ περιεπάτει ἐν τῷ ἱερῷ. καὶ προσε[λ]θὼν Φαρισαῖός τις ἀρχιερεὺς Λευ[εὶς] τὸ ὄνομα συνέτυχεν αὐτοῖς καὶ ε[ἶπεν] τῷ σωτῆρι· Τίς ἐπέτρεψέν σοι πατ[εῖν] τοῦτο τὸ ἁγνευτήριον καὶ ἰδεῖν [ταῦ]τα τὰ ἅγια σκεύη μήτε λουσα[μ]έν[ῳ] μ[ή]τε μὴν τῶν μαθητῶν σου τοὺς π[όδας βα]πτισθέντων; ἀλλὰ μεμολυ[μμένος] ἐπάτησας τοῦτο τὸ ἱερόν, τ[όπον ὄν]τα καθαρόν, ὃν οὐδεὶς ἄ[λλος εἰ μὴ] λουσάμενος καὶ ἀλλά[ξας τὰ ἐνδύ]ματα πατεῖ, οὐδὲ ὁ[ρᾶν τολμᾷ ταῦτα] τὰ ἅγια σκεύη. καὶ σ[ταθεὶς εὐθὺς ὁ σωτὴρ] σ[ὺν τ]οῖς μαθηταῖ[ς αὐτοῦ ἀπεκρίθη·] Σὺ οὖν ἐνταῦθα ὢν ἐν τῷ ἱερῷ καθαρεύεις; λέγει αὐτῷ ἐκεῖνος· Καθαρεύω· ἐλουσάμην γὰρ ἐν τῇ λίμνῃ τοῦ Δαυεὶδ καὶ δι᾽ ἑτέρας κλίμακος κατελθὼν δι᾽ ἑτέρας ἀ[ν]ῆλθον, καὶ λευκὰ ἐνδύματα ἐνεδυσάμην καὶ καθαρά, καὶ τότε ἦλθον καὶ προσέβλεψα τούτοις τοῖς ἁγίοις σκεύεσιν. ὁ σωτὴρ πρὸς αὐτὸν ἀπο[κρι]θεὶς εἶπεν· Οὐαὶ τυφλοὶ μὴ ὁρῶντ[ε]ς· σὺ ἐλούσω τούτοις τοῖς χεομένοις ὕ[δ]ασι(ν), ἐν οἷς κύνες καὶ χοῖροι βέβλην[ται] νυκτὸς καὶ ἡμέρας, καὶ νιψάμε[ν]ος τὸ ἐκτὸς δέρμα ἐσμήξω, ὅπερ [κα]ὶ αἱ πόρναι καὶ α[ἱ] αὐλητρίδες μυρί[ζ]ου[σαι κ]αὶ λούουσιν καὶ σμήχουσι [καὶ κ]αλλωπίζουσι πρὸς ἐπιθυμί[αν τ]ῶν ἀνθρώπων, ἔνδοθεν δὲ ἐκεῖ[ναι πεπλ]ήρω⟨ν⟩ται σκορπίων καὶ [πάσης ἀδι]κίας. ἐγὼ δὲ καὶ οἱ [μαθηταί μου,] οὓς λέγεις μὴ βεβα[μμένους, βεβά]μμεθα ἐν ὕδασι ζω[ῆς αἰωνίου τοῖς κα]τελθοῦσιν ἀπὸ [τοῦ θεοῦ ἐκ τοῦ οὐρανοῦ. ἀλ]λὰ οὐαὶ [τ]οῖς ..

Pap. Oxyrhynch. 655 (II b; sec. Fitzmyer): [Λέγει Ἰ(ησοῦ)ς· οἱ Φαρισαῖοι καὶ οἱ γραμματεῖς ἀπ]έλ[αβον τὰς κλεῖδας] τῆς [γνώσεως καὶ ἀπέ]κρυψ[αν αὐτὰς οὔτε] εἰσῆλ[θον καὶ τοῖς] εἰσερ[χομένοις οὐ]κ ἀν[εῖσαν· ὑμεῖς] δὲ γεί[νεσθε φρόνι]μοι ὡ[ς οἱ ὄφεις καὶ ἀ]κέραι[οι ὡς αἱ περιστε]ρα[ί.] *(cf. Evang. Thomae copt. Append. I, 39)*

Evang. Thomae copt.: *cf. Append. I, 89*

Origenes (Hom. in Jerem. XIV, 5): Καὶ ἐν τῷ εὐαγγελίῳ ἀναγέγραπται· »καὶ ἀποστέλλει ἡ σοφία τὰ τέκνα αὐτῆς«.

Tertullian (Adv. Marc. IV, 31, 5): Et adhuc ingerit: et emisi omnes ad vos famulos meos, prophetas.

Herm. Pastor, Vis. III, 9, 7: Νῦν οὖν ὑμῖν λέγω τοῖς προηγουμένοις τῆς ἐκκλησίας καὶ τοῖς πρωτοκαθεδρίταις· μὴ γίνεσθε ὅμοιοι τοῖς φαρμακοῖς. οἱ φαρμακοὶ μὲν οὖν τὰ φάρμακα ἑαυτῶν εἰς τὰς πυξίδας βαστάζουσιν, ὑμεῖς δὲ τὸ φάρμακον ὑμῶν καὶ τὸν ἰὸν εἰς τὴν καρδίαν.

Justinus Mart., Dial. 17, 4: Καὶ ἐβόα· »Οὐαὶ ὑμῖν, γραμματεῖς καὶ Φαρισαῖοι, ὑποκριταί, ὅτι ἀποδεκατοῦτε τὸ ἡδύοσμον καὶ τὸ πήγανον, τὴν δὲ ἀγάπην τοῦ θεοῦ καὶ τὴν κρίσιν οὐ κατανοεῖτε· τάφοι κεκονιαμένοι, ἔξωθεν φαινόμενοι ὡραῖοι, ἔσωθεν δὲ γέμοντες ὀστέων νεκρῶν«. καὶ τοῖς γραμματεῦσιν· »Οὐαὶ ὑμῖν, γραμματεῖς, ὅτι τὰς κλεῖς ἔχετε, καὶ αὐτοὶ οὐκ εἰσέρχεσθε καὶ τοὺς εἰσερχομένους κωλύετε· ὁδηγοὶ τυφλοί«. cf. 112, 4, 5 *(nr. 284, p. 389)*

120sqq cf 68sqq. 76sqq || 123sqq cf 1sqq || 135sqq cf 85sqq || 138 cf 44sqq || 139 cf 76 || 140 cf 76sqq || 141sq cf 55sq || 143sq cf 50sqq || 144sq cf 85sqq

195. Hütet euch vor dem Sauerteig der Pharisäer

Fermentum Pharisaeorum *(cf. nr. 155)* **The Leaven of the Pharisees**

Matth. 16, 5-6 *(nr. 155, p. 227)*	Mark. 8, 14-15 *(nr. 155, p. 227)*	**Luk. 12, 1**	Joh.
		[1]⸀Ἐν οἷς ἐπισυναχθεισῶν τῶν μυριάδων τοῦ ⸀ὄχλου, ὥστε καταπατεῖν ἀλλήλους⸃,	
[5]Καὶ ἐλθόντες ⸀οἱ μαθηταὶ⸃ εἰς τὸ πέραν ἐπελάθοντο ⸉ἄρτους λαβεῖν⸊.	[14]Καὶ ἐπελάθοντο ⸆ λαβεῖν ἄρτους ⸀καὶ εἰ μὴ ἕνα ἄρτον οὐκ εἶχον⸃ μεθ᾽ ἑαυτῶν ἐν τῷ πλοίῳ.		
[6]ὁ δὲ Ἰησοῦς εἶπεν °αὐτοῖς·	[15]καὶ διεστέλλετο αὐτοῖς λέγων·	ἤρξατο λέγειν πρὸς τοὺς μαθητὰς	

Matth.: 5 ⸀οι μ. αυτου ℜ W *pm* lat sy sa bo; (Or) ¦ — Δ 301 ¦ *txt* B ℵ C (⸉ D) Θ φ 118. 209. (⸉ 700) *pc* e | *p)* ⸉ B K Π 892 *al* e || 6 ° ℵ 892 *pc*

Mark.: 14 ⸆ *p)* οι μαθηται D Y *al* c r[1] ¦ οι μ. αυτου 𝔓[45vid] W φ *pm* sa | ⸀ 2-5 7 D it ¦ ενα μονον α. εχοντες 𝔓[45vid] Θ λ 565. 700 (⸉ W *pc*)

Luk.: 1 ⸀πολλων δε οχλων συμπεριεχοντων κυκλω ωστε αλληλους συμπνιγειν D (lat sy[s.c]) | ⸀λαου 𝔓[45] 579

[1] cf Act 21, 20

[Matth. 16, 5-6]	[Mark. 8, 14-15]	**[Luk. 12, 1]**	Joh.
ὁρᾶτε καὶ προσέχετε ἀπὸ τῆς ζύμης τῶν Φαρισαίων καὶ Σαδδουκαίων.	°ὁρᾶτε, ᵀ βλέπετε ἀπὸ τῆς ζύμης τῶν Φαρισαίων καὶ ᵀ τῆς ζύμης ⌜Ἡρῴδου.	°αὐτοῦ °¹πρῶτον· προσέχετε °²ἑαυτοῖς ἀπὸ τῆς ζύμης, ⸉ἥτις ἐστὶν ὑπόκρισις, τῶν Φαρισαίων⸊.	

Mark.: 15 °DΘ λ 565 *pc* it sy^s | ᵀκαι 𝔓45 C 0131 ϕ *pc* | ᵀαπο W Δ λ ϕ *pc* lat | ⌜(Mc 3,6) των Ηρωδιανων 𝔓45 W Θ λ ϕ 565 *pc* i k sa

Luk.: 1 °D a i l q; Mcion | °¹aur b vg sy^s; (Mcion?) | °²Θ 253 *pc*; Mcion Epiph | ⸉ *4 5 1-3* 𝔓45 *rell* ¦ *txt* 𝔓75 B L 1241 e sa

7sqq cf Mt 13,33; 16,11; Lc 13,21; Gal 5,9; 1Cor 5,6; Lv 2,11

196. Mahnung zu furchtlosem Bekennen

Ne terreamini *(cf. nr. 101)* **Exhortation to Fearless Confession**

Matth. 10, 26-33 (6, 26)

10, 26-33 *(nr. 101, p. 145)*

26 Μὴ οὖν φοβηθῆτε αὐτούς· οὐδὲν γάρ ἐστιν κεκαλυμ-
μένον ὃ οὐκ ἀποκαλυφθήσεται ⌜καὶ κρυπτὸν ὃ
οὐ γνωσθήσεται. 27 ὃ λέγω ὑμῖν ἐν τῇ σκοτίᾳ
εἴπατε ἐν τῷ φωτί, καὶ ὃ εἰς τὸ οὖς ἀκούετε
⌜κηρύξατε ἐπὶ τῶν δωμάτων ᵀ.
28 καὶ μὴ ⌜φοβεῖσθε ἀπὸ τῶν ἀποκτεν-
νόντων τὸ σῶμα, τὴν δὲ ψυχὴν μὴ δυναμένων ⌜ἀποκτεῖ-
ναι·
⌜¹φοβεῖσθε δὲ μᾶλλον τὸν δυνάμενον καὶ ψυχὴν καὶ σῶμα
ἀπολέσαι ⸂ἐν γεέννῃ⸃.
29 οὐχὶ δύο στρουθία ἀσσαρίου πωλεῖται;
καὶ ἓν ἐξ αὐτῶν οὐ πεσεῖται ⸂ἐπὶ τὴν γῆν⸃ ἄνευ ᵀ τοῦ
πατρὸς ὑμῶν ᵀ. 30 ὑμῶν δὲ καὶ αἱ τρίχες τῆς κεφαλῆς
πᾶσαι ἠριθμημέναι εἰσίν. 31 μὴ οὖν ⌜φοβεῖσθε ᵀ· ⌜πολλῶν
στρουθίων διαφέρετε ὑμεῖς. 32 Πᾶς οὖν
ὅστις ὁμολογήσει ἐν ἐμοὶ ἔμπροσθεν τῶν ἀνθρώπων,
ὁμολογήσω κἀγὼ ἐν αὐτῷ
ἔμπροσθεν τοῦ πατρός μου τοῦ ἐν °[τοῖς] οὐρανοῖς·

Mark. 4, 22; 8, 38

Luk. 12, 2-9 (8, 17; 12, 24; 21, 18; 9, 26)

2 Οὐδὲν ⌜δὲ ⸉⌜συγκεκαλυμ-
μένον ἐστὶν⸊ ὃ ⸂οὐκ ἀποκαλυφθήσεται⸃ ⸋καὶ κρυπτὸν ὃ
οὐ γνωσθήσεται⸌. 3 ἀνθ᾽ ὧν ὅσα ἐν τῇ σκοτίᾳ εἴπατε ἐν
τῷ φωτὶ ἀκουσθήσεται, καὶ ὃ πρὸς τὸ οὖς ἐλαλήσατε ἐν
τοῖς ταμείοις κηρυχθήσεται ἐπὶ τῶν δωμάτων. 4 Λέγω δὲ
ὑμῖν τοῖς φίλοις μου, μὴ ⌜φοβηθῆτε ἀπὸ τῶν ἀποκτει-
νόντων τὸ σῶμα ⸂καὶ μετὰ ταῦτα μὴ ἐχόντων ⸉περισσό-
τερόν τι⸊ ποιῆσαι⸃. 5 ὑποδείξω °δὲ ὑμῖν τίνα φοβηθῆτε·
°¹φοβήθητε τὸν μετὰ τὸ ἀποκτεῖναι ⸉ἔχοντα ἐξουσίαν⸊
⌜ἐμβαλεῖν εἰς τὴν γέενναν. ναὶ λέγω ὑμῖν, τοῦτον ⌜φοβή-
θητε. 6 οὐχὶ πέντε στρουθία ⌜πωλοῦνται ⸂ἀσσαρίων δύο⸃;
καὶ ἓν ἐξ αὐτῶν οὐκ ἔστιν ἐπιλελησμένον ἐνώπιον τοῦ
θεοῦ. 7 ἀλλὰ καὶ αἱ τρίχες τῆς κεφαλῆς ὑμῶν
πᾶσαι ⌜ἠρίθμηνται. μὴ ᵀ φοβεῖσθε· ⌜πολλῶν
στρουθίων διαφέρετε ᵀ. 8 Λέγω °δὲ ὑμῖν, ᵀ πᾶς
ὃς ἂν ⌜ὁμολογήσῃ ἐν ἐμοὶ ἔμπροσθεν τῶν ἀνθρώπων,
καὶ ὁ υἱὸς τοῦ ἀνθρώπου ὁμολογήσει ⸂ἐν αὐτῷ⸃
ἔμπροσθεν ⸋τῶν ἀγγέλων⸌ τοῦ θεοῦ·

Joh.

Matth.: 26 ⌜neque g¹ vg ¦ nec k ¦ — a || 27 ⌜κηρυσσετε (-αι) DΘ; Or | ᵀυμων λ || 28 ⌜*p)* φοβηθῆτε B D W Θ λ *pm* | ⌜σφαξαι D* | ⌜¹*p)* φοβήθητε ℜ D Θ λ ϕ *pm* | ⸂εις γεενναν D lat; Eus || 29 ⸂εις παγιδα Or (*cf.* Am 3,5) | ᵀτης βουλης it bo^pt | ᵀτου εν τοις ουρανοις 892 *pc* sa || 31 ⌜φοβήθητε C ℜ Θ ϕ *pm* | ᵀαυτους W ϕ *pc* | ⌜πολλω 83 it || 32 °𝔓19vid ℵ ℜ D W Θ *pm* ¦ *txt* B C *al*

Luk.: 2 ⌜*p)* γαρ D a sy^s.c ¦ — ℵ ϕ *pc* bo | ⸉C *pc* | ⌜*p)* κεκ- 𝔓45 ℵ C* | ⸂ου φανερωθησεται D | ⸋𝔓45 || 4 ⌜πτοηθ- 𝔓45 | ⸂*p)* την δε ψυχην μη δυναμενων αποκτειναι 157 ¦ *it.* + μηδε εχοντων περισσον τι π. D | ⸉L (Θ) ϕ *al* || 5 °ℵ *pc* | °¹ℵ D 69.157 sy^p | ⸉𝔓45 ℜ *pm* | ⌜βαλειν 𝔓45 (⸉D) W; Mcion Cl | ⌜φοβηθηναι 𝔓45 || 6 ⌜πωλειται 𝔓45 ℜ A D W 0191 λ ϕ *pm*; Or | ⸂*2 1* W ¦ ασσαριου sy^c || 7 ⌜-μημεναι 𝔓45; Cl ¦ -μημεναι εισιν DΘ *al* | ᵀ*p)* ουν ℵ ℜ A D W Θ λ ϕ *pm*; Or ¦ *txt* 𝔓45.75 B L R 0191 *pc* it | ⌜πολλω 241 *pc* a (+ π. sy^c) | ᵀ*p)* υμεις DΘ ϕ *al* a e || 8 °𝔓45 *pc* it | ᵀοτι ℵ D | ⌜-σει B* A D *al*; Mcion ¦ *txt* 𝔓45.75 ℵ ℜ W Θ λ ϕ *pl*; Cl | ⸂αυτον 𝔓45 (ϕ) *pc* | ⸋ℵ*; Mcion

1sqq cf Jo 18,20; Rm 2,16; 1Cor 4,5; *cf 23sqq. 44sq* || *4sq* cf 2Rg 6,12; *cf 42sq* || *6sqq* cf *47sq. 53sq* || *6(Mt)* cf Is 8,12; Ez 3,9; 4Mcc 13,14; 1Pt 3,14; Apc 2,10 || *6(Lc)* cf Jo 15,15; Ex 33,11 || *8* cf Lc 6,47; Act 9,16; 20,35 || *9sq* cf Dt 32,39; 1Rg 2,6; 2Rg 5,7; Sap 16,13; Heb 10,31; Jc 4,12; *cf 50sq* || *10* cf Mt 5,29sq; 18,9 par *(= nr 168)* || *12sq* cf Am 3,5 || *13sq* cf 1Sm 14,45; 2Sm 14,11; 1Rg 1,52; *cf 31. 38* || *14sq* cf Mt 12,12; *cf 26sqq* || *15sqq* cf Gn 12,3; 1Sm 2,30; 1Jo 4,2sq. 15; *cf 40sq. 49*

[Matth. 10, 26-33]	Mark.	**[Luk. 12, 2-9]**	Joh.
33 ⸀ὅστις δ' ἂν⸋ ἀρνήσηταί με ἔμπροσθεν τῶν ἀνθρώπων, ἀρνήσομαι ⸉κἀγὼ αὐτὸν⸊ ἔμπροσθεν τοῦ πατρός μου τοῦ ἐν °[τοῖς] οὐρανοῖς⊤.		9 ⸋ὁ δὲ ἀρνησάμενός με ⸀ἐνώπιον τῶν ἀνθρώπων ἀπαρνηθήσεται ἐνώπιον ⸋¹τῶν ἀγγέλων⸌¹ τοῦ θεοῦ.⸌	
	4, 22 (nr. 125, p. 179) 22 Οὐ γάρ ἐστιν κρυπτὸν ἐὰν μὴ ἵνα φανερωθῇ, οὐδὲ ἐγένετο ἀπόκρυφον ἀλλ' ἵνα ἔλθῃ εἰς φανερόν.	*8, 17 (nr. 125, p. 179)* 17 Οὐ γάρ ἐστιν κρυπτὸν ὃ οὐ φανερὸν γενήσεται οὐδὲ ἀπόκρυφον ὃ οὐ μὴ γνωσθῇ καὶ εἰς φανερὸν ἔλθῃ.	
6, 26 (nr. 67, p. 90) 26 Ἐμβλέψατε εἰς τὰ πετεινὰ τοῦ οὐρανοῦ ὅτι οὐ σπείρουσιν οὐδὲ θερίζουσιν οὐδὲ συνάγουσιν εἰς ἀποθήκας, καὶ ὁ πατὴρ ὑμῶν ὁ οὐράνιος τρέφει αὐτά· οὐχ ὑμεῖς μᾶλλον διαφέρετε αὐτῶν;		*12, 24 (nr. 201, p. 286)* 24 Κατανοήσατε τοὺς κόρακας ὅτι οὐ σπείρουσιν οὐδὲ θερίζουσιν, οἷς οὐκ ἔστιν ταμεῖον οὐδὲ ἀποθήκη, καὶ ὁ θεὸς τρέφει αὐτούς· πόσῳ μᾶλλον ὑμεῖς διαφέρετε τῶν πετεινῶν.	
		21, 18 (nr. 289, p. 389) 18 Καὶ θρὶξ ἐκ τῆς κεφαλῆς ὑμῶν οὐ μὴ ἀπόληται.	
	8, 38 (nr. 160, p. 234) 38 Ὃς γὰρ ἐὰν ἐπαισχυνθῇ με καὶ τοὺς ἐμοὺς λόγους ἐν τῇ γενεᾷ ταύτῃ τῇ μοιχαλίδι καὶ ἁμαρτωλῷ, καὶ ὁ υἱὸς τοῦ ἀνθρώπου ἐπαισχυνθήσεται αὐτόν, ὅταν ἔλθῃ ἐν τῇ δόξῃ τοῦ πατρὸς αὐτοῦ μετὰ τῶν ἀγγέλων τῶν ἁγίων.	*9, 26 (nr. 160, p. 234)* 26 Ὃς γὰρ ἂν ἐπαισχυνθῇ με καὶ τοὺς ἐμοὺς λόγους, τοῦτον ὁ υἱὸς τοῦ ἀνθρώπου ἐπαισχυνθήσεται, ὅταν ἔλθῃ ἐν τῇ δόξῃ αὐτοῦ καὶ τοῦ πατρὸς καὶ τῶν ἁγίων ἀγγέλων.	

Acta 27, 34: Διὸ παρακαλῶ ὑμᾶς μεταλαβεῖν τροφῆς· τοῦτο γὰρ πρὸς τῆς ὑμετέρας σωτηρίας ὑπάρχει, οὐδενὸς γὰρ ὑμῶν θρὶξ ἀπὸ τῆς κεφαλῆς ἀπολεῖται.

2. Tim. 2, 12: Εἰ ὑπομένομεν, καὶ συμβασιλεύσομεν· εἰ ἀρνησόμεθα, κἀκεῖνος ἀρνήσεται ἡμᾶς.

Apoc. 3, 5: Ὁ νικῶν οὕτως περιβαλεῖται ἐν ἱματίοις λευκοῖς καὶ οὐ μὴ ἐξαλείψω τὸ ὄνομα αὐτοῦ ἐκ τῆς βίβλου τῆς ζωῆς καὶ ὁμολογήσω τὸ ὄνομα αὐτοῦ ἐνώπιον τοῦ πατρός μου καὶ ἐνώπιον τῶν ἀγγέλων αὐτοῦ.

Pap. Oxyrhynch. 1, 8 (sec. Fitzmyer): Λέγει Ἰ(ησοῦ)ς· ⟨ὃ⟩ ἀκούεις [ε]ἰς τὸ ἓν ὠτίον σου, το[ῦτο κήρυξον ἐπὶ τῶν δωμάτων.] *(cf.* Evang. Thomae copt. *Append. I, 33)*

Pap. Oxyrhynch. 654 nr. 4 (sec. Fitzmyer): Λέγει Ἰη(σοῦ)ς· γ[νῶθι τὸ ὂν ἔμπροσ]θεν τῆς ὄψεως σοῦ, καὶ [τὸ κεκαλυμμένον] ἀπό σου ἀποκαλυφ⟨θ⟩ήσετ[αί σοι· οὐ γάρ ἐσ]τιν κρυπτὸν ὃ οὐ φανε[ρὸν γενήσεται] καὶ θεθαμμένον ὃ ο[ὐκ ἐγερθήσεται.] *(cf.* Evang. Thomae copt. *Append. I, 5)*

2. Clem. ad Cor. 5, 2–4: 2 Λέγει γὰρ ὁ κύριος· »Ἔσεσθε ὡς ἀρνία ἐν μέσῳ λύκων«. 3 ἀποκριθεὶς δὲ ὁ Πέτρος αὐτῷ λέγει· »Ἐὰν οὖν διασπαράξωσιν οἱ λύκοι τὰ ἀρνία;« 4 εἶπεν ὁ Ἰησοῦς τῷ Πέτρῳ· »Μὴ φοβείσθωσαν τὰ ἀρνία τοὺς λύκους μετὰ τὸ ἀποθανεῖν αὐτά· καὶ ὑμεῖς μὴ φοβεῖσθε τοὺς ἀποκτέννοντας ὑμᾶς καὶ μηδὲν ὑμῖν δυναμένους ποιεῖν, ἀλλὰ φοβεῖσθε τὸν μετὰ τὸ ἀποθανεῖν ὑμᾶς ἔχοντα ἐξουσίαν ψυχῆς καὶ σώματος τοῦ βαλεῖν εἰς γέενναν πυρός«.

2. Clem. ad Cor. 3, 2: Λέγει δὲ καὶ αὐτός· »Τὸν ὁμολογήσαντά με ἐνώπιον τῶν ἀνθρώπων, ὁμολογήσω αὐτὸν ἐνώπιον τοῦ πατρός μου«.

Matth.: 33 ⸀ο. δε B*pc* ¦ και ο. W | ⸉C𝔎*al*; Or | °𝔓19ℌ𝔎DWΘλ*pm* ¦ *txt* B*al* | ⊤(*cf.* Apc 3, 5) και των αγγελων αυτου sy^c

Luk.: 9 ⸋*vs* 𝔓45 245 e sy^s bo^pt | ⸀εμπροσθεν A(*bis* D)Θ **0191** *al* | ⸋¹Mcion

---

19sqq cf 1Jo 2, 23; *cf 32sqq. 39* ‖ *23sqq cf 1sqq* ‖ *26sqq* cf *14sq* ‖ *31* cf *13 sq* ‖ *32sqq* cf *19sqq* ‖ *38* cf *13 sq* ‖ *39* cf *19sqq* ‖ *40sq* cf *15sqq* ‖ *42sq* cf *4sq* ‖ *44sq* cf *1sqq* ‖ *46* cf Lc 10, 3 ‖ *47sq* cf *6sqq* ‖ *49* cf *15sqq*

Herm. Pastor, Mand. XII, 6, 3: Ἀκούσατε οὖν μου καὶ φοβήθητε τὸν πάντα δυνάμενον, σῶσαι καὶ ἀπολέσαι, καὶ τηρεῖτε τὰς ἐντολὰς ταύτας, καὶ ζήσεσθε τῷ θεῷ.

Justinus Mart., Apol. I, 19, 6–7: [6]... καὶ τὸν ἡμέτερον διδάσκαλον Ἰησοῦν Χριστὸν ἔγνωμεν εἰπόντα· »Τὰ ἀδύνατα παρὰ ἀνθρώποις δυνατὰ παρὰ θεῷ«. [7]Καί· »Μὴ φοβεῖσθε τοὺς ἀναιροῦντας ὑμᾶς καὶ μετὰ ταῦτα μὴ δυναμένους τι ποιῆσαι«, εἶπε, »φοβήθητε δὲ τὸν μετὰ τὸ ἀποθανεῖν δυνάμενον καὶ ψυχὴν καὶ σῶμα εἰς γέενναν ἐμβαλεῖν«

50sq cf 9sq || *52* cf Lc 18, 27 || *53sq cf 6sqq*

197. Die Sünde wider den Heiligen Geist

Peccatum in Spiritum Sanctum *(cf. nr. 118)* **The Sin Against the Holy Spirit**

Matth. 12, 31-32 *(nr. 118 p. 168)*	Mark. 3, 28-30 *(nr. 118, p. 168)*	**Luk. 12, 10**	Joh.
[31]Διὰ τοῦτο λέγω ὑμῖν, πᾶσα ἁμαρτία καὶ βλασφημία ἀφεθήσεται ⸆τοῖς ἀνθρώποις, ἡ δὲ τοῦ πνεύματος βλασφημία οὐκ ἀφεθήσεται⸆. [32]καὶ ὃς ἐὰν εἴπῃ λόγον κατὰ τοῦ υἱοῦ τοῦ ἀνθρώπου,⸆ ἀφεθήσεται αὐτῷ· ὃς δ' ἂν εἴπῃ κατὰ τοῦ πνεύματος τοῦ ἁγίου, ⸂οὐκ ἀφεθήσεται⸃ αὐτῷ οὔτε ἐν τούτῳ τῷ αἰῶνι οὔτε ἐν τῷ μέλλοντι.	[28]Ἀμὴν λέγω ὑμῖν ὅτι πάντα ἀφεθήσεται τοῖς υἱοῖς τῶν ἀνθρώπων τὰ ἁμαρτήματα καὶ αἱ βλασφημίαι ⸀ὅσα ἐὰν βλασφημήσωσιν· [29]⸂ὃς δ' ἂν⸃ βλασφημήσῃ εἰς τὸ πνεῦμα τὸ ἅγιον, οὐκ ἔχει ἄφεσιν ⸋εἰς τὸν αἰῶνα⸌, ⸋[1]ἀλλὰ ἔνοχός ⸀ἐστιν αἰωνίου ⸀ἁμαρτήματος.⸌ [30]ὅτι ἔλεγον· πνεῦμα ἀκάθαρτον ⸀ἔχει.	[10]Καὶ πᾶς ὃς ἐρεῖ λόγον εἰς τὸν υἱὸν τοῦ ἀνθρώπου, ἀφεθήσεται αὐτῷ· ⸂τῷ δὲ εἰς τὸ ἅγιον πνεῦμα ⸀βλασφημήσαντι οὐκ ἀφεθήσεται⸃.	

2. Clem. ad Cor. 13, 2: Λέγει γὰρ ὁ κύριος· »Διὰ παντὸς τὸ ὄνομά μου βλασφημεῖται ἐν πᾶσιν τοῖς ἔθνεσιν«, καὶ πάλιν· »Οὐαὶ δι' ὃν βλασφημεῖται τὸ ὄνομά μου«. ἐν τίνι βλασφημεῖται; ἐν τῷ μὴ ποιεῖν ὑμᾶς ἃ βούλομαι.

Didache 11, 7: Καὶ πάντα προφήτην λαλοῦντα ἐν πνεύματι οὐ πειράσετε οὐδὲ διακρινεῖτε· »πᾶσα γὰρ ἁμαρτία ἀφεθήσεται«, αὕτη δὲ ἡ ἁμαρτία »οὐκ ἀφεθήσεται«.

Evang. Thomae copt.: *cf. Append. I, 44*

Matth.: **31** ⸆υμιν B *pc* sa | ⸆τοις ανθρωποις C 𝔎 D W Θ 0271 ϕ *pm* it || **32** ⸆ουκ B* | ⸂ου μη αφεθη B ¦ ου μη αφεθησεται ℵ*

Mark.: **28** ⸀οσας C 𝔎 A 0134 λ *pm* || **29** ⸂ος αν δε τις D | ⸋ D W Θ λ *pc* it | ⸋[1] sa | ⸀εσται ℵ D *al* | ⸀-τιας C*vid D W ϕ ¦ κρισεως C[2] 𝔎 A 074. 0134 λ *pl* ¦ κολασεως 348 *pc* ¦ *txt* 𝔥 Θ *pc* || **30** ⸀εχειν D ¦ εχειν αυτον W it ¦ αυτον εχει C aeth

Luk.: **10** ⸂*p)* εις δε το πν. το αγ. ουκ αφεθ. αυτω ουτε εν τω αιωνι τουτω ουτε εν τω μελλοντι D (*pc* it) | ⸀βλασφημουντι ℵ

---

1 cf Dt 27, 15 sqq; 1 Chr 16, 36; 1 Esr 9, 47; 1 Rg 1, 36; Jr 11, 5 || *1sqq* cf Nu 15, 22 sqq; 1 Sm 2, 25; Heb 6, 4-6; 10, 29; 1 Jo 5, 16; *cf 16sq. 18* || *4sq* cf *16sq* || *6sq* cf Act 3, 17 sq; 13, 27 sq; 1 Tm 1, 13; *cf 14sq* || *8sqq* cf 1 Sm 2, 25; *cf 16sq* || *11sq* cf Ps Sal 2, 35; Hen 91, 9 || *12sq* cf ad Mc 3, 11 *(= nr 48)* || *14sq cf 6sq* || *16sq cf 1sqq. 4sq. 8sqq* || *18 cf 1sqq*

198. Der Beistand des Heiligen Geistes

Spiritus in discipulis loquetur *(cf. nr. 100)* **The Assistance of the Holy Spirit**

Matth. 10, 19-20 *(nr. 100, p. 142)*

[19]Ὅταν δὲ ⸀παραδῶσιν ὑμᾶς, μὴ μεριμνήσητε ⸋πῶς ἢ⸌ τί λαλήσητε· ⸋^{1}δοθήσεται γὰρ ὑμῖν ἐν ἐκείνῃ τῇ ὥρᾳ τί λαλήσητε·⸌ [20]οὐ γὰρ ὑμεῖς ἐστε οἱ λαλοῦντες ἀλλὰ τὸ πνεῦμα τοῦ πατρὸς °ὑμῶν τὸ λαλοῦν ἐν ὑμῖν.

Mark. 13, 11 *(nr. 289, p. 398)*

[11]⸂Καὶ ὅταν⸃ ἄγωσιν ὑμᾶς παραδιδόντες, μὴ ⸀προμεριμνᾶτε τί λαλήσητε⸆, ἀλλ᾽ ὃ ἐὰν δοθῇ ὑμῖν ἐν ἐκείνῃ τῇ ὥρᾳ τοῦτο λαλεῖτε· οὐ γάρ ἐστε ὑμεῖς οἱ λαλοῦντες ἀλλὰ τὸ πνεῦμα τὸ ἅγιον.

Lukas 12, 11-12

[11]Ὅταν δὲ ⸀εἰσφέρωσιν ὑμᾶς ⸀ἐπὶ τὰς συναγωγὰς °καὶ τὰς ἀρχὰς καὶ τὰς ἐξουσίας, μὴ ⸀^{1}μεριμνήσητε ⸂πῶς ἢ τί⸃ ἀπολογήσησθε ἢ τί εἴπητε· [12]τὸ γὰρ ἅγιον πνεῦμα διδάξει ὑμᾶς ἐν αὐτῇ τῇ ὥρᾳ ἃ δεῖ εἰπεῖν.

Lukas 21, 14-15 *(nr. 289, p. 398)*

[14]Θέτε °οὖν ⸂ἐν ταῖς καρδίαις⸃ ὑμῶν μὴ ⸀προμελετᾶν ἀπολογηθῆναι· [15]ἐγὼ γὰρ δώσω ὑμῖν στόμα καὶ σοφίαν ᾗ οὐ δυνήσονται ⸂ἀντιστῆναι ἢ ἀντειπεῖν⸃ ⸀ἅπαντες οἱ ἀντικείμενοι ὑμῖν.

Joh. 14, 26

14, 26 *(nr. 318, p. 445)*

[26]Ὁ δὲ παράκλητος, τὸ πνεῦμα τὸ ἅγιον, ὃ πέμψει ὁ πατὴρ ἐν τῷ ὀνόματί μου, ἐκεῖνος ὑμᾶς διδάξει πάντα καὶ ὑπομνήσει ὑμᾶς πάντα ἃ εἶπον ὑμῖν [ἐγώ].

Matth.: 19 ⸀παραδωσουσιν DW*al* lat ¦ παραδιδωσιν C𝔎Θϕ*al* | ⸋**0171** a b ff^{1} k sy^{s}; Epiph | ⸋^{1} D L g^{1} k; Epiph || **20** °D*

Mark.: 11 ⸂οταν δε 𝔎AWΘλϕ*pm* ff^{2} q | ⸀*p)* προμελετατε Ψ ¦ -ριμνησητε μηδε προμελ- Θ*pc* ¦ προμεριμνατε μηδε προμελετατε Or | ⸆μηδε μελετατε 𝔎Aϕ*pm* sy^{p}

Luk. 12: 11 ⸀προσφερωσιν 𝔎AWΘ*pm* ¦ φερωσιν D; Cl Or ¦ *txt* 𝔓$^{45vid.75}$ B ℵ L X **0191.1.** 33*al* | ⸀εις ℵDλϕ*al*; Cl | ° r^{1} sy | ⸀^{1}-μνατε 𝔎AW*pm* ¦ *p)* προμεριμνατε D; Cl ¦ *txt* 𝔓^{75}ℌΘ **0191** λϕ*al* | ⸂πως D it sy$^{c.p}$ sa^{pt}; Cl Or ¦ *p)* τι r^{1} sy^{s}

Luk. 21: 14 °ℵ* | ⸂εις τας καρδιας 𝔎WΘ**063.0102**ϕ*pm* | ⸀-τωντες D || 15 ⸂*3 2 1* AKR*al* ¦ *3* ουδε *1* 𝔎WΘ**063.0102**λ*pl* ¦ *1* D it sy$^{c.p}$; Cyp ¦ *3* d ¦ *txt* ℌϕ157*pc* e f (vg: et) sa (ουδε bo); Or | ⸀παντες ℵ𝔎ADWΘ**063.0102**λϕ*pl* ¦ — it ¦ *txt* B*pc*

3sqq cf Rm 2,15; 2 Cor 12,19 || *5sqq (Lc)* cf 1 Cor 2,13?; *cf 10sqq* || *10sqq cf 5sqq (Lc)*

199. Von der Habsucht

Avaritia vitanda **Warning against Avarice**

Matth. | **Mark.** | **Luk. 12, 13-15** | **Joh.**

[13]Εἶπεν δέ τις ⸉ἐκ τοῦ ὄχλου αὐτῷ⸊· διδάσκαλε, εἰπὲ τῷ ἀδελφῷ μου μερίσασθαι μετ᾽ ἐμοῦ τὴν κληρονομίαν. [14]ὁ δὲ εἶπεν αὐτῷ· ἄνθρωπε, τίς με κατέστησεν ⸀κριτὴν ⸋ἢ μεριστὴν⸌ ἐφ᾽ ⸀ὑμᾶς; [15]εἶπεν δὲ πρὸς αὐτούς· ὁρᾶτε καὶ φυλάσσεσθε ἀπὸ πάσης πλεονεξίας, ὅτι οὐκ ἐν τῷ περισσεύειν τινὶ ⸂ἡ ζωὴ αὐτοῦ ἐστιν ἐκ τῶν ὑπαρχόντων αὐτῷ⸃.

Evang. Thomae copt.: *cf. Append. I, 72*

---

13 ⸉*4 1-3* 𝔎ADWΓΔΠλϕ*pl* (lat) ¦ *txt* 𝔓^{75} B ℵ L Θ **0191** *pc* || 14 ⸀δικαστην 𝔎AWΓΔΘΠ*pm* | ⸋D 28*pc* a c sy$^{s.c}$; Mcion | ⸀υμων ℵ* ||
15 ⸂*4 1 2 5-8* D ¦ τα υπαρχοντα εστιν η ζωη αυτου Cl

1sqq cf 5 || *2* cf Lc 22, 58.60 | cf Act 7, 27.35; Ex 2,14; Dt 21,17 || *3sq* cf Lc 9,25 par *(= nr 160)*; 12,1.22 || *5* cf *1sqq*

200. Gleichnis vom reichen Toren

Parabola divitis stulti

The Parable of the Rich Fool

Matth. | Mark.

Luk. 12, 16-21

16 Εἶπεν δὲ ⸆ ⸉παραβολὴν πρὸς αὐτοὺς⸊ λέγων· ἀνθρώπου τινὸς πλουσίου εὐφόρησεν ἡ χώρα. 17 καὶ διελογίζετο
ἐν ⸀ἑαυτῷ λέγων· τί ποιήσω, ὅτι οὐκ ἔχω ποῦ ⸀συνάξω τοὺς καρπούς μου; 18 καὶ εἶπεν· τοῦτο ποιήσω, καθελῶ
μου τὰς ἀποθήκας καὶ ⸂μείζονας οἰκοδομήσω⸃ ⸄καὶ συνάξω ἐκεῖ⸅ ⸂1πάντα τὸν σῖτον καὶ τὰ ἀγαθά μου⸃ 19 καὶ
ἐρῶ τῇ ψυχῇ μου· ψυχή, ἔχεις πολλὰ ἀγαθὰ ⸋κείμενα εἰς ἔτη πολλά· ἀναπαύου, φάγε, πίε,⸌ εὐφραίνου.
20 εἶπεν δὲ αὐτῷ ὁ ⸀θεός· ἄφρων, ταύτῃ τῇ νυκτὶ τὴν ψυχήν σου ⸀ἀπαιτοῦσιν ἀπὸ σοῦ· ἃ ⸀1δὲ ἡτοίμασας, τίνι
ἔσται; 21 ⸋οὕτως ὁ θησαυρίζων ⸀ἑαυτῷ καὶ μὴ εἰς θεὸν πλουτῶν.⸌ ⸆

Joh.

Evang. Thomae copt.: *cf. Append. I, 63*

16 ⸆και Θ λ *pc* | ⸉ D *pc* || 17 ⸀αυ- B L* | ⸀συναξαι W* Λ *pc* || 18 ⸂μ. ανοικοδομησω ℵ* ¦ ποιησω αυτας μειζ. D lat | ⸄κακει συναξω D lat | ⸂1π. τα γενηματα μ. ℵ* D it (sy^s.c) ¦ τους καρπους μου a c d e ¦ π. τα γεν. μ. και τ. αγ. μ. 𝔎 A W Θ *pm* vg ¦ *txt* 𝔓45vid.75c (σ. + μου 𝔓75* ℵcorr X ϕ *pc*) B L 070 λ *al* || 19 ⸋ D it || 20 ⸀κυριος A | ⸀αιτ- 𝔓75 B 070 *al* ¦ *pon. p.* νυκτι D *pc* (c) ff2 i | ⸀1ουν D it || 21 ⸋*vs* D a b | ⸀† αυ- B ℵ* *pc* ¦ εν εαυ- L W Γ *al* ¦ *txt* 𝔓75 𝔎 A Θ λ ϕ *pm* | ⸆(8,8) ταυτα λεγων εφωνει· ο εχων ωτα ακουειν ακουετω H U *al*

1sqq cf Ps 49,17 sqq; *cf 7* || *2* cf Lc 16,3 sq; 20,13 || *4* cf Eccl 8,15; Tob 7,10; Sir 11,18 sq; 1 Cor 15,32 || *5sq* cf Jo 14,13 sq || *6* cf Mt 6,20; Mc 10,21; 1 Tm 6,17 sqq || *7 cf 1 sqq*

201. Vom Sorgen

(cf. nr. 67)

Nolite solliciti esse

Anxieties about Earthly Things

Matth. 6, 25-34
10, 29-31; 6, 7-8

6, 25-34 *(nr. 67, p. 90)*

25 Διὰ τοῦτο λέγω
ὑμῖν· μὴ μεριμνᾶτε τῇ ψυχῇ ὑμῶν τί φάγητε ⸂[ἢ τί πίητε]⸃,
μηδὲ τῷ σώματι °ὑμῶν τί ἐνδύσησθε. οὐχὶ ἡ ψυχὴ πλεῖ-
όν ἐστιν τῆς τροφῆς καὶ τὸ σῶμα τοῦ ἐνδύματος; 26 ἐμ-
βλέψατε εἰς τὰ πετεινὰ τοῦ οὐρανοῦ ὅτι οὐ σπείρουσιν οὐδὲ
θερίζουσιν οὐδὲ συνάγουσιν εἰς ⸆ἀποθήκας, καὶ ὁ
πατὴρ ὑμῶν ὁ οὐράνιος τρέφει αὐτά· οὐχ ὑμεῖς μᾶλλον
διαφέρετε αὐτῶν; 27 τίς δὲ ἐξ ὑμῶν °μεριμνῶν δύνα-
ται προσθεῖναι ἐπὶ τὴν ἡλικίαν αὐτοῦ πῆχυν ἕνα;
28 καὶ περὶ ἐνδύματος τί μεριμνᾶτε;

Mark.

Luk. 12, 22-32
12, 6-7

22 Εἶπεν δὲ πρὸς τοὺς μαθητὰς °[αὐτοῦ]· διὰ τοῦτο ⸉λέγω
ὑμῖν⸊· μὴ μεριμνᾶτε τῇ ψυχῇ ⸆ τί φάγητε,
μηδὲ τῷ σώματι ⸆ τί ἐνδύσησθε. 23 ἡ °γὰρ ψυχὴ πλεῖ-
όν ἐστιν τῆς τροφῆς καὶ τὸ σῶμα τοῦ ἐνδύματος. 24 κατα-
νοήσατε ⸂τοὺς κόρακας⸃ ὅτι ⸀οὐ σπείρουσιν ⸀οὐδὲ
θερίζουσιν, οἷς οὐκ ἔστιν ταμεῖον οὐδὲ ἀποθήκη, καὶ ὁ
θεὸς τρέφει ⸀αὐτούς· πόσῳ μᾶλλον ὑμεῖς
διαφέρετε τῶν πετεινῶν. 25 τίς δὲ ἐξ ὑμῶν °μεριμνῶν δύνα-
ται ⸉ἐπὶ τὴν ἡλικίαν αὐτοῦ προσθεῖναι⸊ πῆχυν⸆; 26 ⸂εἰ οὖν
⸀οὐδὲ ἐλάχιστον ⸆δύνασθε, τί περὶ τῶν λοιπῶν⸃ μεριμνᾶτε;

Joh.

Matth.: 25 ⸂και τι π. 𝔎 Θ *al* sy^p ¦ — ℵ λ *al* lat sy^c sa^pt; Cl (— μηδε + και Cyr) ¦ *txt* B W sa^pt bo | ° ℵ* b k || 26 ⸆τας ℵcorr *pc* || 27 ° 1293 it sy^c

Luk.: 22 ° 𝔓45vid.75 B 1241 c e ¦ *txt rell* | ⸉ 𝔎 A Θ 070 λ *pm* a b c e | ⸆*p)* υμων 𝔓45 𝔎 ϕ *pm* a e; Cl | ⸆ † υμων B 070 ϕ *al* a sa bo ¦ *txt* 𝔓45.75 ℵ 𝔎 A D W Θ 1 *pm* lat || 23 ° 𝔓45 𝔎 A *al* lat || 24 ⸂*p)* τα πετεινα του ουρανου D e (f) l r1 ¦ τ. π. τ. ουρ. και τ. κορ. 𝔓45 | ⸀*bis* † ουτε ℵ D *al* ¦ *txt* 𝔓45.75 B 𝔎 A W Θ λ ϕ *pm*; Cl | ⸀αυτα 𝔓45 D ϕ f (l) r1 || 25 ° D *pc* | ⸉ 5 1-4 𝔓45 *rell* ¦ *txt* 𝔓75 B 579 | ⸆*p)* ενα ℵcorr 𝔎 A W Θ 070 λ ϕ *pl* ¦ *txt* 𝔓45.75 B ℵ* D ff2 i l || 26 ⸂και περι των λοιπ. τι D it | ⸀ουτε 𝔎 A W ϕ *pm* | ⸆τι ℵ*

2sqq cf 32 sqq || *2sq* cf Jo 12,25; Ph 4,6 sq; 1 Pt 5,7; 1 Tm 6,6.8; Heb 13,5 sq; *cf 16 sqq. 39 sq* || *4sqq cf 24 sqq* || *5* cf Job 38,41; Ps 147,9; Job 12,7; Mc 4,32; Mt 8,20; Lc 9,58 || *6* cf Mt 3,12 etc || *7* cf Ps 104,13 sqq; 147,9; Ps Sal 5,10 sq || *7sq* cf Mt 12,12a; *cf 24 sqq. 39* || *8sq cf 34*

[Matth. 6, 25-34]

καταμάθετε τὰ κρίνα τοῦ ἀγροῦ πῶς ⸂αὐξάνουσιν· οὐ ⸀κο-
πιῶσιν οὐδὲ νήθουσιν⸃· 29 λέγω δὲ ὑμῖν ὅτι ⸀οὐδὲ Σολομὼν
ἐν πάσῃ τῇ δόξῃ αὐτοῦ περιεβάλετο ὡς ἓν τούτων. 30 εἰ δὲ
τὸν χόρτον τοῦ ἀγροῦ σήμερον ⸆ ὄντα καὶ αὔριον εἰς κλί-
βανον βαλλόμενον ὁ θεὸς οὕτως ἀμφιέννυσιν, οὐ πολλῷ
μᾶλλον ὑμᾶς, ὀλιγόπιστοι; 31 μὴ οὖν μεριμνήσητε λέγοντες·
τί φάγωμεν; ἤ· τί πίωμεν; ἤ· τί περιβαλώμεθα; 32 ⸉πάντα
γὰρ ταῦτα⸊ τὰ ἔθνη ⸆ ⸀ἐπιζητοῦσιν· οἶδεν γὰρ ⸆
ὁ πατὴρ ὑμῶν ⸋ὁ οὐράνιος⸌ ὅτι χρῄζετε τούτων ἁπάντων.
33 ζητεῖτε δὲ πρῶτον τὴν ⸉βασιλείαν ⸂[τοῦ θεοῦ]⸃ καὶ τὴν
δικαιοσύνην⸊ αὐτοῦ, καὶ ταῦτα πάντα προστεθήσεται ὑμῖν.
34 μὴ οὖν μεριμνήσητε εἰς τὴν αὔριον, ἡ γὰρ αὔριον μεριμνή-
σει ⸀ἑαυτῆς· ἀρκετὸν τῇ ἡμέρᾳ ἡ κακία αὐτῆς.

10, 29-31 *(nr. 101, p. 145)*

29 Οὐχὶ δύο στρουθία ἀσσαρίου πωλεῖται; καὶ ἓν ἐξ αὐτῶν οὐ πε-
σεῖται ἐπὶ τὴν γῆν ἄνευ τοῦ πατρὸς ὑμῶν. 30 ὑμῶν δὲ καὶ αἱ τρίχες
τῆς κεφαλῆς πᾶσαι ἠριθμημέναι εἰσίν. 31 μὴ οὖν φοβεῖσθε· πολλῶν
στρουθίων διαφέρετε ὑμεῖς.

6, 7-8 *(nr. 62, p. 86)*

7 Προσευχόμενοι δὲ μὴ βατταλογήσητε ὥσπερ οἱ ἐθνικοί, δοκοῦσιν
γὰρ ὅτι ἐν τῇ πολυλογίᾳ αὐτῶν εἰσακουσθήσονται. 8 μὴ οὖν ὁμοιω-
θῆτε αὐτοῖς· οἶδεν γὰρ ὁ πατὴρ ὑμῶν ὧν χρείαν ἔχετε πρὸ τοῦ
ὑμᾶς αἰτῆσαι αὐτόν.

Mark.

[Luk. 12, 22-32]

27 κατανοήσατε τὰ κρίνα πῶς ⸂αὐξάνει· οὐ κο-
πιᾷ οὐδὲ νήθει⸃· λέγω δὲ ὑμῖν, ⸆ οὐδὲ Σολομὼν
ἐν °πάσῃ τῇ δόξῃ αὐτοῦ περιεβάλετο ὡς ἓν τούτων. 28 ⸋εἰ δὲ
⸉ἐν ἀγρῷ τὸν χόρτον ὄντα σήμερον⸊ καὶ αὔριον εἰς κλί-
βανον βαλλόμενον ὁ θεὸς οὕτως ⸀ἀμφιέζει, πόσῳ
μᾶλλον ὑμᾶς,⸌ ὀλιγόπιστοι. 29 καὶ ὑμεῖς μὴ ζητεῖτε
τί φάγητε ⸀καὶ τί πίητε ⸆ ⸂καὶ μὴ μετεωρίζεσθε⸃· 30 ταῦτα
γὰρ °πάντα τὰ ἔθνη ⸂τοῦ κόσμου⸃ ⸀ἐπιζητοῦσιν,
ὑμῶν δὲ ὁ πατὴρ οἶδεν ὅτι χρῄζετε τούτων⸆.
31 πλὴν ζητεῖτε τὴν βασιλείαν
⸀αὐτοῦ, καὶ °ταῦτα ⸆ προστεθήσεται ὑμῖν.
32 Μὴ φοβοῦ, τὸ μικρὸν ποίμνιον, ὅτι ⸆ εὐδόκησεν ὁ πατὴρ
ὑμῶν δοῦναι ὑμῖν τὴν βασιλείαν.

12, 6-7 *(nr. 196, p. 281)*

6 Οὐχὶ πέντε στρουθία πωλοῦνται ἀσσαρίων δύο; καὶ ἓν ἐξ αὐτῶν
οὐκ ἔστιν ἐπιλελησμένον ἐνώπιον τοῦ θεοῦ. 7 ἀλλὰ καὶ αἱ τρίχες
τῆς κεφαλῆς ὑμῶν πᾶσαι ἠρίθμηνται. μὴ φοβεῖσθε· πολλῶν
στρουθίων διαφέρετε.

Joh.

Pap. Oxyrhynch. 655 (I a. b; sec. Fitzmyer): [Λέγει Ἰ(ησοῦ)ς· μὴ μεριμνᾶτε ἀ]πὸ πρωὶ ἕ[ως ὀψὲ μήτ]ε ἀφ' ἑσπ[έρας ἕως π]ρωὶ μήτε [τῇ τροφῇ ὑ]μῶν τί φά[γητε μήτε] τῇ στ[ολῇ ὑμῶν] τί ἐνδύ[ση]σθε. [πολ]λῷ κρεί[σσον]ές ἐ[στε] τῶν [κρί]νων ἅτι[να α]ὐξάνει οὐδὲ ν[ήθ]ει μ[ηδ]ὲν ἔχοντ[α ἔ]νδ[υ]μα. τί ἐν[δεῖτε] καὶ ὑμεῖς; τίς ἂν προσθ⟨εί⟩η ἐπὶ τὴν εἱλικίαν ὑμῶν; αὐτὸ[ς δ]ώσει ὑμεῖν τὸ ἔνδυμα ὑμῶν. λέγουσιν αὐτῷ οἱ μαθηταὶ αὐτοῦ· πότε ἡμεῖν ἐμφανὴς ἔσει καὶ πότε σε ὀψόμεθα; λέγει· ὅταν ἐκδύσησθε καὶ μὴ αἰσχύνθητε [καὶ λάβητε τοὺς χιτῶνας ὑμῶν καὶ θῆτε αὐτοὺς ὑπὸ τοὺς πόδας ὑμῶν ὡς τὰ παιδία καὶ πατήσητε αὐτούς, τότε γενήσεσθε υἱοὶ τοῦ ζῶντος καὶ οὐ μὴ φοβηθήσεσθε.] *(cf. Evang. Thomae copt. Append. I, 36-37)*

Origenes (de oratione 14,1; 2,2): »Αἰτεῖτε τὰ μεγάλα, καὶ τὰ μικρὰ ὑμῖν προστεθήσεται· καὶ αἰτεῖτε τὰ ἐπουράνια, καὶ τὰ ἐπίγεια ὑμῖν προστεθήσεται«.

Clemens Alex. (Strom. I, 24, 158, 2): »Αἰτεῖσθε γάρ«, φησί, »τὰ μεγάλα, καὶ τὰ μικρὰ ὑμῖν προστεθήσεται«.

Justinus Mart., Apol. I, 15, 14-17: »14 Μὴ μεριμνᾶτε δὲ τί φάγητε ἢ τί ἐνδύσησθε. Οὐχ ὑμεῖς τῶν πετεινῶν καὶ τῶν θηρίων διαφέρετε; καὶ ὁ θεὸς τρέφει αὐτά. 15 Μὴ οὖν μεριμνήσητε τί φάγητε ἢ τί ἐνδύσησθε· οἶδε γὰρ ὁ πατὴρ ὑμῶν ὁ οὐράνιος ὅτι τούτων χρείαν ἔχετε. 16 Ζητεῖτε δὲ τὴν βασιλείαν

Matth.: 28 ⸂ ου ξενουσιν (= ξαιν-) ουδε νηθ. ουδε κοπ. א*vid [cf. ZNW 1938, 212] ¦ αυξανει ... κοπια ... νηθει 𝔎 W *pm* | ⸀κοπιουσιν B 33 || 29 ⸀ουτε Θ || 30 ⸆εν αγρω W || 32 ⸉ *3 2 1* א Θ ϕ *al* | ⸆της γης (?) sy^c | ⸀-τει 𝔎 W *pm* | ⸆ο θεος א* | ⸋ א bo; Cl || 33 ⸉ *6 4 5 1* B | ⸂ των ουρανων Cl ¦ † — (B) א (k) l sa bo; Tert Eus ¦ *txt* 𝔎 W Θ λ ϕ *pl* lat sy^c.p; Cyr || 34 ⸀τα ε- E K *pm* ¦ το ε- Θ ¦ εαυτη 485 ¦ αυτης B* *pc* ¦ *txt* א W *al*

Luk.: 27 ⸂ † ουτε νηθει ουτε υφαιναι D (⸉a) sy^s.c; (⸉Mcion) Cl ¦ *txt* 𝔓45.75 B א 𝔎 A W Θ **070** λ ϕ lat sy^p sa bo | ⸆*p)* οτι ℌ A D λ ϕ *pm* it; Cl ¦ *txt* 𝔓45.75 B 𝔎 W Θ **070** *al* a vg | °𝔓45 || 28 ⸋ Mcion | ⸉ *1 2 6 3-5* 𝔓45 ¦ *3 4 6 1 2 5* 𝔎 A W Θ ϕ *pm* | ⸀αμφιεννυσιν א 𝔎 A W Θ λ ϕ *pl*; Cl (?) ¦ *txt* 𝔓45.75 (B) D L **070** *pc* || 29 ⸀η 𝔓75 𝔎 A D W Θ λ ϕ *pm* | ⸆(*vs* 22) μηδε τω σωματι א* | ⸂ και τι περιβαλησθε sy^s ¦ και τι περιβ. και μη μετ. sy^c || 30 ° Mcion | ⸂ της γης sy^c ¦ — W* | ⸀-ζητει 𝔓45 𝔎 A Θ λ *pm* | ⸆*p)* απαντων Θ *al* || 31 ⸀του θεου 𝔓45 𝔎 A W Θ **070** λ ϕ *pl* lat sy; Mcion Cl ¦ — 𝔓75 892 | °W | ⸆*p)* παντα א^corr 𝔎 A D Θ **070** λ ϕ *al* lat sy^p sa^pt bo; Mcion (?) ¦ *txt* 𝔓45.75 ℌ E W *pm* || 32 ⸆εν αυτω D (e)

---

11 cf Ps 103,15 || *12 sq* cf 1 Rg 10,14 sqq; 2 Chr 9,13 sqq; Ct 3,11; 1 Rg 3,13 || *16* cf Mt 8,26; 14,31; 16,8; 17,20 || *16 sqq* cf *2 sq. 32 sqq. 39 sq* || *18 sq* cf *30 sq. 40* || *20 sq* cf Lc 10,42; Rm 14,17; cf *37. 38. 40 sq* || *21* cf 1 Rg 3,13 sq; Ps 37,4.25; Sap 7,11 || *22* cf Ex 16,19 || *24 sqq* cf *4 sqq. 7 sq* || *30 sq* cf *18 sq* || *32 sqq* cf *2 sqq. 16 sqq* || *34* cf *8 sq* || *37* cf *20 sq* || *38* cf *20 sq* || *39 sq* cf *2 sq. 7 sq. 16 sqq* || *40* cf *18 sq* || *40 sq* cf *20 sq*

τῶν οὐρανῶν, καὶ ταῦτα πάντα προστεθήσεται ὑμῖν. Ὅπου γὰρ ὁ θησαυρός ἐστιν, ἐκεῖ καὶ ὁ νοῦς τοῦ ἀνθρώπου«. 17 Καί· »Μὴ ποιῆτε ταῦτα πρὸς τὸ θεαθῆναι ὑπὸ τῶν ἀνθρώπων· εἰ δὲ μή γε, μισθὸν οὐκ ἔχετε παρὰ τοῦ πατρὸς ὑμῶν τοῦ ἐν τοῖς οὐρανοῖς«.

41sq cf Mt 6,1

202. Vom Schätzesammeln

Thesaurus caelestis — *(cf. nr. 64)* — **Treasures in Heaven**

Matth. 6,19-21
19,21

6,19-21 *(nr. 64, p. 88)*

19 Μὴ θησαυρίζετε ὑμῖν θησαυροὺς ἐπὶ τῆς γῆς, ὅπου σὴς καὶ βρῶσις ⸀ἀφανίζει καὶ ὅπου κλέπται διορύσσουσιν καὶ κλέπτουσιν· 20 θησαυρίζετε δὲ ὑμῖν θησαυροὺς ἐν οὐρανῷ, ὅπου οὔτε σὴς οὔτε βρῶσις ἀφανίζει καὶ ὅπου κλέπται οὐ διορύσσουσιν ⸋⸀οὐδὲ κλέπτουσιν⸌· 21 ὅπου γάρ ἐστιν ὁ θησαυρός ⸀σου, ἐκεῖ ἔσται °καὶ ἡ καρδία ⸀σου.

19,21 *(nr. 254, p. 338)*

21 Ἔφη αὐτῷ ὁ Ἰησοῦς· εἰ θέλεις τέλειος εἶναι, ὕπαγε πώλησόν σου τὰ ὑπάρχοντα καὶ δὸς [τοῖς] πτωχοῖς, καὶ ἕξεις θησαυρὸν ἐν οὐρανοῖς, καὶ δεῦρο ἀκολούθει μοι.

Mark. 10,21

10,21 *(nr. 254, p. 338)*

21 Ὁ δὲ Ἰησοῦς ἐμβλέψας αὐτῷ ἠγάπησεν αὐτὸν καὶ εἶπεν αὐτῷ· ἕν σε ὑστερεῖ· ὕπαγε, ὅσα ἔχεις πώλησον καὶ δὸς [τοῖς] πτωχοῖς, καὶ ἕξεις θησαυρὸν ἐν οὐρανῷ, καὶ δεῦρο ἀκολούθει μοι.

Luk. 12,33-34
16,9; 18,22

33 Πωλήσατε τὰ ὑπάρχοντα ὑμῶν καὶ δότε ἐλεημοσύνην· ποιήσατε ἑαυτοῖς βαλλάντια μὴ παλαιούμενα, ⸆θησαυρὸν ἀνέκλειπτον ἐν τοῖς οὐρανοῖς, ὅπου κλέπτης οὐκ ἐγγίζει οὐδὲ σὴς ⸀διαφθείρει· 34 ὅπου γάρ ἐστιν ὁ θησαυρὸς ὑμῶν, ἐκεῖ καὶ ἡ καρδία ὑμῶν ⸉ἔσται.

16,9 *(nr. 222, p. 307)*

9 Καὶ ἐγὼ ὑμῖν λέγω, ἑαυτοῖς ποιήσατε φίλους ἐκ τοῦ μαμωνᾶ τῆς ἀδικίας, ἵνα ὅταν ἐκλίπῃ δέξωνται ὑμᾶς εἰς τὰς αἰωνίους σκηνάς.

18,22 *(nr. 254, p. 338)*

22 Ἀκούσας δὲ ὁ Ἰησοῦς εἶπεν αὐτῷ· ἔτι ἕν σοι λείπει· πάντα ὅσα ἔχεις πώλησον καὶ διάδος πτωχοῖς, καὶ ἕξεις θησαυρὸν ἐν [τοῖς] οὐρανοῖς, καὶ δεῦρο ἀκολούθει μοι.

Joh.

Justinus Mart., Apol. I, 15, 10–12. 14–17: 10... ταῦτα ἔφη· »Παντὶ τῷ αἰτοῦντι δίδοτε καὶ τὸν βουλόμενον δανείσασθαι μὴ ἀποστραφῆτε. Εἰ γὰρ δανείζετε παρ' ὧν ἐλπίζετε λαβεῖν, τί καινὸν ποιεῖτε; τοῦτο καὶ οἱ τελῶναι ποιοῦσιν. 11 Ὑμεῖς δὲ μὴ θησαυρίζητε ἑαυτοῖς ἐπὶ τῆς γῆς, ὅπου σὴς καὶ βρῶσις ἀφανίζει καὶ λῃσταὶ διορύσσουσι· θησαυρίζετε δὲ ἑαυτοῖς ἐν τοῖς οὐρανοῖς, ὅπου οὔτε σὴς οὔτε βρῶσις ἀφανίζει. 12 Τί γὰρ ὠφελεῖται ἄνθρωπος, ἂν τὸν κόσμον ὅλον κερδήσῃ, τὴν δὲ ψυχὴν αὐτοῦ ἀπολέσῃ; ἢ τί δώσει αὐτῆς ἀντάλλαγμα; θησαυρίζετε οὖν ἐν τοῖς οὐρανοῖς, ὅπου οὔτε σὴς οὔτε βρῶσις ἀφανίζει«. 14 »Μὴ μεριμνᾶτε δὲ τί φάγητε ἢ τί ἐνδύσησθε. Οὐχ ὑμεῖς τῶν πετεινῶν καὶ τῶν θηρίων διαφέρετε; καὶ ὁ θεὸς τρέφει αὐτά. 15 Μὴ οὖν μεριμνήσητε τί φάγητε ἢ τί ἐνδύσησθε· οἶδε γὰρ ὁ πατὴρ ὑμῶν ὁ οὐράνιος ὅτι τούτων χρείαν ἔχετε. 16 Ζητεῖτε δὲ τὴν βασιλείαν τῶν οὐρανῶν, καὶ ταῦτα πάντα προστεθήσεται ὑμῖν. Ὅπου γὰρ ὁ θησαυρός ἐστιν, ἐκεῖ καὶ ὁ νοῦς τοῦ ἀνθρώπου«. 17 Καί· »Μὴ ποιῆτε ταῦτα πρὸς τὸ θεαθῆναι ὑπὸ τῶν ἀνθρώπων· εἰ δὲ μή γε, μισθὸν οὐκ ἔχετε παρὰ τοῦ πατρὸς ὑμῶν τοῦ ἐν τοῖς οὐρανοῖς«.

Evang. Thomae copt.: *cf. Append. I, 76*

Matth.: 19 ⸀-ζουσιν D* f g1 k ‖ 20 ⸋ W k | ⸀και ℵ λ pc a b g1 h q ‖ 21 ⸀*bis* υμων ℜ D W Θ *pl* sy^c.p bo^pt | ° B

Luk.: 33 ⸆και sa bo^pt | ⸀-φθερει D ‖ 34 ⸉*p) p.* εκει D

1sqq (Lc) cf Mt 10,9; Lc 10,4; 11,41; Mt 5,12; Sir 29,11 (14); Tob 4,9; Ps Sal 9,5; Hen 38,2; 1Tm 6,19; *cf 12sqq. 15sqq. 21sq. 23sq* ‖ *2sqq* cf Lc 12,16-21; *cf 21sq* ‖ *3sq* cf Is 51,8; Jc 5,2 | cf Ml 3,11 LXX; Jc 5,3; Sir 29,10 ‖ *4sq* cf Ez 12,5; Job 24,16 ‖ *5sqq cf 28* ‖ *10sq cf 26* ‖ *12sqq cf 1sqq (Lc)* ‖ *15sqq cf 1sqq (Lc)* ‖ *20sq* cf Mt 5,42; Lc 6,30 sqq ‖ *21sq cf 1sqq (Lc). 2sqq* ‖ *22sq* cf Mt 16,26 ‖ *23sq cf 1sqq (Lc)* ‖ *24sqq* cf Mt 6,25 sq. 30 sqq ‖ *26 cf 10sq* ‖ *26sq* cf Mt 6,1 ‖ *28 cf 5sqq*

203. Von Wachsamkeit und Treue

Servus vigilans et fidelis — **Watchfulness and Faithfulness**

Matth. 24, 42-51
25, 1-13; 25, 20b-21

25, 1-13 *(nr. 298, p. 412)*

1 Τότε ὁμοιωθήσεται ἡ βασιλεία τῶν οὐρανῶν δέκα παρθένοις, αἵτινες λαβοῦσαι τὰς λαμπάδας ἑαυτῶν ἐξῆλθον εἰς ὑπάντησιν τοῦ νυμφίου. 2 πέντε δὲ ἐξ αὐτῶν ἦσαν μωραὶ καὶ πέντε φρόνιμοι. 3 αἱ γὰρ μωραὶ λαβοῦσαι τὰς λαμπάδας αὐτῶν οὐκ ἔλαβον μεθ᾽ ἑαυτῶν ἔλαιον. 4 αἱ δὲ φρόνιμοι ἔλαβον ἔλαιον ἐν τοῖς ἀγγείοις μετὰ τῶν λαμπάδων ἑαυτῶν. 5 χρονίζοντος δὲ τοῦ νυμφίου ἐνύσταξαν πᾶσαι καὶ ἐκάθευδον. 6 μέσης δὲ νυκτὸς κραυγὴ γέγονεν· ἰδοὺ ὁ νυμφίος, ἐξέρχεσθε εἰς ἀπάντησιν [αὐτοῦ]. 7 τότε ἠγέρθησαν πᾶσαι αἱ παρθένοι ἐκεῖναι καὶ ἐκόσμησαν τὰς λαμπάδας ἑαυτῶν. 8 αἱ δὲ μωραὶ ταῖς φρονίμοις εἶπαν· δότε ἡμῖν ἐκ τοῦ ἐλαίου ὑμῶν, ὅτι αἱ λαμπάδες ἡμῶν σβέννυνται. 9 ἀπεκρίθησαν δὲ αἱ φρόνιμοι λέγουσαι· μήποτε οὐ μὴ ἀρκέσῃ ἡμῖν καὶ ὑμῖν· πορεύεσθε μᾶλλον πρὸς τοὺς πωλοῦντας καὶ ἀγοράσατε ἑαυταῖς. 10 ἀπερχομένων δὲ αὐτῶν ἀγοράσαι ἦλθεν ὁ νυμφίος, καὶ αἱ ἕτοιμοι εἰσῆλθον μετ᾽ αὐτοῦ εἰς τοὺς γάμους καὶ ἐκλείσθη ἡ θύρα. 11 ὕστερον δὲ ἔρχονται καὶ αἱ λοιπαὶ παρθένοι λέγουσαι· κύριε κύριε, ἄνοιξον ἡμῖν. 12 ὁ δὲ ἀποκριθεὶς εἶπεν· ἀμὴν λέγω ὑμῖν, οὐκ οἶδα ὑμᾶς. 13 γρηγορεῖτε οὖν, ὅτι οὐκ οἴδατε τὴν ἡμέραν οὐδὲ τὴν ὥραν.

Mark. 13, 33-37
(nr. 294, p. 407)

33 Βλέπετε, ἀγρυπνεῖτε· οὐκ οἴδατε γὰρ πότε ὁ καιρός ἐστιν. 34 Ὡς ἄνθρωπος ἀπόδημος ἀφεὶς τὴν οἰκίαν αὐτοῦ καὶ δοὺς τοῖς δούλοις αὐτοῦ τὴν ἐξουσίαν ἑκάστῳ τὸ ἔργον αὐ-

Luk. 12, 35-48
17, 7-10

35 ⸂Ἔστωσαν ὑμῶν αἱ ὀσφύες περιεζωσμέναι⸃ καὶ οἱ λύχνοι καιόμενοι· 36 καὶ ὑμεῖς ὅμοιοι ἀνθρώποις προσδεχομένοις τὸν κύριον ἑαυτῶν πότε ἀναλύσῃ ἐκ τῶν γάμων, ἵνα ἐλθόντος ⸉καὶ κρούσαντος εὐθέως⸊ ἀνοίξωσιν αὐτῷ. 37 μακάριοι οἱ δοῦλοι ἐκεῖνοι, οὓς ἐλθὼν ὁ κύριος εὑρήσει γρηγοροῦντας· ἀμὴν λέγω ὑμῖν ὅτι περιζώσεται καὶ ἀνακλινεῖ αὐτοὺς ⸋καὶ παρελθὼν διακονήσει αὐτοῖς⸌. 38 ⸂κἂν ἐν τῇ δευτέρᾳ κἂν ἐν τῇ τρίτῃ φυλακῇ ἔλθῃ καὶ εὕρῃ οὕτως⸃, μακάριοί εἰσιν ⸀ἐκεῖνοι.

Joh. 13, 4-5
(nr. 309, p. 431)

4 Ἐγείρεται ἐκ τοῦ δείπνου καὶ τίθησιν τὰ ἱμάτια καὶ λαβὼν λέντιον διέζωσεν ἑαυτόν· 5 εἶτα βάλλει ὕδωρ εἰς τὸν νιπτῆρα καὶ ἤρξατο νίπτειν τοὺς πόδας τῶν μαθητῶν καὶ ἐκμάσσειν τῷ λεντίῳ ᾧ ἦν διεζωσμένος.

Luk.: 35 ⸂εστω υ. η οσφυς π-νη D ‖ 36 ⸉ *3 1 2* 𝔓45vid ‖ 37 ⸋ ℵ* ‖ 38 ⸂και εαν ελθη τη εσπερινη φυλακη και ευρησει, ουτως ποιησει, και εαν εν τη δευτ. και τη τριτη D | ⸀οι δουλοι εκεινοι 𝔎 A W Δ Θ **070** λ φ *pl* lat sy^p sa bo^pt ¦ — ℵ* it ¦ *txt* 𝔓75 B ℵ^corr D L *pc* sy^s.c e

---

17sq Ex 12,11; cf Eph 6,14; 1 Pt 1,13 ‖ *17sq cf 94* ‖ *19sqq* cf Apc 3,20; *cf 42 sqq. 91 sq* ‖ *24sqq cf 53 sqq. 82 sqq* ‖ *30 sq (Lc) cf 37 (Mc)*

Matth.

24, 42-51 *(nr. 296. 297, p. 409. 411)*

42 Γρηγορεῖτε οὖν, ὅτι οὐκ οἴδατε ποίᾳ ⸀ἡμέρᾳ ὁ κύριος ὑμῶν ἔρχεται. 43 Ἐκεῖνο δὲ γινώσκετε ὅτι εἰ ᾔδει ὁ οἰκοδεσπότης ποίᾳ φυλακῇ ὁ κλέπτης ἔρχεται, ἐγρηγόρησεν ἂν καὶ οὐκ ἂν εἴασεν ⸀διορυχθῆναι τὴν οἰκίαν αὐτοῦ. 44 διὰ τοῦτο καὶ ὑμεῖς γίνεσθε ἕτοιμοι, ὅτι ᾗ οὐ δοκεῖτε ὥρᾳ ὁ υἱὸς τοῦ ἀνθρώπου ἔρχεται.

45 Τίς ἄρα ἐστὶν ὁ πιστὸς δοῦλος καὶ φρόνιμος ὃν κατέστησεν ὁ κύριος⸆ ἐπὶ τῆς ⸀οἰκετείας αὐτοῦ τοῦ δοῦναι αὐτοῖς τὴν τροφὴν ἐν καιρῷ; 46 μακάριος ὁ δοῦλος ἐκεῖνος ὃν ἐλθὼν ὁ κύριος αὐτοῦ εὑρήσει οὕτως ποιοῦντα· 47 ἀμὴν λέγω ὑμῖν ὅτι ἐπὶ πᾶσιν τοῖς ὑπάρχουσιν αὐτοῦ καταστήσει αὐτόν. 48 ἐὰν δὲ εἴπῃ ὁ κακὸς δοῦλος °ἐκεῖνος ἐν τῇ καρδίᾳ αὐτοῦ· χρονίζει μου ὁ κύριος, 49 καὶ ἄρξηται τύπτειν τοὺς συνδούλους αὐτοῦ, ⸂ἐσθίῃ δὲ καὶ πίνῃ⸃ μετὰ τῶν μεθυόντων, 50 ἥξει ὁ κύριος τοῦ δούλου ἐκείνου ἐν ἡμέρᾳ ᾗ οὐ προσδοκᾷ καὶ ἐν ὥρᾳ ᾗ οὐ γινώσκει, 51 καὶ διχοτομήσει αὐτὸν

[Mark. 13, 33-37]

τοῦ καὶ τῷ θυρωρῷ ἐνετείλατο ἵνα γρηγορῇ. 35 γρηγορεῖτε οὖν· οὐκ οἴδατε γὰρ πότε ὁ κύριος τῆς οἰκίας ἔρχεται, ἢ ὀψὲ ἢ μεσονύκτιον ἢ ἀλεκτοροφωνίας ἢ πρωΐ, 36 μὴ ἐλθὼν ἐξαίφνης εὕρῃ ὑμᾶς καθεύδοντας. 37 ὃ δὲ ὑμῖν λέγω πᾶσιν λέγω, γρηγορεῖτε.

[Luk. 12, 35-48]

39 τοῦτο δὲ γινώσκετε ὅτι εἰ ᾔδει ὁ οἰκοδεσπότης ποίᾳ ὥρᾳ ὁ κλέπτης ἔρχεται, ⸂οὐκ ἂν⸃ ἀφῆκεν διορυχθῆναι τὸν οἶκον αὐτοῦ. 40 ⸋καὶ ὑμεῖς⸆ γίνεσθε ἕτοιμοι, ὅτι ᾗ ὥρᾳ οὐ δοκεῖτε ὁ υἱὸς τοῦ ἀνθρώπου ἔρχεται.⸌ 41 Εἶπεν δὲ ⸆ ὁ Πέτρος· κύριε, πρὸς ἡμᾶς τὴν παραβολὴν ταύτην λέγεις ⸋ἢ καὶ πρὸς πάντας⸌; 42 καὶ εἶπεν ὁ κύριος· τίς ἄρα ἐστὶν ὁ πιστὸς οἰκονόμος ⸀ὁ φρόνιμος⸆, ὃν καταστήσει ὁ κύριος ἐπὶ τῆς θεραπείας αὐτοῦ τοῦ διδόναι ἐν καιρῷ °[τὸ] σιτομέτριον; 43 μακάριος ὁ δοῦλος ἐκεῖνος, ὃν ἐλθὼν ὁ κύριος αὐτοῦ εὑρήσει ⸉ποιοῦντα οὕτως⸊. 44 ⸀ἀληθῶς λέγω ὑμῖν ὅτι ἐπὶ πᾶσιν τοῖς ὑπάρχουσιν ⸀αὐτοῦ καταστήσει αὐτόν. 45 ἐὰν δὲ εἴπῃ ὁ δοῦλος ἐκεῖνος ἐν τῇ καρδίᾳ αὐτοῦ· χρονίζει ὁ κύριός μου ἔρχεσθαι, καὶ ἄρξηται τύπτειν τοὺς παῖδας καὶ τὰς παιδίσκας, ἐσθίειν ⸀τε καὶ πίνειν καὶ μεθύσκεσθαι, 46 ἥξει ὁ κύριος τοῦ δούλου ἐκείνου ἐν ἡμέρᾳ ᾗ οὐ προσδοκᾷ καὶ ἐν ὥρᾳ ᾗ οὐ γινώσκει, καὶ διχοτομήσει αὐτὸν

Joh.

Matth.: 42 ⸀ωρα ℜ L 118. 209. 700 *al* lat sy$^{s.p}$ bo^{pt}; Cyr || 43 ⸀-υγηναι B ℜ W Θ λ φ *pl*; Or || 45 ⸆αυτου ℜ W Δ Θ φ *pm* lat sy$^{s.p}$ sa bo | ⸀οικιας ℵ 892 *al* q; Or Cyr ¦ *p)* θεραπειας ℜ D λ *al* e ¦ *txt* ℌ W Θ **067. 0204.** 13 *al* lat || 48 ° ℵ* Θ **0204** *pc* sy^{s} sa; Ir^{lat} Hipp || 49 ⸂ εσθιειν δε και πινειν G (W) 565. 700 *al*; Hipp ¦ *txt* ℌ ℜ D Θ **047** λ φ *pm* lat

Luk.: 39 ⸂ *p)* εγρηγορησεν αν και ουκ *rell* ¦ *txt* 𝔓^{75} ℵ* (D) e i sy$^{s.c}$ sa^{pt} arm; Mcion || 40 ⸋ *vs* λ | ⸆ουν *rell* ¦ *txt* 𝔓^{75} B ℵ L Q Θ Ψ **070.** 579 *pc* lat sy$^{s.c}$ sa bo || 41 ⸆αυτω ℵ ℜ A W Δ Θ **070** λ φ *pm* f q vg ¦ *txt* 𝔓^{75} B D L R 33 *al* it | ⸋ D || 42 ⸀και ℵ A L λ φ *pm* latt; Or^{pt} | ⸆ο αγαθος D (c e sy^{c}) | ° 𝔓^{75} B D φ *pc* ¦ *txt* ℌ ℜ A W Θ **070** λ *pl*; Or || 43 ⸉ *p)* 𝔓$^{45.75}$ ℵ L X Ψ **070** φ 33 *pc* || 44 ⸀ *p)* αμην D *pc* c | ⸀αυτω 𝔓^{45} W Θ **070** *al* || 45 ⸀τι 𝔓^{75}

---

35 sqq cf 42 sqq || 35 sq cf Lc 21, 36 || 37 sqq cf 2 Pt 3, 10; Apc 3, 2 sqq; *cf 89. 90. 94* || *37 sq (Mc) cf 30 sq (Lc)* || *42 sqq cf 19 sqq. 35 sqq. 91 sq* || 48 sqq cf 1 Cor 4, 2; 2 Tm 2, 15; 1 Pt 4, 10 || 50 sq cf Gn 31, 4 sqq || 51 (Mt) cf Job 1, 3 || *53 sqq cf 24 sqq* || 55 sqq cf Mt 25, 23 || 60 sqq cf Eccl 8, 11; 2 Pt 3, 3 sq || 63 sqq cf Lc 21, 34 par || 67 cf Lc 19, 27; 1 Chr 20, 3; Sus 55. 59

[Matth. 24,42-51]

καὶ τὸ μέρος αὐτοῦ μετὰ τῶν ὑποκριτῶν θήσει· ἐκεῖ ἔσται ὁ κλαυθμὸς καὶ ὁ βρυγμὸς τῶν ὀδόντων.

25,20b-21 *(nr. 299, p. 413)*

[20] ... Ἴδε ἄλλα πέντε τάλαντα ἐκέρδησα. [21] ἔφη αὐτῷ ὁ κύριος αὐτοῦ· εὖ, δοῦλε ἀγαθὲ καὶ πιστέ, ἐπὶ ὀλίγα ἧς πιστός, ἐπὶ πολλῶν σε καταστήσω· εἴσελθε εἰς τὴν χαρὰν τοῦ κυρίου σου.

Mark.

[Luk. 12,35-48]

καὶ τὸ μέρος αὐτοῦ μετὰ τῶν ἀπίστων θήσει.

[47] Ἐκεῖνος δὲ ὁ δοῦλος ὁ γνοὺς τὸ θέλημα τοῦ κυρίου αὐτοῦ καὶ °μὴ ⸂ἑτοιμάσας ἢ ποιήσας⸃ πρὸς τὸ θέλημα αὐτοῦ δαρήσεται πολλάς· [48] ὁ δὲ μὴ γνούς, ποιήσας δὲ ἄξια πληγῶν δαρήσεται ὀλίγας. παντὶ δὲ ᾧ ⸂ἐδόθη πολύ, πολὺ ζητηθήσεται παρ᾽ αὐτοῦ⸃, καὶ ᾧ παρέθεντο πολύ, ⸄περισσότερον αἰτήσουσιν⸅ αὐτόν.

17,7-10 *(nr. 232, p. 313)*

[7] Τίς δὲ ἐξ ὑμῶν δοῦλον ἔχων ἀροτριῶντα ἢ ποιμαίνοντα, ὃς εἰσελθόντι ἐκ τοῦ ἀγροῦ ἐρεῖ αὐτῷ· εὐθέως παρελθὼν ἀνάπεσε, [8] ἀλλ᾽ οὐχὶ ἐρεῖ αὐτῷ· ἑτοίμασον τί δειπνήσω καὶ περιζωσάμενος διακόνει μοι ἕως φάγω καὶ πίω, καὶ μετὰ ταῦτα φάγεσαι καὶ πίεσαι σύ; [9] μὴ ἔχει χάριν τῷ δούλῳ ὅτι ἐποίησεν τὰ διαταχθέντα; [10] οὕτως καὶ ὑμεῖς, ὅταν ποιήσητε πάντα τὰ διαταχθέντα ὑμῖν, λέγετε ὅτι δοῦλοι ἀχρεῖοί ἐσμεν, ὃ ὠφείλομεν ποιῆσαι πεποιήκαμεν.

Joh.

1. Thess. 5,2: Αὐτοὶ γὰρ ἀκριβῶς οἴδατε ὅτι ἡμέρα κυρίου ὡς κλέπτης ἐν νυκτὶ οὕτως ἔρχεται.

Apoc. 16,15: Ἰδοὺ ἔρχομαι ὡς κλέπτης· μακάριος ὁ γρηγορῶν καὶ τηρῶν τὰ ἱμάτια αὐτοῦ, ἵνα μὴ γυμνὸς περιπατῇ καὶ βλέπωσιν τὴν ἀσχημοσύνην αὐτοῦ.

Didache 16,1: »Γρηγορεῖτε« ὑπὲρ τῆς ζωῆς ὑμῶν· »οἱ λύχνοι ὑμῶν μὴ σβεσθήτωσαν, καὶ αἱ ὀσφύες ὑμῶν« μὴ ἐκλυέσθωσαν, ἀλλὰ »γίνεσθε ἕτοιμοι· οὐ γὰρ οἴδατε τὴν ὥραν, ἐν ᾗ ὁ κύριος ἡμῶν ἔρχεται«.

Justinus Mart., Apol. I, 17,4: Ὡς ὁ χριστὸς ἐμήνυσεν εἰπών· »Ὧι πλέον ἔδωκεν ὁ θεός, πλέον καὶ ἀπαιτηθήσεται παρ᾽ αὐτοῦ«.

Evang. Thomae copt.: *cf. Append. I, 21.103*

Luk.: 47 ° 𝔓45 | ⸂ ετ. μηδε ποι. ℵ A Θ λ *pl* f vg ¦ ετοιμ. L W 13 it sy ¦ ποι. 𝔓45 D 69; Mcion Ir[lat] Or Ad Cyr ¦ *txt* 𝔓75 ℌ **070** *pc* || **48** ⸂ εδωκαν πολυ, ζητησουσιν απ αυτου περισσοτερον D (e ff2 l) | ⸄ πλεον απαιτ- D (*al*)

69sqq cf Mt 8,12; 13,42.50; 22,13; 25,30; Lc 13,28; Ps 112,10 || 77sqq *cf 93* || 82sqq *cf 24sqq* || 89 *cf 37sqq* || 90 *cf 37sqq* || 91sq *cf 19sqq. 42sqq* || 93 *cf 77sqq* || 94 *cf 17sq. 37sqq*

204. Von der Sendung Jesu

Ignem veni mittere *(cf. nr. 102)* **Division in Households**

Matth. 10,34-36

Mark. 10,38
(nr. 263, p. 352)

[38] Ὁ δὲ Ἰησοῦς εἶπεν αὐτοῖς· οὐκ οἴδατε τί αἰτεῖσθε. δύνασθε πιεῖν τὸ ποτήριον ὃ ἐγὼ πίνω ἢ τὸ βάπτισμα ὃ ἐγὼ βαπτίζομαι βαπτισθῆναι;

Luk. 12,49-53

[49] Πῦρ ἦλθον βαλεῖν ⸀ἐπὶ τὴν γῆν, καὶ τί θέλω εἰ ἤδη ἀνήφθη. [50] βάπτισμα δὲ ἔχω βαπτισθῆναι, καὶ πῶς

Joh.

Luk.: 49 ⸀ εις 𝔓45 ℵ D Δ *pm*; Meth

1sqq (Lc) *cf 19.20.21*

Matth.	Mark.	[Luk. 12, 49-53]	Joh.
10,34-36 *(nr 102, p. 147)*			
[34] ⸂Μὴ νομίσητε ὅτι⸃		συνέχομαι ἕως ὅτου τελεσθῇ. [51] δοκεῖτε ὅτι	
ἦλθον βαλεῖν εἰρήνην ἐπὶ τὴν γῆν·		εἰρήνην παρεγενόμην ⸀δοῦναι ⸂ἐν τῇ γῇ⸃;	
οὐκ ἦλθον βαλεῖν εἰρήνην ἀλλὰ ⸀μάχαιραν.		οὐχί, λέγω ὑμῖν, ⸄ἀλλ' ἢ⸅ διαμερισμόν.	
		[52] ἔσονται γὰρ ἀπὸ τοῦ νῦν πέντε ἐν ἑνὶ	
		οἴκῳ ⸉διαμεμερισμένοι, τρεῖς⸊ ἐπὶ δυσὶν	
		καὶ δύο ἐπὶ τρισίν, [53] °διαμερισθήσονται	
[35] ἦλθον γὰρ διχάσαι ⸀ἄνθρωπον κατὰ		⸉πατὴρ ἐπὶ υἱῷ καὶ υἱὸς ἐπὶ	
τοῦ πατρὸς αὐτοῦ		πατρί⸊, μήτηρ ἐπὶ ⸂τὴν θυγατέρα⸃	
καὶ θυγατέρα κατὰ τῆς μητρὸς		καὶ θυγάτηρ ἐπὶ ⸄τὴν μητέρα⸅,	
αὐτῆς		πενθερὰ ἐπὶ τὴν νύμφην °¹αὐτῆς	
καὶ νύμφην κατὰ τῆς πενθερᾶς		καὶ νύμφη ἐπὶ τὴν πενθεράν⸆.	
αὐτῆς, [36] καὶ ἐχθροὶ τοῦ ἀνθρώ-			
που οἱ οἰκιακοὶ αὐτοῦ.			

Justinus Mart., Dial. 35, 3: Καί· »Ἔσονται σχίσματα καὶ αἱρέσεις«. καί· »Προσέχετε ἀπὸ τῶν ψευδοπροφητῶν, οἵτινες ἐλεύσονται πρὸς ὑμᾶς, ἔξωθεν ἐνδεδυμένοι δέρματα προβάτων, ἔσωθεν δέ εἰσι λύκοι ἅρπαγες«. καί· »Ἀναστήσονται πολλοὶ ψευδόχριστοι καὶ ψευδοαπόστολοι, καὶ πολλοὺς τῶν πιστῶν πλανήσουσιν«.
Origenes (Hom. lat. in Jerem. III, 3): Ait autem ibi Salvator: »qui iuxta me est, iuxta ignem est; qui longe est a me, longe est a regno«.
Didymus (Comm. in Psalm. 88, 8): Διό φησιν ὁ Σωτήρ· Ὁ ἐγγύς μου, ἐγγὺς τοῦ πυρός· ὁ δὲ μακρὰν ἀπ' ἐμοῦ, μακρὰν ἀπὸ τῆς βασιλείας.
Evang. Thomae copt.: *cf. Append. I, 10. 16*

Matth.: 34 ⸂ουκ sy^{c} | ⸀διαμερισμον των διανοιων και μαχαιραν sy^{c} || 35 ⸀*p?)* υιον D *pc* it $sy^{s.c}$

Luk.: 51 ⸀ποιησαι D e sy^{c} ¦ *p)* βαλειν 1093. 1424 it $sy^{s.p}$ sa^{pt} bo; Mcion | ⸂επι της γης $\mathfrak{P}^{45}$ *pc* ¦ — e | ⸄αλλα $\mathfrak{P}^{45}$ D Θ *pc* lat || 52 ⸉ $\mathfrak{P}^{45}$ D $sy^{s.c}$; Eus || 53 ° sy^{s} | ⸉ *5-7 4 1-3* $\mathfrak{P}^{45}$ 157 | ⸂ † θ-τερα ℌ D W *al* ¦ θ-τρι ℜ A ϕ *al*; Mcion ¦ *txt* $\mathfrak{P}^{45.75}$ L Θ **070** λ *pc*; Eus Cyr | ⸄μητ. ℵ **070** ¦ μητρι ℜ A ϕ *pm*; Mcion ¦ *txt* $\mathfrak{P}^{45.75}$ ℌ D Θ λ *al* | °¹ $\mathfrak{P}^{75*}$ ℵ* *pc* l; Mcion Eus | ⸆αυτης $ℵ^{corr}$ ℜ A W Θ **070** λ ϕ *pm* lat

4sqq cf Mt 5, 17; Jo 14, 27; 16, 33 || *6 (Lc)* cf Mch 7, 12 || *7sqq* cf 17 || *10sqq* Mch 7, 6; cf Mc 13, 12 par *(= nr 289)* || *14* cf Gn 11, 31; Rth 1, 6 || *17* cf *7sqq* || *17sq* cf Mt 7, 15 || *18* cf Mt 24, 11 || *19* cf *1sqq (Lc)* || *20* cf *1sqq (Lc)* || *21* cf *1sqq (Lc)*

205. Die Zeichen der Zeit

Signa temporum *(cf. nr. 154)* **Interpreting the Times**

Matth. 16, 2-3 *(nr 154, p. 225)*	Mark.	Luk. 12, 54-56	Joh.
[2] Ὁ δὲ °ἀποκριθεὶς εἶπεν °¹αὐτοῖς· ⸋[ὀψίας γενο-		[54] Ἔλεγεν δὲ καὶ τοῖς ὄχλοις· ὅταν ἴδητε °[τὴν]	
μένης λέγετε· εὐδία, πυρράζει γὰρ ὁ οὐρανός· [3] καὶ πρωΐ·		νεφέλην ἀνατέλλουσαν ⸀ἐπὶ δυσμῶν, εὐθέως λέγετε °¹ὅτι	
σήμερον χειμών, πυρράζει γὰρ στυγνάζων ὁ ⸀οὐρανός.		ὄμβρος ἔρχεται, καὶ γίνεται οὕτως· [55] καὶ ὅταν νότον ⸀πνέ-	
		οντα, λέγετε °ὅτι καύσων ⸀ἔσται, καὶ γίνεται. [56] ὑποκριταί,	
⸆τὸ μὲν πρόσωπον τοῦ οὐρανοῦ γινώσκετε διακρίνειν,		τὸ πρόσωπον ⸉τῆς γῆς καὶ τοῦ οὐρανοῦ⸊ οἴδατε δοκιμάζειν,	
τὰ δὲ σημεῖα τῶν καιρῶν οὐ ⸀δύνασθε⁚;]⸌		⸂τὸν καιρὸν δὲ⸃ τοῦτον °πῶς ⸄οὐκ οἴδατε δοκιμάζειν⸅;	

Evang. Thomae copt.: *cf. Append. I, 91*

Matth.: 2 ° sy^{c} | °¹ D a c g^{1} sy^{s} sa^{pt} || 2.3 ⸋ B ℵ V X Y Γ 13 *al* $sy^{s.c}$ sa bo^{pt}; Or ¦ *txt* C ℜ D W Θ λ *pm* latt || 3 ⸀αηρ D | ⸆ *p)* υποκριται ℜ 565. 700 *al* it ¦ *txt* (+και C) D L W Θ 1. 33. 892 *pm* | ⸀δυν. δοκιμαζειν G M 33 *al* ¦ δυν. δοκιμασαι W ¦ δυν. γνωναι 245. 1012 lat ¦ *p)* δοκιμαζετε L ¦ συνιετε S Ω 118. 209. 700 *al* ¦ *txt* C ℜ D Δ Θ Φ ϕ 1. 565 *pm* | [⁚. H]

Luk.: 54 ° † $\mathfrak{P}^{75}$ B ℵ A L N λ ϕ *al* ¦ *txt* $\mathfrak{P}^{45}$ ℜ D W Θ **070** *pm* | ⸀απο $\mathfrak{P}^{45}$ ℜ A D W Δ Θ **070** λ ϕ *pl* ¦ *txt* $\mathfrak{P}^{75}$ B ℵ L *pc* | °¹ ℜ D W **070** λ lat || 55 ⸀πν. ιδητε $\mathfrak{P}^{45}$ ¦ ιδ. πν. it | ° $\mathfrak{P}^{45}$ ℵ* D *al* r^{1} | ⸀ερχεται $\mathfrak{P}^{45}$ ℵ* W 157 *pc* l || 56 ⸉ $\mathfrak{P}^{45.75}$ $ℵ^{corr}$ D L *pm*; Mcion | ⸂ *1 3 2* ℌ ℜ A Θ **070** λ ϕ *pl* (lat); Mcion Gel ¦ πλην τον κ. $\mathfrak{P}^{45}$ D 157 c e ¦ *txt* $\mathfrak{P}^{75}$ B ff^{2} | ° D it $sy^{s.c}$; Mcion | ⸄ † ου δοκιμαζετε $\mathfrak{P}^{45}$ ℜ A D W Γ λ ϕ *pl* lat ¦ *txt* $\mathfrak{P}^{75}$ ℌ Θ *pc* ($sy^{s.c}$) sa bo; Mcion

1sqq cf *7* || *3* cf 1 Rg 18, 44 || *3 (Mt)* cf Ez 27, 35 || *5sq* cf Lc 14, 19 || *7* cf *1sqq*

206. Versöhnung, so lange es Zeit ist

Reconciliandum in via *(cf. nr. 55)* **Agreement with One's Accuser**

Matth. 5,25-26 *(nr. 55, p. 79)*

25 Ἴσθι εὐνοῶν τῷ ἀντιδίκῳ σου ταχύ, ἕως ὅτου εἶ
⸉μετ᾽ αὐτοῦ ἐν τῇ ὁδῷ⸊, μήποτέ σε παραδῷ
ὁ ἀντίδικος τῷ κριτῇ ⸋καὶ ὁ κριτὴς ⸆ τῷ ὑπηρέτῃ⸌
καὶ εἰς φυλακὴν ⸀βληθήσῃ· 26 ἀμὴν λέγω σοι, οὐ μὴ
ἐξέλθῃς ἐκεῖθεν, ἕως ⸀ἂν ἀποδῷς τὸν ἔσχατον κοδράντην.

Mark.

Luk. 12,57-59

57 Τί δὲ καὶ ἀφ᾽ ἑαυτῶν οὐ κρίνετε τὸ δίκαιον; 58 ὡς γὰρ
ὑπάγεις μετὰ τοῦ ἀντιδίκου σου ⸋ἐπ᾽ ἄρχοντα⸌, ἐν τῇ ὁδῷ
δὸς ἐργασίαν ἀπηλλάχθαι °ἀπ᾽ αὐτοῦ, μήποτε ⸀κατασύρῃ σε
πρὸς τὸν κριτήν, καὶ ὁ κριτής σε ⸀παραδώσει τῷ πράκτορι,
καὶ ὁ πράκτωρ σε ⸀¹βαλεῖ εἰς ⸆ φυλακήν. 59 λέγω σοί, οὐ μὴ
ἐξέλθῃς ἐκεῖθεν, ἕως ⸆ ⸂καὶ τὸ ἔσχατον λεπτὸν ἀποδῷς⸃.

Joh.

Herm. Pastor, Sim. IX, 28,7: Ταῦτα ὑμῖν λέγω τοῖς διστάζουσι περὶ ἀρνήσεως ἢ ὁμολογήσεως· ὁμολογεῖτε ὅτι κύριον ἔχετε, μήποτε ἀρνούμενοι [πα]ραδοθ[ήσησθε] εἰς δεσμωτήριον.

Matth.: 25 ⸉ *3-5 1 2* 𝔎 Θ *al* | ⸋ sy^s | ⸆ *p)* σε παραδῷ 𝔎 W Θ *pm* (D it) | ⸀-θησει D Θ *al* || 26 ⸀οὐ W *al*

Luk.: 58 ⸋ sa | ° B *pc*; Ci Or | ⸀κατακρινη D it sy^{s.c} | ⸀-δω 𝔎 W λ *pm* ¦ *txt, sed* ⸉ π. σε 𝔓⁴⁵ D *pc* | ⸀¹βαλη 𝔎 A W Θ *al* ¦ *txt, sed* ⸉ βαλει σε D *pc* | ⸆ την 𝔓⁴⁵ 157 *pc* || 59 ⸆ του (*!*) A ¦ οὗ 𝔎 D W φ *al* ¦ αν (—και) Θ 070 ¦ *txt* 𝔓⁷⁵ B ℵ L 1 *pc* | ⸂ *p)* αποδοις τον εσχ. κοδραντην D it sy; Mcion

---

1sqq cf *7sq* || *1 (Lc)* cf Act 4,19 || *5sq* cf Mt 18,30 || *7sq* cf *1sqq*

207. Rechtzeitige Umkehr (Gleichnis vom unfruchtbaren Feigenbaum)

Paenitentia agenda (ficus infructuosa) **Repentence or Destruction (the Parable of the Barren Fig Tree)**

Matth. 21,18-19

Mark. 11,12-14

Luk. 13,1-9

1 Παρῆσαν δέ τινες ἐν αὐτῷ τῷ καιρῷ
ἀπαγγέλλοντες αὐτῷ περὶ τῶν Γαλιλαίων
ὧν τὸ αἷμα Πιλᾶτος ἔμιξεν μετὰ τῶν θυσι-
ῶν αὐτῶν. 2 καὶ ἀποκριθεὶς ⸆ εἶπεν αὐτοῖς·
δοκεῖτε ὅτι οἱ Γαλιλαῖοι οὗτοι ἁμαρτωλοὶ
παρὰ πάντας τοὺς Γαλιλαίους ἐγένοντο,
ὅτι ⸀ταῦτα πεπόνθασιν; 3 οὐχί, λέγω ὑμῖν,
ἀλλ᾽ ἐὰν μὴ ⸀μετανοῆτε °πάντες ⸀ὁμοίως
ἀπολεῖσθε. 4 ἢ ἐκεῖνοι οἱ δεκαοκτὼ ἐφ᾽
οὓς ἔπεσεν ὁ πύργος ἐν τῷ Σιλωὰμ καὶ
ἀπέκτεινεν αὐτούς, δοκεῖτε ὅτι αὐτοὶ ὀ-
φειλέται ἐγένοντο παρὰ πάντας τοὺς
ἀνθρώπους τοὺς ⸀κατοικοῦντας ⸆ Ἰερου-
σαλήμ; 5 οὐχί, λέγω ὑμῖν, ἀλλ᾽ ἐὰν μὴ

Joh.

---

2 ⸆ ο Ιησους 𝔎 A D W Δ Θ λ φ *pl* ¦ *txt* 𝔓⁷⁵ B ℵ L 070 *pc* lat | ⸀τοιαυτα 𝔓⁷⁵ 𝔎 A W Δ 070 λ (φ) *pm* || 3 ⸀-ησητε A D Θ λ φ *al* | ° ff² l r¹ | ⸀ωσαυτως 𝔎 A W Δ *pm* || 4 ⸀ενοικ- D | ⸆ εν ℵ 𝔎 A W Δ Θ φ *pm* ¦ *txt* 𝔓⁷⁵ B D L λ *al*

2sq cf Act 5,37? || *5sqq* cf Jo 9,2; Job 22,5 sqq; cf *11sq* || *10* cf Jo 9,7.11 || *11sq* cf ad *5sqq*

Matth.

21,18-19 (nr. 272, p. 371)

18 Πρωῒ δὲ ἐπανάγων εἰς τὴν πόλιν ἐπείνασεν. 19 καὶ ἰδὼν συκῆν μίαν ἐπὶ τῆς ὁδοῦ ἦλθεν ἐπ᾽ αὐτὴν καὶ οὐδὲν εὗρεν ἐν αὐτῇ εἰ μὴ φύλλα μόνον, καὶ λέγει αὐτῇ· μηκέτι ἐκ σοῦ καρπὸς γένηται εἰς τὸν αἰῶνα. καὶ ἐξηράνθη παραχρῆμα ἡ συκῆ.

Mark.

11,12-14 (nr. 272, p. 371)

12 Καὶ τῇ ἐπαύριον ἐξελθόντων αὐτῶν ἀπὸ Βηθανίας ἐπείνασεν. 13 καὶ ἰδὼν συκῆν ἀπὸ μακρόθεν ἔχουσαν φύλλα ἦλθεν, εἰ ἄρα τι εὑρήσει ἐν αὐτῇ, καὶ ἐλθὼν ἐπ᾽ αὐτὴν οὐδὲν εὗρεν εἰ μὴ φύλλα· ὁ γὰρ καιρὸς οὐκ ἦν σύκων. 14 καὶ ἀποκριθεὶς εἶπεν αὐτῇ· μηκέτι εἰς τὸν αἰῶνα ἐκ σοῦ μηδεὶς καρπὸν φάγοι. καὶ ἤκουον οἱ μαθηταὶ αὐτοῦ.

[Luk. 13,1-9]

⸀μετανοῆτε °πάντες ⸀ὡσαύτως ἀπολεῖσθε. 6 Ἔλεγεν δὲ ταύτην τὴν παραβολήν· συκῆν εἶχέν τις πεφυτευμένην ἐν τῷ ἀμπελῶνι αὐτοῦ, καὶ ἦλθεν ζητῶν καρπὸν ἐν αὐτῇ καὶ οὐχ εὗρεν. 7 εἶπεν δὲ πρὸς τὸν ἀμπελουργόν· ἰδοὺ τρία ἔτη ἀφ᾽ οὗ ἔρχομαι ζητῶν καρπὸν ἐν τῇ συκῇ ταύτῃ καὶ οὐχ εὑρίσκω· ⸆ ἔκκοψον °[οὖν] αὐτήν, ἱνατί καὶ ⸂τὴν γῆν⸃ καταργεῖ; 8 ὁ δὲ ἀποκριθεὶς λέγει αὐτῷ· κύριε, ἄφες αὐτὴν ⸀καὶ τοῦτο τὸ ἔτος, ἕως ὅτου σκάψω περὶ αὐτὴν καὶ βάλω ⸀κόπρια, 9 κἂν μὲν ποιήσῃ καρπὸν ⸉εἰς τὸ μέλλον· εἰ δὲ μή γε,⸊ ⸀ἐκκόψεις αὐτήν. ⸆

Joh.

Luk.: 5 ⸀ † -νοησητε ℵ* A D L Θ 070 λ φ 1241 pm ¦ *txt* 𝔓75 B ℵcorr 𝔎 W Δ *al* | ° ff2 i l sys.c bopt | ⸀ ομοιως 𝔓75 𝔎 A D W Δ Θ 070 φ *pm* || 7 ⸆ φερε την αξινην D | ° † B ℵ 𝔎 D W λ *pm* e ¦ *txt* 𝔓75 A L Θ Ψ 070 φ 33 *al* lat sys sa bo | ⸂ τον τοπον B* 1424 || 8 ⸀ ετι D arm | ⸀ κοφινον κοπριων D it || ⸉ *4-7 1-3* 𝔓45vid 𝔎 A D W Θ λ *pl* ¦ *txt* 𝔓75 𝔋 *pc* | ⸀ -ψον 𝔓45 69.1241 *pc* | ⸆ (8,8) ταυτα λεγων εφωνει· ο εχων ωτα ακουειν ακουετω Γ *al*

---

16 *sqq* cf Is 5,1-7; Jr 24,2-10; Hos 9,10; Hab 3,17 || 17 *sq* cf Dt 22,9 || 20 *sqq* cf Lv 19,23 sqq || 22 cf Mt 3,10; Lc 3,9; *cf* 27 *sq* || 27 *sq* *cf ad* 22

208. Heilung einer verkrüppelten Frau am Sabbat

Mulier inclinata

The Healing of the Crippled Woman on the Sabbath

Matth. 12,9-14 | Mark. 3,1-6

Luk. 13,10-17

6,6-11; 14,5

10 Ἦν δὲ διδάσκων ⸂ἐν μιᾷ τῶν συναγωγῶν ἐν τοῖς σάββασιν⸃. 11 καὶ ἰδοὺ γυνὴ ⸂πνεῦμα ἔχουσα ἀσθενείας⸃
ἔτη δεκαοκτὼ καὶ ἦν ⸀συγκύπτουσα καὶ μὴ δυναμένη ἀνακύψαι εἰς τὸ παντελές. 12 ἰδὼν δὲ αὐτὴν ὁ Ἰησοῦς
⸋προσεφώνησεν καὶ⸌ εἶπεν αὐτῇ· γύναι, ἀπολέλυσαι ⸆ τῆς ἀσθενείας σου, 13 καὶ ἐπέθηκεν αὐτῇ τὰς χεῖρας·
καὶ παραχρῆμα ἀνωρθώθη καὶ ἐδόξαζεν τὸν θεόν. 14 ἀποκριθεὶς δὲ ὁ ἀρχισυνάγωγος, ἀγανακτῶν ὅτι τῷ
σαββάτῳ ἐθεράπευσεν ὁ Ἰησοῦς, ἔλεγεν τῷ ὄχλῳ °ὅτι ἓξ ἡμέραι εἰσὶν ἐν αἷς δεῖ ἐργάζεσθαι· ἐν ⸀αὐταῖς οὖν
ἐρχόμενοι θεραπεύεσθε καὶ μὴ τῇ ἡμέρᾳ τοῦ σαββάτου. 15 ἀπεκρίθη δὲ αὐτῷ ὁ ⸀κύριος καὶ εἶπεν· ⸀ὑποκριταί, ἕκαστος ὑμῶν τῷ σαββάτῳ οὐ λύει τὸν βοῦν αὐτοῦ ἢ τὸν ὄνον ἀπὸ τῆς φάτνης καὶ ⸀1ἀπαγαγὼν
ποτίζει; 16 ταύτην δὲ θυγατέρα Ἀβραὰμ οὖσαν, ἣν ἔδησεν ὁ σατανᾶς ἰδοὺ δέκα καὶ ὀκτὼ ἔτη, οὐκ ἔδει
λυθῆναι ἀπὸ τοῦ δεσμοῦ τούτου τῇ ἡμέρᾳ τοῦ σαββάτου; 17 καὶ ⸋ταῦτα λέγοντος αὐτοῦ⸌ κατῃσχύνοντο
°πάντες οἱ ἀντικείμενοι αὐτῷ, καὶ πᾶς ὁ ὄχλος ἔχαιρεν ⸂ἐπὶ πᾶσιν τοῖς ἐνδόξοις τοῖς γινομένοις ὑπ᾽ αὐτοῦ⸃.

Joh.

---

10 ⸂ 6 7 *1-4* 𝔓45 ¦ *1-4* σαββατω D aur i || **11** ⸂ εν ασθενεια ην πνευματος D | ⸀ -καμπτ- D || **12** ⸋ D e sapt | ⸆ απο ℵ A D 33 *al* lat || **14** ° 𝔓45 𝔎 A D W Δ 070 λ φ *pm* lat ¦ *txt* 𝔓75 𝔋 Θ *pc* | ⸀ ταυταις 𝔎 D Δ Θ *pm* || **15** ⸀ Ιησους D Θ λ φ 28 *pm* sy bopt | ⸀ -ιτα 𝔓45 D W λ *pm* f l sy; Ir | ⸀1 απαγων B* ℵ* Θ 1 *pc* || **17** ⸋ D e | ° 𝔓45 D it | ⸂ εν π. οις εθεωρουν ενδοξοις υπ αυτου γιν. D it

---

1 *sqq* cf Lc 14,1 sqq; *cf* 12 *sqq* || 3 cf Lc 5,20; 7,48 || 3 *sq* cf Lc 4,40; Mt 9,18; 19,13; Mc 5,23; 6,5; 7,32; 8,23.25; 16,18; Act 6,6 etc || 4 παραχρῆμα *extra* Lc *et* Act *sol.*: Mt 21,19 sq | cf Lc 5,25 sq par; 7,16; 17,15; 18,43; 23,47 || 4 *sqq* cf Gn 20,9; Ex 5,13 || 6 *sq* *cf* 12 *sqq.* 35 *sqq* || 8 cf Lc 19,9; 3,8 par; 16,24 | cf Lc 8,29; Mc 9,21; Jo 5,6 || 9 *sq* cf Is 45,16

Matth.

12,9-14 *(nr. 112, p. 157)*

9 Καὶ μεταβὰς ἐκεῖθεν ἦλθεν εἰς τὴν συναγωγὴν αὐτῶν· 10 καὶ ἰδοὺ ἄνθρωπος χεῖρα ἔχων ξηράν. καὶ ἐπηρώτησαν αὐτὸν λέγοντες· εἰ ἔξεστιν τοῖς σάββασιν θεραπεῦσαι; ἵνα κατηγορήσωσιν αὐτοῦ. 11 ὁ δὲ εἶπεν αὐτοῖς· τίς ἔσται ἐξ ὑμῶν ἄνθρωπος ὃς ἕξει πρόβατον ἓν καὶ ἐὰν ἐμπέσῃ τοῦτο τοῖς σάββασιν εἰς βόθυνον, οὐχὶ κρατήσει αὐτὸ καὶ ἐγερεῖ; 12 πόσῳ οὖν διαφέρει ἄνθρωπος προβάτου· ὥστε ἔξεστιν τοῖς σάββασιν καλῶς ποιεῖν. 13 τότε λέγει τῷ ἀνθρώπῳ· ἔκτεινόν σου τὴν χεῖρα. καὶ ἐξέτεινεν καὶ ἀπεκατεστάθη ὑγιὴς ὡς ἡ ἄλλη. 14 ἐξελθόντες δὲ οἱ Φαρισαῖοι συμβούλιον ἔλαβον κατ᾽ αὐτοῦ ὅπως αὐτὸν ἀπολέσωσιν.

Mark.

3,1-6 *(nr. 47, p. 67)*

1 Καὶ εἰσῆλθεν πάλιν εἰς τὴν συναγωγήν. καὶ ἦν ἐκεῖ ἄνθρωπος ἐξηραμμένην ἔχων τὴν χεῖρα. 2 καὶ παρετήρουν αὐτὸν εἰ τοῖς σάββασιν θεραπεύσει αὐτόν, ἵνα κατηγορήσωσιν αὐτοῦ. 3 καὶ λέγει τῷ ἀνθρώπῳ τῷ τὴν ξηρὰν χεῖρα ἔχοντι· ἔγειρε εἰς τὸ μέσον. 4 καὶ λέγει αὐτοῖς· ἔξεστιν τοῖς σάββασιν ἀγαθὸν ποιῆσαι ἢ κακοποιῆσαι, ψυχὴν σῶσαι ἢ ἀποκτεῖναι; οἱ δὲ ἐσιώπων. 5 καὶ περιβλεψάμενος αὐτοὺς μετ᾽ ὀργῆς, συλλυπούμενος ἐπὶ τῇ πωρώσει τῆς καρδίας αὐτῶν λέγει τῷ ἀνθρώπῳ· ἔκτεινον τὴν χεῖρα. καὶ ἐξέτεινεν καὶ ἀπεκατεστάθη ἡ χεὶρ αὐτοῦ. 6 καὶ ἐξελθόντες οἱ Φαρισαῖοι εὐθὺς μετὰ τῶν Ἡρῳδιανῶν συμβούλιον ἐδίδουν κατ᾽ αὐτοῦ ὅπως αὐτὸν ἀπολέσωσιν.

Luk.

6,6-11 *(nr. 47, p. 67)*

6 Ἐγένετο δὲ ἐν ἑτέρῳ σαββάτῳ εἰσελθεῖν αὐτὸν εἰς τὴν συναγωγὴν καὶ διδάσκειν. καὶ ἦν ἄνθρωπος ἐκεῖ καὶ ἡ χεὶρ αὐτοῦ ἡ δεξιὰ ἦν ξηρά. 7 παρετηροῦντο δὲ αὐτὸν οἱ γραμματεῖς καὶ οἱ Φαρισαῖοι εἰ ἐν τῷ σαββάτῳ θεραπεύει, ἵνα εὕρωσιν κατηγορεῖν αὐτοῦ. 8 αὐτὸς δὲ ᾔδει τοὺς διαλογισμοὺς αὐτῶν, εἶπεν δὲ τῷ ἀνδρὶ τῷ ξηρὰν ἔχοντι τὴν χεῖρα· ἔγειρε καὶ στῆθι εἰς τὸ μέσον· καὶ ἀναστὰς ἔστη.

cf. 13,15; 14,5

9 εἶπεν δὲ ὁ Ἰησοῦς πρὸς αὐτούς· ἐπερωτῶ ὑμᾶς εἰ ἔξεστιν τῷ σαββάτῳ ἀγαθοποιῆσαι ἢ κακοποιῆσαι, ψυχὴν σῶσαι ἢ ἀπολέσαι; 10 καὶ περιβλεψάμενος πάντας αὐτοὺς εἶπεν αὐτῷ· ἔκτεινον τὴν χεῖρά σου. ὁ δὲ ἐποίησεν καὶ ἀπεκατεστάθη ἡ χεὶρ αὐτοῦ. 11 αὐτοὶ δὲ ἐπλήσθησαν ἀνοίας καὶ διελάλουν πρὸς ἀλλήλους τί ἂν ποιήσαιεν τῷ Ἰησοῦ.

14,5 *(nr. 214, p. 298)*

5 Καὶ πρὸς αὐτοὺς εἶπεν· τίνος ὑμῶν υἱὸς ἢ βοῦς εἰς φρέαρ πεσεῖται, καὶ οὐκ εὐθέως ἀνασπάσει αὐτὸν ἐν ἡμέρᾳ τοῦ σαββάτου;

Joh.

12sqq cf *1sqq. 6sq. 35sqq* || *35sqq* cf *6sq 12sqq*

209. Gleichnis vom Senfkorn

Parabola grani sinapis *(cf. nr. 128)* **The Parable of the Mustard Seed**

Matth. 13,31-32 *(nr. 128, p. 181)*

31 Ἄλλην παραβολὴν ⸀παρέθηκεν αὐτοῖς λέγων· ὁμοία ἐστὶν ἡ βασιλεία τῶν οὐρανῶν κόκκῳ σινάπεως, ὃν λαβὼν ἄνθρωπος

Mark. 4,30-32 *(nr. 129, p. 181)*

30 Καὶ ἔλεγεν· ⸀πῶς ὁμοιώσωμεν τὴν βασιλείαν τοῦ θεοῦ ἢ ἐν ⸀τίνι ⸂αὐτὴν παραβολῇ θῶμεν⸃; 31 ὡς κόκκῳ σινάπεως, ὃς ὅταν

Luk. 13,18-19

18 Ἔλεγεν οὖν· τίνι ὁμοία ἐστὶν ἡ βασιλεία τοῦ θεοῦ καὶ τίνι ὁμοιώσω αὐτήν; 19 ὁμοία ἐστὶν κόκκῳ σινάπεως, ὃν λαβὼν ἄνθρωπος

Joh.

Matth.: 31 ⸀ελαλησεν D L* Θ φ *pm* it sy^s.c^

Mark.: 30 ⸀τινι ℜ A D Θ **0133** λ *pm* lat; Or | ⸀ποια C² ℜ A D Θ **0133** *pm* | ⸂παραβολη (ομοιωματι λ) παραβαλωμεν αυτην C² ℜ (A) D Θ **0133** λ *pm* ¦ την παραβολην δωμεν W (e)

---

1 (Mt) cf Mt 13,24. 33 || *1sqq (Mc/Lc)* cf Is 40,18; Lc 7,31 || *2sqq* cf *13* || *4* cf Mt 17,20; Lc 17,6

[Matth. 13,31-32]	[Mark. 4,30-32]	**[Luk. 13,18-19]**	Joh.
ἔσπειρεν ἐν τῷ ἀγρῷ αὐτοῦ· 32 ὃ μικρό-	σπαρῇ ἐπὶ ⸂τῆς γῆς⸃, μικρότερον ὂν	⸀ἔβαλεν εἰς κῆπον ⸁ἑαυτοῦ,	
τερον μέν ἐστιν πάντων τῶν σπερμάτων,	πάντων τῶν σπερμάτων τῶν ἐπὶ τῆς γῆς,		
ὅταν δὲ αὐξηθῇ,	32 καὶ ὅταν σπαρῇ, ἀναβαίνει καὶ γίνεται	καὶ ηὔξησεν	
μεῖζον τῶν λαχάνων ἐστὶν καὶ γίνεται	μεῖζον πάντων τῶν λαχάνων καὶ ποιεῖ	καὶ ἐγένετο	
δένδρον, ὥστε	κλάδους μεγάλους, ὥστε δύνασθαι ὑπὸ	εἰς δένδρον⸆, καὶ	
ἐλθεῖν τὰ πετεινὰ ⸋τοῦ	τὴν σκιὰν αὐτοῦ τὰ πετεινὰ τοῦ	τὰ πετεινὰ τοῦ	
οὐρανοῦ⸌ καὶ κατασκηνοῦν ἐν τοῖς	οὐρανοῦ κατασκηνοῦν.	οὐρανοῦ κατεσκήνωσεν ἐν τοῖς	
κλάδοις αὐτοῦ.		κλάδοις αὐτοῦ.	

Evang. Thomae copt.: *cf. Append. I, 20*

Matth.: 32 ⸋ sy^s

Mark.: 31 ⸂την γην D L W *al* it

Luk.: 19 ⸀εσπειρεν Mcion | ⸁αυ- 𝔓^45 ℵ D Θ *al* | ⸆μεγα 𝔓^45 𝔎 A W Θ λ φ *pl* lat sy^p ¦ *txt* 𝔓^75 𝔥 D **070** *pc* it

5 (Lc) κῆπος: hic et Jo 18,1.26; 19,41 || 10 sqq Ps 104,12; cf Dn 4,9.18; Ez 17,23; 31,6 || 13 *cf 2 sqq*

210. Gleichnis vom Sauerteig

Parabola fermenti

(cf. nr. 129)

The Parable of the Leaven

Matth. 13,33 *(nr. 129, p. 182)*	Mark.	**Luk. 13,20-21**	Joh.
33 ῎Αλλην παραβολὴν ⸂ἐλάλησεν αὐτοῖς⸃· ὁμοία ἐστὶν ἡ		20 ⸂Καὶ πάλιν εἶπεν· τίνι ὁμοιώσω τὴν	
βασιλεία τῶν οὐρανῶν ζύμῃ, ἣν λαβοῦσα γυνὴ⸆		βασιλείαν τοῦ θεοῦ⸃; 21 ὁμοία ἐστὶν ζύμῃ, ἣν λαβοῦσα γυνὴ	
ἐνέκρυψεν εἰς ἀλεύρου σάτα τρία ἕως οὗ ἐζυμώθη ὅλον.		⸀[ἐν]έκρυψεν εἰς ἀλεύρου σάτα τρία ἕως °οὗ ἐζυμώθη ⸁ὅλον.	

Evang. Thomae copt.: *cf. Append. I, 96*

Matth.: 33 ⸂ελ. αυτ. λεγων ℵ Θ φ *al* h q (l) ¦ (13,31) παρεθηκεν αυτ. λεγ. C *pc* sa ¦ — D (k) sy^s.c ¦ *txt* B 𝔎 W **0242**^vid λ *pm* lat sy^p bo | ⸆φρονιμος sy^c

Luk.: 20 ⸂(13,18) η τινι ομοια εστιν η βασιλεια του θεου και τινι ομοιωσω αυτην D || 21 ⸀† εκρ- B N *pm* ¦ *txt* 𝔓^75 ℵ 𝔎 A D W Θ **070** φ *al* | °W | ⸁ολη W

1 (Mt) cf Mt 13,24.31 || 1 sqq *cf 4* || 2 sq cf Ex 12,15.19 sq; Mt 16,6 par *(= nr 155)*; Lc 12,1; 1 Cor 5,6 sqq; Gl 5,9 || 3 cf Gn 18,6 | σάτον: hic sol || 4 *cf 1 sqq*

211. Von Annahme und Verwerfung, den Ersten und den Letzten im Reiche Gottes

Angusta porta; exclusi

Exclusion from the Kingdom

Matth. 7,13-14; 25,10-12; 7,22-23; 25,41; 8,11-12; 19,30; 20,16; 22,13-14	Mark. 10,31	**Luk. 13,22-30**	Joh.
		22 Καὶ διεπορεύετο κατὰ πόλεις καὶ κώ-	
		μας διδάσκων καὶ πορείαν ποιούμενος εἰς	
		⸀Ἱεροσόλυμα. 23 ⸂Εἶπεν δέ τις αὐτῷ⸃· κύριε,	
		εἰ ὀλίγοι οἱ σῳζόμενοι; ὁ δὲ ⸁εἶπεν πρὸς	

Luk.: 22 ⸀Ιερουσαλημ 𝔎 A D W (Θ) **070** λ φ *pl* lat ¦ *txt* 𝔓^75 B ℵ L *pc* a a^2 || 23 ⸂ηλθεν τις και ηρωτησεν αυτον και ειπεν (?) sy^s.c | ⸁ε. προς αυτον sy^s.c ¦ αποκριθεις ειπ. D

1 sq cf Lc 8,1; 9,6 || 2 sq cf Lc 17,11; 19,28; Mt 19,1.15; 20,17 par || 4 cf Mt 9,37; Lc 10,2; *cf 46 sqq*

Matth.	Mark.	[Luk. 13,22-30]	Joh.

Matth.

7,13-14 *(nr. 72, p. 96)*

13 Εἰσέλθατε διὰ τῆς στενῆς πύλης· ⸀ὅτι πλατεῖα □ἡ πύλη⸌ καὶ εὐρύχωρος ἡ ὁδὸς ἡ ἀπάγουσα εἰς τὴν ἀπώλειαν καὶ πολλοί °εἰσιν οἱ ⸁εἰσερχόμενοι δι' αὐτῆς· 14 ⸀τί ⸆ στενὴ □ἡ πύλη⸌ καὶ τεθλιμμένη ἡ ὁδὸς ἡ ἀπάγουσα εἰς τὴν ζωὴν καὶ ὀλίγοι εἰσὶν οἱ εὑρίσκοντες αὐτήν.

25,10-12 *(nr. 298, p. 412)*

10 Ἀπερχομένων δὲ αὐτῶν ἀγοράσαι ἦλθεν ὁ νυμφίος, καὶ αἱ ἕτοιμοι εἰσῆλθον μετ' αὐτοῦ εἰς τοὺς γάμους καὶ ἐκλείσθη ἡ θύρα. 11 ὕστερον δὲ ἔρχονται καὶ αἱ λοιπαὶ παρθένοι λέγουσαι· κύριε κύριε, ἄνοιξον ἡμῖν. 12 ὁ δὲ ἀποκριθεὶς εἶπεν· ἀμὴν λέγω ὑμῖν, οὐκ οἶδα ὑμᾶς.

7,22-23 *(nr. 74, p. 98)*

22 Πολλοὶ ἐροῦσίν μοι ἐν ἐκείνῃ τῇ ἡμέρᾳ· κύριε κύριε, ⸆οὐ τῷ σῷ ὀνόματι ἐπροφητεύσαμεν, καὶ τῷ σῷ ὀνόματι δαιμόνια ⸇ ἐξεβάλομεν, καὶ τῷ σῷ ὀνόματι δυνάμεις πολλὰς ἐποιήσαμεν;

23 καὶ τότε ὁμολογήσω αὐτοῖς⁚ ὅτι οὐδέποτε ἔγνων ὑμᾶς⁚¹· ⸀ἀποχωρεῖτε ἀπ' ἐμοῦ⸆οἱ ἐργαζόμενοι τὴν ἀνομίαν.

25,41 *(nr. 300, p. 416)*

41 Τότε ἐρεῖ καὶ τοῖς ἐξ εὐωνύμων· πορεύεσθε ἀπ' ἐμοῦ [οἱ] κατηραμένοι εἰς τὸ πῦρ τὸ αἰώνιον τὸ ἡτοιμασμένον τῷ διαβόλῳ καὶ τοῖς ἀγγέλοις αὐτοῦ.

[Luk. 13,22-30]

αὐτούς⸃· 24 ἀγωνίζεσθε εἰσελθεῖν διὰ τῆς στενῆς ⸀θύρας,

ὅτι πολλοί□, λέγω ὑμῖν,⸌ ζητήσουσιν εἰσελθεῖν

καὶ οὐκ ἰσχύσουσιν⁚.

25 ἀφ' οὗ ἂν ⸂ἐγερθῇ ὁ οἰκοδεσπότης⸃ καὶ ἀποκλείσῃ τὴν θύραν καὶ ἄρξησθε □ἔξω ἑστάναι καὶ⸌ κρούειν □¹τὴν θύραν⸌ λέγοντες· κύριε ⸆, ἄνοιξον ἡμῖν⁚, καὶ ἀποκριθεὶς ἐρεῖ ὑμῖν· οὐκ οἶδα °ὑμᾶς πόθεν ἐστέ⁚¹. 26 τότε ⸀ἄρξεσθε λέγειν· ⸆ἐφάγομεν ἐνώπιόν σου καὶ ἐπίομεν καὶ ἐν ταῖς πλατείαις ἡμῶν ⸁ἐδίδαξας· 27 καὶ ἐρεῖ ⸂λέγων ὑμῖν·⸃ ⸄οὐκ οἶδα °[ὑμᾶς] πόθεν ἐστέ⸅· ἀπόστητε ἀπ' ἐμοῦ πάντες ἐργάται ⸀ἀδικίας. 28 ἐκεῖ ἔσται ὁ κλαυθμὸς καὶ ὁ βρυγμὸς τῶν ὀδόντων, ὅταν ⸀ὄψησθε Ἀβραὰμ καὶ Ἰσαὰκ καὶ Ἰακὼβ καὶ πάντας τοὺς προφήτας ἐν τῇ βασιλείᾳ ⸂τοῦ θεοῦ⸃, □ὑμᾶς δὲ ⸁ἐκβαλλομένους ἔξω.⸌

Matth.: 13 ⸀και τί 118* ¦ τί it | □ℵ* it; Cl Or ¦ *txt* ℌ𝔎WΘλϕ*pl* lat syc.p sa bo | °ℵ* | ⸁πορευομενοι ℵcorr *pc* || **14** ⸀† οτι B*ℵ* *al* bo ¦ και 209 ¦ *txt* C𝔎WΘλϕ*pm* latt syc.p | ⸆δε B sapt | □544 *pc* a h k m; Cl || **22** ⸆(Lc 13,26) ου τω ονοματι σου εφαγομεν και (+ τω ονοματι σου Or) επιομεν syc; Ju Or | ⸇πολλα ℵ* || **23** [⁚ *et* ⁚¹, W] | ⸀ανα- Θ *pc*; Ad | ⸆*p)* παντες LUΘ*al*

Luk.: 24 ⸀*p)* πυλης 𝔎AWϕ*pm* ¦ *txt* (εισελθ. *p.* θυρας 𝔓45) 𝔓75 BℵDΘ1 *al* | □W || **24.25** [⁚, *et* ⁚ H] || **25** ⸂ο οικ. εισελθη D(⸉ϕ lat) | □ℵ* | □¹ D *pc* it | ⸆*p)* κυριε 𝔎ADWΘ **070** λϕ*pl* it syc.p bopt ¦ *txt* 𝔓75 Bℵ *pc* lat sys sa bopt | °Mcion | [⁚¹, W] || **26** ⸀αρξησθε ℵADWΘ **070** ϕ*pm* ¦ *txt* 𝔓75 B𝔎λ*al* | ⸆κυριε D | ⸁επορευθης syc || **27** ⸂· λεγω υ. 𝔓75* 𝔎ADWΘ **070** λϕ*pl* ¦ υμιν· αμην λ. υ. sys.c ¦ υμ. ℵ lat syp sa bopt ¦ — bopt ¦ *txt* 𝔓75c B *pc* | ⸄ουδεποτε ειδον υμας D e | °† 𝔓75 BR **070** *al* it ¦ *txt* ℵ𝔎A(D)WΘλϕ*pm* sy sa bo; Or | ⸀της α. 𝔎AWΘ **070** λϕ*pm* ¦ ανομιας D; Mcion || **28** ⸀οψεσθε B*Dϕ*al*; Epiph ¦ ιδητε ℵΘ; Mcion ¦ *txt* 𝔓75 𝔎ARW **070** λ*pm* | ⸂αυτου A | □69 *pc* sys | ⸁κρατουμενους Mcion

---

5sqq cf Mc 10,25 par *(= nr 255)*; Jo 10,1-10; Dt 30,19; Jr 21,8; Ps 1,6; Prv 14,12; Sir 21,10; 4 Esr 7,6sqq; 8,3 || 9sqq cf Mt 18,8 par *(= nr 168)*; Mc 10,25 par; Act 14,22 || *13sqq cf 18sqq* || *18sqq cf 13sqq* || 20sq (Mt) cf Is 2,11.17; Zch 14,6.8 || *21sqq cf 57sq. 61sqq* || 22sq (Mt) cf Jr 14,14; 27,15 (LXX 34,15); Mc 9,38; Lc 10,20; 1 Cor 13,1 sq; *cf 24sqq (Lc)* || *24sqq (Lc) cf ad 22sq (Mt). 55sq* || 26sqq cf 2 Tm 2,19; *cf 30sqq (Mt). 56. 58sq* || 27sq Ps 6,9; cf Mt 13,41sq || 29sq cf Mt 13,42.50; 22,13; 24,51; 25,30; Hos 9,17; *cf 39sqq 46sqq* || *30sqq (Mt) cf 26sqq*

Matth.	Mark.	**[Luk. 13,22-30]**	Joh.
8,11-12 *(nr. 85, p. 113)* [11] Λέγω δὲ ὑμῖν ὅτι πολλοὶ ἀπὸ ἀνατολῶν καὶ δυσμῶν ἥξουσιν καὶ ἀνακλιθήσονται ⸀μετὰ Ἀβραὰμ καὶ Ἰσαὰκ καὶ Ἰακὼβ ἐν τῇ βασιλείᾳ τῶν οὐρανῶν, [12] οἱ δὲ υἱοὶ τῆς βασιλείας ⸀ἐκβληθήσονται εἰς τὸ σκότος τὸ ἐξώτερον· ἐκεῖ ἔσται ὁ κλαυθμὸς καὶ ὁ βρυγμὸς τῶν ὀδόντων.		[29] καὶ ἥξουσιν ἀπὸ ἀνατολῶν καὶ δυσμῶν ⸂καὶ ἀπὸ⸃ βορρᾶ καὶ νότου καὶ ἀνακλιθήσονται ἐν τῇ βασιλείᾳ τοῦ θεοῦ. cf. v. 28	
19,30 *(nr. 255, p. 341)* [30] Πολλοὶ δὲ ἔσονται ⸉πρῶτοι ἔσχατοι καὶ ἔσχατοι πρῶτοι⸊.	10,31 *(nr. 255, p. 341)* [31] Πολλοὶ δὲ ἔσονται πρῶτοι ἔσχατοι καὶ °[οἱ] ἔσχατοι πρῶτοι.	[30] καὶ ἰδοὺ εἰσὶν ⸆ἔσχατοι οἳ ἔσονται πρῶτοι καὶ εἰσὶν πρῶτοι οἳ ἔσονται ἔσχατοι.	
20,16 *(nr. 256, p. 343)* [16] Οὕτως ἔσονται οἱ ἔσχατοι πρῶτοι καὶ οἱ πρῶτοι ἔσχατοι.			
22,13-14 *(nr. 279, p. 380)* [13] Τότε ὁ βασιλεὺς εἶπεν τοῖς διακόνοις· δήσαντες αὐτοῦ πόδας καὶ χεῖρας ἐκβάλετε αὐτὸν εἰς τὸ σκότος τὸ ἐξώτερον· ἐκεῖ ἔσται ὁ κλαυθμὸς καὶ ὁ βρυγμὸς τῶν ὀδόντων. [14] πολλοὶ γάρ εἰσιν κλητοί, ὀλίγοι δὲ ἐκλεκτοί.			

Pap. Oxyrhynch. 654, nr. 3 (sec. Fitzmyer): [Λέγει Ἰη(σοῦ)ς·] οὐκ ἀποκνήσει ἄνθ[ρωπος πλήρης ἡμε]ρῶν ἐπερωτῆσε πα[ιδίον ἑπτὰ ἡμε]ρῶν περὶ τοῦ τόπου τῆ[ς ζωῆς καὶ ζήσει· εἰ]σετε ὅτι πολλοὶ ἔσονται π[ρῶτοι ἔσχατοι καὶ] οἱ ἔσχατοι πρῶτοι καὶ [ζωὴν αἰώνιον ἕξου]σιν. *(cf.* Evang. Thomae copt. *Append. I, 4)*

Barn. ep. 6, 13: Λέγει δὲ κύριος· Ἰδού, ποιῶ τὰ ἔσχατα ὡς τὰ πρῶτα.

2. Clem. ad Cor. 4, 5: Διὰ τοῦτο, ταῦτα ὑμῶν πρασσόντων, εἶπεν ὁ κύριος· »Ἐὰν ἦτε μετ᾽ ἐμοῦ συνηγμένοι ἐν τῷ κόλπῳ μου καὶ μὴ ποιῆτε τὰς ἐντολάς μου, ἀποβαλῶ ὑμᾶς καὶ ἐρῶ ὑμῖν· Ὑπάγετε ἀπ᾽ ἐμοῦ, οὐκ οἶδα ὑμᾶς, πόθεν ἐστέ, ἐργάται ἀνομίας«.

Justinus Mart., Apol. I, 16, 11-12: [11] »Πολλοὶ δὲ ἐροῦσί μοι· Κύριε κύριε, οὐ τῷ σῷ ὀνόματι ἐφάγομεν καὶ ἐπίομεν καὶ δυνάμεις ἐποιήσαμεν; καὶ τότε ἐρῶ αὐτοῖς· Ἀποχωρεῖτε ἀπ᾽ ἐμοῦ, ἐργάται τῆς ἀνομίας«. [12] »Τότε κλαυθμὸς ἔσται καὶ βρυγμὸς τῶν ὀδόντων, ὅταν οἱ μὲν δίκαιοι λάμψωσιν ὡς ὁ ἥλιος, οἱ δὲ ἄδικοι πέμψωνται εἰς τὸ αἰώνιον πῦρ«.

–, Dial. 76, 4-5: »Ἥξουσιν ἀπὸ ἀνατολῶν καὶ δυσμῶν, καὶ ἀνακλιθήσονται μετὰ Ἀβραὰμ καὶ Ἰσαὰκ καὶ Ἰακὼβ ἐν τῇ βασιλείᾳ τῶν οὐρανῶν· οἱ δὲ υἱοὶ τῆς βασιλείας ἐκβληθήσονται εἰς τὸ σκότος τὸ ἐξώτερον«. [5] »Πολλοὶ ἐροῦσί μοι τῇ ἡμέρᾳ ἐκείνῃ· Κύριε, κύριε, οὐ τῷ σῷ ὀνόματι ἐφάγομεν καὶ ἐπίομεν καὶ προεφητεύσαμεν καὶ δαιμόνια ἐξεβάλομεν; καὶ ἐρῶ αὐτοῖς· Ἀναχωρεῖτε ἀπ᾽ ἐμοῦ.« καὶ ἐν ἄλλοις λόγοις, οἷς καταδικάζειν τοὺς ἀναξίους μὴ σώζεσθαι μέλλει, ἔφη ἐρεῖν· »Ὑπάγετε εἰς τὸ σκότος τὸ ἐξώτερον, ὃ ἡτοίμασεν ὁ πατὴρ τῷ σατανᾷ καὶ τοῖς ἀγγέλοις αὐτοῦ«.

Matth. 8: 11 ⸀(Lc 16,23) εν τοις κολποις του Cl^hom Or^pt Eus Epiph ‖ **12** ⸀εξελευσονται ℵ* **0250** k sy; Or Eus ¦ ibunt it; Ir^lat ¦ *txt* B C 𝔎 W Θ λ ϕ *pl* vg sa bo

Matth. 19: 30 ⸉ *2 1 3 5 4* ℵ L 157. 892

Mark.: 31 ° *p)* ℵ A D W Θ λ *pm* ¦ *txt* B C N Γ ϕ *pm*

Luk.: 29 ⸂ *1* ℵ 𝔎 A D W Θ λ *pm* lat ¦ *2* 𝔓^75 **070** ¦ *txt* B ϕ *al* it ‖ **30** ⸆ οι 𝔓^75 579 *pc*

34sqq cf 60sq ‖ *35sq* cf Ps 107,3; Is 59,19; Ml 1,11; Is 49,12; Jr 3,18 ‖ *39sqq cf 29sq* ‖ *42sq* cf Mt 20,27; Mc 9,35; 10,44; *cf 44sq. 51sq. 54* ‖ *44sq cf 42sq* ‖ *46sqq cf 4. 29sq* ‖ *51sq cf 42sq* ‖ *54 cf 42sq* ‖ *55sq cf 24sqq (Lc)* ‖ *56 cf 26sqq* ‖ *57sq cf 21sqq* ‖ *58sq cf 26sqq* ‖ *60sq cf 34sqq* ‖ *61sqq cf 21sqq*

212. Warnung vor Herodes

Herodes vulpes — **A Warning against Herod**

Matth.	Mark.	**Luk. 13,31-33**	Joh.
		31 Ἐν ⸀αὐτῇ τῇ ⸀ὥρᾳ προσῆλθάν τινες Φαρισαῖοι λέγοντες αὐτῷ· ἔξελθε καὶ πορεύου ἐντεῦθεν, ὅτι Ἡρῴδης ⸂θέλει σε⸃ ἀποκτεῖναι. 32 καὶ εἶπεν αὐτοῖς· πορευθέντες εἴπατε τῇ ἀλώπεκι ταύτῃ· ἰδοὺ ἐκβάλλω δαιμόνια καὶ ἰάσεις ⸀ἀποτελῶ σήμερον καὶ αὔριον καὶ τῇ τρίτῃ ⸆ τελειοῦμαι. 33 πλὴν δεῖ με σήμερον καὶ αὔριον καὶ τῇ ⸀ἐχομένῃ πορεύεσθαι, ὅτι οὐκ ἐνδέχεται προφήτην ἀπολέσθαι ἔξω Ἰερουσαλήμ.	

31 ⸀ταυτη D W Θ 070 *al* | ⸀ημερα Bcorr 𝔎 W Θ 070 *pm* lat | ⸂2 1 𝔓45.75 W ¦ μελλει 2 E *pc* ¦ ζητει 2 D N *pc* || 32 ⸀-λουμαι D ¦ επιτελω 𝔎 A W Θ λ φ *pl* ¦ ποιουμαι και 𝔓45 ¦ *txt* 𝔓75 B ℵ L 33.124 | ⸆ημερα B it vgcl sy bopt || 33 ⸀ερχ- 𝔓75 ℵ D 69 *pm* bo

1sq cf Lc 9,9; 23,8 || 3cf Hos 6,2 || 4cf Mt 16,21; 20,18 = Mc 10,33 = Lc 18,31

213. Wehklage über Jerusalem

(cf. nr. 285)

Vae Jerusalem — **The Lament over Jerusalem**

Matth. 23, 37-39 *(nr. 285, p. 394)*	Mark.	**Luk. 13, 34-35**	Joh.
37 Ἰερουσαλὴμ Ἰερουσαλήμ, ἡ ἀποκτείνουσα τοὺς προφήτας καὶ λιθοβολοῦσα τοὺς ἀπεσταλμένους πρὸς ⸀αὐτήν, ποσάκις ἠθέλησα ἐπισυναγαγεῖν τὰ τέκνα σου, ὃν τρόπον ⸉ὄρνις ἐπισυνάγει⸊ τὰ νοσσία °αὐτῆς ὑπὸ τὰς πτέρυγας, καὶ οὐκ ἠθελήσατε. 38 ἰδοὺ ἀφίεται ὑμῖν ὁ οἶκος ὑμῶν °ἔρημος. 39 λέγω γὰρ ὑμῖν, ⸆ οὐ μή με ἴδητε ἀπ' ἄρτι ἕως ἂν εἴπητε· εὐλογημένος ὁ ἐρχόμενος ἐν ὀνόματι ⸀κυρίου.		34 Ἰερουσαλὴμ Ἰερουσαλήμ, ἡ ἀποκτείνουσα τοὺς προφήτας καὶ λιθοβολοῦσα τοὺς ἀπεσταλμένους πρὸς αὐτήν, ποσάκις ἠθέλησα ἐπισυνάξαι τὰ τέκνα σου ὃν τρόπον ⸀ὄρνις ⸋τὴν ἑαυτῆς νοσσιὰν ὑπὸ τὰς πτέρυγας⸌, καὶ οὐκ ἠθελήσατε. 35 ἰδοὺ ἀφίεται ὑμῖν ὁ οἶκος ὑμῶν ⸆. λέγω °[δὲ] ὑμῖν, ⸆ οὐ μὴ ἴδητέ με ἕως ⸂[ἥξει ὅτε]⸃ εἴπητε· εὐλογημένος ὁ ἐρχόμενος ἐν ὀνόματι κυρίου.	

Matth.: 37 ⸀σε D lat sys; Irlat Or Cyp | ⸉ C 𝔎 W Δ Π 0138. 157. 1241 *pm* syp; Cyrpt | ° B* 700 ¦ *txt* 𝔓77vid ℵ* D W 0138 *al* latt; Ath Cyrpt (εαυ- ℵcorr B1 C 𝔎 L Θ λ φ *pm*) || 38 °† B L ff2 sys sa bopt ¦ *txt* 𝔓77vid ℌ 𝔎 D W Θ 0138 λ φ *pl* lat syp bopt; Cl Cyp Eus Bas Cyrpt || 39 ⸆οτι D Θ λ φ *pc* lat | ⸀θεου D

Luk.: 34 ⸀ορνιξ ℵ D W | ⸋ 𝔓75 || 35 ⸆(Jr 22,5) ερημος 𝔎 D Θ 13 *al* lat syc.p bopt; Ir Or Eus ¦ *txt* 𝔓45vid.75 ℌ A W λ 565 *pm* it vgcodd sys sa bopt | ° 𝔓45 ℵ* L *pc* it syc sa bopt ¦ *txt* 𝔓75 B 𝔎 A D W Θ λ φ *pm* lat sys bopt | ⸆οτι 𝔎 A W φ *pm* lat | ⸂*p)* αν 𝔓45 ℵ Θ φ *pc* ¦ — 𝔓75 B L R syp sa bo ¦ αν ηξει (*vl* -η) οτε 𝔎 A W λ *pm* ¦ *txt* D *al* lat sys.c

1(Mt) Ἰερουσαλήμ hapaxl. Mt || 1sq cf Act 7,52; 1Th 2,15 etc || 3sq cf Dt 32,11; Is 31,5; Ps 36,8 || 5cf Jr 22,5; Jr 12,7; Ps 69,26; 1Rg 9,7sq; Tob 14,4; Act 1,20 || 6sqq cf Mt 21,1-9 par *(= nr 269)* || 7sq Ps 118,26; cf Mt 21,9; Mc 11,10; Lc 19,38; Jo 12,13

214. Heilung des Wassersüchtigen

Hydropicus — **The Healing of the Man with Dropsy**

Matth. 12, 9-14	Mark. 3, 1-6	**Luk. 14, 1-6** 6, 6-11; 13, 15-16	Joh.
		1 Καὶ ἐγένετο ἐν τῷ ⸀ἐλθεῖν αὐτὸν εἰς οἶκόν τινος τῶν ἀρχόντων °[τῶν] Φαρισαίων ⸆σαββάτῳ φαγεῖν ἄρτον καὶ αὐτοὶ ἦσαν	

1 ⸀εισ- D Θ φ *al* lat | ° 𝔓45.75 B ℵ *pc* ¦ *txt* 𝔎 A D W Θ λ φ *pm* | ⸆εν 𝔓45 Θ

1sqq cf Lc 13,10sqq; *cf 16sqq. 39sqq* || 2sq cf Lc 7,36; 11,37 || 3sq cf Lc 20,20; *cf 19 sq*

Matth.

12,9-14 *(nr. 112, p. 157)*

9 Καὶ μεταβὰς ἐκεῖθεν ἦλθεν εἰς τὴν συναγωγὴν αὐτῶν· 10 καὶ ἰδοὺ ἄνθρωπος χεῖρα ἔχων ξηράν. καὶ ἐπηρώτησαν αὐτὸν λέγοντες· εἰ ἔξεστιν τοῖς σάββασιν θεραπεῦσαι; ἵνα κατηγορήσωσιν αὐτοῦ.

11 ὁ δὲ εἶπεν αὐτοῖς· τίς ἔσται ἐξ ὑμῶν ἄνθρωπος ὃς ἕξει πρόβατον ἓν καὶ ἐὰν ἐμπέσῃ τοῦτο τοῖς σάββασιν εἰς βόθυνον, οὐχὶ κρατήσει αὐτὸ καὶ ἐγερεῖ; 12 πόσῳ οὖν διαφέρει ἄνθρωπος προβάτου. ὥστε ἔξεστιν τοῖς σάββασιν καλῶς ποιεῖν.

13 τότε λέγει τῷ ἀνθρώπῳ· ἔκτεινόν σου τὴν χεῖρα. καὶ ἐξέτεινεν καὶ ἀπεκατεστάθη ὑγιὴς ὡς ἡ ἄλλη. 14 ἐξελθόντες δὲ οἱ Φαρισαῖοι συμβούλιον ἔλαβον κατ᾽ αὐτοῦ ὅπως αὐτὸν ἀπολέσωσιν.

Mark.

3,1-6 *(nr. 47, p. 67)*

1 Καὶ εἰσῆλθεν πάλιν εἰς τὴν συναγωγήν. καὶ ἦν ἐκεῖ ἄνθρωπος ἐξηραμμένην ἔχων τὴν χεῖρα. 2 καὶ παρετήρουν αὐτὸν εἰ τοῖς σάββασιν θεραπεύσει αὐτόν, ἵνα κατηγορήσωσιν αὐτοῦ. 3 καὶ λέγει τῷ ἀνθρώπῳ τῷ τὴν ξηρὰν χεῖρα ἔχοντι· ἔγειρε εἰς τὸ μέσον.

4 καὶ λέγει αὐτοῖς· ἔξεστιν τοῖς σάββασιν ἀγαθὸν ποιῆσαι ἢ κακοποιῆσαι, ψυχὴν σῶσαι ἢ ἀποκτεῖναι; οἱ δὲ ἐσιώπων. 5 καὶ περιβλεψάμενος αὐτοὺς μετ᾽ ὀργῆς, συλλυπούμενος ἐπὶ τῇ πωρώσει τῆς καρδίας αὐτῶν λέγει τῷ ἀνθρώπῳ· ἔκτεινον τὴν χεῖρα. καὶ ἐξέτεινεν καὶ ἀπεκατεστάθη ἡ χεὶρ αὐτοῦ. 6 καὶ ἐξελθόντες οἱ Φαρισαῖοι εὐθὺς μετὰ τῶν Ἡρῳδιανῶν συμβούλιον ἐδίδουν κατ᾽ αὐτοῦ ὅπως αὐτὸν ἀπολέσωσιν.

[Luk. 14,1-6]

παρατηρούμενοι αὐτόν. 2 καὶ ἰδοὺ ἄνθρωπός °τις ἦν ὑδρωπικὸς ἔμπροσθεν αὐτοῦ. 3 καὶ ἀποκριθεὶς ὁ Ἰησοῦς εἶπεν πρὸς τοὺς νομικοὺς καὶ Φαρισαίους λέγων· ⸆ἔξεστιν τῷ σαββάτῳ θεραπεῦσαι ⸋ἢ οὔ⸌; 4 οἱ δὲ ἡσύχασαν. καὶ ἐπιλαβόμενος ἰάσατο αὐτὸν καὶ ἀπέλυσεν. 5 καὶ ⸆ πρὸς αὐτοὺς εἶπεν· τίνος ὑμῶν ⸀υἱὸς ἢ βοῦς εἰς φρέαρ πεσεῖται, καὶ οὐκ εὐθέως ἀνασπάσει αὐτὸν ⸀ἐν ἡμέρᾳ τοῦ σαββάτου; 6 ⸂καὶ οὐκ ἴσχυσαν ἀνταποκριθῆναι⸃ πρὸς ταῦτα.

6,6-11 *(nr. 47, p. 67)*

6 Ἐγένετο δὲ ἐν ἑτέρῳ σαββάτῳ εἰσελθεῖν αὐτὸν εἰς τὴν συναγωγὴν καὶ διδάσκειν. καὶ ἦν ἄνθρωπος ἐκεῖ καὶ ἡ χεὶρ αὐτοῦ ἡ δεξιὰ ἦν ξηρά. 7 παρετηροῦντο δὲ αὐτὸν οἱ γραμματεῖς καὶ οἱ Φαρισαῖοι εἰ ἐν τῷ σαββάτῳ θεραπεύει, ἵνα εὕρωσιν κατηγορεῖν αὐτοῦ. 8 αὐτὸς δὲ ᾔδει τοὺς διαλογισμοὺς αὐτῶν, εἶπεν δὲ τῷ ἀνδρὶ τῷ ξηρὰν ἔχοντι τὴν χεῖρα· ἔγειρε καὶ στῆθι εἰς τὸ μέσον· καὶ ἀναστὰς ἔστη.

cf. 14,5; 13,15

9 εἶπεν δὲ ὁ Ἰησοῦς πρὸς αὐτούς· ἐπερωτῶ ὑμᾶς εἰ ἔξεστιν τῷ σαββάτῳ ἀγαθοποιῆσαι ἢ κακοποιῆσαι, ψυχὴν σῶσαι ἢ ἀπολέσαι; 10 καὶ περιβλεψάμενος πάντας αὐτοὺς εἶπεν αὐτῷ· ἔκτεινον τὴν χεῖρά σου. ὁ δὲ ἐποίησεν καὶ ἀπεκατεστάθη ἡ χεὶρ αὐτοῦ. 11 αὐτοὶ δὲ ἐπλήσθησαν ἀνοίας καὶ διελάλουν πρὸς ἀλλήλους τί ἂν ποιήσαιεν τῷ Ἰησοῦ.

13,15-16 *(nr. 208, p. 293)*

15 Ἀπεκρίθη δὲ αὐτῷ ὁ κύριος καὶ εἶπεν· ὑποκριταί, ἕκαστος ὑμῶν τῷ σαββάτῳ οὐ λύει τὸν

Joh.

Luk.: 2 ° D λ *pc* it || 3 ⸆ει 𝔓45 𝔎 A W Δ λ ϕ *pm* lat ¦ *txt* 𝔓75 B ℵ D Θ *pc* f | ⸋ 𝔓45 𝔎 A W 700.1424 *pm* lat || 5 ⸆αποκριθεις ℵ* 𝔎 A W Δ Θ *pm* aur f vg | ⸀ονος ℵ L λ ϕ 33 *pm* lat (⸉ sy^{s}) bo ¦ ον. υι. Θ ¦ προβατον D ¦ *txt* 𝔓(45).75 B 𝔎 (A) W Δ *al* e f q $sy^{c.p}$ sa | ⸀τη (D) A Θ ϕ *al* lat ¦ εν τη 𝔎 W λ *pm* ¦ *txt* 𝔓45.75 B ℵ* *pc* || 6 ⸂οι δε ουκ απεκριθησαν D 47 (e) ¦ *1-3* απο- ℵ λ *al* ¦ *1-4* αυτω 𝔎 A W Δ Θ ϕ *pm* lat ¦ *txt* 𝔓45.75 B L *pc*

---

9 cf 31 sq (Mc) || 11 sqq cf 25 sqq. 40 sqq || 16 sqq cf 1 sqq || 19 sq cf 3 sq || 25 sqq cf 11 sqq. 40 sqq || 31 sq (Mc) cf 9 || 39 sqq cf 1 sqq || 40 sqq cf 11 sqq. 25 sqq

Matth. | Mark. | [Luk. 13, 15-16] | Joh.

βοῦν αὐτοῦ ἢ τὸν ὄνον ἀπὸ τῆς φάτνης καὶ
ἀπαγαγὼν ποτίζει; 16 ταύτην δὲ θυγατέρα
Ἀβραὰμ οὖσαν, ἣν ἔδησεν ὁ σατανᾶς ἰδοὺ δέκα
καὶ ὀκτὼ ἔτη, οὐκ ἔδει λυθῆναι ἀπὸ τοῦ δε-
σμοῦ τούτου τῇ ἡμέρᾳ τοῦ σαββάτου;

215. Von der Rangordnung beim Mahl und den rechten Gästen

Cum invitatus fueris

Teaching on Humility

Matth. 23, 12; 18, 4; 5, 46-47 | Mark.

Luk. 14, 7-14
18, 14; 6, 32-35

7 Ἔλεγεν δὲ πρὸς τοὺς κεκλημένους παραβολήν, ἐπέχων πῶς τὰς πρωτο-
κλισίας ἐξελέγοντο, λέγων πρὸς αὐτούς· 8 ὅταν κληθῇς ⸋ὑπό τινος⸌ ⸋¹εἰς
γάμους⸌, μὴ κατακλιθῇς εἰς τὴν πρωτοκλισίαν, μήποτε ἐντιμότερός °σου
⸂ᾖ κεκλημένος ὑπ' αὐτοῦ⸃, 9 καὶ ἐλθὼν ὁ σὲ καὶ αὐτὸν καλέσας ἐρεῖ σοι·
δὸς τούτῳ τόπον, καὶ τότε ⸀ἄρξῃ μετὰ αἰσχύνης τὸν ἔσχατον τόπον
κατέχειν. 10 ἀλλ' ὅταν κληθῇς, πορευθεὶς ἀνάπεσε εἰς τὸν ἔσχατον τόπον,
ἵνα ὅταν ἔλθῃ ὁ κεκληκώς σε ⸀ἐρεῖ σοι· φίλε, προσανάβηθι ἀνώτερον·
τότε ἔσται σοι δόξα ἐνώπιον °πάντων τῶν συνανακειμένων σοι. 11 ὅτι
πᾶς ὁ ὑψῶν ἑαυτὸν ταπεινωθήσεται, καὶ ὁ ταπεινῶν ἑαυτὸν ὑψωθήσεται.
12 Ἔλεγεν δὲ καὶ τῷ κεκληκότι αὐτόν· ὅταν ποιῇς ἄριστον ἢ δεῖπνον, μὴ
φώνει τοὺς φίλους σου μηδὲ τοὺς ἀδελφούς σου μηδὲ τοὺς συγγενεῖς
σου μηδὲ ⸀γείτονας πλουσίους, μήποτε καὶ αὐτοὶ ἀντικαλέσωσίν σε καὶ
γένηται ἀνταπόδομά σοι. 13 ἀλλ' ὅταν ⸂δοχὴν ποιῇς⸃, κάλει πτωχούς,
ἀναπείρους, χωλούς, τυφλούς· 14 καὶ μακάριος ἔσῃ, ὅτι οὐκ ἔχουσιν ἀντ-
αποδοῦναί σοι, ἀνταποδοθήσεται ⸀γάρ σοι ἐν τῇ ἀναστάσει τῶν δικαίων.

Joh. 5, 29

5, 29 *(nr. 141, p. 197)*

29 Καὶ ἐκπορεύσονται οἱ τὰ ἀγαθὰ ποιήσαντες εἰς ἀνάστασιν ζωῆς, οἱ δὲ τὰ φαῦλα πράξαντες εἰς ἀνάστασιν κρίσεως.

23, 12 *(nr. 284, p. 389)*

12 Ὅστις δὲ ὑψώσει ἑαυτὸν ταπεινωθήσεται καὶ ὅστις ταπεινώσει ἑαυτὸν ὑψωθήσεται.

18, 14 *(nr. 237, p. 320)*

14 Λέγω ὑμῖν, κατέβη οὗτος δεδικαιωμένος εἰς τὸν οἶκον αὐτοῦ παρ' ἐκεῖνον· ὅτι πᾶς ὁ ὑψῶν ἑαυτὸν ταπεινωθήσεται, ὁ δὲ ταπεινῶν ἑαυτὸν ὑψωθήσεται.

18, 4 *(nr. 166, p. 245)*

4 Ὅστις οὖν ταπεινώσει ἑαυτὸν ὡς τὸ παιδίον τοῦτο, οὗτός ἐστιν ὁ μείζων ἐν τῇ βασιλείᾳ τῶν οὐρανῶν.

---

8 ⸋ D lat sy$^{s.c}$; Cl | ⸋¹ 𝔓75 b | ° 𝔓75 579 | ⸂ηξει D ¦ ᾖ κεκλ. 𝔓45vid sy$^{s.p}$ bo ¦ ᾖ sy^{c} || **9** ⸀εση D e sy || **10** ⸀ειπη ℜ A D W Δ λ φ *pm* | ° ℜ D W 700.1424 *al* lat sy^{s} || **12** ⸀τους γ. μηδε τους D ¦ τ. γ. σου τους Θ φ || **13** ⸂*2 1* ℜ A D L W Θ λ φ *pl* latt; Cl ¦ *1* -ησης 𝔓75 ℵ M 579.1241 *pc* ¦ *txt* B 892 || **14** ⸀δε ℵ* N λ φ 1424 *al* it ¦ και sy$^{s.c}$

1sqq cf *37sqq* || *1sq* cf Lc 11, 43; 20, 46; Mc 12, 38sq; Mt 23, 6sq || *2sqq* cf Prv 25, 6sq; Jc 2, 2sqq; cf *37sqq* || *8sq* cf Ez 21, 31; cf *18sqq. 21sqq* || *10sqq* cf *24sqq* || *13sq* cf Dt 14, 29; 16, 11.14; 26, 11sq; Lc 14, 21; Mt 22, 9 || *18sqq* cf *8sq* || *21sqq* cf *8sq*

Matth.

5, 46-47 *(nr. 59, p. 83)*

46 Ἐὰν γὰρ ἀγαπήσητε τοὺς ἀγαπῶντας ὑμᾶς, τίνα μισθὸν ἔχετε; οὐχὶ καὶ οἱ τελῶναι τὸ αὐτὸ ποιοῦσιν; 47 καὶ ἐὰν ἀσπάσησθε τοὺς ἀδελφοὺς ὑμῶν μόνον, τί περισσὸν ποιεῖτε; οὐχὶ καὶ οἱ ἐθνικοὶ τὸ αὐτὸ ποιοῦσιν;

Mark.

Luk.

6, 32-35 *(nr. 80, p. 104)*

32 Καὶ εἰ ἀγαπᾶτε τοὺς ἀγαπῶντας ὑμᾶς, ποία ὑμῖν χάρις ἐστίν; καὶ γὰρ οἱ ἁμαρτωλοὶ τοὺς ἀγαπῶντας αὐτοὺς ἀγαπῶσιν. 33 καὶ [γὰρ] ἐὰν ἀγαθοποιῆτε τοὺς ἀγαθοποιοῦντας ὑμᾶς, ποία ὑμῖν χάρις ἐστίν; καὶ οἱ ἁμαρτωλοὶ τὸ αὐτὸ ποιοῦσιν. 34 καὶ ἐὰν δανίσητε παρ' ὧν ἐλπίζετε λαβεῖν, ποία ὑμῖν χάρις [ἐστίν]; καὶ ἁμαρτωλοὶ ἁμαρτωλοῖς δανίζουσιν ἵνα ἀπολάβωσιν τὰ ἴσα. 35 πλὴν ἀγαπᾶτε τοὺς ἐχθροὺς ὑμῶν καὶ ἀγαθοποιεῖτε καὶ δανίζετε μηδὲν ἀπελπίζοντες· καὶ ἔσται ὁ μισθὸς ὑμῶν πολύς, καὶ ἔσεσθε υἱοὶ ὑψίστου, ὅτι αὐτὸς χρηστός ἐστιν ἐπὶ τοὺς ἀχαρίστους καὶ πονηρούς.

Joh.

Cod. D et al. ad Matth. 20, 28: Ὑμεῖς δὲ ζητεῖτε ἐκ μικροῦ αὐξῆσαι καὶ (+ μὴ sy^{c}) ἐκ μείζονος ἔλαττον εἶναι. εἰσερχόμενοι δὲ καὶ παρακληθέντες δειπνῆσαι μὴ ἀνακλίνεσθε εἰς τοὺς ἐξέχοντας τόπους, μήποτε ἐνδοξότερός σου ἐπέλθῃ καὶ προσελθὼν ὁ δειπνοκλήτωρ εἴπῃ σοι· ἔτι κάτω χώρει, καὶ καταισχυνθήσῃ. ἐὰν δὲ ἀναπέσῃς εἰς τὸν ἥττονα τόπον καὶ ἐπέλθῃ σου ἥττων, ἐρεῖ σοι ὁ δειπνοκλήτωρ· σύναγε ἔτι ἄνω, καὶ ἔσται σοι τοῦτο χρήσιμον (-ώτερον Φ it). D (Φ) it sy$^{(c)hmg}$

24sqq cf 10sqq || *37sqq cf 1sqq. 2sqq*

216. Gleichnis vom großen Abendmahl

Coena magna *(cf. nr. 279)* **The Parable of the Great Supper**

Matth. 22, 1-14
(nr. 279, p. 380)

1 Καὶ ἀποκριθεὶς ὁ Ἰησοῦς πάλιν εἶπεν ἐν παραβολαῖς αὐτοῖς λέγων· 2 ὡμοιώθη ἡ βασιλεία τῶν οὐρανῶν ἀνθρώπῳ βασιλεῖ, ὅστις ἐποίησεν γάμους τῷ υἱῷ αὐτοῦ. 3 καὶ ἀπέστειλεν τοὺς δούλους αὐτοῦ καλέσαι τοὺς κεκλημένους εἰς τοὺς γάμους, καὶ οὐκ ἤθελον ἐλθεῖν. 4 πάλιν ἀπέστειλεν ἄλλους δούλους λέγων· εἴπατε τοῖς κεκλημένοις· ἰδοὺ ⸋τὸ ἄριστόν μου ⸀ἡτοίμακα, οἱ ταῦροί μου καὶ τὰ σιτιστὰ τεθυμένα καὶ⸌ πάντα ἕτοιμα· δεῦτε εἰς τοὺς γά-

Mark.

Luk. 14, 15-24

15 Ἀκούσας δέ τις τῶν συνανακειμένων ταῦτα εἶπεν αὐτῷ· μακάριος ⸀ὅστις φάγεται ⸁ἄρτον ἐν τῇ βασιλείᾳ τοῦ θεοῦ. 16 Ὁ δὲ εἶπεν αὐτῷ· ἄνθρωπός τις ⸀ἐποίει δεῖπνον °μέγα, καὶ ἐκάλεσεν πολλοὺς 17 καὶ ἀπέστειλεν τὸν δοῦλον αὐτοῦ τῇ ὥρᾳ τοῦ δείπνου εἰπεῖν τοῖς κεκλημένοις⸀· ἔρχεσθε, ὅτι ἤδη ἕτοιμά ⸁ἐστιν⸆. 18 καὶ ἤρξαντο ἀπὸ μιᾶς ⸉πάντες παραιτεῖσθαι⸊.

Joh.

Matth.: 4 ⸋ sy^{s} | ⸀-μασα ℜ W Δ Θ 0138 ϕ 157 *pm* ¦ -μασται 954 *pc* sy$^{c.p}$ ¦ *txt* ℌ D 085 λ *al*

Luk.: 15 ⸀ος ℜ A D W Δ Θ *pm*; Cl Epiph | ⸁αριστον ℜ A* W ϕ *al* sy$^{s.c}$ || 16 ⸀*p)* εποιησεν ℜ A D L W Δ Θ ϕ *pl* lat; Cl Or^{pt} ¦ *txt* 𝔓75 B ℵ R λ *pc* | ° X e; Mcion || 17 ⸀ερχεσθαι ℵ A D L R W *al* aur vg sy$^{s.c}$ ¦ *txt* 𝔓75 B ℜ Θ λ ϕ *pm* it | ⸁εισιν 𝔓75 ℵ L R Θ *pc* | ⸆παντα ℵ^{1vid} ℜ A W λ ϕ *pl* lat sa bo (⸉ D a e sy) ¦ *txt* 𝔓45.75 B ℵ* L R Θ *pc* it || 18 ⸉ ℜ A W Δ Θ ϕ *pm*

1sqq cf 39sqq. 43 || *4sq cf* Mt 18, 23 || *5 cf* Apc 19, 7.9; Is 25, 6; 4 Esr 2, 38; Mt 8, 11; 26, 29 || *8sq cf* Mt 21, 36

[Matth. 22,1-14]

μους. 5 οἱ δὲ ἀμελήσαντες ἀπῆλθον, ⸀ὃς μὲν εἰς τὸν ἴδιον ἀγρόν, ⸀ὃς δὲ ⸁ἐπὶ τὴν ἐμπορίαν ⸀1αὐτοῦ· 6 οἱ δὲ λοιποὶ κρατήσαντες τοὺς δούλους αὐτοῦ ὕβρισαν καὶ ἀπέκτειναν.

7 ⸂ὁ δὲ βασιλεὺς⸃ ὠργίσθη καὶ πέμψας ⸄τὰ στρατεύματα⸅ αὐτοῦ ἀπώλεσεν τοὺς φονεῖς ἐκείνους καὶ τὴν πόλιν αὐτῶν ἐνέπρησεν. 8 τότε λέγει τοῖς δούλοις αὐτοῦ· ὁ μὲν γάμος ἕτοιμός ἐστιν, οἱ δὲ κεκλημένοι οὐκ ἦσαν ἄξιοι· 9 πορεύεσθε οὖν ἐπὶ τὰς διεξόδους τῶν ὁδῶν καὶ ὅσους ἐὰν εὕρητε καλέσατε εἰς τοὺς γάμους. 10 καὶ ἐξελθόντες οἱ δοῦλοι ἐκεῖνοι εἰς τὰς ὁδοὺς συνήγαγον πάντας ⸀οὓς εὗρον, πονηρούς τε καὶ ἀγαθούς· καὶ ἐπλήσθη ὁ ⸁γάμος ⸆ἀνακειμένων.

11 εἰσελθὼν δὲ ὁ βασιλεὺς θεάσασθαι τοὺς ἀνακειμένους εἶδεν ἐκεῖ ἄνθρωπον οὐκ ἐνδεδυμένον ἔνδυμα γάμου, 12 καὶ λέγει αὐτῷ· ἑταῖρε, πῶς ⸀εἰσῆλθες ὧδε μὴ ἔχων ἔνδυμα γάμου; ὁ δὲ ἐφιμώθη. 13 τότε ⸉ὁ βασιλεὺς εἶπεν⸊ τοῖς διακόνοις· ⸂δήσαντες αὐτοῦ πόδας καὶ χεῖρας ἐκβάλετε⸃ αὐτὸν εἰς τὸ σκότος τὸ ἐξώτερον· ἐκεῖ ἔσται ὁ κλαυθμὸς καὶ ὁ βρυγμὸς τῶν ὀδόντων. 14 πολλοὶ γάρ εἰσιν ⸆κλητοί, ὀλίγοι δὲ ⸆ἐκλεκτοί.

Mark.

[Luk. 14,15-24]

ὁ πρῶτος εἶπεν αὐτῷ· ἀγρὸν ἠγόρασα καὶ ἔχω ἀνάγκην ἐξελθὼν ἰδεῖν αὐτόν· ἐρωτῶ σε, ἔχε με παρῃτημένον. 19 καὶ ἕτερος εἶπεν· ζεύγη βοῶν ἠγόρασα πέντε καὶ πορεύομαι δοκιμάσαι αὐτά· ⸂ἐρωτῶ σε, ἔχε με παρῃτημένον⸃. 20 καὶ ἕτερος εἶπεν· γυναῖκα ⸂ἔγημα καὶ διὰ τοῦτο⸃ οὐ δύναμαι ἐλθεῖν. 21 καὶ παραγενόμενος ὁ δοῦλος ἀπήγγειλεν τῷ κυρίῳ αὐτοῦ ταῦτα. τότε ὀργισθεὶς ὁ οἰκοδεσπότης

εἶπεν τῷ δούλῳ αὐτοῦ·

ἔξελθε ταχέως εἰς τὰς πλατείας καὶ ῥύμας τῆς πόλεως καὶ τοὺς πτωχοὺς καὶ ἀναπείρους καὶ τυφλοὺς καὶ χωλοὺς ⸀εἰσάγαγε ὧδε. 22 καὶ εἶπεν ὁ δοῦλος· °κύριε, γέγονεν ὃ ἐπέταξας, καὶ ἔτι τόπος ἐστίν. 23 καὶ εἶπεν ὁ κύριος πρὸς τὸν δοῦλον⸆· ἔξελθε εἰς τὰς ὁδοὺς καὶ φραγμοὺς καὶ ⸀ἀνάγκασον εἰσελθεῖν, ἵνα γεμισθῇ ⸉μου ὁ οἶκος⸊· 24 λέγω γὰρ ὑμῖν ὅτι οὐδεὶς τῶν ⸀ἀνδρῶν ἐκείνων τῶν κεκλημένων γεύσεταί μου τοῦ δείπνου.⸆

Joh.

Herm. Pastor, Sim. IX, 14, 2: Εἰσελεύσονται, φησίν, ἐὰν τούτων τῶν γυναικῶν ἀποβάλωσι τὰ ἔργα, τῶν δὲ παρθένων ἀναλάβωσι τὴν δύναμιν καὶ ἐν τοῖς ἔργοις αὐτῶν πορευθῶσι. διὰ τοῦτο γὰρ καὶ τῆς οἰκοδομῆς ἀνοχὴ ἐγένετο, ἵνα ἐὰν μετανοήσωσιν οὗτοι, ἀπέλθωσιν εἰς τὴν οἰκοδομὴν τοῦ πύργου. ἐὰν δὲ μὴ μετανοήσωσι, τότε ἄλλοι εἰσελεύσονται, καὶ οὗτοι εἰς τέλος ἐκβληθήσονται.

Evang. Thomae copt.: *cf. Append. I, 23*

Evang. Thomae copt.: *cf. Append. I, 64*

Matth.: 5 ⸀*bis* ο *et* ⸀1αυτου C² 𝔎 Δ *pm* ¦ οι *bis et* αυτων D(*pc*) ¦ ο *et* ος *et* αυτου ℵ C* U ¦ *txt* B L W Θ **085** λ φ *al* | ⸁εις 𝔎 W Δ λ *pm* || 7 ⸂και ακουσας ο β. εκεινος C 𝔎 W Δ (D Θ φ) **0138** *pm*; Ir | ⸄το -μα D λ *pc* it; Eus || 10 ⸀οσους C 𝔎 W Θ **085.0138** λ *pl* ¦ *txt* B* ℵ D φ *pc* | ⸁ † νυμφων B* ℵ L **0138** *pc* ¦ *txt* (C) 𝔎 D W Θ **085.0161**vid λ φ *pl* | ⸆των D Θ φ *pc* || 12 ⸀ηλθες D it sy^c; Ir || 13 ⸉*3 1 2* C 𝔎 D W **0138** λ *pm* lat | ⸂αρατε αυτον ποδων κ. χειρων και βαλετε D it (sy^s.c); Ir^lat || 14 ⸆*bis* οι L λ 700.892 *pc*

Luk.: 19 ⸂διο ου δυναμαι ελθειν D it || 20 ⸂ελαβον, διο D (lat sy) || 21 ⸀ενεγκε D || 22 °D *pc* c e || 23 ⸆αυτου 𝔓^75* D 983 a b | ⸀ποιησον 𝔓^45 157 sy^s.c | ⸉*2 3 1* 𝔓^45 𝔎 W Δ λ φ *pm* lat || 24 ⸀ανθρωπων ℵ D e sy bo ¦ — sa | ⸆(Mt 22,14) πολλοι γαρ εισιν κλητοι, ολιγοι δε εκλεκτοι. G H Γ φ 579 *al*

12(Mt) cf Heb 2,3 || 12sqq(Lc) cf Dt 20,5 sqq || 13sq(Mt) cf Mt 21,35; 2 Chr 30,10 || 16sq cf Dt 24,5; 1 Cor 7,33 || 19 cf Mt 18,34 || 19sqq cf Jo 11,48 || 23(Lc) cf Is 15,3 || 24 cf Lc 14,13 || 28(Mt) cf Tob 6,14.17; Mc 2,19 || 28(Lc) cf Mc 6,45; Mt 14,22 || 29sq cf Lc 11,8; 15,7.10; 16,9; 18,14; Mt 21,43 || 32 cf 2 Rg 10,22; Apc 19,8 || 34sqq cf Ps 112,10; Sap 17,2; Mt 8,12; 13,42.50; 24,51; 25,30 || 37sq cf 4 Esr 8,3.41; 9,15; *cf 42* || 39sqq *cf 1 sqq* || 42 *cf 37 sq* || 43 *cf 1 sqq*

217. Voraussetzungen der Nachfolge

Condiciones sequendi Jesum *(cf. nr. 103)* **The Conditions of Discipleship**

Matth. 10, 37-38
19,29; 16,24

10, 37-38 *(nr. 103, p. 147)*

37 Ὁ φιλῶν πατέρα ἢ μητέρα ὑπὲρ ἐμὲ οὐκ ἔστιν μου ἄξιος, ᵔκαὶ ὁ φιλῶν υἱὸν ἢ θυγατέρα ὑπὲρ ἐμὲ οὐκ ἔστιν μου ἄξιος·ˋ 38 καὶ ὃς οὐ λαμβάνει τὸν σταυρὸν αὐτοῦ καὶ ἀκολουθεῖ ὀπίσω μου, οὐκ ἔστιν μου ˹ἄξιος.

Mark.
10,29-30
8,34

Luk. 14, 25-33
18,29-30; 9,23

25 Συνεπορεύοντο δὲ αὐτῷ ὄχλοι °πολλοί, καὶ στραφεὶς εἶπεν ˹πρὸς αὐτούς˺· 26 εἴ τις ἔρχεται πρός με καὶ οὐ μισεῖ τὸν πατέρα ˹ἑαυτοῦ καὶ τὴν μητέρα καὶ τὴν γυναῖκα καὶ τὰ τέκνα καὶ τοὺς ἀδελφοὺς καὶ τὰς ἀδελφὰς ἔτι ˹τε καὶ τὴν ˢψυχὴν ἑαυτοῦˀ, οὐ δύναται εἶναί μου μαθητής. 27 ᵔ˥ὅστις οὐ βαστάζει τὸν σταυρὸν ˹ἑαυτοῦ καὶ ἔρχεται ὀπίσω μου, οὐ δύναται εἶναί μου μαθητής.ˋ 28 Τίς γὰρ ἐξ ὑμῶν ˹θέλων πύργον οἰκοδομῆσαι οὐχὶ πρῶτον καθίσας ψηφίζει τὴν δαπάνην, εἰ ἔχει εἰς ἀπαρτισμόν; 29 ἵνα μήποτε θέντος αὐτοῦ θεμέλιον ˹καὶ μὴ ἰσχύοντος ἐκτελέσαι˺ πάντες οἱ θεωροῦντες ἄρξωνται αὐτῷ ἐμπαίζειν 30 λέγοντες ὅτι οὗτος ὁ ἄνθρωπος ἤρξατο οἰκοδομεῖν καὶ οὐκ ἴσχυσεν ἐκτελέσαι. 31 Ἢ τίς βασιλεὺς πορευόμενος ˢἑτέρῳ βασιλεῖ συμβαλεῖνˀ εἰς πόλεμον ˹οὐχὶ καθίσας πρῶτον ˹βουλεύσεται εἰ δυνατός ἐστιν ἐν δέκα χιλιάσιν ˹¹ὑπαντῆσαι τῷ μετὰ εἴκοσι χιλιάδων ἐρχομένῳ ἐπ' αὐτόν; 32 εἰ δὲ μή γε, ἔτι αὐτοῦ πόρρω ὄντος πρεσβείαν ἀποστείλας ἐρωτᾷ ˹τὰ πρὸς˺ εἰρήνην. 33 οὕτως °οὖν πᾶς ἐξ ὑμῶν ὃς οὐκ ἀποτάσσεται πᾶσιν τοῖς ἑαυτοῦ ὑπάρχουσιν οὐ δύναται εἶναί μου μαθητής.

Joh.

19,29 *(nr. 255, p. 341)*

29 Καὶ πᾶς ὅστις ἀφῆκεν οἰκίας ἢ ἀδελφοὺς ἢ ἀδελφὰς ἢ πατέρα ἢ μητέρα ἢ τέκνα ἢ ἀγροὺς ἕνεκεν τοῦ ὀνόματός μου, ἑκατονταπλασίονα λήμψεται καὶ ζωὴν αἰώνιον κληρονομήσει.

10, 29-30 *(nr. 255, p. 341)*

29 Ἔφη ὁ Ἰησοῦς· ἀμὴν λέγω ὑμῖν, οὐδείς ἐστιν ὃς ἀφῆκεν οἰκίαν ἢ ἀδελφοὺς ἢ ἀδελφὰς ἢ μητέρα ἢ πατέρα ἢ τέκνα ἢ ἀγροὺς ἕνεκεν ἐμοῦ καὶ ἕνεκεν τοῦ εὐαγγελίου, 30 ἐὰν μὴ λάβῃ ἑκατονταπλασίονα νῦν ἐν τῷ καιρῷ τούτῳ οἰκίας καὶ ἀδελφοὺς καὶ ἀδελφὰς καὶ μητέρας καὶ τέκνα καὶ ἀγροὺς μετὰ διωγμῶν, καὶ ἐν τῷ αἰῶνι τῷ ἐρχομένῳ ζωὴν αἰώνιον.

18, 29-30 *(nr. 255, p. 341)*

29 Ὁ δὲ εἶπεν αὐτοῖς· ἀμὴν λέγω ὑμῖν ὅτι οὐδείς ἐστιν ὃς ἀφῆκεν οἰκίαν ἢ γυναῖκα ἢ ἀδελφοὺς ἢ γονεῖς ἢ τέκνα ἕνεκεν τῆς βασιλείας τοῦ θεοῦ, 30 ὃς οὐχὶ μὴ [ἀπο]λάβῃ πολλαπλασίονα ἐν τῷ καιρῷ τούτῳ καὶ ἐν τῷ αἰῶνι τῷ ἐρχομένῳ ζωὴν αἰώνιον.

Matth.: 37 ᵔB* D *al* || 38 ˹αδελφος Cl ¦ *p)* μαθητης c k; Cyp

Luk.: 25 °DΘ it syc | ˹αυτοις D || 26 ˹† αυτ- 𝔓45 ℵ ℜ A D W Θ λ φ *pm* ¦ — 579 e; Cl Or ¦ *txt* 𝔓75 B L R Ψ *pc* | ˹δε 𝔓45 ℵ ℜ A D W Θ λ φ *pl* vg sa bo; Cl ¦ — 𝔓75 a e r1 ¦ *txt* B L R *pc* it | ˢ 𝔓45 ℜ A D W Θ λ φ *pl* ¦ *txt* 𝔓75 B ℵ *pc* || 27 ᵔ*vs* 69. 544 *al* sys bopt | ˥και ℵcorr ℜ A (D) W Θ λ φ *pm* | ˹αυτου 𝔓45.75 ℵ ℜ D Θ λ φ *pm* || 28 ˹ο θ. 𝔓45 ℜ W φ 131 *al* ¦ θελει 𝔓75 || 29 ˹μη ισχυση οικοδομησαι και D e || 31 ˢ *3 1 2* ℜ W Δ Θ λ φ *pm* lat | ˹ου 𝔓45 ¦ ουκ ευθεως D | ˹-ευεται ℜ A D W Δ λ φ *pm* | ˹¹απ- ℜ L W Θ *pm* ¦ *txt* 𝔓45.75 ℌ A (ˢ D) R λ φ *pc* || 32 ˹προς ℵ* *al* ¦ εις B ¦ τα εις K *al* ¦ — 𝔓75 it ¦ *txt* ℵ2 ℜ A D W Θ λ φ *al* lat || 33 ° W 713 sy bopt

---

1 cf Mt 16,23; Lc 7,9; 9,55; 10,23; 22,61; 23,27sq; Jo 1,38 || 2sqq *cf 21 sqq. 35* || 3 cf Dt 33,9sq; 1Cor 7,29 || 5 *cf 7.20* || 6sq cf Ps 22,17; Gal 6,14; 1Pt 2,21; *cf 31sqq* || 7 *cf 5.20* || 8 cf Mc 12,1; Mt 21,33 || 15sq cf 1Mcc 4,29? || 17sq cf Act 12,20? Lc 19,42; 2Sm 8,10; 11,7; Ps 122,8 || 20 *cf 5.7* || 21sqq *cf 2sqq*

Matth.	Mark.	Luk.	Joh.
16,24 *(nr. 160, p. 234)* 24 Τότε ὁ Ἰησοῦς εἶπεν τοῖς μαθηταῖς αὐτοῦ· εἴ τις θέλει ὀπίσω μου ἐλθεῖν, ἀπαρνησάσθω ἑαυτὸν καὶ ἀράτω τὸν σταυρὸν αὐτοῦ καὶ ἀκολουθείτω μοι. **Evang. Thomae copt.:** *cf. Append. I, 55.101*	8,34 *(nr. 160, p. 234)* 34 Καὶ προσκαλεσάμενος τὸν ὄχλον σὺν τοῖς μαθηταῖς αὐτοῦ εἶπεν αὐτοῖς· εἴ τις θέλει ὀπίσω μου ἀκολουθεῖν, ἀπαρνησάσθω ἑαυτὸν καὶ ἀράτω τὸν σταυρὸν αὐτοῦ καὶ ἀκολουθείτω μοι.	9,23 *(nr. 160, p. 234)* 23 Ἔλεγεν δὲ πρὸς πάντας· εἴ τις θέλει ὀπίσω μου ἔρχεσθαι, ἀρνησάσθω ἑαυτὸν καὶ ἀράτω τὸν σταυρὸν αὐτοῦ καθ' ἡμέραν καὶ ἀκολουθείτω μοι.	

31sqq *cf 6sq* ‖ 35 *cf 2sqq*

218. Gleichnis vom Salz

Parabola salis *(cf. nr. 52)* **The Parable of Salt**

Matth. 5,13 *(nr. 52, p. 76)*	Mark. 9,49-50 *(nr. 168, p. 249)*	**Luk. 14,34-35**	Joh.
13 Ὑμεῖς ⸀ἐστε τὸ ⸀ἅλας τῆς γῆς· ἐὰν δὲ τὸ ⸀1ἅλας μωρανθῇ, ἐν τίνι ἁλισθήσεται; εἰς οὐδὲν ἰσχύει °ἔτι εἰ μὴ ⸂βληθὲν ἔξω⸃ καταπατεῖσθαι ὑπὸ τῶν ἀνθρώπων.	49 ⸂Πᾶς γὰρ πυρὶ ἁλισθήσεται⸃. 50 καλὸν τὸ ⸀ἅλας· ἐὰν δὲ τὸ ⸀ἅλας ⸂ἄναλον γένηται⸃, ἐν τίνι αὐτὸ ⸀1ἀρτύσετε; ⸂ἔχετε ἐν ἑαυτοῖς⸃ ἅλα καὶ εἰρηνεύετε ἐν ἀλλήλοις.	34 Καλὸν °οὖν τὸ ⸀ἅλας· ἐὰν δὲ °1καὶ τὸ ⸀ἅλας ⸀μωρανθῇ, ἐν τίνι ⸀1ἀρτυθήσεται; 35 οὔτε εἰς ⸆γῆν οὔτε εἰς κοπρίαν εὔθετόν ἐστιν, ἔξω βάλλουσιν αὐτό. ὁ ἔχων ὦτα ἀκούειν ἀκουέτω.	

Matth.: 13 [⸀ἔστε comm] ⁞ ⸀αλα ℵ*D*W ⁞ ⸀1αλα B^{2}ℵW; Or ⁞ °DW it ⁞ ⸂-θηναι εξω και 𝔎DWΘ *pm*

Mark.: 49 ⸂(Lv 2,13) πασα γαρ θυσια αλι αλισθησεται D *pc* it ¦ πας γ. (+ εν C) π. αλ. (αναλωθ. Θ) και πασα θυσια αλι (— αλι Ψ 579 *pc* vg^{codd}) αλισθ. (αναλωθ. Ψ) C𝔎AΘΨ *pm* lat sy^{p} bo^{pt} ¦ *txt* ℌ(W) λφ *al* (k) sy^{s} sa bo^{pt} ‖ 50 ⸀αλα LW *pc* ⁞ ⸀αλα ℵ*LW *pc* ⁞ ⸂*p)* μωρανθη W 579 ¦ αν. γενησεται D lat ⁞ ⸀1αρτυσεται CADΘ *pc* ¦ αρτυσηται W *pc* ¦ αρτυθησεται λ *pc* ⁞ ⸂υμεις ουν εν εαυτ. εχ. Wφ *pc*

Luk.: 34 °𝔎ADWλ *pm* lat ⁞ ⸀*bis* αλα ℵ*DW (*sol.* αλα^{2} 𝔓75) ⁞ °1𝔎AWλφ *pm* ⁞ ⸀μαρ- 56 *pc* ⁞ ⸀1*p)* αλισθησεται sa bo ‖ 35 ⸆την 𝔓75 D 69

1sqq cf Lv 2,13; 1Cor 3,13; Kol 4,6 ‖ 6cf Heb 12,14; Ps 34,15; Mt 5,9; Rm 12,18; 14,19; 1Th 5,13; 2Cor 13,11 ‖ 7cf Mt 11,15; 13,9.43 par; 25,29 app; Mc 7,16 app; Lc 12,21 app; 21,4 app; Apc 2,7 etc; cf et Evang. Thomae copt. *Append. I, 8, 21, 24, 63, 65, 96*

219. Gleichnis vom verlorenen Schaf

Ovis perdita *(cf. nr. 169)* **The Parable of the Lost Sheep**

Matth. 18,12-14 9,10-13; [18,11]	Mark. 2,15-17	**Luk. 15,1-7** 5,29-32; 19,7.10	Joh.
		1 Ἦσαν δὲ αὐτῷ ἐγγίζοντες °πάντες οἱ τελῶναι καὶ °1οἱ ἁμαρτωλοὶ ἀκούειν αὐτοῦ. 2 καὶ διεγόγγυζον οἵ °τε Φαρισαῖοι καὶ οἱ γραμματεῖς λέγοντες ὅτι οὗτος ἁμαρτωλοὺς	

Luk.: 1 °W *pc* lat sy sa^{pt} ⁞ °1D 131 *al* ‖ 2 °𝔎AWΔλφ *pm*

1sqq cf Lc 19,1sqq; *cf 18sqq* ‖ 2sqq cf Lc 7,34; Mt 11,19; *cf 22sqq. 32sq*

Matth.

18,12-14 *(nr. 169, p. 251)*

[12] Τί ⸆ ὑμῖν δοκεῖ;
ἐὰν γένηταί τινι ἀνθρώπῳ ἑκατὸν πρόβατα καὶ πλανηθῇ ἓν ἐξ αὐτῶν, οὐχὶ ⸀ἀφήσει τὰ ἐνενήκοντα ἐννέα ⸆¹ ⸋ἐπὶ τὰ ὄρη⸌ °καὶ ⸀πορευθεὶς ⸀¹ζητεῖ τὸ πλανώμενον;
[13] καὶ ἐὰν γένηται ⸆ εὑρεῖν αὐτό,
ἀμὴν λέγω ὑμῖν ὅτι χαίρει ἐπ' αὐτῷ μᾶλλον ἢ ἐπὶ τοῖς ἐνενήκοντα ἐννέα τοῖς μὴ πεπλανημένοις.

[14] οὕτως οὐκ ἔστιν θέλημα °ἔμπροσθεν τοῦ πατρὸς ⸀ὑμῶν τοῦ ἐν οὐρανοῖς ἵνα ἀπόληται ⸀ἓν τῶν μικρῶν τούτων.

Mark.

[Luk. 15,1-7]

προσδέχεται καὶ συνεσθίει αὐτοῖς. [3] Εἶπεν δὲ πρὸς αὐτοὺς τὴν παραβολὴν ταύτην °λέγων·
[4] τίς ἄνθρωπος ἐξ ὑμῶν ⸀ἔχων ἑκατὸν πρόβατα καὶ ⸀ἀπολέσας ἐξ αὐτῶν ἓν ⸂οὐ καταλείπει⸃ τὰ ἐνενήκοντα ἐννέα ἐν τῇ ἐρήμῳ καὶ ⸂πορεύεται ἐπὶ τὸ ἀπολωλὸς⸃ ἕως ⸆ εὕρῃ αὐτό;
[5] καὶ εὑρὼν ἐπιτίθησιν ἐπὶ τοὺς ὤμους ⸀αὐτοῦ χαίρων
[6] ⸂καὶ ἐλθὼν⸃ εἰς τὸν οἶκον ⸀συγκαλεῖ τοὺς φίλους καὶ τοὺς γείτονας λέγων αὐτοῖς· συγχάρητέ μοι, ὅτι εὗρον τὸ πρόβατόν μου τὸ ἀπολωλός.
[7] λέγω ⸆ ὑμῖν ὅτι οὕτως χαρὰ ἐν τῷ οὐρανῷ ⸉ἔσται ἐπὶ ἑνὶ ἁμαρτωλῷ μετανοοῦντι ἢ ἐπὶ ἐνενήκοντα ἐννέα δικαίοις οἵτινες οὐ χρείαν ἔχουσιν μετανοίας.

Joh.

9,10-13 *(nr. 93, p. 126)*

[10] Καὶ ἐγένετο αὐτοῦ ἀνακειμένου ἐν τῇ οἰκίᾳ, καὶ ἰδοὺ πολλοὶ τελῶναι καὶ ἁμαρτωλοὶ ἐλθόντες συνανέκειντο τῷ Ἰησοῦ καὶ τοῖς μαθηταῖς αὐτοῦ.
[11] καὶ ἰδόντες οἱ Φαρισαῖοι ἔλεγον τοῖς μαθηταῖς αὐτοῦ· διὰ τί μετὰ τῶν τελωνῶν καὶ ἁμαρτωλῶν ἐσθίει ὁ διδάσκαλος ὑμῶν; [12] ὁ δὲ ἀκούσας εἶπεν· οὐ χρείαν ἔχουσιν οἱ ἰσχύοντες ἰατροῦ ἀλλ' οἱ κακῶς ἔχοντες. [13] πορευθέντες δὲ μάθετε τί ἐστιν· ἔλεος θέλω καὶ οὐ θυσίαν· οὐ γὰρ ἦλθον καλέσαι δικαίους ἀλλὰ ἁμαρτωλούς.

[18,11]
[[11] Ἦλθεν γὰρ ὁ υἱὸς τοῦ ἀνθρώπου σῶσαι τὸ ἀπολωλός.]

2,15-17 *(nr. 44, p. 62)*

[15] Καὶ γίνεται κατακεῖσθαι αὐτὸν ἐν τῇ οἰκίᾳ αὐτοῦ, καὶ πολλοὶ τελῶναι καὶ ἁμαρτωλοὶ συνανέκειντο τῷ Ἰησοῦ καὶ τοῖς μαθηταῖς αὐτοῦ· ἦσαν γὰρ πολλοὶ καὶ ἠκολούθουν αὐτῷ. [16] καὶ οἱ γραμματεῖς τῶν Φαρισαίων ἰδόντες ὅτι ἐσθίει μετὰ τῶν ἁμαρτωλῶν καὶ τελωνῶν ἔλεγον τοῖς μαθηταῖς αὐτοῦ· ὅτι μετὰ τῶν τελωνῶν καὶ ἁμαρτωλῶν ἐσθίει;
[17] καὶ ἀκούσας ὁ Ἰησοῦς λέγει αὐτοῖς [ὅτι] οὐ χρείαν ἔχουσιν οἱ ἰσχύοντες ἰατροῦ ἀλλ' οἱ κακῶς ἔχοντες·
οὐκ ἦλθον καλέσαι δικαίους ἀλλὰ ἁμαρτωλούς.

5,29-32 *(nr. 44, p. 62)*

[29] Καὶ ἐποίησεν δοχὴν μεγάλην Λευὶς αὐτῷ ἐν τῇ οἰκίᾳ αὐτοῦ, καὶ ἦν ὄχλος πολὺς τελωνῶν καὶ ἄλλων οἳ ἦσαν μετ' αὐτῶν κατακείμενοι.
[30] καὶ ἐγόγγυζον οἱ Φαρισαῖοι καὶ οἱ γραμματεῖς αὐτῶν πρὸς τοὺς μαθητὰς αὐτοῦ λέγοντες· διὰ τί μετὰ τῶν τελωνῶν καὶ ἁμαρτωλῶν ἐσθίετε καὶ πίνετε; [31] καὶ ἀποκριθεὶς ὁ Ἰησοῦς εἶπεν πρὸς αὐτούς· οὐ χρείαν ἔχουσιν οἱ ὑγιαίνοντες ἰατροῦ ἀλλὰ οἱ κακῶς ἔχοντες·
[32] οὐκ ἐλήλυθα καλέσαι δικαίους ἀλλὰ ἁμαρτωλοὺς εἰς μετάνοιαν.

19,7.10 *(nr. 265, p. 356)*

[7] Καὶ ἰδόντες πάντες διεγόγγυζον λέγοντες ὅτι παρὰ ἁμαρτωλῷ ἀνδρὶ εἰσῆλθεν καταλῦσαι.
[10] ἦλθεν γὰρ ὁ υἱὸς τοῦ ἀνθρώπου ζητῆσαι καὶ σῶσαι τὸ ἀπολωλός.

Evang. Thomae copt.: *cf. Append. I, 107*

Matth.: 12 ⸆δε D *pc* a n sy^c sa^pt bo^pt | ⸀αφεις *et* ° ℵ𝔎WΛ*pm* q ¦ *txt* B(D)Θ*φ al* lat | ⸆¹προβατα BΘ*φ pc* sa | ⸋ℵ* | ⸀πορευομενος D | ⸀¹ζητησει HΘ*φ pc* || 13 ⸆του Θ*φ pc* || 14 °ℵ *pc* sy^s.c bo | ⸀μου BΘ*φ pm* sy^s sa bo ¦ *txt* ℵ𝔎(D)WΛ *al* lat sy^c.p | ⸀εις 𝔎WΓΔΘΠΦλ*φ pm*; Or

Luk.: 3 °DΘ 13.28.69 *pc* b e sy || 4 ⸀ος εξει D (*ex* lat?) *et* ⸀απολεση B*D | ⸂ουκ αφιησι *et* ⸂απελθων το απ. ζητει D (lat sy sa bo^pt) | ⸆τοῦ ℵAΔλ*φ pm* || 5 ⸀εαυτου 𝔎AW *al* || 6 ⸂ελθων δε D | ⸀-ειται Dλ*φ al* || 7 ⸆δε D | ⸉p. χαρα 𝔎ADWΘλ*φ pl* lat ¦ *txt* 𝔓^75 BℵL *pc*

---

^4sqq cf Jo 10,11sqq *(= nr 249)*; *cf 36* || ^6sqq cf Ez 34,12.16; Ps 119,176 || ^6sq cf 1Pt 2,25 || ^7sq(Lc) cf 1Sm 17,28 || ^9(Lc) cf Is 40,11; 49,22 || ^15sqq cf 2Pt 3,9; *cf 27sqq. 34sq* || ^18sqq *cf 1sqq* || ^22sqq *cf 2sqq. 32sq* || ^27sqq *cf 15sqq* || ^32sq *cf 2sqq. 22sqq* || ^34sq *cf 15sqq* || ^36 *cf 4sqq*

220. Gleichnis vom verlorenen Groschen

Drachma perdita — **The Parable of the Lost Coin**

Matth.	Mark.	**Luk. 15, 8-10**	Joh.
		8 Ἢ τίς γυνὴ δραχμὰς ἔχουσα δέκα ⸂ἐὰν ἀπολέσῃ δραχμὴν μίαν⸃, οὐχὶ ἅπτει λύχνον καὶ σαροῖ τὴν οἰκίαν καὶ ζητεῖ ἐπιμελῶς ἕως ⸀οὗ εὕρῃ; 9 καὶ εὑροῦσα ⸀συγκαλεῖ τὰς φίλας καὶ ⸆γείτονας λέγουσα· συγχάρητέ μοι, ὅτι εὗρον τὴν δραχμὴν ἣν ἀπώλεσα. 10 οὕτως, λέγω ὑμῖν, ⸂γίνεται χαρὰ⸃ ἐνώπιον °τῶν ἀγγέλων τοῦ θεοῦ ἐπὶ ἑνὶ ἁμαρτωλῷ μετανοοῦντι.	

8 ⸂και απολεσασα μιαν D 157 it (+ αυτων sy sa bo^pt) | ⸀οτου ℜ A W *pm* ¦ — D 69.892 *pc* ¦ *txt* 𝔓75 B ℵ L Θ λ *pc* || **9** ⸀-λειται ℜ A D W λ ϕ *pm* | ⸆τας ℜ A W Δ λ ϕ *pm* || **10** ⸂*2 1* ℜ A W Δ Θ λ *pm* ¦ χ. εσται D ϕ *pc* ¦ *txt* 𝔓75 B ℵ L *pc* | °B

2sq cf Lc 15,6

221. Gleichnis vom verlorenen Sohn

Filius prodigus — **The Parable of the Prodigal Son**

Matth.	Mark.	**Luk. 15, 11-32**	Joh.
		11 Εἶπεν δέ· ἄνθρωπός τις εἶχεν δύο υἱούς. 12 καὶ εἶπεν ὁ νεώτερος αὐτῶν τῷ πατρί· πάτερ, δός μοι τὸ ἐπιβάλλον ⸆μέρος τῆς οὐσίας. ⸂ὁ δὲ⸃ διεῖλεν αὐτοῖς τὸν βίον. 13 καὶ ⸂μετ' οὐ⸃ πολλὰς ἡμέρας συναγαγὼν ⸀ἅπαντα ὁ νεώτερος υἱὸς ἀπεδήμησεν εἰς χώραν μακρὰν καὶ ἐκεῖ διεσκόρπισεν ⸄τὴν οὐσίαν αὐτοῦ⸅ ζῶν ἀσώτως. 14 δαπανήσαντος δὲ αὐτοῦ πάντα ἐγένετο λιμὸς ⸀ἰσχυρὰ κατὰ τὴν χώραν ἐκείνην, καὶ αὐτὸς ἤρξατο ὑστερεῖσθαι. 15 καὶ πορευθεὶς ἐκολλήθη ἑνὶ τῶν πολιτῶν τῆς χώρας ἐκείνης, καὶ ἔπεμψεν αὐτὸν εἰς τοὺς ἀγροὺς αὐτοῦ βόσκειν χοίρους, 16 καὶ ἐπεθύμει ⸀χορτασθῆναι ⸁ἐκ τῶν κερατίων ὧν ἤσθιον οἱ χοῖροι, καὶ οὐδεὶς ἐδίδου αὐτῷ. 17 εἰς ἑαυτὸν δὲ ἐλθὼν ⸀ἔφη· ⸁πόσοι μίσθιοι τοῦ πατρός μου ⸀¹περισσεύονται ἄρτων, ἐγὼ δὲ ⸂λιμῷ ὧδε⸃ ἀπόλλυμαι. 18 ἀναστὰς πορεύσομαι πρὸς τὸν πατέρα μου καὶ ἐρῶ αὐτῷ· πάτερ, ἥμαρτον εἰς τὸν οὐρανὸν καὶ ἐνώπιόν σου, 19 οὐκέτι εἰμὶ ἄξιος κληθῆναι υἱός σου· ποίησόν με ὡς ἕνα τῶν μισθίων σου. 20 καὶ ἀναστὰς ἦλθεν πρὸς τὸν πατέρα ⸀ἑαυτοῦ. Ἔτι δὲ αὐτοῦ μακρὰν ἀπέχοντος εἶδεν αὐτὸν ὁ πατὴρ αὐτοῦ καὶ ἐσπλαγχνίσθη καὶ δραμὼν ⸁ἐπέπεσεν ἐπὶ τὸν τράχηλον αὐτοῦ καὶ κατεφίλησεν αὐτόν. 21 ⸉εἶπεν δὲ ὁ υἱὸς αὐτῷ⸊· πάτερ, ἥμαρτον εἰς τὸν οὐρανὸν καὶ ἐνώπιόν σου, οὐκέτι εἰμὶ ἄξιος κληθῆναι υἱός σου⸆. 22 εἶπεν δὲ ὁ πατὴρ πρὸς τοὺς δούλους αὐτοῦ· °ταχὺ ἐξενέγκατε στολὴν τὴν πρώτην καὶ ἐνδύσατε αὐτόν, καὶ δότε δακτύλιον εἰς τὴν χεῖρα αὐτοῦ καὶ ὑποδήματα εἰς τοὺς πόδας, 23 καὶ ⸀φέρετε τὸν μόσχον τὸν σιτευτόν, θύσατε, καὶ φαγόντες εὐφρανθῶμεν, 24 ὅτι οὗτος ὁ υἱός μου νεκρὸς ἦν καὶ ⸀ἀνέζησεν, ⸂ἦν ἀπολωλὼς⸃ καὶ ⸆ εὑρέθη. καὶ ἤρξαντο εὐφραίνεσθαι. 25 Ἦν δὲ ὁ υἱὸς αὐτοῦ ὁ πρεσβύτερος ἐν ἀγρῷ· ⸂καὶ ὡς ἐρχόμενος ἤγγισεν⸃ τῇ οἰκίᾳ, ἤκουσεν συμφωνίας καὶ χορῶν, 26 καὶ προσκαλεσάμενος ἕνα τῶν παίδων ἐπυνθάνετο ⸂τί ἂν⸃ εἴη ταῦτα. 27 ὁ δὲ εἶπεν αὐτῷ ὅτι ὁ ἀδελφός σου ἥκει, καὶ ἔθυσεν ὁ πατήρ σου τὸν μόσχον τὸν σιτευτόν, ὅτι	

12 ⸆μοι D Θ *al* lat sy sa | ⸂και ℵ* ℜ D W Θ λ ϕ *pl* latt ¦ — 𝔓75 ¦ *txt* B ℵ^corr A L *pc* || **13** ⸂ου μετα D *pc* lat ¦ ου μετ ου Θ | ⸀† παντα 𝔓75 B D *pc* ¦ *txt* ℵ ℜ A W Θ λ ϕ *pl* | ⸄εαυτου τον βιον D || **14** ⸀ισχυρος ℜ W Δ Θ ϕ 118.209 *pm* ¦ — b ff² i l sy^s || **16** ⸀† γεμισαι την κοιλιαν αυτου ℜ A Θ *pm* lat sy^s.p bo ¦ γ. τ. κ. α. και χορτ. W ¦ *txt* 𝔓75 B ℵ D L R ϕ 1.131.579 *al* e f (sy^c) sa | ⸁απο ℜ A W Θ 118.209 *pm* || **17** ⸀ειπεν ℜ A D W Δ Θ λ *pl* | ⸁πως οι X 69 *al* | ⸀¹-ευουσιν ℵ ℜ D W Θ ϕ 131 *pm* ¦ *txt* 𝔓75 B A λ *pc* | ⸂*2 1* D R U Θ λ ϕ *al* lat ¦ *1* ℜ A W Δ *pm* || **20** ⸀αυ- ℵ D H Θ ϕ *pm* ¦ *txt* 𝔓75 B A E G W 1.565 *pm* | ⸁ενεπεσεν D ¦ επεσεν W (λ) 69 *al* || **21** ⸉*1 2 5 3 4* ℵ ℜ A W Θ ϕ *pm* lat ¦ *3 2 4 1 5* D ¦ *txt* 𝔓75 B L λ (579) *al* | ⸆(*vs* 19) ποιησον με ως ενα των μισθιων σου B ℵ D 33.700.1241 *al* ¦ *txt* 𝔓75 ℜ A W Θ λ ϕ *pm* lat sy sa bo || **22** °ℜ A W Δ Θ λ *pm* sy^p sa^pt || **23** ⸀ενεγκατε D *pc* ¦ ενεγκαντες ℜ A W Θ λ ϕ *pl* || **24** ⸀(*vs* 32) εζησεν B 579 | ⸂*2 1* ℵ^corr Θ λ ϕ *pm* ¦ και *2 1* ℜ Δ Ψ *al* ¦ *2* D Q R 131 *al* ¦ *txt* 𝔓75 B ℵ* A L *pc* (— ην²... ευρ. W) | ⸆αρτι D || **25** ⸂ελθων δε και εγγισας D || **26** ⸂τινα L Λ 124 *pc* lat ¦ τι ℵ ℜ A (D) W Θ *al* ¦ *txt* 𝔓75 B P Q R λ ϕ *pc*

1sqq cf Lc 12,13 sqq; Sir 33,20 sqq || *2* cf Dt 21,17 || *3* cf Prv 29,3 || *4sqq* cf Prv 23,21 || *6* cf Lc 16,21 || *7* cf Act 12,11 || *8sq* cf Ex 10,16; Ps 51,6; Jr 3,12 sq; *cf 12* || *11* cf Gn 33,4 || *12* *cf 8 sq* || *13* cf Ez 27,22; Am 6,6; Ct 4,14 || *15sq* *cf 23 sq*

Matth.	Mark.	[Luk. 15,11-32]	Joh.

ὑγιαίνοντα αὐτὸν ἀπέλαβεν. 28 ὠργίσθη δὲ καὶ οὐκ ἤθελεν εἰσελθεῖν, ὁ δὲ πατὴρ αὐτοῦ ἐξελθὼν παρεκάλει αὐτόν. 29 ὁ δὲ ἀποκριθεὶς εἶπεν τῷ πατρὶ °αὐτοῦ· ἰδοὺ τοσαῦτα ἔτη δουλεύω σοι καὶ οὐδέποτε ἐντολήν σου παρῆλθον, καὶ ἐμοὶ οὐδέποτε ἔδωκας ⸀ἔριφον ἵνα μετὰ τῶν φίλων μου ⸀εὐφρανθῶ· 30 ⸂ὅτε δὲ ὁ υἱός σου οὗτος ὁ καταφαγών σου τὸν βίον μετὰ ⸆πορνῶν ἦλθεν, ἔθυσας αὐτῷ⸃ τὸν ⸂σιτευτὸν μόσχον⸃. 31 ὁ δὲ εἶπεν αὐτῷ· τέκνον, σὺ πάντοτε μετ᾽ ἐμοῦ εἶ, καὶ πάντα τὰ ἐμὰ σά ἐστιν· 32 εὐφρανθῆναι δὲ καὶ χαρῆναι ἔδει, ὅτι ὁ ἀδελφός σου οὗτος νεκρὸς ἦν καὶ ⸀ἔζησεν, ⸂καὶ ἀπολωλὼς⸃ καὶ εὑρέθη.

29 °† ℵ𝔎WΘλ *pm* ¦ *txt* 𝔓75 BADRϕ 579*al* lat sy sa bo | ⸀ερ. εξ αιγων D sa ¦ εριφιον 𝔓75 B | ⸀αριστησω D lat || **30** ⸂τω δε υιω σου τω καταφαγοντι παντα μετα των π. και ελθοντι εθυσας D e (sy) | ⸆των A(D)LΨ 579 sa bo | ⸂μ. τον σ. 𝔎AWΔΘ λϕ *pm* lat || **32** ⸀(*vs* 24) ανεζ- ℵ^corr 𝔎ADWΘ λϕ *pl* latt ¦ *txt* 𝔓75 Bℵ*LRΔ *pc* | ⸂*2* DXΘΨ λϕ *pc* ¦ *1 2* ην 𝔎 *pm* ¦ *2* ην ℵ *pc* latt ¦ *txt* 𝔓75 BALRW *pc*

20 cf Gn 31,41 || *23sq cf 15sq*

222. Gleichnis vom ungerechten Haushalter

Villicus iniquitatis — **The Parable of the Unjust Steward**

Matth. 6,19-20	Mark.	Luk. 16,1-9 (12,33)	Joh.

1 Ἔλεγεν δὲ καὶ πρὸς τοὺς μαθητάς⸆· ἄνθρωπός τις ἦν πλούσιος ὃς εἶχεν οἰκονόμον, καὶ οὗτος διεβλήθη αὐτῷ ὡς διασκορπίζων τὰ ὑπάρχοντα αὐτοῦ. 2 καὶ φωνήσας αὐτὸν εἶπεν αὐτῷ· τί τοῦτο ἀκούω περὶ σοῦ; ἀπόδος τὸν λόγον τῆς οἰκονομίας σου, οὐ γὰρ ⸀δύνῃ ἔτι οἰκονομεῖν. 3 εἶπεν δὲ ἐν ἑαυτῷ ὁ οἰκονόμος· τί ποιήσω, ὅτι ὁ κύριός μου ἀφαιρεῖται τὴν οἰκονομίαν ἀπ᾽ ἐμοῦ; σκάπτειν οὐκ ἰσχύω, ἐπαιτεῖν αἰσχύνομαι. 4 ἔγνων τί ποιήσω, ἵνα ὅταν μετασταθῶ ἐκ τῆς οἰκονομίας δέξωνταί με εἰς τοὺς οἴκους ⸀αὐτῶν. 5 καὶ προσκαλεσάμενος ἕνα ἕκαστον τῶν χρεοφειλετῶν τοῦ κυρίου ἑαυτοῦ ἔλεγεν τῷ πρώτῳ· πόσον ὀφείλεις τῷ κυρίῳ μου; 6 ὁ δὲ εἶπεν· ἑκατὸν ⸀βάτους ἐλαίου. ὁ δὲ εἶπεν αὐτῷ· δέξαι σου ⸂τὰ γράμματα⸃ καὶ ⸋καθίσας ⸄ταχέως⸌ γράψον⸅ πεντήκοντα. 7 ἔπειτα ἑτέρῳ εἶπεν· σὺ δὲ πόσον ὀφείλεις; ὁ δὲ εἶπεν· ἑκατὸν κόρους σίτου. ⸀λέγει αὐτῷ· δέξαι σου ⸂τὰ γράμματα⸃ καὶ γράψον ὀγδοήκοντα. 8 καὶ ἐπῄνεσεν ὁ κύριος τὸν οἰκονόμον τῆς ἀδικίας ὅτι φρονίμως ἐποίησεν· ⸀ὅτι οἱ υἱοὶ τοῦ αἰῶνος τούτου φρονιμώτεροι ὑπὲρ τοὺς υἱοὺς τοῦ φωτὸς εἰς τὴν γενεὰν τὴν ἑαυτῶν εἰσιν. 9 Καὶ ἐγὼ ὑμῖν λέγω, ⸄ἑαυτοῖς ποιήσατε⸅ φίλους ἐκ τοῦ ⸂μαμωνᾶ τῆς ἀδικίας⸃, ἵνα ὅταν ⸀ἐκλίπῃ δέξωνται ὑμᾶς εἰς τὰς αἰωνίους σκηνάς⸆.

6,19-20 (nr. 64, p. 88)

19 Μὴ θησαυρίζετε ὑμῖν θησαυροὺς ἐπὶ τῆς γῆς, ὅπου σὴς καὶ βρῶσις ἀφανίζει καὶ ὅπου κλέπται διορύσσουσιν καὶ κλέπτουσιν· 20 θησαυρίζετε δὲ ὑμῖν θησαυροὺς ἐν οὐρανῷ, ὅπου οὔτε σὴς οὔτε βρῶσις ἀφανίζει καὶ ὅπου κλέπται οὐ διορύσσουσιν οὐδὲ κλέπτουσιν.

12,33 (nr. 202, p. 287)

33 Πωλήσατε τὰ ὑπάρχοντα ὑμῶν καὶ δότε ἐλεημοσύνην· ποιήσατε ἑαυτοῖς βαλλάντια μὴ παλαιούμενα, θησαυρὸν ἀνέκλειπτον ἐν τοῖς οὐρανοῖς, ὅπου κλέπτης οὐκ ἐγγίζει οὐδὲ σὴς διαφθείρει.

1 ⸆αυτου 𝔎AWΘλ *pm* lat sy sa bo^pt || **2** ⸀δυνηση 𝔎A *pm*; Or ¦ *txt* 𝔓75 BℵDWΘλϕ *al* || **4** ⸀† εαυ- BℵR **070** *pc* ¦ *txt* 𝔓75 𝔎ADLW Θλϕ *pl* || **6** ⸀καδους D* 1241 aur e f (l) r^1 vg ¦ καβ- D^2 713 ¦ βαδ- ℌW **0178** *al*; Or ¦ *txt* 𝔓75 B𝔎AΘ λϕ *pm* it | ⸂το γραμμα 𝔎AWΔΘ λϕ *pl* | ⸋D; Or | ⸄𝔓75 B *pc* e || **7** ⸀και λ. 𝔎AWΔΘ λ *pm* ¦ ο δε λ. D ¦ λ. δε ℵ 13 *pc* ¦ *txt* 𝔓75 BLR 69 *al* | ⸂το γραμμα 𝔎AWΔΘ ϕ *pm* || **8** ⸀διο λεγω υμιν D || **9** ⸄ℵ^corr 𝔎ADWΔΘ **0178** λϕ *pl*; Cl Meth ¦ *txt* 𝔓75 Bℵ*LR *pc* | ⸂αδικου μαμ. D a | ⸀εκλιπητε (-λειπ-) 𝔎W 13.33.131 *pm* lat ¦ *txt* 𝔓75 ℌADΘ **0178** λ 69 *al* a e l sy sa bo | ⸆αυτων (⸄P) 1396 b sy

3 cf Lc 12,17; 18,4 || 11 cf Henoch 63,10 || 11sq cf Mt 19,21; *cf 13sqq* || 12 cf 4 Esr 2,11 | cf Apc 13,6; Henoch 39,4sq || *13sqq cf 11sq*

223. Von der Treue im Kleinen

Fides in minimo — **On Faithfulness in What is Least**

Matth.	Mark.	**Luk. 16,10-12**	Joh.
		[10] Ὁ πιστὸς ἐν ἐλαχίστῳ καὶ ἐν πολλῷ πιστός ἐστιν, καὶ ὁ ἐν ἐλαχίστῳ ἄδικος καὶ ἐν πολλῷ ἄδικός ἐστιν. [11] εἰ οὖν ἐν τῷ ἀδίκῳ μαμωνᾷ πιστοὶ οὐκ ἐγένεσθε, τὸ ἀληθινὸν τίς ὑμῖν πιστεύσει; [12] καὶ εἰ ἐν τῷ ἀλλοτρίῳ πιστοὶ οὐκ ἐγένεσθε, τὸ ⸀ὑμέτερον τίς ⸉ὑμῖν δώσει⸊;	

2. Clem. ad Cor. 8, 5–6: [5] Λέγει γὰρ ὁ κύριος ἐν τῷ εὐαγγελίῳ· »Εἰ τὸ μικρὸν οὐκ ἐτηρήσατε, τὸ μέγα τίς ὑμῖν δώσει; λέγω γὰρ ὑμῖν, ὅτι ὁ πιστὸς ἐν ἐλαχίστῳ καὶ ἐν πολλῷ πιστός ἐστιν«. [6] ἄρα οὖν τοῦτο λέγει· τηρήσατε τὴν σάρκα ἁγνὴν καὶ τὴν σφραγῖδα ἄσπιλον, ἵνα τὴν αἰώνιον ζωὴν ἀπολάβωμεν. *cf.* **Irenaeus, Adv. haer. II, 56,1:** Et ideo Dominus dicebat ingratis exsistentibus in eum: »Si in modico fideles non fuistis, quod magnum est quis dabit vobis?«

Hilarius, Epist. s. lib. c 1: »Si in modico fideles non fuistis, quod maius est quis dabit vobis?«

---

12 ⸀ † ημ- B L 1574 *pc*; Or ¦ εμον 157 e i l; Mcion ¦ *txt* 𝔓75 ℵ 𝔎 A D W Δ Θ λ ϕ *pl* lat sy sa bo^pt | ⸉ † ℵ D R Θ *pc* ¦ *txt* 𝔓75 B 𝔎 A W Δ λ ϕ *pl*

1sqq cf Lc 19,17; Mt 25,21; *cf 4sq. 6sq. 8* || *4sq cf 1sqq* || *6sq cf 1sqq* || *8 cf 1sqq*

224. Vom Dienst zweier Herren

Duobus dominis servire — *(cf. nr. 66)* — **On Serving Two Masters**

Matth. 6,24 *(nr. 66, p. 90)*	Mark.	**Luk. 16,13**	Joh.
[24] Οὐδεὶς ⸆ δύναται δυσὶ κυρίοις δουλεύειν· ἢ γὰρ τὸν ἕνα μισήσει καὶ τὸν ἕτερον ἀγαπήσει, ἢ ἑνὸς ἀνθέξεται καὶ τοῦ ἑτέρου καταφρονήσει. οὐ δύνασθε θεῷ δουλεύειν καὶ μαμωνᾷ.		[13] Οὐδεὶς οἰκέτης δύναται δυσὶ κυρίοις δουλεύειν· ἢ γὰρ τὸν ἕνα μισήσει καὶ τὸν ἕτερον ἀγαπήσει, ἢ ἑνὸς ⸀ἀνθέξεται καὶ τοῦ ἑτέρου καταφρονήσει. οὐ δύνασθε θεῷ δουλεύειν καὶ μαμωνᾷ.	

2. Clem. ad Cor. 6, 1: Λέγει δὲ ὁ κύριος· »Οὐδεὶς οἰκέτης δύναται δυσὶ κυρίοις δουλεύειν«. ἐὰν ἡμεῖς θέλωμεν καὶ θεῷ δουλεύειν καὶ μαμωνᾷ, ἀσύμφορον ἡμῖν ἐστιν.

Evang. Thomae copt.: *cf. Append. I, 47*

Matth.: 24 ⸆*p)* οικετης L *pc*

Luk.: 13 ⸀ανεξεται sy^s sa

1sqq cf Lc 16,9.11; Jc 4,4sq; *cf 7* || *1 cf 5* || *5 cf 1* || *7 cf 1sqq*

225. Gegen die Pharisäer

Pharisaei arguuntur — **The Pharisees Reproved**

Matth.	Mark.	**Luk. 16,14-15**	Joh.
		[14] Ἤκουον δὲ ταῦτα πάντα ⸆ οἱ Φαρισαῖοι φιλάργυροι ὑπάρχοντες καὶ ἐξεμυκτήριζον αὐτόν. [15] καὶ εἶπεν αὐτοῖς· ὑμεῖς ἐστε οἱ δικαιοῦντες ἑαυτοὺς ἐνώπιον τῶν ἀνθρώπων, ὁ δὲ θεὸς γινώσκει τὰς καρδίας ὑμῶν· ὅτι τὸ ἐν ἀνθρώποις ὑψηλὸν βδέλυγμα ἐνώπιον ⸂τοῦ θεοῦ⸃.	

---

14 ⸆και 𝔎 A W Δ Θ λ ϕ *pm* ¦ *txt* 𝔓75 B ℵ D L R *al* || 15 ⸂κυριου B

---

1 cf Mc 12,40; Lc 20,47; Mt 23,14.25 || *2* cf Mt 23,28; Lc 18,9.14; Mt 6,2 | cf 1Sm 16,7; 1Chr 28,9; Ps 7,10 || *3* cf Prv 6,16sqq

226. Vom Gesetz

De lege *(cf. nr. 54)* **Concerning the Law**

Matth. 11,12-13; 5,18 (24,35)

11,12-13 *(nr. 107, p. 151)*

cf. v. 13 [12]Ἀπὸ °δὲ τῶν ἡμερῶν Ἰωάννου τοῦ βαπτιστοῦ ἕως ἄρτι ἡ βασιλεία τῶν οὐρανῶν βιάζεται καὶ ⸆ βιασταὶ ἁρπάζουσιν αὐτήν. [13]πάντες γὰρ οἱ προφῆται ⸋καὶ ὁ νόμος⸌ ἕως Ἰωάννου ἐπροφήτευσαν.

5,18 *(nr. 54, p. 78)*

[18]Ἀμὴν γὰρ λέγω ὑμῖν· ἕως ἂν παρέλθῃ ὁ οὐρανὸς καὶ ἡ γῆ, ἰῶτα ἓν ἢ μία κεραία οὐ μὴ παρέλθῃ ἀπὸ τοῦ νόμου⸆, ἕως °ἂν ⸉πάντα γένηται⸊ ⸆.

24,35 *(nr. 293, p. 405)*

[35]Ὁ οὐρανὸς καὶ ἡ γῆ παρελεύσεται, οἱ δὲ λόγοι μου οὐ μὴ παρέλθωσιν.

Mark. (13,31)

13,31 *(nr. 293, p. 405)*

[31]Ὁ οὐρανὸς καὶ ἡ γῆ παρελεύσονται, οἱ δὲ λόγοι μου οὐ μὴ παρελεύσονται.

Luk. 16,16-17 (21,33)

[16]Ὁ νόμος καὶ οἱ προφῆται ⸀μέχρι Ἰωάννου⸆· ⸂ἀπὸ τότε⸃ ἡ βασιλεία τοῦ θεοῦ εὐαγγελίζεται ⸋καὶ πᾶς εἰς αὐτὴν βιάζεται⸌⸆.

[17]εὐκοπώτερον δέ ἐστιν τὸν οὐρανὸν καὶ τὴν γῆν παρελθεῖν ἢ ⸂τοῦ νόμου⸃ ⸉μίαν κεραίαν⸊ πεσεῖν.

21,33 *(nr. 293, p. 405)*

[33]Ὁ οὐρανὸς καὶ ἡ γῆ παρελεύσονται, οἱ δὲ λόγοι μου οὐ μὴ παρελεύσονται.

Joh.

Justinus Mart., Dial. 51, 3: Εἰρήκει δὲ περὶ τοῦ μηκέτι γενήσεσθαι ἐν τῷ γένει ὑμῶν προφήτην καὶ περὶ τοῦ ἐπιγνῶναι ὅτι ἡ πάλαι κηρυσσομένη ὑπὸ τοῦ θεοῦ καινὴ διαθήκη διαταχθήσεσθαι ἤδη τότε παρῆν, τοῦτ᾽ ἔστιν αὐτὸς ὢν ὁ Χριστός, οὕτως· »Ὁ νόμος καὶ οἱ προφῆται μέχρι Ἰωάννου τοῦ βαπτιστοῦ«· »ἐξ ὅτου ἡ βασιλεία τῶν οὐρανῶν βιάζεται, καὶ βιασταὶ ἁρπάζουσιν αὐτήν. καὶ εἰ θέλετε δέξασθαι, αὐτός ἐστιν Ἠλίας ὁ μέλλων ἔρχεσθαι. ὁ ἔχων ὦτα ἀκούειν ἀκουέτω«.

Evang. Thomae copt.: *cf. Append. I 11*

Matth. 11: 12 °D* a sy^{s} (γαρ sa^{pt}) bo^{pt}; Ambst | ⸆οι D || 13 ⸋sy^{s} bo^{pt}

Matth. 5: 18 ⸆(*vs* 17) και των προφητων Θ ϕ *al*; Ir^{lat} | °B* *pc* | ⸉D | ⸆(24,35) caelum et terra transibunt, verba autem mea non praeteribunt c

Luk.: 16 ⸀εως ℜ A D W Θ *al*; Mcion Hipp Epiph ¦ *txt* 𝔓^{75} B ℵ L R X (λ) ϕ *pc* | ⸆προεφητευσαν Θ *pc* ¦ επροφ. D | ⸂εξ (αφ) οὗ Mcion | ⸋ℵ* G *pc* | ⸆εισελθειν sy^{p} ¦ *p)* και βιασται αρπαζουσιν αυτην ℵ^{corr} || 17 ⸂των λογων μου Mcion ¦ [του νομ. μου Lipsius *cj*] | ⸉B

1sqq cf 11sqq || *1(Lc)* cf Act 10,37; *cf 3sq (Mt)* || *3sq (Mt) cf 1 (Lc)* || *4(Mt)* cf 1 Pt 1,10 || *5sq* cf Bar 4,1; Tob 1,6; 4 Esr 9,37; Apc Bar 77,15; Job 14,12; Is 51,6; *cf 8sq. 14* || *8sq cf 5sq* || *11sqq cf 1sqq* || *14 cf 5sq*

227. Von der Ehescheidung

Nefas repudii *(cf. nr. 252)* **Concerning Divorce**

Matth. 19,9 (5,32)

19,9 *(nr. 252, p. 334)*

[9]Λέγω δὲ ὑμῖν °ὅτι ὃς ἂν ἀπολύσῃ τὴν γυναῖκα αὐτοῦ ⸂μὴ ἐπὶ πορνείᾳ⸃ ⸋καὶ γαμήσῃ ἄλλην⸌ ⸀μοιχᾶται⸆.

Mark. 10,11-12 *(nr. 252, p. 334)*

[11]Καὶ λέγει αὐτοῖς· ⸂ὃς ἂν ἀπολύσῃ τὴν γυναῖκα αὐτοῦ καὶ γαμήσῃ ἄλλην μοιχᾶται ἐπ᾽ αὐτήν· [12]καὶ ἐὰν ⸀αὐτὴ

Luk. 16,18

[18]Πᾶς ὁ ἀπολύων τὴν γυναῖκα αὐτοῦ καὶ γαμῶν ἑτέραν μοιχεύει, καὶ ⸆

Joh.

Matth.: 9 °*p)* B D 1424 *pc* it | ⸂(5,32) παρεκτος λογου πορνειας B D ϕ 1.33 *al* it sy sa bo; Cyr | ⸋B 1.33 *pc* ff^{1} bo; Cyr | ⸀(5,32) ποιει αυτην μοιχευθηναι 𝔓^{25vid} B C* 1.33 *al* ff^{1} bo; Cyr | ⸆*p)* και ο απολελυμενην γαμησας (γαμων C* W Θ 1 *al*) μοιχαται B C* ℜ W Θ λ 13.33 *pm* lat sy^{p} bo^{pt}; Cyr ¦ ωσαυτως και ο γαμων απολ. μοιχαται 𝔓^{25} ¦ *txt* ℵ C^{3} D L *al* it sy$^{s.c}$ sa

Mark.: 11.12 ⸂εαν απολ. γυν. τ. ανδ. αυτ. κ. γαμηση αλλον μοιχ.· και εαν αν. απολ. τ. γυν. μοιχ. W (1 *pc* sy^{s}) || 12 ⸀γυνη ℜ A D (W ⸉Θ) *pl* latt sy$^{s.p}$

Luk.: 18 ⸆πας ℵ ℜ A W Θ λ *pm* sy^{p} ¦ *txt* 𝔓^{75} B D L 69 *al* latt

---

1sqq cf 7sqq. 13. 16sq

Matth.	[Mark. 10,11-12]	**[Luk. 16,18]**	Joh.
5,32 (*nr. 56, p. 80*) [32] Ἐγὼ δὲ λέγω ὑμῖν ὅτι πᾶς ὁ ἀπολύων τὴν γυναῖκα αὐτοῦ παρεκτὸς λόγου πορνείας ποιεῖ αὐτὴν μοιχευθῆναι, καὶ ὃς ἐὰν ἀπολελυμένην γαμήσῃ, μοιχᾶται.	⸂ἀπολύσασα τὸν ἄνδρα αὐτῆς γαμήσῃ ἄλλον⸃ μοιχᾶται.	°ὁ ἀπολελυμένην □ἀπὸ ἀνδρὸς⸌ γαμῶν μοιχεύει.	

Justinus Mart., Apol. I, 15, 1–4: [1] Περὶ μὲν οὖν σωφροσύνης τοσοῦτον εἶπεν· »Ὃς ἂν ἐμβλέψῃ γυναικὶ πρὸς τὸ ἐπιθυμῆσαι αὐτῆς ἤδη ἐμοίχευσε τῇ καρδίᾳ παρὰ τῷ θεῷ«. [2] Καί· »Εἰ ὁ ὀφθαλμός σου ὁ δεξιὸς σκανδαλίζει σε, ἔκκοψον αὐτόν· συμφέρει γάρ σοι μονόφθαλμον εἰσελθεῖν εἰς τὴν βασιλείαν τῶν οὐρανῶν, ἢ μετὰ τῶν δύο πεμφθῆναι εἰς τὸ αἰώνιον πῦρ«. [3] Καί· »Ὃς γαμεῖ ἀπολελυμένην ἀφ' ἑτέρου ἀνδρὸς μοιχᾶται«. [4] Καί· »Εἰσί τινες οἵτινες εὐνουχίσθησαν ὑπὸ τῶν ἀνθρώπων, εἰσὶ δὲ οἳ ἐγεννήθησαν εὐνοῦχοι, εἰσὶ δὲ οἳ εὐνούχισαν ἑαυτοὺς διὰ τὴν βασιλείαν τῶν οὐρανῶν· πλὴν οὐ πάντες τοῦτο χωροῦσιν«.

Herm. Past., Mand. IV, 1, 6: Τί οὖν, φημί, κύριε, ποιήσῃ ὁ ἀνήρ, ἐὰν ἐπιμείνῃ τῷ πάθει τούτῳ ἡ γυνή; Ἀπολυσάτω, φησίν, αὐτήν, καὶ ὁ ἀνὴρ ἐφ' ἑαυτῷ μενέτω· ἐὰν δὲ ἀπολύσας τὴν γυναῖκα ἑτέραν γαμήσῃ, καὶ αὐτὸς μοιχᾶται.

Mark.: ⸂ -ση τ. α. α. και γαμηθη αλλω 𝔎 A *pm* ¦ εξελθη απο του ανδρος και αλλον γαμηση D (Θ) *pc* it

Luk.: ° 𝔓75 1241 | □ D 28 sy^s.p bo^pt

7sqq cf *1sqq* || *11sq* cf Mt 5,28 || *12sq* cf Mt 5,29; 18,9; Mc 9,47 || *13* cf *1sqq* || *13sq* cf Mt 19,11sq || *16sq* cf *1sqq*

228. Gleichnis vom reichen Mann und armen Lazarus

De divite et Lazaro mendico

The Parable of the Rich Man and Lazarus

Matth.	Mark.	**Luk. 16,19-31**	Joh.
		[19] ᵀ Ἄνθρωπος °δέ τις ἦν πλούσιος ᵀ, καὶ ἐνεδιδύσκετο πορφύραν καὶ βύσσον εὐφραινόμενος καθ' ἡμέραν λαμπρῶς. [20] πτωχὸς δέ τις ᵀ ὀνόματι Λάζαρος ᵀ ἐβέβλητο πρὸς τὸν πυλῶνα αὐτοῦ εἱλκωμένος [21] καὶ ἐπιθυμῶν χορτασθῆναι ἀπὸ ᵀ τῶν πιπτόντων ἀπὸ τῆς τραπέζης τοῦ πλουσίου ᵀ· ἀλλὰ καὶ οἱ κύνες ἐρχόμενοι ⸀ἐπέλειχον τὰ ἕλκη αὐτοῦ. [22] ἐγένετο δὲ ἀποθανεῖν τὸν πτωχὸν καὶ ἀπενεχθῆναι αὐτὸν ὑπὸ τῶν ἀγγέλων εἰς τὸν κόλπον Ἀβραάμ· ἀπέθανεν °δὲ καὶ ὁ πλούσιος καὶ ⸂ἐτάφη. [23] καὶ ἐν τῷ ᾅδῃ ἐπάρας⸃ τοὺς ὀφθαλμοὺς αὐτοῦ, ὑπάρχων ἐν βασάνοις, ὁρᾷ Ἀβραὰμ ἀπὸ μακρόθεν καὶ Λάζαρον ἐν τοῖς κόλποις αὐτοῦ ᵀ. [24] καὶ αὐτὸς ⸀φωνήσας εἶπεν· πάτερ Ἀβραάμ, ἐλέησόν με καὶ πέμψον Λάζαρον ἵνα βάψῃ τὸ ἄκρον τοῦ δακτύλου αὐτοῦ ὕδατος καὶ καταψύξῃ τὴν γλῶσσάν μου, ὅτι ὀδυνῶμαι ἐν τῇ φλογὶ ταύτῃ. [25] εἶπεν δὲ Ἀβραάμ· τέκνον, μνήσθητι ὅτι ἀπέλαβες ᵀ τὰ ἀγαθά σου ἐν τῇ ζωῇ σου, καὶ Λάζαρος ὁμοίως τὰ κακά· νῦν δὲ ⸀ὧδε παρακαλεῖται, σὺ δὲ ὀδυνᾶσαι.	

---

19 ᵀ ειπεν δε και ετεραν παραβολην D | ° D Θ *pc* lat sy^s; Mcion | ᵀ ονοματι Νευης 𝔓75 (Nineue sa) ¦ Finees Prisc || **20** ᵀ ην 𝔎 A W Θ λ φ *pm* lat *et* ᵀ ος 𝔎 A W Θ **063** λ φ *pm* lat || **21** ᵀ των ψιχιων (-χων D) 𝔎 A D W Θ **063** (λ) φ *pl* a aur d f vg sy^p sa^pt bo^pt ¦ *txt* 𝔓75 B ℵ* L it sy^s; (Cl) | ᵀ (15,16) και ουδεις εδιδου αυτω φ l vg^cl | ⸀ απελ- 𝔎 W (**063**) φ *pl* ¦ περιελ- 157 ¦ ελ- D λ lat; Mcion ¦ *txt* ℌ A Θ *pc* || **22** ° 𝔓75 267 || **22. 23** ⸂ εταφη. εν τ. α. επ. ℵ* q ¦ εταφη εν τ. αδη. επαρας δε lat; (ουν Mcion) || **23** ᵀ αναπαυομενον D Θ it || **24** ⸀ εμφ- D ¦ εκφ- 157 it || **25** ᵀ συ 𝔎 (^S A) W Δ Ψ (**063**) λ *pm* | ⸀ οδε λ *pc*; Mcion

---

1 cf Apc 18,16 | cf Lc 12,19 || *3* cf Lc 15,16; Mt 15,27; Mc 7,27 || *4* cf Jo 1,18; 13,23; 4 Mcc 13,17 | cf Mt 8,11 || *5sq* cf Lc 12,5; Mt 5,22; 18,9? | cf 4 Esr 7,36; 4 Mcc 13 15 || *6* cf Lc 13,28 || *8* cf 4 Esr 8,59; Hen 10,2 || *8sq* cf Lc 6,24

Matth.	Mark.	[Luk. 16,19-31]	Joh.
		26 καὶ ⸀ἐν πᾶσι τούτοις μεταξὺ ἡμῶν καὶ ὑμῶν χάσμα μέγα ἐστήρικται, ὅπως οἱ θέλοντες διαβῆναι ἔνθεν πρὸς ὑμᾶς μὴ δύνωνται, μηδὲ ⸆ ἐκεῖθεν ⸂πρὸς ἡμᾶς διαπερῶσιν⸃. 27 εἶπεν δέ· ἐρωτῶ ⸉σε οὖν⸊, πάτερ ⸆, ἵνα πέμψῃς αὐτὸν εἰς τὸν οἶκον τοῦ πατρός μου, 28 ἔχω γὰρ πέντε ἀδελφούς, ὅπως διαμαρτύρηται αὐτοῖς, ἵνα μὴ καὶ αὐτοὶ ἔλθωσιν εἰς τὸν τόπον τοῦτον τῆς βασάνου. 29 λέγει δὲ ⸆ Ἀβραάμ· ἔχουσι Μωϋσέα καὶ τοὺς προφήτας· ἀκουσάτωσαν αὐτῶν. 30 ὁ δὲ εἶπεν· οὐχί, πάτερ Ἀβραάμ, ἀλλ᾽ ἐάν τις ἀπὸ νεκρῶν ⸀πορευθῇ πρὸς αὐτοὺς μετανοήσουσιν. 31 εἶπεν δὲ αὐτῷ· εἰ Μωϋσέως καὶ τῶν προφητῶν οὐκ ἀκούουσιν, οὐδ᾽ ἐάν τις ἐκ νεκρῶν ⸀ἀναστῇ ⸀πεισθήσονται.	

26 ⸀επι ℜ A D W Θ 063 λ ϕ *pl* ¦ *txt* 𝔓75 B ℵ L *pc* lat | ⸆οι ℜ A W L Θ 063. 0272 λ *pl*; Mcion ¦ *txt* 𝔓75 B ℵ* D ϕ *pc* | ⸂ωδε διαπερασαι D (157) lat; (Mcion) || 27 ⸉ *2 1* 𝔓75 ℵ ℜ L X Θ 063 λ *pm* lat; Mcion Or ¦ *1* W e f r1 ¦ *txt* B A D ϕ *al* | ⸆Αβρααμ D N 579 *pc* || 29 ⸆αυτω ℜ A D W Θ 063 λ ϕ *pl* lat syp sa bopt; Mcion ¦ *txt* 𝔓75 B ℵ L *pc* d λ || 30 ⸀εγερθη 𝔓75 ¦ αναστη ℵ (69 it) || 31 ⸀εγερθη 𝔓75 579 | ⸀και απελθη προς αυτους, πιστευσουσιν D it; (Ir)

10 χάσμα hapaxl. (cf 2 Sm 18,17) || 15 cf Jo 5,46

229. Warnung vor Ärgernis

De scandalis

(cf. nr. 168)

Warning against Offenses

Matth. 18,6-7 *(nr. 168, p. 249)*	Mark. 9,42 *(nr. 168 p. 249)*	**Luk. 17,1-3a**	Joh.
		1 Εἶπεν δὲ πρὸς τοὺς μαθητὰς °αὐτοῦ· ἀνένδεκτόν ἐστιν τοῦ ⸉τὰ σκάνδαλα μὴ ἐλθεῖν⸊, ⸂πλὴν οὐαὶ⸃ δι᾽ οὗ ἔρχεται·	
cf. v. 7 6 Ὃς δ᾽ ἂν σκανδαλίσῃ ἕνα τῶν μικρῶν τούτων τῶν πιστευόντων εἰς ἐμέ, συμφέρει αὐτῷ ἵνα κρεμασθῇ μύλος ὀνικὸς ⸀περὶ τὸν τράχηλον αὐτοῦ καὶ καταποντισθῇ ἐν τῷ πελάγει τῆς θαλάσσης. 7 Οὐαὶ τῷ κόσμῳ ἀπὸ τῶν ⸆ σκανδάλων· ἀνάγκη γὰρ ⸆ ἐλθεῖν τὰ σκάνδαλα, πλὴν οὐαὶ τῷ ἀνθρώπῳ ⸆1 δι᾽ οὗ ⸂τὸ σκάνδαλον⸃ ἔρχεται.	42 Καὶ ὃς ἂν σκανδαλίσῃ ἕνα τῶν μικρῶν ⸀τούτων τῶν ⸂πιστευόντων [εἰς ἐμέ]⸃, καλόν ἐστιν αὐτῷ μᾶλλον εἰ ⸀περίκειται ⸂μύλος ὀνικὸς⸃ ⸀1 περὶ τὸν τράχηλον αὐτοῦ καὶ ⸀2 βέβληται εἰς τὴν θάλασσαν.	2 ⸀λυσιτελεῖ αὐτῷ εἰ ⸂λίθος μυλικὸς⸃ ⸀περίκειται περὶ τὸν τράχηλον αὐτοῦ καὶ ⸀ἔρριπται εἰς τὴν θάλασσαν ἢ ἵνα σκανδαλίσῃ τῶν μικρῶν τούτων ⸉ἕνα. 3a προσέχετε ἑαυτοῖς. cf. v. 1	

1. Clem. ad Cor. 46, 8: Εἶπεν γάρ· »Οὐαὶ τῷ ἀνθρώπῳ ἐκείνῳ· καλὸν ἦν αὐτῷ, εἰ οὐκ ἐγεννήθη, ἢ ἕνα τῶν ἐκλεκτῶν μου σκανδαλίσαι· κρεῖττον ἦν αὐτῷ περιτεθῆναι μύλον καὶ καταποντισθῆναι εἰς τὴν θάλασσαν, ἢ ἕνα τῶν ἐκλεκτῶν μου διαστρέψαι«.

Ps. Clem. hom. XII, 29, 1: Ὁ τῆς ἀληθείας προφήτης ἔφη· »Τὰ ἀγαθὰ ἐλθεῖν δεῖ, μακάριος δέ (φησίν) δι᾽ οὗ ἔρχεται· ὁμοίως καὶ τὰ κακὰ ἀνάγκη ἐλθεῖν, οὐαὶ δὲ δι᾽ οὗ ἔρχεται«.

Matth.: 6 ⸀εις ℜ W Γ Δ Θ λ ϕ *al* sa bo ¦ επι D *al* ¦ *txt* ℌ *al* || 7 ⸆ερχομενων sys.c | ⸆εστιν ℵ ℜ D W Γ Δ ϕ *al* latt | ⸆1 εκεινω B ℜ (*p.* πλην W) Θ ϕ *pl* it sa bo; Cl Ad | ⸂τα σκανδαλα ϕ *al* syc.p ¦ — Θ sys

Mark.: 42 ⸀μου W ¦ — ℜ Γ Π Ψ 22 *al* | ⸂ † *1* ℵ C* *pc* it ¦ πιστιν εχοντων D a ¦ *txt* B C2 ℜ A N W Θ *pl* lat sys.p sa bopt | ⸀περιεκειτο D W lat | ⸂ *p)* λιθος μυλικος ℜ A N Γ Π Φ *al* ¦ μυλον ονικον W ¦ μυλωνικος λιθος (Θ) ϕ | ⸀1 επι D *pc* | ⸀2 εβληθη W Θ (⸉ D)

Luk.: 1 ° ℜ W Γ Δ Θ Π 063 λ *al* e λ syp | ⸉ *3 4 1 2* ℜ A D W Θ 063 λ ϕ *pl* lat ¦ *txt* 𝔓75 B ℵ L *pc* e | ⸂ † ουαι δε ℜ A (W) Θ 063 *pm* ¦ *txt* 𝔓75 ℌ D λ ϕ *pc* it sys sa bo || 2 ⸀ *p)* συμφερει δε D c; (Mcion) | ⸂λιθ. ονικος W ¦ *p)* μυλος ονικος ℜ A Γ Δ Π 063 *al* sys.p bopt | ⸀περιεκειτο *et* ⸀εριπτ(ετ)ο D a e | ⸉ *p.* σκανδαλιση ℵcorr ℜ A D W Θ 063 λ ϕ *pl* latt ¦ *txt* B ℵ* L *pc*

1 sqq cf Mt 26,24; Mc 14,21; Lc 22,22; cf 8 sqq. 12 sq. 14 sq || 4 cf Mt 18,14; 25,40.45 || 6 cf Apc 18,21 || 8 sqq cf ad 1 sqq || 8 (Mt) cf Mt 5,14; 13,38 || 12 sq cf 1 sqq || 14 sq cf 1 sqq

230. Vom Vergeben

Septies dimittendum

On Forgiveness

Matth. 18,15 18,21-22	Mark.	**Luk. 17,3b-4**	Joh.
18,15 *(nr. 170, p. 252)* [15] Ἐὰν δὲ ἁμαρτήσῃ □[εἰς σὲ]⸌ ὁ ἀδελφός σου, ὕπαγε ⸆ ἔλεγ- ξον αὐτὸν μεταξὺ σοῦ καὶ αὐτοῦ μόνου. ἐάν σου ἀκούσῃ, ἐκέρδησας τὸν ἀδελφόν σου.		[3b] Ἐὰν ⸆ ἁμάρτῃ ⸉ ὁ ἀδελφός σου ἐπιτίμη- σον αὐτῷ, καὶ ἐὰν ⸆[1] μετανοήσῃ ἄφες αὐτῷ.	
18,21-22 *(nr. 172, p. 253)* [21] Τότε προσελθὼν ὁ Πέτρος εἶπεν αὐτῷ· κύριε, ποσάκις ἁμαρτή- σει εἰς ἐμὲ ὁ ἀδελφός μου καὶ ἀφήσω αὐτῷ; ἕως ἑπτάκις; [22] λέγει αὐτῷ ὁ Ἰησοῦς· οὐ λέγω σοι ἕως ἑπτάκις ἀλλὰ ἕως ἑβδομηκοντά- κις ἑπτά.		[4] καὶ ἐὰν ἑπτάκις τῆς ἡμέρας ⸀ἁμαρτήσῃ εἰς σὲ καὶ ⸆ ἑπτάκις ⸉ ἐπιστρέψῃ □πρὸς σὲ⸌ λέγων· ⸁μετανοῶ, ⸀[1] ἀφήσεις αὐτῷ.	

Didache 15,3: Ἐλέγχετε δὲ ἀλλήλους μὴ ἐν ὀργῇ ἀλλ' ἐν εἰρήνῃ, ὡς ἔχετε ἐν τῷ εὐαγγελίῳ· καὶ παντὶ ἀστοχοῦντι κατὰ τοῦ ἑτέρου μηδεὶς λαλείτω μηδὲ παρ' ὑμῶν ἀκουέτω, ἕως οὗ μετανοήσῃ.

Matthiae traditiones (Clem. Alex., Strom. VII, 13, 82, 1): Λέγουσι δὲ ἐν ταῖς παραδόσεσι Ματθίαν τὸν ἀπόστολον παρ' ἕκαστα εἰρηκέναι ὅτι »ἐὰν ἐκλεκτοῦ γείτων ἁμαρτήσῃ, ἥμαρτεν ὁ ἐκλεκτός· εἰ γὰρ οὕτως ἑαυτὸν ἦγεν, ὡς ὁ λόγος ὑπαγορεύει, κατῃδέσθη ἂν αὐτοῦ τὸν βίον καὶ ὁ γείτων εἰς τὸ μὴ ἁμαρτεῖν«.

Matth.: 15 □† B ℵ 1 *pc*; Or ¦ *txt* ℜ D W Θ *pl* latt sy bo[pt] | ⸆ και ℜ W λ *pm* lat

Luk.: 3 ⸆ δε ℜ A W Γ Δ Π 063 λ φ *pm* | ⸉ εις σε ℜ D Γ Δ Π 063. 0135 φ *pm* c e q | ⸆[1] μεν A Θ *pc* ¦ μη 1. 209 || 4 ⸀ αμαρτη ℵ ℜ 0135 λ *pm* | ⸆ το D sy[s]; Cl ¦ εαν A *pc* aur b | ⸉ της ημερας ℜ A W Γ Δ Θ 063. 0135 λ φ *pl* aur e f vg sy[p] sa bo[pt] | □ ℜ W Γ Θ 063. 0135 φ *pm* f i λ | ⸁ μετανοησω D* | ⸀[1] αφες D *pc* lat; Cl

---

1 sqq cf *8 sq* || *1 sq* cf Gl 6,1; Tt 3,10 | cf Lv 197 || *5 sqq* cf Gn 4,15. 24; Lv 26,21; Dt 9,27; Prv 24,16; Ps 119,164; *cf 10 sqq* || *8 sq* cf *1 sqq* || *10 sqq* cf *5 sqq*

231. Vom Glauben

(cf. nr. 163)

Fides sicut granum sinapis

On Faith

Matth. 17,19-[21] 21,21	Mark. 9,28-29 11,22-23	**Luk. 17,5-6**	Joh.
17,19-[21] *(nr. 163, p. 240)* [19] Τότε προσελθόντες οἱ μαθηταὶ τῷ Ἰησοῦ κατ' ἰδίαν εἶπον· διὰ τί ἡμεῖς οὐκ ἠδυνήθημεν ἐκβαλεῖν αὐτό; [20] ὁ δὲ ⸆ ⸀λέγει αὐτοῖς· διὰ τὴν ⸁ὀλιγοπιστίαν ὑμῶν·	9,28-29 *(nr. 163, p. 240)* [28] Καὶ ⸂εἰσελθόντος αὐτοῦ⸃ εἰς οἶκον ⸆ οἱ μαθηταὶ αὐτοῦ κατ' ἰδίαν ⸆ ἐπηρώτων αὐτόν ⸉ · ⸀ὅτι ἡμεῖς οὐκ ἠδυνήθημεν ἐκβαλεῖν αὐτό⸇; [29] καὶ εἶπεν αὐτοῖς·	[5] Καὶ εἶπαν οἱ ἀπόστολοι τῷ κυρίῳ· πρόσθες ἡμῖν πίστιν. [6] ⸂εἶπεν δὲ ὁ κύριος⸃·	

Matth.: 20 ⸆ Ιησους C ℜ W λ *pl* (⸉ lat sy[p]) | ⸀ ειπεν C ℜ W it | ⸁ απιστιαν C ℜ D W *pm* latt sy[s.p]

Mark.: 28 ⸂ εισελθοντι αυτω 𝔓45 ¦ εισελθοντα αυτον ℜ A Γ Π Φ 33. 124. 579 *pm* | ⸆ προσηλθον αυτω *et* ⸆ και 𝔓45vid W Θ φ *pc* | ⸉ λεγοντες 𝔓45 W Θ φ *pc* | ⸀ *p)* δια τι A D 33 *al* ¦ [ὅ τι H] | [⁚ W]

Luk.: 6 ⸂ ο δε ειπεν αυτοις D

---

1 sqq (Mt/Mc) cf Mc 10,10; 9,33 || *1 sq (Lc)* cf Mc 9,24; Lc 11,1 || *3 sq* cf Mt 10,1 par; Lc 10,17 || *5* cf Mt 6,30; 8,26; 14,31; 16,8; Lc 12,28

[Matth. 17,19-[21]]	[Mark. 9,28-29]	**[Luk. 17,5-6]**	Joh.
ἀμὴν γὰρ λέγω ὑμῖν, ἐὰν ἔχητε πίστιν ὡς κόκκον σινάπεως, ἐρεῖτε τῷ ὄρει τούτῳ· ⸂μετάβα ἔνθεν⸃ ἐκεῖ, καὶ μεταβήσεται· καὶ οὐδὲν ἀδυνατήσει ὑμῖν. ⸆ [21]	τοῦτο τὸ γένος ἐν οὐδενὶ δύναται ἐξελθεῖν εἰ μὴ ἐν προσευχῇ⸆.	εἰ ⸀ἔχετε πίστιν ὡς κόκκον σινάπεως, ἐλέγετε ἂν⸆ τῇ συκαμίνῳ °[ταύτῃ]· ⸋ἐκριζώθητι καὶ⸌ ⸂φυτεύθητι ἐν τῇ θαλάσσῃ⸃· καὶ ὑπήκουσεν ἂν ὑμῖν.	
21,21 *(nr. 275, p. 374)* [21] Ἀποκριθεὶς δὲ ὁ Ἰησοῦς εἶπεν αὐτοῖς· ἀμὴν λέγω ὑμῖν, ἐὰν ἔχητε πίστιν καὶ μὴ διακριθῆτε, οὐ μόνον τὸ τῆς συκῆς ποιήσετε, ἀλλὰ κἂν τῷ ὄρει τούτῳ εἴπητε· ἄρθητι καὶ βλήθητι εἰς τὴν θάλασσαν, γενήσεται.	11,22-23 *(nr. 275, p. 374)* [22] Καὶ ἀποκριθεὶς ὁ Ἰησοῦς λέγει αὐτοῖς· ἔχετε πίστιν θεοῦ. [23] ἀμὴν λέγω ὑμῖν ὅτι ὃς ἂν εἴπῃ τῷ ὄρει τούτῳ· ἄρθητι καὶ βλήθητι εἰς τὴν θάλασσαν, καὶ μὴ διακριθῇ ἐν τῇ καρδίᾳ αὐτοῦ ἀλλὰ πιστεύῃ ὅτι ὃ λαλεῖ γίνεται, ἔσται αὐτῷ.		

Evang. Thomae copt.: *cf. Append. I, 48*

Matth.: 20 ⸂μεταβηθι ενθεν D; Or[pt] ¦ μεταβηθι εντευθεν C𝔎W *al* ¦ μεταβα εντευθεν Θ φ *pc* | ⸆ *p)* [21] τουτο δε το γενος ουκ εκπορευεται (εκβαλλεται ℵ[corr]) ει μη εν προσευχη και νηστεια. ℵ[corr] C𝔎DW λ φ *pl* lat sy[p] bo[pt] ¦ *txt* Bℵ*Θ *pc* e ff[1] sy[s.c] sa bo[pt]

Mark.: 29 ⸆και νηστεια *rell* (⸉sy[s.p]) ¦ *txt* Bℵ* 0274 k georg[pt]; Cl

Luk.: 6 ⸀ειχετε DEG *al* lat | ⸆ *p)* τω ορει τουτω· μεταβα εντευθεν εκει, και μετεβαινεν· και D (sy[c]) | ° 𝔓[75] ℵ D *pc* sy[c] ¦ *txt* B𝔎AWΘ 063.0135 λ φ *pl* | ⸋ D | ⸂μεταφ- εις την θ-αν D lat

[6sqq] cf 1Cor 13,2; Mc 9,23; *cf 13sqq. 20* || [6sq] cf Mc 4,30-32 par *(= nr 128)* || [9sq (Lc)] *cf 16sqq* || [13sqq] *cf 6sqq* || [16sqq] *cf 9sq (Lc)* || [20] *cf 6sqq*

232. Wir sind unnütze Knechte

Servi inutiles sumus

»We are Unprofitable Servants«

Matth.	Mark.	Luk. 17, 7-10	Joh.
		[7] Τίς δὲ ἐξ ὑμῶν δοῦλον ἔχων ἀροτριῶντα ἢ ποιμαίνοντα, ὃς εἰσελθόντι ἐκ τοῦ ἀγροῦ⸆ ἐρεῖ αὐτῷ· °εὐθέως παρελθὼν ἀνάπεσε, [8] ⸀ἀλλ' οὐχὶ⸃ ἐρεῖ αὐτῷ· ἑτοίμασον⸆ τί δειπνήσω καὶ περιζωσάμενος διακόνει μοι ἕως φάγω καὶ πίω, καὶ μετὰ ταῦτα φάγεσαι καὶ πίεσαι⸆ σύ; [9] μὴ ἔχει χάριν τῷ δούλῳ ὅτι ἐποίησεν τὰ διαταχθέντα;⸆ [10] οὕτως καὶ ὑμεῖς, ὅταν ποιήσητε ⸂πάντα τὰ διαταχθέντα ὑμῖν⸃, ⸋λέγετε °ὅτι ⸉δοῦλοι ἀχρεῖοί ἐσμεν⸊, ὃ ὠφείλομεν ποιῆσαι πεποιήκαμεν.⸌	

7 ⸆μη D e sy[s.c] bo | ° X 213 it sy[pal] || 8 ⸀αλλα D it sy ¦ αλλ ουκ λ 579 (ουχ 𝔓[75] Λ 063) | ⸆μοι ℵ it sy sa[pt] bo[pt] | ⸆ και Θ λ 124 *pc* sy sa bo || 9 ⸆ου δοκω 𝔎ADWΘ 063.0135 φ *pl* lat ¦ *txt* 𝔓[75] Bℵ[1] L λ *pc* a e || 10 ⸂*2-4* ℵ[1] 28.579 it sy[s.c] ¦ οσα λεγω D | ⸋ Mcion | ° AW λ *al* lat | ⸉*2 1 3 69 al* ¦ *1 3 2* D *pc* ¦ *3 2 1* 990 ¦ *1 3* sy[s]

[1sqq] cf Lc 12,37; Jo 13,4 || [4] cf 2Sm 6,22; Esr 9,9; Mt 25,30

233. Heilung der zehn Aussätzigen

Decem leprosi | **The Cleansing of the Ten Lepers**

Matth. 19,1-2; 8,1-4; 9,22; 9,29-30a | Mark. 10,1; 1,40-44; 5,34; 10,52 | Joh.

Luk. 17, 11-19

9,51; 5,12-14; 8,48; 18,42-43a; 7,50

11 Καὶ ἐγένετο ἐν τῷ πορεύεσθαι ⸆ εἰς Ἰερουσαλὴμ καὶ αὐτὸς διήρχετο ⸂διὰ μέσον⸃ Σαμαρείας καὶ Γαλιλαίας ⸇. 12 Καὶ εἰσερχομένου αὐτοῦ εἴς τινα κώμην ⸀ἀπήντησαν °[αὐτῷ] δέκα λεπροὶ ἄνδρες, ⸂οἳ ἔστησαν⸃ πόρρωθεν 13 καὶ ⸂αὐτοὶ ἦραν φωνὴν λέγοντες⸃· Ἰησοῦ ἐπιστάτα, ἐλέησον ἡμᾶς. 14 καὶ ἰδὼν ⸆ εἶπεν αὐτοῖς· ⸇ πορευθέντες ἐπιδείξατε ἑαυτοὺς τοῖς ἱερεῦσιν. καὶ ἐγένετο ἐν τῷ ὑπάγειν αὐτοὺς ἐκαθαρίσθησαν. 15 εἷς δὲ ἐξ αὐτῶν, ἰδὼν ὅτι ⸀ἰάθη, ὑπέστρεψεν μετὰ φωνῆς μεγάλης δοξάζων τὸν θεόν, 16 καὶ ἔπεσεν ἐπὶ πρόσωπον παρὰ τοὺς πόδας αὐτοῦ εὐχαριστῶν αὐτῷ· καὶ αὐτὸς ἦν Σαμαρίτης. 17 ἀποκριθεὶς δὲ ὁ Ἰησοῦς εἶπεν· ⸂οὐχὶ οἱ δέκα⸃ ἐκαθαρίσθησαν; οἱ °δὲ ἐννέα ποῦ; 18 ⸂οὐχ εὑρέθησαν ὑποστρέψαντες δοῦναι⸃ δόξαν τῷ θεῷ εἰ μὴ ὁ ἀλλογενὴς οὗτος⁚; 19 καὶ εἶπεν αὐτῷ· ἀναστὰς πορεύου· ⸋ἡ πίστις σου σέσωκέν σε.⸌

19,1-2 *(nr. 251, p. 334)*

1 Καὶ ἐγένετο ὅτε ἐτέλεσεν ὁ Ἰησοῦς τοὺς λόγους τούτους, μετῆρεν ἀπὸ τῆς Γαλιλαίας καὶ ἦλθεν εἰς τὰ ὅρια τῆς Ἰουδαίας πέραν τοῦ Ἰορδάνου. 2 καὶ ἠκολούθησαν αὐτῷ ὄχλοι πολλοί, καὶ ἐθεράπευσεν αὐτοὺς ἐκεῖ.

10,1 *(nr. 251, p. 334)*

1 Καὶ ἐκεῖθεν ἀναστὰς ἔρχεται εἰς τὰ ὅρια τῆς Ἰουδαίας [καὶ] πέραν τοῦ Ἰορδάνου, καὶ συμπορεύονται πάλιν ὄχλοι πρὸς αὐτόν, καὶ ὡς εἰώθει πάλιν ἐδίδασκεν αὐτούς.

9,51 *(nr. 174, p. 255)*

51 Ἐγένετο δὲ ἐν τῷ συμπληροῦσθαι τὰς ἡμέρας τῆς ἀναλήμψεως αὐτοῦ καὶ αὐτὸς τὸ πρόσωπον ἐστήρισεν τοῦ πορεύεσθαι εἰς Ἰερουσαλήμ.

8,1-4 *(nr. 84, p. 112)*

1 Καταβάντος δὲ αὐτοῦ ἀπὸ τοῦ ὄρους ἠκολούθησαν αὐτῷ ὄχλοι πολλοί. 2 καὶ ἰδοὺ λεπρὸς προσελθὼν προσεκύνει αὐτῷ λέγων· κύριε, ἐὰν θέλῃς δύνασαί με καθαρίσαι. 3 καὶ ἐκτείνας τὴν χεῖρα ἥψατο αὐτοῦ λέγων· θέλω, καθαρίσθητι· καὶ εὐθέως ἐκαθαρίσθη αὐτοῦ ἡ λέπρα. 4 καὶ λέγει αὐτῷ ὁ Ἰησοῦς· ὅρα μηδενὶ εἴπῃς, ἀλλὰ ὕπαγε σεαυτὸν δεῖξον τῷ ἱερεῖ καὶ προσένεγκον

1,40-44 *(nr. 42, p. 59)*

40 Καὶ ἔρχεται πρὸς αὐτὸν λεπρὸς παρακαλῶν αὐτὸν [καὶ γονυπετῶν] καὶ λέγων αὐτῷ ὅτι ἐὰν θέλῃς δύνασαί με καθαρίσαι. 41 καὶ σπλαγχνισθεὶς ἐκτείνας τὴν χεῖρα αὐτοῦ ἥψατο καὶ λέγει αὐτῷ· θέλω, καθαρίσθητι· 42 καὶ εὐθὺς ἀπῆλθεν ἀπ' αὐτοῦ ἡ λέπρα, καὶ ἐκαθαρίσθη. 43 καὶ ἐμβριμησάμενος αὐτῷ εὐθὺς ἐξέβαλεν αὐτὸν 44 καὶ λέγει αὐτῷ· ὅρα μηδενὶ μηδὲν εἴπῃς, ἀλλὰ ὕπαγε σεαυτὸν δεῖξον τῷ ἱερεῖ καὶ προσένεγκε περὶ τοῦ καθαρισμοῦ

5,12-14 *(nr. 42, p. 59)*

12 Καὶ ἐγένετο ἐν τῷ εἶναι αὐτὸν ἐν μιᾷ τῶν πόλεων καὶ ἰδοὺ ἀνὴρ πλήρης λέπρας· ἰδὼν δὲ τὸν Ἰησοῦν, πεσὼν ἐπὶ πρόσωπον ἐδεήθη αὐτοῦ λέγων· κύριε, ἐὰν θέλῃς δύνασαί με καθαρίσαι. 13 καὶ ἐκτείνας τὴν χεῖρα ἥψατο αὐτοῦ λέγων· θέλω, καθαρίσθητι· καὶ εὐθέως ἡ λέπρα ἀπῆλθεν ἀπ' αὐτοῦ. 14 καὶ αὐτὸς παρήγγειλεν αὐτῷ μηδενὶ εἰπεῖν, ἀλλὰ ἀπελθὼν δεῖξον σεαυτὸν τῷ ἱερεῖ καὶ προσένεγκε περὶ τοῦ καθαρισμοῦ

Luk.: 11 ⸆αυτον ℜ A D W Θ λ ϕ *pl* ¦ *txt* 𝔓75 B ℵ L *pc* | ⸂μ. D ¦ ανα μ. λ ϕ ¦ δ. μεσου ℜ A W Θ *pm* ¦ *txt* 𝔓75 B ℵ L *pc* | ⸇ et Jericho (⸉28) it (sy^c) || 12 ⸀υπ- ℵ L Θ λ ϕ 157 *al* ¦ οπου ησαν D e λ ¦ et ecce it sy^{s.c} ¦ *txt* 𝔓75 B ℜ A W Δ 700 *pm* | ° † 𝔓75 B L(D) *pc* ¦ *txt* ℵ ℜ A W Δ Θ λ ϕ *pl* aur f r1 vg | ⸂και εστ. D sy^p bo^{pt} ¦ εστ. it sy^{s.c} ¦ ανεστ- (B) F 157. 579 *pc* ¦ — (*et* — πορρ.) ℵ* || 13 ⸂εκραξαν φωνη μεγαλη D (e) || 14 ⸆αυτους D Θ ϕ *pc* lat | ⸇ τεθεραπευεσθε (-ευσθε D2) D ¦ (Mc 1,41 sq par) θελω καθαρισθητε και ευθεως εκαθαρισθησαν 𝔓75c || 15 ⸀εκαθαρισθη D 892 vg sy sa || 17 ⸂ † ουχ οι δ. B L V *pc* ¦ ουτοι δ. D it sy^{s.c} ¦ ουχ οι δ. ουτοι W (A *al*) ¦ *txt* ℵ ℜ Θ λ ϕ *pl* lat | ° A D *pc* it sy ¦ *txt* ℌ ℜ W Θ 063 λ ϕ *pl* || 18 ⸂εξ αυτων ουδεις ευρεθη υποστρεφων ος δωσει D lat (sy^{s.c}) | ⁚. e sy^c sa bo || 19 ⸋ B sa^{pt}

---

1 cf Lc 13,22; *cf 9 sqq* || *2 sqq cf 15 sqq. 38 sqq* || 2 cf Lc 9,52.56; 11,1; 13,10; 14,1 | cf Lv 13,45 sq; 2 Rg 7,3 || *3 sq cf 24 sqq* | cf Lv 13,49; 14,2 sq || 4 cf 2 Rg 5,14 || 5 cf Lc 2,20; 5,25 sq par; 7,16; 13,13; 18,43; 23,47 || 5 sq cf Mt 26,39; *cf 17 sqq* || 6 cf Lc 9,52; 10,33; Mt 10,5 || 6 sq cf Lc 7,9; 10,30 sqq || *8 cf 30. 33 sq. 36 sq. 41 sq* || *9 sqq cf 1* || *15 sqq cf 2 sqq* || *17 sqq cf 5 sq* || *24 sqq cf 3 sq*

[Matth. 8,1-4]	[Mark. 1,40-44]	[Luk. 5,12-14]	Joh.
τὸ δῶρον ὃ προσέταξεν Μωϋσῆς, εἰς μαρτύριον αὐτοῖς.	σου ἃ προσέταξεν Μωϋσῆς, εἰς μαρτύριον αὐτοῖς.	σου καθὼς προσέταξεν Μωϋσῆς, εἰς μαρτύριον αὐτοῖς.	
9,22 (nr. 95, p. 129)	*5,34 (nr. 138, p. 190)*	*8,48 (nr. 138, p. 190)*	
22 Ὁ δὲ Ἰησοῦς στραφεὶς καὶ ἰδὼν αὐτὴν εἶπεν· θάρσει, θύγατερ· ἡ πίστις σου σέσωκέν σε. καὶ ἐσώθη ἡ γυνὴ ἀπὸ τῆς ὥρας ἐκείνης.	34 Ὁ δὲ εἶπεν αὐτῇ· θυγάτηρ, ἡ πίστις σου σέσωκέν σε· ὕπαγε εἰς εἰρήνην καὶ ἴσθι ὑγιὴς ἀπὸ τῆς μάστιγός σου.	48 Ὁ δὲ εἶπεν αὐτῇ· θυγάτηρ, ἡ πίστις σου σέσωκέν σε· πορεύου εἰς εἰρήνην.	
9,29-30a (nr. 96, p. 133)	*10,52 (nr. 264, p. 354)*	*18,42-43a (nr. 264, p. 354)*	
29 Τότε ἥψατο τῶν ὀφθαλμῶν αὐτῶν λέγων· κατὰ τὴν πίστιν ὑμῶν γενηθήτω ὑμῖν. 30 καὶ ἠνεῴχθησαν αὐτῶν οἱ ὀφθαλμοί.	52 Καὶ ὁ Ἰησοῦς εἶπεν αὐτῷ· ὕπαγε, ἡ πίστις σου σέσωκέν σε. καὶ εὐθὺς ἀνέβλεψεν καὶ ἠκολούθει αὐτῷ ἐν τῇ ὁδῷ.	42 Καὶ ὁ Ἰησοῦς εἶπεν αὐτῷ· ἀνάβλεψον· ἡ πίστις σου σέσωκέν σε. 43 καὶ παραχρῆμα ἀνέβλεψεν καὶ ἠκολούθει αὐτῷ δοξάζων τὸν θεόν.	
		7,50 (nr. 114, p. 160)	
		50 Εἶπεν δὲ πρὸς τὴν γυναῖκα· ἡ πίστις σου σέσωκέν σε· πορεύου εἰς εἰρήνην.	

Pap. Egerton 2 (Fragm. 1r.): 8 καὶ [ἰ]δοὺ λεπρὸς προσελθ[ὼν αὐτῷ] λέγει· διδάσκαλε Ἰη(σοῦ) λε[προῖς συν]οδεύων καὶ συνεσθίω[ν αὐτοῖς] ἐν τῷ πανδοχείῳ ἐλ[έπρησα] καὶ αὐτὸς ἐγώ· ἐὰν [ο]ὖν [σὺ θέλῃς] καθαρίζομαι· 9 ὁ δὴ κ(ύριο)ς [ἔφη αὐτῷ·] θέλ[ω] καθαρίσθητι· [καὶ εὐθέως ἀ]πέστη ἀπ᾿ αὐτοῦ ἡ λέπ[ρα· 10 ὁ δὲ κ(ύριο)ς εἶπεν αὐτῷ·] πορε[υθεὶς ἐπίδειξον σεαυτὸ]ν τοῖ[ς ἱερεῦσι ...

Herm. Pastor, Vis. III, 8, 3: Ἄκουε νῦν τὰς ἐνεργείας αὐτῶν. ἡ μὲν πρώτη αὐτῶν, ἡ κρατοῦσα τὰς χεῖρας, Πίστις καλεῖται· διὰ ταύτης σῴζονται οἱ ἐκλεκτοὶ τοῦ θεοῦ.

---

30 cf 8 ‖ *33 sq cf 8* ‖ *36 sq cf 8* ‖ *38 sqq c 2 sqq* ‖ *41 sq cf 8*

234. Vom Kommen des Gottesreiches

Adventus regni Dei

On the Coming of the Kingdom of God

Matth. 24,23 *(nr. 291, p. 403)*	Mark. 13,21 *(nr. 291, p. 403)*	**Luk. 17,20-21**	Joh.
		20 Ἐπερωτηθεὶς δὲ ὑπὸ τῶν Φαρισαίων πότε ἔρχεται ἡ βασιλεία τοῦ θεοῦ ἀπεκρίθη αὐτοῖς καὶ εἶπεν· οὐκ ἔρχεται ἡ βασιλεία τοῦ θεοῦ μετὰ παρατηρήσεως,	
23 Τότε ἐάν τις ὑμῖν εἴπῃ· ἰδοὺ ὧδε ὁ χριστός, ἤ· ὧδε, μὴ πιστεύσητε.	21 Καὶ τότε ἐάν τις ὑμῖν εἴπῃ· ἴδε ὧδε ὁ χριστός, ἴδε ἐκεῖ, μὴ πιστεύετε.	21 οὐδὲ ἐροῦσιν· ἰδοὺ ὧδε ⸀ἤ· ἐκεῖ⸁, ⸆ ἰδοὺ γὰρ ἡ βασιλεία τοῦ θεοῦ ἐντὸς ὑμῶν ἐστιν.	

Pap. Oxyrhynch. 654, nr. 2 (sec. Fitzmyer): Λέγει Ἰ[η(σοῦ)ς· ἐὰν] οἱ ἕλκοντες ἡμᾶς [εἴπωσιν ὑμῖν· ἰδοὺ] ἡ βασιλεία ἐν οὐρα[νῷ, ὑμᾶς φθήσεται] τὰ πετεινὰ τοῦ οὐρ[ανοῦ· ἐὰν δ᾿ εἴπωσιν ὅ]τι ὑπὸ τὴν γῆν ἐστ[ιν, εἰσελεύσονται] οἱ ἰχθύες τῆς θαλά[σσης φθάσαν]τες ὑμᾶς καὶ ἡ βασ[ιλεία τοῦ θεοῦ] ἐντὸς ὑμῶν [ἐ]στι [κἀκτός. ὃς ἂν ἑαυτὸν] γνῷ, ταύτην εὑρή[σει καὶ ὅτε ὑμεῖς] ἑαυτοὺς γνώσεσθαι, [εἰδήσετε ὅτι υἱοί] ἐστε ὑμεῖς τοῦ πατρὸς τοῦ ζ[ῶντος· εἰ δὲ μὴ] γνώσ(εσ)θε ἑαυτούς, ἐν [τῇ πτωχείᾳ ἐστὲ] καὶ ὑμεῖς ἐστε ἡ πτω[χεία.] *(cf. Evang. Thomae copt. Append. I, 3)*

Evang. Thomae copt.: *cf. Append. I, 113*

Luk.: 21 ⸀η ιδου εκει ℜ A D W Δ Ψ (063) λ φ 700 *pl* lat sy$^{c.p.h}$; Mcion ¦ ηκει Θ ¦ *txt* 𝔓^{75} B ℵ L *pc* e ff^{2} i l s | [⁚— · W] | ⸆ *p)* μη πιστευσητε D

---

1 sqq cf Mc 13,26; Mt 24,37sqq; Lc 17,26sqq; 21,7sqq par *(= nr 288)* ‖ *2* cf Lc 19,11 ‖ *5 sqq cf 8 sqq. 12* ‖ *6 sq* cf Lc 11,20; Mt 12,28; Jo 1,26; 16,16 ‖ *8 sqq* cf 5 sqq ‖ *12* cf 5 sqq

235. Der Tag des Menschensohnes

Filius hominis in die sua

The Day of the Son of Man

Matth. 24,23; 24,26-27; 24,37-39; 24,17-18; 10,39; 24,40-41; 24,28
24,5; 24,11; 16,21; 16,25

24,23 *(nr. 291, p. 403)*

[23] Τότε ἐάν τις ⸉ὑμῖν εἴπῃ⸊· ἰδοὺ ὧδε ὁ χριστός, ἤ· ὧδε, μὴ ⸀πιστεύσητε.

24,26-27 *(nr. 291, p. 403)*

[26] Ἐὰν οὖν εἴπωσιν ὑμῖν· ἰδοὺ ἐν τῇ ἐρήμῳ ἐστίν, μὴ ἐξέλθητε· ἰδοὺ ἐν τοῖς ταμείοις, μὴ πιστεύσητε·

[27] ὥσπερ γὰρ ἡ ἀστραπὴ ἐξέρχεται ἀπὸ ἀνατολῶν καὶ ⸀φαίνεται ἕως δυσμῶν, οὕτως ἔσται ⸆ ἡ παρουσία τοῦ υἱοῦ τοῦ ἀνθρώπου.

Mark. 13,19-23; 13,14-16
13,5-6; 8,31; 8,35

13,19-23 *(nr. 290. 291, p. 401. 403)*

[19] Ἔσονται γὰρ αἱ ἡμέραι ἐκεῖναι θλῖψις οἵα οὐ γέγονεν τοιαύτη ἀπ' ἀρχῆς κτίσεως ⸋⸀ἣν ἔκτισεν ὁ θεὸς⸌ ἕως τοῦ νῦν ⸂καὶ οὐ⸃ μὴ γένηται. [20] καὶ εἰ μὴ ⸉ἐκολόβωσεν κύριος⸊ τὰς ἡμέρας⸆, οὐκ ἂν ἐσώθη πᾶσα σάρξ· ἀλλὰ διὰ τοὺς ἐκλεκτοὺς οὓς ἐξελέξατο ἐκολόβωσεν τὰς ἡμέρας. [21] Καὶ τότε ἐάν τις ὑμῖν εἴπῃ· ἴδε ὧδε ὁ χριστός, ⸆ ἴδε ἐκεῖ, μὴ ⸀πιστεύετε· [22] ἐγερθήσονται ⸀γὰρ ⸋ψευδόχριστοι καὶ⸌ ψευδοπροφῆται καὶ ⸀δώσουσιν σημεῖα καὶ τέρατα πρὸς τὸ ἀποπλανᾶν, εἰ δυνατόν, ⸆ τοὺς ἐκλεκτούς. [23] ὑμεῖς δὲ βλέπετε· ⸆ προείρηκα ὑμῖν πάντα.

Luk. 17,22-37
21,8; 17,21; 9,22; 9,24; 21,21

[22] Εἶπεν δὲ πρὸς τοὺς μαθητάς· ἐλεύσονται ἡμέραι ὅτε ἐπιθυμήσετε μίαν τῶν ἡμερῶν ⸆ τοῦ υἱοῦ τοῦ ἀνθρώπου ἰδεῖν καὶ οὐκ ὄψεσθε.

[23] καὶ ἐροῦσιν ὑμῖν· ἰδοὺ ⸂ἐκεῖ, [ἤ·] ἰδοὺ ὧδε⸃· μὴ ⸋ἀπέλθητε μηδὲ⸌ διώξητε.

[24] ὥσπερ γὰρ ἡ ἀστραπὴ ⸀ἀστράπτουσα ἐκ τῆς ὑπὸ τὸν οὐρανὸν ⸋εἰς τὴν ὑπ' οὐρανὸν⸌ ⸀λάμπει, οὕτως ἔσται ὁ υἱὸς τοῦ ἀνθρώπου ⸋¹[ἐν τῇ ἡμέρᾳ αὐτοῦ]⸌. [25] πρῶτον δὲ δεῖ αὐτὸν πολλὰ παθεῖν καὶ ἀποδοκιμασθῆναι

Joh. 12,25

Matth.: 23 ⸉ L d e ff¹; Hipp | ⸀p) -ευετε B* 262; Or^pt || 27 ⸀φαινει D G Θ λ 700 | ⸆και W Δ Θ φ 118. 157. 209. 1424 *pm* lat; Hipp^pt Cyp Ath Cyr^Jer Chr

Mark.: 19 ⸋ D Θ *al* it | ⸀ης C² 𝔎 A W Δ Φ **0104** λ φ 700 *pm* b q | ⸂ουδε D(Θ *al*) || **20** ⸉ C 𝔎 A D Δ(Θ) Φ λ φ 700 *pm* it | ⸆εκεινας E F G Δ Θ λ φ *al* ¦ δια τους εκλεκτους αυτου D 565 it || **21** ⸆και B ¦ η C 𝔎 A D Δ Θ Φ λ *pm* lat | ⸀p) -ευσητε Θ λ *pm* || **22** ⸀† δε ℵ C ¦ *txt* B 𝔎 A D L W Θ **0104. 0235** λ φ *pl* latt | ⸋ D *pc* i k | ⸀† ποιησουσιν D Θ φ 565 *al* a ¦ *txt* 𝔋 𝔎 A W **0104. 0235** λ *pl* lat sy^s.p sa bo | ⸆και C 𝔎 A L W Δ Θ **0104. 0116** λ φ *pl* latt sy^s.p sa bo || **23** ⸆ιδου 𝔋 𝔎 A D Θ **0104. 0116** *pl* lat sy^s.p; Cyp ¦ *txt* B L W Ψ **0235** *pc* a (r¹)

Luk.: 22 ⸆τουτων D || 23 ⸂*4 2 3 1* 𝔎 A Θ *pl* it ¦ † *1 3 4* L ¦ *4 2 1* D W **063**. 33. 69 *pc* e q vg^codd ¦ εκ. και ιδ. ωδε ℵ sy ¦ *txt* 𝔓⁷⁵ B sa bo | ⸋ 𝔓⁷⁵ B φ *pc* sa || 24 ⸀η αστρ. 𝔎 A D R **063** *pm* ¦ -πτει sy^s.c ¦ *txt* 𝔓⁷⁵ 𝔋 W Θ λ φ *al* | ⸋ D 700 *al* it | ⸀αστραπτει D ¦ — it sy^s.c | ⸋¹ 𝔓⁷⁵ B D it sa ¦ *txt* ℵ 𝔎 A W Θ **063** λ φ *pl* lat

---

2 (Lc) cf Lc 5,35 par; 19,43; 21,6; 23,29; Mt 9,15 || *3 sqq (Mc)* cf Dn 12,1 (Thd); 1 Mcc 9,27; Joel 2,2 || *6 sq* cf Mt 24,22; 1 Cor 7,29? || *11 sqq* cf *15 sqq (Mt). 79 sqq. 84 sq* || *11 sq* cf Act 5,36 sq; 21,38 || *15 sqq (Mt)* cf *11 sqq* || *15 sq* cf Dt 13,2; Mt 24,24; Apc 13,13; 2 Th 2,8 sq; 2 Pt 2,1 etc || *18 sq* cf Mt 24,25; Jo 13,19; 14,29; 16,4 || *25 sqq* cf Mt 17,22 sq = Mc 9,30-32 = Lc 9,43b-45 *(= nr 164)*; Mt 20,17-19 = Mc 10,32-34 = Lc 18,31-34 *(= nr 262)*; Lc 24,6 sq; 24,44-46; cf *86 sqq*

Matth.

24, 37–39 *(nr. 296, p. 409)*
37 Ὥσπερ ⸀γὰρ αἱ ἡμέραι
τοῦ Νῶε, οὕτως ἔσται ⸆ ἡ παρ-
ουσία τοῦ υἱοῦ τοῦ ἀνθρώπου.
38 ⸀ὡς γὰρ ἦσαν ἐν ταῖς ἡμέραις
°[ἐκείναις] ταῖς πρὸ τοῦ κατα-
κλυσμοῦ τρώγοντες καὶ πίνοντες,
γαμοῦντες καὶ ⸀γαμίζοντες, ἄχρι
ἧς ἡμέρας εἰσῆλθεν Νῶε εἰς τὴν
κιβωτόν, 39 καὶ οὐκ ἔγνωσαν
ἕως ἦλθεν ὁ κατακλυσμὸς
καὶ ἦρεν ἅπαντας,
οὕτως ἔσται °[καὶ] ἡ παρουσία
τοῦ υἱοῦ τοῦ ἀνθρώπου.

24, 17–18 *(nr. 290, p. 401)*
17 Ὁ
ἐπὶ τοῦ δώματος
μὴ ⸀καταβάτω
ἆραι ⸀τὰ ἐκ τῆς
οἰκίας αὐτοῦ, 18 καὶ ὁ ἐν τῷ

Mark.

13, 14–16 *(nr. 290, p. 401)*
14 Ὅταν δὲ ἴδητε τὸ βδέλυγμα
τῆς ἐρημώσεως ⸆ἑστηκότα ὅ-
που οὐ δεῖ, ὁ ἀναγινώσκων νο-
είτω⸆, τότε οἱ ἐν τῇ Ἰουδαίᾳ φευ-
γέτωσαν εἰς τὰ ὄρη, 15 ⸂ὁ [δὲ]⸃
ἐπὶ τοῦ δώματος
μὴ καταβάτω ⸆
μηδὲ εἰσελθάτω ⸄ἆραί τι⸅ ἐκ τῆς
οἰκίας αὐτοῦ, 16 καὶ ὁ εἰς τὸν

[Luk. 17, 22–37]

ἀπὸ τῆς γενεᾶς ταύτης. 26 καὶ
καθὼς ἐγένετο ἐν ταῖς ἡμέραις
Νῶε, οὕτως ἔσται καὶ ἐν ταῖς ἡ-
μέραις τοῦ υἱοῦ τοῦ ἀνθρώπου·
27 ἤσθιον, ἔπινον,
ἐγάμουν, ⸀ἐγαμίζοντο, ἄχρι
ἧς ἡμέρας εἰσῆλθεν Νῶε εἰς τὴν
κιβωτὸν
καὶ ⸀ἦλθεν °ὁ κατακλυσμὸς
καὶ ἀπώλεσεν ⸀¹πάντας. 28 ὁ-
μοίως ⸀καθὼς ἐγένετο ἐν ταῖς
ἡμέραις Λώτ· ἤσθιον, ἔπινον,
ἠγόραζον, ἐπώλουν, ἐφύτευον,
ᾠκοδόμουν· 29 ᾗ δὲ ἡμέρᾳ ἐξῆλ-
θεν Λὼτ ἀπὸ Σοδόμων, ἔβρεξεν
πῦρ καὶ θεῖον ἀπʼ οὐρανοῦ
καὶ ἀπώλεσεν ⸀πάντας. 30 κατὰ
⸂τὰ αὐτὰ⸃ ἔσται ⸉ᾗ ἡμέρᾳ
ὁ υἱὸς τοῦ ἀνθρώπου ἀποκαλύ-
πτεται⸊.
31 ἐν ἐκείνῃ τῇ ⸀ἡμέρᾳ ὃς ἔσται
ἐπὶ τοῦ δώματος καὶ τὰ σκεύη
αὐτοῦ ἐν τῇ οἰκίᾳ, μὴ καταβάτω
ἆραι αὐτά,
καὶ ὁ ἐν ⸆

Joh.

Matth. 24, 37–39: 37 ⸀δε ℌ𝔎 W Θ λ φ *pl* lat; Cl Or ¦ *txt* B D 067 *pc* | ⸆και 𝔎 D W Θ 067 λ φ *pm* lat || 38 ⸀ωσπερ 𝔎 D W Θ 067 λ φ *pl* | °ℌ𝔎 W Θ 067 λ φ *pl*; Or ¦ *txt* B(D) *pc* it | ⸀-ισκο- B *pc* ¦ εκγαμιζ- 𝔎 L Δ Θ 067 λ *pm* ¦ εγγαμιζ- 047.13.892 *al* ¦ εκγαμισκοντες W 517 *pc* ¦ *txt* א D 33 *pc*; Cl || 39 °B D 892 *pc* it sy^s.p^ sa bo ¦ *txt* א𝔎 W Θ 067 λ φ *pm* lat

Matth. 24, 17–18: 17 ⸀-βαινετω 𝔎 W Δ 0133 λ φ 565 *al*; Or | ⸀*p)* τι D Θ λ 33 *al* lat; Ir Or Hipp

Mark.: 14 ⸆το ρηθεν υπο (δια Φ λ 579 *al*) Δανιηλ του προφητου 𝔎 A Δ Θ Φ 0104 λ φ 579 *pm* sy^p^ bo^pt^ | ⸆ τι αναγινωσκει D g^2^ (a n) || 15 ⸂† ο B *al* sa bo ¦ και ο D Θ 565 *al* lat sy^s.p^ ¦ *txt* א𝔎 A L W Δ 0104 λ φ *al* | ⸆εις την οικιαν 𝔎 A D W Θ λ φ *pl* latt sy^s^ | ⸄† B L Ψ *pc* ¦ *txt* א𝔎 A D Δ Θ λ φ *pl* latt

Luk.: 27 ⸀εξεγ- 𝔎 A W Θ λ *pm* | ⸀εγενετο D e | °D 69 | ⸀¹απ- א𝔎 A W 063 λ φ *pl* ¦ *txt* 𝔓^75^ B D L Θ *pc* || 28 ⸀και ως 𝔎 A D W Θ 063 λ *pl* ¦ *txt* 𝔓^75^ B א L R X φ *pc* || 29 ⸀απ- א𝔎 A W Θ 063 λ φ *pl* ¦ *txt* 𝔓^75vid^ B D L Δ *pc* || 30 ⸂ταυτα 𝔓^75vid^ א* 𝔎 A W Θ 063 λ φ *pm* lat | ⸉εν τη ημ. του υιου τ. α. ῃ αποκαλυφθη D it || 31 ⸀hora lat sy^s.c^ | ⸆*p)* τω 𝔎 A D W Δ Θ Π 063 λ *pm* ¦ *txt* 𝔓^75^ B א L φ *pc*

28sqq cf Gn 6, 11–13; Is 54, 9; 2 Pt 2, 5; 1 Pt 3, 20 || 33sq cf Lc 20, 34 || 34sqq cf Gn 7, 7–23 || 38sqq cf Gn 18, 20sqq || 42sqq cf Gn 19,15sqq; 2 Pt 2,6sq || 43sq cf Gn 19,24 || 46sq (Lc) cf 1 Cor 1,7; 2 Th 1,7etc || 49sq Dn 11,31; 12,11; 9,27 || 50sq cf 2 Th 2, 3sq || 51sq cf Dn 12, 4 || 52sqq cf Ez 7, 12sqq; cf 96sqq || 52sq cf 1 Mcc 2, 28? || 54 cf 1 Sm 9, 25; Is 15, 3; 22, 1; Jr 19,13; Zph 1,5

[Matth. 24, 17-18]

ἀγρῷ μὴ ἐπιστρεψάτω ὀπίσω ἆραι ⸂τὸ ἱμάτιον⸃ αὐτοῦ.

10, 39 (nr. 103, p. 147)

[39] □Ὁ εὑρὼν τὴν ψυχὴν αὐτοῦ ἀπολέσει αὐτήν, καὶ⸌ ὁ ἀπολέσας τὴν ψυχὴν αὐτοῦ ἕνεκεν ἐμοῦ εὑρήσει αὐτήν.

24, 40-41 (nr. 296, p. 409)

[40] Τότε ⸉δύο ἔσονται⸊ ἐν τῷ ἀγρῷ, εἷς παραλαμβάνεται καὶ εἷς ἀφίεται· [41] δύο ἀλήθουσαι ⸂ἐν τῷ⸃ ⸀μύλῳ, μία παραλαμβάνεται καὶ μία ἀφίεται⸆.

24, 28 (nr. 291, p. 403)

[28] Ὅπου ⸆ἐὰν ᾖ τὸ πτῶμα, ἐκεῖ συναχθήσονται ⸆ οἱ ἀετοί.

[Mark. 13, 14-16]

ἀγρὸν ⸆ μὴ ἐπιστρεψάτω □εἰς τὰ⸌ ὀπίσω ἆραι τὸ ἱμάτιον αὐτοῦ.

[Luk. 17, 22-37]

ἀγρῷ ὁμοίως μὴ ἐπιστρεψάτω εἰς τὰ ὀπίσω.

[32] μνημονεύετε τῆς γυναικὸς Λώτ.

[33] ὃς ⸂ἐὰν ζητήσῃ τὴν ψυχὴν αὐτοῦ περιποιήσασθαι⸃ ἀπολέσει αὐτήν, ⸄ὃς δ'⸅ ἂν ⸀ἀπολέσῃ ζῳογονήσει αὐτήν.

[34] λέγω ὑμῖν, ταύτῃ τῇ νυκτὶ ἔσονται δύο ἐπὶ κλίνης °μιᾶς, ὁ εἷς ⸀παραλημφθήσεται καὶ ὁ ἕτερος ⸀ἀφεθήσεται· [35] □ἔσονται

cf. v. [36]

δύο ἀλήθουσαι ἐπὶ τὸ αὐτό, °ἡ μία παραλημφθήσεται ⸂ἡ δὲ⸃ ἑτέρα ἀφεθήσεται.⸌ ⸆[36] [37] καὶ ἀποκριθέντες λέγουσιν αὐτῷ· ποῦ, κύριε; ὁ δὲ εἶπεν αὐτοῖς· ὅπου τὸ σῶμα, ⸂ἐκεῖ καὶ οἱ ἀετοὶ ἐπισυναχθήσονται⸃.

Joh.

12, 25 (nr. 302, p. 419)

[25] Ὁ φιλῶν τὴν ψυχὴν αὐτοῦ ⸀ἀπολλύει αὐτήν, καὶ ὁ μισῶν τὴν ψυχὴν αὐτοῦ ἐν τῷ κόσμῳ τούτῳ ⸉εἰς ζωὴν αἰώνιον φυλάξει αὐτήν⸊.

24, 5 (nr. 288, p. 396)

[5] Πολλοὶ γὰρ ἐλεύσονται ἐπὶ τῷ ὀνόματί μου λέγοντες· ἐγώ εἰμι ὁ χριστός, καὶ πολλοὺς πλανήσουσιν.

24, 11 (nr. 289, p. 398)

[11] Καὶ πολλοὶ ψευδοπροφῆται ἐγερθήσονται καὶ πλανήσουσιν πολλούς.

13, 5-6 (nr. 288, p. 396)

[5] Ὁ δὲ Ἰησοῦς ἤρξατο λέγειν αὐτοῖς· βλέπετε μή τις ὑμᾶς πλανήσῃ· [6] πολλοὶ ἐλεύσονται ἐπὶ τῷ ὀνόματί μου λέγοντες ὅτι ἐγώ εἰμι, καὶ πολλοὺς πλανήσουσιν.

21, 8 (nr. 288, p. 396)

[8] Ὁ δὲ εἶπεν· βλέπετε μὴ πλανηθῆτε· πολλοὶ γὰρ ἐλεύσονται ἐπὶ τῷ ὀνόματί μου λέγοντες· ἐγώ εἰμι, καί· ὁ καιρὸς ἤγγικεν· μὴ πορευθῆτε ὀπίσω αὐτῶν.

17, 21 (nr. 234, p. 315)

... [21] οὐδὲ ἐροῦσιν· ἰδοὺ ὧδε ἤ· ἐκεῖ, ἰδοὺ γὰρ ἡ βασιλεία τοῦ θεοῦ ἐντὸς ὑμῶν ἐστιν.

Matth. 24: 18 ⸂τα ιματια ℜ W Δ 0133 *al* f; Ath

Matth. 10, 39: □ ℵ*

Matth. 24, 40-41: 40 ⸉ † B ℵ* *pc* ¦ *txt* ℵ² ℜ D W Θ 067 λ ϕ *pm* || 41 [⸂ἔν τω comm] | ⸀μυλῶνι D Θ λ ϕ 157. 700. 1241 *pm*; Cl Chr ¦ *txt* ℌ ℜ W 067 *al* | ⸆*p)* δυο επι κλινης μιας· εις παραλαμβανεται και εις αφιεται D ϕ *pc* it

Matth. 24, 28: ⸆γαρ ℜ Δ W ϕ *pm* c ff² q; Cyr | ⸆και 565 *al* l; Hipp^pt Chr

Mark.: 16 ⸆ων ℜ A W Θ Φ ϕ *pm* (lat) | □ ℵ D 0235 *pc* lat

Luk.: 33 ⸂(9, 24) εαν ζ. τ. ψ. α. σωσαι ℵ ℜ A W Θ 063 λ ϕ *pl* lat ¦ αν θελησῃ ζωογονησαι τ. ψ. α. D ¦ *txt* 𝔓⁷⁵ B *pc* it | ⸄ † και ος ℜ A (D Θ) W 063 λ *pm* ¦ *txt* 𝔓⁷⁵ ℌ 69 *al* | ⸀ † -σει ℵ A R 063 *al* ¦ *txt* ℌ ℜ D W Θ λ ϕ *pm* || 34 ° B 291 c | ⸀*p)* παραλαμβανεται *et* ⸀αφιεται D *pc* || 35 □*vs* ℵ* *pc* | ° ℜ A L W Γ Δ 063 *pm* | ⸂και η ℜ A D W Δ Θ (063) λ *pm* lat ¦ *txt* 𝔓⁷⁵ B ℵ¹ L R ϕ *pc* | ⸆*p)* [36] δυο εν αγρω· εις παραλημφθησεται και ο ετερος αφεθησεται. D (*pm* lat sy) || 37 ⸂*1* συναχθ. *3 4* ℜ A D W Δ Θ 063 λ *pm*

Joh.: 25 ⸀απολεσει ℜ A D Θ λ ϕ *pl* lat ¦ *txt* 𝔓^66.75 B ℵ W *pc* ff² | ⸉ *4 5 1-3* W

58sq cf Gn 19, 26.17; Lc 9, 62 || 61sqq cf 92sqq. 99sq || 65 (Lc) cf Ex 1, 17; Act 7, 19 || 67sqq cf 101 || 72 cf Ex 11, 5; Is 47, 2 || 77sq cf Hab 1, 8; Job 39, 27-30 || 79sqq cf 11sqq || 84sq cf 11sqq

Matth.	Mark.	Luk.	Joh.
16,21 *(nr. 159, p. 232)*	8,31 *(nr. 159, p. 232)*	9,22 *(nr. 159, p. 232)*	
21 Ἀπὸ τότε ἤρξατο ὁ Ἰησοῦς δεικνύειν τοῖς μαθηταῖς αὐτοῦ ὅτι δεῖ αὐτὸν εἰς Ἱεροσόλυμα ἀπελθεῖν καὶ πολλὰ παθεῖν ἀπὸ τῶν πρεσβυτέρων καὶ ἀρχιερέων καὶ γραμματέων καὶ ἀποκτανθῆναι καὶ τῇ τρίτῃ ἡμέρᾳ ἐγερθῆναι.	31 Καὶ ἤρξατο διδάσκειν αὐτοὺς ὅτι δεῖ τὸν υἱὸν τοῦ ἀνθρώπου πολλὰ παθεῖν καὶ ἀποδοκιμασθῆναι ὑπὸ τῶν πρεσβυτέρων καὶ τῶν ἀρχιερέων καὶ τῶν γραμματέων καὶ ἀποκτανθῆναι καὶ μετὰ τρεῖς ἡμέρας ἀναστῆναι.	... 22 εἰπὼν ὅτι δεῖ τὸν υἱὸν τοῦ ἀνθρώπου πολλὰ παθεῖν καὶ ἀποδοκιμασθῆναι ἀπὸ τῶν πρεσβυτέρων καὶ ἀρχιερέων καὶ γραμματέων καὶ ἀποκτανθῆναι καὶ τῇ τρίτῃ ἡμέρᾳ ἐγερθῆναι.	
16,25 *(nr. 160, p. 234)*	8,35 *(nr. 160, p. 234)*	9,24 *(nr. 160, p. 234)*	
25 Ὃς γὰρ ἐὰν θέλῃ τὴν ψυχὴν αὐτοῦ σῶσαι ἀπολέσει αὐτήν· ὃς δ' ἂν ἀπολέσῃ τὴν ψυχὴν αὐτοῦ ἕνεκεν ἐμοῦ εὑρήσει αὐτήν.	35 Ὃς γὰρ ἐὰν θέλῃ τὴν ψυχὴν αὐτοῦ σῶσαι ἀπολέσει αὐτήν· ὃς δ' ἂν ἀπολέσει τὴν ψυχὴν αὐτοῦ ἕνεκεν ἐμοῦ καὶ τοῦ εὐαγγελίου σώσει αὐτήν.	24 Ὃς γὰρ ἂν θέλῃ τὴν ψυχὴν αὐτοῦ σῶσαι ἀπολέσει αὐτήν· ὃς δ' ἂν ἀπολέσῃ τὴν ψυχὴν αὐτοῦ ἕνεκεν ἐμοῦ οὗτος σώσει αὐτήν.	
		21,21 *(nr. 290, p. 401)*	
		21 Τότε οἱ ἐν τῇ Ἰουδαίᾳ φευγέτωσαν εἰς τὰ ὄρη καὶ οἱ ἐν μέσῳ αὐτῆς ἐκχωρείτωσαν καὶ οἱ ἐν ταῖς χώραις μὴ εἰσερχέσθωσαν εἰς αὐτήν.	

Herm. Pastor, Sim. IX, 26, 3: Οἱ δὲ ἐψωριακότες, οὗτοι οἱ ἀρνησάμενοί εἰσι καὶ μὴ ἐπιστρέψαντες ἐπὶ τὸν κύριον ἑαυτῶν, ἀλλὰ χερσωθέντες καὶ γενόμενοι ἐρημώδεις, μὴ κολλώμενοι τοῖς δούλοις τοῦ θεοῦ, ἀλλὰ μονάζοντες »ἀπολλύουσιν τὰς ἑαυτῶν ψυχάς«.

Evang. Thomae copt.: *cf. Append. I, 61*

86sqq cf 25sqq || *92sqq cf 61sqq* || *96sqq cf 52sqq* || *99sq cf 61sqq* || *101 cf 67sqq*

236. Gleichnis vom Richter und der Witwe

Iudex iniquitatis et vidua

The Parable of the Unjust Judge

Matth.	Mark.	Luk. 18,1-8	Joh.
		1 Ἔλεγεν δὲ ⸆παραβολὴν αὐτοῖς πρὸς τὸ δεῖν πάντοτε προσεύχεσθαι °αὐτοὺς καὶ μὴ ἐγκακεῖν, 2 °λέγων· κριτής τις ἦν ἔν ⸀τινι πόλει τὸν θεὸν μὴ φοβούμενος καὶ ἄνθρωπον μὴ ἐντρεπόμενος. 3 χήρα δὲ ἦν ἐν τῇ πόλει ἐκείνῃ καὶ ἤρχετο πρὸς αὐτὸν λέγουσα· ἐκδίκησόν με ἀπὸ τοῦ ἀντιδίκου μου. 4 καὶ οὐκ ἤθελεν ἐπὶ χρόνον⸆. μετὰ ⸉δὲ ταῦτα⸊ ⸂εἶπεν ἐν ἑαυτῷ⸃· εἰ καὶ τὸν θεὸν οὐ φοβοῦμαι ⸄οὐδὲ ἄνθρωπον⸅ ἐντρέπομαι, 5 διά γε τὸ παρέχειν μοι κόπον τὴν χήραν ταύτην ⸆ ἐκδικήσω αὐτήν, ἵνα μὴ εἰς τέλος ἐρχομένη ⸀ὑπωπιάζῃ με. 6 Εἶπεν δὲ ὁ ⸀κύριος· ⸁ἀκούσατε τί ὁ κριτὴς τῆς ἀδικίας λέγει· 7 ὁ δὲ θεὸς οὐ μὴ ⸀ποιήσῃ τὴν ἐκδίκησιν τῶν ἐκλεκτῶν αὐτοῦ τῶν βοώντων ⸁αὐτῷ ἡμέρας καὶ νυκτός, καὶ ⸀1μακροθυμεῖ ἐπ' αὐτοῖς; 8 λέγω ὑμῖν ὅτι ποιήσει τὴν ἐκδίκησιν αὐτῶν ἐν τάχει. πλὴν ὁ υἱὸς τοῦ ἀνθρώπου ἐλθὼν ἆρα εὑρήσει τὴν πίστιν ἐπὶ τῆς γῆς;	

---

1 ⸆και ℜ A D W Δ Θ Π Ψ **063** λ *pm* lat sy | ° ℵ^corr D **047.063** λ 28.157.1424 *pm* lat; Or^pt Greg^nyss || 2 ° D λ *pc* sy; Or^pt | ⸀τη D L Ψ **047.063** *pc* || 4 ⸆τινα D ¦ multum lat sy^p sa | ⸉ † B L Q **0139**.579.892 *pc* lat ¦ *txt* ℵ ℜ A D W Θ **063** λ φ *pl* | ⸂ ηλθεν εις εαυτον και λεγει D | ⸄ και ανθρ. ουκ ℜ A D W Δ **063** λ φ *pl* || 5 ⸆απελθων D | ⸀υποπ- ℜ (W) Θ *pm* || 6 ⸀Ιησους 713 sy^s | ⸁ηκ- Γ 157 *pc* e ¦ — ℵ* Λ || 7 ⸀ποιησει A E F L Ψ λ *pm*; Mcion? | ⸁προς αυτον ℜ A W Δ Θ **063** λ φ *pl* ¦ αυτων (*sed om.* των²) D ¦ *txt* 𝔓^75 B ℵ L Q *pc* | ⸀1 -θυμῶν ℜ W Δ **063.0135** φ 131.700 *pm* it

---

1sqq cf Lc 11,5-8? *(= nr 186)* || *2* cf Ex 22,22; Ps 68,6; Jc 1,27 etc || *3* cf Jdc 11,36; Apc 6,10? || *4* cf Lc 12,17; 16,3; 12,45; Mt 24,48 || *4sq* cf Lc 11,7sq; Mt 26,10 || *7* cf Sir 35,19

237. Pharisäer und Zöllner

Pharisaeus et publicanus

The Pharisee and the Publican

Matth. 23,12; 18,4

23,12 (nr. 284, p. 389)

12 Ὅστις δὲ ὑψώσει ἑαυτὸν ταπεινωθήσεται καὶ ὅστις ταπεινώσει ἑαυτὸν ὑψωθήσεται.

18,4 (nr. 166, p. 245)

4 Ὅστις οὖν ταπεινώσει ἑαυτὸν ὡς τὸ παιδίον τοῦτο, οὗτός ἐστιν ὁ μείζων ἐν τῇ βασιλείᾳ τῶν οὐρανῶν.

Mark.

Luk. 18,9-14

14,11

9 Εἶπεν δὲ καὶ πρός τινας τοὺς πεποιθότας ἐφ᾽ ἑαυτοῖς ὅτι εἰσὶν δίκαιοι καὶ ἐξουθενοῦντας τοὺς λοιποὺς ⸋τὴν παραβολὴν ταύτην⸌· 10 ἄνθρωποι δύο ἀνέβησαν εἰς τὸ ἱερὸν προσεύξασθαι, ° ὁ εἷς Φαρισαῖος καὶ ⸂ὁ ἕτερος⸃ τελώνης. 11 ὁ Φαρισαῖος σταθεὶς ⸂πρὸς ἑαυτὸν ταῦτα⸃ προσηύχετο· ὁ θεός, εὐχαριστῶ σοι ὅτι οὐκ εἰμὶ ⸀ὥσπερ οἱ λοιποὶ τῶν ἀνθρώπων, ἅρπαγες, ἄδικοι, μοιχοί, ἢ καὶ ὡς οὗτος ὁ τελώνης· 12 νηστεύω δὶς τοῦ σαββάτου, ⸀ἀποδεκατῶ πάντα ὅσα κτῶμαι. 13 ⸂ὁ δὲ⸃ τελώνης μακρόθεν ἑστὼς οὐκ ἤθελεν οὐδὲ τοὺς ὀφθαλμοὺς ⸉ἐπᾶραι εἰς τὸν οὐρανόν⸊, ἀλλ᾽ ἔτυπτεν ⊤ τὸ στῆθος ⸀αὐτοῦ λέγων· ὁ θεός, ἱλάσθητί μοι τῷ ἁμαρτωλῷ. 14 λέγω ὑμῖν, κατέβη οὗτος δεδικαιωμένος εἰς τὸν οἶκον αὐτοῦ ⸂παρ᾽ ἐκεῖνον⸃· ὅτι πᾶς ὁ ὑψῶν ἑαυτὸν ταπεινωθήσεται, ὁ δὲ ταπεινῶν ἑαυτὸν ὑψωθήσεται.

(nr. 253 18,15-17 p. 337)

14,11 (nr. 215, p. 300)

11 Ὅτι πᾶς ὁ ὑψῶν ἑαυτὸν ταπεινωθήσεται, καὶ ὁ ταπεινῶν ἑαυτὸν ὑψωθήσεται.

Joh.

Luk.: 9 ⸋ D *pc* || 10 ° B D R T *pc* | ⸂εἷς D c e ff² q || 11 ⸂ † *3 1 2* 𝔓75 ℌ Θ λ *pc* e vg ¦ ταυτα ℵ* it sa ¦ καθ ε. τ. D ¦ *txt* 𝔎 A W **063** ϕ *pm* | ⸀ως D L Ψ *al*; Or || 12 ⸀ † -κατευω 𝔓75 B ℵ* T ¦ *txt* ℵ² 𝔎 A D W Θ **063** λ ϕ *pl*; Or || 13 ⸂και ο 𝔎 A D W Δ Θ **063** λ *pl* lat ¦ *txt* 𝔓75 B ℵ G L T ϕ *pc* | ⸉ *2-4 1* 𝔎 A D W Δ Θ **063** λ ϕ *pl* lat | ⊤εις 𝔎 A W Δ Θ **063.0135** ϕ *pl* sy sa bo | ⸀εαυ- B T *pc* ¦ — λ || 14 ⸂η εκεινος W Θ 61*. 69 ¦ ηπερ (*ex* η + παρ?) -νος 157 ¦ υπερ -νον Doroth ¦ η γαρ (*ex* η + παρ?) -νος 𝔎 A Δ Ψ **063.0135**.131 *pm* ¦ μαλλον π. -νον τον Φαρισαιον D it sy^p ¦ *txt* ℌ 1 *pc* aur vg sy^s.c sa bo

---

1 sq cf Lc 16,15; 20,20 par || *3 sq* cf Act 3,1; Lc 2,37 || *5* cf Mc 11,25; Mt 6,5 || *8* cf Is 58,2 sq; Mt 9,14 par || *8 sq* cf Dt 14,22 sqq; Mt 23,23 || *11* cf Lc 23,48 || *11 sq* cf Ps 79,9 etc || *12 sq* cf Mt 21,31 || *13 sqq* cf *16 sq* || *16 sq* cf *13 sqq*

XI. JESUS AUF DEM LAUBHÜTTENFEST IN JERUSALEM (nach Johannes)

IN FESTO SCENOPEGIAE JERUSALEM (secundum Ioannem)

JESUS AT THE FEAST OF TABERNACLES IN JERUSALEM (According to John)

238. Weiterer Aufenthalt in Galiläa trotz des Spottes seiner Brüder

Jesus in Galilaea remanet

Jesus Remains in Galilee

Matth.	Mark.	Luk.	Joh. 7, 1-9

(nr. 158 6, 67-71 p. 229)

1 °Καὶ μετὰ ταῦτα περιεπάτει °1ὁ Ἰησοῦς ἐν τῇ Γαλιλαίᾳ· οὐ γὰρ ⸀ἤθελεν ἐν τῇ Ἰουδαίᾳ περιπατεῖν, ὅτι
ἐζήτουν αὐτὸν οἱ Ἰουδαῖοι ἀποκτεῖναι. 2 Ἦν δὲ ἐγγὺς ἡ ἑορτὴ τῶν Ἰουδαίων ἡ σκηνοπηγία. 3 εἶπον οὖν ⸉πρὸς
3 αὐτὸν οἱ ἀδελφοὶ αὐτοῦ⸊· μετάβηθι ἐντεῦθεν καὶ ὕπαγε εἰς τὴν ⸀Ἰουδαίαν, ἵνα καὶ οἱ μαθηταί σου ⸁θεωρή- 3
σουσιν ⸂σοῦ τὰ ἔργα⸃ ἃ ποιεῖς· 4 οὐδεὶς γάρ ⸉τι ἐν κρυπτῷ⸊ ποιεῖ καὶ ζητεῖ ⸀αὐτὸς ἐν παρρησίᾳ εἶναι. εἰ ταῦτα
ποιεῖς, φανέρωσον σεαυτὸν τῷ κόσμῳ. 5 οὐδὲ γὰρ οἱ ἀδελφοὶ αὐτοῦ ⸀ἐπίστευον εἰς αὐτόν⸆. 6 λέγει °οὖν αὐτοῖς
6 ὁ Ἰησοῦς· ὁ καιρὸς ὁ ἐμὸς οὔπω πάρεστιν, ὁ δὲ καιρὸς ὁ ὑμέτερος πάντοτέ ἐστιν ἕτοιμος. 7 οὐ δύναται 6
ὁ κόσμος μισεῖν ὑμᾶς, ἐμὲ δὲ μισεῖ, ὅτι ἐγὼ μαρτυρῶ περὶ αὐτοῦ ὅτι τὰ ἔργα αὐτοῦ πονηρά ἐστιν. 8 ὑμεῖς
ἀνάβητε εἰς τὴν ἑορτήν· ἐγὼ ⸀οὐκ ἀναβαίνω εἰς τὴν ἑορτὴν ταύτην, ὅτι ὁ ἐμὸς καιρὸς ⸁οὔπω πεπλήρωται.
9 9 ταῦτα °δὲ εἰπὼν ⸀αὐτὸς ἔμεινεν ἐν τῇ Γαλιλαίᾳ. 9

Mart. Polycarpi 4: Διὰ τοῦτο οὖν, ἀδελφοί, οὐκ ἐπαινοῦμεν τοὺς προσιόντας ἑαυτοῖς, ἐπειδὴ οὐχ οὕτως διδάσκει τὸ εὐαγγέλιον.

1 ° 𝔓66 ℵ* D **0141**.157.892 *al* it sy sa | °1 B | ⸀ειχεν εξουσιαν W *pc* it sy[c]; Chr || **3** ⸉ *3-5 1 2* 𝔓66 ℵ 28 *pc* | ⸀Γαλιλαιαν D | ⸁-σωσιν 𝔓66 𝔎 Θ **0180** λ *pm* ¦ *txt* 𝔓75 B*(ℵ) D W **0105.0250** *al* | ⸂ † *2 3 1* ℵ[2] 𝔎 W **0105.0180.0250** φ *pm* ¦ *2 3* ℵ* D Θ λ 565 *al* it sy sa[pt] bo[pt] ¦ *txt* 𝔓66.75*vid B (𝔓75c σοι) || **4** ⸉ 𝔓66 𝔎 D W Θ **0105.0250** λ φ *pm* lat ¦ *txt* 𝔓75 B ℵ L **0180** *al* | ⸀αυτο 𝔓66* B W (⸉ D*) ¦ — b e || **5** ⸀-ευσαν D L W | ⸆τοτε D (⸉ it sy[s.c]) || **6** ° ℵ* D *pc* e sy bo[pt] || **8** ⸀ουπω 𝔓66.75 B 𝔎 L T W Θ **0105.0180.0250** λ φ 33 *pm* f q sa ¦ *txt* ℵ D K *al* lat sy[s.c] bo | ⸁ουδεπω 𝔓66 || **9** ° ℵ D Θ **0180** λ 33.565.1424 *pm* lat sy sa bo[pt] | ⸀ † αυτοις 𝔓75 B 𝔎 D[1] T Θ **0105.0250** φ *pm* f q r[1] ¦ — Λ *pc* e sy ¦ *txt* 𝔓66 ℵ D* L W **0180** λ 565.1241 *al* aur b l vg sa bo

[1] cf Jo 2, 12; 3, 22; 5, 1; 6, 1 | cf Jo 2, 1 sqq; 4, 43 sqq || [1 sq] cf Jo 5, 16. 18; 7, 19. 25. 30; 10, 33; 19, 7; *cf 10* || [2] cf Lv 23, 34; Dt 16, 13; 31, 10 sq; Zch 14, 16 etc || [2 sqq] cf Mc 3, 31-35 = Mt 12, 46-50 = Lc 8, 19-21 *(= nr 121. 135)* || [3] cf Jo 7, 10; 2, 12; *cf 5* || [5] *cf 3* || [6] cf Jo 7, 30; 2, 4 || [7] cf Jo 15, 18 sq; 17, 14; 3, 19; Sir 13, 15 (20) sqq; Sap 2, 12 || [8] cf Jo 7, 10 || [10] *cf 1 sq*

239. Reise nach Jerusalem im Verborgenen

Jerusalem ascendit in occulto

Journey to Jerusalem in Secret

Matth.	Mark.	Luk.	Joh. 7, 10-13

10 Ὡς δὲ ἀνέβησαν οἱ ἀδελφοὶ αὐτοῦ ⸉εἰς τὴν ἑορτήν, τότε καὶ αὐτὸς ἀνέβη⸊ οὐ φανερῶς ⸂ἀλλὰ [ὡς]⸃ ἐν κρυπτῷ.
11 οἱ οὖν Ἰουδαῖοι ἐζήτουν αὐτὸν ἐν τῇ ἑορτῇ καὶ ἔλεγον· ποῦ ἐστιν ἐκεῖνος; 12 καὶ γογγυσμὸς ⸂περὶ αὐτοῦ
3 ἦν πολὺς⸃ ἐν ⸄τοῖς ὄχλοις⸅· οἱ μὲν ἔλεγον ὅτι ἀγαθός ἐστιν, ἄλλοι °[δὲ] ἔλεγον· οὔ, ἀλλὰ πλανᾷ τὸν ὄχλον. 3
13 οὐδεὶς μέντοι παρρησίᾳ ⸂ἐλάλει περὶ αὐτοῦ⸃ διὰ τὸν φόβον τῶν Ἰουδαίων.

10 ⸉ *4-7 1-3* 𝔎 D Δ Θ **0105.0250** λ φ *pm* lat | ⸂αλλ ℵ D *pc* it sy[s.c] sa ¦ *txt* 𝔓66.75 B 𝔎 T W Θ **0180** λ φ *pm* lat || **12** ⸂ *4 3 1 2* ℵ *al* ¦ *3 1 2 4* 𝔓66c 33 ¦ *4 1-3* 𝔎 **0105.0250** λ *pl* ¦ *3 1 2* 𝔓66* D e ¦ *1-3* Θ it ¦ *txt* 𝔓75 B L T W *pc* | ⸄τω οχλω 𝔓66 ℵ D 33 latt sa[pt] bo[pt] | ° 𝔓66 ℵ 𝔎 D **0105**. 118. 209 *pm* b e q r[1] bo[pt] ¦ *txt* 𝔓75 B T W Θ **0141.0250** φ 1.892 *al* lat sa bo[pt] || **13** ⸂ *2 3 1* 𝔓66 ℵ 544 q ¦ *1* L ¦ ελ. υπ[ ]του 𝔓75

[1] cf Jo 7, 8 || [2] cf Jo 11, 56 | cf Jo 9, 12; 19, 21 | cf Jo 6, 41. 61

240. Reden im Tempel

In templo docet | **Teaching in the Temple**

Matth.	Mark.	Luk.
13, 54 11, 27	6, 2	4, 22a 10, 22

Joh. 7, 14-39

[14] Ἤδη δὲ τῆς ἑορτῆς ⸀μεσούσης ἀνέβη Ἰησοῦς εἰς τὸ ἱερὸν καὶ ἐδίδασκεν. [15] ἐθαύμαζον οὖν οἱ Ἰουδαῖοι λέγοντες· πῶς οὗτος γράμματα οἶδεν μὴ μεμαθηκώς; [16] ἀπεκρίθη οὖν αὐτοῖς °[ὁ] Ἰησοῦς καὶ εἶπεν· ἡ ἐμὴ διδαχὴ οὐκ ἔστιν ἐμὴ ἀλλὰ τοῦ πέμψαντός με· [17] ἐάν τις θέλῃ τὸ θέλημα αὐτοῦ ποιεῖν, γνώσεται περὶ τῆς διδαχῆς πότερον ἐκ °τοῦ θεοῦ ἐστιν ἢ ἐγὼ ἀπ᾽ ἐμαυτοῦ λαλῶ. [18] ὁ ἀφ᾽ ἑαυτοῦ λαλῶν τὴν δόξαν τὴν ἰδίαν ζητεῖ· ὁ δὲ ζητῶν τὴν δόξαν τοῦ πέμψαντος αὐτὸν οὗτος ἀληθής ἐστιν καὶ ἀδικία ἐν αὐτῷ οὐκ ἔστιν. [19] Οὐ Μωϋσῆς ⸀δέδωκεν ὑμῖν τὸν νόμον; καὶ οὐδεὶς ἐξ ὑμῶν ποιεῖ τὸν νόμον. τί με ζητεῖτε ἀποκτεῖναι; [20] ἀπεκρίθη ὁ ὄχλος⸆· δαιμόνιον ἔχεις· τίς σε ζητεῖ ἀποκτεῖναι; [21] ἀπεκρίθη ⸆ Ἰησοῦς καὶ εἶπεν αὐτοῖς· ἓν ἔργον ἐποίησα καὶ ⸀πάντες θαυμάζετε⁚. [22] ⸂διὰ τοῦτο⸃⁚ Μωϋσῆς δέδωκεν ὑμῖν τὴν περιτομήν – οὐχ ὅτι ἐκ τοῦ Μωϋσέως ἐστὶν ἀλλ᾽ ἐκ τῶν πατέρων – καὶ °ἐν σαββάτῳ περιτέμνετε ἄνθρωπον. [23] εἰ περιτομὴν λαμβάνει ⸆ ἄνθρωπος ἐν σαββάτῳ ἵνα μὴ λυθῇ ὁ νόμος ⸆ Μωϋσέως, ⸆¹ ἐμοὶ χολᾶτε ὅτι ⸂ὅλον ἄνθρωπον⸃ ὑγιῆ ἐποίησα ἐν σαββάτῳ; [24] μὴ κρίνετε κατ᾽ ὄψιν, ἀλλὰ τὴν δικαίαν κρίσιν ⸀κρίνετε. [25] Ἔλεγον οὖν τινες ἐκ τῶν Ἱεροσολυμιτῶν· οὐχ οὗτός ἐστιν ὃν ζητοῦσιν ἀποκτεῖναι; [26] καὶ ἴδε παρρησίᾳ λαλεῖ καὶ οὐδὲν αὐτῷ λέγουσιν. μήποτε ἀληθῶς ἔγνωσαν οἱ ἄρχοντες ὅτι οὗτός ἐστιν ὁ χριστός; [27] ἀλλὰ τοῦτον οἴδαμεν πόθεν ἐστίν· ⸂ὁ δὲ χριστὸς⸃ ὅταν ⸀ἔρχηται οὐδεὶς γινώσκει πόθεν ἐστίν. [28] ἔκραξεν ⸀οὖν ἐν τῷ ἱερῷ διδάσκων °ὁ Ἰησοῦς καὶ λέγων· κἀμὲ οἴδατε καὶ οἴδατε πόθεν ⸀εἰμί⁚· καὶ ἀπ᾽ ἐμαυτοῦ οὐκ ἐλήλυθα, ἀλλ᾽ ἔστιν ⸀¹ἀληθινὸς ὁ πέμψας με, ὃν ὑμεῖς οὐκ οἴδατε· [29] ἐγὼ ⸆ οἶδα αὐτόν, ὅτι παρ᾽ ⸀αὐτοῦ εἰμι κἀκεῖνός με ⸀ἀπέστειλεν. [30] ⸂Ἐζήτουν οὖν⸃ αὐτὸν πιάσαι, καὶ οὐδεὶς ⸀ἐπέβαλεν ἐπ᾽ αὐτὸν τὴν χεῖρα, ὅτι ⸀οὔπω ἐληλύθει ἡ ὥρα αὐτοῦ. [31] ⸂Ἐκ τοῦ ὄχλου δὲ πολλοὶ ἐπίστευσαν⸃ εἰς αὐτὸν καὶ ἔλεγον· ὁ χριστὸς ὅταν ἔλθῃ μὴ πλείονα σημεῖα ποιήσει ὧν οὗτος ⸀ἐποίησεν; [32] ἤκουσαν⸆ οἱ Φαρισαῖοι τοῦ ὄχλου γογγύζοντος ⸂περὶ αὐτοῦ ταῦτα⸃, καὶ ἀπέστειλαν ⸄οἱ ἀρχιερεῖς καὶ οἱ Φαρισαῖοι ὑπηρέτας⸅ ἵνα πιάσωσιν αὐτόν. [33] εἶπεν οὖν °ὁ Ἰησοῦς· ἔτι χρόνον μικρὸν μεθ᾽ ὑμῶν εἰμι καὶ ὑπάγω πρὸς τὸν πέμψαντά με. [34] ζητήσετέ με καὶ οὐχ εὑρήσετέ °[με], καὶ ὅπου εἰμὶ ἐγὼ ὑμεῖς οὐ δύνασθε ἐλθεῖν⸆. [35] εἶπον οὖν οἱ Ἰουδαῖοι πρὸς ἑαυτούς· ποῦ ⸄οὗτος μέλλει⸅ πορεύεσθαι ὅτι °ἡμεῖς οὐχ εὑρήσομεν αὐτόν; μὴ εἰς τὴν διασπορὰν τῶν Ἑλλήνων μέλλει πορεύεσθαι καὶ διδάσκειν τοὺς Ἕλληνας; [36] τίς ἐστιν ὁ λόγος οὗτος ὃν εἶπεν⸆· ζητήσετέ με καὶ οὐχ εὑρήσετέ °[με], καὶ ὅπου εἰμὶ ἐγὼ °¹ὑμεῖς οὐ δύνασθε ἐλθεῖν; ⸆

14 ⸀μεσαζουσης 𝔓66* D Θ λ φ 565 *pc*; Epiph ¦ μεσης ουσης W it || 16 ° † 𝔓75vid B ℵ 33. (660) ¦ *txt* 𝔓66 ℜ D W Θ **0105. 0250** λ φ *pl* || 17 ° 𝔓66 ℵ D || 19 ⸀ † εδ- B D H *pc* ¦ *txt* 𝔓66.75 ℌ ℜ W Θ **0105. 0250** λ φ *pl* || 20 ⸆και ειπεν ℜ D Δ Θ λ φ *pm* lat || 21 ⸆ο D L T W (Θ) **0250** *pm* | ⸀υμεις D || 21. 22 ⁚—. *et* ⁚. X q; [W] || 22 ⸂ο ℵ* | ° B b e r¹ || 23 ⸆ † ο B N Θ (**0250**). 33 *pc* ¦ *txt* 𝔓66 ℵ ℜ D T W **0105** λ φ *pm* | ⸆ο 𝔓66 ℵ Θ Π^corr | ⸆¹ πως D (f) sa bo | ⸂*2 1* 𝔓75 ¦ *2* X *pc* || 24 ⸀ † -νατε ℵ ℜ Θ **0105. 0250** λ φ *pm* ¦ *txt* 𝔓66.75 B D L N T W Ψ 700 *al*; Cyr || 27 ⸂*1 3 2* 𝔓66 ¦ *1 3* ℵ e | ⸀ελθη 𝔓66 G *pc* || 28 ⸀δε 𝔓66 ff² | ° 𝔓75 B³ W | [⸀εἶμι comm; *item vs* 29. 34. 36] | [⁚; comm] | ⸀¹-θης 𝔓66 ℵ 544 || 29 ⸆δε 𝔓66 ℵ D λ 33. 565. 1241 *al* it | ⸀αυτω ℵ* Θ e sy^s.c sa; Tert | ⸀-σταλκεν 𝔓66 ℵ D *pc* || 30 ⸂οι δε εζ. 𝔓66* ℵ | ⸀-λλ- 𝔓66 X; Or | ⸀ουδεπω 𝔓66 || 31 ⸂*5 4 6 1-3* 𝔓66 ℵ D ¦ *5 4 1-3 6* ℜ *al* ¦ *1-3* ουν *5 6* (W) **0105** λ *al* ¦ *txt* 𝔓75 ℌ (Θ) φ *pm* | ⸀ποιει ℵ* D Θ φ lat || 32 ⸆δε 𝔓66 ℵ D c e ¦ ουν K M **0105** λ 565 *al* | ⸂*3 1 2* 𝔓66 ℵ Θ ¦ *1 2* D λ 565 *pc* | ⸄*6 1-5* 𝔓66 (ℵ) D *al* ¦ *6 4 5 3 1 2* ℜ *al* ¦ *txt* 𝔓75 ℌ G W Θ **0105** φ *pm* || 33 ° 𝔓75 || 34 ° † 𝔓66 ℵ ℜ D W Θ λ φ *pm* latt ¦ *txt* 𝔓75 B T **0105.** 565 *al* sy sa bo | ⸆εκει B || 35 ⸄ 𝔓66 D L *pc*; Cyr | ° ℵ D *pc* lat || 36 ⸆οτι 𝔓66 *pc* | ° † 𝔓66 ℵ ℜ D W Θ **0105** φ *pm* latt ¦ *txt* 𝔓75 B G T 1. 565 *pc* sy sa bo | °¹ 𝔓66 Θ φ e | ⸆ *hic add.* 7, 53-8, 11 *(nr. 242, p. 325)* 225

[1] cf Jo 7, 2; Lv 23, 34-43; Dt 16, 13 etc | cf Jo 18, 20; Lc 21, 37; 22, 53 || [1sq] *cf 29 sqq* || [2sq] cf Jo 3, 11. 32; 8, 26. 28. 38. 40; 12, 49 sq; 14, 10. 24 || [3sq] cf Nu 16, 28 || [4sq] cf Jo 5, 41 sqq; 8, 50; 12, 43 || [6] cf Jo 5, 16. 18; 8, 37 sqq; 10, 33; 19, 7; *cf 12* || [7] cf Jo 10, 20; 8, 48. 52; Mt 9, 34; 11, 18; 12, 24; Mc 3, 22; Lc 7, 33; 11, 15 || [7sq] cf Jo 5, 2 sqq *(= nr 141); cf 18* || [8] cf Gn 17, 10 sqq; Ex 4, 24 sqq; Lv 12, 3 || [10] cf Jo 5, 8 sq || [11] cf Lv 19, 15; Dt 1, 16 sq; 16, 18 sq; Prv 17, 15; Is 11, 3 || [12] *cf 6* || [15] cf Jo 8, 42 || [15sq] cf Jo 7, 41; Heb 7, 3 || [16] cf Jo 8, 55; 10, 14 sq; 17, 25; *cf 37 sqq* || [16sq] cf Jo 7, 44; *cf 19 sq. 46 sqq* || [17] cf Jo 8, 20; 13, 1; 7, 6. 8; 2, 4; Lc 22, 53 | cf Jo 2, 23; 8, 30; 10, 42; 11, 45; 12, 11. 42 || [18] *cf 7 sq* || [19sq] *cf 16 sq. 46 sqq* || [20sq] cf Jo 8, 21. 35; 13, 33 || [21] cf Jo 8, 21; 13, 33; Hos 5, 6; Dt 4, 29; Is 55, 6; Prv 1, 28; *cf 24. 44* || [22] cf Jo 8, 22 || [24] *cf 21. 44*

Matth.	Mark.	Luk.	[Joh. 7, 14-39]

[Joh. 7, 14-39]

[37] Ἐν δὲ τῇ ἐσχάτῃ ἡμέρᾳ τῇ μεγάλῃ τῆς ἑορτῆς εἱστήκει ὁ Ἰησοῦς καὶ ⸀ἔκραξεν λέγων· ἐάν τις διψᾷ ἐρχέσθω ⸂πρός με⸃ καὶ πινέτω⁚. [38] ὁ πιστεύων εἰς ἐμέ⁚, καθὼς εἶπεν ἡ γραφή, ποταμοὶ ἐκ τῆς κοιλίας αὐτοῦ ῥεύσουσιν ὕδατος ζῶντος. [39] τοῦτο δὲ ⸀εἶπεν περὶ τοῦ πνεύματος ⸁ὃ ἔμελλον λαμβάνειν οἱ ⸀[1]πιστεύσαντες εἰς αὐτόν· οὔπω γὰρ ἦν πνεῦμα⸆, ὅτι Ἰησοῦς ⸀[2]οὐδέπω ἐδοξάσθη.

Matth. 13, 54 *(nr. 139, p. 193 sq)*	Mark. 6, 2 *(nr. 139, p. 193 sq)*	Luk. 4, 22a *(nr. 33, p. 48)*
[54] Καὶ ἐλθὼν εἰς τὴν πατρίδα αὐτοῦ ἐδίδασκεν αὐτοὺς ἐν τῇ συναγωγῇ αὐτῶν, ὥστε ἐκπλήσσεσθαι αὐτοὺς καὶ λέγειν· πόθεν τούτῳ ἡ σοφία αὕτη καὶ αἱ δυνάμεις;	[2] Καὶ γενομένου σαββάτου ἤρξατο διδάσκειν ἐν τῇ συναγωγῇ, καὶ πολλοὶ ἀκούοντες ἐξεπλήσσοντο λέγοντες· πόθεν τούτῳ ταῦτα, καὶ τίς ἡ σοφία ἡ δοθεῖσα τούτῳ, καὶ αἱ δυνάμεις τοιαῦται διὰ τῶν χειρῶν αὐτοῦ γινόμεναι;	[22] καὶ πάντες ἐμαρτύρουν αὐτῷ καὶ ἐθαύμαζον ἐπὶ τοῖς λόγοις τῆς χάριτος τοῖς ἐκπορευομένοις ἐκ τοῦ στόματος αὐτοῦ.

Matth. 11, 27 *(nr. 109, p. 154)*	Luk. 10, 22 *(nr. 181, p. 262)*
[27] Πάντα μοι παρεδόθη ὑπὸ τοῦ πατρός μου, καὶ οὐδεὶς ἐπιγινώσκει τὸν υἱὸν εἰ μὴ ὁ πατήρ, οὐδὲ τὸν πατέρα τις ἐπιγινώσκει εἰ μὴ ὁ υἱὸς καὶ ᾧ ἐὰν βούληται ὁ υἱὸς ἀποκαλύψαι.	[22] Πάντα μοι παρεδόθη ὑπὸ τοῦ πατρός μου, καὶ οὐδεὶς γινώσκει τίς ἐστιν ὁ υἱὸς εἰ μὴ ὁ πατήρ, καὶ τίς ἐστιν ὁ πατὴρ εἰ μὴ ὁ υἱὸς καὶ ᾧ ἐὰν βούληται ὁ υἱὸς ἀποκαλύψαι.

Pap. Oxyrhynch. 1, nr. 3 (sec. Fitzmyer): Λέγει Ἰ(ησοῦ)ς· ἔ[σ]την ἐν μέσῳ τοῦ κόσμου καὶ ἐν σαρκεὶ ὤφθην αὐτοῖς καὶ εὗρον πάντας μεθύοντας καὶ οὐδένα εὗρον δειψῶντα ἐν αὐτοῖς καὶ πονεῖ ἡ ψυχή μου ἐπὶ τοῖς υἱοῖς τῶν ἀν(θρώπ)ων ὅτι τυφλοί εἰσιν τῇ καρδίᾳ αὐτῶ[ν] καὶ [οὐ] βλέπ[ουσιν ὅτι ἤκουσιν εἰς τὸν κόσμον κενοί· ζητοῦσι δὲ πάλιν ἐξελθεῖν ἐκ τοῦ κόσμου κενοί. πλὴν νῦν μεθύουσιν· ὅταν ἀποθῶνται τὸν οἶνον αὐτῶν, τότε μετανοήσουσιν.] *(cf. Evang. Thomae copt. Append. I, 28)*

Pap. Oxyrhynch. 655 (II a, sec. Fitzmyer): Λέ[γει Ἰ(ησοῦ)ς· π]ο[λλάκις ἐπεθυμήσα]τα[ι ἀκοῦσαι τοὺς λό]γ[ους οὓς ὑμῖν λέγω] κα[ὶ οὐκ ἔχετε τὸ]ν [ἐροῦντα ὑμῖν] κα[ὶ ἐλεύσονται] ἡμ[έραι ὅτε ζητή]σε[τέ με καὶ οὐχ εὑρήσετέ με.] *(cf. Evang. Thomae copt. Append. I, 38)*

Pap. Egerton 2 (Fragm. 1 r.): . . . [5] ? ἕ]λκω[σιν] β[αστάσαντες δὲ] λίθους ὁμοῦ λι[θάζω]σι[ν αὐ]τόν· [6] καὶ ἐπέβαλον [τὰς] χεῖ[ρας] αὐτῶν ἐπ' αὐτὸν οἱ [ἄρχον]τες [ἵ]να πιάσωσιν καὶ παρ[αδώ]σω[σι]ν τῷ ὄχλῳ· καὶ οὐκ ἠ[δύναντο] αὐτὸν πιάσαι ὅτι οὔπω ἐ[ληλύθει] αὐτοῦ ἡ ὥρα τῆς παραδό[σεως] [7] αὐτὸς δὲ ὁ κ(ύριο)ς ἐξελθὼν [ἐκ τῶν χει]ρῶν ἀπένευσεν ἀπ' [αὐτῶν.]

Ignatius ad Rom. 7, 2: Ὁ ἐμὸς ἔρως ἐσταύρωται, καὶ οὐκ ἔστιν ἐν ἐμοὶ πῦρ φιλόϋλον· »ὕδωρ δὲ ζῶν« καὶ λαλοῦν ἐν ἐμοί, ἔσωθέν μοι λέγον· Δεῦρο πρὸς τὸν πατέρα.

---

37 ⸀-ζεν א D Θ λ 69 *al* | ⸂πρ. εμε 𝔓75 B ¦ — 𝔓66* א* D b e || **37.38** ⁚—. *et* ⁚ d e; Cyp ¦ *txt* 𝔓66; Or || **39** ⸀ελεγεν 𝔓66 א *pc*; Or Gel | ⸁† οὐ 𝔓66 א D T W Θ λ φ *pm* ¦ *txt* 𝔓75vid B E K M **0105** *pm* | ⸀1 -ευοντες א ℜ D Θ **0105** λ φ *pl*; Cyr Gel ¦ *txt* 𝔓66.75vid B L T W *pc* | ⸆ δεδομενον lat sy sa; Eus ¦ αγιον 𝔓66* ℜ L W **0105** λ φ 33.1241 *pm*; Cyr^pt ¦ αγ. επ αυτοις D* f got ¦ αγ. δεδομ. B 2768 e q ¦ *txt* 𝔓66c.75 א K T Θ Ψ *pc* | ⸀2 ουπω B א D Θ; Or^pt ¦ *txt* 𝔓66.75 ℜ(L) T W Δ **0105** λ φ *pl*

---

25 sqq cf 40 sqq || *25* cf Jo 7, 2; Lv 23, 36; Nu 29, 35 || *25 sq* cf Jo 4, 10.14; Apc 21, 6; 22, 17 || *26 sq* unde? cf Is 12, 3; 43, 20; 44, 3; 55, 1; 58, 11; Ez 47, 1-12; Joel 3, 1; 4, 18; Zch 13, 1; 14, 8; Prv 18, 4; Ct 4, 15; Sir 24, 30 (40); *cf 49 sq* || *27 sq* cf Jo 14, 16 sq. 26; 15, 26; 16, 7 sqq; 1Jo 2, 1; Lc 24, 49; Jo 20, 22; Act 2, 1 sqq; 4, 31; 10, 44 sqq; 19, 6; 5, 32 || *28* cf Jo 12, 16. 23; 13, 22 || *29 sqq cf 1 sq* || *37 sqq cf 16* || *40 sqq cf 25 sqq* || *44 sq cf 21. 24* || *46 sqq cf 16 sq. 19 sq* || *49 sq cf 26 sq*

241. Auseinandersetzungen um Jesus

Dissensio propter Jesum — **Division among the People Regarding Jesus**

Matth. 7,28-29 | Mark. 1,22 | Luk. 4,32

Joh. 7,40-52

40⸂Ἐκ τοῦ ὄχλου οὖν⸃ ἀκούσαντες⸆ ⸄τῶν λόγων τούτων⸅ ἔλεγον· ⸆ οὗτός ἐστιν ἀληθῶς ὁ προφήτης· 41⸀ἄλλοι ἔλεγον⸆· οὗτός ἐστιν ὁ χριστός, ⸂οἱ δὲ⸃ ἔλεγον· μὴ γὰρ ἐκ τῆς Γαλιλαίας ὁ χριστὸς ἔρχεται; 42⸀οὐχ ἡ γραφὴ εἶπεν ὅτι ἐκ °τοῦ σπέρματος Δαυὶδ καὶ ἀπὸ Βηθλέεμ τῆς κώμης ὅπου ἦν Δαυὶδ ⸉ἔρχεται ὁ χριστός⸊; 43σχίσμα οὖν ἐγένετο ἐν τῷ ὄχλῳ δι᾽ αὐτόν· 44τινὲς δὲ ἤθελον ἐξ αὐτῶν πιάσαι αὐτόν, ἀλλ᾽ οὐδεὶς ⸀ἐπέβαλεν ἐπ᾽ αὐτὸν τὰς χεῖρας. 45Ἦλθον οὖν οἱ ὑπηρέται πρὸς τοὺς ἀρχιερεῖς καὶ Φαρισαίους, καὶ ⸀εἶπον αὐτοῖς ἐκεῖνοι· διὰ τί οὐκ ἠγάγετε αὐτόν; 46ἀπεκρίθησαν οἱ ὑπηρέται· οὐδέποτε ⸉ἐλάλησεν οὕτως ἄνθρωπος⸊ ⸆. 47ἀπεκρίθησαν °οὖν °¹αὐτοῖς οἱ Φαρισαῖοι· μὴ καὶ ὑμεῖς πεπλάνησθε; 48μή τις ἐκ τῶν ἀρχόντων ἐπίστευσεν εἰς αὐτὸν ἢ ἐκ τῶν Φαρισαίων; 49ἀλλὰ ὁ ὄχλος οὗτος ὁ μὴ γινώσκων τὸν νόμον ἐπάρατοί εἰσιν. 50⸀λέγει Νικόδημος πρὸς αὐτούς, ⸂ὁ ἐλθὼν πρὸς αὐτὸν [τὸ] πρότερον,⸃ εἷς ὢν ἐξ αὐτῶν· 51μὴ ὁ νόμος ἡμῶν κρίνει τὸν ἄνθρωπον ἐὰν μὴ ἀκούσῃ πρῶτον παρ᾽ αὐτοῦ καὶ ⸀γνῷ τί ⸁ποιεῖ; 52ἀπεκρίθησαν καὶ εἶπαν αὐτῷ· μὴ καὶ σὺ ἐκ τῆς Γαλιλαίας εἶ; ἐραύνησον καὶ ἴδε ⸆ ὅτι ⸉ἐκ τῆς Γαλιλαίας προφήτης⸊ οὐκ ⸀ἐγείρεται.

7,28-29 (nr. 76, p. 100)

28Καὶ ἐγένετο ὅτε ἐτέλεσεν ὁ Ἰησοῦς τοὺς λόγους τούτους, ἐξεπλήσσοντο οἱ ὄχλοι ἐπὶ τῇ διδαχῇ αὐτοῦ· 29ἦν γὰρ διδάσκων αὐτοὺς ὡς ἐξουσίαν ἔχων καὶ οὐχ ὡς οἱ γραμματεῖς αὐτῶν.

1,22 (nr. 35, p. 53)

22Καὶ ἐξεπλήσσοντο ἐπὶ τῇ διδαχῇ αὐτοῦ· ἦν γὰρ διδάσκων αὐτοὺς ὡς ἐξουσίαν ἔχων καὶ οὐχ ὡς οἱ γραμματεῖς.

4,32 (nr. 35, p. 53)

32Καὶ ἐξεπλήσσοντο ἐπὶ τῇ διδαχῇ αὐτοῦ, ὅτι ἐν ἐξουσίᾳ ἦν ὁ λόγος αὐτοῦ.

Pap. Egerton 2 (Fragm. 1 r.): ... 5?ἕ]λκω[σιν] β[αστάσαντες δὲ] λίθους ὁμοῦ λι[θάζω]σι[ν αὐ]τόν· 6καὶ ἐπέβαλον [τὰς] χεῖ[ρας] αὐτῶν ἐπ᾽ αὐτὸν οἱ [ἄρχον]τες [ἵ]να πιάσωσιν καὶ παρ[αδώ]σω[σι]ν τῷ ὄχλῳ· καὶ οὐκ ἠ[δύναντο] αὐτὸν πιάσαι ὅτι οὔπω ἐ[ληλύθει] αὐτοῦ ἡ ὥρα τῆς παραδό[σεως] 7αὐτὸς δὲ ὁ κ(ύριο)ς ἐξελθὼν [ἐκ τῶν χει]ρῶν ἀπένευσεν ἀπ᾽ [αὐτῶν.]

Ignatius ad Rom. 7,3: Οὐχ ἥδομαι τροφῇ φθορᾶς οὐδὲ ἡδοναῖς τοῦ βίου τούτου. ἄρτον θεοῦ θέλω, ὅ ἐστιν σὰρξ Ἰησοῦ Χριστοῦ, »τοῦ ἐκ σπέρματος Δαυίδ«, καὶ πόμα θέλω τὸ αἷμα αὐτοῦ, ὅ ἐστιν ἀγάπη ἄφθαρτος.

Ignatius ad Eph. 18,2: Ὁ γὰρ θεὸς ἡμῶν Ἰησοῦς ὁ Χριστὸς ἐκυοφορήθη ὑπὸ Μαρίας κατ᾽ οἰκονομίαν θεοῦ »ἐκ σπέρματος μὲν Δαυίδ«, πνεύματος δὲ ἁγίου· ὃς ἐγεννήθη καὶ ἐβαπτίσθη, ἵνα τῷ πάθει τὸ ὕδωρ καθαρίσῃ.

---

40 ⸂πολλοι *1-3* οι 𝔓66* ¦ πολ. *4 1-3* 𝔎Δ(Θ) **0105** ϕ *pm* ¦ *txt* 𝔓66c.75 ℵ B D L T W 1 *pc* lat | ⸆αυτου 𝔓66* ℵ* D Θ *pc* | ⸄τον λογον (+ τουτον X *al*) S X *pm* ¦ τ. λ. αυτου W ¦ τ. λ. 𝔎 M Γ *al* | ⸆† οτι B D X ¦ *txt* 𝔓66.75 ℵ 𝔎 T W Θ λ ϕ *pl* || **41** ⸆οτι D L W 69 *pc* | ⸀αλλοι 𝔓66* ℵ 𝔎 D **0105** ϕ *pm* sy^c.p ¦ α. δε *al* bo || **42** ⸀ουχι ℵ 𝔎 D W **0105** λ ϕ *pl*; Cyr ¦ *txt* 𝔓66.75 B Θ *pc* | ° 𝔓66 D λ ϕ 565.1241 *pc*; Cyr | ⸉ 𝔓66 ℵ 𝔎 (⸉D) Θ **0105** λ ϕ 565.1241 *pl* ¦ *txt* 𝔓75 B L T W *pc* || **44** ⸀εβ- 𝔓75 B L T lat ¦ επεβαλλεν 𝔓66* || **45** ⸀λεγουσιν 𝔓66 ℵ e r1 || **46** ⸉ *2 3 1* 𝔓66* ℵ* D ¦ *2 1 3* 𝔎 Γ Δ Θ **0105** λ ϕ *pm* ¦ *txt* 𝔓66c.75 B ℵcorr L N T W X 33.1241 *al* | ⸆† ως ουτος λαλει ο ανθρωπος 𝔓66* ℵ* *pc* ¦ ως ουτ. ο ανθ. 𝔎 Θ λ ϕ *pm* ¦ ως ουτ. λαλ. D c ¦ *txt* 𝔓66c.75 B ℵcorr L T W *pc*; Cyr || **47** ° ℵ D 1 *al* it sy sa bo^pt | °¹ B Θ *pc* || **50** ⸀ειπεν δε 𝔓66 ℵ f (q) | ⸂† ο ε. πρ. α. προτ. 𝔓75 B ℵ3 T *pc* ¦ ο ε. νυκτος πρ. α. 𝔎 *al* (⸉πρ. α. ν. K N **0250** *al*) ¦ ο ε. νυκτ. πρ. α. το προτ. Θ λ ϕ 33 *pc* ¦ ο ε. πρ. α. νυκτος το πρωτον D (⸉*p.* εις ων εξ α.) ¦ — ℵ* ¦ *txt* 𝔓66 L W *al* || **51** ⸀επιγνωσθη D | ⸁εποιησεν D c || **52** ⸆τας γραφας D (⸉W it vg^cl) | ⸉ *4 1-3* 𝔓66c ℵ 𝔎 D W Θ λ ϕ *pm* ¦ *txt* B L T X *pc* ¦ *txt, sed* ο πρ. 𝔓66*.75vid; [Owen *cj*] | ⸀εγηγερται E G H L *pm*

---

[1] cf Jo 4,19; 6,14; 9,17; 1,21 || [2] *cf 11* || [2sq] cf Mt 2,3-6 *(= nr 8)*; 2 Sm 7,12 sq; Mch 5,1; Is 11,1; Jr 23,5; Ps 89,4 sq; *cf 20 sq. 22 sq* || [4] cf Jo 9,16; 10,19 || [4sq] cf Jo 7,30; 8,20 || [4sqq] *cf 17 sqq* || [5sq] cf Jo 7,32 || [6] cf Mt 13,54 etc; *cf 12 sqq* || [7] cf Jo 7,12; Mt 27,63 || [7sq] cf Jo 12,42 || [8] cf Dt 27,26 || [9] cf Jo 3,1-21 *(= nr 27)* || [9sq] cf Dt 1,16 sq; 17,4; Lv 19,15 || [11] cf Jo 1,46; *cf 2* || [12sqq] *cf 6* || [17sqq] *cf 4 sqq* || [20sq] *cf 2 sq* || [22sq] *cf 2 sq*

242. Jesus und die Ehebrecherin

Mulier adultera

The Woman Caught in Adultery

Matth.	Mark.	Luk.	[[Joh. 7,53-8,11]]

[[53 ⸋Καὶ ⸀ἐπορεύθησαν ἕκαστος εἰς τὸν ⸁οἶκον αὐτοῦ,⸌ 8 1 ⸂Ἰησοῦς δὲ⸃ ἐπορεύθη εἰς τὸ ὄρος τῶν ἐλαιῶν.
2 Ὄρθρου δὲ πάλιν⸆ ⸀παρεγένετο⸇ εἰς τὸ ἱερὸν ⸋ καὶ πᾶς ὁ λαὸς ἤρχετο πρὸς αὐτόν⸋1, καὶ καθίσας ἐδίδασκεν
αὐτούς⸌⸌. 3 Ἄγουσιν δὲ οἱ ⸀γραμματεῖς καὶ οἱ Φαρισαῖοι ⸂γυναῖκα ἐπὶ μοιχείᾳ⸃ ⸁κατειλημμένην καὶ στήσαντες
αὐτὴν ἐν μέσῳ 4 ⸀λέγουσιν αὐτῷ⸆· διδάσκαλε, ⸂αὕτη ἡ γυνὴ ⸁κατείληπται ἐπ' αὐτοφώρῳ μοιχευομένη⸃· 5 ⸂ἐν δὲ
τῷ νόμῳ ἡμῖν Μωϋσῆς ἐνετείλατο⸃ τὰς τοιαύτας ⸀λιθάζειν. σὺ ⸁οὖν τί λέγεις⸆; 6 ⸋τοῦτο δὲ ἔλεγον ⸀πειράζοντες
αὐτόν, ἵνα ⸁ἔχωσιν ⸂κατηγορεῖν αὐτοῦ⸃.⸌ ὁ δὲ Ἰησοῦς κάτω κύψας τῷ δακτύλῳ ⸀1κατέγραφεν εἰς τὴν γῆν⸆. 7 ὡς
δὲ ἐπέμενον ⸀ἐρωτῶντες °αὐτόν, ⸂ἀνέκυψεν καὶ⸃ εἶπεν ⸁αὐτοῖς· ὁ ἀναμάρτητος ὑμῶν πρῶτος ⸄ἐπ' αὐτὴν βαλέτω
λίθον⸅. 8 καὶ πάλιν ⸀κατακύψας⸆ ⸁ἔγραφεν εἰς τὴν γῆν⸇. 9 ⸂οἱ δὲ ἀκούσαντες⸃ ⸄ἐξήρχοντο εἷς καθ' εἷς⸅ ἀρξά-
μενοι ἀπὸ τῶν πρεσβυτέρων ⸆ καὶ κατελείφθη μόνος ⸇ καὶ ἡ γυνὴ ἐν μέσῳ ⸀οὖσα. 10 ⸀ἀνακύψας δὲ ὁ Ἰησοῦς⸆
εἶπεν ⸂αὐτῇ· γύναι⸃, ⸄ποῦ εἰσιν⸅; οὐδείς σε ⸁κατέκρινεν; 11 ⸂ἡ δὲ εἶπεν⸃· οὐδείς, κύριε. ⸄εἶπεν δὲ ὁ Ἰησοῦς⸅·
οὐδὲ ἐγώ σε κατακρίνω· ⸀πορεύου, ⸂1[καὶ] ἀπὸ τοῦ νῦν⸃ μηκέτι ἁμάρτανε.]]

Luk. 21,37–38: 37 Ἦν δὲ τὰς ἡμέρας ἐν τῷ ἱερῷ διδάσκων, τὰς δὲ νύκτας ἐξερχόμενος ηὐλίζετο εἰς τὸ ὄρος τὸ καλούμενον Ἐλαιῶν. 38 καὶ πᾶς ὁ λαὸς ὤρθριζεν πρὸς αὐτὸν ἐν τῷ ἱερῷ ἀκούειν αὐτοῦ.

Luk. 19,47–48: 47 Καὶ ἦν διδάσκων τὸ καθ' ἡμέραν ἐν τῷ ἱερῷ. οἱ δὲ ἀρχιερεῖς καὶ οἱ γραμματεῖς ἐζήτουν αὐτὸν ἀπολέσαι καὶ οἱ πρῶτοι τοῦ λαοῦ, 48 καὶ οὐχ εὕρισκον τὸ τί ποιήσωσιν, ὁ λαὸς γὰρ ἅπας ἐξεκρέματο αὐτοῦ ἀκούων.

Matth. 22,15–22 (cf. Mark. 12,13sqq; Luk. 20,20sqq = *nr. 280, p. 381*): 15 Τότε πορευθέντες οἱ Φαρισαῖοι συμβούλιον ἔλαβον ὅπως αὐτὸν παγιδεύσωσιν ἐν λόγῳ. 16 καὶ ἀποστέλλουσιν αὐτῷ τοὺς μαθητὰς αὐτῶν μετὰ τῶν Ἡρῳδιανῶν λέγοντες· διδάσκαλε, οἴδαμεν ὅτι ἀληθὴς εἶ καὶ τὴν ὁδὸν τοῦ θεοῦ ἐν ἀληθείᾳ διδάσκεις καὶ οὐ μέλει σοι περὶ οὐδενός. οὐ γὰρ βλέπεις εἰς πρόσωπον ἀνθρώπων, 17 εἰπὲ οὖν ἡμῖν τί σοι δοκεῖ· ἔξεστιν δοῦναι κῆνσον

[[7,53 – 8,11]] περι μοιχαλιδος περικοπη: *add. hic* 𝔎 D *pm* (*partim c. aster. vl obel.*) b*vid* c e ff2 j vg sy*pal* bo*pt*; *hab. post* 7,36 225; *post* 21,25 λ; *post* Lc 21,38 ϕ; *om.* 𝔓66.75 B ℵ (C*vid* A*vid*) L N T W X Θ Ψ **0141. 0211.** 33. 565. 1241. 2768 *al* a f l q sy sa bo*pt*; Cl*vid* Tert Or Non || **53** ⸋ *vs* ff2 | ⸀-θη 𝔎 *al* ¦ απηλθεν U ϕ 118. 209 *al* | ⸁τοπον 1. 1582 *pc* bo*pt* || **8,1** ⸂και ο Ι. U Γ Λ 118. 209. 700 *al* || **2** ⸆βαθεως U *al* (118. 209) | ⸀παραγινεται D ¦ ηλθεν U Λ ϕ 118. 209. 700 *al* | ⸇ο Ιησους U 118. 209 *al* | ⸋ ϕ *pc* ¦ *txt* 𝔎 (D) λ *pl* lat | ⸋1 D || **3** ⸀αρχιερεις 1 *pc* | ⸂επι αμαρτια γυν. D ¦ προς αυτον γυν. εν μοιχ. 𝔎 *al* ¦ *txt* M S U Γ Λ λ ϕ *al* lat | ⸁ειλ- D || **4** ⸀ειπον U Λ 118. 209. 700 *al* lat bo*pt* | ⸆πειραζοντες 𝔎 *al* ¦ (6) εκπειραζοντες αυτον οι ιερεις ινα εχωσιν κατηγοριαν αυτου D | ⸂ταυτην ευρομεν επ αυτοφ. μοιχευομενην U 118. 209 *al* | ⸁ειλ- M S Λ 69 *al* ¦ κατεληφθη 𝔎 *al* ¦ *txt* D 1 *pc* || **5** ⸂ *1-4 6 7* H 118. 209 ¦ *1-4 6 5 7* 𝔎 *pl* ¦ *1-4 6 7 5* U *pc* ¦ Μωυσης δε εν τ. ν. εκελευσεν D ¦ *txt* Λ 1. 69 *al* ¦ *txt, sed* ημων S Γ *pc* | ⸀λιθοβολεισθαι 𝔎 *al* ¦ *txt* D M S U (Γ) Λ λ ϕ *al* | ⸁δε c ff2 ¦ δε νυν D | ⸆περι αυτης M S U Λ ϕ *al* c ff2 || **6** ⸋ D 264. 1071 (⸉ *p. vs* 11 M) | ⸀εκπ- 272 *al* | ⸁σχωσι S Γ *al* ¦ ευρωσι 1 *pc* | ⸂κατηγοριαν κατ αυτ. (M) S U Λ ϕ *al* | ⸀1εγρ- K U Γ Λ λ 700 *al* ¦ εγραψεν ϕ *pc* | ⸆μη προσποιουμενος E G H K *al* || **7** ⸀ανερ- 1071 ¦ επερ- M S λ *al* | ° D *pc* ¦ *txt* 𝔎 λ ϕ *pl* | ⸂ανακυψας 𝔎 Γ *al* ¦ αναβλεψας U Λ ϕ 118. 209 *al* | ⸁προς αυτους 𝔎 *pm* ¦ — M ¦ *txt* D S U Γ Λ λ ϕ | ⸄λ. (τον λ. *al*) επ αυτην (-τη *al*) β. U Λ (ϕ) *al* ¦ β. επ αυτην τον λ. M *pc* ¦ επ αυτην τον (— τ. Γ *al*) λ. β. 𝔎 Γ *pm* ¦ *txt* D (λ) || **8** ⸀κατω κυψας 𝔎 ϕ *pl* ¦ *txt* D 1 *al* | ⸆τω δακτυλω D 1071 *pc* ff2 | ⸁κατεγρ- D *pc* ¦ εγραψεν M *pc* | ⸇ενος εκαστου αυτων τας αμαρτιας U Π *al* || **9** ⸂ακ. δε 1 *pc* ¦ — D Λ ϕ *pc* | ⸄και (— Λ) εξηλθον (-θεν Λ *al*) *2-4* Λ ϕ *al* ¦ *2-4* ανεχωρησαν M *pc* ¦ και υπο της συνειδησεως ελεγχομενοι *1-4* 𝔎 118. 209 *al* ¦ εκαστος δε των Ιουδαιων εξηρχετο D ¦ εξηρχοντο εις εκαστος 1 *pc* ¦ *txt* U *al* | ⸆ωστε παντας εξελθειν D 1071 ¦ εως των εσχατων S U Λ ϕ 118. 209 *pm* ¦ παντες ανεχωρησαν c ff2 ¦ *txt* 𝔎 Γ 1 *al* | ⸇ο Ιησους 𝔎 ϕ *al* (⸉ Γ *al*) ¦ *txt* D 1. 1071 *pc* c | ⸀εστωσα 1 *al* || **10** ⸀αναβλεψας Λ ϕ *pc* | ⸆και μηδενα θεασαμενος πλην της γυναικος 𝔎 *al* ¦ ειδεν αυτην και U Λ ϕ 118. 209 *al* ¦ *txt* D M S Γ 1 *al* | ⸂τη γυναικι· D 1071 c ¦ γυναι U Λ ϕ 118. 209 *al* | ⸄π. ε. εκεινοι (— H S U ϕ *al*) οι κατηγοροι σου E F H S U *al* ¦ — 118. 209 *al* ¦ *txt* D M 1 *al* | ⸁lapidavit ff2 || **11** ⸂κακεινη ειπεν αυτω D | ⸄ε. δε αυτη ο Ι. Γ (U Λ ϕ *al*) 118. 209 *al* ¦ ο δε ειπεν D | ⸀υπαγε D | ⸂1 † *2-4* D *pc* ¦ *1* 𝔎 Λ *al* ¦ *txt* M S U Γ 1 *al*

1-11 cf *14 sq. 16 sqq. 22 sq* || *1 sqq* cf *12 sq* || *2* cf Mc 2,13 || *4 sq* cf Lv 20,10 sqq; Nu 5,12 sqq; Dt 22,22 sqq; Ez 16,38 sqq || *5 sq* cf Mc 8,11; Mt 16,1; 19,3; 22,35; Lc 11,16; Jo 6,6; Lc 6,7 || *7 sq* cf Dt 17,7; Rm 2,1.22 || *11* cf Jo 5,14 || *12 sq* cf *1 sqq* || *14 sq* cf *1-11* || *16 sqq* cf *1-11*

Καίσαρι ἢ οὔ; [18]γνοὺς δὲ ὁ Ἰησοῦς τὴν πονηρίαν αὐτῶν εἶπεν· τί με πειράζετε, ὑποκριταί; [19]ἐπιδείξατέ μοι τὸ νόμισμα τοῦ κήνσου. οἱ δὲ προσήνεγκαν αὐτῷ δηνάριον. [20]καὶ λέγει αὐτοῖς· τίνος ἡ εἰκὼν αὕτη καὶ ἡ ἐπιγραφή; [21]λέγουσιν αὐτῷ· Καίσαρος. τότε λέγει αὐτοῖς· ἀπόδοτε οὖν τὰ Καίσαρος Καίσαρι καὶ τὰ τοῦ θεοῦ τῷ θεῷ. [22]καὶ ἀκούσαντες ἐθαύμασαν, καὶ ἀφέντες αὐτὸν ἀπῆλθαν.

Evang. sec. Hebraeos? (Eusebius, h. e. III, 39, 17): Ἐκτέθειται (Papias) δὲ καὶ ἄλλην ἱστορίαν περὶ γυναικὸς ἐπὶ πολλαῖς ἁμαρτίαις διαβληθείσης ἐπὶ τοῦ κυρίου, ἣν τὸ καθ᾽ Ἑβραίους εὐαγγέλιον περιέχει.

[22sq] *cf 1-11*

243. Ich bin das Licht der Welt

Jesus lux mundi

»I am the Light of the World«

Matth.	Mark.	Luk.	Joh. 8,12-20
			[12]Πάλιν οὖν αὐτοῖς ἐλάλησεν °ὁ Ἰησοῦς ⸀λέγων· ἐγώ εἰμι τὸ φῶς τοῦ κόσμου· ὁ ἀκολουθῶν ⸁ἐμοὶ οὐ μὴ περιπατήσῃ ἐν τῇ σκοτίᾳ, ἀλλ᾽ ἕξει τὸ φῶς τῆς ζωῆς. [13]εἶπον οὖν αὐτῷ οἱ Φαρισαῖοι· σὺ περὶ σεαυτοῦ μαρτυρεῖς· ἡ μαρτυρία σου οὐκ ἔστιν ἀληθής. [14]ἀπεκρίθη Ἰησοῦς καὶ εἶπεν αὐτοῖς· κἂν ἐγὼ μαρτυρῶ περὶ ἐμαυτοῦ, ⸉ἀληθής ἐστιν ἡ μαρτυρία μου⸊, ὅτι οἶδα πόθεν ἦλθον καὶ ποῦ ὑπάγω· ὑμεῖς °δὲ οὐκ οἴδατε πόθεν ἔρχομαι ⸀ἢ ποῦ ὑπάγω. [15]ὑμεῖς κατὰ τὴν σάρκα κρίνετε, ἐγὼ οὐ κρίνω οὐδένα. [16]καὶ ἐὰν κρίνω δὲ ἐγώ, ἡ κρίσις ἡ ἐμὴ ⸀ἀληθινή ἐστιν, ὅτι μόνος οὐκ εἰμί, ἀλλ᾽ ἐγὼ καὶ ὁ πέμψας με °πατήρ. [17]καὶ ἐν τῷ νόμῳ δὲ τῷ ὑμετέρῳ ⸀γέγραπται ὅτι δύο ἀνθρώπων ἡ μαρτυρία ἀληθής ἐστιν. [18]ἐγώ εἰμι ὁ μαρτυρῶν περὶ ἐμαυτοῦ καὶ μαρτυρεῖ περὶ ἐμοῦ ὁ πέμψας με πατήρ. [19]ἔλεγον οὖν αὐτῷ· ποῦ ἐστιν ὁ πατήρ σου; ἀπεκρίθη⸆ Ἰησοῦς· οὔτε ἐμὲ οἴδατε οὔτε τὸν πατέρα μου· εἰ ἐμὲ ᾔδειτε, καὶ τὸν πατέρα μου ἂν ᾔδειτε. [20]Ταῦτα τὰ ῥήματα ἐλάλησεν ἐν τῷ γαζοφυλακίῳ διδάσκων ἐν τῷ ἱερῷ· καὶ οὐδεὶς ἐπίασεν αὐτόν, ὅτι οὔπω ἐληλύθει ἡ ὥρα αὐτοῦ.

Matth. 5, 14 *(nr. 53, p. 77)*: Ὑμεῖς ἐστε τὸ φῶς τοῦ κόσμου. οὐ δύναται πόλις κρυβῆναι ἐπάνω ὄρους κειμένη.

Evang. Thomae copt.: *cf. Append. I, 24. 77*

---

12 ° 𝔓75 B | ⸀και ειπεν W* (λ. κ. ε. W^{corr}) ¦ — sy$^{s.c}$ | ⸁ † μοι B T; Or ¦ *txt* 𝔓66 ℵ 𝔎 D W Θ **0250** λ φ *pl* || 14 ⸉ *3-5 1 2* 𝔓39.75 B W **047. 0141.** 157. 1424 *pc*; Epiph | ° ℵ F H *al* | ⸀και 𝔓75* ℵ 𝔎 L W Θ φ *al* it ¦ *txt* 𝔓39.66.75c B D K T **0110. 0250** λ *pm* lat || 16 ⸀αληθης 𝔓66 ℵ 𝔎 Θ **0250** λ φ *pm* ¦ δικαια 544 *pc* | ° † ℵ* D sy$^{s.c}$ ¦ *txt* 𝔓39.66.75 B ℵ^2 𝔎 T W Θ **0110. 0250** λ φ *pl* || 17 ⸀γεγραμμενον εστιν ℵ || 19 ⸆ο ℵ W Θ φ 33 *pc*

[1sq] cf Jo 7,37; 7,14; 8,20. 59; *cf 12* | ἐγώ εἰμι cf Jo 4,26; 6,35. 41. 48. 51; 8,23. 24. 28; 13,19; 18,5. 6. 8; 10,7. 9; 10,11. 14; 11,25; 14,6; 15,1. 5; 1,20; 3,28 | cf Jo 1,5. 9; 3,19; 9,5; 12,35. 46; 1Jo 2,8. 11; 1Th 5,5; L 16,8; Is 9,1; 49,6; 60,1. 3; Ps 36,10; *cf 11* || [3sq] cf Jo 5,31 || [5] cf Jo 3,17; 12,47; 7,24 || [6] cf Jo 8,29; 16,32 || [6sq] cf Dt 17,6; 19,15; Gn 41,32 || [8sq] cf Jo 14,7; 15,21; 16,3 || [10] cf Jo 7,30. 44; Lc 22,53; Jo 7,6; 2,4; 13,1 || [11] *cf 1sq* || [12] *cf 1sq*

244. Streitrede mit den Juden

Disputatio cum Iudaeis

Discussion with the Jews

Matth.	Mark.	Luk.	Joh. 8,21-29
			[21]Εἶπεν οὖν πάλιν αὐτοῖς⸆· ἐγὼ ὑπάγω καὶ ζητήσετέ με, καὶ ἐν τῇ ἁμαρτίᾳ ὑμῶν ἀποθανεῖσθε· ὅπου ἐγὼ ὑπάγω ὑμεῖς οὐ δύνασθε ἐλθεῖν. [22]ἔλεγον οὖν οἱ Ἰουδαῖοι· μήτι ἀποκτενεῖ ἑαυτόν, ὅτι λέγει· ὅπου °ἐγὼ ὑπάγω ὑμεῖς οὐ δύνασθε ἐλθεῖν; [23]⸂καὶ ἔλεγεν⸃ αὐτοῖς· ὑμεῖς ἐκ τῶν κάτω ἐστέ, ἐγὼ ἐκ τῶν ἄνω εἰμί· ὑμεῖς ἐκ

---

21 ⸆ο Ιησους 𝔓66c 𝔎 Θ Ψ **0110. 0250** λ φ 33 *pm* lat sy sa bo ¦ *txt* 𝔓66*.75 𝔋 D X **0141** *pc* || 22 ° 𝔓75 348 || 23 ⸂ελεγεν ουν 𝔓66 ℵ* 1574 r^1

---

[1] cf Jo 7,33sq; 13,33; Hos 5,6; Dt 4,29; Is 55,6; Prv 1,28 | cf Dt 24,16; Ez 3,19; 18,24. 26; Prv 24,9 || [1sq] cf Jo 7,35; *cf 12sqq* || [2] cf 2Mcc 14,37sqq || [3] cf Jo 3,13. 31

Matth.	Mark.	Luk.	[Joh. 8,21-29]
			⸉τούτου τοῦ κόσμου⸊ ἐστέ, ἐγὼ οὐκ εἰμὶ ἐκ τοῦ κόσμου τούτου. [24] εἶπον °οὖν ὑμῖν ὅτι ἀποθανεῖσθε ἐν ταῖς ἁμαρτίαις ὑμῶν· ἐὰν °¹γὰρ μὴ πιστεύσητε ᵀ ὅτι ἐγώ εἰμι, ἀποθανεῖσθε ἐν ταῖς ἁμαρτίαις ὑμῶν. [25] ⸀ἔλεγον οὖν⸌ αὐτῷ· σὺ τίς εἶ; εἶπεν αὐτοῖς °ὁ Ἰησοῦς· ᵀτὴν ἀρχὴν ⸀ὅ τι⸌ καὶ λαλῶ ὑμῖν⁝; [26] πολλὰ ⸀ἔχω περὶ ὑμῶν λαλεῖν καὶ κρίνειν, ἀλλ᾽ ὁ πέμψας με ἀληθής ἐστιν, κἀγὼ ἃ ἤκουσα παρ᾽ αὐτοῦ ταῦτα λαλῶ εἰς τὸν κόσμον. [27] οὐκ ἔγνωσαν ὅτι τὸν πατέρα αὐτοῖς ἔλεγενᵀ. [28] εἶπεν οὖν °[αὐτοῖς] ὁ Ἰησοῦςᵀ· ὅταν ὑψώσητε τὸν υἱὸν τοῦ ἀνθρώπου, τότε γνώσεσθε ὅτι ἐγώ εἰμι, καὶ ἀπ᾽ ἐμαυτοῦ ποιῶ ⸀οὐδέν, ἀλλὰ καθὼς ἐδίδαξέν με ὁ πατὴρ ᵀ ταῦτα λαλῶ. [29] καὶ ὁ πέμψας με μετ᾽ ἐμοῦ ἐστιν· οὐκ ἀφῆκέν με μόνονᵀ, ὅτι ἐγὼ τὰ ἀρεστὰ αὐτῷ ποιῶ πάντοτε.

Evang. Naassen. (Hippolytus, Refut. omn. haer. V, 8, 11-12): [11] Τοῦτο, φησίν, ἐστὶ τὸ εἰρημένον ὑπὸ τοῦ σωτῆρος· »ἐὰν μὴ πίνητέ μου τὸ αἷμα καὶ φάγητέ μου τὴν σάρκα, οὐ μὴ εἰσέλθητε εἰς τὴν βασιλείαν τῶν οὐρανῶν· ἀλλὰ κἂν πίητε«, φησί, »τὸ ποτήριον ὃ ἐγὼ πίνω, ὅπου ἐγὼ ὑπάγω, ἐκεῖ ὑμεῖς εἰσελθεῖν οὐ δύνασθε«. [12] ᾔδει γάρ, φησίν, ἐξ ὁποίας φύσεως ἕκαστος τῶν μαθητῶν αὐτοῦ ἐστι καὶ ὅτι ἕκαστον αὐτῶν εἰς τὴν ἰδίαν φύσιν ἐλθεῖν ἀνάγκη. ἀπὸ γὰρ τῶν δώδεκα, φησί, φυλῶν μαθητὰς ἐξελέξατο δώδεκα καὶ δι᾽ αὐτῶν ἐλάλησε πάσῃ φυλῇ.

Ignatius ad Magn. 7,1; 8,2: 7 [1] Ὥσπερ οὖν ὁ κύριος ἄνευ τοῦ πατρὸς οὐδὲν ἐποίησεν, ἡνωμένος ὤν, οὔτε δι᾽ ἑαυτοῦ οὔτε διὰ τῶν ἀποστόλων· οὕτως μηδὲ ὑμεῖς ἄνευ τοῦ ἐπισκόπου καὶ τῶν πρεσβυτέρων μηδὲν πράσσετε. 8 [2]... ὅτι εἷς θεός ἐστιν, ὁ φανερώσας ἑαυτὸν διὰ Ἰησοῦ Χριστοῦ τοῦ υἱοῦ αὐτοῦ, ὅς ἐστιν αὐτοῦ λόγος ἀπὸ σιγῆς προελθών, ὃς κατὰ πάντα εὐηρέστησεν τῷ πέμψαντι αὐτόν.

---

23 ⸉ *2 3 1* ℵ 𝔎 D Θ **0250** λ *pl*; (Or) ¦ *txt* 𝔓66.75 B T W 13 *pc* || **24** ° 𝔓66 ℵ *pc* a e | °¹ 661. 945 sys bopt | ᵀμοι ℵ D Θ ϕ e || **25** ⸀και ελ. 𝔓66 ¦ ελ. ℵ Γ sys.p bopt | ° 𝔓66*.75 B 476 | ᵀειπον υμιν 𝔓66c | ⸀ ὅτι (quia) b d vgcodd ¦ qui vgcl ¦ [ετι Torrey *cj* ¦ ουκ εχω οτι Holwerda *cj*] | [⁝. T] || **26** ⸀εχων 𝔓66 e || **27** ᵀτον θεον ℵ* D *pc* lat || **28** ° † 𝔓66* B L T W 1. 565. 1241 *pc* a ¦ *txt* 𝔓66c.75 ℵ 𝔎 D Θ **0250** ϕ *pl* lat | ᵀοτι 𝔓66.75 B | ⸀ουδε εν 𝔓66 | ᵀμου B 𝔎 λ *pm* syp sa bopt || **29** ᵀο πατηρ 𝔎 *al* syp bopt

---

[5] cf Jo 13,19; Is 43,10; Ex 3,14; Dt 32,39; *cf 9* || [6] cf Jo 1,19 || [7] cf Jo 8,40; 12,49; 14,24; 15,15; 1Rg 22,14; *cf 9* || [8] cf Jo 3,14; 12,32.34; Mt 26,64 || [8sqq] *cf 15sqq* || [9] *cf ad 5* | cf Nu 16,28 | *cf ad 7* || [10] cf Jo 8,16; 16,32 (contra Mc 15,34; Mt 27,46?) || [11sq] cf Jo 6,53 || [12sqq] *cf 1sq* || [15sqq] *cf 8sqq*

245. Die Wahrheit wird euch frei machen

Veritas liberabit vos **»The Truth will Make You Free«**

Matth.	Mark.	Luk.	Joh. 8,30-36
			[30] Ταῦτα αὐτοῦ λαλοῦντος πολλοὶ ἐπίστευσαν εἰς αὐτόν. ⁝ [31] ἔλεγεν οὖν ὁ Ἰησοῦς πρὸς τοὺς πεπιστευκότας αὐτῷ Ἰουδαίους· ἐὰν ὑμεῖς μείνητε ἐν τῷ λόγῳ τῷ ἐμῷ, ἀληθῶς μαθηταί μού ἐστε [32] καὶ γνώσεσθε τὴν ἀλήθειαν, καὶ ἡ ἀλήθεια ἐλευθερώσει ὑμᾶς. [33] ἀπεκρίθησαν πρὸς αὐτόν· σπέρμα Ἀβραάμ ἐσμεν καὶ ⸀οὐδενὶ δεδουλεύκαμεν⸌ πώποτε· ᵀπῶς σὺ λέγεις ὅτι ἐλεύθεροι γενήσεσθε; [34] ἀπεκρίθη °αὐτοῖς °¹ὁ Ἰησοῦς· ἀμὴν ἀμὴν λέγω ὑμῖν ὅτι πᾶς ὁ ποιῶν τὴν ἁμαρτίαν δοῦλός ἐστιν ⸋τῆς ἁμαρτίας⸌. [35] ὁ δὲ δοῦλος οὐ μένει ἐν τῇ οἰκίᾳ εἰς τὸν αἰῶνα, ⸋ὁ ᵀ υἱὸς μένει εἰς τὸν αἰῶνα.⸌ [36] ἐὰν °οὖν ὁ υἱὸς ὑμᾶς ἐλευθερώσῃ, ὄντως ἐλεύθεροι ⸀ἔσεσθε.

---

31 [⁝ 31, *non* 30 *sect.* comm] || **33** ⸀ου δεδ. ουδενι D | ᵀκαι 𝔓66 N 69 *pc* || **34** ° 𝔓75 **0141** b e | °¹ 𝔓66.75 B **0141** | ⸋ D b sys; Cl || **35** ⸋ ℵ W X Γ **0141**. 33. 124 *al* | ᵀδε 𝔓66 D **070. 0250** *pc* a r1 || **36** ° 𝔓75 ϕ 1241 *pc* it | ⸀εστε 𝔓66

---

[1] cf Jo 2,23; 7,31; 10,42; 11,45; 12,11.42 | cf Jo 8,37.40.48 (8,31!) || [2] cf Jo 5,38; 15,7.14; 1Jo 4,16; 2Jo 9; Act 11,23 etc; 2Mcc 8,1 || [3] cf Rm 6,18.22; 1Cor 7,22; 2Cor 3,17; Gl 4,31; 5,13 etc; 1Esr 3,12; *cf 6* | cf Mt 3,9 par; Gn 17,16; 22,17; 26,4 sq || [3sq] cf Neh 9,36; Gn 15,13 sq || [5] cf 1Jo 3,8; Rm 6,16 sqq; 7,14; 8,15 etc; Gn 4,7 || [5sq] cf Gl 4,30 || [6] *cf ad 3*

246. Schmährede gegen die Juden

Filii diaboli — **Children of the Devil**

Matth.	Mark.	Luk.	Joh. 8, 37-47
			37 Οἶδα ὅτι σπέρμα Ἀβραάμ ἐστε· ἀλλὰ ζητεῖτέ με ἀποκτεῖναι, ὅτι ὁ λόγος ὁ ἐμὸς οὐ χωρεῖ ἐν ὑμῖν. 38 ⸉⸀ἃ ἐγὼ⸊ ἑώρακα παρὰ τῷ πατρὶ⸆ ⸀λαλῶ· καὶ ὑμεῖς °οὖν ⸀ἃ ⸀¹ἠκούσατε παρὰ ⸂τοῦ πατρὸς⸃ ⸀²ποιεῖτε. 39 ἀπεκρίθησαν καὶ εἶπαν αὐτῷ· ὁ πατὴρ ἡμῶν Ἀβραάμ ἐστιν. λέγει⸆ αὐτοῖς °ὁ Ἰησοῦς· εἰ τέκνα τοῦ Ἀβραάμ ⸀ἐστε, τὰ ἔργα τοῦ Ἀβραὰμ ⸀ἐποιεῖτε· 40 νῦν δὲ ζητεῖτέ με ἀποκτεῖναι ἄνθρωπον ὃς τὴν ἀλήθειαν ὑμῖν λελάληκα ἣν ἤκουσα παρὰ τοῦ θεοῦ· τοῦτο Ἀβραὰμ οὐκ ἐποίησεν. 41 ὑμεῖς⸆ ποιεῖτε τὰ ἔργα τοῦ πατρὸς ὑμῶν. εἶπαν °[οὖν] αὐτῷ· ἡμεῖς ἐκ πορνείας ⸂οὐ γεγεννήμεθα⸃, ἕνα πατέρα ἔχομεν τὸν θεόν. 42 εἶπεν αὐτοῖς °ὁ Ἰησοῦς· εἰ ὁ θεὸς πατὴρ ὑμῶν ἦν ἠγαπᾶτε ἂν ἐμέ, ⸂ἐγὼ γὰρ ἐκ⸃ τοῦ θεοῦ ⸀ἐξῆλθον καὶ ἥκω· ⸀οὐδὲ γὰρ ἀπ᾽ ἐμαυτοῦ ἐλήλυθα, ἀλλ᾽ ἐκεῖνός με ⸀¹ἀπέστειλεν. 43 διὰ τί τὴν ⸀λαλιὰν τὴν ἐμὴν οὐ γινώσκετε; ὅτι οὐ δύνασθε ἀκούειν τὸν λόγον τὸν ἐμόν. 44 ὑμεῖς ἐκ ⸋τοῦ πατρὸς⸌ τοῦ διαβόλου ἐστὲ καὶ τὰς ἐπιθυμίας τοῦ πατρὸς ὑμῶν θέλετε ποιεῖν. ἐκεῖνος ἀνθρωποκτόνος ἦν ἀπ᾽ ἀρχῆς καὶ ἐν τῇ ἀληθείᾳ ⸂οὐκ ἔστηκεν⸃, ὅτι ⸉οὐκ ἔστιν ἀλήθεια⸊ ἐν αὐτῷ. ⸀ὅταν λαλῇ τὸ ψεῦδος, ἐκ τῶν ἰδίων λαλεῖ, ὅτι ψεύστης ἐστὶν⸆ καὶ ὁ πατὴρ αὐτοῦ. 45 ἐγὼ δὲ ὅτι τὴν ἀλήθειαν λέγω, οὐ πιστεύετέ μοι. 46 ⸋τίς ἐξ ὑμῶν ἐλέγχει με περὶ ἁμαρτίας; εἰ ἀλήθειαν λέγω, διὰ τί °ὑμεῖς οὐ πιστεύετέ °¹μοι;⸌ 47 ὁ ὢν ἐκ τοῦ θεοῦ τὰ ῥήματα τοῦ θεοῦ ἀκούει· διὰ τοῦτο ὑμεῖς οὐκ ἀκούετε, ⸋ὅτι ἐκ τοῦ θεοῦ οὐκ ἐστέ⸌.

Ignatius ad Magn. 7, 2: Πάντες ὡς εἰς ἕνα ναὸν συντρέχετε θεοῦ, ὡς ἐπὶ ἓν θυσιαστήριον, ἐπὶ ἕνα Ἰησοῦν Χριστόν, τὸν ἀφ᾽ ἑνὸς πατρὸς προελθόντα καὶ εἰς ἕνα ὄντα καὶ χωρήσαντα.

Polycarpus ad Phil. 7, 1: Πᾶς γάρ, ὃς ἂν μὴ ὁμολογῇ, Ἰησοῦν Χριστὸν ἐν σαρκὶ ἐληλυθέναι, ἀντίχριστός ἐστιν· καὶ ὃς ἂν μὴ ὁμολογῇ τὸ μαρτύριον τοῦ σταυροῦ, »ἐκ τοῦ διαβόλου ἐστίν«.

---

38 ⸉ 𝔎 D Θ **070. 0250** ϕ 118. 209 *pl*; Cyr ¦ *txt* 𝔓66.75 B ℵ C W (1). 565 *pc* | ⸀*bis* ὃ ℵcorr 𝔎 **070. 0250** *pm* | ⸆μου ℵ 𝔎 Θ **0250** λ ϕ *pm* it vgcl ¦ μου, ταυτα D (W) 33 *pc* b c q; Cyr ¦ *txt* 𝔓66.75 B C L **070** *pc* | ⸀ποιω sys | °W *al* lat sys.p sapt bo | ⸀¹εωρακατε 𝔓66 ℵ* 𝔎 D Ψ **070. 0250.** 118. 209. 579 *pm* lat sys.p sa bopt | ⸂τω πατρι 𝔎 D **0250** *al* sys | ⸀²υμων π. ℵ C 𝔎 Δ Θ λ ϕ *pl* sys.p sa bo ¦ υμων, ταυτα π. D; Tert ¦ λαλειτε 𝔓75 ¦ *txt* 𝔓66 B L W **070** *pc*; Or ‖ **39** ⸆ουν 𝔓66 (D e) | °B | ⸀ητε C 𝔎 W Θ **0250** λ ϕ *pl* syp sa bo; Orpt Epiph Cyr ¦ *txt* 𝔓66.75 B ℵ D L **070** *pc* | ⸀† ποιειτε 𝔓66 B* (700) ff2 vg sys ¦ εποιειτε αν ℵcorr C K L λ ϕ *pm* syp sa bo; Cyr ¦ *txt* 𝔓75 B2 ℵ* D E F G W Θ **070. 0250.** 157. 1424 *pm*; Epiph ‖ **41** ⸆δε ℵcorr D 1 *al* it sys.p sapt bopt | °† B ℵ L W **070.** 1 *pc* ¦ *txt* 𝔓66.75 C 𝔎 D Θ **0250** ϕ 33. 565. 1241 *pm* | ⸂† ουκ εγεννήθημεν B D* ¦ ουκ εγεννημεθα ℵ* L **070** *pc* ¦ ου γεγενημεθα 𝔓66 W **0250** ϕ 33 *pc* ¦ *txt* 𝔓75 ℵcorr C 𝔎 Θ λ *pl*; Or ‖ **42** °𝔓66 B *pc* | ⸂εκ γαρ 𝔓66 | ⸀εξεληλυθα 𝔓66 D2 | ⸀ου 𝔓66 D Θ 69. 124 *pc* it | ⸀¹-σταλκεν 𝔓66 ‖ **43** ⸀αληθειαν D* *pc* ‖ **44** ⸋K sys | ⸂ουχ ἕστ. 𝔓75 𝔎 λ *al*; Cl Or Cyr | ⸉ *3 1 2* 𝔓66 D **0250.** 2768 *pc* (b l r1) | ⸀qui (*i. e.* ος αν) aur ce; Lcf | ⸆καθως Ψ it; Cyr ¦ ως 157 ‖ **46** ⸋*vs* D *pc* | °W 157 a (r1) arm | °¹𝔓66* ‖ **47** ⸋D G 579

1 cf Jo 5, 18; 7, 19. 25; *cf 4* ‖ 3 cf Jo 8, 33; Mt 3, 9; Lc 3, 8; Rm 4, 11 sq etc ‖ 4 *cf ad 1* ‖ 6 cf Is 63, 16 etc ‖ 7 cf 1 Jo 5, 1 | cf Jo 7, 28; Nu 16, 28 sq ‖ 7 sq *cf 15 sq* ‖ 8 sq cf Rm 8, 7 ‖ 9 sq cf 1 Jo 3, 8 sqq. 12. 15; Act 13, 10; *cf 17 sq* ‖ 10 ἀνθρωποκτόνος *hic et* 1 Jo 3, 15 | cf Sap 2, 24 ‖ 12 cf 1 Jo 3, 5; 1 Pt 2, 22 ‖ 13 cf 1 Jo 4, 6 ‖ 15 sq *cf 7 sq* ‖ 17 sq *cf 9 sq*

247. Ehe Abraham war, war ich

Antequam Abraham fieret, ego sum — **»Before Abraham was, I am«**

Matth. 16, 28	Mark. 9, 1	Luk. 9, 27	Joh. 8, 48-59
			48 Ἀπεκρίθησαν οἱ Ἰουδαῖοι καὶ εἶπαν αὐτῷ· οὐ καλῶς ⸉λέγομεν ἡμεῖς⸊ ὅτι Σαμαρίτης εἶ °σὺ καὶ δαιμόνιον ἔχεις; 49 ἀπεκρίθη⸆ Ἰησοῦς· ἐγὼ δαιμόνιον οὐκ ἔχω, ἀλλὰ τιμῶ τὸν πατέρα μου, καὶ ὑμεῖς ἀτιμάζετέ με. 50 ἐγὼ

---

48 ⸉ ἡμ. λ. (ελ. 𝔓66*) D L **0124.** 1241 *pc* aur r1 | °ℵ* λ 543 *pc*; Or ‖ **49** ⸆ο D Θ **0124** ϕ *pc*

1 sq cf Jo 7, 20; 10, 20; Mt 9, 34; 12, 24; Mc 3, 22; Lc 11, 15; *cf 4 sq* ‖ 2 cf Ml 1, 6

Matth.	Mark.	Luk.	[Joh. 8, 48-59]

[Joh. 8, 48-59]

δὲ οὐ ζητῶ τὴν δόξαν μου· ἔστιν ὁ ζητῶν καὶ κρίνων. 51 ἀμὴν ἀμὴν λέγω ὑμῖν, ⸂ἐάν τις⸃ ⸄τὸν ἐμὸν λόγον⸅ τηρήσῃ, θάνατον οὐ μὴ ⸀θεωρήσῃ εἰς τὸν αἰῶνα. 52 εἶπον °[οὖν] αὐτῷ οἱ Ἰουδαῖοι· νῦν ἐγνώκαμεν ὅτι δαιμόνιον ἔχεις. Ἀβραὰμ ἀπέθανεν καὶ οἱ προφῆται, καὶ σὺ λέγεις⸆· ἐάν τις ⸉τὸν λόγον μου⸊ τηρήσῃ, οὐ μὴ γεύσηται θανάτου εἰς τὸν αἰῶνα. 53 μὴ σὺ μείζων εἶ τοῦ ⸋πατρὸς ἡμῶν⸌ Ἀβραάμ, ⸀ὅστις ἀπέθανεν; καὶ οἱ προφῆται ἀπέθανον. τίνα σεαυτὸν ποιεῖς; 54 ἀπεκρίθη⸆ Ἰησοῦς· ἐὰν ἐγὼ δοξάσω ἐμαυτόν, ἡ δόξα μου οὐδέν ἐστιν· ἔστιν ὁ πατήρ μου ὁ δοξάζων με, ὃν ὑμεῖς λέγετε ὅτι ⸆θεὸς ⸀ἡμῶν ἐστιν, 55 καὶ οὐκ ἐγνώκατε αὐτόν, ἐγὼ δὲ οἶδα αὐτόν. ⸀κἂν εἴπω ὅτι οὐκ οἶδα αὐτόν, ἔσομαι ⸂ὅμοιος ὑμῖν⸃ ψεύστης· ἀλλὰ οἶδα αὐτὸν καὶ τὸν λόγον αὐτοῦ τηρῶ. 56 Ἀβραὰμ ὁ πατὴρ ὑμῶν ἠγαλλιάσατο ἵνα ⸀ἴδῃ τὴν ἡμέραν τὴν ἐμήν, καὶ εἶδεν καὶ ἐχάρη. 57 εἶπον οὖν οἱ Ἰουδαῖοι πρὸς αὐτόν· ⸀πεντήκοντα ἔτη οὔπω ἔχεις καὶ Ἀβραὰμ ⸁ἑώρακας; 58 εἶπεν αὐτοῖς ⸆Ἰησοῦς· ἀμὴν ἀμὴν λέγω ὑμῖν, πρὶν Ἀβραὰμ °γενέσθαι ἐγὼ εἰμί. 59 ἦραν οὖν λίθους ἵνα βάλωσιν ἐπ᾽ αὐτόν. Ἰησοῦς °δὲ ἐκρύβη καὶ ἐξῆλθεν ἐκ τοῦ ἱεροῦ.⸆

16, 28 *(nr. 160, p. 234)*	9, 1 *(nr. 160, p. 234)*	9, 27 *(nr. 160, p. 234)*
28 Ἀμὴν λέγω ὑμῖν ὅτι εἰσίν τινες τῶν ὧδε ἑστώτων οἵτινες οὐ μὴ γεύσωνται θανάτου ἕως ἂν ἴδωσιν τὸν υἱὸν τοῦ ἀνθρώπου ἐρχόμενον ἐν τῇ βασιλείᾳ αὐτοῦ.	1 Καὶ ἔλεγεν αὐτοῖς· ἀμὴν λέγω ὑμῖν ὅτι εἰσίν τινες ὧδε τῶν ἑστηκότων οἵτινες οὐ μὴ γεύσωνται θανάτου ἕως ἂν ἴδωσιν τὴν βασιλείαν τοῦ θεοῦ ἐληλυθυῖαν ἐν δυνάμει.	27 Λέγω δὲ ὑμῖν ἀληθῶς, εἰσίν τινες τῶν αὐτοῦ ἑστηκότων οἳ οὐ μὴ γεύσωνται θανάτου ἕως ἂν ἴδωσιν τὴν βασιλείαν τοῦ θεοῦ.

Pap. Oxyrhynch. 654, praef. (sec. Fitzmyer): Οὗτοι οἱ λόγοι οἱ [ἀπόκρυφοι οὓς ἐλά]λησεν Ἰη(σοῦ)ς ὁ ζῶν κ[αὶ ἔγραψεν Ἰούδας ὁ] καὶ Θωμᾶ⟨ς⟩ καὶ εἶπεν· [ὅστις ἂν τὴν ἑρμηνεί]αν τῶν λόγων τούτ[ων εὑρίσκῃ, θανάτου] οὐ μὴ γεύσηται. *(cf.* Evang. Thomae copt. *Append. I, 1)*

Pap. Egerton 2 (Fragm. 1 r.): ... 5 ?ἕ]λκω[σιν] β[αστάσαντες δὲ] λίθους ὁμοῦ λι[θάζω]σι[ν αὐ]τόν· 6 καὶ ἐπέβαλον [τὰς] χεῖ[ρας] αὐτῶν ἐπ᾽ αὐτὸν οἱ [ἄρχον]τες [ἵ]να πιάσωσιν καὶ παρ[αδῶ]σω[σι]ν τῷ ὄχλῳ· καὶ οὐκ ἠ[δύναντο] αὐτὸν πιάσαι ὅτι οὔπω ἐ[ληλύθει] αὐτοῦ ἡ ὥρα τῆς παραδό[σεως.] 7 αὐτὸς δὲ ὁ κ(ύριο)ς ἐξελθὼν [ἐκ τῶν χει]ρῶν ἀπένευσεν ἀπ᾽ [αὐτῶν.]

Mart. Polycarpi 4: Διὰ τοῦτο οὖν, ἀδελφοί, οὐκ ἐπαινοῦμεν τοὺς προσιόντας ἑαυτοῖς, ἐπειδὴ οὐχ οὕτως διδάσκει τὸ εὐαγγέλιον.

---

51 ⸂ος αν D sy^s.p sa | ⸄τ. λ. τον εμον 𝔓66 ℜ Θ λ φ *pm* | ⸀ιδη 𝔓66 1093 || 52 °† 𝔓66 B ℵ C W Θ *pc* ¦ *txt* 𝔓75 ℜ D 0124 λ φ *pm* | ⸆οτι 𝔓75 0124 | ⸉ *3 1 2* 𝔓66 L 118.209 *pc* || 53 ⸋ D W it sy^s | ⸀οτι 𝔓66* D a || 54 ⸆ο ℵ D Θ φ *pc* | ⸆ο 𝔓66 L 579 | ⸀υμ- 𝔓66* B* ℵ D F 1424 *al* it ¦ *txt* 𝔓66c.75 B² C ℜ A L W Θ 0124 λ φ *pm* aur f vg || 55 ⸀και εαν 𝔓66 *rell* ¦ *txt* 𝔓75 B ℵ D W *pc* | ⸂ομ. υμων ℵ C ℜ L 0124 *pm* (⸉ 𝔓66 13 *pc*) ¦ *txt* 𝔓75 B A (D) W Θ λ 565 *al* || 56 ⸀ειδη̄ B* ℵ A D^corr W 0124.69 *al* ¦ *txt* 𝔓66.75 C ℜ D* (ηδη Θ) λ *pm*; Cl || 57 ⸀τεσσερακοντα Λ *pc*; Chr | ⸁εωρακεν σε 𝔓75 ℵ* 0124 sy^s sa || 58 ⸆ο 𝔓66 *rell* ¦ *txt* 𝔓75 B C 579 | ° D it || 59 ° B W | ⸆(Lc 4, 30) και (— ℜ A Θ^c λ φ *al*) διελθων δια μεσου αυτων επορευετο (— επ. ℜ A Θ^c λ φ *al*) και παρηγεν ουτως. ℵ^corr C ℜ A L Θ^corr 0124 λ φ *pl* f q sy^p bo ¦ *txt* 𝔓66.75 B ℵ* D W Θ* *pc* lat sy^s sa

---

3 cf Jo 5, 41; 7, 18 | cf Jo 5, 45; 1 Pt 2, 23 || 3 sq cf Jo 14, 23; 15, 20; 17, 6; 1 Sm 15, 11; *cf* 5. 9 *sq* | cf Jo 14, 23; 5, 24; 3, 15 sq; 6, 40. 47; 11, 25 sq; 1 Jo 3, 14; Lc 2, 26; Heb 11, 5; *cf* 5 *sq.* 14 *sqq.* 19 *sq* || 4 sq *cf ad 1 sq* || 5 cf Zch 1, 5; Act 2, 29 | *cf 3 sq* || 5 sq cf Heb 2, 9; *cf 3 sq* || 6 cf Jo 4, 12; Sir 44, 19 (20) || 7 cf Jo 10, 33 | cf Jo 5, 41 sqq; 7, 18 || 7 sq *cf 24* || 8 cf Jo 13, 32; 17, 1 sqq || 8 sq cf Jo 7, 28 sq; 8, 19 || 9 sq *cf 3 sq* || 10 cf Gn 17, 17 | cf Mt 13, 17; Lc 10, 23 sq; Heb 11, 13; Lc 16, 22 sqq || 11 cf Nu 4, 3. 30. 39; 8, 24 sq | cf Lc 3, 23 || 12 cf Jo 1, 1 sq. 15. 30 | cf Lv 24, 16; Jo 10, 31. 39; 11, 8; *cf 21 sqq* || 13 cf Jo 10, 39; 12, 36; Lc 4, 29 sq; Jo 7, 30. 44; 8, 20; Gn 3, 8. 10; Jdc 9, 5; 1 Sm 13, 6; 14, 11; Job 24, 4; 29, 8 || 14 sqq *cf 3 sq* || 19 sq *cf 3 sq* || 21 sqq *cf 12* || 24 *cf 7 sq*

248. Heilung eines Blindgeborenen am Sabbat

Caecus natus **Jesus Heals the Man Born Blind**

Matth. 13,13-15	Mark. 4,12 8,17b-18	Luk. 8,10b	Joh. 9,1-41 12,37-40

1 Καὶ παράγων⸆ εἶδεν ἄνθρωπον τυφλὸν ἐκ γενετῆς⸆. 2 καὶ ἠρώτησαν αὐτὸν οἱ μαθηταὶ ⸋αὐτοῦ λέγοντες⸌· ῥαββί, τίς ἥμαρτεν, οὗτος ἢ οἱ γονεῖς αὐτοῦ, ἵνα τυφλὸς γεννηθῇ; 3 ἀπεκρίθη Ἰησοῦς· οὔτε οὗτος ἥμαρτεν οὔτε οἱ γονεῖς αὐτοῦ, ἀλλ᾽ ἵνα φανερωθῇ τὰ ἔργα τοῦ θεοῦ ἐν αὐτῷ. 4 ⸀ἡμᾶς δεῖ ἐργάζεσθαι τὰ ἔργα τοῦ πέμψαντός ⸀με ⸀¹ἕως ἡμέρα ἐστίν· ἔρχεται νὺξ ὅτε οὐδεὶς δύναται ἐργάζεσθαι⸢. 5 ὅταν ἐν τῷ κόσμῳ ὦ, φῶς⸣ εἰμι τοῦ κόσμου. 6 ταῦτα εἰπὼν ἔπτυσεν χαμαὶ καὶ ἐποίησεν πηλὸν ἐκ τοῦ πτύσματος καὶ ⸀ἐπέχρισεν αὐτοῦ τὸν πηλὸν ἐπὶ τοὺς ὀφθαλμοὺς 7 καὶ εἶπεν °αὐτῷ· ὕπαγε νίψαι εἰς τὴν κολυμβήθραν τοῦ Σιλωάμ (ὃ ἑρμηνεύεται ἀπεσταλμένος). ἀπῆλθεν οὖν καὶ ἐνίψατο καὶ ἦλθεν βλέπων. 8 Οἱ οὖν γείτονες ⸆ καὶ οἱ θεωροῦντες αὐτὸν τὸ πρότερον ὅτι ⸢προσαίτης ἦν⸣ ἔλεγον· οὐχ οὗτός ἐστιν ὁ καθήμενος καὶ προσαιτῶν; 9 ἄλλοι ἔλεγον °ὅτι οὗτός ἐστιν, ἄλλοι ⸀ἔλεγον· ⸢οὐχί, ἀλλὰ⸣ ὅμοιος αὐτῷ ἐστιν. ἐκεῖνος⸆ ἔλεγεν °¹ὅτι ἐγώ εἰμι. 10 ⸀ἔλεγον οὖν αὐτῷ· πῶς °[οὖν] ἠνεῴχθησάν σου οἱ ὀφθαλμοί; 11 ἀπεκρίθη ἐκεῖνος⸆· °ὁ ἄνθρωπος °ὁ λεγόμενος Ἰησοῦς πηλὸν ἐποίησεν καὶ ἐπέχρισέν μου τοὺς ὀφθαλμοὺς καὶ εἶπέν μοι °¹ὅτι ὕπαγε εἰς ⸀τὸν Σιλωὰμ καὶ νίψαι· ⸢ἀπελθὼν ⸁οὖν καὶ νιψάμενος ἀνέβλεψα⸣. 12 ⸢καὶ εἶπαν⸣ αὐτῷ· ποῦ ἐστιν ἐκεῖνος; λέγει· οὐκ οἶδα. 13 Ἄγουσιν αὐτὸν πρὸς τοὺς Φαρισαίους τόν ποτε τυφλόν. 14 ἦν δὲ σάββατον ⸢ἐν ᾗ ἡμέρᾳ⸣ τὸν πηλὸν ἐποίησεν ὁ Ἰησοῦς καὶ ἀνέῳξεν αὐτοῦ τοὺς ὀφθαλμούς. 15 πάλιν οὖν ἠρώτων αὐτὸν °καὶ οἱ Φαρισαῖοι πῶς ἀνέβλεψεν. ὁ δὲ εἶπεν αὐτοῖς· πηλὸν ἐπέθηκέν μου ἐπὶ τοὺς ὀφθαλμοὺς καὶ ἐνιψάμην καὶ βλέπω. 16 ἔλεγον οὖν ἐκ τῶν Φαρισαίων τινές· οὐκ ἔστιν οὗτος παρὰ θεοῦ ὁ ἄνθρωπος, ὅτι τὸ σάββατον οὐ τηρεῖ. ἄλλοι °[δὲ] ἔλεγον· πῶς δύναται ἄνθρωπος ἁμαρτωλὸς τοιαῦτα σημεῖα ποιεῖν; καὶ σχίσμα ἦν ἐν αὐτοῖς. 17 λέγουσιν οὖν τῷ τυφλῷ πάλιν· ⸉τί σὺ⸊ λέγεις περὶ αὐτοῦ, ὅτι ἠνέῳξέν σου τοὺς ὀφθαλμούς; ὁ δὲ εἶπεν ὅτι προφήτης ἐστίν. 18 Οὐκ ἐπίστευσαν οὖν οἱ Ἰουδαῖοι περὶ αὐτοῦ ⸢ὅτι ἦν τυφλὸς καὶ ἀνέβλεψεν⸣ ἕως ⸀ὅτου ἐφώνησαν τοὺς γονεῖς αὐτοῦ ⸋τοῦ ἀναβλέψαντος⸌ 19 καὶ ⸀ἠρώτησαν αὐτοὺς °λέγοντες· οὗτός ἐστιν ὁ υἱὸς ὑμῶν, ὃν ὑμεῖς λέγετε ὅτι τυφλὸς ἐγεννήθη; πῶς οὖν ⸉βλέπει ἄρτι⸊; 20 ἀπεκρίθησαν ⸀οὖν ⸆οἱ γονεῖς αὐτοῦ καὶ εἶπαν· οἴδαμεν ὅτι οὗτός ἐστιν ὁ υἱὸς ἡμῶν καὶ ὅτι τυφλὸς ἐγεννήθη· 21 πῶς δὲ νῦν βλέπει οὐκ οἴδαμεν, ἢ τίς ἤνοιξεν αὐτοῦ τοὺς ὀφθαλμοὺς ἡμεῖς οὐκ οἴδαμεν· ⸢αὐτὸν ἐρωτήσατε,⸣ ἡλικίαν ἔχει, αὐτὸς περὶ ⸀ἑαυτοῦ λαλήσει. 22 ταῦτα εἶπαν οἱ γονεῖς αὐτοῦ ὅτι ἐφοβοῦντο τοὺς Ἰουδαίους· ἤδη γὰρ συνετέθειντο οἱ Ἰουδαῖοι ἵνα ἐάν τις ⸢αὐτὸν ὁμολογήσῃ χριστόν⸣, ἀποσυνάγωγος γένηται. 23 διὰ τοῦτο οἱ γονεῖς αὐτοῦ εἶπαν ὅτι ἡλικίαν ἔχει,⸆ αὐτὸν ⸀ἐπερωτήσατε. 24 Ἐφώνησαν οὖν τὸν ἄνθρωπον ἐκ δευτέρου ὃς ἦν τυφλὸς καὶ εἶπαν αὐτῷ· δὸς δόξαν τῷ θεῷ· ἡμεῖς οἴδαμεν ὅτι ⸉οὗτος ὁ ἄνθρωπος⸊ ἁμαρτωλός ἐστιν. 25 ἀπεκρίθη οὖν ἐκεῖνος· εἰ ἁμαρτωλός ἐστιν οὐκ οἶδα· ἓν οἶδα

---

1 ⸆ο Ιησους C³ F G Θ 1424 *al* | ⸆ καθημενον D || **2** ⸋ D e (l r¹) || **4** ⸀εμε ℵ^corr C 𝔎 A Θ λ φ *pl* lat sy^s.p bo^pt ¦ *txt* 𝔓^66.75 B ℵ* (⸉D) L W **0124**; Or | ⸀ημας 𝔓^66.75 ℵ* L W *pc* bo^pt; Cyr | ⸀¹ως C* L W **0124**. 33 *pc* || **4.5** ⸢, οταν … ἤ. φως γαρ sy^s || **6** ⸀ † επεθηκεν B 1093 ¦ *txt* 𝔓^66.75 *rell* || **7** ° D a e l || **8** ⸆αυτου 𝔓^66* | ⸢τυφλος ην 𝔎 *al* ¦ τ. ην και πρ. 69 (*pc* it) || **9** ° 𝔓^66 ℵ W Θ it | ⸀δε 𝔎 A D **0124** λ *pm* ¦ δε ελεγ. ℵ Θ *pc* | ⸢οτι 𝔎 A D φ *pm* | ⸆δε 𝔓^66 ℵ* C² A N Γ Π **047**. **0124** φ 33. 579 *pc* ¦ *txt* 𝔓^75 B C* 𝔎 D W Θ λ *pm* | °¹ 𝔓^66 L it || **10** ⸀ειπαν 𝔓^66 (D) | ° 𝔓^75 B 𝔎 A W λ φ *pm* ¦ *txt* 𝔓^66 ℵ C D L Θ **0124** *al* || **11** ⸆και ειπεν 𝔎 A Δ φ *pm* it sy^p bo | ° *bis* 𝔎 A D W Δ φ *pl*; Cyr ¦ — o¹ 𝔓^75 C Θ 565. 579 *pc* | °¹ 𝔓^75 𝔎 A D W Θ λ φ *pl* | ⸀την κολυμβηθραν του 𝔎 A φ *pl* lat ¦ *txt* 𝔓^66.75 ℌ D W Θ **0124** (λ) *pc* it | ⸢απηλθον ουν κ. ενιψαμην και ηλθον βλεπων D | ⸁δε 𝔎 A φ *al* || **12** ⸢ειπ. ουν 𝔓^66 𝔎 D Θ **0250** φ 579 *pm* ¦ ειπ. A 28 *pc* ¦ *txt* 𝔓^75 ℌ W **0124** λ *al* || **14** ⸢οτε 𝔎 A D Θ **0250** λ φ *pl* || **15** ° 𝔓^66* U X 69. 1241 *pc* lat || **16** ° 𝔓^66.75 𝔎 A Θ **0250** *pm* lat ¦ *txt* B ℵ D W **0124** λ φ *pc* || **17** ⸉ 𝔓^75 𝔎 A D W Δ Θ **0124**. **0250** λ φ *pl* lat || **18** ⸢ *1-3* 28 b sy^s ¦ — D λ | ⸀οὗ 𝔓^66* D *pc* | ⸋ 𝔓^66* λ 565 it sy^s bo || **19** ⸀επηρ- 𝔓^66 D 2768 | ° ℵ* W it sy^p | ⸉ 𝔓^66 𝔎 A Ψ **0250** λ φ 565. 579. 1241 *pm* lat || **20** ⸀δε 𝔎 A Δ *al* ¦ — D G L W Θ **0124** λ φ *pm* lat ¦ *txt* 𝔓^66.75 B ℵ *pc* | ⸆αυτοις 𝔎 A D Δ Θ **0250** λ φ *pm* || **21** ⸢αυτος 𝔓^75 ℵ* **0124** (𝔎 A **0250** *al* l q) ¦ — W b sa | ⸀αυ- D L *al* || **22** ⸢ *2 1 3* 𝔓^66.75 φ *al* ¦ *it.* + ειναι D e || **23** ⸆και 𝔓^66 A | ⸀ερ- 𝔎 A Θ **0250** λ φ *pl* ¦ ερωτατε D ¦ *txt* 𝔓^66.75 B ℵ W **0124** *pc* || **24** ⸉ *2 3 1* 𝔎 A D **0250** λ φ *pl*

1-7 cf *68 sqq* || 2 cf Ex 20,5; 34,7; Nu 14,18; Dt 9,5; Tob 3,3sq; Job 20,5sqq; Ez 18,20; Lc 13,2 || 3 cf Jo 11,4 || 3sq cf Jo 5,17 || 4 cf Jo 11,9sq || 4sq cf Jo 8,12; 12,35; 1,4.8sq; 3,19; *cf 78* || 5 cf Mc 7,33; *cf 69* | χαμαί hic et Jo 18,6 || 6sq cf *10 sqq. 14 sq* || 6 cf 2Rg 5,10; Jo 5,2etc || 10sqq cf *6 sq. 14 sq* || 13sq cf Jo 5,9 || 14sq cf *10 sqq. 6 sq* || 15sq cf Jo 1,24 || 17 cf Jo 7,43; 10,19 || 18 cf Jo 4,19 || 24 cf Jo 7,13; 19,38; 20,19 || 25 cf Jo 12,42; 16,2 || 26 cf Jos 7,19; Esr 10,11

Matth.	Mark.	Luk.	[Joh. 9, 1-41]

ὅτι τυφλὸς ὢν ἄρτι βλέπω. 26 εἶπον οὖν αὐτῷ⸆· τί ἐποίησέν σοι; πῶς ἤνοιξέν σου τοὺς ὀφθαλμούς; 27 ἀπ-
εκρίθη αὐτοῖς· εἶπον ὑμῖν ἤδη καὶ °οὐκ ἠκούσατε· τί⸆ ⸉πάλιν θέλετε⸊ ἀκούειν; μὴ καὶ ὑμεῖς θέλετε ⸉¹αὐτοῦ
μαθηταὶ⸊ γενέσθαι; 28 ⸂καὶ ἐλοιδόρησαν⸃ αὐτὸν καὶ εἶπον· σὺ ⸉μαθητὴς εἶ ἐκείνου⸊, ἡμεῖς ⸀δὲ °τοῦ Μωϋσέως
ἐσμὲν μαθηταί· 29 ἡμεῖς⸆ οἴδαμεν ὅτι Μωϋσεῖ λελάληκεν ὁ θεός⸆, τοῦτον δὲ οὐκ οἴδαμεν πόθεν ἐστίν. 30 ἀπ-
εκρίθη ⸂ὁ ἄνθρωπος καὶ εἶπεν αὐτοῖς⸃· ⸂ἐν τούτῳ⸃ γὰρ °τὸ θαυμαστόν ἐστιν, ὅτι ὑμεῖς οὐκ οἴδατε πόθεν ἐστίν,
καὶ ἤνοιξέν μου τοὺς ὀφθαλμούς. 31 οἴδαμεν⸆ ὅτι ⸂ἁμαρτωλῶν ὁ θεὸς⸃ οὐκ ἀκούει, ἀλλ' ἐάν τις θεοσεβὴς ᾖ
καὶ τὸ θέλημα αὐτοῦ ποιῇ τούτου ἀκούει. 32 ἐκ τοῦ αἰῶνος οὐκ ἠκούσθη ὅτι ἠνέῳξέν τις ὀφθαλμοὺς τυφλοῦ
γεγεννημένου· 33 εἰ μὴ ἦν οὗτος παρὰ θεοῦ⸆, οὐκ ἠδύνατο ποιεῖν οὐδέν. 34 ἀπεκρίθησαν καὶ εἶπαν αὐτῷ· ἐν
ἁμαρτίαις σὺ ἐγεννήθης ⸀ὅλος καὶ σὺ διδάσκεις ἡμᾶς; καὶ ἐξέβαλον αὐτὸν ἔξω. 35 Ἤκουσεν⸆ Ἰησοῦς ὅτι
ἐξέβαλον αὐτὸν °ἔξω καὶ εὑρὼν αὐτὸν εἶπεν⸆· σὺ πιστεύεις εἰς τὸν υἱὸν τοῦ ⸀ἀνθρώπου; 36 ⸂ἀπεκρίθη ἐκεῖνος
καὶ εἶπεν· καὶ τίς ἐστιν⸃, κύριε, ἵνα πιστεύσω εἰς αὐτόν; 37 εἶπεν⸆ αὐτῷ °ὁ Ἰησοῦς· καὶ ἑώρακας αὐτὸν καὶ
ὁ λαλῶν μετὰ σοῦ ⸀ἐκεῖνός ἐστιν. 38 ⸋ὁ δὲ ἔφη· πιστεύω, κύριε· καὶ προσεκύνησεν αὐτῷ. 39 Καὶ εἶπεν ὁ Ἰησοῦς⸌·
εἰς κρίμα ἐγὼ ⸂εἰς τὸν κόσμον τοῦτον ⸀ἦλθον⸃, ἵνα οἱ μὴ βλέποντες βλέπωσιν καὶ οἱ βλέποντες τυφλοὶ γένωνται.
40 ⸀ἤκουσαν ἐκ τῶν Φαρισαίων °ταῦτα οἱ μετ' αὐτοῦ ὄντες καὶ εἶπον αὐτῷ· μὴ καὶ ἡμεῖς τυφλοί ἐσμεν;
41 εἶπεν αὐτοῖς °ὁ Ἰησοῦς· εἰ τυφλοὶ ἦτε, οὐκ ἂν εἴχετε ἁμαρτίαν· νῦν δὲ λέγετε ὅτι βλέπομεν, ⸂⸀ἡ ἁμαρτία
ὑμῶν μένει⸃.

Matth. 13, 13-15 (*nr. 123, p. 175*)

13 Διὰ τοῦτο ἐν παραβολαῖς αὐτοῖς λαλῶ,
ὅτι βλέποντες
οὐ βλέπουσιν
καὶ ἀκούοντες οὐκ ἀκούουσιν
οὐδὲ συνίουσιν,
14 καὶ ἀναπληροῦται αὐτοῖς ἡ προφητεία Ἠσαΐου ἡ λέγουσα·
ἀκοῇ ἀκούσετε
καὶ οὐ μὴ συνῆτε,

Mark. 4, 12 (*nr. 123, p. 175*)

... 12 ἵνα βλέποντες βλέπωσιν
καὶ μὴ ἴδωσιν,
καὶ ἀκούοντες ἀκούωσιν
καὶ μὴ συνιῶσιν,
μήποτε ἐπιστρέψωσιν
καὶ ἀφεθῇ αὐτοῖς.

8, 17b-18 (*nr. 155, p. 227*)

17 ... πεπωρωμένην ἔχετε τὴν καρδίαν ὑμῶν;

Luk. 8, 10b (*nr. 123, p. 175*)

10 ... ἵνα βλέποντες
μὴ βλέπωσιν
καὶ ἀκούοντες
μὴ συνιῶσιν.

Joh. 12, 37-40 (*nr. 303, p. 442*)

37 Τοσαῦτα δὲ αὐτοῦ σημεῖα πεποιηκότος ἔμπροσθεν αὐτῶν οὐκ ἐπίστευον εἰς αὐτόν, 38 ἵνα ὁ λόγος Ἠσαΐου τοῦ προφήτου πληρωθῇ ὃν εἶπεν·
κύριε, τίς ἐπίστευσεν τῇ ἀκοῇ ἡμῶν;
καὶ ὁ βραχίων κυρίου τίνι ἀπεκαλύ-

---

26 ⸆ παλιν 𝔓66 ℵcorr 𝔎 A Θ **0124.0250** λ ϕ *pl* f q ¦ *txt* 𝔓75 B ℵ* D W *pc* lat sy^s sa bo ‖ **27** ° 𝔓66 22 lat sy^s | ⸆ ουν 𝔓75 B | ⸉ 𝔓66 D Θ **047** *pc* a e r¹ | ⸉¹ 𝔓66 ℌ D **0124** *pm* ¦ *txt* 𝔓75 B 𝔎 A W Θ **0250** λ *al* ‖ **28** ⸂ οι δε ελ. ℵ² D L Θ **0250** λ 33 *al* ¦ ελ. 𝔓66 𝔎 A 28 *al* ¦ ελ. ουν ϕ *al* c ff² vg^cl ¦ *txt* 𝔓75 B ℵ* W **0124** *pc* | ⸉ *2 1 3* 𝔎 Δ **0250** ϕ *pm* ¦ *1 3 2* 𝔓66 D Θ *pc* lat ¦ *txt* 𝔓75 B ℵ A W **0124** λ *pc* | ⸀ γαρ 𝔓66 348.1216 | ° 𝔓66 ‖ **29** ⸆ δε 𝔓66 | ⸆ (31) και οτι θεος αμαρτωλων ουκ ακουει D ‖ **30** ⸂ *3 4 1 2* 𝔓66* | ⸂ τουτο 𝔓66 | ° 𝔎 A D W Δ Θ **0250** ϕ *pm* ‖ **31** ⸆ δε 𝔎 A W Δ 118.209 *pm* f vg | ⸂ † *2 3 1* B D Θ Ψ **0124** *pc* a e ¦ -λον ο θ. E* U 1241 *al* ¦ *txt* 𝔓66.75 ℌ 𝔎 A W **0250** λ ϕ *pm* lat ‖ **33** ⸆ ο ανθρωπος 𝔓66 N (Θ) *pc* ‖ **34** ⸀ ολως E* λ *pc* ‖ **35** ⸆ ο 𝔓66 *rell* ¦ *txt* 𝔓75 B ℵ* | ° D W | ⸆ αυτω 𝔓66 *rell* ¦ *txt* 𝔓75 B ℵ* D W e | ⸀ θεου 𝔎 A Θ λ ϕ *pl* latt sy^p bo ¦ *txt* 𝔓66.75 B ℵ D W **0124*** sy^s sa ‖ **36** ⸂ και τις εστιν, εφη 𝔓75 B W (**0124**) ¦ απ. εκ.· και (— A 1241 *pc*) τις εστ. εφη (— 𝔓66c A 1241 *pc*) 𝔓66 A 1241 *pc* ‖ **37** ⸆ δε 𝔎 A L Δ λ ϕ *pm* | ° 𝔓66 A | ⸀ αυτος 𝔓66 lat ‖ **38.39** ⸋ 𝔓75 ℵ* W b (l) ‖ **39** ⸂ *5 1-3* 𝔓66* 1241 *pc* ¦ *5 1-4* 𝔓66c D *pc* | ⸀ εληλυθα 𝔓75 579.892 *pc* ‖ **40** ⸀ και ηκ. 𝔎 A Δ ϕ *pl* lat sy^s.p ¦ ηκ. δε D ff² ¦ ηκ. ουν λ *pc* | ° ℵ* D *pc* lat sy^s sa^pt bo ‖ **41** ° 𝔓66.75 B **0250** *pc* | ⸂ αι -ιαι υμ. μενουσιν ℵcorr D L W 33. (1241) *al* sy^s | ⸀ και η 𝔓75 (1241) *pc* ¦ η ουν 𝔎 A Δ *al*

---

30 sqq cf *73 sqq* ‖ *33* cf Is 1,15; Ps 66,18; Prv 15,29; Job 29,9; 35,13 ‖ *39* cf Jo 4,26 ‖ *40* cf Jo 3,19 sqq; 5,24; 3,17; 8,15; 12,47 | cf Is 6,9.39; 42,16; 56,10; cf *44-67* ‖ *42* cf Prv 26,12; Jo 15,22.24 ‖ *44-67* cf *40 sqq*

[Matth. 13,13-15]	[Mark. 8,17b-18]	Luk.	[Joh. 12,37-40]
καὶ βλέποντες βλέψετε	18 ὀφθαλμοὺς ἔχοντες		φθῆ; 39 διὰ τοῦτο οὐκ ἠδύναντο πι-
καὶ οὐ μὴ ἴδητε.	οὐ βλέπετε		στεύειν, ὅτι πάλιν εἶπεν Ἠσαΐας·
15 ἐπαχύνθη γὰρ ἡ καρδία τοῦ	καὶ ὦτα ἔχοντες		40 τετύφλωκεν αὐτῶν τοὺς ὀ-
λαοῦ τούτου,	οὐκ ἀκούετε;		φθαλμοὺς
καὶ τοῖς ὠσὶν βαρέως ἤκουσαν			
καὶ τοὺς ὀφθαλμοὺς αὐτῶν ἐκάμ-			καὶ ἐπώρωσεν αὐτῶν τὴν καρ-
μυσαν,			δίαν,
μήποτε ἴδωσιν τοῖς ὀφθαλμοῖς			ἵνα μὴ ἴδωσιν τοῖς ὀφθαλμοῖς
καὶ τοῖς ὠσὶν ἀκούσωσιν			
καὶ τῇ καρδίᾳ συνῶσιν			καὶ νοήσωσιν τῇ καρδίᾳ
καὶ ἐπιστρέψωσιν			καὶ στραφῶσιν,
καὶ ἰάσομαι αὐτούς.			καὶ ἰάσομαι αὐτούς.

Mark. 8,22–26 *(nr. 156, p. 228)*: 22 Καὶ ἔρχονται εἰς Βηθσαϊδάν. Καὶ φέρουσιν αὐτῷ τυφλὸν καὶ παρακαλοῦσιν αὐτὸν ἵνα αὐτοῦ ἅψηται. 23 καὶ ἐπιλαβόμενος τῆς χειρὸς τοῦ τυφλοῦ ἐξήνεγκεν αὐτὸν ἔξω τῆς κώμης καὶ πτύσας εἰς τὰ ὄμματα αὐτοῦ, ἐπιθεὶς τὰς χεῖρας αὐτῷ ἐπηρώτα αὐτόν· εἴ τι βλέπεις; 24 καὶ ἀναβλέψας ἔλεγεν· βλέπω τοὺς ἀνθρώπους ὅτι ὡς δένδρα ὁρῶ περιπατοῦντας. 25 εἶτα πάλιν ἐπέθηκεν τὰς χεῖρας ἐπὶ τοὺς ὀφθαλμοὺς αὐτοῦ, καὶ διέβλεψεν καὶ ἀπεκατέστη καὶ ἐνέβλεπεν τηλαυγῶς ἅπαντα. 26 καὶ ἀπέστειλεν αὐτὸν εἰς οἶκον αὐτοῦ λέγων· μηδὲ εἰς τὴν κώμην εἰσέλθῃς. *(cf. nr. 96, p. 133; nr. 264, p. 354)*

Pap. Egerton 2 (Fragm. 1 v.): ...]ι . [1 ? ὁ δὲ Ἰη(σοῦς) εἶπεν] τοῖς νομικο[ῖς· κολάζετε πά]ντα τὸν παραπράσσ[οντα καὶ ἄνο]μον καὶ μὴ ἐμέ· ε[ἰ γ]ὰρ . . [. . . ? νο]μοποιεῖ, πῶς ποιε[ῖ·] 2 πρὸς [δὲ τοὺς] ἄ[ρ]χοντας τοῦ λαοῦ [στ]ρα[φεὶς εἶ]πεν τὸν λόγον τοῦτο[ν·] ἐραυ[νᾶτε τ]ὰς γραφάς· ἐν αἷς ὑμεῖς δο[κεῖτε] ζωὴν ἔχειν· ἐκεῖναί εἰ[σ]ιν [αἱ μαρτ]υροῦσαι περὶ ἐμοῦ· 3 μὴ δ[οκεῖτε ὅ]τι ἐγὼ ἦλθον κατηγο[ρ]ῆσαι [ὑμῶν] πρὸς τὸν π(ατέ)ρα μου· ἔστιν [ὁ κατη]γορῶν ὑμῶν Μω(ϋσῆς) εἰς ὃν [ὑμεῖς] ἠλπίκατε· 4 α[ὐ]τῶν δὲ λε[γόντω]ν ε[ὖ] οἴδαμεν ὅτι Μω(ϋσεῖ) ἐλά[λησεν] ὁ θ(εό)ς[·] σὲ δὲ οὐκ οἴδαμεν [πόθεν εἶ]· ἀποκριθεὶς ὁ Ἰη(σοῦς) εἶ[πεν αὐτο]ῖς· νῦν κατηγορεῖται [ὑμῶν ἡ ἀ]πιστεί[α ...? ἀ]λλο ...

Evang. Thomae copt.: *cf. Append. I, 24*

68sqq cf 1-7 || *69 cf 5* || *73sqq cf 30sqq* || *78 cf 4sq*

249. Ich bin der gute Hirte

Pastor bonus

»I am the Good Shepherd«

Matth.	Mark.	Luk.

Joh. 10,1-18

1 Ἀμὴν ἀμὴν ⸉λέγω ὑμῖν⸊, ὁ μὴ εἰσερχόμενος διὰ τῆς θύρας εἰς τὴν αὐλὴν τῶν προβάτων ἀλλὰ ⸉1 ἀναβαίνων ἀλλαχόθεν⸊ ἐκεῖνος κλέπτης ἐστὶν καὶ λῃστής· 2 ὁ δὲ ⸀εἰσερχόμενος διὰ τῆς θύρας ⸂ποιμήν ἐστιν⸃ τῶν προβάτων. 3 τούτῳ ὁ θυρωρὸς ἀνοίγει καὶ τὰ πρόβατα τῆς φωνῆς αὐτοῦ ἀκούει καὶ τὰ ⸂ἴδια ⸀πρόβατα⸃ ⸁φωνεῖ κατ᾽ ὄνομα καὶ ἐξάγει αὐτά. 4 ὅταν τὰ ἴδια ⸂πάντα ἐκβάλῃ⸃, ἔμπροσθεν αὐτῶν πορεύεται καὶ τὰ πρόβατα αὐτῷ ἀκολουθεῖ, ὅτι οἴδασιν ⸉τὴν φωνὴν αὐτοῦ⸊· 5 ἀλλοτρίῳ δὲ οὐ μὴ ⸀ἀκολουθήσουσιν, ἀλλὰ φεύξονται ἀπ᾽ αὐτοῦ, ὅτι οὐκ οἴδασιν ⸉τῶν ἀλλοτρίων τὴν φωνήν⸊. 6 Ταύτην τὴν παροιμίαν εἶπεν αὐτοῖς ὁ Ἰησοῦς, ἐκεῖνοι δὲ οὐκ ἔγνωσαν ⸂τίνα ἦν ἃ⸃ ἐλάλει αὐτοῖς. 7 Εἶπεν °οὖν ⸀πάλιν °1ὁ Ἰησοῦς· ἀμὴν ἀμὴν ⸉λέγω ὑμῖν⸊ °2ὅτι ἐγώ εἰμι ⸂ἡ θύρα⸃ τῶν προβάτων. 8 °πάντες ὅσοι ἦλθον ⸋[πρὸ ἐμοῦ]⸌ κλέπται εἰσὶν καὶ λῃσταί, ἀλλ᾽ οὐκ ἤκουσαν αὐτῶν τὰ πρόβατα. 9 ἐγώ εἰμι ἡ θύρα· δι᾽ ἐμοῦ ἐάν τις εἰσέλθῃ σωθήσεται καὶ εἰσελεύσεται καὶ ἐξελεύσεται

1 ⸉ B | ⸉1 D arm || 2 ⸀ερχ- 𝔓75 2768 | ⸂αυτος (εκεινος W it) ε. ο π. D W it || 3 ⸂προβ. τα ιδια D | ⸀προβατια 𝔓66 | ⸁καλει ℜ Θ φ *pm* || 4 ⸂*2 1* 𝔓66* ¦ *2* ℵ* ¦ προβατα εκβ. ℜ A φ 118.209 *pm* | ⸉ *3 1 2* 𝔓66 D Θ 124 *pc* it || 5 ⸀-σωσιν 𝔓6.66.75 ℵ ℜ L W Θ λ φ *pm* ¦ *txt* B A D E *al* | ⸉ *3 4 1 2* 𝔓6 || 6 ⸂τι 𝔓66* 1170 lat || 7 ° 𝔓66* e | ⸀αυτοις 𝔓45.66 ℵ*vid W 1.69.565 *pc* ¦ παλ. αυτ. ℜ D Θ (⸉ℵcorr A K **0250** *al*) *pm* ¦ *txt* 𝔓6vid.75 B | °1 B 118 | ⸉ B | °2 𝔓75 B G L 700 *al* ¦ *txt* 𝔓66 ℵ ℜ A D W Θ λ φ *pm* | ⸂ο ποιμην 𝔓75 sa || 8 ° D | ⸋ 𝔓45vid.75 ℵ* ℜ *al* lat sys.p sa ¦ *txt* 𝔓66 ℌ A D W **0250** (⸉ Θ λ *al*) *pm*; Cl

1 cf Mch 2,12 || 2 ἀλλαχόθεν *hapaxl* || 3 cf Ps 95,7; 100,3; Prv 27,23 etc || 3sq cf Is 43,1; 3 Jo 15 || *4sqq cf 22sq* || 5 cf Jo 10,27 || 6 cf Jo 16,25.29; 2 Pt 2,22 || *7sqq cf 21.23sq.25sqq* || 8 cf Ps 118,20 || 8sq cf Jr 23,1sq || 9sq cf Nu 27,17; Dt 28,6; 1 Sm 29,6; 2 Sm 3,25 etc; 1 Chr 4,40; Ez 34,14

Matth. | Mark. | Luk.

[Joh. 10,1-18]

καὶ νομὴν εὑρήσει. 10 ὁ κλέπτης οὐκ ἔρχεται εἰ μὴ ἵνα κλέψῃ καὶ θύσῃ καὶ ἀπολέσῃ· ἐγὼ ἦλθον ἵνα ζωὴν⸆ ἔχωσιν ⸋καὶ ⸀περισσὸν ἔχωσιν⸌. 11 Ἐγώ εἰμι ὁ ποιμὴν ὁ καλός. ὁ ποιμὴν ὁ καλὸς τὴν ψυχὴν αὐτοῦ ⸀τίθησιν ὑπὲρ τῶν προβάτων· 12 ὁ ⸀μισθωτὸς καὶ οὐκ ὢν ποιμήν, οὗ οὐκ ἔστιν τὰ πρόβατα ἴδια, θεωρεῖ τὸν λύκον ἐρχόμενον καὶ ἀφίησιν τὰ πρόβατα καὶ φεύγει – καὶ ὁ λύκος ἁρπάζει αὐτὰ καὶ σκορπίζει ⸆ – 13 ⸆ ὅτι μισθωτός ἐστιν καὶ οὐ μέλει αὐτῷ περὶ τῶν προβάτων. 14 Ἐγώ εἰμι ὁ ποιμὴν ὁ καλὸς καὶ γινώσκω τὰ ἐμὰ καὶ ⸂γινώσκουσί με τὰ ἐμά⸃, 15 ⸀καθὼς γινώσκει με ὁ πατὴρ κἀγὼ γινώσκω τὸν πατέρα, καὶ τὴν ψυχήν μου ⸀τίθημι ὑπὲρ τῶν προβάτων. 16 καὶ ἄλλα ⸆ πρόβατα ἔχω ἃ οὐκ ἔστιν ἐκ τῆς αὐλῆς ταύτης· κἀκεῖνα δεῖ με ⸀ἀγαγεῖν καὶ τῆς φωνῆς μου ⸀ἀκούσουσιν, καὶ ⸁γενήσονται μία ποίμνη, εἷς ποιμήν. 17 Διὰ τοῦτό με ὁ πατὴρ ἀγαπᾷ ὅτι ἐγὼ τίθημι τὴν ψυχήν μου, ἵνα πάλιν λάβω αὐτήν. 18 οὐδεὶς ⸀αἴρει αὐτὴν ἀπ᾿ ἐμοῦ, ⸋ἀλλ᾿ ἐγὼ τίθημι αὐτὴν ἀπ᾿ ἐμαυτοῦ⸌. ἐξουσίαν ἔχω θεῖναι αὐτήν, καὶ ἐξουσίαν ἔχω πάλιν ⸀λαβεῖν αὐτήν· ταύτην τὴν ἐντολὴν ἔλαβον παρὰ τοῦ πατρός μου.

Evang. Naassen. (Hippolytus, Refut. omn. haer. V, 8, 20): Διὰ τοῦτο, φησί, λέγει ὁ Ἰησοῦς· »ἐγώ εἰμι ἡ πύλη ἡ ἀληθινή«.

Ignatius ad Phil. 2,1; 9,1: 2 1 Τέκνα οὖν φωτὸς ἀληθείας, φεύγετε τὸν μερισμὸν καὶ τὰς κακοδιδασκαλίας· ὅπου δὲ ὁ ποιμήν ἐστιν, ἐκεῖ ὡς πρόβατα ἀκολουθεῖτε. 9 1 Αὐτὸς ὢν θύρα τοῦ πατρός, δι᾿ ἧς εἰσέρχονται Ἀβραὰμ καὶ Ἰσαὰκ καὶ Ἰακὼβ καὶ οἱ προφῆται καὶ οἱ ἀπόστολοι καὶ ἡ ἐκκλησία. πάντα ταῦτα εἰς ἑνότητα θεοῦ.

Herm. Pastor, Sim. IX, 12, 1. 6: 1 Πρῶτον, φημί, πάντων, κύριε, τοῦτό μοι δήλωσον· ἡ πέτρα καὶ ἡ πύλη τίς ἐστιν; Ἡ πέτρα, φησίν, αὕτη καὶ ἡ πύλη ὁ υἱὸς τοῦ θεοῦ ἐστι. 6 ἡ δὲ πύλη ὁ υἱὸς τοῦ θεοῦ ἐστιν· αὕτη μία εἴσοδός ἐστι πρὸς τὸν κύριον. ἄλλως οὖν οὐδεὶς εἰσελεύσεται πρὸς αὐτὸν εἰ μὴ διὰ τοῦ υἱοῦ αὐτοῦ.

–, Sim. V, 6, 3: Αὐτὸς οὖν καθαρίσας τὰς ἁμαρτίας τοῦ λαοῦ ἔδειξεν αὐτοῖς τὰς τρίβους τῆς ζωῆς, δοὺς αὐτοῖς τὸν νόμον ὃν »ἔλαβεν παρὰ τοῦ πατρὸς αὐτοῦ«.

---

10 ⸆ αιωνιον ℵ | ⸋ 𝔓66* D *pc* ff2 | ⸀ περισσοτερον 𝔓44.75 Γ X 69. 579 *pc* || **11** ⸀ διδωσιν 𝔓45 ℵ* D lat sys bo || **12** ⸀ δε μισθ. 𝔓66 ℵ D Θ Ψ φ 579.1241 *pc* it; Eus ¦ μισθ. δε 𝔎 A 118.209 *pm* | ⸆ τα προβατα 𝔎 A φ *pm* latt syp || **13** ⸆ ο δε μισθωτος φευγει 𝔎 Acorr φ *pm* lat syp || **14** ⸂ γινωσκομαι υπο των εμων 𝔎 A Δ Θ λ φ *pl* sys.p ¦ *txt* 𝔓45*.66.75 B ℵ D W latt || **15** ⸀ και καθως 𝔓45 | ⸀ διδωμι 𝔓45.66 ℵ* D W || **16** ⸆ δε 𝔓66 D *pc* | ⸀ συναγαγειν 𝔓66; Cl | ⸀ -σωσιν ℵ A G W Θ φ *pm* ¦ *txt* 𝔓66.75 B 𝔎 D L λ *al* | ⸁ † γενησεται 𝔓66 ℵ* 𝔎 A φ *pl* ¦ *txt* 𝔓45 ℌ D W Θ 1 *pc*; Cl || **18** ⸀ † ηρεν 𝔓45 B ℵ* | *txt* 𝔓66 *rell* | ⸋ D 828 | ⸀ αραι D

---

11 cf Ps 23,1; Is 40,11; Jr 31,10 (LXX 38,10); Ez 34,11sqq; 37,24; Sir 18,13; Ps 74,1; 78,52; 80,2; 95,7; 100,3 etc; Mc 6,34; Mt 9,36; 25,32; Mc 14,27; Mt 26,31; Lc 15,4sqq; Mt 18,12sqq; Apc 2,27; 12,5; 19,15; 1 Pt 2,25; 5,4 || 12sq cf Act 20,29; Mt 7,15; 10,16 || 14 cf Jo 12,6; Mc 12,14; Mt 22,16 etc || 14sq cf Jo 7,29; 17,25; Mt 11,27; Lc 10,22 || 16sq cf Ez 37,24; 34,23; Mch 2,12; Jo 11,52 || 19sq cf Jo 5,26; cf 28sq || 21 cf 7sqq || 22sq cf 4sqq || 23sq cf 7sqq || 25sqq cf 7sqq || 28sq cf 19sq

250. Erneute Spaltung der Meinungen

Dissensio iterum facta

Division among the Jews Again

Matth. | Mark. | Luk.

Joh. 10,19-21

19 Σχίσμα⸆ °πάλιν ἐγένετο ἐν τοῖς Ἰουδαίοις διὰ τοὺς λόγους τούτους. 20 ἔλεγον ⸀δὲ πολλοὶ ἐξ αὐτῶν⸆· δαιμόνιον ἔχει καὶ μαίνεται· τί αὐτοῦ ἀκούετε; 21 ἄλλοι⸆ ἔλεγον· ταῦτα τὰ ῥήματα οὐκ ἔστιν δαιμονιζομένου· μὴ δαιμόνιον δύναται τυφλῶν ὀφθαλμοὺς ἀνοῖξαι;

(nr. 257 10,22-39 p. 344)

---

19 ⸆ ουν 𝔓66 𝔎 A D Θ λ φ 565.1241 *pm* ¦ *txt* 𝔓45vid.75 B ℵ L W *pc* | ° D 1241 r1 sys bopt || **20** ⸀ ουν ℵ* D λ *al* | ⸆ οτι 𝔓45 D || **21** ⸆ δε 𝔓66 ℵ (W) Θ φ *pc* d sys.p sapt bo

---

1 cf Jo 7,43; 9,16 || 1sq cf Jo 7,20; 8,48.52; Mt 9,34; 12,24; Mc 3,22; Lc 11,15 || 2 cf Sap 5,4

XII. WIRKSAMKEIT IN JUDÄA

MINISTERIUM IN IUDAEA — THE MINISTRY IN JUDEA

251. Aufbruch nach Judäa

Iter in Iudaeam — *(cf. nr. 174)* — Departure to Judea

Matth. 19, 1-2	Mark. 10, 1	Luk. 9, 51	Joh.
(nr. 173 18, 23-35 p. 254) 1 Καὶ ἐγένετο ὅτε ⸀ἐτέλεσεν ⸂ὁ Ἰησοῦς⸃ τοὺς λόγους τούτους, μετῆρεν ἀπὸ τῆς Γαλιλαίας καὶ ἦλθεν εἰς τὰ ὅρια τῆς Ἰουδαίας πέραν τοῦ Ἰορδάνου. 2 καὶ ἠκολούθησαν αὐτῷ ὄχλοι πολλοί, καὶ ἐθεράπευσεν αὐτοὺς °ἐκεῖ.	*(nr. 168 9, 42-50 p. 249)* 1 Καὶ ἐκεῖθεν ἀναστὰς ἔρχεται εἰς τὰ ὅρια τῆς Ἰουδαίας ⸂[καὶ] πέραν⸃ τοῦ Ἰορδάνου, καὶ ⸄συμπορεύονται πάλιν ὄχλοι⸅ πρὸς αὐτόν, καὶ ὡς εἰώθει πάλιν ἐδίδασκεν αὐτούς.	*(nr. 174, p. 255)* 51 Ἐγένετο δὲ ἐν τῷ ⸀συμπληροῦσθαι τὰς ἡμέρας τῆς ἀναλήμψεως °αὐτοῦ καὶ αὐτὸς τὸ πρόσωπον ⸆ἐστήρισεν τοῦ πορεύεσθαι εἰς Ἰερουσαλήμ.	

Pap. Berol. 16388 (𝔓25, r. col. b - *cf. nr. 173. 252* - Tatian, Diatessaron?): Matth. 19 1 ... τῆς Γαλιλαίας καὶ ἦλθεν εἰς τὰ ὅρια τῆς Ἰουδαίας πέρα(ν) τοῦ Ἰορδάνου 2 καὶ [ἠκολού]θησαν αὐ[τῷ ὄχλο]ι πολλοί, [καὶ ἐθερ]άπευσεν [αὐτούς.] ...

Matth.: 1 ⸀ελαλησεν D it bo^pt | ⸂*pon. p.* τουτους Θ a b ¦ — aur c || 2 ° 𝔓25 sy^s

Mark.: 1 ⸂*p)* περαν C² D G W Δ Θ λ ϕ *al* latt ¦ δια του π. ℜ A N *pm* ¦ *txt* B ℵ C* L Ψ *pc* co | ⸄(3, 20) συνερχεται παλιν ο οχλος D Θ (W ϕ *pc*) it

Luk.: 51 ⸀πληρουσθαι D | ° ℵ* | ⸆αυτου ℵ C ℜ A D (W) Θ **0135** ϕ *pl* lat ¦ *txt* 𝔓45.75 B *pc*

1 (Mt) cf Mt 7, 28; 11, 1; 13, 53; 26, 1 || *1 sq (Lc)* cf Act 2, 1 || *3 sqq* cf *8 sq* || *3 (Mc)* cf Mc 9, 33 || *3 sq (Lc)* cf Lc 9, 53; 13, 22. 33; 17, 11; 18, 31 sq. 35; 19, 1. 11. 28; Mt 20, 17; Mc 10, 32 || *5 sqq (Mt)* cf Mt 15, 30 etc || *8 sq* cf *3 sqq*

252. Von Ehescheidung und Ehelosigkeit

De matrimonio et virginitate — On Divorce and Celibacy

Matth. 19, 3-12	Mark. 10, 2-12	Luk. 16, 18	Joh.
5, 27-28; 5, 31-32 3 Καὶ προσῆλθον αὐτῷ ⸆ Φαρισαῖοι πειρά- ζοντες αὐτὸν καὶ λέγοντες⸆· εἰ ἔξεστιν °ἀν- θρώπῳ ἀπολῦσαι τὴν γυναῖκα αὐτοῦ κα- τὰ πᾶσαν αἰτίαν; 4 ὁ δὲ ἀποκριθεὶς εἶπεν⸆·	2 ⸂Καὶ προσελθόντες Φαρισαῖοι⸃ ⸀ἐπηρώτων αὐτὸν εἰ ἔξεστιν ἀνδρὶ γυναῖκα ἀπολῦσαι, πειράζοντες αὐτόν. 3 ὁ δὲ ἀποκριθεὶς εἶπεν αὐτοῖς·		

Matth.: 3 ⸆οι ℵ ℜ D 118. 209 *al*; Or | ⸆αυτω ℜ D W 33. 118. 209 *al* c e h q | ° † B ℵ* L *pc* ¦ *txt* ℵ^corr C ℜ D W Θ **087** λ ϕ *pl* lat sy sa bo; Or || 4 ⸆αυτοις C ℜ W Θ λ ϕ *pl* lat

Mark.: 2 ⸂κ. πρ. οι Φαρ. ℵ C V X (λ) ϕ 157 *pm* ¦ οι δε Φαρ. πρ. W Θ 565 *pc* ¦ και D a b ff² k sy^s | ⸀-τησαν ℜ A W Γ Φ λ ϕ 157. 700 *pm*

1 sqq cf *41 sqq. 63 sqq* || *3 sq (Mc)* cf Mc 8, 11; Lc 11, 16; Mt 16, 1; Mc 12, 15; Mt 22, 18; Mt 22, 35; Lc 10, 25; Jo 8, 6

[Matth. 19,3-12]

cf. v. 7. 8

οὐκ ἀνέγνωτε
ὅτι ὁ ⸀κτίσας ⸋ἀπ' ἀρχῆς⸌ ἄρσεν καὶ θῆ-
λυ ἐποίησεν °αὐτούς ⸇; 5 καὶ εἶπεν·
⸀ἕνεκα τούτου καταλείψει ἄνθρω-
πος τὸν πατέρα ⸆ καὶ τὴν μη-
τέρα ⸇ καὶ ⸁κολληθήσεται
τῇ γυναικὶ αὐτοῦ, καὶ ἔ-
σονται οἱ δύο εἰς σάρκα μίαν ⸇1. 6 ὥσ-
τε οὐκέτι εἰσὶν δύο ἀλλὰ ⸉σὰρξ μία⸊.
ὃ οὖν ὁ θεὸς συνέζευξεν ⸆ ἄνθρωπος μὴ
⸀χωριζέτω. 7 λέγουσιν αὐτῷ· τί οὖν Μωϋ-
σῆς ἐνετείλατο δοῦναι βιβλίον ἀποστασί-
ου καὶ ἀπολῦσαι °[αὐτήν]; 8 λέγει αὐτοῖς ⸆
ὅτι Μωϋσῆς πρὸς τὴν σκληροκαρδίαν ὑ-
μῶν ἐπέτρεψεν ὑμῖν ἀπολῦσαι τὰς γυναῖ-
κας ὑμῶν, ἀπ' ἀρχῆς δὲ ⸂οὐ γέγονεν⸃ οὕ-
τως.
9 λέγω δὲ
ὑμῖν °ὅτι ὃς ἂν ἀπολύσῃ τὴν γυναῖκα αὐ-
τοῦ ⸂μὴ ἐπὶ πορνείᾳ⸃ ⸋καὶ γαμήσῃ ἄλλην⸌
⸀μοιχᾶται ⸆.

[Mark. 10,2-12]

τί ὑμῖν ἐνετείλατο Μωϋσῆς; 4 οἱ δὲ εἶπαν·
⸂ἐπέτρεψεν Μωϋσῆς⸃ βιβλίον ἀποστασίου
⸀γράψαι καὶ ἀπολῦσαι. 5 ⸂ὁ δὲ⸃ Ἰησοῦς
εἶπεν αὐτοῖς· πρὸς τὴν σκληροκαρδίαν
ὑμῶν ἔγραψεν ⸀ὑμῖν τὴν ἐντολὴν ταύτην.
6 ἀπὸ δὲ ἀρχῆς °κτίσεως ἄρσεν καὶ θῆ-
λυ ἐποίησεν °1αὐτούς ⸆· 7 ⸆
ἕνεκεν τούτου καταλείψει ἄνθρω-
πος τὸν πατέρα αὐτοῦ καὶ τὴν ⸀μη-
τέρα ⸋[καὶ προσκολληθήσεται
πρὸς τὴν γυναῖκα αὐτοῦ]⸌, 8 καὶ ἔ-
σονται οἱ δύο εἰς σάρκα μίαν· ὥσ-
τε οὐκέτι εἰσὶν δύο ἀλλὰ ⸉μία σάρξ⸊.
9 ὃ °οὖν ὁ θεὸς ⸀συνέζευξεν ἄνθρωπος μὴ
χωριζέτω.

cf. v. 3-5

10 Καὶ ⸂εἰς τὴν οἰκίαν⸃ πάλιν οἱ μαθηταὶ ⸆
⸄περὶ τούτου⸅ ⸀ἐπηρώτων αὐτόν. 11 καὶ λέγει
αὐτοῖς· ⸂ὃς ἂν ἀπολύσῃ τὴν γυναῖκα αὐ-
τοῦ καὶ γαμήσῃ ἄλλην
μοιχᾶται ἐπ' αὐτήν· 12 καὶ ἐὰν ⸀αὐτὴ ⸄ἀπο-
λύσασα τὸν ἄνδρα αὐτῆς γαμήσῃ ἄλλον⸅
μοιχᾶται⸃.

Luk.

16,18 *(nr. 227, p. 309)*
18 Πᾶς ὁ ἀπολύων τὴν γυναῖκα αὐτοῦ
καὶ γαμῶν ἑτέραν
μοιχεύει, καὶ ⸆
°ὁ ἀπολελυμένην ⸋ἀπὸ ἀνδρὸς⸌ γαμῶν
μοιχεύει.

Joh.

Matth.: 4 ⸀ποιησας ℵ C ℜ D W ϕ 118.209.565 *pl* lat sy ¦ *txt* B Θ 1.700 *pc* | ⸋ *et* ° ff^{1} sy^{s} (a, ff^{2}) || 4.5 [⸇. *et* ⸇1; H] || 5 ⸀ενεκεν C ℜ D W Θ λ ϕ *pl* | ⸆ *p)* αυτου C E Δ Φ 078 ϕ 1.33.157.1424 *al* sy sa bo | ⸇ αυτου W Γ 1241 *pc* sy sa bo; Or Epiph^{pt} | ⸁προσκ- ℵ C L Z Δ Φ λ 33.700 *pm* || 6 ⸉ ℵ D lat | ⸆ εις εν D it | ⸀αποχ- D || 7 ° † ℵ D L Z Θ 1.700 *pc* lat ¦ *txt* B C ℜ W 078.087 ϕ 118.209 *pm* f q sy bo^{pt} || 8 ⸆ ο Ιησους ℵ M Φ *pc* a b c | ⸂ουκ εγενετο D || 9 ° *p)* B D 1424 *pc* it | ⸂ (5,32) παρεκτος λογου πορνειας B D ϕ 1.33 *al* it sy sa bo; Cyr | ⸋ B 1.33 *pc* ff^{1} bo; Cyr | ⸀ (5,32) ποιει αυτην μοιχευθηναι 𝔓^{25vid} B C* 1.33 *al* ff^{1} bo; Cyr | ⸆ *p)* και ο απολελυμενην γαμησας (γαμων C* W Θ 1 *al*) μοιχαται B C* ℜ W Θ 078 λ 13.33 *pm* lat sy^{p} bo^{pt}; Cyr ¦ ωσαυτως και ο γαμων απολ. μοιχαται 𝔓^{25} ¦ *txt* ℵ C^{3} D L *al* it sy$^{s.c}$ sa

Mark.: 4 ⸂ *2 1* ℜ A W Γ (λ) ϕ 157.700 *pm* ¦ *1* Θ 565 a c ff^{2} q | ⸀δουναι 61 b r^{1} ¦ δουναι γρ. D (lat) || 5 ⸂και αποκριθεις ο ℜ A D W Γ Φ λ ϕ *pl* lat | ⸀Μωσης D (⸉W) c f k ¦ — ϕ *pc* ¦ υμ. Μωυσης Ψ *pc* || 6 ° D *pc* b ff^{2} q sy | °1 D W *pc* it | ⸆ ο θεος ℜ A D W Γ Θ Φ Ψ λ ϕ *pl* lat sy ¦ *txt* B ℵ C L Δ *pc* sa bo || 7 ⸆ *p)* και ειπεν D W Θ ϕ 565 *al* it | ⸀μ. αυτου ℵ (D) Ψ *al* it sy sa bo | ⸋ † B ℵ Ψ *pc* sy^{s} ¦ *txt* (C L) ℜ (A) D W Θ (λ) ϕ *pl* lat sy^{p} sa bo || 8 ⸉ *p)* ℵ C A K W Γ Θ Φ λ ϕ *pm* || 9 ° A D k*; Cl | ⸀εζ- D W *pc* lat || 10 ⸂εν τη οικια C ℜ A W Γ Θ Φ λ ϕ *pm* | ⸆ αυτου ℜ A D W Γ Φ λ ϕ 565.700 *pm* lat sy sa | ⸄π. τουτων ℵ ¦ π. του (— Θ *pc*) αυτου ℜ (Θ *et* ⸉) Φ *pm* ¦ π. του αυτ. λογου D a aur c f ¦ — K W *pc* | ⸀-τησαν ℜ A D (⸉W) Γ Φ λ ϕ 157.(⸉565).700 *pm* lat || 11.12 ⸂εαν απολ. γυν. τ. ανδ. αυτ. κ. γαμηση αλλον μοιχ.· και εαν αν. απολ. τ. γυν. μοιχ. W (1 *pc*) sy^{s} || 12 ⸀γυνη ℜ A D (W ⸉Θ) *pl* latt sy$^{s.p}$ | ⸄-ση τ. α. α. και γαμηθη αλλω ℜ A *pm* ¦ εξελθη απο του ανδρος και αλλον γαμηση D (Θ) *pc* it

Luk.: 18 ⸆ πας ℵ ℜ A W Θ λ *pm* sy^{p} ¦ *txt* 𝔓^{75} B D L 69 *al* latt | ° 𝔓^{75} 1241 | ⸋ D 28 sy$^{s.p}$ bo^{pt}

6sq cf Dt 24,1; *19sqq. 39sq* || *8sq* cf Dt 10,16; Ez 3,7 || *9sqq* *cf 47sqq* || *10sq* Gn 1,27 || *12sqq* Gn 2,24; cf Eph 5,31 || *15sq* cf 1Cor 6,16 || *16sqq* *cf 37sq* || *19sqq* cf Dt 24,1; *cf 6sq. 39sq. 77sq* || *25sq* cf Mc 9,28 || *26sqq* *cf 37sq. 39sq. 69sq. 71sqq*

[Matth. 19, 3-12]	Mark.	Luk.	Joh.
10 Λέγουσιν °αὐτῷ οἱ μαθηταὶ °1[αὐτοῦ]· εἰ οὕτως ἐστὶν ἡ αἰτία τοῦ ⌜ἀνθρώπου μετὰ τῆς γυναικός, οὐ συμφέρει γαμῆσαι. 11 ὁ δὲ εἶπεν αὐτοῖς· οὐ πάντες χωροῦσιν τὸν λόγον °[τοῦτον] ἀλλ' οἷς δέδοται. 12 εἰσὶν °γὰρ εὐνοῦχοι οἵτινες ἐκ κοιλίας μητρὸς ἐγεννήθησαν οὕτως, καὶ εἰσὶν εὐνοῦχοι οἵτινες εὐνουχίσθησαν ὑπὸ τῶν ἀνθρώπων, καὶ εἰσὶν εὐνοῦχοι οἵτινες εὐνούχισαν ἑαυτοὺς διὰ τὴν βασιλείαν τῶν οὐρανῶν. ὁ δυνάμενος χωρεῖν χωρείτω.			
5, 27-28 (nr. 56, p. 80) 27 Ἠκούσατε ὅτι ἐρρέθη· οὐ μοιχεύσεις. 28 ἐγὼ δὲ λέγω ὑμῖν ὅτι πᾶς ὁ βλέπων γυναῖκα πρὸς τὸ ἐπιθυμῆσαι αὐτὴν ἤδη ἐμοίχευσεν αὐτὴν ἐν τῇ καρδίᾳ αὐτοῦ.			
5, 31-32 (nr. 56, p. 80) 31 Ἐρρέθη δέ· ὃς ἂν ἀπολύσῃ τὴν γυναῖκα αὐτοῦ, δότω αὐτῇ ἀποστάσιον. 32 ἐγὼ δὲ λέγω ὑμῖν ὅτι πᾶς ὁ ἀπολύων τὴν γυναῖκα αὐτοῦ παρεκτὸς λόγου πορνείας ποιεῖ αὐτὴν μοιχευθῆναι, καὶ ὃς ἐὰν ἀπολελυμένην γαμήσῃ, μοιχᾶται.			

1. Cor. 7, 10-16: 10 Τοῖς δὲ γεγαμηκόσιν παραγγέλλω, οὐκ ἐγὼ ἀλλὰ ὁ κύριος, γυναῖκα ἀπὸ ἀνδρὸς μὴ χωρισθῆναι, 11 – ἐὰν δὲ καὶ χωρισθῇ, μενέτω ἄγαμος ἢ τῷ ἀνδρὶ καταλλαγήτω – καὶ ἄνδρα γυναῖκα μὴ ἀφιέναι. 12 Τοῖς δὲ λοιποῖς λέγω ἐγὼ οὐχ ὁ κύριος· εἴ τις ἀδελφὸς γυναῖκα ἔχει ἄπιστον καὶ αὕτη συνευδοκεῖ οἰκεῖν μετ' αὐτοῦ, μὴ ἀφιέτω αὐτήν· 13 καὶ γυνὴ εἴ τις ἔχει ἄνδρα ἄπιστον καὶ οὗτος συνευδοκεῖ οἰκεῖν μετ' αὐτῆς, μὴ ἀφιέτω τὸν ἄνδρα. 14 ἡγίασται γὰρ ὁ ἀνὴρ ὁ ἄπιστος ἐν τῇ γυναικὶ καὶ ἡγίασται ἡ γυνὴ ἡ ἄπιστος ἐν τῷ ἀδελφῷ· ἐπεὶ ἄρα τὰ τέκνα ὑμῶν ἀκάθαρτά ἐστιν, νῦν δὲ ἅγιά ἐστιν. 15 εἰ δὲ ὁ ἄπιστος χωρίζεται, χωριζέσθω· οὐ δεδούλωται ὁ ἀδελφὸς ἢ ἡ ἀδελφὴ ἐν τοῖς τοιούτοις· ἐν δὲ εἰρήνῃ κέκληκεν ὑμᾶς ὁ θεός. 16 τί γὰρ οἶδας, γύναι, εἰ τὸν ἄνδρα σώσεις; ἢ τί οἶδας, ἄνερ, εἰ τὴν γυναῖκα σώσεις;

Evang. sec. Aegyptios (Clemens Alex., Strom. III, 9, 64, 1): Ὅθεν εἰκότως περὶ συντελείας μηνύσαντος τοῦ λόγου ἡ Σαλώμη φησί· Μέχρι τίνος οἱ ἄνθρωποι ἀποθανοῦνται; ἄνθρωπον δὲ καλεῖ ἡ γραφὴ διχῶς, τόν τε φαινόμενον καὶ τὴν ψυχήν, πάλιν τε αὖ τὸν σῳζόμενον καὶ τὸν μή. καὶ θάνατος ψυχῆς ἡ ἁμαρτία λέγεται. διὸ καὶ παρατετηρημένως ἀποκρίνεται ὁ κύριος· »μέχρις ἂν τίκτωσιν αἱ γυναῖκες«. (Strom. III, 6, 45, 3 - *cf.* Excerpta ex Theod. 67): Τῇ Σαλώμῃ ὁ κύριος πυνθανομένῃ· μέχρι πότε θάνατος ἰσχύσει; οὐχ ὡς κακοῦ τοῦ βίου ὄντος καὶ τῆς κτίσεως πονηρᾶς »μέχρις ἄν«, εἶπεν, »ὑμεῖς αἱ γυναῖκες τίκτητε«, ἀλλ' ὡς τὴν ἀκολουθίαν τὴν φυσικὴν διδάσκων· γενέσει γὰρ πάντως ἕπεται καὶ φθορά. (Strom. III, 9, 66, 1. 2): Τί δὲ οὐχὶ καὶ τὰ ἑξῆς τῶν πρὸς Σαλώμην εἰρημένων ἐπιφέρουσιν οἱ πάντα μᾶλλον ἢ τῷ κατὰ τὴν ἀλήθειαν εὐαγγελικῷ στοιχήσαντες κανόνι; φαμένης γὰρ αὐτῆς· »καλῶς οὖν ἐποίησα μὴ τεκοῦσα«, ὡς οὐ δεόντως τῆς γενέσεως παραλαμβανομένης, ἀμείβεται λέγων ὁ κύριος· »πᾶσαν φάγε βοτάνην, τὴν δὲ πικρίαν ἔχουσαν μὴ φάγῃς«. (Strom. III, 9, 63, 1. 2): Οἱ δὲ ἀντιτασσόμενοι τῇ κτίσει τοῦ θεοῦ διὰ τῆς εὐφήμου ἐγκρατείας κἀκεῖνα λέγουσι τὰ πρὸς Σαλώμην εἰρημένα, ὧν πρότερον ἐμνήσθημεν. φέρεται δέ, οἶμαι, ἐν τῷ κατ' Αἰγυπτίους εὐαγγελίῳ. φασὶ γὰρ ὅτι αὐτὸς εἶπεν ὁ σωτήρ· »ἦλθον καταλῦσαι τὰ ἔργα τῆς θηλείας«. θηλείας μὲν τῆς ἐπιθυμίας, ἔργα δὲ γένεσιν καὶ φθοράν. (Strom. III, 13, 92, 2-93, 1): Πυνθανομένης τῆς Σαλώμης πότε γνωσθήσεται τὰ περὶ ὧν ἤρετο, ἔφη ὁ κύριος· »ὅταν τὸ τῆς αἰσχύνης ἔνδυμα πατήσητε καὶ ὅταν γένηται τὰ δύο ἓν καὶ τὸ ἄρρεν μετὰ τῆς θηλείας οὔτε ἄρρεν οὔτε θῆλυ«. πρῶτον μὲν οὖν ἐν τοῖς παραδεδομένοις ἡμῖν τέτταρσιν εὐαγγελίοις οὐκ ἔχομεν τὸ ῥητόν, ἀλλ' ἐν τῷ κατ' Αἰγυπτίους.

Evang. Naassen. (Hippolytus, Refut. omn. haer. V, 7, 15): Ἀπεκόπη γάρ, φησίν, ὁ Ἄττις, τοῦτ' ἔστιν ἀπὸ τῶν χοϊκῶν τῆς κτίσεως κάτωθεν μερῶν, καὶ ἐπὶ τὴν αἰωνίαν ἄνω μετελήλυθεν οὐσίαν, ὅπου, φησίν, »οὐκ ἔστιν οὔτε θῆλυ οὔτε ἄρσεν«, ἀλλὰ καινὴ κτίσις, »καινὸς ἄνθρωπος«, ὅ ἐστιν ἀρσενόθηλυς.

2. Clem. ad Cor. 12, 2 (*cf. 12, 5*): Ἐπερωτηθεὶς γὰρ αὐτὸς ὁ κύριος ὑπό τινος, πότε ἥξει αὐτοῦ ἡ βασιλεία, εἶπεν· »Ὅταν ἔσται τὰ δύο ἕν, καὶ τὸ ἔξω ὡς τὸ ἔσω, καὶ τὸ ἄρσεν μετὰ τῆς θηλείας, οὔτε ἄρσεν οὔτε θῆλυ«.

Pap. Berol. 16388 (𝔓25, r. col. b, v. col. a/b - *cf. nr. 251. 173* - Tatian, Diatessaron?): Matth. 19 3 Καὶ προσ[ῆλθον α]ὐτῷ Φ[α⟨ρισαῖοι⟩ ... 5 (v. col. a) ... καὶ ἔσονται οἱ δύο εἰς σάρκα μίαν. 6 ωσται ⟨= ὥστε⟩ οὐκέτι εἰσὶν δύο ἀλλὰ σὰρξ [μία. ὃ] οὖν ὁ θ(εὸ)ς σ[υνέζευ]ξεν, ἄνθ[ρωπος μὴ] χωριζέτω. 7 [λ]έγουσιν α[ὐ⟨τῷ⟩ ... (v. col. b) 9 ... μοιχευθῆναι, ὡσαύτως καὶ ὁ γαμῶν ἀπολελυμένην μοιχᾶται· 10 λέγουσιν οἱ μαθηταὶ αὐτοῦ εἰ οὕτω[ς] ετιος ⟨= αἴτιος⟩ γίνεται ἄνθρωπος μετὰ τῆ[ς] γυν[αι]κός, οὐ συμ⟨φέρει⟩ ...

Ignatius ad Smyrn. 6, 1: Μηδεὶς πλανάσθω· καὶ τὰ ἐπουράνια καὶ ἡ δόξα τῶν ἀγγέλων καὶ οἱ ἄρχοντες ὁρατοί τε καὶ ἀόρατοι, ἐὰν μὴ πιστεύσωσιν εἰς τὸ αἷμα Χριστοῦ, κἀκείνοις κρίσις ἐστίν. »ὁ χωρῶν χωρείτω«.

Herm. Past., Mand. IV, 1, 6: Τί οὖν, φημί, κύριε, ποιήσῃ ὁ ἀνήρ, ἐὰν ἐπιμείνῃ τῷ πάθει τούτῳ ἡ γυνή; Ἀπολυσάτω, φησίν, αὐτήν, καὶ ὁ ἀνὴρ ἐφ' ἑαυτῷ μενέτω· ἐὰν δὲ ἀπολύσας τὴν γυναῖκα ἑτέραν γαμήσῃ, καὶ αὐτὸς μοιχᾶται.

Justinus Mart., Apol. I, 15, 1-4: 1 Περὶ μὲν οὖν σωφροσύνης τοσοῦτον εἶπεν· »Ὃς ἂν ἐμβλέψῃ γυναικὶ πρὸς τὸ ἐπιθυμῆσαι αὐτῆς ἤδη ἐμοίχευσε τῇ καρδίᾳ παρὰ τῷ θεῷ«. 2 Καὶ »Εἰ ὁ ὀφθαλμός σου ὁ δεξιὸς σκανδαλίζει σε, ἔκκοψον αὐτόν· συμφέρει γάρ σοι μονόφθαλμον εἰσελθεῖν εἰς τὴν βασιλείαν τῶν οὐρανῶν, ἢ μετὰ τῶν δύο πεμφθῆναι εἰς τὸ αἰώνιον πῦρ«. 3 Καὶ »Ὃς γαμεῖ ἀπολελυμένην ἀφ' ἑτέρου ἀνδρὸς μοιχᾶται«. 4 Καὶ »Εἰσί τινες οἵτινες

---

10 °𝔓25 ℵ* | °1 † 𝔓71vid B ℵ Θ e ff1 g1 sapt ¦ *txt* 𝔓25 C ℜ D W 078 λ φ *pl* lat sy sapt bo | ⌜ανδρος D it || **11** ° B 1 *pc* e; Or ¦ *txt* ℵ C ℜ D W Θ 078 φ lat sy || **12** ° ℵ*

---

32 sq cf 80 sq || 33 sqq cf Mt 19, 27. 29?; *cf 59 sq. 67 sq; 73 sqq || 37 sq cf 16 sqq. 26 sqq || 39 sq cf 6 sq. 19 sqq. 26 sqq || 41 sqq cf 1 sqq || 47 sqq cf 9 sqq || 59 sq cf 33 sqq || 63 sqq cf 1 sqq || 67 sq cf 33 sqq || 69 sq cf 26 sqq || 71 sqq cf 26 sqq || 73 sqq cf 33 sqq*

εὐνουχίσθησαν ὑπὸ τῶν ἀνθρώπων, εἰσὶ δὲ οἳ ἐγεννήθησαν εὐνοῦχοι, εἰσὶ δὲ οἳ εὐνούχισαν ἑαυτοὺς διὰ τὴν βασιλείαν τῶν οὐρανῶν· πλὴν οὐ πάντες τοῦτο χωροῦσιν«.

Ptolemaeus, Epist. ad Floram 2, 4 (Epiphanius, Pan. haer. 33, 4, 4): Διαλεγόμενός που ὁ σωτὴρ πρὸς τοὺς περὶ τοῦ ἀποστασίου συζητοῦντας αὐτῷ, ὃ δὴ ἀποστάσιον ἐξεῖναι νενομοθέτητο, ἔφη αὐτοῖς ὅτι »Μωυσῆς πρὸς τὴν σκληροκαρδίαν ὑμῶν ἐπέτρεψε τὸ ἀπολύειν τὴν γυναῖκα αὐτοῦ· ἀπ' ἀρχῆς γὰρ οὐ γέγονεν οὕτως. θεὸς γάρ, φησί, συνέζευξε ταύτην τὴν συζυγίαν, καὶ ὃ συνέζευξεν ὁ κύριος, ἄνθρωπος, ἔφη, μὴ χωριζέτω«.

Clemens Alex., Strom. III, 1, 1: Οἱ μὲν οὖν ἀμφὶ τὸν Οὐαλεντῖνον ἄνωθεν ἐκ τῶν θείων προβολῶν τὰς συζυγίας καταγαγόντες εὐαρεστοῦνται γάμῳ, οἱ δὲ ἀπὸ Βασιλείδου »πυθομένων« φασὶ »τῶν ἀποστόλων μή ποτε ἄμεινόν ἐστι τὸ μὴ γαμεῖν« ἀποκρίνασθαι λέγουσι τὸν κύριον· »οὐ πάντες χωροῦσι τὸν λόγον τοῦτον· εἰσὶ γὰρ εὐνοῦχοι, οἳ μὲν ἐκ γενετῆς, οἳ δὲ ἐξ ἀνάγκης«.

77sq cf 19sqq || *80sq cf 32sq*

253. Lasset die Kindlein zu mir kommen

Benedictio parvulorum **Jesus Blesses the Children**

Matth. 19, 13-15 18, 3	**Mark. 10, 13-16**	**Luk. 18, 15-17** *(nr. 237 18, 9-14 p. 320)*	Joh. 3, 3. 5
[13] Τότε ⸀προσηνέχθησαν αὐτῷ παιδία ἵνα τὰς χεῖρας ἐπιθῇ αὐτοῖς καὶ προσεύξηται· οἱ δὲ μαθηταὶ ἐπετίμησαν αὐτοῖς. [14] ὁ δὲ Ἰησοῦς εἶπεν⸆· ἄφετε τὰ παιδία καὶ μὴ κωλύετε αὐτὰ ἐλθεῖν πρός ⸀με, τῶν γὰρ τοιούτων ἐστὶν ἡ βασιλεία τῶν οὐρανῶν.	[13] Καὶ προσέφερον αὐτῷ παιδία ἵνα ⸉αὐτῶν ἅψηται⸊· οἱ δὲ μαθηταὶ ⸆⸂ἐπετίμησαν αὐτοῖς⸃. [14] ἰδὼν δὲ ὁ Ἰησοῦς ἠγανάκτησεν καὶ⸆εἶπεν αὐτοῖς· ἄφετε τὰ παιδία ἔρχεσθαι πρός με, ⸆ μὴ κωλύετε αὐτά, τῶν γὰρ τοιούτων ἐστὶν ἡ βασιλεία τοῦ θεοῦ.	[15] Προσέφερον δὲ αὐτῷ ⸂καὶ τὰ βρέφη⸃ ἵνα αὐτῶν ἅπτηται· ἰδόντες δὲ οἱ μαθηταὶ ⸀ἐπετίμων αὐτοῖς. [16] ὁ δὲ Ἰησοῦς ⸀προσεκαλέσατο °αὐτὰ ⸀λέγων· ἄφετε τὰ παιδία ἔρχεσθαι πρός με καὶ μὴ κωλύετε αὐτά, τῶν γὰρ τοιούτων ἐστὶν ἡ βασιλεία τοῦ θεοῦ.	
18, 3 *(nr. 166, p. 245)* [3] Καὶ εἶπεν· ἀμὴν λέγω ὑμῖν, ἐὰν μὴ στραφῆτε καὶ γένησθε ὡς τὰ παιδία, οὐ μὴ εἰσέλθητε εἰς τὴν βασιλείαν τῶν οὐρανῶν.	[15] ἀμὴν λέγω ὑμῖν, ὃς ἂν μὴ δέξηται τὴν βασιλείαν τοῦ θεοῦ ὡς παιδίον, οὐ μὴ εἰσέλθῃ εἰς αὐτήν.	[17] ἀμὴν⸆ λέγω ὑμῖν, ὃς ⸀ἂν μὴ δέξηται τὴν βασιλείαν τοῦ θεοῦ ὡς παιδίον, οὐ μὴ εἰσέλθῃ εἰς αὐτήν.	3, 3. 5 *(nr. 27, p. 40)* [3] Ἀπεκρίθη Ἰησοῦς καὶ εἶπεν αὐτῷ· ἀμὴν ἀμὴν λέγω σοι, ἐὰν μή τις γεννηθῇ ἄνωθεν, οὐ δύναται ἰδεῖν τὴν βασιλείαν τοῦ θεοῦ. ...
[15] καὶ ἐπιθεὶς ⸂τὰς χεῖρας αὐτοῖς⸃ ἐπορεύθη ἐκεῖθεν.	[16] καὶ ⸀ἐναγκαλισάμενος αὐτὰ ⸂κατευλόγει τιθεὶς τὰς χεῖρας ἐπ' αὐτά⸃.		[5] ἀπεκρίθη Ἰησοῦς· ἀμὴν ἀμὴν λέγω σοι, ἐὰν μή τις γεννηθῇ ἐξ ὕδατος καὶ πνεύματος, οὐ δύναται εἰσελθεῖν εἰς τὴν βασιλείαν τοῦ θεοῦ.

Matth.: 13 ⸀-εχθη ℜ W Δ Θ Φ 078 λ φ *pl* || 14 ⸆αυτοις ℵ C D L W 892.1241 *al* lat sy sa^{pt} bo ¦ *txt* B ℜ Δ Θ Φ 078 λ φ *pm* it sa^{pt} | ⸀εμε ℵ L Δ || 15 ⸂*3 1 2* C ℜ W Δ 1 *pm* lat ¦ τ. χ. αυτου 118.209 ¦ τ. χ. επ αυτους ℵ

Mark.: 13 ⸉ ℜ A D W Γ Φ λ φ *pm* lat | ⸆αυτου D Θ 565.700 *pc* sy$^{s.p}$ | ⸂-μων τοις προσφερουσιν ℜ A D W (Θ) Φ (λ φ) *pl* lat || 14 ⸆επιτιμησας W Θ φ 1.209.565 *pc* sy^{s} | ⸆ *p)* και ℵ A C D L Θ Φ λ 565.892 *al* latt sa ¦ *txt* B ℜ W Γ Δ Ψ φ *pm* sy$^{s.p}$ bo || 16 ⸀προσκαλεσ- D it sy^{s} | ⸂ετιθει (επιτιθει W) τας χειρας επ αυτα και ευλογει αυτα D W it sy$^{s.p}$ ¦ τιθεις τ. χειρ. επ αυτ. ευλογει αυτα ℜ A (Γ Φ λ φ) *pm*

Luk.: 15 ⸂*p)* παιδια D | ⸀*p)* -μησαν ℜ A W Γ Δ Θ Ψ 078.0135 *pm* || 16 ⸀-λειτο D G λ *pc* ¦ -σαμενος *et* ⸀ειπεν ℜ A W Γ Δ Θ Ψ 078.0135 (φ) *pm* lat ¦ *txt* B ℵ L T *pc* | ° B || 17 ⸆γαρ D N *pc* | ⸀εαν ℜ A Γ Δ Θ 078.0135 λ *pm*

2sq (Mt) cf Mc 5, 23; 6, 5; 7, 32; 8, 23.25; 16, 18; Lc 4, 40; 13, 13 || *2 (Mc/Lc)* cf Mc 3, 10; 5, 27sq par; 6, 56 par || *4sq* cf Mc 9, 38; Lc 9, 49 || *5sqq cf 11sqq. 21sqq* || *11sqq cf 5sqq. 19sq. 21sq*

Acta Philippi 140: Ἐὰν μὴ ποιήσητε ὑμῶν τὰ κάτω εἰς τὰ ἄνω, καὶ τὰ ἀριστερὰ εἰς τὰ δεξιά, (καὶ τὰ ἄνω εἰς τὰ κάτω καὶ τὰ δεξιὰ εἰς τὰ ἀριστερὰ) οὐ μὴ εἰσέλθητε εἰς τὴν βασιλείαν μου (τῶν οὐρανῶν).

Herm. Pastor, Mand. II, 1: Λέγει μοι· Ἁπλότητα ἔχε καὶ ἄκακος γίνου καὶ ἔσῃ ὡς τὰ νήπια τὰ μὴ γινώσκοντα τὴν πονηρίαν τὴν ἀπολλύουσαν τὴν ζωὴν τῶν ἀνθρώπων. – **Sim. IX, 29, 3:** Ὅσοι οὖν διαμενεῖτε, φησί, καὶ ἔσεσθε ὡς τὰ βρέφη, κακίαν μη ἔχοντες, πάντων τῶν προειρημένων ἐνδοξότεροι ἔ[σε]σθε· πάντα γὰρ τὰ βρέφη ἔνδοξά ἐστι παρὰ τῷ θεῷ καὶ πρῶτα παρ' αὐτῷ. μακάριοι οὖν ὑμεῖς, ὅσοι ἂν ἄρητε ἀφ' ἑαυτῶν τὴν πονηρίαν, ἐνδύσησθε δὲ τὴν ἀκακίαν· πρῶτοι πάντων ζήσεσθε τῷ θεῷ.

Evang. Thomae copt.: *cf. Append. I, 22*

19 sq *cf* 11 *sqq; cf etiam* Acta Petri 38; Acta Thomae 147; Evang. Thomae copt. *Append. I, 22* || 21 sqq *cf* 5 *sqq*. 11 *sqq* || 25 *cf* 5 *sqq*. 11 *sqq*

254. Der reiche Jüngling

Adulescens dives | **The Rich Young Man**

Matth. 19, 16-22 (6, 20; 22, 34-40)	Mark. 10, 17-22 (12, 28-34)	Luk. 18, 18-23 (12, 33; 10, 25-28)	Joh.
16 Καὶ ἰδοὺ	17 Καὶ ἐκπορευομένου αὐτοῦ εἰς ὁδὸν		
εἷς προσελθὼν	⸂προσδραμὼν εἷς⸃ καὶ γονυπετήσας αὐτὸν	18 Καὶ	
⸉αὐτῷ εἶπεν⸊·	ἐπηρώτα °αὐτόν⸆·	ἐπηρώτησέν τις αὐτὸν °ἄρχων λέγων·	
διδάσκαλε ⸆ , τί ἀγαθὸν ποιήσω ἵνα	διδάσκαλε ἀγαθέ, τί ποιήσω ἵνα	διδάσκαλε ἀγαθέ, τί ποιήσας	
σχῶ ζωὴν αἰώνιον; 17 ὁ δὲ	ζωὴν αἰώνιον κληρονομήσω; 18 ὁ δὲ Ἰη-	ζωὴν αἰώνιον κληρονομήσω; 19 ⸂εἶπεν δὲ	
εἶπεν αὐτῷ· ⸂τί με ἐρωτᾷς περὶ τοῦ ἀγα-	σοῦς εἶπεν αὐτῷ· τί με λέγεις ἀγαθόν;	αὐτῷ ὁ Ἰησοῦς⸃· τί με λέγεις ἀγαθόν;	
θοῦ; εἷς ἐστιν ὁ ἀγαθός⸆⸃·	οὐδεὶς ἀγαθὸς εἰ μὴ ⸂εἷς ὁ⸃ θεός.	οὐδεὶς ἀγαθὸς εἰ μὴ εἷς °ὁ θεός.	
εἰ δὲ θέλεις ⸉εἰς τὴν ζωὴν εἰσελθεῖν⸊, ⸀τή-			
ρησον τὰς ἐντολάς. 18 ⸂λέγει αὐτῷ· ποίας;⸃	19 τὰς ἐντολὰς οἶδας·	20 τὰς ἐντολὰς οἶδας·⸆	
ὁ δὲ Ἰησοῦς ⸀εἶπεν· °τὸ οὐ φονεύσεις,	⸂μὴ φονεύσῃς,	⸂μὴ μοιχεύσῃς,	
⸄οὐ μοιχεύσεις, οὐ κλέψεις,⸅ οὐ	μὴ μοιχεύσῃς⸃, μὴ κλέψῃς, μὴ	μὴ φονεύσῃς, μὴ κλέψῃς, μὴ	
ψευδομαρτυρήσεις,	ψευδομαρτυρήσῃς, ⸋μὴ ἀποστερή-	ψευδομαρτυρήσῃς⸃,	
19 τίμα τὸν πατέρα ⸆ καὶ τὴν	σῃς,⸌ τίμα τὸν πατέρα σου καὶ τὴν	τίμα τὸν πατέρα σου καὶ τὴν	
μητέρα⸋, καὶ ἀγαπήσεις τὸν πλη-	μητέρα⸆.	μητέρα⸆.	
σίον σου ὡς σεαυτόν⸌. 20 λέγει αὐτῷ	20 ὁ δὲ ⸀ἔφη αὐτῷ·	21 ὁ δὲ εἶπεν·	
ὁ νεανίσκος· ⸉πάντα ταῦτα⸊	διδάσκαλε, ⸂ταῦτα πάντα⸃	⸉ταῦτα πάντα⸊	
⸀ἐφύλαξα ⸆ · τί ἔτι ὑστερῶ;	⸀ἐφυλαξάμην ἐκ νεότητός μου⸆. 21 ὁ δὲ	⸀ἐφύλαξα ἐκ νεότητος⸆.	

Matth.: 16 ⸉ C 𝔎 W λ *pl* (λεγει αυτω D lat); Or ¦ *txt* B ℵ Θ φ *pc* | ⸆ *p)* αγαθε C 𝔎 W Θ φ 118.209 *pm* lat sy sa bo^pt; Ju Ir || 17 ⸂ *p)* τι με λεγεις αγαθον; ουδεις αγαθος ει μη εις ο θεος C 𝔎 W Δ Φ φ 118.209.565 *pm* sy^p sa bo^pt; Ir ¦ *txt* B ℵ (D) L Θ (1.700) *pc* sy^s ¦ *ut txt, sed* ⸆ ο θεος lat sy^c bo^pt; ο πατηρ e Cl^pt; ο π. μου ο εν τοις ουρανοις Ju Cl^pt Cl^hom | ⸉ *4 1-3* 𝔎 W Δ Φ λ 124 *pl* ¦ *txt sed* ελθειν D it | ⸀ † τηρει 𝔓^71vid B D 565 ¦ *txt* ℵ C 𝔎 W Θ λ φ *pl* || 18 ⸂ ποιας; φησιν ℵ L (892) | ⸀ † εφη B 13 *pc* ¦ *txt* ℵ C 𝔎 D W Θ λ *pl* | ° D M W | ⸄ *1 2* sy^s ¦ — ℵ* || 19 ⸆ *p)* σου C² W φ 33.565.700 *pm* lat sy sa bo | ⸋ *p)* sy^pal pt; (Or *cj*) || 20 ⸉ † B D Σ Φ φ 1.1424 *al* ¦ *txt* ℵ C 𝔎 W Θ 33.118.209.565.700 *al* lat | ⸀ *p)* -ξαμην C 𝔎 W Δ Φ φ 118.209 *pl* | ⸆ *p)* εκ νεοτητος D ¦ εκ ν. μου ℵ^corr C 𝔎 W φ 118.209 *pl* it sy sa bo

Mark.: 17 ⸂ ιδου τις πλουσιος πρ. A W (Θ) φ 565.700 *al* (sa) | ° W *pc* c ff² q | ⸆ λεγων D W Θ φ 565.700 *pc* lat sa || 18 ⸂ μονος εις D it || 19 ⸂ μη μοιχ. μη πορνευσης D (*pc*) (c) k; Ir ¦ *p)* μη μοιχ. μη φον. 𝔎 A W Θ Φ φ 157 *pm* lat; Cl ¦ *1 2* ℵ* ¦ *3 4* λ *pc* ¦ *txt* B ℵ^corr C Δ Ψ 0274 *pc* sy^s sa bo | ⸋ *p)* B* W Δ Ψ λ 700 *al* sy^s; Cl | ⸆ σου ℵ* C W Θ 565 *al* it sy^s.p sa bo || 20 ⸀ αποκριθεις ειπεν 𝔎 A D W Γ Θ Φ λ φ *pl* latt sy^s.p ¦ αποκρ. εφη C ¦ *txt* B ℵ Δ Ψ 0274.892 *pc* sa bo | ⸂ *2 1* D Θ lat; Cl ¦ *1* sy^s | ⸀ *p)* -ξα A D *pc*; Cl ¦ εποιησα λ 565 *pc* sy^s | ⸆ *p)* τι ετι υστερω K (W) Θ Π φ 565 *al*

Luk.: 18 ° *p)* it; Mcion || 19 ⸂ ο δε ειπ. αυτω D G | ° B* ℵ* ¦ *txt rell* || 20 ⸆ *p)* ο δε ειπεν· ποιας; ειπεν δε ο Ιησους· το D e | ⸂ *p)* ου -σεις *quater* D | ⸆ σου ℵ 𝔎 Γ Δ φ 131 *pm* a b c sy sa bo ¦ *txt* B A D L W Θ 078 λ 33.1241 *al* lat || 21 ⸉ A Θ *al* | ⸀ *p)* -ξαμην 𝔎 D W Γ Δ φ 131 *pl* | ⸆ *p)* μου ℌ 𝔎 A W Γ Δ Θ 078^vid *pl* lat sy sa bo ¦ *txt* B D l; Mcion

1 sqq *cf* 32 *sqq*. 64 *sqq* || 6 sq *cf* 72 *sqq*. 79 *sqq*. 94 *sqq*. 97 *sqq* || 8 sqq *cf* 82 *sqq*. 86. 87 *sq*. 89 *sqq* || 10 sqq Ex 20,13-16; Dt 5,17-20; *cf* 62 *sq* || 12 sq cf Ex 21,10; Lv 19,13; Dt 24,14; Sir 4,1 || 13 sq Ex 20,12; Dt 5,16 || 14 sq Lv 19,18; cf Gl 5,14; Jc 2,8; *cf* 100

[Matth. 19,16-22]

21 ⸀ἔφη αὐτῷ ὁ Ἰησοῦς· εἰ θέλεις τέλειος
εἶναι, ὕπαγε πώλησόν σου τὰ ὑπάρχοντα
καὶ δὸς °[τοῖς] πτωχοῖς, καὶ ἕξεις θησαυ-
ρὸν ἐν ⸁οὐρανοῖς, καὶ δεῦρο ἀκολούθει
μοι. 22 ἀκούσας δὲ ὁ νεανίσκος ⸂τὸν λόγον⸃
ἀπῆλθεν λυπούμενος· ἦν γὰρ ἔχων
⸀κτήματα πολλά.

6,20 *(nr. 64, p. 88)*

20 Θησαυρίζετε δὲ ὑμῖν
θησαυροὺς ἐν
οὐρανῷ, ὅπου οὔτε σὴς οὔτε βρῶσις ἀφανίζει
καὶ ὅπου κλέπται οὐ διορύσσουσιν οὐδὲ κλέ-
πτουσιν.

22,34-40 *(nr. 282, p. 385)*

34 Οἱ δὲ Φαρισαῖοι ἀκούσαντες ὅτι ἐφίμωσεν
τοὺς Σαδδουκαίους συνήχθησαν ἐπὶ τὸ αὐτό,
35 καὶ ἐπηρώτησεν εἷς ἐξ αὐτῶν [νομικὸς]
πειράζων αὐτόν· 36 διδάσκαλε,
ποία ἐντολὴ μεγάλη ἐν τῷ νόμῳ; 37 ὁ δὲ
ἔφη αὐτῷ·
ἀγαπήσεις κύριον τὸν θεόν σου ἐν
ὅλῃ τῇ καρδίᾳ σου καὶ ἐν ὅλῃ
τῇ ψυχῇ σου καὶ ἐν ὅλῃ τῇ διανοίᾳ
σου· 38 αὕτη
ἐστὶν ἡ μεγάλη καὶ πρώτη ἐντολή. 39 δευτέρα δὲ
ὁμοία αὐτῇ· ἀγαπήσεις τὸν πλησίον σου
ὡς σεαυτόν. 40 ἐν ταύταις ταῖς δυσὶν ἐντο-
λαῖς ὅλος ὁ νόμος κρέμαται καὶ οἱ προφῆται.

[Mark. 10,17-22]

°Ἰησοῦς ἐμβλέψας αὐτῷ ἠγάπησεν αὐτὸν
καὶ εἶπεν αὐτῷ· ⸆ ἕν ⸀σε ὑστερεῖ·
ὕπαγε, ὅσα ἔχεις πώλησον
καὶ δὸς °¹[τοῖς] πτωχοῖς, καὶ ἕξεις θησαυ-
ρὸν ἐν οὐρανῷ, καὶ δεῦρο ἀκολούθει
μοι⸆. 22 ὁ δὲ ⸀στυγνάσας ἐπὶ ⸆τῷ λόγῳ
⸆ ἀπῆλθεν λυπούμενος· ἦν γὰρ ἔχων
⸂κτήματα πολλά⸃.

12,28-34 *(nr. 282, p. 385)*

28 Καὶ προσελθὼν εἷς τῶν γραμματέων ἀκού-
σας αὐτῶν συζητούντων, ἰδὼν ὅτι καλῶς ἀπ-
εκρίθη αὐτοῖς ἐπηρώτησεν αὐτόν·
ποία ἐστὶν ἐντολὴ πρώτη πάντων; 29 ἀπ-
εκρίθη ὁ Ἰησοῦς ὅτι πρώτη ἐστίν· ἄκουε,
Ἰσραήλ, κύριος ὁ θεὸς ἡμῶν κύριος
εἷς ἐστιν,
30 καὶ
ἀγαπήσεις κύριον τὸν θεόν σου ἐξ
ὅλης τῆς καρδίας σου καὶ ἐξ ὅλης
τῆς ψυχῆς σου καὶ ἐξ ὅλης τῆς διανοίας
σου καὶ ἐξ ὅλης τῆς ἰσχύος σου.
31 δευτέρα
αὕτη· ἀγαπήσεις τὸν πλησίον σου
ὡς σεαυτόν. μείζων τούτων ἄλλη ἐντολὴ
οὐκ ἔστιν.
32 καὶ εἶπεν αὐτῷ ὁ γραμματεύς· καλῶς, διδά-
σκαλε, ἐπ᾽ ἀληθείας εἶπες ὅτι εἷς ἐστιν καὶ
οὐκ ἔστιν ἄλλος πλὴν αὐτοῦ· 33 καὶ τὸ

[Luk. 18,18-23]

22 ἀκούσας δὲ ⸆ ὁ Ἰησοῦς
εἶπεν αὐτῷ· ἔτι ἕν σοι λείπει·
πάντα ὅσα ἔχεις πώλησον
καὶ ⸀διάδος⸆ πτωχοῖς, καὶ ἕξεις θησαυρὸν
ἐν ⸂[τοῖς] οὐρανοῖς⸃, καὶ δεῦρο ἀκολούθει
μοι. 23 ὁ δὲ ἀκούσας ταῦτα ⸆
περίλυπος ⸀ἐγενήθη· ἦν γὰρ
πλούσιος σφόδρα.

12,33 *(nr. 202, p. 287)*

33 Πωλήσατε τὰ ὑπάρχοντα ὑμῶν καὶ δότε
ἐλεημοσύνην· ποιήσατε ἑαυτοῖς βαλλάντια μὴ
παλαιούμενα, θησαυρὸν ἀνέκλειπτον ἐν τοῖς
οὐρανοῖς,
ὅπου κλέπτης οὐκ ἐγγίζει οὐδὲ σὴς δια-
φθείρει.

10,25-28 *(nr. 182, p. 263)*

25 Καὶ ἰδοὺ νομικός τις ἀνέστη
ἐκπειράζων αὐτὸν λέγων· διδάσκαλε,
τί ποιήσας ζωὴν αἰώνιον κληρονομήσω; 26 ὁ δὲ
εἶπεν πρὸς αὐτόν·
ἐν τῷ νόμῳ τί γέγραπται; πῶς
ἀναγινώσκεις; 27 ὁ δὲ ἀποκριθεὶς εἶπεν·
ἀγαπήσεις κύριον τὸν θεόν σου ἐξ
ὅλης [τῆς] καρδίας σου καὶ ἐν ὅλῃ
τῇ ψυχῇ σου καὶ ἐν ὅλῃ τῇ ἰσχύϊ
σου καὶ ἐν ὅλῃ τῇ διανοίᾳ σου,
καὶ τὸν πλησίον σου
ὡς σεαυτόν.

Joh.

Matth.: 21 ⸀λεγει B Θ φ latt | ° † ℵ C K W Z λ φ *pl* ¦ *txt* B D Θ | ⸁-νω ℵ K W Θ λ φ *pm* lat || 22 ⸂ † τ. λ. τουτον B 1093 *pc* it sy bo^pt ¦ — ℵ L Z e ¦ *txt* C K D W Θ λ φ *pl* sa bo^pt | ⸀χρηματα B; Cl

Mark.: 21 ° A Γ Π *al* | ⸆ *p)* ει θελεις τελειος ειναι K W Θ φ 565 *al* sa bo^pt | ⸀σοι K A D Γ Φ Ψ λ φ 157 *pl* lat | °¹ B K A W Δ Ψ φ 579 *pm*; Cl ¦ *txt* ℵ C D Θ Φ λ 565.892 *al* | ⸆ (8,34) αρας τον σταυρον K A Γ Φ 157.700 *pm* sy^p bo^pt (⸉ λ *pc*; *it. et* + σου W φ *pc* sy^s sa) ¦ *txt* B ℵ C D Δ Θ Ψ 0274 *pc* lat; Cl || 22 ⸀εστυγνασεν *et* ⸆ και D it | ⸆ τουτω D Θ φ 565 *pc* it sy^s.p bo^pt | ⸂ πολλα χρηματα D it ¦ π. χρ. και αγρους b k; (Cl)

Luk.: 22 ⸆ ταυτα K A W Γ Δ Θ Ψ 078.13 *pm* ¦ *txt* B ℵ D L λ 33.69 *al* | ⸀ *p)* δος ℵ A D L R Δ λ *al* | ⸆ τοις D Θ *pc* | ⸂ ουρανοις ℵ A L R 078 *pc* ¦ ουρανω K W Γ Δ Θ λ φ *pl* lat ¦ *txt* B D || 23 ⸆ παντα ℵ Γ | ⸀-νετο K A D W Γ Δ Θ 078 *pl* ¦ *txt* B ℵ L *pc*

---

^19sqq^ cf *26 sqq* || ^20^ cf Mt 24,47; 25,14; Lc *passim* || ^26sqq^ cf *19 sqq* || ^32sqq^ cf *1 sqq*

Matth.	[Mark. 12, 28-34]	[Luk. 10, 25-28]	Joh.
	ἀγαπᾶν αὐτὸν ἐξ ὅλης τῆς καρδίας καὶ ἐξ ὅλης τῆς συνέσεως καὶ ἐξ ὅλης τῆς ἰσχύος καὶ τὸ ἀγαπᾶν τὸν πλησίον ὡς ἑαυτὸν περισσότερόν ἐστιν πάντων τῶν ὁλοκαυτωμάτων καὶ θυσιῶν. [34]καὶ ὁ Ἰησοῦς ἰδὼν [αὐτὸν] ὅτι νουνεχῶς ἀπεκρίθη εἶπεν αὐτῷ· οὐ μακρὰν εἶ ἀπὸ τῆς βασιλείας τοῦ θεοῦ. καὶ οὐδεὶς οὐκέτι ἐτόλμα αὐτὸν ἐπερωτῆσαι.	[28]εἶπεν δὲ αὐτῷ· ὀρθῶς ἀπεκρίθης· τοῦτο ποίει καὶ ζήσῃ.	

Röm. 13, 9: Τὸ γὰρ οὐ μοιχεύσεις, οὐ φονεύσεις, οὐ κλέψεις, οὐκ ἐπιθυμήσεις, καὶ εἴ τις ἑτέρα ἐντολή, ἐν τῷ λόγῳ τούτῳ ἀνακεφαλαιοῦται [ἐν τῷ]· ἀγαπήσεις τὸν πλησίον σου ὡς σεαυτόν.

Evang. sec. Hebraeos (Origenes, Comm. in Matth. XV, 14): Scriptum est in evangelio quodam, quod dicitur secundum Hebraeos (si tamen placet suscipere illud, non ad auctoritatem, sed ad manifestationem propositae quaestionis): »Dixit«, inquit, »ad eum alter divitum: magister, quid bonum faciens vivam? dixit ei: homo, legem et prophetas fac. respondit ad eum: feci. dixit ei: vade, vende omnia quae possides et divide pauperibus, et veni, sequere me. coepit autem dives scalpere caput suum et non placuit ei. et dixit ad eum dominus: quomodo dicis: feci legem et prophetas? quoniam scriptum est in lege: diliges proximum tuum sicut teipsum, et ecce multi fratres tui filii Abrahae amicti sunt stercore, morientes prae fame, et domus tua plena est multis bonis, et non egreditur omnino aliquid ex ea ad eos. et conversus dixit Simoni discipulo suo sedenti apud se: Simon, fili Ionae, facilius est camelum intrare per foramen acus quam divitem in regnum coelorum«.

Evang. Naassen. (Hippolytus, Refut. omn. haer. V, 7, 25-26): Λέγουσιν οὖν περὶ τῆς τοῦ σπέρματος οὐσίας, ἥτις ἐστὶ πάντων τῶν γινομένων αἰτία, ὅτι τούτων ἔστιν οὐδέν, γεννᾷ δὲ καὶ ποιεῖ πάντα τὰ γινόμενα, λέγοντες οὕτως· »γίνομαι ὃ θέλω καὶ εἰμὶ ὃ εἰμί«. διὰ τοῦτό φησι ἀκίνητον εἶναι τὸ πάντα κινοῦν· μένει γὰρ ὅ ἐστι ποιοῦν τὰ πάντα καὶ οὐδὲν τῶν γινομένων γίνεται. [26]τοῦτον εἶναί φησιν ἀγαθὸν μόνον, καὶ περὶ τούτου λελέχθαι τὸ ὑπὸ τοῦ σωτῆρος λεγόμενον· »τί με λέγεις ἀγαθόν; εἷς ἐστὶν ἀγαθός, ὁ πατήρ μου ὁ ἐν τοῖς οὐρανοῖς, ὃς ἀνατέλλει τὸν ἥλιον αὐτοῦ ἐπὶ δικαίους καὶ ἀδίκους καὶ βρέχει ἐπὶ ὁσίους καὶ ἁμαρτωλούς«.

Pap. Egerton 2 (Fragm. 2 r.): [Παραγε][11]νόμενοι πρὸς αὐτὸν ἐξ[ετασ]τικῶς ἐπείραζον αὐτὸν λ[έγοντες·] διδάσκαλε Ἰη(σοῦ) οἴδαμεν ὅτι [ἀπὸ θ(εο)ῦ] ἐλήλυθας· ἃ γὰρ ποιεῖς μα[ρτυρεῖ] ὑπὲρ το[ὺ]ς προφ(ήτ)ας πάντας[. [12]εἰπὲ οὖν] ἡμεῖν· ἐξὸν τοῖς βα(σι)λεῦσ[ιν ἀποδοῦ]ναι τὰ ἀν[ή]κοντα τῇ ἀρχῇ; ἀπ[οδῶμεν αὐ]τοῖς ἢ μ[ή;] [13]ὁ δὲ Ἰη(σοῦς) εἰδὼς [τὴν δι]άνοιαν [αὐτ]ῶν ἐμβρειμ[ησάμενος] εἶπεν α[ὐτοῖς]· τί με καλεῖτ[ε τῷ στό]ματι ὑμ[ῶν δι]δάσκαλον· μ[ὴ ἀκού]οντες ὃ [λ]έγω· [14]καλῶς Ἠ[σ(αΐ)ας περὶ ὑ]μῶν ἐπ[ρο]φ(ήτευ)σεν εἰπών· ὁ [λαὸς οὗ]τος τοῖς [χείλ]εσιν αὐτ[ῶν τιμῶσίν] με ἡ [δὲ καρδί]α αὐτῶ[ν πόρρω ἀπέ]χει ἀπ' ἐ[μοῦ· μ]άτη[ν με σέβονται] ἐντάλ[ματα ...

Didache 2, 1–3; 6, 1–2: 2 [1]Δευτέρα δὲ ἐντολὴ τῆς διδαχῆς· [2]»οὐ φονεύσεις, οὐ μοιχεύσεις«, οὐ παιδοφθορήσεις, οὐ πορνεύσεις, οὐ κλέψεις, οὐ μαγεύσεις, οὐ φαρμακεύσεις, οὐ φονεύσεις τέκνον ἐν φθορᾷ οὐδὲ γεννηθὲν ἀποκτενεῖς. [3]οὐκ ἐπιθυμήσεις τὰ τοῦ πλησίον, οὐκ ἐπιορκήσεις, οὐ ψευδομαρτυρήσεις, οὐ κακολογήσεις, οὐ μνησικακήσεις. 6 [1]Ὅρα »μή τίς σε πλανήσῃ« ἀπὸ ταύτης τῆς ὁδοῦ τῆς διδαχῆς, ἐπεὶ παρεκτὸς θεοῦ σε διδάσκει. [2]εἰ μὲν γὰρ δύνασαι βαστάσαι ὅλον τὸν ζυγὸν τοῦ κυρίου, τέλειος ἔσῃ· εἰ δ' οὐ δύνασαι, ὃ δύνῃ, τοῦτο ποίει.

Barn. ep. 19, 4–6: *cf. nr. 55*

Herm. Pastor, Sim. V, 1, 5: Μηδὲν πονηρεύσῃ ἐν τῇ ζωῇ σου, ἀλλὰ δούλευσον τῷ κυρίῳ ἐν καθαρᾷ καρδίᾳ, »τηρῶν τὰς ἐντολὰς αὐτοῦ« ⟨καὶ⟩ πορευόμενος ἐν τοῖς προστάγμασιν αὐτοῦ καὶ μηδεμία ἐπιθυμία πονηρὰ ἀναβήτω ἐν τῇ καρδίᾳ σου.

–, Sim. V, 3, 2–3. 5: [2]Πάντα σοι ἐπιλύσω, φησίν, καὶ ὅσα ἂν λαλήσω μετὰ σοῦ, δείξω σοι. τὰς ἐντολὰς τοῦ κυρίου φύλασσε καὶ ἔσῃ εὐάρεστος αὐτῷ καὶ ἐνγραφήσῃ εἰς ἀριθμὸν τῶν τηρούντων τὰς ἐντολὰς αὐτοῦ. [3]ἐὰν δέ τι ἀγαθοῦ ποιήσῃς ἐκτὸς τῆς ἐντολῆς τοῦ θεοῦ, σεαυτῷ περιποιήσῃ δόξαν περισσοτέραν καὶ ἔσῃ ἐνδοξότερος παρὰ τῷ θεῷ οὗ ἔμελλες εἶναι. ἐὰν οὖν φυλάσσων τὰς ἐντολὰς τοῦ θεοῦ προσθῇς καὶ τὰς λειτουργίας ταύτας, χαρήσῃ, ἐὰν τηρήσῃς αὐτὰς κατὰ τὴν ἐμὴν ἐντολήν. ... [5]ἡ νηστεία, φησίν, αὕτη, τηρουμένων τῶν ἐντολῶν τοῦ κυρίου, λίαν καλή ἐστιν. οὕτως οὖν φυλάξεις τὴν νηστείαν.

Justinus Mart., Apol. I, 16, 6–7: [6]»Μεγίστη ἐντολή ἐστι· Κύριον τὸν θεόν σου προσκυνήσεις καὶ αὐτῷ μόνῳ λατρεύσεις ἐξ ὅλης τῆς καρδίας σου καὶ ἐξ ὅλης τῆς ἰσχύος σου, κύριον τὸν θεὸν τὸν ποιήσαντά σε«. [7]Καὶ προσελθόντος αὐτῷ τινος καὶ εἰπόντος· »Διδάσκαλε ἀγαθέ«, ἀπεκρίνατο λέγων· »Οὐδεὶς ἀγαθὸς εἰ μὴ μόνος ὁ θεὸς ὁ ποιήσας τὰ πάντα«.

Ptolemaeus, Epist. ad Floram 5, 4 (Epiphanius, Pan. haer. 33, 7, 5): Καὶ εἰ ὁ τέλειος θεὸς ἀγαθός ἐστι κατὰ τὴν ἑαυτοῦ φύσιν, ὥσπερ καὶ ἔστιν (»ἕνα γὰρ μόνον εἶναι ἀγαθὸν θεὸν τὸν ἑαυτοῦ πατέρα« ὁ σωτὴρ ἡμῶν ἀπεφήνατο, ὃν αὐτὸς ἐφανέρωσεν), ἔστι δὲ καὶ ὁ τῆς τοῦ ἀντικειμένου φύσεως κακός τε καὶ πονηρὸς ἐν ἀδικίᾳ χαρακτηριζόμενος.

Evang. Thomae copt.: *cf. Append. I, 25*

62sq cf 10sqq || 64sqq cf 1sqq || 72sqq cf 6sqq || 79sqq cf 6sq || 82sqq cf 8sqq || 86 cf 8sqq || 87sq cf 8sqq || 89sqq cf 8sqq || 94sqq cf 6sq || 97sqq cf 6sq || 100 cf 14sq

255. Von der Gefahr des Reichtums und vom Lohn der Nachfolge

Foramen acus; centuplum accipiet

On Riches and the Rewards of Discipleship

Matth. 19, 23-30
10,37; 20,16

23 Ὁ δὲ Ἰησοῦς
εἶπεν τοῖς μαθηταῖς αὐτοῦ· ἀμὴν
λέγω ὑμῖν ὅτι ⸉πλούσιος δυσκόλως⸊
εἰσελεύσεται εἰς τὴν βασιλείαν τῶν οὐρα-
νῶν.

24 πάλιν δὲ λέγω ὑμῖν,

⸆ εὐκοπώτερόν ἐστιν ⸀κάμη-
λον διὰ ⸁τρυπήματος ῥαφίδος
⸀1διελθεῖν ἢ πλούσιον °εἰσελθεῖν εἰς τὴν
βασιλείαν ⸂τοῦ θεοῦ⸃. 25 ἀκούσαντες δὲ
οἱ μαθηταὶ ⸆ ἐξεπλήσσοντο ⸇ σφόδρα λέ-
γοντες· τίς ἄρα δύναται
σωθῆναι; 26 ἐμβλέψας δὲ ὁ Ἰησοῦς
εἶπεν αὐτοῖς· παρὰ ἀνθρώποις τοῦτο
ἀδύνατόν ἐστιν, παρὰ δὲ θεῷ ⸉πάντα
δυνατά⸊ ⸆ . 27 Τότε ἀποκριθεὶς
ὁ Πέτρος εἶπεν αὐτῷ· ἰδοὺ ἡμεῖς ἀφή-
καμεν πάντα καὶ ἠκολουθήσαμέν σοι·

Mark. 10, 23-31
9,35b

23 Καὶ περιβλεψάμενος ὁ Ἰησοῦς
⸀λέγει τοῖς μαθηταῖς αὐτοῦ·
πῶς δυσκόλως οἱ τὰ χρήματα ἔχοντες
εἰς τὴν βασιλείαν τοῦ θεοῦ εἰσελεύσονται.
⸆ 24 οἱ δὲ μαθηταὶ ⸆ ἐθαμβοῦντο ἐπὶ τοῖς
λόγοις αὐτοῦ. ὁ δὲ Ἰησοῦς πάλιν ἀπο-
κριθεὶς ⸀λέγει αὐτοῖς· ⸁τέκνα, πῶς δύσ-
κολόν ἐστιν ⸇ εἰς τὴν βασιλείαν τοῦ θεοῦ
εἰσελθεῖν⸆1. 25 ⸋εὐκοπώτερόν ἐστιν ⸀κάμη-
λον διὰ °[τῆς] ⸁τρυμαλιᾶς °[τῆς] ⸀1ῥαφίδος
⸀2διελθεῖν ἢ πλούσιον εἰς τὴν βασιλείαν
τοῦ θεοῦ °1εἰσελθεῖν.⸌
26 οἱ δὲ περισσῶς ἐξεπλήσσοντο λέ-
γοντες πρὸς ⸀ἑαυτούς· καὶ τίς δύναται
σωθῆναι; 27 ἐμβλέψας ⸆ αὐτοῖς ὁ Ἰησοῦς
λέγει· παρὰ ⸇ ἀνθρώποις ⸆1 ἀδύνατον⸂,
ἀλλ' οὐ παρὰ ⸆2 θεῷ· πάντα γὰρ δυνατὰ ⸆3
παρὰ °τῷ θεῷ⸃. 28 ⸂Ἤρξατο
λέγειν ὁ Πέτρος αὐτῷ⸃· ἰδοὺ ἡμεῖς ἀφή-
καμεν πάντα καὶ ⸀ἠκολουθήκαμέν σοι ⸆.

Luk. 18, 24-30
22,28-30; 14,26; 13,30

18, 24-29a

24 Ἰδὼν δὲ αὐτὸν °ὁ Ἰησοῦς ⸋[περίλυπον
γενόμενον]⸌ εἶπεν·
πῶς δυσκόλως οἱ τὰ χρήματα ἔχοντες
εἰς τὴν βασιλείαν τοῦ θεοῦ ⸀εἰσπορεύονται·

25 εὐκοπώτερον γάρ ἐστιν ⸀κάμη-
λον διὰ ⸁τρήματος ⸀1βελόνης
⸀2εἰσελθεῖν ἢ πλούσιον εἰς τὴν βασιλείαν
τοῦ θεοῦ εἰσελθεῖν.
26 εἶπαν δὲ οἱ ⸀ἀκού-
σαντες· καὶ τίς δύναται
σωθῆναι; 27 ὁ δὲ
εἶπεν· τὰ ἀδύνατα παρὰ ἀνθρώποις
δυνατὰ
⸂παρὰ τῷ θεῷ ἐστιν⸃.
28 Εἶπεν δὲ °ὁ Πέτρος· ἰδοὺ ἡμεῖς ⸂ἀφέν-
τες τὰ ἴδια⸃ ἠκολουθήσαμέν σοι.

Joh.

Matth.: 23 ⸉ ℜ W X Δ Φ 28.118.209 *pm* it || 24 ⸆ οτι ℵ C L M Z 892 *pc* ¦ *txt* B ℜ D W Δ Θ Φ λ φ *pm* lat | ⸀ καμιλον 59.ℓ183 *pc* arm | ⸁ † τρηματος B ℵ* ¦ *p)* τρυμαλιας C Θ Φ 565.700 *al* ¦ *txt* ℵcorr ℜ D W Z Δ λ φ *pm* | ⸀1 † εισελ- ℵ C E F (W) Δ Φ φ 1.28.33.892.1424 *pm* sys ¦ *txt* B D V X Y Θ Ω *pm* sa bo | ° † ℵ L 892 *pc* ¦ *txt* B D Θ 700 *pc* lat sa bo (⸉ *p)* C ℜ W φ *pm*) | ⸂ των ουρανων Z λ 33 *al* lat sys.c; Epiph || 25 ⸆ αυτου C3 ℜ W X λ *pm* ff1 syc | ⸇ και εφοβηθησαν D it vgcodd syc || 26 ⸉ ℵ L Z *pc* | ⸆ εστιν C3 D E F Φ *pm* latt

Mark.: 23 ⸀ ελεγεν ℵ* C *pc* ¦ ειπεν Δ *pc* | ⸆ (25) ταχιον καμηλος δια τρυμαλιδος ραφιδος διελευσεται η πλουσιος εις την βασιλειαν του θεου (*et om vs* 25) D (it) || 24 ⸆ αυτου D Δ Θ λ 565 *pc* it sys | ⸀ ειπεν Δ Θ Ψ 565.892 *pc* | ⸁ τεκνια A Ψ λ 700 *pc* ¦ — E G *al* | ⸇ τους πεποιθοτας επι (+ τοις D Θ φ 1 *al*) χρημασιν C ℜ A D Γ Θ Φ λ φ *pl* lat sys (syp bopt); Cl ¦ *txt* B ℵ W Δ Ψ k sa bopt | ⸆1 πλουσιον W || 25 ⸋ *vs* D it (*vide vs* 23) | ⸀ καμιλον 13.28 *pc* georg | ° *bis* ℵ A C (D) K W Δ Θ Ψ λ φ *al* ¦ *txt* B ℜ Φ *pm*; Cl | ⸁ *p)* τρηματος ℵ* ¦ τρυπηματος φ | ⸀1 *p)* βελονης φ; Cl | ⸀2 εισ- ℵ ℜ A W Γ Δ Θ Φ Ψ 157 *pm* | °1 Θ 579 (it) sys; Cl || 26 ⸀ αυτον ℌ sa bo ¦ *txt* ℜ A D W Γ Θ Φ λ φ *pl* lat || 27 ⸆ δε C2 ℜ A D W Γ (Θ) Φ φ 118.209.892 *pm* | ⸇ μεν W Θ φ 565 *pc* | ⸆1 τουτο C3 D W Θ φ 700 *pc* sys.p sa | ⸂ *p)* εστιν, παρα δε τω θεω δυνατον D (it) ¦ *1-4* Δ Ψ 1.69.157 *al* | ⸆2 τω A K W Φ 13.157 *al* | ⸆3 εστιν ℜ A Γ Φ 13.118 *pm* | ° B Θ *pc* || 28 ⸂ *1 2 5 3 4* Θ 28.565 *pc* ¦ *1 3 4 2 5* ℜ A Φ φ 118.157.700 *pm* ¦ *1 5 2-4* W 1 *pc* ¦ και *1 4 2 5* D (*al*) it ¦ *txt* B ℵ C Δ Ψ *pc* | ⸀ *p)* -ησαμεν ℵ ℜ A Γ Δ Θ Φ Ψ λ φ *pl*; Cl ¦ *txt* B C D W *pc* | ⸆ *p)* τι αρα εσται ημιν ℵ *pc* b

Luk.: 24 ° B | ⸋ † B ℵ L λ *pc* ¦ *txt* ℜ A W Γ Δ Θ Ψ **078** φ *pm* lat sy (⸉ D it) | ⸀ *p)* -ελευσονται ℵ D *pc* (⸉ *p.* εχοντες ℜ A W Γ Δ Θ **078** λ φ *pl*) ¦ *txt* B L *pc* || 25 ⸀ καμιλον S 13 *pc* | ⸁ τρυπηματος L R Θ 157 *pc*; Cl ¦ *p)* τρυμαλιας ℜ A W Γ Δ λ φ *pl* ¦ *txt* B ℵ D *pc* | ⸀1 βελ. μαλιας (!) ραφιδος Θ ¦ *p)* ραφιδος ℜ A W Γ Δ *pm* ¦ *txt* B ℵ D L φ 157.579 *pc* | ⸀2 διελθειν A D Θ *al* lat sys.c || 26 ⸀ -οντες D L W λ *pc* || 27 ⸂ *4 1-3* ℜ A Γ Δ Θ φ *pm* ¦ *1 3 4* D W *pc* || 28 ° ℜ A W Γ Δ *pm* | ⸂ *2 3 1* D *pc* ¦ παντα τ. ιδ. αφ. λ *pc* ¦ αφ. παντα τ. ιδ. Θ φ *pc* ¦ *p)* αφηκαμεν παντα και ℵ* ℜ A W Γ Δ *pm* ¦ *txt* B ℵcorr L 157 *pc* lat

1sqq cf 59sqq.66sqq || *3sq* cf Mt 6,24; Lc 16,13 || *5* θαμβεῖν: *hic et* Mc 1,27; 10,32; Act 3,11app; 9,6app || *13* cf Mt 7,28; 13,54; 19,25; 22,33 etc || *16sqq* cf 70 || *17sq* cf Gn 18,14; Job 42,2; Zch 8,6; cf Lc 1,37; Mc 14,36; Mc 9,23 || *19sq* cf Mc 1,18.20; Lc 5,11.28 etc

[Matth. 19,23-30]

τί ἄρα ἔσται ἡμῖν; [28]ὁ δὲ Ἰησοῦς εἶπεν
⸀αὐτοῖς· ἀμὴν λέγω ὑμῖν ὅτι

ὑμεῖς οἱ ἀκολουθήσαντές μοι

ἐν τῇ παλιγγενεσίᾳ, ὅταν
καθίσῃ ὁ υἱὸς τοῦ ἀνθρώπου ἐπὶ θρόνου
δόξης αὐτοῦ, ⸀καθήσεσθε καὶ ⸀[1]ὑμεῖς
ἐπὶ δώδεκα θρόνους κρίνοντες τὰς δώδε-
κα φυλὰς τοῦ Ἰσραήλ.

[29]καὶ πᾶς ὅστις ἀφῆκεν ⸉οἰκίας
ἢ ἀδελφοὺς ἢ ἀδελφὰς ἢ πατέρα
ἢ μητέρα⸆ἢ τέκνα ἢ ἀγροὺς⸊⸀ἕνεκεν τοῦ
⸂ὀνόματός μου⸃,
⸀ἑκατονταπλασίονα λήμψεται

καὶ
ζωὴν αἰώνιον κληρονομήσει.
[30]πολλοὶ δὲ ἔσονται⸉πρῶτοι ἔσχατοι καὶ
ἔσχατοι πρῶτοι⸊.

10,37 *(nr. 103, p 147)*

[37]Ὁ φιλῶν πα-
τέρα ἢ μητέρα ὑπὲρ ἐμὲ οὐκ ἔστιν μου ἄξιος,

[Mark. 10,23-31]

[29]⸂ἔφη ὁ Ἰησοῦς⸃·
ἀμὴν λέγω ὑμῖν,

οὐδείς ἐστιν ὃς ἀφῆκεν οἰκίαν
ἢ ἀδελφοὺς ἢ ἀδελφὰς ἢ ⸄μητέρα
ἢ πατέρα⸅⸆ἢ τέκνα ἢ ἀγροὺς ἕνεκεν ἐμοῦ
⸀καὶ °ἕνεκεν τοῦ εὐαγγελίου, [30]⸀ἐὰν
μὴ ⸀λάβῃ ἑκατονταπλασίονα⁚ °νῦν
ἐν τῷ καιρῷ τούτῳ ⸂οἰκίας καὶ ἀδελφοὺς
καὶ ἀδελφὰς καὶ ⸀[1]μητέρας καὶ τέκνα καὶ
ἀγροὺς μετὰ ⸀[2]διωγμῶν, καὶ ἐν τῷ αἰῶνι
τῷ ἐρχομένῳ ζωὴν αἰώνιον⸃.
[31]πολλοὶ δὲ ἔσονται πρῶτοι ἔσχατοι καὶ
°[οἱ] ἔσχατοι πρῶτοι.

(nr. 262 10,32-34 p. 350)

[Luk. 18,24-30]

[29a]ὁ δὲ εἶπεν
αὐτοῖς· ἀμὴν λέγω ὑμῖν °ὅτι ...

22,28-30 *(nr. 313, p. 440)*

[28]⸂Ὑμεῖς δέ ἐστε⸃ οἱ διαμεμενηκότες μετ᾽
ἐμοῦ ἐν τοῖς πειρασμοῖς μου· [29]κἀγὼ
διατίθεμαι ὑμῖν⸆⁚ καθὼς διέθετό μοι ὁ
πατήρ °μου⁚[1] ⸀βασιλείαν, [30]ἵνα ⸀ἔσθητε
καὶ πίνητε ἐπὶ τῆς τραπέζης μου ἐν τῇ
βασιλείᾳ °μου, καὶ ⸀καθήσεσθε
ἐπὶ ⸆ θρόνων ⸉τὰς δώδεκα φυλὰς
κρίνοντες⸊ τοῦ Ἰσραήλ.

18,29b-30

[29b]... οὐδείς ἐστιν ὃς ἀφῆκεν ⸀οἰκίαν ἢ
⸂γυναῖκα ἢ ἀδελφοὺς ἢ γονεῖς⸃
ἢ τέκνα ⸆ ἕνεκεν
τῆς βασιλείας τοῦ θεοῦ, [30]⸂ὃς
οὐχὶ μὴ⸃ ⸀[ἀπο]λάβῃ ⸀πολλαπλασίονα
ἐν τῷ καιρῷ τούτῳ

καὶ ἐν τῷ αἰῶνι
τῷ ἐρχομένῳ ζωὴν αἰώνιον.

(nr. 262 18,31-34 p. 350)

14,26 *(nr. 217, p. 303)*

[26]Εἴ τις ἔρχεται πρός με καὶ οὐ μισεῖ τὸν πα-
τέρα ἑαυτοῦ καὶ τὴν μητέρα καὶ τὴν γυναῖκα

Joh.

Matth.: **28** ⸀αυτω D sy^s sa^pt | ⸀καθισ- ℜ D* *pm* | ⸀[1] † αυτοι ℵ D L Z 1.124.892 *pc* ¦ *txt* B C ℜ W Δ Θ φ *pm* || **29** ⸉ ἢ οικιας (— ℵ*) *post* αγρους ℵ^corr C* L 1.892 *pc* ¦ *txt* B ℜ D W (Θ) *pm* | ⸆ η γυναικα ℵ C ℜ W Θ φ *pl* lat sy^c.p sa bo ¦ *txt* B D (1) *pc* it sy^s; Ir Or | ⸀ενεκα ℵ D | ⸂ † εμου ον. B ℵ Θ *pc* ¦ *txt* C ℜ D W λ φ *pl* | ⸀ † πολλαπλ- B L *pc* ¦ *txt* ℵ C ℜ D W Θ λ φ *pl* lat sy bo || **30** ⸉ *2 1 3 5 4* ℵ L 157.892

Mark.: **29** ⸂ *1* αυτω *2 3* ℵ ¦ αποκριθεις ο Ιησους ειπεν A U V W *al* lat sy^s.p sa^pt ¦ και αποκρ. ο Ιησ. ειπεν C E G Θ Φ λ φ *al* sy^h ¦ αποκριθεις δε ο Ιησ. D (*pc*) ¦ *txt* B Δ 892 *pc* | ⸄ πατ. η μητ. ℵ ℜ A Γ Ψ λ φ 157.892 *pm* lat ¦ μητ. D a e ff² | ⸆ ἢ γυναικα C ℜ A Φ Ψ φ 157 *pl* f q | ⸀ ἢ D Θ λ 565 | ° B* A 700 *al*; Bas || **30** ⸀ος αν D ¦ ος ου Θ 565.700 *pc* | ⸀απολ- ℵ λ *pc* | ⁚ Cl; [comm] | ° *p)* D *pc* a q sy^s | ⸂ος δε αφηκεν οικιαν και αδελφας και αδελφους και μητερα και τεκνα και αγρους μετα διωγμου εν τω αι. τω ερχ. ζω. αι. λημψεται D (it) | ⸀[1] -ρα ℵ¹ A C (D) W Θ *al* it ¦ πατερα και μητερα ℵ² K M λ 892 *pm* ¦ π-ας κ. μ-ας N Σ *pc* | ⸀[2] -μου D ¦ -μον 25 *pc* || **31** ° *p)* ℵ A D W Θ λ *pm* ¦ *txt* B C N Γ φ *pm*

Luk. 18: **29** ° ℵ* D Δ lat | ⸀-ιας D H *pc* | ⸂ γον. η αδ. η γυν. ℜ A W Θ λ φ *pm* latt ¦ γον. η αδ. η αδελφας η γυν. D X Δ Ψ *al* ¦ *txt* B ℵ L *pc* | ⸆ εν τω καιρω τουτω D || **30** ⸂ ος ου μη ℜ A W Γ Δ Θ φ *pm* ¦ εαν μη D (lat) ¦ *txt* B ℵ L λ *pc* | ⸀ † λαβη B D *pc* ¦ *txt* ℌ ℜ A W Θ λ φ *pm* | ⸀επταπλ- D it sy^hmg ¦ *p)* εκατονταπλ- 472.1241 sy^s.c; Ir

Luk. 22: **28** ⸂ και υμεις ηυξηθητε εν τη διακονια μου ως ο διακονων D || **29** ⸆ διαθηκην A Θ 579 *pc* sa; Or | [⁚, H] | ° D Γ *pc* e | [⁚1, h] | ⸀διαθηκην 579 || **30** ⸀εσθιητε ℵ ℜ A W Γ Δ Θ λ φ *pl* ¦ *txt* 𝔓75 B D* T *pc* | ° D *pc* e l | ⸀καθῆσθε 𝔓75vid B* T Δ *pc* ¦ καθισεσθε ℜ Γ 118.124.209 *pm* ¦ καθισησθε H *al* ¦ καθεζησθε D ¦ *txt* ℌ A W Θ 1.13 *al* | ⸆ *p)* δωδεκα ℵ^corr D X (φ) *al* it | ⸉ *4 1-3 rell* ¦ *txt* 𝔓75 B T 892 i

---

21sqq cf Mt 25,31sqq; *cf 49sqq. 52sq* || *26sqq* cf Mt 25,31; 20,21; Apc 3,21; Dn 7,9sq || *31sqq cf 42sqq. 57* || *35(Mc)* cf 2Sm 24,3; 1Chr 21,3; Lc 8,8 || *36sqq* cf Mc 3,35; Rm 16,1; 1Cor 4,15etc || *40sq cf 47sq. 54sq. 58* || *42sqq cf 31sqq*

[Matth. 10,37]	Mark.	[Luk. 14,26]	Joh.
καὶ ὁ φιλῶν υἱὸν ἢ θυγατέρα ὑπὲρ ἐμὲ οὐκ ἔστιν μου ἄξιος.		καὶ τὰ τέκνα καὶ τοὺς ἀδελφοὺς καὶ τὰς ἀδελφὰς ἔτι τε καὶ τὴν ψυχὴν ἑαυτοῦ, οὐ δύναται εἶναί μου μαθητής.	
20,16 *(nr. 256, p. 343)*	9,35b *(nr. 166, p. 245)*	13,30 *(nr. 211, p. 295)*	
[16] Οὕτως ἔσονται οἱ ἔσχατοι πρῶτοι καὶ οἱ πρῶτοι ἔσχατοι.	[35] ... λέγει αὐτοῖς· εἴ τις θέλει πρῶτος εἶναι, ἔσται πάντων ἔσχατος καὶ πάντων διάκονος.	[30] Καὶ ἰδοὺ εἰσὶν ἔσχατοι οἳ ἔσονται πρῶτοι καὶ εἰσὶν πρῶτοι οἳ ἔσονται ἔσχατοι.	

Evang. sec. Hebraeos (Clemens Alex., Strom II, 9, 45, 5): Ἧι κἂν τῷ καθ' Ἑβραίους εὐαγγελίῳ »ὁ θαυμάσας βασιλεύσει« γέγραπται, »καὶ ὁ βασιλεύσας ἀναπαήσεται«. - (Strom. V, 14, 96, 3): Ἶσον γὰρ τούτοις (Plato) ἐκεῖνα δύναται· »οὐ παύσεται ὁ ζητῶν, ἕως ἂν εὕρῃ· εὑρὼν δὲ θαμβηθήσεται, θαμβηθεὶς δὲ βασιλεύσει, βασιλεύσας δὲ ἐπαναπαήσεται«.

Pap. Oxyrhynch. 654, nr. 1 (sec. Fitzmyer): [Λέγει Ἰη(σοῦ)ς·] μὴ παυσάσθω ὁ ζη[τῶν τοῦ ζητεῖν ἕως ἂν] εὕρῃ, καὶ ὅταν εὕρῃ, [θαμβηθήσεται καὶ θαμ-]βηθεὶς βασιλεύσῃ κα[ὶ βασιλεύσας ἀναπα]ήσεται. *(cf.* Evang. Thomae copt. *Append. I, 2)*

Pap. Oxyrhynch. 654, nr. 3 (sec. Fitzmyer): [Λέγει Ἰη(σοῦ)ς·] οὐκ ἀποκνήσει ἄνθ[ρωπος πλήρης ἡμε]ρῶν ἐπερωτῆσε πα[ιδίον ἑπτὰ ἡμε]ρῶν περὶ τοῦ τόπου τῆ[ς ζωῆς καὶ ζήσει· εἴ]σετε ὅτι πολλοὶ ἔσονται π[ρῶτοι ἔσχατοι καὶ] οἱ ἔσχατοι πρῶτοι καὶ [ζωὴν αἰώνιον ἕξου]σιν. *(cf.* Evang. Thomae copt. *Append. I, 4)*

Evang. Thomae copt.: *cf. Append. I, 55. 101*

Barn. ep. 6, 13: Πάλιν σοι ἐπιδείξω, πῶς πρὸς ἡμᾶς λέγει. δευτέραν πλάσιν ἐπ' ἐσχάτων ἐποίησεν. λέγει δὲ κύριος· »Ἰδοὺ ποιῶ τὰ ἔσχατα ὡς τὰ πρῶτα«.

Herm. Pastor, Sim. IX, 12, 3–5: Ὅτι, φησίν, ἐπ' ἐσχάτων τῶν ἡμερῶν τῆς συντελείας φανερὸς ἐγένετο, διὰ τοῦτο καινὴ ἐγένετο ἡ πύλη, ἵνα οἱ μέλλοντες σώζεσθαι δι' αὐτῆς »εἰς τὴν βασιλείαν εἰσέλθωσι τοῦ θεοῦ«. [4] εἶδες, φησίν, τοὺς λίθους τοὺς διὰ τῆς πύλης εἰσεληλυθότας εἰς τὴν οἰκοδομὴν τοῦ πύργου ⟨βεβλημένους,⟩ τοὺς δὲ μὴ εἰσεληλυθότας πάλιν ἀποβεβλημένους εἰς τὸν ἴδιον τόπον; Εἶδον, φημί, κύριε. Οὕτω, φησίν, εἰς τὴν βασιλείαν τοῦ θεοῦ οὐδεὶς εἰσελεύσεται, εἰ μὴ λάβοι τὸ ὄνομα τοῦ υἱοῦ αὐτοῦ. [5] ἐὰν γὰρ πόλιν θελήσῃς εἰσελθεῖν τινα, κἀκείνη ἡ πόλις περιτετειχισμένη κύκλῳ καὶ μίαν ἔχῃ πύλην, μήτι δύνῃ εἰς ἐκείνην τὴν πόλιν εἰσελθεῖν, εἰ μὴ διὰ τῆς πύλης ἧς ἔχει; Πῶς γάρ, φημί, κύριε, δύναται γενέσθαι ἄλλως; Εἰ οὖν εἰς τὴν πόλιν οὐ δύνῃ εἰσελθεῖν εἰ μὴ διὰ τῆς πύλης ἧς ἔχει, οὕτω, φησί, καὶ εἰς τὴν βασιλείαν τοῦ θεοῦ ἄλλως εἰσελθεῖν οὐ δύναται ἄνθρωπος εἰ μὴ διὰ τοῦ ὀνόματος τοῦ υἱοῦ αὐτοῦ τοῦ ἠγαπημένου ὑπ' αὐτοῦ.

–, Sim. IX, 20, 2–3: Οὗτοι ⟨οὖν, οἱ ἐν πολλαῖς καὶ ποικίλαις πραγματείαις ἐμπεφυρμένοι, οὐ⟩ κολλῶνται τοῖς δούλοις τοῦ θεοῦ, ἀλλ' ἀποπλανῶνται πνιγόμενοι ὑπὸ τῶν πράξεων αὐτῶν· οἱ δὲ πλούσιοι δυσκόλως κολλῶνται τοῖς δούλοις τοῦ θεοῦ, φοβούμενοι μή τι αἰτισθῶσιν ὑπ' αὐτῶν· οἱ τοιοῦτοι οὖν »δυσκόλως εἰσελεύσονται εἰς τὴν βασιλείαν τοῦ θεοῦ«. [3] ὥσπερ γὰρ ἐν τριβόλοις γυμνοῖς ποσὶ περιπατεῖν δύσκολόν ἐστιν, οὕτω καὶ τοῖς τοιούτοις δύσκολόν ἐστιν εἰς τὴν βασιλείαν τοῦ θεοῦ εἰσελθεῖν.

Justinus Mart., Apol. I, 19, 6–7: [6] ... καὶ τὸν ἡμέτερον διδάσκαλον Ἰησοῦν Χριστὸν ἔγνωμεν εἰπόντα· »Τὰ ἀδύνατα παρὰ ἀνθρώποις δυνατὰ παρὰ θεῷ«. [7] Καί· »Μὴ φοβεῖσθε τοὺς ἀναιροῦντας ὑμᾶς καὶ μετὰ ταῦτα μὴ δυναμένους τι ποιῆσαι«, εἶπε, »φοβήθητε δὲ τὸν μετὰ τὸ ἀποθανεῖν δυνάμενον καὶ ψυχὴν καὶ σῶμα εἰς γέενναν ἐμβαλεῖν«.

47sq cf 40sq || *49sqq cf 21sqq* || *52sq cf 21sqq* || *54sq cf 40sq* || *57 cf 31sqq* || *58 cf 40sq* || *59sqq cf 1sqq* || *66sqq cf 1sqq* || *70 cf 16sqq* || *71sq* cf Mt 10,28 par

256. Gleichnis von den Arbeitern im Weinberg

Operarii in vinea

The Parable of the Laborers in the Vineyard

Matth. 20,1-16; 19,30; 22,14	Mark. 10,31	Luk. 13,30	Joh.
[1] Ὁμοία γάρ ἐστιν ἡ βασιλεία τῶν οὐρανῶν ἀνθρώπῳ οἰκοδεσπότῃ, ὅστις ἐξῆλθεν ἅμα πρωῒ μισθώσασθαι ἐργάτας εἰς τὸν ἀμπελῶνα αὐτοῦ. [2] ⸂συμφωνήσας δὲ⸃ μετὰ τῶν ἐργατῶν ἐκ δηναρίου τὴν ἡμέραν ἀπέστειλεν αὐτοὺς εἰς τὸν ἀμπελῶνα αὐτοῦ. [3] καὶ ⸀ἐξελθὼν περὶ τρίτην ὥραν ⸁εἶδεν ἄλλους ἑστῶτας ἐν τῇ ἀγορᾷ ἀργοὺς [4] ⸂καὶ ἐκείνοις⸃ εἶπεν· ὑπάγετε καὶ ὑμεῖς εἰς τὸν ἀμπελῶνα⸆, καὶ ὃ ἐὰν ᾖ δίκαιον δώσω ὑμῖν. [5] οἱ δὲ ἀπῆλθον. πάλιν °[δὲ] ἐξελθὼν περὶ ἕκτην καὶ ἐνάτην ⸉ὥραν ἐποίησεν ὡσαύτως. [6] περὶ δὲ τὴν ἑνδεκάτην⸆ ⸀ἐξελθὼν εὗρεν			

---

2 ⸂ και σ. ℜ X Δ 118. 124. 209 *al* sy^s.c || 3 ⸀ διεξ- D | ⸁ (6) ευρεν D *pc* it || 4 ⸂ κακεινοις C D L Φ 085. 565. 700. 892 *al* | ⸆ μου ℵ C Θ Π Φ ϕ 33. 565 *al* it || 5 ° B ℜ W Θ 085* λ ϕ *pl* it ¦ *txt* ℵ C D L 085^c. 892 *pc* lat sa | ⸉ *p.* περι D f l ¦ *p.* εκτην Φ *pc* || 6 ⸆ ωραν C ℜ W Δ Φ λ ϕ *pl* it sy sa bo | ⸀ εξηλθεν και (ℵ*) D lat

---

1sqq cf Mt 21,33sqq = Mc 12,1sqq = Lc 20,9sqq *(nr 278)* || *2 cf 13*

[Matth. 20,1-16]	Mark.	Luk.	Joh.
ἄλλους ἑστῶτας ⸆ καὶ λέγει αὐτοῖς· τί ὧδε ἑστήκατε ὅλην τὴν ἡμέραν ἀργοί; 7λέγουσιν αὐτῷ· ὅτι οὐδεὶς ἡμᾶς ἐμισθώσατο. λέγει αὐτοῖς· ὑπάγετε καὶ ὑμεῖς εἰς τὸν ἀμπελῶνα⸆. 8ὀψίας δὲ γενομένης λέγει ὁ κύριος τοῦ ἀμπελῶνος τῷ ἐπιτρόπῳ αὐτοῦ· κάλεσον τοὺς ἐργάτας καὶ ἀπόδος °αὐτοῖς τὸν μισθὸν ἀρξάμενος ἀπὸ τῶν ἐσχάτων ἕως τῶν πρώτων. 9⸂καὶ ἐλθόντες⸃ οἱ περὶ τὴν ἑνδεκάτην ὥραν ἔλαβον ἀνὰ δηνάριον. 10⸂καὶ ἐλθόντες⸃ οἱ πρῶτοι ἐνόμισαν ὅτι ⸀πλεῖον λήμψονται· ⸄καὶ ἔλαβον⸅ ⸂1[τὸ] ἀνὰ δηνάριον καὶ αὐτοί⸃. 11λαβόντες δὲ ἐγόγγυζον κατὰ τοῦ οἰκοδεσπότου 12λέγοντες⸆· οὗτοι οἱ ἔσχατοι μίαν ὥραν ἐποίησαν, καὶ ἴσους ⸉ἡμῖν αὐτοὺς⸊ ἐποίησας τοῖς βαστάσασι τὸ βάρος τῆς ἡμέρας καὶ τὸν καύσωνα⁚. 13ὁ δὲ ἀποκριθεὶς ⸉ἑνὶ αὐτῶν εἶπεν⸊· ἑταῖρε, οὐκ ἀδικῶ σε· οὐχὶ δηναρίου ⸂συνεφώνησάς μοι⸃; 14ἆρον τὸ σὸν καὶ ὕπαγε. θέλω ⸀δὲ τούτῳ τῷ ἐσχάτῳ δοῦναι ὡς καὶ σοί· 15°[ἢ] οὐκ ⸀ἔξεστίν μοι ⸉ὃ θέλω ποιῆσαι⸊ ἐν τοῖς ἐμοῖς; ⸁ἢ ὁ ὀφθαλμός σου πονηρός ἐστιν ὅτι ἐγὼ ἀγαθός εἰμι; 16οὕτως ἔσονται οἱ ἔσχατοι πρῶτοι καὶ οἱ πρῶτοι ἔσχατοι.⸆	10,31 *(nr. 255, p. 341)* 31Πολλοὶ δὲ ἔσονται πρῶτοι ἔσχατοι καὶ °[οἱ] ἔσχατοι πρῶτοι.	13,30 *(nr. 211, p. 295)* 30Καὶ ἰδοὺ εἰσὶν⸆ ἔσχατοι οἳ ἔσονται πρῶτοι καὶ εἰσὶν πρῶτοι οἳ ἔσονται ἔσχατοι.	
(nr. 262 20,17-19 p. 350)			
19,30 *(nr. 255, p. 341)* 30Πολλοὶ δὲ ἔσονται πρῶτοι ἔσχατοι καὶ ἔσχατοι πρῶτοι.			
22,14 *(nr. 279, p. 380)* 14Πολλοὶ γάρ εἰσιν κλητοί, ὀλίγοι δὲ ἐκλεκτοί.			

Barn. ep. 6,13: Πάλιν σοι ἐπιδείξω, πῶς πρὸς ἡμᾶς λέγει. δευτέραν πλάσιν ἐπ' ἐσχάτων ἐποίησεν. λέγει δὲ κύριος· »Ἰδοὺ ποιῶ τὰ ἔσχατα ὡς τὰ πρῶτα«.

Matth.: 6 ⸆αργους C*𝔎WΔλφ *pl* f h q ‖ 7 ⸆μου (C³) DZΠ **085**.565 *al* sa; Cyr^pt ¦ και ο εαν ᾖ δικαιον ληψεσθε C*𝔎WΔΦφ 118.209 *pl* h vg sy^c.p bo^pt ‖ 8 °† ℵCLZ **085** ¦ *txt* B𝔎DWΘλφ *pl* ‖ 9 ⸂† ελθ. δε B sy^c sa bo^pt ¦ ελθ. ουν DΘφ 33 *pc* lat ¦ *txt* ℵC𝔎W **085** λ *pl* sy^s.p bo^pt ‖ 10 ⸂ελθ. δε ℵ𝔎LWΔΦλ *pm* ¦ ελθ. δε και NΣ *pc* lat ¦ *txt* BCDΘ **085** φ 33 | ⸀πλειονα ℵ𝔎LΔ *pm* ¦ πλειω D ¦ *txt* BC*WΘ **085** λφ *al* | ⸄ελ. δε D lat ¦ ελ. **085**.13 *pc* e | ⸂1 *4 5 2 3* 𝔎DWλφ *pl* ¦ *1-3* **085** ¦ *txt* ℵLZΘ 33 (— το B) ‖ 12 ⸆οτι C*^vid 𝔎WΘφ 118.209 *pl* | ⸉† ℵDLZ **085**.69.892 *pc* lat ¦ *txt* BC𝔎WΘλ *pl* | [⁚, W] ‖ 13 ⸉*3 1 2* C𝔎WΦλφ *pl* e q ¦ *2 1 3* B ¦ *txt* ℵDΘ **085** *pc* lat | ⸂-νησα σοι LZ 33.892 *pc* sy^s sa^pt bo ‖ 14 ⸀εγω B ‖ 15 °† BDLZΘ *pc* sy^s.c ¦ *txt* ℵC𝔎W **085** λφ *pl* lat sy^p sa bo | ⸀εστιν D* | ⸉*3 1 2* C𝔎ΔΦλ *pl* (*3* ως *2* W) | ⸁ει B^corr ΣΓλφ 1241 *al* ‖ 16 ⸆(22,14) πολλοι γαρ εισιν κλητοι, ολιγοι δε εκλεκτοι. C𝔎DWΘλφ *pl* latt sy bo^pt ¦ *txt* BℵLZ **085** *pc* (⸉sa) bo^pt

Mark.: 31 °*p)* ℵADWΘλ *pm* ¦ *txt* BCNΓφ *pm*

Luk.: 30 ⸆οι 𝔓75 579 *pc*

8sq cf Lv 19,13; Dt 24,14sq ‖ 12cf Mt 22,12; 26,50 ‖ 13cf Tob 5,15 LXX; *cf 2* ‖ 17sq *cf 19sq. 21. 22; vide etiam loc. par. ad nr. 255, lin. 40sq* ‖ 19sq *cf 17sq. 22* ‖ 21 *cf 17sq* ‖ 22 *cf 17sq. 19sq*

257. Jesus auf dem Tempelweihfest in Jerusalem

Jesus in festo Encaeniorum | **Jesus at the Feast of Dedication in Jerusalem**

Matth.	Mark.	Luk.	Joh. 10,22-39
		4,29-30	*(nr. 250 10,19-21 p. 333)* 22Ἐγένετο ⸀τότε τὰ ἐγκαίνια ἐν °τοῖς Ἱεροσολύμοις, ⸁χειμὼν ἦν, 23καὶ περιεπάτει °ὁ Ἰησοῦς ἐν τῷ ἱερῷ ἐν τῇ στοᾷ °1τοῦ Σολομῶνος. 24⸀ἐκύκλωσαν οὖν αὐτὸν οἱ Ἰουδαῖοι καὶ ἔλεγον αὐτῷ· ἕως πότε τὴν ψυχὴν ἡμῶν

22 ⸀δε 𝔓66* ℵ𝔎ADΘφ *pm* sy^p ¦ — λ 565 *pc* ¦ *txt* 𝔓66c.75 BLW *pc* sa bo | ° 𝔓45 ℵ𝔎Dφ 1 *pm* | ⸁και χ. 𝔎AΔφ 118.209 *pm* lat ¦ χ. δε 𝔓45 ‖ 23 °B | °1 ℵ𝔎ADΔφ *pm* ¦ *txt* 𝔓45vid.66.75 BLWΘΨ 118.209 *al* ‖ 24 ⸀-λευσαν B

1ἐγκαίνια hapaxl NT; cf 1Mcc 4,51-59; 2Mcc 1, 9. 18; 10,1sqq ‖ 2cf Act 3,11; 5,12

Matth.	Mark.	Luk.	[Joh. 10,22-39]

αἴρεις; εἰ σὺ εἶ ὁ χριστός, εἰπὲ ἡμῖν παρρησίᾳ. 25 ἀπεκρίθη ⸉αὐτοῖς ὁ Ἰησοῦς⸊· ⸀εἶπον ὑμῖν καὶ ⸁οὐ πιστεύετε⸁· τὰ ἔργα ἃ ἐγὼ ποιῶ ἐν τῷ ὀνόματι τοῦ πατρός μου ⸀ταῦτα μαρτυρεῖ περὶ ἐμοῦ· 26 ἀλλὰ ὑμεῖς οὐ πιστεύετε, ὅτι οὐκ ἐστὲ ἐκ τῶν προβάτων τῶν ἐμῶν⸆. 27 ⸆τὰ πρόβατα τὰ ἐμὰ τῆς φωνῆς μου ⸀ἀκούουσιν, κἀγὼ γινώσκω αὐτὰ καὶ ἀκολουθοῦσίν μοι, 28 κἀγὼ ⸂δίδωμι αὐτοῖς ζωὴν αἰώνιον⸃ καὶ οὐ μὴ ⸀ἀπόλωνται εἰς τὸν αἰῶνα καὶ ⸉οὐχ ἁρπάσει⸊ τις αὐτὰ ἐκ τῆς χειρός μου. 29 ὁ πατήρ °μου ⸉ὃ δέδωκέν μοι πάντων μεῖζόν⸊ ἐστιν, καὶ οὐδεὶς δύναται ἁρπάζειν ἐκ τῆς χειρὸς τοῦ πατρός⸆. 30 ἐγὼ καὶ ὁ πατὴρ ⸆ἕν ἐσμεν. 31 Ἐβάστασαν ⸀πάλιν λίθους οἱ Ἰουδαῖοι ἵνα ⸂λιθάσωσιν αὐτόν⸃. 32 ἀπεκρίθη αὐτοῖς ὁ Ἰησοῦς· πολλὰ ⸂ἔργα καλὰ ἔδειξα ὑμῖν⸃ ἐκ τοῦ πατρός⸆· διὰ ποῖον ⸀αὐτῶν ἔργον ⸂1ἐμὲ λιθάζετε⸃; 33 ἀπεκρίθησαν αὐτῷ οἱ Ἰουδαῖοι⸆· περὶ καλοῦ ἔργου οὐ λιθάζομέν σε ἀλλὰ περὶ βλασφημίας, καὶ ὅτι σὺ ἄνθρωπος ὢν ποιεῖς ⸀σεαυτὸν θεόν. 34 ἀπεκρίθη ⸉αὐτοῖς [ὁ] Ἰησοῦς⸊· οὐκ ἔστιν γεγραμμένον⸆ἐν τῷ νόμῳ °ὑμῶν ὅτι ἐγὼ ⸀εἶπα· θεοί ἐστε; 35 εἰ ἐκείνους εἶπεν θεοὺς ⸋πρὸς οὓς ὁ λόγος ⸂τοῦ θεοῦ ἐγένετο⸃⸌, καὶ οὐ δύναται λυθῆναι ἡ γραφή, 36 ὃν ὁ πατὴρ ⸀ἡγίασεν καὶ ἀπέστειλεν εἰς τὸν κόσμον ὑμεῖς λέγετε ὅτι βλασφημεῖς, ὅτι εἶπον· ⸆υἱὸς °τοῦ θεοῦ εἰμι; 37 εἰ οὐ ποιῶ τὰ ἔργα τοῦ πατρός μου, μὴ πιστεύετέ μοι· 38 εἰ δὲ ποιῶ, κἂν ἐμοὶ μὴ ⸀πιστεύητε, τοῖς ἔργοις ⸀πιστεύετε, ἵνα γνῶτε ⸉καὶ γινώσκητε⸊ ὅτι ἐν ἐμοὶ ὁ πατὴρ κἀγὼ ἐν ⸁τῷ πατρί⸁. 39 ⸉Ἐζήτουν [οὖν]⸊ ⸁αὐτὸν πάλιν⸁ πιάσαι, καὶ ἐξῆλθεν ἐκ τῆς χειρὸς αὐτῶν⸋.

4,29-30 (nr. 33, p. 48)

29 Καὶ ἀναστάντες ἐξέβαλον αὐτὸν ἔξω τῆς πόλεως καὶ ἤγαγον αὐτὸν ἕως ὀφρύος τοῦ ὄρους ἐφ' οὗ ἡ πόλις ᾠκοδόμητο αὐτῶν ὥστε κατακρημνίσαι αὐτόν· 30 αὐτὸς δὲ διελθὼν διὰ μέσου αὐτῶν ἐπορεύετο.

Pap. Egerton 2 (Fragm. 2 r.): [Παραγε]11νόμενοι πρὸς αὐτὸν ἐξ[εταστ]ικῶς ἐπείραζον αὐτὸν λ[έγοντες] διδάσκαλε Ἰη(σοῦ) οἴδαμεν ὅτι [ἀπὸ θ(εο)ῦ] ἐλήλυθας ἃ γὰρ ποιεῖς μα[ρτυρεῖ] ὑπὲρ το[ὺ]ς προφ(ήτ)ας πάντας [12εἰπὲ οὖν] ἡμεῖν· ἐξὸν τοῖς βα(σι)λεῦσ[ιν ἀποδοῦ]ναι τὰ ἀν[ή]κοντα τῇ ἀρχῇ ἀπ[οδῶμεν αὐ]τοῖς ἢ μ[ή] 13ὁ δὲ Ἰη(σοῦς) εἰδὼς [τὴν δι]άνοιαν [αὐτ]ῶν ἐμβρειμ[ησάμενος] εἶπεν α[ὐτοῖς]· τί με καλεῖτ[ε τῷ στό]ματι ὑμ[ῶν δι]δάσκαλον· μ[ὴ] ἀκού]οντες ὃ [λ]έγω· 14καλῶς Ἠ[σ(αΐ)ας περὶ ὑ]μῶν ἐπ[ρο]φ(ήτευ)σεν εἰπών· ὁ [λαὸς οὗ]τος τοῖς [χείλ]εσιν αὐτ[ῶν τιμῶσίν] με ἡ [δὲ καρδί]α αὐτῶ[ν πόρρω ἀπέ]χει ἀπ' ἐ[μοῦ μ]άτη[ν με σέβονται] ἐντάλ[ματα ...

Pap. Egerton 2 (Fragm. 1 r.): ... 5?ἐ]λκω[σιν] β[αστάσαντες δὲ] λίθους ὁμοῦ λι[θάζω]σι[ν αὐ]τόν· 6καὶ ἐπέβαλον [τὰς] χεῖ[ρας] αὐτῶν ἐπ' αὐτὸν οἱ [ἄρχον]τες [ἵν]α πιάσωσιν καὶ παρ[αδῶ]σω[σι]ν τῷ ὄχλῳ καὶ οὐκ ἠ[δύναντο] αὐτὸν πιάσαι ὅτι οὔπω ἐ[ληλύθει] αὐτοῦ ἡ ὥρα τῆς παραδό[σεως] 7αὐτὸς δὲ ὁ κ(ύριο)ς ἐξελθὼν [ἐκ τῶν χει]ρῶν ἀπένευσεν ἀπ' [αὐτῶν.]

Mart. Polycarpi 4: Διὰ τοῦτο οὖν, ἀδελφοί, οὐκ ἐπαινοῦμεν τοὺς προσιόντας ἑαυτοῖς, ἐπειδὴ οὐχ οὕτως διδάσκει τὸ εὐαγγέλιον.

---

25 ⸉*2 3 1* Θ ¦ *2 3* 𝔓66 ℵ* D sa^pt ¦ *1 3* B | ⸀λαλω DΘ lat sy^s | ⸁ου πισ. μοι DΘ φ *pc* ¦ ουκ επιστευσατε B *pc* | ⸀αυτα D ¦ αυτα ταυτα εργα W || 26 ⸆καθως ειπον υμιν 𝔓66* ℜ A D Ψ λ φ *pm* it sy^s.p bo^pt ¦ *txt* 𝔓66c.75 B ℵ L W Θ 33 *pc* || 27 ⸆οτι 𝔓66* | ⸀ακουει 𝔓75 ℜ A D Δ Ψ λ *pm* || 28 ⸂*3 4 1 2* 𝔓66* ℜ A D Δ Θ Ψ λ φ *pl* latt ¦ *txt* 𝔓75 B ℵ L X 33.157 *pc* | ⸀-λουνται Θ ¦ -ληται ℵ* | ⸉ου μη -ση ℵ D L *pc* || 29 °ℵ* *pc* it sy^s | ⸉ὃ δεδ. μ. π. μειζων ℵ L W *pc* ¦ ος δ. μ. μειζων π. (εδ. 𝔓66) ℜ λ (φ) 33.565 *pm* sy^s.p sa ¦ ος δ. μ. μειζον π. A Θ (⸂X) ¦ ος εδ. [...παν]των μει[..]ν 𝔓75 ¦ ὁ δεδωκως μ. π. μειζων D ¦ *txt* B (⸂lat) bo | ⸆μου ℜ A D W Θ λ φ *pl* latt ¦ *txt* 𝔓66.75 B ℵ L *pc* || 30 ⸆μου W* Δ *pc* e || 31 ⸀ουν D *pc* it vg^cl ¦ ουν παλ. 𝔓66 ℜ A λ φ 565 *pl* ¦ — 𝔓45 Θ vg^codd ¦ *txt* 𝔓75 B ℵ L W 33 *pc* | ⸂ 𝔓66 a e || 32 ⸂† *1 3 4 2* B *pc* ¦ *3 4 1 2* 𝔓75 ¦ *2 1 3 4* 𝔓66 ℜ D L Δ φ *pm* (*1 3 4* W) ¦ *txt* 𝔓45 ℵ A (Θ) λ 565 *al* lat; Cyr | ⸆μου 𝔓66.75vid ℵ^corr ℜ A W X λ φ *pl* lat | ⸀ουν W ¦ ουν αυ. 𝔓66 bo | ⸂1*2* με 𝔓66 ℜ A D W λ φ *pl* lat; Or Cyr || 33 ⸆λεγοντες ℜ D Δ *pm* e | ⸀εαυ- G U φ 28 *pc* ¦ σεαυτον τον 𝔓66* || 34 ⸉*1 3* 𝔓45 B W ¦ Ιησ. και ειπεν αυτ. 𝔓66 (D) ¦ *txt* 𝔓75 ℵ ℜ A Θ λ φ *pl* | ⸆εν τη γραφη 𝔓45 | ° 𝔓45 ℵ* D Θ *pc* it sy^s; Eus | ⸀ειπον A D Δ Θ φ *al* || 35 ⸋ 𝔓45 | ⸂*3 1 2* D it || 36 ⸀ηγαπησεν U 47 | ⸆ο 𝔓45 | ° 𝔓45vid.66* ℵ D E G W *al* || 38 ⸀-ετε ℵ A E G W Θ 1.69 *pm* ¦ θελετε -ευειν D latt ¦ *txt* 𝔓45.66c.75 B K L *pm* (-σητε 𝔓66*) | ⸀-σατε 𝔓45.66 ℜ A φ 118.209 *pm* | ⸉κ. πιστευσητε (ℵ) ℜ A Γ Δ φ *pm* aur f vg sy^p ¦ — D it sy^s ¦ *txt* 𝔓45.66.75 B L W Θ λ *al* | ⸁αυτω 𝔓45 ℜ A Γ Δ Θ λ φ *pm* || 39 ⸉εζ. δε 𝔓45 ¦ εζ. 𝔓75vid B Θ φ *pm* ¦ και εζ. D ¦ *txt* 𝔓66 ℵ A L W Ψ λ φ *pm* | ⸁*2 1* 𝔓66 B ℜ Θ *pm* ¦ αυτ. 𝔓45 ℵ* D 69 *al* lat ¦ *txt* 𝔓75 ℵ^corr A L W Δ λ 565 *al* | [⸋ —. W]

3sq cf Mt 26,63; Lc 22,67; Jo 4,26; 9,37; *cf 14sq. 20sqq* || 4 cf Jo 5,36; *cf 15* || 4sqq cf Jo 10,1sqq; Mt 10,6; 15,24; 18,12sqq; Lc 15,4sqq || 6 cf Jo 10,10 | cf Jo 3,15sq; 5,24; 6,40.47; 8,51; 11,25sq; 6,39; 17,12 || 7 cf Jo 17,24; 17,11 || 8 cf Is 43,13 | cf Jo 5,17.19sq; 7,29; 10,15; 5,18 || 8sq cf Jo 8,59; 11,8; 12,36; *cf 16sq. 18sq. 25sqq* || 10sq cf Jo 5,18; 19,7 || 12 νόμος cf Jo 12,34; 15,25; 1Cor 14,21 | Ps 82,6; cf Ex 7,1 || 13 cf Mt 5,17sq; Lc 16,17 || 13sq cf Jo 5,17sqq || 14 cf Mt 9,3 par; 26,65 || 14sq *cf 3sq. 20sqq* || 15 cf Jo 5,36; 14,10sq; *cf 4* || 16sq cf Jo 7,30.44; 8,59; *cf 8sq. 18sq. 25sqq. 28* || 18sq *cf 8sq. 16sq* || 20sqq *cf 3sq. 14sq* || 25sqq *cf 8sq. 16sq* || 28 *cf 16sq*

258. Jesus am Jordan

Jesus trans Iordanem **Jesus Withdraws across the Jordan**

Matth.	Mark.	Luk.	Joh. 10, 40-42
			40 Καὶ ἀπῆλθεν °πάλιν πέραν τοῦ Ἰορδάνου ⸋εἰς τὸν τόπον⸌ ⸀ὅπου ἦν Ἰωάννης τὸ ⸁πρῶτον βαπτίζων καὶ ⸀1ἔμεινεν ἐκεῖ. 41 καὶ πολλοὶ ἦλθον πρὸς αὐτὸν καὶ ἔλεγον °ὅτι Ἰωάννης μὲν ⸂σημεῖον ἐποίησεν⸃ ⸀οὐδέν, πάντα δὲ ὅσα ⸂1εἶπεν Ἰωάννης⸃ περὶ τούτου ἀληθῆ ἦν. 42 καὶ ⸂πολλοὶ ἐπίστευσαν⸃ εἰς αὐτὸν °ἐκεῖ.

40 ° 𝔓^{66} 047. 245 *pc* e sy$^{s.p}$; Or | ⸋ ℵ* *pc*; Chr | ⸀οὗ 𝔓^{66} 047 | ⸁προτερον 𝔓^{45} ℵ Θ 69 *al* it | ⸀1 † εμενεν B *pc* it ¦ *txt* 𝔓$^{45.66.75}$ ℵ 𝔎 A D L W Δ Θ λ ϕ *pl* || **41** ° ℵ D *pc* c e | ⸂ K L W X Ψ λ 33. 69. 157. 565. 1241 *al*; Or | ⸀ουδε εν 𝔓^{45} W Θ λ ϕ 565 *pc*; Or | ⸂1 𝔓^{45} D it || **42** ⸂ 𝔎 A Γ Δ Θ ϕ *pm* ¦ *txt* 𝔓$^{45.66.75}$ B ℵ D L (W) λ *al* latt | ° 𝔓^{45vid} 118. 209 *pc* it sy$^{s.p}$ bo^{pt}

[1] cf Jo 1, 28 || [3] cf Jo 2, 23; 4, 39; 7, 31; 8, 30; 11, 45; 12, 11. 42

259. Die Auferweckung des Lazarus

Lazarus resuscitatur **The Raising of Lazarus**

Matth.	Mark.	Luk.	Joh. 11, 1-44
			1 Ἦν δέ τις ⸆ ἀσθενῶν, Λάζαρος ἀπὸ Βηθανίας, ⸢ἐκ τῆς κώμης ⸇ Μαρίας καὶ Μάρθας τῆς ἀδελφῆς αὐτῆς⸣. 2 ἦν δὲ ⸆ ⸀Μαριὰμ ἡ ἀλείψασα τὸν κύριον μύρῳ καὶ ἐκμάξασα τοὺς πόδας °αὐτοῦ ταῖς θριξὶν ⸇ αὐτῆς, ἧς ⸆1 ὁ ἀδελφὸς ⸆2 Λάζαρος ἠσθένει. 3 ἀπέστειλαν οὖν αἱ ἀδελφαὶ ⸆ πρὸς ⸀αὐτὸν λέγουσαι· κύριε, ἴδε ὃν φιλεῖς ἀσθενεῖ. 4 ἀκούσας δὲ ὁ Ἰησοῦς εἶπεν· αὕτη ἡ ἀσθένεια ⸆ οὐκ ἔστιν πρὸς θάνατον ἀλλ' ὑπὲρ τῆς δόξης τοῦ θεοῦ, ἵνα δοξασθῇ ὁ υἱὸς ⸢τοῦ θεοῦ⸣ δι' αὐτῆς. 5 ⸀ἠγάπα δὲ ὁ Ἰησοῦς τὴν ⸢Μάρθαν καὶ τὴν ἀδελφὴν °αὐτῆς⸣ καὶ τὸν Λάζαρον. 6 ὡς οὖν ἤκουσεν ὅτι ἀσθενεῖ, τότε μὲν ἔμεινεν ⸢ἐν ᾧ ἦν⸣ τόπῳ δύο ἡμέρας, 7 ⸀ἔπειτα μετὰ τοῦτο λέγει ⸢τοῖς μαθηταῖς⸣· ἄγωμεν εἰς τὴν Ἰουδαίαν πάλιν. 8 λέγουσιν αὐτῷ οἱ μαθηταί ⸆· ῥαββί, νῦν ἐζήτουν σε λιθάσαι οἱ Ἰουδαῖοι, καὶ πάλιν ὑπάγεις ἐκεῖ; 9 ἀπεκρίθη ⸆ Ἰησοῦς· οὐχὶ δώδεκα ⸢ὧραί εἰσιν τῆς ἡμέρας⸣; ἐάν τις ⸂περιπατῇ ἐν τῇ ἡμέρᾳ⸃, οὐ προσκόπτει, ὅτι τὸ φῶς τοῦ κόσμου τούτου βλέπει· 10 ἐὰν δέ τις περιπατῇ ἐν τῇ νυκτί, προσκόπτει, ὅτι τὸ φῶς οὐκ ἔστιν ἐν ⸀αὐτῷ. 11 Ταῦτα εἶπεν, καὶ μετὰ τοῦτο λέγει αὐτοῖς· Λάζαρος ὁ φίλος ἡμῶν ⸀κεκοίμηται· ἀλλὰ πορεύομαι ⸢ἵνα ἐξυπνίσω⸣ αὐτόν. 12 εἶπαν οὖν ⸢οἱ μαθηταὶ αὐτῷ⸣· κύριε, εἰ ⸀κεκοίμηται, ⸁σωθήσεται. 13 εἰρήκει δὲ ὁ Ἰησοῦς περὶ τοῦ θανάτου αὐτοῦ, ἐκεῖνοι δὲ ἔδοξαν ὅτι περὶ τῆς κοιμήσεως τοῦ ὕπνου λέγει. 14 τότε οὖν εἶπεν αὐτοῖς °ὁ Ἰησοῦς παρρησίᾳ· Λάζαρος ⸆ ἀπέθανεν, 15 καὶ χαίρω δι' ὑμᾶς ἵνα πιστεύσητε, ὅτι οὐκ ἤμην ἐκεῖ· ⸀ἀλλὰ ἄγωμεν πρὸς αὐτόν. 16 εἶπεν οὖν Θωμᾶς ὁ λεγόμενος Δίδυμος τοῖς συμμαθηταῖς ⸆· ἄγωμεν καὶ ἡμεῖς ἵνα ἀποθάνωμεν μετ' αὐτοῦ. 17 Ἐλθὼν οὖν ὁ Ἰησοῦς ⸆ εὗρεν αὐτὸν ⸢τέσσαρας ἤδη ἡμέρας⸣ ⸂ἔχοντα ἐν τῷ μνημείῳ⸃. 18 ἦν δὲ °ἡ Βηθανία ἐγγὺς τῶν Ἱεροσολύμων °1ὡς ἀπὸ

1 ⸆εκει 𝔓^{6} | ⸢αδελφος Μ. κ. Μ. sy^{s} | ⸇της ℵ D || **2** ⸆αυτη η 𝔓^{45} (X) e sy$^{s.p}$ sa bo | ⸀-ια 𝔓^{66} *rell* ¦ *txt* 𝔓$^{6vid.75vid}$ B 33 | ° D | ⸇της κεφαλης U Θ *pc* sy^{h} | ⸆1 και (𝔓^{66*}) D | ⸆2 ην 𝔓^{66*} || **3** ⸆αυτου D *al* it | ⸀τον Ιησουν D it sy$^{s.p}$ || **4** ⸆αυτου D *pc* | ⸢αυτου 𝔓^{45} c ff^{2} l sy^{s} sa ¦ — 𝔓^{66} || **5** ⸀εφιλει D a e | ⸢τε Μαριαμ κ. τ. αδ. αυτ. Μαρθαν Θ (ϕ 1. 565 *pc*) | ° 𝔓^{66*} || **6** ⸢επι τω 𝔓^{45} D latt || **7** ⸀ειτα 𝔓$^{45vid.66}$ D *pc*; Chr | ⸢τοις μαθ. αυτου A D Γ Δ ϕ *pm* lat ¦ αυτοις 𝔓^{66*} ¦ τοις μαθηταις 𝔓^{66c} ¦ — 𝔓^{45} l e || **8** ⸆αυτου D Γ *al* || **9** ⸆ο 𝔓^{45} U Θ 0250 λ 565 *al* | ⸢ωρας εχει η ημερα D | ⸂ 𝔓^{45} || **10** ⸀αυτη D* sa^{pt} || **11** ⸀κοιμαται D lat | ⸢του εξυπνισαι D Γ || **12** ⸢*3 1 2* ℵ D W *al* ¦ οι μ. αυτου 𝔎 L Γ Δ λ 13 *pm* lat ¦ αυτω A *pc* sy^{s} ¦ *txt* 𝔓$^{66.75}$ B C* Θ *pc* | ⸀κοιμαται D latt | ⸁εγερθησεται 𝔓^{75} || **14** ° 𝔓^{66} ℵ* *pc* | ⸆(11) ο φιλος ημων D p; Hipp || **15** ⸀αλλ B X Γ Δ λ ϕ 565 *al* || **16** ⸆αυτου D *pc* f p || **17** ⸆εις Βηθανιαν ℵ^{corr} A^{corr} C^{2} D X 13. 33. 69 *al* sy$^{s.p}$ bo^{pt} | ⸢*1 3 2* ℵ C^{2} 𝔎 A^{corr} W Γ Δ λ *pm* ¦ *2 1 3* 𝔓^{66} l p ¦ *1 3* A* D *pc* e ¦ *txt* 𝔓^{75} B C* Θ ϕ *pc* | ⸂ *2-4 1* 𝔓^{66} D L W *pc* lat || **18** ° † B ℵ* 1346 ¦ *txt* 𝔓^{66} ℵ^{2} C 𝔎 A D W Θ 0250 λ ϕ *pl* | °1 D W* sy^{s}

[1] cf Lc 10, 38-42 *(= nr 184)* || [2] cf Jo 12, 3 *(= nr 267)* || [4sq] cf Jo 9, 3; cf 37sq || [5] cf Mc 10, 21 || [7sq] cf Jo 10, 31 || [8sq] cf Jo 9, 4 || [9sq] cf Jo 12, 35; 1Jo 2, 11 || [10sq] cf Mc 5, 39; Mt 9, 24; Lc 8, 52 || [13] κοίμησις hapaxl NT, cf Sir 46, 19 || [14] cf 39sq || [15] cf Jo 20, 24; 21, 2 | συμμαθητής hapaxl NT || [16] cf 37

Matth.	Mark.	Luk.	[Joh. 11, 1-44]

σταδίων δεκαπέντε. 19πολλοὶ δὲ ἐκ τῶν ⸀Ἰουδαίων ἐληλύθεισαν πρὸς ⸁τὴν Μάρθαν καὶ ⸀1Μαριὰμ ἵνα παραμυθήσωνται αὐτὰς περὶ τοῦ ἀδελφοῦ⸆. 20ἡ οὖν Μάρθα ὡς ἤκουσεν ὅτι Ἰησοῦς ἔρχεται ὑπήντησεν αὐτῷ· ⸀Μαριὰμ δὲ ἐν τῷ οἴκῳ⸆ ἐκαθέζετο. 21εἶπεν οὖν °ἡ Μάρθα πρὸς °1τὸν Ἰησοῦν· °2κύριε, εἰ ἦς ὧδε ⸉οὐκ ἂν ⸀ἀπέθανεν ὁ ἀδελφός μου⸊· 22°[ἀλλὰ] καὶ νῦν οἶδα ὅτι ὅσα ἂν ⸀αἰτήσῃ τὸν θεὸν δώσει σοι ὁ θεός. 23λέγει αὐτῇ ὁ Ἰησοῦς· ἀναστήσεται ὁ ἀδελφός σου. 24λέγει αὐτῷ °ἡ Μάρθα· οἶδα⸆ ὅτι ἀναστήσεται ἐν τῇ ἀναστάσει ἐν τῇ ἐσχάτῃ ἡμέρᾳ. 25εἶπεν⸆ αὐτῇ °ὁ Ἰησοῦς· ἐγώ εἰμι ἡ ἀνάστασις ⸋καὶ ἡ ζωή⸌· ὁ πιστεύων εἰς ἐμὲ κἂν ἀποθάνῃ ⸀ζήσεται, 26καὶ πᾶς ὁ ζῶν καὶ πιστεύων ⸋εἰς ἐμὲ⸌ οὐ μὴ ἀποθάνῃ εἰς τὸν αἰῶνα. πιστεύεις τοῦτο; 27λέγει αὐτῷ· ναὶ κύριε⸆, ἐγὼ πεπίστευκα ὅτι σὺ εἶ ὁ χριστὸς ὁ υἱὸς τοῦ θεοῦ ὁ εἰς τὸν κόσμον ἐρχόμενος. 28Καὶ ⸀τοῦτο εἰποῦσα ἀπῆλθεν καὶ ἐφώνησεν ⸁Μαριὰμ τὴν ἀδελφὴν αὐτῆς ⸀1λάθρᾳ ⸀2εἰποῦσα⸆· ὁ διδάσκαλος πάρεστιν καὶ φωνεῖ σε. 29ἐκείνη °δὲ ὡς ἤκουσεν ⸀ἠγέρθη ταχὺ καὶ ⸁ἤρχετο πρὸς αὐτόν. 30⸂οὔπω δὲ ἐληλύθει ὁ Ἰησοῦς⸃ εἰς τὴν κώμην, ⸀ἀλλ᾿ ἦν °ἔτι ⸁ἐν τῷ τόπῳ ὅπου ὑπήντησεν αὐτῷ °1ἡ Μάρθα. 31οἱ οὖν Ἰουδαῖοι οἱ ὄντες μετ᾿ αὐτῆς ἐν τῇ οἰκίᾳ °καὶ παραμυθούμενοι αὐτήν, ἰδόντες τὴν ⸀Μαριὰμ ὅτι ⸉ταχέως ἀνέστη⸊ καὶ ἐξῆλθεν, ἠκολούθησαν αὐτῇ ⸁δόξαντες ὅτι ⸉1ὑπάγει εἰς τὸ μνημεῖον⸊ ἵνα κλαύσῃ ἐκεῖ. 32Ἡ οὖν ⸀Μαριὰμ ὡς ἦλθεν ὅπου ἦν⸆ Ἰησοῦς ⸇ἰδοῦσα αὐτὸν ἔπεσεν αὐτοῦ ⸁πρὸς τοὺς πόδας λέγουσα °αὐτῷ· κύριε, εἰ ἦς ὧδε οὐκ ἄν ⸉μου ἀπέθανεν ὁ ἀδελφός⸊. 33Ἰησοῦς οὖν ὡς εἶδεν αὐτὴν κλαίουσαν καὶ τοὺς ⸂⸀συνελθόντας ⸁αὐτῇ Ἰουδαίους κλαίοντας⸃, ⸄ἐνεβριμήσατο τῷ πνεύματι καὶ ἐτάραξεν ἑαυτὸν⸅ 34καὶ ⸀εἶπεν· ποῦ τεθείκατε αὐτόν; λέγουσιν αὐτῷ· κύριε, ἔρχου καὶ ἴδε. 35⸆ἐδάκρυσεν ὁ Ἰησοῦς. 36ἔλεγον οὖν οἱ Ἰουδαῖοι· ἴδε πῶς ἐφίλει αὐτόν. 37τινὲς δὲ ⸉ἐξ αὐτῶν εἶπαν⸊· οὐκ ⸀ἐδύνατο οὗτος ὁ ἀνοίξας τοὺς ὀφθαλμοὺς τοῦ τυφλοῦ ποιῆσαι ἵνα καὶ οὗτος μὴ ἀποθάνῃ; 38Ἰησοῦς οὖν πάλιν ⸀ἐμβριμώμενος ἐν ἑαυτῷ ἔρχεται εἰς τὸ μνημεῖον· ἦν δὲ σπήλαιον καὶ λίθος ἐπέκειτο ἐπ᾿ αὐτῷ. 39λέγει °ὁ Ἰησοῦς· ἄρατε τὸν λίθον. λέγει αὐτῷ ἡ ⸋ἀδελφὴ τοῦ τετελευτηκότος⸌ ⸉Μάρθα· °1κύριε, ἤδη ὄζει, τεταρταῖος γάρ ἐστιν. 40λέγει αὐτῇ °ὁ Ἰησοῦς· οὐκ εἶπόν σοι °1ὅτι ἐὰν πιστεύσῃς ὄψῃ τὴν δόξαν τοῦ θεοῦ; 41⸂ἦραν οὖν τὸν λίθον⸆. ⸄ὁ δὲ⸃ Ἰησοῦς ἦρεν⸅ τοὺς ὀφθαλμοὺς⸇ ἄνω καὶ εἶπεν· πάτερ, εὐχαριστῶ σοι ὅτι ἤκουσάς μου⁝. 42ἐγὼ δὲ ᾔδειν ὅτι πάντοτέ μου ἀκούεις, ἀλλὰ διὰ τὸν ὄχλον τὸν ⸀περιεστῶτα ⸁εἶπον, ἵνα πιστεύσωσιν ὅτι σύ με ἀπέστειλας. 43καὶ ταῦτα εἰπὼν φωνῇ μεγάλῃ ⸀ἐκραύγασεν· Λάζαρε, δεῦρο ἔξω. 44⸆ἐξ-

---

19 ⸀Ιεροσολυμων D | ⸁τας περι 𝔓45vid C2 𝔎 A Γ Δ Θ λ φ *pm* ¦ — D ¦ *txt* 𝔓66.75 ℌ W *al* | ⸀1-ιαν 𝔓66 ℵ 𝔎 A λ φ *pl* ¦ την M-αν W *pc* ¦ *txt* 𝔓75 B C D L Θ *pc* | ⸆αυτων C 𝔎 A Γ Δ λ φ *pl* latt || **20** ⸀-ια 𝔓45.66.75 ℌ 𝔎 A D W λ φ *pl* ¦ *txt* Θ 33 *pc* | ⸆εαυτης 𝔓66 ¦ αυτης 2768 || **21** °𝔎 A Γ Δ *pm* | °1 † B ℵ C*vid 213 ¦ *txt* 𝔓45.66.75 C2 𝔎 A D W Θ λ φ *pl* | °2 B sys | ⸉ *4-6 1-3* 𝔓45.66 (𝔎 Θ φ *pm*) ¦ *1 2 4-6 3* (A) D *pc* ¦ *txt* 𝔓75 ℌ W (λ) *al* | ⸀ετεθνηκει 𝔎 A Γ Δ (Θ) φ *pm* || **22** ° † 𝔓75 B ℵ* C* λ *pc* ¦ *txt* 𝔓45.66 ℵcorr C3 𝔎 A D L W Θ φ 118 *pm* lat | ⸀-σης 𝔓45.66 W *pc* || **24** ° 𝔓45.75 ℵ C3 𝔎 A W Γ Δ λ φ *pm* | ⸆οιδα L || **25** ⸆δε ℵ* Θ λ 565 *al* ¦ ουν 𝔓75 X Ψ *al* | ° 𝔓66 | ⸋ 𝔓45 l sys; Cyp Orpt | ⸀-σει 𝔓45 || **26** ⸋ W || **27** ⸆πιστευω 𝔓66 || **28** ⸀ταυτα 𝔓66 𝔎 A D Γ Δ Θ λ φ *pm* | ⸁-ιαν 𝔓45.66 ℵ 𝔎 W X Ψ λ φ *pm* | ⸀1σιωπη D lat sys | ⸀2ειπασα 𝔓66 B C* | ⸆οτι 𝔓66 D W *pc* || **29** °𝔎 A D Γ Δ λ *pm* | ⸀ † εγειρεται 𝔓45.66 C2 𝔎 A Θ λ φ *pm* vg ¦ *txt* 𝔓75 ℌ D W *al* it | ⸁ερχεται 𝔓45.66 C2 𝔎 A D Θ λ φ *pl* lat ¦ *txt* 𝔓75 ℌ W 33 *pc* it || **30** ⸂ *1 2 5 3* 𝔓66 **0250** ¦ ου γαρ l. εληλ. D | ⸀αλλα 𝔓66 D | ° 𝔓45 𝔎 A D L Γ Δ Θ 69 *pm* | ⸁επι 𝔓45.66 Θ φ *pc* | °1 𝔓45 D W *pc* || **31** °D it | ⸀-ιαν 𝔓66 ℵ 𝔎 A W Ψ λ φ *pl* | ⸉ 𝔓66 | ⸁δοξαζοντες 𝔓75 ¦ λεγοντες 𝔓66 C2 𝔎 A Γ Δ Θ *pm* sa | ⸉1 𝔓45 || **32** ⸀-ια 𝔓45.66* ℵ C2 𝔎 A D W Θ Ψ λ φ 1241 *pl* ¦ *txt* 𝔓66c.75 B C* E* L 33 | ⸆ο 𝔓45 ℵcorr C3 𝔎 L W Γ Δ Θ λ φ *pm* | ⸇και 𝔓45vid.66 it | ⸁εις 𝔓66 C3 𝔎 A Θ φ *pm* | ° 𝔓66 D X 579 *pc* a p r1 | ⸉ *2 1 3 4* 𝔓45 C3 𝔎 A Γ λ φ *pm* ¦ *1 3 4 2* D ¦ *txt* 𝔓66.75 ℌ W Θ *pc* || **33** ⸂Ιουδ. κλ. τους συνεληλυθοτας μετ αυτης D it | ⸀συνεληλυθοτας 𝔓45.66 (D) *pc* | ⸁συν αυτη 𝔓66 ¦ — W* | ⸄ (13,21) εταραχθη τω πν. ως εμβριμουμενος (-μωμενος 𝔓66c Θ) 𝔓45.66c D Θ *pc* p sa || **34** ⸀λεγει Θ || **35** ⸆και ℵ* D Θ 69 *pc* lat sys.p bopt || **37** ⸉ 𝔓66 D lat | ⸀ηδ- ℵ Bcorr 𝔎 A L Γ Δ λ φ *pm* || **38** ⸀-μουμενος ℵ A **0250** φ *pc* ¦ -μησαμενος C* X 1241 *pc* ¦ -μων W || **39** °A D *pc* | ⸋Θ it sys | ⸉ *p.* αυτω D | °1 𝔓66 || **40** ° 𝔓66 A 1.1582 | °1 𝔓66 69 || **41** ⸂οτε ουν ηρ. τ. λ. και ο D | ⸆ου ην A 1.579 *al* ¦ ου ην ο τεθνηκως κειμενος C3 𝔎 Γ Δ φ *pm* ¦ οπου εκειτο 56 *pc* | ⸄ *4 1 3* 𝔓59vid | ⸇αυτου 𝔓66c D 33.69.1241 *al* it | [⁝, H] || **42** ⸀παρεστωτα μοι Θ (28 *pc*) | ⸁ποιω Θ || **43** ⸀*pon. p.* ειπων Θ ¦ εκραυγαζεν ℵ* ¦ εκραξεν C* W || **44** ⸆και ℵ 𝔎 A W Γ Δ Θ λ φ *pl* syp ¦ κ. ευθυς D aur p r1 vg sys sapt; Hipp ¦ *txt* 𝔓45.59vid.66.75 B C* L Ψ

---

18 *cf 26sq* || 20sqq *cf 37* || 21sq cf Jo 5,25 || 22 cf Jo 14,6 || 22sq cf Jo 3,15sq; 5,24; 6,40.47; 8,51; 10,28 || 24 cf Jo 1,49; 6,69; 4,42 | cf Jo 1,9; 6,14 || 26sq *cf 18* || 28 cf Sap 19,3 || 32 cf Mc 1,43; 3,12; 8,30; Mt 9,30; 12,16; 16,20; Mc 3,5; *cf 35* || 33 cf Lc 19,41 || 34 cf Jo 9,1sqq *(= nr 248)* || 35 *cf 32* || 37 τεταρταῖος hapaxl NT | *cf 16* | *cf 20sqq* || 37sq cf Jo 2,11; *cf 4sq* || 38 cf Jo 17,1; Mt 14,19par; Mc 7,34; 1Rg 18,36sq || 39sq cf Jo 12,30; *cf 14*

Matth.	Mark.	Luk.	[Joh. 11, 1-44]
			ἦλθεν ὁ τεθνηκὼς δεδεμένος τοὺς πόδας καὶ τὰς χεῖρας κειρίαις ⸂καὶ ἡ ὄψις αὐτοῦ σουδαρίῳ ⸀περιεδέδετο⸃. λέγει ⸉αὐτοῖς ὁ Ἰησοῦς⸊· λύσατε αὐτὸν καὶ ἄφετε °αὐτὸν ὑπάγειν.

44 ⸂και την οψιν αυτ. σουδ. π-δεδεμενος Θ | ⸀εδεδετο 𝔓45vid | ⸉ο (— 𝔓75 B C*vid) Ι. αυτ. 𝔓75 B C*vid L W; Or | ° א 𝔎 A D W Γ Δ λ φ pl; Ir ¦ txt 𝔓45.66.75 B C* L Θ 33.157

41 κειρία hapaxl NT

260. Anschläge der Hohenpriester und Pharisäer

Concilium Pontificum et Pharisaeorum — **The Chief Priests and Pharisees Take Counsel against Jesus**

Matth. 26, 1-5	Mark. 14, 1-2; 11, 18	Luk. 22, 1-2; 19, 47-48	**Joh. 11, 45-53**
26, 1-5 (nr. 305, p. 425) 1 Καὶ ἐγένετο ὅτε ἐτέλεσεν ὁ Ἰησοῦς πάντας τοὺς λόγους τούτους, εἶπεν τοῖς μαθηταῖς αὐτοῦ· 2 οἴδατε ὅτι μετὰ δύο ἡμέρας τὸ πάσχα γίνεται, καὶ ὁ υἱὸς τοῦ ἀνθρώπου παραδίδοται εἰς τὸ σταυρωθῆναι. 3 Τότε συνήχθησαν οἱ ἀρχιερεῖς καὶ οἱ πρεσβύτεροι τοῦ λαοῦ εἰς τὴν αὐλὴν τοῦ ἀρχιερέως τοῦ λεγομένου Καϊάφα 4 καὶ συνεβουλεύσαντο ἵνα τὸν Ἰησοῦν δόλῳ κρατήσωσιν καὶ ἀποκτείνωσιν· 5 ἔλεγον δέ· μὴ ἐν τῇ ἑορτῇ, ἵνα μὴ θόρυβος γένηται ἐν τῷ λαῷ.	*14, 1-2 (nr. 305, p. 425)* 1 Ἦν δὲ τὸ πάσχα καὶ τὰ ἄζυμα μετὰ δύο ἡμέρας. καὶ ἐζήτουν οἱ ἀρχιερεῖς καὶ οἱ γραμματεῖς πῶς αὐτὸν ἐν δόλῳ κρατήσαντες ἀποκτείνωσιν· 2 ἔλεγον γάρ· μὴ ἐν τῇ ἑορτῇ, μήποτε ἔσται θόρυβος τοῦ λαοῦ.	*22, 1-2 (nr. 305, p. 425)* 1 Ἤγγιζεν δὲ ἡ ἑορτὴ τῶν ἀζύμων ἡ λεγομένη πάσχα. 2 καὶ ἐζήτουν οἱ ἀρχιερεῖς καὶ οἱ γραμματεῖς τὸ πῶς ἀνέλωσιν αὐτόν, ἐφοβοῦντο γὰρ τὸν λαόν.	45 Πολλοὶ οὖν ἐκ τῶν Ἰουδαίων ⸂οἱ ἐλθόντες⸃ πρὸς τὴν ⸀Μαριὰμ ⸄καὶ θεασάμενοι⸅ ⸁ἃ ἐποίησεν ἐπίστευσαν εἰς αὐτόν· 46 τινὲς δὲ ἐξ αὐτῶν ἀπῆλθον πρὸς τοὺς Φαρισαίους καὶ εἶπαν αὐτοῖς ⸀ἃ ἐποίησεν ⸆Ἰησοῦς. 47 Συνήγαγον οὖν οἱ ἀρχιερεῖς καὶ οἱ Φαρισαῖοι συνέδριον καὶ ἔλεγον· τί ποιοῦμεν⁚ °ὅτι οὗτος ὁ ἄνθρωπος ⸀πολλὰ ⸉ποιεῖ σημεῖα⸊ :1; 48 ἐὰν ἀφῶμεν αὐτὸν οὕτως, πάντες ⸀πιστεύσουσιν εἰς αὐτόν, καὶ ἐλεύσονται οἱ Ῥωμαῖοι καὶ ⸁ἀροῦσιν ⸂ἡμῶν καὶ τὸν τόπον⸃ καὶ τὸ ἔθνος. 49 εἷς δέ °τις ἐξ αὐτῶν ⸀Καϊάφας, ἀρχιερεὺς ὢν τοῦ ἐνιαυτοῦ ἐκείνου, εἶπεν αὐτοῖς· ὑμεῖς ⸆οὐκ οἴδατε οὐδέν, 50 οὐδὲ λογίζεσθε ὅτι συμφέρει ⸀ὑμῖν ἵνα εἷς ἄνθρωπος ἀποθάνῃ ὑπὲρ τοῦ λαοῦ καὶ μὴ ὅλον τὸ ἔθνος ἀπόληται. 51 τοῦτο δὲ ἀφ᾿ ἑαυτοῦ οὐκ εἶπεν,

45 ⸂των ελθοντων D | ⸀-ιαν 𝔓45.66 א 𝔎 A W Θ Ψ λ φ 1241 pl | ⸄εωρακοτες 𝔓45.66 D it | ⸁ † ὅ B C* Acorr D 1 pc e sa ¦ οσα 𝔓66c 0141 pc ¦ txt 𝔓6.45 א 𝔎 A* W Γ Δ Θ φ pl lat bo || 46 ⸀ο C D pc ¦ οσα A φ al | ⸆ο rell ¦ txt 𝔓6.45vid.59.66 B C D L || 47 [⁚; et :1. comm] | ° 𝔓45 D | ⸀τοιαυτα D it | ⸉ 𝔎 D Γ Δ λ φ pm latt || 48 ⸀-σωσιν 𝔓66 L X Γ Δ Ψ 047.0250 φ 1.33.565.700.1241 al; Or | ⸁αιρουσιν 𝔓59vid (Θ) | ⸂3 4 1 D aur e f ff2 ¦ 1 3 4 Θ pc ¦ 1 2 την πολιν W pc || 49 ° 𝔓66 1241 pc | ⸀Καϊφας 𝔓45.75vid D lat sa | ⸆μεν 𝔓6 || 50 ⸀ημιν 𝔎 A W Δ Θ 065 λ φ pm vgcodd sys.p sa ¦ — א 2768 pc ¦ txt 𝔓45.66 B D L X al it vgcl bo

1sqq cf Jo 7, 43; 9, 16; 10, 19 || 3sq cf Jo 2, 23; 4, 39; 7, 31; 8, 30; 10, 42; 12, 11.42 || 10sq cf Act 4, 16 || 12sqq cf Jo 6, 15; 12, 13; 18, 33; 19, 12 || 17sq cf Jo 18, 13; cf 25sq || 21sqq cf Jon 1, 12sqq; 2 Sm 20, 20sqq

Matth.	Mark.	Luk.	[Joh. 11, 45-53]
	11, 18 *(nr. 274, p. 373)* 18 Καὶ ἤκουσαν οἱ ἀρχιερεῖς καὶ οἱ γραμματεῖς καὶ ἐζήτουν πῶς αὐτὸν ἀπολέσωσιν· ἐφοβοῦντο γὰρ αὐτόν, πᾶς γὰρ ὁ ὄχλος ἐξεπλήσσετο ἐπὶ τῇ διδαχῇ αὐτοῦ.	19, 47-48 *(nr. 274, p. 373)* 47 Καὶ ἦν διδάσκων τὸ καθ' ἡμέραν ἐν τῷ ἱερῷ. οἱ δὲ ἀρχιερεῖς καὶ οἱ γραμματεῖς ἐζήτουν αὐτὸν ἀπολέσαι καὶ οἱ πρῶτοι τοῦ λαοῦ, 48 καὶ οὐχ εὕρισκον τὸ τί ποιήσωσιν, ὁ λαὸς γὰρ ἅπας ἐξεκρέματο αὐτοῦ ἀκούων.	ἀλλὰ ⸀ἀρχιερεὺς ὢν ⸋τοῦ ἐνιαυτοῦ ⸰ἐκείνου⸌ ἐπροφήτευσεν· ὅτι ⸀ἔμελλεν ⸉Ἰησοῦς ἀποθνῄσκειν ὑπὲρ τοῦ ἔθνους, 52 καὶ οὐχ ὑπὲρ τοῦ ἔθνους ⸆ μόνον ἀλλ' ἵνα καὶ τὰ τέκνα τοῦ θεοῦ τὰ ⸀διεσκορπισμένα ⸉συναγάγῃ εἰς ἕν⸊. 53 ἀπ' ἐκείνης οὖν τῆς ἡμέρας ⸀ἐβουλεύσαντο ἵνα ἀποκτείνωσιν αὐτόν.

Didache 9, 4: Ὥσπερ ἦν τοῦτο ⟨τὸ⟩ κλάσμα διεσκορπισμένον ἐπάνω τῶν ὀρέων καὶ συναχθὲν ἐγένετο ἕν, οὕτω συναχθήτω σου ἡ ἐκκλησία ἀπὸ τῶν περάτων τῆς γῆς εἰς τὴν σὴν βασιλείαν.

---

51 ⸀αρχων W d | ⸋ 𝔓45 e l sy^s | ⸰ 𝔓66 D | [· comm] | ⸀ημελλεν 𝔓45.66 B^corr A D L W Δ Θ 065. 0124. 1. 33. 69 *pc* | ⸉ *p.* οτι D ¦ *p.* αποθν. W || 52 ⸆δε ℵ^corr X Ψ 0124. 33 *pc* | ⸀εσκορπ- 𝔓45.66 D 700 | ⸉ D a e || 53 ⸀συνεβ- 𝔐 A L Γ Δ 065 λ *pl* ¦ *txt* 𝔓45.66.75 B ℵ D W Θ φ *pc*

25sq *cf 17sq* || 26 cf Ex 28, 30; Lv 8, 8; Nu 27, 21 || 29sq cf 1 Jo 2, 2 || 31sq *cf 39sq* || 32sqq cf Jo 5, 18; 7, 1. 19. 25. 32. 45; 8, 40. 59; 10, 31; 11, 8. 16 || 39sq *cf 31sq*

261. Jesus in Ephraim

Jesus secedit in Ephrem **Jesus Retires to Ephraim**

Matth.	Mark.	Luk.	Joh. 11, 54-57
			54 ⸂Ὁ οὖν Ἰησοῦς⸃ οὐκέτι παρρησίᾳ περιεπάτει ἐν τοῖς Ἰουδαίοις, ἀλλὰ ἀπῆλθεν ⸰ἐκεῖθεν εἰς τὴν χώραν ⸆ ἐγγὺς τῆς ἐρήμου, ⸰¹εἰς Ἐφραὶμ λεγομένην ⸰²πόλιν, ⸀κἀκεῖ ⸀ἔμεινεν μετὰ ⸂τῶν μαθητῶν⸃. 55 ⸉Ἦν δὲ ἐγγὺς⸊ τὸ πάσχα τῶν Ἰουδαίων, ⸂καὶ ἀνέβησαν⸃ ⸉¹πολλοὶ εἰς Ἱεροσόλυμα⸊ ἐκ τῆς χώρας ⸂πρὸ τοῦ⸃ πάσχα ἵνα ἁγνίσωσιν ἑαυτούς. 56 ἐζήτουν οὖν τὸν Ἰησοῦν καὶ ἔλεγον μετ' ἀλλήλων ⸂ἐν τῷ ἱερῷ ἑστηκότες⸃· τί ⸂δοκεῖ ὑμῖν⸃; ὅτι οὐ μὴ ἔλθῃ εἰς τὴν ἑορτήν; 57 δεδώκεισαν δὲ ⸆ οἱ ἀρχιερεῖς καὶ οἱ ⸀Φαρισαῖοι ⸀ἐντολὰς ἵνα ἐάν τις γνῷ ποῦ ἐστιν μηνύσῃ, ὅπως πιάσωσιν αὐτόν. *(nr. 267 12, 1-8 p. 361)*

---

54 ⸂Ι. ουν 𝔐 A D Γ Δ 065 φ *pm* ¦ ο δε Ιησ. 𝔓66 1187 f r^1 | ⸰ 𝔓45 D Γ 0250 *al* | ⸆Σαμφουριν D | ⸰¹ 𝔓66 | ⸰² 𝔓66* sy^s | ⸀και εκει 𝔓66 L W Γ Δ Θ Ψ φ 33 *al*; Or | ⸀διετριβεν 𝔓45.66c 𝔐 A D Γ Δ Θ Ψ λ φ 33 *pl* latt ¦ *txt* 𝔓66*.75 B ℵ L W 579. 1241 *pc* | ⸂τ. μ. αυτου 𝔐 A X Θ λ φ *pm* ¦ (3, 22) αυτων και εβαπτιζεν 33 || 55 ⸉ *3 2 1* D lat | ⸂ανεβ. ουν D b c ff^2 | ⸉¹ D | ⸂πριν το D || 56 ⸂ *4 1-3* L X Θ Ψ φ *pc* ¦ *1-3* εστωτες D *pc* | ⸂δοκειτε D lat sy^s.p bo; Chr | [·, T] || 57 ⸆και 𝔐 D Γ 065 *al* | ⸀πρεσβ[υτεροι] 𝔓45 | ⸀-λην 𝔓66 𝔐 A D Γ Δ Θ φ 33 *pl* latt

---

2sq cf Jo 2, 13; 6, 4 || 3sq cf Ex 19, 10sq; Nu 9, 6; 2 Chr 30, 17; 2 Mcc 12, 38; Act 21, 24sqq || 4sq cf Jo 7, 11

262. Dritte Leidensankündigung

Tertia passionis praedictio — *(cf. nr. 159 et 164)* — **The Third Prediction of the Passion**

Matth. 20,17-19
16,21-23; 17,22-23

(nr. 256 20,1-16 p. 343)

17 ⸂Καὶ ἀναβαίνων ὁ Ἰησοῦς⸃ εἰς
Ἱεροσόλυμα
παρέλαβεν
τοὺς δώδεκα °[μαθητὰς] κατ' ἰδίαν ⸉καὶ
ἐν τῇ ὁδῷ⸊ εἶπεν αὐτοῖς·
18 ἰδοὺ ἀναβαίνομεν εἰς
Ἱεροσόλυμα,
καὶ ὁ υἱὸς
τοῦ ἀνθρώπου παραδοθήσεται τοῖς
ἀρχιερεῦσιν καὶ γραμματεῦσιν,
καὶ κατακρινοῦσιν αὐτὸν ⸀θανάτῳ 19 καὶ
παραδώσουσιν αὐτὸν τοῖς ἔθνεσιν
εἰς τὸ ἐμπαῖξαι
καὶ μαστιγῶσαι
καὶ σταυρῶσαι, καὶ
τῇ τρίτῃ ἡμέρᾳ ⸀ἐγερθήσεται.

Mark. 10,32-34
8,31-33; 9,30-32

(nr. 255 10,23-31 p. 341)

32 Ἦσαν δὲ ἐν τῇ ὁδῷ ἀναβαίνοντες εἰς
Ἱεροσόλυμα, καὶ ἦν προάγων αὐτοὺς ὁ
Ἰησοῦς, καὶ ἐθαμβοῦντο, ⸂οἱ δὲ ἀκολου-
θοῦντες ἐφοβοῦντο⸃. καὶ παραλαβὼν
πάλιν τοὺς δώδεκα
ἤρξατο αὐτοῖς λέγειν τὰ μέλλοντα αὐτῷ
συμβαίνειν 33 ὅτι ἰδοὺ ἀναβαίνομεν εἰς
Ἱεροσόλυμα,
καὶ ὁ υἱὸς
τοῦ ἀνθρώπου παραδοθήσεται τοῖς
ἀρχιερεῦσιν καὶ °τοῖς γραμματεῦσιν,
καὶ κατακρινοῦσιν αὐτὸν θανάτῳ καὶ
παραδώσουσιν °¹αὐτὸν τοῖς ἔθνεσιν
34 καὶ ἐμπαίξουσιν αὐτῷ
⸂καὶ ἐμπτύσουσιν αὐτῷ καὶ μαστιγώσου-
σιν αὐτὸν⸃ ⸉καὶ ἀποκτενοῦσιν⸊, καὶ ⸂¹μετὰ
τρεῖς ἡμέρας⸃ ἀναστήσεται.

Luk. 18,31-34
9,22; 9,43b-45; 17,25; 24,6b-7.44-46

(nr. 255 18,24-30 p. 341)

31 Παραλαβὼν δὲ
τοὺς δώδεκα
εἶπεν ⸂πρὸς αὐτούς⸃·
ἰδοὺ ἀναβαίνομεν εἰς
⸀Ἰερουσαλήμ, καὶ τελεσθήσεται πάντα τὰ
γεγραμμένα διὰ τῶν προφητῶν ⸉τῷ υἱῷ⸊
τοῦ ἀνθρώπου·
32 ⸂παραδοθήσεται γὰρ⸃ τοῖς ἔθνεσιν
καὶ ἐμπαιχθήσεται ⸋καὶ ὑβρισθήσεται⸌
καὶ ἐμπτυσθήσεται 33 καὶ μαστιγώσαν-
τες ἀποκτενοῦσιν αὐτόν, καὶ τῇ ἡμέρᾳ
τῇ τρίτῃ ἀναστήσεται. 34 καὶ αὐτοὶ
οὐδὲν τούτων συνῆκαν καὶ ἦν τὸ ῥῆμα
°τοῦτο κεκρυμμένον ἀπ' αὐτῶν καὶ οὐκ
ἐγίνωσκον τὰ λεγόμενα.

(nr. 264 18,35-43 p. 354)

Joh.

Matth.: 17 ⸂† Μελλων δε αναβαινειν Ιησ. B(⸉ 1.1582 sy^p) ¦ *txt* ℵ C 𝔎 D W Θ **085** ϕ *pm* lat sy^s.c | ° † ℵ D L Z Θ 1.892 *pc* sy^s.c bo ¦ *txt* B C 𝔎 W **085**.13.118.209 *pm* lat sy^p sa | ⸉ *2-4 1* C 𝔎 D W *pl* it sy ¦ *1* 1424 aur g¹ l vg || 18 ⸀ † εις θανατον ℵ ¦ — B aeth ¦ *txt* C 𝔎 D W Θ **085** λ ϕ *pl* lat || 19 ⸀ *p)* αναστησεται B C² 𝔎 D W Δ Θ **085** λ ϕ *pl* ¦ *txt* ℵ C* L N Z Σ *pc*

Mark.: 32 ⸂ και ακολ. εφοβουντο C² 𝔎 A Φ 118.892 *pm* ¦ και ακολ. αυτον εφοβ. ϕ *pc* sy^s.p ¦ ακολ. αυτω W ¦ — D 157.700 *pc* ¦ *txt* B ℵ C*^vid L Θ Ψ 1.565 *pc* bo || 33 ° C 𝔎 D W Γ 157 *pm* | °¹ W c || 34 ⸂ *4-6 1-3* 𝔎 A W Γ Φ λ ϕ 700* *pm* sy^s.p ¦ *1-3* D *pc* it ¦ *4-6* 28.1241 *pc* ¦ — k | ⸉ κ. α. αυτον C 𝔎 A* W Φ Ψ ϕ 700 *pm* lat sy^s.p sa bo ¦ — A^corr D *pc* | ⸂¹ *p)* τη τριτη ημερα 𝔎 A W Γ Θ Φ λ ϕ *pl* sy^s.p ¦ *txt* 𝔋 D it sa bo

Luk.: 31 ⸂ αυτοις D *pc* lat | ⸀ *p)* Ιεροσολυμα 𝔎 A W Γ Δ Θ λ ϕ *pl* lat | ⸉ περι του υιου D(Θ) ϕ *pc* latt sy sa^pt bo || 32 ⸂ οτι παρ. D e | ⸋ *p)* D L 700.1582 *pc* it sy^p || 34 ° D λ *pc* it

---

5 (Mc) cf Mc 6,7; 9,35 || 7 sqq cf *21 sqq. 34 sqq* || 9 sq cf Mc 2,10.28; 8,38; 9,9.12; 10,45; 13,26; 14,21.41.62 par; Mt 8,20 = Lc 9,58; Mt 11,19 = Lc 7,34; Mt 12,32 = Lc 12,10; Mt 12,40 = Lc 11,30; Mt 24,27 = Lc 17,24; Mt 24,37 = Lc 17,26; Mt 24,39 = Lc 17,30; Mt 24,44 = Lc 12,40; Mt 10,23; 13,37.41; 17,9.12; 25,31; 26,2; 16,13.28; 18,11 app; 19,28; 20,28; Lc 17,22; 18,8; 19,10; 21,36; 22,48; 6,22; 9,56 app; 12,8; Jo 1,51; 3,13.14; 5,27; 6,27.53.62; 8,28; 9,35; 12,23.34; 13,31; Act 7,56; *cf 22.39* || 9 sqq cf Mt 9,15; Mc 2,20; Mt 12,40; 17,12; Mc 9,12; Mt 20,22; Mc 10,38; Mt 26,2.24; Mc 14,21; Lc 22,22; Mt 26,45.54; Lc 12,50; 13,32 sq; 22,15,37; 23,11; 24,26; Jo 3,14; 11,51; 12,32 sq; 16,16 sqq; *cf 46 sq. 48 sqq. 53 sqq* || 11 cf Mc 11,27; 14,43.53; 15,1; Mt 27,41; Mc 11,18; 14,1; 15,31; Mt 26,57; Lc 20,19; Act 6,12 etc; *cf 25* || 16 sq cf Mt 27,63; Act 10,40; 1 Cor 15,4; Mt 12,40; Hos 6,2; 2 Rg 20,5.8; *cf 26. 41 51. 60*

Matth.	Mark.	Luk.	Joh.
16,21-23 *(nr. 159, p. 232)* 21 Ἀπὸ τότε ἤρξατο ὁ Ἰησοῦς δεικνύειν τοῖς μαθηταῖς αὐτοῦ ὅτι δεῖ αὐτὸν εἰς Ἱεροσόλυμα ἀπελθεῖν καὶ πολλὰ παθεῖν ἀπὸ τῶν πρεσβυτέρων καὶ ἀρχιερέων καὶ γραμματέων καὶ ἀποκτανθῆναι καὶ τῇ τρίτῃ ἡμέρᾳ ἐγερθῆναι. 22 καὶ προσλαβόμενος αὐτὸν ὁ Πέτρος ἤρξατο ἐπιτιμᾶν αὐτῷ λέγων· ἵλεώς σοι, κύριε· οὐ μὴ ἔσται σοι τοῦτο. 23 ὁ δὲ στραφεὶς εἶπεν τῷ Πέτρῳ· ὕπαγε ὀπίσω μου, σατανᾶ· σκάνδαλον εἶ ἐμοῦ, ὅτι οὐ φρονεῖς τὰ τοῦ θεοῦ ἀλλὰ τὰ τῶν ἀνθρώπων.	8,31-33 *(nr. 159, p. 232)* 31 Καὶ ἤρξατο διδάσκειν αὐτοὺς ὅτι δεῖ τὸν υἱὸν τοῦ ἀνθρώπου πολλὰ παθεῖν καὶ ἀποδοκιμασθῆναι ὑπὸ τῶν πρεσβυτέρων καὶ τῶν ἀρχιερέων καὶ τῶν γραμματέων καὶ ἀποκτανθῆναι καὶ μετὰ τρεῖς ἡμέρας ἀναστῆναι· 32 καὶ παρρησίᾳ τὸν λόγον ἐλάλει. καὶ προσλαβόμενος ὁ Πέτρος αὐτὸν ἤρξατο ἐπιτιμᾶν αὐτῷ. 33 ὁ δὲ ἐπιστραφεὶς καὶ ἰδὼν τοὺς μαθητὰς αὐτοῦ ἐπετίμησεν Πέτρῳ καὶ λέγει· ὕπαγε ὀπίσω μου, σατανᾶ, ὅτι οὐ φρονεῖς τὰ τοῦ θεοῦ ἀλλὰ τὰ τῶν ἀνθρώπων.	9,22 *(nr. 159, p. 232)* ... 22 εἰπὼν ὅτι δεῖ τὸν υἱὸν τοῦ ἀνθρώπου πολλὰ παθεῖν καὶ ἀποδοκιμασθῆναι ἀπὸ τῶν πρεσβυτέρων καὶ ἀρχιερέων καὶ γραμματέων καὶ ἀποκτανθῆναι καὶ τῇ τρίτῃ ἡμέρᾳ ἐγερθῆναι.	
17,22-23 *(nr. 164, p. 243)* 22 Συστρεφομένων δὲ αὐτῶν ἐν τῇ Γαλιλαίᾳ εἶπεν αὐτοῖς ὁ Ἰησοῦς· μέλλει ὁ υἱὸς τοῦ ἀνθρώπου παραδίδοσθαι εἰς χεῖρας ἀνθρώπων, 23 καὶ ἀποκτενοῦσιν αὐτόν, καὶ τῇ τρίτῃ ἡμέρᾳ ἐγερθήσεται. καὶ ἐλυπήθησαν σφόδρα.	9,30-32 *(nr. 164, p. 243)* 30 Κἀκεῖθεν ἐξελθόντες παρεπορεύοντο διὰ τῆς Γαλιλαίας, καὶ οὐκ ἤθελεν ἵνα τις γνοῖ· 31 ἐδίδασκεν γὰρ τοὺς μαθητὰς αὐτοῦ καὶ ἔλεγεν αὐτοῖς ὅτι ὁ υἱὸς τοῦ ἀνθρώπου παραδίδοται εἰς χεῖρας ἀνθρώπων, καὶ ἀποκτενοῦσιν αὐτόν, καὶ ἀποκτανθεὶς μετὰ τρεῖς ἡμέρας ἀναστήσεται. 32 οἱ δὲ ἠγνόουν τὸ ῥῆμα, καὶ ἐφοβοῦντο αὐτὸν ἐπερωτῆσαι.	9,43b-45 *(nr 164, p. 243)* 43 ... Πάντων δὲ θαυμαζόντων ἐπὶ πᾶσιν οἷς ἐποίει εἶπεν πρὸς τοὺς μαθητὰς αὐτοῦ· 44 θέσθε ὑμεῖς εἰς τὰ ὦτα ὑμῶν τοὺς λόγους τούτους· ὁ γὰρ υἱὸς τοῦ ἀνθρώπου μέλλει παραδίδοσθαι εἰς χεῖρας ἀνθρώπων. 45 οἱ δὲ ἠγνόουν τὸ ῥῆμα τοῦτο καὶ ἦν παρακεκαλυμμένον ἀπ' αὐτῶν ἵνα μὴ αἴσθωνται αὐτό, καὶ ἐφοβοῦντο ἐρωτῆσαι αὐτὸν περὶ τοῦ ῥήματος τούτου.	
		17,25 *(nr. 235, p. 316)* 25 Πρῶτον δὲ δεῖ αὐτὸν πολλὰ παθεῖν καὶ ἀποδοκιμασθῆναι ἀπὸ τῆς γενεᾶς ταύτης.	
		24,6b-7 *(nr. 352, p. 495)* 6 ... Μνήσθητε ὡς ἐλάλησεν ὑμῖν ἔτι ὢν ἐν τῇ Γαλιλαίᾳ 7 λέγων τὸν υἱὸν τοῦ ἀνθρώπου ὅτι δεῖ παραδοθῆναι εἰς χεῖρας ἀνθρώπων ἁμαρτωλῶν καὶ σταυρωθῆναι καὶ τῇ τρίτῃ ἡμέρᾳ ἀναστῆναι.	
		24,44-46 *(nr. 365, p. 510)* 44 Εἶπεν δὲ πρὸς αὐτούς· οὗτοι οἱ λόγοι μου οὓς ἐλάλησα πρὸς ὑμᾶς ἔτι ὢν σὺν ὑμῖν, ὅτι δεῖ πληρωθῆναι πάντα τὰ γεγραμμένα ἐν τῷ νόμῳ Μωϋσέως καὶ τοῖς προφήταις καὶ ψαλμοῖς περὶ ἐμοῦ. 45 τότε διήνοιξεν αὐτῶν τὸν νοῦν τοῦ συνιέναι τὰς γραφάς· 46 καὶ εἶπεν αὐτοῖς ὅτι οὕτως γέγραπται παθεῖν τὸν χριστὸν καὶ ἀναστῆναι ἐκ νεκρῶν τῇ τρίτῃ ἡμέρᾳ.	

21sqq cf 7sqq ‖ *22 cf 9sq* ‖ *25 cf 11* ‖ *26 cf 16sq* ‖ *34sqq cf 7sqq* ‖ *39 cf 9sq* ‖ *41 cf 16sq* ‖ *46sq cf 9sqq* ‖ *48sqq cf 9sqq* ‖ *51 cf 16sq* ‖ *53sqq cf 9sqq* ‖ *60 cf 16sq*

263. Die Zebedaiden, von der Rangordnung unter den Jüngern

Mater filiorum Zebedaei

The Sons of Zebedee; Precedence among the Disciples

Matth. 20, 20-28 23, 11	Mark. 10, 35-45 9, 35	Luk. 12, 50; 22, 24-27 9, 48	Joh. 13 4-5. 12-17; 12, 26
20 Τότε προσῆλθεν αὐτῷ	35 Καὶ προσπορεύονται αὐτῷ		
ἡ μήτηρ τῶν υἱῶν	Ἰάκωβος καὶ Ἰωάννης ⸀οἱ υἱοὶ		
Ζεβεδαίου μετὰ τῶν υἱῶν αὐτῆς	Ζεβεδαίου		
προσκυνοῦσα	⸀λέγοντες °αὐτῷ· διδάσκαλε, θέ-		
καὶ αἰτοῦσά τι ⸂ἀπ᾽ αὐτοῦ⸃.	λομεν ⸋ἵνα ὃ ⸀1ἐὰν ⸀2αἰτήσωμέν		
21 ὁ δὲ εἶπεν αὐ-	⸉σε ποιήσῃς ἡμῖν. 36 ὁ δὲ ⸀εἶπεν αὐ-		
τῇ· τί θέλεις;	τοῖς· ⸂τί θέλετέ [με] ποιήσω⸃ ὑμῖν;		
⸂λέγει αὐτῷ⸃· εἰπὲ ἵνα	37 ⸂οἱ δὲ⸃ εἶπαν αὐτῷ· δὸς ἡμῖν⸌ ἵνα		
καθίσωσιν °οὗτοι οἱ δύο υἱοί μου			
εἷς ἐκ δεξιῶν °1σου καὶ εἷς ἐξ	εἷς ⸉σου ἐκ δεξιῶν⸊ καὶ εἷς ⸂ἐξ		
εὐωνύμων °2σου ἐν τῇ	ἀριστερῶν⸃ καθίσωμεν ἐν τῇ		
βασιλείᾳ σου. 22 ἀποκριθεὶς δὲ	⸀δόξῃ σου. 38 ὁ δὲ		
ὁ Ἰησοῦς εἶπεν⸆· οὐκ οἴδα-	°Ἰησοῦς⸆εἶπεν αὐτοῖς· οὐκ οἴδα-		
τε τί αἰτεῖσθε. δύνασθε πιεῖν τὸ	τε τί αἰτεῖσθε. δύνασθε πιεῖν τὸ		
ποτήριον ὃ ἐγὼ μέλλω πίνειν⸆;	ποτήριον ὃ ἐγὼ πίνω ⸀ἢ τὸ	12, 50 *(nr. 204, p. 290)*	
	βάπτισμα ὃ ἐγὼ βαπτίζομαι βα-	50 Βάπτισμα δὲ ἔχω βαπτισθῆναι, καὶ	
λέγουσιν αὐτῷ·	πτισθῆναι; 39 οἱ δὲ εἶπαν °αὐτῷ·	πῶς συνέχομαι ἕως ὅτου τελεσθῇ.	
δυνάμεθα. 23 ⸆λέγει	δυνάμεθα. ὁ δὲ Ἰησοῦς εἶπεν		
αὐτοῖς⸆· τὸ μὲν ποτήριόν μου	αὐτοῖς· τὸ⸆ποτήριον ὃ ἐγὼ πίνω		
πίεσθε⸆1,	πίεσθε καὶ τὸ βάπτισμα ὃ ἐγὼ		
τὸ	βαπτίζομαι βαπτισθήσεσθε, 40 τὸ		
δὲ καθίσαι ἐκ δεξιῶν μου ⸀καὶ ἐξ	δὲ καθίσαι ἐκ δεξιῶν μου ⸀ἢ ἐξ		
εὐωνύμων⸆2οὐκ ἔστιν ἐμὸν°[τοῦ-	εὐωνύμων οὐκ ἔστιν ἐμὸν		
το] δοῦναι⸂, ἀλλ᾽ οἷς⸃ ἡτοίμασται	δοῦναι⸂, ἀλλ᾽ οἷς⸃ ἡτοίμασται		

Matth.: 20 ⸂παρ α. ℌ ℜ W Θ λ φ *pl* ¦ — 085 ¦ *txt* B D 700 || 21 ⸀η δε ειπεν B(+ αυτω 118.209) *pc*(e) | ° C a e n sa bo | °1 † B ℵ; Or ¦ *txt* C ℜ D W Θ 085 λ φ *pl* | °2 D Θ 118.209 *al* lat || 22 ⸆αυτη 1093 *pc* e syc ¦ αυτοις it sys | ⸆*p)* ἢ το βαπτισμα ο εγω βαπτιζομαι βαπτισθηναι C ℜ W Δ Φ 0197 φ 118.209 *pm* syp bopt || 23 ⸆και C ℜ W Δ Φ 085.0197 φ *pl* bo ¦ *txt* B ℵ D Θ λ 700 *pc* lat | ⸆ο Ιησους D Δ Θ φ 157 *pc* it sys.c | ⸆1 *p)* και το β. ο εγω βαπτ. βαπτισθησεσθε C ℜ W Δ Φ 0197 φ 118.209 *pm* syp | ⸀*p)* ἢ B L Θ 1.33 *pc* it sa bopt; Epiph | ⸆2 μου V W X Γ Δ Φ 69 *pm* sy sa bo | °*p)* B ℵ ℜ Θ λ φ *pm* lat sy sa bo ¦ *txt* C D W Δ Φ 085.33 *al* | ⸂· ἄλλοις 225 d

Mark.: 35 ⸀† οι δυο B C 579 *pc* sa bo ¦ — A K Θ 157 *al* ¦ *txt* ℵ ℜ D W Δ Φ Ψ λ φ 892 *pm* sys.p; Or | ⸀και λεγουσιν D Θ 565 *pc* sys.p | ° ℜ A W Γ Φ Ψ λ φ 157.700 *pm* | ⸋*usque ad vs 37* ℵ* | ⸀1αν D W 69 *pc* | ⸀2-σωμεθα W ¦ ερωτησωμεν D Θ 1 *pc* | ⸉*pon. p.* εαν D W Θ λ φ 565 *al* ¦ — ℜ X Γ Φ 157.700 *pm* || 36 ⸀λεγει D Θ 565 | ⸂*1 2 4* C Θ λ φ 565 *pc* ¦ *1 4* it ¦ *4* D ¦ τι θελ. ποιησαι με ℜ A Γ Φ *pm* ¦ τι θ. με ποιησαι L W *pc* ¦ *txt* B ℵcorr Ψ || 37 ⸂και D lat | ⸉C3 ℜ A D W Γ Θ Φ λ φ *pl* lat | ⸂*p)* εξ ευωνυμων D W Θ 565 *pc* ¦ σου εξ ευων. ℵ *pc* ¦ εξ ευων. σου C ℜ A Γ Φ 0146 φ 700 *pm* lat sys.p sa bo ¦ *txt* B(Ψ) | ⸀βασιλεια της δοξης W φ *pc* (sa) || 38 ° Δ Θ *pc* syp | ⸆αποκριθεις D W Θ φ 1.209.565 *pc* sys sapt | ⸀και C3 ℜ A Φ 118.157.565.700 *pm* || 39 ° D W Θ 0146.1.209.565.700.892 *pc* | ⸆μεν C3 ℜ A D W Θ Φ Ψ 0146 λ φ *pm* lat || 40 ⸀*p)* και C ℜ A Γ Θ Φ 0146 λ φ *pl* | ⸂· ἄλλοις 225 it sys sa

---

2sq (Mt) cf Mc 15, 40?; Mt 27, 56? || *9sqq* cf Mt 19, 28; 25, 31 || *10* cf Mt 25, 33 sqq. 41; 2 Sm 16, 6; 2 Chr 3, 17; Ps 110, 1 || *14sqq* cf 59 sqq || *14sq* cf Mc 14, 36; Mt 26, 39; Lc 22, 42 *(= nr 330)*; Jo 18, 11; Is 51, 17. 22; Thr 4, 21; Ps 75, 9; Ez 23, 32 sq; cf 65 sq || *16sq* cf Ps 42, 7; 69, 2 sq; Is 43, 2 || *19sq* cf Act 4, 3; 5, 33. 40; 12, 2

[Matth. 20, 20-28]

ὑπὸ τοῦ πατρός μου. [24] ⸂Καὶ ἀκούσαντες⸃ οἱ δέκα ⸀ἠγανάκτησαν περὶ τῶν δύο ἀδελφῶν. [25] ὁ δὲ Ἰησοῦς προσκαλεσάμενος αὐτοὺς εἶπεν⸆· οἴδατε ὅτι οἱ ἄρχοντες τῶν ἐθνῶν ⸀κατακυριεύουσιν αὐτῶν καὶ οἱ μεγάλοι κατεξουσιάζουσιν αὐτῶν. [26] οὐχ οὕτως ⸆ ⸀ἔσται ἐν ὑμῖν, ἀλλ' ὃς ⸀ἐὰν θέλῃ ⸄ἐν ὑμῖν μέγας γενέσθαι⸅ ⸀¹ἔσται ὑμῶν διάκονος, [27] καὶ ὃς ⸀ἂν θέλῃ ⸂ἐν ὑμῖν εἶναι πρῶτος⸃ ⸀ἔσται ὑμῶν δοῦλος·

[28] ὥσπερ ὁ υἱὸς τοῦ ἀνθρώπου οὐκ ἦλθεν διακονηθῆναι ἀλλὰ διακονῆσαι καὶ δοῦναι τὴν ψυχὴν αὐτοῦ λύτρον ἀντὶ πολλῶν.⸆

23, 11 *(nr. 284, p. 389)*

[11] Ὁ δὲ μείζων ὑμῶν ἔσται ὑμῶν διάκονος.

[Mark. 10, 35-45]

⸆ . [41] Καὶ ἀκούσαντες οἱ ⸆ δέκα ἤρξαντο ἀγανακτεῖν περὶ Ἰακώβου καὶ Ἰωάννου. [42] ⸂καὶ προσκαλεσάμενος αὐτοὺς ὁ Ἰησοῦς⸃ λέγει αὐτοῖς· οἴδατε ὅτι οἱ δοκοῦντες ἄρχειν τῶν ἐθνῶν κατακυριεύουσιν αὐτῶν καὶ οἱ ⸂μεγάλοι αὐτῶν⸃ κατεξουσιάζουσιν αὐτῶν. [43] οὐχ οὕτως °δέ ⸀ἐστιν ἐν ὑμῖν, ἀλλ' ⸄ὃς ἂν θέλῃ ⸂μέγας γενέσθαι ἐν ὑμῖν⸃ ⸀ἔσται ὑμῶν διάκονος, [44] καὶ ὃς ⸀ἂν θέλῃ ⸂ἐν ὑμῖν εἶναι⸃ πρῶτος ἔσται ⸀πάντων δοῦλος⸅·

[45] καὶ γὰρ ὁ υἱὸς τοῦ ἀνθρώπου οὐκ ἦλθεν διακονηθῆναι ἀλλὰ διακονῆσαι καὶ δοῦναι τὴν ψυχὴν αὐτοῦ λύτρον ἀντὶ πολλῶν.

9, 35 *(nr. 166, p. 245)*

[35] Καὶ καθίσας ἐφώνησεν τοὺς δώδεκα καὶ λέγει αὐτοῖς· εἴ τις θέλει πρῶτος εἶναι, ἔσται πάντων ἔσχατος καὶ πάντων διάκονος.

Luk.

22, 24-27 *(nr. 313, p. 440)*

[24] Ἐγένετο ⸂δὲ καὶ⸃ φιλονεικία ἐν αὐτοῖς, τὸ τίς ⸂αὐτῶν δοκεῖ εἶναι⸃ μείζων. [25] ὁ δὲ εἶπεν αὐτοῖς· οἱ βασιλεῖς τῶν ἐθνῶν κυριεύουσιν αὐτῶν καὶ ⸂οἱ ἐξουσιάζοντες αὐτῶν⸃ εὐεργέται καλοῦνται. [26] ὑμεῖς δὲ οὐχ οὕτως, ἀλλ' ὁ μείζων ἐν ὑμῖν γινέσθω ὡς ⸂ὁ νεώτερος⸃ καὶ ὁ ἡγούμενος ὡς ὁ ⸀διακονῶν. [27] ⸂τίς γὰρ μείζων, ὁ ἀνακείμενος ἢ ὁ διακονῶν; οὐχὶ⸃ ὁ ἀνακείμενος; ἐγὼ ⸀δὲ ⸄ἐν μέσῳ ὑμῶν ⸀εἰμι⸅ ὡς ὁ διακονῶν.

9, 48 *(nr. 166, p. 245)*

[48] Καὶ εἶπεν αὐτοῖς· ὃς ἐὰν δέξηται τοῦτο τὸ παιδίον ἐπὶ τῷ ὀνόματί μου, ἐμὲ δέχεται· καὶ ὃς ἂν ἐμὲ δέξηται, δέχεται τὸν ἀποστείλαντά με· ὁ γὰρ μικρότερος ἐν πᾶσιν ὑμῖν ὑπάρχων οὗτός ἐστιν μέγας.

Joh.

13, 4-5. 12-17 *(nr. 309, p. 431)*

[4] Ἐγείρεται ἐκ τοῦ δείπνου καὶ τίθησιν τὰ ἱμάτια καὶ λαβὼν λέντιον διέζωσεν ἑαυτόν· [5] εἶτα βάλλει ὕδωρ εἰς τὸν νιπτῆρα καὶ ἤρξατο νίπτειν τοὺς πόδας τῶν μαθητῶν καὶ ἐκμάσσειν τῷ λεντίῳ ᾧ ἦν διεζωσμένος. ... [12] Ὅτε οὖν ἔνιψεν τοὺς πόδας αὐτῶν [καὶ] ἔλαβεν τὰ ἱμάτια αὐτοῦ καὶ ἀνέπεσεν πάλιν, εἶπεν αὐτοῖς· γινώσκετε τί πεποίηκα ὑμῖν; [13] ὑμεῖς φωνεῖτέ με· ὁ διδάσκαλος, καί· ὁ κύριος, καὶ καλῶς λέγετε· εἰμὶ γάρ. [14] εἰ οὖν ἐγὼ ἔνιψα ὑμῶν τοὺς πόδας ὁ κύριος καὶ ὁ διδάσκαλος, καὶ ὑμεῖς ὀφείλετε ἀλλήλων νίπτειν τοὺς πόδας· [15] ὑπόδειγμα γὰρ ἔδωκα ὑμῖν ἵνα καθὼς ἐγὼ ἐποίησα ὑμῖν καὶ ὑμεῖς ποιῆτε. [16] ἀμὴν ἀμὴν λέγω ὑμῖν, οὐκ ἔστιν δοῦλος μείζων τοῦ κυρίου αὐτοῦ οὐδὲ ἀπόστολος μείζων τοῦ πέμψαντος αὐτόν. [17] εἰ ταῦτα οἴδατε, μακάριοί ἐστε ἐὰν ποιῆτε αὐτά.

Matth.: 24 ⸂ ακ. δε ℵ^corr^ L Z Θ 13. 33. 1424 *pc* aur | ⸀*p)* ηρξαντο αγανακτειν ℵ *pc* || 25 ⸆αυτοις D W e sy^c.p^ sa bo | ⸀-σουσιν B Y 124 *pc* || 26 ⸆δε C X Φ 085. 33. 565. 700 *pm* | ⸀† εστιν B D Z sa ¦ *txt* ℵ C K W Θ 085. 0197 λ φ *pl* lat | ⸀αν B D *pc* | ⸄ *3 1 2 4* B *pc* ¦ *3 4 1 2* C *pc* | ⸀¹ εστω ℵ^corr^ H L S 047. 28. 892 *pm* lat || 27 ⸀εαν C K Δ Θ 085. 0197 λ φ *pl* ¦ *txt* B ℵ D W *pc* | ⸂ *1 2 4 3* W 1241 *pc* lat ¦ ειν. υμων πρ. B | ⸀εστω B K X 28 *al* || 28 ⸆υμεις δε ζητειτε εκ μικρου αυξησαι και (+ μη sy^c^) εκ μειζονος ελαττον ειναι. (*cf* Lc 14, 8-10) εισερχομενοι (— sy^c^) δε και παρακληθεντες δειπνησαι μη ανακλινεσθε εις τους εξεχοντας τοπους, μηποτε ενδοξοτερος σου επελθη και προσελθων (— sy^c^) ο δειπνοκλητωρ ειπη σοι· ετι κατω χωρει, και καταισχυνθηση. εαν δε αναπεσης εις τον ηττονα τοπον και επελθη σου ηττων, ερει σοι ο δειπνοκλητωρ· συναγε ετι ανω, και εσται σοι τουτο χρησιμον. D(Φ) it sy^c.hmg^

Mark.: 40 ⸆*p)* υπο (παρα Θ *pc*) του πατρος μου ℵ* Θ Φ λ *pc* bo^pt^ || 41 ⸆λοιποι D Θ it sy^pal^ bo^pt^ || 42 ⸂ *4* δε *5 2 3* K A Γ φ 118. 157 *pm* ¦ *4* δε *5 2* 1. 209 *pc* ¦ *4* δε *2* W *pc* | ⸂βασιλεις ℵ(C*^vid^) || 43 ° D W Θ 565 *pc* it | ⸀εσται C³ K A Φ λ φ *pl* sy^s.p^ | ⸂ *2 1 3 4* C³ K A Γ Φ 118 *pm* ¦ *3 4 1 2* W 565 *pc* ¦ εν υμ. ειναι μεγας (Θ, 0146). 700 *pc* ¦ μεγ. εν υμ. ειναι D ¦ *txt* H φ 1. 209 *pc* | ⸀εστω ℵ C Δ 565 *al* || 43. 44 ⸄ος ... δουλος και ος ... διακονος Θ || 44 ⸀εαν C K A L Γ λ φ *pm* | ⸂υμων ειναι D W λ 565 *pc* ¦ υμων γενεσθαι C³ K A Γ Φ φ *pm* ¦ *txt* B ℵ C* L (Θ) 0146^vid^. 700. 892 *pc* | ⸀*p)* υμων D 565. 700 *pc* ¦ υμ. παντων W *pc* sy^h.pal^ sa

Luk.: 24 ⸂ *2* 𝔓75 bo^pt^ ¦ *1* ℵ *pc* it sa^pt^ | ⸂αν ειη D a (f q) sy sa bo || 25 ⸂οι αρχοντες των [εθνων?] εξουσιαζουσιν αυτων και ℵ* ¦ εξουσιαζουσιν αυτων W || 26 ⸂ *2* 𝔓75* 69 *pc* ¦ μικροτερος D it vg^cl^ sy sa | ⸀διακονος D lat || 27 ⸂μαλλον η *et* ⸀γαρ *et* ⸀ηλθον ουχ ως ο ανακειμενος αλλ D | ⸄ *4 1-3* K A W Γ Δ Θ λ φ *pl* it ¦ *txt* 𝔓75 B ℵ (D) L T *pc* lat

---

26sqq cf Lc 9, 46 || *30sqq* cf 1 Sm 8, 5 sqq || *30* cf 4 Mcc 13, 14; Sus 5 || *31sq* cf 1 Pt 5, 3 || *33sqq* cf *41sqq. 48sqq. 53sqq* || *41sqq* cf Is 53, 10 sqq; Ps 49, 8; Sir 29, 15; 1 Mcc 2, 50; 6, 44; *cf 33sqq. 48sqq. 63sq* || *44* λύτρον hapaxl NT; ἀντίλυτρον *cf 57sq*; cf Tt 2, 14; Ps 130, 8; Ex 21, 30; Lv 19, 20; 25, 24. 51; Nu 3, 46 sqq; 35, 31; Is 45, 13 etc || *48sqq cf 33sqq. 41sqq*

Matth.	Mark.	Luk.	Joh.
			12,26 (nr. 302, p. 419) [26]᾿Εὰν ἐμοί τις διακονῇ, ἐμοὶ ἀκολουθείτω, καὶ ὅπου εἰμὶ ἐγὼ ἐκεῖ καὶ ὁ διάκονος ὁ ἐμὸς ἔσται· ἐάν τις ἐμοὶ διακονῇ τιμήσει αὐτὸν ὁ πατήρ.

1. Tim. 2, 5–6: [5]Εἷς γὰρ θεός, εἷς καὶ μεσίτης θεοῦ καὶ ἀνθρώπων, ἄνθρωπος Χριστὸς ᾿Ιησοῦς, [6]ὁ δοὺς ἑαυτὸν ἀντίλυτρον ὑπὲρ πάντων, τὸ μαρτύριον καιροῖς ἰδίοις.

Evang. Naassen. (Hippolytus, Refut. omn. haer. V, 8,11-12): Τοῦτο, φησίν, ἐστὶ τὸ εἰρημένον ὑπὸ τοῦ σωτῆρος· »ἐὰν μὴ πίνητέ μου τὸ αἷμα καὶ φάγητέ μου τὴν σάρκα, οὐ μὴ εἰσέλθητε εἰς τὴν βασιλείαν τῶν οὐρανῶν· ἀλλὰ κἂν πίητε«, φησί, »τὸ ποτήριον ὃ ἐγὼ πίνω, ὅπου ἐγὼ ὑπάγω, ἐκεῖ ὑμεῖς εἰσελθεῖν οὐ δύνασθε«. ᾔδει γάρ, φησίν, ἐξ ὁποίας φύσεως ἕκαστος τῶν μαθητῶν αὐτοῦ ἐστι καὶ ὅτι ἕκαστον αὐτῶν εἰς τὴν ἰδίαν φύσιν ἐλθεῖν ἀνάγκη. ἀπὸ γὰρ τῶν δώδεκα, φησί, φυλῶν μαθητὰς ἐξελέξατο δώδεκα καὶ δι᾿ αὐτῶν ἐλάλησε πάσῃ φυλῇ.

Polycarpus ad Phil. 5,2: Μὴ διάβολοι, μὴ δίλογοι, ἀφιλάργυροι, ἐγκρατεῖς περὶ πάντα, εὔσπλαγχνοι, ἐπιμελεῖς, πορευόμενοι κατὰ τὴν ἀλήθειαν τοῦ κυρίου, ὃς ἐγένετο διάκονος πάντων.

Mart. Polycarpi 14,2: Εὐλογῶ σε, ὅτι ἠξίωσάς με τῆς ἡμέρας καὶ ὥρας ταύτης, τοῦ λαβεῖν μέρος ἐν ἀριθμῷ τῶν μαρτύρων ἐν τῷ ποτηρίῳ τοῦ Χριστοῦ σου εἰς ἀνάστασιν ζωῆς αἰωνίου ψυχῆς τε καὶ σώματος ἐν ἀφθαρσίᾳ πνεύματος ἁγίου.

53sqq cf 33sqq || *57sq cf 44* || *59sqq cf 14sqq* || *63sq cf 41sqq* || *65sq cf 14sq*

264. Blindenheilung (Bartimäus)

Bartimaeus vel duo caeci *(cf. nr. 96)* **The Healing of the Blind Men (Bartimaeus)**

Matth. 20, 29-34 9, 22	Matth. 9, 27-31 *(nr. 96, p. 133)*	Mark. 10, 46-52 5,34	Luk. 18, 35-43 8, 48; 7, 50; 17, 19 *(nr. 262 18, 31-34 p. 350)*	Joh.
		[46]⸋Καὶ ἔρχονται εἰς ᾿Ιεριχώ.⸌	[35]᾿Εγένετο δὲ ἐν τῷ ἐγγίζειν αὐτὸν εἰς ᾿Ιεριχὼ	
[29]Καὶ ⸂ἐκπορευομένων αὐτῶν⸃ ἀπὸ ᾿Ιεριχὼ ⸄ἠκολούθησεν αὐτῷ ὄχλος πολύς⸅.	[27]Καὶ παράγοντι ἐκεῖθεν τῷ ᾿Ιησοῦ ἠκολούθησαν °[αὐτῷ]	Καὶ ἐκπορευομένου αὐτοῦ ⸂ἀπὸ ᾿Ιεριχὼ καὶ⸃ τῶν μαθητῶν αὐτοῦ καὶ ὄχλου ἱκανοῦ ⸄ὁ υἱὸς Τιμαίου⸅ ⸀Βαρτιμαῖος,		
[30]καὶ ἰδοὺ δύο τυφλοὶ καθήμενοι παρὰ τὴν ὁδὸν ⸀ἀκούσαντες	δύο τυφλοὶ	⸆τυφλὸς ⸂[1]προσαίτης, ἐκάθητο παρὰ τὴν ὁδόν⸃. [47]καὶ ἀκούσας	τυφλός τις ἐκάθητο παρὰ τὴν ὁδὸν ⸀ἐπαιτῶν. [36]ἀκούσας δὲ ὄχλου ⸀διαπορευομένου ἐπυνθάνετο τί ⸆εἴη τοῦτο. [37]⸂ἀπήγγειλαν δὲ⸃ αὐτῷ	
ὅτι ᾿Ιησοῦς παράγει,		ὅτι ᾿Ιησοῦς ⸉ὁ ⸀Ναζαρηνός ἐστιν⸊ ἤρξατο	ὅτι ᾿Ιησοῦς ὁ ⸀Ναζωραῖος παρέρχεται. [38]καὶ	

Matth. 20: 29 ⸂-μενου αυτου Δ 33 *al* (e) f sy^{p} sa^{pt} bo^{pt} | ⸄-σαν α. (— 𝔓45) -λοι -λλοι 𝔓45 D *al* it || 30 ⸀ηκουσαν (+ και *p.* παραγει) D lat

Matth. 9: 27 ° † B D k ¦ *txt* ℌ 𝔎 W Θ **0250** *pl*

Mark.: 46 ⸋B* | ⸂εκειθεν μετα D(Θ) it; (Or) | ⸄Τιμαιος $sy^{s.p}$ ¦ [— Beza *cj*] | ⸀Βαριτιμιας D b ff^{2} q r^{1} ¦ — W | ⸆ο C 𝔎 A Θ λ φ *pm* | ⸂[1]εκαθητο π. τ. οδ. επαιτων D Θ 565 lat ¦ *id., sed* προσαιτων C^{2} 𝔎 A W *pl* || 47 ⸉ *3 1 2* B *pc* | ⸀*p)* Ναζωραιος ℵ C 𝔎 A φ *pm* it

Luk.: 35 ⸀*p)* προσαιτων 𝔎 A Q R W Θ λ φ *pl* || 36 ⸀παραπορ- D lat | ⸆αν D L Θ λ 33 *pm* ¦ *txt* B ℵ 𝔎 T W **063** *al* || 37 ⸂οι δε απ. ℵ* | ⸀*p)* Ναζαρηνος D λ *pc* a aur (e i l) vg

---

1sqq cf Mt 12, 22sq; cf 52sqq. 56sqq || *6(Mc) cf Mc 3, 17; 7, 11. 34; 14, 36*

[Matth.] [20,29-34]	[Matth.] [9,27-31]	[Mark. 10,46-52]	[Luk. 18,35-43]	Joh.
ἔκραξαν λέγοντες· ⸂ἐλέησον ἡμᾶς, [κύριε,]⸃ ⸀υἱὸς Δαυίδ.	⸀κράζοντες καὶ λέγοντες· ἐλέησον ἡμᾶς, ⸀υἱὸς Δαυίδ.	κράζειν καὶ λέγειν· ⸀υἱὲ Δαυὶδ Ἰησοῦ, ἐλέησόν με.	ἐβόησεν λέγων· Ἰησοῦ υἱὲ Δαυίδ, ἐλέησόν με.	
[31] ὁ δὲ ὄχλος ἐπετίμησεν αὐτοῖς ἵνα σιωπήσωσιν· οἱ δὲ ⸀μεῖζον ⸀ἔκραξαν λέγοντες· ⸂ἐλέησον ἡμᾶς, κύριε,⸃ ⸀[1]υἱὸς Δαυίδ.		[48] ⸋καὶ ἐπετίμων αὐτῷ πολλοὶ ἵνα σιωπήσῃ· ὁ δὲ πολλῷ μᾶλλον ἔκραζεν· ⸀υἱὲ Δαυίδ, ἐλέησόν με.⸌	[39] καὶ οἱ προάγοντες ἐπετίμων αὐτῷ ἵνα ⸀σιγήσῃ, αὐτὸς δὲ °πολλῷ μᾶλλον ἔκραζεν· ⸀υἱὲ Δαυίδ, ἐλέησόν με.	
[32] καὶ στὰς °ὁ Ἰησοῦς ἐφώνησεν αὐτοὺς	[28] ⸂ἐλθόντι δὲ⸃ εἰς τὴν οἰκίαν	[49] καὶ στὰς ὁ Ἰησοῦς εἶπεν ⸂· φωνήσατε αὐτόν⸃. ⸂καὶ φωνοῦσιν τὸν τυφλὸν λέγοντες αὐτῷ·⸃ ⸀θάρσει, ⸀ἔγειρε, φωνεῖ σε. [50] ὁ δὲ ⸀ἀποβαλὼν τὸ ἱμάτιον	[40] σταθεὶς δὲ °ὁ Ἰησοῦς ἐκέλευσεν αὐτὸν ἀχθῆναι ⸋πρὸς αὐτόν⸌.	
	προσῆλθον αὐτῷ οἱ ⸆ τυφλοί,	αὐτοῦ ⸀ἀναπηδήσας ἦλθεν πρὸς ⸂τὸν Ἰησοῦν⸃. [51] καὶ °ἀποκριθεὶς ⸂αὐτῷ ὁ Ἰησοῦς εἶπεν⸃·	ἐγγίσαντος δὲ αὐτοῦ	
καὶ εἶπεν·	καὶ λέγει αὐτοῖς ὁ Ἰησοῦς·		ἐπηρώτησεν αὐτόν ⸆·	
τί θέλετε ⸆ ποιήσω ὑμῖν;	πιστεύετε ὅτι ⸂δύναμαι τοῦτο⸃ ποιῆσαι;	τί ⸉σοι θέλεις ποιήσω;	[41] τί σοι θέλεις ποιήσω;	
[33] λέγουσιν αὐτῷ· κύριε, ἵνα ἀνοιγῶσιν ⸉οἱ ὀφθαλμοὶ ἡμῶν⸊. ⸆	λέγουσιν αὐτῷ· ναὶ κύριε ⸆.	ὁ δὲ τυφλὸς εἶπεν αὐτῷ· ⸀ῥαββουνί, ἵνα ἀναβλέψω.	ὁ δὲ εἶπεν· κύριε, ἵνα ⸀ἀναβλέψω.	
[34] σπλαγχνισθεὶς δὲ ὁ Ἰησοῦς ἥψατο ⸂τῶν ὀμμάτων αὐτῶν⸃,	[29] τότε ἥψατο τῶν ⸀ὀφθαλμῶν αὐτῶν ⸀λέγων· κατὰ τὴν πίστιν ὑμῶν γενηθήτω ὑμῖν.	[52] ⸂καὶ ὁ⸃ Ἰησοῦς εἶπεν αὐτῷ· ⸀ὕπαγε, ἡ πίστις σου σέσωκέν σε.	[42] καὶ ὁ Ἰησοῦς εἶπεν αὐτῷ· ἀνάβλεψον· ἡ πίστις σου σέσωκέν σε.	
καὶ εὐθέως ἀνέβλεψαν ⸆	[30] καὶ ⸆ ἠνεῴχθησαν αὐτῶν οἱ ὀφθαλμοί. καὶ ⸀ἐνεβριμήθη αὐτοῖς ὁ Ἰησοῦς λέγων· ὁρᾶτε μηδεὶς γινωσκέτω. [31] οἱ δὲ ἐξελθόντες διεφήμισαν αὐτὸν ἐν °ὅλῃ τῇ γῇ ἐκείνῃ.	καὶ ⸀εὐθὺς ἀνέβλεψεν	[43] καὶ παραχρῆμα ἀνέβλεψεν	

Matth. 20: 30 ⸂ † *3 1 2* B L Z 085 *pc* vg sa^pt bo ¦ *p) 1 2* ℵ D Θ φ *al* it sy^c ¦ *txt* 𝔓^45vid C ℜ W λ *pm* f q sy^p sa^pt | ⸀*p)* υιε 𝔓^45 𝔊 D 085 λ *pm* lat sy^c.p sa^pt bo^pt ¦ Ιησου υιε ℵ Θ *al* c h n sa^pt bo^pt ¦ *txt* B ℜ W φ *al* ‖ 31 ⸀*p)* πολλω μαλλον ℵ | ⸀εκραζον C ℜ W λ *pm* ¦ εκραυγαζον Θ φ ¦ εκραυγασαν 𝔓^45 ¦ *txt* B ℵ D 085 *pc* | ⸂ † *3 1 2* B ℵ D Z Θ 085 φ *pc lat* ¦ *txt* C ℜ W λ *pm* f ff^2 q | ⸀[1] *p)* υιε 𝔊 D 085 *pm* latt ¦ *txt* B ℜ W Z Θ λ φ *al* ‖ 32 ° B | ⸆ινα ℵ^corr *al* lat ‖ 33 ⸉ *3 1 2* C ℜ W Θ λ φ *pm* | ⸆ (9,28) Quibus dixit Jesus: Creditis posse me hoc facere? qui responderunt ei: Ita, Domine c ¦ et videamus te sy^c ‖ 34 ⸂ *3 1 2* B ¦ *1 2* Θ ¦ *p)* τ. οφθαλμων αυτων ℵ^corr C ℜ W λ *pl* ¦ τ. οφθ. αυτου ℵ* ¦ *txt* D L Z φ *pc* | ⸆αυτων οι οφθαλμοι C ℜ W *al* q sy^p sa^pt

Matth. 9: 27 ⸀κραυγαζοντες ℵ | ⸀υιε 𝔊 D Θ 0250 *pm*; Or ¦ *txt* B G W *pm* ‖ 28 ⸂και ερχεται D it ¦ εισελθοντι δε αυτω ℵ* | ⸆δυο ℵ* D *pc* it | ⸂ *2 1* B l q ¦ δυν. υμιν τ. ℵ* (⸉ lat) | ⸆πιστευομεν sy^s ‖ 29 ⸀ομματων D Θ | ⸀και ειπεν D λ ‖ 30 ⸆ *p)* παραχρημα Φ *pc* a g^1 h sy^s.p | ⸀-μησατο ℜ D W Θ 0250 φ *pl* ‖ 31 ° ℵ* sy^s

Mark.: 47 ⸀*p)* υιος D φ *al*; Or^pt ¦ ο υ. ℜ A W λ *al* ‖ 48 ⸋*vs* W *pc* | ⸀*p)* υιος D *al*; Or^pt ¦ ο υ. λ ¦ Ιησου υιε φ ‖ 49 ⸂αυτ. φωνηθηναι ℜ A D W Θ (⸉ λ φ) *pm* lat | ⸂οι δε λεγουσιν τω τυφλω D 565 it | ⸀θαρσων W λ φ | ⸀εγειρου λ φ ¦ — k ‖ 50 ⸀επιβ- 565 lat | ⸀αναστας C ℜ A W 069 λ φ *pm* | ⸂αυτον D Θ 565 lat ‖ 51 ° aur c sy^p | ⸂λεγει αυτω ο Ιησους ℜ A W (— ο I. Θ) λ *pm* | ⸉ *p.* ποιησω ℜ A D W 069 λ φ *pm* it | ⸀κυριε ραββι D it ¦ ραββι 1241 k q sy^p bo^pt ¦ *p)* κυριε 409 ‖ 52 ⸂ο δε ℵ* C ℜ A D W Θ 0133 λ φ *pm* | ⸀αναβλεψον 61 *pc* sy^p | ⸀ευθεως C ℜ A D W Θ λ *pm*

Luk.: 39 ⸀*p)* σιωπηση ℵ ℜ A Θ 063 λ φ *pm* | ° D c sy^s.c sa | ⸀υιος D ¦ Ιησου υιε ℵ^2 063 λ φ *pc* ‖ 40 ° B D T | ⸋ D λ it sy^s.c | ⸆λεγων ℜ A W Θ 063 λ *pl* ‖ 41 ⸀ανοιχθωσιν μου οι οφθαλμοι και αναβλεψω σε sy^c

[14] cf Mt 12,23; 15,22; 21,9.15; Mc 11,10; 12,35; Lc 20,41 ‖ [15sq] cf Mt 19,13 = Mc 10,13 = Lc 18,15 *(nr 253)* ‖ [23] cf 2 Rg 7,15 ‖ [29 (Mc)] cf Jo 20,16 ‖ [32sqq] cf 43sqq. 47sqq. 50sq. 61sq; cf Act 14,9 ‖ [33sq (Mt)] cf Mt 8,13; 15,28 ‖ [35sqq] cf Mt 8,4; 12,16; Mc 1,34.44; 3,12; 5,43; 7,36; 8,26.30; 9,9; Lc 5,14; 8,56; 9,21 | cf Mt 26,8; Mc 1,43; 14,5; Jo 11,33.38

[Matth.]

[20, 29-34]

καὶ ἠκολούθησαν αὐτῷ.

(nr. 269 21, 1-9 p. 365)

9, 22 (nr. 95, p. 129)

22 Ὁ δὲ Ἰησοῦς στραφεὶς καὶ ἰδὼν αὐτὴν εἶπεν· θάρσει, θύγατερ· ἡ πίστις σου σέσωκέν σε. καὶ ἐσώθη ἡ γυνὴ ἀπὸ τῆς ὥρας ἐκείνης.

[Mark. 10, 46-52]

καὶ ἠκολούθει ⸀αὐτῷ ἐν τῇ ὁδῷ.

(nr. 269 11, 1-10 p. 365)

5, 34 (nr. 138, p. 190)

34 Ὁ δὲ εἶπεν αὐτῇ· θυγάτηρ, ἡ πίστις σου σέσωκέν σε· ὕπαγε εἰς εἰρήνην καὶ ἴσθι ὑγιὴς ἀπὸ τῆς μάστιγός σου.

[Luk. 18, 35-43]

καὶ ⸀ἠκολούθει αὐτῷ δοξάζων τὸν θεόν. καὶ πᾶς ὁ ⸀λαὸς °ἰδὼν ἔδωκεν ⸀¹αἶνον τῷ θεῷ.

8, 48 (nr. 138, p. 190)

48 Ὁ δὲ εἶπεν αὐτῇ· θυγάτηρ, ἡ πίστις σου σέσωκέν σε· πορεύου εἰς εἰρήνην.

7, 50 (nr. 114, p. 160)

50 Εἶπεν δὲ πρὸς τὴν γυναῖκα· ἡ πίστις σου σέσωκέν σε· πορεύου εἰς εἰρήνην.

17, 19 (nr. 233, p. 314)

19 Καὶ εἶπεν αὐτῷ· ἀναστὰς πορεύου· ἡ πίστις σου σέσωκέν σε.

Joh.

Mark. 8, 22–26 *(cf. nr. 156, p. 228)*: 22 Καὶ ἔρχονται εἰς Βηθσαϊδάν. Καὶ φέρουσιν αὐτῷ τυφλὸν καὶ παρακαλοῦσιν αὐτὸν ἵνα αὐτοῦ ἅψηται. 23 καὶ ἐπιλαβόμενος τῆς χειρὸς τοῦ τυφλοῦ ἐξήνεγκεν αὐτὸν ἔξω τῆς κώμης καὶ πτύσας εἰς τὰ ὄμματα αὐτοῦ, ἐπιθεὶς τὰς χεῖρας αὐτῷ ἐπηρώτα αὐτόν· εἴ τι βλέπεις; 24 καὶ ἀναβλέψας ἔλεγεν· βλέπω τοὺς ἀνθρώπους ὅτι ὡς δένδρα ὁρῶ περιπατοῦντας. 25 εἶτα πάλιν ἐπέθηκεν τὰς χεῖρας ἐπὶ τοὺς ὀφθαλμοὺς αὐτοῦ, καὶ διέβλεψεν καὶ ἀπεκατέστη καὶ ἐνέβλεπεν τηλαυγῶς ἅπαντα. 26 καὶ ἀπέστειλεν αὐτὸν εἰς οἶκον αὐτοῦ λέγων· μηδὲ εἰς τὴν κώμην εἰσέλθῃς.

Joh. 9, 1–7 *(cf. nr. 248, p. 330)*: 1 Καὶ παράγων εἶδεν ἄνθρωπον τυφλὸν ἐκ γενετῆς. 2 καὶ ἠρώτησαν αὐτὸν οἱ μαθηταὶ αὐτοῦ λέγοντες· ῥαββί, τίς ἥμαρτεν, οὗτος ἢ οἱ γονεῖς αὐτοῦ, ἵνα τυφλὸς γεννηθῇ; 3 ἀπεκρίθη Ἰησοῦς· οὔτε οὗτος ἥμαρτεν οὔτε οἱ γονεῖς αὐτοῦ, ἀλλ' ἵνα φανερωθῇ τὰ ἔργα τοῦ θεοῦ ἐν αὐτῷ. 4 ἡμᾶς δεῖ ἐργάζεσθαι τὰ ἔργα τοῦ πέμψαντός με ἕως ἡμέρα ἐστίν· ἔρχεται νὺξ ὅτε οὐδεὶς δύναται ἐργάζεσθαι. 5 ὅταν ἐν τῷ κόσμῳ ὦ, φῶς εἰμι τοῦ κόσμου. 6 ταῦτα εἰπὼν ἔπτυσεν χαμαὶ καὶ ἐποίησεν πηλὸν ἐκ τοῦ πτύσματος καὶ ἐπέχρισεν αὐτοῦ τὸν πηλὸν ἐπὶ τοὺς ὀφθαλμοὺς 7 καὶ εἶπεν αὐτῷ· ὕπαγε νίψαι εἰς τὴν κολυμβήθραν τοῦ Σιλωάμ (ὃ ἑρμηνεύεται ἀπεσταλμένος). ἀπῆλθεν οὖν καὶ ἐνίψατο καὶ ἦλθεν βλέπων.

Herm. Pastor. Vis. III, 8, 3: Ἄκουε νῦν τὰς ἐνεργείας αὐτῶν. ἡ μὲν πρώτη αὐτῶν, ἡ κρατοῦσα τὰς χεῖρας, Πίστις καλεῖται· διὰ ταύτης σῴζονται οἱ ἐκλεκτοὶ τοῦ θεοῦ.

Mark.: 52 ⸀τω Ιησου ℜ Θ 118 *pm*

Luk.: 43 ⸀ηκολουθησεν W* *pc* | ⸀οχλος Q ϕ *al* | ° Π **047** *pc* | ⸀¹ δοξαν D

---

40 sqq cf Lc 5, 25 sq; 7, 16; 9, 43; 13, 13; 17, 15; 23, 47; 19, 37 || *43 sqq 32 sqq* || *47 sqq cf 32 sqq* || *50 sq cf 32 sqq* || *52 sqq cf 1 sqq* || *56 sqq cf 1 sqq* || *61 sq cf 32 sqq*

265. Zachäus

Zachaeus

Zacchaeus

Matth. [18, 11]
9, 9-13

Mark.
2, 13-17

Luk. 19, 1-10
5, 27-32; 15, 2

1 Καὶ εἰσελθὼν διήρχετο τὴν Ἰεριχώ. 2 Καὶ ἰδοὺ ἀνὴρ ὀνόματι °καλούμενος Ζακχαῖος, καὶ αὐτὸς ἦν ἀρχιτελώνης ⸂καὶ αὐτὸς⸃ πλούσιος· 3 καὶ ἐζήτει ἰδεῖν τὸν Ἰησοῦν τίς ἐστιν καὶ οὐκ ἠδύνατο ἀπὸ τοῦ ὄχλου, ὅτι τῇ ἡλικίᾳ

Joh.

Luk.: 2 ° D G *pc* lat sy bo^pt | ⸂κ. α. ην U Θ a c ff² r¹ ¦ κ. ουτος ην ℜ A (W) Γ Δ **063** *pm* ¦ κ. ην ℵ L 892. 1241 *pc* ¦ — D e (l s) ¦ *txt* B K Π **0139** ϕ 1. 579 *al* lat

---

1 sqq cf 19 sqq

Matth. | Mark. | **[Luk. 19, 1-10]** | Joh.

[Luk. 19, 1-10]

μικρὸς ἦν. [4]καὶ ⸀προδραμὼν ⸋εἰς τὸ⸌ ἔμπροσθεν ἀνέβη
ἐπὶ συκομορέαν ἵνα ἴδῃ αὐτὸν ὅτι ⸆ ἐκείνης ἤμελλεν δι-
έρχεσθαι. [5]καὶ ⸂ὡς ἦλθεν ἐπὶ τὸν τόπον, ἀναβλέψας °ὁ
Ἰησοῦς⸃ ⸆ εἶπεν πρὸς αὐτόν· Ζακχαῖε, ⸀σπεύσας κατά-
βηθι, ⸄σήμερον γὰρ⸅ ἐν τῷ οἴκῳ σου δεῖ με μεῖναι. [6]καὶ
σπεύσας κατέβη καὶ ὑπεδέξατο αὐτὸν χαίρων. [7]καὶ ἰδόν-
τες πάντες διεγόγγυζον °λέγοντες ὅτι παρὰ ⸉ἁμαρτωλῷ
ἀνδρὶ⸊ εἰσῆλθεν καταλῦσαι. [8]σταθεὶς δὲ ⸆ Ζακχαῖος εἶπεν
πρὸς τὸν κύριον· ἰδοὺ τὰ ⸀ἡμίσιά ⸉μου τῶν ὑπαρχόντων⸊,
κύριε, ⸂τοῖς πτωχοῖς δίδωμι⸃, καὶ εἴ τινός τι ἐσυκοφάν-
τησα ἀποδίδωμι τετραπλοῦν. [9]εἶπεν δὲ πρὸς αὐτὸν °ὁ
Ἰησοῦς ὅτι σήμερον σωτηρία ⸆ τῷ οἴκῳ τούτῳ ἐγένετο,
καθότι καὶ αὐτὸς υἱὸς Ἀβραάμ °¹ἐστιν· [10]ἦλθεν γὰρ ὁ
υἱὸς τοῦ ἀνθρώπου ζητῆσαι καὶ σῶσαι τὸ ἀπολωλός.

Matth.

[18, 11] *(nr. 169, p. 251)*

⟦[11]Ἦλθεν γὰρ ὁ υἱὸς τοῦ ἀνθρώπου σῶσαι τὸ ἀπολωλός.⟧

Matth. 9, 9-13 *(nr. 93, p. 126)*

[9]Καὶ παράγων ὁ Ἰησοῦς ἐκεῖθεν εἶδεν ἄνθρωπον καθήμενον ἐπὶ τὸ τελώνιον, Μαθθαῖον λεγόμενον, καὶ λέγει αὐτῷ· ἀκολούθει μοι. καὶ ἀναστὰς ἠκολούθησεν αὐτῷ. [10]Καὶ ἐγένετο αὐτοῦ ἀνακειμένου ἐν τῇ οἰκίᾳ, καὶ ἰδοὺ πολλοὶ τελῶναι καὶ ἁμαρτωλοὶ ἐλθόντες συνανέκειντο τῷ Ἰησοῦ καὶ τοῖς μαθηταῖς αὐτοῦ. [11]καὶ ἰδόντες οἱ Φαρισαῖοι ἔλεγον τοῖς μαθηταῖς αὐτοῦ· διὰ τί μετὰ τῶν τελωνῶν καὶ ἁμαρτωλῶν ἐσθίει ὁ διδάσκαλος ὑμῶν; [12]ὁ δὲ ἀκούσας εἶπεν· οὐ χρείαν ἔχουσιν οἱ ἰσχύοντες ἰατροῦ ἀλλ' οἱ κακῶς ἔχοντες. [13]πορευθέντες δὲ μάθετε τί ἐστιν· ἔλεος θέλω καὶ οὐ θυσίαν· οὐ γὰρ ἦλθον καλέσαι δικαίους ἀλλὰ ἁμαρτωλούς.

Mark. 2, 13-17 *(nr. 44, p. 62)*

[13]Καὶ ἐξῆλθεν πάλιν παρὰ τὴν θάλασσαν· καὶ πᾶς ὁ ὄχλος ἤρχετο πρὸς αὐτόν, καὶ ἐδίδασκεν αὐτούς. [14]Καὶ παράγων εἶδεν Λευὶν τὸν τοῦ Ἁλφαίου καθήμενον ἐπὶ τὸ τελώνιον, καὶ λέγει αὐτῷ· ἀκολούθει μοι. καὶ ἀναστὰς ἠκολούθησεν αὐτῷ. [15]Καὶ γίνεται κατακεῖσθαι αὐτὸν ἐν τῇ οἰκίᾳ αὐτοῦ, καὶ πολλοὶ τελῶναι καὶ ἁμαρτωλοὶ συνανέκειντο τῷ Ἰησοῦ καὶ τοῖς μαθηταῖς αὐτοῦ· ἦσαν γὰρ πολλοὶ καὶ ἠκολούθουν αὐτῷ. [16]καὶ οἱ γραμματεῖς τῶν Φαρισαίων ἰδόντες ὅτι ἐσθίει μετὰ τῶν ἁμαρτωλῶν καὶ τελωνῶν ἔλεγον τοῖς μαθηταῖς αὐτοῦ· ὅτι μετὰ τῶν τελωνῶν καὶ ἁμαρτωλῶν ἐσθίει; [17]καὶ ἀκούσας ὁ Ἰησοῦς λέγει αὐτοῖς [ὅτι] οὐ χρείαν ἔχουσιν οἱ ἰσχύοντες ἰατροῦ ἀλλ' οἱ κακῶς ἔχοντες· οὐκ ἦλθον καλέσαι δικαίους ἀλλὰ ἁμαρτωλούς.

Luk. 5, 27-32 *(nr. 44, p. 62)*

[27]Καὶ μετὰ ταῦτα ἐξῆλθεν καὶ ἐθεάσατο τελώνην ὀνόματι Λευὶν καθήμενον ἐπὶ τὸ τελώνιον, καὶ εἶπεν αὐτῷ· ἀκολούθει μοι. [28]καὶ καταλιπὼν πάντα ἀναστὰς ἠκολούθει αὐτῷ. [29]Καὶ ἐποίησεν δοχὴν μεγάλην Λευὶς αὐτῷ ἐν τῇ οἰκίᾳ αὐτοῦ, καὶ ἦν ὄχλος πολὺς τελωνῶν καὶ ἄλλων οἳ ἦσαν μετ' αὐτῶν κατακείμενοι. [30]καὶ ἐγόγγυζον οἱ Φαρισαῖοι καὶ οἱ γραμματεῖς αὐτῶν πρὸς τοὺς μαθητὰς αὐτοῦ λέγοντες· διὰ τί μετὰ τῶν τελωνῶν καὶ ἁμαρτωλῶν ἐσθίετε καὶ πίνετε; [31]καὶ ἀποκριθεὶς ὁ Ἰησοῦς εἶπεν πρὸς αὐτούς· οὐ χρείαν ἔχουσιν οἱ ὑγιαίνοντες ἰατροῦ ἀλλὰ οἱ κακῶς ἔχοντες· [32]οὐκ ἐλήλυθα καλέσαι δικαίους ἀλλὰ ἁμαρτωλοὺς εἰς μετάνοιαν.

Matth.: [18, 11] + 𝔎 D W *pm* lat sy^c.p^ bo^pt^ ¦ — 𝔋 Θ 1.13 *al* e ff^1^ sy^s^ sa bo^pt^; Or

Luk.: 4 ⸀προσδ- 𝔎 L W Γ Ψ **063.0139** *al* ¦ δρ- 69 *al* ¦ προλαβων D | ⸋ 𝔎 A D W Γ Δ **063** λ φ *pl* ¦ *txt* B ℵ L Θ **0139** *pc* e | ⸆δι Θ Ψ λ 69 *pm* a l s || 5 ⸂εγενετο εν τω διερχεσθαι αυτον ειδεν και D (157) it (sy^s.c^) | ° B **0139** | ⸆ειδεν αυτον και 𝔎 A (D) W Γ Δ **063** φ *pl* lat | ⸀σπευσον D *pc* e q | ⸄οτι σημ. D (*pc*) latt; Epiph || 7 ° D it | ⸉ ℵ lat || 8 ⸆ο ℵ D **063** λ *pc* | ⸀† ημιση 𝔎 (A) D^2^ (R, W) λ φ *pm* ¦ *txt* B ℵ L Θ *al*; Mcion | ⸉ *2 3 1* 𝔎 A (D) W Γ Δ **063** φ 131 *pm* | ⸂ *3 1 2* 𝔎 A W Γ Δ **063** φ 131 *pl* lat ¦ *2 3* B *pc* || 9 ° B *pc* | ⸆εν A D *pc* | °¹ ℵ* L R *pc* ¦ *txt* B ℵ^corr^ 𝔎 A D W Γ Δ Θ **063** λ φ *pl*

---

^10^ cf Lc 15, 5 || ^11sq^ *cf 29 sqq. 40 sqq* || ^12sqq^ cf Lc 16, 1 sqq; Nu 5, 6 sqq; 2 Sm 12, 6; *43 sq* || ^16sq^ cf Ez 34, 16; Lc 15, 4-7; Mt 18, 12-14 *(= nr 219)*; Lc 9, 56 app; Jo 3, 17; 1 Tm 1, 15 || ^17sq^ *cf 45. 46* || ^19sqq^ *cf 1 sqq* || ^29sqq^ *cf 11 sq. 43 sq*

Matth.	Mark.	Luk.	Joh.
		15,2 *(nr. 219, p. 304)* 2 Καὶ διεγόγγυζον οἵ τε Φαρισαῖοι καὶ οἱ γραμματεῖς λέγοντες ὅτι οὗτος ἁμαρτωλοὺς προσδέχεται καὶ συνεσθίει αὐτοῖς.	

Matthiae traditiones (Clemens Alex., Strom. IV, 6, 35, 2): Ζακχαῖον τοίνυν, οἳ δὲ Ματθίαν φασίν, ἀρχιτελώνην, ἀκηκοότα τοῦ κυρίου καταξιώσαντος πρὸς αὐτὸν γενέσθαι, »ἰδοὺ τὰ ἡμίση τῶν ὑπαρχόντων μου δίδωμι ἐλεημοσύνην«, φάναι, »κύριε, καὶ εἴ τινός τι ἐσυκοφάντησα, τετραπλοῦν ἀποδίδωμι«. ἐφ' οὗ καὶ ὁ σωτὴρ εἶπεν· »ὁ υἱὸς τοῦ ἀνθρώπου ἐλθὼν σήμερον τὸ ἀπολωλὸς εὗρεν«.

2. Clem. ad Cor. 2,7: Οὕτως καὶ ὁ Χριστὸς ἠθέλησεν σῶσαι τὰ ἀπολλύμενα, καὶ ἔσωσεν πολλούς, ἐλθὼν καὶ καλέσας ἡμᾶς ἤδη ἀπολλυμένους.

40sqq cf 11 sq. 29 sqq || *43sq cf 12 sqq* || *45 cf 17 sq* || *46 cf 17 sq*

266. Gleichnis von den anvertrauten Pfunden

Parabola mnarum *(cf. nr. 299)* **The Parable of the Pounds**

Matth. 25,14-30 24,45-47; 13,12	Mark. 13,34 4,25	**Luk. 19,11-27** 12,42-44; 8,18b	Joh.
25,14-30 *(nr. 299, p. 413)* 14 ⸀Ὥσπερ °γὰρ ἄνθρωπος ἀποδημῶν ἐκάλεσεν τοὺς ἰδίους δούλους καὶ παρέδωκεν αὐτοῖς τὰ ὑπάρχοντα αὐτοῦ, 15 καὶ ᾧ μὲν ἔδωκεν πέντε τάλαντα, ᾧ δὲ δύο, ᾧ δὲ ἕν, ἑκάστῳ κατὰ τὴν ⸀ἰδίαν δύναμιν⸃, καὶ ἀπεδήμησεν⸀. εὐθέως 16 πορευθεὶς⸃ ὁ τὰ πέντε τάλαντα λαβὼν ἠργάσατο ἐν αὐτοῖς καὶ ⸀ἐκέρδησεν ἄλλα	13,34 *(nr. 294, p. 407)* 34 ⸀⸀Ὡς ἄνθρωπος ⸀ἀπόδημος ἀφεὶς τὴν οἰκίαν αὐτοῦ καὶ δοὺς τοῖς δούλοις αὐτοῦ τὴν ἐξουσίαν ⸆ἑκάστῳ τὸ ἔργον αὐτοῦ καὶ τῷ θυρωρῷ ἐνετείλατο ἵνα γρηγορῇ.	11 Ἀκουόντων δὲ αὐτῶν ταῦτα προσθεὶς εἶπεν παραβολὴν διὰ τὸ ⸂ἐγγὺς εἶναι Ἰερουσαλὴμ αὐτὸν⸃ καὶ δοκεῖν αὐτοὺς ὅτι παραχρῆμα ⸂μέλλει ἡ βασιλεία τοῦ θεοῦ ἀναφαίνεσθαι. 12 εἶπεν ⸀οὖν· ἄνθρωπός τις εὐγενὴς ⸀ἐπορεύθη εἰς χώραν μακρὰν λαβεῖν °ἑαυτῷ βασιλείαν καὶ ὑποστρέψαι. 13 καλέσας δὲ δέκα δούλους ⸀ἑαυτοῦ ἔδωκεν αὐτοῖς δέκα μνᾶς καὶ εἶπεν πρὸς αὐτούς⸀· πραγματεύσασθε ἐν ᾧ ἔρχομαι. 14 οἱ δὲ πολῖται °αὐτοῦ ἐμίσουν αὐτὸν καὶ ⸀ἀπέστειλαν πρεσβείαν ὀπίσω αὐτοῦ λέγοντες· οὐ θέλομεν τοῦτον βασιλεῦσαι ἐφ' ἡμᾶς.	

Matth.: 14 ° D W || 15 ⸀ δυν. αυτου D || **15.16** ⸀. ευθεως δε πορ. Θ λ *pc* it ¦ ευθεως. πορ. δε ℵ^{corr} C ℜ A D L W **074.0136** φ *pm* ¦ *txt* B ℵ* *pc* || 16 ⸀ (cf Lc 19,18) εποιησεν ℵ* ℜ A^{corr} W Δ Φ **0136**.13.700 *pm*

Mark.: 34 ⸀ ωσπερ λ 565 *pc* ¦ *p)* ωσπερ γαρ W Θ φ *pc* | ⸀ *p)* -δημων D Θ λ 565 *pc* lat | ⸆ και C² ℜ A W Γ Δ Φ λ φ 157.892 *pm* sy$^{p.h}$

Luk.: 11 ⸂ *1 4 2 3* ℜ A W Γ Δ Θ φ *pm* ¦ *4 1-3* 1.131 *pc* ¦ *2 4 1 3* D *pc* ¦ *txt* B ℵ L 157 *pc* | ⸂ *p.* θεου ℵ W *pc* ¦ *p.* οτι D || 12 ⸀ δε D L *pc* | ⸀ επορευετο D H 157 *pc* | ° D it || 13 ⸀ αυτου D Γ **063**.118.209 *pc* | ⸀ πρ-ευσασθαι ℵ A E L **063** *al* ¦ -ευεσθαι D W Θ *al* ¦ · πρ-ευεσθε λ *al* || 14 ° D *pc* b ff² l | ⸀ ενεπεμψαν D*

3sqq cf Lc 24,21; Act 1,6 || *5sqq cf 70sqq* || *13sqq cf 62sqq* || *15sq* cf Mt 21,38

[Matth. 25, 14-30]

πέντε⸆. 17 ὡσαύτως⸆ ὁ τὰ δύο ⸀ἐκέρδησεν ἄλλα δύο. 18 ὁ δὲ τὸ ἓν λαβὼν °ἀπελθὼν ὤρυξεν ⸀γῆν καὶ ⸁ἔκρυψεν τὸ ἀργύριον τοῦ κυρίου αὐτοῦ. 19 μετὰ δὲ ⸂πολὺν χρόνον⸃ ἔρχεται ὁ κύριος τῶν δούλων ἐκείνων

καὶ συναίρει ⸉λόγον μετ᾽ αὐτῶν⸊. 20 καὶ προσελθὼν ὁ τὰ πέντε τάλαντα λαβὼν προσήνεγκεν ἄλλα πέντε τάλαντα λέγων· κύριε, πέντε τάλαντά μοι παρέδωκας· ἴδε ἄλλα πέντε τάλαντα ⸀ἐκέρδησα. 21 ἔφη⸆ αὐτῷ ὁ κύριος αὐτοῦ· εὖ, δοῦλε ἀγαθὲ καὶ πιστέ, ⸀ἐπὶ ὀλίγα ἦς πιστός, ἐπὶ πολλῶν σε καταστήσω· εἴσελθε εἰς τὴν χαρὰν τοῦ κυρίου σου. 22 προσελθὼν °[δὲ] καὶ ὁ τὰ δύο τάλαντα⸆ εἶπεν· κύριε, δύο τάλαντά μοι παρέδωκας· ἴδε ἄλλα δύο τάλαντα ⸀ἐκέρδησα. 23 ἔφη αὐτῷ ὁ κύριος αὐτοῦ· εὖ, δοῦλε ἀγαθὲ καὶ πιστέ, ⸀ἐπὶ ὀλίγα ⸉ἦς πιστός⸊, ἐπὶ πολλῶν σε καταστήσω· εἴσελθε εἰς τὴν χαρὰν τοῦ κυρίου σου. 24 προσελθὼν δὲ καὶ ὁ τὸ ἓν τάλαντον εἰληφὼς εἶπεν· κύριε,

ἔγνων °σε ὅτι σκληρὸς εἶ ἄνθρωπος, θερίζων ὅπου οὐκ ἔσπειρας καὶ συνάγων ⸀ὅθεν οὐ διεσκόρπισας, 25 καὶ φοβηθεὶς ⸀ἀπελθὼν ἔκρυψα τὸ τάλαντόν σου ἐν τῇ γῇ· ἴδε ἔχεις

Mark.

[Luk. 19, 11-27]

15 καὶ ἐγένετο ⸋ἐν τῷ⸌ ἐπανελθεῖν αὐτὸν λαβόντα τὴν βασιλείαν καὶ εἶπεν φωνηθῆναι ⸀αὐτῷ τοὺς δούλους ⸁τούτους οἷς ⸀¹δεδώκει τὸ ἀργύριον, ἵνα ⸀²γνοῖ ⸂τί διεπραγματεύσαντο⸃. 16 παρεγένετο δὲ ὁ πρῶτος

λέγων· κύριε, ἡ μνᾶ σου

⸉δέκα προσηργάσατο μνᾶς⸊. 17 καὶ εἶπεν αὐτῷ· ⸀εὖγε, ἀγαθὲ δοῦλε, ὅτι ἐν ἐλαχίστῳ πιστὸς ἐγένου, ἴσθι ἐξουσίαν ἔχων ἐπάνω δέκα πόλεων.

18 καὶ ⸂ἦλθεν ὁ δεύτερος λέγων⸃· ⸉ἡ μνᾶ σου, κύριε⸊,

ἐποίησεν πέντε μνᾶς. 19 εἶπεν δὲ καὶ τούτῳ· καὶ σὺ

ἐπάνω ⸉γίνου πέντε πόλεων.

20 καὶ °ὁ ἕτερος ἦλθεν λέγων· κύριε, ἰδοὺ ἡ μνᾶ σου ἣν εἶχον ἀποκειμένην ἐν σουδαρίῳ· 21 ⸂ἐφοβούμην γάρ σε, ὅτι ἄνθρωπος αὐστηρὸς εἶ⸃, αἴρεις ὃ οὐκ ἔθηκας καὶ θερίζεις ὃ οὐκ ἔσπειρας⸆.

Joh.

Matth.: 16 ⸆ταλαντα ℵCℜADWλφ*pm* ¦ *txt* BLΘ074.33*pc* lat ‖ 17 ⸆και Bℵ^corr^C^3^ℜDWΔ 074 λφ*pm* it sy^s.p^ sa bo^pt^ ¦ δε και A Φ*pc* ¦ *txt* ℵ*C*LΘ 33*pc* aur b vg | ⸀και αυτος εκ. D ¦ εκ. και αυτ. ℜAWΔΘ 074 λφ*pm* ¦ *txt* BℵC*L 33.892*pc* (lat) sa bo ‖ 18 °D it | ⸀εν τη γη ℜADWΘ 074 λφ*pl* lat sy^s.p^ sa bo^pt^ ¦ την γ. C*700 ¦ *txt* BℵL 33*pc* | ⸁απεκρ- ℜWΔΘ 074 λφ*pl* ‖ 19 ⸂*2 1* ℜAΔΦ*pm* ¦ χρ. τινα W | ⸉ℜAWΦφ 565*pm* ‖ 20 ⸀επεκ- DΘ 700 lat ¦ εκ. επ αυτοις CℜAWΔΦ 074 λφ*pm* ‖ 21 ⸆δε ℜAWΔΦλφ*pm* | ⸀επει επ D lat; Ir Or ‖ 22 °† Bℵ* ¦ *txt* CℜADLWΘ 074 λφ*pl* lat | ⸆λαβων ℵℜDX*pm* verss | ⸀επεκ- DΘ ¦ εκ. επ αυτοις CℜAWΔΦ 074 λφ*pm* ¦ *txt* 𝔓^35vid^ BℵL 33.124.700.892**pc* ‖ 23 ⸀επει επ D lat; Ir Or Cyp | ⸉B ‖ 24 °DΘ*pc* lat; Or | ⸀οπου DW(lat) ‖ 25 ⸀απηλθον και D it

Luk.: 15 ⸋DΔ | ⸀αυτου DΓ ¦ — WΔ*pc* | ⸁αυτου Θ*pc* a d r^1^ ¦ — Dλ lat; Or | ⸀¹εδωκεν ℜAWΓΔΘ 063 φ 118.209*pl* | ⸀²γνω ℜAWΓΔΘλφ*pl* | ⸂† τις τι διεπ-σατο ℜA(W)ΓΔΘ 063.0272 λφ*pm* lat ¦ *txt* ℌD*pc* e; Or ‖ 16 ⸉*2 1 3* ℜAWΓΔΘ 063 φ*pm* ¦ *1 3 2* D*pc* lat ¦ *txt* BℵLλ*pc* ‖ 17 ⸀ευ ℵℜALWΓΔΘ 063 λφ*pl* ¦ *txt* BD*pc* ‖ 18 ⸂ο ετερος ελθων ειπεν D | ⸉*4 1-3* ℜADWΓΔΘ 063.0182^vid^ λφ*pl* lat ¦ *txt* BℵL*pc* ‖ 19 ⸉*a.* και D ¦ *p.* συ ℜAWΓΔΘ 063.0182 φ*pl* ¦ *txt* BℵLλ157*pc* ‖ 20 °ℜAWΓΔ 063.0182 λ*pm* ‖ 21 ⸂οτι εφοβηθην σε· ανθρωπος γαρ ει αυστ. D | ⸆*p)* και συναγεις οθεν ου διεσκορπισας UΘφ*al*

22sqq cf 85sqq ‖ 26(Mt) cf Mt 18,23 ‖ 31sqq cf 38sqq. 81sqq. 83sq ‖ 32sq cf Lc 16,10-12 (= nr 223) ‖ 38sqq cf 31sqq. 81sqq. 83sq ‖ 43sq(Lc) cf 47sq(Mt) ‖ 47sq(Mt) cf 43sq(Lc)

[Matth. 25, 14-30]

τὸ σόν. 26 ἀποκριθεὶς °δὲ ὁ κύριος αὐτοῦ
εἶπεν αὐτῷ· πονηρὲ δοῦλε καὶ ὀκνηρέ,
ᾔδεις ὅτι
θερίζω ὅπου οὐκ ἔσπειρα καὶ συνάγω
ὅθεν οὐ διεσκόρπισα; 27 ἔδει ⸉σε οὖν⸊ βα-
λεῖν ⸂τὰ ἀργύριά⸃ μου τοῖς τραπεζίταις,
καὶ ἐλθὼν ἐγὼ ἐκομισάμην ἂν τὸ ἐμὸν
σὺν τόκῳ.
28 ἄρατε οὖν ἀπ᾿ αὐτοῦ τὸ τάλαντον καὶ
δότε τῷ ἔχοντι τὰ ⸀δέκα τάλαντα·

29 τῷ γὰρ ἔχοντι °παντὶ δοθήσεται
καὶ ⸀περισσευθήσεται, ⸂τοῦ δὲ⸃ μὴ ἔχοντος
καὶ ὃ ⸁ἔχει ἀρθήσεται ἀπ᾿ αὐτοῦ.⸆

30 καὶ τὸν ἀχρεῖον δοῦλον
⸀ἐκβάλετε εἰς τὸ σκότος τὸ ἐξώτερον·
ἐκεῖ ἔσται ὁ κλαυθμὸς καὶ ὁ βρυγμὸς
τῶν ὀδόντων.

24, 45-47 (nr. 297, p. 411)
45 Τίς ἄρα ἐστὶν ὁ πιστὸς δοῦλος καὶ φρόνιμος ὃν κατέστησεν ὁ κύριος ἐπὶ τῆς οἰκετείας αὐτοῦ τοῦ δοῦναι αὐτοῖς τὴν τροφὴν ἐν καιρῷ; 46 μακάριος ὁ δοῦλος ἐκεῖνος ὃν ἐλθὼν ὁ κύριος αὐτοῦ εὑρήσει οὕτως ποιοῦντα· 47 ἀμὴν λέγω ὑμῖν ὅτι ἐπὶ πᾶσιν τοῖς ὑπάρχουσιν αὐτοῦ καταστήσει αὐτόν.

13, 12 (nr. 123, p. 175)
12 Ὅστις γὰρ ἔχει, δοθήσεται αὐτῷ καὶ περισσευθήσεται· ὅστις δὲ οὐκ ἔχει, καὶ ὃ ἔχει ἀρθήσεται ἀπ᾿ αὐτοῦ.

Mark.

4, 25 (nr. 125, p. 179)
25 Ὃς γὰρ ἔχει, δοθήσεται αὐτῷ·
καὶ ὃς οὐκ ἔχει, καὶ ὃ ἔχει ἀρθήσεται ἀπ᾿ αὐτοῦ.

[Luk. 19, 11-27]

22 ⸀λέγει αὐτῷ· ἐκ τοῦ στόματός σου
⸁κρινῶ σε, πονηρὲ δοῦλε.
ᾔδεις ὅτι ἐγὼ ἄνθρωπος αὐστηρός εἰμι,
⸀1αἴρων ὃ οὐκ ἔθηκα καὶ ⸀2θερίζων
ὃ οὐκ ἔσπειρα⸆ ⸋:⸌; 23 καὶ διὰ τί οὐκ
ἔδωκάς ⸉μου τὸ ἀργύριον⸊ ἐπὶ τράπεζαν;
κἀγὼ ἐλθὼν σὺν τόκῳ ἂν ⸂αὐτὸ ἔπραξα⸃.
24 ⸂καὶ τοῖς παρεστῶσιν εἶπεν⸃·
ἄρατε ἀπ᾿ αὐτοῦ ⸋τὴν μνᾶν⸌ καὶ
⸀δότε τῷ τὰς δέκα μνᾶς ἔχοντι – 25 ⸋καὶ
εἶπαν αὐτῷ· κύριε, ἔχει δέκα μνᾶς⸌ – 26 λέ-
γω⸆ ὑμῖν ὅτι παντὶ τῷ ἔχοντι ⸀δοθήσεται,
ἀπὸ δὲ τοῦ μὴ ἔχοντος
καὶ ὃ ⸁ἔχει ἀρθήσεται⸆. 27 πλὴν
τοὺς ἐχθρούς μου ⸀τούτους τοὺς μὴ θε-
λήσαντάς με βασιλεῦσαι ἐπ᾿ αὐτοὺς ἀγά-
γετε ὧδε καὶ κατασφάξατε °αὐτοὺς ἔμ-
προσθέν μου.⸆

(nr. 269 19, 28-40 p. 365)

12, 42-44 (nr. 203, p. 288)
42 Καὶ εἶπεν ὁ κύριος· τίς ἄρα ἐστὶν ὁ πιστὸς οἰκονόμος ὁ φρόνιμος, ὃν καταστήσει ὁ κύριος ἐπὶ τῆς θεραπείας αὐτοῦ τοῦ διδόναι ἐν καιρῷ [τὸ] σιτομέτριον; 43 μακάριος ὁ δοῦλος ἐκεῖνος, ὃν ἐλθὼν ὁ κύριος αὐτοῦ εὑρήσει ποιοῦντα οὕτως. 44 ἀληθῶς λέγω ὑμῖν ὅτι ἐπὶ πᾶσιν τοῖς ὑπάρχουσιν αὐτοῦ καταστήσει αὐτόν.

8, 18b (nr. 125, p. 179)
18 ... Ὃς ἂν γὰρ ἔχῃ, δοθήσεται αὐτῷ·
καὶ ὃς ἂν μὴ ἔχῃ, καὶ ὃ δοκεῖ ἔχειν ἀρθήσεται ἀπ᾿ αὐτοῦ.

Joh.

Matth.: **26** °Θ sy$^{s.p}$ bo^{pt} ‖ **27** ⸉ 𝔎 A D W Δ Φ **074** λ φ *pm* lat | ⸂ *p)* το -ριον C 𝔎 A D **074** λ φ *pl* ¦ *txt* B ℵ* W Θ 700 ‖ **28** ⸀πεντε D ‖ **29** ° D W **047** *pc* sy^{p} | ⸀-ευσεται D | ⸂ *p)* απο δε του C 𝔎 A W Δ φ 118 *pm* | ⸁ δοκει εχειν L Δ Φ 33. 69. 892 *al* vg; Cl | ⸆(*cf* Lc 8, 8) ταυτα λεγων εφωνει· ο εχων ωτα ακουειν ακουετω C^{3} H *al* (Γ φ *al post vs* 30) ‖ **30** ⸀βαλετε εξω D (69 *pc*) it

Luk.: **22** ⸀λεγει δε 𝔎 A W Γ Δ *al* ¦ και λεγει Θ (it) ¦ ο δε ειπεν D | ⸁ κρίνω Θ *al* lat ¦ *txt* E K λ φ *al* | ⸀1 αιρω *et* ⸀2 θεριζω D 579 it | ⸆ *p)* και συναγων οθεν ου διεσκορπισα U Θ φ *al* | [⸋:, S] ‖ **23** ⸉ *2 3 1* 𝔎 D W^{corr} Γ Δ **063** λ φ *pl* ¦ *txt* B ℵ A L W* Θ **0182**. 33. 157 *pc* | ⸂ *2 1* 𝔎 D W Γ Δ **063** λ φ *pl* ¦ αυτ. ανεπρ- A Θ *pc* ¦ *txt* B ℵ L **0182** *pc* ‖ **24** ⸂ ειπ. δε τ. παρ. D a | ⸋ D it | ⸀απενεγκατε D ‖ **25** ⸋ *vs p)* D W 69 *pc* b e ff^{2} sy$^{s.c}$ bo^{pt} ‖ **26** ⸆γαρ 𝔎 A D W Γ Δ Θ **063** φ *pl* ¦ *txt* B ℵ L λ *pc* | ⸀προστιθεται D (sy^{s}) ¦ *p)* δοθ. και περισσευθησεται φ 579 (sy^{c}) | ⸁ δοκει εχειν Θ 69 *pc* sy^{c}; Mcion Or^{pt} | ⸆ *p)* απ αυτου ℵ^{corr} 𝔎 A D W Θ **063. 0272** λ φ *pl* lat ¦ *txt* B ℵ* L i ‖ **27** ⸀εκεινους 𝔎 A (⸉ *p.* πλην D) W Γ Δ Θ **063** λ φ *pl* | ° 𝔎 A D W Γ Δ **063** λ φ *pm* ¦ *txt* B ℵ L R Θ 33. 157 *pc* | ⸆ *p)* και τον αχρειον δουλον εκβαλετε εις το σκοτος το εξωτερον· εκει εσται ο κλαυθμος και ο βρυγμος των οδοντων. D

53sqq cf *88* ‖ *60sqq* cf *78sqq. 89* ‖ *62sqq* cf Lc 12, 46sq; 1Sm 15, 33; 1Cor 15, 25; Apc 19, 15; cf *13sqq* ‖ *67sqq* cf Mt 8, 12; 13, 42. 50; 22, 13; 24, 51 ‖ *70sqq* cf *5sqq* ‖ *78sqq* cf *60sqq*

2. Clem. ad Cor. 8, 5–6: 5 Λέγει γὰρ ὁ κύριος ἐν τῷ εὐαγγελίῳ· »Εἰ τὸ μικρὸν οὐκ ἐτηρήσατε, τὸ μέγα τίς ὑμῖν δώσει; λέγω γὰρ ὑμῖν ὅτι ὁ πιστὸς ἐν ἐλαχίστῳ καὶ ἐν πολλῷ πιστός ἐστιν«. 6 ἄρα οὖν τοῦτο λέγει· τηρήσατε τὴν σάρκα ἁγνὴν καὶ τὴν σφραγῖδα ἄσπιλον, ἵνα τὴν αἰώνιον ζωὴν ἀπολάβωμεν. *cf.* **Irenaeus, Adv. haer. II, 56,1:** Et ideo dominus dicebat ingratis existentibus in eum: »Si in modico fideles non fuistis, quod magnum est quis dabit vobis?«

Justinus Mart., Dial. 125,1–2: 1 ... ὡς ὁ ἐμὸς κύριος εἶπεν· »Ἐξῆλθεν ὁ σπείρων τοῦ σπεῖραι τὸν σπόρον· καὶ ὃ μὲν ἔπεσεν εἰς τὴν ὁδόν, ὃ δὲ εἰς τὰς ἀκάνθας, ὃ δὲ ἐπὶ τὰ πετρώδη, ὃ δὲ ἐπὶ τὴν γῆν τὴν καλήν«. 2 ἐλπίδι οὖν τοῦ εἶναί που καλὴν γῆν λέγειν δεῖ· ἐπειδή γε ἐκεῖνος ὁ ἐμὸς κύριος, ὡς ἰσχυρὸς καὶ δυνατός, τὰ ἴδια παρὰ πάντων ἀπαιτήσει ἐλθών, καὶ τὸν οἰκονόμον τὸν ἑαυτοῦ οὐ καταδικάσει, εἰ γνωρίζοι αὐτόν, διὰ τὸ ἐπίστασθαι ὅτι δυνατός ἐστιν ὁ κύριος αὐτοῦ καὶ ἐλθὼν ἀπαιτήσει τὰ ἴδια, ἐπὶ πᾶσαν τράπεζαν διδόντα, ἀλλ᾽ οὐ δι᾽ αἰτίαν οἱανδηποτοῦν κατορύξαντα.

Evang. Thomae copt.: *cf. Append. I, 41*

81sqq cf 31sqq. 38sqq. 83sq || *83sq cf 31sqq. 38sqq. 81sqq* || *85sqq cf 22sqq* || *88 cf 53sqq* || *89 cf 60sqq*

267. Die Salbung in Bethanien

Unctio Bethaniae *(cf. nr. 114. 306)* **The Anointing at Bethany**

Matth. 26,6-13 *(nr. 306, p. 426)*	Mark. 14,3-9 *(nr. 306, p. 426)*	Luk. 7,36-50 10,38-42	**Joh. 12,1-8** 11,2
		7,36-50 *(nr. 114, p. 160)*	*(nr. 261 11,54-57 p. 349)*
		36 Ἠρώτα δέ τις αὐτὸν τῶν Φα-	1 Ὁ οὖν Ἰησοῦς πρὸ
6 Τοῦ δὲ Ἰησοῦ γενομένου ἐν	3 Καὶ ὄντος αὐτοῦ ἐν	ρισαίων ἵνα φάγῃ μετ᾽ αὐτοῦ, καὶ	ἓξ ἡμερῶν τοῦ πάσχα ἦλθεν εἰς
Βηθανίᾳ ἐν οἰκίᾳ Σίμωνος	Βηθανίᾳ ἐν °τῇ οἰκίᾳ Σίμωνος	εἰσελθὼν εἰς ⸂τὸν οἶκον⸃ τοῦ Φα-	Βηθανίαν, ὅπου ἦν Λάζαρος ⸆,
τοῦ λεπροῦ,	τοῦ λεπροῦ,	ρισαίου	ὃν ἤγειρεν ἐκ νεκρῶν ⸀Ἰησοῦς.
			2 ἐποίησαν οὖν αὐτῷ δεῖπνον ἐ-
			κεῖ, καὶ °ἡ Μάρθα διηκόνει, ὁ δὲ
	κατα-	⸀κατ-	Λάζαρος εἷς ἦν °1ἐκ τῶν ἀνακει-
7 προσῆλθεν αὐτῷ γυνὴ	κειμένου αὐτοῦ ⸂ἦλθεν γυνή⸃	εκλίθη. 37 καὶ ἰδοὺ γυνὴ	μένων σὺν αὐτῷ. 3 Ἡ οὖν ⸀Μαριὰμ
		⸂ἥτις ἦν⸃ ἐν τῇ πόλει ἁμαρτωλός,	
		καὶ ἐπιγνοῦσα ὅτι κατάκειται ἐν	
ἔχουσα	ἔχουσα	τῇ οἰκίᾳ τοῦ Φαρισαίου, κομίσασα	λαβοῦσα
ἀλάβαστρον μύρου ⸀βαρυτίμου	ἀλάβαστρον μύρου ⸋νάρδου πι-	ἀλάβαστρον μύρου 38 καὶ στᾶσα	λίτραν μύρου °νάρδου πιστικῆς
	στικῆς ⸀πολυτελοῦς⸌, ⸁συντρί-	ὀπίσω παρὰ τοὺς πόδας ⸀αὐτοῦ	πολυτίμου
καὶ κατέχεεν	ψασα ⸀1τὴν ἀλάβαστρον κατέχεεν	κλαίουσα τοῖς δάκρυσιν ⸂ἤρξα-	ἤλειψεν
ἐπὶ τῆς κεφαλῆς αὐτοῦ ἀνακει-	⸄αὐτοῦ τῆς κεφαλῆς⸅.	το βρέχειν⸃ τοὺς πόδας αὐτοῦ	τοὺς πόδας °1τοῦ Ἰησοῦ
μένου.		καὶ ταῖς θριξὶν τῆς κεφαλῆς	καὶ ἐξέμαξεν ταῖς θριξὶν αὐτῆς
		αὐτῆς ⸁ἐξέμασσεν καὶ κατεφίλει	
		τοὺς πόδας αὐτοῦ	⸋τοὺς πόδας αὐτοῦ⸌· ἡ δὲ οἰκία ⸀ἐ-

Matth.: 7 ⸀ *p)* πολυτι- ℌ A D Θ *al* ¦ *txt* B 𝔎 W **089.0133.0255** λ ϕ *pm*

Mark.: 3 ° ℵ* Θ | ⸂ γυνη προσηλθεν W | ⸋ D | ⸀ *p)* -τιμου A G W Θ λ ϕ *al* | ⸁ και συντρ. C 𝔎 A W λ ϕ *pl* ¦ και θραυσασα D Θ 565 | ⸀1 τον ℵ* A D *pm* ¦ το G W Θ λ ϕ *al* ¦ *txt* ℌ | ⸄ α. κατα τ. κ. 𝔎 A Θ ϕ *pm* ¦ επι της κεφ. αυτου D lat

Luk.: 36 ⸂ την οικιαν 𝔎 A Θ *pm* | ⸀ ανεκλιθη 𝔎 A W Θ ϕ *pm* ¦ κατεκειτο ℵ* || 37 ⸂ τις ην ϕ 700 *pc* sy ¦ — D || 38 ⸀ του Ιησου A Θ *al* | ⸂ εβρεξε D it sy$^{s.c}$; Mcion | ⸁ -μαξεν 𝔓3 ℌ A D W *al* ¦ *txt* B ℵ^{corr} 𝔎 Θ λ ϕ *pm*

Joh.: 1 ⸆ ο τεθνηκως 𝔓66 𝔎 A D Θ **065.0217**^{vid}.**0250** λ *pl* lat sy^{s} bo ¦ *txt* ℌ W *pc* it | ⸀ ο I. ℵ^{corr} A D G L W **065.0250** ϕ *al* ¦ — 𝔎 Θ *pm* ¦ *txt* 𝔓66 B (⸉ ℵ*) *pc* || 2 ° 𝔓66 (D Θ) | °1 𝔎 A D W Θ **065.0250** λ ϕ *pl* || 3 ⸀ -ια 𝔓66 ℌ 𝔎 A D W Θ **065.0218**^{vid}.**0250** ϕ *pl* ¦ *txt* B λ 565 *pc* | ° 𝔓66* D it | °1 B | ⸋ λ 565 *pc* sy^{s} bo | ⸀ επλησθη B

1sqq cf Lc 11,37; 14,1 || *1sqq (Jo)* cf 77*sqq* || *3 (Mt/Mc)* cf *33* || *3sq (Jo)* cf Jo 11,1-44 || *4 (Mt/Mc)* cf Mc 1,40 par *(= nr 42)*; Lc 17,12 || *6* Lc 10,38sqq || *8sqq (Jo)* cf *81sqq (Jo)* || *12 (Mc/Jo)* cf Ct 1,12; 4,13sq; NT hic sol || *14sqq (Mt/Mc)* cf *94sq*; cf Ps 23,5

[Matth. 26,6-13]

8 ἰδόντες δὲ οἱ μαθηταὶ ⸆ ἠγανάκτησαν λέγοντες· εἰς τί ἡ ἀπώλεια αὕτη; 9 ἐδύνατο γὰρ τοῦτο ⸆ πραθῆναι πολλοῦ καὶ δοθῆναι ⸇ πτωχοῖς.

10 γνοὺς δὲ ὁ Ἰησοῦς εἶπεν αὐτοῖς· τί κόπους παρέχετε τῇ γυναικί; ἔργον γὰρ καλὸν ἠργάσατο εἰς ἐμέ· 11 πάν-

[Mark. 14,3-9]

4 ⸂ἦσαν δέ τινες ἀγανακτοῦντες πρὸς ἑαυτούς⸃· εἰς τί ἡ ἀπώλεια αὕτη ⸋τοῦ μύρου⸌ γέγονεν; 5 ἠδύνατο °γὰρ τοῦτο τὸ μύρον πραθῆναι °¹ἐπάνω ⸉δηναρίων τριακοσίων⸊ καὶ δοθῆναι τοῖς πτωχοῖς· καὶ ἐνεβριμῶντο αὐτῇ.

6 ὁ δὲ Ἰησοῦς εἶπεν ⸆· ἄφετε αὐτήν· τί αὐτῇ ⸀κόπους παρέχετε; καλὸν ⸇ ἔργον ἠργάσατο ἐν ἐμοί. 7 πάν-

[Luk. 7,36-50]

καὶ ἤλειφεν τῷ μύρῳ. 39 ἰδὼν δὲ ὁ Φαρισαῖος ⸂ὁ καλέσας αὐτὸν⸃ εἶπεν ἐν ἑαυτῷ °λέγων· οὗτος εἰ ἦν ⸆ προφήτης, ἐγίνωσκεν ἂν τίς καὶ ποταπὴ ἡ γυνὴ ⸄ἥτις ἅπτεται⸅ αὐτοῦ, ὅτι ἁμαρτωλός ἐστιν.

40 καὶ ἀποκριθεὶς ὁ Ἰησοῦς εἶπεν πρὸς αὐτόν· Σίμων, ἔχω σοί τι εἰπεῖν. ὁ δέ· διδάσκαλε, εἰπέ, φησίν. 41 δύο χρεοφειλέται ἦσαν δανιστῇ τινι· ὁ εἷς ὤφειλεν δηνάρια πεντακόσια, ὁ δὲ ἕτερος ⸆πεντήκοντα. 42 μὴ ἐχόντων ⸆ αὐτῶν ἀποδοῦναι ἀμφοτέροις ἐχαρίσατο. τίς οὖν αὐτῶν ⸇πλεῖον ἀγαπήσει αὐτόν; 43 °ἀποκριθεὶς ⸆⸀Σίμων εἶπεν· ὑπολαμβάνω ὅτι ᾧ τὸ πλεῖον ἐχαρίσατο. ὁ δὲ εἶπεν αὐτῷ· ὀρθῶς ἔκρινας. 44 καὶ στραφεὶς πρὸς τὴν γυναῖκα ⸂τῷ Σίμωνι ἔφη⸃· βλέπεις ταύτην τὴν γυναῖκα;

[Joh. 12,1-8]

πληρώθη ἐκ τῆς ὀσμῆς τοῦ μύρου. 4 λέγει ⸀δὲ ⸂Ἰούδας ὁ Ἰσκαριώτης εἷς [ἐκ] τῶν μαθητῶν αὐτοῦ⸃, ⸄ὁ μέλλων αὐτὸν παραδιδόναι⸅· 5 διὰ τί τοῦτο τὸ μύρον οὐκ ἐπράθη ⸀τριακοσίων δηναρίων καὶ ἐδόθη πτωχοῖς; 6 εἶπεν δὲ τοῦτο οὐχ ὅτι περὶ τῶν πτωχῶν ἔμελεν αὐτῷ, ἀλλ᾽ ὅτι κλέπτης ἦν καὶ τὸ γλωσσόκομον ἔχων τὰ βαλλόμενα ἐβάσταζεν.

7 εἶπεν οὖν ὁ Ἰησοῦς· ἄφες αὐτήν, °ἵνα εἰς τὴν ἡμέραν τοῦ ἐνταφιασμοῦ μου ⸀τηρήσῃ αὐτό· 8 ⸋τοὺς

Matth.: 8 ⸆αυτου 𝔎 A W **0133.0255** λ *pm* lat ¦ *txt* 𝔓45vid.64vid ℌ D Θ **089** ϕ *al* lat ‖ 9 ⸆ *p)* το μυρον 𝔎 *pm* | ⸇ *p)* τοις A D E W *pm* ¦ *txt* ℌ Θ **089.0133.0255** λ ϕ *pm*

Mark.: 4 ⸂οι δε μαθηται αυτου διεπονουντο και ελεγον D Θ *pc* a ff² i r¹ ¦ *txt* B ℵ C* *pc* ¦ *txt* + και λεγοντες C² 𝔎 A (⸉ λ) vg syˢ sa bo (+ των μαθητων *p.* τινες W ϕ syᵖ) | ⸋ W λ *pc* a l syˢ ‖ 5 ° D aur k | °¹ 954 *pc* c k syˢ | ⸉ B 𝔎 A **0103** λ ϕ *pl* lat ‖ 6 ⸆αυτοις D W Θ it | ⸀κοπον W k | ⸇γαρ ℵ W ϕ *pc*

Luk.: 39 ⸂παρ ω κατεκειτο D e | ° D W *pc* r¹ | ⸆ † ο B* Ξ 482* ¦ *txt* ℵ 𝔎 A D W Θ λ ϕ *pm* | ⸄η απτομενη D; Or ‖ 41 ⸆δηναρια D 69 a c r¹ ‖ 42 ⸆δε 𝔓3 ℵ 𝔎 A W Θ λ ϕ *pl* ¦ *txt* B D *pc* lat | ⸇ειπε 𝔎 (A) Θ **079** ϕ 33 *pm* ‖ **43** ° W **079** λ syˢ·ᶜ | ⸆δε 𝔓3 ℵ 𝔎 A (W) Θ (**079** λ) ϕ *pl* ¦ *txt* B D *pc* lat | ⸀ο Σ. 𝔎 A D (W) Θ (**079** λ) ϕ *pm* ‖ **44** ⸂ειπεν τ. Σ. D latt

Joh.: 4 ⸀ουν 𝔎 A D Θ **065** λ ϕ *pl* lat ¦ — L 33 *pc* ¦ *txt* 𝔓66 B ℵ W *pc* | ⸂εις εκ τ. μ. α. Ιουδ. (+ Σιμων F G U *al* b c r¹ boᵖᵗ; -ωνος 𝔎 A Θ ϕ *al* f ff²) ο (— 𝔎 D Θ *pm*) Ισκαρ. (απο Καρυωτου D) 𝔎 A D Θ λ ϕ *pl* latt ¦ *ut txt, sed om.* εκ 𝔓66.75 ℌ W *pc* syˢ·ᵖ ¦ *txt* ℵ *pc* | ⸄ος ημελλεν παραδουναι αυτ. D (it) ‖ 5 ⸀διακ- ϕ 579 *pc* ‖ 7 ° *et* ⸀τετηρηκεν 𝔎 A **065** λ ϕ *pm* f ¦ [⸀(Mt 26,12) ποιηση P. Schmiedel *cj*] ‖ **8** ⸋ *vs* D syˢ

---

22 (Jo) cf Jo 6,64.71; 13,11 ‖ *23 (Lc)* cf Mt 16,14 par *(= nr 158)*; 21,11.46; Mc 6,15; Lc 7,16; 24,19; Jo 4,19 ‖ *28 (Mc)* ἐμβριμᾶσθαι: hic et Mt 9,30; Mc 1,43; Jo 11,33.38 ‖ *30* γλωσσόκομον: hic et Jo 13,29; cf 2 Chr 24,8 sqq ‖ *33* cf *3 (Mt/Mc)* ‖ *35 sqq* cf Mt 18,23 sqq; 25,14 sqq; Lc 16,1 sqq; 19,12 sqq ‖ *44* cf Lc 10,28; 20,21 ‖ *46 sq (Mt/Mc)* cf Lc 11,7; 18,5; Gl 6,17 ‖ *48 sqq* cf 96

[Matth. 26,6-13]	[Mark. 14,3-9]	[Luk. 7,36-50]	**[Joh. 12,1-8]**
τοτε γὰρ τοὺς πτωχοὺς ἔχετε μεθ᾽ ἑαυτῶν,	τοτε γὰρ τοὺς πτωχοὺς ἔχετε μεθ᾽ ⸀ἑαυτῶν καὶ ὅταν θέλητε δύνασθε ⸁αὐτοῖς ⸆ εὖ ποιῆσαι,		πτωχοὺς °γὰρ πάντοτε ἔχετε ⸋¹μεθ᾽ ἑαυτῶν,
ἐμὲ δὲ οὐ πάντοτε ἔχετε·	ἐμὲ δὲ οὐ πάντοτε ἔχετε. 8 ὃ ἔσχεν ⸆ἐποίησεν·		ἐμὲ δὲ οὐ πάντοτε ἔχετε.⸌⸌
		εἰσῆλθόν σου εἰς ⸂τὴν οἰκίαν⸃, ⸆ ὕδωρ ⸄μοι ἐπὶ πόδας⸅ οὐκ ἔδωκας· αὕτη δὲ τοῖς δάκρυσιν ἔβρεξέν μου τοὺς πόδας καὶ ταῖς θριξὶν αὐτῆς ἐξέμαξεν. 45 φίλημά μοι ⸆ οὐκ ἔδωκας· αὕτη δὲ ἀφ᾽ ἧς ⸀εἰσῆλθον οὐ ⸁διέλιπεν καταφιλοῦσά μου τοὺς πόδας. 46 ἐλαίῳ ⸂τὴν κεφαλήν⸃ μου οὐκ ἤλειψας· αὕτη δὲ μύρῳ ἤλειψεν	
12 βαλοῦσα γὰρ αὕτη τὸ μύρον τοῦτο ἐπὶ τοῦ σώματός μου πρὸς τὸ ἐνταφιάσαι με ἐποίησεν.	προέλαβεν μυρίσαι ⸉τὸ σῶμά μου⸊ εἰς τὸν ἐνταφιασμόν.	⸄τοὺς πόδας μου⸅.	cf. v. 7
13 ἀμὴν λέγω ὑμῖν, ὅπου ἐὰν κηρυχθῇ τὸ εὐαγγέλιον τοῦτο ἐν ὅλῳ τῷ κόσμῳ, λαληθήσεται καὶ ὃ ἐποίησεν αὕτη εἰς μνημόσυνον αὐτῆς.	9 ἀμὴν °δὲ λέγω ὑμῖν, ⸆ὅπου ἐὰν κηρυχθῇ τὸ εὐαγγέλιον ⸇ εἰς ὅλον τὸν κόσμον, καὶ ὃ ἐποίησεν αὕτη λαληθήσεται εἰς μνημόσυνον αὐτῆς.	47 οὗ χάριν⸆ ⸀λέγω σοι, ἀφέωνται ⸂⸉αἱ ἁμαρτίαι αὐτῆς⸊ αἱ πολλαί⸃, ⸋ὅτι ἠγάπησεν πολύ· ᾧ δὲ ὀλίγον ἀφίεται, ⸇ ὀλίγον ἀγαπᾷ.⸌ 48 εἶπεν δὲ αὐτῇ· ἀφέωνταί σου αἱ ἁμαρτίαι. 49 καὶ ἤρξαντο οἱ συνανακείμενοι λέγειν ⸂ἐν ἑαυτοῖς⸃· τίς ⸉οὗτός ἐστιν⸊ ὃς καὶ ἁμαρτίας ἀφίησιν; 50 εἶπεν δὲ πρὸς τὴν γυναῖκα· ⸆ ἡ πίστις σου σέσωκέν σε· πορεύου ⸂εἰς εἰρήνην⸃.	
		10,38-42 *(nr. 184, p. 267)* 38 Ἐν δὲ τῷ πορεύεσθαι αὐτοὺς αὐτὸς εἰσῆλθεν εἰς κώμην τινά· γυνὴ δέ τις ὀνόματι Μάρθα ὑπεδέξατο αὐτόν.	

Mark.: 7 ⸀υμων DW lat | ⸁αυτους 𝔎 A Θ *pm* ¦ – ℵ* *pc* | ⸆παντοτε B ℵ² *pc* ‖ 8 ⸆αυτη C 𝔎 A D *pm* lat | ⸉ *3 1 2* C 𝔎 A W **0103** λ ϕ *pm* ‖ 9 °C A W Θ λ ϕ *pm* lat | ⸆οτι W *al* it | ⸇ *p)* τουτο C 𝔎 A Θ **0103** λ *pm* sy^p sa bo ¦ *txt* B ℵ D W ϕ *al* it (sy^s)

Luk.: 44 ⸂τον οικον W | ⸆και D e | ⸄μου επι τους π. 𝔓^3vid ℵ (⸉ 𝔎 A λ ϕ *pm*) ¦ μοι επι τους π. X *pc* ¦ υπο ποδας (*!*) μοι W ¦ *txt* B (⸉D) *pc* ‖ 45 ⸆(1 Pt 5,14) αγαπης Λ ϕ 346 *pc* | ⸀-θεν L* ϕ *al* lat sa^pt bo^pt | ⸁ † -λειπεν ℌ A E W **079** ϕ *pm* ¦ *txt* B D Θ λ *pm* ‖ 46 ⸂τους ποδας a e ff² l | ⸄ *3 1 2* ℵ λ ϕ *al* ¦ – D W **079** it ¦ *txt* B A E Θ *pm* ‖ 47 ⸆δε D | ⸀ειπον ℵ* | ⸂αυτη πολλα D ff² l | ⸉ *3 1 2* ℵ A W 69 *al* ¦ *txt* 𝔓^75vid B 𝔎 Θ **079** λ *pm* | ⸋D (e) | ⸇και B ‖ 49 ⸂προς εαυτους W | ⸉D λ ϕ *al* lat ‖ 50 ⸆γυναι D | ⸂εν -νη D lat

Joh.: 8 °L Θ | ⸋¹ 𝔓^75 Λ*

49 cf Dt 15,11 ‖ 52 cf Mc 2,19 sq par *(= nr 45)* ‖ 54 sq cf Gn 18,4; 1 Sm 25,41; Jo 13,5 sqq; 1 Tm 5,10 ‖ 57 sq cf 2 Sm 15,5 etc; Mt 26,48 par *(= nr 331)*; Act 20,37; 1 Cor 16,20; 2 Cor 13,12; 1 Th 5,26; 1 Pt 5,14 ‖ 64 cf Mc 16,1 par *(= nr 352)* ‖ 66 sq (Mt/Mc) cf Mt 28,19; Mc 13,10; 16,15 ‖ 68 sq (Mt/Mc) cf Hen 103,4 ‖ 69 sq cf Mt 9,2; Mc 2,5; Lc 5,20 ‖ 72 cf Lc 5,21; Jo 5,12; Mc 2,6 sq ‖ 74 sqq cf Mt 9,22.29; Mc 5,34; 10,52; Lc 8,48; 18,42; 17,19 ‖ 75 sq cf 1 Sm 1,17 ‖ 77 sqq (Lc) cf 1 sqq (Jo)

Matth.	Mark.	[Luk. 10,38-42]	Joh.
		39 καὶ τῇδε ἦν ἀδελφὴ καλουμένη Μαριάμ, [ἣ] καὶ παρακαθεσθεῖσα πρὸς τοὺς πόδας τοῦ κυρίου ἤκουεν τὸν λόγον αὐτοῦ. 40 ἡ δὲ Μάρθα περιεσπᾶτο περὶ πολλὴν διακονίαν· ἐπιστᾶσα δὲ εἶπεν· κύριε, οὐ μέλει σοι ὅτι ἡ ἀδελφή μου μόνην με κατέλιπεν διακονεῖν; εἰπὲ οὖν αὐτῇ ἵνα μοι συναντιλάβηται. 41 ἀποκριθεὶς δὲ εἶπεν αὐτῇ ὁ κύριος· Μάρθα Μάρθα, μεριμνᾷς καὶ θορυβάζῃ περὶ πολλά, 42 ἑνὸς δέ ἐστιν χρεία· Μαριὰμ γὰρ τὴν ἀγαθὴν μερίδα ἐξελέξατο ἥτις οὐκ ἀφαιρεθήσεται αὐτῆς.	*11,2 (nr. 259, p. 346)* 2 ᵀἮν δὲ Μαριὰμ ἡ ἀλείψασα τὸν κύριον μύρῳ καὶ ἐκμάξασα τοὺς πόδας αὐτοῦ ταῖς θριξὶν αὐτῆς, ἧς ὁ ἀδελφὸς Λάζαρος ἠσθένει.

Ignatius ad Ephes. 17,1: Διὰ τοῦτο μύρον ἔλαβεν ἐπὶ τῆς κεφαλῆς αὐτοῦ ὁ κύριος, ἵνα πνέῃ τῇ ἐκκλησίᾳ ἀφθαρσίαν. μὴ ἀλείφεσθε δυσωδίαν τῆς διδασκαλίας τοῦ ἄρχοντος τοῦ αἰῶνος τούτου, μὴ αἰχμαλωτίσῃ ὑμᾶς ἐκ τοῦ προκειμένου ζῆν.

Barn. ep. 21,2: Ἐρωτῶ τοὺς ὑπερέχοντας, εἴ τινά μου γνώμης ἀγαθῆς λαμβάνετε συμβουλίαν· ἔχετε μεθ' ἑαυτῶν εἰς οὓς ἐργάσεσθε τὸ καλόν· μὴ ἐλλείπητε.

81 sqq (Jo) cf 8 sqq (Jo) || *94 sq cf 14 sqq (Mt/Mc)* || *96 cf 48 sqq*

268. Anschläge der Hohenpriester gegen Lazarus

Pontificum de Lazaro insidiae — **The Plot against Lazarus**

Matth.	Mark.	Luk.	Joh. 12,9-11
			9 ⸂Ἔγνω οὖν [ὁ] ὄχλος⸃ πολὺς °ἐκ τῶν Ἰουδαίων ᵀὅτι ἐκεῖ ἐστιν καὶ ἦλθον οὐ διὰ τὸν Ἰησοῦν °¹μόνον, ἀλλ' ἵνα καὶ τὸν Λάζαρον ἴδωσιν ὃν ἤγειρεν ⸉ἐκ νεκρῶν⸊. 10 ἐβουλεύσαντο ⸀δὲ οἱ ἀρχιερεῖς ἵνα καὶ τὸν Λάζαρον ἀποκτείνωσιν, 11 ὅτι πολλοὶ ⸂δι' αὐτὸν ὑπῆγον τῶν Ἰουδαίων καὶ ἐπίστευον⸃ εἰς τὸν Ἰησοῦν.

9 ⸂ *1 2 4* 𝔓66*.75 B² ℵ³ 𝔎 A Θ **065** λ φ 33 *pm* ¦ *1-4* + ὁ 𝔓66c W 1010 ¦ οχλος δε *et* ᵀ ηκουσαν D (it) ¦ *txt* B* ℵ* L **047**.**0250** *al* | ° 𝔓66 W **0250**.579 | °¹ D 245 b e | ⸉ Ιησους εκ των νεκ. D ¦ εκ νεκ. ο Ιησ. A 33 ¦ — W || **10** ⸀ δε και B ¦ ουν M U *pc* || **11** ⸂ *4 5 1-3 6 7* D it ¦ δι αυτ. των Ιουδ. επιστευσαν 𝔓66 sy^s

1 sq cf Jo 11,19 || *3* cf Jo 2,23; 7,31; 8,30; 10,42; 11,45; 12,42

XIII. LETZTE WIRKSAMKEIT IN JERUSALEM

ULTIMUM MINISTERIUM IN JERUSALEM — THE FINAL MINISTRY IN JERUSALEM

269. Der Einzug in Jerusalem

Ingressus triumphalis in Jerusalem — The Triumphal Entry

Matth. 21, 1-9 21, 14-16; 23, 37-39	Mark. 11, 1-10	Luk. 19, 28-40 13, 34-35	Joh. 12, 12-19
(nr. 264 20, 29-34 p. 354)	(nr. 264 10, 46-52 p. 354)	(nr. 266 19, 11-27 p. 358)	^{12}Τῇ ἐπαύριον ○ὁ ὄχλος⸆ πολὺς
		^{28}Καὶ εἰπὼν ταῦ-	ὁ ἐλθὼν εἰς τὴν ἑορτήν, ἀκού-
^{1}Καὶ ὅτε ⸀ἤγγισαν	^{1}Καὶ ὅτε ⸀ἐγγίζουσιν	τα ἐπορεύετο ○ἔμπροσθεν ἀνα-	σαντες ὅτι ⸉ἔρχεται ○^{1}ὁ Ἰησοῦς⸊
εἰς Ἱεροσόλυμα καὶ	εἰς Ἱεροσόλυμα	βαίνων⸆ εἰς Ἱεροσόλυμα. ^{29}Καὶ	εἰς ⸀Ἱεροσόλυμα
⸀ἦλθον εἰς Βηθφαγὴ	⸂εἰς Βηθφαγὴ	ἐγένετο ὡς ἤγγισεν εἰς Βηθφαγὴ	
⸁εἰς τὸ ὄρος	καὶ⸃ Βηθανίαν πρὸς τὸ ὄρος	καὶ ⸀Βηθανία[ν] πρὸς τὸ ὄρος	
τῶν ἐλαιῶν, τότε ⸆	⸁τῶν ἐλαιῶν,	⸂τὸ καλούμενον Ἐλαιῶν⸃,	
Ἰησοῦς ἀπέστειλεν δύο ⸀^{1}μαθη-	⸀^{1}ἀποστέλλει δύο τῶν μαθητῶν	ἀπέστειλεν δύο τῶν μαθητῶν⸆	
τὰς ^{2}λέγων αὐτοῖς· ⸀πορεύε-	αὐτοῦ ^{2}⸂καὶ λέγει⸃ αὐτοῖς· ὑπάγε-	^{30}⸀λέγων· ὑπάγε-	
σθε εἰς τὴν κώμην τὴν ⸁κατέναντι	τε εἰς τὴν κώμην τὴν κατέναντι	τε εἰς τὴν κατέναντι κώμην,	
ὑμῶν, καὶ ⸀^{1}εὐθέως	ὑμῶν, καὶ ⸀εὐθὺς εἰσπορευόμενοι	ἐν ᾗ εἰσπορευόμενοι	
εὑρήσετε ὄνον δεδεμένην	εἰς αὐτὴν εὑρήσετε	εὑρήσετε	
καὶ πῶλον μετ᾽ αὐτῆς·	πῶλον δεδεμένον ἐφ᾽ ὃν ⸄οὐδεὶς	πῶλον ○δεδεμένον, ἐφ᾽ ὃν οὐδεὶς	
	οὔπω ἀνθρώπων⸅ ⸁ἐκάθισεν·	⸂πώποτε ἀνθρώπων⸃ ⸁ἐκάθισεν,	
λύσαντες ⸀^{2}ἀγάγετέ μοι.	⸂^{1}λύσατε αὐτὸν καὶ φέρετε⸃.	○^{1}καὶ λύσαντες ⸄αὐτὸν ἀγάγετε⸅.	
^{3}καὶ ἐάν τις ὑμῖν εἴπῃ ⸀τι,	^{3}καὶ ἐάν τις ὑμῖν εἴπῃ· τί	^{31}καὶ ἐάν τις ὑμᾶς ἐρωτᾷ· ⸋διὰ τί	

Matth.: 1 ⸀-σεν C^{3} S 892 *pc* b e ff^{2} sy$^{c.p}$ bo^{pt} *et* ⸀-θεν ℵ* C^{3} S V W Δ 157. 892 *al* e ff^{2} (q) sy$^{c.p}$ | ⸁ *p)* προς *rell* ¦ *txt* B (C) 33. 71 it | ⸆ο ℌ ℜ W Θ λ ϕ *pm* ¦ *txt* B D V 157. 700 *al* | ⸀^{1} μ. αυτου 245 *pc* it bo^{pt} ¦ *p)* των μ-ων αυτου Θ ϕ 33. 157 *pc* sy$^{c.p}$ ‖ 2 ⸀-εύθητε C ℜ W Δ Φ λ *pm* | ⸁απεν- ℜ W Δ λ *pm* | ⸀^{1} † ευθυς ℵ L Z *pc* ¦ — 482 *pc* it bo ¦ *txt* B C ℜ D W Θ λ ϕ *pl* | ⸀^{2} αγετε B D *pc* ‖ 3 ⸀ *p)* · τι ποιειτε; D

Mark.: 1 ⸀ηγγιζεν D it sy^{p} bo^{pt} | ⸂και εις D 700 lat ¦ εις B. και εις ℵ C Θ *pc* | ⸁το B | ⸀^{1} απεστειλεν F H 1 *pc* it sy$^{s.p}$ sa bo ¦ επεμψεν C ‖ 2 ⸂λεγων W Θ ϕ 1. 700^{c} *pc* | ⸀ευθεως C ℜ A D W Γ Θ Φ λ ϕ *pl* ¦ *txt* ℌ *pc* | ⸄ *2 1 3* K W Φ *al* ¦ *1 3 2* ℵ C ϕ *pc* ¦ *1 3* ℜ D Γ Θ λ 565 *pm* ¦ *txt* ℌ (A) *pc* | ⸁κεκαθικεν ℜ A D (W) Φ λ ϕ 157 *pm* lat | ⸂^{1} *p)* λυσαντες αυτον (και D) αγαγετε ℜ A D W Γ Θ Φ λ ϕ 157 *pm*

Luk.: 28 ○ D *pc* it | ⸆δε D e ‖ 29 ⸀-νια B ℵ* D* *pc* ¦ *txt* ℵ^{2} ℜ A D^{2} R W Θ 063 λ ϕ *pm* | ⸂των ελαιων καλ. D ¦ *p)* των ελαιων K Π 69 *al* e sy^{s} bo^{pt} | ⸆αυτου ℜ A D W Γ Δ Θ 063 λ ϕ *pl* lat ¦ *txt* B ℵ L *pc* ‖ 30 ⸀ειπων ℜ A W Γ Δ 063 λ *pm* ¦ *txt* B ℵ D L Θ ϕ 157. 892 *pc* | ○ D | ⸂ *2 1* M *pc* ¦ *2* D H *pc* it | ⸁κεκαθικεν λ 157 | ○^{1} ℵ ℜ A W Γ Δ Θ 063 λ ϕ *pl* lat | ⸄ *2 1* A K Θ *al* ¦ *2* D L 063 *al* ‖ 31 ⸋ D it

Joh.: 12 ○ 𝔓^{2} ℌ ℜ A D W λ *pm* ¦ *txt* 𝔓^{66} B L Θ ϕ *al* | ⸆ο 𝔓^{66c} Θ | ⸉ A L X ϕ 33. 157. 1241 *al* | ○^{1} † ℵ ℜ A D W λ *pm* ¦ *txt* 𝔓$^{66.75}$ B Γ Θ ϕ 579 *al* | ⸀-ουσαλημ 𝔓^{2} D

3sq (Lc) cf Lc 9, 51 ‖ 6sq cf Zch 14, 4 ‖ 9sqq cf Mt 26, 18 sq; Mc 14, 13-16; Lc 22, 8. 10-13 *(= nr 308)* ‖ 13sq cf Gn 49, 11; Zch 9, 9; Nu 19, 2; Dt 21, 3; 1Sm 6, 7

[Matth. 21,1-9]

ἐρεῖτε ὅτι ὁ κύριος ⸀αὐτῶν χρείαν ἔχει· ⸂εὐθὺς δὲ⸃ ⸀ἀποστελεῖ αὐτούς.

4 τοῦτο δὲ ⸆ γέγονεν ἵνα πληρωθῇ τὸ ῥηθὲν ⸀διὰ τοῦ προφήτου λέγοντος·

5 εἴπατε τῇ θυγατρὶ Σιών·
ἰδοὺ ὁ βασιλεύς σου ἔρχεταί σοι
πραῢς °καὶ ἐπιβεβηκὼς ἐπὶ ὄνον
καὶ °¹ἐπὶ πῶλον °²υἱὸν ⸀ὑποζυγίου.

6 πορευθέντες δὲ οἱ μαθηταὶ ⸂καὶ ποιήσαντες⸃ καθὼς ⸀συνέταξεν αὐτοῖς ὁ Ἰησοῦς

7 ⸆ ἤγαγον τὴν ὄνον καὶ τὸν πῶλον καὶ ἐπέθηκαν ⸀ἐπ' ⸀αὐτῶν τὰ ἱμάτια ⸆, καὶ ⸂ἐπεκάθισεν ἐπάνω αὐτῶν⸃. 8 ὁ δὲ πλεῖστος ὄχλος ἔστρωσαν ⸀ἑαυτῶν τὰ ἱμάτια

[Mark. 11,1-10]

⸂ποιεῖτε τοῦτο⸃; εἴπατε ⸆· ὁ κύριος αὐτοῦ χρείαν ἔχει⁝, καὶ ⸀εὐθὺς ⸉αὐτὸν ἀποστέλλει πάλιν⸊ ὧδε.

4 ⸂καὶ ἀπῆλθον καὶ εὗρον⸃ ⸆ πῶλον δεδεμένον πρὸς ⸆ θύραν ἔξω ἐπὶ τοῦ ἀμφόδου καὶ λύουσιν αὐτόν. 5 ⸂καί τινες⸃ τῶν ἐκεῖ ⸀ἑστηκότων ἔλεγον αὐτοῖς· τί ποιεῖτε λύοντες τὸν πῶλον; 6 οἱ δὲ εἶπαν °αὐτοῖς καθὼς ⸀εἶπεν ⸆ ὁ Ἰησοῦς, καὶ ἀφῆκαν αὐτούς. 7 καὶ ⸀φέρουσιν τὸν πῶλον πρὸς τὸν Ἰησοῦν καὶ ⸀ἐπιβάλλουσιν αὐτῷ τὰ ἱμάτια ⸀¹αὐτῶν, καὶ ⸀²ἐκάθισεν ἐπ' ⸀³αὐτόν. 8 ⸂καὶ πολλοὶ⸃ τὰ ἱμάτια ⸀αὐτῶν ⸀ἔστρωσαν

[Luk. 19,28-40]

λύετε;⸃ οὕτως ἐρεῖτε ⸆· ὅτι ὁ κύριος αὐτοῦ χρείαν ἔχει.

32 ⸂ἀπελθόντες δὲ οἱ ἀπεσταλμένοι εὗρον καθὼς εἶπεν αὐτοῖς ⸆.
33 λυόντων δὲ αὐτῶν τὸν πῶλον εἶπαν οἱ κύριοι °αὐτοῦ πρὸς αὐτούς· τί λύετε τὸν πῶλον; 34 οἱ δὲ εἶπαν⸃· ὅτι ὁ κύριος αὐτοῦ χρείαν ἔχει.
35 καὶ ⸂ἤγαγον αὐτὸν πρὸς τὸν Ἰησοῦν καὶ ἐπιρίψαντες ⸀αὐτῶν τὰ ἱμάτια ἐπὶ τὸν πῶλον⸃ ἐπεβίβασαν τὸν Ἰησοῦν. 36 πορευομένου δὲ αὐτοῦ ὑπεστρώννυον τὰ ἱμάτια ⸀αὐτῶν

[Joh. 12,12-19]

cf. v. 15

cf. v. 14

Matth.: 3 ⸀αυτου ℵ Θ 544 *pc* | ⸂ευθεως δε C 𝔎 W Δ λ φ *pm* ¦ και ευθεως D 33 *pc* ¦ *txt* B ℵ L Θ 892 *pc* | ⸀ *p)* αποστελλει C 𝔎 W Δ Θ Φ λ *pm* d h ‖ 4 ⸆ολον B C^{3} 𝔎 W Δ Φ λ φ *pl* q | ⸀υπο L Z Θ φ 700. 892 *pc* ‖ 5 ° D *pc* it | °¹ C 𝔎 D W Δ Θ Φ φ 118. 209 *pm* latt | °² ℵ^{corr} L Z *pc* | ⸀-γιον D* it ‖ 6 ⸂εποιησαν D 372 *pc* latt | ⸀προσετ- ℵ 𝔎 W Δ Θ λ φ *pl* ¦ *txt* B C D 33. 700 *pc* ‖ 7 ⸆και D 372 *pc* latt | ⸀επανω C 𝔎 W Δ λ *pl* ¦ — φ *pc* sy^{c} ¦ *txt* B ℵ D L Z Θ Φ *pc* | ⸀αυτον D Φ it sy^{p} ¦ αυτω Θ φ 33 *pc* | ⸆αυτων *rell* ¦ *txt* B ℵ* D Θ 1295 it | ⸂εκαθισαν επ. επ αυτων ℵ* bo ¦ επεκαθισαν επ. αυτον ℵ^{3} ¦ εκαθητο επ. αυτου D(Θ) sy^{p} ‖ 8 ⸀αυτων D L W Δ Θ φ 157. 700. 1241 *al*

Mark.: 3 ⸂λυετε τον πωλον D Θ φ 565 *pc*; Or^{pt} ¦ — W λ *pc* | ⸆οτι ℌ 𝔎 A D W Γ Θ Φ λ φ *pl* ¦ *txt* B Δ *pc* | [⁝ H] | ⸀ευθεως 𝔎 A W Γ Θ λ φ *pl* | ⸉ *2 3 1* B ¦ *1 3 2* C*^{vid} ¦ *3 2 1* Θ ¦ *1 2* C^{2} 𝔎 A Γ φ 157. 565 *pm* lat ¦ αυτ. -στελει W Φ Ψ λ 700 *al* ¦ *txt* ℵ D L 892 *pc* ‖ 4 ⸂απ. δε και ευρ. C 𝔎 A W Γ Φ 157 *pm* ¦ απ. ουν κ. ευρ. λ φ *al* ¦ κ. απελθοντες ευρ. D Θ 565. 700 lat; Or^{pt} | ⸆τον ℵ C Δ Θ *pm* | ⸆·την ℵ C 𝔎 A D Γ Φ λ φ *pm* ‖ 5 ⸂τινες δε W X λ φ *pc* sa bo^{pt}; Or | ⸀εστωτων W Γ *al* ‖ 6 ° D *pc* it | ⸀ειρηκει D ¦ ενετειλατο 𝔎 A Γ Θ Φ φ 157 *pm* lat | ⸆αυτοις D W Θ Φ λ φ 565. 700 *al* latt ‖ 7 ⸀ *p)* ηγαγον 𝔎 A D Γ Φ 0133. 157. 565. 700 *pm* ¦ αγουσιν ℵ* C W Θ λ φ *pc* ¦ *txt* B ℵ^{corr} L Δ Ψ *pc* | ⸀επεβαλον 𝔎 A Γ Φ φ *pm* | ⸀¹ εαυτων B ℵ^{corr} Θ 892 *pc* ¦ αυτου D *pc* ¦ — W *pc* it | ⸀² -σαν ℵ ¦ καθιζει D W λ 565. 700 *pc* | ⸀³ αυτω 𝔎 A W Γ Φ λ φ 157 *pm* ‖ 8 ⸂πολλοι δε 𝔎 A D W Γ Θ Φ λ φ 157 *pl* | ⸀εαυ- B *pc* ¦ — L W | ⸀εστρωννυον D W(Θ) λ 565. 700 *pc*

Luk.: 31 ⸆αυτω 𝔎 A W Γ Δ Θ λ φ *pm* ¦ *txt* B ℵ D L R 063 *pc* ‖ 32–34 ⸂και απελθοντες απεκριθησαν D (e) ¦ *om vss usque ad* εχει G* ‖ 32 ⸆ο Ιησους Θ *pc* it ‖ 33 ° L ‖ 35 ⸂ηγαγον … και επερριψαν … και λ it ¦ αγαγοντες τον πωλον επερριψαν τ. ι. αυτ. επ αυτον και D e (sy) | ⸀εαυ- 𝔎 A W Γ *pm* ¦ *txt* ℌ(D) Θ 063. 1. 13 *pc* ‖ 36 ⸀† εαυ- B A W Θ *al* ¦ — 245 *pc* ¦ *txt* ℌ 𝔎 D 063. 1 φ *p n*

23sqq Is 62,11 + Zch 9,9; cf Zch 2,14; Zph 3,14sqq; Is 35,4; 40,9sqq; Jr 46,27sq (26,27sq LXX); *cf 62sqq* ‖ *40sqq* cf Lv 23,40; 2Rg 9,13; 2Mcc 10,6sq; *cf 59sqq. 105sqq* ‖ *42sqq* cf Gn 14,17-20; Ex 15,20sq; Jdc 11,34; 1Sm 18,6; 1Mcc 13,51sq

[Matth. 21,1-9]

ἐν τῇ ὁδῷ, ἄλλοι δὲ ἔκοπτον
κλάδους ἀπὸ τῶν δένδρων καὶ
⸀ἐστρώννυον ἐν τῇ ὁδῷ.
9 οἱ δὲ ὄχλοι οἱ προάγοντες °αὐ-
τὸν καὶ °¹οἱ ἀκολουθοῦντες
ἔκραζον
λέγοντες·
ὡσαννὰ τῷ υἱῷ Δαυίδ·
εὐλογημένος ὁ ἐρχόμενος
ἐν ὀνόματι κυρίου·
ὡσαννὰ ἐν τοῖς ὑψίστοις. ⸆

(nr. 271 21,10-17 p. 370)

cf. v. 7

cf. v. 5

[Mark. 11,1-10]

εἰς τὴν ὁδόν, ⸋ἄλλοι δὲ στιβάδας
⸂κόψαντες ἐκ τῶν ἀγρῶν⸃.⸌
9 καὶ οἱ προάγοντες
καὶ οἱ ἀκολουθοῦντες
ἔκραζον
⸆ ·
°ὡσαννά⸇·
εὐλογημένος ὁ ἐρχόμενος
ἐν ὀνόματι κυρίου·
10 ⸆εὐλογημένη ἡ ἐρχομένη βασι-
λεία ⸇ τοῦ πατρὸς ἡμῶν Δαυίδ·
⸂ὡσαννὰ ἐν τοῖς ὑψίστοις⸃.

(nr. 271 11,11 p. 370)

cf. v. 7

[Luk. 19,28-40]

⸋ἐν τῇ ὁδῷ⸌. 37 ⸂ἐγγίζοντος δὲ
αὐτοῦ⸃ °ἤδη πρὸς τῇ καταβάσει
τοῦ ὄρους τῶν ἐλαιῶν ⸀ἤρξαντο
⸁ἅπαν τὸ πλῆθος ⸋τῶν μαθητῶν⸌
χαίροντες αἰνεῖν τὸν θεὸν ⸋¹φω-
νῇ μεγάλῃ⸌ περὶ ⸀¹πασῶν ὧν εἶ-
δον ⸀²δυνάμεων, 38 λέγοντες·
εὐλογημένος ὁ ⸂ἐρχόμενος,
ὁ βασιλεὺς⸃
ἐν ὀνόματι κυρίου⸆·
⸉ἐν ⸀οὐρανῷ εἰρήνη⸊
καὶ δόξα ἐν ὑψίστοις.

cf. v. 35

[Joh. 12,12-19]

13 ἔλαβον
τὰ βαΐα τῶν φοινίκων καὶ ἐξῆλ-
θον εἰς ⸀ὑπάντησιν ⸁αὐτῷ
καὶ ⸀¹ἐκραύγαζον⸆·
ὡσαννά·
εὐλογημένος ὁ ἐρχόμενος
ἐν ὀνόματι κυρίου,
⸂[καὶ] ὁ⸃ βασιλεὺς τοῦ Ἰσ-
ραήλ.
14 εὑρὼν δὲ ὁ Ἰησοῦς ὀνάριον
ἐκάθισεν ἐπ' ⸀αὐτό, καθώς ἐστιν
γεγραμμένον·
15 μὴ φοβοῦ, ⸀θυγάτηρ Σιών·
ἰδοὺ ὁ βασιλεύς σου ἔρχε-
ται,
καθήμενος ἐπὶ πῶλον ὄνου.
16 ταῦτα ⸆οὐκ ⸀ἔγνωσαν ⸂αὐτοῦ
οἱ μαθηταὶ⸃ τὸ πρῶτον, ἀλλ' ὅτε
ἐδοξάσθη ⸇ Ἰησοῦς °τότε ἐμνή-
σθησαν ὅτι ταῦτα ⸄ἦν ἐπ' αὐτῷ⸅
γεγραμμένα καὶ ταῦτα ἐποίησαν

Matth.: 8 ⸀εστρωσαν א* D it; Or || 9 °p) ℜ W Δ Θ Φ 13.118.209 *pm* | °¹ W Δ | ⸆ απηντων δε αυτω πολλοι χαιροντες και δοξαζοντες τον θεον περι παντων ων ειδον Φ sy^{c}

Mark.: 8 ⸋ W i sy^{s} | ⸂*p)* εκοπτον εκ των δενδρων και εστρωννυον εις (— D) την οδον ℜ A D(Θ) Γ Φ λ φ *pm* lat sy^{p} bo^{pt} || 9 ⸆*p)* λεγοντες ℜ A D W Γ Θ λ φ *pm* lat | ° D W it | ⸇ τω υψιστω Θ φ 565.700 *pc* || 10 ⸆ και A D* *pc* sy^{p} | ⸇ εν ονοματι κυριου ℜ A Γ Φ 157 *pm* | ⸂ ειρηνη εν τοις υψιστοις W 700 *pc* sy^{s} ¦ *p)* ειρηνη εν ουρανω και δοξα εν υψιστοις Θ(λ)

Luk.: 36 ⸋ D 229 || 37 ⸂-ζοντων δε -των D sy$^{s.c}$ | ° D Γ *pc* a e | ⸀ ηρξατο D L R W *al* | ⸁ παν D *pc* | ⸋ 063 it sy^{c} | ⸋¹ D l | ⸀¹ παντων B D 579 sy$^{s.c}$ | ⸀² γινομενων D r^{1} ¦ γιν. δυν. Θ φ ¦ — sy$^{s.c}$ || 38 ⸂*p)* ερχ. D W *pc* it ¦ βασ. א* 063 *pc*; Or ¦ ερχ. βασ. א^{corr} ℜ A L Γ Δ Θ λ φ *pm* ¦ *txt* B | ⸆*p)* ευλογημενος ο βασιλευς D (157) it | ⸉ ℜ(A) D W Γ Δ Θ 063 λ φ *pl* ¦ *txt* B א(*) L | ⸀ -οις A ¦ [ανθρωποις Valckenaer *cj*]

Joh.: 13 ⸀ συναντ- D G L *al* ¦ απαντ- A K U *al* | ⸁ αυτου D Γ *al* | ⸀¹ εκραυγασαν 𝔓^{66} B* ¦ εκραζον ℜ A Γ Δ Θ λ φ *pm* ¦ *txt* 𝔓^{75} B^{corr} א D L Q W *pc* | ⸆ λεγοντες 𝔓^{66} א A D Q X λ φ 2768 sy$^{s.p}$ bo | ⸂ ο 𝔓^{66} א^{2} D X Θ λ 213 sy$^{s.p}$ sa bo^{pt}; Or^{pt} ¦ — ℜ A Γ Δ φ *pm* ¦ *txt* 𝔓^{75vid} ℌ W *pc* || 14 ⸀ αυτω K X Γ Δ Θ *al* || 15 ⸀ θυγατερ א ℜ Θ λ φ *pm* ¦ η θ-ηρ 𝔓^{75vid} B^{2} ¦ *txt* 𝔓^{66} B* A D L W X Δ 0218.0250.33.157 *al* || 16 ⸆ δε ℜ A D Γ Δ λ φ *pm* | ⸀ ενοησαν D Θ | ⸂*2 3 1* 𝔓^{66} ℜ A D W Γ Δ λ φ *pl* ¦ *2 3* K *pc* ¦ *txt* 𝔓^{75} B א Θ 579 | ⸇ ο 𝔓^{66c} D W Θ φ 33.579.1241 *al* | ° 𝔓^{66*} W b c e ff^{2} l | ⸄*2 3 1* א ¦ ην περι αυτου D Θ 1241

---

45 (Jo) βαΐον: hapaxl NT; cf 1Mcc 13,51; Ct 7,9; Apc 7,9 || *48 sqq* cf Lc 18,43 || *49 sq (Lc)* cf *71 sqq (Jo)* || *50 sqq* cf *88 sqq* || *51 sqq* Ps 118,25 sq; cf 1Sm 17,45; Is 57,15; Mt 11,3; Lc 1,32; Jo 11,27; cf *102 sqq* || *51* cf 2Sm 14,4; Ps 20,10; 149,1; cf *100 sq* || *51 (Mt)* cf Mt 9,27; 12,23; 20,30 sqq || *53 (Lc)* cf *55 (Jo)* || *55 sq (Jo)* Zph 3,15; cf Jo 6,15; cf *53 (Lc)* || *57 sq* cf Lc 2,14 || *59 sqq* cf *40 sqq.105 sqq* || *59* ὀνάριον: hapaxl NT || *62 sqq* Is 40,9; 44,2 + Zch 9,9; cf *23 sqq* || *66 sqq* cf Jo 2,22; 20,9; 7,39; 14,26; Lc 24,45

Matth.	Mark.	[Luk. 19,28-40]	[Joh. 12,12-19]
21,14-16 *(nr. 271, p. 370)* 14 Καὶ προσῆλθον αὐτῷ τυφλοὶ καὶ χωλοὶ ἐν τῷ ἱερῷ, καὶ ἐθεράπευσεν αὐτούς. 15 ἰδόντες δὲ οἱ ἀρχιερεῖς καὶ οἱ γραμματεῖς τὰ θαυμάσια ἃ ἐποίησεν καὶ τοὺς παῖδας τοὺς κράζοντας ἐν τῷ ἱερῷ καὶ λέγοντας· ὡσαννὰ τῷ υἱῷ Δαυίδ, ἠγανάκτησαν 16 καὶ εἶπαν αὐτῷ· ἀκούεις τί οὗτοι λέγουσιν; ὁ δὲ Ἰησοῦς λέγει αὐτοῖς· ναί. οὐδέποτε ἀνέγνωτε ὅτι ἐκ στόματος νηπίων καὶ θηλαζόντων κατηρτίσω αἶνον;		39 ⸂καί τινες⸃ τῶν Φαρισαίων ἀπὸ τοῦ ὄχλου εἶπαν πρὸς αὐτόν· διδάσκαλε, ἐπιτίμησον ⸉τοῖς μαθηταῖς σου⸊. 40 ⸂καὶ ἀποκριθεὶς εἶπεν⸃· λέγω ὑμῖν, ⸆ἐὰν οὗτοι ⸀σιωπήσουσιν, οἱ λίθοι ⸁κράξουσιν.	αὐτῷ. 17 ἐμαρτύρει οὖν ὁ ὄχλος ὁ ὢν μετ᾽ αὐτοῦ ⸀ὅτε τὸν Λάζαρον ἐφώνησεν ἐκ τοῦ μνημείου καὶ ἤγειρεν αὐτὸν ἐκ νεκρῶν. 18 διὰ τοῦτο ⸂[καὶ] ὑπήντησεν αὐτῷ⸃ °ὁ ὄχλος, ὅτι ἤκουσαν ⸄τοῦτο αὐτὸν⸅ πεποιηκέναι τὸ σημεῖον. 19 οἱ οὖν Φαρισαῖοι εἶπαν πρὸς ⸀ἑαυτούς· θεωρεῖτε ὅτι οὐκ ὠφελεῖτε οὐδέν⁝· ἴδε ὁ κόσμος ⸆ὀπίσω αὐτοῦ ἀπῆλθεν. *(nr. 302 12,20-36 p. 419)*
23,37-39 *(nr. 285, p. 394)* 37 Ἰερουσαλὴμ Ἰερουσαλήμ, ἡ ἀποκτείνουσα τοὺς προφήτας καὶ λιθοβολοῦσα τοὺς ἀπεσταλμένους πρὸς αὐτήν, ποσάκις ἠθέλησα ἐπισυναγαγεῖν τὰ τέκνα σου, ὃν τρόπον ὄρνις ἐπισυνάγει τὰ νοσσία αὐτῆς ὑπὸ τὰς πτέρυγας, καὶ οὐκ ἠθελήσατε. 38 ἰδοὺ ἀφίεται ὑμῖν ὁ οἶκος ὑμῶν ἔρημος. 39 λέγω γὰρ ὑμῖν, οὐ μή με ἴδητε ἀπ᾽ ἄρτι ἕως ἂν εἴπητε· εὐλογημένος ὁ ἐρχόμενος ἐν ὀνόματι κυρίου.		13,34-35 *(nr. 213, p. 298)* 34 Ἰερουσαλὴμ Ἰερουσαλήμ, ἡ ἀποκτείνουσα τοὺς προφήτας καὶ λιθοβολοῦσα τοὺς ἀπεσταλμένους πρὸς αὐτήν, ποσάκις ἠθέλησα ἐπισυνάξαι τὰ τέκνα σου ὃν τρόπον ὄρνις τὴν ἑαυτῆς νοσσιὰν ὑπὸ τὰς πτέρυγας, καὶ οὐκ ἠθελήσατε. 35 ἰδοὺ ἀφίεται ὑμῖν ὁ οἶκος ὑμῶν. λέγω [δὲ] ὑμῖν, οὐ μὴ ἴδητέ με ἕως [ἥξει ὅτε] εἴπητε· εὐλογημένος ὁ ἐρχόμενος ἐν ὀνόματι κυρίου.	

Evang. sec. Hebraeos (?) (Hieronymus, ep. 20,5 ad Damasum): Denique Matthaeus, qui evangelium Hebraeo sermone conscripsit, ita posuit: »*Osanna barrama*«, i. e. »Osanna in excelsis«.

Didache 10,6; 12,1: 10 6 Ἐλθέτω χάρις καὶ παρελθέτω ὁ κόσμος οὗτος· »Ὡσαννὰ τῷ θεῷ Δαυίδ«. εἴ τις ἅγιός ἐστιν, ἐρχέσθω· εἴ τις οὐκ ἔστι, μετανοείτω· μαρὰν ἀθά· ἀμήν. 12 1 Πᾶς δὲ »ὁ ἐρχόμενος ἐν ὀνόματι κυρίου« δεχθήτω· ἔπειτα δὲ δοκιμάσαντες αὐτὸν γνώσεσθε, σύνεσιν γὰρ ἕξετε δεξιὰν καὶ ἀριστεράν.

Martyr. Polycarpi 8,1: Ἐπεὶ δέ ποτε κατέπαυσεν τὴν προσευχήν, μνημονεύσας ἁπάντων τῶν καὶ πώποτε συμβεβληκότων αὐτῷ, μικρῶν τε καὶ μεγάλων, ἐνδόξων τε καὶ ἀδόξων καὶ πάσης τῆς κατὰ τὴν οἰκουμένην καθολικῆς ἐκκλησίας, τῆς ὥρας ἐλθούσης τοῦ ἐξιέναι, ὄνῳ καθίσαντες αὐτὸν ἤγαγον εἰς τὴν πόλιν, ὄντος σαββάτου μεγάλου.

Luk.: 39 ⸂ τινες δε D e | ⸉ αυτοις it syc || 40 ⸂ αποκρ. δε λεγει αυτοις D ¦ και αποκρ. ειπ. αυτοις 𝔎 A W Γ Δ Θ 063 λ φ *pl* | ⸆οτι ℌ 𝔎 A D Γ Δ 063 (λ) *pm* ¦ *txt* B* W Θ 69 *pc* | ⸀-σωσιν 𝔎 Γ Θ 063 λ φ *pm* ¦ σιγησουσιν D; Epiph ¦ *txt* B ℵ A L R W *al* | ⸁κεκραξονται 𝔎 A W Γ Δ Θ 063 λ φ *pm* ¦ κραξονται D ¦ *txt* B ℵ L *pc*

Joh.: 17 ⸀οτι 𝔓66 D E* L *al* it syp sa bo || 18 ⸂ *2 3 1* B* ¦ *2 3* 𝔓66* E H Δ *al* it ¦ *txt* 𝔓66c B2 ℵ 𝔎 A W Θ 0250 λ φ *pm* | ° 𝔓75* ℵ (D) W 69 *pc* | ⸄ 𝔓66 ℵ || 19 ⸀αυτ- 𝔓66* D 579.1241 *pc* | [⁝; W] | ⸆ολος D L X Θ Ψ φ *al* lat sys.p bo; Cyr

71sqq (Jo) cf 49 sq (Lc) || *82sq cf Hab 2,11* || *88sqq cf 50sqq* || *100sq cf 51* || *102sqq cf 51sqq* || *105sqq cf 40sqq. 59sqq*

270. Jesus weint über Jerusalem

Jesus flet super Jerusalem — **Jesus Weeps over Jerusalem**

Matth. 24, 15-16; 24, 2	Mark. 13, 14; 13, 2	**Luk. 19, 41-44** 21, 20-22; 21, 5b-6	Joh.
		41 □Καὶ ὡς ἤγγισεν ἰδὼν τὴν πόλιν ἔκλαυσεν ἐπ' αὐτήν⸌ 42 λέγων ὅτι εἰ ἔγνως ⸂ἐν τῇ ἡμέρᾳ ταύτῃ καὶ σὺ⸃ τὰ πρὸς εἰρήνην⊤· νῦν δὲ ἐκρύβη ἀπὸ ὀφθαλμῶν σου. 43 ὅτι ἥξουσιν ἡμέραι □ἐπὶ σὲ⸌ καὶ ⸀παρεμβαλοῦσιν οἱ ἐχθροί σου χάρακά °σοι καὶ περικυκλώσουσίν °¹σε καὶ συνέξουσίν σε πάντοθεν, 44 καὶ ἐδαφιοῦσίν σε καὶ τὰ τέκνα σου □ἐν σοί⸌, καὶ οὐκ ἀφήσουσιν ⸂λίθον ἐπὶ λίθον ἐν σοί⸃, ἀνθ' ὧν οὐκ ἔγνως ⸂τὸν καιρὸν τῆς⸃ ἐπισκοπῆς σου. (nr. 273 19, 45-46 p. 372)	
24, 15-16 (nr. 290, p. 401) 15 Ὅταν οὖν ἴδητε τὸ βδέλυγμα τῆς ἐρημώσεως τὸ ῥηθὲν διὰ Δανιὴλ τοῦ προφήτου ἑστὸς ἐν τόπῳ ἁγίῳ, ὁ ἀναγινώσκων νοείτω, 16 τότε οἱ ἐν τῇ Ἰουδαίᾳ φευγέτωσαν εἰς τὰ ὄρη.	*13, 14 (nr. 290, p. 401)* 14 Ὅταν δὲ ἴδητε τὸ βδέλυγμα τῆς ἐρημώσεως ἑστηκότα ὅπου οὐ δεῖ, ὁ ἀναγινώσκων νοείτω, τότε οἱ ἐν τῇ Ἰουδαίᾳ φευγέτωσαν εἰς τὰ ὄρη.	*21, 20-22 (nr. 290, p. 401)* 20 Ὅταν δὲ ἴδητε κυκλουμένην ὑπὸ στρατοπέδων Ἰερουσαλήμ, τότε γνῶτε ὅτι ἤγγικεν ἡ ἐρήμωσις αὐτῆς. 21 τότε οἱ ἐν τῇ Ἰουδαίᾳ φευγέτωσαν εἰς τὰ ὄρη καὶ οἱ ἐν μέσῳ αὐτῆς ἐκχωρείτωσαν καὶ οἱ ἐν ταῖς χώραις μὴ εἰσερχέσθωσαν εἰς αὐτήν, 22 ὅτι ἡμέραι ἐκδικήσεως αὗταί εἰσιν τοῦ πλησθῆναι πάντα τὰ γεγραμμένα.	
24, 2 (nr. 287, p. 396) 2 Ὁ δὲ ἀποκριθεὶς εἶπεν αὐτοῖς· οὐ βλέπετε ταῦτα πάντα; ἀμὴν λέγω ὑμῖν, οὐ μὴ ἀφεθῇ ὧδε λίθος ἐπὶ λίθον ὃς οὐ καταλυθήσεται.	*13, 2 (nr. 287, p. 396)* 2 Καὶ ὁ Ἰησοῦς εἶπεν αὐτῷ· βλέπεις ταύτας τὰς μεγάλας οἰκοδομάς; οὐ μὴ ἀφεθῇ ὧδε λίθος ἐπὶ λίθον ὃς οὐ μὴ καταλυθῇ.	*21, 5b-6 (nr. 287, p. 396)* 5 ... εἶπεν· 6 ταῦτα ἃ θεωρεῖτε ἐλεύσονται ἡμέραι ἐν αἷς οὐκ ἀφεθήσεται λίθος ἐπὶ λίθῳ ὃς οὐ καταλυθήσεται.	

41 □ *vs* orthodoxi *apud* Epiph *cjj* ‖ 42 ⸂ *5 6 1-4* DΘ*pc* ¦ κ. συ και γε εν τ. η. σου ταυτη 𝔎(A λ*al*)RW 063 φ *pm* lat ¦ *txt* B ℵ L 579 *pc* | ⊤ σου 𝔎 A W Γ Δ 063 λ *pm* ¦ σοι D φ 157 *pc* lat ¦ *txt* 𝔋 Θ *pc* ‖ 43 □ D sy^s.c | ⸀ περιβαλ- B C² 𝔎 A W Γ Δ 063 λ φ *pl* ¦ επιβαλ- G *pc* ¦ βαλ. επι σε D ¦ *txt* 𝔋 Θ *pc* | ° D a e | °¹ ℵ* L ‖ 44 □ D; Or | ⸂ λ. ε. λ. εν ολη σοι D(Θ) λ it ¦ εν σοι λ. επι λιθω C 𝔎 A W (Γ) Δ φ *pl* ¦ *txt* B ℵ L *pc* | ⸂ εις κ. D

1sq cf 2 Rg 8, 11 sqq; Jr 14, 17 etc; Jo 11, 35 ‖ *2sqq* cf Jr 15, 5; Ps 147, 3 LXX; 122, 7 ‖ *5sqq* cf Is 29, 3; *cf 13sqq* ‖ *8sq* cf Ps 137, 9; 2 Sm 17, 13 etc ‖ *9sqq cf 23sqq* ‖ *11sq* cf 1 Pt 2, 12 ‖ *13sqq cf 5sqq* ‖ *23sqq cf 9sqq*

271. Jesus in Jerusalem (Tempelreinigung), Rückkehr nach Bethanien

Jesus in Jerusalem (templum purgat), Bethaniam redit

Jesus in Jerusalem (Cleansing the Temple), Return to Bethany

(cf. nr. 273. 25)

Matth. 21, 10-17

(nr. 269 21, 1-9 p. 365)

10 Καὶ ⸀εἰσελθόντος αὐτοῦ εἰς Ἱεροσόλυμα ἐσείσθη πᾶσα ἡ πόλις ⸀λέγουσα· τίς ἐστιν οὗτος; 11 οἱ δὲ ⸀ὄχλοι ⸀ἔλεγον· οὗτός ἐστιν ὁ προφήτης ⸉Ἰησοῦς °ὁ ἀπὸ Ναζαρὲθ τῆς Γαλιλαίας.

12 Καὶ εἰσῆλθεν ⸆ Ἰησοῦς εἰς τὸ ἱερὸν ⸆ καὶ ἐξέβαλεν πάντας τοὺς πωλοῦντας καὶ ἀγοράζοντας ἐν τῷ ἱερῷ, καὶ τὰς τραπέζας τῶν κολλυβιστῶν κατέστρεψεν καὶ τὰς καθέδρας τῶν πωλούντων τὰς περιστεράς,

13 καὶ λέγει αὐτοῖς· γέγραπται· ὁ οἶκός μου οἶκος προσευχῆς κληθήσεται, ὑμεῖς δὲ αὐτὸν ⸀ποιεῖτε σπήλαιον λῃστῶν. 14 Καὶ προσῆλθον αὐτῷ ⸉τυφλοὶ καὶ χωλοὶ⸊ ἐν τῷ ἱερῷ, καὶ ἐθεράπευσεν αὐτούς. 15 ἰδόντες δὲ ⸉οἱ ἀρχιερεῖς καὶ οἱ γραμματεῖς⸊ τὰ θαυμάσια ἃ ἐποίησεν καὶ τοὺς παῖδας °τοὺς κράζοντας ἐν τῷ ἱερῷ καὶ λέγοντας· ὡσαννὰ τῷ υἱῷ Δαυίδ, ἠγανάκτησαν 16 καὶ εἶπαν αὐτῷ· ⸆ ἀκούεις τί οὗτοι λέγουσιν; ὁ δὲ

Mark. 11, 11 / 11, 15-17

(nr. 269 11, 1-10 p. 365)

11a Καὶ ⸀εἰσῆλθεν εἰς Ἱεροσόλυμα ⸆ εἰς τὸ ἱερὸν °καὶ περιβλεψάμενος πάντα, …

11, 15-17 *(nr. 273, p. 372)*

15 Καὶ ⸂ἔρχονται εἰς Ἱεροσόλυμα. Καὶ εἰσελθὼν ⸆ εἰς τὸ ἱερὸν⸃ ἤρξατο ἐκβάλλειν ⸆ τοὺς πωλοῦντας ⸋καὶ τοὺς ἀγοράζοντας⸌ ἐν ⸄τῷ ἱερῷ⸅, καὶ τὰς τραπέζας τῶν κολλυβιστῶν ⸆1 καὶ τὰς καθέδρας τῶν πωλούντων τὰς περιστερὰς ⸀κατέστρεψεν, 16 καὶ οὐκ ἤφιεν ⸂ἵνα τις διενέγκῃ⸃ σκεῦος διὰ τοῦ ἱεροῦ. 17 καὶ ἐδίδασκεν καὶ ἔλεγεν °αὐτοῖς· °1οὐ γέγραπται °2ὅτι ὁ οἶκός μου οἶκος προσευχῆς κληθήσεται πᾶσιν τοῖς ἔθνεσιν; ὑμεῖς δὲ ⸀πεποιήκατε αὐτὸν σπήλαιον λῃστῶν.

Luk. 19, 45-46 / 19, 39-40; 21, 37

19, 45-46 *(nr. 273, p. 372)*

45 Καὶ εἰσελθὼν εἰς τὸ ἱερὸν ἤρξατο ἐκβάλλειν τοὺς πωλοῦντας ⸆

46 λέγων αὐτοῖς· γέγραπται· ⸂καὶ ἔσται⸃ ὁ οἶκός μου οἶκος προσευχῆς⸆, ὑμεῖς δὲ αὐτὸν ἐποιήσατε σπήλαιον λῃστῶν.

19, 39-40 *(nr. 269, p. 365)*

39 Καί τινες τῶν Φαρισαίων ἀπὸ τοῦ ὄχλου εἶπαν πρὸς αὐτόν· διδάσκαλε, ἐπιτίμησον τοῖς

Joh.

2, 13-17 *cf. nr. 273 p. 372 et nr. 25 p. 38*

Matth.: 10 ⸀ελθοντος ℵ* 471. 566 *pc* | ⸀λεγοντες Θ 238 || 11 ⸀πολλοι D *pc* it | ⸀ειπον D Θ it | ⸉ *p.* εστιν C ℜ W Δ λ *pl* lat ¦ — 13 *pc* | ° D Δ || 12 ⸆ο ℜ D Θ λ φ *p n* | ⸆του θεου C ℜ D W λ *pm* lat sy^c.p ¦ *txt p)* ℌ Θ *al* b sa bo || 13 ⸀*p)* εποιησατε C ℜ D W φ *pl* latt; Ir^lat || 14 ⸉ C ℜ W Δ 118. 209. 565. 1241 *pm* || 15 ⸉ Θ φ *pc* sy^c | ° C ℜ W Δ Φ λ φ *pm* || 16 ⸆ουκ F 157 *al* sy^c bo^pt

Mark.: 11 ⸀ελθων D Θ 565. 700 it | ⸆και D λ 565. 700 *pc* ¦ ο Ιησους και ℜ A Γ Φ 157 *pm* | ° D 700 it || 15 ⸂εισελθων εις Ιερ. και οτε ην εν τω ιερω D | ⸆*p)* ο Ιησους ℜ A *pm* f q | ⸆και A ¦ εκειθεν D b | ⸋ W | ⸄αυτω A | ⸆1 (Jo 2, 15) εξεχεεν W Θ *pc* | ⸀ανεστρ- **0188**; (Or) ¦ — D k sy^s || 16 ⸂διενεγκειν τινα **0188** c || 17 ° B *pc* | °1 D Θ **0188** λ *al* it | °2 C D Ψ *pm* it | ⸀*p)* εποιησατε ℌ ℜ D W φ *al* (⸉ A Θ λ *pm*) ¦ *txt* B L Ψ *pc*

Luk.: 45 ⸆*p)* εν αυτω και αγοραζοντας (C) ℜ A W Θ (φ) *pl* ¦ εν α. κ. αγ. και τας τραπεζας των κολλυβιστων εξεχεεν και τας καθεδρας των πωλουντων τας περιστερας D *pc* it || 46 ⸂*p)* οτι C A D W *pm* lat ¦ — ℵ* ℜ Γ Δ *al* | ⸆εστιν C ℜ A D W Θ *pm* lat

---

2 (Mt) cf Mt 2, 3 || 4 cf Mt 16, 14; Mc 6, 15; Lc 7, 16; 24, 19; Jo 7, 52 etc || 6 sqq cf Ml 3, 1; Zch 14, 21; Hos 9, 15; *cf 32 sqq. 38 sq* || 11 sq cf Lv 12, 8; 14, 22; 15, 14. 29 || 15 sqq Is 56, 7; Jr 7, 11; Zch 14, 21; Is 60, 7; *cf 40 sq* || 17 sq *cf 36* || 18 sq cf 2 Sm 5, 8 LXX || 20 sqq cf Jo 12, 17-19 *(= nr 269)* || 23 cf Ps 118, 25 etc *(cf ad Mt 21, 9 = nr 269)*; *cf 37*

[Matth. 21,10-17]

Ἰησοῦς λέγει αὐτοῖς· ναί. ⸀οὐδέποτε ἀνέγνωτε °ὅτι ἐκ στόματος νηπίων καὶ θηλαζόντων κατηρτίσω αἶνον; [17] Καὶ καταλιπὼν αὐτοὺς ἐξῆλθεν ⸋ἔξω τῆς πόλεως⸌ εἰς Βηθανίαν καὶ ηὐλίσθη ἐκεῖ ⸆.

[Mark. 11,11]

[11] ... ⸀ὀψίας ἤδη οὔσης ⸋τῆς ὥρας⸌, ἐξῆλθεν εἰς Βηθανίαν μετὰ τῶν δώδεκα ⸆.

[Luk. 19,39-40]

μαθηταῖς σου. [40] καὶ ἀποκριθεὶς εἶπεν· λέγω ὑμῖν ἐὰν οὗτοι σιωπήσουσιν, οἱ λίθοι κράξουσιν.

21,37 *(nr. 301, p. 418)*

[37] Ἦν δὲ τὰς ἡμέρας ἐν τῷ ἱερῷ διδάσκων, τὰς δὲ νύκτας ἐξερχόμενος ηὐλίζετο εἰς τὸ ὄρος τὸ καλούμενον Ἐλαιῶν.

Joh.

Evang. sec. Hebraeos (?) (Scholion ad Petr. de Riga, Aurora, J Th St VII, 1906, 566): In libris evangeliorum, quibus utuntur Nazareni, legitur quod: radii prodierunt ex oculis eius, quibus territi fugabantur (cf. Hieronymus, Comm. in Matth. 9,9: Certe fulgor ipse et maiestas divinitatis occultae quae etiam in humana facie relucebat; Comm. in Matth. 21,15: igneum enim quiddam atque sidereum radiabat ex oculis eius et divinitatis maiestas lucebat in facie).

2. Clem. ad Cor. 14,1: Ἐὰν δὲ μὴ ποιήσωμεν τὸ θέλημα κυρίου, ἐσόμεθα ἐκ τῆς γραφῆς τῆς λεγούσης· »Ἐγενήθη ὁ οἶκός μου σπήλαιον λῃστῶν«.

Didache 10,6: *cf. nr. 269.*

Herm. Pastor, Mand. IX, 4: Σὺ οὖν καθάρισόν σου τὴν καρδίαν ἀπὸ πάντων τῶν ματαιωμάτων τοῦ αἰῶνος τούτου καὶ τῶν προειρημένων σοι ῥημάτων, καὶ αἰτοῦ παρὰ τοῦ κυρίου, καὶ ἀπολήψῃ πάντα, καὶ ἀπὸ πάντων τῶν αἰτημάτων σου ἀνυστέρητος ἔσῃ, ἐὰν ἀδιστάκτως αἰτήσῃ παρὰ τοῦ κυρίου.

Justinus Mart., Dial. 17, 3: »Γέγραπται· Ὁ οἶκός μου οἶκος προσευχῆς ἐστιν, ὑμεῖς δὲ πεποιήκατε αὐτὸν σπήλαιον λῃστῶν«. καὶ τὰς τραπέζας τῶν ἐν τῷ ναῷ κολλυβιστῶν κατέστρεψε.

Matth.: 16 ⸀ουκ 28 it; Cyr | °ℵ D S *pc* it || 17 ⸋ℵ* | ⸆(*cf* Lc 9,11) et docebat eos de regno Dei vg^codd

Mark.: 11 ⸀† οψε ℵ C L Δ *pc* ¦ *txt* B 𝔎 A D W Γ Θ Ψ **069** λ ϕ *pl* | ⸋B *pc* | ⸆μαθητων D *pc*

[27sqq] Ps 8,3 LXX; cf Mt 11,25 || [32sqq] *cf 6sqq* || [36] *cf 17sq* || [37] *cf 23* || [38sq] *cf 6sqq* || [40sq] *cf 15sqq*

272. Verfluchung des Feigenbaums

Ficulnea maledicta

The Cursing of the Fig Tree

Matth. 21, 18-19

[18] ⸀Πρωῒ δὲ ⸀ἐπανάγων εἰς τὴν πόλιν ἐπείνασεν. [19] καὶ ἰδὼν συκῆν μίαν ἐπὶ τῆς ὁδοῦ ἦλθεν ἐπ' ⸀αὐτὴν καὶ οὐδὲν εὗρεν ἐν αὐτῇ εἰ μὴ φύλλα μόνον, καὶ λέγει αὐτῇ· ⸆ μηκέτι ἐκ σοῦ καρπὸς ⸀γένηται εἰς τὸν αἰῶνα. καὶ ἐξηράνθη παραχρῆμα ἡ συκῆ.

(nr. 275 21,20-22 p. 374)

Mark. 11,12-14

[12] Καὶ τῇ ἐπαύριον ⸂ἐξελθόντων αὐτῶν⸃ ἀπὸ Βηθανίας ἐπείνασεν. [13] καὶ ἰδὼν ⸉συκῆν ⸆ ἀπὸ μακρόθεν ἔχουσαν φύλλα ἦλθεν ⸆, ⸂εἰ ἄρα τι εὑρήσει⸃ ἐν αὐτῇ, ⸂καὶ ἐλθὼν ἐπ' αὐτὴν οὐδὲν εὗρεν⸃ εἰ μὴ φύλλα ⸆1. ⸂1ὁ γὰρ καιρὸς οὐκ ἦν σύκων⸃. [14] καὶ ἀποκριθεὶς εἶπεν αὐτῇ· μηκέτι ⸂εἰς τὸν αἰῶνα ἐκ σοῦ μηδεὶς καρπὸν φάγοι⸃. καὶ ἤκουον οἱ μαθηταὶ αὐτοῦ.

Luk. 13,6-9
(nr. 207, p. 292)

[6] Ἔλεγεν δὲ ταύτην τὴν παραβολήν· συκῆν εἶχέν τις πεφυτευμένην ἐν τῷ ἀμπελῶνι αὐτοῦ, καὶ ἦλθεν ζητῶν καρπὸν ἐν αὐτῇ καὶ οὐχ εὗρεν. [7] εἶπεν δὲ πρὸς τὸν ἀμπελουργόν· ἰδοὺ τρία ἔτη ἀφ' οὗ ἔρχομαι ζητῶν καρπὸν ἐν τῇ συκῇ ταύτῃ καὶ οὐχ εὑρίσκω· ἔκκοψον [οὖν] αὐτήν, ἱνατί καὶ τὴν γῆν καταργεῖ; [8] ὁ δὲ ἀποκριθεὶς λέγει αὐτῷ· κύριε, ἄφες αὐτὴν καὶ τοῦτο τὸ ἔτος, ἕως ὅτου σκάψω περὶ αὐτὴν καὶ βάλω κόπρια, [9] κἂν μὲν ποιήσῃ καρπὸν εἰς τὸ μέλλον· εἰ δὲ μή γε, ἐκκόψεις αὐτήν.

Joh.

Matth.: 18 ⸀-ϊας C 𝔎 W Δ λ ϕ *pl* ¦ *txt* B ℵ* D Θ *pc* | ⸀† επαναγαγων B* ℵ* L ¦ παραγων D it sy^c ¦ υπαγων W ¦ *txt* B^corr ℵ^corr C 𝔎 Δ Θ Φ λ ϕ *pl* || 19 ⸀-της L W 175 | ⸆† ου B L ¦ *txt* ℵ C 𝔎 D W Θ λ ϕ *pl* | ⸀γενοιτο ℵ Θ; Or

Mark.: 12 ⸂εξελθ. ϕ 565 *pc* ¦ εξελθοντα D(Γ) it || 13 ⸉*p.* μακροθεν D W *pc* lat; Or | ⸆*p)* μιαν ℵ K M *pc* sy^p | ⸆εις αυτην W ϕ *pc* sy^s.p sa | ⸂ως ευρησων τι Θ **0188**. 565. 700 a f q ¦ ιδειν εαν τι εστιν D it | ⸂ελθ. δε ουδ. ευρ. εν αυτη **0188** (*pc*) ¦ και μηδεν ευρων D 565 it | ⸆1*p)* μονον C² W Φ ϕ 565 *pc* sa; Or | ⸂1ου γαρ ην καιρ. συκ. C² 𝔎 A Γ Θ **0188** (λ) ϕ *pm* ¦ ου γ. ην ο κ. σ. D W Φ 700; Or || 14 ⸂*4 5 1-3 6-8* 𝔎 A Γ Φ *pm* ¦ *1-5* καρπ. μηδ. φαγη W λ *pc* ¦ μηδεις απο σ. κ. φαγοι εις τ. αι. **0188**

[2sqq] cf Hos 9,10; Mch 7,1; Hab 3,17 || [9] cf Mc 11,20 *(= nr 275)*; Hos 9,16

273. Tempelreinigung

(cf. nr. 25)

Purgatio templi — **The Cleansing of the Temple**

Matth. 21,12-13
(nr. 271, p. 370)

[12]Καὶ εἰσῆλθεν ⸆ Ἰησοῦς εἰς τὸ ἱερὸν ⸇ καὶ ἐξέβαλεν πάντας τοὺς πωλοῦντας καὶ ἀγοράζοντας ἐν τῷ ἱερῷ, καὶ τὰς τραπέζας τῶν κολλυβιστῶν κατέστρεψεν καὶ τὰς καθέδρας τῶν πωλούντων τὰς περιστεράς,

[13]καὶ λέγει αὐτοῖς· γέγραπται· ὁ οἶκός μου οἶκος προσευχῆς κληθήσεται, ὑμεῖς δὲ αὐτὸν ⸀ποιεῖτε σπήλαιον λῃστῶν.

Mark. 11,15-17

[15]Καὶ ⸂ἔρχονται εἰς Ἱεροσόλυμα. Καὶ εἰσελθὼν ⸆ εἰς τὸ ἱερὸν⸃ ἤρξατο ἐκβάλλειν ⸇ τοὺς πωλοῦντας ⸋καὶ τοὺς ἀγοράζοντας⸌ ἐν ⸂τῷ ἱερῷ⸃, καὶ τὰς τραπέζας τῶν κολλυβιστῶν ⸆¹ καὶ τὰς καθέδρας τῶν πωλούντων τὰς περιστερὰς ⸀κατέστρεψεν, [16]καὶ οὐκ ἤφιεν ⸂ἵνα τις διενέγκῃ⸃ σκεῦος διὰ τοῦ ἱεροῦ.

[17]καὶ ἐδίδασκεν καὶ ἔλεγεν °αὐτοῖς· °¹οὐ γέγραπται °²ὅτι ὁ οἶκός μου οἶκος προσευχῆς κληθήσεται πᾶσιν τοῖς ἔθνεσιν; ὑμεῖς δὲ ⸀πεποιήκατε αὐτὸν σπήλαιον λῃστῶν.

Luk. 19,45-46

(nr. 270 19,41-44 p. 369)

[45]Καὶ εἰσελθὼν εἰς τὸ ἱερὸν ἤρξατο ἐκβάλλειν τοὺς πωλοῦντας ⸆

[46]λέγων αὐτοῖς· γέγραπται· ⸂καὶ ἔσται⸃ ὁ οἶκός μου οἶκος προσευχῆς⸆, ὑμεῖς δὲ αὐτὸν ἐποιήσατε σπήλαιον λῃστῶν.

Joh. 2,13-17
(nr. 24. 25, p. 38)

[13]⸂Καὶ ἐγγὺς⸃ ἦν τὸ πάσχα τῶν Ἰουδαίων, καὶ ἀνέβη ⸉εἰς Ἱεροσόλυμα ὁ Ἰησοῦς⸊. [14]καὶ εὗρεν ἐν τῷ ἱερῷ τοὺς πωλοῦντας βόας καὶ πρόβατα καὶ περιστερὰς καὶ τοὺς ⸀κερματιστὰς καθημένους, [15]καὶ ποιήσας ⸆ φραγέλλιον ἐκ σχοινίων πάντας ἐξέβαλεν ἐκ τοῦ ἱεροῦ τά τε πρόβατα καὶ τοὺς βόας, καὶ τῶν κολλυβιστῶν ἐξέχεεν ⸂τὸ κέρμα⸃ καὶ τὰς τραπέζας ⸀ἀνέτρεψεν, [16]καὶ τοῖς τὰς περιστερὰς πωλοῦσιν εἶπεν· ἄρατε ταῦτα ἐντεῦθεν, ⸆ μὴ ποιεῖτε τὸν οἶκον τοῦ πατρός μου οἶκον ἐμπορίου. [17]ἐμνήσθησαν ⸆ οἱ μαθηταὶ αὐτοῦ ὅτι ⸉γεγραμμένον ἐστίν⸊· ⸇ ὁ ζῆλος τοῦ οἴκου σου ⸀καταφάγεταί με.

2. Clem. ad Cor. 14, 1: Ἐὰν δὲ μὴ ποιήσωμεν τὸ θέλημα κυρίου, ἐσόμεθα ἐκ τῆς γραφῆς τῆς λεγούσης· »Ἐγενήθη ὁ οἶκός μου σπήλαιον λῃστῶν«.

Justinus Mart., Dial. 17, 3: »Γέγραπται· Ὁ οἶκός μου οἶκος προσευχῆς ἐστιν, ὑμεῖς δὲ πεποιήκατε αὐτὸν σπήλαιον λῃστῶν«. καὶ τὰς τραπέζας τῶν ἐν τῷ ναῷ κολλυβιστῶν κατέστρεψε.

Matth.: 12 ⸆ο ℜDΘλφ*pm* | ⸇του θεου CℜDWλ*pm* lat sy^c.p ¦ *txt p)* ℌΘ*al* b sa bo || 13 ⸀*p)* εποιησατε CℜDWφ*pl* latt; Ir^lat

Mark.: 15 ⸂εισελθων εις Ιερ. και οτε ην εν τω ιερω D | ⸆*p)* ο Ιησους ℜA*pm* f q | ⸇και A ¦ εκειθεν D b | ⸋W | ⸂αυτω A | ⸆¹(Jo 2,15) εξεχεεν WΘ*pc* | ⸀ανεστρ- **0188**; (Or) ¦ — D k sy^s || 16 ⸂διενεγκειν τινα **0188** c || 17 °B*pc* | °¹DΘ**0188**λ*al* it | °²CDΨ*pm* it | ⸀*p)* εποιησατε ℌℜDWφ*al* (⸉AΘλ*pm*) ¦ *txt* BLΨ*pc*

Luk.: 45 ⸆*p)* εν αυτω και αγοραζοντας (C)ℜAWΘ(φ)*pl* ¦ εν α. κ. αγ. και τας τραπεζας των κολλυβιστων εξεχεεν και τας καθεδρας των πωλουντων τας περιστερας D*pc* it || 46 ⸂*p)* οτι CADW*pm* lat ¦ — ℵ*ℜΓΔ*al* | ⸆εστιν CℜADWΘ*pm* lat

Joh.: 13 ⸂εγγυς δε ℵ ¦ και εγ. δε 𝔓66* | ⸉*3 4 1 2* 𝔓66.75(A)GL1241*pc* b r¹ ¦ *1 2* φ*pc* || 14 ⸀κολλυβιστας W || 15 ⸆ως 𝔓66.75 LW**0162**λ 33. 565*al* lat sy^hmg | ⸂† τα κερματα 𝔓66c.75 BLWX**083.0162** *pc* ¦ *txt* 𝔓66*ℵℜAΘ(λ)φ*pl* it | ⸀ανεστρ- 𝔓75ℜA**050***pm*; Or ¦ κατεστρ- 𝔓59ℵφ*pc* ¦ *txt* 𝔓66 BWΘ**0162***al* || 16 ⸆και 𝔓66 AWΘλφ 33.1241*al* || 17 ⸆δε ℜAΘ**050**λφ*pm* b r¹ | ⸉B | ⸇οτι 𝔓66.75 W**050***pc* | ⸀κατεφαγε φ*al*; Epiph

---

2sq cf Jo 2,23; 6,4; 11,55; 12,1 || *4sqq* cf Ml 3,1; Zch 14,21; Hos 9,15 || *5* = *10 (Jo)* || *9sq (Mt/Mc)* cf Lv 12,8; 14,22; 15,14.29; cf *14sq (Jo)* || *10 (Jo)* = *5*; cf Jo 6,37; 9,34; 12,31 || *14sq (Jo)* cf *9sq (Mt/Mc)* || *16sqq* Is 56,7; Jr 7,11; Zch 14,21; Is 60,7; cf *26sq* || *19sq* cf *25* || *19 (Jo)* cf Lc 2,49 || *20sqq* cf Jo 15,25; 19,28; Rm 11,9; 15,3; Act 1,20 || *22sqq* Ps 69,10 || *25* cf *19sq* || *26sq* cf *16sqq*

274. Anschlag der Hohenpriester und Schriftgelehrten

Insidiae pontificum et scribarum

The Chief Priests and Scribes Conspire against Jesus

Matth.

Mark. 11, 18-19

18 Καὶ ἤκουσαν οἱ ἀρχιερεῖς καὶ οἱ γραμματεῖς °καὶ ἐζήτουν πῶς αὐτὸν ἀπολέσωσιν· ἐφοβοῦντο ⸀γὰρ °¹αὐτόν, ⸂πᾶς γὰρ ὁ ὄχλος⸃ ⸁ἐξεπλήσσετο ἐπὶ τῇ διδαχῇ αὐτοῦ.

19 Καὶ ⸀ὅταν ὀψὲ ἐγένετο, ⸁ἐξεπορεύοντο ἔξω τῆς πόλεως.

Luk. 19, 47-48

21, 37

47 Καὶ ἦν διδάσκων τὸ καθ' ἡμέραν ἐν τῷ ἱερῷ. οἱ δὲ ἀρχιερεῖς καὶ °οἱ γραμματεῖς ⸉ἐζήτουν αὐτὸν ἀπολέσαι καὶ οἱ πρῶτοι τοῦ λαοῦ⸊, 48 καὶ οὐχ ⸀εὕρισκον °τὸ τί ⸁ποιήσωσιν⸆, ὁ ⸉λαὸς γὰρ⸊ ἅπας ⸀¹ἐξεκρέματο ⸂αὐτοῦ ἀκούων⸃.

(nr. 276 20, 1-8 p. 375)

21, 37 (nr. 301, p. 418)

37 Ἦν δὲ τὰς ἡμέρας ἐν τῷ ἱερῷ διδάσκων, τὰς δὲ νύκτας ἐξερχόμενος ηὐλίζετο εἰς τὸ ὄρος τὸ καλούμενον Ἐλαιῶν.

Joh. 11, 45-53; [8, 1-2]

11, 45-53 (nr. 260, p. 348)

45 Πολλοὶ οὖν ἐκ τῶν Ἰουδαίων οἱ ἐλθόντες πρὸς τὴν Μαριὰμ καὶ θεασάμενοι ἃ ἐποίησεν ἐπίστευσαν εἰς αὐτόν· 46 τινὲς δὲ ἐξ αὐτῶν ἀπῆλθον πρὸς τοὺς Φαρισαίους καὶ εἶπαν αὐτοῖς ἃ ἐποίησεν Ἰησοῦς. 47 Συνήγαγον οὖν οἱ ἀρχιερεῖς καὶ οἱ Φαρισαῖοι συνέδριον καὶ ἔλεγον· τί ποιοῦμεν ὅτι οὗτος ὁ ἄνθρωπος πολλὰ ποιεῖ σημεῖα; 48 ἐὰν ἀφῶμεν αὐτὸν οὕτως, πάντες πιστεύσουσιν εἰς αὐτόν, καὶ ἐλεύσονται οἱ Ῥωμαῖοι καὶ ἀροῦσιν ἡμῶν καὶ τὸν τόπον καὶ τὸ ἔθνος. 49 εἷς δέ τις ἐξ αὐτῶν Καϊάφας, ἀρχιερεὺς ὢν τοῦ ἐνιαυτοῦ ἐκείνου, εἶπεν αὐτοῖς· ὑμεῖς οὐκ οἴδατε οὐδέν, 50 οὐδὲ λογίζεσθε ὅτι συμφέρει ὑμῖν ἵνα εἷς ἄνθρωπος ἀποθάνῃ ὑπὲρ τοῦ λαοῦ καὶ μὴ ὅλον τὸ ἔθνος ἀπόληται. 51 τοῦτο δὲ ἀφ' ἑαυτοῦ οὐκ εἶπεν, ἀλλὰ ἀρχιερεὺς ὢν τοῦ ἐνιαυτοῦ ἐκείνου ἐπροφήτευσεν ὅτι ἔμελλεν Ἰησοῦς ἀποθνῄσκειν ὑπὲρ τοῦ ἔθνους, 52 καὶ οὐχ ὑπὲρ τοῦ ἔθνους μόνον ἀλλ' ἵνα καὶ τὰ τέκνα τοῦ θεοῦ τὰ διεσκορπισμένα συναγάγῃ εἰς ἕν. 53 ἀπ' ἐκείνης οὖν τῆς ἡμέρας ἐβουλεύσαντο ἵνα ἀποκτείνωσιν αὐτόν.

[8, 1-2] (nr. 242, p. 325)

⟦ 1 Ἰησοῦς δὲ ἐπορεύθη εἰς τὸ ὄρος τῶν ἐλαιῶν. 2 Ὄρθρου δὲ πάλιν παρεγένετο εἰς τὸ ἱερὸν καὶ πᾶς ὁ λαὸς ἤρχετο πρὸς αὐτόν, καὶ καθίσας ἐδίδασκεν αὐτούς.⟧

Mark.: 18 °D lat | ⸀δε Θ 565 c ff² | °¹A K *pc* | ⸂οτι πας ο οχ. ℜ A D L Γ 118. 157. 209 *pm* latt sy^p ¦ οτι πας ο λαος Θ 700; Or | ⸁-σσοντο ℵ Δ 892 *al* sy^{s.p} sa bo^{pt} || 19 ⸀οτε ℜ A D Γ Φ λ φ 157. 700 *pm* | ⸁-ευετο ℵ C ℜ D Θ (λ) φ 157. 892 *pm* lat sy^{s.h} sa bo ¦ *txt* B A (W) Δ Ψ 565. 700 *al*

Luk.: 47 °A K Θ *al* | ⸉ *4-8 1-3* D *pc* lat || 48 ⸀ηυρ- C D W 1. 33 *pc* | °D Γ* Δ λ 69 *al* | ⸁-σουσιν L W *al* | ⸆αυτω D Θ *pc* lat sy sa | ⸉D Θ 69 *pc* | ⸀¹-μετο B ℵ ¦ εκρεματο D ¦ *txt* C ℜ A L W Γ Δ Θ λ φ *pl* | ⸂ακουειν αυτ. D (*al*) sy

---

20 sq cf Lc 22, 53; Jo 7, 14; 18, 20; cf *25 sqq (Jo). 29* || *22* cf Lc 20, 19; 22, 2; Mt 14, 5; 21, 46 || *25* cf Mc 1, 22; 6, 2; 7, 37; 10, 26; Mt 7, 28; 13, 54; 19, 25; 22, 33; Lc 2, 48; 4, 32; 9, 43; 21, 38; Act 13, 12 || *25 sqq (Jo)* cf *20 sq* || *29* cf *20 sq*

275. Der verdorrte Feigenbaum

Ficulnea arefacta — **The Fig Tree is Withered**

Matth. 21,20-22
21,19b; 6,14-15; 5,23-24; 17,20

21,19b (*nr. 272, p. 371*)

Καὶ ἐξηράνθη παραχρῆμα ἡ συκῆ.

(*nr. 272 21,18-19 p. 371*)

20 Καὶ ἰδόντες οἱ μαθηταὶ ⸆ ἐθαύμασαν λέγοντες· πῶς παραχρῆμα ἐξηράνθη ⸋ἡ συκῆ⸌; 21 ἀποκριθεὶς δὲ ὁ Ἰησοῦς εἶπεν αὐτοῖς· ἀμὴν λέγω ὑμῖν, ἐὰν ἔχητε πίστιν ⸆ καὶ μὴ διακριθῆτε, οὐ μόνον τὸ τῆς συκῆς ποιήσετε, ἀλλὰ ⸀κἂν τῷ ὄρει τούτῳ ⸆: εἴπητε· ἄρθητι καὶ βλήθητι εἰς τὴν θάλασσαν, γενήσεται· 22 καὶ πάντα ὅσα ⸀ἂν αἰτήσητε ἐν τῇ προσευχῇ πιστεύοντες λήμψεσθε.

6,14-15 (*nr. 62, p. 86*)

14 Ἐὰν °γὰρ ἀφῆτε τοῖς ἀνθρώποις τὰ παραπτώματα °1αὐτῶν, ἀφήσει καὶ ὑμῖν ὁ πατὴρ ὑμῶν ⸂ὁ οὐράνιος⸃· 15 ἐὰν δὲ μὴ ἀφῆτε τοῖς ἀνθρώποις ⸆, οὐδὲ ὁ πατὴρ ⸀ὑμῶν ἀφήσει ⸆: τὰ παραπτώματα ὑμῶν.

Mark. 11,20-26

20 Καὶ παραπορευόμενοι πρωῒ εἶδον τὴν συκῆν ἐξηραμμένην ἐκ ῥιζῶν. 21 καὶ ἀναμνησθεὶς ὁ Πέτρος ⸀λέγει αὐτῷ· ῥαββί, ⸁ἴδε ἡ συκῆ ἣν κατηράσω ⸀1ἐξήρανται. 22 καὶ ἀποκριθεὶς ὁ Ἰησοῦς ⸀λέγει αὐτοῖς· ⸆ ἔχετε πίστιν ⸆: θεοῦ. 23 ἀμὴν ⸆ λέγω ὑμῖν °ὅτι ὃς ⸀ἂν εἴπῃ τῷ ὄρει τούτῳ· ἄρθητι καὶ βλήθητι εἰς τὴν θάλασσαν, καὶ μὴ διακριθῇ ἐν τῇ καρδίᾳ αὐτοῦ ἀλλὰ ⸂πιστεύῃ ὅτι ὃ λαλεῖ γίνεται, ἔσται⸃ αὐτῷ ⸆:. 24 διὰ τοῦτο λέγω ὑμῖν, πάντα ὅσα ⸆ ⸂προσεύχεσθε καὶ⸃ αἰτεῖσθε, πιστεύετε ὅτι ⸀ἐλάβετε, καὶ ἔσται ὑμῖν. 25 Καὶ ὅταν ⸀στήκετε προσευχόμενοι, ἀφίετε εἴ τι ἔχετε κατά τινος, ἵνα καὶ ὁ πατὴρ ὑμῶν ὁ ⸆ ἐν τοῖς οὐρανοῖς ⸁ἀφῇ °ὑμῖν τὰ παραπτώματα °1ὑμῶν. ⸆[26]

Luk.
17,6

Joh. 14,13-14; 15,7; 16,23

14,13-14 (*nr. 317, p. 444*)

13 Καὶ ὅ τι ἂν αἰτήσητε ἐν τῷ ὀνόματί μου τοῦτο ποιήσω, ἵνα δοξασθῇ ὁ πατὴρ ἐν τῷ υἱῷ. 14 ἐάν τι αἰτήσητέ με ἐν τῷ ὀνόματί μου ἐγὼ ποιήσω.

15,7 (*nr. 320, p. 447*)

7 Ἐὰν μείνητε ἐν ἐμοὶ καὶ τὰ ῥήματά μου ἐν ὑμῖν μείνῃ, ὃ ἐὰν θέλητε αἰτήσασθε, καὶ γενήσεται ὑμῖν.

16,23 (*nr. 327, p. 452*)

23 Καὶ ἐν ἐκείνῃ τῇ ἡμέρᾳ ἐμὲ οὐκ ἐρωτήσετε οὐδέν. ἀμὴν ἀμὴν λέγω ὑμῖν, ἄν τι αἰτήσητε τὸν πατέρα ἐν τῷ ὀνόματί μου δώσει ὑμῖν.

Matth. 21: **20** ⸆αυτου 238*pc* sy^c sa^pt | ⸋238 lat || **21** ⸆ως κοκκον σιναπεως Φ 474 | ⸀και *et* ⸆:εαν DS(W)*pc* || **22** ⸀εαν C𝔎WΔ 69.118.209*pm* ¦ — D

Matth. 6: **14** °D*L*pc* | °1D | ⸂εν τοις ουρανοις Θ it ¦ *txt* + τα παραπτωματα υμων vg bo || **15** ⸆τα παραπτωματα αυτων B𝔎WΘϕ*pm* f q (— αυτων b) sy^c sa bo^pt ¦ *txt* ℵDλ*al* lat sy^p bo^pt; Aug | ⸀υμιν ℵ* | ⸆:υμιν D*al* lat

Mark.: **21** ⸀ειπεν ΘΨ 565.700 | ⸁ιδου D 565*pc*; Or | ⸀1-νθη DLΔΘΨλ 33.565.700*al*; Or || **22** ⸀ειπεν Θ 565.700*pc* | ⸆ει ℵDΘϕ 33^c.565.700*pc* it sy^s | ⸆:του DW || **23** ⸆γαρ C𝔎ALWΓΔΦϕ 33.892*pm* q | °ℵDW 33.565*pc* | ⸀εαν AΦλϕ*pc* | ⸂πιστευση το μελλον ο αν ειπη γενησεται D it ¦ πιστευση οτι α λεγει γιν., εσται C𝔎AWλϕ*pm* | ⸆:ο εαν ειπη 𝔎AΓΘΦΨϕ*pl* a q || **24** ⸆αν 𝔎AΓΘΦλϕ*pm* | ⸂προσευχομενοι 𝔎AWΓΘΦλϕ 33.157*pm* | ⸀λαμβανετε 𝔎AΓΦϕ 33.157*pm* ¦ λημψεσθε DΘλ 565.700*pc* lat ¦ *txt* ℌW*pc* || **25** ⸀-κητε B𝔎W*al*; Or ¦ στητε ℵ ¦ *txt* CADΘλϕ*pm* | ⸆ων D (lat) | ⸁-ησει DΘ*al* | °Θ a ff^2 i k | °1D | ⸆[26] *p)* ει δε υμεις ουκ αφιετε, ουδε ο πατηρ υμων ο εν τοις (— CDλ*pc*) ουρανοις αφησει (+ υμιν Dϕ*al* lat sy^p bo^pt) τα παραπτωματα υμων. C𝔎ADΘλϕ*al* lat sy^p bo^pt ¦ *txt* BℵW*al*

^1sqq cf Mc 11,12-14 par (= *nr 272*) || ^7sqq cf *14-25 (Jo). 32 sqq. 38* || ^10sq = Zch 14,4? || ^14sqq cf Mt 7,7; 18,19; Lc 11,9-13; *cf 37* || ^14-25(Jo) *cf 7sqq* || ^18sqq cf Mt 6,12; Lc 11,4; *cf 26 sqq*

Matth.	Mark.	Luk.	Joh.
5,23-24 *(nr. 55, p. 79)* 23 Ἐὰν οὖν προσφέρῃς τὸ δῶρόν σου ἐπὶ τὸ θυσιαστήριον κἀκεῖ μνησθῇς ὅτι ὁ ἀδελφός σου ἔχει τι κατὰ σοῦ, 24 ἄφες ἐκεῖ τὸ δῶρόν σου ἔμπροσθεν τοῦ θυσιαστηρίου καὶ ὕπαγε πρῶτον διαλλάγηθι τῷ ἀδελφῷ σου, καὶ τότε ἐλθὼν πρόσφερε τὸ δῶρόν σου.			
17,20 *(nr. 163, p. 240)* 20 Ὁ δὲ λέγει αὐτοῖς· διὰ τὴν ὀλιγοπιστίαν ὑμῶν· ἀμὴν γὰρ λέγω ὑμῖν, ἐὰν ἔχητε πίστιν ὡς κόκκον σινάπεως, ἐρεῖτε τῷ ὄρει τούτῳ· μετάβα ἔνθεν ἐκεῖ, καὶ μεταβήσεται· καὶ οὐδὲν ἀδυνατήσει ὑμῖν.		17,6 *(nr. 231, p. 312)* 6 Εἶπεν δὲ ὁ κύριος· εἰ ἔχετε πίστιν ὡς κόκκον σινάπεως, ἐλέγετε ἂν τῇ συκαμίνῳ [ταύτῃ]· ἐκριζώθητι καὶ φυτεύθητι ἐν τῇ θαλάσσῃ· καὶ ὑπήκουσεν ἂν ὑμῖν.	

Herm. Pastor Sim. VI, 3, 6: ... καὶ εὐοδοῦνται ἐν πάσῃ πράξει αὐτῶν, λαμβάνοντες πάντα παρὰ τοῦ κυρίου ὅσα αἰτοῦνται.

Evang. Thomae copt.: *cf. Append. I, 48*

---

26 sqq cf *18 sqq* ‖ *32 sqq* cf *7 sqq* ‖ *37* cf *14 sqq* ‖ *38* cf *7 sqq*

276. Frage nach der Vollmacht Jesu

De potestate Jesu et baptismo Ioannis

The Question about Authority

Matth. 21,23-27	Mark. 11,27-33	Luk. 20,1-8 *(nr. 274 19,47-48 p. 373)*	Joh. 2,18-22 *(nr. 25, p. 38)*
23 Καὶ ˹ἐλθόντος αὐτοῦ˺ εἰς τὸ ἱερὸν προσῆλθον αὐτῷ °διδάσκοντι οἱ ἀρχιερεῖς καὶ °¹οἱ πρεσβύτεροι τοῦ λαοῦ λέγοντες· ἐν ποίᾳ ἐξουσίᾳ ταῦτα ποιεῖς; ˹καὶ τίς σοι ˢἔδωκεν τὴν ἐξουσίαν ταύτην; 24 ἀποκριθεὶς °δὲ ὁ Ἰησοῦς εἶπεν αὐτοῖς· ἐρωτήσω	27 Καὶ ˹ἔρχονται πάλιν εἰς Ἱεροσόλυμα. καὶ ἐν τῷ ἱερῷ περιπατοῦντος αὐτοῦ ἔρχονται πρὸς αὐτὸν οἱ ἀρχιερεῖς καὶ οἱ γραμματεῖς καὶ οἱ πρεσβύτεροι ᵀ 28 καὶ ˹ἔλεγον αὐτῷ· ἐν ποίᾳ ἐξουσίᾳ ταῦτα ποιεῖς⁝; ⸋˹ἢ τίς σοι ˢἔδωκεν τὴν ἐξουσίαν ταύτην²⸋¹ἵνα ταῦτα ποιῇς⸌¹;⸌ 29 ὁ δὲ Ἰησοῦς ᵀ εἶπεν αὐτοῖς· ἐπερωτήσω	1 Καὶ ἐγένετο ἐν μιᾷ τῶν ἡμερῶν ᵀ διδάσκοντος αὐτοῦ ˢτὸν λαὸν ἐν τῷ ἱερῷ² καὶ εὐαγγελιζομένου ἐπέστησαν οἱ ˹ἀρχιερεῖς καὶ οἱ γραμματεῖς σὺν τοῖς πρεσβυτέροις 2 καὶ εἶπαν ˹λέγοντες πρὸς αὐτόν˺· ˹εἰπὸν ἡμῖν˺ ἐν ποίᾳ ἐξουσίᾳ ταῦτα ποιεῖς, ˹ἢ τίς ἐστιν ὁ δούς σοι ˢτὴν ἐξουσίαν ταύτην²⁝; 3 ἀποκριθεὶς δὲ ᵀ εἶπεν πρὸς αὐτούς· ἐρωτήσω	18 Ἀπεκρίθησαν οὖν οἱ Ἰουδαῖοι καὶ εἶπαν αὐτῷ· τί σημεῖον δεικνύεις ἡμῖν ὅτι ταῦτα ποιεῖς; 19 ἀπεκρίθη Ἰησοῦς καὶ εἶπεν αὐτοῖς· λύσατε τὸν ναὸν τοῦτον καὶ ἐν τρισὶν ἡμέραις ἐγερῶ αὐτόν. 20 εἶπαν οὖν οἱ Ἰου-

---

Matth.: 23 ˹-ντι -τω ℜ W Δ 087. 118. 209 *pm* \| ° 7 it sy^s.c; Or^pt \| °¹ Y Δ Θ \| ˹η C Φ *pc* ff¹ \| ˢ *p.* ταυτην **087** ¦ *p.* εξουσ. 157 ‖ **24** ° L Z lat sy sa^pt bo^pt

Mark.: 27 ˹ερχεται D 565 *pc* it \| ᵀ *p)* του λαου D 892 ‖ **28** ˹λεγουσιν ℜ A D Γ Θ Φ φ 33. 157 *pm* lat sy^s.p \| [⁝, W] \| ⸋ D *pc* k \| ˹ *p)* και ℜ A W Γ Φ λ φ *pm* lat sy^s.p bo^pt \| ˢ *2-4 1* (𝔓^45vid) ℜ A Γ Φ φ *pm* ¦ *4 2 3 1* W \| ⸋¹ *p)* W Θ 565 *pc* it sy^s ‖ **29** ᵀ αποκριθεις ℜ A D W Γ Θ Φ λ φ 157 *pm* lat sy^s.h

Luk.: 1 ᵀ εκεινων C ℜ A W Γ Δ Θ φ *pl* ¦ *txt* B ℵ D L λ *pc* \| ˢ *3-5 1 2* D e \| ˹ιερεις ℜ A W Γ Δ *al* ‖ **2** ˹ *2 3 1* ℜ A W Γ Δ Θ φ *pl* ¦ *2 3* C D *pc* f q ¦ *txt* B ℵ L (λ) *pc* \| ˹ειπε ημ. ℜ A D W Γ Δ Θ φ *pl* ¦ — ℵ* C ¦ *txt* B ℵ^corr L R 1. 33 *pc* \| ˹και D a e \| ˢ *3 1 2* D lat \| [⁝. H] ‖ **3** ᵀ ο Ιησους C *pc* it

---

8 sqq cf Mt 16,1 etc ‖ *12 sqq* cf Mc 10,3

[Matth. 21, 23-27]	[Mark. 11, 27-33]	[Luk. 20, 1-8]	[Joh. 2, 18-22]
ὑμᾶς ⸀κἀγὼ ⸉λόγον ἕνα⸊, ὃν ἐὰν εἴπητέ μοι ⸀κἀγὼ ὑμῖν ἐρῶ ἐν ποίᾳ ἐξουσίᾳ ταῦτα ποιῶ· 25 τὸ βάπτισμα °τὸ Ἰωάννου πόθεν ἦν; ἐξ οὐρανοῦ ἢ ἐξ ἀνθρώπων; οἱ δὲ διελογίζοντο ⸀ἐν ἑαυτοῖς λέγοντες· ἐὰν εἴπωμεν· ἐξ οὐρανοῦ, ἐρεῖ ἡμῖν· διὰ τί °¹οὖν οὐκ ἐπιστεύσατε αὐτῷ; 26 ἐὰν δὲ εἴπωμεν· ἐξ ⸀ἀνθρώπων, φοβούμεθα τὸν ὄχλον, πάντες γὰρ ⸂ὡς προφήτην ἔχουσιν τὸν Ἰωάννην⸃. 27 καὶ ἀποκριθέντες τῷ Ἰησοῦ εἶπαν· οὐκ οἴδαμεν. ἔφη αὐτοῖς ⸂καὶ αὐτός⸃· οὐδὲ ἐγὼ ⸉λέγω ὑμῖν⸊ ἐν ποίᾳ ἐξουσίᾳ ταῦτα ποιῶ.	ὑμᾶς ⸆ ἕνα λόγον, °καὶ ἀποκρίθητέ μοι καὶ ⸀ἐρῶ ὑμῖν ἐν ποίᾳ ἐξουσίᾳ ταῦτα ποιῶ· 30 τὸ βάπτισμα τὸ Ἰωάννου ⸆ ἐξ ⸀οὐρανοῦ °ἦν ἢ ἐξ ἀνθρώπων; ἀποκρίθητέ μοι. 31 καὶ ⸀διελογίζοντο πρὸς ἑαυτοὺς λέγοντες· ⸆ ἐὰν εἴπωμεν· ἐξ οὐρανοῦ, ἐρεῖ ⸆ · διὰ τί °[οὖν] οὐκ ἐπιστεύσατε αὐτῷ; 32 ἀλλὰ ⸆ εἴπωμεν· ἐξ ἀνθρώπων; – ⸀ἐφοβοῦντο τὸν ⸁ὄχλον· ⸀¹ἅπαντες γὰρ ⸀²εἶχον τὸν Ἰωάννην ⸂ὄντως ὅτι⸃ προφήτης ἦν. 33 καὶ ἀποκριθέντες ⸉τῷ Ἰησοῦ λέγουσιν⸊· οὐκ οἴδαμεν. καὶ ⸆ ὁ Ἰησοῦς λέγει αὐτοῖς· οὐδὲ ἐγὼ λέγω ὑμῖν ἐν ποίᾳ ἐξουσίᾳ ταῦτα ποιῶ. *(nr. 278 12, 1-12 p. 377)*	ὑμᾶς κἀγὼ ⸀λόγον, ⸁καὶ εἴπατέ μοι· 4 τὸ βάπτισμα ⸆ Ἰωάννου ἐξ οὐρανοῦ ἦν ἢ ἐξ ἀνθρώπων; 5 οἱ δὲ ⸀συνελογίσαντο πρὸς ἑαυτοὺς λέγοντες ὅτι ἐὰν εἴπωμεν· ἐξ οὐρανοῦ, ἐρεῖ· διὰ τί ⸆ οὐκ ἐπιστεύσατε αὐτῷ; 6 ἐὰν δὲ εἴπωμεν· ⸆ ἐξ ⸀ἀνθρώπων, ⸂ὁ λαὸς ἅπας⸃ καταλιθάσει ἡμᾶς, πεπεισμένος γάρ ἐστιν Ἰωάννην προφήτην εἶναι. 7 καὶ ἀπεκρίθησαν μὴ εἰδέναι ⸆ πόθεν. 8 καὶ ὁ Ἰησοῦς εἶπεν αὐτοῖς· οὐδὲ ἐγὼ λέγω ὑμῖν ἐν ποίᾳ ἐξουσίᾳ ταῦτα ποιῶ. *(nr. 278 20, 9-19 p. 377)*	δαῖοι· τεσσεράκοντα καὶ ἓξ ἔτεσιν οἰκοδομήθη ὁ ναὸς οὗτος, καὶ σὺ ἐν τρισὶν ἡμέραις ἐγερεῖς αὐτόν; 21 ἐκεῖνος δὲ ἔλεγεν περὶ τοῦ ναοῦ τοῦ σώματος αὐτοῦ. 22 ὅτε οὖν ἠγέρθη ἐκ νεκρῶν, ἐμνήσθησαν οἱ μαθηταὶ αὐτοῦ ὅτι τοῦτο ἔλεγεν, καὶ ἐπίστευσαν τῇ γραφῇ καὶ τῷ λόγῳ ὃν εἶπεν ὁ Ἰησοῦς.

Matth.: 24 ⸀*bis* και εγω ℵ 700 (33 *pc*) | ⸉ C D Φ 118.209 *al* lat ‖ 25 ° 𝔎 D W Θ **0138** ϕ 118.209 *pm* | ⸀παρ ℵ C 𝔎 D W Δ Θ Φ **0138** λ ϕ *pm* ¦ *txt* B (L) Z 892 *pc* | °¹ D L 28.700 *al* it sy bo ‖ 26 ⸀-που W | ⸂ *3-5 1 2* 𝔎 D W Δ Θ Φ **0138** ϕ *pm* ¦ ειχον *4 5 1 2* 1 *pc* lat ¦ *txt* B ℵ C L Z 33. 157. 892 *pc* ‖ 27 ⸂ ο Ιησους ℵ *pc* it | ⸉ M W Δ ϕ 1424 *al*

Mark.: 29 ⸆ *p)* καγω 𝔓45vid ℵ 𝔎 (A) D W Γ Θ Φ λ (ϕ) *pl* lat ¦ *txt* 𝔋 *pc* k | ° D W Θ 565 *pc* it | ⸀εγω λεγω D c ff² sy^s.p ‖ 30 ⸆ *p)* ποθεν ην *et* ° ℵ C Φ 33 *pc* | ⸀ουρανων D ‖ 31 ⸀ελογ- 𝔎 A Γ Φ 700 *pm* | ⸆ τι ειπωμεν D Θ Φ ϕ 565.700 *pc* | ⸆ *p)* ημιν D W Θ λ ϕ 565.700 *pc* it sy^s.p sa bo^pt | ° C* A L W Δ Ψ *al* it sy^s.p bo ¦ *txt* B ℵ C² 𝔎 D Θ λ ϕ *pm* lat ‖ 32 ⸆ εαν (D) W Θ ϕ 700 *al* | ⸀ *p)* φοβουμεθα D W Θ ϕ 565.700 *al* it | ⸁ λαον 𝔎 A D W Δ Θ Ψ λ ϕ *pm* | ⸀¹ παντες ℵ* C D W Θ λ 33.700 *pc* | ⸀² ηδεισαν D W Θ 565 *pc* it | ⸂ *2 1* 𝔎 A W Γ Φ 33.157 *pm* ¦ *2* ℵ* Θ λ 565.700 *al* k sy^s ¦ οτι αληθως D lat ¦ *txt* B ℵ^corr C L Ψ ϕ *pc* ‖ 33 ⸉ 𝔎 A D Γ Φ λ 157 *pm* | ⸆ αποκριθεις 𝔓45vid A D Φ λ ϕ *al* lat (⸉ 𝔎 W Θ *al*)

Luk.: 3 ⸀ *p)* ενα λογον C 𝔎 D Γ Δ Θ *pm* ¦ λογ. ενα A K M *al* ¦ *txt* B ℵ L R W λ 33.69 *pc* | ⸁ ον D 565 ‖ 4 ⸆ *p)* το ℵ D L R *pc* ‖ 5 ⸀-γιζοντο ℵ C D W Θ *al* ¦ διελογισαντο N λ *al* ¦ *txt* B 𝔎 A L Γ Δ ϕ *pm* | ⸆ *p)* ουν C A D λ *al* ‖ 6 ⸆ οτι C* | ⸀-που W | ⸂ πας ο λαος C 𝔎 A W Γ Δ Θ ϕ *pm* ¦ *txt* B ℵ (D) L λ *pc* ‖ 7 ⸆ αυτους C ¦ αυτους το D *pc*

32 sq cf Mt 21, 46; Lc 22, 2; Mc 12, 12

277. Gleichnis von den beiden Söhnen

Duo filii

The Parable of the Two Sons

Matth. 21, 28-32	Mark.	Luk. 7, 29-30	Joh.
28 Τί δὲ ὑμῖν δοκεῖ; ἄνθρωπος ⸆ εἶχεν ⸉τέκνα δύο⸊. °καὶ προσελθὼν τῷ πρώτῳ εἶπεν· τέκνον, ὕπαγε σήμερον ἐργάζου ⸂ἐν τῷ ἀμπελῶνι⸃⸆. 29 ὁ δὲ ἀποκριθεὶς εἶπεν· ⸂οὐ θέλω,			

28 ⸆ τις C E Δ Θ Φ ϕ 1.33.157 *pm* lat sy ¦ *txt* 𝔋 D F G W *pm* | ⸉ B *al* lat | ° † ℵ* L Z e sy^s.c sa bo ¦ *xt* B ℵ² C 𝔎 D W Θ **0138** λ ϕ *pl* lat | ⸂ εις τον -λωνα D **1424** lat | ⸆ μου B C² 𝔎 W Φ **0138**. 69.118.209 *pm* lat sa bo^pt ‖ 29 ⸂ *vide p. 377*

3 sq cf Mt 7, 21; Lc 6, 46

[Matth. 21, 28-32]	Mark.	Luk.	Joh.
ὕστερον δὲ μεταμεληθεὶς ἀπῆλθεν⸃. 30 ⸂προσελθὼν δὲ⸃ τῷ			
⸀ἑτέρῳ εἶπεν ὡσαύτως. ὁ δὲ ἀποκριθεὶς εἶπεν· ⸂ἐγώ, κύριε,			
καὶ οὐκ ἀπῆλθεν⸃. 31 τίς ἐκ τῶν δύο ἐποίησεν τὸ θέλημα			
τοῦ πατρός; ⸋λέγουσιν⸆· ⸂ὁ πρῶτος⸃.⸌ λέγει αὐτοῖς ὁ		*7, 29-30 (nr. 107, p. 151)*	
Ἰησοῦς· ἀμὴν λέγω ὑμῖν °ὅτι οἱ τελῶναι καὶ αἱ πόρναι		29 Καὶ πᾶς ὁ λαὸς ἀκούσας καὶ οἱ τελῶναι ἐδικαίωσαν τὸν θεὸν	
προάγουσιν ὑμᾶς εἰς τὴν βασιλείαν ⸂¹τοῦ θεοῦ⸃. 32 ἦλθεν		βαπτισθέντες τὸ βάπτισμα Ἰωάννου· 30 οἱ δὲ Φαρισαῖοι καὶ οἱ	
γὰρ ⸉Ἰωάννης πρὸς ὑμᾶς⸊ ἐν ὁδῷ δικαιοσύνης, καὶ οὐκ		νομικοὶ τὴν βουλὴν τοῦ θεοῦ ἠθέτησαν εἰς ἑαυτοὺς μὴ βαπτι-	
ἐπιστεύσατε αὐτῷ, οἱ δὲ τελῶναι καὶ αἱ πόρναι ἐπίστευσαν		σθέντες ὑπ᾿ αὐτοῦ.	
αὐτῷ· ὑμεῖς δὲ ἰδόντες ⸀οὐδὲ μετεμελήθητε ὕστερον τοῦ			
πιστεῦσαι ⸆ αὐτῷ.			

29–31 ⸂ † εγω (+υπαγω Θϕ 700 *pc*), κυριε (—Θ), και ουκ απηλθεν *et* ⸂ † ου θελω, υστερον μεταμεληθεις απηλθεν *et* ⸂ † ο υστερος B *vl* ο εσχατος Θϕ 700 *pc* sa^{pt} ¦ *txt* (א) C𝔎 (L) WΔ **0138** (λ) *pl* lat sy$^{p.h}$ sa^{pt} ¦ *ut txt, sed* απηλθ.[1] + εις τον αμπελωνα *et* κυριε + υπαγω *et* ο εσχατος *loco* ο πρωτος D it sy$^{s.c}$ ‖ **30** ⸂και πρ. C𝔎WΔΦ **0138**.118.209 *pm* | ⸀ † δευτερω B א^{corr} C² LZλ 33.700.1424 *al* ¦ *txt* א* C* 𝔎DWΔΘΦϕ 157. 1241 *pm* ‖ **31** ⸋[Lachmann *cj*] | ⸆αυτω C𝔎WΔΦ **0138** λ *pm* it sy sa | ° א* *pc* | ⸂¹των ουρανων 13 *pc* sa^{pt} ‖ **32** ⸉ 𝔎DWΔΘ **0138** ϕ 1 *pm* lat ¦ *txt* BאCL 33.118.209.892 *pc* | ⸀ου אC𝔎LWΔ 118.209 *pm* ¦ — D c e sy^{s} ¦ *txt* BΘΦ **0138** ϕ 1.33.700.892 *al* lat | ⸆εν Θ 33.892 *pc*; Or

8sq cf Lc 7, 36-50; 18, 14; 19, 1-10 ‖ *10* cf 2 Pt 2, 21; Mc 12, 14; Prv 8, 20; 12, 28; 16, 31; 21, 16 ‖ *11sq* cf Lc 3, 12

278. Gleichnis von den Weingärtnern

Vinitores mali — **The Parable of the Wicked Husbandmen**

Matth. 21, 33-46	Mark. 12, 1-12	Luk. 20, 9-19	Joh.
	(nr. 276 11, 27-33 p. 375)	*(nr. 276 20, 1-8 p. 375)*	
33 Ἄλλην παραβολὴν	1 Καὶ ἤρξατο αὐτοῖς ἐν παραβολαῖς	9 ⸂Ἤρξατο δὲ πρὸς τὸν λαὸν λέγειν⸃ τὴν	
ἀκούσατε. Ἄνθρωπος ⸆ἦν οἰκοδεσπότης	⸀λαλεῖν·	παραβολὴν ταύτην·	
ὅστις ἐφύτευσεν ἀμπελῶνα καὶ	⸂ἀμπελῶνα ἄνθρωπος ἐφύτευσεν⸃ καὶ	⸂ἄνθρωπός [τις] ἐφύτευσεν ἀμπελῶνα⸃	
φραγμὸν αὐτῷ περιέθηκεν καὶ ὤρυξεν	περιέθηκεν ⸆ φραγμὸν καὶ ὤρυξεν		
°ἐν αὐτῷ ληνὸν καὶ ᾠκοδόμησεν πύρ-	ὑπολήνιον καὶ ᾠκοδόμησεν πύρ-		
γον καὶ ἐξέδετο αὐτὸν γεωργοῖς καὶ ἀπ-	γον καὶ ἐξέδετο αὐτὸν γεωργοῖς καὶ ἀπ-	καὶ ἐξέδετο αὐτὸν γεωργοῖς ⸀καὶ ἀπ-	
εδήμησεν.	εδήμησεν.	εδήμησεν χρόνους ἱκανούς.	
34 ὅτε δὲ ἤγγισεν ὁ καιρὸς τῶν καρ-	2 καὶ	10 καὶ ⸆	
πῶν, ἀπέστειλεν τοὺς δούλους αὐτοῦ	ἀπέστειλεν πρὸς τοὺς γεωργοὺς τῷ καιρῷ	καιρῷ ἀπέστειλεν πρὸς τοὺς γεωργοὺς	
πρὸς τοὺς γεωργοὺς	δοῦλον ἵνα ⸂παρὰ τῶν γεωργῶν	δοῦλον ἵνα ἀπὸ τοῦ καρποῦ	
λαβεῖν τοὺς καρποὺς αὐτοῦ.	λάβῃ ἀπὸ τῶν καρπῶν τοῦ ἀμπελῶνος⸃·	τοῦ ἀμπελῶνος ⸀δώσουσιν αὐτῷ·	

Matth.: 33 ⸆τις C³EFGHX 28.157.892 *pm* e f h sy | ° א* V 69 *pc*

Mark.: 1 ⸀λεγειν C𝔎ADΘΦ 33.157 *pm* | ⸂*1 3 2* 𝔎ADλ 157 *pm* lat ¦ *2 3 1* N *pc* ¦ ανθ. τις εφ. αμπ. WΘϕ 565 *pc* sy^{p}; Or | ⸆*p)* αυτω C² WΘΨ 565.892 *pc* sy$^{s.p}$ sa bo; Or ‖ 2 ⸂*ut txt, sed* απο του καρπου 𝔎AWΦλϕ 157 *pm*, παρ αυτων *et* τους καρπους Θ (579) ¦ *p)* απο του καρπου τ. α. δωσουσιν αυτω D it (sy^{s})

Luk.: 9 ⸂ελεγεν δε D e | ⸂ † *1 3 4* Bא𝔎LRΨλ *pm* ¦ *4 1 3* C ¦ *4 3 1* D it ¦ *txt* AWΘϕ *al* | ⸀και αυτος 157 lat ¦ αυτος δε D e ‖ **10** ⸆εν 𝔎AWΓΔϕ *pm* ¦ εν τω CΘ *pc* | ⸀δωσιν C𝔎DWΓΔΘλ *pm*

1sqq cf Mt 20, 1sqq *(= nr 256)*; cf 62 *sqq*. 77 ‖ *1(Mc)* cf Mc 3, 23 ‖ *3sqq* cf Is 5, 1sq ‖ *6sq* cf Mt 25, 14sq ‖ *8sqq* cf Lv 19, 23-25; *cf 61* ‖ *10* δοῦλος κυρίου cf Jos 14, 7; 24, 29; 2 Sm 3, 18; 7, 5sqq; Am 3, 7; Zch 1, 6; Jr 7, 25; 25, 4

[Matth. 21, 33-46]

35 καὶ λαβόντες οἱ γεωργοὶ τοὺς δούλους αὐτοῦ ὃν μὲν ἔδειραν, ὃν δὲ ἀπέκτειναν, ὃν δὲ ἐλιθοβόλησαν. 36 ⸀πάλιν ἀπέστειλεν ἄλλους δούλους πλείονας τῶν πρώτων, καὶ ἐποίησαν αὐτοῖς ὡσαύτως.

cf. v. 35

37 ὕστερον δὲ ἀπέστειλεν ⸂πρὸς αὐτοὺς⸃ τὸν υἱὸν αὐτοῦ λέγων· ἐντραπήσονται τὸν υἱόν μου. 38 οἱ δὲ γεωργοὶ ἰδόντες τὸν υἱὸν εἶπον ἐν ἑαυτοῖς· οὗτός ἐστιν ὁ κληρονόμος· δεῦτε ἀποκτείνωμεν αὐτὸν καὶ ⸀σχῶμεν τὴν κληρονομίαν αὐτοῦ, 39 καὶ λαβόντες αὐτὸν ⸉ἐξέβαλον ἔξω τοῦ ἀμπελῶνος καὶ ἀπέκτειναν⸊. 40 ὅταν οὖν ἔλθῃ ὁ κύριος τοῦ ἀμπελῶνος, τί ποιήσει τοῖς γεωργοῖς ἐκείνοις; 41 λέγουσιν αὐτῷ· κακοὺς κακῶς ἀπολέσει °αὐτοὺς καὶ τὸν ἀμπελῶνα ⸀ἐκδώσεται ἄλλοις γεωργοῖς, οἵτινες ἀποδώσουσιν αὐτῷ τοὺς καρποὺς ἐν τοῖς καιροῖς αὐτῶν.

42 Λέγει αὐτοῖς ὁ Ἰησοῦς· οὐδέποτε ἀνέγνωτε ἐν ταῖς γραφαῖς·

[Mark. 12, 1-12]

3 ⸀καὶ λαβόντες αὐτὸν ἔδειραν καὶ ἀπέστειλαν κενόν⸆. 4 καὶ πάλιν ἀπέστειλεν πρὸς αὐτοὺς ἄλλον δοῦλον· κἀκεῖνον ⸆ ἐκεφαλίωσαν καὶ ⸀ἠτίμασαν. 5 καὶ ⸆ ἄλλον ἀπέστειλεν⸆· κἀκεῖνον ἀπέκτειναν, καὶ πολλοὺς ἄλλους, ⸀οὓς μὲν δέροντες, ⸀οὓς δὲ ἀποκτέννοντες. 6 ⸀ἔτι ἕνα ⸂εἶχεν· υἱὸν⸃ ἀγαπητόν⸆· ἀπέστειλεν ⸆αὐτὸν ⸄ἔσχατον πρὸς αὐτοὺς⸅ λέγων °ὅτι ⸉ἐντραπήσονται τὸν υἱόν μου⸊. 7 ἐκεῖνοι δὲ οἱ γεωργοὶ ⸂πρὸς ἑαυτοὺς εἶπαν ὅτι⸃ οὗτός ἐστιν ὁ κληρονόμος· δεῦτε ἀποκτείνωμεν αὐτόν, καὶ ἡμῶν ἔσται ἡ κληρονομία. 8 καὶ λαβόντες ⸉ἀπέκτειναν αὐτὸν⸊ καὶ ἐξέβαλον °αὐτὸν ἔξω τοῦ ἀμπελῶνος. 9 τί °[οὖν] ποιήσει ὁ κύριος τοῦ ἀμπελῶνος; ἐλεύσεται καὶ ἀπολέσει τοὺς γεωργοὺς καὶ δώσει τὸν ἀμπελῶνα ἄλλοις.

10 οὐδὲ τὴν γραφὴν ταύτην ἀνέγνωτε·

[Luk. 20, 9-19]

⸂οἱ δὲ γεωργοὶ ἐξαπέστειλαν αὐτὸν δείραντες⸃ κενόν. 11 καὶ ⸂προσέθετο ἕτερον πέμψαι⸃ δοῦλον· οἱ δὲ κἀκεῖνον δείραντες καὶ ἀτιμάσαντες ἐξαπέστειλαν κενόν. 12 ⸂καὶ προσέθετο τρίτον πέμψαι⸃· ⸋οἱ δὲ⸌ καὶ τοῦτον τραυματίσαντες ⸀ἐξέβαλον. 13 ⸉εἶπεν δὲ ὁ κύριος τοῦ ἀμπελῶνος⸊· τί ποιήσω; πέμψω τὸν υἱόν μου τὸν ἀγαπητόν· ⸀ἴσως τοῦτον ⸆ ἐντραπήσονται. 14 ἰδόντες δὲ °αὐτὸν ⸋οἱ γεωργοὶ⸌ ⸀διελογίζοντο πρὸς ⸁ἀλλήλους λέγοντες· οὗτός ἐστιν ὁ κληρονόμος· ⸆ ἀποκτείνωμεν αὐτόν, ⸂ἵνα ἡμῶν γένηται⸃ ἡ κληρονομία. 15 καὶ ⸂ἐκβαλόντες αὐτὸν⸃ ἔξω τοῦ ἀμπελῶνος ⸆ ἀπέκτειναν. τί οὖν ποιήσει ⸀αὐτοῖς ὁ κύριος τοῦ ἀμπελῶνος; 16 ἐλεύσεται καὶ ἀπολέσει τοὺς γεωργοὺς ⸀τούτους καὶ δώσει τὸν ἀμπελῶνα ἄλλοις.

⸂ἀκούσαντες δὲ⸃ εἶπαν· μὴ γένοιτο. 17 ὁ δὲ ἐμβλέψας αὐτοῖς εἶπεν· τί οὖν ἐστιν τὸ γεγραμμένον τοῦτο·

Joh.

Matth.: 36 ⸀και π. ℵ* ¦ π. δε 487 d ¦ π. ουν D ‖ 37 ⸂αυτοις D it ¦ – 28 *pc* e ff^{1} ¦ *pon. a.* λεγων **047** *pc* ‖ 38 ⸀κατασχ- C𝔎W Δ **0138** φ 118.209 *pm* ‖ 39 ⸉*6 5 1-4* D(Θ) it; Ir Lcf ‖ 41 °Θ lat | ⸀-σει CΟΣ **0138**

Mark.: 3 ⸀οι δε C𝔎AWΓΘΦλφ 157 *pm* | ⸆προς αυτον D a b ff^{2} ‖ 4 ⸆λιθοβολησαντες C𝔎AΓΘΦφ 157.892 *pm* | ⸀απεστειλαν ητιμωμενον C𝔎A(W)ΓΘΦλφ 157 *pm* ¦ *txt* ℌ(D) ‖ 5 ⸆παλιν 𝔎AWΓΘΦλφ 157 *pm* sy$^{s.p}$ sa^{pt} | ⸆δουλον D it | ⸀*bis* τους C𝔎AWΓφ 157 *pm* ¦ ους ... αλλους D ¦ ους ... τους Φ ‖ 6 ⸀ετι ουν C𝔎ADΓΦ *pm* ¦ *p)* υστερον δε WΘ 565 sy^{p} | ⸂εχων υιον C*ADΘ *pc* ¦ υιον εχων 𝔎ΓΦ *pm* ¦ υ. εχων τον Wλφ | [·–, T] | ⸆αυτου 𝔓^{45vid}𝔎AWΓΦλφ *pm* | ⸆και C𝔎AΓΦφ 33.157 *pm* | ⸄*2 3 1* 𝔎AWΓΦλ 157 *pm* ¦ *2 3* 788 *pc* sy^{s} ¦ *1* D it | °LWΔ 1.33.892 *al* | ⸉*2-4 1* D 565.700 it ‖ 7 ⸂*3 1 2 4* 𝔎AΓΦ *pm* ¦ *3 1 2* D latt ¦ *p)* θεασαμενοι αυτον ερχομενον ειπ. πρ. εαυτ. Θ(φ) 565.700 *pc* ‖ 8 ⸉𝔎ADWΓΘΦλ 33.157 *pm* | °ℵ𝔎LWΔλφ 33.892 *pm* ‖ 9 °† BL *pc* sy^{p} sa^{pt} bo^{pt} ¦ *txt* ℵC𝔎AD WΘλφ *pl*

Luk.: 10 ⸂*1-3 6 5 4* C𝔎AWΓΔΘλφ *pl* ¦ *6 2 5 4* D lat sy$^{s.c}$ ¦ *txt* Bℵ L *pc* ‖ 11 ⸂*1 3 2* (C)𝔎WΓΔΘλφ *pm* ¦ επεμψεν ετ. D e ‖ 12 ⸂*1 2 4 3* C𝔎AWΓΔΘλφ *pm* ¦ τρ. επεμψεν D e (sy^{s}) | ⸋D it | ⸀εξαπεστειλαν κενον D 1241 f q ‖ 13 ⸉*3 2 4-6 1* D e | ⸀τυχον D | ⸆ιδοντες 𝔎AWΘφ *pm* e f vg sy^{p} ‖ 14 °ℵ*M *pc* | ⸋D e | ⸀-λογισαντο AK *pc* lat ¦ -λογιζοντες W | ⸁*p)* εαυτους C𝔎AW(Γ)ΔΘφ *pm* | ⸆*p)* δευτε ℵC𝔎DLΓΔΘφ *pm* e | ⸂*p)* και ημων εσται Cλ it ‖ 15 ⸂*p)* λαβοντες αυτον εξεβαλον *et* ⸆και C | ⸀αυτους Δ 28 *pc* ¦ τους γεωργους 33 ¦ – D *al* it ‖ 16 ⸀εκεινους λ 28.69 *al* ¦ – D *pc* e | ⸂οι δε ακ. AD(a) e

---

12sqq cf Mt 22, 6 ‖ *14sqq* cf 61 ‖ *21sq* cf Gl 4, 4; Heb 1, 1sq; 9, 26 ‖ *28sqq* cf Jo 19, 17; Heb 13, 12sq; 2 Chr 36, 15sq; 24, 19; Jr 7, 25; 25, 4 etc ‖ *30sqq* cf Is 5, 4sq

[Matth. 21, 33-46]	[Mark. 12, 1-12]	[Luk. 20, 9-19]	Joh.
λίθον ὃν ἀπεδοκίμασαν οἱ οἰκο-	λίθον ὃν ἀπεδοκίμασαν οἱ οἰκο-	λίθον ὃν ἀπεδοκίμασαν οἱ οἰκο-	
δομοῦντες,	δομοῦντες,	δομοῦντες,	
οὗτος ἐγενήθη εἰς κεφαλὴν γω-	οὗτος ἐγενήθη εἰς κεφαλὴν γω-	οὗτος ἐγενήθη εἰς κεφαλὴν γω-	
νίας·	νίας·	νίας;	
παρὰ κυρίου ἐγένετο αὕτη	[11] παρὰ κυρίου ἐγένετο αὕτη		
καὶ ἔστιν θαυμαστὴ ἐν ὀφθαλμοῖς	καὶ ἔστιν θαυμαστὴ ἐν ὀφθαλμοῖς		
⸀ἡμῶν;	ἡμῶν;		
[43] διὰ τοῦτο λέγω ὑμῖν °ὅτι ἀρθήσεται ἀφ'			
ὑμῶν ἡ βασιλεία τοῦ θεοῦ καὶ δοθήσε-			
ται ἔθνει ποιοῦντι τοὺς καρποὺς ⸀αὐτῆς.			
[44] ⸋[καὶ ὁ πεσὼν ἐπὶ τὸν λίθον τοῦτον συν-		[18] πᾶς ὁ πεσὼν ἐπ' ἐκεῖνον τὸν λίθον συν-	
θλασθήσεται· ἐφ' ὃν δ' ἂν πέσῃ λικμήσει		θλασθήσεται· ἐφ' ὃν δ' ἂν πέσῃ, λικμήσει	
αὐτόν.]⸌ [45] ⸂Καὶ ἀκούσαντες⸃ οἱ ἀρχιερεῖς		αὐτόν.	
καὶ οἱ Φαρισαῖοι τὰς παραβολὰς αὐτοῦ	cf. v. 12b	cf. v. 19b	
ἔγνωσαν ὅτι περὶ αὐτῶν λέγει· [46] καὶ	[12] Καὶ	[19] Καὶ	
ζητοῦντες	ἐζήτουν	⸀ἐζήτησαν ⸉οἱ γραμματεῖς καὶ οἱ ἀρχιε-	
αὐτὸν κρατῆσαι	αὐτὸν κρατῆσαι,	ρεῖς⸊ ἐπιβαλεῖν ἐπ' αὐτὸν °τὰς χεῖρας °¹ἐν	
ἐφοβήθησαν ⸂τοὺς ὄχλους⸃,	καὶ ἐφοβήθησαν τὸν ὄχλον,	αὐτῇ τῇ ὥρᾳ, καὶ ἐφοβήθησαν ⸂τὸν λαόν⸃,	
⸀ἐπεὶ ⸀εἰς προφήτην αὐτὸν εἶχον.	ἔγνωσαν	ἔγνωσαν	
cf. v. 45	γὰρ ὅτι πρὸς αὐτοὺς τὴν παραβολὴν εἶ-	γὰρ ὅτι πρὸς αὐτοὺς ⸉¹εἶπεν τὴν παραβο-	
	πεν. ⸋καὶ ἀφέντες αὐτὸν ἀπῆλθον.⸌	λὴν ταύτην⸊.	
	(nr. 280 12, 13-17 p. 381)	*(nr. 280 20, 20-26 p. 381)*	

Ignatius ad Eph. 6,1: Πάντα γάρ, ὃν πέμπει ὁ οἰκοδεσπότης εἰς ἰδίαν οἰκονομίαν, οὕτως δεῖ ἡμᾶς αὐτὸν δέχεσθαι, ὡς αὐτὸν τὸν πέμψαντα.

Hermae Pastor, Sim. V, 2,1-8: [1] Ἄκουε τὴν παραβολήν, ἣν μέλλω σοι λέγειν, ἀνήκουσαν τῇ νηστείᾳ. [2] εἶχέν τις ἀγρὸν καὶ δούλους πολλούς, καὶ εἰς μέρος τι τοῦ ἀγροῦ ἐφύτευσεν ἀμπελῶνα· ἐκλεξάμενος οὖν δοῦλόν τινα πιστότατον καὶ εὐάρεστον αὐτῷ, ἀποδημῶν προσεκαλέσατο αὐτὸν καὶ λέγει αὐτῷ· Λάβε τὸν ἀμπελῶνα τοῦτον, ὃν ἐφύτευσα, καὶ χαράκωσον αὐτὸν ἕως ἔρχομαι, καὶ ἕτερον δὲ μὴ ποιήσῃς τῷ ἀμπελῶνι· καὶ ταύτην μου τὴν ἐντολὴν φύλαξον, καὶ ἐλεύθερος ἔσῃ παρ' ἐμοί. ἐξῆλθε δὲ ὁ δεσπότης τοῦ δούλου εἰς τὴν ἀποδημίαν. [3] ἐξελθόντος δὲ αὐτοῦ ἔλαβεν ὁ δοῦλος καὶ ἐχαράκωσε τὸν ἀμπελῶνα. καὶ τελέσας τὴν χαράκωσιν τοῦ ἀμπελῶνος εἶδε τὸν ἀμπελῶνα βοτανῶν πλήρη ὄντα. [4] ἐν ἑαυτῷ οὖν ἐλογίσατο λέγων· Ταύτην τὴν ἐντολὴν τοῦ κυρίου τετέλεκα· σκάψω λοιπὸν τὸν ἀμπελῶνα τοῦτον, καὶ ἔσται εὐπρεπέστερος ἐσκαμμένος, καὶ βοτάνας μὴ ἔχων δώσει καρπὸν πλείονα, μὴ πνιγόμενος ὑπὸ τῶν βοτανῶν. λαβὼν ἔσκαψε τὸν ἀμπελῶνα καὶ πάσας τὰς βοτάνας τὰς οὔσας ἐν τῷ ἀμπελῶνι ἐξέτιλλε. καὶ ἐγένετο ὁ ἀμπελὼν ἐκεῖνος εὐπρεπέστατος καὶ εὐθαλής, μὴ ἔχων βοτάνας τὰς πνιγούσας αὐτόν. [5] μετὰ χρόνον τινα ἦλθεν ὁ δεσπότης τοῦ ἀγροῦ καὶ τοῦ δούλου καὶ εἰσῆλθεν εἰς τὸν ἀμπελῶνα. καὶ ἰδὼν τὸν ἀμπελῶνα κεχαρακωμένον εὐπρεπῶς, ἔτι δὲ καὶ ἐσκαμμένον καὶ πάσας τὰς βοτάνας ἐκτετιλμένας καὶ εὐθαλεῖς οὔσας τὰς ἀμπέλους, ἐχάρη λίαν ἐπὶ τοῖς ἔργοις τοῦ δούλου. [6] προσκαλεσάμενος οὖν τὸν υἱὸν αὐτοῦ τὸν ἀγαπητόν, ὃν εἶχε κληρονόμον, καὶ τοὺς φίλους, οὓς εἶχε συμβούλους, λέγει αὐτοῖς, ὅσα ἐνετείλατο τῷ δούλῳ αὐτοῦ, καὶ ὅσα εὗρε γεγονότα. κἀκεῖνοι συνεχάρησαν τῷ δούλῳ ἐπὶ τῇ μαρτυρίᾳ ᾗ ἐμαρτύρησεν αὐτῷ ὁ δεσπότης. [7] καὶ λέγει αὐτοῖς· Ἐγὼ τῷ δούλῳ τούτῳ ἐλευθερίαν ἐπηγγειλάμην, ἐάν μου τὴν ἐντολὴν φυλάξῃ, ἣν ἐνετειλάμην αὐτῷ· ἐφύλαξε δέ μου τὴν ἐντολὴν καὶ προσέθηκε τῷ ἀμπελῶνι ἔργον καλόν, καὶ ἐμοὶ λίαν ἤρεσεν. ἀντὶ τούτου οὖν τοῦ ἔργου οὗ εἰργάσατο θέλω αὐτὸν συγκληρονόμον τῷ υἱῷ μου ποιῆσαι, ὅτι τὸ καλὸν φρονήσας οὐ παρενεθυμήθη, ἀλλ' ἐτέλεσεν αὐτό. [8] ταύτῃ τῇ γνώμῃ ὁ υἱὸς τοῦ δεσπότου συνηυδόκησεν αὐτῷ, ἵνα συγκληρονόμος γένηται ὁ δοῦλος τῷ υἱῷ.

Evang. Thomae copt.: *cf. Append. I, 65*

Evang. Thomae copt.: *cf. Append. I, 66*

Matth.: 42 ⸀υμ- D*λφ*al* ‖ 43 °B*ℵΘ 565.700.892*pc* | ⸀αυτου ℵ* 238 ‖ 44 ⸋*vs* D 33 b ff^{1} ff^{2} r^{1} sy^{s}; Ir Or Eus ¦ *txt* (*cf* Lc 20,18) ℌ𝔎WΘ 0138 λφ*pl* lat sy$^{c.p}$ sa bo ‖ 45 ⸂ακ. δε ℵLZ 33.892*pc* sy$^{s.c}$ sa bo ¦ *txt* BC𝔎DWΘ 0138 λφ*pl* lat ‖ 46 ⸂*p)* τον οχλον ℵ*C*pc* | ⸀επειδη C𝔎WΔΦ 0138 φ*pm* | ⸀ως C𝔎DWΔΦ 0138 φ 118.209*pl* lat ¦ *txt* BℵLΘ*pc*

Mark.: 12 ⸋W

Luk.: 19 ⸀*p)* εζητουν CD*al* | ⸉ *4 5 3 1 2* ℵ𝔎DRΓΔ 0117^{vid} *pm* lat | °C*pc* | °¹D lat | ⸂τ. οχλον WΨ*pc* ¦ – GΓ 565.700*al* | ⸉¹ *2-4 1* C𝔎A WΓΔΘλ*pm*

40sqq Ps 118,22sq (Is 28,16; 8,14); cf 1 Pt 2,4sqq; Act 4,11; Rm 9,33; Eph 2,20; *cf 78* ‖ *50sqq* cf Dn 2,34sq.44sq ‖ *54sqq* cf Mc 11,18; Lc 19,47sq; 22,2; Mc 14,1sq; Mt 26,4sq ‖ *60* cf Mt 22,22 ‖ *61 cf 8sqq.14sqq* ‖ *62sqq cf 1sqq* ‖ *76 cf 1sqq* ‖ *77 cf 40sqq*

279. Gleichnis vom großen Abendmahl

Nuptiae regales *(cf. nr. 216)* **The Parable of the Great Supper**

Matth. 22,1-14
8,12; 20,16; 19,30

1 Καὶ ἀποκριθεὶς ὁ Ἰησοῦς πάλιν εἶπεν ἐν παραβολαῖς αὐ-
τοῖς λέγων· 2 ὡμοιώθη ἡ βασιλεία τῶν οὐρανῶν ἀνθρώπῳ
βασιλεῖ, ὅστις ἐποίησεν γάμους τῷ υἱῷ αὐτοῦ.
3 καὶ ἀπέστειλεν τοὺς δούλους αὐτοῦ
καλέσαι τοὺς κεκλημένους εἰς τοὺς γάμους,
καὶ οὐκ ἤθελον ἐλθεῖν. 4 πάλιν ἀπ-
έστειλεν ἄλλους δούλους λέγων· εἴπατε τοῖς κεκλημένοις·
ἰδοὺ ⸋τὸ ἄριστόν μου ⸀ἡτοίμακα, οἱ ταῦροί μου καὶ τὰ
σιτιστὰ τεθυμένα καὶ⸌ πάντα ἕτοιμα· δεῦτε εἰς τοὺς γά-
μους. 5 οἱ δὲ ἀμελήσαντες ἀπῆλθον, ⸀ὃς μὲν εἰς τὸν ἴδιον
ἀγρόν, ⸀ὃς δὲ ⸀ἐπὶ τὴν ἐμπορίαν ⸀¹αὐτοῦ· 6 οἱ δὲ λοιποὶ κρα-
τήσαντες τοὺς δούλους αὐτοῦ ὕβρισαν καὶ ἀπέκτειναν.
7 ⸂ὁ δὲ βασιλεὺς⸃ ὠργίσθη καὶ πέμψας ⸂τὰ στρατεύματα⸃
αὐτοῦ ἀπώλεσεν τοὺς φονεῖς ἐκείνους καὶ τὴν πόλιν αὐ-
τῶν ἐνέπρησεν. 8 τότε λέγει τοῖς δούλοις αὐτοῦ· ὁ μὲν
γάμος ἕτοιμός ἐστιν, οἱ δὲ κεκλημένοι οὐκ ἦσαν ἄξιοι·
9 πορεύεσθε οὖν ἐπὶ τὰς διεξόδους τῶν ὁδῶν
καὶ ὅσους ἐὰν εὕρητε
καλέσατε εἰς τοὺς γάμους. 10 καὶ ἐξελθόντες οἱ δοῦλοι
ἐκεῖνοι εἰς τὰς ὁδοὺς συνήγαγον πάντας ⸀οὓς εὗρον,
πονηρούς τε καὶ ἀγαθούς·
καὶ ἐπλήσθη ὁ ⸀γάμος ⸆ἀνακειμένων.

Mark.
10,31

Luk. 14,15-24
13,30

14,15-24 *(nr. 216, p. 301)*
15 Ἀκούσας δέ τις τῶν συνανακειμένων ταῦτα εἶπεν αὐτῷ·
μακάριος ⸀ὅστις φάγεται ⸀ἄρτον ἐν τῇ βασιλείᾳ τοῦ θεοῦ.
16 ⸀Ὁ δὲ εἶπεν αὐ-
τῷ· ἄνθρωπός
τις ⸀ἐποίει δεῖπνον °μέγα, καὶ ἐκάλεσεν πολλοὺς
17 καὶ ἀπέστειλεν τὸν δοῦλον αὐτοῦ τῇ ὥρᾳ τοῦ δείπνου
εἰπεῖν τοῖς κεκλημένοις⸀· ἔρχεσθε, ὅτι ἤδη ἕτοιμά ⸀ἐστιν⸆.
18 καὶ ἤρξαντο ἀπὸ μιᾶς ⸉πάντες παραιτεῖσθαι⸊.
ὁ πρῶτος εἶπεν αὐτῷ·
ἀγρὸν ἠγόρασα καὶ ἔχω ἀνάγκην ἐξελθὼν ἰδεῖν αὐτόν·
ἐρωτῶ σε, ἔχε με παρῃτημένον. 19 καὶ ἕτερος εἶπεν· ζεύγη
βοῶν ἠγόρασα πέντε καὶ πορεύομαι δοκιμάσαι αὐτά·
⸂ἐρωτῶ σε, ἔχε με παρῃτημένον⸃. 20 καὶ ἕτερος εἶπεν· γυ-
ναῖκα ⸂ἔγημα καὶ διὰ τοῦτο⸃ οὐ δύναμαι ἐλθεῖν. 21 καὶ πα-
ραγενόμενος ὁ δοῦλος ἀπήγγειλεν τῷ κυρίῳ αὐτοῦ ταῦτα.
τότε ὀργισθεὶς ὁ οἰκοδεσπότης
εἶπεν τῷ δούλῳ αὐτοῦ·
ἔξελθε ταχέως εἰς τὰς πλατείας καὶ ῥύμας τῆς πόλεως
καὶ τοὺς πτωχοὺς καὶ ἀναπείρους καὶ τυφλοὺς καὶ χω-
λοὺς ⸀εἰσάγαγε ὧδε. 22 καὶ εἶπεν ὁ δοῦλος· °κύριε, γέγο-
νεν ὃ ἐπέταξας, καὶ ἔτι τόπος ἐστίν. 23 καὶ εἶπεν ὁ κύριος
πρὸς τὸν δοῦλον⸆· ἔξελθε εἰς τὰς ὁδοὺς καὶ φραγμοὺς καὶ
⸀ἀνάγκασον εἰσελθεῖν, ἵνα γεμισθῇ ⸉μου ὁ οἶκος⸊·
24 λέγω γὰρ ὑμῖν ὅτι οὐδεὶς τῶν ⸀ἀνδρῶν ἐκείνων τῶν κε-

Joh.

Matth.: 4 ⸋sy^s | ⸀-μασα ℜ W Δ Θ **0138** φ 157 *pm* ¦ -μασται 954 *pc* sy^c.p ¦ *txt* ℌ D **085** λ *al* || 5 ⸀ο *bis et* ⸀¹αυτου C² ℜ Δ *pm* ¦ οι *bis et* αυτων D (*pc*) ¦ ο *et* ος *et* αυτου ℵ C* U ¦ *txt* B L W Θ **085** λ φ *al* | ⸀εις ℜ W Δ λ *pm* || 7 ⸂και ακουσας ο β. εκεινος C ℜ W Δ (D Θ φ) **0138** *pm*; Ir | ⸂το -μα D λ *al* it; Eus || 10 ⸀οσους C ℜ W Θ **085.0138** λ φ *pl* ¦ *txt* B* ℵ D *pc* | ⸀† νυμφων B* ℵ L **0138** *pc* ¦ *txt* (C) ℜ D W Θ **085.0161**^vid λ φ *pl* | ⸆των D Θ φ *pc*

Luk.: 15 ⸀ος ℜ A D W Δ Θ *pm*; Cl Epiph | ⸀αριστον ℜ A* W φ *al* sy^s.c || 16 ⸀*p)* εποιησεν ℜ A D L W Δ Θ φ *pl* lat; Cl Or^pt ¦ *txt* 𝔓^75 B ℵ R λ *pc* | °X e; Mcion || 17 ⸀ερχεσθαι ℵ A D L R W *al* aur vg sy^s.c ¦ *txt* 𝔓^75 B ℜ Θ λ φ *pm* it | ⸀εισιν 𝔓^75 ℵ L R Θ *pc* | ⸆παντα ℵ^1vid ℜ A W λ φ *pl* lat sa bo (⸉ D a e sy) ¦ *txt* 𝔓^45.75 B ℵ* L R Θ *pc* it || 18 ⸉ ℜ A W Δ Θ φ *pm* || 19 ⸂διο ου δυναμαι ελθειν D it || 20 ⸂ελαβον, διο D (lat sy) || 21 ⸀ενεγκε D || 22 °D *pc* c e || 23 ⸆αυτου 𝔓^75* D 983 a b | ⸀ποιησον 𝔓^45 157 sy^s.c | ⸉*2 3 1* 𝔓^45 ℜ W Δ λ φ *pm* lat || 24 ⸀ανθρωπων ℵ D e sy bo ¦ — sa

---

1 sqq cf *46 sqq. 50* || *4 sq* cf Mt 18,23 || *5* cf Apc 19,7.9; Is 25,6; 4 Esr 2,38; Mt 8,11; 26,29 || *8 sq* cf Mt 21,36 || *12 (Mt)* cf Heb 2,3 || *12 sqq (Lc)* cf Dt 20,5 sqq || *13 sq (Mt)* cf Mt 21,35; 2 Chr 30,10 || *16 sq* cf Dt 24,5; 1 Cor 7,33 || *19* cf Mt 18,34 || *19 sqq* cf Jo 11,48 || *23 (Lc)* cf Is 15,3 || *24* cf Lc 14,13 || *28 (Mt)* cf Tob 6,14.17; Mc 2,19 || *28 (Lc)* cf Mc 6,45; Mt 14,22 || *29 sq* cf Lc 11,8; 15,7.10; 16,9; 18,14; Mt 21,43

[Matth. 22,1-14]

11 εἰσελθὼν δὲ ὁ βασιλεὺς θεάσασθαι τοὺς ἀνακειμένους εἶδεν ἐκεῖ ἄνθρωπον οὐκ ἐνδεδυμένον ἔνδυμα γάμου, 12 καὶ λέγει αὐτῷ· ἑταῖρε, πῶς ⸀εἰσῆλθες ὧδε μὴ ἔχων ἔνδυμα γάμου; ὁ δὲ ἐφιμώθη. 13 τότε ⸉ὁ βασιλεὺς εἶπεν⸊ τοῖς διακόνοις· ⸂δήσαντες αὐτοῦ πόδας καὶ χεῖρας ἐκβάλετε⸃ αὐτὸν εἰς τὸ σκότος τὸ ἐξώτερον· ἐκεῖ ἔσται ὁ κλαυθμὸς καὶ ὁ βρυγμὸς τῶν ὀδόντων. 14 πολλοὶ γάρ εἰσιν ⸆ κλητοί, ὀλίγοι δὲ ⸆ ἐκλεκτοί.

8,12 (nr. 85, p. 113)
12 Οἱ δὲ υἱοὶ τῆς βασιλείας ἐκβληθήσονται εἰς τὸ σκότος τὸ ἐξώτερον· ἐκεῖ ἔσται ὁ κλαυθμὸς καὶ ὁ βρυγμὸς τῶν ὀδόντων.

20,16 (nr. 256, p. 343)
16 Οὕτως ἔσονται οἱ ἔσχατοι πρῶτοι καὶ οἱ πρῶτοι ἔσχατοι.

Mark.

[Luk. 14,15-24]

κλημένων γεύσεταί μου τοῦ δείπνου.⸆

Joh.

19,30 (nr. 255, p. 341)
30 Πολλοὶ δὲ ἔσονται πρῶτοι ἔσχατοι καὶ ἔσχατοι πρῶτοι.

10,31 (nr. 255, p. 341)
31 Πολλοὶ δὲ ἔσονται πρῶτοι ἔσχατοι καὶ [οἱ] ἔσχατοι πρῶτοι.

13,30 (nr. 211, p. 295)
30 Καὶ ἰδοὺ εἰσὶν ἔσχατοι οἳ ἔσονται πρῶτοι καὶ εἰσὶν πρῶτοι οἳ ἔσονται ἔσχατοι.

Barn. ep. 4,14: Ἔτι δὲ κἀκεῖνο, ἀδελφοί μου, νοεῖτε· ὅταν βλέπετε μετὰ τηλικαῦτα σημεῖα καὶ τέρατα τὰ γεγονότα ἐν τῷ Ἰσραήλ, καὶ οὕτως ἐγκαταλελεῖφθαι αὐτούς· προσέχωμεν, μήποτε, ὡς γέγραπται, »πολλοὶ κλητοί, ὀλίγοι δὲ ἐκλεκτοί« εὑρεθῶμεν.

Herm. Pastor, Sim. IX,14,2: Εἰσελεύσονται, φησίν, ἐὰν τούτων τῶν γυναικῶν ἀποβάλωσι τὰ ἔργα, τῶν δὲ παρθένων ἀναλάβωσι τὴν δύναμιν καὶ ἐν τοῖς ἔργοις αὐτῶν πορευθῶσι. διὰ τοῦτο γὰρ καὶ τῆς οἰκοδομῆς ἀνοχὴ ἐγένετο, ἵνα, ἐὰν μετανοήσωσιν οὗτοι, ἀπέλθωσιν εἰς τὴν οἰκοδομὴν τοῦ πύργου. ἐὰν δὲ μὴ μετανοήσωσι, τότε ἄλλοι εἰσελεύσονται, καὶ οὗτοι εἰς τέλος ἐκβληθήσονται.

Evang. Thomae copt.: *cf. Append. I, 23*

Evang. Thomae copt.: *cf. Append. I, 64*

Matth.: 12 ⸀ηλθες D it sy^c; Ir ‖ 13 ⸉ *3 1 2* CꞰDW 0138 λ *pm* lat ¦ ⸂αρατε αυτον ποδων κ. χειρων και βαλετε D it (sy^{s.c}); Ir^{lat} ‖ 14 ⸆ *bis* οι Lλ 700. 892 *pc*

Luk.: 24 ⸆(Mt 22,14) πολλοι γαρ εισιν κλητοι, ολιγοι δε εκλεκτοι. GHΓφ 579 *al*

---

32 cf 2 Rg 10,22; Apc 19,8 ‖ 34 sqq cf Ps 112,10; Sap 17,2; Mt 13,42.50; 24,51; 25,30; *cf 39 sq* ‖ 37 sq cf 4 Esr 8,3.41; 9,15; *cf 41. 42 sq. 44 sq. 49* ‖ 39 sq *cf 34 sqq* ‖ 41 *cf 37 sq. 42 sq* ‖ 42 sq *cf 37 sq. 41* ‖ 44 sq *cf 37 sq* ‖ 46 sqq *cf 1 sqq* ‖ 49 *cf 37 sq* ‖ 50 *cf 1 sqq*

280. Vom Zinsgroschen (Pharisäerfrage)

De censu Caesaris — **On Paying Tribute to Caesar**

Matth. 22,15-22

15 Τότε πορευθέντες οἱ Φαρισαῖοι συμβούλιον ἔλαβον⸆ ὅπως αὐτὸν παγιδεύσωσιν ⸋ἐν λόγῳ⸌. 16 καὶ ἀποστέλλουσιν ⸀αὐτῷ τοὺς μαθητὰς αὐτῶν μετὰ τῶν

Mark. 12,13-17
12,12 b

(nr. 278 12,1-12 p. 377)
13 Καὶ ἀποστέλλουσιν ⸋πρὸς αὐτόν⸌ τινας τῶν Φαρισαίων καὶ τῶν

Luk. 20,20-26
11,53-54

cf. v. 20 b

(nr. 278 20,9-19 p. 377)
20 Καὶ ⸀παρατηρήσαντες ἀπέστειλαν ἐγκαθέτους ὑποκρινομένους

Joh. 3,2
[8,6]

Matth.: 15 ⸆κατ αυτου C²ΔΘ 33. 118. 209 *pc* ¦ ⸋ℵ* ‖ 16 ⸀*p)* προς αυτον D 372 a c f ff²

Mark.: 13 ⸋D it

Luk.: 20 ⸀αποχωρησ- DΘ *pc* it ¦ υποχωρησ- W ¦ μετα ταυτα sy^{s.c} ¦ — sy^p

---

1 sqq cf Mt 17,24-27 *(= nr 165)*; *cf 6 sq. 37 sqq* ‖ 4 sqq cf Lc 6,7; Mt 12,10; Mc 3,2; Lc 14,1; *cf 43 sqq* ‖ 5 sq *(Lc)* cf Lc 18,9

[Matth. 22,15-22]

Ἡρῳδιανῶν

cf. v. 15

⸀λέγοντες· διδάσκαλε, οἴδαμεν ὅτι ἀληθὴς εἶ καὶ τὴν ὁδὸν τοῦ θεοῦ ἐν ἀληθείᾳ διδάσκεις καὶ οὐ μέλει σοι περὶ οὐδενός. οὐ γὰρ βλέπεις εἰς πρόσωπον ⸁ἀνθρώπων,

17 ⸋εἰπὲ οὖν ἡμῖν⸌ τί σοι δοκεῖ· ἔξεστιν ⸆ ⸉δοῦναι κῆνσον⸊ Καίσαρι ἢ οὔ;

18 γνοὺς δὲ ὁ Ἰησοῦς ⸂τὴν πονηρίαν⸃ αὐτῶν εἶπεν· τί με πειράζετε, ὑποκριταί; 19 ἐπιδείξατέ μοι τὸ νόμισμα τοῦ κήνσου. οἱ δὲ προσήνεγκαν αὐτῷ δηνάριον. 20 ⸀καὶ λέγει αὐτοῖς⸆· τίνος ἡ εἰκὼν ⸉αὕτη καὶ ἡ ἐπιγραφή; 21 λέγουσιν °αὐτῷ· Καίσαρος. τότε λέγει αὐτοῖς· ἀπόδοτε °1οὖν τὰ Καίσαρος ⸆ Καίσαρι καὶ τὰ τοῦ θεοῦ τῷ θεῷ.

[Mark. 12,13-17]

Ἡρῳδιανῶν ἵνα αὐτὸν ⸀ἀγρεύσωσιν λόγῳ.

14 ⸀καὶ ⸂ἐλθόντες λέγουσιν αὐτῷ⸃· διδάσκαλε, οἴδαμεν ὅτι ἀληθὴς εἶ καὶ οὐ μέλει σοι περὶ οὐδενός· οὐ γὰρ βλέπεις εἰς πρόσωπον ⸁ἀνθρώπων, ⸀1ἀλλ᾽ ἐπ᾽ ἀληθείας τὴν ὁδὸν τοῦ θεοῦ διδάσκεις·

⸀2ἔξεστιν ⸉δοῦναι ⸀3κῆνσον Καίσαρι⸊ ἢ οὔ; ⸋δῶμεν ἢ μὴ δῶμεν;⸌ 15 ὁ δὲ ⸆ ⸀εἰδὼς αὐτῶν τὴν ὑπόκρισιν εἶπεν αὐτοῖς· τί με πειράζετε⸇; φέρετέ μοι δηνάριον ἵνα ἴδω. 16 οἱ δὲ ἤνεγκαν. καὶ λέγει αὐτοῖς· τίνος ἡ εἰκὼν αὕτη καὶ ἡ ἐπιγραφή; ⸂οἱ δὲ εἶπαν⸃ °αὐτῷ· Καίσαρος. 17 ⸂ὁ δὲ Ἰησοῦς⸃ εἶπεν °αὐτοῖς· ⸉τὰ Καίσαρος ⸆ ἀπόδοτε ⸇ Καίσαρι⸊ καὶ τὰ τοῦ θεοῦ τῷ θεῷ.

[Luk. 20, 20-26]

ἑαυτοὺς δικαίους °εἶναι, ἵνα ἐπιλάβωνται ⸂αὐτοῦ λόγου⸃, ⸀ὥστε παραδοῦναι αὐτὸν ⸄τῇ ἀρχῇ καὶ τῇ ἐξουσίᾳ τοῦ ἡγεμόνος⸅. 21 καὶ ἐπηρώτησαν αὐτὸν λέγοντες· διδάσκαλε, οἴδαμεν ὅτι ⸉ὀρθῶς λέγεις⸊ καὶ διδάσκεις καὶ ⸀οὐ λαμβάνεις πρόσωπον, ἀλλ᾽ ἐπ᾽ ἀληθείας τὴν ὁδὸν τοῦ θεοῦ διδάσκεις· 22 ἔξεστιν ⸀ἡμᾶς Καίσαρι φόρον δοῦναι ἢ οὔ; 23 ⸀κατανοήσας δὲ αὐτῶν τὴν ⸁πανουργίαν εἶπεν πρὸς αὐτούς·⸆ 24 ⸀δείξατέ μοι ⸁δηνάριον· ⸆ τίνος ἔχει εἰκόνα καὶ ⸇ ἐπιγραφήν; ⸂οἱ δὲ⸃ εἶπαν· Καίσαρος. 25 ⸂ὁ δὲ εἶπεν⸃ ⸄πρὸς αὐτούς⸅· ⸂1τοίνυν ἀπόδοτε⸃ τὰ ⸆ Καίσαρος ⸇ Καίσαρι καὶ τὰ τοῦ θεοῦ τῷ θεῷ. 26 ⸂καὶ οὐκ ἴσχυσαν⸃

Joh.

3,2 *(nr. 27, p. 40)*

2 Οὗτος ἦλθεν πρὸς αὐτὸν νυκτὸς καὶ εἶπεν αὐτῷ· ῥαββί, οἴδαμεν ὅτι ἀπὸ θεοῦ ἐλήλυθας διδάσκαλος· οὐδεὶς γὰρ δύναται ταῦτα τὰ σημεῖα ποιεῖν ἃ σὺ ποιεῖς, ἐὰν μὴ ἦ ὁ θεὸς μετ᾽ αὐτοῦ.

Matth.: 16 ⸀ † -ντας B ℵ L **085** *pc* ¦ *txt* C ℜ D W Δ Θ **0138** λ φ *pl* lat | ⸁ -που G Θ **047** λ 28.157.565.700.1424 *pc* aur || 17 ⸋ D 1424 *pc* it sy[s] | ⸆ ημιν λ sy[s] | ⸉ W Θ 566 || 18 ⸂ τας π-ας W || 20 ⸀ ο δε C ¦ — D it | ⸆ ο Ιησους D L Z Θ φ 33.157.892 *pc* lat sy bo | ⸉ *p.* επιγραφη L Z 157.892 *pc* ¦ — 253 *pc* || 21 ° † B ℵ ¦ *txt* ℜ D W Δ Θ **0138** λ φ *pl* lat sy[s.c] sa bo | °1 D 157 *pc* it sy[s.c] bo; Cl | ⸆ τω D Δ Θ 565.700[c].892 *al*; Or

Mark.: 13 ⸀ *p)* παγιδευσωσιν D Θ 565.700 || 14 ⸀ οι δε ℜ A W Γ Θ Φ λ φ *pl* sy[p.h] sa[pt] | ⸂ επηρωτων αυτον οι Φαρισαιοι D (*pc*) ¦ ελθ. ηρξαντο ερωταν αυτον εν δολω λεγοντες G (W Θ) λ φ *al* it (sy[s]) sa[pt] | ⸁ -που G K λ *al* | ⸀1 αλλα D L Δ | ⸀2 ειπον ουν ημιν· εξ. (C) W Θ 565.700 *al* ¦ *p)* ειπε ουν ημιν ει εξ. ημας D it | ⸉ *2 3 1* ℜ A Γ Φ λ φ *pm* | ⸀3 επικεφαλαιον D Θ 565 k | ⸋ *p)* D it || 15 ⸆ *p)* Ιησους D G Θ λ φ 565.700 *al* it | ⸀ ιδων ℵ* D 13.69.565 *pc* it | ⸇ *p)* υποκριται 𝔓[45] W Θ λ φ 565 *pc* || 16 ⸂ ειπαν D *pc* lat ¦ λεγουσιν A *pc* | ° 𝔓[45vid] W λ φ 700* *pc* sy[p] bo[pt] || 17 ⸂ και αποκριθεις ο Ιησους ℜ A Γ Φ λ φ *pm* ¦ κ. αποκρ. W *pc* ¦ αποκρ. δε Θ 565 ¦ αποκρ. δε ο Ιησ. D 700 lat ¦ *txt* ℌ sy[p] sa bo | ° B D | ⸉ *3 1 2 4* ℜ A Γ Φ *pm* lat sy[h] ¦ απ. τα του Κ. τω Κ. D *pc* | ⸆ ουν *et* ⸇ τω Θ 565 (⸉ φ *pc*)

Luk.: 20 ° D lat sy | ⸂ αυτον λογον C *pc* ¦ αυτου λογον K Γ Θ *al* ¦ αυτους λογους L ¦ αυτου των λογων D *pc* it | ⸀ εις το ℜ A W Γ Δ **0117** λ φ *pm* | ⸄ τω ηγεμονι D e sy[c] ¦ — i || 21 ⸉ D a e | ⸀ ουδενος D *pc* || 22 ⸀ ημιν C ℜ D W Γ Δ Θ **0117** λ *pm* || 23 ⸀ επιγνους D e | ⸁ *p)* πονηριαν C* D *pc* it sy[s.c] | ⸆ *p)* τι με πειραζετε ℜ A D W Γ Δ Θ φ *pm* lat ¦ τι με π. υποκριται C *pc* || 24 ⸀ επιδ- C ℜ Γ Δ λ *pm* | ⸁ *p)* το νομισμα D | ⸆ οι δε εδειξαν (+ αυτω ℵ). και ειπεν ℵ(*) C L **0266**[vid] λ φ *al* | ⸇ την D | ⸂ αποκριθεντες δε C ℜ A Δ φ *pm* ¦ αποκρ. D W Γ Θ λ *pc* lat ¦ *txt* B ℵ L 33 *pc* || 25 ⸂ ειπεν δε D | ⸄ αυτοις C ℜ A D W Γ Δ Θ *pm* lat | ⸂1 *2 1* C ℜ A W Δ Θ λ *pm* ¦ αποδ. ουν Γ *pc* ¦ *2* D it | ⸆ του D | ⸇ τω C* D L 13 *pc* || 26 ⸂ ουκ ισχ. δε D

---

[6] cf Mc 3,6; 8,15 app || [6sq] *cf 1sqq. 37sqq* || [11sqq] cf Lc 7,43; 10,28; Job 32,22; Lv 19,15; Ml 2,9 || [12(Mt)] *cf 16* || [14sq] cf 1Sm 16,7; Act 10,34; Rm 2,11; Gl 2,6; Eph 6,9; Kol 3,25; Jc 2,1.9 || [16] cf Act 18,25sq; 9,2; 19,9.23; 24,14.22; Mt 7,13sq; Jr 21,8; Ps 1,1.6; *cf 12 (Mt)* || [17sqq] *cf 50* || [25sqq] *cf 48sq* || [29sqq] cf Lc 23,2

[Matth. 22, 15-22]	[Mark. 12, 13-17]	[Luk. 20, 20-26]	Joh.
		ἐπιλαβέσθαι ⸂αὐτοῦ ῥήματος⸃	
22 καὶ ἀκού-	καὶ ⸀ἐξεθαύ-	ἐναντίον τοῦ λαοῦ καὶ θαυμά-	
σαντες ἐθαύμασαν,	μαζον ἐπ' ⸁αὐτῷ.⸆	σαντες ἐπὶ τῇ ἀποκρίσει αὐτοῦ	
	12, 12 b *(nr. 278, p. 377)*	⸀ἐσίγησαν.	
καὶ ἀφέντες αὐτὸν ἀπῆλθαν.	12 ... καὶ ἀφέντες αὐτὸν ἀπῆλθον.	11, 53-54 *(nr. 194, p. 276)*	[8, 6] *(nr. 242, p. 325)*
		53 Κἀκεῖθεν ἐξελθόντος αὐτοῦ ἤρ-	⟦6 Τοῦτο δὲ ἔλεγον πειράζοντες αὐ-
		ξαντο οἱ γραμματεῖς καὶ οἱ Φαρισαῖοι	τόν, ἵνα ἔχωσιν κατηγορεῖν αὐτοῦ.
		δεινῶς ἐνέχειν καὶ ἀποστοματίζειν	ὁ δὲ Ἰησοῦς κάτω κύψας τῷ δακτύ-
		αὐτὸν περὶ πλειόνων, 54 ἐνεδρεύον-	λῳ κατέγραφεν εἰς τὴν γῆν.⟧
		τες αὐτὸν θηρεῦσαί τι ἐκ τοῦ στόμα-	
		τος αὐτοῦ.	

Pap. Egerton 2 (Fragm. 2 r.): [Παραγε]11νόμενοι πρὸς αὐτὸν ἐξ[ετασ]τικῶς ἐπείραζον αὐτὸν λ[έγοντες] διδάσκαλε Ἰη(σοῦ) οἴδαμεν ὅτι [ἀπὸ θ(εο)ῦ] ἐλήλυθας ἃ γὰρ ποιεῖς μα[ρτυρεῖ] ὑπὲρ το[ὺ]ς προφ(ήτ)ας πάντας [12 εἰπὲ οὖν] ἡμεῖν· ἐξὸν τοῖς βα(σι)λεῦσ[ιν ἀποδοῦ]ναι τὰ ἀν[ή]κοντα τῇ ἀρχῇ ἀπ[οδῶμεν αὐ]τοῖς ἢ μ[ή] 13 ὁ δὲ Ἰη(σοῦς) εἰδὼς [τὴν δι]άνοιαν [αὐτ]ῶν ἐμβρειμ[ησάμενος] εἶπεν α[ὐτοῖς]· τί με καλεῖτ[ε τῷ στό]ματι ὑμ[ῶν δι]δάσκαλον· μ[ὴ ἀκού]οντες ὃ [λ]έγω· 14 καλῶς Ἠ[σ(αΐ)ας περὶ ὑ]μῶν ἐπ[ρο]φ(ήτευ)σεν εἰπών· ὁ [λαὸς οὗ]τος τοῖς [χείλ]εσιν αὐτ[ῶν τιμῶσίν] με ἡ [δὲ καρδί]α αὐτῶ[ν πόρρω ἀπέ]χει ἀπ' ἐ[μοῦ μ]άτη[ν με σέβονται] ἐντάλ[ματα ...

Justinus Mart., Apol. I, 17, 2: Κατ' ἐκεῖνο γὰρ τοῦ καιροῦ προσελθόντες τινὲς ἠρώτων αὐτόν, εἰ δεῖ Καίσαρι φόρους τελεῖν. »Καὶ ἀπεκρίνατο· Εἴπατέ μοι, τίνος εἰκόνα τὸ νόμισμα ἔχει; Οἱ δὲ ἔφασαν· Καίσαρος. Καὶ πάλιν ἀνταπεκρίνατο αὐτοῖς· Ἀπόδοτε οὖν τὰ Καίσαρος τῷ Καίσαρι καὶ τὰ τοῦ θεοῦ τῷ θεῷ«.

Evang. Thomae copt.: *cf. Append. I, 100*

Mark.: 17 ⸀εθ- Dcorr L Δ Θ 565. 892 *pc* ¦ εθαυμασαν C ℜ A W Γ Φ λ φ *pl* ¦ *txt* B ℵ Ψ *pc* | ⸁αυτον D *pc* | [⸆*hic* Jo 7, 53-8, 11 comm]

Luk.: 26 ⸂του ρ. B ℵ L 892 *pc* ¦ τ. ρ. αυτου Θ 579 lat ¦ *txt* C ℜ A (D) W λ φ *pl* | ⸀εσιωπησαν W*

---

36 cf Jo 8, 9 || *37 sqq cf 1 sqq. 6 sq* || *43 sqq cf 4 sqq* || *48 sq cf 25 sqq* || *50 cf 17 sqq*

281. Von der Auferstehung (Sadduzäerfrage)

De resurrectione mortuorum — **The Question about the Resurrection**

Matth. 22, 23-33 22, 46	Mark. 12, 18-27 12, 34 b	Luk. 20, 27-40	Joh.
23 ⸆Ἐν ἐκείνῃ τῇ ἡμέρᾳ προσῆλθον αὐτῷ	18 Καὶ ἔρχονται	27 Προσελθόντες δέ	
⸀Σαδδουκαῖοι, λέγον-	⸆⸉Σαδδουκαῖοι πρὸς αὐτόν, οἵτινες λέ-	τινες τῶν Σαδδουκαίων, οἱ ⸀[ἀντι-]λέγον-	
τες μὴ εἶναι ἀνάστασιν, καὶ ἐπηρώτησαν	γουσιν ἀνάστασιν μὴ εἶναι, καὶ ⸀ἐπηρώτων	τες ἀνάστασιν μὴ εἶναι, ⸁ἐπηρώτησαν	
αὐτὸν 24 λέγοντες· διδάσκαλε, Μωϋσῆς	αὐτὸν λέγοντες· 19 διδάσκαλε, Μωϋσῆς	αὐτὸν 28 λέγοντες· διδάσκαλε, Μωϋσῆς	
εἶπεν· ἐάν τις	⸂ἔγραψεν ἡμῖν ὅτι⸃ ἐάν τινος ἀδελφὸς	ἔγραψεν ἡμῖν, ἐάν τινος ἀδελφὸς	
ἀποθάνῃ	ἀποθάνῃ καὶ ⸀καταλίπῃ γυναῖκα καὶ	ἀποθάνῃ ⸂ἔχων γυναῖκα, καὶ	
μὴ ἔχων τέκνα, ⸆ ἐπιγαμβρεύσει	⸄μὴ ἀφῇ τέκνον⸅, ἵνα λάβῃ	οὗτος ἄτεκνος ⸀ᾖ⸃, ἵνα λάβῃ	
ὁ ἀδελφὸς αὐτοῦ ⸋τὴν γυναῖκα	ὁ ἀδελφὸς °αὐτοῦ τὴν γυναῖκα	ὁ ἀδελφὸς αὐτοῦ τὴν γυναῖκα	
αὐτοῦ⸌ καὶ ⸀ἀναστήσει σπέρμα	⸆ καὶ ⸁ἐξαναστήσῃ σπέρμα	καὶ ⸁ἐξαναστήσῃ σπέρμα	

Matth.: 23 ⸆και ℵ* sys | ⸀*p)* Σ., οι ℵcorr ℜ Δ Θ Φ 0107 *pm* ¦ οι Σ., 700 *pc* ¦ οι Σ., οι 69 *pc* || 24 ⸆*p)* ινα D latt | ⸋D | ⸀*p)* εξαναστησει Θ 1424 *al*

Mark.: 18 ⸆οι 565 *pc* | ⸉*p.* αυτον D Ψ *pc* | ⸀*p)* -τησαν ℜ A W Γ Φ λ φ *pm* || 19 ⸂ημ. εγρ. D (*pc*) lat | ⸀εχη D W (σχη Θ) *pc* it sys | ⸄*3 1 2* W Θ λ 700 ¦ τεκνα μ. αφ. ℜ A D Γ Φ φ *pl* ¦ *txt* B ℵcorr L Δ Ψ *pc* (τεκνα ℵ* C) | °W | ⸆*p)* αυτου ℜ A D Γ Φ φ 118 *pm* lat | ⸁-σει C A H φ 565 *al*

Luk.: 27 ⸀*p)* λεγοντες ℌ D Θ λ *pc* e r1 sy sa bo ¦ *txt* ℜ A W Γ Δ φ *pm* lat | ⸁*p)* -ρωτων B (φ) *pc* || 28 ⸂ατεκνος εχ. γυν. D e | ⸀αποθανη ℜ A W Γ Δ Θ φ *pm* | ⸁-σει A E H W Γ *al*

---

2 sq cf Act 23, 8. 6; 4, 2 || *5 sqq* Dt 25, 5 sq + Gn 38, 8

[Matth. 22, 23-33]

τῷ ἀδελφῷ αὐτοῦ. 25 ἦσαν °δὲ
παρ' ἡμῖν ἑπτὰ ἀδελφοί· καὶ ὁ πρῶτος
⸀γήμας ἐτελεύτησεν, καὶ μὴ
ἔχων σπέρμα ἀφῆκεν τὴν γυναῖκα αὐτοῦ
τῷ ἀδελφῷ °¹αὐτοῦ· 26 ὁμοίως ⸆ καὶ ὁ δεύ-
τερος
καὶ ὁ τρίτος
ἕως τῶν ἑπτά.
27 ὕστερον δὲ πάντων
ἀπέθανεν ⸆ ἡ γυνή. 28 ἐν
τῇ ⸂ἀναστάσει οὖν⸃ τίνος
⸉τῶν ἑπτὰ ἔσται⸊ γυνή; πάντες γὰρ ἔσχον
αὐτήν. 29 ἀποκριθεὶς δὲ ὁ Ἰησοῦς
εἶπεν αὐτοῖς· πλανᾶσθε μὴ εἰδότες
τὰς γραφὰς μηδὲ τὴν δύναμιν τοῦ θεοῦ·
30 ἐν
γὰρ τῇ ἀναστάσει οὔτε γαμοῦσιν οὔτε
⸀γαμίζονται,
ἀλλ' ὡς ⸁ἄγγελοι ⸆ ἐν °τῷ ⸀¹οὐρανῷ εἰσιν.
31 περὶ δὲ τῆς ἀναστάσεως τῶν νεκρῶν
οὐκ ἀνέγνωτε
τὸ ῥηθὲν °ὑμῖν ὑπὸ τοῦ θεοῦ λέγοντος·

[Mark. 12, 18-27]

τῷ ἀδελφῷ αὐτοῦ.
20 ⸂ἑπτὰ ἀδελφοὶ ἦσαν⸃· καὶ ὁ πρῶτος
ἔλαβεν γυναῖκα καὶ ⸀ἀποθνῄσκων οὐκ
ἀφῆκεν σπέρμα·
21 καὶ ὁ δεύτερος
ἔλαβεν αὐτὴν καὶ ἀπέθανεν ⸂μὴ καταλι-
πὼν⸃ σπέρμα· καὶ ὁ τρίτος ⸄ὡσαύτως·
22 καὶ οἱ ἑπτὰ⸅ οὐκ ἀφῆκαν
σπέρμα. ⸀ἔσχατον πάντων
⸉καὶ ἡ γυνὴ ἀπέθανεν⸊. 23 ἐν
τῇ ἀναστάσει ⸆ ⸋[ὅταν ἀναστῶσιν]⸌ τίνος
αὐτῶν ἔσται ⸇ γυνή; οἱ γὰρ ἑπτὰ ἔσχον
αὐτὴν γυναῖκα. 24 ⸂ἔφη αὐτοῖς ὁ Ἰησοῦς⸃·
οὐ διὰ τοῦτο πλανᾶσθε μὴ ⸀εἰδότες
τὰς γραφὰς μηδὲ τὴν δύναμιν τοῦ θεοῦ ⸆;
25 ὅταν γὰρ ἐκ
νεκρῶν ἀναστῶσιν οὔτε γαμοῦσιν οὔτε
⸀γαμίζονται,
ἀλλ' εἰσὶν ὡς ⸆ ἄγγελοι ⸇ ἐν τοῖς οὐρανοῖς.
26 περὶ δὲ τῶν νεκρῶν ὅτι ἐγείρονται
οὐκ ἀνέγνωτε ἐν τῇ βίβλῳ Μωϋσέως ἐπὶ
⸀τοῦ βάτου ⸁πῶς εἶπεν αὐτῷ ὁ θεὸς λέγων·

[Luk. 20, 27-40]

τῷ ἀδελφῷ αὐτοῦ.
29 ⸂ἑπτὰ οὖν ἀδελφοὶ ἦσαν⸃· καὶ ὁ πρῶτος
λαβὼν γυναῖκα ἀπέθανεν
ἄτεκνος·
30 ⸂καὶ ὁ δεύτερος⸃
31 καὶ ὁ τρίτος ⸋ἔλαβεν αὐτήν⸌ ⸆,
ὡσαύτως ⸋¹δὲ καὶ⸌ οἱ ἑπτὰ ⸇ ⸂οὐ κατέλι-
πον τέκνα⸃ καὶ ἀπέθανον. 32 ὕστερον ⸂
καὶ ἡ γυνὴ ἀπέθανεν⸃. 33 ⸂ἡ γυνὴ οὖν ἐν
τῇ⸃ ἀναστάσει τίνος
°αὐτῶν ⸀γίνεται γυνή; οἱ γὰρ ἑπτὰ ἔσχον
αὐτὴν γυναῖκα. 34 καὶ ⸆ εἶπεν ⸂αὐτοῖς ὁ Ἰη-
σοῦς⸃·
οἱ ⸉υἱοὶ τοῦ αἰῶνος τούτου ⸇ γαμοῦσιν καὶ
⸀γαμίσκονται, 35 οἱ δὲ καταξιωθέντες τοῦ
αἰῶνος ἐκείνου τυχεῖν καὶ τῆς ἀναστάσε-
ως τῆς ἐκ νεκρῶν οὔτε γαμοῦσιν οὔτε
⸀γαμίζονται· 36 ⸀οὐδὲ γὰρ ἀποθανεῖν ἔτι
⸁δύνανται, ἰσάγγελοι γάρ εἰσιν ⸋καὶ υἱοί
εἰσιν⸌ ⸀¹θεοῦ τῆς ἀναστάσεως υἱοὶ ὄντες.
37 ὅτι δὲ ἐγείρονται οἱ νεκροί,
°καὶ Μωϋσῆς ⸀ἐμήνυσεν ἐπὶ
τῆς βάτου, ὡς λέγει

Joh.

Matth.: 25 °D aur q | ⸀γαμησας 𝔐 D W Δ 0138 ϕ *pm* ¦ — sy^s | °¹ L Θ 047 || 26 ⸆δε U 0138 f || 27 ⸆ *p)* και 𝔐 D Θ Φ 0138 ϕ 33.700.892 *pm* lat || 28 ⸂ *2 1* 𝔐 W Δ Φ 0138.33.157 *pm* ¦ *1* 565 *pc* sy^s | ⸉ D lat || 30 ⸀εκγαμ- 𝔐 Δ Φ 0138.0161.0197 *pm* ¦ γαμισκονται W Θ 33 *pc*; Cl Epiph? ¦ *txt* B ℵ D 047 λ *al* | ⸁οι α. Θ λ *pc* sa bo; Or | ⸆θεου ℵ L Σ ϕ 33.892 *al*; Cl ¦ του θ. 𝔐 W Δ Φ 0138.0161 *pm* sy bo ¦ *txt p)* B D Θ 0197 λ *pc* it sa | ° 𝔐 D W Δ (Θ) Φ 0138 *pm* ⸀¹-νοις Θ r¹ sa || 31 °Θ 565 *al* (*pon. p.* λεγοντος lat)

Mark.: 20 ⸂ *p)* ησ. ουν παρ ημιν επτα αδ. D(Θ ϕ *pc*) it | ⸀απεθανεν και D W Θ λ 565.700 *pc* lat sy sa bo || 21 ⸂ και ουδε αυτος (+ ουκ D) αφηκεν 𝔐 A W Γ (D Θ) λ ϕ *pl* lat sy sa^pt || 21.22 ⸄· ωσαυτως ελαβον αυτην οι επτα και D (— ελ. αυ. W) ¦ ωσ. ελαβεν αυτην, και οι επτ. Θ (⸉ ελ. αυ. ωσ. οι επ. και λ) ¦ ωσ.· και ελ. αυ. οι επ. και 𝔐 (A) Φ 118 *pm* ¦ *txt* ℌ ϕ *al* sy^p || 22 ⸀εσχατον δε G Θ λ ϕ 33 *al* ¦ εσχατη 𝔐 A Γ 157 *pm* ¦ — D | ⸉ *p) 4 1-3* 𝔐 A Γ Φ 118.157.700 *pm* || 23 ⸆ *p)* ουν D G W Θ λ 565.700.892 *pc* lat | ⸋ *p)* ℌ D W *pc* k r¹ sy^p sa bo^pt ¦ *txt* 𝔐 A Γ Θ Φ λ(ϕ *al*) *pl* lat sy^s bo^pt | ⸇η A D* 13 *pc* || 24 ⸂ και αποκριθεις ο Ιησ. ειπεν αυτοις 𝔐 A Γ Φ 157 *pm* it sy^h ¦ *p)* αποκρ. δε ο Ιησ. ειπ. αυτ. D W Θ λ ϕ *pc* sa^pt | ⸀γινωσκοντες D it; Or | ⸆οιδατε D || 25 ⸀γαμισκ- E K W Θ Φ ϕ *pm*; Or ¦ γαμιζουσιν D *pc* | ⸆οι B W Θ *pc* sa bo; Or^pt | ⸇οι B 𝔐 A Γ Θ Φ Ψ *al* sy^s.p sa bo^pt || 26 ⸀της D W Θ Ψ 33 *al* | ⸁ως 𝔐 A D W Γ Θ Φ λ ϕ 33.157 *pm*

Luk.: 29 ⸂ επ. ο. αδ. ησ. παρ ημιν ℵ^corr *pc* ¦ *p)* ησαν παρ ημιν επτα αδελφοι D || 30 ⸂ και ελαβεν ο δευτερος την γυναικα και ουτος απεθανεν ατεκνος 𝔐 A W Γ Δ (Θ) λ ϕ *pm* lat || 31 ⸋ *p)* D a e | ⸆ωσαυτως A E H Γ Θ *pm* | ⸋¹ D 1241 lat | ⸇και G K W Γ Θ λ *pm* | ⸂ ουκ αφηκαν τεκνον D e || 32 ⸂ *p)* δε παντων απεθ. και η γυνη 𝔐 A W Γ Δ Θ (λ ϕ) *pm* || 33 ⸂ εν τη ℵ* 157 *pc* it ¦ εν τη ουν ℵ^corr 𝔐 A D W Γ Δ Θ (λ) ϕ *pl* lat ¦ *txt* B L 0266^vid *pc* | ° ℵ* e ff² r¹ | ⸀ *p)* εσται ℵ D G L Θ λ 33.157 *al* latt || 34 ⸆αποκριθεις 𝔐 A W Γ Δ Θ λ ϕ *pm* | ⸂προς αυτους D(i) | ⸉ *p.* τουτου Θ | ⸇γεννωνται και γεννωσιν D ff² i q r¹ sy^s.c ¦ γ-σιν κ. γ-νται a c e l; Ir Or (*sed* c e ff² i l q *pro* γαμ. κ. γαμ.) | ⸀εκγ- 𝔐 *al* ¦ εκγαμιζονται A K Γ Δ W Θ ϕ *al* ¦ γαμιζονται λ *pc* ¦ γαμουνται D ¦ *txt* B ℵ L 33.157 *pc* || 35 ⸀γαμισκ- B 700 *al* ¦ εκγαμιζ- 𝔐 A W Θ ϕ *pm* ¦ *txt* ℌ D λ *al* || 36 ⸀ουτε ℵ 𝔐 W Γ Δ λ ϕ *pm* ¦ *txt* B A D L Θ *al* | ⸁μελλουσιν D W Θ it sy^hmg; Mcion | ⸋ D 157 it sy^s; (Ju) Mcion | ⸀¹του θ. 𝔐 W Γ Δ Θ 0117 λ ϕ *pl* ¦ τω θεω D ¦ — sy^s || 37 °D it | ⸀εδηλωσεν D W e

17sqq cf Is 4,1 || 25sqq cf 54sq || 26sqq cf 44sqq. 52sq || 27sqq cf Tob 12,19 etc || 29sqq cf 48sqq

[Matth. 22, 23-33]

32 ἐγώ εἰμι ὁ θεὸς Ἀβραὰμ καὶ °ὁ
θεὸς Ἰσαὰκ καὶ °ὁ θεὸς Ἰακώβ;
οὐκ ἔστιν ⌜[ὁ] θεὸς⌝ νεκρῶν ἀλλὰ ζώντων.
33 καὶ ἀκούσαντες
οἱ ὄχλοι ἐξεπλήσσοντο ἐπὶ τῇ διδαχῇ αὐτοῦ.

22, 46 (nr. 283, p. 388)

46 Καὶ οὐδεὶς ἐδύνατο ἀποκριθῆναι αὐτῷ λόγον οὐδὲ ἐτόλμησέν τις ἀπ' ἐκείνης τῆς ἡμέρας ἐπερωτῆσαι αὐτὸν οὐκέτι.

[Mark. 12, 18-27]

ἐγὼ °ὁ θεὸς Ἀβραὰμ καὶ °¹[ὁ]
θεὸς Ἰσαὰκ καὶ °¹[ὁ] θεὸς Ἰακώβ;
27 οὐκ ἔστιν ᵀ θεὸς νεκρῶν ἀλλὰ ᵀ ζώντων·
ᵀ¹ πολὺ πλανᾶσθε.

12, 34 b (nr. 282, p. 385)

Καὶ οὐδεὶς οὐκέτι ἐτόλμα αὐτὸν ἐπερωτῆσαι.

[Luk. 20, 27-40]

κύριον τὸν θεὸν Ἀβραὰμ καὶ ᵀ
θεὸν Ἰσαὰκ ⸋καὶ ᵀ θεὸν Ἰακώβ⸌.
38 ⌜θεὸς δὲ οὐκ ἔστιν νεκρῶν⌝ ἀλλὰ ζώντων,
πάντες γὰρ αὐτῷ ζῶσιν. 39 ⁝ Ἀποκριθέντες
δέ τινες τῶν γραμματέων εἶπαν ᵀ· διδάσκαλε, καλῶς εἶπας.

40 οὐκέτι ⌜γὰρ ἐτόλμων ἐπερωτᾶν αὐτὸν οὐδέν.

(nr. 283 20, 41-44 p. 388)

Joh.

1. Cor. 15, 40-44: 40 Καὶ σώματα ἐπουράνια, καὶ σώματα ἐπίγεια· ἀλλὰ ἑτέρα μὲν ἡ τῶν ἐπουρανίων δόξα, ἑτέρα δὲ ἡ τῶν ἐπιγείων. 41 ἄλλη δόξα ἡλίου, καὶ ἄλλη δόξα σελήνης, καὶ ἄλλη δόξα ἀστέρων· ἀστὴρ γὰρ ἀστέρος διαφέρει ἐν δόξῃ. 42 Οὕτως καὶ ἡ ἀνάστασις τῶν νεκρῶν. σπείρεται ἐν φθορᾷ, ἐγείρεται ἐν ἀφθαρσίᾳ· 43 σπείρεται ἐν ἀτιμίᾳ, ἐγείρεται ἐν δόξῃ· σπείρεται ἐν ἀσθενείᾳ, ἐγείρεται ἐν δυνάμει· 44 σπείρεται σῶμα ψυχικόν, ἐγείρεται σῶμα πνευματικόν. Εἰ ἔστιν σῶμα ψυχικόν, ἔστιν καὶ πνευματικόν.

Pap. Oxyrhynch. 654, nr. 2 (sec. Fitzmyer): Λέγει Ἰ[η(σοῦ)]ς· ἐὰν] οἱ ἕλκοντες ἡμᾶς [εἴπωσιν ὑμῖν· ἰδοὺ] ἡ βασιλεία ἐν οὐρα[νῷ, ὑμᾶς φθήσεται] τὰ πετεινὰ τοῦ οὐρ[ανοῦ· ἐὰν δ' εἴπωσιν ὅ]τι ὑπὸ τὴν γῆν ἐστ[ιν, εἰσελεύσονται] οἱ ἰχθύες τῆς θαλά[σσης φθάσαν]τες ὑμᾶς καὶ ἡ βασ[ιλεία τοῦ θεοῦ] ἐντὸς ὑμῶν [ἐ]στι [κἀκτός. ὃς ἂν ἑαυτὸν] γνῷ, ταύτην εὑρή[σει καὶ ὅτε ὑμεῖς] ἑαυτοὺς γνώσεσθαι, [εἰδήσετε ὅτι υἱοί] ἐστε ὑμεῖς τοῦ πατρὸς τοῦ ζ[ῶντος· εἰ δὲ μὴ] γνώσ⟨εσ⟩θε ἑαυτούς, ἐν [τῇ πτωχείᾳ ἐστὲ] καὶ ὑμεῖς ἐστε ἡ πτω[χεία.] *(cf. Evang. Thomae copt. Append. I, 3)*

Justinus Mart., Dial. 81, 4: Ὅπερ καὶ ὁ κύριος ἡμῶν εἶπεν, ὅτι »Οὔτε γαμήσουσιν οὔτε γαμηθήσονται, ἀλλὰ ἰσάγγελοι ἔσονται, τέκνα τοῦ θεοῦ τῆς ἀναστάσεως ὄντες«.

Justinus Mart.?, de resurr. 3 (Holl, TU 20, 2 p. 40): Ὥς φησιν· »οἱ υἱοὶ τοῦ αἰῶνος τούτου γαμοῦσι καὶ γαμίσκονται οἱ δὲ υἱοὶ τοῦ μέλλοντος αἰῶνος οὔτε γαμοῦσιν οὔτε γαμίσκονται ἀλλ' ἔσονται ὡς ἄγγελοι ἐν τῷ οὐρανῷ.«

Matth.: 32 ° *bis* ℵ | ⌜ θεος ℵDW 28 *pc*; Ir ¦ ο θ. θεος ℜΘΦϕ *pm* ¦ *txt* BLΔ 0138 λ 33.157* *pc*

Mark.: 26 ° DW 157 *pc*; Or *et* °¹ † *bis* BDW ¦ *txt* ℵCℜΑΘΦλϕ *pl* || 27 ᵀ ο ℵCℜΑΓΨλ 157 *pm* ¦ ο θεος Θϕ 33 *al*; Or^pt ¦ *txt* BD KLWΔΦ *al* | ᵀ θεος EGVΓΦ *pm* | ᵀ¹ υμεις ουν ℜΑDΓΘΦϕ 33.157 *pm* lat sy

Luk.: 37 ᵀ *bis* τον ℜΑ(W)ΓΔΘ 0117 λϕ *pm* | ⸋ W || 38 ⌜ *1 5 3 4* D ¦ ο θ. δ. ο. ε. ν. W ¦ ο δε θ. ο. ε. ν. Θ || 39 [⁝ *hic, non* 41, *dist.* W] | ᵀ αυτω ℵ || 40 ⌜ δε ℜΑDWΓΔΘ 0117 λϕ *pm*

35sqq (Mt) Ex 3, 6 || 35sqq (Mc/Lc) Ex 3, 2.6 || 38sqq cf Mc 12, 28.32 || 39 (Mt) cf Mt 7, 28 par; 13, 54 par; 19, 25 par; Mc 1, 27 etc || 44sqq *cf 26 sqq* || 48sqq *cf 29 sqq* || 52sq *cf 26 sqq* || 54sq *cf 25 sqq*

282. Die Frage nach dem obersten Gebot

Maximum et primum mandatum *(cf. nr. 182)* **The Great Commandment**

Matth. 22, 34-40
22, 46; 19, 16-19

34 Οἱ δὲ Φαρισαῖοι ἀκούσαντες ὅτι ἐφίμωσεν τοὺς Σαδδουκαίους συνήχθησαν
⌜ἐπὶ τὸ αὐτό⌝ ⁝, 35 καὶ ἐπηρώτησεν εἷς ἐξ
αὐτῶν °[νομικὸς]

Mark. 12, 28-34
10, 17-19

28 Καὶ προσελθὼν εἷς
τῶν γραμματέων ⌜ἀκούσας αὐτῶν συζη-

Luk. 10, 25-28
20, 40; 18, 18-20

10, 25-28 (nr. 182, p. 263)

25 ⌜ Καὶ ἰδοὺ νομικός
τις ἀνέστη⌝

Joh.

Matth.: 34 ⌜ επ αυτον D it sy^s.c | [⁝ H] || 35 ° λ e sy^s arm; Or^lat

Mark.: 28 ⌜ ακουων WΘ *pc*

Luk.: 25 ⌜ ανεστη δε τις νομικος D (c) e

---

1 cf Mt 22, 22 || 2sq cf Ps 2, 2; Act 4, 27 || 3sqq *cf 37 sqq*

[Matth. 22, 34-40]

πειράζων αὐτόν ⸆ · 36 διδάσκαλε,
ποία ἐντολὴ ⸀μεγάλη ἐν τῷ νόμῳ;
37 ὁ δὲ ⸆ ⸀ἔφη αὐτῷ·

ἀγαπήσεις κύριον
τὸν θεόν σου ἐν ὅλῃ °τῇ καρ-
δίᾳ σου καὶ ἐν ὅλῃ °¹τῇ ψυχῇ
σου καὶ ἐν ὅλῃ τῇ ⸁διανοίᾳ
σου·
38 αὕτη ἐστὶν ⸂ἡ μεγάλη καὶ πρώτη⸃ ἐντολή.
39 δευτέρα °δὲ ⸂ὁμοία αὐτῇ⸃· ἀγαπήσεις
τὸν πλησίον σου ὡς σεαυτόν. 40 ἐν
ταύταις ταῖς δυσὶν ἐντολαῖς °ὅλος ὁ νόμος
⸂κρέμαται καὶ οἱ προφῆται⸃.

[Mark. 12, 28-34]

τούντων, ⸀ἰδὼν ὅτι καλῶς ἀπεκρίθη αὐ-
τοῖς ἐπηρώτησεν αὐτόν⸆·
ποία ἐστὶν ἐντολὴ πρώτη °πάντων;
29 ⸂ἀπεκρίθη ὁ Ἰησοῦς⸃ ⸄ὅτι πρώτη ἐστίν⸅·
ἄκουε, Ἰσραήλ, κύριος ὁ θεὸς ἡ-
μῶν⁝ ⸀κύριος εἷς ἐστιν,

30 καὶ ἀγαπήσεις κύριον
τὸν θεόν σου ἐξ ὅλης °τῆς καρ-
δίας σου καὶ ἐξ ὅλης °¹τῆς ψυχῆς
σου ⸋καὶ ἐξ ὅλης °²τῆς διανοίας
σου⸌ καὶ ἐξ ὅλης τῆς ἰσχύος σου
⸆ .
31 ⸂δευτέρα αὕτη⸃· ἀγαπήσεις
τὸν πλησίον σου ὡς σεαυτόν. μεί-
ζων τούτων ἄλλη ἐντολὴ οὐκ ἔστιν.
32 °καὶ εἶπεν
αὐτῷ ὁ γραμματεύς· καλῶς, διδάσκαλε⁝,
ἐπ' ἀληθείας ⸉εἶπες ὅτι εἷς ἐστιν ⸆καὶ
οὐκ ἔστιν °¹ἄλλος πλὴν αὐτοῦ· 33 καὶ
τὸ ἀγαπᾶν αὐτὸν ἐξ ὅλης °τῆς
καρδίας ⸆καὶ ἐξ ὅλης τῆς ⸀συνέσε-
ως καὶ ἐξ ὅλης °¹τῆς ⸁ἰσχύος καὶ
τὸ ἀγαπᾶν τὸν πλησίον ⸆ὡς ⸀¹ἑαυ-
τὸν ⸀²περισσότερόν ἐστιν πάντων τῶν
ὁλοκαυτωμάτων καὶ ⸆¹ θυσιῶν. 34 καὶ ὁ

[Luk. 10, 25-28]

ἐκπειράζων αὐτὸν ⸆λέγων· °διδάσκαλε,
τί ποιήσας ⸆ζωὴν °¹αἰώνιον κληρονομήσω;
26 ὁ δὲ εἶπεν πρὸς αὐτόν·

ἐν τῷ νόμῳ
°τί γέγραπται; πῶς ἀναγινώσκεις; 27 ὁ δὲ
ἀποκριθεὶς εἶπεν· ἀγαπήσεις κύριον
τὸν θεόν °σου ⸂ἐξ ὅλης °¹[τῆς] καρ-
δίας⸃ σου °²καὶ ⸄ἐν ὅλῃ τῇ ψυχῇ⸅
σου καὶ ⸄ἐν ὅλῃ τῇ ἰσχύϊ⸅ σου
⸋καὶ ⸄ἐν ὅλῃ τῇ διανοίᾳ⸅ σου⸌,

καὶ
τὸν πλησίον σου ὡς σεαυτόν.

Joh.

Matth.: 35 ⸆και λεγων ℜ D W Θ 0138 λ φ *pl* it sy^s.c sa || 36 ⸀*pon. p.* νομω D ¦ μειζων Θ || 37 ⸆Ιησους ℜ W Θ 0138.0161.0197 λ φ *pl* ¦ *pon. p.* αυτω *et* — ο δε D lat sy^s.c bo^pt | ⸀ειπεν W Θ φ 700 | ° B ℵ* ℜ W Θ 0138.0161 φ *al*; Cl ¦ *txt* ℵ² D L λ *pm* | °¹ B ℜ W Θ 0138 *al* | ⸁ισχυι c sy^s.c; Cl Or^pt ¦ *p)* ισχυι σου και εν ολη τη δ. Θ φ *al* (e) sy^p || 38 ⸂*1 4 3* (η W) *2* W Δ Φ *pc* ¦ *4 3 2* ℜ Γ Π *al* d f q || 39 ° † B ℵ* *pc* ¦ *txt* ℜ D W Θ 0107.0138 λ φ *pl* | ⸂*p)* ομ. αὕτη ℜ *pm* ¦ ομ. ταυτη D ¦ ομοιως B ¦ *txt* Θ λ 33 lat sy (*sine acc.* ℵ W Z) || 40 ° ℵ* sy sa bo^pt | ⸂*2-4* κρεμανται ℜ W Γ Δ Π Φ λ φ *pm*

Mark.: 28 ⸀† ειδως B ℵ² ℜ A *pm* ¦ *txt* ℵ* C (D) W Θ λ φ *al* | ⸆*p)* λεγων· διδασκαλε D it | ° D W Θ λ φ it || 29 ⸂ο δε Ιησους απεκριθη αυτω C ℜ A Γ Π Φ 118.124 *pl* aur l vg ¦ ο δε Ιησους (— W λ) ειπεν αυτω W Θ λ φ *pc* ¦ αποκριθεις δε ο Ιησ. ειπεν αυτω D *pc* it | ⸄ο. πρ. παντων εντολη A K Π Φ 33 *al* ¦ ο. πρ. παντων εντολη εστιν αυτη C ¦ ο. πρ. παντων των εντολων ℜ Γ φ 22.118 *al* sy^p ¦ παντων πρ. D W Θ *pc* it sy^s | [⁝, H] | ⸀deus i l vg ¦ — F a b k sy^s || 30 ° B D* *pc* | °¹ *et* °² B | ⸋ D *pc* it | ⸆*p)* αὕτη πρωτη εντολη ℜ A D (W Θ) λ φ *pl* lat || 31 ⸂*p)* και δ. ομοια αυτ. ℜ A (W Θ) λ φ *pm* lat ¦ δ. δε ομοια ταυτη D *al* ¦ δ. αυτη εστιν ℵ || 32 ° B sy | [⁝. comm] | ⸉*p.* καλως D it | ⸆ο θεος D (⸉ W) Θ *pm* it sy^s sa bo; Eus | °¹ D *pc* a || 33 ° B *pc* | ⸆σου ℵ L *pc* | ⸀δυναμεως D Θ 565 it | °¹ ℵ* | ⸁ψυχης D *pc* ¦ ψυχης και εξ ολης της ισχ. ℜ A 092b *pm* it | ⸆σου ℵ* W Δ *pc* | ⸀¹σεαυτον ℵ A D L W Γ *al* ff² i k | ⸀²πλειον ℜ A D W Θ 092b λ φ *pl* | ⸆¹των ℌ λ 565 *pm* ¦ *txt* B ℜ A D W Θ 092b φ *al*

Luk.: 25 ⸆και C ℜ A D W Θ 0124 λ φ *pl* lat | ° D; (Mcion?) | ⸆ινα ℵ* 131 f | °¹ Mcion || 26 ° D* *pc* || 27 ° B* H | ⸂εν ολη τη καρδια D λ *pc* it | °¹ 𝔓⁷⁵ B Ξ 0124 *pc* ¦ *txt* ℵ C ℜ A W Θ φ *pm* | °² 𝔓⁷⁵ B | ⸄εξ ολης της -ης *et* ⸄… -υος *et* ⸄… -ας C ℜ A W Θ (λ) φ *pl* aur e f vg; (Mcion) ¦ *txt* 𝔓⁷⁵ B ℵ (D) Ξ *pc* | ⸋ D *pc* it; Mcion Al

---

5 (Mc) *cf 31 sq* || 9-16 Dt 6,4 sq; *cf 23 sqq* || 12 sqq *cf 54 sq. 56 sqq. 60 sq. 62 sq* || 18 sq Lv 19,18; cf Jo 15,12; *cf 28 sq. 47 sq. 49 sqq. 52. 53. 56 sqq. 59. 62 sq. 64* || 20 sq (Mt) cf Gn 44,30; Lc 19,48; Mt 7,12; Lc 6,31 || 21 sq cf Lc 20,39 sq; Mc 12,14; Mt 22,16; Lc 20,21 || 23 sq Dt 4,35; cf Dt 6,4 sq; Ex 8,6; Is 45,21 || 23 sqq *cf 9-16* || 28 sq *cf 18 sq. 64* || 29 sq cf 1Sm 15,22; cf Hos 6,6; Is 1,11; Prv 21,3

Matth.	[Mark. 12, 28-34]	[Luk. 10, 25-28]	Joh.
	Ἰησοῦς ἰδὼν °[αὐτὸν] ὅτι νουνεχῶς ἀπ- εκρίθη εἶπεν αὐτῷ· ⊤ οὐ μακρὰν °¹εἶ ἀπὸ τῆς βασιλείας τοῦ θεοῦ.	28 εἶπεν δὲ αὐτῷ· ὀρθῶς ἀπεκρίθης· τοῦτο ποίει καὶ ζήσῃ.	
22, 46 *(nr. 283, p. 388)* 46 Καὶ οὐδεὶς ἐδύνατο ἀποκριθῆναι αὐτῷ λόγον οὐδὲ ἐτόλμησέν τις ἀπ' ἐκείνης τῆς ἡμέρας ἐπερωτῆσαι αὐτὸν οὐκέτι.	καὶ ⌜οὐδεὶς οὐκ- έτι ἐτόλμα αὐτὸν⌝ ἐπερωτῆσαι⁚.	20, 40 *(nr. 281, p. 383)* 40 Οὐκ- έτι γὰρ ἐτόλμων ἐπερωτᾶν αὐτὸν οὐδέν.	
19, 16-19 *(nr. 254, p. 338)* 16 Καὶ ἰδοὺ εἷς προσελθὼν αὐτῷ εἶπεν· διδάσκαλε, τί ἀγαθὸν ποιήσω ἵνα σχῶ ζωὴν αἰώνιον; 17 ὁ δὲ εἶπεν αὐτῷ· τί με ἐρωτᾷς περὶ τοῦ ἀγαθοῦ; εἷς ἐστιν ὁ ἀ- γαθός· εἰ δὲ θέλεις εἰς τὴν ζωὴν εἰσελθεῖν, τήρησον τὰς ἐντολάς. 18 λέγει αὐτῷ· ποίας; ὁ δὲ Ἰησοῦς εἶπεν· τὸ οὐ φονεύσεις, οὐ μοιχεύσεις, οὐ κλέψεις, οὐ ψευδο- μαρτυρήσεις, 19 τίμα τὸν πατέρα καὶ τὴν μητέρα, καὶ ἀγα- πήσεις τὸν πλησίον σου ὡς σεαυτόν.	10, 17-19 *(nr. 254, p. 338)* 17 Καὶ ἐκπορευομένου αὐτοῦ εἰς ὁδὸν προσ- δραμὼν εἷς καὶ γονυπετήσας αὐτὸν ἐπηρώτα αὐτόν· διδάσκαλε ἀγαθέ, τί ποιήσω ἵνα ζωὴν αἰ- ώνιον κληρονομήσω; 18 ὁ δὲ Ἰησοῦς εἶπεν αὐτῷ· τί με λέγεις ἀγαθόν; οὐδεὶς ἀγαθὸς εἰ μὴ εἷς ὁ θεός. 19 τὰς ἐντολὰς οἶδας· μὴ φονεύσῃς, μὴ μοιχεύσῃς, μὴ κλέψῃς, μὴ ψευδο- μαρτυρήσῃς, μὴ ἀποστερήσῃς, τίμα τὸν πατέρα σου καὶ τὴν μητέρα.	18, 18-20 *(nr. 254, p. 338)* 18 Καὶ ἐπηρώτησέν τις αὐτὸν ἄρχων λέγων· διδάσκαλε ἀγαθέ, τί ποιήσας ζωὴν αἰ- ώνιον κληρονομήσω; 19 εἶπεν δὲ αὐτῷ ὁ Ἰησοῦς· τί με λέγεις ἀγαθόν; οὐδεὶς ἀγαθὸς εἰ μὴ εἷς ὁ θεός. 20 τὰς ἐντολὰς οἶδας· μὴ μοιχεύσῃς, μὴ φονεύσῃς, μὴ κλέψῃς, μὴ ψευδο- μαρτυρήσῃς, τίμα τὸν πατέρα σου καὶ τὴν μητέρα.	

Röm. 13, 8-10: 8 Μηδενὶ μηδὲν ὀφείλετε εἰ μὴ τὸ ἀλλήλους ἀγαπᾶν· ὁ γὰρ ἀγαπῶν τὸν ἕτερον νόμον πεπλήρωκεν. 9 τὸ γὰρ οὐ μοιχεύσεις, οὐ φονεύσεις, οὐ κλέψεις, οὐκ ἐπιθυμήσεις, καὶ εἴ τις ἑτέρα ἐντολή, ἐν τῷ λόγῳ τούτῳ ἀνακεφαλαιοῦται [ἐν τῷ]· ἀγαπήσεις τὸν πλησίον σου ὡς σεαυτόν. 10 ἡ ἀγάπη τῷ πλησίον κακὸν οὐκ ἐργάζεται· πλήρωμα οὖν νόμου ἡ ἀγάπη.

Gal. 5, 14: Ὁ γὰρ πᾶς νόμος ἐν ἑνὶ λόγῳ πεπλήρωται, ἐν τῷ· ἀγαπήσεις τὸν πλησίον σου ὡς σεαυτόν.

Jac. 2, 8: Εἰ μέντοι νόμον τελεῖτε βασιλικὸν κατὰ τὴν γραφήν· ἀγαπήσεις τὸν πλησίον σου ὡς σεαυτόν, καλῶς ποιεῖτε.

2. Clem. ad Cor. 3, 4: Ἐν τίνι δὲ αὐτὸν ὁμολογοῦμεν; ἐν τῷ ποιεῖν ἃ λέγει καὶ μὴ παρακούειν αὐτοῦ τῶν ἐντολῶν, καὶ μὴ μόνον χείλεσιν αὐτὸν τιμᾶν, ἀλλὰ ἐξ ὅλης καρδίας καὶ ἐξ ὅλης τῆς διανοίας.

Didache 1, 2; 2, 7: 1 2 Ἡ μὲν οὖν ὁδὸς τῆς ζωῆς ἐστιν αὕτη· »πρῶτον, ἀγαπήσεις τὸν θεὸν τὸν ποιήσαντά σε, δεύτερον, τὸν πλησίον σου ὡς σεαυτόν· πάντα δὲ ὅσα ἐὰν θελήσῃς« μὴ γίνεσθαί σοι, καὶ σὺ ἄλλῳ μὴ ποίει. 2 7 οὐ μισήσεις πάντα ἄνθρωπον, ἀλλὰ οὓς μὲν ἐλέγξεις, περὶ ὧν δὲ προσεύξῃ, οὓς δὲ ἀγαπήσεις ὑπὲρ τὴν ψυχήν σου.

Barn. ep. 19, 5: ... ἀγαπήσεις τὸν πλησίον σου ὑπὲρ τὴν ψυχήν σου. cf. 19, 2.

Justinus Mart., Apol. I, 16, 6: »Μεγίστη ἐντολή ἐστι· Κύριον τὸν θεόν σου προσκυνήσεις καὶ αὐτῷ μόνῳ λατρεύσεις ἐξ ὅλης τῆς καρδίας σου καὶ ἐξ ὅλης τῆς ἰσχύος σου, κύριον τὸν θεὸν τὸν ποιήσαντά σε«.

–, Dial. 93, 2: Ὅθεν μοι δοκεῖ καλῶς εἰρῆσθαι ὑπὸ τοῦ ἡμετέρου κυρίου καὶ σωτῆρος Ἰησοῦ Χριστοῦ, ἐν δυσὶν ἐντολαῖς πᾶσαν δικαιοσύνην καὶ εὐσέβειαν πληροῦσθαι· εἰσὶ δὲ αὗται·» Ἀγαπήσεις κύριον τὸν θεόν σου ἐξ ὅλης τῆς καρδίας σου καὶ ἐξ ὅλης τῆς ἰσχύος σου, καὶ τὸν πλησίον σου ὡς σεαυτόν«.

Evang. Thomae copt.: *cf. Append. I, 25*

Mark.: 34 °ℌ D W Θ λ *al* lat ¦ *txt* B 𝔎 A **092b** ϕ *pm* | ⊤οτι W Θ 565 | °¹ℵ* *pc* | ⌜*1 3 2 4* ϕ a ¦ *1 3 4 2* W ff² ¦ *1 3 4* D Ψ *pc* | [⁚, *et ante* και ουδ. *dist.* W]

---

31 cf Lc 7, 43 || 31sq *cf 5 (Mc)* || 33 (Lc) cf Lv 18, 5 || 37sqq *cf 3 sqq* || 47sq *cf 18 sq* || 49sqq *cf 18 sq* || 52 *cf 18 sq* || 53 *cf 18 sq* || 54sq *cf 12 sqq* || 56sqq *cf 12 sqq. 18 sq* || 59 *cf 18 sq* || 60sq *cf 12 sqq* || 62sq *cf 12 sqq. 18 sq* || 64 *cf 18 sq. 28 sq*

283. Davids Sohn?

Filius David? **The Question about David's Son**

Matth. 22, 41-46

41 Συνηγμένων δὲ τῶν Φαρισαίων ἐπηρώτησεν αὐτοὺς ὁ Ἰησοῦς 42 λέγων· τί ὑμῖν δοκεῖ περὶ τοῦ χριστοῦ; τίνος υἱός ἐστιν; λέγουσιν αὐτῷ· τοῦ Δαυίδ. 43 λέγει αὐτοῖς⸆· πῶς οὖν Δαυὶδ ἐν πνεύματι ⸉καλεῖ αὐτὸν κύριον⸊ λέγων·

44 εἶπεν⸆ κύριος τῷ κυρίῳ μου·
κάθου ἐκ δεξιῶν μου,
ἕως ἂν θῶ τοὺς ἐχθρούς σου
⸀ὑποκάτω τῶν ποδῶν σου⁏;

45 εἰ οὖν Δαυὶδ⸆ καλεῖ αὐτὸν κύριον, πῶς υἱὸς αὐτοῦ ἐστιν; 46 καὶ οὐδεὶς ἐδύνατο ⸉ἀποκριθῆναι αὐτῷ⸊ λόγον οὐδὲ ἐτόλμησέν τις ἀπ᾽ ἐκείνης τῆς ⸀ἡμέρας ἐπερωτῆσαι αὐτὸν οὐκέτι.

Mark. 12, 35-37a

12, 34b

35 Καὶ ἀποκριθεὶς ⸂ὁ Ἰησοῦς ἔλεγεν⸃ διδάσκων ἐν τῷ ἱερῷ· πῶς λέγουσιν οἱ γραμματεῖς ὅτι ὁ χριστὸς υἱὸς ⸉Δαυίδ ἐστιν⸊; 36 αὐτὸς⸆ Δαυὶδ εἶπεν °ἐν °¹τῷ πνεύματι °¹τῷ ἁγίῳ·

⸀εἶπεν⸋ κύριος τῷ κυρίῳ μου·
⸁κάθου ἐκ δεξιῶν μου,
ἕως ἂν θῶ τοὺς ἐχθρούς σου
⸀¹ὑποκάτω τῶν ποδῶν σου.

37 αὐτὸς⸆ Δαυὶδ λέγει αὐτὸν κύριον, καὶ ⸀πόθεν ⸉αὐτοῦ ἐστιν υἱός⸊;

12, 34b (nr. 282, p. 385)

34 ... Καὶ οὐδεὶς οὐκέτι ἐτόλμα αὐτὸν ἐπερωτῆσαι.

Luk. 20, 41-44

20, 40

(nr. 281 20, 27-40 p. 383)

41 ⁏ Εἶπεν δὲ πρὸς αὐτούς· πῶς λέγουσιν⸆ τὸν χριστὸν ⸂εἶναι Δαυὶδ υἱόν⸃; 42 ⸂αὐτὸς γὰρ⸃ Δαυὶδ λέγει ἐν⸆ βίβλῳ⸋ ψαλμῶν·

⸀εἶπεν⸆¹ κύριος τῷ κυρίῳ μου·
κάθου ἐκ δεξιῶν μου,
43 ἕως ⸂ἂν θῶ⸃ τοὺς ἐχθρούς σου
⸀ὑποπόδιον τῶν ποδῶν σου.

44 Δαυὶδ °οὖν ⸉κύριον αὐτὸν⸊ ⸂καλεῖ, καὶ⸃ πῶς ⸉¹αὐτοῦ υἱός⸊ ἐστιν;

20, 40 (nr. 281, p. 383)

40 Οὐκέτι γὰρ ἐτόλμων ἐπερωτᾶν αὐτὸν οὐδέν.

Joh.

Acta 2, 29-36: 29 Ἄνδρες ἀδελφοί, ἐξὸν εἰπεῖν μετὰ παρρησίας πρὸς ὑμᾶς περὶ τοῦ πατριάρχου Δαυὶδ ὅτι καὶ ἐτελεύτησεν καὶ ἐτάφη, καὶ τὸ μνῆμα αὐτοῦ ἔστιν ἐν ἡμῖν ἄχρι τῆς ἡμέρας ταύτης. 30 προφήτης οὖν ὑπάρχων καὶ εἰδὼς ὅτι ὅρκῳ ὤμοσεν αὐτῷ ὁ θεὸς ἐκ καρποῦ τῆς ὀσφύος αὐτοῦ καθίσαι ἐπὶ τὸν θρόνον αὐτοῦ, 31 προϊδὼν ἐλάλησεν περὶ τῆς ἀναστάσεως τοῦ Χριστοῦ ὅτι οὔτε ἐγκατελείφθη εἰς ᾅδην οὔτε ἡ σὰρξ αὐτοῦ εἶδεν διαφθοράν. 32 τοῦτον τὸν Ἰησοῦν ἀνέστησεν ὁ θεός, οὗ πάντες ἡμεῖς ἐσμεν μάρτυρες· 33 τῇ δεξιᾷ οὖν τοῦ θεοῦ ὑψωθείς, τήν τε ἐπαγγελίαν τοῦ πνεύματος τοῦ ἁγίου λαβὼν παρὰ τοῦ πατρός, ἐξέχεεν τοῦτο ὃ ὑμεῖς [καὶ] βλέπετε καὶ ἀκούετε. 34 οὐ γὰρ Δαυὶδ ἀνέβη εἰς τοὺς οὐρανούς, λέγει δὲ αὐτός· εἶπεν [ὁ] κύριος τῷ κυρίῳ μου· κάθου ἐκ δεξιῶν μου, 35 ἕως ἂν θῶ τοὺς ἐχθρούς σου ὑποπόδιον τῶν ποδῶν σου. 36 ἀσφαλῶς οὖν γινωσκέτω πᾶς οἶκος Ἰσραὴλ ὅτι καὶ κύριον αὐτὸν καὶ χριστὸν ἐποίησεν ὁ θεός, τοῦτον τὸν Ἰησοῦν ὃν ὑμεῖς ἐσταυρώσατε.

Hebr. 10, 12-13: 12 Οὗτος δὲ μίαν ὑπὲρ ἁμαρτιῶν προσενέγκας θυσίαν εἰς τὸ διηνεκὲς ἐκάθισεν ἐν δεξιᾷ τοῦ θεοῦ, 13 τὸ λοιπὸν ἐκδεχόμενος ἕως τεθῶσιν οἱ ἐχθροὶ αὐτοῦ ὑποπόδιον τῶν ποδῶν αὐτοῦ.

Barn. ep. 12, 10-11: 10 Ἴδε πάλιν Ἰησοῦς, οὐχὶ υἱὸς ἀνθρώπου, ἀλλὰ υἱὸς τοῦ θεοῦ, τύπῳ δὲ ἐν σαρκὶ φανερωθείς. ἐπεὶ οὖν μέλλουσιν λέγειν, ὅτι ὁ Χριστὸς υἱός ἐστιν Δαυίδ, αὐτὸς προφητεύει Δαυίδ, φοβούμενος καὶ συνίων τὴν πλάνην τῶν ἁμαρτωλῶν· »Εἶπεν ὁ κύριος τῷ κυρίῳ μου· Κάθου ἐκ δεξιῶν μου, ἕως ἂν θῶ τοὺς ἐχθρούς σου ὑποπόδιον τῶν ποδῶν σου.« 11 καὶ πάλιν λέγει οὕτως Ἡσαΐας· Εἶπεν κύριος τῷ Χριστῷ μου κυρίῳ, οὗ ἐκράτησα τῆς δεξιᾶς αὐτοῦ, ἐπακοῦσαι ἔμπροσθεν αὐτοῦ ἔθνη, καὶ ἰσχὺν βασιλέων διαρρήξω. ἴδε πῶς »Δαυὶδ λέγει αὐτὸν κύριον«, καὶ υἱὸν οὐ λέγει.

Matth.: 43 ⸆ο Ιησους L Z λ 33.892.1424 *pc* | ⸉ *1 3 2* ℵ L Z 892 ¦ *3 2 1* 𝔎 W Δ Φ **0138.(0161)** λ *pm* ¦ *txt* B D(*1-3* + αυτον Θ) *pc* lat || 44 ⸆ο *rell* ¦ *txt* B ℵ D Z | ⸀υποποδιον 𝔎 W Δ Φ **0138.0161** λ *pm* lat | [⁏. T] || 45 ⸆εν πνευματι D Δ Θ φ 565.1424 *al* it || 46 ⸉ 𝔎 W Φ 1.565 *al* | ⸀ωρας D W λ *pc* a d q sy^s.c bo^pt; Or

Mark.: 35 ⸂λεγει W ¦ ο Ι. ειπεν *p.* ιερω D it | ⸉ 𝔎 A W Γ Φ 157.700 *pm* lat || 36 ⸆ *p)* γαρ 𝔎 A Γ Θ Φ **092b** λ 33.892 *pm* lat | ° B *pc* | °¹ *bis* 𝔎 A W Γ **092b** λ φ 157.700 *pm* | ⸀λεγει 𝔎 A D Φ *pm* | ⸋ο ℌ 𝔎 A W Γ Θ Φ **092b** λ φ *pl* ¦ *txt* B D *pc* | ⸁καθισον B | ⸀¹υποποδιον ℵ 𝔎 A L Γ Δ Θ Φ **092b** λ φ *pl* latt ¦ *txt* B D W *pc* || 37 ⸆ουν 𝔎 A Φ **092b** λ φ 33.157.700 *pm* lat | ⸀ *p)* πως ℵ* W Θ Ψ λ φ 33 *al* sy^s.p sa bo^pt | ⸉ *3 1 2* ℵ 𝔎 A W Γ Φ Ψ λ φ 33.157.700 *pm* ¦ *2 3 1* D lat ¦ *txt* B L Θ 565 *pc*

Luk.: 41 [⁏39, *non hic, dist.* W] | ⸆τινες A K M *al* ¦ *p)* οι γραμματεις φ *pc* | ⸂ *3 2 1* 𝔎 A W Γ Δ Θ **0117** λ(φ) *pm* lat ¦ *3 2* D || 42 ⸂και αυτος 𝔎 A D W Γ Δ **0117** φ *pm* lat | ⸆τη D | ⸋των D P W φ *al* | ⸀λεγει D it | ⸆¹ο *rell* ¦ *txt* B D 579 || 43 ⸂τιθω D | ⸀ *p)* υποκατω D it sy^c.p || 44 ° D it; Mcion Cyr | ⸉ † B A K L M R 33 *al* ¦ *txt* ℵ 𝔎 D W Γ Δ Θ **063** λ φ *pm* lat | ⸂λεγει D | ⸉¹ ℵ 𝔎 D L R W Γ Δ **063** φ *pm* ¦ *txt* B A K M Θ λ *pc*

---

5 sqq cf *18 sqq. 27 sqq* || *8 sqq* Ps 110,1; cf Heb 1,13; 1 Cor 15,25 sqq; Apc 3,21; cf *25 sq* || *18 sqq* cf *5 sqq. 27 sqq* || *25 sq* cf *8 sqq* || *27 sqq* cf *5 sqq. 18 sqq*

284. Rede gegen die Pharisäer und Schriftgelehrten

Vae Pharisaeis et scribis

Woe to the Scribes and Pharisees

Matth. 23,1-36
20,26-27; 18,4; 15,14; 5,33-37; 3,7

[1]Τότε ⸂ὁ Ἰησοῦς ἐλάλησεν⸃ τοῖς ὄχλοις καὶ τοῖς μαθηταῖς αὐτοῦ [2]λέγων· ἐπὶ τῆς ⸉Μωϋσέως καθέδρας⸊ ἐκάθισαν οἱ γραμματεῖς καὶ οἱ Φαρισαῖοι. [3]πάντα οὖν ὅσα ⸀ἐὰν εἴπωσιν °ὑμῖν ⸆ ⸂ποιήσατε καὶ τηρεῖτε⸃, κατὰ δὲ τὰ ἔργα αὐτῶν μὴ ποιεῖτε· λέγουσιν γὰρ καὶ οὐ ποιοῦσιν. [4]δεσμεύουσιν ⸀δὲ φορτία ⸂βαρέα [καὶ δυσβάστακτα]⸃ καὶ ἐπιτιθέασιν ἐπὶ τοὺς ὤμους τῶν ἀνθρώπων, ⸄αὐτοὶ δὲ τῷ⸅ δακτύλῳ αὐτῶν οὐ θέλουσιν κινῆσαι αὐτά. [5]πάντα δὲ τὰ ἔργα αὐτῶν ποιοῦσιν πρὸς τὸ θεαθῆναι τοῖς ἀνθρώποις· πλατύνουσιν ⸀γὰρ τὰ φυλακτήρια αὐτῶν καὶ μεγαλύνουσιν τὰ κράσπεδα⸆, [6]φιλοῦσιν δὲ ⸂τὴν πρωτοκλισίαν⸃ ἐν τοῖς δείπνοις καὶ τὰς πρωτοκαθεδρίας ἐν ταῖς συναγωγαῖς [7]καὶ τοὺς ἀσπασμοὺς ἐν ταῖς ἀγοραῖς καὶ καλεῖσθαι ὑπὸ τῶν ἀνθρώπων ῥαββί⸆. [8]Ὑμεῖς δὲ ⸂μὴ κληθῆτε⸃ ⸀ῥαββί· εἷς γάρ ἐστιν ὑμῶν ὁ

Mark. 12,37b-40
9,35; 10,43-44

[37b]Καὶ °[ὁ] πολὺς ὄχλος ἤκουεν αὐτοῦ ἡδέως. [38]⸂Καὶ ἐν τῇ διδαχῇ αὐτοῦ ἔλεγεν⸃· βλέπετε ἀπὸ τῶν γραμματέων

τῶν θελόντων ἐν ⸀στολαῖς περιπατεῖν καὶ ἀσπασμοὺς ἐν ταῖς ἀγοραῖς⸆ [39]καὶ πρωτοκαθεδρίας ἐν ταῖς συναγωγαῖς καὶ πρωτοκλισίας ἐν τοῖς δείπνοις,

Luk. 20,45-47
11,46.52; 6,39; 11,42. 39-41. 44. 47-48. 49-51; 11,43; 9,48b; 22,26; 14,11; 18,14b; 3,7

[45]Ἀκούοντος δὲ παντὸς τοῦ λαοῦ εἶπεν τοῖς μαθηταῖς °[αὐτοῦ]· [46]προσέχετε ἀπὸ τῶν γραμματέων

11,46 *(nr. 194, p. 276)*

[46]Ὁ δὲ εἶπεν· καὶ ὑμῖν τοῖς νομικοῖς οὐαί, ὅτι φορτίζετε τοὺς ἀνθρώπους φορτία δυσβάστακτα,

καὶ αὐτοὶ ἑνὶ τῶν δακτύλων ὑμῶν οὐ προσψαύετε τοῖς φορτίοις.

τῶν θελόντων ⸉περιπατεῖν ἐν ⸀στολαῖς⸊ καὶ φιλούντων ἀσπασμοὺς ἐν ταῖς ἀγοραῖς καὶ πρωτοκαθεδρίας ἐν ταῖς συναγωγαῖς καὶ πρωτοκλισίας ἐν τοῖς δείπνοις,

Joh. 13,4-5.12-17

13,4-5 *(nr. 309, p. 431)*

[4]Ἐγείρεται ἐκ τοῦ δείπνου καὶ τίθησιν τὰ ἱμάτια καὶ λαβὼν λέντιον διέζωσεν ἑαυτόν· [5]εἶτα βάλλει ὕδωρ εἰς τὸν νιπτῆρα καὶ ἤρξατο νίπτειν τοὺς πόδας τῶν μαθητῶν καὶ ἐκμάσσειν τῷ λεντίῳ ᾧ ἦν διεζωσμένος.

13,12-17 *(nr. 309, p. 431)*

[12]Ὅτε οὖν ἔνιψεν τοὺς πόδας αὐτῶν [καὶ] ἔλαβεν τὰ ἱμάτια αὐτοῦ καὶ ἀνέπεσεν πάλιν, εἶπεν αὐτοῖς· γινώσκετε τί πεποίηκα ὑμῖν; [13]ὑμεῖς φωνεῖτέ με· ὁ διδάσκαλος, καί· ὁ κύριος, καὶ καλῶς λέγετε· εἰμὶ γάρ. [14]εἰ οὖν ἐγὼ

Matth.: 1 ⸂3 1 2 D ϕ 700 *pc* ¦ *2 3* B W *pc* ‖ 2 ⸉D Θ ϕ *pc* lat ‖ 3 ⸀αν B D Γ Φ 892 *al* ¦ — 1424 *pc* | °D *pc* | ⸆τηρειν ℜ W Δ Φ 0107.0138 ϕ *pl* sy^p ¦ ποιειν Γ 700 *pc* | ⸂*1* ℵ* ¦ ποιειτε κ. τ. D λ *pc* ¦ τ. κ. ποιειτε ℜ W Δ 0107.0138 ϕ 565 *pm* lat ¦ ακουετε κ. ποι. sy^c ¦ ποιειτε Γ *pc* sy^s ¦ τηρειτε Φ *pc* ¦ *txt* B ℵ^corr L Z Θ *pc* sy^p sa bo ‖ 4 ⸀γαρ ℜ D Θ ϕ *pm* it ¦ — D^corr Γ 565 *pc* | ⸂† *1* L λ 892.1582 it sy bo; Ir ¦ μεγαλα β. ℵ ¦ δυσβαστ. 700 *pc* ¦ *txt* B ℜ D W Δ Θ 0107.0138 ϕ *pm* lat sa | ⸄τω δε ℜ W Δ Θ Φ 0138 λ ϕ *pl* ‖ 5 ⸀δε ℜ W Δ *pm* | ⸆των ιματιων αυτων *rell* ¦ *txt* B ℵ D Θ λ 22 lat ‖ 6 ⸂τας π-ας ℵ^corr L λ 33.157.892 *pc* lat ‖ 7 ⸆ραββι ℜ D W 0107.69.565.700 *pm* sy ‖ 8 ⸂μηδενα καλεσητε Θ (sy^s.c) | [⸀διδασκαλον επι της γης Blass *cj*]

Mark.: 37 °ℵ D W Θ 28 *pc* ¦ B ℜ A L Ψ λ *pm* ‖ 38 ⸂και ελεγεν αυτοις (— W 1.28 *pc*) εν τ. διδ. αυτ. ℜ A W Γ Φ λ ϕ 28.157.700 *pm* sy^h sa ¦ ο δε διδασκων αμα (— Θ *pc*) ελ. αυτοις D Θ *pc* (it sy^s bo^pt) | ⸀porticis (= στοαις) sy^s.pal | ⸆ποιεισθαι D Θ Φ *pc*

Luk.: 45 °† B D *pc* ¦ *txt* ℵ ℜ A L W Δ Θ 063 λ ϕ *pm* lat ‖ 46 ⸉ℵ A G L R λ ϕ *al* | ⸀porticis (= στοαις) sy^s.c

---

1sq (Mc/Lc) cf Lc 19,48; 21,38 etc ‖ *7sqq* cf Ml 2,7sq; Rm 2,21sq; Act 15,10 ‖ *15sqq* cf Mt 6,1sqq ‖ *15-37 (Jo)* cf *33 sqq* ‖ *18* cf Ex 13,9; Dt 6,8; 11,18 ‖ *19 (Mc/Lc)* cf Gn 41,42; Esth 6,8; 1Mcc 6,15; Mc 16,5; Lc 15,22 ‖ *19sq (Mt)* cf Nu 15,38sq ‖ *20sqq* cf Jo 5,44; cf *104sq* ‖ *26sqq* cf *170*

[Matth. 23,1-36]

⸀διδάσκαλος⸆, πάντες δὲ ὑμεῖς ⸁ἀδελφοί ἐστε. 9 καὶ πατέρα μὴ καλέσητε ⸀ὑμῶν ἐπὶ τῆς γῆς, εἷς γάρ ἐστιν ⸉ὑμῶν ὁ πατὴρ⸊ ὁ ⸁οὐράνιος. 10 μηδὲ κληθῆτε καθηγηταί, ⸂ὅτι καθηγητὴς ὑμῶν ἐστιν εἷς⸃ ὁ Χριστός. 11 ὁ °δὲ μείζων ⸀ὑμῶν ⸁ἔσται °¹ὑμῶν διάκονος. 12 ⸀ὅστις δὲ ὑψώσει ἑαυτὸν ταπεινωθήσεται καὶ ὅστις ταπεινώσει ἑαυτὸν ὑψωθήσεται.
13 Οὐαὶ °δὲ ὑμῖν, γραμματεῖς καὶ Φαρισαῖοι ὑποκριταί, ὅτι κλείετε τὴν βασιλείαν τῶν οὐρανῶν ἔμπροσθεν τῶν ἀνθρώπων· ὑμεῖς γὰρ οὐκ εἰσέρχεσθε οὐδὲ τοὺς εἰσερχομένους ἀφίετε εἰσελθεῖν.
⸆[[14 Οὐαὶ δὲ ὑμῖν, γραμματεῖς καὶ Φαρισαῖοι ὑποκριταί, ὅτι κατεσθίετε τὰς οἰκίας τῶν χηρῶν καὶ προφάσει μακρὰ προσευχόμενοι· διὰ τοῦτο λήμψεσθε περισσότερον κρίμα.]]
15 Οὐαὶ ὑμῖν, γραμματεῖς καὶ Φαρισαῖοι ὑποκριταί, ὅτι περιάγετε τὴν θάλασσαν καὶ τὴν ξηρὰν ⸀ποιῆσαι ἕνα προσήλυτον, καὶ ὅταν γένηται ποιεῖτε αὐτὸν υἱὸν γεέννης διπλότερον ὑμῶν.
16 Οὐαὶ ὑμῖν, ὁδηγοὶ ⸀τυφλοὶ οἱ λέγοντες· ὃς ἂν ὀμόσῃ ἐν τῷ ναῷ, οὐδέν ἐστιν· ὃς δ' ἂν ὀμόσῃ ἐν τῷ χρυσῷ τοῦ ναοῦ, ὀφείλει. 17 μωροὶ καὶ τυφλοί, τίς γὰρ μείζων ἐστίν,

[Mark. 12, 37b-40]

40 οἱ ⸀κατεσθίοντες °τὰς οἰκίας °τῶν χηρῶν ⸆ °¹καὶ προφάσει μακρὰ προσευχόμενοι· οὗτοι λήμψονται περισσότερον κρίμα.

(nr. 286 12, 41-44 p. 395)

[Luk. 20, 45-47]

11, 52 *(nr. 194, p. 276)*

52 Οὐαὶ ὑμῖν τοῖς νομικοῖς, ὅτι ἤρατε τὴν κλεῖδα τῆς γνώσεως· αὐτοὶ οὐκ εἰσήλθατε καὶ τοὺς εἰσερχομένους ἐκωλύσατε.

47 οἳ ⸀κατεσθίουσιν τὰς οἰκίας τῶν χηρῶν °καὶ προφάσει μακρὰ ⸁προσεύχονται· οὗτοι λήμψονται περισσότερον κρίμα.

(nr. 286 21, 1-4 p. 395)

6, 39 *(nr. 81, p. 107)*

39 Εἶπεν δὲ καὶ παραβολὴν αὐτοῖς· μήτι δύναται τυφλὸς τυφλὸν ὁδηγεῖν; οὐχὶ ἀμφότεροι εἰς βόθυνον ἐμπεσοῦνται;

[Joh. 13, 12-17]

ἔνιψα ὑμῶν τοὺς πόδας ὁ κύριος καὶ ὁ διδάσκαλος, καὶ ὑμεῖς ὀφείλετε ἀλλήλων νίπτειν τοὺς πόδας· 15 ὑπόδειγμα γὰρ ἔδωκα ὑμῖν ἵνα καθὼς ἐγὼ ἐποίησα ὑμῖν καὶ ὑμεῖς ποιῆτε. 16 ἀμὴν ἀμὴν λέγω ὑμῖν, οὐκ ἔστιν δοῦλος μείζων τοῦ κυρίου αὐτοῦ οὐδὲ ἀπόστολος μείζων τοῦ πέμψαντος αὐτόν. 17 εἰ ταῦτα οἴδατε, μακάριοί ἐστε ἐὰν ποιῆτε αὐτά.

Matth.: 8 ⸀καθηγητης ℵ* K D (W) Δ Θ **0107.0138** λ φ *pm* ¦ *txt* ℵ^{corr} B U 33 *al* | ⸆ο Χριστος K Δ **0138** φ *pm* sy^{c} ¦ [ο εν τοις ουρανοις Blass *cj*] | [⸁μαθηται Blass *cj*] || 9 ⸀υμιν D Θ lat sy sa bo ¦ — 1241.1424 *pc* ff^{1} l | ⸉2 3 1 K D W Δ Θ λ φ *pl* ¦ *txt* B ℵ U 33.892 *pc* | ⸁εν τοις (— D W Δ Θ λ *pc*) -νοις K D W Δ Θ λ *pl*; Cl ¦ *txt* B ℵ L φ 33.892 *pc* || 10 ⸂εις γαρ εστ. υμ. ο καθ. ℵ Δ **0107**^{vid} *al* (⸉υμ. εστ. K **0138** *pm*; ⸉εστ. ο καθ. υμ. 13.69 *pc*; — υμ. K W **0104**^{vid}. 565 *al*) ¦ *txt* B L *pc* (⸉εις εστ. D; — εις Θ *pc*; — εις εστ. λ *pc*) || 11 °D lat | ⸀εν υμιν Θ *pc* sy sa bo | ⸁εστω G *al* sa bo | °¹ℵ || 12 ⸀ος Θ lat || 13 °ℵ* W Δ **0104.0107.0133.0138.**1241 *al* | ⸆*p*) [14] Ουαι δε υμιν γραμματεις και Φαρισαιοι υποκριται, οτι κατεσθιετε τας οικιας των χηρων και προφασει μακρα προσευχομενοι· δια τουτο λημψεσθε περισσοτερον κριμα. φ 543.1187 *pc* it vg^{cl} sy^{c} bo^{pt} ¦ *idem, sed* Ουαι δε υμ., *post vs* 12 *pon.* K W Δ **0104.0107.0133.0138.** 157.565.700 *pm* f sy$^{p.h}$ bo^{pt} ¦ *txt* B ℵ D L Z Θ λ 33.892* *pc* lat sy^{s} sa bo^{pt}; Or || 15 ⸀του π. Δ Θ Φ φ *pc* ¦ ινα ποιησητε D lat || 16 ⸀τυφλων Θ *pc* e

Mark.: 40 ⸀-θιουσιν D λ *pc* | °*bis* D W | ⸆και ορφανων D W φ *pc* it | °¹D lat sy

Luk.: 47 ⸀-εσθοντες *et* °D (lat sy) | ⸁-χομενοι D R Θ φ 579 *al* lat sy

---

29 *sqq* cf 2 Rg 2, 12; 6, 21; 13, 14 || 33 *sqq* cf *15-37 (Jo). 107 sq. 109 sqq. 113 sqq* || 36 *sqq* cf Ps 147, 6; 1 Sm 2, 7 sq; Prv 29, 23; Job 5, 11; 22, 29; Ez 17, 24; 21, 31 etc; cf *116 sq* || 39 *sqq* cf *167 sqq* || 45 *sqq* cf Ex 22, 22; Is 1, 17. 23; 10, 2 etc || 52 *sq* cf *184 sq* || 54 *sqq* cf *70. 118 sq. 120 sqq*

[Matth. 23,1-36]	Mark.	Luk.	Joh.
ὁ χρυσὸς ἢ ὁ ναὸς ὁ ⸀ἁγιάσας τὸν χρυσόν; 18 καί· ὃς ⸀ἂν ὀμόσῃ ἐν τῷ θυσιαστηρίῳ, οὐδέν ἐστιν· ὃς δ' ἂν ὀμόσῃ ἐν τῷ δώρῳ τῷ ἐπάνω αὐτοῦ, ὀφείλει. 19 ⸆τυφλοί, τί γὰρ μεῖζον, τὸ δῶρον ἢ τὸ θυσιαστήριον τὸ ἁγιάζον τὸ δῶρον; 20 ὁ οὖν ὀμόσας ἐν τῷ θυσιαστηρίῳ ὀμνύει ἐν αὐτῷ καὶ ἐν πᾶσι τοῖς ἐπάνω αὐτοῦ· 21 καὶ ὁ ὀμόσας ἐν τῷ ναῷ ὀμνύει ἐν αὐτῷ καὶ ἐν τῷ ⸀κατοικοῦντι αὐτόν, 22 καὶ ὁ ὀμόσας ἐν τῷ οὐρανῷ ὀμνύει ἐν τῷ θρόνῳ τοῦ θεοῦ καὶ ἐν τῷ καθημένῳ ἐπάνω αὐτοῦ.		*11, 42 (nr. 194, p. 276)*	
23 Οὐαὶ ὑμῖν, γραμματεῖς καὶ Φαρισαῖοι ὑποκριταί, ὅτι ἀποδεκατοῦτε τὸ ἡδύοσμον καὶ τὸ ἄνηθον καὶ τὸ κύμινον καὶ ἀφήκατε τὰ ⸀βαρύτερα τοῦ νόμου, τὴν κρίσιν καὶ ⸂τὸ ἔλεος⸃ καὶ τὴν πίστιν· ταῦτα °[δὲ] ἔδει ποιῆσαι κἀκεῖνα μὴ ⸀ἀφιέναι. 24 ὁδηγοὶ τυφλοί, °οἱ διϋλίζοντες τὸν κώνωπα, τὴν δὲ κάμηλον καταπίνοντες.		42 Ἀλλὰ οὐαὶ ὑμῖν τοῖς Φαρισαίοις, ὅτι ἀποδεκατοῦτε τὸ ἡδύοσμον καὶ τὸ πήγανον καὶ πᾶν λάχανον καὶ παρέρχεσθε τὴν κρίσιν καὶ τὴν ἀγάπην τοῦ θεοῦ· ταῦτα δὲ ἔδει ποιῆσαι κἀκεῖνα μὴ παρεῖναι. cf. 6, 39	
25 Οὐαὶ ὑμῖν, γραμματεῖς καὶ Φαρισαῖοι ὑποκριταί, ὅτι καθαρίζετε τὸ ἔξωθεν τοῦ ποτηρίου καὶ τῆς παροψίδος, ἔσωθεν δὲ γέμουσιν °ἐξ ἁρπαγῆς καὶ ⸀ἀκρασίας. 26 Φαρισαῖε τυφλέ, καθάρισον πρῶτον τὸ ἐντὸς τοῦ ποτηρίου⸆, ἵνα γένηται καὶ τὸ ἐκτὸς ⸀αὐτοῦ καθαρόν.		*11, 39-41 (nr. 194, p. 276)* 39 Εἶπεν δὲ ὁ κύριος πρὸς αὐτόν· νῦν ὑμεῖς οἱ Φαρισαῖοι τὸ ἔξωθεν τοῦ ποτηρίου καὶ τοῦ πίνακος καθαρίζετε, τὸ δὲ ἔσωθεν ὑμῶν γέμει ἁρπαγῆς καὶ πονηρίας. 40 ἄφρονες, οὐχ ὁ ποιήσας τὸ ἔξωθεν καὶ τὸ ἔσωθεν ἐποίησεν; 41 πλὴν τὰ ἐνόντα δότε ἐλεημοσύνην, καὶ ἰδοὺ πάντα καθαρὰ ὑμῖν ἐστιν.	
27 Οὐαὶ ὑμῖν, γραμματεῖς καὶ Φαρισαῖοι ὑποκριταί, ὅτι ⸀παρομοιάζετε τάφοις κεκονιαμένοις, ⸂οἵτινες ἔξωθεν μὲν φαίνονται ὡραῖοι, ἔσωθεν δὲ γέμουσιν⸃ ὀστέων νεκρῶν καὶ πάσης ἀκαθαρσίας. 28 οὕτως καὶ ὑμεῖς ἔξωθεν μὲν φαίνεσθε τοῖς ἀνθρώποις δίκαιοι, ἔσωθεν δέ ⸉ἐστε μεστοὶ⸊ ὑποκρίσεως καὶ ἀνομίας.		*11, 44 (nr. 194 p. 276)* 44 Οὐαὶ ὑμῖν, ὅτι ἐστὲ ὡς τὰ μνημεῖα τὰ ἄδηλα, καὶ οἱ ἄνθρωποι [οἱ] περιπατοῦντες ἐπάνω οὐκ οἴδασιν.	
29 Οὐαὶ ὑμῖν, γραμματεῖς καὶ Φαρισαῖοι ὑποκριταί, ὅτι οἰκοδομεῖτε τοὺς τάφους τῶν προφητῶν καὶ κοσμεῖτε τὰ μνημεῖα τῶν δικαίων, 30 καὶ λέγετε· εἰ ⸀ἤμεθα ἐν ταῖς ἡμέραις τῶν πατέρων ἡμῶν, οὐκ ἂν ⸀ἤμεθα ⸂αὐτῶν κοινωνοὶ⸃ ἐν τῷ αἵματι τῶν προφητῶν. 31 ὥστε μαρτυρεῖτε ἑαυτοῖς ὅτι υἱοί ἐστε τῶν φονευσάντων τοὺς προφήτας⁚.		*11, 47-48 (nr. 194, p. 276)* 47 Οὐαὶ ὑμῖν, ὅτι οἰκοδομεῖτε τὰ μνημεῖα τῶν προφητῶν, οἱ δὲ πατέρες ὑμῶν ἀπέκτειναν αὐτούς. 48 ἄρα	

Matth.: **17** ⸀αγιαζων C 𝔎 L W Δ Θ Φ **0133.0138** λ φ *pl* ‖ **18** ⸀εαν 𝔎 W Δ Φ λ *pm* ‖ **19** ⸆μωροι και B C 𝔎 W Δ Φ **0133.0138** φ *pl* c f sy^p sa bo^pt ‖ **21** ⸀-κησαντι C 𝔎 D W Δ **0104.0133.0138.** (33). 700. 892 *pm* ¦ *txt* B ℵ Θ Φ λ φ *al* ‖ **23** ⸀βαρεα λ; Epiph | ⸂τον ελεον C 𝔎 W Δ Φ **0133** λ φ *pm* | °ℵ D Θ **0133** λ φ *pm* lat ¦ *txt* B C L W Δ **0138** *pm* a d h sy | ⸀† αφειναι B ℵ L 565 *pc* ¦ *txt* C 𝔎 D W Θ **0133.0138** λ φ *pl* ‖ **24** °B ℵ^corr D* L *pc* ‖ **25** °*p)* C D **0138.** 157 *pc* | ⸀αδικιας C 𝔎 28. 157. 700 *pm* f sy^p ¦ ακρασ. αδικιας W ¦ ακαθαρσιας O Σ *pc* vg sy^s.c sa bo; Cl ¦ πλεονεξιας M *pc* ¦ *txt* B ℵ D L Δ Θ λ φ 33. 892. 1424 *al* it ‖ **26** ⸆και της παροψιδος *rell* ¦ *txt* D Θ λ *pc* it sy^s; Ir Cl | ⸀αυτων ℵ C 𝔎 W Δ Φ **0133.0138.** 33. 565. 892 *pm* ¦ — 659 *pc* lat; Cl ¦ *txt* B* D Θ λ φ 28. 157. 700. 1424 *al* a e sy^s ‖ **27** ⸀ομ- B λ | ⸂εξωθεν ο ταφος φαινεται ωραιος, εσ. δε γεμει D; Ir (Cl) Cyr ‖ **28** ⸉ 𝔎 W Δ Φ λ *pm* lat ‖ **30** ⸀ημεν *bis* K S U W Φ λ *pm* | ⸂*2 1* 𝔓^77 ℵ C 𝔎 L W Δ Φ **0133.0138.** 33. 565. 892 *pm* ¦ *2* Θ *pc* g^1 ¦ *txt* B D λ φ *pc* ‖ **31.32** [⁚—. *et* ⁚1. Zahn]

66sqq cf Lv 27, 30; Nu 18, 12; Dt 12, 6; 14, 22 sq; Lc 18, 12; *cf 177 sq. 179 sqq* ‖ 70 *cf 54 sqq. 118 sq* ‖ 70sq cf Lv 11, 4 ‖ 72sqq cf Mc 7, 4; Mt 15, 10 sqq; Mc 7, 14 sqq *(= nr 150)*; *cf 155 sqq. 171* ‖ 75sq cf Jo 9, 40 ‖ 78sqq *cf 153 sq. 172 sq. 182 sqq* ‖ 79 cf Act 23, 3 ‖ 81sq cf Lc 16, 15 ‖ 88sqq cf Mt 5, 12; *cf 147 sqq. 174 sqq*

[Matth. 23,1-36]

32 καὶ ὑμεῖς⸇¹ ⸀πληρώσατε τὸ ⸀μέτρον τῶν πατέρων ὑμῶν. 33 ὄφεις, γεννήματα ἐχιδνῶν, πῶς ⸀φύγητε ἀπὸ τῆς κρίσεως τῆς γεέννης; 34 Διὰ τοῦτο ἰδοὺ ⸉ἐγὼ ἀποστέλλω πρὸς ὑμᾶς⸊ προφήτας καὶ σοφοὺς καὶ γραμματεῖς· ⸆ ἐξ αὐτῶν ἀποκτενεῖτε καὶ σταυρώσετε ⸋καὶ ἐξ αὐτῶν μαστιγώσετε ἐν ταῖς συναγωγαῖς ὑμῶν⸌ καὶ διώξετε ἀπὸ πόλεως εἰς πόλιν· 35 ὅπως ἔλθῃ ἐφ' ὑμᾶς πᾶν αἷμα δίκαιον ἐκχυννόμενον ἐπὶ τῆς γῆς ἀπὸ °τοῦ αἵματος Ἅβελ τοῦ δικαίου ἕως °¹τοῦ αἵματος Ζαχαρίου ⸋υἱοῦ Βαραχίου⸌, ὃν ἐφονεύσατε μεταξὺ τοῦ ναοῦ καὶ τοῦ θυσιαστηρίου. 36 ἀμὴν λέγω ὑμῖν, ⸆ ἥξει ⸉ταῦτα πάντα⸊ ἐπὶ τὴν γενεὰν ταύτην.

Mark.

[Luk. 11,47-48]

μάρτυρές ἐστε καὶ συνευδοκεῖτε τοῖς ἔργοις τῶν πατέρων ὑμῶν, ὅτι αὐτοὶ μὲν ἀπέκτειναν αὐτούς, ὑμεῖς δὲ οἰκοδομεῖτε.

11,49-51 (nr. 194, p. 276)

49 Διὰ τοῦτο καὶ ἡ σοφία τοῦ θεοῦ εἶπεν· ἀποστελῶ εἰς αὐτοὺς προφήτας καὶ ἀποστόλους, καὶ ἐξ αὐτῶν ἀποκτενοῦσιν καὶ διώξουσιν, 50 ἵνα ἐκζητηθῇ τὸ αἷμα πάντων τῶν προφητῶν τὸ ἐκκεχυμένον ἀπὸ καταβολῆς κόσμου ἀπὸ τῆς γενεᾶς ταύτης, 51 ἀπὸ αἵματος Ἅβελ ἕως αἵματος Ζαχαρίου τοῦ ἀπολομένου μεταξὺ τοῦ θυσιαστηρίου καὶ τοῦ οἴκου· ναὶ λέγω ὑμῖν, ἐκζητηθήσεται ἀπὸ τῆς γενεᾶς ταύτης.

11,43 (nr. 194, p. 276)

43 Οὐαὶ ὑμῖν τοῖς Φαρισαίοις, ὅτι ἀγαπᾶτε τὴν πρωτοκαθεδρίαν ἐν ταῖς συναγωγαῖς καὶ τοὺς ἀσπασμοὺς ἐν ταῖς ἀγοραῖς.

Joh.

Mark. 9,35 (nr. 166, p. 245)

35 Καὶ καθίσας ἐφώνησεν τοὺς δώδεκα καὶ λέγει αὐτοῖς· εἴ τις θέλει πρῶτος εἶναι, ἔσται πάντων ἔσχατος καὶ πάντων διάκονος.

Luk. 9,48b (nr. 166, p. 245)

48 ... Ὁ γὰρ μικρότερος ἐν πᾶσιν ὑμῖν ὑπάρχων οὗτός ἐστιν μέγας.

Matth. 20,26-27 (nr. 263, p. 352)

26 Οὐχ οὕτως ἔσται ἐν ὑμῖν, ἀλλ' ὃς ἐὰν θέλῃ ἐν ὑμῖν μέγας γενέσθαι ἔσται ὑμῶν διάκονος, 27 καὶ ὃς ἂν θέλῃ ἐν ὑμῖν εἶναι πρῶτος ἔσται ὑμῶν δοῦλος.

Mark. 10,43-44 (nr. 263, p. 352)

43 Οὐχ οὕτως δέ ἐστιν ἐν ὑμῖν, ἀλλ' ὃς ἂν θέλῃ μέγας γενέσθαι ἐν ὑμῖν ἔσται ὑμῶν διάκονος, 44 καὶ ὃς ἂν θέλῃ ἐν ὑμῖν εἶναι πρῶτος ἔσται πάντων δοῦλος.

Luk. 22,26 (nr. 313, p. 440)

26 Ὑμεῖς δὲ οὐχ οὕτως, ἀλλ' ὁ μείζων ἐν ὑμῖν γινέσθω ὡς ὁ νεώτερος καὶ ὁ ἡγούμενος ὡς ὁ διακονῶν.

Matth. 18,4 (nr. 166, p. 245)

4 Ὅστις οὖν ταπεινώσει ἑαυτὸν ὡς τὸ παιδίον τοῦτο, οὗτός ἐστιν ὁ μείζων ἐν τῇ βασιλείᾳ τῶν οὐρανῶν.

Luk. 14,11 (nr. 215, p. 300)

11 Ὅτι πᾶς ὁ ὑψῶν ἑαυτὸν ταπεινωθήσεται, καὶ ὁ ταπεινῶν ἑαυτὸν ὑψωθήσεται.

Luk. 18,14b (nr. 237, p. 320)

14 ... ὅτι πᾶς ὁ ὑψῶν ἑαυτὸν ταπεινωθήσεται, ὁ δὲ ταπεινῶν ἑαυτὸν ὑψωθήσεται.

Matth.: 32 ⸇¹ *v. p. 391* | ⸀-σετε B* *pc* e sy^s sa^pt bo ¦ επληρωσατε D H *al*; Cyr ¦ *txt* ℵ C ℜ L W Δ Θ Φ **0133. 0138** λ φ *pm* | ⸀εργον 28 || 33 ⸀-ετε D H X 69. 1424 *pc* || 34 ⸉αποστελω D *pc* | ⸆και C ℜ D L 700. 892 *al* lat sa bo | ⸋ D a || 35 ° D L 33. 157. 892 *pc* | °¹ D Θ 33. 118. 209. 892 *pc* | ⸋ ℵ* *pc*; Eus || 36 ⸆οτι C ℜ W Δ 13. 157. 565 *pm* | ⸉ B ℜ W Δ **0138** λ 157. 700. 892 *pm* ¦ *txt* ℵ C D L Θ Φ φ *al*

---

90 cf 1 Th 2,16 || *91 sqq cf 128 sqq* || 92 cf Mt 12,34 || 94 sq cf Jr 7,25 sq; 25,4; Prv 9,3 || 96 sq cf Mt 10,17. 23 || 98 cf Mt 27,25 || *100 cf 131 sq* || *100 sq cf 133 sqq. 137. 138 sqq. 150 sq. 152* || *104 sq cf 20 sqq* || *107 sq cf 33 sqq* || *109 sqq cf 33 sqq* || *113 sqq cf 33 sqq* || *116 sq cf 36 sqq*

Matth.	Mark.	Luk.	Joh.
15, 14 *(nr. 150, p. 215)* [14]Ἄφετε αὐτούς· τυφλοί εἰσιν ὁδηγοὶ [τυφλῶν]· τυφλὸς δὲ τυφλὸν ἐὰν ὁδηγῇ, ἀμφότεροι εἰς βόθυνον πεσοῦνται.			
5, 33-37 *(nr. 57, p. 82)* [33]Πάλιν ἠκούσατε ὅτι ἐρρέθη τοῖς ἀρχαίοις· οὐκ ἐπιορκήσεις, ἀποδώσεις δὲ τῷ κυρίῳ τοὺς ὅρκους σου. [34]ἐγὼ δὲ λέγω ὑμῖν μὴ ὀμόσαι ὅλως· μήτε ἐν τῷ οὐρανῷ, ὅτι θρόνος ἐστὶν τοῦ θεοῦ, [35]μήτε ἐν τῇ γῇ, ὅτι ὑποπόδιόν ἐστιν τῶν ποδῶν αὐτοῦ, μήτε εἰς Ἱεροσόλυμα, ὅτι πόλις ἐστὶν τοῦ μεγάλου βασιλέως, [36]μήτε ἐν τῇ κεφαλῇ σου ὀμόσῃς, ὅτι οὐ δύνασαι μίαν τρίχα λευκὴν ποιῆσαι ἢ μέλαιναν. [37]ἔστω δὲ ὁ λόγος ὑμῶν ναὶ ναί, οὒ οὔ· τὸ δὲ περισσὸν τούτων ἐκ τοῦ πονηροῦ ἐστιν.			
3, 7 *(nr. 14, p. 23)* [7]Ἰδὼν δὲ πολλοὺς τῶν Φαρισαίων καὶ Σαδδουκαίων ἐρχομένους ἐπὶ τὸ βάπτισμα αὐτοῦ εἶπεν αὐτοῖς· γεννήματα ἐχιδνῶν, τίς ὑπέδειξεν ὑμῖν φυγεῖν ἀπὸ τῆς μελλούσης ὀργῆς;		3, 7 *(nr. 14, p. 23)* [7]Ἔλεγεν οὖν τοῖς ἐκπορευομένοις ὄχλοις βαπτισθῆναι ὑπ' αὐτοῦ· γεννήματα ἐχιδνῶν, τίς ὑπέδειξεν ὑμῖν φυγεῖν ἀπὸ τῆς μελλούσης ὀργῆς;	

Gen. 4, 8: Καὶ εἶπεν Καιν πρὸς Αβελ τὸν ἀδελφὸν αὐτοῦ Διέλθωμεν εἰς τὸ πεδίον. καὶ ἐγένετο ἐν τῷ εἶναι αὐτοὺς ἐν τῷ πεδίῳ καὶ ἀνέστη Καιν ἐπὶ Αβελ τὸν ἀδελφὸν αὐτοῦ καὶ ἀπέκτεινεν αὐτόν.

2. Chr. 24, 20–22: [20]Καὶ πνεῦμα θεοῦ ἐνέδυσεν τὸν Αζαριαν τὸν τοῦ Ιωδαε τὸν ἱερέα, καὶ ἀνέστη ἐπάνω τοῦ λαοῦ καὶ εἶπεν Τάδε λέγει κύριος Τί παραπορεύεσθε τὰς ἐντολὰς κυρίου; καὶ οὐκ εὐοδωθήσεσθε, ὅτι ἐγκατελίπετε τὸν κύριον, καὶ ἐγκαταλείψει ὑμᾶς. [21]καὶ ἐπέθεντο αὐτῷ καὶ ἐλιθοβόλησαν αὐτὸν δι' ἐντολῆς Ιωας τοῦ βασιλέως ἐν αὐλῇ οἴκου κυρίου. [22]καὶ οὐκ ἐμνήσθη Ιωας τοῦ ἐλέους, οὗ ἐποίησεν μετ' αὐτοῦ Ιωδαε ὁ πατὴρ αὐτοῦ, καὶ ἐθανάτωσεν τὸν υἱὸν αὐτοῦ. καὶ ὡς ἀπέθνῃσκεν, εἶπεν Ἴδοι κύριος καὶ κρινάτω.

Zach. 1, 1: Ἐν τῷ ὀγδόῳ μηνὶ ἔτους δευτέρου ἐπὶ Δαρείου ἐγένετο λόγος κυρίου πρὸς Ζαχαριαν τὸν τοῦ Βαραχιου υἱὸν Αδδω τὸν προφήτην λέγων ...

Josephus, Bell. Jud. IV, 5, 4 (§ 334 ff. Niese): (334) Οἱ δὲ (sc. ζηλωταὶ) ἤδη διαμεμισηκότες τὸ φονεύειν ἀνέδην εἰρωνεύοντο δικαστήρια καὶ κρίσεις. (335) καὶ δή τινα τῶν ἐπιφανεστάτων ἀποκτείνειν προθέμενοι Ζαχαρίαν υἱὸν Βάρεις (Cod. al. Βαρεῖς, Βαρούχου vel Βαρισκαίου)· παρώξυνε δ' αὐτοὺς τὸ λίαν τἀνδρὸς μισοπόνηρον καὶ φιλελεύθερον, ἦν δὲ καὶ πλούσιος, ὥστε μὴ μόνον ἐλπίζειν τὴν ἁρπαγὴν τῆς οὐσίας, ἀλλὰ καὶ προσαποσκευάσεσθαι δυνατὸν ἄνθρωπον εἰς τὴν ἑαυτῶν κατάλυσιν· (336) συγκαλοῦσι μὲν ἐξ ἐπιτάγματος ἑβδομήκοντα τῶν ἐν τέλει δημοτῶν εἰς τὸ ἱερόν, περιθέντες δ' αὐτοῖς ὥσπερ ἐπὶ σκηνῆς σχῆμα δικαστῶν ἔρημον ἐξουσίας τοῦ Ζαχαρίου κατηγόρουν ... (341) φέρουσι δ' οἱ ἑβδομήκοντα τῷ κρινομένῳ τὰς ψήφους ἅπαντες καὶ σὺν αὐτῷ προείλοντο τεθνάναι μᾶλλον ἢ τῆς ἀναιρέσεως αὐτοῦ λαβεῖν τὴν ἐπιγραφήν. (342) ἤρθη δὲ βοὴ τῶν ζηλωτῶν πρὸς τὴν ἀπόλυσιν, καὶ πάντων μὲν ἦν ἀγανάκτησις ἐπὶ τοῖς δικασταῖς ὡς μὴ συνιεῖσι τὴν εἰρωνείαν τῆς δοθείσης αὐτοῖς ἐξουσίας, (343) δύο δὲ τῶν τολμηροτάτων προσπεσόντες ἐν μέσῳ τῷ ἱερῷ διαφθείρουσι τὸν Ζαχαρίαν καὶ πεσόντι ἐπιχλευάσαντες ἔφασαν »καὶ παρ' ἡμῶν τὴν ψῆφον ἔχεις καὶ βεβαιοτέραν ἀπόλυσιν« ῥίπτουσί τε αὐτὸν [εὐθέως] ἀπὸ τοῦ ἱεροῦ κατὰ τῆς ὑποκειμένης φάραγγος.

Acta 7, 51–53: [51]Σκληροτράχηλοι καὶ ἀπερίτμητοι καρδίαις καὶ τοῖς ὠσίν, ὑμεῖς ἀεὶ τῷ πνεύματι τῷ ἁγίῳ ἀντιπίπτετε ὡς οἱ πατέρες ὑμῶν καὶ ὑμεῖς. [52]τίνα τῶν προφητῶν οὐκ ἐδίωξαν οἱ πατέρες ὑμῶν; καὶ ἀπέκτειναν τοὺς προκαταγγείλαντας περὶ τῆς ἐλεύσεως τοῦ δικαίου, οὗ νῦν ὑμεῖς προδόται καὶ φονεῖς ἐγένεσθε, [53]οἵτινες ἐλάβετε τὸν νόμον εἰς διαταγὰς ἀγγέλων καὶ οὐκ ἐφυλάξατε.

Evang. sec. Hebraeos (Hieronymus, Comm. in Matth. 23, 35 sq): In evangelio quo utuntur Nazareni pro filio Barachiae filium Ioiadae scriptum repperimus.

Petrus Laodic. (267 Heinrici): Ζαχαρίαν δὲ τὸν Ἰωδαὲ [Ἰωδανὲ] λέγει· διώνυμος γὰρ ἦν.

Evang. Naassen. (Hippolytus, Refut. omn. haeres. V, 8, 23): Τοῦτο, φησίν, ἐστὶ τὸ εἰρημένον· »τάφοι ἐστὲ κεκονιαμένοι, γέμοντες«, φησίν, »ἔσωθεν ὀστέων νεκρῶν«, ὅτι οὐκ ἔστιν ἐν ὑμῖν ἄνθρωπος ὁ ζῶν.

Pap. Oxyrhynch. 840 (sec. Swete): ... πρότερον προαδικῆσαι πάντα σοφίζεται. ἀλλὰ προσέχετε μή πως καὶ ὑμεῖς τὰ ὅμοια αὐτοῖς πάθητε· οὐ γὰρ ἐν τοῖς ζῴοις μόνοις ἀπολαμβάνουσιν οἱ κακοῦργοι τῶν ἀνθρώπων ἀλλὰ [κ]αὶ κόλασιν ὑπομένουσιν καὶ πολ[λ]ὴν βάσανον. Καὶ παραλαβὼν αὐτοὺς εἰσήγαγεν εἰς αὐτὸ τὸ ἁγνευτήριον καὶ περιεπάτει ἐν τῷ ἱερῷ. καὶ προσε[λ]θὼν Φαρισαῖός τις ἀρχιερεὺς Λευ[εὶς] τὸ ὄνομα συνέτυχεν αὐτοῖς καὶ ε[ἶπεν] τῷ σωτῆρι· Τίς ἐπέτρεψέν σοι πατ[εῖν] τοῦτο τὸ ἁγνευτήριον καὶ ἰδεῖν [ταῦ]τα τὰ ἅγια σκεύη μήτε λουσα[μ]έν[ῳ] μ[ή]τε μὴν τῶν μαθητῶν σου τοὺς π[όδας βα]πτισθέντων; ἀλλὰ μεμολυ[μμένος] ἐπάτησας τοῦτο τὸ ἱερόν, τ[όπον ὄν]τα καθαρόν, ὃν οὐδεὶς ἄ[λλος εἰ μὴ] λουσάμενος καὶ ἀλλά[ξας τὰ ἐνδύ]ματα πατεῖ, οὐδὲ ὁ[ρᾶν τολμᾷ ταῦτα] τὰ ἅγια σκεύη. καὶ σ[ταθεὶς εὐθὺς ὁ σωτὴρ] σ[ὺν τ]οῖς μαθηταῖ[ς αὐτοῦ ἀπεκρίθη·] Σὺ οὖν ἐνταῦθα ὢν ἐν τῷ ἱερῷ

118sq cf 54 sqq. 70 ‖ 120sqq cf 54 sqq ‖ 128sqq cf 91 sqq ‖ 131sq cf 100 ‖ 133sqq cf 100 sq. 137. 138 sqq. 150 sq. 152 ‖ 137 cf 100 sq. 133 sqq. 138 sqq. 150 sq. 152 ‖ 138sqq cf 100 sq. 133 sqq. 137. 150 sq. 152 ‖ 147sq cf 88 sqq ‖ 150sq cf 100 sq. 133 sqq. 137. 138 sqq. 152 ‖ 152 cf 100 sq. 133 sqq. 137. 138 sqq. 150 sq ‖ 153sq cf 78 sqq ‖ 155sqq cf 72 sqq

καθαρεύεις; λέγει αὐτῷ ἐκεῖνος· Καθαρεύω· ἐλουσάμην γὰρ ἐν τῇ λίμνῃ τοῦ Δαυείδ καὶ δι' ἑτέρας κλίμακος κατελθὼν δι' ἑτέρας ἀ[ν]ῆλθον, καὶ λευκὰ ἐνδύματα ἐνεδυσάμην καὶ καθαρά, καὶ τότε ἦλθον καὶ προσέβλεψα τούτοις τοῖς ἁγίοις σκεύεσιν. ὁ σωτὴρ πρὸς αὐτὸν ἀπο[κρι]θεὶς εἶπεν· Οὐαὶ τυφλοὶ μὴ ὁρῶντ[ε]ς· σὺ ἐλούσω τούτοις τοῖς χεομένοις ὕ[δ]ασι(ν), ἐν οἷς κύνες καὶ χοῖροι βέβλην[ται] νυκτὸς καὶ ἡμέρας, καὶ νιψάμε[ν]ος τὸ ἐκτὸς δέρμα ἐσμήξω, ὅπερ [κα]ὶ αἱ πόρναι καὶ α[ἱ] αὐλητρίδες μυρί[ζ]ου[σιν κ]αὶ λούουσιν καὶ σμήχουσι [καὶ κ]αλλωπίζουσι πρὸς ἐπιθυμί[αν τ]ῶν ἀνθρώπων, ἔνδοθεν δὲ ἐκεῖ[ναι πεπλ]ήρω⟨ν⟩ται σκορπίων καὶ [πάσης ἀδι]κίας. ἐγὼ δὲ καὶ οἱ [μαθηταί μου,] οὓς λέγεις μὴ βεβα[μμένους, βεβά]μμεθα ἐν ὕδασι ζω[ῆς] αἰωνίου τοῖς κα]τελθοῦσιν ἀπὸ [τοῦ θεοῦ ἐκ τοῦ οὐρανοῦ. ἀλ]λὰ οὐαὶ [τ]οῖς ...

Pap. Oxyrhynch. 655 (II b; sec. Fitzmyer): [Λέγει Ἰ(ησοῦ)ς· οἱ Φαρισαῖοι καὶ οἱ γραμματεῖς ἀπ]έλ[αβον τὰς κλεῖδας] τῆς [γνώσεως καὶ ἀπέ]κρυψ[αν αὐτὰς οὔτε] εἰσῆλ[θον καὶ τοῖς] εἰσερ[χομένοις οὐ]κ ἀν[εῖσαν· ὑμεῖς] δὲ γεί[νεσθε φρόνι]μοι ὡ[ς οἱ ὄφεις καὶ ἀ]κέραι[οι ὡς αἱ περιστε]ρα[ί.] *(cf. Evang. Thomae copt. Append. I, 39)*

Evang. Thomae copt.: *cf. Append. I, 13*

Evang. Thomae copt.: *cf. Append. I, 89*

Ignatius ad Phil. 6,1: Ἐὰν δὲ ἀμφότεροι περὶ Ἰησοῦ Χριστοῦ μὴ λαλῶσιν, οὗτοι ἐμοὶ στῆλαί εἰσιν καὶ τάφοι νεκρῶν, ἐφ' οἷς γέγραπται μόνον ὀνόματα ἀνθρώπων.

Barn. ep. 5, 11–12: ^{11}Οὐκοῦν ὁ υἱὸς τοῦ θεοῦ εἰς τοῦτο ἦλθεν ἐν σαρκί, ἵνα τὸ τέλειον τῶν ἁμαρτιῶν ἀνακεφαλαιώσῃ τοῖς διώξασιν ἐν θανάτῳ τοὺς προφήτας αὐτοῦ. ^{12}οὐκοῦν εἰς τοῦτο ὑπέμεινεν. λέγει γὰρ ὁ θεὸς τὴν πληγὴν τῆς σαρκὸς αὐτοῦ ὅτι ἐξ αὐτῶν· »Ὅταν πατάξωσιν τὸν ποιμένα ἑαυτῶν, τότε ἀπολεῖται τὰ πρόβατα τῆς ποίμνης«.

Herm. Pastor, Vis. III, 9, 7: Νῦν οὖν ὑμῖν λέγω τοῖς προηγουμένοις τῆς ἐκκλησίας καὶ τοῖς πρωτοκαθεδρίταις· μὴ γίνεσθε ὅμοιοι τοῖς φαρμακοῖς. οἱ φαρμακοὶ μὲν οὖν τὰ φάρμακα ἑαυτῶν εἰς τὰς πυξίδας βαστάζουσιν, ὑμεῖς δὲ τὸ φάρμακον ὑμῶν καὶ τὸν ἰὸν εἰς τὴν καρδίαν.

Justinus Mart., Dial. 17, 4: Καὶ ἐβόα· »Οὐαὶ ὑμῖν, γραμματεῖς καὶ Φαρισαῖοι, ὑποκριταί, ὅτι ἀποδεκατοῦτε τὸ ἡδύοσμον καὶ τὸ πήγανον, τὴν δὲ ἀγάπην τοῦ θεοῦ καὶ τὴν κρίσιν οὐ κατανοεῖτε· τάφοι κεκονιαμένοι, ἔξωθεν φαινόμενοι ὡραῖοι, ἔσωθεν δὲ γέμοντες ὀστέων νεκρῶν«. καὶ τοῖς γραμματεῦσιν· »Οὐαὶ ὑμῖν, γραμματεῖς, ὅτι τὰς κλεῖς ἔχετε, καὶ αὐτοὶ οὐκ εἰσέρχεσθε καὶ τοὺς εἰσερχομένους κωλύετε· ὁδηγοὶ τυφλοί«. – **Dial. 112, 4–5:** ^{4}... πρὸς αὐτοὺς ἔφη ὁ ἡμέτερος κύριος Ἰησοῦς Χριστός· »Τάφοι κεκονιαμένοι, ἔξωθεν φαινόμενοι ὡραῖοι καὶ ἔσωθεν γέμοντες ὀστέων νεκρῶν, τὸ ἡδύοσμον ἀποδεκατοῦντες, τὴν δὲ κάμηλον καταπίνοντες, τυφλοὶ ὁδηγοί«; ^{5}ἐὰν οὖν μὴ τῶν διδαγμάτων τῶν ἑαυτοὺς ὑψούντων καὶ θελόντων Ῥαββὶ ῥαββὶ καλεῖσθαι καταφρονήσητε, ... οὐ δύνασθε ὅλως οὐδὲν ἀπὸ τῶν προφητικῶν ὠφέλιμον λαβεῖν. – **Dial. 122, 1:** »Νῦν δὲ διπλότερον υἱοὶ γεέννης«, ὡς αὐτὸς εἶπε, »γίνεσθε«.

^{167sqq} cf 39 sqq || ^{170} cf 26 sqq || ^{171} cf 72 sqq || ^{172sq} cf 78 sqq || ^{174sqq} cf 88 sqq || ^{177sq} cf 66 sqq || ^{179sqq} cf 66 sqq || ^{182sqq} cf 78 sqq || ^{184sq} cf 52 sq

285. Wehklage über Jerusalem

Vae Jerusalem — *(cf. nr. 213)* — **Jesus' Lament over Jerusalem**

Matth. 23, 37-39	Mark.	Luk. 13, 34-35 *(nr. 213, p. 298)*	Joh.
^{37}Ἰερουσαλὴμ Ἰερουσαλήμ, ἡ ἀποκτείνουσα τοὺς προφήτας καὶ λιθοβολοῦσα τοὺς ἀπεσταλμένους πρὸς ⸀αὐτήν, ποσάκις ἠθέλησα ἐπισυναγαγεῖν τὰ τέκνα σου, ὃν τρόπον ⸉ὄρνις ἐπισυνάγει⸊ τὰ νοσσία °αὐτῆς ὑπὸ τὰς πτέρυγας, καὶ οὐκ ἠθελήσατε. ^{38}ἰδοὺ ἀφίεται ὑμῖν ὁ οἶκος ὑμῶν °ἔρημος. ^{39}λέγω γὰρ ὑμῖν, ⸆ οὐ μή με ἴδητε ἀπ' ἄρτι ἕως ἂν εἴπητε· εὐλογημένος ὁ ἐρχόμενος ἐν ὀνόματι ⸀κυρίου. *(nr. 287 24, 1-2 p. 396)*		^{34}Ἰερουσαλὴμ Ἰερουσαλήμ, ἡ ἀποκτείνουσα τοὺς προφήτας καὶ λιθοβολοῦσα τοὺς ἀπεσταλμένους πρὸς αὐτήν, ποσάκις ἠθέλησα ἐπισυνάξαι τὰ τέκνα σου ὃν τρόπον ⸀ὄρνις ⸋τὴν ἑαυτῆς νοσσιὰν ὑπὸ τὰς πτέρυγας⸌, καὶ οὐκ ἠθελήσατε. ^{35}ἰδοὺ ἀφίεται ὑμῖν ὁ οἶκος ὑμῶν ⸆. λέγω °[δὲ] ὑμῖν, ⸆ οὐ μὴ ἴδητέ με ἕως ⸢[ἥξει ὅτε]⸣ εἴπητε· εὐλογημένος ὁ ἐρχόμενος ἐν ὀνόματι κυρίου.	

Matth.: 37 ⸀σε D lat sy^{s}; Ir^{lat} Or Cyp | ⸉ C 𝔎 W Δ Π **0138**. 157. 1241 *pm* sy^{p}; Cyr^{pt} | ° B* 700 ¦ *txt* 𝔓^{77vid} ℵ* D W **0138** *al* latt; Ath Cyr^{pt} (εαυ- B^{1} ℵ^{corr} C 𝔎 L Θ λ φ *pm*) || 38 ° † B L ff^{2} sy^{s} sa bo^{pt} ¦ *txt* 𝔓^{77vid} 𝔥 𝔎 D W Θ **0138** λ φ *pl* lat sy^{p} bo^{pt}; Cl Cyp Eus Bas Cyr^{pt} || 39 ⸆ οτι D Θ λ φ *pc* lat sy sa bo | ⸀θεου D.

Luk.: 34 ⸀ορνιξ ℵ D W | ⸋ 𝔓^{75} || 35 ⸆ (Jr 22, 5) ερημος 𝔎 D Θ 13 *al* lat sy$^{c.p}$ bo^{pt}; Ir Or Eus ¦ *txt* 𝔓$^{45vid.75}$ 𝔥 A W λ 565 *pm* it vg^{codd} sy^{s} sa bo^{pt} | ° 𝔓^{45} ℵ* L *pc* it sy^{c} sa bo^{pt} ¦ *txt* 𝔓^{75} B 𝔎 A D W Θ λ φ *pm* lat sy^{s} bo^{pt} | ⸆ οτι 𝔎 A W φ *pm* lat | ⸢ *p)* αν 𝔓^{45} ℵ Θ φ *pc* ¦ — 𝔓^{75} B L R sy^{p} sa bo ¦ αν ηξει (*vl* -η) οτε 𝔎 A W λ *pm* ¦ *txt* D *al* lat sy$^{s.c}$

$^{1 (Mt)}$ Ἰερουσαλήμ hapaxl Mt || *^{1sq}* cf Act 7, 52; 1 Th 2, 15 etc || *^{3sq}* cf Dt 32, 11; Is 31, 5; Ps 36, 8 || *^{5}* cf Jr 22, 5; Jr 12, 7; Ps 69, 26; 1 Rg 9, 7 sq; Tob 14, 4; Act 1, 20 || *^{6sqq}* cf Mt 21, 1-9 par *(= nr 269)* || *^{7sq}* Ps 118, 26; cf Mt 21, 9; Mc 11, 10; Lc 19, 38; Jo 12, 13

286. Das Scherflein der Witwe

Quadrans viduae | **The Widow's Mite**

Matth.

Mark. 12, 41-44

(nr. 284 12, 37b-40 p. 389)

[41] Καὶ ⸀καθίσας ⸁κατέναντι τοῦ γαζοφυλακίου ἐθεώρει
πῶς ὁ ὄχλος □βάλλει ⸆ χαλκὸν εἰς τὸ γαζοφυλάκιον. καὶ
πολλοὶ πλούσιοι⸌ ἔβαλλον πολλά· [42] ⸂καὶ ἐλθοῦσα μία⸃
χήρα °πτωχὴ ἔβαλεν λεπτὰ δύο, ὅ ἐστιν κοδράντης. [43] καὶ
προσκαλεσάμενος τοὺς μαθητὰς αὐτοῦ ⸀εἶπεν αὐτοῖς·
ἀμὴν λέγω ὑμῖν ὅτι ⸉ἡ χήρα αὕτη ἡ πτωχὴ⸊ πλεῖον
πάντων ⸁ἔβαλεν τῶν βαλλόντων εἰς τὸ γαζοφυλάκιον·
[44] πάντες γὰρ ⸆ ἐκ τοῦ περισσεύοντος αὐτοῖς ἔβαλον,
αὕτη δὲ ἐκ τῆς ὑστερήσεως αὐτῆς πάντα
ὅσα εἶχεν ἔβαλεν ὅλον τὸν βίον αὐτῆς.

Luk. 21, 1-4

(nr. 284 20, 45-47 p. 389)

[1] Ἀναβλέψας δὲ εἶδεν
τοὺς βάλλοντας ⸉εἰς τὸ γαζοφυλάκιον
τὰ δῶρα αὐτῶν⸊ ⸆ πλουσίους. [2] εἶδεν ⸂δέ τινα⸃
χήραν πενιχρὰν βάλλουσαν °ἐκεῖ ⸉λεπτὰ δύο⸊ ⸆, [3] καὶ
εἶπεν·
ἀληθῶς λέγω ὑμῖν ὅτι ἡ χήρα ⸉αὕτη ἡ πτωχὴ⸊ ⸀πλεῖον
πάντων ἔβαλεν·
[4] ⸀πάντες γὰρ οὗτοι ἐκ τοῦ περισσεύοντος αὐτοῖς ἔβαλον
εἰς τὰ δῶρα⸆, αὕτη δὲ ἐκ τοῦ ὑστερήματος αὐτῆς ⸁πάντα
τὸν βίον ὃν εἶχεν ἔβαλεν. ⸆

Joh.

Mark.: 41 ⸀καθ. ο Ιησους ℜ A Γ Φ 33.700 *pm* lat sy^p sa ¦ καθεζομενος ο Ιησ., *sed pon. p.* γαζοφ. D q ¦ εστως ο Ιησ. W Θ λ φ *pc* sy^s; (Or) ¦ *txt* B ℵ L Δ Ψ *pc* a k | ⸁απεναντι B Ψ 33 *al* | □D | ⸆τον ℵ W Θ λ φ *pc* || 42 ⸂ελθ. δε αμα D*(Θ *pc*; Or) | °D Θ 565 *pc* it || 43 ⸀λεγει ℜ W Γ Φ λ φ 157 *pm* lat | ⸉*1 2 4 5 3* D Θ Φ *pc*; Or ¦ *3 1 2 4 5* 28 | ⸁βεβληκεν ℜ W Γ Φ λ φ 157 *pm* || 44 ⸆*p)* ουτοι D λ 33 *pc*

Luk.: 1 ⸉*4-6 1-3* ℜ A W Γ Δ 063 *pm* ¦ *4 5 1-3 6* Θ ¦ *txt* B ℵ D L X λ φ 33.157 *al* | ⸆τους D || 2 ⸂δε τινα και ℜ A Δ Θ λ φ *pm* ¦ δε και τινα D *al* ¦ τινα και W *pc* | °D *pc* lat sy; Or | ⸉ℜ A D W Γ Δ 063 λ φ *pl* ¦ *txt* B ℵ L Θ Ψ 33.157.579 *pc* | ⸆*p)* ο εστιν κοδραντης D || 3 ⸉*2 3 1* ℜ A W Γ Δ Θ λ *pm* ¦ *txt* B ℵ D L φ 157.579 *pc* | ⸀πλειω D W Θ Ψ 157 *al* || 4 ⸀απ- ℜ A L W Γ Θ 063 λ φ *pl* ¦ *txt* B ℵ D Δ *pc* | ⸆του θεου ℜ A D W Γ Δ Θ 063 φ *pl* lat sy^p ¦ *txt* B ℵ L λ 579.1241 *pc* sy^{s.c} sa bo | ⸁απ- ℜ A W Γ Δ Θ 063.0102 λ *pm* | ⸆ (Lc 8,8) ταυτα λεγων εφωνει· ο εχων ωτα ακουειν ακουετω. E G Γ 063 φ *al*

[2] cf 2 Rg 12,10?; Jo 8,20 || [6sqq] cf 2 Cor 8,12

XIV. DIE SYNOPTISCHE APOKALYPSE

SERMO ESCHATOLOGICUS — THE ESCHATOLOGICAL DISCOURSE

287. Anknüpfung: Ankündigung der Zerstörung des Tempels

Templum evertetur — Prediction of the Destruction of the Temple

Matth. 24, 1-2	Mark. 13, 1-2	Luk. 21, 5-6	Joh.
(nr. 285 23, 37-39 p. 394)			
1 Καὶ ἐξελθὼν ὁ Ἰησοῦς ⸂ἀπὸ τοῦ ἱεροῦ ἐπορεύετο⸃, καὶ προσῆλθον οἱ μαθηταὶ αὐτοῦ ἐπιδεῖξαι αὐτῷ τὰς οἰκοδομὰς τοῦ ἱεροῦ. 2 ὁ δὲ ⸀ἀποκριθεὶς εἶπεν αὐτοῖς· °οὐ βλέπετε ⸉ταῦτα πάντα⸊; ἀμὴν λέγω ὑμῖν, οὐ μὴ ἀφεθῇ ὧδε λίθος ἐπὶ λίθον ὃς οὐ καταλυθήσεται.	1 Καὶ ἐκπορευομένου αὐτοῦ ἐκ τοῦ ἱεροῦ λέγει αὐτῷ εἷς ⸆ τῶν μαθητῶν αὐτοῦ· διδάσκαλε, ἴδε ποταποὶ λίθοι καὶ ποταπαὶ οἰκοδομαί⸆. 2 ⸂καὶ ὁ Ἰησοῦς εἶπεν αὐτῷ⸃· ⸀βλέπεις ταύτας τὰς μεγάλας οἰκοδομάς; ⸆ οὐ μὴ ἀφεθῇ °ὧδε λίθος ἐπὶ ⸀λίθον ὃς οὐ °¹μὴ καταλυθῇ ⸆.	5 Καί τινων λεγόντων περὶ τοῦ ἱεροῦ ὅτι λίθοις καλοῖς ⸂καὶ ἀναθήμασιν κεκόσμηται⸃ εἶπεν· 6 ταῦτα °ἃ θεωρεῖτε ἐλεύσονται ἡμέραι ἐν αἷς οὐκ ἀφεθήσεται λίθος ἐπὶ ⸀λίθῳ ⸆ ὃς οὐ καταλυθήσεται.	

Luk. 19, 41–44 *(nr. 270, p. 369)*: 41 Καὶ ὡς ἤγγισεν ἰδὼν τὴν πόλιν ἔκλαυσεν ἐπ' αὐτὴν 42 λέγων ὅτι εἰ ἔγνως ἐν τῇ ἡμέρᾳ ταύτῃ καὶ σὺ τὰ πρὸς εἰρήνην· νῦν δὲ ἐκρύβη ἀπὸ ὀφθαλμῶν σου. 43 ὅτι ἥξουσιν ἡμέραι ἐπὶ σὲ καὶ παρεμβαλοῦσιν οἱ ἐχθροί σου χάρακά σοι καὶ περικυκλώσουσίν σε καὶ συνέξουσίν σε πάντοθεν, 44 καὶ ἐδαφιοῦσίν σε καὶ τὰ τέκνα σου ἐν σοί, καὶ οὐκ ἀφήσουσιν λίθον ἐπὶ λίθον ἐν σοί, ἀνθ' ὧν οὐκ ἔγνως τὸν καιρὸν τῆς ἐπισκοπῆς σου.

Matth.: 1 ⸂*41-3* C 𝔎 W 0138. 28. 565 *pm* ¦ εκ *2-4* B *pc* ‖ 2 ⸀Ιησους C 𝔎 W Δ Φ *pm* ¦ — H *pc* | ° D L X 33. 700. 892 *pc* lat sy^s sa^pt bo; Or Cyr | ⸉ D K S W Δ Φ 565. 1241 *pm*

Mark.: 1 ⸆εκ A D Θ λ φ 892 *pc* latt | ⸆*p)* του ιερου D it ‖ 2 ⸂κ. ο Ιησ. αποκριθεις ειπ. αυτ. 𝔎 Γ Φ 157 *al* ¦ κ. αποκρ. ο Ιησ. ειπ. αυτω A K Δ (λ) φ *al* ¦ κ. αποκρ. ειπ. αυτ. W Θ *pc* ¦ κ. αποκρ. ειπ. αυτοις ο Ι. D ¦ *txt* B ℵ L Ψ 33 *pc* | ⸀*p)* ου βλ. Θ 565 k ¦ *p)* βλεπετε D *pc* (it) | ⸆*p)* αμην λεγω υμιν οτι D (Θ φ 565. 700 *pc* it) | ° † 𝔎 A Γ Φ 69. 157 *al* lat ¦ *txt* 𝔋 D W Θ λ *pm* it sy^s.p sa bo | ⸀λιθω 𝔎 A D Φ 565 *pm* | °¹ ℵ* L Θ 157 *pc* | ⸆(14, 58) και δια τριων ημερων αλλος αναστησεται ανευ χειρων D W it

Luk: 5 ⸂και αναθεμ- κεκ. ℵ A W Ψ 1 *al* ¦ κεκ. κ. αναθεμ- D ‖ 6 ° D L Ψ* *pc* it | ⸀*p)* λιθον ℵ^corr L W λ 33 *al* | ⸆*p)* ωδε 𝔋 φ (⸉X λ 33 e sy^s.c) sa bo^pt ¦ εν τοιχω ωδε D a i (⸉it) ¦ *txt* 𝔎 A W Γ Δ Θ 063. 0102 *pm* aur f vg sy^p

1sqq cf 9sqq ‖ *5sqq* cf Mch 3,12; Jr 7,14; 46,8 (LXX 26,8); Ez 24,21; Mc 14,58; 15,29; Act 6,14; Mt 23,38; Lc 13,35; Mt 27,40 ‖ *9sqq cf 1sqq*

288. Wann wird dies alles geschehen?

Signa adventus Jesu et consummationis saeculi — Signs before the End

Matth. 24, 3-8	Mark. 13, 3-8	Luk. 21, 7-11	Joh.
24, 11; 24, 23-26	13, 21-23	17, 21; 17, 23	
3 Καθημένου δὲ αὐτοῦ ἐπὶ τοῦ ὄρους τῶν ἐλαιῶν ⸆ προσῆλθον	3 Καὶ καθημένου αὐτοῦ εἰς τὸ ὄρος τῶν ἐλαιῶν κατέναντι τοῦ ἱεροῦ ⸀ἐπηρώτα	7 Ἐπηρώτησαν δὲ	

Matth.: 3 ⸆*p)* κατεναντι του ιερου C

Mark.: 3 ⸀-των 𝔎 A D Γ Δ Θ Φ λ *pm* latt sy^h

1 cf Mt 5,1; 15,29

[Matth. 24, 3-8]

αὐτῷ οἱ μαθηταὶ ⸆κατ᾽ ἰδίαν
λέγοντες· εἰπὲ ἡμῖν,
πότε ταῦτα ἔσται καὶ τί τὸ σημεῖον
τῆς σῆς παρουσίας καὶ ⸇συντελείας τοῦ
αἰῶνος⁝; [4]Καὶ ἀποκριθεὶς ὁ Ἰησοῦς εἶπεν
αὐτοῖς· βλέπετε μή τις ὑμᾶς πλανήσῃ·
[5]πολλοὶ γὰρ ἐλεύσονται ἐπὶ τῷ ὀνόματί
μου λέγοντες· ⸆ἐγώ εἰμι ὁ χριστός,
καὶ πολλοὺς πλανήσουσιν.
[6]⸀μελλήσετε δὲ ἀκούειν πολέμους καὶ
ἀκοὰς πολέμων· ὁρᾶτε μὴ θροεῖσθε·
δεῖ γὰρ ⸆ γενέσθαι, ἀλλ᾽
οὔπω ἐστὶν τὸ τέλος.
[7]ἐγερθήσεται γὰρ ἔθνος ἐπὶ ἔθνος
καὶ βασιλεία ἐπὶ βασιλείαν καὶ ἔσονται
λιμοὶ ⸆ καὶ σεισμοὶ κατὰ τόπους·
[8]⸉πάντα δὲ ταῦτα⸊ ἀρχὴ ⸀ὠδίνων.

24,11 (nr. 289, p. 398)

[11]Καὶ πολλοὶ ψευδοπροφῆται ἐγερθήσονται καὶ πλανήσουσιν πολλούς.

24,23-26 (nr. 291, p. 403)

[23]Τότε ἐάν τις ὑμῖν εἴπῃ· ἰδοὺ ὧδε ὁ χριστός, ἤ· ὧδε, μὴ πιστεύσητε·
[24]ἐγερθήσονται γὰρ ψευδόχριστοι καὶ ψευδοπροφῆται καὶ δώσουσιν σημεῖα μεγάλα καὶ τέρατα ὥστε πλανῆσαι, εἰ δυνα-

[Mark. 13, 3-8]

αὐτὸν κατ᾽ ἰδίαν ⸆ Πέτρος καὶ Ἰάκωβος
καὶ Ἰωάννης καὶ Ἀνδρέας· [4]⸀εἰπὸν ἡμῖν,
πότε ταῦτα ἔσται⁝ καὶ τί τὸ σημεῖον
ὅταν ⸂μέλλῃ ταῦτα συντελεῖσθαι πάντα⸃⁝1;
[5]⸂ὁ δὲ Ἰησοῦς⸃ ⸄ἤρξατο λέγειν
αὐτοῖς⸅· βλέπετε μή τις ὑμᾶς πλανήσῃ·
[6]πολλοὶ ⸆ ἐλεύσονται ἐπὶ τῷ ὀνόματί
μου λέγοντες °ὅτι ἐγώ εἰμι ⸇ ,
καὶ πολλοὺς πλανήσουσιν.
[7]ὅταν δὲ ⸀ἀκούσητε πολέμους καὶ
ἀκοὰς πολέμων, μὴ ⸁θροεῖσθε·
δεῖ ⸆ γενέσθαι, ἀλλ᾽
οὔπω τὸ τέλος.
[8]⸀ἐγερθήσεται γὰρ ἔθνος ἐπ᾽ ἔθνος
καὶ βασιλεία ἐπὶ βασιλείαν, ⸆ ἔσονται
σεισμοὶ κατὰ τόπους, ⸁ἔσονται λιμοί⸇·
⸀1ἀρχὴ ὠδίνων ταῦτα.

13,21-23 (nr. 291, p. 403)

[21]Καὶ τότε ἐάν τις ὑμῖν εἴπῃ· ἴδε ὧδε ὁ χριστός, ἴδε ἐκεῖ, μὴ πιστεύετε·
[22]ἐγερθήσονται γὰρ ψευδόχριστοι καὶ ψευδοπροφῆται καὶ δώσουσιν σημεῖα καὶ τέρατα πρὸς τὸ ἀποπλανᾶν, εἰ δυνα-

[Luk. 21, 7-11]

αὐτὸν⸆
λέγοντες· διδάσκαλε,
πότε °οὖν ταῦτα ἔσται καὶ τί τὸ σημεῖον
⸂ὅταν μέλλῃ ταῦτα γίνεσθαι⸃;
[8]ὁ δὲ εἶπεν·
βλέπετε μὴ πλανηθῆτε·
πολλοὶ γὰρ ἐλεύσονται ἐπὶ τῷ ὀνόματί
μου λέγοντες· ⸆ἐγώ εἰμι, καί⁚ ὁ καιρὸς
ἤγγικεν. μὴ ⸇ πορευθῆτε ὀπίσω αὐτῶν.
[9]ὅταν δὲ ἀκούσητε πολέμους καὶ
ἀκαταστασίας, μὴ ⸀πτοηθῆτε·
δεῖ γὰρ ⸉ταῦτα γενέσθαι⸊ πρῶτον, ἀλλ᾽
οὐκ εὐθέως τὸ τέλος. [10]⸋Τότε⁝ ἔλεγεν
αὐτοῖς⁝1⸌ ἐγερθήσεται ⸆ἔθνος ἐπ᾽ ἔθνος
καὶ βασιλεία ἐπὶ βασιλείαν, [11]σεισμοί °τε
μεγάλοι ⸂καὶ κατὰ τόπους⸃ ⸉λιμοὶ καὶ
λοιμοὶ⸊ ἔσονται, φόβητρά τε ⸉1καὶ ἀπ᾽
οὐρανοῦ σημεῖα μεγάλα⸊ ἔσται⸆.

17,21 (nr. 234, p. 315)

…[21]οὐδὲ ἐροῦσιν· ἰδοὺ ὧδε ἤ· ἐκεῖ, ἰδοὺ γὰρ ἡ βασιλεία τοῦ θεοῦ ἐντὸς ὑμῶν ἐστιν.

17,23 (nr. 235, p. 316)

[23]Καὶ ἐροῦσιν ὑμῖν· ἰδοὺ ἐκεῖ, [ἤ·] ἰδοὺ ὧδε· μὴ ἀπέλθητε μηδὲ διώξητε.

Joh.

Matth.: 3 ⸆αυτου C W Δ 157.1241.1424 *al* sy$^{s.p}$ sa^{pt} bo | ⸇της 𝔎 D W Δ Φ **0138** φ 700.1241 *pm* ¦ *txt* B ℵ C L Θ λ 33.565.892 *pc* | [⁝. H] ‖ 5 ⸆*p)* οτι C* Φ *pc* ‖ 6 ⸀μελλετε D Φ *pc* | ⸆παντα C 𝔎 W Δ **0138** φ *pm* ¦ *p)* ταυτα 565 *pc* lat ¦ παν. ταυ. 1241 *pc* ¦ *txt* B ℵ D L Θ λ 33.892 *pc* ‖ 7 ⸆*p)* και λοιμοι C 𝔎 Δ Θ Φ **0138** (⸉ L W 33 lat) λ φ *pl* ¦ *txt* B (⸉ ℵ) D 892 *pc* it sy^{s} ‖ 8 ⸉ W λ φ *pc* lat | ⸀οδυνῶν D* 1093 latt

Mark.: 3 ⸆ο ℵ D Θ 565 *pc* ‖ 4 ⸀ειπε 𝔎 A Γ Δ Φ 892 *pm* | [⁝; T] | ⸂μελλει *4 2 3* D E *al* it ¦ *1-3* W Δ Θ 13 *al* ¦ *1 2 4 3* A G H K (Γ) *pm et al varr* ¦ *txt* B ℵ *pc* | [⁝1. H] ‖ 5 ⸂ο δ. Ι. αποκριθεις 𝔎 A Γ Δ Φ 157 *pm* sy^{h} sa^{pt} ¦ και αποκρ. ο Ι. D Θ λ φ *pc* ¦ κ. αποκρ. αυτοις ο Ι. G W *pc* ¦ *txt* 𝔥 *pc* sy^{p} sa^{pt} bo | ⸄*3 1 2* 𝔎 A Γ Φ *pm* ¦ *1 2* G W *pc* bo^{pt} ¦ ειπεν αυτοις D Θ *al* sy^{s} ‖ 6 ⸆*p)* γαρ 𝔎 A D Γ Δ Θ Φ λ φ *pl* verss | °*p)* D Θ 33 *pc* it | ⸇*p)* ο χριστος W Θ φ *al* ‖ 7 ⸀ακουητε B *pc* ¦ -ετε φ *pc* ¦ -σετε 69 *pc* | ⸁θορυβεισθε D *pc* | ⸆*p)* γαρ 𝔎 A D L Γ Δ Θ Φ λ φ *pl* latt sy^{s} sa^{pt} bo^{pt} ¦ *txt* B ℵ* W Ψ ‖ 8 ⸀αναστησεται Θ 565 *pc* sy$^{s.p}$ sa bo | ⸆και 𝔎 A Γ Δ Θ Φ λ φ *pl* lat sy$^{s.p}$ | ⸁και εσ. 𝔎 A Γ Δ Φ λ φ *pl* sy$^{p.h}$ sa^{pt} ¦ και D Θ *pc* lat sa^{pt} ¦ — W sy^{s} | ⸇και ταραχαι 𝔎 A (W) Γ Δ Θ Φ λ φ *pl* q sy$^{s.p}$ sa^{pt} | ⸀1αρχαι 𝔎 A Γ *pm*

Luk.: 7 ⸆οι μαθηται D *pc* | °D λ *al* lat | ⸂της σης ελευσεως D l ‖ 8 ⸆οτι 𝔎 A D W Γ Δ Θ **063.0102** λ φ *pl* ¦ *txt* B ℵ L X 579.1241 *pc* c r^{1} | [⁝— · TW] | ⸇ουν 𝔎 A W Γ Δ Θ **063.0102** λ φ *pm* ‖ 9 ⸀φοβηθητε D q | ⸉ A D *pc* ‖ 10 ⸋*p) et* ⸆γαρ D *pc* it sy bo^{pt} | [⁝, *et* ⁝1, comm] ‖ 11 °A L *pc* | ⸂κατα τοπ. και 𝔎 A D W Γ Δ Θ **063** λ φ *pm* lat | ⸉ † B 157.1241 lat sy$^{s.c}$; Mcion ¦ *txt* 𝔥 𝔎 A D L W Θ **063.0102** λ *pl* | ⸉1 *1 4 2 3 5* 𝔎 A W Γ Δ Θ **063.0102** *pm* ¦ *1 4 5 2 3* 𝔥 φ *al* (sy^{p} sa bo) ¦ *2 3 1 4 5* D latt sy$^{s.c}$; Or ¦ *txt* B 1 | ⸆και χειμωνες 1012 it (sy^{c}); Or

---

3sqq (Mc) cf Mc 5, 37; 14, 33 par; Mt 17, 1 ‖ *6sq (Mt)* cf Mt 13, 39sq. 49; 28, 20; Heb 9, 26 ‖ *8 cf 33sq* ‖ *9sqq* cf *22sq. 24sqq. 35sq. 37;* cf Jo 5, 43; Mc 9, 37. 39 ‖ *10sq (Lc)* cf Dn 7, 22; Apc 1, 3 etc ‖ *11 (Lc)* cf 1Sm 12, 14; Lc 9, 23; Act 5, 37 ‖ *14* cf Dn 2, 28; Apc 1, 1 ‖ *16sq* cf Is 19, 2; 2Chr 15, 6; Is 8, 21; 13, 13 etc ‖ *22sq cf 9sqq* ‖ *24sqq cf 9sqq*

[Matth. 24, 23-26]	[Mark. 13, 21-23]	Luk.	Joh.
τόν, καὶ τοὺς ἐκλεκτούς. [25] ἰδοὺ προείρηκα ὑμῖν. [26] ἐὰν οὖν εἴπωσιν ὑμῖν· ἰδοὺ ἐν τῇ ἐρήμῳ ἐστίν, μὴ ἐξέλθητε· ἰδοὺ ἐν τοῖς ταμείοις, μὴ πιστεύσητε.	τόν, τοὺς ἐκλεκτούς. [23] ὑμεῖς δὲ βλέπετε· προείρηκα ὑμῖν πάντα.		

Didache 6, 1-2: [1] Ὅρα, »μή τίς σε πλανήσῃ« ἀπὸ ταύτης τῆς ὁδοῦ τῆς διδαχῆς, ἐπεὶ παρεκτὸς θεοῦ σε διδάσκει. [2] εἰ μὲν γὰρ δύνασαι βαστάσαι ὅλον τὸν ζυγὸν τοῦ κυρίου, τέλειος ἔσῃ· εἰ δ' οὐ δύνασαι, ὃ δύνῃ, τοῦτο ποίει.

Barn. ep. 4, 3: Τὸ τέλειον σκάνδαλον ἤγγικεν, περὶ οὗ γέγραπται, ὡς Ἐνὼχ (89, 61 sqq; 90, 17) λέγει. εἰς τοῦτο γὰρ ὁ δεσπότης συντέτμηκεν τοὺς καιροὺς καὶ τὰς ἡμέρας, ἵνα ταχύνῃ ὁ ἠγαπημένος αὐτοῦ καὶ ἐπὶ τὴν κληρονομίαν ἥξῃ.

Justinus Mart., Dial. 82, 1-2: *cf. nr. 289.*

33sq cf 8 || *35sq cf 9sqq* || *37cf 9sqq*

289. Ankündigung von Verfolgungen

Persecutiones futurae — *(cf. nr. 100)* — **Persecutions Foretold**

Matth. 24, 9-14 10, 17-22a; 24, 5. 24; 10, 30	**Mark. 13, 9-13** 13, 6. 22	**Luk. 21, 12-19** 12, 11-12; 21, 8b; 12, 7	Joh. 16, 2; 15, 21; 14, 26
[9a] Τότε παραδώσουσιν ὑμᾶς εἰς θλῖψιν καὶ ἀποκτενοῦσιν ὑμᾶς, ...			
10, 17-22a *(nr. 100, p. 147)* [17] Προσέχετε °δὲ ἀπὸ τῶν ἀνθρώπων· παραδώσουσιν γὰρ °¹ὑμᾶς εἰς συνέδρια καὶ ⸂ἐν ταῖς συναγωγαῖς⸃ °²αὐτῶν μαστιγώσουσιν ὑμᾶς· [18] καὶ ἐπὶ ⸂ἡγεμόνας δὲ καὶ βασιλεῖς ἀχθήσεσθε⸃ ἕνεκεν ⸀ἐμοῦ εἰς μαρτύριον αὐτοῖς καὶ τοῖς ἔθνεσιν.	[9] ⸂Βλέπετε δὲ ὑμεῖς °ἑαυτούς· παραδώσουσιν ⸆ ὑμᾶς⸃ εἰς συνέδρια καὶ εἰς συναγωγὰς⁝ δαρήσεσθε καὶ ἐπὶ ἡγεμόνων καὶ βασιλέων σταθήσεσθε ἕνεκεν ἐμοῦ εἰς μαρτύριον αὐτοῖς. [10] καὶ εἰς πάντα τὰ ἔθνη πρῶτον ⸆ δεῖ κηρυχθῆναι τὸ εὐαγγέλιον⸆.	21, 12-19 [12] Πρὸ δὲ τούτων πάντων ἐπιβαλοῦσιν ⸂ἐφ' ὑμᾶς⸃ τὰς χεῖρας αὐτῶν καὶ διώξουσιν, παραδιδόντες εἰς °τὰς συναγωγὰς καὶ φυλακάς, ⸀ἀπαγομένους ἐπὶ βασιλεῖς καὶ ἡγεμόνας ἕνεκεν τοῦ ὀνόματός μου· [13] ἀποβήσεται ⸆ ὑμῖν εἰς μαρτύριον.	16, 2 *(nr. 324, p. 450)* [2] Ἀποσυναγώγους ποιήσουσιν ὑμᾶς· ἀλλ' ἔρχεται ὥρα ἵνα πᾶς ὁ ἀποκτείνας ὑμᾶς δόξῃ λατρείαν προσφέρειν τῷ θεῷ. 15, 21 *(nr. 322, p. 449)* [21] Ἀλλὰ ταῦτα πάντα ποιήσουσιν εἰς ὑμᾶς διὰ τὸ ὄνομά μου, ὅτι οὐκ οἴδασιν τὸν πέμψαντά με.
[19] ὅταν δὲ ⸀παραδῶσιν ὑμᾶς, cf. v. 17	[11] ⸂καὶ ὅταν⸃ ἄγωσιν ὑμᾶς παραδιδόντες, cf. v. 9	[14] θέτε °οὖν ⸂ἐν ταῖς καρδίαις⸃ ὑμῶν cf. v. 12	12, 11-12 *(nr. 198, p. 284)* [11] Ὅταν δὲ ⸀εἰσφέρωσιν ὑμᾶς ⸁ἐπὶ τὰς συναγωγὰς °καὶ τὰς

Matth. 10: 17 °D *pc* it sy^{s} sa^{pt}; Or | °¹C* | ⸂*p)* εις τας συν-ας D 0171 ¦ — a | °²W a aur || 18 ⸂*p)* ηγεμονων σταθησεσθε D (0171 it sy$^{s.p}$; Ir Or^{pt}) | ⸀*p)* του ονοματος μου g¹ sy^{s} || 19 ⸀παραδωσουσιν D W *al* lat ¦ παραδιδωσιν C 𝔎 Θ φ *al*

Mark.: 9 ⸂ειτα υμ. αυτους παραδ. D (Θ) *pc* it sy^{s} ¦ και δωσουσιν υμας W | °ℵ* | ⸆*p)* γαρ ℵ 𝔎 A φ *pm* lat ¦ *txt* B *pc* | [⁝, comm] || 10 ⸆λαον ℵ* | ⸆εν πασι τοις εθνεσιν D ff² || 11 ⸂οταν δε 𝔎 A W Θ λ φ *pm* ff² q

Luk. 21: 12 ⸂επ αυτους ℵ* | °𝔎 A W Θ 063. 0102 λ φ *pl* ¦ *txt* B ℵ D *pc* | ⸀αγομενους 𝔎 A W 063. 0102 φ *pl* || 13 ⸆δε ℵ^{corr} 𝔎 A W Θ 063. 0102 λ φ *pl* lat ¦ *txt* B ℵ* D *pc* || 14 °ℵ* | ⸂εις τας καρδιας 𝔎 W Θ 063. 0102 φ *pm*

Luk. 12: 11 ⸀προσφερωσιν 𝔎 A W Θ φ *pm* ¦ φερωσιν D; Cl Or ¦ *txt* 𝔓$^{45vid.75}$ B ℵ L X 0191. 1. 33 *al* | ⸁εις ℵ D λ φ *al*; Cl | °r¹ sy

1sq cf ad 6sqq || *4sqq (Lc)* cf Act 4, 3; 5, 18 || *6sqq* cf Act 5, 40; 6, 12; 22, 19; 24, 10; 25, 6. 23; 27, 24; 2 Cor 11, 23 sqq; Jo 16, 1; *cf 1sq. 70sqq* || *9sqq* cf Ps 119, 46; Dt 31, 26 || *11sq* cf Job 13, 16; Ph 1, 19 || *12sq* cf Mc 1, 44; 6, 11; Lc 5, 14; Rm 11, 25; Mt 28, 19; Mc 16, 15; Lc 24, 47; *cf 47sqq* || *15sqq cf 24sqq (Jo)* || *15sq (Lc)* cf Lc 1, 66; 9, 44

[Matth. 10, 17-22a]

μὴ μεριμνήσητε ⸋πῶς ἢ⸌ τί λαλήσητε·
⸋1 δοθήσεται γὰρ ὑμῖν
ἐν ἐκείνῃ τῇ ὥρᾳ τί λαλήσητε·⸌

20 οὐ γὰρ ὑμεῖς ἐστε οἱ λαλοῦντες ἀλλὰ τὸ πνεῦμα τοῦ πατρὸς °ὑμῶν τὸ λαλοῦν ἐν ὑμῖν.
21 Παραδώσει δὲ ἀδελφὸς ἀδελφὸν εἰς θάνατον καὶ πατὴρ ⸀τέκνον, καὶ ⸁ἐπαναστήσονται τέκνα ἐπὶ γονεῖς καὶ θανατώσουσιν αὐτούς. 22a καὶ ἔσεσθε μισούμενοι ὑπὸ πάντων διὰ τὸ ὄνομά μου.

24, 9b-14

... καὶ ἔσεσθε μισούμενοι ὑπὸ ⸂πάντων τῶν ἐθνῶν⸃ διὰ τὸ ὄνομά μου. 10 καὶ τότε σκανδαλισθήσονται πολλοὶ καὶ ἀλλήλους παραδώσουσιν ⸆ ⸋καὶ μισήσουσιν ἀλλήλους⸌· 11 καὶ πολλοὶ ψευδοπροφῆται ἐγερθήσονται καὶ πλανήσουσιν πολλούς· 12 καὶ διὰ τὸ ⸀πληθυνθῆναι τὴν ἀνομίαν ψυγήσεται ἡ ἀγάπη τῶν πολλῶν.

[Mark. 13, 9-13]

μὴ ⸀προμεριμνᾶτε τί λαλήσητε⸆,
ἀλλ' ὃ ἐὰν δοθῇ ὑμῖν
ἐν ἐκείνῃ τῇ ὥρᾳ τοῦτο λαλεῖτε·

οὐ γάρ ἐστε ὑμεῖς οἱ λαλοῦντες ἀλλὰ τὸ πνεῦμα τὸ ἅγιον.
12 ⸂καὶ παραδώσει⸃ ἀδελφὸς ἀδελφὸν εἰς θάνατον καὶ πατὴρ τέκνον, καὶ ⸀ἐπαναστήσονται τέκνα ἐπὶ γονεῖς καὶ θανατώσουσιν αὐτούς·

13 καὶ ἔσεσθε μισούμενοι ὑπὸ πάντων διὰ τὸ ὄνομά μου.

[Luk. 21, 12-19]

μὴ ⸀προμελετᾶν ἀπολογηθῆναι·
15 ἐγὼ γὰρ δώσω ὑμῖν στόμα καὶ σοφίαν ᾗ οὐ δυνήσονται ⸂ἀντιστῆναι ἢ ἀντειπεῖν⸃ ⸀ἅπαντες οἱ ἀντικείμενοι ὑμῖν.

16 παραδοθήσεσθε δὲ καὶ ὑπὸ γονέων ⸋καὶ ἀδελφῶν⸌ καὶ συγγενῶν καὶ φίλων, καὶ θανατώσουσιν ἐξ ὑμῶν,

17 καὶ ἔσεσθε μισούμενοι ὑπὸ πάντων διὰ τὸ ὄνομά μου.

18 ⸋καὶ θρὶξ ἐκ τῆς κεφαλῆς ὑμῶν

[Luk. 12, 11-12]

ἀρχὰς καὶ τὰς ἐξουσίας, μὴ ⸀μεριμνήσητε ⸂πῶς ἢ τί⸃ ἀπολογήσησθε ἢ τί εἴπητε· 12 τὸ γὰρ ἅγιον πνεῦμα διδάξει ὑμᾶς ἐν αὐτῇ τῇ ὥρᾳ ἃ δεῖ εἰπεῖν.

Joh.

14, 26 *(nr. 318, p. 445)*

26 Ὁ δὲ παράκλητος, τὸ πνεῦμα τὸ ἅγιον, ὃ πέμψει ὁ πατὴρ ἐν τῷ ὀνόματί μου, ἐκεῖνος ὑμᾶς διδάξει πάντα καὶ ὑπομνήσει ὑμᾶς πάντα ἃ εἶπον ὑμῖν [ἐγώ].

Matth. 10: 19 ⸋0171 a b ff^{1} k sy^{s}; Epiph | ⸋1 D L g^{1} k; Epiph || **20** °D* || **21** ⸀τεκνα W | ⸁-σεται B *pc*

Matth. 24: 9 ⸂*13* D* ¦ *2 3* ℵ* ¦ *1* C λ *al* sy^{s} ¦ *txt* B ℜ W Θ **094. 0133. 0138** φ *al* lat sy^{p} sa bo || **10** ⸆εις θλιψιν ℵ ¦ εις θανατον φ *pc* | ⸋ℵ || **12** ⸀-θυναι D

Mark.: 11 ⸀*p)* προμελετατε Ψ ¦ -ριμνησητε μηδε προμελ- Θ *pc* ¦ προμεριμνατε μηδε προμελετατε Or | ⸆*p)* μηδε μελετατε ℜ A φ *pm* sy^{p} || 12 ⸂παραδωσει δε ℜ A W Θ λ φ *pl* lat | ⸀επαναστησεται B k ¦ αναστησονται W *pc*

Luk. 21: 14 ⸀-τωντες D || **15** ⸂*3 2 1* A K R *al* ¦ *3* ουδε *1* ℜ W Θ **063. 0102** λ *pl* ¦ *1* D it sy$^{c.p}$; Cyp ¦ *3* d ¦ *txt* ℌ φ 157 *pc* e f (vg: et) sa (ουδε bo); Or | ⸀παντες ℵ ℜ A D W Θ **063. 0102** λ φ *pl* ¦ — it ¦ *txt* B *pc* || **16** ⸋G 157 *pc* a i || **18** ⸋*vs p)* sy^{c}; Mcion

Luk. 12: 11 ⸀-μνατε ℜ A W *pm* ¦ *p)* προμεριμνατε D; Cl ¦ *txt* 𝔓^{75} ℌ Θ **0191** λ φ *al* | ⸂πως D it sy$^{c.p}$ sa^{pt}; Cl Or ¦ *p)* τι r^{1} sy^{s}

17sqq cf Ex 4, 11sqq; Act 4, 8; 6, 10; 7, 55etc; Rm 2, 15; 2Cor 12, 19 || *18(Mc)* προμεριμνᾶν hapaxl NT || *20sq(Mc)* cf Act 6, 10 || *20sq(Lc)* cf Ex 4, 11sqq. 16 || *24sq(Jo)* cf *15sqq* || *27sqq* cf Mt 10, 35; Lc 12, 53; *cf 36sq* || *29sq* cf Mch 7, 6; Is 19, 2; 4Esr 6, 24 || *31sqq* cf *34sqq* || *34sqq* cf *31sqq* || *36sq* cf Dn 11, 41 (LXX); *cf 27sqq* || *39sqq* cf 1Jo 4, 1; Dt 13, 2-4; Apc 13, 13sq; *cf 52sqq 56sqq. 65sq. 67sq. 69sq. 74sqq. 77sqq. 80sqq* || *41sqq* cf 2Th 2, 10; 2Tm 3, 1sqq || *44sq* cf 1Sm 14, 45; 2Sm 14, 11; 1Rg 1, 52; Act 27, 34; *cf 61sq*

[Matth. 24, 9-14]	[Mark. 13, 9-13]	[Luk. 21, 12-19]	Joh.
13 ὁ δὲ ὑπομείνας εἰς τέλος °οὗτος σωθήσεται. 14 καὶ κηρυχθήσεται τοῦτο τὸ εὐαγγέλιον □τῆς βασιλείας\ ⸂ἐν ὅλῃ τῇ οἰκουμένῃ⸃ εἰς μαρτύριον πᾶσιν τοῖς ἔθνεσιν, καὶ τότε ἥξει τὸ τέλος.	ὁ δὲ ὑπομείνας εἰς τέλος °οὗτος σωθήσεται.	οὐ μὴ ἀπόληται.\ 19 ἐν τῇ ὑπομονῇ ὑμῶν ⸀κτήσασθε ⸁τὰς ψυχὰς ὑμῶν⸃.	
24, 5 (nr. 288, p. 396) 5 Πολλοὶ γὰρ ἐλεύσονται ἐπὶ τῷ ὀνόματί μου λέγοντες· ἐγώ εἰμι ὁ χριστός, καὶ πολλοὺς πλανήσουσιν.	*13, 6 (nr. 288, p. 396)* 6 Πολλοὶ ἐλεύσονται ἐπὶ τῷ ὀνόματί μου λέγοντες ὅτι ἐγώ εἰμι, καὶ πολλοὺς πλανήσουσιν.	*21, 8b (nr. 288, p. 396)* 8 ... πολλοὶ γὰρ ἐλεύσονται ἐπὶ τῷ ὀνόματί μου λέγοντες· ἐγώ εἰμι, καί· ὁ καιρὸς ἤγγικεν. μὴ πορευθῆτε ὀπίσω αὐτῶν.	
24, 24 (nr. 291, p. 403) 24 Ἐγερθήσονται γὰρ ψευδόχριστοι καὶ ψευδοπροφῆται καὶ δώσουσιν σημεῖα μεγάλα καὶ τέρατα ὥστε πλανῆσαι, εἰ δυνατόν, καὶ τοὺς ἐκλεκτούς.	*13, 22 (nr. 291, p. 403)* 22 Ἐγερθήσονται γὰρ ψευδόχριστοι καὶ ψευδοπροφῆται καὶ δώσουσιν σημεῖα καὶ τέρατα πρὸς τὸ ἀποπλανᾶν, εἰ δυνατόν, τοὺς ἐκλεκτούς.		
10, 30 (nr. 101, p. 145) 30 Ὑμῶν δὲ καὶ αἱ τρίχες τῆς κεφαλῆς πᾶσαι ἠριθμημέναι εἰσίν.		*12, 7 (nr. 196, p. 281)* 7 Ἀλλὰ καὶ αἱ τρίχες τῆς κεφαλῆς ὑμῶν πᾶσαι ἠρίθμηνται. μὴ φοβεῖσθε· πολλῶν στρουθίων διαφέρετε.	

2. Tim. 2, 12: Εἰ ὑπομένομεν, καὶ συμβασιλεύσομεν· εἰ ἀρνησόμεθα, κἀκεῖνος ἀρνήσεται ἡμᾶς.

2. Petr. 3, 3: ... τοῦτο πρῶτον γινώσκοντες ὅτι ἐλεύσονται ἐπ᾿ ἐσχάτων τῶν ἡμερῶν [ἐν] ἐμπαιγμονῇ ἐμπαῖκται κατὰ τὰς ἰδίας ἐπιθυμίας αὐτῶν πορευόμενοι ...

Apoc. Petri (Fragm. Akhmim. f. 10r) **1. 2:** 1 Πολλοὶ ἐξ αὐτῶν ἔσονται ψευδοπροφῆται καὶ ὁδοὺς καὶ δόγματα ποικίλα τῆς ἀπωλείας διδάξουσιν. 2 ἐκεῖνοι δὲ υἱοὶ τῆς ἀπωλείας γενήσονται.

Didache 16, 3-5: 3 Ἐν γὰρ ταῖς ἐσχάταις ἡμέραις πληθυνθήσονται οἱ ψευδοπροφῆται καὶ οἱ φθορεῖς, καὶ στραφήσονται τὰ πρόβατα εἰς λύκους, καὶ ἡ ἀγάπη στραφήσεται εἰς μῖσος· 4 αὐξανούσης γὰρ τῆς ἀνομίας μισήσουσιν ἀλλήλους καὶ διώξουσι καὶ παραδώσουσι, καὶ τότε φανήσεται ὁ κοσμοπλανὴς ὡς υἱὸς θεοῦ καὶ ποιήσει »σημεῖα καὶ τέρατα«, καὶ ἡ γῆ παραδοθήσεται εἰς χεῖρας αὐτοῦ, καὶ ποιήσει ἀθέμιτα, ἃ οὐδέποτε γέγονεν ἐξ αἰῶνος. 5 τότε ἥξει ἡ κτίσις τῶν ἀνθρώπων εἰς τὴν πύρωσιν τῆς δοκιμασίας, »καὶ σκανδαλισθήσονται πολλοὶ« καὶ ἀπολοῦνται, »οἱ δὲ ὑπομείναντες« ἐν τῇ πίστει αὐτῶν »σωθήσονται« ὑπ᾿ αὐτοῦ τοῦ καταθέματος.

Barn. epist. 4, 9: Πολλὰ δὲ θέλων γράφειν, οὐχ ὡς διδάσκαλος, ἀλλ᾿ ὡς πρέπει ἀγαπῶντι ἀφ᾿ ὧν ἔχομεν μὴ ἐλλείπειν, γράφειν ἐσπούδασα, περίψημα ὑμῶν. διὸ προσέχωμεν ἐν ταῖς ἐσχάταις ἡμέραις· οὐδὲν γὰρ ὠφελήσει ἡμᾶς ὁ πᾶς χρόνος τῆς ζωῆς καὶ τῆς πίστεως ἡμῶν, ἐὰν μὴ νῦν ἐν τῷ ἀνόμῳ καιρῷ καὶ τοῖς μέλλουσιν σκανδάλοις, ὡς πρέπει υἱοῖς θεοῦ, ἀντιστῶμεν.

Justinus Mart., Dial. 35, 3: Καί· »Ἔσονται σχίσματα καὶ αἱρέσεις«. καί· »Προσέχετε ἀπὸ τῶν ψευδοπροφητῶν, οἵτινες ἐλεύσονται πρὸς ὑμᾶς, ἔξωθεν ἐνδεδυμένοι δέρματα προβάτων, ἔσωθεν δέ εἰσι λύκοι ἅρπαγες«. καί· »Ἀναστήσονται πολλοὶ ψευδόχριστοι καὶ ψευδοαπόστολοι καὶ πολλοὺς τῶν πιστῶν πλανήσουσιν«.

Matth.: 13 °W ‖ 14 □1424 g^1 l r^1; Or Eus | ⸂ εις ολην την οικ-νην ℵ e ┆ ολη τη οικ-νη λ

Mark.: 13 °W

Luk.: 19 ⸀ † -σεσθε B A Θ φ *al* lat sy sa bo ┆ σωσετε Mcion ┆ *txt* ℌ ℜ D W **063** λ *pm* | ⸁ εαυτους Mcion

---

45sqq cf Heb 10, 36. 39; Apc 13, 10; Dn 12, 12; 2 Chr 15, 7; 4 Esr 6, 18 sqq; *cf 64. 72 sq* ‖ *47sqq cf ad 12 sq* ‖ *52sqq cf 39 sqq* ‖ *56sqq cf 39 sqq* ‖ *61sq cf 44 sq* ‖ *64 cf 45 sqq* ‖ *65sq cf 39 sqq* ‖ *67sq cf 39 sqq* ‖ *69sq cf 39 sqq* ‖ *70sqq cf 6 sqq* ‖ *72sq cf 45 sqq* ‖ *74sqq cf 39 sqq* ‖ *77sqq cf 39 sqq*

–, Dial. 82,1–2: [1]... Ὅνπερ δὲ τρόπον καὶ ψευδοπροφῆται ἐπὶ τῶν παρ' ὑμῖν γενομένων ἁγίων προφητῶν ἦσαν, καὶ παρ' ἡμῖν νῦν πολλοί εἰσι καὶ ψευδοδιδάσκαλοι, οὓς φυλάσσεσθαι προεῖπεν ἡμῖν ὁ ἡμέτερος κύριος, ὡς ἐν μηδενὶ ὑστερεῖσθαι ἡμᾶς, ἐπισταμένους ὅτι προγνώστης ἦν τῶν μετὰ τὴν ἀνάστασιν αὐτοῦ τὴν ἀπὸ τῶν νεκρῶν καὶ ἄνοδον τὴν εἰς οὐρανὸν μελλόντων γίνεσθαι ἡμῖν. [2]εἶπε γὰρ ὅτι φονεύεσθαι καὶ μισεῖσθαι διὰ τὸ ὄνομα αὐτοῦ μέλλομεν, καὶ ὅτι »ψευδοπροφῆται καὶ ψευδόχριστοι πολλοὶ ἐπὶ τῷ ὀνόματι αὐτοῦ παρελεύσονται καὶ πολλοὺς πλανήσουσιν«· ὅπερ καὶ ἔστι.

80sqq cf 39sqq

290. Das Gericht über Judäa

Excidium Iudaeae — **The Desolating Sacrilege**

Matth. 24, 15-22	Mark. 13, 14-20	Luk. 21, 20-24 19, 43-44; 17, 31	Joh.
[15]Ὅταν οὖν ἴδητε	[14]Ὅταν δὲ ἴδητε	[20]Ὅταν δὲ ἴδητε κυκλουμένην ⸉ὑπὸ στρατοπέδων ⸆ Ἰερουσαλήμ⸊, τότε ⸀γνῶτε ὅτι ⸁ἤγγικεν	
τὸ βδέλυγμα τῆς ἐρημώσεως τὸ ῥηθὲν διὰ Δανιὴλ τοῦ προφήτου ⸋⸀ἑστὸς ἐν τόπῳ ἁγίῳ⸌,	τὸ βδέλυγμα τῆς ἐρημώσεως ⸆ἑστηκότα ὅπου οὐ δεῖ,	ἡ ἐρήμωσις αὐτῆς.	
ὁ ἀναγινώσκων νοείτω, [16]τότε οἱ ἐν τῇ Ἰουδαίᾳ φευγέτωσαν ⸀εἰς τὰ ὄρη,	ὁ ἀναγινώσκων νοείτω⸆, τότε οἱ ἐν τῇ Ἰουδαίᾳ φευγέτωσαν εἰς τὰ ὄρη,	[21]τότε οἱ ἐν τῇ Ἰουδαίᾳ φευγέτωσαν εἰς τὰ ὄρη καὶ οἱ ἐν μέσῳ αὐτῆς ⸆ ἐκχωρείτωσαν καὶ °οἱ ἐν ταῖς χώραις μὴ εἰσερχέσθωσαν εἰς αὐτήν, [22]ὅτι ἡμέραι ἐκδικήσεως αὗταί °εἰσιν τοῦ ⸀πλησθῆναι πάντα τὰ γεγραμμένα.	
[17]ὁ ἐπὶ τοῦ δώματος μὴ ⸀καταβάτω ἆραι ⸁τὰ ἐκ τῆς οἰκίας αὐτοῦ, [18]καὶ ὁ ἐν τῷ ἀγρῷ μὴ ἐπιστρεψάτω ὀπίσω ἆραι ⸂τὸ ἱμάτιον⸃ αὐτοῦ.	[15]⸂ὁ [δὲ]⸃ ἐπὶ τοῦ δώματος μὴ καταβάτω⸆ μηδὲ εἰσελθάτω ⸉ἆραί τι⸊ ἐκ τῆς οἰκίας αὐτοῦ, [16]καὶ ὁ εἰς τὸν ἀγρὸν ⸆μὴ ἐπιστρεψάτω ⸋εἰς τὰ⸌ ὀπίσω ἆραι τὸ ἱμάτιον αὐτοῦ.		
[19]οὐαὶ δὲ ταῖς ἐν γαστρὶ ἐχούσαις καὶ ταῖς ⸀θηλαζούσαις ἐν ἐκείναις ταῖς ἡμέραις.	[17]οὐαὶ °δὲ ταῖς ἐν γαστρὶ ἐχούσαις καὶ °¹ταῖς ⸀θηλαζούσαις ἐν ἐκείναις ταῖς ἡμέραις.	[23]οὐαὶ ⸆ ταῖς ἐν γαστρὶ ἐχούσαις καὶ °ταῖς ⸀θηλαζούσαις ἐν ἐκείναις ταῖς ἡμέραις·	
[20]προσεύχεσθε δὲ ἵνα μὴ γένηται ⸉ἡ φυγὴ ὑμῶν⸊ χειμῶνος μηδὲ	[18]⸂προσεύχεσθε δὲ⸃ ἵνα μὴ ⸄γένηται χειμῶνος⸅·		

Matth.: 15 ⸋1010 sy[s] \| ⸀εστως B[corr] ℜ D* Θ λ φ *pm* ¦ *txt* B* ℵ D[corr] W Δ Φ 094. 33. 565. 892 *al* ‖ 16 ⸀επι ℵ ℜ L W Φ 0133 φ 565 *pm* ¦ *txt p)* B D Δ Θ 094 λ 700. 892. 1424 *al* ‖ 17 ⸀-βαινετω ℜ W Δ 0133 λ φ 565 *al*; Or \| ⸁*p)* τι D Θ λ 33 *al* lat; Ir Or Hipp ‖ 18 ⸂τα ιματια ℜ W Δ 0133 *al* f; Ath ‖ 19 ⸀-ζομεναις D ‖ 20 ⸉ *3 1 2* W

Mark.: 14 ⸆*p)* το ρηθεν υπο (δια Φ λ 579 *al*) Δανιηλ του προφητου ℜ A Δ Θ Φ 0104 λ φ 579 *pm* sy[p] bo[pt] \| ⸆ τι αναγινωσκει D g[2] (a n) ‖ 15 ⸂ † ο B *al* sa bo ¦ και ο D Θ *al* lat sy[s.p] ¦ *txt* ℵ ℜ A L W Δ 0104 λ φ *al* \| ⸆εις την οικιαν ℜ A D W Θ λ φ *pl* latt sy[s] \| ⸉ † B K L Ψ *pc* ¦ *txt* ℵ ℜ A D (W) Θ λ φ *pl* latt ‖ 16 ⸆ων ℜ A W Θ Φ φ (lat) \| ⸋ ℵ D 0235 *pc* lat ‖ 17 °D \| °¹W \| ⸀-ζομεναις D 28 ‖ 18 ⸂και προσευχ. D it \| ⸄χειμ. γενωνται D vg ¦ χ. ταυτα γενηται Θ (⸉ 13 *pc*) *pc* ¦ *p)* χ. ταυτα γινεται η σαββατου L (*pc*, k n[corr]) ¦ *p)* γενηται η φυγη υμων χειμ. ℵ[corr] ℜ A Γ Δ Φ Ψ 0104 λ 157. 700. (892) *pm* ¦ *txt* B ℵ* W 0235 *pc*

Luk.: 20 ⸉ *3 1 2* D *pc*; Hipp \| ⸆την ℜ A L Γ Δ Θ 063 λ φ *pm* \| ⸀γινωσκετε (-ται) R W λ *pc*; Hipp ¦ γνωσεσθε D X *pc* \| ⸁-ισεν A λ *pc* ‖ 21 ⸆μη D \| °W ‖ 22 °ℵ \| ⸀-ρωθηναι C X Θ λ φ 33. 565 *pm*; Eus ‖ 23 ⸆δε ℵ C ℜ A W Γ Δ Θ λ φ *pl* ¦ *txt* B D L *pc* it \| °W Θ *pc* \| ⸀-ζομεναις D

1sqq cf *33sqq. 48sq. 50* ‖ *3sq* Dn 9, 27; 11, 31; 12, 11; cf 1 Mcc 1, 54; 6, 7; cf *43sqq* ‖ *5(Mt)* Is 60, 13; cf Act 6, 13; 21, 26 ‖ *6* cf Dn 12, 4 ‖ *6sqq* cf Prv 22, 3 ‖ *7* cf 1 Mcc 2, 28 ‖ *10sq* cf Dt 32, 35; Hos 9, 7; Jr 46, 10 (LXX 26, 10); 50, 31 (LXX 27, 31); Ez 9, 1; Sir 5, 7; Lc 18, 7?; 1 Rg 9, 6sqq; Mch 3, 12; Dn 9, 26 etc ‖ *12* cf 1 Sm 9, 25; Is 15, 3; 22, 1; Jr 19, 13; Zph 1, 5 ‖ *12sqq* cf *39sqq* ‖ *15* cf Gn 19, 26. 17; Lc 9, 62 ‖ *16sqq* cf Lc 23, 29; 1 Cor 7, 26. 28?

[Matth. 24,15-22]

⸀σαββάτῳ. [21] ἔσται γὰρ τότε θλῖψις μεγάλη οἵα ⸂οὐ γέγονεν⸃ ἀπ᾿ ἀρχῆς κόσμου ἕως τοῦ νῦν ⸄οὐδ᾿ οὐ⸅ μὴ γένηται.

[22] καὶ εἰ μὴ ἐκολοβώθησαν αἱ ἡμέραι ἐκεῖναι, οὐκ ἂν ἐσώθη πᾶσα σάρξ· διὰ δὲ τοὺς ἐκλεκτοὺς κολοβωθήσονται αἱ ἡμέραι ἐκεῖναι.

[Mark. 13,14-20]

[19] ἔσονται γὰρ αἱ ἡμέραι ἐκεῖναι θλῖψις οἵα οὐ γέγονεν τοιαύτη ἀπ᾿ ἀρχῆς κτίσεως ⸋⸀ἣν ἔκτισεν ὁ θεὸς⸌ ἕως τοῦ νῦν ⸂καὶ οὐ⸃ μὴ γένηται.

[20] καὶ εἰ μὴ ⸉ἐκολόβωσεν κύριος⸊ τὰς ἡμέρας⸆, οὐκ ἂν ἐσώθη πᾶσα σάρξ· ἀλλὰ διὰ τοὺς ἐκλεκτοὺς οὓς ἐξελέξατο ἐκολόβωσεν τὰς ἡμέρας.

[Luk. 21,20-24]

ἔσται γὰρ ⸆ ἀνάγκη μεγάλη ἐπὶ τῆς γῆς καὶ ὀργὴ ⸆ τῷ λαῷ τούτῳ, [24] καὶ πεσοῦνται⸆ στόματι ⸀μαχαίρης καὶ αἰχμαλωτισθήσονται εἰς ⸉τὰ ἔθνη πάντα⸊, καὶ Ἰερουσαλὴμ ἔσται πατουμένη ὑπὸ ἐθνῶν, ἄχρι °οὗ πληρωθῶσιν⸆ ⸋καιροὶ ἐθνῶν⸌.

(nr. 292 21,25-28 p. 404)

19,43-44 *(nr. 270, p. 369)*

[43] Ὅτι ἥξουσιν ἡμέραι ἐπὶ σὲ καὶ παρεμβαλοῦσιν οἱ ἐχθροί σου χάρακά σοι καὶ περικυκλώσουσίν σε καὶ συνέξουσίν σε πάντοθεν, [44] καὶ ἐδαφιοῦσίν σε καὶ τὰ τέκνα σου ἐν σοί, καὶ οὐκ ἀφήσουσιν λίθον ἐπὶ λίθον ἐν σοί, ἀνθ᾿ ὧν οὐκ ἔγνως τὸν καιρὸν τῆς ἐπισκοπῆς σου.

17,31 *(nr. 235, p. 316)*

[31] Ἐν ἐκείνῃ τῇ ἡμέρᾳ ὃς ἔσται ἐπὶ τοῦ δώματος καὶ τὰ σκεύη αὐτοῦ ἐν τῇ οἰκίᾳ, μὴ καταβάτω ἆραι αὐτά, καὶ ὁ ἐν ἀγρῷ ὁμοίως μὴ ἐπιστρεψάτω εἰς τὰ ὀπίσω.

Joh.

---

2. Thess. 2,3–4: [3] Μή τις ὑμᾶς ἐξαπατήσῃ κατὰ μηδένα τρόπον. ὅτι ἐὰν μὴ ἔλθῃ ἡ ἀποστασία πρῶτον καὶ ἀποκαλυφθῇ ὁ ἄνθρωπος τῆς ἀνομίας, ὁ υἱὸς τῆς ἀπωλείας, [4] ὁ ἀντικείμενος καὶ ὑπεραιρόμενος ἐπὶ πάντα λεγόμενον θεὸν ἢ σέβασμα, ὥστε αὐτὸν εἰς τὸν ναὸν τοῦ θεοῦ καθίσαι ἀποδεικνύντα ἑαυτὸν ὅτι ἐστὶν θεός.

Didache 16,4: Αὐξανούσης γὰρ τῆς ἀνομίας μισήσουσιν ἀλλήλους καὶ διώξουσι καὶ παραδώσουσι, καὶ τότε φανήσεται ὁ κοσμοπλανὴς ὡς υἱὸς θεοῦ καὶ ποιήσει σημεῖα καὶ τέρατα, καὶ ἡ γῆ παραδοθήσεται εἰς χεῖρας αὐτοῦ, καὶ ποιήσει ἀθέμιτα, ἃ οὐδέποτε γέγονεν ἐξ αἰῶνος.

Barn. ep. 4,3: Τὸ τέλειον σκάνδαλον ἤγγικεν, περὶ οὗ γέγραπται, ὡς Ἐνὼχ λέγει. εἰς τοῦτο γὰρ ὁ δεσπότης συντέτμηκεν τοὺς καιροὺς καὶ τὰς ἡμέρας, ἵνα ταχύνῃ ὁ ἠγαπημένος αὐτοῦ καὶ ἐπὶ τὴν κληρονομίαν ἥξῃ.

Justinus Mart., Dial. 82,1–2: *cf. nr. 289*

Matth.: 20 ⸀-ου D L Φ **047** *al* ¦ -ων **094** e ¦ εν σ-ω E F G H **0133**. 565. 1424 *al* || 21 ⸂ουκ εγενετο ℵ D Θ 700; Ir | ⸄ουδε D W Δ Φ 157. 700 *al*; Ir

Mark.: 19 ⸋*p)* D Θ *al* it | ⸀ης C² Ꞩ A W Δ Φ **0104** λ ϕ 700 *pm* b q | ⸂ουδε D(Θ *al*) || 20 ⸉ C Ꞩ A D Δ (Θ) Φ λ ϕ 700 *pm* it | ⸆εκεινας E F G Δ Θ λ ϕ *al* ¦ δια τους εκλεκτους αυτου D 565 it

Luk.: 23 ⸆*p)* τοτε λ *pc* ¦ εν εκειναις ταις ημεραις ℵ* | ⸆εν Ꞩ W Γ Δ Θ *al* || 24 ⸆εν D R *al*; Eus | ⸀-ρας B² ℵ C Ꞩ A (W) Γ Θ λ ϕ *pl* ¦ ρομφαιας D *pc* ¦ *txt* B* Δ *pc* | ⸉*3 1 2* C Ꞩ A D W Γ Δ Θ λ ϕ *pm* ¦ *txt* B ℵ L R *pc* | ° Ꞩ A W Γ Δ λ *pm* | ⸆και εσονται B ¦ καιροι, και εσ. L 1241 *pc* sy^hmg | ⸋ D

20sqq cf Dn 12,1 (Thd); Joel 2,2; 1Mcc 9,27; cf 46sq || *21sqq* cf Ex 9,18; Dt 4,32; 1Cor 7,29?; Rm 13,11? || *26sq* cf Zch 12,3; Dn 8,13sq; 9,26; 1Mcc 3,45.51; 4,60; 2Mcc 8,2; Apc 11,2 || *27* cf Dn 12,7; Tob 14 5 LXX; Rm 11,25? || *33sqq* cf 1sqq || *39sqq* cf 12sqq || *43sqq* cf 3sqq || *46sq* cf 20sqq || *48sq* cf 1sqq || *50* cf 1sqq

291. Warnung vor falschen Propheten

Pseudochristi et pseudoprophetae

False Christs and False Prophets

Matth. 24, 23-28
24, 4-5. 11

[23] Τότε ἐάν τις ⸉ὑμῖν εἴπη⸊· ἰδοὺ ὧδε ὁ χριστός, ἤ· ὧδε, μὴ ⸀πιστεύσητε· [24] ἐγερθήσονται γὰρ ψευδόχριστοι καὶ ψευδοπροφῆται καὶ δώσουσιν σημεῖα °μεγάλα καὶ τέρατα ὥστε ⸀πλανῆσαι, εἰ δυνατόν, καὶ τοὺς ἐκλεκτούς.

[25] ἰδοὺ προείρηκα ὑμῖν.

[26] ἐὰν οὖν εἴπωσιν ὑμῖν· ἰδοὺ ἐν τῇ ἐρήμῳ ἐστίν, μὴ ἐξέλθητε· ἰδοὺ ἐν τοῖς ταμείοις, μὴ πιστεύσητε· [27] ὥσπερ γὰρ ἡ ἀστραπὴ ἐξέρχεται ἀπὸ ἀνατολῶν καὶ ⸀φαίνεται ἕως δυσμῶν, οὕτως ἔσται ⸆ ἡ παρουσία τοῦ υἱοῦ τοῦ ἀνθρώπου·

[28] ὅπου ⸆ ἐὰν ᾖ τὸ πτῶμα, ἐκεῖ συναχθήσονται ⸆ οἱ ἀετοί.

24, 4-5 *(nr. 288, p. 396)*

[4] Καὶ ἀποκριθεὶς ὁ Ἰησοῦς εἶπεν αὐτοῖς· βλέπετε μή τις ὑμᾶς πλανήσῃ· [5] πολλοὶ γὰρ ἐλεύσονται ἐπὶ τῷ ὀνόματί μου λέγοντες· ἐγώ εἰμι ὁ χριστός, καὶ πολλοὺς πλανήσουσιν.

24, 11 *(nr. 289, p. 398)*

[11] Καὶ πολλοὶ ψευδοπροφῆται ἐγερθήσονται καὶ πλανήσουσιν πολλούς.

Mark. 13, 21-23
13, 5-6

[21] Καὶ τότε ἐάν τις ὑμῖν εἴπῃ· ἴδε ὧδε ὁ χριστός, ⸆ ἴδε ἐκεῖ, μὴ ⸀πιστεύετε· [22] ἐγερθήσονται ⸀γὰρ ⸋ψευδόχριστοι καὶ⸌ ψευδοπροφῆται καὶ ⸂δώσουσιν σημεῖα καὶ τέρατα πρὸς τὸ ἀποπλανᾶν, εἰ δυνατόν, ⸆ τοὺς ἐκλεκτούς. [23] ὑμεῖς δὲ βλέπετε· ⸆ προείρηκα ὑμῖν πάντα.

13, 5-6 *(nr. 288, p. 396)*

[5] Ὁ δὲ Ἰησοῦς ἤρξατο λέγειν αὐτοῖς· βλέπετε μή τις ὑμᾶς πλανήσῃ· [6] πολλοὶ ἐλεύσονται ἐπὶ τῷ ὀνόματί μου λέγοντες ὅτι ἐγώ εἰμι, καὶ πολλοὺς πλανήσουσιν.

Luk. 17, 23-24. 37 b
21, 8; 17, 20-21

17, 23-24 *(nr. 235, p. 316)*

[23] Καὶ ἐροῦσιν ὑμῖν· ἰδοὺ ⸂ἐκεῖ, [ἤ·] ἰδοὺ ὧδε⸃· μὴ ⸋ἀπέλθητε μηδὲ⸌ διώξητε.

[24] ὥσπερ γὰρ ἡ ἀστραπὴ ⸀ἀστράπτουσα ἐκ τῆς ὑπὸ τὸν οὐρανὸν ⸋εἰς τὴν ὑπ᾽ οὐρανὸν⸌ ⸂λάμπει, οὕτως ἔσται ὁ υἱὸς τοῦ ἀνθρώπου ⸋1[ἐν τῇ ἡμέρᾳ αὐτοῦ]⸌.

17, 37 b *(nr. 235, p. 316)*

[37b] Ὁ δὲ εἶπεν αὐτοῖς· ὅπου τὸ σῶμα, ⸂ἐκεῖ καὶ οἱ ἀετοὶ ἐπισυναχθήσονται⸃.

21, 8 *(nr. 288, p. 396)*

[8] Ὁ δὲ εἶπεν· βλέπετε μὴ πλανηθῆτε· πολλοὶ γὰρ ἐλεύσονται ἐπὶ τῷ ὀνόματί μου λέγοντες· ἐγώ εἰμι, καί· ὁ καιρὸς ἤγγικεν. μὴ πορευθῆτε ὀπίσω αὐτῶν.

17, 20-21 *(nr. 234, p. 315)*

[20] Ἐπερωτηθεὶς δὲ ὑπὸ τῶν Φαρισαίων πότε ἔρχεται ἡ βασιλεία τοῦ θεοῦ ἀπεκρίθη αὐτοῖς καὶ εἶπεν· οὐκ ἔρχεται ἡ βασιλεία τοῦ θεοῦ μετὰ παρατηρήσεως, [21] οὐδὲ ἐροῦσιν· ἰδοὺ ὧδε ἤ· ἐκεῖ, ἰδοὺ γὰρ ἡ βασιλεία τοῦ θεοῦ ἐντὸς ὑμῶν ἐστιν.

Joh.

Matth.: 23 ⸉ L d e ff[1]; Hipp | ⸀ *p)* -ευετε B* 262; Or[pt] || 24 ° *p)* ℵ W* *pc* ff[1] r[1] (*pon. p.* τερατα 28.1424 *pc*) | ⸀ -νασθαι L Z Θ λ 33 lat ¦ -νηθηναι ℵ D ¦ *txt* B 𝔎 W Δ Φ ϕ *pm* || 27 ⸀ φαινει D G Θ λ 700 | ⸆ και W Δ Θ ϕ 118.157.209.1424 *pm* lat; Hipp[pt] Cyp Ath Cyr[Jer] Chr || 28 ⸆ γαρ 𝔎 W Δ ϕ *pm* c ff[2] q; Cyr | ⸆ και 565 *al* l; Hipp[pt] Chr

Mark.: 21 ⸆ και B ¦ η C 𝔎 A D Δ Θ Φ λ *pm* lat | ⸀ *p)* -ευσητε Θ λ *pm* || 22 ⸀ † δε ℵ C ¦ *txt* B 𝔎 A D L W Θ **0104.0235** λ ϕ *pl* latt | ⸋ D *pc* i k | ⸂ † ποιησουσιν D Θ ϕ 565 *al* a ¦ *txt* ℌ 𝔎 A W **0104.0235** λ *pl* lat sy[s.p] sa bo | ⸆ και C 𝔎 A L W Δ Θ **0104.0116** λ ϕ *pl* latt sy[s.p] sa bo || 23 ⸆ *p)* ιδου ℌ 𝔎 A D Θ **0104.0116** *pl* lat sy[s.p]; Cyp ¦ *txt* B L W Ψ **0235** *pc* a (r[1])

Luk.: 23 ⸂ *4 2 3 1* 𝔎 A Θ *pl* it ¦ † *1 3 4* L ¦ *4 2 1* D W **063**. 33. 69 *pc* e q vg[codd] ¦ εκ. και ιδ. ωδε ℵ sy[s.c] ¦ *txt* 𝔓[75] B sa bo | ⸋ 𝔓[75] B ϕ *pc* sa || 24 ⸀ η αστρ. 𝔎 A D R **063** *pm* ¦ -πτει sy[s.c] ¦ *txt* 𝔓[75] ℌ W Θ λ ϕ *al* | ⸋ D 700 *al* it | ⸂ αστραπτει D ¦ — it sy[s.c] | ⸋1 𝔓[75] B D it sa ¦ *txt* ℵ 𝔎 A W Θ **063** λ ϕ *pl* lat || 37 b ⸂ *1* συναχθ. *3 4* 𝔎 A D W Δ Θ **063** λ *pm*

---

1 sqq cf *25 sqq. 28 sq. 30 sqq. 33* || *1 sq* cf Act 5, 36 sq; 21, 38; *cf 21 sqq (Lc)* || *3 sqq* cf Dt 13, 2-4; Ex 7, 3; Dt 13, 1; Mt 7, 15; 1 Jo 2, 18; 4, 1; 2 Pt 2, 1; Apc 13, 13; *cf 17 sqq. 21 sq (Mt)* || *7 sq* cf Jo 13, 19; 14, 29; 16, 4 || *14 sq* cf Hab 1, 8; Job 39, 27-30 || *17 sqq cf 3 sqq* || *21 sq (Mt) cf 3 sqq* || *21 sqq (Lc) cf 1 sq*

2. Thess. 2, 8–10: [8] Καὶ τότε ἀποκαλυφθήσεται ὁ ἄνομος, ὃν ὁ κύριος [Ἰησοῦς] ἀνελεῖ τῷ πνεύματι τοῦ στόματος αὐτοῦ καὶ καταργήσει τῇ ἐπιφανείᾳ τῆς παρουσίας αὐτοῦ, [9] οὗ ἐστιν ἡ παρουσία κατ' ἐνέργειαν τοῦ σατανᾶ ἐν πάσῃ δυνάμει καὶ σημείοις καὶ τέρασιν ψεύδους [10] καὶ ἐν πάσῃ ἀπάτῃ ἀδικίας τοῖς ἀπολλυμένοις, ἀνθ' ὧν τὴν ἀγάπην τῆς ἀληθείας οὐκ ἐδέξαντο εἰς τὸ σωθῆναι αὐτούς.

Didache 16, 4: Αὐξανούσης γὰρ τῆς ἀνομίας μισήσουσιν ἀλλήλους καὶ διώξουσι καὶ παραδώσουσι, καὶ τότε φανήσεται ὁ κοσμοπλανὴς ὡς υἱὸς θεοῦ καὶ ποιήσει »σημεῖα καὶ τέρατα«, καὶ ἡ γῆ παραδοθήσεται εἰς χεῖρας αὐτοῦ, καὶ ποιήσει ἀθέμιτα, ἃ οὐδέποτε γέγονεν ἐξ αἰῶνος.

Justinus Mart., Dial. 35, 3: Καί· »Ἔσονται σχίσματα καὶ αἱρέσεις«. καί· »Προσέχετε ἀπὸ τῶν ψευδοπροφητῶν, οἵτινες ἐλεύσονται πρὸς ὑμᾶς, ἔξωθεν ἐνδεδυμένοι δέρματα προβάτων, ἔσωθεν δέ εἰσι λύκοι ἅρπαγες«. καί· »Ἀναστήσονται πολλοὶ ψευδόχριστοι καὶ ψευδοαπόστολοι, καὶ πολλοὺς τῶν πιστῶν πλανήσουσιν«.

–, Dial. 82, 1–2: *cf. nr. 289.*

25 sqq cf 1 sqq || *28 sq cf 1 sqq* || *30 sqq cf 1 sqq* || *33 cf 1 sqq*

292. Die Wiederkunft des Menschensohnes

Filii hominis adventus — **The Coming of the Son of Man**

Matth. 24, 29-31	Mark. 13, 24-27	Luk. 21, 25-28	Joh.
[29] Εὐθέως δὲ μετὰ τὴν θλῖψιν τῶν ἡμερῶν ἐκείνων ὁ ἥλιος σκοτισθήσεται, καὶ ἡ σελήνη οὐ δώσει τὸ φέγγος αὐτῆς, καὶ οἱ ἀστέρες πεσοῦνται ⸀ἀπὸ τοῦ οὐρανοῦ,	[24] Ἀλλὰ ἐν ἐκείναις ταῖς ἡμέραις μετὰ τὴν θλῖψιν ἐκείνην ὁ ἥλιος σκοτισθήσεται, καὶ ἡ σελήνη οὐ δώσει τὸ φέγγος αὐτῆς, [25] καὶ οἱ ἀστέρες ⸂ἔσονται ἐκ τοῦ οὐρανοῦ⸃ ⸀πίπτοντες,	(nr. 290 21, 20-24 p. 401) [25] Καὶ ⸀ἔσονται σημεῖα ἐν ἡλίῳ καὶ σελήνῃ καὶ ἄστροις, καὶ ἐπὶ τῆς γῆς συνοχὴ ἐθνῶν ⸂ἐν ἀπορίᾳ⸃ ⸀ἤχους θαλάσσης καὶ ⸀¹σάλου, [26] ἀποψυχόντων ⸆ ἀνθρώπων ἀπὸ φόβου καὶ προσδοκίας τῶν ἐπερχομένων τῇ οἰκουμένῃ,	
καὶ αἱ δυνάμεις τῶν οὐρανῶν σαλευθήσονται.	καὶ αἱ δυνάμεις ⸂αἱ ἐν τοῖς οὐρανοῖς⸃ σαλευθήσονται.	αἱ γὰρ δυνάμεις ⸂τῶν οὐρανῶν⸃ σαλευθήσονται.	
[30] καὶ τότε φανήσεται τὸ σημεῖον τοῦ υἱοῦ τοῦ ἀνθρώπου ⸂ἐν οὐρανῷ⸃, καὶ ⸂τότε κόψονται⸃ πᾶσαι αἱ φυλαὶ τῆς γῆς καὶ	[26] καὶ τότε	[27] καὶ τότε	
ὄψονται τὸν υἱὸν τοῦ ἀνθρώπου ἐρχόμενον ἐπὶ τῶν νεφελῶν τοῦ οὐρανοῦ μετὰ δυνάμεως ⸉καὶ δόξης πολ-	ὄψονται τὸν υἱὸν τοῦ ἀνθρώπου ἐρχόμενον ⸂ἐν νεφέλαις⸃ μετὰ δυνάμεως πολλῆς καὶ δόξης.	ὄψονται τὸν υἱὸν τοῦ ἀνθρώπου ἐρχόμενον ἐν ⸀νεφέλῃ ⸂μετὰ δυνάμεως καὶ δόξης πολλῆς⸃.	

Matth.: 29 ⸀*p)* εκ ℵ D *pc* || **30** ⸂ εν τω ουρ. ℜ W Δ Φ λ φ *pl* ¦ του εν ουρανοις D ¦ *txt* B ℵ L Θ 700 | ⸂ *2 1* D Θ 1. 69. 700. 892 *al* ¦ *2* ℵ* *pc* e | ⸉ *3 1 2* D *pc* lat

Mark.: 25 ⸂ *3 4 1* ℜ Γ Δ Φ **0104. 0116** λ(φ) 157 *pm* ¦ οι εκ τ. ου. εσ. D it ¦ *2-4* W(*pc*) | ⸀εκπιπτ- ℜ A Γ Δ Φ **0104. 0116** λ φ 157 *pm* ¦ πεσουνται W(*pc*) | ⸂ *p)* των ουρανων D *pc* it sy^s.p sa^pt bo || **26** ⸂ *p)* εν -λη W Θ λ φ *pc* ¦ *p)* επι των νεφελων D sy^s

Luk.: 25 ⸀εσται C ℜ A L W Γ Δ Θ λ φ *pl* ¦ *txt* B ℵ D *pc* | ⸂ και εν -ιᾳ ℵ *pc* ¦ και -ια D | ⸀ηχουσης ℜ D W Γ Δ *pm* ¦ *txt* ℌ A R Θ λ φ *al* latt | ⸀¹σαλους W X Θ *pc* || **26** ⸆των N | ⸂ *p)* αι εν τω ουρανω D it || **27** ⸀ *p)* νεφελαις C *pc* it | ⸂ και δυναμει πολλη και δοξη D e r¹ sy^s.c

1 sqq cf 33 sq || *2-11* Is 13, 10; 34, 4; cf Ez 32, 7 sq; Joel 2, 10. 13. 15; Apc 6, 12 sqq || *7* cf Ps 65, 8; Sap 5, 22 || *11 sqq cf 26 sq. 28 sqq* || *13 sq* cf Zch 12, 10 sqq || *15 sqq* Dn 7, 13 sq; cf Apc 1, 7; Mt 26, 64; Mc 14, 62; Apc 14, 14 etc || *17* cf Dn 7, 13 sqq

[Matth. 24, 29-31]	[Mark. 13, 24-27]	[Luk. 21, 25-28]	Joh.
λῆς². 31 καὶ ἀποστελεῖ τοὺς ἀγγέλους αὐτοῦ μετὰ σάλπιγγος ⸆ μεγάλης, καὶ ⸀ἐπισυνάξουσιν τοὺς ἐκλεκτοὺς αὐτοῦ ἐκ τῶν τεσσάρων ἀνέμων ἀπʼ ἄκρων ⸆ οὐρανῶν ἕως °[τῶν] ἄκρων αὐτῶν. ⸆¹	27 καὶ τότε ⸀ἀποστελεῖ τοὺς ἀγγέλους⸆ καὶ ἐπισυνάξει τοὺς ἐκλεκτοὺς °[αὐτοῦ] ἐκ τῶν τεσσάρων ἀνέμων ἀπʼ ἄκρου ⸆ γῆς ἕως ἄκρου ⸆¹ οὐρανοῦ.	28 :⸀ἀρχομένων δὲ τούτων γίνεσθαι ⸀ἀνακύψατε καὶ ἐπάρατε τὰς κεφαλὰς °ὑμῶν, διότι ⸀¹ἐγγίζει ἡ ἀπολύτρωσις ὑμῶν.	

1. Thess. 4, 16: Ὅτι αὐτὸς ὁ κύριος ἐν κελεύσματι, ἐν φωνῇ ἀρχαγγέλου καὶ ἐν σάλπιγγι θεοῦ, καταβήσεται ἀπʼ οὐρανοῦ καὶ οἱ νεκροὶ ἐν Χριστῷ ἀναστήσονται πρῶτον.

Didache 16, 6–8; 10, 5: 16 6 »Καὶ τότε φανήσεται τὰ σημεῖα« τῆς ἀληθείας· πρῶτον σημεῖον ἐκπετάσεως ἐν οὐρανῷ, εἶτα σημεῖον »φωνῆς σάλπιγγος«, καὶ τὸ τρίτον ἀνάστασις νεκρῶν· 7 οὐ πάντων δέ, ἀλλʼ ὡς ἐρρέθη· »Ἥξει ὁ κύριος καὶ πάντες οἱ ἅγιοι μετʼ αὐτοῦ«. 8 »τότε ὄψεται« ὁ κόσμος τὸν κύριον »ἐρχόμενον ἐπάνω τῶν νεφελῶν τοῦ οὐρανοῦ«. 10 5 Μνήσθητι, κύριε, τῆς ἐκκλησίας σου τοῦ ῥύσασθαι αὐτὴν ἀπὸ παντὸς πονηροῦ καὶ τελειῶσαι αὐτὴν ἐν τῇ ἀγάπῃ σου, »καὶ σύναξον αὐτὴν ἀπὸ τῶν τεσσάρων ἀνέμων«, τὴν ἁγιασθεῖσαν, εἰς τὴν σὴν βασιλείαν, ἣν ἡτοίμασας αὐτῇ· ὅτι σοῦ ἐστιν ἡ δύναμις καὶ ἡ δόξα εἰς τοὺς αἰῶνας.

Barn. ep. 15, 5: Καὶ κατέπαυσεν τῇ ἡμέρᾳ τῇ ἑβδόμῃ. τοῦτο λέγει· ὅταν ἐλθὼν ὁ υἱὸς αὐτοῦ καταργήσει τὸν καιρὸν τοῦ ἀνόμου καὶ κρινεῖ τοὺς ἀσεβεῖς καὶ ἀλλάξει τὸν ἥλιον καὶ τὴν σελήνην καὶ τοὺς ἀστέρας, τότε καλῶς καταπαύσεται ἐν τῇ ἡμέρᾳ τῇ ἑβδόμῃ.

Matth.: 31 ⸆φωνης B 𝔎 Φ ϕ *pm* sa ¦ και φ. D *al* lat ¦ *txt* ℵ L W Δ Θ λ 700. 892*. 1424 *pc* e sy^s.p bo | ⸀-ξει ℵ* *pc* sy^s bo^pt | ⸆των Θ ϕ 157. 700 *pc* | ° ℵ 𝔎 D L W *pl* ¦ *txt* B Θ λ ϕ 33. 700. 892 *pc* | ⸆¹ *p)* αρχομενων δε τουτων γινεσθαι αναβλεψατε και επαρατε τας κεφαλας υμων διοτι εγγιζει η απολυτρωσις υμων. D 1093 it

Mark.: 27 ⸀-στελλει ℵ L Δ 157. 892 *pc* | ⸆αυτου ℵ C 𝔎 A Γ Δ Θ Φ Ψ 0104. 0116 λ ϕ *pl* sy^s.p sa bo^pt ¦ *txt* B D L W 0235 it | ° D L W Ψ 1. 565. 892 *pc* it; Or ¦ *txt* B ℵ C 𝔎 A Γ Δ Θ Φ 0104. 0235 ϕ 157 *pm* lat sy^s.p sa bo | ⸆της W Θ Φ λ ϕ *al* | ⸆¹ του Θ Ψ ϕ *al*

Luk.: 28 [:*nova sect. hic, non vs* 29 *comm*] | ⸀ερχ- D 13 *pc* | ⸀-καλυψατε W λ | ° D | ⸀¹ηγγικεν λ *pc*; Tert

---

19 sqq cf Zch 2, 10; Dt 30, 4; Is 27, 13; Ps 106, 47; 2 Mcc 2, 7; 1 Cor 15, 52; Apc 8, 2; *cf* 30 *sqq* || *26 sq cf* 11 *sqq* || *28 sqq cf* 11 *sqq* || *30 sqq cf* 19 *sqq* || *33 sq cf* 1 *sqq*

293. Der Zeitpunkt der Wiederkunft: Gleichnis vom Feigenbaum

Tempus adventus: parabola fici

The Time of the Coming: the Parable of the Fig Tree

Matth. 24, 32-36 16, 28; 5, 18	Mark. 13, 28-32 9, 1	Luk. 21, 29-33 9, 27; 16, 17	Joh.
32 Ἀπὸ δὲ τῆς συκῆς μάθετε τὴν παραβολήν· ὅταν ἤδη ὁ κλάδος αὐτῆς γένηται ἁπαλὸς	28 Ἀπὸ δὲ τῆς συκῆς μάθετε τὴν παραβολήν· ὅταν ⸂ἤδη ὁ κλάδος αὐτῆς⸃ ἁπαλὸς γένηται	29 :Καὶ εἶπεν παραβολὴν αὐτοῖς· ἴδετε τὴν συκῆν καὶ πάντα τὰ δένδρα· 30 ὅταν προβάλωσιν ⸀ἤδη,	

Mark.: 28 ⸂ *4 1 2 3* 𝔎 Γ (Δ) 0104. 0116 λ *pm* ¦ *4 2 3* W *pc et varr al*

Luk.: 29 [:*nova sect.* vs 28, *non hic comm*] || 30 ⸀τον καρπον αυτων, γινωσκεται ηδη οτι εγγυς ηδη D (157 *pc* lat sy^s.c; Mcion)

---

1 sqq cf 24 *sqq*

[Matth. 24, 32-36]

καὶ τὰ φύλλα ⸀ἐκφύῃ, ⸁γινώσκετε ὅτι ἐγγὺς ⸆ τὸ θέρος· [33]οὕτως καὶ ὑμεῖς, ὅταν ἴδητε ⸂πάντα ταῦτα⸃, γινώσκετε ὅτι ἐγγύς ἐστιν ἐπὶ θύραις.
[34]ἀμὴν λέγω ὑμῖν °ὅτι οὐ μὴ παρέλθῃ ἡ γενεὰ αὕτη ἕως °¹ἂν ⸉πάντα ταῦτα⸊ γένηται. [35]⸋ὁ οὐρανὸς καὶ ἡ γῆ ⸀παρελεύσεται, οἱ δὲ λόγοι μου οὐ μὴ παρέλθωσιν.⸌ [36]Περὶ δὲ τῆς ἡμέρας ἐκείνης ⸀καὶ ὥρας οὐδεὶς οἶδεν, οὐδὲ οἱ ἄγγελοι τῶν οὐρανῶν ⸋οὐδὲ ὁ υἱός⸌, εἰ μὴ ὁ πατὴρ ⸆ μόνος.

(nr. 296 24, 37-44 p. 409)

[Mark. 13, 28-32]

καὶ ⸀ἐκφύῃ τὰ φύλλα⸆, ⸁γινώσκετε ὅτι ἐγγὺς τὸ θέρος ἐστίν· [29]οὕτως καὶ ὑμεῖς, ὅταν ⸂ἴδητε ⸆ ταῦτα⸃ γινόμενα, γινώσκετε ὅτι ἐγγύς ἐστιν ἐπὶ θύραις.
[30]Ἀμὴν ⸆ λέγω ὑμῖν ὅτι οὐ μὴ παρέλθῃ ἡ γενεὰ αὕτη ⸀μέχρις ⸁οὗ ⸂ταῦτα πάντα⸃ γένηται. [31]ὁ οὐρανὸς καὶ ἡ γῆ παρελεύσονται, οἱ δὲ λόγοι μου οὐ °μὴ παρελεύσονται. [32]Περὶ δὲ τῆς ἡμέρας ἐκείνης ⸀ἢ °τῆς ὥρας οὐδεὶς οἶδεν, οὐδὲ ⸉οἱ ἄγγελοι⸊ ἐν ⸆ οὐρανῷ ⸋οὐδὲ ὁ υἱός⸌, εἰ μὴ ὁ πατήρ⸆.

[Luk. 21, 29-33]

βλέποντες ἀφ᾽ ἑαυτῶν γινώσκετε ὅτι ⸂ἤδη ἐγγὺς⸃ τὸ θέρος ἐστίν· [31]οὕτως καὶ ὑμεῖς, ὅταν ἴδητε ταῦτα ⸀γινόμενα, ⸁γινώσκετε ὅτι ἐγγύς ἐστιν ἡ βασιλεία τοῦ θεοῦ.
[32]ἀμὴν λέγω ὑμῖν ὅτι οὐ μὴ παρέλθῃ ἡ γενεὰ αὕτη ἕως °ἂν ⸆ πάντα γένηται. [33]ὁ οὐρανὸς καὶ ἡ γῆ ⸀παρελεύσονται, οἱ δὲ λόγοι μου οὐ μὴ ⸁παρελεύσονται.

(nr. 295 21, 34-36 p. 408)

Joh.

16, 28 *(nr. 160, p. 234)*

[28]Ἀμὴν λέγω ὑμῖν ὅτι εἰσίν τινες τῶν ὧδε ἑστώτων οἵτινες οὐ μὴ γεύσωνται θανάτου ἕως ἂν ἴδωσιν τὸν υἱὸν τοῦ ἀνθρώπου ἐρχόμενον ἐν τῇ βασιλείᾳ αὐτοῦ.

9, 1 *(nr. 160, p. 234)*

[1]Καὶ ἔλεγεν αὐτοῖς· ἀμὴν λέγω ὑμῖν ὅτι εἰσίν τινες ὧδε τῶν ἑστηκότων οἵτινες οὐ μὴ γεύσωνται θανάτου ἕως ἂν ἴδωσιν τὴν βασιλείαν τοῦ θεοῦ ἐληλυθυῖαν ἐν δυνάμει.

9, 27 *(nr. 160, p. 234)*

[27]Λέγω δὲ ὑμῖν ἀληθῶς, εἰσίν τινες τῶν αὐτοῦ ἑστηκότων οἳ οὐ μὴ γεύσωνται θανάτου ἕως ἂν ἴδωσιν τὴν βασιλείαν τοῦ θεοῦ.

5, 18 *(nr. 54, p. 78)*

[18]Ἀμὴν γὰρ λέγω ὑμῖν· ἕως ἂν παρέλθῃ ὁ οὐρανὸς καὶ ἡ γῆ, ἰῶτα ἓν ἢ μία κεραία οὐ μὴ παρέλθῃ ἀπὸ τοῦ νόμου, ἕως ἂν πάντα γένηται.

16, 17 *(nr. 226, p. 309)*

[17]Εὐκοπώτερον δέ ἐστιν τὸν οὐρανὸν καὶ τὴν γῆν παρελθεῖν ἢ τοῦ νόμου μίαν κεραίαν πεσεῖν.

1. Clem. ad Cor. 23, 3-4: [3]Πόρρω γενέσθω ἀφ᾽ ἡμῶν ἡ γραφὴ αὕτη, ὅπου λέγει· Ταλαίπωροί εἰσιν οἱ δίψυχοι, οἱ διστάζοντες τῇ ψυχῇ, οἱ λέγοντες· Ταῦτα ἠκούσαμεν καὶ ἐπὶ τῶν πατέρων ἡμῶν, καὶ ἰδού, γεγηράκαμεν, καὶ οὐδὲν ἡμῖν τούτων συνβέβηκεν. [4]»ὦ ἀνόητοι, συμβάλετε ἑαυτοὺς ξύλῳ· λάβετε ἄμπελον· πρῶτον μὲν φυλλοροεῖ, εἶτα βλαστὸς γίνεται, εἶτα φύλλον, εἶτα ἄνθος, καὶ μετὰ ταῦτα ὄμφαξ, εἶτα σταφυλὴ παρεστηκυῖα«. ὁρᾶτε, ὅτι ἐν καιρῷ ὀλίγῳ εἰς πέπειρον καταντᾷ ὁ καρπὸς τοῦ ξύλου. (cf. 2. Clem. 11, 2-3)

Evang. Thomae copt.: *cf. Append. I, 11*

Matth.: 32 ⸀(εκφυῇ E K *pm* ¦ εκφυει W) | ⸁-εται B³ D W *al* | ⸆εστιν D *pc* lat ¦ *p)* ε. *p.* θερος 33 *pc* ‖ 33 ⸂ ℵ D K W Φ λ φ 33. 700. 892. 1241 *al* lat ¦ *txt* B Ϗ Δ Θ *pm* ‖ 34 ° ℵ Ϗ W *pm* ¦ *txt* B D L Θ λ φ 700. 892 *al* | °¹ ℵ *pc* | ⸉ *2 1* D H L Θ φ 157 *al* it ¦ *1* 1424 *al* ‖ 35 ⸋ *vs* ℵ* | ⸀-σονται Ϗ W Δ Θ λ φ *pm* ¦ *txt* B ℵ^corr D L 0133. 33. 892 *al* ‖ 36 ⸀και της Θ Φ λ *pc* ¦ ἢ 33. 1424 *pc* | ⸋ ℵ^corr Ϗ L W Δ λ 69 *pm* lat sy^s.p sa bo; *codd. graeci apud* Hier *et* Amb ¦ *txt* B ℵ* D Θ Φ *pc* it; Ir Chr Amb, *codd. lat. apud* Hier | ⸆μου Ϗ W Φ *al*

Mark.: 28 ⸀(εκφυῇ E K *al*) | ⸆εν αυτη D Θ *pc* | ⸁-σκεται B² D L W Δ Θ *al* ‖ 29 ⸂ Ϗ W Γ Δ Φ **0104. 0116** 157 *pm* | ⸆ *p)* παντα D (*pc* it) ‖ 30 ⸆δε L W 892 | ⸀μεχρι ℵ Ψ ¦ εως D W Θ λ φ *al* | ⸁οτου B ¦ αν λ φ *pc* ¦ — ℵ W Θ *pc* | ⸂ Ϗ A D W Γ Φ **0104. 0116** λ 157 *pm* lat sy^h ‖ 31 ° † B D* ¦ *txt* ℵ C Ϗ A W Θ **0104** λ φ *pl* ‖ 32 ⸀και ℵ D W Θ λ φ 157 *pm* it sy^s.p sa bo^pt | ° Ϗ A Φ **0116** φ *al* | ⸉οι αγγ. οι C Ϗ A W Γ Δ Φ Ψ **0104. 0116** λ φ *al* sy^s.h sa ¦ αγγελος B bo^pt ¦ *txt* ℵ L D Θ 892 *al* | ⸆τω D Ψ 565 *al* | ⸋ X 983 *pc* | ⸆ *p)* μονος (⸂ Δ) Θ Φ 13. 565 *pc* sa bo^pt

Luk.: 30 ⸂ *p.* εγγυς (ℵ D) L R **0179**. 33 *pc* ¦ — K X Ψ *al* lat ‖ 31 ⸀παντα γιν. A φ *pc* ¦ — D a | ⸁-ται B* D W Θ *al* ‖ 32 ° ℵ D 13. 33 | ⸆ *p)* ταυτα D (⸂ Ψ **0179**) φ *pc* l ‖ 33 ⸀-σεται C K W* Θ λ *al* | ⸁-ελθωσιν C Ϗ A Γ Δ Θ λ φ *pm*

---

4 sq cf Jo 4, 35 ‖ *8 sqq* cf *16 sqq. 20 sqq* ‖ *10 sqq* cf Lc 16, 17?; Is 51, 6; cf *28* ‖ *12 sqq* cf Zch 14, 7; Act 1, 7; 1Th 5, 1 sqq ‖ *16 sqq* cf *8 sqq* ‖ *20 sqq* cf *8 sqq* ‖ *24 sqq* cf *1 sqq* ‖ *28* cf *10 sqq*

294. Abschluß: Mahnung zur Wachsamkeit (nach Markus)

Vigilate (secundum Marcum)

Conclusion: »Take Heed, Watch!« (According to Mark)

Matth. 25, 13-15; 24, 42	**Mark. 13, 33-37**	Luk. 21,36; 19,12-13; 12,40; 12,38	Joh.
25,13-15 *(nr. 298. 299, p. 412. 413)*		21,36 *(nr. 295, p. 408)*	
13 Γρηγορεῖτε οὖν, ὅτι οὐκ οἴδατε τὴν ἡμέραν οὐδὲ τὴν ὥραν⸆.	33 Βλέπετε⸆, ἀγρυπνεῖτε⸆· οὐκ οἴδατε γὰρ⸆1 πότε ὁ καιρός °ἐστιν.	36 Ἀγρυπνεῖτε δὲ ἐν παντὶ καιρῷ δεόμενοι ἵνα κατισχύσητε ἐκφυγεῖν ταῦτα πάντα τὰ μέλλοντα γίνεσθαι καὶ σταθῆναι ἔμπροσθεν τοῦ υἱοῦ τοῦ ἀνθρώπου.	
		19,12-13 *(nr. 266, p. 358)*	
14 Ὥσπερ °γὰρ ἄνθρωπος ἀποδημῶν ἐκάλεσεν τοὺς ἰδίους δούλους καὶ παρέδωκεν αὐτοῖς τὰ ὑπάρχοντα αὐτοῦ, 15 καὶ ᾧ μὲν ἔδωκεν πέντε τάλαντα, ᾧ δὲ δύο, ᾧ δὲ ἕν, ἑκάστῳ κατὰ τὴν ⸂ἰδίαν δύναμιν⸃, καὶ ἀπεδήμησεν.	34 ⸀Ὡς ἄνθρωπος ⸁ἀπόδημος ἀφεὶς τὴν οἰκίαν αὐτοῦ καὶ δοὺς τοῖς δούλοις αὐτοῦ τὴν ἐξουσίαν ⸆ἑκάστῳ τὸ ἔργον αὐτοῦ καὶ τῷ θυρωρῷ ἐνετείλατο ἵνα γρηγορῇ.	12 Εἶπεν ⸀οὖν· ἄνθρωπός τις εὐγενὴς ⸁ἐπορεύθη εἰς χώραν μακρὰν λαβεῖν °ἑαυτῷ βασιλείαν καὶ ὑποστρέψαι. 13 καλέσας δὲ δέκα δούλους ⸀ἑαυτοῦ ἔδωκεν αὐτοῖς δέκα μνᾶς καὶ εἶπεν πρὸς αὐτούς⸁· πραγματεύσασθε ἐν ᾧ ἔρχομαι.	
24,42 *(nr. 296, p. 409)*		12,40 *(nr. 203, p. 288)*	
42 Γρηγορεῖτε οὖν, ὅτι οὐκ οἴδατε ποίᾳ ⸀ἡμέρᾳ ὁ κύριος ὑμῶν ἔρχεται.	35 γρηγορεῖτε οὖν· οὐκ οἴδατε γὰρ πότε ὁ κύριος τῆς οἰκίας ἔρχεται,	40 □Καὶ ὑμεῖς ⸆γίνεσθε ἕτοιμοι, ὅτι ᾗ ὥρα οὐ δοκεῖτε ὁ υἱὸς τοῦ ἀνθρώπου ἔρχεται.⸌	
		12,38 *(nr. 203, p. 288)*	
	°ἢ ὀψὲ ἢ ⸀μεσονύκτιον ἢ ⸁ἀλεκτοροφωνίας ἢ πρωΐ, 36 μὴ ⸀ἐλθὼν ἐξαίφνης εὕρῃ ὑμᾶς καθεύδοντας. 37 ⸂ὃ δὲ ὑμῖν λέγω πᾶσιν λέγω⸃, γρηγορεῖτε. *(nr. 305 14,1-2 p. 425)*	38 Κἂν ἐν τῇ δευτέρᾳ κἂν ἐν τῇ τρίτῃ φυλακῇ ἔλθῃ καὶ εὕρῃ οὕτως, μακάριοί εἰσιν ἐκεῖνοι.	

Matth. 25: 13 ⸆(24, 44) εν η ο υιος του ανθρωπου ερχεται C^{3}ℜϕ 28.157.700*pm* ‖ 14 °DW ‖ 15 ⸂δυν. αυτου D

Matth. 24: 42 ⸀ωρα ℜL 118.209.700*al* lat sy$^{s.p}$ sa^{pt} bo^{pt}; Cyr

Mark.: 33 ⸆δε και Θϕ 565*pc* ¦ δε W*pc* ¦ ουν D it | ⸆(Mc 14, 38) και προσευχεσθε ℌℜAWΘ **0104.0116**^{vid} *pl* lat sy$^{s.p}$ sa (bo) ¦ *txt* BD*pc* a c k | ⸆1 ει μη ο πατηρ και ο υιος W | °DW a c ‖ 34 ⸀ωσπερ λ 565*pc* ¦ *p)* ωσπερ γαρ WΘϕ*pc* | ⸁*p)*-δημων DΘλ 565*pc* lat | ⸆και C^{2} ℜAWΓΔΦλϕ 157.892*pm* sy$^{p.h}$ ‖ 35 °ℜADWΓΦ **0116** λϕ*pl* sy$^{p.h}$ | ⸀-ιου ℜADΓΘΦ **0116** λϕ*pl* | ⸁-νιου D ‖ 36 ⸀εξ- DΓ*pc* ‖ 37 ⸂α *2-6* ℜA(W)ΓΦ **0116** λϕ*pl* ¦ εγω δε (— Θ*pc*) λεγω υμιν D(Θ*pc*) a ¦ quod autem uni dixi, omnibus vobis dico k

Luk. 19: 12 ⸀δε DL*pc* | ⸁επορευετο DH 157*pc* | °D it ‖ 13 ⸀αυτου DΓ **063**.118.209*pc* | ⸁πρ-ευσασθαι ℵAEL**063** *al* ¦ -ευεσθαι DWΘ*al* ¦ ⸀πρ-ευεσθε λ*al*

Luk. 12: 40 □*vs* λ | ⸆ουν *rell* ¦ *txt* 𝔓^{75}Bℵ LQΘΨ **070**.579*pc* lat sy$^{s.c}$ sa bo

---

1sq cf Mt 24, 50; *cf 14sq* ‖ *5sqq* cf Mt 24, 45-47 ‖ *14sq* cf Mt 24, 50; Act 20, 31; Apc 3, 20; *cf 1sq* ‖ *16* cf Mc 14, 72 par (= *nr 333*) ‖ *17sq* cf Mt 25, 5

295. Abschluß: Mahnung zur Wachsamkeit (nach Lukas)

Vigilate (secundum Lucam)

Conclusion: »Take Heed, Watch!« (According to Luke)

Matth. 24, 43-51; 25, 13

24, 43-51 *(nr. 296. 297, p. 409. 411)*

43 Ἐκεῖνο δὲ γινώσκετε ὅτι εἰ ᾔδει ὁ οἰκοδεσπότης ποίᾳ φυλακῇ ὁ κλέπτης ἔρχεται, ἐγρηγόρησεν ἂν καὶ οὐκ ἂν εἴασεν διορυχθῆναι τὴν οἰκίαν αὐτοῦ. 44 διὰ τοῦτο καὶ ὑμεῖς γίνεσθε ἕτοιμοι, ὅτι ᾗ οὐ δοκεῖτε ὥρᾳ ὁ υἱὸς τοῦ ἀνθρώπου ἔρχεται. 45 Τίς ἄρα ἐστὶν ὁ πιστὸς δοῦλος καὶ φρόνιμος ὃν κατέστησεν ὁ κύριος ἐπὶ τῆς οἰκετείας αὐτοῦ τοῦ δοῦναι αὐτοῖς τὴν τροφὴν ἐν καιρῷ; 46 μακάριος ὁ δοῦλος ἐκεῖνος ὃν ἐλθὼν ὁ κύριος αὐτοῦ εὑρήσει οὕτως ποιοῦντα· 47 ἀμὴν λέγω ὑμῖν ὅτι ἐπὶ πᾶσιν τοῖς ὑπάρχουσιν αὐτοῦ καταστήσει αὐτόν. 48 ἐὰν δὲ εἴπῃ ὁ κακὸς δοῦλος ἐκεῖνος ἐν τῇ καρδίᾳ αὐτοῦ· χρονίζει μου ὁ κύριος, 49 καὶ ἄρξηται τύπτειν τοὺς συνδούλους αὐτοῦ, ἐσθίῃ δὲ καὶ πίνῃ μετὰ τῶν μεθυόντων, 50 ἥξει ὁ κύριος τοῦ δούλου ἐκείνου ἐν ἡμέρᾳ ᾗ οὐ προσδοκᾷ καὶ ἐν ὥρᾳ ᾗ οὐ γινώσκει, 51 καὶ διχοτομήσει αὐτὸν καὶ τὸ μέρος αὐτοῦ μετὰ τῶν ὑποκριτῶν θήσει· ἐκεῖ ἔσται ὁ κλαυθμὸς καὶ ὁ βρυγμὸς τῶν ὀδόντων.

25, 13 *(nr. 298, p. 412)*

13 Γρηγορεῖτε οὖν, ὅτι οὐκ οἴδατε τὴν ἡμέραν οὐδὲ τὴν ὥραν.

Mark. 13, 33-37

13, 33-37 *(nr. 294, p. 407)*

33 Βλέπετε, ἀγρυπνεῖτε· οὐκ οἴδατε γὰρ πότε ὁ καιρός ἐστιν. 34 Ὡς ἄνθρωπος ἀπόδημος ἀφεὶς τὴν οἰκίαν αὐτοῦ καὶ δοὺς τοῖς δούλοις αὐτοῦ τὴν ἐξουσίαν ἑκάστῳ τὸ ἔργον αὐτοῦ καὶ τῷ θυρωρῷ ἐνετείλατο ἵνα γρηγορῇ. 35 γρηγορεῖτε οὖν· οὐκ οἴδατε γὰρ πότε ὁ κύριος τῆς οἰκίας ἔρχεται, ἢ ὀψὲ ἢ μεσονύκτιον ἢ ἀλεκτοροφωνίας ἢ πρωΐ, 36 μὴ ἐλθὼν ἐξαίφνης εὕρῃ ὑμᾶς καθεύδοντας. 37 ὃ δὲ ὑμῖν λέγω πᾶσιν λέγω, γρηγορεῖτε.

Luk. 21, 34-36; 12, 40

(nr. 293 21, 29-33 p. 405)

34 Προσέχετε °δὲ ⸀ἑαυτοῖς μήποτε βαρηθῶσιν ⸉ὑμῶν αἱ καρδίαι⸊ ἐν κραιπάλῃ καὶ μέθῃ καὶ μερίμναις βιωτικαῖς καὶ ⸉¹ἐπιστῇ ἐφ' ὑμᾶς αἰφνίδιος⸊ ἡ ἡμέρα ἐκείνη 35 ⸂ὡς παγίς· ἐπεισελεύσεται γὰρ⸃ ἐπὶ °πάντας τοὺς καθημένους ἐπὶ πρόσωπον ⸉πάσης τῆς γῆς. 36 ἀγρυπνεῖτε ⸀δὲ ἐν παντὶ καιρῷ δεόμενοι ἵνα ⸀κατισχύσητε ἐκφυγεῖν ⸂ταῦτα πάντα⸃ τὰ μέλλοντα γίνεσθαι καὶ ⸀¹σταθῆναι ἔμπροσθεν τοῦ υἱοῦ τοῦ ἀνθρώπου.

(nr. 301 21, 37-38 p. 418)

12, 40 *(nr. 203, p. 288)*

40 Καὶ ὑμεῖς γίνεσθε ἕτοιμοι, ὅτι ᾗ ὥρᾳ οὐ δοκεῖτε ὁ υἱὸς τοῦ ἀνθρώπου ἔρχεται.

Joh.

Luk.: 34 °ℵ D λ φ *pc* l | ⸀αυτοις C* L *pc* | ⸉ *2 3 1* B A W X **0139** φ 579 *pc* | ⸉¹ *4 2 3 1* C ℜ W Γ Θ (Δ λ φ) *pm* ¦ *4 1-3* A Ψ *al* ¦ *txt* B ℵ D L R **0139.0179**.157 *pc* lat || 35 ⸂· ως παγις γαρ επελευσεται C ℜ A W Γ Δ Θ λ 13 *pl* lat (sy; Ir) ¦ *item, sed* ελευ- 69.1241 *pc* ¦ *txt* B ℵ* D **0179**.157 it (επελ- ℵ^corr L); Mcion | ° D | ⸉ *p.* γης A W Θ *al* ¦ — 1 *pc* ff² sy^s.c; Ir || 36 ⸀ουν C ℜ A L W Γ Δ Θ **0179** λ φ *pl* ¦ — 157 ¦ *txt* B ℵ D a e | ⸀καταξιωθητε C ℜ A D Γ Δ Θ φ *pl* latt sy | ⸂ *2 1* C* A W Ψ **0179** *al* ¦ *2* ℵ* C³ ℜ Γ Δ Θ *pm* ¦ *txt* B ℵ^corr D L **0113** λ φ *al* | ⸀¹στησεσθε D it (sy sa^pt bo); Tert

---

3sq cf 1Th 5, 3; Lc 17, 31 || *5sqq* cf Is 24, 17 || *7sqq* cf *22sq* || *22sq* cf *7sqq*

XV. ABSCHLUSS DER DARSTELLUNG DER ZEIT VOR DER PASSION

CONCLUSIO TEMPORIS ANTE PASSIONEM NARRATI

CONCLUSION OF THE ACCOUNT OF THE TIME BEFORE THE PASSION

1. Wiederkunftsgleichnisse als Anhang zur Apokalypse (nach Matthäus)

Parabolae adventus post sermonem eschatologicum (secundum Matthaeum)

Parables about Coming which Supplement the Eschatological Discourse (According to Matthew)

296. Gleichnis von der Sintflut und Mahnung zur Wachsamkeit

Sicut in diebus Noe

The Parable of the Flood and Exhortation to Watchfulness

Matth. 24, 37-44
24, 17-18; 25, 13

(nr. 293 24, 32-36 p. 405)

[37] Ὥσπερ ⸀γὰρ αἱ ἡμέραι τοῦ Νῶε, οὕτως
ἔσται ⸆ ἡ παρουσία τοῦ υἱοῦ τοῦ ἀνθρώπου.
[38] ⸀ὡς γὰρ ἦσαν ἐν ταῖς ἡμέραις °[ἐκείναις] ταῖς πρὸ τοῦ
κατακλυσμοῦ τρώγοντες καὶ πίνοντες, γαμοῦντες καὶ
⸁γαμίζοντες, ἄχρι ἧς ἡμέρας εἰσῆλθεν Νῶε εἰς τὴν κι-
βωτόν, [39] καὶ οὐκ ἔγνωσαν ἕως ἦλθεν ὁ κατακλυσμὸς
καὶ ἦρεν ἅπαντας,
οὕτως ἔσται °[καὶ] ἡ παρουσία
τοῦ υἱοῦ τοῦ ἀνθρώπου.

24, 17-18 *(nr. 290, p. 401)* [17] Ὁ ἐπὶ τοῦ δώματος
μὴ καταβάτω ἆραι τὰ ἐκ τῆς οἰκίας αὐτοῦ, [18] καὶ ὁ
ἐν τῷ ἀγρῷ μὴ ἐπιστρεψάτω ὀπίσω ἆραι τὸ ἱμάτιον αὐτοῦ.

Mark. 13, 35
13, 33

Luk. 17, 26-36; 12, 39-40

17, 26-36 *(nr. 235, p. 316)*

[26] Καὶ καθὼς ἐγένετο ἐν ταῖς ἡμέραις Νῶε, οὕτως
ἔσται καὶ ἐν ταῖς ἡμέραις τοῦ υἱοῦ τοῦ ἀνθρώπου·
[27] ἤσθιον, ἔπινον, ἐγάμουν,
⸀ἐγαμίζοντο, ἄχρι ἧς ἡμέρας εἰσῆλθεν Νῶε εἰς τὴν κι-
βωτὸν καὶ ⸁ἦλθεν °ὁ κατακλυσμὸς
καὶ ἀπώλεσεν ⸀¹πάντας. [28] ὁμοίως ⸀καθὼς ἐγένετο ἐν
ταῖς ἡμέραις Λώτ· ἤσθιον, ἔπινον, ἠγόραζον, ἐπώλουν,
ἐφύτευον, ᾠκοδόμουν· [29] ᾗ δὲ ἡμέρᾳ ἐξῆλθεν Λὼτ ἀπὸ
Σοδόμων, ἔβρεξεν πῦρ καὶ θεῖον ἀπ' οὐρανοῦ καὶ ἀπώ-
λεσεν ⸀πάντας. [30] κατὰ ⸂τὰ αὐτὰ⸃ ἔσται ⸉ᾗ ἡμέρᾳ
ὁ υἱὸς τοῦ ἀνθρώπου ἀποκαλύπτεται⸊. [31] ἐν ἐκείνῃ τῇ
⸀ἡμέρᾳ ὃς ἔσται ἐπὶ τοῦ δώματος καὶ τὰ σκεύη αὐτοῦ
ἐν τῇ οἰκίᾳ, μὴ καταβάτω ἆραι αὐτά, καὶ ὁ ἐν ⸆ἀγρῷ
ὁμοίως μὴ ἐπιστρεψάτω εἰς τὰ ὀπίσω. [32] μνημονεύετε
τῆς γυναικὸς Λώτ. [33] ὃς ⸂ἐὰν ζητήσῃ τὴν ψυχὴν αὐτοῦ

Joh.

Matth.: 37 ⸀δε ℌ𝔎WΘλϕ *pl* lat; Cl Or ¦ *txt* B D **067** *pc* | ⸆και 𝔎DWΘ **067** λϕ *pm* lat ‖ 38 ⸀ωσπερ 𝔎DWΘ **067** λϕ *pl* | °ℌ𝔎WΘ **067** λϕ *pl*; Or ¦ *txt* B(D) *pc* it | ⸁-ισκο- B *pc* ¦ εκγαμιζ- 𝔎LΔΘ **067** λ *pm* ¦ εγγαμιζ- **047**. 13. 892 *al* ¦ εκγαμισκοντες W 517 *pc* ¦ *txt* ℵ D 33 *pc*; Cl ‖ 39 °B D 892 *pc* it sy^s.p sa bo ¦ *txt* ℵ𝔎WΘ **067** λϕ *pm* lat

Luk.: 27 ⸀εξεγ- 𝔎AWΘλ *pm* | ⸁εγενετο D e | °D 69 | ⸀¹απ- ℵ𝔎AW **063** λϕ *pl* ¦ *txt* 𝔓75 B D L Θ *pc* ‖ 28 ⸀και ως 𝔎ADWΘ **063** λ *pl* ¦ *txt* 𝔓75 B ℵ L R X ϕ *pc* ‖ 29 ⸀απ- ℵ𝔎AWΘ **063** λϕ *pl* ¦ *txt* 𝔓75vid B D L Δ *pc* ‖ 30 ⸂ταυτα 𝔓75vid ℵ* 𝔎AWΘ **063** λϕ *pm* lat | ⸉εν τη ημ. του υιου τ. α. ῃ αποκαλυφθη D it ‖ 31 ⸀hora lat sy^s.c | ⸆p) τω 𝔎ADWΔΘΠ **063** λ *pm* ¦ *txt* 𝔓75 B ℵ L ϕ *pc* ‖ 33 ⸂(9, 24) εαν ζ. τ. ψ. α. σωσαι ℵ𝔎AWΘ **063** λϕ *pl* lat ¦ αν θελησῃ ζωογονησαι τ. ψ. α. D ¦ *txt* 𝔓75 B *pc* it

---

1 sqq cf Gn 6, 11-13; Is 54, 9; 2 Pt 2, 5; 1 Pt 3, 20; *cf* 35 *sqq* ‖ *4 sq* cf Lc 20, 34 ‖ *5 sq* cf Gn 7, 7-23 ‖ *7 sqq* cf Gn 18, 20 sqq ‖ *9 sqq* cf Gn 19, 15 sqq; 2 Pt 2, 6 sq ‖ *10* cf Gn 19, 24 ‖ *11 sq (Lc)* cf 1 Cor 1, 7; 2 Th 1, 7 etc ‖ *12 sqq* cf Mt 24, 17 sq; Mc 13, 15 sq ‖ *15* cf Gn 19, 26. 17; Lc 9, 62

[Matth. 24, 37-44]

[40] τότε ˢδύο ἔσονται˸ ἐν τῷ ἀγρῷ, εἷς παραλαμβάνεται καὶ εἷς ἀφίεται· [41] δύο ἀλήθουσαι ⸀ἐν τῷ˺ ⸀μύλῳ, μία παραλαμβάνεται καὶ μία ἀφίεται⸆. [42] Γρηγορεῖτε οὖν, ὅτι οὐκ οἴδατε ποίᾳ ⸀ἡμέρᾳ ὁ κύριος ὑμῶν ἔρχεται.

[43] Ἐκεῖνο δὲ γινώσκετε ὅτι εἰ ᾔδει ὁ οἰκοδεσπότης ποίᾳ φυλακῇ ὁ κλέπτης ἔρχεται, ἐγρηγόρησεν ἂν καὶ οὐκ ἂν εἴασεν ⸀διορυχθῆναι τὴν οἰκίαν αὐτοῦ. [44] διὰ τοῦτο καὶ ὑμεῖς γίνεσθε ἕτοιμοι, ὅτι ᾗ οὐ δοκεῖτε ὥρᾳ ὁ υἱὸς τοῦ ἀνθρώπου ἔρχεται.

25, 13 (nr. 298, p. 412)

[13] Γρηγορεῖτε οὖν, ὅτι οὐκ οἴδατε τὴν ἡμέραν οὐδὲ τὴν ὥραν.

Mark.

13, 35 (nr. 294, p. 407)

[35] Γρηγορεῖτε οὖν· οὐκ οἴδατε γὰρ πότε ὁ κύριος τῆς οἰκίας ἔρχεται, °ἢ ὀψὲ ἢ ⸀μεσονύκτιον ἢ ⸂ἀλεκτοροφωνίας ἢ πρωΐ.

13, 33 (nr. 294, p. 407)

[33] Βλέπετε, ἀγρυπνεῖτε· οὐκ οἴδατε γὰρ πότε ὁ καιρός ἐστιν.

[Luk. 17, 26-36]

περιποιήσασθαι˺ ἀπολέσει αὐτήν, ⸂ὃς δ'˺ ἂν ⸀ἀπολέσῃ ζῳογονήσει αὐτήν. [34] λέγω ὑμῖν, ταύτῃ τῇ νυκτὶ ἔσονται δύο ἐπὶ κλίνης °μιᾶς, ὁ εἷς ⸀παραλημφθήσεται καὶ ὁ ἕτερος ⸀ἀφεθήσεται· [35] ⸋ἔσονται δύο ἀλήθουσαι ἐπὶ τὸ αὐτό, °ἡ μία παραλημφθήσεται ⸀ἡ δὲ˺ ἑτέρα ἀφεθήσεται.⸌ ⸆[36]

12, 39-40 (nr. 203, p. 288)

[39] Τοῦτο δὲ γινώσκετε ὅτι εἰ ᾔδει ὁ οἰκοδεσπότης ποίᾳ ὥρᾳ ὁ κλέπτης ἔρχεται, ⸀οὐκ ἂν˺ ἀφῆκεν διορυχθῆναι τὸν οἶκον αὐτοῦ.

[40] ⸋καὶ ὑμεῖς ⸆ γίνεσθε ἕτοιμοι, ὅτι ᾗ ὥρᾳ οὐ δοκεῖτε ὁ υἱὸς τοῦ ἀνθρώπου ἔρχεται.⸌

Joh.

---

1. Thess. 5, 1–6: [1] Περὶ δὲ τῶν χρόνων καὶ τῶν καιρῶν, ἀδελφοί, οὐ χρείαν ἔχετε ὑμῖν γράφεσθαι· [2] αὐτοὶ γὰρ ἀκριβῶς οἴδατε ὅτι ἡμέρα κυρίου ὡς κλέπτης ἐν νυκτὶ οὕτως ἔρχεται. [3] ὅταν λέγωσιν· εἰρήνη καὶ ἀσφάλεια, τότε αἰφνίδιος αὐτοῖς ἐφίσταται ὄλεθρος ὥσπερ ἡ ὠδὶν τῇ ἐν γαστρὶ ἐχούσῃ, καὶ οὐ μὴ ἐκφύγωσιν. [4] ὑμεῖς δέ, ἀδελφοί, οὐκ ἐστὲ ἐν σκότει, ἵνα ἡ ἡμέρα ὑμᾶς ὡς κλέπτης καταλάβῃ· [5] πάντες γὰρ ὑμεῖς υἱοὶ φωτός ἐστε καὶ υἱοὶ ἡμέρας. Οὐκ ἐσμὲν νυκτὸς οὐδὲ σκότους· [6] ἄρα οὖν μὴ καθεύδωμεν ὡς οἱ λοιποὶ ἀλλὰ γρηγορῶμεν καὶ νήφωμεν.

2. Petr. 3, 10: Ἥξει δὲ ἡμέρα κυρίου ὡς κλέπτης, ἐν ᾗ οἱ οὐρανοὶ ῥοιζηδὸν παρελεύσονται στοιχεῖα δὲ καυσούμενα λυθήσεται καὶ γῆ καὶ τὰ ἐν αὐτῇ ἔργα εὑρεθήσεται.

Apoc. 3, 3: Μνημόνευε οὖν πῶς εἴληφας καὶ ἤκουσας καὶ τήρει καὶ μετανόησον. ἐὰν οὖν μὴ γρηγορήσῃς, ἥξω ὡς κλέπτης, καὶ οὐ μὴ γνῷς ποίαν ὥραν ἥξω ἐπὶ σέ.

Apoc. 16, 15: Ἰδοὺ ἔρχομαι ὡς κλέπτης· μακάριος ὁ γρηγορῶν καὶ τηρῶν τὰ ἱμάτια αὐτοῦ, ἵνα μὴ γυμνὸς περιπατῇ καὶ βλέπωσιν τὴν ἀσχημοσύνην αὐτοῦ.

Didache 16, 1: »Γρηγορεῖτε« ὑπὲρ τῆς ζωῆς ὑμῶν· »οἱ λύχνοι ὑμῶν μὴ σβεσθήτωσαν, καὶ αἱ ὀσφύες ὑμῶν« μὴ ἐκλυέσθωσαν, ἀλλὰ »γίνεσθε ἕτοιμοι· οὐ γὰρ οἴδατε τὴν ὥραν, ἐν ᾗ ὁ κύριος ἡμῶν ἔρχεται«.

Evang. Thomae copt.: *cf. Append. I, 21. 103*

Evang. Thomae copt.: *cf. Append. I, 61*

Matth.: 40 ˢ † B א* *pc* ¦ *txt* א² 𝔎 D W Θ **067** λ φ *pm* ‖ 41 [⸀ἐν τῳ comm] | ⸀μυλωνι D Θ λ φ 157.700.1241 *pm*; Cl Chr ¦ *txt* 𝔋 𝔎 W **067** *pm* | ⸆*p)* δυο επι κλινης μιας· εις παραλαμβανεται και εις αφιεται D φ *pc* it ‖ 42 ⸀ωρα 𝔎 L 118. 209. 700 *al* lat sy^s.p bo^pt; Cyr ‖ 43 ⸀-υγηναι B 𝔎 W Θ λ φ *pl*; Or

Mark.: 35 °𝔎 A D W Γ Φ **0116** λ φ *pl* sy^p.h | ⸀-ιου 𝔎 A D Γ Θ Φ **0116** λ φ *pl* | ⸂-νιου D

Luk. 17: 33 ⸀ † και ος 𝔎 A (D Θ) W **063** λ *pm* ¦ *txt* 𝔓⁷⁵ 𝔋 69 *al* | ⸀ † -σει א A R **063** *al* ¦ *txt* 𝔋 𝔎 D W Θ λ φ *pm* ‖ 34 °B 291 c | ⸀*p)* παραλαμβανεται *et* ⸀αφιεται D *pc* ‖ 35 ⸋*vs* א* *pc* | °𝔎 A L W Γ Δ **063** *pm* | ⸀και η 𝔎 A D W Δ Θ (**063**) λ *pm* lat ¦ *txt* 𝔓⁷⁵ B א¹ L R φ *pc* | ⸆*p)* [36] δυο εν αγρω· εις παραλημφθησεται και ο ετερος αφεθησεται. D (*pm* lat sy)

Luk. 12: 39 ⸀*p)* εγρηγορησεν αν και ουκ *rell* ¦ *txt* 𝔓⁷⁵ א* (D) e i sy^s.c sa^pt arm; Mcion ‖ 40 ⸋*vs* λ | ⸆ουν *rell* ¦ *txt* 𝔓⁷⁵ B א L Q Θ Ψ **070**. 579 *pc* lat sy^s.c sa bo

---

[18] cf Ex 1,17. 22; Act 7, 19 ‖ [18 sqq] cf Sap 17, 17; *cf 48* ‖ [20 sq] cf Ex 11, 5; Is 47, 2 ‖ [22 sqq] cf Mt 24, 50; Lc 21, 36; Act 20, 31; Apc 3, 20; *cf 30 sqq. 33 sq. 45 sq* ‖ [26 sqq] cf Apc 3, 2 sqq; *cf 39 sq. 41 sq. 43 sq. 47* ‖ [30 sqq] *cf ad 22 sqq* ‖ [33 sq] *cf 22 sqq* ‖ [35 sqq] *cf 1 sqq* ‖ [39 sq] *cf 26 sqq* ‖ [41 sq] *cf 26 sqq* ‖ [43 sq] *cf 26 sqq* ‖ [45 sq] *cf 22 sqq* ‖ [47] *cf 26 sqq* ‖ [48] *cf 18 sqq*

297. Gleichnis vom guten und vom bösen Knecht

Fidelis servus et servus malus

The Parable of the Good Servant and the Wicked Servant

Matth. 24, 45-51
25, 21

45 Τίς ἄρα ἐστὶν ὁ πιστὸς δοῦλος καὶ φρόνιμος ὃν κατέστησεν ὁ κύριος ⸆ ἐπὶ τῆς ⸀οἰκετείας αὐτοῦ τοῦ δοῦναι αὐτοῖς τὴν τροφὴν ἐν καιρῷ; 46 μακάριος ὁ δοῦλος ἐκεῖνος ὃν ἐλθὼν ὁ κύριος αὐτοῦ εὑρήσει οὕτως ποιοῦντα· 47 ἀμὴν λέγω ὑμῖν ὅτι ἐπὶ πᾶσιν τοῖς ὑπάρχουσιν αὐτοῦ καταστήσει αὐτόν. 48 ἐὰν δὲ εἴπῃ ὁ κακὸς δοῦλος °ἐκεῖνος ἐν τῇ καρδίᾳ αὐτοῦ· χρονίζει μου ὁ κύριος, 49 καὶ ἄρξηται τύπτειν τοὺς συνδούλους αὐτοῦ, ⸂ἐσθίῃ δὲ καὶ πίνῃ⸃ μετὰ τῶν μεθυόντων, 50 ἥξει ὁ κύριος τοῦ δούλου ἐκείνου ἐν ἡμέρᾳ ᾗ οὐ προσδοκᾷ καὶ ἐν ὥρᾳ ᾗ οὐ γινώσκει, 51 καὶ διχοτομήσει αὐτὸν καὶ τὸ μέρος αὐτοῦ μετὰ τῶν ὑποκριτῶν θήσει· ἐκεῖ ἔσται ὁ κλαυθμὸς καὶ ὁ βρυγμὸς τῶν ὀδόντων.

25, 21 *(nr. 299, p. 413)*

21 Ἔφη αὐτῷ ὁ κύριος αὐτοῦ· εὖ, δοῦλε ἀγαθὲ καὶ πιστέ, ἐπὶ ὀλίγα ἦς πιστός, ἐπὶ πολλῶν σε καταστήσω· εἴσελθε εἰς τὴν χαρὰν τοῦ κυρίου σου.

Mark.

Luk. 12, 41-46
19, 17

12, 41-46 *(nr. 203, p. 288)*

41 Εἶπεν δὲ ⸆ ὁ Πέτρος· κύριε, πρὸς ἡμᾶς τὴν παραβολὴν ταύτην λέγεις ⸋ἢ καὶ πρὸς πάντας⸌; 42 καὶ εἶπεν ὁ κύριος· τίς ἄρα ἐστὶν ὁ πιστὸς οἰκονόμος ⸀ὁ φρόνιμος ⸆, ὃν καταστήσει ὁ κύριος ἐπὶ τῆς θεραπείας αὐτοῦ τοῦ διδόναι ἐν καιρῷ °[τὸ] σιτομέτριον; 43 μακάριος ὁ δοῦλος ἐκεῖνος, ὃν ἐλθὼν ὁ κύριος αὐτοῦ εὑρήσει ⸉ποιοῦντα οὕτως⸊. 44 ⸀ἀληθῶς λέγω ὑμῖν ὅτι ἐπὶ πᾶσιν τοῖς ὑπάρχουσιν ⸀αὐτοῦ καταστήσει αὐτόν. 45 ἐὰν δὲ εἴπῃ ὁ δοῦλος ἐκεῖνος ἐν τῇ καρδίᾳ αὐτοῦ· χρονίζει ὁ κύριός μου ἔρχεσθαι, καὶ ἄρξηται τύπτειν τοὺς παῖδας καὶ τὰς παιδίσκας, ἐσθίειν ⸀τε καὶ πίνειν καὶ μεθύσκεσθαι, 46 ἥξει ὁ κύριος τοῦ δούλου ἐκείνου ἐν ἡμέρᾳ ᾗ οὐ προσδοκᾷ καὶ ἐν ὥρᾳ ᾗ οὐ γινώσκει, καὶ διχοτομήσει αὐτὸν καὶ τὸ μέρος αὐτοῦ μετὰ τῶν ἀπίστων θήσει.

19, 17 *(nr. 266, p. 358)*

17 Καὶ εἶπεν αὐτῷ· εὖγε, ἀγαθὲ δοῦλε, ὅτι ἐν ἐλαχίστῳ πιστὸς ἐγένου, ἴσθι ἐξουσίαν ἔχων ἐπάνω δέκα πόλεων.

Joh.

Evang. sec. Hebraeos (Eusebius, Theophania, Migne, PG 24, 685): Ἐπεὶ δὲ τὸ εἰς ἡμᾶς ἧκον ἑβραϊκοῖς χαρακτῆρσιν εὐαγγέλιον τὴν ἀπειλὴν οὐ κατὰ τοῦ ἀποκρύψαντος ἐπῆγεν, ἀλλὰ κατὰ τοῦ ἀσώτως ἐζηκότος· τρεῖς γὰρ δούλους περιεῖχε, τὸν μὲν καταφαγόντα τὴν ὕπαρξιν τοῦ δεσπότου μετὰ πορνῶν καὶ αὐλητρίδων, τὸν δὲ πολλαπλασιάσαντα (Mai πολλαπλασίαντα) τὴν ἐργασίαν, τὸν δὲ κατακρύψαντα τὸ τάλαντον· εἶτα τὸν μὲν ἀποδεχθῆναι, τὸν δὲ μεμφθῆναι μόνον, τὸν δὲ συγκλεισθῆναι δεσμωτηρίῳ· ἐφίστημι, μήποτε κατὰ τὸν Ματθαῖον, μετὰ τὴν συμπλήρωσιν τοῦ λόγου τοῦ (Mai τὴν) κατὰ τοῦ μηδὲν ἐργασαμένου, ἡ ἑξῆς ἐπιλεγομένη ἀπειλή, οὐ περὶ αὐτοῦ ἀλλὰ περὶ τοῦ προτέρου κατ᾽ ἐπανάληψιν λέλεκται τοῦ ἐσθίοντος καὶ πίνοντος μετὰ τῶν μεθυόντων.

Matth.: 45 ⸆αυτου 𝔎 W Δ Θ ϕ *pm* lat sy$^{s.p}$ sa bo | ⸀οικιας ℵ 892 *al* q; Or Cyr ¦ *p)* θεραπειας 𝔎 D λ *al* e ¦ *txt* 𝔊 W Θ **067.0204**.13 *al* lat || 48 ° ℵ* Θ **0204** *pc* sy^{s} sa; Ir^{lat} Hipp || 49 ⸂εσθιειν δε και πινειν G (W) 565.700 *al*; Hipp ¦ *txt* 𝔊 𝔎 D Θ **047** λ ϕ *pm* lat

Luk.: 41 ⸆αυτω ℵ 𝔎 A W Δ Θ **070** λ ϕ *pm* f q vg ¦ *txt* 𝔓^{75} B D L R 33 *al* it | ⸋ D || 42 ⸀και ℵ A L λ ϕ *pm* latt; Or^{pt} | ⸆ο αγαθος D (c e sy^{c}) | ° 𝔓^{75} B D ϕ *pc* ¦ *txt* 𝔊 𝔎 A W Θ **070** λ *pl*; Or || 43 ⸉ *p)* 𝔓$^{45.75}$ ℵ L X Ψ **070** ϕ 33 *pc* || 44 ⸀ *p)* αμην D *pc* c | ⸀αυτω 𝔓^{45} W Θ **070** *al* || 45 ⸀τι 𝔓^{75}

1sq cf Mc 4, 11 sqq par *(= nr 123)* || 3sqq cf *19 sqq* || 3 cf 1 Cor 4, 2; 2 Tm 2, 15; 1 Pt 4, 10 || 3sq cf Gn 39, 4 sqq || 4 (Mt) cf Job 1, 3 || 5sq cf Lc 12, 37 || 7sq cf Mt 25, 23; *cf 16 sqq* || 9sq cf Eccl 8, 11; 2 Pt 3, 3 sq || 10sq cf Lc 21, 34 par || 13 cf Lc 19, 27; 1 Chr 20, 3; Sus 55.59 || 14sq cf Mt 8, 12; 13, 42.50; 22, 13; 25, 30; Lc 13, 28; Ps 112, 10 || 16sqq *cf 7 sq* || 19sqq *cf 3 sqq*

298. Gleichnis von den zehn Jungfrauen

Decem virgines

The Parable of the Ten Virgins

Matth. 25,1-13

7,22-23; 25,41; 24,42

1 Τότε ὁμοιωθήσεται ἡ βασιλεία τῶν οὐρανῶν δέκα παρθένοις, αἵτινες λαβοῦσαι τὰς λαμπάδας ⸀ἑαυτῶν ἐξῆλθον εἰς ⸁ὑπάντησιν τοῦ νυμφίου⸆. 2 πέντε δὲ ⸉ἐξ αὐτῶν ἦσαν⸊ ⸂μωραὶ καὶ πέντε φρόνιμοι⸃. 3 ⸂αἱ γὰρ μωραὶ⸃ λαβοῦσαι τὰς λαμπάδας °αὐτῶν οὐκ ἔλαβον μεθ' ἑαυτῶν ἔλαιον⸆. 4 αἱ δὲ φρόνιμοι ἔλαβον ἔλαιον ἐν τοῖς ἀγγείοις⸆ μετὰ τῶν λαμπάδων ⸀ἑαυτῶν. 5 χρονίζοντος δὲ τοῦ νυμφίου ἐνύσταξαν πᾶσαι καὶ ἐκάθευδον. 6 μέσης δὲ νυκτὸς κραυγὴ γέγονεν· ἰδοὺ ὁ νυμφίος⸆, ⸀ἐξέρχεσθε εἰς ⸂ἀπάντησιν [αὐτοῦ]⸃. 7 τότε ἠγέρθησαν πᾶσαι αἱ παρθένοι ἐκεῖναι καὶ ἐκόσμησαν τὰς λαμπάδας ⸀ἑαυτῶν. 8 αἱ δὲ μωραὶ ταῖς φρονίμοις εἶπαν· δότε ἡμῖν ἐκ τοῦ ἐλαίου ὑμῶν, ὅτι αἱ λαμπάδες ἡμῶν σβέννυνται. 9 ἀπεκρίθησαν δὲ αἱ φρόνιμοι λέγουσαι· μήποτε⁝ ⸂οὐ μὴ⸃ ἀρκέσῃ ἡμῖν καὶ ὑμῖν· πορεύεσθε⸆ μᾶλλον πρὸς τοὺς πωλοῦντας καὶ ἀγοράσατε ἑαυταῖς. 10 ⸂ἀπερχομένων δὲ αὐτῶν⸃ ἀγοράσαι ἦλθεν ὁ νυμφίος, καὶ αἱ ἕτοιμοι εἰσῆλθον μετ' αὐτοῦ εἰς τοὺς γάμους καὶ ἐκλείσθη ἡ θύρα. 11 ὕστερον δὲ ⸂ἔρχονται καὶ⸃ αἱ λοιπαὶ παρθένοι λέγουσαι· κύριε κύριε, ἄνοιξον ἡμῖν. 12 ὁ δὲ ἀποκριθεὶς εἶπεν· ἀμὴν λέγω ὑμῖν, οὐκ οἶδα ὑμᾶς. 13 γρηγορεῖτε οὖν, ὅτι οὐκ οἴδατε τὴν ἡμέραν οὐδὲ τὴν ὥραν⸆.

Mark. 13,33-37

13,33-37 (*nr. 294, p. 407*)

33 Βλέπετε, ἀγρυπνεῖτε· οὐκ οἴδατε γὰρ πότε ὁ καιρός ἐστιν. 34 Ὡς ἄνθρωπος ἀπόδημος ἀφεὶς τὴν οἰκίαν αὐτοῦ καὶ δοὺς τοῖς δούλοις αὐτοῦ τὴν ἐξουσίαν ἑκάστῳ τὸ ἔργον αὐτοῦ καὶ τῷ θυρωρῷ ἐνετείλατο ἵνα γρηγορῇ. 35 γρηγορεῖτε οὖν· οὐκ οἴδατε γὰρ πότε ὁ κύριος τῆς οἰκίας ἔρχεται, ἢ ὀψὲ ἢ μεσονύκτιον ἢ ἀλεκτοροφωνίας ἢ πρωΐ, 36 μὴ ἐλθὼν ἐξαίφνης εὕρῃ ὑμᾶς καθεύδοντας. 37 ὃ δὲ ὑμῖν λέγω πᾶσιν λέγω, γρηγορεῖτε.

Luk. 12,35-38; 13,25-28; 12,40

12,35-38 (*nr. 203, p. 288*)

35 Ἔστωσαν ὑμῶν αἱ ὀσφύες περιεζωσμέναι καὶ οἱ λύχνοι καιόμενοι· 36 καὶ ὑμεῖς ὅμοιοι ἀνθρώποις προσδεχομένοις τὸν κύριον ἑαυτῶν πότε ἀναλύσῃ ἐκ τῶν γάμων, ἵνα ἐλθόντος καὶ κρούσαντος εὐθέως ἀνοίξωσιν αὐτῷ. 37 μακάριοι οἱ δοῦλοι ἐκεῖνοι, οὓς ἐλθὼν ὁ κύριος εὑρήσει γρηγοροῦντας· ἀμὴν λέγω ὑμῖν ὅτι περιζώσεται καὶ ἀνακλινεῖ αὐτοὺς καὶ παρελθὼν διακονήσει αὐτοῖς. 38 κἂν ἐν τῇ δευτέρᾳ κἂν ἐν τῇ τρίτῃ φυλακῇ ἔλθῃ καὶ εὕρῃ οὕτως, μακάριοί εἰσιν ἐκεῖνοι.

13,25-28 (*nr. 211, p. 295*)

25 Ἀφ' οὗ ἂν ἐγερθῇ ὁ οἰκοδεσπότης καὶ ἀποκλείσῃ τὴν θύραν καὶ ἄρξησθε ἔξω ἑστάναι καὶ κρούειν τὴν θύραν λέγοντες· κύριε, ἄνοιξον ἡμῖν, καὶ ἀποκριθεὶς ἐρεῖ ὑμῖν· οὐκ οἶδα ὑμᾶς πόθεν ἐστέ. 26 τότε ἄρξεσθε λέγειν· ἐφάγομεν ἐνώπιόν σου καὶ ἐπίομεν καὶ ἐν ταῖς πλατείαις ἡμῶν ἐδίδαξας· 27 καὶ ἐρεῖ λέγων ὑμῖν· οὐκ οἶδα [ὑμᾶς] πόθεν ἐστέ· ἀπόστητε ἀπ' ἐμοῦ πάντες ἐργάται ἀδικίας.

Joh.

Matth.: 1 ⸀αυ- ℌℜWΔ 067 λϕ *pl* ¦ *txt* BDLΘ *pc* | ⸁απ- ℜDWΔΘϕ *pl* ¦ *txt* Bℵ CZΦ *pc* | ⸆και της νυμφης DΘ 1 *al* latt sy^s.p^ || 2 ⸉ ℜWΦ ϕ *pm* | ⸂*4 2 3 1* W 565 *al* ¦ φρ. κ. αι π. μωρ. ℜΔΦϕ 118 *pm* || 3 ⸂αιτινες μ. ℜWΔΦϕ *pl* ¦ αι ουν μ. D ff² ¦ αι δε μ. Z *pc* ¦ δε αι μ. *pon. p.* λαβουσαι Θ 1 *pc* ¦ *txt* BℵCL 33.892 *pc* sa bo^pt^ | °† ℵLΘ 700 *pc* ¦ εαυ- ZΦλ *al* ¦ *txt* ℌℜDWΔϕ 33.565.892 *pm* it | ⸆εν τοις αγγειοις αυτων D *pc* || 4 ⸆αυτων CℜWΔΦ 0249 ϕ *pl* lat sy^s.p^ sa bo | ⸀αυ- ℜDLWΔΘ 0249* λϕ *pl* ¦ — CZ^vid^ *pc* lat ¦ *txt* Bℵ 0249^c^ *pc* || 6 ⸆ερχεται C³ℜWΔΘ Φλϕ *pl* lat sy^s.p^ sa^pt^ bo^pt^ ¦ *txt* BℵC*DLZ *pc* | ⸀εγειρεσθε Θλ 157 *pc* | ⸂† *1* Bℵ (υπαν- Z) 700 ¦ υπαν- αυτου Θ 0133 *pc* ¦ συναν- αυτω C ¦ *txt* ℜADWΔ 0249 λϕ *pl* || 7 ⸀αυ- CℜDWΔΘΦ 0249 λϕ *pl* ¦ *txt* BℵALZ *pc* || 9 [⁝ · W] | ⸂ουκ ℵALZ(Θ)ϕ 118.209 *pm* ¦ *txt* BCℜDWΔ 0136.0249 *al* | ⸆δε CKWZΘΦλϕ *pm* || 10 ⸂*12* Θ 0136* ¦ εως υπαγουσιν D it || 11 ⸂ηλθον D it || 13 ⸆(24,44) εν η ο υιος του ανθρωπου ερχεται C³ℜϕ 118.157.700 *pm*

3sq cf 1 Mcc 9, 37.39; Tob 11, 16 LXX || *5* cf Mt 7, 24.26 || *10* cf Mt 24, 48; Lc 12, 45 || *13sqq* cf *28sqq* || *25sqq* cf *33sqq* || *27sq* cf *37sqq* *40sqq* || *28sqq* cf *13sqq. 44sq. 46sq*

Matth.	Mark.	[Luk. 13,25-28]	Joh.
7,22-23 *(nr. 74, p. 98)* [22] Πολλοὶ ἐροῦσίν μοι ἐν ἐκείνῃ τῇ ἡμέρᾳ· κύριε κύριε, οὐ τῷ σῷ ὀνόματι ἐπροφητεύσαμεν, καὶ τῷ σῷ ὀνόματι δαιμόνια ἐξεβάλομεν, καὶ τῷ σῷ ὀνόματι δυνάμεις πολλὰς ἐποιήσαμεν; [23] καὶ τότε ὁμολογήσω αὐτοῖς ὅτι οὐδέποτε ἔγνων ὑμᾶς· ἀποχωρεῖτε ἀπ' ἐμοῦ οἱ ἐργαζόμενοι τὴν ἀνομίαν.		[28] ἐκεῖ ἔσται ὁ κλαυθμὸς καὶ ὁ βρυγμὸς τῶν ὀδόντων, ὅταν ὄψησθε Ἀβραὰμ καὶ Ἰσαὰκ καὶ Ἰακὼβ καὶ πάντας τοὺς προφήτας ἐν τῇ βασιλείᾳ τοῦ θεοῦ, ὑμᾶς δὲ ἐκβαλλομένους ἔξω.	
25,41 *(nr. 300, p. 416)* [41] Τότε ἐρεῖ καὶ τοῖς ἐξ εὐωνύμων· πορεύεσθε ἀπ' ἐμοῦ [οἱ] κατηραμένοι εἰς τὸ πῦρ τὸ αἰώνιον τὸ ἡτοιμασμένον τῷ διαβόλῳ καὶ τοῖς ἀγγέλοις αὐτοῦ.			
24,42 *(nr. 296, p. 409)* [42] Γρηγορεῖτε οὖν, ὅτι οὐκ οἴδατε ποίᾳ ἡμέρᾳ ὁ κύριος ὑμῶν ἔρχεται.		12,40 *(nr. 203, p. 288)* [40] Καὶ ὑμεῖς γίνεσθε ἕτοιμοι, ὅτι ᾗ ὥρᾳ οὐ δοκεῖτε ὁ υἱὸς τοῦ ἀνθρώπου ἔρχεται.	

Didache 16,1: »Γρηγορεῖτε« ὑπὲρ τῆς ζωῆς ὑμῶν· »οἱ λύχνοι ὑμῶν μὴ σβεσθήτωσαν, καὶ αἱ ὀσφύες ὑμῶν« μὴ ἐκλυέσθωσαν, ἀλλὰ »γίνεσθε ἕτοιμοι· οὐ γὰρ οἴδατε τὴν ὥραν, ἐν ᾗ ὁ κύριος ἡμῶν ἔρχεται«.

33sqq cf 25sqq || *37sqq cf 27sq* || *40sqq cf 27sq* || *44sq cf 28sqq* || *46sq cf 28sqq*

299. Gleichnis von den anvertrauten Pfunden

Parabola talentorum *(cf. nr. 266)* **The Parable of the Talents**

Matth. 25,14-30 24,45-47; 13,12	Mark. 13,34 4,25	Luk. 19,11-27 12,42-44; 8,18b	Joh.
		19,11-27 *(nr. 266, p. 358)* [11] Ἀκουόντων δὲ αὐτῶν ταῦτα προσθεὶς εἶπεν παραβολὴν διὰ τὸ ⸉ἐγγὺς εἶναι Ἰερουσαλὴμ αὐτὸν⸊ καὶ δοκεῖν αὐτοὺς ὅτι παραχρῆμα ⸉μέλλει ἡ βασιλεία τοῦ θεοῦ	
[14] Ὥσπερ °γὰρ ἄνθρωπος ἀποδημῶν	13,34 *(nr. 294, p. 407)* [34] ⸀Ὡς ἄνθρωπος ⸀ἀπόδημος ἀφεὶς τὴν οἰκίαν αὐτοῦ	ἀναφαίνεσθαι. [12] εἶπεν ⸀οὖν· ἄνθρωπός τις εὐγενὴς ⸀ἐπορεύθη εἰς χώραν μακρὰν λαβεῖν °ἑαυτῷ βασιλείαν καὶ ὑποστρέψαι.	
ἐκάλεσεν τοὺς ἰδίους δούλους καὶ παρέδωκεν αὐτοῖς τὰ ὑπάρχοντα αὐτοῦ,	καὶ δοὺς τοῖς δούλοις αὐτοῦ τὴν ἐξουσίαν	[13] καλέσας δὲ δέκα δούλους ⸀ἑαυτοῦ ἔδωκεν αὐτοῖς δέκα μνᾶς	

Matth.: 14 °D W

Mark.: 34 ⸀ωσπερ λ 565 *pc* ¦ *p)* ωσπερ γαρ W Θ φ *pc* | ⸀-δημων D Θ λ 565 *pc* lat

Luk.: 11 ⸉*1 4 2 3* ℜ A W Γ Δ Θ φ *pm* ¦ *4 1-3* 1.131 *pc* ¦ *2 4 1 3* D *pc* ¦ *txt* B ℵ L 157 *pc* | ⸉*p.* θεου ℵ W *pc* ¦ *p.* οτι D || 12 ⸀δε D L *pc* | ⸀επορευετο D H 157 *pc* | °D it || 13 ⸀αυτου D Γ 063.118.209 *pc*

3sqq cf Lc 24,21; Act 1,6 || *5sqq cf 81sqq*

[Matth. 25,14-30]

15 καὶ ᾧ μὲν ἔδωκεν πέντε τάλαντα, ᾧ δὲ δύο, ᾧ δὲ ἕν, ἑκάστῳ κατὰ τὴν ⸂ἰδίαν δύναμιν⸃, καὶ ἀπεδήμησεν⸀. εὐθέως 16 πορευθεὶς⸃ ὁ τὰ πέντε τάλαντα λαβὼν ἠργάσατο ἐν αὐτοῖς καὶ ⸀ἐκέρδησεν ἄλλα πέντε⸆· 17 ὡσαύτως⸆ ὁ τὰ δύο ⸀ἐκέρδησεν ἄλλα δύο. 18 ὁ δὲ τὸ ἓν λαβὼν °ἀπελθὼν ὤρυξεν ⸀γῆν καὶ ⸁ἔκρυψεν τὸ ἀργύριον τοῦ κυρίου αὐτοῦ. 19 μετὰ δὲ ⸂πολὺν χρόνον⸃ ἔρχεται ὁ κύριος τῶν δούλων ἐκείνων καὶ συναίρει ⸉λόγον μετ᾽ αὐτῶν⸊. 20 καὶ προσελθὼν ὁ τὰ πέντε τάλαντα λαβὼν προσήνεγκεν ἄλλα πέντε τάλαντα λέγων· κύριε, πέντε τάλαντά μοι παρέδωκας· ἴδε ἄλλα πέντε τάλαντα ⸀ἐκέρδησα. 21 ἔφη⸆ αὐτῷ ὁ κύριος αὐτοῦ· εὖ, δοῦλε ἀγαθὲ καὶ πιστέ, ⸀ἐπὶ ὀλίγα ἦς πιστός, ἐπὶ πολλῶν σε καταστήσω· εἴσελθε εἰς τὴν χαρὰν τοῦ κυρίου σου. 22 προσελθὼν °[δὲ] καὶ ὁ τὰ δύο τάλαντα ⸆εἶπεν· κύριε, δύο τάλαντά μοι παρέδωκας· ἴδε ἄλλα δύο τάλαντα ⸀ἐκέρδησα. 23 ἔφη αὐτῷ ὁ κύριος αὐτοῦ· εὖ, δοῦλε

[Mark. 13, 34]

⸆ἑκάστῳ τὸ ἔργον αὐτοῦ καὶ τῷ θυρωρῷ ἐνετείλατο ἵνα γρηγορῇ.

[Luk. 19, 11-27]

καὶ εἶπεν πρὸς αὐτούς⸀· πραγματεύσασθε ἐν ᾧ ἔρχομαι. 14 οἱ δὲ πολῖται °αὐτοῦ ἐμίσουν αὐτὸν καὶ ⸀ἀπέστειλαν πρεσβείαν ὀπίσω αὐτοῦ λέγοντες· οὐ θέλομεν τοῦτον βασιλεῦσαι ἐφ᾽ ἡμᾶς.

15 καὶ ἐγένετο ⸋ἐν τῷ⸌ ἐπανελθεῖν αὐτὸν λαβόντα τὴν βασιλείαν καὶ εἶπεν φωνηθῆναι ⸀αὐτῷ τοὺς δούλους ⸁τούτους οἷς ⸀¹δεδώκει τὸ ἀργύριον, ἵνα ⸀²γνοῖ ⸂τί διεπραγματεύσαντο⸃. 16 παρεγένετο δὲ ὁ πρῶτος λέγων· κύριε, ἡ μνᾶ σου ⸉δέκα προσηργάσατο μνᾶς⸊. 17 καὶ εἶπεν αὐτῷ· ⸀εὖγε, ἀγαθὲ δοῦλε, ὅτι ἐν ἐλαχίστῳ πιστὸς ἐγένου, ἴσθι ἐξουσίαν ἔχων ἐπάνω δέκα πόλεων.

18 καὶ ⸂ἦλθεν ὁ δεύτερος λέγων⸃· ⸉ἡ μνᾶ σου, κύριε⸊, ἐποίησεν πέντε μνᾶς. 19 εἶπεν δὲ καὶ τούτῳ·

Joh.

Matth.: 15 ⸂δυν. αυτου D ‖ 15.16 ⸀. ευθεως δε πορ. Θ λ *pc* it ¦ ευθεως. πορ. δε ℵ^corr C 𝔎 A D L W 074. 0136 φ *pm* ¦ *txt* B ℵ* *pc* ‖ 16 ⸀(cf Lc 19,18) εποιησεν ℵ* 𝔎 A^corr W Δ Φ 0136.13.700 *pm* | ⸆ταλαντα ℵ C 𝔎 A D W λ φ *pm* ¦ *txt* B L Θ 074.33 *pc* lat ‖ 17 ⸆και B ℵ^corr C³ 𝔎 D W Δ 074 λ φ *pm* it sy^s.p sa bo^pt ¦ δε και A Φ *pc* ¦ *txt* ℵ* C* L Θ 33 *pc* aur b vg | ⸀και αυτος εκ. D ¦ εκ. και αυτ. 𝔎 A W Δ Θ 074 λ φ *pm* ¦ *txt* B ℵ C* L 33. 892 *pc* (lat) sa bo ‖ 18 ° D it | ⸀εν τη γη 𝔎 A D W Θ 074 λ φ *pl* lat sy^s.p sa bo^pt ¦ την γ. C* 700 ¦ *txt* B ℵ L 33 *pc* | ⸁απεκρ- 𝔎 W Δ Θ 074 λ φ *pl* ‖ 19 ⸂*2 1* 𝔎 A Δ Φ *pm* ¦ χρ. τινα W | ⸉ 𝔎 A W Φ φ 565 *pm* ‖ 20 ⸀επεκ- D Θ 700 lat ¦ εκ. επ αυτοις C 𝔎 A W Δ Φ 074 λ φ *pm* ‖ 21 ⸆δε 𝔎 A W Δ Φ λ φ *pm* | ⸀επει επ D lat; Ir Or ‖ 22 °† B ℵ* ¦ *txt* C 𝔎 A D L W Θ 074 λ φ *pl* lat | ⸆λαβων ℵ 𝔎 D X *pm* verss | ⸀επεκ- D Θ ¦ εκ. επ αυτοις C 𝔎 A W Δ Φ 074 λ φ *pm* ¦ *txt* 𝔓^35vid B ℵ L 33.124. 700. 892* *pc*

Mark.: 34 ⸆και C² 𝔎 A W Γ Δ Φ λ φ 157. 892 *pm* sy^p.h

Luk.: 13 ⸀πρ-ευσασθαι ℵ A E L 063 *al* ¦ -ευεσθαι D W Θ *al* ¦ · πρ-ευεσθε λ *al* ‖ 14 ° D *pc* b ff² l | ⸀ενεπεμψαν D* ‖ 15 ⸋ D Δ | ⸀αυτου D Γ ¦ — W Δ *pc* | ⸁αυτου Θ *pc* a d r¹ ¦ — D λ lat; Or | ⸀¹εδωκεν 𝔎 A W Γ Δ Θ 063 φ 118. 209 *pl* | ⸀²γνω 𝔎 A W Γ Δ Θ λ φ *pl* | ⸂† τις τι διεπ-σατο 𝔎 A (W) Γ Δ Θ λ φ *pm* lat ¦ *txt* 𝔋 D *pc* e; Or ‖ 16 ⸉*2 1 3* 𝔎 A W Γ Δ Θ 063 φ *pm* ¦ *1 3 2* D *pc* lat ¦ *txt* B ℵ L λ *pc* ‖ 17 ⸀ευ ℵ 𝔎 A L W Γ Δ Θ 063 λ φ *pl* ¦ *txt* B D *pc* ‖ 18 ⸂ο ετερος ελθων ειπεν D | ⸉*4 1-3* 𝔎 A D W Γ Δ Θ 063. 0182^vid λ φ *pl* lat ¦ *txt* B ℵ L *pc*

13sqq cf *62 sqq* ‖ *15 sq* cf Mt 21,38 ‖ *22 sqq* cf *92 sqq* ‖ *26 (Mt)* cf Mt 18,23 ‖ *31 sqq* cf *38 sqq. 71 sqq. 87 sqq. 89 sq* ‖ *32 sq* cf Lc 16 10-12 (*= nr 223*) ‖ *38 sqq* cf *31 sqq. 71 sqq. 87 sqq. 89 sq*

[Matth. 25,14-30]

ἀγαθὲ καὶ πιστέ, ⸀ἐπὶ ὀλίγα ⸉ἦς πιστός⸊, ἐπὶ πολλῶν σε καταστήσω· εἴσελθε εἰς τὴν χαρὰν τοῦ κυρίου σου. 24 προσελθὼν δὲ καὶ ὁ τὸ ἓν τάλαντον εἰληφὼς εἶπεν· κύριε, ἔγνων °σε ὅτι σκληρὸς εἶ ἄνθρωπος, θερίζων ὅπου οὐκ ἔσπειρας καὶ συνάγων ⸀ὅθεν οὐ διεσκόρπισας, 25 καὶ φοβηθεὶς ⸀ἀπελθὼν ἔκρυψα τὸ τάλαντόν σου ἐν τῇ γῇ· ἴδε ἔχεις τὸ σόν. 26 ἀποκριθεὶς °δὲ ὁ κύριος αὐτοῦ εἶπεν αὐτῷ· πονηρὲ δοῦλε καὶ ὀκνηρέ, ᾔδεις ὅτι θερίζω ὅπου οὐκ ἔσπειρα καὶ συνάγω ὅθεν οὐ διεσκόρπισα; 27 ἔδει ⸉σε οὖν⸊ βαλεῖν ⸂τὰ ἀργύριά⸃ μου τοῖς τραπεζίταις, καὶ ἐλθὼν ἐγὼ ἐκομισάμην ἂν τὸ ἐμὸν σὺν τόκῳ. 28 ἄρατε οὖν ἀπ᾽ αὐτοῦ τὸ τάλαντον καὶ δότε τῷ ἔχοντι τὰ ⸀δέκα τάλαντα·

29 τῷ γὰρ ἔχοντι °παντὶ δοθήσεται καὶ ⸀περισσευθήσεται, ⸂τοῦ δὲ⸃ μὴ ἔχοντος καὶ ὃ ⸀ἔχει ἀρθήσεται ἀπ᾽ αὐτοῦ.⸆

30 καὶ τὸν ἀχρεῖον δοῦλον ⸀ἐκβάλετε εἰς τὸ σκότος τὸ ἐξώτερον· ἐκεῖ ἔσται ὁ κλαυθμὸς καὶ ὁ βρυγμὸς τῶν ὀδόντων.

Mark.

[Luk. 19,11-27]

καὶ σὺ ἐπάνω ⸉γίνου πέντε πόλεων.

20 καὶ °ὁ ἕτερος ἦλθεν λέγων· κύριε, ἰδοὺ ἡ μνᾶ σου ἣν εἶχον ἀποκειμένην ἐν σουδαρίῳ· 21 ⸂ἐφοβούμην γάρ σε, ὅτι ἄνθρωπος αὐστηρὸς εἶ⸃, αἴρεις ὃ οὐκ ἔθηκας καὶ θερίζεις ὃ οὐκ ἔσπειρας⸆.

22 ⸀λέγει αὐτῷ· ἐκ τοῦ στόματός σου ⸀κρινῶ σε, πονηρὲ δοῦλε. ᾔδεις ὅτι ἐγὼ ἄνθρωπος αὐστηρός εἰμι, ⸀¹αἴρων ὃ οὐκ ἔθηκα καὶ ⸀²θερίζων ὃ οὐκ ἔσπειρα⸆⁚; 23 καὶ διὰ τί οὐκ ἔδωκάς ⸉μου τὸ ἀργύριον⸊ ἐπὶ τράπεζαν; κἀγὼ ἐλθὼν σὺν τόκῳ ἂν ⸂αὐτὸ ἔπραξα⸃. 24 ⸂καὶ τοῖς παρεστῶσιν εἶπεν⸃· ἄρατε ἀπ᾽ αὐτοῦ ⸋τὴν μνᾶν⸌ καὶ ⸀δότε τῷ τὰς δέκα μνᾶς ἔχοντι – 25 ⸋καὶ εἶπαν αὐτῷ· κύριε, ἔχει δέκα μνᾶς⸌ – 26 λέγω ⸆ ὑμῖν ὅτι παντὶ τῷ ἔχοντι ⸀δοθήσεται, ἀπὸ δὲ τοῦ μὴ ἔχοντος καὶ ὃ ⸀ἔχει ἀρθήσεται⸆. 27 πλὴν τοὺς ἐχθρούς μου ⸀τούτους τοὺς μὴ θελήσαντάς με βασιλεῦσαι ἐπ᾽ αὐτοὺς ἀγάγετε ὧδε καὶ κατασφάξατε °αὐτοὺς ἔμπροσθέν μου.⸆

Joh.

Matth.: 23 ⸀επει επ D lat; Ir Or Cyp | ⸉ B || 24 °DΘ*pc* lat; Or | ⸀οπου DW (lat) || 25 ⸀απηλθον και D it || 26 °Θ $sy^{s.p}$ bo^{pt} || 27 ⸉ℜADWΔΦ 074 λφ *pm* lat | ⸂*p)* το -ριον CℜAD 074 λφ *pl* ¦ *txt* Bℵ*WΘ 700 || 28 ⸀πεντε D || 29 °DW 047 *pc* sy^{p} | ⸀-ευσεται D | ⸂απο δε του CℜAWΔφ 118 *pm* | ⸀δοκει εχειν LΔΦ 33.69.892 *al* vg; Cl | ⸆(cf Lc 8,8) ταυτα λεγων εφωνει· ο εχων ωτα ακουειν ακουετω C^3H *al* (Γφ *al post vs* 30) || 30 ⸀βαλετε εξω D (69*pc*) it

Luk.: 19 ⸉*a.* και D ¦ *p.* συ ℜAWΓΔΘ 063.0182 φ *pl* ¦ *txt* BℵLλ 157 *pc* || 20 °ℜAWΓΔ 063.0182 λ *pm* || 21 ⸂οτι εφοβηθην σε· ανθρωπος γαρ ει αυστ. D | ⸆*p)* και συναγεις οθεν ου διεσκορπισας UΘφ *al* || 22 ⸀λεγει δε ℜAWΓΔ *al* ¦ και λεγει Θ (it) ¦ ο δε ειπεν D | ⸀κρίνω Θ *al* lat ¦ *txt* EKλφ *al* | ⸀¹αιρω *et* ⸀²θεριζω D 579 it | ⸆*p)* και συναγων οθεν ου διεσκορπισα UΘφ *al* | [⁚, S] || 23 ⸉*2 1 3* ℜDW^{corr}ΓΔ 063 λφ *pl* ¦ *txt* BℵALW*Θ 0182.33.157 *pc* | ⸂*2 1* ℜDWΓΔ 063 λφ *pl* ¦ αυτ. ανεπρ- AΘ *pc* ¦ *txt* BℵL 0182 *pc* || 24 ⸂ειπ. δε τ. παρ. D a | ⸋D it | ⸀απενεγκατε D || 25 ⸋*vs p)* DW 69 *pc* b e ff^2 $sy^{s.c}$ bo^{pt} || 26 ⸆γαρ ℜADWΓΔΘ 063 φ *pl* ¦ *txt* BℵLλ *pc* | ⸀προστιθεται D (sy^s) ¦ *p)* δοθ. και περισσευθησεται φ 579 (sy^c) | ⸀δοκει εχειν Θ 69 *pc* sy^c; Mcion Or^{pt} | ⸆*p)* απ αυτου $ℵ^{corr}$ℜADWΘ 063.0272 λφ *pl* lat ¦ *txt* Bℵ* L i || 27 ⸀εκεινους ℜA(⸉*p.* πλην D)WΓΔΘ 063 λφ *pl* | °ℜADWΓΔ 063 λφ *pm* ¦ *txt* BℵLRΘ 33.157 *pc* | ⸆*p)* και τον αχρειον δουλον εκβαλετε εις το σκοτος το εξωτερον· εκει εσται ο κλαυθμος και ο βρυγμος των οδοντων. D

43sq (Lc) cf *47sq (Mt)* || *47sq (Mt)* cf *43sq (Lc)* || *53sqq* cf *94* || *60sqq* cf *78sqq. 95* || *62sqq* cf Lc 12,46sq; 1Sm 15,33; 1Cor 15,25; Apc 19,15; cf *13sqq* || *67sqq* cf Mt 8,12; 13,42.50; 22,13; 24,51; Lc 13,28

Matth.	Mark.	Luk.	Joh.
24, 45-47 (nr 297, p. 411) [45] Τίς ἄρα ἐστὶν ὁ πιστὸς δοῦλος καὶ φρόνιμος ὃν κατέστησεν ὁ κύριος ἐπὶ τῆς οἰκετείας αὐτοῦ τοῦ δοῦναι αὐτοῖς τὴν τροφὴν ἐν καιρῷ; [46] μακάριος ὁ δοῦλος ἐκεῖνος ὃν ἐλθὼν ὁ κύριος αὐτοῦ εὑρήσει οὕτως ποιοῦντα· [47] ἀμὴν λέγω ὑμῖν ὅτι ἐπὶ πᾶσιν τοῖς ὑπάρχουσιν αὐτοῦ καταστήσει αὐτόν.		*12, 42-44 (nr. 203, p. 288)* [42] Καὶ εἶπεν ὁ κύριος· τίς ἄρα ἐστὶν ὁ πιστὸς οἰκονόμος ὁ φρόνιμος, ὃν καταστήσει ὁ κύριος ἐπὶ τῆς θεραπείας αὐτοῦ τοῦ διδόναι ἐν καιρῷ [τὸ] σιτομέτριον; [43] μακάριος ὁ δοῦλος ἐκεῖνος, ὃν ἐλθὼν ὁ κύριος αὐτοῦ εὑρήσει ποιοῦντα οὕτως. [44] ἀληθῶς λέγω ὑμῖν ὅτι ἐπὶ πᾶσιν τοῖς ὑπάρχουσιν αὐτοῦ καταστήσει αὐτόν.	
13, 12 (nr. 123, p. 175) [12] Ὅστις γὰρ ἔχει, δοθήσεται αὐτῷ καὶ περισσευθήσεται· ὅστις δὲ οὐκ ἔχει, καὶ ὃ ἔχει ἀρθήσεται ἀπ' αὐτοῦ.	*4, 25 (nr. 125, p. 179)* [25] Ὃς γὰρ ἔχει, δοθήσεται αὐτῷ· καὶ ὃς οὐκ ἔχει, καὶ ὃ ἔχει ἀρθήσεται ἀπ' αὐτοῦ.	*8, 18 b (nr. 125, p. 179)* [18] ... Ὃς ἂν γὰρ ἔχῃ, δοθήσεται αὐτῷ· καὶ ὃς ἂν μὴ ἔχῃ, καὶ ὃ δοκεῖ ἔχειν ἀρθήσεται ἀπ' αὐτοῦ.	

Evang. sec. Hebraeos (Eusebius, Theophania, Migne PG 24, 685): Ἐπεὶ δὲ τὸ εἰς ἡμᾶς ἧκον ἑβραϊκοῖς χαρακτῆρσιν εὐαγγέλιον τὴν ἀπειλὴν οὐ κατὰ τοῦ ἀποκρύψαντος ἐπῆγεν, ἀλλὰ κατὰ τοῦ ἀσώτως ἐζηκότος· τρεῖς γὰρ δούλους περιεῖχε, τὸν μὲν καταφαγόντα τὴν ὕπαρξιν τοῦ δεσπότου μετὰ πορνῶν καὶ αὐλητρίδων, τὸν δὲ πολλαπλασιάσαντα (Mai πολλαπλασίαντα) τὴν ἐργασίαν, τὸν δὲ κατακρύψαντα τὸ τάλαντον· εἶτα τὸν μὲν ἀποδεχθῆναι, τὸν δὲ μεμφθῆναι μόνον, τὸν δὲ συγκλεισθῆναι δεσμωτηρίῳ· ἐφίστημι, μήποτε κατὰ τὸν Ματθαῖον, μετὰ τὴν συμπλήρωσιν τοῦ λόγου τοῦ (Mai τὴν) κατὰ τοῦ μηδὲν ἐργασαμένου, ἡ ἑξῆς ἐπιλεγομένη ἀπειλή, οὐ περὶ αὐτοῦ ἀλλὰ περὶ τοῦ προτέρου κατ' ἐπανάληψιν λέλεκται τοῦ ἐσθίοντος καὶ πίνοντος μετὰ τῶν μεθυόντων.

2. Clem. ad Cor. 8, 5-6: [5] Λέγει γὰρ ὁ κύριος ἐν τῷ εὐαγγελίῳ· »Εἰ τὸ μικρὸν οὐκ ἐτηρήσατε, τὸ μέγα τίς ὑμῖν δώσει; λέγω γὰρ ὑμῖν, ὅτι ὁ πιστὸς ἐν ἐλαχίστῳ καὶ ἐν πολλῷ πιστός ἐστιν«. [6] ἄρα οὖν τοῦτο λέγει· τηρήσατε τὴν σάρκα ἁγνὴν καὶ τὴν σφραγῖδα ἄσπιλον, ἵνα τὴν αἰώνιον ζωὴν ἀπολάβωμεν. *cf.* **Irenaeus, Adv. haer. II, 56, 1:** Et ideo dominus dicebat ingratis existentibus in eum: »Si in modico fideles non fuistis, quod magnum est quis dabit vobis?«

Justinus Mart., Dial. 125, 1-2: [1] ... ὡς ὁ ἐμὸς κύριος εἶπεν· »Ἐξῆλθεν ὁ σπείρων τοῦ σπεῖραι τὸν σπόρον· καὶ ὃ μὲν ἔπεσεν εἰς τὴν ὁδόν, ὃ δὲ εἰς τὰς ἀκάνθας, ὃ δὲ ἐπὶ τὰ πετρώδη, ὃ δὲ ἐπὶ τὴν γῆν τὴν καλήν«. [2] ἐλπίδι οὖν τοῦ εἶναί που καλὴν γῆν λέγειν δεῖ· ἐπειδή γε ἐκεῖνος ὁ ἐμὸς κύριος, ὡς ἰσχυρὸς καὶ δυνατός, τὰ ἴδια παρὰ πάντων ἀπαιτήσει ἐλθών, καὶ τὸν οἰκονόμον τὸν ἑαυτοῦ οὐ καταδικάσει, εἰ γνωρίζοι αὐτόν, διὰ τὸ ἐπίστασθαι ὅτι δυνατός ἐστιν ὁ κύριος αὐτοῦ καὶ ἐλθὼν ἀπαιτήσει τὰ ἴδια, ἐπὶ πᾶσαν τράπεζαν διδόντα, ἀλλ' οὐ δι' αἰτίαν οἱανδηποτοῦν κατορύξαντα.

Evang. Thomae copt.: *cf. Append. I, 41*

71sqq cf 31sqq. 38sqq ‖ *78sqq cf 60sqq* ‖ *81sqq cf 5sqq* ‖ *87sqq cf 31sqq. 38sqq. 89sq* ‖ *89sq cf 31sqq. 38sqq. 87sqq* ‖ *92sqq cf 22sqq* ‖ *94 cf 53sqq* ‖ *95 cf 60sqq*

300. Vom Weltgericht

Iudicium ultimum **The Last Judgment**

Matth. 25, 31-46 (16, 27; 7, 23)	Mark. 8, 38 b	Luk. 9, 26 b; 13, 27-28	Joh. 5, 29
[31] Ὅταν δὲ ἔλθῃ ὁ υἱὸς τοῦ ἀνθρώπου ἐν τῇ δόξῃ αὐτοῦ καὶ πάντες οἱ ⸆ ἄγγελοι μετ' αὐτοῦ, τότε καθίσει ἐπὶ θρόνου δόξης αὐτοῦ· [32] καὶ ⸀συναχθήσονται ἔμπροσθεν αὐτοῦ πάντα τὰ ἔθνη, καὶ ⸀ἀφορίσει αὐτοὺς ἀπ' ἀλλήλων, ὥσπερ ὁ ποιμὴν ἀφορίζει τὰ πρόβατα ἀπὸ τῶν ⸁ἐρίφων, [33] καὶ στήσει τὰ μὲν πρόβατα ἐκ δεξιῶν °αὐτοῦ, τὰ δὲ ἐρίφια ἐξ εὐωνύμων⸆. [34] τότε ἐρεῖ ὁ βασιλεὺς τοῖς ἐκ δεξιῶν αὐτοῦ· δεῦτε οἱ εὐλογημένοι τοῦ πατρός μου, κληρονομήσατε τὴν ἡτοιμασμένην ὑμῖν βασιλείαν ἀπὸ καταβολῆς κόσμου. [35] ἐπείνασα γὰρ καὶ ἐδώκατέ μοι φαγεῖν, ⸆ ἐδίψησα καὶ ⸂ἐποτίσατέ με⸃, ξένος ἤμην καὶ συνηγάγετέ με, [36] γυμνὸς καὶ περιεβάλετέ με,			

Matth.: 31 ⸆αγιοι 𝔎 A W Δ Φ ϕ 700. 892. 1241 *pm* ‖ 32 ⸀-σεται 𝔎 A W Δ Φ λ 700. 892 *pm* | ⸀-ριει B ℵ^corr 𝔎 A D Φ **074. 0128** ϕ *pl* | ⸁-φιων B ‖ 33 °ℵ A *pc*; Cyr | ⸆αυτου ℵ sy^s.p sa bo ‖ 35 ⸆και W Δ sy^p | ⸂δεδωκατε μοι πιειν Cl^pt (?)

1sqq cf Mt 7, 21; 10, 40 sqq par; 18, 5 par | cf Mt 13, 41 sqq; Apc 20, 11 sqq; *cf 40. 41sq 44sq* ‖ *1* cf Zch 14, 5; Mt 19, 28; 2 Th 1, 7; Jd 14; *cf 26sqq. 43* ‖ *3* cf Ez 34, 17 | cf Lc 1, 11; Mc 16, 5 ‖ *5sqq cf 46sq* ‖ *5sq* cf Is 58, 7; Ez 18, 7; Tob 4, 16; Jc 1, 27; 2, 15

[Matth. 25, 31-46]	Mark.	Luk.	Joh.

⸀ἠσθένησα καὶ ἐπεσκέψασθέ με, ἐν φυλακῇ ἤμην καὶ ἤλθατε πρός με. 37 τότε ἀποκριθήσονται αὐτῷ οἱ
δίκαιοι λέγοντες· κύριε, πότε σε ⸀εἴδομεν πεινῶντα καὶ ἐθρέψαμεν, ἢ διψῶντα καὶ ἐποτίσαμεν; 38 πότε δέ ⸉σε
εἴδομεν⸊ ξένον καὶ συνηγάγομεν, ἢ γυμνὸν καὶ περιεβάλομεν; 39 πότε δέ σε εἴδομεν ⸀ἀσθενοῦντα ἢ ἐν φυλακῇ
καὶ ἤλθομεν πρός σε; 40 καὶ ἀποκριθεὶς ὁ βασιλεὺς ἐρεῖ αὐτοῖς· ἀμὴν λέγω ὑμῖν, ἐφʼ ὅσον ἐποιήσατε ἑνὶ
τούτων ⸋τῶν ἀδελφῶν μου⸌ τῶν ἐλαχίστων, ἐμοὶ ἐποιήσατε. 41 τότε ἐρεῖ καὶ τοῖς ἐξ εὐωνύμων· πορεύεσθε
ἀπʼ ἐμοῦ °[οἱ] κατηραμένοι εἰς ⸂τὸ πῦρ τὸ αἰώνιον⸃ ⸄τὸ ἡτοιμασμένον⸅ τῷ διαβόλῳ καὶ τοῖς ἀγγέλοις αὐτοῦ.
42 ἐπείνασα γὰρ καὶ οὐκ ἐδώκατέ μοι φαγεῖν, ⸆ ἐδίψησα καὶ οὐκ ⸂ἐποτίσατέ με⸃, 43 ξένος ἤμην καὶ οὐ συν-
ηγάγετέ με, ⸆ γυμνὸς ⸆ καὶ οὐ περιεβάλετέ με, ἀσθενὴς καὶ ἐν φυλακῇ καὶ οὐκ ἐπεσκέψασθέ με. 44 τότε ἀπο-
κριθήσονται ⸂καὶ αὐτοὶ⸃ λέγοντες· κύριε, πότε σε εἴδομεν πεινῶντα ἢ διψῶντα ἢ ξένον ἢ γυμνὸν ἢ ἀσθενῆ ⸀ἢ
ἐν φυλακῇ καὶ οὐ διηκονήσαμέν
σοι; 45 τότε ἀποκριθήσεται ⸆ αὐ-
τοῖς λέγων· ἀμὴν λέγω ὑμῖν, ἐφʼ
ὅσον οὐκ ἐποιήσατε ἑνὶ τούτων
τῶν ἐλαχίστων, οὐδὲ ἐμοὶ ἐποιή-
σατε.
46 καὶ ἀπελεύσονται οὗτοι
εἰς ⸀κόλασιν αἰώνιον, οἱ δὲ δί-
καιοι εἰς ζωὴν αἰώνιον.

(nr. 305 26, 1-5 p. 425)

Joh. 5, 29 *(nr. 141, p. 197)*

29 καὶ ⸀ἐκπορεύσονται οἱ τὰ ἀγαθὰ ποιήσαντες εἰς ἀνάστασιν ζωῆς, ⸂οἱ δὲ⸃ °τὰ φαῦλα ⸀πράξαντες εἰς ἀνάστασιν κρίσεως.

Matth. 16, 27 *(nr. 160, p. 234)*

27 Μέλλει γὰρ ὁ υἱὸς τοῦ ἀνθρώπου ἔρχεσθαι ἐν τῇ δόξῃ τοῦ πατρὸς αὐτοῦ μετὰ τῶν ἀγγέλων αὐτοῦ, καὶ τότε ἀποδώσει ἑκάστῳ κατὰ τὴν πρᾶξιν αὐτοῦ.

Mark. 8, 38 b *(nr. 160, p. 234)*

38 ... καὶ ὁ υἱὸς τοῦ ἀνθρώπου ἐπαισχυνθήσεται αὐτόν, ὅταν ἔλθῃ ἐν τῇ δόξῃ τοῦ πατρὸς αὐτοῦ μετὰ τῶν ἀγγέλων τῶν ἁγίων.

Luk. 9, 26 b *(nr. 160, p. 234)*

26 ... τοῦτον ὁ υἱὸς τοῦ ἀνθρώπου ἐπαισχυνθήσεται, ὅταν ἔλθῃ ἐν τῇ δόξῃ αὐτοῦ καὶ τοῦ πατρὸς καὶ τῶν ἁγίων ἀγγέλων.

Matth. 7, 23 *(nr. 74, p. 98)*

23 Καὶ τότε ὁμολογήσω αὐτοῖς ὅτι οὐδέποτε ἔγνων ὑμᾶς· ἀποχωρεῖτε ἀπʼ ἐμοῦ οἱ ἐργαζόμενοι τὴν ἀνομίαν.

Luk. 13, 27-28 *(nr. 211, p. 295)*

27 Καὶ ἐρεῖ λέγων ὑμῖν· οὐκ οἶδα [ὑμᾶς] πόθεν ἐστέ· ἀπόστητε ἀπʼ ἐμοῦ πάντες ἐργάται ἀδικίας. 28 ἐκεῖ ἔσται ὁ κλαυθμὸς καὶ ὁ βρυγμὸς τῶν ὀδόντων, ὅταν ὄψησθε Ἀβραὰμ καὶ Ἰσαὰκ καὶ Ἰακὼβ καὶ πάντας τοὺς προφήτας ἐν τῇ βασιλείᾳ τοῦ θεοῦ, ὑμᾶς δὲ ἐκβαλλομένους ἔξω.

Matth.: 36 ⸀ασθενης Cl^pt || 37 ⸀ειδαμεν B* 067 || 38 ⸉ D Θ *pc*; Cl || 39 ⸀ασθενη ℵ 𝔎 A W (Δ) 067.074.0135 λ φ *pl* ¦ *txt* B D Θ *pc*; Cl || 40 ⸋ B* 1424 ff²; Cl || 41 ° † B ℵ L 0128.0135 *pc* ¦ *txt* 𝔎 A D W Δ Θ 074 λ φ *pl* | ⸂ (25, 30) το σκοτος το εξωτερον Ju Cl^hom | ⸄ ὃ ητοιμασεν ο πατηρ μου D 1.22 *pc* it; Ju Ir (Cl) Cl^hom || 42 ⸆ και 𝔓^45vid B* L sy^p | [⸂ εδωκατε μοι πιειν Blass *cj*] || 43 ⸆ και 𝔓^45 Θ sy^s.p | ⸆ ημην 𝔓^45 h sy^s.p sa bo || 44 ⸂ κ. αυ. αυτω λ *pc* ¦ αυτω αυτοι ℵ* *pc* | ⸀ και 𝔓^45 || 45 ⸆ και Θ *pc* || 46 ⸀ (41) ignem a b c ff^1.2 h r¹ ¦ ambustionem Cyp Aug^pt ¦ comb- Aug^pt Fulg

Joh.: 29 ⸀ εξελευσ- D W *pc* e; Ir Cyr Greg^nyss pt | ⸂ † οι 𝔓^66c B a e ff² ¦ και οι 𝔓^66* W ¦ *txt* 𝔓^75 ℌ 𝔎 A D Θ 063.0124 λ *pl* lat | ° D | ⸀ πρασσοντες D ¦ — q

---

7 cf Sir 7, 35 (39); Heb 13, 3 · 11, 36 || 10sq cf Prv 19, 17 || 11sq cf Mt 25, 12; cf 22sqq 32sqq. 48sq || 12 cf Apc 20, 10 etc || 13 cf Job 22, 7 || 22sqq cf Dn 12, 2; cf 11sq || 26sqq cf 1 || 32sqq cf 11sq

Röm. 14, 10: Σὺ δὲ τί κρίνεις τὸν ἀδελφόν σου; ἢ καὶ σὺ τί ἐξουθενεῖς τὸν ἀδελφόν σου; πάντες γὰρ παραστησόμεθα τῷ βήματι τοῦ θεοῦ.

2. Cor. 5, 10: Τοὺς γὰρ πάντας ἡμᾶς φανερωθῆναι δεῖ ἔμπροσθεν τοῦ βήματος τοῦ Χριστοῦ, ἵνα κομίσηται ἕκαστος τὰ διὰ τοῦ σώματος πρὸς ἃ ἔπραξεν, εἴτε ἀγαθὸν εἴτε φαῦλον.

Didache 16, 7: Οὐ πάντων δέ, ἀλλ' ὡς ἐρρέθη· Ἥξει ὁ κύριος καὶ πάντες οἱ ἅγιοι μετ' αὐτοῦ.

2. Clem. ad Cor. 6, 7: Ποιοῦντες γὰρ τὸ θέλημα τοῦ Χριστοῦ εὑρήσομεν ἀνάπαυσιν· εἰ δὲ μήγε, οὐδὲν ἡμᾶς ῥύσεται ἐκ τῆς αἰωνίου κολάσεως, ἐὰν παρακούσωμεν τῶν ἐντολῶν αὐτοῦ.

Herm. Pastor, Vis. III, 9, 2: Νῦν οὖν ἀκούσατέ μου καὶ εἰρηνεύετε ἐν ἑαυτοῖς καὶ ἐπισκέπτεσθε ἀλλήλους καὶ ἀντιλαμβάνεσθε ἀλλήλων, καὶ μὴ μόνοι τὰ κτίσματα τοῦ θεοῦ μεταλαμβάνετε ἐκ καταχύματος, ἀλλὰ μεταδίδοτε καὶ τοῖς ὑστερουμένοις.

Justinus Mart., Dial. 76, 5: Καὶ ἐν ἄλλοις λόγοις, οἷς καταδικάζειν τοὺς ἀναξίους μὴ σώζεσθαι μέλλει, ἔφη ἐρεῖν· »Ὑπάγετε εἰς τὸ σκότος τὸ ἐξώτερον, ὃ ἡτοίμασεν ὁ πατὴρ τῷ σατανᾷ καὶ τοῖς ἀγγέλοις αὐτοῦ«.

---

40 cf 1sqq ‖ *41sq cf 1sqq* ‖ *43 cf 1* ‖ *44sq cf 1sqq* ‖ *46sq cf 5sqq* ‖ *48sq cf 11sq*

2. Zusammenfassende Schlußbemerkung (nach Lukas)

Nota generalis (secundum Lucam) — **General Concluding Observation (Acc. to Luke)**

301. Charakteristik der Wirksamkeit Jesu in Jerusalem

Ministerium Jesu in Jerusalem — **The Ministry of Jesus in Jerusalem**

Matth.	Mark.	**Luk. 21, 37-38** 19, 47-48	[Joh. 8, 1-2] *(nr. 242, p. 325)*
cf. 21, 17 *(nr. 271, p. 370)*	cf. 11, 19 *(nr. 274, p. 373)*	*(nr. 295 21, 34-36 p. 408)* 37 Ἦν δὲ τὰς ἡμέρας ⸉ἐν τῷ ἱερῷ διδάσκων⸊, □τὰς δὲ νύκτας ἐξερχόμενος⸌ ⸉¹ηὐλίζετο εἰς τὸ ὄρος⸊ ⸂τὸ καλούμενον Ἐλαιῶν⸃· 38 καὶ πᾶς ὁ λαὸς ὤρθριζεν πρὸς αὐτὸν ⸉ἐν τῷ ἱερῷ ἀκούειν αὐτοῦ⸊.⸆ *(nr. 305 22, 1-2 p. 425)* 19, 47-48 *(nr. 274, p. 373)* 47 Καὶ ἦν διδάσκων τὸ καθ' ἡμέραν ἐν τῷ ἱερῷ. οἱ δὲ ἀρχιερεῖς καὶ οἱ γραμματεῖς ἐζήτουν αὐτὸν ἀπολέσαι καὶ οἱ πρῶτοι τοῦ λαοῦ, 48 καὶ οὐχ εὕρισκον τὸ τί ποιήσωσιν, ὁ λαὸς γὰρ ἅπας ἐξεκρέματο αὐτοῦ ἀκούων.	⟦1 Ἰησοῦς δὲ ἐπορεύθη εἰς τὸ ὄρος τῶν ἐλαιῶν. 2 Ὄρθρου δὲ πάλιν παρεγένετο εἰς τὸ ἱερὸν καὶ πᾶς ὁ λαὸς ἤρχετο πρὸς αὐτόν, καὶ καθίσας ἐδίδασκεν αὐτούς.⟧

Luk.: 37 ⸉ B K 0139. 0179 *pc* lat | □ D | ⸉1 D | ⸂ των ελ. X* Γ λ *pc* ¦ (τ. κ. ελαιών Λ *al*) ‖ 38 ⸉ *4 5 1-3* D 0179 e | ⸆ *hic add.* Jo 7, 53-8, 11 *(nr. 242, p. 325)* ϕ

1sqq cf *5sqq* ‖ *1* cf Mt 26, 55; Mc 14, 49; Lc 22, 53; Jo 7, 14; 18, 20 ‖ *2* cf Lc 22, 39 par *(= nr 330)* ‖ *3sq* cf Mc 12, 37 ‖ *5sqq* cf *1sqq*

3. Schlußberichte (nach Johannes)

Conclusiones (secundum Ioannem) — Concluding Statements (According to John)

302. Griechen bei Jesus und Rede über seinen Tod

Jesus et Graeci — Greeks Seek Jesus; Discourse on His Death

Matth. 16, 25; 10, 39; 20, 28; 16, 24; 26, 38-39; 17, 5; 3, 17

16, 25 *(nr. 160, p. 234)*

25 Ὃς γὰρ ἐὰν θέλῃ τὴν ψυχὴν αὐτοῦ σῶσαι ἀπολέσει αὐτήν· ὃς δ᾽ ἂν ἀπολέσῃ τὴν ψυχὴν αὐτοῦ ἕνεκεν ἐμοῦ εὑρήσει αὐτήν.

10, 39 *(nr. 103, p. 147)*

39 Ὁ εὑρὼν τὴν ψυχὴν αὐτοῦ ἀπολέσει αὐτήν, καὶ ὁ ἀπολέσας τὴν ψυχὴν αὐτοῦ ἕνεκεν ἐμοῦ εὑρήσει αὐτήν.

Mark. 8, 35; 10, 45; 8, 34; 14, 34-36; 9, 7; 1 11

8, 35 *(nr. 160 p. 234)*

35 Ὃς γὰρ ἐὰν θέλῃ τὴν ψυχὴν αὐτοῦ σῶσαι ἀπολέσει αὐτήν· ὃς δ᾽ ἂν ἀπολέσει τὴν ψυχὴν αὐτοῦ ἕνεκεν ἐμοῦ καὶ τοῦ εὐαγγελίου σώσει αὐτήν.

Luk. 9, 23-24; 17, 33; 22, 41-[43]; 9, 35; 3, 22b; 10, 18

9, 23-24 *(nr. 160, p. 234)*

23 Ἔλεγεν δὲ πρὸς πάντας· εἴ τις θέλει ὀπίσω μου ἔρχεσθαι, ἀρνησάσθω ἑαυτὸν καὶ ἀράτω τὸν σταυρὸν αὐτοῦ καθ᾽ ἡμέραν καὶ ἀκολουθείτω μοι. 24 ὃς γὰρ ἂν θέλῃ τὴν ψυχὴν αὐτοῦ σῶσαι ἀπολέσει αὐτήν· ὃς δ᾽ ἂν ἀπολέσῃ τὴν ψυχὴν αὐτοῦ ἕνεκεν ἐμοῦ οὗτος σώσει αὐτήν.

17, 33 *(nr. 235, p. 316)*

33 Ὃς ἐὰν ζητήσῃ τὴν ψυχὴν αὐτοῦ περιποιήσασθαι ἀπολέσει αὐτήν, ὃς δ᾽ ἂν ἀπολέσῃ ζῳογονήσει αὐτήν.

Joh. 12, 20-36
11, 42; 16, 11

(nr. 269 12, 12-19 p. 365)

20 Ἦσαν δὲ ⸆ Ἕλληνές τινες ἐκ τῶν ἀναβαινόντων ἵνα ⸀προσκυνήσωσιν ἐν τῇ ἑορτῇ· 21 οὗτοι οὖν προσῆλθον ⸆ Φιλίππῳ τῷ ἀπὸ ⸀Βηθσαϊδὰ τῆς Γαλιλαίας καὶ ἠρώτων αὐτὸν λέγοντες· κύριε, θέλομεν τὸν Ἰησοῦν ἰδεῖν. 22 ἔρχεται °ὁ Φίλιππος καὶ λέγει τῷ Ἀνδρέᾳ, ⸂ἔρχεται Ἀνδρέας καὶ Φίλιππος καὶ⸃ λέγουσιν τῷ Ἰησοῦ. 23 ὁ δὲ Ἰησοῦς ⸀ἀποκρίνεται αὐτοῖς λέγων· ἐλήλυθεν ἡ ὥρα ἵνα δοξασθῇ ὁ υἱὸς τοῦ ἀνθρώπου⁚. 24 ἀμὴν ἀμὴν λέγω ὑμῖν, ἐὰν μὴ ὁ κόκκος τοῦ σίτου πεσὼν εἰς τὴν γῆν ἀποθάνῃ, αὐτὸς μόνος μένει· ἐὰν δὲ ἀποθάνῃ, πολὺν καρπὸν φέρει. 25 ὁ φιλῶν τὴν ψυχὴν αὐτοῦ ⸀ἀπολλύει αὐτήν, καὶ ὁ μισῶν τὴν ψυχὴν αὐτοῦ ἐν τῷ κόσμῳ τούτῳ ⸉εἰς ζωὴν αἰώνιον φυλάξει αὐτήν⸊.

Joh.: 20 ⸆και DΘ*pc* | ⸀-σουσιν DLΔ 157 *pc* || 21 ⸆τω DW | ⸀Βηδ- 𝔓66 DW 0250 *pc* a || 22 °ℵ𝔎ADWΓΔΘλφ *pm* ¦ *txt* 𝔓66.75 BLX 33 *al* | ⸂και παλιν ερ. Α. κ. Φ. κ. ℵ 157 ¦ και παλιν Α. κ. Φ. 𝔎(W)ΓΔλφ *pm* ¦ παλιν ο Α. κ. Φ. D ¦ και παλιν ο Α. δε και ο Φ. 𝔓66* ¦ Α. δε (τε Θ) κ. Φ. 𝔓66c Θ *pc* it ¦ *txt* 𝔓75 BAL *pc* || 23 ⸀απεκρινατο 𝔎ADΓΔλ *pl* ¦ -ιθη Θφ ¦ *txt* 𝔓66.75 ℌW | [⁚; comm] || 25 ⸀*p)* απολεσει 𝔎ADΘλφ *pl* lat ¦ *txt* 𝔓66.75 BℵW *pc* ff2 | ⸉ *4 5 1-3* W

1 cf Jo 7, 35; Mc 7, 26; Rm 3, 9 || 4sq cf Jo 1, 43 sq; 6, 5. 7; 14, 8 sq || 12 cf Jo 2, 4; 7, 6. 30; 8, 20 || 13 cf Jo 7, 39; 12, 16; 13, 31; 11, 4 || 14sqq cf 87 sqq. 94 sqq || 18-28 (Mt-Lc) cf 18-22 (Jo) || 18-22 (Jo) cf 18-28 (Mt-Lc)

Matth.

20, 28 (nr. 263, p. 352)

28 Ὥσπερ ὁ υἱὸς τοῦ ἀνθρώπου οὐκ ἦλθεν διακονηθῆναι ἀλλὰ διακονῆσαι καὶ δοῦναι τὴν ψυχὴν αὐτοῦ λύτρον ἀντὶ πολλῶν.

16, 24 (nr. 160, p. 234)

24 Τότε ὁ Ἰησοῦς εἶπεν τοῖς μαθηταῖς αὐτοῦ· εἴ τις θέλει ὀπίσω μου ἐλθεῖν, ἀπαρνησάσθω ἑαυτὸν καὶ ἀράτω τὸν σταυρὸν αὐτοῦ καὶ ἀκολουθείτω μοι.

26, 38-39 (nr. 330, p. 455)

38 Τότε λέγει αὐτοῖς· περίλυπός ἐστιν ἡ ψυχή μου ἕως θανάτου· μείνατε ὧδε καὶ γρηγορεῖτε μετ' ἐμοῦ. 39 καὶ προελθὼν μικρὸν ἔπεσεν ἐπὶ πρόσωπον αὐτοῦ προσευχόμενος καὶ λέγων· πάτερ μου, εἰ δυνατόν ἐστιν, παρελθάτω ἀπ' ἐμοῦ τὸ ποτήριον τοῦτο· πλὴν οὐχ ὡς ἐγὼ θέλω ἀλλ' ὡς σύ.

17, 5 (nr. 161, p. 236)

5 Ἔτι αὐτοῦ λαλοῦντος ἰδοὺ νεφέλη φωτεινὴ ἐπεσκίασεν αὐτούς, καὶ ἰδοὺ φωνὴ ἐκ τῆς νεφέλης λέγουσα· οὗτός ἐστιν ὁ υἱός μου ὁ ἀγαπητός, ἐν ᾧ εὐδόκησα· ἀκούετε αὐτοῦ.

3, 17 (nr. 18, p. 26)

17 Καὶ ἰδοὺ φωνὴ ἐκ τῶν οὐρανῶν λέγουσα· οὗτός ἐστιν ὁ υἱός μου ὁ ἀγαπητός, ἐν ᾧ εὐδόκησα.

Mark.

10, 45 (nr. 263, p. 352)

45 Καὶ γὰρ ὁ υἱὸς τοῦ ἀνθρώπου οὐκ ἦλθεν διακονηθῆναι ἀλλὰ διακονῆσαι καὶ δοῦναι τὴν ψυχὴν αὐτοῦ λύτρον ἀντὶ πολλῶν.

8, 34 (nr. 160, p. 234)

34 Καὶ προσκαλεσάμενος τὸν ὄχλον σὺν τοῖς μαθηταῖς αὐτοῦ εἶπεν αὐτοῖς· εἴ τις θέλει ὀπίσω μου ἀκολουθεῖν, ἀπαρνησάσθω ἑαυτὸν καὶ ἀράτω τὸν σταυρὸν αὐτοῦ καὶ ἀκολουθείτω μοι.

14, 34-36 (nr. 330, p. 455)

34 Καὶ λέγει αὐτοῖς· περίλυπός ἐστιν ἡ ψυχή μου ἕως θανάτου· μείνατε ὧδε καὶ γρηγορεῖτε. 35 καὶ προελθὼν μικρὸν ἔπιπτεν ἐπὶ τῆς γῆς καὶ προσηύχετο ἵνα εἰ δυνατόν ἐστιν παρέλθῃ ἀπ' αὐτοῦ ἡ ὥρα, 36 καὶ ἔλεγεν· αββα ὁ πατήρ, πάντα δυνατά σοι· παρένεγκε τὸ ποτήριον τοῦτο ἀπ' ἐμοῦ· ἀλλ' οὐ τί ἐγὼ θέλω ἀλλὰ τί σύ.

9, 7 (nr. 161, p. 236)

7 Καὶ ἐγένετο νεφέλη ἐπισκιάζουσα αὐτοῖς, καὶ ἐγένετο φωνὴ ἐκ τῆς νεφέλης· οὗτός ἐστιν ὁ υἱός μου ὁ ἀγαπητός, ἀκούετε αὐτοῦ.

1, 11 (nr. 18, p. 26)

11 Καὶ φωνὴ ἐγένετο ἐκ τῶν οὐρανῶν· σὺ εἶ ὁ υἱός μου ὁ ἀγαπητός, ἐν σοὶ εὐδόκησα.

Luk.

22, 41-[43] (nr. 330, p. 455)

41 Καὶ αὐτὸς ἀπεσπάσθη ἀπ' αὐτῶν ὡσεὶ λίθου βολὴν καὶ θεὶς τὰ γόνατα προσηύχετο 42 λέγων· πάτερ, εἰ βούλει παρένεγκε τοῦτο τὸ ποτήριον ἀπ' ἐμοῦ· πλὴν μὴ τὸ θέλημά μου ἀλλὰ τὸ σὸν γινέσθω. ⟦43 ὤφθη δὲ αὐτῷ ἄγγελος ἀπ' οὐρανοῦ ἐνισχύων αὐτόν.⟧

9, 35 (nr. 161, p. 236)

35 Καὶ φωνὴ ἐγένετο ἐκ τῆς νεφέλης λέγουσα· οὗτός ἐστιν ὁ υἱός μου ὁ ἐκλελεγμένος, αὐτοῦ ἀκούετε.

3, 22 b (nr. 18, p. 26)

22 ... καὶ φωνὴν ἐξ οὐρανοῦ γενέσθαι· σὺ εἶ ὁ υἱός μου ὁ ἀγαπητός, ἐν σοὶ εὐδόκησα.

[Joh. 12, 20-36]

26 ἐὰν ⸂ἐμοί τις διακονῇ⸃, ἐμοὶ ἀκολουθείτω, καὶ ὅπου ⸂¹εἰμὶ ἐγὼ⸃ ἐκεῖ καὶ ὁ διάκονος ὁ ἐμὸς ἔσται· ⸀ἐάν τις ἐμοὶ διακονῇ τιμήσει αὐτὸν ὁ πατήρ⸆.

27 νῦν ἡ ψυχή μου τετάρακται, καὶ τί εἴπω; πάτερ, σῶσόν με ἐκ τῆς ὥρας ταύτης⁚; ἀλλὰ διὰ τοῦτο ἦλθον εἰς τὴν ὥραν ταύτην.

28 πάτερ, δόξασόν ⸀σου ⸂τὸ ὄνομα⸃⸆. ἦλθεν οὖν⸅ φωνὴ ἐκ τοῦ οὐρανοῦ⸆· καὶ ἐδόξασα καὶ πάλιν δοξάσω. 29 ὁ ⸀οὖν ὄχλος ὁ ⸁ἑστὼς °καὶ ἀκούσας ⸀¹ἔλεγεν ⸂βροντὴν γεγονέναι⸃, ἄλλοι ἔλεγον⸆· ἄγγελος αὐτῷ ⸀²λελάληκεν. 30 ἀπεκρίθη ⸂Ἰησοῦς καὶ εἶπεν⸃· οὐ δι' ἐμὲ ἡ φωνὴ αὕτη ⸀γέγονεν ἀλλὰ

Joh.: **26** ⸂ *1 3 2* 𝔎ΓΔ*pm* ¦ *2 1 3* D(*sed* μοι) Θλφ 33 *al*; Bas ¦ *txt* 𝔓66(**bis*) 𝔓75 𝔋AW*al* | ⸂1 𝔓66 DW*pc* it | ⸀εαν δε 𝔓66c 579 it ¦ και εαν 𝔎ΑΓΔ*pm* | ⸆μου 𝔓66c UΘφ*pc* lat || **27** [⁚. TH] || **28** ⸀μου B | ⸂τον υιον LXλφ 33 *al* sy^hmg bo; Cyr | ⸆(17,5) εν τη δοξη η ειχον παρα σοι προ του τον κοσμον γενεσθαι. και εγενετο D | ⸆λεγουσα D*pc* sy^s bo^pt || **29** ⸀δε W ¦ — B a | ⸁εστηκως 𝔓59vid ADWΘ*al* | °ℵDλ*pc* | ⸀1 ελεγον 𝔓66 LU 28 *pc* | ⸂οτι (— Θ it) βροντη γεγονεν DΘ it | ⸆οτι DΘ 13.69 *pc* | ⸀2 ελαλησεν 𝔓66 1241 || **30** ⸂ *2 3 1* 𝔓75 B(L)*pc* ¦ Ιησ. ℵ ¦ ο Ιησ. κ. ειπ. ΑΔΘλφ*pm* ¦ *txt* 𝔓66 DGKWΓ*pm* | ⸀ηλθεν 𝔓66 D ¦ εληλυθεν Θ*pc*

29-39 (Mt/Mc) cf 29-32 (Jo) || *29-32 (Jo) cf 29-39 (Mt/Mc)* || *30 sq* cf Jo 14, 3; 17, 24 || *40 sq* Ps 6, 4; cf 42, 6 sq; 55, 6; Gn 41, 8 etc; Jo 11, 33; 13, 21; 14, 1.27 || *52-60 (Mt-Lc) cf 53 sqq (Jo)* || *53 sqq* cf Jo 1, 51; 5, 37?; Act 9, 4; 10, 13.15; 11, 7.9; Apc 10, 4.8; 14, 13; Dn 4, 28 etc; *cf 52-60 (Mt-Lc). 98 sqq* || *57 sq* cf Ps 29, 3 sqq; Job 37, 4; 1 Sm 12, 18 etc || *59 sqq (Jo) cf 82 sqq*

Matth.

Mark.

Luk.

10, 18 *(nr. 180, p. 261)*

[18] Εἶπεν δὲ αὐτοῖς· ἐθεώρουν τὸν σατανᾶν ὡς ἀστραπὴν ἐκ τοῦ οὐρανοῦ πεσόντα.

[Joh. 12, 20-36]

δι᾽ ὑμᾶς. [31] νῦν κρίσις ἐστὶν τοῦ κόσμου
°τούτου, ⸂νῦν ὁ ἄρχων τοῦ κόσμου τού-
του⸃ ⸄ἐκβληθήσεται ἔξω⸅· [32] κἀγὼ ἐὰν
ὑψωθῶ ⸀ἐκ τῆς γῆς, ⸁πάντας ἑλκύσω
πρὸς ἐμαυτόν. [33] τοῦτο δὲ ἔλεγεν σημαί-
νων ποίῳ θανάτῳ ἤμελλεν ἀποθνῄσκειν.
[34] Ἀπεκρίθη °οὖν αὐτῷ ὁ ὄχλος· ἡμεῖς
ἠκούσαμεν ἐκ τοῦ νόμου ὅτι ὁ χριστὸς
μένει εἰς τὸν αἰῶνα, καὶ πῶς ⸉λέγεις σὺ⸊
°1ὅτι δεῖ ὑψωθῆναι τὸν υἱὸν τοῦ ἀνθρώ-
που; ⸋τίς ἐστιν οὗτος ὁ υἱὸς τοῦ ἀν-
θρώπου;⸌ [35] εἶπεν οὖν αὐτοῖς ὁ Ἰησοῦς·
ἔτι μικρὸν χρόνον τὸ φῶς ⸂ἐν ὑμῖν⸃ ἐστιν.
περιπατεῖτε ⸀ὡς τὸ φῶς ἔχετε, ἵνα μὴ ⸆
σκοτία ὑμᾶς καταλάβῃ· καὶ ὁ περιπατῶν
ἐν τῇ σκοτίᾳ οὐκ οἶδεν ποῦ ὑπάγει. [36] ⸀ὡς
τὸ φῶς ἔχετε, πιστεύετε εἰς τὸ φῶς, ἵνα
υἱοὶ φωτὸς γένησθε.
ταῦτα ἐλάλησεν ⸆ Ἰησοῦς, καὶ ⸀ἀπελθὼν
ἐκρύβη ἀπ᾽ αὐτῶν.

11, 42 *(nr. 259, p. 346)*

[42] Ἐγὼ δὲ ᾔδειν ὅτι πάντοτέ μου ἀκούεις, ἀλλὰ διὰ τὸν ὄχλον τὸν περιεστῶτα εἶπον, ἵνα πιστεύσωσιν ὅτι σύ με ἀπέστειλας.

16, 11 *(nr. 325, p. 451)*

[11] περὶ δὲ κρίσεως, ὅτι ὁ ἄρχων τοῦ κόσμου τούτου κέκριται.

1. Cor. 15, 35–44: [35] Ἀλλὰ ἐρεῖ τις· πῶς ἐγείρονται οἱ νεκροί; ποίῳ δὲ σώματι ἔρχονται; [36] ἄφρων, σὺ ὃ σπείρεις, οὐ ζωοποιεῖται ἐὰν μὴ ἀποθάνῃ· [37] καὶ ὃ σπείρεις, οὐ τὸ σῶμα τὸ γενησόμενον σπείρεις ἀλλὰ γυμνὸν κόκκον εἰ τύχοι σίτου ἤ τινος τῶν λοιπῶν· [38] ὁ δὲ θεὸς δίδωσιν αὐτῷ σῶμα καθὼς ἠθέλησεν, καὶ ἑκάστῳ τῶν σπερμάτων ἴδιον σῶμα. [39] Οὐ πᾶσα σὰρξ ἡ αὐτὴ σὰρξ ἀλλὰ ἄλλη μὲν ἀνθρώπων, ἄλλη δὲ σὰρξ κτηνῶν, ἄλλη δὲ σὰρξ πτηνῶν, ἄλλη δὲ ἰχθύων. [40] καὶ σώματα ἐπουράνια, καὶ σώματα ἐπίγεια· ἀλλὰ ἑτέρα μὲν ἡ τῶν ἐπουρανίων δόξα, ἑτέρα δὲ ἡ τῶν ἐπιγείων. [41] ἄλλη δόξα ἡλίου, καὶ ἄλλη δόξα σελήνης, καὶ ἄλλη δόξα ἀστέρων· ἀστὴρ γὰρ ἀστέρος διαφέρει ἐν δόξῃ. [42] Οὕτως καὶ ἡ ἀνάστασις τῶν νεκρῶν. σπείρεται ἐν φθορᾷ, ἐγείρεται ἐν ἀφθαρσίᾳ· [43] σπείρεται ἐν ἀτιμίᾳ, ἐγείρεται ἐν δόξῃ· σπείρεται ἐν ἀσθενείᾳ, ἐγείρεται ἐν δυνάμει· [44] σπείρεται σῶμα ψυχικόν, ἐγείρεται σῶμα πνευματικόν. Εἰ ἔστιν σῶμα ψυχικόν, ἔστιν καὶ πνευματικόν.

Joh.: 31 °𝔓66* D W *pc* lat | ⸂και ℵ*(*pc*) | ⸄βληθ- εξω 𝔓66 D; Bas^pt ¦ βληθ- κατω Θ it sy^s sa; Epiph (⸉ 1093; Chr) || 32 ⸀απο D L *pc* | ⸁παντα 𝔓66 ℵ* *pc* (⸉ D) latt || 34 °𝔎 A D Γ Δ Θ λ φ *pm* | ⸉ 𝔓66 ℵ 𝔎 A D Γ Δ Θ λ φ *pm* ¦ *txt* 𝔓75 B L W X 0250 *al* | °1 𝔓75 𝔎 Γ Δ *al* vg | ⸋ 𝔓75 E F G 13. 69 *al* || 35 ⸂μεθ υμων 𝔎 A Γ Δ *pm* sy^s.p sa | ⸀εως 𝔓66 ℵ 𝔎 Γ Δ Θ λ φ *pm* | ⸆η ℵ^corr L Δ Θ Φ λ 565 *al*; Cyr^pt || 36 ⸀εως 𝔓66 𝔎 Γ Δ λ φ 1241 *pm* | ⸆ο 𝔓75 *rell* ¦ *txt* 𝔓66 B ℵ*^vid D L Ψ | ⸀απηλθεν και D

62sqq cf Jo 14, 30; Eph 2, 2; 6, 12; 2 Cor 4, 4; Mt 4, 8-9; Lc 4, 6; *cf 85 sq* || 64sqq cf Jo 3, 14 sq || 66sq cf Jo 21, 19 || 68sqq cf Ps 110, 4; Is 9, 6; Dn 7, 14. 27; Ez 37, 25; Jr 17, 25; 24, 6; Joel 4, 20 || 74 cf Jo 7, 33; 13, 33; 14, 19; 16, 16 sqq || 75sqq cf Jo 11, 9 sq; 9, 4; 1 Jo 2, 11; *cf 102* || 75 cf Jo 1, 4; 8, 12; 9, 5; 12, 46 || 79 cf Eph 5, 8; 1 Th 5, 5; Lc 16, 8; 20, 34 || 82sqq *cf 59 sqq (Jo)* || 85sq *cf 62 sqq* || 87sqq *cf 14 sqq*

Pap. Egerton 2 (Fragment 2v; sec. Lagrange, Rev. Bibl. 1935, 338): Ἀπορηθέντων δὲ ἐκεί[νων ὡς] πρὸς τὸ ξένον ἐπερώτημα [αὐτοῦ π]εριπατῶν ὁ Ἰη(σοῦς) [ἐ]στάθη [ἐπὶ τοῦ] χείλους τοῦ Ἰο[ρδ]άνου [ποταμ]οῦ καὶ ἐκτείνα[ς τὴν] χεῖ[ρα αὐτο]ῦ τὴν δεξιὰν [ἐγέ]μισεν [χόου (*al.* ὕδατος) κ]αὶ κατέσπειρ[εν ἐπ]ὶ τὸν [χοῦν σῖτ]ον (*al.* αἰγιαλ]όν)· καὶ τότε [ἐπι]κατέ[χεεν χεόμ]ενον ὕδωρ· ἐν[ῆκ]εν τὴν [γῆν ὁ σπόρος]· καὶ ἐπ[ήρ]θη ἐνώ[πιον αὐτῶν ἐξ]ήγα[γ]εν [δὲ] καρπὸν [...

Evang. Hevae (Epiphanius, Panarion haer. 26, 3, 1): Ὁρμῶνται δὲ ἀπὸ μωρῶν ὀπτασιῶν καὶ μαρτυριῶν ἐν ᾧ εὐαγγελίῳ ἐπαγγέλλονται. φάσκουσι γὰρ οὕτως ὅτι ἔστην ἐπὶ ὄρους ὑψηλοῦ καὶ εἶδον ἄνθρωπον μακρὸν καὶ ἄλλον κολοβόν, καὶ ἤκουσα ὡσεὶ φωνὴν βροντῆς καὶ ἤγγισα τοῦ ἀκοῦσαι καὶ ἐλάλησε πρός με καὶ εἶπεν· ἐγὼ σὺ καὶ σὺ ἐγώ, καὶ ὅπου ἐὰν ἦς, ἐγὼ ἐκεῖ εἰμι, καὶ ἐν ἅπασίν εἰμι ἐσπαρμένος. καὶ ὅθεν ἐὰν θέλῃς, συλλέγεις με, ἐμὲ δὲ συλλέγων ἑαυτὸν συλλέγεις.

Evang. Thomae copt.: *cf. Append. I, 50*

94sqq cf 14 sqq || *98sqq cf 53 sqq* || *102 cf 75 sqq*

303. Die Verblendung des Volkes

Incredulitas Iudaeorum — **The Unbelief of the People**

Matth. 13, 10-17 (*nr. 123, p. 175*)	Mark. 4, 10-12; 8, 17b-18	Luk. 8, 9-10 (*nr. 123, p. 175*)	**Joh. 12, 37-43** 9, 39
	4, 10-12 (*nr. 123, p. 175*)		
10 Καὶ προσελθόντες οἱ μαθηταὶ εἶπαν αὐτῷ· διὰ τί ἐν παραβολαῖς λαλεῖς αὐτοῖς; 11 ὁ δὲ ἀποκριθεὶς εἶπεν αὐτοῖς· ὅτι ὑμῖν δέδοται γνῶναι τὰ μυστήρια τῆς βασιλείας τῶν οὐρανῶν, ἐκείνοις δὲ οὐ δέδοται.	10 Καὶ ὅτε ἐγένετο κατὰ μόνας, ἠρώτων αὐτὸν οἱ περὶ αὐτὸν σὺν τοῖς δώδεκα τὰς παραβολάς. 11 καὶ ἔλεγεν αὐτοῖς· ὑμῖν τὸ μυστήριον δέδοται τῆς βασιλείας τοῦ θεοῦ· ἐκείνοις δὲ τοῖς ἔξω ἐν παραβολαῖς τὰ πάντα γίνεται,	9 Ἐπηρώτων δὲ αὐτὸν οἱ μαθηταὶ αὐτοῦ τίς αὕτη εἴη ἡ παραβολή. 10 ὁ δὲ εἶπεν· ὑμῖν δέδοται γνῶναι τὰ μυστήρια τῆς βασιλείας τοῦ θεοῦ, τοῖς δὲ λοιποῖς ἐν παραβολαῖς,	37 ⸀Τοσαῦτα δὲ αὐτοῦ σημεῖα πεποιηκότος ἔμπροσθεν αὐτῶν οὐκ ⸀ἐπίστευον εἰς αὐτόν, 38 ἵνα ὁ λόγος Ἠσαΐου τοῦ προφήτου πληρωθῇ ⸋ὃν εἶπεν⸌· κύριε, τίς ἐπίστευσεν τῇ ἀκοῇ ἡμῶν; καὶ ὁ βραχίων κυρίου τίνι ἀπεκαλύφθη; 39 διὰ τοῦτο οὐκ ⸀ἠδύναντο πιστεύειν, ⸂ὅτι πάλιν⸃ εἶπεν Ἠσαΐας· 40 τετύφλωκεν αὐτῶν ⸋τοὺς ὀφθαλμοὺς καὶ ⸀ἐπώρωσεν αὐτῶν⸌ τὴν καρδίαν,
12 ὅστις γὰρ ἔχει, δοθήσεται αὐτῷ καὶ περισσευθήσεται· ὅστις δὲ οὐκ ἔχει, καὶ ὃ ἔχει ἀρθήσεται ἀπ' αὐτοῦ. 13 διὰ τοῦτο ἐν παραβολαῖς αὐτοῖς λαλῶ,			
ὅτι βλέποντες οὐ βλέπουσιν καὶ ἀκούοντες οὐκ ἀκούουσιν οὐδὲ συνιοῦσιν,	12 ἵνα βλέποντες βλέπωσιν καὶ μὴ ἴδωσιν, καὶ ἀκούοντες ἀκούωσιν καὶ μὴ συνιῶσιν, μήποτε ἐπιστρέψωσιν καὶ ἀφεθῇ αὐτοῖς.	ἵνα βλέποντες μὴ βλέπωσιν καὶ ἀκούοντες μὴ συνιῶσιν.	ἵνα μὴ ἴδωσιν τοῖς ὀφθαλμοῖς καὶ ⸆ νοήσωσιν τῇ καρδίᾳ καὶ ⸀στραφῶσιν, καὶ ⸀¹ἰάσομαι αὐτούς. 41 ταῦτα ⸆ εἶπεν Ἠσαΐας ⸀ὅτι εἶδεν τὴν δόξαν ⸀αὐτοῦ, καὶ ἐλάλησεν περὶ αὐτοῦ.
14 καὶ ἀναπληροῦται αὐτοῖς ἡ προφητεία Ἠσαΐου ἡ λέγουσα· ἀκοῇ ἀκούσετε καὶ οὐ μὴ συνῆτε, καὶ βλέποντες βλέψετε καὶ οὐ μὴ ἴδητε.	8, 17b-18 (*nr. 155, p. 227*) 17 ... Πεπωρωμένην ἔχετε τὴν καρδίαν ὑμῶν; 18 ὀφθαλμοὺς ἔχοντες οὐ βλέπετε		42 ὅμως μέντοι ⸂καὶ ἐκ τῶν ἀρχόντων πολλοὶ⸃ ἐπίστευσαν εἰς αὐτόν, ἀλλὰ διὰ τοὺς Φαρισαίους οὐχ ὡμολόγουν ἵνα μὴ ἀποσυνάγωγοι γένωνται· 43 ἠγάπη-

Joh.: 37 ⸀ταυτα 𝔓66* | ⸀επιστευσαν 𝔓66 G φ *pc*; Eus || 38 ⸋ 𝔓75 || 39 ⸀εδ- 𝔓66 D L Ψ *al* | ⸂και γαρ D || 40 ⸋ D | ⸀επηρ- 𝔓66.75 ℵ W *pc* ¦ πεπωρωκεν Bcorr 𝔎 Γ Δ λ *pm* ¦ *txt* ℌ A Θ 13 *al* | ⸆ μη 𝔓66* D a e f | ⸀επιστρεψωσιν L W X Θ φ *al*; Eus ¦ επιστραφωσιν 𝔎 A Dcorr Γ Δ λ *pm* ¦ *txt* 𝔓66.75 B ℵ D* 33 *pc* | ⸀¹-σωμαι L Γ Θ λ *pm* || 41 ⸆ δε D *pc* | ⸀οτε 𝔎 D Γ Δ φ *pm* lat sys.p ¦ επει W ¦ *txt* 𝔓66.75 ℌ A Θ 1 *al* e | ⸀του θεου Θ φ l sa bo ¦ τ. θ. αυτου D || 42 ⸂πολλοι τ. αρχ. W

1sqq cf Jo 6, 36sqq. 44; 10, 25sq || *1sq* cf Jo 2, 11. 23; 4, 54; 20, 30sq; 11, 47 || *4sqq* Is 53, 1; cf Rm 10, 16 || *8sqq* cf Jo 8, 43 || *10sqq (Jo)* Is 6, 9sq; cf Act 28, 27; cf *28sqq* || *17sq* cf Is 6, 1sqq || *19sq* cf Jo 3, 1; 7, 50; 19, 39; 19, 38 || *21sq* cf Jo 9, 22sq; 16, 2 || *23sqq* cf Jo 5, 44

[Matth. 13, 10-17]

15 ἐπαχύνθη γὰρ ἡ καρδία
τοῦ λαοῦ τούτου,
καὶ τοῖς ὠσὶν βαρέως ἤ-
κουσαν
καὶ τοὺς ὀφθαλμοὺς αὐτῶν
ἐκάμμυσαν,
μήποτε ἴδωσιν τοῖς ὀφθαλ-
μοῖς
καὶ τοῖς ὠσὶν ἀκούσωσιν
καὶ τῇ καρδίᾳ συνῶσιν
καὶ ἐπιστρέψωσιν
καὶ ἰάσομαι αὐτούς.
16 ὑμῶν δὲ μακάριοι οἱ ὀφθαλμοὶ ὅτι
βλέπουσιν καὶ τὰ ὦτα ὑμῶν ὅτι
ἀκούουσιν. 17 ἀμὴν γὰρ λέγω ὑμῖν
ὅτι πολλοὶ προφῆται καὶ δίκαιοι ἐπ-
εθύμησαν ἰδεῖν ἃ βλέπετε καὶ οὐκ
εἶδαν, καὶ ἀκοῦσαι ἃ ἀκούετε καὶ οὐκ
ἤκουσαν.

[Mark. 8, 17b-18]

καὶ ὦτα ἔχοντες
οὐκ ἀκούετε;

Luk.

[Joh. 12, 37-43]

σαν γὰρ τὴν δόξαν τῶν ἀνθρώ-
πων μᾶλλον ⸀ἤπερ τὴν δόξαν τοῦ
θεοῦ.

9, 39 (nr. 248, p. 330)

39 Καὶ εἶπεν ὁ Ἰησοῦς· εἰς κρίμα ἐγὼ
εἰς τὸν κόσμον τοῦτον ἦλθον, ἵνα οἱ
μὴ βλέποντες βλέπωσιν καὶ οἱ βλέ-
ποντες τυφλοὶ γένωνται.

Joh.: 43 ⸀υπερ 𝔓66c ℵ L W λ 33. 69. 565 *al*

28sqq cf 10sqq (Jo)

304. Der Vater hat mir Auftrag gegeben

Pater mihi mandatum dedit — **Judgment by the Word**

Matth.	Mark.	Luk.
10, 40-41	9, 37	10, 16 9, 48

Joh. 12, 44-50
5, 23; 13, 20

44 ⸂Ἰησοῦς δὲ ἔκραξεν καὶ εἶπεν⸃· ὁ πιστεύων εἰς ἐμὲ οὐ πιστεύει εἰς ἐμὲ ⸀ἀλλὰ εἰς τὸν πέμψαντά με, 45 καὶ
ὁ θεωρῶν ἐμὲ θεωρεῖ ⸆τὸν πέμψαντά με. 46 ἐγὼ φῶς εἰς τὸν κόσμον ἐλήλυθα, ἵνα °πᾶς ὁ πιστεύων εἰς ἐμὲ ἐν
τῇ σκοτίᾳ μὴ μείνῃ. 47 καὶ ἐάν τίς μου ἀκούσῃ τῶν ῥημάτων ⸂καὶ μὴ φυλάξῃ⸃⸆, ἐγὼ οὐ κρίνω αὐτόν· οὐ γὰρ
ἦλθον ἵνα κρίνω τὸν κόσμον, ἀλλ᾽ ἵνα σώσω τὸν κόσμον. 48 ὁ ἀθετῶν ἐμὲ καὶ μὴ λαμβάνων τὰ ῥήματά μου
ἔχει τὸν κρίνοντα αὐτόν· ὁ λόγος ὃν ἐλάλησα ἐκεῖνος κρινεῖ αὐτὸν °ἐν τῇ ἐσχάτῃ ἡμέρᾳ⁚. 49 ὅτι ⸉ἐγὼ ἐξ ἐμ-
αυτοῦ⸊ οὐκ ⸀ἐλάλησα, ἀλλ᾽ ὁ πέμψας με πατὴρ αὐτός ⸉¹μοι ἐντολὴν⸊ ⸁δέδωκεν τί εἴπω καὶ τί λαλήσω. 50 καὶ
οἶδα ὅτι ἡ ἐντολὴ αὐτοῦ ⸉ζωὴ αἰώνιός ἐστιν⸊. ἃ οὖν ⸂ἐγὼ λαλῶ⸃, καθὼς εἴρηκέν μοι ὁ πατήρ, οὕτως λαλῶ.

(nr. 309 13, 1-20 p. 431)

44 ⸂εκρ. δε ο Ι. κ. ειπ. W ¦ ο δε Ι. εκραξεν κ. ελεγεν Θ 69 *pc* ¦ Ι. ουν εκραξεν κ. ελεγεν D | ⸀αλλ 𝔓66 𝔎 A Γ Θ λ φ *pl* ¦ *txt* 𝔓75 B ℵ D L W Δ **0141** || **45** ⸆και 𝔓66* || **46** °𝔓66* B **047** || **47** ⸂*1 3* 𝔓66c D Θ **0124.** 1241 *pc* it ¦ κ. μη πιστευση 𝔎 Γ Δ *pm* ¦ — e | ⸆αυτα 𝔓66 1689 c r1 || **48** °𝔓66 1241 | [⁚, W] || **49** ⸉D | ⸀εληλυθα Γ Θcorr 565. 892 *pc* | ⸉¹W λ 565 | ⸁εδωκεν 𝔎 D L Γ Δ Θ *pm* || **50** ⸉*2 3 1* D ¦ *1 3 2* φ *pc* | ⸂*2 1* 𝔎 Δ Θ *pm* ¦ *2* D Γ *pc* a ¦ *txt* 𝔓66.75 ℌ A W λ φ *al* lat

1 cf Jo 13, 20; 5, 36sq; 7, 16; 8, 19. 42 || 1sq cf Jo 14, 9; 1, 18; 6, 40; 8, 19; 10, 30. 38; *cf 8sqq. 12sqq. 22sqq* || 2sq cf Jo 1, 4sq; 8, 12; 9, 5; 12, 35sq || 3sq cf Jo 3, 17; 5, 24. 45 || 4 cf Jo 3, 18; 5, 45; 8, 40 || 5 ὁ λόγος: cf Jo 4, 41; 5, 24; 8, 31. 37. 43. 51. 52; 14, 23sq; 15, 3. 20 | cf Jo 5, 28 || 5sqq cf Jo 14, 10; 5, 30; 6, 38; 7, 16sq; 8, 28. 38; 10, 18 || 5sq cf Jo 7, 17; 14, 10

Matth.	Mark.	Luk.	Joh.
			5, 23 *(nr. 141, p. 197)* ... 23 ἵνα πάντες τιμῶσι τὸν υἱὸν καθὼς τιμῶσι τὸν πατέρα. ὁ μὴ τιμῶν τὸν υἱὸν οὐ τιμᾷ τὸν πατέρα τὸν πέμψαντα αὐτόν.
10, 40-41 *(nr. 104, p. 149)* 40 Ὁ δεχόμενος ὑμᾶς ἐμὲ δέχεται, καὶ ὁ ἐμὲ δεχόμενος δέχεται τὸν ἀποστείλαντά με. 41 ὁ δεχόμενος προφήτην εἰς ὄνομα προφήτου μισθὸν προφήτου λήμψεται, καὶ ὁ δεχόμενος δίκαιον εἰς ὄνομα δικαίου μισθὸν δικαίου λήμψεται.		10, 16 *(nr. 179, p. 260)* 16 Ὁ ἀκούων ὑμῶν ἐμοῦ ἀκούει, καὶ ὁ ἀθετῶν ὑμᾶς ἐμὲ ἀθετεῖ· ὁ δὲ ἐμὲ ἀθετῶν ἀθετεῖ τὸν ἀποστείλαντά με.	13, 20 *(nr. 309, p. 431)* 20 Ἀμὴν ἀμὴν λέγω ὑμῖν, ὁ λαμβάνων ἄν τινα πέμψω ἐμὲ λαμβάνει, ὁ δὲ ἐμὲ λαμβάνων λαμβάνει τὸν πέμψαντά με.
	9, 37 *(nr. 166, p. 245)* 37 Ὃς ἂν ἓν τῶν τοιούτων παιδίων δέξηται ἐπὶ τῷ ὀνόματί μου, ἐμὲ δέχεται· καὶ ὃς ἂν ἐμὲ δέχηται, οὐκ ἐμὲ δέχεται ἀλλὰ τὸν ἀποστείλαντά με.	9, 48 *(nr. 166, p. 245)* 48 ... Ὃς ἐὰν δέξηται τοῦτο τὸ παιδίον ἐπὶ τῷ ὀνόματί μου, ἐμὲ δέχεται· καὶ ὃς ἂν ἐμὲ δέξηται, δέχεται τὸν ἀποστείλαντά με· ὁ γὰρ μικρότερος ἐν πᾶσιν ὑμῖν ὑπάρχων οὗτός ἐστιν μέγας.	

8sqq cf 1sq ‖ *12sqq cf 1sq* ‖ *22sqq cf 1sq*

XVI. DIE LEIDENSGESCHICHTE

PASSIO — THE PASSION NARRATIVE

1. Bis zum Gang nach Gethsemane

Usque ad iter in hortum Gethsemani — Until Going to Gethsemane

305. Der Tod Jesu wird beschlossen

Decretum mortis — Jesus' Death is Premeditated

Matth. 26, 1-5

(nr. 300 25, 31-46 p. 416)

[1]Καὶ ἐγένετο ὅτε ἐτέλεσεν ὁ Ἰησοῦς °πάντας τοὺς λόγους τούτους, εἶπεν τοῖς μαθηταῖς °¹αὐτοῦ· [2]°οἴδατε ὅτι μετὰ δύο ἡμέρας τὸ πάσχα γίνεται, καὶ ὁ υἱὸς τοῦ ἀνθρώπου ⸀παραδίδοται εἰς τὸ σταυρωθῆναι. [3]Τότε συνήχθησαν οἱ ἀρχιερεῖς ⸆ καὶ οἱ πρεσβύτεροι □τοῦ λαοῦ⸌ εἰς τὴν αὐλὴν τοῦ ἀρχιερέως □¹τοῦ λεγομένου ⸀Καϊάφα⸌ [4]καὶ συνεβουλεύσαντο ἵνα τὸν Ἰησοῦν δόλῳ κρατήσωσιν □καὶ ἀποκτείνωσιν⸌· [5]ἔλεγον δέ· μὴ ἐν τῇ ἑορτῇ, ἵνα μὴ ⸉θόρυβος γένηται⸊ ἐν τῷ λαῷ.

Mark. 14, 1-2

11, 18-19

(nr. 294 13, 33-37 p. 407)

[1]Ἦν δὲ τὸ πάσχα □καὶ τὰ ἄζυμα⸌ μετὰ δύο ἡμέρας. καὶ ἐζήτουν οἱ ἀρχιερεῖς καὶ οἱ γραμματεῖς πῶς αὐτὸν □¹ἐν δόλῳ⸌ κρατήσαντες ἀποκτείνωσιν· [2]ἔλεγον ⸀γάρ· ⸂μὴ ἐν τῇ ἑορτῇ, μήποτε⸃ ⸉ἔσται θόρυβος⸊ τοῦ λαοῦ.

Luk. 22, 1-2

19, 47; 21, 37

(nr. 301 21, 37-38 p. 418)

[1]⸀Ἤγγιζεν δὲ ἡ ἑορτὴ τῶν ἀζύμων ἡ λεγομένη πάσχα. [2]⸂καὶ ἐζήτουν οἱ ἀρχιερεῖς καὶ οἱ γραμματεῖς⸃ °τὸ πῶς ⸀ἀνέλωσιν αὐτόν, ἐφοβοῦντο ⸁γὰρ τὸν λαόν.

(nr. 307 22, 3-6 p. 429)

Joh. 11, 47-53

(nr. 260, p. 348)

[47]Συνήγαγον οὖν οἱ ἀρχιερεῖς καὶ οἱ Φαρισαῖοι συνέδριον καὶ ἔλεγον· τί ποιοῦμεν ὅτι οὗτος ὁ ἄνθρωπος πολλὰ ποιεῖ σημεῖα; [48]ἐὰν ἀφῶμεν αὐτὸν οὕτως, πάντες πιστεύσουσιν εἰς αὐτόν, καὶ ἐλεύσονται οἱ Ῥωμαῖοι καὶ ἀροῦσιν ἡμῶν καὶ τὸν τόπον καὶ τὸ ἔθνος. [49]εἷς δέ τις ἐξ αὐτῶν Καϊάφας, ἀρχιερεὺς ὢν τοῦ ἐνιαυτοῦ ἐκείνου, εἶπεν αὐτοῖς· ὑμεῖς οὐκ οἴδατε οὐδέν, [50]οὐδὲ λογίζεσθε ὅτι συμφέρει ὑμῖν ἵνα εἷς ἄνθρωπος ἀποθάνῃ ὑπὲρ τοῦ λαοῦ καὶ μὴ ὅλον τὸ ἔθνος ἀπόληται. [51]τοῦτο δὲ ἀφ' ἑαυτοῦ οὐκ εἶπεν, ἀλλὰ ἀρχιερεὺς ὢν τοῦ ἐνιαυτοῦ ἐκείνου ἐπροφήτευσεν

Matth.: 1 °E Γ 157. 565 *al* sy[s] | °¹ D ℓ 47 || 2 °D | ⸀παραδοθησεται Θ 700 *pc* lat || 3 ⸆και οι γραμματεις ℜ Γ (Δ) **0133. 0255.** 157 *pm* it sy[p] ¦ κ. οι Φαρισαιοι W | □ B* | □¹ sy[s] | ⸀Καϊφα D *pc* lat sa || 4 □ B* *pc* || 5 ⸉ Θ

Mark.: 1 □ D a ff[2] | □¹ D a i r[1] ¦ — εν W Δ λ φ *al* || 2 ⸀δε C[2] ℜ A W Γ Δ Θ Φ **0116** λ φ *pl* sa | ⸂μηποτε εν τη εορτη D it | ⸉ ℜ A W Γ Φ **0116** λ φ 157 *pl*

Luk.: 1 ⸀-σεν D L it || 2 ⸂οι δε αρχ. κ. γραμ. εζητ. D e | ° D *pc* | ⸀απολεσωσιν D | ⸁δε D *pc* lat

---

[4sqq] cf Mt 16, 21sqq = Mc 8, 31sqq = Lc 9, 22sqq *(nr 159); cf et nr 164. 262* || [7sqq] *cf 21sqq* || [14sqq] cf Mc 12, 12; Mt 21, 26; Lc 20,19; 20,6; Mc 11, 32; Mt 21, 46

Matth.	Mark.	Luk.	[Joh. 11,47-53]
	11,18-19 *(nr. 274, p. 373)* 18 Καὶ ἤκουσαν οἱ ἀρχιερεῖς καὶ οἱ γραμματεῖς καὶ ἐζήτουν πῶς αὐτὸν ἀπολέσωσιν· ἐφοβοῦντο γὰρ αὐτόν, πᾶς γὰρ ὁ ὄχλος ἐξεπλήσσετο ἐπὶ τῇ διδαχῇ αὐτοῦ. 19 Καὶ ὅταν ὀψὲ ἐγένετο, ἐξεπορεύοντο ἔξω τῆς πόλεως.	19,47 *(nr. 274, p. 373)* 47 Καὶ ἦν διδάσκων τὸ καθ' ἡμέραν ἐν τῷ ἱερῷ. οἱ δὲ ἀρχιερεῖς καὶ οἱ γραμματεῖς ἐζήτουν αὐτὸν ἀπολέσαι καὶ οἱ πρῶτοι τοῦ λαοῦ. 21,37 *(nr. 301, p. 418)* 37 Ἦν δὲ τὰς ἡμέρας ἐν τῷ ἱερῷ διδάσκων, τὰς δὲ νύκτας ἐξερχόμενος ηὐλίζετο εἰς τὸ ὄρος τὸ καλούμενον Ἐλαιῶν.	ὅτι ἔμελλεν Ἰησοῦς ἀποθνῄσκειν ὑπὲρ τοῦ ἔθνους, 52 καὶ οὐχ ὑπὲρ τοῦ ἔθνους μόνον ἀλλ' ἵνα καὶ τὰ τέκνα τοῦ θεοῦ τὰ διεσκορπισμένα συναγάγῃ εἰς ἕν. 53 ἀπ' ἐκείνης οὖν τῆς ἡμέρας ἐβουλεύσαντο ἵνα ἀποκτείνωσιν αὐτόν.

21sqq cf 7sqq

306. Salbung in Bethanien

Unctio Bethaniae *(cf. nr. 114. 267)* **The Anointing in Bethany**

Matth. 26, 6-13	Mark. 14, 3-9	Luk. 7,36-50 *(nr. 114, p. 160)*	Joh. 12,1-8 *(nr. 267, p. 361)*
6 Τοῦ δὲ Ἰησοῦ γενομένου ἐν Βηθανίᾳ ἐν οἰκίᾳ Σίμωνος τοῦ λεπροῦ, 7 προσῆλθεν αὐτῷ γυνὴ ἔχουσα ἀλάβαστρον μύρου ⸀βαρυτίμου καὶ κατέχεεν	3 Καὶ ὄντος αὐτοῦ ἐν Βηθανίᾳ ἐν °τῇ οἰκίᾳ Σίμωνος τοῦ λεπροῦ, κατακειμένου αὐτοῦ ⸉ἦλθεν γυνὴ⸊ ἔχουσα ἀλάβαστρον μύρου ⸋νάρδου πιστικῆς ⸀πολυτελοῦς⸌, ⸁συντρίψασα ⸀¹τὴν ἀλάβαστρον κατέχεεν	36 Ἠρώτα δέ τις αὐτὸν τῶν Φαρισαίων ἵνα φάγῃ μετ' αὐτοῦ, καὶ εἰσελθὼν εἰς ⸂τὸν οἶκον⸃ τοῦ Φαρισαίου ⸀κατεκλίθη. 37 καὶ ἰδοὺ γυνὴ ⸂ἥτις ἦν⸃ ἐν τῇ πόλει ἁμαρτωλός, καὶ ἐπιγνοῦσα ὅτι κατάκειται ἐν τῇ οἰκίᾳ τοῦ Φαρισαίου, κομίσασα ἀλάβαστρον μύρου 38 καὶ στᾶσα ὀπίσω παρὰ τοὺς πόδας ⸀αὐτοῦ κλαίουσα τοῖς δάκρυσιν ⸂ἤρξα-	1 Ὁ οὖν Ἰησοῦς πρὸ ἓξ ἡμερῶν τοῦ πάσχα ἦλθεν εἰς Βηθανίαν, ὅπου ἦν Λάζαρος⸆, ὃν ἤγειρεν ἐκ νεκρῶν ⸀Ἰησοῦς. 2 ἐποίησαν οὖν αὐτῷ δεῖπνον ἐκεῖ, καὶ °ἡ Μάρθα διηκόνει, ὁ δὲ Λάζαρος εἷς ἦν °¹ἐκ τῶν ἀνακειμένων σὺν αὐτῷ. 3 Ἡ οὖν ⸀Μαριὰμ λαβοῦσα λίτραν μύρου °νάρδου πιστικῆς πολυτίμου ἤλειψεν

Matth.: 7 ⸀ *p)* πολυτι- ℌ A D Θ *al* ¦ *txt* B 𝔎 W **089.0133.0255** λ ϕ *pm*

Mark.: 3 ° ℵ* Θ *al* | ⸉ γυνη προσηλθεν W | ⸋ D | ⸀ *p)* -τιμου A G W Θ λ ϕ *al* | ⸁ και συντρ. C 𝔎 A W λ ϕ *pl* ¦ και θραυσασα D Θ 565 | ⸀¹ τον ℵ* A D *pm* ¦ το G W Θ λ ϕ *al* ¦ *txt* ℌ

Luk.: 36 ⸂ την οικιαν 𝔎 A Θ *pm* | ⸀ ανεκλιθη 𝔎 A W Θ ϕ *pm* ¦ κατεκειτο ℵ* || 37 ⸂ τις ην ϕ 700 *pc* sy ¦ — D || 38 ⸀ του Ιησου A Θ *al* | ⸂ εβρεξε D it sy$^{s.c}$; Mcion

Joh.: 1 ⸆ ο τεθνηκως 𝔓^{66} 𝔎 A D Θ **065.0217**^{vid}**.0250** λ *pl* lat sy^{s} bo ¦ *txt* ℌ W *pc* it | ⸀ ο Ι. ℵ^{corr} A D G L W **065.0250** ϕ *al* ¦ — 𝔎 Θ *pm* ¦ *txt* 𝔓^{66} B (⸉ℵ*) *pc* || 2 ° 𝔓^{66} (D Θ) | °¹ 𝔎 A D W Θ **065.0250** λ ϕ *pl* || 3 ⸀ -ια 𝔓^{66} ℌ 𝔎 A D W Θ **065.0218**^{vid}**.0250** ϕ *pl* ¦ *txt* B λ 565 *pc* | ° 𝔓^{66*} D it

1sqq cf Lc 11, 37; 14, 1 || *3 (Mt/Mc)* cf 33 || *3sq (Jo)* cf Jo 11, 1-44 || *4 (Mt/Mc)* cf Mc 1, 40 par (= *nr 42*); Lc 17, 12 || *6* cf Lc 10, 38sqq || *8-18 (Jo)* cf Jo 11, 2 || *12 (Mc/Jo)* νάρδος: cf Ct 1, 12; 4, 13sq; NT hic sol || *14sqq (Mt/Mc)* cf Ps 23, 5; cf 77sq

[Matth. 26,6-13]

ἐπὶ τῆς κεφαλῆς αὐτοῦ ἀνακειμένου.

[8] ἰδόντες δὲ οἱ μαθηταὶ ⸆ ἠγανάκτησαν λέγοντες· εἰς τί ἡ ἀπώλεια αὕτη; [9] ἐδύνατο γὰρ τοῦτο ⸆ πραθῆναι πολλοῦ καὶ δοθῆναι ⸆ πτωχοῖς.

[Mark. 14,3-9]

⸂αὐτοῦ τῆς κεφαλῆς⸃.

[4] ⸂ἦσαν δέ τινες ἀγανακτοῦντες πρὸς ἑαυτούς⸃· εἰς τί ἡ ἀπώλεια αὕτη ⸋τοῦ μύρου⸌ γέγονεν; [5] ἠδύνατο °γὰρ τοῦτο τὸ μύρον πραθῆναι °¹ἐπάνω ⸉δηναρίων τριακοσίων⸊ καὶ δοθῆναι τοῖς πτωχοῖς· καὶ ἐνεβριμῶντο αὐτῇ.

[Luk. 7,36-50]

το βρέχειν⸃ τοὺς πόδας αὐτοῦ καὶ ταῖς θριξὶν τῆς κεφαλῆς αὐτῆς ⸀ἐξέμασσεν καὶ κατεφίλει τοὺς πόδας αὐτοῦ καὶ ἤλειφεν τῷ μύρῳ. [39] ἰδὼν δὲ ὁ Φαρισαῖος ⸂ὁ καλέσας αὐτὸν⸃ εἶπεν ἐν ἑαυτῷ °λέγων· οὗτος εἰ ἦν ⸆ προφήτης, ἐγίνωσκεν ἂν τίς καὶ ποταπὴ ἡ γυνὴ ⸂ἥτις ἅπτεται⸃ αὐτοῦ, ὅτι ἁμαρτωλός ἐστιν.

[40] καὶ ἀποκριθεὶς ὁ Ἰησοῦς εἶπεν πρὸς αὐτόν· Σίμων, ἔχω σοί τι εἰπεῖν. ὁ δέ· διδάσκαλε, εἰπέ, φησίν. [41] δύο χρεοφειλέται ἦσαν δανιστῇ τινι· ὁ εἷς ὤφειλεν δηνάρια πεντακόσια, ὁ δὲ ἕτερος ⸆ πεντήκοντα. [42] μὴ ἐχόντων ⸆ αὐτῶν ἀποδοῦναι ἀμφοτέροις ἐχαρίσατο. τίς οὖν αὐτῶν ⸆ πλεῖον ἀγαπήσει αὐτόν; [43] °ἀποκριθεὶς ⸆ ⸀Σίμων εἶπεν· ὑπολαμβάνω ὅτι ᾧ τὸ πλεῖον ἐχαρίσατο. ὁ δὲ εἶπεν αὐτῷ· ὀρθῶς ἔκρινας. [44] καὶ στρα-

[Joh. 12,1-8]

τοὺς πόδας °τοῦ Ἰησοῦ καὶ ἐξέμαξεν ταῖς θριξὶν αὐτῆς ⸋τοὺς πόδας αὐτοῦ⸌· ἡ δὲ οἰκία ⸀ἐπληρώθη ἐκ τῆς ὀσμῆς τοῦ μύρου. [4] λέγει ⸀δὲ ⸂Ἰούδας ὁ Ἰσκαριώτης εἷς [ἐκ] τῶν μαθητῶν αὐτοῦ⸃, ⸂ὁ μέλλων αὐτὸν παραδιδόναι⸃· [5] διὰ τί τοῦτο τὸ μύρον οὐκ ἐπράθη ⸀τριακοσίων δηναρίων καὶ ἐδόθη πτωχοῖς; [6] εἶπεν δὲ τοῦτο οὐχ ὅτι περὶ τῶν πτωχῶν ἔμελεν αὐτῷ, ἀλλ' ὅτι κλέπτης ἦν καὶ τὸ γλωσσόκομον ἔχων τὰ βαλλόμενα ἐβάσταζεν.

Matth.: 8 ⸆αυτου ℜ A W **0133.0255** λ *pm* ¦ *txt* $\mathfrak{P}^{45vid.64vid}$ ℌ D Θ **089** φ *al* lat || 9 ⸆*p)* το μυρον ℜ *pm* | ⸆*p)* τοις A D E W *pm* ¦ *txt* ℌ Θ **089.0133.0255** λ φ *pm*

Mark.: 3 ⸂α. κατα τ. κ. ℜ A Θ φ *pm* ¦ επι της κεφ. αυτου D lat || 4 ⸂οι δε μαθηται αυτου διεπονουντο και ελεγον D Θ *pc* a ff^{2} i r^{1} ¦ *txt* B ℵ C* *pc* ¦ *txt* + και λεγοντες C^{2} ℜ A (⸉λ) vg sy^{s} sa bo (+ των μαθητων *p.* τινες W φ sy^{p}) | ⸋W λ *pc* a l sy^{s} || 5 °D aur k | °¹ 954 *pc* c k sy^{s} | ⸉B ℜ A **0103** λ φ *pl* lat

Luk.: 38 ⸀-μαξεν $\mathfrak{P}^{3}$ ℌ A D W *al* ¦ *txt* B ℵ^{corr} ℜ Θ λ φ *pm* || 39 ⸂παρ ω κατεκειτο D e | °D W *pc* r^{1} | ⸆† ο B* Ξ 482* ¦ *txt* ℵ ℜ A D W Θ λ φ *pm* | ⸂η απτομενη D; Or || 41 ⸆δηναρια D 69 a c r^{1} || 42 ⸆δε $\mathfrak{P}^{3}$ ℵ ℜ A W Θ λ φ *pl* ¦ *txt* B D *pc* lat | ⸆ειπε ℜ (A) Θ **079** φ 33 *pm* || 43 °W **079** λ sy$^{s.c}$ | ⸆δε $\mathfrak{P}^{3}$ ℵ ℜ A (W) Θ (**079** λ) φ *pl* ¦ *txt* B D *pc* lat | ⸀ο Σ. ℜ A D (W) Θ (**079** λ) φ *pm*

Joh.: 3 °B | ⸋λ 565 *pc* sy^{s} bo | ⸀επλησθη B || 4 ⸀ουν ℜ A D Θ **065** λ φ *pl* lat ¦ — L 33 *pc* ¦ *txt* $\mathfrak{P}^{66}$ B ℵ W *pc* | ⸂εις εκ τ. μ. α. Ιουδ. (+ Σιμων F G U *al* b c r^{1} bo^{pt}; -ωνος ℜ A Θ φ *al* f ff^{2}) ο (— ℜ D Θ *pm*) Ισκαρ. (απο Καρυωτου D) ℜ A D Θ λ φ *pl* latt bo ¦ † *ut txt, sed om* εκ $\mathfrak{P}^{66.75}$ ℌ W *pc* sy$^{s.p}$ ¦ *txt* ℵ *pc* | ⸂ος ημελλεν παραδουναι αυτ. D (it) || 5 ⸀διακ- φ 579 *pc*

[22 sq (Jo)] cf Jo 6,64.71; 13,11 || [23 (Lc)] cf Mt 16,14 par *(= nr 158)*; 21,11.46; Mc 6,15; Lc 7,16; 24,19; Jo 4,19 || [28 (Mc)] ἐμβριμᾶσθαι: hic et Mt 9,30; Mc 1,43; Jo 11,33.38 || [30] γλωσσόκομον: hic et Jo 13,29; cf 2 Chr 24,8 sqq || [33] *cf 3 (Mt/Mc)* || [35 sqq] cf Mt 18,23 sqq; 25,14 sqq; Lc 16,1 sqq; 19,12 sqq || [44] cf Lc 10,28; 20,21

[Matth. 26, 6-13]

[10]γνοὺς δὲ ὁ Ἰησοῦς εἶπεν αὐτοῖς· τί κόπους παρέχετε τῇ γυναικί; ἔργον γὰρ καλὸν ἠργάσατο εἰς ἐμέ· [11]πάντοτε γὰρ τοὺς πτωχοὺς ἔχετε μεθ᾽ ἑαυτῶν, ἐμὲ δὲ οὐ πάντοτε ἔχετε· [12]βαλοῦσα γὰρ αὕτη τὸ μύρον τοῦτο ἐπὶ τοῦ σώματός μου πρὸς τὸ ἐνταφιάσαι με ἐποίησεν. [13]ἀμὴν λέγω ὑμῖν, ὅπου ἐὰν κηρυχθῇ τὸ εὐαγγέλιον τοῦτο ἐν ὅλῳ τῷ κόσμῳ, λαληθήσεται καὶ ὃ ἐποίησεν αὕτη εἰς μνημόσυνον αὐτῆς.

[Mark. 14, 3-9]

[6]ὁ δὲ Ἰησοῦς εἶπεν ⸆· ἄφετε αὐτήν· τί αὐτῇ ⸀κόπους παρέχετε; καλὸν ⸇ ἔργον ἠργάσατο ἐν ἐμοί. [7]πάντοτε γὰρ τοὺς πτωχοὺς ἔχετε μεθ᾽ ⸀ἑαυτῶν καὶ ὅταν θέλητε δύνασθε ⸁αὐτοῖς ⸆ εὖ ποιῆσαι, ἐμὲ δὲ οὐ πάντοτε ἔχετε. [8]ὃ ἔσχεν⸆ἐποίησεν· προέλαβεν μυρίσαι ⸉τὸ σῶμά μου⸊ εἰς τὸν ἐνταφιασμόν. [9]ἀμὴν °δὲ λέγω ὑμῖν,⸆ὅπου ἐὰν κηρυχθῇ τὸ εὐαγγέλιον ⸇ εἰς ὅλον τὸν κόσμον, καὶ ὃ ἐποίησεν αὕτη λαληθήσεται εἰς μνημόσυνον αὐτῆς.

[Luk. 7, 36-50]

φεὶς πρὸς τὴν γυναῖκα ⸂τῷ Σίμωνι ἔφη⸃· βλέπεις ταύτην τὴν γυναῖκα; εἰσῆλθόν σου εἰς ⸄τὴν οἰκίαν⸅, ⸆ ὕδωρ ⸂¹μοι ἐπὶ πόδας⸃ οὐκ ἔδωκας· αὕτη δὲ τοῖς δάκρυσιν ἔβρεξέν μου τοὺς πόδας καὶ ταῖς θριξὶν αὐτῆς ἐξέμαξεν. [45]φίλημά μοι⸆οὐκ ἔδωκας· αὕτη δὲ ἀφ᾽ ἧς ⸀εἰσῆλθον οὐ ⸁διέλιπεν καταφιλοῦσά μου τοὺς πόδας. [46]ἐλαίῳ ⸂τὴν κεφαλήν⸃ μου οὐκ ἤλειψας· αὕτη δὲ μύρῳ ἤλειψεν ⸄τοὺς πόδας μου⸅. [47]οὗ χάριν⸆⸀λέγω σοι, ἀφέωνται ⸂⸉αἱ ἁμαρτίαι αὐτῆς⸊ αἱ πολλαί⸃, ⸋ὅτι ἠγάπησεν πολύ· ᾧ δὲ ὀλίγον ἀφίεται, ⸆ ὀλίγον ἀγαπᾷ.⸌ [48]εἶπεν δὲ αὐτῇ· ἀφέωνταί σου αἱ ἁμαρτίαι. [49]καὶ ἤρξαντο οἱ συνανακείμενοι λέγειν ⸂ἐν ἑαυτοῖς⸃· τίς ⸉οὗτός ἐστιν⸊ ὃς καὶ ἁμαρτίας ἀφίησιν; [50]εἶπεν δὲ πρὸς τὴν γυναῖκα· ⸆ ἡ πίστις σου σέσωκέν σε· πορεύου ⸂εἰς εἰρήνην⸃.

[Joh. 12, 1-8]

[7]εἶπεν οὖν ὁ Ἰησοῦς· ἄφες αὐτήν, °ἵνα εἰς τὴν ἡμέραν τοῦ ἐνταφιασμοῦ μου ⸀τηρήσῃ αὐτό· [8]⸋τοὺς °γὰρ πτωχοὺς πάντοτε ἔχετε ⸋¹μεθ᾽ ἑαυτῶν, ἐμὲ δὲ οὐ πάντοτε ἔχετε.⸌

cf. v. 7

Mark.: 6 ⸆αυτοις DWΘ it sy^s | ⸀κοπον W k | ⸇γαρ ℵWϕ *pc* || 7 ⸀υμων DW lat | ⸁αυτους 𝔎AΘ *pm* ¦ — ℵ* *pc* | ⸆παντοτε Bℵ² *pc* || 8 ⸆αυτη C𝔎AD *pm* lat | ⸉*312* C𝔎AW**0103**λϕ *pm* || 9 °CAWΘλϕ *pm* lat | ⸆οτι W *al* it | ⸇*p)* τουτο C𝔎AΘ**0103**λ *pm* sy^p sa bo ¦ *txt* BℵDWϕ *al* it (sy^s)

Luk.: 44 ⸂ειπεν τ. Σ. D latt | ⸄τον οικον W | ⸆και D e | ⸂¹μου επι τους π. 𝔓^3vid ℵ(⸉𝔎Aλϕ *pm*) ¦ μοι επι τους π. X *pc* ¦ υπο ποδας (*!*) μοι W ¦ *txt* B(⸉D) *pc* || 45 ⸆(1 Pt 5,14) αγαπης Λϕ346 *pc* | ⸀-θεν L*ϕ *al* lat sa^pt bo^pt | ⸁† -λειπεν ℌAEW**079**ϕ *pm* ¦ *txt* BDΘλ *pm* || 46 ⸂τους ποδας a e ff² l | ⸄*312* ℵλϕ *al* ¦ — DW**079** it ¦ *txt* BAEΘ *pm* || 47 ⸆δε D | ⸀ειπον ℵ* | ⸂αυτη πολλα D ff² l | ⸉*312* ℵAW69 *al* ¦ *txt* 𝔓^75vid B𝔎Θ**079**λ *pm* | ⸋D(e) | ⸇και B || 49 ⸂προς εαυτους W | ⸉Dλϕ *al* lat || 50 ⸆γυναι D | ⸂εν -νη D lat sa

Joh.: 7 ° *et* ⸀τετηρηκεν 𝔎A**065**λϕ *pm* f ¦ [⸀(Mt 26,12) ποιηση P. Schmiedel *cj*] || 8 ⸋*vs* D sy^s | °LΘ | ⸋¹ 𝔓^75 Λ*

46sq (Mt/Mc) cf Lc 11,7; 18,5; Gl 6,17 || 48sqq cf Dt 15,11; *cf 79sq* || 52 cf Mc 2,19sq par *(= nr 45)* || 54sq cf Gn 18,4; 1Sm 25,41; Jo 13,5sqq; 1Tm 5,10 || 57sq cf 2Sm 15,5etc; Mt 26,48 par *(= nr 331)*; Act 20,37; 1Cor 16,20; 2Cor 13,12; 1Th 5,26; 1Pt 5,14 || 64 cf Mc 16,1 par *(= nr 352)* || 66sq (Mt/Mc) cf Mt 28,19; Mc 13,10; 16,15 || 68sq (Mt/Mc) cf Hen 103,4 || 69sq cf Mt 9,2; Mc 2,5; Lc 5,20 || 72 cf Lc 5,21; Jo 5,12; Mc 2,6 sq || 74sqq cf Mt 9,22.29; Mc 5,34; 10,52; Lc 8,48; 18,42; 17,19 || 75sq cf 1Sm 1,17

Ignatius ad Eph. 17,1: Διὰ τοῦτο μύρον ἔλαβεν ἐπὶ τῆς κεφαλῆς αὐτοῦ ὁ κύριος, ἵνα πνέῃ τῇ ἐκκλησίᾳ ἀφθαρσίαν. μὴ ἀλείφεσθε δυσωδίαν τῆς διδασκαλίας τοῦ ἄρχοντος τοῦ αἰῶνος τούτου, μὴ αἰχμαλωτίσῃ ὑμᾶς ἐκ τοῦ προκειμένου ζῆν.

Barn. ep. 21,2: Ἐρωτῶ τοὺς ὑπερέχοντας, εἴ τινά μου γνώμης ἀγαθῆς λαμβάνετε συμβουλίαν· ἔχετε μεθ᾽ ἑαυτῶν εἰς οὓς ἐργάσεσθε τὸ καλόν· μὴ ἐλλείπητε.

77sq cf 14sqq || 79sq cf 48sqq

307. Der Verrat des Judas

A Iuda proditur — The Betrayal by Judas

Matth. 26,14-16

[14] Τότε πορευθεὶς εἷς τῶν δώδεκα, ⸉ὁ λεγόμενος Ἰούδας⸊ ⸀Ἰσκαριώτης, πρὸς τοὺς ἀρχιερεῖς [15] ⸀εἶπεν· τί θέλετέ μοι δοῦναι⁚, ⸀κἀγὼ ὑμῖν παραδώσω αὐτόν⁚¹; οἱ δὲ ἔστησαν αὐτῷ τριάκοντα ⸀¹ἀργύρια. [16] καὶ ἀπὸ τότε ἐζήτει εὐκαιρίαν ἵνα αὐτὸν παραδῷ ⸆.

Mark. 14,10-11

[10] Καὶ ⸆ Ἰούδας ⸆ ⸀Ἰσκαριὼθ ⸂ὁ εἷς⸃ τῶν δώδεκα ἀπῆλθεν πρὸς τοὺς ἀρχιερεῖς ἵνα ⸄αὐτὸν παραδοῖ⸅ °αὐτοῖς. [11] οἱ δὲ °ἀκούσαντες ἐχάρησαν καὶ ἐπηγγείλαντο αὐτῷ ἀργύριον δοῦναι. καὶ ἐζήτει πῶς ⸉αὐτὸν εὐκαίρως⸊ παραδοῖ.

Luk. 22,3-6

(nr. 305 22,1-2 p. 425)

[3] Εἰσῆλθεν δὲ ⸆σατανᾶς εἰς ⸆ Ἰούδαν τὸν ⸀καλούμενον Ἰσκαριώτην, ὄντα ἐκ τοῦ ἀριθμοῦ τῶν δώδεκα· [4] καὶ ἀπελθὼν συνελάλησεν τοῖς ἀρχιερεῦσιν ⸆ ⸂καὶ στρατηγοῖς⸃ °τὸ πῶς ⸄αὐτοῖς παραδῷ αὐτόν⸅. [5] καὶ ἐχάρησαν καὶ συνέθεντο αὐτῷ ⸀ἀργύριον δοῦναι. [6] □καὶ ἐξωμολόγησεν⸌, καὶ ἐζήτει εὐκαιρίαν τοῦ παραδοῦναι αὐτὸν ⸂ἄτερ ὄχλου αὐτοῖς⸃.

Joh. 13,2; 13,27; 6,70-71

13,2 *(nr. 309, p. 431)*

[2] Καὶ δείπνου γινομένου, τοῦ διαβόλου ἤδη βεβληκότος εἰς τὴν καρδίαν ἵνα παραδοῖ αὐτὸν Ἰούδας Σίμωνος Ἰσκαριώτου, ...

13,27 *(nr. 310, p. 434)*

[27] καὶ μετὰ τὸ ψωμίον τότε εἰσῆλθεν εἰς ἐκεῖνον ὁ σατανᾶς. λέγει οὖν αὐτῷ ὁ Ἰησοῦς· ὃ ποιεῖς ποίησον τάχιον.

6,70-71 *(nr. 158, p. 229)*

[70] Ἀπεκρίθη αὐτοῖς ὁ Ἰησοῦς· οὐκ ἐγὼ ὑμᾶς τοὺς δώδεκα ἐξελεξάμην; καὶ ἐξ ὑμῶν εἷς διάβολός ἐστιν. [71] ἔλεγεν δὲ τὸν Ἰούδαν Σίμωνος Ἰσκαριώτου· οὗτος γὰρ ἔμελλεν παραδιδόναι αὐτόν, εἷς ἐκ τῶν δώδεκα.

Herm. Pastor, Mand. XII, 5,1: Λέγω αὐτῷ· Κύριε, ἄκουσόν μου ὀλίγων ῥημάτων. Λέγε, φησίν, ὃ βούλει. Ὁ μὲν ἄνθρωπος, φημί, κύριε, πρόθυμός ἐστι τὰς ἐντολὰς τοῦ θεοῦ φυλάσσειν, καὶ οὐδείς ἐστιν ὁ μὴ αἰτούμενος παρὰ τοῦ κ[υρίου ἵν]α ἐνδυναμωθῇ ἐν ταῖς ἐντολαῖς αὐτοῦ καὶ ὑποταγῇ αὐταῖς· ἀλλ᾽ ὁ διάβολος σκληρός ἐστι καὶ καταδυναστεύει αὐτῶν.

Matth.: 14 ⸉ *3 1 2* 983 *pc* | ⸀Σκαρ- D (lat) sy^s.p || 15 ⸀και ειπεν αυτοις D latt sy^s.p sa^pt bo | [⁚; *et* ⁚¹. W] | ⸀και εγω ℵ D F G H W Γ Δ Θ Φ 1.1424 *al* ¦ *txt* B A K L 0133 ϕ 33.118.209.892 *pm*; Or Eus | ⸀¹στατηρας D a b q r¹; Or^pt Eus^pt ¦ στατ. αργυριου λ h || 16 ⸆αυτοις D Θ 892 it; Or Eus

Mark.: 10 ⸆ιδου ϕ *pc* ¦ ο 𝔎 *al* ¦ ιδου ο W *pc* | ⸆ο ℵ^corr C² 𝔎 A L W Γ Δ Θ Φ Ψ λ *pl* ¦ *txt* B ℵ* C*^vid D ϕ *pc* | ⸀-ιωτης 𝔎 A W Γ Δ Φ λ ϕ *pl* ¦ Σκαριωτης D lat sy^s.p ¦ *txt* B ℵ C* L Θ Ψ 565.892 *pc* | ⸂*2* ℵ* C² 𝔎 (A) W Γ Δ Θ Φ λ ϕ *pl* ¦ εκ D | ⸄προδοι αυτον D ¦ παραδω αυτον 𝔎 A (W) Γ Θ Φ λ *pm* ¦ αυτον παραδω ℵ C L Δ Ψ ϕ *al* ¦ *txt* B *pc* | °D W Θ 565 *pc* it sy^s; Or || 11 °D it | ⸉𝔎 D Γ Φ λ ϕ 157.565.700 *pm*

Luk.: 3 ⸆ο U Θ *pm*; Eus | ⸆τον D | ⸀επικ- C 𝔎 A Γ Δ Θ Ψ λ *pm* ¦ *txt* B ℵ D L W X 69 *pc* || 4 ⸆και (+ τοις C) γραμματευσιν C N 700 *al* it sy bo^pt; Eus | ⸂κ. τοις στρ. S U W 13.131 *pm* ¦ κ. τοις στρ. του ιερου C (Θ) *pc* sy^p; Eus ¦ — D it sy^s.c | °D | ⸄*3 2 1* 𝔎 A W Γ Δ Θ λ ϕ *pm* lat ¦ παραδοι αυτον D (it) || 5 ⸀-ρια A C K X Θ ϕ *pm* || 6 □ℵ* C *pc* it; Eus | ⸂*3 1 2* 𝔎 W Γ Δ Θ 063 λ *pm* ¦ *1 2* D lat ¦ *3* 69 *pc* ¦ *txt* 𝔓⁷⁵ 𝔋 A *pc*

1sqq cf 1-15 (Jo). 16sqq || 1-15 (Jo) cf 1sqq (Mt-Lc) || 5sqq cf Jo 11,57 || 5sq (Lc) cf Lc 22,52; Act 4,1; 5,24.26 || 9sq cf Zch 11,12 || 9sq cf Mt 27,3.9; 28,12.15 || 16sqq cf 1sqq

308. Zurüstung zum Paschamahl

Cena paschalis praeparatur — **Preparation for the Passover**

Matth. 26, 17-20

17 Τῇ δὲ πρώτῃ τῶν ἀζύμων προσῆλθον οἱ μαθηταὶ ⸉τῷ Ἰησοῦ λέγοντες⸊⸆· ποῦ θέλεις ⸇ ἑτοιμάσωμέν σοι φαγεῖν τὸ πάσχα; 18 ὁ δὲ ⸀εἶπεν· ὑπάγετε

cf. v. 17

εἰς τὴν πόλιν πρὸς τὸν δεῖνα καὶ εἴπατε αὐτῷ· ⸋ὁ διδάσκαλος λέγει·⸌ ὁ καιρός μου ἐγγύς ἐστιν, πρὸς σὲ ⸁ποιῶ τὸ πάσχα μετὰ τῶν μαθητῶν μου.

19 ⸂καὶ ἐποίησαν⸃ οἱ μαθηταὶ ὡς συνέταξεν αὐτοῖς ὁ Ἰησοῦς

Mark. 14, 12-17

12 Καὶ τῇ πρώτῃ ἡμέρᾳ τῶν ἀζύμων, ὅτε τὸ πάσχα ἔθυον, λέγουσιν αὐτῷ οἱ μαθηταὶ °αὐτοῦ· ποῦ θέλεις ἀπελθόντες ἑτοιμάσωμεν ⸆ἵνα φάγῃς τὸ πάσχα; 13 καὶ ἀποστέλλει δύο ⸆τῶν μαθητῶν αὐτοῦ ⸂καὶ λέγει αὐτοῖς⸃· ὑπάγετε

cf. v. 12

εἰς τὴν πόλιν, καὶ ⸇ ἀπαντήσει ὑμῖν ἄνθρωπος κεράμιον ὕδατος βαστάζων· ἀκολουθήσατε αὐτῷ 14 καὶ ὅπου ⸀ἐὰν εἰσέλθῃ εἴπατε τῷ οἰκοδεσπότῃ ὅτι ὁ διδάσκαλος λέγει· ποῦ ἐστιν τὸ κατάλυμά °μου ὅπου ⸉τὸ πάσχα μετὰ τῶν μαθητῶν μου ⸁φάγω⸊; 15 καὶ αὐτὸς ὑμῖν δείξει ἀνάγαιον ⸂μέγα ἐστρωμένον⸃ °ἕτοιμον· ⸄καὶ ἐκεῖ⸅ ἑτοιμάσατε ἡμῖν. 16 καὶ ἐξῆλθον ⸆ οἱ μαθηταὶ ⸇ καὶ ἦλθον εἰς τὴν πόλιν καὶ ⸀εὗρον καθὼς εἶπεν αὐτοῖς

Luk. 22, 7-14

7 *Ἦλθεν δὲ ἡ ἡμέρα ⸂τῶν ἀζύμων⸃, °[ἐν] ᾗ ἔδει θύεσθαι τὸ πάσχα·

cf. v. 8

8 καὶ ἀπέστειλεν ⸆ Πέτρον καὶ Ἰωάννην εἰπών· πορευθέντες ἑτοιμάσατε ἡμῖν τὸ πάσχα ἵνα φάγωμεν. 9 οἱ δὲ εἶπαν αὐτῷ· ποῦ θέλεις ἑτοιμάσωμεν⸆; 10 ὁ δὲ εἶπεν °αὐτοῖς· ἰδοὺ ⸀εἰσελθόντων ὑμῶν εἰς τὴν πόλιν ⸁συναντήσει ὑμῖν ἄνθρωπος ⸉κεράμιον ὕδατος βαστάζων⸊· ἀκολουθήσατε αὐτῷ εἰς τὴν οἰκίαν ⸂εἰς ἣν⸃ εἰσπορεύεται, 11 καὶ ἐρεῖτε τῷ οἰκοδεσπότῃ τῆς οἰκίας⸆· λέγει °σοι ὁ διδάσκαλος· ποῦ ἐστιν τὸ κατάλυμα ⸇ ὅπου τὸ πάσχα μετὰ τῶν μαθητῶν μου φάγω; 12 ⸀κἀκεῖνος ὑμῖν δείξει ἀνάγαιον ⸁μέγα ἐστρωμένον· ⸀1ἐκεῖ ἑτοιμάσατε.

13 ἀπελθόντες δὲ εὗρον καθὼς ⸀εἰρήκει ⸁αὐτοῖς

Joh. 13, 1

(nr. 309, p. 431)

1 Πρὸ δὲ τῆς ἑορτῆς τοῦ πάσχα εἰδὼς ὁ Ἰησοῦς ὅτι ἦλθεν αὐτοῦ ἡ ὥρα ἵνα μεταβῇ ἐκ τοῦ κόσμου τούτου πρὸς τὸν πατέρα, ἀγαπήσας τοὺς ἰδίους τοὺς ἐν τῷ κόσμῳ εἰς τέλος ἠγάπησεν αὐτούς.

Matth.: 17 ⸉ W Σ 1.209 *pc* | ⸆ αυτω ℜ A 13.118.157 *pm* sy^s.p | ⸇ *p)* απελθοντες W 13 *al* || 18 ⸀ Ιησους ειπεν L 33 *pc* ¦ Ιησ. ειπ. αυτοις M Θ ϕ *pc* vg ¦ ειπ. αυτοις K Γ Φ 1424 *pc* sy^s.p sa bo^pt | ⸋ A Φ | ⸁ ποιησω D q sa bo || 19 ⸂ επ. ουν W

Mark.: 12 ° D *pc* lat | ⸆ *p)* σοι D Δ Θ Ψ 565 *al* lat sy^p sa; Epiph || 13 ⸆ εκ D latt | ⸂ λεγων D Θ 565.700 *pc* it | ⸇ *p)* εισελθοντων υμων εις την πολιν Θ ϕ 565 *pc* ¦ εισελθ. υμ. W || 14 ⸀ αν B A D W Δ *pc* | ° ℜ A Γ Θ Φ **0116.** 118.209 *pm* sy^p bo^pt | ⸉ *3-(7) 1 2* D 565 it | ⸁ φαγομαι D W Θ λ ϕ *pc* || 15 ⸂ οικον εστρ. μεγαν D | ° *p)* A Δ 565 *al* lat | ⸄ *2* ℜ A W Γ Δ Φ **0116** λ ϕ 157.700 *pm* it sy^s.p sa bo^pt ¦ κακει ℵ D 565 || 16 ⸆ ετοιμασαι W Θ 565 *pc* sa^pt | ⸇ αυτου C ℜ A D W Γ Θ Φ **0116** ϕ *pl* latt sy^s.p sa^pt bo^pt | ⸀ *p)* εποιησαν D it

Luk.: 7 ⸂ του πασχα D it sy^s.c | ° † 𝔓75vid B C D L 579.892 *pc* ¦ *txt* ℵ ℜ A W Γ Δ Θ **063** λ ϕ *pl* || 8 ⸆ τον D || 9 ⸆ *p)* σοι D *pc* c e sa ¦ σ. το πασχα ff² bo^pt; Or ¦ σ. φαγειν τ. π. B || 10 ° D e | ⸀ εισερχομενων D | ⸁ υπ- C L **063** *pc* ¦ απ- D *pc* | ⸉ *3 1 2* D | ⸂ οὗ ℜ D W Γ Δ Θ **063** λ 13 *pm* ¦ ου εαν A K M P R *al* ¦ *txt* 𝔓75vid ℌ *pc* lat || 11 ⸆ λεγοντες ℵ | ° D X **063** *al* | ⸇ *p)* μου ℵ C *pc* || 12 ⸀ εκ- D | ⸁ οικον D ¦ οικ. μεγα Θ | ⸀1 κακει ℵ L X Ψ *al* || 13 ⸀ -κεν ℜ A W Γ Δ Θ Ψ **063.0135** λ 13 *pm* ¦ ειπεν X *pc* | ⸁ αυτος D*

1sqq cf *30sqq* || *3sqq* cf Ex 12,3-20 || *7sqq* cf Mt 21,2sqq; Mc 11,2sqq; Lc 19,30sqq *(= nr 269)*; 1Sm 10,1sqq || *13sq* cf Jos 9,21sqq || *19* cf 1Sm 1,18; 9,22; Sir 14,25; Ex 4,24; Lc 2,7

[Matth. 26,17-20]	[Mark. 14,12-17]	[Luk. 22,7-14]	Joh.
καὶ ἡτοίμασαν τὸ πάσχα. [20] Ὀψίας δὲ γενομένης ἀνέκειτο μετὰ τῶν δώδεκα ⸆.	καὶ ἡτοίμασαν τὸ πάσχα. [17] ⸂Καὶ ὀψίας⸃ γενομένης ἔρχεται μετὰ τῶν δώδεκα.	καὶ ἡτοίμασαν τὸ πάσχα. [14] Καὶ ὅτε ἐγένετο ἡ ὥρα, ἀνέπεσεν καὶ οἱ ⸀ἀπόστολοι σὺν αὐτῷ.	
(nr. 310 26,21-25 p. 434)	*(nr. 310 14,18-21 p. 434)*	*(nr. 311 22,15-20 p. 436)*	

Evang. Ebion. (Epiphanius, Panarion haer. 30,22,4-5): Αὐτοὶ δὲ ἀφανίσαντες ἀφ' ἑαυτῶν τὴν τῆς ἀληθείας ἀκολουθίαν ἤλλαξαν τὸ ῥητόν, ὅπερ ἐστὶ πᾶσι φανερὸν ἐκ τῶν συνεζευγμένων λέξεων, καὶ ἐποίησαν τοὺς μαθητὰς μὲν λέγοντας »ποῦ θέλεις ἑτοιμάσωμέν σοι τὸ Πάσχα φαγεῖν«, καὶ αὐτὸν δῆθεν λέγοντα· »μὴ ἐπιθυμίᾳ ἐπεθύμησα κρέας τοῦτο τὸ Πάσχα φαγεῖν μεθ' ὑμῶν«. πόθεν δὲ οὐ φωραθήσεται ἡ αὐτῶν ῥᾳδιουργία, τῆς ἀκολουθίας κραζούσης ὅτι τὸ μῦ καὶ τὸ ἦτά ἐστι πρόσθετα; ἀντὶ τοῦ γὰρ εἰπεῖν »ἐπιθυμίᾳ ἐπεθύμησα« αὐτοὶ προσέθεντο τὸ »μὴ« ἐπίρρημα. αὐτὸς δὲ ἀληθῶς ἔλεγεν· »ἐπιθυμίᾳ ἐπεθύμησα τοῦτο τὸ Πάσχα φαγεῖν μεθ' ὑμῶν«· αὐτοὶ δὲ ἐπιγράψαντες τὸ »κρέας« ἑαυτοὺς ἐπλάνησαν, ῥᾳδιουργήσαντες καὶ εἰπόντες· »μὴ ἐπιθυμίᾳ ἐπεθύμησα τοῦτο τὸ Πάσχα κρέας φαγεῖν μεθ' ὑμῶν«.

Matth.: 20 ⸆ † μαθητων ℵ A L W Δ Θ Φ (074). 33 *al* lat sy^p sa bo ¦ *txt* 𝔓^37vid.45vid B K D Γ λ φ 565.700 *pm* sy^s; Eus

Mark.: 17 ⸂ *p)* οψιας δε D Θ Σ lat

Luk.: 14 ⸀ *p)* δωδεκα ℵ² L X *al* ¦ δωδ. απ. ℵ³ C K A W Γ Δ Θ 063.0135 λ φ *pl* lat sy^p bo; Mcion ¦ μαθηται αυτου sy^s ¦ *txt* 𝔓^75 B ℵ* D 157 it (sy^c)

---

30 sqq cf 1 sqq

309. Die Fußwaschung beim Mahle

Discipulorum pedes lavat — **Washing the Disciples' Feet**

Matth. 23,6-12; 10,24; 10,40 18,5	Mark. 9,37	Luk. 22,3; 12,37; 22,24-28; 6,40 10,16; 9,48	**Joh. 13,1-20** 5,23; 15,20
		22,3 *(nr. 307, p. 429)* [3] Εἰσῆλθεν δὲ σατανᾶς εἰς Ἰούδαν τὸν καλούμενον Ἰσκαριώτην, ὄντα ἐκ τοῦ ἀριθμοῦ τῶν δώδεκα. 12,37 *(nr. 203, p. 288)* [37] Μακάριοι οἱ δοῦλοι ἐκεῖνοι, οὓς ἐλθὼν ὁ κύριος εὑρήσει γρηγοροῦντας· ἀμὴν λέγω ὑμῖν ὅτι περιζώσεται καὶ ἀνακλινεῖ αὐτοὺς καὶ παρελθὼν διακονήσει αὐτοῖς.	*(nr. 304 12,44-50 p. 423)* [1] Πρὸ δὲ τῆς ἑορτῆς τοῦ πάσχα εἰδὼς ὁ Ἰησοῦς ὅτι ⸀ἦλθεν αὐτοῦ ἡ ὥρα ἵνα μεταβῇ ἐκ ⸉τοῦ κόσμου τούτου⸊ πρὸς τὸν πατέρα, ⸋ ἀγαπήσας τοὺς ἰδίους τοὺς ἐν τῷ κόσμῳ εἰς τέλος ἠγάπησεν αὐτούς ⸋[1]. [2] καὶ δείπνου ⸀γινομένου, τοῦ ⸆ διαβόλου ἤδη βεβληκότος εἰς τὴν καρδίαν ⸂ἵνα παραδοῖ αὐτὸν Ἰούδας Σίμωνος Ἰσκαριώτου⸃, [3] εἰδὼς ⸆ ὅτι πάντα ⸀ἔδωκεν αὐτῷ ὁ πατὴρ εἰς τὰς χεῖρας καὶ ὅτι ἀπὸ θεοῦ ἐξῆλθεν καὶ πρὸς τὸν θεὸν ὑπάγει, [4] ἐγείρεται ἐκ τοῦ δείπνου καὶ τίθησιν τὰ ἱμάτια ⸆ καὶ λαβὼν λέντιον διέζωσεν ἑαυτόν· [5] εἶτα ⸂βάλλει ὕδωρ⸃ εἰς τὸν ⸀νιπτῆρα καὶ ἤρξατο νίπτειν τοὺς πόδας τῶν μαθητῶν ⸆

Joh.: 1 ⸀εληλυθεν K Γ Δ *pm* ¦ ηκει 𝔓^66 ¦ παρην D | ⸉ *3 1 2* 𝔓^66 | [⸋ — *et* ⸋[1], — H] || 2 ⸀γεν- (𝔓^66) ℵ^corr K A D Γ Δ Θ λ φ 33 *pl* | ⸆ τε 𝔓^66 A | ⸂ Ιουδα Σιμ. Ισκαριωτου (απο Καρυωτου D e) ινα α. παραδω K A (D) Γ Δ Θ λ (φ) *pl* it sy^s.p sa (bo) ¦ *ut txt, sed* Ισκ-της 𝔓^66 B ℵ* ¦ *ut txt, sed* παραδω 𝔓^66 ℵ² L (W) X 0124 *pc* || 3 ⸆ ο Ιησους K A Γ Δ Θ 0124 λ (φ) *pm* | ⸀ δεδ- 𝔓^66 K A D Γ Δ Θ φ 33.118.209.1241 *pl* || 4 ⸆ αυτου D *pc* lat || 5 ⸂ λαβων υ. β. D φ sy^s | ⸀ ποδονιπτηρα 𝔓^66 | ⸆ αυτου D *pc*

---

1 cf Jo 12,1 || *2 sq* cf Jo 12,23; 7,6.30; 2,4 || *4 sq* cf Jo 15,13; 1 Jo 3,16 || *6 sq* cf Jo 13,27; *cf 31 sqq* || *9 sqq* cf Jo 3,35; 17,2; 18,4; 19,28; Lc 10,22; Mt 11,27 || *10 sq* cf Jo 16,28; *cf 73 sq* || *14 sqq* cf 1 Sm 25,41; *cf 41 sqq*

Matth.

23,6-12 *(nr. 284, p. 389)*

[6]Φιλοῦσιν δὲ τὴν πρωτοκλισίαν ἐν τοῖς δείπνοις καὶ τὰς πρωτοκαθεδρίας ἐν ταῖς συναγωγαῖς [7]καὶ τοὺς ἀσπασμοὺς ἐν ταῖς ἀγοραῖς καὶ καλεῖσθαι ὑπὸ τῶν ἀνθρώπων ῥαββί. [8]Ὑμεῖς δὲ μὴ κληθῆτε ῥαββί· εἷς γάρ ἐστιν ὑμῶν ὁ διδάσκαλος, πάντες δὲ ὑμεῖς ἀδελφοί ἐστε. [9]καὶ πατέρα μὴ καλέσητε ὑμῶν ἐπὶ τῆς γῆς, εἷς γάρ ἐστιν ὑμῶν ὁ πατὴρ ὁ οὐράνιος. [10]μηδὲ κληθῆτε καθηγηταί, ὅτι καθηγητὴς ὑμῶν ἐστιν εἷς ὁ Χριστός. [11]ὁ δὲ μείζων ὑμῶν ἔσται ὑμῶν διάκονος. [12]ὅστις δὲ ὑψώσει ἑαυτὸν ταπεινωθήσεται καὶ ὅστις ταπεινώσει ἑαυτὸν ὑψωθήσεται.

cf. 20,24-28; 19,28
(v. nr. 313, p. 440)

10,24 *(nr. 100, p. 142)*

[24]Οὐκ ἔστιν μαθητὴς
ὑπὲρ τὸν διδάσκαλον οὐδὲ δοῦλος
ὑπὲρ τὸν κύριον αὐτοῦ.

Mark.

cf. 12,39
(v. nr. 284, p. 389)

cf.
10,41-45
(v. nr. 263, p. 353)

Luk.

cf. 20,46

22,24-28 *(nr. 313, p. 440)*

[24]Ἐγένετο δὲ καὶ φιλονεικία ἐν αὐτοῖς, τὸ τίς αὐτῶν δοκεῖ εἶναι μείζων. [25]ὁ δὲ εἶπεν αὐτοῖς· οἱ βασιλεῖς τῶν ἐθνῶν κυριεύουσιν αὐτῶν καὶ οἱ ἐξουσιάζοντες αὐτῶν εὐεργέται καλοῦνται. [26]ὑμεῖς δὲ οὐχ οὕτως, ἀλλ᾽ ὁ μείζων ἐν ὑμῖν γινέσθω ὡς ὁ νεώτερος καὶ ὁ ἡγούμενος ὡς ὁ διακονῶν. [27]τίς γὰρ μείζων, ὁ ἀνακείμενος ἢ ὁ διακονῶν; οὐχὶ ὁ ἀνακείμενος; ἐγὼ δὲ ἐν μέσῳ ὑμῶν εἰμι ὡς ὁ διακονῶν. [28]Ὑμεῖς δέ ἐστε οἱ διαμεμενηκότες μετ᾽ ἐμοῦ ἐν τοῖς πειρασμοῖς μου.

6,40 *(nr. 81, p. 107)*

[40]Οὐκ ἔστιν μαθητὴς
ὑπὲρ ⸀τὸν διδάσκαλον⸃ ⸆·

κατηρτισμένος δὲ ⸂πᾶς ἔσται⸃ ὡς ὁ διδάσκαλος αὐτοῦ.

[Joh. 13,1-20]

καὶ ἐκμάσσειν τῷ λεντίῳ ᾧ ἦν διεζωσμένος.
[6]ἔρχεται οὖν πρὸς ⸀Σίμωνα Πέτρον⸃·
⸆λέγει αὐτῷ⸆¹· κύριε, σύ μου νίπτεις τοὺς
πόδας; [7]ἀπεκρίθη Ἰησοῦς καὶ εἶπεν αὐτῷ·
ὃ ἐγὼ ποιῶ σὺ οὐκ οἶδας ⸀ἄρτι, γνώσῃ δὲ
μετὰ ταῦτα. [8]λέγει αὐτῷ Πέτρος· ⸆οὐ μὴ
νίψῃς ⸉μου τοὺς πόδας εἰς τὸν αἰῶνα. ἀπεκρίθη ⸂Ἰησοῦς αὐτῷ⸃· ἐὰν μὴ νίψω σε, οὐκ
ἔχεις μέρος μετ᾽ ἐμοῦ. [9]λέγει αὐτῷ ⸀Σίμων Πέτρος⸃· κύριε, μὴ ⸂τοὺς πόδας μου
μόνον⸃ ἀλλὰ καὶ τὰς χεῖρας καὶ τὴν κεφαλήν. [10]λέγει αὐτῷ ° ὁ Ἰησοῦς· ὁ λελουμένος οὐκ ⸉ἔχει χρείαν⸊ ⸀εἰ μὴ τοὺς πόδας
νίψασθαι⸃, ἀλλ᾽ ἔστιν καθαρὸς ὅλος· καὶ
ὑμεῖς καθαροί ἐστε, ἀλλ᾽ οὐχὶ πάντες.
[11]ᾔδει γὰρ ⸆τὸν παραδιδόντα αὐτόν· ⸋διὰ
τοῦτο εἶπεν °ὅτι οὐχὶ πάντες καθαροί
ἐστε.⸌ [12]Ὅτε οὖν ἔνιψεν τοὺς πόδας αὐτῶν °[καὶ] ἔλαβεν τὰ ἱμάτια αὐτοῦ ⸀καὶ ἀνέπεσεν⸃ ⸋πάλιν⸌¹, εἶπεν αὐτοῖς· γινώσκετε
τί πεποίηκα ὑμῖν; [13]ὑμεῖς φωνεῖτέ με· ὁ
διδάσκαλος, καί· ὁ κύριος, καὶ καλῶς λέγετε· εἰμὶ γάρ. [14]εἰ οὖν ἐγὼ ἔνιψα ὑμῶν
τοὺς πόδας ὁ κύριος καὶ ὁ διδάσκαλος,
⸆καὶ ὑμεῖς ὀφείλετε ἀλλήλων νίπτειν τοὺς
πόδας· [15]ὑπόδειγμα °γὰρ ⸀ἔδωκα ὑμῖν ἵνα
καθὼς ἐγὼ ἐποίησα ὑμῖν καὶ ὑμεῖς ποιῆτε.
[16]ἀμὴν ἀμὴν λέγω ὑμῖν, οὐκ ἔστιν δοῦλος
⸋μείζων τοῦ κυρίου αὐτοῦ οὐδὲ ἀπόστολος⸌ °μείζων τοῦ πέμψαντος αὐτόν.

Luk.: **40** ⸀του -ου Mcion | ⸆αυτου C𝔎A *pm* | ⸂εστω ℵ *pc* ¦ π. εστω Θ; Or

Joh.: **6** ⸀τον Π. Σ. D (69) a l | ⸆και ℵ𝔎AWΓΔΘλφ *pl* lat ¦ *txt* 𝔓⁶⁶BDL it sy^s.p sa bo | ⸆¹εκεινος 𝔎ADLWΓΔΘλφ *pl* ff² l sa ¦ Simon sy^s.p ¦ Petrus lat bo ¦ *txt* 𝔓⁶⁶Bℵ* b; Or || **7** ⸀αρ 𝔓⁶⁶* ¦ γαρ 𝔓⁶⁶ᶜ¹ ¦ τι 𝔓⁶⁶ᶜ² W || **8** ⸆κυριε DΘ *pc* | ⸉p. ποδας ℵ𝔎AΓΔΘ *pm* ¦ *p*. μη Dλφ *pc* | ⸂*2 1* 𝔓⁶⁶EGWΘ *al* ¦ αυτ. ο Ιησ. ℵ𝔎ΓΔλφ *al* ¦ *1* C³D *pc* ¦ *txt* BC*AL *pc* || **9** ⸀*2 1* BW ¦ *2* D *pc* ¦ *1* 472 sy^s | ⸂*1 2 4* 𝔓⁶⁶ 69 *al* ¦ *4 1 2* D it || **10** °† B 235; Or ¦ *txt* 𝔓⁶⁶ *rell* | ⸉C³𝔎DLΓΔΘλφ *pm* | ⸀νιψασθαι ℵ c vg; Or ¦ την κεφαλην νιψασθαι ει μη τ. ποδ. μονον D ¦ η τ. ποδ. νιψ. C³𝔎AΓΔλ *pm* ¦ ει μη τ. ποδ. μονον νιψ. 𝔓⁶⁶Θ *pc* sy^s.p ¦ *txt* BC*LW *al* || **11** ⸆Ιησους D l sy^p | ⸋D sy^pal | °ℵ𝔎AΓΔΘλφ *pm* || **12** °𝔓⁶⁶ℵC²ALΨ 0141. 33 *al* ¦ *txt* BC*𝔎DWΘλφ *pm* | ⸀αναπεσων C³𝔎DΓΔΘ *pm* ¦ και αναπεσων 𝔓⁶⁶ℵ^corr A^corr LΨ 33 *al* ¦ *txt* Bℵ*C*W 157 *pc* | [⸋, *et* ⸌¹ —, H] || **14** ⸆ποσω μαλλον DΘ it (sy^s.p) || **15** °𝔓⁶⁶* 700 *pc* | ⸀δεδ- 𝔓⁶⁶ℵAΨλφ 33. 700. 1241 *pm* || **16** ⸋Θ | °𝔓⁶⁶*

---

16 cf 71 sq || *18 cf 25.37* || *20 sq cf 25 sqq* || *23 sqq* cf Lc 14,11; 18,14b; Mc 9,35; *cf 63 sqq* || *24* cf Mt 24,51; Lc 12,46 etc || *25 sqq cf 20 sq* || *25 cf 18.37* || *29* cf Jo 15,3 || *31 sqq* cf Jo 6,64.70 sq; *cf 6 sq* || *33* cf 1 Tm 5,10 || *37* cf Jo 1,38; 11,8.28; 20,16 | cf Jo 6,68; 13,36 sq; 14,5.8.22; 20,28; 21,7.15 sqq. 20 sq; *cf 18.25* || *41 sqq cf 14 sqq* || *41 sq* cf Rm 15,1 sqq; 1 Cor 11,1; Ph 2,4 sqq; 1 Th 1,6; Eph 5,1 sq

Matth.	Mark.	Luk.	[Joh. 13,1-20]
			17 εἰ ταῦτα οἴδατε⸆, μακάριοί ἐστε ⸋ἐὰν ποιῆτε αὐτά⸌. 18 Οὐ περὶ πάντων ὑμῶν λέγω· ἐγὼ⸆ οἶδα ⸀τίνας ἐξελεξάμην· ἀλλ' ἵνα ἡ γραφὴ πληρωθῇ· ὁ τρώγων ⸀μου τὸν ἄρτον ⸀¹ἐπῆρεν °ἐπ' ἐμὲ τὴν πτέρναν αὐτοῦ. 19 ἀπ' ἄρτι λέγω ὑμῖν πρὸ τοῦ γενέσθαι, ἵνα ⸂πιστεύσητε ὅταν γένηται⸃ ὅτι ἐγώ εἰμι. 20 ἀμὴν ἀμὴν λέγω ὑμῖν, ὁ λαμβάνων ⸀ἄν τινα πέμψω ἐμὲ λαμβάνει, ὁ δὲ ἐμὲ λαμβάνων λαμβάνει⸆ τὸν ⸀πέμψαντά με.
10,40 *(nr. 104, p. 149)* 40 Ὁ δεχόμενος ὑμᾶς ἐμὲ δέχεται, ⸂καὶ ὁ⸃ ἐμὲ δεχόμενος δέχεται τὸν ἀποστείλαντά με.		10,16 *(nr. 179, p. 260)* 16 Ὁ ἀκούων ὑμῶν ἐμοῦ ἀκούει, καὶ ὁ ἀθετῶν ὑμᾶς ἐμὲ ἀθετεῖ· ὁ δὲ ἐμὲ ἀθετῶν ἀθετεῖ τὸν ἀποστείλαντά με.	
18,5 *(nr. 166, p. 245)* 5 Καὶ ὃς ἐὰν δέξηται ἓν παιδίον τοιοῦτο ἐπὶ τῷ ὀνόματί μου, ἐμὲ δέχεται.	9,37 *(nr. 166, p. 245)* 37 Ὃς ἂν ἓν τῶν τοιούτων παιδίων δέξηται ἐπὶ τῷ ὀνόματί μου, ἐμὲ δέχεται· καὶ ὃς ἂν ἐμὲ δέχηται, οὐκ ἐμὲ δέχεται ἀλλὰ τὸν ἀποστείλαντά με.	9,48 *(nr. 166, p. 245)* 48 Καὶ εἶπεν αὐτοῖς· ὃς ἐὰν δέξηται τοῦτο τὸ παιδίον ἐπὶ τῷ ὀνόματί μου, ἐμὲ δέχεται· καὶ ὃς ἂν ἐμὲ δέξηται, δέχεται τὸν ἀποστείλαντά με· ὁ γὰρ μικρότερος ἐν πᾶσιν ὑμῖν ὑπάρχων οὗτός ἐστιν μέγας.	5,23 *(nr. 141, p. 197)* ... 23 ἵνα πάντες τιμῶσι τὸν υἱὸν καθὼς τιμῶσι τὸν πατέρα. ὁ μὴ τιμῶν τὸν υἱὸν οὐ τιμᾷ τὸν πατέρα τὸν πέμψαντα αὐτόν. 15,20 *(nr. 322, p. 449)* 20 Μνημονεύετε τοῦ λόγου οὗ ἐγὼ εἶπον ὑμῖν· οὐκ ἔστιν δοῦλος μείζων τοῦ κυρίου αὐτοῦ. εἰ ἐμὲ ἐδίωξαν, καὶ ὑμᾶς διώξουσιν· εἰ τὸν λόγον μου ἐτήρησαν, καὶ τὸν ὑμέτερον τηρήσουσιν.

Evang. sec. Hebraeos (Historia passionis Domini f. 25ᵛ): ... et extersit pedes eorum. Et sicut dicitur in evangelio Nazareorum singulorum pedes osculatus fuit. Petrus vero tantum humilitatis obsequium ...

Ignatius ad Magn. 7,2: Πάντες ὡς εἰς ἕνα ναὸν συντρέχετε θεοῦ, ὡς ἐπὶ ἓν θυσιαστήριον, ἐπὶ ἕνα Ἰησοῦν Χριστόν, τὸν ἀφ' ἑνὸς πατρὸς προελθόντα καὶ εἰς ἕνα ὄντα καὶ χωρήσαντα.

Ignatius ad Eph. 6,1: Καὶ ὅσον βλέπει τις σιγῶντα ἐπίσκοπον, πλειόνως αὐτὸν φοβείσθω· πάντα γάρ, ὃν πέμπει ὁ οἰκοδεσπότης εἰς ἰδίαν οἰκονομίαν, οὕτως δεῖ ἡμᾶς αὐτὸν δέχεσθαι, ὡς αὐτὸν τὸν πέμψαντα. τὸν οὖν ἐπίσκοπον δῆλον ὅτι ὡς αὐτὸν τὸν κύριον δεῖ προσβλέπειν.

Matth.: **40** ⸂ο δε ℵ*

Joh.: **17** ⸆και ποιειτε sy^s | ⸋ e sy^s || **18** ⸆γαρ ℵAφ*al* sy^{s.p} bo | ⸀ους 𝔓⁶⁶ℜADWΓΔΘΨλφ*pm* | ⸀μετ εμου 𝔓⁶⁶ℵℜADWΓΔΘΨλφ*pl* sy^{s.p} bo ¦ *txt* BCL*pc* | ⸀¹επηρκεν ℵAWΘ*pc*; Hipp | °𝔓⁶⁶*B || **19** ⸂† πιστευητε οτ. γεν. B(⸉C) ¦ οτ. γεν. π-σητε ℜADWΓΔΘλφ*pm* ¦ *txt* 𝔓⁶⁶ℵL*pc* || **20** ⸀εαν 𝔓^{66c}ℜDΓΔΘλφ*pm* | ⸆και 𝔓⁶⁶* | ⸀αποστειλαντα X 1.118.892*pc*

48sq cf Lc 10,37 || *50* cf Jo 6,70; 15,16 || *51* cf Jo 17,12 || *51sqq* Ps 41,10; cf Mc 14,18; Lc 22,21 || *53sqq* cf Jo 14,29; 16,4; Mt 24,25 par; Is 42,9; 43,10; 48,6 || *55* cf Jo 8,24.28; Ex 3,14 || *55sqq* cf Jo 12,44sq; *cf 59sqq. 65sqq. 75sq* || *59sqq cf 55sqq* || *63sqq cf 23sqq* || *65sqq cf 55sqq* || *71sq cf 16* || *73sq cf 10sq* || *75sq cf 55sqq*

310. Die Bezeichnung des Verräters

Proditorem indicat — (cf. nr. 312) — Jesus Foretells His Betrayal

Matth. 26, 21-25

(nr. 308 26, 17-20 p. 430)

21 Καὶ ἐσθιόντων αὐτῶν εἶπεν· ἀμὴν λέγω ὑμῖν °ὅτι εἷς ἐξ ὑμῶν παραδώσει με. 22 καὶ λυπούμενοι σφόδρα ἤρξαντο λέγειν °αὐτῷ °¹εἷς ἕκαστος⸆· μήτι ἐγώ εἰμι, κύριε;

23 ὁ δὲ ἀποκριθεὶς εἶπεν· ὁ ἐμβάψας ⸉μετ᾽ ἐμοῦ τὴν χεῖρα ἐν τῷ τρυβλίῳ⸊ οὗτός με παραδώσει.

Mark. 14, 18-21

(nr. 308 14, 12-17 p. 430)

18 Καὶ ἀνακειμένων αὐτῶν καὶ ἐσθιόντων ⸂ὁ Ἰησοῦς εἶπεν⸃· ἀμὴν λέγω ὑμῖν ὅτι εἷς ἐξ ὑμῶν παραδώσει με ⸁ὁ ἐσθίων⸃ μετ᾽ ἐμοῦ.
19 ⸆ἤρξαντο λυπεῖσθαι καὶ λέγειν αὐτῷ ⸂εἷς κατὰ εἷς⸃· μήτι ἐγώ ⸇;

20 ὁ δὲ ⸀εἶπεν αὐτοῖς· εἷς ⸆τῶν δώδεκα, ὁ ⸁ἐμβαπτόμενος μετ᾽ ἐμοῦ εἰς τὸ ⸇ τρύβλιον.

Luk. 22, 21-23

(nr. 312, p. 438)

21 Πλὴν ἰδοὺ ἡ χεὶρ τοῦ παραδιδόντος με ⸋μετ᾽ ἐμοῦ⸌ ἐπὶ τῆς τραπέζης.

Joh. 13, 21-30

21 Ταῦτα εἰπὼν °[ὁ] Ἰησοῦς ἐταράχθη τῷ πνεύματι καὶ ἐμαρτύρησεν καὶ εἶπεν· ἀμὴν ἀμὴν ⸉λέγω ὑμῖν⸊ ὅτι εἷς ἐξ ὑμῶν παραδώσει με.
22 ἔβλεπον ⸆ εἰς ἀλλήλους οἱ μαθηταὶ ⸇ ἀπορούμενοι περὶ τίνος λέγει.
23 ἦν ⸆ ἀνακείμενος εἷς ἐκ τῶν μαθητῶν αὐτοῦ ἐν τῷ κόλπῳ τοῦ Ἰησοῦ, ὃν ἠγάπα °ὁ Ἰησοῦς.
24 νεύει οὖν τούτῳ Σίμων Πέτρος ⸂πυθέσθαι τίς ἂν εἴη περὶ οὗ λέγει⸃.
25 ⸀ἀναπεσὼν ⸁οὖν ἐκεῖνος °οὕτως ἐπὶ τὸ στῆθος τοῦ Ἰησοῦ λέγει αὐτῷ· κύριε, τίς ἐστιν;
26 ἀποκρίνεται ⸂[ὁ] Ἰησοῦς⸃ ⸆· ἐκεῖνός ἐστιν ᾧ ἐγὼ ⸂βάψω τὸ ψωμίον καὶ δώσω αὐτῷ⸃. ⸂¹βάψας οὖν⸃ °τὸ ψωμίον ⸋[λαμβάνει καὶ]⸌ δίδωσιν Ἰούδᾳ Σίμωνος ⸀Ἰσκαριώτου.
27 καὶ ⸋μετὰ τὸ ψωμίον⸌ °τότε εἰσῆλθεν εἰς ἐκεῖνον ὁ σατανᾶς. λέγει οὖν αὐτῷ

Matth.: 21 ° 𝔓37.45 566 *pc* || 22 ° 𝔓37vid.45vid D Θ ϕ 700.1424 *pc* lat sy^s bo; Eus | °¹ 𝔓37vid 𝔎 A W Γ Δ Φ 074 λ 565.1241 *pm*; Eus | ⸆ αυτων 𝔓37.45 𝔎 A D W Γ Δ Θ Φ 074 λ ϕ *pl*; Eus ¦ *txt* B ℵ C L Z 33.892 *pc* || 23 ⸉ *3 4 1 2 5-7* 𝔓37.45 (D) Θ 700 aeg; Or^pt ¦ *1 2 5-7 3 4* C 𝔎 W Γ Δ Φ 0133 λ ϕ *pm* ¦ *txt* 𝔓64 B ℵ A L 074 *al*

Mark.: 18 ⸂ *3 1 2* 𝔎 A W Γ Δ Φ 0116 λ ϕ 157 *pm* ¦ λεγει ο Ιησ. D Θ 565 *pc* lat | ⸁ των εσθιοντων B || 19 ⸆ και C *pc* sa^pt ¦ οι δε 𝔎 A D W Γ Δ Θ Φ 0116 λ ϕ *pl* lat sy^s.p sa^pt bo^pt ¦ *txt* B ℵ L Ψ *pc* | ⸂ εις καθ εις 𝔎 A D W Γ Θ Φ 0116 λ ϕ *pl* ¦ *p)* εις εκαστος C | ⸇ και αλλος· μητι εγω 𝔎 (A) D Γ Θ Φ 0116 λ (ϕ) *pm* it; Or || 20 ⸀ λεγει D (Θ) Ψ (*pc*) ¦ αποκριθεις ειπεν 𝔎 A W Γ Δ (Θ) Φ 0116 λ ϕ *pm* | ⸆ εκ 𝔎 A D Γ Δ Φ 0116 λ ϕ 157.565.700 *pm* | ⸁ -πτιζομενος D | ⸇ † ἕν B C* Θ 565 ¦ *txt* ℵ C² 𝔎 A D W λ ϕ *pl*

Luk.: 21 ⸋ D 063.57

Joh.: 21 ° † 𝔓66* B ℵ L ¦ *txt* 𝔓66c C 𝔎 A D W Γ Δ Θ λ ϕ *pl* | ⸉ B || 22 ⸆ ουν (+ οι Ιουδαιοι ℵ*) 𝔓66 ℵ* 𝔎 A D W Γ Δ Θ λ ϕ *pl* lat bo ¦ δε 1093 *pc* a sy^s.p ¦ *txt* B ℵ^corr C Ψ *pc* e | ⸇ αυτου 𝔓66 ϕ 1241 *pc* || 23 ⸆ δε 𝔓66 ℵ C² 𝔎 A D W Γ Δ Θ λ ϕ *pm* sy^p sa bo ¦ ουν vg ¦ *txt* B C* L Ψ *pc* sy^s | ° 𝔓66* B || 24 ⸂ † και λεγει αυτω· ειπε τις εστιν περι ου λεγει B C L 068 *pc* ¦ *item, sed add. p. txt* ℵ ¦ και λεγει· τις εστιν π. ο. λ. 𝔓66*vid ¦ *txt* (𝔓66c, ℵ) 𝔎 A (D) W Θ λ ϕ *pl* || 25 ⸀ επιπ- 𝔓66c ℵ* 𝔎 A D W Γ Δ Θ λ ϕ *pm* | ⸁ † — B C e sy^s ¦ δε 𝔎 A Γ Θ *pm* bo^pt ¦ *txt* 𝔓66 ℵ D L W Δ 0141 λ ϕ 33.1241 *al* lat sa bo^pt | ° ℵ A D W Θ λ 565.892 *al* lat sy^s.p sa bo; Or || 26 ⸂ † ουν ο Ι. ℵ² C* L *al* ¦ ουν Ι. B *pc* ¦ Ιησους 𝔓66 M W *pc* ¦ αυτω ο Ι. D ϕ *pc* ¦ *txt* ℵ* 𝔎 A Γ Δ Θ λ *pm* lat | ⸆ και λεγει ℵ D ϕ *pc* | ⸂ βαψας (εμβ- A D λ *al*) το ψ. επιδωσω 𝔓66 ℵ 𝔎 A D (⸉W) Γ Δ Θ λ ϕ *pm* ¦ *txt* B C (L) *pc* | ⸂¹ και εμβαψας 𝔓66 𝔎 A (D) W Γ Δ Θ λ (ϕ) *pm* ¦ *txt* B ℵ C L 33 *pc* | ° B ¦ *txt* 𝔓66 *rell* | ⸋ 𝔓66 ℵ* 𝔎 A D W Γ Δ Θ λ ϕ *pm* sy^s.p sa bo ¦ *txt* B ℵ^corr C L *pc* | ⸀ -τη 𝔓66 𝔎 A W Γ Δ λ ϕ *pm* ¦ απο Καρυωτου D || 27 ⸋ D e | ° ℵ D L 565 *pc* it sy^s sa bo^pt

---

1sq cf Jo 11,33; 12,27 || 3sq cf Mc 9,31; 10,33 || 4 cf Jo 6,70sq; 13,2.10sq.18sq; Lc 22,3sq || 5 cf Ps 41,10 || 8sqq cf Jo 19,26sq; 20,2; 21,7.20; 18,15sq?; 19 35? || 14 cf Jo 4,6 || 21sqq cf Jo 13,2; Lc 22,3; 1Cor 11,27.29?

[Matth. 26,21-25]

24 ὁ μὲν⸆ υἱὸς τοῦ ἀνθρώπου ὑπάγει καθὼς γέγραπται περὶ αὐτοῦ, οὐαὶ δὲ τῷ ἀνθρώπῳ ἐκείνῳ δι' οὗ ὁ υἱὸς τοῦ ἀνθρώπου παραδίδοται· καλὸν ἦν αὐτῷ εἰ οὐκ ἐγεννήθη ὁ ἄνθρωπος ἐκεῖνος. 25 ἀποκριθεὶς δὲ Ἰούδας ὁ παραδιδοὺς αὐτὸν εἶπεν· μήτι ἐγώ εἰμι, ῥαββί; λέγει αὐτῷ⸆· σὺ εἶπας.

[Mark. 14,18-21]

21 ⸀ὅτι ὁ μὲν υἱὸς τοῦ ἀνθρώπου ὑπάγει καθὼς γέγραπται περὶ αὐτοῦ, οὐαὶ δὲ τῷ ἀνθρώπῳ ἐκείνῳ δι' οὗ ⸋ὁ υἱὸς τοῦ ἀνθρώπου⸌ παραδίδοται· καλὸν ⸆ αὐτῷ εἰ οὐκ ἐγεννήθη ὁ ἄνθρωπος ἐκεῖνος.

[Luk. 22,21-23]

22 ⸀ὅτι ⸂ὁ υἱὸς μὲν⸃ τοῦ ἀνθρώπου ⸉κατὰ τὸ ὡρισμένον πορεύεται⸊, πλὴν οὐαὶ ⸋τῷ ἀνθρώπῳ⸌ ἐκείνῳ δι' οὗ παραδίδοται.

23 καὶ αὐτοὶ ἤρξαντο συζητεῖν πρὸς ἑαυτοὺς τὸ τίς ἄρα εἴη ἐξ αὐτῶν ὁ τοῦτο μέλλων πράσσειν.

[Joh. 13,21-30]

°ὁ Ἰησοῦς· ὃ ποιεῖς ποίησον τάχιον. 28 τοῦτο °[δὲ] οὐδεὶς ἔγνω τῶν ἀνακειμένων πρὸς τί εἶπεν αὐτῷ· 29 τινὲς ⸀γὰρ ἐδόκουν, ἐπεὶ τὸ γλωσσόκομον εἶχεν⸆ Ἰούδας, ὅτι λέγει αὐτῷ ⸂[ὁ] Ἰησοῦς⸃· ἀγόρασον ὧν χρείαν ἔχομεν εἰς τὴν ἑορτήν, ἢ τοῖς πτωχοῖς ἵνα τι δῷ. 30 λαβὼν οὖν τὸ ψωμίον ἐκεῖνος ⸂ἐξῆλθεν εὐθύς⸃. ἦν δὲ νύξ.

(nr. 314 13,31-35 p. 441)

1. Clem. ad Cor. 46,8: Εἶπεν γάρ· »Οὐαὶ τῷ ἀνθρώπῳ ἐκείνῳ· καλὸν ἦν αὐτῷ, εἰ οὐκ ἐγεννήθη, ἢ ἕνα τῶν ἐκλεκτῶν μου σκανδαλίσαι· κρεῖττον ἦν αὐτῷ περιτεθῆναι μύλον καὶ καταποντισθῆναι εἰς τὴν θάλασσαν, ἢ ἕνα τῶν ἐκλεκτῶν μου διαστρέψαι«.

Herm. Pastor, Vis. IV, 2, 6: Πιστεύσατε τῷ κυρίῳ, οἱ δίψυχοι, ὅτι πάντα δύναται καὶ ἀποστρέφει τὴν ὀργὴν αὐτοῦ ἀφ' ὑμῶν καὶ ἐξαποστέλλει μάστιγας ὑμῖν τοῖς διψύχοις. οὐαὶ τοῖς ἀκούσασιν τὰ ῥήματα ταῦτα καὶ παρακούσασιν· αἱρετώτερον ἦν αὐτοῖς τὸ μὴ γεννηθῆναι.

Matth.: **24** ⸆ουν D Z *pc* ‖ **25** ⸆ο Ιησους 𝔓45 א 13 *pc* it

Mark.: **21** ⸀και 1241 *pc* lat sy^s.p ¦ — C Ꞩ A D W Γ Δ Θ Φ 0116 λ φ *pl* ¦ *txt* B א L Ψ 579. 892 sa bo | ⸋ D 700 a | ⸆*p)* ην א C Ꞩ A D Γ Δ Θ Φ 0116 λ φ *pl* sy^s.p ¦ *txt* B L W 892 it

Luk.: **22** ⸀και Ꞩ A W Γ Δ Θ Ψ 063. 0135 λ φ *pm* lat | ⸂*1 3 2* Ꞩ A W Γ Δ Θ 063. 0135 λ φ *pm* ¦ *3 1 2* D ¦ *1 2* א* ¦ *txt* 𝔓75 B א^corr L T *pc* | ⸉ Ꞩ A W Γ Δ Θ 063. 0135 λ *pm* | ⸋ D e sy^s.c; (Mcion)

Joh.: **27** °† B L ¦ *txt* 𝔓66 *rell* ‖ **28** °B W Ψ 157 *pc* ¦ *txt* 𝔓66 א C Ꞩ A D L Θ λ φ *pl* latt ‖ **29** ⸀δε 𝔓66 660 *pc* | ⸆ο 𝔓66 C Ꞩ D Γ Δ Θ Ψ 1241 *pm* | ⸂† I. B א *pc* ¦ — λ 565 *pc* ¦ *txt* 𝔓66 C Ꞩ A D L W Γ Δ Θ φ *pl* ‖ **30** ⸂ευθεως εξ. Ꞩ A Γ Δ Θ λ *pm*

28sqq cf Jo 12,6 ‖ *33* cf Lc 22,53; Jo 9,4; 11,10; Eph 6,12 ‖ *36sqq* cf *47sq* ‖ *38sq* cf Mt 18,7; Lc 17,1sq; cf *49sq* ‖ *43(Mt)* cf Mt 26,64; Lc 22,70; Mt 27,11; Mc 15,2; Lc 23,3 ‖ *47sq* cf *36sqq* ‖ *49sq* cf *38sq*

Eucharistiam instituit

311. Die Einsetzung des Herrenmahles

The Last Supper

Matth. 26, 26-29

cf. v. 29

26 ⸉Ἐσθιόντων δὲ αὐτῶν⸊ λαβὼν ὁ Ἰησοῦς ⸆ ἄρτον καὶ ⸀εὐλογήσας ἔκλασεν καὶ ⸂δοὺς τοῖς μαθηταῖς⸃ εἶπεν· λάβετε φάγετε, τοῦτό ἐστιν τὸ σῶμά μου.

27 καὶ λαβὼν ⸆ ποτήριον °καὶ εὐχαριστήσας ἔδωκεν αὐτοῖς λέγων· πίετε ἐξ αὐτοῦ πάντες, 28 τοῦτο γάρ ἐστιν τὸ αἷμά μου ⸆ τῆς ⸇ διαθήκης τὸ περὶ πολλῶν ἐκχυν-

Mark. 14, 22-25

cf. v. 25

22 Καὶ ἐσθιόντων αὐτῶν λαβὼν ⸆ ⸇ ἄρτον εὐλογήσας ἔκλασεν καὶ ⸀ἔδωκεν αὐτοῖς ⸆1 καὶ εἶπεν ⸆2· °λάβετε ⸆3, τοῦτό °1ἐστιν τὸ σῶμά μου.

23 καὶ λαβὼν ⸆ ποτήριον εὐχαριστήσας ἔδωκεν ⸀αὐτοῖς, καὶ ἔπιον ἐξ αὐτοῦ πάντες. 24 καὶ εἶπεν αὐτοῖς· τοῦτό ἐστιν τὸ αἷμά μου ⸂τῆς διαθήκης⸃ τὸ ⸁ἐκχυννόμενον ὑπὲρ

Luk. 22, 15-20

(nr. 308 22,7-14 p. 430)

15 Καὶ εἶπεν ⸂πρὸς αὐτούς⸃· ἐπιθυμίᾳ ἐπεθύμησα °τοῦτο τὸ πάσχα φαγεῖν μεθ᾽ ὑμῶν πρὸ τοῦ °1με παθεῖν· 16 λέγω γὰρ ὑμῖν °ὅτι ⸂οὐ μὴ φάγω⸃ ⸀αὐτὸ ἕως ὅτου ⸁πληρωθῇ ἐν τῇ βασιλείᾳ τοῦ θεοῦ. 17 ⸂καὶ δεξάμενος ⸆ ποτήριον εὐχαριστήσας εἶπεν· λάβετε °τοῦτο °1καὶ διαμερίσατε ⸁εἰς ἑαυτούς· 18 λέγω γὰρ ὑμῖν, °[ὅτι] οὐ μὴ πίω ⸁ἀπὸ τοῦ νῦν⸃ ἀπὸ τοῦ γενήματος τῆς ἀμπέλου ἕως ⸀οὗ ⸉ἡ βασιλεία τοῦ θεοῦ ἔλθῃ⸊.

19 καὶ λαβὼν ἄρτον εὐχαριστήσας ἔκλασεν καὶ ἔδωκεν αὐτοῖς λέγων· ⸆ τοῦτό ἐστιν τὸ σῶμά μου □τὸ ὑπὲρ ὑμῶν διδόμενον· τοῦτο ποιεῖτε °εἰς τὴν ἐμὴν ἀνάμνησιν. 20 ⸉καὶ τὸ ποτήριον ὡσαύτως⸊ μετὰ τὸ δειπνῆσαι, λέγων·

τοῦτο τὸ ποτήριον ἡ °καινὴ διαθήκη ⸆ ἐν τῷ αἵματί μου τὸ ὑπὲρ ὑμῶν ἐκχυν-

Joh. 6, 51-59

(nr. 149, p. 213)

51 Ἐγώ εἰμι ὁ ἄρτος ὁ ζῶν ὁ ἐκ τοῦ οὐρανοῦ καταβάς· ἐάν τις φάγῃ ἐκ τούτου τοῦ ἄρτου ζήσει εἰς τὸν αἰῶνα, καὶ ὁ ἄρτος δὲ ὃν ἐγὼ δώσω ἡ σάρξ μού ἐστιν ὑπὲρ τῆς τοῦ κόσμου ζωῆς. 52 Ἐμάχοντο οὖν πρὸς ἀλλήλους οἱ Ἰουδαῖοι λέγοντες· πῶς δύναται οὗτος ἡμῖν δοῦναι τὴν σάρκα [αὐτοῦ] φαγεῖν; 53 εἶπεν οὖν αὐτοῖς ὁ Ἰησοῦς· ἀμὴν ἀμὴν λέγω ὑμῖν, ἐὰν μὴ φάγητε τὴν σάρκα τοῦ υἱοῦ τοῦ ἀνθρώπου καὶ πίητε αὐτοῦ τὸ αἷμα, οὐκ ἔχετε ζωὴν ἐν ἑαυτοῖς. 54 ὁ τρώγων μου τὴν σάρκα καὶ πίνων μου τὸ αἷμα ἔχει ζωὴν αἰώνιον, κἀγὼ ἀναστήσω αὐτὸν τῇ ἐσχάτῃ ἡμέρᾳ. 55 ἡ γὰρ σάρξ μου ἀληθής ἐστιν βρῶσις, καὶ τὸ αἷμά μου ἀληθής ἐστιν πόσις. 56 ὁ τρώγων μου τὴν σάρκα καὶ πίνων μου τὸ αἷμα ἐν ἐμοὶ μένει κἀγὼ ἐν αὐτῷ. 57 καθὼς ἀπέστειλέν με ὁ ζῶν πατὴρ κἀγὼ ζῶ διὰ τὸν πατέρα, καὶ ὁ τρώγων με κἀκεῖνος ζήσει δι᾽ ἐμέ. 58 οὗτός ἐστιν ὁ ἄρτος ὁ ἐξ οὐρανοῦ καταβάς, οὐ καθὼς ἔφαγον οἱ πατέρες καὶ ἀπέθανον· ὁ

Matth.: 26 ⸉ D Θ ϕ pc it | ⸆ τον Ꝁ A W Γ Δ Φ **0160**vid pm | ⸀ p) ευχαριστησας Ꝁ A W Γ Δ λ ϕ 565 pm; Ju Ir Cl ¦ txt 𝔓37vid.45 B ℵ C D L Z Θ Φ **074**. **0160**. 33. 157. 700. 892 al | ⸂ εδιδου τ. μ. και (ℵ*) C Ꝁ A W Γ Δ Φ **074** pm lat ¦ txt 𝔓37.45vid B ℵcorr D L Z Θ **0160** λ ϕ 892 al ‖ 27 ⸆ το 𝔓37vid.45 C Ꝁ A D Γ 69. 157. 565 pm | ° p) C L Z Δ λ 33. 892 pc lat; Or Bas ¦ txt 𝔓37vid.45 B ℵ Ꝁ A D W Θ ϕ pm ‖ 28 ⸆ το C Ꝁ A W Γ Δ Φ **074** λ ϕ pl | ⸇ p) καινης C Ꝁ A D W Γ Δ Φ **074** λ ϕ pl lat sys.p sa bopt ¦ txt 𝔓37.45vid B ℵ L Z Θ 33 pc

Mark.: 22 ⸆ ο Ιησους ℵ*.2 C Ꝁ A L Γ Δ Θ **0116** λ ϕ pl syp bo ¦ txt B ℵ1 D W 565 pc it sa | ⸇ τον M Σ 69 al | ⸀ εδιδου W λ ϕ pc | ⸆1 και εφαγον εξ αυτου παντες et ° k | ⸆2 αυτοις W Δ Θ 565 pc k | ⸆3 p) φαγετε Ꝁ Γ **0116** ϕ 118. 157 pm | °1 W ‖ 23 ⸆ το Ꝁ A W Γ Φ pm | ⸀ τοις μαθηταις W ‖ 24 ⸂ p) το τ. καινης δ. Ꝁ A Γ Δ Φ λ ϕ pl lat sys.p sapt bopt ¦ το τ. δ. D* W ¦ — ff2 | ⸁ 2 3 1 D W Δ Θ ϕ 565 pc ¦ p) περι πολ. εκχ. Ꝁ A Γ Φ **0116** λ pm ¦ txt ℌ

Luk.: 15 ⸂ αυτοις L pc lat | ° 71 sys.c bopt; (Mcion?) | °1 W 1241 ‖ 16 ° C* D X pc | ⸂ † ουκετι ου μη φ. C2 Ꝁ W Γ Δ Ψ ϕ 118. 209 pm lat ¦ ουκετι μη φαγομαι D ¦ txt 𝔓75vid ℌ A Θ 1 al | ⸀ εξ αυτου C2 Ꝁ A W Γ Δ Θ **063**. **0135** pm ¦ απ αυτου D ϕ | ⸁ καινον βρωθη D ‖ 17–20 ⸂ vss 19a. 17. 18 b e ¦ vss 19. 17. 18 syc ¦ ut syc, sed e vs 20 inserit initio vs 17 μετα το δειπνησαι et post 17 τουτο μου το αιμα η καινη διαθηκη sys ¦ — vss 17. 18 syp bopt ‖ 17 ⸆ το 𝔓75vid A D W Θ al | ° ℵ* e vg | °1 D e | ⸁ εαυτοις Ꝁ A D W Γ Δ Θ **063**. **0135** pm ¦ αλληλοις ℵ* ‖ 18 ° † B C D L λ pc e ¦ txt ℵ Ꝁ A W Γ Δ Θ **063**. **0135** ϕ pl lat | ⸁ pon. a. ου D G λ ¦ — C Ꝁ A Γ Δ Ψ ϕ pm | ⸀ οτου Ꝁ A D W Γ Δ Θ Ψ **063**. **0135** ϕ pl ¦ txt 𝔓75vid B ℵ C*vid L λ 157. 579. 892 pc | ⸉ 5 1-4 D ‖ 19 ⸆ p) λαβετε A | ° B* ‖ 19. 20 □ D it sys.c ¦ txt (1 Cor 11,23 sqq) 𝔓75 rell ‖ 20 ⸉ 4 1-3 Ꝁ A W Γ Δ Θ Ψ **063**. **0135** λ ϕ pl ¦ txt 𝔓75 B ℵ L pc | ° Mcion | ⸆ εστιν U al

---

1sqq cf 46sqq ‖ 4sqq cf Lc 13,29; 14,15; Apc 19,9 ‖ 7sqq cf 24sqq ‖ 10sqq cf ad 28sqq ‖ 14sqq cf 34sqq. 38sq. 40sqq. 52sqq 55. 56sq ‖ 24sqq cf 7sqq ‖ 25sq cf Ex 24,8; Zch 9,11; Jer 31,31sqq (LXX 38,31sqq); Is 53,12; Heb 9,20

[Matth. 26,26-29]

νόμενον εἰς ἄφεσιν ἁμαρτιῶν.
29 λέγω δὲ ὑμῖν, ⊤ οὐ μὴ πίω ἀπ' ἄρτι ἐκ ⸂τούτου τοῦ⸃ γενήματος τῆς ἀμπέλου ἕως τῆς ἡμέρας ἐκείνης ὅταν αὐτὸ ⸀πίνω ⸉μεθ' ὑμῶν καινὸν⸊ ἐν τῇ βασιλείᾳ τοῦ πατρός μου.

(nr. 315 26,30-35 p. 442)

[Mark. 14,22-25]

πολλῶν⸃⊤.
25 ἀμὴν λέγω ὑμῖν ὅτι ⸂οὐκέτι οὐ μὴ πίω⸃ ἐκ τοῦ γενήματος τῆς ἀμπέλου ἕως τῆς ἡμέρας ἐκείνης ὅταν αὐτὸ πίνω καινὸν ἐν τῇ βασιλείᾳ τοῦ θεοῦ.

(nr. 315 14,26-31 p. 442)

[Luk. 22,15-20]

νόμενον.⸌⸌

cf. v. 18

[Joh. 6,51-59]

τρώγων τοῦτον τὸν ἄρτον ζήσει εἰς τὸν αἰῶνα. 59 Ταῦτα εἶπεν ἐν συναγωγῇ διδάσκων ἐν Καφαρναούμ.

1. Cor. 11,23-26: 23 Ἐγὼ γὰρ παρέλαβον ⸂ἀπὸ τοῦ κυρίου⸃, ὃ καὶ παρέδωκα ὑμῖν, ὅτι ὁ κύριος ⸀Ἰησοῦς ἐν τῇ νυκτὶ ᾗ παρεδίδετο ἔλαβεν ⊤ ἄρτον 24 καὶ εὐχαριστήσας ἔκλασεν καὶ εἶπεν· ⊤ τοῦτό ⸉μού ἐστιν⸊ τὸ σῶμα °τὸ ὑπὲρ ὑμῶν⸆· τοῦτο ποιεῖτε εἰς °¹τὴν ἐμὴν ἀνάμνησιν. 25 ὡσαύτως καὶ τὸ ποτήριον μετὰ τὸ δειπνῆσαι λέγων· τοῦτο τὸ ποτήριον ἡ καινὴ διαθήκη ἐστὶν ἐν τῷ ⸂ἐμῷ αἵματι⸃· τοῦτο ποιεῖτε, ⸋ὁσάκις ⸀ἐὰν πίνητε, εἰς τὴν ἐμὴν ἀνάμνησιν.⸌ 26 ὁσάκις °γὰρ ⸀ἐὰν ἐσθίητε τὸν ἄρτον τοῦτον καὶ τὸ ποτήριον ⊤ πίνητε, τὸν θάνατον τοῦ κυρίου καταγγέλλετε ἄχρις οὗ⸆ ἔλθῃ.

1. Cor. 10,16-17: 16 Τὸ ποτήριον τῆς εὐλογίας ὃ εὐλογοῦμεν, οὐχὶ κοινωνία ἐστὶν τοῦ αἵματος τοῦ Χριστοῦ; τὸν ἄρτον ὃν κλῶμεν, οὐχὶ κοινωνία τοῦ σώματος τοῦ Χριστοῦ ἐστιν; 17 ὅτι εἷς ἄρτος, ἓν σῶμα οἱ πολλοί ἐσμεν, οἱ γὰρ πάντες ἐκ τοῦ ἑνὸς ἄρτου μετέχομεν.

Didache 9,1-5: Περὶ δὲ τῆς εὐχαριστίας, οὕτως εὐχαριστήσατε· 2 πρῶτον περὶ τοῦ ποτηρίου· Εὐχαριστοῦμέν σοι, πάτερ ἡμῶν, ὑπὲρ τῆς ἁγίας ἀμπέλου Δαυὶδ τοῦ παιδός σου, ἧς ἐγνώρισας ἡμῖν διὰ Ἰησοῦ τοῦ παιδός σου· σοὶ ἡ δόξα εἰς τοὺς αἰῶνας. 3 περὶ δὲ τοῦ κλάσματος· Εὐχαριστοῦμέν σοι, πάτερ ἡμῶν, ὑπὲρ τῆς ζωῆς καὶ γνώσεως, ἧς ἐγνώρισας ἡμῖν διὰ Ἰησοῦ τοῦ παιδός σου· σοὶ ἡ δόξα εἰς τοὺς αἰῶνας. 4 ὥσπερ ἦν τοῦτο ⟨τὸ⟩ κλάσμα διεσκορπισμένον ἐπάνω τῶν ὀρέων καὶ συναχθὲν ἐγένετο ἕν, οὕτω συναχθήτω σου ἡ ἐκκλησία ἀπὸ τῶν περάτων τῆς γῆς εἰς τὴν σὴν βασιλείαν· ὅτι σοῦ ἐστιν ἡ δόξα καὶ ἡ δύναμις διὰ Ἰησοῦ Χριστοῦ εἰς τοὺς αἰῶνας. 5 μηδεὶς δὲ φαγέτω μηδὲ πιέτω ἀπὸ τῆς εὐχαριστίας ὑμῶν, ἀλλ' οἱ βαπτισθέντες εἰς ὄνομα κυρίου· καὶ γὰρ περὶ τούτου εἴρηκεν ὁ κύριος· »Μὴ δῶτε τὸ ἅγιον τοῖς κυσί«.

Evang. Ebion. (Epiphanius, Panarion haer. 30,22,4-5): Αὐτοὶ δὲ ἀφανίσαντες ἀφ' ἑαυτῶν τὴν τῆς ἀληθείας ἀκολουθίαν ἤλλαξαν τὸ ῥητόν, ὅπερ ἐστὶ πᾶσι φανερὸν ἐκ τῶν συνεζευγμένων λέξεων, καὶ ἐποίησαν τοὺς μαθητὰς μὲν λέγοντας »ποῦ θέλεις ἑτοιμάσωμέν σοι τὸ Πάσχα φαγεῖν«, καὶ αὐτὸν δῆθεν λέγοντα· »μὴ ἐπιθυμίᾳ ἐπεθύμησα κρέας τοῦτο τὸ Πάσχα φαγεῖν μεθ' ὑμῶν«. πόθεν δὲ οὐ φωραθήσεται ἡ αὐτῶν ῥᾳδιουργία, τῆς ἀκολουθίας κραζούσης ὅτι τὸ μῦ καὶ τὸ ἦτά ἐστι πρόσθετα; ἀντὶ τοῦ γὰρ εἰπεῖν »ἐπιθυμίᾳ ἐπεθύμησα« αὐτοὶ προσέθεντο τὸ »μὴ« ἐπίρρημα. αὐτὸς δὲ ἀληθῶς ἔλεγεν· »ἐπιθυμίᾳ ἐπεθύμησα τοῦτο τὸ Πάσχα φαγεῖν μεθ' ὑμῶν«· αὐτοὶ δὲ ἐπιγράψαντες τὸ »κρέας« ἑαυτοὺς ἐπλάνησαν, ῥᾳδιουργήσαντες καὶ εἰπόντες· »μὴ ἐπιθυμίᾳ ἐπεθύμησα τοῦτο τὸ Πάσχα κρέας φαγεῖν μεθ' ὑμῶν«.

Justinus Mart., Apol. I, 66, 3: Οἱ γὰρ ἀπόστολοι ἐν τοῖς γενομένοις ὑπ' αὐτῶν ἀπομνημονεύμασιν, ἃ καλεῖται εὐαγγέλια, οὕτως παρέδωκαν ἐντετάλθαι αὐτοῖς· τὸν Ἰησοῦν λαβόντα ἄρτον εὐχαριστήσαντα εἰπεῖν· »Τοῦτο ποιεῖτε εἰς τὴν ἀνάμνησίν μου, τοῦτό ἐστι τὸ σῶμά μου«. καὶ τὸ ποτήριον ὁμοίως λαβόντα καὶ εὐχαριστήσαντα εἰπεῖν· »Τοῦτό ἐστι τὸ αἷμά μου«· καὶ μόνοις αὐτοῖς μεταδοῦναι.

1. Cor. 5,7: Ἐκκαθάρατε τὴν παλαιὰν ζύμην, ἵνα ἦτε νέον φύραμα, καθώς ἐστε ἄζυμοι· καὶ γὰρ τὸ πάσχα ἡμῶν ἐτύθη Χριστός.

Justinus Mart., Dial. 111, 3: Ἦν γὰρ τὸ πάσχα ὁ Χριστός, ὁ τυθεὶς ὕστερον, ὡς καὶ Ἡσαίας ἔφη· Αὐτὸς ὡς πρόβατον ἐπὶ σφαγὴν ἤχθη. καὶ ὅτι ἐν ἡμέρᾳ τοῦ πάσχα συνελάβετε αὐτὸν καὶ ὁμοίως ἐν τῷ πάσχα ἐσταυρώσατε, γέγραπται.

Matth.: 29 ⊤ *p)* οτι C𝔎ALWΓΔΦ **074**. 565. 700. 1241 *pm* sy^s.p sa bo | ⸂ *1* 𝔓37* ℵ* C L *pc* ¦ *2* ΔΦ 13. 892 *pc* | ⸀ πιω 𝔓37 D Θ *pc*; Cl Epiph | ⸉ C L Z λ 33 *al*; Ir^arm

Mark.: 24 ⊤ *p)* εις αφεσιν αμαρτιων W φ *pc* a || 25 ⸂ *p) 2-4* ℵ C L W Ψ 892 *pc* ¦ ου μη προσθω πειν D (Θ) *pc* a f

1. Cor. 11: 23 ⸂ παρα κ. D ¦ απο θεου F G | ⸀ I. Χριστος 2. 257 *pc* ¦ — B *pc* | ⊤ τον D* F G || 24 ⊤ (Mt 26,26) λαβετε φαγετε, C³ 𝔎 P Ψ *pm* vg sy^p ¦ *txt* 𝔓46 𝔋 D F G *al* it | ⸉ 𝔓46 | ° 𝔓46 | ⸆ κλωμενον ℵ^corr C³ 𝔎 D^corr F G P *pl* it sy^p ¦ θρυπτομενον D* ¦ διδομενον *pc* aeg arm ¦ (quod ...) tradetur f vg ¦ *txt* 𝔓46 𝔋 | °¹ F G || 25 ⸂ αιμ. μου 𝔓46 A C P *al* | ⸋ A *pc* ¦ (Lc 22,19) *om* οσ. εαν π. P^vid 81 *al* | ⸀ αν 𝔎 D F G *pm* || 26 ° A arm | ⸀ αν 𝔎 D F G P Ψ *pm* | ⊤ τουτο 𝔓46 ℵ^corr C³ 𝔎 D^corr P *pm* sy^p bo^pt | ⸆ αν ℵ^corr 𝔎 D^corr I P (Ψ) *pm*

---

27 cf Lv 17,11; Heb 9,15.22 || 28sqq cf Nu 6,4; Is 32,12; Hab 3,17; *cf 10sqq* || 32sq cf Mt 8,11; 22,1sqq; Lc 14,16sqq; 22,29sq; Apc 19,9 || *34sqq cf 14sqq* || *38sq cf 14sqq* || *40sqq cf 14sqq* || *46sqq cf 1sqq* || *52sqq cf 14sqq* || *55 cf 14sqq* || *56sq cf 14sqq*

312. Die Bezeichnung des Verräters

(cf. nr. 310)

Proditorem indicat **Jesus Foretells His Betrayal**

Matth. 26,21-25

(nr. 310, p. 434)

21 Καὶ ἐσθιόντων αὐτῶν εἶπεν· ἀμὴν λέγω ὑμῖν °ὅτι εἷς ἐξ ὑμῶν παραδώσει με. 22 καὶ λυπούμενοι σφόδρα ἤρξαντο λέγειν °αὐτῷ °¹εἷς ἕκαστος⸆· μήτι ἐγώ εἰμι, κύριε;

23 ὁ δὲ ἀποκριθεὶς εἶπεν· ὁ ἐμβάψας ⸉μετ᾽ ἐμοῦ τὴν χεῖρα ἐν τῷ τρυβλίῳ⸊ οὗτός με παραδώσει.

Mark. 14,18-21

(nr. 310, p. 434)

18 Καὶ ἀνακειμένων αὐτῶν καὶ ἐσθιόντων ⸂ὁ Ἰησοῦς εἶπεν⸃· ἀμὴν λέγω ὑμῖν ὅτι εἷς ἐξ ὑμῶν παραδώσει με ⸂ὁ ἐσθίων⸃ μετ᾽ ἐμοῦ. 19 ⸆ἤρξαντο λυπεῖσθαι καὶ λέγειν αὐτῷ ⸂εἷς κατὰ εἷς⸃· μήτι ἐγώ⸇;

20 ὁ δὲ ⸀εἶπεν αὐτοῖς· εἷς ⸆τῶν δώδεκα, ὁ ⸁ἐμβαπτόμενος μετ᾽ ἐμοῦ εἰς τὸ ⸇ τρύβλιον.

Luk. 22,21-23

21 Πλὴν ἰδοὺ ἡ χεὶρ τοῦ παραδιδόντος με ⸋μετ᾽ ἐμοῦ⸌ ἐπὶ τῆς τραπέζης.

Joh. 13,21-30

(nr. 310, p. 434)

21 Ταῦτα εἰπὼν °[ὁ] Ἰησοῦς ἐταράχθη τῷ πνεύματι καὶ ἐμαρτύρησεν καὶ εἶπεν· ἀμὴν ἀμὴν ⸉λέγω ὑμῖν⸊ ὅτι εἷς ἐξ ὑμῶν παραδώσει με.
22 ἔβλεπον ⸆ εἰς ἀλλήλους οἱ μαθηταὶ ⸇ ἀπορούμενοι περὶ τίνος λέγει. 23 ἦν ⸆ ἀνακείμενος εἷς ἐκ τῶν μαθητῶν αὐτοῦ ἐν τῷ κόλπῳ τοῦ Ἰησοῦ, ὃν ἠγάπα °ὁ Ἰησοῦς.
24 νεύει οὖν τούτῳ Σίμων Πέτρος ⸂πυθέσθαι τίς ἂν εἴη περὶ οὗ λέγει⸃. 25 ⸀ἀναπεσὼν ⸁οὖν ἐκεῖνος °οὕτως ἐπὶ τὸ στῆθος τοῦ Ἰησοῦ λέγει αὐτῷ· κύριε, τίς ἐστιν; 26 ἀποκρίνεται ⸂[ὁ] Ἰησοῦς⸃⸆· ἐκεῖνός ἐστιν ᾧ ἐγὼ ⸂βάψω τὸ ψωμίον καὶ δώσω αὐτῷ⸃. ⸂¹βάψας οὖν⸃ °τὸ ψωμίον ⸋[λαμβάνει καὶ]⸌ δίδωσιν Ἰούδᾳ Σίμωνος ⸀Ἰσκαριώτου. 27 καὶ ⸋μετὰ τὸ ψωμίον⸌ °τότε εἰσῆλθεν εἰς ἐκεῖνον ὁ σατανᾶς. λέγει οὖν αὐτῷ

Matth.: 21 ° 𝔓[37.45] 566 *pc* ‖ 22 ° 𝔓[37vid.45vid] D Θ φ 700.1424 *pc* lat sy[s] bo; Eus | °¹ 𝔓[37vid] ℜ A W Γ Δ Φ **074** λ 565.1241 *pm*; Eus | ⸆ αυτων 𝔓[37.45] ℜ A D W Γ Δ Θ Φ **074** λ φ *pl*; Eus ¦ *txt* B ℵ C L Z 33.892 *pc* ‖ 23 ⸉ *3 4 1 2 5-7* 𝔓[37.45] (D) Θ 700 aeg; Or[pt] ¦ *1 2 5-7 3 4* C ℜ W Γ Δ Φ **0133** λ φ *pm* ¦ *txt* 𝔓[64] B ℵ A L **074** *al*

Mark.: 18 ⸂ *3 1 2* ℜ A W Γ Δ Φ **0116** λ φ 157 *pm* ¦ λεγει ο Ιησ. D Θ 565 *pc* lat | ⸂ των εσθιοντων B ‖ 19 ⸆ και C *pc* sa[pt] ¦ οι δε ℜ A D W Γ Δ Θ Φ **0116** λ φ *pl* lat sy[s.p] sa[pt] bo[pt] ¦ *txt* B ℵ L Ψ *pc* | ⸂ εις καθ εις ℜ A D W Γ Θ Φ **0116** λ φ *pl* ¦ *p)* εις εκαστος C | ⸇ και αλλος· μητι εγω ℜ (A) D Γ Θ Φ **0116** λ (φ) *pm* it; Or ‖ 20 ⸀ λεγει D (Θ) Ψ (*pc*) ¦ αποκριθεις ειπεν ℜ A W Γ Δ (Θ) Φ **0116** λ φ *pm* | ⸆ εκ ℜ A D Γ Δ Φ **0116** λ φ 157.565.700 *pm* | ⸁ -πτιζομενος D | ⸇ † ἕν B C* Θ 565 ¦ *txt* ℵ C[2] ℜ A D W λ φ *pl*

Luk.: 21 ⸋ D 063.57

Joh.: 21 ° † 𝔓[66]* B ℵ L ¦ *txt* 𝔓[66c] C ℜ A D W Γ Δ Θ λ φ *pl* | ⸉ B ‖ 22 ⸆ ουν (+ οι Ιουδαιοι ℵ*) 𝔓[66] ℵ* ℜ A D W Γ Δ Θ λ φ *pl* lat bo ¦ δε 1093 *pc* a sy[s.p] ¦ *txt* B ℵ[corr] C Ψ *pc* e | ⸇ αυτου 𝔓[66] φ 1241 *pc* ‖ 23 ⸆ δε 𝔓[66] ℵ C[2] ℜ A D W Γ Δ Θ λ φ *pm* sy[p] sa bo ¦ ουν vg ¦ *txt* B C* L Ψ *pc* sy[s] | ° 𝔓[66]* B ‖ 24 ⸂ † και λεγει αυτω· ειπε τις εστιν περι ου λεγει B C L **068** *pc* ¦ *item, sed add. p. txt* ℵ ¦ και λεγει· τις εστιν π. ο. λ. 𝔓[66*vid] ¦ *txt* (𝔓[66c], ℵ) ℜ A (D) W Θ λ φ *pl* ‖ 25 ⸀ επιπ- 𝔓[66c] ℵ* ℜ A D W Γ Δ Θ λ φ *pm* | ⸁ † — B C e sy[s] ¦ δε ℜ A Γ Θ *pm* bo[pt] ¦ *txt* 𝔓[66] ℵ D L W Δ **0141** λ φ 33.1241 *al* lat sa bo[pt] | ° ℵ A D W Θ λ 565.892 *al* lat sy[s.p] sa bo; Or ‖ 26 ⸂ † ουν ο Ι. ℵ[2] C* L *al* ¦ ουν Ι. B *pc* ¦ Ιησους 𝔓[66] M W *pc* ¦ αυτω ο Ι. D φ *pc* ¦ *txt* ℵ* ℜ A Γ Δ Θ λ *pm* lat | ⸆ και λεγει ℵ D φ *pc* | ⸂ βαψας (εμβ- A D λ *al*) το ψ. επιδωσω 𝔓[66] ℵ ℜ A D (⸉ W) Γ Δ Θ λ φ *pm* ¦ *txt* B C (L) *pc* | ⸂¹ και εμβαψας 𝔓[66] ℜ A (D) W Γ Δ Θ λ (φ) *pm* ¦ *txt* B ℵ C L 33 *pc* | ° B ¦ *txt* 𝔓[66] *rell* | ⸋ 𝔓[66] ℵ* ℜ A D W Γ Δ Θ λ φ *pm* sy[s.p] sa bo ¦ *txt* B ℵ[corr] C L *pc* | ⸀ -τη 𝔓[66] ℜ A W Γ Δ λ φ *pm* ¦ απο Καρυωτου D ‖ 27 ⸋ D e | ° ℵ D L 565 *pc* it sy[s] sa bo[pt]

1sq cf Jo 11,33; 12,27 ‖ *3sq* cf Mc 9,31; 10,33 ‖ *4* cf Jo 6,70sq; 13,2.10sq.18sq; Lc 22,3sq ‖ *5* cf Ps 41,10 ‖ *8sqq* cf Jo 19,26sq; 20,2; 21,7.20; 18,15sq?; 19,35? ‖ *14* cf Jo 4,6 ‖ *21sqq* cf Jo 13,2; Lc 22,3; 1Cor 11,27.29?

[Matth. 26,21-25]

24ὁ μὲν ⸆υἱὸς τοῦ ἀνθρώπου ὑπάγει καθὼς γέγραπται περὶ αὐτοῦ, οὐαὶ δὲ τῷ ἀνθρώπῳ ἐκείνῳ δι᾽ οὗ ὁ υἱὸς τοῦ ἀνθρώπου παραδίδοται· καλὸν ἦν αὐτῷ εἰ οὐκ ἐγεννήθη ὁ ἄνθρωπος ἐκεῖνος. 25ἀποκριθεὶς δὲ Ἰούδας ὁ παραδιδοὺς αὐτὸν εἶπεν· μήτι ἐγώ εἰμι, ῥαββί; λέγει αὐτῷ ⸆· σὺ εἶπας.

[Mark. 14,18-21]

21⸀ὅτι ὁ μὲν υἱὸς τοῦ ἀνθρώπου ὑπάγει καθὼς γέγραπται περὶ αὐτοῦ, οὐαὶ δὲ τῷ ἀνθρώπῳ ἐκείνῳ δι᾽ οὗ ⸋ὁ υἱὸς τοῦ ἀνθρώπου⸌ παραδίδοται· καλὸν ⸆ αὐτῷ εἰ οὐκ ἐγεννήθη ὁ ἄνθρωπος ἐκεῖνος.

[Luk. 22,21-23]

22⸀ὅτι ⸂ὁ υἱὸς μὲν⸃ τοῦ ἀνθρώπου ⸉κατὰ τὸ ὡρισμένον πορεύεται⸊, πλὴν οὐαὶ ⸋τῷ ἀνθρώπῳ⸌ ἐκείνῳ δι᾽ οὗ παραδίδοται.

23καὶ αὐτοὶ ἤρξαντο συζητεῖν πρὸς ἑαυτοὺς τὸ τίς ἄρα εἴη ἐξ αὐτῶν ὁ τοῦτο μέλλων πράσσειν.

[Joh. 13,21-30]

°ὁ Ἰησοῦς· ὃ ποιεῖς ποίησον τάχιον. 28τοῦτο °δὲ οὐδεὶς ἔγνω τῶν ἀνακειμένων πρὸς τί εἶπεν αὐτῷ· 29τινὲς ⸀γὰρ ἐδόκουν, ἐπεὶ τὸ γλωσσόκομον εἶχεν ⸆Ἰούδας, ὅτι λέγει αὐτῷ ⸂[ὁ] Ἰησοῦς⸃· ἀγόρασον ὧν χρείαν ἔχομεν εἰς τὴν ἑορτήν, ἢ τοῖς πτωχοῖς ἵνα τι δῷ. 30λαβὼν οὖν τὸ ψωμίον ἐκεῖνος ⸂ἐξῆλθεν εὐθύς⸃. ἦν δὲ νύξ.

1. Clem. ad Cor. 46,8: Εἶπεν γάρ· »Οὐαὶ τῷ ἀνθρώπῳ ἐκείνῳ· καλὸν ἦν αὐτῷ, εἰ οὐκ ἐγεννήθη, ἢ ἕνα τῶν ἐκλεκτῶν μου σκανδαλίσαι· κρεῖττον ἦν αὐτῷ περιτεθῆναι μύλον καὶ καταποντισθῆναι εἰς τὴν θάλασσαν, ἢ ἕνα τῶν ἐκλεκτῶν μου διαστρέψαι«.

Herm. Pastor, Vis. IV, 2, 6: Πιστεύσατε τῷ κυρίῳ, οἱ δίψυχοι, ὅτι πάντα δύναται καὶ ἀποστρέφει τὴν ὀργὴν αὐτοῦ ἀφ᾽ ὑμῶν καὶ ἐξαποστέλλει μάστιγας ὑμῖν τοῖς διψύχοις. οὐαὶ τοῖς ἀκούσασιν τὰ ῥήματα ταῦτα καὶ παρακούσασιν· αἱρετώτερον ἦν αὐτοῖς τὸ μὴ γεννηθῆναι.

Matth.: 24 ⸆ουν D Z *pc* || 25 ⸆ο Ιησους 𝔓45 ℵ 13 *pc* it

Mark.: 21 ⸀και 1241 *pc* lat sy^s.p ¦ — C 𝔎 A D W Γ Δ Θ Φ **0116** λ φ *pl* ¦ *txt* B ℵ L Ψ 579. 892 sa bo | ⸋ D 700 a | ⸆*p)* ην ℵ C 𝔎 A D Γ Δ Θ Φ **0116** λ φ *pl* sy^s.p ¦ *txt* B L W 892 it

Luk.: 22 ⸀και 𝔎 A W Γ Δ Θ Ψ **063. 0135** λ φ *pm* lat | ⸂ *1 3 2* 𝔎 A W Γ Δ Θ **063. 0135** λ φ *pm* ¦ *3 1 2* D ¦ *1 2* ℵ* ¦ *txt* 𝔓75 B ℵ^corr L T *pc* | ⸉ 𝔎 A W Γ Δ Θ **063. 0135** λ *pm* | ⸋ D e sy^s.c; (Mcion)

Joh.: 27 °† B L ¦ *txt* 𝔓66 *rell* || 28 °B W Ψ 157 *pc* ¦ *txt* 𝔓66 ℵ C 𝔎 A D L Θ λ φ *pl* latt || 29 ⸀δε 𝔓66 660 *pc* | ⸆ο 𝔓66 C 𝔎 D Γ Δ Θ Ψ 1241 *pm* | ⸂† l. B ℵ *pc* ¦ — λ 565 *pc* ¦ *txt* 𝔓66 C 𝔎 A D L W Γ Δ Θ φ *pl* || 30 ⸂ευθεως εξ. 𝔎 A Γ Δ Θ λ *pm*

28sqq cf Jo 12,6 || 33 cf Lc 22,53; Jo 9,4; 11,10; Eph 6,12 || 36sqq *cf 47 sq* || 38sq cf Mt 18,7; Lc 17,1sq; *cf 49 sq* || 43(Mt) cf Mt 26,64; Lc 22,70; Mt 27,11; Mc 15,2; Lc 23,3 || 47sq *cf 36 sqq* || 49sq *cf 38 sq*

313. Von der Rangordnung unter den Jüngern und vom Lohn der Nachfolge

Apostolorum contentio

Precedence among the Disciples and the Reward of Discipleship

Matth. 20,24-28; 19,28
23,11

20,24-28 *(nr. 263, p. 352)*

24 ⸂Καὶ ἀκού-
σαντες⸃ οἱ δέκα ⸀ἠγα-
νάκτησαν περὶ τῶν δύο ἀδελφῶν.
25 ὁ δὲ Ἰησοῦς προσ-
καλεσάμενος αὐτοὺς εἶπεν⸆·
οἴδατε ὅτι οἱ ἄρχοντες
τῶν ἐθνῶν ⸀κατακυριεύουσιν αὐ-
τῶν καὶ οἱ μεγάλοι κατ-
εξουσιάζουσιν αὐτῶν. 26 οὐχ οὕ-
τως ⸆ ⸀ἔσται ἐν ὑμῖν, ἀλλ' ὃς ⸀ἐὰν
θέλῃ ⸉ἐν ὑμῖν μέγας γενέσθαι⸊
⸁ἔσται ὑμῶν διάκονος, 27 καὶ ὃς
⸀ἂν θέλῃ ⸂ἐν ὑμῖν εἶναι πρῶτος⸃
⸀ἔσται ὑμῶν δοῦλος·

28 ὥσπερ ὁ υἱὸς τοῦ ἀνθρώπου
οὐκ ἦλθεν διακονηθῆναι ἀλλὰ
διακονῆσαι καὶ δοῦναι τὴν ψυχὴν
αὐτοῦ λύτρον ἀντὶ πολλῶν.⸆

19,28 *(nr. 255, p. 341)*

28 Ὁ δὲ Ἰησοῦς εἶπεν ⸀αὐτοῖς·

Mark. 10,41-45
9,35

10,41-45 *(nr. 263, p. 352)*

41 Καὶ ἀκού-
σαντες οἱ ⸆ δέκα ἤρξαντο ἀγα-
νακτεῖν περὶ Ἰακώβου καὶ Ἰωάν-
νου. 42 ⸂καὶ προσκαλεσάμενος
αὐτοὺς ὁ Ἰησοῦς⸃ λέγει αὐτοῖς·
οἴδατε ὅτι οἱ δοκοῦντες ἄρχειν
τῶν ἐθνῶν κατακυριεύουσιν αὐ-
τῶν καὶ οἱ ⸄μεγάλοι αὐτῶν⸅ κατ-
εξουσιάζουσιν αὐτῶν. 43 οὐχ οὕ-
τως °δέ ⸀ἐστιν ἐν ὑμῖν, ἀλλ' ⸉ὃς ἂν
θέλῃ ⸂μέγας γενέσθαι ἐν ὑμῖν⸃
⸀ἔσται ὑμῶν διάκονος, 44 καὶ ὃς
⸀ἂν θέλῃ ⸂ἐν ὑμῖν εἶναι⸃ πρῶτος
ἔσται ⸀πάντων δοῦλος⸊·

45 καὶ γὰρ ὁ υἱὸς τοῦ ἀνθρώπου
οὐκ ἦλθεν διακονηθῆναι ἀλλὰ
διακονῆσαι καὶ δοῦναι τὴν ψυχὴν
αὐτοῦ λύτρον ἀντὶ πολλῶν.

Luk. 22,24-30
9,48

24 Ἐγένετο ⸂δὲ καὶ⸃ φιλονεικία ἐν
αὐτοῖς, τὸ τίς ⸄αὐτῶν δοκεῖ εἶ-
ναι⸅ μείζων.
25 ὁ δὲ εἶπεν αὐτοῖς·
οἱ βασιλεῖς
τῶν ἐθνῶν κυριεύουσιν αὐ-
τῶν καὶ ⸂οἱ ἐξουσιάζοντες αὐτῶν⸃
εὐεργέται καλοῦνται. 26 ὑμεῖς δὲ
οὐχ οὕτως, ἀλλ'
ὁ μείζων ἐν ὑμῖν
γινέσθω ὡς ⸂ὁ νεώτερος⸃ καὶ
ὁ ἡγούμενος
ὡς ὁ ⸀διακονῶν. 27 ⸂τίς γὰρ
μείζων, ὁ ἀνακείμενος ἢ ὁ δια-
κονῶν; οὐχὶ⸃ ὁ ἀνακείμενος;
ἐγὼ ⸀δὲ ⸉ἐν μέσῳ ὑμῶν ⸀εἰμι⸊

ὡς ὁ διακονῶν.

Joh. 13,4-5.12-17
(nr. 309, p. 431)

4 Ἐγείρεται ἐκ τοῦ δείπνου καὶ τίθη-
σιν τὰ ἱμάτια καὶ λαβὼν λέντιον δι-
έζωσεν ἑαυτόν· 5 εἶτα βάλλει ὕδωρ
εἰς τὸν νιπτῆρα καὶ ἤρξατο νίπτειν
τοὺς πόδας τῶν μαθητῶν καὶ ἐκμάσ-
σειν τῷ λεντίῳ ᾧ ἦν διεζωσμένος. ...
12 Ὅτε οὖν ἔνιψεν τοὺς πόδας αὐτῶν
[καὶ] ἔλαβεν τὰ ἱμάτια αὐτοῦ καὶ ἀνέ-
πεσεν πάλιν, εἶπεν αὐτοῖς· γινώσκετε
τί πεποίηκα ὑμῖν; 13 ὑμεῖς φωνεῖτέ
με· ὁ διδάσκαλος, καί· ὁ κύριος, καὶ
καλῶς λέγετε· εἰμὶ γάρ. 14 εἰ οὖν ἐγὼ
ἔνιψα ὑμῶν τοὺς πόδας ὁ κύριος καὶ
ὁ διδάσκαλος, καὶ ὑμεῖς ὀφείλετε ἀλ-
λήλων νίπτειν τοὺς πόδας· 15 ὑπό-
δειγμα γὰρ ἔδωκα ὑμῖν ἵνα καθὼς
ἐγὼ ἐποίησα ὑμῖν καὶ ὑμεῖς ποιῆτε.
16 ἀμὴν ἀμὴν λέγω ὑμῖν, οὐκ ἔστιν
δοῦλος μείζων τοῦ κυρίου αὐτοῦ οὐ-
δὲ ἀπόστολος μείζων τοῦ πέμψαντος
αὐτόν. 17 εἰ ταῦτα οἴδατε, μακάριοί
ἐστε ἐὰν ποιῆτε αὐτά.

Matth. 20: 24 ⸂ακ. δε ℵ[corr] L Z Θ 13.33.1424 *pc* aur | ⸂*p)* ηρξαντο αγανακτειν ℵ *pc* || 25 ⸆αυτοις D W e sy[c.p] sa bo | ⸀-σουσιν B Y 124 *pc* || 26 ⸆δε C X Φ **085**.33.565.700 *pm* | ⸀† εστιν B D Z sa ¦ *txt* ℵ C Ꝁ W Θ **085**.**0197** λ φ *pl* lat | ⸀αν B D *pc* | ⸉*3 1 2 4* B *pc* ¦ *3 4 1 2* C *pc* | ⸁εστω ℵ[corr] L H S **047**.28.892 *pm* lat || 27 ⸀εαν C Ꝁ Δ Θ **085**.**0197** λ φ *pl* ¦ *txt* B ℵ D W *pc* | ⸂*1 2 4 3* W 1241 *pc* lat ¦ ειν. υμων πρ. B | ⸀εστω B Ꝁ X 28 *al* || 28 ⸆υμεις δε ζητειτε εκ μικρου αυξησαι και (+ μη sy[c]) εκ μειζονος ελαττον ειναι. (*cf* Lc 14,8-10) εισερχομενοι (— sy[c]) δε και παρακληθεντες δειπνησαι μη ανακλινεσθε εις τους εξεχοντας τοπους, μηποτε ενδοξοτερος σου επελθη και προσελθων (— sy[c]) ο δειπνοκλητωρ ειπη σοι· ετι κατω χωρει, και καταισχυνθηση. εαν δε αναπεσης εις τον ηττονα τοπον και επελθη σου ηττων, ερει σοι ο δειπνοκλητωρ· συναγε ετι ανω, και εσται σοι τουτο χρησιμον. D(Φ) it sy[c.hmg]

Matth. 19: 28 ⸀αυτω D sy[s] sa[pt]

Mark.: 41 ⸆λοιποι D Θ it sy[pal] bo[pt] || 42 ⸂*4* δε *5 2 3* Ꝁ A Γ φ 118.157 *pm* ¦ *4* δε *5 2* 1.209 *pc* ¦ *4* δε *2* W *pc* | ⸄βασιλεις ℵ(C*[vid]) || 43 °D W Θ 565 *pc* it | ⸀εσται C[3] Ꝁ A Φ λ φ *pl* sy[s.p] | ⸂*2 1 3 4* C[3] Ꝁ A Γ Φ 118 *pm* ¦ *3 4 1 2* W 565 *pc* ¦ εν υμ. ειναι μεγας (Θ, **0146**) 700 *pc* ¦ μεγ. εν υμ. ειναι D ¦ *txt* ℌ φ 1.209 *pc* | ⸀εστω ℵ C Δ 565 *al* || 43.44 ⸉ος ... δουλος και ος ... διακονος Θ || 44 ⸀εαν C Ꝁ A L Γ λ φ *pm* | ⸂υμων ειναι D W λ 565 *pc* ¦ υμων γενεσθαι C[3] Ꝁ A Γ Φ φ *pm* ¦ *txt* B ℵ C* L (Θ) **0146**[vid].700.892 *pc* | ⸀*p)* υμων D 565.700 *pc* ¦ υμ. παντων W *pc* sy[h.pal] sa

Luk.: 24 ⸂*2* 𝔓[75] bo[pt] ¦ *1* ℵ *pc* it sa[pt] | ⸄αν ειη D a (f q) sy sa bo || 25 ⸂οι αρχοντες των [εθνων?] εξουσιαζουσιν αυτων και ℵ* ¦ *p)* εξουσιαζουσιν αυτων W || 26 ⸂*2* 𝔓[75]* 69 *pc* ¦ μικροτερος D it vg[cl] sy sa | ⸀διακονος D lat || 27 ⸂μαλλον η *et* ⸀γαρ *et* ⸀ηλθον ουχ ως ο ανακειμενος αλλ D | ⸉*4 1-3* Ꝁ A W Γ Δ Θ λ φ *pl* it ¦ *txt* 𝔓[75] B ℵ (D) L T *pc* lat

---

2sqq cf Lc 9,46 || 7sqq cf 1Sm 8,5sqq || 7 cf 4Mcc 13,14; Sus 5 || 8sq cf 1Pt 5,3 || 10sqq *cf 18sqq. 34sqq* || 18sqq cf Is 53,10sqq; Ps 49,8; Sir 29,15; 1Mcc 2,50; 6,44; Jo 12,26; *cf 10sqq. 34sqq* || 21 λύτρον hapaxl NT; ἀντίλυτρον 1Tm 2,6; cf Tt 2,14; Ps 130,8; Ex 21,30; Lv 19,20; 25,24.51; Nu 3,46sqq; 35,31; Is 45,13 etc

[Matth. 19,28]

ἀμὴν λέγω ὑμῖν ὅτι ὑμεῖς
οἱ ἀκολουθήσαντές μοι

ἐν τῇ παλιγ-
γενεσίᾳ, ὅταν καθίσῃ ὁ υἱὸς
τοῦ ἀνθρώπου ἐπὶ θρόνου δόξης
αὐτοῦ, ⸀καθήσεσθε καὶ ⸀ὑμεῖς
ἐπὶ δώδεκα θρόνους κρίνοντες
τὰς δώδεκα φυλὰς τοῦ Ἰσραήλ.

23,11 *(nr. 284, p. 389)*

[11]Ὁ δὲ
μείζων ὑμῶν ἔσται
ὑμῶν διάκονος.

Mark.

9,35 *(nr. 166, p. 245)*

[35]Καὶ καθίσας ἐφώνησεν τοὺς δώ-
δεκα καὶ λέγει αὐτοῖς· εἴ τις θέλει
πρῶτος εἶναι, ἔσται πάντων ἔσχατος
καὶ πάντων διάκονος.

[Luk. 22,24-30]

[28]⸂Ὑμεῖς δέ ἐστε⸃
οἱ διαμεμενηκότες μετ' ἐμοῦ ἐν
τοῖς πειρασμοῖς μου· [29]κἀγὼ
διατίθεμαι ὑμῖν⸆· καθὼς διέθετό
μοι ὁ πατήρ °μου⁚¹ ⸀βασιλείαν,
[30]ἵνα ⸀ἔσθητε καὶ πίνητε ἐπὶ τῆς
τραπέζης μου ἐν τῇ βασιλείᾳ
°μου, καὶ ⸀καθήσεσθε
ἐπὶ ⸆ θρόνων ⸉τὰς δώδεκα
φυλὰς κρίνοντες⸊ τοῦ Ἰσραήλ.

(nr. 315 22,31-34 p. 442)

9,48 *(nr. 166, p. 245)*

[48]Καὶ εἶπεν αὐτοῖς· ὃς ἐὰν δέξηται
τοῦτο τὸ παιδίον ἐπὶ τῷ ὀνόματί μου,
ἐμὲ δέχεται· καὶ ὃς ἂν ἐμὲ δέξηται,
δέχεται τὸν ἀποστείλαντά με· ὁ γὰρ
μικρότερος ἐν πᾶσιν ὑμῖν ὑπάρχων
οὗτός ἐστιν μέγας.

Joh.

Matth.: 28 ⸀καθισ- ℜD*pm | ⸀† αυτοι ℵDLZ 1.124.892 pc ¦ *txt* BCℜWΔΘφ *pm*

Luk.: 28 ⸂και υμεις ηυξηθητε εν τη διακονια μου ως ο διακονων D || 29 ⸆διαθηκην AΘ 579 *pc* sa; Or | [⁚, H] | °DΓ *pc* e | [⁚¹, h] | ⸀διαθηκην 579 || 30 ⸀εσθιητε ℵℜAWΓΔΘλφ *pl* ¦ *txt* 𝔓75 BD*T *pc* | °D *pc* e l | ⸀καθῆσθε 𝔓75vid B*TΔ *pc* ¦ καθισεσθε ℜΓ 118.124.209 *pm* ¦ καθισησθε H *al* ¦ καθεζησθε D ¦ *txt* ℌAWΘ 1.13 *al* | ⸆*p)* δωδεκα ℵcorr DX(φ) *al* it | ⸉4 1-3 *rell* ¦ *txt* 𝔓75 BT 892 i

---

[24sqq] cf Jo 6,67; 11,8; Rm 8,18; Heb 4,15; Mt 26,36sqq; Mc 14,32sqq; Lc 22,39sqq *(= nr 330)* || [29sqq] cf Mt 25,31; 20,21; Apc 3,21; Dn 7,9sq || [34sqq] *cf 10sqq. 18sqq*

314. Das neue Gebot der Liebe

Mandatum novum **The New Commandment of Love**

Matth. **Mark.** **Luk.**

Joh. 13,31-35

(nr. 310 13,21-30 p. 434)

[31]Ὅτε οὖν ἐξῆλθεν, λέγει ⸆ Ἰησοῦς· νῦν ἐδοξάσθη ὁ υἱὸς τοῦ ἀνθρώπου καὶ ὁ θεὸς ἐδοξάσθη ἐν αὐτῷ·
[32]⸋[εἰ ὁ θεὸς ἐδοξάσθη ἐν αὐτῷ,]⸌ καὶ ὁ θεὸς δοξάσει αὐτὸν ἐν ⸀αὐτῷ, καὶ εὐθὺς δοξάσει αὐτόν. [33]τεκνία,
ἔτι μικρὸν⸆ μεθ' ὑμῶν εἰμι· ζητήσετέ με, καὶ καθὼς εἶπον τοῖς Ἰουδαίοις °ὅτι ὅπου °¹ἐγὼ ὑπάγω ὑμεῖς οὐ
δύνασθε ἐλθεῖν, καὶ ὑμῖν ⸂λέγω ἄρτι. [34]⸃Ἐντολὴν καινὴν δίδωμι ὑμῖν, ἵνα ἀγαπᾶτε ἀλλήλους, καθὼς⸆ἠγά-
πησα ὑμᾶς ἵνα καὶ ὑμεῖς ἀγαπᾶτε ἀλλήλους. [35]ἐν τούτῳ⸆γνώσονται πάντες ὅτι ⸂ἐμοὶ μαθηταί ἐστε⸃, ἐὰν
ἀγάπην ἔχητε ⸄ἐν ἀλλήλοις⸅.

---

31 ⸆ο CℜADWΓΘλφ *pm* ¦ *txt* 𝔓66 BℵLΔ *al* || 32 ⸋𝔓66 Bℵ*C*DLW 1.579 *al* it sys bopt ¦ *txt* ℵ2C2 ℜAΓΔΘφ *pm* lat; Or | ⸀εαυ- ℵcorr CℜADLWΓΔΘλφ *pl* ¦ *txt* 𝔓66 Bℵ*H *pc* || 33 ⸆χρονον ℵLΓΘΨ *al* | °𝔓66 ℵ*DW 579 *pc* lat | °¹𝔓66 W 579 *pc* || 33.34 ⸂λεγω· πλην αρτι 𝔓66 ¦ λεγω αρτι· πλην 1.565 *pc* || 34 ⸆εγω 𝔓66 397 it ¦ καγω D || 35 ⸆γαρ D c | ⸂εμου ε. μ. 𝔓66 | ⸄εν αλλοις C ¦ μετ αλληλων ℵ *pc*; Bas

---

[1] cf Jo 2,11; 11,4; 17,10 | cf Jo 11,4.40; 17,4sq; 9,3sq || [2] cf Jo 12,27sq | cf Jo 7,39; 12,16.23; 17,1.5.24 || [3sq] cf Jo 7,33sq; 8,21; *cf 8sqq* || [4sqq] cf Jo 15,12sq.17; 1Jo 2,7sq.10; 3,11.23; 4,10.19; 5,1.3; 2Jo 5; *cf 11sqq*

Evang. Naassen. (Hippolytus, Refut. omn. haer. V, 8, 11-12): Τοῦτο, φησίν, ἐστι τὸ εἰρημένον ὑπὸ τοῦ σωτῆρος· »ἐὰν μὴ πίνετέ μου τὸ αἷμα καὶ φάγητέ μου τὴν σάρκα, οὐ μὴ εἰσέλθητε εἰς τὴν βασιλείαν τῶν οὐρανῶν· ἀλλὰ κἂν πίητε«, φησί, »τὸ ποτήριον ὃ ἐγὼ πίνω, ὅπου ἐγὼ ὑπάγω, ἐκεῖ ὑμεῖς εἰσελθεῖν οὐ δύνασθε«. ᾔδει γάρ, φησίν, ἐξ ὁποίας φύσεως ἕκαστος τῶν μαθητῶν αὐτοῦ ἐστι καὶ ὅτι ἕκαστον αὐτῶν εἰς τὴν ἰδίαν φύσιν ἐλθεῖν ἀνάγκη. ἀπὸ γὰρ τῶν δώδεκα, φησί, φυλῶν μαθητὰς ἐξελέξατο δώδεκα καὶ δι' αὐτῶν ἐλάλησε πάσῃ φυλῇ.

Polycarpus ad Phil. 10,1: In his ergo state et domini exemplar sequimini, firmi in fide et immutabiles, fraternitatis amatores, »diligentes invicem«, in veritate sociati, mansuetudine domini alterutri praestolantes, nullum despicientes.

8sqq cf 3sqq || *11sqq cf 4sqq*

315. Gang zum Ölberg, Ankündigung der Verleugnung des Petrus

Iter in montem Olivarum; negationem Petri praedicit — **Peter's Denial Predicted**

Matth. 26, 30-35
28,7; 28,10

(nr. 311 26,26-29 p. 436)

30 Καὶ ὑμνήσαντες ἐξῆλθον
εἰς τὸ ὄρος
τῶν ἐλαιῶν.
31 Τότε λέγει αὐτοῖς ὁ Ἰησοῦς·
πάντες ὑμεῖς σκανδαλισθήσεσθε ἐν ἐμοὶ ἐν τῇ νυκτὶ ταύτῃ,
γέγραπται γάρ·
πατάξω τὸν ποιμένα, καὶ ⸀διασκορπισθήσονται τὰ πρόβατα τῆς ποίμνης.
32 μετὰ δὲ °τὸ ἐγερθῆναί με προάξω ὑμᾶς εἰς τὴν Γαλιλαίαν⸆.

Mark. 14, 26-31
16,7

(nr. 311 14,22-25 p. 436)

26 Καὶ ὑμνήσαντες ἐξῆλθον
εἰς τὸ ὄρος
τῶν ἐλαιῶν.
27 ⸀καὶ λέγει αὐτοῖς ὁ Ἰησοῦς
°ὅτι πάντες ⸆ σκανδαλισθήσεσθε⸇,
ὅτι γέγραπται·
πατάξω τὸν ποιμένα, καὶ ⸂τὰ πρόβατα διασκορπισθήσονται⸃.
28 ⸋⸀ἀλλὰ μετὰ τὸ ἐγερθῆναί με προάξω ὑμᾶς εἰς τὴν Γαλιλαίαν.⸌

Luk. 22, 31-34
22,39

22,39 (nr. 330, p. 455)

39 Καὶ ἐξελθὼν
ἐπορεύθη κατὰ τὸ ἔθος εἰς τὸ ὄρος
τῶν ἐλαιῶν,
ἠκολούθησαν δὲ αὐτῷ καὶ οἱ μαθηταί.

(nr. 313 22,24-30 p. 440)

22,31-34

31 ⸆Σίμων °Σίμων, ἰδοὺ ὁ σατανᾶς ἐξῃτήσατο ὑμᾶς τοῦ σινιάσαι⸇ ὡς τὸν σῖτον· 32 ἐγὼ δὲ ἐδεήθην περὶ σοῦ ἵνα μὴ ἐκλίπῃ ἡ πίστις σου· ⸂καὶ σύ ποτε ἐπιστρέψας⸃ ⸀στήρισον τοὺς ⸁ἀδελφούς σου.

Joh. 13, 36-38
18,1; 16,32; 21,15-17

18,1 (nr. 330, p. 455)

1 Ταῦτα εἰπὼν Ἰησοῦς ἐξῆλθεν σὺν τοῖς μαθηταῖς αὐτοῦ πέραν τοῦ χειμάρρου τοῦ Κεδρὼν ὅπου ἦν κῆπος, εἰς ὃν εἰσῆλθεν αὐτὸς καὶ οἱ μαθηταὶ αὐτοῦ.

16,32 (nr. 328, p. 453)

32 Ἰδοὺ ἔρχεται ὥρα καὶ ἐλήλυθεν ἵνα σκορπισθῆτε ἕκαστος εἰς τὰ ἴδια κἀμὲ μόνον ἀφῆτε· καὶ οὐκ εἰμὶ μόνος, ὅτι ὁ πατὴρ μετ' ἐμοῦ ἐστιν.

13,36-38

36 Λέγει αὐτῷ Σίμων Πέτρος· κύριε, ποῦ ὑπάγεις; ἀπεκρίθη ⸀[αὐτῷ] Ἰησοῦς· ὅπου ⸆ ὑπάγω

Matth.: 31 ⸀-ησεται 𝔓37.45 ℜ D W Γ Δ Θ Φ 1.565 *pm*; Or ¦ *txt* 𝔓53 ℌ A **047.067.(074)** ϕ 118.700 *al* || 32 ° 𝔓53 | ⸆(Mt 28,10) κακει με οψεσθε 565 a

Mark.: 27 ⸀τοτε D it | ° Θ 131.565.700 lat | ⸆*p)* υμεις D ϕ *pc* it sa | ⸇*p)* εν εμοι εν τη νυκτι ταυτη C2 ℜ A W Θ Φ λ ϕ 565.700.892 *pm* syp sapt bopt | ⸂*3 1 2* A F G Δ Ψ λ *al* ¦ διασ-θησεται τα πρ. ℜ Γ Φ **0116**.700 *pm* ¦ τα πρ. σκ-θησεται W(ϕ) ¦ *txt* ℌ D Θ *al* || 28 ⸋*vs* fragm fajjum.; *vide infra l. 52 sq* | ⸀και C sys bopt

Luk.: 31 ⸆ειπεν δε ο κυριος ℵ ℜ A D W Γ Δ Θ λ ϕ *pl* latt syc.p bopt ¦ *txt* 𝔓75 B L T 1241 *pc* sys sa bopt | ° ℵ | ⸇σε Γ *pc* || 32 ⸂*1 2 4 3* Θ ¦ συ δε επιστρεψον και D e sa | ⸀-ξον ℜ D W Γ Δ Θ ϕ 118.209 *pm* | ⸁οφθαλμους Δ

Joh.: 36 ⸀† – B C* L *pc* ¦ αυτω ο ℵ C3 ℜ D W Γ Δ λ ϕ *pl* ¦ *txt* 𝔓66 A Θ *pc* | ⸆εγω ℵ D Ψ ϕ 33 *pm*; Or

---

1-37 cf nr 367 || *4sqq cf 52sqq. 58sqq* || 5 cf Mt 10,21; Mc 13,12sq; Jo 16,1 || 8sqq Zch 13,7; cf Mt 9,36; Jo 16,32; *cf 55sqq* || *11sq cf 41sqq (Mt/Mc). 47sqq (Mt)* || 12 cf Jo 10,4 || 13sqq cf 2 Cor 2,11; Am 9,9; Mt 3,12 par; *cf 37sqq (Jo)* || 15sqq cf Jo 17, 11.15 || 20 cf Jo 14,5; 16,5

[Matth. 26,30-35]

[33] ἀποκριθεὶς δὲ ὁ Πέτρος εἶπεν °αὐτῷ· εἰ ⊤ πάντες σκανδαλισθήσονται ⸂ἐν σοί, ἐγὼ⸃ οὐδέποτε σκανδαλισθήσομαι.
[34] ἔφη αὐτῷ ⊤ ὁ Ἰησοῦς· ἀμὴν λέγω σοι ὅτι °ἐν ταύτῃ τῇ νυκτὶ ⸂πρὶν ἀλέκτορα φωνῆσαι⸃ ⸄τρὶς ἀπαρνήσῃ με⸅.
[35] λέγει αὐτῷ ὁ Πέτρος· κἂν δέῃ με σὺν σοὶ ἀποθανεῖν, οὐ μή σε ⸀ἀπαρνήσομαι. ὁμοίως ⸁καὶ πάντες οἱ μαθηταὶ εἶπαν.

(nr. 330 26,36-46 p. 455)

28,7 (nr. 352, p. 495)

[7] Καὶ ταχὺ πορευθεῖσαι εἴπατε τοῖς μαθηταῖς αὐτοῦ ὅτι ἠγέρθη ἀπὸ τῶν νεκρῶν, καὶ ἰδοὺ προάγει ὑμᾶς εἰς τὴν Γαλιλαίαν, ἐκεῖ αὐτὸν ὄψεσθε· ἰδοὺ εἶπον ὑμῖν.

28,10 (nr. 353, p. 498)

[10] Τότε λέγει αὐταῖς ὁ Ἰησοῦς· μὴ φοβεῖσθε· ὑπάγετε ἀπαγγείλατε τοῖς ἀδελφοῖς μου ἵνα ἀπέλθωσιν εἰς τὴν Γαλιλαίαν, κἀκεῖ με ὄψονται.

[Mark. 14,26-31]

[29] ὁ δὲ Πέτρος ⸀ἔφη °αὐτῷ· ⸂εἰ καὶ⸃ πάντες ⸁σκανδαλισθήσονται, ἀλλ' οὐκ ἐγώ⊤.
[30] καὶ λέγει αὐτῷ ὁ Ἰησοῦς· ⸂ἀμὴν λέγω σοι ὅτι °σὺ °¹σήμερον ⸄ταύτῃ τῇ νυκτὶ⸅ πρὶν ⸂¹ἢ δὶς⸃¹ ἀλέκτορα φωνῆσαι⸃ τρίς ⸂²με ἀπαρνήσῃ⸃.
[31] ὁ δὲ ⊤ ⸀ἐκπερισσῶς ⸁ἐλάλει ⊤· ἐὰν ⸉δέῃ με⸊ συναποθανεῖν σοι, οὐ μή σε ⸀¹ἀπαρνήσομαι. ὡσαύτως °δὲ καὶ πάντες ἔλεγον.

(nr. 330 14,32-42 p. 455)

16,7 (nr. 352, p. 495)

[7] Ἀλλὰ ὑπάγετε εἴπατε τοῖς μαθηταῖς αὐτοῦ καὶ τῷ Πέτρῳ ὅτι προάγει ὑμᾶς εἰς τὴν Γαλιλαίαν· ἐκεῖ αὐτὸν ὄψεσθε, καθὼς εἶπεν ὑμῖν.

[Luk. 22,31-34]

[33] ⸂ὁ δὲ εἶπεν⸃ αὐτῷ· κύριε, μετὰ σοῦ °ἕτοιμός εἰμι καὶ εἰς φυλακὴν καὶ εἰς θάνατον πορεύεσθαι.
[34] ὁ δὲ εἶπεν· λέγω σοι, Πέτρε, οὐ ⊤ φωνήσει σήμερον ἀλέκτωρ ⸀ἕως τρίς ⸂με ἀπαρνήσῃ εἰδέναι⸃.

[Joh. 13,36-38]

οὐ δύνασαί μοι ⸂νῦν ἀκολουθῆσαι⸃, ⸄ἀκολουθήσεις δὲ ὕστερον⸅.
[37] λέγει αὐτῷ °ὁ Πέτρος· °¹κύριε, διὰ τί οὐ δύναμαί σοι ⸂ἀκολουθῆσαι ἄρτι⸃; ⸉τὴν ψυχήν μου ὑπὲρ σοῦ⸊ θήσω.
[38] ⸀ἀποκρίνεται ⸁Ἰησοῦς· τὴν ψυχήν σου ὑπὲρ ἐμοῦ θήσεις; ἀμὴν ἀμὴν λέγω σοι, οὐ μὴ ἀλέκτωρ ⸀¹φωνήσῃ ἕως οὗ ⸀²ἀρνήσῃ με τρίς.

(nr. 317 14,1-14 p. 444)

21,15-17 (nr. 367, p. 511)

[15] Ὅτε οὖν ἠρίστησαν λέγει τῷ Σίμωνι Πέτρῳ ὁ Ἰησοῦς· Σίμων Ἰωάννου, ἀγαπᾷς με πλέον τούτων; λέγει αὐτῷ· ναὶ κύριε, σὺ οἶδας ὅτι φιλῶ σε. λέγει αὐτῷ· βόσκε τὰ ἀρνία μου.
[16] λέγει αὐτῷ πάλιν δεύτερον· Σίμων Ἰωάννου, ἀγαπᾷς με; λέγει αὐτῷ· ναὶ κύριε, σὺ οἶδας ὅτι φιλῶ σε. λέγει αὐτῷ· ποίμαινε τὰ πρόβατά μου.
[17] λέγει αὐτῷ τὸ τρίτον· Σίμων Ἰωάννου, φιλεῖς με; ἐλυπήθη ὁ Πέτρος ὅτι εἶπεν αὐτῷ τὸ τρίτον· φιλεῖς με; καὶ λέγει αὐτῷ· κύριε, πάντα σὺ οἶδας, σὺ γινώσκεις ὅτι φιλῶ σε. λέγει αὐτῷ [ὁ Ἰησοῦς]· βόσκε τὰ πρόβατά μου.

Matth.: 33 ° 𝔓37 1424 *pc* b c ff2 sys sapt | ⊤ *p)* και ℵcorr K W 700. 1241 *pm*; Bas | ⸂ *3 1 2* 𝔓53 ¦ εν σ., εγω δε ℜ Γ 700 *al* sa bopt || 34 ⊤ και 𝔓37 | ° 𝔓37 D it | ⸂ πριν (προ Or; πριν ἠ L) αλεκτοροφωνιας L λ a; Or | ⸄ *2 3 1* A ¦ *1 3 2* ℵ* **074.** 33 *pc* ¦ τρ. απαρνησει με 𝔓53 B C Θ 892 *al* || 35 ⸀ -σωμαι ℜ A *pm* | ⸁ δε Φ 69 sa bo ¦ δε και ℜ A W Γ Δ Θ **074. 0160**vid λ 157. 892 *al*

Mark.: 29 ⸀ λεγει D Ψ ¦ αποκριθεις λεγει W Θ λ φ 565. 700 *pc* | ° Θ | ⸂ *2 1* ℜ A Γ Δ Φ **0116.** 157 *pm* ¦ και εαν D lat ¦ καν Θ 565. 700 | ⸁ -σθωσιν D Θ 565. 700 | ⊤ ου (− Dcorr) σκανδαλισθησομαι D it || 30 ⸂ [πρι]ν αλεκτρυων δις κοκ[κυσει . .] fr fajj., *v. infra l. 53* | ° *p)* ℵ C D Δ Φ *al* it | °1 *p)* D Θ *pc* it | ⸄ τη νυκτι ταυτη W λ φ *pc* ¦ εν τη νυκτι ταυτη ℜ A Γ Δ Φ **0116.** 157 *pm* | ⸂1 ἠ C* *pc* it ¦ − *p)* ℵ D W (Θ) *pc* | ⸂2 *2 1* ℜ A Γ Φ Ψ **0116** λ 157. 892 *pm* ¦ *2* L Θ *pc* || 31 ⊤ Πετρος C A G N W Θ Φ λ φ *pm* sys.h sapt | ⸀ περισσως L W Θ φ 565 *pc* ¦ εκπερισσου ℜ A Γ λ 157. 700. 892 *al* | ⸁ ελεγεν C ℜ A W Γ Δ Θ Φ λ φ *pl* | ⊤ μαλλον ℜ A (W) Γ Δ Φ **0116** (λ φ) *pm* | ⸉ (ℵ*) C ℜ (D*) W Γ Δ Θ Φ *pm* | ⸀1 -σωμαι ℵ ℜ **0112** *al* | ° B λ 579 *pc* a c k sys.p sapt bopt ¦ *txt* ℌ ℜ A D W Θ **0112** *pl*

Luk.: 33 ⸂ ειπεν δε A (it) | ° W || 34 ⊤ μη ℜ A D W Γ Δ λ φ *pm* ¦ *txt* 𝔓75 ℌ Q Θ *pc* | ⸀ εως οτου D ¦ εως ου K M *al* ¦ πριν η ℜ A W Γ Δ λ *pm* | ⸂ † με απ. μη ειδ. (+ με D) φ ¦ απ. μη ειδ. με ℜ A W Γ Δ *pm* ¦ απ. με ειδ. Q Ψ λ *pc* ¦ *txt* B ℵ L Θ *al*

Joh.: 36 ⸂ συνακ- D* ¦ συ νυν ακ- Dcorr e | ⸄ *3 2 1* A Θ *pc* ¦ υστ. δε ακ. μοι ℜ (D) Γ Δ Ψ φ 118. 209 *pm* || 37 ° ℵ C ℜ A (D) Γ Δ Θ 13 *pm* ¦ *txt* 𝔓66 B W 1. 33 *al* | °1 ℵ* 33. 565 *pc* vg sys sapt bopt | ⸂ α-θειν αρτι B ¦ νυν α-θησαι αρτι D W *pc* ¦ νυν α-θησαι L ¦ νυν ακολουθειν C* | ⸉ *4 5 1-3* 𝔓66 ℵ W *pc* || 38 ⸀ απεκριθη αυτω ℜ (D) Γ Δ *pm* | ⸁ ο Ιησ. ℜ W Γ Δ λ φ *pm* ¦ Ιησ. και ειπεν αυτω D c | ⸀1 φωνησει C D F L M Θ φ 1 *pm* | ⸀2 απαρνηση ℵ C ℜ A W Γ Δ Θ φ 118. 209 *pm*

---

26 sq (Jo) cf Jo 10, 11. 17 || *31 sqq* cf *nr 333* || *37 sqq (Jo)* cf *13 sqq* || *41 sqq (Mt/Mc)* cf *11 sq* || *47 sqq (Mt)* cf *11 sq*

Fragm. Fajjumense: [ἐν δὲ τῷ ἐ]ξάγειν ὡς ε[ἶ]πε[ν] ὅτι ἅ[παντες ἐν ταύτῃ] τῇ νυκτὶ σκανδαλισ[θήσεσθε κατὰ] τὸ γραφέν· πατάξω τὸν [ποιμένα καὶ τὰ] πρόβατα διασκορπισθήσ[εται. εἰπόντος το]ῦ Πέτ(ρου·) καὶ εἰ πάντες ο[ὐκ ἐγώ, λέγει Ἰ(ησοῦ)ς πρὶ]ν ἀλεκτρυὼν δὶς κοκ[κύσει τρὶς σὺ σήμερόν με ἀ]π[αρνήσῃ.

Barn. ep. 5, 11–12: [11] Οὐκοῦν ὁ υἱὸς τοῦ θεοῦ εἰς τοῦτο ἦλθεν ἐν σαρκί, ἵνα τὸ τέλειον τῶν ἁμαρτιῶν ἀνακεφαλαιώσῃ τοῖς διώξασιν ἐν θανάτῳ τοὺς προφήτας αὐτοῦ. [12] οὐκοῦν εἰς τοῦτο ὑπέμεινεν. λέγει γὰρ ὁ θεὸς τὴν πληγὴν τῆς σαρκὸς αὐτοῦ ὅτι ἐξ αὐτῶν· »Ὅταν πατάξωσιν τὸν ποιμένα ἑαυτῶν, τότε ἀπολεῖται τὰ πρόβατα τῆς ποίμνης«.

Herm. Pastor, Sim. IX, 31, 6: Quod si ipsi pastores dissipati reperti fuerint, quid respondebunt ⟨domino pro⟩ pecoribus huius? numquid dicunt a pecore se vexatos? non creditur illis. incredibilis enim res est, pastorem pati posse a pecore, et magis punietur propter mendacium suum. et ego sum pastor, et validissime oportet me de vobis reddere rationem.

52sqq cf 4sqq || *55sqq cf 8sqq* || *58sqq cf 4sqq*

316. Die zwei Schwerter

Duo gladii — **The Two Swords**

Matth.	Mark.	Luk. 22, 35-38	Joh.
		[35] Καὶ εἶπεν αὐτοῖς· ὅτε ἀπέστειλα ὑμᾶς ἄτερ βαλλαντίου καὶ πήρας ⸋καὶ ὑποδημάτων⸌, μή τινος ὑστερήσατε; οἱ δὲ εἶπαν· ⸀οὐθενός. [36] ⸂εἶπεν δὲ⸃ °αὐτοῖς· ἀλλὰ νῦν ὁ ἔχων βαλλάντιον ⸀ἀράτω, ὁμοίως καὶ πήραν, καὶ ὁ μὴ ἔχων ⸁πωλησάτω τὸ ἱμάτιον αὐτοῦ καὶ ⸀¹ἀγορασάτω μάχαιραν. [37] λέγω γὰρ °ὑμῖν ὅτι ⸆ τοῦτο τὸ γεγραμμένον δεῖ ⸀τελεσθῆναι ἐν ἐμοί, ⸁τό· καὶ μετὰ ⸆ ἀνόμων ἐλογίσθη· καὶ °¹γὰρ ⸀¹τὸ περὶ ἐμοῦ τέλος ἔχει. [38] οἱ δὲ εἶπαν· ⸂κύριε, ἰδοὺ⸃ ⸉μάχαιραι ὧδε δύο⸊. ὁ δὲ εἶπεν αὐτοῖς· ⸁ἱκανόν ἐστιν⸃.	
		(nr. 330 22, 39-46 p. 455)	

35 ⸋⸀ *pc*; Chr | ⸀-δενος ℵDLUλ 565 *al*; Or || 36 ⸂ ο δε ειπεν ℵ*DΘ e; Chr ¦ ειπ. ουν ℜAWΓΔλ *pl* lat ¦ *txt* 𝔓75 Bℵcorr LTΨφ 579 sa bo | °D 1 *pc* it | ⸀αρει D | ⸁-σαι D ¦ -σει ℜΓΔφ *pm* | ⸀¹-σει ℜDΓφ *pm* || 37 °D b | ⸆ετι ℜΓΔΘφ *pl* lat | ⸀πληρωθηναι W* 124 *pc* sy | ⸁οτι A it sy sa bo | ⸆των D | °¹D *pc* it sys.c | ⸀¹τα ℜAΓΔΘφ *pl* lat || 38 ⸂*2 1* D ¦ *2* ℵ* *pc* i ¦ κυριω· ιδου sys.c ¦ και ιδου W | ⸉*3 1 2* D ff² | ⸁αρκει D it

1 cf Lc 10,4; 9,3 || *4* Is 53,12 || *5* cf Dt 3,26

2. Abschiedsreden Jesu (nach Johannes)

Ultimi sermones (secundum Ioannem) — **The Farewell Discourses (According to John)**

317. Vom Hingang zum Vater

Vadit ad patrem — **»Let Not Your Hearts be Troubled«**

Matth.	Mark.	Luk.	Joh. 14, 1-14
			(nr. 315 13, 36-38 p. 442)
			[1] ⸆ Μὴ ταρασσέσθω ὑμῶν ἡ καρδία· πιστεύετε⁝ εἰς τὸν θεὸν καὶ εἰς ἐμὲ πιστεύετε. [2] ἐν τῇ οἰκίᾳ τοῦ πατρός μου μοναὶ πολλαί εἰσιν· εἰ δὲ μή, ⸂εἶπον ἂν⸃ ὑμῖν °ὅτι πορεύομαι ἑτοιμάσαι ⸉τόπον ὑμῖν⸊⁝, [3] ⸋καὶ ἐὰν πορευθῶ ⸂καὶ ἑτοιμάσω⸃ ⸉τόπον ὑμῖν⸊,⸌ πάλιν ἔρχομαι καὶ παραλήμψομαι ὑμᾶς πρὸς ἐμαυτόν, ἵνα ὅπου

1 ⸆και ειπεν τοις μαθηταις αυτου D a c (sys) | [⁝, h] || 2 ⸂*2 1* 𝔓66* ¦ *1* ℵW *pc* | [⁝; comm] | °𝔓66* ℜΓΔΘ 1241 *al* it | ⸉𝔓66 1424 *pc* lat || 3 ⸋69 *pc*; Non Cyrpt | ⸂, ετοιμασω AWΓΔΘ *pm* ¦ ετοιμασαι D *pm*; Cyrpt | ⸉𝔓66 CℜAWΔΘ 118.209 *pm* ¦ *txt* BℵDLΓφ 1 *al*

1 cf Jo 14,27; 11,33; 12,27; 13,21; 2 Chr 20,17.20; Ps 55,5; Is 8,12 etc | cf Mc 5,36 || *2* μονή: hic et Jo 14,23 | cf Jo 12,26 || *2sq* cf Apc 12,6; 1 Chr 15,1 || *3* cf Jo 21,22 sq; 1 Jo 2,28 || *3sq* cf Jo 12,26; 17,24; 1 Th 4,17

Matth. | Mark. | Luk. | **[Joh. 14,1-14]**

⸀εἰμὶ ἐγὼ καὶ ὑμεῖς ἦτε. 4 καὶ ὅπου °[ἐγὼ] ὑπάγω οἴδατε ⸂τὴν ὁδόν⸃. 5 Λέγει αὐτῷ Θωμᾶς⸆· κύριε, οὐκ οἴδαμεν ποῦ ὑπάγεις· ⸆¹ πῶς ⸂δυνάμεθα τὴν ὁδὸν εἰδέναι⸃; 6 λέγει αὐτῷ °[ὁ] Ἰησοῦς· ἐγώ εἰμι ἡ ὁδὸς καὶ ἡ ἀλήθεια καὶ ἡ ζωή· οὐδεὶς ἔρχεται πρὸς τὸν πατέρα εἰ μὴ δι᾽ ἐμοῦ. 7 εἰ ⸂ἐγνώκατέ με⸃, καὶ τὸν πατέρα μου ⸄γνώσεσθε⸅. °καὶ ἀπ᾽ ἄρτι γινώσκετε αὐτὸν καὶ ἑωράκατε °¹αὐτόν. 8 Λέγει αὐτῷ⸆ Φίλιππος· κύριε, δεῖξον ἡμῖν τὸν πατέρα, καὶ ἀρκεῖ ἡμῖν. 9 λέγει αὐτῷ °ὁ Ἰησοῦς· ⸂τοσούτῳ χρόνῳ⸃ μεθ᾽ ὑμῶν εἰμι καὶ οὐκ ἔγνωκάς με, Φίλιππε; ὁ ἑωρακὼς ἐμὲ ἑώρακεν⸆ τὸν πατέρα· ⸆¹ πῶς σὺ λέγεις· δεῖξον ἡμῖν τὸν πατέρα; 10 οὐ πιστεύεις ὅτι ἐγὼ ἐν τῷ πατρὶ καὶ ὁ πατὴρ ἐν ἐμοί ἐστιν; τὰ ῥήματα ἃ ἐγὼ ⸀λέγω ὑμῖν ἀπ᾽ ἐμαυτοῦ οὐ λαλῶ, ὁ δὲ πατὴρ⸆ ἐν ἐμοὶ μένων ποιεῖ τὰ ἔργα ⸀αὐτοῦ. 11 πιστεύετέ μοι ὅτι ⸂ἐγὼ ἐν τῷ πατρὶ καὶ ὁ πατὴρ ἐν ἐμοί⸃· εἰ δὲ ⸀μή, διὰ τὰ ἔργα ⸀αὐτὰ πιστεύετε⸆. 12 Ἀμὴν ἀμὴν λέγω ὑμῖν, ὁ πιστεύων εἰς ἐμὲ τὰ ἔργα ἃ ἐγὼ ποιῶ κἀκεῖνος ποιήσει καὶ μείζονα τούτων ποιήσει, ὅτι ἐγὼ πρὸς τὸν πατέρα ⸀πορεύομαι⁝· 13 καὶ ὅ ⸂τι ἂν⸃ ⸀αἰτήσητε⸆ ἐν τῷ ὀνόματί μου τοῦτο ⸀ποιήσω, ἵνα δοξασθῇ ὁ πατὴρ ἐν τῷ υἱῷ. 14 ⸋ἐάν τι αἰτήσητέ °με ἐν τῷ ὀνόματί μου ⸀ἐγὼ ποιήσω.⸌

Herm. Pastor, Sim. IX,12,6: Ἡ δὲ πύλη ὁ υἱὸς τοῦ θεοῦ ἐστιν· αὕτη μία εἴσοδός ἐστι πρὸς τὸν κύριον. ἄλλως οὖν οὐδεὶς εἰσελεύσεται πρὸς αὐτὸν εἰ μὴ διὰ τοῦ υἱοῦ αὐτοῦ.

Evang. Thomae copt.: *cf. Append. I, 43*

3 [⸀εἶμι comm] || 4 ° 𝔓66 D L W X Θ ϕ 1. 565 *pc* it ¦ *txt* B ℵ C 𝔎 A *pm* lat | ⸂ και τ. ο. οιδατε 𝔓66* 𝔎 A D Γ Δ Θ λ ϕ *pl* lat sy^s.p sa || 5 ⸆ ο λεγομενος Διδυμος D *pc* | ⸆¹ και ℵ C² 𝔎 A D Γ Δ Θ λ ϕ *pl* lat ¦ *txt* 𝔓66 B C* L W a b r¹ | ⸂ † οιδαμεν τ. οδ. B C* a (⸉ D b e) ¦ *txt* 𝔓66 (⸉ ℵ) 𝔎 A L W Γ Δ Θ λ ϕ *pl* lat || 6 ° † 𝔓66 ℵ C* L ¦ *txt* B 𝔎 A D W Θ λ ϕ *pl* || 7 ⸂ † εγνωκειτε με B C 𝔎 (A, W) Θ λ ϕ *pl* ¦ *txt* 𝔓66 (ℵ D*) *pc* | ⸄ † αν ηδειτε B C* (L) Ψ 1. 33. 565 *al* ¦ εγνωκειτε αν C³ 𝔎 A D^corr Γ Δ Θ ϕ *pm* ¦ *txt* 𝔓66 ℵ D* W *pc* | ° † B C* L Q Ψ λ *pc* ¦ *txt* 𝔓66 ℵ 𝔎 A D W Γ Δ Θ ϕ *pl* lat | °¹ † B C* *pc* r¹ ¦ *txt* 𝔓66 ℵ 𝔎 A D L W Γ Δ Θ λ ϕ *pl* lat || 8 ⸆ ο ℵ || 9 ° 𝔓66 A L *pc* | ⸂ † -τον -νον 𝔓66 B 𝔎 A Θ λ ϕ *pm* ¦ *txt* ℵ* D L Q W *pc*; Or | ⸆ και 𝔓75 lat; Tert | ⸆¹ και 𝔎 A D L Γ Δ Θ λ ϕ *pl* ¦ *txt* 𝔓66 B ℵ Q W *pc* lat || 10 ⸀ λαλω 𝔓66 ℵ 𝔎 A W Γ Δ Θ λ ϕ *pl* lat ¦ λελαληκα D *pc* ¦ *txt* 𝔓75 (B) L N *pc* e q | ⸆ ο ℵ 𝔎 A D W Γ Δ Θ *pl* ¦ *txt* 𝔓66.75 B L *pc* | ⸀ αυτος 𝔓75 L W 33 (⸉ 𝔎 A Γ Δ Θ λ ϕ *pl*) ¦ *txt* 𝔓66 B ℵ D *pc* || 11 ⸂ *1-4* A ¦ ο πατηρ εν εμ. καγω εν τ. πατρι D | ⸀ μηγε D W *pc* | ⸀ αυτου 𝔓66*.75 B sa | ⸆ μοι B ℵ A Γ Δ Θ λ ϕ *pl* ¦ *txt* 𝔓66.75 ℵ D L W **0141**. 33. 579 *al* lat || 12 ⸀ -ρευσομαι 𝔓75 H* Q | [⁝, H] || 13 ⸂ εαν 𝔓66 1. 565 *pc* | ⸀ αιτητε 𝔓75vid B Q | ⸆ τον πατερα 33. 544 vg; Non | ⸀ -σει 544; [Blass *cj*] || 14 ⸋ *vs* X λ 565 *al* b vg^fuld sy^s; Non | ° 𝔎 A D L 69 *pm* it | ⸀ τουτο 𝔓75 B A L Ψ **060**. 33 *al* vg ¦ τουτο εγω 𝔓66c

4sq cf Jo 13,36 || *5* cf Jo 11,25 || *5sq* *cf 15sq* || *6* cf Mt 11,27 || *6sq* cf Jo 8,19; 15,21; 16,3 || *7sqq* *cf 17* || *8* cf Mt 17,17; Mc 9,19; Lc 9,41 *(= nr 163)* || *8sq* cf Jo 12,45 || *9sq* cf Jo 14,20; 17,21; *cf 11* || *10sq* cf Jo 10,38 || *11* *cf 9sq* || *12sq* cf Jo 5,20 || *13* cf Jo 5,43; 10,25; 15,16; 16,23; 14,26; Kol 3,17; Eph 5,20 || *13sq* cf Mt 7,7 sq; 21,22; Mc 11,24; Lc 11,9 sq; Jo 15,7; 16,23 || *15sq* *cf 5sq* || *17* *cf 7sqq*

318. Verheißung des Parakleten

Promissio Paracliti — **The Promise of the Paraclete**

Matth. 10,19-20 | Mark. 13,11 | Luk. 12,11-12; 21,14-15 | **Joh. 14,15-26** (15,26-27; 16,5-15)

15 Ἐὰν ἀγαπᾶτέ με, τὰς ἐντολὰς τὰς ἐμὰς ⸀τηρήσετε· 16 ⸀κἀγὼ ἐρωτήσω τὸν πατέρα καὶ ἄλλον παράκλητον δώσει ὑμῖν, ἵνα ⸂μεθ᾽ ὑμῶν εἰς τὸν αἰῶνα ᾖ⸃, 17 τὸ πνεῦμα τῆς ἀληθείας, ὃ ὁ κόσμος οὐ δύναται λαβεῖν, ὅτι οὐ θεωρεῖ αὐτὸ οὐδὲ γινώσκει⸆· ὑμεῖς⸆¹ γινώσκετε αὐτό, ὅτι παρ᾽ ὑμῖν ⸀μένει καὶ ἐν ὑμῖν ⸁ἔσται. 18 Οὐκ ἀφήσω ὑμᾶς ὀρφανούς, ἔρχομαι πρὸς ὑμᾶς. 19 ἔτι μικρὸν καὶ ὁ κόσμος με οὐκέτι θεωρεῖ, ὑμεῖς °δὲ θεωρεῖτέ με, ὅτι ἐγὼ ζῶ καὶ ὑμεῖς ⸀ζήσετε. 20 ἐν ἐκείνῃ τῇ ἡμέρᾳ ⸂γνώσεσθε ὑμεῖς⸃ ὅτι ἐγὼ ἐν τῷ πατρί μου καὶ ὑμεῖς ἐν ἐμοὶ κἀγὼ ἐν ὑμῖν. 21 ὁ ἔχων τὰς ἐντολάς μου καὶ τηρῶν αὐτὰς ἐκεῖνός ἐστιν ὁ ἀγαπῶν με· ὁ δὲ ἀγαπῶν με

15 ⸀ -σατε 𝔎 A D W Γ Δ Θ λ *pm* ¦ -σητε 𝔓66 ℵ **060**. 33. 69 *pc* ¦ *txt* B L Ψ *al* sa bo || 16 ⸀ και εγω 𝔎 A L W Γ Δ Θ ϕ 118 *pm* | ⸂ † *6 1-5* L Q X 33 *pc* ¦ *1 2 6 3-5* ℵ it ¦ μενη *1-5* 𝔓66 𝔎 A W Γ Δ Θ λ ϕ *pl* ¦ μενη *3-5 1 2* D ¦ *txt* 𝔓75 B Ψ **060** b || 17 ⸆ αυτο 𝔓66c 𝔎 A Γ Δ Θ λ ϕ *pm* ¦ αυτον D L *al* (*etiam* αυτον^1.2; *idem* 𝔓66*) ¦ *txt* 𝔓66*.75 B ℵ W 579 a | ⸆¹ δε 𝔎 A D L Γ Δ Θ λ ϕ *pl* ¦ *txt* 𝔓66.75 B ℵ W Q Ψ 346 *pc* | ⸀ μενεῖ aur vg | ⸁ εστιν 𝔓66* B D* W 1. 69. 565 *pc* ¦ *txt* 𝔓66c.75vid ℵ 𝔎 A D^corr Γ Δ Θ *pm* || 19 ° 𝔓66 a | ⸀ ζησεσθε 𝔓66 ℵ 𝔎 A D W Γ Δ Θ λ ϕ *pl* ¦ *txt* 𝔓75 B L *pc* || 20 ⸂ *2 1* 𝔓75 B L Q **060** *pc* ¦ *1* A Θ *pc*; Cyr

1 cf Jo 15,10; 8,51; 1Jo 5,1sqq; Sap 6,18; *cf 6. 9sq. 38* || *1sqq* cf Jo 7,39; 1Jo 2,27; 5,6; *cf 12sq. 14sq. 16sqq. 25sqq. 32sqq. 36sq* || *4sq* cf Jo 7,33; 12,35; 13,33; 16,16sqq || *5* cf Jo 16,23. 26 || *5sq* cf Jo 14,10; 17,21sqq; 6,56 || *6* *cf 1. 9sq. 38* || *6sq* cf Jo 16,27

Matth.	Mark.	Luk.	[Joh. 14,15-26]

⸀ἀγαπηθήσεται ὑπὸ τοῦ πατρός μου, κἀγὼ ἀγαπήσω αὐτὸν καὶ ἐμφανίσω αὐτῷ ἐμαυτόν. 22 Λέγει ⸀αὐτῷ ⸂Ἰούδας, οὐχ ὁ Ἰσκαριώτης⸃· κύριε, °[καὶ] τί ⸀γέγονεν ὅτι ⸉ἡμῖν μέλλεις⸊ ἐμφανίζειν σεαυτὸν καὶ οὐχὶ τῷ κόσμῳ; 23 ἀπεκρίθη Ἰησοῦς καὶ εἶπεν αὐτῷ· ἐάν τις ἀγαπᾷ με τὸν λόγον μου τηρήσει, καὶ ὁ πατήρ μου ἀγαπήσει αὐτὸν καὶ πρὸς αὐτὸν ⸀ἐλευσόμεθα καὶ ⸂μονὴν παρ᾽ αὐτῷ⸃ ⸀ποιησόμεθα. 24 ὁ μὴ ἀγαπῶν με τοὺς λόγους μου οὐ ⸀τηρεῖ· καὶ ὁ λόγος ⸆ ὃν ἀκούετε οὐκ ἔστιν ἐμὸς ἀλλὰ τοῦ πέμψαντός με πατρός. 25 Ταῦτα λελάληκα ὑμῖν παρ᾽ ὑμῖν μένων· 26 ὁ δὲ παράκλητος, τὸ πνεῦμα ⸂τὸ ἅγιον⸃, ὃ πέμψει ⸆ ὁ πατὴρ ἐν τῷ ὀνόματί μου, ἐκεῖνος ὑμᾶς διδάξει πάντα καὶ ὑπομνήσει ὑμᾶς πάντα ⸀ἃ ⸀εἶπον ὑμῖν °[ἐγώ].

15,26-27 *(nr. 323, p. 450)*

26 Ὅταν ἔλθῃ ὁ παράκλητος ὃν ἐγὼ πέμψω ὑμῖν παρὰ τοῦ πατρός, τὸ πνεῦμα τῆς ἀληθείας ὃ παρὰ τοῦ πατρὸς ἐκπορεύεται, ἐκεῖνος μαρτυρήσει περὶ ἐμοῦ· 27 καὶ ὑμεῖς δὲ μαρτυρεῖτε, ὅτι ἀπ᾽ ἀρχῆς μετ᾽ ἐμοῦ ἐστε.

16,5-15 *(nr. 325, p. 451)*

5 Νῦν δὲ ὑπάγω πρὸς τὸν πέμψαντά με, καὶ οὐδεὶς ἐξ ὑμῶν ἐρωτᾷ με· ποῦ ὑπάγεις; 6 ἀλλ᾽ ὅτι ταῦτα λελάληκα ὑμῖν ἡ λύπη πεπλήρωκεν ὑμῶν τὴν καρδίαν. 7 ἀλλ᾽ ἐγὼ τὴν ἀλήθειαν λέγω ὑμῖν, συμφέρει ὑμῖν ἵνα ἐγὼ ἀπέλθω. ἐὰν γὰρ μὴ ἀπέλθω, ὁ παράκλητος οὐκ ἐλεύσεται πρὸς ὑμᾶς· ἐὰν δὲ πορευθῶ, πέμψω αὐτὸν πρὸς ὑμᾶς. 8 καὶ ἐλθὼν ἐκεῖνος ἐλέγξει τὸν κόσμον περὶ ἁμαρτίας καὶ περὶ δικαιοσύνης καὶ περὶ κρίσεως· 9 περὶ ἁμαρτίας μέν, ὅτι οὐ πιστεύουσιν εἰς ἐμέ· 10 περὶ δικαιοσύνης δέ, ὅτι πρὸς τὸν πατέρα ὑπάγω καὶ οὐκέτι θεωρεῖτέ με· 11 περὶ δὲ κρίσεως, ὅτι ὁ ἄρχων τοῦ κόσμου τούτου κέκριται. 12 Ἔτι πολλὰ ἔχω ὑμῖν λέγειν, ἀλλ᾽ οὐ δύνασθε βαστάζειν ἄρτι· 13 ὅταν δὲ ἔλθῃ ἐκεῖνος, τὸ πνεῦμα τῆς ἀληθείας, ὁδηγήσει ὑμᾶς ἐν τῇ ἀληθείᾳ πάσῃ· οὐ γὰρ λαλήσει ἀφ᾽ ἑαυτοῦ, ἀλλ᾽ ὅσα ἀκούσει λαλήσει καὶ τὰ ἐρχόμενα ἀναγγελεῖ ὑμῖν. 14 ἐκεῖνος ἐμὲ δοξάσει, ὅτι ἐκ τοῦ ἐμοῦ λήμψεται καὶ ἀναγγελεῖ ὑμῖν. 15 πάντα ὅσα ἔχει ὁ πατὴρ ἐμά ἐστιν· διὰ τοῦτο εἶπον ὅτι ἐκ τοῦ ἐμοῦ λαμβάνει καὶ ἀναγγελεῖ ὑμῖν.

10,19-20 *(nr. 100, p. 142)*	13,11 *(nr. 289, p. 398)*	12,11-12 *(nr. 198, p. 284)*
19 Ὅταν δὲ παραδῶσιν ὑμᾶς, μὴ μεριμνήσητε πῶς ἢ τί λαλήσητε· δοθήσεται γὰρ ὑμῖν ἐν ἐκείνῃ τῇ ὥρᾳ τί λαλήσητε· 20 οὐ γὰρ ὑμεῖς ἐστε οἱ λαλοῦντες ἀλλὰ τὸ πνεῦμα τοῦ πατρὸς ὑμῶν τὸ λαλοῦν ἐν ὑμῖν.	11 Καὶ ὅταν ἄγωσιν ὑμᾶς παραδιδόντες, μὴ προμεριμνᾶτε τί λαλήσητε, ἀλλ᾽ ὃ ἐὰν δοθῇ ὑμῖν ἐν ἐκείνῃ τῇ ὥρᾳ τοῦτο λαλεῖτε· οὐ γάρ ἐστε ὑμεῖς οἱ λαλοῦντες ἀλλὰ τὸ πνεῦμα τὸ ἅγιον.	11 Ὅταν δὲ εἰσφέρωσιν ὑμᾶς ἐπὶ τὰς συναγωγὰς καὶ τὰς ἀρχὰς καὶ τὰς ἐξουσίας, μὴ μεριμνήσητε πῶς ἢ τί ἀπολογήσησθε ἢ τί εἴπητε· 12 τὸ γὰρ ἅγιον πνεῦμα διδάξει ὑμᾶς ἐν αὐτῇ τῇ ὥρᾳ ἃ δεῖ εἰπεῖν.
		21,14-15 *(nr. 289, p. 398)*
		14 Θέτε οὖν ἐν ταῖς καρδίαις ὑμῶν μὴ προμελετᾶν ἀπολογηθῆναι· 15 ἐγὼ γὰρ δώσω ὑμῖν στόμα καὶ σοφίαν ᾗ οὐ δυνήσονται ἀντιστῆναι ἢ ἀντειπεῖν ἅπαντες οἱ ἀντικείμενοι ὑμῖν.

21 ⸀τηρηθησεται 𝔓75 ‖ **22** ⸀προς αυτον 𝔓66 | ⸂Ι. ουχ ο απο Καρυωτου D ¦ J. Cananites sa ¦ Thomas sy^s ¦ Jud. Thomas sy^c | ° 𝔓66*.75 B A D L Θ 33 *al* lat sy sa bo ¦ *txt* 𝔓66c ℵ 𝔎 W Γ Δ λ φ *pm* | ⸀εστιν D sy | ⸉ D W e ‖ **23** ⸀εισελ- 𝔓66* ¦ απελ- 1010.1293 ¦ ελευσομαι D e sy^c | ⸂προς αυτον μον. D | ⸀-σομαι D e sy^c ¦ -σομεν 𝔎 A (Γ Δ) Θ *pm* ¦ *txt* 𝔓66.75 B ℵ L W **060.0141.** 1.13.69 *al* ‖ **24** ⸀-ρησει D 579 | ⸆ ο εμος D *pc* a e r^1 ‖ **26** ⸂τουτο sy^s | ⸆ υμιν 𝔓66c sy^s bo^pt | ⸀οσα Θ 1.565 *al* lat; Or Eus | ⸀αν ειπω D *al*; Bas^pt | ° ℵ 𝔎 A D Γ Δ Θ λ φ *pl* ¦ *txt* B L **060** (⸉ 33)

8 cf Act 10,40 sq ‖ 9 sq *cf 1. 6. 38* ‖ 10 cf Zch 2,10; Ex 25,8; 29,45; Lv 26,11 sq; Ez 37,26 sq; 2 Cor 6,16; Eph 3,17; Apc 3,20 ‖ 12 sq cf 1 Jo 2,20.27; *cf 1 sqq. 14 sq. 16 sqq. 25 sqq. 32 sqq. 36 sq* ‖ 14 sq *cf 1 sqq. 12 sq* ‖ 16 sqq *cf 1 sqq. 12 sq* ‖ 25 sqq *cf 1 sqq. 12 sq* ‖ 32 sqq *cf 1 sqq. 12 sq*

1. Joh. 2,1–2: [1]Τεκνία μου, ταῦτα γράφω ὑμῖν ἵνα μὴ ἁμάρτητε. καὶ ἐάν τις ἁμάρτῃ, παράκλητον ἔχομεν πρὸς τὸν πατέρα Ἰησοῦν Χριστὸν δίκαιον· [2]καὶ αὐτὸς ἱλασμός ἐστιν περὶ τῶν ἁμαρτιῶν ἡμῶν, οὐ περὶ τῶν ἡμετέρων δὲ μόνον ἀλλὰ καὶ περὶ ὅλου τοῦ κόσμου.

1. Clem. ad Cor. 49,1: Ὁ ἔχων ἀγάπην ἐν Χριστῷ ποιησάτω τὰ τοῦ Χριστοῦ παραγγέλματα.

36sq cf 1 sqq. 12 sq || *38 cf 1. 6 9 sq*

319. Meinen Frieden gebe ich euch

Pacem meam do vobis — **The Gift of Peace**

Matth.	Mark.	Luk.	Joh. 14,27-31
			[27]Εἰρήνην ἀφίημι ὑμῖν, εἰρήνην τὴν ἐμὴν δίδωμι ὑμῖν· οὐ καθὼς ὁ κόσμος δίδωσιν⸆ἐγὼ δίδωμι ὑμῖν. μὴ ταρασσέσθω ὑμῶν ἡ καρδία μηδὲ δειλιάτω. [28]ἠκούσατε ὅτι ἐγὼ εἶπον ὑμῖν· ὑπάγω καὶ ἔρχομαι πρὸς ὑμᾶς. εἰ ⸀ἠγαπᾶτέ με ἐχάρητε ἂν ὅτι ⸆ πορεύομαι πρὸς τὸν πατέρα, ὅτι ὁ πατὴρ ⸆ μείζων μού ἐστιν. [29]καὶ νῦν εἴρηκα ὑμῖν πρὶν γενέσθαι, ἵνα ὅταν γένηται πιστεύσητε⸆. [30]οὐκέτι °πολλὰ λαλήσω μεθ' ὑμῶν, ἔρχεται γὰρ ὁ ⸂τοῦ κόσμου ἄρχων⸃· καὶ ἐν ἐμοὶ ⸀οὐκ ἔχει οὐδέν⸃⁚, [31]ἀλλ' ἵνα γνῷ ὁ κόσμος ὅτι ἀγαπῶ τὸν πατέρα, καὶ καθὼς ⸀ἐνετείλατό μοι ⸋ὁ πατήρ⸌, οὕτως ποιῶ⁚. ἐγείρεσθε, ἄγωμεν ἐντεῦθεν.

---

27 ⸆υμιν ℵ || **28** ⸀αγαπ- D*HLϕ 33 *al* | ⸆ειπον· ℜΓΔ 118. 209 *pm* | ⸆μου ℵ*.corr ℜ Dcorr ΓΔΘ ϕ 118. 209 *pm* || **29** ⸆μοι D ¦ οτι εγω ειπον υμιν 13. 33 *pc* || **30** ° sys | ⸂*1 2* τουτου *3* 1093 *pc* ¦ *3 1 2* τουτου 1. 13. 565 *al* | ⸀ευρησει ουδεν K *al* f; Or Cyr ¦ ουκ εχ. ουδ. ευρειν D a | [⁚ comm *et* **31** ⁚, comm ¦ , *et* · W] || **31** ⸀εντολην εδωκεν B L **0141. 0250.** (1. 565) *al* lat | ⸋ D e l

---

1 cf Jo 16,33; Nu 6,26; 25,12 sq; Ps 29,11; Is 54,13; 57,19; Ez 37,26; Ph 4,7; 2 Th 3,16 etc || *1sq* cf Jo 14,1; 16,33 || *2* cf Jo 14,3. 18 || *3sq* cf Jo 13,19

320. Ich bin der wahre Weinstock

Vitis vera — **Jesus the True Vine**

Matth.	Mark.	Luk.	Joh. 15,1-8
			[1]Ἐγώ εἰμι ἡ ἄμπελος ἡ ἀληθινὴ καὶ ὁ πατήρ μου °ὁ γεωργός ἐστιν. [2]πᾶν κλῆμα ἐν ἐμοὶ μὴ φέρον καρπὸν αἴρει αὐτό, καὶ πᾶν τὸ ⸂καρπὸν φέρον⸃ καθαίρει αὐτὸ ἵνα ⸉καρπὸν πλείονα⸊ φέρῃ. [3]⸋ἤδη ὑμεῖς καθαροί ἐστε διὰ τὸν λόγον ὃν λελάληκα⸆ὑμῖν· [4]μείνατε ἐν ἐμοί, κἀγὼ ἐν ὑμῖν⁚. καθὼς τὸ κλῆμα οὐ δύναται καρπὸν φέρειν⸌ ἀφ' ἑαυτοῦ ἐὰν μὴ ⸀μένῃ ἐν τῇ ἀμπέλῳ, οὕτως ⸂οὐδὲ ὑμεῖς ἐὰν μὴ ἐν ἐμοὶ μένητε⸃. [5]ἐγώ⸆ εἰμι ἡ ἄμπελος, ὑμεῖς τὰ κλήματα. ὁ μένων ἐν ἐμοὶ κἀγὼ ἐν αὐτῷ οὗτος φέρει καρπὸν πολύν, ὅτι χωρὶς ἐμοῦ οὐ δύνασθε ποιεῖν ⸀οὐδέν. [6]ἐὰν μή τις ⸀μένῃ ἐν ἐμοί, ἐβλήθη ἔξω ὡς τὸ κλῆμα καὶ ἐξηράνθη καὶ συνάγουσιν ⸀αὐτὰ καὶ

---

1 ° D Δ *pc* || **2** ⸂καρποφορον D a q (-ορουν Cl) | ⸉ ℜ A D Γ Δ Θ λ ϕ *pm* ¦ *txt* B (πλειω ℵ) L 33. 157 *al* lat || **3.4** ⸋ D* || **3** ⸆εν 𝔓66* || **4** [⁚, W] | ⸀μεινη 𝔓66 ℜ A D Γ Δ Θ λ ϕ *pl* ¦ *txt* B ℵ L *pc* | ⸂ουδ. υμ. εαν μη εν εμ. μεινητε ℜ D Γ Δ λ ϕ *pl* ¦ κα[ι ο ε]ν εμοι μενων 𝔓66 ¦ *txt* B ℵ A L Θ* *pc* || **5** ⸆γαρ D* a | ⸀ουδε εν B ¦ — D* *pc* || **6** ⸀μεινη ℜ Γ Δ λ ϕ *pl* ¦ *txt* 𝔓66 B ℵ* A D Θ **0250.** 157 *pc* | ⸀αυτο ℵ D L Δ **0141. 0250** λ ϕ 33. 565 *pm* ¦ *txt* B ℜ A Γ Θ *al*

1sqq cf *10* || *1* cf Jr 2,21; Ez 15,1 sqq; 19,10 sqq; Ps 80,9 sqq; Sir 24,17 (23) etc || *2sq* cf Jo 13,10 || *4* cf Jo 6,56 || *4sqq* cf 1 Cor 12,12. 27 || *6* cf Jo 6,37; Mt 5,13; 21,39 || *6sq* cf Ml 4,1; Ez 15,1 sqq etc; Mt 3,10; Lc 3,9; 13,6 sqq; Mt 7,19

Matth.	Mark.	Luk.	[Joh. 15,1-8]
			εἰς °τὸ πῦρ βάλλουσιν ⸆ καὶ καίεται. 7 ἐὰν ⸆ μείνητε ἐν ἐμοὶ καὶ τὰ ῥήματά μου ἐν ὑμῖν ⸀μείνῃ, ⸂ὃ ἐὰν⸃ θέλητε ⸁αἰτήσασθε, καὶ γενήσεται °ὑμῖν. 8 ἐν τούτῳ ἐδοξάσθη ὁ πατήρ μου, ἵνα ⸂καρπὸν πολὺν⸃ φέρητε καὶ ⸀γένησθε ⸁ἐμοὶ μαθηταί.

Evang. Thomae copt.: *cf. Append. I, 40*

6 ° D H X *al* | ⸆ αυ]τα 𝔓66 || 7 ⸆ δε D *pc* ¦ μη B* | ⸀ μενει 𝔓66* L *pc* | ⸂ ο αν B *pc* ¦ οσα εαν ℵ | ⸁ -σεσθε ℵ 𝔎 Θ *al* (-σεσθαι Δ *al*) ¦ *txt* B L ϕ 1 *pm* (-σασθαι A D Γ *al* a c f) | ° 𝔓66 D* e || 8 ⸂ *2 1* D *pc* ¦ κ. πλειονα 𝔓66 | ⸀ † γενησεσθε ℵ 𝔎 A ϕ *pm* ¦ *txt* 𝔓66vid B D L Θ **0250**. 1. 565 *al* | ⸁ μου 𝔓66 D* 254 lat sys.p

7sq cf Mt 7,8; Lc 11,10; Mt 21,22; Mc 11,24 *(= nr 275)* || 8sq cf Mt 5,16; Ph 1,11 etc || 10 *cf 1 sqq*

321. Bleibet in meiner Liebe

Manete in dilectione **»Abide in My Love«**

Matth. 12,50	Mark. 3,35	Luk. 8,21b	Joh. 15,9-17
			9 Καθὼς ἠγάπησέν με ὁ πατήρ, κἀγὼ ⸉ὑμᾶς ἠγάπησα⸊·· μείνατε ἐν τῇ ἀγάπῃ τῇ ἐμῇ. 10 ⸋ἐὰν τὰς ἐντολάς μου⸌ τηρήσητε, μενεῖτε ἐν τῇ ἀγάπῃ °μου, καθὼς ⸀ἐγὼ ⸂τὰς ἐντολὰς τοῦ πατρός μου⸃ τετήρηκα καὶ μένω αὐτοῦ ἐν τῇ ἀγάπῃ. 11 Ταῦτα λελάληκα ὑμῖν ἵνα ἡ χαρὰ ἡ ἐμὴ ἐν ὑμῖν ⸀ᾖ καὶ ἡ χαρὰ ὑμῶν πληρωθῇ. 12 Αὕτη ἐστὶν ἡ ἐντολὴ ἡ ἐμή, ἵνα ἀγαπᾶτε ἀλλήλους ⸀καθὼς ἠγάπησα ὑμᾶς. 13 μείζονα ταύτης ἀγάπην οὐδεὶς ἔχει, ἵνα °τις τὴν ψυχὴν ⸀αὐτοῦ θῇ ὑπὲρ τῶν φίλων αὐτοῦ. 14 ὑμεῖς ⸆ φίλοι μού ἐστε ἐὰν ποιῆτε ⸀ἃ ἐγὼ ἐντέλλομαι ὑμῖν. 15 οὐκέτι ⸉λέγω ὑμᾶς⸊ δούλους, ὅτι ὁ δοῦλος οὐκ οἶδεν τί ποιεῖ αὐτοῦ ὁ κύριος· ὑμᾶς δὲ ⸀εἴρηκα φίλους, ὅτι πάντα ἃ ἤκουσα παρὰ τοῦ πατρός °μου ἐγνώρισα ὑμῖν. 16 οὐχ ὑμεῖς με ἐξελέξασθε, ἀλλ᾽ ἐγὼ ἐξελεξάμην ὑμᾶς καὶ ἔθηκα °ὑμᾶς ἵνα ὑμεῖς ὑπάγητε καὶ ⸆ καρπὸν φέρητε καὶ ὁ καρπὸς ὑμῶν μένῃ, ⸀ἵνα ὅ τι ἂν ⸁αἰτήσητε τὸν πατέρα ἐν τῷ ὀνόματί μου ⸂δῷ ὑμῖν⸃. 17 ταῦτα ἐντέλλομαι ὑμῖν, °ἵνα ἀγαπᾶτε ἀλλήλους.

12,50 *(nr. 121, p. 172)*	3,35 *(nr. 121, p. 172)*	8,21b *(nr. 135, p. 184)*
50 Ὅστις γὰρ ἂν ποιήσῃ τὸ θέλημα τοῦ πατρός μου τοῦ ἐν οὐρανοῖς αὐτός μου ἀδελφὸς καὶ ἀδελφὴ καὶ μήτηρ ἐστίν.	35 Ὃς [γὰρ] ἂν ποιήσῃ τὸ θέλημα τοῦ θεοῦ, οὗτος ἀδελφός μου καὶ ἀδελφὴ καὶ μήτηρ ἐστίν.	21 ... μήτηρ μου καὶ ἀδελφοί μου οὗτοί εἰσιν οἱ τὸν λόγον τοῦ θεοῦ ἀκούοντες καὶ ποιοῦντες.

9 ⸉ 𝔓66 ℵ 𝔎 A Dcorr Γ Δ Θ ϕ *pl* ¦ *txt* B D* L Ψ 1. 33 *pc* | [⁝, H] || **10** ⸋ 𝔓66* | ° 𝔓66* e | ⸀ καγω ℵ D lat sa bo | ⸂ † *3-5 1 2* ℵ vg ¦ *3 4 1 2* 𝔓66 B a b ff2 ¦ *txt* 𝔎 A D L Γ Δ Θ λ ϕ *pm* it || **11** ⸀ μεινη ℵ 𝔎 L Γ Δ ϕ 118. 209 *pl* || **12** ⸀ ως 𝔓66 || **13** ° 𝔓66 ℵ* D* Θ it; Or Cyp | ⸀ την εαυτου 𝔓66 (*pc*) || **14** ⸆ γαρ ℵ* D* 579 | ⸀ † ο B 579 a e q ¦ οσα 𝔎 A Γ Δ Θ **065**. **0250** *pm* ¦ *txt* 𝔓66 ℵ D L ϕ 1 *al* it || **15** ⸉ 𝔎 D Γ Δ Θ **065** λ ϕ *pm* | ⸀ λεγω 𝔓66vid | ° **0141**. 1. 565 *pc* || **16** ° 𝔓66 (Δ 13 *pc*) | ⸆ πολυν (A) 13 *pc* | ⸀ και ϕ ¦ — ℵ* | ⸁ αιτητε B L Ψ | ⸂ δωσει υμ. ℵ* Θ *al* ¦ (14,13) τουτο ποιησω, ινα δοξασθη ο πατηρ εν τω υιω ϕ || **17** ° 𝔓66* D e; Non

1sqq *cf 13 sqq* || 1 cf Jo 3,35; 5,20; 10,17; 17,24.26 | cf Sap 3,9 || 1sq cf Jo 14,15.21; 1Jo 5,3 || 2 cf Jo 8,29 || 3 cf Jo 16,24; 17,13; 1Jo 1,4; 2Jo 12; 2Cor 1,24; 13,11; Ph 2,17sq; 4,4 || 3sq cf Jo 13,34; 1Jo 2,7sq.10; 3,11.23; 4,10.19; 5,1.3; 2Jo 5; Mc 12,31; Mt 22,39sq; *cf 9* || 5 cf Jo 10,11; 1Jo 3,16 | cf Jo 5,38; 8,31; 15,7; Jo 14,21; 8,51; Lc 12,4; Mt 7,21; *cf 10sqq* || 7sqq cf Jo 6,70; 13,18 || 8sq cf Jo 14,13; 16,23; Mt 7,7sq; Lc 11,9sq; Mt 21,22; Mc 11,24 *(= nr 275)* || 9 *cf ad 3sq* || 10sqq *cf 5*

Polycarpus ad Phil. 10,1; 12,3: 10[1] In his ergo state et domini exemplar sequimini, firmi in fide et immutabiles, fraternitatis amatores, »diligentes invicem«, in veritate sociati, mansuetudine domini alterutri praestolantes, nullum despicientes. 12[3] Pro omnibus sanctis orate. Orate etiam pro regibus et potestatibus et principibus atque »pro persequentibus et odientibus vos« et pro inimicis crucis, »ut fructus vester manifestus sit in omnibus«, ut sitis in illo perfecti.

13sqq cf 1sqq

322. Vom Haß der Welt

Mundus discipulos odit — **The World's Hatred**

Matth. 10,24-25	Mark.	Luk. 6,40	Joh. 15,18-25 (13,16)

[18] Εἰ ὁ κόσμος ὑμᾶς ⸀μισεῖ, γινώσκετε ὅτι ἐμὲ πρῶτον °ὑμῶν μεμίσηκεν. [19] εἰ ἐκ τοῦ κόσμου ἦτε, ὁ κόσμος ἂν
⸀τὸ ἴδιον ἐφίλει· ὅτι δὲ ⸂ἐκ τοῦ κόσμου οὐκ⸃ ἐστέ, ἀλλ᾽ ἐγὼ ἐξελεξάμην ὑμᾶς ἐκ τοῦ κόσμου, διὰ τοῦτο ⸉μισεῖ
ὑμᾶς ὁ κόσμος⸊. [20] μνημονεύετε ⸂τοῦ λόγου οὗ⸃ ⸂ἐγὼ εἶπον⸃ ὑμῖν· οὐκ ἔστιν ⸆ δοῦλος μείζων τοῦ κυρίου αὐτοῦ.
εἰ ἐμὲ ἐδίωξαν, καὶ ὑμᾶς διώξουσιν· εἰ τὸν λόγον μου⸆ ἐτήρησαν, καὶ τὸν ὑμέτερον⸆1 ⸀τηρήσουσιν. [21] ἀλλὰ
ταῦτα °πάντα ⸀ποιήσουσιν ⸂εἰς ὑμᾶς⸃ διὰ τὸ ὄνομά μου, ὅτι οὐκ οἴδασιν τὸν πέμψαντά με. [22] εἰ μὴ ἦλθον καὶ
ἐλάλησα αὐτοῖς, ἁμαρτίαν οὐκ ⸀εἴχοσαν· νῦν δὲ πρόφασιν οὐκ ἔχουσιν περὶ τῆς ἁμαρτίας °αὐτῶν. [23] ὁ ἐμὲ
μισῶν καὶ τὸν πατέρα μου μισεῖ. [24] εἰ τὰ ἔργα μὴ ἐποίησα ἐν αὐτοῖς ἃ ⸀οὐδεὶς ἄλλος ἐποίησεν, ἁμαρτίαν οὐκ
⸀εἴχοσαν· νῦν δὲ καὶ ⸀1ἑωράκασιν καὶ μεμισήκασιν °καὶ ἐμὲ καὶ τὸν πατέρα μου. [25] ἀλλ᾽ ἵνα πληρωθῇ ὁ λόγος
ὁ ⸂ἐν τῷ νόμῳ αὐτῶν γεγραμμένος⸃ ὅτι ἐμίσησάν με δωρεάν.

10,24-25 (nr. 100, p. 142)	6,40 (nr. 81, p. 107)	13,16 (nr. 309, p. 431)
[24] Οὐκ ἔστιν μαθητὴς ὑπὲρ τὸν διδάσκαλον οὐδὲ δοῦλος ὑπὲρ τὸν κύριον αὐτοῦ. [25] ἀρκετὸν τῷ μαθητῇ ἵνα γένηται ὡς ὁ διδάσκαλος αὐτοῦ καὶ ὁ δοῦλος ὡς ὁ κύριος αὐτοῦ. εἰ τὸν οἰκοδεσπότην Βεελζεβοὺλ ἐπεκάλεσαν, πόσῳ μᾶλλον τοὺς οἰκιακοὺς αὐτοῦ.	[40] Οὐκ ἔστιν μαθητὴς ὑπὲρ τὸν διδάσκαλον· κατηρτισμένος δὲ πᾶς ἔσται ὡς ὁ διδάσκαλος αὐτοῦ.	[16] Ἀμὴν ἀμὴν λέγω ὑμῖν, οὐκ ἔστιν δοῦλος μείζων τοῦ κυρίου αὐτοῦ οὐδὲ ἀπόστολος μείζων τοῦ πέμψαντος αὐτόν.

18 ⸀εμισει 𝔓66c (εμισησε 𝔓66*) | ° ℵ* D 579 it bo arm; Cyp || **19** ⸀τον 𝔓66 *pc* | ⸂*4 1-3* 𝔓66c ¦ ουκ ε. τουτου τ. κ. 𝔓66* | ⸉*2 1 3 4* 𝔓66 ¦ *3 4 1 2* ℵ *pc* || **20** ⸂τους-ους ους D it ¦ τον-ον ον ℵ 579 ¦ του-ου μου ου G Γ Δ *al* | ⸂ελαλησε (*!*) ℵ | ⸆μου D* | [⸆ουκ *et* ⸆1ου Pallis *cj*] | ⸀-σωσιν ℵ *pc* || **21** ° D 579 *pc* | ⸀-σωσιν Δ *pc* ¦ ποιουσιν 𝔓66 | ⸂υμιν 𝔎 A Dcorr Γ Δ 065 φ *pm* lat ¦ υμας X 565 *pc* ¦ — ℵ* ¦ *txt* 𝔓66 B ℵcorr D* L Θ 1.33 *al* || **22** ⸀ειχον 𝔎 A D Γ Δ Θ 065 φ *pm* | ° 𝔓66 || **24** ⸀μηδεις 𝔓66 | ⸀ειχον 𝔎 A D Γ Δ Θ 065 φ *pm* | ⸀1εορ- 𝔓66 𝔎 Γ Δ Θ 065 *pm* | ° 𝔓66 D it || **25** ⸂*5 1-4* 𝔎 A Γ Δ Θ 065 φ *pm* ¦ *1-3 5* 𝔓66*vid

[1] cf Jo 7,7; 17,14; 1Jo 3,13; Mt 10,22; Lc 6,22 || [2sq] cf Jo 8,23; 1Jo 4,5sq || [3sq] cf Jo 13,16; *cf 10sqq* || [5] cf Jo 16,3 | cf Jo 8,19; 14,7; 16,3 || [5sq] cf Jo 9,41; Rm 1,20sqq || [7] cf Jo 7,31; 11,47; 5,36; 14,10 || [8] cf Jo 5,42 || [9] Ps 35,19; 69,5 || *10sqq cf 3sq*

323. Der Beistand des Parakleten

Paracliti testimonium *(cf. nr. 318)* **The Witness of the Paraclete**

Matth.	Mark.	Luk.	Joh. 15,26-27
			26 Ὅταν ⸆ ἔλθῃ ὁ παράκλητος ὃν ἐγὼ ⸀πέμψω ὑμῖν παρὰ τοῦ πατρός ⸆, τὸ πνεῦμα τῆς ἀληθείας ὃ παρὰ τοῦ πατρὸς ⸆¹ ἐκπορεύεται, ἐκεῖνος μαρτυρήσει περὶ ἐμοῦ· 27 καὶ ὑμεῖς °δὲ μαρτυρεῖτε, ὅτι ἀπ᾽ ἀρχῆς μετ᾽ ἐμοῦ ἐστε.

26 ⸆δε ℜ A D Γ Θ 065 λ φ *pl* ¦ ergo it ¦ *txt* 𝔓22 B ℵ Δ *pc* e l sa^pt bo^pt | ⸀πεμπω D aur ff² | ⸆μου D 33 *al* | ⸆¹μου D it || 27 ° D 565 *pc* lat sy^s.p sa^pt

1sq cf Jo 14,16.26; 16,5sqq; 1Jo 2,1sq *(v. nr 318)* || *1* cf Jo 14,17; 7,39; 20,22; 1Jo 5,6 || *2* cf Jo 19,35; 21,24; 3Jo 12; Lc 1,2; Act 1,8.21sq; 2,32; 3,15; 5,32 etc

324. Von Verfolgungen

Persecutiones praedictae **On Persecutions**

Matth.	Mark.	Luk.	Joh. 16,1-4
10,17-18 24,9 10,21-22	13,9 13,12-13	21,12 21,16-17	1 Ταῦτα λελάληκα ὑμῖν ἵνα °μὴ σκανδαλισθῆτε. 2 ἀποσυναγώγους ⸆ ⸀ποιήσουσιν ὑμᾶς· ἀλλ᾽ ἔρχεται ὥρα ⸁ἵνα πᾶς ὁ ἀποκτείνας °ὑμᾶς δόξῃ λατρείαν προσφέρειν τῷ θεῷ. 3 ⸋καὶ ταῦτα ⸀ποιήσουσιν ⸆ ὅτι οὐκ ἔγνωσαν τὸν πατέρα οὐδὲ ἐμέ.⸌ 4 °ἀλλὰ ταῦτα λελάληκα ὑμῖν ἵνα ὅταν ἔλθῃ ἡ ὥρα °¹αὐτῶν μνημονεύητε °²αὐτῶν ὅτι ἐγὼ εἶπον ὑμῖν. Ταῦτα δὲ ⸉ὑμῖν ἐξ ἀρχῆς οὐκ εἶπον, ὅτι μεθ᾽ ὑμῶν ἤμην.

Matth.	Mark.	Luk.
10,17-18 *(nr. 100, p. 142)* 17 Προσέχετε δὲ ἀπὸ τῶν ἀνθρώπων· παραδώσουσιν γὰρ ὑμᾶς εἰς συνέδρια καὶ ἐν ταῖς συναγωγαῖς αὐτῶν μαστιγώσουσιν ὑμᾶς· 18 καὶ ἐπὶ ἡγεμόνας δὲ καὶ βασιλεῖς ἀχθήσεσθε ἕνεκεν ἐμοῦ εἰς μαρτύριον αὐτοῖς καὶ τοῖς ἔθνεσιν.	13,9 *(nr. 289, p. 398)* 9 Βλέπετε δὲ ὑμεῖς ἑαυτούς· παραδώσουσιν ὑμᾶς εἰς συνέδρια καὶ εἰς συναγωγὰς δαρήσεσθε καὶ ἐπὶ ἡγεμόνων καὶ βασιλέων σταθήσεσθε ἕνεκεν ἐμοῦ εἰς μαρτύριον αὐτοῖς.	21,12 *(nr. 289, p. 398)* 12 Πρὸ δὲ τούτων πάντων ἐπιβαλοῦσιν ἐφ᾽ ὑμᾶς τὰς χεῖρας αὐτῶν καὶ διώξουσιν, παραδιδόντες εἰς τὰς συναγωγὰς καὶ φυλακάς, ἀπαγομένους ἐπὶ βασιλεῖς καὶ ἡγεμόνας ἕνεκεν τοῦ ὀνόματός μου.
24,9 *(nr. 289, p. 398)* 9 Τότε παραδώσουσιν ὑμᾶς εἰς θλῖψιν καὶ ἀποκτενοῦσιν ὑμᾶς, καὶ ἔσεσθε μισούμενοι ὑπὸ πάντων τῶν ἐθνῶν διὰ τὸ ὄνομά μου.	13,12-13 *(nr. 289, p. 398)* 12 Καὶ παραδώσει ἀδελφὸς ἀδελφὸν εἰς θάνατον καὶ πατὴρ τέκνον, καὶ ἐπαναστήσονται τέκνα ἐπὶ γονεῖς καὶ θανατώσουσιν αὐτούς· 13 καὶ ἔσεσθε μισούμενοι ὑπὸ πάντων διὰ τὸ ὄνομά μου.	21,16-17 *(nr. 289, p. 398)* 16 Παραδοθήσεσθε δὲ καὶ ὑπὸ γονέων καὶ ἀδελφῶν καὶ συγγενῶν καὶ φίλων, καὶ θανατώσουσιν ἐξ ὑμῶν, 17 καὶ ἔσεσθε μισούμενοι ὑπὸ πάντων διὰ τὸ ὄνομά μου.

1 ° ℵ* *pc* || 2 ⸆γαρ ℵ | ⸀-σωσιν ℵ | ⸁οτε Or Non Chr | ° B || 3 ⸋ *vs* sy^s | ⸀-σωσιν ℵ 33 *pc* ¦ ποιουσιν Θ | ⸆υμιν (⸉ℵ) D L Ψ 0141 λ φ *al* it vg^cl sa bo ¦ *txt* B ℜ A Γ Δ Θ *al* lat || 4 ° D* a e l | °¹ ℵ* ℜ D Γ Δ 054. 1 *pm* a ff² sy^s sa bo^pt ¦ *txt* 𝔓66vid B A L Θ φ 33 *al* lat | °² ℵ^corr D L φ *al* lat sy^s sa bo^pt | ⸉ *p.* αρχης D 33. 157 *pc* ¦ *p.* ειπον L 28. 118 *pc*

1sqq cf 5sqq. 12sqq. 17sqq || *1* cf Mt 26,31.33; Mc 14,27.29 | cf Jo 9,22 | cf Jo 12,23; 13,1; 16,32 || *2sq* cf Jo 8,19; 14,7; 15,21; 1Jo 3,1 || *3sq* cf Jo 13,19; 14,29 || *4* cf Jo 6,64; 15,27 || *5sqq cf 1sq* || *12sqq cf 1sqq*

Matth.	Mark.	Luk.	Joh.
10,21-22 *(nr. 100, p. 142)* 21 Παραδώσει δὲ ἀδελφὸς ἀδελφὸν εἰς θάνατον καὶ πατὴρ τέκνον, καὶ ἐπαναστήσονται τέκνα ἐπὶ γονεῖς καὶ θανατώσουσιν αὐτούς. 22 καὶ ἔσεσθε μισούμενοι ὑπὸ πάντων διὰ τὸ ὄνομά μου· ὁ δὲ ὑπομείνας εἰς τέλος οὗτος σωθήσεται.			

17sqq cf 1sq

325. Vom Hingang Jesu und der Aufgabe des Parakleten

Paraclitus arguet et docebit *(cf. nr. 318)* **The Work of the Paraclete**

Matth.	Mark.	Luk.	Joh. 16, 5-15
			5 Νῦν δὲ ⸆ ὑπάγω πρὸς τὸν πέμψαντά με, καὶ οὐδεὶς ἐξ ὑμῶν ἐρωτᾷ με· ποῦ ὑπάγεις; 6 °ἀλλ᾽ ὅτι ταῦτα λελάληκα ὑμῖν ἡ λύπη ⸀πεπλήρωκεν ὑμῶν τὴν καρδίαν. 7 ἀλλ᾽ ἐγὼ τὴν ἀλήθειαν λέγω ὑμῖν, συμφέρει ὑμῖν ἵνα ἐγὼ ἀπέλθω. ἐὰν γὰρ ⸆ μὴ ἀπέλθω, ὁ παράκλητος ⸂οὐκ ἐλεύσεται⸃ πρὸς ὑμᾶς· ⸄ἐὰν δὲ πορευθῶ, πέμψω αὐτὸν πρὸς ὑμᾶς⸅. 8 καὶ ἐλθὼν ἐκεῖνος ἐλέγξει τὸν κόσμον περὶ ἁμαρτίας καὶ περὶ δικαιοσύνης καὶ περὶ κρίσεως· 9 περὶ ἁμαρτίας μέν, ὅτι οὐ πιστεύουσιν εἰς ἐμέ· 10 περὶ δικαιοσύνης δέ, ὅτι πρὸς τὸν πατέρα ⸆ ὑπάγω καὶ οὐκέτι θεωρεῖτέ με· 11 περὶ δὲ κρίσεως, ὅτι ὁ ἄρχων τοῦ κόσμου τούτου κέκριται. 12 Ἔτι πολλὰ ἔχω ⸉ὑμῖν λέγειν⸊, ἀλλ᾽ οὐ δύνασθε ⸆ βαστάζειν ἄρτι· 13 ὅταν °δὲ ἔλθῃ ἐκεῖνος, τὸ πνεῦμα τῆς ἀληθείας, ⸂ὁδηγήσει ὑμᾶς⸃ ⸄ἐν τῇ ἀληθείᾳ πάσῃ⸅· οὐ γὰρ λαλήσει ἀφ᾽ ἑαυτοῦ, ἀλλ᾽ ὅσα ⸆ ⸀ἀκούσει λαλήσει καὶ τὰ ἐρχόμενα ἀναγγελεῖ ὑμῖν. 14 ἐκεῖνος ἐμὲ δοξάσει, ὅτι ἐκ τοῦ ἐμοῦ λήμψεται καὶ ἀναγγελεῖ ὑμῖν. 15 ⸋πάντα ὅσα ἔχει ὁ πατὴρ ἐμά ἐστιν· διὰ τοῦτο εἶπον ⸆ ὅτι ἐκ τοῦ ἐμοῦ λαμβάνει καὶ ἀναγγελεῖ ὑμῖν.⸌

5 ⸆εγω ℵ ‖ **6** °A | ⸀πεπωρωκεν got ‖ **7** ⸆εγω 𝔎 A Γ Δ φ 33.118.209 *pm* it | ⸂ † ου μη ελθη B L Ψ 33 *pc* ¦ *txt* ℵ 𝔎 A D Γ Δ Θ 054 λ φ *pl* | ⸄ — 𝔓66*vid ¦ εαν δε πορ. πεμψω [προς] υμας 𝔓66c ‖ **10** ⸆μου 𝔎 A Γ Δ Θ 054 φ *pl* ¦ *txt* B ℵ D L W Ψ 1.33 *al* lat sapt bo ‖ **12** ⸉ 𝔎 A D W Γ Δ Θ 068 φ 1 *pm* ¦ *txt* B ℵ L Y Ψ 054.33.118.209 *pc* lat | ⸆αυτα D it ‖ **13** °D W *pc* e r1 | ⸂εκεινος υμ. οδ. D ¦ διηγησεται υμιν e vg; Eus | ⸄ † εις την αληθειαν πασαν B A 054 *pc* ¦ εις π. τ. α-αν 𝔎 Γ Δ 068 φ 118.209 *pm* ¦ την αλ. π. e vg; Eus ¦ *txt* ℵ(*: — παση) D L W(⸉Θ) 1 *al*; Cyr | ⸆αν 𝔎(A) Dcorr Γ Θ 054 φ 118.209 *pm* ¦ *txt* B ℵ D* L W 1 *pc* | ⸀ † ακουει ℵ L 33 ¦ -ση 𝔎 A Γ Δ φ 118.209 *pm* ¦ *txt* B D E H W Θ 054.1 *al*; Or Epiph Eus CyrJer ‖ **15** ⸋*vs* 𝔓66ℵ* | ⸆υμιν ℵcorr L Θ *al* sys.p bopt; CyrJer

1 cf Jo 7,33sq | cf Jo 13,36; 14,5; Mc 9,32; Lc 9,45 ‖ 2 cf Mt 17,23 ‖ 3sqq cf Jo 14,16sqq; 15,26sq; 1Jo 2,1sq *(v. nr 318)* ‖ 3 cf Jo 14,16; 7,39 ‖ 5 cf Jo 3,18sqq; 7,7; 8,47; 15,22 ‖ 5sq cf Jo 8,21 ‖ 6 cf Jo 12,31; 14,30; Lc 10,18 ‖ 7 cf Act 15,10; Mt 11,30; Apc 2,2sq | cf Jo 14,17; 15,26; Mt 10,20 | cf Ps 25,5; Sap 9,11; 10,10.17; Is 63,14; Ps 143,10 ‖ 9 cf Jo 11,4; 12,23; 13,31

326. Ankündigung von Tod und Auferstehung

Modicum **Sorrow Turned to Joy**

Matth.	Mark.	Luk.	Joh. 16, 16-22
			16 Μικρὸν καὶ ⸀οὐκέτι θεωρεῖτέ με, καὶ πάλιν μικρὸν καὶ ὄψεσθέ με⸆. 17 εἶπαν οὖν ἐκ τῶν μαθητῶν αὐτοῦ πρὸς ἀλλήλους· τί ἐστιν τοῦτο ὃ λέγει ἡμῖν· μικρὸν καὶ ⸀οὐ ⸁θεωρεῖτέ με, καὶ πάλιν μικρὸν καὶ ὄψεσθέ με; καί⁚

16 ⸀ου 𝔎 A Γ Δ 054 φ 118.209 *pm* | ⸆(*vs* 17) οτι (+ εγω 054.33 *al*) υπαγω προς τον πατερα (+ μου G sys) 𝔎 A Γ Δ Θ 054.068 λ φ *pl* lat sys.p bopt ¦ *txt* 𝔓5.66 B ℵ D L W 0250 *pc* it ‖ **17** ⸀ουκετι D W Ψ 33 *pc* | ⸁οψεσθε D lat | [⁚ — · W]

1 cf Jo 7,33sq; 12,35; 13,33; 14,19

Matth.	Mark.	Luk.	[Joh. 16,16-22]
			ὅτι ⸆ ὑπάγω πρὸς τὸν πατέρα; [18] ⸋ἔλεγον οὖν·⸌ ⸂τί ἐστιν τοῦτο⸃ ⸋¹[ὃ λέγει]⸌ °τὸ μικρόν; οὐκ οἴδαμεν ⸢τί λαλεῖ⸣. [19] Ἔγνω ⸀[ὁ] Ἰησοῦς ὅτι ⸀ἤθελον αὐτὸν ⸀¹ἐρωτᾶν, καὶ εἶπεν αὐτοῖς· περὶ τούτου ζητεῖτε μετ᾽ ἀλλήλων ὅτι εἶπον· μικρὸν καὶ ⸀²οὐ θεωρεῖτέ με, καὶ πάλιν μικρὸν καὶ ὄψεσθέ με; [20] ἀμὴν ἀμὴν λέγω ὑμῖν ὅτι κλαύσετε καὶ θρηνήσετε ὑμεῖς, ὁ δὲ κόσμος χαρήσεται· ὑμεῖς ⸆ λυπηθήσεσθε, ⸀ἀλλ᾽ ἡ λύπη ὑμῶν εἰς χαρὰν γενήσεται. [21] ἡ γυνὴ ὅταν τίκτῃ λύπην ἔχει, ὅτι ἦλθεν ἡ ⸀ὥρα αὐτῆς· ὅταν δὲ γεννήσῃ τὸ παιδίον, οὐκέτι μνημονεύει τῆς ⸀θλίψεως διὰ τὴν χαρὰν ὅτι ἐγεννήθη ἄνθρωπος εἰς τὸν κόσμον. [22] καὶ ὑμεῖς ⸂οὖν νῦν μὲν λύπην⸃ ⸀ἔχετε· πάλιν δὲ ὄψομαι ὑμᾶς, καὶ χαρήσεται ὑμῶν ἡ καρδία, καὶ τὴν χαρὰν ὑμῶν οὐδεὶς ⸀αἴρει ἀφ᾽ ὑμῶν⁚.

17 ⸆εγω ℜ D W Γ Δ Θ **054**.1 *pm* ‖ **18** ⸋ D it sy^s | ⸂ † *3 1 2* ℜ A D^corr Γ Δ Θ **068**.118.209 *pm* ¦ *txt* 𝔓⁶⁶ B ℵ D* L W Ψ **054**.**0141** φ 1.33 *al*; Or | ⸋1 𝔓^5.66 ℵ* D* W φ 1.579 *al* it sa ¦ *txt* B ℵ^corr ℜ A D^corr Θ **054**.**068**.118.209 *pm* (⸂ sy^s.p) | ° B ℵ^corr L Ψ **054** *pc*; Or ¦ *txt* ℵ* ℜ A D W Γ Δ Θ λ φ *pm* | ⸢τι λεγει (D) Θ ¦ — B *pc* ‖ **19** ⸀ † — 𝔓^5.66vid B L W ¦ ουν ο ℜ A Γ Δ **054** φ 118.209 *pm* ¦ δε ο U Θ *al* ¦ *txt* ℵ D 1.565 *al* | ⸀ημελλον 𝔓^66c ℵ W 69 *pc* ¦ ημελ. και ηθελ. 𝔓⁶⁶* | ⸀¹ επερωτησαι περι τουτου D (Θ) | ⸀² ουκετι Θ 565 *pc* ‖ **20** ⸆ δε ℜ A L W Γ Δ Θ **054** φ 118.209 *pl* vg ¦ *txt* 𝔓⁵ B ℵ* D 1 *pc* it sy^s sa^pt bo^pt | ⸀αλλα D L Γ Θ *al* ‖ **21** ⸀ημερα 𝔓^5vid.66 D it sy^s.p | ⸀λυπης D 579 c ‖ **22** ⸂ *2 3 1 4* ℵ* ¦ *1 4 3 2* C³ ℜ A Δ Θ *pm* | ⸀εξετε 𝔓⁶⁶ ℵ^corr A D (L) W* Θ Ψ **0141**.33.157 *al* it ¦ *txt* 𝔓²² B ℵ* C ℜ Γ Δ **054** λ φ *pm* | ⸀αρει 𝔓⁵ B D* Γ lat sa bo ¦ αφαιρει W. | [⁚—. comm]

4sq cf Lc 9,45; Mc 9,32 ‖ *5sq* cf Lc 5,35; Mt 9,15; Mc 2,19; 2Cor 4,17; Apc 11,10 ‖ *6* cf 1Pt 1,6; Heb 12,11 ‖ *7sqq* cf Is 21,3; 26,17; 37,3; 66,7sq; Hos 13,13sq; Mch 4,9sq; 5,2etc; Rm 8,22 ‖ *9* cf Is 66,14; Hab 3,18; Jo 20,20; Lc 24,52

327. Das Gebet im Namen Jesu

Petitio in nomine Jesu | **Prayer in the Name of Jesus**

Matth.	Mark.	Luk.	Joh. 16,23-28
			[23] Καὶ °ἐν ἐκείνῃ τῇ ἡμέρᾳ ἐμὲ οὐκ ⸀ἐρωτήσετε οὐδέν⁚. ἀμὴν ἀμὴν λέγω ὑμῖν, ⸢ἄν τι⸣ αἰτήσητε τὸν πατέρα ⸂ἐν τῷ ὀνόματί μου δώσει ὑμῖν⸃. [24] ἕως ἄρτι οὐκ ᾐτήσατε οὐδὲν ἐν τῷ ὀνόματί μου· ⸀αἰτεῖτε καὶ λήμψεσθε, ἵνα ἡ χαρὰ ὑμῶν ᾖ πεπληρωμένη. [25] Ταῦτα ἐν παροιμίαις λελάληκα ὑμῖν· ⸆ ἔρχεται ὥρα ⸀ὅτε οὐκέτι ἐν παροιμίαις λαλήσω ὑμῖν, ἀλλὰ παρρησίᾳ περὶ τοῦ πατρὸς ⸆ ⸀ἀπαγγελῶ ὑμῖν. [26] ἐν ἐκείνῃ τῇ ἡμέρᾳ ἐν τῷ ὀνόματί μου αἰτήσεσθε, καὶ οὐ λέγω ὑμῖν ὅτι ἐγὼ ἐρωτήσω τὸν πατέρα ⸆ ⸋περὶ ὑμῶν⸌· [27] αὐτὸς γὰρ ὁ πατὴρ φιλεῖ ὑμᾶς, ὅτι ὑμεῖς ⸀ἐμὲ πεφιλήκατε καὶ πεπιστεύκατε ὅτι °ἐγὼ παρὰ ⸢[τοῦ] θεοῦ⸣ ἐξῆλθον. [28] ⸋ἐξῆλθον ⸀παρὰ τοῦ πατρὸς⸌ καὶ ⸀ἐλήλυθα εἰς τὸν κόσμον· πάλιν ἀφίημι τὸν κόσμον καὶ πορεύομαι πρὸς τὸν πατέρα.

Ignatius ad Magn. 7,2: Πάντες ὡς εἰς ἕνα ναὸν συντρέχετε θεοῦ, ὡς ἐπὶ ἓν θυσιαστήριον, ἐπὶ ἕνα Ἰησοῦν Χριστόν, τὸν ἀφ᾽ ἑνὸς πατρὸς προελθόντα καὶ εἰς ἕνα ὄντα καὶ χωρήσαντα.

23 ° W Θ | ⸀-τησητε ℵ *pc* | [⁚ H] | ⸢οτι ο αν ℵ *pc* ¦ οτι ο εαν Θ 33 *pc* ¦ οτι οσα αν ℜ Γ Δ λ φ *pm* ¦ οτι αν A W ¦ οτι εαν 𝔓^22vid ¦ εαν τι D* Ψ **054**^c ¦ *txt* 𝔓^5vid B C L **054*** *pc* lat | ⸂ † *5 6 1-4* 𝔓^5vid B ℵ C* L (**054**) *pc* ¦ *txt* 𝔓^22vid C³ ℜ A D W Γ Θ λ φ *pl* ‖ **24** ⸀αιτησασθε ℵ* W *pc* ¦ ητησασθε A *pc* ‖ **25** ⸆ αλλ(α) C³ ℜ A D^corr Γ Δ Θ 13.118.209 *pm* c f q r¹ | ⸀οπου ℵ* ¦ οτι Γ 209 *pc* | ⸆ λαλησω υμιν 𝔓⁶⁶* | ⸀-ελλω ℵ ¦ αναγγελω C² ℜ Γ Δ λ φ *pm* ‖ **26** ⸆ μου D | ⸋ 𝔓^5vid.66vid **0141**.36 b c e ‖ **27** ⸀με ℵ L | ° 𝔓⁵ | ⸢θεου 𝔓⁵ ℵ* A Θ 33 *al* ¦ του πατρος B (ℵ^corr) C* D L **0141** *pc* sa bo ¦ *txt* ℜ Γ Δ W **054** λ φ *pm* ‖ **28** ⸋ D W b ff² sy^s | ⸀ † εκ B C* L Ψ *pc* ¦ *txt* 𝔓^5.22 ℵ C² ℜ A Γ Δ Θ **054** λ φ *pl* | ⸀ηλθον D

1sqq cf Jo 15,7; 14,13sq; Mt 7,7sq; Lc 11,9sq; Mt 21,22; Mc 11,24 *(= nr 275)*; Mt 18,19 ‖ *1* cf Jo 14,20; *cf 4* | cf Jo 13,24sq.27; 14,5.8.22; 16,17sq ‖ *2 cf 4sq* ‖ *2sq* cf Jo 15,11; 17,13; 1Jo 1,4; 2Jo 12 ‖ *3* cf Jo 4,21.23; 5,28; 16,2 | cf Jo 10,6; 16,29 | cf Jo 11,14 ‖ *4* cf Jo 14,20; *cf 1* ‖ *4sq* cf Jo 14,13sq; 1Jo 2,1; *cf 2* ‖ *5sqq* cf Jo 14,27; *cf 8sq* ‖ *8sq* cf 5sqq

328. Ankündigung des Abfalls

Discipulorum fuga praedicitur — **Prediction of the Disciples' Flight**

Matth. 26, 31	Mark. 14, 27	Luk.	Joh. 16, 29-33
			29 Λέγουσιν ⸆ οἱ μαθηταὶ ⸀αὐτοῦ· ἴδε νῦν °ἐν παρρησίᾳ λαλεῖς καὶ παροιμίαν οὐδεμίαν λέγεις. 30 νῦν οἴδαμεν ὅτι οἶδας πάντα καὶ οὐ χρείαν ἔχεις ἵνα τίς σε ἐρωτᾷ· ἐν τούτῳ πιστεύομεν ὅτι ⸀ἀπὸ θεοῦ ἐξῆλθες. 31 ἀπεκρίθη αὐτοῖς ⸆ Ἰησοῦς· ἄρτι πιστεύετε⁝; 32 ἰδοὺ ἔρχεται ὥρα καὶ ⸆ ἐλήλυθεν ἵνα σκορπισθῆτε ⸆ ἕκαστος εἰς τὰ ἴδια ⸀κἀμὲ μόνον ἀφῆτε· καὶ οὐκ εἰμὶ μόνος, ὅτι ὁ πατὴρ μετ' ἐμοῦ ἐστιν. 33 ⸀ταῦτα λελάληκα ὑμῖν ἵνα ἐν ἐμοὶ εἰρήνην ἔχητε. ⸋ἐν τῷ κόσμῳ θλῖψιν ⸀ἔχετε·⸌ ἀλλὰ θαρσεῖτε, ἐγὼ νενίκηκα τὸν κόσμον.

26, 31 (nr. 315, p. 442)	14, 27 (nr. 315, p. 442)
31 Τότε λέγει αὐτοῖς ὁ Ἰησοῦς· πάντες ὑμεῖς σκανδαλισθήσεσθε ἐν ἐμοὶ ἐν τῇ νυκτὶ ταύτῃ, γέγραπται γάρ· πατάξω τὸν ποιμένα, καὶ διασκορπισθήσονται τὰ πρόβατα τῆς ποίμνης.	27 Καὶ λέγει αὐτοῖς ὁ Ἰησοῦς ὅτι πάντες σκανδαλισθήσεσθε, ὅτι γέγραπται· πατάξω τὸν ποιμένα, καὶ τὰ πρόβατα διασκορπισθήσονται.

29 ⸆αυτω 𝔓^5c^ C^3^ 𝔎 A D^corr^ L W Γ Δ 054 ϕ *pm* | ⸀αυτω ℵ* ¦ — W *pc* | ° 𝔎 A L Γ Δ Θ 054 λ ϕ *pl* ‖ 30 ⸀παρα D ‖ 31 ⸆ο ℵ 𝔎 A D L Γ Δ 054 λ ϕ *pl* ¦ *txt* 𝔓^22.66^ B C W Θ (0109). 0250 *pc* | [⁝ W] ‖ 32 ⸆νυν C^3^ 𝔎 D^corr^ Γ Δ Θ 054 λ ϕ *pm* it sy^p^ | ⸆παντες 𝔓^66^* | ⸀και εμε 𝔓^22^ C^3^ 𝔎 A D W Γ Δ Θ 054 ϕ *pm* ¦ *txt* B ℵ C* L 0109. 1 *pc* ‖ 33 ⸀τ]αυτα δε 𝔓^66^ | ⸋ 𝔓^66vid^ | ⸀εξετε D 0141 λ ϕ *pc* lat; Ath Bas Chr Cyr

¹cf Jo 16, 25; 10, 6 ‖ ²cf Jo 21, 17; 2, 25; 4, 19. 29 | cf Jo 17, 8 ‖ ³ˢᵠ cf Zch 13, 7; 1 Mcc 6, 54; Jo 18, 8 sq; 18, 15 sqq; 19, 26 sq; 20, 2 sqq; *cf 6 sqq* ‖ ⁴cf Jo 8, 16. 29 ‖ ⁵cf Jo 14, 27; Rm 5, 1 | cf Jo 15, 18 sqq | cf Jo 12, 31; 14, 30; 16, 11; Apc 3, 21; 5, 5 | cf 1 Jo 5, 4 sq; 4, 4; Rm 8, 37 ‖ ⁶ˢᵠᵠ *cf 3 sq*

329. Das hohepriesterliche Gebet

Oratio sacerdotalis — **The Intercessory Prayer**

Matth.	Mark.	Luk.	Joh. 17, 1-26
			1 Ταῦτα ⸀ἐλάλησεν ⸆ Ἰησοῦς καὶ ⸀ἐπάρας τοὺς ὀφθαλμοὺς αὐτοῦ εἰς τὸν οὐρανὸν ⸀εἶπεν· πάτερ, ἐλήλυθεν ἡ ὥρα· δόξασόν σου τὸν υἱόν, ἵνα ⸆ ὁ υἱὸς ⸆¹ δοξάσῃ σέ⁝, 2 καθὼς ἔδωκας αὐτῷ ἐξουσίαν πάσης σαρκός, ἵνα πᾶν ὃ ⸀δέδωκας αὐτῷ ⸂δώσῃ αὐτοῖς⸃ ζωὴν αἰώνιον. 3 αὕτη δέ ἐστιν ἡ αἰώνιος ζωὴ ἵνα ⸀γινώσκωσιν σὲ τὸν μόνον ἀληθινὸν θεὸν καὶ ὃν ⸀ἀπέστειλας Ἰησοῦν Χριστόν ⸆. 4 ἐγώ σε ἐδόξασα ἐπὶ τῆς γῆς ⸂τὸ ἔργον τελειώσας⸃ ὃ ⸀δέδωκάς μοι ἵνα ποιήσω· 5 καὶ νῦν δόξασόν με σύ, ⸀πάτερ, παρὰ σεαυτῷ τῇ δόξῃ ⸀ᾗ εἶχον ⸂πρὸ τοῦ τὸν κόσμον εἶναι παρὰ σοί⸃. 6 Ἐφανέρωσά ⸉σου τὸ ὄνομα⸊ τοῖς ἀνθρώποις οὓς ⸀ἔδωκάς μοι ἐκ τοῦ

1 ⸀λελαληκεν ℵ W *pc* | ⸆ο 𝔓^60^ *rell* ¦ *txt* B ℵ Θ (0109). 0250. 2145 | ⸀επηρεν *et* ⸀και ειπεν C^3^ 𝔎 A Γ Δ 054 *pm* it | ⸆και C^2^ 𝔎 L Γ Δ 054 ϕ *pm* q | ⸆¹σου C^3^ 𝔎 A D L Γ Δ Θ 054. 0250 λ ϕ *pl* lat sy^s.p^ sa bo ¦ *txt* 𝔓^60vid^ B ℵ C* W 0109 *pc* d e ff² | [⁝ comm] ‖ 2 ⸀εδ- E G Δ Θ *pm* | ⸂δωσει αυτ. B E H Γ Δ 054 ϕ *pm* ¦ -σω αυτω ℵ* 0109 *pc* ¦ δως αυτω W(L) ¦ εχη D ‖ 3 ⸀-κουσιν A D G L W Δ 054. 0109 *al* | ⸀απεπεμψας 𝔓^66vid^ | ⸆εις τουτον τον κοσμον D ‖ 4 ⸂(και D sy^s^) το ε. ετελειωσα 𝔎(D) Γ Δ Θ Ψ 054 ϕ *pl* lat sy^s.p^ sa^pt^ | ⸀εδ- C D W *pc* ‖ 5 ⸀πατηρ D* 0109 *pc* | ⸀ην 𝔓^60vid^ ℵ* | ⸂*6 7 1-5* 𝔓^66^* ¦ παρα σοι προ του γενεσθαι τον κοσμον D sy^s.p^ sa; Ir Epiph ‖ 6 ⸉*2 3 1* D lat | ⸀δεδ- 𝔓^60vid^ C 𝔎 L Δ λ ϕ *pm* ¦ *txt* B ℵ A D W Θ *al*

¹cf Jo 11, 41 ‖ ¹ˢᵠ cf Jo 12, 23. 27; 13, 1; 16, 32 ‖ ²cf Jo 12, 27 sq; 13, 31 sq; 11, 4; 1 Sm 2, 30 | cf Jo 3, 27. 35; 13, 3; Mt 28, 18; 9, 6; 11, 27 par; Lc 5, 24; 10, 22 ‖ ³ˢᵠ cf Sap 15, 3 etc; 1 Jo 5, 20 ‖ ⁴ˢᵠ cf Jo 4, 34; 5, 36; 19, 30; *cf 24* ‖ ⁵cf Heb 5, 7 sqq; 12, 2 ‖ ⁵ˢᵠ cf Jo 1, 1; 8, 58; *cf 26 sq* ‖ ⁶ˢᵠ *cf 10 sq. 28* | cf Jo 1, 12

Matth.	Mark.	Luk.	[Joh. 17,1-26]

κόσμου. σοὶ ἦσαν ⸀κἀμοὶ αὐτοὺς ἔδωκας καὶ τὸν λόγον σου ⸁τετήρηκαν. 7 νῦν ⸀ἔγνωκαν ὅτι πάντα ὅσα ⸁δέδωκάς μοι παρὰ σοῦ ⸀1εἰσιν· 8 ὅτι τὰ ῥήματα ⸆ ἃ ⸀ἔδωκάς μοι δέδωκα αὐτοῖς, καὶ αὐτοὶ ἔλαβον □καὶ ἔγνωσαν\ ἀληθῶς ὅτι παρὰ σοῦ ἐξῆλθον, καὶ ἐπίστευσαν ὅτι σύ με ἀπέστειλας. 9 Ἐγὼ περὶ αὐτῶν ἐρωτῶ, οὐ περὶ τοῦ κόσμου ἐρωτῶ ἀλλὰ περὶ ὧν ⸀δέδωκάς μοι, ὅτι σοί εἰσιν, 10 καὶ ⸂τὰ ἐμὰ πάντα σά ἐστιν καὶ τὰ σὰ ἐμά⸃, καὶ ⸀δεδόξασμαι ἐν αὐτοῖς. 11 καὶ οὐκέτι εἰμὶ ἐν τῷ κόσμῳ, καὶ ⸀αὐτοὶ ἐν τῷ κόσμῳ εἰσίν, ⸁κἀγὼ πρὸς σὲ ἔρχομαι⸆. ⸀1πάτερ ἅγιε, τήρησον αὐτοὺς ἐν τῷ ὀνόματί σου ⸆ ⸀2ᾧ ⸀3δέδωκάς μοι, □ἵνα ὦσιν ἓν καθὼς ⸆1 ἡμεῖς.\ 12 ὅτε ἤμην μετ᾽ αὐτῶν ⸆ ἐγὼ ἐτήρουν αὐτοὺς ἐν τῷ ὀνόματί ⸀σου □⸁ᾧ δέδωκάς μοι\, °καὶ ἐφύλαξα, καὶ οὐδεὶς °1ἐξ αὐτῶν ἀπώλετο εἰ μὴ ὁ υἱὸς τῆς ἀπωλείας, ἵνα ἡ γραφὴ πληρωθῇ. 13 νῦν δὲ πρὸς σὲ ἔρχομαι καὶ ταῦτα λαλῶ ἐν ⸆ τῷ κόσμῳ ἵνα ἔχωσιν τὴν χαρὰν τὴν ἐμὴν πεπληρωμένην ἐν ⸀ἑαυτοῖς. 14 ἐγὼ ⸀δέδωκα ⸂αὐτοῖς τὸν λόγον σου⸃ καὶ ὁ κόσμος ἐμίσησεν αὐτούς, ὅτι οὐκ εἰσὶν ἐκ ⸆ τοῦ κόσμου □καθὼς ἐγὼ οὐκ εἰμὶ ἐκ τοῦ κόσμου\. 15 □οὐκ ἐρωτῶ ἵνα ἄρῃς αὐτοὺς ἐκ τοῦ κόσμου, ἀλλ᾽ ἵνα τηρήσῃς αὐτοὺς ἐκ τοῦ πονηροῦ.\ 16 □ἐκ τοῦ κόσμου οὐκ εἰσὶν καθὼς ⸀ἐγὼ ⸉οὐκ εἰμὶ ἐκ τοῦ κόσμου⸊.\ 17 ἁγίασον αὐτοὺς ἐν τῇ ἀληθείᾳ⸆· ὁ λόγος ὁ σὸς ⸆ ἀλήθειά ἐστιν. 18 καθὼς ἐμὲ ἀπέστειλας εἰς ⸆ τὸν κόσμον, □κἀγὼ ⸀ἀπέστειλα αὐτοὺς εἰς ⸆ τὸν κόσμον\· 19 καὶ ὑπὲρ αὐτῶν °ἐγὼ ἁγιάζω ἐμαυτόν, ἵνα ⸂ὦσιν καὶ αὐτοὶ⸃ ἡγιασμένοι ἐν ἀληθείᾳ. 20 Οὐ περὶ τούτων δὲ ἐρωτῶ μόνον, ἀλλὰ καὶ περὶ τῶν ⸀πιστευόντων διὰ τοῦ λόγου αὐτῶν εἰς ἐμέ, 21 ἵνα πάντες ἓν ὦσιν, καθὼς σύ, ⸀πάτερ, ἐν ἐμοὶ κἀγὼ ἐν σοί, ἵνα καὶ αὐτοὶ ἐν ἡμῖν ⸆ ὦσιν, ἵνα ὁ κόσμος ⸁πιστεύῃ ὅτι σύ με ἀπέστειλας. 22 ⸀κἀγὼ τὴν δόξαν ἣν ⸁δέδωκάς μοι ⸀1δέδωκα αὐτοῖς, ἵνα ὦσιν ⸆ ἓν καθὼς ἡμεῖς ἕν⸆· 23 ⸉ἐγὼ ἐν αὐτοῖς καὶ σὺ ἐν ἐμοί⸊, ἵνα ὦσιν τετελειωμένοι εἰς ⸆ ἕν, ⸀ἵνα γινώσκῃ ὁ κόσμος ὅτι σύ με ἀπέστειλας καὶ ⸁ἠγάπησας αὐτοὺς καθὼς ⸀1ἐμὲ ἠγάπησας. 24 ⸀Πάτερ, ⸁ὃ δέδωκάς μοι, θέλω ἵνα ὅπου εἰμὶ ἐγὼ ⸀1κἀκεῖνοι ὦσιν μετ᾽ ἐμοῦ, ἵνα θεωρῶσιν τὴν δόξαν □τὴν ἐμήν\, ἣν ⸀2δέδωκάς μοι⁝ ὅτι ἠγάπησάς με πρὸ καταβολῆς κόσμου. 25 ⸀πάτερ δίκαιε, °καὶ ὁ κόσμος σε οὐκ ἔγνω, ἐγὼ δέ ⸂σε ἔγνων⸃, καὶ οὗτοι ἔγνωσαν ὅτι σύ με ἀπέστειλας· 26 καὶ ἐγνώρισα αὐτοῖς τὸ ὄνομά σου καὶ γνωρίσω, ἵνα ἡ ἀγάπη ⸀ἣν ἠγάπησάς ⸁με ἐν αὐτοῖς ᾖ κἀγὼ ἐν αὐτοῖς.

---

6 ⸀και εμοι ℵCℜADLWΓΔΘφ *pl* ¦ *txt* 𝔓60 BY **054.0109***.1 *pc* | ⸁τετηρηκασι CℜAΓΔΘ **054** λφ *pm* ¦ ετηρησαν ℵN 33 ¦ *txt* BDLW **0109** *pc* || **7** ⸀εγνων ℵ ¦ -ωσαν CUXφ 33 *al* ¦ -ωκα W 579 *pc* sy^s.p sa | ⸁εδ- A **0109**.1 *pc* | ⸀1εστιν ℜADΓΔΘλφ *pm* || **8** ⸆σου D ¦ μου 185 e | ⸀δεδ- ℵℜLΓΔΘ **054.0109** λφ *pm* ¦ *txt* (B)ACDW *al* | □ℵ*ADW *pc* a e q || **9** ⸀εδ- DWΘ *pc* || **10** ⸂εμοι αυτους εδωκας ℵ | ⸀εδοξασας με D || **11** ⸀ουτοι CℜADLWΓΔΘ **054** λφ *pl* ¦ *txt* Bℵ *pc* | ⸁και εγω C³ℜAWΓΔΘ **054** φ *pm* | ⸆· ουκετι ειμι εν τω κοσμω, και εν τω κοσμω ειμι D (a c) r¹ | ⸀1πατηρ BN | ⸆και οτε ημην μετ αυτων εγω ετηρουν αυτους εν τω ονοματι σου D | ⸀2ὃ D*U 157 *pc* ¦ ους D² N^corr 69 *al* lat; Epiph | ⸀3εδ- ℵLW *pc* | □𝔓66* (+ 𝔓66c vid) sy^s | ⸆1και B*UΘ **054**.69 *al* || **12** ⸆εν τω κοσμω C³ℜAΓΔΘ **054** φ *pl* sy^s.p bo^pt | ⸀μου 𝔓66* | □𝔓66* ℵ* sy^s | ⸁ους C³ℜADΓΘ **054** λφ *pl* latt sy^p | °C²ℜAΓΔΘ **054** λφ *pl* lat | °1 𝔓66* || **13** ⸆τουτω D it | ⸀αυ- 𝔓66 ℵ*C³ℜDΓΔΘ **054** λφ *pm* ¦ ταις καρδιαις εαυτων C* ¦ *txt* Bℵ^corr AWΨ *al* || **14** ⸀εδ- W *pc* ¦ δε εδ- DΘ | ⸂τ. λογ. σου εν αυτ. D | ⸆τουτου D it | □𝔓66* D 69 *pc* it sy^s (+ καθ. εγ. εκ [τ. κοσμ. ουκ ειμι 𝔓66c) || **15** □*vs* 33 *pc*; Non *et* **16** □*vs* 𝔓66c 33 *pc* | ⸀καγω D 69 *pc* lat ¦ — 𝔓66* | ⸉*3-5 1 2* 𝔓66* ℜΓΔΘ **054** λφ *pm* || **17** ⸆σου ℵ^corr ℜΓΔ **054** φ *pm*; Cl | ⸆η B *pc* || **18** ⸆*bis* τουτον D it | □𝔓66vid | ⸀αποστελλω φ || **19** °ℵAW 579.700 *pc* it sy^s sa bo^pt ¦ *txt* 𝔓60 BCℜDLΓΔΘ **054** λφ *pl* | ⸂*1 3* 𝔓66* ¦ *2 3 1* C³ℜΓΔ *pm* ¦ *txt* 𝔓60.66c BℵAC*DLWΘ **054** φ 1 *al* || **20** ⸀-σοντων D^corr lat sa || **21** ⸀† πατηρ BDW *pc* ¦ *txt* ℵCℜALΓΔΘ **054** λφ *pl*; Cl | ⸆ἓν ℵC³ℜALΓΔΘ **054** λφ *pl* lat sy^p bo^pt; Cl ¦ *txt* 𝔓66vid BC*D W it sa | ⸁-ση 𝔓60 ℵ^corr C³ℜADLΓΔΘ **054** λφ *pl* ¦ *txt* 𝔓66 Bℵ*C*W *pc* || **22** ⸀και εγω ℜAΓΔΘ **054** φ *pm* | ⸁εδ- ADΘΨ 157 *al*; Cl | ⸀1εδ- ℵAKΘφ 157 *al* | ⸆το D | ⸆εσμεν ℵ^corr C³ℜAΓΔΘ **054** φ *pm* lat || **23** ⸉*5-7* καγω *2 3* D *pc* | ⸆το D; Eus Greg^nyss | ⸀και 𝔓66 ℵW 1 *pc* ¦ και ινα ℜAΓΔΘ **054** *pm* sy^p sa^pt | ⸁-σα D *al* a b r¹ bo^pt | ⸀1συ με D a (b r¹) || **24** ⸀† πατηρ BA *pc* ¦ *txt* ℵCℜDLWΓΔΘ **054** λφ *pl*; Cl | ⸁ους CℜALΓΔ(Θ) **054** λφ *pl* lat; Cl ¦ *txt* 𝔓60 BℵDW *pc* sy^s | ⸀1και εκεινοι AKW *al* | □D sy^s; Eus Cyr^pt | ⸀2εδ- BEGΓΘ **054** *pm*; Cl ¦ *txt* ℵCADHLW **0141** φ 1.565 *pm* | [⁝, H] || **25** ⸀† πατηρ BA *pc* ¦ *txt* 𝔓59vid ℵCℜDLWΓΔΘ **054** λφ *pl*; Cl | °D it | ⸂*2 1* W *pc* ¦ *2* A ¦ σε εγνωκα D || **26** ⸀η D | ⸁αυτους ℵ

---

7 cf Jo 6,37.44 sq; 8,47; 10,16.26 sqq; 11,52 || 7 sq cf Jo 16,30 || 9 sq cf Jo 1,10; 6,36 sq.65; Jr 7,16; 11,14; 14,11 etc || 10 sq cf 6 sq. 21 || 12 cf 30 sq || 12 sqq cf Jo 18,8 sq || 12 sq cf Jo 10,30; 14,10.20; 1Jo 1,7; cf 21 sq || 13 sq cf Jo 6,39; 10,28; Is 34,16 | cf Jo 13,18; Ps 41,10 || 14 cf 2Th 2,3; Mt 23,15; Is 57,4 || 15 cf Jo 15,11; 16,24; 1Jo 1,4; 2Jo 12 || 16 sq cf Jo 15,18 sq; 1Jo 4,5; cf 18 || 17 sq cf Mt 6,13; 2Th 3,3; 1Jo 5,18 || 18 cf 16 sq || 19 sq cf Jo 20,21; 4,38; 10,36; Mt 28,19; Mc 16,15 || 20 sq cf Heb 2,11; 10,10 etc || 21 cf 10 sq || 21 sq cf 12 sq || 24 cf Jo 4,34; 5,36; cf 4 sq || 25 cf Jo 3,35; 5,20; 10,17; 13,3; 15,9; 16,27 || 25 sq cf Jo 10,29 || 26 sq cf 5 sq || 27 cf Jo 1,10; Mt 11,27 || 27 sq cf Jo 7,29; 10,14 sq; Mt 11,27; Lc 10,22 || 28 cf 6 sq

Didache 10, 2: Εὐχαριστοῦμέν σοι, πάτερ ἅγιε, ὑπὲρ τοῦ ἁγίου ὀνόματός σου, οὗ κατεσκήνωσας ἐν ταῖς καρδίαις ἡμῶν, καὶ ὑπὲρ τῆς γνώσεως καὶ πίστεως καὶ ἀθανασίας, ἧς ἐγνώρισας ἡμῖν διὰ Ἰησοῦ τοῦ παιδός σου.

---

30 sq cf 12

3. Gefangennahme, Kreuzigung und Begräbnis

Jesu comprehensio, crucifixio, sepultura — The Arrest, Crucifixion, and Burial

330. Gethsemane

Gethsemani — Gethsemane

Matth. 26, 36-46	Mark. 14, 32-42	Luk. 22, 39-46	Joh. 18, 1
26, 30	14, 26		12, 27; 14, 31
26, 30 *(nr. 315, p. 442)*	14, 26 *(nr. 315, p. 442)*		18, 1
30 Καὶ ὑμνήσαντες ἐξῆλθον εἰς τὸ ὄρος τῶν ἐλαιῶν.	26 Καὶ ὑμνήσαντες ἐξῆλθον εἰς τὸ ὄρος τῶν ἐλαιῶν.		1 Ταῦτα εἰπὼν ⊤ Ἰησοῦς ἐξῆλθεν σὺν τοῖς μαθηταῖς αὐτοῦ πέραν τοῦ χειμάρρου ⸂τοῦ Κεδρὼν⸃ ὅπου ἦν κῆπος,
(nr. 315 26, 30-35 p. 442)	*(nr. 315 14, 26-31 p. 442)*	*(nr. 316 22, 35-38 p. 444)*	
26, 36-46	14, 32-42		
36 Τότε ἔρχεται ⸉μετ' αὐτῶν ὁ Ἰησοῦς⸊ εἰς χωρίον λεγόμενον Γεθσημανὶ	32 Καὶ ⸀ἔρχονται εἰς χωρίον οὗ τὸ ὄνομα Γεθσημανὶ	39 Καὶ ἐξελθὼν ⸀ἐπορεύθη κατὰ τὸ ἔθος εἰς τὸ ὄρος τῶν ἐλαιῶν, ἠκολούθησαν δὲ αὐτῷ °καὶ οἱ μαθηταί⊤.	εἰς ὃν εἰσῆλθεν αὐτὸς καὶ οἱ μαθηταὶ αὐτοῦ.
		40 γενόμενος δὲ ἐπὶ °τοῦ τόπου εἶπεν αὐτοῖς·	
καὶ λέγει ⸂τοῖς μαθηταῖς⸃· καθίσατε °αὐτοῦ ἕως ⸀[οὗ] ἀπελθὼν ⸄ἐκεῖ προσεύξωμαι⸅.	καὶ λέγει ⸂τοῖς μαθηταῖς αὐτοῦ⸃· καθίσατε ὧδε ἕως ⸀προσεύξωμαι.	προσεύχεσθε μὴ ⸀εἰσελθεῖν εἰς πειρασμόν.	
37 καὶ παραλαβὼν τὸν Πέτρον καὶ τοὺς δύο υἱοὺς Ζεβεδαίου ἤρξατο λυπεῖσθαι καὶ ἀδημονεῖν. 38 τότε λέγει αὐτοῖς⊤·	33 καὶ παραλαμβάνει τὸν Πέτρον καὶ °[τὸν] Ἰάκωβον καὶ °[τὸν] Ἰωάννην μετ' αὐτοῦ καὶ ἤρξατο ἐκθαμβεῖσθαι καὶ ⸀ἀδημονεῖν 34 ⸀καὶ λέγει αὐτοῖς·		

Matth.: 36 ⸉ D W Θ *pc* lat | ⸂ *p)* αυτοις Θ ϕ *pc* ¦ τ. μαθ. αυτου 𝔓53vid ℵ A C D W λ 1424 *al* latt sy^s.p sa^pt bo ¦ *txt* B ℜ L Γ Δ Φ 067. 074. 33. 157. 565. 892 *pm* | ° ℵ C* *pc* | ⸀ αν D L W Γ Δ Θ 074 λ ϕ *al* ¦ οὗ αν 𝔓53 A ¦ — ℵ C 700. 892 *al* ¦ *txt* B ℜ Φ 067 *al* | ⸄ *2 1* C ℜ A W (Γ) Δ 067 λ 1241 *pm* ¦ εκ. πρ-ξομαι D (Γ) Θ *al* ‖ 38 ⊤ ο Ιησους C³ ℜ Γ Δ 074 *pm*

Mark.: 32 ⸀ εξερχ- W ¦ ερχεται Θ *pc* | ⸂ *p)* αυτοις D a | ⸀ -ξομαι D Γ Θ Ψ 13. 118. 209. 700 *al* ‖ 33 ° *bis* ℵ C ℜ D Γ Θ Φ Ψ 0112. 0116 *pm* ¦ *txt* B A W ϕ *al* | ⸀ ακηδεμονειν D* ‖ 34 ⸀ *p)* τοτε D Θ ϕ 565. 700 *pc* a b

Luk.: 39 ⸀ επορευετο D *pc* | ° B* 69. 118 *al* | ⊤ αυτου ℜ Γ Δ* *pm* ‖ 40 ° D | ⸀ εισελθητε D ¦ εμπεσειν ϕ ¦ — B*

Joh.: 1 ⊤ ο 𝔓60 *rell* ¦ *txt* B ℵ L* | ⸂ του Κεδρου ℵ* D W a b r¹ sa bo^pt ¦ των Κεδρων B ℵ² C ℜ L Γ Θ 054 λ ϕ *pl* lat bo^pt; Or ¦ των δενδρων 9 ¦ *txt* A S Δ 0250 *pc* sy^s.p

---

5 sqq cf Lc 21, 37 ‖ *10* cf Lc 21, 37?; Lc 10, 32; Jo 18, 2 ‖ *12 sq* cf Gn 22, 5; Ex 24, 14 ‖ *14 sqq* cf Mt 17, 1; Mc 9, 2; Lc 9, 28 *(= nr 161)*; Mc 5, 37; Lc 8, 51 *(= nr 138)*; Mc 13, 3; cf 76 *sqq*

[Matth. 26,36-46]

περίλυπός ἐστιν ἡ ψυχή
μου ἕως θανάτου· μείνατε ⸆ὧδε
καὶ γρηγορεῖτε μετ᾽ ἐμοῦ.
39 καὶ ⸀προελθὼν
μικρὸν ἔπεσεν ἐπὶ
πρόσωπον αὐτοῦ προσευχόμε-
νος καὶ λέγων·

πάτερ °μου, εἰ δυνατόν ἐστιν,
⸁παρελθάτω ἀπ᾽ ἐμοῦ τὸ πο-
τήριον τοῦτο· πλὴν οὐχ ὡς ἐγὼ
θέλω ἀλλ᾽ ὡς σύ. ⸆

40 καὶ ἔρχεται πρὸς τοὺς μα-
θητὰς ⸆καὶ εὑρίσκει αὐτοὺς καθ-
εύδοντας, καὶ λέγει
τῷ Πέτρῳ·
οὕτως οὐκ ⸀ἰσχύσατε μίαν ὥραν
γρηγορῆσαι μετ᾽ ἐμοῦ; 41 γρηγο-
ρεῖτε καὶ προσεύχεσθε, ἵνα μὴ
⸀εἰσέλθητε εἰς πειρασμόν· τὸ μὲν
πνεῦμα πρόθυμον ἡ δὲ σὰρξ ἀ-

[Mark. 14,32-42]

περίλυπός ἐστιν ἡ ψυχή
μου ἕως θανάτου· μείνατε ὧδε
καὶ γρηγορεῖτε⸆.
35 καὶ ⸀προελθὼν
μικρὸν ⸁ἔπιπτεν ἐπὶ
⸂τῆς γῆς⸃ καὶ προσηύχετο
⸄ἵνα εἰ δυνατόν ἐστιν παρέλθῃ⸅
ἀπ᾽ αὐτοῦ ἡ ὥρα⸆, 36 καὶ ἔλεγεν·
αββα □ὁ πατήρ⸆⸋, πάντα δυνατά
σοι⸇· παρένεγκε ⸉τὸ ποτήριον
τοῦτο ἀπ᾽ ἐμοῦ⸊· ἀλλ᾽ ⸂οὐ τί ἐγὼ
θέλω ἀλλὰ τί σύ⸃.

37 καὶ ἔρχεται
καὶ εὑρίσκει αὐτοὺς καθ-
εύδοντας, καὶ λέγει
τῷ Πέτρῳ· Σίμων, καθεύδεις;
οὐκ ⸀ἴσχυσας μίαν ὥραν
γρηγορῆσαι; 38 γρηγο-
ρεῖτε καὶ προσεύχεσθε, ἵνα μὴ
⸀ἔλθητε εἰς πειρασμόν· τὸ μὲν
πνεῦμα πρόθυμον ἡ δὲ σὰρξ ἀ-

[Luk. 22,39-46]

41 ⸂καὶ αὐτὸς⸃ ἀπεσπάσθη ἀπ᾽ αὐ-
τῶν ὡσεὶ λίθου βολὴν καὶ θεὶς
τὰ γόνατα ⸀προσηύχετο
42 λέγων·

πάτερ, ⸂εἰ βούλει
⸀παρένεγκε ⸉τοῦτο τὸ ποτή-
ριον⸊ ἀπ᾽ ἐμοῦ· πλὴν μὴ τὸ θέλη-
μά μου ἀλλὰ τὸ σὸν γινέσθω⸃.
□[[43 ὤφθη δὲ αὐτῷ ἄγγελος ⸀ἀπ᾽
οὐρανοῦ ἐνισχύων αὐτόν. 44 καὶ
γενόμενος ἐν ἀγωνίᾳ ἐκτενέστε-
ρον προσηύχετο· ⸂καὶ ἐγένετο⸃ °ὁ
ἱδρὼς αὐτοῦ ὡσεὶ θρόμβοι αἵμα-
τος ⸀καταβαίνοντες ἐπὶ τὴν γῆν.]]⸋
45 καὶ ἀναστὰς ἀπὸ τῆς προσ-
ευχῆς ⸆ ἐλθὼν ⸀πρὸς τοὺς μα-
θητὰς ⸇ εὗρεν ⸂κοιμωμένους αὐ-
τοὺς⸃ ἀπὸ τῆς λύπης, 46 καὶ εἶπεν
αὐτοῖς· °τί καθεύδετε;

ἀνα-
στάντες προσεύχεσθε, ἵνα μὴ
⸉εἰσέλθητε εἰς πειρασμόν⸊.

Joh.

12,27 (nr. 302, p. 419)
27 Νῦν ἡ ψυχή μου τετάρακ-
ται, καὶ τί εἴπω;
πάτερ,
σῶσόν με ἐκ τῆς ὥρας ταύτης⁝;
ἀλλὰ διὰ τοῦτο
ἦλθον εἰς τὴν ὥραν ταύτην.

Matth.: 38 ⸆δε 𝔓37 || 39 ⸀προσελθ- 𝔓53 ℌ ℜ A D W Γ Δ Θ **067.074**vid λ *pm* ¦ *txt* 𝔓37.45 B Φ *al* lat sa bo | ° *p)* 𝔓53* L Δ λ 892 *al* vgcodd; Irlat Or Cyp Cyr | ⸁-θετω 𝔓53 B ℜ W Γ Φ **067** λ *pm* | ⸆ *hic Lc 22,43.44* Cmg ϕ *pc* || **40** ⸆αυτου Dcorr **047** *pc* lat sys.p bopt ¦ αυτους D* | ⸀ *p)* ισχυσας A *pc* ¦ -σαν[τες] 𝔓37 || **41** ⸀ *p)* ελθητε 𝔓37

Mark.: 34 ⸆ *p)* μετ εμου G **0112** λ *pc* q r1 sa || 35 ⸀προσελθ- C ℜ A D L Γ Δ Θ Ψ **0116** λ ϕ *pm* ¦ *txt* B ℵ W Φ **0112** *al* lat sa bo | ⸁ *p)* επεσεν C ℜ A W Γ Δ Φ *pm* ¦ *p)* επεσεν επι προσωπον D G Θ Σ λ ϕ 565.700 *pc* it | ⸂την γην W Θ ϕ 565.700 *pc* | ⸄ *2-4 1 5* D G W λ ϕ 565.700 *pc* ¦ ει δυνατον παρελθειν ℵ* | ⸆αυτη D it sa || 36 [□ Beza *cj*] | ⸆ *p)* μου W ϕ *pc* sys.p | ⸇εστιν W ϕ ¦ εισιν D it | ⸉ *3 1 2 4 5* D Ψ λ *pc* ¦ *1 2 4 5 3* E S Γ **0116** *al* | ⸂ουχ ο εγω θ. αλλ ο συ θελεις D (Θ ϕ *al*) || 37 ⸀ *p)* -σατε D Θ λ ϕ *pc* it || 38 ⸀ *p)* εισελθ- C ℜ A D W Γ Δ Θ Φ **0112.0116** λ ϕ *pl* ¦ *txt* B ℵ* *pc*

Luk.: 41 ⸂αυτος δε D | ⸀προσευχετο D ¦ προσηυξατο 𝔓75 ℵ T Γ *pc* || 42 ⸂μη το θ. ... γενεσθω· ει β. ... απ εμου (*et* — πλην) D it | ⸀-έγκαι ℵ K L R ϕ *al* ¦ -εγκεῖν ℜ A W Γ Δ *pm* ¦ *txt* 𝔓75 B D T Θ λ 157.1241 *al* lat | ⸉ *2 3 1* ℜ A W Γ Δ λ ϕ *pm* ¦ *1-3 1* ℵ* || **43.44** □(𝔓69vid) 𝔓75 B ℵcorr A T W (ϕ: *pon. p.* Mt 26,39) 579 *al* f sys sa bopt; Mcion Cl Or (*idem* orthodoxi *apud* Epiph *cjj*) ¦ *txt* ℵ* ℜ D L X Γ (Δ *c. obel.*) Θ Ψ **0171** λ 565.700 *pm* lat syc.p bopt; Ju Ir || 43 ⸀απο του D Θ Ψ *al* || 44 ⸂εγ. δε ℜ D L Γ Δ Θ *pm* ¦ *txt* ℵ* Ψ λ 157 *al* lat syc.p bopt | ° ℵ* | ⸀-ντος ℵ* X 565 *pc* lat syp || 45 ⸆και **0171** *pc* | ⸀επι D *pc* | ⸇αυτου λ lat | ⸂ *2 1* ℜ A W Γ Δ Θ λ *pm* ¦ αυτ. καθευ]δοντας κοι[μωμενους 𝔓69 || 46 ° D | ⸉ D

Joh.: 27 [⁝. T H]

19sq Ps 42,6.12; 43,5; cf Jon 4,9 || *20* cf Jdc 16,16; 1Rg 19,4; Sir 37,2 || *22sqq cf 68sq* || *23sq* cf Mt 17,6; Lc 17,16 || *24sqq cf 47sqq. 56sqq* || *27(Mc)* cf Rm 8,15; Gl 4,6 || *27sq(Mc)* cf Mt 19,26; Mc 10,27; Lc 18,27 || *28sq* cf Mt 20,22; Mc 10,38; Jo 18,11; Lc 12,50 || *29sq* cf Jo 6,38; Mt 6,10; Act 21,14; *cf 51* || *31sqq cf 70sqq* || *31sq* cf Mt 4,11; Mc 1,13 || *42(Mt)* cf Mc 7,18; 1Cor 6,5 || *44sqq cf 73sqq* || *44sq* cf Mt 6,13; Lc 11,4

[Matth. 26,36-46]

σϑενής. 42 πάλιν ἐκ δευτέρου °ἀπελϑὼν προσηύξατο ⸆ °¹λέγων· πάτερ °²μου, εἰ οὐ δύναται ⸀τοῦτο παρελϑεῖν ⸆ ἐὰν μὴ αὐτὸ πίω, γενηϑήτω τὸ ϑέλημά σου. 43 καὶ ἐλϑὼν ⸉πάλιν ⸀εὗρεν αὐτοὺς⸊ καϑεύδοντας, ἦσαν γὰρ αὐτῶν οἱ ὀφϑαλμοὶ βεβαρημένοι.

44 καὶ ἀφεὶς αὐτοὺς ⸉πάλιν ἀπελϑὼν προσηύξατο ⸋ἐκ τρίτου⸌ τὸν αὐτὸν λόγον εἰπὼν ⁚°πάλιν⁚¹. 45 τότε ἔρχεται πρὸς τοὺς μαϑητὰς ⸆ καὶ λέγει αὐτοῖς· καϑεύδετε °[τὸ] λοιπὸν καὶ ἀναπαύεσϑε⁚ ⸂ἰδοὺ ἤγγικεν⸃ ἡ ὥρα καὶ ὁ υἱὸς τοῦ ἀνϑρώπου παραδίδοται εἰς χεῖρας ἁμαρτωλῶν. 46 ἐγείρεσϑε ἄγωμεν· ἰδοὺ ἤγγικεν ὁ παραδιδούς με.

[Mark. 14,32-42]

σϑενής. 39 καὶ πάλιν ἀπελϑὼν προσηύξατο ⸋τὸν αὐτὸν λόγον εἰπών⸌.

40 καὶ ⸂πάλιν ἐλϑὼν εὗρεν αὐτοὺς⸃ καϑεύδοντας, ἦσαν γὰρ ⸉αὐτῶν οἱ ὀφϑαλμοὶ⸊ ⸀καταβαρυνόμενοι, καὶ οὐκ ᾔδεισαν τί ⸉¹ἀποκριϑῶσιν αὐτῷ⸊.

41 καὶ ἔρχεται τὸ τρίτον καὶ λέγει αὐτοῖς· καϑεύδετε °τὸ λοιπὸν καὶ ἀναπαύεσϑε· ἀπέχει ⸆· ⸀ἦλϑεν ἡ ὥρα, ἰδοὺ παραδίδοται ὁ υἱὸς τοῦ ἀνϑρώπου εἰς °¹τὰς χεῖρας τῶν ἁμαρτωλῶν. 42 ἐγείρεσϑε ἄγωμεν· ἰδοὺ ⸉ὁ παραδιδούς με ⸀ἤγγικεν⸊.

Luk.

Joh.

14,31 (nr. 319, p. 447)

... 31 ἀλλ' ἵνα γνῷ ὁ κόσμος ὅτι ἀγαπῶ τὸν πατέρα, καὶ καϑὼς ἐνετείλατό μοι ὁ πατήρ, οὕτως ποιῶ. ἐγείρεσϑε, ἄγωμεν ἐντεῦϑεν.

Hebr. 5,7: Ὃς [sc. ὁ Χριστός] ἐν ταῖς ἡμέραις τῆς σαρκὸς αὐτοῦ δεήσεις τε καὶ ἱκετηρίας πρὸς τὸν δυνάμενον σῴζειν αὐτὸν ἐκ ϑανάτου μετὰ κραυγῆς ἰσχυρᾶς καὶ δακρύων προσενέγκας καὶ εἰσακουσϑεὶς ἀπὸ τῆς εὐλαβείας ...

Evang. sec. Hebraeos (Historia passionis Domini f. 32r): Sequitur Luc. 22. Apparuit autem ei angelus de celo confortans eum. Qualiter autem angelus Christum in agonia sue oracionis confortaverit dicitur in Evangelio Nazareorum. et idem ponit Anselmus in planctu suo. Constans esto domine modo enim venit tempus quo per tuam passionem redimendum est genus humanum in Adam venditum. Sequitur Luc. 22 ...

Polycarpus ad Phil. 7,2: Διὸ ἀπολιπόντες τὴν ματαιότητα τῶν πολλῶν καὶ τὰς ψευδοδιδασκαλίας ἐπὶ τὸν ἐξ ἀρχῆς ἡμῖν παραδοϑέντα λόγον ἐπιστρέψωμεν, νήφοντες πρὸς τὰς εὐχὰς καὶ προσκαρτεροῦντες νηστείαις, δεήσεσιν αἰτούμενοι τὸν παντεπόπτην ϑεὸν »μὴ εἰσενεγκεῖν ἡμᾶς εἰς πειρασμόν«, καϑὼς εἶπεν ὁ κύριος· »Τὸ μὲν πνεῦμα πρόϑυμον, ἡ δὲ σὰρξ ἀσϑενής«.

Justinus Mart., Dial. 99,2: Τῇ γὰρ ἡμέρᾳ, ᾗπερ ἔμελλε σταυροῦσϑαι, τρεῖς τῶν μαϑητῶν αὐτοῦ παραλαβὼν εἰς τὸ ὄρος τὸ λεγόμενον Ἐλαιών, παρακείμενον εὐϑὺς τῷ ναῷ τῷ ἐν Ἰερουσαλήμ, ηὔχετο λέγων· »Πάτερ, εἰ δυνατόν ἐστι, παρελϑέτω τὸ ποτήριον τοῦτο ἀπ' ἐμοῦ«. καὶ μετὰ τοῦτο εὐχόμενος λέγει· »Μὴ ὡς ἐγὼ βούλομαι, ἀλλ' ὡς σὺ ϑέλεις«. – **Dial. 103,8:** Ἐν γὰρ τοῖς ἀπομνημονεύμασιν, ἅ φημι ὑπὸ τῶν ἀποστόλων αὐτοῦ καὶ τῶν ἐκείνοις παρακολουϑησάντων συντετάχϑαι, γέγραπται ὅτι ἱδρὼς ὡσεὶ ϑρόμβοι κατεχεῖτο, αὐτοῦ εὐχομένου καὶ λέγοντος· »Παρελϑέτω, εἰ δυνατόν, τὸ ποτήριον τοῦτο«.

Matth.: 42 ° 𝔓37vid 565 | ⸆ ο Ιησους LΘ λ φ 892.1424 *pc* | °¹ B g¹ | °² 𝔓37 1295 a c h; Eus | ⸀ το ποτηριον τουτο D φ *al* g¹ l sy^s ¦ τ. το ποτ. ℜ Γ Θ Φ *pm* lat sy^p bo ¦ *txt* 𝔓37 ℌ A W 067 λ *al* b ff² q sa | ⸆ απ εμου C ℜ A W Γ Δ Φ 565 *pm* f ff² q || 43 ⸉ *2 3 1* 𝔓37vid (ℜ) A W Δ Φ 565 (*pm*) | ⸀ ευρισκει ℜ Γ *pm* || 44 ⸉ *p.* απελϑ. ℜ Φ *pm* ¦ *p.* προσηυξ. A K W Γ Δ *al* ¦ — 𝔓37 Θ λ *pc* sy^s bo^pt ¦ *txt* ℌ D 067.69 *al* lat sa bo^pt | ⸋ 𝔓37 A D K Φ λ 565.1424 *al* it | [⁚. *et* ⁚¹ —. h] | ° C ℜ A D W Γ Δ 067 λ φ *pm* lat || 45 ⸆ αυτου ℜ D W Γ *pm* lat sy^s.p bo^pt | ° † B C L W *al* ¦ *txt* 𝔓37 ℵ ℜ A D Γ Δ Θ λ φ *pm* | [⁚; comm] | ⸂ ι. γαρ η. B *pc* sy^s sa ¦ η. γαρ Θ λ *pc*

Mark.: 39 ⸋ D it || 40 ⸂ υποστρεψας ευρ. αυτ. παλιν C ℜ A W Γ Δ (Θ) Φ 0116 λ φ *pl* ¦ *txt p)* ℌ (D it) | ⸉ *2 3 1* ℜ A D W Γ λ φ *pm* | ⸀ -ρουμενοι D W *pc* ¦ καταβεβαρημενοι ℵ* ¦ *p)* βεβαρημενοι C ℜ Γ Θ Φ 0116 *pm* | ⸉¹ ℜ W Γ Δ Φ 0116 λ φ *pm* || 41 ° *p)* C ℜ A D W Ψ *al* | ⸆ (Lc 22,37) το τελος D W Θ Φ φ 565 *pc* it sy^s.p | ⸀ και D c q sy^p | °¹ A F N Θ 0116 λ 700 *al* || 42 ⸉ *4 1 2* (-διδων D) *3* D 565 *pc* it sy^s.p sa bo | ⸀ ηγγισεν ℵ C

47sqq cf 24sqq. 56sqq || 51 cf ad 29sq || 54 cf Lc 9,32 || 55sq cf Mc 9,6 || 56sqq cf 24sqq. 47sqq || 57sq cf 2Cor 12,8; cf 59(Mc) || 59(Mc) cf 57sq || 62sq cf Lc 22,53; Jo 7,30; 8,20 etc || 65 cf Gl 2,15 || 66 cf Mc 14,18sqq par || 68sq cf 22sqq || 70sqq cf 31sqq || 73sqq cf 44sqq || 76sqq cf 14sqq

331. Gefangennahme Jesu

Tenetur — **Jesus Arrested**

Matth. 26, 47-56

[47]Καὶ ἔτι αὐτοῦ λαλοῦντος ἰδοὺ Ἰούδας εἷς τῶν δώδεκα ἦλθεν καὶ μετ᾽αὐτοῦ ὄχλος πολὺς μετὰ μαχαιρῶν καὶ ξύλων ἀπὸ τῶν ἀρχιερέων καὶ πρεσβυτέρων τοῦ λαοῦ. [48]ὁ δὲ παραδιδοὺς αὐτὸν ἔδωκεν αὐτοῖς σημεῖον λέγων· ὃν ⸀ἂν φιλήσω αὐτός ἐστιν, κρατήσατε αὐτόν. [49]καὶ εὐθέως ⸂προσελθὼν τῷ Ἰησοῦ⸃ εἶπεν⸆· ⸋χαῖρε, ῥαββί, καὶ κατεφίλησεν αὐτόν. [50]ὁ δὲ Ἰησοῦς εἶπεν αὐτῷ·⸌ ⸉ἑταῖρε, ἐφ᾽ ⸀ὃ πάρει⸊:. τότε προσελθόντες ἐπέβαλον τὰς χεῖρας ἐπὶ τὸν Ἰησοῦν καὶ

Mark. 14, 43-52

[43]⸂Καὶ εὐθὺς⸃ ἔτι αὐτοῦ λαλοῦντος παραγίνεται ⸆ Ἰούδας ⸆ εἷς τῶν δώδεκα καὶ μετ᾽ αὐτοῦ ὄχλος⸆¹ μετὰ μαχαιρῶν καὶ ξύλων ⸀παρὰ τῶν ἀρχιερέων καὶ °τῶν γραμματέων καὶ °¹τῶν πρεσβυτέρων. [44]⸀δεδώκει δὲ ὁ παραδιδοὺς αὐτὸν ⸀σύσσημον αὐτοῖς λέγων· ὃν ἂν φιλήσω αὐτός ἐστιν, κρατήσατε αὐτὸν καὶ ⸀¹ἀπάγετε ⸆ ἀσφαλῶς. [45]καὶ ⸋ἐλθὼν ⸀εὐθὺς⸌ προσελθὼν ⸉αὐτῷ λέγει⸊· ⸆ ῥαββί, καὶ κατεφίλησεν αὐτόν· [46]οἱ δὲ ἐπέβαλον τὰς χεῖρας ⸀αὐτῷ καὶ

Luk. 22, 47-53

[47]Ἔτι⸆ αὐτοῦ λαλοῦντος ἰδοὺ ὄχλος⸆, καὶ ὁ ⸀λεγόμενος Ἰούδας⸆¹ εἷς τῶν δώδεκα ⸀προήρχετο ⸀¹αὐτοὺς καὶ ⸂ἤγγισεν τῷ Ἰησοῦ φιλῆσαι αὐτόν⸃.⸆² [48]⸂Ἰησοῦς δὲ⸃ εἶπεν ⸂αὐτῷ· Ἰούδα,⸃ φιλήματι τὸν υἱὸν τοῦ ἀνθρώπου παραδίδως;

Joh. 18, 2-12

18,36; 18,20; 17,12

[2]Ἤιδει δὲ καὶ Ἰούδας ὁ παραδιδοὺς αὐτὸν τὸν τόπον, ὅτι πολλάκις συνήχθη ⸆ Ἰησοῦς ⸉ἐκεῖ μετὰ τῶν μαθητῶν °αὐτοῦ. [3]ὁ οὖν Ἰούδας λαβὼν τὴν σπεῖραν καὶ ἐκ τῶν ἀρχιερέων καὶ ⸂ἐκ τῶν⸃ Φαρισαίων ὑπηρέτας ἔρχεται ἐκεῖ μετὰ φανῶν καὶ λαμπάδων καὶ ὅπλων. [4]Ἰησοῦς ⸀οὖν ⸀εἰδὼς πάντα τὰ ἐρχόμενα ἐπ᾽αὐτὸν ⸂ἐξῆλθεν καὶ λέγει⸃ αὐτοῖς· τίνα ζητεῖτε; [5]ἀπεκρίθησαν αὐτῷ· Ἰησοῦν τὸν ⸀Ναζωραῖον. λέγει αὐτοῖς⸆· ἐγώ εἰμι⸆. εἱστήκει δὲ καὶ Ἰούδας ⸋ὁ παραδιδοὺς αὐτὸν⸌ μετ᾽αὐτῶν. [6]ὡς οὖν εἶπεν

Matth.: 48 ⸀εαν 𝔓37 ℵ 𝔎 A W Γ Δ **047** *pm* || 49 ⸂προσηλθεν τ. Ι. και W a sy bo | ⸆αυτω C *pc* sy^s bo; Eus || **49.50** ⸋ 𝔓37 || **50** ⸉2-4 1 D it | ⸀ῷ U Γ λ 33.700.1241.1424 *pm* ¦ *txt* 𝔓37 ℌ 𝔎 A (D) W Θ ϕ *pm* | ⸊; vg; [T]

Mark.: 43 ⸂και ευθεως 𝔎 A Γ Φ **0116** *pm* ¦ και D W λ ϕ 565.700 *pc* lat sy^{s.p} bo^{pt} ¦ — Θ | ⸆ † ο B A *pc* ¦ *txt* ℌ 𝔎 D W Γ Δ Θ **0112** λ ϕ *pl* | ⸆ο Ισκαριωτης A (D) Θ Φ **0116** *pm* | ⸆¹ *p)* πολυς C 𝔎 A D W Γ Δ Φ **0116** λ *pm* lat sy^{s.p} | ⸀ *p)* απο B | ° C A K W Δ Ψ **0112** λ ϕ *al* | °¹ ℵ* A W **0112** λ ϕ *al*; Or || 44 ⸀δεδωκεν Θ ¦ εδωκεν D it | ⸀ *p)* σημειον D Θ 565 *pc* | ⸀¹ απαγαγετε C 𝔎 A Γ Δ Θ Φ Ψ **0116** λ *pm* ¦ αγαγετε F W *pc* | ⸆αυτον D Θ Φ 565 *pc* sy^{s.p} sa bo || 45 ⸋ D Θ 565.700 *pc* it | ⸀ευθεως 𝔎 A W Γ Φ **0116** λ ϕ *pm* | ⸉ D Γ Θ 565.700 *pc* it | ⸆ *p)* χαιρε C² W ϕ λ ϕ 565.892 *pc* ¦ ραββι 𝔎 A Γ **0116** *pm* || 46 ⸀αυτων ℵ* C W Δ 892 ¦ αυτων επ αυτον A K *al et varr al*

Luk.: 47 ⸆δε D E S Γ Θ **0171** *pm* | ⸆ *p)* πολυς D sy^{s.c} | ⸀καλουμενος D **0171** λ (⸉157) lat | ⸆¹ Ισκαριωθ D (157) l | ⸀προσηρ- 𝔓75 H Γ *al* ¦ προηγεν D λ *al* | ⸀¹αυτοις Γ *pc* ¦ αυτου W | ⸂εγγισας εφιλησεν τον Ιησουν 𝔓69vid D it sy sa^{pt} bo^{pt} | ⸆²τουτο γαρ σημειον δεδωκει αυτοις· ον αν φιλησω αυτος εστιν. D E H Θ ϕ *pm* aur (b c) r¹ sy^p || 48 ⸂ *p)* ο δε Ι. 𝔎 A D W Γ Δ Θ λ ϕ *pm* ¦ *txt* 𝔓75 ℌ *pc* | ⸂τω Ιουδα· D ¦ αυτω· ℵ*

Joh.: 2 ⸆ο C 𝔎 A D W Γ Δ Θ **054** λ ϕ *pl* ¦ *txt* B ℵ L X *pc* | ⸉ *p.* αυτου B 544 ¦ *p.* συνηχθη D 579 | ° 𝔓66* || 3 ⸂των B **0141** ¦ — ℵ² C 𝔎 A W Γ Δ Θ **054** λ ϕ *pl* ¦ *txt* ℵ*.³ D L 579 a aur || 4 ⸀δε ℵ D L W X λ (ϕ) 33.565 *pc* it sy^p sa bo | ⸀ιδων D ϕ *pc* sy^s | ⸂εξελθων ειπεν ℵ C³ 𝔎 A L W Γ Δ Θ **054** ϕ *pm* ¦ εξηλθεν εξω και λεγει 𝔓60vid ¦ *txt* B C* D **0141** λ 565 *pc* lat || 5 ⸀Ναζαρηνον D lat | ⸆Ιησους ℵ ¦ ο Ιησ. C 𝔎 A L W Γ Δ Θ **054** λ ϕ *pl* sy^p sa bo ¦ *txt* 𝔓60 B D *pc* it sy^s | ⸆Ιησους B a | ⸋ 𝔓66*vid

---

6sq cf Mc 3,19; 14,10.20 par; Act 1,16 || 9sq cf Jo 7,32.45; Act 5,22.26 || 12sq (Mt) cf Mt 16,21; 26,3; 27,1 || 18 (Jo) cf Jo 13,3; 19,28 || 19 (Mt) cf Mt 27,29; Mc 15,18; Mt 28,9; Jo 19,3; Lc 1,28; 2 Jo 10sq || 19sq cf Lc 7,38 || 21 (Mt) cf Mt 20,13; 22,12 || 21 (Jo) cf Mt 2,23; 26,71; Lc 18,37; Jo 19,19; Act 2,22; 3,6 etc; cf 28sq || 23sqq (Mt/Mc) cf 76sqq (Jo)

[Matth. 26,47-56]

ἐκράτησαν αὐτόν.

51 Καὶ ἰδοὺ εἷς °τῶν ⸂μετὰ Ἰησοῦ⸃ ἐκτείνας τὴν χεῖρα ἀπέσπασεν τὴν μάχαιραν αὐτοῦ καὶ ⸀πατάξας τὸν δοῦλον τοῦ ἀρχιερέως ⸆ ἀφεῖλεν αὐτοῦ τὸ ὠτίον.

52 τότε λέγει ⸀αὐτῷ ὁ Ἰησοῦς· ἀπόστρεψον ⸂τὴν μάχαιράν σου⸃ εἰς τὸν τόπον αὐτῆς· πάντες γὰρ οἱ λαβόντες μάχαιραν ἐν ⸀μαχαίρῃ ⸀¹ἀπολοῦνται. 53 ἢ ⸀δοκεῖς ὅτι οὐ δύναμαι παρακαλέσαι τὸν πατέρα μου, καὶ παραστήσει μοι⸆ ⸉ἄρτι ⸀πλείω⸆ δώδεκα ⸀¹λεγιῶνας ἀγγέλων; 54 πῶς οὖν ⸀πληρωθῶσιν αἱ γραφαὶ ὅτι οὕτως ⸀δεῖ γε-

[Mark. 14,43-52]

⸀ἐκράτησαν αὐτόν.

47 ⸂εἷς δέ [τις]⸃ ⸄τῶν παρεστηκότων⸅ σπασάμενος °τὴν μάχαιραν ἔπαισεν τὸν δοῦλον τοῦ ἀρχιερέως καὶ ἀφεῖλεν αὐτοῦ τὸ ⸀ὠτάριον.

[Luk. 22,47-53]

49 ἰδόντες δὲ οἱ περὶ αὐτὸν τὸ ⸀ἐσόμενον εἶπαν⸀· κύριε, εἰ πατάξομεν ἐν μαχαίρῃ;

50 καὶ ἐπάταξεν εἷς τις ἐξ αὐτῶν ⸉τοῦ ἀρχιερέως τὸν δοῦλον⸊ καὶ ἀφεῖλεν ⸉¹τὸ ⸀οὖς αὐτοῦ⸊ τὸ δεξιόν.

51 ἀποκριθεὶς δὲ °ὁ Ἰησοῦς εἶπεν· ⸀ἐᾶτε ἕως τούτου·

[Joh. 18,2-12]

αὐτοῖς⸆· ἐγώ εἰμι, ἀπῆλθον εἰς τὰ ὀπίσω καὶ ἔπεσαν χαμαί. 7 πάλιν οὖν ⸉ἐπηρώτησεν αὐτούς⸊· τίνα ζητεῖτε; οἱ δὲ εἶπαν⸆· Ἰησοῦν τὸν Ναζωραῖον. 8 ἀπεκρίθη ⸆Ἰησοῦς· εἶπον ὑμῖν ὅτι ἐγώ εἰμι. εἰ οὖν ἐμὲ ζητεῖτε, ἄφετε τούτους ὑπάγειν· 9 ἵνα πληρωθῇ ὁ λόγος ὃν εἶπεν ὅτι οὓς ⸀δέδωκάς μοι οὐκ ⸉ἀπώλεσα ἐξ αὐτῶν οὐδένα⸊.

10 ⸂Σίμων οὖν⸃ Πέτρος ἔχων μάχαιραν εἵλκυσεν αὐτὴν καὶ ἔπαισεν τὸν ⸉τοῦ ἀρχιερέως δοῦλον⸊ καὶ ἀπέκοψεν ⸉αὐτοῦ τὸ ⸀ὠτάριον τὸ δεξιόν· ἦν δὲ ⸆ὄνομα ⸄τῷ δούλῳ⸅ Μάλχος. 11 εἶπεν οὖν ὁ Ἰησοῦς τῷ Πέτρῳ· βάλε τὴν μάχαιραν εἰς τὴν θήκην· ⸆ τὸ ποτήριον ὃ ⸀δέδωκέν μοι ὁ πατὴρ ⸆ οὐ μὴ πίω αὐτό;

18,36 *(nr. 336, p. 470)*

36 Ἀπεκρίθη Ἰησοῦς· ἡ βασιλεία ἡ ἐμὴ οὐκ ἔστιν ἐκ τοῦ κόσμου τούτου·

Matth.: 51 ° 𝔓37 | ⸂ μετ αυτου B | ⸀ *p)* επαταξεν *et* ⸆ και D it || 52 ⸀ αυτοις W Ω | ⸂ *3 1 2* C𝔎AWΓΔΦ *pm* ¦ *1 2* KΘ 0133. 33. 565. 700. 1241 *al* sy^s.p bo ¦ *txt* B𝔎DLλ 69 *pc* latt sa | ⸀ -ρα B^corr 𝔎DWΓΔ 0133 λφ *pl* | ⸀¹ αποθανουνται 𝔎WΓΔ 0133 φ 1241 *pm* || 53 ⸀ δοκει σοι C*^vid Σλ 700. 1241 *pc*; Or | ⸆ ωδε ℵ*Θλ *pc* sy^p bo ¦ ⸉ *p.* δυναμαι C𝔎ADWΓΔΘΦ 0133 λφ *pm* it sy^h ¦ — 4 *pc* f sy^s ¦ *txt* Bℵ L *pc* lat sy^p sa bo | ⸀ πλειους C𝔎ALWΓΔΘλφ *pl* ¦ *txt* Bℵ*D 0133 | ⸆ η C𝔎AWΓΔ 0133 λφ *pl* ¦ *txt* BℵDΘ *pc* | ⸀¹ -ωνων ℵ(²) ACLΘ 13 *al* ¦ *txt* B𝔎DWΓ 0133 λ *pm* || 54 ⸀ -θησονται D it | ⸀ εδει C 047 λ *pc*; Or

Mark.: 46 ⸀ -του W || 47 ⸂ εις δε ℵAL *al* ¦ και εις D it ¦ και εις τις Wλ ¦ *txt* BC𝔎Θφ *pm* | ⸄ των -στωτων W ¦ — D a | ° DWλ *pc* | ⸀ *p)* ωτιον C𝔎ALWΓΔΘΦ 0116 φ *pl* ¦ *txt* BℵDΨλ *pc*

Luk.: 49 ⸀ γενομενον D 0171 *pc* | ⸀ τω κυριω D ¦ αυτω· κυριε 𝔎AWΓΔΘλφ *pm* lat || 50 ⸉ 𝔓75 𝔎ADWΓΔΘλ *pl* ¦ *txt* BℵLTφ *pc* | ⸉¹ *3 1 2* 𝔎ADWΓ(Δ)Θλ *pm* | ⸀ *p)* ωτιον D *pc* lat || 51 ° B | ⸀ εασατε WΘφ *pc*

Joh.: 6 ⸆ οτι C𝔎ΓΔ 054 φ *pm* || 7 ⸉ 𝔓66vid ℵ𝔎(D)WΓΔΘλ *pm* ¦ *txt* 𝔓60vid BACLΨ 054. 0141 φ *al* | ⸆ παλιν D || 8 ⸆ αυτοις ο DX λφ 565 *al*; Or || 9 ⸀ εδ- 𝔓66 DΘ 0250 *pc* | ⸉ *2-4 1* D || 10 ⸂ τοτε Σιμ. D | ⸉ *3 1 2* 𝔓66 ℵD *pc* it | ⸉ *p.* ωτ. 𝔓66 544 | ⸀ ωτιον 𝔓66vid C³ 𝔎ADΓΔΘ 054 λφ *pl* ¦ *txt* 𝔓60 BℵC*LW *pc* | ⸆ το D *pc* | ⸄ του -λου εκεινου D *pc* it || 11 ⸀ εδ- DΔΘ *pc* | ⸆ (Mt 26,52) παντες γαρ οι λαβοντες μαχαιραν εν μαχαιρα απολουνται. Θ | ⸆ μου 𝔓66 69. 700 *pc*

---

26 cf Is 11,4; Dn 10,9 (Theod); Apc 1,17 || 28sq *cf ad 21 (Jo)* || 32sqq *cf 80sq* || 33sq cf Jo 6,39; 10,28sq || 41sqq cf Jo 18,26 || 43 cf Lc 6,6; Mt 5,29 || 44sqq cf Lc 22,36.38 || 45sq cf Ez 21,33; Jr 47,6 (LXX 29,6); 1Chr 21,5.12 || 46sqq cf Gn 9,6; Mt 5,39; Rm 12,19; *cf 82sq* || 48sqq (Jo) cf Mc 14,36par || 51sq cf Jo 18,36; Lc 2,13; Ps 91,11sq; 2Rg 6,16sq

[Matth. 26,47-56]

νέσθαι;

55 Ἐν ἐκείνῃ τῇ ὥρᾳ εἶπεν ὁ Ἰησοῦς τοῖς ὄχλοις· ὡς ἐπὶ λῃστὴν ἐξήλθατε μετὰ μαχαιρῶν καὶ ξύλων συλλαβεῖν με⁚; καθ' ἡμέραν⸆ ⸉ἐν τῷ ἱερῷ ἐκαθεζόμην διδάσκων⸊ καὶ οὐκ ἐκρατήσατέ με.

56 τοῦτο δὲ ὅλον γέγονεν ἵνα πληρωθῶσιν αἱ γραφαὶ τῶν προφητῶν. Τότε οἱ μαθηταὶ⸆ πάντες ἀφέντες αὐτὸν ἔφυγον.

cf. v. 50b

[Mark. 14,43-52]

48 ⸂καὶ ἀποκριθεὶς ὁ Ἰησοῦς⸃ εἶπεν αὐτοῖς·

°ὡς ἐπὶ λῃστὴν ⸀ἐξήλθατε μετὰ μαχαιρῶν καὶ ξύλων συλλαβεῖν με⁚; 49 καθ' ἡμέραν ἤμην πρὸς ὑμᾶς ἐν τῷ ἱερῷ διδάσκων καὶ οὐκ ⸀ἐκρατήσατέ με·

ἀλλ' ἵνα πληρωθῶσιν αἱ γραφαί⸆.

50 ⸀καὶ ἀφέντες αὐτὸν ⸉ἔφυγον πάντες⸊. 51 ⸂καὶ νεανίσκος τις⸃ ⸀συνηκολούθει αὐτῷ⸃ περιβεβλημένος σινδόνα ⸂¹ἐπὶ γυμνοῦ⸃, ⸂²καὶ κρατοῦσιν αὐτόν⸃· 52 ὁ δὲ καταλιπὼν τὴν σινδόνα γυμνὸς ἔφυγεν⸆.

cf. v. 46

[Luk. 22,47-53]

καὶ ⸂ἁψάμενος τοῦ ὠτίου ἰάσατο αὐτόν⸃.

52 Εἶπεν δὲ ⸀ Ἰησοῦς πρὸς τοὺς παραγενομένους ⸀ἐπ' αὐτὸν ἀρχιερεῖς καὶ στρατηγοὺς ⸂τοῦ ἱεροῦ⸃ καὶ πρεσβυτέρους· ὡς ἐπὶ λῃστὴν ⸀¹ἐξήλθατε μετὰ μαχαιρῶν καὶ ξύλων⁚; 53 ⸆καθ' ἡμέραν ὄντος μου ⸉μεθ' ὑμῶν ἐν τῷ ἱερῷ⸊ οὐκ ἐξετείνατε τὰς χεῖρας ἐπ' ἐμέ, ἀλλ' αὕτη ⸂ἐστὶν ὑμῶν⸃ ἡ ὥρα καὶ °ἡ ἐξουσία ⸀τοῦ σκότους⸃.

[Joh. 18,36]

εἰ ἐκ τοῦ κόσμου τούτου ἦν ἡ βασιλεία ἡ ἐμή, οἱ ὑπηρέται οἱ ἐμοὶ ἠγωνίζοντο [ἄν] ἵνα μὴ παραδοθῶ τοῖς Ἰουδαίοις· νῦν δὲ ἡ βασιλεία ἡ ἐμὴ οὐκ ἔστιν ἐντεῦθεν.

18,20 (nr. 332, p. 461)

20 Ἀπεκρίθη αὐτῷ Ἰησοῦς· ἐγὼ παρρησίᾳ λελάληκα τῷ κόσμῳ, ἐγὼ πάντοτε ἐδίδαξα ἐν συναγωγῇ καὶ ἐν τῷ ἱερῷ, ὅπου πάντες οἱ Ἰουδαῖοι συνέρχονται, καὶ ἐν κρυπτῷ ἐλάλησα οὐδέν.

18,12

12 Ἡ οὖν σπεῖρα καὶ ὁ χιλίαρχος καὶ °οἱ ὑπηρέται τῶν Ἰουδαίων συνέλαβον τὸν Ἰησοῦν καὶ ἔδησαν αὐτόν.

17,12 (nr. 329, p. 453)

12 Ὅτε ἤμην μετ' αὐτῶν ἐγὼ ἐτήρουν αὐτοὺς ἐν τῷ ὀνόματί σου ᾧ δέδωκάς μοι, καὶ ἐφύλαξα, καὶ οὐδεὶς ἐξ αὐτῶν ἀπώλετο εἰ μὴ ὁ υἱὸς τῆς ἀπωλείας, ἵνα ἡ γραφὴ πληρωθῇ.

Matth.: 55 [⁚ T] | ⸆*p)* προς υμας C𝔎(⸉A) D W Γ Δ Θ Φ **0133** λ ϕ *pl* sy^p ¦ *txt* B ℵ L 33.700 *pc* sy^s sa bo | ⸉ *4 5 1-3* 𝔎(A) W Γ Δ Φ **0133** ϕ 565 *pm* ¦ *4 1-3 5* C(D) K 1241 *al* it sa bo || 56 ⸆αυτου B *pc* it sy^s sa

Mark.: 48 ⸂ο δε Ιησους D it ¦ ο δε Ι. αποκριθεις Θ 700 (*pc*) | ° D | ⸀-θετε F S V Γ Φ **0116** λ 700.892 *pm* | [⁚ T W] || 49 ⸀εκρατειτε (B) Ψ | ⸆*p)* των προφητων W Θ Φ ϕ 565 *pc* sa^pt || 50 ⸀*p)* τοτε οι μαθηται (+ αυτου W) W Θ ϕ 565 *pc* | ⸉ 𝔎 A D W Γ Θ Φ **0116** λ ϕ *pm* lat || 51 ⸂νεαν. δε τις D lat sa ¦ κ. εις τις νεαν. 𝔎 A W Γ Δ Θ Φ **0116** λ ϕ *pl* sy^s.p | ⸀ηκολουθει αυτω W Θ Φ λ 565.700 *pc* lat ¦ ηκολουθει αυτους D ¦ ηκολουθησεν αυτω 𝔎 A Γ ϕ *pm* | ⸂¹γυμνος Θ ϕ 565 *pc* sy^p sa^pt ¦ — W λ c k sy^s sa^pt | ⸂²και κρ. αυτ. οι νεανισκοι (C²) 𝔎 A Γ Φ *pl* ¦ οι δε νεαν. κρ. (εκρατησαν W ϕ) αυτον W Θ λ ϕ 565.700 *pc* || 52 ⸆απ αυτων 𝔎 A D W Γ Δ Θ Φ λ ϕ *pl* lat sy^s ¦ *txt* ℌ *pc* aur k sy^p sa bo

Luk.: 51 ⸂αψ. τ. ωτιου αυτου ιασ. αυτ. 𝔎 A Γ Δ ϕ *pm* ¦ εκτεινας την χειρα ηψατο αυτου και απεκατεσταθη το ους αυτου D it || 52 ⸀ο Ι. 𝔎 L W Γ Δ ϕ *pl* ¦ — D λ b e i l sy^s.c ¦ *txt* 𝔓⁷⁵ B ℵ A T Θ **0171**^vid *pc* | ⸀προς ℵ* G R Δ 700*.892 *al* | ⸂τ. λαου D (*i.e.* ναου) ¦ — sy^s | ⸀¹εξεληλυθατε 𝔎 A W Γ Δ *pm* ¦ εξηλθετε K M X Ψ **047.0153.0171** λ *al* ¦ *txt* 𝔓⁷⁵ ℌ D R Θ ϕ 28 *al*; Or | [⁚ T] || 53 ⸆το D **0171** | ⸉D 157 *pc* | ⸂*2 1* A E S Γ Δ λ *pm* ¦ *1* ℵ* *pc* | ° D *pc* | ⸀το σκοτος D (*cf* tenebrae d)

Joh.: 12 ° 𝔓⁶⁶*

---

59 sq cf Lc 22,4; Act 4,1; 5,24.26 || 60 sqq *cf 84 sq* || 63 sqq cf Lc 19,47; 21,37; Jo 7,14 || 66 sq cf Jo 7,30 etc || 68 sq cf Is 53,6? || 70 sq cf Jo 16,32 || 73 cf Is 20,3; Mc 13,16; Jo 21,7 || 74 sqq cf Am 2,16 || 76 sqq (Jo) *cf 23 sqq (Mt/Mc)* || 77 cf Nu 31,14 sqq; 1Sm 18,13; Act 21,31 || 80 sq *cf 32 sqq*

Apoc. 13, 10: Εἴ τις εἰς αἰχμαλωσίαν, εἰς αἰχμαλωσίαν ὑπάγει· εἴ τις ἐν μαχαίρῃ ἀποκτανθῆναι αὐτὸν ἐν μαχαίρῃ ἀποκτανθῆναι. Ὧδέ ἐστιν ἡ ὑπομονὴ καὶ ἡ πίστις τῶν ἁγίων.

Mart. Polycarpi 7,1: Ἔχοντες οὖν τὸ παιδάριον, τῇ παρασκευῇ περὶ δεῖπνου ὥραν ἐξῆλθον διωγμῖται καὶ ἱππεῖς μετὰ τῶν συνήθων αὐτοῖς ὅπλων »ὡς ἐπὶ λῃστὴν τρέχοντες«.

---

82 sq cf 46 sqq || *84 sq cf 60 sqq*

332. Jesus vor dem Hohen Rat (Verleugnung des Petrus)

Coram synedrio (negatio Petri) — Jesus before the Sanhedrin (Peter's Denial)

Matth. 26, 57-68 26,69-75; 26,67-68; 27,1-2; 26,55b	Mark. 14, 53-65 14,66-72; 14,65; 15,1; 14,49	Luk. 22, 54-71 22,53; 19,47; 22,63-65	Joh. 18, 13-24 18,25-27; 2,19
57 Οἱ δὲ κρατήσαντες τὸν Ἰησοῦν ἀπήγαγον πρὸς ⸀Καϊάφαν τὸν ἀρχιερέα, ὅπου οἱ γραμματεῖς καὶ οἱ πρεσβύτεροι συνήχθησαν.	53 Καὶ ἀπήγαγον τὸν Ἰησοῦν πρὸς τὸν ἀρχιερέα⸆, καὶ συνέρχονται⸆ πάντες οἱ ἀρχιερεῖς καὶ ⸉οἱ πρεσβύτεροι καὶ οἱ γραμματεῖς⸊.	54 Συλλαβόντες δὲ αὐτὸν ἤγαγον ⸂καὶ εἰσήγαγον⸃ εἰς ⸄τὴν οἰκίαν⸅ τοῦ ἀρχιερέως·	13 ⸉Καὶ ⸀ἤγαγον⸆ πρὸς Ἄνναν πρῶτον· ἦν γὰρ πενθερὸς τοῦ ⸁Καϊάφα, ὃς ἦν ἀρχιερεὺς ⸋τοῦ ἐνιαυτοῦ ἐκείνου⸌· 14 ἦν δὲ Καϊάφας °ὁ συμβουλεύσας τοῖς Ἰουδαίοις ὅτι συμφέρει ἕνα ἄνθρωπον ⸀ἀποθανεῖν ὑπὲρ τοῦ λαοῦ.
58 ὁ δὲ Πέτρος ἠκολούθει αὐτῷ °ἀπὸ μακρόθεν	54 καὶ ὁ Πέτρος ἀπὸ μακρόθεν ⸀ἠκολούθησεν αὐτῷ	ὁ δὲ Πέτρος ἠκολούθει ⸆ μακρόθεν.	15 Ἠκολούθει δὲ ⸂τῷ Ἰησοῦ⸃ Σίμων Πέτρος καὶ⸆ ἄλλος μαθητής. ⸋ὁ δὲ μαθητὴς ἐκεῖνος ⸉ἦν γνωστὸς⸊ τῷ ἀρχιερεῖ καὶ⸌ συνεισῆλθεν τῷ Ἰησοῦ εἰς τὴν αὐλὴν τοῦ ἀρχιερέως, 16 ὁ δὲ Πέτρος εἱστήκει πρὸς τῇ θύρᾳ ἔξω. ἐξῆλθεν οὖν ὁ μαθητὴς ⸂ὁ ἄλλος ὁ γνωστὸς τοῦ ἀρχιερέως⸃ καὶ εἶπεν τῇ θυρωρῷ
ἕως τῆς αὐλῆς τοῦ ἀρχιερέως καὶ εἰσελθὼν ἔσω	ἕως °ἔσω εἰς τὴν αὐλὴν τοῦ ἀρχιερέως		καὶ ⸀εἰσήγαγεν τὸν Πέτρον. 17 λέγει οὖν ⸉τῷ Πέτρῳ ἡ παιδίσκη ἡ θυρωρός⸊· μὴ καὶ σὺ

Matth.: 57 ⸀Καϊφαν D *pc* it vg^cl sa || 58 ° ℵ C F L Δ λ 33.892 *al* ¦ *txt* B ℜ A D W Γ Θ Φ ϕ *pm*

Mark.: 53 ⸆ *p)* Καιαφαν A K W Θ ϕ 565.700 *al* sy^p.h bo^pt; Or | ⸆ αυτω B ℜ A Γ Φ Ψ *pm* sy^s ¦ προς αυτον C *pc* sy^p sa bo^pt ¦ αυτου 1 *pc* ¦ *txt* ℵ D L W Δ Θ ϕ 565.700.892 *pc* lat | ⸉ *4 5 3 1 2* A Π 565.700 *pc* lat sy^p (*5 3 2* D; Or) || 54 ⸀-θει G W Θ Ψ λ ϕ 565.700 *pc* | ° D λ lat

Luk.: 54 ⸂ κ. εισηγ- αυτον ℜ X (Γ) Δ (063).0135 ϕ 131 *pm* ¦ κ. συνηγ- αυτον W ¦ — D Θ λ 579 lat sy; Eus | ⸄ τον οικον ℜ A D W Γ Δ Θ 063.0135 ϕ *pm* | ⸆ *p)* αυτω απο D 063. (0124.0171) ϕ (*al*) it sy sa bo

Joh.: 13–24 ⸉ *vss* 13. 24. 14. 15. 19-23. 16-18 sy^s; [*simil.* Luther *cj*] ¦ *vss* 13a. 24. 13b. 14-23 225 || 13 ⸀απηγ- 𝔓^60vid ℵ^corr C ℜ A L Γ Δ Θ 054 λ *pm* ¦ *txt* B ℵ* D W 69 *pc* | ⸆ αυτον C^3 ℜ A L Γ Θ 054 λ ϕ *pm* | ⸁ Καιφα C D it vg^cl | ⸋ 𝔓^60 *pc* || 14 ° 𝔓^60 | ⸀απολεσθαι C^2 ℜ A Γ Δ 054 *pm* || 15 ⸂ αυτοις C* | ⸆ ο ℵ^corr C ℜ L Γ Δ Θ 054 λ ϕ *pl* ¦ *txt* 𝔓^60vid.66 B ℵ* A D^suppl W Ψ *pc* | ⸋ 𝔓^66* | ⸉ B W 579 *pc* it || 16 ⸂ ο αλ. (— ο αλ. Y 054) ος ην γνωσ. τω αρχιερει ℵ C^2 ℜ A D^suppl W Γ Δ Θ 054 λ *pm* lat ¦ εκεινος ος ην γνωριμος τω αρχιερει N (ϕ *al*) ¦ ος ην γν. του α-εως 𝔓^66vid ¦ *txt* B C*^vid L X *pc* | ⸀εισηνεγκεν ℵ W 579 *pc* || 17 ⸉ *3-6 1 2* (𝔓^66) ℵ C^3 ℜ A D^suppl (W) Γ Δ Θ 054 λ ϕ *pl* ¦ *txt* 𝔓^59vid B C* L X 33 a ff^2 q

---

1 sqq (Mt-Lc) cf 145 sqq || *3 sq (Jo)* cf Jo 11,49 || *5 sqq (Jo)* cf Jo 11,50 || *10 sqq cf 149 sqq* || *10 sq* cf Jo 20,3; 21,20; 19,26; 13,23? || *11* cf Lc 2,44; 23,49

[Matth. 26,57-68]

cf. v. 69

ἐκάθητο
μετὰ τῶν ὑπηρετῶν ἰδεῖν τὸ τέλος.

26,69-75 (nr. 333, p. 466)

69 Ὁ δὲ Πέτρος ἐκάθητο ἔξω
ἐν τῇ αὐλῇ· καὶ προσῆλθεν αὐτῷ μία
παιδίσκη
λέγουσα· καὶ σὺ
ἦσθα μετὰ Ἰησοῦ τοῦ Γαλιλαίου.
70 ὁ δὲ ἠρνήσατο ἔμπροσθεν πάντων
λέγων· οὐκ οἶδα
τί λέγεις. 71 ἐξελθόντα δὲ εἰς τὸν
πυλῶνα
εἶδεν αὐτὸν ἄλλη
καὶ λέγει τοῖς ἐκεῖ· οὗτος ἦν μετὰ
Ἰησοῦ τοῦ Ναζωραίου. 72 καὶ πάλιν
ἠρνήσατο μετὰ ὅρκου ὅτι οὐκ οἶδα
τὸν ἄνθρωπον. 73 μετὰ μικρὸν δὲ
προσελθόντες οἱ ἑστῶτες εἶπον τῷ
Πέτρῳ· ἀληθῶς καὶ σὺ ἐξ αὐτῶν εἶ,
καὶ γὰρ ἡ λαλιά σου δῆλόν σε ποιεῖ.
74 τότε ἤρξατο καταθεματίζειν καὶ
ὀμνύειν ὅτι οὐκ οἶδα τὸν ἄνθρωπον.
καὶ εὐθέως
ἀλέκτωρ ἐφώνησεν.

[Mark. 14,53-65]

cf. v. 67

καὶ ἦν ⸀συγκαθήμενος
μετὰ τῶν ὑπηρετῶν °καὶ θερμαινόμενος ⸋πρὸς τὸ φῶς⸌.

14,66-72 (nr. 333, p. 466)

66 Καὶ ὄντος τοῦ Πέτρου κάτω
ἐν τῇ αὐλῇ ἔρχεται μία
τῶν παιδισκῶν τοῦ ἀρχιερέως
67 καὶ ἰδοῦσα τὸν Πέτρον
θερμαινόμενον
ἐμβλέψασα αὐτῷ λέγει· καὶ σὺ
μετὰ τοῦ Ναζαρηνοῦ ἦσθα τοῦ Ἰησοῦ.
68 ὁ δὲ ἠρνήσατο
λέγων· οὔτε οἶδα οὔτε ἐπίσταμαι σὺ
τί λέγεις. καὶ ἐξῆλθεν ἔξω εἰς τὸ
προαύλιον [καὶ ἀλέκτωρ ἐφώνησεν].
69 καὶ ἡ παιδίσκη ἰδοῦσα αὐτὸν ἤρξατο πάλιν λέγειν τοῖς παρεστῶσιν ὅτι
οὗτος ἐξ αὐτῶν ἐστιν. 70 ὁ δὲ πάλιν
ἠρνεῖτο.
καὶ μετὰ μικρὸν
πάλιν οἱ παρεστῶτες ἔλεγον τῷ
Πέτρῳ· ἀληθῶς ἐξ αὐτῶν εἶ,
καὶ γὰρ Γαλιλαῖος εἶ.
71 ὁ δὲ ἤρξατο ἀναθεματίζειν καὶ
ὀμνύναι ὅτι οὐκ οἶδα τὸν ἄνθρωπον
τοῦτον ὃν λέγετε. 72 καὶ εὐθὺς
ἐκ δευτέρου ἀλέκτωρ ἐφώνησεν.

[Luk. 22,54-71]

cf. v. 56

55 ⸀περιαψάντων δὲ ⸆πῦρ
ἐν μέσῳ τῆς αὐλῆς καὶ ⸀συγκαθισάντων⸆ ἐκάθητο ⸀1ὁ Πέτρος
⸀2μέσος αὐτῶν⸆1.

56 ἰδοῦσα δὲ αὐτὸν παιδίσκη τις
καθήμενον πρὸς τὸ φῶς καὶ ἀτενίσασα αὐτῷ εἶπεν· καὶ οὗτος
σὺν αὐτῷ ἦν.
57 ὁ δὲ ἠρνήσατο ⸆
λέγων· οὐκ οἶδα αὐτόν, ⸉γύναι.

58 καὶ μετὰ βραχὺ ἕτερος ἰδὼν
αὐτὸν ⸂ἔφη· καὶ
σὺ ἐξ αὐτῶν εἶ⸃. ὁ δὲ °Πέτρος
⸀ἔφη· ἄνθρωπε, οὐκ εἰμί.
59 καὶ ⸀διαστάσης ὡσεὶ ὥρας μιᾶς
ἄλλος τις διϊσχυρίζετο ⸂λέγων·
ἐπ᾽ ἀληθείας⸃ καὶ οὗτος μετ᾽ αὐτοῦ °ἦν, καὶ γὰρ Γαλιλαῖός ἐστιν.
60 εἶπεν δὲ ὁ Πέτρος·
ἄνθρωπε, οὐκ οἶδα ⸀ὃ λέγεις.
καὶ παραχρῆμα
ἔτι λαλοῦντος αὐτοῦ ἐφώνησεν
ἀλέκτωρ. 61 ⸂καὶ στραφεὶς⸃ ὁ ⸀κύ-

[Joh. 18,13-24]

ἐκ τῶν μαθητῶν ⸉εἶ τοῦ ἀνθρώπου τούτου; λέγει ἐκεῖνος· οὐκ
εἰμί. 18 εἱστήκεισαν δὲ οἱ δοῦλοι
καὶ οἱ ὑπηρέται ἀνθρακιὰν πεποιηκότες, ὅτι ψῦχος ἦν, καὶ ἐθερμαίνοντο· ἦν δὲ ⸂καὶ ὁ Πέτρος
μετ᾽ αὐτῶν⸃ ἑστὼς καὶ θερμαινόμενος.

cf. v. 17

18,25-27 (nr. 333, p. 466)

25 Ἦν δὲ Σίμων
Πέτρος ἑστὼς καὶ θερμαινόμενος.
εἶπον οὖν αὐτῷ· μὴ καὶ
σὺ ἐκ τῶν μαθητῶν αὐτοῦ εἶ;
ἠρνήσατο ἐκεῖνος καὶ εἶπεν· οὐκ εἰμί.
26 λέγει εἷς ἐκ τῶν
δούλων τοῦ ἀρχιερέως, συγγενὴς ὢν
οὗ ἀπέκοψεν Πέτρος τὸ ὠτίον· οὐκ
ἐγώ σε εἶδον ἐν τῷ κήπῳ μετ᾽ αὐτοῦ;
27 πάλιν οὖν ἠρνήσατο Πέτρος,
καὶ εὐθέως
ἀλέκτωρ ἐφώνησεν.

Mark.: 54 ⸀καθ- D | ° D W φ *pc* it | ⸋ λ *pc* sy^s

Luk.: 55 ⸀αψ- 𝔎 A D W Γ Δ Θ 063.0135 λ φ *pl* ¦ *txt* 𝔓75 B ℵ L T 0124 *pc* | ⸆αυτων R 579 *pc* | ⸀περικ- D G λ *pc* | ⸆αυτων 𝔎 A W Γ Δ Θ 063.0135 λ φ *pm* | ⸀1και ο D it ¦ — 𝔓75 | ⸀2εν μεσω ℵ 𝔎 A W Γ Δ Θ 063.0135 φ *pm* ¦ μετ D ¦ *txt* 𝔓75(*) B L T 0124 λ *pc* | ⸆1 *p)* θερμαινομενος D || 57 ⸆αυτον 𝔎 A D* W Δ Θ 063.0135 φ *pm* vg ¦ *txt* 𝔓75 B ℵ K L S T X 0124 λ *al* it sy sa bo | ⸉ *p.* λεγων 𝔎 A W Γ Δ Θ 063.0124.0135 λ φ *pm* ¦ — D || 58 ⸂ειπεν το αυτο D sy^c | ° 𝔓69vid D | ⸀ειπεν 𝔓69 𝔎 A D W Γ Δ Θ 063.0135 λ *pm* || 59 ⸀-στησασης W Θ *pc* ¦ -στησας D | ⸂· επ α. λεγω D | ° ℵ* *pc* || 60 ⸀τι ℵ D *pc* || 61 ⸂στρ. δε D | ⸀Ιησους D 063 λ *pc* ¦ Πετρ[ος *et* ⸂αυ]τω 𝔓69

Joh.: 17 ⸉ *p.* τουτου 579 ¦ — 𝔓66* || 18 ⸂*4 5 2 3* 𝔎 A D^suppl Γ Δ Θ 054 λ φ *pm*

24(Jo) cf Jo 21,9 || 27sq cf 40(Jo) || 33sq cf Mt 20,30 || 36 cf 42sq. 49 || 40(Jo) cf 27sq || 42sq cf 36.49 || 49 cf 36.42sq || 51sq cf Mc 14,30 par (= nr 315)

[Matth. 26,69-75]	[Mark. 14,66-72]	**[Luk. 22,54-71]**	**[Joh. 18,13-24]**
75 καὶ ἐμνήσθη ὁ Πέτρος τοῦ ῥήματος Ἰησοῦ εἰρηκότος ὅτι πρὶν ἀλέκτορα φωνῆσαι τρὶς ἀπαρνήσῃ με· καὶ ἐξελθὼν ἔξω ἔκλαυσεν πικρῶς.	καὶ ἀνεμνήσθη ὁ Πέτρος τὸ ῥῆμα ὡς εἶπεν αὐτῷ ὁ Ἰησοῦς ὅτι πρὶν ἀλέκτορα φωνῆσαι δὶς τρίς με ἀπαρνήσῃ· καὶ ἐπιβαλὼν ἔκλαιεν.	**ριος ἐνέβλεψεν ⸂τῷ Πέτρῳ⸃, ⸀καὶ ὑπεμνήσθη ⸋ὁ Πέτρος⸌ τοῦ ⸁ῥήματος τοῦ κυρίου ὡς εἶπεν αὐτῷ °ὅτι πρὶν ⸆ἀλέκτορα φωνῆσαι °¹σήμερον ⸄ἀπαρνήσῃ με τρίς⸅. 62 ⸋καὶ ἐξελθὼν ἔξω ⸆ἔκλαυσεν πικρῶς.⸌**	
26,67-68 67 Τότε ἐνέπτυσαν εἰς τὸ πρόσωπον αὐτοῦ καὶ ἐκολάφισαν αὐτόν, οἱ δὲ ἐράπισαν 68 λέγοντες· προφήτευσον ἡμῖν, χριστέ, τίς ἐστιν ὁ παίσας σε;	14,65 65 Καὶ ἤρξαντό τινες ἐμπτύειν αὐτῷ καὶ περικαλύπτειν αὐτοῦ τὸ πρόσωπον καὶ κολαφίζειν αὐτὸν καὶ λέγειν αὐτῷ· προφήτευσον, καὶ οἱ ὑπηρέται ῥαπίσμασιν αὐτὸν ἔλαβον.	**63 ⸂Καὶ οἱ⸃ ἄνδρες οἱ συνέχοντες ⸀αὐτὸν ἐνέπαιζον αὐτῷ °δέροντες, 64 καὶ ⸂περικαλύψαντες αὐτὸν⸃ ⸄ἐπηρώτων λέγοντες⸅· προφήτευσον, τίς ἐστιν ὁ παίσας σε; 65 καὶ ⸀ἕτερα πολλὰ βλασφημοῦντες ἔλεγον εἰς ⸀αὐτόν.**	
27,1-2 *(nr. 334, p. 468)* 1 Πρωΐας δὲ γενομένης συμβούλιον ἔλαβον πάντες οἱ ἀρχιερεῖς καὶ οἱ πρεσβύτεροι τοῦ λαοῦ κατὰ τοῦ Ἰησοῦ ὥστε θανατῶσαι αὐτόν· 2 καὶ δήσαντες αὐτὸν ἀπήγαγον καὶ παρέδωκαν Πιλάτῳ τῷ ἡγεμόνι.	15,1 *(nr. 334, p. 468)* 1 Καὶ εὐθὺς πρωῒ συμβούλιον ποιήσαντες οἱ ἀρχιερεῖς μετὰ τῶν πρεσβυτέρων καὶ γραμματέων καὶ ὅλον τὸ συνέδριον, δήσαντες τὸν Ἰησοῦν ἀπήνεγκαν καὶ παρέδωκαν Πιλάτῳ.	**66 Καὶ ὡς ⸉ἐγένετο ἡμέρα⸊, συνήχθη τὸ πρεσβυτέριον τοῦ λαοῦ, ⸂ἀρχιερεῖς τε⸃ καὶ γραμματεῖς, καὶ ⸀ἀπήγαγον αὐτὸν εἰς τὸ συνέδριον ⸀αὐτῶν**	
59 ⸂Οἱ δὲ ἀρχιερεῖς⸃ ⸆καὶ τὸ συνέδριον ὅλον ἐζήτουν ⸀ψευδομαρτυρίαν κατὰ τοῦ Ἰησοῦ ὅπως ⸄αὐτὸν θανατώσωσιν⸅, 60 καὶ οὐχ εὗρον ⸆πολλῶν ⸉προσελθόντων ψευδομαρτύρων⸊ ⸆.	**55 Οἱ δὲ ἀρχιερεῖς καὶ ὅλον τὸ συνέδριον ἐζήτουν κατὰ τοῦ Ἰησοῦ μαρτυρίαν ⸂εἰς τὸ θανατῶσαι⸃ αὐτόν, καὶ οὐχ ⸀ηὕρισκον· 56 πολλοὶ γὰρ ἐψευδομαρτύρουν ⸆ κατ᾽ αὐτοῦ, καὶ ἴσαι αἱ μαρτυρίαι οὐκ ἦσαν.**		

Matth.: 59 ⸂ο δε -ρευς a aur n; Or^{pt} \| ⸆και οι πρεσβυτεροι C 𝔎 A W Γ Δ Φ **090. 0133** λ *pl* f q \| ⸀μαρτ- sy$^{s.p}$ bo^{pt} \| ⸄ *2 1* K M Γ *al* ¦ θ-σουσιν αυτον 𝔎 A W Δ **0133** *pm* ¦ αυτ. θ-σουσιν C² D L **090.** 33 *al* ¦ *2* Θ ¦ *txt* B ℵ C*^{vid} Φ λ ϕ *pc* \|\| **60** ⸆και *et* ⸆ουχ ευρον C² 𝔎 A (D) W Γ Δ Φ **090. 0133** (λ) ϕ 33. 700. 892 *pm* \| ⸉ C 𝔎 W Γ Δ **0133** ϕ *pm*

Mark.: 55 ⸂ινα θανατωσουσιν D Θ 565 *pc* \| ⸀ευρ- ℵ C 𝔎 A Γ Θ Φ **0116** ϕ *pm* \|\| 56 ⸆και ελεγον D (108. 209)

Luk.: 61 ⸂ *v. p. 462* \| ⸀τοτε 𝔓69 \| ⸋ D 157 \| ⸁ † λογου 𝔎 A D W Γ Δ Θ **063. 0135. 0250** λ ϕ *pm* ¦ *txt* 𝔓69.75 B ℵ L T **0124. 0153** *al* \| ° 𝔓69 D *pc* it \| ⸆ ἢ B Ψ *pc* \| °¹ *p)* 𝔎 A D W Γ Δ Θ **063. 0135. 0250** λ *pm* lat \| ⸄ (22,34) τρ. απ. με μη ειδεναι με D (*pc* it) \|\| **62** ⸋ *vs* **0171** it \| ⸆ο Πετρος 𝔎 A W Γ Δ Θ **063. 0135. 0250** ϕ *pm* \|\| **63** ⸂οι δε D c r¹ \| ⸀τον Ιησουν 𝔎 A W Γ Δ Θ **063** λ ϕ *pm* ¦ *txt* 𝔓75 ℌ D **0124** *al* lat \| ° D **0171.** 69 it \|\| **64** ⸂περικ. αυτ. ετυπτον αυτου το προσωπον και 𝔎 A W Γ Δ Θ **0135** ϕ *pm* ¦ π. αυτου τ. προσωπ. ετυπτ. αυτον και D (**063. 0124** λ) ¦ *txt* 𝔓75 B (ℵ) K L T *pc* \| ⸄ επ. αυτον λεγ. (ℵ) 𝔎 A W Γ Δ Θ **0135** λ ϕ *pm* ¦ ελεγον D ¦ *txt* 𝔓75 B K L M T X **063. 0124. 0153** *al* \|\| **65** ⸀αλλα D \| ⸀εαυτους D \|\| **66** ⸉ ℵ λ \| ⸂*1* 𝔎 Γ Δ 1 *al* ¦ και αρχ. D ¦ — V *pc* ¦ *txt* 𝔓75 ℌ A K M W X Θ ϕ *pm* \| ⸀ανηγ- 𝔎 A L W Γ Δ Θ **0250** λ *pm* ¦ ηγ- N 28 *pc* ¦ *txt* 𝔓75 B ℵ D K T **063** ϕ *al* \| ⸀εαυ- A W Δ ϕ *al*

58sq cf Is 22,4; Ps 51,19 \|\| *70sq* cf Lc 20,1; Act 22,5; 5,21 \|\| *79sq* cf Sus 28sqq \|\| *81sq* cf Jo 8,17; Ps 27,12; 109,2sqq \|\| *82* cf 90sq

[Matth. 26,57-68]

ὕστερον δὲ προσελθόντες δύο ⸆ 61 εἶπαν· ⸂οὗτος ἔφη⸃· δύναμαι καταλῦσαι τὸν ναὸν τοῦ θεοῦ καὶ διὰ τριῶν ἡμερῶν ⸆ οἰκοδομῆσαι.

62 καὶ ἀναστὰς ὁ ἀρχιερεὺς εἶπεν αὐτῷ· οὐδὲν ἀποκρίνῃ⁝ τί οὗτοί σου καταμαρτυροῦσιν; 63 ὁ δὲ Ἰησοῦς ἐσιώπα.

καὶ ⸆ ὁ ἀρχιερεὺς εἶπεν αὐτῷ·

26,55b (nr. 331, p. 458)

55 ... καθ' ἡμέραν ἐν τῷ ἱερῷ ἐκαθεζόμην διδάσκων καὶ οὐκ ἐκρατήσατέ με.

[Mark. 14,53-65]

57 ⸂καί τινες⸃ ἀναστάντες ἐψευδομαρτύρουν κατ' αὐτοῦ λέγοντες 58 ὅτι ⸂ἡμεῖς ἠκούσαμεν αὐτοῦ λέγοντος⸃ ὅτι ἐγὼ καταλύσω τὸν ναὸν °τοῦτον τὸν χειροποίητον καὶ διὰ τριῶν ἡμερῶν ἄλλον ⸄ἀχειροποίητον οἰκοδομήσω⸅. 59 καὶ οὐδὲ οὕτως ⸉ἴση ἦν⸊ ἡ μαρτυρία αὐτῶν. 60 καὶ ἀναστὰς ὁ ἀρχιερεὺς εἰς ⸆ μέσον ἐπηρώτησεν τὸν Ἰησοῦν λέγων· ⸋οὐκ ἀποκρίνῃ οὐδὲν⸌⁝ ⸀τί οὗτοί σου καταμαρτυροῦσιν; 61 ⸂ὁ δὲ ἐσιώπα⸃ καὶ ⸄οὐκ ἀπεκρίνατο οὐδέν⸅. ⸀πάλιν ⸂¹ὁ ἀρχιερεὺς ἐπηρώτα αὐτὸν⸃ ⸂²καὶ λέγει αὐτῷ⸃·

14,49 (nr. 331, p. 458)

49 Καθ' ἡμέραν ἤμην πρὸς ὑμᾶς ἐν τῷ ἱερῷ διδάσκων καὶ οὐκ ἐκρατήσατέ με·

ἀλλ' ἵνα πληρωθῶσιν αἱ γραφαί.

[Luk. 22,54-71]

67 λέγοντες·

22,53 (nr. 331, p. 458)

53 Καθ' ἡμέραν ὄντος μου μεθ' ὑμῶν ἐν τῷ ἱερῷ οὐκ ἐξετείνατε τὰς χεῖρας ἐπ' ἐμέ, ἀλλ' αὕτη ἐστὶν ὑμῶν ἡ ὥρα καὶ ἡ ἐξουσία τοῦ σκότους.

19,47 (nr. 274, p. 373)

47 Καὶ ἦν διδάσκων τὸ καθ' ἡμέραν ἐν τῷ ἱερῷ. οἱ δὲ ἀρχιερεῖς καὶ οἱ γραμματεῖς ἐζήτουν αὐτὸν ἀπολέσαι καὶ οἱ πρῶτοι τοῦ λαοῦ.

[Joh. 18,13-24]

2,19 (nr. 25, p. 38)

19 Ἀπεκρίθη Ἰησοῦς καὶ εἶπεν αὐτοῖς· λύσατε τὸν ναὸν τοῦτον καὶ ἐν τρισὶν ἡμέραις ἐγερῶ αὐτόν.

19 Ὁ οὖν ἀρχιερεὺς ⸀ἠρώτησεν τὸν Ἰησοῦν περὶ τῶν μαθητῶν αὐτοῦ καὶ °περὶ τῆς διδαχῆς αὐτοῦ. 20 ἀπεκρίθη °αὐτῷ ⸆ Ἰησοῦς· ἐγὼ παρρησίᾳ ⸀λελάληκα τῷ κόσμῳ, ἐγὼ πάντοτε ἐδίδαξα ἐν συναγωγῇ καὶ ἐν τῷ ἱερῷ, ὅπου ⸀πάντες οἱ Ἰουδαῖοι συνέρχονται, καὶ ἐν κρυπτῷ ἐλάλησα οὐδέν. 21 τί με ⸀ἐρωτᾷς; ⸀ἐρώτησον τοὺς ἀκηκοότας τί ἐλάλησα αὐτοῖς· ἴδε οὗτοι οἴδασιν ἃ εἶπον ἐγώ. 22 ταῦτα °δὲ αὐτοῦ εἰπόντος εἷς ⸂παρεστηκὼς τῶν ὑπηρετῶν⸃ ἔδωκεν ῥάπισμα τῷ Ἰησοῦ εἰπών· οὕτως ἀποκρίνῃ τῷ ἀρχ-

---

Matth.: 60 ⸆ψευδομαρτυρες C 𝔎 (A) D (W) Γ Δ Φ 090. 0133 ϕ *pl* latt ‖ 61 ⸂*p)* τουτον ηκουσαμεν λεγοντα D it | ⸆αυτον ℵ C L 047. 090 *pc* (⸉ 𝔎 A D W Γ Δ 0133 *pm*) ¦ *txt* B Θ 1. 69 ‖ 62 [⁝; H] ‖ 63 ⸆αποκριθεις C 𝔎 A (D) W Γ Δ Φ 090. 0133. 157. 565. 700 *pm* it sy^{s.p}

Mark.: 57 ⸂και αλλοι D it ¦ αλλοι δε Θ ϕ 565. 700 *pc* ‖ 58 ⸂ειπεν ℵ (c k) | ° D sy^s | ⸄αναστησω αχειρ. D it ‖ 59 ⸉ D L W λ lat ‖ 60 ⸆το D G Θ Φ Ψ λ 565. 700 *al* | ⸋ W | [⁝; H] | ⸀οτι B W Ψ *pc* ‖ 61 ⸂*p)* ο δε Ιησους εσ. ℵ A 565 *al* ¦ εκεινος δε εσιγα D | ⸄ουδεν απεκρινατο (-ιθη D) 𝔎 A D W Γ Δ Θ Φ 067. 0116 λ ϕ *pm* lat | ⸀π. ουν 067 *pc* k ¦ και π. W Θ λ ϕ 565 *pc* sy^{s.p} ¦ — D a q | ⸂¹ο αρ. επ. αυτ. εκ δευτερου (W) Θ Φ ϕ 700 *pc*; Or ¦ — D it | ⸂²λεγων Θ Φ λ 565 *pc* aur; Or ¦ και λεγει αυτω ο αρχιερευς D a q

Joh.: 19 ⸀επηρ- Θ | ° 69. 124 *pc* ‖ 20 ° C 579 *pc* | ⸆ο C 𝔎 A W Γ Δ 054 λ ϕ *pl* ¦ *txt* 𝔓^{66} B ℵ D^{suppl} L Θ *pc* | ⸀ελαλησα 𝔓^{66} C^3 𝔎 D^{suppl} W Γ Θ ϕ *pm* | ⸀παντοτε C^3 𝔎 D^{suppl} Γ Δ 054 *pm* ¦ *txt* 𝔥 A W Θ λ ϕ *al* lat ‖ 21 ⸀επερ- 𝔎 D^{suppl} Γ Δ λ ϕ *pm* ¦ *txt* 𝔥 A W Θ 054 *al* | ⸀επερ- C^3 𝔎 A D^{suppl} Γ Δ Θ 054 *pm* ‖ 22 ° X 69 *pc* a r^1 sy^s sa^{pt} bo | ⸂*2 3 1* C^3 𝔎 A D^{suppl} Γ Δ λ ϕ *pl* ¦ τ. υπηρ. παρεστως Θ *pc* ¦ τ. παρεστ(ηκ)ωτων υπηρ. ℵ^{corr} C* L X Ψ 054. 33 *al* ¦ *txt* 𝔓^{59vid} B ℵ* W *pc*

86sqq cf Mc 13,2 app; 15,29; Mt 27,40; Jo 2,19sqq; *cf 148* ‖ *90sq cf 82* ‖ *95sq* cf Is 53,7; Mt 27,14; Mc 15,5; *cf 153sq* ‖ *97sqq* cf Mt 27,11; Mc 15,2; Lc 23,3 *(= nr 336)* ‖ *100sqq* cf Lc 19,47; 21,37 ‖ *101sq (Jo)* cf Jo 7,4.26; 11,54; 16,29; 12,19 ‖ *105 (Jo)* cf Jo 7,4.10; Is 45,19; 48,16 ‖ *109sqq (Jo)* cf Ex 22,28; Act 23,2 ‖ *111 (Jo) cf 140sq*

[Matth. 26,57-68]

⸀ἐξορκίζω σε κατὰ τοῦ θεοῦ τοῦ ζῶντος ἵνα ἡμῖν εἴπῃς εἰ σὺ εἶ ὁ χριστὸς ὁ υἱὸς τοῦ θεοῦ⸆. 64 λέγει αὐτῷ ὁ Ἰησοῦς· σὺ εἶπας. πλὴν λέγω ὑμῖν⸆· ἀπ' ἄρτι ὄψεσθε τὸν υἱὸν τοῦ ἀνθρώπου καθήμενον ἐκ δεξιῶν τῆς δυνάμεως καὶ ἐρχόμενον ἐπὶ τῶν νεφελῶν τοῦ οὐρανοῦ.

cf. v. 64

65 τότε ὁ ἀρχιερεὺς διέρρηξεν τὰ ἱμάτια αὐτοῦ λέγων⸆· ἐβλασφήμησεν· τί ἔτι χρείαν ἔχομεν ⸀μαρτύρων; ἴδε νῦν ἠκούσατε τὴν βλασφημίαν⸆· 66 τί ὑμῖν δοκεῖ; οἱ δὲ ⸀ἀποκριθέντες εἶπαν· ἔνοχος θανάτου ἐστίν. 67 Τότε ἐνέπτυσαν εἰς τὸ πρόσωπον αὐτοῦ

[Mark. 14,53-65]

σὺ εἶ ⸋ὁ χριστὸς⸌ ὁ υἱὸς ⸂τοῦ εὐλογητοῦ⸃; 62 ὁ δὲ Ἰησοῦς ⸀εἶπεν· ⸆ἐγώ εἰμι, καὶ ὄψεσθε τὸν υἱὸν τοῦ ἀνθρώπου ⸉ἐκ δεξιῶν καθήμενον⸊ τῆς δυνάμεως ⸋καὶ ἐρχόμενον⸌ ⸀μετὰ ⸂τῶν νεφελῶν τοῦ⸃ οὐρανοῦ.

63 ὁ δὲ ἀρχιερεὺς⸆ διαρρήξας τοὺς χιτῶνας αὐτοῦ ⸆λέγει· τί ἔτι χρείαν ⸀ἔχομεν μαρτύρων; 64 ⸀ἠκούσατε ⸂τῆς βλασφημίας⸃⁚ τί ὑμῖν ⸀φαίνεται; ⸂οἱ δὲ πάντες⸃ κατέκριναν αὐτὸν ⸉ἔνοχον εἶναι θανάτου⸊. 65 Καὶ ἤρξαντό τινες ἐμπτύειν ⸀αὐτῷ ⸋καὶ περικαλύπτειν ⸉αὐτοῦ τὸ πρόσ-

[Luk. 22,54-71]

°εἰ σὺ εἶ ὁ χριστός, ⸂εἰπὸν ἡμῖν. εἶπεν δὲ⸃ αὐτοῖς· ἐὰν °¹ὑμῖν εἴπω, οὐ μὴ πιστεύσητε· 68 ⸋⸂ἐὰν δὲ⸃ ἐρωτήσω, οὐ μὴ ἀποκριθῆτε⸆.⸌ 69 ἀπὸ τοῦ νῦν °δὲ ἔσται ὁ υἱὸς τοῦ ἀνθρώπου καθήμενος ἐκ δεξιῶν τῆς δυνάμεως τοῦ θεοῦ. 70 εἶπαν ⸀δὲ πάντες· σὺ °οὖν εἶ ὁ υἱὸς τοῦ θεοῦ; ὁ δὲ ⸂πρὸς αὐτοὺς ἔφη⸃· ὑμεῖς λέγετε ὅτι ἐγώ εἰμι⁚.

71 οἱ δὲ εἶπαν· τί ἔτι ⸉ἔχομεν ⸀μαρτυρίας χρείαν⸊; ⸂αὐτοὶ γὰρ ἠκούσαμεν⸃ ἀπὸ τοῦ στόματος αὐτοῦ.

(nr. 334 23,1 p. 468)

22,63-65

63 Καὶ οἱ ἄνδρες οἱ συνέχοντες αὐτὸν ἐνέπαιζον αὐτῷ δέροντες, 64 καὶ περικαλύψαντες αὐτὸν

[Joh. 18,13-24]

ιερεῖ; 23 ⸂ἀπεκρίθη αὐτῷ Ἰησοῦς⸃· εἰ κακῶς ⸀ἐλάλησα, μαρτύρησον περὶ τοῦ κακοῦ· εἰ δὲ καλῶς, τί με δέρεις;

Matth.: 63 ⸀ορκιζω D L Θ 69 *al* | ⸆του ζωντος C* W Δ Φ 090 *al* ff^{2} || 64 ⸆οτι D *pc* sy$^{s.p}$ bo || 65 ⸆οτι C*^{vid} 𝔎 A W Γ Δ Φ 0133 λ φ *pm* | ⸀-ριων ℵ | ⸆αυτου C 𝔎 A W Γ Δ Θ 090. 0133 λ φ *pl* it || 66 ⸀απεκριθησαν παντες και D it

Mark.: 61 ⸋ Γ Φ *pc* k; Or^{pt} | ⸂του ευλογημενου W Ψ *pc* ¦ του θεου ℵ* 579 ¦ του θεου τ. ευλογητου A K Π *al* || 62 ⸀αποκριθεις ειπεν αυτω G W λ φ *pc* it sy^{s} sa^{pt} ¦ αποκρ. λεγει αυτω D Θ 565; Or | ⸆*p)* συ ειπας οτι Θ φ 565. 700 *pc* arm; Or | ⸉ A 067. 1. 33 *pm* it sy$^{s.p}$ sa bo; Or^{pt} | ⸋ D | ⸀*p)* επι G λ 33 *al* a sy$^{s.p}$ sa | ⸂της δυναμεως W || 63 ⸆ευθεως W *pc*; (Or) | ⸆και D it | ⸀εχωμεν φ *pc* ¦ εχετε c k sy^{s} bo || 64 ⸀ιδε νυν ηκ. ℵ ¦ ηκ. παντες G W λ 565 *al* (sy^{s}) | ⸂*p)* την -ιαν (+ του στοματος W Θ *al* sy^{p}) αυτου A D W Θ φ *al* sy^{p} | [⁚; H] | ⸀*p)* δοκει D Θ 565 *pc* | ⸂παντες δε D ¦ και παντες W Θ λ φ 565. 700 *pc* it sy^{s} | ⸉*2 1 3* 𝔎 A W Γ Θ λ φ *pm* lat (*1 3* D ff^{2}) || 65 ⸀*p)* τω προσωπω αυτου D (Θ) *pc* a f sy^{p} sa bo | ⸋ D a f sy^{s} bo^{pt} | ⸉ 𝔎 A W Γ Θ 067. 0116 λ φ *pm*

Luk.: 67 ° D L *pc* | ⸂ειπε ημ.· ειπεν δε 𝔎 A W Γ Δ 063 λ φ *pm* ¦ ο δε ειπεν D ¦ *txt* 𝔓^{75vid} B ℵ L T Θ *pc* | °¹ ℵ* || 68 ⸋*vs* e; Mcion | ⸂εαν δε και 𝔎 A W Γ Δ Θ 063 λ φ *pm* ¦ εαν D *pc* ¦ *txt* 𝔓^{75} 𝔥 0153. 892 *pc* | ⸆μοι Θ λ *pc* ¦ μοι η απολυσητε 𝔎 A D W Γ Δ 063 φ *pm* lat (sy) ¦ *txt* 𝔓^{75} 𝔥 0153 *pc* || 69 ° 𝔎 W Γ Δ 063 λ φ *pm* || 70 ⸀ουν A K W λ *al* | ° D K 69 *al* a e | ⸂ειπεν αυτοις D it | [⁚; h] || 71 ⸉*3 1 2* ℵ 𝔎 A (D) W Γ Δ Θ 063 λ φ *pm* ¦ *txt* 𝔓^{75} B L T *pc* | ⸀*p)* μαρτυρων D Ψ 69. 118 *al* | ⸂*3 2* D it

Joh.: 23 ⸂απ. α. ο Ιησ. C^{3} 𝔎 A D^{suppl} Γ Δ 054 λ *pl* ¦ ο δε Ι. ειπεν αυτω ℵ W φ 579 *pc* ¦ *txt* B C* L Θ *pc* | ⸀ειπον ℵ* W *pc*

117sq cf 1 Rg 22,16 || 120sqq cf 158sqq || 120(Mt/Mc) cf Mt 27,11; Mc 15,2; Mt 26,25; Mt 16,20; Mc 9,9 par; Jo 3,12; Jr 38,15 (LXX 45,15); cf 153sq || 121sq cf Mt 22,46 || 123sqq Dn 7,13 + Ps 110,1; cf Mt 24,30; cf 155sqq || 123(Mt) cf Mt 23,39; 26,29? || 130 cf Gn 37,29; Jdth 14,19(15); 2 Mcc 4,38; Act 14,14; 22,23; Lv 10,6; 21,10 || 131 cf Mt 9,3 || 135sq cf Lv 24,16; Jo 10,33; 19,7; Act 7,55sqq || 137sqq cf Mc 10,34; Mt 20,19; 27,30; Mc 15,19sq; Is 50,6; Mch 4,14? || 139sq cf Is 50,6?

[Matth. 26,57-68]	[Mark. 14,53-65]	[Luk. 22,63-65]	[Joh. 18,13-24]
καὶ ἐκολάφισαν αὐτόν, ⸀οἱ δὲ ἐράπισαν ⸆ 68 λέγοντες· προφήτευσον ἡμῖν, χριστέ, τίς ἐστιν ὁ παίσας σε;	ωπον⸃ καὶ ⸀κολαφίζειν αὐτὸν καὶ ⸁λέγειν °αὐτῷ· προφήτευσον⸆, ⸋καὶ οἱ ὑπηρέται⸌ ῥαπίσμασιν αὐτὸν ⸀1ἔλαβον.	ἐπηρώτων λέγοντες· προφήτευσον, τίς ἐστιν ὁ παίσας σε; 65 καὶ ἕτερα πολλὰ βλασφημοῦντες ἔλεγον εἰς αὐτόν.	24 ἀπέστειλεν ⸀οὖν αὐτὸν ὁ Ἅννας δεδεμένον πρὸς Καϊάφαν τὸν ἀρχιερέα.⸊
cf. v. 57	cf. v. 53	(cf. v. 54)	

Acta 6, 14: Ἀκηκόαμεν γὰρ αὐτοῦ λέγοντος ὅτι Ἰησοῦς ὁ Ναζωραῖος οὗτος καταλύσει τὸν τόπον τοῦτον καὶ ἀλλάξει τὰ ἔθη ἃ παρέδωκεν ἡμῖν Μωϋσῆς.

Evang. sec. Hebraeos (Historia passionis Domini f. 35r): Sequitur Io. 18. ... et vidit singula que sibi illata fuerunt ludibria et penas. In evangelio Nazareorum ponitur causa unde Iohannes notus fuerit pontifici. quia cum fuerit filius pauperis piscatoris Zebedei, sepe portaverat pisces ad curias pontificum Anne et Cayphe. Exivit autem Iohannes ad ancillam hostiariam et ab ea impetravit quod Petrus socius suus qui ante ianuam stetit plorans fuit intromissus ...

Mart. Polycarpi 8, 2: Τί γὰρ κακόν ἐστιν εἰπεῖν· Κύριος καῖσαρ, καὶ ἐπιθῦσαι καὶ τὰ τούτοις ἀκόλουθα καὶ διασῴζεσθαι; ὁ δὲ τὰ μὲν πρῶτα οὐκ ἀπεκρίνατο αὐτοῖς, ἐπιμενόντων δὲ αὐτῶν ἔφη· Οὐ μέλλω ποιεῖν, ὃ συμβουλεύετέ μοι.

Didache 16, 6–8: 6 Καὶ τότε »φανήσεται τὰ σημεῖα« τῆς ἀληθείας· πρῶτον σημεῖον ἐκπετάσεως ἐν οὐρανῷ, εἶτα σημεῖον »φωνῆς σάλπιγγος«, καὶ τὸ τρίτον ἀνάστασις νεκρῶν· 7 οὐ πάντων δέ, ἀλλ' ὡς ἐρρέθη· Ἥξει ὁ κύριος καὶ πάντες οἱ ἅγιοι μετ' αὐτοῦ. 8 »τότε ὄψεται« ὁ κόσμος τὸν κύριον »ἐρχόμενον ἐπάνω τῶν νεφελῶν τοῦ οὐρανοῦ«.

Barn. ep. 7, 9–10: 9 Τί οὖν τοῦτό ἐστιν; προσέχετε· Τὸν μὲν ἕνα ἐπὶ τὸ θυσιαστήριον, τὸν δὲ ἕνα ἐπικατάρατον, καὶ ὅτι τὸν ἐπικατάρατον ἐστεφανωμένον; ἐπειδὴ ὄψονται αὐτὸν τότε τῇ ἡμέρᾳ τὸν ποδήρη ἔχοντα τὸν κόκκινον περὶ τὴν σάρκα, καὶ ἐροῦσιν· Οὐχ οὗτός ἐστιν, ὅν ποτε ἡμεῖς ἐσταυρώσαμεν ἐξουθενήσαντες καὶ κατακεντήσαντες καὶ ἐμπτύσαντες; ἀληθῶς οὗτος ἦν, ὁ τότε λέγων, ἑαυτὸν υἱὸν τοῦ θεοῦ εἶναι. 10 πῶς γὰρ ὅμοιος ἐκείνῳ; εἰς τοῦτο ὁμοίους τοὺς τράγους, καλούς, ἴσους, ἵνα, ὅταν ἴδωσιν αὐτὸν τότε ἐρχόμενον, ἐκπλαγῶσιν ἐπὶ τῇ ὁμοιότητι τοῦ τράγου.

Matth.: 67 ⸀αλλοι D lat sy^s.p sa | ⸆αυτον D G Φ 1. 700. 1241 *al*

Mark.: 65 ⸀εκολαφιζον D a c k | ⸁ελεγον D 565 c k | ° W 067 λ φ *pc* sy^s.p | ⸆νυν G λ *pc* (sy^s) ¦ *p)* ημιν Ψ *pc* sa bo ¦ *p)* ημιν (νυν W φ *pc*) Χριστε τις εστιν ο παισας σε U W X Θ φ *pm* | ⸋ D | ⸀1ελαμβανον (D) G W Θ φ 565 *al* ¦ κατελαβον 579 ¦ εβαλλον (E) H *al*

Joh.: 24 ⸀δε ℵ φ *pc* sy^s.p sa ¦ — C³ 𝔎 A D^suppl Γ 054 *pm* | ⸉ *vide ad vs 13, p. 461*

---

140 sq cf 1 Rg 22, 24 sq?; cf 111 (Jo) || *145 sqq cf 1 sqq (Mt-Lc)* || *148 cf 86 sqq* || *149 sqq cf 10 sqq* || *153 sq cf 95 sq. 120 (Mt/Mc)* || *155 sqq cf 123 sqq* || *158 sqq cf 120 sqq*

333. Verleugnung des Petrus

Negatio Petri **Peter's Denial**

Matth. 26, 69-75	Mark. 14, 66-72	Luk. 22, 56-62	Joh. 18, 25-27 (18, 15-18)
			18, 15-18 *(nr. 332, p. 461)* 15 Ἠκολούθει δὲ τῷ Ἰησοῦ Σίμων Πέτρος καὶ ἄλλος μαθητής. ὁ δὲ μαθητὴς ἐκεῖνος ἦν γνωστὸς τῷ ἀρχιερεῖ καὶ συνεισῆλθεν τῷ Ἰησοῦ εἰς τὴν αὐλὴν τοῦ ἀρχιερέως, 16 ὁ δὲ Πέτρος εἱστήκει πρὸς τῇ θύρᾳ ἔξω. ἐξῆλθεν οὖν ὁ μαθητὴς ὁ ἄλλος ὁ γνωστὸς τοῦ ἀρχιερέως καὶ εἶπεν τῇ θυρωρῷ καὶ εἰσήγαγεν τὸν Πέτρον. 17 λέγει οὖν τῷ Πέτρῳ ἡ παιδίσκη ἡ θυρωρός· μὴ καὶ σὺ ἐκ τῶν

---

10 sqq cf 18 sqq

[Matth. 26,69-75]

69 Ὁ δὲ Πέτρος ⸉ἐκάθητο ἔξω⸊ ἐν τῇ αὐλῇ· καὶ προσῆλθεν αὐτῷ μία παιδίσκη λέγουσα· καὶ σὺ ἦσθα μετὰ Ἰησοῦ τοῦ ⸀Γαλιλαίου. 70 ὁ δὲ ἠρνήσατο ἔμπροσθεν ⸀πάντων λέγων· οὐκ οἶδα τί λέγεις⸆. 71 ⸂ἐξελθόντα δὲ⸃ εἰς τὸν πυλῶνα εἶδεν °αὐτὸν ἄλλη ⸆ καὶ λέγει ⸀τοῖς ἐκεῖ· ⸆¹ οὗτος ἦν μετὰ Ἰησοῦ τοῦ Ναζωραίου. 72 καὶ πάλιν ἠρνήσατο μετὰ ὅρκου ⸀ὅτι οὐκ οἶδα τὸν ἄνθρωπον. 73 μετὰ μικρὸν δὲ⸆ προσελθόντες οἱ ἑστῶτες εἶπον τῷ Πέτρῳ· ἀληθῶς ⸋καὶ σὺ⸌ ἐξ αὐτῶν εἶ, καὶ γὰρ ⸆¹ ἡ λαλιά σου

[Mark. 14,66-72]

66 Καὶ ὄντος τοῦ Πέτρου ⸉κάτω ἐν τῇ αὐλῇ ἔρχεται ⸆ μία ⸂τῶν παιδισκῶν⸃ τοῦ ἀρχιερέως 67 καὶ ἰδοῦσα ⸂τὸν Πέτρον⸃ θερμαινόμενον ἐμβλέψασα ⸉¹αὐτῷ λέγει⸊¹· °καὶ σὺ ⸄μετὰ τοῦ Ναζαρηνοῦ ἦσθα τοῦ Ἰησοῦ⸅. 68 ὁ δὲ ἠρνήσατο λέγων· ⸀οὔτε οἶδα ⸀οὔτε ἐπίσταμαι⁚ ⸂σὺ τί⸃ λέγεις⁚¹. καὶ ἐξῆλθεν ⸄ἔξω εἰς τὸ προαύλιον⸅ ⸋[καὶ ἀλέκτωρ ἐφώνησεν]⸌. 69 ⸂καὶ ἡ παιδίσκη ἰδοῦσα αὐτὸν ⸄ἤρξατο πάλιν⸃ λέγειν⸅ τοῖς ⸀παρεστῶσιν ὅτι ⸀οὗτος ἐξ αὐτῶν ἐστιν. 70 ὁ δὲ πάλιν ⸀ἠρνεῖτο. καὶ μετὰ μικρὸν πάλιν οἱ παρεστῶτες ἔλεγον ⸋τῷ Πέτρῳ⸌· ἀληθῶς ἐξ αὐτῶν εἶ, ⸂καὶ γὰρ Γαλιλαῖος

Luk.

22,56-62 *(nr. 332, p. 461)*

56 Ἰδοῦσα δὲ αὐτὸν παιδίσκη τις καθήμενον πρὸς τὸ φῶς καὶ ἀτενίσασα αὐτῷ εἶπεν· καὶ οὗτος σὺν αὐτῷ ἦν. 57 ὁ δὲ ἠρνήσατο ⸆ λέγων· οὐκ οἶδα αὐτόν, ⸉γύναι. 58 καὶ μετὰ βραχὺ ἕτερος ἰδὼν αὐτὸν ⸂ἔφη· καὶ σὺ ἐξ αὐτῶν εἶ⸃. ὁ δὲ °Πέτρος ⸀ἔφη· ἄνθρωπε, οὐκ εἰμί. 59 καὶ ⸀διαστάσης ὡσεὶ ὥρας μιᾶς ἄλλος τις διϊσχυρίζετο ⸂λέγων· ἐπ᾽ ἀληθείας⸃ καὶ οὗτος μετ᾽ αὐτοῦ °ἦν, καὶ γὰρ Γαλιλαῖός

[Joh. 18,15-18]

μαθητῶν εἶ τοῦ ἀνθρώπου τούτου; λέγει ἐκεῖνος· οὐκ εἰμί. 18 εἱστήκεισαν δὲ οἱ δοῦλοι καὶ οἱ ὑπηρέται ἀνθρακιὰν πεποιηκότες, ὅτι ψῦχος ἦν, καὶ ἐθερμαίνοντο· ἦν δὲ καὶ ὁ Πέτρος μετ᾽ αὐτῶν ἑστὼς καὶ θερμαινόμενος.

18, 25-27

25 Ἦν δὲ Σίμων Πέτρος ⸆ ἑστὼς καὶ θερμαινόμενος. εἶπον οὖν αὐτῷ· μὴ καὶ σὺ ἐκ τῶν μαθητῶν αὐτοῦ εἶ; ἠρνήσατο ⸆¹ ἐκεῖνος καὶ ⸀εἶπεν· οὐκ εἰμί. 26 λέγει εἷς ἐκ τῶν δούλων τοῦ ἀρχιερέως, συγγενὴς ὢν οὗ ἀπέκοψεν Πέτρος τὸ ὠτίον· οὐκ ἐγώ σε εἶδον ἐν τῷ κήπῳ μετ᾽ αὐτοῦ; 27 πάλιν οὖν ἠρνήσατο ⸆ Πέτρος,

---

Matth.: 69 ⸉ C 𝔎 A W Γ Φ **0133**. 700 *pm* | ⸀(*vs* 71) Ναζωραιου C **047** *pc* sy^p || 70 ⸀αυτων K 565. 1424 *pc* ¦ αυτ. παντ. C* 𝔎 A W Γ Δ Φ **0133** λ 1241 *pm* ¦ *txt* 𝔋 D Θ **090** φ *al* verss | ⸆ουδε επισταμαι D(Δ) **090** λ *pc* it sy^s || 71 ⸂εξ-οντα δε αυτον C 𝔎 A W Γ Δ Θ **0133** λ *pl* ¦ εξ-οντος δε αυτου D Φ *pc* lat | ° Θ λ *pc* | ⸆παιδισκη D it; Or | ⸀αυτοις C 𝔎 A Δ **0133** λ 700. 892 *pm* ¦ *txt* B ℵ D W Γ Θ Φ *al* | ⸆¹ και C 𝔎 A W Γ Δ Θ **0133** λ φ *pm* lat ¦ *txt* B ℵ D *pc* sy^s sa || 72 ⸀λεγων D it ¦ — ℵ *pc* || 73 ⸆παλιν λ 157. 1424 *al* | ⸋ *p)* D Θ 1 *pc* (it) sy^s sa^pt; Or | ⸆¹ Γαλιλαιος ει και C* Σ

Mark.: 66 ⸉ *p.* αυλη 𝔎 A W Γ Δ λ *pm* lat ¦ — D Ψ **067**. 565 *pc* it sy^s; Eus | ⸆προς αυτον D Θ it; Eus | ⸂-δισκη ℵ C^vid || 67 ⸂αυτον λ φ 565. 700 *pc* sy^s.p | ⸉ D c ff^2 q | ° D | ⸄ *1-3 6 4* 𝔎 A W Γ λ φ *pm* ¦ *1 2 6 4 5 3* ℵ sy^s.p ¦ *1 5 6 2-4* D Δ *al* lat *et varr al* ¦ *txt* 𝔋 Θ *pc* || 68 ⸀ουκ C 𝔎 A Γ Δ **067** φ 1. 33 *pm* | ⸀ουδε A K Γ 33 *pm* | [⁚ *et* ⁚¹; h] | ⸂ *2 1* 𝔎 A Γ Θ **067** φ 157 *pm* ¦ *2* D | ⸄ε. εις την προαυλην D ¦ εις την εξω αυλην (προαυλ- Θ) W Θ λ (φ 565. 700) *pc*; (Eus) | ⸋ *p)* † B ℵ L W Ψ* *pc* c sy^s ¦ *txt* C 𝔎 A D Γ Δ Θ **067** λ φ 33 *pl* lat sy^p.h || 69 ⸂παλιν δε ιδ. αυτον η παιδ. ηρξατο (D) Θ 565. 700 lat; Eus | ⸄ *2 1 3* 𝔎 A Γ **067** λ φ 33 *pm* ¦ *1 3* W *pc* ¦ ειπεν B | ⸀-στηκοσιν 𝔎 A D W Γ λ φ 33 *pm* | ⸀και ουτ. Θ φ 565. 700 *al* ¦ και αυτος D || 70 ⸀ *p)* ηρνησατο (D) G W Δ λ φ 565. 700 *al*; Eus | ⸋ D a | ⸂ *p)* κ. γ. Γ. ει και η λαλια σου ομοιαζει 𝔎 A Γ Δ Θ φ 157. 892 *pm* sy^p.h bo^pt ¦ — W *pc*

Luk.: 57 ⸆αυτον 𝔎 A D* W Δ Θ **063**. **0135** φ *pm* vg ¦ *txt* 𝔓^75 B ℵ K L S T X **0124** λ *al* it sy sa bo | ⸉ *p.* λεγων 𝔎 A W Γ Δ Θ **063**. **0124**. **0135** λ φ *pm* ¦ — D || 58 ⸂ειπεν το αυτο D sy^c | ° 𝔓^69vid D | ⸀ειπεν 𝔓^69 𝔎 A D W Γ Δ Θ **063**. **0135** λ *pm* || 59 ⸀-στησασης W Θ *pc* ¦ -στησας D | ⸂· επ α. λεγω D | ° ℵ* *pc*

Joh.: 25 ⸆μετ αυτου 𝔓^60 | ⸆¹ουν C^3 𝔎 Γ Δ *pm* | ⸀λεγει A 33 *pc* || 27 ⸆ο 𝔓^60vid ℵ C^2 H S U Θ φ *al* ¦ *txt* B A C* D^suppl E G L W Γ Δ **054**. 1 *pm*

---

16 sqq cf *18 sqq (Jo)* || *18 sqq* cf *10 sqq* || *18 sqq (Jo)* cf *16 sqq* || *19* cf Mt 26,58 || *22 sq (Lc)* cf Mt 20,30 || *25 sqq* cf *33 sqq. 39 sqq. 51* || *33 sqq* cf *25 sqq. 39 sqq. 51*

[Matth. 26,69-75]	[Mark. 14,66-72]	[Luk. 22,56-62]	[Joh. 18,25-27]
⸂δῆλόν σε ποιεῖ⸃. 74 τότε ἤρξατο καταθεματίζειν καὶ ὀμνύειν ὅτι οὐκ οἶδα τὸν ἄνθρωπον. καὶ εὐθέως ἀλέκτωρ ἐφώνησεν.	εἶ⸃. 71 ὁ δὲ ἤρξατο ἀναθεματίζειν καὶ ⸀ὀμνύναι ὅτι οὐκ οἶδα τὸν ἄνθρωπον ⸂τοῦτον ὃν λέγετε⸃. 72 καὶ ⸀εὐθὺς ⸋ἐκ δευτέρου⸌ ἀλέκτωρ ἐφώνησεν.	ἐστιν. 60 εἶπεν δὲ ὁ Πέτρος· ἄνθρωπε, οὐκ οἶδα ⸀ὃ λέγεις. καὶ παραχρῆμα ἔτι λαλοῦντος αὐτοῦ ἐφώνησεν ἀλέκτωρ.	καὶ εὐθέως ἀλέκτωρ ἐφώνησεν.
75 καὶ ἐμνήσθη ὁ Πέτρος τοῦ ῥήματος ⸆ Ἰησοῦ εἰρηκότος ⸇ ὅτι πρὶν ἀλέκτορα φωνῆσαι τρὶς ἀπαρνήσῃ με· καὶ ἐξελθὼν ἔξω ἔκλαυσεν πικρῶς.	καὶ ⸁ἀνεμνήσθη ὁ Πέτρος ⸂τὸ ῥῆμα⸃ ⸀¹ὡς εἶπεν °αὐτῷ ὁ Ἰησοῦς ⸋¹ὅτι πρὶν ἀλέκτορα ⸁φωνῆσαι δὶς⸃ ⸄τρίς με ἀπαρνήσῃ⸅⸌· καὶ ⸂¹ἐπιβαλὼν ἔκλαιεν⸃.	61 ⸂καὶ στραφεὶς⸃ ὁ ⸀κύριος ἐνέβλεψεν ⸂τῷ Πέτρῳ⸃, ⸁καὶ ὑπεμνήσθη ⸋ὁ Πέτρος⸌ τοῦ ⸀¹ῥήματος τοῦ κυρίου ὡς εἶπεν αὐτῷ °ὅτι πρὶν⸆ ἀλέκτορα φωνῆσαι °¹σήμερον ⸂¹ἀπαρνήσῃ με τρίς⸃. 62 ⸋καὶ ἐξελθὼν ἔξω⸆ ἔκλαυσεν πικρῶς.⸌	

Codd. N. T. 4. 273. 566. 899. 1424 (ad Matth. 26,74): Τὸ Ἰουδαϊκόν· »καὶ ἠρνήσατο καὶ ὤμοσεν καὶ κατηράσατο«.

Matth.: 73 ⸂ομοιαζει D it sy^s || 75 ⸆του C²KLMWΦ λ φ 33.157.892.1241 *pm* | ⸇αυτω CℜAWΓΔΘ 0133 λφ *pl* sy^s.p sa^pt bo

Mark.: 71 ⸀ομνυειν ℵACGWΔΘΨ λφ 33.157 *pm* ¦ λεγειν D q | ⸂ *2 3* DK *pc* ¦ *1* k ¦ — ℵ *pc* || 72 ⸀-θεως DGWΘ φ 565.700 *pc* ¦ — C²ℜAΓΔΨ λ *pm* sy^s.h sa^pt bo^pt | ⸋ *p)* ℵC*^vid L *pc* c | ⸁αναμνησθεις GW λ φ *pc* | ⸂του -τος MW λ φ 700 *pm* | ⸀¹ ὃ ℜDΓΘ *pm* ¦ ου M W φ 700 *pm* | °DΘ λ | ⸋¹ D a | ⸁ † δ. φων. BΘ 565.700 *pc* ¦ *p)* φων. ℵC*^vid WΔ *pc* it ¦ *txt* C²ℜALΓΨ 0250 λ φ *pm* | ⸄ *p) 3 2 1* ℜAΓΘ 0250 λ φ 33 *pm* sy^h | ⸂¹ ηρξατο κλαιειν DΘ 565 latt sy^s.p sa

Luk.: 60 ⸀τι ℵD *pc* || 61 ⸂στρ. δε D | ⸀Ιησους D 063 λ *pc* ¦ Πετρ[ος *et* ⸂ αυ]τω 𝔓⁶⁹ | ⸁τοτε 𝔓⁶⁹ | ⸋ D 157 | ⸀¹ † λογου ℜADWΓΔΘ 063.0135.0250 λ φ *pm* ¦ *txt* 𝔓^69.75 Bℵ LT 0124.0153 *al* | °𝔓⁶⁹ D *pc* it | ⸆ ἢ BΨ *pc* | °¹ *p)* ℜADWΓΔΘ 063.0135.0250 λ *pm* lat | ⸂¹ (22,34) τρ. απ. με μη ειδεναι με D (*pc* it) || 62 ⸋ *vs* 0171 it | ⸆ο Πετρος ℜAWΓΔΘ 063.0135.0250 φ *pm*

---

39 sqq cf 25 sqq. 33 sqq. 51 || *46 sqq* cf Mc 14,30 par *(= nr 315)* || *50* cf Is 22,4; Ps 51,19 || *51 cf 25 sqq. 33 sqq. 39 sqq*

334. Übergabe an Pilatus

Pontio Pilato traditur — **Jesus Delivered to Pilate**

Matth. 27, 1-2	Mark. 15,1	Luk. 23,1 22,66	Joh. 18, 28
1 Πρωΐας δὲ γενομένης συμβούλιον ⸀ἔλαβον πάντες οἱ ἀρχιερεῖς καὶ οἱ πρεσβύτεροι τοῦ λαοῦ κατὰ τοῦ Ἰησοῦ ⸂ὥστε θανατῶσαι⸃ αὐτόν·	1 Καὶ ⸀εὐθὺς ⸆ πρωῒ συμβούλιον ⸁ποιήσαντες οἱ ἀρχιερεῖς μετὰ τῶν πρεσβυτέρων καὶ ⸇ γραμματέων καὶ ὅλον τὸ συνέδριον,	*22,66 (nr. 332, p. 461)* 66 Καὶ ὡς ἐγένετο ἡμέρα, συνήχθη τὸ πρεσβυτέριον τοῦ λαοῦ, ἀρχιερεῖς τε καὶ γραμματεῖς, καὶ ἀπήγαγον αὐτὸν εἰς τὸ συνέδριον αὐτῶν.	

Matth.: 1 ⸀εποιησαν D a c f | ⸂ινα θανατωσωσιν D

Mark.: 1 ⸀-θεως ℜADWΓΘ 0250 λ φ *pl* | ⸆επι το ℜAWΓΔ 0250 λ φ *pm* ¦ επι τω E 700 *al* | ⸁ † ετοιμασαντες ℵCL 892 *pc* ¦ εποιησαν *et* ⸆¹ και DΘ 565 *pc* it; Or ¦ *txt* BℜAWΓΔΨ (0250) λ φ *pm* | ⸇των ℵDWΘ 565 sa bo; Or

---

1 cf 9 (Jo)

[Matth. 27,1-2]	[Mark. 15,1]	[Luk. 23,1]	[Joh. 18,28]
		(nr. 332 22,54-71 p. 461)	
2 καὶ δήσαντες αὐτὸν ἀπήγαγον καὶ παρέδωκαν ⸆ ⸆ Πιλάτῳ τῷ ἡγεμόνι.	⸆1 δήσαντες τὸν Ἰησοῦν ⸀ἀπήνεγκαν καὶ παρέδωκαν⸆2 Πιλάτῳ.	1 Καὶ ⸀ἀναστὰν ⸋ἅπαν τὸ πλῆθος αὐτῶν⸌ ἤγαγον αὐτὸν ἐπὶ ⸰τὸν Πιλᾶτον.	28 Ἄγουσιν οὖν τὸν Ἰησοῦν ἀπὸ τοῦ Καϊάφα εἰς τὸ πραιτώριον· ἦν δὲ ⸀πρωΐ· καὶ αὐτοὶ οὐκ εἰσῆλθον εἰς τὸ πραιτώριον, ἵνα μὴ μιανθῶσιν ⸀ἀλλὰ φάγωσιν τὸ πάσχα.
	(nr. 336 15,2-5 p. 470)	*(nr. 336 23,2-5 p. 470)*	*(nr. 336 18,29-38 p. 470)*

Matth.: 2 ⸆αυτον C^{3} ℜ A W Γ Δ Θ Φ **0250** λ ϕ *pm* sy$^{s.p}$ sa bo ¦ *txt* B ℵ C* K L Σ 33 *al* lat | ⸆ Ποντιω C ℜ A W Γ Δ Θ Φ **0250** λ ϕ *pl* latt ¦ *txt* B ℵ L Σ 33 sy$^{s.p}$ sa bo

Mark.: 1 ⸆1 *v. p. 468* | ⸀ *p)* απηγαγον C G W Θ λ 565.700 *pc* ¦ απηγ. εις την αυλην D it; Or | ⸆2 αυτον τω W ϕ 157 *pc* sy$^{s.p}$ sa bo ¦ τω ℜ A Γ 33 *pm*

Luk.: 1 ⸀-ντες D Θ | ⸋ D | ⸰ D 157

Joh.: 28 ⸀πρωια E G H Γ Θ *pm* | ⸀αλλ ινα C^{2} ℜ L Γ Ψ **054** ϕ 33 *pm*

9(Jo) cf 1 || *9* cf Jo 18,33; 19,9; Mc 15,16; Mt 27,27 || *12* cf Mc 14,12.14; Mt 26,17; Lc 22,8.11.15; 2 Chr 30,18; 2 Esr 6,21

335. Das Ende des Judas

Interitus Iudae

The Death of Judas

Matth. 27,3-10	Mark.	Luk.	Joh.
3 Τότε ἰδὼν Ἰούδας ὁ ⸀παραδιδοὺς αὐτὸν ὅτι κατεκρίθη, μεταμεληθεὶς ⸀ἔστρεψεν τὰ τριάκοντα ἀργύρια τοῖς ἀρχιερεῦσιν καὶ ⸆ πρεσβυτέροις 4 λέγων· ἥμαρτον παραδοὺς αἷμα ⸀ἀθῷον. οἱ δὲ εἶπαν· τί πρὸς ἡμᾶς; σὺ ⸀ὄψῃ. 5 καὶ ῥίψας τὰ ⸆ ἀργύρια ⸂εἰς τὸν ναὸν⸃ ἀνεχώρησεν, καὶ ἀπελθὼν ἀπήγξατο. 6 Οἱ δὲ ἀρχιερεῖς λαβόντες τὰ ἀργύρια εἶπαν· οὐκ ἔξεστιν βαλεῖν αὐτὰ εἰς τὸν ⸀κορβανᾶν, ἐπεὶ τιμὴ αἵματός ἐστιν. 7 συμβούλιον δὲ λαβόντες ἠγόρασαν ἐξ αὐτῶν τὸν ἀγρὸν τοῦ κεραμέως εἰς ταφὴν τοῖς ξένοις. 8 διὸ ἐκλήθη ὁ ἀγρὸς ἐκεῖνος ἀγρὸς αἵματος ἕως τῆς σήμερον. 9 τότε ἐπληρώθη τὸ ῥηθὲν διὰ ⸀Ἰερεμίου τοῦ προφήτου λέγοντος· καὶ ἔλαβον τὰ τριάκοντα ἀργύρια, τὴν τιμὴν τοῦ τετιμημένου ὃν ἐτιμήσαντο ἀπὸ υἱῶν Ἰσραήλ, 10 καὶ ⸀ἔδωκαν αὐτὰ εἰς τὸν ἀγρὸν τοῦ κεραμέως, ⸀καθὰ συνέταξέν μοι κύριος.			

Acta 1,15–20: 15 Καὶ ἐν ταῖς ἡμέραις ταύταις ἀναστὰς Πέτρος ἐν μέσῳ τῶν ἀδελφῶν εἶπεν· ἦν τε ὄχλος ὀνομάτων ἐπὶ τὸ αὐτὸ ὡσεὶ ἑκατὸν εἴκοσι· 16 ἄνδρες ἀδελφοί, ἔδει πληρωθῆναι τὴν γραφὴν ἣν προεῖπεν τὸ πνεῦμα τὸ ἅγιον διὰ στόματος Δαυὶδ περὶ Ἰούδα τοῦ γενομένου ὁδηγοῦ τοῖς συλλαβοῦσιν Ἰησοῦν, 17 ὅτι κατηριθμημένος ἦν ἐν ἡμῖν καὶ ἔλαχεν τὸν κλῆρον τῆς διακονίας ταύτης. 18 οὗτος μὲν οὖν ἐκτήσατο χωρίον ἐκ μισθοῦ τῆς ἀδικίας καὶ πρηνὴς γενόμενος ἐλάκησεν μέσος καὶ ἐξεχύθη πάντα τὰ σπλάγχνα αὐτοῦ· 19 καὶ γνωστὸν ἐγένετο πᾶσι τοῖς κατοικοῦσιν Ἰερουσαλήμ, ὥστε κληθῆναι τὸ χωρίον ἐκεῖνο τῇ ἰδίᾳ διαλέκτῳ αὐτῶν Ἀκελδαμάχ, τοῦτ' ἔστιν χωρίον αἵματος. 20 γέγραπται γὰρ ἐν βίβλῳ ψαλμῶν· γενηθήτω ἡ ἔπαυλις αὐτοῦ ἔρημος καὶ μὴ ἔστω ὁ κατοικῶν ἐν αὐτῇ, καί· τὴν ἐπισκοπὴν αὐτοῦ λαβέτω ἕτερος.

Evang. sec. Hebraeos (?) (Hieronymus, Comm. in Matth. 27,9): Legi nuper in quodam hebraico volumine quem Nazarenae sectae mihi Hebraeus obtulit Hieremiae apocryphum in quo haec (Matth. 27,9b-10) ad verbum scripta repperi.

3 ⸀† παραδους B L 33 *pc* ¦ *txt* ℵ C ℜ A W Γ Δ Θ λ ϕ *pl* | ⸀απεστρ- C ℜ A W Γ Δ Θ λ ϕ *pl* ¦ *txt* B ℵ* L **0231**^{vid} *pc* | ⸆τοις ℜ A W Γ Δ Φ λ ϕ *pm* || **4** ⸀δικαιον B^{corr} L Θ latt sy^{s} sa^{pt} bo^{pt}; Or^{pt} Cyp | ⸀οψει U Y Γ Φ λ 157.565.700 *pm* || **5** ⸆τριακοντα ℵ **047** *pc* | ⸂εν τω ναω C ℜ A W Γ Δ **0133** λ *pl* ¦ *txt* B ℵ L Θ ϕ 33.157.565.700 *pc* || **6** ⸀κορβαν B* it || **9** ⸀Ζαχαριου 22 sy^{hmg} ¦ Ησαιου 21 l ¦ — Φ 33.157 a b sy$^{s.p}$ bo^{pt} || **10** ⸀εδωκα ℵ W Φ *pc* sy$^{s.p}$; Eus | ⸀καθως Θ λ 1582

1sqq cf 17sqq || *1* cf Mc 14,64 | cf Mt 26,15 par || *2* cf Mt 27,1 sq. 12 sq | cf Dt 27,25; 1 Sm 19,5; 1 Mcc 1,37 etc; cf Mt 27,24 | cf Act 18,15 || *3* cf 2 Sm 17,23 || *4* cf Dt 23,19 | cf Mc 7,11 || *5sq cf 10sqq* || *6sqq cf 15sq* || *7sq* Zch 11,12 sq + Ex 9,12 LXX; cf Jr 32,7 sqq (LXX 39,7 sqq); 18,2 sqq; 19,1 sqq; Mt 13,35; 26,15 || *10sqq cf 5sq* || *15sq cf 6sqq*

Papias fragm. III: 1 Ἀπολιναρίου: Οὐκ ἀπέθανε τῇ ἀγχόνῃ Ἰούδας, ἀλλ᾽ ἐπεβίω καθαιρεθεὶς πρὸ τοῦ ἀποπνιγῆναι. καὶ τοῦτο δηλοῦσιν αἱ τῶν ἀποστόλων Πράξεις, ὅτι πρηνὴς γενόμενος ἐλάκησε μέσος, καὶ ἐξεχύθη τὰ σπλάγχνα αὐτοῦ. τοῦτο δὲ σαφέστερον ἱστορεῖ Παπίας ὁ Ἰωάννου μαθητὴς λέγων οὕτως ἐν τῷ δ΄ τῆς ἐξηγήσεως τῶν κυριακῶν λόγων· 2 »Μέγα δὲ ἀσεβείας ὑπόδειγμα ἐν τούτῳ τῷ κόσμῳ περιεπάτησεν ὁ Ἰούδας πρησθεὶς ἐπὶ τοσοῦτον τὴν σάρκα, ὥστε μηδὲ ὁπόθεν ἅμαξα ῥᾳδίως διέρχεται ἐκεῖνον δύνασθαι διελθεῖν, ἀλλὰ μηδὲ αὐτὸν μόνον τὸν τῆς κεφαλῆς ὄγκον αὐτοῦ. τὰ μὲν γὰρ βλέφαρα τῶν ὀφθαλμῶν αὐτοῦ φασι τοσοῦτον ἐξοιδῆσαι, ὡς αὐτὸν μὲν καθόλου τὸ φῶς μὴ βλέπειν, τοὺς ὀφθαλμοὺς δὲ αὐτοῦ μηδὲ ὑπὸ ἰατροῦ ⟨δια⟩ διόπτρας ὀφθῆναι δύνασθαι· τοσοῦτον βάθος εἶχον ἀπὸ τῆς ἔξωθεν ἐπιφανείας. τὸ δὲ αἰδοῖον αὐτοῦ πάσης μὲν ἀσχημοσύνης ἀηδέστερον καὶ μεῖζον φαίνεσθαι, φέρεσθαι δὲ δι᾽ αὐτοῦ ἐκ παντὸς τοῦ σώματος συρρέοντας ἰχῶράς τε καὶ σκώληκας εἰς ὕβριν δι᾽ αὐτῶν μόνων τῶν ἀναγκαίων. 3 μετὰ πολλὰς δὲ βασάνους καὶ τιμωρίας ἐν ἰδίῳ, φασί, χωρίῳ τελευτήσαντος, ἀπὸ τῆς ὀσμῆς ἔρημον καὶ ἀοίκητον τὸ χωρίον μέχρι τῆς νῦν γενέσθαι, ἀλλ᾽ οὐδὲ μέχρι τῆς σήμερον δύνασθαί τινα ἐκεῖνον τὸν τόπον παρελθεῖν, ἐὰν μὴ τὰς ῥῖνας ταῖς χερσὶν ἐπιφράξῃ. τοσαύτη διὰ τῆς σαρκὸς αὐτοῦ καὶ ἐπὶ τῆς γῆς ἔκρυσις ἐχώρησεν«.

---

17 sqq cf 1 sqq

336. Jesu Verhör vor Pilatus

A Pilato interrogatur — *(cf. nr. 338)* — The Trial before Pilate

Matth. 27,11-14	Mark. 15,2-5	Luk. 23,2-5	Joh. 18,29-38
26,53		23,9-10; 23,13-14	19,8-15
		(nr. 334 23,1 p. 468) 2 Ἤρξαντο δὲ κατηγορεῖν αὐτοῦ λέγοντες· τοῦτον εὕραμεν διαστρέφοντα τὸ ἔθνος °ἡμῶν ⸆ καὶ κωλύοντα ⸂φόρους Καίσαρι διδόναι⸃ ⸆¹ °¹καὶ λέγοντα ⸀ἑαυτὸν χριστὸν βασιλέα εἶναι.	*(nr. 334 18,28 p. 468)* 29 Ἐξῆλθεν οὖν ⸂ὁ Πιλᾶτος ἔξω πρὸς αὐτοὺς⸃ καὶ ⸀φησίν· τίνα κατηγορίαν φέρετε °[κατὰ] τοῦ ἀνθρώπου τούτου; 30 ἀπεκρίθησαν καὶ εἶπαν αὐτῷ· εἰ μὴ ἦν οὗτος ⸂κακὸν ποιῶν⸃, οὐκ ἄν ⸉σοι παρεδώκαμεν⸊ αὐτόν. 31 εἶπεν οὖν αὐτοῖς °ὁ Πιλᾶτος· λάβετε ⸆ αὐτὸν ὑμεῖς καὶ κατὰ τὸν νόμον ⸀ὑμῶν κρίνατε °¹αὐτόν. εἶπον ⸆¹ αὐτῷ οἱ Ἰουδαῖοι· ἡμῖν οὐκ ἔξεστιν ἀποκτεῖναι οὐδένα· 32 ἵνα ὁ λόγος τοῦ Ἰησοῦ ⸉πληρωθῇ ⸋ὃν εἶπεν⸌ σημαίνων ποίῳ θανάτῳ ἤμελλεν ἀποθνῄσκειν.

Luk.: 2 ° ℜ A W Γ Δ Θ **063**.28.209 *al* a r1 ¦ *txt* B ℵ D L M R ϕ *pm* lat | ⸆ (Mt 5,17) και καταλυοντα τον νομον και τους προφητας it; Mcion | ⸂ *1 3 2* D lat ¦ *2 1 3* ℜ W X Γ Δ Θ **063** λ ϕ *al* ¦ Καισ. φορον διδ. A K R *al* ¦ *txt* 𝔓75 B ℵ L T *pc* | ⸆¹ και αποστρεφοντα τας γυναικας και τα τεκνα (*cf.* c e *ad vs* 5) Mcion | °¹ ℜ A (D) W Γ Δ **063** λ ϕ *pm* | ⸀ αυ- B G T *pc*

Joh.: 29 ⸂ *1 2 4 5* C3 ℜ A Dsuppl Γ Δ **054** *pm* ¦ *4 5 1-3* 𝔓66vid ℵ W ¦ *1 2* Θ | ⸀ ειπεν C3 ℜ A Dsuppl Γ Δ Θ **054** ϕ *pm* lat | ° † B ℵ* 579 e q ¦ *txt* 𝔓66 ℵcorr C ℜ A Dsuppl L W Γ Δ Θ **054** λ ϕ *pl* || 30 ⸂ κ. ποιησας ℵ* ¦ κακοποιων C* Ψ 33 *pc*; Cyr ¦ -οιος C3 ℜ A Dsuppl Γ Δ Θ **054** λ ϕ *pm* ¦ *txt* B ℵcorr L W | ⸉ 𝔓66 || 31 ° B C* | ⸆ ουν 𝔓66 | ⸀ ημων 𝔓60 | °¹ 𝔓66vid ℵ* W **087**vid λ 565 *al* c | ⸆¹ ουν 𝔓60 ℵ ℜ L W Γ Δ **054.0109** ϕ *pm* ¦ δε A Dsuppl Θ K **087** λ 565 *pm* ¦ *txt* 𝔓66vid B C sys.p (sa) bo || 32 ⸉ *p.* ινα W *pc* | ⸋ ℵ* 238

---

1 sqq cf 66 sqq || 8 sqq cf Jo 19,6 sq || 12 sqq cf Jo 12,32 sq || 15 sqq cf 69 sqq || 17 cf Lc 23,14; Act 24,5 || 18 sq cf Lc 20,25 par

[Matth. 27,11-14]

11 Ὁ δὲ Ἰησοῦς ⸀ἐστάθη ἔμπροσθεν τοῦ ἡγεμόνος· καὶ ἐπηρώτησεν αὐτὸν ⸋ὁ ἡγεμὼν⸌ λέγων· σὺ εἶ ὁ βασιλεὺς τῶν Ἰουδαίων; ὁ δὲ Ἰησοῦς ἔφη⸆·

26,53 (nr. 331, p. 458)

53 Ἢ δοκεῖς ὅτι οὐ δύναμαι παρακαλέσαι τὸν πατέρα μου, καὶ παραστήσει μοι ἄρτι πλείω δώδεκα λεγιῶνας ἀγγέλων;

σὺ λέγεις⁚.

12 καὶ ἐν τῷ κατηγορεῖσθαι αὐτὸν ὑπὸ τῶν ἀρχιερέων καὶ ⸀πρεσβυτέ-

[Mark. 15,2-5]

(nr. 334 15,1 p. 468)

2 Καὶ ἐπηρώτησεν αὐτὸν ὁ Πιλᾶτος⸆· σὺ εἶ ὁ βασιλεὺς τῶν Ἰουδαίων; ⸂ὁ δὲ⸃ ἀποκριθεὶς ⸄αὐτῷ λέγει⸅·

σὺ λέγεις⁚.

3 καὶ ⸀κατηγόρουν αὐτοῦ οἱ ἀρχιερεῖς πολλά.

[Luk. 23,2-5]

3 ὁ δὲ Πιλᾶτος ⸀ἠρώτησεν αὐτὸν λέγων· σὺ εἶ ὁ βασιλεὺς τῶν Ἰουδαίων; ⸂ὁ δὲ ἀποκριθεὶς αὐτῷ ἔφη⸃·

σὺ λέγεις⁚.

23,9-10 (nr. 337, p. 473)

9 Ἐπηρώτα δὲ αὐτὸν ἐν λόγοις ἱκανοῖς,

[Joh. 18,29-38]

33 Εἰσῆλθεν οὖν ⸉πάλιν εἰς τὸ πραιτώριον⸊ ⸋ὁ Πιλᾶτος καὶ ἐφώνησεν τὸν Ἰησοῦν⸌ καὶ εἶπεν αὐτῷ· σὺ εἶ ὁ βασιλεὺς τῶν Ἰουδαίων; 34 ⸀ἀπεκρίθη ⸆ Ἰησοῦς· ⸂ἀπὸ σεαυτοῦ⸃ °σὺ τοῦτο λέγεις ἢ ἄλλοι ⸉εἶπόν σοι⸊ περὶ ἐμοῦ; 35 ἀπεκρίθη ὁ Πιλᾶτος· ⸀μήτι ἐγὼ Ἰουδαῖός εἰμι; τὸ ἔθνος τὸ σὸν καὶ ⸂οἱ ἀρχιερεῖς⸃ ⸁παρέδωκάν σε ἐμοί· τί ἐποίησας; 36 ἀπεκρίθη Ἰησοῦς· ἡ ⸂βασιλεία ἡ ἐμὴ⸃ οὐκ ἔστιν ἐκ τοῦ κόσμου τούτου· εἰ ἐκ τοῦ κόσμου τούτου ἦν ἡ ⸂βασιλεία ἡ ἐμή⸃, οἱ ὑπηρέται ⸄οἱ ἐμοὶ ἠγωνίζοντο [ἄν]⸅ ἵνα μὴ παραδοθῶ τοῖς Ἰουδαίοις· νῦν δὲ ἡ ⸂βασιλεία ἡ ἐμὴ⸃ οὐκ ἔστιν ἐντεῦθεν. 37 εἶπεν οὖν αὐτῷ ὁ Πιλᾶτος· οὐκοῦν βασιλεὺς εἶ σύ; ἀπεκρίθη °ὁ Ἰησοῦς· σὺ λέγεις⁚ ὅτι βασιλεύς εἰμι⸆ ⁚1. ἐγὼ εἰς τοῦτο γεγέννημαι καὶ εἰς τοῦτο ἐλήλυθα εἰς τὸν κόσμον, ἵνα μαρτυρήσω τῇ ἀληθείᾳ· πᾶς ὁ ὢν ἐκ τῆς ἀληθείας ἀκούει μου τῆς φωνῆς. 38 λέγει ⸆ αὐτῷ °ὁ Πιλᾶτος· τί ἐστιν ἀλήθεια;

Matth.: 11 ⸀εστη 𝔎 A W Γ Δ 064.0133.0135.0255 ϕ *pm* | ⸋ W Θ sy^s; Or^pt | ⸆αυτω B 𝔎 A W Γ Δ Θ 064.0133.0135.0250.0255 λ ϕ *pl* lat sy^s.p ¦ *txt* ℵ L 33.700.892 *pc* | [⁚; h] || 12 ⸀των πρεσβ. B^corr 𝔎 A W Δ Φ *pm* ¦ γραμματεων 047 ¦ Φαρισαιων sy^s

Mark.: 2 ⸆λεγων W Θ ϕ 565.700 *pc* | ⸂και D a aur | ⸄*2 1* V λ *pc* ¦ ειπεν αυτω 𝔎 A Γ Δ ϕ 33.700 *pm* ¦ λεγει 565 ¦ ειπεν W *pc* | [⁚; h] || 3 ⸀-ρουσιν D

Luk.: 3 ⸀επηρ- 𝔎 A D L W Γ Δ Θ 063.0250 λ ϕ *pm* ¦ *txt* 𝔓75 B ℵ R T *pc* | ⸂*1-3 5* 𝔓75 047 *pc* ¦ ο δε απεκριθη αυτω λεγων D (λ *pc*) ¦ ο δ. απ. αυ. λεγει ℵ ¦ αυτος εφη W | [⁚; h]

Joh.: 33 ⸉ *2-4 1* 𝔓60vid ℵ C² 𝔎 A Γ Θ 087 λ *pm* ¦ *txt* 𝔓52.66 𝔖 D^suppl L W Δ 054.0109 ϕ *pc* lat | ⸋ 𝔓60 || 34 ⸀απεκρινατο 𝔓66 A D^suppl W Θ Ψ 087 λ 33.565 *al* | ⸆αυτω ο ℵ C³ 𝔎 Γ Δ ϕ *pm* ¦ ο 𝔓60 A C* D^suppl W Θ 054.087 *al* ¦ *txt* 𝔓66vid B L X 0109.0141.1 *al* | ⸂ † αφ εαυτου C² 𝔎 A D^suppl W Γ Δ Θ 054.087 λ ϕ 33 *pl* ¦ *txt* 𝔓66 B ℵ C* L N 0109 | ° 𝔓60.66* ℵ* D^suppl *pc* lat; Non | ⸉ 𝔓60 ℵ C³ 𝔎 A Γ Δ Θ 054.087.0109 λ ϕ *pl* ¦ *txt* 𝔓66 B C* D^suppl L W *pc* || 35 ⸀μη ℵ* W λ 565 *pc* ¦ μη γαρ 𝔓66 | ⸂ο -ευς ℵ* b e *et* ⸁-κεν e || 36 ⸂*ter* εμη βασ. ℵ (*sol. 2⁰*: D^suppl N Θ *pc*) | ⸄ † *4 1-3* 𝔎 A D^suppl Γ Δ Θ 054 *pm* ¦ *1-3* B* ¦ *txt* 𝔓60vid B^corr ℵ L W X 0109.0141 λ ϕ *al*; Or Cyr || 37 ° 𝔓60 W Γ 0109.28 *al* ¦ *txt* 𝔖 𝔎 A D^suppl Θ 054 λ ϕ *pm* | [⁚, T] | ⸆εγω 𝔎 A Γ Δ Θ 0109 *pm* lat ¦ *txt* 𝔓60vid B ℵ D^suppl L W 054.0141 λ ϕ *al* it | [⁚1; h] || 38 ⸆ουν 𝔓66 | ° 𝔓66

---

24 cf Mc 15,12.26 par || 38sq cf Jo 3, 3.5 || 42 cf Mt 26,25.64; Lc 22,70 || 43sq cf Jo 16,28 || 45 cf Jo 1,14; 8,46 || 46sq cf Jo 8,47; 10,26sqq

[Matth. 27,11-14]

ρων οὐδὲν ἀπεκρίνατο.
13 τότε λέγει αὐτῷ ὁ Πιλᾶτος·
οὐκ ἀκούεις
πόσα σου ⸀καταμαρτυροῦσιν;
14 καὶ οὐκ ἀπεκρίθη αὐτῷ πρὸς
⸂οὐδὲ ἓν⸃ ῥῆμα, ὥστε θαυμάζειν
τὸν ἡγεμόνα λίαν.

(nr. 339 27,15-23 p. 474)

[Mark. 15,2-5]

⸆ 4 ὁ δὲ
Πιλᾶτος ⸉πάλιν ⸀ἐπηρώτα αὐτὸν
°λέγων· οὐκ ἀποκρίνῃ °¹οὐδέν;
ἴδε πόσα σου ⸁κατηγοροῦσιν.
5 ὁ δὲ Ἰησοῦς οὐκέτι οὐδὲν ⸀ἀπ-
εκρίθη, ὥστε θαυμάζειν
τὸν Πιλᾶτον.

(nr. 339 15,6-14 p. 474)

[Luk. 23,9-10]

αὐτὸς δὲ οὐδὲν ἀπεκρίνατο αὐτῷ.
10 εἱστήκεισαν δὲ οἱ ἀρχιερεῖς καὶ οἱ
γραμματεῖς εὐτόνως κατηγοροῦντες
αὐτοῦ.

4 ὁ δὲ Πιλᾶτος εἶπεν πρὸς
τοὺς ἀρχιερεῖς καὶ τοὺς ὄχλους·
οὐδὲν εὑρίσκω αἴτιον ἐν τῷ ἀν-
θρώπῳ τούτῳ. 5 οἱ δὲ ⸀ἐπίσχυον
λέγοντες °ὅτι ἀνασείει τὸν ⸁λαὸν
°¹διδάσκων καθ' ὅλης τῆς ⸀¹Ἰου-
δαίας, °²καὶ ἀρξάμενος ἀπὸ τῆς
Γαλιλαίας ἕως ὧδε⸆.

[Joh. 18,29-38]

Καὶ τοῦτο
εἰπὼν πάλιν ἐξῆλθεν πρὸς τοὺς
Ἰουδαίους καὶ λέγει αὐτοῖς·
ἐγὼ οὐδεμίαν ⸉εὑρίσκω ἐν αὐτῷ
αἰτίαν⸊.

(nr. 339 18,39-40 p. 474)

23,13-14 *(nr. 338, p. 473)*

13 Πιλᾶτος δὲ συγκαλεσάμενος τοὺς ἀρχιερεῖς καὶ τοὺς ἄρχοντας καὶ τὸν λαὸν 14 εἶπεν πρὸς αὐτούς· προσηνέγκατέ μοι τὸν ἄνθρωπον τοῦτον ὡς ἀποστρέφοντα τὸν λαόν, καὶ ἰδοὺ ἐγὼ ἐνώπιον ὑμῶν ἀνακρίνας οὐθὲν εὗρον ἐν τῷ ἀνθρώπῳ τούτῳ αἴτιον ὧν κατηγορεῖτε κατ' αὐτοῦ.

19,8-15 *(nr. 340, p. 476)*

8 Ὅτε οὖν ἤκουσεν ὁ Πιλᾶτος τοῦτον τὸν λόγον, μᾶλλον ἐφοβήθη, 9 καὶ εἰσῆλθεν εἰς τὸ πραιτώριον πάλιν καὶ λέγει τῷ Ἰησοῦ· πόθεν εἶ σύ; ὁ δὲ Ἰησοῦς ἀπόκρισιν οὐκ ἔδωκεν αὐτῷ. 10 λέγει οὖν αὐτῷ ὁ Πιλᾶτος· ἐμοὶ οὐ λαλεῖς; οὐκ οἶδας ὅτι ἐξουσίαν ἔχω ἀπολῦσαί σε καὶ ἐξουσίαν ἔχω σταυρῶσαί σε; 11 ἀπεκρίθη [αὐτῷ] Ἰησοῦς· οὐκ εἶχες ἐξουσίαν κατ' ἐμοῦ οὐδεμίαν εἰ μὴ ἦν δεδομένον σοι ἄνωθεν· διὰ τοῦτο ὁ παραδούς μέ σοι μείζονα ἁμαρτίαν ἔχει. 12 ἐκ τούτου ὁ Πιλᾶτος ἐζήτει ἀπολῦσαι αὐτόν· οἱ δὲ Ἰουδαῖοι ἐκραύγασαν λέγοντες· ἐὰν τοῦτον ἀπολύσῃς, οὐκ εἶ φίλος τοῦ Καίσαρος· πᾶς ὁ βασιλέα ἑαυτὸν ποιῶν ἀντιλέγει τῷ Καίσαρι. 13 ὁ οὖν Πιλᾶτος ἀκούσας τῶν λόγων τούτων ἤγαγεν ἔξω τὸν Ἰησοῦν καὶ ἐκάθισεν ἐπὶ βήματος εἰς τόπον λεγόμενον Λιθόστρωτον, Ἑβραϊστὶ δὲ Γαββαθά. 14 ἦν δὲ παρασκευὴ τοῦ πάσχα, ὥρα ἦν ὡς ἕκτη. καὶ λέγει τοῖς Ἰουδαίοις· ἴδε ὁ βασιλεὺς ὑμῶν. 15 ἐκραύγασαν οὖν ἐκεῖνοι· ἆρον ἆρον, σταύρωσον αὐτόν. λέγει αὐτοῖς ὁ Πιλᾶτος· τὸν βασιλέα ὑμῶν σταυρώσω; ἀπεκρίθησαν οἱ ἀρχιερεῖς· οὐκ ἔχομεν βασιλέα εἰ μὴ Καίσαρα.

Justinus Mart., Dial. 102, 5: ... σιγήσαντος αὐτοῦ καὶ μηκέτι ἐπὶ Πιλάτου ἀποκρίνεσθαι μηδὲν μηδενὶ βουλομένου, ὡς ἐν τοῖς ἀπομνημονεύμασι τῶν ἀποστόλων αὐτοῦ δεδήλωται.

Matth.: 13 ⸀*p)* κατηγορουσιν Φ λ *pc* || 14 ⸂ουδεν LΘ; Or^pt ¦ εν D

Mark.: 3 ⸆*p)* αυτος δε ουδεν απεκρινατο WΔΘΨ ϕ 33.565 *al*; Or || 4 ⸉*p.* αυτον C D ff² q ¦ — U *pc* | ⸀-τησεν ℵCℜADΓΔΘ **0250** λ *pm* ¦ *txt* BWΨ ϕ 33.565 *al* | °ℵ* 565 *pc* sy^s sa^pt ¦ *txt* ℌℜADWΘ **0250** λ ϕ *pl* | °¹ B* *pc* | ⸁*p)* καταμαρτυρουσιν ℜAΓΔΘ ϕ 33.157 *pm* sy^s.p sa || 5 ⸀απεκρινατο G λ ϕ *pc*

Luk.: 5 ⸀ενι- DH 69 *pc* | ° D lat | ⸁οχλον ℵL *pc* | °¹ ℵ* *pc* it | ⸀¹γης D | °² 𝔓⁷⁵ ℜADWΓΔΘ **063** λ ϕ *pl* ¦ *txt* BℵLT **0124** | ⸆et filios nostros et uxores avertit a nobis, non enim baptizantur (-zatur c) sicut (+ et e) nos (+ nec se mundant e) c e (*cf. ad vs 2*)

Joh.: 38 ⸉*4 1-3* ℵℜAWΓΔΘλϕ *pm* ¦ *1 4 2 3* 𝔓⁶⁶ ¦ *4 2 3 1* D^suppl *pc* ¦ *txt* BLX **0109** *pc* lat

---

53sqq cf Is 53,7; Mc 14,61; Mt 26,63; Jo 19,9; cf 78sq || 60sq cf Lc 23,14.15.22; Jo 19,6 || 63sqq cf Act 10,37sqq || 66sqq cf 1sqq || 69sqq cf 15sqq || 78sq cf 53sqq

337. Vor Herodes

Coram Herode — **Jesus before Herod**

Matth. 27, 12
(nr. 336, p. 470)

12 Καὶ ἐν τῷ κατηγορεῖσθαι αὐτὸν ὑπὸ τῶν ἀρχιερέων καὶ πρεσβυτέρων οὐδὲν ἀπεκρίνατο.

Mark. 15, 3-4
(nr. 336, p. 470)

3 Καὶ κατηγόρουν αὐτοῦ οἱ ἀρχιερεῖς πολλά. 4 ὁ δὲ Πιλᾶτος πάλιν ἐπηρώτα αὐτὸν λέγων· οὐκ ἀποκρίνῃ οὐδέν; ἴδε πόσα σου κατηγοροῦσιν.

Luk. 23, 6-12

6 ⸂Πιλᾶτος δὲ ἀκούσας⸃ ⸆ ἐπηρώτησεν εἰ ⸂°ὁ ἄνθρωπος Γαλιλαῖός⸃ ἐστιν, 7 ⸂καὶ ἐπιγνοὺς⸃ ὅτι ἐκ τῆς ἐξουσίας Ἡρῴδου ἐστὶν ἀνέπεμψεν αὐτὸν ⸂πρὸς Ἡρῴδην, ὄντα καὶ αὐτὸν⸃ ἐν Ἱεροσολύμοις ἐν ⸀ταύταις ταῖς ἡμέραις. 8 Ὁ δὲ Ἡρῴδης ἰδὼν τὸν Ἰησοῦν ἐχάρη λίαν, ἦν γὰρ ἐξ ⸂ἱκανῶν χρόνων⸃ θέλων ἰδεῖν αὐτὸν διὰ τὸ ἀκούειν ⸆ περὶ αὐτοῦ καὶ ἤλπιζέν τι σημεῖον ἰδεῖν ὑπ᾽ αὐτοῦ γινόμενον. 9 ἐπηρώτα °δὲ αὐτὸν ἐν λόγοις ἱκανοῖς, αὐτὸς δὲ ⸀οὐδὲν ἀπεκρίνατο αὐτῷ⸆. 10 ⸋εἱστήκεισαν δὲ οἱ ἀρχιερεῖς καὶ °οἱ γραμματεῖς εὐτόνως κατηγοροῦντες αὐτοῦ. 11 ἐξουθενήσας δὲ αὐτὸν ⸂[καὶ] ὁ⸃ Ἡρῴδης σὺν τοῖς στρατεύμασιν αὐτοῦ καὶ ἐμπαίξας περιβαλὼν ⸆ ἐσθῆτα λαμπρὰν ⸀ἀνέπεμψεν αὐτὸν °τῷ Πιλάτῳ. 12 ⸂ἐγένοντο δὲ φίλοι ὅ τε ⸉Ἡρῴδης καὶ ὁ Πιλᾶτος⸊ ἐν ⸀αὐτῇ τῇ ἡμέρᾳ μετ᾽ ἀλλήλων· προϋπῆρχον γὰρ ἐν ἔχθρᾳ ὄντες πρὸς ⸀αὐτούς.⸃⸌

Joh.

cf. 19, 9

Acta 4, 27–28: 27 Συνήχθησαν γὰρ ἐπ᾽ ἀληθείας ἐν τῇ πόλει ταύτῃ ἐπὶ τὸν ἅγιον παῖδά σου Ἰησοῦν ὃν ἔχρισας, Ἡρῴδης τε καὶ Πόντιος Πιλᾶτος σὺν ἔθνεσιν καὶ λαοῖς Ἰσραήλ, 28 ποιῆσαι ὅσα ἡ χείρ σου καὶ ἡ βουλὴ [σου] προώρισεν γενέσθαι.

Luk.: 6 ⸂ακ. δε ο Πιλ. D c | ⸆Γαλιλαιαν ℜ A W Γ Δ Θ 063 λ ϕ *pl* ¦ την Γ. D ¦ *txt* 𝔓75 ℌ 0124 *pc* | ⸂απο της Γ-αιας ο α. D it (sy^c) | °B* 047. 700. 1241 *al* || 7 ⸂επιγ. δε D | ⸂π. τον Ηρ. ον. κ. αυ. 𝔓75 B T Θ *pc* ¦ τω Ηρωδη οντι αυτω D | ⸀αυταις ℵ* ¦ εκειναις D ¦ ταυτ. *p.* ημερ. λ || 8 ⸂ικανου ℜ A Γ Δ *pm* ¦ ικ. χρονου H M W X Ψ λ ϕ *al* ¦ *txt* 𝔓75 ℌ (⸉ D) Θ 0124 *pc* | ⸆πολλα ℜ A W Γ Δ 063 ϕ *pm* || 9 °ℵ* G | ⸀ουκ ℵ D *et* ⸆ουδεν D || 10–12 ⸋*vss* sy^s || 10 °A Θ *pc* || 11 ⸂† ο B ℜ A D Γ Δ Θ 063 λ *pm* lat ¦ — W *pc* ¦ *txt* 𝔓75 ℵ L T X (0124) ϕ *al* a d | ⸆αυτον ℜ A D W Δ Θ 063 λ *pm* it ¦ αυτω R S Γ 69 *pc* ¦ *txt* 𝔓75 ℌ 0124 *pc* | ⸀επ- 𝔓75 ℵ* L R 0124 *pc* | °A M W Θ *al* || 12 ⸂οντες δε εν αηδια ο Π. και ο Ηρ. εγεν. φ. εν αυτη τη ημερα. D c | ⸉*4 2 3 1* ℜ A (D) W^corr Γ Δ 063 λ *pm* (*4 2 1* H U W* Θ ϕ *pc*) | ⸀εκεινη 𝔓75 λ c | ⸀εαυ- ℜ A W Γ Δ Θ 0124 λ ϕ *pl* ¦ *txt* 𝔓75 B ℵ L T *pc*

1sqq cf Act 25, 22-26, 32; 4, 25 sqq; Ps 2, 1 sq || *7sqq* cf Lc 9, 9; 13, 31? || *18sqq* cf *22 sq* || *22sq* cf *18 sqq*

338. Pilatus erklärt Jesus für unschuldig

Pilatus innocentem iudicat — *(cf. nr. 336)* — **Pilate Declares Jesus Innocent**

Matth.

Mark.

Luk. 23, 13-16
23, 4; 23, 22

13 ⸂Πιλᾶτος δὲ⸃ συγκαλεσάμενος τοὺς ἀρχιερεῖς καὶ °τοὺς ἄρχοντας καὶ ⸆ τὸν λαὸν 14 εἶπεν πρὸς αὐτούς· ⸀προσηνέγκατέ μοι τὸν ἄνθρωπον τοῦτον ὡς ⸀ἀποστρέφοντα τὸν

Joh. 18, 38b

Luk.: 13 ⸂ο δε Π. D | °Θ | ⸆παντα D c || 14 ⸀κατην- D a | ⸀διαστρ- λ ϕ *pc*

1sqq cf Lc 23, 2 sq *(nr 336)*

Matth.	Mark.	[Luk. 23,13-16]	Joh.
		λαόν, ⸂καὶ ἰδοὺ ἐγὼ ἐνώπιον ὑμῶν ἀνακρίνας⸃ ⸀οὐθὲν εὗρον ⸄ἐν τῷ ἀνθρώπῳ τούτῳ αἴτιον ὧν κατηγορεῖτε °κατ' αὐτοῦ⸅. 15 ἀλλ' οὐδὲ Ἡρῴδης, ⸂ἀνέπεμψεν γὰρ αὐτὸν πρὸς ἡμᾶς⸃, καὶ °ἰδοὺ οὐδὲν ἄξιον θανάτου ⸉ἐστὶν πεπραγμένον⸊ ⸆αὐτῷ· 16 παιδεύσας οὖν αὐτὸν ἀπολύσω.	18,38b (nr. 336, p. 470) 38... Καὶ τοῦτο εἰπὼν πάλιν ἐξῆλθεν πρὸς τοὺς Ἰουδαίους καὶ λέγει αὐτοῖς· ἐγὼ οὐδεμίαν εὑρίσκω ἐν αὐτῷ αἰτίαν.
		23,4 (nr. 336, p. 470) 4 Ὁ δὲ Πιλᾶτος εἶπεν πρὸς τοὺς ἀρχιερεῖς καὶ τοὺς ὄχλους· οὐδὲν εὑρίσκω αἴτιον ἐν τῷ ἀνθρώπῳ τούτῳ.	
		23,22 (nr. 339, p. 474) 22 Ὁ δὲ τρίτον εἶπεν πρὸς αὐτούς· τί γὰρ κακὸν ἐποίησεν οὗτος; οὐδὲν αἴτιον θανάτου εὗρον ἐν αὐτῷ· παιδεύσας οὖν αὐτὸν ἀπολύσω.	

Luk.: 14 ⸂καγω δε ανακρ. εν. υμ. D | ⸀ουδεν ℜ A D L W Θ **063** ϕ *pl* ¦ *txt* 𝔓75 ℌ **0124**.1 *pc* | ⸄αιτιον εν αυτω D | ° ℵ A L Θ **063.0124** λ *al* ¦ *txt* 𝔓75 B ℜ T W Γ Δ ϕ *pm* ‖ 15 ⸂ανεπεμψα γαρ υμας προς αυτον ℜ A D W Γ Δ **063** λ *pm* lat | ° D | ⸉ D *pc* | ⸆εν D X Γ ϕ *al*

4 sqq cf 9 sq. 11 sqq ‖ 9 sq cf 4 sqq. 11 sqq ‖ 11 sqq cf 4 sqq. 9 sq

339. Jesus oder Barabbas?

Jesus an Barabbas? Jesus or Barabbas?

Matth. 27,15-23	Mark. 15,6-14	Luk. 23,17-23	Joh. 18,39-40
(nr. 336 27,11-14 p. 470)	(nr. 336 15,2-5 p. 470)		(nr. 336 18,29-38 p. 470)
15 Κατὰ δὲ ⸆ ἑορτὴν εἰώθει ὁ ἡγεμὼν ἀπολύειν ⸉ἕνα τῷ ὄχλῳ δέσμιον⸊ ὃν ἤθελον. 16 εἶχον δὲ τότε δέσμιον ἐπίσημον λεγόμενον °[Ἰησοῦν] Βαραββᾶν.	6 Κατὰ δὲ ⸆ ἑορτὴν ⸂ἀπέλυεν αὐτοῖς ἕνα δέσμιον⸃ ⸄ὃν παρῃτοῦντο⸅. 7 ἦν δὲ ⸆ ὁ λεγόμενος Βαραββᾶς μετὰ τῶν ⸀στασιαστῶν δεδεμένος οἵτινες ἐν τῇ στάσει ⸂φόνον πεποιήκεισαν⸃.	cf. v. [17]	39 Ἔστιν δὲ συνήθεια ὑμῖν ἵνα ἕνα ⸉ἀπολύσω ὑμῖν⸊ °ἐν τῷ πάσχα·
17 συνηγμένων ⸀οὖν αὐτῶν εἶπεν αὐτοῖς ὁ Πιλᾶτος· τίνα θέλετε ⸆ ἀπολύσω ὑμῖν, ⸂[Ἰησοῦν τὸν]⸃ Βαραββᾶν ἢ Ἰη-	8 καὶ ⸀ἀναβὰς ⸆ ὁ ὄχλος ἤρξατο αἰτεῖσθαι ⸆καθὼς ⸂ἐποίει αὐτοῖς⸃. 9 ὁ δὲ Πιλᾶτος ⸂ἀπεκρίθη αὐτοῖς λέγων⸃· θέλετε ἀπολύσω °ὑμῖν	cf. v. 19	cf. v. 40 βούλεσθε οὖν ⸆ ⸂ἀπολύσω ὑμῖν⸃

Matth.: 15 ⸆την D | ⸉ *1 4 2 3* D 1424 *pc* ¦ *2 3 1 4* M ϕ 1241 *al* lat ‖ 16 ° † B ℵ ℜ A D W **064.0135.0250** ϕ *pm* ¦ *txt* Θ λ *pc* sy^s.pal; Or^pt ‖ 17 ⸀δε D Θ Φ **064** ϕ *al* it | ⸆των δυο Δ Θ Φ (⸉ λ) *pc*; Or^pt ¦ απο τ. δυο **064** *pc* | ⸂ † τον B 1010 *pc*; Or ¦ — ℵ ℜ A D W **064.0135** ϕ *pm* ¦ Ιησ. Θ 700* *pc* ¦ *txt* λ *pc* sy^s.pal

Mark.: 6 ⸆την D | ⸂ειωθει ο ηγεμων απολυειν W ϕ *pc* | ⸄ονπερ ητουντο B^corr ℵ^corr C ℜ Γ Ψ **0250** *pm* ¦ ονπερ αν ητ. Θ ¦ ον αν ητ. D G ϕ 565 *pc* ¦ ον ητ. W 1 *pc* ¦ *txt* B* ℵ* A *pc* ‖ 7 ⸆τοτε W ϕ *pc* | ⸀συστασ- ℜ A Δ 33 *pm* ¦ στασιασαντων Θ | ⸂φον. τινα πεπ. ℵ (Θ) *pc* ¦ πεπ. φον. D 565 ‖ 8 ⸀αναβοησας ℵ^corr C ℜ A W Γ Δ Θ Ψ λ ϕ *pl* sy^s.p bo^pt ¦ *txt* B ℵ* D 892 lat sa bo^pt | ⸆ολος D *pc* a k | ⸆αυτον D k | ⸂αει επ. αυτ. C ℜ A D Γ λ ϕ 33.157 *pm* lat ¦ εθος ην ινα τον Βαραββαν απολυση αυτοις Θ 565. (700) ‖ 9 ⸂αποκριθεις λεγει αυτοις D (565) ff^2 l | ° D

Joh.: 39 ⸉ ℜ A Γ Θ **054** ϕ *pm* ¦ *txt* 𝔓66vid B ℵ D^suppl L (W, Ψ) **054.0141** λ *al* | ° B **0109*** | ⸆ινα ℵ K W 700 *pc* | ⸂ *2 1* ℜ Γ Δ *al* ¦ *1* Θ *pc*; Chr

4 sqq cf 51 sq ‖ 7 cf Dt 22,8 ‖ 12 sq (Mt) cf Mt 1,16; cf 35 sq (Mt)

[Matth. 27,15-23]	[Mark. 15,6-14]	[Luk. 23,17-23]	[Joh. 18,39-40]
σοῦν τὸν λεγόμενον χριστόν; 18 ᾔδει γὰρ ὅτι διὰ φθόνον παρέδωκαν αὐτόν. 19 Καθημένου δὲ αὐτοῦ ἐπὶ °τοῦ βήματος ἀπέστειλεν πρὸς αὐτὸν ἡ γυνὴ αὐτοῦ λέγουσα· μηδὲν σοὶ καὶ τῷ δικαίῳ ἐκείνῳ· πολλὰ γὰρ ἔπαθον °¹σήμερον κατ' ὄναρ δι' αὐτόν.	τὸν βασιλέα τῶν Ἰουδαίων; 10 ⸀ἐγίνωσκεν γὰρ ὅτι διὰ φθόνον ⸀παραδεδώκεισαν αὐτὸν ⸋οἱ ἀρχιερεῖς⸌.		τὸν βασιλέα τῶν Ἰουδαίων;
20 Οἱ δὲ ἀρχιερεῖς καὶ οἱ πρεσβύτεροι ἔπεισαν τοὺς ὄχλους ἵνα αἰτήσωνται τὸν Βαραββᾶν, τὸν δὲ Ἰησοῦν ἀπολέσωσιν.	11 ⸂οἱ δὲ ἀρχιερεῖς⸃ ⸀ἀνέσεισαν τὸν ὄχλον ἵνα °μᾶλλον °¹τὸν Βαραββᾶν ἀπολύσῃ αὐτοῖς.		
21 ἀποκριθεὶς δὲ ὁ ἡγεμὼν εἶπεν αὐτοῖς· τίνα θέλετε °ἀπὸ τῶν δύο ἀπολύσω ὑμῖν; οἱ δὲ εἶπαν· °¹τὸν Βαραββᾶν.	12 ὁ δὲ Πιλᾶτος ⸂πάλιν ἀποκριθεὶς	⸆ [17] 18 ⸀Ἀνέκραγον ⸀δὲ παμπληθεὶ λέγοντες· αἶρε τοῦτον, ἀπόλυσον δὲ ἡμῖν °τὸν Βαραββᾶν· 19 ὅστις ἦν διὰ στάσιν τινὰ γενομένην ἐν τῇ πόλει καὶ φόνον ⸀βληθεὶς ⸂ἐν τῇ φυλακῇ⸃.	40 ἐκραύγασαν οὖν ⸀πάλιν °λέγοντες· μὴ τοῦτον ἀλλὰ τὸν Βαραββᾶν. ἦν δὲ ὁ Βαραββᾶς ⸆ λῃστής.
	cf. v. 7		
22 λέγει αὐτοῖς ὁ Πιλᾶτος· τί οὖν ⸀ποιήσω Ἰησοῦν τὸν λεγόμενον χριστόν; λέγουσιν ⸆ πάντες· σταυρωθήτω.	ἔλεγεν⸃ αὐτοῖς· τί οὖν °[θέλετε] ποιήσω ⸂[ὃν λέγετε]⸃ τὸν βασιλέα τῶν Ἰουδαίων; 13 οἱ δὲ ⸂πάλιν ἔκραξαν⸃· σταύρωσον αὐτόν.	20 πάλιν ⸀δὲ ὁ Πιλᾶτος προσεφώνησεν ⸀αὐτοῖς θέλων ἀπολῦσαι τὸν Ἰησοῦν. 21 οἱ δὲ ⸂ἐπεφώνουν λέγοντες⸃· ⸀σταύρου ⸀σταύρου αὐτόν.	
23 ὁ δὲ ⸆ ἔφη· τί γὰρ κακὸν ἐποίησεν;	14 ὁ δὲ Πιλᾶτος ἔλεγεν °αὐτοῖς· τί γὰρ ⸄ἐποίησεν κακόν⸅;	22 ὁ δὲ τρίτον εἶπεν πρὸς αὐτούς· τί γὰρ κακὸν ἐποίησεν οὗτος; ⸂οὐδὲν αἴτιον⸃ θανάτου ⸀εὗρον ἐν αὐτῷ· παιδεύσας οὖν	

Matth.: 19 °Θ ¦ °¹ Θ *pc* ‖ 21 °ΘΦ 157 ¦ °¹ ℜ A D W Γ Δ **064** ϕ *pl* ¦ *txt* B ℵ L Θ λ 33 *pc* ‖ 22 ⸀-σωμεν D *pc* it ¦ ⸆αυτω ℜ L Γ *pm* ‖ 23 ⸆ηγεμων ℜ A W Γ Δ Φ **064**. **0250**. 700 *pm* (D L λ *pc*) ¦ *txt* B ℵ Θ 69 *pc*

Mark.: 10 ⸀επεγ- A K *al* ¦ εγνωκει ℵ* ¦ ηδει D W Θ ϕ 1. 700 *pc* ¦ ⸀παρεδωκεισαν A G V Δ **0250** *al* ¦ παρεδωκαν D S W Θ ϕ 1. 565. 700 *pc* ¦ ⸋ *p)* B 1 *pc* sy^s bo^pt ‖ 11 ⸂οιτινες και Θ 565. 700 ¦ ⸀ *p)* επεισαν D (565) it sy^s sa ¦ εποιησαν, *sed pon. p.* οχλον Θ ¦ ° Θ 565 ¦ °¹ D ‖ 12 ⸂απ-θεις παλ. ειπεν ℜ A Δ λ *pm* ¦ απ-θεις ειπεν D W 13 *pc* ¦ παλ. απεκριθη Θ 565. 700 ¦ *txt* B ℵ C (**0250**) *pc* ¦ ° † B ℵ C W Ψ λ ϕ *al* ¦ *txt* ℜ A D Γ Θ **0250**. 700 *pm* lat sy^s.p ¦ ⸂λεγετε B [W: , λεγ.,] ¦ — A D W Θ λ 13. 69. 565. 700 *pc* lat sy^s sa ¦ *txt* ℵ C ℜ Γ Δ Ψ **0250**. 33. 157. 892 *pm* sy^p.h bo ‖ 13 ⸂π. εκρ. λεγοντες A K 565. 700 *al* it sa^pt ¦ εκρ. π. λεγ. D ‖ 14 ° ℵ* Ψ ¦ ⸄ ℵ ℜ A D Γ λ ϕ 33. 700 *pm*

Luk.: ⸆ [17] αναγκην δε ειχεν απολυειν αυτοις κατα εορτην ενα ℵ ℜ W Γ Δ **063** λ ϕ *pm* lat ¦ αν δ. ει. κ. εορ. απ. αυ. ενα Θ Ψ *al* ¦ *ut* Θ, *sed post vs* 19 D (sy^s.c bo^pt) ¦ *txt* 𝔓75 B A L T **0124** *pc* a sa bo^pt ‖ 18 ⸀ανεκραξαν ℜ A D W Γ Δ Θ **063** λ ϕ *pm* ¦ ⸀ουν W ¦ — T* 13. 69 *pc* ¦ ° ℜ A W Γ Δ Θ **063** *pm* ‖ 19 ⸀βεβλημενος ℵ^corr ℜ A D W Γ Δ Θ **063** λ ϕ *pl* ¦ — ℵ* ¦ *txt* 𝔓75 B L T **0124** *pc* ¦ ⸂εις φ-ην ℜ A D Γ Δ Θ **063** ϕ *pm* ¦ εις την φ-ην W λ 565 *pc* ‖ 20 ⸀ουν ℜ W Γ Δ Θ λ ϕ *pm* ¦ ⸀αυτους D *pc* ¦ — ℜ A W Γ Δ Θ **063**. **0250** λ *pm* ¦ *txt* 𝔓75 B ℵ L T **0124** ϕ 157 *pc* sy sa bo ‖ 21 ⸂εκραξαν D (c, sy^s) ¦ ⸀ *p)* *bis* -ρωσον ℜ A Γ Δ Θ **063** λ ϕ *pm* ¦ *ut* ℜ, *sed* — στ.² W U **0250**. 157 it ¦ *txt* 𝔓75 B ℵ D **0124** *pc* ‖ 22 ⸂ουδεμιαν αιτιαν D lat ¦ ⸀ευρισκω D lat

Joh.: 40 ⸀παντες G K λ ϕ 33 *al* it ¦ παλιν παντες 𝔓66vid ℜ A (⸄ D^suppl) Γ Δ Θ **054** *pm* vg ¦ *txt* 𝔓60 B ℵ L W X **0109** *pc* ¦ ° 𝔓66* it; Chr ¦ ⸆ουτος Θ 1 *pc*

17sqq cf Lc 23,47; Act 3,14; 7,52 ‖ 27sqq cf 51 sq ‖ 33sqq cf 46 sqq. 49 sq ‖ 35 sq (Mt) cf 12 sq (Mt) ‖ 39sqq cf Lc 23,4.15; Jo 18,38; v. et nr 338 ‖ 41 sq cf Lc 23,16

[Matth. 27,15-23]	**[Mark. 15,6-14]**	**[Luk. 23,17-23]**	Joh.
οἱ δὲ περισσῶς ἔκραζον °λέγοντες· σταυρωθήτω. *(nr. 341 27,24-26 p. 479)*	οἱ δὲ ⸀περισσῶς ⸁ἔκραξαν· σταύρωσον αὐτόν. *(nr. 341 15,15 p. 479)*	⸉αὐτὸν ἀπολύσω⸊. [23] οἱ δὲ ἐπέκειν- το φωναῖς μεγάλαις αἰτούμενοι ⸂αὐτὸν σταυρωθῆναι⸃, καὶ κατ- ίσχυον αἱ φωναὶ αὐτῶν⸆. *(nr. 341 23,24-25 p. 479)*	

Acta 3,13–14: [13] Ὁ θεὸς Ἀβραὰμ καὶ [ὁ θεὸς] Ἰσαὰκ καὶ [ὁ θεὸς] Ἰακώβ, ὁ θεὸς τῶν πατέρων ἡμῶν, ἐδόξασεν τὸν παῖδα αὐτοῦ Ἰησοῦν ὃν ὑμεῖς μὲν παρεδώκατε καὶ ἠρνήσασθε κατὰ πρόσωπον Πιλάτου, κρίναντος ἐκείνου ἀπολύειν· [14] ὑμεῖς δὲ τὸν ἅγιον καὶ δίκαιον ἠρνήσασθε καὶ ᾐτήσασθε ἄνδρα φονέα χαρισθῆναι ὑμῖν.

Acta 13,27–28: [27] Οἱ γὰρ κατοικοῦντες ἐν Ἰερουσαλὴμ καὶ οἱ ἄρχοντες αὐτῶν τοῦτον ἀγνοήσαντες καὶ τὰς φωνὰς τῶν προφητῶν τὰς κατὰ πᾶν σάββατον ἀναγινωσκομένας κρίναντες ἐπλήρωσαν, [28] καὶ μηδεμίαν αἰτίαν θανάτου εὑρόντες ᾐτήσαντο Πιλᾶτον ἀναιρεθῆναι αὐτόν.

Evang. sec. Hebraeos (Hieronymus, Comm. in Matth. 27,16): Iste (Barabbas) in evangelio quod scribitur iuxta Hebraeos filius magistri eorum interpretatur qui propter seditionem et homicidium fuerat condemnatus.

Matth.: 23 ° K Y λ 565.1424 *al*

Mark.: 14 ⸀-σσοτερως 𝔎 *al* | ⸁-ζον A D G K **0250** λ φ *al* it ¦ εκραξαν λεγοντες ℵ (565)

Luk.: 22 ⸉ D || 23 ⸂*2 1* D ¦ αυτ. σταυρωσαι B | ⸆και των αρχιερεων 𝔎 A D W Γ Δ Θ **063.0250** λ φ *pl* c f sy bo^pt ¦ *txt* 𝔓75 𝔋 **0124** lat sa bo^pt

---

46sqq cf 33sqq || *49sq cf 33sqq* || *51sq cf 4sqq. 27sqq*

340. Ecce homo

Ecce homo »Behold the Man!«

Matth. 27,28-31a 27,26b; 27,11-14	Mark. 15,17-20a 15,15b; 15,2-5	Luk. 23,2-5	**Joh. 19,1-15** 18,33-37
27,26b *(nr. 341, p. 479)* [26] ... τὸν δὲ Ἰησοῦν φραγελλώσας παρέδωκεν ...	15,15b *(nr. 341, p. 479)* [15] ... καὶ παρέδωκεν τὸν Ἰησοῦν φραγελλώσας ...		[1] Τότε οὖν ⸂ἔλαβεν ὁ Πιλᾶτος τὸν Ἰησοῦν καὶ⸃ ἐμαστίγωσεν.
27,28-31a *(nr. 342, p. 480)* [28] Καὶ ⸀ἐκδύσαντες αὐτὸν⸆ ⸉χλαμύδα κοκκίνην περιέθηκαν αὐτῷ⸊, [29] καὶ πλέξαντες στέφανον ἐξ ἀκανθῶν ἐπέθηκαν ἐπὶ ⸂τῆς κεφαλῆς⸃ αὐτοῦ καὶ κάλαμον ⸄ἐν τῇ δεξιᾷ⸅ αὐτοῦ, καὶ γονυπετήσαντες ἔμπροσθεν αὐτοῦ ⸀ἐνέπαιξαν αὐτῷ λέγοντες· χαῖρε, ⸁βασιλεῦ τῶν Ἰουδαίων,	15,17-20a *(nr. 342, p. 480)* [17] Καὶ ⸀ἐνδιδύσκουσιν αὐτὸν⸆πορφύραν καὶ ⸁περιτιθέασιν αὐτῷ °πλέξαντες ⸂ἀκάνθινον στέφανον⸃· [18] καὶ ἤρξαντο ἀσπάζεσθαι αὐτόν ⸆ · χαῖρε, ⸀βασιλεῦ τῶν Ἰουδαίων· [19] καὶ ἔτυπτον ⸂αὐτοῦ τὴν κε-		[2] καὶ οἱ στρατιῶται πλέξαντες ⸉στέφανον ἐξ ἀκανθῶν⸊ ἐπέθηκαν ⸂αὐτοῦ τῇ κεφαλῇ⸃ καὶ ⸉1 ἱμάτιον πορφυροῦν⸊ περιέβαλον αὐτὸν [3] ⸋καὶ ἤρχοντο πρὸς αὐτὸν⸌ καὶ ἔλεγον· χαῖρε ⸂ὁ βασιλεὺς⸃ τῶν Ἰουδαίων· καὶ ⸀ἐδίδοσαν αὐτῷ ῥαπίσματα.

Matth.: 28 ⸀ενδ- B ℵ^corr D *pc* it | ⸆τα ιματια αυτου **064.** 33 *pc* sy^hmg sa^pt ¦ *p)* ιματιον πορφυρουν και D *pc* it (sy^s) | ⸉*3 4 1 2* 𝔎 A W Γ Δ Φ (064) λ 33.157.565.700.892.1241 *pm* || 29 ⸂την κεφαλην 𝔎 A D W Γ Δ Φ **064.0250** λ *pl* | ⸄επι την δεξιαν 𝔎 W Γ Δ **064** *pm* | ⸀-παιζον 𝔎 A W Δ Θ Φ **064.0250** λ φ *pl* | ⸁ο β-ευς ℵ 𝔎 A L W Γ **064** φ *pm* ¦ *txt* B D Δ Θ Φ **0250** λ *al*

Mark.: 17 ⸀ενδυουσιν 𝔎 A Γ **0250.** 33.157.565.700 *pm* | ⸆*p)* χλαμυδα κοκκινην και Θ φ 565.700 *pc* | ⸁επιτιθ- D | ° D | ⸂*p)* στεφανον εξ ακανθων Θ 1 *pc* || 18 ⸆και λεγειν ℵ C² Σ 33 *al* | ⸀ο -ευς C 𝔎 A Γ Δ φ 33.157.892 *pm* || 19 ⸂*2 3 1 4* C Σ 892 *pc* ¦ αυτον καλ. εις την κεφ. D 565 it sy^s.p

Joh.: 1 ⸂*2 3 1 4-6* 𝔓66vid M **054** *pc* ¦ λαβων ο Π. τ. Ι. ℵ (L) W (33 *pc*) || 2 ⸉*2 3 1* 𝔓66 | ⸂αυτ. επι την κεφαλην A Π *pc* ¦ επι την κεφ. αυτ. G *pc* | ⸉1 𝔓60 || 3 ⸋ 𝔎 A D^suppl Γ Δ Ψ **054** λ *pm* | ⸂*p)* βασιλευ 𝔓66 ℵ | ⸀εδιδουν 𝔎 A D^suppl Γ Δ Θ **054** φ *pm* ¦ *txt* 𝔓66 B ℵ L W X 1 *pc*

3sqq cf 72sqq || *3sq cf 6sq (Jo)* || *6sq (Jo) cf 3sq* || *10sqq cf* Jo 18,22; Mt 26,67; Is 50,6

[Matth. 27,28-31a]	[Mark. 15,17-20a]	Luk.	**[Joh. 19,1-15]**
30 καὶ ἐμπτύσαντες εἰς αὐτὸν ἔλαβον τὸν κάλαμον καὶ ἔτυπτον εἰς τὴν κεφαλὴν αὐτοῦ. 31 καὶ ὅτε ἐνέπαιξαν αὐτῷ, ⸀ἐξέδυσαν αὐτὸν τὴν χλαμύδα °καὶ ἐνέδυσαν αὐτὸν τὰ ἱμάτια αὐτοῦ ...	φαλὴν καλάμῳ⸃ καὶ ἐνέπτυον αὐτῷ ⸋καὶ τιθέντες τὰ γόνατα προσεκύνουν αὐτῷ.⸌ 20 καὶ ὅτε ⸋ἐνέπαιξαν αὐτῷ,⸌ ἐξέδυσαν αὐτὸν ⸆τὴν πορφύραν καὶ ἐνέδυσαν αὐτὸν τὰ ⸂ἱμάτια αὐτοῦ⸃.		

4 ⸂Καὶ ἐξῆλθεν⸃ πάλιν ⸉ἔξω ὁ Πιλᾶτος⸊ καὶ λέγει αὐτοῖς· ἴδε ἄγω ὑμῖν αὐτὸν ἔξω, ἵνα γνῶτε ὅτι ⸄οὐδεμίαν αἰτίαν εὑρίσκω ἐν αὐτῷ⸅. 5 ἐξῆλθεν οὖν ⸂ὁ Ἰησοῦς ἔξω⸃, ⸀φορῶν τὸν ἀκάνθινον στέφανον καὶ τὸ πορφυροῦν ἱμάτιον. ⸋καὶ λέγει αὐτοῖς· ⸁ἰδοὺ °ὁ ἄνθρωπος.⸌ 6 Ὅτε οὖν εἶδον αὐτὸν οἱ ἀρχιερεῖς καὶ οἱ ὑπηρέται ἐκραύγασαν °λέγοντες· σταύρωσον °¹σταύρωσον⸆. λέγει αὐτοῖς ὁ Πιλᾶτος· λάβετε ⸂αὐτὸν ὑμεῖς καὶ⸃ σταυρώσατε· ἐγὼ γὰρ οὐχ εὑρίσκω ἐν αὐτῷ αἰτίαν. 7 ἀπεκρίθησαν °αὐτῷ οἱ Ἰουδαῖοι· ἡμεῖς νόμον ἔχομεν καὶ κατὰ τὸν νόμον ⸆ ὀφείλει ἀποθανεῖν, ὅτι ⸉υἱὸν ⸆¹ θεοῦ ἑαυτὸν⸊ ἐποίησεν. 8 Ὅτε οὖν ἤκουσεν ὁ Πιλᾶτος τοῦτον τὸν λόγον, μᾶλλον ἐφοβήθη, 9 καὶ εἰσῆλθεν εἰς τὸ πραιτώριον πάλιν καὶ λέγει τῷ Ἰησοῦ· πόθεν εἶ σύ; ὁ δὲ Ἰησοῦς ἀπόκρισιν οὐκ ἔδωκεν αὐτῷ. 10 λέγει °οὖν αὐτῷ ὁ Πιλᾶτος· ἐμοὶ οὐ λαλεῖς; οὐκ οἶδας ὅτι ἐξουσίαν ἔχω ⸉ἀπολῦσαί σε καὶ ἐξουσίαν ἔχω σταυρῶσαί⸊ σε; 11 ⸂ἀπεκρίθη [αὐτῷ]⸃ ⸆ Ἰησοῦς· οὐκ ⸀εἶχες ἐξουσίαν ⸉κατ' ἐμοῦ οὐδεμίαν⸊ εἰ μὴ ἦν δεδομένον σοι ἄνωθεν· διὰ τοῦτο ὁ ⸁παραδούς μέ σοι μείζονα ἁμαρτίαν ἔχει. 12 ἐκ τούτου ὁ Πιλᾶτος ἐζήτει ⸉ἀπολῦσαι αὐτόν⸊· οἱ δὲ °Ἰουδαῖοι ⸂ἐκραύγασαν λέγοντες⸃· ⸀ἐὰν τοῦτον ἀπολύσῃς, οὐκ εἶ φίλος τοῦ Καίσαρος· πᾶς ὁ βασιλέα ἑαυτὸν ποιῶν ἀντιλέγει τῷ Καίσαρι. 13 Ὁ οὖν Πιλᾶτος ἀκούσας ⸂τῶν λόγων τούτων⸃ ἤγαγεν ἔξω τὸν Ἰησοῦν καὶ ἐκάθισεν ἐπὶ ⸆ βήματος ⸋εἰς τόπον λεγόμενον⸌ Λιθόστρωτον, Ἑβραϊστὶ °δὲ Γαββαθά. 14 ἦν δὲ παρασκευὴ τοῦ πάσχα, ὥρα ⸂ἦν ὡς⸃ ⸀ἕκτη. καὶ λέγει τοῖς Ἰουδαίοις· ἴδε ὁ βασιλεὺς ὑμῶν. 15 ⸂ἐκραύγασαν οὖν ἐκεῖνοι⸃ ⸆· ἆρον ἆρον, σταύρωσον αὐτόν. λέγει αὐτοῖς ὁ Πιλᾶτος· τὸν βασιλέα ὑμῶν σταυρώσω; ἀπεκρίθησαν οἱ ἀρχιερεῖς· οὐκ ἔχομεν βασιλέα εἰ μὴ Καίσαρα.

Matth.: 31 ⸀εκδυσαντες *et* ° ℵ 33 *pc*

Mark.: 19 ⸋*p)* D *pc* k ‖ 20 ⸋ D ¦ ⸆*p)* την χλαμυδα και Θ φ 565. 700 *pc* ¦ ⸂ιδια ιμ. αυτ. ℵ *pc* ¦ ιμ. τα ιδια 𝔎 A Γ **0250** λ φ 33. 157. 700 *pm* ¦ ιδ. ιμ. Θ *pc* ¦ ιμ. D ¦ *txt* B C Δ Ψ *pc*

Joh.: 4 ⸂εξηλθ. ℵ D^suppl Γ 1. 157. 565 *al* ¦ εξ. ουν 𝔓^66c 𝔎 W Δ Θ 054 φ *pm* ¦ *txt* 𝔓^66*vid B A K L X 33 *al* ¦ ⸉ ℵ L W X φ *pc* ¦ *txt* 𝔓^66 B 𝔎 A D^suppl Γ Δ Θ λ *pm* ¦ ⸄ *4 5 1-3* 𝔎 D^suppl Γ Δ Θ *pm* ¦ *2 4 5 1 3* (A) L X 054 *pc* ¦ αιτιαν ουχ ευρισκω ℵ* ¦ αιτιαν εν αυτω ουχ ευρ. 𝔓^66vid W (φ *pc*) ¦ *txt* B (ℵ^corr) 1 *pc* ‖ 5 ⸂*3 1 2* K Θ Π λ *al* ¦ *2 3* B ¦ ⸀εχων 𝔓^66 1. 565 *pc* ¦ ⸋ 𝔓^66* a e ff² r¹ ¦ ⸁ιδε 𝔎 A D^suppl Γ Δ Θ φ *pm* ¦ ° B ‖ 6 ° ℵ 054 *pc* a b e ff² ¦ °¹ 𝔓^66*vid V 054^c *pc* ¦ ⸆αυτον 𝔎 A D^suppl Γ Δ Θ 054 φ *pm* ¦ αυτον και ℵ ¦ *txt* B L W Ψ 1 *al* aur e vg ¦ ⸂*2 1 3* D^suppl L W 054 *pc* ‖ 7 ° 𝔓^66 ℵ W **0141** λ 565 *pc* it ¦ ⸆ημων 𝔓^60 vid 𝔎 A Γ Θ 054 λ φ *pl* ¦ *txt* 𝔓^66vid B ℵ D^suppl L W Δ Ψ *pc* lat ¦ ⸉ *3 1 2* 𝔎 A D^suppl Γ Δ Θ *pm* ¦ ⸆¹του W *pc* ‖ 10 ° ℵ* A φ *al* ¦ ⸉ *6 2-5 1* 𝔎 D^suppl L W Γ Δ Θ 054 λ φ *pl* sa bo ¦ *txt* 𝔓^60 B ℵ A E* *pc* e sy^p ‖ 11 ⸂† απεκρ. 𝔓^66c 𝔎 A Γ Δ 054 φ *pm* ¦ και απ. 𝔓^66* Θ ¦ *txt* 𝔓^60 ℌ D^suppl W λ *al* ¦ ⸆ο 𝔓^60 ℌ A W Θ λ φ *al* ¦ *txt* B 𝔎 D^suppl Γ *pm* ¦ ⸀εχεις ℵ A D^suppl L X 054. 565 *al* ¦ *txt* B 𝔎 W Γ Δ Θ λ φ *pm* ¦ ⸉ 𝔎 A Γ Δ Θ φ *pm* ¦ ⸁-διδους 𝔎 A D^suppl L W Γ 054. 065 λ φ *pm* ¦ *txt* B ℵ Δ Θ *pc* ‖ 12 ⸉ 𝔓^66 W 33 *pc* ¦ ° 𝔓^60 ¦ ⸂-γαζον λεγ. A L W Θ **054. 065** λ φ *al* ¦ εκραζον λεγ. 𝔎 Γ Δ *pm* ¦ ελεγον ℵ* ¦ *txt* B D^suppl Ψ 33. 700 *al* ¦ ⸀αν 𝔓^66* B ‖ 13 ⸂τουτον τον λογον K N *pm* (⸉ Π *pc*) ¦ *txt* ℌ A W *pc* (⸉ D^suppl E H Γ Δ Θ λ φ *al*) ¦ ⸆του 𝔎 W Γ Δ Θ 054 φ *pm* ¦ ⸋ 𝔓^66* ¦ ° ℵ* D^suppl ‖ 14 ⸂δε ως 𝔎 Γ Θ 054. 065 *pm* ¦ ην ωσει D^suppl Δ λ *al* ¦ — 𝔓^66* (157 *pc*) ¦ ⸀τριτη ℵ³ D^suppl L Δ *pc* ‖ 15 ⸂οι δε εκραυγασαν (𝔓^66 vid) 𝔎 (A) Γ Δ **065** λ φ *pm* ¦ οι δε εκραυγαζον D^suppl K Θ 054 *al* ¦ οι δε ελεγον ℵ* W ¦ οι] δε [... 𝔓^60 ¦ *txt* B ℵ^corr L X *pc* ¦ ⸆λεγοντες 𝔓^60 N U φ *pc*

16sq cf Lc 23,14sq. 22; Jo 18,38; *cf 19sq. 25sqq. 32sqq. 68sqq* ‖ *18* cf Jo 19,26sq; Is 40,9; Zch 6,12; Ex 24,8; Mc 3,34; 16,6; *cf 30* ‖ *19* cf Mc 15,13sq; Mt 27,22sq; Lc 23,21 ‖ *19sq* cf Jo 18,31; *cf 16sq. 25sqq* ‖ *20sq* cf Lv 24,16; Dt 18,20; Mc 14,64 par *(= nr 332)* ‖ *21* cf Jo 5,18; 10,33 ‖ *22* cf Jo 7,27sq; 8,14; 9,29sq ‖ *22sq* cf Lc 23,9; *cf 62. 66* ‖ *24sq* cf Jo 3,27; 10,18; Rm 13,1; Act 2,23 ‖ *25sqq* cf Jo 18,38; Lc 23,15; 20,20; *cf 16sq. 19sq* ‖ *27* cf Act 17,7 ‖ *30* cf *18*

Matth.

27,11-14 (nr. 336, p. 470)

11 Ὁ δὲ Ἰησοῦς ἐστάθη ἔμπροσθεν τοῦ ἡγεμόνος· καὶ ἐπηρώτησεν αὐτὸν ὁ ἡγεμὼν λέγων· σὺ εἶ ὁ βασιλεὺς τῶν Ἰουδαίων; ὁ δὲ Ἰησοῦς ἔφη·

σὺ λέγεις.

12 καὶ ἐν τῷ κατηγορεῖσθαι αὐτὸν ὑπὸ τῶν ἀρχιερέων καὶ πρεσβυτέρων οὐδὲν ἀπεκρίνατο. 13 τότε λέγει αὐτῷ ὁ Πιλᾶτος· οὐκ ἀκούεις πόσα σου καταμαρτυροῦσιν; 14 καὶ οὐκ ἀπεκρίθη αὐτῷ πρὸς οὐδὲ ἓν ῥῆμα, ὥστε θαυμάζειν τὸν ἡγεμόνα λίαν.

Mark.

15,2-5 (nr. 336, p. 470)

2 Καὶ ἐπηρώτησεν αὐτὸν ὁ Πιλᾶτος· σὺ εἶ ὁ βασιλεὺς τῶν Ἰουδαίων; ὁ δὲ ἀποκριθεὶς αὐτῷ λέγει·

σὺ λέγεις.

3 καὶ κατηγόρουν αὐτοῦ οἱ ἀρχιερεῖς πολλά.

4 ὁ δὲ Πιλᾶτος πάλιν ἐπηρώτα αὐτὸν λέγων· οὐκ ἀποκρίνῃ οὐδέν; ἴδε πόσα σου κατηγοροῦσιν. 5 ὁ δὲ Ἰησοῦς οὐκέτι οὐδὲν ἀπεκρίθη, ὥστε θαυμάζειν τὸν Πιλᾶτον.

Luk.

23,2-5 (nr. 336, p. 470)

2 Ἤρξαντο δὲ κατηγορεῖν αὐτοῦ λέγοντες· τοῦτον εὕραμεν διαστρέφοντα τὸ ἔθνος ἡμῶν καὶ κωλύοντα φόρους Καίσαρι διδόναι καὶ λέγοντα ἑαυτὸν χριστὸν βασιλέα εἶναι.

3 ὁ δὲ Πιλᾶτος ἠρώτησεν αὐτὸν λέγων· σὺ εἶ ὁ βασιλεὺς τῶν Ἰουδαίων; ὁ δὲ ἀποκριθεὶς αὐτῷ ἔφη·

σὺ λέγεις.

Joh.

18,33-37 (nr. 336, p. 470)

33 Εἰσῆλθεν οὖν πάλιν εἰς τὸ πραιτώριον ὁ Πιλᾶτος καὶ ἐφώνησεν τὸν Ἰησοῦν καὶ εἶπεν αὐτῷ· σὺ εἶ ὁ βασιλεὺς τῶν Ἰουδαίων; 34 ἀπεκρίθη Ἰησοῦς· ἀπὸ σεαυτοῦ σὺ τοῦτο λέγεις ἢ ἄλλοι εἶπόν σοι περὶ ἐμοῦ; 35 ἀπεκρίθη ὁ Πιλᾶτος· μήτι ἐγὼ Ἰουδαῖός εἰμι; τὸ ἔθνος τὸ σὸν καὶ οἱ ἀρχιερεῖς παρέδωκάν σε ἐμοί· τί ἐποίησας; 36 ἀπεκρίθη Ἰησοῦς· ἡ βασιλεία ἡ ἐμὴ οὐκ ἔστιν ἐκ τοῦ κόσμου τούτου· εἰ ἐκ τοῦ κόσμου τούτου ἦν ἡ βασιλεία ἡ ἐμή, οἱ ὑπηρέται οἱ ἐμοὶ ἠγωνίζοντο [ἂν] ἵνα μὴ παραδοθῶ τοῖς Ἰουδαίοις· νῦν δὲ ἡ βασιλεία ἡ ἐμὴ οὐκ ἔστιν ἐντεῦθεν. 37 εἶπεν οὖν αὐτῷ ὁ Πιλᾶτος· οὐκοῦν βασιλεὺς εἶ σύ; ἀπεκρίθη ὁ Ἰησοῦς· σὺ λέγεις ὅτι βασιλεύς εἰμι. ἐγὼ εἰς τοῦτο γεγέννημαι καὶ εἰς τοῦτο ἐλήλυθα εἰς τὸν κόσμον, ἵνα μαρτυρήσω τῇ ἀληθείᾳ· πᾶς ὁ ὢν ἐκ τῆς ἀληθείας ἀκούει μου τῆς φωνῆς. 38 λέγει αὐτῷ ὁ Πιλᾶτος· τί ἐστιν ἀλήθεια;

Luk. (cont.)

4 ὁ δὲ Πιλᾶτος εἶπεν πρὸς τοὺς ἀρχιερεῖς καὶ τοὺς ὄχλους· οὐδὲν εὑρίσκω αἴτιον ἐν τῷ ἀνθρώπῳ τούτῳ. 5 οἱ δὲ ἐπίσχυον λέγοντες ὅτι ἀνασείει τὸν λαὸν διδάσκων καθ' ὅλης τῆς Ἰουδαίας, καὶ ἀρξάμενος ἀπὸ τῆς Γαλιλαίας ἕως ὧδε.

Evang. sec. Hebraeos (Historia passionis Domini f. 44[r]): ... et nota quod Pylatus tantam passionem et contumeliam domino propter maliciam simpliciter non intulit ... ideo ad satisfaciendum malicie Iudeorum fecit eum tam contumeliose illudi et flagellari. ad columpnam ligatum sperans quod Iudei hac afflictione Christi deberent contentari. Legitur in ewangelio Nazareorum quod Iudei appreciaverunt quattuor milites ad flagellandum dominum tam dure usque ad effusionem sanguinis de toto corpore. Eosdem eciam milites appreciaverunt quod ipsum crucifix⟨ere⟩nt sicut dicitur Io. 19. In omnibus istis intermixti Iudei cum gentilibus Et nota quod magister in historia scolastica ...

32sqq cf 16sq || 62 cf 22sq. 66 || 66 cf 22sq. 62 || 68sqq cf 16sq || 72sqq cf 3sqq

341. Die Verurteilung Jesu

Condemnatur

Pilate Delivers Jesus to be Crucified

Matth. 27, 24-26	Mark. 15, 15	Luk. 23, 24-25	Joh. 19, 16a 19, 1
(nr. 339 27, 15-23 p. 474) 24 Ἰδὼν δὲ ὁ Πιλᾶτος ὅτι οὐδὲν ὠφελεῖ ἀλλὰ μᾶλλον θόρυβος γίνεται, λαβὼν ὕδωρ ἀπενίψατο τὰς χεῖρας ⸀ἀπέναντι τοῦ ⸁ὄχλου λέγων· ἀθῷός εἰμι ⸆ἀπὸ τοῦ αἵματος ⸆τούτου· ὑμεῖς ὄψεσθε. 25 καὶ ἀποκριθεὶς πᾶς ὁ λαὸς εἶπεν· τὸ αἷμα αὐτοῦ ἐφ᾽ ἡμᾶς καὶ ἐπὶ τὰ τέκνα ἡμῶν.	*(nr. 339 15, 6-14 p. 474)* 15 Ὁ δὲ Πιλᾶτος ⸂βουλόμενος τῷ ὄχλῳ τὸ ἱκανὸν ποιῆσαι⸃ ἀπέλυσεν αὐτοῖς	*(nr. 339 23, 17-23 p. 474)* 24 ⸂Καὶ Πιλᾶτος ἐπέκρινεν⸃ γενέσθαι τὸ αἴτημα αὐτῶν· 25 ἀπέλυσεν δὲ ⸆	
26 τότε ἀπέλυσεν αὐτοῖς τὸν Βαραββᾶν,	τὸν Βαραββᾶν,	τὸν ⸂διὰ στάσιν καὶ φόνον⸃ βεβλημένον ⸄εἰς φυλακὴν⸅ ὃν ᾐτοῦντο,	
τὸν δὲ Ἰησοῦν φραγελλώσας παρέδωκεν ⸆ ἵνα ⸀σταυρωθῇ.	⸄καὶ παρέδωκεν τὸν Ἰησοῦν φραγελλώσας⸅ ἵνα σταυρωθῇ.	τὸν δὲ Ἰησοῦν παρέδωκεν τῷ θελήματι αὐτῶν. *(nr. 343 23, 26-32 p. 481)*	16a Τότε οὖν παρέδωκεν ⸉αὐτὸν αὐτοῖς⸊ ἵνα σταυρωθῇ. *(nr. 343 19, 16b-17a p. 481)* 19, 1 *(nr. 340, p. 476)* 1 Τότε οὖν ἔλαβεν ὁ Πιλᾶτος τὸν Ἰησοῦν καὶ ἐμαστίγωσεν.

Evang. sec. Hebraeos (Historia passionis Domini f. 44r): *vide nr. 340, p. 478*

Evang. sec. Petrum 1–2. 5b: 1 ⟨καὶ ὁ Πειλᾶτος ἐνίψατο τὰς χεῖρας⟩ ... τ[ῶν] δὲ Ἰουδαίων οὐδεὶς ἐνίψατο τὰς χεῖρας, οὐδὲ Ἡρῴδης οὐδέ τις [τ]ῶν κριτῶν αὐτοῦ. κ[αὶ μὴ] βουληθέντων νίψασθαι ἀνέσ[τ]η Πειλᾶτος· 2 καὶ τότε κελεύει Ἡρῴδης ὁ βασιλεὺς παρ[αλη]μφθῆναι τὸν κύριον, εἰπὼν αὐτοῖς ὅτι »ὅσα ἐκέλευσα ὑμῖν ποιῆσαι αὐτῷ ποιήσατε«. ... 5b καὶ παρέδωκεν αὐτὸν τῷ λαῷ πρὸ μιᾶς τῶν ἀζύμων, τῆς ἑορτῆς αὐτῶν.

Matth.: 24 ⸀κατεν- B D ¦ *txt* ℵ ℜ A W Θ **064** λ φ *pl* | ⸁λαου Θ **064**.157 | ⸆εγω D r1 (⸉ lat) | ⸆ του δικαιου ℵ ℜ L W Γ λ φ *pl* (⸉ A Δ Φ **064** *pc*) lat syp ¦ *txt* B D Θ *pc* it sys || 26 ⸆αυτοις ℵcorr D L Θ λ *al* lat sys sa bo | ⸀σταυρωσωσιν αυτον D Θ Φ it sypal

Mark.: 15 ⸂ *1 6 4 5 2 3* ℵ C Θ ¦ *p)* — D ff2 k r1 | ⸄παρ. δε τ. Ι. φρ. B ¦ *p)* τον δε Ι. φρ. παρ. D 565 *pc* k

Luk.: 24 ⸂ο δε Π. επ. ℜ A W Γ Δ Θ **063.0250** λ φ *pm* ¦ επ. δε ο Π. D c || 25 ⸆*p)* αυτοις K M λ φ *al* lat | ⸂ενεκα φονου D | ⸄εις την φ-κην 𝔓75 C ℜ A L Γ Δ **063.0250** λ *pm* ¦ εν τη φ-κη W *pc* ¦ *txt* B ℵ D Θ **0124**.69.1424 *al*

Joh.: 16 ⸉ ℵ lat

3sqq cf Dt 21,6sq; Ps 26,6; 73,13; Nu 5,31; 2Sm 3,28; Sus 46; *cf 19sqq* || *8sq* cf 2Sm 1,16; 3,28sq; Jr 51,35 (LXX 28,35); Act 18,6; 5,28 || *14sq (Mt/Mc)* cf Act 22,25sq. 29; *cf 16sq. 18* || *15 (Lc)* cf Mt 17,12 || *16sq cf 14sq (Mt/Mc) et nr 343* || *18 cf 14sq* || *19sqq cf 3sqq*

342. Die Verspottung Jesu

Spinis coronatur

Jesus Mocked by the Soldiers

Matth. 27, 27-31a

27 Τότε οἱ στρατιῶται τοῦ ἡγεμόνος παραλαβόντες τὸν Ἰησοῦν εἰς τὸ πραιτώριον ⸆ συνήγαγον ἐπ᾽ αὐτὸν ὅλην τὴν σπεῖραν. 28 καὶ ⸀ἐκδύσαντες αὐτὸν ⸆ ⸉χλαμύδα κοκκίνην περιέθηκαν αὐτῷ⸊, 29 καὶ πλέξαντες στέφανον ἐξ ἀκανθῶν ἐπέθηκαν ἐπὶ ⸂τῆς κεφαλῆς⸃ αὐτοῦ καὶ κάλαμον ⸄ἐν τῇ δεξιᾷ⸅ αὐτοῦ, καὶ γονυπετήσαντες ἔμπροσθεν αὐτοῦ ⸀ἐνέπαιξαν αὐτῷ λέγοντες· χαῖρε, ⸁βασιλεῦ τῶν Ἰουδαίων, 30 καὶ ἐμπτύσαντες εἰς αὐτὸν ἔλαβον τὸν κάλαμον καὶ ἔτυπτον εἰς τὴν κεφαλὴν αὐτοῦ. 31 καὶ ὅτε ἐνέπαιξαν αὐτῷ, ⸀ἐξέδυσαν αὐτὸν τὴν χλαμύδα °καὶ ἐνέδυσαν αὐτὸν τὰ ἱμάτια αὐτοῦ...

Mark. 15, 16-20a

16 Οἱ δὲ στρατιῶται ἀπήγαγον αὐτὸν ⸂ἔσω τῆς αὐλῆς⸃, ὅ ἐστιν πραιτώριον, καὶ ⸀συγκαλοῦσιν ὅλην τὴν σπεῖραν. 17 καὶ ⸀ἐνδιδύσκουσιν αὐτὸν ⸆ πορφύραν καὶ ⸁περιτιθέασιν αὐτῷ °πλέξαντες ⸂ἀκάνθινον στέφανον⸃· 18 καὶ ἤρξαντο ἀσπάζεσθαι αὐτόν ⸆ · χαῖρε, ⸀βασιλεῦ τῶν Ἰουδαίων· 19 καὶ ἔτυπτον ⸂αὐτοῦ τὴν κεφαλὴν καλάμῳ⸃ καὶ ἐνέπτυον αὐτῷ ⸋καὶ τιθέντες τὰ γόνατα προσεκύνουν αὐτῷ⸌. 20 καὶ ὅτε ⸋ἐνέπαιξαν αὐτῷ,⸌ ἐξέδυσαν αὐτὸν ⸆ τὴν πορφύραν καὶ ἐνέδυσαν αὐτὸν τὰ ⸂ἱμάτια αὐτοῦ⸃.

Luk.

Joh. 19, 2-3

(nr. 340, p. 476)

2 Καὶ οἱ στρατιῶται πλέξαντες ⸉στέφανον ἐξ ἀκανθῶν⸊ ἐπέθηκαν ⸂αὐτοῦ τῇ κεφαλῇ⸃ καὶ ⸉1 ἱμάτιον πορφυροῦν⸊ περιέβαλον αὐτὸν 3 ⸋καὶ ἤρχοντο πρὸς αὐτὸν⸌ καὶ ἔλεγον· χαῖρε ⸂ὁ βασιλεὺς⸃ τῶν Ἰουδαίων· καὶ ⸀ἐδίδοσαν αὐτῷ ῥαπίσματα.

Evang. sec. Hebraeos (Historia passionis Domini f. 44r): *vide nr. 340, p. 478*

Evang. sec. Petrum 6–9: 6 Οἱ δὲ λαβόντες τὸν κύριον ὤθουν αὐτὸν τρέχοντες καὶ ἔλεγον· 7 »σύρωμεν τὸν υἱὸν τοῦ θεοῦ ἐξουσίαν αὐτοῦ ἐσχηκότες«. καὶ πορφύραν αὐτὸν περιέβαλον καὶ ἐκάθισαν αὐτὸν ἐπὶ καθέδραν κρίσεως λέγοντες· »δικαίως κρῖνε, βασιλεῦ τοῦ Ἰσραήλ«. 8 καί τις αὐτῶν ἐνεγκὼν στέφανον ἀκάνθινον ἔθηκεν ἐπὶ τῆς κεφαλῆς τοῦ κυρίου, 9 καὶ ἕτεροι ἑστῶτες ἐνέπτυον αὐτοῦ ταῖς ὄψεσι καὶ ἄλλοι τὰς σιαγόνας αὐτοῦ ἐράπισαν, ἕτεροι καλάμῳ ἔνυσσον αὐτὸν καί τινες αὐτὸν ἐμάστιζον λέγοντες· »ταύτῃ τῇ τιμῇ τιμήσωμεν τὸν υἱὸν τοῦ θεοῦ«.

Barn. ep. 7, 9–10: 9 Τί οὖν τοῦτό ἐστιν; προσέχετε· Τὸν μὲν ἕνα ἐπὶ τὸ θυσιαστήριον, τὸν δὲ ἕνα ἐπικατάρατον, καὶ ὅτι τὸν ἐπικατάρατον ἐστεφανωμένον; ἐπειδὴ ὄψονται αὐτὸν τότε τῇ ἡμέρᾳ τὸν ποδήρη ἔχοντα τὸν κόκκινον περὶ τὴν σάρκα, καὶ ἐροῦσιν· Οὐχ οὗτός ἐστιν, ὅν ποτε ἡμεῖς ἐσταυρώσαμεν ἐξουθενήσαντες καὶ κατακεντήσαντες καὶ ἐμπτύσαντες; ἀληθῶς οὗτος ἦν, ὁ τότε λέγων, ἑαυτὸν υἱὸν τοῦ θεοῦ εἶναι. 10 πῶς γὰρ ὅμοιος ἐκείνῳ; εἰς τοῦτο ὁμοίους τοὺς τράγους, καλούς, ἴσους, ἵνα ὅταν ἴδωσιν αὐτὸν τότε ἐρχόμενον, ἐκπλαγῶσιν ἐπὶ τῇ ὁμοιότητι τοῦ τράγου.

Matth.: 27 ⸆και Φ 33 *pc* || 28 ⸀ενδ- B ℵcorr D *pc* it | ⸆τα ιματια αυτου **064.** 33 *pc* syhmg sapt ¦ *p)* ιματιον πορφυρουν και D *pc* it (sys) | ⸉ *3 4 1 2* ℜ A W Γ Δ Φ (064) λ 33.157.565.700.892.1241 *pm* || 29 ⸂την κεφαλην ℜ A D W Γ Δ Φ **064.0250** λ *pl* | ⸄επι την δεξιαν ℜ W Γ Δ **064** *pm* | ⸀-παιζον ℜ A W Δ Θ Φ **064.0250** λ ϕ *pl* | ⸁ο β-ευς ℵ ℜ A L W Γ **064** ϕ *pm* ¦ *txt* B D Δ Θ Φ **0250** λ *al* || 31 ⸀εκδυσαντες *et* ° ℵ 33 *pc*

Mark.: 16 ⸂εσω (— C3 M) εις την αυλην (+ του Καιαφα M Θ) C3 D M Θ λ ϕ 565.700 *pc* | ⸀καλουσιν D || 17 ⸀ενδυουσιν ℜ A Γ **0250.** 33.157. 565.700 *pm* | ⸆ *p)* χλαμυδα κοκκινην και Θ ϕ 565.700 *pc* | ⸁επιτιθ- D | °D | ⸂ *p)* στεφανον εξ ακανθων Θ 1 *pc* || 18 ⸆και λεγειν ℵ C2 Σ 33 *al* | ⸀ο -ευς C ℜ A Γ Δ ϕ 33.157.892 *pm* || 19 ⸂ *2 3 1 4* C Σ 892 *pc* ¦ αυτον καλ. εις την κεφ. D 565 it sys.p | ⸋ *p)* D *pc* k || 20 ⸋D | ⸆την χλαμυδα και Θ ϕ 565.700 *pc* | ⸂ιδια ιμ. αυτ. ℵ *pc* ¦ ιμ. τα ιδια ℜ A Γ **0250** λ ϕ 33.157.700 *pm* ¦ ιδ. ιμ. Θ *pc* ¦ ιμ. D ¦ *txt* B C Δ Ψ *pc*

Joh.: 2 ⸉ *2 3 1* 𝔓66 | ⸂αυτ. επι την κεφαλην A Π *pc* ¦ επι την κεφ. αυτ. G *pc* | ⸉1 𝔓60 || 3 ⸋ ℜ A Dsuppl Γ Δ Ψ **054** λ *pm* | ⸂ *p)* βασιλευ 𝔓66 ℵ | ⸀εδιδουν ℜ A Dsuppl Γ Δ Θ **054** ϕ *pm* ¦ *txt* 𝔓66 B ℵ L W X 1 *pc*

1sqq cf 19sqq. 23sqq || *11sq cf 18* || *12sqq* cf Jo 18, 22; Mt 26, 67; Is 50, 6 || *18 cf 11sq* || *19sqq cf 1sqq* || *23sqq cf 1sqq*

343. Der Weg nach Golgatha

Via ad Golgotha

The Road to Golgotha

Matth. 27, 31b-32 27, 38	Mark. 15, 20b-21 15, 27	Luk. 23, 26-32	Joh. 19, 16b-17a 19, 18
		(nr. 341 23, 24-25 p. 479)	(nr. 341 19, 16a p. 479)
31 … °καὶ ἀπήγαγον °¹αὐτὸν εἰς τὸ ⸀σταυρῶσαι. 32 Ἐξερχόμενοι δὲ εὗρον ἄνθρωπον Κυρηναῖον ⸆ ὀνόματι Σίμωνα, τοῦτον ἠγγάρευσαν ἵνα ἄρῃ τὸν σταυρὸν αὐτοῦ.	20 … Καὶ ⸀ἐξάγουσιν αὐτὸν⸆ ἵνα ⸁σταυρώσωσιν °αὐτόν. 21 καὶ ἀγγαρεύουσιν ⸂παράγοντά τινα Σίμωνα Κυρηναῖον⸃ ἐρχόμενον ⸀ἀπ᾽ ἀγροῦ, τὸν πατέρα Ἀλεξάνδρου καὶ Ῥούφου, ἵνα ἄρῃ τὸν σταυρὸν αὐτοῦ.	26 ⸂Καὶ ὡς⸃ ⸀ἀπήγαγον αὐτόν, ἐπιλαβόμενοι ⸄Σίμωνά τινα Κυρηναῖον ἐρχόμενον⸅ ἀπ᾽ ἀγροῦ ἐπέθηκαν αὐτῷ τὸν σταυρὸν φέρειν ὄπισθεν τοῦ Ἰησοῦ.	16 … ⸂Παρέλαβον οὖν⸃ ⸄τὸν Ἰησοῦν⸅ ⸆, 17 □καὶ βαστάζων ⸂ἑαυτῷ τὸν σταυρὸν⸃…\
		27 Ἠκολούθει δὲ ⸂αὐτῷ πολὺ πλῆθος⸃ τοῦ λαοῦ καὶ ⸀γυναικῶν αἳ ⸆ ἐκόπτοντο καὶ ἐθρήνουν ⸉αὐτόν. 28 στραφεὶς δὲ ⸉πρὸς αὐτὰς °[ὁ] Ἰησοῦς εἶπεν⸊· θυγατέρες Ἰερουσαλήμ, μὴ κλαίετε °¹ἐπ᾽ ἐμέ⸆· ⸀πλὴν °¹ἐφ᾽ ἑαυτὰς κλαίετε καὶ °¹ἐπὶ τὰ τέκνα ὑμῶν, 29 ὅτι °ἰδοὺ ⸂ἔρχονται ἡμέραι⸃ ἐν αἷς ἐροῦσιν· μακάριαι °¹αἱ στεῖραι καὶ °²αἱ κοιλίαι αἳ οὐκ ἐγέννησαν καὶ μαστοὶ οἳ οὐκ ⸀ἔθρεψαν. 30 τότε ἄρξονται λέγειν τοῖς ὄρεσιν· ⸀πέσετε ἐφ᾽ ἡμᾶς, καὶ τοῖς βουνοῖς· καλύψατε ἡμᾶς·	

Matth.: 31 °D* \| °¹Θ 69.1241 *pc* a b f ff² \| ⸀σταυρωθηναι 047 *pc* ‖ 32 ⸆εις απαντησιν αυτου D it vg^codd

Mark.: 20 ⸀αγουσιν A *pc* \| ⸆εξω Ψ \| ⸁-σουσιν C A D L Δ Θ 0250. 33. 69 *al* \| °ℵ D 1 *pc* ff² k ‖ 21 ⸂τον Σ. παραγοντα τον Κ. D (565) \| ⸀απο D X Θ Σ λ 13 *pc*

Luk.: 26 ⸂ως δε D \| ⸀απηγον B *pc* (απηαγον *sic* 𝔓^75*) \| ⸄ *2 1 3 4* C D ¦ -νος τινος -ναιου -μενου ℜ A W Γ Δ Θ 063. 0250 λ *pm* ¦ *txt* 𝔓^75 B ℵ (L) X (0124) ϕ *al* ‖ 27 ⸂το πληθος αυτω D (it) \| ⸀-κες D *pc* c f r¹ \| ⸆και C³ ℜ W Γ Δ Θ λ ϕ *pm* \| ⸉p. εκοπτ. D ¦ — it ‖ 28 ⸉ *3 4 1 2 5* C 0124 *pc* ¦ *3-5 1 2* D \| °† 𝔓^75 B ℵ* L ¦ *txt* C ℜ A D W Δ Θ 063. 0124 λ ϕ *pl* \| °¹*ter* D it \| ⸆μηδε πενθειτε D \| ⸀αλλ D ‖ 29 °𝔓^75 D ϕ it sy^s.c \| ⸂ *2 1* ℵ C X 0124. 157 *pc* ¦ ελευσονται ημ. D ϕ \| °¹ℵ \| °²𝔓^75 ℜ A D L W Γ Δ 0124 *pm* \| ⸀εξεθρ- C² D Θ λ *pc* ¦ εθηλασαν ℜ A W Γ Δ 063 ϕ *pm* ¦ *txt* 𝔓^75 B ℵ C* L 0124 *pc* ‖ 30 ⸀† -σατε ℵ^corr L W X Δ *pc* ¦ *txt* 𝔓^75 B ℵ* C ℜ A D Γ Θ 0124 *pm*

Joh.: 16 ⸂π. δε ℜ A Γ Δ Θ 065 *pm* ¦ παραλαβοντες δε 700 *al* ¦ παραλαβοντες ουν ℵ^corr *pc*; Or ¦ οι δε παραλ. 𝔓^60vid (𝔓^66vid) M W (054) ϕ 1 *al* ¦ οι δε λαβ. ℵ* ¦ *txt* B D^suppl L X *pc* \| ⸄αυτον 𝔓^66 λ ϕ 565 *pc* \| ⸆απηγαγον 𝔓^60vid W λ 565 *al* ¦ και ηγαγον ℜ D^suppl Γ Δ Θ 054. 065 *pm* ¦ και απηγαγον A *al* ¦ απηγ. αυτον ℵ ¦ απηγ. εις το πραιτωριον M (Γ) 700 *al* ¦ ηγ. και (— ηγ. κ. *pc*) επεθηκαν αυτω τον σταυρον ϕ *pc*; (Or) ¦ *txt* B L X *pc* ‖ 17 □𝔓^66* \| ⸂αυτ. τον στ. B X 33 *pc* ¦ εαυτου τ. στ. D^suppl *al* ¦ τ. στ. αυτου ℜ Γ *pm* ¦ τ. στ. εαυτου A Θ 054. 065 (λ) *al* ¦ αυτον ϕ ¦ *txt* 𝔓^60.66c vid ℵ L W *pc*

⁶cf Rm 16, 13? ‖ ⁹cf Gn 22, 6; Is 9, 6 etc ‖ ^14sq cf Is 3, 16; Ct 1, 5 ‖ ^16sqq cf Jr 9, 19sq ‖ ^17sqq cf 30 ‖ ^19sqq cf Lc 21, 23 par; 19, 44 par ‖ ^22sqq Hos 10, 8; cf Apc 6, 16; 9, 6

Matth.	Mark.	[Luk. 23, 26-32]	Joh.
27,38 *(nr. 345, p. 485)* 38 Τότε σταυροῦνται σὺν αὐτῷ δύο λησταί, εἷς ἐκ δεξιῶν καὶ εἷς ἐξ εὐωνύμων.	15,27 *(345, p. 485)* 27 Καὶ σὺν αὐτῷ σταυροῦσιν δύο λῃστάς, ἕνα ἐκ δεξιῶν καὶ ἕνα ἐξ εὐωνύμων αὐτοῦ.	31 ὅτι εἰ ἐν °τῷ ὑγρῷ ξύλῳ ⸀ταῦτα ποιοῦσιν, ἐν τῷ ξηρῷ τί ⸁γένηται; 32 Ἤγοντο δὲ καὶ ἕτεροι· ⸂κακοῦργοι δύο⸃ σὺν αὐτῷ ⸆ ἀναιρεθῆναι.	19,18 *(nr. 344, p. 482)* ...18 ὅπου αὐτὸν ἐσταύρωσαν, καὶ μετ' αὐτοῦ ἄλλους δύο ἐντεῦθεν καὶ ἐντεῦθεν, μέσον δὲ τὸν Ἰησοῦν.

Evang. Thomae copt.: *cf. Append. I, 79*

Luk.: 31 °† B C **0124** *pc* ¦ *txt* 𝔓75 ℵ 𝔎 A D W Γ Δ Θ λ φ *pl* | ⸀τουτο C | ⸁-σεται D K *al* || 32 [·, comm] | ⸂C 𝔎 A D L W Γ Δ Θ **0117**.**0124** λ φ *pl* ¦ *txt* 𝔓75 B ℵ | ⸆Joathas et Maggatras l

---

25sq cf Prv 11,31; 1 Pt 4,17sq || 30 *cf 17sqq*

344. Die Kreuzigung

Crucifigitur — **The Crucifixion**

Matth. 27, 33-37 27,38; 27,55-56	Mark. 15, 22-26 15,27; 15,40-41	Luk. 23, 33-34 23,38; 23,49	Joh. 19, 17b-27
33 Καὶ ἐλθόντες εἰς ⸆ τόπον ⸆ λεγόμενον Γολγοθᾶ, ⸀ὅ ἐστιν ⸂Κρανίου Τόπος λεγόμενος⸃,	22 Καὶ ⸀φέρουσιν αὐτὸν ἐπὶ °τὸν Γολγοθὰν °1τόπον, ⸁ὅ ἐστιν ⸀1μεθερμηνευόμενον Κρανίου Τόπος.	33 Καὶ ὅτε ⸀ἦλθον ἐπὶ τὸν τόπον τὸν ⸁καλούμενον Κρανίον,	17 ⸋... ἐξῆλθεν⸌ εἰς ⸂τὸν λεγόμενον Κρανίου Τόπον⸃, ⸀ὃ λέγεται Ἑβραϊστὶ ⸁Γολγοθα,
34 ⸆ ἔδωκαν αὐτῷ πιεῖν ⸀οἶνον μετὰ χολῆς μεμιγμένον· καὶ γευσάμενος οὐκ ⸁ἠθέλησεν πιεῖν.	23 καὶ ἐδίδουν αὐτῷ ⸆ ἐσμυρνισμένον οἶνον· ⸂ὃς δὲ⸃ οὐκ ἔλαβεν.		
35 Σταυρώσαντες δὲ αὐτὸν	24 Καὶ ⸂σταυροῦσιν αὐτὸν	ἐκεῖ ἐσταύρωσαν αὐτὸν	18 ὅπου αὐτὸν ἐσταύρωσαν,
27,38 *(nr. 345, p. 485)* 38 Τότε σταυροῦνται σὺν αὐτῷ δύο λησταί, εἷς ἐκ δεξιῶν καὶ εἷς ἐξ εὐωνύμων.	15,27 *(nr. 345, p. 485)* 27 Καὶ σὺν αὐτῷ σταυροῦσιν δύο λῃστάς, ἕνα ἐκ δεξιῶν καὶ ἕνα ἐξ εὐωνύμων αὐτοῦ.	καὶ τοὺς κακούργους⸆, ὃν μὲν ἐκ δεξιῶν ὃν δὲ ἐξ ⸀1ἀριστερῶν. 34 ⸋[[ὁ δὲ Ἰησοῦς ἔλεγεν· πάτερ, ἄφες αὐτοῖς, οὐ γὰρ οἴδασιν τί	καὶ μετ' αὐτοῦ ἄλλους δύο ἐντεῦθεν καὶ ἐντεῦθεν, μέσον δὲ τὸν Ἰησοῦν.

Matth.: 33 ⸆*bis* τον B | ⸀ος A S V Δ Θ Φ 565 *pm* | ⸂*3 1 2* 𝔎 A (W) Γ Δ Φ (**0250**) φ *pm* ¦ *1 2* ℵcorr D Θ *al* lat sa bo ¦ *txt* B ℵ* L λ *pc* || 34 ⸆και D lat sys.p | ⸀(Ps 69,22) οξος 𝔎 A W Γ Δ Φ **0250**.700.892.1241 *pm* c f h q | ⸁ηθελεν ℵcorr 𝔎 A W Γ Δ *pm* sypal

Mark.: 22 ⸀αγουσιν D φ 565 *pc* lat | °C* 𝔎 A D Γ λ 157.700 *pm* | °1 ℵ* aur c (*pon. a.* Γολ. D) | ⸁οπερ ℵ Θ | ⸀1 † -νος B A Σ 892 *pc* ¦ *txt* ℵ C 𝔎 D L Δ Θ **0250** λ φ *pl* || 23 ⸆*p)* πιειν C2 𝔎 A (D) Γ Θ **0250** λ φ *pl* lat syp sa | ⸂ο δε C 𝔎 A L Δ Θ Ψ **0250** φ 565.700 *pl* ¦ και D lat sys ¦ *p)* και γευσαμενος (G) λ ¦ *txt* B ℵ Σ 33 *pc* || 24 ⸂*p)* -ρωσαντες αυτον ℵ C 𝔎 A D Γ Δ Θ **0250** λ φ *pl* ¦ *txt* B (L) Ψ *pc* it

Luk.: 33 ⸀απηλθον 𝔎 A W Γ Δ **0117**.**0250** λ *pm* | ⸁λεγομενον C G X *al* | ⸆ομου D | ⸀1 ευωνυμων C* L Q Ψ φ *al* || 34 ⸋𝔓75 B ℵcorr D* W Θ **0124**.579.1241 *pc* a sys sa bopt ¦ *txt* ℵ* C 𝔎 (A) Dcorr L Γ Δ **0117**.**0250** λ φ *pl* lat syc.p bopt; Mcion Irlat Cl Or

Joh.: 17 ⸋𝔓66* | ⸂τοπον λεγομενον κρανιου 𝔓66vid (E S φ) Γ *pm* | ⸀ος 𝔎 Dsuppl Γ Θ **054**.**065** λ φ *pm* ¦ *txt* 𝔓66 B ℵ A W **0141**.157.579 *pc* | ⸁Γολγοθ B sapt

---

1sqq cf Heb 13,12sq || 2 *cf 4* || 2sq cf Jdc 9,53; 2 Rg 9,35; *cf 25sqq* || 4 *cf 2* || 5sq cf Ps 69,22 || 5sqq cf Lc 23,36 *(= nr 345)*; Mt 27,48; Mc 15,36; Jo 19,29 *(= nr 347)*; *cf 79sqq* || 8sqq *cf 73sqq* || 12sqq cf Is 53,12; Act 3,17; 13,27; 1 Cor 2,8; *cf 64. 65sqq. 68sqq. 71sq*

[Matth. 27, 33-37]

διεμερίσαντο
τὰ ἱμάτια αὐτοῦ ⸀βάλλον-
τες κλῆρον⸆, 36 καὶ καθήμενοι
ἐτήρουν αὐτὸν ἐκεῖ.

37 Καὶ ἐπέθηκαν
ἐπάνω τῆς κεφαλῆς αὐτοῦ τὴν
αἰτίαν αὐτοῦ γεγραμμένην·
οὗτός ἐστιν ⸰Ἰησοῦς ὁ βασιλεὺς
τῶν Ἰουδαίων.

cf. v. 35

[Mark. 15, 22-26]

καὶ⸃ διαμερίζονται
τὰ ἱμάτια αὐτοῦ ⸀βάλλον-
τες κλῆρον ἐπ' αὐτὰ ⸋τίς τί
ἄρῃ⸌. 25 ἦν δὲ ⸂ὥρα τρίτη⸃ ⸀καὶ
⸁ἐσταύρωσαν αὐτόν.

26 ⸂καὶ ἦν ἡ⸃ ἐπιγραφὴ τῆς
αἰτίας αὐτοῦ ἐπιγεγραμμένη·
⸆ ὁ βασιλεὺς
τῶν Ἰουδαίων.

cf. v. 24

[Luk. 23, 33-34]

ποιοῦσιν.]]⸌ ⸀διαμεριζόμενοι
δὲ τὰ ἱμάτια αὐτοῦ ⸁ἔβαλον
⸀1κλήρους.

23, 38 *(nr. 345, p. 485)*

38 Ἦν δὲ καὶ ἐπιγραφὴ ἐπ' αὐτῷ·
ὁ βασιλεὺς
τῶν Ἰουδαίων οὗτος.

cf. v. 34

[Joh. 19, 17b-27]

cf. v. 24

19 ἔγραψεν δὲ καὶ τίτλον
ὁ Πιλᾶτος καὶ ⸀ἔθηκεν ἐπὶ τοῦ
σταυροῦ· ἦν δὲ γεγραμμένον·
Ἰησοῦς ὁ Ναζωραῖος ὁ βασιλεὺς
τῶν Ἰουδαίων. 20 τοῦτον οὖν τὸν
τίτλον πολλοὶ ⸉ἀνέγνωσαν τῶν
Ἰουδαίων, ὅτι ἐγγὺς ἦν ⸉ὁ τόπος
τῆς πόλεως⸊ ὅπου ἐσταυρώθη ὁ
Ἰησοῦς· καὶ ἦν γεγραμμένον ⸂Ἑ-
βραϊστί, Ῥωμαϊστί, Ἑλληνιστί⸃.
21 ἔλεγον οὖν τῷ Πιλάτῳ οἱ ἀρχ-
ιερεῖς τῶν Ἰουδαίων· μὴ γράφε·
ὁ βασιλεὺς τῶν Ἰουδαίων, ἀλλ'
ὅτι ἐκεῖνος εἶπεν· βασιλεύς ⸉εἰμι
τῶν Ἰουδαίων⸊. 22 ἀπεκρίθη ὁ
Πιλᾶτος· ὃ γέγραφα, γέγραφα.
23 Οἱ οὖν στρατιῶται, ὅτε ἐσταύ-
ρωσαν τὸν Ἰησοῦν, ἔλαβον τὰ
ἱμάτια αὐτοῦ καὶ ἐποίησαν τέσ-
σαρα μέρη, ἑκάστῳ στρατιώτῃ
μέρος⸋, καὶ τὸν χιτῶνα⸌. ἦν δὲ ὁ
χιτὼν ἄραφος⁚, ἐκ τῶν ἄνω-
θεν ⁚1 ὑφαντὸς δι' ὅλου. 24 εἶπαν
οὖν πρὸς ⸀ἀλλήλους· μὴ σχίσω-
μεν αὐτόν, ἀλλὰ λάχωμεν περὶ
αὐτοῦ τίνος ἔσται· ἵνα ἡ γραφὴ
πληρωθῇ ⸋[ἡ λέγουσα]⸌·
διεμερίσαντο τὰ ἱμάτιά
μου ⸰ἑαυτοῖς

Matth.: 35 ⸀βαλοντες ℵ A D Θ λ *al*; Eus Athan | ⸆(Jo 19, 24) ινα πληρωθη το ρηθεν υπο του προφητου· διεμερισαντο τα ιματια μου εαυτοις, και επι τον ιματισμον μου εβαλον κληρον. Δ Θ (0250) λ ϕ 1424 *al* it vg^cl || 37 ⸰ 118. 700. 1424 *al* it

Mark.: 24 ⸀βαλοντες L Θ *al* | ⸋ D 157 it sy^s || 25 ⸂ *2 1* A C* *pc* ¦ ωρ. εκτη Θ sy^hmg | ⸀οτε ϕ *pc* sy^p sa^pt ¦ — sa^pt | ⸁εφυλασσον D it || 26 ⸂ην δε D* K r^1 sa ¦ η δε D^corr | ⸆*p)* ουτος εστιν D (*pc*) aur r^1 sy^s.p

Luk.: 34 ⸀διεμεριζοντο D *et* ⸁βαλοντες D (Θ) | ⸀1 *p)* κληρον 𝔓^75 B ℵ C ℜ D L W Γ Δ 0117. 0124. 0250 ϕ *pm* c ¦ *txt* A X Θ Ψ λ 33 *al* lat

Joh.: 19 ⸀επεθ- A K Θ *al* || 20 ⸉ *p.* Ιουδ. D^suppl *pc* r^1 ¦ *p.* τιτλον W *pc* | ⸉ W 1. 69. 565 *pc* lat | ⸂ *1 3 2* ℜ A D^suppl Γ Θ 054. 065 λ *pm* ¦ *1 2 1* W || 21 ⸉ B L X Ψ 0141. 33 *pc* || 23 ⸋ ℵ* it | ⁚—, *et* ⁚1, e || 24 ⸀αυτους ℵ* ¦ εαυτ. ℵ^corr *pc* | ⸋† B ℵ it; Meth ¦ *txt* ℜ A D^suppl L W Γ Δ Θ 054. 065 λ ϕ *pl* | ⸰ W *pc*

14sqq Ps 22, 19; *cf 80 sq* || *25 sqq cf 2 sq* || *30 sqq* cf Mc 15, 31 sq; Mt 27, 41 sq

Matth.

27,55-56 (*nr. 348, p 490*)

55 Ἦσαν δὲ ἐκεῖ γυναῖκες πολλαὶ ἀπὸ μακρόθεν θεωροῦσαι, αἵτινες ἠκολούθησαν τῷ Ἰησοῦ ἀπὸ τῆς Γαλιλαίας διακονοῦσαι αὐτῷ· 56 ἐν αἷς ἦν Μαρία ἡ Μαγδαληνὴ καὶ Μαρία ἡ τοῦ Ἰακώβου καὶ Ἰωσὴφ μήτηρ καὶ ἡ μήτηρ τῶν υἱῶν Ζεβεδαίου.

Mark.

15,40-41 (*nr. 348, p. 490*)

40 Ἦσαν δὲ καὶ γυναῖκες ἀπὸ μακρόθεν θεωροῦσαι, ἐν αἷς καὶ Μαρία ἡ Μαγδαληνὴ καὶ Μαρία ἡ Ἰακώβου τοῦ μικροῦ καὶ Ἰωσῆτος μήτηρ καὶ Σαλώμη, 41 αἳ ὅτε ἦν ἐν τῇ Γαλιλαίᾳ ἠκολούθουν αὐτῷ καὶ διηκόνουν αὐτῷ, καὶ ἄλλαι πολλαὶ αἱ συναναβᾶσαι αὐτῷ εἰς Ἱεροσόλυμα.

Luk.

23,49 (*nr. 348, p. 490*)

49 Εἱστήκεισαν δὲ πάντες οἱ γνωστοὶ αὐτῷ ἀπὸ μακρόθεν καὶ γυναῖκες αἱ συνακολουθοῦσαι αὐτῷ ἀπὸ τῆς Γαλιλαίας ὁρῶσαι ταῦτα.

[Joh. 19, 17b-27]

καὶ ἐπὶ τὸν ἱματισμόν μου ἔβαλον κλῆρον. Οἱ μὲν οὖν στρατιῶται ταῦτα ἐποίησαν. 25 Εἱστήκεισαν δὲ παρὰ τῷ σταυρῷ ⸋τοῦ Ἰησοῦ⸌ ἡ μήτηρ αὐτοῦ καὶ ἡ ἀδελφὴ τῆς μητρὸς αὐτοῦ, ⸋1 ⸀Μαρία ἡ τοῦ Κλωπᾶ καὶ⸌ ⸁Μαρία ἡ Μαγδαληνή. 26 Ἰησοῦς οὖν ἰδὼν τὴν μητέρα καὶ τὸν μαθητὴν παρεστῶτα ὃν ἠγάπα, λέγει τῇ μητρί⸆· γύναι, ⸀ἴδε ὁ υἱός σου. 27 εἶτα λέγει τῷ μαθητῇ· ⸀ἴδε ἡ μήτηρ σου. καὶ ἀπ' ἐκείνης τῆς ὥρας ἔλαβεν ⸉ὁ μαθητὴς αὐτὴν⸊ εἰς τὰ ἴδια.

(*nr. 347 19, 28-30 p. 487*)

Acta 7, 60: Θεὶς δὲ τὰ γόνατα ἔκραξεν φωνῇ μεγάλῃ· κύριε, μὴ στήσῃς αὐτοῖς ταύτην τὴν ἁμαρτίαν. καὶ τοῦτο εἰπὼν ἐκοιμήθη.

Evang. sec. Hebraeos (?) (Hieronymus, ep. 120, 8, 9 = Acta 21, 20?): In tantum autem amavit Hierusalem dominus, ut fleret eam et plangeret et pendens in cruce loqueretur: »pater, ignosce eis, quod enim faciunt, nesciunt«. itaque impetravit, quod petierat, multaque statim de Iudaeis milia crediderunt et usque ad quadragesimum secundum annum datum est tempus paenitentiae.

– (Historia passionis Domini f. 55r): Pater ignosce eis. Non enim sciunt quid faciunt. Et nota quod in ewangelio Nazareorum legitur quod ad virtuosam istam Christi oracionem VIII milia conversi sunt postea ad fidem. scilicet tria milia in die pentecostes. sicut habetur Actuum 2⁰ et postea quinque milia de quibus dicitur Actuum X

– (Haimo Halberstatensis, Comm. in Is. 53, 12): Sicut enim in Evangelio Nazaraeorum habetur, ad hanc vocem Domini multa milia Iudaeorum astantium circa crucem crediderunt.

Evang. sec. Petrum 10–16: 10 Καὶ ἤνεγκον δύο κακούργους καὶ ἐσταύρωσαν ἀνὰ μέσον αὐτῶν τὸν κύριον· αὐτὸς δὲ ἐσιώπα ὡς μηδένα πόνον ἔχων· 11 καὶ ὅτε ὤρθωσαν τὸν σταυρὸν ἐπέγραψαν ὅτι »οὗτός ἐστιν ὁ βασιλεὺς τοῦ Ἰσραήλ«. 12 καὶ τεθεικότες τὰ ἐνδύματα ἔμπροσθεν αὐτοῦ διεμερίσαντο, καὶ λαχμὸν ἔβαλον ἐπ' αὐτοῖς. 13 εἷς δέ τις τῶν κακούργων ἐκείνων ὠνείδισεν αὐτοὺς λέγων· »ἡμεῖς διὰ τὰ κακὰ ἃ ἐποιήσαμεν οὕτω πεπόνθαμεν, οὗτος δὲ σωτὴρ γενόμενος τῶν ἀνθρώπων τί ἠδίκησεν ὑμᾶς«; 14 καὶ ἀγανακτήσαντες ἐπ' αὐτῷ ἐκέλευσαν ἵνα μὴ σκελοκοπηθῇ, ὅπως βασανιζόμενος ἀποθάνῃ. 15 Ἦν δὲ μεσημβρία, καὶ σκότος κατέσχε πᾶσαν τὴν Ἰουδαίαν· καὶ ἐθορυβοῦντο καὶ ἠγωνίων μήποτε ὁ ἥλιος ἔδυ ἐπειδὴ ἔτι ἔζῃ· γέγραπται ⟨γὰρ⟩ αὐτοῖς ἥλιον μὴ δῦναι ἐπὶ πεφονευμένῳ. 16 καί τις αὐτῶν εἶπεν· »ποτίσατε αὐτὸν χολὴν μετὰ ὄξους«· καὶ κεράσαντες ἐπότισαν.

Barn. ep. 7, 3. 5; 6, 6: 7 3 Ἀλλὰ καὶ σταυρωθεὶς »ἐποτίζετο ὄξει καὶ χολῇ«. 5 Πρὸς τί; ἐπειδὴ ἐμὲ ὑπὲρ ἁμαρτιῶν μέλλοντα τοῦ λαοῦ μου τοῦ καινοῦ προσφέρειν τὴν σάρκα μου μέλλετε »ποτίζειν χολὴν μετὰ ὄξους«. 6 6 Τί οὖν λέγει πάλιν ὁ προφήτης; Περιέσχεν με συναγωγὴ πονηρευομένων, ἐκύκλωσάν με ὡσεὶ μέλισσαι κηρίον, καί· »Ἐπὶ τὸν ἱματισμόν μου ἔβαλον κλῆρον«.

Joh.: 25 ⸋W | ⸋1 𝔓60vid | ⸀-ιαμ ℵ Ψ 1. 33. 565 *pc* | ⸁-ιαμ ℵ L Ψ 1. 33. 565 *pc* || 26 ⸆αυτου ℜ A Dsuppl Γ Θ **054** ϕ 209 *pm* lat | ⸀ιδου ℵ A E H K L W Γ Θ **054. 0141** ϕ 1 *pm* ¦ *txt* B Dsuppl M S *pm* || 27 ⸀ιδου ℜ A Dsuppl **Γ 054** λ *pm* | ⸉ ℵ Dsuppl W **0141** λ ϕ *pm*

51sqq cf Ps 38,12; 88,9sq; Is 27,11; Mt 27,61; Mc 15,47; Mt 28,1; Mc 16,1; Lc 24,10 || 55 cf Lc 24,18? || 56 cf Mc 16,9; Lc 7,37sqq? || 58sq cf Jo 13,23; 21,7.20 || 59sq cf Jo 2,4 || 62sq cf Act 1,14 || 64 cf *12 sqq* || 65sqq cf *12 sqq* || 68sqq cf *12 sqq* || 71sq cf *12 sqq* || 73sqq cf *8 sqq* || 79sq cf *5 sqq* || 80sq cf *14 sqq*

345. Der Gekreuzigte wird gelästert

In cruce blasphematur — **Jesus Derided on the Cross**

Matth. 27, 38-43
27, 48; 27, 37

38 Τότε σταυροῦνται σὺν αὐτῷ δύο λῃσταί, εἷς ἐκ δεξιῶν ⸆ καὶ εἷς ἐξ εὐωνύμων⸇.

39 Οἱ δὲ παραπορευόμενοι ἐβλασφήμουν αὐτὸν κινοῦντες ⸂τὰς κεφαλὰς αὐτῶν⸃ 40 καὶ λέγοντες· ⸆ ὁ καταλύων τὸν ναὸν καὶ ἐν τρισὶν ἡμέραις οἰκοδομῶν⸇, σῶσον σεαυτόν⁚, εἰ υἱὸς ⸂εἶ τοῦ θεοῦ⸃, °[καὶ] κατάβηθι ἀπὸ τοῦ σταυροῦ. 41 ὁμοίως ⸀καὶ οἱ ἀρχιερεῖς ἐμπαίζοντες μετὰ τῶν γραμματέων ⸂καὶ πρεσβυτέρων⸃ ⸁ἔλεγον· 42 ἄλλους ἔσωσεν, ἑαυτὸν οὐ δύναται σῶσαι⁚· ⸆ βασιλεὺς Ἰσραήλ ἐστιν, καταβάτω νῦν ἀπὸ τοῦ σταυροῦ καὶ ⸀πιστεύσομεν ⸂ἐπ' αὐτόν⸃. 43 ⸆πέποιθεν ἐπὶ ⸂τὸν θεόν⸃, ῥυσάσθω ⸀νῦν εἰ θέλει αὐτόν· εἶπεν γὰρ ὅτι θεοῦ εἰμι υἱός.

Mark. 15, 27-32a
15, 36a; 15, 26

27 Καὶ σὺν αὐτῷ ⸀σταυροῦσιν δύο λῃστάς, ἕνα ἐκ δεξιῶν ⸆ καὶ ἕνα ἐξ εὐωνύμων °αὐτοῦ⸇. ⸆[28]

29 Καὶ οἱ ⸀παραπορευόμενοι ἐβλασφήμουν αὐτὸν κινοῦντες τὰς κεφαλὰς °αὐτῶν καὶ λέγοντες· οὐὰ ὁ καταλύων τὸν ναὸν καὶ ⸉οἰκοδομῶν °¹ἐν τρισὶν ἡμέραις⸊, 30 σῶσον σεαυτὸν ⸀καταβὰς ἀπὸ τοῦ σταυροῦ. 31 °ὁμοίως καὶ οἱ ἀρχιερεῖς ἐμπαίζοντες ⸀πρὸς ἀλλήλους μετὰ τῶν γραμματέων ἔλεγον⸆· ἄλλους ἔσωσεν, ἑαυτὸν οὐ δύναται σῶσαι⁚· 32 ὁ χριστὸς ὁ βασιλεὺς ⸆Ἰσραὴλ⁚ καταβάτω νῦν ἀπὸ τοῦ σταυροῦ, ἵνα ἴδωμεν καὶ πιστεύσωμεν⸇.

Luk. 23, 35-38
23, 33b

23, 33b (nr. 344, p. 482)

33 ... καὶ τοὺς κακούργους, ὃν μὲν ἐκ δεξιῶν ὃν δὲ ἐξ ἀριστερῶν.

35 ⸆ Καὶ εἱστήκει ὁ λαὸς ⸀θεωρῶν. ⸀ἐξεμυκτήριζον δὲ ⸂καὶ οἱ ἄρχοντες⸃ ⸀¹λέγοντες· ἄλλους ⸉ἔσωσεν, σωσάτω ἑαυτόν, εἰ ⸀²οὗτός ἐστιν ὁ χριστὸς ⸂¹τοῦ θεοῦ⸃⁚ ὁ ἐκλεκτός⸊.

Joh. 19, 18; 19, 29; 19, 19

19, 18 (nr. 344, p. 482)

... 18 ὅπου αὐτὸν ἐσταύρωσαν, καὶ μετ' αὐτοῦ ἄλλους δύο ἐντεῦθεν καὶ ἐντεῦθεν, μέσον δὲ τὸν Ἰησοῦν.

Matth.: 38 ⸆ nomine Zoatham *et* ⸇ nomine Camma c || 39 ⸂*312* W ¦ την κεφαλην αυτων D || 40 ⸆ *p)* ουα D M Δ Θ Φ *pc* lat sy^h.pal; Eus | ⸇ αυτον Θ *pc* (⸉ lat sy sa bo); Cyr^pt | [⁚ H] | ⸂ϑ. ει B | ° B Ꝅ L W Γ Δ Θ 0250 λ φ *pm* ¦ *txt* ℵ* A D *pc* it sy^s.p || 41 ⸀δε και Ꝅ D Γ Δ Φ 892.1241 *pm* ff² ¦ — ℵ A L W *pc* ¦ *txt* B K Θ λ φ 33 *al* lat | ⸂κ. Φαρισαιων D W *pc* it sy^s ¦ κ. πρ. κ. Φαρ. Ꝅ Δ Φ *pm* sy^p bo^pt ¦ — *p)* Γ *pc* ¦ *txt* B A L Θ λ φ *al* lat (⸉ ℵ *pc*; Eus) | ⸁ λεγοντες D *pc* ff¹ g¹ || 42 ⁚; 700 sa; [comm] | ⸆ ει Ꝅ A W Γ Δ Θ λ φ *pl* lat sy^s.p bo | ⸀ *p)* -ευσωμεν ℵ L M W Γ Δ Θ φ 33.118 *al* ¦ -ευομεν A *pc* lat ¦ *txt* B Ꝅ D Φ 1.892 *pm* sy^s.p | ⸂ εις αυτ. Σ 047 *pc* ¦ επ αυτω Ꝅ A W Γ Δ 69 *pm* ¦ αυτω A D Θ Φ λ *al* latt ¦ *txt* B ℵ L 33.892 *al* || 43 ⸆ ει D Θ Φ λ *pc* sa bo; Eus | ⸂τω ϑεω B *pc* | ⸀ νυν αυτον Ꝅ A*^vid D W Δ Θ λ *pl* verss ¦ αυτον A^corr Y 69.565 *al* bo ¦ *txt* B ℵ L 33.892 *pc*

Mark.: 27 ⸀ εσταυρωσαν B 565 *pc* it sy^s.p.pal sa bo ¦ σταυρουνται (... λησται) D | ⸆ nomine Zoathan *et* ⸇ nomine Chammatha c | ° C³ D Θ λ 565 *pc* it sy^pal || [28] ⸆ (L 22,37; Is 53,12) και επληρωθη η γραφη η λεγουσα· και μετα ανομων ελογισθη. Ꝅ L Γ (Δ) Θ 0112.0250 λ φ 565.700.892 *pm* lat sy^p bo^pt ¦ *txt* B ℵ C A D X Ψ 157 *al* k sy^s sa bo^pt || 29 ⸀ παραγοντες D (565); Eus | ° D *pc* k n | ⸉ *2-41* ℵ C Ꝅ A Γ Δ Θ λ φ *pl* ¦ *txt* B D L Ψ 059.0112.565 it | °¹ A D V Θ 565 *pc* || 30 ⸀ και καταβα C Ꝅ A Γ φ 33.565.700 *pm* ¦ *p)* κ. κ-βηθι P λ *pc* || 31 ° D it | ⸀ εις D Θ 565 *pc et* ⸆ προς αλληλους Θ 565 (sa) | [⁚, *et* 32 ⁚. comm] || 32 ⸆ του C Ꝅ A Γ Θ 33.157.565.700 *pm* sa bo | ⸇ αυτω C³ D F H Γ Θ λ φ 157.565.700 *al* it sy^p sa

Luk.: 35 ⸆ εν οις W | ⸀ ορων D | ⸀ εμυκτ- D | ⸂ οι α. ℵ *al* ¦ αυτον D ¦ αυτ. οι α. συν αυτοις λ (13) *al* ¦ κ. οι α. συν αυτοις Ꝅ A W Γ Δ Θ 0117 *pm* ¦ *txt* 𝔓⁷⁵ B C L Q X 0124 *al* | ⸀¹ και ελεγαν αυτω D | ⸉ εσωσας· σεαυτον σωσον, ει υιος εἶ τ. ϑ., ει χρ. εἶ, D (c) | ⸀² υιος B | ⸂¹ *3124* C³ Ꝅ A Γ Δ Θ 0135 *pm* ¦ *3412* C* ff² ¦ ο του ϑ. ο εκλ. ℵ* ¦ ο υιος τ. ϑ. ο εκλ. 𝔓⁷⁵ (0124) φ *al*; Eus ¦ *txt* B ℵ^corr (D) L W λ *al* | [⁚, H]

1sqq cf Is 53,12 || *4sqq cf 36sqq* || *5sq (Mt/Mc). 4sq (Lc)* cf Ps 22,8; 109,25; Thr 2,15 || *7sqq* cf Mc 14,58.62; Mt 26,61; Jo 2,19; Act 6,14 || *9sqq cf 14sqq* || *9sq (Mt)* cf Sap 2,13sqq; Mt 26,63sq; *cf 19sqq* || *12 (Lc)* cf Lc 16,14 || *14sqq cf 9sqq* || *16sq (Lc)* cf Lc 9,35; 9,20 || *19sqq* Ps 22,9; cf Mt 26,63; *cf 9sq* || *22sq* cf Mt 26,63sq

Matth.	Mark.	[Luk. 23, 35-38]	Joh.
27,48 (nr. 347, p. 487) [48] Καὶ εὐθέως δραμὼν εἷς ἐξ αὐτῶν καὶ λαβὼν σπόγγον πλήσας τε ὄξους καὶ περιθεὶς καλάμῳ ἐπότιζεν αὐτόν.	*15,36a (nr. 347, p. 487)* [36] Δραμὼν δέ τις [καὶ] γεμίσας σπόγγον ὄξους περιθεὶς καλάμῳ ἐπότιζεν αὐτὸν ...	[36] ⸀ἐνέπαιξαν δὲ αὐτῷ °καὶ οἱ στρατιῶται ⸀προσερχόμενοι, ⸂ὄξος προσφέροντες αὐτῷ⸃ [37] ⸂καὶ λέγοντες· °εἰ σὺ εἶ⸃ ὁ βασιλεὺς τῶν Ἰουδαίων, ⸀σῶσον σεαυτόν⸃.	*19,29 (nr. 347, p. 487)* [29] Σκεῦος ἔκειτο ὄξους μεστόν· σπόγγον οὖν μεστὸν τοῦ ὄξους ὑσσώπῳ περιθέντες προσήνεγκαν αὐτοῦ τῷ στόματι.
27,37 (nr. 344, p. 482) [37] Καὶ ἐπέθηκαν ἐπάνω τῆς κεφαλῆς αὐτοῦ τὴν αἰτίαν αὐτοῦ γεγραμμένην· οὗτός ἐστιν Ἰησοῦς ὁ βασιλεὺς τῶν Ἰουδαίων.	*15,26 (nr. 344, p. 482)* [26] Καὶ ἦν ἡ ἐπιγραφὴ τῆς αἰτίας αὐτοῦ ἐπιγεγραμμένη· ὁ βασιλεὺς τῶν Ἰουδαίων.	[38] ἦν δὲ καὶ ⸆ ἐπιγραφὴ ⸆ ἐπ' αὐτῷ ⸆¹. ⸂ὁ βασιλεὺς τῶν Ἰουδαίων οὗτος⸃.	*19,19 (nr. 344, p. 482)* [19] Ἔγραψεν δὲ καὶ τίτλον ὁ Πιλᾶτος καὶ ἔθηκεν ἐπὶ τοῦ σταυροῦ· ἦν δὲ γεγραμμένον· Ἰησοῦς ὁ Ναζωραῖος ὁ βασιλεὺς τῶν Ἰουδαίων.

Evang. sec. Petrum 10–16: *cf. nr. 344, p. 484*

Justinus Mart., Dial. 101,3: Οἱ γὰρ θεωροῦντες αὐτὸν ἐσταυρωμένον τὰς κεφαλὰς ἕκαστος ἐκίνουν καὶ τὰ χείλη διέστρεφον, καὶ τοῖς μυξωτῆρσιν ἐν ἀλλήλοις διαρρινοῦντες ἔλεγον εἰρωνευόμενοι ταῦτα ἃ καὶ ἐν τοῖς ἀπομνημονεύμασι τῶν ἀποστόλων αὐτοῦ γέγραπται· »Υἱὸν θεοῦ ἑαυτὸν ἔλεγε, καταβὰς περιπατείτω· σωσάτω αὐτὸν ὁ θεός«. –, **Apol. I, 38, 6–8:** [6] Καὶ πάλιν ὅταν λέγῃ· Ἐλάλησαν ἐν χείλεσιν, ἐκίνησαν κεφαλὴν λέγοντες· Ῥυσάσθω ἑαυτόν. [7] Ἅτινα πάντα ὅτι γέγονεν ὑπὸ τῶν Ἰουδαίων τῷ χριστῷ, μαθεῖν δύνασθε. [8] Σταυρωθέντος γὰρ αὐτοῦ ἐξέστρεφον τὰ χείλη καὶ ἐκίνουν τὰς κεφαλὰς λέγοντες· »Ὁ νεκροὺς ἀνεγείρας ῥυσάσθω ἑαυτόν«.

Luk.: 36 ⸀-αιζον C ℜ A D W Γ Δ Θ **0135** λ φ *pl* latt ¦ *txt* 𝔓[75] B ℵ L **0124**.1241 | ° ℵ | ⸀προσευχομενοι W | ⸂και οξ. πρ. αυτ. C[3] ℜ W Γ Δ Θ **0135** λ φ *pm* ¦ οξ. τε προσεφερον D ¦ *txt* 𝔓[75] B ℵ A C* L Ψ **0124**.579 *pc* ‖ 37 ⸂λεγ.· χαιρε D (c, sy[s.c]) | ° A λ *pc* | ⸀περιτιθεντες αυτω και ακανθινον στεφανον D c (sy[s.c]) ‖ 38 ⸆ η C D G **0250**.565 *al* | ⸆ *p)* γεγραμμενη C[3] ℜ W Γ Δ Θ **0117.0135.0250** λ *pm* bo[pt] (⸉ *p.* αυτω C* X φ *al*) ¦ επιγεγραμμενη A D *pc* ¦ *txt* 𝔓[75] B ℵ L **0124** *pc* | ⸆¹ *p)* γραμμασιν ελληνικοις και (— ℵ* D *pc*) ρωμαικοις και (— ℵ* D *pc*) εβραικοις ℵ* C[3] ℜ A D W Γ Δ Θ **0117.0135.0250** λ φ *pl* lat sy[p] bo[pt] ¦ *txt* 𝔓[75] B ℵ[corr] C* L **0124** a sy[s.c] sa bo[pt] | ⸂ *p) 1-4* C c ¦ ουτ. εστιν ο β. τ. Ι. ℜ A W Γ Δ Θ **0117.0135** φ *pm* lat ¦ ο β. τ. Ι. ουτ. εστιν D *pc* e ff[2] r[1] ¦ ουτ. εστ. Ιησους ο β. τ. Ι. N Q X λ 33 *pc* l ¦ *txt* 𝔓[75] B ℵ L **0124** *pc* a

---

24sqq cf Ps 69, 22; *cf 35* ‖ *35 cf 24 sqq* ‖ *36sqq cf 4 sqq*

346. Die beiden Schächer

Duo latrones **The Two Thieves**

Matth. 27,44	Mark. 15, 32b	Luk. 23, 39-43	Joh.
[44] Τὸ δ' αὐτὸ καὶ οἱ λῃσταὶ οἱ ⸀συσταυρωθέντες °σὺν αὐτῷ ὠνείδιζον αὐτόν.	[32] ... καὶ οἱ συνεσταυρωμένοι ⸂σὺν αὐτῷ⸃ ὠνείδιζον αὐτόν.	[39] Εἷς δὲ τῶν °κρεμασθέντων κακούργων ἐβλασφήμει αὐτὸν °¹λέγων· ⸋⸀οὐχὶ σὺ εἶ ὁ χριστός; σῶσον σεαυτὸν καὶ ἡμᾶς.⸌ [40] ἀποκριθεὶς δὲ ὁ ἕτερος ⸂ἐπιτιμῶν αὐτῷ ἔφη⸃· ⸀οὐδὲ φοβῇ σὺ τὸν θεόν, ὅτι ἐν τῷ αὐτῷ κρίματι ⸀εἶ; [41] °καὶ ἡμεῖς μὲν δικαίως, ἄξια γὰρ ὧν ἐπράξαμεν ⸀ἀπο-	

Matth.: 44 ⸀σταυρωθεντες D L Θ | ° ℜ A[corr] W Γ Δ Φ λ φ *pl*

Mark.: 32 ⸂αυτω C ℜ A Γ Δ 059* λ φ 33 *pl* ¦ μετ αυτου Ψ ¦ — D *pc* ¦ *txt* B ℵ L Θ 059[c].0112.892 *pc*

Luk.: 39 ° D e | °¹ † B D L e l ¦ *txt* 𝔓[75] *rell* | ⸋ D e | ⸀ει C[3] ℜ A W Γ Δ Θ **0117.0135** λ φ *pm* ¦ *txt* 𝔓[75] B ℵ C* L **0124** *pc* ‖ 40 ⸂επετιμα αυ. λεγων C[2] ℜ A D W Γ Δ Θ **0117.0135** λ φ *pl* ¦ *txt* 𝔓[75] B ℵ C* L X **0124** *pc* | ⸀ου ℵ* G *pc* ¦ οτι ου D ¦ ουδεν 69 *pc* | ⸀εσμεν C* W ¦ ει και ημεις εσμεν D ‖ 41 ° C* sa[pt] bo[pt] | ⸀απελαβαμεν C* a b c r[1]

1sqq cf 13 ‖ *2* cf Mt 26,68 par; 27,39 sq par ‖ *5sq* cf Mt 10,28; Lc 12,5

Matth.	Mark.	[Luk. 23, 39-43]	Joh.
		λαμβάνομεν· οὗτος δὲ οὐδὲν ⸀ἄτοπον ἔ- πραξεν. 42 καὶ ⸂ἔλεγεν· Ἰησοῦ, μνήσθητί μου ὅταν ἔλθῃς εἰς τὴν βασιλείαν σου. 43 □καὶ εἶπεν αὐτῷ· ἀμήν σοι λέγω⸃, σή- μερον μετ' ἐμοῦ ἔσῃ ἐν τῷ παραδείσῳ.⸌	

Evang. sec. Petrum 10–16: *cf. nr. 344, p. 484*

Luk.: 41 ⸀πονηρον D lat ‖ 42.43 ⸂ελ. τω Ιησου· μν. μ., κυριε, οτ. ελ. εν τη βασιλεια σου. και ειπ. αυτ. ο Ιησους· αμ. λεγω σοι (C²)C³ℜAWΓΔ Θ(0124). 0135 *pl* sy sa^pt bo^pt ¦ στραφεις προς τον κυριον ειπεν αυτω· μνησθητι μου εν τη ημερα της ελευσεως σου. αποκριθεις δε ο Ιησους ειπεν αυτω τω επλησοντι (*i. e.* ἐπιπλήσσοντι)· θαρσει, D ¦ *txt* 𝔓75 B L lat ¦ *ut txt, sed* εν τη βασιλεια ℵC* *et* αυτω + ο Ιησους C* *et* λεγω σοι ℵ ‖ 43 □ *vs* Mcion

9sq cf Gn 40, 14? ‖ *13* cf *1 sqq*

347. Der Tod Jesu

Moritur — **The Death of Jesus**

Matth. 27, 45-54	Mark. 15, 33-39	Luk. 23, 44-48	Joh. 19, 28-30
45 Ἀπὸ δὲ ἕκτης ὥρας ⸉σκότος ἐγένετο⸊ □ἐπὶ πᾶσαν τὴν γῆν⸌ ἕως ⸉¹ὥρας ἐνάτης⸊. cf. v. 51 46 περὶ δὲ τὴν ἐνάτην ὥραν ⸀ἀνεβόησεν ὁ Ἰησοῦς φωνῇ με- γάλῃ λέγων· ⸂ηλι ηλι⸃ ⸄λεμα σαβαχθανι⸅; τοῦτ' ἔστιν· θεέ μου θεέ μου, ἱνατί με ἐγκατ- έλιπες; 47 τινὲς δὲ τῶν ἐκεῖ ⸀ἑστηκότων ἀκούσαντες ἔ- λεγον °ὅτι Ἠλίαν φωνεῖ οὗτος.	33 ⸂Καὶ γενομένης⸃ ὥρας ἕκτης σκότος ἐγένετο ἐφ' ⸄ὅλην τὴν γῆν⸅ ἕως ὥρας ἐνάτης. cf. v. 38 34 καὶ τῇ ⸂ἐνάτῃ ὥρᾳ⸃ ⸀ἐβόησεν □ὁ Ἰησοῦς⸌ φωνῇ με- γάλῃ ⸆ · ⸄ελωι ελωι⸅ ⸂¹λεμα σαβαχθανι⸃; ὅ ἐστιν μεθερ- μηνευόμενον· ὁ θεός °μου □¹ὁ θεός μου⸌, εἰς τί ⸂²ἐγκατ- έλιπές με⸃; 35 καί τινες τῶν ⸀παρεστηκότων °ἀκούσαντες ἔ- λεγον· ⸀ἴδε Ἠλίαν φωνεῖ ⸆.	23, 36 44 ⸂Καὶ ἦν⸃ °ἤδη ⸉ὡσεὶ ὥρα ἕκτη καὶ σκότος ἐγένετο ἐφ' ὅλην τὴν γῆν ἕως ὥρας ἐνάτης 45 ⸂τοῦ ἡ- λίου ⸀ἐκλιπόντος⸃, □⸄ἐσχίσθη δὲ⸅ τὸ καταπέτασμα τοῦ ναοῦ μέ- σον.⸌	

Matth.: 45 ⸉ W Γ Δ *pc* | □ ℵ* l | ⸉¹ D 892 ‖ 46 ⸀εβο- B L W 69. 700 *al* | ⸂ *p)* ἐλωι ἐλωι (B) ℵ 33; Ath ¦ *txt* ℜ A D W Δ Θ Φ 090 φ 1. 565. 700. 892 *pm* | ⸄λαμα ζαφθανι D* b ff² h ‖ 47 ⸀εστωτων ℜ A D Γ Δ 090 λ φ *pl* | ° ℵ D L Θ 33. 700. 892. 1424 *pc* verss ¦ *txt* B C ℜ A W Γ Δ λ φ *pm*

Mark.: 33 ⸂ *2* 059^vid sy^h ¦ γεν. δε C ℜ A Γ Θ 157 *pm* sa | ⸄ολης της γης D Θ *pc*; Eus^pt ‖ 34 ⸂ωρα τη εν. C ℜ A Γ Δ 33. 157. 700 *pm* lat sy^h | ⸀εφωνησεν D | □ D Θ *pc* k sy^s bo^pt | ⸆ *p)* λεγων C ℜ A Γ Δ λ φ 33. 157 *pm* sy^p.h | ⸄ *p)* ηλι ηλι D Θ 059. 565 it | ⸂¹ † λαμα σαβ. B (*sed* ζαβαφθ-) Θ 059. 1. 565 *pc* (lat) ¦ λιμα σαβ. ℜ (A) Γ φ *pm* ¦ λαμα ζαφθανι D ¦ *txt* ℵ(*) C L Δ Ψ (0112) *pc* | ° A G K Γ Δ Θ 059. 0112. 0119 λ φ *pm* | □¹ B 565 | ⸂² *2 1* C ℜ A Γ Δ Θ λ φ 33. 157 *pm* it ¦ ωνειδισας με D c i; Porph ‖ 35 ⸀παρεστωτων ℵ D Θ 33. 565 *al* ¦ *p)* εστηκοτων B (A) ¦ *txt* C ℜ L Γ Ψ 059. 0112 *pm* | ° C *pc* | ⸀ιδου ℜ A Γ 157 *pm* ¦ *p)* οτι C 565 *pc* sy^s sa ¦ — D Θ 700 c ff² k sy^p | ⸆ *p)* ουτος D c ff²

Luk.: 44 ⸂ην δε C³ ℜ A W Γ Δ Θ 0117 λ φ *pm* vg | ° ℵ C³ ℜ A D W Γ Δ Θ 0117 λ φ *pl* ¦ *txt* 𝔓75 B C* L 0124. 892. 1241 bo^pt; Or^pt | ⸉ *p.* ωρα ℵ *pc* ¦ — 157 *pc* ‖ 45 ⸂και (— it) εσκοτισθη ο ηλιος C³ ℜ A W Γ Δ Θ 0117 λ φ *pl* lat sy; Mcion ¦ ε. δε ο η. D sa^pt bo^pt ¦ *txt* (𝔓75 B) ℵ C*^vid L 0124. 579 *pc* sa^pt bo^pt | ⸀εκλειπ- 𝔓75c B 597 *al* | □ D (*vide vs 46*) | ⸄και εσχ. ℜ A W Γ Δ Θ 0117. 0135 φ *pm* sy

1sqq cf Am 8, 9; cf *58 sqq* ‖ *2sq* cf Ex 10, 21 sqq; Lc 21, 35; Apc 13, 3 etc? ‖ *4sqq* cf ad *29 sqq* ‖ *7sq* cf *24* ‖ *8sqq* Ps 22, 2; cf Mc 5, 41; 7, 34; cf *73* ‖ *12sqq* cf Mc 6, 15 etc

[Matth. 27, 45-54]

48 καὶ εὐθέως δραμὼν εἷς ⸋ἐξ αὐτῶν⸌ καὶ λαβὼν σπόγγον πλήσας °τε ὄξους καὶ περιθεὶς καλάμῳ ἐπότιζεν αὐτόν.
49 οἱ δὲ λοιποὶ ⸀ἔλεγον· ἄφες ἴδωμεν εἰ ἔρχεται Ἠλίας ⸁σώσων αὐτόν. ⸆ 50 ὁ δὲ Ἰησοῦς ⸂πάλιν κράξας⸃ φωνῇ μεγάλῃ

ἀφῆκεν τὸ πνεῦμα.

51 Καὶ ἰδοὺ τὸ καταπέτασμα τοῦ ναοῦ ἐσχίσθη ⸉°ἀπ' ἄνωθεν ἕως κάτω εἰς δύο⸆⸊ καὶ ἡ γῆ ἐσείσθη καὶ αἱ πέτραι ἐσχίσθησαν, 52 καὶ τὰ μνημεῖα ⸀ἀνεῴχθησαν καὶ πολλὰ σώματα τῶν κεκοιμημένων ἁγίων ⸁ἠγέρθησαν, 53 καὶ ἐξελθόντες ἐκ τῶν μνημείων μετὰ τὴν ἔγερσιν αὐτοῦ ⸀εἰσῆλθον εἰς τὴν ἁγίαν πόλιν °καὶ ἐνεφανίσθησαν πολλοῖς.

[Mark. 15, 33-39]

36 ⸂δραμὼν δέ⸃ ⸀τις °[καὶ] ⸁γεμίσας σπόγγον ὄξους ⸀¹περιθεὶς καλάμῳ ⸋ἐπότιζεν αὐτὸν λέγων⸌· ⸀²ἄφετε ἴδωμεν εἰ ἔρχεται Ἠλίας καθελεῖν αὐτόν. 37 ὁ δὲ Ἰησοῦς ἀφεὶς φωνὴν μεγάλην

ἐξέπνευσεν.

38 Καὶ τὸ καταπέτασμα τοῦ ναοῦ ἐσχίσθη εἰς δύο ⸆ ⸀ἀπ' ἄνωθεν ἕως κάτω.

[Luk. 23, 44-48]

23, 36 (nr. 345, p. 485)

36 Ἐνέπαιξαν δὲ αὐτῷ καὶ οἱ στρατιῶται προσερχόμενοι,

ὄξος

προσφέροντες αὐτῷ

46 καὶ φωνήσας ⸉φωνῇ μεγάλῃ ὁ Ἰησοῦς⸊ εἶπεν· πάτερ, εἰς χεῖράς σου ⸀παρατίθεμαι τὸ πνεῦμά μου. τοῦτο δὲ εἰπὼν ἐξέπνευσεν. ⸆

cf. v. 45

Joh. 19, 28-30

(nr. 344 19, 17b-27 p. 482)

28 Μετὰ τοῦτο ⸂εἰδὼς ὁ Ἰησοῦς⸃ ὅτι ⸄ἤδη πάντα⸅ τετέλεσται⸆, ⸋ἵνα ⸀τελειωθῇ ἡ γραφή,⸌ λέγει· διψῶ.
29 σκεῦος ⸆ ἔκειτο ὄξους μεστόν· ⸂σπόγγον οὖν μεστὸν τοῦ ὄξους⸃ ⸀ὑσσώπῳ περιθέντες⸆ προσήνεγκαν αὐτοῦ τῷ στόματι.

30 ὅτε οὖν ἔλαβεν τὸ ὄξος ⸂[ὁ] Ἰησοῦς⸃ εἶπεν· τετέλεσται,

καὶ κλίνας τὴν κεφαλὴν παρέδωκεν τὸ πνεῦμα.

(nr. 349 19, 31-37 p. 491)

Matth.: 48 ⸋ ℵ | ° D || 49 ⸀ † ειπαν B(D)ϕ *pc* ¦ *txt* ℵCꝘAWΓΔΘ **090** λ *pl* | ⸁ σωσαι ℵ*Θ 69.1241 *pc* sy^p.h^ sa^pt^ ¦ και σωσει D 1.209 *pc* it sy^s^ sa^pt^ bo ¦ σωζων W | ⸆ (Jo 19, 34) αλλος δε λαβων λογχην ενυξεν αυτου την πλευραν, και εξηλθεν υδωρ και αιμα. ℌ Γ *al* ¦ *txt* ꝘADWΔΘΦ **090** λϕ 33 *pm* lat sy^s.p^ sa bo; Or || 50 ⸂ *2 1* W *pc* ¦ *2* LΦ *pc* || 51 ⸉ *5 6 1-4* (ℵ)C³ꝘA(D)WΓΔ(Θ)Φ **090** λϕ *pm* lat sy^p^ ¦ *txt* BC*(L) 33 sa bo | ° ℵLΘ ¦ *txt* BCW **090** ϕ 33 *pc* (απο ꝘADΓΔΦλ *pl*) | ⸆ μερη D lat || 52 ⸀ ηνεωχ- L **090** λ 33.157.892 *pc* ¦ ανεωχθη AW 1241 *al* ¦ ηνεωχθη C* | ⸁ ηγερθη CꝘAWΓΔΦ **090**.157.565.700.892 *pm* || 53 ⸀ ηλθον D lat ¦ — *et* ° ℵ

Mark.: 36 ⸂ και δρ. DΘ(ϕ) 1.565.700 *pc* it sy^s^ bo^pt^ | ⸀ *p)* εις CꝘADΓΘλ 33.157.565.700 *pm* | ° † BLΨ *pc* ¦ *txt* ℵCꝘADΓΔΘ **059.0112** λ *pl* | ⸁ *p)* πλησας DΘ 565.700 | ⸀¹ και π. Θ(ϕ) 1 *pc* ¦ π. τε CꝘAΓΔ 157 *pm* ¦ επιθεις D | ⸋ D | ⸀² *p)* αφες ℵDΘϕ 1.565.700 *al* it || 38 ⸆ μερη D it | ⸀ απο ℵCꝘAΓΔΘλ *pl*

Luk.: 46 ⸉ *3 4 1 2* C ¦ *3 4 2 1* D | ⸀ -τιθημι DRλ *al* ¦ -θησομαι ꝘLΔ **0117.0135** ϕ *al* | ⸆ (45) και το καταπ. τ. ναου εσχισθη D

Joh.: 28 ⸂ *1* 𝔓^66vid^ ¦ I. ειδως B(*pc*) it ¦ ιδων ο I. ꝘΓ **054** ϕ *al* ¦ *txt* ℵAD^suppl^LWXΘλ *pm* | ⸄ *2 1* ℵꝘΓΘϕ *pm* ¦ *2* Wλ 565.700 *pc* | ⸆ τα περι αυτου U(Θ) *al* | ⸋ 𝔓^66^* | ⸀ πληρωθη ℵD^suppl^Θλϕ (565) *al* || 29 ⸆ ουν ꝘD^suppl^ΓΘ **054** λϕ *pm* lat ¦ δε ℵ sa^pt^ bo ¦ *txt* BALWX *pc* it | ⸂ *1-3 5* ℵ* *pc* ¦ οι δε πλησαντες σπ. οξ. και ꝘAD^suppl^Γ(Θϕ) **054** *pl* ¦ *txt* 𝔓^66^ Bℵ^corr^LW 1 *pc* | ⸀ ὑσσῷ 476*; [Camerarius *cj*] ¦ μετα χολης και υσσωπου Θ(ϕ) | ⸆ *p)* καλαμω Θ || 30 ⸂ Ιησ. BW ¦ — ℵ* a ¦ *txt* ꝘAD^suppl^ΓΘ **054** λ *pl* (⸉ *p.* ελαβ. Eϕ *pc* lat)

15sq cf Jo 13, 1 || 16sq cf Ps 22, 16? || 18sqq cf Ps 69, 22; cf 71sq || 20(Jo) cf Lv 14, 4.6.49.51sq; Nu 19, 6; Ps 51, 9; Heb 9, 19; Ex 12, 22 || 24sqq cf 49.74sq || 24 cf 7sq || 25sqq Ps 31, 6; cf Lc 12, 50; Jo 4, 34 etc? Job 19, 26sq LXX? || 27(Jo) cf Mt 8, 20; Lc 9, 58 || 29sqq cf Ex 26, 31sqq; 36, 35sqq; Am 9, 1; Is 6, 1sqq?; cf 4sqq. 50sqq. 53sq || 31 cf Heb 12, 26 || 33sqq cf Ez 37, 12; Dn 12, 2; Is 26, 19; cf 57.69sq? || 36sqq cf Is 52, 1?

[Matth. 27, 45-54]	[Mark. 15, 33-39]	[Luk. 23, 44-48]	Joh.
54 Ὁ δὲ ἑκατόνταρχος καὶ οἱ μετ' αὐτοῦ τηροῦντες τὸν Ἰησοῦν ἰδόντες τὸν σεισμὸν καὶ τὰ ⸀γενόμενα ἐφοβήθησαν σφόδρα, λέγοντες· ἀληθῶς ⸂θεοῦ υἱὸς⸃ ἦν οὗτος.	39 Ἰδὼν δὲ ὁ κεντυρίων ὁ ⸀παρεστηκὼς ⸉ἐξ ἐναντίας αὐτοῦ ὅτι οὕτως ἐξέπνευσεν⸊ εἶπεν· ἀληθῶς ⸂οὗτος ὁ ἄνθρωπος⸃ ⸂¹υἱὸς θεοῦ ἦν⸃¹.	47 ⸉Ἰδὼν δὲ ὁ ἑκατοντάρχης τὸ γενόμενον⸊ ⸀ἐδόξαζεν τὸν θεὸν λέγων· ὄντως ⸂ὁ ἄνθρωπος οὗτος δίκαιος ἦν⸃. 48 καὶ πάντες οἱ συμπαραγενόμενοι ⸉ὄχλοι ἐπὶ τὴν θεωρίαν ταύτην⸊, ⸄θεωρήσαντες τὰ γενόμενα⸅, τύπτοντες ⸆ τὰ στήθη ⸆ ὑπέστρεφον ⸆¹.	

Acta 7, 59: Καὶ ἐλιθοβόλουν τὸν Στέφανον ἐπικαλούμενον καὶ λέγοντα· κύριε Ἰησοῦ, δέξαι τὸ πνεῦμά μου.

Evang. sec. Hebraeos (Hieronymus, Comm. in Matth. 27, 51): In evangelio cuius saepe facimus mentionem superliminare templi infinitae magnitudinis fractum esse atque divisum legimus. – (ep. 120, 8, 2): In evangelio autem, quod Hebraicis litteris scriptum est, legimus non »velum templi« scissum, sed »superliminare templi mirae (infinitae) magnitudinis conruisse (fractum esse ac divisum)«.

– (Historia passionis Domini f. 65ʳ): Item in ewangelio Nazareorum legitur superliminare templi infinite magnitudinis in morte Christi scissum. Idem dicit Iosephus et addit quod audite sunt voces horribiles in aere dicentes. Transeamus ab hiis sedibus.

– (Haimo Halberstatensis, Comm. in Is. 53, 12, *cf. nr. 344*, = Hieronymus, ep. 120, 8, 10 = Acta 21, 20?): Sicut enim in Evangelio Nazaraeorum habetur, ad hanc vocem Domini multa milia Iudaeorum astantium circa crucem crediderunt.

Evang. Naassen. (Hippolytus, Refut. omn. haer. V, 8, 23): Καὶ πάλιν, φησίν, »ἐξαλοῦνται ἐκ τῶν μνημείων οἱ νεκροί«.

Evang. sec. Petrum 15–27: 15 Ἦν δὲ μεσημβρία, καὶ σκότος κατέσχε πᾶσαν τὴν Ἰουδαίαν· καὶ ἐθορυβοῦντο καὶ ἠγωνίων μήποτε ὁ ἥλιος ἔδυ ἐπειδὴ ἔτι ἔζη· γέγραπται ⟨γὰρ⟩ αὐτοῖς ἥλιον μὴ δῦναι ἐπὶ πεφονευμένῳ. 16 καί τις αὐτῶν εἶπεν· »ποτίσατε αὐτὸν χολὴν μετὰ ὄξους«· καὶ κεράσαντες ἐπότισαν. 17 καὶ ἐπλήρωσαν πάντα καὶ ἐτελείωσαν κατὰ τῆς κεφαλῆς αὐτῶν τὰ ἁμαρτήματα. 18 περιήρχοντο δὲ πολλοὶ μετὰ λύχνων ⟨καὶ⟩ νομίζοντες ὅτι νύξ ἐστι⟨ν ἀν⟩-επαύσαντο. 19 καὶ ὁ κύριος ἀνεβόησε λέγων· »ἡ δύναμίς μου, ἡ δύναμίς ⟨μου⟩, κατέλειψάς με«· καὶ εἰπὼν ἀνελήφθη. 20 καὶ αὐτοσώρας διεράγη τὸ καταπέτασμα τοῦ ναοῦ τῆς Ἱερουσαλὴμ εἰς δύο. 21 καὶ τότε ἀπέσπασαν τοὺς ἥλους ἀπὸ τῶν χειρῶν τοῦ κυρίου καὶ ἔθηκαν αὐτὸν ἐπὶ τῆς γῆς· καὶ ἡ γῆ πᾶσα ἐσείσθη καὶ φόβος μέγας ἐγένετο. 22 τότε ἥλιος ἔλαμψε καὶ εὑρέθη ὥρα ἐνάτη. 23 ἐχάρησαν δὲ οἱ Ἰουδαῖοι καὶ δεδώκασι τῷ Ἰωσὴφ τὸ σῶμα αὐτοῦ ἵνα αὐτὸ θάψῃ, ἐπειδὴ θεασάμενος ἦν ὅσα ἀγαθὰ ἐποίησεν. 24 λαβὼν δὲ τὸν κύριον ἔλουσε καὶ ⟨ἐν⟩είλησε σινδόνι καὶ εἰσήγαγεν εἰς ἴδιον τάφον καλούμενον κῆπον Ἰωσήφ. 25 Τότε οἱ Ἰουδαῖοι καὶ οἱ πρεσβύτεροι καὶ οἱ ἱερεῖς γνόντες οἷον κακὸν ἑαυτοῖς ἐποίησαν ἤρξαντο κόπτεσθαι καὶ λέγειν· »οὐαὶ ταῖς ἁμαρτίαις ἡμῶν· ἤγγισεν ἡ κρίσις καὶ τὸ τέλος Ἱερουσαλήμ«. 26 ἐγὼ δὲ μετὰ τῶν ἑταίρων μου ἐλυπούμην, καὶ τετρωμένοι κατὰ διάνοιαν ἐκρυβόμεθα· ἐζητούμεθα γὰρ ὑπ' αὐτῶν ὡς κακοῦργοι καὶ ὡς τὸν ναὸν θέλοντες ἐμπρῆσαι. 27 ἐπὶ δὲ τούτοις πᾶσιν ἐνηστεύομεν καὶ ἐκαθεζόμεθα πενθοῦντες καὶ κλαίοντες νυκτὸς καὶ ἡμέρας ἕως τοῦ σαββάτου.

Ignatius ad Magn. 9, 2: Πῶς ἡμεῖς δυνησόμεθα ζῆσαι χωρὶς αὐτοῦ, οὗ καὶ οἱ προφῆται μαθηταὶ ὄντες τῷ πνεύματι ὡς διδάσκαλον αὐτὸν προσεδόκων; καὶ διὰ τοῦτο, ὃν δικαίως ἀνέμενον, παρὼν ἤγειρεν αὐτοὺς ἐκ νεκρῶν.

Barn. ep. 7, 3. 5: 3 Ἀλλὰ καὶ σταυρωθεὶς »ἐποτίζετο ὄξει καὶ χολῇ«. 5 Πρὸς τί; ἐπειδὴ ἐμὲ ὑπὲρ ἁμαρτιῶν μέλλοντα τοῦ λαοῦ μου τοῦ καινοῦ προσφέρειν τὴν σάρκα μου μέλλετε »ποτίζειν χολὴν μετὰ ὄξους«.

Justinus Mart., Dial. 99, 1: Σταυρωθεὶς γὰρ εἶπεν· »Ὁ θεός, ὁ θεός, ἵνα τί ἐγκατέλιπές με«;

–, Dial. 105, 5: Καὶ γὰρ ἀποδιδοὺς τὸ πνεῦμα ἐπὶ τῷ σταυρῷ εἶπε· »Πάτερ, εἰς χεῖράς σου παρατίθεμαι τὸ πνεῦμά μου«, ὡς καὶ ἐκ τῶν ἀπομνημονευμάτων καὶ τοῦτο ἔμαθον.

Matth.: 54 ⸀† γιν- B D 33 *pc* lat ¦ *txt* ℵ C ℜ A W Γ Δ Θ 090 λ φ *pl* | ⸂ B D

Mark.: 39 ⸀παρεστως W | ⸉ εκει ουτως αυτον κραξαντα και εξεπνευσεν D syˢ ¦ αυτω (εκει Θ 565) οτι κραξας εξεπν. W Θ 565 *pc* ¦ εξ εναν. αυτου οτι ουτως κραξας εξεπν. C ℜ A Γ Δ φ 118. 209 *pm* syᵖ ¦ contra quia sic exclamavit k | ⸂ *2 3 1* C ℜ A W Γ λ φ *pl* | ⸂¹ *1 3 2* C ℜ A W λ φ *pm* ¦ *2 1 3* D 565 *pc* it

Luk.: 47 ⸉ ι. δ. ο εκ. το γεγονος C* ¦ ι. δ. ο εκ. τα γενομενα R Θ *pc* ¦ και ο εκ. φωνησας D | ⸀-ασεν 𝔓⁷⁵ᶜ C ℜ A W Γ Δ Θ 0135 λ φ *pl* ¦ *txt* 𝔓⁷⁵* B ℵ D L R 0124 *pc* | ⸂ *4 5 1-3* D ‖ 48 ⸉ επι θεωρια οχλοι D | ⸄ θεωρουντες τ. γ. ℜ W Γ Δ Θ 0117. 0135 λ φ *pm* ¦ — A *pc* | ⸆ ταυτων W X Γ Θ φ *al* ¦ εαυτων C² ℜ Δ *pm* | ⸆ και τα μετωπα D | ⸆¹ (cf. Evg. sec. Petr. 25) dicentes: Vae nobis quae facta sunt hodie propter peccata nostra; appropinquavit enim desolatio Hierusalem g¹ (sy^{s.c})

---

40 sqq cf *55 sq* ‖ *44* cf Mt 14, 33; 16, 16; Jo 4, 42; 6, 14; 7, 26. 40; 17, 8 ‖ *44 sq (Lc)* cf Mt 27, 19; Act 3, 14; 7, 52 ‖ *47 sq* cf Lc 18, 13; Zch 12, 10? ‖ *49* cf *24 sqq* ‖ *50 sqq* cf *4 sqq. 29 sqq* ‖ *53 sq* cf *4 sqq. 29 sqq* ‖ *55 sq* cf *40 sqq* ‖ *57* cf *33 sqq* ‖ *58 sqq* cf *1 sqq* ‖ *69 sq* cf *33 sqq?* ‖ *71 sq* cf *18 sqq* ‖ *73* cf *8 sqq* ‖ *74 sq* cf *24 sqq*

348. Zeugen unter dem Kreuz

Stabant iuxta crucem — Witnesses of the Crucifixion

Matth. 27, 55-56

55 Ἦσαν δὲ ⸀ἐκεῖ γυναῖκες πολλαὶ °ἀπὸ μακρόθεν θεωροῦσαι, αἵτινες ἠκολούθησαν τῷ Ἰησοῦ ἀπὸ τῆς Γαλιλαίας διακονοῦσαι αὐτῷ· 56 ἐν αἷς ἦν ⸀Μαρία ἡ Μαγδαληνὴ καὶ ⸀Μαρία ἡ τοῦ Ἰακώβου καὶ ⸂⸁Ἰωσὴφ μήτηρ καὶ ἡ μήτηρ⸃ τῶν υἱῶν Ζεβεδαίου.

(nr. 350 27, 57-61 p. 491)

Mark. 15, 40-41

40 Ἦσαν δὲ καὶ γυναῖκες ἀπὸ μακρόθεν θεωροῦσαι, ἐν αἷς ⸀καὶ ⸁Μαρία ἡ Μαγδαληνὴ καὶ Μαρία ⸀¹ἡ Ἰακώβου τοῦ μικροῦ καὶ ⸀²Ἰωσῆτος μήτηρ καὶ Σαλώμη, 41 ⸀αἳ ὅτε ἦν ἐν τῇ Γαλιλαίᾳ ἠκολούθουν αὐτῷ ⸋καὶ διηκόνουν αὐτῷ⸌, καὶ ἄλλαι πολλαὶ °αἱ συναναβᾶσαι αὐτῷ εἰς Ἱεροσόλυμα.

(nr. 350 15, 42-47 p. 491)

Luk. 23, 49

8, 1-3

49 Εἱστήκεισαν δὲ πάντες οἱ γνωστοὶ ⸀αὐτῷ °ἀπὸ μακρόθεν καὶ ⸆ γυναῖκες αἱ ⸁συνακολουθοῦσαι αὐτῷ ἀπὸ τῆς Γαλιλαίας ὁρῶσαι ταῦτα.

(nr. 350 23, 50-56 p. 491)

8, 1-3 (nr. 115, p. 164)

1 Καὶ ἐγένετο ἐν τῷ καθεξῆς καὶ αὐτὸς διώδευεν κατὰ πόλιν καὶ κώμην κηρύσσων καὶ εὐαγγελιζόμενος τὴν βασιλείαν τοῦ θεοῦ καὶ οἱ δώδεκα σὺν αὐτῷ, 2 καὶ γυναῖκές τινες αἳ ἦσαν τεθεραπευμέναι ἀπὸ πνευμάτων πονηρῶν καὶ ἀσθενειῶν, Μαρία ἡ καλουμένη Μαγδαληνή, ἀφ' ἧς δαιμόνια ἑπτὰ ἐξεληλύθει, 3 καὶ Ἰωάννα γυνὴ Χουζᾶ ἐπιτρόπου Ἡρῴδου καὶ Σουσάννα καὶ ἕτεραι πολλαί, αἵτινες διηκόνουν αὐτοῖς ἐκ τῶν ὑπαρχόντων αὐταῖς.

Joh. 19, 24b-27

(nr. 344, p. 482)

24 ... Οἱ μὲν οὖν στρατιῶται ταῦτα ἐποίησαν. 25 εἱστήκεισαν δὲ παρὰ τῷ σταυρῷ ⸋τοῦ Ἰησοῦ⸌ ἡ μήτηρ αὐτοῦ καὶ ἡ ἀδελφὴ τῆς μητρὸς αὐτοῦ, ⸋¹⸀Μαρία ἡ τοῦ Κλωπᾶ καὶ⸌ ⸁Μαρία ἡ Μαγδαληνή. 26 Ἰησοῦς οὖν ἰδὼν τὴν μητέρα καὶ τὸν μαθητὴν παρεστῶτα ὃν ἠγάπα, λέγει τῇ μητρί ⸆· γύναι, ⸀ἴδε ὁ υἱός σου. 27 εἶτα λέγει τῷ μαθητῇ· ⸀ἴδε ἡ μήτηρ σου. καὶ ἀπ' ἐκείνης τῆς ὥρας ἔλαβεν ⸉ὁ μαθητὴς αὐτὴν⸊ εἰς τὰ ἴδια.

Tatian, Diatessaron (**0212**; C. H. Kraeling, A Greek Fragment of Tatian's Diatessaron from Dura, Stud. and Doc. III, 1935): [... Ζεβεδ]αίου καὶ Σαλώμη κ[α]ὶ αἱ γυναῖκες [τῶν συ]νακολουθησάντων α[ὐτ]ῷ ἀπὸ τῆς [Γαλιλαί]ας ὁρῶσαι τὸν στ(αυρωθέντ)α. ἦν δὲ [ἡ ἡμέρ]α παρασκευή· σάββατον ἐπέφω-[σκεν. ὀ]ψίας δὲ γενομένης ἐπὶ τ[ῇ π]αρ[α]σ[κευῇ,] ὅ ἐστιν προσάββατον, προσ[ῆλθεν] ἄνθρωπος βουλευτὴ[ς ὑ]πάρ[χων ἀ]πὸ Ἐρινμαθαία[ς] π[ό]-

Matth.: 55 ⸀και D aur ¦ κακει ℵ ¦ εκει και F K L *al* | °A K W Δ 1424 *al* || 56 ⸀*bis* Μαριαμ C (L) Δ Θ *pc* | ⸂η Μαρια η Ιωσηφ και η Μαρια η ℵ* ¦ η Ιωσηφ μητηρ και η μ. ℵ³ ¦ Ιωσηφ και η μ. it | ⸁Ιωση B C 𝔎 A Γ Δ Φ λ ϕ *pl* ¦ *txt* (ℵ) D* L W Θ *pc* latt sy^s sa^pt bo

Mark.: 40 ⸀ην C² D G W Γ Θ λ ϕ *al* ¦ ην και C* 𝔎 A Δ Ψ *pm* | ⸁Μαριαμ B C W Θ λ *pc* | ⸀¹ *p)* η του 𝔎 A Γ 157. 700 *pm* ¦ — D L Θ ϕ 33. 565 *al* | ⸀² η Ι. B (Ψ) ¦ Ιωση ℵ* C 𝔎 A W Γ (Ψ) 157. 700 *pm* ¦ Joseph lat ¦ *txt* ℵ^corr D L Δ Θ **0112. 0184** ϕ (1) *pc* || 41 ⸀και A C L W Δ *pc* ¦ αι και 𝔎 D Γ Θ λ ϕ *pm* ¦ *txt* B ℵ Ψ **0112. 0184** *pc* | ⸋C D Δ *al* | °L W Θ Ψ *pc*

Luk.: 49 ⸀αυτου ℵ C 𝔎 D W Γ Δ Θ **0135** λ ϕ *pl* ¦ *txt* 𝔓⁷⁵ B A L **0124**. 33 *pc* | °C 𝔎 A W Γ Δ Θ **0135** ϕ *pm* | ⸆αι 𝔓⁷⁵ B *pc* | ⸁-θησασαι 𝔎 A D W Γ (Δ) Θ **0117** λ ϕ *pm*

Joh.: 25 ⸋W | ⸋¹ 𝔓^60vid | ⸀-ιαμ ℵ Ψ 1. 33. 565 *pc* | ⸁-ιαμ ℵ L Ψ 1. 33. 565 *pc* || 26 ⸆αυτου 𝔎 A D^suppl Γ Θ **054** ϕ 209 *pm* lat | ⸀ιδου ℵ A E H K L W Γ Θ **054. 0141** ϕ 1 *pm* ¦ *txt* B D^suppl M S *pm* || 27 ⸀ιδου 𝔎 A D^suppl Γ **054** λ *pm* | ⸉ℵ D^suppl W **0141** λ ϕ *pm*

---

^3sqq cf Ps 38, 12; 88, 9 sq; Is 27, 11; cf 28 sqq || ^7sqq cf Mt 27, 61; Mc 15, 47 (= nr 350); Mt 28, 1; Mc 16, 1; Lc 24, 10 (= nr 352); cf 16 sqq || ^8(Jo) cf Lc 24, 18? || ^8 cf Mc 16, 9; Lc 7, 37 sqq? || ^9sq(Mt/Mc) cf Mc 15, 47; 16, 1; Lc 24, 10 || ^11(Mt) cf Mt 20, 20 || ^11(Jo) cf Jo 13, 23; 21, 7. 20 || ^12 cf Jo 2, 4 || ^15(Jo) cf Act 1, 14 || ^16sqq cf 7 sqq || ^28sqq cf 3 sqq

λεως τῆς [Ἰουδαί]ας ὄνομα Ἰω[σὴφ] ἀ[γ]αθὸς δί[καιος] ὢν μαθητὴς [το]ῦ Ἰη(σοῦ), κα[τακεκρυμ]μένος δὲ διὰ τὸν φόβον τῶν [Ἰουδαίω]ν καὶ αὐτὸς προσεδέχετο [τὴν] β[ασιλείαν] τοῦ θ(εο)ῦ. οὗτος οὐκ [ἦν συνκατατ]ιθέμεν[ο]ς τῇ β[ουλῇ.]

349. Beweis des Todes Jesu

Latus aperitur — **Jesus' Side Pierced**

Matth.	Mark.	Luk.	Joh. 19, 31-37
			(nr. 347 19, 28-30 p. 487)
			[31]Οἱ οὖν Ἰουδαῖοι, ⸂ἐπεὶ παρασκευὴ ἦν, ἵνα μὴ μείνῃ ἐπὶ τοῦ σταυροῦ τὰ σώματα ἐν τῷ σαββάτῳ⸃, ἦν γὰρ μεγάλη °ἡ ἡμέρα ⸀ἐκείνου τοῦ σαββάτου, ἠρώτησαν⊤τὸν Πιλᾶτον ἵνα κατεαγῶσιν αὐτῶν τὰ σκέλη καὶ ἀρθῶ- σιν. [32]ἦλθον οὖν οἱ στρατιῶται καὶ τοῦ μὲν πρώτου κατέαξαν τὰ σκέλη καὶ τοῦ ἄλλου⊤τοῦ συσταυρωθέντος αὐτῷ· [33]ἐπὶ δὲ τὸν Ἰησοῦν ἐλθόντες, ὡς εἶδον ⸂ἤδη αὐτὸν⸃ τεθνηκότα, οὐ κατέαξαν αὐτοῦ τὰ σκέλη, [34]ἀλλ' εἷς τῶν στρατιωτῶν λόγχῃ αὐτοῦ τὴν πλευρὰν ⸀ἔνυξεν, καὶ ⸂ἐξῆλθεν εὐθὺς⸃ αἷμα καὶ ὕδωρ. [35]⸋καὶ ὁ ἑωρακὼς μεμαρτύρηκεν, καὶ ⸀ἀληθινὴ ⸂αὐτοῦ ἐστιν⸃ ἡ μαρτυρία, ⸄καὶ ἐκεῖνος⸅ οἶδεν ὅτι ἀληθῆ λέγει, ἵνα °καὶ ὑμεῖς ⸁πι- στεύ[σ]ητε.⸌ [36]ἐγένετο ⸀γὰρ ταῦτα ἵνα ἡ γραφὴ πληρωθῇ· ὀστοῦν οὐ συντριβήσεται ⊤ αὐτοῦ. [37]καὶ πάλιν ἑτέρα γραφὴ °λέγει· ὄψονται εἰς ὃν ἐξεκέντησαν.

1. Joh. 5, 6–8: [6]Οὗτός ἐστιν ὁ ἐλθὼν δι' ὕδατος καὶ αἵματος, Ἰησοῦς Χριστός, οὐκ ἐν τῷ ὕδατι μόνον ἀλλ' ἐν τῷ ὕδατι καὶ ἐν τῷ αἵματι· καὶ τὸ πνεῦμά ἐστιν τὸ μαρτυροῦν, ὅτι τὸ πνεῦμά ἐστιν ἡ ἀλήθεια. [7]ὅτι τρεῖς εἰσιν οἱ μαρτυροῦντες, [8]τὸ πνεῦμα καὶ τὸ ὕδωρ καὶ τὸ αἷμα, καὶ οἱ τρεῖς εἰς τὸ ἕν εἰσιν.

Apoc. 1, 7: Ἰδοὺ ἔρχεται μετὰ τῶν νεφελῶν, καὶ ὄψεται αὐτὸν πᾶς ὀφθαλμὸς καὶ οἵτινες αὐτὸν ἐξεκέντησαν, καὶ κόψονται ἐπ' αὐτὸν πᾶσαι αἱ φυλαὶ τῆς γῆς. ναί, ἀμήν.

Evang. sec. Petrum 10–16: *cf. nr. 344, p. 484*

31 ⸂ *4-14 1-3* ℜ A D^suppl Γ Θ *pm* ¦ *txt* 𝔓66 ℌ W X 054 λ φ *pc* | ° ℵ A W X Γ 700 *al* | ⸀ *pon. p.* σαββ. D^suppl L Ψ *pc* ¦ -νη B* H 33 *al* | ⊤ουν ℵ* L || 32 ⊤ομοιως Θ it || 33 ⸂ ℵ ℜ A D^suppl X Γ Θ 054 λ φ *pl* ¦ *txt* 𝔓66 B L W *pc*; Or || 34 ⸀ηνοιξεν 56 *pc* aur f r1 vg | ⸂ ℜ A D^suppl Γ Θ λ φ *pm* lat || 35 ⸋ *vs* e vg^fuld; Or^pt | ⸀-θης ℵ *pc* | ⸂ E G K *pm* | ⸄ κακεινος ℵ ℜ A D^suppl L Γ φ *pl* ¦ *txt* B W Θ 1 *pc* | ° ℜ Γ Δ 054 *pm* | ⸁ † πιστευητε B ℵ* Ψ; Or ¦ *txt* ℵ1 ℜ A D^suppl W Θ 054 λ φ *pl* || 36 ⸀δε K N *pc* e | ⊤απ ℵ Γ 33 *pm* || 37 ° 1. 565 *pc* a e ff2 n v

[1] cf Dt 21, 23 || [1sq] cf Jo 7, 37 || [3sq] *cf 13* || [5] cf Jo 20, 25. 27; 7, 38 sq; 1 Jo 1, 7; Apc 1, 5; Jo 3, 5; 6, 53 sqq; *cf 9 sqq* || [5sq] cf Jo 21, 24 (3 Jo 12) || [7] Ex 12, 46; Nu 9, 12; Ps 34, 21 || [8] Zch 12, 10; cf Mt 24, 30; *cf 11 sq* || [9sq] *cf 5 sqq* || [11sq] *cf 8* || [13] *cf 3 sq*

350. Das Begräbnis Jesu

Sepelitur — **The Burial of Jesus**

Matth. 27, 57-61	Mark. 15, 42-47 16, 1	Luk. 23, 50-56	Joh. 19, 38-42
(nr. 348 27, 55-56 p. 490)	*(nr. 348 15, 40-41 p. 490)*		
[57]Ὀψίας δὲ γενομένης	[42]Καὶ ἤδη ὀψίας γενομένης, ἐπεὶ ἦν παρασκευὴ ὅ ἐστιν ⸀προ- σάββατον,	*(nr. 348 23, 49 p. 490)*	[38]Μετὰ °δὲ ταῦτα
ἦλθεν ἄνθρωπος πλούσιος ἀπὸ ⸀Ἁριμαθαίας, τοὔνομα Ἰωσήφ,	[43]⸀ἐλθὼν Ἰωσὴφ °[ὁ] ἀπὸ ⸁Ἁριμαθαίας εὐσχήμων βουλευτής,	[50]Καὶ ἰδοὺ ἀνὴρ ὀνόματι Ἰωσὴφ βουλευτὴς ὑπάρχων ⸄[καὶ] ἀνὴρ⸅	ἠρώτησεν τὸν Πιλᾶτον ⊤ Ἰωσὴφ °1[ὁ] ἀπὸ Ἁριμαθαίας,

Matth.: 57 ⸀-θιας (D) Φ 565 *al* lat

Mark.: 42 ⸀πριν σαββ. D || 43 ⸀ηλθεν ℜ D Θ 157. 565. 700 *pm* lat | ° B D W^corr 0112 *al* ¦ *txt* ℵ C ℜ A W* Θ λ φ *pm* | ⸁-θιας ℵ^corr D *al* lat

Luk.: 50 ⸄ † αν. B ℜ A W Δ Θ 0117. 0124 λ φ *pl* ¦ — D Γ it ¦ *txt* 𝔓75 ℵ (+ ο C) L X 33. 1241 *pc*

Joh.: 38 ° ℜ Γ Δ 33. 157 *pm* | ⊤ο A Γ Δ Θ 054 *pm* | °1 † B A D^suppl L Ψ 579 *pc* ¦ *txt* ℵ ℜ W Γ Δ Θ 054 λ φ *pl*

[1sqq] *cf 55 sqq* || [1sq] *cf 35 sq (Lc)* || [3sqq] cf Dt 21, 22 sq; Ex 34, 25; *cf 50 sqq*

[Matth. 27, 57-61]

ὃς καὶ αὐτὸς ⸀ἐμαθητεύθη τῷ Ἰησοῦ·

58 οὗτος ⸀προσελθὼν τῷ Πιλάτῳ ⸆ ᾐτήσατο τὸ σῶμα τοῦ Ἰησοῦ.

τότε ⸆ ὁ Πιλᾶτος ἐκέλευσεν ἀποδοθῆναι ⸆1.

59 καὶ λαβὼν τὸ σῶμα ὁ Ἰωσὴφ ἐνετύλιξεν αὐτὸ ○[ἐν] σινδόνι καθαρᾷ

60 καὶ ἔθηκεν ○αὐτὸ

[Mark. 15, 42-47]

ὃς ⸉καὶ αὐτὸς ἦν⸊ προσδεχόμενος τὴν βασιλείαν τοῦ θεοῦ, τολμήσας ⸀εἰσῆλθεν πρὸς ○τὸν Πιλᾶτον καὶ ᾐτήσατο τὸ ⸀σῶμα τοῦ Ἰησοῦ. 44 ὁ δὲ Πιλᾶτος ⸀ἐθαύμασεν εἰ ἤδη τέθνηκεν καὶ προσκαλεσάμενος τὸν κεντυρίωνα ἐπηρώτησεν αὐτὸν εἰ ⸀πάλαι ⸀1ἀπέθανεν· 45 καὶ γνοὺς ⸀ἀπὸ τοῦ κεντυρίωνος ἐδωρήσατο τὸ ⸀πτῶμα τῷ ⸀1Ἰωσήφ.

46 ⸀καὶ ἀγοράσας σινδόνα ⸀καθελὼν αὐτὸν ἐνείλησεν ⸂τῇ σινδόνι⸃

καὶ ⸀1ἔθηκεν αὐτὸν

[Luk. 23, 50-56]

ἀγαθὸς ○καὶ δίκαιος 51 – οὗτος οὐκ ἦν ⸀συγκατατεθειμένος τῇ βουλῇ καὶ τῇ πράξει αὐτῶν – ἀπὸ ⸀Ἁριμαθαίας πόλεως τῶν Ἰουδαίων, ὃς ⸀1προσεδέχετο τὴν βασιλείαν τοῦ θεοῦ,

52 ○οὗτος προσελθὼν τῷ Πιλάτῳ ᾐτήσατο τὸ σῶμα τοῦ Ἰησοῦ ⸆

53 καὶ καθελὼν ⸂ἐνετύλιξεν αὐτὸ⸃ σινδόνι

καὶ ἔθηκεν ⸀αὐτὸν

[Joh. 19, 38-42]

ὢν μαθητὴς ○τοῦ Ἰησοῦ κεκρυμμένος δὲ διὰ τὸν φόβον τῶν Ἰουδαίων,

ἵνα ἄρῃ τὸ σῶμα τοῦ Ἰησοῦ·

⸋καὶ ἐπέτρεψεν ὁ Πιλᾶτος.⸌ ⸀ἦλθεν οὖν καὶ ⸀ἦρεν ⸂τὸ σῶμα αὐτοῦ⸃. 39 ἦλθεν δὲ καὶ Νικόδημος, ὁ ἐλθὼν ⸂πρὸς αὐτὸν νυκτὸς τὸ⸃ πρῶτον, ⸀φέρων ⸀μίγμα σμύρνης καὶ ἀλόης ⸀1ὡς λίτρας ἑκατόν.

40 ἔλαβον οὖν τὸ σῶμα τοῦ Ἰησοῦ καὶ ⸀ἔδησαν αὐτὸ ⸆ ὀθονίοις μετὰ τῶν ἀρωμάτων, καθὼς ἔθος ⸀ἐστὶν τοῖς Ἰουδαίοις ἐνταφιάζειν. 41 ἦν δὲ ἐν τῷ τόπῳ ὅπου ἐσταυρώθη κῆπος, καὶ ἐν τῷ κήπῳ

Matth.: 57 ⸀-τευσεν B ℵ A L W Γ Δ φ *pm* ¦ *txt* ℵ C D Θ λ 33.700.892 *pc* ‖ 58 ⸀-θεν *et* ⸆και D latt sy^s.p sa bo^pt | ⸆ουν Θ λ *pc* | ⸆1το σωμα C ℵ A D W Γ Δ Θ Φ φ *pl* latt ¦ αυτω 237 sy sa ¦ *txt* B ℵ L λ 33.892 *pc* ‖ 59 ○ℵ C ℵ A W Γ Δ λ φ *pl* ¦ *txt* B D Θ *pc* ‖ 60 ○ℵ L Θ 69 *pc*

Mark.: 43 ⸉*3 1 2* D Θ 565 | ⸀ηλθεν D | ○C ℵ A D Γ Θ **0112** λ φ *pl* | ⸀πτωμα D k sy^s ‖ 44 ⸀-αζεν ℵ D lat | ⸀ηδη B D W Θ *pc* lat | ⸀1τεθνηκεν W Θ *pc* ¦ τεθνηκει D ‖ 45 ⸀παρα D W Θ 1.565 *pc* | ⸀σωμα C ℵ A W Γ Δ Ψ **0112** λ φ *pl* lat sy sa bo ¦ πτωμα αυτου D aur q sy^s | ⸀1Ιωση B W ‖ 46 ⸀ο δε Ιωσηφ D Θ Σ 565 *pc* lat sy^h | ⸀και καθ- C ℵ A Γ Δ Θ λ φ *pl* aur l vg sy ¦ ευθεως ηνεγκεν και καθελων W ¦ *p)* λαβων D n | ⸂εν τ. σιν. λ *pc* ¦ εις την σινδονα D W *pc* | ⸀1† κατεθηκεν C* ℵ (A) *pm* ¦ *txt* ℌ D W Θ **0112** λ φ *al*

Luk.: 50 ○B ‖ 51 ⸀-τιθεμενος ℵ C D L X Δ Ψ **0124** λ φ 1424 *al* ¦ *txt* 𝔓75 B ℵ A W Γ Θ *pm* | ⸀-θιας D W Θ **0117** *pc* it vg^codd | ⸀1και πρ. Γ **0124**. 13 *al* ¦ και πρ. και αυτος ℵ A W Δ Θ **0117** *pm* ¦ πρ. και αυτος λ 33 *al* ‖ 52 ○D* (+ και D^2) | ⸆Pilatus autem cum audisset, quia exspiravit, clarificavit dominum et donavit corpus Ioseph c ‖ 53 ⸂*2 1* W Γ Θ Ψ λ *al* ¦ αυτο ενετ. αυτο ℵ A Δ *pm* ¦ ενετ. το σωμα του Ιησου εν D | ⸀αυτο 𝔓75 ℵ A L W Γ Δ Θ **0117.0124** *pm* ¦ — λ φ *pc*

Joh.: 38 ○B ¦ *txt rell* | ⸋𝔓66vid (A λ *pc*) | ⸀ηλθον *et* ⸀ηραν ℵ* N W *pc* it sa^pt | ⸂τ. σω. του Ιησου ℵ A D^suppl Γ Δ Θ **054** λ φ *pm* ¦ αυτον ℵ* W *pc* it ¦ *txt* 𝔓66vid B ℵ^corr L X *al* ‖ 39 ⸂*1-3* 𝔓66* ¦ πρ. τον Ιησουν νυκτ. το ℵ ℵ D^suppl W Γ Δ Θ λ (φ) *pl* lat ¦ *txt* 𝔓66c B A L U X Ψ **054.0141** *pc* | ⸀εχων ℵ* | ⸀ελιγμα B ℵ* W ¦ σμιγμα Ψ 1689 *pc* | ⸀1ωσει 𝔓66 A U W X **054** λ φ 33.565 *pm* ‖ 40 ⸀ενειλησαν Θ | ⸆εν ℵ A D^suppl Γ Δ Θ *pm* | ⸀ην ℵ* W

11sq cf Jo 7, 13; 9, 22; 12, 42; 20, 19 ‖ 14 cf Jos 8, 29; 1 Rg 13, 29 sq; Mt 14, 12 app; Lc 24, 3; Act 9, 40 etc ‖ 17 cf Mc 15, 39 ‖ 23sq cf Jo 3, 1 sqq; 7, 50 ‖ 25sq cf Jo 12, 3 ‖ 25 μίγμα: hapaxl NT ‖ 27sqq cf 49 ‖ 28sq cf Jo 20, 6 sq ‖ 30 cf Jo 11, 44 ‖ 32sq (Jo) cf 2 Rg 21, 18. 26; 2 Esr 13, 16

[Matth. 27, 57-61]

ἐν τῷ καινῷ αὐτοῦ μνημείῳ ὃ ἐλατόμησεν ἐν τῇ πέτρᾳ καὶ προσκυλίσας λίθον μέγαν τῇ θύρᾳ τοῦ μνημείου ἀπῆλθεν.

61 Ἦν δὲ ἐκεῖ ⸀Μαριὰμ ἡ Μαγδαληνὴ καὶ ἡ ἄλλη Μαρία καθήμεναι ⸁ἀπέναντι τοῦ τάφου.

[Mark. 15, 42-47]

ἐν ⸀μνημείῳ ὃ ἦν λελατομημένον ⸁ἐκ πέτρας καὶ προσεκύλισεν λίθον ἐπὶ τὴν θύραν τοῦ μνημείου⸆.

47 ἡ δὲ ⸀Μαρία °ἡ Μαγδαληνὴ καὶ ⸀Μαρία °1ἡ ⸁Ἰωσῆτος⸆ ⸂ἐθεώρουν ποῦ⸃ ⸀1τέθειται.

(nr. 352 16, 1-8 p. 495)

16, 1 (nr. 352, p. 495)

1 Καὶ διαγενομένου τοῦ σαββάτου Μαρία ἡ Μαγδαληνὴ καὶ Μαρία ἡ [τοῦ] Ἰακώβου καὶ Σαλώμη ἠγόρασαν ἀρώματα ἵνα ἐλθοῦσαι ἀλείψωσιν αὐτόν.

[Luk. 23, 50-56]

ἐν ⸂μνήματι λαξευτῷ⸃ οὗ οὐκ ἦν οὐδεὶς ⸀οὔπω κείμενος⸆.

54 ⸂καὶ ἡμέρα ἦν παρασκευῆς καὶ σάββατον ἐπέφωσκεν⸃.

55 ⸀Κατακολουθήσασαι δὲ ⸁αἱ γυναῖκες, αἵτινες ἦσαν συνεληλυθυῖαι ⸀1ἐκ τῆς Γαλιλαίας ⸉αὐτῷ, ⸆ἐθεάσαντο τὸ ⸂μνημεῖον καὶ ὡς ἐτέθη τὸ σῶμα⸃ αὐτοῦ,

56 ⸂ὑποστρέψασαι δὲ⸃ ἡτοίμασαν ἀρώματα καὶ μύρα.
καὶ τὸ μὲν σάββατον ἡσύχασαν □κατὰ τὴν ἐντολήν⸌.

(nr. 352 24, 1-12 p. 495)

[Joh. 19, 38-42]

μνημεῖον ⸀καινὸν ἐν ᾧ ⸁οὐδέπω οὐδεὶς ⸂ἦν τεθειμένος⸃· 42 ἐκεῖ οὖν διὰ τὴν παρασκευὴν □τῶν Ἰουδαίων⸌, ὅτι ἐγγὺς ἦν τὸ μνημεῖον, ⸆ἔθηκαν τὸν Ἰησοῦν.

(nr. 352 20, 1-13 p. 495)

Acta 13, 29: Ὡς δὲ ἐτέλεσαν πάντα τὰ περὶ αὐτοῦ γεγραμμένα, καθελόντες ἀπὸ τοῦ ξύλου ἔθηκαν εἰς μνημεῖον.

Evang. sec. Petrum 3–5. 23–24: 3 Ἱστήκει δὲ ἐκεῖ Ἰωσήφ, ὁ φίλος Πειλάτου καὶ τοῦ κυρίου, καὶ εἰδὼς ὅτι σταυρίσκειν αὐτὸν μέλλουσιν ἦλθεν πρὸς τὸν Πειλᾶτον καὶ ᾔτησε τὸ σῶμα τοῦ κυρίου πρὸς ταφήν. 4 καὶ ὁ Πειλᾶτος πέμψας πρὸς Ἡρῴδην ᾔτησεν αὐτοῦ τὸ σῶμα· 5 καὶ ὁ Ἡρῴδης ἔφη· »ἀδελφὲ Πειλᾶτε, εἰ καὶ μή τις αὐτὸν ᾐτήκει, ἡμεῖς αὐτὸν ἐθάπτομεν, ἐπεὶ καὶ σάββατον ἐπιφώσκει. γέγραπται γὰρ ἐν τῷ νόμῳ ἥλιον μὴ δῦναι ἐπὶ πεφονευμένῳ«. 23 Ἐχάρησαν δὲ οἱ Ἰουδαῖοι καὶ δεδώκασι τῷ Ἰωσὴφ τὸ σῶμα αὐτοῦ ἵνα αὐτὸ θάψῃ, ἐπειδὴ θεασάμενος ἦν ὅσα ἀγαθὰ ἐποίησεν. 24 λαβὼν δὲ τὸν κύριον ἔλουσε καὶ ⟨ἐν⟩είλησε σινδόνι καὶ εἰσήγαγεν εἰς ἴδιον τάφον καλούμενον κῆπον Ἰωσήφ.

Tatian, Diatessaron (0212; C.H. Kraeling *v. nr. 348*)**:** [... Ζεβεδ]αίου καὶ Σαλώμη κ[α]ὶ αἱ γυναῖκες [τῶν συ]νακολουθησάντων α[ὐτ]ῷ ἀπὸ τῆς [Γαλιλαί]ας ὁρῶσαι τὸν στ(αυρωθέντ)α. ἦν δὲ [ἡ ἡμέρ]α παρασκευή· σάββατον ἐπέφω[σκεν. ὀ]ψίας δὲ γενομένης ἐπὶ τ[ῇ π]αρ[α]σ[κευῇ,] ὅ ἐστιν προσάββατον, προσ[ῆλθεν] ἄνθρωπος βουλευτὴ[ς ὑ]πάρ[χων ἀ]πὸ Ἐρινμαθαία[ς] π[ό]λεως τῆς [Ἰουδαί]ας ὄνομα Ἰω[σὴφ] ἀ[γ]αθὸς δί[καιος] ὢν μαθητὴς [το]ῦ Ἰη(σοῦ), κα[τακεκρυμ]μένος δὲ διὰ τὸν φόβον τῶν [Ἰουδαίω]ν καὶ αὐτὸς προσεδέχετο [τὴν] β[ασιλείαν] τοῦ θ(εο)ῦ. οὗτος οὐκ [ἦν συνκατατ]ιθέμεν[ο]ς τῇ β[ουλῇ.]

Matth.: 61 ⸀Μαρια ℌ A D W Γ Φ ϕ *pl* latt sa bo^pt | ⸁κατ- D ¦ επι W

Mark.: 46 ⸀†*p)* μνηματι B ℵ 1342 ¦ *txt* C ℌ A (D) W Θ 0112 λ ϕ *pl* | ⸁εκ της D W Θ 1.565 *pc* | ⸆και απηλθεν D (λ) *pc* ‖ 47 ⸀*bis* Μαριαμ Θ 1 *pc* sy^s.p | °D *et* °1 ℌ D L Γ λ ϕ *pm* | ⸁Ιακωβου D *pc* it sy^s ¦ Ιωση C ℌ W Γ *pm* sy^p.h sa ¦ Ιωσηφ A *pc* aur l vg ¦ (15,40) Ιακ. και Ιωσητος Θ *pc* | ⸆μητηρ W ϕ *pc* | ⸂εθεασαντο τον τοπον οπου D (Θ) lat | ⸀1τιθεται ℌ W Γ Θ λ 157.565 *pm*

Luk.: 53 ⸂*p)* μνημειω λελατομημενω D (*al*) | ⸀ουδεπω ℵ C W Θ ϕ *al* (⸉ ℌ Γ Δ *pm*) ¦ *txt* 𝔓75 B A L λ 579.1241 (⸉ D 0124) | ⸆*p)* και προσεκυλισεν λιθον μεγαν επι την θυραν του μνημειου U ϕ *al* bo ¦ και θεντος αυτου επεθηκεν τω μνημειω λιθον ον μογις εικοσι εκυλιον D (0124.1071) c (sa) ‖ 54 ⸂ην δε η ημ. προ σαββατου D (c) ‖ 55 ⸀-θησαν *et* ⸆και D c | ⸁δυο D 29 it ¦ — ℵ C ℌ A W Γ Δ 063 *pm* ¦ *txt* 𝔓75 B L Θ Ψ 0124 λ ϕ 33. 157 *al* | ⸀1απο D *pc* | ⸉*p.* συνεληλ. C² ℌ A W Γ Δ Θ λ ϕ *pm* lat ¦ — D 063 c ¦ *txt* 𝔓75 B ℵ C*vid L 0124 | ⸂μνημα D ‖ 56 ⸂και υποστρ. C² *pc* sy ¦ υποστρ. C* *pc* sa^pt | □ D

Joh.: 41 ⸀κενον D^suppl N 69 *pc* | ⸁ουδεποτε Θ *pc* | ⸂ετεθη ℌ A D^suppl L Γ Δ Θ λ ϕ *pl* ¦ *txt* B ℵ W *pc* ‖ 42 □ it sy^s.p | ⸆οπου ℵ* *pc*

---

34 (Lc/Jo) cf Mc 11, 2; Lc 19, 30? ‖ *35 sq (Mt/Mc)* cf Gn 29, 3; Jos 10, 18 ‖ *35 sq (Lc)* *cf 1 sq* ‖ *38 sqq* cf Lc 23, 49 par *(= nr 348)* ‖ *38 sqq (Mt/Mc)* cf Mt 28, 1 ‖ *40 (Mc)* cf Mc 15, 40; *cf 43 sqq* ‖ *43 sqq* *cf 40 (Mc)* ‖ *47 sq* cf Ex 12, 16; 20, 10; Lv 23, 8; Dt 5, 13 sq ‖ *49* *cf 27 sqq* ‖ *50 sqq* *cf 3 sqq* ‖ *55 sqq* *cf 1 sqq*

351. Die Wächter am Grabe

Custodia sepulcri **The Guard at the Tomb**

Matth. 27, 62-66	Mark.	Luk.	Joh.
[62] Τῇ δὲ ἐπαύριον, ἥτις ἐστὶν μετὰ τὴν παρασκευήν, συνήχθησαν οἱ ἀρχιερεῖς καὶ οἱ Φαρισαῖοι πρὸς Πιλᾶτον [63] λέγοντες· κύριε, ἐμνήσθημεν ὅτι ⸉ἐκεῖνος ὁ πλάνος⸊ εἶπεν ἔτι ζῶν· μετὰ τρεῖς ἡμέρας ἐγείρομαι. [64] κέλευσον οὖν ἀσφαλισθῆναι τὸν τάφον ἕως °τῆς τρίτης ἡμέρας, μήποτε ἐλθόντες οἱ μαθηταὶ °¹αὐτοῦ ⊤ κλέψωσιν αὐτὸν καὶ εἴπωσιν τῷ λαῷ· ἠγέρθη ἀπὸ τῶν νεκρῶν, καὶ ἔσται ἡ ἐσχάτη πλάνη χείρων τῆς πρώτης. [65] ἔφη ⊤ αὐτοῖς ὁ Πιλᾶτος· ἔχετε ⸀κουστωδίαν· ὑπάγετε ⸀ἀσφαλίσασθε ὡς οἴδατε. [66] οἱ δὲ πορευθέντες ἠσφαλίσαντο τὸν τάφον σφραγίσαντες τὸν λίθον μετὰ ⸂τῆς κουστωδίας⸃⁚.			

Evang. sec. Petrum 28–34: [28] Συναχθέντες δὲ οἱ γραμματεῖς καὶ Φαρισαῖοι καὶ πρεσβύτεροι πρὸς ἀλλήλους, ἀκούσαντες ὅτι ὁ λαὸς ἅπας γογγύζει καὶ κόπτεται τὰ στήθη λέγοντες ὅτι εἰ τῷ θανάτῳ αὐτοῦ ταῦτα τὰ μέγιστα σημεῖα γέγονεν, ἴδετε ὁπόσον δίκαιός ἐστιν, [29] ἐφοβήθησαν καὶ ἦλθον πρὸς Πειλᾶτον δεόμενοι αὐτοῦ καὶ λέγοντες· [30] παράδος ἡμῖν στρατιώτας, ἵνα φυλάξω⟨μεν⟩ τὸ μνῆμα αὐτοῦ ἐπὶ τρεῖς ἡμ[έρας], μήποτε ἐλθόντες οἱ μαθηταὶ αὐτοῦ κλέψωσιν αὐτὸν καὶ ὑπολάβῃ ὁ λαὸς ὅτι ἐκ νεκρῶν ἀνέστη, καὶ ποιήσωσιν ἡμῖν κακά. [31] ὁ δὲ Πειλᾶτος παραδέδωκεν αὐτοῖς Πειρώνιον τὸν κεντυρίωνα μετὰ στρατιωτῶν φυλάσσειν τὸν τάφον. καὶ σὺν αὐτοῖς ἦλθον πρεσβύτεροι καὶ γραμματεῖς ἐπὶ τὸ μνῆμα. [32] καὶ κυλίσαντες λίθον μέγαν μετὰ τοῦ κεντυρίωνος καὶ τῶν στρατιωτῶν ὁμοῦ πάντες οἱ ὄντες ἐκεῖ ἔθηκαν ἐπὶ τῇ θύρᾳ τοῦ μνήματος, [33] καὶ ἐπέχρισαν ἑπτὰ σφραγῖδας, καὶ σκηνὴν ἐκεῖ πήξαντες ἐφύλαξαν. [34] πρωίας δὲ ἐπιφώσκοντος τοῦ σαββάτου ἦλθεν ὄχλος ἀπὸ Ἰερουσαλὴμ καὶ τῆς περιχώρου ἵνα ἴδωσι τὸ μνημεῖον ἐσφραγισμένον.

Cod. N. T. 1424 (ad Matth. 27,65): Τὸ Ἰουδαϊκόν· »καὶ παρέδωκεν αὐτοῖς ἄνδρας ἐνόπλους, ἵνα καθέζωνται κατ᾽ ἐναντίον τοῦ σπηλαίου καὶ τηρῶσιν αὐτὸν ἡμέρας καὶ νυκτός«.

---

63 ⸉ C² G Θ ϕ 33.118.209.700 *al* ‖ 64 ° D L Φ 700 *pc* | °¹ † B ℵ arm georg^pt ¦ *txt* C ℜ A D W Θ λ ϕ *pl* | ⊤ νυκτος ℜ Γ 69 *al* (⸉ S *al*) ‖ 65 ⊤ δε ℵ A C D S U V W Δ Φ λ 565.892 *pm*; Or | ⸀ φυλακας D* it sy(p).pal | ⸀ -σθαι ℵ C D W Θ 047 *al* ‖ 66 ⸂ των φυλακων D* lat (sy^p) | [⁚ —. *et* 28,1⁚ Tregelles^mg, *vide nr.* 352]

1sqq cf *7sqq* ‖ *2* cf Jo 7,12.47 | cf Mt 12,40 par; Jo 2,19 sqq; Mt 26,61 par; 27,40 par; 16,21 par; 17,23 par; 20,19 par ‖ *3sq* cf Mt 28,13 ‖ *4* cf Mt 12,45 ‖ *5sq* cf *14sq* ‖ *6* cf Dn 6,18 ‖ *7sqq* cf *1sqq* ‖ *14sq* cf *5sq*

XVII. DER AUFERSTANDENE

RESURRECTIO THE RESURRECTION

352. Das leere Grab

Mulieres ad sepulchrum The Women at the Tomb

Matth. 28,1-8 26,32; 28,10	Mark. 16,1-8 14,28	Luk. 24,1-12 23,56	Joh. 20,1-13 20,18; 20,17
	(nr. 350 15,42-47 p. 491) 1 Καὶ ⸋διαγενομένου τοῦ σαββάτου ⸆ Μαρία ἡ Μαγδαληνὴ καὶ Μαρία ⸂ἡ [τοῦ]⸃ Ἰακώβου καὶ Σαλώμη⸌ ⸀ἠγόρασαν ἀρώματα ἵνα ⸄ἐλθοῦσαι ἀλείψωσιν αὐτόν⸅.	23,56 (nr. 350, p. 491) ... 56 ὑποστρέψασαι δὲ ἡτοίμασαν ἀρώματα καὶ μύρα. καὶ τὸ μὲν σάββατον ἡσύχασαν κατὰ τὴν ἐντολήν.	
1 Ὀψὲ °δὲ σαββάτων⁚, τῇ ἐπιφωσκούσῃ εἰς μίαν σαββάτων ἦλθεν ⸀Μαριὰμ ἡ Μαγδαληνὴ καὶ ἡ ἄλλη ⸁Μαρία θεωρῆσαι τὸν τάφον.	2 ⸋καὶ ⸂λίαν⸃ πρωῒ ⸄τῇ μιᾷ τῶν⸅ σαββάτων ἔρχονται⸃ ἐπὶ τὸ ⸀μνημεῖον ⸁ἀνατείλαντος τοῦ ἡλίου. 3 καὶ ἔλεγον πρὸς ἑαυτάς· τίς ⸉ἀποκυλίσει ἡμῖν⸊ τὸν λίθον ⸂⸀ἐκ τῆς θύρας τοῦ μνημείου⸃; 4 ⸂καὶ ἀναβλέψασαι θεωροῦσιν ὅτι ⸀ἀποκεκύλισται ὁ λίθος· ἦν γὰρ μέγας σφόδρα⸃.	(nr. 350 23,50-56 p. 491) 1 ⸂Τῇ δὲ μιᾷ⸃ τῶν σαββάτων ὄρθρου ⸀βαθέως ⸄ἐπὶ τὸ μνῆμα ἦλθον⸅ φέρουσαι ἃ ἡτοίμασαν °ἀρώματα⸆. 2 ⸂εὗρον δὲ⸃ τὸν λίθον ἀποκεκυλισμένον ⸀ἀπὸ τοῦ μνημείου,	(nr. 350 19,38-42 p. 491) 1 Τῇ δὲ μιᾷ τῶν σαββάτων ⸀Μαρία ἡ Μαγδαληνὴ ἔρχεται °πρωῒ σκοτίας ἔτι οὔσης ⸁εἰς τὸ μνημεῖον καὶ βλέπει τὸν λίθον ἠρμένον ⸆ ἐκ τοῦ μνημείου.

Matth.: 1 ° L 047 *al* | [27,66⁚—. *et hic*⁚. Tregelles[mg]] | ⸀-ρια B𝔎ADWΓΦλϕ *pl* ¦ *txt* ℵCLΔΘ *pc* | ⸁-ριαμ LΔΘ

Mark.: 1 ⸋ D (k) n | ⸆ † η B*ℵ²L ¦ *txt* C𝔎AWΘλϕ *pl* | ⸂η ℵ*CGVWΓΘΨ *pm* ¦ του L *pc* ¦ — E ϕ 1.157.565 *al* ¦ *txt* Bℵ[corr]AKΔ 33 *al* | ⸀πορευθεισαι ηγ. D n ¦ πορευθεισαι ητοιμασαν Θ 565 | ⸄αυτ. αλειψ. D it ¦ εισελθουσαι αλ. αυτ. W || 2 ⸋ W | ⸂ερχονται πρωι μιας σαββατου D it sy[s.p] | ⸄μια των BW 1 ¦ της μιας C𝔎AΓ(ϕ) 700 *pm* ¦ *txt* ℵLΔΘΨ 33.565.892 *al* | ⸀† μνημα ℵ*C*WΘ 565 ¦ *txt* ℌ𝔎ADΓλϕ **0112** *pl* | ⸁ετι αν- WΘ 1.565 *al* ¦ -τελλοντος D c n q || 3 ⸉ D 565 it | ⸂ab osteo? Subito autem ad horam tertiam tenebrae diei (die?) factae sunt per totum orbem terrae, et descenderunt de caelis angeli et surgent (-ntes?, -nte eo?, surgit?) in claritate vivi Dei (viri duo? + et?) simul ascenderunt cum eo, et continuo lux facta est. Tunc illae accesserunt ad monimentum, k | ⸀απο CDWΘΨ ϕ 157 *al*; Eus || 4 ⸂ην γαρ μεγας σφοδρα και ερχονται και ευρισκονται αποκεκυλισμενον τον λιθον DΘ *pc* c ff² n (sy[s]); Eus | ⸀† ανακ- B(ℵ)L ¦ *txt* C𝔎AWλϕ *pl*

Luk.: 1 ⸂μια δε D | ⸀(*rectius*) -εος KWλ *al* | ⸄4 1-3 𝔎AWΓλϕ *pm* (*ead., sed* μνημειον C*XΔ *al*) ¦ *p)* ηρχοντο επι το μνημα D ¦ ηλθ. γυναικες επι τ. μνημα GHΘ *al* (*ead., sed* μνημειον C³) ¦ *txt* BL *pc* (*sed* μνημειον 𝔓75 ℵ) | ° D it sy[s.c] | ⸆και τινες συν αυταις C³𝔎AWΓΔΘ **063** λϕ *pl* sy bo[pt] ¦ *ead.* + ελογιζοντο δε εν εαυταις· τις αρα αποκυλισει τον λιθον D **0124** c sa ¦ *txt* 𝔓75 BℵC*L 33 *pc* lat bo[pt] || 2 ⸂ελθουσαι δε ευρον DΓ **0124** c sa | ⸀εκ C*λ *pc*; Eus

Joh.: 1 ⸀-ιαμ ℵALW 1.(33).565 *pc* | ° W a b c | ⸁επι W | ⸆απο της θυρας ℵWλ 565 *al* sy[s] (sa bo)

---

1 sqq cf Mc 15, 40.47 par *(nr 348. 350)*; cf 44 sqq. 75 sqq. 89 sqq || 12 sq cf Mc 15,46 par || 13 sqq (Mc-Jo) cf 18 *(Mt)*

[Matth. 28,1-8]

2 καὶ ἰδοὺ σεισμὸς ἐγένετο μέγας· ἄγγε-
λος γὰρ κυρίου καταβὰς ⸀ἐξ οὐρανοῦ
°καὶ προσελθὼν ἀπεκύλισεν τὸν λίθον⸆
καὶ ἐκάθητο ἐπάνω αὐτοῦ.
3 ἦν δὲ ἡ ⸀εἰδέα αὐτοῦ ὡς ἀστραπὴ
καὶ τὸ ἔνδυμα αὐτοῦ λευκὸν ⸁ὡς χιών.
4 ἀπὸ δὲ τοῦ φόβου αὐτοῦ ἐσείσθησαν
οἱ τηροῦντες καὶ ⸀ἐγενήθησαν ⸁ὡς νεκροί.
5 ἀποκριθεὶς °δὲ ὁ ἄγγελος εἶπεν ταῖς
γυναιξίν· μὴ φοβεῖσθε ὑμεῖς, οἶδα γὰρ
ὅτι Ἰησοῦν τὸν ἐσταυρωμένον ζητεῖτε·
6 οὐκ ἔστιν ὧδε, ἠγέρθη γὰρ καθὼς
εἶπεν· δεῦτε ἴδετε τὸν τόπον ὅπου ἔκει-
το⸆.
7 καὶ ταχὺ πορευθεῖσαι εἴπατε τοῖς μα-
θηταῖς αὐτοῦ ὅτι ἠγέρθη
⸋ἀπὸ τῶν νεκρῶν⸌, καὶ °ἰδοὺ
προάγει ὑμᾶς εἰς τὴν Γαλιλαίαν, ἐκεῖ
αὐτὸν ὄψεσθε⸂· ἰδοὺ εἶπον⸃ ὑμῖν. 8 Καὶ
⸀ἀπελθοῦσαι ταχὺ ἀπὸ τοῦ μνη-
μείου μετὰ φόβου καὶ χαρᾶς με-
γάλης
ἔδραμον
ἀπαγγεῖλαι τοῖς
μαθηταῖς °αὐτοῦ.

[Mark. 16,1-8]

5 Καὶ ⸀εἰσελθοῦσαι εἰς τὸ μνημεῖον
⸂εἶδον νεανίσκον⸃ καθήμενον ἐν τοῖς δεξι-
οῖς
περιβεβλημένον στολὴν λευκήν,
καὶ ⸁ἐξεθαμβήθησαν.
6 ⸂ὁ δὲ⸃ λέγει
αὐταῖς⸄· μὴ ἐκθαμβεῖσθε⸅· ⸆ Ἰησοῦν
ζητεῖτε ⸋τὸν Ναζαρηνὸν⸌ τὸν ἐσταυρω-
μένον⁚ ἠγέρθη, οὐκ ἔστιν ὧδε·
⸂¹ἴδε ὁ τόπος⸃ ὅπου ἔθη-
καν αὐτόν.
7 ἀλλὰ ὑπάγετε ⸆ εἴπατε τοῖς μα-
θηταῖς αὐτοῦ καὶ τῷ Πέτρῳ
⸂ὅτι
προάγει⸃ ὑμᾶς εἰς τὴν Γαλιλαίαν· ἐκεῖ
⸀αὐτὸν ὄψεσθε, καθὼς ⸁εἶπεν ὑμῖν. 8 ⸂Καὶ
ἐξελθοῦσαι⸃ ἔφυγον ἀπὸ τοῦ μνη-
μείου, εἶχεν ⸀γὰρ αὐτὰς ⸁τρόμος
καὶ ἔκστασις· ⸋καὶ οὐδενὶ οὐδὲν
εἶπαν· ἐφοβοῦντο γάρ⁚.⸌

(nr. 362 [concl. brev.] p. 508)

[Luk. 24,1-12]

3 ⸂εἰσελθοῦσαι δὲ⸃ οὐχ εὗρον τὸ σῶμα
⸄τοῦ κυρίου Ἰησοῦ⸅. 4 καὶ ἐγένετο ἐν τῷ
⸀ἀπορεῖσθαι αὐτὰς περὶ ⸁τούτου °καὶ
ἰδοὺ ⸉ἄνδρες δύο⸊ ἐπέστησαν αὐταῖς
ἐν ⸂ἐσθῆτι ἀστραπτούσῃ⸃.
5 ⸂ἐμφόβων δὲ γενομένων αὐτῶν καὶ κλι-
νουσῶν⸃ ⸄τὰ πρόσωπα⸅ εἰς τὴν γῆν
⸆ εἶπαν πρὸς
αὐτάς· τί
ζητεῖτε τὸν ζῶντα μετὰ τῶν νεκρῶν·
6 ⸂οὐκ ἔστιν ὧδε, ἀλλὰ ἠγέρθη.⸃ μνή-
σθητε ⸀ὡς ἐλάλησεν ὑμῖν ἔτι ὢν ἐν τῇ Γα-
λιλαίᾳ 7 °λέγων ⸉τὸν υἱὸν τοῦ ἀνθρώπου
ὅτι δεῖ⸊ παραδοθῆναι εἰς χεῖρας ἀνθρώ-
πων °¹ἁμαρτωλῶν καὶ σταυρωθῆναι καὶ
τῇ τρίτῃ ἡμέρᾳ ἀναστῆναι. 8 καὶ ἐμνή-
σθησαν τῶν ῥημάτων αὐτοῦ.
9 Καὶ
ὑποστρέψασαι ⸋ἀπὸ τοῦ μνη-
μείου⸌
ἀπήγγειλαν ⸉ταῦτα πάντα⸊ τοῖς
ἕνδεκα καὶ πᾶσιν τοῖς λοιποῖς.

[Joh. 20,1-13]

2 τρέχει οὖν
καὶ ἔρχεται πρὸς
⸆ Σίμωνα Πέτρον καὶ πρὸς τὸν

Matth.: 2 ⸀απ D lat | ° ℜ A D Γ Δ Θ Φ λ ϕ *pm* | ⸆ απο της θυρας C ℜ W Δ Φ 69 *al* sy^{p} ¦ α. τ. θ. του μνημειου A L Γ Θ **047** λ 33. 565 *al* sy$^{h.pal}$ bo; Eus ¦ *txt* B ℵ D 700. 892 *pc* lat sy^{s} sa || 3 ⸀*(potius)* ιδεα ℜ L W Δ Θ Φ λ ϕ *pm* | ⸁ωσει C ℜ A L W Γ Δ Θ ϕ *pm* ¦ *txt* B ℵ D λ 892 *al* || 4 ⸀εγενοντο ℜ A W Γ Δ Θ λ ϕ *pl* | ⸁ωσει C ℜ Γ Θ Φ ϕ 33. 565. 700 *pm* || 5 ° C W sy^{s} sa^{pt} bo^{pt} || 6 ⸆ο κυριος C ℜ A D L W Γ Δ **0148** λ ϕ *pl* lat ¦ *txt* B ℵ Θ 33 *pc* e || 7 ⸋ D 565 *pc* lat | ° D *pc* it | ⸂*p)* καθως ειπεν 126. 472 f || 8 ⸀*p)* εξελθ- ℜ A D W Γ Δ λ *pm* | ° Θ 69 *pc* f q

Mark.: 5 ⸀ελθ- B | ⸂*2 1* D 565 ¦ θεωρουσιν νεαν. W | ⸁εθαμβησαν D || 6 ⸂και D c ff^{2} | ⸄*p)* · μη φοβεισθε W Θ 565 ¦ ο αγγελος· μη φοβεισθε D ff^{2} | ⸆*p)* οιδα γαρ οτι W ¦ τον D | ⸋ ℵ* D | [⁚; comm] | ⸂¹ειδετε εκει τον (— D*) τοπον αυτου D (c) ff^{2} ¦ ειδετε· εκει ο τοπος αυτου εστιν W ¦ ιδε εκει ο τοπ. αυτου Θ 565 || 7 ⸆και C* D W Θ 33. 565 *pc* | ⸂*p)* ιδου πρ- Θ ¦ οτι ιδου πρ- (W λ) 565 sy$^{s.p}$ ¦ ιδου προαγω *et* ⸀με *et* ⸁ειρηκα D k || 8 ⸂κακουσασαι Θ ¦ και ακουσασαι εξηλθον και W (**099**) sy$^{s.p}$ | ⸀δε C ℜ A L Γ Δ Θ λ ϕ *pl* | ⸁φοβος D W *pc* it | ⸋ k *(v. et nr. 362, p. 508)* | [⁚ **** H]

Luk.: 3 ⸂και εισ- C^{3} ℜ A W Γ Θ **063** ϕ *pm* | ⸄τ. Ιησ. 579. 1241 *pc* sy bo^{pt} ¦ — D it || 4 ⸀διαπορ- ℜ A W Γ Δ Θ **063** ϕ 118 *pm* ¦ διαπορειν 1. 131 *pc* ¦ *txt* 𝔓^{75} ℌ D **0124** *pc* | ⸁αυτου D | ° D *pc* | ⸉ D *pc* lat | ⸂-ησεσιν -σαις C ℜ A W Γ Δ Θ λ ϕ *pl* ¦ *txt* 𝔓^{75} B ℵ D (**0124**) lat sy; Or || 5 ⸂εμφοβοι δε γενομεναι εκλιναν *et* ⸆οι δε D (a) c r^{1} | ⸄το π-ον C^{3} ℜ A W Γ (Δ) **063** ϕ *pm* lat ¦ τα π-α αυτων C* *pc* || 6 ⸂ηγερθη sa bo; Mcion ¦ ηγ. εκ νεκρων c ¦ ουκ εσ. ωδε· ηγερθη C* ¦ — D it ¦ *txt* 𝔓^{75} *rell (sed* ανεστη W; αλλ C^{3} ℜ A Γ Δ Θ **063. 0124** λ ϕ *pm)* | ⸀οσα D c sy; Mcion || 7 ° D **063** *pc* c | ⸉ *5 6 1-4* ℵ^{corr} C^{2} ℜ A D W Γ Δ Θ **063** λ ϕ *pl* lat ¦ *txt* 𝔓^{75} B ℵ* C*^{vid} L **0124** *pc* | °¹ D it || 9 ⸋ D it arm | ⸉ ℵ D K X Γ Δ Θ **0124**. 1241 *pm* ¦ *txt* 𝔓^{75} B A G L W **063** λ ϕ *pm*

Joh.: 2 ⸆τον ℵ 209

16 sqq (Mt) cf *81 sqq* || *18 (Mt)* cf *13 sqq (Mc-Jo)* || *19 sqq* cf 2 Mcc 3, 26. 33; Act 1,10; 10,30; Mt 17,2 par; cf *62 sq* || *20 sq (Mt)* cf Dn 10,6 || *21* cf Is 1,18; Dn 7,9 LXX; Apc 1,14 etc || *23 (Mt)* cf Apc 1,17 || *26 (Lc)* cf Apc 1,18 || *28 sqq (Lc)* cf Mt 16,21 sqq; Mc 8,31 sqq; Lc 9,22 *(= nr 159)*; Mt 17,22 sq; Mc 9,30 sqq; Lc 9,43b sqq *(= nr 164)*; Mt 20,17 sqq; Mc 10,32 sqq; Lc 18,31 sqq *(= nr 262)*; Lc 24,44 sqq || *33 sqq* cf *69 sq. 72 sqq* || *37 sq* cf Ps 2,11 || *40 sq (Lc)* cf Lc 24,22 sq || *41 (Lc)* cf Lc 24,33; Act 1,26; 2,14; Mt 28,16; 1 Cor 15,5 || *41 sq (Jo)* cf Jo 13,23; 21,7. 20

Matth. | Mark.

[Luk. 24,1-12]

10 □ἦσαν δὲ⸌ ⸉ἡ Μαγδαληνὴ ⸀Μαρία⸊ καὶ Ἰωάννα
καὶ Μαρία ἡ Ἰακώβου· καὶ αἱ λοιπαὶ σὺν αὐταῖς⁚1. ⸆ἔλεγον
πρὸς τοὺς ἀποστόλους ταῦτα⁚2, 11 καὶ ἐφάνησαν ἐνώπιον
αὐτῶν ὡσεὶ λῆρος τὰ ῥήματα ⸀ταῦτα, καὶ ἠπίστουν αὐταῖς.
12 □Ὁ δὲ Πέτρος ἀναστὰς ἔδραμεν
ἐπὶ τὸ μνημεῖον
καὶ παρακύψας βλέπει
τὰ ὀθόνια ⸆ °μόνα,
καὶ ⸀ἀπῆλθεν πρὸς ἑαυτὸν θαυμάζων τὸ γεγονός.⸌

(nr. 355 24,13-35 p. 500)

[Joh. 20,1-13]

ἄλλον μαθητὴν ὃν ἐφίλει ὁ Ἰησοῦς καὶ λέγει αὐτοῖς· ἦραν
τὸν κύριον⸆ ἐκ τοῦ μνημείου καὶ οὐκ οἴδαμεν ποῦ ἔθηκαν
αὐτόν.

20,18 *(nr. 353, p. 498)*

18 Ἔρχεται Μαριὰμ ἡ Μαγδαληνὴ ἀγγέλλουσα τοῖς μαθηταῖς ὅτι
ἑώρακα τὸν κύριον, καὶ ταῦτα εἶπεν αὐτῇ.

3 Ἐξῆλθεν οὖν ὁ Πέτρος καὶ ὁ ἄλλος μαθητὴς □καὶ ἤρχον-
το εἰς τὸ μνημεῖον⸌. 4 ἔτρεχον δὲ οἱ δύο ὁμοῦ· □καὶ ὁ ἄλ-
λος μαθητὴς⸌ προέδραμεν τάχιον τοῦ Πέτρου καὶ ἦλθεν
⸉πρῶτος εἰς τὸ μνημεῖον⸊, 5 καὶ παρακύψας βλέπει ⸉κεί-
μενα τὰ ὀθόνια⸊, □οὐ μέντοι ⸆ εἰσῆλθεν. 6 ἔρχεται οὖν °καὶ
Σίμων Πέτρος ἀκολουθῶν αὐτῷ καὶ εἰσῆλθεν εἰς τὸ μνη-
μεῖον, καὶ θεωρεῖ τὰ ὀθόνια κείμενα,⸌ 7 καὶ τὸ σουδάριον,
ὃ ἦν ἐπὶ τῆς κεφαλῆς αὐτοῦ, οὐ μετὰ τῶν ὀθονίων κεί-
μενον ἀλλὰ χωρὶς ἐντετυλιγμένον εἰς ἕνα τόπον. 8 τότε
οὖν εἰσῆλθεν καὶ ὁ ἄλλος μαθητὴς ὁ ἐλθὼν πρῶτος εἰς
τὸ μνημεῖον καὶ εἶδεν καὶ ἐπίστευσεν· 9 οὐδέπω γὰρ ⸀ᾔδει-
σαν □τὴν γραφὴν⸌ ὅτι δεῖ αὐτὸν ἐκ νεκρῶν ἀναστῆναι.
10 ἀπῆλθον οὖν πάλιν πρὸς ⸀αὐτοὺς οἱ μαθηταί. 11 ⸀Μαρία
δὲ εἱστήκει ⸁πρὸς τῷ μνημείῳ ⸂ἔξω κλαίουσα⸃. ὡς οὖν ἔ-
κλαιεν, παρέκυψεν εἰς τὸ μνημεῖον 12 καὶ θεωρεῖ °δύο ἀγ-
γέλους ⸂ἐν λευκοῖς καθεζομένους⸃, ἕνα πρὸς τῇ κεφαλῇ
καὶ ἕνα πρὸς τοῖς ποσίν, ὅπου ἔκειτο τὸ
σῶμα τοῦ Ἰησοῦ. 13 °καὶ λέγουσιν αὐτῇ
ἐκεῖνοι· γύναι, τί κλαίεις; ⸆ λέγει αὐτοῖς
ὅτι ἦραν τὸν κύριόν μου, καὶ οὐκ ⸀οἶδα
ποῦ ἔθηκαν αὐτόν.

26,32 *(nr. 315, p. 442)*

32 Μετὰ δὲ τὸ ἐγερθῆναί με προάξω ὑμᾶς εἰς τὴν Γαλιλαίαν.

28,10 *(nr. 353, p. 498)*

10 Τότε λέγει αὐταῖς ὁ Ἰησοῦς· μὴ φοβεῖσθε· ὑπάγετε ἀπαγγείλατε τοῖς ἀδελφοῖς μου ἵνα ἀπέλθωσιν εἰς τὴν Γαλιλαίαν, κἀκεῖ με ὄψονται·

14,28 *(nr. 315, p. 442)*

28 Ἀλλὰ μετὰ τὸ ἐγερθῆναί με προάξω ὑμᾶς εἰς τὴν Γαλιλαίαν.

20,17 *(nr. 353, p. 498)*

17 Λέγει αὐτῇ Ἰησοῦς· μή μου ἅπτου, οὔπω γὰρ ἀναβέβηκα πρὸς τὸν πατέρα· πορεύου δὲ πρὸς τοὺς ἀδελφούς μου καὶ εἰπὲ αὐτοῖς· ἀναβαίνω πρὸς τὸν πατέρα μου καὶ πατέρα ὑμῶν καὶ θεόν μου καὶ θεὸν ὑμῶν.

Luk.: **10** □ A D W Γ *al* sy$^{s.c}$ | ⸉ *3 1 2* D *pc* | ⸀-ιαμ ℵ 1 *pc* | [⁚ *et* ⁚1 — . *et* ⁚2 . H] | ⸆αι ℵ^{corr} 𝔎 Θ 063 *al* ¦ και 157 ‖ **11** ⸀αυτων 𝔎 A W Γ Δ Θ **063.079** λ φ *pl* f ¦ *txt* 𝔓^{75} B ℵ D L Ψ **0124** *pc* lat sy sa bo ‖ **12** □ *vs* † D it ¦ *txt* 𝔓^{75} *rell* | ⸆κειμενα 𝔎 A Γ Δ Θ **063.079** λ φ *pm* ¦ *add.* κειμ. *p.* μονα L *pc* | ° ℵ* A **063** *al* sa | ⸀-θον A

Joh.: **2** ⸆μου X Δ *pc* ‖ **3** □ ℵ* ‖ **4** □ ℵ* | ⸉ ℵ ‖ **5** ⸉ ℵ A X Ψ **0114** λ *pc* | ⸆γε L X Ψ **0114**.1.33.565 *pc* ‖ **5.6** □ ℵ* ‖ **6** ° 𝔎 A D^{suppl} Γ Δ Θ λ φ *pl* ¦ *txt* 𝔓^{66} B ℵ^{corr} L W X Ψ **0114** *pc* ‖ **9** ⸀ηδει ℵ* it | □ vg^{mm}; Chr Non ‖ **10** ⸀εαυ- *rell* ¦ *txt* B ℵ* L 661 ‖ **11** ⸀-ιαμ 𝔓^{66c} ℵ Ψ **050** λ 565 *pc* | ⸁εν ℵ | ⸂ *2 1* 𝔎 D^{suppl} Γ Θ φ *pm* ¦ *2* ℵ* A it sy$^{s.p}$ ¦ *txt* B ℵ^{corr} L W Δ **050**.1.33 *pc* lat ‖ **12** ° ℵ* e | ⸂ *3 1 2* ℵ *pc* ¦ — D^{suppl} ‖ **13** ° ℵ lat sy^{s} sa | ⸆τινα ζητεις; D (69). 579 *pc* sy^{s} ¦ και B | ⸀-δαμεν Θ λ 565 *pc*

---

42 sqq cf 67 sq ‖ 44 sqq cf 1 sqq et nr 348 ‖ 47 λῆρος hapaxl. ‖ 48 sqq cf Lc 24,21.24 | cf Jo 18,15 ‖ 54 sq cf Mt 27,59; Mc 15,46; Lc 23,53; Jo 19,40; 11,44 ‖ 58 sq cf Lc 24,25 sqq.44 sqq | cf Jo 2,22; 1 Cor 15,4; Act 17,3 ‖ 60 cf Nu 24,25; Ez 17,12 ‖ 62 sq cf 19 sqq ‖ 67 sq cf 42 sqq ‖ 69 sq cf 33 sqq ‖ 72 sqq cf 33 sqq

Evang. sec. Hebraeos (Cod. Vat. Reg. lat. 49, saec IX): Item isti VIII dies pascae in quo resur(rexit) Christus filius dei significant VIII dies post remi(ssionem) pascae in quo iudicabitur totum semen Adae, ut nuntiatur in euangelio Ebreorum, et ideo putant sapientes diem iudicii in tempore pascae, eo quod in illo die resur(rexit) Christus ut in illo iterum resurgant sancti. Item in die pascae incipit deus creare creaturas in principio mundi, atque has formauit per VI dies ebdo(madis) usque dum requieuit in septimo die. Item similiter putatur mundus dispergi per VII dies iudicii, et vocari iustos in VIII^{uo} die, ut sint a dextris dei patris. Item erunt signa magna per VII dies qui numerantur ante diem iudicii: Haec sunt signa primi diei, idest tonitrua magna ⟨et⟩ reliqua.

Evang. sec. Petrum 35–44. 50–57: [35] Τῇ δὲ νυκτὶ ᾗ ἐπέφωσκεν ἡ κυριακή, φυλασσόντων τῶν στρατιωτῶν ἀνὰ δύο κατὰ φρουράν, μεγάλη φωνὴ ἐγένετο ἐν τῷ οὐρανῷ, [36] καὶ εἶδον ἀνοιχθέντας τοὺς οὐρα[ν]οὺς καὶ δύο ἄνδρας κατελθόντας ἐκεῖθεν πολὺ φέγγος ἔχοντας καὶ ἐγγίσαντας τῷ τάφῳ. [37] ὁ δὲ λίθος ἐκεῖνος ὁ βεβλημένος ἐπὶ τῇ θύρᾳ ἀφ' ἑαυτοῦ κυλισθεὶς ἀπεχώρησε παρὰ μέρος, καὶ ὁ τάφος ἠνοίγη καὶ ἀμφότεροι οἱ νεανίσκοι εἰσῆλθον. [38] ἰδόντες οὖν οἱ στρατιῶται ἐκεῖνοι ἐξύπνισαν τὸν κεντυρίωνα καὶ τοὺς πρεσβυτέρους (παρῆσαν γὰρ καὶ αὐτοὶ φυλάσσοντες), [39] καὶ ἐξηγουμένων αὐτῶν ἃ εἶδον πάλιν ὁρῶσιν ἐξελθόντας ἀπὸ τοῦ τάφου τρεῖς ἄνδρας, καὶ τοὺς δύο τὸν ἕνα ὑπορθοῦντας καὶ σταυρὸν ἀκολουθοῦντα αὐτοῖς, [40] καὶ τῶν μὲν δύο τὴν κεφαλὴν χωροῦσαν μέχρι τοῦ οὐρανοῦ, τοῦ δὲ χειραγωγουμένου ὑπ' αὐτῶν ὑπερβαίνουσαν τοὺς οὐρανούς· [41] καὶ φωνῆς ἤκουον ἐκ τῶν οὐρανῶν λεγούσης· ἐκήρυξας τοῖς κοιμωμένοις; [42] καὶ ὑπακοὴ ἠκούετο ἀπὸ τοῦ σταυροῦ ὅτι ναί. [43] συνεσκέπτοντο οὖν ἀλλήλοις ἐκεῖνοι ἀπελθεῖν καὶ ἐνφανίσαι ταῦτα τῷ Πειλάτῳ· [44] καὶ ἔτι διανοουμένων αὐτῶν φαίνονται πάλιν ἀνοιχθέντες οἱ οὐρανοὶ καὶ ἄνθρωπός τις κατελθὼν καὶ εἰσελθὼν εἰς τὸ μνῆμα. ...

[50] Ὄρθρου δὲ τῆς κυριακῆς Μαριὰμ ἡ Μαγδαληνή, μαθήτρια τοῦ κυρίου (⟨ἣ⟩ φοβουμένη διὰ τοὺς Ἰουδαίους, ἐπειδὴ ἐφλέγοντο ὑπὸ τῆς ὀργῆς, οὐκ ἐποίησεν ἐπὶ τῷ μνήματι τοῦ κυρίου ἃ εἰώθεσαν ποιεῖν αἱ γυναῖκες ἐπὶ τοῖς ἀποθνήσκουσι τοῖς καὶ ἀγαπωμένοις αὐταῖς) [51] λαβοῦσα μεθ' ἑαυτῆς τὰς φίλας ἦλθεν ἐπὶ τὸ μνημεῖον ὅπου ἦν τεθείς. [52] καὶ ἐφοβοῦντο μὴ ἴδωσιν αὐτὰς οἱ Ἰουδαῖοι καὶ ἔλεγον· εἰ καὶ μὴ ἐν ἐκείνῃ τῇ ἡμέρᾳ ᾗ ἐσταυρώθη ἐδυνήθημεν κλαῦσαι καὶ κόψασθαι, κἂν νῦν ἐπὶ τοῦ μνήματος αὐτοῦ ποιήσωμεν ταῦτα. [53] τίς δὲ ἀποκυλίσει ἡμῖν καὶ τὸν λίθον τὸν τεθέντα ἐπὶ τῆς θύρας τοῦ μνημείου, ἵνα εἰσελθοῦσαι παρακαθεσθῶμεν αὐτῷ καὶ ποιήσωμεν τὰ ὀφειλόμενα; [54] μέγας γὰρ ἦν ὁ λίθος, καὶ φοβούμεθα μή τις ἡμᾶς ἴδῃ. καὶ εἰ μὴ δυνάμεθα, κἂν ἐπὶ τῆς θύρας βάλωμεν ἃ φέρομεν εἰς μνημοσύνην αὐτοῦ, ⟨καὶ⟩ κλαύσωμεν καὶ κοψώμεθα ἕως ἔλθωμεν εἰς τὸν οἶκον ἡμῶν. [55] Καὶ ἐπελθοῦσαι εὗρον τὸν τάφον ἠνεῳγμένον· καὶ προσελθοῦσαι παρέκυψαν ἐκεῖ, καὶ ὁρῶσιν ἐκεῖ τινα νεανίσκον καθεζόμενον ⟨ἐν⟩ μέσῳ τοῦ τάφου ὡραῖον καὶ περιβεβλημένον στολὴν λαμπροτάτην, ὅστις ἔφη αὐταῖς· [56] τί ἤλθατε; τίνα ζητεῖτε; μὴ τὸν σταυρωθέντα ἐκεῖνον; ἀνέστη καὶ ἀπῆλθεν· εἰ δὲ μὴ πιστεύετε, παρακύψατε καὶ ἴδετε τὸν τόπον ἔνθα ἔκειτο, ὅτι οὐκ ἔστιν· ἀνέστη γὰρ καὶ ἀπῆλθεν ἐκεῖ ὅθεν ἀπεστάλη. [57] τότε αἱ γυναῖκες φοβηθεῖσαι ἔφυγον.

---

75 sqq cf 1 sqq || *81 sqq cf 16 sqq (Mt)* || *89 sqq cf 1 sqq*

353. Jesus erscheint den Frauen

Mulieribus apparet **Jesus Appears to the Women**

Matth. 28, 9-10 28, 7-8; 26, 32	[Mark. 16, 9-11] 16, 7; 14, 28	Luk. 24, 10-11 *(nr. 352, p. 495)*	**Joh. 20, 14-18**
	[16, 9-11] *(nr. 363, p. 508)*		
9 ⸆Καὶ ἰδοὺ ⸆' Ἰησοῦς ⸀ὑπήντησεν αὐταῖς λέγων· χαίρετε.	[[9 ⸂⸀Ἀναστὰς δὲ⸃ πρωῒ πρώτῃ σαββάτου ⸀ἐφάνη πρῶτον⸃ ⸀Μαρίᾳ τῇ Μαγδαληνῇ, ⸀παρ' ἧς ἐκβεβλήκει ἑπτὰ δαιμόνια.	10 ⸋ Ἦσαν δὲ⸌ ⸉ἡ Μαγδαληνὴ ⸀Μαρία⸊ καὶ Ἰωάννα καὶ Μαρία ἡ Ἰακώβου⁚ καὶ αἱ λοιπαὶ σὺν αὐταῖς⁚¹.	14 ⸆Ταῦτα εἰποῦσα ἐστράφη εἰς τὰ ὀπίσω καὶ ⸀θεωρεῖ τὸν Ἰησοῦν ἑστῶτα καὶ οὐκ ᾔδει ὅτι Ἰησοῦς ἐστιν. 15 λέγει αὐτῇ ⸆ Ἰησοῦς· γύναι, τί κλαίεις; τίνα ζητεῖς; ἐκείνη

Matth.: 9 ⸆ ως δε επορευοντο απαγγειλαι τοις μαθηταις αυτου, C 𝔎 A L Γ Δ Φ 0148 λ *pm* f q sy^{h} | ⸆' ο D L S W Γ Θ Φ 0148 λ ϕ *pm* | ⸀απ- ℵ^{corr} 𝔎 A D L W Γ Δ Φ 0148 *pm*

Mark.: *vss 9-20 add. p.* 16, 8 C 𝔎 A D L W Γ Δ Θ Ψ (λ *al* cum obel.) ϕ *pl* lat sy$^{c.p}$ bo; Ju(?) Ir^{lat} ¦ *vss 9-20 add. p.* 16, 8 *et p.* conclusio brev. (= *nr. 362, p. 508*) L Ψ 099. 0112. 274^{mg}. 579. ℓ 1602 sy^{hmg} sa^{pt} bo^{codd} aeth^{codd} ¦ *vss 9-20 om.* B ℵ 304 k sy^{s} sa^{cod} arm^{codd}; Cl Or Eus Hier || 9 ⸀ αναστ. C*^{vid} ¦ αναστ. ο Ιησους ϕ *pc* ¦ αναστ. δε ο Ι. F 118. 209 *pm* | ⸀ *1* W ¦ εφανερωσεν πρωτοις D | ⸀-ιαμ C | ⸀αφ C^{3} 𝔎 A Γ Δ Θ Ψ λ ϕ *pl* ¦ *txt* C* D L W 099^{vid}. 0112. 33. 892 *pc*

Luk.: 10 ⸋ A D W Γ *al* sy$^{s.c}$ | ⸉ *3 1 2* D *pc* | ⸀-ιαμ ℵ 1 *pc* | [⁚ *et* ⁚¹ —. *et* ⁚². H]

Joh.: 14 ⸆ και 𝔎 Γ Δ ϕ *pm* | ⸀ειδεν W || 15 ⸆ ο 𝔎 A D Γ Δ Θ 050 λ ϕ *pl* ¦ *txt* 𝔓^{66} B ℵ L W *pc*

---

1 sqq cf nr 348 || *2 sqq cf 26 sq (Jo)* || *2 sq (Mc) cf* Lc 8, 2; Jo 20, 1 || *3 (Mt) cf* Mt 26, 49 || *3 sq (Jo) cf* Jo 21, 4; Lc 24, 16 || *5 cf* Lc 24, 5; Mc 16, 6; Mt 28, 5

[Matth. 8, 9-10]

αἱ δὲ προσελθοῦσαι ἐκράτησαν αὐτοῦ τοὺς πόδας καὶ προσεκύνησαν αὐτῷ. [10]τότε λέγει αὐταῖς ὁ Ἰησοῦς· μὴ φοβεῖσθε· ὑπάγετε ἀπαγγείλατε τοῖς ⸂ἀδελφοῖς μου⸃ ἵνα ἀπέλθωσιν εἰς τὴν Γαλιλαίαν, ⸀κἀκεῖ με ⸁ὄψονται.

28, 7-8 (nr. 352, p. 495)

[7]Καὶ ταχὺ πορευθεῖσαι εἴπατε τοῖς μαθηταῖς αὐτοῦ ὅτι ἠγέρθη ἀπὸ τῶν νεκρῶν, καὶ ἰδοὺ προάγει ὑμᾶς εἰς τὴν Γαλιλαίαν, ἐκεῖ αὐτὸν ὄψεσθε· ἰδοὺ εἶπον ὑμῖν. [8]καὶ ἀπελθοῦσαι ταχὺ ἀπὸ τοῦ μνημείου μετὰ φόβου καὶ χαρᾶς μεγάλης ἔδραμον ἀπαγγεῖλαι τοῖς μαθηταῖς αὐτοῦ.

26, 32 (nr. 315, p. 442)

[32]Μετὰ δὲ τὸ ἐγερθῆναί με προάξω ὑμᾶς εἰς τὴν Γαλιλαίαν.

[Mark. 16, 9-11]

16, 7 (nr. 352, p. 495)

[7]Ἀλλὰ ὑπάγετε εἴπατε τοῖς μαθηταῖς αὐτοῦ καὶ τῷ Πέτρῳ ὅτι προάγει ὑμᾶς εἰς τὴν Γαλιλαίαν· ἐκεῖ αὐτὸν ὄψεσθε, καθὼς εἶπεν ὑμῖν.

[10]ἐκείνη ⸆ πορευθεῖσα ἀπήγγειλεν ⸂τοῖς μετ᾽ αὐτοῦ⸃ γενομένοις πενθοῦσι ⸋καὶ κλαίουσιν⸌· [11]⸀κἀκεῖνοι ἀκούσαντες ὅτι ζῇ καὶ ἐθεάθη ὑπ᾽ ⸁αὐτῆς ⸀1ἠπίστησαν.]]

14, 28 (nr. 315, p. 442)

[28]Ἀλλὰ μετὰ τὸ ἐγερθῆναί με προάξω ὑμᾶς εἰς τὴν Γαλιλαίαν.

[Luk. 24, 10-11]

⸆ἔλεγον πρὸς τοὺς ἀποστόλους ταῦτα⸇2, [11]καὶ ἐφάνησαν ἐνώπιον αὐτῶν ὡσεὶ λῆρος τὰ ῥήματα ⸀ταῦτα, καὶ ἠπίστουν αὐταῖς.

[Joh. 20, 14-18]

δοκοῦσα ὅτι ὁ κηπουρός ἐστιν λέγει αὐτῷ· κύριε, ⸂εἰ σὺ ἐβάστασας⸃ αὐτόν, εἰπέ μοι ποῦ ἔθηκας αὐτόν, κἀγὼ αὐτὸν ἀρῶ. [16]λέγει αὐτῇ ⸆ Ἰησοῦς· ⸀Μαριάμ. στραφεῖσα ⸆ ἐκείνη λέγει αὐτῷ Ἑβραϊστί· ⸁ραββουνί (ὃ λέγεται ⸆1 διδάσκαλε)⸆2. [17]λέγει αὐτῇ ⸆ Ἰησοῦς· ⸂μή μου ἅπτου⸃, οὔπω γὰρ ἀναβέβηκα πρὸς τὸν πατέρα ⸆· πορεύου ⸀δὲ πρὸς τοὺς ἀδελφούς °μου καὶ εἰπὲ αὐτοῖς· ἀναβαίνω πρὸς τὸν πατέρα μου καὶ πατέρα ὑμῶν καὶ θεόν μου καὶ θεὸν ὑμῶν.

[18]ἔρχεται ⸀Μαριὰμ ἡ Μαγδαληνὴ ⸁ἀγγέλλουσα τοῖς μαθηταῖς ⸆ ὅτι ⸀1ἑώρακα τὸν κύριον, καὶ ⸂ταῦτα εἶπεν αὐτῇ⸃.

(nr. 356 20, 19-23 p. 502)

Matth.: 10 ⸂αδ. ℵ* ┆ μαθηταις μου 157.1555 | ⸀και εκει ℵ A C*vid E F W Γ Δ Θ ϕ *pm* | ⸁οψεσθε D e h

Mark.: 10 ⸆δε C*vid *pc* | ⸂αυτοις τοις μετ αυτ. D lat ┆ τοις μαθηταις αυτου Θ | ⸋ W || 11 ⸀εκεινοι δε C* sa bo ┆ εκεινοι L U Ψ 099.892 *pc* | ⸁αυτοις Θ *pc* | ⸀1και ουκ επιστευσαν αυτω (αυτη D²) D

Luk.: 10 ⸆αι ℵcorr Ꞩ Θ 063 *al* ┆ και 157 | [⸇2 *vide p. 498*] || 11 ⸀αυτων Ꞩ A W Γ Δ Θ 063.079 λ ϕ *pl* f ┆ *txt* 𝔓75 B ℵ D L Ψ 0124 *pc* lat sy sa bo

Joh.: 15 ⸂ει συ ηρες D lat ┆ συ εβασταζας W ┆ ει συ ει ο βαστασας ℵ* || 16 ⸆ο ℵ Ꞩ A W Γ Δ λ ϕ *pl* ┆ *txt* B D L Θ 050 *pc* | ⸀-ια Ꞩ A D Γ Δ Θ ϕ *pm* | ⸆δε ℵ D Θ 0250 *pc* | ⸁-ββωνι D Θ latt | ⸆1κυριε D (it) | ⸆2και προσεδραμεν αψασθαι αυτου ℵ3 Θ Ψ 13 *pc* sys || 17 ⸆ο ℵ Ꞩ A W Γ Δ Θ 050 λ ϕ *pl* ┆ *txt* B D L Ψ *pc* | ⸂*1 3 2* B ┆ [*3 2* Lepsius *cj*] | ⸆μου 𝔓66 Ꞩ A L Γ Δ Θ 050 λ ϕ *pl* lat sys.p sa bo ┆ *txt* B ℵ D W *pc* b e; Ir | ⸀ουν ℵcorr D L 050 *pc* ┆ — A | ° ℵ* D W e; (Ir) || 18 ⸀-ια Ꞩ A D W Γ Δ Θ ϕ *pl* ┆ *txt* 𝔓66 B ℵ L 1 *pc* | ⸁απαγγ- 𝔓66c ℵcorr Ꞩ D L Γ Θ λ ϕ *pm* ┆ αναγγ- E G W Δ 33 *al* ┆ *txt* 𝔓66* B ℵ* A X 078.0250 *pc* | ⸆αυτου D | ⸀1-κεν Ꞩ A D L Θ 078 λ ϕ *pl* it syp bopt ┆ -καμεν S 33 ┆ *txt* 𝔓66 B ℵ N W X *pc* lat sys sa bopt | ⸂τ. ειπ. μοι lat sa bopt ┆ α ειπ. αυτη εμηνυσεν αυτοις D c (e) sys

---

[12] cf Mc 10, 51 || [17 sqq (Mt)] cf *22 sqq. 32 sq* || [18 (Mt)] cf Mt 12, 49 sq; 25, 40; Rm 8, 29; Heb 2, 11; Ps 22, 23 etc || [18 sqq (Jo)] cf Jo 6, 62; 7, 33; 13, 1.3; 14, 4.28; 16, 5.17.28; 17, 13 || [22 sqq] cf *17 sqq. 32 sq* || [26 sq (Jo)] cf *2 sqq* || [28 (Jo)] cf Jo 20, 25 || [32 sq] cf *17 sqq. 22 sqq*

354. Der Betrug der Hohenpriester

Furtum fictum — **The Report of the Guard**

Matth. 28,11-15	Mark.	Luk.	Joh.
11 Πορευομένων δὲ αὐτῶν ἰδού τινες τῆς κουστωδίας ἐλθόντες εἰς τὴν πόλιν ⸀ἀπήγγειλαν τοῖς ἀρχιερεῦσιν ἅπαντα τὰ γενόμενα. 12 καὶ συναχθέντες μετὰ τῶν πρεσβυτέρων συμβούλιόν τε λαβόντες ⸂ἀργύρια ἱκανὰ⸃ ἔδωκαν τοῖς στρατιώταις 13 λέγοντες· ⸉εἴπατε ὅτι⸊ οἱ μαθηταὶ αὐτοῦ νυκτὸς ἐλθόντες ἔκλεψαν αὐτὸν ἡμῶν κοιμωμένων. 14 καὶ ἐὰν ἀκουσθῇ τοῦτο ⸀ἐπὶ τοῦ ἡγεμόνος, ἡμεῖς πείσομεν °[αὐτὸν] καὶ ὑμᾶς ἀμερίμνους ⸁ποιήσομεν. 15 οἱ δὲ λαβόντες °τὰ ἀργύρια ἐποίησαν ὡς ἐδιδάχθησαν. καὶ ⸀διεφημίσθη ὁ λόγος οὗτος παρὰ Ἰουδαίοις ⸁μέχρι τῆς σήμερον °¹[ἡμέρας]. *(nr. 364 28,16-20 p. 509)*			

Evang. sec. Petrum 45–49: 45 Ταῦτα ἰδόντες οἱ περὶ τὸν κεντυρίωνα νυκτὸς ἔσπευσαν πρὸς Πειλᾶτον, ἀφέντες τὸν τάφον ὃν ἐφύλασσον, καὶ ἐξηγήσαντο πάντα ἅπερ εἶδον, ἀγωνιῶντες μεγάλως καὶ λέγοντες· ἀληθῶς υἱὸς ἦν θεοῦ. 46 ἀποκριθεὶς ὁ Πειλᾶτος ἔφη· ἐγὼ καθαρεύω τοῦ αἵματος τοῦ υἱοῦ τοῦ θεοῦ, ὑμῖν δὲ τοῦτο ἔδοξεν. 47 εἶτα προσελθόντες πάντες ἐδέοντο αὐτοῦ καὶ παρεκάλουν κελεῦσαι τῷ κεντυρίωνι καὶ τοῖς στρατιώταις μηδενὶ εἰπεῖν ἃ εἶδον· 48 συμφέρει γάρ, φασίν, ἡμῖν ὀφλῆσαι μεγίστην ἁμαρτίαν ἔμπροσθεν τοῦ θεοῦ καὶ μὴ ἐμπεσεῖν εἰς χεῖρας τοῦ λαοῦ τῶν Ἰουδαίων καὶ λιθασθῆναι. 49 ἐκέλευσεν οὖν ὁ Πειλᾶτος τῷ κεντυρίωνι καὶ τοῖς στρατιώταις μηδὲν εἰπεῖν.

Justinus Mart., Dial. 108, 2: Καὶ οὐ μόνον οὐ μετενοήσατε, μαθόντες αὐτὸν ἀναστάντα ἐκ νεκρῶν, ἀλλ', ὡς προεῖπον, ἄνδρας χειροτονήσαντες ἐκλεκτοὺς εἰς πᾶσαν τὴν οἰκουμένην ἐπέμψατε, κηρύσσοντας ὅτι αἵρεσίς τις ἄθεος καὶ ἄνομος ἐγήγερται ἀπὸ Ἰησοῦ τινος Γαλιλαίου πλάνου ὃν σταυρωσάντων ἡμῶν, οἱ μαθηταὶ αὐτοῦ κλέψαντες αὐτὸν ἀπὸ τοῦ μνήματος νυκτός, ὁπόθεν κατετέθη ἀφηλωθεὶς ἀπὸ τοῦ σταυροῦ, πλανῶσι τοὺς ἀνθρώπους λέγοντες ἐγηγέρθαι αὐτὸν ἐκ νεκρῶν καὶ εἰς οὐρανὸν ἀνεληλυθέναι κατειπόντες δεδιδαχέναι καὶ ταῦτα ἅπερ κατὰ τῶν ὁμολογούντων Χριστὸν καὶ διδάσκαλον καὶ υἱὸν θεοῦ εἶναι παντὶ γένει ἀνθρώπων ἄθεα καὶ ἄνομα καὶ ἀνόσια λέγετε.

---

11 ⸀ανηγγ- א D Θ 565; Or ‖ 12 ⸂-ριον ικανον D lat ‖ 13 ⸉*2 1* א ¦ *1* 33 ‖ 14 ⸀υπο B D **0148**.892 *pc* lat; Or | ° † B א Θ 33 e ¦ *txt* C ℜ A D L W Γ Δ **074**.**0148**.**0234** λ ϕ *pl* lat | ⸁-σωμεν א E* G W Φ ϕ 565.1241 *al* ‖ 15 ° † B* א* W **0234**.1574 ¦ *txt* B² א¹ ℜ A D Θ **074**.**0148** λ ϕ *pl* | ⸀εφη- א Δ 33 *pc*; Or | ⸁εως א* D *pc*; Or^pt | °¹ א ℜ A W Γ Δ **074**.**0148**^vid λ ϕ *pl* ¦ *txt* B D L Θ 569 *pc* lat

---

1sqq cf 7sqq ‖ *3sqq cf 12 sqq* ‖ *3sq* cf Mt 27,64 *(nr 351)* ‖ *7sqq cf 1sqq* ‖ *12sqq cf 3 sqq*

355. Jesus erscheint zwei Jüngern auf dem Weg nach Emmaus

Emmaus — **Jesus Appears to Two on the Way to Emmaus**

Matth.	[Mark. 16,12-13] *(nr. 363, p. 508)*	**Luk. 24,13-35** *(nr. 352 24,1-12 p. 495)*	Joh.
	⟦12 ⸆Μετὰ δὲ ταῦτα δυσὶν ἐξ αὐτῶν περιπατοῦσιν ⸀ἐφανερώθη ἐν ἑτέρᾳ μορφῇ πορευομένοις εἰς ἀγρόν·	13 ⸂Καὶ ἰδοὺ⸃ δύο ἐξ αὐτῶν ⸉ἐν αὐτῇ τῇ ἡμέρᾳ °ἦσαν πορευόμενοι⸊ εἰς κώμην ἀπέχουσαν σταδίους ⸆ἑξήκοντα ἀπὸ Ἰερουσαλήμ, ⸄ᾗ ὄνομα Ἐμμαοῦς⸅, 14 ⸂καὶ αὐτοὶ ὡμίλουν πρὸς ἀλλήλους⸃ περὶ πάντων °τῶν συμβεβηκότων τούτων. 15 καὶ ἐγένετο ἐν τῷ ὁμιλεῖν αὐτοὺς καὶ συζητεῖν ⸂καὶ αὐτὸς⸃ ⸆ Ἰησοῦς ἐγγίσας συνεπορεύετο αὐτοῖς, 16 οἱ δὲ ὀφθαλμοὶ αὐτῶν ἐκρατοῦντο τοῦ μὴ ἐπιγνῶναι αὐτόν. 17 ⸂εἶπεν δὲ πρὸς αὐτούς⸃· τίνες οἱ λόγοι οὗτοι οὓς ἀντιβάλλετε πρὸς ⸀ἀλλήλους περιπατοῦντες⸄; καὶ ἐστάθησαν⸅ σκυθρωποί. 18 ἀποκριθεὶς δὲ ⸀εἷς ⸁ὀνόματι Κλεοπᾶς εἶπεν πρὸς αὐτόν· σὺ μόνος παροικεῖς Ἰερουσαλὴμ °καὶ ⸆ οὐκ ἔγνως τὰ γενόμενα ἐν αὐτῇ ἐν ταῖς ἡμέραις ταύταις; 19 ⸂καὶ εἶπεν αὐτοῖς⸃· ποῖα; ⸋οἱ	

Mark.: ⟦...⟧ *vide nr. 363, p. 508*

12 ⸆και D* | ⸀εφανη Θ

Luk.: 13 ⸂ησαν δε *et* ° D e | ⸉*5 6 1-4* ℜ (A) L W Γ Δ Θ **063**.**0124** λ ϕ *pl* (πορ. p. δυο D) ¦ *txt* 𝔓⁷⁵ B (א) | ⸆εκατον א N Θ **079**^vid *al* | ⸄ονοματι Ουλαμμαους D ‖ 14 ⸂ωμ. δε προς εαυτους D | ° D* ‖ 15 ⸂αυτους B* c (e) ¦ και D a ¦ αυτος sy^p bo ¦ — sy^s.c sa | ⸆ο ℜ D W Γ Δ Θ **063** λ ϕ *pm* ‖ 17 ⸂*1 3 4* 𝔓⁷⁵ G ¦ ο δε ειπ. D | ⸀εαυτους D | ⸄κ. εστε ℜ A^corr W Γ Δ Θ **063** λ ϕ *pl* lat (sy) ¦ — D; Or ¦ *txt* 𝔓⁷⁵ B א A* (L) **0124** e sa bo ‖ 18 ⸀ο εις ℜ A W Γ Δ *pm* ¦ εις εξ αυτων P Θ **079**^vid ϕ 33 *pc* | ⸁ω ονομα ℜ A D W Γ Δ Θ **063** λ *pl* lat ¦ *txt* 𝔓⁷⁵ B א L N **0124**.69 *pc* | ° D it | ⸆ταυτα א ‖ 19 ⸂ο δε ειπ. αυτω *et* ⸋ D

1sqq cf 30sq. 32 ‖ *1* cf Lc 24,9; *cf 26sq* ‖ *5sq* cf Jo 20,14; 21,4; *cf 22* ‖ *7* cf *37sqq?*

Matth. | [Mark. 16,12-13] | **[Luk. 24,13-35]** | Joh.

[Luk. 24,13-35]

δὲ εἶπαν αὐτῷ·⸌ τὰ περὶ Ἰησοῦ τοῦ ⸀Ναζαρηνοῦ, ὃς ἐγένετο ἀνὴρ προφήτης δυνατὸς ἐν ⸉ἔργῳ καὶ λόγῳ⸊
⸀ἐναντίον τοῦ θεοῦ καὶ παντὸς τοῦ λαοῦ, 20 ⸂ὅπως τε παρέδωκαν αὐτὸν⸃ οἱ ἀρχιερεῖς καὶ οἱ ἄρχοντες ἡμῶν
εἰς κρίμα θανάτου καὶ ἐσταύρωσαν αὐτόν. 21 ἡμεῖς δὲ ⸀ἠλπίζομεν ὅτι αὐτός ⸁ἐστιν ὁ μέλλων λυτροῦσθαι τὸν
Ἰσραήλ· ἀλλά γε °καὶ σὺν πᾶσιν τούτοις τρίτην °¹ταύτην ἡμέραν ἄγει ⸆ ἀφ᾽ οὗ ταῦτα ⸀¹ἐγένετο. 22 ἀλλὰ καὶ
γυναῖκές τινες ⸋ἐξ ἡμῶν⸌ ἐξέστησαν ἡμᾶς, γενόμεναι ὀρθριναὶ ἐπὶ τὸ μνημεῖον, 23 καὶ μὴ εὑροῦσαι τὸ σῶμα
αὐτοῦ ἦλθον λέγουσαι °καὶ ὀπτασίαν ἀγγέλων ἑωρακέναι, οἳ λέγουσιν αὐτὸν ζῆν. 24 καὶ ἀπῆλθόν τινες ⸆ τῶν
σὺν ἡμῖν ἐπὶ τὸ μνημεῖον καὶ εὗρον οὕτως ⸂καθὼς καὶ αἱ γυναῖκες εἶπον⸃, αὐτὸν δὲ οὐκ ⸀εἶδον. 25 ⸂καὶ αὐτὸς⸃
εἶπεν πρὸς αὐτούς· ὦ ἀνόητοι καὶ βραδεῖς τῇ καρδίᾳ ⸋τοῦ πιστεύειν⸌ ἐπὶ πᾶσιν οἷς ⸂ἐλάλησαν οἱ προφῆται⸃·
26 ⸀οὐχὶ ταῦτα ἔδει παθεῖν τὸν χριστὸν καὶ εἰσελθεῖν εἰς τὴν ⸁δόξαν αὐτοῦ; 27 καὶ ⸂ἀρξάμενος ἀπὸ Μωϋσέως
καὶ ἀπὸ πάντων τῶν προφητῶν ⸀διερμήνευσεν⸃ αὐτοῖς ⸆ ἐν °πάσαις ταῖς γραφαῖς τὰ περὶ ⸁ἑαυτοῦ. 28 Καὶ
ἤγγισαν εἰς τὴν κώμην οὗ ἐπορεύοντο, καὶ αὐτὸς ⸀προσεποιήσατο ⸁πορρώτερον πορεύεσθαι. 29 καὶ παρεβιά-
σαντο αὐτὸν λέγοντες· μεῖνον μεθ᾽ ἡμῶν, ὅτι πρὸς ἑσπέραν ⸂ἐστὶν καὶ κέκλικεν⸃ °ἤδη ἡ ἡμέρα. καὶ εἰσῆλθεν
°¹τοῦ μεῖναι ⸂σὺν αὐτοῖς⸃. 30 καὶ ἐγένετο ἐν τῷ κατακλιθῆναι αὐτὸν ⸋μετ᾽ αὐτῶν⸌ λαβὼν °τὸν ἄρτον ⸀εὐλόγη-
σεν καὶ °¹κλάσας ⸁ἐπεδίδου αὐτοῖς, 31 ⸂αὐτῶν δὲ διηνοίχθησαν οἱ ὀφθαλμοὶ⸃ καὶ ἐπέγνωσαν αὐτόν· καὶ αὐτὸς
ἄφαντος ἐγένετο ἀπ᾽ αὐτῶν. 32 ⸂καὶ εἶπαν πρὸς ἀλλήλους⸃· οὐχὶ ἡ καρδία ⸉ἡμῶν ⸀καιομένη ἦν⸊ ⸋[ἐν ἡμῖν]⸌ ὡς
ἐλάλει ἡμῖν ἐν τῇ ὁδῷ, ⸆ὡς διήνοιγεν ἡμῖν τὰς γραφάς;
33 Καὶ ἀναστάντες ⸆ αὐτῇ τῇ ὥρᾳ ὑπέστρεψαν εἰς Ἰερου-
σαλὴμ καὶ εὗρον ⸀ἠθροισμένους τοὺς ἕνδεκα καὶ τοὺς σὺν
αὐτοῖς, 34 ⸀λέγοντας ὅτι ⸉ὄντως ἠγέρθη ὁ κύριος⸊ καὶ ὤφθη ⸆
Σίμωνι. 35 καὶ αὐτοὶ ἐξηγοῦντο τὰ ἐν τῇ ὁδῷ καὶ ⸀ὡς ἐγνώ-
σθη αὐτοῖς ἐν τῇ κλάσει τοῦ ἄρτου.

[Mark. 16,12-13]

cf. nr. 353, p. 498

13 κἀκεῖνοι ⸀ἀπελθόντες ἀπήγγειλαν τοῖς λοιποῖς· οὐδὲ ἐκείνοις ἐπίστευσαν.]]

Joh.

cf. nr. 352, p. 495

cf. nr. 352, p. 495

Acta 10,41: ... 41 οὐ παντὶ τῷ λαῷ, ἀλλὰ μάρτυσιν τοῖς προκεχειροτονημένοις ὑπὸ τοῦ θεοῦ, ἡμῖν, οἵτινες συνεφάγομεν καὶ συνεπίομεν αὐτῷ μετὰ τὸ ἀναστῆναι αὐτὸν ἐκ νεκρῶν.

Acta 13,31: ... 31 ὃς ὤφθη ἐπὶ ἡμέρας πλείους τοῖς συναναβᾶσιν αὐτῷ ἀπὸ τῆς Γαλιλαίας εἰς Ἰερουσαλήμ, οἵτινες [νῦν] εἰσιν μάρτυρες αὐτοῦ πρὸς τὸν λαόν.

Justinus Mart., Apol. I, 50,12: Μετὰ οὖν τὸ σταυρωθῆναι αὐτὸν καὶ οἱ γνώριμοι αὐτοῦ πάντες ἀπέστησαν, ἀρνησάμενοι αὐτόν· ὕστερον δέ, ἐκ νεκρῶν ἀναστάντος καὶ ὀφθέντος αὐτοῖς καὶ ταῖς προφητείαις ἐντυχεῖν, ἐν αἷς πάντα ταῦτα προείρητο γενησόμενα, διδάξαντος, καὶ εἰς οὐρανὸν ἀνερχόμενον ἰδόντες καὶ πιστεύσαντες καὶ δύναμιν ἐκεῖθεν αὐτοῖς πεμφθεῖσαν παρ᾽ αὐτοῦ λαβόντες καὶ εἰς πᾶν γένος ἀνθρώπων ἐλθόντες, ταῦτα ἐδίδαξαν καὶ ἀπόστολοι προσηγορεύθησαν.

Mark.: 13 ⸀πορευθεντες Θ

Luk.: 19 ⸀Ναζωραιου ℜ A D W Γ Δ Θ 063 λ φ *pl* b ff² l ¦ *txt* 𝔓75 B ℵ L 079.0124 *pc* lat; Or | ⸉ *3 2 1* ℵ D *pc* | ⸀ενωπιον D || 20 ⸂ *1 2 4 3* A K W Θ φ *al* ¦ ως τουτον παρεδωκ. D || 21 ⸀ελπ- ℵ P Δ Θ 69 *pc* ¦ ηλπικαμεν 𝔓75 (-ζαμεν B*) | ⸁ην D lat | ° ℜ A W Γ Θ φ *pm* | °¹ D *pc* it | ⸆σημερον ℜ A W Γ Δ Θ φ *pm* (⸉ *a.* αγει D) | ⸀¹γεγονεν D || 22 ⸋ D 157 || 23 ° D || 24 ⸆εκ D lat | ⸂ *1 3-5* 𝔓75 B ¦ ως ειπ. αι γυν. D lat sy sa^pt bo^pt | ⸀ειδομεν D e || 25 ⸂ο δε D c e | ⸋ D; Mcion | ⸂ελαλησα υμιν (*vl* -σεν προς υμας) Mcion || 26 ⸀οτι D; Mcion | ⸁βασιλειαν 𝔓75* || 27 ⸂ην αρξ. απο Μ. και παντ. τ. πρ. ερμηνευειν D (it sy) | ⸀-ευεν ℜ A Γ Δ Θ λ φ 33 *pm* ¦ (και ℵ*) διερμηνευειν ℵ* W ¦ *txt* 𝔓75 B ℵ^corr L 0139^vid *al* | ⸆τι ην ℵ L Θ 1.33 *al* bo | ° ℵ D | ⸁αυτου D L W X Θ 1 *pm* || 28 ⸀-εποιειτο ℜ W Γ Δ Θ φ *pm* | ⸁-τερω ℵ ℜ D W Γ Δ Θ λ φ *pl* ¦ *txt* 𝔓75 B A *pc* || 29 ⸂κεκλ. D it sy^p ¦ ην sy^s.c | ° ℜ A D W Δ Θ φ *pm* c l sy^s.c sa ¦ *txt* 𝔓75 B ℵ L Ψ 0139.1.33 *pc* lat sy^p bo | °¹ D | ⸂μετ αυτων *et* 30 ⸋ D e sy^s.c | ° D | ⸀ηυλ- ℵ A D Ψ 13 *pc* | °¹ D | ⸁εδ- ℵ ¦ προσεδ- D || 31 ⸂λαβοντων δε αυτων τον αρτον απ αυτου ηνοιγησαν οι οφθ. αυτων D c e; (Or) || 32 ⸂οι δε ειπον πρ. εαυτους D | ⸉ *3 1 2* D *et* ⸀κεκαλυμμενη D sa^pt ¦ [? πεπηρωμενη] excaecatum c ¦ optusum l ¦ exterminatum e ¦ gravatum sy sa^pt | ⸋ 𝔓75 B D c e sy^s.c; Or ¦ *txt rell* | ⸆και ℜ A W Γ Δ Θ 0135 λ φ *pm* || 33 ⸆λυπουμενοι D c e sa^pt | ⸀συνη- ℜ A L W Γ Δ Θ 0135 λ φ *pl* ¦ *txt* 𝔓75 B ℵ D 33 *pc* || 34 ⸀-ντες D; Or | ⸉ *2-4 1* ℜ A W^corr Γ Δ Θ 0135 φ *pm* ¦ *txt* 𝔓75 B ℵ D L Ψ 1.579 *pc* lat | ⸆τω ℵ || 35 ⸀οτι D c e

---

[9] cf Lc 7,16.39; Mt 16,14; 21,11; Mc 6,15; Jo 7,52 | cf Act 7,22; 2,22 || [11sq] cf Lc 1,68; 2,38; 19,11; Act 1,6 || [12-14] cf Lc 24,1-11; Mt 28,1-8; Mc 16,1-8; Jo 20,1.2 *(= nr 352)* || [14sq] cf Lc 24,12 app; Jo 20,3-10 *(= nr 352)* || [16] cf Mc 16,14; Lc 9,45; 18,34; Jo 20,9 etc; *cf 33sqq* | cf Lc 18,31 etc || [17] cf Lc 24,45 sq || [17sq] cf Dt 18,15; Ps 22; Is 53 etc? Act 8,30 sqq || [20] cf Jdc 19,9 || [21sq] cf Jo 21,13 || [22] cf Lc 22,19 par | *cf 5 sq* || [23] cf 2 Mcc 3,34 | cf Ps 39,4 || [26] cf Mc 16,14; Lc 24,9; Mt 28,16; Act 1,26; 2,14 || [26sq] *cf 1* || [27sq] cf 1 Cor 15,4 sq || [30sq] *cf 1sqq* || [32] *cf 1sqq* || [33sqq] *cf 16*

Eusebius, hist. eccl. III, 11: Μετὰ τὴν Ἰακώβου μαρτυρίαν καὶ τὴν αὐτίκα γενομένην ἅλωσιν τῆς Ἱερουσαλὴμ λόγος κατέχει τῶν ἀποστόλων καὶ τῶν τοῦ κυρίου μαθητῶν τοὺς εἰς ἔτι τῷ βίῳ λειπομένους ἐπὶ ταὐτὸν πανταχόθεν συνελθεῖν ἅμα τοῖς πρὸς γένους κατὰ σάρκα τοῦ κυρίου (πλείους γὰρ καὶ τούτων περιῆσαν εἰς ἔτι τότε τῷ βίῳ), βουλήν τε ὁμοῦ τοὺς πάντας περὶ τοῦ τίνα χρὴ τῆς Ἰακώβου διαδοχῆς ἐπικρῖναι ἄξιον, ποιήσασθαι, καὶ δὴ ἀπὸ μιᾶς γνώμης τοὺς πάντας Συμεῶνα τὸν τοῦ Κλωπᾶ, οὗ καὶ ἡ τοῦ εὐαγγελίου μνημονεύει γραφή, τοῦ τῆς αὐτόθι παροικίας θρόνου ἄξιον εἶναι δοκιμάσαι, ἀνεψιόν, ὥς γέ φασι, γεγονότα τοῦ σωτῆρος (τὸν γὰρ οὖν Κλωπᾶν ἀδελφὸν τοῦ Ἰωσὴφ ὑπάρχειν Ἡγήσιππος ἱστορεῖ).

37 sqq cf 7

356. Jesus erscheint den Jüngern (in Abwesenheit des Thomas)

Discipulis apparet

Jesus Appears to His Disciples (Thomas being Absent)

Matth. 18,18; 16,19 — cf. 28,19 sq. (*nr. 364, p. 509*)

Mark. [16,14] — cf. 16,15 (*nr. 363, p. 508*)

Luk. 24, 36-43

36 Ταῦτα δὲ αὐτῶν λαλούντων αὐτὸς ⸆ ⸀ἔστη ἐν
μέσῳ αὐτῶν ⸋καὶ λέγει αὐτοῖς· εἰρήνη ὑμῖν⸌. 37 ⸀πτοηθέν-
τες δὲ καὶ ἔμφοβοι γενόμενοι ἐδόκουν ⸀πνεῦμα θεωρεῖν.
38 ⸂καὶ εἶπεν⸃ αὐτοῖς· τί τεταραγμένοι ἐστὲ καὶ ⸂διὰ τί⸃ δια-
λογισμοὶ ἀναβαίνουσιν ἐν ⸂1τῇ καρδίᾳ⸃ ὑμῶν; 39 ἴδετε ⸉τὰς
χεῖράς μου καὶ τοὺς πόδας⸊ °μου ὅτι ἐγώ εἰμι ⸉αὐτός·
ψηλαφήσατέ °1με καὶ ἴδετε, ὅτι πνεῦμα ⸆ ⸂σάρκα καὶ ὀστέα
οὐκ ἔχει⸃ καθὼς ἐμὲ ⸀θεωρεῖτε ἔχοντα. 40 ⸋καὶ τοῦτο εἰ-
πὼν ⸀ἔδειξεν αὐτοῖς τὰς χεῖρας καὶ τοὺς πόδας.⸌ 41 ἔτι δὲ
ἀπιστούντων αὐτῶν ⸉ἀπὸ τῆς χαρᾶς καὶ θαυμαζόντων⸊
εἶπεν °αὐτοῖς· ἔχετέ τι βρώσιμον ἐνθάδε; 42 ⸂οἱ δὲ⸃ ἐπ-
έδωκαν αὐτῷ ἰχθύος ὀπτοῦ μέρος ⸆· 43 καὶ ⸂λαβὼν ἐνώπιον
αὐτῶν ἔφαγεν⸃.

(*nr. 365 24,44-53 p. 510*)

Joh. 20,19-23

(*nr. 353 20,14-18 p. 498*)

19 Οὔσης οὖν ὀψίας τῇ ἡμέρᾳ ἐκείνῃ ⸂τῇ μιᾷ⸃ σαββάτων
καὶ τῶν θυρῶν κεκλεισμένων ὅπου ἦσαν οἱ μαθηταὶ ⸆ διὰ
τὸν φόβον τῶν Ἰουδαίων, ἦλθεν °ὁ Ἰησοῦς καὶ ἔστη εἰς
τὸ μέσον καὶ λέγει °1αὐτοῖς· εἰρήνη ὑμῖν.
20 καὶ τοῦτο εἰ-
πὼν ἔδειξεν ⸆τὰς χεῖρας καὶ τὴν πλευρὰν ⸀αὐτοῖς. ἐχάρησαν
οὖν οἱ μαθηταὶ ⸆ ἰδόντες τὸν κύριον.
21 ⸂εἶπεν οὖν⸃ αὐτοῖς ⸋[ὁ Ἰησοῦς]⸌ πάλιν·
εἰρήνη ὑμῖν· καθὼς ἀπέσταλκέν με ὁ πατήρ, κἀγὼ ⸀πέμ-
πω ὑμᾶς. 22 καὶ τοῦτο εἰπὼν ἐνεφύσησεν ⸆ καὶ λέγει

Luk.: 36 ⸆ο Ιησους 𝔎 A W Γ Δ Θ 0135 λ φ *pm* ¦ *txt* 𝔓75 B ℵ L D *pc* | ⸀εσταθη D | ⸋† D it ¦ *ut txt, sed* + εγω ειμι, μη φοβεισθε G P (⸉W, 579) *pc* aur c f vg syᵖ boᵖᵗ ¦ *txt* 𝔓75 *rell* ‖ 37 ⸀θροη- 𝔓75 B 1241 ¦ φοβη- ℵ W ¦ *txt rell* (*sed* αυτοι δε πτ. D) | ⸀φαντασμα D; Mcion ‖ 38 ⸂ο δε ειπεν D c e | ⸂ινατι D L *pc* ¦ τι 𝔓75 B | ⸂1ταις -ιαις ℵ 𝔎 A L W Γ Δ Θ 0135 λ φ *pl* ¦ *txt* 𝔓75 B D it sa ‖ 39 ⸉5 6 3 4 1 2 ℵ | °𝔓75 L W Θ φ 1.33 *al* lat | ⸉*p.* οτι 𝔎 A W Γ Δ Θ 0135 λ φ *pm* vg ¦ *p.* εγω D c e ¦ *txt* 𝔓75 B ℵ L 33 *pc* it | °1 D W Θ lat sy^{s.c} | ⸆και B | ⸂σαρκας κ. ο. ουκ ε. 𝔓75 ℵ* ¦ ο. ουκ ε. Mcion Tert ¦ οστα ουκ ε. κ. σαρκας D; (Ir) ¦ *txt* B ℵᶜᵒʳʳ 𝔎 A W Γ Δ Θ 0135 λ φ *pl* | ⸀βλεπετε D ‖ 40 ⸋*vs* † D it sy^{s.c}; Mcion ¦ *txt* 𝔓75 *rell* aur c f q vg syᵖ sa bo | ⸀επεδ- 𝔎 A W Γ Δ Θ 0135 φ *pm* ‖ 41 ⸉4 5 1-3 A *pc* lat | °D lat ‖ 42 ⸂και D e | ⸆και απο μελισσιου κηριου E* Θ φ *al* lat ¦ κ. α. μ. κηριου 𝔎 Γ Δ λ *al* sy^{c.p} boᵖᵗ ¦ *txt* 𝔓75 B ℵ A D L W *pc* e syˢ sa boᵖᵗ; Cl Or ‖ 43 ⸂λαβ. εν. αυτ. εφ. και (+ λαβων 713 syᶜ boᵖᵗ) τα επιλοιπα εδωκεν αυτοις K 13 *al* (c) syᶜ boᵖᵗ ¦ φαγων εν. αυτ. λαβων τα επιλ. εδ. αυτ. Θ *pc* aur vg

Joh.: 19 ⸂μια ℵ* ¦ μιας W ¦ τη μια των 𝔎 D Γ Δ Θ λ φ *pm* ¦ *txt* 𝔓66vid B ℵ² A L 078.0250. 33 *pc* | ⸆συνηγμενοι ℵᶜᵒʳʳ 𝔎 Γ Θ λ φ *pm* it ¦ αυτου συνηγμ. L Δ Ψ *al*; Cyr | °D 078.0250 *pc* | °1 ℵ* ‖ 20 ⸆† και B A *pc* ¦ αυτοις 𝔎 L Γ Δ Θ λ φ *pm* ¦ *txt* ℵ D W 078.0250 *pc* | ⸀αυτου 𝔓66vid 𝔎 L Γ Δ Θ φ *pm* | ⸆αυτου D *pc* ‖ 21 ⸂και ειπ. ℵᶜᵒʳʳ L Ψ 050 *pc* | ⸋ℵ D L W X Ψ 050.0141 *pc* lat ¦ *txt* B 𝔎 A Γ Δ Θ 078 *pm* (⸉1.565 *pc*) | ⸀πεμψω ℵ* φ c ¦ αποστελλω ℵ² D* L 050 *pc* ‖ 22 ⸆αυτοις D W sy^{s.p} sa bo

1 sqq cf 1 Cor 15,5?; 15,6? ‖ *2 sq* cf Jo 7,13; 19,38; Act 12,13 ‖ *3 sqq cf 46* ‖ *4 (Jo)* cf Lc 24,36 app ‖ *5* cf Mt 14,26; Act 12,15; *cf 33 sq* ‖ *9* cf 1 Jo 1,1 ‖ *9 sq* cf Jo 20,27; *cf 35 sqq* ‖ *10 sqq* cf Jo 20,25; *cf 30 sqq. 38 sqq. 41 sqq* ‖ *11 sqq cf 26 sqq* ‖ *11 sq* cf Lc 24,11 ‖ *12* cf Lc 22,45; Act 12,14 | cf Jo 16,22; 15,11; 16,20.24; 17,13 ‖ *13* cf Jo 21,5.10 ‖ *14* cf Jo 21,10 ‖ *14 sq* cf Gn 18,8; 19,3; Tob 6,6 sq etc; Act 10,41 ‖ *15 sqq* cf Mc 16,15; Mt 28,19 sq; Lc 24,47 sqq; Act 1,5 sqq *(= nr 365)* ‖ *16 sq* cf Jo 17,18 ‖ *17* cf Gn 2,7; Ez 37,5 sqq; Sap 15,11

Matth.	Mark.	Luk.	[Joh. 20,19-23]
18,18 *(nr. 170, p. 252)* [18]Ἀμὴν λέγω ὑμῖν· ὅσα ἐὰν δήσητε ἐπὶ τῆς γῆς ἔσται δεδεμένα ἐν οὐρανῷ, καὶ ὅσα ἐὰν λύσητε ἐπὶ τῆς γῆς ἔσται λελυμένα ἐν οὐρανῷ. 16,19 *(nr. 158, p. 231)* [19]Δώσω σοι τὰς κλεῖδας τῆς βασιλείας τῶν οὐρανῶν, καὶ ὃ ἐὰν δήσῃς ἐπὶ τῆς γῆς ἔσται δεδεμένον ἐν τοῖς οὐρανοῖς, καὶ ὃ ἐὰν λύσῃς ἐπὶ τῆς γῆς ἔσται λελυμένον ἐν τοῖς οὐρανοῖς.	[16,14] *(nr. 363, p. 508)* [[[14]Ὕστερον [δὲ] ἀνακειμένοις αὐτοῖς τοῖς ἕνδεκα ἐφανερώθη καὶ ὠνείδισεν τὴν ἀπιστίαν αὐτῶν καὶ σκληροκαρδίαν ὅτι τοῖς θεασαμένοις αὐτὸν ἐγηγερμένον οὐκ ἐπίστευσαν.]]	cf. 24, 47 sqq. *(nr. 365, p. 510)*	°αὐτοῖς· λάβετε πνεῦμα ἅγιον· [23]ἄν ⸀τινων ἀφῆτε τὰς ἁμαρτίας ⸀ἀφέωνται αὐτοῖς, ἄν ⸀τινων ⸀[1]κρατῆτε κεκράτηνται.

Evang. sec. Hebraeos (Hieronymus, de viris inl. 16): Ignatius ... scripsit ... Ad Smyrnaeos et proprie Ad Polycarpum ... in qua et de evangelio, quod nuper a me translatum est, super persona Christi ponit testimonium dicens: Ego vero et post resurrectionem in carne eum vidi et credo quia sit, et quando venit ad Petrum et ad eos qui cum Petro erant, dixit eis: »Ecce palpate me et videte, quia non sum daemonium incorporale. Et statim tetigerunt eum et crediderunt«. – (Comm. in Is. XVIII, praef.): Cum enim apostoli eum putarent spiritum, vel iuxta evangelium, quod Hebraeorum lectitant Nazaraei, incorporale daemonium ...

–, (Origenes, De princ. I, prooem. 8): Si vero quis velit nobis proferre ex illo libello, qui Petri Doctrina appellatur, ubi salvator videtur ad discipulos dicere: »Non sum daemonium incorporeum«, primo respondendum est ei quoniam liber ipse inter libros ecclesiasticos non habetur, et ostendendum quia neque Petri est ipsa scriptura neque alterius cuiusquam, qui spiritu dei fuerit inspiratus.

Ignatius ad Smyrn. 3,1-3 (cf. Eusebius, h. e. III, 36,11): [1]Ἐγὼ γὰρ καὶ μετὰ τὴν ἀνάστασιν ἐν σαρκὶ αὐτὸν οἶδα καὶ πιστεύω ὄντα. [2]καὶ ὅτε πρὸς τοὺς περὶ Πέτρον ἦλθεν, ἔφη αὐτοῖς· »Λάβετε, ψηλαφήσατέ με καὶ ἴδετε, ὅτι οὐκ εἰμὶ δαιμόνιον ἀσώματον«. καὶ εὐθὺς αὐτοῦ ἥψαντο καὶ ἐπίστευσαν, κραθέντες τῇ σαρκὶ αὐτοῦ καὶ τῷ πνεύματι. ... [3]μετὰ δὲ τὴν ἀνάστασιν συνέφαγεν αὐτοῖς καὶ συνέπιεν ὡς σαρκικός, καίπερ πνευματικῶς ἡνωμένος τῷ πατρί.

Justinus Mart.?, De resurr. 9 (Holl, TU 20, 2 p. 47 sq.): ... τῶν μαθητῶν αὐτοῦ μὴ πιστευόντων εἰ ἀληθῶς σώματι ἀνέστη, βλεπόντων αὐτῶν καὶ διστάζόντων εἶπεν αὐτοῖς· »οὔπω ἔχετε πίστιν, φησίν, ἴδετε ὅτι ἐγώ εἰμι« καὶ ψηλαφᾶν αὐτὸν ἐπέτρεπεν αὐτοῖς καὶ τοὺς τύπους τῶν ἥλων ἐν ταῖς χερσὶν ἐπεδείκνυε καὶ πανταχόθεν αὐτὸν κατανοήσαντες ὅτι αὐτός ἐστι καὶ ἐν τῷ σώματι παρεκάλεσαν αὐτὸν φαγεῖν μετ᾽ αὐτῶν ἵνα καὶ διὰ τούτου βεβαίως μάθωσιν, ὅτι ἀληθῶς σωματικῶς ἀνέστη καὶ ἔφαγε κηρίον καὶ ἰχθὺν καὶ οὕτως ἐπιδείξας αὐτοῖς, ὅτι ἀληθῶς σαρκὸς ἀνάστασίς ἐστι, βουλόμενος ἐπιδεῖξαι καὶ τοῦτο, καθὼς εἴρηκεν ἐν οὐρανῷ τὴν κατοίκησιν ἡμῶν ὑπάρχειν, ὅτι οὐκ ἀδύνατον καὶ σαρκὶ εἰς οὐρανὸν ἀνελθεῖν ἀνελήφθη βλεπόντων αὐτῶν εἰς τὸν οὐρανὸν ὡς ἦν ἐν σαρκί.

–, Dial. 106,1: *cf. nr. 365*

Joh.: 22 °W ‖ **23** ⸀*bis* τινος B a e f sy[s.p] | ⸀αφιονται B* ¦ αφιεντ- ℜ W Γ Δ Θ **078** *pm*; Or ¦ αφεθησεται ℵ* ¦ *txt* ℵ[corr] A D L λ 13 *al* | ⸀[1]κρατησητε D lat

[18]cf Jo 7,39; 14,16; 16,7.13 ‖ *18 sqq cf 22 sqq* ‖ *22 sqq cf 18 sqq* ‖ *26 sqq cf 11 sqq* ‖ *30 sqq cf 10 sqq* ‖ *33 sq cf 5 sq* ‖ *35 sqq cf 9 sq* ‖ *38 sqq cf 10 sqq* ‖ *41 sqq cf 10 sqq* ‖ *46 cf 3 sqq*

357. Jesus erscheint den Jüngern (in Gegenwart des Thomas)

Thomas **Jesus Appears to His Disciples (Thomas being Present)**

Matth.	Mark.	Luk.	Joh. 20,24-29
			[24]Θωμᾶς δὲ εἷς ἐκ τῶν δώδεκα, °ὁ λεγόμενος Δίδυμος, οὐκ ἦν μετ᾽ αὐτῶν ὅτε ⸆ἦλθεν ⸆᾽Ἰησοῦς. [25]ἔλεγον °οὖν αὐτῷ οἱ °[1]ἄλλοι μαθηταί⸆· ἑωράκαμεν τὸν κύριον. ὁ δὲ εἶπεν αὐτοῖς· ἐὰν μὴ ἴδω ἐν ταῖς χερσὶν αὐτοῦ ⸉τὸν τύπον⸊

24 °D; Chr | ⸆ο ℜ A L W Γ Δ Θ λ φ **050**.**078** *pl* ¦ *txt* 𝔓[5] B ℵ D *pc* ‖ **24.25** ⸆ουν *et* ° 𝔓[5vid] ℵ* ‖ **25** °[1] ℵ* sy[p] bo | ⸆οτι D *pc* | ⸉τ. τοπον N f q ¦ τους τυπους 𝔓[66vid] 565

[1]cf Jo 11,16; 14,5; 21,2 ‖ *1 sqq* cf Mc 16,14? ‖ [2]cf Jo 20,18; 1 Cor 9,1 ‖ *2 sq* cf Jo 20,20; Lc 24,39

Matth.	Mark.	Luk.	[Joh. 20,24-29]
			τῶν ἥλων □καὶ βάλω ⸉τὸν δάκτυλόν μου⸊ εἰς ⸂τὸν τύπον τῶν ἥλων⸃\ καὶ βάλω ⸉¹μου τὴν χεῖρα⸊ εἰς τὴν πλευρὰν αὐτοῦ, οὐ μὴ πιστεύσω. [26]Καὶ μεθ' ἡμέρας ὀκτὼ ⸆πάλιν ἦσαν ἔσω οἱ μαθηταὶ °αὐτοῦ καὶ Θωμᾶς μετ' αὐτῶν. ἔρχεται ⸆ ὁ Ἰησοῦς τῶν θυρῶν κεκλεισμένων καὶ ἔστη εἰς τὸ μέσον ⸂καὶ εἶπεν⸃· εἰρήνη ὑμῖν. [27]εἶτα λέγει τῷ Θωμᾷ· φέρε τὸν δάκτυλόν σου ὧδε καὶ ἴδε τὰς χεῖράς μου καὶ φέρε τὴν χεῖρά σου καὶ βάλε εἰς τὴν πλευράν μου, καὶ μὴ ⸀γίνου ἄπιστος ἀλλὰ πιστός. [28]⸆ἀπεκρίθη ⸆ Θωμᾶς καὶ εἶπεν αὐτῷ· ὁ κύριός μου καὶ °ὁ θεός μου. [29]⸀λέγει αὐτῷ °ὁ Ἰησοῦς· ὅτι ἑώρακάς με πεπίστευκας⸇; μακάριοι οἱ μὴ ἰδόντες ⸆ καὶ πιστεύσαντες.
			(nr. 366 20,30-31 p. 511)

25 □ Λ 33.69 *al* e (*pon. p.* πλευρ. αυτου D) | ⸉ *3 1 2* ℵ D L W 33 *pc* | ⸂ † τ. τοπον τ. η. Α Θ **078.0250** lat sy[s.p] ¦ την χειρα αυτου ℵ* ¦ *txt* B ℵ[corr] 𝔎 D L W Γ Δ λ ϕ *pl* sa bo | ⸉¹ 𝔎 Α Γ Δ Θ **078** ϕ *pm* (— μου 1 *pc*) || **26** ⸆ τη μια ετερων σαββατων sy[s] | ° ℵ W 1 *al* | ⸆ ουν D λ *pc* | ⸂ λεγει αυτοις Θ *pc* || **27** ⸀ ισθι D (*ex latt?*) || **28** ⸆ και C³ 𝔎 Α Γ Δ *pm* | ⸆ ο ℵ L 33 *pc* | ° D *pc* || **29** ⸀ λεγει δε ℵ[corr] ¦ ειπεν δε ℵ* W ϕ | ° 𝔓[66] B | [⸇ T ¦ *txt* 700 *al*] | ⸆ με ℵ* **0250**.13.209 *pc*

[3sq] cf Jo 19,34 || [4] cf Mt 28,17; Mc 16,11.13sq; Lc 24,11.25.38.41 | cf Ez 9,6; Gn 39,11 || [5] cf Jo 20,19 || [6] cf Jo 20,17 || [6sq] cf Lc 24,39 || [7] cf 2Sm 7,28; 1Rg 18,39; Jr 31,18 (LXX 38,18); Zch 13,9; Ps 30,3 etc || [8] cf Ps 2,12; Sir 48,11; Jo 1,50

358. Jesus erscheint den elf Jüngern beim Mahl

Recumbentibus apparet — **Jesus Appears to the Eleven While They Sit at Table**

Matth.	[Mark. 16, 14-18]	Luk.	Joh.
	(nr. 363, p. 508)		
	⟦[14]Ὕστερον °[δὲ] ἀνακειμένοις °¹αὐτοῖς τοῖς ἕνδεκα ἐφανερώθη καὶ ὠνείδισεν τὴν ἀπιστίαν αὐτῶν καὶ σκληροκαρδίαν ὅτι τοῖς θεασαμένοις αὐτὸν ἐγηγερμένον ⸆ οὐκ ἐπίστευσαν.⸆ [15]⸂καὶ εἶπεν αὐτοῖς·⸃ πορευθέντες εἰς τὸν κόσμον ⸀ἅπαντα κηρύξατε τὸ εὐαγγέλιον πάσῃ τῇ κτίσει. [16]⸆ ὁ πιστεύσας καὶ ⸆ βαπτισθεὶς σωθήσεται, ὁ δὲ ἀπιστήσας ⸀κατακριθήσεται. [17]σημεῖα δὲ τοῖς πιστεύσασιν ⸂ταῦτα παρακολουθήσει⸃· ⸀ἐν τῷ ὀνόματί μου δαιμόνια ἐκβαλοῦσιν, γλώσσαις ⸀λαλήσουσιν °καιναῖς, [18]□[καὶ ἐν ταῖς χερσὶν]\ ὄφεις ἀροῦσιν κἂν θανάσιμόν τι πίωσιν ⸂οὐ μὴ⸃ αὐτοὺς βλάψῃ, ἐπὶ ἀρρώστους χεῖρας ἐπιθήσουσιν καὶ καλῶς ἕξουσιν.⟧		

⟦...⟧ *vide nr. 363, p. 508*

14 ° C 𝔎 L W Γ Δ Ψ **099** ϕ 33.157 *pm* vg ¦ *txt* Α D Θ 1.565.892 *al* it sy[p] bo | °¹ L W 13 | ⸆ εκ νεκρων C* Α Δ ϕ 1.33.565.892 *al* bo[pt] ¦ *txt* C³ 𝔎 D L W Γ Θ Ψ **099** *pm* latt sy[p.pal] sa bo[pt] | ⸆ κακεινοι απελογουντο λεγοντες οτι ο αιων ουτος της ανομιας και της απιστιας υπο τον σαταναν εστιν, ο μη εων τα (τον μη εωντα?) υπο των πνευματων ακαθαρτα (-ρτων?) την αληθειαν του θεου καταλαβεσθαι (+ και? *an* αληθινην *pro* αληθειαν?) δυναμιν· δια τουτο αποκαλυψον σου την δικαιοσυνην ηδη, εκεινοι ελεγον τω χριστω. και ο χριστος εκεινοις προσελεγεν οτι πεπληρωται ο ὅρος των ετων της εξουσιας του σατανα, ἀλλὰ εγγιζει ἄλλα δεινά· και υπερ ων εγω αμαρτησαντων παρεδοθην εις θανατον, ινα υποστρεψωσιν εις την αληθειαν και μηκετι αμαρτησωσιν ινα την εν τω ουρανω πνευματικην και αφθαρτον της δικαιοσυνης δοξαν κληρονομησωσιν. W ¦ et illi satisfaciebant dicentes: Saeculum istud iniquitatis et incredulitatis substantia (*vl* sub Satana) est, quae non sinit per immundos spiritus veram Dei apprehendi virtutem: idcirco iamnunc revela iustitiam tuam. *codd. graeci apud* Hier || **15** ⸂ και ειπεν προς αυτους· D ¦ αλλα W | ⸀ και D || **16** ⸆ οτι D[suppl] 565 *pc* | ⸆ ο L Δ | ⸀ κατακριθεις ου σωθησεται W || **17** ⸂ ακολ. ταυτα C* L Ψ 892 *pc* ¦ παρακ- ταυτα C² Α **099**. 33 *pc* ¦ *txt* C³ 𝔎 D[suppl] W Γ Δ Θ λ ϕ 157.565.700 *pm* sy[p.h] sa bo | ⸀ επι L | ⸀ -σωσιν D[suppl] Θ | ° C* L Δ Ψ sa bo ¦ *txt* C² 𝔎 Α D[suppl] W Γ Θ λ ϕ *pl* lat sy[c.p] || **18** □† 𝔎 Α D[suppl] W Θ ϕ *pm* latt ¦ *txt* C L Δ Ψ **099**.1.33.565.892 *al* sy[c] sa bo | ⸂ ουδεν C*

[1sqq] *cf ad nr. 363*

359. Jesus erscheint den elf Jüngern auf einem Berg in Galiläa

In monte Galilaeae

Jesus Appears to the Eleven on a Mountain in Galilee

Matth. 28,16-20
(nr. 364, p. 509)

[16]Οἱ δὲ ἕνδεκα μαθηταὶ ἐπορεύθησαν εἰς τὴν Γαλιλαίαν εἰς τὸ ὄρος οὗ ἐτάξατο αὐτοῖς °ὁ Ἰησοῦς, [17]καὶ ἰδόντες αὐτὸν προσεκύνησαν⸆, οἱ δὲ ἐδίστασαν. [18]καὶ προσελθὼν ὁ Ἰησοῦς ἐλάλησεν °αὐτοῖς λέγων· ἐδόθη μοι πᾶσα ἐξουσία ἐν ⸀οὐρανῷ καὶ ἐπὶ °[1][τῆς] γῆς.⸆ [19]⸀πορευθέντες °οὖν μαθητεύσατε πάντα τὰ ἔθνη, ⸂⸀βαπτίζοντες αὐτοὺς εἰς τὸ ὄνομα τοῦ πατρὸς καὶ °[1]τοῦ υἱοῦ καὶ τοῦ ἁγίου πνεύματος,⸃ [20]διδάσκοντες αὐτοὺς τηρεῖν πάντα ὅσα ἐνετειλάμην ὑμῖν· καὶ ἰδοὺ ἐγὼ ⸉μεθ᾽ ὑμῶν εἰμι⸊ πάσας τὰς ἡμέρας ἕως τῆς συντελείας τοῦ αἰῶνος.⸆

[Mark. 16,14-18]
(nr. 363, p. 508)

⟦[14]Ὕστερον °[δὲ] ἀνακειμένοις °[1]αὐτοῖς τοῖς ἕνδεκα ἐφανερώθη καὶ ὠνείδισεν τὴν ἀπιστίαν αὐτῶν καὶ σκληροκαρδίαν ὅτι τοῖς θεασαμένοις αὐτὸν ἐγηγερμένον⸆ οὐκ ἐπίστευσαν.⸆ [15]⸂καὶ εἶπεν αὐτοῖς·⸃ πορευθέντες εἰς τὸν κόσμον ⸀ἅπαντα κηρύξατε τὸ εὐαγγέλιον πάσῃ τῇ κτίσει. [16]⸆ὁ πιστεύσας καὶ⸆ βαπτισθεὶς σωθήσεται, ὁ δὲ ἀπιστήσας ⸀κατακριθήσεται. [17]σημεῖα δὲ τοῖς πιστεύσασιν ⸂ταῦτα παρακολουθήσει⸃· ⸀ἐν τῷ ὀνόματί μου δαιμόνια ἐκβαλοῦσιν, γλώσσαις ⸀λαλήσουσιν °καιναῖς, [18]⸋[καὶ ἐν ταῖς χερσὶν]⸌ ὄφεις ἀροῦσιν κἂν θανάσιμόν τι πίωσιν ⸂οὐ μὴ⸃ αὐτοὺς βλάψῃ, ἐπὶ ἀρρώστους χεῖρας ἐπιθήσουσιν καὶ καλῶς ἕξουσιν.⟧

Luk.

cf. 24,47sq. (nr. 365, p. 510)

Joh. 14,23
(nr. 318, p. 445)

cf. 20,21 *(nr. 356, p. 502)*

[23]Ἀπεκρίθη Ἰησοῦς καὶ εἶπεν αὐτῷ· ἐάν τις ἀγαπᾷ με τὸν λόγον μου τηρήσει, καὶ ὁ πατήρ μου ἀγαπήσει αὐτὸν καὶ πρὸς αὐτὸν ἐλευσόμεθα καὶ μονὴν παρ᾽ αὐτῷ ποιησόμεθα.

Matth.: **16** °D || **17** ⸆αυτω ℜAWΔΘΦ **074.0148** λϕ *pl* ¦ αυτον Γ 157.1241 *al* ¦ *txt* Bℵ D 33 lat || **18** °ℵ* *pc* | ⸀-νοις D | °[1] *rell* ¦ *txt* BD 1295 | ⸆(Jo 20,21) καθως απεστειλεν με ο πατηρ καγω αποστελω υμας Θ (1604 sy[p]) || **19** ⸀-ευεσθε νυν D | °ℵℜA(D)Γ **0148**[vid] 69 *pm*; Ir[lat] | ⸂εν τω ονοματι μου Eus[pt] | ⸀-ισαντες BD | °[1] D *pc* || **20** ⸉ℵD | ⸆αμην. ℜA[corr]ΓΔΘΦϕ *pl* it sy[p] bo[pt] ¦ *txt* BℵA*D W **074**.1.33 *pc* lat sa bo[pt]

Mark.: ⟦...⟧ *vide nr. 363, p. 508*

14 °CℜLWΓΔΨ **099** ϕ 33.157 *pm* vg ¦ *txt* ADΘ 1.565.892 *al* it sy[p] bo | °[1] LW 13 | ⸆εκ νεκρων C*AΔ ϕ 1.33.565.892 *al* bo[pt] ¦ *txt* C[3]ℜDL WΓΘΨ **099** *pm* latt sy[p.pal] sa bo[pt] | ⸆κακεινοι απελογουντο λεγοντες οτι ο αιων ουτος της ανομιας και της απιστιας υπο τον σαταναν εστιν, ο μη εωντα (τον μη εωντα?) υπο των πνευματων ακαθαρτα (-ρτων?) την αληθειαν του θεου καταλαβεσθαι (+ και? *an* αληθινην *pro* αληθειαν?) δυναμιν· δια τουτο αποκαλυψον σου την δικαιοσυνην ηδη, εκεινοι ελεγον τω χριστω. και ο χριστος εκεινοις προσελεγεν οτι πεπληρωται ο ὅρος των ετων της ἐξουσιας του σατανα, ἀλλὰ εγγιζει ἄλλα δεινά· και υπερ ων εγω αμαρτησαντων παρεδοθην εις θανατον, ινα υποστρεψωσιν εις την αληθειαν και μηκετι αμαρτησωσιν ινα την εν τω ουρανω πνευματικην και αφθαρτον της δικαιοσυνης δοξαν κληρονομησωσιν. W ¦ et illi satisfaciebant dicentes: Saeculum istud iniquitatis et incredulitatis substantia (*vl* sub Satana) est, quae non sinit per immundos spiritus veram Dei apprehendi virtutem: idcirco iamnunc revela iustitiam tuam. *codd. graeci apud* Hier || **15** ⸂και ειπεν προς αυτους· D ¦ αλλα W | ⸀και D || **16** ⸆οτι D[suppl] 565 *pc* | ⸆ο LΔ | ⸀κατακριθεις ου σωθησεται W || **17** ⸂ακολ. ταυτα C*LΨ 892 *pc* ¦ παρακ- ταυτα C[2]A **099**.33 *pc* ¦ *txt* C[3]ℜD[suppl]WΓΔ Θλϕ 157.565.700 *pm* sy[p.h] sa bo | ⸀επι L | ⸀-σωσιν D[suppl]Θ | °C*LΔΨ sa bo ¦ *txt* C[2]ℜAD[suppl]WΓΘλϕ *pl* lat sy[c.p] || **18** ⸋† ℜA D[suppl]WΘϕ *pm latt* ¦ *txt* CLΔΨ **099**.1.33.565.892 *al* sy[c] sa bo | ⸂ουδεν C*

1sqq cf 1Cor 15,5?; 15,6? || *1sq* cf Lc 24,9.33; Act 1,26; 2,14 || *2sq* cf Mt 26,32; 28,7.10 || *3* cf Mt 5,1; 17,1? || *4* cf Mt 28,9 || *5* cf Mc 16,11.13; Lc 24,37.41; Jo 20,25 || *6sq* cf Mt 9,6; 11,27; Lc 5,24; 10,22; Jo 3,35; 13,3; 17,2; 3,27; Dn 7,14 || *9* cf Mt 24,14; 26,13; Mc 14,9; 13,10; Mt 25,32; 10,5sq; 8,11sq; 21,43etc; Kol 1,23 || *10sq* cf Act 2,38; 16,31.33etc || *14* cf Gn 28,15; Jdc 6,12; Hgg 1,13; Mt 18,20; Act 18,10etc || *15* cf Mt 13,39sq.49; 24,3sqq

360. Jesus erscheint den Jüngern am See von Tiberias

Ad mare Tiberiadis

Jesus Appears to His Disciples by the Sea of Tiberias

Matth.

cf. nr. 41, p. 57

Mark.

cf. nr. 41, p. 57

Luk. 5,1-11
(nr. 41, p. 57)

1 Ἐγένετο δὲ ἐν τῷ τὸν ὄχλον ἐπικεῖσθαι αὐτῷ καὶ ἀκούειν τὸν λόγον τοῦ θεοῦ καὶ αὐτὸς ἦν ἑστὼς παρὰ τὴν λίμνην Γεννησαρὲτ 2 καὶ εἶδεν δύο πλοῖα ἑστῶτα παρὰ τὴν λίμνην· οἱ δὲ ἁλιεῖς ἀπ᾽ αὐτῶν ἀποβάντες ἔπλυνον τὰ δίκτυα. 3 ἐμβὰς δὲ εἰς ἓν τῶν πλοίων, ὃ ἦν Σίμωνος, ἠρώτησεν αὐτὸν ἀπὸ τῆς γῆς ἐπαναγαγεῖν ὀλίγον· καθίσας δὲ ἐκ τοῦ πλοίου ἐδίδασκεν τοὺς ὄχλους. 4 Ὡς δὲ ἐπαύσατο λαλῶν, εἶπεν πρὸς τὸν Σίμωνα· ἐπανάγαγε εἰς τὸ βάθος καὶ χαλάσατε τὰ δίκτυα ὑμῶν εἰς ἄγραν. 5 καὶ ἀποκριθεὶς Σίμων εἶπεν· ἐπιστάτα, δι᾽ ὅλης νυκτὸς κοπιάσαντες οὐδὲν ἐλάβομεν· ἐπὶ δὲ τῷ ῥήματί σου χαλάσω τὰ δίκτυα.

6 καὶ τοῦτο ποιήσαντες συνέκλεισαν πλῆθος ἰχθύων πολύ, διερρήσσετο δὲ τὰ δίκτυα αὐτῶν. 7 καὶ κατένευσαν τοῖς μετόχοις ἐν τῷ ἑτέρῳ πλοίῳ τοῦ ἐλθόντας συλλαβέσθαι αὐτοῖς· καὶ ἦλθον καὶ ἔπλησαν ἀμφότερα τὰ πλοῖα ὥστε βυθίζεσθαι αὐτά. 8 ἰδὼν δὲ Σίμων Πέτρος προσέπεσεν τοῖς γόνασιν Ἰησοῦ λέγων· ἔξελθε ἀπ᾽ ἐμοῦ, ὅτι ἀνὴρ ἁμαρτωλός εἰμι, κύριε. 9 θάμβος γὰρ περιέσχεν αὐτὸν καὶ πάντας τοὺς σὺν αὐτῷ ἐπὶ τῇ ἄγρᾳ τῶν ἰχθύων ὧν συνέλαβον, 10 ὁμοίως δὲ καὶ Ἰάκωβον καὶ Ἰωάννην υἱοὺς Ζεβεδαίου, οἳ ἦσαν κοινωνοὶ τῷ Σίμωνι. καὶ εἶπεν πρὸς τὸν Σίμωνα ὁ Ἰησοῦς· μὴ φοβοῦ· ἀπὸ τοῦ νῦν ἀνθρώπους ἔσῃ ζωγρῶν. 11 καὶ καταγαγόντες τὰ πλοῖα ἐπὶ τὴν γῆν ἀφέντες πάντα ἠκολούθησαν αὐτῷ.

Joh. 21,1-14
(nr. 367, p. 511)

1 Μετὰ ταῦτα ⸂ἐφανέρωσεν ἑαυτὸν πάλιν ὁ Ἰησοῦς⸃ τοῖς μαθηταῖς ⸆ ἐπὶ τῆς θαλάσσης τῆς Τιβεριάδος· ἐφανέρωσεν δὲ οὕτως. 2 ἦσαν ὁμοῦ Σίμων Πέτρος καὶ Θωμᾶς ὁ λεγόμενος Δίδυμος καὶ Ναθαναὴλ ⸀ὁ ἀπὸ Κανὰ τῆς Γαλιλαίας καὶ οἱ ⸂τοῦ Ζεβεδαίου⸃ καὶ ἄλλοι ἐκ τῶν μαθητῶν αὐτοῦ δύο. 3 λέγει ⸀αὐτοῖς Σίμων Πέτρος· ὑπάγω ἁλιεύειν. λέγουσιν αὐτῷ· ἐρχόμεθα καὶ ἡμεῖς σὺν σοί. ⸁ἐξῆλθον καὶ ἐνέβησαν εἰς τὸ πλοῖον⸆, καὶ ἐν ἐκείνῃ τῇ νυκτὶ ἐπίασαν ⸀1οὐδέν. 4 πρωΐας δὲ °ἤδη ⸀γενομένης ἔστη ⸆ Ἰησοῦς ⸋⸁εἰς τὸν αἰγιαλόν, οὐ μέντοι ⸀1ᾔδεισαν οἱ μαθηταὶ ὅτι Ἰησοῦς ἐστιν⸌. 5 λέγει οὖν αὐτοῖς °[ὁ] Ἰησοῦς· παιδία, μή °1τι προσφάγιον ἔχετε; ἀπεκρίθησαν αὐτῷ· οὔ. 6 ⸂ὁ δὲ εἶπεν⸃ αὐτοῖς· βάλετε εἰς τὰ δεξιὰ μέρη τοῦ πλοίου τὸ δίκτυον, καὶ εὑρήσετε.⸆ ⸄ἔβαλον οὖν⸅, καὶ οὐκέτι αὐτὸ ἑλκύσαι ⸀ἴσχυον ἀπὸ τοῦ πλήθους τῶν ἰχθύων. 7 λέγει οὖν ὁ μαθητὴς ἐκεῖνος ὃν ἠγάπα ὁ Ἰησοῦς τῷ Πέτρῳ· ὁ κύριός ἐστιν⸆. Σίμων οὖν Πέτρος ἀκούσας ὅτι ὁ κύριός ἐστιν τὸν ἐπενδύτην διεζώσατο, ἦν γὰρ γυμνός, καὶ ⸂ἔβαλεν ἑαυτὸν⸃ εἰς τὴν θάλασσαν. 8 οἱ δὲ ἄλλοι μαθηταὶ τῷ ⸀πλοιαρίῳ ἦλθον, οὐ γὰρ ἦσαν μακρὰν ἀπὸ τῆς γῆς ⸁ἀλλὰ ὡς ἀπὸ ⸀1πηχῶν διακοσίων, σύροντες τὸ δίκτυον τῶν ἰχθύων. 9 ὡς οὖν ⸀ἀπέβησαν ⸁εἰς τὴν γῆν βλέπουσιν ἀνθρακιὰν ⸀1κειμένην καὶ ὀψάριον ἐπικείμενον καὶ ἄρτον. 10 λέγει αὐτοῖς °ὁ Ἰησοῦς· ἐνέγκατε ⸀ἀπὸ τῶν ὀψαρίων ὧν ἐπιάσατε νῦν. 11 ⸀ἀνέβη °οὖν Σίμων Πέτρος καὶ εἵλκυσεν τὸ δίκτυον ⸂εἰς τὴν γῆν⸃ μεστὸν ⸉ἰχθύων μεγάλων⸊ ἑκατὸν πεντήκοντα τριῶν· καὶ τοσούτων ὄντων οὐκ ἐσχίσθη τὸ δίκτυον. 12 λέγει αὐτοῖς °ὁ Ἰησοῦς· δεῦτε ἀριστήσατε. οὐδεὶς °1δὲ ἐτόλμα τῶν μαθητῶν ἐξετάσαι αὐτόν· σὺ τίς εἶ;

Joh.: 1 ⸂ † *1-3 5* BC ⁝ *3 1 2* D *pc* ⁝ εφ. παλ. εαυτ. ο Ιησ. ℵ ⁝ εφ. εαυτ. ο Ιησ. παλ. WΨ 69 *pc* ⁝ *txt* 𝔎 A L Γ Δ Θ λ *pm* (— παλ. G *al* sy^s sa) | ⸆ αυτου C³ D G X Ψ *al* ⁝ αυτου εγερθεις εκ νεκρων Γ φ *al* || 2 ⸀ος ην D lat | ⸂ υιοι Ζεβ. ℵ D 157 (*al*) ⁝ του Ζεβ. υιοι C Θ 700 || 3 ⸀τουτοις D | ⸁ και εξηλ. A (P) Ψ *pc* lat ⁝ εξηλ. ουν ℵ G Θ L N X 33 *al* | ⸆ ευθυς C³ 𝔎 A Γ *pm* | ⸀1 ουδε εν C* W || 4 ° ℵ* φ 209. 565 *pc* | ⸀ † γιν- B C* A L *al* ⁝ *txt* ℵ C² 𝔎 D W Γ Δ Θ λ φ *pm* | ⸆ ο 𝔎 L X Γ Δ Θ λ φ *pm* | ⸋ W | ⸁ επι ℵ A D L X Θ Ψ 33 *al*; Cl ⁝ *txt* B C 𝔎 Γ Δ φ 1 *pm* | ⸀1 εγνωσαν 𝔓⁶⁶ ℵ L X Ψ 33 *pc* lat || 5 ° † B ℵ (— ο I. A*^vid) ⁝ *txt* C 𝔎 A^corr D L W Γ Δ Θ λ φ *pl* | °1 ℵ* W || 6 ⸂ λεγει ℵ*·³ W *pc* lat sy^s.p sa bo | ⸆ (Lc 5, 5) οι δε ειπον· δι ολης της (— 𝔓⁶⁶) νυκτος εκοπιασαμεν και (κοπιασαντες Cyr) ουδεν ελαβομεν· επι δε τω σω ονοματι (ρηματι ℵ¹ Ψ) βαλουμεν 𝔓⁶⁶^vid ℵ¹ Ψ g² aeth; Cyr | ⸄ εβ. ουν αυτο Θ ⁝ οι δε εβ. ℵ* D W | ⸀ισχυσαν 𝔎 A (⸉ W) X Γ Δ φ 209 *pm* || 7 ⸆ ημων D (⸉ sy^s.p) | ⸂ ηλατο D* || 8 ⸀πλοιω P W ⁝ αλλω πλοιαριω ℵ | ⸁ αλλ 𝔓⁶⁶ 𝔎 D L Γ Δ Θ λ φ *pm* | ⸀1 πηχεων A W; Cyr || 9 ⸀ανεβ- ℵ* H W *pc* ⁝ επεβ- Λ *pc* | ⸁ επι ℵ^corr L X | ⸀1 incensos (*i. e.* καιομενην) it || 10 ° B | ⸀εκ D L || 11 ⸀ενεβη ℵ L W 1 *pc* | ° † 𝔎 A D Γ Δ φ *pm* lat ⁝ *txt* ℌ W X Θ 1 *al* | ⸂ επι την γην D λ φ *pc* ⁝ επι της γης 𝔎 Γ *pm* | ⸉ A D G L W Δ Θ 1. 33 *al* || 12 ° B | °1 † B C sa bo^pt ⁝ *txt* ℵ 𝔎 A D L W Γ Δ Θ λ φ *pl* sy^p bo^pt

---

2 sqq cf *34 sqq* || *2* cf Jo 5,1; 6,1; 7,1 | cf Jo 20,19.26 || *5* cf Jo 1,45 sqq || *6 sq* cf Jo 1,35 || *11* cf Jo 20,14; Lc 24,16 || *12 sq* cf Lc 24,41 || *14* cf Lc 1,11; Mt 25,33 || *16 sq* cf Jo 13,23; 19,26; 20,2; 21,20 || *28 sq* cf Jo 4,27; Mt 26,46 par

Matth.	Mark.	Luk.	[Joh. 21,1-14]
			εἰδότες ὅτι ὁ κύριός ἐστιν. 13 ἔρχεται ⸆ Ἰησοῦς καὶ λαμβάνει τὸν ἄρτον ⸂καὶ δίδωσιν⸃ αὐτοῖς, καὶ τὸ ὀψάριον ὁμοίως. 14 τοῦτο ⸆ ἤδη τρίτον ἐφανερώθη ⸀Ἰησοῦς τοῖς μαθηταῖς ⸆ ἐγερθεὶς ἐκ νεκρῶν.

Evang. sec. Petrum 58–60: 58 Ἦν δὲ τελευταία ἡμέρα τῶν ἀζύμων, καὶ πολλοί τινες ἐξήρχοντο ὑποστρέφοντες εἰς τοὺς οἴκους αὐτῶν τῆς ἑορτῆς παυσαμένης. 59 ἡμεῖς δὲ οἱ δώδεκα μαθηταὶ τοῦ κυρίου ἐκλαίομεν καὶ ἐλυπούμεθα, καὶ ἕκαστος λυπούμενος διὰ τὸ συμβὰν ἀπηλλάγη εἰς τὸν οἶκον αὐτοῦ. 60 ἐγὼ δὲ Σίμων Πέτρος καὶ Ἀνδρέας ὁ ἀδελφός μου λαβόντες ἡμῶν τὰ λίνα ἀπήλθαμεν εἰς τὴν θάλασσαν· καὶ ἦν σὺν ἡμῖν Λευεὶς ὁ τοῦ Ἀλφαίου, ὃν κύριος ...

13 ⸆ο ℵC^{vid} L X 1 *al* ¦ ουν ο 𝔎 A Γ Δ Θ φ *pm* ¦ *txt* B D W | ⸂ευχαριστησας εδωκεν D (f r^{1} sy$^{s.p}$) || 14 ⸆δε ℵ G L X Θ 33 *pc* | ⸀ο Ιησ. ℵ 𝔎 A L Γ Δ Θ λ φ *pl* ¦ — W ¦ *txt* B C D | ⸆αυτου 𝔎 D Γ Δ φ *pm*

30sq cf Lc 24,30.42.43; Act 10,41 || *31* cf Jo 6,11 || *32* cf Jo 20,14.19.26 | cf Jo 2,11; 4,54 || *34sqq* *cf 2sqq*

[361.] Bericht des Paulus über die Erscheinungen Jesu

Narratio Pauli — **Paul's Account of the Appearances of Jesus**

1. Kor. 15,3-8

3 Παρέδωκα γὰρ ὑμῖν ἐν πρώτοις, ⸋ὃ καὶ παρέλαβον,⸌ ὅτι Χριστὸς ἀπέθανεν ὑπὲρ τῶν ἁμαρτιῶν ἡμῶν κατὰ τὰς γραφὰς 4 καὶ ὅτι ἐτάφη καὶ ὅτι ἐγήγερται ⸂τῇ ἡμέρᾳ τῇ τρίτῃ⸃ κατὰ τὰς γραφὰς 5 καὶ ὅτι ὤφθη Κηφᾷ ⸀εἶτα τοῖς ⸀δώδεκα· 6 ἔπειτα ὤφθη ἐπάνω πεντακοσίοις ἀδελφοῖς ἐφάπαξ, ἐξ ὧν οἱ ⸀πλείονες μένουσιν ἕως ἄρτι, τινὲς δὲ ⸆ ἐκοιμήθησαν· 7 ⸀ἔπειτα ὤφθη Ἰακώβῳ ⸀εἶτα τοῖς ἀποστόλοις πᾶσιν· 8 ἔσχατον δὲ πάντων ⸂ὡσπερεὶ τῷ⸃ ἐκτρώματι ὤφθη ⸀κἀμοί.

Evang. sec. Hebraeos (Hieronymus, de viris inl. 2): Evangelium quoque quod appellatur secundum Hebraeos et a me nuper in Graecum sermonem Latinumque translatum est, quo et Origenes saepe utitur, post resurrectionem Salvatoris refert: »Dominus autem cum dedisset sindonem servo sacerdotis, ivit ad Iacobum et apparuit ei«, (iuraverat enim Iacobus se non comesurum panem ab illa hora qua biberat calicem Domini, donec videret eum resurgentem a dormientibus) rursusque post paululum, »Adferte, ait Dominus, mensam et panem«, statimque additur: »Tulit panem et benedixit et fregit et dedit Iacobo Iusto et dixit ei: »Frater mi, comede panem tuum, quia resurrexit Filius hominis a dormientibus«.

3 ⸋ Mcion Ir Tert Hil Amb Ambst || 4 ⸂τη τριτη ημ. 𝔎 P Ψ *pm* || 5 ⸀επειτα ℵ A 69 *al* ¦ και μετα ταυτα D* F G lat ¦ *txt* 𝔓^{46} B 𝔎 P Ψ *pm* sa bo | ⸀(Mt 28,16) ενδεκα D* F G latt sy^{hmg} || 6 ⸀πλειους 𝔎 P Ψ *pm* | ⸆και ℵ^{corr} 𝔎 A^{corr} D^{corr} P Ψ *pl* ¦ *txt* 𝔓^{46} B ℵ* A* D* F G *pc* lat || 7 ⸀ειτα D *pc* bo | ⸀επειτα 𝔓^{46} ℵ* A F G *pm* || 8 ⸂ωσπερ τω D*; Eus ¦ ωσπερει F G *pc* | ⸀και εμοι F G *pc*

1 cf 1Cor 11,23; 7,10.12.25.40; 9,14; 14,37; 1Th 4,15 | cf Rm 3,25sqq; 4,25; 6,6sqq; Gl 3,13sq; Is 53,4sq.8.11sq; Dt 21,23 || *2* cf Hos 6,2; Jon 2,1sq; 2Rg 20,5; Ps 16,8sqq; Is 55,3 | cf Lc 24,34 | cf Jo 20,19sqq?; Mt 28,16sqq?; Mc 16,14sqq?; Lc 24,36sqq? || *2sq* cf Act 2,1sqq? || *3* *cf 5sqq* || *4* cf Act 9,3sqq; 22,6sqq.18sqq; 26,13sqq || *5sqq* *cf 3*

XVIII. AUSGANG: DIE EVANGELIENSCHLÜSSE

EPILOGUS: EVANGELIORUM CONCLUSIONES EPILOGUE: THE ENDINGS OF THE GOSPELS

362. Der kürzere Markusschluß

Marci conclusio brevior **The Shorter Ending of Mark**

Matth.	[Mark. concl. brev.]	Luk.	Joh.
	(nr. 352 16, 1-8 p. 495) [[⸋Πάντα δὲ τὰ παρηγγελμένα τοῖς περὶ τὸν Πέτρον συντόμως ἐξήγγειλαν. Μετὰ δὲ⸌ ταῦτα καὶ αὐτὸς °ὁ Ἰησοῦς⸆ ⸀ἀπὸ ⸁ἀνατολῆς °¹καὶ ⸀¹ἄχρι δύσεως ἐξαπέστειλεν δι᾽ αὐτῶν τὸ ἱερὸν καὶ ἄφθαρτον κήρυγμα τῆς αἰωνίου σωτηρίας. °ἀμήν.]]		

[concl. brev.] *add. p.* 16, 8 *et ante* [16, 9-20] LΨ **099. 0112.** 274^{mg}. 579. ℓ 1602 (k: *om.* 16, 9-20) sy^{hmg} sa^{pt} bo^{codd} aeth^{codd} ⸋ **0112** *(lacuna)* | ° Ψ **0112** | ⸆ εφανη Ψ ℓ 1602 k ¦ εφανη αυτοις **099** sa^{codd} bo^{codd} aeth^{codd} | ⸀ απ **099.** 579. ℓ 1602 | ⸁ -λων 274^{mg} ¦ ανατολης ηλιου **099** sa^{codd} bo^{codd} aeth^{codd} | °¹ **0112** k sa^{codd} bo^{codd} | ⸀¹ μεχρι Ψ | ° † L bo^{cod} ¦ *txt* Ψ **099. 0112.** 274^{mg}. 579. ℓ 1602 k sy^{hmg} sa^{codd} bo^{codd}

363. Der längere Markusschluß

Marci conclusio longior **The Longer Ending of Mark**

Matth.	**[Mark. 16, 9-20]**	Luk.	Joh.
cf. 28, 9-10 *(nr. 353, p. 498)* cf. 28, 16-20 *(nr. 359 p. 505)*	[[9 ⸂Ἀναστὰς δὲ⸃ πρωῒ πρώτῃ σαββάτου ⸂ἐφάνη πρῶτον⸃ ⸀Μαρίᾳ τῇ Μαγδαληνῇ, ⸁παρ᾽ ἧς ἐκβεβλήκει ἑπτὰ δαιμόνια. 10 ἐκείνη ⸆πορευθεῖσα ἀπήγγειλεν ⸂τοῖς μετ᾽ αὐτοῦ⸃ γενομένοις πενθοῦσι ⸋καὶ κλαίουσιν⸌· 11 ⸀κἀκεῖνοι ἀκούσαντες ὅτι ζῇ καὶ ἐθεάθη ὑπ᾽ ⸁αὐτῆς ⸀¹ἠπίστησαν. 12 ⸆Μετὰ δὲ ταῦτα δυσὶν ἐξ αὐτῶν περιπατοῦσιν ⸀ἐφανερώθη ἐν ἑτέρᾳ μορφῇ πορευομένοις εἰς ἀγρόν· 13 κἀκεῖνοι ⸀ἀπελθόντες ἀπήγγειλαν τοῖς λοιποῖς· οὐδὲ ἐκείνοις ἐπίστευσαν. 14 ῞Υστερον °[δὲ] ἀνακειμένοις °¹αὐτοῖς τοῖς ἕνδεκα ἐφανερώθη καὶ ὠνείδισεν τὴν ἀπιστίαν αὐτῶν καὶ σκληροκαρδίαν ὅτι τοῖς θεασαμένοις αὐτὸν ἐγηγερμένον⸆ οὐκ ἐπίστευσαν.⸇ 15 ⸂καὶ εἶπεν αὐτοῖς·⸃ πορευθέντες εἰς τὸν κόσμον ⸀ἅπαντα κηρύξατε τὸ εὐαγγέλιον πάσῃ τῇ κτίσει. 16 ⸆ὁ πιστεύσας καὶ	cf. 24, 13-35 *(nr. 355, p. 500)* cf. 24, 36-43 *(nr. 356, p. 502)*	cf. 20, 14-18 *(nr. 353, p. 498)* cf. 20, 19-23 *(nr. 356, p. 502)* 20, 24-29 *(nr. 357, p. 503)*

vss **9–20** *add. p.* 16, 8 C𝔎ADLWΓΔΘΨ (λ *al cum obel.*) ϕ *pl* lat sy$^{c.p}$ bo; Ju (?) Ir^{lat} ¦ *vss* **9-20** *add. p.* 16, 8 *et p.* [concl. brev.] (= *nr. 362*) LΨ **099. 0112.** 274^{mg}. 579. ℓ 1602 sy^{hmg} sa^{pt} bo^{codd} aeth^{codd} ¦ *vss* **9-20** *om.* Bℵ 304 k sy^{s} sa^{cod} arm^{codd}; Cl Or Eus Hier

9 ⸂ αναστ. C*^{vid} ¦ αναστ. ο Ιησους ϕ *pc* ¦ αναστ. δε ο Ι. F 118. 209 *pm* | ⸂ *1* W ¦ εφανερωσεν πρωτοις D | ⸀ -ιαμ C | ⸁ αφ C^{3}𝔎AΓΔΘΨλϕ *pl* ¦ *txt* C*DLW **099**^{vid}. **0112.** 33. 892 *pc* ‖ **10** ⸆ δε C*^{vid} *pc* | ⸂ αυτοις τοις μετ αυτ. D lat ¦ τοις μαθηταις αυτου Θ | ⸋ W ‖ **11** ⸀ εκεινοι δε C* sa bo ¦ εκεινοι LUΨ **099.** 892 *pc* | ⸁ αυτοις Θ *pc* | ⸀¹ και ουκ επιστευσαν αυτω (αυτη D^{2}) D ‖ **12** ⸆ και D* | ⸀ εφανη Θ ‖ **13** ⸀ πορευθεντες Θ ‖ **14** ° C𝔎LWΓΔΨ **099** ϕ 33. 157 *pm* vg ¦ *txt* ADΘ 1. 565. 892 *al* it sy^{p} bo | °¹ LW 13 | ⸆ εκ νεκρων C*AΔϕ 1. 33. 565. 892 *al* bo^{pt} ¦ *txt* C^{3}𝔎DLWΓΘΨ **099** *pm* latt sy$^{p.pal}$ sa bo^{pt} | ⸇ κακεινοι απελογουντο λεγοντες οτι ο αιων ουτος της ανομιας και της απιστιας υπο τον σαταναν εστιν, ο μη εων τα (τον μη εωντα?) υπο των πνευματων ακαθαρτα (-ρτων?) την αληθειαν του θεου καταλαβεσθαι (+ και? *an* αληθινην *pro* αληθειαν?) δυναμιν· δια τουτο αποκαλυψον σου την δικαιοσυνην ηδη, εκεινοι ελεγον τω χριστω. και ο χριστος εκεινοις προσελεγεν οτι πεπληρωται ο ὅρος των ετων της ἐξουσιας του σατανα, ἀλλὰ εγγιζει ἄλλα δεινά· και υπερ ων εγω αμαρτησαντων παρεδοθην εις θανατον, ινα υποστρεψωσιν εις την αληθειαν και μηκετι αμαρτησωσιν ινα την εν τω ουρανω πνευματικην και αφθαρτον της δικαιοσυνης δοξαν κληρονομησωσιν. W ¦ et illi satisfaciebant dicentes: Saeculum istud iniquitatis et incredulitatis substantia (*vl* sub Satana) est, quae non sinit per immundos spiritus veram Dei apprehendi virtutem: idcirco iamnunc revela iustitiam tuam. *codd. graeci apud* Hier ‖ **15** ⸂ και ειπεν προς αυτους· D ¦ αλλα W | ⸀ και D ‖ **16** ⸆ οτι D^{suppl} 565 *pc*

1sqq cf 1 Cor 15, 5 sqq? ‖ *3* cf Mt 28, 17; Lc 24, 11. 25. 38. 41; Jo 20, 25 sqq; *cf 4 sqq* ‖ *4sqq cf 3* ‖ *5* cf Mt 28, 16; Lc 24, 9. 33; Act 1, 26; 2, 14 ‖ *7* cf Mc 13, 10; 14, 9; Mt 28, 1⁰; 24, 14; 26, 13; 25, 32; 10, 5 sq; 8, 11 sq; 21, 43 etc; Kol 1, 23 ‖ *7sq* cf Act 2, 38; 16, 31. 33 etc | cf Mc 8, 35; 10, 26; 13, 13

Matth.	[Mark. 16,9-20]	Luk.	Joh.
	⸆ βαπτισθεὶς σωθήσεται, ὁ δὲ ἀπιστήσας ⸀κατακριθήσεται. [17] σημεῖα δὲ τοῖς πιστεύσασιν ⸂ταῦτα παρακολουθήσει⸃· ⸀ἐν τῷ ὀνόματί μου δαιμόνια ἐκβαλοῦσιν, γλώσσαις ⸁λαλήσουσιν °καιναῖς, [18] ⸋[καὶ ἐν ταῖς χερσὶν]⸌ ὄφεις ἀροῦσιν κἂν θανάσιμόν τι πίωσιν ⸂οὐ μὴ⸃ αὐτοὺς βλάψῃ, ἐπὶ ἀρρώστους χεῖρας ἐπιθήσουσιν καὶ καλῶς ἕξουσιν. [19] Ὁ μὲν °οὖν κύριος ⸀Ἰησοῦς μετὰ τὸ λαλῆσαι αὐτοῖς ἀνελήμφθη εἰς ⸂τὸν οὐρανὸν⸃ καὶ ἐκάθισεν ⸄ἐκ δεξιῶν⸅ τοῦ ⸁θεοῦ. [20] ἐκεῖνοι δὲ ἐξελθόντες ἐκήρυξαν πανταχοῦ, τοῦ κυρίου συνεργοῦντος καὶ τὸν λόγον βεβαιοῦντος °διὰ τῶν ἐπακολουθούντων σημείων.⸆]]	cf. 24,50-51 (*nr. 365, p. 510*)	

Luc. 10,17–20 (*nr. 180, p. 261 sq.*): [17] Ὑπέστρεψαν δὲ οἱ ἑβδομήκοντα [δύο] μετὰ χαρᾶς λέγοντες· κύριε, καὶ τὰ δαιμόνια ὑποτάσσεται ἡμῖν ἐν τῷ ὀνόματί σου. [18] εἶπεν δὲ αὐτοῖς· ἐθεώρουν τὸν σατανᾶν ὡς ἀστραπὴν ἐκ τοῦ οὐρανοῦ πεσόντα. [19] ἰδοὺ δέδωκα ὑμῖν τὴν ἐξουσίαν τοῦ πατεῖν ἐπάνω ὄφεων καὶ σκορπίων, καὶ ἐπὶ πᾶσαν τὴν δύναμιν τοῦ ἐχθροῦ, καὶ οὐδὲν ὑμᾶς οὐ μὴ ἀδικήσῃ. [20] πλὴν ἐν τούτῳ μὴ χαίρετε ὅτι τὰ πνεύματα ὑμῖν ὑποτάσσεται, χαίρετε δὲ ὅτι τὰ ὀνόματα ὑμῶν ἐγγέγραπται ἐν τοῖς οὐρανοῖς.

Eusebius, hist. eccl. III, 39, 9: Τὸ μὲν οὖν κατὰ τὴν Ἱεράπολιν Φίλιππον τὸν ἀπόστολον ἅμα ταῖς θυγατράσιν διατρῖψαι διὰ τῶν πρόσθεν δεδήλωται· ὡς δὲ κατὰ τοὺς αὐτοὺς ὁ Παπίας γενόμενος, διήγησιν παρειληφέναι θαυμασίαν ὑπὸ τῶν τοῦ Φιλίππου θυγατέρων μνημονεύει, τὰ νῦν σημειωτέον· νεκροῦ γὰρ ἀνάστασιν κατ' αὐτὸν γεγονυῖαν ἱστορεῖ καὶ αὖ πάλιν ἕτερον παράδοξον περὶ Ἰοῦστον τὸν ἐπικληθέντα Βαρσαβᾶν γεγονός, ὡς δηλητήριον φάρμακον ἐμπιόντος καὶ μηδὲν ἀηδὲς διὰ τὴν τοῦ κυρίου χάριν ὑπομείναντος.

16 ⸆ο LΔ | ⸀κατακριθεις ου σωθησεται W || **17** ⸂ακολ. ταυτα C* L Ψ 892 *pc* ¦ παρακ- ταυτα C^{2} A **099**. 33 *pc* ¦ *txt* C^{3} 𝔎 D^{suppl} W Γ Δ Θ λ ϕ 157. 565. 700 *pm* sy$^{p.h}$ sa bo | ⸀επι L | ⸁-σωσιν D^{suppl} Θ | ° C* L Δ Ψ sa bo ¦ *txt* C^{2} 𝔎 A D^{suppl} W Γ Θ λ ϕ *pl* lat sy$^{c.p}$ || **18** ⸋† 𝔎 A D^{suppl} W Θ ϕ *pm* latt ¦ *txt* C L Δ Ψ **099**. 1. 33. 565. 892 *al* sy^{c} sa bo | ⸂ουδεν C* || **19** ° C* L W | ⸀Ιησους Χριστος W bo^{pt} ¦ — C^{3} 𝔎 A D^{suppl} Γ Θ Ψ ϕ 118. 157. 700 *pm* ¦ *txt* C* K L Δ 1. 33. 565 *al* it sy$^{c.p}$ sa bo^{pt}; Ir | ⸂τους -ους ϕ *pc* | ⸄εν δεξια C (D^{suppl}) Δ *pc* | ⸁πατρος 1* *pc* bo^{pt} || **20** ° L | ⸆αμην. C* 𝔎 D^{suppl} L W Γ Δ Θ Ψ ϕ 118. 209. 157. 565. 700. 892 *pm* c o vg ¦ *txt* A C^{2} 1. 33 *al* it sy$^{c.p}$ sa

8 sqq cf 14 sqq || *8 sq* cf Jo 14,12; Mc 9,38; 6,7.13; Mt 10,1.8; Lc 9,1; 10,17; Act 8,7; 16,18; 5,16 || *9* cf Act 2,4.11; 10,46; 19,6; 1 Cor 12,10; 14,5 sqq || *9 sq* cf Act 28,3 sqq; Is 11,8; *cf 15 sq* | *cf 18 sqq* || *10* cf Mc 6,13; Act 28,8; 3,7 sqq; 5,12.15 sq etc; Jc 5,14 sq; 1 Cor 11,30 || *11 sq* cf 2 Rg 2,11 + Ps 110,1; Act 7,55 || *12 sq* cf Act 14,3; Heb 2,4 || *14 sqq cf 8 sqq* || *15 sq cf 9 sq* || *18 sqq cf 9 sq*

364. Der Matthäusschluß: Missionsbefehl

Matthaei conclusio: Docete omnes gentes — **The Ending of Matthew: The Great Commission**

Matth. 28,16-20 (*cf. nr. 359*)	Mark.	Luk.	Joh.
(*nr. 354 28,11-15 p. 500*) [16] Οἱ δὲ ἕνδεκα μαθηταὶ ἐπορεύθησαν εἰς τὴν Γαλιλαίαν εἰς τὸ ὄρος οὗ ἐτάξατο αὐτοῖς °ὁ Ἰησοῦς, [17] καὶ ἰδόντες αὐτὸν προσεκύνησαν⸆, οἱ δὲ ἐδίστασαν. [18] καὶ προσελθὼν ὁ Ἰησοῦς ἐλάλησεν °αὐτοῖς λέγων· ἐδόθη μοι πᾶσα ἐξουσία ἐν ⸀οὐρανῷ καὶ ἐπὶ °¹[τῆς] γῆς.⸆ [19] ⸀πορευθέντες °οὖν μαθητεύσατε πάντα τὰ ἔθνη, ⸂⸁βαπτίζοντες αὐτοὺς εἰς τὸ ὄνομα τοῦ πατρὸς καὶ °¹τοῦ υἱοῦ καὶ τοῦ ἁγίου πνεύματος,⸃ [20] διδάσκοντες αὐτοὺς τηρεῖν πάντα ὅσα ἐνετειλάμην ὑμῖν· καὶ ἰδοὺ ἐγὼ ⸉μεθ' ὑμῶν εἰμι⸊ πάσας τὰς ἡμέρας ἕως τῆς συντελείας τοῦ αἰῶνος.⸆	cf. 16,15 (*nr. 363, p. 508*)	cf. 24,48 sq. (*nr. 365, p. 510*)	cf. 20,21 (*nr. 356, p. 502*)

Didache 7, 1–3: [1] Περὶ δὲ τοῦ βαπτίσματος, οὕτω βαπτίσατε· ταῦτα πάντα προειπόντες, »βαπτίσατε εἰς τὸ ὄνομα τοῦ πατρὸς καὶ τοῦ υἱοῦ καὶ τοῦ ἁγίου πνεύματος« ἐν ὕδατι ζῶντι. [2] ἐὰν δὲ μὴ ἔχῃς ὕδωρ ζῶν, εἰς ἄλλο ὕδωρ βάπτισον· εἰ δ' οὐ δύνασαι ἐν ψυχρῷ, ἐν θερμῷ. [3] ἐὰν δὲ ἀμφότερα μὴ ἔχῃς, ἔκχεον εἰς τὴν κεφαλὴν τρὶς ὕδωρ »εἰς ὄνομα πατρὸς καὶ υἱοῦ καὶ ἁγίου πνεύματος«.

Herm. Pastor, Sim. V, 7, 3: Εἰ δέ τις, φημί, κύριε, γέγονεν ἄγνοια προτέρα, πρὶν ἀκουσθῆναι τὰ ῥήματα ταῦτα, πῶς σωθήσεται ὁ ἄνθρωπος ὁ μιάνας τὴν σάρκα ἑαυτοῦ; Περὶ τῶν προτέρων, φησίν, ἀγνοημάτων τῷ θεῷ μόνῳ δυνατὸν ἴασιν δοῦναι· αὐτοῦ γὰρ πᾶσά ἐστιν ἡ ἐξουσία. –, **Sim. V, 6, 4**: Βλέπεις οὖν, φησίν, ὅτι αὐτὸς κύριός ⟨ἐστι τοῦ λαοῦ, »ἐξουσίαν πᾶσαν λαβὼν παρὰ τοῦ πατρὸς αὐτοῦ«.⟩ ὅτι δὲ ὁ κύριος σύμβουλον ἔλαβε τὸν υἱὸν αὐτοῦ καὶ τοὺς ἐνδόξους ἀγγέλους περὶ τῆς κληρονομίας τοῦ δούλου, ἄκουε.

16 ° D || **17** ⸆αυτω 𝔎 A W Δ Θ Φ **074**. **0148** λ ϕ *pl* ¦ αυτον Γ 157. 1241 *al* ¦ *txt* B ℵ D 33 lat || **18** ° ℵ* *pc* | ⸀-νοις D | °¹ *rell* ¦ *txt* B D 1295 | ⸆(Jo 20,21) καθως απεστειλεν με ο πατηρ καγω αποστελω υμας Θ (1604 sy^{p}) || **19** ⸀-ευεσθε νυν D | ° ℵ 𝔎 A (D) Γ **0148**^{vid}. 69 *pm*; Ir^{lat} | ⸂εν τω ονοματι μου Eus^{pt} | ⸁-ισαντες B D | °¹ D *pc* || **20** ⸉ ℵ D | ⸆αμην. 𝔎 A^{corr} Γ Δ Θ Φ ϕ *pl* it sy^{p} bo^{pt} ¦ *txt* B ℵ A* D W **074**. 1. 33 *pc* lat sa bo^{pt}

1 sqq cf Mt 26,32; 28,7.10; 1 Cor 15,5?; *cf ad nr 359* || *2 sq cf 9 sqq* || *3 sqq* cf Mc 16,15; Lc 24,47 sq; Jo 20,21; *cf 6 sqq* || *5* cf Gn 28,15; Jdc 6,12; Hgg 1,13; Mt 18,20; Act 18,10 etc | cf Mt 13,39 sq. 49; 24,3 sqq || *6 sqq cf 3 sqq* || *9 sqq cf 2 sq*

365. Der Lukasschluß: Letzte Worte Jesu, Himmelfahrt

Lucae conclusio: Monita Jesu et ascensio — **The Ending of Luke: Jesus' Last Words and Ascension**

Matth.

cf. 28, 19 sq. *(nr. 364, p. 509)*

[Mark. 16, 15.19] *(nr. 363, p. 508)*

[[15⸂Καὶ εἶπεν αὐτοῖς·⸃ πορευθέντες εἰς τὸν κόσμον ⸀ἅπαντα κηρύξατε τὸ εὐαγγέλιον πάσῃ τῇ κτίσει.

19Ὁ μὲν °οὖν κύριος ⸀Ἰησοῦς μετὰ τὸ λαλῆσαι αὐτοῖς ἀνελήμφθη εἰς ⸂τὸν οὐρανὸν⸃ καὶ ἐκάθισεν ⸂ἐκ δεξιῶν⸃ τοῦ ⸀θεοῦ.]]

Luk. 24, 44-53 *(nr. 356 24, 36-43 p. 502)*

44⸂Εἶπεν δὲ⸃ ⸂πρὸς αὐτούς⸃· οὗτοι οἱ λόγοι °μου οὓς ἐλάλησα πρὸς ὑμᾶς ⸂1ἔτι ὢν⸃ σὺν ὑμῖν, ὅτι δεῖ πληρωθῆναι ⸀πάντα τὰ γεγραμμένα ἐν τῷ νόμῳ Μωϋσέως καὶ ⸀τοῖς προφήταις καὶ ψαλμοῖς περὶ ἐμοῦ. 45τότε διήνοιξεν αὐτῶν τὸν νοῦν τοῦ συνιέναι τὰς γραφάς· 46καὶ εἶπεν αὐτοῖς ὅτι ⸂οὕτως γέγραπται⸃ ⸉παθεῖν τὸν χριστὸν⸊ καὶ ἀναστῆναι ⸋ἐκ νεκρῶν⸌ τῇ τρίτῃ ἡμέρᾳ, 47καὶ κηρυχθῆναι ⸀ἐπὶ τῷ ὀνόματι αὐτοῦ μετάνοιαν ⸀εἰς ἄφεσιν ἁμαρτιῶν ⸀1εἰς πάντα τὰ ἔθνη⁚. ⸀2ἀρξάμενοι ἀπὸ Ἰερουσαλὴμ⁚1 48⸂ὑμεῖς μάρτυρες⸃ τούτων. 49⸂καὶ [ἰδοὺ] ἐγὼ⸃ ⸀ἀποστέλλω τὴν ἐπαγγελίαν ⸋τοῦ πατρός⸌ μου ἐφ᾽ ὑμᾶς· ὑμεῖς δὲ καθίσατε ἐν τῇ πόλει⸆ ἕως ⸀οὗ ἐνδύσησθε ⸉ἐξ ὕψους δύναμιν⸊.

50Ἐξήγαγεν δὲ αὐτοὺς °[ἔξω] °1ἕως ⸀πρὸς Βηθανίαν, ⸂καὶ ἐπάρας⸃ τὰς χεῖρας °2αὐτοῦ ⸀εὐλόγησεν αὐτούς. 51καὶ ἐγένετο ἐν τῷ εὐλογεῖν αὐτὸν αὐτοὺς ⸀διέστη ἀπ᾽ αὐτῶν ⸋καὶ ἀνεφέρετο εἰς τὸν οὐρανόν⸌.

52Καὶ αὐτοὶ ⸋προσκυνήσαντες αὐτὸν⸌ ὑπέστρεψαν εἰς Ἰερουσαλὴμ μετὰ χαρᾶς °μεγάλης 53καὶ ἦσαν διὰ παντὸς ⸋ἐν τῷ ἱερῷ⸌ ⸀εὐλογοῦντες τὸν θεόν. ⸆

Joh.

cf. 20, 21-23 *(nr. 356, p. 502)*

Acta 1, 4-14: 4Καὶ συναλιζόμενος παρήγγειλεν αὐτοῖς ἀπὸ Ἱεροσολύμων μὴ χωρίζεσθαι ἀλλὰ περιμένειν τὴν ἐπαγγελίαν τοῦ πατρὸς ἣν ἠκούσατέ μου, 5ὅτι Ἰωάννης μὲν ἐβάπτισεν ὕδατι, ὑμεῖς δὲ ἐν πνεύματι βαπτισθήσεσθε ἁγίῳ οὐ μετὰ πολλὰς ταύτας ἡμέρας. 6Οἱ μὲν οὖν συνελθόντες ἠρώτων αὐτὸν λέγοντες· κύριε, εἰ ἐν τῷ χρόνῳ τούτῳ ἀποκαθιστάνεις τὴν βασιλείαν τῷ Ἰσραήλ; 7εἶπεν δὲ πρὸς αὐτούς· οὐχ ὑμῶν ἐστιν γνῶναι χρόνους ἢ καιροὺς οὓς ὁ πατὴρ ἔθετο ἐν τῇ ἰδίᾳ ἐξουσίᾳ, 8ἀλλὰ λήμψεσθε δύναμιν ἐπελθόντος τοῦ ἁγίου πνεύματος ἐφ᾽ ὑμᾶς καὶ ἔσεσθέ μου μάρτυρες ἔν τε Ἰερουσαλὴμ καὶ

Mark.: [[...]] *vide nr. 363, p. 508*

15 ⸂ και ειπεν προς αυτους· D ¦ αλλα W | ⸀ και D || 19 ° C* L W | ⸀ Ιησους Χριστος W bo^pt ¦ — C³ 𝔎 A D^suppl Γ Θ Ψ ϕ 118. 157. 700 *pm* ¦ *txt* C* K L Δ 1. 33. 565 *al* it sy^c.p sa bo^pt; Ir | ⸂ τους -ους ϕ *pc* | ⸂ εν δεξια C (D^suppl) Δ *pc* | ⸀ πατρος 1* *pc* bo^pt

Luk.: 44 ⸂ και ειπεν D *pc* lat | ⸂ αυτοις 𝔎 A D W Γ Δ Θ **0135** λ ϕ *pm* ¦ *txt* 𝔓75 B ℵ L X 33 *pc* lat | ° ℵ 𝔎 W Γ Δ Θ λ ϕ *pm* | ⸂1 εν ω ημην D | ⸀ απ- B | ⸀ εν τοις ℵ L ¦ — 𝔎 A D W Γ Δ Θ **063. 0135** λ ϕ *pl* ¦ *txt* 𝔓75 B 579 || 46 ⸂ ουτ. εδει 72 *pc* (sy^s) ¦ ουτ. γεγρ. και ουτ. εδει C^2vid 𝔎 A W Γ Δ Θ **063. 0135** λ ϕ *pl* aur f q vg sy^p sa^pt ¦ *txt* 𝔓75 B ℵ C* D L 579 *pc* it sa^pt bo | ⸉ D lat | ⸋ D *pc* || 47 ⸀ εν 𝔓75 *pc* | ⸀ και *rell* ¦ *txt* 𝔓75 B ℵ sy^p sa bo | ⸀1 ως επι D | [⁚, *et* ⁚1 · H] | ⸀2 -νον 𝔓75 C³ 𝔎 A W Γ Δ **063** λ ϕ *pm* it sy^s.p ¦ -νων D lat ¦ -νος Θ Ψ *al* ¦ *txt* B ℵ C* L 33 *pc* sa bo || 48 ⸂ υμ. εστε μαρ. ℵ L *pc* c ¦ υμ. μαρ. εστε C* ¦ υμ. δε εστε μαρ. C³ 𝔎 A W Γ Δ Θ **063** λ ϕ *pl* lat ¦ και υμ. δε μαρ. D ¦ *txt* 𝔓75 B *pc* || 49 ⸂ και εγω 𝔓75 D (καγω ℵ L 33. 579) lat sy^s.p sa bo ¦ *txt* B C 𝔎 A (W) Γ Δ Θ **063** (λ) ϕ *pl* f q | ⸀ † εξαποστ- B ℵ^corr (L) Δ 33. 157 *pc* ¦ *txt* 𝔓75 ℵ* C 𝔎 A D W Γ Θ **063** λ ϕ *pm* | ⸋ D e | ⸆ Ιερουσαλημ C² 𝔎 A W Γ Δ Θ **063** λ ϕ *pm* ¦ *txt* 𝔓75 B ℵ C* D L *pc* lat | ⸀ ο του D 1 *pc* | ⸉ C² 𝔎 A D W Γ Δ Θ (**063**) λ ϕ *pm* || 50 ° † 𝔓75 B ℵ C* L 1. 33. 157 *pc* a e sy^s.p ¦ *txt* C³ 𝔎 A D W Γ Δ Θ **063** ϕ *pl* lat | °1 D *pc* | ⸀ εις C³ 𝔎 A W^corr Γ Δ Θ **063** ϕ *pm* lat ¦ — W* ¦ *txt* 𝔓75 B ℵ C* D L 1. 33 *pc* a | ⸂ επ. δε D | °2 D W ff² | ⸀ ηυλ- ℵ D W Ψ *pc* || 51 ⸀ απεστη D | ⸋ † ℵ* D it (sy^s) ¦ *txt* 𝔓75 *rell* || 52 ⸋ † D it sy^s ¦ *txt* 𝔓75 *rell* | ° B* || 53 ⸋ A* | ⸀ αινουντες D it ¦ αιν. και ευλ. C² 𝔎 A W Γ Δ Θ **063** λ ϕ *pl* lat sy^p ¦ *txt* 𝔓75 B ℵ C* L *pc* | ⸆ αμην. B 𝔎 A Γ Δ Θ ϕ *pm* sy^s.p bo^pt ¦ *txt* 𝔓75 ℵ C D L W 1. 33 *pc* it sa bo^pt

---

1sqq cf 20 sqq. 31 sqq. 37 sqq || *2sqq* cf Mt 16, 21-23; Mc 8, 31-33; Lc 9, 22 *(= nr 159)*; Mt 17, 22 sq; Mc 9, 30-32; Lc 9, 43b-45 *(= nr 164)*; Mt 20, 17-19; Mc 10, 32-34; Lc 18, 31-34 *(= nr 262)*; Lc 17, 25; 24, 6 sq || *3sq* cf Lc 24, 27; Jo 5, 46; Lc 9, 45; Jo 20, 9; 12, 16; Act 17, 3 || *7sqq* cf Jo 20, 21; Mt 28, 19 sq || *7sq* cf Act 2; 10; 13; 17, 30 etc || *9sq* cf Act 1, 8. 22; 2, 22; 3, 15; 5, 32; 10, 39; 13, 31 || *10sq* cf Act 2, 33; *cf 20. 23 sq* || *11sq cf 20* || *16sq cf 24 sqq* || *16* cf 2 Rg 2, 11 + Ps 110, 1; Tob 12, 20 sq; Jdc 13, 20 sq || *17sqq cf 27 sqq* || *18* cf Jo 16, 22; 20, 20 || *19* cf Act 2, 46; 3, 1; 5, 42 || *20sqq cf 1 sqq* || *20 cf 10 sq. 11 sq* || *23sq cf 10 sq*

[ἐν] πάσῃ τῇ Ἰουδαίᾳ καὶ Σαμαρείᾳ καὶ ἕως ἐσχάτου τῆς γῆς. 9 Καὶ ταῦτα εἰπὼν βλεπόντων αὐτῶν ἐπήρθη καὶ νεφέλη ὑπέλαβεν αὐτὸν ἀπὸ τῶν ὀφθαλμῶν αὐτῶν. 10 καὶ ὡς ἀτενίζοντες ἦσαν εἰς τὸν οὐρανὸν πορευομένου αὐτοῦ, καὶ ἰδοὺ ἄνδρες δύο παρειστήκεισαν αὐτοῖς ἐν ἐσθήσεσι λευκαῖς, 11 οἳ καὶ εἶπαν· ἄνδρες Γαλιλαῖοι, τί ἑστήκατε [ἐμ]βλέποντες εἰς τὸν οὐρανόν; οὗτος ὁ Ἰησοῦς ὁ ἀναλημφθεὶς ἀφ' ὑμῶν εἰς τὸν οὐρανὸν οὕτως ἐλεύσεται ὃν τρόπον ἐθεάσασθε αὐτὸν πορευόμενον εἰς τὸν οὐρανόν. 12 Τότε ὑπέστρεψαν εἰς Ἰερουσαλὴμ ἀπὸ ὄρους τοῦ καλουμένου Ἐλαιῶνος, ὅ ἐστιν ἐγγὺς Ἰερουσαλὴμ σαββάτου ἔχον ὁδόν. 13 καὶ ὅτε εἰσῆλθον, εἰς τὸ ὑπερῷον ἀνέβησαν οὗ ἦσαν καταμένοντες, ὅ τε Πέτρος καὶ Ἰωάννης καὶ Ἰάκωβος καὶ Ἀνδρέας, Φίλιππος καὶ Θωμᾶς, Βαρθολομαῖος καὶ Μαθθαῖος, Ἰάκωβος Ἁλφαίου καὶ Σίμων ὁ ζηλωτὴς καὶ Ἰούδας Ἰακώβου. 14 οὗτοι πάντες ἦσαν προσκαρτεροῦντες ὁμοθυμαδὸν τῇ προσευχῇ σὺν γυναιξὶν καὶ Μαριὰμ τῇ μητρὶ τοῦ Ἰησοῦ καὶ τοῖς ἀδελφοῖς αὐτοῦ.

Justinus Mart., Apol. I, 50, 12: Μετὰ οὖν τὸ σταυρωθῆναι αὐτὸν καὶ οἱ γνώριμοι αὐτοῦ πάντες ἀπέστησαν, ἀρνησάμενοι αὐτόν· ὕστερον δέ, ἐκ νεκρῶν ἀναστάντος καὶ ὀφθέντος αὐτοῖς καὶ ταῖς προφητείαις ἐντυχεῖν, ἐν αἷς πάντα ταῦτα προείρητο γενησόμενα, διδάξαντος, καὶ εἰς οὐρανὸν ἀνερχόμενον ἰδόντες καὶ πιστεύσαντες καὶ δύναμιν ἐκεῖθεν αὐτοῖς πεμφθεῖσαν παρ' αὐτοῦ λαβόντες καὶ εἰς πᾶν γένος ἀνθρώπων ἐλθόντες, ταῦτα ἐδίδαξαν καὶ ἀπόστολοι προσηγορεύθησαν.

–, Dial. 106, 1: Καὶ ὅτι ἠπίστατο τὸν πατέρα αὐτοῦ πάντα παρέχειν αὐτῷ, ὡς ἠξίου, καὶ ἀνεγερεῖν αὐτὸν ἐκ τῶν νεκρῶν, καὶ πάντας τοὺς φοβουμένους τὸν θεὸν προέτρεπεν αἰνεῖν τὸν θεὸν διὰ τὸ ἐλεῆσαι καὶ διὰ τοῦ μυστηρίου τοῦ σταυρωθέντος τούτου πᾶν γένος τῶν πιστευόντων ἀνθρώπων, καὶ ὅτι ἐν μέσῳ τῶν ἀδελφῶν αὐτοῦ ἔστη, τῶν ἀποστόλων, οἵτινες, μετὰ τὸ ἀναστῆναι αὐτὸν ἐκ νεκρῶν καὶ πεισθῆναι ὑπ' αὐτοῦ ὅτι καὶ πρὸ τοῦ παθεῖν ἔλεγεν αὐτοῖς ὅτι ταῦτα αὐτὸν δεῖ παθεῖν καὶ ἀπὸ τῶν προφητῶν ὅτι προεκεκήρυκτο ταῦτα, μετενόησαν ἐπὶ τῷ ἀφίστασθαι αὐτοῦ ὅτε ἐσταυρώθη, καὶ μετ' αὐτῶν διάγων ὕμνησε τὸν θεόν, ὡς καὶ ἐν τοῖς ἀπομνημονεύμασι τῶν ἀποστόλων δηλοῦται γεγενημένον, τὰ λείποντα τοῦ ψαλμοῦ ἐδήλωσεν.

24sqq cf 16sq || *27sqq cf 17sqq* || *31sqq cf 1sqq* || *37sqq cf 1sqq*

366. Der erste Johannesschluß

Ioannis conclusio prior — **The Ending of John**

Matth.	Mark.	Luk.	Joh. 20,30-31

(nr. 357 20,24-29 p. 503)

30 Πολλὰ μὲν οὖν καὶ ἄλλα σημεῖα ἐποίησεν °ὁ Ἰησοῦς ἐνώπιον τῶν μαθητῶν °¹[αὐτοῦ], ἃ οὐκ ἔστιν γεγραμμένα ἐν °²τῷ βιβλίῳ τούτῳ· 31 ταῦτα δὲ γέγραπται ἵνα ⸀πιστεύ[σ]ητε ὅτι Ἰησοῦς ⸂ἐστιν ὁ χριστὸς ὁ υἱὸς⸃ τοῦ θεοῦ, καὶ ἵνα πιστεύοντες ζωὴν ⸆ ἔχητε ἐν τῷ ὀνόματι αὐτοῦ.

30 °D | °¹ † B A E Δ 0250 *al* ¦ *txt* 𝔓66 ℵ C 𝔎 D L W Γ Θ λ φ *pm* | °² 𝔓66* || **31** ⸀ † πιστευητε 𝔓66vid B ℵ* Θ 0250 ¦ *txt rell* | ⸂ *3 5 1* D; Ir^lat ¦ *2 3 1 4 5* W | ⸆ αιωνιον ℵ C* D L 0100 φ 33 *al*; Ir

1sq cf Jo 21,25 || *2sq* cf Jo 19,35; 1Jo 5,13 || *3* cf Jo 1,12; 6,47; 3,16

367. Der zweite Johannesschluß: Jesus am See von Tiberias. Petrus und der Lieblingsjünger. Wahrheitszeugnis

Ioannis conclusio altera: Ad mare Tiberiadis. Nota finalis — **The Appendix to John: Jesus at the Sea of Tiberias. Peter and the Beloved Disciple. Final Authentication**

Matth.	Mark.	Luk.	Joh. 21,1-25
26,30-35	14,26-31	22,39 22,31-34	*(cf. nr. 360)*
16,28	9,1	9,27	18,1; 16,32; 13,36-38; 8,51-52

1 Μετὰ ταῦτα ⸂ἐφανέρωσεν ἑαυτὸν πάλιν ὁ Ἰησοῦς⸃ τοῖς μαθηταῖς ⸆ ἐπὶ τῆς θαλάσσης τῆς Τιβεριάδος· ἐφανέρωσεν δὲ οὕτως. 2 ἦσαν ὁμοῦ Σίμων Πέτρος καὶ Θωμᾶς ὁ λεγόμενος Δίδυμος καὶ Ναθαναὴλ ⸀ὁ ἀπὸ Κανὰ τῆς Γαλιλαίας καὶ οἱ ⸂τοῦ Ζεβεδαίου⸃ καὶ ἄλλοι ἐκ τῶν μαθητῶν αὐτοῦ δύο. 3 λέγει ⸀αὐτοῖς Σίμων Πέτρος· ὑπάγω ἁλιεύειν. λέγουσιν αὐτῷ· ἐρχόμεθα καὶ ἡμεῖς σὺν σοί. ⸁ἐξῆλθον καὶ ἐνέβησαν εἰς τὸ πλοῖον ⸆, καὶ

1 ⸂ † *1-3 5* B C ¦ *3 1 2* D *pc* ¦ εφ. παλ. εαυτ. ο Ιησ. ℵ ¦ εφ. εαυτ. ο Ιησ. παλ. W Ψ 69 *pc* ¦ *txt* 𝔎 A L Γ Δ Θ λ *pm* (— παλ. G *al* sy^s sa) | ⸆ αυτου C³ D G X Ψ *al* ¦ αυτου εγερθεις εκ νεκρων Γ φ *al* || **2** ⸀ ος ην D lat | ⸂ υιοι Ζεβ. ℵ D 157 (*al*) ¦ του Ζεβ. υιοι C Θ 700 || **3** ⸀ τουτοις D | ⸁ και εξηλ. A (P) Ψ *pc* lat ¦ εξηλ. ουν ℵ G Θ L N X 33 *al* | ⸆ ευθυς C³ 𝔎 A Γ *pm*

1-17 cf Lc 5,1-11; *cf nr 360* || *1* cf Jo 5,1; 6,1; 7,1 | cf Jo 20,19.26 || *2sqq cf 42sqq* || *2sq* cf Jo 1,45 sqq || *3* cf Jo 1,35

Matth.	Mark.	Luk.	[Joh. 21,1-25]

[Joh. 21,1-25]

ἐν ἐκείνῃ τῇ νυκτὶ ἐπίασαν ⸀οὐδέν. 4 πρωΐας δὲ °ἤδη ⸀γενομένης ἔστη ⸆ Ἰησοῦς ⸋⸀εἰς τὸν αἰγιαλόν, οὐ μέντοι ⸀1ᾔδεισαν οἱ μαθηταὶ ὅτι Ἰησοῦς ἐστιν⸌. 5 λέγει οὖν αὐτοῖς °[ὁ] Ἰησοῦς· παιδία, μή °1τι προσφάγιον ἔχετε; ἀπεκρίθησαν αὐτῷ· οὔ. 6 ⸂ὁ δὲ εἶπεν⸃ αὐτοῖς· βάλετε εἰς τὰ δεξιὰ μέρη τοῦ πλοίου τὸ δίκτυον, καὶ εὑρήσετε.⸆ ⸄ἔβαλον οὖν⸅, καὶ οὐκέτι αὐτὸ ἑλκύσαι ⸀ἴσχυον ἀπὸ τοῦ πλήθους τῶν ἰχθύων. 7 λέγει οὖν ὁ μαθητὴς ἐκεῖνος ὃν ἠγάπα ὁ Ἰησοῦς τῷ Πέτρῳ· ὁ κύριός ἐστιν⸆. Σίμων οὖν Πέτρος ἀκούσας ὅτι ὁ κύριός ἐστιν τὸν ἐπενδύτην διεζώσατο, ἦν γὰρ γυμνός, καὶ ⸂ἔβαλεν ἑαυτὸν⸃ εἰς τὴν θάλασσαν, 8 οἱ δὲ ἄλλοι μαθηταὶ τῷ ⸀πλοιαρίῳ ἦλθον, οὐ γὰρ ἦσαν μακρὰν ἀπὸ τῆς γῆς ⸀ἀλλὰ ὡς ἀπὸ ⸀1πηχῶν διακοσίων, σύροντες τὸ δίκτυον τῶν ἰχθύων. 9 ὡς οὖν ⸀ἀπέβησαν ⸀εἰς τὴν γῆν βλέπουσιν ἀνθρακιὰν ⸀1κειμένην καὶ ὀψάριον ἐπικείμενον καὶ ἄρτον. 10 λέγει αὐτοῖς °ὁ Ἰησοῦς· ἐνέγκατε ⸀ἀπὸ τῶν ὀψαρίων ὧν ἐπιάσατε νῦν. 11 ⸀ἀνέβη °οὖν Σίμων Πέτρος καὶ εἵλκυσεν τὸ δίκτυον ⸂εἰς τὴν γῆν⸃ μεστὸν ⸉ἰχθύων μεγάλων⸊ ἑκατὸν πεντήκοντα τριῶν· καὶ τοσούτων ὄντων οὐκ ἐσχίσθη τὸ δίκτυον. 12 λέγει αὐτοῖς °ὁ Ἰησοῦς· δεῦτε ἀριστήσατε. οὐδεὶς °1δὲ ἐτόλμα τῶν μαθητῶν ἐξετάσαι αὐτόν· σὺ τίς εἶ; εἰδότες ὅτι ὁ κύριός ἐστιν. 13 ἔρχεται ⸆ Ἰησοῦς καὶ λαμβάνει τὸν ἄρτον ⸂καὶ δίδωσιν⸃ αὐτοῖς, καὶ τὸ ὀψάριον ὁμοίως. 14 τοῦτο ⸆ ἤδη τρίτον ἐφανερώθη ⸀Ἰησοῦς τοῖς μαθηταῖς ⸆ ἐγερθεὶς ἐκ νεκρῶν.

15 Ὅτε οὖν ἠρίστησαν λέγει τῷ Σίμωνι Πέτρῳ ὁ Ἰησοῦς· Σίμων ⸀Ἰωάννου, ἀγαπᾷς με ⸂πλέον τούτων⸃; λέγει αὐτῷ· ναὶ κύριε, σὺ οἶδας ὅτι φιλῶ σε. λέγει αὐτῷ⸆· βόσκε τὰ ⸀ἀρνία μου. 16 ⸂λέγει αὐτῷ πάλιν⸃ ⸀δεύτερον· Σίμων ⸀Ἰωάννου, ἀγαπᾷς με; λέγει αὐτῷ· ναὶ κύριε, σὺ οἶδας ὅτι φιλῶ σε. λέγει αὐτῷ· ποίμαινε τὰ ⸀1πρόβατά μου. 17 λέγει αὐτῷ τὸ τρίτον· Σίμων ⸀Ἰωάννου, φιλεῖς με; ἐλυπήθη ὁ Πέτρος ὅτι εἶπεν αὐτῷ τὸ τρίτον· φιλεῖς με; καὶ ⸀λέγει °αὐτῷ· κύριε, πάντα σὺ οἶδας, σὺ γινώσκεις ὅτι φιλῶ σε. λέγει αὐτῷ ⸂[ὁ Ἰησοῦς]⸃· βόσκε τὰ ⸀1πρόβατά μου. 18 ἀμὴν ἀμὴν λέγω σοι, ὅτε ἦς νεώτερος, ἐζώννυες σεαυτὸν καὶ περιεπάτεις ὅπου ἤθελες· ὅταν δὲ γηράσῃς, ἐκτενεῖς τὰς χεῖράς σου, καὶ ⸂ἄλλος σε ζώσει⸃ καὶ ⸄οἴσει ὅπου⸅ ⸀οὐ θέλεις. 19 τοῦτο δὲ ⸀εἶπεν σημαίνων ποίῳ θανάτῳ δοξάσει τὸν θεόν. καὶ τοῦτο εἰπὼν λέγει αὐτῷ· ἀκολούθει μοι. 20 Ἐπιστραφεὶς ⸆ ὁ Πέτρος βλέπει τὸν μαθητὴν ὃν ἠγάπα ὁ Ἰησοῦς °ἀκολουθοῦντα, ὃς καὶ ἀνέπεσεν ἐν τῷ δείπνῳ ἐπὶ τὸ στῆθος αὐτοῦ καὶ εἶπεν⸆· °1κύριε, τίς ἐστιν ὁ παραδιδούς σε; 21 τοῦτον °οὖν ἰδὼν ὁ Πέτρος ⸀λέγει τῷ Ἰησοῦ· °1κύριε, οὗτος δὲ τί; 22 λέγει αὐτῷ ὁ Ἰησοῦς· ἐὰν αὐτὸν θέλω μένειν ⸆ ἕως ἔρχομαι, τί πρὸς σέ; σύ ⸉μοι ἀκολούθει⸊. 23 ἐξῆλθεν οὖν ⸉οὗτος ὁ λόγος⸊ εἰς τοὺς ἀδελφοὺς ⸆ ὅτι ὁ μαθητὴς ἐκεῖνος οὐκ ἀπο-

---

3 ⸀ουδε εν C*W || 4 °א*φ 209.565 *pc* | ⸀† γιν- BC*AL*al* ¦ *txt* אC²𝔎DWΓΔΘλφ*pm* | ⸆ο 𝔎LXΓΔΘλφ*pm* | ⸋W | ⸀επι אAD LXΘΨ 33*al*; Cl ¦ *txt* BC𝔎ΓΔφ 1*pm* | ⸀1εγνωσαν 𝔓66אLXΨ 33*pc* lat || 5 °† Bא(– ο l. A*vid) ¦ *txt* C𝔎AcorrDLWΓΔΘλφ*pl* | °1א* W || 6 ⸂λεγει א*.3W*pc* lat sys.p sa bo | ⸆(Lc 5,5) οι δε ειπον· δι ολης της (– 𝔓66) νυκτος εκοπιασαμεν και (κοπιασαντες Cyr) ουδεν ελαβομεν· επι δε τω σω ονοματι (ρηματι א1Ψ) βαλουμεν 𝔓66vid א1Ψ g² aeth; Cyr | ⸄εβ. ουν αυτο Θ ¦ οι δε εβ. א*DW | ⸀ισχυσαν 𝔎A(⸉W)XΓΔφ 209 *pm* || 7 ⸆ημων D(⸉sys.p) | ⸂ηλατο D* || 8 ⸀πλοιω PW ¦ αλλω πλοιαριω א | ⸀αλλ 𝔓66𝔎DLΓΔΘλφ*pm* | ⸀1πηχεων AW; Cyr || 9 ⸀ανεβ- א*HW*pc* ¦ επεβ- Λ*pc* | ⸀επι אcorrLX | ⸀1incensos (*i.e.* καιομενην) it || 10 °B | ⸀εκ DL || 11 ⸀ενεβη אLW 1*pc* | °† 𝔎ADΓΔφ*pm* lat ¦ *txt* ℌWXΘ 1*al* | ⸂επι την γην Dλφ*pc* ¦ επι της γης 𝔎Γ*pm* | ⸉ADGLWΔΘ 1.33*al* || 12 °B | °1† BC sa bopt ¦ *txt* א𝔎ADLWΓΔΘλφ*pl* syp bopt || 13 ⸆ο אCvidLX 1*al* ¦ ουν ο 𝔎AΓΔΘφ*pm* ¦ *txt* BDW | ⸂ευχαριστησας εδωκεν D (f r¹ sys.p) || 14 ⸆δε אGLXΘ 33*pc* | ⸀ο Ιησ. א𝔎ALΓΔΘλφ*pl* ¦ – W ¦ *txt* BCD | ⸆αυτου 𝔎DΓΔφ*pm* || 15 ⸀Ιωνα C²𝔎AΓΔΘλφ*pl* ¦ – א* | ⸂πλ. παντων τουτ. W ¦ – 1.22.565*pc* it | ⸆ο Ιησους DU*pc* | ⸀προβατα C*D it || 16 ⸂*3 1 2* אCWΘ*pc* ¦ *1 2* D c e | ⸀το δευτερον אcorr 1*pc* ¦ δευτερον ο κυριος D ¦ – א**pc* lat | ⸀Ιωνα C²𝔎AΓΔΘλφ*pl* | ⸀1† προβατια BC*pc* ¦ *txt* א𝔎ADWΓΔΘφ*pl* || 17 ⸀Ιωνα C²𝔎AΓΔΘλφ*pl* | ⸀† ειπεν BC𝔎ΓΔφ*pm* ¦ *txt* אADWXΘΨ **0141** λ*al* lat | °BΨ*pc* | ⸂† Ιησ. BC ¦ – אDWλ*al* lat sys bopt ¦ *txt* 𝔎A ΓΔΘφ*pm* | ⸀1† προβατια BAC*pc* ¦ *txt* א𝔎DΓΔWΘλφ*pl* || 18 ⸂† *1 3 2* BC*vid ¦ αλλοι ζωσουσι σε אC²Π*pc* ¦ αλλοι σε ζωσουσιν D W 1 ¦ *txt* 𝔎AΓΔΘφ 209*pl* | ⸄αποισουσιν οπ. Π 1*pc* ¦ αποισουσιν σε οπ. אcorrW ¦ απαγουσιν σε οπ. D ¦ ποιησουσιν σοι οσα א* ¦ *txt* B𝔎(A) ΓΔΘφ 209*pl* | ⸀συ D*vid ¦ συ ου DcorrW it || 19 ⸀ελεγεν WΘλ*pc* || 20 ⸆δε א𝔎DΓΔΘλφ*pm* | °א*W ff² | ⸆αυτω אCDW 33 *pc* | °1C**pc* || 21 °𝔎AWΓΔΘλφ*pl* | ⸀ειπεν אW*pc* | °1א || 22 ⸆ουτως D(⸉lat) | ⸉C²𝔎ΓΔΘφ*pm* || 23 ⸉*2 3 1* 𝔓59vid𝔎A ΓΔΘφ*pm* | ⸆και εδοξαν D

5sq cf Jo 20,14; Lc 24,16 || 6 cf Lc 24,41 || 7 cf Lc 1,11; Mt 25,33 || 8sq Jo 13,23; 19,26sq; 20,2; cf 26 || 9sq cf 23 || 15sq cf Jo 4,27; Mt 22,46 par || 16sq cf Lc 24,30.42.43; Act 10,41 | cf Jo 6,11 || 17 cf Jo 20,14.19.26 | cf Jo 2,11; 4,54 || 18sqq cf 35sqq. 47sqq || 19sqq cf Jo 10,1sqq; 2Sm 5,2; Ps 78,71sq || 22 cf Jo 2,25; 16,30 || 23sqq cf 53sqq || 23 cf 9sq || 25 cf Jo 12,33; 18,32 || 26 cf Jo 18,15; 20,3; 13,22sq; cf 8sq || 28 cf 1Cor 15,6; Ph 1,25 | cf Jo 14,3 || 29sqq cf 71sqq

Matth.	Mark.	Luk.	[Joh. 21,1-25]

[Joh. 21,1-25]

θνῄσκει· ⸂οὐκ εἶπεν δὲ⸃ αὐτῷ ὁ Ἰησοῦς ⸄ὅτι οὐκ ἀποθνῄσκει⸅ ἀλλ᾽· ἐὰν αὐτὸν θέλω μένειν ἕως ἔρχομαι ⸂¹[, τί πρὸς σέ];⸃
24 Οὗτός ἐστιν ὁ μαθητὴς ὁ ⸆ μαρτυρῶν περὶ τούτων ⸂καὶ ὁ⸃ γράψας ταῦτα, καὶ οἴδαμεν ὅτι ἀληθὴς ⸉αὐτοῦ ἡ μαρτυρία ἐστίν⸊. 25 ⸋Ἔστιν δὲ καὶ ἄλλα πολλὰ ⸀ἃ ἐποίησεν ὁ Ἰησοῦς, ἅτινα ἐὰν γράφηται καθ᾽ ἕν, ⸁οὐδ᾽ αὐτὸν οἶμαι τὸν κόσμον ⸀¹χωρῆσαι τὰ γραφόμενα βιβλία.⸆⸌ ⸇

26,30-35 *(nr. 315, p. 442)*

30 Καὶ ὑμνήσαντες ἐξῆλθον εἰς τὸ ὄρος τῶν ἐλαιῶν.
31 Τότε λέγει αὐτοῖς ὁ Ἰησοῦς· πάντες ὑμεῖς σκανδαλισθήσεσθε ἐν ἐμοὶ ἐν τῇ νυκτὶ ταύτῃ, γέγραπται γάρ·
πατάξω τὸν ποιμένα, καὶ διασκορπισθήσονται τὰ πρόβατα τῆς ποίμνης.
32 μετὰ δὲ τὸ ἐγερθῆναί με προάξω ὑμᾶς εἰς τὴν Γαλιλαίαν.
33 ἀποκριθεὶς δὲ ὁ Πέτρος εἶπεν αὐτῷ· εἰ πάντες σκανδαλισθήσονται ἐν σοί, ἐγὼ οὐδέποτε σκανδαλισθήσομαι.
34 ἔφη αὐτῷ ὁ Ἰησοῦς·

14,26-31 *(nr. 315, p. 442)*

26 Καὶ ὑμνήσαντες ἐξῆλθον εἰς τὸ ὄρος τῶν ἐλαιῶν.
27 Καὶ λέγει αὐτοῖς ὁ Ἰησοῦς ὅτι πάντες σκανδαλισθήσεσθε, ὅτι γέγραπται·
πατάξω τὸν ποιμένα, καὶ τὰ πρόβατα διασκορπισθήσονται.
28 ἀλλὰ μετὰ τὸ ἐγερθῆναί με προάξω ὑμᾶς εἰς τὴν Γαλιλαίαν.
29 ὁ δὲ Πέτρος ἔφη αὐτῷ· εἰ καὶ πάντες σκανδαλισθήσονται, ἀλλ᾽ οὐκ ἐγώ.
30 καὶ λέγει αὐτῷ ὁ Ἰησοῦς·

22,39 *(nr. 330, p. 455)*

39 Καὶ ἐξελθὼν ἐπορεύθη κατὰ τὸ ἔθος εἰς τὸ ὄρος τῶν ἐλαιῶν, ἠκολούθησαν δὲ αὐτῷ καὶ οἱ μαθηταί.

22,31-34 *(nr. 315, p. 442)*

31 Σίμων Σίμων, ἰδοὺ ὁ σατανᾶς ἐξῃτήσατο ὑμᾶς τοῦ σινιάσαι ὡς τὸν σῖτον· 32 ἐγὼ δὲ ἐδεήθην περὶ σοῦ ἵνα μὴ ἐκλίπῃ ἡ πίστις σου· καὶ σύ ποτε ἐπιστρέψας στήρισον τοὺς ἀδελφούς σου.
33 ὁ δὲ εἶπεν αὐτῷ· κύριε, μετὰ σοῦ ἕτοιμός εἰμι καὶ εἰς φυλακὴν καὶ εἰς θάνατον πορεύεσθαι.
34 ὁ δὲ εἶπεν·

18,1 *(nr. 330, p. 455)*

1 Ταῦτα εἰπὼν Ἰησοῦς ἐξῆλθεν σὺν τοῖς μαθηταῖς αὐτοῦ πέραν τοῦ χειμάρρου τοῦ Κεδρὼν ὅπου ἦν κῆπος, εἰς ὃν εἰσῆλθεν αὐτὸς καὶ οἱ μαθηταὶ αὐτοῦ.

16,32 *(nr. 328, p. 453)*

32 Ἰδοὺ ἔρχεται ὥρα καὶ ἐλήλυθεν ἵνα σκορπισθῆτε ἕκαστος εἰς τὰ ἴδια κἀμὲ μόνον ἀφῆτε· καὶ οὐκ εἰμὶ μόνος, ὅτι ὁ πατὴρ μετ᾽ ἐμοῦ ἐστιν.

13,36-38 *(nr. 315, p. 442)*

36 Λέγει αὐτῷ Σίμων Πέτρος· κύριε, ποῦ ὑπάγεις; ἀπεκρίθη [αὐτῷ] Ἰησοῦς· ὅπου ὑπάγω οὐ δύνασαί μοι νῦν ἀκολουθῆσαι, ἀκολουθήσεις δὲ ὕστερον.
37 λέγει αὐτῷ ὁ Πέτρος· κύριε, διὰ τί οὐ δύναμαί σοι ἀκολουθῆσαι ἄρτι; τὴν ψυχήν μου ὑπὲρ σοῦ θήσω. 38 ἀποκρίνεται Ἰησοῦς· τὴν

---

23 ⸂ και ουκ ειπ. ℜ A D X Γ Δ Θ λ φ *pl* ¦ *txt* 𝔓59vid B ℵ C W 33 *pc* | ⸄ ουκ -εις D e r¹ | ⸂¹ *2 3* D ¦ — ℵ* C²vid 1.565 *pc* a e sy^s ¦ *txt* B ℵ¹ C* ℜ A W Θ φ *pl* lat || **24** ⸆ και B C W | ⸂ ο και ℵcorr Θ φ 33 *pc* sy^p ¦ και ℵ* C ℜ A W Γ Δ λ *pl* ¦ *txt* B D it sy^s sa bo | ⸉ *4 2 3 1* ℵ C² ℜ A Γ Δ Θ λ φ *pl* ¦ *4 1-3* D ¦ *txt* B C* W || **25** ⸋ *vs* ℵ* *(sed + prima manus)* | ⸀ οσα C² ℜ A D W Γ Δ Θ λ φ *pm* | ⸁ ουδε C ℜ A W Γ *pm* | ⸀¹ -σαι C² ℜ A D W Γ Δ Θ λ φ *pl* ¦ *txt* B ℵcorr C* | ⸆ αμην ℜ Γ Δ Θ φ 209 *pm* | ⸇ *hic 7,53-8,11 (nr. 242, p. 325) habent* 1 *pc*

---

32 cf Jo 19,35; 15,27; 3Jo 12; Jo 5,31sq; 8,13sqq || 33sq cf Jo 20,30 | cf Act 21,19 || *35sqq cf 18sqq* || *42sqq cf 2sqq* || *47sqq cf 18sqq* || *53sqq cf 23sqq*

[Matth. 26,30-35]	[Mark. 14,26-31]	[Luk. 22,31-34]	[Joh. 13,36-38]
			ψυχήν σου ὑπὲρ ἐμοῦ θήσεις; ἀμὴν
ἀμὴν λέγω σοι ὅτι ἐν ταύτῃ τῇ νυκτὶ πρὶν ἀλέκτορα φωνῆσαι τρὶς ἀπαρνήσῃ με. 35 λέγει αὐτῷ ὁ Πέτρος· κἂν δέῃ με σὺν σοὶ ἀποθανεῖν, οὐ μή σε ἀπαρνήσομαι. ὁμοίως καὶ πάντες οἱ μαθηταὶ εἶπαν.	ἀμὴν λέγω σοι ὅτι σὺ σήμερον ταύτῃ τῇ νυκτὶ πρὶν ἢ δὶς ἀλέκτορα φωνῆσαι τρίς με ἀπαρνήσῃ. 31 ὁ δὲ ἐκπερισσῶς ἐλάλει· ἐὰν δέῃ με συναποθανεῖν σοι, οὐ μή σε ἀπαρνήσομαι. ὡσαύτως δὲ καὶ πάντες ἔλεγον.	λέγω σοι, Πέτρε, οὐ φωνήσει σήμερον ἀλέκτωρ ἕως τρίς με ἀπαρνήσῃ εἰδέναι.	ἀμὴν λέγω σοι, οὐ μὴ ἀλέκτωρ φωνήσῃ ἕως οὗ ἀρνήσῃ με τρίς.
16,28 *(nr. 160, p. 234)*	9,1 *(nr. 160, p. 234)*	9,27 *(nr. 160, p. 234)*	8,51-52 *(nr. 247, p. 328)*
28 Ἀμὴν λέγω ὑμῖν ὅτι εἰσίν τινες τῶν ὧδε ἑστώτων οἵτινες οὐ μὴ γεύσωνται θανάτου ἕως ἂν ἴδωσιν τὸν υἱὸν τοῦ ἀνθρώπου ἐρχόμενον ἐν τῇ βασιλείᾳ αὐτοῦ.	1 Καὶ ἔλεγεν αὐτοῖς· ἀμὴν λέγω ὑμῖν ὅτι εἰσίν τινες ὧδε τῶν ἑστηκότων οἵτινες οὐ μὴ γεύσωνται θανάτου ἕως ἂν ἴδωσιν τὴν βασιλείαν τοῦ θεοῦ ἐληλυθυῖαν ἐν δυνάμει.	27 Λέγω δὲ ὑμῖν ἀληθῶς, εἰσίν τινες τῶν αὐτοῦ ἑστηκότων οἳ οὐ μὴ γεύσωνται θανάτου ἕως ἂν ἴδωσιν τὴν βασιλείαν τοῦ θεοῦ.	51 Ἀμὴν ἀμὴν λέγω ὑμῖν, ἐάν τις τὸν ἐμὸν λόγον τηρήσῃ, θάνατον οὐ μὴ θεωρήσῃ εἰς τὸν αἰῶνα. 52 εἶπον [οὖν] αὐτῷ οἱ Ἰουδαῖοι· νῦν ἐγνώκαμεν ὅτι δαιμόνιον ἔχεις. Ἀβραὰμ ἀπέθανεν καὶ οἱ προφῆται, καὶ σὺ λέγεις· ἐάν τις τὸν λόγον μου τηρήσῃ, οὐ μὴ γεύσηται θανάτου εἰς τὸν αἰῶνα.

---

71 sqq cf 29 sqq

Appendices

I. EVANGELIUM THOMAE COPTICUM

EVANGELIUM SECUNDUM THOMAM LATINE
interprete G. Garitte[1]

1 Haec sunt[n] verba abscondita quae Iesus qui vivus-est dixit et quae scripsit Didymus Iudas Thomas;

et ait quia: Is qui inveniet interpretationem (ἑρμηνεία) horum verborum non gustabit mortem.

2 Ait Iesus: Ne cesset is qui quaerit quaerere (*litt.:* quaerens) donec reperiat; et quando (ὅταν) reperiet, turbabitur, et si turbabitur, admirabitur et fiet[f] rex super totum.

DAS THOMAS-EVANGELIUM
übersetzt
von E. Haenchen[2]

Dies sind die verborgenen Worte, die Jesus der Lebendige sprach, und es schrieb sie Didymos Judas Thomas

1 und sagte: Wer die Bedeutung dieser Worte findet, wird den Tod nicht schmecken.

2 Jesus sprach: Nicht soll aufhören der, welcher sucht, zu suchen, bis er findet, und wenn er findet, wird er verwirrt sein, und wenn er verwirrt ist, wird er sich wundern und wird herrschen über das All.

THE GOSPEL OF THOMAS
translated
by B. M. Metzger[3]

These are the secret words which the living Jesus spoke, and (which) Didymus Judas Thomas wrote.

1 And he said: He who finds the explanation (ἑρμηνεία) of these words will not taste death.

2 Jesus said: He who seeks must not stop seeking until he finds; and when (ὅταν) he finds, he will be bewildered; and if he is bewildered, he will marvel, and will be king over the All.

---

1) In hac versione latina efficere conati sumus ut textus coptici non solum sensus sed etiam forma, quantum fieri potest, appareret. Ideo versio stricte ad verbum et, ut ita dicamus, materialiter conscripta est.

Verborum copticorum ordinem latina ubique sequuntur, praeter, ut patet, illos casus in quibus copticus ordo a latina consuetudine abhorret; inter quos sunt, exempli gratia:

1. articuli possessivi coptici, qui semper substantiva praecedunt: hi in versione nostra post *substantiva posita sunt;*

2. sententiae interrogativae copticae, quae eundem ordinem exhibent ac sententiae affirmativae: in versione nostra verbum interrogativum in initium sententiae transferre necesse fuit (v. g. 13 Quid Iesus dixit tibi? *scripsimus, cum textus copticus hunc ordinem habeat:* Iesus dixit quid tibi?*);*

3. sententiae relativae copticae, quae casum pronominis relativi per pronomen personale exprimunt: ambo per solum relativum latinum reddita sunt (v. g. 68 in loco in quem persecuti-sunt vos *respondet* coptico in loco »quod« persecuti-sunt vos in eum);

4. »casus pendens« copticus: hic per casum latinum sententiae congruentem translatus est, omisso, si adest, pronomine coptico *(v. g. 16 sententiam* ii qui infirmantur, sanate eos *simpliciter reddidimus sic:* eos qui infirmantur sanate*).*

Eadem vox coptica per eandem vocem latinam, quantum possibile fuit, reddita est. Necesse tamen fuit quasdam voces copticas polysemas per plures voces latinas, secundum contextum, transferre, ut puta verbum *kō*, quod nunc »ponere«, nunc »sinere«, nunc »relinquere«, aut vocem *tēr-*, quae nunc »totus«, nunc »omnes«, aut praepositionem *e-*, quae nunc »ad«, nunc »in« (cum accusativo) significare potest. Vice versa quaedam sunt voces copticae variae quae per eandem vocem latinam reddi debuerunt, v. g. *kōht* et *sate* per vocem »ignis«, *tēr-* et *nim* per vocem »omnis«, *topos* et *ma* per vocem »locus«. In vertendis vocibus graecis in textu coptico occurrentibus, paulo liberius agere potuimus, absque incommodo, ut videtur, cum ipsa vox graeca inter parentheses semper apponatur.

Formae, ut aiunt, qualitativae saepe per participium perfectum latinum, adiuncta copula »esse«, exprimi debuerunt; quas locutiones ab indicativis perfectis passivis distinximus eo quod illas sine hyphen, hos autem cum hyphen scripsimus; v. g. *mortuus est* qualitativo *f=moout* (=τέθνηκεν) respondet, *mortuus=est* autem perfecto *af=mou* (=ἀπέθανεν). Generatim hyphen adhibuimus ad significandum plures voces latinas unam vocem copticam reddere, v. g. *usque=ad* pro copt. *ša* aut *similis=es* pro copt. *ek=eine*, aut *paenitentiam=agent* pro copt. *sena=rmetanoei* etc.; ita (cum hyphen) scriptae sunt versiones formarum qualitativarum quae non per participium perfectum reddita sunt, v. g. *vivus=est* pro copt. *f=onh*.

Ad subtilitates quasdam coptici idiomatis quodam modo exprimendas, quae in latinum explicate transferri vix possunt, his artificiis usi sumus:

Signum ° *nomini postpositum significat hoc nomen in coptico articulum indefinitum habere, v. g.* homo ° *indicat in coptico legi* ou-rōme, *gallice »un homme« (hic animadvertendum est articulum indefinitum copticum vim articuli partitivi habere posse, v. g.* pastam ° *gallice »de la pâte«).*

Littera [c] *verbo postposita significat hoc verbum in coptico praesens sic dictum »consuetudinis« esse, v. g. 45* affert [c] *indicat copticum* šaf-eine *habere, quod paene* solet afferre *significat.*

Litteris [a], [e], [n], [v] *post verbum »esse« usi sumus ad distinguendas varias locutiones copticas per hoc verbum translatas: littera* [a] *indicat verbum »esse« respondere copulae sententiae adverbialis (quae copula in coptico plerumque non exprimitur); littera* [n] *indicat verbum »esse« respondere copulae sententiae nominalis (in coptico* pe *aut nihil); littera* [e] *indicat verbum »esse« respondere verbo »existentiae«* oun *aut* mn *(»est«, »non est«); littera* [v] *indicat verbum »esse« respondere aliis verbis copticis »qualitativis«* šoop *aut* o *»esse«. Ad participium praesens verbi »esse« exprimendum quandoque formas graecas* ὤν *etc. in textu latino adhibuimus.*

Littera [f] *post verbum »fieri« indicat hoc verbo latino reddi verbum copticum* eire, r- *»facere«, »fieri«; verbum »fieri« sine littera* [f] *respondet coptico* šōpe.

Littera [p] *post coniunctionem »et« indicat »parataxin« inter perfecta l sine coniunctione apposita (quae constructio coptice normalis est); littera* [k] *post eandem coniunctionem »et« indicat verbum sequens in tempore sic dicto »coniunctivo« esse et coniunctionem »et« explicate in coptico non exprimi; coniunctio »et« sine indicio respondet coptico* auō*; particulam* mn- *inter substantiva (= »et«, litt. »cum«) per particulam latinam »=que« transtulimus.*

Littera [i] *post coniunctionem »ut« indicat per sententiam finalem latinam reddi infinitivum copticum »causativum« praepositione* e- *»ad« et subiecto pronominali instructum.*

Inter parentheses () ponuntur 1) voces graecae in ipso textu coptico adhibitae; 2) verba quaedam latina aut partes verborum in coptico materialiter non praesentia, quae tamen ad sententiam latinam clariorem elegantioremve faciendam necessaria visa sunt; 3) praecedente abbreviatione »*litt.*« (id est »litteraliter«), versio ad verbum expressior quam illa in ipso textu electa; 4) transcriptio nonnullorum nominum propriorum forma insolita in coptico praeditorum; 5) notae quaedam formam latinam praecedentem distincte designantes, v. g. *abl.*, id est *ablativo*.

Unci [] indicant partes textus coptici cum ipsa papyro ablatae.

Locos non paucos Evangelii secundum Thomam quorum sensus vel peritissimos fugit, prout iacent interpretari maluimus quam vulgatis quibusdam coniecturis mutare quae sensum vix clariorem faciunt.

Textum editionis principis auctoribus A. Guillaumont et sociis (Parisiis 1959) secuti sumus, collatis tabulis editionis phototypicae a Pahor Labib Cahirae anno 1956 ° publicatae. Paragraphos (id est divisiones in »logia«) editionis principis retinere opportunum aestimavimus, etiamsi hic illic minus congruae videntur.

Scribebam Lovanii, 28a Decembris 1961. G. Garitte

2) Angewandte Sigel: ( ) = zur Korrektheit der Übersetzung benötigte Ergänzung. ⟨ ⟩ = Konjektur. [ ] = ausgefüllte Lücke.

3) Sigla: Parentheses ( ) indicate an alternative rendering or an expansion made for the sake of English idiom. They also enclose Greek words present in the Coptic text. Square brackets [ ] indicate a lacuna in the original manuscript, with or without a conjectural restoration. Angular brackets ⟨ ⟩ indicate an editorial addition correcting a scribal omission.

3 Ait Iesus quia: Si dicent vobis ii qui ducunt vos quia: Ecce regnum est[a] in caelo, tum volucres praevenient vos caeli; si dicent vobis quia: Est[a] in mari (θάλασσα), tum pisces praevenient vos. Sed (ἀλλά) regnum est[a] intra vos et est[a] extra vos. Quando (ὅταν) cognoscetis vos, tunc (τότε) cognoscemini (*litt.*: cognoscent vos) et scietis quia vos estis[n] filii Patris qui vivus-est. Si autem (δέ) non cognoscetis vos, tum estis[v] in paupertate[o] et vos estis[n] paupertas.

4 Ait Iesus: Non pigritabitur homo senex in diebus suis interrogare parvum puerum[o] ὄντα[a] in septem diebus de loco (τόπος) vitae, et vivet; quia multi primi fient[f] ultimi, et fient unus solus.

5 Ait Iesus: Cognosce id quod est[a] coram facie tua, et id quod absconditum est tibi revelabitur tibi; non est[e] enim (γάρ) aliquid absconditum quod non manifestabitur.

6 Interrogaverunt eum discipuli (μαθητής) eius et[p] aiunt ei quia: Vis nos ieiunare (νηστεύειν), et quomodo orabimus, dabimus eleemosynam (ἐλεημοσύνη) et quem observabimus (παρατηρεῖν) cibum? Ait Iesus quia: Ne mentiamini et id quod odistis ne faciatis, quia revelata sunt omnia coram caelo; non est[e] enim (γάρ) aliquid absconditum quod non manifestabitur et non est[e] aliquid opertum quod manebit non revelatum.

7 Ait Iesus: Beatus (μακάριος) est[n] leo quem homo manducabit, et leo fiet homo; et abominatus est homo quem leo manducabit, et leo fiet homo.

8 Et ait quia: Homo assimilatus est piscatori[o] intelligenti qui iecit sagenam suam in mare (θάλασσα) et[p] traxit eam e mari (θάλασσα) repletam piscibus parvis; in eis invenit magnum piscem[o] bonum piscator intelligens; eiecit parvos omnes pisces de[or]sum in mare (θάλασσα), elegit magnum piscem sine (χωρίς) labore. Is qui habet aures ad audiendum audiat.

9 Ait Iesus quia: Ecce exivit is qui seminat, replevit manum suam et[p] iecit; nonnulla quidem (μέν) ceciderunt super viam; venerunt volucres et[p] carpserunt ea; alia ceciderunt super petram (πέτρα) et non ceperunt radicem deorsum in terram et non protulerunt spicam ad caelum; et alia ceciderunt super spinas et[p] suffocaverunt semen et vermis manducavit ea; et alia ceciderunt super terram bonam et dedit fructum (καρπός) ad caelum bonum; attulit sexagies (plus) et centies vicies (plus).

10 Ait Iesus quia: Ieci ignem[o] super mundum (κόσμος), et ecce servo eum donec ardeat.

11 Ait Iesus quia: Hoc caelum praeteribit (παράγειν) et id (*sc.* caelum) quod est[a] supra

3 Jesus sprach: Wenn sie zu euch sagen, die euch verführen: Siehe, das Reich ist im Himmel, so werden die Vögel des Himmels euch zuvorkommen. Wenn sie zu euch sagen, es ist im Meer! so werden die Fische euch zuvorkommen. Sondern das Reich ist inwendig in euch und außerhalb von euch. Wenn ihr euch erkennt, dann werdet ihr erkannt werden, und ihr werdet erkennen, daß ihr seid die Söhne des lebendigen Vaters. Wenn aber ihr euch nicht erkennt, so seid ihr in Armut und ihr seid die Armut.

4 Jesus sprach: Nicht wird zögern der Greis in seinen Tagen zu fragen ein ganz kleines Kind von sieben Tagen wegen des Ortes des Lebens, und er wird leben. Denn viele Erste werden sein Letzte, und sie werden ein einziger sein.

5 Jesus sprach: Erkenne das, was vor deinem Angesicht ist, und was vor dir verborgen ist, wird sich dir enthüllen. Denn kein Verborgenes wird nicht offenbar werden.

6 Seine Jünger fragten ihn, sie sprachen zu ihm: Willst du, daß wir fasten, und wie sollen wir beten und Almosen geben und welche Speise(vorschriften) sollen wir beobachten? Jesus sprach: Sprecht keine Lüge und das, was ihr haßt, tut nicht. Denn offenbar ist alles vor dem Himmel. Denn es gibt nichts Verborgenes, das nicht enthüllt wird, und nichts Verdecktes, das nicht aufgedeckt werden wird.

7 Jesus sprach: Selig ist der Löwe, den der Mensch ißt, und der Löwe wird Mensch. Und abscheulich ist der Mensch, den der Löwe frißt, und der ⟨Mensch wird Löwe⟩.

8 Und er sprach: Der Mensch gleicht einem Fischer, einem klugen, der sein Netz warf ins Meer. Er zog es heraus aus dem Meer, voll kleiner Fische. In ihrer Mitte fand er einen großen, guten Fisch, der kluge Fischer. Er warf alle kleinen Fische fort ins Meer. Er wählte den großen Fisch ohne Hemmung. Wer Ohren hat, zu hören, möge hören!

9 Jesus sprach: Siehe, der Säemann kam heraus. Er füllte seine Hand, er warf. Einige (Körner) fielen auf den Weg. Es kamen die Vögel, pickten sie auf. Andere fielen auf den Fels und sandten nicht Wurzeln hinab in die Erde und trieben nicht Ähren in die Höhe. Und andere fielen auf die Dornen. Sie erstickten den Samen, und der Wurm fraß sie. Und andere fielen auf das gute Land, und es brachte gute Frucht hervor. Es brachte sechzig(fach) und hundertzwanzig(fach).

10 Jesus sprach: Ich habe Feuer geworfen auf die Welt, und siehe, ich bewahre es, bis sie brennt.

11 Jesus sprach: Dieser Himmel wird vergehen, und der über ihm wird vergehen.

3 Jesus said: If those who lead you say to you, Lo, the kingdom is in heaven, then the birds of heaven will precede you; if they say to you, It is in the sea (θάλασσα), then the fish will precede you. But (ἀλλά) the kingdom is within you and outside you. When (ὅταν) you know yourselves, then (τότε) you will be known; and you will know that you are the sons of the living Father. But (δέ) if you do not know yourselves, then you are in poverty, and you are poverty.

4 Jesus said: The man old in his days will not hesitate to ask an infant of seven days concerning the place (τόπος) of life, and he will live. For many of the first will be last, and they will become a single one.

5 Jesus said: Know what is before your face, and what is hidden from you will be revealed to you; for (γάρ) there is nothing hidden which will not be manifest.

6 His disciples (μαθητής) asked him (and) said to him: Do you wish us to fast (νηστεύειν)? And in what way shall we pray (and) give alms (ἐλεημοσύνη)? And what observances shall we keep (παρατηρεῖν) with respect to eating? Jesus said: Do not speak a lie and do not do what you hate, because everything is manifest before Heaven. For (γάρ) there is nothing hidden which shall not be made manifest, and there is nothing covered that shall remain without being revealed.

7 Blessed (μακάριος) is that lion which the man will eat, and the lion will become man; and abominable is that man whom the lion will eat, and the lion will become man (*sic; perhaps an error for,* and the man will become lion).

8 And he said: Man is like a wise fisherman who cast his net into the sea (θάλασσα); he drew it out of the sea (θάλασσα) when it was full of little fishes. Among them the wise fisherman found a large good fish. The wise fisherman cast all the little fishes down into the sea (θάλασσα) (and) chose the large fish without (χωρίς) difficulty. He who has ears to hear, let him hear.

9 Jesus said: Behold, the sower went out, he filled his hand, he sowed (the seed). Some (seeds) (+ μέν) fell on the road. The birds came (and) gathered them up. Others fell on the rock (πέτρα) and did not send a root down into the earth, and did not send an ear up to heaven. And others fell among thorns. They choked the seed, and the worm ate it (*lit.* them). And others fell upon the good earth; and it brought forth good fruit (κάρπος) up to heaven. It bore sixty-fold and one hundred and twenty-fold.

10 Jesus said: I have cast fire upon the world (κόσμος), and behold, I guard it until it is ablaze.

11 Jesus said: This heaven will pass away (παράγειν), and the one which is above it

illud praeteribit (παράγειν), et ii qui mortui sunt non vivi-sunt, et ii qui vivi-sunt non morientur. Die qua manducabatis id quod mortuum est, faciebatis illud id quod vivum-est. Quando (ὅταν) fietis in lumine, quid est[n] quod facietis? In die qua estis[v] unus, facti-estis[f] duo; quando (ὅταν) autem (δέ) fietis duo, quid est[n] quod facietis?

12Aiunt discipuli (μαθητής) Iesu quia: Cognoscimus quia abibis a nobis; quis est[n] qui fiet[f] maior super nos? Ait Iesus eis quia: Ubi veneritis (*litt.*: venistis), abibitis usque-ad Iacobum iustum (δίκαιος) propter quem caelum terraque facta-sunt.

13Ait Iesus discipulis (μαθητής) suis quia: Assimilate me et[k] dicite mihi cui similis-sim. Ait ei Simon Petrus quia: Similis-es angelo[o] (ἄγγελος) iusto (δίκαιος). Ait ei Matthaeus *(maththaios)* quia: Similis-es homini[o] philosopho (φιλόσοφος) intelligenti. Ait ei Thomas quia: Magister, omnino (ὅλως) os meum non accipiet ut[i] dicam cui similis-sis. Ait Iesus quia: Ego magister tuus non sum[n], quoniam (ἐπεί) bibisti et[p] inebriatus-es e fonte (πηγή) ferventi quem ego mensus-sum. Et cepit eum, secessit (ἀναχωρεῖν) et[p] dixit ei tria verba. Cum autem (δέ) Thomas venit usque-ad amicos suos, interrogaverunt eum quia: Quid Iesus dixit tibi? Ait eis Thomas quia: Si dicam vobis unum e verbis quae dixit mihi, portabitis lapides et[k] iacietis ad me, et ignis exibit e lapidibus et[k] comburet vos.

14Ait Iesus eis quia: Si ieiunabitis (νηστεύειν), gignetis vobis peccatum[o], et si orabitis, condemnabimini (*litt.*: condemnabunt vos; κατακρίνειν), et si dabitis eleemosynam (ἐλεημοσύνη), facietis malum[o] (κακόν) spiritibus (πνεῦμα) vestris. Et si intrabitis in terram quamdam et si ambulabitis in regionibus (χώρα), si recipient (παραδέχεσθαι) vos, id quod ponent ante vos manducate; eos qui infirmantur in illis sanate (θεραπεύειν); id enim (γάρ) quod intrabit in os vestrum non coinquinabit vos, sed (ἀλλά) id quod egredietur ex ore vestro, illud coinquinabit vos.

15Ait Iesus quia: Quando (ὅταν) videbitis eum qui non genitus-est e femina, procidite super faciem vestram et[k] adorate eum; ille est[n] pater vester.

16Ait Iesus quia: Forsitan (τάχα) putant homines quia veni iacere pacem[o] (εἰρήνη) super mundum (κόσμος), et non cognoscunt quia veni iacere divisiones[o] super terram, ignem[o], gladium[o], bellum[o] (πόλεμος); quinque enim (γάρ) [f]ient in domo[o], tres fient adversus (*litt.*: super) duos et duo adversus (*litt.*: super) tres, pater super filium et filius super patrem et stabunt ὄντες[v] solitarii (μοναχός).

17Ait Iesus quia: Dabo vobis id quod oculus non vidit et id quod auris non audivit

Und die Toten leben nicht, und die Lebendigen werden nicht sterben. – In den Tagen, da ihr aßet das, was tot ist, machtet ihr es lebendig. Wenn ihr seid im Lichte, was werdet ihr tun? – An dem Tage, da ihr einer waret, wurdet ihr zwei. Wenn ihr aber zwei geworden seid, was werdet ihr tun?

12Es sprachen die Jünger zu Jesus: Wir wissen, daß du von uns gehen wirst. Wer ist's, der groß sein wird über uns? Jesus sprach zu ihnen: Am Ort, wohin ihr gekommen seid, werdet ihr gehn zu Jakobus dem Gerechten, dessentwegen der Himmel und die Erde geworden sind.

13Jesus sprach zu seinen Jüngern: Vergleicht mich, sagt es mir, wem ich gleiche. Sprach zu ihm Simon Petrus: Du gleichst einem gerechten Engel. Es sprach zu ihm Matthäus: Du gleichst einem Philosophen, einem einsichtigen Menschen. Es sprach zu ihm Thomas: Meister, mein Mund wird es gar nicht ertragen, zu sagen, wem du gleichst. Jesus sprach: Ich bin nicht dein Meister, denn du hast getrunken (und) dich berauscht an der sprudelnden Quelle, die ich ausgemessen habe. Er nahm ihn, zog sich zurück, er sagte ihm drei Worte. Als Thomas aber zu seinen Gefährten kam, fragten sie ihn: Was hat dir Jesus gesagt? Es sprach zu ihnen Thomas: Wenn ich euch eins der Worte sage, die er mir gesagt hat, werdet ihr Steine nehmen (und) auf mich werfen, und Feuer wird kommen aus den Steinen (und) euch verbrennen.

14Jesus sprach: zu ihnen: Wenn ihr fastet, werdet ihr euch Sünde erzeugen, und wenn ihr betet, werdet ihr verurteilt werden, und wenn ihr Almosen gebt, werdet ihr eurem Geiste schaden. Und wenn ihr hineingeht in irgend ein Land und wandert in den Gegenden und man euch aufnimmt, eßt das, was man euch vorsetzen wird. Die, welche krank sind unter ihnen, heilt. Denn was hineingehen wird in euren Mund, wird euch nicht beflecken; aber das, was herausgeht aus eurem Mund, das ist es, was euch beflecken wird.

15Jesus sprach: Wenn ihr den seht, der nicht geboren ist vom Weibe, werft euch nieder auf euer Angesicht (und) betet ihn an. Jener ist euer Vater.

16Jesus sprach: Vielleicht denken die Menschen, daß ich kam zu bringen Frieden auf die Welt, und sie wissen nicht, daß ich kam zu bringen Trennung auf die Erde, Feuer, Schwert, Krieg. Denn fünf werden sein in einem Haus; drei werden sein gegen zwei, und zwei gegen drei, der Vater gegen den Sohn und der Sohn gegen den Vater, und sie werden dastehen als einzelne.

17Jesus sprach: Ich werde euch das geben, was nicht das Auge gesehen und was nicht

will pass away (παράγειν); and those that are dead are not alive and those that are alive will not die. In the days when you were eating that which is dead, you were making it as that which lives. When (ὅταν) you came into the light what will you do? On the day when you were one, you became two. But when (ὅταν δέ) you have become two what will you do?

12The disciples (μαθητής) said to Jesus: We know that you will go away from us. Who is it that will (then) be great over us? Jesus said to them: In the place to which you have come, you will go to James the Just (δίκαιος), for whose sake heaven and earth came into existence.

13Jesus said to his disciples (μαθητής): Make me a comparison; tell me what I am like. Simon Peter said to him: You are like a righteous (δίκαιος) angel (ἄγγελος). Matthew said to him: You are like a man who is a wise philosopher (φιλόσοφος). Thomas said to him: Master, my mouth will not at all (ὅλως) be capable of saying what you are like. Jesus said: I am not your master, because (ἐπεί) you drank (and) became drunken from the bubbling spring (πηγή) which I have measured out. And he took him (and) went aside (ἀναχωρεῖν) (and) spoke three words to him. Now (δέ) when Thomas came (back) to his companions, they asked him: What did Jesus say to you? Thomas said to them, If I tell you one of the words that he said to me, you will take up stones (and) cast (them) at me, and a fire will come forth from the stones (and) will burn you up.

14Jesus said to them: If you fast (νηστεύειν), you will beget sin for yourselves, and if you pray, you will be condemned (κατακρίνειν), and if you give alms (ἐλεημοσύνη), you will do evil (κακόν) to your spirits (πνεῦμα). And if you go into any land and travel in the regions (χώρα), if they receive (παραδέχεσθαι) you, eat what they set before you. Heal (θεραπεύειν) the sick who are among them. For (γάρ) what will go into your mouth will not defile you, but (ἀλλά) what comes out of your mouth, that is what will defile you.

15Jesus said: When (ὅταν) you see him who was not born of woman, prostrate yourselves upon your faces (and) worship him; he is your father.

16Jesus said: Men perhaps (τάχα) think that I have come to cast peace (εἰρήνη) upon the world (κόσμος), and they do not know that I have come to cast divisions upon the earth, fire, sword, war (πόλεμος). For (γάρ) there shall be five in a house; there will be three against two and two against three; the father against the son and the son against the father, and they will stand alone (*or*, as monks) (μοναχός).

17Jesus said: I shall give you what no eye has seen and no ear has heard and no hand

et id quod manus non palpavit et non ascendit in (*litt.:* super) cor hominis.

18 Aiunt discipuli (μαθητής) Iesu quia: Dic nobis quo modo finis noster futurus-sit (*litt.:* fiet). Ait Iesus: Revelavistis enim (γάρ) principium (ἀρχή) ut quaeratis finem; quia in loco ubi est[a] principium (ἀρχή), finis fiet ibi; beatus (μακάριος) is qui stabit in principio (ἀρχή) et cognoscet finem et non gustabit mortem.

19 Ait Iesus quia: Beatus (μακάριος) est[n] qui factus-est priusquam fieret. Si fietis mihi discipuli (μαθητής) et[k] audietis verba mea, hi lapides ministrabunt (διακονεῖν) vobis. Habetis enim (γάρ) quinque arbores in paradiso (παράδεισος) quae non moventur aestate hieme, et folia earum non excidunt[c]; is qui cognoscet eas non gustabit mortem.

20 Aiunt discipuli (μαθητής) Iesu quia: Dic nobis cui regnum caelorum assimilatum sit. Ait eis quia: Assimilatum est grano sinapis; minus-est quam (παρά) semina omnia; quando (ὅταν) autem (δέ) cadet super terram quae colitur (*litt.:* ad quam operantur), profert[c] magnum ramum[o] et[k] fit tectum (σκέπη) volucribus caeli.

21 Ait Maria *(mariham)* Iesu quia: Cui discipuli (μαθητής) tui similes-sunt? Ait quia: Similes-sunt pueris[o] qui devertentes-sunt in agro[o] qui eorum non est[n]. Quando (ὅταν) venient domini agri, dicent quia: Dimittite agrum nostrum nobis. Illi denudati sunt coram illis, ut[i] dimittant eum eis et[k] dent agrum eorum eis. Propter hoc (διὰ τοῦτο) dico quia si sciet do[minus?] domus quia venturus-est fur, vigilabit antequam veniat et[k] non sinet eum fodere in domum suam regni sui ut[i] (as)portet vasa (σκεῦος) eius. Vos autem (δέ) vigilate in conspectu mundi (κόσμος); cingite (*litt.:* ligate) vos super lumbos vestros in magna potestate[o] (δύναμις) ut (ἵνα) latrones (λῃστής) non inveniant viam ad veniendum usque-ad vos, quoniam (ἐπεί) usum (χρεία) quem exspectatis invenient. Sit (*litt.:* fiat) in medio vestri homo disciplinatus (ἐπιστήμων): cum fructus (καρπός) maturatus-est, venit festinanter, habens falcem suam (*litt.:* τοῦ δρεπάνου αὐτοῦ ὄντος) in manu sua et[p] messuit eum. Is qui habet aures ad audiendum audiat.

22 Iesus vidit parvos[o] capientes lac. Ait discipulis (μαθητής) suis quia: Hi parvi qui capiunt lac assimilati sunt iis qui intrantes-sunt in regnum. Aiunt ei quia: Tum, ὄντες[v] parvi, intrabimus in regnum? Ait Iesus eis quia: Quando (ὅταν) facietis duo unum et facietis partem interiorem sicut partem exteriorem et partem exteriorem sicut partem interiorem et partem superiorem sicut partem inferiorem, et ut (ἵνα) faciatis masculum feminamque unum solum ut masculus non sit (*litt.:* fiat[f]) masculus et femina non sit (*litt.:* fiat[f]) femina, quando (ὅταν) facietis

das Ohr gehört und was nicht die Hand berührt hat und was nicht gekommen ist in den Sinn der Menschen.

18 Die Jünger sprachen zu Jesus: Sage uns: Wie wird unser Ende sein? Jesus sprach: Habt ihr denn enthüllt den Anfang, daß ihr sucht nach dem Ende? Denn der Ort, an dem der Anfang ist, dort wird auch das Ende sein. Selig ist, wer stehen wird im Anfang, und er wird das Ende erkennen und nicht schmekken den Tod.

19 Jesus sprach: Selig ist, wer war, bevor er wurde. Wenn ihr mir werdet zu Jüngern (und) hört meine Worte, diese Steine werden euch dienen. Denn ihr habt fünf Bäume im Paradiese, die sich nicht bewegen im Sommer (und) Winter, und deren Blätter nicht abfallen. Wer sie erkennen wird, wird den Tod nicht schmecken.

20 Die Jünger sprachen zu Jesus: Sage uns, wem das Reich der Himmel gleicht. Er sprach zu ihnen: Es gleicht einem Senfkorn, das kleiner ist als alle Samen. Wenn es aber fällt auf das Land, das man bebaut, sendet es heraus einen großen Sproß (und) wird zum Schutz für die Vögel des Himmels.

21 Es sprach Maria zu Jesus: Deine Jünger – wem gleichen sie? Er sprach: Sie gleichen kleinen Kindern, die sich niederließen auf einem Feld, das ihnen nicht gehört. Wenn die Herren des Feldes kommen, werden sie sagen: Überlaßt unser Feld uns! Sie ziehen sich aus vor ihnen, damit sie es ihnen hinlegen (und) sie ihnen ihr Feld geben. – Darum sage ich: Wenn der Hausherr weiß, daß er kommt, der Dieb, wird er wachen, bevor er kommt, (und) ihn nicht eindringen lassen in sein Haus seines Reiches, damit er seine Sachen wegträgt. Ihr aber wachet vor der Welt! Gürtet euch um eure Hüften mit großer Kraft, damit die Räuber keinen Weg finden, zu euch zu kommen. Denn den Besitz, nach dem ihr blickt, werden sie finden. – Möge sein in eurer Mitte ein verständiger Mensch! Als die Frucht reif war, kam er eilends mit seiner Sichel in seiner Hand (und) mähte sie ab. Wer Ohren hat zu hören, möge hören!

22 Jesus sah kleine (Kinder) saugen. Er sprach zu seinen Jüngern: Diese Kleinen, die saugen, gleichen denen, die eingehen ins Reich. Sie sprachen zu ihm: Werden wir, indem wir klein sind, eingehen in das Reich? Jesus sprach zu ihnen: Wenn ihr die zwei (zu) eins macht und wenn ihr macht das Innere wie das Äußere und das Äußere wie das Innere und das Obere wie das Untere, und wo ihr macht das Männliche und das Weibliche zu einem einzigen, damit nicht das Männliche männlich und das Weibliche weiblich ist, wenn ihr macht Augen statt ei-

has touched and (what) has not entered the heart of man.

18 The disciples (μαθητής) said to Jesus: Tell us in what way our end will take place. Jesus said: Have you indeed (γάρ) uncovered the beginning (ἀρχή) so that you may seek the end? For in the place where the beginning (ἀρχή) is, there shall the end be. Blessed (μακάριος) is he who will stand at the beginning (ἀρχή), and he will know the end and will not taste death.

19 Jesus said: Blessed (μακάριος) is he who was before he became. If you become my disciples (μαθητής) (and) hear my words, these stones will minister (διακονεῖν) to you. For (γάρ) you have five trees in Paradise (παράδεισος); they do not move in summer (or) in winter, and their leaves do not fall off. He who will know them will not taste death.

20 The disciples (μαθητής) said to Jesus: Tell us what the kingdom of heaven is like. He said to them: It is like a grain of mustard seed, smaller than (παρά) all seeds. But when (ὅταν δέ) it falls on the earth which has been cultivated, it puts forth a great branch (and) becomes a shelter (σκέπη) for (the) birds of heaven.

21 Mary said to Jesus: What are your disciples (μαθητής) like? He said: They are like little children who dwell in a field which does not belong to them. When (ὅταν) the owners of the field come, they will say, Leave our field to us! They are naked in their presence, as they leave it to them (and) give back their field to them. Therefore (διὰ τοῦτο) I say: If the householder knows that the thief is coming, he will be watching before he comes (and) will not let him break into his house of his kingdom to carry away his goods (σκεῦος). But (δέ) you must keep watch against the world (κόσμος); gird up your loins with great power (δύναμις), so that no robber (λῃστής) may find a way to come to you. For (ἐπεί) the thing (χρεία) which you await will be found. May there be a man of understanding (ἐπιστήμων) among you! After the fruit (καρπός) ripened, he came quickly with his sickle in his hand (and) reaped it. He who has ears to hear, let him hear.

22 Jesus saw children that were being suckled. He said to his disciples (μαθητής): These children being suckled are like those who enter the kingdom. They said to him, If we are children, shall we enter the kingdom? Jesus said to them: When (ὅταν) you make the two one, and make the inside like the outside, and the outside like the inside, and the upper side like the under side, and when you make the male and the female into a single one, so that the male will not be male and the female will ⟨not⟩ be female; when (ὅταν) you make eyes in place of an eye, and

oculos[o] pro oculo[o] (*litt.*: ad locum oculi[o]) et manum[o] pro manu[o] (*litt.*: ad locum manus[o]) et pedem[o] pro pede[o] (*litt.*: ad locum pedis[o]), imaginem[o] (εἰκών) pro imagine[o] (*litt.*: ad locum imaginis[o], εἰκών), tunc (τότε) intrabitis in [regnum].

23 Ait Iesus quia: Eligam vos unum e mille et duos e decem milibus, et stabunt ὄντες[v] unus solus.

24 Aiunt discipuli (μαθητής) eius quia: Doce nos locum (τόπος) in quo es[a], quoniam (ἐπεί) necessitas (ἀνάγκη) nobis (*litt.*: ad nos) est[n] ut quaeramus eum. Ait eis quia: Is qui habet aures audiat; lumen est[v] intra hominem[o] luminis et illuminat mundum (κόσμος) totum; si non illuminat, tenebrae[o] sunt[n].

25 Ait Iesus quia: Dilige fratrem tuum sicut animam (ψυχή) tuam; serva (τηρεῖν) eum sicut pupillam oculi tui.

26 Ait Iesus quia: Festucam quae est[a] in oculo fratris tui vides; trabem autem (δέ) quae est[a] in oculo tuo non vides; quando (ὅταν) (e)ieceris trabem ex oculo tuo, tunc (τότε) perspicies, ad (e)iciendum festucam ex oculo fratris tui.

27 Si non ieiunatis (νηστεύειν) ad mundum (κόσμος), non invenietis regnum; si non facitis sabbatum (σάββατον) sabbatum (σάββατον), non videbitis Patrem.

28 Ait Iesus quia: Steti in medio mundi (κόσμος) et manifestatus-sum eis in carne (σάρξ); inveni eos omnes inebriatos; non inveni aliquem in eis sitientem; et anima (ψυχή) mea torquetur[1] super filios hominum quia caeci sunt[n] in corde suo et non perspiciunt; quia venerunt in mundum (κόσμος) vacui, quaerunt etiam ut[i] exeant e mundo (κόσμος) vacui; ceterum (πλήν) nunc inebriati sunt; quando (ὅταν) excutient vinum suum, tunc (τότε) paenitentiam-agent (μετανοεῖν).

29 Ait Iesus: Si caro (σάρξ) facta-est propter spiritum (πνεῦμα), mirabile est[n]; si autem (δέ) spiritus (πνεῦμα) propter corpus (σῶμα), mirabilissimum (*litt.*: mirabile mirabilis) est[n]; sed (ἀλλά) ego admiror hoc, quomodo (πῶ[ς]) [ta]nta opulentia habitaverit in hac paupertate.

30 Ait Iesus quia: Ubi sunt[e] tres dii, dii[o] sunt[n]; ubi sunt[e] duo aut (ἤ) unus, ego sum[v] cum eo.

31 Ait Iesus: Propheta (προφήτης) non acceptus est in pago suo: medicus non sanat[c] (θεραπεύειν) eos qui cognoscunt eum.

32 Ait Iesus quia: Civitas[o] (πόλις) quae aedificatur super montem[o] altum (et) quae fortificata est, non possibile est[e] ut cadat neque (οὐδέ) poterit abscondi.

33 Ait Iesus: Id quod audies in aure tua in alia aure praedica illud super tecta ve-

nes Auges und eine Hand statt einer Hand und einen Fuß statt eines Fußes und ein Bild statt eines Bildes, dann werdet ihr eingehen in [das Reich].

23 Jesus sprach: Ich werde euch auswählen, einen aus tausend und zwei aus zehntausend, und sie werden dastehen als ein einziger.

24 Es sprachen seine Jünger: Belehre uns über den Ort, wo du bist; denn es ist nötig, daß wir danach suchen. Er sprach zu ihnen: Wer Ohren hat, möge hören. Es ist Licht in dem Innern eines Lichtmenschen, und er leuchtet der ganzen Welt. Wenn er nicht leuchtet, ist Finsternis.

25 Jesus sprach: Liebe deinen Bruder wie deine Seele; bewahre ihn wie deinen Augapfel.

26 Jesus sprach: Den Splitter im Auge deines Bruders siehst du. Den Balken aber in deinem Auge siehst du nicht. Wenn du herausziehst den Balken aus deinem Auge, dann wirst du (genug) sehen, um herauszuziehen den Splitter aus dem Auge deines Bruders.

27 〈Jesus sprach:〉 Wenn ihr nicht der Welt gegenüber fastet, werdet ihr das Reich nicht finden. Wenn ihr nicht den Sabbat zum Sabbat macht, werdet ihr den Vater nicht sehen.

28 Jesus sprach: Ich stand inmitten der Welt und offenbarte mich ihnen in Fleisch. Ich fand sie alle trunken; nicht fand ich einen durstig unter ihnen, und meine Seele litt Schmerz über die Söhne der Menschen. Denn sie sind blind in ihrem Herzen und sehen nicht, daß sie leer in die Welt gekommen sind (und) suchen, wieder leer aus der Welt herauszukommen. Zwar jetzt sind sie trunken. Wenn sie ihren Wein abschütteln, dann werden sie sich bekehren.

29 Jesus sprach: Wenn das Fleisch geworden ist wegen des Geistes, ist es ein Wunder. Wenn der Geist aber wegen des Leibes, ist es ein Wunder von Wunder. – Aber ich wundere mich über dieses, wie sich dieser große Reichtum niedergelassen hat in dieser Armut.

30 Jesus sprach: Wo drei Götter sind, dort sind Götter; wo zwei oder einer ist – ich bin bei ihm.

31 Jesus sprach: Nicht ist ein Prophet genehm in seinem Dorfe. Nicht heilt ein Arzt die, welche ihn kennen.

32 Jesus sprach: Eine Stadt, die man erbaut auf einem hohen Berg (und) befestigt, kann nicht fallen und sich nicht verbergen.

33 Jesus sprach: Was du hören wirst mit deinem Ohr (mit dem anderen Ohr), pre-

a hand in place of a hand, and a foot in place of a foot, an image (εἰκών) in place of an image (εἰκών), then (τότε) you shall enter [the kingdom].

23 Jesus said: I shall choose you, one from a thousand and two from ten thousand; and they will stand, because they are a single one.

24 His disciples (μαθητής) said: Show us the place (τόπος) where you are, for (ἐπεί) it is necessary (ἀνάγκη) for us to seek it. He said to them: He who has ears, let him hear. There is light within a man of light, and he (*or*, it) illumines the whole world (κόσμος); when he (*or*, it) does not shine, there is darkness.

25 Jesus said: Love your brother as your soul (ψυχή); keep (τηρεῖν) him as the apple of your eye.

26 Jesus said: You see the speck that is in your brother's eye, but (δέ) you do not see the log which is in your own eye. When (ὅταν) you take the log out of your own eye, then (τότε) you will see to take out the speck from your brother's eye.

27 〈Jesus said:〉 If you do not fast (νηστεύειν) to the world (κόσμος), you will not find the kingdom; if you do not keep the Sabbath (σάββατον) (as) Sabbath (σάββατον), you will not see the Father.

28 Jesus said: I stood in the midst of the world (κόσμος), and I appeared to them in (the) flesh (σάρξ). I found all of them drunken; I found none among them athirst. And my soul (ψυχή) was afflicted for the sons of men, for they are blind in their heart, and do not see that they have come into the world (κόσμος) empty, seeking to go out of the world (κόσμος) empty again. But (πλήν) now they are drunken. When (ὅταν) they shake off the offects of their wine, then (τότε) they will repent (μετανοεῖν).

29 Jesus said: If the flesh (σάρξ) has come into existence because of spirit (πνεῦμα), it is a marvel; but (δέ) if spirit (πνεῦμα) (has come into existence) because of the body (σῶμα), it is a marvel of marvels. But (ἀλλά) I marvel at how (πῶς) this great wealth has settled down in this poverty.

30 Jesus said: Where there are three gods, they are gods; where there are two or (ἤ) one, I am with him.

31 Jesus said: No prophet (προφήτης) is acceptable in his village; no physician works cures (θεραπεύειν) on those who know him.

32 Jesus said: A city (πόλις) that is built on a high mountain (and) fortified cannot fall nor (οὐδέ) can it remain hidden.

33 Jesus said: What you shall hear in your ear proclaim in the other ear upon your

[1]) Praefixum *a-* interpretamur ut praesentis II.

stra; nemo enim (γάρ) accendit[c] lucernam et[k] ponit eam sub modio neque (οὐδέ) ponit[c] eam in loco abscondito; sed (ἀλλά) ponit[c] eam super candelabrum (λυχνία) ut omnes qui intrantes-sunt et qui egrediuntur videant lumen eius.

34 Ait Iesus quia: Caecus[o] si ducet caecum[o], cadunt[c] ambo deorsum in foveam[o].

35 Ait Iesus: Non possibile est[e] ut unus intret in domum fortis et[k] vim inferat ei, nisi (εἰμήτι) liget manus eius; tunc (τότε) transferet domum eius.

36 Ait Iesus: Ne solliciti-sitis inde-a mane usque-ad vesperam et inde-a vespera usque-ad mane quid induamini (*litt.:* quid detis super vos).

37 Aiunt discipuli (μαθητής) eius quia: Qua die manifestaberis nobis et qua die videbimus te? Ait Iesus quia: Quando (ὅταν) despoliabitis (*litt.:* denudabitis) vos pudore vestro et tolletis (*litt.:* (as)portabitis) vestimenta vestra et[k] ponetis ea subtus pedes vestros sicut parvi pueri et[k] conculcabitis ea, tunc (τότ[ε]) [videbitis] filium eius qui vivus-est et non timebitis.

38 Ait Iesus quia: Multis vicibus desideravistis (ἐπιθυμεῖν) audire haec verba quae dico vobis, et non habetis alium quemdam (*litt.:* unum) ad audienda ea ab illo; dies fient et[k] quaeretis me (et) non invenietis me.

39 Ait Iesus quia: Pharisaei (Φαρισαῖος) scribaeque (γραμματεύς) ceperunt claves gnosis (γνῶσις) et[p] absconderunt eas; neque (οὔτε) intraverunt et eos qui volunt intrare non siverunt. Vos autem (δέ) estote (*litt.:* fite) prudentes (φρόνιμος) sicut serpentes et simplices (ἀκέραιος) sicut columbae.

40 Ait Iesus: Vitis[o] plantata-est extra Patrem, et cum non fortificata sit (*litt.:* non οὖσα-fortificata), evelletur a radice sua et[k] peribit.

41 Ait Iesus quia: Ei qui habet in manu sua dabitur, et ab eo qui non habet etiam paucum quod habet (as)portabitur.

42 Ait Iesus quia: Estote (*litt.:* fite) praeterientes (παράγειν).

43 Aiunt ei discipuli (μαθητής) eius quia: Tu quis es[n], dicens haec nobis? – In iis quae dico vobis non scitis quis sim[n]? Sed (ἀλλά) vos facti-estis sicut Iudaei (Ἰουδαῖος) quia diligunt arborem (et) oderunt fructum (καρπός) eius, et diligunt fructum (καρπός) (et) oderunt arborem.

44 Ait Iesus quia: Ei qui blasphemabit in Patrem dimittetur, et ei qui blasphemabit in Filium dimittetur; ei autem (δέ) qui blasphemabit in Spiritum (πνεῦμα) sanctum non dimittetur neque (οὔτε) in terra neque (οὔτε) in caelo.

45 Ait Iesus: Non colligunt[c] uvas e spinis

dige(t) es auf euren Dächern. Denn niemand zündet eine Lampe an (und) stellt sie unter ein Gefäß noch an einen verborgenen Ort, sondern er stellt sie auf den Leuchter, damit alle, die hineinkommen, und alle, die hinausgehen, ihr Licht sehen.

34 Jesus sprach: Wenn ein Blinder führt einen Blinden, fallen sie zu zweit hinunter in eine Grube.

35 Jesus sprach: Es ist unmöglich, daß jemand hineingeht in das Haus des Starken und es gewaltsam nimmt, es sei denn, er bindet dessen Hände. Dann wird er dessen Haus auf den Kopf stellen.

36 Jesus sprach: Tragt nicht Sorge vom Morgen bis zum Abend und von der Abendzeit bis zum Morgen, was ihr anziehen werdet.

37 Es sprachen seine Jünger: Wann wirst du uns erscheinen, und wann werden wir dich sehen? Jesus sprach: Wenn ihr euch eures Schamgefühls entledigt und eure Kleider nehmt (und) sie unter eure Füße legt wie die ganz kleinen Kinder (und) darauf tretet. Dann werdet [ihr sehen] den Sohn des Lebendigen und werdet euch nicht fürchten.

38 Jesus sprach: Viele Male habt ihr gewünscht, zu hören diese Worte, die ich euch sage, und ihr habt nicht einen anderen, sie von ihm zu hören. Es werden Tage kommen, (da) ihr mich suchen (und) nicht finden werdet.

39 Jesus sprach: die Pharisäer und Schriftgelehrten haben genommen die Schlüssel der Erkenntnis; sie haben sie versteckt. Sie sind weder hineingegangen und die, welche hineingehen wollten, haben sie nicht gelassen. Ihr aber, seid klug wie die Schlangen und ohne Falsch wie die Tauben!

40 Jesus sprach: Ein Weinstock wurde gepflanzt außerhalb des Vaters, und da er nicht stark ist, wird er ausgerissen werden mit seinen Wurzeln (und) zugrundegehen.

41 Jesus sprach: Dem, der hat in seiner Hand, wird man geben; und wer nicht hat – auch das wenige, das er hat, wird man aus seiner Hand nehmen.

42 Jesus sprach: Werdet Vorübergehende!

43 Es sprachen zu ihm seine Jünger: Du – wer bist du, daß du uns dies sagst? ⟨Jesus sagte zu ihnen:⟩ Aus dem, was ich sage, erkennt ihr nicht, wer ich bin. Sondern ihr seid geworden wie die Juden. Denn sie lieben den Baum, sie hassen seine Frucht, und sie lieben die Frucht, sie hassen den Baum.

44 Jesus sprach: Wer den Vater lästert, dem wird man vergeben, und wer den Sohn lästert, dem wird man vergeben. Wer aber den heiligen Geist lästert, dem wird man nicht vergeben, weder auf Erden noch im Himmel.

45 Jesus sprach: Nicht liest man Trauben

housetops. For (γάρ) no one lights a lamp (and) puts it under a bushel, nor (οὐδέ) does he put it in a hidden place, but (ἀλλά) he puts it upon the lampstand (λυχνία), so that all who go in and come out may see its light.

34 Jesus said: If a blind man leads a blind man, both of them fall into a pit.

35 Jesus said: It is impossible for anyone to enter the house of the strong man and take him (*or,* it) by violence, unless (εἰ μήτι) he (first) bind his hands; then (τότε) he will plunder his house.

36 Jesus said: Do not be anxious from morning to evening and from evening to morning what you will put on yourselves.

37 His disciples (μαθητής) said: On what day will you be revealed to us and on what day will we see you? Jesus said: When (ὅταν) you undress without being ashamed, and (when) you take your clothing (and) lay them under your feet as little children (and) tread on them, then (τότε) [you will behold(?)] the son of the Living One and you will have no fear.

38 Jesus said: Many times you have desired (ἐπιθυμεῖν) to hear these words which I speak to you, and you have no other from whom to hear them. The days will come (when) you will seek me (and) you will not find me.

39 Jesus said: The Pharisees (Φαρισαῖος) and the scribes (γραμματεύς) have received the keys of knowledge (γνῶσις) (and) have hidden them. They did not (οὔτε) enter, and those who wished to enter, they did not allow. But (δέ) you be wise (φρόνιμος) as serpents and innocent (ἀκέραιος) as doves.

40 Jesus said: A vine was planted apart from the Father, and it has not become strong; it will be uprooted (and) it will perish.

41 Jesus said: He who has (something) in his hand, to him will be given (more); and he who has nothing, from him will be taken even the little which he has.

42 Jesus said: Become those who pass by (παράγειν).

43 His disciples (μαθητής) said to him: Who are you that you say these things to us? ⟨Jesus said: . . .⟩ in what I say to you, you do not know who I am. But (ἀλλά) you have become like the Jews (Ἰουδαῖος), for they love the tree (but) hate its fruit (καρπός), and they love the fruit (καρπός) (but) hate the tree.

44 Jesus said: He who blasphemes against the Father will be forgiven, and he who blasphemes against the Son will be forgiven; but (δέ) he who blasphemes against the Holy Spirit (πνεῦμα) will not be forgiven, either (οὔτε) on earth or (οὔτε) in heaven.

45 Jesus said: Grapes are not gathered

neque (οὔτε) carpunt[c] ficus e tribulis; non dant[c] enim (γ[άρ]) fructum (καρπός). Bonus ([ἀγ]αθός) homo[°] affert[c] bonum[o] (ἀγαθόν) e thesauro suo; malus (κα[κός]) homo[o] affert[c.] mala[o] (πονηρόν) e thesauro suo malo qui est[a] in corde eius et dicit mala[o] (πονηρόν); ex abundantia enim (γάρ) cordis effert[c] mala[o] (πονηρόν).

46 Ait Iesus quia: Inde-ab Adam usque-ad Iohannem Baptistam (βαπτιστής) in genitis feminarum non est[e] is qui altior-est quam Iohannes Baptista (βαπτιστής), ut (ἵνα) non confringantur oculi eius[2]. Dixi autem (δέ) quia: Is qui erit in vobis (*litt.*: fiet in vobis ὤν[ν]) parvus cognoscet regnum et altior-fiet quam Iohannes.

47 Ait Iesus quia: Non possibile est[e] ut homo[o] ascendat in equos duos et[k] tendat arcus duos; et non possibile est[e] ut servus[o] serviat dominis duobus, aut (ἤ) honorabit (τιμᾶν) unum et alterum contumeliis-afficiet (ὑβρίζειν). Nemo (*litt.*: non homo) bibit[c] vinum vetus et statim desiderat (ἐπιθυμεῖν) bibere vinum novum; et non mittunt[c] (*litt.*: iaciunt[c]) vinum novum in utres (ἀσκός) veteres, ut non rumpantur; et non mittunt[c] (*litt.*: iaciunt) vinum vetus in utrem (ἀσκός) novum, ut (ἵνα) non perdat illud (*vel:* eum); non applicant[c] commissuram veterem ad vestimentum novum, quoniam (ἐπεί) ruptura[o] fiet.

48 Ait Iesus quia: Si duo habent (*litt.*: faciunt) pacem (εἰρήνη) alter cum altero in hac domo sola, dicent monti quia: Transfer-te, et transferetur.

49 Ait Iesus quia: Beati (μακάριος) sunt[n] solitarii (μοναχός), et electi, quia invenietis regnum, quia vos ex eo estis[n] (et) rursus (πάλιν) abibitis illuc.

50 Ait Iesus quia: Si dicent vobis quia: Unde facti-estis?, dicite eis quia: Venimus e lumine, (e) loco ubi lumen factum-est per se ipsum; [ste]tit et ma[ni]festatum-est in imagine (εἰκών) eorum. Si dicent vobis quia: Vos estis[n]?, dicite quia: Nos filii eius sumus[n] et nos electi sumus[n] Patris qui vivus-est. Si interrogabunt vos quia: Quod est[n] signum Patris vestri qui (*vel:* quod) in vobis est[a]?, dicite eis quia motus[o] est[n] requiesque[o] (ἀνάπαυσις).

51 Aiunt ei discipuli (μαθητής) eius quia: Qua die requies (ἀνάπαυσις) eorum qui mortui sunt fiet, et qua die mundus (κόσμος) novus venturus-est? Ait eis quia: Illa quam exspectatis venit, sed (ἀλλά) vos non cognoscitis eam.

52 Aiunt ei discipuli (μαθητής) eius quia: Viginti quattuor prophetae (προφήτης) locuti-sunt in Israel et locuti-sunt omnes in te (*abl.*). Ait eis quia: Habetis[3] eum qui

von Dornbüschen noch pflückt man Feigen vom Kameldorn, [denn] sie tragen nicht Frucht. Ein [gu]ter Mensch bringt etwas Gutes aus seinem Schatz. Ein schlech[ter] Mensch bringt Schlechtes aus seinem schlechten Schatz, der in seinem Herzen ist, und er sagt Schlechtes, denn aus der Überfülle des Herzens bringt er Schlechtes.

46 Jesus sprach: Von Adam bis zu Johannes dem Täufer gibt es unter den von Weibern Geborenen keinen, der Johannes den Täufer übertrifft, so daß seine Augen nicht brechen. Aber ich habe gesagt: Jeder, der unter euch klein werden wird, wird das Reich erkennen und wird Johannes übertreffen.

47 Jesus sprach: Es ist unmöglich, daß ein Mensch reitet auf zwei Pferden (und) zwei Bogen spannt, und es ist unmöglich, daß ein Diener dient zwei Herren. Oder er wird ehren den einen und den anderen wird er beleidigen. Kein Mensch trinkt alten Wein und begehrt sofort zu trinken neuen Wein. Und keiner gießt neuen Wein in einen alten Schlauch, damit er ihn nicht zerreißt, und man gießt nicht alten Wein in einen neuen Schlauch, damit er ihn nicht verdirbt. Man legt nicht einen alten Lappen auf ein neues Kleid, weil es einen Riß geben wird.

48 Jesus sprach: Wenn zwei Friede machen miteinander in einem Haus, werden sie sagen zum Berg: Fall um! Und er wird umfallen.

49 Jesus sprach: Selig sind die Einsamen und Erwählten. Denn ihr werdet das Reich finden; weil ihr aus ihm seid, sollt ihr wiederum dorthin gehen.

50 Jesus sprach: Wenn man zu euch sagt: Woher seid ihr geworden?, sagt zu ihnen: Wir sind aus dem Licht gekommen, dem Ort, wo das Licht geworden ist aus sich selbst. Es [stand] und es erschien in dem Bild von ihnen. Wenn man euch sagt: (Wer) seid ihr?, sagt: Wir sind seine Söhne, und wir sind die Erwählten des lebendigen Vaters. Wenn man euch fragt: Was ist das Zeichen eures Vaters an euch?, sagt ihnen: Es ist Bewegung und Ruhe.

51 Es sprachen zu ihm seine Jünger: Wann wird die Ruhe der Toten sein, und wann wird die neue Welt kommen? Er sprach zu ihnen: Diese, auf die ihr wartet, ist gekommen; aber ihr erkennt sie nicht.

52 Es sprachen zu ihm seine Jünger: Vierundzwanzig Propheten haben gesprochen in Israel, und alle haben gesprochen in dir. Er sprach zu ihnen: Ihr habt gelassen den

from thorns, nor (οὔτε) are figs picked from camel's thistles; [for (γάρ)] they give no fruit (καρπός). A [good (ἀγαθός)] man brings forth good (ἀγαθόν) from his treasure; a wicked (κα[κός]) man brings forth evil (πονηρόν) from his evil treasure which is in his heart, and speaks evil things (πονηρόν); for (γάρ) out of the abundance of the heart he brings forth evil things (πονηρόν).

46 Jesus said: From Adam to John the Baptist (βαπτιστής) there is none born of women who is greater than John the Baptist (βαπτιστής), so that his eyes will not .... But (δέ) I have said that whoever among you will become a little one will know the kingdom and will be greater than John.

47 Jesus said: It is impossible for a man to ride two horses (and) to stretch two bows, and it is impossible for a servant to serve two masters; either (ἤ) he will honor (τιμᾶν) the one and despise (ὑβρίζειν) the other.... No one drinks old wine and immediately desires (ἐπιθυμεῖν) to drink new wine. And new wine is not put into old wineskins (ἀσκός), lest they burst; and old wine is not put into a new wineskin (ἀσκός), lest it spoil it. No one sews an old patch on a new garment, because (ἐπεί) a rip will result.

48 Jesus said: If two make peace (εἰρήνη) with each other in the same house, they shall say to the mountain, Be removed! and it will be removed.

49 Jesus said: Blessed (μακάριος) are the solitary (*or*, monks) (μοναχός) and the elect, for you shall find the kingdom; for you (have come) from it (and) you shall go there again (πάλιν).

50 Jesus said: If they say to you, Whence have you come? say to them, We have come from the light, (from) the place where the light came into existence through itself alone; it has .... and it has revealed itself in their image (εἰκών). If they say to you, Who are you? (*lit.* Are you it?), say, We are his sons, and we are the chosen of the living Father. If they ask you, What is the sign of your Father that is in you? say to them, It is movement and repose (ἀνάπαυσις).

51 His disciples (μαθητής) said to him: On what day will the repose (ἀνάπαυσις) of the dead occur, and on what day does the new world (κόσμος) come? He said to them: That (repose) for which you are waiting has come, but (ἀλλά) you do not recognize it.

52 His disciples (μαθητής) said to him: Twenty-four prophets (προφήτης) spoke in Israel and all of them spoke concerning (*lit.* in) you. He said to them: You have

---

[2]) Locus corruptus?

[3]) Praefixum *atetn-* praesentis II esse conicimus; verbum *kō* ut *kō na-* interpretamur, quod in NT 22 locis pro ἔχειν occurrit.

vivus-est coram vobis, et loquimini de iis qui mortui sunt!

53 Aiunt ei discipuli (μαθητής) eius quia: Circumcisio prodest (ὠφελεῖν) an (ἤ) non? Ait eis quia: Si prodesset (ὠφελεῖν), pater eorum gigneret eos e matre eorum circumcisos; sed (ἀλλά) circumcisio vera in spiritu (πνεῦμα) repperit utilitatem omnem.

54 Ait Iesus quia: Beati (μακάριος) sunt[n] pauperes, quia vestrum est[n] regnum caelorum.

55 Ait Iesus quia: Is qui non oderit patrem suum matremque suam non poterit fieri[f] discipulus (μαθητής) mihi, et (qui non) oderit fratres suos sororesque suas et (non) portabit crucem (σταυρός) suam sicut ego non erit (*litt.*: non fiet ὤν[v]) dignus (ἄξιος) me.

56 Ait Iesus quia: Is qui cognovit mundum (κόσμος) invenit cadaver (πτῶμα) et eo qui invenit cadaver (πτῶμα) mundus (κόσμος) non dignus-est.

57 Ait Iesus quia: Regnum Patris assimilatum est homini[o] habenti semen[o] [bonu]m; inimicus eius venit nocte et[p] seminavit zizaniam[o] (ζιζάνιον) cum semin[e bo]no; homo non sivit eos decerpere zizaniam (ζιζάνιον); ait eis quia: Ne forte (μήπως) abeatis ut decerpamus zizaniam (ζιζάνιον) et decerpatis triticum cum ea; in die enim (γάρ) messis zizaniae (ζιζάνιον) manifestabuntur, decerpentur et[k] comburentur.

58 Ait Iesus quia: Beatus (μακάριος) est[n] homo qui laboravit et[p] (qui) invenit vitam.

59 Ait Iesus quia: Respicite eum qui vivus-est dum (ὡς) vivi-estis, ut (ἵνα) non moriamini et quaeratis videre eum, et non poteritis videre

60 Samaritanum[o] (Σαμαρείτης) portantem agnum[o], intrantem in Iudaeam (Ἰουδαία). Ait discipulis (μαθητής) suis quia: Hic circa agnum. Aiunt ei: Ut morti-tradat eum et[k] manducet eum. Ait eis: Dum (ὡς) vivus-est, non manducabit eum, sed (ἀλλά) si morti-tradet eum et[k] fiet cadaver (πτῶμα). Aiunt quia: Alio modo non poterit facere hoc. Ait eis quia: Vos quoque quaerite locum[o] (τόπος) vobis in requiem[o] (ἀνάπαυσις) ut non fiatis cadaver (πτῶμα) et[k] manducent vos.

61 Ait Iesus: Duo requiescent ibi super grabatum[o]; unus morietur, unus vivet. Ait Salome: Tu quis es[n], homo, sicut (ὡς) ex uno[4] ascendisti super grabatum meum et manducavisti e mensa (τράπεζα) mea. Ait Iesus ei quia: Ego sum[n] is qui est[v] ex eo qui aequalis-est; datum-est mihi ex illis Patris mei. – Ego sum[n] discipula (μαθητής) tua. – Propter hoc dico quia quando (ὅταν) fiet desolatus, replebitur lumine; quando (ὅταν) autem (δέ) fiet dispertitus, replebitur tenebris.

vor euch Lebenden und ihr habt gesprochen von den Toten.

53 Es sprachen zu ihm seine Jünger: Die Beschneidung – nützt sie oder nicht? Er sprach zu ihnen: Nützte sie, dann wird ihr (plur.) Vater sie von ihren Müttern beschnitten zeugen. Aber die echte Beschneidung im Geiste hat gefunden vollen Nutzen.

54 Jesus sprach: Selig sind die Armen, denn euer ist das Reich der Himmel.

55 Jesus sprach: Wer nicht haßt seinen Vater und seine Mutter, wird nicht Jünger sein können mir. Und (wer) seine Brüder (nicht) haßt und seine Schwestern (und nicht) sein Kreuz trägt wie ich, er wird nicht würdig sein meiner.

56 Jesus sprach: Der, welcher die Welt erkannt hat, hat einen Leichnam gefunden. Und wer einen Leichnam fand, die Welt ist seiner nicht wert.

57 Jesus sprach: Das Reich des Vaters gleicht einem Manne, der einen [guten] Samen hatte. Sein Feind kam des Nachts. Er säte Lolch unter den guten Samen. Der Mann ließ sie (= die Knechte) nicht ausreißen den Lolch. Er sprach zu ihnen: Damit ihr nicht hingeht, sagend: Wir werden den Lolch ausreißen!, und mit ihm den Weizen ausreißt. Am Tag des Erntens nämlich wird der Lolch offenbar werden. Man wird ihn herausreißen und verbrennen.

58 Jesus sprach: Selig ist der Mensch, der gelitten hat. Er hat das Leben gefunden.

59 Jesus sprach: Schaut aus nach dem Lebendigen, solange ihr lebt, damit ihr nicht sterbt und ihn zu sehen sucht und ihn nicht sehen könnt.

60 ⟨Sie sahen⟩ einen Samariter, als er ein Lamm trug und nach Judäa hineinging. Er sprach zu seinen Jüngern: ⟨Wozu nimmt der⟩ das Lamm? Sie sprachen zu ihm: Damit er es tötet und es verzehrt. Er sprach zu ihnen: Solange es lebt, wird er es nicht essen, sondern wenn er es getötet hat und es eine Leiche geworden ist. Sie sprachen: Anders wird er es nicht machen können. Er sprach zu ihnen: Suchet auch ihr nach einem Ort für euch zur Ruhe, damit ihr nicht zur Leiche werdet und man euch verzehrt.

61 Jesus sprach: Zwei werden ruhen auf einem Bett; der eine wird sterben, der andere wird leben. – Salome sagte: Wer bist du, o Mann, wie aus (dem) Einen? Du stiegst auf mein Speiselager und aßest von meinem Tisch! Jesus sprach zu ihr: Ich bin der, der von dem Gleichen ist. Man gab mir von den Sachen meines Vaters. – Ich bin deine Jüngerin! – Deswegen sage ich: Wenn er gleich ist, wird er sich füllen mit Licht. Wenn er aber geteilt ist, wird er sich mit Dunkel füllen.

foresaken the Living One who is in your presence and have spoken about the dead.

53 His disciples (μαθητής) said to him: Is circumcision profitable (ὠφελεῖν) or (ἤ) not? He said to them: If it were profitable (ὠφελεῖν), their father would beget them circumcised from their mother. But (ἀλλά) the true circumcision in Spirit (πνεῦμα) has found complete usefulness.

54 Jesus said: Blessed (μακάριος) are the poor, for yours is the kingdom of heaven.

55 Jesus said: He who does not hate his father and his mother will not be able to be my disciple (μαθητής); and (he who does not) hate his brothers and his sisters and (does not) bear his cross (σταυρός) as I have, will not be worthy (ἄξιος) of me.

56 Jesus said: He who has known the world (κόσμος) has found a corpse (πτῶμα); and he who has found a corpse (πτῶμα), of him the world (κόσμος) is not worthy.

57 Jesus said: The kingdom of the Father is like a man who had [good] seed. His enemy came by night (and) sowed a weed (ζιζάνιον) among the good seed. The man did not allow them to pull up the weed (ζιζάνιον). He said to them, Lest (μήπως) you go to pull up (*lit.*, that we may pull up) the weed, (ζιζάνιον), and you pull up the wheat along with it. For (γάρ) on the day of the harvest the weeds (ζιζάνιον) will appear; they will be pulled up and burned.

58 Jesus said: Blessed (μακάριος) is the man who has labored (*or*, suffered); he has found life.

59 Jesus said: Look upon the Living One as long as (ὡς) you live, that (ἵνα) you may not die and seek to see him and be unable to see.

60 ⟨They saw⟩ a Samaritan (Σαμαρείτης) carrying a lamb as he was going into Judea (Ἰουδαία). He said to his disciples (μαθητής): (What will) that one (do) with the lamb? They said to him: (He comes) in order to kill it and eat it. He said to them: As long as (ὡς) it is alive, he will not eat it, but (ἀλλά) (only) if he kills it and it becomes a corpse (πτῶμα). They said: Otherwise he will not be able to do it. He said to them: You yourselves must also seek a place (τόπος) within for repose (ἀνάπαυσις), lest you become a corpse (πτῶμα) and be consumed.

61 Jesus said: Two will be resting on a bed; one will die, (and) the other will live. Salome said: Who are you, O man? As (ὡς) from (the) One (?) you have mounted my couch and eaten from my table (τράπεζα). Jesus said to her: I am he who has his being from him who is equal; to me has been given that which is my Father's. ⟨Salome said:⟩ I am your disciple (μαθητής). ⟨Jesus said to her:⟩ Therefore I say, whenever (ὅταν) he (*i.e.* anyone) is equal (*lit.* deserted), he will be filled with light; but whenever (ὅταν δέ) he is separated, he will be filled with darkness.

---

4) Locus corruptus vel mutilatus?

62 Ait [I]esus quia: Dico mysteria (μυστήριον) mea [.........] mysterium (*vel:* mysteria) (μυστήριον). Id qu[o]d dextera tua faciet, ne sinistra tua sciat quid faciat.

63 Ait Iesus quia: Erat[e] homo[o] dives (πλούσιος) qui habebat multas pecunias (χρῆμα); ait quia: Utar (χρῆσθαι) pecuniis (χρῆμα) mei s ut seram, metiam, plantem et[k] repleam thesauros meos fructibus (καρπός), ut (ἵνα) non egeam ulla-re (*litt.:* quoquam). Haec sunt[n] quae putabat in corde suo; et in nocte illa mortuus-est. Is qui habet aures audiat.

64 Ait Iesus quia: Homo[o] habebat hospites[o], et cum praeparavit cenam (δεῖπνον), misit servum suum ut (ἵνα) invitaret hospites. Abiit ad primum (*litt.:* primo) et[p] ait ei quia: Dominus meus invitat te; ait quia: Debentur mihi pecuniae[o] a mercatoribus[o] (ἔμπορος); venturi-sunt usque-ad me ad vesperam; abibo et[k] iubebo eis; recuso (παραιτεῖσθαι) cenam (δεῖπνον). Abiit usque-ad alium et[p] ait ei quia: Dominus meus invitavit te; ait ei quia: Emi domum[o], et rogant (αἰτεῖν) me diem[o] (ἡμέρα); non vacabo. Venit usque-ad alium et[p] ait ei quia: Dominus meus invitat te; ait ei quia: Amicus meus faciet nuptias et ego sum[n] qui faciet cenam (δεῖπνον); non potero venire; recuso (παραιτεῖσθαι) cenam (δεῖπνον). Abiit usque-ad alium et[p] ait ei quia: Dominus meus invitat te; ait ei quia: Emi vicum (κώμη); abiens-sum ad capienda tributa; non potero venire; recuso (παραιτεῖσθαι). Venit servus et[p] dixit domino suo quia: Ii quos invitavisti ad cenam (δεῖπνον) recusaverunt (παραιτεῖσθαι). Ait dominus servo suo quia: Abi ad partem exteriorem ad vias; eos quos invenies affer ut cenent (δειπνεῖν); emptores nego[tiatores]que non intr[abunt] in loca (τόπος) Patris mei.

65 Ait quia: Homo[o] benignus (χρη[στό]ς) habeb[at] vineam[o]; dedit eam agricolis[o] ut (ἵνα) operarentur ad eam et[k] caperet fructum (καρπός) eius ab illis. Misit servum suum ut agricolae darent ei fructum (καρπός) vineae. Apprehenderunt servum eius et[p] ceciderunt eum; aliud paucum (de)erat[n] ut morti-traderent eum. Servus abiit et[p] dixit domino suo. Ait dominus eius quia: Forsitan non cognovit eos. Misit alium servum; agricolae ceciderunt (et) alium. Tunc (τότε) dominus misit filium suum et[p] ait quia: Forsitan reverebuntur filium meum. Agricolae illi, quoniam (ἐπεί) cognoscunt quia ille est[n] heres (κληρονόμος) vineae, arripuerunt eum et[p] morti-tradiderunt eum. Is qui habet aures audiat.

66 Ait Iesus quia: Docete (*vel:* doce) me lapidem quem reprobaverunt ii qui aedificant; ille est lapis anguli.

62 Jesus sprach: Ich sage meine Geheimnisse [denen, die würdig sind meiner] Geheimnisse. – Was deine rechte Hand tun wird, soll deine linke nicht erkennen, was sie tut.

63 Jesus sprach: Es war ein reicher Mann, der viele Güter hatte. Er sprach: Ich werde meine Güter gebrauchen, um zu säen und zu ernten, zu pflanzen und meine Scheunen zu füllen mit Frucht, damit ich nicht an etwas Mangel leide. Das ist es, was er dachte in seinem Herzen. Und in jener Nacht starb er. Wer Ohren hat, möge hören!

64 Jesus sprach: Ein Mann hatte Gäste. Und als er bereitet hatte das Mahl, sandte er seinen Knecht, damit er die Gäste einlade. Er ging zu dem ersten. Er sagte zu ihm: Mein Herr lädt dich ein. Er sagte: Ich habe Geld(forderungen) an Kaufleute. Sie kommen zu mir am Abend. Ich werde gehen und ihnen Aufträge geben. Ich entschuldige mich für das Mahl. – Er ging zu einem anderen. Er sagte zu ihm: Mein Herr hat dich eingeladen. Er sagte zu ihm: Ich habe ein Haus gekauft, und man bittet mich für einen Tag. Ich werde keine Zeit haben. Er kam zu einem anderen; er sagte zu ihm: Mein Herr lädt dich ein. Er sagte zu ihm: Mein Freund wird heiraten, und ich werde ein Mahl geben. Ich werde nicht kommen können. Ich entschuldige mich für das Mahl. Er kam zu einem anderen. Er sagte zu ihm: Mein Herr lädt dich ein. Er sagte zu ihm: Ich habe ein Gut gekauft; ich gehe den Pachtzins holen. Ich werde nicht kommen können. Der Knecht ging. Er sagte seinem Herrn: Die, welche du zum Mahl geladen hast, lassen sich entschuldigen. Der Herr sagte zu seinem Knecht. Gehe hinaus auf die Straßen; die, welche du finden wirst, bringe sie, damit sie das Mahl einnehmen. Die Käufer und die Kaufleute [werden] nicht hinein[gehen] in die Orte meines Vaters.

65 Er sprach: Ein gütiger Mann besaß einen Weinberg. Er gab ihn Bauern, damit sie ihn bearbeiteten und er seine Frucht bekomme von ihnen. Er sandte seinen Knecht, damit die Bauern ihm die Frucht des Weinbergs gäben. Sie ergriffen seinen Knecht, sie schlugen ihn; beinahe hätten sie ihn getötet. Der Knecht kam; er sagte es seinem Herrn. Sein Herr sagte: Vielleicht ⟨haben sie ihn nicht⟩ erkannt? Er sandte einen anderen Knecht. Die Bauern schlugen den anderen. Da sandte der Herr seinen Sohn; er sagte: Vielleicht werden sie sich scheuen vor ihm, meinem Sohn! Jene Bauern, da sie wußten, daß er der Erbe des Weinbergs sei, ergriffen sie ihn, erschlugen ihn. Wer Ohren hat, möge hören.

66 Jesus sprach: Belehrt mich über diesen Stein, den die Bauleute verworfen haben! Er ist der Eckstein.

62 Jesus said: I tell my mysteries (μυστήριον) [to him who is worthy of my] mysteries (μυστήριον). That which your right (hand) will do, let not your left (hand) know what it does.

63 Jesus said: There was a rich (πλούσιος) man who had many possessions (χρῆμα). He said, I will use (χρῆσθαι) my possessions (χρῆμα) that I may sow and reap and plant and fill my storehouses with fruit (καρπός), so that I may lack nothing. These were his thoughts in his heart. And in that night he died. He who has ears, let him hear.

64 Jesus said: A man had guests, and when he had prepared the banquet (δεῖπνον), he sent his servant to summon the guests. He went to the first (and) said to him, My master summons you. He said, Some merchants (ἔμπορος) owe me some money; they will come to me this evening; I will go and give them orders. I pray to be excused (παραιτεῖσθαι) from the dinner (δεῖπνον). He went to another (and) said to him, My master has summoned you. He said to him, I have bought a house, and they request (αἰτεῖν) me for a day (ἡμέρα); I will have no leisure. He came to another (and) said to him, My master summons you. He said to him, My friend will celebrate a wedding and I am to direct the banquet (δεῖπνον). I will not be able to come. I pray to be excused (παραιτεῖσθαι) from the banquet (δεῖπνον). He went to another (and) said to him, My master summons you. He said to him, I have bought a village (κώμη); I go to collect the rent; I will not be able to come. I pray to be excused (παραιτεῖσθαι). The servant came (and) said to his master, Those whom you summoned to the banquet (δεῖπνον) have excused (παραιτεῖσθαι) themselves. The master said to his servant, Go out to the streets, bring those whom you will find, so that they may dine (δειπνεῖν). The buyers and the merchants [shall] not [come] into the places (τόπος) of my Father.

65 He said: A good (χρηστός) man had a vineyard. He gave it to tenants that they might cultivate it and he might receive its fruit (καρπός) from them. He sent his servant so that the tenants might give him the fruit (καρπός) of the vineyard. They seized his servant (and) beat him; a little more and they would have killed him. The servant came (and) told it to his master. His master said, Perhaps he did not know them. He sent another servant; the tenants beat him as well. Then (τότε) the owner sent his son. He said, Perhaps they will respect my son. Since (ἐπεί) those tenants knew that he was the heir (κληρονόμος) of the vineyard, they seized him (and) killed him. He who has ears, let him hear.

66 Jesus said: Show me the stone which the builders rejected. It is the cornerstone.

67 Ait Iesus quia: Is qui cognoscit totum, egens (se) ipso, eget loco toto.

68 Ait Iesus quia: Vos beati (μακάριος) estis[n] quando (ὅταν) oderint vos et[k] persequentur (διώκειν) vos; et non invenient locum (τόπος) in loco in quem persecuti-sunt (διώκειν) vos.

69 Ait Iesus: Beati (μακάριος) sunt[n] illi quos persecuti-sunt (διώκειν) in corde eorum; illi sunt[n] qui cognoverunt Patrem vere (*litt.*: in veritate[o]);
beati (μακάριος) ii qui esurientes-sunt, ut (ἵνα) saturent ventrem eius qui vult.

70 Ait Iesus: Quando (ὅταν) gignetis illud in vobis, hoc quod habetis salvabit vos; si non habetis illud in [vo]bis, hoc quod non habetis in vobis mor[ti-trade]t vos.

71 Ait Iesus quia: [Subv]ertam [hanc] domum et nemo poterit aedificare eam [iteru]m.

72 [Ai]t [homo[o]] ei quia: Dic fratribus meis ut (ἵνα) dispertiant vasa patris mei mecum. Ait ei quia: O (ὦ) homo, quis est[n] qui fecit me dispertitorem? Convertit se ad discipulos (μαθητής) suos et[p] ait eis quia: Num (μή) sum[v] dispertitor?

73 Ait Iesus quia: Messis quidem (μέν) multa-est, operarii (ἐργάτης) autem (δέ) pauci-sunt; rogate autem (δέ) Dominum ut (ἵνα) emittat (*litt.*: eiciat) operarios (ἐργάτης) ad messem.

74 Ait quia: Domine, sunt[e] multi circa puteum (?); nemo autem (δέ) est[e] in puteo (?).

75 Ait Iesus: Multi stant apud ianuam, sed (ἀλλά) solitarii (μοναχός) sunt[n] qui intrabunt in locum nuptiarum.

76 Ait Iesus quia: Regnum Patris assimilatum est homini[o] negotiatori qui habet onus[o] (φορτίον), qui-invenit (*litt.*: εὑρόντι) margaritam (μαργαρίτης); negotiator ille sapiens est[n]; vendidit onus (φορτίον) et[p] emit sibi margaritam (μαργαρίτης) solam. Vos quoque quaerite thesaurum eius qui non deficit[c], permanentem, quo tinea non accedit[c] ad manducandum neque (οὐδέ) vermis perdit[c].

77 Ait Iesus quia: Ego sum[n] lumen quod est[a] super eos omnes; ego sum[n] totum; totum exivit e me, et totum pervenit usque ad me. Rumpite[5] lignum[o]; ego sum[a] ibi; elevate lapidem et invenietis me ibi.

78 Ait Iesus quia: Propter quid exivistis ad agrum, ad videndum arundinem[o] motam a vento, et ad videndum hom[inem][o] ferentem (*litt.*: super quem [sunt]) vestimenta[o] mollia? [Ecce] reges [vestri] magnatesque (μεγιστᾶνος) vestri, illi ferunt (*litt.*: super illos sunt) [vestimen]ta mollia, et non pot[er]unt cognoscere veritatem.

67 Jesus sprach: Wer das All erkennt und sich selbst verfehlt, verfehlt den ganzen Ort.

68 Jesus sprach: Ihr seid selig, wenn sie euch hassen und euch verfolgen, und sie werden keinen Platz finden an dem Ort, an dem sie euch verfolgten.

69 Jesus sprach: Selig sind die, welche verfolgt wurden in ihrem Herzen! Jene sind es, die den Vater in Wahrheit erkannt haben.

Selig sind die Hungernden, denn man wird den Leib dessen füllen, der wünscht.

70 Jesus sprach: Wenn ihr das in euch erzeugt, so wird das, was ihr habt, euch erretten. Wenn ihr das nicht in euch habt, so wird dieses, was ihr nicht habt, euch töten.

71 Jesus sprach: Ich werde [dieses] Haus zerstören, und niemand wird es [wieder] aufbauen.

72 [Ein Mann sagte] zu ihm: Sage meinen Brüdern, daß sie die Sachen meines Vaters teilen sollen mit mir! Er sagte zu ihm: Mann, wer hat mich zum Teiler gemacht? Er wandte sich zu seinen Jüngern, er sprach zu ihnen: Bin ich etwa ein Teiler?

73 Jesus sprach: Die Ernte ist zwar groß, die Arbeiter aber sind wenig. Bittet aber den Herrn, daß er Arbeiter aussendet zur Ernte!

74 Er sagte: Herr, es sind viele um den Brunnen herum, keiner aber im Brunnen.

75 Jesus sprach: Es stehen viele vor der Türe, aber die Einsamen werden hineingehen ins Brautgemach.

76 Jesus sprach: Das Reich des Vaters gleicht einem Kaufmann, der eine Warenladung hatte (und) eine Perle fand. Der kluge Kaufmann verkaufte die Warenladung; er kaufte sich einzig die Perle. Sucht auch ihr für euch nach dem Schatz, der nicht vergeht, der bleibt, dem Ort, in den keine Motten eindringen, um zu fressen und (in dem) kein Wurm zerstört.

77 Jesus sprach: Ich bin das Licht, das über allen ist. Ich bin das All. Es ist das All aus mir hervorgegangen, und das All ist zu mir gelangt. Spaltet ein Holz – ich bin dort. Hebt den Stein hoch, und ihr werdet mich dort finden.

78 Jesus sprach: Weswegen seid ihr herausgegangen aufs Feld? Zu sehen ein Rohr, das durch den Wind bewegt wird? Und um zu sehen einen Mann, der weiche Kleider anhat? [Seht, eure] Könige und eure Großen! Diese haben weiche Kleider an, und sie werden nicht erkennen können die Wahrheit.

67 Jesus said: He who knows the All but fails (to know) himself has missed everything.

68 Jesus said: Blessed (μακάριος) are you when (ὅταν) you are hated and persecuted (διώκειν); and no place (τόπος) will be found where you have <not> been persecuted (διώκειν).

69a Jesus said: Blessed (μακάριος) are those who have been persecuted (διώκειν) in their hearts; these are they who have known the Father in truth.

69b Blessed (μακάριος) are they who are hungry, that the belly of him who desires may be satisfied.

70 Jesus said: When (ὅταν) you beget in yourselves him whom you have, he will save you. If you do not have him within yourselves, he whom you do not have within yourselves will kill you.

71 Jesus said: I shall destroy [this] house, and no one will be able to [re]build it.

72 [A man said] to him: Speak to my brothers that they divide my father's possessions with me. He said to him: O (ὦ) man, who made me a divider? He turned to his disciples (μαθητής) (and) said to them: I am not a divider, am I (μή)?

73 Jesus said: The harvest is indeed (μέν) great, but (δέ) the laborers (ἐργάτης) are few; but (δέ) pray the Lord to send laborers (ἐργάτης) into the harvest.

74 He said: Lord, there are many around the well (?), but (δέ) there is no one in the well (?).

75 Jesus said: Many are standing at the door, but (ἀλλά) the solitaries (μοναχός) are the (only) ones who will enter the bridal chamber.

76 Jesus said: The kingdom of the Father is like a merchant who had merchandise (φορτίον) (and) who found a pearl (μαργαρίτης). This merchant was prudent. He got rid of (*i. e.* sold) the merchandise (φορτίον) and bought the one pearl (μαργαρίτης) for himself. You also must seek for the treasure which does not perish, which abides where no moth comes near to eat and (where) no (οὐδέ) worm destroys.

77 Jesus said: I am the light which is over everything. I am the All; the All came forth from me and the All has reached to me. Split the wood; I am there. Lift up the stone, and you will find me there.

78 Jesus said: Why did you go out into the field? To see a reed that is shaken by the wind? And to see a man clothed in soft raiment? [Lo, your] kings and your great (μεγιστᾶνος) ones are they who are clothed with soft raiment, and they [shall] not be able to know the truth.

---

5) Verba »pervenire« et »rumpere« in coptico eandem formam *pōh* habent.

79 Ait femi[na][o] ei in multitudine quia: Beat[us] venter qui portavit te et u[b]era quae nutriverunt te. Ait e[i] quia: Beati ii qui audierunt verbum (λόγος) Patris et[p] servaverunt illud vere (*litt.:* in veritate[o]). Dies enim (γάρ) fient et[k] dicetis quia: Beatus venter qui non concepit et ubera quae non dederunt lac.

80 Ait Iesus quia: Is qui cognovit mundum (κόσμος) invenit corpus (σῶμα); eo autem (δέ) qui invenit corpus (σῶμα) mundus (κόσμος) non dignus-est.

81 Ait Iesus quia: Is qui factus-est[f] opulentus fiat[f] rex, et is qui habet potestatem[o] (δύναμις) (re)neget (ἀρνεῖσθαι).

82 Ait Iesus quia: Is qui proximus-est mihi, proximus-est igni, et is qui longinquus-est a me, longinquus-est a regno.

83 Ait Iesus quia: Imagines (εἰκών) manifestae-sunt homini, et lumen quod est[a] in eis absconditum est in imagine (εἰκών) luminis Patris; revelabitur et imago (εἰκών) eius abscondita est per lumen eius.

84 Ait Iesus: Die qua videtis similitudinem vestram, gaudetis[c]; quando (ὅταν) autem (δέ) videbitis imagines (εἰκών) vestras quae factae-sunt ante vos (*vel:* coram vobis) (et) neque (οὔτε) moriuntur[c] neque (οὔτε) manifestantur[c], quantum (sup)portabitis?

85 Ait Iesus quia: Adam factus-est ex magna potestate[o] (δύναμις) magnaque opulentia[o], et non factus-est ὤν-[dig]nus vobis; si enim (γάρ) dignus (ἄξιος) fuisset[n], non [gustavisset] mortem.

86 Ait Iesus quia: [Vulpes habent foveas suas] et volucres habent nidum su[um]; filius autem (δέ) hominis non habet locum[o] ad reclinandum caput suum et[k] requiescendum.

87 Ait Iesus quia: Miserum (ταλαίπωρον) est[n] corpus (σῶμα) quod pendet a corpore[o] (σῶμα); et misera (τ[α]λαίπωρος) est[n] anima (ψυχή) quae pendet ab his ambobus.

88 Ait Iesus quia: Angeli (ἄγγελος) venturi-sunt usque-ad vos cum prophetis (προφήτης) et dabunt vobis ea quae habetis; et vos quoque ea quae sunt[a] in manibus vestris date eis et[k] dicite vobis quia: Quae dies est[n] qua venturi-sunt et[k] capient id quod eorum est[n]?

89 Ait Iesus quia: Propter quid lavatis partem exteriorem poculi (ποτήριον); non intelligitis (νοεῖν) quia is qui confecit partem interiorem, ille etiam est[n] qui confecit partem exteriorem?

90 Ait Iesus quia: Venite usque-ad me, quia benignum (χρηστός) est[n] iugum meum et dominatio mea mitis est[n]; et invenietis requiem (ἀναύπασις, *sic*) vobis.

79 Eine Frau sprach zu ihm aus der Menge: Heil dem Mutterschoß, der dich getragen hat, und den Brüsten, welche dich ernährten! Er sprach zu [ihr]: Heil denen, die gehört haben das Wort des Vaters (und) es bewahrt haben in Wahrheit. Denn Tage werden kommen, da ihr sagen werdet: Heil dem Mutterschoß, der nicht empfangen hat, und den Brüsten, die nicht Milch geben.

80 Jesus sprach: Wer erkannt hat die Welt, hat den Leib gefunden. Wer aber den Leib gefunden hat – die Welt ist seiner nicht wert.

81 Jesus sprach: Wer reich geworden ist, soll König werden, und wer Macht hat, er soll verzichten.

82 Jesus sprach: Wer mir nahe ist, ist dem Feuer nahe, und wer mir fern ist, ist fern vom Reich.

83 Jesus sprach: Die Bilder sind dem Menschen offenbar, und das Licht in ihnen ist verborgen. Im Bild des Lichtes des Vaters wird es (er?) offenbar werden, und sein Bild ist verborgen durch sein Licht.

84 Jesus sprach: Heute, (wenn) ihr seht das, was euch gleicht, freut ihr euch. Wenn ihr aber sehet eure Bilder, die vor euch sind – weder sterben sie noch erscheinen sie –, wieviel werdet ihr ertragen?

85 Jesus sprach: Adam ist entstanden aus einer großen Kraft und aus einem großen Reichtum, und er wurde eurer nicht würdig. Denn wäre er würdig geworden, [hätte er] nicht den Tod [geschmeckt].

86 Jesus sprach: [Die Füchse haben ihre Höhlen,] und die Vögel haben [ihr] Nest. Der Sohn des Menschen aber hat keinen Ort, um sein Haupt zu neigen und zu ruhen.

87 Jesus sprach: Elend ist der Leib, der an einem Leibe hängt, und elend ist die Seele, welche hängt an diesen beiden.

88 Jesus sprach: Die Engel werden zu euch kommen und die Propheten, und sie werden euch geben, was euer ist. Und ihr selbst, was in eurer Hand ist, gebt ihnen. (Und) sagt euch: Wann werden sie kommen (und) das Ihrige empfangen?

89 Jesus sprach: Weswegen wascht ihr die Außenseite des Bechers? Versteht ihr nicht, daß, wer die Innenseite gebildet hat, auch der ist, der die Außenseite gebildet hat?

90 Jesus sprach: Kommt zu mir, denn sanft ist mein Joch und meine Herrschaft mild, und ihr werdet Ruhe finden für euch.

79 A woman in the crowd said to him: Blessed is the womb which bore you, and the breasts which nourished you! He said to [her]: Blessed are those who have heard the Word (λόγος) of the Father (and) have kept it in truth! For (γάρ) the days will come when you will say, Blessed is the womb which has not conceived, and the breasts which have not given milk!

80 Jesus said: He who has known the world (κόσμος) has found the body (σῶμα), but (δέ) he who has found the body (σῶμα), of him the world (κόσμος) is not worthy.

81 Jesus said: Let him who has become rich become king, and let him who has power (δύναμις) renounce (ἀρνεῖσθαι) (it).

82 Jesus said: He who is near me is near the fire, and he who is far from me is far from the kingdom.

83 Jesus said: The images (εἰκών) are manifest to man, and the light which is within them is hidden in the image (εἰκών) of the light of the Father. He will be revealed, and his image (εἰκών) is concealed by his light.

84 Jesus said: The days (when) you see your likeness, you rejoice. But when (ὅταν δέ) you see your images (εἰκών) which came into being before you – which neither (οὔτε) die nor (οὔτε) are manifested – how much will you bear!

85 Jesus said: Adam came into being from a great power (δύναμις) and great wealth, and (yet) he was not worthy of you. For (γάρ) had he been worthy (ἄξιος), [he would] not [have tasted] death.

86 Jesus said: [Foxes have their holes] and birds have [their] nests, but (δέ) the Son of man has nowhere to lay his head (and) to rest.

87 Jesus said: Wretched (ταλαίπωρον) is the body (σῶμα) that depends on a body (σῶμα), and wretched (ταλαίπωρος) is the soul (ψυχή) that depends on both!

88 Jesus said: The angels (ἄγγελος) will come to you, and the prophets (προφήτης), and they will give you what belongs to you. And you, too, give to them what is in your hands, (and) say to yourselves, On what day will they come (and) receive what is their own?

89 Jesus said: Why do you wash the outside of the cup (ποτήριον)? Do you not know (νοεῖν) that he who made the inside is also he who made the outside?

90 Jesus said: Come to me, for my yoke is easy (χρηστός) and my rule is gentle; and you will find repose (ἀναύπασις, *sic*) for yourselves.

91 Aiunt ei quia: Dic nobis quis sis[n], ut (ἵνα) credamus (πιστεύειν) in te. Ait eis quia: Tentatis (πειράζειν) faciem caeli terraeque, et eum qui (*vel:* id quod) est[n] coram vobis non cognovistis, et hoc tempus (καιρός) non nostis (*litt.:* cognoscitis) tentare (πειράζειν).

92 Ait Iesus quia: Quaerite et reperietis; sed (ἀλλά) ea quae interrogavistis me illis diebus et[p] quae non dixi vobis die illa, nunc placet mihi dicere, et non quaeritis ea.

93 Ne detis id quod sanctum-est canibus, ut non iaciant ea in sterquilinium (κοπρία); ne iaciatis margaritas (μαργαρίτ[ης]) porc[is] ut (ἵνα) non faciant illud [......].

94 [Ait] Iesus: Is qui quaerit reperiet, [et ei qui pulsat] aperietur.

95 [Ait Iesus]: Si habetis pecuniam, ne detis in usuram, sed (ἀλλά) date [....] ei a quo non capietis eas.

96 [Ait] Iesus quia: Regnum Patris assimilatum est femin[ae[o]]; cepit paucum fermentum et[p] absc[ondit] illud in pastam[o] et[p] fecit illud mag[n]os[o] panes. Qui habet aures audia[t].

97 Ait Iesus quia: Regnum [Patr]is assimilatum [est] feminae[o] portanti vascu[lum][o] repletum farina; ea ambulante [in] via[[o]] longinqua, auris vas[cul]i confracta-est; farina fluxit post eam [su]per viam; non cognoscebat, non sciverat laborare; cum pervenit ad domum suam, posuit vasculum deorsum et[p] invenit illud vacuum.

98 Ait Iesus: Regnum Patris assimilatum est homini[o] volenti morti-tradere hominem[o] magnatum (μεγιστᾶνος); exemit gladium in domo sua et[p] transfixit eam, (scilicet) parietem, ut sciret si manus eius invalescet; tunc (τότε) occidit magnatum (μεγιστᾶνος).

99 Aiunt discipuli (μαθητής) ei quia: Fratres tui materque tua stant ad (*litt.:* super) partem exteriorem. Ait eis quia: Ii qui his locis sunt[a], qui faciunt voluntatem Patris mei, hi sunt[n] fratres mei materque mea; illi sunt[n] qui intrabunt in regnum Patris mei.

100 Ostenderunt (*litt.:* docuerunt) Iesu aurum[o] et aiunt ei quia: Ii qui pertinentes-sunt ad Caesarem (καῖσαρ) exigunt a nobis tributa. Ait eis quia: Date illa Caesaris (καῖσαρ) Caesari (καῖσαρ), date illa Dei Deo, et id quod meum est[n] date mihi.

101 Is qui [n]on oderit pa[trem] suum matremque suam sicut ego non poterit fieri[f] d[iscipulu]s (μ[αθητή]ς) mihi; et is qui [non] diliget [patrem su]um matremqu[e] suam sicut ego non poterit fieri[f] d[iscipulus (μαθητής) mi]hi; mater mea enim (γάρ) [........ mater mea] autem (δέ) vera dedit mihi vitam.

91 Sie sprachen zu ihm: Sage uns, wer du bist, damit wir an dich glauben! Er sprach zu ihnen: Ihr prüft das Antlitz des Himmels und der Erde, und den, der vor euch ist, habt ihr nicht erkannt, und diesen Augenblick versteht ihr nicht zu prüfen.

92 Jesus sprach: Suchet, und ihr werdet finden. Aber das, wonach ihr mich in diesen Tagen fragtet, habe ich euch an jenem Tage nicht gesagt. Jetzt will ich es sagen, und ihr sucht nicht danach.

93 ⟨Jesus sprach⟩: Gebt nicht das Heilige den Hunden, damit sie es nicht auf den Mist werfen. Werft nicht die Perlen den Säuen hin, damit sie es nicht machen ....

94 Jesus [sprach]: Wer sucht, wird finden, [und wer anklopft,] dem wird man öffnen.

95 [Jesus sprach]: Wenn ihr Geld habt, leiht nicht auf Zins aus, sondern gebt .... dem, von dem ihr sie nicht (zurück)bekommen werdet.

96 Jesus [sprach]: Das Reich des Vaters gleicht einer Frau. Sie nahm ein wenig Sauerteig; sie [verbarg] ihn in Mehl. Sie machte ihn zu großen Broten. Wer Ohren hat, möge hören!

97 Jesus sprach: Das Reich des [Vaters] gleicht einer Frau, die einen Krug trägt, der voll Mehl ist, und die [einen] weiten Weg geht. Der Henkel des Kruges zerbrach; das Mehl strömte herab hinter ihr auf den Weg. Sie merkte (es) nicht; sie wußte nichts vom Mißgeschick. Als sie in ihr Haus gelangt war, stellte sie den Krug auf den Boden. Sie fand ihn leer.

98 Jesus sprach: Das Reich des Vaters gleicht einem Mann, der vorhatte zu töten einen mächtigen Mann. Er zog aus der Scheide das Schwert in seinem Hause. Er durchbohrte die Wand, um zu wissen, ob seine Hand stark sein werde. Dann tötete er den Mächtigen.

99 Die Jünger sprachen zu ihm: Deine Brüder und deine Mutter stehen draußen. Er sprach zu ihnen: Die (Menschen) dieser Plätze, die den Willen meines Vaters tun, diese sind meine Brüder und meine Mutter. Sie sind es, die eingehen werden ins Reich meines Vaters.

100 Sie zeigten Jesus ein Goldstück und sprachen zu ihm: Die Kaiserlichen fordern von uns Abgaben. Er sprach zu ihnen: Gebt dem Kaiser, was des Kaisers, gebt Gott, was Gottes ist, und das, was mein ist, gebt es mir!

101 ⟨Jesus sprach⟩: Wer nicht haßt seinen Va[ter] und seine Mutter wie ich, wird mir nicht [Jünger] sein können, und wer [nicht] liebt seinen [Vater und] seine Mutter wie ich, wird mir nicht [Jünger] sein können. Denn meine Mutter ...., aber [meine] wahre [Mutter] gab mir das Leben.

91 They said to him: Tell us who you are, so that we may believe (πιστεύειν) in you, He said to them: You test (πειράζειν) the face of the heaven and the earth, and you have not known what is before you; and you do not know (how) to test (πειράζειν) this time (καιρός).

92 Jesus said: Seek and you will find. But (ἀλλά) those things about which you asked me during those days, I did not tell you on that day. Now I am willing to tell them, and you do not inquire about them.

93 ⟨Jesus said:⟩ Do not give what is holy to the dogs, lest they cast it upon the dungheap (κοπρία). Do not throw your pearls (μαργαρίτης) to the swine, lest they make it ....

94 Jesus [said]: He who seeks will find, ..., it will be opened to him.

95 [Jesus said]: If you have money do not lend at interest, but (ἀλλά) give ... from whom you will not get them (back).

96 Jesus [said]: The kingdom of the Father is like [a] woman; she took a little leaven, [hid] it in dough, (and) made it into large loaves. He who has ears, let him hear.

97 Jesus said: The kingdom of the [Father] is like a woman who was carrying a jar full of meal. While she was walking [a] long way, the handle of the jar broke (and) the meal spilled out behind her on the road. She did not know (it); she did not perceive the accident. After she came into her house, she put the jar down (and) found it empty.

98 Jesus said: The kingdom of the Father is like a man who wanted to kill a powerful (μεγιστᾶνος) man. He drew the sword within his house (and) ran it through the wall, so that he might know whether his hand would be strong (enough). Then (τότε) he killed the powerful (μεγιστᾶνος) (man).

99 The disciples (μαθητής) said to him: Your brothers and your mother are standing outside. He said to them: Those here who do the will of my Father are my brothers and my mother; these are they who will enter the kingdom of my Father.

100 They showed Jesus a gold (coin) and said to him: Caesar's (καῖσαρ) agents demand taxes from us. He said to them: Give to Caesar (καῖσαρ) what belongs to Caesar (καῖσαρ); give to God what belongs to God; and give to me what is mine.

101 ⟨Jesus said:⟩ He who does not hate his fa[ther] and his mother as I (do), will not be able to be my [disciple (μαθητής)]. And he who does [not] love his [father and] his mother as I (do), will not be able to be my [disciple (μαθητής)], for (γάρ) [my mother] .... but (δέ) in truth she gave me the life

102 Ait Iesus [quia: V]ae eis, pharisaeis (Φαρισαῖος), quia similes-sunt can[i][o] recumbenti super praesepium boum[[o]], quia neque (οὔτε) manducat neque (οὔτε) s[in]it boves manducare.

103 Ait Iesus quia: Beatus (μ[ακά]ριος) est[n] homo qui cognoscit ex (*litt.:* i[n]) [qua] parte (μέρος) latrones (λῃστής) ingrediantur, ut (ἵν[α]) surg[at] et[k] congreget [. . . .] suam et cingat (*litt.:* liget) se super lumbum suum [an]tequam introeant.

104 Aiunt [ei] quia: Veni, oremus hodie et ieiunemus (νηστεύειν). Ait Iesus quia: Quod enim (γάρ) est[n] peccatum quod feci, aut (ἤ) in quo vicerunt me? Sed (ἀλλά) quando (ὅταν) sponsus (νύμφιος) exibit e thalamo (νυμφών), tunc (τότε) ieiunent (νηστεύειν) et orent.

105 Ait Iesus quia: Is qui cognoscet patrem matremque vocabitur filius meretricis (πόρνη)?

106 Ait Iesus quia: Quando (ὅταν) facietis duo unum, fietis filii hominis, et si dicetis: Mons, transfer-te, transferetur.

107 Ait Iesus quia: Regnum assimilatum est homini[o] pastori habenti centum oves; una in eis erravit, quae maxima (*litt.:* magna) est[n]; reliquit nonaginta novem et[p] quaesivit illam unam donec inveniret eam; cum laboravit, ait ovi quia: Amo (*litt.:* volo) te plus-quam (παρά) nonaginta novem.

108 Ait Iesus quia: Is qui bibet ex ore meo, fiet sicut ego; ego quoque fiam ille (*litt.:* ὤν[n] ille), et ea quae abscondita sunt manifestabuntur ei.

109 Ait Iesus quia: Regnum assimilatum est homini[o] habenti in agro suo thesaurum[o] [abscon]ditum, ὄν[τα][v] incognitum ei; et p[ostquam] mortuus-est, reliquit eum [filio] suo; filius non cognosc[ebat], accepit (*litt.:* portavit) agrum illum et[p] [ven]didit eum; et is qui emit eum venit arans, in[venit] thesaurum et[p] coepit (ἄρχεσθαι) dare pecuniam in usuram [iis] quos vult.

110 Ait Iesus quia: Is qui repperit mund[um] (κόσμος) et[k] factus-est[f] opulentus, (re)neget (ἀρνεῖσθαι) mundum (κόσμος).

111 Ait Iesus quia: Caeli recedent[6] et terra coram vobis; et is qui vivus-est ex eo qui vivus-est non videbit mortem, non quod (οὐχ ὅτι) Iesus dicit quia: Eo qui inveniet se ipsum, mundus (κόσμος) non dignus-est.

112 Ait Iesus quia: Vae carni (σάρξ) quae pendet ab anima (ψυχή); vae animae (ψυχή) quae pendet a carne (σάρξ).

102 Jesus sprach: Wehe ihnen, den Pharisäern, denn sie gleichen einem Hund, welcher liegt auf der Krippe der Rinder. Denn weder frißt er noch läßt er die Rinder fressen.

103 Jesus sprach: Selig ist der Mann, der weiß, i[n welchem] Teile die Räuber hereinkommen, damit er aufsteht, seine (Kraft?) sammelt und sich gürtet um die Hüften, bevor sie hereingekommen sind.

104 Sie sprachen [zu ihm]: Komm, laß uns heut beten und fasten! Jesus sprach: Was ist denn die Sünde, die ich tat, oder worin besiegten sie mich? Sondern wenn der Bräutigam kommt aus dem Brautgemach, dann mögen sie fasten und beten.

105 Jesus sprach: Wer kennen wird den Vater und die Mutter, man wird ihn nennen „Sohn der Hure".

106 Jesus sprach: Wenn ihr die zwei zu einem macht, werdet ihr sein Söhne des Menschen, und wenn ihr sagt: Berg, fall um!, so wird er umfallen.

107 Jesus sprach: Das Reich ist gleich einem Hirten, der hundert Schafe hat. Eins von ihnen verlief sich, das größte. Er ließ die neunundneunzig; er suchte nach diesem einen, bis er es fand. Als er sich abgemüht hatte, sagte er zu dem Schaf: Ich liebe dich mehr als die neunundneunzig.

108 Jesus sprach: Wer aus meinem Munde trinkt, er wird werden wie ich; ich selbst werde werden er, und das Verborgene wird sich ihm offenbaren.

109 Jesus sprach: Das Reich gleicht einem Manne, der auf seinem Acker einen [verborgenen] Schatz hat, von dem [er] nicht weiß. Und [nach] seinem Tode ließ er den Schatz seinem [Sohn. Der] Sohn wußte nicht (davon). Er nahm jenen Acker; er verkaufte ihn. Und der, welcher ihn gekauft hatte, kam. Beim Pflügen [fand er] den Schatz. Er begann, Geld zu geben auf Zinsen denen, die er wollte.

110 Jesus sprach: Wer die Welt gefunden hat und reich geworden ist, soll auf die Welt verzichten.

111 Jesus sprach: Die Himmel werden sich aufrollen und die Erde vor euch, und der Lebendige aus dem Lebendigen wird nicht sehen Tod, nicht ⟨Furcht⟩, denn Jesus spricht: Wer sich selbst findet – die Welt ist seiner nicht wert.

112 Jesus sprach: Wehe dem Fleisch, das an der Seele hängt! Wehe der Seele, die am Fleische hängt!

102 Jesus said: Woe to the Pharisees (Φαρισαῖος)! For they are like a dog lying in the manger of oxen; for he neither (οὔτε) eats nor (οὔτε) lets the oxen eat.

103 Jesus said: Blessed (μακάριος) is the man who knows i[n which] part (μέρος) (of the night) the robbers (λῃστής) will come, so that he will arise and collect his . . . . and gird up his loins before they come in.

104 They said [to him]: Come, let us pray today and let us fast (νηστεύειν). Jesus said: What sin, then (γάρ), have I committed, or (ἤ) in what have I been overcome? But (ἀλλά) when (ὅταν) the bridegroom (νυμφίος) comes out of the bride-chamber (νυμφών), then (τότε) let them fast (νηστεύειν) and pray.

105 Jesus said: He who will know the father and the mother will be called the son of a harlot (πόρνη).

106 Jesus said: When (ὅταν) you make the two one, you will become sons of man, and when you say, Mountain, be removed! it will be removed.

107 Jesus said: The kingdom is like a shepherd who had a hundred sheep. One of them went astray; it was the largest. He left the ninety-nine (and) sought for the one until he found it. After he had exerted himself, he said to the sheep, I love you more than (παρά) the ninety-nine.

108 Jesus said: He who drinks from my mouth will become as I am (*or*, will become drunken), and I myself will become he. And the things that are hidden shall be revealed to him.

109 Jesus said: The kingdom is like a man who had a treasure [hidden] in his field, without knowing it. And [after] he died, he left it to his [son. The] son knew nothing (about it). He accepted that field (and) sold [it]. And he who bought it came, (and) while he was ploughing [he found] the treasure. He began (ἄρχεσθαι) to lend money at interest to [whomever] he wished.

110 Jesus said: He who has found the world (κόσμος) and become rich, let him deny (ἀρνεῖσθαι) the world (κόσμος).

111 Jesus said: The heavens will be rolled up, and the earth, in your presence, and he who lives from the Living One will see neither death nor (οὐχ) ⟨fear⟩, because (ὅτι) Jesus says: He who finds himself, of him the world (κόσμος) is not worthy.

112 Jesus said: Woe to the flesh (σάρξ) which depends on the soul (ψυχή)! Woe to the soul (ψυχή) which depends on the flesh (σάρξ)!

---

6) Cf Apc 6,14.

113 Aiunt ei discipuli (μαθητής) eius quia: Regnum qua die venturum-est? – Non venturum-est exspectanter (*litt.*: in exspectantia[o]); non dicent quia: Ecce est[a] hac parte, aut (ἤ): Ecce est[a] ibi; sed (ἀλλά) regnum Patris expansum est super terram et homines non vident illud.

114 Ait Simon Petrus eis quia: Maria *(mariham)* exeat e nobis, quia feminae non dignae-sunt vita. Ait Iesus quia: Ecce ego traham eam ut faciam eam masculum, ut (ἵνα) fiat ea quoque spiritus[o] (πνεῦμα) vivus ὤν-similis vobis masculis; quia femina omnis quae faciet se masculum intrabit in regnum caelorum.

Evangelium (εὐαγγέλιον)
secundum (κατά) Thomam

113 Es sprachen zu ihm seine Jünger: Das Reich, wann wird es kommen? – Es wird nicht kommen im Ausschauen danach. Man wird nicht sagen: Siehe hier! oder: Siehe dort! Sondern das Reich des Vaters ist ausgebreitet über die Erde und die Menschen sehen es nicht.

114 Simon Petrus sprach zu ihm: Maria soll von uns weggehen! Denn die Frauen sind des Lebens nicht wert. Jesus sprach: Siehe, ich werde sie ziehen, daß ich sie männlich mache, damit sie auch zu einem lebendigen Geist wird, der euch Männern gleicht. Denn eine Frau, die sich zum Manne macht, wird eingehen ins Reich der Himmel.

Das Evangelium
nach Thomas

113 His disciples (μαθητής) said to him: On what day does the kingdom come? ⟨Jesus said:⟩ It does not come when one expects (it). They will not say, Lo, here! or (ἤ) Lo, there! But (ἀλλά) the kingdom of the Father is spread out upon the earth, and men do not see it.

114 Simon Peter said to them: Let Mary go away from us, for women are not worthy of life. Jesus said: Lo, I shall lead her, so that I may make her a male, that she too may become a living spirit (πνεῦμα), resembling you males. For every woman who makes herself a male will enter the kingdom of heaven.

The Gospel (εὐαγγέλιον)
according to (κατά) Thomas

II. TESTIMONIA PATRUM VETERUM

PAPIAS

Eusebius, hist. eccl. III, 39, 1-7. 14-17 (ed. Schwartz, GCS 9,1): [1]Τοῦ δὲ Παπία συγγράμματα πέντε τὸν ἀριθμὸν φέρεται, ἃ καὶ ἐπιγέγραπται Λογίων κυριακῶν ἐξηγήσεως. τούτων καὶ Εἰρηναῖος ὡς μόνων αὐτῷ γραφέντων μνημονεύει, ὧδέ πως λέγων

»ταῦτα δὲ καὶ Παπίας ὁ Ἰωάννου μὲν ἀκουστής, Πολυκάρπου δὲ ἑταῖρος γεγονώς, ἀρχαῖος ἀνήρ, ἐγγράφως ἐπιμαρτυρεῖ ἐν τῇ τετάρτῃ τῶν ἑαυτοῦ βιβλίων. ἔστιν γὰρ αὐτῷ πέντε βιβλία συντεταγμένα.« (Iren. V, 33, 4).

[2]καὶ ὁ μὲν Εἰρηναῖος ταῦτα· αὐτός γε μὴν ὁ Παπίας κατὰ τὸ προοίμιον τῶν αὐτοῦ λόγων ἀκροατὴν μὲν καὶ αὐτόπτην οὐδαμῶς ἑαυτὸν γενέσθαι τῶν ἱερῶν ἀποστόλων ἐμφαίνει, παρειληφέναι δὲ τὰ τῆς πίστεως παρὰ τῶν ἐκείνοις γνωρίμων διδάσκει δι' ὧν φησιν λέξεων

[3]»οὐκ ὀκνήσω δέ σοι καὶ ὅσα ποτὲ παρὰ τῶν πρεσβυτέρων καλῶς ἔμαθον καὶ καλῶς ἐμνημόνευσα, συγκατατάξαι ταῖς ἑρμηνείαις, διαβεβαιούμενος ὑπὲρ αὐτῶν ἀλήθειαν. οὐ γὰρ τοῖς τὰ πολλὰ λέγουσιν ἔχαιρον ὥσπερ οἱ πολλοί, ἀλλὰ τοῖς τἀληθῆ διδάσκουσιν, οὐδὲ τοῖς τὰς ἀλλοτρίας ἐντολὰς μνημονεύουσιν, ἀλλὰ τοῖς τὰς παρὰ τοῦ κυρίου τῇ πίστει δεδομένας καὶ ἀπ' αὐτῆς παραγινομένας τῆς ἀληθείας· [4]εἰ δέ που καὶ παρηκολουθηκώς τις τοῖς πρεσβυτέροις ἔλθοι, τοὺς τῶν πρεσβυτέρων ἀνέκρινον λόγους, τί Ἀνδρέας ἢ τί Πέτρος εἶπεν ἢ τί Φίλιππος ἢ τί Θωμᾶς ἢ Ἰάκωβος ἢ τί Ἰωάννης ἢ Ματθαῖος ἤ τις ἕτερος τῶν τοῦ κυρίου μαθητῶν ἅ τε Ἀριστίων καὶ ὁ πρεσβύτερος Ἰωάννης, τοῦ κυρίου μαθηταί, λέγουσιν. οὐ γὰρ τὰ ἐκ τῶν βιβλίων τοσοῦτόν με ὠφελεῖν ὑπελάμβανον ὅσον τὰ παρὰ ζώσης φωνῆς καὶ μενούσης.«

[5]ἔνθα καὶ ἐπιστῆσαι ἄξιον δὶς καταριθμοῦντι αὐτῷ τὸ Ἰωάννου ὄνομα, ὧν τὸν μὲν πρότερον Πέτρῳ καὶ Ἰακώβῳ καὶ Ματθαίῳ καὶ τοῖς λοιποῖς ἀποστόλοις συγκαταλέγει, σαφῶς δηλῶν τὸν εὐαγγελιστήν, τὸν δ' ἕτερον Ἰωάννην, διαστείλας τὸν λόγον, ἑτέροις παρὰ τὸν τῶν ἀποστόλων ἀριθμὸν κατατάσσει, προτάξας αὐτοῦ τὸν Ἀριστίωνα, σαφῶς τε αὐτὸν πρεσβύτερον ὀνομάζει· [6]ὡς καὶ διὰ τούτων ἀποδείκνυσθαι τὴν ἱστορίαν ἀληθῆ τῶν δύο κατὰ τὴν Ἀσίαν ὁμωνυμίᾳ κεχρῆσθαι εἰρηκότων δύο τε ἐν Ἐφέσῳ γενέσθαι μνήματα καὶ ἑκάτερον Ἰωάννου ἔτι νῦν λέγεσθαι· οἷς καὶ ἀναγκαῖον προσέχειν τὸν νοῦν, εἰκὸς γὰρ τὸν δεύτερον, εἰ μή τις ἐθέλοι τὸν πρῶτον, τὴν ἐπ' ὀνόματος φερομένην Ἰωάννου ἀποκάλυψιν ἑορακέναι. [7]καὶ ὁ νῦν δὲ ἡμῖν δηλούμενος Παπίας τοὺς μὲν τῶν ἀποστόλων λόγους παρὰ τῶν αὐτοῖς παρηκολουθηκότων ὁμολογεῖ παρειληφέναι, Ἀριστίωνος δὲ καὶ τοῦ πρεσβυτέρου Ἰωάννου αὐτήκοον ἑαυτόν φησι γενέσθαι· ὀνομαστὶ γοῦν πολλάκις αὐτῶν μνημονεύσας ἐν τοῖς αὐτοῦ συγγράμμασιν τίθησιν αὐτῶν παραδόσεις.

[14]Καὶ ἄλλας δὲ τῇ ἰδίᾳ γραφῇ παραδίδωσιν Ἀριστίωνος τοῦ πρόσθεν δεδηλωμένου τῶν τοῦ κυρίου λόγων διηγήσεις καὶ τοῦ πρεσβυτέρου Ἰωάννου παραδόσεις· ἐφ' ἃς τοὺς φιλομαθεῖς ἀναπέμψαντες, ἀναγκαίως νῦν προσθήσομεν ταῖς προεκτεθείσαις αὐτοῦ φωναῖς παράδοσιν ἣν περὶ Μάρκου τοῦ τὸ εὐαγγέλιον γεγραφότος ἐκτέθειται διὰ τούτων

[15]»καὶ τοῦθ' ὁ πρεσβύτερος ἔλεγεν· Μάρκος μὲν ἑρμηνευτὴς Πέτρου γενόμενος, ὅσα ἐμνημόνευσεν, ἀκριβῶς ἔγραψεν, οὐ μέντοι τάξει τὰ ὑπὸ τοῦ κυρίου ἢ λεχθέντα ἢ πραχθέντα. οὔτε γὰρ ἤκουσεν τοῦ κυρίου οὔτε παρηκολούθησεν αὐτῷ, ὕστερον δέ, ὡς ἔφην, Πέτρῳ· ὃς πρὸς τὰς χρείας ἐποιεῖτο τὰς διδασκαλίας, ἀλλ' οὐχ ὥσπερ σύνταξιν τῶν κυριακῶν ποιούμενος λογίων, ὥστε οὐδὲν ἥμαρτεν Μάρκος οὕτως ἔνια γράψας ὡς ἀπεμνημόνευσεν. ἑνὸς γὰρ ἐποιήσατο πρόνοιαν, τοῦ μηδὲν ὧν ἤκουσεν παραλιπεῖν ἢ ψεύσασθαί τι ἐν αὐτοῖς.«

[16]ταῦτα μὲν οὖν ἱστόρηται τῷ Παπίᾳ περὶ τοῦ Μάρκου· περὶ δὲ τοῦ Ματθαίου ταῦτ' εἴρηται

»Ματθαῖος μὲν οὖν Ἑβραΐδι διαλέκτῳ τὰ λόγια συνετάξατο, ἡρμήνευσεν δ' αὐτὰ ὡς ἦν δυνατὸς ἕκαστος.«

[17]κέχρηται δ' ὁ αὐτὸς μαρτυρίαις ἀπὸ τῆς Ἰωάννου προτέρας ἐπιστολῆς καὶ ἀπὸ τῆς Πέτρου ὁμοίως, ἐκτέθειται δὲ καὶ ἄλλην ἱστορίαν περὶ γυναικὸς ἐπὶ πολλαῖς ἁμαρτίαις διαβληθείσης ἐπὶ τοῦ κυρίου, ἣν τὸ καθ' Ἑβραίους εὐαγγέλιον περιέχει. καὶ ταῦτα δ' ἡμῖν ἀναγκαίως πρὸς τοῖς ἐκτεθεῖσιν ἐπιτετηρήσθω.

Philippus Sidetes, hist. eccl., fragm. in Cod. Barocc. 142 (de Boor, TU V, 2 p.170): Παπίας Ἱεραπόλεως ἐπίσκοπος ἀκουστὴς τοῦ Θεολόγου Ἰωάννου γενόμενος, Πολυκάρπου δὲ ἑταῖρος, πέντε λόγους κυριακῶν λογίων ἔγραψεν. ἐν οἷς ἀπαρίθμησιν ἀποστόλων ποιούμενος μετὰ Πέτρον καὶ Ἰωάννην, Φίλιππον καὶ Θωμᾶν καὶ Ματθαῖον εἰς μαθητὰς τοῦ κυρίου ἀνέγραψεν Ἀριστίωνα καὶ Ἰωάννην ἕτερον, ὃν καὶ πρεσβύτερον ἐκάλεσεν. ὥς τινας οἴεσθαι, ὅτι [τούτου] τοῦ Ἰωάννου εἰσὶν αἱ δύο ἐπιστολαὶ αἱ μικραὶ καὶ καθολικαί, αἱ ἐξ ὀνόματος Ἰωάννου φερόμεναι, διὰ τὸ τοὺς ἀρχαίους τὴν πρώτην μόνην ἐγκρίνειν. τινὲς δὲ καὶ τὴν ἀποκάλυψιν τούτου πλανηθέντες ἐνόμισαν. καὶ Παπίας δὲ περὶ τὴν χιλιονταετηρίδα σφάλλεται, ἐξ οὗ καὶ ὁ Εἰρηναῖος. Παπίας ἐν τῷ δευτέρῳ λόγῳ λέγει, ὅτι Ἰωάννης ὁ Θεολόγος καὶ Ἰάκωβος ὁ ἀδελφὸς αὐτοῦ ὑπὸ Ἰουδαίων ἀνῃρέθησαν. Παπίας ὁ εἰρημένος ἱστόρησεν ὡς παραλαβὼν ἀπὸ τῶν θυγατέρων Φιλίππου, ὅτι Βαρσαβᾶς ὁ καὶ Ἰοῦστος δοκιμαζόμενος ὑπὸ τῶν ἀπίστων ἰὸν ἐχίδνης πιὼν ἐν ὀνόματι τοῦ Χριστοῦ ἀπαθὴς διεφυλάχθη. ἱστορεῖ δὲ καὶ ἄλλα θαύματα καὶ μάλιστα τὸ κατὰ τὴν μητέρα Μαναΐμου τὴν ἐκ νεκρῶν ἀναστᾶσαν. περὶ τῶν ὑπὸ τοῦ Χριστοῦ ἐκ νεκρῶν ἀναστάντων, ὅτι ἕως Ἀδριανοῦ ἔζων.

Georgius Monachus, Chronicon, cod. Coisl. 305 (ed. Nolte, Tübinger Theol. Quartalschrift 1862, p. 465 f.): Μετὰ δὲ Δομετιανὸν ἐβασίλευσε Νερούας ἔτος ἕν, ὃς ἀνακαλεσάμενος Ἰωάννην ἐκ τῆς νήσου ἀπέλυσεν οἰκεῖν ἐν Ἐφέσῳ. μόνος τότε περιὼν τῷ βίῳ ἐκ τῶν δώδεκα μαθητῶν καὶ συγγραψάμενος τὸ κατ' αὐτὸν εὐαγγέλιον· μαρτυρίου κατηξίωται. Παπίας γὰρ ὁ Ἱεραπόλεως ἐπίσκοπος αὐτόπτης τούτου γενόμενος ἐν τῷ δευτέρῳ λόγῳ τῶν κυριακῶν λογίων φάσκει, ὅτι ὑπὸ Ἰουδαίων ἀνῃρέθη. πληρώσας δηλαδὴ μετὰ τοῦ ἀδελφοῦ τὴν τοῦ Χριστοῦ περὶ αὐτῶν πρόρρησιν καὶ τὴν

ἑαυτῶν ὁμολογίαν περὶ τούτου καὶ συγκατάθεσιν· εἰπὼν γὰρ ὁ κύριος (Mc. 10, 38 sq.) πρὸς αὐτούς· δύνασθε πιεῖν τὸ ποτήριον ὃ ἐγὼ πίνω; καὶ κατανευσάντων προθύμως καὶ συνθεμένων· Τὸ ποτήριόν μου, φησί, πίεσθε καὶ τὸ βάπτισμα, ὃ ἐγὼ βαπτίζομαι, βαπτισθήσεσθε. καὶ εἰκότως· ἀδύνατον γὰρ θεὸν ψεύσασθαι. οὕτω δὲ καὶ ὁ πολυμαθὴς Ὠριγένης ἐν τῇ κατὰ Ματθαῖον ἑρμηνείᾳ (XVI, 6) διαβεβαιοῦται, ὡς ὅτι μεμαρτύρηκεν Ἰωάννης, ἐκ τῶν διαδόχων τῶν ἀποστόλων ὑποσημειναμένος τοῦτο μεμαθηκέναι. καὶ μὲν δὴ καὶ ὁ πολυΐστωρ Εὐσέβειος ἐν τῇ ἐκκλ. ἱστορ. (III, 1) φησί· Θωμᾶς μὲν τὴν Παρθίαν εἴληχεν· Ἰωάννης δὲ τὴν Ἀσίαν, πρὸς οὓς καὶ διατρίψας ἐτελεύτησεν ἐν Ἐφέσῳ.

Hieronymus, de viris inl. 18 (ed. Richardson TU, 14, 1): Papias, Iohannis auditor, Hierapolitanus in Asia episcopus, quinque tantum scripsit volumina, quae praenotavit: Explanatio sermonum Domini. In quibus, cum se in praefatione adserat non varias opiniones sequi, sed apostolos habere auctores, ait:

»Considerabam quid Andreas, quid Petrus dixissent, quid Philippus, quid Thomas, quid Iacobus, quid Iohannes, quid Matthaeus vel alius quilibet discipulorum Domini, quid etiam Aristion [al.: Ariston, Aristeon] et senior Iohannes, discipuli Domini loquebantur. Non enim tantum mihi libri ad legendum prosunt, quantum viva vox et usque hodie in suis auctoribus personans.«

Ex quo apparet ex ipso catalogo nominum, alium esse Iohannem qui inter apostolos ponitur, et alium seniorem Iohannem quem post Aristionem enumerat. Hoc autem dicimus propter superiorem opinionem, qua a plerisque rettulimus traditum duas posteriores epistulas Iohannis non apostoli esse, sed presbyteri. Hic dicitur mille annorum Iudaicam edidisse δευτέρωσιν.

Catena in Joh. ed. Corderius, (Catena Graecorum Patrum in S. Joannem, 1630, prooem.): Ὕστατος γὰρ τούτων Ἰωάννης ὁ τῆς βροντῆς υἱὸς μετακληθείς, πάνυ γηραλέου αὐτοῦ γενομένου, ὡς παρέδοσαν ἡμῖν ὅ τε Εἰρηναῖος καὶ Εὐσέβιος καὶ ἄλλοι πιστοὶ κατὰ διαδοχὴν γεγονότες ἱστορικοί, κατ' ἐκεῖνο καιροῦ αἱρέσεων ἀναφυεισῶν δεινῶν ὑπηγόρευσε τὸ εὐαγγέλιον τῷ ἑαυτοῦ μαθητῇ Παπίᾳ εὐβιότῳ τῷ Ἱεραπολίτῃ πρὸς ἀναπλήρωσιν τῶν πρὸ αὐτοῦ κηρυξάντων τὸν λόγον τοῖς ἀνὰ πᾶσαν τὴν οἰκουμένην ἔθνεσιν.

Cod. Vatic. Reg. lat. 14 (saec. IX; Wordsworth-White I, 491): Euangelium Iohannis manifestatum et datum est ecclesiis ab Iohanne adhuc in corpore constituto; sicut Papias nomine, Hieropolitanus, discipulus Iohannis carus, in exotericis, id est in extremis quinque libris retulit; descripsit uero euangelium dictante Iohanne recte. Uerum Martion haereticus cum ab eo fuisset improbatus eo quod contraria sentiebat, abiectus est a Iohanne. Is uero scripta uel epistolas ad eum pertulerat a fratribus qui in Ponto fuerunt.

JUSTINUS MARTYR

Dialogus cum Tryphone, 106, 1-3 (ed. Goodspeed 1914, p. 222 sq.): [1] Καὶ ὅτι ἠπίστατο τὸν πατέρα αὐτοῦ πάντα παρέχειν αὐτῷ, ὡς ἠξίου, καὶ ἀνεγερεῖν αὐτὸν ἐκ τῶν νεκρῶν, καὶ πάντας τοὺς φοβουμένους τὸν θεὸν προέτρεπεν αἰνεῖν τὸν θεὸν διὰ τὸ ἐλεῆσαι καὶ διὰ τοῦ μυστηρίου τοῦ σταυρωθέντος τούτου πᾶν γένος τῶν πιστευόντων ἀνθρώπων, καὶ ὅτι ἐν μέσῳ τῶν ἀδελφῶν αὐτοῦ ἔστη, τῶν ἀποστόλων, οἵτινες, μετὰ τὸ ἀναστῆναι αὐτὸν ἐκ νεκρῶν καὶ πεισθῆναι ὑπ' αὐτοῦ ὅτι καὶ πρὸ τοῦ παθεῖν ἔλεγεν αὐτοῖς ὅτι ταῦτα αὐτὸν δεῖ παθεῖν καὶ ἀπὸ τῶν προφητῶν ὅτι προεκεκήρυκτο ταῦτα, μετενόησαν ἐπὶ τῷ ἀφίστασθαι αὐτοῦ ὅτε ἐσταυρώθη, καὶ μετ' αὐτῶν διάγων ὕμνησε τὸν θεόν, ὡς καὶ ἐν τοῖς ἀπομνημονεύμασι τῶν ἀποστόλων δηλοῦται γεγενημένον, τὰ λείποντα τοῦ ψαλμοῦ ἐδήλωσεν. [2] ἔστι δὲ ταῦτα (Ps. 22, 23)· »Διηγήσομαι τὸ ὄνομά σου τοῖς ἀδελφοῖς μου, ἐν μέσῳ ἐκκλησίας ὑμνήσω σε. οἱ φοβούμενοι τὸν κύριον αἰνέσατε αὐτόν, ἅπαν τὸ σπέρμα Ἰακὼβ δοξάσατε αὐτόν, φοβηθήτωσαν αὐτὸν ἅπαν τὸ σπέρμα Ἰσραήλ.« [3] καὶ τὸ εἰπεῖν μετωνομακέναι αὐτὸν Πέτρον ἕνα τῶν ἀποστόλων, καὶ γεγράφθαι ἐν τοῖς ἀπομνημονεύμασιν αὐτοῦ γεγενημένον καὶ τοῦτο, μετὰ τοῦ καὶ ἄλλους δύο ἀδελφούς, υἱοὺς Ζεβεδαίου ὄντας, ἐπωνομακέναι ὀνόματι τοῦ Βοανεργές, ὅ ἐστιν υἱοὶ βροντῆς, σημαντικὸν ἦν τοῦ αὐτὸν ἐκεῖνον εἶναι, δι' οὗ καὶ τὸ ἐπώνυμον Ἰακὼβ τῷ Ἰσραὴλ ἐπικληθέντι ἐδόθη καὶ τῷ Αὐσῇ ὄνομα Ἰησοῦς ἐπεκλήθη, δι' οὗ ὀνόματος καὶ εἰσήχθη εἰς τὴν ἐπηγγελμένην τοῖς πατριάρχαις γῆν ὁ περιλειφθεὶς ἀπὸ τῶν ἀπ' Αἰγύπτου ἐξελθόντων λαός.
cf. 88, 3; 100, 1; 101, 3; 102, 5; 103, 6.8; 104; 105, 1.5.6; 107, 1; Apol. I 66, 3; 67, 3; 33, 5 etc.

Dialogus cum Tryphone 81, 4 (ed. Goodspeed p. 193 f.): καὶ ἔπειτα καὶ παρ' ἡμῖν ἀνήρ τις, ᾧ ὄνομα Ἰωάννης, εἷς τῶν ἀποστόλων τοῦ Χριστοῦ, ἐν ἀποκαλύψει γενομένῃ αὐτῷ χίλια ἔτη ποιήσειν ἐν Ἰερουσαλὴμ τοὺς τῷ ἡμετέρῳ Χριστῷ πιστεύσαντας προεφήτευσε, καὶ μετὰ ταῦτα τὴν καθολικὴν καί, συνελόντι φάναι, αἰωνίαν ὁμοθυμαδὸν ἅμα πάντων ἀνάστασιν γενήσεσθαι καὶ κρίσιν. ὅπερ καὶ ὁ κύριος ἡμῶν εἶπεν, ὅτι Οὔτε γαμήσουσιν οὔτε γαμηθήσονται, ἀλλὰ ἰσάγγελοι ἔσονται, τέκνα τοῦ θεοῦ τῆς ἀναστάσεως ὄντες.

EVV. PROLOGI VETUSTISSIMI

(ed. Harnack, SBA 1928, 324 ff.)

Evang. sec. Marcum: ... Marcus adseruit, qui colobodactylus est nominatus, ideo quod ad ceteram corporis proceritatem digitos minores habuisset. iste interpres fuit Petri. post excessionem ipsius Petri descripsit idem hoc in partibus Italiae evangelium.

2 iste interpres] TXEO hic discipulus et interpres. - post ..... evangelium] TXEO quem secutus sicut ipsum audierat referentem. rogatus Romae a fratribus, hoc breve evangelium in Italiae partibus scripsit. quod cum Petrus audisset, probavit ecclesiaeque legendum sua auctoritate firmavit. verum post discessum Petri, adsumpto hoc evangelio quod ipse confecerat, perrexit Aegyptum et primus Alexandriae episcopus ordinatus, Christum adnuntians, constituit illic ecclesiam. tantae doctrinae et vitae continentiae fuit, ut omnes sectatores Christi ad suum cogeret imitari exemplum.

Evang. sec. Lucam: »Ἔστιν ὁ Λουκᾶς Ἀντιοχεὺς Σύρος, ἰατρὸς τῇ τέχνῃ, μαθητὴς ἀποστόλων γενόμενος καὶ ὕστερον Παύλῳ παρακολουθήσας μέχρις τοῦ μαρτυρίου αὐτοῦ, δουλεύσας τῷ κυρίῳ ἀπερισπάστως, ἀγύναιος, ἄτεκνος, ἐτῶν ὀγδοήκοντα τεσσάρων ἐκοιμήθη ἐν τῇ Βοιωτίᾳ, πλήρης πνεύματος ἁγίου.

οὗτος προυπαρχόντων ἤδη εὐαγγελίων, τοῦ μὲν κατὰ Ματθαῖον ἐν τῇ Ἰουδαίᾳ ἀναγραφέντος, τοῦ δὲ κατὰ Μᾶρκον ἐν τῇ Ἰταλίᾳ, [οὗτος] προτραπεὶς ὑπὸ πνεύματος ἁγίου ἐν τοῖς περὶ τὴν Ἀχαίαν τὸ πᾶν τοῦτο συνεγράψατο εὐαγγέλιον, δηλῶν διὰ τοῦ προοιμίου τοῦτο αὐτὸ ὅτι πρὸ αὐτοῦ ἄλλα ἐστὶ γεγραμμένα καὶ ὅτι ἀναγκαῖον ἦν τοῖς ἐξ ἐθνῶν πιστοῖς τὴν ἀκριβῆ τῆς οἰκονομίας ἐκθέσθαι διήγησιν ὑπὲρ τοῦ μὴ ταῖς Ἰουδαϊκαῖς μυθολογίαις περισπᾶσθαι αὐτούς, μήτε ταῖς αἱρετικαῖς καὶ κεναῖς φαντασίαις ἀπατωμένους ἀστοχῆσαι τῆς ἀληθείας. ὡς ἀναγκαιοτάτην οὖν οὖσαν εὐθὺς ἐν ἀρχῇ παρειλήφαμεν τὴν τοῦ Ἰωάννου γέννησιν, ὅς ἐστιν ἀρχὴ τοῦ εὐαγγελίου, πρόδρομος τοῦ κυρίου γενόμενος καὶ κοινωνὸς ἔν τε τῷ καταρτισμῷ τοῦ εὐαγγελίου καὶ τῇ τοῦ βαπτίσματος διαγωγῇ καὶ τῇ τοῦ πνεύματος κοινωνίᾳ. ταύτης τῆς οἰκονομίας μέμνηται προφήτης ἐν τοῖς δώδεκα.

καὶ δὴ μετέπειτα ἔγραψεν ὁ αὐτὸς Λουκᾶς Πράξεις Ἀποστόλων· ὕστερον δὲ Ἰωάννης ὁ ἀπόστολος ἐκ τῶν δώδεκα ἔγραψεν τὴν Ἀποκάλυψιν ἐν τῇ νήσῳ Πάτμῳ καὶ μετὰ ταῦτα τὸ Εὐαγγέλιον.

1 *ο αγιος Λουκας* A. - *Συρ. Αντ.* B. - *Συρος τω γενει* A. - *την τεχνην* A. - *μαθητης δε* B. 2 *πδ' ετει* B. - *εν Θηβαις τη μητροπολει της Βοιωτιας* A. 8 *sq. De corruptelis vide* Harnack *p. 333* 11 *In fine lege εν τη Ασια sec. Lat. versionem*

Est quidem Lucas Antiochensis Syrus, arte medicus, discipulus apostolorum; postea vero Paulum secutus est usque ad confessionem eius, serviens deo sine crimine; uxorem numquam habuit, filios nunquam procreavit; octoginta quattuor annorum obiit in Boeotia, plenus spiritu sancto.

Igitur, cum iam descripta essent evangelia - per Mattheum quidem in Judaea, per Marcum autem in Italia - sancto instigatus spiritu in Achaiae partibus hoc descripsit evangelium, significans per principium ante suum alia esse descripta, sed et sibi maximam necessitatem incumbere Graecis fidelibus cum summa diligentia omnem dispositionem narratione sua exponere, propterea ne Iudaicis fabulis desiderio tenerentur, neve hereticis fabulis et stultis sollicitationibus seducti excederent a veritate. itaque perquam necessariam statim in principio sumpsit ab Iohannis nativitate, quae est initium evangelii, praemissus domini nostri Iesu Christi, et fuit socius ad perfectionem populi, item inductionem baptismi atque passionis socius. cuius profecto dispositionis exemplum meminit Malachiel propheta, unus de duodecim. Et tamen postremo scripsit idem Lucas Actus Apostolorum; postmodum Iohannes apostolus scripsit Apocalypsim in insula Pathmos, deinde Evangelium in Asia.

5 TX evangelium quod non tantum ab apostolo [*add.* Paulo H] didicerat, qui cum domino in carne non fuit, sed a ceteris apostolis magis qui cum domino fuerunt. - sibi] TX *add.*: et a quibus audierit apostolis, ipse declarat dicens: sicut tradiderunt nobis qui a principio ipsi viderunt et ministri fuerunt sermonis, de quo et apostolus ait: misimus cum illo fratrem, cuius laus est in evangelio per omnes ecclesias, et ad Colosenses: salutat vos Lucas karissimus meus. igitur hoc evangelium sicut audierat ipse composuit, significans per principium eius. *His verbis additis textus in TX conturbatus est.* 6 dispositionem .... sua] TX: veritatem gestorum dominicorum dispositionemque suae narrationis. 7 *Cod.* ff. tenerentur < fabulis adtenti solo legis desiderio tenerentur *cett.; corrupt.* 7 *sq.* necess. .... sumpsit] *corrupt.*

Evang. sec. Johannem: Evangelium Iohannis manifestatum et datum est ecclesiis ab Iohanne adhuc in corpore constituto, sicut Papias nomine Hierapolitanus, discipulus Iohannis carus, in exotericis [id est in extremis] quinque libris retulit, descripsit vero evangelium dictante Iohanne recte; verum Marcion hereticus, cum ab eo fuisset improbatus eo quod contraria sentiebat, abiectus est ab Iohanne. Is vero scripta vel epistulas ad eum pertulerat a fratribus qui in Ponto fuerunt.

1 Ev. Ioh.] TXEY: hoc igitur evangelium post apocalipsin scriptum *(cf. Prolog in Luc.).* - et datum] *om.* NF. - ecclesiis] TXEY *add.* in Asia *(an lectio vera?)* - ab] *codd. omnes.* 2 Hierap.] TXEY *add.* episcopus. - et carus] TXEY - exotericis = exegeticis] *at non corrigendum;* TXEY *add.* suis. 2 *sq.* descripsit ... Iohanne] TXEY: qui hoc evangelium, Iohanne sibi dictante (dict. sibi EY, subdictante T), conscripsit. 3 recte] TXEY *om.* - Marcion] T: Archinon. - reprobatus TXEY. - sentiebat] TXEY sentiret. - proiectus] TXEY *(praelectus nec in* T *nec in alio cod. invenitur).* - ab Iohanne] *sic codd. omn., at additamentum est.* 4 is] TXEY: hic. - fratribus] TXEY *add.* missas. - fuerunt] TXEY: erant fideles in Christo Iesu (Chr. I. *om.* T) domino nostro.

IRENAEUS

Adversus haereses, III, 1, 1 (sec. Eusebium, hist. eccl. V, 8, 1-5, ed. Schwartz, GCS 9,1): [1]Ἐπεὶ δὲ ἀρχόμενοι τῆς πραγματείας ὑπόσχεσιν πεποιήμεθα παραθήσεσθαι κατὰ καιρὸν εἰπόντες τὰς τῶν ἀρχαίων ἐκκλησιαστικῶν πρεσβυτέρων τε καὶ συγγραφέων φωνὰς ἐν αἷς τὰς περὶ τῶν ἐνδιαθήκων γραφῶν εἰς αὐτοὺς κατελθούσας παραδόσεις γραφῇ παραδεδώκασιν, τούτων δὲ καὶ ὁ Εἰρηναῖος ἦν, φέρε, καὶ τὰς αὐτοῦ παραθώμεθα λέξεις, [2]καὶ πρώτας γε τὰς περὶ τῶν ἱερῶν εὐαγγελίων, οὕτως ἐχούσας

> »ὁ μὲν δὴ Ματθαῖος ἐν τοῖς Ἑβραίοις τῇ ἰδίᾳ αὐτῶν διαλέκτῳ καὶ γραφὴν ἐξήνεγκεν εὐαγγελίου, τοῦ Πέτρου καὶ τοῦ Παύλου ἐν Ῥώμῃ εὐαγγελιζομένων καὶ θεμελιούντων τὴν ἐκκλησίαν· [3]μετὰ δὲ τὴν τούτων ἔξοδον Μάρκος, ὁ μαθητὴς καὶ ἑρμηνευτὴς Πέτρου, καὶ αὐτὸς τὰ ὑπὸ Πέτρου κηρυσσόμενα ἐγγράφως ἡμῖν παραδέδωκεν· καὶ Λουκᾶς δέ, ὁ ἀκόλουθος Παύλου, τὸ ὑπ' ἐκείνου κηρυσσόμενον εὐαγγέλιον ἐν βίβλῳ κατέθετο. [4]ἔπειτα Ἰωάννης, ὁ μαθητὴς τοῦ κυρίου, ὁ καὶ ἐπὶ τὸ στῆθος αὐτοῦ ἀναπεσών, καὶ αὐτὸς ἐξέδωκεν τὸ εὐαγγέλιον, ἐν Ἐφέσῳ τῆς Ἀσίας διατρίβων«.

[5]ταῦτα μὲν οὖν ἐν τρίτῳ τῆς εἰρημένης ὑποθέσεως τῷ προδηλωθέντι εἴρηται.

(Sagnard, SC 34) Ita Matthaeus in Hebraeis ipsorum lingua scripturam edidit Evangelii, cum Petrus et Paulus Romae evangelizarent et fundarent Ecclesiam. Post vero horum excessum, Marcus discipulus et interpres Petri et ipse quae a Petro adnuntiata erant per scripta nobis tradidit. Et Lucas autem sectator Pauli quod ad illo praedicabatur Evangelium in libro condidit. Postea et Iohannes dicipulus Domini, »qui et supra pectus eius recumbebat« (Joh. 21,20), et ipse edidit Evangelium, Ephesi Asiae conmorans.

cf. III, 10, 1.6 etc.

Adv. haeres. II, 22, 5 (ed. Harvey): Illi autem, ut figmentum suum de eo quod est scriptum vocare annum Domini acceptum affirment, dicunt uno anno eum praedicasse, et duodecimo mense passum, contra semetipsos obliti sunt, solventes ejus omne negotium, et magis necessariam, et magis honorabilem aetatem ejus auferentes, illam inquam provectiorem, in qua et docens praeerat universis. Quomodo enim habuit discipulos, si non docebat? Quomodo autem docebat, magistri aetatem non habens? Ad baptismum enim venit nondum qui triginta annos suppleverat, sed qui inciperet esse tanquam triginta annorum: (ita enim, qui ejus annos significavit Lucas, posuit: Iesus autem erat quasi incipiens triginta annorum [Luc. 3, 23], cum veniret ad baptismum,) et a baptismate uno tantum anno praedicavit; complens tricesimum annum passus est, adhuc juvenis exsistens, et qui necdum provectiorem haberet aetatem. Quia autem triginta annorum aetas prima indolis est juvenis, et extenditur usque ad quadragesimum annum, omnis quilibet confitebitur; a quadragesimo autem et quinquagesimo anno declinat jam in aetatem seniorem, quam habens Dominus noster docebat, sicut Evangelium et omnes seniores testantur, qui in Asia apud Johannem discipulum Domini convenerunt, id ipsum tradidisse eis Johannem. Permansit autem cum eis usque ad Trajani tempora. Quidam autem eorum non solum Johannem, sed et alios Apostolos viderunt, et haec eadem ab ipsis audierunt, et testantur de huiusmodi relatione.

καὶ πάντες οἱ πρεσβύτεροι μαρτυροῦσιν, οἱ κατὰ τὴν Ἀσίαν Ἰωάννῃ τῷ τοῦ κυρίου μαθητῇ συμβεβληκότες παραδεδωκέναι τὸν Ἰωάννην. παρέμεινεν γὰρ αὐτοῖς μέχρι τῶν Τραϊανοῦ χρόνων (Eus. h. e. III, 23, 3).

Advers. haeres. III, 3, 4 (ed. Sagnard, Sources chrétiennes 34): Et Polycarpus autem, non solum ab apostolis edoctus et conversatus cum multis ex eis qui Dominum nostrum viderunt, sed etiam ab apostolis in Asia in ea quae est Smyrnis ecclesia constitutus episcopus, quem et nos vidimus in prima nostra aetate (multum enim perseveravit et valde senex gloriosissime et nobilissime martyrium faciens exivit de hac vita), haec docuit semper quae ab apostolis didicerat, quae et Ecclesiae tradidit et sola sunt vera. Testimonium his perhibent quae sunt in Asia ecclesiae omnes et qui usque adhuc successerunt Polycarpo; qui vir multo maioris auctoritatis et fidelior veritatis testis quam Valentinus et Marcion et reliqui qui sunt perversae sententiae. Is enim est qui sub Aniceto cum advenisset in Urbem multos ex his quos praediximus haereticos convertit in Ecclesiam Dei, unam et solam hanc veritatem adnuntians ab apostolis percepisse se quam et Ecclesiae tradidit. Et sunt qui audierunt eum quoniam Iohannes Domini discipulus in Epheso iens lavari cum vidisset intus Cerinthum exilierit de balneo non lotus, dicens quod timeat ne balneum concidat cum intus esset Cerinthus inimicus veritatis. Et ipse autem Polycarpus Marcioni aliquando occurrenti sibi et dicenti »Cognosce nos« respondit: »Cognosco te primogenitum Satanae«. Tantum apostoli et horum discipuli habuerunt timorem ut ne verbo tenus communicarent alicui eorum qui adulteraverant veritatem, quemadmodum et Paulus ait:

> »Haereticum autem hominem post unam ... correptionem devita, sciens quoniam perversus est qui est talis et est a semetipso damnatus.«

Est autem et epistola Polycarpi ad Philippenses scripta perfectissima, ex qua et characterem fidei eius et praedicationem veritatis qui volunt et curam habent suae salutis possunt discere. Sed et quae est Ephesi ecclesia a Paulo quidem fundata, Iohanne autem permanente apud eos usque ad Traiani tempora, testis est verus apostolorum Traditioni. cf. Eus. h. e. III, 28, 6.

Καὶ Πολύκαρπος δὲ οὐ μόνον ὑπὸ ἀποστόλων μαθητευθεὶς καὶ συναναστραφεὶς πολλοῖς τοῖς τὸν Κύριον ἑωρακόσιν, ἀλλὰ καὶ ὑπὸ ἀποστόλων κατασταθεὶς εἰς τὴν Ἀσίαν ἐν τῇ ἐν Σμύρνῃ ἐκκλησίᾳ ἐπίσκοπος, ὃν καὶ ἡμεῖς ἑωράκαμεν ἐν τῇ πρώτῃ ἡμῶν ἡλικίᾳ (ἐπὶ πολὺ γὰρ παρέμεινεν καὶ πάνυ γηραλέος ἐνδόξως καὶ ἐπιφανέστατα μαρτυρήσας ἐξῆλθεν τοῦ βίου), ταῦτα διδάξας ἀεὶ ἃ καὶ παρὰ τῶν ἀποστόλων ἔμαθεν, ἃ καὶ ἡ Ἐκκλησία παραδίδωσιν, ἃ καὶ μόνα ἐστὶν ἀληθῆ. Μαρτυροῦσι τούτοις αἱ κατὰ τὴν Ἀσίαν ἐκκλησίαι πᾶσαι καὶ οἱ μέχρι νῦν διαδεδεγμένοι τὸν Πολύκαρπον, πολλῷ ἀξιοπιστότερον καὶ βεβαιότερον ἀληθείας μάρτυρα ὄντα Οὐαλεντίνου καὶ Μαρκίωνος καὶ τῶν λοιπῶν κακογνωμόνων. Ὃς καὶ ἐπὶ Ἀνικήτου ἐπιδημήσας τῇ Ῥώμῃ, πολλοὺς ἀπὸ τῶν προειρημένων αἱρετικῶν ἐπέστρεψεν εἰς τὴν Ἐκκλησίαν τοῦ Θεοῦ, μίαν καὶ μόνην ταύτην ἀλήθειαν κηρύξας ὑπὸ τῶν ἀποστόλων παρειληφέναι τὴν ὑπὸ τῆς Ἐκκλησίας παραδεδομένην. Καὶ εἰσὶν οἱ ἀκηκοότες αὐτοῦ ὅτι Ἰωάννης ὁ τοῦ Κυρίου μαθητὴς ἐν τῇ Ἐφέσῳ πορευθεὶς λούσασθαι καὶ ἰδὼν ἔσω Κήρινθον ἐξήλατο τοῦ βαλανείου μὴ λουσάμενος, ἀλλ' ἐπειπών· »Φύγωμεν, μὴ καὶ τὸ βαλανεῖον συμπέσῃ, ἔνδον ὄντος Κηρίνθου τοῦ τῆς ἀληθείας ἐχθροῦ«. Καὶ αὐτὸς δὲ ὁ Πολύκαρπος Μαρκίωνί ποτε εἰς ὄψιν αὐτῷ ἐλθόντι καὶ φήσαντι· Ἐπιγίνωσκε ἡμᾶς, ἀπεκρίθη· »Ἐπιγινώσκω ἐπιγινώσκω τὸν πρωτότοκον τοῦ Σατανᾶ«. Τοσαύτην οἱ ἀπόστολοι καὶ οἱ μαθηταὶ αὐτῶν ἔσχον εὐλάβειαν πρὸς τὸ μηδὲ μέχρι λόγου κοινωνεῖν τινὶ τῶν παραχαρασσόντων τὴν ἀλήθειαν, ὡς καὶ Παῦλος ἔφησεν·

> »Αἱρετικὸν ἄνθρωπον μετὰ μίαν καὶ δευτέραν νουθεσίαν παραιτοῦ, εἰδὼς ὅτι ἐξέστραπται ὁ τοιοῦτος καὶ ἁμαρτάνει ὢν αὐτοκατάκριτος.«

Ἔστιν δὲ καὶ ἐπιστολὴ Πολυκάρπου πρὸς Φιλιππησίους γεγραμμένη ἱκανωτάτη, ἐξ ἧς καὶ τὸν χαρακτῆρα τῆς πίστεως αὐτοῦ καὶ τὸ κήρυγμα τῆς ἀληθείας οἱ βουλόμενοι καὶ φροντίζοντες τῆς ἑαυτῶν σωτηρίας δύνανται μαθεῖν. (Eus. h. e. IV, 14, 3-8). Ἀλλὰ καὶ ἡ ἐν Ἐφέσῳ ἐκκλησία ὑπὸ Παύλου μὲν τεθεμελιωμένη, Ἰωάννου δὲ παραμείναντος αὐτοῖς μέχρι τῶν Τραϊανοῦ χρόνων, μάρτυς ἀληθής ἐστιν τῆς τῶν ἀποστόλων παραδόσεως. (Eus. h. e. III, 23, 4).

Adv. haeres. III, 11, 1 (ed. Sagnard, Sources chrétiennes 34): Hanc fidem adnuntians Iohannes Domini discipulus, volens per Evangelii adnuntiationem auferre eum qui a Cerintho inseminatus erat hominibus errorem et multo prius ab his qui dicuntur Nicolaitae (qui sunt vulsio eius quae falso cognominatur Scientiae), ut confunderet eos et suaderet quoniam unus Deus qui omnia fecit per Verbum suum

(et non, quemadmodum illi dicunt, alterum quidem Fabricatorem, alium autem Patrem Domini; et alium quidem Fabricatoris filium, alterum vero de superioribus Christum quem et inpassibilem perseverasse, descendentem in Iesum filium Fabricatoris et iterum revolasse in suum Pleroma; et Initium quidem esse Monogenen, Logon autem iterum filium Unigeniti; et eam condicionem quae est secundum nos non a primo Deo factam, sed a Virtute aliqua valde deorsum subiecta et abscissa ab eorum communicatione quae sunt invisibilia et innominabilia), omnia igitur talia conscribere volens discipulus Domini et Regulam veritatis constituere in Ecclesia quia est unus Deus omnipotens qui per Verbum suum omnia fecit et visibilia et invisibilia, significans quoque quoniam per Verbum per quod Deus perfecit condicionem in hoc et salutem his qui in condicione sunt praestitit hominibus, sic inchoavit in ea quae est secundum Evangelium doctrina: »In principio erat Verbum et Verbum erat apud Deum et Deus erat Verbum; hoc erat in principio apud Deum. Omnia per ipsum facta sunt et sine ipso factum est nihil. Quod factum est in eo vita est et vita erat lux hominum; et lux in tenebris lucet et tenebrae eam non conprehenderunt« (Joh. 1,1-5).

Adv. haeres. III,11,7-9 (ed. Sagnard): (7) Et haec quidem sunt principia Evangelii, unum Deum, Fabricatorem huius universitatis, eum qui et per prophetas sit adnuntiatus et qui per Moysen Legis dispositionem fecerit, Patrem Domini nostri Iesu Christi adnuntiantia, et praeter hunc alterum Deum nescientia neque alterum Patrem. Tanta est autem circa evangelia haec firmitas, ut et ipsi haeretici testimonium reddant eis et ex ipsis egrediens unusquisque eorum conetur suam confirmare doctrinam. Ebionei etenim eo evangelio quod est secundum Matthaeum solo utentes, ex illo ipso convincuntur non recte praesumentes de Domino. Marcion autem id quod est secundum Lucam circumcidens, ex his quae adhuc servantur penes eum blasphemus in solum existentem Deum ostenditur. Qui autem Iesum separant a Christo et inpassibilem perseverasse Christum, passum vero Iesum dicunt, id quod secundum Marcum est praeferentes Evangelium, cum amore veritatis legentes illud corrigi possunt. Hi autem qui a Valentino sunt, eo quod est secundum Iohannem plenissime utentes ad ostensionem coniugationum suarum, ex ipso detegentur nihil recte dicentes, quemadmodum ostendimus in primo libro. Cum ergo hi qui contradicunt nobis testimonium perhibeant et utantur his, firma et vera est nostra de illis ostensio.

(8) Neque autem plura numero quam haec sunt neque rursus pauciora capit esse evangelia. Quoniam enim quattuor regiones mundi sunt in quo sumus et quattuor principales spiritus et disseminata est Ecclesia super omnem terram, columna autem et firmamentum Ecclesiae est Evangelium et Spiritus vitae, consequens est quattuor habere eam columnas undique flantes incorruptibilitatem et vivificantes homines. Ex quibus manifestum est quoniam qui est omnium Artifex Verbum, qui sedet super Cherubim et continet omnia, declaratus hominibus dedit nobis quadriforme Evangelium, quod uno Spiritu continetur. Quemadmodum et David postulans eius adventum ait: »Qui sedes super Cherubim, appare« (Ps. 79,2). Etenim Cherubim quadriformia et formae ipsorum imagines sunt dispositionis Filii Dei. »Primum enim animal«, inquit, »simile leoni« (Apc. 4,7), efficabile eius et principale et regale significans; »secundum (vero) similem vitulo« (ibid.), sacrificalem et sacerdotalem ordinationem significans; »tertium (vero) habentem faciem quasi humanam« (ibid.), eum qui est secundum hominem adventum eius manifeste describens; »quartum (vero) similem aquilae volanti[s]« (ibid.), Spiritus in Ecclesiam advolantis gratiam manifestans. Et evangelia igitur his consonantia in quibus insidet Christus Iesus. Aliud (*i.e.* sec. Iohannem) enim illam quae est a Patre principalem et efficabilem et gloriosam generationem eius enarrat dicens sic: »In principio erat Verbum et Verbum erat apud Deum et Deus erat Verbum« (Joh. 1,1); et: »Omnia per ipsum facta sunt et sine ipso factum est nihil« (Joh. 1,3). Propter hoc et omni fiducia plenum est evangelium istud: talis est enim persona eius. Id vero quod est secundum Lucam, quoniam quidem sacerdotalis characteris est, a Zacharia sacerdote sacrificante Deo inchoavit. Iam enim saginatus parabatur vitulus qui pro inventione minoris filii inciperet mactari. Matthaeus vero eam quae est secundum hominem generationem eius enarrat: »Liber«, dicens, »generationis Iesu Christi, filii David, filii Abraham« (Mt. 1,1); et iterum: »Christi autem generatio sic erat« (Mt. 1,18). Humanae formae igitur evangelium hoc; propter hoc et per totum evangelium humiliter sentiens et mitis homo servatus est. Marcus vero a prophetico Spiritu ex alto adveniente hominibus initium fecit: »Initium«, dicens, »Evangelii ... quemadmodum scriptum est in Esaia propheta ...« (Mc. 1,1.2) volatilem et pennatam imaginem

Οὔτε πλείονα τὸν ἀριθμὸν οὔτε ἐλάττονα ἐνδέχεται εἶναι τὰ εὐαγγέλια. Ἐπεὶ γὰρ τέσσαρα κλίματα τοῦ κόσμου ἐν ᾧ ἐσμὲν καὶ τέσσαρα καθολικὰ πνεύματα, κατέσπαρται δὲ ἡ Ἐκκλησία ἐπὶ πάσης τῆς γῆς, στύλος δὲ καὶ στήριγμα Ἐκκλησίας τὸ εὐαγγέλιον καὶ πνεῦμα ζωῆς, εἰκότως τέσσαρας ἔχειν αὐτὴν στύλους πανταχόθεν πνέοντας τὴν ἀφθαρσίαν καὶ ἀναζωπυροῦντας τοὺς ἀνθρώπους. Ἐξ ὧν φανερὸν ὅτι ὁ τῶν ἁπάντων τεχνίτης Λόγος, ὁ καθήμενος ἐπὶ τῶν Χερουβὶμ καὶ συνέχων τὰ πάντα, φανερωθεὶς τοῖς ἀνθρώποις ἔδωκεν ἡμῖν τετράμορφον τὸ εὐαγγέλιον, ἑνὶ δὲ πνεύματι συνεχόμενον. Καθὼς καὶ ὁ Δαβὶδ αἰτούμενος αὐτοῦ τὴν παρουσίαν φησίν· »ὁ καθήμενος ἐπὶ τῶν Χερουβίμ, ἐμφάνηθι« (Ps. 79,2). Καὶ γὰρ τὰ Χερουβὶμ τετραπρόσωπα καὶ τὰ πρόσωπα αὐτῶν εἰκόνες τῆς πραγματείας τοῦ Υἱοῦ τοῦ Θεοῦ. »Τὸ μὲν γὰρ πρῶτον ζῶον«, φησίν, »ὅμοιον λέοντι« (Apc. 4,7), τὸ ἔμπρακτον αὐτοῦ καὶ ἡγεμονικὸν καὶ βασιλικὸν χαρακτηρίζον. »τὸ δὲ δεύτερον ὅμοιον μόσχῳ« (ibid.), τὴν ἱερουργικὴν καὶ ἱερατικὴν τάξιν ἐμφαῖνον. »τὸ δὲ τρίτον ἔχων πρόσωπον ... ἀνθρώπου« (ibid.), τὴν κατὰ ἄνθρωπον αὐτοῦ παρουσίαν φανερώτατα διαγράφον. »τὸ δὲ τέταρτον ὅμοιον ἀετῷ πετωμένῳ« (ibid.), τὴν τοῦ Πνεύματος ἐπὶ τὴν Ἐκκλησίαν ἐφιπταμένου δόσιν σαφηνίζον. Καὶ τὰ εὐαγγέλια οὖν τούτοις σύμφωνα, ἐν οἷς ἐγκαθέζεται Χριστός ... Τὸ μὲν γὰρ [κατὰ Ἰωάννην] τὴν ἀπὸ τοῦ Πατρὸς ἡγεμονικὴν αὐτοῦ ... καὶ ἔνδοξον γενεὰν διηγεῖται, λέγον· »ἐν ἀρχῇ ἦν ὁ Λόγος ... ...« (Joh. 1,1) καί· »πάντα δι' αὐτοῦ ἐγένετο· καὶ χωρὶς αὐτοῦ ἐγένετο οὐδὲ ἕν« (Joh. 1,3). ... ...

Τὸ δὲ κατὰ Λουκᾶν, ἅτε ἱερατικοῦ χαρακτῆρος ὑπάρχον, ἀπὸ τοῦ Ζαχαρίου τοῦ ἱερέως θυμιῶντος τῷ Θεῷ ἤρξατο. Ἤδη γὰρ ὁ σιτευτὸς ἡτοιμάζετο μόσχος, ὑπὲρ τῆς ἀνευρέσεως τοῦ νεωτέρου παιδὸς μέλλων θύεσθαι. Ματθαῖος δὲ τὴν κατὰ ἄνθρωπον αὐτοῦ γέννησιν κηρύττει, λέγων· »Βίβλος γενέσεως Ἰησοῦ Χριστοῦ, υἱοῦ Δαβίδ, υἱοῦ Ἀβραάμ« (Mt. 1,1). καί· »τοῦ δὲ [Ἰησοῦ] Χριστοῦ ἡ γέννησις οὕτως ἦν« (Mt. 1,18). ἀνθρωπόμορφον οὖν τὸ εὐαγγέλιον τοῦτο ...

... Μάρκος δὲ ἀπὸ τοῦ προφητικοῦ πνεύματος, τοῦ ἐξ ὕψους ἐπιόντος τοῖς ἀνθρώποις, τὴν ἀρχὴν ἐποιήσατο λέγων· »Ἀρχὴ τοῦ εὐαγγελίου [...] ὡς γέγραπται ἐν Ἡσαΐᾳ τῷ προφήτῃ ...« (Mc. 1,1.2) τὴν πτερωτικὴν ... εἰκόνα

Evangelii monstrans; propter hoc et conpendiosam et praecurrentem adnuntiationem fecit: propheticus enim character est hic. Et ipsum autem Verbum Dei illis quidem qui ante Moysen fuerunt patriarchis secundum divinitatem et gloriam conloquebatur; his vero qui in Lege, sacerdotalem et ministerialem actum praebebat; post deinde nobis homo factus, munus caelestis Spiritus in omnem misit terram, protegens nos alis suis. Qualis igitur dispositio Filii Dei, talis et animalium forma; et qualis animalium forma, talis et character Evangelii. Quadriformia autem animalia, et quadriforme Evangelium, et quadriformis dispositio Domini. Et propter hoc quattuor data sunt testamenta humano generi: unum quidem ante cataclysmum sub Adam; secundum vero post cataclysmum sub Noe; tertium vero legislatio sub Moyse; quartum vero quod renovat hominem et recapitulat in se omnia, quod est per Evangelium, elevans et pennigerans homines in caeleste regnum.

(9) His igitur sic se habentibus vani omnes et indocti et insuper audaces qui frustrantur speciem Evangelii et vel plures quam dictae sunt vel rursus pauciores inferunt personas Evangelii, quidam ut plus videantur quam est veritatis adinvenisse, quidam vero ut reprobent dispositiones Dei. Etenim Marcion totum reiciens Evangelium, immo vere seipsum abscidens ab Evangelio, partem gloriatur se habere Evangelii. Alii vero ut donum Spiritus frustrentur quod in novissimis temporibus secundum placitum Patris effusum est in humanum genus, illam speciem non admittunt quae est secundum Iohannis evangelium in qua Paracletum se missurum Dominus promisit, sed simul et Evangelium et propheticum repellunt Spiritum. Infelices vere, qui pseudoprophetas quidem esse nolunt, propheticam vero gratiam repellunt ab Ecclesia: similia patientes his qui propter eos ⟨qui⟩ in hypocrisi veniunt etiam a fratrum communicatione se abstinent. Datur autem intellegi quod huiusmodi neque apostolum Paulum recipiant; in ea enim epistula quae est ad Corinthios de propheticis charismatibus diligenter locutus est et scit viros et mulieres in Ecclesia prophetantes. Per haec igitur omnia peccantes in Spiritum Dei in inremissibile incidunt peccatum. Hi vero qui sunt a Valentino iterum existentes extra omnem timorem suas conscriptiones proferentes plura habere gloriantur quam sunt ipsa Evangelia. Siquidem in tantum processerunt audaciae uti quod ab his non olim conscriptum est Veritatis Evangelium titulent, in nihilo conveniens apostolorum evangeliis, ut nec Evangelium quidem sit apud eos sine blasphemia. Si enim quod ab eis profertur Veritatis est Evangelium, dissimile est autem hoc illis quae ab apostolis nobis tradita sunt, qui volunt possunt discere (quemadmodum ex ipsis scripturis ostenditur) iam non esse id quod ab apostolis traditum est Veritatis Evangelium. Quoniam autem sola illa vera et firma et non capit neque plura praeterquam praedicta sunt neque pauciora esse evangelia, per tot et tanta ostendimus. Etenim cum omnia conposita et apta Deus fecerit, oportebat et speciem Evangelii bene conpositam et bene conpaginatam esse.

τοῦ εὐαγγελίου δεικνύων· διὰ τοῦτο δὲ καὶ σύντομον καὶ παρατρέχουσαν τὴν καταγγελίαν πεποίηται. προφητικὸς γὰρ ὁ χαρακτὴρ οὗτος. Καὶ αὐτὸς δὲ ὁ Λόγος τοῦ Θεοῦ, τοῖς μὲν πρὸ Μωϋσέως πατριάρχαις κατὰ τὸ θεϊκὸν καὶ ἔνδοξον ὡμίλει, τοῖς δὲ ἐν τῷ νόμῳ ἱερατικὴν ⟨καὶ διακονικὴν⟩ τάξιν ἀπένειμεν. μετὰ δὲ ταῦτα ἄνθρωπος γενόμενος, τὴν δωρεὰν τοῦ ἁγίου Πνεύματος εἰς πᾶσαν ἐξέπεμψε τὴν γῆν, σκεπάζων ἡμᾶς ταῖς ἑαυτοῦ πτέρυξιν. Ὁποία οὖν ἡ πραγματεία τοῦ Υἱοῦ τοῦ Θεοῦ, τοιαύτη καὶ τῶν ζώων ἡ μορφή. καὶ ὁποία ἡ τῶν ζώων μορφή, τοιοῦτος καὶ ὁ χαρακτὴρ τοῦ εὐαγγελίου. Τετράμορφα γὰρ τὰ ζῶα, τετράμορφον καὶ τὸ εὐαγγέλιον καὶ ... ἡ πραγματεία τοῦ Κυρίου. Καὶ διὰ τοῦτο τέσσαρες ἐδόθησαν [καθολικαὶ] διαθῆκαι τῇ ἀνθρωπότητι. μία μὲν ... τοῦ κατακλυσμοῦ ... τοῦ Νῶε [ἐπὶ τοῦ τόξου]· δευτέρα δὲ [τοῦ Ἀβραὰμ ἐπὶ τοῦ σημείου τῆς περιτομῆς]· τρίτη δὲ ἡ νομοθεσία ἐπὶ τοῦ Μωϋσέως· τετάρτη δὲ ... ἡ τοῦ εὐαγγελίου [διὰ τοῦ Κυρίου ἡμῶν Ἰησοῦ Χριστοῦ] ...

...

Τούτων δὲ οὕτως ἐχόντων μάταιοι πάντες καὶ ἀμαθεῖς προσέτι δὲ καὶ τολμηροὶ οἱ ἀθετοῦντες τὴν ἰδέαν τοῦ εὐαγγελίου καὶ εἴτε πλείονα εἴτε ἐλάττονα τῶν εἰρημένων παρεισφέροντες εὐαγγελίων πρόσωπα, οἱ μὲν ἵνα πλείονα δόξωσι τῆς ἀληθείας ἐξευρηκέναι, οἱ δὲ ἵνα τὰς οἰκονομίας τοῦ Θεοῦ ἀθετήσωσιν.

Adv. haeres. III, 14, 1 (ed. Sagnard): Quoniam autem is Lucas inseparabilis fuit a Paulo et cooperarius eius in Evangelio ipse facit manifestum, non glorians sed ab ipsa productus veritate. Separatis enim, inquit, a Paulo et Barnaba et Iohanne qui vocabatur Marcus et cum navigassent Cyprum »nos venimus in Troadam« (cf. Act. 15, 39; 16, 8); et cum vidisset Paulus per somnum virum Macedonem dicentem: »Veniens in Macedoniam opitulare nobis«, Paule! (cf. Act. 16, 9) statim, ait, »quaesivimus proficisci in Macedoniam, intellegentes quoniam provocavit nos Dominus evangelizare eis. Navigantes igitur a Troade, direximus navigium in Samothracem« (Act. 16, 10-11); et deinceps reliquum omnem ipsorum usque ad Philippos adventum diligenter significat, et quemadmodum primum sermonem locuti sunt: »Sedentes« (enim, inquit) »locuti sumus mulieribus quae convenerant« (Act. 16, 13); et quinam crediderunt et quam multi; et iterum ait: »Nos autem navigavimus post dies azymorum a Philippis et venimus Troadam ... ubi et conmorati sumus diebus septem« (Act. 20, 6); et reliqua omnia ex ordine cum Paulo refert, omni diligentia demonstrans et loca et civitates et quantitatem dierum quoadusque Hierosolymam adscenderent; et quae illic contigerint Paulo, quemadmodum vinctus Romam missus est; et nomen centurionis qui suscepit eum; et parasema navium; et quemadmodum naufragium fecerunt, et in qua liberati sunt insula; et quemadmodum humanitatem ibi perceperunt, Paulo curante principem ipsius insulae; et quemadmodum inde Puteolos navigaverunt, et inde Romam pervenerunt; et quanto tempore Romae conmorati sunt. Omnibus his cum adesset Lucas diligenter conscripsit ea, uti neque mendax neque elatus deprehendi possit, eo quod omnia haec constarent et seniorem eum esse omnibus qui nunc aliud docent neque ignorare veritatem. Quoniam non solum prosecutor sed et cooperarius fuerit apostolorum maxime autem Pauli, et ipse autem Paulus manifestavit in epistolis dicens: »Demas me dereliquit ... et abiit in Thessalonicam, Crescens in Galatiam, Titus in Dalmatiam; Lucas est mecum solus« (2. Tim. 4, 9.10). Unde ostendit quod semper iunctus ei et inseparabilis fuerit ab eo. – Et iterum in ea epistola quae est ad Colossenses ait: »Salutat vos Lucas medicus dilectus« (Col. 4, 14). Si autem Lucas quidem, qui semper cum Paulo praedicavit et dilectus ab eo dictus est et cum eo evangelizavit et creditus est referre nobis evangelium, nihil aliud ab eo didicit sicut ex verbis eius ostensum est, quemadmodum hi qui nunquam Paulo adiuncti fuerunt gloriantur abscondita et inenarrabilia didicisse sacramenta?

Adv. haeres. III, 14, 2-4 (ed. Sagnard): (2) Quoniam autem Paulus simpliciter quae sciebat haec et docuit, non solum eos qui cum eo erant verum omnes audientes se, ipse facit manifestum. In Mileto enim convocatis episcopis et presbyteris qui erant ab Epheso et a reliquis proximis civitatibus, »quoniam ipse festinaret Hierosolymis Pentecosten agere« (Act. 20, 16), multa testificans eis et dicens quae

oporteret ei Hierosolymis evenire adiecit: »Scio quoniam iam non videbitis faciem meam ... Testificor igitur vobis hac die quoniam mundus sum a sanguine omnium. Non enim subtraxi uti non adnuntiarem vobis omnem sententiam Dei. Adtendite igitur et vobis et omni gregi in quo vos Spiritus sanctus praeposuit episcopos regere Ecclesiam Domini quam sibi constituit per sanguinem suum« (Act. 20,25-28). Dein significans futuros malos doctores dixit: »Ego scio quoniam advenient post discessum meum lupi graves ad vos, non parcentes gregi. Et ex vobis ipsis exsurgent viri loquentes perversa uti convertant discipulos post se« (Act. 20,29.30). »Non subtraxi«, inquit, »uti non adnuntiarem omnem sententiam Dei vobis« (Act. 20,27); sic apostoli simpliciter et nemini invidentes quae didicerant ipsi a Domino haec omnibus tradebant; sic igitur et Lucas nemini invidens ea quae ab eis didicerat tradidit nobis, sicut ipse testificatur dicens: »Quemadmodum tradiderunt nobis qui ab initio contemplatores et ministri fuerunt Verbi« (Luc. 1,2).

(3) Si autem quis refutet Lucam quasi »non cognoverit veritatem«, manifestus erit proiciens Evangelium cuius dignatur esse discipulus. Plurima enim et magis necessaria Evangelii per hunc cognovimus, sicut: Iohannis generationem et de Zacharia historiam; et adventum angeli ad Mariam, et exclamationem Elizabeth; et angelorum ad pastores descensum et ea quae ab illis dicta sunt; et Annae et Simeonis de Christo testimonium; et quod XII annorum in Hierusalem relictus sit; et baptismum Iohannis et quot annorum Dominus baptizatus sit et quia in XV anno Tiberii Caesaris; et in magisterio illud quod ad divites dictum est: »Vae vobis, divites, quoniam percipitis consolationem vestram! Vae vobis qui satiati estis, quoniam esurietis!« (Luc. 6,24-25a) et »qui ridetis nunc, quoniam plorabitis!« (Luc. 6,25b) et: »Vae vobis cum benedixerint vos omnes homines! Secundum haec enim faciebant et pseudoprophetis patres vestri« (Luc. 6,26). Et omnia huiusmodi per solum Lucam cognovimus, et plurimos actus Domini per hunc didicimus quibus et omnes utuntur, ut multitudinem piscium quam concluserunt hi qui cum Petro erant, iubente Domino ut mitterent retia; et illa quae per decem et octo annos passa curata fuerat mulier die sabbatorum; et de hydropico quem curavit Dominus die sabbatorum, et quemadmodum disputavit quod curavit in hac die; et quemadmodum docuit discipulos primos discubitus non adpetere; et quoniam pauperes et debiles vocare oportet, qui non habent retribuere; et qui pulsat noctu sumere panes et propter instantiam inportunitatis sumit; et quoniam apud Pharisaeum recumbente eo, peccatrix mulier osculabatur pedes eius et unguebat unguento; et quaecumque propter eam dixit ad Symonem Dominus de duobus debitoribus; et de parabola divitis illius qui reclusit quae ei nata fuerant, cui et dictum est: »In hac nocte expostulabunt animam tuam a te; quae autem praeparasti, cuius erunt?« (Luc. 12,20) similiter autem et divitis qui vestitur purpuram et iocundatur nitide et egenum Elazarum; et eam quam ad discentes suos dixit responsionem quando dixerunt ei: »Adice nobis fidem!« (Luc. 17,5) et eam quae ad Zachaeum publicanum facta est confabulationem; et de Pharisaeo et de publicano qui simul adorabant in Templo; et de decem leprosis quos simul emundavit in via; et quoniam de vicis et plateis claudos et luscos iussit colligi ad nuptias; et parabolam iudicis qui Deum non timebat, quem instantia viduae fecit ut vindicaret eam; et de arbore fici quae erat in vinea, quae non faciebat fructum. Et alia multa sunt quae inveniri possunt a solo Luca dicta esse, quibus et Marcion et Valentinus utuntur. – Et super haec omnia, post resurrectionem in via ad discipulos suos quae locutus est et quemadmodum cognoverunt eum in fractione panis.

(4) Necesse est igitur et reliqua quae ab eo dicta sunt recipere eos aut et his renuntiare. Non enim conceditur eis ab his qui sensum habent quaedam quidem recipere ex his quae a Luca dicta sunt quasi sint veritatis, quaedam vero refutare quasi »non cognovisset veritatem«. Et si quidem refutaverint hi qui a Marcione sunt, non habebunt Evangelium: hoc enim quod est secundum Lucam quemadmodum praediximus decurtantes, gloriantur habere se Evangelium. Hi vero qui a Valentino sunt cessabunt a plurimo vaniloquio suo; ex hoc enim multas occasiones subtililoquii sui acceperunt, interpretari audentes male quae ab hoc bene sunt dicta. Si autem et reliqua suscipere cogentur, intendentes perfecto Evangelio et apostolorum doctrinae, oportet eos paenitentiam agere ut salvari a periculo possint.

Adv. haeres. V,30,3 (ed. Rousseau etc.): Quoniam autem non propter inopiam nominum habentium numerum nominis ejus dicimus haec, sed propter timorem erga Deum et zelum veritatis: ΕΥΑΝΘΑΣ enim nomen habet numerum de quo quaeritur, sed nihil de eo affirmamus. Sed et ΛΑΤΕΙΝΟΣ nomen habet sexcentorum sexaginta sex numerum, et valde verisimile est, quoniam novissimum regnum hoc habet vocabulum: Latini enim sunt qui nunc regnant; sed non in hoc nos gloriabimur. Sed et ΤΕΙΤΑΝ, prima syllaba per duas Graecas vocales ε et ι scripta, omnium nominum quae apud nos inveniuntur magis fide dignum est. Etenim praedictum numerum habet in se, et literarum est sex, singulis syllabis ex ternis literis constantibus, et vetus et semotum: neque enim eorum regum qui secundum nos sunt aliquis vocatus est Titan, neque eorum quae publice adorantur idolorum apud Graecos et barbaros habet vocabulum hoc; et divinum putatur apud multos esse hoc nomen, ut etiam sol Titan vocetur ab his qui nunc tenent; et ostentationem quandam continet ultionis et vindictam inferentis, quod ille simulat se male tractatos vindicare; et alias autem et antiquum, et fide dignum, et regale, magis autem et tyrannicum nomen. Cum igitur tantam suasionem habeat hoc nomen Titan, tantam habet verisimilitudinem, ut ex multis colligamus ne forte Titan vocetur qui veniet, nos tamen non periclitabimur in eo nec asseveranter pronuntiabimus hoc eum nomen habiturum, scientes quoniam, si oporteret manifeste praesenti tempore praeconari nomen ejus, per ipsum utique dictum fuisset qui et apocalypsim viderat: neque enim ante multum temporis visum est, sed pene sub nostro saeculo, ad finem Domitiani imperii.

Ἡμεῖς γ' οὖν οὐκ ἀποκινδινεύομεν περὶ τοῦ ὀνόματος τοῦ ἀντιχρίστου ἀποφαινόμενοι βεβαιωτικῶς· εἰ γὰρ ἔδει ἀναφανδὸν ἐν τῷ νῦν καιρῷ κηρύττεσθαι τοὔνομα αὐτοῦ, δι' ἐκείνου ἂν ἐρρέθη τοῦ καὶ τὴν ἀποκάλυψιν ἑωρακότος. Οὐδὲ γὰρ πρὸ πολλοῦ χρόνου ἑωράθη, ἀλλὰ σχεδὸν ἐπὶ τῆς ἡμετέρας γενεᾶς, πρὸς τῷ τέλει τῆς Δομετιανοῦ ἀρχῆς. (Eus. h. e. III,18,3; V,8,6).

Eusebius/Hieronymus, Chronicon (ed. Helm, GCS 47,193 f.): Iohannem apostolum usque ad Traiani tempora (h)Irenaeus episcopus permansisse scribit. Post quem auditores eius insignes fuerunt Papias Hierapolitanus episcopus et Polycarpus Zmyrnaeus et Ignatius Antiochenus.

(Synkellos, ed. Dindorf 656,14-17: Ἰωάννην τὸν θεολόγον καὶ ἀπόστολον Εἰρηναῖος καὶ ἄλλοι ἱστοροῦσι παραμεῖναι τῷ βίῳ ἕως τῶν χρόνων Τραϊανοῦ· μεθ' ὃν Παππίας Ἱεραπολίτης καὶ Πολύκαρπος Σμύρνης ἐπίσκοπος ἀκουσταὶ αὐτοῦ ἐγνωρίζοντο.)

POLYKRATES

Eusebius, hist. eccl. III, 31, 1-4 (cf. V, 24,1-7; ed. Schwartz GCS 9,1): [1]Παύλου μὲν οὖν καὶ Πέτρου τῆς τελευτῆς ὅ τε χρόνος καὶ ὁ τρόπος καὶ πρὸς ἔτι τῆς μετὰ τὴν ἀπαλλαγὴν τοῦ βίου τῶν σκηνωμάτων αὐτῶν καταθέσεως ὁ χῶρος ἤδη πρότερον ἡμῖν δεδήλωται· [2]τοῦ δὲ Ἰωάννου τὰ μὲν τοῦ χρόνου ἤδη πως εἴρηται, τὸ δέ γε τοῦ σκηνώματος αὐτοῦ χωρίον ἐξ ἐπιστολῆς Πολυκράτους (τῆς δ' ἐν Ἐφέσῳ παροικίας ἐπίσκοπος οὗτος ἦν) ἐπιδείκνυται, ἣν Οὐίκτορι Ῥωμαίων ἐπισκόπῳ γράφων, ὁμοῦ τε αὐτοῦ καὶ Φιλίππου μνημονεύει τοῦ ἀποστόλου τῶν τε τούτου θυγατέρων ὧδέ πως

[3]»καὶ γὰρ κατὰ τὴν Ἀσίαν μεγάλα στοιχεῖα κεκοίμηται· ἅτινα ἀναστήσεται τῇ ἐσχάτῃ ἡμέρᾳ τῆς παρουσίας τοῦ κυρίου, ἐν ᾗ ἔρχεται μετὰ δόξης ἐξ οὐρανοῦ καὶ ἀναζητήσει πάντας τοὺς ἁγίους, Φίλιππον τῶν δώδεκα ἀποστόλων, ὃς κεκοίμηται ἐν Ἱεραπόλει καὶ δύο θυγατέρες αὐτοῦ γεγηρακυῖαι παρθένοι καὶ ἡ ἑτέρα αὐτοῦ θυγάτηρ ἐν ἁγίῳ πνεύματι πολιτευσαμένη ἐν Ἐφέσῳ ἀναπαύεται· ἔτι δὲ καὶ Ἰωάννης, ὁ ἐπὶ τὸ στῆθος τοῦ κυρίου ἀναπεσών, ὃς ἐγενήθη ἱερεὺς τὸ πέταλον πεφορεκὼς καὶ μάρτυς καὶ διδάσκαλος, οὗτος ἐν Ἐφέσῳ κεκοίμηται.«

[4]ταῦτα καὶ περὶ τῆς τῶνδε τελευτῆς.

CANON MURATORIANUS

(ed. Lietzmann, Kl. T. 1)

... [1]quibus tamen interfuit, et ita posuit. [2]Tertium evangelii librum secundum Lucam [3]Lucas iste medicus, post ascensum Christi [4]cum eum Paulus quasi litteris studiosum [5]secum adsumpsisset, nomine suo [6]ex opinione conscripsit, dominum tamen nec ipse [7]vidit in carne, et ideo prout assequi potuit [8]ita et a nativitate Iohannis incipit dicere. [9]Quartum evangeliorum Iohannis ex discipulis. [10]cohortantibus condiscipulis et episcopis suis [11]dixit »Conieiunate mihi hodie triduo, et quid [12]cuique fuerit revelatum alterutrum [13]nobis enarremus«. eadem nocte reve[14]latum Andreae ex apostolis, ut recognos[15]centibus cunctis Iohannes suo nomine [16]cuncta describeret. et ideo, licet varia sin[17]gulis evangeliorum libris principia [18]doceantur, nihil tamen differt creden[19]tium fidei, cum uno ac principali spiritu de[20]clarata sint in omnibus omnia: de nativi[21]tate, de passione, de resurrectione, [22]de conversatione cum discipulis suis [23]ac de gemino eius adventu, [24]primo in humilitate despectus, quod fu[25]it, secundo in potestate regali prae[26]claro, quod futurum est. quid ergo [27]mirum, si Iohannes tam constanter [28]singula etiam in epistulis suis profert [29]dicens in semetipsum »Quae vidimus oculis [30]nostris et auribus audivimus et manus [31]nostrae palpaverunt, haec scripsimus vobis« (1. Joh. 1, 1. 3. 4). [32]sic enim non solum visorem se et auditorem, [33]sed et scriptorem omnium mirabilium domini per ordi[34]nem profitetur.

PROLOGI »MONARCHIANORUM«

(ed. Lietzmann, Kl. T. 1)

INCIPIT ARGVMENTVM EVANGELII SECVNDVM MATTHEVM. Mattheus ex Iudaea sicut in ordine primus ponitur, ita evangelium in Iudaea primus scripsit. cuius vocatio ad deum ex publicanis actibus fuit. duorum in generatione Christi principia praesumens, unius cuius prima circumcisio in carne, alterius cuius secundum cor electio fuit, et ex utrisque in patribus Christus, sicque quaternario denario numero triformiter posito principium a credendi fide in electionis tempus porrigens et ex electione in transmigrationis diem dirigens atque a transmigratione usque in Christum definiens decursam adventus domini ostendit generationem, ut et numero satisfaciens et tempori et se quod esset ostendens et dei in se opus monstrans etiam in his, quorum genus posuit, Christi operantis a principio testimonium non negaret. quarum omnium rerum tempus ordo numerus dispositio vel ratio, quod fidei necessarium est, deus Christus est. qui factus ex muliere factus sub lege natus ex virgine passus in carne omnia in cruce fixit, ut triumphans ea in semet ipso resurgens in corpore et patris nomen in patribus filio et filii nomen patri restitueret in filiis, sine principio, sine fine, ostendens unum se cum patre esse, quia unus est. In quo evangelio utile est desiderantibus deum sic prima vel media vel perfecta cognoscere, ut et vocationem apostoli et opus evangelii et dilectionem dei in carne nascentis per universa legentes intellegant atque id in eo, in quo adprehensi sunt et adprehendere expetunt, recognoscant. nobis enim hoc in studio argumenti fuit, et fidem factae rei tradere et operantis dei intellegendam diligenter esse dispositionem quaerentibus non tacere. EXPLICIT ARGVMENTVM EVANGELII SECVNDVM MATTHEVM.

INCIPIT ARGVMENTUM EVANGELII SECUNDUM IOHANNEM. Hic est Iohannes evangelista unus ex discipulis dei, qui virgo electus a deo est, quem de nuptiis volentem nubere vocavit deus. cui virginitatis in hoc duplex testimonium in evangelio datur, quod et prae ceteris dilectus a deo dicitur et huic matrem suam iens ad crucem commendavit deus, ut virginem virgo servaret. denique manifestans in evangelio quod erat ipse incorruptibilis, verbi opus inchoans solus verbum caro factum esse nec lumen a tenebris comprehensum fuisse testatur, primum signum ponens quod in nuptiis fecit deus, ut ostendens quod erat ipse legentibus demonstraret, quod ubi dominus invitatur deficere nuptiarum vinum debeat ac veteribus inmutatis nova omnia, quae a Christo instituuntur, appareant. de quo singula quaeque in mysterio acta vel dicta evangelii ratio quaerentibus monstrat. Hoc autem evangelium scripsit in Asia, posteaquam in Pathmos insula apocalypsin scripserat, ut cui in principio canonis incorruptibile principium in Genesi, et incorruptibilis finis per virginem in apocalypsi redderetur dicente Christo »Ego sum A et Ω«. et hic est Iohannes, qui sciens supervenisse diem recessus sui convocatis discipulis suis in Epheso per multa signorum experimenta promens Christum descendens in defossum sepulturae suae locum facta oratione positus est ad patres suos tam extraneus a dolore mortis, quam a corruptione carnis invenitur alienus. qui etsi post omnes evangelium scripsisse dicitur, tamen dispositione canonis ordinati post Matthaeum ponitur, quoniam in domino quae novissima sunt non velut

extrema et abiecta numero, sed plenitudinis opere perfecta sunt, et hoc virgini debebatur. quorum tamen vel scripturarum tempore dispositio vel librorum ordinatio ideo per singula a nobis non exponitur, ut sciendi desiderio conlocato et quaerentibus fructus laboris et deo magisterii doctrina servetur. EXPLICIT ARGVMENTVM EVANGELII SECVNDVM IOHANNEM.

INCIPIT ARGVMENTVM EVANGELII SECVNDVM LVCAM. Lucas Syrus natione Antiochensis, arte medicus, discipulus apostolorum, postea Paulum secutus usque ad confessionem eius serviens deo sine crimine. nam neque uxorem umquam habens neque filios LXXIIII annorum obiit in Bithynia plenus spiritu sancto. qui cum iam descripta essent evangelia per Matthaeum quidem in Iudaea, per Marcum autem in Italia, sancto instigante spiritu in Achaiae partibus hoc scripsit evangelium, significans etiam ipse in principio ante alia esse descripta. cui extra ea quae ordo evangelicae dispositionis exposcit, ea maxime necessitas laboris fuit, ut primum Graecis fidelibus omni perfectione venturi in carnem dei manifestata, ne Iudaicis fabulis intenti in solo legis desiderio tenerentur neve hereticis fabulis et stultis sollicitationibus seducti excederent a veritate elaboraret, dehinc ut in principio evangelii Iohannis nativitate praesumpta cui evangelium scriberet et in quo electus scriberet indicaret, contestans in se conpleta esse, quae essent ab aliis inchoata. cui ideo post baptismum filii dei a perfectione generationis in Christo inpletae et repetendae a principio nativitatis humanae potestas permissa est, ut requirentibus demonstraret, in quo adprehendens erat, per Nathan filium introitu recurrentis in deum generationis admisso indispartibilis dei, praedicans in hominibus Christum suum perfecti opus hominis redire in se per filium facere, qui per David patrem venientibus iter praebebat in Christo. Cui Lucae non inmerito etiam scribendorum apostolicorum actuum potestas in ministerio datur, ut deo in deum pleno ac filio proditionis extincto oratione ab apostolis facta sorte domini electionis numerus conpleretur sicque Paulus consummationem apostolicis actibus daret, quem diu contra stimulos recalcitrantem dominus elegisset. Quod legentibus ac requirentibus deum etsi per singula expediri a nobis utile fuerat, scientes tamen, quod operantem agricolam oporteat de fructibus suis edere, vitavimus publicam curiositatem ne non tam volentibus deum videremur quam fastidientibus prodidisse. EXPLICIT ARGVMENTVM EVANGELII SECVNDVM LVCAM.

INCIPIT ARGVMENTVM EVANGELII SECVNDVM MARCVM. Marcus evangelista dei et Petri in baptismate filius atque in divino sermone discipulus sacerdotium in Israhel agens secundum carnem Levita, conversus ad fidem Christi evangelium in Italia scripsit ostendens in eo, quod et generi suo deberet et Christo. Nam initium principii in voce propheticae exclamationis instituens ordinem leviticae electionis ostendit, ut praedicans praedestinatum Iohannem filium Zachariae in voce angeli adnuntiantis, emissum non solum verbum caro factum sed corpus domini in omnia per verbum divinae vocis animatum initio evangelicae praedicationis ostenderet, ut qui haec legens sciret, cui initium carnis in domino et dei advenientis habitaculum caro deberet agnoscere, atque in se verbum vocis, quod in consonantibus perdiderat, inveniret. denique et perfecti evangelii opus intrans et a baptismo domini praedicare deum inchoans non laboravit nativitatem carnis, quam in prioribus viderat, dicere, sed totus in primis explosionem deserti, ieiunium numeri, temptationem diaboli, congregationem bestiarum et ministerium protulit angelorum, ut instituens nos ad intellegendum singula in brevi conpingens nec auctoritatem factae rei demeret et perficiendo operi plenitudinem non negaret. Denique amputasse sibi post fidem pollicem dicitur, ut sacerdotio reprobus haberetur, sed tantum consentiens fidei praedestinata potuit electio, ut nec sic in opere verbi perderet, quod prius meruerat in genere: nam Alexandriae episcopus fuit. Cuius per singula opus scire et evangelii in se dicta disponere et disciplinam in se legis agnoscere et divinam in carne intellegere naturam. Quae et nos primum requiri, dehinc inquisita volumus agnosci, habentes mercedem exhortationis quoniam qui plantat et qui rigat unum sunt, qui autem incrementum praestat, deus est. EXPLICIT ARGVMENTVM EVANGELII SECVNDVM MARCVM.

CLEMENS ALEXANDRINUS

Hypotyposeis VI (Eusebius, hist. eccl. VI, 14,5-7, ed. Schwartz GCS 9,2): [5]αὖθις δ' ἐν τοῖς αὐτοῖς ὁ Κλήμης βιβλίοις περὶ τῆς τάξεως τῶν εὐαγγελίων παράδοσιν τῶν ἀνέκαθεν πρεσβυτέρων τέθειται, τοῦτον ἔχουσαν τὸν τρόπον. προγεγράφθαι ἔλεγεν τῶν εὐαγγελίων τὰ περιέχοντα τὰς γενεαλογίας, [6]τὸ δὲ κατὰ Μάρκον ταύτην ἐσχηκέναι τὴν οἰκονομίαν. τοῦ Πέτρου δημοσίᾳ ἐν Ῥώμῃ κηρύξαντος τὸν λόγον καὶ πνεύματι τὸ εὐαγγέλιον ἐξειπόντος, τοὺς παρόντας, πολλοὺς ὄντας, παρακαλέσαι τὸν Μάρκον, ὡς ἂν ἀκολουθήσαντα αὐτῷ πόρρωθεν καὶ μεμνημένον τῶν λεχθέντων, ἀναγράψαι τὰ εἰρημένα· ποιήσαντα δέ, τὸ εὐαγγέλιον μεταδοῦναι τοῖς δεομένοις αὐτοῦ· [7]ὅπερ ἐπιγνόντα τὸν Πέτρον προτρεπτικῶς μήτε κωλῦσαι μήτε προτρέψασθαι. τὸν μέντοι Ἰωάννην ἔσχατον, συνιδόντα ὅτι τὰ σωματικὰ ἐν τοῖς εὐαγγελίοις δεδήλωται, προτραπέντα ὑπὸ τῶν γνωρίμων, πνεύματι θεοφορηθέντα πνευματικὸν ποιῆσαι εὐαγγέλιον. τοσαῦτα ὁ Κλήμης.

Hypotyposeis VI (Eus., h. e. II, 15,1-2, ed. Schwartz GCS 9,1): [1]τοσοῦτον δ' ἐπέλαμψεν ταῖς τῶν ἀκροατῶν τοῦ Πέτρου διανοίαις εὐσεβείας φέγγος, ὡς μὴ τῇ εἰς ἅπαξ ἱκανῶς ἔχειν ἀρκεῖσθαι ἀκοῇ μηδὲ τῇ ἀγράφῳ τοῦ θείου κηρύγματος διδασκαλίᾳ, παρακλήσεσιν δὲ παντοίαις Μάρκον, οὗ τὸ εὐαγγέλιον φέρεται, ἀκόλουθον ὄντα Πέτρου, λιπαρῆσαι ὡς ἂν καὶ διὰ γραφῆς ὑπόμνημα τῆς διὰ λόγου παραδοθείσης αὐτοῖς καταλείψοι διδασκαλίας, μὴ πρότερόν τε ἀνεῖναι ἢ κατεργάσασθαι τὸν ἄνδρα, καὶ ταύτῃ αἰτίους γενέσθαι τῆς τοῦ λεγομένου κατὰ Μάρκον εὐαγγελίου γραφῆς. [2]γνόντα δὲ τὸ πραχθέν φασι τὸν ἀπόστολον ἀποκαλύψαντος αὐτῷ τοῦ πνεύματος, ἡσθῆναι τῇ τῶν ἀνδρῶν προθυμίᾳ κυρῶσαί τε τὴν γραφὴν εἰς ἔντευξιν ταῖς ἐκκλησίαις. Κλήμης ἐν ἕκτῳ τῶν Ὑποτυπώσεων παρατέθειται τὴν ἱστορίαν, συνεπιμαρτυρεῖ δὲ αὐτῷ καὶ ὁ Ἱεραπολίτης ἐπίσκοπος ὀνόματι Παπίας.

Adumbrationes ad 1. Petr. 5,13 (ed. Stählin, Clem. Alex. GCS 17,206): Marcus, Petri sectator, praedicante Petro evangelium palam Romae coram quibusdam Caesareanis equitibus et multa Christi testimonia proferente, petitus ab eis, ut possent quae dicebantur memoriae commendare, scripsit ex his, quae a Petro dicta sunt, evangelium quod secundum Marcum vocitatur; sicut Lucas quoque Actus apostolorum stilo exsecutus agnoscitur et Pauli ad Hebraeos interpretatus epistolam.

TERTULLIANUS

Adv. Marcionem IV, 2,1-5 (ed. Kroymann, CC I): 1. ... Transeo nunc ad evangelii, sane non Iudaici sed Pontici, interim adulterati, demonstrationem, praestructuram, ordinem, quem adgredimur. Constituimus inprimis evangelicum instrumentum apostolos auctores habere, quibus hoc munus evangelii promulgandi ab ipso domino sit impositum. Si et apostolicos, non tamen solos, sed cum apostolis, [et postapostolicos] quoniam praedicatio discipulorum suspecta fieri posset de gloriae studio, si non adsistat illi auctoritas magistrorum, immo Christi, quae magistros apostolos fecit. 2. Denique nobis fidem ex apostolis Iohannes et Matheus insinuant, ex apostolicis Lucas et Marcus instaurant, isdem regulis exorsi, quantum ad unicum deum attinet creatorem et Christum eius, natum ex virgine, subplementum legis et prophetarum. Viderit enim, si narrationum dispositio variavit, dummodo de capite fidei conveniat, de quo cum Marcione non convenit. 3. Contra Marcion evangelio, scilicet suo, nullum adscribit auctorem, quasi non licuerit illi titulum quoque adfingere, cui nefas non fuit ipsum corpus evertere. Et possem hic iam gradum figere, non agnoscendum contendens opus, quod non erigat frontem, quod nullam constantiam praeferat, nullam fidem repromittat de plenitudine tituli et professione debita auctoris. 4. Sed per omnia congredi malumus, nec dissimulamus quod ex nostro intellegi potest. Nam ex his commentatoribus, quos habemus, Lucam videtur Marcion elegisse, quem caederet. Porro Lucas non apostolus, sed apostolicus, non magister, sed discipulus, utique magistro minor, certe tanto posterior, quanto posterioris apostoli sectator, Pauli sine dubio, ut et si sub ipsius Pauli nomine evangelium Marcion intulisset, non sufficeret ad fidem singularitas instrumenti destituta patrocinio antecessorum. 5. Exigeretur enim id quoque evangelium, quod Paulus invenit, cui fidem dedit, cui mox suum congruere gestiit, siquidem propterea Hierosolymam ascendit ad cognoscendos apostolos et consultandos, ne forte in vacuum cucurrisset, id est ne non secundum illos credidisset et non secundum illos evangelizaret. Denique ut cum auctoribus contulit et convenit de regula fidei, dexteras miscuerunt et exinde officia praedicandi distinxerunt, ut illi in Iudaeos, Paulus in Iudaeos et in nationes. Igitur si ipse inluminator Lucae auctoritatem antecessorum et fidei et praedicationi suae optavit, quanto magis eam evangelio Lucae expostulem, quae evangelio magistri eius fuit necessaria?

Adv. Marcionem IV, 5, 3 (ed. Kroymann, CC I): Habet plane et illud ecclesias, sed suas, tam posteras quam adulteras, quarum si censum requiras, facilius apostaticum invenias quam apostolicum, Marcione scilicet conditore vel aliquo de Marcionis examine. Faciunt favos et vespae, faciunt ecclesias et Marcionitae. Eadem auctoritas ecclesiarum apostolicarum ceteris quoque patrocinabitur evangeliis, quae proinde per illas et secundum illas habemus, Iohannis dico atque Mathei, licet et Marcus quod edidit Petri adfirmetur, cuius interpres Marcus. Nam et Lucae digestum Paulo adscribere solent.

De praescriptione haereticorum 36, 2-3 (ed. Refoulé, CC I): 2. ... habes Romam unde nobis quoque auctoritas praesto est. 3. Ista quam felix ecclesia cui totam doctrinam apostoli cum sanguine suo profuderunt, ubi Petrus passioni dominicae adaequatur, ubi Paulus Iohannis exitu coronatur, ubi apostolus Iohannes posteaquam in oleum igneum demersus nihil passus est, in insulam relegatur.

De monogamia 17, 1 (ed. Dekkers, CC II): 1. Habebunt plane Christo quod allegent speciosum privilegium, carnis usquequaque imbecillitatem. Sed hanc iudicabunt iam non Isaac monogamus pater noster, nec Ioannes aliqui Christi spado, nec Iudith filia Merari, nec tot alia exempla sanctorum.

ORIGENES

Comm. in Matth. I, (Eusebius, hist. eccl. VI, 25,3-6, ed. Schwartz, GCS 9,2): [3] ταῦτα μὲν οὖν ἐν τῷ προειρημένῳ τίθησι συγγράμματι· ἐν δὲ τῷ πρώτῳ τῶν εἰς τὸ κατὰ Ματθαῖον, τὸν ἐκκλησιαστικὸν φυλάττων κανόνα, μόνα τέσσαρα εἰδέναι εὐαγγέλια μαρτύρεται, ὧδέ πως γράφων

> [4] »ὡς ἐν παραδόσει μαθὼν περὶ τῶν τεσσάρων εὐαγγελίων, ἃ καὶ μόνα ἀναντίρρητά ἐστιν ἐν τῇ ὑπὸ τὸν οὐρανὸν ἐκκλησίᾳ τοῦ θεοῦ, ὅτι πρῶτον μὲν γέγραπται τὸ κατὰ τόν ποτε τελώνην, ὕστερον δὲ ἀπόστολον Ἰησοῦ Χριστοῦ Ματθαῖον, ἐκδεδωκότα αὐτὸ τοῖς ἀπὸ Ἰουδαϊσμοῦ πιστεύσασιν, γράμμασιν Ἑβραϊκοῖς συντεταγμένον· [5] δεύτερον δὲ τὸ κατὰ Μάρκον, ὡς Πέτρος ὑφηγήσατο αὐτῷ, ποιήσαντα, ὃν καὶ υἱὸν ἐν τῇ καθολικῇ ἐπιστολῇ διὰ τούτων ὡμολόγησεν φάσκων »ἀσπάζεται ὑμᾶς ἡ ἐν Βαβυλῶνι συνεκλεκτὴ καὶ Μάρκος ὁ υἱός μου (5,13)«· [6] καὶ τρίτον τὸ κατὰ Λουκᾶν, τὸ ὑπὸ Παύλου ἐπαινούμενον εὐαγγέλιον τοῖς ἀπὸ τῶν ἐθνῶν πεποιηκότα· ἐπὶ πᾶσιν τὸ κατὰ Ἰωάννην.«

Homilia in Lucam I (ed. Rauer, GCS 49): Sicut olim in populo Iudaeorum multi prophetiam pollicebantur, et quidam erant pseudoprophetae – e quibus unus fuit Ananias, filius Azor –, alii vero veri prophetae, et erat gratia in populo discernendorum spirituum, per quam alii inter prophetas recipiebantur, nonnulli quasi ab »exercitatissimis trapezitis« reprobabantur, ita et nunc in novo instrumento »multi conati sunt« scribere evangelia, sed non omnes recepti. Et ut sciatis non solum quatuor evangelia, sed plurima esse conscripta, e quibus haec, quae habemus, electa sunt et tradita ecclesiis, ex ipso prooemio Lucae, quod ita contexitur, cognoscamus: »Quoniam quidem multi conati sunt ordinare narrationem«. Hoc quod ait: »conati sunt«, latentem

Ὥσπερ ἐν τῷ πάλαι λαῷ πολλοὶ προφητείαν ἐπηγγέλλοντο, ἀλλὰ τούτων τινὲς μὲν ἦσαν ψευδοπροφῆται, τινὲς δὲ ἀληθῶς προφῆται, καὶ ἦν χάρισμα τῷ λαῷ διάκρισις πνευμάτων, ἀφ' οὗ ἐκρίνετο ὅ τε ἀληθὴς προφήτης καὶ ὁ ψευδώνυμος· οὕτω καὶ νῦν ἐν τῇ καινῇ διαθήκῃ τὰ εὐαγγέλια »πολλοὶ« ἠθέλησαν γράψαι, ἀλλ' »οἱ δόκιμοι τραπεζῖται« οὐ πάντα ἐνέκριναν, ἀλλά τινα αὐτῶν ἐξελέξαντο.

Τάχα δὲ καὶ τὸ »ἐπεχείρησαν« λεληθυῖαν

habet accusationem eorum, qui absque gratia Spiritus sancti ad scribenda evangelia prosiluerunt. Matthaeus quippe et Marcus et Ioannes et Lucas non sunt »conati« scribere, sed Spiritu sancto pleni scripserunt evangelia. »Multi« igitur »conati sunt ordinare narrationem de his rebus, quae manifestissime cognitae sunt in nobis.« Ecclesia quatuor habet evangelia, haeresis plurima, e quibus quoddam scribitur secundum Aegyptios, aliud iuxta Duodecim Apostolos. Ausus fuit et Basilides scribere evangelium et suo illud nomine titulare. »Multi conati sunt« scribere, sed quatuor tantum evangelia sunt probata, e quibus super persona Domini et Salvatoris nostri proferenda sunt dogmata. Scio quoddam evangelium, quod appellatur secundum Thomam, et iuxta Mathiam; et alia plura legimus, ne quid ignorare videremur propter eos, qui se putant aliquid scire, si ista cognoverint. Sed in his omnibus nihil aliud probamus nisi quod ecclesia, id est quatuor tantum evangelia recipienda. Haec idcirco, quia in principio lectum est: »multi conati sunt ordinare narrationem de his rebus, quae confirmatae sunt in nobis«. Illi tentaverunt atque »conati sunt« de his rebus scribere, quae nobis manifestissime sunt compertae.

ἔχει κατηγορίαν τῶν χωρὶς χαρίσματος ἐλθόντων ἐπὶ τὴν ἀναγραφὴν τῶν εὐαγγελίων. Ματθαῖος γὰρ οὐκ »ἐπεχείρησεν«, ἀλλ' ἔγραψεν ἀπὸ ἁγίου πνεύματος, ὁμοίως καὶ Μᾶρκος καὶ Ἰωάννης, παραπλησίως δὲ καὶ Λουκᾶς.

Τὸ μέντοι ἐπιγεγραμμένον κατὰ Αἰγυπτίους εὐαγγέλιον καὶ τὸ ἐπιγεγραμμένον τῶν Δώδεκα εὐαγγέλιον οἱ συγγράψαντες »ἐπεχείρησαν«· Ἤδη δὲ ἐτόλμησε καὶ Βασιλείδης γράψαι κατὰ Βασιλείδην εὐαγγέλιον. »Πολλοὶ μὲν οὖν ἐπεχείρησαν«.

φέρεται γὰρ καὶ τὸ κατὰ Θωμᾶν εὐαγγέλιον καὶ τὸ κατὰ Ματθίαν καὶ ἄλλα πλείονα.

Ταῦτά ἐστι τῶν ἐπιχειρησάντων· τὰ δὲ τέσσαρα μόνα προκρίνει ἡ τοῦ θεοῦ ἐκκλησία.

HIPPOLYTUS

Refutatio omnium haeresium VII, 30,1 (ed. Wendland, GCS 26): Ἐπειδὰν οὖν Μαρκίων ἢ τῶν ἐκείνου κυνῶν τις ὑλακτῇ κατὰ τοῦ δημιουργοῦ, τοὺς ἐκ τῆς ἀντιπαραθέσεως ἀγαθοῦ καὶ κακοῦ προφέρων λόγους, δεῖ αὐτοῖς λέγειν, ὅτι τούτους οὔτε Παῦλος ὁ ἀπόστολος οὔτε Μάρκος ὁ κολοβοδάκτυλος ἀνήγγειλαν – τούτων γὰρ οὐδὲν ἐν τῷ ⟨κατὰ⟩ Μάρκον εὐαγγελίῳ γέγραπται –, ἀλλὰ Ἐμπεδοκλῆς Μέτωνος Ἀκραγαντῖνος, ὃν συλαγωγῶν μέχρι νῦν λανθάνειν ὑπελάμβανε τὴν διαταγὴν πάσης τῆς κατ' αὐτὸν αἱρέσεως ἀπὸ τῆς Σικελίας εἰς τοὺς εὐαγγελικοὺς λόγους μεταφέρων αὐταῖς λέξεσι.

DIONYSIUS ALEXANDRINUS

De promissionibus (Eusebius, hist. eccl. VII, 25 ed. Schwartz, GCS 9,2): [1] Εἶθ' ἑξῆς ὑποβάς, περὶ τῆς Ἀποκαλύψεως Ἰωάννου ταῦτά φησιν »τινὲς μὲν οὖν τῶν πρὸ ἡμῶν ἠθέτησαν καὶ ἀνεσκεύασαν πάντῃ τὸ βιβλίον, καθ' ἕκαστον κεφάλαιον διευθύνοντες ἄγνωστόν τε καὶ ἀσυλλόγιστον ἀποφαίνοντες ψεύδεσθαί τε τὴν ἐπιγραφήν. [2] Ἰωάννου γὰρ οὐκ εἶναι λέγουσιν, ἀλλ' οὐδ' ἀποκάλυψιν εἶναι τὴν σφόδρα καὶ παχεῖ κεκαλυμμένην τῷ τῆς ἀγνοίας παραπετάσματι, καὶ οὐχ ὅπως τῶν ἀποστόλων τινά, ἀλλ' οὐδ' ὅλως τῶν ἁγίων ἢ τῶν ἀπὸ τῆς ἐκκλησίας τούτου γεγονέναι ποιητὴν τοῦ γράμματος, Κήρινθον δὲ τὸν καὶ τὴν ἀπ' ἐκείνου κληθεῖσαν Κηρινθιανὴν συστησάμενον αἵρεσιν, ἀξιόπιστον ἐπιφημίσαι θελήσαντα τῷ ἑαυτοῦ πλάσματι ὄνομα. [3] τοῦτο γὰρ εἶναι τῆς διδασκαλίας αὐτοῦ τὸ δόγμα, ἐπίγειον ἔσεσθαι τὴν τοῦ Χριστοῦ βασιλείαν, καὶ ὧν αὐτὸς ὠρέγετο, φιλοσώματος ὢν καὶ πάνυ σαρκικός, ἐν τούτοις ὀνειροπολεῖν ἔσεσθαι, γαστρὸς καὶ τῶν ὑπὸ γαστέρα πλησμοναῖς, τοῦτ' ἐστὶ σιτίοις καὶ ποτοῖς καὶ γάμοις καὶ δι' ὧν εὐφημότερον ταῦτα ᾠήθη ποριεῖσθαι, ἑορταῖς καὶ θυσίαις καὶ ἱερείων σφαγαῖς. [4] ἐγὼ δὲ ἀθετῆσαι μὲν οὐκ ἂν τολμήσαιμι τὸ βιβλίον, πολλῶν αὐτὸ διὰ σπουδῆς ἐχόντων ἀδελφῶν, μείζονα δὲ τῆς ἐμαυτοῦ φρονήσεως τὴν ὑπόληψιν τὴν περὶ αὐτοῦ λαμβάνων, κεκρυμμένην εἶναί τινα καὶ θαυμασιωτέραν τὴν καθ' ἕκαστον ἐκδοχὴν ὑπολαμβάνω. καὶ γὰρ εἰ μὴ συνίημι, ἀλλ' ὑπονοῶ γε νοῦν τινα βαθύτερον ἐγκεῖσθαι τοῖς ῥήμασιν, [5] οὐκ ἰδίῳ ταῦτα μετρῶν καὶ κρίνων λογισμῷ, πίστει δὲ τὸ πλέον νέμων ὑψηλότερα ἢ ὑπ' ἐμοῦ καταληφθῆναι νενόμικα, καὶ οὐκ ἀποδοκιμάζω ταῦτα ἃ μὴ συνεώρακα, θαυμάζω δὲ μᾶλλον ὅτι μὴ καὶ εἶδον«. [6] ἐπὶ τούτοις τὴν ὅλην τῆς Ἀποκαλύψεως βασανίσας γραφὴν ἀδύνατόν τε αὐτὴν κατὰ τὴν πρόχειρον ἀποδείξας νοεῖσθαι διάνοιαν, ἐπιφέρει λέγων »συντελέσας δὴ πᾶσαν ὡς εἰπεῖν τὴν προφητείαν, μακαρίζει ὁ προφήτης τούς τε φυλάσσοντας αὐτὴν καὶ δὴ καὶ ἑαυτόν. ›μακάριος‹ γάρ φησιν ›ὁ τηρῶν τοὺς λόγους τῆς προφητείας τοῦ βιβλίου τούτου κἀγὼ Ἰωάννης ὁ βλέπων καὶ ἀκούων ταῦτα‹ (Apc. 22,7 sq.). [7] καλεῖσθαι μὲν οὖν αὐτὸν Ἰωάννην καὶ εἶναι τὴν γραφὴν Ἰωάννου ταύτην οὐκ ἀντερῶ, ἁγίου μὲν γὰρ εἶναί τινος καὶ θεοπνεύστου συναινῶ· οὐ μὴν ῥᾳδίως ἂν συνθείμην τοῦτον εἶναι τὸν ἀπόστολον, τὸν υἱὸν Ζεβεδαίου, τὸν ἀδελφὸν Ἰακώβου, οὗ τὸ εὐαγγέλιον τὸ κατὰ Ἰωάννην ἐπιγεγραμμένον καὶ ἡ ἐπιστολὴ ἡ καθολική. [8] τεκμαίρομαι γὰρ ἔκ τε τοῦ ἤθους ἑκατέρων καὶ τοῦ τῶν λόγων εἴδους καὶ τῆς τοῦ βιβλίου διεξαγωγῆς λεγομένης, μὴ τὸν αὐτὸν εἶναι. ὁ μὲν γὰρ εὐαγγελιστὴς οὐδαμοῦ τὸ ὄνομα αὐτοῦ παρεγγράφει οὐδὲ κηρύσσει ἑαυτὸν οὔτε διὰ τοῦ εὐαγγελίου οὔτε διὰ τῆς ἐπιστολῆς.« [9] εἶθ' ὑποβάς, πάλιν ταῦτα λέγει »Ἰωάννης δὲ οὐδαμοῦ, οὐδὲ ὡς περὶ ἑαυτοῦ οὐδὲ ὡς περὶ ἑτέρου· ὁ δὲ τὴν Ἀποκάλυψιν γράψας εὐθύς τε ἐν ἀρχῇ ἑαυτὸν προτάσσει ›Ἀποκάλυψις Ἰησοῦ Χριστοῦ, ἣν ἔδωκεν αὐτῷ δεῖξαι τοῖς δούλοις αὐτοῦ ἐν τάχει, καὶ ἐσήμανεν ἀποστείλας διὰ τοῦ ἀγγέλου αὐτοῦ τῷ δούλῳ αὐτοῦ Ἰωάννῃ, ὃς ἐμαρτύρησεν τὸν λόγον τοῦ θεοῦ καὶ τὴν μαρτυρίαν αὐτοῦ, ὅσα εἶδεν‹ (Apc. 1,1 sq.)· [10] εἶτα καὶ ἐπιστολὴν γράφει ›Ἰωάννης ταῖς ἑπτὰ ἐκκλησίαις ταῖς ἐν τῇ Ἀσίᾳ, χάρις ὑμῖν καὶ εἰρήνη‹ (Apc. 1,4). ὁ δέ γε εὐαγγελιστὴς οὐδὲ τῆς καθολικῆς ἐπιστολῆς προέγραψεν ἑαυτοῦ τὸ ὄνομα, ἀλλὰ ἀπερίττως ἀπ' αὐτοῦ τοῦ μυστηρίου τῆς θείας ἀποκαλύψεως ἤρξατο ›ὃ ἦν ἀπ' ἀρχῆς, ὃ ἀκηκόαμεν, ὃ ἑωράκαμεν τοῖς ὀφθαλμοῖς ἡμῶν‹ (1 Joh. 1,1)·

ἐπὶ ταύτῃ γὰρ τῇ ἀποκαλύψει καὶ ὁ κύριος τὸν Πέτρον ἐμακάρισεν, εἰπών ›μακάριος εἶ Σίμων βὰρ Ἰωνᾶ, ὅτι σὰρξ καὶ αἷμα οὐκ ἀπεκάλυψέν σοι, ἀλλ' ὁ πατήρ μου ὁ οὐράνιος‹ (Mt. 16,17). [11]ἀλλ' οὐδὲ ἐν τῇ δευτέρᾳ φερομένῃ Ἰωάννου καὶ τρίτῃ, καίτοι βραχείαις οὔσαις ἐπιστολαῖς, ὁ Ἰωάννης ὀνομαστὶ πρόκειται, ἀλλὰ ἀνωνύμως ›ὁ πρεσβύτερος‹ γέγραπται. οὗτος δέ γε οὐδὲ αὔταρκες ἐνόμισεν, εἰς ἅπαξ ἑαυτὸν ὀνομάσας διηγεῖσθαι τὰ ἑξῆς, ἀλλὰ πάλιν ἀναλαμβάνει ›ἐγὼ Ἰωάννης, ὁ ἀδελφὸς ὑμῶν καὶ συγκοινωνὸς ἐν τῇ θλίψει καὶ βασιλείᾳ καὶ ἐν ὑπομονῇ Ἰησοῦ, ἐγενόμην ἐν τῇ νήσῳ τῇ καλουμένῃ Πάτμῳ διὰ τὸν λόγον τοῦ θεοῦ καὶ τὴν μαρτυρίαν Ἰησοῦ‹ (Apc. 1,9). καὶ δὴ καὶ πρὸς τῷ τέλει ταῦτα εἶπεν ›μακάριος ὁ τηρῶν τοὺς λόγους τῆς προφητείας τοῦ βιβλίου τούτου κἀγὼ Ἰωάννης ὁ βλέπων καὶ ἀκούων ταῦτα‹ (Apc. 22, 7 sq.). [12]ὅτι μὲν οὖν Ἰωάννης ἐστὶν ὁ ταῦτα γράφων, αὐτῷ λέγοντι πιστευτέον· ποῖος δὲ οὗτος, ἄδηλον. οὐ γὰρ εἶπεν ἑαυτὸν εἶναι, ὡς ἐν τῷ εὐαγγελίῳ πολλαχοῦ, τὸν ἠγαπημένον ὑπὸ τοῦ κυρίου μαθητὴν οὐδὲ τὸν ἀναπεσόντα ἐπὶ τὸ στῆθος αὐτοῦ οὐδὲ τὸν ἀδελφὸν Ἰακώβου οὐδὲ τὸν αὐτόπτην καὶ αὐτήκοον τοῦ κυρίου γενόμενον. [13]εἶπεν γὰρ ἄν τι τούτων τῶν προδεδηλωμένων, σαφῶς ἑαυτὸν ἐμφανίσαι βουλόμενος· ἀλλὰ τούτων μὲν οὐδέν, ἀδελφὸν δὲ ἡμῶν καὶ συγκοινωνὸν εἶπεν καὶ μάρτυρα Ἰησοῦ καὶ μακάριον ἐπὶ τῇ θέᾳ καὶ ἀκοῇ τῶν ἀποκαλύψεων. [14]πολλοὺς δὲ ὁμωνύμους Ἰωάννῃ τῷ ἀποστόλῳ νομίζω γεγονέναι, οἳ διὰ τὴν πρὸς ἐκεῖνον ἀγάπην καὶ τῷ θαυμάζειν καὶ ζηλοῦν ἀγαπηθῆναί τε ὁμοίως αὐτῷ βούλεσθαι ὑπὸ τοῦ κυρίου, καὶ τὴν ἐπωνυμίαν τὴν αὐτὴν ἠσπάσαντο, ὥσπερ καὶ ὁ Παῦλος πολὺς καὶ δὴ καὶ ὁ Πέτρος ἐν τοῖς τῶν πιστῶν παισὶν ὀνομάζεται. [15]ἔστιν μὲν οὖν καὶ ἕτερος Ἰωάννης ἐν ταῖς Πράξεσι τῶν ἀποστόλων, ὁ ἐπικληθεὶς Μάρκος, ὃν Βαρναβᾶς καὶ Παῦλος ἑαυτοῖς συμπαρέλαβον, περὶ οὗ καὶ πάλιν λέγει ›εἶχον δὲ καὶ Ἰωάννην ὑπηρέτην‹ (Act. 13,5). εἰ δὲ οὗτος ὁ γράψας ἐστίν, οὐκ ἂν φαίην· οὐδὲ γὰρ ἀφῖχθαι σὺν αὐτοῖς εἰς τὴν Ἀσίαν γέγραπται, ἀλλὰ ›ἀναχθέντες μέν‹, φησίν, ›ἀπὸ τῆς Πάφου οἱ περὶ τὸν Παῦλον ἦλθον εἰς Πέργην τῆς Παμφυλίας, Ἰωάννης δὲ ἀποχωρήσας ἀπ' αὐτῶν ὑπέστρεψεν εἰς Ἱεροσόλυμα‹ (Act. 13,13)· [16]ἄλλον δέ τινα οἶμαι τῶν ἐν Ἀσίᾳ γενομένων, ἐπεὶ καὶ δύο φασὶν ἐν Ἐφέσῳ γενέσθαι μνήματα καὶ ἑκάτερον Ἰωάννου λέγεσθαι. [17]καὶ ἀπὸ τῶν νοημάτων δὲ καὶ ἀπὸ τῶν ῥημάτων καὶ τῆς συντάξεως αὐτῶν εἰκότως ἕτερος οὗτος παρ' ἐκεῖνον ὑποληφθήσεται. [18]συνᾴδουσι μὲν γὰρ ἀλλήλοις τὸ εὐαγγέλιον καὶ ἡ ἐπιστολή, ὁμοίως τε ἄρχονται· τὸ μέν φησιν ›ἐν ἀρχῇ ἦν ὁ λόγος‹ (Joh. 1,1), ἣ δὲ ›ὃ ἦν ἀπ' ἀρχῆς‹ (1 Joh. 1,1)· τὸ μέν φησιν ›καὶ ὁ λόγος σὰρξ ἐγένετο καὶ ἐσκήνωσεν ἐν ἡμῖν καὶ ἐθεασάμεθα τὴν δόξαν αὐτοῦ, δόξαν ὡς μονογενοῦς παρὰ πατρός‹ (Joh. 1,14), ἣ δὲ τὰ αὐτὰ σμικρῷ παρηλλαγμένα ›ὃ ἀκηκόαμεν, ὃ ἑωράκαμεν τοῖς ὀφθαλμοῖς ἡμῶν, ὃ ἐθεασάμεθα καὶ αἱ χεῖρες ἡμῶν ἐψηλάφησαν, περὶ τοῦ λόγου τῆς ζωῆς καὶ ἡ ζωὴ ἐφανερώθη‹ (1 Joh. 1,1). [19]ταῦτα γὰρ προανακρούεται, διατεινόμενος, ὡς ἐν τοῖς ἑξῆς ἐδήλωσεν, πρὸς τοὺς οὐκ ἐν σαρκὶ φάσκοντας ἐληλυθέναι τὸν κύριον· δι' ἃ καὶ συνῆψεν ἐπιμελῶς ›καὶ ὃ ἑωράκαμεν, μαρτυροῦμεν καὶ ἀπαγγέλλομεν ὑμῖν τὴν ζωὴν τὴν αἰώνιον, ἥτις ἦν πρὸς τὸν πατέρα καὶ ἐφανερώθη ἡμῖν· ὃ ἑωράκαμεν καὶ ἀκηκόαμεν, ἀπαγγέλλομεν καὶ ὑμῖν‹ (1 Joh. 1,2 sq.). [20]ἔχεται αὐτοῦ καὶ τῶν προθέσεων οὐκ ἀφίσταται, διὰ δὲ τῶν αὐτῶν κεφαλαίων καὶ ὀνομάτων πάντα διεξέρχεται· ὧν τινὰ μὲν ἡμεῖς συντόμως ὑπομνήσομεν, [21]ὁ δὲ προσεχῶς ἐντυγχάνων εὑρήσει ἐν ἑκατέρῳ πολλὴν τὴν ζωήν, πολὺ τὸ φῶς ἀποτροπὴν τοῦ σκότους, συνεχῆ τὴν ἀλήθειαν τὴν χάριν τὴν χαρὰν τὴν σάρκα καὶ τὸ αἷμα τοῦ κυρίου τὴν κρίσιν τὴν ἄφεσιν τῶν ἁμαρτιῶν τὴν πρὸς ἡμᾶς ἀγάπην τοῦ θεοῦ τὴν πρὸς ἀλλήλους ἡμᾶς ἀγάπης ἐντολήν, ὡς πάσας δεῖ φυλάττειν τὰς ἐντολάς· ὁ ἔλεγχος τοῦ κόσμου τοῦ διαβόλου τοῦ ἀντιχρίστου ἡ ἐπαγγελία τοῦ ἁγίου πνεύματος ἡ υἱοθεσία τοῦ θεοῦ ἡ διόλου πίστις ἡμῶν ἀπαιτουμένη ὁ πατὴρ καὶ ὁ υἱός, πανταχοῦ· καὶ ὅλως διὰ πάντων χαρακτηρίζοντας ἕνα καὶ τὸν αὐτὸν συνορᾶν τοῦ τε εὐαγγελίου καὶ τῆς ἐπιστολῆς χρῶτα πρόκειται. [22]ἀλλοιοτάτη δὲ καὶ ξένη παρὰ ταῦτα ἡ Ἀποκάλυψις, μήτε ἐφαπτομένη μήτε γειτνιῶσα τούτων μηδενί, σχεδόν, ὡς εἰπεῖν, μηδὲ συλλαβὴν πρὸς αὐτὰ κοινὴν ἔχουσα· [23]ἀλλ' οὐδὲ μνήμην τινὰ οὐδὲ ἔννοιαν οὔτε ἡ ἐπιστολὴ τῆς Ἀποκαλύψεως ἔχει (ἔα γὰρ τὸ εὐαγγέλιον) οὔτε τῆς ἐπιστολῆς ἡ Ἀποκάλυψις, Παύλου διὰ τῶν ἐπιστολῶν ὑποφήναντός τι καὶ περὶ τῶν ἀποκαλύψεων αὐτοῦ, ἃς οὐκ ἐνέγραψεν καθ' αὑτάς. [24]ἔτι δὲ καὶ διὰ τῆς φράσεως τὴν διαφορὰν ἔστιν τεκμήρασθαι τοῦ εὐαγγελίου καὶ τῆς ἐπιστολῆς πρὸς τὴν Ἀποκάλυψιν. [25]τὰ μὲν γὰρ οὐ μόνον ἀπταίστως κατὰ τὴν τῶν Ἑλλήνων φωνήν, ἀλλὰ καὶ λογιώτατα ταῖς λέξεσιν τοῖς συλλογισμοῖς ταῖς συντάξεσιν τῆς ἑρμηνείας γέγραπται, πολλοῦ γε δεῖ βάρβαρόν τινα φθόγγον ἢ σολοικισμὸν ἢ ὅλως ἰδιωτισμὸν ἐν αὐτοῖς εὑρεθῆναι· ἑκάτερον γὰρ εἶχεν, ὡς ἔοικεν, τὸν λόγον, ἀμφοτέρους αὐτῷ χαρισαμένου τοῦ κυρίου, τόν τε τῆς γνώσεως τόν τε τῆς φράσεως· [26]τούτῳ δὲ ἀποκαλύψεις μὲν ἑωρακέναι καὶ γνῶσιν εἰληφέναι καὶ προφητείαν οὐκ ἀντερῶ, διάλεκτον μέντοι καὶ γλῶσσαν οὐκ ἀκριβῶς ἑλληνίζουσαν αὐτοῦ βλέπω, ἀλλ' ἰδιώμασίν τε βαρβαρικοῖς χρώμενον καί που καὶ σολοικίζοντα· ἅπερ οὐκ ἀναγκαῖον νῦν ἐκλέγειν· [27]οὐδὲ γὰρ ἐπισκώπτων (μή τις νομίσῃ) ταῦτα εἶπον, ἀλλὰ μόνον τὴν ἀνομοιότητα διευθύνων τούτων τῶν γραφῶν.«

EUSEBIUS

Historia ecclesiastica III, 23,1-5; 24,1-16 (ed. Schwartz, GCS 9,1): 23 [1]Ἐπὶ τούτοις κατὰ τὴν Ἀσίαν ἔτι τῷ βίῳ περιλειπόμενος αὐτὸς ἐκεῖνος ὃν ἠγάπα ὁ Ἰησοῦς, ἀπόστολος ὁμοῦ καὶ εὐαγγελιστὴς Ἰωάννης τὰς αὐτόθι διεῖπεν ἐκκλησίας, ἀπὸ τῆς κατὰ τὴν νῆσον μετὰ τὴν Δομετιανοῦ τελευτὴν ἐπανελθὼν φυγῆς. [2]ὅτι δὲ εἰς τούτους τῷ βίῳ περιῆν, ἀπόχρη διὰ δύο πιστώσασθαι τὸν λόγον μαρτύρων, πιστοὶ δ' ἂν εἶεν οὗτοι, τῆς ἐκκλησιαστικῆς πρεσβεύσαντες ὀρθοδοξίας, εἰ δὴ τοιοῦτοι Εἰρηναῖος καὶ Κλήμης ὁ Ἀλεξανδρεύς· [3]ὧν ὁ μὲν πρότερος ἐν δευτέρῳ τῶν πρὸς τὰς αἱρέσεις ὧδέ πως γράφει κατὰ λέξιν

»καὶ πάντες οἱ πρεσβύτεροι μαρτυροῦσιν οἱ κατὰ τὴν Ἀσίαν Ἰωάννῃ τῷ τοῦ κυρίου μαθητῇ συμβεβληκότες παραδεδωκέναι τὸν Ἰωάννην. παρέμεινεν γὰρ αὐτοῖς μέχρι τῶν Τραϊανοῦ χρόνων« (Iren. II, 22,5).

[4]καὶ ἐν τρίτῳ δὲ τῆς αὐτῆς ὑποθέσεως ταὐτὸ τοῦτο δηλοῖ διὰ τούτων

»ἀλλὰ καὶ ἡ ἐν Ἐφέσῳ ἐκκλησία ὑπὸ Παύλου μὲν τεθεμελιωμένη, Ἰωάννου δὲ παραμείναντος αὐτοῖς μέχρι τῶν Τραϊανοῦ χρόνων, μάρτυς ἀληθής ἐστιν τῆς τῶν ἀποστόλων παραδόσεως« (Iren. III, 3,4).

[5]ὁ δὲ Κλήμης ὁμοῦ τὸν χρόνον ἐπισημηνάμενος, καὶ ἱστορίαν ἀναγκαιοτάτην οἷς τὰ καλὰ καὶ ἐπωφελῆ φίλον ἀκούειν, προστίθησιν ἐν ᾧ »Τίς ὁ σῳζόμενος πλούσιος« ἐπέγραψεν αὐτοῦ συγγράμματι· λαβὼν δὲ ἀνάγνωθι ὧδέ πως ἔχουσαν καὶ αὐτοῦ τὴν γραφήν ... (= quis dives salvetur, Clem. Alex. 42).

24 [1] ταῦτα τοῦ Κλήμεντος, ἱστορίας ὁμοῦ καὶ ὠφελείας τῆς τῶν ἐντευξομένων ἕνεκεν, ἐνταῦθά μοι κείσθω.

Φέρε δέ, καὶ τοῦδε τοῦ ἀποστόλου τὰς ἀναντιρρήτους ἐπισημηνώμεθα γραφάς. [2] καὶ δὴ τὸ κατ' αὐτὸν εὐαγγέλιον ταῖς ὑπὸ τὸν οὐρανὸν διεγνωσμένον ἐκκλησίαις, πρῶτον ἀνωμολογήσθω· ὅτι γε μὴν εὐλόγως πρὸς τῶν ἀρχαίων ἐν τετάρτῃ μοίρᾳ τῶν ἄλλων τριῶν κατείλεκται, ταύτῃ ἂν γένοιτο δῆλον. [3] οἱ θεσπέσιοι καὶ ὡς ἀληθῶς θεοπρεπεῖς, φημὶ δὲ τοῦ Χριστοῦ τοὺς ἀποστόλους, τὸν βίον ἄκρως κεκαθαρμένοι καὶ ἀρετῇ πάσῃ τὰς ψυχὰς κεκοσμημένοι, τὴν δὲ γλῶτταν ἰδιωτεύοντες, τῇ γε μὴν πρὸς τοῦ σωτῆρος αὐτοῖς δεδωρημένῃ θείᾳ καὶ παραδοξοποιῷ δυνάμει θαρσοῦντες, τὸ μὲν ἐν πειθοῖ καὶ τέχνῃ λόγων τὰ τοῦ διδασκάλου μαθήματα πρεσβεύειν οὔτε ᾔδεσαν οὔτε ἐνεχείρουν, τῇ δὲ τοῦ θείου πνεύματος τοῦ συνεργοῦντος αὐτοῖς ἀποδείξει καὶ τῇ δι' αὐτῶν συντελουμένῃ θαυματουργῷ τοῦ Χριστοῦ δυνάμει μόνῃ χρώμενοι, τῆς τῶν οὐρανῶν βασιλείας τὴν γνῶσιν ἐπὶ πᾶσαν κατήγγελλον τὴν οἰκουμένην, σπουδῆς τῆς περὶ τὸ λογογραφεῖν μικρὰν ποιούμενοι φροντίδα. [4] καὶ τοῦτ' ἔπραττον ἅτε μείζονι καὶ ὑπὲρ ἄνθρωπον ἐξυπηρετούμενοι διακονίᾳ. ὁ γοῦν Παῦλος πάντων ἐν παρασκευῇ λόγων δυνατώτατος νοήμασίν τε ἱκανώτατος γεγονώς, οὐ πλέον τῶν βραχυτάτων ἐπιστολῶν γραφῇ παραδέδωκεν, καίτοι μυρία γε καὶ ἀπόρρητα λέγειν ἔχων, ἅτε τῶν μέχρις οὐρανοῦ τρίτου θεωρημάτων ἐπιψαύσας ἐπ' αὐτόν τε τὸν θεοπρεπῆ παράδεισον ἀναρπασθεὶς καὶ τῶν ἐκεῖσε ῥημάτων ἀρρήτων ἀξιωθεὶς ἐπακοῦσαι. [5] οὐκ ἄπειροι μὲν οὖν ὑπῆρχον τῶν αὐτῶν καὶ οἱ λοιποὶ τοῦ σωτῆρος ἡμῶν φοιτηταί, δώδεκα μὲν ἀπόστολοι, ἑβδομήκοντα δὲ μαθηταί, ἄλλοι τε ἐπὶ τούτοις μυρίοι· ὅμως δ' οὖν ἐξ ἁπάντων τῶν τοῦ κυρίου διατριβῶν ὑπομνήματα Ματθαῖος ἡμῖν καὶ Ἰωάννης μόνοι καταλελοίπασιν· οὓς καὶ ἐπάναγκες ἐπὶ τὴν γραφὴν ἐλθεῖν κατέχει λόγος. [6] Ματθαῖός τε γὰρ πρότερον Ἑβραίοις κηρύξας, ὡς ἤμελλεν καὶ ἐφ' ἑτέρους ἰέναι, πατρίῳ γλώττῃ γραφῇ παραδοὺς τὸ κατ' αὐτὸν εὐαγγέλιον, τὸ λεῖπον τῇ αὐτοῦ παρουσίᾳ τούτοις ἀφ' ὧν ἐστέλλετο, διὰ τῆς γραφῆς ἀπεπλήρου· [7] ἤδη δὲ Μάρκου καὶ Λουκᾶ τῶν κατ' αὐτοὺς εὐαγγελίων τὴν ἔκδοσιν πεποιημένων, Ἰωάννην φασὶ τὸν πάντα χρόνον ἀγράφῳ κεχρημένον κηρύγματι, τέλος καὶ ἐπὶ τὴν γραφὴν ἐλθεῖν τοιᾶσδε χάριν αἰτίας. τῶν προαναγραφέντων τριῶν εἰς πάντας ἤδη καὶ εἰς αὐτὸν διαδεδομένων, ἀποδέξασθαι μέν φασιν, ἀλήθειαν αὐτοῖς ἐπιμαρτυρήσαντα, μόνην δὲ ἄρα λείπεσθαι τῇ γραφῇ τὴν περὶ τῶν ἐν πρώτοις καὶ κατ' ἀρχὴν τοῦ κηρύγματος ὑπὸ τοῦ Χριστοῦ πεπραγμένων διήγησιν. καὶ ἀληθής γε ὁ λόγος. [8] τοὺς τρεῖς γοῦν εὐαγγελιστὰς συνιδεῖν πάρεστιν μόνα τὰ μετὰ τὴν ἐν τῷ δεσμωτηρίῳ Ἰωάννου τοῦ βαπτιστοῦ κάθειρξιν ἐφ' ἕνα ἐνιαυτὸν πεπραγμένα τῷ σωτῆρι συγγεγραφότας αὐτό τε τοῦτ' ἐπισημηναμένους κατ' ἀρχὰς τῆς αὐτῶν ἱστορίας· [9] μετὰ γοῦν τὴν τεσσαρακονταήμερον νηστείαν καὶ τὸν ἐπὶ ταύτῃ πειρασμὸν τὸν χρόνον τῆς ἰδίας γραφῆς ὁ μὲν Ματθαῖος δηλοῖ λέγων ›ἀκούσας δὲ ὅτι Ἰωάννης παρεδόθη, ἀνεχώρησεν‹ ἀπὸ τῆς Ἰουδαίας ›εἰς τὴν Γαλιλαίαν‹ (Mt. 4,12), [10] ὁ δὲ Μάρκος ὡσαύτως ›μετὰ δὲ τὸ παραδοθῆναι‹ φησίν ›Ἰωάννην ἦλθεν Ἰησοῦς εἰς τὴν Γαλιλαίαν‹ (Mc. 1,14), καὶ ὁ Λουκᾶς δὲ πρὶν ἄρξασθαι τῶν τοῦ Ἰησοῦ πράξεων, παραπλησίως ἐπιτηρεῖ, φάσκων ὡς ἄρα προσθεὶς Ἡρῴδης οἷς διεπράξατο πονηροῖς, ›κατέκλεισε τὸν Ἰωάννην ἐν φυλακῇ‹ (Lc. 3,19 sq.). [11] παρακληθέντα δὴ οὖν τούτων ἕνεκά φασι τὸν ἀπόστολον Ἰωάννην τὸν ὑπὸ τῶν προτέρων εὐαγγελιστῶν παρασιωπηθέντα χρόνον καὶ τὰ κατὰ τοῦτον πεπραγμένα τῷ σωτῆρι (ταῦτα δ' ἦν τὰ πρὸ τῆς τοῦ βαπτιστοῦ καθείρξεως) τῷ κατ' αὐτὸν εὐαγγελίῳ παραδοῦναι, αὐτό τε τοῦτ' ἐπισημήνασθαι, τοτὲ μὲν φήσαντα ›ταύτην ἀρχὴν ἐποίησεν τῶν παραδόξων ὁ Ἰησοῦς‹ (Joh. 2,11), τοτὲ δὲ μνημονεύσαντα τοῦ βαπτιστοῦ μεταξὺ τῶν Ἰησοῦ πράξεων ὡς ἔτι τότε βαπτίζοντος ἐν Αἰνὼν ἐγγὺς τοῦ Σαλείμ, σαφῶς τε τοῦτο δηλοῦν ἐν τῷ λέγειν ›οὔπω γὰρ ἦν Ἰωάννης βεβλημένος εἰς φυλακήν‹ (Joh. 3,23 sq.). [12] οὐκοῦν ὁ μὲν Ἰωάννης τῇ τοῦ κατ' αὐτὸν εὐαγγελίου γραφῇ τὰ μηδέπω τοῦ βαπτιστοῦ εἰς φυλακὴν βεβλημένου πρὸς τοῦ Χριστοῦ πραχθέντα παραδίδωσιν, οἱ δὲ λοιποὶ τρεῖς εὐαγγελισταὶ τὰ μετὰ τὴν εἰς τὸ δεσμωτήριον κάθειρξιν τοῦ βαπτιστοῦ μνημονεύουσιν· [13] οἷς καὶ ἐπιστήσαντι οὐκέτ' ἂν δόξαι διαφωνεῖν ἀλλήλοις τὰ εὐαγγέλια τῷ τὸ μὲν κατὰ Ἰωάννην τὰ πρῶτα τῶν τοῦ Χριστοῦ πράξεων περιέχειν, τὰ δὲ λοιπὰ τὴν ἐπὶ τέλει τοῦ χρόνου αὐτῷ γεγενημένην ἱστορίαν· εἰκότως δ' οὖν τὴν μὲν τῆς σαρκὸς τοῦ σωτῆρος ἡμῶν γενεαλογίαν ἅτε Ματθαίῳ καὶ Λουκᾷ προγραφεῖσαν ἀποσιωπῆσαι τὸν Ἰωάννην, τῆς δὲ θεολογίας ἀπάρξασθαι ὡς ἂν αὐτῷ πρὸς τοῦ θείου πνεύματος οἷα κρείττονι παραπεφυλαγμένης. [14] ταῦτα μὲν οὖν ἡμῖν περὶ τῆς τοῦ κατὰ Ἰωάννην εὐαγγελίου γραφῆς εἰρήσθω, καὶ τῆς κατὰ Μάρκον δὲ ἡ γενομένη αἰτία ἐν τοῖς πρόσθεν ἡμῖν δεδήλωται· [15] ὁ δὲ Λουκᾶς ἀρχόμενος καὶ αὐτὸς τοῦ κατ' αὐτὸν συγγράμματος τὴν αἰτίαν προὔθηκεν δι' ἣν πεποίηται τὴν σύνταξιν, δηλῶν ὡς ἄρα πολλῶν καὶ ἄλλων προπετέστερον ἐπιτετηδευκότων διήγησιν ποιήσασθαι ὧν αὐτὸς πεπληροφόρητο λόγων, ἀναγκαίως ἀπαλλάττων ἡμᾶς τῆς περὶ τοὺς ἄλλους ἀμφηρίστου ὑπολήψεως, τὸν ἀσφαλῆ λόγον ὧν αὐτὸς ἱκανῶς τὴν ἀλήθειαν κατειλήφει ἐκ τῆς ἅμα Παύλῳ συνουσίας τε καὶ διατριβῆς καὶ τῆς τῶν λοιπῶν ἀποστόλων ὁμιλίας ὠφελημένος, διὰ τοῦ ἰδίου παρέδωκεν εὐαγγελίου. [16] καὶ ταῦτα μὲν ἡμεῖς περὶ τούτων.

hist. eccl. V,10,2-3: [2] Τοσαύτην (Πάνταινος) δ' οὖν φασιν αὐτὸν ἐκθυμοτάτῃ διαθέσει προθυμίαν περὶ τὸν θεῖον λόγον ἐνδείξασθαι, ὡς καὶ κήρυκα τοῦ κατὰ Χριστὸν εὐαγγελίου τοῖς ἐπ' ἀνατολῆς ἔθνεσιν ἀναδειχθῆναι, μέχρι καὶ τῆς Ἰνδῶν στειλάμενον γῆς. ἦσαν γάρ, ἦσαν εἰς ἔτι τότε πλείους εὐαγγελισταὶ τοῦ λόγου, ἔνθεον ζῆλον ἀποστολικοῦ μιμήματος συνεισφέρειν ἐπ' αὐξήσει καὶ οἰκοδομῇ τοῦ θείου λόγου προμηθούμενοι· ὧν εἷς γενόμενος καὶ ὁ Πάνταινος, [3] καὶ εἰς Ἰνδοὺς ἐλθεῖν λέγεται, ἔνθα λόγος εὑρεῖν αὐτὸν προφθάσαν τὴν αὐτοῦ παρουσίαν τὸ κατὰ Ματθαῖον εὐαγγέλιον παρά τισιν αὐτόθι τὸν Χριστὸν ἐπεγνωκόσιν, οἷς Βαρθολομαῖον τῶν ἀποστόλων ἕνα κηρῦξαι αὐτοῖς τε Ἑβραίων γράμμασι τὴν τοῦ Ματθαίου καταλεῖψαι γραφήν, ἣν καὶ σῴζεσθαι εἰς τὸν δηλούμενον χρόνον.

hist. eccl. II,16,1: [1] Τοῦτον δὲ [Μάρκον] πρῶτόν φασιν ἐπὶ τῆς Αἰγύπτου στειλάμενον, τὸ εὐαγγέλιον, ὃ δὴ καὶ συνεγράψατο, κηρῦξαι, ἐκκλησίας τε πρῶτον ἐπ' αὐτῆς Ἀλεξανδρείας συστήσασθαι.

hist. eccl. III,4,6-7: [6] Λουκᾶς δὲ τὸ μὲν γένος ὢν τῶν ἀπ' Ἀντιοχείας, τὴν ἐπιστήμην δὲ ἰατρός, τὰ πλεῖστα συγγεγονὼς τῷ Παύλῳ, καὶ τοῖς λοιποῖς δὲ οὐ παρέργως τῶν ἀποστόλων ὡμιληκώς, ἧς ἀπὸ τούτων προσεκτήσατο ψυχῶν θεραπευτικῆς ἐν δυσὶν ἡμῖν ὑποδείγματα θεοπνεύστοις κατέλιπεν βιβλίοις, τῷ τε εὐαγγελίῳ, ὃ καὶ χαράξαι μαρτύρεται καθ' ἃ παρέδοσαν αὐτῷ οἱ ἀπ' ἀρχῆς αὐτόπται καὶ ὑπηρέται γενόμενοι τοῦ λόγου, οἷς καί φησιν ἔτ' ἄνωθεν ἅπασι παρηκολουθηκέναι, καὶ ταῖς τῶν ἀποστόλων Πράξεσιν, ἃς οὐκέτι δι' ἀκοῆς, ὀφθαλμοῖς δὲ παραλαβὼν συνετάξατο. [7] φασὶν δ' ὡς ἄρα τοῦ κατ' αὐτὸν εὐαγγελίου μνημονεύειν ὁ Παῦλος εἴωθεν, ὁπηνίκα ὡς περὶ ἰδίου τινὸς εὐαγγελίου γράφων ἔλεγεν ›κατὰ τὸ εὐαγγέλιόν μου‹ (Rom. 2,16; 2.Tim. 2,8).

hist. eccl. III, 20, 8–9: [8]μετὰ δὲ τὸν Δομετιανὸν πεντεκαίδεκα ἔτεσιν κρατήσαντα Νερούα τὴν ἀρχὴν διαδεξαμένου, καθαιρεθῆναι μὲν τὰς Δομετιανοῦ τιμάς, ἐπανελθεῖν δ' ἐπὶ τὰ οἰκεῖα μετὰ τοῦ καὶ τὰς οὐσίας ἀπολαβεῖν τοὺς ἀδίκως ἐξεληλαμένους ἡ Ῥωμαίων σύγκλητος βουλὴ ψηφίζεται· ἱστοροῦσιν οἱ γραφῇ τὰ κατὰ τοὺς χρόνους παραδόντες. [9]τότε δὴ οὖν καὶ τὸν ἀπόστολον Ἰωάννην ἀπὸ τῆς κατὰ τὴν νῆσον φυγῆς τὴν ἐπὶ τῆς Ἐφέσου διατριβὴν ἀπειληφέναι ὁ τῶν παρ' ἡμῖν ἀρχαίων παραδίδωσι λόγος.

»EPHRAEM SYRUS«

Comm. in Diatess. Tatiani (sec. ms. syr. Ch. Beatty 709, ed. Leloir, 1963, p. 250 sq): Non autem concordant verba apostolorum, quia non simul scripserunt evangelium. Non enim acceperant mandatum sicut Moyses in tabulis, sed, sicut dixit propheta: »Dabo eis testamentum, non sicut illud, sed legem meam in mentibus eorum, et super corda eorum scribam«. Et occasiones provocaverunt eos, et scripserunt. Matthaeus hebraice scripsit id (*i. e.* evangelium), et deinde translatum est in graecum. Marcus autem sequebatur Simonem Petrum. Cum abiisset Romam, ut recordarentur traditionis, ne forte diuturnitate in oblivionem caderet, (fideles) persuaserunt eum (*sc.* Marcum), et scripsit id quod apprehenderat. Lucas autem incepit a baptismo Iohannis. Cum autem unus de incarnatione eius dixisset, et de regno eius quod ex Davide, alter vero ex Abrahamo (incepisset), venit Iohannes, invenit multa annuntiasse verba eorum qui scripserunt genealogias filii hominis. Scripsit ille non (solum) hominem fuisse illum, sed: »In principio erat Verbum«.
Vers. arm. add. (ed. Leloir, CSCO 137/145, App. I): Matthaeus hebraice scripsit evangelium, Marcus latine a Simone Romae in urbe, Lucas graece, Iohannes (tandem) scripsit illud quia permansit in mundo usque ad tempus Traiani.
Marcus evangelizavit in Aegypto, Iohannes in Asia, Matthaeus apud Indos et in Iudaea, Thomas apud Parthos, et Iacobus Zebedaei in Gallia, Andreas apud Scythas et Macedones et Achaios, Petrus in Ponto et Romae et apud Galatas et Cymbrios (gamir) et Bythinos et Asianos et in Merdsin, Paulus a Ierusalem usque in Hispaniam, Bartholomaeus evangelium Matthaei dedit Indis, et fuit ibi episcopus, et evangelizavit in Lycaonia; Philippus apud Graecos et apud Galatas, Crispus apud Dalmatas, Titus apud Cretenses, Levi infra Pontum, Thaddaeus, unus ex septuaginta Urhae, in diebus Abgari, custodis loci; et sanavit eum, cum aegrotus esset.
Quadraginta annis post ascensionem Domini nostri initium factum est ruinae Ierusalem, ante bellum Titi. Omnes apostoli dispersi erant ad universas nationes gentium, ut et praeceperat eis Dominus noster: Exite in universum mundum.

EPIPHANIUS

Ancoratus 13, 1. 5 (ed. Holl, GCS 25): [1]Πᾶσαι οὖν αἱ πρὸ τῆς ἐνσάρκου τοῦ Χριστοῦ παρουσίας ἀπὸ Ἀδὰμ ἀρξάμεναι καὶ μέχρις αὐτῆς εἴκοσίν εἰσι. μετὰ δὲ τὴν ἔνσαρκον τοῦ Χριστοῦ παρουσίαν ἕως βασιλείας Οὐαλεντινιανοῦ καὶ Οὐάλεντος καὶ Γρατιανοῦ πᾶσαι αἱ αἱρέσεις αἱ ψευδῶς ἐπιφημίσασαι τὸ τοῦ Χριστοῦ ὄνομα ἑαυταῖς ἑξήκοντά εἰσιν, οὕτως ἀριθμούμεναι· ..... [5]..... Ἄλογοι, οἱ τὸ εὐαγγέλιον καὶ τὴν ἀποκάλυψιν Ἰωάννου μὴ δεχόμενοι.

Panarion haer. 51 Inscriptio (ed. Holl, GCS 31): Κατὰ τῆς αἱρέσεως τῆς μὴ δεχομένης τὸ κατὰ Ἰωάννην εὐαγγέλιον καὶ τὴν αὐτοῦ Ἀποκάλυψιν $\overline{\lambda\alpha}$, τῆς δὲ ἀκολουθίας $\overline{\nu\alpha}$.

Panarion haer. 51, 3; 4, 12–5, 1; 5, 3; 6, 1; 6, 10–13 (ed. Holl, GCS 31): 3 [1]Φάσκουσι τοίνυν οἱ Ἄλογοι – ταύτην γὰρ αὐτοῖς ἐπιτίθημι τὴν ἐπωνυμίαν· ἀπὸ γὰρ τῆς δεῦρο οὕτως κληθήσονται καὶ οὕτως, ἀγαπητοί, ἐπιθῶμεν αὐτοῖς ὄνομα, τουτέστιν Ἀλόγων. [2]εἶχον μὲν γὰρ τὴν αἵρεσιν καλουμένην, ἀποβάλλουσαν Ἰωάννου τὰς βίβλους. ἐπεὶ οὖν τὸν Λόγον οὐ δέχονται τὸν παρὰ Ἰωάννου κεκηρυγμένον, Ἄλογοι κληθήσονται. [3]ἀλλότριοι τοίνυν παντάπασιν ὑπάρχοντες τοῦ κηρύγματος τῆς ἀληθείας ἀρνοῦνται τὸ καθαρὸν τοῦ κηρύγματος καὶ οὔτε τὸ τοῦ Ἰωάννου εὐαγγέλιον δέχονται οὔτε τὴν αὐτοῦ Ἀποκάλυψιν. [4]καὶ εἰ μὲν ἐδέχοντο τὸ εὐαγγέλιον, τὴν δὲ Ἀποκάλυψιν ἀπεβάλλοντο, ἐλέγομεν ἄν, μή πη ἄρα κατὰ ἀκριβολογίαν τοῦτο ποιοῦνται, ἀπόκρυφον μὴ δεχόμενοι διὰ τὰ ἐν τῇ Ἀποκαλύψει βαθέως καὶ σκοτεινῶς εἰρημένα. [5]ὁπότε δὲ οὐ δέχονται φύσει τὰ βιβλία τὰ ἀπὸ τοῦ ἁγίου Ἰωάννου κεκηρυγμένα, παντί τῳ δῆλον εἴη ὅτι οὗτοί εἰσι καὶ οἱ ὅμοιοι τούτοις, περὶ ὧν εἶπεν ὁ ἅγιος Ἰωάννης ἐν ταῖς καθολικαῖς ἐπιστολαῖς ὅτι »ἐσχάτη ὥρα ἐστὶ καὶ ἠκούσατε ὅτι Ἀντίχριστος ἔρχεται· καὶ νῦν ἰδοὺ Ἀντίχριστοι πολλοί« καὶ τὰ ἑξῆς. [6]προφασίζονται γὰρ οὗτοι, αἰσχυνόμενοι ἀντιλέγειν τῷ ἁγίῳ Ἰωάννῃ διὰ τὸ εἰδέναι αὐτοὺς τὸν αὐτὸν ἐν ἀριθμῷ τῶν ἀποστόλων ὄντα καὶ ἠγαπημένον ὑπὸ τοῦ κυρίου, ᾧ ἀξίως τὰ μυστήρια ἀπεκάλυπτεν καὶ ἐπὶ τὸ στῆθος αὐτοῦ ἀνέπεσε, καὶ ἑτέρως αὐτὰ ἀνατρέπειν πειρῶνται. λέγουσι γὰρ μὴ εἶναι αὐτὰ Ἰωάννου ἀλλὰ Κηρίνθου καὶ οὐκ ἄξια αὐτά φασιν εἶναι ἐν ἐκκλησίᾳ.
4 [12]Ματθαῖος γὰρ πρῶτος ἄρχεται εὐαγγελίζεσθαι. τούτῳ γὰρ ἦν ἐπιτετραμμένον τὸ εὐαγγέλιον κηρῦξαι ἀπ' ἀρχῆς, ὡς καὶ ἐν ἄλλῃ αἱρέσει περὶ τούτου διὰ πλάτους εἰρήκαμεν· οὐδὲν δὲ ἡμᾶς λυπήσει καὶ αὖθις περὶ τῶν αὐτῶν διαλαβεῖν, εἰς παράστασιν ἀληθείας καὶ ἔλεγχον τῶν πεπλανημένων. 5 [1]Οὗτος τοίνυν ὁ Ματθαῖος καταξιοῦται ⟨πρῶτος κηρῦξαι⟩ τὸ εὐαγγέλιον, ὡς ἔφην, καὶ δικαιότατα ἦν. ἔδει γὰρ τὸν ἀπὸ πολλῶν ἁμαρτημάτων ἐπιστρέψαντα καὶ ἀπὸ τοῦ τελωνείου ἀναστάντα καὶ ἀκολουθήσαντα τῷ ἐλθόντι ἐπὶ σωτηρίᾳ τοῦ γένους τῶν ἀνθρώπων ... 5 [3]καὶ αὐτὸς μὲν οὖν ὁ Ματθαῖος Ἑβραϊκοῖς γράμμασι γράφει τὸ εὐαγγέλιον καὶ κηρύττει, καὶ ἄρχεται οὐκ ἀπ' ἀρχῆς, ἀλλὰ διηγεῖται μὲν τὴν γενεαλογίαν ἀπὸ τοῦ Ἀβραάμ·
6 [1]Τί οὖν ἐροῦμεν; ἐπεὶ μὴ κατήγγειλεν ὁ Ματθαῖος τὰ ὑπὸ τοῦ Λουκᾶ ῥηθέντα, ἄρα ἀσύμφωνος εἴη ὁ ἅγιος Ματθαῖος πρὸς τὴν ἀλήθειαν; ἢ οὐκ ἀληθεύει ὁ ἅγιος Λουκᾶς, εἰπὼν ⟨οὐδὲν⟩ περὶ τῶν πρώτων τῷ Ματθαίῳ πεπραγματευμένων; [2]οὐχὶ ἑκάστῳ ἐμέρισεν ὁ θεός, ἵνα οἱ τέσσαρες εὐαγγελισταὶ ὀφείλοντες κηρῦξαι εὕρωσιν ἕκαστος τί ἐργάσωνται καὶ τὰ μὲν συμφώνως καὶ ἴσως κηρύξωσιν, ἵνα δείξωσιν ὅτι ἐκ τῆς αὐτῆς πηγῆς ὥρμηνται, τὰ δὲ ἑκάστῳ παραλειφθέντα ἄλλος διηγήσηται, ὡς ἔλαβε παρὰ τοῦ πνεύματος μέρος τῆς ἀναλογίας; [3]τί δὲ ποιήσωμεν; Ματθαίου μὲν κηρύττοντος ἐν Βηθ-

λεὲμ τὴν Μαριὰμ γεγεννηκέναι, κατά ⟨τε⟩ τὰς παρ' αὐτῷ γενεαλογίας ἀπὸ Ἀβραὰμ καὶ Δαυὶδ τὴν ἔνσαρκον Χριστοῦ θεοφάνειαν, [4]ὡς οὐχ εὑρίσκεται ὁ ἅγιος Μάρκος ταῦτα λέγων, ἀλλὰ ἀπὸ τῆς ἐν τῷ Ἰορδάνῃ πραγματείας ποιεῖται τὴν εἰσαγωγὴν τοῦ εὐαγγελίου καί φησιν »ἀρχὴ τοῦ εὐαγγελίου, ὡς γέγραπται ἐν Ἠσαΐᾳ τῷ προφήτῃ, φωνὴ βοῶντος ἐν τῇ ἐρήμῳ«, [5]οὕτω καὶ τὰ τῷ ἁγίῳ Ἰωάννῃ πεπραγματευμένα καὶ ἐν ἁγίῳ πνεύματι ἠσφαλισμένα τὴν φροντίδα ἔσχεν, οὐ περὶ τῶν ἤδη κεκηρυγμένων πολλάκις μόνον λέγειν, ἀλλὰ περὶ τῶν ἀναγκαίως ὑπὸ τῶν ἄλλων εἰς αὐτὸν κηρυγμάτων καταλειφθέντων. [6]Ἡ γὰρ πᾶσα τῶν εὐαγγελίων ὑπόθεσις τοιοῦτον εἶχε τὸν τρόπον.

[10]εὐθὺς δὲ μετὰ τὸν Ματθαῖον ἀκόλουθος γενόμενος ὁ Μάρκος τῷ ἁγίῳ Πέτρῳ ἐν Ῥώμῃ ἐπιτρέπεται τὸ εὐαγγέλιον ἐκθέσθαι καὶ γράψας ἀποστέλλεται ὑπὸ τοῦ ἁγίου Πέτρου εἰς τὴν τῶν Αἰγυπτίων χώραν. [11]οὗτος δὲ εἷς ἐτύγχανεν ἐκ τῶν ἑβδομήκοντα δύο, τῶν διασκορπισθέντων ἐπὶ τῷ ῥήματι ᾧ εἶπεν ὁ κύριος »ἐὰν μή τις φάγῃ μου τὴν σάρκα καὶ πίῃ μου τὸ αἷμα, οὐκ ἔστι μου ἄξιος«, ὡς τοῖς τὰ εὐαγγέλια ἀναγνοῦσι σαφὴς ⟨εἴη⟩ ἡ παράστασις· ὅμως διὰ Πέτρου ἐπανακάμψας εὐαγγελίζεσθαι καταξιοῦται, πνεύματι ἁγίῳ ἐμπεφορημένος. [12]ἄρχεται δὲ κηρύττειν ὅθεν τὸ πνεῦμα αὐτῷ παρεκελεύσατο, τὴν ἀρχὴν τάττων ἀπὸ πεντεκαιδεκάτου ἔτους Τιβερίου Καίσαρος, μετὰ ἔτη τριάκοντα τῆς τοῦ Ματθαίου πραγματείας. [13]δευτέρου δὲ γενομένου εὐαγγελιστοῦ καὶ μὴ περὶ τῆς ἄνωθεν καταγωγῆς τοῦ θεοῦ Λόγου τηλαυγῶς σημήναντος, ἀλλὰ πάντῃ μὲν ἐμφαντικῶς, οὐ μὴν κατὰ ἀκριβολογίαν τοσαύτην, γέγονε τοῖς προειρημένοις ἠπατημένοις εἰς δεύτερον σκότωσις τῶν διανοημάτων τοῦ μὴ καταξιωθῆναι πρὸς φωτισμὸν τοῦ εὐαγγελίου.

CHRYSOSTOMUS

Homilia in Acta Apostolorum I,1 (PG 60,15): Ἔστι δὲ καὶ δόγματα ἐνταῦθα εὑρεῖν, ἅπερ, εἰ μὴ τοῦτο ἦν τὸ βιβλίον, οὐδενὶ σαφῶς οὕτω γνώριμα ἐγένοντο· ἀλλὰ τὸ κεφάλαιον τῆς σωτηρίας ἡμῶν ἀπεκρύπτετο, καὶ ἄδηλον ἦν, καὶ βίου καὶ δογμάτων ἕνεκεν. Τὸ πλέον δὲ τῶν ἐνταῦθα ἐγκειμένων, Παύλου πράξεις εἰσὶ, τοῦ περισσότερον πάντων κοπιάσαντος. Καὶ τὸ αἴτιον, ὅτι αὐτοῦ φοιτητὴς ἦν ὁ τὸ βιβλίον τοῦτο συνθεὶς Λουκᾶς ὁ μακάριος· οὗ τὴν ἀρετὴν πολλαχόθεν μὲν καὶ ἄλλοθεν ἔστιν ἰδεῖν, μάλιστα δὲ ἐκ τοῦ πρὸς τὸν Διδάσκαλον ἀδιασπάστως ἔχειν, καὶ διαπαντὸς αὐτῷ παρακολουθεῖν. Ὅτε γοῦν Δημᾶς καὶ Ἑρμογένης αὐτὸν ἐγκατέλιπον, ὁ μὲν εἰς Γαλατίαν, ὁ δὲ εἰς Δαλματίαν ἀπελθὼν, ἄκουσον τί φησι περὶ τούτου· Λουκᾶς ἐστι μόνος μετ' ἐμοῦ· καὶ Κορινθίοις δὲ ἐπιστέλλων περὶ αὐτοῦ φησιν· Οὗ ὁ ἔπαινος ἐν τῷ Εὐαγγελίῳ διὰ πασῶν τῶν Ἐκκλησιῶν. Καὶ ὅταν λέγῃ, ὅτι Ὤφθη Κηφᾷ, εἶτα τοῖς δώδεκα· καὶ, Κατὰ τὸ Εὐαγγέλιον, ὃ παρελάβετε, τὸ τούτου λέγει· ὥστε οὐκ ἂν τις ἁμάρτοι τὴν πραγματείαν ταύτην αὐτῷ ἀναθείς. Ὅταν δὲ εἴπω, τούτῳ, τῷ Χριστῷ λέγω. Εἰ δέ τις λέγοι· Καὶ τί δήποτε οὐχὶ πάντα συνέγραψε, μέχρι τέλους ὢν μετ' αὐτοῦ; ἐκεῖνο ἂν εἴποιμεν, ὅτι καὶ ταῦτα ἀρκοῦντα ἦν τοῖς βουλομένοις προσέχειν, καὶ ὅτι πρὸς τὰ κατεπείγοντα ἀεὶ ἵσταντο, καὶ ὅτι οὐκ ἐν τῷ λογογραφεῖν ἦν αὐτοῖς ἡ σπουδή· πολλὰ γὰρ καὶ ἀγράφῳ παραδόσει δεδώκασι.

HIERONYMUS

Epistula 120,11 (ed. Hilberg, CSEL 55): Aliquotiens diximus apostolum Paulum virum fuisse doctissimum et eruditum ad pedes Gamalihel, qui in apostolorum Actibus contionatur et dicit: »et nunc quid habetis cum hominibus istis? si enim a deo est, stabit, si ex hominibus, destruetur« (Act. 5,38 sq). cumque haberet sanctarum scientiam scripturarum et sermonis diversarumque linguarum gratiam possideret - unde ipse gloriatur in domino et dicit: »gratias ago deo, quod omnium eorum magis linguis loquor« (1. Cor. 14, 18!), divinorum sensuum maiestatem digno non poterat Graeci eloquii explicare sermone. habebat ergo Titum interpretem sicut et beatus Petrus Marcum, cuius evangelium Petro narrante et illo scribente conpositum est. denique et duae epistulae, quae feruntur Petri, stilo inter se et caractere discrepant structuraque verborum; ex quo intellegimus pro necessitate rerum diversis eum usum interpretibus.

De viris inlustribus III (ed. Richardson, TU XIV,1): Matthaeus qui et Levi, ex publicano apostolus, primus in Iudaea, propter eos qui ex circumcisione crediderunt, Evangelium Christi Hebraeis litteris verbisque conposuit; quod quis postea in Graecum transtulerit, non satis certum est. Porro ipsum Hebraicum habetur usque hodie in Caesariensi bibliotheca, quam Pamphilus martyr studiosissime confecit. Mihi quoque a Nazaraeis qui in Beroea, urbe Syriae, hoc volumine utuntur, describendi facultas fuit. In quo animadvertendum quod ubicumque evangelista, sive ex persona sua sive ex Domini Salvatoris veteris scripturae testimoniis abutitur, non sequatur Septuaginta translatorum auctoritatem, sed Hebraicam. E quibus illa duo sunt: »Ex Aegypto vocavi Filium meum« (2, 15), et, »Quoniam Nazaraeus vocabitur« (2, 23).

De viris inl. VII (ed. Richardson, TU XIV,1): Lucas, medicus Antiochensis, ut eius scripta indicant, Graeci sermonis non ignarus fuit, sectator apostoli Pauli et omnis eius peregrinationis comes, scripsit Evangelium, de quo idem Paulus: »Misimus, inquit, cum illo fratrem cuius laus est in evangelio per omnes ecclesias« (2. Cor. 8, 18), et ad Colossenes, »Salutat vos Lucas medicus carissimus« (4, 14), et ad Timotheum, »Lucas est mecum solus« (2. Tim. 4, 11). Aliud quoque edidit volumen egregium quod titulo Apostolicorum πράξεων praenotatur, cuius historia usque ad biennium Romae commorantis Pauli pervenit, id est usque ad quartum Neronis annum. Ex quo intelligimus in eadem urbe librum esse conpositum. Igitur περιόδους Pauli et Theclae et totam baptizati leonis fabulam inter apocryphas scripturas conputemus. Quale enim est, ut individuus comes apostoli inter ceteras eius res hoc solum ignoraverit? Sed et Tertullianus, vicinus illorum temporum, refert presbyterum quendam in Asia, σπουδαστὴν apostoli Pauli, convictum apud Iohannem quod auctor esset libri, et confessum se hoc Pauli amore fecisse, loco excidisse. Quidam suspicantur, quotiescumque Paulus in epistulis suis dicat »iuxta evangelium meum« (Röm. 16, 25), de Lucae significare volumine et Lucam non solum ab apostolo Paulo didicisse evangelium, qui cum Domino in carne non fuerat, sed et a ceteris apostolis. Quod ipse quoque in principio voluminis sui declarat dicens: »Sicut tradiderunt nobis qui

a principio ipsi viderunt et ministri fuerunt sermonis« (Luc. 1, 2). Igitur Evangelium, sicut audierat scripsit; Acta vero apostolorum, sicut viderat ipse, conposuit. Sepultus est Constantinopolim, ad quam urbem, vicesimo Constantii anno, ossa eius, cum reliquiis Andreae apostoli, translata sunt.

De viris inl. VIII (ed. Richardson, TU XIV, 1): M a r c u s, discipulus et interpres Petri iuxta quod Petrum referentem audierat, rogatus Romae a fratribus breve scripsit Evangelium. Quod cum Petrus audisset, probavit et ecclesiis legendum sua auctoritate edidit, sicut scribit Clemens in sexto Ὑποτυπώσεων libro et Papias Hierapolitanus episcopus. Meminit huius Marci et Petrus in prima epistula, sub nomine Babylonis figuraliter Romam significans: »Salutat vos quae est in Babylone coëlecta et Marcus filius meus« (1. Petr. 5, 13). Adsumpto itaque evangelio quod ipse confecerat, perrexit Aegyptum et primus Alexandriae Christum adnuncians constituit ecclesiam tanta doctrina et vitae continentia, ut omnes sectatores Christi ad exemplum sui cogeret. Denique Philon, disertissimus Iudaeorum, videns Alexandriae primam ecclesiam adhuc iudaizantem quasi in laudem gentis suae librum super eorum conversatione scripsit, et quomodo Lucas narrat Hierosolymae credentes omnia habuisse communia, sic ille quod Alexandriae sub Marco fieri doctore cernebat memoriae tradidit.
Mortuus est autem octavo Neronis anno et sepultus Alexandriae, succedente sibi Anniano.

De viris inl. IX (ed. Richardson, TU XIV, 1): I o h a n n e s apostolus quem Iesus amavit plurimum, filius Zebedaei et frater Iacobi apostoli quem Herodes post passionem Domini decollavit, novissimus omnium scripsit Evangelium, rogatus ab Asiae episcopis, adversus Cerinthum aliosque haereticos et maxime tunc Ebionitarum dogma consurgens, qui adserunt Christum ante Mariam non fuisse. Unde etiam conpulsus est divinam eius nativitatem edicere. Sed et aliam causam huius scripturae ferunt, quod, cum legisset Matthaei, Marci et Lucae volumina, probaverit quidem textum historiae et vera eos dixisse firmaverit, sed unius tantum anni in quo et passus est post carcerem Iohannis, historiam texuisse. Praetermisso itaque anno cuius acta a tribus exposita fuerant, superioris temporis, antequam Iohannes clauderetur in carcerem, gesta narravit, sicut manifestum esse poterit his qui diligenter quattuor Evangeliorum volumina legerint. Quae res et διαφωνίαν, quae videtur Iohannis esse cum ceteris, tollit.
Scripsit autem et unam Epistulam cuius exordium est, »Quod fuit ab initio, quod audivimus et vidimus oculis nostris, quod perspeximus et manus nostrae temptaverunt de verbo vitae« (I, 1, 1), quae ab universis ecclesiasticis et eruditis viris probatur. Reliquae autem duae quarum principium est, »Senior electae dominae et natis eius« (II, 1) et sequentis: »Senior Gaio carissimo, quem ego diligo in veritate« (III, 1) Iohannis presbyteri adseruntur, cuius et hodie alterum sepulcrum apud Ephesum ostenditur; et nonnulli putant duas memorias eiusdem Iohannis evangelistae esse; super qua re, cum per ordinem ad Papiam auditorem eius ventum fuerit, disseremus.
Quarto decimo igitur anno, secundam post Neronem persecutionem movente Domitiano, in Patmos insulam relegatus, scripsit Apocalypsin, quam interpretantur Iustinus martyr et Irenaeus. Interfecto autem Domitiano et actis eius ob nimiam crudelitatem a senatu rescissis, sub Nerva redit Ephesum ibique usque ad Traianum principem perseverans totas Asiae fundavit rexitque ecclesias et confectus senio et sexagesimo octavo post passionem Domini anno mortuus, iuxta eandem urbem sepultus est.

Prologus quattuor evangeliorum (praefatio in comm. in Mattheum, Wordsworth-White I, 11-14): Plures fuisse qui evangelia scripserunt, et Lucas evangelista testatur (1, 1 sq.) dicens »Quoniam quidem multi conati sunt ordinare narrationem rerum quae in nobis conpletae sunt sicut tradiderunt nobis qui ab initio ipsi viderunt sermonem et ministraverunt ei«, et perseverantia usque ad praesens tempus monumenta declarant, quae a diversis auctoribus edita diversarum heresium fuere principia: ut est illud iuxta Aegyptios et Thoman et Matthian et Bartholomeum, duodecim quoque apostolorum, et Basilidis atque Apellis, ac reliquorum quos enumerare longissimum est, cum hoc tantum in praesentiarum necesse sit dicere, extitisse quosdam qui sine spiritu et gratia dei conati sunt magis ordinare narrationem quam historiae texere veritatem. Quibus iure potest illud propheticum (Ez. 13, 3. 6) coaptari »Vae qui prophetant de corde suo, qui ambulant post spiritum suum,« »qui dicunt Dicit dominus, et dominus non misit eos«. De quibus et salvator in evangelio Iohannis (10, 8) loquitur »Omnes qui ante me venerunt fures fuerunt et latrones«. Qui venerunt, non qui missi sunt. Ipse enim ait Veniebant, et ego non mittebam eos. In venientibus praesumtio temeritatis, in missis obsequium veritatis est. Ecclesia autem quae supra petram domini voce fundata est, quam introduxit rex in cubiculum suum et ad quam per foramen descensionis occulte misit manum suam, similis dammulae hinnuloque cervorum, quattuor flumina paradisi instar eructans, quattuor et angulos et anulos habet, per quos quasi arca testamenti et custos legis domini lignis mobilibus vehitur.
Primus omnium M a t t h e u s est publicanus cognomento Levi, qui evangelium in Iudaea hebreo sermone edidit, ob eorum vel maxime causam qui in Iesum crediderant ex Iudaeis et nequaquam legis umbra succedente evangelii veritatem servabant. Secundus M a r c u s interpres apostoli Petri et Alexandrinae ecclesiae primus episcopus, qui dominum quidem salvatorem ipse non vidit, sed ea quae magistrum audierat praedicantem iuxta fidem magis gestorum narravit quam ordinem. Tertius L u c a s medicus, natione Syrus Antiochensis, cuius laus in evangelio, qui et ipse discipulus apostoli Pauli in Achaiae Boeotiaeque partibus volumen condidit, quaedam altius repetens et, ut ipse in prohemio confitetur, audita magis quam visa describens. Ultimus I o h a n n e s apostolus et evangelista, quem Iesus amavit plurimum, qui super pectus domini recumbens purissima doctrinarum fluenta potavit, et qui solus de cruce meruit audire »Ecce mater tua« (Joh. 19, 27). Is cum esset in Asia et iam tunc hereticorum semina pullularent, Cerinthi Hebionis et ceterorum qui negant Christum in carne venisse, quos et ipse in epistula sua antichristos vocat et apostolus Paulus frequenter percutit, coactus est ab omnibus paene tunc Asiae episcopis et multarum ecclesiarum legationibus, de divinitate salvatoris altius scribere et ad ipsum ut ita dicam dei verbum non tam audaci quam felici temeritate prorumpere, ut ecclesiastica narrat historia, cum a fratribus cogeretur ut scriberet, ita facturum respondisse si indicto ieiunio in commune omnes deum deprecarentur; quo expleto revelatione saturatus in illud prohemium caelo veniens eructavit »In principio erat verbum, et verbum erat apud deum, et deus erat hoc verbum: hoc erat in principio apud deum« (Joh. 1, 1 sq.).

Haec igitur quattuor evangelia multum ante praedicta Ezechielis quoque volumen probat, in quo prima visio ita contexitur »Et in medio sicut similitudo quattuor animalium« (1, 5), »et vultus eorum facies hominis et facies leonis et facies vituli et facies aquilae« (1, 10). Prima hominis facies Mattheum significat, qui quasi de homine exorsus est scribere »Liber generationis Iesu Christi filii David filii Abraham« (1, 1). Secunda Marcum, in quo vox leonis in heremo rugientis auditur »Vox clamantis in deserto Parate viam domini, rectas facite semitas eius« (1, 3). Tertia vituli, quae evangelistam Lucam a Zacharia sacerdote sumsisse initium praefiguravit. Quarta Iohannem evangelistam, qui adsumtis pinnis aquilae et ad altiora festinans de verbo dei disputat. Cetera quae sequuntur in eundem sensum proficiunt. »Crura eorum recta et pinnati pedes« (Ez. 1, 7), »et quocumque spiritus ibat ibant et non revertebantur« (1, 12), »et dorsa eorum plena oculis« (1,18), »et scintillae ac lampades in medio discurrentes« (1,13), »et rota in rota« (1, 16), et in singulis quattuor facies. Unde et apocalypsis Iohannis post expositionem viginti quattuor seniorum, qui tenentes citharas et fialas adorant agnum dei, introducit fulgura et tonitrua et septem spiritus discurrentes et mare vitreum et »quattuor animalia plena oculis« (Apc. 4, 6), dicens »Animal primum simile leoni, et secundum simile vitulo, et tertium simile hominis, et quartum simile aquilae volanti« (4, 7). Et post paululum »Plena« inquit (4, 8) »erant oculis, et requiem non habebant die ac nocte, dicentia Sanctus sanctus sanctus dominus deus omnipotens, qui erat et qui est et qui venturus est«. Quibus cunctis perspicue ostenditur quattuor tantum debere evangelia suscipi, et omnes apocriforum nenias mortuis magis hereticis quam ecclesiasticis vivis canendas.

Praefatio Matthei (Wordsworth-White I, 15-17): Mattheus ex Iudaeis, sicut in ordine primus ponitur, evangelium in Iudaea primus scripsit, cuius vocatio ad dominum ex publicanis actibus fuit, duorum in generatione Christi principia praesumens, unius cuius prima circumcisio in carne, alterius cuius secundum cor electio fuit; et ex utrisque partibus Christus. Sicque quaterno denario numero triformiter posito, principium a credendi fide in electionis tempus porrigens et ex electione in transmigrationis diem dirigens atque a transmigratione usque ad Christum definiens decursam adventus domini ostendit generationem, ut et numero satisfaciens et tempori et se quod esset ostenderet et dei in se opus monstrans etiam in his quorum genus posuit Christi operantis a principio testimonium non negaret. Quarum omnium rerum tempus, ordo, numerus, dispositio vel ratio, quod fidei necessarium est, deus Christus est; qui factus est ex muliere, factus sub lege, natus ex virgine, passus in carne, omnia in cruce fixit, ut triumphans ea in semet ipso resurgens in corpore et patris nomen in patribus filio et filii nomen patri restitueret in filiis, sine principio sine fine, ostendens unum se cum patre esse, quia unus est. In quo evangelio utile est desiderantibus deum sic prima vel media vel perfecta cognoscere ut et vocationem apostoli et opus evangelii et dilectionem dei in carne nascentis per universa legentes intellegant atque id in eo in quo adprehensi sunt et adprehendere expetunt recognoscant. Nobis enim hoc in studio argumenti fuit, et fidem factae rei tradere et operantis dei intellegendam diligenter esse dispositionem quaerentibus non tacere.

Praefatio Marci (WW I, 171-173): MARCUS evangelista dei et Petri in baptismate filius atque in divino sermone discipulus, sacerdotium in Israhel agens, secundum carnem levita, conversus ad fidem Christi evangelium in Italia scripsit, ostendens in eo quid et generi suo deberet et Christo. Nam initium principii in voce propheticae exclamationis instituens ordinem leviticae electionis ostendit, ut praedicans praedestinatum Iohannem filium Zachariae in voce angeli adnuntiantis emissum, non solum 'verbum caro factum' sed et corpus domini per verbum divinae vocis animatum initio evangelicae praedicationis ostenderet, ut quis haec legens sciret cui initium carnis in domino, et dei advenientis habitaculum, deberet agnoscere, atque in se verbum vocis, quod in consonantibus perdiderat, inveniret. Denique perfecti evangelii opus intrans et a baptismo domini praedicare deum inchoans non laboravit nativitatem carnis quam in prioribus viderat dicere, sed totus in primis expulsionem deserti, ieiunium numeri, temtationem diaboli, congregationem bestiarum et ministerium protulit angelorum, ut instituens nos ad intellegendum, singula in brevi conpingens nec auctoritatem factae rei demeret, et perficiendo operi plenitudinem non negaret. Denique amputasse sibi post fidem pollicem dicitur ut sacerdotio reprobus haberetur, sed tantum consentiens fidei praedestinatae potuit electio, ut nec sic in opere verbi perderet quod prius meruerat in genere, nam Alexandriae episcopus fuit. Cuius per singula opus scire et evangelii in se dicta disponere et disciplinam in se legis agnoscere et divinam domini in carne intellegere naturam; quae et nos primum requiri, dehinc inquisita volumus agnosci, habentes mercedem exhortationis, quoniam qui plantat et qui rigat unum sunt, qui autem incrementum praestat deus est.

Praefatio Lucae (WW I, 269-271): LUCAS Syrus natione Antiochensis arte medicus discipulus apostolorum postea Paulum secutus usque ad confessionem eius serviens domino sine crimine. Nam neque uxorem umquam habens neque filios septuaginta et quattuor annorum obiit in Bithynia plenus spiritu sancto. Qui cum iam descripta essent evangelia per Mattheum quidem in Iudaea per Marcum autem in Italia sancto instigante spiritu in Achaiae partibus hoc scripsit evangelium significans etiam ipse in principio ante alia esse descripta; cui extra ea quae ordo evangelicae dispositionis exposcit ea maxime necessitas fuit laboris ut primum graecis fidelibus, omni perfectione venturi in carnem dei manifestata, ne iudaicis fabulis intenti in solo legis desiderio tenerentur neve hereticis fabulis et stultis sollicitationibus seducti excederent a veritate elaboraret; dehinc ut in principio evangelii, Iohannis nativitate praesumta, cui evangelium scriberet et in quo electus scriberet indicaret contestans in se completa esse quae essent ab aliis inchoata. Cui ideo, post baptismum filii Dei, a perfectione generationis in Christo impletae, et repetendae a principio nativitatis humanae potestas permissa est, ut requirentibus demonstraret in quo adprehenderat, per Nathan filium introitu recurrentis in deum generationis admisso, indispartibilis Dei praedicans in hominibus Christum suum perfecti opus hominis, redire in se per filium faceret qui per David patrem venientibus iter praebebat in Christo. Cui Lucae non inmerito etiam scribendorum apostolicorum actuum potestas in ministerio datur, ut deo in deum pleno, ac filio proditionis extincto, oratione ab apostolis facta, sorte domini electionis numerus compleretur, sicque Paulus consummationem apostolicis actibus daret quem diu contra stimulos recalcitrantem Dominus elegisset. Quod legentibus ac requirentibus Deum etsi per singula expediri a nobis utile fuerat, scientes tamen quod operantem agricolam oporteat de fructibus suis edere, vitamus publicam curiositatem, ne non tam demonstrare volentibus Deum videremur quam fastidientibus prodidisse.

Praefatio Iohannis (WW I, 485–487): Hic est Iohannes evangelista unus ex discipulis dei, qui virgo electus a deo est, quem de nuptiis volentem nubere vocavit deus; cui virginitatis in hoc duplex testimonium in evangelio datur, quod et prae ceteris dilectus a deo dicitur, et huic matrem suam iens ad crucem commendavit deus ut virginem virgo servaret. Denique manifestans in evangelio quod erat ipse, incorruptibilis verbi opus inchoans solus verbum caro factum esse nec lucem a tenebris comprehensam fuisse testatur, primum signum ponens quod in nuptiis fecit deus, ut ostendens quod erat ipse legentibus demonstraret, quod ubi Dominus invitatur deficere nuptiarum vinum debeat, ut veteribus inmutatis nova omnia quae a Christo instituuntur appareant; de quo singula quaeque in mysterio acta vel dicta evangelii ratio quaerentibus monstrat.
Hoc autem evangelium scripsit in Asia posteaquam in Pathmos insula apocalypsin scripserat, ut cui in principio canonis incorruptibile principium in Genesi, et incorruptibilis finis per virginem in apocalypsi redderetur dicente Christo ego sum A et Ω. Et hic est Iohannes, qui sciens supervenisse diem recessus sui, convocatis discipulis suis in Epheso, per multa signorum experimenta promens Christum, descendens in defossum sepulturae suae locum facta oratione positus est ad patres suos, tam extraneus a dolore mortis quam a corruptione carnis invenitur alienus; et hoc virgini debebatur. Qui etsi post omnes evangelium scripsisse dicitur, tamen dispositione canonis ordinati post Mattheum ponitur, quoniam in Domino quae novissima sunt, non velut extrema et abiecta numero sed plenitudinis opere perfecta sunt. Quorum tamen vel scriptorum tempore dispositio vel librorum ordinatio ideo per singula a nobis non exponitur, ut, sciendi desiderio conlocato, et quaerentibus fructus laboris, et Deo magisterii doctrina, servetur.

Commentarius in Epistolam S. Pauli ad Galatas (PL 26, 462): Beatus Joannes evangelista cum Ephesi moraretur usque ad ultimam senectutem et vix inter discipulorum manus ad ecclesiam deferretur nec posset in plura vocem verba contexere, nihil aliud per singulas solebat proferre collectas, nisi hoc: Filioli, diligite alterutrum. Tandem discipuli et fratres qui aderant, taedio affecti, quod eadem semper audirent, dixerunt: Magister, quare semper hoc loqueris? Qui respondit dignam Joanne sententiam: Quia praeceptum Domini est, et si solum fiat, sufficit. Hoc propter praesens Apostoli mandatum: Operemur bonum ad omnes: maxime autem ad domesticos fidei.

AUGUSTINUS

In Iohannis Evangelium tractatus 124, 2–3 (ed. Willems, CC XXXVI): 2. Sed cui placet, adhuc resistat, et dicat verum esse quod ait Iohannes, non dixisse Dominum quod discipulus ille non moritur, sed hoc tamen significatum esse talibus verbis, qualia eum dixisse narravit, et asserat apostolum Iohannem vivere, atque in illo sepulcro eius quod est apud Ephesum, dormire eum potius quam mortuum iacere contendat. Assumat in argumentum, quod illic terra sensim scatere, et quasi ebullire perhibetur, atque hoc eius anhelitu fieri, sive constanter sive pertinaciter asseveret. Non enim possunt deesse qui credant, si non desunt qui etiam Moysen asserant vivere; quia scriptum est eius sepulcrum non inveniri, et apparuit cum Domino in monte, ubi et Elias fuit, quem mortuum legimus non esse, sed raptum. Quasi Moysi corpus non potuerit alicubi sic abscondi, ut prorsus homines lateret ubi esset, atque inde ad horam divinitus excitari, quando cum Christo Elias et ipse sunt visi; sicut ad horam multa sanctorum corpora surrexerunt, quando passus est Christus, et post eius resurrectionem apparuerunt multis in sancta, sicut scriptum est, civitate. Sed tamen, ut dicere coeperam, si quidam Moysen mortuum negant, quem scriptura ipsa, ubi sepulcrum eius nusquam inveniri legimus, mortuum tamen esse sine ulla ambiguitate testatur, quanto magis Iohannes ex istorum occasione verborum ubi Dominus ait: Sic eum volo manere donec venio, creditur vivus dormire sub terra? Quem tradunt etiam (quod in quibusdam scripturis quamvis apocryphis reperitur), quando sibi fieri iussit sepulcrum, incolumen fuisse praesentem, eoque effosso et diligentissime praeparato, ibi se tamquam in lectulo collocasse, statimque eum esse defunctum; ut autem isti putant, qui haec verba Domini sic intellegunt, non defunctum, sed defuncto similem cubuisse, et cum mortuus putaretur, sepultum fuisse dormientem, et donec Christus veniat sic manere, suamque vitam scaturigine pulveris indicare; qui pulvis creditur, ut ab imo ad superficiem tumuli adscendat, flatu quiescentis impelli. Huic opinioni supervacaneum existimo reluctari. Viderint enim qui locum sciunt, utrum hoc ibi faciat vel patiatur terra quod dicitur; quia et revera non a levibus hominibus id audivimus.
3. Interim cedamus opinioni, quam certis documentis refellere non valemus, ne rursus aliud quod a nobis quaeratur exsurgat: Cur super humatum mortuum ipsa humus quodammodo vivere ac spirare videatur. Sed numquid hinc tanta ista solvitur quaestio, si magno miraculo, qualia potest facere Omnipotens, tamdiu vivum corpus in sopore sub terra est, donec veniat terminus saeculi? Quin immo fit amplior et difficilior, cur discipulo Iesus, quem diligebat prae ceteris, in tantum ut super pectus eius discumbere mereretur, pro magno munere longum in corpore donaverit somnum, cum beatum Petrum per ingentem martyrii gloriam, ab onere ipsius corporis solverit, eique concesserit quod apostolus Paulus se concupisse dixit, et scripsit: Dissolvi et esse cum Christo. Si autem quod magis creditur, ideo sanctus Iohannes ait, non dixisse Dominum: Non moritur, ne illis verbis quae dixit, hoc voluisse intellegi putaretur, corpusque eius in sepulcro eius exanime sicut aliorum mortuorum iacet; restat ut si vere ibi fit quod sparsit fama de terra, quae subinde ablata succrescit, aut ideo fiat ut eo modo commendetur pretiosa mors eius, quoniam non eam commendat martyrium (non enim eum pro fide Christi persecutor occidit), aut propter aliquid aliud quod nos latet. Manet tamen quaestio cur dixerit Dominus de homine morituro: Sic eum volo manere donec veniam.

Indices

I. CONSPECTUS LOCORUM PARALLELORUM EVANGELIORUM

I. EINGANG

Praefatio — Preface

nr.			Matth.	Mark.	Luk.	Joh.	pag.
1	Einleitung Prologus	Prologue	**1, 1**	**1, 1**	**1, 1–4**	**1, 1–18**	1

II. VORGESCHICHTE

Exordium — Introduction

nr.			Matth.	Mark.	Luk.	Joh.	pag.
2	Ankündigung der Geburt Johannes des Täufers Annuntiatio nativitatis Ioannis	The Promise of the Birth of John the Baptist			**1, 5–25**		3
3	Ankündigung der Geburt Jesu Annuntiatio nativitatis Christi	The Annunciation			**1, 26–38**		4
4	Maria bei Elisabeth Visitatio Mariae	Mary's Visit to Elizabeth			**1, 39–56**		5
5	Geburt Johannes des Täufers Nativitas Ioannis	The Birth of John the Baptist			**1, 57–80**		6
6	Stammbaum Jesu Genealogia Jesu	The Genealogy of Jesus	**1, 2–17**		3, 23–38		7
7	Geburt Jesu Christi nativitas	The Birth of Jesus	**1, 18–25**		**2, 1–7**		10
8	Anbetung des Kindes Natus adoratur	The Adoration of the Infant Jesus	**2, 1–12**		**2, 8–20**	7, 41–42	13
9	Beschneidung und Darstellung im Tempel. Simeon und Hanna Circumcisio et praesentatio	The Circumcision and Presentation in the Temple			**2, 21–38**		15
10	Flucht nach Ägypten und Rückkehr Fuga in Aegyptum et reditus	The Flight into Egypt and Return	**2, 13–21**				16
11	Kindheit Jesu in Nazareth Puer Jesus in Nazareth	The Childhood of Jesus at Nazareth	**2, 22–23**		**2, 39–40**		17
12	Der zwölfjährige Jesus im Tempel Puer Jesus in Templo	The Boy Jesus in the Temple			**2, 41–52**		18

III. VORBEREITUNG

Praeparatio — Preparation

nr.			Matth.	Mark.	Luk.	Joh.	pag.
13	Auftreten Johannes des Täufers Ioannes Baptista praecursor Domini	John the Baptist	**3, 1–6** 11, 10 4, 17	**1, 2–6** 1, 14–15	**3, 1–6** 7, 27	**1, 19–23**	20
14	Bußpredigt Johannes des Täufers Ioannes paenitentiam praedicat	John's Preaching of Repentance	**3, 7–10**		**3, 7–9**		23
15	Standespredigt Johannes des Täufers Ioannes interrogantibus respondet	John Replies to Questioners			**3, 10–14**		23
16	Ankündigung des Messias durch Johannes Ioannes Christum evangelizat	John's Messianic Preaching	**3, 11–12**	**1, 7–8**	**3, 15–18**	**1, 24–28**	24
17	Gefangennahme des Johannes Ioannes in carcerem mittitur	The Imprisonment of John	14, 3–4	6, 17–18	**3, 19–20**		25
18	Die Taufe Jesu Baptismus Jesu	The Baptism of Jesus	**3, 13–17** 17, 5	**1, 9–11** 9, 7	**3, 21–22** 9, 35	**1, 29–34** 12, 28–30	26
19	Stammbaum Jesu Genealogia Jesu	The Genealogy of Jesus	1, 1–17		**3, 23–38**		28
20	Die Versuchung Tentatio	The Temptation	**4, 1–11**	**1, 12–13**	**4, 1–13**	1, 51	32

IV. ERSTE WIRKSAMKEIT JESU (nach Johannes)

Initium ministerii publici (secundum Ioannem) — The Beginning of Jesus' Public Ministry (According to John)

nr.			Matth.	Mark.	Luk.	Joh.	pag.
21	Berufung der ersten Jünger Primi discipuli	The Call of the First Disciples	4, 18–22 16, 17–18	1, 16–20 3, 16	5, 1–11 6, 14a	**1, 35–51**	35
22	Hochzeit zu Kana Nuptiae in Cana factae	The Marriage at Cana				**2, 1–11**	37
23	Aufenthalt in Kapernaum In Capharnaum manet	The Sojourn at Capernaum				**2, 12**	38
24	Erste Reise nach Jerusalem Primum iter in Jerusalem	The First Journey to Jerusalem				**2, 13**	38
25	Tempelreinigung Purgatio templi	The Cleansing of the Temple	21, 12–13 21, 23–27 26, 60b–61	11, 15–17 11, 27–33 14, 57–58	19, 45–46 20, 1–8	**2, 14–22**	38
26	Wirksamkeit in Jerusalem Ministerium in Jerusalem	Jesus' Ministry in Jerusalem				**2, 23–25**	40
27	Gespräch mit Nikodemus Colloquium cum Nicodemo	The Discourse with Nicodemus	22, 16 18, 3	12, 13–14 10, 15	20, 20–21 18, 17	**3, 1–21**	40
28	Reise nach Judäa Ministerium in Iudaea	Jesus' Ministry in Judea				**3, 22**	42

nr.		Matth.	Mark.	Luk.	Joh.	pag.
29	Zeugnis Johannes des Täufers Testimonium Ioannis Baptistae — John's Testimony to Christ	9, 15	2, 19–20	5, 34–35	**3, 23–36**	42

V. WIRKSAMKEIT IN GALILÄA

Ministerium in Galilaea — Jesus' Ministry in Galilee

nr.		Matth.	Mark.	Luk.	Joh.	pag.
30	Reise nach Galiläa Iter in Galilaeam — The Journey into Galilee	**4, 12**	**1, 14a**	**4, 14a**	**4, 1–3**	44
31	Gespräch mit der Samariterin, Wirksamkeit in Samarien Mulier Samaritana — The Discourse with the Woman of Samaria	9, 37–38		10, 2	**4, 4–42**	44
32	Wirksamkeit in Galiläa Ministerium in Galilaea — Ministry in Galilee	**4, 13–17** 13, 57b 3, 1–2	**1, 14b–15** 6, 4 1, 21 1, 4	**4, 14b–15** 4, 24 4, 31 3, 2b–3	**4, 43–46a** 2, 12	46
33	Predigt in Nazareth In Nazareth praedicat — Jesus' Preaching at Nazareth	13, 53–58	6, 1–6a	**4, 16–30**	7, 15 6, 42 4, 44 10, 39	48
34	Berufung der ersten Jünger Vocatio discipulorum — The Call of the Disciples	**4, 18–22**	**1, 16–20**	5, 1–11	1, 35–51	51
35	Lehrvortrag in der Synagoge zu Kapernaum In synagoga Capharnaum docet — Teaching in the Synagogue at Capernaum	4, 13 7, 28–29	**1, 21–22**	**4, 31–32**	2, 12 7, 46	53
36	Heilung des Besessenen in der Synagoge Daemoniacus in synagoga — The Healing of the Demoniac in the Synagogue		**1, 23–28**	**4, 33–37**		53
37	Heilung der Schwiegermutter des Petrus Socrus Petri — The Healing of Peter's Mother-in-law	8, 14–15	**1, 29–31**	**4, 38–39**		54
38	Heilungen am Abend Sanationes sub vesperum — The Sick Healed at Evening	8, 16–17 4, 24 12, 15b–17	**1, 32–34** 3, 10–12	**4, 40–41**		55
39	Jesus verläßt Kapernaum Jesus Capharnaum relinquit — Jesus Departs from Capernaum		**1, 35–38** 1, 45b	**4, 42–43** 5, 16		56
40	Reisetätigkeit (in Galiläa) Per Galilaeam praedicat — First Preaching Tour in Galilee	**4, 23** 9, 35	**1, 39** 6, 6b	**4, 44** 8, 1		56
41	Der Fischzug des Petrus Petri piscatio — The Miraculous Draught of Fish	13, 1–3 4, 18–22	4, 1–2 1, 16–20	**5, 1–11**	21, 1–11	57
42	Heilung des Aussätzigen Sanatio leprosi — The Cleansing of the Leper	8, 1–4	**1, 40–45** 1, 35	**5, 12–16** 4, 42		59
43	Heilung des Gelähmten Sanatio paralytici — The Healing of the Paralytic	9, 1–8	**2, 1–12**	**5, 17–26**	5, 1–7. 8–9a	60
44	Berufung des Levi, Zöllnermahl Vocatio Levi publicani — The Call of Levi (Matthew)	9, 9–13 13, 1–2a 12, 7	**2, 13–17** 4, 1a	**5, 27–32** 15, 1–2 19, 1–10		62

nr.			Matth.	Mark.	Luk.	Joh.	pag.
45	Die Fastenfrage, Gleichnisantworten Quaestio ieiunii	The Question about Fasting	9, 14–17	**2, 18–22**	**5, 33–39**	3, 29–30	64
46	Das Ährenraufen am Sabbat Spicae sabbato vulsae	Plucking Grain on the Sabbath	12, 1–8 9, 13	**2, 23–28**	**6, 1–5**		65
47	Heilung der verdorrten Hand am Sabbat Manus arida	The Man with the Withered Hand	12, 9–14	**3, 1–6**	**6, 6–11** 13, 10–16 14, 1–6		67
48	Heilungen am See Sanationes ad mare	Jesus Heals Multitudes by the Sea	4, 24–25 12, 15–16 12, 17–21 14, 35–36 9, 20–21	**3, 7–12** 6, 54–56 5, 27–28 1, 34	6, 17–19 4, 41 8, 44		68
49	Auswahl der Zwölf Electio apostolorum	The Choosing of the Twelve	10, 1–4 5, 1 16, 17–18	**3, 13–19** 6, 6 b–7	**6, 12–16** 9, 1–2	1, 42	70

VI. DIE BERGPREDIGT (nach Matthäus)

Sermo in monte (secundum Matthaeum) **The Sermon on the Mount** (According to Matthew)

nr.			Matth.	Mark.	Luk.	Joh.	pag.
50	Einleitung Occasio sermonis	Occasion of the Sermon	**4, 24 – 5, 2** 8, 16–17 14, 35–36	3, 7–13a 1, 32–34 6, 54–56	6, 17–20a 4, 40–41 6, 12		73
51	Die Seligpreisungen Beatitudines	The Beatitudes	**5, 3–12**		6, 20 b–23 6, 24–26		75
52	Gleichnis vom Salz Sal terrae	The Salt of the Earth	**5, 13**	9, 49–50	14, 34–35		76
53	Gleichnis vom Licht Lux mundi	The Light of the World	**5, 14–16**	4, 21	8, 16 11, 33	8, 12	77
54	Vom Gesetz und den Propheten Legis adimpletio	On the Law and the Prophets	**5, 17–20** 24, 35	13, 31	16, 16–17 21, 33		78
55	Vom neuen Gesetz: Töten und Zürnen Non occides	On Murder and Wrath	**5, 21–26**	11, 25	12, 57–59		79
56	Von Ehebruch und Ehescheidung Non moechaberis	On Adultery and Divorce	**5, 27–32** 18, 8–9 19, 7. 9	9, 43–48 10, 3–4. 11–12	16, 18		80
57	Vom Schwören Non periurabis	On Oaths	**5, 33–37** 23, 16–22				82
58	Vom Wiedervergelten Lex talionis	On Retaliation	**5, 38–42**		6, 29–30		82
59	Von der Feindesliebe Dilectio inimicorum	On Love of One's Enemies	**5, 43–48**		6, 27–28 6, 32–36		83

VII. DIE FELDREDE (nach Lukas)

Sermo domini (secundum Lucam) **The Sermon on the Plain** (According to Luke)

nr.			Matth.	Mark.	Luk.	Joh.	pag.
77	Einleitung Occasio sermonis	Occasion of the Sermon	4, 24–5, 2 14, 36	3, 7–13a 6, 56	**6, 17–20a**		101
78	Die Seligpreisungen Beatitudines	The Beatitudes	5, 3–12		**6, 20b–23** 6, 24–26		102
79	Die Weherufe Quattuor Vae	The Woes			**6, 24–26** 6, 20b–23		104
80	Liebet eure Feinde Dilectio inimicorum	On Love of One's Enemies	5, 38–48 7, 12		**6, 27–36** 14, 12–14		104
81	Richtet nicht Nolite iudicare	On Judging	7, 1–5 12, 36–37 15, 14 10, 24–25	4, 24–25	**6, 37–42**	13, 16 15, 20b	107
82	An ihren Früchten sollt ihr sie erkennen Ex fructibus cognoscetis	»By their Fruits ...«	7, 15–20 12, 33–35		**6, 43–45**		108
83	Vom Haus auf dem Felsen Domus super petram fundata	The House Built upon the Rock	7, 21–27 12, 50	3, 35	**6, 46–49**		110

VIII. WEITERE WIRKSAMKEIT IN GALILÄA

Ministerium in Galilaea continuatur **Jesus' Ministry in Galilee Continued**

nr.			Matth.	Mark.	Luk.	Joh.	pag.
84	Heilung des Aussätzigen Leprosus	Cleansing of the Leper	**8, 1–4**	1, 40–45 1, 35	5, 12–16 4, 42		112
85	Der Hauptmann von Kapernaum Servus centurionis	The Centurion of Capernaum	**8, 5–13**	2, 1 7, 30	7, 1–10 13, 28–29	**4, 46b–54**	113
86	Der Jüngling von Nain Filius viduae Naim	The Widow's Son at Nain			**7, 11–17**		116
87	Heilung der Schwiegermutter des Petrus Socrus Petri	The Healing of Peter's Mother-in-law	**8, 14–15**	1, 29–31	4, 38–39		117
88	Heilungen am Abend Sanationes sub vesperum	The Sick Healed at Evening	**8, 16–17** 4, 24 12, 15b–16	1, 32–34 3, 10–12	4, 40–41		117
89	Von der Nachfolge Jesu Vulpes foveas habent	On Following Jesus	**8, 18–22**	4, 35	9, 57–62		119
90	Stillung des Sturmes Tempestas sedata	Stilling the Storm	**8, 23–27** 8, 18	4, 35–41	8, 22–25		120
91	Heilung der Besessenen von Gadara Daemoniaci Geraseni	The Gadarene Demoniacs	**8, 28–34**	5, 1–20	8, 26–39		121

nr.			Matth.	Mark.	Luk.	Joh.	pag.
92	Heilung des Gelähmten Sanatio paralytici	The Healing of the Paralytic	**9, 1–8**	2, 1–12	5, 17–26	5, 1–7. 8–9a	124
93	Berufung des Levi, Zöllnermahl Matthaeus publicanus vocatur	The Call of Levi (Matthew)	**9, 9–13** 13, 1–2a 12, 7	2, 13–17 4, 1a	5, 27–32 15, 1–2 19, 1–10		126
94	Die Fastenfrage, Gleichnisantworten Quaestio ieiunii	The Question about Fasting	**9, 14–17**	2, 18–22	5, 33–39	3, 29–30	128
95	Jairi Töchterlein und Heilung der Blutflüssigen Haemorrhoissa et filia Iairi	Jairus' Daughter and the Woman with a Hemorrhage	**9, 18–26** 14, 36 9, 29–30	5, 21–43 6, 56b 3, 10 10, 52	8, 40–56 6, 19 18, 42 7, 50 17, 19		129
96	Heilung zweier Blinder Duo caeci	Two Blind Men	**9, 27–31** 20, 29–34 9, 22	10, 46–52 5, 34	18, 35–43 8, 48 7, 50 17, 19		133
97	Heilung eines stummen Besessenen Daemoniacus mutus	The Dumb Demoniac	**9, 32–34** 12, 22–24	3, 22	11, 14–15	7, 20 10, 20 8, 48 8, 52	136
98	Die Ernte ist groß Messis multa	The Harvest is Great	**9, 35–38** 4, 23 14, 14	6, 6b 6, 34	8, 1 10, 2	4, 35	137
99	Die Aussendung der Jünger Missio discipulorum	Commissioning the Twelve	**10, 1–16** 16, 17–18 15, 24 11, 24	6, 7 3, 13–19 6, 8–11	9, 1 6, 12–16 9, 2–5 10, 3 10, 12	1, 42	138
100	Der Zukunftsweg der Jünger Persecutiones futurae	The Fate of the Disciples	**10, 17–25** 24, 9–14	13, 9–13	12, 11–12 6, 40 21, 12–19	16, 2b 14, 26 13, 16 15, 20	142
101	Mahnung zu furchtlosem Bekennen Qui me confitetur	Exhortation to Fearless Confession	**10, 26–33** 6, 26	4, 22 8, 38	12, 2–9 8, 17 12, 23–24 21, 18 9, 26		145
102	Von der Sendung Jesu Non veni pacem mittere	Divisions within Households	**10, 34–36**		12, 51–53		147
103	Voraussetzungen der Nachfolge Condiciones sequendi Jesum	Conditions of Discipleship	**10, 37–39** 19, 29 16, 24–25	10, 29–30 8, 34–35	14, 25–27 17, 33 18, 29–30 9, 23–24	12, 25	147
104	Verheißung der Nachfolge Merces discipulos recipientium	Rewards of Discipleship	**10, 40–42** 18, 5	9, 41 9, 37	10, 16 9, 48a	13, 20 12, 44–45 5, 23	149
105	Fortsetzung der Wanderung Iter persequitur	Continuation of Journey	**11, 1**				150
106	Anfrage des Täufers und Antwort Jesu Legatio Baptistae	John the Baptist's Question and Jesus' Answer	**11, 2–6**		**7, 18–23**		150

nr.			Matth.	Mark.	Luk.	Joh.	pag.
124	Deutung des Gleichnisses vom viererlei Acker Parabola seminantis explicatur	 Interpretation of the Parable of the Sower	**13,18–23**	**4,13–20**	**8,11–15**		177
125	Wer Ohren hat zu hören, der höre Qui habet aures audiendi, audiat	 »He who has Ears to Hear, Let him Hear«	5,15 10,26 7,2 13,12 25,29	**4,21–25**	**8,16–18** 11,33 12,2 6,38 19,26		179
126	Gleichnis von der selbstwachsenden Saat Ultro semen fructificat	 The Parable of the Seed Growing Secretly		**4,26–29**			180
127	Gleichnis vom Unkraut unter dem Weizen Parabola zizaniorum	 The Parable of the Tares	**13,24–30**				181
128	Gleichnis vom Senfkorn Parabola grani sinapis	 The Parable of the Mustard Seed	**13,31-32**	**4,30-32**	13,18–19		181
129	Gleichnis vom Sauerteig Parabola fermenti	 The Parable of the Leaven	**13,33**		13,20–21		182
130	Über die Gleichnisreden Jesu Sine parabolis non loquebatur	 Jesus' Use of Parables	**13,34-35**	**4,33-34**			182
131	Deutung des Gleichnisses vom Unkraut unter dem Weizen Parabola zizaniorum explicatur	 Interpretation of the Parable of the Tares	**13,36-43**				183
132	Gleichnis vom Schatz im Acker und von der Perle Thesaurus in agro et margarita	 The Parables of the Hidden Treasure and of the Pearl	**13,44-46**				183
133	Gleichnis vom Fischnetz Sagena in mari	 The Parable of the Net	**13,47-50**				184
134	Abschluß: Gleichnis vom Hausvater Homo paterfamilias	 Treasures New and Old	**13,51-52**				184
135	Mutter und Brüder kommen zu Jesus Mater et fratres Jesu	 Jesus' True Kindred	12,46-50 7,21	3,31–35 3,20–21	**8,19–21**	**15,14**	184
136	Stillung des Sturmes Tempestas sedata	 Stilling the Storm	8,23-27 8,18	**4,35–41**	**8,22–25**		186
137	Heilung des Besessenen von Gerasa Daemoniacus Gerasenus	 The Gerasene Demoniac	8,28–34	**5,1–20**	**8,26–39**		187
138	Jairi Töchterlein und Heilung der Blutflüssigen Haemorrhoissa et filia Iairi	 Jairus' Daughter and the Woman with a Hemorrhage	9,18–26 14,36 9,29–30	**5,21–43** 6,56b 3,10 10,52	**8,40–56** 6,19 18,42 7,50 17,19		190
139	Predigt in Nazareth Propheta in patria	 Jesus is Rejected at Nazareth	**13,53–58**	**6,1–6a**	4,16–30	7,15 6,42 4,44 10,39	193

nr.		Matth.	Mark.	Luk.	Joh.	pag.
140	Zweite Reise Jesu (nach Jerusalem) Secundum iter (in Jerusalem) — Second Journey (to Jerusalem)				**5,1**	196
141	Heilung am Teiche Bethesda Languidus ad piscinam Bethsaida — The Healing at the Pool	9,1–8	2,1–12	5,17–26	**5,2–47**	197
142	Die Aussendung der Jünger Missio apostolorum — Commissioning the Twelve	9,35 10,1.7–11.14	**6,6b–13** 3,13–15	**9,1–6**		200
143	Jesus im Urteil des Herodes und des Volkes Opinio Herodis et fama Jesu — Opinions Regarding Jesus	**14,1–2** 16,13b–14	**6,14–16** 8,27b–28	**9,7–9** 9,18b–19		202
144	Der Tod Johannes des Täufers Mors Baptistae — The Death of John the Baptist	**14,3–12**	**6,17–29**	3,19–20		203
145	Rückkehr der Jünger Apostolorum reversio — The Return of the Apostles	14,12b–13	**6,30–31**	**9,10a** 10,17		205
146	Speisung der Fünftausend Quinque milia saturantur — Five Thousand are Fed	**14,13–21** 9,36 15,32–39 16,5–12	**6,32–44** 8,1–10 8,14–21	**9,10b–17**	**6,1–15**	205
147	Jesus wandelt auf dem See Super mare ambulat — The Walking on the Water	**14,22–33**	**6,45–52**		**6,16–21**	209
148	Krankenheilungen am Westufer Sanationes in terra Genesar — Healings at Gennesaret	**14,34–36** 4,24–25 8,16–17 9,20–21	**6,53–56** 3,7–12 1,32–34 5,27–29a	6,17–19 4,40–41 8,44	**6,22–25**	211
149	Ich bin das Brot des Lebens Panis vitae — The Bread of Life	13,54b–57a 26,26–28	6,2b–3 14,22–24	4,22 22,19–20	**6,26–59**	213
150	Rein und unrein Manibus non lotis manducare — Defilement – Traditional and Real	**15,1–20** 23,16 23,24	**7,1–23**	11,37–41 6,39		215
151	Die Syrophönizierin (Kanaanitin) Syrophoenissa (Chananea) — The Syrophoenician (Canaanite) Woman	**15,21–28** 10,6 8,13	**7,24–30**	7,10		220
152	Heilung eines Taubstummen (vieler Kranker) Ephphetha; multi aegroti — Jesus Heals a Deaf Mute and Many Others	**15,29–31**	**7,31–37**			221
153	Speisung der Viertausend Quattuor milia saturantur — Four Thousand are Fed	**15,32–39** 14,13–21 16,5–12	**8,1–10** 6,32–44 8,14–21	9,10b–17	6,1–15	222
154	Zeichenforderung Signum de caelo — The Pharisees Seek a Sign	**16,1–4** 12,38–39	**8,11–13**	11,16 12,54–56 11,29	6,30	225
155	Hütet euch vor dem Sauerteig der Pharisäer Fermentum Pharisaeorum — The Leaven of the Pharisees	**16,5–12**	**8,14–21**	12,1		227
156	Heilung eines Blinden vor Bethsaida Caecus paulatim sanatur — A Blind Man is Healed at Bethsaida		**8,22–26**			228

IX. DER WEG ZUR PASSION

Passio imminet — The Way to the Cross

nr.			Matth.	Mark.	Luk.	Joh.	pag.
157	Abfall vieler Jünger Multi discipuli discedunt	Many Disciples Take Offense at Jesus				**6, 60–66**	229
158	Das Petrusbekenntnis Confessio Petri	Peter's Confession	**16, 13–20** 14, 1–2 10, 2a 18, 18	**8, 27–30** 6, 14–16 3, 16	**9, 18–21** 9, 7–9 6, 13b–14a	**6,** 66. **67–71** 20, 22–23 1, 40–42	229
159	Erste Leidensankündigung Prima passionis praedicatio	Jesus Foretells His Passion	**16, 21–23** 17, 22–23 20, 17–19	**8, 31–33** 9, 30–32 10, 32–34	**9, 22** 17, 25 24, 6b–7 24, 44–46 9, 43b–45 18, 31–34		232
160	Wenn mir einer nachfolgen will ... Qui vult venire post me	»If Any Man Would Come after Me ...«	**16, 24–28** 10, 38–39 10, 33	**8, 34–9, 1**	**9, 23–27** 14, 27 17, 33 12, 9	12, 25 8, 51–52 21, 20–23	234
161	Die Verklärung Jesu Transfiguratio	The Transfiguration	**17, 1–9** 3, 17	**9, 2–10** 1, 11	**9, 28–36** 9, 37 3, 22b	12, 28–30	236
162	Von der Wiederkunft des Elias De Elia venturo	The Coming of Elijah	**17, 10–13** 11, 14	**9, 11–13**			239
163	Heilung eines besessenen Knaben Puer lunaticus	Jesus Heals a Boy Possessed by a Spirit	**17, 14–21** 17, 9a 21, 21	**9, 14–29** 9, 9a 11, 22–23	**9, 37–43a** 17, 6	14, 9	240
164	Zweite Leidensankündigung Altera passionis praedictio	Jesus Foretells His Passion Again	**17, 22–23** 16, 21–23 20, 17–19	**9, 30–32** 8, 31–33 10, 32–34	**9, 43b–45** 9, 22 18, 31–34 17, 25 24, 6b–7 24, 44–46	7, 1	243
165	Die Tempelsteuer Didrachma Templi	Payment of the Temple Tax	**17, 24–27**				245
166	Rangstreit der Jünger Discipulorum ambitio	True Greatness	**18, 1–5** 20, 26–27 23, 11–12 10, 40–42	**9, 33–37** 10, 43–44 10, 15	**9, 46–48** 22, 26 18, 14b 14, 11 10, 16 18, 17	3, 3. 5 13, 20 12, 44–45 13, 4–5. 12–17 5, 23	245
167	Mahnung zur Duldsamkeit Monitio tolerantiae	The Strange Exorcist	10, 42 12, 30	**9, 38–41**	**9, 49–50** 11, 23		248
168	Warnung vor Ärgernis De scandalis	Warnings Concerning Temptations	**18, 6–9** 5, 13 5, 29–30	**9, 42–50**	17, 1–2 14, 34–35		249
169	Gleichnis vom verlorenen Schaf Ovis perdita	The Parable of the Lost Sheep	**18, 10–14**		15, 3–7 19, 10		251

nr.			Matth.	Mark.	Luk.	Joh.	pag.
170	Gemeindezucht Correctio fraterna	On Reproving One's Brother	**18, 15–18** 16, 19		17, 3	20, 23	252
171	Wo zwei oder drei versammelt sind ... Ubi duo vel tres ...	»Where Two or Three are Gathered Together ...«	**18, 19–20**				253
172	Vom Vergeben Septuagies septies dimittendum	On Reconciliation	**18, 21–22**		17, 4		253
173	Gleichnis vom Schalksknecht Servus immisericors	The Parable of the Unforgiving Servant	**18, 23–35**				254

X. AUF DEM WEGE NACH JERUSALEM (nach Lukas)

Iter in Jerusalem (secundum Lucam) **Last Journey to Jerusalem** (According to Luke)

nr.			Matth.	Mark.	Luk.	Joh.	pag.
174	Aufbruch aus Galiläa Iter ingreditur	Decision to Go to Jerusalem	19, 1–2	10, 1	**9, 51**		255
175	Verweigerung der Aufnahme in einem Samariterdorf A Samaritanis non recipitur	Jesus is Rejected by Samaritans			**9, 52–56**		255
176	Von der Nachfolge Jesu Sequar te	On Following Jesus	8, 18–22		**9, 57–62**		256
177	Aussendung der Siebzig Septuaginta duo mittuntur	Commissioning the Seventy	9, 37–38 10, 7–16	6, 6b–11	**10, 1–12** 9, 1–5	4, 35	257
178	Weherufe über die Städte Galiläas Vae civitatibus Galilaeae	Woes Pronounced on Galilaean Cities	11, 20–24		**10, 13–15** 10, 12		260
179	Wer euch hört, der hört mich Qui vos audit, me audit	»He who hears you, hears me«	10, 40 18, 5	9, 37	**10, 16** 9, 48a	13, 20 12, 44–45 5, 23	260
180	Rückkehr der Siebzig Septuaginta duo revertuntur	The Return of the Seventy	14, 12b–13	[16, 17–18] 6, 30	**10, 17–20** 9, 10a	12, 31	261
181	Lobpreis des Vaters und Seligpreisung der Jünger Patri confitetur, discipulos beatos dicit	Jesus' Thanksgiving to the Father, and the Blessedness of the Disciples	11, 25–27 13, 16–17		**10, 21–24**	3, 35 17, 2 13, 3 7, 29 10, 14–15 17, 25	262
182	Die Frage nach dem obersten Gebot Mandatum dilectionis	The Lawyer's Question	22, 34–40 19, 16–19 7, 12	12, 28–34 10, 17–19	**10, 25–28** 18, 18–20 6, 31		263
183	Gleichnis vom barmherzigen Samariter Samaritanus misericors	The Parable of the Good Samaritan			**10, 29–37**		266
184	Maria und Martha Maria et Martha	Mary and Martha			**10, 38–42**	11, 1 12, 1–3	267

nr.			Matth.	Mark.	Luk.	Joh.	pag.
185	Das Vaterunser		6, 9–13		**11, 1–4**		267
	Oratio dominica	The Lord's Prayer					
186	Gleichnis vom dringlichen Bitten				**11, 5–8**		268
	Amicus importunus	The Importunate Friend at Midnight					
187	Von der Erhörung des Gebets		7, 7–11		**11, 9–13**	16, 24	269
	Petitio efficax	Encouragement to Pray				14, 13–14	
						15, 7	
188	Im Bunde mit dem Teufel?		12, 22–30	3, 22–27	**11, 14–23**	7, 20	270
	In quo eiiciat daemonia	The Beelzebub Controversy				10, 20	
						8, 48	
						8, 52	
			9, 32–34				
			16, 1	8, 11		6, 30	
			12, 38				
				9, 40	9, 50 b		
189	Vom Rückfall		12, 43–45		**11, 24–26**		272
	Immundus spiritus revertitur	The Return of the Evil Spirit					
190	Seligpreisung seiner Mutter				**11, 27–28**		273
	Beatus venter	True Blessedness					
191	Das Zeichen des Jona		12, 38–42	8, 11–12	**11, 29–32**		273
	Signum Ionae	The Sign of Jonah	16, 1–2a. 4				
192	Gleichnis vom Licht		5, 15	4, 21	**11, 33**		275
	Parabola luminis	Concerning Light			8, 16		
193	Vom Auge als dem Licht des Leibes		6, 22–23		**11, 34–36**		275
	Oculus simplex	The Sound Eye					
194	Rede gegen die Pharisäer und Schriftgelehrten		15, 1–9	7, 1–9	**11, 37–54**		276
	Vae pharisaeis et legisperitis	Discourses against the Pharisees and	23, 25–26				
		Lawyers	23, 23. 6–7				
			23, 27–28				
			23, 4. 29–32				
			23, 34–36. 13			[8, 6]	
				12, 38 b–39	20, 46		
			22, 15	12, 13	20, 20		
195	Hütet euch vor dem Sauerteig der Pharisäer		16, 5–6	8, 14–15	**12, 1**		280
	Fermentum Pharisaeorum	The Leaven of the Pharisees					
196	Mahnung zu furchtlosem Bekennen		10, 26–33		**12, 2–9**		281
	Ne terreamini	Exhortation to Fearless Confession		4, 22	8, 17		
			6, 26		12, 24		
					21, 18		
				8, 38	9, 26		
197	Die Sünde wider den Heiligen Geist		12, 31–32	3, 28–30	**12, 10**		283
	Peccatum in Spiritum Sanctum	The Sin Against the Holy Spirit					
198	Der Beistand des Heiligen Geistes		10, 19–20	13, 11	**12, 11–12**	14, 26	284
	Spiritus in discipulis loquetur	The Assistance of the Holy Spirit			21, 14–15		
199	Von der Habsucht				**12, 13–15**		284
	Avaritia vitanda	Warning against Avarice					

nr.			Matth.	Mark.	Luk.	Joh.	pag.
200	Gleichnis vom reichen Toren Parabola divitis stulti	The Parable of the Rich Fool			**12, 16–21**		285
201	Vom Sorgen Nolite solliciti esse	Anxieties about Earthly Things	6, 25–34 10, 29–31 6, 7–8		**12, 22–32** 12, 6–7		285
202	Vom Schätzesammeln Thesaurus caelestis	Treasures in Heaven	6, 19–21 19, 21	10, 21	**12, 33–34** 16, 9 18, 22		287
203	Von Wachsamkeit und Treue Servus vigilans et fidelis	Watchfulness and Faithfulness	25, 1–13 24, 42–51 25, 20b–21	13, 33–37	**12, 35–48** 17, 7–10	13, 4–5	288
204	Von der Sendung Jesu Ignem veni mittere	Division in Households	10, 34–36	10, 38	**12, 49–53**		290
205	Die Zeichen der Zeit Signa temporum	Interpreting the Times	16, 2–3		**12, 54–56**		291
206	Versöhnung, so lange es Zeit ist Reconciliandum in via	Agreement with One's Accuser	5, 25–26		**12, 57–59**		292
207	Rechtzeitige Umkehr (Gleichnis vom unfruchtbaren Feigenbaum) Paenitentia agenda (ficus infructuosa)	Repentence or Destruction (the Parable of the Barren Fig Tree)	21, 18–19	11, 12–14	**13, 1–9**		292
208	Heilung einer verkrüppelten Frau am Sabbat Mulier inclinata	The Healing of the Crippled Woman on the Sabbath	 12, 9–14	 3, 1–6	**13, 10–17** 6, 6–11 14, 5		293
209	Gleichnis vom Senfkorn Parabola grani sinapis	The Parable of the Mustard Seed	13, 31–32	4, 30–32	**13, 18–19**		294
210	Gleichnis vom Sauerteig Parabola fermenti	The Parable of the Leaven	13, 33		**13, 20–21**		295
211	Von Annahme und Verwerfung, den Ersten und den Letzten im Reiche Gottes Angusta porta; exclusi	Exclusion from the Kingdom	7, 13–14 25, 10–12 7, 22–23 25, 41 8, 11–12 19, 30 20, 16 22, 13–14	 10, 31	**13, 22–30**		295
212	Warnung vor Herodes Herodes vulpes	A Warning against Herod			**13, 31–33**		298
213	Wehklage über Jerusalem Vae Jerusalem	The Lament over Jerusalem	23, 37–39		**13, 34–35**		298
214	Heilung des Wassersüchtigen Hydropicus	The Healing of the Man with Dropsy	 12, 9–14	 3, 1–6	**14, 1–6** 6, 6–11 13, 15–16		298
215	Von der Rangordnung beim Mahl und den rechten Gästen Cum invitatus fueris	Teaching on Humility	 23, 12 18, 4 5, 46–47		**14, 7–14** 18, 14 6, 32–35	5, 29	300

nr.		Matth.	Mark.	Luk.	Joh.	pag.
216	Gleichnis vom großen Abendmahl Coena magna — The Parable of the Great Supper	22, 1–14		**14, 15–24**		301
217	Voraussetzungen der Nachfolge Conditiones sequendi Jesum — The Conditions of Discipleship	10, 37–38 19, 29 16, 24	 10, 29–30 8, 34	**14, 25–33** 18, 29–30 9, 23		303
218	Gleichnis vom Salz Parabola salis — The Parable of Salt	5, 13	9, 49–50	**14, 34–35**		304
219	Gleichnis vom verlorenen Schaf Ovis perdita — The Parable of the Lost Sheep	18, 12–14 9, 10–13 [18, 11]	 2, 15–17	**15, 1–7** 5, 29–32 19, 7. 10		304
220	Gleichnis vom verlorenen Groschen Drachma perdita — The Parable of the Lost Coin			**15, 8–10**		306
221	Gleichnis vom verlorenen Sohn Filius prodigus — The Parable of the Prodigal Son			**15, 11–32**		306
222	Gleichnis vom ungerechten Haushalter Villicus iniquitatis — The Parable of the Unjust Steward	 6, 19–20		**16, 1–9** 12, 33		307
223	Von der Treue im Kleinen Fides in minimo — On Faithfulness in What is Least			**16, 10–12**		308
224	Vom Dienst zweier Herren Duobus dominis servire — On Serving Two Masters	6, 24		**16, 13**		308
225	Gegen die Pharisäer Pharisaei arguuntur — The Pharisees Reproved			**16, 14–15**		308
226	Vom Gesetz De lege — Concerning the Law	11, 12–13 5, 18 24, 35	 13, 31	**16, 16–17** 21, 33		309
227	Von der Ehescheidung Nefas repudii — Concerning Divorce	19, 9 5, 32	10, 11–12	**16, 18**		309
228	Gleichnis vom reichen Mann und armen Lazarus De divite et Lazaro mendico — The Parable of the Rich Man and Lazarus			**16, 19–31**		310
229	Warnung vor Ärgernis De scandalis — Warning against Offenses	18, 6–7	9, 42	**17, 1–3a**		311
230	Vom Vergeben Septies dimittendum — On Forgiveness	18, 15 18, 21–22		**17, 3b–4**		312
231	Vom Glauben Fides sicut granum sinapis — On Faith	17, 19–[21] 21, 21	9, 28–29 11, 22–23	**17, 5–6**		312
232	Wir sind unnütze Knechte Servi inutiles sumus — We are Unprofitable Servants			**17, 7–10**		313

nr.			Matth.	Mark.	Luk.	Joh.	pag.
233	Heilung der zehn Aussätzigen				**17, 11–19**		314
	Decem leprosi	The Cleansing of the Ten Lepers	19, 1–2	10, 1	9, 51		
			8, 1–4	1, 40–44	5, 12–14		
			9, 22	5, 34	8, 48		
			9, 29–30 a	10, 52	18, 42–43 a		
					7, 50		
234	Vom Kommen des Gottesreiches				**17, 20–21**		315
	Adventus regni Dei	On the Coming of the Kingdom of God	24, 23	13, 21			
235	Der Tag des Menschensohnes		24, 23	13, 19–23	**17, 22–37**		316
	Filius hominis in die sua	The Day of the Son of Man	24, 26–27				
			24, 37–39				
			24, 17–18	13, 14–16			
			10, 39			12, 25	
			24, 40–41				
			24, 28				
			24, 5	13, 5–6	21, 8		
			24, 11		17, 21		
			16, 21	8, 31	9, 22		
			16, 25	8, 35	9, 24		
					21, 21		
236	Gleichnis vom Richter und der Witwe				**18, 1–8**		319
	Iudex iniquitatis et vidua	The Parable of the Unjust Judge					
237	Pharisäer und Zöllner		23, 12		**18, 9–14**		320
	Pharisaeus et publicanus	The Pharisee and the Publican	18, 4		14, 11		

XI. JESUS AUF DEM LAUBHÜTTENFEST IN JERUSALEM (nach Johannes)

In festo scenopegiae Jerusalem (secundum Ioannem) **Jesus at the Feast of Tabernacles in Jerusalem** (According to John)

nr.			Matth.	Mark.	Luk.	Joh.	pag.
238	Weiterer Aufenthalt in Galiläa trotz des Spottes seiner Brüder					**7, 1–9**	321
	Jesus in Galilaea remanet	Jesus Remains in Galilee					
239	Reise nach Jerusalem im Verborgenen					**7, 10–13**	321
	Jerusalem ascendit in occulto	Journey to Jerusalem in Secret					
240	Reden im Tempel					**7, 14–39**	322
	In templo docet	Teaching in the Temple	13, 54	6, 2	4, 22 a		
			11, 27		10, 22		
241	Auseinandersetzungen um Jesus					**7, 40–52**	324
	Dissensio propter Jesum	Division among the People Regarding Jesus	7, 28–29	1, 22	4, 32		
242	Jesus und die Ehebrecherin					**[7, 53–8, 11]**	325
	Mulier adultera	The Woman Caught in Adultery					
243	Ich bin das Licht der Welt					**8, 12–20**	326
	Jesus lux mundi	»I am the Light of the World«					
244	Streitrede mit den Juden					**8, 21–29**	326
	Disputatio cum Iudaeis	Discussion with the Jews					
245	Die Wahrheit wird euch frei machen					**8, 30–36**	327
	Veritas liberabit vos	»The Truth will Make You Free«					
246	Schmährede gegen die Juden					**8, 37–47**	328
	Filii diaboli	Children of the Devil					

nr.			Matth.	Mark.	Luk.	Joh.	pag.
247	Ehe Abraham war, war ich Antequam Abraham fieret, ego sum	»Before Abraham was, I am«	16, 28	9, 1	9, 27	**8, 48–59**	328
248	Heilung eines Blindgeborenen am Sabbat Caecus natus	Jesus Heals the Man Born Blind	13, 13–15	4, 12 8, 17 b–18	8, 10 b	**9, 1–41** 12, 37–40	330
249	Ich bin der gute Hirte Pastor bonus	»I am the Good Shepherd«				**10, 1–18**	332
250	Erneute Spaltung der Meinungen Dissensio iterum facta	Division among the Jews Again				**10, 19–21**	333

XII. WIRKSAMKEIT IN JUDÄA

Ministerium in Iudaea **The Ministry in Judea**

nr.			Matth.	Mark.	Luk.	Joh.	pag.
251	Aufbruch nach Judäa Iter in Iudaeam	Departure to Judea	**19, 1–2**	**10, 1**	9, 51		334
252	Von Ehescheidung und Ehelosigkeit De matrimonio et virginitate	On Divorce and Celibacy	**19, 3–12** 5, 27–28 5, 31–32	**10, 2–12**	16, 18		334
253	Lasset die Kindlein zu mir kommen Benedictio parvulorum	Jesus Blesses the Children	**19, 13–15** 18, 3	**10, 13–16**	**18, 15–17**	3, 3. 5	337
254	Der reiche Jüngling Adulescens dives	The Rich Young Man	**19, 16–22** 6, 20 22, 34–40	**10, 17–22** 12, 28–34	**18, 18–23** 12, 33 10, 25–28		338
255	Von der Gefahr des Reichtums und vom Lohn der Nachfolge Foramen acus; centuplum accipiet	On Riches and the Rewards of Discipleship	**19, 23–30** 10, 37 20, 16	**10, 23–31** 9, 35 b	**18, 24–30** 22, 28–30 14, 26 13, 30		341
256	Gleichnis von den Arbeitern im Weinberg Operarii in vinea	The Parable of the Laborers in the Vineyard	**20, 1–16** 19, 30 22, 14	10, 31	13, 30		343
257	Jesus auf dem Tempelweihfest in Jerusalem Jesus in festo Encaeniorum	Jesus at the Feast of Dedication in Jerusalem			4, 29–30	**10, 22–39**	344
258	Jesus am Jordan Jesus trans Iordanem	Jesus Withdraws across the Jordan				**10, 40–42**	346
259	Die Auferweckung des Lazarus Lazarus resuscitatur	The Raising of Lazarus				**11, 1–44**	346
260	Anschläge der Hohenpriester und Pharisäer Concilium Pontificum et Pharisaeorum	The Chief Priests and Pharisees Take Counsel against Jesus	26, 1–5	14, 1–2 11, 18	22, 1–2 19, 47–48	**11, 45–53**	348
261	Jesus in Ephraim Jesus secedit in Ephrem	Jesus Retires to Ephraim				**11, 54–57**	349

nr.			Matth.	Mark.	Luk.	Joh.	pag.
262	Dritte Leidensankündigung Tertia passionis praedictio	The Third Prediction of the Passion	**20, 17–19** 16, 21–23 17, 22–23	**10, 32–34** 8, 31–33 9, 30–32	**18, 31–34** 9, 22 9, 43b–45 17, 25 24, 6b–7 24, 44–46		350
263	Die Zebedaiden, von der Rangordnung unter den Jüngern Mater filiorum Zebedaei	The Sons of Zebedee; Precedence among the Disciples	**20, 20–28** 23, 11	**10, 35–45** 9, 35	12, 50 22, 24–27 9, 48	13, 4–5 13, 12–17 12, 26	352
264	Blindenheilung (Bartimäus) Bartimaeus vel duo caeci	The Healing of the Blind Men (Bartimaeus)	**20, 29–34** 9, 27–31 9, 22	**10, 46–52** 5, 34	**18, 35–43** 8, 48 7, 50 17, 19		354
265	Zachäus Zachaeus	Zacchaeus	[18, 11] 9, 9–13	2, 13–17	**19, 1–10** 5, 27–32 15, 2		356
266	Gleichnis von den anvertrauten Pfunden Parabola mnarum	The Parable of the Pounds	25, 14–30 24, 45–47 13, 12	13, 34 4, 25	**19, 11–27** 12, 42–44 8, 18b		358
267	Die Salbung in Bethanien Unctio Bethaniae	The Anointing at Bethany	26, 6–13	14, 3–9	7, 36–50 10, 38–42	**12, 1–8** 11, 2	361
268	Anschläge der Hohenpriester gegen Lazarus Pontificum de Lazaro insidiae	The Plot against Lazarus				**12, 9–11**	364

XIII. LETZTE WIRKSAMKEIT IN JERUSALEM

Ultimum ministerium in Jerusalem — **The Final Ministry in Jerusalem**

nr.			Matth.	Mark.	Luk.	Joh.	pag.
269	Der Einzug in Jerusalem Ingressus triumphalis in Jerusalem	The Triumphal Entry	**21, 1–9** 21, 14–16 23, 37–39	**11, 1–10**	**19, 28–40** 13, 34–35	**12, 12–19**	365
270	Jesus weint über Jerusalem Jesus flet super Jerusalem	Jesus Weeps over Jerusalem	24, 15–16 24, 2	13, 14 13, 2	**19, 41–44** 21, 20–22 21, 5b–6		369
271	Jesus in Jerusalem (Tempelreinigung), Rückkehr nach Bethanien Jesus in Jerusalem (templum purgat), Bethaniam redit	Jesus in Jerusalem (Cleansing the Temple), Return to Bethany	**21, 10–17**	**11, 11** 11, 15–17	19, 45–46 19, 39–40 21, 37		370
272	Verfluchung des Feigenbaums Ficulnea maledicta	The Cursing of the Fig Tree	**21, 18–19**	**11, 12–14**	13, 6–9		371
273	Tempelreinigung Purgatio templi	The Cleansing of the Temple	21, 12–13	**11, 15–17**	**19, 45–46**	2, 13–17	372
274	Anschlag der Hohenpriester und Schriftgelehrten Insidiae pontificum et scribarum	The Chief Priests and Scribes Conspire against Jesus		**11, 18–19**	**19, 47–48** 21, 37	11, 45–53 [8, 1–2]	373
275	Der verdorrte Feigenbaum Ficulnea arefacta	The Fig Tree is Withered	**21, 20–22** 21, 19b 6, 14–15 5, 23–24 17, 20	**11, 20–26**	17, 6	14, 13–14 15, 7 16, 23	374

nr.			Matth.	Mark.	Luk.	Joh.	pag.
276	Frage nach der Vollmacht Jesu De potestate Jesu et baptismo Ioannis	The Question about Authority	**21, 23–27**	**11, 27–33**	**20, 1–8**	2, 18–22	375
277	Gleichnis von den beiden Söhnen Duo filii	The Parable of the Two Sons	**21, 28–32**		7, 29–30		376
278	Gleichnis von den Weingärtnern Vinitores mali	The Parable of the Wicked Husbandmen	**21, 33–46**	**12, 1–12**	**20, 9–19**		377
279	Gleichnis vom großen Abendmahl Nuptiae regales	The Parable of the Great Supper	**22, 1–14** 8, 12 20, 16 19, 30	10, 31	14, 15–24 13, 30		380
280	Vom Zinsgroschen (Pharisäerfrage) De censu Caesaris	On Paying Tribute to Caesar	**22, 15–22**	**12, 13–17** 12, 12b	**20, 20–26** 11, 53–54	3, 2 [8, 6]	381
281	Von der Auferstehung (Sadduzäerfrage) De resurrectione mortuorum	The Question about the Resurrection	**22, 23–33** 22, 46	**12, 18–27** 12, 34b	**20, 27–40**		383
282	Die Frage nach dem obersten Gebot Maximum et primum mandatum	The Great Commandment	**22, 34–40** 22, 46 19, 16–19	**12, 28–34** 10, 17–19	10, 25–28 20, 40 18, 18–20		385
283	Davids Sohn? Filius David?	The Question about David's Son	**22, 41–46**	**12, 35–37a** 12, 34b	**20, 41–44** 20, 40		388
284	Rede gegen die Pharisäer und Schriftgelehrten Vae Pharisaeis et scribis	Woe to the Scribes and Pharisees	**23, 1–36** 20, 26–27 18, 4 15, 14 5, 33–37 3, 7	**12, 37b–40** 9, 35 10, 43–44	**20, 45–47** 11, 46 11, 52 6, 39 11, 42. 39–41 11, 44. 11, 47–48. 11, 49–51 11, 43 9, 48b 22, 26 14, 11 18, 14b 3, 7	13, 4–5. 12–17	389
285	Wehklage über Jerusalem Vae Jerusalem	Jesus' Lament over Jerusalem	**23, 37–39**		13, 34–35		394
286	Das Scherflein der Witwe Quadrans viduae	The Widow's Mite		**12, 41–44**	**21, 1–4**		395

XIV. DIE SYNOPTISCHE APOKALYPSE

Sermo eschatologicus **The Eschatological Discourse**

nr.			Matth.	Mark.	Luk.	Joh.	pag.
287	Anknüpfung: Ankündigung der Zerstörung des Tempels Templum evertetur	Prediction of the Destruction of the Temple	**24, 1–2**	**13, 1–2**	**21, 5–6**		396
288	Wann wird dies alles geschehen? Signa adventus Jesu et consummationis saeculi	Signs before the End	**24, 3–8** 24, 11 24, 23–26	**13, 3–8** 13, 21–23	**21, 7–11** 17, 21 17, 23		396

nr.				Matth.	Mark.	Luk.	Joh.	pag.
289	Ankündigung von Verfolgungen	Persecutiones futurae	Persecutions Foretold	**24, 9–14** 10, 17–22a 24, 5. 24 10, 30	**13, 9–13** 13, 6. 22	**21, 12–19** 12, 11–12 21, 8 b 12, 7	16, 2 15, 21 14, 26	398
290	Das Gericht über Judäa	Excidium Iudaeae	The Desolating Sacrilege	**24, 15–22**	**13, 14–20**	**21, 20–24** 19, 43–44 17, 31		401
291	Warnung vor falschen Propheten	Pseudochristi et pseudoprophetae	False Christs and False Prophets	**24, 23–28** 24, 4–5 24, 11	**13, 21–23** 13, 5–6	17, 23–24 17, 37b 21, 8 17, 20–21		403
292	Die Wiederkunft des Menschensohnes	Filii hominis adventus	The Coming of the Son of Man	**24, 29–31**	**13, 24–27**	**21, 25–28**		404
293	Der Zeitpunkt der Wiederkunft: Gleichnis vom Feigenbaum	Tempus adventus: parabola fici	The Time of the Coming: the Parable of the Fig Tree	**24, 32–36** 16, 28 5, 18	**13, 28–32** 9, 1	**21, 29–33** 9, 27 16, 17		405
294	Abschluß: Mahnung zur Wachsamkeit (nach Markus)	Vigilate (secundum Marcum)	Conclusion: »Take Heed, Watch!« (According to Mark)	25, 13–15 24, 42	**13, 33–37**	21, 36 19, 12–13 12, 40. 38		407
295	Abschluß: Mahnung zur Wachsamkeit (nach Lukas)	Vigilate (secundum Lucam)	Conclusion: »Take Heed, Watch!« (According to Luke)	24, 43–51 25, 13	13, 33–37	**21, 34–36** 12, 40		408

XV. ABSCHLUSS DER DARSTELLUNG DER ZEIT VOR DER PASSION

Conclusio temporis ante passionem narrati **Conclusion of the Account of the Time before the Passion**

1. Wiederkunftsgleichnisse als Anhang zur Apokalypse (nach Matthäus)

Parabolae adventus post sermonem eschatologicum (secundum Matthaeum) **Parables about Coming which Supplement the Eschatological Discourse** (According to Matthew)

nr.				Matth.	Mark.	Luk.	Joh.	pag.
296	Gleichnis von der Sintflut und Mahnung zur Wachsamkeit	Sicut in diebus Noe	The Parable of the Flood and Exhortation to Watchfulness	**24, 37–44** 24, 17–18 25, 13	13, 35 13, 33	17, 26–36 12, 39–40		409
297	Gleichnis vom guten und vom bösen Knecht	Fidelis servus et servus malus	The Parable of the Good Servant and the Wicked Servant	**24, 45–51** 25, 21		12, 41–46 19, 17		411
298	Gleichnis von den zehn Jungfrauen	Decem virgines	The Parable of the Ten Virgins	**25, 1–13** 7, 22–23 25, 41 24, 42	13, 33–37	12, 35–38 13, 25–28 12, 40		412
299	Gleichnis von den anvertrauten Pfunden	Parabola talentorum	The Parable of the Talents	**25, 14–30** 24, 45–47 13, 12	13, 34 4, 25	19, 11–27 12, 42–44 8, 18b		413
300	Vom Weltgericht	Iudicium ultimum	The Last Judgment	**25, 31–46** 16, 27 7, 23	 8, 38 b	 9, 26 b 13, 27–28	5, 29	416

2. Zusammenfassende Schlußbemerkung (nach Lukas)

Nota generalis (secundum Lucam) **General Concluding Observation** (Acc. to Luke)

nr.				Matth.	Mark.	Luk.	Joh.	pag.
301	Charakteristik der Wirksamkeit Jesu in Jerusalem	Ministerium Jesu in Jerusalem	The Ministry of Jesus in Jerusalem			**21, 37–38** 19, 47–48	[8, 1–2]	418

3. Schlußberichte (nach Johannes)

Conclusiones (secundum Ioannem) — **Concluding Statements** (According to John)

nr.		Matth.	Mark.	Luk.	Joh.	pag.
302	Griechen bei Jesus und Rede über seinen Tod Jesus et Graeci Greeks Seek Jesus; Discourse on His Death	16, 25	8, 35	9, 23–24	**12, 20–36**	419
		10, 39		17, 33		
		20, 28	10, 45			
		16, 24	8, 34			
		26, 38–39	14, 34–36	22, 41–[43]		
		17, 5	9, 7	9, 35		
		3, 17	1, 11	3, 22 b		
				10, 18		
					11, 42	
					16, 11	
303	Die Verblendung des Volkes Incredulitas Iudaeorum The Unbelief of the People	13, 10–17	4, 10–12	8, 9–10	**12, 37–43**	422
			8, 17 b–18		9, 39	
304	Der Vater hat mir Auftrag gegeben Pater mihi mandatum dedit Judgment by the Word				**12, 44–50**	423
					5, 23	
		10, 40–41		10, 16	13, 20	
			9, 37	9, 48		

XVI. DIE LEIDENSGESCHICHTE

Passio — **The Passion Narrative**

1. Bis zum Gang nach Gethsemane

Usque ad iter in hortum Gethsemani — **Until Going to Gethsemane**

nr.		Matth.	Mark.	Luk.	Joh.	pag.
305	Der Tod Jesu wird beschlossen Decretum mortis Jesus' Death is Premeditated	**26, 1–5**	**14, 1–2**	**22, 1–2**	11, 47–53	425
			11, 18–19	19, 47		
				21, 37		
306	Salbung in Bethanien Unctio Bethaniae The Anointing in Bethany	**26, 6–13**	**14, 3–9**	7, 36–50	12, 1–8	426
307	Der Verrat des Judas A Iuda proditur The Betrayal by Judas	**26, 14–16**	**14, 10–11**	**22, 3–6**	13, 2	429
					13, 27	
					6, 70–71	
308	Zurüstung zum Paschamahl Cena paschalis praeparatur Preparation for the Passover	**26, 17–20**	**14, 12–17**	**22, 7–14**	13, 1	430
309	Die Fußwaschung beim Mahle Discipulorum pedes lavat Washing the Disciples' Feet			22, 3	**13, 1–20**	431
				12, 37		
		23, 6–12		22, 24–28		
		10, 24		6, 40		
		10, 40		10, 16		
		18, 5	9, 37	9, 48	5, 23	
					15, 20	
310	Die Bezeichnung des Verräters Proditorem indicat Jesus Foretells His Betrayal	**26, 21–25**	**14, 18–21**	22, 21–23	**13, 21–30**	434
311	Die Einsetzung des Herrenmahles Eucharistiam instituit The Last Supper	**26, 26–29**	**14, 22–25**	**22, 15–20**	6, 51–59	436
312	Die Bezeichnung des Verräters Proditorem indicat Jesus Foretells His Betrayal	26, 21–25	14, 18–21	**22, 21–23**	13, 21–30	438
313	Von der Rangordnung unter den Jüngern und vom Lohn der Nachfolge Apostolorum contentio Precedence among the Disciples and the Reward of Discipleship	20, 24–28	10, 41–45	**22, 24–30**	13, 4–5. 12–17	440
		19, 28				
		23, 11	9, 35	9, 48		

nr.			Matth.	Mark.	Luk.	Joh.	pag.
314	Das neue Gebot der Liebe Mandatum novum	The New Commandment of Love				**13, 31–35**	441
315	Gang zum Ölberg, Ankündigung der Verleugnung des Petrus Iter in montem Olivarum; negationem Petri praedicit	Peter's Denial Predicted	**26, 30–35** 28, 7 28, 10	**14, 26–31** 16, 7	**22, 31–34** 22, 39	**13, 36–38** 18, 1 16, 32 21, 15–17	442
316	Die zwei Schwerter Duo gladii	The Two Swords			**22, 35–38**		444

2. Abschiedsreden Jesu (nach Johannes)

Ultimi sermones (secundum Ioannem) **The Farewell Discourses** (According to John)

nr.			Matth.	Mark.	Luk.	Joh.	pag.
317	Vom Hingang zum Vater Vadit ad patrem	»Let Not Your Hearts be Troubled«				**14, 1–14**	444
318	Verheißung des Parakleten Promissio Paracliti	The Promise of the Paraclete	10, 19–20	13, 11	12, 11–12 21, 14–15	**14, 15–26** 15, 26–27 16, 5–15	445
319	Meinen Frieden gebe ich euch Pacem meam do vobis	The Gift of Peace				**14, 27–31**	447
320	Ich bin der wahre Weinstock Vitis vera	Jesus the True Vine				**15, 1–8**	447
321	Bleibet in meiner Liebe Manete in dilectione	»Abide in My Love«	12, 50	3, 35	8, 21 b	**15, 9–17**	448
322	Vom Haß der Welt Mundus discipulos odit	The World's Hatred	10, 24–25		6, 40	**15, 18–25** 13, 16	449
323	Der Beistand des Parakleten Paracliti testimonium	The Witness of the Paraclete				**15, 26–27**	450
324	Von Verfolgungen Persecutiones praedictae	On Persecutions	10, 17–18 24, 9 10, 21–22	13, 9 13, 12–13	21, 12 21, 16–17	**16, 1–4**	450
325	Vom Hingang Jesu und der Aufgabe des Parakleten Paraclitus arguet et docebit	The Work of the Paraclete				**16, 5–15**	451
326	Ankündigung von Tod und Auferstehung Modicum	Sorrow Turned the Joy				**16, 16–22**	451
327	Das Gebet im Namen Jesu Petitio in nomine Jesu	Prayer in the Name of Jesus				**16, 23–28**	452
328	Ankündigung des Abfalls Discipulorum fuga praedicitur	Prediction of the Disciples' Flight	26, 31	14, 27		**16, 29–33**	453
329	Das hohepriesterliche Gebet Oratio sacerdotalis	The Intercessory Prayer				**17, 1–26**	453

3. Gefangennahme, Kreuzigung und Begräbnis

Jesu comprehensio, crucifixio, sepultura

The Arrest, Crucifixion, and Burial

nr.			Matth.	Mark.	Luk.	Joh.	pag.
330	Gethsemane Gethsemani	Gethsemane	**26, 36–46** 26, 30	**14, 32–42** 14, 26	**22, 39–46**	**18, 1** 12, 27 14, 31	455
331	Gefangennahme Jesu Tenetur	Jesus Arrested	**26, 47–56**	**14, 43–52**	**22, 47–53**	**18, 2–12** 18, 36 18, 20 17, 12	458
332	Jesus vor dem Hohen Rat (Verleugnung des Petrus) Coram synedrio (negatio Petri)	Jesus before the Sanhedrin (Peter's Denial)	**26, 57–68** 26, 69–75 26, 67–68 27, 1–2 26, 55 b	**14, 53–65** 14, 66–72 14, 65 15, 1 14, 49	**22, 54–71** 22, 53 19, 47 22, 63–65	**18, 13–24** 18, 25–27 2, 19	461
333	Verleugnung des Petrus Negatio Petri	Peter's Denial	**26, 69–75**	**14, 66–72**	22, 56–62	**18, 25–27** 18, 15–18	466
334	Übergabe an Pilatus Pontio Pilato traditur	Jesus Delivered to Pilate	**27, 1–2**	**15, 1**	**23, 1** 22, 66	**18, 28**	468
335	Das Ende des Judas Interitus Iudae	The Death of Judas	**27, 3–10**				469
336	Jesus Verhör vor Pilatus A Pilato interrogatur	The Trial before Pilate	**27, 11–14** 26, 53	**15, 2–5**	**23, 2–5** 23, 9–10 23, 13–14	**18, 29–38** 19, 8–15	470
337	Vor Herodes Coram Herode	Jesus before Herod	27, 12	15, 3–4	**23, 6–12**		473
338	Pilatus erklärt Jesus für unschuldig Pilatus innocentem iudicat	Pilate Declares Jesus Innocent			**23, 13–16** 23, 4 23, 22	18, 38 b	473
339	Jesus oder Barabbas? Jesus an Barabbas?	Jesus or Barabbas?	**27, 15–23**	**15, 6–14**	**23, 17–23**	**18, 39–40**	474
340	Ecce homo Ecce homo	»Behold the Man!«	27, 28–31 a 27, 26 b 27, 11–14	15, 17–20 a 15, 15 b 15, 2–5	 23, 2–5	**19, 1–15** 18, 33–37	476
341	Die Verurteilung Jesu Condemnatur	Pilate Delivers Jesus to be Crucified	**27, 24–26**	**15, 15**	**23, 24–25**	**19, 16 a** 19, 1	479
342	Die Verspottung Jesu Spinis coronatur	Jesus Mocked by the Soldiers	**27, 27–31 a**	**15, 16–20 a**		19, 2–3	480
343	Der Weg nach Golgatha Via ad Golgotha	The Road to Golgotha	**27, 31 b–32** 27, 38	**15, 20 b–21** 15, 27	**23, 26–32**	**19, 16 b–17 a** 19, 18	481
344	Die Kreuzigung Crucifigitur	The Crucifixion	**27, 33–37** 27, 38 27, 55–56	**15, 22–26** 15, 27 15, 40–41	**23, 33–34** 23, 38 23, 49	**19, 17 b–27**	482
345	Der Gekreuzigte wird gelästert In cruce blasphematur	Jesus Derided on the Cross	**27, 38–43** 27, 48 27, 37	**15, 27–32 a** 15, 36 a 15, 26	**23, 35–38** 23, 33 b	19, 18 19, 29 19, 19	485

nr.			Matth.	Mark.	Luk.	Joh.	pag.
346	Die beiden Schächer Duo latrones	The Two Thieves	**27, 44**	**15, 32b**	**23, 39–43**		486
347	Der Tod Jesu Moritur	The Death of Jesus	**27, 45–54**	**15, 33–39**	**23, 44–48** 23, 36	**19, 28–30**	487
348	Zeugen unter dem Kreuz Stabant iuxta crucem	Witnesses of the Crucifixion	**27, 55–56**	**15, 40–41**	**23, 49** 8, 1–3	19, 24b–27	490
349	Beweis des Todes Jesu Latus aperitur	Jesus' Side Pierced				**19, 31–37**	491
350	Das Begräbnis Jesu Sepelitur	The Burial of Jesus	**27, 57–61**	**15, 42–47** 16, 1	**23, 50–56**	**19, 38–42**	491
351	Die Wächter am Grabe Custodia sepulcri	The Guard at the Tomb	**27, 62–66**				494

XVII. DER AUFERSTANDENE

Resurrectio — **The Resurrection**

nr.			Matth.	Mark.	Luk.	Joh.	pag.
352	Das leere Grab Mulieres ad sepulchrum	The Women at the Tomb	**28, 1–8** 26, 32 28, 10	**16, 1–8** 14, 28	**24, 1–12** 23, 56	**20, 1–13** 20, 18 20, 17	495
353	Jesus erscheint den Frauen Mulieribus apparet	Jesus Appears to the Women	**28, 9–10** 28, 7–8 26, 32	[16, 9–11] 16, 7 14, 28	24, 10–11	**20, 14–18**	498
354	Der Betrug der Hohenpriester Furtum fictum	The Report of the Guard	**28, 11–15**				500
355	Jesus erscheint zwei Jüngern auf dem Weg nach Emmaus Emmaus	Jesus Appears to Two on the Way to Emmaus		[16, 12–13]	**24, 13–35**		500
356	Jesus erscheint den Jüngern (in Abwesenheit des Thomas) Discipulis apparet	Jesus Appears to His Disciples (Thomas being Absent)	18, 18 16, 19	[16, 14]	**24, 36–43**	**20, 19–23**	502
357	Jesus erscheint den Jüngern (in Gegenwart des Thomas) Thomas	Jesus Appears to His Disciples (Thomas being Present)				**20, 24–29**	503
358	Jesus erscheint den elf Jüngern beim Mahl Recumbentibus apparet	Jesus Appears to the Eleven While They Sit at Table		[16, 14–18]			504
359	Jesus erscheint den elf Jüngern auf einem Berg in Galiläa In monte Galilaeae	Jesus Appears to the Eleven on a Mountain in Galilee	28, 16–20	[16, 14–18]		14, 23	505
360	Jesus erscheint den Jüngern am See von Tiberias Ad mare Tiberiadis	Jesus Appears to His Disciples by the Sea of Tiberias			5, 1–11	21, 1–14	506
[361]	Bericht des Paulus über die Erscheinungen Jesu Narratio Pauli	Paul's Account of the Appearances of Jesus		1. Kor. 15, 3–8			507

XVIII. AUSGANG: DIE EVANGELIENSCHLÜSSE

Epilogus: Evangeliorum conclusiones — Epilogue: The Endings of the Gospels

nr.			Matth.	Mark.	Luk.	Joh.	pag.
362	Der kürzere Markusschluß Marci conclusio brevior	The Shorter Ending of Mark		[concl. brev.]			508
363	Der längere Markusschluß Marci conclusio longior	The Longer Ending of Mark		**[16, 9–20]**			508
364	Der Matthäusschluß: Missionsbefehl Matthaei conclusio: Docete omnes gentes	The Ending of Matthew: The Great Commission	**28, 16–20**				509
365	Der Lukasschluß: Letzte Worte Jesu, Himmelfahrt Lucae conclusio: Monita Jesu et ascensio	The Ending of Luke: Jesus' Last Words and Ascension		[16, 15.19]	**24, 44–53**		510
366	Der erste Johannesschluß Ioannis conclusio prior	The Ending of John				**20, 30–31**	511
367	Der zweite Johannesschluß: Jesus am See von Tiberias. Petrus und der Lieblingsjünger. Wahrheitszeugnis Ioannis conclusio altera: Ad mare Tiberiadis. Nota finalis	The Appendix to John: Jesus at the Sea of Tiberias. Peter and the Beloved Disciple. Final Authentication	26, 30–35 16, 28	14, 26–31 9, 1	22, 39 22, 31–34 9, 27	**21, 1–25** 18, 1 16, 32 13, 36–38 8, 51–52	511

II. NOVUM TESTAMENTUM

Matthaeus

Marcus

Johannes

Acta

ad Romanos

1. ad Corinthios

2. ad Corinthios

ad Galatas

1. ad Thessalonicenses

2. ad Thessalonicenses

1. ad Timotheum

2. ad Timotheum

III. VETUS TESTAMENTUM

(Septuaginta, ed. Rahlfs)

IV. APOCRYPHA

V. PATRES